本书系国家社科基金抗日战争研究专项工程"世界反法西斯战争史（含中国抗战史）档案资料收集整理与研究"（批准号：16KZD020）阶段性成果之一，受此专项工程经费资助。

中国二战史研究七十年

（1950—2019）（上册）

赵文亮 ◎ 著

人民出版社

作 者 简 介

　　赵文亮，河南汝州人，历史学博士，曲阜师范大学教授、博士生导师；兼任中国世界现代史研究会副会长、中国第二次世界大战史研究会常务理事、山东省世界史学会副会长等。先后在郑州大学、华东师范大学、武汉大学和中国人民大学就读，并曾在河南师范大学、山东师范大学工作。从事二战史、国际关系史、世界现代史、中东史教学和研究 30 余年。承担国家及省部级科研课题 10 余项（其中主持国家社科基金重点项目和一般项目各 1 项、重大项目子课题 3 项、教育部教学改革项目 1 项），出版学术著作 10 余部，发表论文近百篇，多项成果获省部级科研、教学奖励。

序　言

经过十余年的潜心研究,赵文亮教授的《中国二战史研究七十年(1950—2019)》一书终于面世了,这是我国二战史研究的又一重要成果。

反法西斯的第二次世界大战是人类历史上规模最大的一场正义战争,它对整个世界的影响是十分全面和深远的。第二次世界大战结束已经 70 多年了。70 多年来,世界各国的政治家、军事家尤其是历史学家们出于对人类前途和命运的关切与思考,一直在探索和研究这场史无前例的世界大战的根源和影响,以期从中汲取经验和教训,确保世界的持久和平。在国际上,第二次世界大战始终是学术界研究的热门课题,参战的大国如美国、英国、德国、法国、日本以及俄罗斯(苏联)对第二次世界大战的研究都极为重视,研究成果汗牛充栋。

我国学者对第二次世界大战及其相关问题的研究起步较早。早在 20 世纪 30 年代初期,我国学术界就开始了对当时国际政治中的热点法西斯主义的研究和探讨,出现了一批著述。这些研究对于我们探讨第二次世界大战的起源具有重要的参考价值。第二次世界大战全面爆发后,我国学者随即开始了对第二次世界大战的研究,并出版了关于二战的系列著述。随着大战的结束,我国学者进一步加强了对第二次世界大战史研究的力度,拓宽了二战史研究的领域,从而使我国在 1945—1949 年间出现了一个研究二战史与出版二战史论著的短暂高潮。中华人民共和国成立后,曾在 20 世纪 50 年代中后期兴起了研究二次大战史的小高潮,但在"文革"期间又陷于停滞状态。党的十一届三中全会以来,我国的第二次世界大战史研究进入了真正意义上的高潮阶段:研究队伍空前壮大,研究领域大大拓宽,研究内容日益加深,研究成果的数量和质量都迈上了一个新的台阶。

我国的第二次世界大战史研究取得了巨大的成绩,但其学术研究的历史和现状到底如何? 这是广大二战史学工作者和二战史爱好者很想了解但又难以全面了解的问题。《中国二战史研究七十年(1950—2019)》一书的出版正好回应了这一读者关心的问题。

　　《中国二战史研究七十年（1950—2019）》是一部融学术性和工具性于一体的书籍。第一，该书对70年来中国第二次世界大战史研究的历程进行了比较全面的回顾，并分析了每一阶段的特点，其中对党的十一届三中全会以来大陆学者的研究成果的收集最为全面，分析较为深入。第二，该书的20个专题问题研究综述基本上涵盖了我国学者关于二战史研究的重要领域，使读者能够对我国尤其是大陆方面二战史研究的重大问题有一个大致的了解。第三，该书的论著目录索引涵盖的时空范围、研究领域和发表出版媒介很广。从所列图书来看，既有1950年以来大陆出版的著述，又有港台出版的著述；既有中国学者著作，又有外文译著；既有公开出版的图书，又有内部印刷的图书。从报刊论文目录索引来看，包括了1950年以来大陆各种刊物刊登的绝大多数二次大战文章（含外国学者译文），内容涉及第二次世界大战的方方面面。从学位论文目录索引来看，涵盖了20世纪80年代以来大陆军队和地方高校及科研机构指导的绝大多数二战史方向的博士和硕士学位论文。尤其值得一提的是，作者在书中将所收集到的图书、报刊论文和学位论文目录分门别类地加以排列，极大地方便了读者的查阅。该书是二次大战学术史领域具有独创性的著述，弥补了我国二战学术史领域的不足。同时，该书通过全面展示70年来中国学者在第二次世界大战史领域的研究成果，不仅能够使国外同行对我国在该领域研究的历史和现状有一个全面的了解，从而加强二次大战史研究的国际交流与合作，更为我国广大的二战史学工作者和爱好者，尤其是那些即将步入二战史研究门槛的年轻学子，提供一个较为全面地了解我国在该领域研究的历史和现状的信息平台，促进我国的二战史研究迈上更高的台阶。

　　撰写这样一部篇幅达200余万字的书籍，难在资料的收集和整理。它不仅需要很强的宏观驾驭能力和较多的经费投入，更需要坚忍不拔甘坐冷板凳的恒心和毅力。据我所知，作者早有写作该书的愿望。1999—2000年，作者在武汉大学做访问学者期间，就与我商量确定将二战学术史作为研究课题，并开始着手进行资料的全面收集工作。在2001年10月中国二战史研究会武汉会议上，他向会议报告了该书的详细计划和进展情况，受到与会者的充分肯定。在近20年的时间里，他多次北上京、津，南下沪、汉等地，到各地的图书馆、资料室查找资料，到高校、科研机构请教专家同行，并且充分利用中国二战史研究会召开的每一次研讨会，向与会学者请教问题和收集相关资料。从他写的"前言"致谢名单看，他直接请教过的专家学者达80余人。可以说，《中国二战史研究七十年

（1950—2019）》一书是作者辛勤汗水的结晶。在功利盛行、学风浮躁的今天，作者能够十数年如一日，默默无闻地从事这样一种常人不愿做的基础性研究工作，其精神是难能可贵的。

当然，该书也有不少尚待完善之处。在专题问题研究综述中若能将一些重大的问题如二战军事学术等领域的研究成果加以综述，在论著目录索引中若能将中国抗日战争的研究成果都能囊括其中，将会更加全面地展示中国二战史研究的成就；在论著目录索引中若能将图书的馆藏地一一注明，将会更加便利广大读者的利用，等等。尽管存在着不足之处，但终究瑕不掩瑜，本书仍是一部开拓性的著作。

在《中国二战史研究七十年（1950—2019）》即将出版之际，我衷心祝贺该书的出版，衷心感谢作者为中国第二次世界大战史研究作出的新贡献，并预祝作者再接再厉，取得更大的成绩。是为序。

2021 年 9 月 30 日

于武汉大学珞珈山

前　言

　　《中国二战史研究七十年(1950—2019)》是一部关于中国二战史研究的文献学著作(bibliography),一部融学术性和工具性于一体的书籍。

　　本书力求较为全面、系统和真实地展示中华人民共和国建立70年来中国学者在第二次世界大战史领域的研究成果,并以此作为庆祝中华人民共和国成立70周年的献礼。

　　本书的宗旨和目的有三:第一,通过全面展示70年来中国学者在第二次世界大战史领域的研究成果,使国外同行对我国在该领域研究的历史和现状有一个直观的了解,从而加强二战史研究的国际交流与合作。第二,为国内广大的二战史学工作者和爱好者,尤其是那些即将步入二次大战史研究门槛的人们提供一个较为全面、便捷地了解我国在该领域研究的历史与现状的媒介和平台,并通过这个媒介和平台的传播、交流功能,吸引更多人的关注和参与,从而促进我国的二战史研究迈上更高的台阶。第三,通过我们对中国的二次大战史研究所尽的绵薄之力,谨向为中国的第二次世界大战史研究付出辛勤汗水的学者们表达无限敬意。

　　本书是教学和研究工作相结合的成果。笔者30余年来从事的二战史教学和研究工作,尤其是20世纪80年代后期开始开设的《第二次世界大战史专题研究》和《第二次世界大战史学评述》两门课程,促使笔者广泛接触和搜集国内外学术界的研究动态,对二战史研究的绝大多数领域有了较深入全面的了解,从而为本书的完成奠定了基础。

　　本书的性质决定了它具有以下独特的指导原则:一是全面性和完整性——本书对中国学者70年来的研究进行了较为全面的总结,涉及了中国二次大战史研究的方方面面;在搜集资料时,我们通过各种搜索途径将所搜集到的有关二战的著述目录尽行收录,力求全面。二是客观性和真实性——除了个别著述外,我们尽可能全面地收录相关研究成果,较少考虑出版或刊登这些著述的出版社或刊物级别之高下,作者职称之高低;在分析70年来的研究成果时,仅进行数量上的概括和总结,而不在质量上妄加评议。原因在于学术成果质量的高低难以有划一的标准,正所谓"仁者见仁,智者见智";评价质量高低非本书之原则,可留待读者去评说。三是实用性——在章节、专题的安排上尽可能系统、详尽、合理,在研究综述等内容的取舍上尽可能抓大放小,以方便读者检索。

本书内容由五编构成:

第一编"中国第二次世界大战史研究的回顾与总结",对70年来中国二战史研究的各个方面进行了比较全面的回顾和分析。该编由两章构成:"中国第二次世界大战史研究的历史回顾"和"大陆方面第二次世界大战史研究定量分析"。第一章中,我们将中国的二战史研究历程分为"起步与奠基""挫折与停滞""重振与高涨""拓宽与深化"四个阶段,总结了每一阶段的主要成就和研究特点。在第二章中,我们利用计量学的方法,以年度分布、专题分布、作者队伍构成、成果媒介(刊物和出版社)分布、指导单位和指导教师等变量为依据,分别对中华人民共和国成立以来大陆方面的二战史研究成果(出版的图书、发表的论文和指导的硕博论文)进行定量分析。

第二编"若干重大学术问题专题研究综述",选取了20个对二战全局具有重大影响的热点研究问题予以综述,便于读者对这些热点问题研究现状进行较为全面和系统的了解。

第三编到第五编是中国二战史研究成果目录索引,包括"著作目录索引"、"报刊论文目录索引"和"学位论文目录索引",将中国出版(含内部印刷)的二战史著作、发表的论文和推出的硕博论文,根据其相关度分门别类地进行编排,以方便读者的检索。其中的"著作目录索引"包括我们所能收集到的1950年至2019年间大陆和港台出版的5618种二战史图书(包括外文译著)目录;"报刊论文目录索引"收录了1950年以来大陆发表的16907篇二战史论文(包括国外学者译文)目录;"学位论文目录索引"收录了20世纪80年代以来大陆学者指导的1560篇二战史学位论文(硕士论文和博士论文)目录。

在搜集资料过程中,我们试图将1950年以来港台学者在期刊和杂志上发表的二战史论文囊括其中,但鉴于篇幅及其他原因尤其是技术条件的限制未能如愿,实感遗憾。需要指出的是,这样一部著作理应将中国抗日战争史领域的研究成果涵盖其中,因为中国抗日战争是第二次世界大战的重要组成部分,中国学者在该领域的研究十分火爆,成果汗牛充栋;但考虑到已有类似著作出版,故而作罢。但本书的论著目录中包括了与整个世界的反法西斯战争密切相关的一些问题的研究成果，如抗日战争时期的中外关系（包括中国共产党的外交政策及对美对苏关系、华侨与抗日战争）、国民党（国民政府）和共产党的军事战略、日军在华暴行等。

在收集二战史著作目录时，大陆出版著作主要依据下列 15 个图书馆或资料室的藏书：中国国家图书馆、上海图书馆、北京大学图书馆、中国人民大学图书馆、武汉大学图书馆、华东师范大学图书馆、南京大学图书馆、南开大学图书馆、北京师范大学图书馆、首都师范大学图书馆、中国人民解放军军事科学院军事图书馆、国防大学图书馆、中国社会科学院世界历史研究所资料室，以及曾经设立过第二次世界大战史研究室的武汉大学历史系和华东师范大学历史系资料室。这里需要说明的是，在全部 5618 种二次大战史图书中，国家图书馆藏书约占3/5，另外 2/5 为其他图书馆或资料室藏书。其中尤其值得一提的是，军事科学院军事图书馆和国防大学图书馆藏有近 500 种二次大战军事学术方面的图书，这部分藏书是其他图书馆所没有的。图书目录的收集是通过网络查询和线下查询两种方式进行的。网络查询主要查询了《CALIS 联合目录中心数据库》（http://opac.calis.edu.cn）、中国国家图书馆（http://www.nlc.gov.cn）、北京大学图书馆（http://www.lib.pku.edu.cn/portal）等 10 家公共图书馆和高校图书馆；线下查询则主要查询了军事科学院军事图书馆、国防大学图书馆、中国社会科学院世界历史研究所资料室，以及武汉大学历史系、华东师范大学历史系和首都师范大学历史系资料室。为保证图书目录的完整性，我们还利用"孔夫子旧书网"（http://www.kongfz.com）对二战史图书进行彻查。至于 1950 年以来港台著作目录的收集，除了依据上述图书馆和网络数据库外，我们还通过互联网络，重点查询了"台湾图书馆"、"台湾大学"图书馆、香港大学图书馆和香港中文大学图书馆的藏书。

在收集报刊论文目录时，我们在 2001 年以前主要依据《全国报刊索引》和《人大复印报刊资料索引》印刷版本。网络的迅速普及和各种电子文献数据库的纷纷推出，大大便利了论文目录的收集工作。由于这些数据库都存在着时间选择范围或刊物发行空间范围有限的缺陷，故而我们检索了所有相关的数据库，以保证目录索引的全面性。这些数据库主要有：《中国知网》（http://www.cnki.net）、《全国报刊索引数据库——现刊索引数据库（1950—2019）》（http://www.cnbksy.com）、《复印报刊资料系列数据库》（http://ipub.exuezhe.com）、《超星数字图书馆》（http://chaoxing.com）等。此外，我们还在军事科学院军事图书馆检索到刊登在 100 多种军事学刊物上的 1800 余篇有关二次大战军事学术方面的论文,大大充实了该书的内容。

硕博论文目录的收集是通过网上数据库查询和线下征询线索两个途径进行的。我们据以收集资料的硕博论文数据库主要有:《中国知网》(http://www.cnki.net)、《中国学位论文全文数据库》(http://c.g.wanfangdata.com.cn/Thesis.aspx)、《中国优秀博硕士学位论文数据库》(http://www.cnki.net)、《(中国国家图书馆)馆藏博士论文与博士后研究报告数字化资源库》(http://mylib.nlc.cn/web/guest/boshilunwen),以及武汉大学、华东师范大学、首都师范大学、北京大学、中国人民大学、南京大学、南开大学、北京师范大学、东北师范大学等 20 余所高校图书馆的硕博学位论文库。由于绝大多数数据库仅仅包括 2000 年以来的硕博论文,而且大多数高校的硕博论文数据库收录的论文都相当不全,因此,为了做到尽可能全面,我们采取了电话和邮件联系的方式,请求 100 余位二战史专家为我们提供他们指导的硕博论文的信息,从而大大丰富了该方面的内容。

毫无疑问,编写这样规模的一部著作是一项相当繁琐、耗资、耗时且费力的工作。在长达二十余年的时间里,笔者为完成该书曾多次北上京、津,南下沪、汉等地,到各地的图书馆、资料室查找资料,到高校、科研机构请教专家同行;与专家通过电话、书信、短信、QQ、微信和电子邮件等途径进行请教和沟通的次数更是无法统计。尽管笔者竭尽所能要为中国二战史研究不断成长的高楼大厦添砖加瓦,在写作时力求全面、准确、完整,但由于种种条件的限制,难以做到令人满意。如由于时间的限制,书中只有 20 篇研究综述,不能够完全反映二次大战史研究的全貌;由于我们水平的限制,著作、报刊论文和学位论文的分类未必做到了恰到好处;由于技术条件的限制,一些作者的著作、文章或者指导的学位论文因无法查询或被遗漏而未能收进论著目录之中;等等。对于这些问题,我们表示歉意,敬请专家和读者的谅解和赐教。欢迎提出宝贵意见,并将遗漏的大作(著作、报刊论文和学位论文)名称及相关信息发送到电子信箱 hnsdzwl@sina.com,以便再版时使该书内容更加完整。

本书历经二十余载而完成,得益于师长、二战史学界许多同仁、我的同事、朋友及门下研究生的大力支持,凝聚着集体的智慧,汇集了众人的心血和汗水。这里首先要感谢华东师范大学李巨廉教授和王斯德教授(两位均是中国二战史研究会前副会长),正是在华东师范大学学习期间(1988 年 9 月—1989 年 6 月),两位老师将我引入了二战史研究之路,指路之恩终生难忘。尤其要感谢中国二战史研究会前会长、武汉大学前副校长胡德坤教授，正是在师从他做访问学者期间（1999 年 9 月—2000 年 6 月），他在学术上的指导和精神上的鼓励使我早已萌生的写作这部书的计划开始付诸实施；在此后近二十年里，他始终关注着该书的进展情况，不仅提出了许多中肯的意见，提供了许多有用的资料，而且在百忙之中为本书作序，使本书大大增辉。研究会前秘书长、中国军事科学院彭训厚研究员为本书的完成耗费了大量的心血，予以了极大的帮助。他不仅提供了许多材料，亲自协调使我得以两次到军事科学院军事图书馆和国防大学图书馆查找资料，而且对本书在学术上和技术细节上进行了全方位的指导。可以说该书以相对完整的面目出现，彭先生功不可没。我的博士导师，中国人民大学王皖强教授和李世安教授（中国世界现代史研究会前会长）时刻关注着该书的进展情况，并给予了热情的指导和帮助。研究会前副会长、中国社会科学院世界历史研究所前所长张椿年研究员，提供了研究会早期历史的许多珍贵素材。中国军事科学院军事图书馆前馆长汤奇少将、研究会前常务副会长兼秘书长肖裕声少将（军事科学院）、副会长马骏教授（国防大学）和副秘书长萧石忠教授（军事科学院）为查找和收集军事学术方面的资料提供了极大的帮助。研究会前副秘书长兼德国史研究会会长郑寅达教授（华东师范大学）、前副秘书长韩永利教授（武汉大学）和研究会副会长梁占军教授（首都师范大学，中国世界现代史研究会会长）分别提供了所在高校二战史方向硕博论文的详细数据，从而大大充实了该书的内容。

二战史研究会不少领导和专家曾给我们提供许多宝贵建议，他们是：研究会前会长和名誉会长、国防大学原副校长黄玉章中将（已故），研究会名誉会长、前会长徐蓝教授（首都师范大学），前副会长张海麟教授（国防大学），前副会长张晓华研究员（中国社会科学院）；现任会长林利民教授（国际关系学院），副会长彭敦文教授（武汉大学）、高国荣研究员（中国社会科学院世界历史研究所）、孟钟捷教授（华东师范大学）、汪金国教授（兰州大学）和姚百慧教授（首都师范大学）；研究会常务理事邢来顺教授（华中师范大学，中国德国史研究会前会长）、徐友珍教授（武汉大学，中国世界现代史研究会副会长）、潘迎春教授（武汉大学）、胡舶教授（陕西师范大学）和李朋教授（黑龙江大学教授）；研究会前理事黄正柏教授（华中师范大学，德国史研究会前副会长）、严双伍教授（武汉大学）、叶江教授（上海师范大学）、牛力少将（国防信息学院教授）、熊伟民教授（湖南师范大学，已故）、庞存生教授（石家庄陆军指挥学院）、刘仁亮研究员（武警后勤学院)和徐克洲教授(后勤指挥学院);研究会现任理事罗衡林教授(湖南师范大学,中国德国史研究会副会长)、何桂全研究员(中国现代国际关系研究院)、史桂芳教授(首都师范大学)、李怀顺教授(广东肇庆学院)、宋永成教授(陕西师范大学)、关培凤教授(武汉大学)、刘晓莉副教授(武汉大学)、张士伟副教授(武汉大学)和朱大伟副教授(赣南师范大学)。

　　研究会外许多老师和同行专家学者也曾给予我们诸多的帮助和鼓励,提出过许多宝贵的意见,主要有:中国世界现代史研究会前会长、首都师范大学前校长齐世荣教授(已故),西北大学中东研究所名誉所长彭树智教授,中国世界现代史研究会前会长、北京师范大学张宏毅教授,中国世界现代史研究会三位前副会长——南开大学张象教授、中国社会科学院世界历史研究所沈永兴研究员和内蒙古民族大学姜桂石教授,北京语言文化大学联合国研究中心前主任李铁城教授,中国社会科学院世界历史研究所前所长于沛研究员,中美关系史研究会前会长、中国社会科学院美国研究所前副所长陶文钊研究员,中国德国史研究会前副会长、中国社会科学院世界历史研究所邸文研究员,中国抗日战争史学会会长、中国社会科学院近代史研究所前所长王建朗研究员,中国美国史研究会理事长、中国人民大学美国研究中心主任时殷弘教授,中国德国史研究会前会长、武汉大学吴友法教授,中国德国史研究会前副会长、武汉大学李工真教授,解放军南京政治学院陈显泗教授(已故),中国社会科学院俄罗斯东欧中亚研究所吴伟研究员,中国中东学会副会长、郑州大学副校长张倩红教授,南京大学刘成教授,西北师范大学李积顺教授,西南民族大学张世均教授,山东英才学院夏季亭教授,山西师范大学车效梅教授,山东枣庄学院曹胜强教授,内蒙古赤峰学院孙国军教授,河南许昌学院许国林教授,浙江嘉庆学院李华教授,北京二战史爱好者王仕豪先生,等等。我读博期间的同窗好友、贵州财经大学周剑云教授和华中师范大学沈琦教授,更是给我提供了包括物质、精神和技术在内的全方位帮助。我的同事,尤其是河南师范大学同事孙景峰教授、吴成教授和巨永明教授,山东师范大学同事陈海宏教授、王玮教授和杜学霞教授,以及曲阜师范大学孙晓光教授,经常向我提供编撰方面的建议。河南省汝州市委党校高级讲师朱孜慧先生——我中学阶段的历史启蒙老师——也一直关注着该书的进展情况。我在三所高校的研究生,尤其是博士生贾龙阳、张鑫、郑淇、刘文庆,硕士生敬敏、王泽方、周婷、宋莹、周慧艳、陈锐、薛祯、赵春超、张娜、张雪、张得志、李静然,在收集资料和通稿、校对过程中付出了辛勤的劳动。而能够使该书最终面世的,是独具慧眼的人民出版社的领导和编辑们,没有他们的大力支持,二十余年的辛劳能否结出硕果殊难逆料。

最后而且最重要的是,武汉大学胡德坤教授和他主持的国家社科基金重大课题"世界反法西斯战争史(含中国抗战史)档案资料收集整理与研究"提供了出版资助,从而为本书的顺利出版提供了资金保障。

在本书付梓之际,笔者对上述人士和人民出版社在诸方面的支持、帮助和鼓励一并表示衷心的谢意!

作　者

2022 年 12 月 20 日于山东曲阜曲园

Foreword

The Review of the Research on World War II in China for 70 Years : *1950—2019* is a bibliographical book concerning the researches on the history of World War II in China for the past seventy years. It is an academic research work and can also be used as a reference book.

In this book, the author has managed to display comprehensively, systematically and faithfully the research achievements that Chinese scholars have made in the field of the history of World War II in the past 70 years since the founding of the People's Republic of China, also a gift to commemorate the 70th anniversary of the founding of the People's Republic of China.

The purpose and aim of this book are threefold. First, through a comprehensive display of the research achievements of Chinese scholars in the past 70 years in the field of the history of World War II, foreign scholars can have a direct understanding of the past and current situation of China's research in this field, so as to strengthen international knowledge-exchange and cooperation in the study of the history of WWII. Second, for China's numerous researchers and enthusiasts on WWII history, especially for those stepping into the research threshold, it can provide them a more comprehensive and convenient media and platform to understand the history and present situation of China's research in this field; through the delivery of this book, it can attract more people's attention and participation, thus promoting the research of the history of the Second World War to a higher level. Third, the book is dedicated to the researchers who have made great efforts to study the history of the Second World War in China in the past seventy years.

This book is a result of the combination of teaching and research. My teaching and research work of nearly 30 years on the history of World War II, especially my two courses offered since the late 1980s——*Special Subject Research on the History of*

World War II and *the Second World War History Review*. That has prompted the author to contact and collect the research dynamic in academia at home and abroad extensively, providing a more in-depth and comprehensive understanding of the vast majority of the fields on the history of World War II research. That has laid the foundation for the completion of this book.

The nature of this book determines the following unique guiding principles. First, comprehensivene and completeness——this book comprehensively summarizes the research of Chinese scholars over the past 70 years, involving all aspects of the research of the history of the Second World War in China. In the process of gathering, we have made every effort to compile a comprehensive catalogue of literatures on World War II that we have collected. Second, objectivity and authenticity——except for specific work, we include relevant research findings as comprehensively as possible, less empnesis is given to the ranks of the publishing houses or journals that published the work, nor the ranking of the authors' titles. In the analysis of the research results over the past seven decades, generalization and summation are only given in quantity, rather than quality. The reason is that there is no uniform standard in quality as different people have different opinions. The third is practicality——the arrangement of chapters and topics should be as systematic, detailed and reasonable as possible, and the selection of research reviews and other contents should be as big as possible, so as to facilitate the retrieval and use of readers.

The book consists of five major parts.

The first major part, titled with "*A Review and Summary of the Studies on the History of the Second World War in China*", makes a comprehensive review and analysis of all aspects of studies on the history of Second World War in China over the past 70 years. This part is composed of two chapters: "*A Historical Review of the Studies on the History of the Second World War in Mainland China*" and "*A Quantitative Analysis of the Studies on the History of the Second World War in Mainland China*". In the first chapter, it divides the research process of Second World War history in China into four periods, "Initiation and Foundation Period", "Frustration and Stagnation Period", "Revival and Upsurge Period" and "Expansion and Deepening Period", and finally summarizes the main research achievements and characteristics of each period.

In the second chapter, we use Metrological method. Based on variables such as annual distribution, thematic distribution, composition of author team, distribution of the media(journals and publishing houses), supervisory institutes and supervisors, etc., it made a quantitative analysis of the research on the history of World War II in mainland China since the founding of the PRC.

The second part is titled with "Review of Some Major Academic Issues". It selects 20 hot research issues that have a great impact on the overall situation of World War II to survey, so that readers can have a comprehensive and systematic understanding of the research status of these hot issues.

The third, the fourth and the fifth major parts are the index and bibliography of research results of World War II in China, including "Bibliographic Index", "Index of Press Papers" and "Index of Dissertations". "Bibliographic Index" includes 5618 books(including foreign translations) on the history of the Second World War published in mainland China, Hong Kong and Taiwan between 1950 and 2019. "Index of Press Papers" contains 16907 papers on the history of the Second World War published in the Mainland since 1950(including translations by foreign scholars). "Index of Dissertations" catalogue 1560 dissertations(master and doctoral dissertations) on the history of the Second World War supervised in the Mainland since the 1980s.

In the process of collecting data, we tried our best to include papers on the history of the Second World War published in journals and magazines by scholars in Hong Kong and Taiwan since 1950 in this book, but we were unable to do so due to its limited space and other reasons, especially the limitations of technical conditions. It should be pointed out that such a book should include the research achievements in the field of the history of China's War of Resistance Against Japanese Aggression, because China's Anti-Japanese War was an important part of the Second World War, and the research of Chinese scholars in this field is very hot and fruitful. But considering that similar work had been published, this was abandoned. However, the book includes in the bibliography some research achievements of those issues closely related to the Anti-Fascist War of the whole world, such as Sino-foreign relations during the Anti-Japanese War, the military strategies of the Kuomintang Government and CPP, the Japanese atrocities in China and so on.

Many people contributed to the success of this book. The book would not have been completed and published without their help and support. First of all, I would like to thank Prof. Li Julian and Prof. Wang Side(deceased)of East China Normal University(both of them are former vice presidents of Chinese Association for the History of the World War II, CAHWW II), who introduced me to the study of the history of World War II when I studied in their university during 1988—1989. Their guidance and kindness will never be forgotten. Special thanks are given to Prof. Hu Dekun, former president of CAHWW II and former vice president of Wuhan University. It was during the period of studying under him as a visiting scholar(from September 1999 to June 2000) that his academic guidance and spiritual encouragement made my long-simmering plan to write this book put into practice. For the next twenty years, He kept an eye on the progress of the book, and has not only put forward many pertinent ideas and provided a great deal of useful information, but also taken time out of his busy schedule to write a preface to the book, which added greatly to the book. I will thank Prof. Peng Xunhou of Chinese Academy of Military Science, former secretary-general of CAHWW II , who contributed a great deal to the completion of the book. He not only provided a lot of materials, personally coordinated that enabled me to make two trips to the Mihitary Library of the Academy of Military Sciences and the Library of the National Defense University to search for materials, but also gave all-round guidance to the book in both academic and technical details. It can be said that Mr Peng owes much to the book's relatively complete appearance. My doctoral supervisors, Prof. Wang Wanqiang and Prof. Li Shi'an of Renmin University of China (the latter is former president of Chinese Research Association of World Modern History), paid close attention to the progress of the book all the time, and gave enthusiastic guidance and help. Prof. Zhang Chunnian(deceased) , former vice president of CAHWW II and former director of the Institute of World History of the Chinese Academy of Social Sciences, provided many valuable materials on the early history of the Association. Four military scholars have provided great help in finding and collecting military academic materials: Major General Tang Qi, former director of the Military Library of Chinese Academy of Military Sciences; Major General Xiao Yusheng, former executive vice president and secretary-general of CAHWW II (from Chinese Academy of Military

Sciences) ; Prof. Ma Jun, former vice president of CAHWW Ⅱ (from National Defense University), and Prof. Xiao Shizhong, deputy secretary-general of CAHWW Ⅱ (from Chinese Academy of Military Sciences). Three scholars respectively provided the detailed data of the degree theses on the history of World War II supervised in their own universities : Prof. Zheng Yinda, former deputy secretary-general of CAHWW Ⅱ and president of German History Research Association of China(from East China Normal University), Prof. Han Yongli, former deputy secretary-general of CAHWW Ⅱ (from Wuhan University), and Prof. Liang Zhanjun, vice president of CAHWW Ⅱ and president of Chinese Research Association of World Modern History(from Capital Normal University). Their help greatly enriched the content of the book.

Many leaders and experts of the Association have given us valuable advice. They are : Lieutenant General Huang Yuzhang(deceased), a veteran of the Anti-Japanese War of China, honorary president of CAHWW Ⅱ and former vice president of National Defense University and one member of the Standing Committee of the National People's Congress ; Prof. Xu Lan of Capital Normal University, honorary president and former president of the Association and vice president of the Chinese Historical Society ; Prof. Zhang Hailin of National Defense University, former vice president ; Prof. Zhang Xiaohua of Chinese Academy of Social Sciences, former vice president of the Association ; Prof. Lin Limin of University of International Relations, the incumbent president of the Association ; four incumbent vice presidents of the Association : Prof. Peng Dunwen of Wuhan University, Prof. Gao Guorong of the Institute of World History of the Chinese Academy of Social Sciences, Prof. Meng Zhongjie of East China Normal University, Prof Wang Jinguo of Lanzhou University, and Prof. Yao Baihui of Capital Normal University. Some executive directors of the Association such as Prof. Xing Laishun of Central China Normal University(former president of Chinese Society of German History), Prof. Xu Youzhen of Wuhan University(vice president of Chinese Research Association of World Modern History), Prof Pan Yingchun of Wuhan University, Prof. Li Peng of Heilongjiang University and Prof. Hu Bo of Shaanxi Normal University. Some former directors of the Association such as Prof. Huang Zhengbai of Central China Normal University(former vice president of Chinese Society of German History), Prof. Yan Shuangwu (Wuhan University), Prof. Ye Jiang of Shanghai Jiao

Tong University, Prof. Niu Li of Chinese people's Liberation Army National Defense Information Institute, Prof. Xiong Weimin of Hunan Normal University (deceased) , Prof. Pang Cunsheng of Shijiazhuang Army Command College, Researcher Liu Renliang of Logistics College of the Armed Police Force, and Prof. Xu Kezhou of Logistics Command College. Some incumbent directors of the Association such as Prof. Luo Henglin of Hunan Normal University (vice president of Chinese Society of German History) , Researcher He Guiquan (China histitutes of Contemporary International Recations) , Prof. Shi Guifang of Capital Normal University, Prof. Li Huaishun of Zhaoqing College of Guangdong Province, Prof. Song Yongcheng of Shaanxi Normal University, Prof. Peifeng Guan of Wuhan University, Associate Professor Xiaoli Liu and Shiwei Zhang of Wuhan University, and Associate Professor Dawei Zhu of Gannan Normal University of Jiangxi Province.

Many teachers, experts, scholars and friends outside CAHWW Ⅱ have also given me a lot of help and encouragement, and put forward many valuable opinions. Some of them are the following: Prof. Qi Shirong (deceased) , former president of Chinese Research Association of World Modern History and former president of Capital Normal University; Prof. Peng Shuzhi, honorary director of Middle East Institute at Northwest University; Prof. Zhang Hongyi of Beijing Normal University, former president of Chinese Research Association of World Modern History; three former vice presidents of Chinese Research Association of World Modern History−−Prof. Zhang Xiang of Nankai University, Prof. Shen Yongxing of the Institute of World History of the Chinese Academy of Social Sciences, and Prof. Jiang Guishi of Inner Mongolia University for Nationalities; Prof. Li Tiecheng, former director of the Center for United Nations Studies of Beijing Language and Culture University; Prof. Yu Pei, former director of the Institute of World History, Chinese Academy of Social Sciences; Prof. Tao Wenzhao, former president of the Society for Sino-US Relations History and former Deputy Director of the Institute of American Studies of the Chinese Academy of Social Sciences; Prof. Di Wen of the Institute of World History of Chinese Academy of Social Sciences, former vice president of the Chinese Society of German History; Prof. Wang Jianlang, former director of the Institute of Modern History at Chinese Academy of Social Sciences and president of Historical Society of Chinese War of Resistance against Japanese Aggression; Prof. Shi Yinhong, chairman of the Chinese Society of American History and director of the Center for American Studies of Renmin University of China; Prof. Wu Youfa of Wuhan University, former President of the Chinese Society of German History; Prof. Li Gongzhen of Wuhan University, former vice president of Chinese Society of German History; the late Prof. Chen Xiansi of PLA Nanjing Institute of Politics; Prof. Wu Wei of the Institute of Russian and Central Asian Studies of Chinese Academy of Social Sciences; Prof. Zhang Qianhong, vice president of Zhengzhou University and vice president of China Middle East Society; Prof. Liu Cheng of Nanjing University; Prof. Li Jishun of Northwest Normal University; Prof. Zhang Shijun of Southwest University for Nationalities; Prof. Xia Jiting of Shandong Yingcai University; Prof. Che Xiaomei of Shanxi Normal University; Prof. Cao Shengqiang of Zaozhuang University of Shandong Province; Prof. Sun Guojun of Chifeng University of Inner Mongolia; Prof. Xu Guolin of Xuchang University of Henan Province; and Mr. Wang Shihao, amateur of history of World War II in Beijing, and so on. Prof. Zhou Jianyun of Guizhou University of Finance and Economics and Prof. Shen Qi of Central China Normal University, my two classmates and friends while studying for a doctorial degree, gave me a full range of help including material, spirit and skills. My colleagues, especially Prof. Sun Jingfeng, Prof. Wu Cheng and Prof. Ju Yongming of Henan Normal University, Prof. Chen Haihong, Prof. Wang Wei and Associate Prof. Du Xuexia of Shandong Normal University, and Prof. Sun Xiaoguang and Associale Prof. Jawenyan of Qufu Normal University, often provided me with suggestions for compilation. Mr. Zhu Zihui, a senior lecturer at the Ruzhou Municipal Party School in Henan Province, who was my first history teacher in middle school, has also been following the progress of the book. My graduate students in three universities, especially the doctoral students Jia Longyang, Zhang Xin, Zheng Qi and Liu Wenqing, the master students Jing Min, Wang Zefang, Song Ying, Zhou Huiyan, Chen Rui, Xue Zhen, Zhao Chunchao, Zhang Na, Zhang Xue, Zhang Dezhi and Li Jingran, paid hard work in the process of data collection and proofreading.

Above all, it is the unique vision and careful work of the leaders and editors of the People's Publishing House, Who made the book finally available. Without their substantial support, more than ten years of our hard work could not have born fruits.

Last but not least, Prof. Hu Dekun of Wuhan University and his National Social Science Foundation major project named "Archival Data collection and research on the History of the World Anti-Fascist War" provided financial guarantee for the smooth publication of this book.

On the occasion of publishing this book, I would like to express my heartfelt thanks to the above people and the People's Publishing House for their support, help and encouragement in all aspects.

Author: Zhao Wenliang

December 20th, 2022

Quyuan of Qufu, Shandong Province

目　　录

上　册

第二编　第二次世界大战史若干重大学术问题研究综述

中　册

第三编　第二次世界大战史著作目录索引

第四编　第二次世界大战史报刊论文目录索引

下　册

第五编　第二次世界大战史学位论文目录索引

第 一 编
中国第二次世界大战史研究的回顾与总结

中华人民共和国成立70年来,中国学者对第二次世界大战及其相关问题的研究取得了巨大成就。据笔者统计,到2019年底,中国共出版有关第二次世界大战的图书5618种(含1950年以来香港、台湾出版的二次大战图书512种);推出硕士、博士学位论文1560篇;发表文章近两万篇,仅大陆方面就发表文章16907篇,这还不包括数以万计的中国抗日战争史方面的文章。在庆祝中华人民共和国成立70周年之际,对我国关于第二次世界大战史的研究成果进行回顾和总结,具有重大的现实意义:它不仅可以向世界展示我国学者在该领域的辉煌成就,加强国际学术交流,而且必将以此为开端,促进我国的二次大战史研究走向新的辉煌。

第一章　中国第二次世界大战史
研究的历史回顾

七十余年来,中国的二战史研究走过了崎岖曲折的历程。大致可以 1966 年、1978 年和 2000 年为界分为四个阶段:1950 年至 1965 年,是二战史研究的起步与奠基阶段;1966 年至 1978 年,是二战史研究的挫折与停滞阶段;1979 年至 1999 年,是二战史研究的重振与高涨阶段;2000 年至 2019 年,是二战史研究的拓宽与深化阶段。

第一节　中国二战史研究的起步与奠基
（1950 年至 1965 年）

1949 年中华人民共和国成立后,我国进入了以马克思主义全面指导社会科学研究的时代,中国的二战史研究也由此进入了新的时期。中华人民共和国成立后至"文化大革命"前夕(1950 年—1965 年),是新中国二战史研究开始起步并取得初步成就的阶段。

中华人民共和国成立初期,在"向苏联学习"的口号下,一些军队高校在军事教学中开设了有关苏联伟大卫国战争史的课程;在地方高校的世界近代史教学中也讲授二战史,特别是苏德战争的课程。20 世纪 50 年代中后期,中国学术界掀起了一场二战史研究的热潮,围绕着二战的起点、性质、阶段划分等问题进行争鸣。张继平、胡雪岩、俞楠等学者纷纷在《光明日报》《历史教学》《历史教学问题》等报刊发表文章,阐述自己对这些问题的看法。关于第二次世界大战的起点,"三九"说在争鸣中成了史学界的主流,何戊双、丁则民、林举岱等坚持这一看法。① 与此

---

① 何戊双:《关于第二次世界大战的性质问题》,《教学与研究》1954 年第 2 期;丁则民:《第二次世界大战性质的初步探讨》,《光明日报》1955 年 12 月 22 日;黄成礼、李桂大:《第二次世界大战爆发的原因》,《历史教学》1957 年第 2 期;林举岱:《第二次世界大战的性质和开始日期》,《历史教学问题》1957 年第 2 期;穆林:《反法西斯统一战线是怎样形成的》,《历史教学》1957 年第 3 期。

同时，也有学者提出了"三一"说、"三七"说以及"三五至三七年"说等。如丁则民、张继平、俞楠等学者坚持"三一"说，指出"一九三一年揭开了第二次世界大战的序幕"。① 胡雪岩提出"三七"说，指出"芦沟桥事变爆发，中国展开全面抗战的日子，也就是第二次世界大战开始的日子。"② 郑玉林提出"第二次世界大战开始于一九三五年至一九三七年左右"，认为二战在西方开始于1935年意大利入侵埃塞俄比亚，1936年德意武装干涉西班牙；在东方开始于1937年7月日本法西斯侵占北京、上海。③ 由于当时所提论据多局限于时间因素，既没有提出中国战场这个历史事实，也没有和战争性质密切结合起来进行讨论，更重要的是当时社会条件的严重影响，致使讨论没有取得结果而告终。关于二次大战的性质，存在着三种不同的看法。胡雪岩、林举岱坚持"自始至终反法西斯的正义战争"说，认为"二次大战是反法西斯的正义战争，自始至终就带有反法西斯的正义性"④，"第二次世界大战一开始就具有反法西斯侵略的解放战争的性质"。⑤ 何戊双、丁则民、俞楠等提出"两段"论或二战初期"两重性质"论，主张将大战以1941年6月苏联参战为界分为两个阶段，前一阶段基本上属于帝国主义争夺世界霸权的战争，后一阶段则是反法西斯战争。⑥ 郑玉林、张继平则坚持"多重性质"说，指出由于第二次世界大战的复杂性和多方面性，由于各方面进行战争所抱定的目的和认识不同，因此它的性质不是单一性的而是多方面的。从德国及其强盗伙伴方面说，这次战争是掠夺的侵略战争；从苏联和受法西斯进攻的其他国家人民方面说，这次战争是正义的解放战争；从美、英、法统治集团方面说，这次战争是帝国主义争夺世界霸权的战争。⑦

在学术成果方面，大陆学者（主要是地方高校和科研机构的学者）在这一阶

---

① 丁则民：《第二次世界大战性质的初步探讨》，《光明日报》1955年12月22日；张继平：《试论第二次世界大战的开始、起因和性质》，《光明日报》1956年11月22日；俞楠：《关于第二次世界大战爆发的时间及其发展阶段问题》，《史学月刊》1957年第9期。

② 胡雪岩：《关于第二次世界大战开始和性质问题》，《光明日报》1957年1月17日。

③ 郑玉林：《再论第二次世界大战的一些问题》，《光明日报》1957年1月3日。

④ 胡雪岩：《关于第二次世界大战开始和性质问题》，《光明日报》1957年1月17日。

⑤ 林举岱：《第二次世界大战的性质和开始日期》，《历史教学问题》1957年第2期。

⑥ 何戊双：《关于第二次世界大战的性质问题》，《教学与研究》1954年第2期；丁则民：《第二次世界大战性质的初步探讨》，《光明日报》1955年12月22日；俞楠：《关于第二次世界大战爆发的时间及其发展阶段问题》，《史学月刊》1957年第9期。

⑦ 郑玉林：《再论第二次世界大战的一些问题》，《光明日报》1957年1月3日；张继平：《试论第二次世界大战的开始、起因和性质》，《光明日报》1956年11月22日。

段共发表二次大战论文 164 篇,其中 1957 年至 1961 年 5 年间发表 111 篇,占该阶段发文总数的三分之二(67.68%),反映出这几年是该阶段二战史研究的小高潮。为配合二战史的教学工作,大陆学者编著和翻译了 232 种二战史相关著作,其中包含中国学者图书 81 种,外文译著 151 种,外文译著数量远超中国学者著述,反映出在中国二战史研究的起步阶段,中国学界相当重视引进和介绍国外学者的研究成果,以开放的态度了解国外学界的成果。绝大多数外文译著是军队指挥机构、学术机构和军事院校翻译的,除几部重要的二战史通史外,大多数是苏联卫国战争和太平洋战争方面的军事学术著作,包括苏联卫国战争图书 85 部、太平洋战争图书 35 部(主要是海战尤其是美军登陆战的图书)。主要著作有日本历史学研究会编撰的五卷本《太平洋战争史》、苏联学者普拉托诺夫等编著的《第二次世界大战(1939—1945)战史概要》①、美国学者威廉·夏伊勒的《第三帝国的兴亡:纳粹德国史》②。中国学者所撰书籍大多数也是由军队指挥机构、学术机构和军事院校编写的有关苏联卫国战争、太平洋战争作战的图书。这一阶段也出版了两本名为《第二次世界大战》的图书,分别由徐弦、罗荣渠撰写,但是分别只有几十页和一二百页,与其他图书一样基本上属于小册子性质,没有大陆学者撰写的反映二战全貌的专著问世。

第二节　中国二战史研究的挫折与停滞
(1966 年至 1978 年)

"文化大革命"开始到十一届三中全会前(1966 年—1978 年),是中国大陆的二战史研究遭受挫折、处于停滞的阶段。

"文化大革命"爆发后,在极"左"思潮影响下,中国大陆的二战史研究跌入低谷,学术园地一片凋零,学术活动基本停顿。1966—1976 年的"文化大革命"的 11 年里,总共发表二次大战相关文章 42 篇,其中 1966 年、1967 年、1968 年、1971 年和 1972 年 5 年数据为零;出版二战史图书 67 部,其中 1967 年数字为零,1966 和 1968 年仅分别出版 1 部,没有一年超过 10 部。这一阶段所出版的二

---

① 〔苏〕斯·普·普拉托诺夫等编辑:《第二次世界大战(1939—1945)战史概要》,中国人民解放军海军司令部出版处译,中国人民解放军总参谋部出版局印,1963 年。

② 〔美〕夏伊勒:《第三帝国的兴亡:纳粹德国史》(全二册),董天爵等译,世界知识出版社1965 年/2012 年/2015 年版。

次大战相关书籍，几乎都是为了"反对修正主义"的需要而产生的应时之作，均为小册子性质的宣传材料，缺乏学术性，根本称不上是研究。可以说二战史的研究几乎处于停滞和倒退的状态。只是在粉碎"四人帮"之后，大陆的二次大战史研究才开始有所起色。

总之，在十一届三中全会以前，我国的二战史研究未引起社会应有的重视，没有建立起专门的科研机构和学术团体；加之完全套用苏联的二战史研究框架，意识形态和阶级分析法之片面指导，我国的研究几乎没有什么建树，仅仅是重复苏联观点和斯大林、毛泽东的语录而已。

第三节　中国二战史研究的重振与高涨
（1979 年至 1999 年）

1978 年底党的十一届三中全会后，我国的二战史研究出现了转机。思想解放促进了人们从事科学研究的热情，带来了社会科学各个领域的全面繁荣，中国的第二次世界大战史研究也迎来了学术的春天，开始走上健康的道路，进入了真正的学术研究阶段和大发展时期，从而出现了二战史研究的高涨和繁荣。1979 年至 1999 年间，中国学者对二次大战及其相关问题的研究取得了巨大的成就，呈现出千帆竞发、百舸争流的喜人局面。研究高潮此起彼伏，研究热点层出叠现，新颖观点不断提出，研究成果琳琅满目。二战史成了我国世界史学科成果最为丰硕的领域，成了世界现代史、国际关系史和外国军事史研究中一个重要的专门领域，并成为世界史学科的一门显学。1979 年至 1999 年间，中国大陆二战史研究的重振与高涨表现在如下八个方面。

一、建立了二战史研究的全国性学术团体——中国二战史研究会

党的十一届三中全会后，中国的二战史研究在军事和地方高校以及一些科研单位开展了起来。军事院校为了进行二战史的教研工作，迫切希望得到地方院校的帮助；在二战史研究上先行一步的地方院校和科研单位也乐于与军队的史学工作者共同努力开创二战史研究的新局面。

1978 年，中国社会科学院决定在哲学社会科学领域内，建立各个学科的研究会或学会。根据院部的精神，世界历史研究所二战史课题组提出了建立第二次世界大战史研究会的建议。在世界历史所副所长朱庭光的积极支持下，决定以本所二战史课题组的名义,倡议成立二战史研究会。倡议得到许多单位的热烈响应。1979 年 7 月 11 日至 19 日,首次全国二战史学术讨论会在哈尔滨召开。会议决定成立中国第二次世界大战史研究会筹备组,筹建中国第二次世界大战史研究会。筹备组由朱庭光、张椿年、唐志刚等 5 人组成。

1980 年 6 月 16 日至 24 日,来自军事科学院、军事学院(即今之国防大学)、中国社会科学院世界历史研究所、昆明军区步兵学校、安徽师大、武汉大学、上海师大(即今之华东师大)等 46 个单位的 74 名代表在昆明召开学术讨论会。昆明军区司令员张铚秀少将到会祝贺。会议宣告了中国第二次世界大战史研究会(简称二战史研究会;英文名称为 Chinese Association for the History of the World War Ⅱ ,CAHWW Ⅱ)的成立;推选安徽师大陈正飞教授等 11 人组成第一届理事会,由陈正飞任会长,万海亭(军事学院)、张继平(武汉大学)、张椿年(世界历史所)任副会长,李巨廉(华东师大)为秘书长,并聘请郭化若、宦乡为名誉会长,会址设在华东师大,李巨廉秘书长负责日常工作。

1982 年 8 月 10 日至 20 日,二战史研究会与国防大学在北京召开学术讨论会。会议期间举行了第二届会员代表会议,选举张继平等 13 人组成第二届理事会,由张继平任会长,万海亭、莫阳、张椿年、李巨廉(兼秘书长)为副会长。除郭化若、宦乡两位名誉会长外,会议又增聘段苏权为名誉会长;聘请陈正飞、赵忠信为顾问。

1985 年 8 月 28 日至 9 月 2 日,二战史研究会与中国社会科学院、军事科学院在北京举办的学术讨论会期间,召开了第三届会员代表会议,选举张继平等 19 人组成第三届理事会,张继平任会长,莫阳、黄玉章、李巨廉为副会长。

按照研究会章程的规定,二战史研究会本应在 1990 年举行会员代表会议并进行换届选举工作,由于筹办会议有困难,1990 年 5 月,在华东师大举行的理事会扩大会议上,决定本届理事会任期延长 5 年。为了适应工作开展的需要,对理事会进行了局部调整:莫阳副会长和吴春秋理事辞去所任职务而受聘为顾问,增补王道平为副会长、徐晓村为理事;接受施谛辞去理事的要求,增补马凤山、陈忠龙为理事;增补副秘书长胡德坤为理事,增补郑寅达为理事并聘为副秘书长;另外,再增补一个军队单位理事。

1991 年 12 月 25 日,二战史研究会在国防大学召开第三届理事会第三次会议,增补陈祥超为副会长(从 1991 年 6 月起);同意副会长李巨廉辞去所兼秘书长之职,由张海麟接任。会议同时决定:二战史研究会会址由华东师大迁至北京国防大学科研部;成立由秘书长张海麟主持的秘书处,作为二战史研究会常设的办事机构,负责日常工作。

1991年12月26日,二战史研究会获民政部批准注册登记,从法律上正式成为全国性学术团体。张海麟为法人代表。

1993年9月15日,二战史研究会召开常务理事会议,鉴于张继平已于同年3月病逝,常务理事会推选黄玉章为会长。

1995年8月18日至20日,在二战史研究会与石家庄陆军参谋学院联合举办的学术讨论会期间召开了第四届会员代表会议,进行了换届改选工作,选出了由25人组成的第四届理事会。选举黄玉章为会长,李巨廉、陈祥超、支绍曾、胡德坤、李殿仁为副会长,张海麟为秘书长,郑寅达、禹杰为副秘书长。推举郭化若为名誉会长,朱庭光、刘鲁民、王道平为顾问。

1999年7月3日,二战史研究会召开第四届理事会第二次常务理事会议,根据中国社会科学院(99)社科研字第15号文件《关于社团重新登记中做好超龄负责人调整工作的通知》,常务理事会同意黄玉章不再担任会长的请求,推选副会长支绍曾为代理会长(后因故由陈祥超任代理会长),并聘任黄玉章为名誉会长。

根据国办发[1997]11号文件精神和社会科学院的工作部署,二战史研究会对1985年以来的工作和活动情况进行了认真的自查,并于1997年8月上报了《清理整顿报告书》。同年8月25日,北京中润会计师事务所对二战史研究会进行财务审计后,作出了《审计报告》(润审字[97]第079号)。1998年8月28日,二战史研究会与中国社会科学院就挂靠管理问题签订了协议书。1999年10月,二战史研究会向民政部提交了各种有关重新登记的资料和表格。民政部在进行了严格审查后,于1999年10月15日批准了二战史研究会的重新登记报告,并于2000年3月给二战史研究会颁发了《社会团体法人登记证书》(社证字第3470号)。作为合法的全国性学术团体,二战史研究会在全国各地的业务活动,受到了法律的保护。

2001年10月12日至15日,二战史研究会与武汉大学联合举办题为"第二次世界大战与二十世纪世界历史进程"的学术讨论会。会议期间进行了理事会的换届选举工作,选出了由35人组成的第五届理事会。选举胡德坤为会长,张晓华、张海麟、王斯德、徐蓝、李少军、苑鲁6人为副会长,彭训厚为秘书长,禹杰、严双伍、韩永利为副秘书长。后又增补肖裕声为副会长,肖石忠为副秘书长。

2006年12月3日至4日,在二战史研究会与浙江省上虞市人民政府联合举办的"第二次世界大战与中国国家安全战略研究"研讨会期间,进行了理事会换届选举工作。选出了由45人组成的第六届理事会。选举胡德坤为会长,肖裕声、陈金健、曾苏南、张晓华、徐蓝、马骏6人为副会长,肖裕声兼秘书长,肖石忠为常务副秘书长,并聘向守志上将为名誉会长。

2011年12月,二战史研究会进行了理事会的换届选举工作。选出了由75人组成的第七届理事会。选举胡德坤为会长,肖裕声、张晓华、徐蓝、陈金健、曾苏南、马骏6人为副会长(其中肖裕声为常务副会长),肖裕声兼任秘书长,肖石忠、尹智博、梁曦、韩永利为副秘书长,并聘向守志上将为名誉会长。

2016年12月17日至18日,中国第二次世界大战史研究会2016年年会暨学术研讨会在北京金龙潭大饭店召开。会议选举产生了由88人组成的第八届理事会,选举徐蓝为会长,肖裕声、张晓华、马骏、彭敦文为副会长(其中肖裕声为常务副会长兼秘书长)。2017年7月呼和浩特年会上,增选林利民、汪金国为副会长。

表1-1-1　中国第二次世界大战史研究会理事会机构沿革一览表

届别	任职期限	会长、副会长	秘书长、顾问	理事
一	1980—1982	会　长:陈正飞 副会长: 万海亭　张继平　张椿年 名誉会长: 郭化若　宦乡	秘书长:李巨廉	赵忠信　王振德　凌治彬　王幼麟 郑庆云 吴春秋(1981年起) 谭圣安(1981年起)
二	1982—1985	会　长:张继平 副会长: 万海亭　莫阳 张椿年　李巨廉 名誉会长: 郭化若　宦乡 段苏权	秘书长:李巨廉 副秘书长: 唐志纲 杜文棠(1981.5起) 顾问: 陈正飞　赵忠信	王幼麟　王振德　朱贵生　吴春秋 郑庆云　凌志彬　谭圣安

届别	任职期限	会长、副会长	秘书长、顾问	理事
三	1985—1995	会　长： 张继平(至1993.9) 黄玉章(1993.9起) 副会长： 莫　阳(至1990.5) 黄玉章(至1993.9) 李巨廉 王道平(1990.5起) 陈祥超(1991.6起) 名誉会长： 郭化若　宦　乡	秘书长： 李巨廉(至1991.12) 张海麟(1991.12起) 副秘书长： 张海麟(1986.12至1991.12) 胡德坤(1986.12) 郑寅达(1990.5) 支绍曾(1992.12) 顾问： 朱庭光　刘鲁民 莫　阳　吴春秋	任　众　伍宗华　杨少俊　沈学善 郑庆云　周希奋　张海麟　俞新天 凌治彬　谭圣安　吴春秋 魏喜令(1986.2)陈祥超(1986.10) 施　谛(1986.10)胡德坤(1990.5) 郑寅达(1990.5)徐晓村(1990.5) 马凤山(1990.7)陈忠龙(1990.7) 尹　卓(1991.7)支绍曾(1993.9) 保留军队单位代表一名,台湾地区代表一名
四	1995—2001	会　长：黄玉章(至1999.7) 副会长： 李巨廉　陈祥超 支绍曾　胡德坤 李殿仁 代理会长： 陈祥超(1999.7起) 名誉会长： 郭化若 黄玉章(1999.7起)	秘书长：张海麟 副秘书长：郑寅达 禹　杰 顾问：朱庭光　刘鲁民 王道平　李相英	叶　江　孙利辉　李洪程　李　朋 李　杰　李安华　沈学善　陈忠龙 杨少俊　张金基　郑庆云　罗志刚 徐　兰　徐　勇　戚世权
五	2001—2006	会　长：胡德坤 副会长： 张晓华　张海麟 王斯德　徐蓝 李少军　苑鲁 肖裕声(2004.9起) 名誉会长： 黄玉章 李殿仁	秘书长：彭训厚 副秘书长： 禹　杰　严双伍 韩永利 肖石忠(2004.6起) 顾问： 朱庭光　刘鲁民 李巨廉　陈祥超 支绍曾	马　骏　牛　力　叶　江　李　杰 李　朋　李安华　何桂全　沈学善 武天富　杨庆华　陈　洪　罗志刚 张定淮　张金基　张国梁　俞荣根 胡　珀　徐　勇　徐新民　黄正柏 谢先辉　曾苏南　蒋玉槐　熊伟民 贺新城(2004.6)　马建国(2004.6) 胡立博(2004.6)

续表

届别	任职期限	会长、副会长	秘书长、顾问	理事
六	2006—2011	会　长：胡德坤 副会长： 肖裕声　陈金健 曾苏南　张晓华 徐蓝　马骏 名誉会长： 向守志	秘书长： 肖裕声（兼） 常务副秘书长： 肖石忠 副秘书长： 尹智博　韩永利 高级顾问： 黄柏富　李小军 张海麟　王斯德 苑鲁　杨彦春 李南征　黄宏 彭训厚	尹智博　胡立博　马建国　王桂鑫 贺新城　肖石忠　罗志刚　韩永利 严双伍　庞存生　叶江　张金基 李朋　李杰　李安华　沈学善 徐勇　牛力　何桂全　禹杰 武天富　杨庆华　陈洪　张定淮 张国梁　宫云祥　俞荣根　胡舶 徐新民　黄正柏　谢先辉　熊伟民 徐康明　梁占军　孙丛政　吴隔河 陈小平　赵文亮
七	2011—2016	会　长：胡德坤 常务副会长：肖裕声 副会长： 张晓华　徐蓝 陈金健　曾苏南 马骏 名誉会长： 向守志	秘书长： 肖裕声（兼） 常务副秘书长： 肖石忠 副秘书长： 尹智博　梁曦 韩永利 高级顾问： 逢先知　赵锡君 徐小岩　张志功 江磐　周友 谭悦新　郭锡章 徐承云　张中华 李南征　杨彦春 姚建平	朱和平　张伊宁　徐焰　牛力 耿晓红　肖石忠　尹智博　梁曦 韩永利　彭敦文　潘迎春　柯春桥 梁占军　李杰　徐克洲　周璞芬 张连松　刘仁亮　姜廷玉　梁水宝 吴俊全　饶立群　王桂鑫　舒正平 李长海　庞存生　张志强　元书俊 倪明仿　王慧慧　卢思锋　沈军 康宁　周溯源　张志华　沈强 宗力哲　段生魁　王祥　罗永富 彭施瑞　黄宗殿　刘新波　于国杰 张海文　邵筱余　卞秀瑜　赵文亮 唐慧荣　贺定超　王海怀　史新峰 盛思鑫　周晞　叶江　严双伍 张金基　李朋　李安华　徐勇 胡舶　徐新民　黄正柏　谢先辉 何桂全　武天富　陈洪　张定淮

续表

届别	任职期限	会长、副会长	秘书长、顾问	理事
八	2016—2021	会　长:徐蓝 常务副会长:肖裕声 副会长: 张晓华　马骏 彭敦文 林利民(2017.7起) 汪金国(2017.7起) 名誉会长: 向守志　胡德坤 法人代表:张晓华	秘书长:肖裕声(兼) 副秘书长: 肖石忠　尹智博 梁　曦　王宏波 姚百慧 高级顾问: 逄先知　李殿仁 赵锡君　徐小岩 张志功　江　磐 周友良　谭悦新 郭锡章　徐承云 张中华　李南征 杨彦春　姚建平	边振岳　卜秀瑜　陈　洪　崔树强 杜　丹　段生魁　耿　志　耿晓红 关培凤　韩永利　何　兰　何桂全 贺定超　胡　舶　柯春桥　李　杰 李　朋　李安华　李大光　李新永 李长海　李宗远　梁　曦　梁水宝 梁占军　林利民　刘仁亮　卢思锋 罗永赋　马晓春　孟钟捷　倪明仿 潘迎春　庞存生　彭施瑞　蒲　元 饶立群　邵筱余　沈　军　沈　强 盛思鑫　史新峰　舒正平　唐国斌 唐慧荣　王　祥　王宏波　王宗仁 吴俊全　武天富　夏一东　肖石忠 邢来顺　徐　焰　徐　勇　徐建华 徐克洲　徐友珍　薛国安　薛启亮 严双伍　姚百慧　尹智博　于国杰 元书俊　张　川　张　量　张金基 张连松　张盛发　张伊宁　张跃斌 张志华　张志强　章毅君　赵文亮 周　晞　周璞芬　周溯源　朱和平 宗力哲

　　为了规范学会及会员的组织和活动,中国二战史研究会制订了《中国第二次世界大战史研究会章程》。《中国第二次世界大战史研究会章程》最初于1980年6月昆明会议上通过,在1982年8月的第二届会员代表会议、1985年8月的第三届会员代表会议等会议上进行了修订。根据国务院1998年10月25日颁布的《社会团体登记管理条例》,参照中华人民共和国民政部颁发的《社会团体章程师范文本》,二战史研究会修改了章程,并于1998年12月在《二战史通讯》第17期上公布了《中国第二次世界大战史研究会章程》,以通讯方式征得会员同意后上报民政部批准实施。章程的具体内容见本章附录(一)。

　　30多年来,中国第二次世界大战史研究会的队伍不断发展壮大,会员人数稳步增加。1980年6月为74人,1981年2月为129人,1985年8月为223人,1991年8月为234人,1995年8月为254人,2000年12月为307人,2004年达到463人,2014年更达到543人,2019年9月达到567人。会员分布在全国各地军队和地方的大专院校、科研机构、新闻出版界等167个单位。

　　作为一个全国性军民共建的从事学术研究的独特学术团体,二战史研究会为军队和地方的二战史学工作者提供了一个交流学术思想、互通研究信息的平台。二战史研究会定期主办或协办学术会议,邀请国外学者来华或组织会员出国进行学术交流,组织编写和出版著作。为加强二战史研究会会员之间,以及与外界的互通,中国二战史研究会还于2004年1月建立了自己的网站,网址为:www.cihww2.org。

二、建立了专门的教学和培养机构,形成了一支富有生气的教研队伍

国内外各高校和科研机构对二战史的研究十分重视,设立了一些专门从事二战史研究的专门机构。1978年底,研究力量比较集中的武汉大学历史系率先设立了以张继平为首的二战史研究室;1980年夏,华东师范大学历史系也设立了二战史研究室,由李巨廉负责。中国社会科学院世界历史研究所、军事科学院军事历史研究部(现世界军事研究部)和首都师范大学历史系也分别设立了课题组,集中一批学者对二战史的若干重大问题进行集体攻关。这些都是二战史研究人员相对集中、成果比较丰富的研究机构。

在教学方面,许多高校开设了二战史或与其相关的课程。军事科学院和军事院校自不待言,普通高校也大多开设有这方面的课程。

在人才培养方面,这一阶段培养了近百名以二战史为主攻方向的硕士和博士研究生。武汉大学、华东师范大学、首都师范大学、中国社会科学院、中国军事科学院、国防大学等单位是主要的培养单位。武汉大学张继平、胡德坤,华东师范大学李巨廉、王斯德,首都师范大学齐世荣在20世纪80年代即开始招收二战史方向硕士研究生。中国世界现代史学科奠基人、首都师范大学齐世荣是我国最早招收二战史方向博士生的学者,他从1986年即开始招收二战史方向博士生,徐蓝、武寅、梁占军等学者都是他培养的。中国二战史研究会前会长、武汉大学胡德坤教授从1994年起开始招收第二次世界大战史方向(含中日战争史和抗战时期的中外关系)博士研究生,培养了韩永利、李工真、彭敦文、何兰等学者。这些研究生大多活跃于军队和地方高校教学与科研第一线,研究二战史及与二战相关问题,成为中国二战史学界的新生力量。

三、推出了九千余种著述

1979—1999年间,我国的史学工作者不负党和国家的期望,在各自的工作岗位上,结合本单位的教学和科研工作,撰写了大量的二战史著述。据统计,在这 20 年的时间里,中国学者共编撰和翻译出版二次大战图书 1383 种,其中中国学者著作 784 种,外文译著 517 种;发表有关二次大战的文章 7519 篇(含外文译文)。此外,军队和地方高校以及一些科研单位还指导二战史及相关方面的硕士、博士论文 108 篇。这些研究成果涉及第二次世界大战史的方方面面。

1. 出版了大量的著作

1979—1999 年间,大陆学者共编撰和翻译出版(含再版)著作 1383 种,其中初次出版图书 1301 种(中国学者著作 784 种,外文译著 517 种),图书内容涉及二战史的方方面面。本人将大陆出版的图书归类为十大专题,如果将再版图书也统计在内的话,有四个专题的图书都超过了 200 种,分别是:"第二次世界大战中的军事学术"292 种,"第二次世界大战的总结"240 种,"人物研究"218 种,"法西斯的侵略及其暴行"213 种。这四大专题的图书总共 963 种,占这一时期出版全部二战史图书的近七成(69.63%)。

从所出版的国外学者译著来看,国外著名二战史家的著作绝大多数被介绍到了中国。通史方面主要有英国著名军事理论家利德尔·哈特所著两卷本《第二次世界大战史》(上海译文出版社 1978 年/1980 年版),曾任国际二战史学会主席的著名法国二战史家米歇尔的《第二次世界大战(上下)》(商务印书馆 1980 年版),联邦德国蒂佩尔斯基希著有《第二次世界大战史(上下册)》(解放军出版社 1986 年版);尤其值得一提的是苏联学者德波林等主编的 11 卷本《第二次世界大战史》(上海译文出版社 1978—1989 年版)历时 12 年出版完毕。专著方面,研究二战起源的主要有英国麦克唐纳的《美国、英国与绥靖》(中国对外翻译出版公司 1988 年版)、美国学者特尔福德·泰勒所著《慕尼黑——和平的代价(上下)》(新华出版社 1984 年版),英国学者泰勒的《第二次世界大战的起源》更是被多家出版社出版(华东师范大学出版社 1991 年版/商务印书馆 1992 年版);研究法西斯主义的主要有德国屈恩尔的《法西斯主义剖析:原因统治结构现实性》(军事科学出版社 1992 年版)、奥地利赖希的《法西斯主义群众心理学》(重庆出版社 1990 年/1993 年版)、德国维佩曼的《欧洲法西斯主义比较:1922—1982 年》(东方出版社 1992 年版)、法国学者克洛德·达维德的《希特勒与纳粹主义》(商务印书馆 1997 年版)、日本学者井上清的《日本军国主义》(商务印书馆 1985 年版)、美国贝尔加米尼的《日本天皇的阴谋》(商务印书馆 1986 年版),以及被多家出版社出版和再版的美国学者夏伊勒的《第三帝国的兴亡》。研究各战场的主要有英国西顿的《苏德战争》(上海人民出版社 1983 年版)、美国科斯特洛的《太平洋战争》(东方出版社1985年版);探讨军事战略的有联邦德国卡尔·德雷奇斯尔勒等所著《第二次世界大战中的政治与战略》(军事科学出版社1983年版)、苏联国防部军事历史研究所等编的《第二次世界大战总结与教训》(军事科学出版社1988年版),以及伊万诺夫主编的《战争初期——第二次世界大战中战局和战役经验》(上海译文出版社1979年版);战役研究方面有德国汉斯—阿道夫·雅各布森等著的《第二次世界大战的决定性战役:德国观点》(江苏人民出版社1982年版)、英国莫尔的《第二次世界大战的重大战役》(上海译文出版社1983年版);战时国际关系方面主要有苏联泽姆斯科夫的《欧洲第二战场外交史》(军事译文出版社1985年版)和英国阿诺德·托因比主编的11卷本《国际事务概览丛书战时编(1939—1946)》(上海译文出版社1979—1990年版),后者历时12年出版完毕。资料方面主要有法国博多等主编的《第二次世界大战历史百科全书》(解放军出版社1988年版)、联邦德国希尔格鲁贝尔等的《第二次世界大战大事记》(军事科学出版社1987年版)和日本防卫厅战史室编的《日本军国主义侵华资料长编》(四川人民出版社1988年版)等,美国时代生活公司所编39卷本的《图文第二次世界大战史》(中国社会科学出版社1987年版)的出版,为我国提供了丰富的二战史图片。

从中国学者所撰著作来看,结束了"小册子"的时代,各具特色的学术著作如雨后春笋般陆续出版。这些著作对二战史进行了全面系统的研究,展现出新时期二战史研究的水平大幅提升。这些著作,或以内容全面、体例完整见长,或以主线突出、史实详尽取胜,或以史料丰富、论述精当著称,均可谓二战史研究的精品。所出版的中国学者著述大体可分为五类。

一是通史类。对大战的起因、经过和结局都进行较为系统、全面的论述。1980年代有几部中型二战史通史问世,它们是朱贵生等编著的《第二次世界大战史》(人民出版社1982年版),黄玉章等著的《第二次世界大战》(世界知识出版社1984年版),张继平、胡德坤等合著的《第二次世界大战史》(甘肃人民出版社1984年版),胡德坤、罗志刚主编的《第二次世界大战史纲》(武汉大学出版社1989年);1990年代,中国军事科学院军事历史研究部主编的5卷本大型二次大战通史《第二次世界大战史》出版(中国军事科学出版社1995—1998年版),成为二战史通史研究的压轴之作。

二是专著类。从大战的某个侧面、某个层次或者某个领域做了较为深入的分析研究。这是我国学者关于二战史研究成果最为集中的领域之一。关于大战起源的著作主要有胡德坤著《七七事变》（解放军出版社 1987 年版），陈兼著《走向全球战争之路》（上海学林出版社 1989 年版）。关于法西斯主义的著作主要有朱庭光主编的《法西斯新论》（重庆出版社 1991 年版）和《法西斯体制研究》（上海人民出版社 1995 年版），陈祥超等所著《法西斯运动和法西斯专政》（中国青年出版社 1999 年版），李工真著《纳粹德国经济体制研究》（武汉大学 1994 年版）。关于绥靖政策的有齐世荣主编的《绥靖政策研究》（首都师范大学出版社 1998 年版）。在二次大战各战场研究方面，关于欧洲战场的有翟晓敏的《大西洋战场》（中国青年出版社 1996 年版）；苏德战场著作主要有庞绍堂所著《苏德战场》（中国青年出版社 1996 年版）；研究中日战争和中国抗日战争的著作主要有龚古今主编的《中国抗日战争史稿》（湖北人民出版社 1983 年版），胡德坤著《中日战争史》（武汉大学出版社 1988 年版），军事科学院军事历史研究部著三卷本《中国抗日战争史》（解放军出版社 1994 年版），王振德著《第二次世界大战中的中国战场》（社会科学文献出版社 1991 年版），罗焕章著《中国抗战军事史》（北京出版社 1995 年版）肖效钦、钟兴锦主编的《抗日战争文化史 1937—1945》（中共党史出版社 1992 年版）。近年来，中缅战场和中国远征军入缅作战成为新的研究热点，这方面的著作主要有时广东、冀伯祥著《中国远征军史》（重庆出版社 1994 年版），徐康明著《中国远征军战史》（军事科学出版社 1995 年版）和陈立人著《缅甸中日大角逐》（解放军文艺出版社 1998 年版）。战时国际关系方面的著作主要有任东来著《争吵不休的伙伴：美援与中美抗日同盟》（广西师范大学出版社 1995 年版），王真著《动荡中的同盟：抗日战争时期的中苏关系》（广西师范学院出版社 1993 年版），罗志刚著《中苏外交关系研究（1931—1945）》（武汉大学出版社 1999 年版），李世安著《太平洋战争时期的中英关系》（中国社会科学出版社 1994 年版），徐蓝著《英国与中日战争》（首都师范学院出版社 1991 年版），严双伍、胡德坤著《第二次世界大战时期的美法关系》（武汉大学出版社 1997 年版），时殷弘著《美苏从合作到冷战》（华夏出版社 1988 年版）。军事学术方面的有张继平著《历史的反思：第二次世界大战的战略与政略》（时事出版社 1990 年版），黄金鹏著《日军作战理论研究》（军事科学出版社 1998 年版），倪乐雄著《帷幄与决胜：第二次世界大战中决定性会战述评》（上海人民出版社 1995 年版），熊伟民著《战时美国的欧洲战略》（湖南教育出版社 1997 年版）。20 世纪 90 年代以来，对日本侵华暴行的研究成为学术界的热点，主要著作有孙宅巍主编的《南京大屠杀》（北京出版社 1997 年版）、章开沅著《南京大屠杀的历史见证》(湖北人民出版社 1995 年版)、苏智良著《慰安妇研究》(上海书店出版社/世纪出版集团 1999 年版)和纪道庄、李录主编的《侵华日军的毒气战》(北京出版社 1995 年版)等。二战对战后世界的影响方面的著作有胡德坤、罗志刚著《第二次世界大战与战后世界性社会进步》(湖北人民出版社 1994 年版)。

以上仅列出了中国学者的部分代表作,但可以看出中国学者对二战史的研究已覆盖了二战史的各个领域,其中关于中国抗日战争在二战中的地位与作用研究、二战对战后世界的影响研究,是国际学术界研究的薄弱环节,中国学者在这方面的研究成果虽然还处于起步阶段,但却是开拓性的研究,是二战史研究中的重要亮点。

三是词典、工具书和资料汇编。这类图书信息量大,知识面宽,可供研究者和读者查考。词典和工具书主要有张跃铭、蔡翔主编的《第二次世界大战通鉴:1937—1945》(天津人民出版社 1995 年版),李巨廉、金重远主编的《第二次世界大战百科词典》(上海辞书出版社 1994 年版),王斯德主编的《第二次世界大战事件人物》(华北师范大学出版社 1991 年版),刘庭华编著的《中国抗日战争与第二次世界大战系年要录·统计荟萃:1931—1945》(海潮出版社 1995 年版),以及陈石平主编的《世界大战实录》(书海出版社 1994 年版)等;资料汇编主要有:《第二次世界大战资料汇编》(军事科学院外国军事研究部编译 1982 年版),《第二次世界大战史资料选辑(1931—1945)》(中国人民大学历史系编印 1986年版)和李巨廉、王斯德主编的《第二次世界大战起源历史文件资料集 1937—1938 年》(华东师范大学出版社 1985 年版)。

四是人物传记和回忆录、通俗读物和画册。中国学者撰写了 200 多部人物传记,涉及绝大多数二次大战时的重要人物。其中最集中的是希特勒传记 45部,墨索里尼传记 15 部,东条英机传记 12 部,隆美尔 18 部,山本五十六 10 部;罗斯福、丘吉尔各有 30 余部,斯大林、戴高乐各有 10 余部,盟国重要将帅艾森豪威尔、麦克阿瑟、巴顿、蒙哥马利和朱可夫等都有 10 余部。国防大学出版社1995 年出版的"第二次世界大战著名人物亲历记"系列图书 23 本中有 17 本是中国学者所创作。

通俗读物和画册,图文并茂,通俗易懂,可读性较强。主要有北京五岳文化咨询公司编写的《第二次世界大战图史》(华夏出版社 1995 年版),郑志国等编的《第二次世界大战画史(上、下册)》(世界知识出版社 1995 年版),管辉、苏真主编的《第二次世界大战图片档案实录(全 6 册)》(中国档案出版社 1995 年版），沈永兴、世华主编的《第二次世界大战实录：摄影集》（重庆出版社 1995 年版），彭训厚等编著的《第二次世界大战纪实图集》（春风文艺出版社 1995 年版），以及人民邮电出版社、中国国际广播出版社等联合推出的邮票集《历史呼唤和平》（1995 年版）等。这些人物传记和回忆录、通俗读物和画册以通俗语言和直观效果，在学术与普及、学者与读者间搭起了一座不可或缺的桥梁，使二战史拥有广大读者群和业余爱好者。

五是论文集。内容集中，学术价值较高。这一时期出版了 50 余部二战史论文集，其中绝大多数是二战史研究会或其他学术会议论文集。在这 50 余部论文集中，有 7 部收入论文 20 篇以上，其中收录论文最多的有：《侵华日军暴行（国际）学术研讨会论文集》（新华出版社 1996 年版）44 篇，《第二次世界大战中的军事学术》（国防大学出版社 1989 年版）38 篇；等等。

2. 发表了大量文章

1979—1999 年间，大陆学者共发表有关二次大战的文章 7519 篇（含外文译文），其中中国学者撰写的文章 7135 篇，国外学者文章或资料译文 384 篇。论文涉及二战史的方方面面。其中"中国抗日战争与大国关系的互动"文章最多，达到 1197 篇；"第二次世界大战中的军事学术"文章次之，达到 966 篇；"各战场重大问题探讨"文章以 665 篇居第三位；"法西斯主义与德意日走上战争之路"和"法西斯的全面侵略及其暴行"分别以 573 篇、499 篇居第四位、第五位。这五大专题共发表文章 3900 篇，占该阶段发表文章总数的 51.87%。

四、研究领域大大拓宽，填补了许多学术空白

与 1978 年以前大陆的二战史研究仅仅局限于个别领域相比，这一时期的研究呈现出四面开花、多头并举的特点，涉及二次大战的各个领域。

军事学术的研究占据重要位置且研究相当深入全面。战时各主要参战国的军事战略与战术、战争动员与战争经济、武器与装备、后勤与供应、军队指挥与运筹、军队编制与管理等问题都有大量的著述出现。

在二次大战的起源方面，涉及了世界经济与经济危机、国际政治与国际秩序、法西斯主义、绥靖政策以及三十年代的和平主义等重大问题。其中对法西斯主义和绥靖政策的研究尤其重视，研究深入且成果卓著，对三十年代和平主义的研究填补了学术空白。关于二战起点和性质的研究异常火爆，出现了 11 种起点说和多种性质说。在世界人民的反法西斯战争的研究方面，欧洲抵抗运动和德、日国内的反战运动是两个新近开辟且成果突出的研究领域。在对各大战场研究方面,许多重大战役都有多种专文或者专著进行研究,如西欧战场的敦刻尔克大撤退、不列颠空战和诺曼底登陆,苏德战场的莫斯科战役、列宁格勒战役、斯大林格勒战役和库尔斯克会战,太平洋战场的珍珠港事件、珊瑚海海战、中途岛海战、瓜岛争夺战和硫磺岛战役;对1940年法国败降的原因和苏联在苏德战争初期严重失利原因的探讨、中缅印战场和中国远征军入缅作战、原子弹轰炸、日本无条件投降等课题都是从前没有涉足的领域。在战时国际关系方面,苏德互不侵犯条约、"东方战线"、苏芬战争、大战初期的苏德关系、苏日中立条约、欧洲第二战场问题、共产国际和各国共产党在战时的作用问题、华侨与抗日战争问题、抗战时期各国对华政策问题尤其是盟国对华援助问题等,都是新的领域。关于日本投降条件之争,对二战的影响和后果的全面研究,对中国抗战地位与作用问题的热烈探讨,对冷战的起源和雅尔塔体制的研究,以及对战时科学文化的研究都是此前无人触及的。对二战时期人物的研究更是火爆,几乎所有二战时期的重要人物都有学者进行过研究,有论著予以介绍。当然,学者着墨最多的还是法西斯三罪魁——希特勒、墨索里尼、东条英机,和盟国三巨头——罗斯福、丘吉尔、斯大林。对德日战争赔偿和战争反省问题的探讨,对日本法西斯暴行如慰安妇问题、生化战等问题的研究,都是20世纪90年代以来新近开辟的领域。

五、新的观点和学说异彩纷呈,学术创新表现明显

与1978年以前大陆的二战史研究思维僵化、观点千篇一律相比,这一时期的研究呈现出异彩纷呈的特点,几乎所有研究领域的所有问题都有学术创新。如关于二次大战的起源问题看法有十几种之多,起点方面有十种起点说,关于法国败降和苏联在苏德战争初期严重失利的原因观点更加多样,等等。这种探讨真正体现出百花齐放、百家争鸣的良好争鸣局面。

六、学术交流异常活跃,举办了几十次全国性学术会议

要对1979年至1999年间中国大陆举办的有关第二次世界大战的学术会议进行精确统计是相当困难的。除了中国抗日战争史学会定期举办的有关抗日战争的全国性学术会议,以及各省(市、自治区)、各系统举办的区域性或系统性的学术会议外,中国社会科学院、中国军事科学院、二战史研究会,以及军队和地方高校,就举办了全国性二战史学术研讨会50余次,其中中国二战史研究会举办

的会议就有 30 次。中国所举办的学术会议内容广泛,包括第二次世界大战的起源、法西斯主义、九一八事变、七七事变、二次大战前夕国际关系、二次大战的战争初期问题、二次大战的军事学术、二次大战战略问题、中国抗日战争与第二次世界大战、日军侵华暴行、太平洋战争、中缅战场、第二次世界大战对战后世界的影响、第二次世界大战与战后国际关系,等等。（参见表 1-1-2）

表 1-1-2　中国举办第二次世界大战史全国性学术会议一览表（1979—1999 年）

序号	时间	地点	举办单位和参加者	主要内容	主要成果
1	1979.7.11—19	黑龙江哈尔滨	中国社科院世界史所、北京大学、华东师大、辽宁大学、哈尔滨师院联合发起。军内外 33 个单位的 56 名学者与会,提交论文 38 篇。	首次全国第二次世界大战史学术讨论会。会议就大战的起源、起点、性质、绥靖政策、大战爆发前后苏联对外政策等问题进行了探讨。	决定成立中国第二次世界大战史研究会。《光明日报》1979 年 8 月 19 日、《世界史研究动态》1979 年 7 期刊登了会议综述文章。
2	1980.6.16—24	云南昆明	中国社科院世界史所主办,云南大学筹办。社科院世界史所等 46 个单位的 74 名学者参加,提交论文 55 篇。	第二次全国二战史学术讨论会暨中国第二次世界大战史研究会（简称中国二战史研究会）成立大会。就 1939 年欧战爆发的原因、中国抗日战争在世界反法西斯战争中的地位和作用等问题进行了探讨。	宣告中国第二次世界大战史研究会的成立。选举产生了二战史研究会第一届理事会。《世界史研究动态》1980 年第 9 期刊登了会议综述文章。
3	1980.11.4	上海	中国二战史研究会与华东师范大学联合筹办。复旦大学等 9 个单位的 20 多名学者出席会议。	"二次大战前夕国际关系"专题学术讨论会。主要围绕希特勒的战争计划、西方的绥靖政策以及 1939 年是否能推迟或避免大战爆发等问题进行讨论。	会议论文整理、汇编为《第二次世界大战史论文集》（华东师范大学历史系编印,1982 年）。

续表

序号	时间	地点	举办单位和参加者	主要内容	主要成果
4	1981.6.15—19	黑龙江牡丹江	中国二战史研究会与辽宁大学、哈尔滨师大联合筹办。12个单位30多名学者出席，提交论文12篇。	"太平洋战争史"专题学术讨论会。着重讨论了太平洋战争的起因、性质和分期，日本的北进与南进政策，《苏日中立条约》的评价等问题。	《辽宁大学学报》1981年第6期刊登了凌治彬所撰会议综述文章；会议论文汇编为《第二次世界大战史论文集》(哈尔滨师范大学历史系编印，1982年)。
5	1981.9.15—19	辽宁沈阳	辽宁社会科学院、辽宁省历史学会和辽宁大学联合举办。全国十几个省市的148名学者与会。	"'九·一八'事变史"学术讨论会。会议涉及主要问题有"九·一八"事变的起因，苏联、美国、国联对"九·一八"事变的态度等。	《世界史研究动态》1981年第12期刊登了会议综述文章。(沆克：《"九·一八"事变史学术讨论会在沈阳召开》)
6	1982.8.10—12	北京	中国二战史研究会与军事学院联合筹办。71个军内外单位的120名代表出席，提交论文104篇。	第三次全国二战史学术讨论会。会议就落实全国五届人大四次会议关于加强二战史研究的第五号提案进行了讨论。制订了《二战史研究会关于落实人大五号提案、加强二战研究的规划（1982—1985）》，并进行理事会换届工作。	选举产生了二战史研究会第二届理事会。会议论文整理、汇编为《第二次世界大战史第三次学术讨论会论文选（全4册）》(二战史研究会编印，1982年)。
7	1983.10.28—29	上海	华东师范大学中国二战史研究室负责筹办。中国社科院世界史所、军事科学院、军事学院、武汉大学、北京师院、北京大学、辽宁大学等23个单位的47名学者与会。	"二次大战起源"专题学术讨论会。会议交流了国外关于二战起源的研究动态，就世界经济危机与二次大战、帝国主义与世界大战、局部战争与世界大战、两次大战的比较研究、法西斯主义、绥靖主义以及苏联战前外交战略等问题展开了讨论。	会议论文收入华东师范大学历史系第二次世界大战史研究室编写的《第二次世界大战起源研究论集》(华东师范大学出版社1986年版)。

续表

序号	时间	地点	举办单位和参加者	主要内容	主要成果
8	1984.9. 20—25	北京	中国二战史研究会与军事学院联合筹办。总参一、二部,军事科学院,海、空、后勤等军事院校与华东师大、武汉大学等18个单位的45名学者与会。	"二次大战的战争初期"专题学术讨论会。会议就苏德战争初期阶段的划分、苏德战争初期苏军失利的原因及失利后的战略转变、二战初期各战场空军、海军的使用等问题展开了讨论。	会议论文整理、出版为《第二次世界大战史论文集》(三联书店1985年版)。
9	1984.11. 12—13	山东烟台	中国社科院世界史所主办,中国二战史研究会参与和支持。	"关于欧洲法西斯主义"专题学术讨论会。重点探讨了德意法西斯攫取政权的原因、法西斯政权的阶级性质、它们的内外政策与扩军备战等问题。	《世界历史》1985年第3期、《世界史研究动态》1985年第1期分别刊登了沈永兴、武寅所撰会议综述文章;会议论文整理、汇编为《法西斯主义学术讨论会论文集》(二战史研究会编,1984年),并有部分收入朱庭光主编的《法西斯主义与第二次世界大战》(华夏出版社1988年版)。
10	1985.6.8 —9	北京	中国日本史学会主办。	日本史学会现代史分会1985年年会。就日本法西斯主义问题进行了重点探讨。	有关论文收入朱庭光主编的《法西斯主义与第二次世界大战》(华夏出版社1988年版)。

续表

序号	时间	地点	举办单位和参加者	主要内容	主要成果
11	1985. 8. 28—9.2	北京	会议经中央批准，由中国社科院、军事科学院和中国二战史研究会联合筹办，中共中央政治局委员杨得志、胡乔木等中央领导同志出席开幕式并发表讲话。全国130多名学者出席，提交论文100余篇。	"纪念中国抗日战争和世界反法西斯战争胜利40周年"学术讨论会。会议探讨了二次大战的起源、性质和分期，中国抗日战争的战略地位和作用，二次大战的战争初期，军事战略以及欧亚各国的抵抗运动等问题。并进行理事会换届工作。	选举产生了中国二战史研究会第三届理事会。《人民日报》《光明日报》和《解放军报》均做了报道。有关论文收入《第二次世界大战史论文集（2）》（国防大学出版社1986年版）。
12	1985. 8. 28—29	山东青岛	中国德国史研究会主办。	德国史研究会1985年年会，就德国法西斯主义问题进行了重点探讨。	有关论文收入朱庭光主编的《法西斯主义与第二次世界大战》（华夏出版社1988年版）。
13	1986. 11. 5—10	广东广州	华南师大和中国世界现代史研究会主办，中国二战史研究会参与和赞助。	"1929—1933年世界经济危机"专题学术讨论会。	
14	1987. 6. 22—28	江苏南京	中国二战史研究会与中国人民解放军陆军指挥学院、南京大学等联合筹办。国防大学、军事科学院、海军学院、武汉大学、华东师范大学等30多个单位近百名学者与会，提交论文47篇。	纪念七七事变五十周年："世界反法西斯战争中的中国抗战"专题学术讨论会。围绕中国抗日战争在二次大战中的地位和作用、正面战场与敌后战场、抗战时期的中外关系等问题，展开了讨论。	会议论文整理、出版为《世界反法西斯战争中的中国抗战》（黄玉章主编，国防大学出版社1989年版）。
15	1987. 6. 25—27	北京	中国史学会和北京市历史学会联合召开，来自全国10个省市的76名代表与会。	纪念中国人民抗日战争爆发50周年学术讨论会。围绕着七七事变的历史考察、卢沟桥事变与抗日民族统一战线、卢沟桥事变与抗日战争的历史意义等问题进行了探讨。	《世界史研究动态》1987年第9期刊登了会议综述文章。（远方：《纪念中国人民抗日战争爆发50周年学术讨论会在京召开》）

续表

序号	时间	地点	举办单位和参加者	主要内容	主要成果
16	1987.7.4—6	北京	中日关系史学会与北京市中日关系史研究会联合举办,来自各单位的 100 余人与会。	"七七事变"学术讨论会。会议就日本发动侵华战争的性质、日本战后成为经济大国的原因、中国抗战在第二次世界大战中的地位、中日友好等问题进行了探讨。	《世界史研究动态》1987 年第 9 期刊登了草田所撰会议综述文章;会议论文汇编为《七七事变五十周年纪念文集》(人民出版社 1987 年版)。
17	1987.8.6—8	北京	德国史研究会举办。	德国法西斯问题讨论会。探讨了法西斯主义与尼采思想的关系、经济危机与法西斯的兴起、法西斯与战争等问题。	《世界史研究动态》1987 年第 11 期刊登了吴友法所撰会议综述文章《德国法西斯问题讨论综述》。
18	1987.10.19—26	广西桂林	中国社科院世界史所主办,中国二战史研究会参与和支持。来自全国各高校、科研单位 40 名学者与会。	"关于法西斯主义研究"专题学术讨论会。会议围绕着日本法西斯统治的确立及其特点、德国纳粹运动产生的历史条件及其阶级实质等问题展开了探讨。	《世界历史》1988 年第 1 期刊登了陈桂荣所撰会议综述文章;会议论文及研究成果编入朱庭光主编的《法西斯新论》(重庆出版社 1991 年版)。
19	1987.12.9—12	北京	中国二战史研究会与国防大学联合举办。军事科学院、军事学院、中国社科院世界史所、武汉大学等26个单位的 60 多名学者与会,提交论文 38 篇。	"第二次世界大战中的军事学术"专题讨论会。会议围绕着二次大战中各国的军事战略、作战样式以及武装力量的运用等问题进行了探讨。	《军事历史》1988 年第 1 期刊登了马骏所撰会议综述文章;会议论文整理、出版为《第二次世界大战中的军事学术》(张海麟主编,国防大学出版社 1989 年版)。
20	1988 年9 月	四川成都	中国二战史研究会与四川大学等单位联合举办。	"第二次世界大战与社会经济发展以及中国战场"的专题学术讨论会。	

序号	时间	地点	举办单位和参加者	主要内容	主要成果
21	1988. 10. 11—12	北京	中国二战史研究会与国防大学、军事科学院联合举办。来自中国社会科学院、武汉大学、国防大学、军事科学院等单位的40多名教授、研究人员参加会议。	军事历史理论讨论会。	《军事历史》1988年第2期刊登了马骏、张光彩新著会议综述文章《军事历史理论研讨会在北京召开》。
22	1988. 11. 10—15	四川成都	中国二战史研究会与四川大学、云南大学、四川省社科院、云南社联、四川师大、西南师大等单位联合筹办。39个军内外单位的76名专家、学者及有关人士与会。	第二次世界大战史暨中国抗日战争史学术讨论会。围绕战争与经济的交互作用、战争引起的社会经济变迁、中国战场与反法西斯战争其他战场的关系、战争期间的中外关系等问题进行讨论。	《文史杂志》1989年第1期刊登了子规所著会议综述文章《第二次世界大战史暨中国抗日战争史学术讨论会综述》。
23	1989. 8. 15—17	北京	中国二战史研究会与军事科学院联合举办。军事科学院、国防大学、海军学术研究所、后勤学院、中国社科院、北京师院、华东师范大学、武汉大学、北京大学等12个单位的50多名学者与会，提交论文33篇。	"第二次世界大战全面爆发五十周年"学术讨论会。讨论的问题有：二次大战的起源；德日意等轴心国的战争准备；中、苏、美、英等反侵略国在战前的国防发展战略和备战方面的主要经验与教训；二次大战防止和推迟的可能性等。	会议论文整理、出版为《三十年代主要国家的战略与军备》（军事科学院军事历史研究部编，军事科学出版社1990年版）一书。
24	1990. 5. 14	上海	中国二战史研究会与中国社科院世界史所联合筹办。	"关于法西斯主义问题"研讨会。	
25	1990. 8. 10—11	上海	上海社会科学院等单位主办，中国二战史研究会参与。	"雅尔塔体制"专题学术讨论会。	

续表

序号	时间	地点	举办单位和参加者	主要内容	主要成果
26	1990.11.21—22	天津	中国世界现代史学会、《世界历史》编辑部和天津社科联共同举办。来自京津两地30余名专家与会。	"雅尔塔体制与战后世界格局"学术讨论会。会议就雅尔塔体系的内涵、特征、崩溃的原因及其与冷战的关系等进行了研讨。	《历史教学》1991年第4期、《世界史研究动态》1991年第2期刊登了会议综述文章。
27	1991.9.17—20	辽宁沈阳	中国抗日战争史学会、中国社会科学院近代史研究所和辽宁省社会科学院联合举办。来自中国大陆、港、台以及日、美、苏的110名学者与会，收到论文80余篇。	"九一八"事变60周年国际学术讨论会。讨论的主要问题有关于中国抗战的宏观思考、"九一八"事变时国民政府的对日政策、日本军国主义的侵华谋略和侵华罪行等。	《日本学刊》1991年第6期刊登了会议综述文章：《"九·一八"事变60周年国际学术讨论会综述》。
28	1991.12.4	上海	上海市社会科学联合会主办，中国二战史研究会参与和支持。	"太平洋战争爆发50周年"学术讨论会。	
29	1992.7.28—30	北京	北京市中国抗日战争史研究会和中国人民抗日战争纪念馆主办。中国、美、日、韩等国46名学者与会。	"七七事变55周年"学术讨论会。主要讨论了日本制造卢沟桥事变的原因、卢沟桥事变后中华民族的觉醒、卢沟桥事变的国际地位等问题。	《军事历史》1992年第5期和《中共党史通讯》1992年第19期刊登了会议综述文章。
30	1992.8.5—7	北京	中国二战史研究会与国防大学科研部联合举办。10个单位50余名专家与会，提交论文22篇。	"第二次世界大战对战后世界影响"专题学术研讨会。与会人员从政治、经济、军事、科技等方面对第二次世界大战对战后世界所产生的重大影响和深刻变化进行了深入的探讨。	《世界历史》1992年第10期、《军事历史》1992年第5期刊登了会议综述文章。会议论文整理、汇编为《第二次世界大战对战后世界的影响学术讨论会论文汇编》（军事科学院图书馆编印，1992年）

序号	时间	地点	举办单位和参加者	主要内容	主要成果
31	1992.8.20—26	河北秦皇岛	中国二战史研究会与社科院世界史所联合举办。军事科学院、社会科学院等单位40余人与会。	"法西斯主义"专题学术讨论会。会议就德意日法西斯体制等问题展开了讨论。	《世界史研究动态》1992年第11期刊登了会议综述文章。
32	1993.9.14	江苏南京	中国二战史研究会与南京陆军指挥学院等单位联合召开。10多个单位的40多名专家学者与会。	"第二次世界大战和战后局部战争的起因问题"学术研讨会。	南京人民广播电台、南京电视台对会议进行了采访和报道。
33	1993.9.15—17	北京	中国二战史研究会与军事科学院军史部联合召开。军内外60余名专家参加了会议,提交论文30余篇。	"第二次世界大战战略问题"研讨会。会议围绕着二战史研究的方法、战略预测与决策、战略转折、轴心国同盟国战略的比较研究、诸国远东战略、日本侵华战略与中国抗日战略、军兵种战略等问题进行了探讨。	中央人民广播电台、中央电视台、北京电视台、《解放军报》、《新华每日电讯》等新闻媒体进行了报道。《军事历史》1993年第6期刊登了会议综述文章。
34	1994.5.8—9	浙江杭州	中国二战史研究会与杭州师范大学等联合筹办。30余名学者参加。	"第二次世界大战与战后国际关系"学术讨论会。	
35	1994.6.10—16	云南保山	云南大学、民革云南省委等联合举办。中国、美国和日本的学者,中国援缅远征军的老战士和烈士后裔,以及宣传、新闻工作者150多人出席了会议,提交论文约百篇。	"第二次世界大战中缅战场"国际学术讨论会。与会者就中国派遣远征军援缅、与盟军联合对日作战、滇西军民抗击日本侵略军、滇缅反攻作战以及滇缅战场的地位和作用等问题进行了学术交流。	《军事历史史》(1994年第5期)、《抗日战争研究》(1994年第3—4期)、《云南民族学院学报》(1994年第3期)等刊物刊登了6篇会议综述文章。会议论文整理、汇编为《第二次世界大战中缅战场学术讨论会论文提要》(保山行署等编印,1994年)。

续表

序号	时间	地点	举办单位和参加者	主要内容	主要成果
36	1995.1.19	北京	中国社会科学院美国研究所和《美国研究》编辑部联合举办。来自北京21家单位的专家、学者和新闻界人士参加了会议。	"纪念反法西斯战争胜利暨联合国成立50周年"研讨会。主要围绕着联合国在战后的作用和未来的改革、美国与二次大战进程和战后秩序的关系，以及德国与日本的战争反省等议题展开交流。	《美国研究》1995年第2期、《世界知识》1995年第4期、《太平洋学报》1995年第2期刊登了会议综述文章。
37	1995.5.6—7	北京	北京大学历史系、日本研究中心、中国社会经济文化交流协会联合举办。中国和美、日、韩、俄、罗马尼亚、丹麦等9个国家和地区的百余名学者出席了会议，收到论文70余篇。	1995年度史学国际学术讨论会；围绕着"二战"中的中国战场、世界反法西斯战争的经验教训、德意日法西斯政权的形成和特点、反法西斯阵线中各大国的参战动机和作用、反法西斯战争中亚非拉各国人民的作用和地位等问题展开了讨论。	《抗日战争研究》1995年第3期刊登了徐勇的会议综述文章《北京大学举办中国抗日战争与第二次世界大战国际学术研讨会》。
38	1995.5.25	北京	中国国际战略学会举办。杨成武、李德生等抗战老同志和来自国防大学、军事科学院、中国国际问题研究所、国务院国际问题研究中心、社科院近代史所、中共中央党史研究室等单位的150余名学者与会。	纪念抗日战争胜利50周年学术讨论会。会议讨论了抗日战争在中国历史上的作用及其经验教训、抗日战争在世界反法西斯战争中的地位和作用、抗战期间同盟国和轴心国的战略，并深刻剖析了日本军国主义分子为其侵略罪行翻案的历史原因。	《抗日战争研究》1995年第3期刊登了小林的会议综述文章《中国国际战略学会举行抗战胜利50周年学术讨论会》。
39	1995.6.22	北京	中共中央党校科研部、党史教研部主办。中共中央党史研究室、军事科学院、中国人民大学、《抗日战争研究》编辑部等单位的专家与会。	纪念抗日战争胜利50周年学术讨论会。学者们就抗日战争的若干问题以及如何深化抗日战争史的研究进行了探讨。	《抗日战争研究》1995年第3期刊登了李东朗的会议综述文章《中共中央党校纪念抗日战争胜利50周年学术讨论会综述》。

续表

序号	时间	地点	举办单位和参加者	主要内容	主要成果
40	1995.7.5	北京	中国史学会五届二次理事会。来自全国各地的 40 余位史学会理事参加了研讨。	纪念抗日战争暨世界反法西斯战争胜利 50 周年学术研讨会。	《抗日战争研究》1995 年第 3 期刊登了晓今的会议综述文章《中国史学会举行纪念抗战胜利五十周年学术研讨会》。
41	1995.8.15—17	北京	中国人民大学、中国现代史学会、中国石油大学联合主办。来自中国以及日本、俄罗斯、新西兰、英国、韩国、美国、马来西亚等国的专家学者 80 多人与会，收到论文 70 余篇。	"纪念中国抗日战争胜利 50 周年国际学术讨论会"。会议内容包括中国抗日战争的地位和经验、全民族抗战问题、日本侵华政策与罪行以及中国抗日战争与国际关系等四个方面。	《史学月刊》1995 年第 6 期刊登了翁有为的会议综述文章《纪念中国抗日战争胜利 50 周年国际学术讨论会综述》。
42	1995.8.15—18	北京	人民教育出版社和中国教育学会历史教学研究会合办。100 多名中国代表和日本、越南代表 15 人与会。	纪念中国人民抗日战争和世界反法西斯战争胜利 50 周年国际学术研讨会。	《课程·教材·教法》1995 年第 11 期刊登了会议的综述文章《纪念中国人民抗日战争和世界反法西斯战争胜利 50 周年国际学术研讨会综述》。
43	1995.8.16—19	河北石家庄	河北省中共党史学会、河北省社会科学院、石家庄市社科联等联合举办。来自中国 13 个省市和日本的学者共 100 名与会，特邀 20 名历史见证人参加会议。入选论文 61 篇。	"日军侵华暴行国际学术研讨会。"与会的中日学者就抗战时期日本强掳中国战俘劳工、日军屠杀重大惨案、日军使用细菌化学武器等问题进行了深入研讨。	《抗日战争研究》1995 年第 4 期刊登了会议综述文章《日军侵华暴行国际学术研讨会综述》。

续表

序号	时间	地点	举办单位和参加者	主要内容	主要成果
44	1995.8.18—20	河北石家庄	中国二战史研究会与石家庄陆军参谋学院联合筹办。来自全国、全军43个单位的103名学者参加了会议，收到论文专著90多篇（部）。	"纪念中国抗日战争暨世界反法西斯战争胜利五十周年"学术研讨会。就第二次世界大战在政治、社会、经济、军事、科技等方面的经验、教训、影响等问题进行了系统深入的探讨。进行了理事会换届工作，选举产生了二战史研究会第四届理事会。	《人民日报》、《解放军报》等报纸做了报道；新华社、北京电视台采访并做了报道。会议论文收入《第二次世界大战史论文集（3）：五十年的深思》（李殿仁主编，军事谊文出版社1996年版）。
45	1995.9.20	辽宁沈阳	中国二战史研究会与沈阳炮校、中国刑警学院等沈阳地区9所军警院校联合举办。近40名教研人员与会，提交论文28篇。	"纪念九一八事变64周年"学术研讨会。二战史研究会张海麟、马骏应邀到会祝贺，并同与会人员进行了学术交流。	
46	1996.10.19—22	安徽黄山	中国二战史研究会与解放军电子工程学院联合举办。来自中国社会科学院、军事科学院、解放军出版社等14个单位的近40名学者与会，提交论文32篇。	"第二次世界大战与科学技术发展"专题学术研讨会。会议就战争与科技的关系、二战对科技发展的影响、科技发展对二战的进程和结局的影响等问题展开了讨论。	《军事历史》1997年第1期刊登了江辛所撰会议综述文章；会议论文整理、出版为《第二次世界大战史论文集（5）：科学技术的力量》（戚世权主编，解放军出版社1999年版）一书。
47	1997.7.3—4	北京	中国二战史研究会与军事历史研究会、后勤指挥学院联合召开。来自军内外的50余名专家学者与会，收到论文80余篇。	"纪念抗日战争全面爆发60周年"学术讨论会。对日本侵华的战争准备、战后日本在战争责任问题上的态度、抗战时期国际关系、统一战线、国民党正面战场、抗战中的香港等问题进行了探讨。	会议论文整理、出版为《第二次世界大战史论文集（4）：人民战争的胜利》（刘鲁民、徐根初主编，金盾出版社1998年版）一书。

续表

序号	时间	地点	举办单位和参加者	主要内容	主要成果
48	1998.11.24—26	山东济南	中国二战史研究会与济南陆军学院联合举办。来自中国社会科学院、军事科学院等17个军内外单位的近30位专家、学者与会。	"第二次世界大战与战后局部战争"专题学术讨论会。会议就世界大战与局部战争的区别与联系、二次大战与战后局部战争的关系以及高技术条件下局部战争的特点及其发展趋势等问题进行了探讨。	
49	1999.3.20—21	北京	首都师范大学历史系、北京市历史学会和中国历史学会东方历史研究中心主办。来自各地高等院校、科研机构和出版界的30多位学者与会，提交论文近20篇。	"冷战起源与国际关系"学术研讨会。会议议题主要有关于冷战的起源、英国与冷战起源的关系；关于冷战中的苏美因素；关于中国与冷战的关系等。	《世界历史》1999年第4期刊登了程文进、王蓉霞的会议综述文章《冷战起源与国际关系学术研讨会综述》。
50	1999.8.4—7	广东广州	中国华侨历史学会、广东华侨历史学会主办，中国华侨华人历史研究所与暨南大学华侨华人研究所协办。与会的两岸学者近70人，提交论文42篇。	"海峡两岸华侨与抗日战争"学术研讨会。与会学者对抗战时期的华侨爱国主义思想、抗战时期的侨务政策、海外各地华侨的抗日活动及当时的华侨群体与人物进行了分专题的讨论。	会议论文收入黄小坚主编的《海峡两岸"华侨与抗日战争"学术研讨会文集》（中国档案出版社2000年版）。
51	1999.8.8—13	黑龙江赵光镇	中国二战史研究会、黑龙江大学、中共赵光党校联合举办。社科院世界史所、军事科学院等10多个单位的30余名代表参加了会议。	"第二次世界大战"专题学术研讨会。会议主要对冷战后国际冲突的根源、科索沃战争的性质、科索沃战争对国际战略格局的影响以及二战后军事高技术对现代战争的影响进行了探讨。	《军事历史》1999年第6期刊登了李成刚的会议综述文章《中国第二次世界大战史研究会举行学术研讨会》。

2. 广泛开展国际学术交流

20世纪80年代以来，中国学者利用机会，通过请进来、走出去，以及信件往来的方式加强与国外二战史同行的交流和沟通。在请进来方面，除了举办国际学术会议、邀请国外学者参加外，还邀请一些国外知名学者来华访问，加强双方的了解;在走出去方面,组织国内学者参加有关国际学术会议,派遣学者进行访问研究。据统计,仅中国二战史研究会就接待了国际知名二战史学者40余人次,组织50余人次的专家到国外进行学术交流。通过这些国际学术交流活动,不仅加强了与国外二战史同行的交流和沟通,增加了国外同行对中国二战史研究情况的了解,而且活跃了学术空气。关于开展国际学术交流的具体情况,请参见表1-1-3。

表1-1-3　中国二战史学界开展国际学术交流情况一览表(1979—1999年)

序号	时间	地点	事由或交流内容
1	1980.8	罗马尼亚布加勒斯特	世界历史研究所所长刘思慕参加第15届国际历史科学大会,发表了《中国抗日战争及其宣传工作》的论文,发出了关于中国抗日战争的声音,引起了国外学者的重视。担任大会秘书长的国际二战史学会主席(法国历史学家)亨利·米歇尔教授表示,中国学者的发言让与会学者对中国的抗日战争有了初步的认识,并衷心希望中国的历史学家加入国际二战史学会。
2	1980.10.2	法国巴黎	国际二战史学会主席亨利·米歇尔致函刘思慕,邀请中国二战史学家参加该学会,表示"没有你们,远东战争史的研究就绝不可能在良好的条件下进行,你们的参加必能开拓广阔的前景"。信上还说,"现在,我打算在下一期的《二战史杂志》上刊登一篇短文,用几页的篇幅介绍中国对二战史研究的现状和前景。我还期望能组织一期专辑,以《二战中的中国》为题。此外,考虑组织一次关于远东冲突的国际讨论会,何尝不可呢?"
3	1984春	法国巴黎	中国学者金重远访问巴黎,面见了国际二战史学会主席亨利·米歇尔。米歇尔热情表示要同中国二战史研究的学者建立联系,希望以后能很好地开展合作。他把亲笔署名的信件和国际二战史学会的通报交给了金重远,让他转交给中国二战史研究会。
4	1984.10	北京	李巨廉、潘人杰两位学者致函国际二战史学会主席亨利·米歇尔,介绍近年来中国第二次世界大战史研究的情况,并说明希望这封信能在国际二战史学会的《二战史杂志》上发表,从而促进双方进一步交流。
5	1985.8	联邦德国斯图加特	中国社会科学院组团参加第16届国际历史科学大会。齐世荣和华庆昭在会上分别宣读了《中国抗日战争对世界反法西斯战争的贡献》和《关于中国抗日游击战争》两文,取得了良好的反响。国际二战史学会副主席兼苏联军事历史研究所所长日林将军明确表示,中国在二战中的作用被看低了;他希望中国及早加入国际二战史学会,与中国的学者多多交流。大会期间,国际二战史学会通过一条决议:授权学会主席在中国提出入会申请时立即接纳,国际二战史学会的大门对中国永远敞开着。

序号	时间	地点	事由或交流内容
6	1985.8	法国巴黎	受中国史学会主席刘大年的委托,中国二战史研究会副会长、中国社会科学院世界历史研究所张椿年研究员专程前往巴黎,拜会国际二战史学会主席亨利·米歇尔,进一步了解国际二战史学会的情况。米歇尔教授热情地接待了张椿年一行,并热烈欢迎中国加入国际二战史学会。
7	1985 夏	法国巴黎	国际二战史学会主席亨利·米歇尔收到了中国二战史研究会寄来的他的《第二次世界大战》一书的中译本。
8	1988.8	北京	中国二战史研究会与国防大学外军教研室接待美国堪萨斯州立大学历史系教授洛宾·海厄姆来访,并进行了学术交流。
9	1989.8.29—9.3	民主德国柏林	中国二战史研究会会员、军事科学院研究员彭训厚受国防部派遣,赴民主德国首都柏林参加国际二战史学术会议,宣读论文《论日本发动侵华战争(1931—1945)的原因》。
10	1990.10	北京	中国二战史研究会与社科院世界史所共同接待意大利军事史学会主席鲁拉奇教授来访。
11	1991.11	北京	中国二战史研究会与国防大学科研部联合接待苏联科学院通讯院士波利亚科夫和勒热舍夫斯基教授来访,进行了学术交流。
12	1992.6	美国纽约	中国二战史研究会会长、武汉大学张继平教授赴美国纽约出席第八届二战史多学科学术讨论会,并宣读论文《1939—1945年罗斯福的政略与战略》。
13	1992.8.30	意大利都灵	中国二战史研究会秘书长张海麟应邀参加第十八届国际军事历史研讨,在会上做了《太平洋战争期间中美之间的战略合作和分歧》的报告。他向与会的38个国家200名代表赠送了中英文对照的《中国第二次世界大战史研究会简介》,与国际军事历史委员会、国际二战史学会的领导人进行了接触。意大利军事历史学会主席鲁拉奇教授在总结报告中特别指出:"此次年会所具有的广泛性最显著的标志是中国学者的出席……我们希望中国学者能够保持与世界军事历史学会的联系,以及同意大利军事历史学会的联系。"(详见《军事历史》1992年第6期;《军事史林》1993年第1期;《世界史研究动态》1992年第12期。)
14	1992.5.11—18	俄罗斯	应独联体武装力量总参谋部的邀请,中国二战史研究会副会长、军事科学院军事部部长王道平少将率中国军事历史代表团对俄国军事历史研究所和8个教学单位进行了考察访问。双方就有关二战史研究问题广泛交换了意见。

序号	时间	地点	事由或交流内容
15	1992.10.7	北京	中国二战史研究会副会长、大使馆军事科学院军史部部长王道平少将到中国驻俄罗斯大使馆武官处转来的俄罗斯国防部军事历史研究所所长巴热诺夫少将关于中俄军事史学界进一步加强学术联系的来信和该所对中国军事科学院军史部拟编写的"二战史"四卷本（现为五卷本）编写提纲的意见和建议。
16	1993.1.25	北京	国际二战史学会代理主席 D.迪尔克斯致信中国二战史研究会秘书处，通报了该会的组织情况及 1995 年以前的学术活动计划，希望中国二战史研究会与他们加强联系，互通学术活动情况。
17	1994.9.21—28	北京	以俄罗斯国防部军事历史研究所所长、俄罗斯科学院通讯院士符·安·佐洛塔廖夫少将为首的俄罗斯军事历史代表团一行三人来华访问。这次来访，是对中国人民解放军军事科学院军事历史研究部原部长、中国二战史研究会副会长王道平少将 1992 年 5 月率领中国军事历史代表团访俄的回访。在佐洛塔廖夫少将一行访问国防大学时，该校科研部部长程铭少将以及张海麟、吴广权等教授与他们进行了座谈，双方就安·格列奇科主编的《第二次世界大战史》以及李德·哈特的著作的评价问题交换了看法。
18	1994.3.16	北京	中国二战史研究会黄玉章会长在国防大学接见加拿大卡尔加里大学研究生院院长、历史学教授柏格森教授。双方就世界人民，特别是中加两国人民在二次大战中的地位问题、在欧洲开辟第二战场的时机问题以及有关北非作战问题交换了看法。张海麟秘书长以及吴广权、赖络传等参加了会见。
19	1994.8.7	北京	中国二战史研究会向国际军事历史委员会提供了有关我国出版的二战史著作的目录。
20	1995.10.21	北京	根据社科院世界史所的安排，中国二战史研究会邀请奥地利卡尔·索科尔教授做学术报告。作为"七·二〇行动"的参加者，索科尔教授详细地介绍了这次谋杀希特勒事件的历史背景、原因、经过和失败的教训。世界史所、空军学院等 28 名教研人员和研究生参加了报告会，该会由张海麟主持，陈祥超发言致谢。
21	1997.2	北京	德国军事历史代表团来华访问，代表团团长、德国军事历史研究局局长维尔纳·拉恩博士在中国人民解放军海军学术研究所发表了演讲。

续表

序号	时间	地点	事由或交流内容
22	1997.9 —1998.9	俄罗斯 莫斯科	中国二战史研究会会员、军事科学院研究员彭训厚受国家教委派遣,赴俄罗斯国立莫斯科大学进行了为期一年的高级学者访问。在学术访问期间,他进行了多次学术报告。此次学术访问广交了学界同仁,拓宽了学术视野,对深化学术研究颇有裨益,对扩大中国二战史研究会的影响和提高中国二战史学术研究在国际上的地位,发挥了较好的作用。

七、推出了二战史的专业刊物或以二战史为主要内容的刊物

为了使我国的二战史研究者拥有方便地发布自己的学术观点、进行学术争鸣的阵地,中国二战史研究会建立之初就创办了自己的会刊——《二战史通讯》。三十多年来,尽管《二战史通讯》编辑部地点多次搬迁——先在华东师大(1981—1991年),然后国防大学(1991—2001年),最后迁至武汉大学(2001年以来),主要编辑人员多次易人(先是李巨廉,然后是张海麟、禹杰,再后是彭训厚、韩永利、肖石忠等),但编辑人员克服资金严重不足、本职工作繁忙的困难,坚持将刊物办了下来。至2019年,《二战史通讯》已出30余期。《二战史通讯》始终坚持自己的办刊宗旨,及时向广大会员和二战史爱好者通报国内外二战史研究的最新动态,刊登代表性文章。中国社会科学院近代史研究所自1991年起编辑出版了正式刊物《抗日战争研究》,刊登国内外学者有关中国抗日战争的文章和学术动态。除了上述两个二战史的专门刊物外,《军事历史》《军事史林》《军事历史研究》《世界历史》《世界史研究动态》《历史教学》《史学月刊》《历史研究》等刊物也都大量刊登有关第二次世界大战史和中国抗日战争史的文章。据统计,仅上述10种学术刊物就登载有关二战史的文章2603篇,占发表文章总数的近15.4%。二战史学工作者以这些刊物为阵地,进行广泛的学术争鸣,有力地推动了我国二战史研究的开展。作为二战史研究者的学术园地和精神家园,这些刊物受到学术界的关注和支持,产生了广泛的影响。

八、国家和政府对二战史研究的关心和支持

新时期以来,党和国家领导人对第二次世界大战史的研究十分重视,并给予大力支持。1979年2月10日,徐向前元帅在给军事科学院和军事学院(即今国防大学)领导的一封信中首先提出要恢复战史课,要使指挥员懂得第二次世界

大战战史,指出:"军事院校设战史课,应视为一门主课之一,我军中高级指挥员不懂或不精通中外古今典型的各种或各个战例,尤其是第二次世界大战战史,即不可能深入地熟练地掌握战争的规律和知识,对于以后的指挥作战大为不利。军队院校停开战史课已经20年,是一件非常可惜的事。现军事学院拟开战史课我认为非常之好。"在随后答《军事学术》编辑部问中,他又指出:"研究未来的反侵略战争,可以从过去的战争史特别是第二次世界大战史中找出一些规律来……我们的指挥员很有必要多读一点书,特别是要读关于第二次世界大战苏德战场问题的书。"[1]徐向前元帅的指示言简意赅,从战争的规律和作战指挥的高度,阐明了学习和研究战史,特别是第二次世界大战史的意义。正是在徐向前元帅的关怀和鼓舞下,在老一辈史学家宦乡、刘思慕和老将军段苏权、郭化若等人的关怀和支持下,促成了二战史研究会的成立。

在1982年3月召开的第五届全国人民代表大会第四次会议上,中国二战史研究会名誉会长段苏权中将(军事学院政委)等人联名提出了《加强对第二次世界大战史研究案》,为会议所采纳,并被列为第五号提案,由国务院批交中国社会科学院会同军事科学院研究处理。1982年4月,中国社会科学院邀请有关方面负责人——提案人军事学院政委段苏权、军事科学院副院长郭化若、中央党史研究室主任廖盖隆、中国社会科学院近代史研究所所长刘大年、世界历史研究所所长刘思慕和副所长张椿年,以及第二次世界大战史研究会在京的理事和部分研究人员,召开座谈会,商讨落实第五号提案的事宜。座谈会强调了研究二战史和抗日战争史的迫切性,并提出了一系列加强二战史和中国抗日战争史研究的可行性建议。与会者一致认为,加强二战史研究的首要任务是尽快写出一本《中国抗日战争史》,并成立一个由有关方面参加的编委会。会后,中国社会科学院将座谈意见向国务院和中央军委写了报告。1982年8月,在北京举行的第三次全国二战史学术讨论会上,就落实第五号提案进行了讨论,制订了《二战史研究会关于落实人大五号提案、加强二战史研究的规划(1982—1985)》。座谈会的建议引起了国家领导人的重视。1986年春,胡乔木在视察宛平县城时,指示陪同的北京市副市长白介夫,要他和刘大年共同筹建中国人民抗日战争纪念馆;1991年胡乔木又指示刘大年,组建中国抗日战争史学会,由刘大年任会长,他任顾问。抗日战争纪念馆和抗日战争史学会的相继建立,对提高中国抗日战

---

① 参见《第二次世界大战军事论文选》,军事科学出版社1985年版,"代序"。

争史和二战史研究起了重大的推动作用。第五号提案的提出和落实,把中国的二战史研究提升到了国家政策的高度。

许多党和国家领导人发表讲话和指示要求重视二战史研究。1985 年 8 月,在由中国社科院、军事科学院和二战史研究会联合筹办的"纪念中国抗日战争和世界反法西斯战争胜利 40 周年"学术讨论会上,彭真、杨得志、胡乔木、邓力群等中央领导同志以及一些参加过二次大战的老将军出席了开幕式;胡乔木(代表党中央)、杨得志(代表中央军委)、胡绳(代表中国社会科学院)分别在会上发表了讲话。胡乔木希望通过这次会议,能够有大量的学者投入二战史这个在很多方面尚待深入探索的领域中来,并希望中国二战史研究会、历史研究界、著作界早日写出自己的反映整个反法西斯战争的大型历史著作。杨得志讲话中要求军队必须更加重视和加强对二战史的研究,争取在地方上有关研究工作者的帮助和支持下,写出高水平的中国抗日战争史和第二次世界大战史著作。1995 年8 月,在举国纪念抗日战争和世界反法西斯战争胜利 50 周年的时候,江泽民、尉健行、吴官正、李长春、迟浩田、傅全有等党和国家领导人,以及张爱萍等老将军在许多场合发表讲话,肯定中国抗日战争和世界反法西斯战争的伟大意义。

第四节　中国二战史研究的拓宽与深化
(2000 年至 2019 年)

进入 21 世纪,我国的改革开放和经济建设进入了一个新的阶段,哲学社会科学研究进入了构建具有中国特色的学科体系、学术体系和话语体系时期,中国的二战史研究也进入了一个新的阶段——拓宽与深化阶段。这个阶段二战史研究的特点是:许多传统领域的研究进一步深入,又拓展出一些新的研究领域和问题。2000 年至 2019 年间,中国大陆二战史研究的拓宽和深化表现在如下几个方面。

一、传统领域进一步深化,新的领域不断推出

与第三个阶段的研究相比,这一阶段的研究领域更加广泛:前一阶段的研究选题除了一部分的研究告一段落外,大多数领域的研究更加火爆并走向深入,出现了更多的研究成果;同时又推出了一些新的研究领域,出现了一些新的学术增长点。

持续升温的研究领域主要有:(1)战时各主要参战国家的军事战略与战术、战争动员与战争经济、武器与装备研究;(2)各战场重大战役研究,如苏德战场的莫斯科战役、斯大林格勒战役、库尔斯克会战,太平洋战场的多个战役;(3)欧洲抵抗运动和德、日国内的反战运动、共产国际战时作用问题;(4)中缅印战场和中国远征军入缅作战;(5)抗日战争与国际关系的互动,包括九一八事变的国际反应、七七事变的国际反应,美、苏、英、德、法各大国远东政策与对华、对日外交,对中国抗战的国际援助(美国援华、苏联援华、各国民间人士的援助、华侨华人与中国抗战),共产国际与中国抗战,抗战时期中共外交;(6)对日本法西斯暴行如南京大屠杀及各地大屠杀、生化战、慰安妇等问题的研究;(7)对德日战争赔偿和战争反省问题的探讨。

新开辟的研究领域主要有:日本军国主义(含天皇制)研究,日本侵华思想与理论研究,日本对中国东北的移民与殖民、奴化教育、毒化政策研究,纳粹屠犹,对日战争审判中的东京审判、南京审判、伯力审判,二战与战后局部战争问题,对战争遗留问题如遗留武器问题、边疆领土问题、历史认识问题、战争记忆问题等的研究。这些都是进入新世纪以来新的学术增长点。

二、出版了大量著作,发表了大量文章

2000年至2019年间,我国二战史学工作者撰写了更多的二战史著述,发表了更多的文章。据统计,在这20年间,大陆学者共编撰和翻译出版(含再版)二次大战图书3684种,其中初次出版图书3506种;发表有关二次大战的文章9145篇(含外文译文)。这些研究成果涉及第二次世界大战史的方方面面。

1. 出版了大量著作

据统计,2000年至2019年间,大陆学者共编撰和翻译出版二次大战图书3684种,其中初次出版图书3506种(其中中国学者著作784种,外文译著517种),初次出版著作数量是前一阶段(1301种)的2.7倍,占改革开放以来40年(1979年至2019年)间出版图书总数的73%,占中华人民共和国成立以来出版二战史图书总数的68.66%。图书研究内容涉及二战史的方方面面。本人将大陆出版的图书归类为十大专题,如果将再版图书也统计在内的话,我们发现,这一阶段出版图书中有九个专题都超过了上一阶段,反映出这一阶段二战史研究的火爆。有四个专题的图书都超过了500种,分别是:"第二次世界大战中的军事学术"820种,"各大战场研究"699种,"人物研究"697种,"法西斯的侵略及

其暴行"616 种。这四大专题的图书总共 2832 种,超过这一时期出版的全部二战史图书(3684 种)的四分之三(76.87%)。

该阶段出版的图书具有如下几个方面的特点:一是出版了许多新的图书;二是再版了许多此前已经出版过的图书;三是大众普及性图书占有相当大的比例;四是出版了多种系列图书或者丛书。

2. 发表了大量文章

据统计,2000 年至 2019 年的 20 年间,大陆刊物共发表有关二次大战的文章 9145 篇(含外文译文),发表文章数量是前一阶段(7519 篇)的 1.22 倍,占改革开放以来 40 年(1979 年至 2019 年)间发表文章总数的 54.88%,占中华人民共和国成立以来发表文章总数的 54.01%。

就文章选题而言,涉及了二战史的方方面面。其中"中国抗日战争与大国关系的互动"文章最多,达到 1671 篇,占该阶段文章总数的 18.27%;"法西斯侵略及其暴行"文章次之,达到 1349 篇;"第二次世界大战中的军事学术"以 1301 篇居第三位;"罪行清算与战争反省"文章居第四位,为 1173 篇;"法西斯主义与德意日走上战争之路"和"各战场重大问题探讨"分别以 709 篇、601 篇居第五、第六位。在这六大专题中,前四大专题发表文章数量都在千篇以上。这六大专题共发表文章 6804 篇,占该阶段发表文章总数的将近四分之三(74.4%)。

三、指导了上千篇硕博论文,培养出一千余名博士硕士研究生

在人才培养方面,在此阶段,随着硕士、博士研究生招收数量的猛增,中国军队和地方高校以及一些科研单位招收和培养了 1400 余名以二战史及相关问题为主攻方向的硕士、博士研究生,指导硕博论文 1452 篇。学位论文的选题范围和研究内容是十分广博的。

武汉大学、华东师范大学、首都师范大学、中国社会科学院、中国军事科学院、国防大学等单位是主要的培养单位。尤其值得一提的是,中国二战史研究会前会长、武汉大学胡德坤教授从 1994 年起开始招收第二次世界大战史方向(含中日战争史和抗战时期的中外关系)博士研究生,至今已连续招生 20 多届,已毕业博士生 18 人;韩永利教授也招收了几届二战史方向的博士生。此外,中国二战史研究会前会长、首都师范大学徐蓝教授,二战史研究会前副会长、军事科学院肖裕声将军,华东师范大学郑寅达教授,也分别培养了几届二战史方向的博士研究生。这些研究生大多活跃于军队和地方高校教学与科研一线,研究二

战史及与二战相关问题,成为中国二战史学界的中坚力量。

据统计,改革开放以来,全国共有163家培养单位指导过二次大战方面的硕士和博士论文。东北师范大学(99篇)、首都师范大学(94篇)、武汉大学(77篇)和华东师范大学(73篇)位居指导学位论文数量前四名,指导论文均在50篇以上。其中首都师范大学是指导硕士论文最多的单位(72篇),武汉大学是指导博士论文数量最多的单位(30篇)。武汉大学胡德坤、华东师范大学郑寅达、首都师范大学齐世荣、徐蓝和梁占军,分别以32篇、28篇、26篇、19篇、19篇位居指导二战史方向硕博论文最多的指导教师之列,同时,胡德坤、齐世荣、徐蓝分别以18篇、10篇和8篇位居指导博士学位论文前三甲,郑寅达、邢来顺(华中师范大学)、梁占军分别以23篇、17篇、17篇位居指导硕士学位论文前三甲。武汉大学、首都师范大学和华东师范大学作为我国二次大战史研究起步最早、实力最强的高校,在培养二次大战史方向硕士、博士生方面,也充分显示出了自己的实力。

四、学术交流异常活跃

1.举办了61场全国性和国际性学术会议

该阶段举办的61场学术会议中,28场属于国际性学术会议。其中中国二战史研究会主办的三次国际学术讨论会尤其值得一提。一是2005年9月,中国二战史研究会与重庆市政府联合举办、重庆市政府和美国驻成都总领事馆承办的"世界反法西斯战争胜利60周年纪念·学术研讨会",来自中美两国的二战史专家、二战老兵以及美国驻华使馆文化参赞等150余人出席,其中美方人员达数十人。二是2008年4月,中国二战史研究会与国际二战史学会主办,武汉大学承办的"1931—1949占领历史研究"国际学术研讨会,来自10个国家的120余名中外学者参加了会议。三是2009年10月,中国二战史研究会参与了波兰大使馆等单位联合举办的"1939被占领下的波兰"学术年会,波兰驻华大使霍米茨基、使馆工作人员及波兰在华留学生与中国学者开展了学术交流。这些国际学术会议的举办,反映出我国的二战史研究已经与国际二战史研究接轨。

该阶段所举办的学术会议内容广泛,包括战时国际关系、太平洋战争与中美关系、纳粹屠犹、南京大屠杀、慰安妇问题、日本细菌战罪行、东京审判、第二次世界大战与世界历史进程、第二次世界大战对战后世界影响、第二次世界大战与战后国际关系、第二次世界大战与战后局部战争、第二次世界大战的经验教训、第二次世界大战与科学技术发展、冷战起源与国际关系、华侨华人与世界反法西斯战争、第二次世界大战与20世纪世界历史进程、第二次世界大战与亚太国际合作、二战及其遗留问题、欧洲和东亚的二战记忆等许多专题,可以说涉及了第二次世界大战史研究的各个领域和侧面。(参见表1-1-4)

表1-1-4 中国举办第二次世界大战史全国性学术会议一览表(2000—2019年)

序号	时间	地点	举办单位和参加者	主要内容	主要成果
1	2000.3.30—4.1	上海	上海师范大学中国"慰安妇"问题研究中心与《历史研究》编辑部、《抗日战争研究》编辑部共同主办。来自中国、美国、朝鲜、韩国、日本、菲律宾、新西兰、法国、新加坡等国175名学者、律师及受害者代表与会,递交论文70篇。	中国"慰安妇"问题国际学术研讨会"。这是中国首次召开关于"慰安妇"问题的研讨会。会议以二战期间日军性暴力犯罪为主要内容,分"慰安妇"问题的调查和研究、南京大屠杀等暴行及日本国家的战争责任和赔偿等专题。	新华社、《人民日报》、中央电视台、美联社、法新社、路透社和共同社等国内外百余家媒体做了报道。《历史研究》2001年第3期、《抗日战争研究》2001年第2期、《军事历史》2001年第3期和《上海师范大学学报》2000年第2期刊登了会议综述文章。
2	2000.9.1	北京	军事科学院军史部举办。二战史研究会副会长、军史部支绍曾副部长介绍了该书编写和出版经过。	"纪念世界反法西斯战争胜利55周年暨五卷本《第二次世界大战史》出版"专家座谈会。	《军事历史》2000年第6期刊登了会议综述文章。(彭训厚:《纪念世界反法西斯战争胜利55周年暨五卷本〈第二次世界大战史〉出版专家座谈会情况综述》)
3	2001.9.16—18	北京	中国社会科学院中日历史研究中心、中国抗日战争史学会主办,社科院近代史研究所承办。来自日本、韩国、中国大陆和港澳台地区的学者100余人与会,提交论文40篇。	"九一八事变与近代中日关系——九一八事变70周年国际学术讨论会"。内容主要涉及:九一八事变前后的中国政局与外交;九一八事变前后的日本侵华罪行;日本右翼思潮的历史与现状等。	《抗日战争研究》2001年第4期刊登了会议综述文章;会议论文整理、出版为《九一八事变与近代中日关系:九一八事变70周年国际学术讨论会论文集》(社会科学文献出版社,2004年)。
4	2001.9	辽宁沈阳	沈阳师范学院承办。来自中国、日本、韩国的70余位学者出席了会议,共收到41篇学术论文。	日本殖民教育侵略史第五届国际学术研讨会。会议就日本殖民教育的本质问题进行了探讨。	《沈阳师院学报》2001年第6期、《辽宁教育研究》2001年第10期刊登了许桂清所撰会议综述文章。

续表

序号	时间	地点	举办单位和参加者	主要内容	主要成果
5	2001.10.12—15	湖北武汉	中国二战史研究会与武汉大学联合举办。来自30余所地方高校、军队院校和科研单位的80余名学者与会，提交论文50余篇。	中国二战史研究会第五届年会，议题为"第二次世界大战与二十世纪世界历史进程"。就二战与世界历史进程、二战与国际关系、战争与和平、二战与战后世界等专题进行了探讨。进行换届工作。	选举产生了以胡德坤为会长的35人组成的二战史研究会第五届理事会。《武汉大学学报（人文科学版）》2002年第2期刊登了潘迎春的会议综述文章；会议论文收入胡德坤主编的《第二次世界大战与世界历史进程：第二次世界大战史（武汉）学术讨论会论文集》（武汉大学出版社2002年版）。
6	2002.10.19—21	重庆	中国二战史研究会主办，史迪威研究中心承办。与会代表80余名，收到论文60余篇，专著2部。	中国二战史研究会2002年年会及学术研讨会。主题为"第二次世界大战与亚太国际合作"。就二次大战中的中国抗战、世界反法西斯同盟与亚太国际合作等问题进行了探讨。	会议论文收入苑鲁、谢先辉主编的《第二次世界大战与亚太国际合作：第二次世界大战史（重庆）学术讨论会论文集》（重庆出版社2003年版）。
7	2002.12.7—9	湖南常德	会议由常德师范学院主办，美国世界抗日战争史实维护会协办。来自中国、日本、美国的近80位专家、学者与会，收到论文50余篇。	国内第一次"细菌战罪行国际学术研讨会"。会议围绕细菌战罪行、细菌战责任和细菌战受害调查三个主题展开了深入探讨。	《常德师范学院学报》2003年第1期、《抗日战争研究》2003年第2期和《军事历史研究》2003年第2期刊登了会议综述文章。
8	2003.9.18—20	上海	上海师范大学主办，《抗日战争研究》编辑部、上海史学会等协办。120余名来自中国以及韩、美、日、菲、朝等国家和地区的官员、学者、日本侵略受害者、律师等参加了会议；另有海内外30多家媒体参加会议进行采访报道。	"日本侵略亚洲战争责任问题国际学术讨论会"。会议主要讨论了"慰安妇"、强制劳工、细菌战、毒气战及遗留毒气弹处理、战争赔偿等问题。	《抗日战争研究》2003年第4期、《探索与争鸣》2003年第10期分别刊登了陈丽菲和苏智良、彭善民和孙爱民撰写的会议综述文章。

续表

序号	时间	地点	举办单位和参加者	主要内容	主要成果
9	2003. 10. 13—15	河北石家庄	中国二战史研究会与石家庄陆军指挥学院联合举办。军内外80余名学者与会。	"第二次世界大战与战后局部战争"学术研讨会。探讨的主要问题有:二战对战后局部战争的影响、战后局部战争的特点规律和作战样式、二战及战后局部战争与当前国际反恐斗争的比较等。	《军事历史》2003年第6期、《世界历史》2004年第2期分别刊登了彭训厚、魏子任撰写的会议综述文章;会议论文收入李小军主编的《第二次世界大战与战后局部战争》(军事谊文出版社2003年版)。
10	2004. 9. 18—19	北京	世界抗日战争史实维护联合会、中国抗日战争史学会等联合主办。来自中国以及美国、日本等国家和地区的学者及各界人士250人与会。	"战争遗留问题暨中日关系展望国际学术研讨会"。会议就抗日战争历史、战争遗留问题、中日关系展望等问题进行了讨论。	《抗日战争研究》2004年第4期刊登了会议综述文章。(《"战争遗留问题暨中日关系展望国际学术研讨会"在北京召开》)
11	2004. 11. 7—9	江苏南京	中国二战史研究会与南京陆军指挥学院联合举办。30多个军地单位和新闻媒体的70余名代表与会,提交论文70余篇。	"二战及其遗留问题对国际关系的影响"学术讨论会。内容涉及:二战诸问题及经验教训;二战对战后世界军事、政治、经济和国际关系的影响;二战遗留问题对战后世界的影响。	《世界历史》2005年第4期刊登了刘邦奇、梁瑞红所撰会议综述文章;会议论文整理、汇编为《二战及其遗留问题对国际关系的影响》(二战史研究会编印2004年版)。
12	2005. 5. 27—29	江苏南京	中国军事科学学会、南京政治学院联合主办。军队和地方70多位学者与会,收到论文260余篇。	"全军纪念中国人民抗日战争暨世界反法西斯战争胜利60周年学术研讨会"。会议围绕抗日战争的历史作用、中国共产党在抗战中的中流砥柱作用、抗日战争与中国大国地位的奠定、抗日战争中的军事战略指导等问题展开了探讨。	2005年5月29日《人民日报》对会议进行了报道;《军事历史研究》2005年第3期、《探索与争鸣》2005年第3期、《军事历史》2005年第7期分别刊登了会议综述文章。

续表

序号	时间	地点	举办单位和参加者	主要内容	主要成果
13	2005.8. 7—11	江苏 南京	南京大学犹太文化研究中心、南京师范大学南京大屠杀研究中心和英国伦敦犹太文化研究中心共同主办。来自以色列、美国、英国、法国及中国高校和科研机构80余名学者与会。	"纳粹屠犹和南京大屠杀国际研讨会"。围绕大屠杀具体史实的研究与回顾、战争暴行战争记忆的理论探讨、大屠杀教育中的教育理念，以及纳粹屠犹和南京大屠杀的比较研究展开了研讨。	《抗日战争研究》2005年第4期和《学海》2005年第6期分别刊登了钱春霞、温立峰的会议综述文章。
14	2005. 8.15	北京	中国社会科学院主办。来自全国哲学社会科学研究机构、大专院校的近百位学者出席了会议，收到论文100多篇。	"纪念中国人民抗日战争暨世界反法西斯战争胜利60周年学术研讨会"。会议就抗日战争时期的政治、经济、军事、中外关系、社会、思想文化以及中国抗战在世界反法西斯战争中的地位和作用、日本军国主义、战争遗留等问题进行了研讨。	《军事历史研究》2005年第5期刊登了崔向华的会议综述文章；会议论文整理出版为《中国抗战与世界反法西斯战争：纪念中国人民抗日战争暨世界反法西斯战争胜利60周年学术研讨会文集（上中下）》（社会科学文献出版社2009年版）。
15	2005.9. 2—4	北京	中共中央宣传部、中央党校、中央文献研究室、中央党史研究室等单位联合举办。170余位专家学者与会，收到会议论文260多篇。胡锦涛总书记发表了重要讲话。	"纪念抗日战争与世界反法西斯战争胜利60周年学术研讨会"。论文涉及政治、经济、文化、军事、外交等方面的许多重大课题。	《人民日报》2005年9月5日第1版刊登了柳晓森的会议报道；会议论文整理出版为《纪念中国人民抗日战争暨世界反法西斯战争胜利60周年学术研讨会论文集（上中下）》（中共党史出版社2006年版）。
16	2005.9. 7—9	重庆	重庆市人民对外友好协会和美国驻成都总领事馆联合举办，史迪威研究中心和中国二战史研究会承办。来自中国和美国的二战老兵代表、中美官员、二战史专家等150余人与会。	"世界反法西斯战争胜利60周年纪念·学术研讨会"。会议围绕第二次世界大战与人类和平这一主题进行了充分研讨。	《重庆与世界》2005年第6期刊登了会议综述文章。（廖晖、刘园：《世界反法西斯战争胜利60周年纪念·学术研讨会在重庆召开》）

序号	时间	地点	举办单位和参加者	主要内容	主要成果
17	2006.7.11—14	河南开封	河南大学与伦敦犹太文化中心联合举办。来自中、英、法、美、德、以色列、奥地利等国的110位专家学者与会。	"'大屠杀'国际学术研讨会"。会议围绕大屠杀的起因、过程、社会后果以及研究方法等问题展开分析与交流。	《世界历史》2006年第6期刊登了刘百陆、文畅的会议综述文章《"大屠杀"国际学术研讨会综述》。
18	2006.12.3—4	浙江上虞	中国二战史研究会和浙江上虞市人民政府联合举办。军队和地方院校50余人与会。南京军区原司令员、中国二战史研究会名誉会长向守志上将出席会议并讲话，浙江省委书记、省人大常委会主任习近平向大会发来贺信。	"第二次世界大战与中国国家安全战略研究"。	中国二战史研究会进行了换届工作，选举产生了以胡德坤为会长，由45人组成的第六届理事会。2006年12月5日的《上虞日报》刊登了会议报道《中国第二次世界大战史研究会年会在虞举行》。
19	2007.10.19—21	辽宁沈阳	中国近现代史史料学学会、沈阳九一八历史博物馆等主办，沈阳九一八历史博物馆承办。来自美国、加拿大、荷兰、日本、中国等国家和地区的近70名中外学者与会。	中国及太平洋抗战与战俘问题国际学术研讨会。	会议论文整理汇编为《中国及太平洋抗战与战俘问题研究——中国及太平洋抗战与战俘问题国际学术研讨会文集》。
20	2007.12.7	重庆	中国二战史研究会与重庆史迪威研究中心联合举办。来自军队、地方高校以及重庆地方50余位学者参加了研讨。	"抗战文化与重庆经济发展战略"研讨会。会议围绕太平洋战争诸问题、中国抗日战争在太平洋战争中的地位和作用、重庆在抗日战争中的作用和地位等专题展开了讨论。	2007年12月9日的《重庆日报》刊登了会议报道《中国第二次世界大战史研究会年会在重庆市举行》。

续表

序号	时间	地点	举办单位和参加者	主要内容	主要成果
21	2008.4.14—16	湖北武汉	国际二战史学会与中国二战史研究会共同主办，武汉大学承办。来自德国、法国、比利时、荷兰、希腊、斯洛文尼亚、澳大利亚、韩国、日本9国，以及来自中国社会科学院、军事科学院、国防大学、中国人民大学、武汉大学等单位120余名中外学者及博士、硕士研究生参加了会议。国际二战史学会主席格哈德·赫尔施菲尔德、中国研究会名誉会长向守志上将、军事科学院政委刘源中将，以及湖北省和武汉市的领导在会上致辞。	"1931—1949年占领历史研究"国际学术研讨会。围绕占领的定义、占领与国际法以及不同战区占领的特点、占领对平民的影响、中国与第二次世界大战等问题展开了探讨。这是国际二战史学会与中国二战史研究会第一次联合在中国举办的国际学术会议。会议还安排了"中国与第二次世界大战"专场学术报告会。	《世界历史》2009年第2期刊登了刘晓莉的会议综述文章《"1931—1949年占领历史研究"国际学术会议综述》；会议论文整理出版为《占领历史研究："1931—1949年占领历史研究"国际学术会议论文集》（胡德坤主编，武汉大学出版社2010年版）。
22	2008.7.21—26	云南昆明	云南大学南亚研究所、纳粹屠犹教育国际合作特别行动组织等联合举办。来自美、德、英、中等国的80余位学者与会。	第四届"纳粹屠犹国际研讨会"。研讨会围绕如何认识纳粹屠犹及如何进行纳粹屠犹的教育进行了探讨。	《西亚非洲》2008年第11期刊登了张金平的会议综述文章《"纳粹屠犹国际研讨会"纪要》。
23	2009.9.7—9	重庆	中国社会科学院近代史研究所、西南大学联合主办。来自美、英、日、俄、法、加拿大、中国大陆和港台地区的100多名学者与会，提交学术论文34篇。	中日战争国际共同研究系列学术研讨会"战时国际关系：中日战争国际共同研究第四次会议"。会议围绕着战时多边关系、中日关系、中美关系、中英关系、中苏关系等问题进行了深入探讨。	《近代史研究》2010年第3期和《社会科学研究》2010年第1期分别刊登了侯中军、许丽梅所撰会议综述文章。
24	2009.9.10	北京	中国二战史研究会与波兰大使馆等单位联合举办，波兰驻华大使霍米茨基、使馆工作人员及波兰在华留学生与中国学者开展了学术交流。	"1939被占领下的波兰"学术年会。	

续表

序号	时间	地点	举办单位和参加者	主要内容	主要成果
25	2010.8.15	北京	中国抗日战争史学会、中国人民抗日战争纪念馆共同主办,北京中国抗日战争史研究会协办。来自中国、美国、英国、韩国、日本的学者50余人参加了研讨会。	"纪念中国人民抗日战争胜利65周年学术研讨会"。与会学者主要围绕抗战时期的经济、文化、教育等方面问题展开讨论。	《抗日战争研究》2010年第3期刊登了李鑫、罗存康所撰会议综述《纪念中国人民抗日战争胜利65周年学术研讨会综述》。
26	2011.12.7	贵州贵阳	中共中央党校国际战略研究所主办、贵州省委宣传部和南京大学约翰霍普金斯中美交流中心协办。来自中美十几所海内外知名学术机构的专家学者参会。	"太平洋战争与中美关系"国际学术研讨会。会议围绕太平洋战争与大国战略、太平洋战争与中美关系、第二次世界大战及其影响、史迪威将军与中国等议题展开了深入研讨。	《新远见》2012年第2期刊登了梁亚滨所撰会议综述《"太平洋战争与中美关系"国际学术研讨会综述》。
27	2012.4.14—15	北京	中国二战史研究会与总后勤部司令部共同举办。参加过抗日战争的部分老同志、中国社会科学院、军事科学院以及军事和地方院校的专家、学者共120余人参加会议。	"第二次世界大战史研究与现代战争后勤保障"学术研讨会。会议以国防和军队建设为主线,对第二次世界大战及近年来高技术局部战争的后勤保障经验进行了深入研究。会议期间进行了第六届理事会的换届工作。	2012年4月23日《中国社会科学报》发表评论文章《构建有中国特色的二战史研究体系》。
28	2012.11.17—	北京	首都师范大学历史学院主办。来自日本、美国、阿尔及利亚、中国台湾及中国社会科学院、首都师范大学、武汉大学、华东师范大学等高校、科研和出版单位近30名国内外专家学者与会。	"军事与外交:二战史专题"国际学术研讨会。与会者围绕如何拓展二战史研究、二战起源及相关问题、战时苏联与欧洲外交、战时中外关系、战时日本战略和战后国际秩序安排等问题进行了主题研讨。	《历史教学问题》2013年第1期、《世界历史》2013年第5期分别刊登了肖文超、管世琳的会议综述文章。

续表

序号	时间	地点	举办单位和参加者	主要内容	主要成果
29	2013.7.5	北京	外交部中国国际问题研究所、国家海洋局海洋发展战略研究所、中国人民抗日战争纪念馆共同举办。来自美、英、俄、韩、澳以及中国的40余位专家学者参加研讨会，提交论文十余篇。菲、缅、越、印、英、俄等国驻华外交官也应邀与会。外交部部长助理乐玉成出席开幕式并做了主旨演讲。	"《开罗宣言》发表70周年：历史、现实与法理国际研讨会"。会议回顾了《开罗宣言》发表的背景和经过，论证了其对战后国际秩序形成的基础作用，认为它是钓鱼岛归属中国的重要法律依据。	CCTV-4中文国际频道、人民网—中国共产党新闻网、中国日报网、环球网、共产党员网、中国台湾网、中国网等网站进行了报道；会议论文整理出版为《启迪现实昭示未来——纪念〈开罗宣言〉发表70周年国际学术研讨会文集》（郭宪纲主编，世界知识出版社2013年版）。
30	2013.9.13—17	重庆	中国社会科学院近代史研究所、剑桥大学、牛津大学、哈佛大学、日本日中关系史研究会、西南大学等单位共同主办。来自美、英、加、荷、澳、日、韩、印度、中国大陆及台湾地区的近100名代表与会。	会议主题是"第二次世界大战背景下的中日战争"。会议立足于第二次世界大战的宏观背景，围绕战时经济、社会、政治、对外交往及国际关系、军事、文化、抗战大后方等方面进行了探讨。	《抗日战争研究》2013年4期刊登了潘洵、赵国壮所撰会议综述《第二次世界大战背景下的中日战争研究——"中日战争国际共同研究第五次会议"综述》。
31	2013.11.8—9	北京	中国二战史研究会、国家领土主权与海洋权益协同创新中心、武汉大学中国边界与海洋研究院联合举办。中央相关部委所属研究机构、军事院校和地方高校150多名学者与会。	"纪念开罗会议70周年学术研讨会"。与会学者分别就开罗会议与盟国对日领土处置、开罗会议与战后亚太国际新秩序、《开罗宣言》的国际法解读等问题进行了深入探讨。	武汉大学新闻网在2013年11月6日做了专题报道；《世界历史》2014年第5期刊登了关培凤所撰会议综述文章《纪念开罗会议70周年学术研讨会综述》。
32	2014.5.30	吉林延吉	中国社会科学院中日历史研究中心与吉林省延边大学朝鲜半岛研究协同创新中心共同主办。来自中、朝、韩三国的30多名相关专家学者与会。	"日军'慰安妇'问题国际学术会议"。会议探讨和批判了日本侵略战争中犯下的"慰安妇性奴隶"的历史罪行及现时极端错误的历史认识问题。	《当代韩国》2014年第3期刊登了金成镐、金成杰的会议综述文章《延边大学"日军'慰安妇'问题"国际学术会议综述》。

序号	时间	地点	举办单位和参加者	主要内容	主要成果
33	2014.7.26	北京	在国务院新闻办公室支持下,由中国社会科学院和中国军事科学院联合主办,社科院世界历史研究所、欧洲研究所,以及和军事科学院军事历史和百科研究部共同承办;来自中国、俄罗斯、法国、英国、美国、德国、日本等18个国家的200多名专家学者与会。	"一战和二战历史回顾:教训和启示"国际学术研讨会。围绕两次世界大战爆发的原因和背景、历史记忆与叙述、对世界格局的影响,以及战争教训与启示等主题展开热烈讨论。	《军事历史》2014年第4期刊登综述文章《一战和二战历史回顾:教训和启示国际学术研讨会在京召开》。
34	2014.12.9	江苏南京	侵华日军南京大屠杀史研究会主办,侵华日军南京大屠杀纪念馆承办,来自多所高校和科研单位的60多人参加了会议。	"国家公祭视域下的南京大屠杀史研究"学术研讨会暨侵华日军南京大屠杀史研究会2014年学术年会。围绕国家公祭、历史记忆等热点问题进行了热烈的交流与探讨。	《日本侵华史研究》2015年第1期刊登综述文章《"国家公祭视域下的南京大屠杀史研究"学术研讨会暨侵华日军南京大屠杀史研究会2014年学术年会在宁召开》。
35	2014.12.13—14	湖北武汉	中国二战史研究会主办,武汉大学中国边界与海洋研究院、历史学院等联合承办。来自军队和地方20多所高校和科研单位的70多位学者与会。	"二战全面爆发75周年学术研讨会"。围绕二战全面爆发原因、中国抗战在二战中的贡献与中华民族的复兴、二战军事战略战术及其对当代的启示、战时国际关系与中国外交、二战与战后国际关系、二战与战后遗留问题等主题进行了研讨。	武大新闻网进行了报道。

续表

序号	时间	地点	举办单位和参加者	主要内容	主要成果
36	2015.4.1	北京	中国社会科学院俄罗斯东欧中亚研究所与俄罗斯联邦驻华大使馆共同主办。中俄学者和外交官参会。	"第二次世界大战对现代国际关系的影响"研讨会，围绕二战带来的世界格局变化及其对国际关系的影响、战后秩序的规划和领土争端、二战期间的苏联与中国、苏联出兵东北及对华援助等问题进行了交流和探讨。	《俄罗斯东欧中亚研究》2015年第3期刊登张文莲的综述文章《铭记历史 和平发展——"第二次世界大战对现代国际关系的影响"研讨会综述》。
37	2015.4.5—6	上海	上海社会科学院历史研究所现代史研究室、"中国现代史"创新团队主办。50余名专家学者参加了研讨。	"民国政要与第二次世界大战"学术研讨会，围绕抗战前夕的中国政局、抗日战争与蒋介石、二战时期的中国外交以及民国政要与二战进程等方面进行研讨	《民国研究》2015年第2期刊登梁艳的综述文章《"民国政要与第二次世界大战"学术研讨会综述》。
38	2015.6.3—4	北京	中俄友好、和平与发展委员会及中国国际问题研究院联合举办。来自中、俄两国军队、地方高校和科研机构及中国驻外机构80余人与会。	"铭记历史，共创未来——中俄共同庆祝世界反法西斯战争胜利70周年"国际研讨会，就世界反法西斯战争胜利的重大历史意义、中俄在世界反法西斯战争中的地位和作用、世界反法西斯战争胜利后国际秩序的演变、新时期的中俄关系与未来等议题进行了研讨。	《国际问题研究》2015年第4期刊登综述文章《庆祝世界反法西斯战争胜利70周年国际研讨会在京召开》。
39	2015.6.12—14	天津	中国社会科学院世界历史研究所与南开大学世界近现代史研究中心共同主办。来自30余所高校和科研机构的60余位专家学者参加了会议。	"战争与和平：二战及战后世界的变动"高层论坛，会议就二战进程、二战对战后世界格局的影响、对战争的认知等问题展开热烈讨论。	《光明日报》2015年7月18日对会议进行了报道（董瑜："战争与和平：二战及战后世界的变动"高端论坛召开》）；《世界近现代史研究》2015年第1期刊登韩琦的综述文章。

续表

序号	时间	地点	举办单位和参加者	主要内容	主要成果
40	2015.7.10	上海	上海社会科学院国际关系研究所、上海市世界史学会和《世界知识》杂志社共同举办。京沪地区国际关系和世界史领域的60余名专家学者与会。	"世界反法西斯战争胜利七十周年与战后国际秩序"研讨会。围绕世界反法西斯战争与中国、大国协调与战后国际秩序、国际秩序转型中的中国与大国等议题展开学术研讨。	《国际关系研究》2015年第4期刊登顾炜、汪舒明的综述文章《"世界反法西斯战争胜利70周年与战后国际秩序"研讨会综述》。
41	2015.7.17—18	北京	首都师范大学历史学院举办。来中国、美国、法国、日本、马来西亚等国的近百位学者与会。	"历史与记忆——二战史专题国际学术研讨会"。围绕二战史研究的回顾与展望、关于二战的历史书写、二战记忆与纪念、抗日战争研究、战时国际关系等专题展开研讨。	《世界知识》2015年第15期刊登会议综述文章《"历史与记忆——二战史专题国际学术研讨会"在北京举行》。
42	2015.7.25	广东广州	国务院侨办政策法规司、暨南大学主办,暨南大学华侨华人研究院、中国华侨华人历史研究所、暨南大学出版社承办。来自美国、日本、新加坡、马来西亚、菲律宾以及中国的近百名学者与会。	"华侨华人与世界反法西斯战争"国际学术研讨会。会议围绕海外主要侨居国的华侨华人与二战、华侨华人与中国抗战、抗战时期华侨华人与民族意识"等八个专题进行了分组讨论。	《华侨华人历史研究》2015年第3期刊登了维尼的会议综述文章《"华侨华人与世界反法西斯战争"国际学术研讨会在广州召开》。
43	2015.8.18	北京	中国军事科学院和俄罗斯联邦总参军事学院共同举办。来自中俄两军及国内高校、科研单位的100多位专家学者与会。这次研讨会是落实中俄两国元首关于2015年共同举办纪念世界反法西斯战争暨中国人民抗日战争胜利70周年活动共识而召开的。	中俄两军纪念世界反法西斯战争暨中国人民抗日战争胜利70周年学术研讨会。会议围绕"世界反法西斯战争与中国战场"主题进行了深入的研讨交流,从不同角度阐释了中俄两国在世界反法西斯战争中的地位作用,回顾了中苏两国人民合作抗击法西斯的战斗历程,探讨了战后国际秩序的形成和演变。	《军事历史》2015年第4期刊登了赵真燕、李永的会议综述文章《中俄两军纪念世界反法西斯战争暨中国人民抗日战争胜利70周年学术研讨会在北京召开》。

序号	时间	地点	举办单位和参加者	主要内容	主要成果
44	2015. 8.21	北京	中共中央党史研究室、中国中共党史学会、中国中共党史人物研究会联合举办,有关方面的专家学者和入选论文作者代表共约80人参加了研讨会。	"全国党史界纪念中国人民抗日战争暨世界反法西斯战争胜利70周年学术研讨会",会议围绕"抗日战争与中华民族伟大复兴"主题,从不同角度进行了阐释。	《中共党史研究》2015年第9期刊登了会议综述文章《"全国党史界纪念中国人民抗日战争暨世界反法西斯战争胜利70周年学术研讨会"综述》。
45	2015. 8.25	北京	中国人民解放军总政治部主办,军事科学院承办,南京政治学院协办。中共中央政治局委员、中央军委副主席许其亮出席会议并作重要讲话,四总部、驻京大单位和军委办公厅领导,入选论文作者代表,军事科学院院领导及部分研究人员共120人参加会议。	全军纪念中国人民抗日战争暨世界反法西斯战争胜利70周年学术研讨会。	《军事历史》2015年第4期刊登了赵真燕的会议综述文章《全军纪念中国人民抗日战争暨世界反法西斯战争胜利70周年学术研讨会在北京召开》。
46	2015. 8.27	北京	中共中央文献研究室、中国中共文献研究会主办。全国90余位专家学者与会。	"纪念中国人民抗日战争暨世界反法西斯战争胜利70周年学术研讨会"。会议以"抗日战争与中华民族伟大复兴"为主题进行了深入探讨。	《党的文献》2015年第5期刊登了胡昌勇的会议综述文章《"纪念中国人民抗日战争暨世界反法西斯战争胜利70周年学术研讨会"在京召开》。
47	2015. 8.29	北京	中国社会科学院国际法研究所国际刑法研究中心主办。来自中国社会科学院、北京大学、中国人民大学等高等院校和学术研究机构的专家、学者出席了研讨会。	"纽伦堡、东京审判与战争犯罪"高端学术研讨会。对纽伦堡审判和东京审判涉及的战争犯罪及相关问题进行了深入学术研讨。	《净月学刊》2015年第6期刊登了徐持的会议综述文章《"纽伦堡、东京审判与战争犯罪"学术研讨会会议综述》。

续表

序号	时间	地点	举办单位和参加者	主要内容	主要成果
48	2015.9.2	北京	中共中央党史研究室、中国社会科学院和中国人民解放军军事科学院联合举办。遴选中国大陆学者和境外学者的论文 80 余篇。	"纪念中国人民抗日战争暨世界反法西斯战争胜利 70 周年国际学术研讨会"。围绕中国抗战的伟大意义、中国抗战在世界反法西斯战争中的重要地位、中国共产党在抗日战争中的中流砥柱作用、中国国民党及其领导的正面战场的地位和作用、日本侵华罪行及给中华民族带来的沉重灾难等问题进行了深入研讨。	《军事历史》2015 年第 4 期、《中共党史研究》2015 年第 9 期分别刊登了关泠、王树林的会议综述。
49	2015.9.5—7	福建福州	《福建华侨史》编撰委员会、福建省侨办、福建省侨联、福建社会科学院主办。来自全国各高校、科研机构的 70 多位专家学者与会。	"华侨与抗日战争学术研讨会"。围绕着海外华侨的抗战事迹、贡献及其历史影响,不同地区、国别的华侨抗战运动研究等问题展开了探讨。	《八桂侨刊》2015 年第 4 期刊登了何正开、伍淑斌的会议综述文章《"华侨与抗日战争学术研讨会"会议综述》。
50	2015.9.20	北京	北京市历史学会主办。来自北京师范大学、中国社会科学院、北京大学等单位的专家出席了会议。	"历史不会忘记——纪念抗日战争暨世界反法西斯战争胜利 70 周年"学术研讨会举办。会议就中日关系、抗日战争、日本近代化等问题进行了研讨。	《史学理论与史学史学刊》2015 年第 13 期刊登了丁雨、曲柄睿的会议综述文章《历史不会忘记——纪念抗日战争暨世界反法西斯战争胜利 70 周年学术研讨会纪要》。
51	2016.12.17—18	北京	中国二战史研究会主办,首都师范大学历史学院和中国社会科学院世界历史研究所承办。来自地方、军队高校和科研机构的专家学者共 70 余人与会。	中国二战史研究会 2016 年年会暨学术研讨会。与会人员就二战爆发、中国的抗日战争、二战的影响和启示以及战后国际秩序与南海问题等进行了讨论。	中国二战史研究会进行了换届工作,选举产生了以徐蓝为会长,由 88 人组成的第八届理事会。《近现代国际关系史研究》2016 年第 2 期刊登了武垚的会议综述文章。

续表

序号	时间	地点	举办单位和参加者	主要内容	主要成果
52	2017. 7. 28—30	内蒙古呼和浩特	中国二战史研究会主办，内蒙古师范大学历史文化学院和社科院世界历史研究所承办。来自地方、军队高校和科研机构的专家学者及民间二战史研究爱好者共60余人与会。	中国第二次世界大战史研究会2017年年会暨学术研讨会。围绕相关主题展开了深入讨论。	《近现代国际关系史研究》2017年第2期刊登了喻卓、谢茜的综述文章《中国第二次世界大战史研究会2017年年会暨学术研讨会侧记》。
53	2017. 8. 30—31	奥地利维也纳	中国社会科学院近代史研究所《抗日战争研究》编辑部、奥地利科学院、维也纳大学东亚研究所联合举办，来自中国（12人）、奥地利（6人）、日本（3人）和韩国（2人）四国共23位学者与会。	"欧洲和东亚的二战记忆"国际学术研讨会。围绕欧洲与东亚关于二战的记忆问题，中日学者对二战的看法、战后欧洲和东亚的战争纪念、欧洲的战争记忆、南京大屠杀等专题进行了深入的探讨。	《抗日战争研究》2017年第4期刊登了高莹莹的综述文章《"欧洲和东亚的二战记忆"国际学术研讨会综述》。
54	2017. 9.7	江苏南京	南京大屠杀史与国际和平研究院、南京侵华日军南京大屠杀史研究会共同主办，来自美国、德国、日本、加拿大以及中国国内30多所院校、研究机构、档案馆、博物馆的80余位专家学者与会。	"南京大屠杀与日本战争犯罪"国际学术研讨会。围绕南京保卫战、南京大屠杀、难民救助、日本侵华史、"慰安妇"问题、日本战犯审判、和平城市建设、历史教育、南京大屠杀跨学科研究等问题展开对话与研讨。	《日本侵华史研究》2017年第4期刊登了王立等人的综述文章《"南京大屠杀与日本战争犯罪"国际学术研讨会综述》。
55	2018. 6. 16.18	上海	中国二战史研究会与华东师范大学历史系联合举办，国内60个军地单位、高等院校近百名专家学者与会。	中国第二次世界大战史研究会2018年学术研讨会。围绕着二战的起源、战时外交、战时军事、战争遗留问题、战争记忆、二战史教学等问题进行了深入的探讨。	《军事历史》2018年第4期刊登了徐之凯的综述文章《第二次世界大战史的再发掘与新探索——中国第二次世界大战史研究会2018年学术研讨会综述》。

续表

序号	时间	地点	举办单位和参加者	主要内容	主要成果
56	2018.7.20—21	英国牛津	中国抗日战争史学会、牛津大学中国中心联合主办，《抗日战争研究》编辑部协办。来自中国、日本、欧美国家的 40 多位学者与会。	"第二次世界大战的史实、记忆与阐释"国际学术讨论会。围绕第二次世界大战的记忆与阐释、抗日战争时期的内政与外交、日军暴行记忆等主题进行了深入讨论。	《抗日战争研究》2018 年第 4 期刊登了许欣舸的综述文章《"第二次世界大战的史实、记忆与阐释"国际学术讨论会综述》。
57	2018.11.12	上海	上海交通大学东京审判研究中心举办。来自英国、以色列、日本、德国以及北京大学、西南大学、南京师范大学、上海交通大学等单位的 30 余位学者与会。	"2018 纪念东京审判宣判 70 周年国际学术研讨会"。就战后审判相关问题展开广泛而深入的讨论。	《日本侵华南京大屠杀研究》2019 年第 1 期刊登了曹鲁晓的综述文章《法则构建与史事论析——2018 纪念东京审判宣判 70 周年国际学术研讨会综述》。
58	2018.11.30	江苏南京	侵华日军南京大屠杀遇难同胞纪念馆、南京大屠杀史与国际和平研究院共同主办，来自中（含台湾）日两国 30 余所高校和科研单位的 80 余名学者与会。	"多元视域下的日本侵华与南京大屠杀研究"学术研讨会。学者们围绕日本侵华与南京大屠杀研究主题，进行了跨学科、多角度、立体化探讨与交流。	《日本侵华南京大屠杀研究》2019 年第 1 期刊登了张国松的综述文章《历史·和平·发展——"多元视域下的日本侵华与南京大屠杀研究"学术研讨会综述》。
59	2019.6.28—30	黑龙江哈尔滨	中国二战史研究会主办，黑龙江大学历史文化旅游学院、哈尔滨师范大学历史文化学院、中国社会科学院世界历史研究所联合承办。全国 10 余所高校和科研机构的 70 余位专家学者与会。	"中国第二次世界大战史研究会 2019 年年会暨学术研讨会"。围绕第二次世界大战的政治、经济、文化、军事与科技等诸多方面进行了探讨。	《军事史林》2019 年第 11 期刊登了宋涛、李朋的综述文章《中国第二次世界大战史研究会 2019 年学术研讨会综述》。
60	2019.8.24—25	上海	上海师范大学都市文化研究中心等主办，上海师范大学、上海社科院历史所现代史研究室、上海淞沪抗战纪念馆协办。来自中、美、日、韩等国近 50 名专家学者与会。	"从'抗战'到'二战'——纪念第二次世界大战爆发八十周年"学术研讨会。就中国抗战史与世界二战史展开讨论与交流。	澎湃新闻、联合时报、新浪网进行了报道。《现代中国与世界（第三辑）》（张剑、江文君著，上海书店出版社 2021 年版）收录了会议综述文章。

续表

序号	时间	地点	举办单位和参加者	主要内容	主要成果
61	2019.10. 25—26	上海	华东师范大学历史系等单位主办，巴黎-萨克雷高等师范学院法国抵抗运动基金会、法国国防部历史文献处协办。来自中国、法国、英国、罗马尼亚、意大利、以色列、荷兰、加拿大、美国等 9 个国家 24 所科研院所的学者与会。	"比较视野下的二战抵抗运动"国际学术会议。共同探讨和比较了二战时期欧洲、中国抵抗运动中的斗争形式、组织结构、发展特点、战后道路选择等问题，以了解抵抗运动中的普遍性和特殊性以及不同国家的命运抉择。	澎湃新闻、新浪网、凤凰网进行了专题报道。

2. 广泛开展国际学术交流

进入 21 世纪，二战史领域的国际学术交流更加频繁。据统计，仅中国二战史研究会就接待了国际知名二战史学者 70 余人次，组织 80 余人次的专家到国外进行学术交流。其中中国二战史研究会分别于 2000 年、2005 年、2010 年和 2015 年 4 次组团参加第 19 届（挪威奥斯陆）、第 20 届（澳大利亚悉尼）、第 21 届（荷兰阿姆斯特丹）和第 22 届（中国济南）国际历史科学大会。

通过这些国际学术交流活动，不仅加强了与国外二战史同行的交流和沟通，增强了国外同行对中国二战史研究情况的了解，而且活跃了学术氛围。关于开展国际学术交流的具体情况，请参见表 1-1-5。

表 1-1-5　中国二战史学界开展国际学术交流情况一览表（2000—2019 年）

序号	时间	地点	事由或交流内容
1	2000. 8. 6	挪威奥斯陆	第十九届国际历史科学大会在挪威奥斯陆举行，国际二战史学会召开了题为"20 世纪中的第二次世界大战"专题学术研讨会。中国二战史研究会副会长李殿仁以及会员时平、高宁军应邀参加了会议。李殿仁发言的题目是"二战胜利与战后世界的和平与发展"；时平发言的题目为"二战期间的中美关系"。他们的论文均被收入国际二战史学会出版的论文集（英文版）。
2	2001. 5. 17—18	俄罗斯莫斯科	应俄罗斯二战史委员会邀请，中国二战史研究会会员赖铭传参加了在莫斯科召开的国际学术讨论会。这次会议的主题是"1941 年，世界在火焰中"（1941, The World in Flames）。赖铭传在会上发言，与出席会议的学者进行了学术交流。

序号	时间	地点	事由或交流内容
3	2001.12.8	北京	根据中国社会科学院世界历史研究所的安排,中国二战史研究会部分在京理事在首都师范大学接待了国际历史学会会长、德国柏林自由大学教授于尔根·科卡来访。张海麟副会长代表胡德坤会长和全体会员对科卡就任国际历史学会会长后首选中国访问表示欢迎,并向客人介绍了中国二战史研究会的有关情况,赠送了中国二战史研究会会员的部分新作。
4	2002.10	北京	中国二战史研究会收到国际二战史学会致中国第二次世界大战史研究会的信。来信通报了近年来国际二战史学会的工作情况以及准备于2005年7月参加举办悉尼会议的计划。
5	2004.2	北京	中国二战史研究会收到国际二战史学会致中国第二次世界大战史研究会的第二封来信。信中介绍了将于2005年7月8日和9日举办的悉尼会议的计划和准备情况,告知了会议征集论文的选题范围,并期待中国学者能够出席。
6	2004.9	北京	中国二战史研究会副会长徐蓝代表研究会回复国际二战史学会执行局主席格哈德·赫尔施菲尔德和秘书长彼得·拉格鲁,表示中国将组团参加悉尼会议,并提出中国二战史研究会希望加入国际二战史学会的申请。
7	2005.7.3—9	澳大利亚悉尼	胡德坤会长、徐蓝副会长代表中国二战史研究会,出席在澳大利亚悉尼召开的第二十届国际历史科学大会,并在国际二战史专场学术会议上发言。会议期间,就中国二战史研究会加入国际二战史学会问题达成了一致,在闭幕式上正式公布了这一决定。中国正式加入国际二战史学会。
8	2008.4.14—16	中国武汉	中国二战史研究会与国际二战史学会、国际军事历史研究会合作,在武汉大学举办了"1931—1949占领历史研究"国际学术研讨会,这是首次在中国举办第二次世界大战国际年会,国际第二次世界大战史研究会主席赫尔斯菲尔德及国内外50余位专家学者出席会议。
9	2009.9.10	北京	中国二战史研究会参与波兰大使馆等单位联合举办的"1939被占领下的波兰"学术年会,波兰驻华大使霍米茨基、使馆工作人员及波兰在华留学生与中国学者开展学术交流。
10	2010.8.22—28	荷兰阿姆斯特丹	胡德坤会长、徐蓝副会长出席第二十一届国际历史科学大会,并在国际第二次世界大战史学会主持的专场学术研讨会上发表了学术论文。胡德坤会长代表中国二战史研究会参加了国际第二次世界大战史学会执行局委员会会议,推荐徐蓝教授作为中国二战史研究会代表参加国际二战史学会执行局工作,担任执行局委员。
11	2015.1	美国夏威夷	应夏威夷大学的邀请,中国学者梁占军、史桂芳、陈海宏、李朋、赵文亮、徐友珍、刘成7人前往美国夏威夷参加"战争与民族主义国际学术论坛",并分别在会议上发言。

续表

序号	时间	地点	事由或交流内容
12	2015.5	俄罗斯莫斯科	应俄罗斯历史学会的邀请,中国史学会代表团赴俄罗斯参加了纪念反法西斯战争胜利70周年学术活动。代表团成员包括中国史学会会长、中国社会科学院学部委员张海鹏,俄罗斯东欧中亚研究所原所长、学部委员李静杰,首都师范大学教授徐蓝,复旦大学教授金光耀,中国社会科学院近代史所研究员陈开科。代表团成员与俄罗斯学者围绕纪念世界反法西斯战争胜利70周年以及如何协调一致维护二战胜利后国际秩序等问题,进行了友好而深入的学术交流。
13	2015.6	俄罗斯莫斯科	应莫斯科大学邀请,北京师范大学张建华、山东师范大学陈海宏等学者到俄罗斯参加二战史学术会议。
14	2015.8.22—28	山东济南	中国二战史研究会胡德坤会长、徐蓝副会长、理事梁占军、李朋、赵文亮、罗衡林等出席在山东济南举行的第二十一届国际历史科学大会,胡德坤会长在国际第二次世界大战史学会主持的专场学术研讨会上就中国在二战中的作用和贡献问题发言。会议期间,赵文亮邀请包括国际二战史学会主席琼·博蒙特、副主席塔妮娅·蓬特等10余名二战史与会专家到山东师范大学访问和座谈。胡德坤会长、徐蓝副会长陪同前往。
15	2018.11.11—13	波黑萨拉热窝	应波黑萨拉热窝大学的邀请,中国社会科学院世界历史研究所所长汪朝光、中国世界现代史研究会会长李世安、中国世界现代史研究会常务副会长梁占军、北京大学教授徐平、二战史研究会理事赵文亮等一行8人前往萨拉热窝参加学术会议,并分别在会议上发言。

五、中国二战史研究会加入了国际二战史学会

中国二战史研究会加入国际二战史学会经历了一个漫长的历程。早在1980年夏第十五届国际历史科学大会期间,担任大会秘书长的国际二战史学会(International Committee for the History of the Second World War, IGHSWW)主席、法国历史学家米歇尔教授,希望中国的历史学家参加国际二战史学会。在1985年第十六届国际历史科学大会期间,国际二战史学会副主席日林将军(苏联国防部军事历史研究所所长)告诉中国代表团秘书长张椿年,希望中国及早加入国际二战史学会,并与中国的学者多多交流。大会期间,国际二战史学会通过一项决议:授权委员会主席在中国提出入会申请时立即加以接纳,国际二战史学会的大门对中国永远敞开着。会后,受中国史学会主席刘大年的委托,张椿年专程前往巴黎,拜会国际二战史学会主席米歇尔,进一步了解国际二战史学会的情况。米歇尔教授热情地接待了张椿年一行,并热烈欢迎中国加入国际二战史学

会。但由于种种原因尤其是缺乏经费,中国加入国际二战史学会的工作长时间止步不前,此后 15 年没有任何进展。2001 年中国二战史研究会第五届理事会成立后,决定将加入国际二战史学会作为任期目标,并指定专人负责与国际二战史学会联系、沟通,提出加入国际二战史学会的申请。2002 年 10 月,中国二战史研究会收到国际二战史学会的来信,信中通报了近年来二战史学会的工作情况,以及将于 2005 年 7 月在悉尼举办会议,邀请中国学者与会的信息。2004 年9 月,中国二战史研究会副会长徐蓝代表研究会回复二战史国际委员会执行局主席格哈德·赫尔施菲尔德和秘书长彼得·拉格鲁,表示中国将组团参加悉尼会议,并提出中国二战史研究会希望加入国际二战史委员会的申请。2005 年 7月,中国二战史研究会会长胡德坤、副会长徐蓝出席在澳大利亚悉尼举行的第20 届国际历史科学大会。会议期间,二战史国际委员会执行局召开会议,讨论并通过了中国二战史研究会的申请,在闭幕式上正式公布了这一决定。中国二战史研究会正式成为国际二战史学会的团体会员,标志着中国二战史研究正式走上了国际学术舞台,也标志着中国二战史研究会的发展步入了国际化的新阶段。

六、国家和政府对二战史研究十分关心和支持,设立了一大批研究课题

进入 21 世纪以来,党和国家领导人对第二次世界大战史的研究更加重视,并给予大力支持。2005 年 8 月,在纪念中国人民抗日战争暨世界反法西斯战争胜利 60 周年之际,胡锦涛、温家宝、李长春等党和国家领导人在多个场合发表讲话,盛赞中国抗日战争和世界反法西斯战争的伟大意义。习近平总书记更是重视抗日战争暨世界反法西斯战争的重要意义。2014 年 9 月 3 日,习近平总书记在纪念中国人民抗日战争暨世界反法西斯战争胜利 69 周年座谈会上发表重要讲话。2015 年 7 月 30 日,中共中央政治局就中国人民抗日战争的回顾和思考进行第二十五次集体学习。习近平总书记在主持学习时强调,深入开展中国人民抗日战争研究,必须坚持正确历史观,加强规划和力量整合,加强史料收集和整理,加强舆论宣传工作,让历史说话,用史实发言,着力研究和深入阐释中国人民抗日战争的伟大意义、中国人民抗日战争在世界反法西斯战争中的重要地位、中国共产党的中流砥柱作用是中国人民抗日战争胜利的关键等重大问题。2015年 9 月 3 日上午,以中共中央、全国人大常委会、国务院、全国政协、中央军委名义在北京天安门广场举行纪念中国人民抗日战争暨世界反法西斯战争胜利 70

周年大会(包括检阅部队),习近平总书记出席并发表重要讲话。国家和政府以及领导人对二次大战史研究的关爱和支持,有力地推动了中国二战史研究的顺利开展。

值得一提的是,国家和政府对二战史研究的重视还表现在二战史相关研究课题的设立和资助上。早在 20 世纪 80 年代,国家哲学社会科学规划办公室就设立了"第二次世界大战起源研究""绥靖政策研究""法西斯主义研究"等重大研究项目,集中力量进行集体攻关。进入 21 世纪以来,国家哲学社会科学规划办、教育部及相关部委,以及军队学术机构,对二战史研究都非常重视,设立了许多有关二战史的研究项目。据统计,2000—2019 年的 20 年间,仅仅国家哲学社会科学规划办公室就批准和资助二次大战史相关领域研究课题 128 项(含重大项目 14 项),拨付科研资金数千万元,占改革开放 40 年间立项总数(149 项)的86%,是前一阶段(1979—1999 年)立项数量(21 项)的 6 倍。这些研究课题涵盖了第二次世界大战史的方方面面。此外,2005 年,武汉大学胡德坤教授主持的教育部人文社会科学重大攻关项目"反法西斯战争时期的中国与世界研究"获批立项。这些课题的立项设立,有力地推动了我国二战史研究的发展。关于国家社科基金二次大战史相关立项课题的具体情况,请参见表 1-1-6。

表 1-1-6　1981—2019 年国家社科基金二次大战史相关立项课题一览表

序号	项目名称	项目负责人	工作单位	立项时间	项目批准号	项目类别	学科分类
1	第二次世界大战起源研究	李巨廉	华东师范大学	1981		"六五"重点项目	世界历史
2	绥靖政策研究	齐世荣	北京师范学院	1986		"七五"重点项目	世界历史
3	法西斯主义研究	朱庭光	中国社会科学院世界史所	1986		"七五"重点项目	世界历史
4	德意日法西斯体制研究	朱庭光	中国社会科学院世界史所	1991—12	91BSS008	一般项目	世界历史
5	抗日战争时期的对外关系	陶文钊	中国社会科学院近代史所	1991—12	91BZS035	一般项目	中国历史
6	30 年代日本侵华外交研究	俞辛淳	南开大学	1991—12	91BZS036	一般项目	中国历史
7	南京大屠杀史	孙宅巍	江苏省社会科学院	1991—12	91BZS038	一般项目	中国历史

序号	项目名称	项目负责人	工作单位	立项时间	项目批准号	项目类别	学科分类
8	中国远征军战史	徐康明	云南大学	1991—12	91BZS039	一般项目	中国历史
9	抗日战争时期的中外关系研究	胡德坤	武汉大学	1992—10	92AZS011	重点项目	中国历史
10	中国在抗战中损失的研究	万仁元	中国第二历史档案馆	1992—10	92BZS028	一般项目	中国历史
11	二战中日本侵华战犯罪行研究	胡菊蓉	中国第二历史档案馆	1993—05	93BZS026	一般项目	中国历史
12	走向同盟，1937—1942年的美英关系	徐蓝	首都师范大学	1994—07	94BSS006	一般项目	世界历史
13	二战期间英美苏的远东战略与中国抗日战争	汪文军	武汉大学	1994—07	94CSS001	青年项目	世界历史
14	中国共产党在抗日战争中的地位和作用	李燕奇	中共北京市委党校	1995—07	95BDJ005	一般项目	党史·党建
15	从政治与经济关系探讨二十世纪德国资本主义的演变和发展	吴友法	武汉大学	1996—07	96ASS005	重点项目	世界历史
16	日本强掳中国战俘劳工问题研究	刘宝辰	河北大学	1996—07	96BSS003	一般项目	世界历史
17	东京审判与东京审判史观研究	宋志勇	南开大学	1996—07	96CSS003	青年项目	世界历史
18	二战后民间受害索赔与赔偿的国际对比研究	姜维久	吉林省社会科学院	1996—07	96BGJ013	一般项目	国际问题研究
19	日本侵华时期推行毒化政策研究	蒋秋明	江苏省社会科学院	1997—04	97CZS004	青年项目	中国历史
20	南京大屠杀时期的南京"安全区"研究	张连红	南京师范大学	1998—05	98CZS005	青年项目	中国历史
21	日本帝国主义在中国东北实行的鸦片毒化政策	吕永华	东北师范大学	1999—07	99BZS012	一般项目	中国历史

续表

序号	项目名称	项目负责人	工作单位	立项时间	项目批准号	项目类别	学科分类
22	意大利法西斯主义的历史与现状研究世界史所	陈祥超	中国社会科学院世界史所	2000—07	00BSS003	一般项目	世界历史
23	1933—1936年纳粹德国阴影下的英法关系研究	梁占军	首都师范大学	2000—07	00CSS002	青年项目	世界历史
24	日本有关"南京大屠杀"论著研究	程兆奇	上海社会科学院	2000—07	00BZS021	一般项目	中国历史
25	中国慰安妇幸存者的调查和研究	苏智良	上海师范大学	2000—07	00BZS024	一般项目	中国历史
26	南京大屠杀对南京市民社会心理影响研究	张连红	南京师范大学	2001—07	01CZS007	青年项目	中国历史
27	战争与和平：两次世界大战的比较研究	徐蓝	首都师范大学	2002—07	02BSS008	一般项目	世界历史
28	日本现存南京大屠杀史料研究	程兆奇	上海社会科学院	2003—08	03BZS022	一般项目	中国历史
29	日本对东南亚战争受害国的赔偿外交	徐康明	云南大学	2004—05	04BSS003	一般项目	世界历史
30	中国民间对日索赔运动研究	苏智良	上海师范大学	2005—05	05BGJ001	一般项目	国际问题研究
31	中外新闻传媒对"南京大屠杀"的态度与报道研究	经盛鸿	南京师范大学	2005—05	05BZS040	一般项目	中国历史
32	国际关系民主化与联合国改革问题研究	刘贞晔	中国政法大学	2005—05	05BGJ019	一般项目	国际问题研究
33	中国抗日战争与世界历史进程	胡德坤	武汉大学	2006—05	06ASS001	重点项目	世界历史
34	真相、正义与和平：抗战时期重庆大轰炸及其遗留问题研究	潘洵	西南大学	2006—06	06XZS015	西部项目	中国历史
35	日本侵华新闻史研究	刘爱君	大连大学	2006—07	06CXW002	青年项目	新闻学与传播学

序号	项目名称	项目负责人	工作单位	立项时间	项目批准号	项目类别	学科分类
36	日本右翼否定南京大屠杀的文化心理根源研究	谢建明	东南大学	2007—06	07BGJ018	一般项目	国际问题研究
37	侵华日军细菌战罪行考	刘永贵	解放军防化指挥工程学院	2007—06	07BSS006	一般项目	世界历史
38	日本侵华细菌战史研究	陈致远	湖南文理学院	2007—06	07BSS007	一般项目	世界历史
39	日本殖民统治对东北农民生活影响实证研究（1931—1945年）	李淑娟	哈尔滨师范大学	2007—06	07BSS008	一般项目	世界历史
40	两次世界大战之间英国应对国际危机的决策研究	梁占军	首都师范大学	2007—06	07BSS016	一般项目	世界历史
41	战时美国对中国的大国地位政策思想研究	赵志辉	淮北师范大学	2007—06	07BSS017	一般项目	世界历史
42	东京审判对华暴行罪研究	程兆奇	上海社会科学院	2008—06	08BZS025	一般项目	中国历史
43	抗战时期中国受害者PTSD研究——以南京大屠杀受害者为中心	张生	南京大学	2009—06	09BZS021	一般项目	中国历史
44	多元与规范：中国抗日战争题材长篇小说的流变（1931—1966）	刘为钦	中南民族大学	2009—06	09BZW056	一般项目	中国文学
45	中日教科书冲突的历史考察与现实应对研究	徐冰	东北师范大学	2010—06	10BGJ005	一般项目	国际问题研究
46	20世纪国际格局的演变与大国关系互动研究	徐蓝	首都师范大学	2011—10	11&ZD133	重大项目	国际问题研究
47	美国解密日本细菌战档案调查研究	金成民	侵华日军第七三一部队罪证陈列馆	2011—07	11AZS005	重点项目	中国历史
48	美国外交文件中的南京暴行研究	杨夏鸣	中共江苏省委党校	2011—07	11BZS041	一般项目	中国历史

序号	项目名称	项目负责人	工作单位	立项时间	项目批准号	项目类别	学科分类
49	二战前后的冲绳问题及中日美关系研究	刘少东	天津理工大学	2011—07	11BGJ019	一般项目	国际问题研究
50	1936—1941年日本对德同盟政策研究	武向平	吉林省社会科学院	2011—07	11CSS016	青年项目	世界历史
51	美国对伪满洲国政策研究(1931—1941)	段永富	哈尔滨师范大学	2011—07	11CSS020	青年项目	世界历史
52	日本对"北方领土"问题政策研究	李凡	南开大学	2011—07	11FSS002	后期资助项目	世界历史
53	侵华战争时期的日本报界研究	孙继强	南京信息工程大学	2011—07	11FSS009	后期资助项目	世界历史
54	日本侵华时期利用蒙古民族问题对内蒙古地区进行文化侵略活动研究	任其怿	内蒙古大学	2011—07	11XMZ076	西部项目	民族问题研究
55	"二战"后英国经济政策调整的历史考察	毛锐	山东师范大学	2012—05	12BSS020	一般项目	世界历史
56	核武器与美国对外关系研究	赵学功	南开大学	2012—05	12BSS033	一般项目	世界历史
57	日本侵华战争时期思想战研究(1931—1945)	唐利国	北京师范大学	2012—05	12CSS005	青年项目	世界历史
58	南原繁对侵华战争的"谢罪"认识和影响研究	卢丽	东北师范大学	2013—06	13BSS017	一般项目	世界历史
59	慰安妇制度源流史研究	朱忆天	华东理工大学	2013—06	13BSS020	一般项目	世界历史
60	德国魏玛时代的社会政策研究(1918—1933)	孟钟捷	华东师范大学	2013—06	13CSS015	青年项目	世界历史
61	"战争与和平"视阈下的美国对德战争索赔政策	苑爽	哈尔滨师范大学	2013—06	13FSS005	后期资助项目	世界历史

续表

序号	项目名称	项目负责人	工作单位	立项时间	项目批准号	项目类别	学科分类
62	日本侵华战争"慰安妇"资料的整理与研究	苏智良	上海师范大学	2013—11	13&ZD094	重大项目	中国历史
63	中美日俄四国保存的"731"档案调查研究及综合利用	金成民	侵华日军第七三一部队罪证陈列馆	2013—11	13AZD036	重点项目	中国历史
64	抗战时期南京中外财产损失研究	姜良芹	南京大学	2013—06	13BZS054	一般项目	中国历史
65	抗战时期中德文化关系研究	崔文龙	中国人民抗日战争纪念馆	2013—06	13CZS040	青年项目	中国历史
66	从耶鲁到东京：为南京大屠杀取证	池水涌	华中师范大学	2013—07	13WZS004	中华学术外译项目	中国历史
67	战后苏美对战败国日本条约安排与执行的影响（1945—1956）	赵玉明	中国社会科学院俄罗斯东欧中亚研究所	2014—06	14CSS013	青年项目	世界历史
68	抗战时期侵华日军滇西罪行考（1942—1945）	雷娟利	保山学院	2014—06	14CSS017	青年项目	世界历史
69	二战后联邦德国关于纳粹问题的历史研究与历史政策	范丁梁	浙江大学	2014—06	14CSS019	青年项目	世界历史
70	从知识精英到纳粹分子——魏玛时期德国大学生研究（1918—1933）	王莹	华中师范大学	2014—06	14CSS014	青年项目	世界历史
71	侵华日军无差别轰炸的史料整理与研究	潘洵	西南大学	2014—11	14ZDB048	重大项目	中国历史
72	抗战时期国共军队研究	王奇生	北京大学	2014—06	14AZS007	重点项目	中国历史
73	抗日战争时期重庆大轰炸研究	潘洵	西南大学	2014—11	14WZS012	中华学术外译项目	中国历史

序号	项目名称	项目负责人	工作单位	立项时间	项目批准号	项目类别	学科分类
74	抗战时期国共两党民众动员的比较研究	汪效驷	安徽师范大学	2014—06	14BZS110	一般项目	中国历史
75	中日民间保存的"细菌战"文献文物搜集、整理与研究	杨彦君	哈尔滨市社会科学院	2014—06	14CZS047	青年项目	中国历史
76	二战后日本战犯审判新闻史料的整理与研究	郭传芹	国家图书馆	2014—06	14BXW069	一般项目	新闻学与传播学
77	二战后世界范围内对日本战犯的首次庭审——"上海审判"研究	马军	上海社会科学院	2014—06	14BFX018	一般项目	法学
78	第二次世界大战期间被掠文物返还的法律问题研究	王云霞	中国人民大学	2014—06	14BFX125	一般项目	法学
79	英美日海洋战略的历史演进及其现代海洋观研究	胡德坤	武汉大学	2014—12	14FGJ006	后期资助项目	国际问题研究
80	南京大屠杀史	张宪文	南京大学	2014—12	14FZS043	后期资助项目	中国历史
81	"笔部队"和侵华战争:对日本侵华文学的研究与批判	张润晗	中央财经大学	2014—11	14WZW014	中华学术外译项目	中国文学
82	中国南方地区侵华日军细菌战研究(湖南及周边地区)	陈致远	湖南文理学院	2014—06	14@ZH025	特别委托重大项目	中国历史
83	中国南方地区侵华日军细菌战研究(浙江地区)	金延锋	浙江省委党史研究室	2014—06	14@ZH026	特别委托重大项目	中国历史
84	二十世纪东亚抗日叙事文献整理与研究	牛林杰	山东大学	2015—11	15ZDB090	重大项目	

续表

序号	项目名称	项目负责人	工作单位	立项时间	项目批准号	项目类别	学科分类
85	抗战胜利后国民政府对日本战犯审判研究（1946—1948）	刘统	上海交通大学	2015—11	15ZDB046	重大项目	
86	日本军国主义政治问题研究	娄贵书	贵州师范大学	2015—06	15AGJ011	重点项目	国际问题研究
87	中韩日三国的"战争记忆"与历史认识问题比较研究	郑毅	北华大学	2015—06	15ASS004	重点项目	世界历史
88	日本遗孤的历史记忆与战争责任反思研究	杜颖	黑龙江省社科院	2015—06	15BGJ050	一般项目	国际问题研究
89	从日本战犯归国后和平活动透视中日历史认识的落差研究	周桂香	大连理工大学	2015—06	15BZS074	一般项目	中国历史
90	战时日本媒体法西斯化研究（1931—1945）	孙继强	南京信息工程大学	2015—06	15BSS018	一般项目	世界历史
91	二战时期美国对轴心国的心理战研究	史澎海	长安大学	2015—06	15BSS022	一般项目	世界历史
92	苏联对德政策研究（1941—1990）	李凤艳	东北师范大学	2015—06	15BSS042	一般项目	世界历史
93	联合国与冷战起源的互动关系研究（1944—1955）	韩长青	华东师范大学	2015—06	15BSS043	一般项目	世界历史
94	日本走向"九·一八"事变的对华认识轨迹研究	王美平	天津大学	2015—10	15FSS006	后期资助项目	世界历史
95	国外历史教科书有关中国抗日战争的历史叙述	梁占军	首都师范大学	2015—10	15@ZH010	特别委托项目	世界历史
96	世界反法西斯战争史档案资料收集整理与研究（含中国抗日战争）	胡德坤	武汉大学	2016—10	16KZD020	重大委托项目	

序号	项目名称	项目负责人	工作单位	立项时间	项目批准号	项目类别	学科分类
97	世界反法西斯战争中的欧洲抵抗运动全史（多卷本	胡舶	陕西师范大学	2016—10	16ZDA140	重大项目	
98	构成日本教科书中"中日战争记忆"的史料基础与历史观研究	柯劲松	东北师范大学	2016—06	16BSS021	一般项目	世界历史
99	二战时期日军战俘政策研究	王铁军	辽宁大学	2016—06	16BSS020	一般项目	世界历史
100	近代以来日本侵华言论史料的收集与整理研究	焦润明	辽宁大学	2016—06	16BZS070	一般项目	中国历史
101	美军中国战区军事法庭在华审判日本战犯研究	杨竞	沈阳大学	2016—06	16BZS078	一般项目	中国历史
102	由战犯手记透析日本战争责任之基础研究	孟庆荣	大连理工大学	2016—06	16BZS080	一般项目	中国历史
103	战时中英关系史新探（1941—1945）	张俊义	中国社科院	2016—06	16BZS081	一般项目	中国历史
104	日本侵华时期中国煤矿工人伤亡研究	薛毅	中国矿业大学（徐州）	2016—06	16BZS090	一般项目	中国历史
105	日本侵华战争遗孤与中国养父母问题研究	车继红	黑龙江省社会科学院	2016—06	16BZS091	一般项目	中国历史
106	抗战胜利前后国民政府对钓鱼岛主权的诉求研究（1927—1949）	刘春明	武汉大学	2016—06	16BZS094	一般项目	中国历史
107	日本侵华战争时期中日两国战争动员比较研究	曹敏华	中共福建省委党校	2016—06	16BZS095	一般项目	中国历史
108	第二次世界大战结束以来的日本领土问题研究	李若愚	中国社会科学院日本研究所	2016—06	16CSS018	青年项目	世界历史

续表

序号	项目名称	项目负责人	工作单位	立项时间	项目批准号	项目类别	学科分类
109	英美学界的中国抗战史研究	刘本森	山东师范大学	2016—06	16CZS045	青年项目	中国历史
110	抗战时期美国政府对华经济调查研究	皇甫秋实	复旦大学	2016—06	16CZS046	青年项目	中国历史
111	抗战时期日本"对支文化事业"研究	石嘉	江西师范大学	2016—06	16CZS054	青年项目	中国历史
112	"南京大屠杀"题材电影的创伤叙事与历史书写研究	王霞	云南师范大学	2016—06	16CZW013	青年项目	中国文学
113	日本侵略中国东北和内蒙古东部地区的"满蒙特殊权益论"研究（1905—1931）	王旭	内蒙古民族大学	2016—06	16XSS004	西部项目	世界历史
114	抗日战争胜利后的入越接收问题研究	孟端星	玉溪师范学院	2016—06	16XZS017	西部项目	中国历史
115	世界反法西斯战争东方主战场视域下的滇缅铁路研究	崔罡	西南交通大学	2016—06	16XZS031	西部项目	中国历史
116	日本对华精神侵略民间史料收集、整理与研究	李广	东北师范大学	2017—06	17ZDA206	重大项目	
117	二战期间日裔美国人拘禁问题研究	谢国荣	武汉大学	2017—06	17BSS002	一般项目	世界历史
118	日本战时军费政策研究（1931—1945）	庞宝庆	渤海大学	2017—06	17BSS027	一般项目	世界历史
119	英国外交文献所记南京大屠杀研究	崔巍	江苏省社会科学院	2017—06	17BZS066	一般项目	中国历史
120	英美在华传教士与抗日战争研究（1931—1945）	徐炳三	华中师范大学	2017—06	17BZS067	一般项目	中国历史

续表

序号	项目名称	项目负责人	工作单位	立项时间	项目批准号	项目类别	学科分类
121	日本对伪满洲国的金融统治研究	付丽颖	东北师范大学	2017—06	17BZS071	一般项目	中国历史
122	二战爆发前后苏联政治宣传研究（1933—1945）	陈余	中国社会科学院俄罗斯东欧中亚研究所	2017—06	17CSS027	青年项目	世界历史
123	日本馆藏侵华时期各国新闻舆论缀集研究（1931—1945）	范晓露	湖南工业大学	2017—06	17CZS033	青年项目	中国历史
124	抗战时期在延安的东南亚华侨群体研究	秦艳峰	延安大学	2017—06	17XSS003	西部项目	世界历史
125	中国远征军档案整理与研究	马振犊	中国第二历史档案馆	2018—10	18ZDA203	重大项目	
126	近代日本在华资源"调查"及盗绘图表整理与研究(1868—1945)	武向平	吉林省社会科学院	2018—10	18ZDA204	重大项目	
127	顾维钧抗战外交档案的整理与研究	侯中军	中国社会科学院近代史研究所	2018—06	18AZS015	重点项目	中国历史
128	南京国民政府审判研究	赵金康	河南大学	2018—06	18AZS017	重点项目	中国历史
129	日本侵华罪行的心理文化根源研究	游国龙	华侨大学	2018—06	18BGJ085	一般项目	国际问题研究
130	日本侵华战争决策机制与过程研究	刘树良	天津社会科学院	2018—06	18BSS034	一般项目	世界历史
131	战间期日本侵华军政档案的整理、编译与研究（1919—1931）	陈太勇	四川大学	2018—06	18BSS036	一般项目	世界历史
132	抗日战争时期侵华日军特务机关研究	宋芳芳	北京航空航天大学	2018—06	18BZS080	一般项目	中国历史
133	南京国民政府对日认知研究	赵晓红	浙江大学	2018—06	18BZS083	一般项目	中国历史

序号	项目名称	项目负责人	工作单位	立项时间	项目批准号	项目类别	学科分类
134	日本首相与侵华战争研究（1928—1945）	段瑞聪	南开大学	2018—06	18BZS085	一般项目	中国历史
135	近代在华日本警察研究	万鲁建	天津社会科学院	2018—06	18BZS108	一般项目	中国历史
136	侵华日军华中地区劫掠罪行研究（1937—1945）	朱继光	淮阴师范学院	2018—06	18BZS143	一般项目	中国历史
137	战后日本右翼势力的谱系演进与中日关系研究	杨宇翔	西南大学	2018—06	18CSS026	青年项目	世界历史
138	抗战时期美国驻华武官处情报活动研究（1931—1945）	贾钦涵	上海交通大学	2018—06	18CZS029	青年项目	中国历史
139	日本对华邮政侵略研究（1931—1945）	张荣杰	内蒙古工业大学	2018—06	18XZS017	西部项目	中国历史
140	日本"满洲移民"村落研究	石艳春	江南大学	2018—10	18FSS002	后期资助项目	中国历史
141	两次世界大战之间的德国军备问题研究	苑爽	哈尔滨师范大学	2018—10	18FSS018	后期资助项目	世界历史
142	联合国与"慰安妇"问题研究	王玉强	吉林大学	2018—10	18FSS020	后期资助项目	世界历史
143	抗战时期西北国际通道资料整理及研究	尚季芳	西北师范大学	2019—10	19ZDA218	重大项目	
144	日本全面侵华战争的决策问题研究	臧运祜	北京大学	2019—10	19ZDA220	重大项目	
145	二战CBI战区日军连队史文献整理与研究	雷娟利	江西师范大学	2019—06	19BSS047	一般项目	世界历史

续表

序号	项目名称	项目负责人	工作单位	立项时间	项目批准号	项目类别	学科分类
146	东南亚国家二战历史记忆建构研究	朱大伟	赣南师范大学	2019—06	19BSS043	一般项目	世界历史
147	抗战时期日本在长江中下游地区调查资料与研究	石嘉	江西师范大学	2019—06	19CZS069	青年项目	中国历史
148	抗战时期桂越国际交通线文献资料整理与研究	唐凌	广西师范大学	2019—06	19XZS011	西部项目	中国历史
149	苏联空军志愿队研究	陈开科	中国社会科学院	2019—10	19FZSA001	后期资助重点项目	中国历史

七、初步建构了马克思主义指导下的中国二战史学术研究体系①

在中华人民共和国成立前,中国二战史研究主要用西方尤其是美英的观点。中华人民共和国成立后,主要用苏联观点,努力运用马克思主义解读二战史。改革开放后,中国的二战史研究进入了深入发展的阶段,广大二战史学工作者以历史唯物主义为指导,经过不懈的努力,初步构建了以马克思主义为指导、具有中国特色的二战史学术体系。这种学术体系有三个方面的创新。一是关于第二次世界大战的性质,中国学者提出第二次世界大战自始至终都是一场正义的反法西斯战争。欧美学者大多只承认 1939 年 9 月德波战争爆发才开始反法西斯战争,从而否定了德波战争前以中国抗战为代表的反法西斯战争;苏联学者则只承认苏德战争爆发后二战才开始具有反法西斯的性质,这种观点既否定了德波战争前以中国抗战为代表的反法西斯战争的性质,又否定了从德波战争到苏德战争爆发前英法等国进行的战争是反法西斯战争。中国学者运用马克思主义的观点分析世界主要矛盾,认为 20 世纪 30 年代法西斯势力在世界范围内崛起,法西斯与反法西斯的矛盾便上升为世界的主要矛盾。因此,二战从一开始,即从 1931 年日本发动九一八事变开始,或者说二战从局部战争开始就具备了反法西斯战争的性质,它自始至终就是一场反法西斯战争。二是关于局部战争和二战爆发时点问题,欧美学者都以 1939 年 9 月德波战争爆发为二战的起点。中国学

---

① 参见胡德坤、胡杰:《构建有中国特色的第二次世界大战史研究体系——访胡德坤教授》,《历史教学问题》2013 年第 5 期。

者则认为,同第一次世界大战不同,二战存在相当长的局部战争时期,二战应以1931 年日本发动九一八事变为起点。具体而言,1931 年的九一八事变是二战局部战争的开端,1939 年德波战争则是二战全面战争的开端。三是系统深入地探讨了中国抗战与二战的关系,全面论证了中国抗日战争在世界反法西斯战争中的地位与作用。从 1980 年开始,中国二战史学界围绕着中国抗战与二战的关系、中国抗战在世界反法西斯战争中的地位与作用问题进行热烈的探讨。据不完全统计,改革开放以来,中国学者在该课题方面共发表论文 800 余篇,其主要论点如下:第一,中国是世界上最早起来反抗法西斯侵略的国家,开辟了世界上第一个反法西斯战场,在一个新的历史时期,站在世界历史最前列,代表着世界历史前进的方向;自 1931 年九一八事变始至 1941 年 12 月 8 日珍珠港事件爆发前,中国是东方唯一抗击日本法西斯的国家。太平洋战争爆发后,中国战场仍是抗击日本的主战场之一,也是世界反法西斯四大战场之一。第二,中国抗战牵制了日本进攻苏联的北进战略,使苏联避免了东西两面作战的危险。第三,中国战场有力地支援了盟国先欧后亚战略的实施。其四,中国抗战促进了世界反法西斯联盟的建立与巩固,并在战后国际新秩序的建立中发挥了重要作用。中国学者的上述成果,填补了国际学术界研究的空白。

附录(一)

中国第二次世界大战史研究会
章　程

第一章　总　则

第一条　本会的名称为:中国第二次世界大战史研究会,简称:中国二战史研究会。其英文译名为:Chinese Association for the History of the World War Ⅱ,缩写为:CAHWWⅡ。

第二条　本会是研究第二次世界大战史的全国性学术团体,是由从事二战史教学与科研工作的中华人民共和国公民或对本专史有兴趣且有一定研究成果的业余爱好者自愿结成的非营利性社会组织。

参加过中国抗日战争和世界反法西斯战争的老战士、从事二战史研究的老专家和有关领导同志,接受本会聘请,可为本会名誉会员、顾问或名誉会长。

第三条　本会的宗旨是在马克思主义、毛泽东思想和邓小平理论的指导下，开展学术讨论、交流科研成果，促进我国二战史的教研工作，为培养史学人才服务。

本会的一切活动，应遵守宪法、法律、法规和国家政策，遵守社会道德风尚。

第四条　本会接受业务主管单位中国社会科学院和社团登记管理机关国务院民政部的业务指导和监督管理。

第五条　本会的住所在北京市。

第二章　业务范围

第六条　本会的业务范围：

（一）召开学术讨论会、年会；

（二）举办学术报告会、座谈会；

（三）编辑论文集、资料集；

（四）编印本会内部刊物《二战史通讯》；

（五）开展学术咨询活动；

（六）进行国际学术交流活动。

第三章　会　员

第七条　本会的会员分为单位会员和个人会员。

第八条　申请加入本会的会员，必须具备下列条件：

（一）拥护本会的章程；

（二）有加入本会的意愿；

（三）在本会的学科领域内具有一定的业务基础。

第九条　会员入会的程序是：

（一）提交入会申请书；

（二）经理事会讨论通过；

（三）由秘书处发给会员证。

第十条　会员享有下列权利：

（一）本会的选举权、被选举权和表决权；

（二）参加本会的活动；

（三）获得本会服务的优先权；

（四）对本会工作的批评建议权和监督权；

（五）入会自愿,退会自由。

第十一条　会员履行下义务：

（一）执行本会的决议；

（二）维护本会合法权益；

（三）完成本会交办的工作；

（四）按规定交纳会费；

（五）向本会反映情况,提供有关资料；

（六）参加本会的学术活动。

第十二条　会员退会应书面通知本会,并交回会员证。会员如果不按规定交纳会费或不参加本会活动的,视为自动退会。

第十三条　会员如有严重违反本章程的行为,经理事会或常务理事会表决通过,予以除名。

第四章　组织机构和负责人产生、罢免

第十四条　本会的最高权力机构是会员（代表）大会,会员（代表）大会的职权是：

（一）制定和修改章程；

（二）选举和罢免理事；

（三）审议理事会的工作报告和财务报告；

（四）决定终止事宜；

（五）决定其他重大事宜。

第十五条　会员（代表）大会须有 1/2 以上会员（代表）出席方能召开,其决议须经到会会员（代表）半数以上通过方能生效。情况特殊的,也可以采取通讯方式进行。

第十六条　会员（代表）大会每届 5 年。因特殊情况需提前或延期换届的,须由理事会表决通过,报业务主管单位审查并经社团登记管理机关批准同意。但延期换届最长不超过 1 年。

第十七条　理事会是会员（代表）大会的执行机构,在闭会期间领导本会开展日常工作,对会员（代表）大会负责。

第十八条　理事会的职权是：

（一）执行会员（代表）大会的决议；

（二）选举和罢免会长、副会长、秘书长；

（三）筹备召开会员（代表）大会；

（四）向全员（代表）大会报告工作和财务状况：

（五）决定会员的吸收或除名；

（六）决定设立办事机构、分支机构、代表机构和实体机构；

（七）决定副秘书长、各机构主要负责人的聘任；

（八）领导本会各机构开展工作；

（九）制定内部管理制度；

（十）决定其他重大事项。

第十九条　理事会须有 1/2 以上理事出席方能召开,其决议经到会理事半数以上表决通过方能生效。

第二十条　理事会每年至少召开一次会议;情况特殊的,也可采用通讯形式召开。

第二十一条　本会设立常务理事会,常务理事人数不超过理事人数的 1/3。常务理事会由理事会选举产生,在理事会闭会期间行使第十八条第一、三、五、六、七、八、九项的职权,对理事会负责。

第二十二条　常务理事会须有 1/2 以上常务理事出席方能召开,其决议须经到会常务理事半数以上表决通过方能生效。

第二十三条　常务理事会半年召开一次会议;情况特殊的也可采用通讯形式召开。

第二十四条　本会的会长、副会长、秘书长必须具备下列条件:

（一）坚持党的路线、方针、政策,政治素质好;

（二）在本会业务领域内有较大影响;

（三）会长、副会长、秘书长最高任职年龄不超过 70 周岁,秘书长为专职;

（四）身体健康,能坚持正常工作;

（五）未受过剥夺政治权利的刑事处罚;

（六）具有完全民事行为能力;

（七）热心本会工作,并对本专业有较大贡献。

第二十五条　本会会长、副会长、秘书长如超过最高任职年龄的,须经理事会表决通过,报业务主管单位审查并社团登记管理机关批准同意后,方可任职。

第二十六条　本会会长、副会长、秘书长任期 5 年。会长、副会长、秘书长任期一般不得超过两届,因特殊情况需延长任期的须经会员(代表)大会 1/2 以上会员代表表决通过,报业务主管单位审查并经社团登记管理机关批准同意后方可任职。

第二十七条　本会法定代表由秘书长或会长担任。

第二十八条　本会会长行使下列职权:

(一)召集和主持理事会及常务理事会;

(二)检查会员(代表)大会、理事会及常务理事会决议的落实情况;

(三)代表本会签署有关重要文件;

(四)筹集本会活动经费。

第二十九条　本会秘书长行使下列职权:

(一)主持办事机构开展日常工作,组织实施年度工作计划;

(二)协调各分支机构、代表机构、实体机构开展工作;

(三)提名副秘书长以及各办事机构、分支机构、代表机构和实体机构主要负责人,交理事会或常务理事会决定;

(四)决定办事机构、代表机构、实体机构专职工作人员的聘用;

(五)处理其他日常事务。

第五章　资产管理、使用原则

第三十条　本会经费来源:

(一)单位会费和会员会费;

(二)捐赠;

(三)政府资助;

(四)在核准的业务范围内开展活动或服务的收入;

(五)利息;

(六)其他合法收入。

第三十一条　本会按照国家有关规定收取会员会费。会费收取标准由本会理事会根据国家有关规定确定。

第三十二条　本会经费必须用于本章程规定的业务范围和事业的发展,不得在会员中分配。

第三十三条　本会建立严格的财务管理制度,保证会计资料合法、真实、准确、完整。

第三十四条　本会配备会计人员。会计不得兼任出纳。会计人员必须进行会计核算，实行会计监督。会计人员调动工作或离职时，必须与接管人员办清交接手续。

第三十五条　本会的资产管理必须执行国家规定的财务管理制度，接受会员（代表）大会和财政部门的监督。资产来源属于国家拨款或者社会捐赠、资助的，必须接受审计机关的监督，并将有关情况以适当方式向会员（代表）大会公布。

第三十六条　本会换届或更换法定代表人之前必须接受社团登记管理机关和业务主管单位组织的财务审计。

第三十七条　本会的资产，任何单位、个人不得侵占、私分和挪用。

第三十八条　本会专职工作人员的工资和保险、福利待遇，参照国家对事业单位的有关规定执行。

第六章　章程的修改程序

第三十九条　对本会章程的修改，须经理事会表决通过后报会员（代表）大会审议。

第四十条　本会修改的章程，须在会员（代表）大会通过后 15 日内，经业务主管单位审查同意，并报社团登记管理机关核准后生效。

第七章　终止程序及终止后的财产处理

第四十一条　本会完成宗旨或自行解散或由于分立、合并等原因需要注销的，由理事会或常务理事会提出终止动议。

第四十二条　本会终止动议须经会员（代表）大会表决通过，并报业务主管单位审查同意。

第四十三条　本会终止前，须在业务主管单位及有关机关指导下成立清算组织，清理债权债务，处理善后事宜。清算期间，不开展清算以外的活动。

第四十四条　本会经社团登记管理机关办理注销登记手续后即为终止。

第四十五条　本会终止后的剩余财产，在业务主管单位和社团登记管理机关的监督下，按照国家有关规定，用于发展与本会宗旨相关的事业。

第八章　附　则

第四十六条　本章程经 1997 年 12 月 30 日会员大会表决通过。（通讯方式）

第四十七条　本章程的解释权属本会的理事会。

第四十八条　本章程自社团登记管理机关核准之日起生效。

第二章　大陆方面第二次世界大战史研究定量分析

中华人民共和国成立以来的 70 余年间,大陆方面的第二次世界大战史研究取得了巨大的成就。我们利用计量学的方法,以年度分布、专题分布、作者队伍构成、成果媒介(刊物和出版社)分布等变量为依据,对 1950 年以来大陆方面的二战史研究(出版的图书、发表的文章和指导的硕博论文)进行定量分析,意在将中国二战史研究的现状,较为真实、直观地展现在读者面前。

第一节　第二次世界大战史图书定量分析

一、二次大战图书阶段和年度分布

据不完整统计,1950 年至 2019 年的 70 年间,中国(含香港和台湾)共出版(或内部印刷)二次大战相关图书 5618 种。[①] 从所出版图书的作者国籍看,中国学者著述 3504 种,外文译著 2114 种,分别占全部二战史图书的 62.37% 和 37.63%。其中大陆方面共出版(或内部印刷)各种二次大战图书 5106 种,占 70 年来出版的全部二次大战图书总数的 90.89%;港台出版二次大战图书 512 种,占 9.11%。关于中国出版(或内部印刷)二次大战图书的阶段分布情况,请参见表 2-1-1。

表 2-1-1　中国出版二次大战图书阶段分布一览表

	中国学者图书	外文译著	合计
大陆出版图书	3275	1831	5106
港台出版图书	229	283	512
合计	3504	2114	5618

---

① 在本书迄今所收录的图书中,包括 1950—2019 年间大陆、港台公开出版、内部印刷的有关二次大战的图书。所有图书均以初版为统计单位,不计再版;合作出版的图书只以单次计算。笔者在收录过程中核对了绝大部分图书,由于时间和技术条件所限,一些图书会有遗漏,请谅解。

如果对 1950 年以来大陆出版的二次大战图书(含内部印刷图书,不含再版图书)进行统计,其具体年度分布情况请参见表 2-1-2。

表 2-1-2 大陆出版二次大战图书年度分布一览表

年度	出版图书数量			年度	出版图书数量		
	中国学者书目	外文译著	总数		中国学者书目	外文译著	总数
1950	5	11	16	1986	17	38	55
1951	2	8	10	1987	23	31	54
1952	9	7	16	1988	25	48	73
1953	5	7	12	1989	17	32	49
1954	6	16	22	1990	22	23	45
1955	7	8	15	1991	21	22	43
1956	2	13	15	1992	33	25	58
1957	3	5	8	1993	38	9	47
1958	7	7	14	1994	81	9	90
1959	4	20	24	1995	203	30	233
1960	5	15	20	1996	54	6	60
1961	3	4	7	1997	30	10	40
1962	3	5	8	1998	46	11	57
1963	8	14	22	1999	41	6	47
1964	7	5	12	2000	50	32	82
1965	5	6	11	2001	42	15	57
1966	1	0	1	2002	34	14	48
1967	0	0	0	2003	51	28	79
1968	0	1	1	2004	84	92	176
1969	3	0	3	2005	235	99	334
1970	2	0	2	2006	83	26	109
1971	2	1	3	2007	65	28	93
1972	0	4	4	2008	32	22	54
1973	4	2	6	2009	77	36	113
1974	3	2	5	2010	102	46	148
1975	3	4	7	2011	76	49	125
1976	4	5	9	2012	111	56	167

续表

年度	出版图书数量			年度	出版图书数量		
	中国学者书目	外文译著	总数		中国学者书目	外文译著	总数
1977	2	2	4	2013	131	51	182
1978	10	12	22	2014	284	102	386
1979	9	15	24	2015	506	196	702
1980	20	24	44	2016	137	69	206
1981	13	26	39	2017	145	67	212
1982	17	31	48	2018	80	60	140
1983	11	29	40	2019	51	42	93
1984	18	42	60				
1985	45	50	95	总计	3275	1831	5106

统计显示，1950 年到 1965 年大陆共出版或内部印刷二次大战图书 232 种，占 70 年间大陆出版二战史图书总数的 4.54%。其中包含中国学者图书 81 种，外文译著 151 种，外文译著数量远超中国学者图书，反映出在中国二战史研究的起步阶段，中国学界相当重视引进和介绍国外学者的研究成果，以开放的态度了解国外学界的研究。

1966 年到 1976 年 11 年间共出版二战史图书 41 种，其中 1967 年数字为零，1966 年和 1968 年仅分别出版 1 部，没有一年超过 10 种，反映出十年动乱期间中国二次大战史研究的停滞状态。在粉碎"四人帮"之后，大陆出版的二战史图书数量才开始增加。1950 年至 1978 年的 29 年间，大陆出版机构共出版二次大战图书 299 种，仅占 1950 年以来大陆出版图书总数的 5.86%。

党的十一届三中全会后，大陆出版二战图书的数量开始猛增。1980 年为 44 种，此后基本上每年都保持在 40 种以上；1985 年是世界反法西斯战争胜利 40 周年纪念年，大陆出版二战图书 95 种，成为中华人民共和国成立以后出版相关图书数量的第一高峰年，因而将我国的二次大战史研究推上了一个新的台阶。此后，每一个反法西斯胜利十周年纪念年，大陆出版的二战史图书数量都猛涨：1995 年 233 部、2005 年 334 部、2015 年更达到了创纪录的 702 部，占 1950 年以来出版二战史图书总数的近七分之一（13.75%）。总计 1979 年到 2019 年的 41 年间，大陆共出版二次大战图书 4807 种（其中中国学者图书 3160 种，外文译著

1647 种),占中华人民共和国成立后大陆出版二次大战图书总数的 94.14%,是 1950—1978 年 29 年间出版总数的 16.1 倍,反映出二次大战研究在此阶段的火爆程度。

二、二次大战图书作者国别分布

1950 年以来中国大陆出版(含内部印刷)的 5106 种二次大战图书中,大陆学者著述 3275 种,外文译著 1831 种。从外文译著显示的信息来看,这些译著包括 24 个国家的学者的 1738 部著述,另有 93 部译著的作者国别不明。大陆出版的外文译著作者国别分布情况参见表 2-1-3。

表 2-1-3　大陆出版外文译著作者国别分布一览表

国别	著作数量	国别	著作数量	国别	著作数量
美国	574	瑞典	6	阿根廷	2
英国	478	匈牙利	6	韩国	2
苏联/俄国	259	波兰	5	比利时	1
日本	154	以色列	5	丹麦	1
德国(含联邦德国、民主德国)	152	荷兰	4	捷克斯洛伐克	1
法国	37	加拿大	4	新加坡	1
澳大利亚	13	南斯拉夫	3	印度	1
奥地利	11	瑞士	3	智利	1
意大利	11	西班牙	3		
				合计	1738
				国籍不详	93

统计显示,在翻译出版的国外学者译著中,其作者所属国超过 10 部的国家有 9 个,超过 100 部的国家有 4 个,其中美国、英国和苏联(俄罗斯)学者分别以 574 部、478 部、259 部的数量占据前三甲。这一情况不足为怪,因为这些国家是当今世界社会科学研究的大国,并且也是世界反法西斯盟国的最重要成员,特别重视二次大战史的研究,因而在二次大战史领域著述甚丰。其次是日本和德国,作为第二次世界大战的发动者和罪魁,其学者在战后也特别重视二次大战史的研究。

三、二次大战图书专题分布

大陆出版的二次大战图书的内容是十分广博的,涉及二次大战史的方方面面。笔者将大陆出版的 5106 种图书划分为十大专题,各个专题图书的具体出版情况如表 2-1-4。

表 2-1-4　大陆出版二次大战图书专题分布一览表

专题序号	专题名称	大陆学者著述	外文译著	总计
一	总论	316	80	396
二	第二次世界大战的起源	74	123	197
三	法西斯的侵略及其暴行	663	209	872
四	各战场研究	488	285	773
五	战时国际关系研究	112	42	156
六	世界人民的反法西斯斗争	47	33	80
七	第二次世界大战的军事学术	714	520	1234
八	法西斯的投降、战争审判与战争反省	160	70	230
九	二次大战人物研究	571	300	871
十	第二次世界大战的总结	130	159	289
	合计	3275	1831	5106

从上表中可以看出,除了"世界人民的反法西斯斗争"专题之外,其他九大专题的著作都在百部以上,其中"第二次世界大战军事学术"方面的图书最多,达到 1234 种,占总数的 24.17%,反映出军事学术是军地高校和科研单位共同感兴趣的热点研究课题,从事研究的学者多,推出著作也就最多。其次为"法西斯的侵略及其暴行"(872 种)和人物研究(871 种),分别占图书总数的 17.08%和17.06%。这三大专题的图书总数达 2977 种,占大陆出版的全部二战图书的近六成(58.3%),反映出我国二战史学界在这些领域研究的热烈程度。

四、二次大战图书作者队伍分析

大陆出版的二次大战史图书种类繁多,参加这些图书编写或翻译工作的学者难以进行精确的统计。这是因为,除了部分独著或二至三人合著的专著或译著外,大多数著作是由多人集体编写或翻译的。如军事科学院军史部主编的 5

卷本《第二次世界大战史》就有 33 人参加了撰稿工作；武汉大学胡德坤教授任总主编的 9 卷本著作《反法西斯战争时期的中国与世界研究》每卷都有分卷主编，另有多人参加编写。再如苏联德波林等主编的 12 卷本《第二次世界大战史》由上海外国语学院西语系历时十年翻译完成，参加翻译工作的人员达数十人。因此，对二战史图书的作者和译者情况不再进行统计。

五、二次大战图书出版机构分析

据统计，在 1950 年以来大陆出版或内部印刷的 5106 种二次大战图书中，4721 种为出版社公开出版，385 种属于非正式出版。

1. 公开出版二次大战图书的出版社情况

在公开出版的 4721 种图书中，中国学者著述 3027 种，外文译著 1694 种。

据统计，中国大陆有 456 家出版社公开出版过二次大战方面的图书。出版图书具体分布情况参见下表 2-1-5。

表 2-1-5　出版二次大战图书"出版社—书目"统计表

出版图书数量	出版社数目	出版图书数量	出版社数目	出版图书数量	出版社数目
1	135	21	6	50	1
2	70	22	3	51	2
3	37	23	2	54	1
4	20	24	3	60	2
5	23	25	6	62	2
6	14	26	3	68	1
7	13	27	2	69	3
8	15	28	1	70	3
9	10	29	1	78	1
10	5	30	4	79	1
11	3	31	1	81	1
12	9	32	2	82	1
13	3	33	2	85	2
14	6	34	1	87	1
15	4	35	1	93	1

续表

出版图书数量	出版社数目	出版图书数量	出版社数目	出版图书数量	出版社数目
16	6	37	1	95	1
17	2	41	2	105	1
18	2	42	1	118	1
19	4	44	1	119	1
20	4	49	1		

统计显示,出版过 1 至 4 种二战图书的出版社有 262 家,占全部出版过二战图书出版社总数的 57.46%。它们共出版二次大战图书 466 种,仅占全部公开出版图书的不到十分之一（9.87%）,可以说它们仅仅偶尔出版二次大战的图书。有 75 家出版社分别出版过 5 至 9 种二战图书。出版过 10 种（含 10 种）以上二战图书的出版社有 119 家,它们仅占二次大战图书出版社总数的四分之一（26.1%）,但它们出版了 3614 种二次大战图书,占全部公开出版图书的四分之三（76.55%）。依笔者之见,这 119 家出版社属于"经常"出版二次大战图书之列。其中有 27 家出版社出版的二次大战图书都在 50 种以上,这些出版社可以被称作"高产出版社"。解放军出版社、海南出版社、世界知识出版社、武汉大学出版社和社会科学文献出版社位居二次大战图书出版界前 5 名,其中前 3 家出版社出版二战史图书的数量都突破了 100 种。关于大陆出版二次大战图书 10 种以上的出版社参见表 2-1-6。

表 2-1-6　大陆出版二次大战图书（10 种以上）出版社排行榜

名次	出版社名称	出版图书数量			名次	出版社名称	出版图书数量		
		总数	中国学者图书	外文译著			总数	中国学者图书	外文译著
1	解放军出版社	119	43	76	61	云南人民出版社	23	19	4
2	海南出版社	118	25	93		青岛出版社		5	18
3	世界知识出版社	105	66	39	63	浙江人民出版社	22	20	2
4	武汉大学出版社	95	94	1		长江文艺出版社		4	18
5	社会科学文献出版社	93	75	18		北京大学出版社		4	18

续表

名次	出版社名称	总数	中国学者图书	外文译著	名次	出版社名称	总数	中国学者图书	外文译著
6	中国社会科学出版社	87	31	56	66	新星出版社	21	7	14
7	中国市场出版社	85	16	69		新世界出版社		8	13
8	上海译文出版社		0	85		辽海出版社		21	0
9	重庆出版社	82	41	41		解放军文艺出版社		12	9
10	军事科学出版社	81	61	20		河北美术出版社		1	20
	中共党史出版社	79	79	0		安徽人民出版社		20	1
12	京华出版社	78	22	56	72	上海社会科学院出版社	20	15	5
13	团结出版社	70	66	4		人民日报出版社		16	4
	台海出版社		46	24		吉林大学出版社		20	0
	内蒙古人民出版社		70	0		航空工业出版社		6	14
16	新华出版社	69	17	52	76	中信出版社	19	0	19
	汕头大学出版社		54	15		中国人民大学出版社		4	15
	哈尔滨出版社		65	4		民主与建设出版社		10	9
19	商务印书馆	68	15	53		安徽文艺出版社		2	17
20	人民出版社	62	51	11	80	中国书籍出版社	18	18	0
	军事科学出版社		61	1		湖南人民出版社		4	14
22	中国长安出版社	60	52	8	82	作家出版社	17	12	5
	外文出版社		60	0		中国戏剧出版社		17	0
24	南京出版社	54	49	5	84	中央编译出版社	16	8	8
	上海人民出版社	51	30	21		时代出版社		1	15
25	江苏人民出版社		27	24		人民文学出版社		6	10
27	三联书店	50	16	34		南京大学出版社		14	2
28	中国铁道出版社	49	48	1		吉林出版集团有限责任公司		14	2
29	北京联合出版公司	44	20	24		光明日报出版社		11	5

续表

名次	出版社名称	出版图书数量			名次	出版社名称	出版图书数量		
		总数	中国学者图书	外文译著			总数	中国学者图书	外文译著
30	中国华侨出版社	42	41	1	90	国家图书馆出版社	15	10	0
31	黑龙江人民出版社	41	32	9		国际展望出版社		1	14
	国防大学出版社		34	7		当代中国出版社		3	12
33	石油工业出版社	37	35	2		大众文艺出版社		15	0
34	中国和平出版社	35	33	2	94	西苑出版社	14	12	2
35	军事谊文出版社（原名军事译文出版社）	34	6	28		沈阳出版社		13	1
36	群众出版社	33	1	32		辽宁人民出版社		13	1
	海洋出版社		5	28		化学工业出版社		13	1
38	五洲传播出版社	32	32	0		广东人民出版社		11	3
	四川人民出版社		29	3		北京时代华文书局		0	14
40	时代文艺出版社	31	10	21	100	战士出版社	13	2	11
41	中国文史出版社	30	25	5		凤凰出版社		13	0
	中国环境科学出版社		30	0		大象出版社		2	11
	学苑音像出版社		30	0		中国文联出版社		7	5
	国际文化出版公司		9	21		中国少年儿童出版社		11	1
45	蓝天出版社	29	29	0		中国工人出版社	12	12	0
46	人民邮电出版社	28	18	10		线装书局		12	0
47	上海交通大学出版社	27	19	8	103	时事出版社		12	0
	广西师范大学出版社		19	8		上海辞书出版社		9	3
49	中国青年出版社	26	18	8		山西人民出版社		12	0
	华夏出版社		22	4		厦门大学出版社		12	0
	东方出版社		8	18		黄河出版社		12	0

续表

名次	出版社名称	出版图书数量			名次	出版社名称	出版图书数量		
		总数	中国学者图书	外文译著			总数	中国学者图书	外文译著
52	中华书局	25	19	6	112	天津人民出版社	11	6	5
	译林出版社		0	25		昆仑出版社		5	6
	万卷出版公司		23	2		北方妇女儿童出版社		10	1
	金城出版社		6	19	115	中国经济出版社	10	10	0
	吉林文史出版社		16	9		中国对外翻译出版有限公司		10	0
	海潮出版社		22	3		长城出版社		10	0
58	山东画报出版社	24	22	2		云南教育出版社		10	0
	华中科技大学出版		23	1		四川文艺出版社		8	2
	北京出版社		15	9					

在中国学者著作出版方面,有42家出版社出版的图书达到了20种以上,其中有12家出版社出版的图书达到了50种以上。武汉大学出版社(94种)、中共党史出版社(79种)和社会科学文献出版社(75种)位列前三甲,其后依次为内蒙古人民出版社(70种)、团结出版社(66种)、哈尔滨出版社(65种)、世界知识出版社(65种)、军事科学出版社(61种)、外文出版社(60种)、汕头大学出版社(54种)、中国长安出版社(52种)和人民出版社(51种)。

在外文译著出版方面,有22家出版社出版的图书达到20种以上,其中8家出版社出版的图书达到50种以上。海南出版社(93种)、上海译文出版社(85种)和解放军出版社(76种)排行前三名,其后依次是中国市场出版社(69种)、京华出版社(56种)、中国社会科学出版社(56种)、商务印书馆(53种)和新华出版社(52种)。

统计数据还表明,绝大多数出版社出版的二战史图书中以中国学者著作居多,但有36家出版社出版的外文译著超过中国学者著作。如出版二战史图书前两位的解放军出版社和海南出版社就是如此:前者出版中国学者著作43种,外文译著76种;后者出版中国学者著作25部,外文译著93部。此类情况还有上海译文出版社(0∶85种)、中国社会科学出版社(31∶56种)、中国市场出版社

(16∶69 种)、京华出版社(22∶56 种)、新华出版社(17∶52 种)、商务印书馆(15∶53 种)、三联书店(16∶34 种),等等。而且上海译文出版社、中信出版社和北京时代华文书局是仅有的三家仅仅出版二战史外文译著的出版社。

2. 内部印刷二次大战图书单位情况

前已述及,大陆印刷了 365 种非正式出版的二次大战图书。其中中国学者著述 233 种,外文译著 132 种。

军内外 59 家单位印刷过二次大战图书,其中军内单位 43 家,军外单位 16 家。军事系统组织编写和印刷了 208 种二次大战军事学术方面的图书。参与编印的军内单位有 43 家,其中编印最多的是国防大学(40 种)、军事科学院(38 种)和总参谋部(15 种)。

共有 28 个单位(军队 21 家,地方 7 家)内部印刷过 132 种外文译著,其中印刷图书最多的是总参谋部(23 种)、海军学院(16 种)、海军司令部(10 种)、军事科学院(9 种)和空军学院(9 种)。

第二节 第二次世界大战史报刊论文定量分析

一、二次大战报刊论文阶段和年度分布

1950 年至 2019 年间,大陆各种刊物(含报纸和杂志)和论文集共刊登二次大战相关论文 16907 篇。[①] 刊登论文具体年度分布情况参见表 2-2-1。

表 2-2-1 1950—2019 年大陆发表论文年度分布一览表

年份	数量	年份	数量	年份	数量	年份	数量
1950	1	1968	0	1986	304	2004	520
1951	1	1969	1	1987	320	2005	1024
1952	2	1970	2	1988	290	2006	566
1953	5	1971	0	1989	298	2007	434
1954	5	1972	0	1990	257	2008	380

---

① 在本书迄今所收录的文章中,包括 1950—2019 年发表在学术期刊和报纸上的文章、出版的论文集中相关文章。为方便统计,所有分期发表的文章以一次计算,重复发表的文章则累积计算。笔者在收录过程中核对了相当部分的文章,由于时间和技术条件所限,一些篇目会有遗漏,请谅解。

年份	数量	年份	数量	年份	数量	年份	数量
1955	4	1973	2	1991	282	2009	449
1956	7	1974	7	1992	263	2010	448
1957	30	1975	11	1993	243	2011	359
1958	20	1976	19	1994	333	2012	412
1959	24	1977	12	1995	1658	2013	393
1960	11	1978	21	1996	510	2014	564
1961	26	1979	92	1997	365	2015	867
1962	9	1980	161	1998	350	2016	335
1963	9	1981	189	1999	390	2017	328
1964	4	1982	195	2000	397	2018	236
1965	6	1983	182	2001	358	2019	220
1966	0	1984	195	2002	388	其他	4
1967	0	1985	642	2003	467	总计	16907

统计显示,1950 年至 1965 年的 16 年间,大陆各种刊物和论文集共刊登二次大战论文 164 篇,其中 1957 年至 1961 年 5 年间发表 111 篇,占该时期发文总数的三分之二(67.68%),反映出这几年是该时期二战史研究的小高潮。1966年至 1976 年的"文化大革命"的十年里,总共发表二次大战论文 42 篇,其中1966 年、1967 年、1968 年、1971 年和 1972 年五年数据为零,反映出二次大战史研究的停滞状况。1950 年至 1978 年的 29 年间,大陆各种刊物和论文集共刊登二次大战论文 239 篇,仅占 1950 年以来发表总数的 1.41%。

党的十一届三中全会后,学术界发表二战史论文的数量开始猛增。1980 年突破 100 篇,此后每年均保持在百篇以上;1985 年发表论文 642 篇,成为 1950 年以来发表二战论文数量的第一高峰年,因而将我国的二次大战史研究推上了一个新的台阶,此后每年均保持在 200 篇以上;1995 年大陆发表二次大战论文再创新高,达 1658 篇,占 1950 年以来发表论文总数的近十分之一(9.81%),是1950 年至 1978 年这 29 年间发表论文总数的 6.94 倍。总计 1979 年到 2019 年的 41 年间,大陆共发表二次大战论文 16664 篇,占 1950 年以来发表论文总数的98.56%,是 1950 年至 1978 年的 29 年间发表论文总数的 69.72 倍。

二、二次大战报刊论文作者国别分布

统计显示,1950 年以来大陆刊登的 16907 篇论文中,中国学者论文 16113 篇,外国学者论文或者编译论文 797 篇。从外国学者论文或者编译论文显示的信息来看,有 668 篇属于 28 个国家的学者的论文,另有 120 篇论文作者国籍不详。其中排名前 5 位的是:俄国(含苏联)学者论文 177 篇,日本学者 156 篇,美国学者 137 篇,英国学者 70 篇,德国学者 46 篇。

大陆发表的外国学者论文或者编译论文作者国别分布情况参见表 2-2-2。

表 2-2-2　大陆发表外国译文作者国别分布一览表

国别	著作数量	国别	著作数量	国别	著作数量
苏联/俄国	177	澳大利亚	3	捷克斯洛伐克	2
美国	137	南斯拉夫	3	罗马尼亚	3
日本	156	瑞士	3	印度	2
英国	70	西班牙	3	希腊	2
德国	46	保加利亚	2	丹麦	1
法国	21	加拿大	2	缅甸	1
波兰	13	韩国	2	葡萄牙	1
意大利	11	荷兰	2	印尼	1
奥地利	5	芬兰	2	国籍不详	125
以色列	4	菲律宾	2		

三、二次大战报刊论文专题分布

在大陆所发表的 16907 篇论文中,其涉及的内容十分全面。根据内容的相关性,笔者将全部论文划分为十七大专题,每个专题的论文具体分布情况参见表 2-2-3。

表 2-2-3　大陆发表二次大战论文专题分布一览表

专题序号	专题名称	论文数量
一	总论	728
二	关于第二次世界大战的起源与性质	324
三	法西斯主义与德意日走上战争之路	1266
四	民主国家和苏联的绥靖政策和应战策略	626

续表

专题序号	专题名称	论文数量
五	法西斯的全面侵略及其暴行	1808
六	世界人民的反法西斯战争	256
七	第二次世界大战各战场重大问题探讨	1269
八	欧洲战争爆发后的大国外交与国际关系的互动	810
九	中国抗日战争与大国关系的互动	2781
十	第二次世界大战中的军事学术研究	2243
十一	盟国反攻与法西斯的失败和投降	475
十二	大国安排与战后国际关系格局的形成	386
十三	罪行清算与战争反省	1493
十四	第二次世界大战的总结	675
十五	中国抗战的地位和作用	730
十六	二战人物研究	752
十七	第二次世界大战与文学艺术	286

通过对大陆所发表的论文进行专题统计，笔者发现大陆的二战史研究具有以下几个特点。

第一，第二次世界大战史研究呈现出全方位、多侧面的态势。1950年以来，大陆所发表的二战史文章覆盖面很广。依据笔者的划分，全部二次大战的文章覆盖了十七大专题中的773个子条目，研究内容涉及二次大战的方方面面。从十七大专题文章分布来看，各大专题发表文章的数量都在三位数以上。可以说大陆的二战史研究呈现出齐头并进、全面开花的态势。

第二，中国抗日战争与大国关系互动、第二次世界大战中的军事学术、法西斯的全面侵略及其暴行、罪行清算与战争反省、第二次世界大战各战场重大问题探讨、法西斯主义与德意日走上战争之路构成了六大研究热点，发表文章数量都在千篇以上。这六大热点研究专题发表文章总数10704篇，占全部文章总数的63.31%，占比超过了二次大战文章的半壁江山。

围绕中国抗日战争与大国关系的互动的研究最为火爆，发表文章独占鳌头，文章总数达到2781篇，占1950年后大陆发表文章总数的将近六分之一（16.49%）。在本专题的三大条目中，"中国全面抗战时期国际关系的互动"条目独占鳌头，有文章1922篇，占整个专题文章总数的69.1%、全部文章总数的

11.37%。在这一条目下，"对中国抗战的国际支持和合作"（673篇）、"各大国的远东政策和对日对华外交"（598篇）两子目相关文章最多。

数量居第二位的是军事学术的文章。如果从比较广泛的意义上进行归类的话，二次大战的军事学术研究应该还包括各大战场许多重大问题，如奇怪战争、敦刻尔克大撤退、法国败降的原因、苏联严重失利的原因等等问题的探讨。即使仅仅根据笔者相对狭窄的归类，军事学术的文章就有2243篇，占二次大战文章总数的13.27%。在军事学术的六大子目中，军事战略与战术的文章多达1082篇，占军事学术文章总数的近48.23%；其他依次是二战武器装备（622篇），战争动员与战争经济（214篇），后勤与供应（118篇），军队指挥与运筹（106篇），以及军队编制与管理（98篇）。对第二次世界大战中军事学术研究的火爆，一是因为二次大战在世界战争史上是一场前所未有的划时代的战争，有许多军事问题值得研究，同时也反映出我国学者力图总结这场战争的经验教训，从而达到为国防建设和维护世界和平献计献策的目的。

居第三位的是探讨法西斯的全面侵略及其暴行的文章，为1808篇。其中探讨日本法西斯侵略及其暴行的文章达1571篇，占该专题文章总数的86.95%。在研究日军暴行的文章中，南京大屠杀、生物战与化学战、慰安妇问题是其中的三大热点，文章分别为356篇、316篇和194篇。在对德国法西斯及其暴行的研究中，纳粹屠犹反犹的文章为170篇，占该部分全部文章（232篇）的73.27%。

居第四位的是关于罪行清算和战争反省的文章，为1493篇。这一专题的1493篇文章涵盖了四大条目，其中德日的战争反省最多（707篇），然后依次是：对德日的占领与处置（326篇）、战争遗留问题与中日历史问题（232篇）、德日的战争赔偿（228篇）。

居第五位的是关于二次大战各战场重大问题探讨的文章。这一专题的1269篇文章涵盖了五大条目，其中论述亚洲—太平洋战场的文章最多（596篇），然后依次是：苏联—东欧战场与苏联卫国战争研究（311篇）、西欧—大西洋战场研究（282篇）、非洲—地中海—西亚战场研究（75篇）、总论（5篇）。

居第六位的是关于法西斯主义和德意日走上战争之路的文章，为1266篇。关于法西斯国家的局部扩张和世界大战策源地的形成（488篇），其中关于法西斯主义的研究有453篇，关于德意日的法西斯化与战争准备有256篇，关于为发动战争服务的法西斯外交有69篇。

四、二次大战报刊论文作者队伍分析

发表过二次大战及其相关问题文章的作者队伍相当庞大。在全部 16907 篇文章中,署名作者或者译者的文章为 16420 篇,没有显示作者或译者的文章 487 篇。为了便于分析,笔者对大陆发表的这 16420 篇署名文章的作者(或译者)进行了统计,具体数据参见表 2-2-4。

表 2-2-4　大陆发表二战文章"作者—篇数"分布一览表

发表篇数	作者人数	发表篇数	作者人数	发表篇数	作者人数
1	7952	16	4	35	3
2	1323	17	4	38	1
3	503	18	6	39	2
4	265	19	6	40	1
5	153	20	3	41	1
6	115	21	2	42	1
7	64	22	4	43	1
8	45	23	2	44	1
9	38	24	3	53	1
10	18	27	2	56	1
11	17	28	3	64	1
12	18	31	2	67	1
13	10	32	2	74	1
14	12	33	3	91	1
15	9	34	1		

统计数据表明,发表过二次大战及相关方面文章(包括译文)的作者(或译者)共有 10605 人。如此庞大的作者和译者队伍,足以反映第二次世界大战史研究在中国大陆受重视的程度。在全部作者或译者中,10043 人只发表过 1 至 4 篇二战史文章,这部分作者占全部作者总数的 94.69%,是中国二战史研究的"低产作者";415 人发表文章数量在 5 至 9 篇之间,是中国二战史研究的"多产作者";发表过 10 篇及以上的作者有 147 人,他们可以被称为中国二战史研究的"高产作者",其中发表二战史文章 30 篇以上的 25 人,可以被称为中国二战史研究的"超高产作者"。依据笔者看法,第一部分作者即发表二战史文章 1 至 4

篇的作者仅仅是"偶尔"写作和发表二次大战方面的文章,可以说是中国二次大战史研究的"业余作者";而后两部分作者（"多产作者"和"高产作者"）,即发表5篇以上文章的作者562人,构成了中国二战史的专业研究阵容。

中国二次大战史"高产作者",即发表过10篇（含10篇）以上二次大战文章的147名作者（或译者）的具体数据参见表2-2-5。

表2-2-5 中国二次大战史"高产作者"（或译者）统计表

名次	姓 名	发表论文数量	名次	姓 名	发表论文数量
1	胡德坤	91	26	宋志勇、罗志刚	28
2	经盛鸿	74	28	张海麟、熊伟民	27
3	彭训厚	67	30	郑寅达、杨天石、梁占军	24
4	步平	64	33	徐康明、左立平	23
5	王希亮	56	35	朱成山、章百家、朱贵生、包奕诚	22
6	季伏枥	53	39	于耀洲、刘士田	21
7	史桂芳	44	41	于江欣、刘锟、高晓燕	20
8	徐蓝	43	44	左双文、臧运祜、张继平、陶文钊、李嘉谷、丁骥	19
9	韩永利	42	50	武克全、任东来、胡其道、侯成德、陈致远、邸文	18
10	苏智良	41	56	马振犊、鹿锡俊、李世安、陈永祥	17
11	孙宅巍	40	60	赵朗、齐世荣、程兆奇、干戈	16
12	陈祥超、高兴祖	39	64	赵志辉、徐志民、张连红、张皓、武寅、肖汉森、任贵祥、金重远、侯中军	15
14	李巨廉	38	73	余伟民、周希奋、张劲松、吴洪成、王文庆、王楚英、沈志恩、孟国祥、刘邦义、曹胜强、陈景彦、高乐才	14
15	王建朗、王真、吴景平	35	85	张艳明、朱京斌、杨凯、徐焰、汤重南、孟月明、李浩、姜桂石、郭彩虹、龚娜	13
18	孙立祥	34	95	余秀峰、张生、袁成亮、张华、祝中侠、徐勇、石源华、人禾、沈永兴、时殷弘、倪学德、李淑娟、马骏、李力钢、潘洵、程文进、何兰、何跃、	12
19	荣维木、吴友法、刘庭华	33	113	周乾、严双伍、徐晓村、徐平、吴广义、王作化、谢忠厚、沈予、肖辉英、王斯德、李凡、金卫星、何立波、丁则勤、韩继伟、安田、邓沛	11

名次	姓　　名	发表论文数量	名次	姓　　　名	发表论文数量
22	张世均、袁成毅	32	130	杨奎松、易新涛、周以光、赵红、朱清如、张宪文、王健、王晓华、宋钟璜、温明明、肖鹏、李良志、姜良芹、郭若冰、陈谦平、戴超武、曾景忠、黄世相	10
24	赵文亮、王春良	31			

　　为了方便读者对中国二次大战史"高产作者"的了解,笔者经过详细查询和求证,整理147个作者的工作单位和研究领域情况如下表。

表 2-2-6　中国二次大战史"高产作者"(或者译者)信息一览表

作者姓名	发文数量	作者所在单位	研究领域
胡德坤	91	武汉大学历史学院	中日关系、战时国际关系
经盛鸿	74	南京师范大学历史系	南京大屠杀、日本对华战略
彭训厚	67	中国军事科学院外国军事研究部	苏联卫国战争、二战军事学术
步平	64	中国社会科学院近代史研究所	日本战争反省、教科书问题
王希亮	56	黑龙江省社会科学院历史研究所	日本侵华及其暴行、教科书问题
季伏枥	53	中国军事科学院	二战武器装备
史桂芳	44	首都师范大学历史学院	日本军国主义及对华侵略
徐蓝	43	首都师范大学历史学院	二战起源、战时国际关系
韩永利	42	武汉大学历史学院	战时国际关系、盟国战略
苏智良	41	上海师范大学人文与传播学院	慰安妇问题
孙宅巍	40	江苏省社会科学院	南京大屠杀
陈祥超	39	中国社会科学院世界历史研究所	意大利法西斯主义
高兴祖	39	南京大学历史系	南京大屠杀
李巨廉	38	华东师范大学历史系	二战起源、二战军事战略
王建朗	35	中国社会科学院近代史研究所	战时国际关系与战时中国外交
王真	35	大连舰艇学院政治系	战时苏联外交
吴景平	35	复旦大学历史系	战时中外关系
孙立祥	34	华中师范大学历史文化学院	日本战争赔偿
刘庭华	33	中国军事科学院军史研究部	日本侵略及其暴行
荣维木	33	中国社会科学院近代史研究所	日本侵华及战争反省

续表

作者姓名	发文数量	作者所在单位	研究领域
吴友法	33	武汉大学历史学院	德国法西斯主义
袁成毅	32	杭州师范大学人文学院	抗战时期国民政府外交
张世均	32	西南民族大学旅游与历史文化学院	战时国际关系
王春良	31	山东师范大学历史文化学院	战时国际关系、原子弹轰炸
赵文亮	31	曲阜师范大学历史文化学院	战时国际关系、战争赔偿与战争反省
罗志刚	28	武汉大学政治与公共管理学院	战时苏联外交
宋志勇	28	南开大学日本研究院	中日关系、东京审判
熊伟民	27	湖南师范大学历史文化学院	战时国际关系、二战军事战略
张海麟	27	国防大学战略教研部	二战军事战略
梁占军	24	首都师范大学历史学院	二战起源、战时国际关系
杨天石	24	中国社会科学院近代史研究所	国民政府战时外交
郑寅达	24	华东师范大学历史系	德意法西斯主义、战时国际关系
徐康明	23	云南大学历史系	战时国际关系
左立平	23	海军军事学术研究所	二战军事学术
包奕诚	22	山东大学历史系	二战起源、德国法西斯暴行
章百家	22	中国社会科学院近代史研究所	战时中外关系
朱成山	22	南京大屠杀遇难同胞纪念馆	南京大屠杀
朱贵生	22	中国社会科学院世界历史研究所	战时国际关系、二战军事战略
刘士田	21	河北师范大学历史系	战时国际关系、日本战争赔偿
于耀洲	21	齐齐哈尔大学文学与历史文化学院	国民政府战时外交
高晓燕	20	黑龙江社会科学院历史研究所	日本对华化学战及战争遗留问题
刘锟	20	《中国空军》杂志社	二战作战样式（空战）
于江欣	20	中国军事科学院军史百科部	二战军事思想与战略
丁骥	19	《坦克装甲车辆》杂志社	二战武器装备
李嘉谷	19	中国社会科学院近代史研究所	战时国际关系、苏联援华问题
陶文钊	19	中国社会科学院美国研究所	战时美国外交、战时中美关系
臧运祜	19	北京大学历史系	战时国际关系
张继平	19	武汉大学历史系	二战起源、二战军事战略
左双文	19	华南师范大学历史文化学院	国民政府战时外交

作者姓名	发文数量	作者所在单位	研究领域
陈致远	18	湖南文理学院日军细菌战罪行研究所	日本在华细菌战
邸文	18	中国社会科学院世界历史研究所	纳粹思想、德国法西斯政权
侯成德	18	中国社会科学院世界历史研究所	战时苏德关系
胡其道	18	《舰船知识》杂志社	二战武器(飞机)
任东来	18	南京大学历史系	战时美国外交、战时中美关系
武克全	18	上海市社会科学界联合会	中国抗战地位与作用、反法西斯抵抗运动
陈永祥	17	广州大学人文学院	战时中美关系
李世安	17	中国人民大学历史学院	战时国际关系、反法西斯抵抗运动
鹿锡俊	17	日本大东文化大学	中日关系
马振犊	17	中国第二历史档案馆	中日关系、南京大屠杀
程兆奇	16	上海社会科学院历史研究所	南京大屠杀
干戈	16	《坦克装甲车辆》杂志社	二战武器装备
齐世荣	16	首都师范大学历史学院	二战起源、西方绥靖政策
赵朗	16	辽宁省社会科学院	日本军国主义
侯中军	15	中国社会科学院近代史研究所	战时国际关系
金重远	15	复旦大学历史系	战时国际关系
任贵祥	15	中共中央党史研究室	海外华人与中国抗战
武寅	15	中国社会科学院	中日关系
肖汉森	15	华中师范大学学报编辑部	德国纳粹政权
徐志民	15	中国社会科学院历史理论研究所	中日关系
张皓	15	北京师范大学历史学院	战时国际关系
张连红	15	南京大学南京大屠杀研究中心	日本侵华暴行
赵志辉	15	浙江师范大学人文学院	战时国际关系
曹胜强	14	枣庄学院校办	战时国际关系
陈景彦	14	吉林大学东北亚研究中心	日本强征中国劳工及慰安妇问题
高乐才	14	东北师范大学历史文化学院	日本在中国东北的殖民问题
刘邦义	14	中国社会科学院世界历史研究所	第二次世界大战期间的波兰问题研究
孟国祥	14	南京医科大学医政学院	战争赔偿与战争反省
沈志恩	14	浙江师范大学历史系	战时苏德关系

续表

作者姓名	发文数量	作者所在单位	研究领域
王楚英	14	南京市政协	中国远征军及国军抗战
王文庆	14	山西大学历史系	二战起源、原子弹轰炸
吴洪成	14	河北大学教育学院	日本侵华时期的奴化教育
余伟民	14	华东师范大学历史系	苏联军事战略与战时外交、冷战起源
张劲松	14	辽宁大学国际关系学院	日本法西斯主义及对华战争
周希奋	14	暨南大学历史系	战时国际关系
龚娜	13	天津社会科学院日本问题研究所	日本天皇与日本军队战略
郭彩虹	13	《环球军事》杂志社	二战武器及战役
姜桂石	13	内蒙古民族大学政法与历史学院	战时国际关系
李浩	13	江西师范大学历史文化与旅游学院	二战海战研究
孟月明	13	中国社会科学院大学	日本"开拓团"问题
汤重南	13	中国社会科学院世界历史研究所	中日关系及日本军事战略
徐焰	13	国防大学	第二次世界大战中的军事问题
杨凯	13	安徽教育学院	法国军事战略
张艳明	13	郑州机电工程研究所	第二次世界大战期间的海战
朱京斌	13	《环球军事》杂志社	二战武器
程文进	12	首都师范大学历史学院	战时国际关系
何兰	12	单位不详	战时国际关系
何跃	12	云南师范大学历史与行政学院	缅甸战场与东南亚抗战
李力钢	12	国防大学军兵种教研室	二战作战样式研究
李淑娟	12	哈尔滨师范大学历史文化学院	日本在中国东北的殖民问题
马骏	12	国防大学战略教研部	二战军事战略
倪学德	12	聊城大学历史文化学院	战时国际关系
潘洵	12	西南大学马克思主义学院	抗战大后方问题研究
人禾	12	(单位不详)	战时国际关系
沈永兴	12	中国社会科学院世界历史研究所	东京审判、二战学术史
石源华	12	复旦大学历史系	战时国际关系
时殷弘	12	中国人民大学国际关系学院	战时国际关系
徐勇	12	北京大学历史系	中日关系及日本法西斯
余秀峰	12	《军事史林》杂志社	二战武器装备

续表

作者姓名	发文数量	作者所在单位	研究领域
袁成亮	12	苏州科技学院人文学院	九一八事变问题
张华	12	湖南文理学院	侵华日军细菌战研究及战时国际关系
张生	12	南京大学历史系	南京大屠杀
祝中侠	12	池州学院历史与社会学系	战时国际关系
安田	11	（单位不详）	东线战场及军事策略
邓沛	11	（单位不详）	德日军事战略
丁则勤	11	北京大学历史系	中共抗战及战时国际关系
韩继伟	11	兴义民族师范学院政史系	滇缅抗战
何立波	11	（单位不详）	苏联军事战略
金卫星	11	苏州大学社会学院	战时国际关系
李凡	11	南开大学日本研究院	战时国际关系
沈予	11	中国社会科学院近代史研究所	中日关系
王斯德	11	华东师范大学历史系	苏德互不侵犯条约、中国抗战地位
王作化	11	解放军总装备部后勤部	日本军事战略、原子弹轰炸
吴广义	11	中国社会科学院世界经济与政治研究所	中日关系
肖辉英	11	中国社会科学院世界历史研究所	德国法西斯主义、希特勒上台
谢忠厚	11	河北省社会科学院历史研究所	日本在华生化战
徐平	11	辽宁大学国际关系学院	日本法西斯主义、二战军事战略
徐晓村	11	军事科学院军事历史研究部	苏联军事战略
严双伍	11	武汉大学政治与公共管理学院	战时国际关系
周乾	11	安徽大学历史系	国民政府战时外交
曾景忠	10	中国社会科学院近代史研究所	中国抗战问题
陈谦平	10	南京大学历史学院	战时外交及国际关系
戴超武	10	云南大学印度研究院	战时国际关系
郭若冰	10	国防大学防务学院	二战战役研究
黄世相	10	江西师范大学历史系	战时各国对华政策
姜良芹	10	南京大学历史学院	南京大屠杀
李良志	10	中国人民大学马克思主义学院	抗战时期中共统一战线问题
宋钟璜	10	商务印书馆	德国法西斯及其上台
王健	10	辽宁师范大学历史文化旅游学院	日本侵华研究

续表

作者姓名	发文数量	作者所在单位	研究领域
王晓华	10	云南民族大学人文学院	战时美国外交、二战的影响
温明明	10	《军事史林》杂志社	纳粹德国将帅研究
肖鹏	10	军事科学院	亚洲—太平洋战争研究
杨奎松	10	华东师范大学历史系	中共党史
易新涛	10	中南民族大学马克思主义学院	战时国际关系
张宪文	10	南京大学历史学院	抗战时期的国民政府与南京大屠杀
赵红	10	延安大学历史文化学院	战时中美关系
朱清如	10	湖南文理学院文史学院	日本在华细菌战研究
周以光	10	中国社会科学院世界历史研究所	战时法国内政与外交

上表显示,发表二次大战文章 10 篇以上的作者(或译者)大多是我国世界史领域、国际关系史领域、军事学领域和中国抗战史领域的著名学者和专家。他们发表的文章不仅数量多,刊登文章的刊物级别高(大多是国内的权威刊物),而且文章的质量大多为二战史界所称道。这些学者长期活跃在我国二次大战史研究的舞台,为我国二次大战史研究的发展和繁荣作出了重大的贡献。例如以 91 篇高居文章排行榜榜首的武汉大学胡德坤先生,曾经长期担任中国二战史研究会会长(2001—2016 年),带领我国的二战史研究走向了辉煌;他著述等身,学术水平更为学界所称道,他曾主持过多项二战史领域的国家级重大课题,他带领下的武汉大学二战史研究团队一直是我国研究和培养实力最强大、成果最为丰硕的团队。文章数量居第三位(67 篇)的彭训厚先生是中国军事科学院军事历史研究部研究员、学科带头人,曾经担任二战史研究会秘书长,在二战史领域著述甚丰。

如果对高产论文作者队伍所属单位进行分析可以发现,中国社会科学院下属的世界历史研究所、近代史研究所、美国史研究所等共有 23 位学者发表 10 篇以上的二战史文章,反映出我国社会科学最高专业学术机构在二战史相关问题领域研究的实力。其中世界历史研究所的陈祥超(39 篇)、朱贵生(22 篇)、侯成德(18 篇)、邸文(18 篇)、武寅(15 篇)、刘邦义(14 篇)、汤重南(13 篇)、沈永兴(12 篇)、肖辉英(11 篇)、周以光(10 篇)等,以及美国史研究所的陶文钊(19篇),都是我国二战史及其相关领域的著名学者,近代史所的步平(64 篇)、王建

朗(35篇)、荣维木(33篇)、杨天石(24篇)、章百家(22篇)、李嘉谷(19篇)等
都是抗日战争史领域的著名学者。军事科学院、武汉大学和南京大学各有6位
学者入围高产作者行列,军事科学院的6位学者是彭训厚(67篇)、季伏枥(53
篇)、刘庭华(33篇)、于江欣(20篇)、徐晓村(11篇);武汉大学的6位学者是胡
德坤(91篇)、韩永利(42篇)、吴友法(33篇)、罗志刚(28篇)、张继平(19篇)、
严双伍(11篇);南京大学的6位学者是高兴祖(39篇)、任东来(18篇)、张连红
(15篇)、张生(12篇)、陈谦平(10篇)、张宪文(10篇)。华东师范大学和首都
师范大学各有5位学者入围高产作者行列,华东师范大学的5位学者是李巨廉
(38篇)、郑寅达(24篇)、余伟民(14篇)、王斯德(11篇)、杨奎松(10篇);首都
师范大学的5位学者史桂芳(44篇)、徐蓝(43篇)、梁占军(24篇)、齐世荣(16
篇)、程文进(12篇)。这些数据反映出上述高校和科研机构在我国的二战史研
究领域占有十分重要的地位。

　　同时需要指出的是,由于笔者进行的是定量分析,仅靠一些统计数据只能大
致而不可能完全反映我国二次大战史研究的全貌。譬如,一些作者发表文章的
数量在10篇以下而不可能在此一一列举,但其质量堪称上乘,有的文章在某些
领域甚至是扛鼎之作,具有极大的学术价值。如刘思慕先生在1980年发表的
《中国抗日战争及其在第二次世界大战中的地位和作用》(《世界历史》1980年
第4期)一文,是国内第一篇全面论述中国抗战地位和作用的论文,具有重大的
学术价值和引领学术研究方向的意义,其提出的许多观点,后来成为我国学者研
究中国抗战作用问题的基本观点。

五、二次大战报刊论文刊载媒介分析

　　刊登过二次大战及其相关问题文章的刊物即媒介有期刊、报纸和论文集三
种。为了便于分析,笔者对大陆刊登的16907篇文章的媒介进行了详细的统计。

　　统计显示,大陆刊登和收录二次大战文章的刊物和论文集共2638种。其中
期刊2484种,报纸89种,论文集65部;它们分别刊登二战史文章15149篇、876
篇和882篇。

1. 期刊

　　期刊是刊登二次大战文章的绝对主力。统计显示,2484种期刊共刊登二次
大战文章15149篇,占全部文章总数的89.60%。"期刊—篇数"分布情况参见
表2-2-7。

表 2-2-7　大陆二战史论文"期刊—篇数"表（刊登二战文章刊物分布情况）

刊登论文数量	刊物数量	刊登论文数量	刊物数量	刊登论文数量	刊物数量	刊登论文数量	刊物数量
1	1098	21	6	42	1	84	1
2	414	22	7	44	1	99	1
3	220	23	7	45	1	100	1
4	156	24	2	46	4	112	1
5	97	25	4	47	2	114	1
6	69	26	4	48	2	123	1
7	49	27	3	49	2	127	1
8	36	28	2	50	2	132	1
9	28	29	4	51	1	140	1
10	36	30	2	55	1	168	1
11	33	31	5	57	1	196	1
12	24	32	3	63	1	206	1
13	24	33	3	64	1	207	1
14	14	35	3	67	2	234	1
15	11	36	2	68	1	300	1
16	11	37	2	69	2	364	1
17	16	38	4	71	1	397	1
18	13	39	2	73	1	413	1
19	6	40	1	75	1	442	1
20	10	41	2	77	4		

　　刊登文章 10 篇以下（不含 10 篇）的期刊有 2167 种，占媒介总数的 87.1%。这些期刊总共刊登文章 4992 篇，仅占二次大战文章总数的 29.53%。可以说这些期刊属于"偶尔"刊登二次大战文章的刊物，可以被称为"低载文献期刊"。刊登文章 10 篇以上的期刊有 317 种，仅占全部媒介总数的 12.76%，但却刊载了占全部文章总数 60.1% 的 10157 篇文章。其中刊载文章 20 篇以上的期刊有 129 种，仅占媒介总数的 4.89%，但它们却刊载了占全部文章总数 45.4% 的 7677 篇文章。可以说这 129 种刊物属于"经常"刊登二次大战文章的刊物，可以被称为"高载文献期刊"。"高载文献期刊"（即刊登 20 篇及以上文章的刊物）情况请参见表 2-2-8。

表 2-2-8　大陆二次大战史"高载文献期刊"排行榜

名次	刊物名称	发表数量	名次	刊物名称	发表数量
1	《抗日战争研究》	442	36	《党史研究与教学》	51
2	《军事历史》	413	37	《文史博览》《黑龙江史志》	50
3	《军事史林》	397	39	《南京社会科学》《大连近代史研究》	49
4	《世界史研究动态》	364	41	《辽宁大学学报》《兵器知识》	48
5	《世界历史》	300	43	《抗战史料研究》《当代海军》	47
6	《坦克装甲车辆》	234	45	《世纪桥》《首都师范大学学报》《民国春秋》《舰船知识》	46
7	《民国档案》	207	49	《舰载武器》	45
8	《环球军事》	206	50	《"九一八"研究》	44
9	《历史教学》	196	51	《当代世界》	42
10	《军事历史研究》	168	52	《山东师大学报》《探索与争鸣》	41
11	《外国军事学术》	140	54	《外军资料》	40
12	《史学月刊》	132	55	《江海学刊》《党史纵横》	39
13	《历史教学问题》	127	57	《学理论》《文史天地》《军事学术》《军事文摘》	38
14	《世界军事》	123	61	《河南师范大学学报》《航空知识》	37
15	《历史研究》	114	63	《文史杂志》《国防科技》	36
16	《日本侵华史研究》	112	65	《外军后勤资料》《轻兵器》《安徽史学》	35
17	《近代史研究》	100	68	《齐齐哈尔大学学报》《党史文汇》《海军学术研究》	33
18	《武汉大学学报》	99	71	《文史精华》《求是》《南京大学学报》	32
19	《社会科学战线》	84	74	《炎黄春秋》《史林》《文史月刊》《东北亚论坛》《北方论丛》	31
20	《中共党史研究》《现代舰船》《二战史通讯》《国际展望》	77	79	《中国空军》《日本问题研究》	30
24	《外国史知识》	75	81	《西北大学学报》《西伯利亚研究》《南京大屠杀史研究》《福建党史月刊》	29
25	《世界知识》	73	85	《中国军事科学》《百年潮》	28
26	《日本研究》	71	87	《学习与探索》《外国空军军事学术》《外交学院学报》	27
27	《史学集刊》《兰台世界》	69	90	《社会科学》《日本侵华南京大屠杀研究》《文史春秋》《北华大学学报》	26

名次	刊物名称	发表数量	名次	刊物名称	发表数量
29	《中学历史教学参考》	68	94	《现代外国哲学社会科学文摘》《延安大学学报》《海军杂志》《档案与建设》	25
30	《现代兵器》《兵器》	67	98	《国外坦克》《国防》	24
32	《东北师大学报》	64	100	《学术交流》《南开学报》《历史档案》《江西社会科学》《国外社会科学动态》《北京党史》《航空世界》	23
33	《外国问题研究》	63	107	《湘潭大学学报》《益阳师专学报》《求是学刊》《社会科学辑刊》《东北史地》《党史文苑》《北方文物》	22
34	《兵工科技》	57	114	《郑州大学学报》《苏联问题研究资料》《世界历史译丛》《社会科学研究》《聊城大学学报》《广西社会科学》	21
35	《日本学刊》	55	120	《南京政治学院学报》《日本学论坛》《社会科学论坛》《黑河学刊》《江汉论坛》《湖北大学学报》《理论界》《华中师大学报》《复旦学报》《法制与社会》	20

统计表明,在刊登文章排名前20位的期刊中,历史类期刊占据12席;在刊登文章前5位的刊物中,历史类期刊占据3席——《抗日战争研究》、《世界史研究动态》和《世界历史》。其中最值得一提的是,《世界史研究动态》作为一个仅仅存在14年的学术刊物(1979年至1993年),却刊登了364篇文章,刊登文章数量位居各刊物第四名的位置。如果我们把《军事史林》、《军事历史》和《军事历史研究》也看作历史类期刊的话,在前20位中历史类期刊占据了近3/4。可以说历史类期刊在刊登二次大战文章方面起了极大的作用。

值得一提的是,军事学刊物在刊载二次大战文章中发挥了重要作用,这是由二次大战的战争性质选题的独特性所决定的。179种该方面的刊物(含杂志和报纸)共刊载文章3638篇,反映出军事学刊物和军事学界对第二次世界大战史研究重视的程度。在刊登文章20篇以上的129种期刊中,有31种属于军事期刊,占期刊总数的近1/4。在刊登二战史文章最多的10种期刊中,军事学刊物占据五种,其中在前三甲中占据其二——《军事历史》和《军事史林》。

2. 报纸

为了对大陆报纸在二战史刊发论文方面有所了解,我们对大陆报纸刊发二战史论文情况进行了详细统计。

表 2-2-9 大陆二战史论文"报纸—篇数"表(刊登二战文章报纸分布情况)

篇数	报纸数	篇数	报纸数	篇数	报纸数
1	28	8	2	25	1
2	17	9	2	26	2
3	9	10	1	29	1
4	5	11	1	67	1
5	8	20	1	94	1
6	2	21	1	110	1
7	3	22	1	200	1

统计显示,大陆共有89种报纸刊登过二战史方面的文章,刊登文章总数为876篇,占70年间大陆发表文章总数的5.18%。其中有59种报纸仅刊登过1—4篇文章,占刊登二战史报纸总数的66.29%,共刊登二战史文章108篇,仅占报纸刊登总数的12.3%;仅有13种报纸刊登过10篇(含10篇)以上二战史文章,占刊登二战史报纸总数的14.6%,但它们总共刊登了661篇文章,占报纸刊登文章总数的75.46%。在这13种刊登二战史文章10篇以上的刊物中,《人民日报》、《光明日报》和《中国社会科学报》分别以199篇、110篇和94篇的数量,占据刊发二战史文章的前三甲。这三种刊物共刊发二战史文章403篇,占大陆报纸刊发全部二战史文章的46%,反映出其在二战史方面的重要性。

表 2-2-10 大陆刊登10篇以上二战史文章报纸排行榜

名次	报纸名称	刊文数量	名次	报纸名称	刊文数量
1	《人民日报》	199	8	《解放日报》	25
2	《光明日报》	110	9	《文汇报》	22
3	《中国社会科学报》	94	10	《人民法院报》	21
4	《解放军报》	65	11	《中国档案报》	20
5	《中国国防报》	29	12	《中国青年报》	11
6	《团结报》	26	13	《社会科学报》	10
	《北京日报》				

3. 论文集

统计显示,65 种论文集共刊登二次大战文章 882 篇,占发表文章总数的
5.21%。其中前 20 种论文集收录文章 653 篇,占论文集刊登文章总数的七成多
(74.04%)。收录文章最多的前 20 种论文集情况如下。

表 2-2-11　大陆二次大战论文集前 20 名排行榜

名次	论文集名称	编著者	出版社及出版时间	文章数量
1	侵华日军暴行学术研讨会论文集	中共石家庄市委党史研究室等	新华出版社 1996 年版	44
2	第二次世界大战与亚太国际合作:第二次世界大战史(重庆)学术讨论会论文集	苑鲁、谢先辉主编	重庆出版社 2003 年版	40
3	第二次世界大战中的军事学术	张海麟主编	国防大学出版社 1989 年版	38
	二战及其遗留问题对国际关系的影响	二战史研究会编	二战史研究会 2004 年版	
5	第二次世界大战史论文集⑤:科学技术的力量	戚世权主编	解放军出版社 1999 年版	37
	纪念中国人民抗日战争暨世界反法西斯战争胜利 60 周年学术研讨会论文集	中共中央党史研究室科研管理部编	中共党史出版社 2006 年版	
7	中国抗战与世界反法西斯战争——纪念中国人民抗日战争暨世界反法西斯战争胜利 60 周年学术研讨会文集	中国社会科学院近代史研究所编	社会科学文献出版社 2009 年版	36
8	第二次世界大战史论文集③:五十年的深思	李殿仁主编	军事谊文出版社 1996 年版	34
9	第二次世界大战军事论文选	军事学术杂志社编	军事科学出版社 1985 年版	33
10	三十年代主要国家的战略与军备	军事科学院军事历史研究部编	军事科学出版社 1990 年版	28
11	第二次世界大战与战后局部战争	李小军主编	军事谊文出版社 2003 年版	24
12	中国及太平洋抗战与战俘问题研究——中国及太平洋抗战与战俘问题国际学术研讨会文集	中国近现代史史料学学会等编	中国近现代史史料学学会等 2008 年版	22

续表

名次	论文集名称	编著者	出版社及出版时间	文章数量
13	第二次世界大战史论丛	王相如、李安华主编	四川大学出版社1985年版	21
	九一八事变与近代中日关系——九一八事变70周年国际学术讨论会论文集	中国社会科学院中日历史研究中心等编	中国社会科学文献出版社2004年版	
15	世界现代史论文集	中国世界现代史研究会	三联书店1982年版	19
	第二次世界大战与世界历史进程:第二次世界大战史学术讨论会论文集	胡德坤主编	武汉大学出版社2002年版	
	第二次世界大战史论文集④:人民战争的胜利	刘鲁民、徐根初主编	金盾出版社1998年版	
18	第二次世界大战史论文集②	中国二战史研究会编	国防大学出版社1986年版	18
	第二次世界大战起源研究论集	华东师范大学历史系编	华东师大出版社1986年版	
	法西斯主义与第二次世界大战	朱庭光主编	华夏出版社1988年版	
	纪念中国人民抗日战争暨世界反法西斯战争胜利70周年国际学术研讨会论文集	李亚平等编	中共党史出版社2015年版	

第三节　第二次世界大战史学位论文定量分析

硕士、博士等高学历人才的大规模培养,是改革开放后中国高等教育发展的一大亮点。20世纪80年代以来,国内军队、地方的一些高校和科研院所,也相当重视第二次世界大战史及其相关领域人才的培养,培养出了一大批以二次大战及其相关问题为学位论文选题的硕士、博士毕业生。

一、学位论文年度分布

通过对20世纪80年代以来大陆各培养单位指导的二次大战相关领域硕博论文的统计,发现其年度分布情况如下表。

表 2-3-1 硕博论文年度分布一览表

年度	硕博论文篇数			年度	硕博论文篇数		
	硕士论文	博士论文	总数		硕士论文	博士论文	总数
1981	0	0	0	2001	11	5	16
1982	0	0	0	2002	15	5	20
1983	0	0	0	2003	13	8	21
1984	3	0	3	2004	37	8	45
1985	3	0	3	2005	37	4	41
1986	2	0	2	2006	51	11	62
1987	10	0	10	2007	96	10	106
1988	7	1	8	2008	97	18	115
1989	6	1	7	2009	83	20	103
1990	11	0	11	2010	66	19	85
1991	6	0	6	2011	102	26	128
1992	4	1	5	2012	84	12	96
1993	5	0	5	2013	80	21	101
1994	4	5	9	2014	87	7	94
1995	7	0	7	2015	56	11	67
1996	8	0	8	2016	73	7	80
1997	4	4	8	2017	84	7	91
1998	3	4	7	2018	84	7	91
1999	3	6	9	2019	67	4	71
2000	10	9	19				
总计					1319	241	1560

统计显示,1984 年出现第一篇二次大战方面的硕士论文,1988 年出现第一篇二次大战方面的博士论文。由于各种原因,当然也有 2000 年之前的硕博论文大多没有上网而不好详细统计的缘故,我们看到,每年指导的硕博论文的数量长期在个位数上徘徊(1987 年和 1990 年除外)。直到 2000 年,指导的硕博论文才

稳定到十位数。此后稳步上升,2006 年突破 50 篇达到 62 篇;2007 年突破百篇,此后连续三年(2007—2009 年)均达到 100 篇以上;2011 年更达到创纪录的 128 篇。如果以 2000 年作为分界线的话,我们看到,1981 年至 1999 年 19 年间仅有硕博论文 108 篇,而 2000 年之后的 20 年的数据为 1452 篇,后 20 年是前 18 年的 13.44 倍。

二、学位论文专题分布

大陆方面指导出的二次大战学位论文的内容是十分广博的,涉及了二次大战史的方方面面。笔者将大陆的 1560 篇二次大战方面的学位论文划分为十大专题,各个专题学位论文的具体分布情况如表 2-3-2。

表 2-3-2　硕博论文专题分布一览表

章次	专题名称	篇数		
		博士论文	硕士论文	总数
一	法西斯主义与德意日走上战争之路	13	117	130
二	世界大国的绥靖政策与应战策略	17	58	75
三	法西斯国家的侵略及其暴行	32	203	235
四	各战场研究	1	13	14
五	战时国际关系研究	20	148	168
六	世界人民的反法西斯斗争	3	35	38
七	中国抗日战争与国际关系的互动	43	235	278
八	第二次世界大战的军事学术	33	162	195
九	罪行惩治与战争反省	31	186	217
十	第二次世界大战的结局与总结	48	162	210
合计		241	1319	1560

通过对硕博论文专题分布的统计显示,有六大专题的硕博论文数量突破了百篇。其中"中国抗日战争与国际关系的互动"以 278 篇的数量高居榜首;"法西斯国家的侵略及其暴行"(235 篇)、"罪行惩治与战争反省"(217 篇)和"第二次世界大战的结局"(210 篇)都突破了 200 篇;"第二次世界大战的军事学术"和"战时国际关系研究"也在百篇以上。

三、学位论文指导单位分布

在全部 1560 篇二次大战学位论文中,有 1554 篇可以查询到指导单位,其余 6 篇指导单位不详。学位论文指导单位具体分布情况请参见表 2-3-3。

表 2-3-3　学位论文指导单位分布一览表

指导论文数量	培养单位数量	指导论文数量	培养单位数量	指导论文数量	培养单位数量
1	55	13	2	32	1
2	19	14	3	33	1
3	14	15	4	39	2
4	6	16	3	42	1
5	5	17	1	55	1
6	3	18	3	67	1
7	7	19	1	73	1
8	3	20	2	79	1
9	4	21	4	94	1
10	3	26	2	99	1
11	4	28	1		
12	3	29	1		

统计显示,全国共有 163 家培养单位指导过二次大战方面的硕士和博士论文。有 116 家培养单位指导论文数量分别在 1—9 篇之间,这 116 家培养单位占培养单位总数的 71.17%,但它们指导的论文(311 篇)仅占全部学位论文的 19.94%,其中有 55 家培养单位仅仅指导一篇。指导 10 篇以上学位论文的培养单位共 47 家,仅占全部培养单位总数的四分之一(28.83%),但是它们却指导了近八成(79.68%)的学位论文(1243 篇)。指导 10 篇以上学位论文培养单位具体数据请参见表 2-3-4。

表 2-3-4　指导 10 篇以上学位论文培养单位一览表

培养单位名称	指导学位论文数量			培养单位名称	指导学位论文数量		
	硕士论文	博士论文	总数		硕士论文	博士论文	总数
东北师范大学	70	29	99	哈尔滨师范大学	17	0	17
首都师范大学	72	22	94	外交学院	14	2	16

续表

培养单位名称	指导学位论文数量			培养单位名称	指导学位论文数量		
	硕士论文	博士论文	总数		硕士论文	博士论文	总数
武汉大学	49	30	79	兰州大学	16	0	16
华东师范大学	59	14	73	河南大学	16	0	16
吉林大学	44	23	67	河北师范大学	14	1	15
华中师范大学	50	5	55	山西大学	15	0	15
山东师范大学	39	3	42	湘潭大学	15	0	15
南京大学	30	9	39	云南大学	15	0	15
湖南师范大学	39	0	39	河北大学	13	1	14
辽宁大学	33	0	33	北京师范大学	11	3	14
南京师范大学	31	1	32	郑州大学	13	1	14
中国人民大学	18	11	29	北京大学	7	6	13
陕西师范大学	26	2	28	西南大学	13	0	13
安徽大学	26	0	26	延安大学	12	0	12
西北师范大学	26	0	26	西北大学	12	0	12
复旦大学	10	11	21	军事科学院	5	7	12
中国社会科学院	7	14	21	苏州大学	10	1	11
黑龙江大学	21	0	21	辽宁师范大学	11	0	11
山东大学	18	0	21	重庆师范大学	11	0	11
曲阜师范大学	20	0	20	上海外国语大学	10	1	11
上海师范大学	19	1	20	四川师范大学	10	0	10
延边大学	16	3	19	黑龙江省社会科学院	10	0	10
江西师范大学	18	0	18	四川大学	6	4	10
南开大学	8	10	18	小计	1025	215	1240
其他单位					291	26	317
总计					1319	241	1560

　　从上表可以看出,东北师范大学(99篇)、首都师范大学(94篇)、武汉大学(79篇)和华东师范大学(73篇)位居指导学位论文数量前四名,指导论文均在

50篇以上。其中首都师范大学是指导硕士论文最多的单位(72篇),武汉大学是指导博士论文数量最多的单位(30篇)。武汉大学、首都师范大学和华东师范大学作为我国二次大战史研究起步最早、实力最强的高校,在培养二次大战史方向的硕士、博士生方面,也充分显示出了自己的实力。东北师范大学以99篇学位论文的数量高居榜首,其中的绝大多数论文选题属于与中国抗战相关的内容,反映出东北师范大学在该领域的实力。

四、学位论文指导教师情况统计

在全部1560篇学位论文中,1537篇查询到了指导教师,另有23篇查询不到指导教师的信息。为了便于读者对二次大战方向指导教师情况的了解,对这1537篇能够显示指导教师的学位论文的指导教师指导论文数量进行了统计,具体数据请看表2-3-5。

表2-3-5　二次大战相关硕博论文指导教师指导情况一览表

指导篇数	导师数量	指导篇数	导师数量	指导篇数	导师数量
1	627	8	6	15	1
2	106	9	2	17	2
3	42	10	4	18	1
4	17	11	1	19	2
5	12	12	2	26	1
6	12	13	2	28	1
7	6	14	1	31	1

统计显示,有1492篇学位论文是独立指导,45篇属于合作指导。指导过二次大战相关领域硕博论文的导师共有849人。绝大多数导师(792人)只指导过1—4篇,其中仅仅指导过1篇的导师达627人,占全部导师总数的73.85%;指导过5篇及以上学位论文的有57位导师,其中19位导师指导过10篇及以上。

为了使读者对指导硕士和博士论文较多的导师的情况有所了解,笔者通过仔细查询,知悉了指导5篇及以上硕博论文导师的指导数据及其工作单位、指导领域方面的信息。

表 2-3-6　指导 5 篇及以上二次大战相关硕博论文导师情况一览表

导师姓名	指导硕博论文数量			所在单位	学位论文指导领域
	论文总数	博士论文	硕士论文		
胡德坤	32	18	14	武汉大学历史学院	中日战争、战时国际关系、二战遗留问题
郑寅达	28	5	23	华东师范大学历史系	德意法西斯主义、纳粹德国内外政策
齐世荣	26	10	16	首都师范大学历史学院	绥靖政策、二战起源
徐蓝	19	8	11	首都师范大学历史学院	二战起源、战时国际关系
梁占军	19	2	17	首都师范大学历史学院	二战起源、战时国际关系
周颂伦	18	5	13	东北师范大学历史文化学院	日本外交与军事
邢来顺	17	0	17	华中师范大学历史文化学院	纳粹德国内外政策
韩永利	17	3	14	武汉大学历史学院	美英战时外交
苏智良	15	1	14	上海师范大学人文与传播学院	慰安妇问题
罗衡林	14	0	14	湖南师范大学历史文化学院	德国法西斯主义
周乾	13	0	13	安徽大学历史系	国民政府战时外交
黄尊严	13	0	13	曲阜师范大学历史系	日本侵华战争
李巨廉	12	2	10	华东师范大学历史系	二战起源、二战军事战略
熊伟民	12	0	12	湖南师范大学历史文化学院	战时国际关系
陈海宏	11	1	10	山东师范大学历史文化学院	美国军事战略
黄正柏	10	0	10	华中师范大学历史文化学院	战时国际关系
程舒伟	10	2	8	东北师范大学历史文化学院	抗战时期中国外交
胡舶	10	0	10	陕西师范大学历史文化学院	战时国际关系、抵抗运动
王铁军	10	0	10	辽宁大学历史学院	法西斯暴行
李世安	9	4	5	中国人民大学历史学院	战时国际关系
史桂芳	9	0	9	首都师范大学历史学院	日本法西斯主义
朱成山	8	0	8	南京师范大学侵华日军南京大屠杀遇难同胞纪念馆	南京大屠杀
李工真	8	3	5	武汉大学历史学院	德国法西斯主义
夏季亭	8	1	7	山东英才学院（在山东师范大学兼职指导）	二战军事学术
陈景彦	8	5	3	吉林大学东北亚研究院	日本战时外交
刘会军	8	1	7	吉林大学历史系	国民政府战时外交

导师姓名	指导硕博论文数量			所在单位	学位论文指导领域
	论文总数	博士论文	硕士论文		
吴友法	8	4	4	武汉大学历史学院	德国法西斯主义
李怀顺	7	0	7	广东肇庆学院历史文化学院	战时国际关系
张连红	7	0	7	南京大学南京大屠杀研究中心	日本侵华暴行
靳明全	7	1	6	四川大学文学与新闻学院	抗战文学
李积顺	7	0	7	西北师范大学历史文化学院	战时中外关系
张继平	7	0	7	武汉大学历史学院	战时国际关系
孙立祥	7	1	6	山东师范大学历史文化学院	日本右翼
张皓	6	1	5	北京师范大学历史学院	战时国际关系
于群	6	3	3	东北师范大学历史文化学院	战时美国外交
栾雪飞	6	4	2	东北师范大学国际关系学院	国共两党战时外交比较
刘德斌	6	2	4	吉林大学历史系	战时国际关系
吴伟	6	0	6	中国社会科学院俄罗斯东欧中亚研究所(在首都师范大学兼职指导)	卫国战争研究
黄定天	6	5	1	吉林大学东北亚研究院	战时东亚国际关系
张倩红	6	1	5	郑州大学历史学院	犹太大屠杀
张生	6	1	5	南京大学历史系	南京大屠杀
赵红	6	0	6	延安大学历史文化学院	抗战时期国际关系
陈秀武	6	1	5	东北师范大学日本研究所	战时日本外交
吴玲	6	0	6	哈尔滨师范大学历史文化学院	日本侵略暴行
王扬	6	0	6	湖北大学历史文化学院	战时国际关系
程文进	5	0	5	首都师范大学历史学院	战时国际关系
肖裕声	5	5	0	军事科学院世界军事研究部	二次大战军事战略
王玮	5	1	4	山东师范大学历史文化学院	战时美国外交
徐康明	5	0	5	云南大学历史文化学院	战时国际关系
崔丕	5	3	2	华东师范大学历史系	战时美国外交
高晓燕	5	0	5	黑龙江省社会科学院	日本法西斯暴行
金卫星	5	0	5	苏州大学社会学院	美国战时外交
何平	5	2	3	四川大学历史学院	战时国际关系

续表

导师姓名	指导硕博论文数量			所在单位	学位论文指导领域
	论文总数	博士论文	硕士论文		
高乐才	5	1	4	东北师范大学历史文化学院	日本侵略战争
萧永宏	5	0	5	南京师范大学社会发展学院	日本侵华暴行
马瑞映	5	0	5	陕西师范大学历史文化学院	战时英国外交
吴洪成	5	1	4	河北大学教育学院	日本侵华暴行

上表可知,上述指导过5篇及以上学位论文的57位指导教师仅占全部指导教师总数(849人)的6.71%,但他们却指导了545篇论文,占显示指导教师的学位论文总数的35.46%。其中武汉大学胡德坤以32篇的数量,成为我国指导二次大战史方向学位论文最多的学者;华东师范大学郑寅达以28篇位居第二,也是指导硕士学位论文最多的学者(23篇);首都师范大学齐世荣以26篇屈居第三;首都师范大学徐蓝和梁占军以相同的篇数(19篇)并列第四;东北师范大学周颂伦18篇排名第六,武汉大学韩永利、华中师范大学邢来顺以17篇的相同篇数并列第七。

在博士论文方面,指导5篇以上论文的有8位学者。其中胡德坤以18篇的数量,成为我国指导二次大战史方向博士学位论文最多的学者;齐世荣和徐蓝分别以10篇和8篇的数量居于第二、第三位;肖裕声、郑寅达、周颂伦、黄定天、陈景彦5位学者分别以5篇并列第四。胡德坤和徐蓝均担任过中国二战史研究会会长,他们为中国二次大战史的研究和人才培养作出了重大贡献。特别值得一提的是,首都师范大学齐世荣作为我们世界现代史学科的开拓者,在中国二次大战史领域厥功至伟。因为他在1984年指导出了中国第一篇二次大战史方向硕士论文,1988年指导出了中国第一篇二次大战史方向博士论文;而且他培养的博士如徐蓝、武寅、梁占军、吴伟等,都是目前我国二战史领域的著名学者。

在硕士论文方面,指导10篇以上论文的有18位学者。其中华东师范大学郑寅达以23篇的数量,成为我国指导硕士学位论文最多的学者;华中师范大学邢来顺和首都师范大学梁占军以17篇论文的相同篇数并列第二;齐世荣以16篇位居第四;武汉大学韩永利、上海师范大学苏智良、湖南师范大学罗衡林以14篇的相同篇数并列第五。

　　如果我们就指导教师的单位所属进行分析的话,可以看到,在全国最早设立二战史研究室的武汉大学有 5 位学者指导二次大战史论文 5 篇及以上,他们是胡德坤(32 篇)、韩永利(17 篇)、吴友法(8 篇)、李工真(8 篇)和张继平(7 篇)。值得一提的是,张继平作为中国二战史研究的开拓者和中国二战史研究会的第二任会长,虽然因过早去世导致指导的学位论文总数并不太多(7 篇),而且都是硕士论文,但是为我国二次大战史研究作出了重大贡献,李工真、韩永利、徐友珍等学者都是他指导出来的。武汉大学以其在培养二次大战史方向博士、硕士研究生上的成就,凸显了在我国二战史学界的领军地位。首都师范大学有 6 位学者指导二次大战史论文 5 篇及以上,他们是齐世荣(26 篇)、徐蓝(19 篇)、梁占军(19 篇)、史桂芳(9 篇)、吴伟(6 篇,中国社会科学院俄罗斯东欧中亚研究所工作,在首都师范大学兼职指导)和程文进(5 篇),反映出首都师范大学作为二战史研究的基地,其地位名不虚传。华东师范大学是最早建立二战史研究室的高校之一,有多位二战史领域的名家——李巨廉、王斯德、潘人杰、郑寅达等,其中有 2 位学者指导二次大战史学位论文 10 篇以上——郑寅达(28 篇)和李巨廉(12 篇)。值得一提的是,本人曾经任教过的山东师范大学有 3 位学者指导二次大战史学位论文 5 篇及以上,他们是陈海宏(11 篇)、夏季亭(兼职,8 篇)和王玮(5 篇)。

第 二 编
第二次世界大战史若干重大学术问题研究综述

第一章　第二次世界大战何以爆发？

——关于二次大战起源问题的争鸣①

当欧洲各国人民仍对第一次世界大战的惨痛教训记忆犹新之时，一场规模空前的世界性战争——第二次世界大战爆发了。那么，为什么在短短的二十年间爆发了两次世界大战？人类应该从中吸取怎样的经验和教训？出于对人类前途和命运的担忧，许多人在探寻，在思索，从而使起源问题成为第二次世界大战史研究领域的一个重大热点研究课题。值此纪念抗日战争和世界反法西斯战争胜利结束 70 周年之际，对我国学者关于第二次世界大战起源问题的研究成果进行一番总结，无疑具有极大的现实意义。

第一节　国外学者的看法

在国外学者中，关于二战起源问题，不同国家的学者由于其意识形态的差异得出了不同的结论。

苏联学者将列宁的帝国主义理论作为研究二战起源问题的根本指导思想，认为二次大战"最重要的根源，在于帝国主义的本性，在于资本主义各国的经济和政治发展的不平衡性"②，指出"资本主义总危机"是二战爆发的根本原因③，二次大战是"两个帝国主义集团争夺原料产地和销售市场的矛盾极端尖锐化的结果"④；同时，"在第二次世界大战的起因中，英国、法国、德国和意大利于 1938年 9 月 29 日签订的慕尼黑协定占据着特殊位置。"⑤

---

① 本综述在拙文《第二次世界大战何以爆发？——七十余年来中国学者关于二次大战起源问题的研究》(《近现代国际关系史研究》2017 年第 2 期)基础上修改而成。

② 苏联科学院主编：《世界通史：第十卷上册》，吉林人民出版社 1987 年版，第 1 页。

③ 俞新天、徐筠：《苏联对二战起源问题的研究》，《世界史研究动态》1984 年第 1 期。

④ ［苏］斯·普·普拉托诺夫等：《第二次世界大战》，战士出版社 1980 年版，第 3 页。

⑤ 《第二次世界大战的起因和开始》，《世界史研究动态》1989 年第 11 期。

西方学者中存在着多种看法,但影响最大的有两种截然相反的观点。比较普遍的看法认为,"第二次世界大战是由纳粹德国挑起的"。如英国的罗珀(R. Trevor-Roper)提出"希特勒的战争目的论",认为纳粹德国对东方的侵略是以希特勒的思想根源为背景的,希特勒的战争目的在于掠夺苏联的领土,建立德意志大东方帝国,与英法之间的战争是可以避免的。[①] 与此相反,泰勒反对战争是由希特勒挑起的说法,指出"1939 年的战争并不是有预谋策划的,而属于一种过失,是双方外交失败的结果。"[②]

那么,中国学者是如何看待这一问题的呢?

第二节　1949 年以前中国学者的看法

中国学者对二战起源问题的研究历来十分重视。早在 20 世纪 30 年代,面对日、意、德法西斯的不断对外侵略扩张,中国一些学者即敏锐地意识到第二次世界大战很快就要爆发,最早提出了"第二次世界大战"这一概念,并开始了对二次大战爆发时间的预测和爆发原因的探讨。当时报刊上发表了不少文章,《新中华》杂志还于 1934 年出过一期关于第二次世界大战的专号(二卷十三期),从各种原因推定二次大战必然发生。此外,还出版了一些探讨二次大战起源的论文集和专著。论文集方面,主要有时间有恒主编的《二次世界大战爆发的必然性与我们的准备》、胡慕宣等编著的《第二次世界大战瞻望》、宋庆龄等著的《第二次世界大战前夜》和萧剑青所著的《二次大战之前夕与世界军备》。专著方面,主要有冯玉祥所著的《中国与二次大战》和傅任达著的《太平洋诸国的经济斗争与二次大战》等。上述著述对二战起源的论述,可主要归纳为以下几种主要观点。

一、"帝国主义争霸"说

二次大战起源于帝国主义的争霸,这是当时绝大多数学者坚持的观点,而且《第二次世界大战瞻望》和《二次大战之前夕与世界军备》两本论文集对此进行了集中的探讨。学者们普遍指出,帝国主义制度必然导致第二次世界大战的发生,具体表现在四点:首先,帝国主义经济发展的不平衡必然要引起世界大战。

---

① [日]齐藤孝:《关于第二次世界大战起源的两种观点》,《现代外国哲学社会科学文摘》1985 年第 10 期。

② [英]泰勒:《第二次世界大战的起源》,华东师范大学出版社 1991 年版。

高希圣指出："帝国主义阶段中各国资本主义发展的不平均，必然地惹起了殖民地及势力范围的再分割。"①其次，《凡尔赛和约》埋下了战争的种子。胡慕宣指出："第二次世界大战，于第一次世界大战结束时即已种下胚胎。巴黎和会中弱肉强食的分赃……把这种趋势明确地推动起来了。"②剑父也说："凡尔赛和平条约成立之日，即已预卜第二次世界大战之必然到来。"③再次，经济大危机使帝国主义重新瓜分世界的战争不可避免。钱亦石指出，世界经济危机带来了"资本主义的总危机"。为解决经济危机，资本主义各国都实行通货膨胀和国民经济军事化，疯狂地扩军备战。"军备竞赛的结果，无疑在全世界上布满了火药；通货膨胀的结果，无疑在全世界上布满了哨兵。唯一的出路，只有战争。"④冯玉祥在《中国与二次大战》一书中指出："帝国主义者交错的经济战争因而产生斗争，可以酿成第二次的帝国主义战争。"⑤石英也指出，新的大战仍然是帝国主义战争，如同第一次世界大战一样，"引起战争的原因，在这里是对于原料产地及销卖市场的帝国主义者的竞争及为投放资本的安全之斗争"。⑥最后，国际政治领域斗争的复杂形势，必然导致新的世界大战。剑父指出："太平洋问题和欧洲问题，不仅包含了帝国主义与帝国主义相互间之冲突和帝国主义与殖民地之冲突，更错综着帝国主义与苏联的对立关系。所以，许多人都说'欧洲问题'和'太平洋问题'是第二次世界大战的两大火药库，这两大火药库是随着世界经济恐慌之发展，国际对立之激化而逼近爆发的前夜。"⑦傅任达也认为，大国在太平洋地区的争霸，尤其是日本与美英苏利益的不可调和性必然要导致第二次世界大战。⑧

二、"法西斯主义罪魁祸首"说

史东反对那种将二次大战与一次大战的起源等量齐观的说法，指出"帝国主义酿成了一九一四年的战争，法西斯主义酿成了一九三七年的战争"。他将

---

①　时间有恒：《二次世界大战爆发的必然性与我们的准备》，群众图书公司 1932 年版，第 87—88 页。

②　胡慕宣等：《第二次世界大战瞻望》，中华书局 1935 年版，第 1 页。

③　胡慕宣等：《第二次世界大战瞻望》，中华书局 1935 年版，第 4 页。

④　胡慕宣等：《第二次世界大战瞻望》，中华书局 1935 年版，第 23—24 页。

⑤　冯玉祥：《中国与二次大战》，时事出版社 1935 年版，第 32 页。

⑥　时间有恒：《二次世界大战爆发的必然性与我们的准备》，群众图书公司 1932 年版，第 7 页。

⑦　胡慕宣等：《第二次世界大战瞻望》，中华书局 1935 年版，第 50 页。

⑧　傅任达：《太平洋诸国的经济斗争与二次大战》，北平佩文斋 1934 年版。

中日之间全面战争的爆发看作是二次大战的开始。① 吕茫也指出,二次大战的
爆发,原因在于"和平势力日削,侵略势力日涨"。在侵略势力所表现出来的是
法西斯三国不断对外侵略;而和平势力则没能形成反法西斯同盟:"英国只求妥
协,美国惟愿孤立,苏联孤掌难鸣,法国自保不暇。"②

三、"多种原因促成"说

何子恒对当时的国际形势进行了多角度的分析,指出当时的"国际形势之
险恶",与一次大战爆发之前的 1914 年十分类似,如"领土问题之纠纷、殖民地
之争夺、外交上之纵横捭阖、国际和平机构之脆弱无能、各国军备竞赛之雷厉风
行"。这就使得二次大战的条件已经具备,大战一触即发。③

第二次世界大战全面爆发和战后初期,中国学者继续对二战起源问题进行
探讨。一些学者强调单一因素的作用,其中许多学者将二战的爆发与资本主义
制度联系在了一起。如毛泽东在 1939 年 10 月 10 日所做的《目前形势和党的任
务》报告中指出:"帝国主义世界大战的爆发,是由于各帝国主义国家企图摆脱
新的经济危机和政治危机。"④这代表了中国共产党人对二战起源的看法。邵荃
麟指出,二战的爆发是"资本主义矛盾发展的必然结果",资本主义"总恐慌"(即
资本主义经济大危机),是促成战争的基本因素。"在这种世界性的经济恐慌基
础上,就必然引起世界严重的政治危机,而在它的前面只有一条路——战争。"⑤

与此同时,有更多的学者认为二次大战的发生是多种因素的结果。如严北
溟在强调"世界大战是资本主义历史之必然产物"之前提下,指出经济原因是
"第二次世界大战爆发之根本而主要的原因";从国际政治上看,张伯伦绥靖政
策的破产和集体安全体制努力的失败也是二战爆发的一项重要因素。⑥ 徐弦将
二战之起源归结为三个因素:第一,"第二次世界大战起源于资本主义制度",指出
"恐慌与战争是资本主义制度的一对孪生子","在资本主义社会中,大战的一再爆

---

① 史东:《一九三七不是一九一四》,载宋庆龄等:《第二次世界大战前夜》,上海战时出版社
1938 年版,第 2 页。

② 吕茫:《大战如果爆发》,上海博文书店 1939 年版,第 3 页。

③ 胡慕宣等:《第二次世界大战瞻望》,中华书局 1935 年版,第 69 页。

④ 毛泽东:《目前形势和党的任务》,《毛泽东选集(第二卷)》,人民出版社 1960 年版,第
578 页。

⑤ 邵荃麟:《论第二次世界大战》,金华充实出版社 1939 年版,第 2 页。

⑥ 严北溟:《论第二次世界大战》,金华浙江潮周刊社 1939 年版,第 28—29 页。

发是有个客观而根本的原因存在的"。第二,"德、日、意三个法西斯国家是挑起第
二次世界大战的罪魁"。第三,"主张对侵略者妥协让步的英法绥靖分子,是法西
斯侵略者的帮凶"。① 储玉坤则对第二次世界大战的原因进行了更加系统的分析,
指出二次大战的爆发既有远因又有近因,既有政治原因又有经济原因,既有历史的
原因又有现实的原因。从远因上看,"大战爆发的根本原因……乃在现行社会经
济制度的本身","是由于殖民地的再分割所促成的";"法西斯的怒潮蔓延到全世
界,实为第二次世界大战的重要原因之一。"从近因看,《巴黎和约》对殖民地重新
分配的不平均和对战败国的严厉制裁加深了战胜国与战败国之间的矛盾,种下了
第二次世界大战的祸根;国际联盟的残缺不全和"集体安全制的失败"使国际社会
丧失了集体制裁侵略的有效手段;列强外交的纵横捭阖为希特勒所利用。②

　　由上可以看出,1949 年以前,中国学者本着客观公正的态度对二战起源问
题进行了热烈的探讨,并取得了可喜的成就。这反映出中国学术界思想之解放
和视野之开阔。面对国际政治斗争形势的纷繁激烈和中国国际地位的变化,中
国学者以积极参与的热情加强对国际事务的了解。这些研究成果对于此后中国
学者的研究无疑具有极大的借鉴意义。

第三节　1950—1978 年间中国大陆学者的看法

　　中华人民共和国建立后,大陆学术界曾围绕着二次大战的起源问题在 20 世
纪 50 年代进行过一场争鸣,不少学者撰文阐述自己的看法。学者们普遍认为,
二次大战是资本主义制度的产物,是资本主义总危机的必然结果。如林举岱指
出:"第二次世界大战的爆发,导因于资本主义世界经济体系危机和政治危机深
刻化的发展。"③丁则民指出:"第二次世界大战的发生,和第一次世界大战一样,
是资本主义体系总危机日益加深的反映……是'现代垄断资本主义基础上各种
世界经济与政治因素爆发的必然产物'。"④张继平指出:"第二次世界大战的发
生是资本主义制度的产物。它的起因包括资本主义经济政治诸种问题。但在经
济政治诸问题中,促成德、意、日法西斯发动战争的主要因素,是受资本主义国家

---

①　徐弦:《第二次世界大战小史》,北平新中国书局 1949 年版,第 2—8 页。
②　储玉坤:《第二次世界大战史》,上海永祥印书馆,民国 35 年版,第 4—36 页。
③　林举岱:《第二次世界大战的性质和开始日期》,《历史教学问题》1957 年第 2 期。
④　丁则民:《第二次世界大战性质的初步探讨》,《光明日报》1955 年 12 月 22 日。

发展不平衡规律的作用。"①另外,也有学者在肯定"帝国主义发展不平衡的规律是第二次世界大战的根本原因"和"英、美、法统治集团对法西斯集团所采取的'不干涉'政策是促使大战爆发的重要原因"之外,指出二次大战之爆发"也是由于右翼社会民主党领导人物叛卖了工人阶级利益,破坏了资本主义国家中的劳工运动,使制止帝国主义战争爆发的力量大大地削弱了"。②

"文化大革命"期间,二战史的研究陷于停顿,仅仅在两部教材中对二战的起源进行了简单的叙述。北京大学《简明世界史》将二战的爆发归因于帝国主义制度,指出"帝国主义是现代战争的根源"。具体表现在:第一,二次大战如同一次大战一样,是由帝国主义本性所决定的,是帝国主义各种矛盾发展不可调和的产物。第二,1929—1939年的经济危机加速了战争的爆发。第三,"英法美所采取的反动的'不干涉政策'"使"战火扩大成为世界大战"。③ 黄绍湘在《美国通史简编》中也指出:"英法为了把德国法西斯这股祸水引向东方,推行了绥靖政策,这就直接鼓励着法西斯头目加速进行侵略战争的步伐。"慕尼黑协定的签订使绥靖政策发展到顶点,终于导致第二次世界大战的全面爆发。④ 此外,还有几篇探讨经济危机与二次大战关系的文章,一致认为1929—1933年的资本主义经济大危机导致了二次大战的爆发。⑤

粉碎"四人帮"后,二战史的研究开始升温,学者们开始发表文章阐述对二战起源问题的看法。认为二战起源于以下四个方面:第一,二次大战是帝国主义争霸的产物。如施鉴思指出:"帝国主义……挑起了第二次世界大战。"⑥施世新也指出:"第二次世界大战是由于帝国主义争霸而爆发的。"⑦第二,法西斯主义

---

① 张继平:《试论第二次世界大战的开始、起因和性质问题》,《光明日报》1956 年 11 月 22 日。

② 黄成礼、李桂大:《第二次世界大战爆发的原因》,《历史教学》1957 年第 2 期。

③ 北京大学历史系简明世界史编写组:《简明世界史(现代部分)》,人民出版社 1975 年版,第 209—217 页。

④ 黄绍湘:《美国通史简编》,人民出版社 1976 年版,第 3—4 页。

⑤ 黄宏:《经济危机与帝国主义战争——学习世界近代现代史札记》,《思想战线》1975 年第 1 期;余惕君:《关于资本主义经济危机问题:三十年代的经济危机导致第二次世界大战》,《文汇报》1975 年 1 月 26 日;《1929—1933 年资本主义世界经济危机》,《吉林师大学报》1975 年第 1 期;广东省第一汽车制配厂工人理论组:《经济危机与两次世界大战》,《中山大学学报》1975 年第 4 期。

⑥ 施鉴思:《希特勒德国的崛起和第二次世界大战的爆发》,《历史研究》1976 年第 5 期。

⑦ 施世新:《帝国主义争霸必然导致战争——1931 至 1938 年欧洲国际关系史剖析》,《厦门大学学报》1976 年第 1 期。

挑起了世界大战。如谷陵等认为,"法西斯主义就是战争。""后起的德意日成为发动世界大战的急先锋","争夺世界霸权的野心驱使德意日三国互相利用,彼此勾结,组成侵略'轴心',终于挑起了一场新的世界大战。"①第三,西方国家的绥靖政策纵容了法西斯国家的对外侵略,推动了二战的爆发。如陈显泗、郭建斌指出:"第二次世界大战是由德国法西斯头子希特勒一手挑起的,也是由英国首相张伯伦推行的'绥靖政策'酿成的。"②谷陵等也指出,绥靖政策"使侵略势力日益坐大,侵略气焰更加嚣张,加速了世界大战的到来"。③ 第四,凡尔赛—华盛顿体系埋下了二次大战的祸根。谷陵等指出,凡尔赛—华盛顿体系"由于它的掠夺性质,从形成的第一天起就酝酿着新的更加激烈的争夺,埋下了另一次世界大战的祸根"。④

由上可以看出,党的十一届三中全会以前,中国学者持有与苏联方面几乎完全相同的观点,认为列宁关于帝国主义的理论是中国研究二战起源问题的根本指导思想,将二次大战的爆发归因于资本主义、帝国主义制度。

第四节　党的十一届三中全会以来大陆学者的研究

党的十一届三中全会以来,随着实事求是思想路线的确立和学术界思想的解放,二战起源问题成了二战史研究领域的一个热门话题,许多学者及研究机构参与了研究的行列。1980 年 11 月,中国二战史研究会与华东师大联合举办了"二次大战前夕国际关系"专题学术讨论会;1983 年 10 月中国二战史研究会又与华东师大联合召开了"二次大战起源"问题专题学术讨论会;随后又召开了 5次法西斯主义问题研讨会。这些学术会议的内容都直接涉及二战的起源问题。除此之外,许多其他专题的学术会议也间接涉及了二战起源问题。这些全国性学术会议的举办,大大拓宽了二战起源研究的领域,并直接推动了二战起源问题

---

① 谷陵等:《侵略与绥靖:第二次世界大战是怎样打起来的》,上海人民出版社 1978 年版,第15 页。

② 陈显泗、郭建斌:《希特勒是怎样在"缓和"的烟幕下挑起第二次世界大战的》,《文史哲》1977 年第 3 期。

③ 谷陵等:《侵略与绥靖:第二次世界大战是怎样打起来的》,上海人民出版社 1978 年版,第104 页。

④ 谷陵等:《侵略与绥靖:第二次世界大战是怎样打起来的》,上海人民出版社 1978 年版,第8 页。

研究的深入发展。据统计,1979 年以来,大陆共发表与二战起源相关的论文 400 余篇,出版著作逾百部。内容涉及二战起源的各个方面,如二战前的国际政治与国际关系、国际经济体制与 1929—1939 年大危机、法西斯主义、世界大国的绥靖政策、国际和平主义与和平运动、帝国主义问题,等等。在出版的著作中,李巨廉、王斯德主编的《第二次世界大战起源历史文件资料集 1937—1938 年》为我们进行二战起源问题的研究提供了大量的历史资料;《第二次世界大战起源研究论集》和《法西斯主义与第二次世界大战》两部论文集从不同的侧面对二战的起源进行了集中的探讨;李巨廉、潘人杰的《第二次世界大战——专题述评》、乔冠华的《从慕尼黑到敦刻尔克:关于第二次欧战的形成、发展和演变》和陈兼的《走向全球战争之路:二次大战起源研究》等著作都令人称道。

在这一阶段,我国学者对二战起源问题的认识呈现出多样化的特点。有的学者坚持单一因素的作用,但更多的学者强调多种因素的综合作用,指出二战的"爆发不是偶然的,是战前世界经济、政治、军事、意识形态等各种矛盾因素相互作用的结果"。[①] 他们通过多角度的研究,提出了许多看法。当然,坚持二战起源多因性的学者论述时强调的侧重点也有所不同。

学术界对二战起源问题的阐述,大致可归纳为以下 9 点。

1. "帝国主义争霸"说

我国学者比较普遍地认为,列宁的帝国主义理论仍然是研究二战起源问题的根本指导思想,将二战的爆发归因于资本主义、帝国主义制度,指出帝国主义制度全面危机的加剧,是二次大战爆发的根本原因。如朱贵生等人指出:"产生这次战争的根源是帝国主义制度,而导致第二次世界大战的政策是帝国主义政策。"[②]罗荣渠指出:"帝国主义争夺霸权和重分世界的斗争,是现代帝国主义战争的根源,也是两次世界大战的根源。"[③]李巨廉、刘士田认为,两次世界大战都是由帝国主义的矛盾引起的,是帝国主义大国重新瓜分世界和争霸世界的产物。[④]

---

① 张海麟、韩高润、吴广权:《第二次世界大战经验与教训》,世界知识出版社 1987 年版,第 3 页。

② 朱贵生、王振德、张椿年:《第二次世界大战史》,人民出版社 1982 年版,第 12 页。

③ 罗荣渠:《通向全面战争之路——略论有关第二次世界大战起源的若干问题》,《世界历史》1979 年第 5 期。

④ 李巨廉:《略论二次大战初期的性质与西欧国家"保卫祖国"的口号》,《世界史研究动态》1979 年第 1 期;刘士田:《正确理解斯大林关于第二次世界大战性质的论述》,《牡丹江师院学报》1985 年第 1 期。

王振德、侯成德说"在世界资本主义总危机的基础上发生的第二次世界大战,导源于两个帝国主义集团的争霸"。① 包奕诚指出:"几个帝国主义大国争夺欧洲及世界霸权的斗争,是第二次世界大战爆发的一个重要原因。"②欧正文指出:"第二次世界大战发生的根本原因是由于法西斯帝国主义疯狂掠夺扩张,重新瓜分世界,争夺世界霸权的结果。"③徐蓝认为:"墨索里尼对'最高统治权'的追求,希特勒以无限'生存空间'为依托的扩张野心,以及日本要征服亚洲最终争霸世界的目标,都是要用战争的手段与一战的获利者英、法、美等国进行全球争夺。它们的战争目的仍然是帝国主义性质的。"④林和坤也说,"帝国主义之间的矛盾空前尖锐……终于酿成了第二次世界大战。"⑤军事科学院五卷本《第二次世界大战史》也指出:"从根本上讲,第二次世界大战既是帝国主义全面危机的产物,又是它的集中表现。"⑥朱庭光、齐世荣对"第二次世界大战的根源在于资本主义、帝国主义制度"进行了更加系统的阐述,指出:(1)战后形成的凡尔赛—华盛顿体系是建立在帝国主义对战败国任意宰割之上的,它不仅加深了战胜国与战败国之间的矛盾,而且也引起了战胜国之间的矛盾,导致新的危机和播下战争的种子;(2)二次大战是法西斯执政的日、德、意三国发动的,而法西斯制度是最为反动的、公开的帝国主义制度;(3)作为帝国主义的英法等国的绥靖政策加剧了二次大战的爆发。⑦

2."法西斯主义罪魁祸首"说

众所周知,德意日法西斯是发动大战的罪魁祸首。一些学者通过深入研究,加深了对这一问题的认识。

吴友法指出:"法西斯的兴起是第二次世界大战爆发的……最根本的原因。"⑧朱贵生等认为,法西斯主义及其政权的出现,对加剧帝国主义争夺世界霸权的斗争和加剧二战的爆发,起了很大的作用。⑨ 李巨廉强调,在研究二战起源

① 王振德、侯成德:《略论第二次世界大战的性质》,《世界史研究动态》1979年第5期。

② 包奕诚:《试论第二次世界大战的起因——哪种类型的帝国主义国家是最危险的战争策源地》,《历史研究》1980年第4期。

③ 欧正文:《第二次世界大战应以"九·一八事变"为起点》,《河南师大学报》1982年第4期。

④ 徐蓝:《试论第二次世界大战的起源》,《近现代国际关系史研究》2017年第2期。

⑤ 林和坤:《两次世界大战期间的帝国主义裁军骗局》,《历史教学》1984年第2期。

⑥ 军事科学院军史部:《第二次世界大战史》第一卷,军事科学出版社1995年版,第14页。

⑦ 彭训厚:《中国第二次世界大战史研究综述》,《世界历史》1995年第5期。

⑧ 吴友法:《德国法西斯的兴起与第二次世界大战》,《历史教学》1998年第7期。

⑨ 朱贵生、王振德、张椿年:《第二次世界大战史》,人民出版社1982年版,第13页。

时仅仅局限于分析帝国主义之间的矛盾是很不够的,应该着重考察三种矛盾:帝国主义列强之间的矛盾;最具侵略性的法西斯国家与被他们侵略威胁的国家之间的矛盾;帝国主义与社会主义苏联的矛盾。以上三种矛盾的连接点是法西斯帝国主义的问题。① 因此,“法西斯主义是第二次世界大战起源的重要动力。”②梁卓生则明确指出:“法西斯就是战争。”③

有些学者对德国法西斯与二战爆发的关系进行了专门研究。肖汉森通过对纳粹德国内外政策的分析,指出德国“法西斯的内外政策不可避免地造成战争”。④ 他认为,第一,法西斯国家尤其是希特勒按“实力”重分世界的侵略野心是战争的根源;第二,德国战前的全部政策不可避免地造成战争;第三,特殊的社会历史环境促使纳粹德国更具侵略性;第四,国际财政资本的纵容助长了希特勒的侵略。⑤ 对于希特勒与二次大战的关系,张继平指出:“希特勒是发动第二次世界大战的罪魁祸首。”⑥李世安研究了普鲁士精神、法西斯主义与第二次世界大战爆发的关系,指出希特勒在普鲁士精神的基础上,混合了社会达尔文主义、领土扩张主义和反犹主义等,发展了德国牌记的法西斯主义。德国法西斯主义得到不满现状的德国人,特别是得到具有普鲁士精神传统的、充满大国沙文主义思想的德国人的支持,也使欧洲绥靖主义者容忍德国法西斯在第二次世界大战爆发前在欧洲的侵略扩张。“这样,希特勒法西斯政权崛起后,德国被压抑已久的、潜在的军国主义和民族沙文主义的能量就很容易地被释放出来,成为第二次世界大战爆发的直接原因。”⑦

3.“英法美苏外交政策失误”说

许多学者指出,西方大国和苏联20世纪30年代外交政策的失误对二战的爆发起了推动和催化剂的作用。具体表现在:

第一,西方大国的绥靖政策是促使二战到来的加速器。

---

① 李巨廉:《第二次世界大战起源的比较研究》,《历史教学问题》1986年第2期。

② 李巨廉:《战争历史运动座标上的第二次世界大战》,《世界历史》1995年第4期。

③ 梁卓生:《德国法西斯为什么提前发动第二次世界大战?》,《世界历史》1979年第6期。

④ 肖汉森:《德国法西斯与战争》,载朱庭光主编:《法西斯主义与第二次世界大战》,华夏出版社1988年版。

⑤ 肖汉森:《略论法西斯主义就是战争》,《湖北大学学报》1985年第4期。

⑥ 张继平:《希特勒不是发动第二次世界大战的罪魁祸首吗?》,《武汉大学学报》1985年第4期。

⑦ 李世安:《普鲁士精神、法西斯主义与第二次世界大战的爆发》,《烟台大学学报》2005年第3期。

学者们普遍认为,绥靖政策在促使二战爆发的过程中起了助纣为虐的作用。以英国为中心的西方民主国家的绥靖政策绝非维护和平之策,而是纵容战争之举,对大战爆发起了火上浇油作用。陈兼指出,20世纪30年代绥靖政策的泛滥是二战未能幸免的一个重要原因。① 张海麟等认为"英、法、美的绥靖政策加速了第二次世界大战的爆发"。② 罗荣渠指出,西方国家领导人在二战前对法西斯国家所采取的绥靖政策导致了二战。③ 李巨廉等指出,希特勒是二战的罪魁祸首,而加速战争到来的正是当时在每一步都帮助了希特勒的英法政府。④ 于振武指出:"绥靖政策是纵容战争、挑拨战争、扩大战争的政策……绥靖主义加速了战争的爆发。"⑤

以往人们论述二战起源时往往只强调西方国家尤其是英法的绥靖政策,而对美国的绥靖政策着墨较少。金克明对美国二三十年代的欧洲政策进行了研究,认为二次大战之所以"爆发得如此迅速……在一定意义上可以说,美国的欧洲政策起着决定性的作用。"⑥吴广权、张海麟等学者也从分析战前美国对欧洲的政策入手,指出美国作为当时起举足轻重作用的国家,由于它也推行了绥靖政策,也应对二战爆发负一定责任。⑦

第二,苏联民族主义外交政策加速了二战的爆发。

我国学术界传统上将二战爆发的责任完全归罪于帝国主义国家。党的十一届三中全会以来,有不少学者指出苏联对二战的爆发具有不可推卸的责任,这主要反映在苏联与德国签订的《苏德互不侵犯条约》上。王斯德于1979年最早撰文对《苏德互不侵犯条约》进行重新评价,认为这一条约的签订排除了纳粹德国东西两线作战的危险,为发动世界大战创造了有利条件。⑧ 其他许多学者也具有类似看法,如任颖说:"《苏德互不侵犯条约》的签订是直接导致第二次世界大

---

① 陈兼:《走向全球战争之路》,学林出版社1989年版。

② 张海麟、韩高润、吴广权:《第二次世界大战经验与教训》,世界知识出版社1987年版,第21页。

③ 罗荣渠:《通向全面战争之路——略论有关第二次世界大战起源的若干问题》,《世界历史》1979年第5期。

④ 李巨廉、潘人杰:《关于二战前史的若干问题》,《世界历史》1979年第5期。

⑤ 于振武:《第二次世界大战史》,黑龙江人民出版社1983年版,第33—36页。

⑥ 金克明:《美国的欧洲政策与第二次世界大战的爆发》,《松辽学刊》1985年第1期。

⑦ 吴广权:《以历史为镜,思安危于未来:对第二次世界大战爆发多因性的思考》,《国防大学学报》1990年第1期;张海麟:《第二次世界大战为何未能推迟和制止》,《世界历史》1990年第5期。

⑧ 王斯德:《论苏德互不侵犯条约》,《世界史研究动态》1979年第8期。

战爆发的催化剂。"①李玲、禾人也认为，苏德条约"客观上不可避免地提前了第二次世界大战的到来"。② 有一些学者提出苏联战前对德政策也是绥靖政策。如金克明、吴广权、张海麟等学者从分析战前苏联对德政策入手，指出苏联这个在当时起举足轻重作用的国家，由于它也推行了绥靖政策，也应对二战爆发负一定责任。③ 孙红旗、廖朝文、刘子靖等明确指出苏联与德国签订《苏德互不侵犯条约》的行为是绥靖政策，它加速了二次大战的爆发。④ 张小兵认为："苏联采取的民族利己主义外交政策，是第二次世界大战爆发的催化剂，是世界反法西斯战线建立的绊脚石"。因为它打破了"欧洲的战略平衡，原来欧洲的三足鼎立的形势变成了两极对立……整个欧洲战略平衡被打破，德国乘机发动了世界大战。"⑤

第三，反法西斯国家没有建立起反战统一战线。

吴广权指出，民族利己主义和社会政治制度的对立，使反对侵略的国家未能适时组成反战统一战线。⑥

第四，英法苏外交的失误。

王三义指出，不能认为绥靖政策引发了二战，也不能认为绥靖政策对二战的爆发没任何作用和影响，"英法等国在三十年代中后期（1936—1939 年）的"系列外交政策上的失误，是导致二战于 1939 年全面爆发战争的因素之一……苏联举着的'国际主义'旗帜，对着各国无产阶级和人民大众的是一种颜色，对着自己的一面又是另一色，且背面白色的可以任意涂抹成蓝的或绿的。"⑦

第五，美国欧洲政策起决定性作用。

金克明认为，第二次世界大战爆发得如此迅速，特别又是德帝国主义首先发难，这与当时的头号帝国主义强国——美国为争夺世界霸权而执行的对外政策，

---

① 任颖：《苏德互不侵犯条约与二战的爆发》，《西安教育学院学报》2004 年第 2 期。
② 李玲、禾人：《苏德互不侵犯条约试析》，《山西大学学报》1983 年第 2 期。
③ 金克明：《美国的欧洲政策与第二次世界大战的爆发》，《松辽学刊》1985 年第 1 期；吴广权：《以历史为镜，思安危于未来：对第二次世界大战爆发多因性的思考》，《国防大学学报》1990 年第 1 期；张海麟：《第二次世界大战为何未能推迟和制止》，《世界历史》1990 年第 5 期。
④ 孙红旗：《苏联与绥靖政策》，《社会科学战线》1995 年第 1 期；廖朝文：《绥靖政策与二战前的欧洲大国关系》，《零陵学院学报》2003 年第 1 期；刘子靖：《评苏德互不侵犯条约》，《咸阳师范学院学报》2003 年第 5 期。
⑤ 张小兵：《苏联民族利己主义外交政策与二战的爆发》，《宁夏大学学报》2006 年第 2 期。
⑥ 吴广权：《以历史为镜，思安危于未来：对第二次世界大战爆发多因性的思考》，《国防大学学报》1990 年第 1 期。
⑦ 王三义：《从英法苏外交政策的失误看二战起源》，《天水师专学报》1996 年第 1 期。

尤其是欧洲政策,有着紧密的联系。"在一定意义上可以说,美国的欧洲政策起着决定性的作用。"①

4."不合理的国际政治体制导致"说

不少学者指出,二十世纪三十年代不合理的国际政治体制与世界大战的爆发具有十分密切的联系。具体表现在:

第一,凡尔赛体系必然要引起战争。

陈兼认为,从二战形成历史的实际看,问题的关键首先在于一次大战后产生的极不稳定的和平结构本身。② 时殷弘认为,在导致第二次世界大战爆发的"特别重要的原因当中,无疑包括凡尔赛体系与生俱来的弊端和英法两国由政治、经济、思想和心理等方面因素导致的空前恶劣的外交政策"。③ 叶书宗指出,凡尔赛体系把欧洲两个优秀民族德国和俄国贬作劣等民族,就是这一国际格局严重失衡,其结果是,"凡尔赛体系把德国和苏联排除在国际生活圈之外的历史错误,最终还报于第二次世界大战这一历史的不幸。"④张继平、胡德坤将二战的起源与凡尔赛和约联系在一起,指出一次大战后帝国主义战胜国制定的《凡尔赛条约》没有也不可能维持战胜国和战败国之间的和平,反而播下了新的战争的种子。作为巴黎和会的补充和继续的华盛顿会议加深了日本同其他帝国主义国家,首先是同美国之间的矛盾,为远东战争策源地的形成埋下了祸根。⑤ 吴广权也指出,《凡尔赛条约》条件苛刻,为希特勒发动战争制造了借口,夺取所谓的"生存空间"成了德国动员战争力量的有力工具。⑥ 赖凡也认为,"凡尔赛—华盛顿体系本身的争夺性与称霸性是第二次世界大战爆发的根本原因"。⑦

第二,二次大战爆发是苏联的"边缘化"导致欧洲均势被破坏的结果。

王共晋指出,"苏联的出现引起了西方资本主义大国的不安。基于意识形

---

① 金克明:《美国的欧洲政策与第二次世界大战的爆发》,《松辽学刊(社会科学版)》1985年第2期。

② 陈兼:《走向全球战争之路》,学林出版社1989年版。

③ 时殷弘:《旧欧洲的衰颓——论两战之间的英法外交与国际政治》,《复旦学报》1999年第6期。

④ 叶书宗:《二十世纪三十年代欧洲国际格局的演变》,《上海师范大学学报》1992年第2期。

⑤ 张继平:《第二次世界大战史》,兰州:甘肃人民出版社1984年版,第3—9页。

⑥ 吴广权:《以历史为镜,思安危于未来:对第二次世界大战爆发多因性的思考》,《国防大学学报》1990年第1期。

⑦ 赖凡:《从凡尔赛—华盛顿体系的内在矛盾看二战起源》,《长江师范学院学报》2008年第6期。

态和一战后世界和平的考虑,苏联被排斥在巴黎和会之外。这种安排实际上使苏联处于欧洲的边缘。'边缘化'政策导致欧洲均势的破坏,在某种程度上,促成了二战的爆发。"①

第三,两种集体安全体系的失败促进了二次大战的爆发。

徐海平指出,一次大战结束后,人们纷纷寻求维护世界和平的途径,以确保自身的安全。当时的集体安全体系有两种:国际联盟和法、苏倡导的集体安全体系。但是,过于理想化的国际联盟,随着意大利对埃塞俄比亚的侵略、七七事变,特别是二次大战的爆发而宣告破产;法、苏倡导的集体安全也随着《苏德互不侵犯条约》的签订而寿终正寝。这两种集体安全体系的失败促进了二次大战的爆发。②

5. "三十年代大危机催化剂"说

学者们普遍指出,1929 年和 1937 年资本主义世界发生的两次经济危机尤其是三十年代经济危机对整个世界造成的冲击,"加速了新的世界大战的到来"。具体表现在:第一,经济危机激化了它们之间争夺原料和市场的斗争,加剧了帝国主义的争斗与分化,形成了两大战争集团。③ 帝国主义各国已不可能通过正常的经济竞争的方式克服危机,唯一的出路是诉诸于战争。④ 第二,经济危机加剧了一些国家内部的政治危机,法西斯战争势力攫取国家政权,促进了欧亚两大战争策源地的形成。⑤ 德意日等后起的帝国主义国家在不断实现法西斯化的同时,加紧实现本国经济军事化,走上了发动侵略战争的道路。⑥ 第三,在经济危机的冲击下,各帝国主义为了"刺激"经济,先后走上了推行国民经济军事化的邪道,加紧军备竞赛,从而为第二次世界大战做了物质上的准备。⑦ 黄世祖和杨捷也有类似观点,他们指出:"各资本主义国家没有认识到世界经济的整

---

① 王共晋:《苏联的"边缘化"与第二次世界大战的爆发》,《淮阴师范学院学报》2001 年第 4 期。

② 徐海平:《两种国际集体安全体系的失败——走向二战的重要一步》,《聊城师范学院学报》1999 年第 2 期。

③ 吴广权:《以历史为镜,思安危于未来:对第二次世界大战爆发多因性的思考》,《国防大学学报》1990 年第 1 期。

④ 蔡祖铭:《第二次世界大战史》,军事科学出版社 1983 年版。

⑤ 吴广权:《以历史为镜,思安危于未来:对第二次世界大战爆发多因性的思考》,《国防大学学报》1990 年第 1 期。

⑥ 张继平:《第二次世界大战史》,甘肃人民出版社 1984 年版,第 29—32 页。

⑦ 郑宗育:《三十年代的经济危机与二战的爆发》,《上饶师专学报》1983 年第 3 期。

体利益,无法在决策时平衡本国经济利益与他国利益和国际社会整体利益之间的关系,导致了国家间因经济利益矛盾而引发冲突和对立,最终走向世界大战的历史悲剧。"①

6. "极端民族主义促成"说

一些学者撰写专文,探讨极端民族主义与第二次世界大战爆发的关系,李世安认为,在第二次世界大战爆发前,欧洲民族主义发展到顶点。在欧洲人看来,民族主义与爱国主义是相互重叠的词汇。民族主义者认为,对本民族的热爱,就是对国家的热爱。因此爱国主义成了具有相当具有吸引力和凝聚力的民族主义口号,并被统治者利用来进行战争。在第二次世界大战前的欧洲,极端民族主义与沙文主义、排他主义和种族优劣主义等联系在一起,最后发展为法西斯主义。而希特勒正是利用了德意志的极端民族主义,来构筑其称霸世界的蓝图。这样,希特勒把德国的极端民族主义和种族主义结合起来,发展成法西斯主义,把德国引向战争,导致了第二次世界大战的爆发。② 赵文亮也持有类似的观点。③

7. "科学技术铺平道路"说

陈海燕从科学技术的角度来探讨二战的爆发,认为现代科学技术不仅在武器方面,而且在其他方面为侵略者铺平了发动战争的道路。他指出:"正因为法西斯侵略者抢先在军事上利用了现代科学技术发展的一些重要成果,建立了一定的战略优势,特别是武器和装备方面的优势,他们才敢于,而且几乎是迫不及待地发动了第二次世界大战。"④

8. "整体世界继续发展必然结局"说

韩永利从世界整体发展的角度探讨了二战的起源。他指出,二次大战的起源"就其根本点来讲,是资本主义世界性扩张的实际要求与殖民体系构架极不协调造成的"。由于制约战争的因素还极为弱小,加之在殖民体系下不可能以和平的方式达到开拓生产力发展道路的目标,以剧烈战争手段冲破旧体系的束

---

① 黄世祖、杨捷:《国家经济利益因素与国际冲突的缘起及反思——以二战的起源为个案的探讨》,《江西师范大学学报》2005 年第 5 期。

② 李世安:《从民族主义角度看第二次世界大战的爆发》,《中国社会科学院院报》2005 年 5 月 12 日。

③ 赵文亮:《民族主义与二十世纪的战争》,载胡德坤主编:《第二次世界大战与世界历史进程:第二次世界大战史学术讨论会论文集》,武汉大学出版社 2002 年版。

④ 陈海燕:《从科学技术的角度看二战》,《武汉师院学报》1982 年第 3 期。

缚就成为唯一结局。"这是继一战以后整体世界继续发展的必然结局。"①

9."三大冲击"说

刘家钦通过对第一次世界大战、俄国十月革命和三十年代大危机这"三大冲击"的深刻分析,指出"三大冲击所造成的整个资本主义政治在三十年代的保守、妥协和反动,是酿成第二次世界大战的一个重大基本原因"。换言之,"第二次世界大战是这种保守、妥协和反动的政治以极端的形式加以推行的继续和结果。"②

总之,近七十年来,我国学者对第二次世界大战的起源问题进行了深入而热烈的探讨,反映出我国学术界对这一重大学术问题重视的程度。尤其是20世纪八十年代以来,二战起源问题的众说纷纭,说明了学术环境的宽松和广大二战史学工作者思想的解放。尽管在这一问题的研究中也存在一些问题,但我们相信,只要大家以辩证唯物主义为指导,本着实事求是的态度,第二次世界大战起源问题的研究一定能够取得令人满意的成果。

第二次世界大战之所以爆发,其根源和原因是多方面、全方位的,是战前国际上各种因素综合作用的结果。我们可以从不同侧面对之进行研究和探讨,既要全面探讨当时世界格局、国际政治的国际环境因素,如不合理的国际政治经济秩序,争夺霸权是当时的时代特征;又要研究当时世界大国的对外政策因素——法西斯国家的侵略政策,苏联和民主国家的绥靖政策;还要研究主要当事人希特勒、张伯伦等的个人因素。只有对各种因素进行全面的、综合的研究,才能得出合乎实际的结论。

---

① 韩永利:《世界整体发展与第二次世界大战的起源》,《理论月刊》1996年第12期。
② 刘家钦:《三大冲击与资本主义政治格局的演变暨第二次世界大战的爆发》,《阜阳师院学报》1995年第4期。

第二章　第二次世界大战究竟始于何时？

——关于二次大战起点问题的研究①

第二次世界大战究竟始于何时？国内外学术界存在着极大的意见分歧。一般认为应从 1939 年 9 月 1 日德国入侵波兰算起,欧洲人尤其强调这一说法;②美国有人认为应从 1941 年 12 月 8 日日军偷袭珍珠港算起;③苏联有人认为应从 1941 年 6 月 22 日德军入侵苏联算起。此外,也有一些学者主张其他看法,如前美国二战史委员会主席兼国际二战史委员会副主席戴德华认为:"1937 年 7 月 7 日卢沟桥事变的发生是第二次世界大战的开始","第二次世界大战始于卢沟桥事变";④苏联学者法林指出:"促使人类参加第二次世界大战的时间甚至不是 1937 年,而是 1931 年。"⑤德国学者鲁道夫·哈特曼认为:"日本早在 1931 年 9 月 18 日就入侵中国挑起第二次世界大战⋯⋯希特勒袭击波兰不过使二次大战扩大到欧洲而已。"⑥俄国学者季莫宁·彼特罗维奇指出九一八事变是"日本燃起第二次世界大战的第一把战火"。⑦俄罗斯学者巴拉诺夫教授依据大量历史事实论证了始于九一八事变的日本侵华战争是二战开端的观点。⑧意大利

---

① 本综述在拙文《六十余年来中国学者关于第二次世界大战起点问题的研究》(载《第二次世界大战史论文集:第二次世界大战与亚太国际合作》,重庆出版社 2006 年版)基础上修改而成。

② ［英］利德尔·哈特:《第二次世界大战史》(上下册),上海译文出版社 1978 年版;［法］米歇尔:《第二次世界大战》(上下),商务印书馆 1980 年版;［联邦德国］蒂佩尔斯基希:《第二次世界大战史》(上下册),解放军出版社 1986 年版;［苏］德波林等:《第二次世界大战史》(11 卷本),上海译文出版社 1978—1989 年版。

③ 王鹤仪编译:《第二次世界大战简史》,上海商务印书馆 1947 年版。

④ ［美］戴德华:《第二次世界大战始于卢沟桥事变》,《世界史研究动态》1991 年第 4 期。

⑤ 《关于二次世界大战起点的又一说》,《军事历史》1990 年第 3 期。

⑥ 《民主德国学者对二次大战起点的看法》,《军事历史》1989 年第 4 期。

⑦ ［俄］季莫宁·彼特罗维奇:《"九·一八事变"——日本燃起第二次世界大战的第一把战火》,朱显平等译,《东北亚论坛》2017 年第 1 期。

⑧ ［俄］В.П.巴拉诺夫著:《日本侵华战争是第二次世界大战的开端》,朱蓓蓓、朱显平译,《东北亚论坛》2017 年第 1 期。

学者鲁纳奇更是明确指出，"1931 年日本对中国的进攻是第二次世界大战的序幕"。①

在我国，学术界对于第二次世界大战的起点问题更是历来存在着不同看法。

第一节　1949 年以前中国学者对二战起点的看法

早在七七事变后不久，中国即有学者开始了对第二次世界大战起点的探讨。史东在 1938 年发表文章，将中日之间全面战争的爆发看作是第二次世界大战的开始。② 欧洲战争爆发后，中国不少学者认为第二次世界大战开始于 1939 年 9 月纳粹德国侵略波兰的战争③；与此同时，也有学者提出了"三一"说和"三七"说。毛泽东于 1939 年 9 月 14 日在延安干部大会的讲演中指出，"第二次帝国主义战争早已开始了"，它是从日本帝国主义侵略中国的 1931 年开始的。④ 邵荃麟在 1939 年 11 月出版的《论第二次世界大战》一书中明确提出第二次世界大战开始于 1931 年日本侵略中国，原因在于：第一，侵略国家集团已经组织起来了，准备把全世界土地重新分配一下；第二，无论中日战争也好，意阿战争也好，西班牙战争也好，都不是单纯地从事战争两国的问题，它的背后包含着国际间极复杂的矛盾；第三，促成战争的基本因素，是资本主义的总恐慌。每一场战争都是促进资本主义恐慌发展的因素，也是促进第二次世界大战爆发的因素。⑤ 在第二次世界大战行将结束的 1945 年 6 月，曹未风在其编著的《二次世界大战简史》中也提出"三一"说，指出"今日弥漫全球的大战烽火是起于一九三一年"。⑥ 1944 年，文元珏在其所著的《第二次世界大战史》中指出："1937 年 7 月 7 日中日战争爆发，实为第二次世界大战的开端。这是民主主义的国家第一个起而向

① ［意］鲁纳奇：《1931 年日本对中国的进攻是第二次世界大战的序幕》，《军事历史》1994 年第 1 期。

② 史东：《一九三七不是一九一四》，载宋庆龄等：《第二次世界大战前夜》，上海战时出版社1938 年版，第 2 页。

③ 严北溟：《论第二次世界大战》，金华浙江潮周刊社 1939 年 11 月版；邓文仪：《第二次世界大战之研究》，黄埔出版社 1940 年版；卢凤阁：《第二次世界大战述要》，（国民政府）陆军大学校1945 年印刷。

④ 毛泽东：《第二次帝国主义战争讲演提纲》，载朱嘉美：《论第二次世界大战》，教育书局1939 年 11 月版，第 1 页。

⑤ 邵荃麟：《论第二次世界大战》，金华充实出版社 1939 年版，第 23—24 页。

⑥ 曹未风：《第二次世界大战》，中外出版社 1945 年版，第 1 页。

侵略者抵抗,第一个为人类的正义、合理、和平而流血。所以,在时间上和价值上,都应该占据第二次世界大战史的第一页。"①

　　第二次世界大战的硝烟刚刚散去的战后初期,"三九"说在整个世界广泛流行,中国大多数学者也赞同"三九"说。② 但与此同时,也有中国学者坚持"三一"说、"三七"说和"三五"说。1946 年,汪叔棣在其所著的《第二次世界大战史》中指出:"一九三一年九月十八日,日本帝国主义者侵占东三省,这是第二次世界大战的开端。"③同年 9 月,舒宗侨在其编著的《第二次世界大战画史》序言中也明确指出:"关于第二次世界大战发动于何时,著者主张是起于中国'九一八'事变。因为第二次世界大战三个发动侵略的国家德意日,以日本发动得最早,发动的范围,从中国大陆到太平洋,范围较德意均广,时间均久,而日本之行动是从 1931 年肇端的。故罗斯福总统在对日宣战的国会咨文中,也提到世界反侵略的战争,开始于 1931 年日本进占沈阳时,所以我们从'九一八'开始叙述第二次世界大战,借此也可以给国人对于这一次大战一个更深的认识。"他还指出:"第二次世界大战,是民主政治对法西斯政治的战争,起于 1931 年 9 月 18 日中国'九一八'事变,终于 1945 年 9 月 2 日日本签订降书,绵延了 14 年。"④杨松在《两次世界大战》中则指出:"从一九三五年意大利侵阿国起,第二次帝国主义战争已经开始了。"⑤

第二节　20 世纪 50 年代至 70 年代大陆学者对二战起点的看法

　　20 世纪 50 年代中后期国内曾掀起了一场第二次世界大战史研究的热潮,围绕着二战的起点和性质等问题进行争鸣。在争鸣中"三九"说成为史学界的主流,大多数学者坚持这一看法。⑥ 与此同时,一些学者提出了"三一"说、"三

① 文元珏:《第二次世界大战史》,湖南群社 1944 年版,第 2 页。
② 储玉坤:《第二次世界大战史》,上海永祥印书馆 1946 年版;周西村:《二次世界大战史论》,中华书局 1947 年版;徐弦:《第二次世界大战小史》,北平新中国书局 1949 年版。
③ 汪叔棣:《第二次世界大战史》,上海胜利出版公司 1946 年版,第 9 页。
④ 舒宗侨:《第二次世界大战画史》,上海联合画报社 1946 年版。
⑤ 杨松:《两次世界大战》,上海新知书店 1946 年版,第 45 页。
⑥ 何戊双:《关于第二次世界大战的性质问题》,《教学与研究》1954 年第 2 期;丁则民:《第二次世界大战性质的初步探讨》,《光明日报》1955 年 12 月 22 日;黄成礼、李桂大:《第二次世界大战爆发的原因》,《历史教学》1957 年第 2 期;林举岱:《第二次世界大战的性质和开始日期》,《历史教学问题》1957 年第 2 期;穆林:《反法西斯统一战线是怎样形成的》,《历史教学》1957 年第 3 期。

七"说以及"三五至三七年"说。

1. "三一"说

丁则民、张继平、俞楠等学者坚持这一说法。丁则民指出："第二次世界大战开始于法西斯国家对中国、阿比西尼亚与西班牙等国人民的进攻。"①张继平指出"三一"说的依据是：第一，中国人民在世界反法西斯斗争中，首先以武装反对日本帝国主义。第二，日本帝国主义是世界人民的共同敌人之一，中国人民自1931年开始，牺牲千百万生命财产，最终战胜日本帝国主义。第三，击溃日本帝国主义主要是中国人民和苏联红军的力量。中国战场对世界反法西斯战争起了巨大的作用，并取得光辉的成绩。②俞楠也指出"一九三一年揭开了第二次世界大战的序幕"，这是因为，第一，一九三一年九月日本侵略中国的东北揭开了历史中新的一页，从性质上开始了法西斯侵略与反法西斯的历史搏斗；第二，日本是东方的战争制造者和发动者，是法西斯同盟的重要成员，一九三一年日本侵略中国东北标志着日本法西斯企图侵略吞并整个中国和全部亚洲的开始。③

2. "三七"说

胡雪岩提出"三七"说，指出："芦沟桥事变爆发，中国展开全面抗战的日子，也就是第二次世界大战开始的日子。"其具体理由是：（1）中日战争不仅是第二次世界大战中最主要的组成部分之一，而且由于1941年日本发动对东南亚的侵略战争和1945年苏联参加对日战争，事实上与其余部分的世界战争融混为一体。（2）中国抗日战争的规模和重要性都具有世界意义，它是和苏德战场平行的两大主要战场之一。（3）七七抗战开始，直到大战结束，战争此起彼伏，但在中国战场上就没有一日罢过手，这又是和前奏或序幕不同的。据此胡雪岩指出："把芦沟桥事变看成二次世界大战的起点，是比较恰当的。"④

3. "三五至三七年"说

也有学者提出"第二次世界大战开始于一九三五——一九三七年左右"，认为二战在西方开始于1935年意大利入侵埃塞俄比亚、1936年德意武装干涉西班牙，在东方开始于1937年日本法西斯侵占北京、上海。⑤

---

① 丁则民：《第二次世界大战性质的初步探讨》，《光明日报》1955年12月22日。
② 张继平：《试论第二次世界大战的开始、起因和性质》，《光明日报》1956年11月22日。
③ 俞楠：《关于第二次世界大战爆发的时期及其发展阶段问题》，《史学月刊》1957年第9期。
④ 胡雪岩：《关于第二次世界大战开始和性质问题》，《光明日报》1957年1月17日。
⑤ 郑玉林：《再论第二次世界大战的一些问题》，《光明日报》1957年1月3日。

对二战起点的争鸣活跃了学术空气,开阔了人们的视野。但是由于当时所提论据多局限于时间因素,既没有提出中国战场这个历史事实,也没有和战争性质密切结合起来进行讨论,致使讨论没有取得结果而告终。20世纪60年代开始至"文革"结束,鉴于当时的政治形势,学术研究陷入停顿状态,"三九"说遂被确定为官方观点,学术界维持着表面的统一。①

第三节　20世纪80年代以来大陆学者对二战起点及其相关问题的争鸣

党的十一届三中全会后,随着学术界思想的解放和二战史研究的深入,学者们推出了大量的有关二战起点的著述。据统计,近40年来各种刊物共发表有关二战起点问题的文章150余篇,许多二战著作中也涉及了起点问题。学者们对二战起点及其相关问题进行了深入而热烈的研讨,呈现出百家争鸣的局面。

一、关于二战的起点

学术界对第二次世界大战起点和开始标志的认识,若以时间为序,综合起来共计有如下11种。

1. "九一八事变"说或"三一"说(1931年9月18日)

刘庭华在《"九·一八"事变研究》一书中指出,第二次世界大战的序幕应从1931年9月18日算起。从九一八事变起,中国人民首先以武装斗争反对日本法西斯的侵略,从而打响了世界反法西斯战争的第一枪,揭开了第二次世界大战的序幕。② 2006年刘庭华发表《论"九一八"是中国抗日战争的起点》一文,更加全面地阐述自己的观点。③ 欧正文认为"以1931年'九一八事变'作为第二次世界大战的起点是合适的"。④ 胡德坤、罗志刚在他们主编的《第二次世界大战史

---

① 北京大学历史系简明世界史编写组:《简明世界史》(现代部分),人民出版社1974年版,第222页。

② 刘庭华:《"九·一八"事变研究》,国防大学出版社1986年版;《论中国抗日战争史的起点和阶段划分》,《中国首届近代军事史学术讨论会论文集》,军事科学出版社1986年版;《中国抗日战争与第二次世界大战系年要录·统计荟萃(1931—1945)》,海军出版社1988年版。

③ 刘庭华:《论"九一八"是中国抗日战争的起点》,《抗日战争研究》2006年第1期。

④ 欧正文:《第二次世界大战应以"九·一八事变"为起点》,《河南师大学报》1982年第4期。

纲》中也提出九一八事变打响了世界反法西斯战争的第一枪。① 何理为纪念中国抗日战争胜利 45 周年撰文指出，1931 年九一八事变是日本对中国的直接武装侵略，也是国际法西斯势力发动新的世界战争的起点。② 高培指出："1931 年 9 月 18 日，日本法西斯制造柳条湖事件发动的侵华战争，从一开始就具有世界大战的性质。同样，中国人民反抗日本法西斯的斗争，自始至终是世界反法西斯战争的重要组成部分。"③

学者们坚持"三一"说的主要依据是：

第一，第二次世界大战是一个复杂而相互联系着的重大历史事件……对于"二战"起点的科学表述应该是：第二次世界大战是在世界各个不同的地方以不同的时间开始的，而应以 1931 年日本侵略中国的九一八事变作为起点，以 1939 年 9 月 1 日德国进攻波兰作为大战的全面爆发。④

第二，应该把二次大战起点放到整个世界反法西斯战争的全局中来考察。不能把九一八事变看作是只有局部意义性的中日两国的地区性的一般军事冲突，而应把它看作日本帝国主义实现其独占中国的"新大陆政策"的第一步，从 1931 年九一八事变起，中国人民首先以武装斗争反对日本法西斯的武装侵略，从而打响了世界反法西斯战争的第一枪，揭开了第二次世界大战的序幕。⑤

第三，九一八事变及日本在中国的侵略扩张，打破了第一次世界大战后帝国主义各国在东方暂时的平衡，引起了日本与美国等国矛盾的加剧和远东国际关系的重大变化。因此，中国人民的抗日斗争一开始就具有十分明显的世界意义，是对世界一切反对法西斯的正义力量的支持。⑥

第四，"无论是日本的国家战略、国防战略还是军事战略都表明，日本发动的侵华战争不仅仅是针对中国的，也是对亚洲和世界各国特别是对苏联和美英

① 胡德坤、罗志刚主编：《第二次世界大战史纲》，武汉大学出版社 1989 年版。

② 何理：《弘扬英勇不屈的民族精神——纪念抗日战争胜利 45 周年》，《解放军报》1990 年 9 月 3 日。

③ 彭训厚：《中国关于第二次世界大战起点研究综述》，《世界历史》，1994 年第 3 期。

④ 欧正文：《第二次世界大战应以"九·一八事变"为起点》，《河南师大学报》1982 年第 4 期。

⑤ 刘庭华：《"九·一八"事变研究》，国防大学出版社 1986 年版；《论中国抗日战争史的起点和阶段划分》，《中国首届近代军事史学术讨论会论文集》，军事科学出版社 1986 年版；《中国抗日战争与第二次世界大战系年要录·统计荟萃（1931—1945）》，海军出版社 1988 年版。

⑥ 何理：《弘扬英勇不屈的民族精神——纪念抗日战争胜利 45 周年》，《解放军报》1990 年 9 月 3 日。

等国的。日本法西斯制造柳条湖事件发动的侵华战争,从一开始就具有世界大战的性质。同样,中国人民反抗日本法西斯的斗争,自始至终是世界反法西斯战争的重要组成部分。"①

第五,毛泽东把九一八事变看作第二次世界大战的起点。毛泽东指出:"第二次帝国主义战争早已开始了,已经打了好几年了。日本帝国主义侵略中国是从1931年开始的,它首先占领东四省,然后又于1937年大规模侵略中国。"(《毛泽东军事文选》内部本)②

2."七七事变"说或"三七"说(1937年7月7日)

粉碎"四人帮"后,王振德、侯成德首先发表文章,再次提出了"七七事变"说。③ 此后,又有一些学者倡导"三七"说。宦乡在中国第二次世界大战史第三次学术讨论会上指出,中国二战史的研究工作一定要摆脱西方或苏联传统观点的束缚和影响,用事实说话。第二次世界大战的起点应是1937年七七事变,中国抗战爆发为全世界反法西斯战争的开端。不能以希特勒是主要法西斯及西方国家卷入欧洲战争来判断,因为法西斯在本质上是一样的。当时,西班牙战争虽有不少国家卷入,但就其性质而言,主要是内战,它的范围也仅限于一国。因此,应以中国抗日战争爆发作为反法西斯战争的开端。④ 接着,许多学者发表文章坚持"三七"说。陈显泗针对"九一八事变"说,提出"第二次世界大战不宜以'九一八事变'而应以'七七'事变为起点"。⑤ 谢照明指出:"第二次世界大战正式开始的标志,应当是1937年7月7日'七七'芦沟桥事变。"⑥雷新时也指出:"把1937的7月7日'卢沟桥事变'、日本帝国主义全面侵华和中国展开全面抗战作为第二次世界大战的起点,比较合乎历史。"⑦

"七七事变"说的主要依据是:

第一,二次大战是由几个法西斯国家"在不同的时间、不同的地点开始和进行战争的"若干个战场共同构成的,因此,"大战的起点只能以最早开始的那个

---

① 彭训厚:《中国关于第二次世界大战起点研究综述》,《世界历史》1994年第3期。

② 高明振:《第二次世界大战起点问题辨析》,《江汉论坛》1984年第3期。

③ 王振德、侯成德:《关于二战的起点问题》,《光明日报》1978年7月5日。

④ 《1982年中国二战史研究动态》,《世界史研究动态》1983年第7期。

⑤ 陈显泗:《第二次世界大战不宜以"九·一八事变"而应以"七·七"事变为起点》,《郑州大学学报》1983年第3期。

⑥ 谢照明:《第二次世界大战开始标志之新探》,《平顶山师专学报》1995年第3期。

⑦ 雷新时:《第二次世界大战起于何时》,《陕西师大学报》1995年第4期。

战场的起点作为准绳"。① 中日战争是自第一次世界大战结束之后，在世界范围内两个重要国家大规模的交战。"1937 年 7 月 7 日，中国军民进行的全面反法西斯抗日民族解放战争，开辟了第一个反法西斯战场。这个战场，涉及约 6 亿人口，双方参战的军事人员约 400 万。该战场不仅开辟最早，持续最久，而且直至二次大战结束，始终没有中断过。它的开辟，理所当然地标志着反法西斯第二次世界大战的开始。"②

第二，从日本法西斯的国家目标和侵略计划来看，卢沟桥事变是日本法西斯势力上台后实现侵略计划的重要一步，是日本进行争霸世界的大战的开始步骤。③ 它的爆发完全改变了东亚及太平洋地区的国际秩序，使法西斯侵略战争进入了一个新的阶段。

第三，中国战场一开始就是世界大战的一个组成部分，而不仅是中日两国之战。卢沟桥事变后的中日战争绝不是一个局部问题，而是一个关系世界总格局的重大事变。一方面，德意日轴心国紧密地结成了法西斯同盟，使三个战争策源地联成一个整体，发动世界性的侵略战争；另一方面，又使东方反抗日本帝国主义的战场与西方反抗德意法西斯的战场形成休戚相关、生死与共的统一体，有机地组成了全世界反法西斯战场，中国抗日战争成为反法西斯战争的重要组成部分。所以，卢沟桥事变理应成为第二次世界大战的起点。④

第四，中日间在七七事变开始的这场战争，其意义和影响所及，远不只限于中日两国。⑤ 中国抗日战争具有不可磨灭的世界意义。⑥

第五，早在第二次世界大战初期，全世界两位著名的反法西斯战争领导人美国的罗斯福和苏联的斯大林，就已经明确指出卢沟桥事变是世界大战的开端。卢沟桥事变后不久，罗斯福曾预言：七七事变后的中国战场，是未来世界大战最初作战的地方。1939 年 3 月斯大林在苏共第十八次代表大会的报告指出："新的帝国主义大战已经进入了第二个年头，这次战争是在从上海直到直布罗陀的广大地区进行的。"⑦

---

①　王振德、侯成德：《关于二战的起点问题》，《光明日报》1978 年 7 月 5 日。

②　王振德：《第二次世界大战中的中国战场》，社会科学文献出版社 1991 年版。

③　温贤美：《卢沟桥事变是第二次世界大战的发端》，《军事历史》1990 年第 1 期。

④　石林：《"七·七"事变 55 周年学术研讨会综述》，《军事历史》1992 年第 5 期。

⑤　谢照明：《第二次世界大战开始标志之新探》，《平顶山师专学报》1995 年第 3 期。

⑥　雷新时：《第二次世界大战起于何时》，《陕西师大学报》1995 年第 4 期。

⑦　温贤美：《卢沟桥事变是第二次世界大战的发端》，《军事历史》1990 年第 1 期。

3. "九一八事变为序幕、七七事变是全面爆发的标志"说

润昌方提出了九一八事变揭开了第二次世界大战的序幕,七七事变是第二次世界大战全面爆发的标志的观点。[①]

4. "九一八事变为序幕、德国侵略波兰全面爆发"说

蔡祖铭以及张继平、胡德坤分别在其所著的《第二次世界大战史》中采用了九一八事变揭开了序幕、德国侵略波兰标志着第二次世界大战全面爆发的说法。[②]

5. "西班牙内战"说(1936 年 7 月)

刘文庆、郭蕊撰文指出,从意识形态的对抗、西班牙内战后的欧洲格局以及希特勒在西班牙的得失三方面来考察,认为"将西班牙内战作为第二次世界大战的起点更为合理"。第一,20 世纪的全面战争与意识形态关系紧密,二次大战是一场意识形态之争,而西班牙内战是自由主义国家与共产主义意识形态的苏联结盟,以此对抗德意日法西斯阵营的战争,因此从意识形态的对抗层面来看,将西班牙内战作为二战的起点是合理的;第二,西班牙内战导致佛朗哥掌握了西班牙政权,深刻影响了欧洲的格局,造成了英、法、苏等国的被动局面,促使了全面战争的爆发;第三,希特勒德国在西班牙内战中获得了有利的国际态势,不仅牵制了英法,更获得了意大利和西班牙两个盟友,德、意双方在西班牙首次联动。同时也正是在西班牙内战的第二个年头,德、意、日签订了防共协定,三个主要法西斯国家进一步走向了同盟。而这一切有利于希特勒发动进攻,这才有了 1939 年 9 月的波兰战役和 1940 年的法国战役。二战的规模不断扩大,而这一切的演变都源于西班牙内战。[③]

6. "反共产国际协定"说(1936 年 11 月 25 日)

尉晨阳认为,战争是双方的举动,世界战争必须有两个利益相对的世界性战争集团互相攻伐,同时还必须具备世界性规模。"而 1936 年 11 月 25 日德国和日本在柏林签订的《反共产国际协定》标志着世界形势基本上具备了以上两个

---

① 润昌方:《从二战开始的标志看中国抗日战争的历史地位》,《贵州师范大学学报》1995 年第 3 期。

② 蔡祖铭:《第二次世界大战史》,军事科学出版社 1983 年版,第 6—9 页;张继平、胡德坤:《第二次世界大战史》,甘肃人民出版社 1984 年版。

③ 刘文庆、郭蕊:《论将西班牙内战作为第二次世界大战起点的合理性——与俞金尧先生商榷》,《西部学刊》2019 年第 11 期。

条件,故把协定的签订作为二战的起点是妥当的。"因为"从《反共产国际协定》的实质及其实际作用和协定以后的历史来看,以后的战争具备了世界性的两个战争集团:一个是法西斯侵略集团,一个是潜在的世界各国人民;具备了世界规模"。①

7. "欧洲战争爆发"说或"三九"说(1939年9月)

这是国内外史学界的传统观点,也是中国史学界绝大多数学者的看法。目前,中国大陆已出版的三部中等规模的二战通史均认为,1939年9月1日德国法西斯突袭波兰应视为第二次世界大战的起点。② 一些学者对其进行了深层次、多方位的论证。他们坚持认为,世界大战所要解决的问题是影响和牵动世界全局性的问题,是对国际事务有重要影响或重要作用的互相敌对的大国,为重新瓜分世界、争夺世界霸权所进行的战争。反法西斯战争要形成世界大战必须具备两个条件:一是几个法西斯侵略国家和反侵略的国家分别结成了军事同盟,使战争超出国别的范围而成为国家集团之间的战争;二是参战国家和作战区域不断扩大到世界规模。七七事变开始的中日全面战争并不具备这些条件,1939年9月在欧洲爆发的战争具有这些特点。李巨廉、潘人杰的看法最具代表性,他们分析"1939年"说的主要依据是:作为发动这场大战的主要战争祸首,当时处于主要矛盾的主导方面的纳粹德国,已决然投入了战争;作为当时在经济、政治和军事上都处于世界中心地位的欧洲,已经发生了战争;交战的国家已经越出了局限于两个国家的范围;战争的性质,即战争所涉及的主要矛盾,已经越出了区域性的范围,涉及整个世界战略格局的根本问题。③

以1939年9月作为第二次世界大战起点的观点,总括起来大致上有以下理由:第一,希特勒德国是法西斯阵营的元凶,只有德国法西斯发动的战争才具有世界性,所以二战开始于德国发动战争时。第二,世界大战是具有世界规模的战争。只有大国宣战,战争才具有了世界规模。在当时只有英法和德国有资格和条件打世界大战,所以,二战开始于大国宣战时。第三,战争全面爆发,才可以称作世界大战,因而世界大战当然开始于全面爆发时。第四,欧洲战场是主要战

---

① 尉晨阳:《关于二战起点之管见》,《山西师大学报》1985年第2期。

② 朱贵生等:《第二次世界大战史》,人民出版社1982年版;张继平等:《第二次世界大战史》,甘肃人民出版社1984年版;黄玉章等:《第二次世界大战》,世界知识出版社1984年版。

③ 李巨廉、潘人杰:《第二次世界大战——专题述评》,华东师大出版社1990年版,第390页。

场,二次大战的起点应从欧洲战场上去寻找,应以欧洲战争的爆发为起点。① 第五,欧洲是"世界经济和政治的中心"地区,它不仅是"世界资本主义的心脏地区",一个"十分重要的世界市场",并集中了资本主义世界最大的军事力量,具有十分重要的战略地位。"也是帝国主义大国矛盾斗争集中地区"。正由于"主要帝国主义大国在欧洲都有十分重要的,甚至是生死攸关的利害关系,在这里,大国间发生的经济的或政治的争斗,不仅关系到大国之间的问题,还将影响全球"。② 争夺欧洲霸权斗争的激化,必然导致所有帝国主义列强卷入,这就不可避免地触发成为一场新的世界大战。③ 第六,波德战争不单是两国之间的冲突,而是帝国主义列强军事联盟之间的战争。④ 第七,毛泽东在 1939 年 9 月 14 日写道:"如果过去还不能称为世界大战,它还没有世界规模,那么现在就不同了,现在已是帝国主义的世界大战。"(《毛泽东军事文选》,战士出版社 1981 年版,第 140 页)。⑤

一些学者在论证"三九"说时,还指出了"九一八事变"说和"七七事变"说立论的不足之处。如刘士田认为,"九一八事变"说和"七七事变"说均有片面性,具体表现在:只看到二战与一战时代的不同,未看到两者所处时代的基本特征没变;只强调二战时两大帝国主义集团组成政治军事同盟有一个从形成到发展巩固的过程,而忽略了战前两大帝国主义集团,实际上已经形成各自的政治军事同盟的事实;只看到局部战争与世界大战的联系,却混淆了两者的区别;只强调二战前夕法西斯与反法西斯的矛盾,忽视了战前帝国主义之间的矛盾仍是主要矛盾;只引用斯大林、毛泽东有利于自己论点的论述部分,没有完整全面地理解其论述的精神实质。因此,"把'九一八'事变和'七七'事变作为第二次世界大战起点是不妥当的;比较起来,还是把 1939 年 9 月 1 日作为起点更科学。"⑥针对"九一八事变"说,吴东风撰文指出,有人认为毛泽东把九一八事变

---

① 雷新时:《第二次世界大战起于何时》,《陕西师范大学学报》1995 年第 4 期。
② 王桂厚:《也谈第二次世界大战的起点问题》,《吉林大学学报》1979 年第 6 期。
③ 王文庆:《论二次世界大战的起点是德国侵略波兰》,《晋阳学刊》1985 年第 1 期。
④ 王文庆:《论二次世界大战的起点是德国侵略波兰》,《晋阳学刊》1985 年第 1 期。
⑤ 王文庆:《论二次世界大战的起点是德国侵略波兰》,《晋阳学刊》1985 年第 1 期;刘士田:《第二次世界大战起点"九·一八"和"七·七"说质疑》,《军事历史》1991 年第 4 期;吴东风:《毛泽东是如何分析第二次世界大战的起因、起点和性质的?》,《军事历史》1992 年第 1 期。
⑥ 刘士田:《第二次世界大战起点"九·一八"和"七·七"说质疑》,《军事历史》1991 年第 4 期。

看作第二次世界大战的起点,理由是毛泽东曾说过:"第二次帝国主义战争早已开始,已经打了好几年了。日本帝国主义侵略中国是从 1931 年开始的,它首先占领东四省,然后又于 1937 年大规模侵略中国。"这是一种误解,毛泽东的这段话是指战前的局部战争而言的。其实,毛泽东在德波战争爆发后,一直认为二战的起点应定在 1939 年 9 月 1 日。这种观点是建立在当时世界政治、经济、军事、外交等各种形势和诸民族、国家、阶级的利益以及社会矛盾运动考察基础之上的,是毛泽东无产阶级战争观在新的历史条件下的丰富和发展。①

8. "西线战事"说(1940 年 5 月 10 日)

尚鸿、张中林认为,1940 年 5 月 10 日法西斯德国进攻西线的战争应是二战的起点。理由是,作为世界大战起点的事件,应是立即在世界上引起强烈的连锁反应,使战争的规模很快具有世界性的事件。"西线战争的爆发,宣告了英法两国政府绥靖政策的彻底破产。"同时,"西线战争结束了国际关系浑浊不清的局面,政治分野明朗化,两大对立的同盟(法西斯同盟与潜在的反法西斯同盟)最终形成。"德日意在不同国家、不同地区挑起的"战争连成一体,展开了全球范围内的正面交锋、战争才真正具有了世界规模。因此我们认为西线战争才是第二次世界大战的起点"。②

与"西线战事"说相近的是,黄胜林主张"以 1940 年 4—6 月德、意进攻西欧和非洲作为'二战'的起点"。他对其他说法进行了逐一评析,认为"三九说"主要注重英法对德宣战这一形式;而"三一说"和"三七说"将二战与世界反法西斯斗争画等号,以最早出现的反法西斯武装斗争或最早开始的那个战场的出现作为起点"不免有点牵强";"四一说"过分强调二战的全球性,而"过程说"否认"起点说",实际上也否认了事物由量变到质变的飞跃。黄胜林的立论依据是:首先,从世界大战的定义和只有英、德两国具有打世界大战的资格看,"把以英、德为首的两大集团的正式开战作为第二次世界大战爆发的标志是比较符合客观实际的"。其次,从国际关系的演变看,第二次世界大战是国际社会各种基本矛盾演化到一定阶段的产物,是两大敌对集团之间的战争。因此,在两大集团未形成之前,世界大战是不会爆发的。再者,从战争规模看,1940 年 4—6 月,"德国进攻西北欧和意大利侵入北非后,第二次世界大战的战车急速地运转","德、

① 吴东风:《毛泽东是如何分析第二次世界大战的起因、起点和性质的?》,《军事历史》1992 年第 1 期。

② 尚鸿、张中林:《西线战事是第二次世界大战的起点》,《北方论丛》1993 年第 4 期。

意、英、法等主要大国均卷入战争,作战地区遍及欧、非等洲,战争具备了世界意义,至此,第二次世界大战全面爆发。"①

9."太平洋战争"爆发说(1941 年 12 月)

冬岩指出:"探讨第二次世界大战的起点,如果抛开世界上各主要大国是否直接参战这一条,那是说不清楚的……由于太平洋战争的爆发,才使这次战争具有了世界大战的规模。"②石庆环也提出了把太平洋战争的爆发作为二战起点的观点,其依据是:"首先,从世界矛盾的发展演变上看,太平洋战争爆发后,当时国际社会的各种基本矛盾都已经充分暴露出来,法西斯同世界人民这一主要矛盾也已经在世界范围内明朗化,法西斯和反法西斯力量已经形成泾渭分明的两大阵营。""其次,从战争规模发展上看,太平洋战争爆发后,敌对的两大阵营公开直接交战,国际社会中举足轻重的大国,德、意、日为一方,英、苏、美等为另一方直接参战,众多中小国家都卷入战争,作战地区越出区域和国别的范围而遍及世界几大洲。太平洋战争把自 1931 年日本侵略中国开始的各个孤立战争连成一气,使第二次世界大战由局部战争的序幕阶段进入正式开始阶段。"因此可以说,1941 年太平洋战争爆发后,"世界主要矛盾已经在世界范围内明朗化,法西斯和反法西斯两大阵线分明,战前孤立的各个战场连成一气,局部战争也就演变成为世界大战。"③周希奋、甘雨也认为太平洋战争是第二次世界大战的起点。④

10."多起点"说

军事科学院军事历史研究部编著的五卷本《第二次世界大战史》采用了"九一八"揭开序幕、大战在东西两个战场先后爆发的观点:1931 年九一八事变为大战的序幕;1937 年 7 月 7 日卢沟桥事变标志着大战在亚洲的爆发,1939 年 9 月 1 日德军袭击波兰标志着大战在欧洲的爆发。原因在于,第二次世界大战具有一些不同于第一次世界大战的特点:

第一,从当时世界的主要矛盾来看,第二次世界大战是解决法西斯侵略者与被侵略国、西方民主国家、社会主义苏联和被压迫民族、被压迫人民之间的矛盾。法西斯侵略集团的开始形成,标志着法西斯与世界各国人民之间的矛盾已上升为世界的主要矛盾。从此,无论哪个法西斯国家发动的侵略战争,都应视为涉

①　黄胜林:《第二次世界大战起点新探》,《争鸣》1993 年第 6 期。
②　冬岩:《太平洋战争与第二次世界大战的爆发》,《外国问题研究》1982 年第 1 期。
③　石庆环:《第二次世界大战应以太平洋战争为起点》,《求是学刊》1987 年第 6 期。
④　周希奋、甘雨:《1940 年 6 月法国败降对二战战局的影响》,《暨南学报》1997 年第 2 期。

及世界全局性问题的战争,是大战的开始。日本发动全面侵华战争,中国人民奋起抵抗,既是世界性矛盾在东方激化的结果,亦是在东方用战争解决世界性矛盾的开始,因此七七事变就成了大战在东方的爆发点。德国入侵波兰,英法对德宣战,这既是世界性矛盾在西方激化的结果,亦是在西方用战争解决世界性矛盾的开始,因此德国入侵波兰便成了欧洲战争的起点和大战在西方的爆发点。

第二,从战争发动者情况来看,第二次世界大战的祸首和中心有两个:东方的日本和西方的德意。二者具体的扩张目标和行动步骤是独立的、各自为战的。从东西方两个战争策源地的形成到东西方两大战场的产生和发展,东西方都各有自己的序幕、起点、高潮和终点。它们既是相对独立的,又是第二次世界大战整体不可分割的组成部分。

第三,从战争发展轨迹来看,第二次世界大战是沿着由局部战争到全面战争、由分别展开到先后结束不规则的轨迹发展的。日本从1931年九一八事变局部战争开始,到1937年七七事变全面侵华,大战在东方爆发,成为局部战争转化为全面战争的开始。1939年德波战争爆发,大战在西方展开,欧洲局部战争演变为全面战争。经过1941年苏德战争开始到太平洋战争爆发,战争便达到了全球规模。①

11.“过程”说(1936年11月—1937年11月)

宦乡反对“起点说”,他指出,第一次世界大战爆发起点和第二次世界大战截然不同。二战爆发是一个长期的过程,说哪一天的提法不准确。由于二次大战是由局部战争逐渐演变成全面战争的,其间经历一个长期积累的过程,这一点应该成为考虑二战爆发问题的一个基本出发点。据此他认为,“起点”说说明不了二战的爆发过程,应该以第二次世界大战的爆发是一个相对长期的过程的说法,来代替二次大战的爆发有一个起点的说法。1936年11月25日签订的《反共产国际协定》及1937年11月6日意大利加入该协定,三国同盟正式形成,“这实际上就是第二次世界大战集中形成和爆发的一个标志和体现。”②

针对“过程”说,郑寅达提出不同意见。他认为,二战诚然有一个从局部战争走向全面战争的过程,但是任何事物的发展都不能不划分阶段和确定标志。

---

① 军事科学院军史部:《第二次世界大战史》第一卷,军事科学出版社1994年版,第17—19页。

② 宦乡:《纪念反法西斯战争胜利四十周年》,《世界历史》1985年第9期。

"事实上,宦乡在其文章中也是提出划分标准的"。问题在于,《反共产国际协定》并不标志着法西斯侵略同盟的正式形成,在实际上也没有起到盟约的作用,因此,它既不是宣战书,也没有直接"引爆"第二次世界大战。[①]

二、确定起点的标准和依据

关于二战起点问题的众说纷纭,反映了我国学者对二战研究的热烈程度,但同时也存在着问题。那么究竟应该如何确定二战的起点呢? 也就是说确定二次大战起点的标准和依据是什么呢? 学者们也进行了深入的探讨,其观点归纳起来有下面几个方面。

1. 依据实事求是的原则,辩证地处理问题

李巨廉提出了应遵循的三个原则:第一,要从世界全局出发,而不是从本民族、本国家的立场来观察问题;第二,要一切从实际出发,把握事物发展的总和;第三,要遵循辩证法的要求,既注意事物的发展和联系,也区分事物发展的阶段性。正由于二次大战有一个由区域性的局部战争逐渐演变成全面的世界大战的全过程,所以就应该以反映事物内在联系的重大事件为标志,区分这个长过程中所呈现出来的阶段性。[②] 润昌方认为,由于引发二战的历史背景和社会条件较为复杂,加之在地域上又分为东西两大战场,所以在确定这次大战的始点时,不能主观地先确定一个地域范围来作为理论探讨的出发点。而是要在尊重历史、尊重客观事实的基础上,找出各个历史事件的有机联系,并加以科学的实事求是的判断分析,才有可能得出正确的结论。[③] 蒯慧提出:"对二战起点问题的研究,我们必须依据其历史发展的联系,考察其各个发展阶段,并从中找出规律,求得正确答案。"[④]陈显泗认为,在确定二战的起点时,应处理好某些问题的关系:一是序幕和正剧的关系,二是个别事实和事实的全部总和的关系,三是"一国"与"世界"的关系。[⑤] 王桧林认为,要根据事实来确认是否世界大战,就是说要以人

---

① 郑寅达:《〈反共产国际协定〉是第二次世界大战集中形成和爆发的标志吗?》,《世界历史》1986 年第 6 期;《世界军事年鉴 1987》,解放军出版社 1988 年版。

② 李巨廉、潘人杰:《第二次世界大战——专题述评》,第 390 页。

③ 润昌方:《从二战开始的标志看中国抗日战争的历史地位》,《贵州师范大学学报》1995 年第 3 期。

④ 蒯慧:《关于二战的起点问题及其他》,《淮北煤师院学报》1996 年第 3 期。

⑤ 陈显泗:《第二次世界大战不宜以"九·一八事变"而应以"七·七"事变为起点》,《郑州大学学报》1983 年第 3 期。

们公认的世界大战的实例来衡量某一次战争能否成为世界大战。①

2. 以战争的性质、规模为依据

石庆环认为："确定二战的起点，应该从战争的性质和规模两个角度来进行考虑。"②李巨廉则认为："世界大战并不是单纯以战争的规模、范围和卷入国家的多少作为标准。只有那种牵动世界全局，解决世界性矛盾的战争，才能称得上世界大战……世界大战可以划分为若干战场，但它又不是各个战场的简单的总和，而是有内在联系的。"③

3. 注意二次大战的特点

包奕诚认为，与第一次世界大战相比，第二次世界大战具有三个重大特点：其一是法西斯国家的侵略矛头首先不是指向与其相对峙的帝国主义列强，而是指向亚、非的半殖民地和欧洲弱小国家；其二是在日、德、意分别从事侵略或兼并的过程中，相互对立的两大帝国主义集团长期未能组成政治、军事同盟，因此，这一相互斗争也就不可能从一开始就采取两大帝国主义集团战争的形式；其三是第二次世界大战决不能简单地归结为帝国主义集团战争，因为从始至终，它都包括并反映出帝国主义时代三大矛盾。"显然，只要承认两次世界大战具有大不相同的时代背景与特征，承认第二次世界大战包含着三大类不同性质的社会矛盾，承认被压迫民族用鲜血写下的历史和作出的贡献，承认第二次世界大战从一开始就具有反法西斯的进步性和正义性，就必然要尊重历史的本来面目，而不强求历史去适应人为的定义，把早已揭幕了的被压迫民族的斗争排除在反法西斯的二次大战进程之外。"④

王文庆认为："世界大战就是国家军事联盟之间运用暴力形式进行的全球性对抗。它具有以下三个基本特征：其一，战争发生的地域必定是帝国主义'列强'争夺的战略重点和它们之间矛盾斗争集中的焦点；其二，必定有帝国主义'列强'的军事联盟参加；其三，战争本身越出局部或有限范围而具有世界规模。"⑤

---

① 王桧林：《第二次世界大战与中国抗日战争之关系的三个问题》，《中共党史研究》1993年第3期。

② 石庆环：《第二次世界大战应以太平洋战争为起点》，《求是学刊》1987年第6期。

③ 李巨廉：《两次世界大战起源的比较研究》，《历史教学问题》1986年第2期。

④ 包奕诚：《试论第二次世界大战的起点》，《世界历史》1989年第5期。

⑤ 王文庆：《论二次世界大战的起点是德国侵略波兰》，《晋阳学刊》1985年第1期。

高明振也提出,在探讨二战起点时,应注意到两次世界大战爆发的特点是大不相同的。"第一次世界大战是在欧洲先结成了两个敌对的帝国主义军事集团,它们通过长期疯狂的军备竞赛,互相进行战争威胁和挑衅,最后导致一场大厮杀。所以一开始就阵线分明,表现为帝国主义世界大战的形式。第二次世界大战是由三个法西斯国家分别挑起的一系列局部战争逐步扩大为一场世界大战的。三个侵略国家没有先结成军事集团,而是在侵略过程中,由于共同的欲望和利害关系才逐步结成政治、军事同盟;而遭受法西斯侵略和威胁的国家,长时期也未结成反侵略的统一战线……在开始阶段,阵线并不分明,侵略者只是对一些中间国家采取有限的军事行动,表现为局部战争的形式。直到德、意、日三国不仅建立了政治性的'钢铁联盟'以后,德国才敢于进攻英法的盟国波兰,公开向英国的霸主地位挑战,英法集团被迫正式对德宣战,这样欧洲地区两个帝国主义集团之间的全面战争才逐步扩大为世界大战。这才是二次世界大战不同于一次世界大战的一个重要特点。确定二次世界大战起点的准绳,应当考虑这个基本史实。"[1]

黄胜林认为,要确定大战的起点,必须弄清楚什么是世界大战以及什么样的国家能打世界大战。世界大战是 20 世纪才出现的,它是随着世界资本主义进入帝国主义阶段,社会的生产力和资本的规模越出了各国民族国家的狭隘的范围,整个世界已经联结为一个统一体后,两个或两个以上的利益在全球范围内对立着的战争集团,其主要武装部队争夺世界霸权的冲突。可见,世界大战是帝国主义的产物,是由有资格打世界大战的帝国主义、霸权主义大国挑起的、两大敌对军事集团之间大规模的攻伐。[2]

4. 注意二次大战的条件

王桧林提出,在确定第二次世界大战的起点时,应注意世界大战的条件。这些条件有:(1)因为世界大战是多边战争不是双边战争,所以直接参战的应有几个世界上的主要国家,这里定为三个。(2)战争打乱了正常的国际秩序,改变了世界上许多国家的国际关系和国内局势。(3)战争成为全世界注目的大事而不是直接参战国的大事。(4)战争的进行和终结极大地改变了世界整体格局,并且影响深远。[3]

---

[1]　高明振:《第二次世界大战起点问题辨析》,《江汉论坛》1984 年第 3 期。

[2]　黄胜林:《第二次世界大战起点新探》,《争鸣》1993 年第 6 期。

[3]　王桧林:《第二次世界大战与中国抗日战争之关系的三个问题》,《中共党史研究》1993 年第 3 期。

5. 弄清楚世界大战与局部战争的区别与联系

学者们都承认,"第二次世界大战与第一次世界大战不同,它有一个较长的局部战争阶段","法西斯主义者的侵略狂热,决定了局部战争发展为世界规模的大战。"

尚鸿、张中林认为:"探讨第二次世界大战的起点,首先就必须弄清楚世界大战的基本内涵。""两次世界大战的历史告诉我们,世界大战是两个大的战争集团之间的战争,是世界性的而非区域性的。换言之,世界大战必须有世界规模。当然这只是相对而言,并不是世界上每一个国家都参与了才算是世界大战。但世界大战的影响却是绝对的,不仅涉及地球的每一个角落,而且可以持续相当长的时间。"尚鸿、张中林认为:"世界大战的起点,作为一种历史的符号,是世界大战与战前历史的分界线,它标志着世界主要矛盾的斗争双方已失去其他一切可以解决矛盾的方式,只能决一死战。所以,任何作为大战起点的事件,都必须会立即在世界上引起强烈的连锁反应,使战争的规模很快具有世界性。"①

王桂厚指出,"世界大战与局部战争有质的不同,应该加以明确划分,不容混淆。"世界大战"是二十世纪初世界进入帝国主义阶段出现的","世界大战所要解决的问题,决不是个别国家和局部地区的问题,而是影响和牵动世界的全局性问题,是对国际事务有重要影响或重要作用的互相敌对的大国,为重新瓜分世界,争夺世界霸权所进行的战争。""至于局部战争,自有民族国家以来就存在着,是国与国之间或局部地区几个国家之间的战争。局部战争所要解决的问题,主要限于交战双方,一般不超出民族国家的范围。""世界大战与局部战争有区别,又有联系,局部战争在一定条件下可以转化为世界大战。"②

高明振也认为:局部战争是从产生阶级和国家以来就有了的,它是部族之间、民族之间、国家之间或几个国家之间的战争,参战国家、作战地区以及战争结局的影响,都只局限于少数国家和地区的范围内。而世界大战则是20世纪的产物。它是在世界已经连成一气、垄断资本统治了人类,世界资本主义发展到帝国主义阶段的历史条件下,大国集团之间争夺世界霸权的战争,参战国家、作战地区以及战争结局的影响,都具有世界规模。世界大战"和局部战争的区别主要有两条:(1)它是敌对的国家集团或阵营之间争夺世界霸权的直接交战;(2)参

---

① 尚鸿、张中林:《西线战事是第二次世界大战的起点》,《北方论丛》1993年第4期。
② 王桂厚:《也谈第二次世界大战的起点问题》,《吉林大学学报》1979年第6期。

战国家和作战地域越出国别和地区的范围,具有世界规模。这两条区别应该作为我们衡量世界大战不同于局部战争的共同尺度"。①

王振德、侯成德认为:"局部战争是大战的组成部分,二者之间没有质的不同。"②对此,高明振认为:"局部战争也叫有限战争,系指限制在一定区域内的战争。就战争方式和规模而言,可以说除了世界大战都是局部战争。因此它绝不可能成为世界大战的组成部分。而局部战场是指战争双方交战的场所和区域,世界大战由于不限定规模、范围,当然是由若干个局部战场和战区组成的。"③

石庆环提出:"世界大战,顾名思义,它是相对于小规模的、局部的、地区性的战争而言的,是世界规模的战争……从战争规模方面来说,世界大战是局部战争的发展,但是,局部战争也并不等于世界大战。""史学界之所以在二战起点问题上出现这样多的分歧,关键在于有些同志过分强调了战争的性质,而忽视了局部战争与世界大战的区别。因此,他们既忽视了二战之前世界主要矛盾的深化和明朗化的进程,也忽视了随着世界矛盾的深化和明朗化局部战争逐步向世界大战转化的历史事实。"④

6. 应区别世界反法西斯战争和第二次世界大战两个不同概念

尚鸿、张中林认为,应区别反法西斯战争和世界大战的关系:"第二次世界大战是一场反法西斯的战争,但反法西斯的战争并不一定都是世界大战。'九一八'事变和'七七'事变只能算是世界人民反法西斯战争的起点。"⑤

潘湘生认为,在研究第二次世界大战的起点时应注意,"无论从逻辑还是从历史来看,世界反法西斯战争和第二次世界大战是两个并不完全重合,而必须加以区别的概念,相应地,也就应区别出世界反法西斯战争与第二次世界大战的不同起点。""世界反法西斯战争,这是注重就这次战争性质而言的;第二次世界大战,则主要指战争的规模、范围。世界各国人民反对法西斯侵略的战争,并不是一开始就具有世界大战的规模,而是经历了一个不断扩大、不断升级,由局部战争发展到世界大战的过程。第二次世界大战则是世界反法西斯战争的一个阶段,当然是最高的也是最重要的阶段。通常被人们认定的第二次世界大战的起

---

① 高明振:《第二次世界大战起点问题辨析》,《江汉论坛》1984 年第 3 期。
② 王振德、侯成德:《关于二战的起点问题》,《光明日报》1978 年 7 月 5 日。
③ 高明振:《第二次世界大战起点问题辨析》,《江汉论坛》1984 年第 3 期。
④ 石庆环:《第二次世界大战应以太平洋战争为起点》,《求是学刊》1987 年第 6 期。
⑤ 尚鸿、张中林:《西线战事是第二次世界大战的起点》,《北方论丛》1993 年第 4 期。

点,其实并不是世界反法西斯战争的起点,而是世界反法西斯战争由局部战争扩大为世界大战的转折点。"①据此,他提出了"中国抗日战争的爆发是世界反法西斯战争的开端"或"起点"的观点。

7. 不能将二战起点问题与欧洲中心论混为一谈

有的学者认为"三九"说是欧洲中心论的表现。如胡雪岩指出:"把 1939 年作为二次大战开始的说法,不但落入西欧中心的穴臼,且于历史事实也不符。"②

一些学者反对将"三九"说与欧洲中心论画等号。林举岱提出:"科学应该是实事求是,不应该为了要躲避某种假定就不从实际出发。"他认为,"纳粹德国,拥有强大的军事与经济基础,成为当时世界最强大的战争策源地,因而欧洲战场就在世界战场中具有主导的意义。"而从一九三一年九月到一九三九年,中日战争"基本上仍是中日两国之间的战争,并没有直接导致世界战场的形成。"③王文庆指出,不能以战争性质来判定第二次世界大战的起点。承认波德战争是第二次世界大战的起点是否在宣扬"欧洲中心论"?"欧洲中心论"和欧洲在世界上的重要地位是两回事。实事求是地探索与估价欧洲在战前的重要地位及其与大战爆发的关系,是我们研究历史应遵循的马克思主义原则,与资产阶级唯心主义的"欧洲中心论"毫无共同之处。另外,"欧洲中心论"和世界大战从何时何地爆发也没有丝毫联系。如果认为大战从欧洲爆发就是"欧洲中心论",那么认为中日战争爆发或意埃战争爆发是世界大战起点的看法,不就成了"中心论"或"非洲中心论"了吗?④

总之,七十年来,我国学者对第二次世界大战的起点问题进行了深入而热烈的探讨,反映出我国学术界对这一重大学术问题重视的程度。尤其是 20 世纪80 年代以来,二战起点问题的众说纷纭,说明了学术环境的宽松和广大二战史学工作者思想之解放。尽管在这一问题的研究中也存在一些问题,但我们相信,只要大家以辩证唯物主义为指导,本着实事求是的态度,第二次世界大战起点问题的研究一定能够取得令人满意的成果。

---

① 潘湘生:《应区分世界反法西斯战争和第二次世界大战的不同起点》,《抗日战争研究》1993 年第 2 期。

② 胡雪岩:《关于第二次世界大战开始和性质问题》,《光明日报》1957 年 1 月 17 日。

③ 林举岱:《第二次世界大战的性质和开始日期》,《历史教学问题》1957 年第 2 期。

④ 王文庆:《论二次世界大战的起点是德国侵略波兰》,《晋阳学刊》1985 年第 1 期。

第三章 是反法西斯战争还是帝国主义战争？

——关于二次大战性质问题的争论[①]

第二次世界大战的性质问题是社会主义各国史学界长期争论不休的一个重大的学术问题。在大战期间和战后的三十多年中，苏联史学家对此问题的阐述也并非始终如一，而是有一个演变的过程。1939 至 1941 年 6 月，苏联将其笼统地叫作帝国主义战争；1941 年 6 月至 1956 年，宣布为反法西斯的解放战争的性质；1957 年以后，坚持战争性质的"两段论"，认为苏联参战前的大战是帝国主义性质的，苏联的参战改变了战争的性质，使其变成反法西斯的、解放的性质。[②]

我国学术界对第二次世界大战的性质和阶段划分历来比较重视，取得了可喜的成果。回顾和探讨二次大战的性质，对加深我们对二次大战的认识和了解是不无裨益的。

第一节 对中国学术界关于二战性质
问题认识的回顾与总结

中国史学界对第二次世界大战的性质的探讨可分为四个阶段。

一、1949 年以前

早在第二次世界大战激烈进行之时，中国即有学者开始了对第二次世界大

[①] 本综述在拙文《60 余年来中国学者关于第二次世界大战性质问题的研究》(《安徽史学》2005 年第 6 期)基础上修改而成。

[②] 俞新天、徐筠：《苏联对二战起源问题的研究》，《世界史研究动态》1984 年第 1 期；侯成德：《关于第二次世界大战的性质问题——苏联论点演变过程述评》，《江西大学学报》1983 年第 1 期。《试论第二次世界大战的性质问题》，《共产党人》1958 年第 5 期；《第二次世界大战的性质》，《世界马克思主义评论》1959 年第 9 期。

战性质问题的探讨,提出第二次世界大战具有反法西斯正义性质。1944 年,文元珏在其所著的《第二次世界大战史》中指出:"1937 年 7 月 7 日中日战争爆发,实为第二次世界大战的开端。这是民主主义的国家第一个起而向侵略者抵抗,第一个为人类的正义、合理、和平而流血。"①1946 年 9 月,舒宗侨在其编著的《第二次世界大战画史》序言中也明确指出:"第二次世界大战,是民主政治对法西斯政治的战争。"②

二、20 世纪 50 年代中期到 60 年代初期

20 世纪 50 年代中期到 60 年代初,我国学术界曾围绕二次大战的性质问题展开过比较热烈的讨论,提出了几种观点。

1. "自始至终反法西斯的正义战争"论

许多学者坚持这种观点。如胡雪岩指出:"二次大战是反法西斯的正义战争,自始至终就带有反法西斯的正义性"。其理由在于:(1)同盟国方面最主要的中苏两国,完全是为了反法西斯侵略而战。在二战中具有决定作用的中苏二大国,合起来近八亿人口,一同为反法西斯而战,在很大程度上,就决定了二次大战的正义性。(2)东西方集团受法西斯集团侵略国家的人民,大多曾起而发动游击战,他们是为了求本身的独立,而且在促成法西斯集团的最后崩溃方面,起了很大的作用。他们的战争组成二次大战中不可忽视的部分,他们的战争是正义战,这在很大程度上也决定了二次大战的正义性。(3)英法美的参战,也带有一定程度的正义性。③ 朱圣果也认为"第二次世界大战的性质,从它的起因到过程而至结束的全面来说,都是一个正义的战争,反法西斯战争是民族解放战争的性质"。④ 林举岱指出:"在第二次世界大战整个过程中(不论以一九三一年的九一八事件为大战的起点,或者从一九三七年七七事变算起以及把一九三九年作为大战开始的年代),都呈现着反法西斯主义的解放战争的性质。""西方资本主义国家所参加的战争,一开始就具有反法西斯的性质","苏联的参战,遂使战争反法西斯的解放性质越益鲜明和显著。"⑤

---

① 文元珏:《第二次世界大战史》,湖南群社出版社 1944 年 6 月版。
② 舒宗侨:《第二次世界大战画史》,上海联合画报社 1946 年 9 月版。
③ 胡雪岩:《关于第二次世界大战开始和性质问题》,《光明日报》1957 年 1 月 17 日。
④ 朱圣果:《关于第二次世界大战的性质》,《中学历史教学》1957 年第 6 期。
⑤ 林举岱:《第二次世界大战的性质和开始日期》,《历史教学问题》1957 年第 2 期。

2.“两段”论或二战初期“两重性质”论

不少学者主张将大战以 1941 年 6 月苏联参战为界分为两个阶段，前一阶段基本上属于帝国主义争夺世界霸权的战争，后一阶段则是反法西斯战争。他们认为，第二次世界大战一开始就带有反法西斯战争和解放战争的性质，而且“从整个过程来看，第二次世界大战是反对法西斯侵略的战争”。但战争初期存在着两重性质的战争——一种是被侵略国家包括西方国家人民的反侵略的正义战争，另一种是英法两国政府从事的争夺霸权的帝国主义战争。

何戊双指出：“第二次世界大战开始后，到德苏战争爆发前的时期中，有两种不同性质的战争——反法西斯的解放战争与帝国主义战争——纠结在一起了，而其主流则是帝国主义争夺世界霸权的斗争；一九四一年六月二十二日德苏战争爆发，苏联的参战，从根本上改变了世界政治面貌，使反法西斯战争成为决定一切的主流，而帝国主义的争夺世界霸权的斗争降到次要的和从属的地位。”[1]丁则民指出，“法西斯国家所发动的第二次世界大战直接地威胁了世界各国人民的自由与生存，从而使一切爱好自由的民族反轴心国的第二次世界大战一开始就带有反法西斯战争和解放战争的性质。”而且“从整个过程来看，第二次世界大战是反对法西斯侵略的战争”。但 1939 年 9 月初开始的英、法政府对德国的战争，则“是一个为了重新瓜分世界与争夺世界霸权的帝国主义战争”。“因此，从 1939 年 9 月初第二次世界大战全面展开后到苏德战争爆发前的时期中，实际上存在着两种不同性质的战争，即反法西斯的解放战争与帝国主义争夺世界霸权的战争。”毛泽东在《苏联利益和人类利益一致》一文中指出：“现在爆发的战争，无论在英法方面，或德国方面，都是非正义的、掠夺的、帝国主义的战争。”[2]俞楠也坚持这种看法。[3]

3.“多重性质”论

郑玉林指出：“由于第二次世界大战的复杂性和多方面性，由于各方面进行战争所抱定的目的和认识不同，因此它的性质不是单一性的而是多方面的。从德国及其强盗伙伴方面说，这次战争是掠夺的侵略战争。从苏联和受法西斯进攻的其他国家人民方面说，这次战争是正义的解放战争，从美、英、法统治集团方

---

① 何戊双：《关于第二次世界大战的性质问题》，《教学与研究》1954 年第 2 期。
② 丁则民：《第二次世界大战性质的初步探讨》，《光明日报》1955 年 12 月 22 日。
③ 俞楠：《关于第二次世界大战爆发的日期及其发展阶段问题》，《史学月刊》1957 年第 9 期。

面说,这次战争是帝国主义争夺世界霸权的战争。"①张继平也持有这种看法。②

三、20 世纪 60 年代中期到 1978 年

从 20 世纪 60 年代中期到十一届三中全会之间,我国学术界比较流行的观点是重复毛泽东关于二次大战性质两段论说法,将大战以 1941 年 6 月苏联参战为界分为两个阶段,前一阶段基本上属于帝国主义争夺世界霸权的战争,后一阶段则是反法西斯战争。如在当时十分流行的北京大学《简明世界史》中写道:"第二次世界大战的初期阶段……帝国主义之间的矛盾是主要矛盾。它们之间的战争的性质,正如毛主席所指出的:'无论在英法方面,或德国方面,都是非正义的、掠夺的、帝国主义的战争。'""苏德战争的爆发改变了第二次世界大战的性质。""苏联的参战,大大地鼓舞了世界人民的反法西斯斗争,并把世界各种反法西斯力量汇集起来,反法西斯的正义战争成为当时世界历史发展的主流。因此,苏德战争的爆发,标志着第二次世界大战由初期阶段的帝国主义战争转变为世界反法西斯战争的新阶段。"③南开大学历史系编写的《世界现代史》也说:"战争初期阶段的性质,无论在德国或英法方面,都是非正义的掠夺的帝国主义战争。"④

四、党的十一届三中全会以来

粉碎"四人帮"后,学者们对这一问题进行了重新争鸣,提出了以下六种看法:

1. 单一性质论（或"自始至终反法西斯战争"论）

绝大多数学者认为二战自始至终是一场反法西斯战争,大战初期即是反法西斯战争,不存在帝国主义战争阶段,并且进行了深入、充分的论述。

首先,从当时世界的主要矛盾、战争发动者及其目的来看,二次大战是由全世界人民最凶恶的敌人德意日法西斯侵略国集团发动的、旨在奴役和征服整个人类的战争,这样一个世界主要矛盾就决定了第二次世界大战的性质。

---

① 郑玉林:《关于第二次世界大战的起因和性质问题——与丁则民同志商讨》,《光明日报》1956 年 2 月 2 日。
② 张继平:《试论第二次世界大战的开始、起因和性质问题》,《光明日报》1956 年 11 月 22 日。
③ 北京大学历史系简明世界史编写组:《简明世界史（现代部分）》,人民出版社 1975 年版,第 223—224 页。
④ 南开大学历史系:《世界现代史》,上册,南开大学历史系 1977 年版,第 180 页。

李巨廉指出，"二次大战的性质与一次大战不同的根本原因"在于，第二次世界大战虽然也是帝国主义大国重新瓜分世界和争霸世界的产物，但它与一次大战"所处的历史条件却极不相同"。此时，德日意法西斯国家的不断对外侵略，"就使德、日、意法西斯侵略集团同一切被压迫被侵略和被威胁的国家和人民之间的矛盾，成了当时世界的主要矛盾。德、日、意法西斯国家，成了当时新战争的策源地，成了世界人民共同的最凶恶的敌人。"①王振德、侯成德指出，德日意法西斯国家是世界人民最凶恶的敌人，它们同一切被侵略、被威胁的国家和人民的矛盾，是当时世界的主要矛盾。罗荣渠也指出，第二次世界大战是由法西斯侵略者首先发动对东西方的弱小民族和新兴独立国家的侵略而点燃战火的，这些情况都大不同于一次大战。被侵略国的反抗斗争使这场斗争一开始就具有反侵略与民族独立解放双重性质。②万松玉更明确指出："德日意法西斯是发动第二次世界大战的祸首，是全世界人民的公敌，德日意与世界人民的矛盾构成了当时国际关系中的主要矛盾。这一矛盾决定着当时世界政治的方向，关系着人类的命运和前途。因此，抗击和消灭法西斯就成了时代赋予人类的共同任务。在这种形势下，无论任何国家、任何阶级、任何政党，也不管他参战的目的如何，只要是反对德日意法西斯，阻止其侵略的行为，在客观上都具有反法西斯的正义性。所以，决不能把德日意法西斯和英法等民主国家混为一谈，或者各打五十大板。更不能得出这样的结论：因为德日意和英法美都是帝国主义国家，所以他们进行的战争都是帝国主义性质的战争。"因此他认为，"第二次世界大战从一开始就具有反法西斯战争的性质，而且随着战争进程的发展，这种性质越来越明显罢了。"③

其次，应该正确评价英法的对德战争。英法对德宣战具有帝国主义争霸的性质，但也具有保卫民族独立的性质，客观上有利于欧洲人民和世界人民。

李巨廉指出："诚然，英法对德宣战，并不是为了解放波兰人民……包含有帝国主义争霸的因素。但就当时的历史条件而言，英法对德宣战的实际政治内

---

①　李巨廉：《略论二次大战初期的性质与西欧国家"保卫祖国"的口号》，《世界史研究动态》1979 年第 1 期。

②　罗荣渠：《辉煌、苦难、艰辛的胜利历程——第二次世界大战若干问题的再认识》，《北京大学学报》1995 年第 4 期。

③　万松玉：《也谈第二次世界大战的性质——与朱贵生等同志商榷》，《河南大学学报》1985 年第 4 期。

容……客观上有利于波兰人民的抗德斗争。"由于"连英国和法国这样的大国本身的民族独立和民主自由,也受到极大威胁",因此"英法对德战争具有捍卫民族独立的反法西斯性质"。① 王振德、侯成德也指出:打败法西斯是世界政治的中心问题。英法两国的对德战争虽有争霸的因素,但它们所起的实际作用,也具有保卫民族独立的性质,客观上有利于欧洲人民和世界人民,其主导方面是反法西斯的正义战争。②

再次,不应以社会制度作为判断战争性质的依据。

李巨廉指出,"以某一社会主义大国的立场来判断一切是错误的",因为"二次大战所具有的反法西斯性质,终究不是由苏联的参战与否决定的,各国人民更不应以苏联的外交政策来决定自己对战争的态度"。因为斯大林后来曾公正地承认:"反轴心国的第二次世界大战与第一次世界大战不同,它一开始就具有反法西斯的、解放战争的性质,恢复民主自由也是其任务之一。苏联参加反轴心国的战争,只能加强并且确实加强了第二次世界大战的反法西斯的和解放的性质。"③

最后,应该对第二次世界大战进行综合性考察。

沈志恩通过对二战时双方的战略目标、作战目的和战争主体的研究,指出:"综观战略、作战目的和战争主体三个方面,可知第二次世界大战始终是全世界人民反对法西斯侵略和奴役的正义战争,不含帝国主义战争阶段。"④

综上所述,学者们最后指出:"总的说来,第二次世界大战自始至终是一场反法西斯的正义战争,不存在帝国主义阶段;所谓苏联参战本质上改变了大战的性质,其论据是不足的。"⑤

2."两阶段"论

到20世纪80年代中期为止,不少学者仍坚持传统的观点,认为第二次世界大战从性质上分为两个阶段,而且当时绝大多数教科书都是这样写的。他们认为,"这次世界大战的特点在于它有着性质不同的两个发展阶段,它以帝国主义

① 李巨廉:《略论二次大战初期的性质与西欧国家"保卫祖国"的口号》,《世界史研究动态》1979年第1期。

② 王振德、侯成德:《略论第二次世界大战的性质》,《世界史研究动态》1979年第5期。

③ 李巨廉:《略论二次大战初期的性质与西欧国家"保卫祖国"的口号》,《世界史研究动态》1979年第1期。

④ 沈志恩:《略论第二次世界大战的性质》,《史学月刊》1983年第4期。

⑤ 王振德、侯成德:《略论第二次世界大战的性质》,《世界史研究动态》1979年第5期。

争霸的非正义战争开始,最后以世界人民反法西斯的正义战争胜利而结束。"①
第二次世界大战的性质有一个演化的过程。前期或初期为帝国主义战争,后期
为反法西斯战争。

　　持这种观点的学者又在战争性质转化的具体时间上有不同意见。一种意见
认为,1940年4月9日德国进犯丹麦、挪威到6月18日戴高乐将军领导的"自
由法国"开始活动为二战性质转化的标志。如朱贵生等指出,"第二次世界大战
开始阶段(从德波战争爆发到1940年4—6月)是帝国主义性质的战争",因为
"产生这次战争的根源是帝国主义制度和政策;英法对德宣战,是为了在世界范
围内维护既得到益,而且它们宣而不战,因此谈不上进行了反法西斯战争。"德
国进攻西线后,英国开始推行坚定不移的反法西斯政策,戴高乐为恢复民族独立
而战,二战性质因而发生了变化——"从帝国主义战争转变为反法西斯战争"。②
另一种意见认为二战性质转化的界标应是苏德战争的爆发,说苏德战争的爆发
"使第二次世界大战演变成为世界反法西斯战争"。③

　　3."三阶段"论

　　陈正飞认为,在整个第二次世界大战过程中先后存在着不同性质的战争。
1931年9月到1939年8月是反法西斯战争、解放战争的性质;1939年9月到
1941年6月是帝国主义掠夺战争的性质;1941年6月苏联及其人民被迫参战,
"引起了战争性质的根本变化",从此,苏联成为反法西斯轴心国的主力,独立担
负起反帝国主义的重任,"加强,并确实加强了第二次世界大战的反法西斯的和
解放的性质"。④

　　4."两种性质始终存在"论

　　认为二战初期主流是帝国主义战争,也具有反法西斯战争性质,苏联参战后
反法西斯战争性质占了主流,但在一些战场上仍是帝国主义战争。⑤

　　5."两重性"论

　　认为二战中所有交战国进行的战争都具有两重性。法西斯国家集团战争的
两重性表现在:其共性是扩大侵略,称霸和瓜分世界,因而形成法西斯同盟;其特

---

① 王春良、祝明主编:《世界现代史》上册,山东人民出版社1983年版,第430页。
② 朱贵生、王振德:《第二次世界大战史》,人民出版社1982年版,第148—149页。
③ 王春良、祝明主编:《世界现代史》上册,山东人民出版社1983年版,第430页。
④ 陈正飞:《论第二次世界大战的性质》,《安徽师范学院学报》1957年第2期。
⑤ 刘士田:《关于第二次世界大战的性质》,《河北师范学院学报》1987年第3期。

殊性表现在德日意法西斯各有自己的战争目的,这就使得它们之间既有同盟条约又没有明确承担具体义务。反法西斯国家的两重性表现在:它们的共性是反法西斯;它们的特殊性表现在除反法西斯的共同目标外还有各自不同的要求。1985 年,世界现代史研究会第三届年会上,与会代表就这一观点进行了热烈的讨论。宣谛之发表文章进一步论述了这一观点。①

6.“四种性质综合”论

1985 年,在世界现代史研究会第三届年会上,有的学者提出二次大战是四种不同性质战争的综合:(1)德意日所进行的帝国主义战争;(2)英法美对德意日之间的帝国主义战争;(3)德意日对社会主义苏联的侵略战争;(4)美苏英法中等国所进行的反法西斯战争。这四种战争的综合,决定了二战的性质只能是各国维护自身独立与安全、共同反对侵略的战争。这是反法西斯国家战争目的的唯一共同点。②

第二节　对第二次世界大战的阶段划分

探讨第二次世界大战的性质,必然涉及二次大战的阶段划分问题。关于第二次世界大战的进程和阶段划分,史学界有三种观点。

1.“两阶段”论

俞楠最早提出将第二次世界大战分为两个阶段:1931 年 9 月中日战争开始到 1941 年 6 月苏德战争爆发前,占主导地位的是帝国主义战争,因而这一阶段主要是帝国主义性质的战争;1941 年 6 月苏德战争爆发到战争结束,指出苏联参战改变了战争的性质,使反法西斯战争居于主流。这是因为,首先,苏联参战在政治上的作用是巨大的,苏联以其伟大卫国战争的神圣目的统一了全世界的反法西斯斗争,从政治上为反法西斯的各国人民指出了斗争的方向和目标,确定了行动路线,因而加强了反法西斯的解放性质;其次,苏联参加战争最后划分了世界法西斯和反法西斯阵营,并加强了反法西斯的力量,组成了国际反法西斯统一战线,使反法西斯阵营的力量大于法西斯集团,因而有力量左右战争的进展;最后,由于苏联的参战,改变了整个第二次世界大战的形势,决定了战争的进程

---

① 宣谛之:《关于第二次世界大战两重性问题》,《社会科学战线》1985 年第 3 期。
② 《中国世界现代史研究会第三届年会在芜湖举行》,《世界史研究动态》1985 年第 8 期。

及其结局。① 到 20 世纪 80 年代中期为止,不少学者仍坚持传统的观点,绝大多数教科书都是这样写的。他们将二次大战分为前后两个时期,但分期的具体时间上有不同意见。一种意见主张以 1940 年 4 月 9 日德国进犯丹麦、挪威到 6 月 18 日戴高乐将军领导的“自由法国”为标志。指出从 1940 年 4 月起,德国法西斯把战火烧到了整个西欧、北欧,推行绥靖政策的英法两国政府下台,“到这个时候,从英法方面来说,战争的性质已经发生了变化,它已转变为正义的、民族解放的、反法西斯的战争。”②另一种意见认为界标应是苏德战争的爆发。③

2.“三阶段”论

一些学者将二次大战分为三个阶段,但就划分的具体时间又存在着差异。张继平的划法是:1931 年 9 月至 1939 年 9 月战争的性质是法西斯掠夺世界弱小国家的帝国主义侵略战争,并带有反法西斯解放战争性质;1939 年 9 月至 1941 年 6 月战争的性质是帝国主义争霸,策动反苏反共的帝国主义战争,但反法西斯的性质已有增长;1941 年 6 月至战争结束,战争的性质主要是反法西斯解放战争,但仍带有帝国主义战争成分。④ 陈正飞对第二次世界大战阶段的划分从具体时间上看与张继平是一致的,但在阶段性质上存在差异。⑤

3.“四阶段”论

军科院五卷本《第二次世界大战史》将 1931—1945 年的第二次世界大战分为四个阶段:1931 年 9 月—1939 年 8 月,大战的序幕与爆发阶段;1939 年 9 月—1942 年春,大战全面展开阶段;1942 年春—1943 年 12 月,大战的相持与转折阶段;1944 年 1 月—1945 年 9 月,大战的最后较量与结局阶段。⑥

蒯慧也将 1931—1945 年的第二次世界大战分为四个阶段:1931 年 9 月—1937 年 7 月为大战的“准备和形成阶段”;1937 年 7 月 7 日—1941 年 6 月为大战“正式爆发和形成时期”;1941 年 6 月—1943 年 2 月为二战的“进一步扩大和决战时期”,也是这场战争的性质更加明朗化的阶段;1943 年 2 月以后为“战略

①　俞楠:《关于第二次世界大战爆发的时期及其发展阶段问题》,《史学月刊》1957 年第 9 期。

②　朱贵生:《第二次世界大战史学术讨论会纪实》,《世界史研究动态》1979 年第 7 期。

③　王春良、祝明主编:《世界现代史》上册,山东人民出版社 1983 年版,第 430 页。

④　张继平:《试论第二次世界大战的开始、起因和性质问题》,《光明日报》1956 年 11 月 22 日。

⑤　王振德、侯成德:《略论第二次世界大战的性质》,《世界史研究动态》1979 年第 5 期。

⑥　军事科学院军史部:《第二次世界大战史》第一卷,军事科学出版社 1994 年版,第 22 页。

反攻和胜利阶段",也是大战的结束时期。①

4."五阶段"论

黄定天将 1931—1945 年的第二次世界大战分为五个阶段:1931 年 9 月 18 日到 1939 年 9 月 1 日德波战争为第一阶段。这一阶段,中国、阿比西尼亚和西班牙等最早遭受法西斯直接侵略的国家也最先举起了反法西斯的大旗。1939 年 9 月 1 日德国入侵波兰到 1941 年 6 月 22 日苏德战争爆发为第二阶段。这一阶段里希特勒把战争扩展到欧洲的绝大部分和北非,日本则把战争扩展到印度支那半岛。1941 年 6 月 22 日苏德战争爆发到 1942 年 12 月太平洋战争爆发为第三阶段。在这一阶段开始时,由于德国法西斯入侵苏联,英、美两国相继发表声明将全力支援苏联,标志着世界反法西斯统一战线形成并且逐步扩大。1943 年春斯大林格勒会战胜利到 1944 年夏第二战场的开辟为第四阶段。在这一阶段,反法西斯战争开始由战略防御转为战略进攻,新战线和新战场不断开辟,并成为战略反攻中的一支重要力量。1944 年 6 月第二战场开辟到 1945 年 9 月法西斯投降为第五阶段。在这一阶段里,欧亚各国全面反击,争取最后胜利。②

第三节　研究第二次世界大战的性质应掌握的原则

那么,是什么原因导致了学术界对第二次世界大战性质及其阶段的划分出现了如此重大差异呢?原因固然是多方面的,但与学者们所持原则的不一致也有密切的关系。为此,一些学者在探讨二次大战的性质时也论及了研究二次大战史应掌握的一些原则。

首先,要具体问题具体分析。

1. 对战争爆发时的历史条件进行具体的研究

李巨廉指出,"我们必须对每一战争做历史的考察,不应离开具体的历史条件来讨论战争的性质。"③林举岱指出:"对于第二次世界大战性质的分析,必须注意战争爆发时间具体的历史条件。它和第一次世界大战发生时期显著不同的

①　蒯慧:《关于二战的起点问题及其他》,《淮北煤师院学报》1996 年第 3 期。

②　黄定天:《第二次世界大战的分期与中国抗日战争的历史作用》,《学习与探索》1995 年第 4 期。

③　李巨廉:《略论二次大战初期的性质与西欧国家"保卫祖国"的口号》,《世界史研究动态》1979 年第 1 期。

地方,就在第二次世界大战爆发时期,资本主义体系已经破裂,再不是一个无所不包的世界体系,社会主义国家已在世界六分之一的土地上建成,开辟了世界无产阶级革命的新纪元,推动殖民地、半殖民地民族解放革命斗争的发展。这些新的、强有力的历史条件,不会不深刻地影响到第二次世界大战的性质,影响到参战的资本主义国家所执行的政策,以及影响到大战的进程。"[1]

2. 对英法参战及其以后的表现要具体分析

五卷本《第二次世界大战史》指出,英法宣战是在其绥靖政策碰壁以后被迫采取的措施,这是英法改变对德外交政策的一个重大转折。这一转折有利于世界人民的反法西斯斗争。英法自参战开始,其反法西斯的一面就成了主导倾向,我们不能因为批判其消极的一面而否定其居于主流地位的积极的一面。[2]

其次,要对战争进行全面的考察。

军事科学院五卷本《第二次世界大战史》指出:"判断世界大战的性质,必须根据交战国的全部政治的总和而不凭一时的某些情况。"[3]李巨廉指出,必须对每一战争做全面的考察,"在考察帝国主义时代发生的战争时,更应从世界范围看,而不应孤立地看;应当以全世界反帝国主义斗争总结算中实际结果为标准,而不是以个别国家的形式上的民主为标准。"[4]郑玉林指出,确定战争的性质要明确两点原则:第一,战争是双方面或多方面的武装冲突行为而不是单方面的事情,同一战争过程对双方面或敌对各方面来说,它的性质可能是相同或不同的。因此,不能以单方面的性质来概括多方面。[5] 第二,战争的性质是参战国双方或多方所抱定的目的和所要解决的任务来决定的。因此,目的不同,性质也就不同。[6]

再次,要抓住主要矛盾,不要被非主要矛盾所困扰。

五卷本《第二次世界大战史》指出,自九一八事变日本侵略中国东北开始,

①　林举岱:《第二次世界大战的性质和开始日期》,《历史教学问题》1957年第2期。

②　军事科学院军史部:《第二次世界大战史》第一卷,军事科学出版社1994年版,第21页。

③　军事科学院军史部:《第二次世界大战史》第一卷,军事科学出版社1994年版,第19—20页。

④　李巨廉:《略论二次大战初期的性质与西欧国家"保卫祖国"的口号》,《世界史研究动态》1979年第1期。

⑤　郑玉林:《关于第二次世界大战的起因和性质问题——与丁则民同志商讨》,《光明日报》1956年2月2日。

⑥　郑玉林:《关于第二次世界大战的起因和性质问题——与丁则民同志商讨》,《光明日报》1956年2月2日。

法西斯侵略与反法西斯侵略的矛盾便开始突出起来。经过一系列局部战争,特别是法西斯侵略阵线的出现,使法西斯侵略集团与一切被侵略、被压迫和被威胁的国家和人民之间的矛盾上升为世界的主要矛盾,德日意法西斯成了世界人民的公敌,其他矛盾则退居次要和服从地位。只有抓住这个矛盾,才能从整体上把握这场战争的政治性质。我们拿这个标准来衡量英法宣战和进行反德战争,在客观上它是站在反侵略的正义人民一边。英法对德宣战就意味着承认自己绥靖政策的失败,开始同法西斯处于直接对立的地位。①

最后,应承认帝国主义战争与民族战争可以相互转化,但是这种转化只能在"一定条件"下发生。②

---

① 军事科学院军史部:《第二次世界大战史》第一卷,军事科学出版社 1994 年版,第 20—21 页。

② 李巨廉:《略论二次大战初期的性质与西欧国家"保卫祖国"的口号》,《世界史研究动态》1979 年第 1 期。

第四章 挑起第二次世界大战的罪魁祸首

——关于法西斯主义的研究

法西斯主义是 20 世纪的特有现象,是第二次世界大战的罪魁祸首。在引起第二次世界大战的诸因素中,法西斯主义的作用最为恶劣。正因如此,中国学界对法西斯主义的研究历来十分重视,成果琳琅满目,观点精彩纷呈。

第一节 研究历程回顾

早在 20 世纪 30 年代,法西斯主义刚刚兴起就立即引起了中国学界的关注,一度出现了研究法西斯主义的热潮,推出了一批揭示法西斯主义的著述。其中最具代表性的有张克林的《法西斯主义研究》(南京蔚文社 1933 年版)、周毓英的《法西斯主义的理论基础》(上海民族书局 1934 年版)、蔡之华的《法西斯主义之理论的体系》(上海印书馆 1935 年版)、蔡师烔的《共产主义与法西斯主义》、董霖的《法西斯主义与新意大利》(上海黎明书局 1932 年版)、傅无退的《日本法西斯主义》(上海印书馆 1933 年版),以及吴友三的三卷本著作《法西斯运动问题》(上海商务印书馆 1936 年版)。这些著述对法西斯主义的许多问题进行了探讨,反映出了中国学者对国际事务敏锐的洞察力,代表了中国学界对法西斯主义研究的水平。

中华人民共和国成立后,大陆方面对法西斯主义的认识基本上是重复苏联学者的观点,很少有自己独立的建树。党的十一届三中全会之后,大陆的二战史研究重新起步,对法西斯主义的研究也进入了一个快速发展的轨道。作为二战起源研究的重要构成部分,大陆学界从 20 世纪 80 年代起开始把法西斯主义作为一个重点研究课题,进行了集中探讨。中国政府对该课题的研究十分重视,1986 年,国家哲学社会科学规划办公室把关于法西斯主义的研究列入全国哲学社会科学规划第七个五年计划(1985—1990)期间世界史学科的重点研究课题。为了推动该领域的研究,中国社会科学院世界历史研究所及其主管的学术机构,如中国第二次世界大战史研究会、德国史研究会、日本史学会和抗日战争史研究会等,联合或者单独举办了多次全国性的专题学术研讨会:1984 年 11 月,社科院世界史所在烟台举办了"关于欧洲法西斯主义"专题学术讨论会,重点探讨了德意法西斯政党崛起的原因、法西斯政权的阶级性质、夺取政权后的内外政策和扩军备战等问题;1985 年 6 月,日本史学会在北京举办的现代史分会年会上,就日本法西斯问题进行了重点探讨;1985 年 8 月和 1987 年 8 月,德国史研究会两次举办德国法西斯主义问题专题学术研讨会,探讨了法西斯主义的理论渊源、经济危机与法西斯兴起、法西斯与战争等问题;1987 年 10 月、1990 年 5 月和 1992年 8 月,二战史研究会与社科院世界史所在桂林、上海和秦皇岛三次联合举办全国性的"关于法西斯主义问题"专题研讨会,就德意日法西斯运动与法西斯政权的相关问题、法西斯体制等问题进行了集中探讨。这一系列学会会议的召开,推动大陆的法西斯主义问题研究走向了高潮,从而使法西斯主义问题成了中国二战史研究中成果最为辉煌的领域之一。

第二节　总体研究成果

据不完全统计,三十余年来,大陆各出版机构共出版有关法西斯主义的图书100 余部,学术刊物刊登有关法西斯主义的论文 500 余篇。这些研究主要涉及德意日法西斯的理论来源及其思想基础,德意日法西斯的异同,法西斯产生和上台的阶级和社会基础,法西斯及其政权的性质,法西斯夺权的方式,法西斯国家的对内政策,尤其是纳粹德国的经济政策、政治体制、妇女政策和反犹主义,以及法西斯国家的对外侵略和暴行等方面。法西斯主义的主要人物、组织和重大事件都有专著和专文予以阐述。以中国社会科学院历史研究所朱庭光研究员为首的一批专家学者一直致力于对这一课题的研究,出版了一批著述,论述了法西斯主义的兴起以及法西斯政权在德、意、日三国的确立,揭示了德意日法西斯实行极权主义国家体制的特点以及与第二次世界大战的密切关系,逐步填补了我国史学的这一空白领域。其中主要的著作大致如下。

朱庭光主编出版了多部关于法西斯主义的学术论文集。其中,《法西斯主义与第二次世界大战》(华夏出版社 1988 年版),收录了当时主要学者研究的相关成果,围绕德意法西斯主义产生的社会历史条件、德国纳粹党与各阶级的关系、德意法西斯如何攫取政权及其内外政策等方面进行了论述,反映了我国研究者20世纪80年代中期所达到的水平，为我国法西斯主义研究打下了基础；《法西斯新论》（重庆出版社1991年版）作为一部集体著作，针对国内外学术界关于法西斯主义的主要争论，对有关法西斯主义的一连串问题进行了多层次的探讨，给予了比较系统而全面的回答，对若干现象做出了新的解释，"反映了我国二战史学工作者在法西斯主义研究中80年代末达到的新水平"[1]；《法西斯体制研究》（上海人民出版社1995年版）是《法西斯新论》的姐妹篇，分别对德国、意大利和日本三个法西斯国家的政治、经济和文化体制进行了集中的深入的探讨。陈祥超、郑寅达、孙仁宗等所著《法西斯运动和法西斯专政》（中国青年出版社1999年版），把法西斯主义分成法西斯主义思潮、法西斯运动和法西斯政权三个方面进行研究，而且以德意日三国法西斯运动的兴起与演变、法西斯上台和极权独裁统治的确立、法西斯主义与战争，以及三个法西斯国家的败亡为重点叙述内容，对于我们认识德国法西斯纳粹运动的兴起及其特性有较大的参考价值。杜美的《欧洲法西斯史》（学林出版社2000年版），对法西斯主义在欧洲产生的历史背景、表现做了全面的概括，对第二次世界大战的起因和进程，对意大利法西斯主义和德国纳粹的罪恶行径进行了重点而翔实的揭示。陈祥超所著《墨索里尼与意大利法西斯》（中国华侨出版社2004年版），站在当今时代的高度，以新的视野、新的角度全面深入地探讨了意大利法西斯主义的一系列重大问题，集历史性、学术性、知识性于一体，是一部高品位的史学专著，基本反映了我国学术界当前关于意大利法西斯主义研究的最高水平。李工真所著《纳粹德国经济体制研究》（武汉大学出版社1994年版），研究了纳粹掌权后的经济体制及其实施的一系列经济方针和政策，成功地分析了这种经济体制在维护纳粹统治和发动战争的作用，对后来更深入的研究提供了很好的借鉴。吴友法所著《德国法西斯的兴起——第二次世界大战起源研究》（湖北教育出版社2001年版），从不同角度探讨了德国法西斯为什么能在德国兴起并夺取政权，以及走上发动第二次世界大战的道路，并深刻揭示了第二次世界大战起源问题。

此外，郑寅达的《法西斯》（上海辞书出版社2006年版），李传松和董炜波合著的《欧洲法西斯主义比较研究初探》（北京第二外语学院出版社1984年版）等，都有相当的参考价值。

---

[1]　杨玉生：《一部系统研究法西斯的力作——评〈法西斯新论〉》，《世界历史》1992年第5期。

第三节　若干专题问题研究

一、关于"法西斯"一词的来源及其演变

"二战"后,在人们的日常用语中,"法西斯"成了残暴、恶行与专制独裁的同义词。但是,陈祥超经过考证认为,从"法西斯"一词出现到人类历史上第一个法西斯政权的建立,其含义几经变迁。"法西斯"一词系由拉丁文 Fasces 音译而来,它最早出现于古罗马时代,是执政官的随从手中所持的一个中间插着斧头的棒束,是权力的标志和象征。19 世纪末,意大利南部建立的工人组织以意大利文 Fascio(法西斯)命名,其中影响最大的是 1890 年西西里岛的工人和农民联合建立的"西西里劳动者法西斯"。在此时的意大利语中,"法西斯"具有了"联盟""协会"的含义。"法西斯"成为革命的代名词。一战爆发后,意大利建立的一些极端民族主义组织为了笼络人心,都冠以具有革命标志的"法西斯"一词,其中 1914 年 10 月在米兰建立的"国际行动革命法西斯"是规模和影响最大的组织,并于 1915 年 1 月更名为"革命干涉行动法西斯"。所有此类组织都宣扬极端民族主义和社会沙文主义。一战结束后,墨索里尼于 1919 年 3 月在米兰建立一个新组织——"战斗的意大利法西斯",并在次年 5 月举行的该党第二次全国代表大会上公开宣布其行动准则是"蓖麻油和大棒",即暴力恐怖、行凶放火和残杀革命者。1921 年 11 月,"战斗的意大利法西斯"更名为"国家法西斯党",古罗马"棒束"被定为其标志,墨索里尼当选为"领袖"。现代意义的法西斯正式出现。[①]

二、关于"法西斯"的定义与阶级属性

中外学者对法西斯的定义曾做出种种回答。内涵最宽的,是将法西斯的定义高度概括为"对内实行独裁统治,对外推行侵略扩张",这样一来,几乎可以把古今中外一切实施对外扩张的独裁政权,以及鼓吹实施此类内外政策的组织和个人都归入法西斯的范畴。内涵最窄的,是仅仅承认意大利的"国家法西斯党"是法西斯,而把德国纳粹和日本法西斯也排除在外。

[①]　于忠:《"法西斯"的由来和演变》,《外国史知识》1982 年第 4 期;陈祥超:《"法西斯"名称的由来》,《编译参考》1985 年第 8 期;陈祥超:《意大利法西斯主义的兴起》,《世界历史》1987 年第 1 期。

长期以来,中国学者普遍赞同季米特洛夫的定义,认为法西斯主义是"金融资本的极端反动、极端沙文主义、极端帝国主义分子的公开恐怖的独裁"。改革开放后不少学者认为,仅仅把法西斯简单化地理解为独裁、专制、暴力和反动是很不够的,必须对法西斯主义重新进行实事求是的研究,从而得出更加全面的认识,并据此提出了一些新的看法。朱庭光认为"法西斯主义是在帝国主义陷入全面危机期间,主要在一些封建主义和军国主义传统影响浓厚的帝国主义国家出现的,以克服危机、对抗革命实行扩张为目的的反动社会思潮、政治运动和政权形式。"①郑寅达也有类似的表达②,并指出法西斯主义的主要内涵是极端民族主义和社会达尔文主义,它鼓吹以暴力和战争侵略和奴役其他民族,对内既反对传统资本主义也反对社会主义,主张阶级调和和所谓"第三条道路"等。③ 杨玉生进行了更加全面的分析,指出法西斯主义是"一种与传统独裁制迥然有别的现代独裁制,它具有'群众性'的形式特征,具有较高社会动员和政治参与"。"法西斯主义……是大资本的一种统治形式。但是……并不是大资本的常规统治形式,而是特殊条件下的统治形式。同时,法西斯主义对大资本本身也构成了一定威胁。"④不少学者将法西斯主义与封建主义联系在一起,指出法西斯主义"不是一般的金融资产阶级或垄断资产阶级统治,而是带有军事封建性的垄断资产阶级统治"。⑤ 法西斯主义是垄断资本主义与封建残余势力相结合的产物,是现代社会的封建怪胎。⑥ 这就指出了法西斯主义产生的历史背景、滋生土壤、政治目标和组成部分等要素,既阐明了法西斯主义是特定历史条件下的产物,同时也界定了它的内涵。

人们普遍认为,法西斯主义的社会基础是城市破产的半无产者、中产阶级及其知识分子以及国内一些农民群众。⑦ 但是法西斯主义到底代表哪个阶级的利

①　朱庭光主编:《法西斯新论》,重庆出版社 1991 年版,《序论》第 10 页。

②　郑寅达论文中的原话为:"法西斯是垄断资本主义阶段,在资本主义陷入政治、经济、社会全面危机,或处于局部失调状态时,以克服危机、改造社会、实行扩张为目标的反动社会思潮、政治运动和政权形式。"(郑寅达:《20 世纪的法西斯》,《华东师范大学学报》1998 年第 5 期。)

③　郑寅达:《法西斯兴起的体制机制性原因》,《烟台大学学报(哲社版)》2005 年第 7 期。

④　杨玉生:《德国纳粹主义的若干历史特征》,《历史研究》1991 年第 6 期。

⑤　崔树菊、君里:《法西斯主义与封建主义的历史联系》,《历史教学》1980 年 10 期。

⑥　施茂铭、刘焱:《意大利法西斯的形成及其历史教训》,《杭州师范学院学报》1981 年第 2 期。

⑦　李宗耀:《东、西方法西斯主义评述——德、意、日法西斯主义的比较》,《延边大学学报》1990 年第 3 期。

益？国外存在着多种说法:有人认为法西斯主义是"超阶级的力量"①;另有人认为它是"小资产阶级的暴动"②;还有人认为它是"中产阶级的起义"。③ 1922 年共产国际第四次代表大会指出法西斯主义是"大地主手中的工具"④;1925 年共产国际五大则指出法西斯主义是"大资产阶级反对无产阶级的工具"。⑤ 德国法西斯上台以后,共产国际执委会主席季米特洛夫在 1935 年召开的共产国际七大上指出:"掌握政权的法西斯主义乃是最反动的、最主张民族侵略主义、最抱帝国主义野心的金融资本家的公开的恐怖专政。"⑥这个看法此后成为共产国际及包括中国在内的所有社会主义国家对法西斯的官方认识。改革开放以来,中国学者通过深入思考,指出法西斯主义实质上主要是恶性发展的、极端的、反动的民族主义,仅仅认为法西斯是垄断资本的统治是不完全符合历史事实的,法西斯的滔天罪行是其民族也不能辞其咎的。⑦ 虽然法西斯主义不可能真正超越阶级矛盾和意识形态的对立,但不能简单地把法西斯主义与某个社会阶层或某种社会制度画等号。⑧ 据此,许多学者提出,不管是意大利法西斯,还是德国的纳粹党,并非从一开始就是垄断资产阶级的政党和工具。⑨ 法西斯在上台前后其代表的阶级利益是不同的:起步阶段的法西斯运动是一场社会下层的反资本主义运动,主要代表中下层民众的利益;执政阶段的法西斯是垄断资本最反动的代表。但是也有学者认为,法西斯体制已经越出了资本主义的范畴,成为一种独特的体制。⑩ 因为法西斯分子在掌权以后大搞所谓的社会革命,资本家的生产过程、利润率、投资方向等都受到干预和限制,而下层民众的生活水平、福利待遇和社会地位,都有一定的改善。⑪

---

　　① 这是奥地利社会党人奥托·鲍威尔的观点,见季米特洛夫在共产国际第七次代表大会上的报告《法西斯主义的进攻和共产国际在工人阶级反法西斯主义统一斗争中的任务》,1935 年 8 月 2 日。

　　② 这是英国比会党人勃列斯福达的观点。同见上处。

　　③ ［意］A.塔马罗:《历史二十年(1922—1943)》,第一卷,罗马,1953 年版。

　　④ 参见《共产国际第四次代表大会决议》,莫斯科,政治书籍出版社 1923 年版,第 11 页。

　　⑤ 《共产国际第五次代表大会速记报告》,第二部分,莫斯科—列宁格勒,1925 年,第 121 页。

　　⑥ 《季米特洛夫文集》,解放社 1950 年版,第 75—78 页。"金融资本家"原译作"财政资本家"。

　　⑦ 黄正柏:《近年来国内德国史研究》,《史学理论研究》2006 年第 2 期。

　　⑧ 仇海燕:《法西斯主义与极端民族主义》,《淮阴师范学院学报》2004 年第 5 期。

　　⑨ 朱庭光主编:《法西斯新论》,重庆出版社 1991 年版,《序论》第 11 页。

　　⑩ 郑寅达:《解读意大利法西斯问题》,《社会科学报》2005 年 3 月 31 日,第 008 版。

　　⑪ 郭保强:《法西斯:20 世纪的人类毒瘤——郑寅达教授访谈录》,《探索与争鸣》2000 年第 4 期。

三、法西斯主义的思想来源和特征

学者们普遍认为，极端民族主义和社会达尔文主义是法西斯主义的主要思想来源。如郝时远提出，法西斯主义是在极端民族主义基础上，兼容了传统的帝国意识和近现代的极权、铁腕、暴力、社会达尔文主义等一系列非理性思潮而形成的。① 李宗耀则认为，法西斯主义思想"由法国的'安克兴·法论珊斯'那里发展而成"。因为墨索里尼曾"游历法国，学得了'安克兴·法论珊斯'的理论。法论珊斯思想核心就是'极端的国家主义'，同时，也是机能国家论，主张反资本主义"。② 王昌沛则从更加广泛的视角认识这一问题，她认为，就德意法西斯运动产生的理论基础来看，都和历史上传统的民族主义、种族主义理论有着直接的联系，但两国法西斯主义产生的理论渊源则不尽相同：意大利法西斯主义的来源是多渠道的，它不仅受到古罗马帝国对内专制独裁、对外侵略扩张的思想影响，而且受到马基雅维利主义、新黑格尔主义、索勒尔的暴力主义和费希特的大日尔曼主义的影响；德国纳粹主义思想主要来源于形形色色的帝国主义思潮、极端民族主义以及社会达尔文主义等。③ 也有学者提出，无政府主义是法西斯主义的思想渊源之一，它发展到极端有可能导致法西斯专政的后果；法西斯主义在取得政权前需要利用无政府状态制造混乱，以便乱中夺权。④

关于法西斯主义的思想特征，有学者认为，第一，法西斯主义具有实用主义、机会主义的思想特征，并没有而且不需要清晰而一贯的理论体系；其次，法西斯主义具有反理性主义的特征，以唯意志论、直觉、本能进行理性的反叛，对自由主义、民主主义、社会主义这些建立在理性主义基础上的政治学说进行全面的反动，并第一次将非理性主义运用于所有领域尤其是政治领域，形成了典型的反理性主义特色。⑤ 此外，还有学者将法西斯主义看作是一个群众性问题而非是希特勒个人或者是纳粹党的问题，认为法西斯主义是崇尚领袖至上论、暴力至上论和国家至上论的集体运动。⑥

---

① 　郝时远：《极端民族主义与法西斯主义——纪念世界反法西斯战争胜利》，《世界民族》1995年第 1 期。

② 　李宗耀：《东、西方法西斯主义评述——德、意、日法西斯主义的比较》，《延边大学学报》1990 年第 3 期。

③ 　王昌沛：《德意法西斯主义运动比较》，《佳木斯大学社会科学学报》2005 年第 4 期。

④ 　仓理新：《无政府主义与法西斯主义》，《首都师范大学学报》2001 年第 3 期。

⑤ 　陈硕：《论法西斯主义的群众心理基础》，《法制与社会》2008 年 8 月下期。

⑥ 　刘亚鹏：《集体运动视角下的法西斯主义》，《齐齐哈尔大学学报》2016 年第 4 期。

四、各国法西斯特点比较

1. 各国法西斯的共性

法西斯运动有哪些共同特征呢？郑寅达进行了综合研究,指出法西斯有六个方面的共性:第一,法西斯是人类历史进入 20 世纪后才出现的现象,是资本主义进入垄断阶段以后的产物;第二,法西斯鼓吹极端民族主义或民族沙文主义,要求重振本民族的国际地位,侵略和奴役其他民族;第三,法西斯鼓吹弱肉强食的社会达尔文主义,歌颂暴力和战争,把暴力和战争看作是实现对外扩张计划和民族沙文主义要求的手段,以及维持所谓"优等种族"内在素质的必要途径;第四,法西斯运动的社会基础是以小资产阶级分子为主的中下层民众;第五,法西斯既反对马克思主义的科学社会主义,又反对传统的资本主义,鼓吹寻求第三条道路,强调并实行本民族内部的阶级调和和阶级合作;第六,法西斯宣扬和推行独裁统治,在政治、经济、文化和社会管理上都有具体的体现。[①]　陈祥超认为初期法西斯运动有三个共同特征:一是多数都是崛起于社会中下层的右翼狂热运动,参加者主要是退伍军人、失去土地的农民、破产的中小企业主和失业工人;二是以极端民族主义作为其政治纲领的核心,以侵略扩张、发动侵略战争作为其一切重大政策的根本出发点;三是既反对布尔什维主义和社会主义,又反对资产阶级民主制。而且初期法西斯运动的这些共同特征,到德、日等国的法西斯政权建立后,又有所加强和扩大。[②]　有学者将执政的法西斯主义的基本特征归纳为:第一,它是崛起于社会中下层的右翼狂热活动,同原有统治阶级权势集团结成政治联盟所建立的反动政权,代表以垄断资产阶级为主体的新老统治集团的利益;第二,它是以极端民族主义为政纲核心,以侵略扩张、发动战争、争霸世界为其一切重大政策根本出发点的最野蛮凶残的帝国主义政权;第三,它是以极权制取代民主制的反共、反社会主义、反民主主义的恐怖独裁统治,是资产阶级专政的极端形式"。[③]

2. 各国法西斯的差异

虽然法西斯具有不少共性,但是也存在着一些明显的差异。如郑寅达认为,20 世纪的法西斯可分为东方法西斯和西方法西斯两大类别。东方法西斯以日本为代表,尽管日本在二三十年代出现了 500 多个民间法西斯团体,但是没有一

---

① 郑寅达:《20 世纪的法西斯》,《华东师范大学学报》1998 年第 5 期。

② 陈祥超:《试论世界法西斯运动的第一次浪潮》,《华中师范大学学报》1996 年第 6 期。

③ 朱庭光主编:《法西斯新论》,重庆出版社 1991 年版,《序论》第 12 页。

个作为法西斯运动核心的法西斯政党。日本法西斯体制的确立,首先由军部在对外扩张的过程中法西斯化,随后法西斯化的军部同宫廷、官僚、财阀等权势集团相结合,依靠发动战争等外部事件的刺激,取得对国家政权的支配,逐步把近代天皇制向天皇制法西斯体制推进。西方法西斯以德、意两国为典型,其主要特点是有一个由强有力的党魁领导的群众性的法西斯政党,由这个政党发动具有广泛群众基础的法西斯运动,采取以自下而上为主的方式,同统治阶级权势集团结成政治联盟,取得全国政权。在这个基础上,进而废除议会民主制,全面确立法西斯体制。西方法西斯具有较浓的小资产阶级性和现代色彩。[1]

五、关于法西斯兴起和上台的历史条件和原因

1. 关于法西斯的兴起

　　法西斯主义为什么成为二十世纪二三十年代风行世界的现象呢? 学者们普遍认为,法西斯的出现原因是多方面的。首先,它是资本主义制度和资产阶级议会民主制严重危机的产物,"帝国主义的全面危机是法西斯主义产生的历史前提"。一战后资本主义社会和西方世界处于严重的失调状态,国际秩序中普遍盛行强权政治,部分西方国家的民主制度不够完善,运行中显露弊端,贫富两极分化加剧和中产阶级内涵的转换,为法西斯运动提供了群众基础。[2] 德、意、日等国经济危机加深,革命危机逼近,资产阶级政府无力解决这些危机,人民群众中普遍存在着对现政府的失望和不满情绪。法西斯政党则利用这种危机,以及广大人民群众的失望和不满情绪,用蛊惑人心的宣传和大量空头支票争取了他们的支持。[3] 其次,浓厚的封建主义和军国主义传统影响,为法西斯主义的滋生提供了最适宜的土壤。这些国家没有长期的民主主义传统,却有着悠久的专制主义和军国主义传统。军国主义是培育法西斯主义的温床,军方的支持对法西斯政权的建立起着关键性的作用。政界、军方、宫廷、经济界以及其他方面的重要人物的支持和赞赏,为法西斯运动的存在和发展提供了必要的条件,并在确定授权法西斯党魁组阁的关键时刻起了决定性的作用。[4] 再次,法西斯是民族主

---

　　① 郑寅达:《20世纪的法西斯》,《华东师范大学学报》1998年第5期。

　　② 郑寅达:《法西斯兴起的体制机制性原因》,《烟台大学学报》2005年第3期。

　　③ 朱庭光主编:《法西斯新论》,重庆出版社1991年版,《序论》第20页;陈祥超:《试论世界法西斯运动的第一次浪潮》,《华中师范大学学报》1996年第6期。

　　④ 朱庭光主编:《法西斯新论》,重庆出版社1991年版,《序论》第15页。

义情绪恶性发展的产物。最后，在文化上，法西斯是传统的生活方式和价值观遇到挑战、面临危机的产物。①

2. 关于法西斯的上台

德意日法西斯为什么能够上台和肆虐？学术界普遍认为，其原因是多方面的，应从历史根源和社会根源两个方面进行研究。从历史根源来看，德、意、日三国在历史上都是侵略成性的国家；三国的资产阶级革命都不彻底，国家受到封建传统的千年束缚，生产力和文化水平低下，使统治者能够推行愚民政策和残暴统治；德、日两国具有浓厚的军国主义色彩。② 社会根源包括：1929 年至 1933 年资本主义世界的经济危机为法西斯上台提供了条件，反动统治阶级在社会政治危机发展到走投无路的情况下，集历史上一切暴政之大成；垄断资产阶级的支持使法西斯如鱼得水；无产阶级政党力量的薄弱、幼稚或者斗争路线上存在严重错误，未能建立反法西斯统一战线，为法西斯上台创造了良机。③ 同时，法西斯所具有的外在迷惑性，也是其猖獗一时的重要原因。法西斯既是对不合理的国际秩序的一种反动，又对国内运行不良的民主政治体制提出了挑战。它的战斗性对急于改变现状的民众来说具有很大的吸引力，它所鼓吹和实施的阶级协调，极大地满足了处于下滑状态的中下层民众的诉求。④

六、德国法西斯主义研究

1. 关于"纳粹主义"的中文译名

德国希特勒的"纳粹主义""纳粹党"，长期被译为"国家社会主义""国社党"，我国学者在著述中也习惯使用这一名称。

早在 1982 年，宋钟璜就撰文提出了质疑，明确提出希特勒的思想应该是"民族社会主义"，而非"国家社会主义"。⑤ 随后，"民族社会主义"一词在中国的使用普遍了起来。鲍世修从德语文法的角度指出正确的翻译应当是"民族社会主义""民族社会主义党"。因为德语的 Nazismus（纳粹主义）是 National-

---

① 郑寅达：《20 世纪的法西斯》，《华东师范大学学报》1998 年第 5 期。
② 杨青云：《论德意日法西斯上台的历史根源和社会根源》，《天中学刊》2001 年第 3 期。
③ 崔树菊、君里：《法西斯主义与封建主义的历史联系》，《历史教学》1980 年 10 期。
④ 郑寅达：《解析法西斯的外在迷惑性》，《探索与争鸣》2005 年第 6 期。
⑤ 宋钟璜：《希特勒"国家社会主义"应是"民族社会主义"》，《世界史研究动态》1982 年第 2 期。

sozialismus 一词的缩写。Sozialismus 是个单义词,只能译"社会主义",没有歧义;National 则是个多义词,可以译成"民族的",也可译成"国家的"。纵观希特勒的活动和纳粹的历史,该党与社会主义没有多大关系,但是强调的却是民族主义。①

2. 关于纳粹党的阶级属性

关于纳粹党的阶级性问题,20 世纪 80 年代以前,国内史学界不存在不同认识,普遍认为纳粹党是大垄断资本集团政治上的代理人,德国垄断资产阶级——容克贵族是它的阶级基础。② 20 世纪 80 年代以来,学术界存在着三种看法。

一些学者仍坚持传统观点,认为纳粹运动从一开始就是附属于大资本的,本质是代表垄断资产阶级利益的。如张继平指出,不能将纳粹党的阶级属性与其社会成分混为一谈。纳粹党的成员及其社会成分尽管主要是小资产阶级群众,但它实际上代表的是垄断资产阶级的利益。以纳粹党纲来说,虽然有符合小资产阶级利益的辞句,但它的基本主张的目的是要对外发动侵略战争,这完全反映了垄断资产阶级的要求。希特勒还恶毒攻击马克思主义,反对德国共产党,这也是垄断资产阶级所欢迎的。从希特勒上台后对以罗姆为首的冲锋队(以小资产阶级群众为主体)的血腥清洗来看,说明纳粹党根本不是德国小资产阶级利益的代表。③

另一些学者观点截然相反,认为它始终是中小资产阶级的政党。如马骏指出,纳粹党上台后虽代表垄断利益,却不是以垄断资产阶级——容克贵族为阶级基础,它的阶级基础是以小资产阶级为主体的德国中下层民众。纳粹党与德国垄断资产阶级——容克贵族发生联系,并逐步代表了后者的部分利益,并没有改变他们的性质。④ 有学者通过对《二十五点纲领》中"反资本"条款问题、纳粹党的重建问题和希特勒否定"汉诺威纲领"问题的分析,认为纳粹党应定性为具有极端民族主义色彩的中小资产阶级政党。⑤

更多的学者坚持纳粹党性质的两阶段论,认为它有一个从小资产阶级运动到垄断资产阶级政党的演变过程。杨玉生的看法最具代表性,他提出"把纳粹

---

① 鲍世修:《"纳粹主义"是"民族社会主义"》,《真理的追求》2000 年第 4 期。
② 张继平、吴友法:《纳粹党的崛起与德国小资产阶级》,《历史研究》1985 年第 4 期。
③ 张继平、吴友法:《纳粹党的崛起与德国小资产阶级》,《历史研究》1985 年第 4 期。
④ 马骏:《试论民族社会主义德国工人党的阶级基础》,《东北师大学报》1994 年第 6 期。
⑤ 王双静:《关于纳粹党阶级属性的几个问题》,《西北大学学报》1999 年第 2 期。

主义作为一种社会运动的阶级性质和作为统治形式的阶级性质区分开来,应是研究纳粹主义阶级性质的基本出发点"。作为社会运动的纳粹主义是一种具有独立性和自发性的中等阶层社会运动。"不分阶段地把纳粹党说成是大资本的'政治代理人',无法解释为什么在很长一段时间内大资本并没有大力扶植完全从属于它的运动。"①

那么,纳粹党性质的演化发生在什么时间呢? 学术界有五种看法。

一种比较普遍的看法是,1933 年 1 月希特勒上台后,该党逐渐转变为代表垄断资产阶级、容克地方和权势集团利益的政党。②

第二种观点认为,1924 年底希特勒出狱后,改变暴力夺权方针和重建纳粹党,"标志着以希特勒为首的纳粹党内主流派,抛弃主要依靠小资产阶级下层的立场,开始积极投向大资产阶级","寻求同垄断资产阶级的勾结"。③

第三种观点认为,1930 年 9 月以后,随着工人运动的发展以及旧资产阶级政党的失势,越来越多的大资本家把政治赌注押在纳粹党身上,纳粹党的性质发生了变化。④

第四种观点认为,1924—1930 年 7 月,是民社党性质的演变时期,即由小资产阶级右翼政党向资产阶级反动政党演变。1926 年 2 月 4 日班堡会议后,民社党最终走上同金融垄断资本勾结的轨道并成为垄断资产阶级实际利益代表者的道路;1930 年 6 月希特勒消除奥·施特拉瑟及其追随者,标志着民社党完成了由小资产阶级政党向资产阶级反动政党的演变过程。⑤

第五种观点认为,纳粹党强烈的民族沙文主义和反共倾向以及希特勒在其中所起的特殊作用,使它几乎从一开始就注定了投向大资产阶级的方向。1923 年 11 月,"啤酒馆政变"失败后,希特勒在狱中总结了政变失败的教训,决定在扩大群众基础的同时,全力争取权势集团的支持,走合法斗争夺取政权之路,"这是纳粹党性质演变的第一个里程碑"。1934 年 6 月底清洗冲锋队,希特勒公

---

① 杨玉生:《德国纳粹主义的若干历史特征》,《历史研究》1991 年第 6 期。
② 吴晓莉:《浅析德国纳粹党性质转变的原因》,《蒲峪学刊》1997 年第 4 期。
③ 朱庭光:《法西斯新论》,重庆出版社 1991 年版,第 97 页。
④ 杨玉生:《德国纳粹主义的若干历史特征》,《历史研究》1991 年第 6 期。
⑤ 邸文:《德国纳粹党内的两派斗争》,《世界历史》1991 年第 2 期;朱庭光:《法西斯新论》,重庆出版社 1991 年版,第 157 页。

开站到垄断资产阶级和国防军一边。①

3. 纳粹主义的思想渊源和基础

　　学术界普遍认为,希特勒的纳粹主义是一种极其反动的思潮,它是兼收并蓄德国历史上各种思想,尤其是 19 世纪后半叶以来各种反动思潮拼凑而成的。在纳粹主义形成过程中,希特勒和纳粹思想家们除去篡改、歪曲、引用康德、费希特、黑格尔和赫尔德林等人的词句之外,主要吸收了普鲁士—德意志和德国帝国主义形成时期一切敌视进步、反对民主、反对人道和非理性的思想。其中,尼采的一些重要思想也被吸收和利用了。② 有学者具体指出,纳粹主义的思想来源主要有三个方面:形形色色的帝国主义思潮;德国历史上的极端民族主义;普鲁士—德意志的保守的、民族主义的假社会主义。③

　　那么,希特勒到底吸收了哪些非理性思潮呢? 吴友法指出,这一思潮最著名的代表人物有天启哲学家谢林,唯意志主义哲学家叔本华、基尔克戈尔、尼采,生命哲学家狄尔泰、席美尔、史宾格勒,以及种族主义者豪斯顿、张伯伦。法西斯主义不但是非理性主义的延续,而且是非理性主义发展的顶峰。在法西斯思想体系中完全可以寻觅到德国非理性主义的踪迹。④

　　社会主义国家的一些学者认为,"尼采是法西斯主义的思想先驱"。邸文专门研究了希特勒思想与尼采思想的关系,指出希特勒因袭了尼采作品中不少对己有利的思想,二者存在着某种渊源关系:一是鼓吹日耳曼种族优越论;二是侈谈生存斗争;三是宣扬生存空间与战争;四是赞扬精华人物统治;五是反对议会民主制,反对革命。尼采哲学中存在着一些与纳粹主义对立的因素,但是这些对立的因素并不危害纳粹主义与法西斯政体。尼采并非法西斯分子,尼采的思想不等于纳粹主义。⑤

　　有学者研究了纳粹主义的宗教渊源,认为天主教是"希特勒极权主义的样板",纳粹主义的许多思想、组织原则,包括最高领袖、自上而下的官阶制及这些官员的权威地位和党的结构,都摹仿了罗马天主教和耶稣会;基督教社会主义是

---

　　① 郑寅达、李巨廉:《论 1920—1934 年纳粹党同德国主要社会阶层关系》,《上海社会科学院学术季刊》1990 年第 2 期。

　　② 邸文:《浅论纳粹主义与尼采思想》,《世界历史》1958 年第 2 期。

　　③ 朱庭光:《法西斯新论》,重庆出版社 1991 年版,第 107 页。

　　④ 吴友法:《非理性主义是德国法西斯的思想前驱》,《武汉大学学报》1990 年第 6 期。

　　⑤ 邸文:《浅论纳粹主义与尼采思想》,《世界历史》1958 年第 2 期。

"民族社会主义的先导";反犹反共是"基督教反动传统的登峰造极"。①

4. 纳粹主义兴起的原因

学者们普遍认为,资本主义体系全面危机是纳粹主义兴起的必要条件。但是,单纯用资本主义体系的危机并不能完全说明问题,因为同处于资本主义体系危机的大背景下,许多发达资本主义国家并没有出现与纳粹德国相似的极权政治。纳粹主义在德国的得势同德意志民族的特殊条件有着某种因果联系。② 那么,都有哪些特殊条件或者原因呢? 学者们强调,德国法西斯的兴起,既有现实的原因,也有历史的原因。现实原因主要表现在以下三个方面:

第一,纳粹党是凡尔赛和约播下的一颗复仇的种子。德国的战败和凡尔赛和约的签订,使希特勒从狭隘的民族主义走向民族复仇主义,希特勒就是利用凡尔赛和约在德国产生的负作用建立了纳粹党,争取了群众。因此,战胜国对德国的奴役和宰割,从客观上促成了纳粹党的产生。③

第二,纳粹运动是在经济危机引起的魏玛共和国百孔千疮的肌体上滋生和繁殖起来的一颗恶性肿瘤。经济危机的爆发,为德国法西斯产生和迅速兴起,以致最后夺取政权创造了重要的前提条件:经济危机为纳粹党提供了鼓吹民族社会主义反动理论、欺骗群众和煽动群众的良机;经济危机导致资产阶级议会民主制危机,魏玛政府迫不得已逐渐改变统治方式,走上专制主义道路,为法西斯上台铺平了道路;经济危机促使了垄断资产阶级决心起用希特勒建立法西斯政权,通过对内镇压无产阶级革命,对外谋求发动侵略战争来摆脱危机、寻求出路。④

第三,德国反动势力的扶助和支持,是一个非常重要的因素。德国法西斯的兴起是在反对魏玛共和国的背景下实现的。希特勒这种公开的反对政府的活动都是在德国反动势力支持下进行的:在纳粹党产生阶段主要是以巴伐利亚邦驻军和军国主义分子支持为主;在复兴阶段主要是以垄断资产阶级的支持为主;1929 年经济危机开始的迅速发展,是垄断资产阶级和其他反动势力支持的结果。希特勒就是在垄断资产阶级和国防军等反动势力支持下上台的,法西斯才得以在德国蓬勃兴起。⑤

---

① 雷雨田:《论希特勒纳粹主义的宗教渊源》,《湘潭大学学报》1996 年第 5 期。
② 杨玉生:《德国纳粹主义的若干历史特征》,《历史研究》1991 年第 6 期。
③ 吴友发:《纳粹党是凡尔赛和约播下的一颗复仇种子》,《历史教学问题》1988 年第 6 期。
④ 吴友法:《二三十年代经济危机与德国法西斯的兴起》,《武汉大学学报》1988 年第 4 期。
⑤ 吴友法:《反动势力的支持与德国法西斯的兴起》,《武汉大学学报》1984 年第 6 期。

　　从历史原因上看,德国社会长期保留有浓厚的封建专制主义、民族沙文主义、军国主义历史传统,形成了政治思想上以容克贵族思想意识为主、经济上与资本主义结盟的政治经济权力结构。这种政治经济基础在政治思想文化领域培植了一批在德国学术界称之为"进步的反动派",培植了一批军官团阶层和一批极端沙文主义和极端民族主义势力。①　具体来说,包括以下几个方面。

　　第一,封建主义残余的严重存在,是法西斯运动在德国得以滋生、发展的重要历史条件。许多学者指出,封建主义是德国法西斯主义产生的温床。德国法西斯的兴起是借助封建主义这块肥沃土壤,在旧帝国的封建势力重新死灰复燃和魏玛共和国议会民主制发生危机的情况下夺取德国政权的。兴登堡上台后,为纳粹党重新崛起开了绿灯;霍亨索伦王室的支持,促使了法西斯的兴起;作为封建势力的国防军,对纳粹党采取宽容、拉拢的政策,从而加速了希特勒上台的步伐;兴登堡重新当选,才最后导致希特勒上台。②

　　第二,德意志民族思想文化是纳粹主义产生和发展的重要根源和肥沃土地。黄正柏认为,在德意志民族精神或"民族特性"中,存在着有利于纳粹主义形成和发展的因素,包括大德意志极端民族主义、反犹主义、种族主义、沙文主义和强权主义的思想。这是纳粹主义兴起的重要的深层次"内在因素",它们为纳粹主义提供了思想的来源、有利的环境、肥沃的土壤和阳光雨露。③　何薇认为,德国历史文化传统与欧美资产阶级人文主义传统的背离和反叛,决定了德国历史发展的特殊性和法西斯主义产生的历史必然性,"德国文化和传统的各种力量汇集在一起,使得纳粹主义在德国生活中被接受和传播开来。"④

　　朱正梅从德国近代化进程滞后缓慢留下的巨大后遗症,分析导致德国走上法西斯主义道路的原因。她认为,近代史上德国民族主义走向极端、德国统一以普鲁士王朝战争方式完成,以及德国近代经济跳跃式发展与政治民主化进程滞后是法西斯专制独裁出现的三个历史根源;近代时期形成的德国民众的特殊心理为法西斯主义兴起提供了土壤。⑤

―――――――――

　　①　吴友法:《前资本主义因素与德国法西斯的兴起》,《武汉大学学报》1993 年第 2 期。

　　②　吴友法:《封建势力复活与德国法西斯的兴起》,《世界历史》1985 年第 9 期;朱懋铎:《试论法西斯运动何以能在德国肆虐》,《文史哲》1995 年第 5 期。

　　③　黄正柏:《德意志民族思想文化与纳粹主义的兴起》,《历史教学问题》1998 年第 5 期。

　　④　何薇:《论德国法西斯主义产生的历史原因——兼谈德意志文化传统与欧美人文主义传统的背离和反叛》,《中学历史教学参考》1999 年第 3 期。

　　⑤　朱正梅:《德国法西斯主义兴起的近代历史根源》,《盐城师专学报》1995 年第 4 期。

　　李世安则指出,普鲁士精神是法西斯主义的历史根源,希特勒把普鲁士精神发展为法西斯主义。一战后欧洲经济凋敝、社会动乱,人民对资产阶级的自由主义感到失望,又害怕社会主义的传播,于是法西斯主义有机可乘。①

5. 关于纳粹党上台的原因

　　学术界一致认为,纳粹党在德国夺取政权,有着错综复杂的原因。

　　第一,1929 年世界经济大危机为纳粹党的上台创造了良好的客观条件。学者们一致认为,在导致希特勒上台的诸多原因中,经济大危机是至关重要的因素。经济大危机对纳粹党来讲可谓"天赐良机":大危机使德国陷入了严重的政治危机,薄弱的魏玛共和体制难以维持,为纳粹运动开辟了前进的道路;大危机引发的社会动荡使德国广大阶层对无所作为的魏玛政党政治失去了信心②;大危机扩大了中小资产阶级的队伍,壮大了纳粹党的社会基础,使其在德国政治变革中起了举足轻重的作用③;大危机使纳粹的种族主义、大德意志主义、专制独裁主义和生存空间论思想在德国大行其道,为希特勒攫取政权做了舆论准备;大危机也最终促使以垄断资产阶级为首的德国权势集团与纳粹正式结盟。④ 凭借着解决经济大危机需要一个强有力的国家这一理由,希特勒钻了历史的空子,使德国走上了专制独裁的不归路。⑤

　　第二,纳粹党本身实力强大,赢得了相当广泛的支持。

　　学者们普遍认为,希特勒上台的主要原因之一,乃是希特勒成功地把德国的法西斯运动发展成一种群众性的运动,使纳粹党成为德国举足轻重的政治力量。⑥ 纳粹党利用德国的混乱局面和人民对"凡尔赛和约"的仇恨及对政府的不满,打着"民族主义"和"社会主义"两个旗帜,把自己打扮成德国民族和人民利益的"捍卫者",进行蛊惑人心的宣传,对社会各阶层大开空头支票,赢得了自左至右大量人群的支持。它的"民族主义"主张既符合德国垄断资本家对内独裁、

---

　　① 李世安:《普鲁士精神、法西斯主义与第二次世界大战的爆发》,《烟台大学学报》2005 年第 3 期。

　　② 刘显娅:《30 年代经济危机对德国法西斯上台的作用》,《常德师院学报》1999 年第 2 期。

　　③ 萧汉森:《论 1929—1933 年经济危机与德国政治变革的关系》,《华中师范大学学报》1989 年第 2 期。

　　④ 吴晓奎:《试论经济危机在纳粹上台中的作用》,《聊城大学学报》2004 年第 1 期。

　　⑤ 景德祥:《1929 年世界经济大危机与希特勒的上台》,《史学理论研究》2009 年第 2 期;史世:《三十年代的政治经济危机与希特勒上台》,《华中师院学报》1975 年第 1 期。

　　⑥ 许琳菲、丁建弘:《希特勒的上台与德国法西斯专政的实质》,《世界历史》1985 年第 6 期。

对外扩张的基本方针,也迎合了军国主义分子"复仇"的愿望;同时,由于蛊惑人心的所谓"社会主义"宣传,激起了广大中小资产阶级和部分工人群众的强烈愿望。① "这正是危机年代纳粹党队伍迅速扩大和纳粹党所以上台的重要原因。"②

学者们也强调,希特勒的个人素质及特殊作用是一个重要因素。希特勒喜欢读书,善于观察和思考,并注意总结、吸收他人的经验和教训;他野心勃勃并具有倔强的性格,他还有惊人的煽动蛊惑能力和组织能力,一向为达目的而不择手段。③ 希特勒抓住了魏玛共和国存在的两个主要矛盾——国内阶级矛盾及与战胜国的民族矛盾,打出民族主义和社会主义两杆大旗;他利用群众乞求改变自己悲惨命运的心理,把自己打扮成救世主,许下种种诺言,赢得了广泛的支持。④

第三,反法西斯力量没有联合起来。

学者们普遍认为,反法西斯力量没有团结起来,未能形成强大的统一战线,特别是德国工人阶级队伍中最有影响的两个政党共产党和社会民主党处于对立状态,相互猜忌、攻击和拆台,致使纳粹党坐享"渔人之利"。⑤

对于未能形成统一战线的责任问题,20世纪80年代以前中国学术界承袭了共产国际的观点,将其归罪于社会民主党的叛卖,说社会民主党宁可与纳粹党合作,而屡次拒绝德共的联合建议。20世纪80年代以来,单纯指责社会民主党的观点销声匿迹,出现了三种新的认识。

一些学者将主要责任归罪于社会民主党。这种观点认为,德共一面领导群众与法西斯进行斗争,一面致力于同社会民主党建立合作关系,但是"社会民主党右派领袖多次拒绝建立统一战线"。"正是由于社会民主党背叛了工人阶级的利益,破坏了反法西斯统一战线的建立,为希特勒上台起了推波助澜的作用。"这些学者同时指出,德共策略上犯有教条主义和"左"倾关门主义的错误,党的斗争矛头既针对纳粹,有时也针对社会民主党,甚至提出了把法西斯主义当

　　① 任海滨:《德国的民族情感与法西斯道路的选择》,《牡丹江师范学院学报》1999年第4期。

　　② 李昌德:《德国法西斯是怎样上台的》,《河北省史学会通讯》1984第1期;吴晓奎:《试论希特勒上台的原因》,《聊城师院学报》1995年第3期。

　　③ 罗立东:《希特勒上台原因:从个人品质视角的分析》,《长春工业大学学报(社会科学版)》2006年第1期。

　　④ 朱懋铎:《试论法西斯运动何以能在德国肆虐》,《文史哲》1995年第5期。

　　⑤ 朱懋铎:《试论法西斯运动何以能在德国肆虐》,《文史哲》1995年第5期。

作"革命的跳板"的理论,"这就妨碍了反对法西斯危险的无情斗争"。①

　　另一些学者对两个政党各打二十大板。他们认为社会民主党右翼领袖的破坏,削弱了工人阶级的力量,以致不能阻止法西斯上台。在反法西斯斗争中,德共的政策也有失误之处,没有把反对社会党人和反对纳粹党的斗争区别开来。这种把斗争的主要矛头既指向社会民主党,又指向纳粹党的做法,使反法西斯统一战线的形成更加困难。②

　　更多的学者认为德国共产党应该承担主要责任。他们指出,在希特勒上台前后的相当长时间里,德国共产党继续盲目地、教条主义地坚持共产国际的"革命高潮论",提出建立"苏维埃德国"的口号,既反对"希特勒法西斯",又反对"社会法西斯",并把社会民主党作为主要敌人。③ 为了打击社会民主党,德共甚至走向极端,客观上与纳粹党采取了一致行动,严重分裂了工人阶级的队伍。直到1932年7月,德共才改变策略,与社会民主党成立了"反法西斯全国委员会",但是为时过晚。④ 针对长期以来对德国社会民主党的指责,有学者指出该党的主要倾向是反对法西斯主义,而不是与纳粹党勾结。早在1931年11月,社会民主党领导人鲁道夫·勃列茨谢德就向德共提出建立统一战线,却被德共指责为"煽动性的策略"而加以拒绝。德共地方组织与社会民主党的地方组织间曾达成过统一战线协议,也被德共中央指责为机会主义错误。⑤

　　第四,反动势力的支持是根本原因。

　　学术界一致认为,希特勒上台的一个主要原因,是纳粹党得到了现存政权庇护的、旧帝国时期的权势阶层和反动势力的青睐、纵容和扶持,这些权势阶层包括垄断资产阶级、国防军军官团、上层官吏、一些大地主、总统兴登堡身边的人,以及旧皇室的成员如前皇太子等。

　　首先是德国垄断资产阶级在希特勒上台中的作用,学术界存在三种看法。第一种看法,也是中国最流行的看法,认为希特勒是"由德国垄断资产阶级直接扶上德国总理宝座的"⑥;希特勒攫取政权,是德国垄断资本"一手扶植和精心策

　　① 吴晓奎:《试论希特勒上台的原因》,《聊城师范学院学报》1995年第3期。
　　② 李昌德:《德国法西斯是怎样上台的》,《河北省史学会通讯》1984第1期。
　　③ 肖辉英:《试论德国共产党1935年以前反法西斯斗争的失误及其教训》,《世界历史》1985年第9期;朱庭光主编:《法西斯主义与第二次世界大战》,华夏出版社1988年版,第169页。
　　④ 俞新天:《德国共产党在反法西斯斗争中的历史教训》,《史林》1986年第3期。
　　⑤ 俞新天:《德国共产党在反法西斯斗争中的历史教训》,《史林》1986年第3期。
　　⑥ 张继平、吴友法:《纳粹党的崛起与德国小资产阶级》,《历史研究》1985年第4期。

划的结果"①；纳粹党是垄断资产阶级"一手扶持起来并一手扶上台的"②；德国内外垄断资产阶级支持、赞助希特勒纳粹党，是纳粹运动不断发展和希特勒上台执政的关键所在③；"德国垄断资产阶级对纳粹党的大力扶植，是希特勒上台的根本原因"④；英美等国垄断资本在政治、经济上对纳粹运动的大力支持，也是希特勒得以上台的原因之一。⑤ 但是这些学者围绕着垄断资产阶级的主体何时开始倒向希特勒存在着分歧。一是"啤酒馆暴动"说，认为早在 1923 年"啤酒馆暴动"时，德国垄断资本已经决定让希特勒上台。⑥ 二是"哈尔茨堡会议"说，认为垄断资本与纳粹党公开联盟的重要标志是 1931 年 10 月 11 日哈尔茨堡温泉会议，在这次会议上垄断资本和大地主的代表同纳粹党建立了公开联盟——"哈尔茨堡阵线"。⑦ 三是"1932 年 7 月选举"说，认为 7 月选举德国显示出"或者共产主义，或者民族社会主义，二者必居其一"的形势，"绝大部分垄断资产阶级倒向纳粹党"。⑧ 四是"1932 年 11 月选举"说，认为纳粹党在这次选举中所得选票的大幅减少，吓坏了垄断资产阶级；为了对付可能的共产主义的威胁，他们迫不及待地要求希特勒上台，几十名企业家向兴登堡总统的上书就是在这一背景下发生的。⑨ 五是"1932 年 12 月下旬"说，认为在此之前，只有以蒂森为首的鲁尔一部分重工业巨头全力扶植希特勒，而从全国范围来看，垄断资产阶级并未特别垂青纳粹党。到此时，"垄断资本及其政治代理人突然开始认真探讨希特勒参加政府的可能性"。⑩

　　第二种看法认为，垄断资产阶级是直接把希特勒推上台的主要力量之一，但不是唯一的力量，不能说纳粹党是由它一手扶持起来并一手扶上台的。因为希特勒上台是被总统周围的幕后权势集团、陆军、大地主以及垄断资产阶级在力量的调整过程中从"后门"塞进来的。在此过程中，垄断资本家和大地主的主要代

①　武克全：《希特勒上台与德国垄断资本内部的争斗》，《复旦学报》1984 年第 4 期。
②　许琳菲、丁建弘：《希特勒的上台与德国法西斯专政的实质》，《世界历史》1985 年第 6 期。
③　林博斌：《全面分析希特勒上台的原因》，《山东师范大学学报》1993 年第 3 期。
④　吴晓奎：《试论希特勒上台的原因》，《聊城师范学院学报》1995 年第 3 期。
⑤　吴晓奎：《试论希特勒上台的原因》，《聊城师范学院学报》1995 年第 3 期。
⑥　武克全：《希特勒上台与德国垄断资本内部的争斗》，《复旦学报》1984 年第 4 期。
⑦　吴晓奎：《试论希特勒上台的原因》，《聊城师范学院学报》1995 年第 3 期。
⑧　许琳菲、丁建弘：《希特勒的上台与德国法西斯专政的实质》，《世界历史》1985 年第 6 期。
⑨　张建华主编：《世界现代史 1900—2000》，北京师范大学出版社 2008 年版，第 113 页。
⑩　张淑华：《德国垄断资产阶级与纳粹党关系的演变》，《泰安师专学报》1998 年第 1 期。

表人物、国防军首脑赛克特和前皇太子等纷纷给兴登堡总统上书或者写信,一致认为希特勒是能够解决政府危机的唯一候选人,甚至巴本和施莱歇尔(又译施莱彻尔)这两个卸任总理也向兴登堡建议授权纳粹党组织新政府。所有这些因素共同促成了希特勒被任命。①

第三种看法认为,垄断资产阶级在希特勒上台过程中并没有起多大作用。这一观点指出,德国陷入经济危机后,鉴于纳粹党势力的骤增及其真实面目的暴露,垄断资本同纳粹党的关系较前密切,但因对纳粹党仍怀有疑虑和戒心,并未在政治和经济上给纳粹党以有力的支持。20位资本家11月19日上书兴登堡推荐希特勒的行动并没有取得成功,因为在12月3日受命组阁的是施莱歇尔而不是希特勒,况且在请愿书上签名的垄断巨头并不多。② 希特勒通过2月20日同25名垄断巨头的会晤等活动,最终取得了垄断资本的信任,两者终于完成了结合的过程。希特勒取代巴本成为垄断资本的代理人,垄断资本则开始全力支持希特勒。③

其次是德国国防军军官团的支持。学者们指出,德国国防军的支持,是希特勒上台的"一个十分重要的因素","在关键时刻,国防军站在希特勒一边,为希特勒上台起了重要作用。"纳粹党许多中上层人士是现役或退伍军人,而且大部分冲锋队员和一部分纳粹党员也为现役或退伍军人;纳粹党的许多思想和主张,都深为国防军官兵所赞同。因此,纳粹党与国防军具有政治上的先天血缘关系。1932年7月选举中纳粹党大胜后,国防军将领开始更加积极地与纳粹党交往,积极参与促使希特勒上台的幕后活动。"国防军在阴谋和反阴谋激烈较量的时刻,决定性地干预了德国的政治生活,把希特勒扶上了总理的宝座。"④在此过程中,作为国防军的代表的施莱歇尔,"在希特勒上台过程中起了十分关键的作用":1933年1月26日,施莱歇尔与国防军司令官哈麦施泰因等会商,一致认为希特勒是唯一能够解决政府危机的候选人。两天之后,施莱歇尔建议总统授权纳粹党组织新政府,认为这一步骤是"上策"。兴登堡无可奈何地承认,总理一

---

① 许琳菲、丁建弘:《希特勒的上台与德国法西斯专政的实质》,《世界历史》1985年第6期。

② 夏季亭:《30年代初希特勒同垄断资本的关系》,《史学月刊》1993年第2期。

③ 夏季亭:《德国垄断资本本来选择的是巴本而不是希特勒:兼论1929—1933年纳粹与垄断资本的关系》,《世界历史》1992年第6期。

④ 赵文亮:《德国国防军与希特勒上台》,《河南师范大学学报》1993年第4期。

职除了希特勒别无人选。①

　　再次是封建势力的支持。学者们指出，魏玛共和国建立后，曾与霍亨索伦王朝专制制度利害相关的容克地主、旧官僚、旧军官，基本上保持着原有的政治经济地位，其封建专制主义思想也未受到应有批判。所有这些，是希特勒得以攫取政权、建立"第三帝国"的重要的社会和思想基础。反动保守势力非常赞赏希特勒极端敌视共和国和极端民族沙文主义的态度，他们中的一些人一开始就给予了希特勒及其纳粹党以积极的支持。在容克军国主义势力的代表人物兴登堡当选共和国总统后，更为希特勒最终攫取政权提供了方便条件。经济大危机爆发后，大容克地主和大垄断资本终于迫不及待地把希特勒推上总理宝座。② 1933年1月24日，前皇太子致函兴登堡，敦请总统授权希特勒组阁。这在促使希特勒上台中起了十分重要的作用。③

　　第五，魏玛共和国的独特体制及其软弱无力。

　　有学者指出，魏玛共和国并不是一个强有力的政权，从它诞生之日起，社会上就存在着左的和右的两股强大势力，从正反两个方面对它进行冲击。共和国保留了大量的旧军国主义势力，缺乏一个强有力的政治领导人，从而增强了纳粹党利用经济危机进行诋毁的可信度。正是由于魏玛共和国的软弱无力，才使得法西斯的力量无所顾忌，"合法"夺权。④ 有学者研究了魏玛宪法二元制与希特勒上台之间的关系，认为在魏玛共和国的总统与国会二元制下，总统与国会之间是势均力敌、难分上下的关系。纳粹党却在总统派与国会的斗争中异军突起，成为国会的主力军。希特勒不仅是依靠以总统兴登堡为旗帜的德国保守势力，更是依仗着国会不可动摇的宪政地位上台的。魏玛宪法中国会与总统之间是势均力敌、难分难解的二元关系，正是这种二元制促成了希特勒的上台。⑤

---

　　①　吴友法：《希特勒纳粹党与德国国防军》，《湖北大学学报》1986年第6期；赵文亮、孙国军：《施莱彻尔与希特勒上台》，《赤峰教育学院学报》2000年第4期。

　　②　林和坤：《略论希特勒攫取政权同德国封建专制势力之间的关系》，《南开学报》1998年第4期。

　　③　朱忠武：《德国垄断资本家在希特勒攫取政权活动中的作用》，《北京师院学报》1984年第1期。

　　④　吕桂霞：《试论德国法西斯主义上台的社会和历史根源》，《上海青年管理干部学院学报》2004年第3期。

　　⑤　景德祥：《魏玛宪法二元制与希特勒的上台》，《史学理论研究》2006年第4期。

第五章　第二次世界大战的肮脏推手

——绥靖政策研究综述①

绥靖政策是两次世界大战之间国际关系的一个重要内容,它对促使第二次世界大战的爆发起了至关重要的作用。随着我国对战争与和平问题的日益重视,绥靖政策自然成了四十年来我国学者研究的热点问题,呈现出百家争鸣的局面。我国学者对绥靖政策的重点和主要分歧主要集中在以下几个方面。

第一节　绥靖政策的含义与界定

围绕绥靖政策所有问题的分歧都源于对绥靖政策的界定。因此,何为"绥靖"就成了绥靖政策研究中的一大焦点。对于这一问题,学术界有三种看法:

吴友法认为,绥靖政策是"为了满足侵略者的欲望而对侵略者实行的一种无原则的支持、姑息和让步"。② 邵汝也认为:"姑息与和解成了当时英国对德政策的核心,这便是被称作'绥靖'的政策。"③齐世荣指出,绥靖政策是一种姑息纵容政策,是西方帝国主义国家纵容法西斯国家扩张侵略的政策。④

王也平认为,不是任何性质的国家、针对任何对象、在任何意义的问题上所表现的妥协退让都可被称为绥靖政策。"历史科学的概念是专指第一次世界大战后,在新的世界争霸斗争中,既有霸权地位又有抗衡实力的帝国主义大国,对企图打破现存秩序和并吞世界的法西斯战争实体,一反传统的针锋相对、互不相让的斗争方式,变态地采取牺牲他国利益和自己局部次要的利益,以退让缓和冲

---

① 本文参考引用了曹胜强《80 年代以来我国关于绥靖政策的研究》(《世界史研究动态》1992 年第 9 期)一文中的一些内容,特此致谢。

② 吴友法:《二战前英国绥靖政策的起讫问题——与陶樾同志商榷》,《世界历史》1981 年第 2 期。

③ 邵汝:《和平主义与绥靖》,《第二次世界大战论文集》,华东师大出版社 1986 年版。

④ 齐世荣:《绥靖政策研究》,首都师范大学出版社 1998 年版。

突，以妥协谋求和平，幻想终至在全局上维护既得利益和地位的一种战略性的外交政策。"①陈兼也持有类似的看法。②

张海麟等则认为，"绥靖政策是第二次世界大战爆发前英、法、美统治阶级顽固推行的一种既损人又不利己的政策，它的特点是对侵略者姑息怂恿、委曲求全；为了自身的利益不惜背信弃义，出卖牺牲盟国和小国的独立、领土和主权；顽固坚持反苏反共，暗藏'祸水东引'的祸心。"③高明振甚至断言："祸水东引几乎成了张伯伦绥靖政策的同意语。"④

第二节　绥靖政策的根源

20 世纪 30 年代西方大国为什么要大力推行绥靖政策？我国史学界传统上认为，它根源于英法统治阶级的反苏反共本性。如今有五种看法：

根源于英法的反苏反共。齐世荣等人仍然认为根源于英法统治阶级的反苏反共本性。面对德国的威胁，英法帝国主义企图以牺牲奥地利、捷克斯洛伐克等东欧小国的办法，挑动德国进一步向东去侵略苏联，借以缓和与德国的尖锐矛盾。⑤

英、法帝国主义的地位和特性的表现。李巨廉、王斯德等认为，对于绥靖政策不能简单地以资产阶级对苏联的仇恨来解释，而是英、法帝国主义的地位和特性的表现：正处在进一步衰败中的大英帝国在战略上处于守势，为维持现状，尽可能保住既得利益，便出卖弱小民族，牺牲他国的利益甚至推动德国陷入对苏战争使其两败俱伤；法国则由于陷于严重的经济和政治危机，其对德阵线已完全瓦解，只好追随英国走上绥靖政策的道路。⑥ 王宇博认为，绥靖政策是"正处于日益衰落之际"的英国政府在实力不足的情况下做出的外交抉择。⑦ 胡毓源也有类似的看法，指出"英美法的资产阶级总是要搞损人利己……向法西斯国家做

---

① 王也平：《论绥靖政策的缘起》，《社会科学战线》1985 年第 1 期。
② 陈兼：《走向全球战争之路——二次大战起源研究》，学林出版社 1989 年版。
③ 张海麟、韩高润、吴广权等：《第二次世界大战经验与教训》，世界知识出版社 1987 年版。
④ 高明振：《祸水东引析考》，《华中师院学报》1982 年第 2 期。
⑤ 齐世荣：《慕尼黑危机的真相不容歪曲——评西方资产阶级史学著作中的几个流行观点》，《世界历史》1979 年第 1 期。
⑥ 李巨廉、潘人杰：《关于二次大战前史的若干问题》，《世界历史》1979 年第 5 期；王斯德：《论二次大战前英国对外政策的转变》，《华东师大学报》1985 年第 1 期。
⑦ 王宇博：《评析英国绥靖政策》，《江海学刊》1996 年第 5 期。

出一些让步,谋求同它们达成妥协,把它们的侵略矛头引向别国……而自己则坐收渔利。"①

根源于帝国主义争霸。包奕诚、汤宜庄认为,绥靖政策根源于帝国主义争霸:英法争霸、英法争夺及其后的英德争夺,决定着对德国的绥靖。从1936—1937年起,在英德争霸的矛盾上升到支配性地位的情况下,英国的绥靖是以英德争霸为其主要内容而形成与发展起来的。②

战前帝国主义全部政治、经济发展的结果。罗荣渠认为,绥靖政策的产生,并不是个别资产阶级政治人物的过失,而是战前帝国主义全部政治、经济发展的总和所准备好的。绥靖政策是由多种复杂因素促成的,这些因素包括:第一,一战在人们思想中遗留下的"恐战后遗症";第二,社会主义苏联取得胜利和西欧人民阵线运动的兴起引起的某些社会阶层对"赤化"的恐惧感;第三,世界性经济大危机造成的经济破产和社会紊乱;第四,内政问题穷于应付,使一些西方国家在国际政治中处于非常软弱的地位;第五,凡尔赛—华盛顿体系内部的重重矛盾造成西方国家对德政策的不一致,对裁军问题的不一致,等等。这些复杂因素的结合,使绥靖主义风行一时。③

根源于凡尔赛体系的内在矛盾。袁源认为,绥靖政策最根本的原因在于战后凡尔赛体系的内在矛盾。凡尔赛体系是一战后英法美等战胜国为了严惩战败国,削弱其军事潜在实力,瓜分其殖民地,获取巨额赔偿以及维护战后世界和平局面而建立的帝国主义国家之间的分赃体系。屈辱的和约不但没有带来和平的希望,反而种下了复仇的种子,一旦条件成熟,复仇情绪就在法西斯分子的煽动下蔓延开来。④

学者们还围绕着英国绥靖的根源问题进行了深入的探讨。陆梅、尹明明还具体探讨了英国绥靖政策的经济根源。⑤ 陆月娟认为:"英国在30年代大步地

① 胡毓源:《二十世纪三十年代国际关系中的经济战》,《上海师范大学学报》1986年第4期。

② 包奕诚:《试论第二次世界大战的起因——哪种类型的帝国主义国家是最危险的战争策源地》,《历史研究》1980年第4期;汤宜庄:《"慕尼黑阴谋"在东非的预演》,《宁夏大学学报》1980年第1期。

③ 罗荣渠:《通向全球战争之路——略论有关第二次世界大战起源的若干问题》,《世界历史》1979年第5期。

④ 袁源:《试析英法对德绥靖政策失败的标志》,《郑州航空工业管理学院学报》2014年第2期。

⑤ 陆梅:《从经济状况看英国绥靖政策的选择》,《南通师专学报》1996年第4期;尹明明:《英国绥靖政策的经济根源》,《中国社会科学院研究生院学刊》1998年第1期。

走上绥靖道路有它深刻的根源,主要表现在:经济大危机带来的冲击、战后国家实力的衰败以及战争给政府带来的教训、人民的反战情绪。"英国"推行绥靖政策,这是在战略上处于守势地位的帝国主义国家所推行的一种失败的政策,是以维护既得利益及霸权为宗旨的,它产生于争霸又服务于争霸,以损人利己为原则,成为英国二战前对外政策的一大支柱"。① 刘淑青认为:"英国推行绥靖政策的因素是复杂的,主要有以下四个方面:和平主义思想浓厚,英国人害怕打仗;某些社会阶层希望法西斯国家的进攻矛头会只限于苏联和欧洲的民主力量,避免英国被'赤化';经济危机造成的经济破坏和社会紊乱,使英国对法西斯国家的侵略有点无暇顾及;内政问题的困扰,使英国在国际经济和国际政治中处于欧洲软弱的地位,使英国对法西斯国家侵略有点无力对付。"② 钮松、张璇认为:"英国对德实行的绥靖政策,其成因也并非只是因为领导人的软弱,而是受到国内外诸多系统方面因素的影响,尤其受到国际系统的结构以及系统中其他行为体要素的影响。"③ 一些学者对二三十年代英国和平运动与绥靖政策之间的关系进行了研究。如王春露指出:"英国的和平主义运动和绥靖政策虽不可等量齐观,然而,前者在二战前夜使英国政府无法重整军备,麻痹了人们的思想,为英国走上绥靖之路埋下了伏笔。"④ 熊伟民认为,和平主义者在客观上起了推动张伯伦政府推行绥靖政策的作用。从这个角度考虑,我们不应该将30年代英国政府所推行的绥靖政策简单地看成是某一个人的错误,它实际上反映的是一种普遍的社会情绪和群众心理,而和平主义正是这种绥靖政策的思想基础和社会基础。⑤ 胡莉认为:"从某种程度上来说,20世纪30年代英国和平主义运动的极端进行为绥靖政策的形成提供了动力和温床,是绥靖政策推行的直接因素并最终加速了二战的爆发。"⑥

①　陆月娟:《英国30年代绥靖政策的根源》,《上饶师专学报》1994年第4期。

②　刘淑青:《英国绥靖政策之社会根源》,《德州师专学报》1995年第3期。

③　钮松、张璇:《泰勒论英国绥靖政策之因:体系与国家的双重视角》,《系统科学学报》2018年第2期。

④　王春露:《两次世界大战间英国和平主义运动及其历史评价》,《东北师大学报》1997年第4期。

⑤　熊伟民:《30年代英国的和平运动》,《湖北大学学报》2001年第5期。

⑥　胡莉:《从英国20世纪二三十年代的和平主义运动看其绥靖政策的形成》,《安徽广播电视大学学报》2012年第1期。

第三节　绥靖政策的本质和目的

关于绥靖政策的目的和本质,概括起来有五种看法:

祸水东引。齐世荣认为,绥靖政策的核心是"祸水东引",绥靖者们的如意算盘是:以妥协和让步,促使德国西和东进,即在德国的西面力求稳定,推动它向东面的社会主义苏联进攻。慕尼黑协定的实质,就在于英法把捷克斯洛伐克奉送给德国,作为给德国人对苏开战的代价。① 李前也认为:"历史事实证明,'祸水东引'是英国实施绥靖政策的目的。"把"避战求和"作为绥靖政策的目的是"违背历史事实的",是受西方学者思想的影响。②

避战求和。陶樾认为:"'绥靖'作为一种政策来讲,它是力求无原则地满足侵略成性的扩张主义者的无餍欲望,对其屈膝投降,成立交易,希望以此息事宁人,苟安于一时。""张伯伦热衷于绥靖主义的主要原因还是求和避战。"③张培义更进一步指出:"祸水东引的结论,并不是建立在客观事实的基础上,而是基于对某些事实的判断、猜测","英国推行绥靖政策的目的不是别的,而是为了'避战求和'。"④

维护世界霸权。高明振认为,把"祸水东引"和"避战求和"当成绥靖政策的目的是不妥的。"祸水东引,避战求和本身都不是目的,而只是维护霸权的一种手段、一种愿望,是既得利益的老牌帝国主义在新起的帝国主义进攻面前所采取的一种外交策略",绥靖政策"和希特勒的战争政策形式虽然不同,都是为了世界霸权"。⑤ 颜声毅也认为:"张伯伦推行绥靖政策的主要目的是维护和巩固英帝国的霸权地位。"⑥包奕诚也反对"祸水东引"的存在,认为"英法与德意争夺霸权的斗争是当时的主要矛盾,而与苏联的两种制度和意识形态的矛盾是次要

---

① 齐世荣:《慕尼黑危机的真相不容歪曲——评西方资产阶级史学著作中的几个流行观点》,《世界历史》1979 年第 1 期。

② 李前:《"祸水东引"是德国绥靖政策的目的》,《广州师院学报》1983 年第 4 期。

③ 陶樾:《两次大战期间英国的外交政策与欧洲均势》,载《英国史论文集》,三联书店 1982 年版,第 108 页。

④ 张培义:《"祸水东引"还是"避战求和"——绥靖政策目的浅析》,《山东师院学报》1981 年第 2 期。

⑤ 高明振:《祸水东引析考》,《华中师院学报》1982 年第 2 期。

⑥ 颜声毅等编著:《现代国际关系史》,知识出版社 1984 年版。

的。英法绥靖政策的宗旨在于维护既得权益和霸权地位,而并非反苏反共"。①

双重目的。王斯德认为,绥靖政策的主要内容包括两个方面:一是丢卒保车,牺牲弱小国家的利益保护自己的既得利益;二是祸水东引,牺牲苏联求得西线无战事。特别是张伯伦上台后,祸水东引成了绥靖政策的核心内容。②

内外交困下的选择。李巨廉、潘人杰认为,绥靖政策是"西方国家统治集团,特别是英国统治集团在 30 年代内外交困中的一种政策选择"。其直接背景"是 1929 年 10 月从美国骤起并很快蔓延的世界经济危机"。西方国家在暗淡低迷的经济景况和政治气候下应付外部挑战,从而"使向法西斯国家妥协成为最自然的第一选择"。③

第四节　绥靖政策的起讫

一、绥靖政策的开端

关于绥靖政策的开端,学术界分歧很大,综合各家学说,分为以下 10 种:

1. "巴黎和会"说(1919 年 1 月)。李昌德认为,"英法的绥靖政策开始于 1919 年的巴黎和会……20 年代的'道威斯计划'和'罗迦诺公约'是绥靖政策的具体表现。"④金克明提出,美国推行的绥靖政策,"是巴黎和会上美国对欧洲和德国问题政策的继续,是'道威斯—杨格计划'的继续。"⑤

2. "九一八事变"说(1931 年 9 月)。王也平认为,"早在 1931 年'九一八'事变时,在中国问题上,英国就对日本法西斯开始推行了绥靖政策。"⑥汪文军指出:"30 年代英国的绥靖政策首先是在'九一八'事变期间在远东对日本推行的。"⑦徐蓝也强调:"追本溯源,英国的对日绥靖实际上早在'九一八'事变时已经开始。"⑧军事科学院五卷本《第二次世界大战史》也指出:"推行绥靖政策的

①　包奕诚:《是祸水东引吗? 二论欧洲的绥靖》,《史学月刊》1984 年第 1 期。
②　王斯德:《论二次大战前夕英国对外政策的转变》,《华东师大学报》1981 年第 1 期。
③　李巨廉、潘人杰:《第二次世界大战——专题述评》,华东师大出版社 1990 年版。
④　李昌德:《奇怪的战争是英法绥靖政策的继续》,《河北大学学报》1983 年第 1 期。
⑤　金克明:《美国的欧洲政策与第二次世界大战的爆发》,《松辽学刊》1985 年第 1 期。
⑥　王也平:《论绥靖政策的缘起》,《社会科学战线》1985 年第 1 期。
⑦　汪文军:《"九一八"事变期间英国的远东政策》,《武汉大学学报》1989 年第 3 期。
⑧　徐蓝:《试析 1934 年英国"政治绥靖"日本政策的提出》,《世界历史》1990 年第 2 期。

国家以英国为最,它发端于 1931 年'九一八'事变后,英美对日本侵略中国的
纵容。"①

3."史汀生主义"说(1932 年 1 月)。王明中指出,史汀生主义是"30 年代绥
靖政策的开端"。② 王桂厚也认为,"不承认主义的精神实质为英法政府所接受,
体现在'不干涉'法西斯侵略的政策中,不承认主义实为欧洲绥靖主义的
先声。"③

4."希特勒上台"说(1933 年 1 月)。丁宝有认为,自 1918 年起到 1933 年
止,"绥靖政策并未产生,只是处于酝酿之中"。1933 年 1 月希特勒上台,"作为
一个绥靖对象初具规模,绥靖政策只能从此开始"。④ 吴友法也认为:"1933 年
麦克唐纳国民联合政府就执行了绥靖政策"。⑤

5."战争策源地"说。高明振认为:"绥靖政策是 30 年代伴随着战争策源地
形成而出现的一种帝国主义政策。"⑥

6."希特勒公开扩军备战"说(1935 年 3 月)。颜声毅等认为:"在希特勒公
开扩军备战、意大利侵略阿比西尼亚和德意武装干涉西班牙过程中,英法就开始
推行姑息纵容法西斯侵略扩张的'绥靖政策'。"⑦

7."英德海军协定"说(1935 年 6 月)。夏景才等认为,1935 年 6 月签订的
"英德海军协定是英国保守党政府纵容希特勒侵略扩张的转折点,此后,保守党
政府的对外政策便日益走上纵容、绥靖法西斯侵略的道路"。⑧

8."霍尔—赖伐尔协定"说(1935 年 12 月)。孙娴认为:"霍尔—赖伐尔协
定是英法资产阶级为了其狭隘利益,牺牲弱小民族,纵容法西斯的绥靖政策的
开始。"⑨

9."张伯伦上台"说(1937 年 5 月)。陶樾认为,麦克唐纳政府和鲍尔温政府

---

① 军事科学院军史部:《第二次世界大战史》第一卷,军事科学出版社 1995 年版,第 16 页。

② 王明中:《"满洲危机"和史汀生主义》,《美国史论文集》(1981—1983),三联书店 1983 年版。

③ 王桂厚编著:《三十年代美国的"中立"政策》,解放军出版社 1987 年版。

④ 丁宝有:《绥靖政策的产生、发展和收场》,《东北师大学报》1983 年第 6 期。

⑤ 吴友法:《二战前英国绥靖政策的起迄问题——与陶樾同志商榷》,《世界历史》1981 年第 2 期。

⑥ 高明振:《祸水东引析考》,《华中师院学报》1982 年第 2 期。

⑦ 颜声毅等编著:《现代国际关系史》,知识出版社 1984 年版。

⑧ 夏景才等主编:《世界现代史》,吉林文史出版社 1985 年版。

⑨ 朱庭光编:《外国历史名人传》,现代部分上册,中国社会科学出版社 1984 年版。

充其量只能说是在均势上面添加一点绥靖政策的成分。"英国的绥靖政策是从1937年5月底尼维尔·张伯伦主政后才真正开始贯彻执行的。"①曹胜强也指出:"不折不扣的绥靖政策是从1937年5月尼维尔·张伯伦任首相才真正开始全面执行的。"②

10."过程"说。李巨廉、潘人杰认为,绥靖政策"是作为一种过程而逐步积累、加速和全面展开的"。这一过程从希特勒上台开始,张伯伦接任首相而完成。③杨相海也认为,绥靖政策是逐步形成的。所不同的是,他认为1931—1935年是英法美绥靖政策的形成阶段。④

二、绥靖政策的破产和结束

绥靖政策何时结束?学术界众口不一,主要有以下七种观点。

1."布拉格事件"说(1939年3月15日)。倪培华认为,1939年3月15日德军占领布拉格后,英国外交"已不再是以妥协和出卖为特征的绥靖政策,而是以显示实力和拼凑同盟为主调的威慑政策了"。"张伯伦政府上台制定的整个对外政策……终于破产"。⑤黄家泉也指出:"布拉格危机之后,英德矛盾日趋尖锐,英法改变放任纳粹东进政策,对东南欧国家提供单方面的安全保证,实行遏制政策。"⑥王明中认为"1939年的捷克事件构成美国政策的转折点,美国开始在欧洲和远东协同行动。德国成了美国的敌人"。⑦

2."外交革命"说(1939年3月31日)。陶樾认为,1939年3月31日,"张伯伦对波保证的宣告","是英国准备走向战争的信号",张伯伦终于"抛弃了绥靖政策"。⑧

---

①　陶樾:《两次大战期间英国的外交政策与欧洲均势》,《英国史论文集》,三联书店1982年版。

②　曹胜强:《对共产国际解散问题的再探讨》,《共产国际研究》1991年第1期。

③　李巨廉、潘人杰:《第二次世界大战——专题述评》,华东师大出版社1990年版。

④　杨相海:《第二次世界大战前的绥靖政策及其破产》,《历史教学》1984年第4期。

⑤　倪培华:《论二次大战前英国的军备政策》,载《第二次世界大战起源研究论集》,华东师大出版社1986年版。

⑥　黄家泉:《略论二战前夕英法外交的策略变化——也谈"祸水东引"问题》,《史学月刊》1984年第2期。

⑦　王明中:《1937—1941年的美日矛盾》,《世界历史》1983年第2期。

⑧　陶樾:《两次大战期间英国的外交政策与欧洲均势》,《英国史论文集》,三联书店1982年版。

3. "苏德条约"说（1939 年 8 月）。张义德认为，《苏德互不侵犯条约》"宣告了英法纵容德国、祸水东引的绥靖政策彻底破产"。① 颜声毅等认为，"《苏德互不侵犯条约》宣告了张伯伦绥靖政策的破产"。②

4. "对德宣战"说（1939 年 9 月）。丁宝有认为，1939 年 9 月 3 日"英法对德宣战，标志着英法同德国在法律上进入了战争状态——表明了绥靖政策已经基本上完全收场"。③ 解力夫也认为，英法"被迫匆忙对德宣战……张伯伦所推行的绥靖政策也从而彻底破产"。④ 与此种说法截然相反，袁源则认为"德国入侵波兰不仅不是绥靖政策的失败，反而是绥靖政策的最高峰"。⑤

5. "援挪抗德"说（1940 年 4 月）。朱贵生等认为，"静坐战"和"苏芬战争"期间，英法等国的政策是"祸水东引"绥靖政策的继续，到 1940 年 4 月，英法军队在挪威中部登陆，支援挪威抗击德寇，"这是英法真正进行反法西斯战争的开始"。⑥ 袁源也认为，绥靖政策的真正破产应当是 1940 年 5 月德国进攻荷兰、比利时、卢森堡，并最终入侵法国，导致第二次世界大战在西欧战场全面爆发。"退一步，绥靖政策的破产至少也应该是 1940 年 4 月德国进攻丹麦、挪威，暴露其吞并整个欧洲的野心。"⑦

6. "张伯伦下台"说，"丘吉尔组阁"说，"德国进攻西欧"说（1940 年 5 月）。王斯德认为，绥靖政策与张伯伦及其政府密切相关，"只要张伯伦在台上一天，绥靖政策就不可能彻底抛弃，强硬政策就不可能坚定地推行，张伯伦下台之日，才是绥靖政策彻底破产之时"。⑧ 张继平、胡德坤认为："丘吉尔联合政府成立后，英国政府才完全抛弃了绥靖政策，走上了毫不妥协的反法西斯道路。"⑨ 刘陵、洪育沂认为，1940 年 5 月 10 日，德国在西线大举进攻，从而"宣告英法多年

① 张义德主编：《苏联现代史（1917—1945）》，吉林文史出版社 1988 年版。

② 颜声毅等编著：《现代国际关系史》，知识出版社 1984 年版。

③ 丁宝有：《绥靖政策的产生、发展和收场》，《东北师大学报》1983 年第 6 期。

④ 解力夫：《临危受命丘吉尔》，世界知识出版社 1989 年版。

⑤ 袁源：《试析英法对德绥靖政策失败的标志》，《郑州航空工业管理学院学报》2014 年第 2 期。

⑥ 朱贵生等编著：《第二次世界大战史》，人民出版社 1982 年版。

⑦ 袁源：《试析英法对德绥靖政策失败的标志》，《郑州航空工业管理学院学报》2014 年第 2 期。

⑧ 王斯德：《论二次大战前夕英国对外政策的转变》，《华东师大学报》1981 年第 1 期。

⑨ 张继平、胡德坤等编著：《第二次世界大战史》，甘肃人民出版社 1984 年版。

奉行的绥靖政策的彻底破产"。①

7. 阶段说。杨相海认为,英法绥靖政策的破产经历了三个阶段,即 1939 年3 月至 8 月、1939 年 9 月至 1940 年 4 月、1940 年 4 月至 5 月。美国绥靖政策的破产也经历了三个阶段,即 1939 年初至 8 月、1939 年 9 月至 1940 年 5 月、1940年 6 月至 1941 年 12 月。②

第五节　美国与绥靖政策

我国学者普遍认为,美国与英法一样也推行了绥靖政策。关于美国的绥靖政策,史学界就下面几个方面展开了论争。

一、关于"史汀生主义"

王明中、王桂厚等认为,"史汀生主义"是绥靖政策的"开端"和"先声"。③

陈锦礶对上述看法提出了怀疑,他承认"史汀生主义""没有阻挡住日本对中国东北的独占",但它的失败并不能证明是对日本的妥协抑或绥靖。相反,"'不承认主义'是走向与日本对抗的重要一步","美国抛出'不承认主义'还是为了未来的反攻。"④

邓蜀生则认为:"总的说来,被称为'史汀生主义'或'不承认主义'的声明,标志着美国外交史上一个被动应付的时期,但是,说它起了'纵容'或'鼓励'日本侵略的作用,则是言过其实。"⑤

二、关于 30 年代孤立主义及"中立法"

邓蜀生认为"孤立主义是纵容法西斯势力的绥靖主义变种"⑥;李庆余认为

①　刘陵、洪育沂主编:《国际关系史简编——半个世纪世界风云》,世界知识出版社 1986年版。

②　杨相海:《第二次世界大战前的绥靖政策及其破产》,《历史教学》1984 年第 4 期。

③　王明中:《"满洲危机"和史汀生主义》;王桂厚编著:《三十年代美国的"中立"政策》,解放军出版社 1987 年版。

④　陈锦礶:《对美国"不承认主义"的几点看法》,《苏州大学学报》1989 年第 2、3 期合刊。

⑤　邓蜀生:《罗斯福》,浙江人民出版社 1985 年版。

⑥　邓蜀生:《罗斯福》,浙江人民出版社 1985 年版。

"中立法是美国式的绥靖"①;王桂厚也认为美国的"中立法与英法的'绥靖'是一丘之貉"。②

欧亚承认"罗斯福签署的中立法其实质是美国牌的绥靖政策",但同时又指出,罗斯福是个现实主义者,自 1939 年开始调整对外政策,积极介入欧洲的争端,大战爆发后,他"逐渐变成国际合作主义者"。③

丁建弘、孙仁宗认为,应有区别地、分期地看待中立法,指出中立法是"1935—1941 年美国主要对待欧洲国际冲突的政策,1939 年 11 月修改以前是绥靖政策的表现"。④

三、关于珍珠港事件

围绕着珍珠港事件是否是美国长期对日绥靖的结果,存在着三种观点:

张继平认为,日本对珍珠港的突然袭击,"是美国对外政策长期执行中立主义,实际是变相绥靖政策带来的必然结果"。⑤ 李安华也认为,珍珠港事件的"根本原因不是别的",正是罗斯福"一贯执行绥靖政策的必然结果。"⑥

邓蜀生认为,美国在珍珠港蒙受了美国战史上空前未有的损失和羞辱,"这不是由于政治上执行妥协退让的绥靖政策造成的","罗斯福的对日政策不是绥靖政策。"⑦陈兼也认为,珍珠港事件是由"美日矛盾不可调和的性质以及美日双方在谈判中表现的不可妥协的态度"促成的。⑧

王开琚则认为,从局部和暂时的意义上讲,1941 年美日谈判存在"绥靖"的性质,有"慕尼黑"的倾向,但珍珠港事件"不是美日谈判引出的"。⑨

① 李庆余编著:《美国外交——从孤立主义到全球主义》,南京大学出版社 1990 年版。
② 王桂厚编著:《三十年代美国的"中立"政策》,解放军出版社 1987 年版。
③ 欧亚:《略论三十年代美国中立法》,《世界现代史论文集》,三联书店 1982 年版。
④ 丁建弘、孙仁宗主编:《世界史手册》,浙江人民出版社 1988 年版。
⑤ 张继平:《珍珠港事件为何发生》,《世界历史》1981 年第 6 期。
⑥ 李安华:《珍珠港事件是绥靖政策的必然结果——驳所谓"苦肉计"说》,《世界史研究动态》1981 年第 11 期。
⑦ 邓蜀生:《珍珠港之变是罗斯福的"绥靖政策"引出的吗?》,《世界史研究动态》1981 年第 11 期。
⑧ 陈兼:《走向全球战争之路——二次大战起源研究》,学林出版社 1989 年版。
⑨ 王开琚:《略论 1941 年美日谈判的性质和后果》,《西南师院学报》1982 年第 3 期。

第六章 是"明智的选择"还是苏联式的绥靖？

——《苏德互不侵犯条约》研究综述[①]

1939 年 8 月 23 日,正当纳粹德国磨刀霍霍,整个世界聚焦欧洲,国际形势十分紧张之时,《苏德互不侵犯条约》签订了。条约签订一周后,纳粹德国闪击波兰,英法对德宣战,第二次世界大战随即爆发。

在现代国际关系史上,大概没有哪个国际条约能像《苏德互不侵犯条约》(以下简称条约)这样长期地引起史学家们的浓厚兴趣。自签订之日起,条约就引起了国际政论界、史学界的广泛关注。60 年来,史学界从未间断过对它的研究。但由于意识形态、国家间关系等方面的原因,东西方国家的学者对该条约褒贬不一、莫衷一是。

对于《苏德互不侵犯条约》,毛泽东曾给予其极高的评价,他在 1939 年 9 月 1 日对《新华日报》记者的谈话中指出,条约"是苏联社会主义力量增长和苏联政府坚持和平政策的结果",它"打破了张伯伦、达拉第等国际反动资产阶级挑动苏德战争的阴谋,打破了德意日反共集团对于苏联的包围,巩固了苏德两国间的和平,巩固了苏联社会主义建设的发展。在东方则打击了日本,援助了中国,增加了中国抗战派的实力,打击了中国的投降派。在这一切上面,就安置了援助全世界人民争取自由解放的基础"。[②]

我国史学界对条约的研究呈现出"前松后紧"的特点。在"文革"及其以前,为数不多的研究二战前夕苏联外交的论著中,论及条约者甚少,即使提及也基本上是对毛泽东评价的进一步诠释和论证,或对苏联观点的照搬。指出苏联的这一行动是苏联外交在当时形势下的英明决策,是具有战略意义的措施,它粉碎了发动进攻侵略苏联的阴谋,解除了苏联东、西两面受敌的危险;苏联站在第二次

---

① 本章参考了李树房、曹胜强《我国关于〈苏德互不侵犯条约〉的研究(1979—1998)》(《世界历史》2000 年第 1 期),刘金源、周志亮《国内史学界对于〈苏德互不侵犯条约〉的评介综述》(《广西社会科学》1995 年第 4 期)二文,特此致谢。

② 《毛泽东选集》(合订本),人民出版社 1968 年版,第 542 页。

世界大战之外,有可能组织国际反法西斯的统一战线,争取以后反法西斯战争的胜利。[1]

党的十一届三中全会以来的 20 年,人们的思想得到了空前解放,学术界对条约的研究开始升温,并一直居高不下。《世界史研究动态》1976 年第 8 期发表了王斯德的《论苏德互不侵犯条约(一九三九·八)》,这是国内史学界对条约所做的第一次全面而深刻的研究。《世界历史》1979 年第 5 期发表了李巨廉、潘人杰合写的《关于二次大战前史的若干问题》一文,在论及条约时,倡导"对当时的社会主义苏联的对外政策和运行",应该以"实事求是"的态度"加以探索和阐述"。《世界历史》编辑部接连发表的这两篇文章,大大推动了史学界对条约的研究。更为重要的是,这为史学界创造了一个实事求是、百家争鸣的学术研究氛围。为了提高学者们对条约的研究兴趣,《世界史研究动态》1981 年第 5 期以"来稿摘登"的形式刊登了一组有关条约问题的稿件,学者们各抒己见,观点纷呈,活跃了对条约的研究。自此,我国史学界不再回避条约,也不再照搬苏联观点,学者们围绕条约提出了各种各样的看法。本书就最近 40 年来对这一问题研究的成果,择要予以综述,以飨读者。

第一节　对苏联选择缔约的认识问题

1939 年,苏联、英法和德国是欧洲政治舞台上的三大力量,其中任何两方的结合都会改变世界局势。英法本来希望以绥靖换和平,但德国法西斯欲壑难填,使得双方矛盾难以调和,最终都把橄榄枝投向苏联。苏联由此获得了自成立以来最为游刃有余的外交环境。苏联既可以与英法结盟,也可以与德国和好。结果,苏联选择了后者,并于 1939 年 8 月 23 日与德国缔约。究竟如何认识苏联的这一外交选择,一直是条约研究中的热门话题。围绕这一问题,学者们主要提出了三种观点:

"惟一选择"论。于振起认为,"苏联在与英法结盟无望,战争又迫在眉睫的紧要关头,为防止西方祸水东引的阴谋而与德国缔约……是历史的必然",是

---

① 鞠秀熙:《第二次世界大战前夕英法苏谈判失败的原因与苏德互不侵犯条约订立的历史意义》,《新史学通讯》1953 年第 7 期。

"在1939年8月的历史条件下……惟一现实的正确抉择"。① 刘士田则从历史条件的分析入手，将《苏德互不侵犯条约》与《布列斯特和约》进行了比较，认为两个条约签订前的历史条件大致相似，条约虽不十全十美，但首先应看到当时特定的历史条件。苏联缔约是"惟一可采取的有利于反法西斯，有利于社会主义苏联的策略"。②

"非惟一选择"论。对于苏联缔约是惟一选择的观点，有不少学者持相反看法，他们认为拖延谈判才是上策。王斯德认为，在当时"英法和德国都有求于苏"的形势下，"苏联完全不必马上与英法决裂，不必立即和德国签订条约；而可以像20年前列宁在签订《布列斯特和约》期间对德国所采取的策略那样，充分利用帝国主义矛盾，尽量拖延和德国的谈判，争取时间"。③ 崔剑也认为："苏联在国际斗争的天平上正处于举足轻重的有利地位，它完全不必要立即关闭同英法谈判的大门，也不必要急于同德国缔结条约。"④曹胜强认为，尽管当时英法患得患失，苏联马上和英法订约确实有困难，但也并非是"非与德订约不可"，即使在1939年8月，"英法与苏联结盟的希望也还是存在的"。⑤ 侯成德也认为，如果希特勒挑起对波兰的战争，"势必成为促使英法苏三国谈判和合作的重大因素"，因此，"1939年苏德结盟是苏联惟一选择之说是不能令人信服的"。⑥姚红艳认为苏联签订条约虽可以理解，"但不可原谅"，且"是对苏联没有任何好处"。⑦

"迫不得已"论。还有一些学者对苏联与德国缔约表示理解。李巨廉、潘人杰认为，苏联缔约是苏联"在当时复杂的国际环境下不得不采取的外交抉择"。⑧王芝认为："它不是苏联外交的既定方针，而是不得已而采取的断然措施。"⑨王哲认为，如果苏联拒绝德国建议，"对于苏联极端危险的是具有英法和德日相勾

---

① 于振起：《历史的必然，唯一的选择》，《世界史研究动态》1985年第12期。

② 刘士田：《评苏德互不侵犯条约——与布列斯特条约比较》，《牡丹江师范学院学报》1985年第4期。

③ 王斯德：《论苏德互不侵犯条约（一九三九·八）》，《世界史研究动态》1979年第8期。

④ 崔剑：《论卫国战争前夕苏联对欧洲政策的嬗变及影响》，《扬州师范学院学报》1995年第2期。

⑤ 曹胜强：《论1939年苏联的外交选择》，《史学集刊》1997年第4期。

⑥ 侯成德：《1939—1941年的苏德关系》，《世界史研究动态》1983年第7期。

⑦ 姚红艳：《〈苏德互不侵犯条约〉再评价》，《徐州教育学院学报》2006年第1期。

⑧ 李巨廉、潘人杰：《关于二次世界大战前史的几个问题》，《世界历史》1979年第5期。

⑨ 王芝：《条约有利于世界人民》，《世界史研究动态》1981年第5期。

结,结成反苏同盟的现实可能性"。① 因此,对于当时的苏联来说,缔约是"一种迫不得已的选择"。① 何春超认为:"苏联在争取建立集体安全体系的努力遭到严重挫折的情况下,为了不使自己成为英法绥靖政策的牺牲品,被迫做出这种选择。"②苏鹏宇也认为,面对德国的威胁,为防止英法等战争贩子将苏联拖入战争,"选择与德国签订互不侵犯条约就成为苏联当时的无奈之举"。③

第二节　苏联缔约的动机

苏联为何要缔结条约? 其真正动机和目的何在? 这是每一个条约研究者无法回避的问题。在众多的著述中,下面几种观点最具代表性。

"安全"说。齐世荣认为:"当英法苏军事谈判看来无成功希望而德国又竭力靠拢时,苏联政府为了维护自身的安全,便与德国签订了互不侵犯条约。"④李巨廉、潘人杰认为,苏联与德国订约是"在一种十分紧迫而又特殊的形势下,出于苏联的安全需要而采取的一项非常措施"。⑤ 薛龙根认为,苏联"为了把德国这股祸水从自己的身边引开,只好缔约"。⑥ 李昌德也认为:"签订这个条约,在希特勒方面是急于要避免两线同时作战,而苏联方面则是要把德国的进攻从苏联引开。"⑦萨本仁认为,通过条约的签订,苏德双方"都暂时达到了各自的直接目的"。苏联通过缔约,"不必被迫同不是英国就是德国作战了,以便赢得时间,加紧备战"。⑧ 李安启认为:"苏联为了严防20年前14国武装干涉和封锁的重演,才利用帝国主义之间的矛盾,同时也利用法西斯集团的矛盾,与德国签订了苏德互不侵犯条约。"⑨

"革命"说。程早霞认为,慕尼黑会议后,"斯大林头脑中'帝国主义是一丘之貉'的思想逐渐成为支配他行动的主要理论依据……在斯大林看来……即将

---

①　王哲:《试论三十年代苏联的"集体安全"体系》,《史学集刊》1995年第2期。

②　何春超等:《国际关系史纲》,法律出版社1987年版,第162页。

③　苏鹏宇:《苏联签署苏德互不侵犯条约原因探析》,《运城学院学报》2003年第2期。

④　齐世荣:《世界史·现代史》,高等教育出版社1994年版,第339—340页。

⑤　李巨廉、潘人杰:《第二次世界大战》,华东师范大学出版社1990年版,第147页。

⑥　薛龙根:《过大于功弊大于利——也谈苏德条约》,《世界史研究动态》1981年第5期。

⑦　李昌德:《试评苏德互不侵犯条约》,《河北大学学报》1990年第2期。

⑧　萨本仁:《试论第二次世界大战初期苏联对外政策中的社会沙文主义》,《宁夏大学学报》1980年第1期。

⑨　李安启:《苏德互不侵犯条约再研究》,《山西师范大学学报》1987年第1期。

到来的战争将是帝国主义战争,战争一定会引起革命,并使一些国家为资本主义的存在本身发生问题"。因此,"斯大林巧妙地向德国伸出了和解之手"。①

"扩张"说。曹胜强认为,苏联缔约"有着深层的动机和目标","随着国际局势的复杂化,向外扩张版图的思想开始在苏联抬头,并在 1939 年左右了外交选择"。② 沈志恩明确指出:"(苏德两国)共同澄清东欧领土问题,才是苏联外交突然转向的主要动因。"③李华强认为,"瓜分波兰和划分他们在东南欧的势力范围是苏德结盟的基础","苏联为了夺取 1921 年里加条约所失去的波兰领土,不惜背离社会主义立场原则,竟和法西斯希特勒称兄道弟"。④ 柯元斌指出:"苏联和德国签订条约……是为了和德国瓜分东欧,实现自己对波罗的海各国与波兰东部的领土占有。"⑤

"祸水西引"说。曹胜强在论及苏联缔约的动机时还明确指出:"'祸水东引'和'祸水西引'是一对孪生兄弟,'祸水西引'是苏联对英法'祸水东引'的'回报'。"⑥帅桥昌说"苏联与德国缔结条约是真正的祸水西引"。⑦ 孙红旗也认为,苏联缔约是其绥靖政策的表现,而其绥靖政策的目的就是"祸水西引","暂时避开战火烧身,静观英法与德国厮杀",以从中渔利。⑧ 侯成德认为,苏联缔约是"为了苏联本国的安全和利益",在斯大林看来,"诱使德国西进,让帝国主义战争在西欧长期打下去,苏联既可隔岸观火,又可趁机获得东欧的大片领土"。⑨

"多因素"说。苏鹏宇认为,综合考察苏联与法西斯德国签定互不侵犯条约原因,既有苏联主观意识上的大国沙文主义因素的作用,也有国内外不利的客观条件的影响,同时也不能排除对德国骗术的轻信。⑩

---

① 程早霞:《1939—1941 年苏德关系剖析》,《求是学刊》1998 年第 2 期。
② 曹胜强:《论 1939 年苏联的外交选择》,《史学集刊》1997 年第 4 期。
③ 沈志恩:《1939—1941 年苏德关系剖析》,《社会科学战线》1993 年第 4 期。
④ 李华强:《苏德互不侵犯条约和波兰的灭亡》,《齐齐哈尔师范学院学报》1986 年第 4 期。
⑤ 柯元斌:《从〈苏德互不侵犯条约〉的签订看斯大林的大国主义和民族主义》,《中学历史教学参考》2001 年第 7 期。
⑥ 曹胜强:《论 1939 年苏联的外交选择》,《史学集刊》1997 年第 4 期。
⑦ 帅桥昌:《又一种绥靖政策》,《世界史研究动态》1985 年第 12 期。
⑧ 孙红旗:《苏联与绥靖政策》,《社会科学战线》1995 年第 1 期。
⑨ 侯成德:《1939—1941 年的苏德关系》,《世界史研究动态》1983 年第 7 期。
⑩ 苏鹏宇:《苏联签署苏德互不侵犯条约原因探析》,《运城学院学报》2003 年第 2 期。

第三节　苏联缔约的责任问题

从1939年4月开始,苏联与英法进行了长达4个月的谈判。尽管谈判在取得缓慢的进展,但还是失败了,苏联最终没能与英法结盟。而苏联与德国经过外交接触,最后缔结了条约。苏德缔约后仅一周时间,德国就发动了对波兰的进攻。为什么苏联没有与英法结盟,反而与德国和好?究竟谁应该对英法苏三国谈判的失败和苏德缔约负责?学者们见仁见智。

"英法责任"说。赵纯海明确指出:"正是因为英法拒绝与苏联'联姻',才促成了苏联接受希特勒德国'求爱'的结果。并不是苏联有意'把可以争取的同盟者抛开',而是英法的一意孤行所致","其过错完全应归罪于英法帝国主义,而不应归罪于社会主义苏联。"① 田仲文认为,在三国谈判期间,"英法统治集团继续推行绥靖政策,勾结法西斯德国,策动新的慕尼黑阴谋。英法这种愚蠢的做法,是迫使苏联同德国签约的重要原因之一"。② 于振起认为,"由于张伯伦政府在捷克灭亡之后继续坚持绥靖政策,一心策划第二个慕尼黑阴谋",苏联才选择了与德国改善关系。③ 刘士田也认为,"由于英法的绥靖政策",苏联与英法结盟已"不可能实现",才被迫选择了与德订约。④

"苏联责任"说。有些学者认为,苏德缔约的责任主要应由苏联承担。其中,有的学者认为,苏联的责任在于它的民族利己主义。陈海燕指出:"因为三国谈判未能满足苏联的某些要求,所以苏联'不得不'同满足它的要求的德国签订条约。"而苏联的要求就是"在自己的西部国境之外建立一个尽可能往西的势力范围。"⑤还有些学者认为,苏联的责任在于它认识上的失误。崔剑认为,苏联的态度在短时间内发生如此急剧的变化,"除了出于对英法的愤怒之情外,症结主要在于,苏联对英、法等国的认识出现明显偏差,这种偏差决定了它不能正确

---

① 赵纯海:《也谈苏德互不侵犯条约的签订》,《锦州师范学院学报》1988年第1期。
② 乔明顺主编:《世界近现代史》,北京大学出版社1990年版,第517页。
③ 于振起:《二战前夕苏联的双重外交政策》,《历史教学》1984年第6期。
④ 刘士田:《评苏德互不侵犯条约——与布列斯特条约比较》,《牡丹江师范学院学报》1985年第4期。
⑤ 陈海燕:《从布列斯特到莫斯科——综论战前苏德关系的发展》,《武汉师范学院汉口分院学报》1982年第3/4期。

判断国家形势及其发展趋向"。① 刘耀国认为,"由于斯大林把帝国主义的矛盾视为二战前夕整个时期的矛盾","结果造成了认识上的失误,直接导致了苏联卫国战争前外交政策的失误"。② 许昱彬认为,苏德签订互不侵犯条约和三国谈判的破裂,"这当中既有英法和苏联长期敌对造成的心理隔阂的缘故,有受侵略威胁的小国拒绝同苏联合作的缘故,也有英法联苏政策不够坚决的原因。但我认为苏联在谈判中没有始终坚持把三国谈判放在高于一切的位置,并在谈判最后阶段放弃了建立集体安全体系的努力,是导致三国谈判最终失败的根本原因。"③

"共同责任"说。有些学者认为,对于三国谈判的失败和苏德缔约,英法和苏联都应该承担责任。万柏连认为,促使苏联改变欧洲政策的主要原因有三个:"苏联被英法等国摒于处理捷克问题的'慕尼黑会议'之外,是其最初因素";二是"英法苏三国谈判中,英法政府缺乏诚意,导致谈判破裂";三是"德国高价拉拢"。④ 侯成德则明确指出,"希特勒所出的高额代价的诱惑,英法在莫斯科三国谈判中的缺乏诚意和苏联对英、法目的的怀疑,以及对帝俄时代在东欧的统治权的留恋",都促使苏联选择与德缔约。⑤

第四节 条约的性质

由于对苏联缔约的选择、动机、责任等问题的不同认识,学者们对条约的性质也做了不同的定性。

"革命妥协"说。刘士田认为,条约是"利用帝国主义之间的矛盾,打破帝国主义包围,粉碎帝国主义阴谋的革命妥协","它与列宁主义的外交原则:既考虑

---

① 崔剑:《论卫国战争前夕苏联对欧洲政策的嬗变及影响》,《齐齐哈尔师范学院学报》1989年第5期。

② 刘耀国:《论斯大林对二战前世界主要矛盾划分的失误》,《齐齐哈尔师范学院学报》1989年第5期。

③ 许昱彬:《评二战前夕苏联对英法苏谈判和德苏谈判的态度》,《鞍山师范学院学报》1997年第1期。

④ 万柏连:《欧战爆发前后苏联欧洲政策的变化》,《中山大学学报》1998年第5期。

⑤ 侯成德:《1939—1941年的苏德关系》,《世界史研究动态》1983年第7期。

苏联的国家利益又考虑全世界进步人类的利益是不相违背的"。① 王芝认为，条约是"苏联外交利用帝国主义营垒的矛盾，取得有利的国际环境的一大胜利"。②

"绥靖"说或"祸水西引"说。帅桥昌认为："苏联与德国缔结条约是真正的祸水西引，实行了比英法更甚的绥靖政策。"事实充分说明，苏联对德国向东方争取"生存空间"的新欲望，只是想以委曲求全——绥靖的方式解决，它与英法的绥靖政策相比有过之而无不及。③ 沈志恩认为："《苏德互不侵犯条约》实际上是又一项成全希特勒的条约。它同《慕尼黑协定》的区别仅仅在于，英法牺牲了捷克和自身利益，而苏联得以强行恢复了 1913 年俄罗斯帝国疆界。"④ 而孙红旗则认为："《苏德互不侵犯条约》与《慕尼黑协定》并无本质区别，都是欧洲大战前夕绥靖政策的典型表现，或者说苏德条约是继英法之后苏联掀起的又一个绥靖高潮。"⑤ 侯成德指出，苏联与德国缔结条约目的在于"诱使德国西进，让'帝国主义战争'长期在西欧打下去，苏联既可隔岸观火，又可趁机获得东欧的大片领土"。⑥

"分赃"说。薛龙根明确指出，在列宁所说的两种人的妥协中，"斯大林同德国签订的互不侵犯条约，基本上是属于第二种人的妥协"，即"为的是入伙分赃"，"在于使自己变成帝国主义强盗的同谋者"。⑦ 徐炽庆认为，《苏德互不侵犯条约》"在理论上背离了列宁的对外政策的原则，在实践上是一桩大国之间带有分赃性质的秘密交易"。⑧ 陈海燕也认为："苏德条约实质上是强权政治和秘密外交的一个典型产物……是一份地地道道的大国宰割小国的预分赃合同。"⑨

"同盟"说。王斯德认为，尽管"苏联一再声明条约的中立性质"，但"实际上却把互不侵犯条约变成了事实上的同盟条约"。条约签订后，苏联"甚至公然在

---

① 刘士田：《评苏德互不侵犯条约——与布列斯特条约比较》，《牡丹江师范学院学报》1985年第4期。

② 王芝：《条约有利于世界人民》，《世界史研究动态》1981年第5期。

③ 帅桥昌：《又一种绥靖政策》，《世界史研究动态》1985年第12期。

④ 沈志恩：《1939—1941年苏德关系剖析》，《社会科学战线》1993年第4期。

⑤ 孙红旗：《苏联与绥靖政策》，《社会科学战线》1995年第1期。

⑥ 侯成德：《1939—1941年的苏德关系》，《世界史研究动态》1983年第7期。

⑦ 薛龙根：《过大于功弊大于利——也谈苏德条约》，《世界史研究动态》1981年第5期。

⑧ 徐炽庆：《从列宁的对外政策评苏德互不侵犯条约》，《江西师范大学学报》1984年第4期。

⑨ 陈海燕：《从布列斯特到莫斯科——综论战前苏德关系》，《武汉师范学院汉口分院学报》1982年第3/4期。

世界面前和德国合作,采取共同行动反对英法"。①

第五节　条约的后果

对于条约的后果,有的学者做了全面考察,有的学者则从某一方面进行了研究。概括起来,主要有以下几种观点。

"有利"说。80年代初期及以前,对条约持全面肯定态度的观点在国内史学界占据主导地位。这种观点认为,条约的签订是苏联外交的英明决策,粉碎了英法帝国主义挑动苏德战争的阴谋,使社会主义的苏联赢得了战略准备的时间,为打败法西斯德国奠定了基础。② 王芝认为,"苏德条约的签订对苏联人民以及对世界反法西斯的国家和人民更有利",因为它"争取了对苏联较为有利的国际环境","使苏联赢得了为战胜侵略者所必需的22个月的时间",使日本"在国际上更加陷入孤立"。③ 李安启认为:"苏德条约的签订,不仅打破了英德勾结起来反对苏联存在的企图,而且打破了德日法西斯的反苏联盟和战线,使苏军在军事上避免了两线作战。"④朱贵生等学者也持有类似的看法。⑤

"不利"说。王斯德认为,苏联缔约"后果并不良好,消极作用很大"。第一,它"在一定程度上束缚了苏联的手脚,不利于充分利用帝国主义矛盾,联合一切可以联合的力量,推迟世界大战的爆发"。第二,它"模糊了苏联和世界人民的认识,不利于推动世界人民进行反法西斯斗争"。苏联过早地同德国签订条约,在世界范围内孤立了可以争取的同盟者,增强了主要敌人的战略地位,对建立世界反法西斯统一战线和推迟世界大战的爆发极为不利。⑥ 萨本仁指出:"苏德条约至少也是在客观上适应了希特勒避免两线作战、腹背受敌的需要,以便将英法制服以后,回师东进,以致在苏德战争初期苏军遭到了德军摧毁性的打击,损失

---

① 王斯德:《论苏德互不侵犯条约(一九三九·八)》,《世界史研究动态》1979年第8期。

② 朱贵生等编著:《第二次世界大战史》;王春良主编:《世界现代史》,山东人民出版社1986年版。

③ 王芝:《条约有利于世界人民》,《世界史研究动态》1981年第5期。

④ 李安启:《苏德互不侵犯条约再研究》,《山西师范大学学报》1987年第1期。

⑤ 朱贵生等:《第二次世界大战史》,人民出版社1982年版,第143页。

⑥ 王斯德:《论苏德互不侵犯条约(一九三九·八)》,《世界史研究动态》1979年第8期。

惨重。"①黄宗祥认为,缔约的结果"从长远来看,不利于苏联;从近期看,它削弱了世界人民的反法西斯力量,增强了德国的实力地位,并在客观上帮助希特勒解除了两线作战之忧"。② 任颖认为:"《苏德互不侵犯条约》的签订是直接导致第二次世界大战爆发的催化剂。"③李昌德认为:"苏德互不侵犯条约充其量是苏德两国的相互妥协、互相利用,这是一个对苏德两国有利,而对世界人民反法西斯事业不利的条约。"④

"利弊兼有"说。有更多的学者全面分析了苏德条约,认为条约利弊兼而有之。具体说来有三种观点:

一是"利弊各半"说。李玲、禾人认为,从 20 世纪 30 年代的国际形势来看,条约的签订是必然的结果。英法纵容纳粹的侵略,企图"祸水东引",从这种意义上看,苏德条约的确是对搞绥靖政策的人一个"冷酷的回敬",对苏联是非常有利的。但是另一方面,在选择什么时间签约以及怎样对待这个条约的问题上,苏联未能处理好,从而带来了一系列的严重后果。苏德条约是促成二战爆发的最后的强烈的催化剂,"客观上不可避免地提前了第二次世界大战的到来","改变了对世界政治力量的划分,客观上有利于德国的战略地位",并使苏联在二战之初的对外政策蒙上了阴影。⑤ 方双六则具体论述了苏德条约的得与失。他认为,条约对苏联来说,是非常有利的、必要的。首先,它粉碎了英法的慕尼黑阴谋,推迟了苏德战争的爆发;其次,它引起了德日两个法西斯国家之间的矛盾和斗争,打破了法西斯的反苏统一战线;最后,条约有利于保卫苏联国家的安全。可以说,条约是历史选择的结果。但是,条约的负面影响又特别严重。它削弱了反法西斯的力量,客观上有利于法西斯侵略者;条约的签订,在国际共运及各国人民中引起一定的混乱,同时它也约束了苏联自己,致使苏德战争初期苏联损失惨重。从总体而言,条约对于整个反法西斯统一战线来说是利小弊大。⑥ 王国范也撰文做了类似的表述。⑦ 胡德坤、罗志纲不仅具体分析了条约的积极作用

① 萨本仁:《试论第二次世界大战初期苏联对外政策中的社会沙文主义》,《宁夏大学学报》1980 年第 1 期。

② 黄宗祥:《论二战前夕苏联的外交失误》,《新疆大学学报》1996 年第 2 期。

③ 任颖:《〈苏德互不侵犯条约〉与二战的爆发》,《西安教育学院学报》2004 年第 2 期。

④ 李昌德:《试评苏德互不侵犯条约》,《河北大学学报》1990 年第 2 期。

⑤ 李玲、禾人:《苏德互不侵犯条约试析》,《山西大学学报》1983 年第 2 期。

⑥ 方双六:《〈苏德互不侵犯条约〉的得与失》,《安庆师院学报》1990 年第 2 期。

⑦ 王国范:《〈苏德互不侵犯条约〉利弊简析》,《南都学刊》1994 年第 4 期。

与消极影响,还特别提到了秘密协定。他们认为,苏联为了民族私利,准备和一个帝国主义国家共同瓜分弱小国家,这种行为是民族沙文主义的典型表现,背离了马列主义关于正确处理国与国之间关系的准则,违反了各国公认的国际法,严重地损害了苏联一贯表现出的反法西斯形象。尽管条约有一定的积极作用,但消极影响也是显而易见的。①

　　二是"利大于弊"说。赵纯海比较了条约对苏德两国的影响,他明确地指出,"这个条约是'利大于弊'的",应该对它的作用"给予充分的肯定"。② 高明振认为:"我们既要看到苏德条约的积极作用,又要如实地分析它的消极后果。但是两相比较,权衡利弊得失,尽管条约给世界人民的反法西斯斗争以及苏联本身曾经暂时带来一些消极的后果,但……积极的作用是根本的,主导的。"③

　　三是"弊大于利"或说"利小弊大"说。薛龙根认为,对于条约的利弊功过"应该从正反两个方面去分析"。他指出,尽管条约"使苏联赢得了一年半以上的暂时和平……为后来的反法西斯战争的伟大胜利奠定了一定的基础",但是,"它带来的恶果也是严重的"。它"客观上助长了希特勒的侵略野心","大大损害了社会主义国家的威信","使自己丧失警惕,使苏联在卫国战争初期遭受了极其严重的损失","给国际共运造成了分裂,损害了各国党的威信,破坏了开始形成的反法西斯统一阵线"。因此,条约是"过大于功,弊大于利"。④ 夏小平认为,条约带来十分复杂而严重的后果:第一,它直接导致了战争的爆发,条约的签订是希特勒外交的胜利,同时也丧失了制止战争的最后机会;第二,使波兰再次被瓜分,条约的签订意味着波兰行将亡国的命运;第三,使希特勒解除了后顾之忧,而苏联得以建立东方战线;第四,苏联外交政策的转变,在国际共产主义运动中引起极大的混乱,使得各国共产党在反法西斯运动中威信扫地,力量受到很大损失。夏小平在对条约的后果做了全面分析后也认为,"苏联与德国订约的结果是得少失多,极不利于世界反法西斯战争"。⑤ 此外,孙祖逊、李昌德也分别提出了类似的观点。刘子靖认为,从条约"客观的作用和后果讲,是有利有弊,但

① 胡德坤、罗志纲:《第二次世界大战史纲》,武汉大学出版社1989年版,第103—107页。
② 赵纯海:《也谈苏德互不侵犯条约的签订》,《锦州师范学院学报》1988年第1期。
③ 高明振:《关于苏德互不侵犯条约的几点看法》,《世界史研究动态》1984年第4期。
④ 薛龙根:《过大于功弊大于利——也谈苏德条约》,《世界史研究动态》1981年第5期。
⑤ 夏小平:《签约后果严重》,《世界史研究动态》1985年第12期;《略论苏德互不侵犯条约的后果》,《重庆师范学院学报》1987年第1期。

弊大于利;有功有过,但功不抵过。它暂时有利于苏联,但更有利德国……不利于国际反法西斯斗争,对世界和平则是一场巨大的灾难。"①

在研究条约的后果时,学者们在两个问题上是针锋相对的。一个问题是对东方战线的认识,另一个问题是从条约签订到苏德战争爆发的 22 个月的时间对谁更有利。前一个问题,学者们的研究很多,它已成为世界现代史研究中的一个独立专题,因此对此问题的研究概况应专篇介绍,在此不再涉及。下面主要介绍学者们对第二个问题的研究情况。王芝认为,22 个月的时间是苏联"战胜侵略者所必需的"。这段时间,苏联"加强了兵力","完成了工业往东部地区的战略转移","加速了战略物资的准备工作"。② 张义德认为:"条约的签订,为苏联赢得了 23 个月的宝贵备战时间……对苏联赢得战争的胜利具有重大的意义。"③赵纯海明确指出:"一年半的时间,德国法西斯是在对外侵略战争的战场上度过的,而苏联是在和平的经济建设中度过的。这段时间显然对苏联有利。"④高明振认为:"无论从军事上、外交上看,条约赢得的一年半的时间,对苏联最后打败法西斯德国都是有利的。"⑤

徐炽庆认为:"如果不缔结这个条约,不给希特勒以先西后东、避免两线作战的机会,希特勒可能不得不将发动战争的时间推迟到 1943 年,这给苏联赢得的时间岂不是更多吗?"⑥李一平根据 1939 年和 1941 年苏德两国在经济、军事和战略形势上的对比变化,认为"22 个月的时间对德国更有利"。⑦ 崔剑指出,22 个月的时间中"德国获利更大",而在这段时间里,"苏联领导人的思想意识已经从推迟苏德战争爆发发展到对条约坚信不疑的地步,结果导致毫无思想准备的苏联军队在苏德战争初期蒙受了重大损失"。⑧

帅桥昌、邓树英认为《苏德互不侵犯条约》的缔结为苏联"赢得"一段喘息时间的传统观点是站不住脚的,因为缔结条约未能推迟世界大战的爆发;不缔结条

---

① 刘子靖:《评〈苏德互不侵犯条约〉》,《咸阳师范学院学报》2003 年第 5 期。

② 王芝:《条约有利于世界人民》,《世界史研究动态》1981 年第 5 期。

③ 张义德:《苏联现代史(1917—1945)》,吉林文史出版社 1988 年版,第 407—408 页。

④ 赵纯海:《也谈苏德互不侵犯条约的签订》,《锦州师范学院学报》1988 年第 1 期。

⑤ 高明振:《关于苏德互不侵犯条约的几点看法》,《世界史研究动态》1984 年第 4 期。

⑥ 徐炽庆:《从列宁的对外政策评苏德互不侵犯条约》,《江西师范大学学报》1984 年第 4 期。

⑦ 李一平:《22 个月的时间对德国更有利》,《世界史研究动态》1985 年第 12 期。

⑧ 崔剑:《论卫国战争前夕苏联对欧洲政策的嬗变及影响》,《扬州师范学院学报》1995 年第 2 期。

约,苏联其实也不存在着首先陷入战争的可能性。因此,从条约的缔结至苏德战争之前,苏联存在的一年半和平时间并非因条约的缔结而"赢得",而是苏联自身固有的和平时间总量中剩下的;相反,如不缔结条约,希特勒就极害怕东西两线同时作战,世界大战也就不至于提前爆发,这样苏联拥有的和平时间就不仅仅是一年半。①

第六节 一个与条约有关的问题

学者们在研究条约时,经常涉及一个问题,即苏联何时开始准备与法西斯德国接近。对此问题的看法,直接关系到对条约的认识和评价。因此,我们有必要把学者们在这一问题上的各种观点加以介绍。

"希特勒上台"说。黄泽均认为,20世纪30年代,苏联在致力于集体安全体系的同时,"也在通过各种渠道争取同德日改善关系","苏联自始至终奉行的是双轨的而不是单轨的外交政策"。希特勒上台后,苏联就"不失时机地努力恢复同德国的关系"。②

"1934年1月"说。陈海燕认为,尽管苏德条约的缔结,看起来对苏德关系的认识有点突然,但"实际上早有迹象","比较远的迹象可以追溯到……1934年1月联共(布)第十七次代表大会正在举行的时候"。③

"慕尼黑事件"说。崔剑认为:"1938年的慕尼黑事件是苏联外交政策由进取转向倒退的界碑","是其推行(对德)绥靖政策的起点。"④徐炽庆明确指出:"《慕尼黑协定》是苏德外交接近的一块里程碑。"⑤

"1939年3月"说。侯成德认为:"在1939年3月苏共第十八次代表大会上,斯大林在报告中隐蔽地做出苏德接近的表态。"⑥李华强也认为:"1939年3

---

① 帅桥昌、邓树英:《"赢得"时间之说难以成立——重评〈苏德互不侵犯条约〉的缔结》,《南昌大学学报》1999年第1期。

② 黄泽均:《论20世纪30年代苏联的外交政策》,《湘潭大学学报》1988年第4期。

③ 陈海燕:《从布列斯特到莫斯科——综论战前苏德关系的发展》,《武汉师范学院汉口分院学报》1982年第3/4期。

④ 崔剑:《论卫国战争前夕苏联对欧洲政策的嬗变及影响》,《扬州师范学院学报》1995年第2期。

⑤ 徐炽庆:《从列宁的对外政策评苏德互不侵犯条约》,《江西师范大学学报》1984年第4期。

⑥ 侯成德:《1939—1941年的苏德关系》,《世界史研究动态》1983年第7期。

月 10 日斯大林在苏共十八大上的报告发出和德国靠近的信号。"①

　　"1939 年 5 月"说。曹胜强认为"苏联选择与德国和解的信号,是 1939 年 5 月 3 日莫洛托夫取代李维诺夫任外交人民委员"的时候。②

　　"1939 年 8 月"说。赵纯海认为,苏联签约"并不是苏联外交政策的'既定方针'","苏联在当时并没有同德国签约的任何准备",只是在 1939 年 8 月三国谈判失败后才采取了"断然措施"。③

　　纵观我国学术界对条约的研究,尽管起步较晚,却是成果甚丰,观点颇多。然而,由于材料所限,学者们对条约的研究不少还是出于逻辑推理甚至是主观猜测。我们相信,随着俄罗斯对苏联档案的逐步开放,学者们对条约的认识会进一步加深。我们期待着更多更新的研究成果出现。

① 李华强:《苏德互不侵犯条约和波兰的灭亡》,《齐齐哈尔师范学院学报》1986 年第 4 期。
② 曹胜强:《论 1939 年苏联的外交选择》,《史学集刊》1997 年第 4 期。
③ 赵纯海:《也谈苏德互不侵犯条约的签订》,《锦州师范学院学报》1988 年第 1 期。

第七章　是绥靖政策的继续还是特殊的战争状态？

——"奇怪战争"研究综述

1939 年 9 月 1 日德国法西斯入侵波兰,9 月 3 日英、法对德宣战。但直到 1940 年 5 月 10 日德军进攻丹麦、比利时、卢森堡和法国之前,在长达八个月的时间里,整个西线盟军在欧洲大陆上未与德军大规模交战,出现了所谓的"西线无战事"的局面。1939 年 10 月,美国参议员 W.F.博拉最早用"奇怪战争"一词来形容欧洲这样一种极不寻常、难以用通常理智来理解的战争。美国称其为"假战争",德国称其为"静坐战争",英国称其为"朦胧战争"。1939 年 11 月以前,英国首相张伯伦称之为"最奇怪的战争",此后英国人将其改为"朦胧战争";丘吉尔在回忆录中称它为"晦暗不明的战争"。

那么,如何认识"奇怪战争"呢?

第一节　1979 年以前中国学者对"奇怪战争"的认识

苏联学者对奇怪战争大加谴责,强调它是西方列强"企图把同德国的战争变为与德国共同反对苏联的战争。"① "奇怪战争是英法慕尼黑政策在战争中的继续,是企图联合德国进攻苏联,建立反苏联合阵线的方针。②

长期以来,我国史学界照抄照搬苏联之说法,也认为奇怪战争是绥靖政策在新形势下的表现。指出奇怪战争"是英法慕尼黑政策在大战初期的继续",英法之所以按兵不动,是"期待德国吞并波兰之后去进攻苏联"。③ 英法军队之所以"静坐",就是怕打;之所以弄"假",就是还存在幻想。④ 奇怪战争期间,英法两

---

① ［苏］伊万诺夫:《第二次世界大战期间国际关系概述》,高等教育出版社 1959 年版,第 51 页。

② ［苏］T.A.德波林主编:《第二次世界大战史(1939—1945)》第 1 卷,上海外国语学院西语系俄语教研室译,上海译文出版社 1978 年版,第 410 页。

③ 北京大学历史系简明世界史编写组:《简明世界史(现代部分)》,人民出版社 1975 年版,第 220 页。

④ 复旦大学历史系世界史组:《西线战争》,人民出版社 1977 年版,第 41—42,39—40 页。

国继续醉心于对德缓和政策,幻想拉拢德国放弃苏德互不侵犯条约;同时,英法借口援助芬兰,企图联合德国,把英法对德战争变成西方世界共同对苏联的战争。[①] 奇怪战争的"实质是英法帝国主义绥靖政策的继续",是"英法帝国主义反苏阴谋在战争问题上的具体运用"。[②]

第二节 1980 年以来中国学者对"奇怪战争"的研究

20 世纪 80 年代以来,学术界对绥靖政策进行了深入的探讨,观点趋向多样化,提出了以下五种看法:

1. 奇怪战争是绥靖政策的继续。一些学者继续坚持传统观点,认为"奇怪战争"是英法绥靖政策的继续。朱贵生等学者指出,奇怪战争"仍然是它们的帝国主义政策的继续,是绥靖政策在新形势下的另一种表现"。[③] 张继平、胡德坤说:"'奇怪战争'的出现,这是英法继续推行绥靖政策的结果,与 1939 年 3 月前的绥靖政策相比,只是采用的形式和方法有了某些不同的变化而已。"[④]李昌德认为奇怪战争是"英法等西方强国战前慕尼黑政策即绥靖政策在战时的继续。战时英法对德国的绥靖,正是其战前绥靖政策的反映"。[⑤] 张振秀和张浩认为,"从绥靖政策表现出来的'奇怪战争',恰好说明英法不敢与德争霸,这场战争只是一方向另一方争霸。"[⑥]五卷本《第二次世界大战史》也说"'奇怪的战争'是英法当局绥靖政策的继续,是对波兰等小国利益的背叛"。[⑦]

2. 奇怪战争是英法仍在"战"与"和"之间犹豫不决时期的特殊表现。罗荣渠认为,"奇怪的战争"对英法来说,实际上是"战"与"和"尚在两可之间的特殊表现,但也不能就此抹煞英法宣战的意义,从绥靖政策到公开声援波兰抵抗德国,这毕竟是一个很大的进步。[⑧] 刘明振也指出:"就英国来说(法国的情况不尽

---

① 王在帮:《奇怪战争是英法绥靖政策的继续吗?》,《世界史研究动态》1982 年第 4 期。

② 南开大学历史系:《世界现代史》,上册,南开大学历史系 1977 年印刷,第 181—182 页。

③ 朱贵生等编著:《第二次世界大战史》,人民出版社 1982 年版,第 150 页。

④ 张继平、胡德坤:《第二次世界大战史》,甘肃人民出版社 1984 年版,第 157 页。

⑤ 李昌德:《奇怪的战争是英法绥靖政策的继续》,《河北大学学报》1983 年第 1 期。

⑥ 张振秀、张浩:《第二次世界大战初期反法西斯战争性质述评》,《世纪桥》2008 年第 4 期。

⑦ 军事科学院军史部:《第二次世界大战史》第二卷,军事科学出版社 1994 年版,第 17—19 页。

⑧ 罗荣渠:《伟大的反法西斯战争——第二次世界大战》,商务印书馆 1980 年版。

相同），所谓奇怪的战争，乃是一个过渡时期，是英国的对德政策从战前虚张声势的对抗向决心武力对抗的过渡。"①

3. 英法对德政策从战前妥协退让走向全面武装抗争的必然过程。王在帮认为，英法对德宣战标志着绥靖政策的基本终结，同时又是英法武装抗德的起点。而苏德互不侵犯条约，则是促成这一转变的杠杆。宣而不战，并非有意不打。奇怪战争并不奇怪，原因在于，战争爆发前后，英法的力量劣于德国，对德作战缺乏应有的物质手段，在德国尚未发动正面进攻的情况下，英法的战略要求，首先是加快战争准备，而不是仓促发动攻势。"英法两国的静坐待攻的防御战略，是对自身力量的一种清醒估计，客观上对反法西斯斗争的全局是有利的。"波兰灭亡后，英法拒绝了希特勒的和平建议；苏芬战争期间，英法援助芬兰军事计划的矛头主要是针对德国，而不是苏联。②

4. 英法政府反击法西斯侵略的一种主要的特殊战争。张继平认为，奇怪战争"是第二次世界大战全面爆发后，初期战争的重要准备过渡时期……向着更加全面、深入、扩大的发展时期，也是一个不大容易按战争常规概念理解的时期。"③这种特殊的战争"既有战略意义，又有战术意义"，"是以经济封锁战代替一般军事战争而出现的特殊现象"，"是英法政府反击法西斯侵略的一种主要的特殊战争，"这种战争是由于英国与德国的军事实力的差距所决定的。同时张继平也指出，以经济封锁为特征的奇怪战争，是"绥靖政策的幽灵暗中"起作用的结果，英国政府试图通过不直接投入战争的经济封锁的方式迫使德国做出让步，停止向西扩张。因此"经济封锁"是张伯伦绥靖政策在所谓"奇怪战争"阶段的发展或另一种形式的体现。④

5. 奇怪战争是英法间勾心斗角的产物。倪昕认为，恩怨交织的英法关系使二战前英法同盟关系暗流涌动，"是不同的利益却又造成两国行动上的互相牵制，这不仅削弱了两国的同盟意义，也给德国离间两国关系创造了条件；更重要的是，分歧使两国很难做出重大决策以有效抵制德国的进攻。"⑤

①　刘明振：《奇怪战争时期英国的对德政策》，《世界史研究动态》1983 年第 9 期。
②　王在帮：《奇怪战争是英法绥靖政策的继续吗？》，《世界史研究动态》1982 年第 4 期。
③　张继平：《"奇怪战争"新释》，《历史教学问题》1987 年第 5 期。
④　张继平：《"奇怪战争"不奇怪——第二次世界大战初期"西线无战事"说质疑》，《历史研究》1987 年第 6 期。
⑤　倪昕：《论 1939 年 3 月—1940 年 6 月英国的对法政策之嬗变》，《湖北第二师范学院学报》2008 年第 12 期。

第八章　积贫积弱的法兰西帝国自酿的苦果

——1940 年法国败降原因及其影响研究综述①

　　1940 年 5 月 10 日,希特勒对法国大举进攻。法军不堪一击,在不到六个星期的时间内就投降了。法国的败降作为二次大战过程中的一个重大事件,对第二次世界大战的进程产生了重大的影响。

　　号称欧陆第一陆军强国的法国为什么会败得如此之快,如此之惨呢?

　　对法国败降原因及其影响的研究,是长期以来国内外学术界一个十分感兴趣的研究课题。人们诧异法国迅速的溃败,但同时也在急切地追寻和探究法国败亡的原因和责任的归属。西方一些军事理论家着眼于从法国的军事学说和战略思想来判定是非,认为马奇诺防线的崩溃是法国统帅部的保守主义所致,其战略、战术及防御工事等均已过时,因而一触即溃。而许多军事著作把失败归于法国武器装备明显的劣势,认为法国"失败的真正原因不在于法国统帅部战略、战术的错误和指挥不当,而是由国家政策、军队素质、武器装备等一系列因素造成的。"②法国当时的军政领导人认为,法国主要败于劣势的兵力和劣势的装备,以及没有从英国和美国得到更多的物质和道义支持,并进一步指责说:是英国在一次大战后推行的对欧政策断送了法国和整个欧洲;贝当、魏刚、甘末林等曾将法国的失败归因于"人民贪图安逸胜过牺牲精神,只想享受权利而不愿尽义务","战败的根源在于放纵了自己"③。法国民众的看法则又不同,1945 年法国的一次民意测验表明,多数法国人把法国最后战败的结局引为自身的过错,而相当部分法国人把责任归咎于他们的领导人。然而微妙的是,在英国和美国许多著作

---

　　①　本综述在拙文《我国学术界关于 1940 年法国败降原因研究综述》(《法国研究》2006 年第 3期)基础上修改而成。

　　②　[法]夏贝尔:《论纳粹德国突破法国防线的真正原因》,《现代外国哲学社会科学文摘》1985 年 10 期。

　　③　《关于 1940 年法国溃败的原因——第二次世界大战史研究会第三届年会讨论综述》,《世界历史》1982 年第 6 期。

中存有这种倾向,即法国战败失于道德上的末日,他们认为一个优秀民族不会这么快沦亡,而战争的最后结果清楚地表明一个文明的败亡和衰竭。① 苏联学者则认为法国失败主要是政治原因,提出:"不考虑失败的最重要的阶级的和政治因素,就不能理解法国毁灭性的失败和统治集团的拒绝继续斗争。"认为"大资产阶级的民族背叛行为是失败的主要原因"。"法国失败的主要原因有其深刻的阶级性质。害怕革命和共产主义的统治集团,在德国进攻的时候,实际上放弃了抵抗,在法西斯德国面前投降了,以保存自己的阶级特权。"②当然,也有一些学者提出,法国战败是由许多复杂因素凑成的。③

　　那么,我国学术界是如何评价法国败降的原因及其影响的呢? 围绕着法国败降的原因及其影响,我国史学界进行了热烈而深入的探讨,出现了大量的著述。据笔者统计,我国学者共发表该方面文章70余篇,一些二次大战著作中也有相关的论述。而且这一问题成了1982年举行的第二次世界大战史研究会第二届年会的中心议题之一,足见中国学术界对这一问题研究重视的程度。下面笔者对20世纪80年代以来中国学者的研究做一综述,以飨读者。

第一节　关于法国败降原因的研究

　　围绕着法国败降的原因,学者们发表了大量的文章,提出了许多看法。仁者见仁,智者见智。有的学者强调单个因素的作用,但更多的学者认为法国的败降是多种因素共同作用的结果:既有内因,又有外因;既有军事、政治、经济、外交方面的因素,也有社会、思想等方面的因素。如于群指出,法国的败降"不是一个偶然事件,而是由许许多多必然因素促成的。法国遭致失败的因素很多:军备不足,战略思想陈旧,军事指挥不利,外交软弱……"④

一、军事上的原因
　　关于法国败亡的军事原因,是学者们论述最多的问题。

---

① 夏正伟:《浅析一九四○年法国战败的原因》,《军事历史研究》1995年第1期。
② 戴成钧:《论1940年法国溃败的原因》,载《法国史论文集》,三联书店1984年版,第330页。
③ 《关于1940年法国溃败的原因——第二次世界大战史研究会第三届年会讨论综述》,《世界历史》1982年第6期。
④ 于群:《论法国败降的政治、经济和社会思想原因》,《东北师大学报》1984年第1期。

　　有学者指出,从法德战争双方的军力对比来看,德军兵力并不占压倒优势,步兵、坦克和火炮都少于盟军,只有空军占某些优势,并引用英国军事理论权威利德尔·哈特所言,指出德军的胜利只是"险胜而已","如果不是同盟军犯下大错……给德军提供了机会,德军本来是难以取胜的"。① 学者们比较普遍地认为,法国在军事上存在的一系列问题所导致的军事上的失败,是法国败降的直接原因。周希奋指出:"军事上打了败仗是法国投降的直接原因。"②戴成钧指出:"1940 年法国的溃败,是军事、政治、思想的大溃败,而军事上的失败,则是全面崩溃的开始,并直接决定了法国的存亡。"③杨凯也指出,法国失败的原因固然是多方面的,但是,最显著最直接的原因则是军事上的。④

　　法国军事上存在的问题主要有以下几个方面:

1. 军事战略的错误

　　许多学者都指出了法国错误的军事战略对其败降所起的关键作用。李道豫指出:"法国败降的军事上的原因,首先是战略上的原因——醉心于消极防御。"⑤戴成钧认为:"军事上战略思想和方针的错误,以及战术运用上的失误,是法国溃败的主要原因。"⑥肖伟雄、刘双才指出:"法国的溃败,固然是政治、经济、外交和军诸方面原因综合作用的结果,但从军事上看,错误的军事战略指导是其所以一触即溃的直接根源。"⑦夏正伟指出,法国的失败并不是它在军事力量上处于悬殊的劣势造成的,双方兵力相差无几,而且孤立地看双方力量的对比数也是找不到问题的症结的所在。法国将领们所信奉的保守防御战略是法国失败的主要原因,⑧并且对其进行了充分的论述。

　　早在第一次世界大战后,法国统帅部就曾顽固地坚持消极防御的战略,他们认为防御可以赢得时间,改变经济上的困境和工业上的劣势。法国官兵的老化程度,更使消极防御的思想根深蒂固。正是在这种战略思想指导下,法国的军事

————————

① ［英］利德尔·哈特:《第二次世界大战史》,上海译文出版社 1978 年版,上册第 89 页。

② 《关于 1940 年法国溃败的原因——第二次世界大战史研究会第三届年会讨论综述》,《世界历史》1982 年第 6 期。

③ 戴成钧:《1940 年法国溃败原因探讨》,《杭州大学学报》1982 年第 4 期。

④ 杨凯:《简析 1940 年法国迅速败降的军事原因》,《安徽教育学院学报》1993 年第 4 期。

⑤ 李道豫:《1940 年法国败降原因分析》,《唐都学刊》1997 年第 1 期。

⑥ 戴成钧:《1940 年法国溃败原因探讨》,《杭州大学学报》1982 年第 4 期。

⑦ 肖伟雄、刘双才:《军事战略指导失误的惨痛教训》,《军事历史》1994 年第 4 期。

⑧ 夏正伟:《浅析一九四〇年法国战败的原因》,《军事历史研究》1995 年第 1 期。

装备、组织和训练等,都显示出"被动主义"的特点。军需生产进展十分迟缓,飞机、坦克这类现代武器落在德国之后,而且把装甲车作为防御武器来使用。消极防御战略产生的第二个后果是使法军统帅部对兵力部署、战略地区的选择,做出了错误的决定。他们视"马奇诺防线"为固若金汤的防线,在阿登—马斯这道屏障后面,防守薄弱、装备不足。因而德军较容易地翻越阿登山脉,突破色当防线,造成法军的大溃败。①

这种保守军事学说的致命点,首先表现在法国战略家们不了解德国战略思想和运用这种战略手段的巨大威力,对未来战争遵循着预定的模式——防御战,把连绵不断的筑垒阵地和强有力的密集拦阻火力作为防御的基础,忽视了建立纵深防御和准备充足的预备队。其次,这种保守学说对无论是进攻还是防守,都把步兵放在第一位,不理会作为独立军兵种的坦克部队和航空兵部队的设想与现实,有威力的大炮也成了这种陈旧防御观念的牺牲品。法国的战略思想及军事行动都被框在防御的总原则下,从而使它不能摆脱消极防御之必败结局。法国保守的防御战略对法国军队的不利影响是多方面的,它不仅反映和平时期法国将领们无力保持新武器的发展和为使用新武器而制定的新战术上,而且还表现在根据防御战略所规定的各种军事兵种及使用方法的落后性。②

肖伟雄、刘双才认为,从二战中法德战争的全过程看,法国在军事战略指导上犯了三个致命的错误:(1)消极避战,由于害怕德国而竭力避免与德军作战。(2)片面抗战。法国军事战略指导在力量运用上始终走的是一条片面抗战的路线。由于没能结成国际、国内最广泛且牢不可破的反法西斯统一战线,导致法国的反法西斯战争在国际上只能各自为战,在国内则只有依靠军队进行抵御了,终被德国法西斯趁机分而治之,各个击破。(3)单纯防御。二战中法国过分推崇一战所取得的成功经验,故步自封,忽视坦克、飞机等新式主战武器给战争带来的重大变化及对战争指导所提出的新要求。这就导致军事战略指导上又犯了一个严重的错误——单纯防御,具体表现在:第一,过分倚重马奇诺防线,将重兵配置在马奇诺防线后,而忽略了对阿登山区的防御,影响了主攻方向。第二,战略布施一线配置,防御缺乏韧性,结果被突破阿登山区而来的德军拦腰截断。由于缺乏机动力量投入作战,以堵住缺口,稳住防线,于是混乱局面迅速蔓延。第三,

①　戴成钧:《1940年法国溃败原因探讨》,《杭州大学学报》1982年第4期。
②　夏正伟:《浅析一九四〇年法国战败的原因》,《军事历史研究》1995年第1期。

战略防御中缺乏进攻意识,不能实施积极的战略防御。①

但是也有学者对法军采取了错误的军事战略这一观点持不同意见。赵文亮、王泽方对学界主流观点进行了反思,他们得出了新的结论并且进行了充分的论证。在 1940 年的战局中,法国的战略并非单纯的消极防御战略,而是基于双方战略困境的合理选择;法军误判德军主攻方向并非致命,双方在战略上实现的互动才是将误判后果扩大化的主要原因;因循守旧等缺点在德、法双方高级将领中普遍存在,德军将领曼施坦因、古德里安对计划的成功发挥了至关重要的作用。1940 年法国败降的根本原因是德、法双方战略产生了有利于德国的互动,以及由此导致的法国在军事上的失败。②

2. 军事思想和军事技术的保守落后

这主要表现在:

第一,法国无视科学技术的进步与发展给现代战争带来的新变化、新特点,没有认识到机械化部队的作用,因此没有建立起强有力的空军和坦克、摩托化部队。多数法国将领都不相信机械化部队的效能,认为"在战斗中,步兵是至高无上的"。③

第二,不能适应闪击战的新战法。法国就坦克和飞机数量而言与德国不相上下,但法国统帅部墨守成规,将其大部分坦克分散支援步兵,也将大部分飞机分派给地面部队,像撒胡椒面一样,没有统一集中使用,其结果是,无论是坦克还是飞机,事实上都是单兵作战,形不成集团规模,更缺乏多兵种协同作战的能力。④

第三,脱离实际的战略计划。法国领导人在制订战略计划时未能充分考虑到在新技术兵器兵种的条件下战争方式方法的激烈的、革命性的变化,未能充分考虑到纳粹德国可能最大限度地利用现代战争的物质条件。⑤ 在法国战场上,由于德军大量密集地使用空军和坦克装甲部队,实施快速突击,使法军在一开始就丧失了战场上的主动权,完全处于被动挨打的地位。⑥

3. 战争准备不充分

于群指出,法国工业发展缓慢,长期经济困境和衰退导致军事生产落后,法

---

① 肖伟雄、刘双才:《军事战略指导失误的惨痛教训》,《军事历史》1994 年第 4 期。
② 赵文亮、王泽方:《1940 年法国败降军事原因再探讨——基于对流行观点的反思》,《历史教学(下半月刊)》2017 年第 8 期。
③ 王文庆、陈建平:《法国 1940 年败降的军事原因》,《山西大学学报》1984 年第 2 期。
④ 杨凯:《简析 1940 年法国迅速败降的军事原因》,《安徽教育学院学报》1993 年第 4 期。
⑤ 田卫星:《论二战时期法军败降与苏军初期失利的原因》,《史林》1991 年第 4 期。
⑥ 王文庆、陈建平:《法国 1940 年败降的军事原因》,《山西大学学报》1984 年第 2 期。

国战争准备不充分。①

滕国林也认为法国之失败是由于"战备不足"。他指出,第一次世界大战中法国虽然赢得了对德国的胜利,但自己也损失惨重,与战败国并无异样。相比之下,战后德国在迅速发展经济的同时,大量生产坦克、飞机及其他先进武器,不断扩充军备。而法国统帅部的政客们却贪恋和平生活,在政治上推行"绥靖政策",从思想上解除了武装,自恃马奇诺防线"坚不可摧",有一种盲目的安全感。对战争的准备采取漫不经心的态度,根本就没有做抗击侵略的准备,特别是对德国的警惕。②

4. 军事组织和军事指挥的失误

法国在军事指挥和战争组织上存在着严重的问题。主要表现在:

第一,法军最高统帅部颟顸无能、运筹无策、指挥不当,大大帮助了德军入侵的成功。他们对德军主攻方向的判断失误,忽视阿登方向色当地段的防御并分散用兵,真可谓运筹失算,指挥无方,坐失良机。③ 但也有学者指出,认为法军"颟顸无能"的观点有失严谨。赵文亮、王泽方认为法军总参和主帅在战争中的表现还是可圈可点的。他们举了两个例子。一是德军坦克进攻阿登山区后,法军总参谋部反复询问侦查参谋是否在阿登地区见到德军装甲集群,以此判断德军主攻方向;二是法军并非消极防守不想反击。法军曾组织过向德军装甲集群侧后的反击,但是都因为装备和数量上的劣势而以失败告终。这两点表现了法军的专业性,学界不应忽略法军战略战术指挥的合理性。另一方面,德军部分将领的出色表现也是左右战争胜负的关键,曼施坦因在制定作战计划上的大胆创新和古德里安在执行计划时的坚定不移为德国的胜利奠定了基础。④

第二,法国军事统帅部存在严重缺陷,指挥体系紊乱。战时,法国最高军事当局被分成三个指挥部即甘末林的总司令部,东北战线乔治将军司令部和总参谋部。三个指挥部的职权是明确的,虽名义上甘末林指派乔治代为执行他制定的计划,但事实上甘末林又是实际上的总司令,而总参谋部的各军需部门分为两部分各由甘末林和乔治统辖。而且三个指挥部之间通讯联络很差,没有电话打

---

① 于群:《论法国败降的政治、经济和社会思想原因》,《东北师大学报》1984 年第 1 期。

② 滕国林:《二战中法国猝败及反败为胜的原因初探》,《北方论丛》1995 年第 2 期。

③ 王文庆、陈建平:《法国 1940 年败降的军事原因》,《山西大学学报》1984 年第 2 期。

④ 赵文亮、王泽方:《1940 年法国败降军事原因再探讨——基于对流行观点的反思》,《历史教学(下半月刊)》2017 年第 8 期。

字机,电话与电报都很糟糕。①

　　第三,组织涣散,通讯设备落后。② 甘末林与乔治联系主要手段靠汽车,往返达数小时,这在法国历史上最严酷的决定性战争中是多么浪费时间。法国不仅缺乏与闪电战的速度相适应的严密的联络通讯系统,而且,指挥部与战场之隔绝也令人吃惊。③

　　第四,陆军分散配置,没有建立强大的预备队。德军在西线投入的 136 个师中,有 47 个师部署在莱茵河地区,作为战略预备队。但是法国几乎没有预备队。法军统帅部分散使用兵力,把主要力量几乎全部配置在一线,把为数不多的预备队也分散在各条战线上,以致当德军从色当突破时,法军最高统帅部几乎没有可以灵活调用的机动兵力,造成了德军的长驱直入。④

5. 判断德军主攻方向的失误,兵力部署不当

　　造成法国败降、苏军初期失利的另一主要原因是对德军主攻方向的判断错误。⑤ 法方估计敌人主突方向仍会像第一次世界大战时一样在法国北部,因而将主力配置在德军右翼的正面。然而希特勒却将主突方向选在中路法军兵力最薄弱的地段——阿登山区。因而在德军发起进攻时,法军手忙脚乱,来不及重新调整部署,结果吃了大亏。⑥ 英法“对德军的意图和主攻方向判断错误,中了希特勒的圈套,终于难逃覆灭之劫。”⑦但也有学者认为,学界对法军误判德军主攻方向、错误配置兵力的指责有失偏颇。综合考虑阿登山区复杂的地形条件对集群部队行动的限制、法国对于德军执行施里芬计划的预期以及法军所认为将左翼推进到比利时境内能够取得的战场优势这三点因素,法军的兵力配置虽有失误,但并非完全不合理。⑧

---

①　夏正伟:《浅析一九四〇年法国战败的原因》,《军事历史研究》1995 年第 1 期。
②　杨凯:《简析 1940 年法国迅速败降的军事原因》,《安徽教育学院学报》1993 年第 4 期。
③　夏正伟:《浅析一九四〇年法国战败的原因》,《军事历史研究》1995 年第 1 期。
④　李道豫:《1940 年法国败降原因分析》,《唐都学刊》1997 年第 1 期;王文庆、陈建平:《法国 1940 年败降的军事原因》,《山西大学学报》1984 年第 2 期。
⑤　田卫星:《论二战时期法军败降与苏军初期失利的原因》,《史林》1991 年第 4 期。
⑥　蔡祖铭:《第二次世界大战史》,军事科学出版社 1983 年版,第 72 页;杨凯:《简析 1940 年法国迅速败降的军事原因》,《安徽教育学院学报》1993 年第 4 期。
⑦　《关于 1940 年法国溃败的原因——第二次世界大战史研究会第三届年会讨论综述》,《世界历史》1982 年第 6 期。
⑧　赵文亮、王泽方:《1940 年法国败降军事原因再探讨——基于对流行观点的反思》,《历史教学(下半月刊)》2017 年第 8 期。

6. 仰人鼻息，缺乏独立防务

高明振指出："没有独立的防务就不能维护本国的独立和安全。"30 年代法国总的战略方针不是建立在自己独立的防务的基础上，而是建立在得到英美支持的假定的基础上。法国在军事上是否采取行动，不是根据维护本国安全的需要，而是要看别人的眼色才能行事。[1] 王文庆、陈建平也认为，法国追随英国推行绥靖政策，政治上的亦步亦趋必然导致军事上的依赖。法国的战略方针不是建立在自己独立防务的基础上，而是建立在英国的支持和保证上，一旦被英国抛弃，也就难以独撑危局。[2] 韩永利也指出，法国在军事上也过分依赖英国。奠基于追随英国的英法同盟，是一种脆弱的同盟，这种同盟没有共同作战的组织形式与原则，因而是极不稳固的。"法国投降的一个重要原因，就是英国为自身利益撤出战斗，一味仰赖英国的法国投降主义分子除了投降就很难再找到更好的办法应付时局和法兰西的灾难。"[3]

7. 情报机构的失败

魏长春认为，法国情报机构不尽如人意的表现是其在西欧战场迅速沦陷最为重要的原因之一。法国的情报官员对"D 计划"所依赖的比利时与荷兰的国防状况及政治立场几乎毫不知情；对希特勒进攻时间的判断尽管较为准确却未能发挥作用；其在战前对德军突破地点的致命误判更直接导致了盟军在短时间内溃不成军。法国情报机构在战前的低劣表现，主要是因为自身面临的诸多困难与挑战，希特勒对盟军成功实施战略欺骗，以及盟军作战计划对法国情报工作产生的消极影响等。[4]

此外，周文从军事思想上考察了德军胜利的原因：其一，德国能攻其不备，敢于飞越阿登天险；其二，充分了解敌情，抓住了法军战略思想保守、墨守成规、囿于阵地战经验的弱点；其三，集中优势兵力，充分发挥兵种上的优势，在迂回运动中歼敌；其四，善布疑阵，调虎离山，用佯攻来迷惑敌方。[5]

---

① 高明振：《试论 1940 年法国的失败》，《华中师院学报》1980 年第 4 期。
② 王文庆、陈建平：《法国 1940 年败降的军事原因》，《山西大学学报》1984 年第 2 期。
③ 韩永利：《中国持久抗战胜利与法国短期败降的历史启示》，《江汉论坛》2000 年第 4 期。
④ 魏长春：《法国沦陷与情报机构的失败》，《军事历史研究》2009 年第 S1 期。
⑤ 《关于 1940 年法国溃败的原因——第二次世界大战史研究会第三届年会讨论综述》，《世界历史》1982 年第 6 期。

二、政治上的原因

不少学者从政治上分析了法国败降的原因，指出"法国统治阶级政治上的反动与腐败，是法国 1940 年迅速败降的主要原因"。① 具体表现在以下几个方面：

第一，法国政局的动荡和政治上的分裂。

学者们普遍指出，"政治局势的不稳定，是法国败降的重要原因之一"；"政治上的分裂，失败主义的活动是法国败降的根本原因"。法国各党派尔虞我诈、争权夺利，造成国内政局不稳，内阁更迭频繁，缺乏一条连续而稳定的政治路线。进入 20 世纪后，法国一直陷入严重的政治混乱之中。从法兰西第三共和国建立到 1940 年 6 月贝当内阁投降的 70 年中，共换了 100 多个内阁，平均寿命不到八个月。其中 1930—1940 年，法国先后更换了 24 届内阁，平均 5 个月一届。社会持续的动乱并出现了内阁在议会仍拥有多数的情况下倒台的反常现象。法帝国主义政治经济危机日益加深，第三共和国急剧没落。这给法国国家和民族带来了致命的弱点。

这些危机和动荡的发展产生了严重的后果：首先，法国政局不稳，社会动荡，加剧了国内分裂。统治阶级内部分裂为亲德派和亲英美派，亲英美派内部又有矛盾，导致法国内阁动荡不稳。其次，在法国社会内部造成了离心力，分化了社会政治力量，特别是各党派在重大的国内外问题上产生了日益严重的对立，使维系法国民众的精神和感情支柱严重动摇。这样就削弱了第三共和国的肌体，使法国不能以一致的决心、坚强的团结对付国内外重大问题乃至战争问题。再次，在这种历史条件下，产生了消极防御的保守战略，军事预算一减再减，武器准备陈旧落后。② 第四，政府和人民的阶级分裂，由于法共的错误引导更加"混乱不堪"。③ 最后，三十年代法国政局不稳和政策混乱给法国在二战中的失败带来严重的影响。④

第二，打击人民力量，扶植法西斯势力。

---

① 《关于 1940 年法国溃败的原因——第二次世界大战史研究会第三届年会讨论综述》，《世界历史》1982 年第 6 期。
② 《关于 1940 年法国溃败的原因——第二次世界大战史研究会第三届年会讨论综述》，《世界历史》1982 年第 6 期。
③ 李道豫：《1940 年法国败降原因分析》，《唐都学刊》1997 年第 1 期。
④ 于群：《论法国败降的政治、经济和社会思想原因》，《东北师大学报》1984 年第 1 期。

学者们认为,二战前的法国政府腐朽反动。他们反共、反人民,崇拜法西斯主义,对人民爱国力量实行摧残和镇压,这是法国迅速沦亡的根本原因。马真玉指出,反动透顶的贝当政府面对着张牙舞爪的外敌不加防备,对于自己"家里人"却残酷镇压。而正是失去了这些"家里人",才使祖国落入亡国的深渊。[①] 阮亦男指出,法国资产阶级的赤色恐惧症甚至比英美还严重,他们在困难当头的时刻摧毁革命人民的力量,扶植和纵容各种牌号的法西斯集团出笼。[②] 陈正飞也着重从政治角度分析法国崩溃如此之快的原因:第一是由于反苏阴魂一直不散。从慕尼黑协定到奇怪战争,从解散共产党镇压进步人士到在"援助芬兰"的口号下掀起反苏运动,无不体现了法国政府的反动政策。第二是偏爱"法西斯主义",使法西斯组织在法国蓬勃发展,这些法西斯分子最后就成了德国的第五纵队,而外交部长博内就是第五纵队的总庇护人。[③] 高明振也指出法国失败的"最主要原因在于法国政治的反动与腐败促使失败主义与法西斯主义合流"。[④]

第三,推行绥靖政策,涣散人民斗志。

许多学者指出,法国的投降是法国政府长期推行绥靖政策、涣散人民斗志的结果。

朱贵生等指出,法国的投降,"是法国统治集团长期推行绥靖政策的直接结果"。[⑤]

高明振指出:"法兰西第三共和国如此迅速地倾覆,根本的原因乃是法国统治阶级所犯'致命性错误',从内部先毁了法国。"这一错误就是法国政策长期追随英国推行绥靖政策,而法国统帅部实行的消极防御、被动挨打的战略思想和军事路线正是绥靖主义在军事上的表现。[⑥]

蔡祖铭认为,法国统治集团长期奉行"祸水东引"的政策,对于如何对付德国的进攻没有充分的准备,认为德国不会对法国发动进攻,直到战争爆发前夕,法国领导人还"期待着最后一分钟能出现避免战争的奇迹"。因此法国当局和

①　马真玉:《法国在第二次世界大战中迅速沦亡的原因》,《史学月刊》1983 年第 4 期。

②　《关于 1940 年法国溃败的原因——第二次世界大战史研究会第三届年会讨论综述》,《世界历史》1982 年第 6 期。

③　《关于 1940 年法国溃败的原因——第二次世界大战史研究会第三届年会讨论综述》,《世界历史》1982 年第 6 期。

④　高明振:《试论 1940 年法国的失败》,《华中师院学报》1980 年第 4 期。

⑤　朱贵生等:《第二次世界大战史》,人民出版社 1982 年版,第 174 页。

⑥　高明振:《试论 1940 年法国的失败》,《华中师院学报》1980 年第 4 期。

军事领导机关严重忽视了军事工业的发展,他们在战前制定的军工生产方案,要在四五年后才能实现,以致军队缺乏新式飞机和防空、反坦克武器,火炮中有相当数量还是第一次世界大战时的产品。①

李华认为,长期以来,法国追随英国推行绥靖政策,祸水东引的云翳使法国统治集团变成了政治上的瞎子。这是法国的致命性错误,也是迅速败亡的根本原因。从德军进军莱茵兰、吞并奥地利、肢解捷克、突袭波兰直到炸弹在自己头上爆炸,在这同一悲剧的连续几个场面中,法国始终扮演成等候宰割的羔羊的角色,拱手将战略主动权交给了希特勒。②

周希奋指出,法国在军事战略方针上侧重于防御,是其绥靖政策在军事上的反映。从政治角度来分析,法国的失败是醉心绥靖、自食其果。法国追随英国推行绥靖的路线是始终如一的,并没有因为内阁短命、政府更迭而变更。一次大战后,英法都是既得利益的国家,它们的愿望是维持现状。国内存在着一股巨大的反共亲德、投降卖国的势力。法西斯主义与失败主义者汇合成一股投降主义的逆流,其中心人物就是贝当。③

阮亦男也认为,法国在对外政策中追随英国推行绥靖政策,在法西斯德国一系列侵略和扩张行动面前,步步妥协退让,放弃制裁机会,终于酿成大祸。即使在宣战之后,绥靖派、投降派仍在政府中占绝对优势,故而在政策上不可能有根本性转变。④

第四,失败主义和投降主义者的活动。

高明振指出:"投降主义是法国惨败的祸根。"在民族危亡的紧急关头,对革命怀有恐惧心理的煤炭、钢铁业巨头极力寻求与希特勒和解的途径来保持法国的资本主义制度;法国政府内部更是充满了投降派,尤其是以贝当为首的新政府更是积极地向德国请求停战。法国的堡垒在外面未失陷以前,内部就先遭暗算了。⑤

---

① 蔡祖铭:《第二次世界大战史》,军事科学出版社 1983 年版,第 71 页。

② 《关于 1940 年法国溃败的原因——第二次世界大战史研究会第三届年会讨论综述》,《世界历史》1982 年第 6 期。

③ 《关于 1940 年法国溃败的原因——第二次世界大战史研究会第三届年会讨论综述》,《世界历史》1982 年第 6 期。

④ 《关于 1940 年法国溃败的原因——第二次世界大战史研究会第三届年会讨论综述》,《世界历史》1982 年第 6 期。

⑤ 高明振:《试论 1940 年法国的失败》,《华中师院学报》1980 年第 4 期。

　　戴成钧则认为，不能把法国失败的原因笼统地归于投降主义的政治路线，而应该考察政治上的有关因素。他说，政治上失败主义者的叛卖活动是法国溃败的原因之一。但法国的统治集团并不是完全一致的，它所执行的路线、政策也不是一成不变的。因此，不能把法国失败的原因笼统地归之于投降主义政治路线，而是应该考察政治上的有关因素。认为政治上的分裂混乱，达拉第一雷诺政府的软弱动摇，以及失败主义者的活动，加速了法国的溃败。达拉第一雷诺内阁既有积极抗德的一面，又有软弱动摇的一面。达拉第在"奇怪战争"期间，为了维持自己的内阁，在政治上采取了平衡抑制策略，既把主战派芒代尔、雷诺吸收入阁，又拒绝清除失败主义者。雷诺政府一开始就显示出软弱、分裂的特点，他三次改组内阁，并对贝当、魏刚委以重任，主观上企图以此打击失败主义者，客观上却助长了失败主义者的投降活动。在国家危亡的最后几天，国会竟喋喋不休地忙于内部纷争。贝当一上台，就在谋求"荣誉和平"的幌子下，走上了公开投降的道路。[①]

三、经济上的原因

　　李道豫认为，法国经济上的落后是其败降的十分重要的原因，"因为经济是基础，经济落后就要挨打，战争就会失败，这是必然的规律"。[②]

　　于群指出，经济力量是关系到战争胜负的重要因素之一。在欧洲各国中，法国仍可以说是一个农业国。当德国正疯狂扩军备战，全力加强与军事有关的重工业发展时，法国却受农业的拖累，大大削弱了它的工业力量。到大战时法国工业基本上还是在用一战前的机器设备同用最新机器设备武装起来的德国工业进行着一场你死我活的斗争，其结果是不言而喻的。20 世纪 30 年代法国经济的不断恶化，不仅影响了法国外交政策和国内政治局势的稳定，而且也严重地影响了法国的对德战争准备，为二战初期法国的败降奠定了很难逆转的基础。[③]

　　夏正伟指出，经常的周而复始的经济困境使第三共和国基础受损，国力不振。数十年间法国经济几乎停滞在一个相对水准上，没有获得大的发展，法国在世界工业中的比重不断下降。经济衰退影响了军事预算，1933—1934 年度，法

---

　　① 戴成钧：《1940 年法国溃败原因探讨》，《杭州大学学报》1982 年第 4 期。

　　② 李道豫：《1940 年法国败降原因分析》，《唐都学刊》1997 年第 1 期。

　　③ 《关于 1940 年法国溃败的原因——第二次世界大战史研究会第三届年会讨论综述》，《世界历史》1982 年第 6 期。

国国防预算削减了 20 亿法郎,国民经济对于军事生产没有给予充分的支持,致使武器装备落后。①

四、社会、思想和心理因素

造成法国溃败的社会、思想和心理因素主要表现在以下五个方面。

第一,厌战、畏战的心理与和平主义的盛行。

人民群众和广大官兵的思想情绪、战斗意志是战争胜负的重要关键。可是,1940 年的法国,在人民和军队中普遍存在着厌战、畏战的心理和严重的和平麻痹思想,老百姓也不愿卷入战争,这是法国溃败的社会和心理上的原因。② 和平主义的盛行,在法国尤为严重。例如,当达拉第在签订慕尼黑协定回到法国时,群众竟把他当作英雄来欢迎;当英国的轰炸机准备在马赛附近的机场起飞去轰炸意大利时,竟遭到法国地方当局的反对,附近的居民拖来了各式各样的车辆堆放在机场跑道上,阻止轰炸机起飞。③

一次大战的劫难,在法国民众心理上投入了巨大阴影。由于法国为一战的胜利付出了惨重的代价,广大人民群众回首往事,深恐再次卷入战争。150 万青壮年战死沙场,300 万人受伤,2100 亿法郎的巨额战费和战争给法国造成的破坏使法国几乎陷入绝境。伴随胜利而来的不仅是法国付出巨大的直接可见的代价,而更主要的是在法国人心目中产生了潜在的隐伏性的恐惧感,凡涉及战争人们都会本能地抗拒。对战争失去热情,反战情绪强烈,这样逐步形成了一股和平主义思潮。和平主义的盛行侵蚀了法国,压抑了法国民族的爱国热情。每当法国在国际事务中面临有可能导致战争的挑战时,反战和失败主义情绪始终不绝,每每表现了很大能量,为了避免战争简直什么代价都可付出。法国多数党派的活动又大都迎合并反映了这股思潮,这股势力的普遍存在又使法国在外交事务上常常表现软弱。而法国的统治阶级又把这种思潮发展成为绥靖主义,它导致法国一而再地失去遏制希特勒法西斯的机遇以致画地为牢,作茧自缚。可以说,"绥靖主义使法国丧失了外交上的独立性而依附于英国的意志,而和平主义则麻痹了法国人思想,不能自拔。"④

---

① 夏正伟:《浅析一九四〇年法国战败的原因》,《军事历史研究》1995 年第 1 期。
② 戴成钧:《1940 年法国溃败的原因探讨》,《杭州大学学报》1982 年第 4 期。
③ 于群:《论法国败降的政治、经济和社会思想原因》,《东北师大学报》1984 年第 1 期。
④ 夏正伟:《浅析一九四〇年法国战败的原因》,《军事历史研究》1995 年第 1 期。

在和平主义、失败主义思想的毒害下,法国士兵实际上已经解除了思想上的武装,失败主义头目贝当就是以"同情""怜恤"逃难者的姿态,把法国推上了停战求和的路上。①

第二,社会思想的混乱,是法国败降的重要原因。

当战争逼近时,法国社会各阶层的思想都是混乱的,并无奋起抵抗之统一思想。这对法国战败来讲,也是一个重要的因素。法国的上层社会即大资产阶级和军队中的高级官员,表现出自满自足,放弃法国在欧洲的利益,对德国采取单纯防御政策的思想情绪。广大法国人民由于对一次大战记忆犹新,和平主义十分盛行,避免这场战争,就成了国内政治的第一需要。但法国政府并没有找到一条制止战争的正确道路。②

法国人民的思想混乱,也同共产国际和法国共产党一度对大战性质的错误估计有关。法国共产党执行共产国际的指示,宣布这场战争是"非正义的反动的帝国主义战争",要求"工人阶级不能支持这个战争"。共产国际和法国共产党对战争性质的错误分析及实行的错误政策,给本来思想就很混乱的法国人民,特别是给最优秀的工人阶级制造了很大的混乱,人们不知道大敌当前,是应当拿起武器抵抗呢? 还是"使本国政府在战争中失败"。③ 这就使得法国人心更加混乱,瓦解了军心、民心。④

第三,法国领导人思想上自高自大和严重的不抵抗主义,是迅速沦亡的思想根源。

法国统治集团对在一次大战中的胜利一直沾沾自喜,总认为凭借他们庞大的陆军和东部的防御工事,德国不会侵略法国。因此当时他们只作防御,根本不想打仗。正如法国二战史家亨利·马歇尔所评论的那样:"我们战败的根源在于放纵了自己。"大战爆发后,法国举国上下都处于一种难以令人置信的麻痹状态,政府从不号召采取必要的行动。⑤

第四,统治阶级的上层贪污腐化,荒淫堕落。

朱贵生等学者指出:"尽管德国已经大军压境,巴黎还是歌舞升平,达官要

---

① 戴成钧:《1940 年法国溃败的原因探讨》,《杭州大学学报》1982 年第 4 期。
② 于群:《论法国败降的政治、经济和社会思想原因》,《东北师大学报》1984 年第 1 期。
③ 于群:《论法国败降的政治、经济和社会思想原因》,《东北师大学报》1984 年第 1 期。
④ 李道豫:《1940 年法国败降原因分析》,《唐都学刊》1997 年第 1 期。
⑤ 马真玉:《法国在第二次世界大战中迅速沦亡的原因》,《史学月刊》1983 年第 4 期。

人还是优游终日。无线电台广播的是巴黎名餐馆的菜谱、淫猥的歌声。庞纳和赖伐尔之流关心的只是自己股票的涨落。军火生产无人过问，战争动员无声无息。军政首脑之间尔虞我诈，勾心斗角，部队指挥不统一，联络不灵。"①

第五，民族精神的萎靡和忧患意识的缺乏。

韩永利认为，法国败亡的原因有很多种，而逃避人类和平责任、输掉民族精神，"始终扮演等候宰割的羔羊"（戴高乐语），则是重要一环。当时法兰西民族缺乏应有的民族忧患意识，更无抵御外侮的民族韧性。法国民众对于悲剧性命运毫无心理准备，当法国人民惊醒过来的时候，法国已经不在了。②

五、外交上的原因

外交上的原因表现在多个方面。

首先，英法军事同盟内部互不信任。它们彼此都为自己的利益考虑，不愿为共同的反法西斯战争做出更多的牺牲。英国为保存实力，不派较多的空军参战，在危难关头缺乏生死与共的精神，把自己的军队撤出法国。这在一定程度上伤害了同盟国的感情；而英军的撤离，造成法国孤军奋战，但法国人又不愿把本国领土视为英伦三岛的屏障。这种缺乏信任和牺牲精神的联盟关系，在德军大举进攻面前很快破裂。③

其次，法国追随英国长期推行绥靖政策，缺乏独立的外交政策。马真玉指出，法国政府对外是反对社会主义苏联，勾结法西斯德国，追随英国推行反动的绥靖政策，这是迅速沦亡的外交因素。④ 朱贵生等学者指出，在德国法西斯疯狂扩军备战，侵略气焰日益嚣张，严重威胁欧洲安全时，法国政府一直伙同英国张伯伦政府执行一条损人利己的对外政策，企图靠牺牲别的国家来满足侵略者的欲望，换取自身的安全。德国入侵波兰后，法国政府仍不改弦易辙。⑤ 法国对法西斯德国的侵略扩张，法国一味躲避退让，甚至牺牲中小盟国的利益去安抚德国，以求自身的安全。对建立有苏联参加的欧洲集体安全体系没能采取一贯方

---

① 朱贵生等：《第二次世界大战史》，人民出版社1982年版，第175页。
② 韩永利：《中国持久抗战胜利与法国短期败降的历史启示》，《江汉论坛》2000年第4期。
③ 军事科学院军史部：《第二次世界大战史》第二卷，军事科学出版社1994年版，第84页。
④ 马真玉：《法国在第二次世界大战中迅速沦亡的原因》，《史学月刊》1983年第4期。
⑤ 朱贵生等：《第二次世界大战史》，人民出版社1982年版，第174页。

针,唯英国马首是瞻,甚至想"坐山观虎斗",结果搬起石头砸了自己的脚。① 韩永利也指出,法国的败亡在很大程度上是因为对英国的依赖。作为法国政府,总体上讲是跟在英国后面亦步亦趋,对法西斯德国的每一步迈向大战的步骤采取了不可容忍的妥协和纵容,最后发展到"慕尼黑阴谋"的高潮。可以说,法国败亡的种子早在战前已经撒下。②

最后,外交上的孤立和国际上的寡助,是法国溃败的国际原因。法国在东欧的盟国——"小协约国"已经分化瓦解;法国与苏联的互助条约由于苏德互不侵犯条约的签订实际上已不起作用;在国家危亡之秋,法国只能指望英国的援助,但英法同盟若即若离,援助也是有限的。英国在军援上缺乏诚意,在政治上也力图摆脱对法国的义务,这样就助长了主和派的活动,打击了主战派。③

第二节 关于法国败降影响的研究

一、对德国战略的影响

关于对德国战略上的影响,杜明才、吴振刚指出,德国击败法国,在西欧只有英国一个大国继续从事反对德国的战争。英国已大为衰落,希特勒称霸欧陆的障碍就只剩苏联了。既然拿不下英国,德国就决定消灭苏联。为了达到消灭苏联之目的,德国在外交上采取了相应的行动。其中最突出的表现是1939年9月27日与意大利和日本在柏林签订了《三国同盟条约》。法国败降后,德国经过周密计划和准备,于1941年6月22日发动了侵苏战争。这样德国的对外战略完成了从西线攻英到东线侵苏的准备。这一战略是希特勒德国敌视苏联、仇视社会主义制度和称霸欧洲野心的结果。然而,德国战略的转变使它陷入自掘的陷阱——两线作战。与希特勒征服苏联的愿望相反,这一战略加速了法西斯德国的崩溃。④

二、对日本战略演变的影响

杨凯研究了法国败降对日本战略演变的影响,指出,1940年6月,号称"欧

---

① 军事科学院军史部:《第二次世界大战史》第二卷,军事科学出版社1994年版,第83—84页。

② 韩永利:《中国持久抗战胜利与法国短期败降的历史启示》,《江汉论坛》2000年第4期。

③ 戴成钧:《1940年法国溃败原因探讨》,《杭州大学学报》1982年第4期。

④ 杜明才、吴振刚:《法国败降与德国对外战略的转变》,《佳木斯师专学报》1991年第4期。

洲第一军事强国"法兰西共和国的败降,是二次大战中影响世界全局的重大事件。这一事件使原有国际格局发生了剧烈的变动,整个形势似乎朝着有利于法西斯国家方向发生了重大逆转。日本瞄准这一时机,在对外政策上做了重大调整,确立了"南进政策",决心南下发动太平洋战争。为创造南下的条件,日本首先加强了与另一个法西斯国家的勾结,于1940年9月27日与德意签订了《日德意三国同盟条约》。为了实现南进政策,日本改变长期敌视苏联的政策,主动寻求与苏友好,于是日苏双方为了各自的战略目的,在牺牲第三国——中国利益的基础上达成了妥协。条约的签订极大地损害了中华民族的利益,对正在抗战中的中国人民是个沉重打击。不仅如此,它为日本南进战略的实施,解除了后顾之忧,避免了多线作战的不利形势。此后,日本法西斯南进的步伐加快了,太平洋战争一触即发。综上所述,日本对外战略的调整以及相应一些国家战略的调整,使亚太地区乃至整个世界范围内的国际关系发生了重大变化,第二次世界大战进入了新的阶段。[1]

三、对美国战略的影响

熊伟民认为,法国沦陷对美国产生了极大的震动,使其深感危机之严重,促使其在对外政策和外交战略上做出重大的调整。法国败降后,英国成为抗击纳粹德国的唯一大国。为了使英国坚持下去,美国开始在经济、军事上给予英国尽可能的支持和合作。"租借法"的实施和英美参谋长联席会议的举行,尤其是"欧洲第一战略"的制订,使美国与英国形成了事实上的同盟关系。美国参战仅仅是时间问题了。[2]

四、对中国抗战的影响

赵文亮研究了法国败降对中国抗战的影响,认为造成的影响是十分深刻的。法西斯势力的一时嚣张,英美苏等大国对中国抗战的两手策略,中国两大抗日势力的纷争,日本帝国主义对中国采取的"政""战"两手策略,使中国抗日战争的国际环境一度十分险恶。但是,法国的败降,中国人民顽强抗击日本侵略者的意志和行动,使英美苏等大国认识到了中国在即将来临的大战中的独特和重要的

---

① 杨凯:《法国败降与日本战略的演变》,《安徽教育学院学报》1989年第4期。

② 熊伟民:《法国沦陷对美国的影响》,《益阳师专学报》1992年第4期。

作用,加强了对中国的援助和合作,并最终结成了世界反法西斯同盟,打败了日本法西斯。因此,从这个意义上说,法国的败降孕育着抗日战争和第二次世界大战胜利的因素。①

五、对二战进程和结局的影响

学者们认为,1940 年 6 月法国的败降促使世界各种力量重新组合,对国际关系和世界格局产生深远的影响,从而也就极大地影响二战整个战局和进程。具体表现在以下几点。

首先,法国的败降推动了各大国战略和政策的调整,并使战争跃出了欧洲的范围,逐步扩大为一场真正的世界大战。

法国的败降,整个世界都为之震惊。密切注视战争态势的各方——侵略国、被侵略国以及作壁上观的中立国,从此都面临新的机遇或严峻挑战。法国的败降使希特勒从西欧腾得出手来,转移其主力于东线,继而出现了苏德战场,而苏英美的关系则从敌视转向结盟;它促使意大利参战,从而开辟了非洲战场和巴尔干战场;它使美国抛开中立、避战置身事外的立场而逐步介入欧洲战争。随着英美结盟的形成,德美也不可避免地逐步陷入不宣而战的战争;它促使日本世界战略的转变,跨出了南进的步伐,激化了日美矛盾,其重要后果是正式把美国拖进战争,使亚洲战场从中日之战扩大到太平洋战争。由此可见,法国的败降成为欧战转变为世界大战的决定性因素,也可以说,是欧战转变为世界大战的一个催化剂。②

其次,法国猝败引起与战争相关各方力量的重新组合,从而改变了战争的格局。一方面,为实现对外侵略的战略目标,德意日三个法西斯国家加紧勾结,使原先较松散、不稳固的轴心联盟最终成为真正的军事同盟。另一方面,法国猝败直接或间接地推动全世界各反法西斯力量从分散、孤立到携手联合。面临共同的威胁,英美捐弃前嫌,结成了同盟,苏联也开始与英美逐步靠近。至此,以法西斯国家为一方的轴心阵营和以英、美、苏、中四大国为主体的世界反法西斯阵营已初露端倪。两大阵线划分得更加清楚和明朗,特别是德意日军事同盟的建立,一场真正世界性的全面战争已是不可避免的了。③

---

①　赵文亮:《试析法国败降对中国抗战的影响》,《河南师范大学学报》1996 年第 4 期。
②　周希奋、甘雨:《1940 年 6 月法国败降对二战战局的影响》,《暨南学报》1997 年第 2 期。
③　陈明:《论法国猝败对二战进程和格局的影响》,《江海学刊》1995 年第 1 期。

　　最后,法国败降以后,法西斯集团最终结成军事同盟;同时,国际反法西斯同盟也趋向形成,从根本上改变了战争双方的力量对比,加速了反法西斯战争的胜利。希特勒自此掉入了自掘的两线作战的陷阱。这就注定了侵略与反侵略的最后结局,注定了希特勒最后失败的命运。因此说,法国败降具有转折点意义。①尽管1940年法国败降是法兰西民族的一场悲剧,是世界反法西斯力量的重大损失,但它却从客观上唤醒了世界人民,成为国际局势向不利于法西斯集团方向转化的契机。这一切便构成了法国败降给第二次世界大战所造成影响的核心内容。②

---

① 娄琳:《论法国败降的转折点意义》,《四川师范学院学报》2001年第3期。
② 王希安、张伟:《法国败降对第二次世界大战的影响》,《辽宁高职学报》1999年第3期。

第九章　对社会主义国际主义的肆意亵渎

——苏联卫国战争前的外交政策研究综述①

1939年9月至1941年4月，正当纳粹德国四处扩张、整个世界聚焦欧洲的时候，苏联方面采取了一系列重大的外交行动。出兵波兰、苏芬战争、苏日中立条约的签订等一个接一个举动震惊了世界。

对于苏联卫国战争前的外交政策的研究，在一个时期内是我国二战史界十分重视的问题，学者们发表了大量的文章，从不同的侧面和角度对其进行研究，提出了许多新的看法。学术界对苏联卫国战争前的外交政策的学术争论主要集中在以下几个方面。

第一节　关于苏联建立"东方战线"问题

1939年9月至1940年8月，苏联采取了一系列行动，扩展从波罗的海到黑海的西部边界，先后将波兰、芬兰、罗马尼亚的一部分领土及波罗的海东岸三国纳入自己的版图，建立了所谓的"东方战线"。对于苏联建立的东方战线的行动，学术界存在着三种观点。

一、基本肯定

这是我国学术界传统上坚持的观点，认为德国法西斯侵入波兰和英法进一步纵容希特勒向东进攻苏联，使苏联的安全受到了严重的威胁。当时苏联面临的严重的选择，是让德国侵吞整个波兰，从而使法西斯的侵略屠刀直接悬在苏联的头上，还是恢复过去被割去的西乌克兰和西白俄罗斯，制止德国侵略势力的向东扩张，击破英法新的慕尼黑阴谋；以斯大林为首的苏联政府选择了第二个措

---

① 本综述在拙文《20余年来我国学术界关于苏联卫国战争前夕外交政策的研究》(《俄罗斯中亚东欧研究》2005年第4期)基础上修改而成。

施。① 苏联主要是"为了防止战火东延,巩固西部边境的安全"。② 苏联建立东方战线和有关领土并入苏联,有着历史上的因素和军事战略的原因。东方战线对打败法西斯起伟大作用。③

二、完全否定

不少学者从苏联建立"东方战线"的目的、手段、过程以及它所产生的严重影响等方面完全否定苏联建立"东方战线"的行为。

1. 从出兵理由上看,苏联师出无名

张玉龙指出:"苏联扩展西部边界完全是从本国利益出发而置他国主权及民族利益于不顾,所有的理由和借口,或属无中生有,或属强词夺理,其用意不过是为了师出有名而已。"④

2. 从手段上看,采取的是掠夺方式

秦冰指出:"这条防线建立的方式,不是团结邻国结成反法西斯联盟,而是以邻为壑,夺取邻国领土,无视民族主权,践踏了国际法基本准则,背离了无产阶级国际主义。"⑤萨本仁认为,苏联在建立"东方战线"的过程中对西邻实行了某些社会沙文主义的政策。苏联借口"解放"波兰东部居民,而出兵占领了波兰东部领土,事实上可以说是趁火打劫。⑥ 徐炽庆指出,苏联"乘德寇与西方国家作战无暇东顾之机,连续兼并、强占邻国的大量领土,坐收渔人之利,从而建立起苏联史学界历来吹嘘的'阻止法西斯侵略者向东推进'的东方战线"。⑦ 张玉龙也指出:"苏联扩展西部边界的行动绝不是什么正义之举,而完全是一次夺取利益范围的大国强权行为。""如用苏联为防止纳粹侵略来为之开脱,或因苏联日后在反法西斯战争中付出了巨大牺牲、作出了重大贡献而抵消其在这方面的过失,

---

① 施鉴思:《第二次世界大战简史》,上海人民出版社 1975 年版,第 55 页。
② 张玉龙:《关于历史上苏联建立"东方战线"的评析》,《理论学习》2002 年第 5 期。
③ 刘士田:《评苏德互不侵犯条约——与布列斯特和约比较》,《牡丹江师院学报》1985 年第 1 期。
④ 张玉龙:《关于历史上苏联建立"东方战线"的评析》,《理论学习》2002 年第 5 期。
⑤ 秦冰:《苏德战争初期苏军失利原因浅析》,《苏联历史问题》1983 年第 1 期。
⑥ 萨本仁:《试论二次大战初期苏联对外政策中的社会沙文主义》,《宁夏大学学报》1980 年第 1 期。
⑦ 徐炽庆:《试论第二次世界大战的性质》,《江西师院学报》1981 年第 1 期。

对那些被伤害的小国来讲,是不公道的。"①

3. 从影响来看,"东方战线"产生了极为恶劣的影响

首先,"东方战线"的建立显示出了苏联的大国沙文主义倾向,严重败坏了苏联和社会主义的声誉和形象。

张继平、胡德坤指出,"东方战线"的建立,暴露了苏联政府为了自身的安全和防务,牺牲弱小国家的利益和主权,在对外政策上存在着大国沙文主义和民族利己主义问题。② 安田等人指出,这一行为是苏联大国沙文主义和民族利己主义的表现,因为苏联建立东方战线的扩张行径遭到世界上大多数国家的反对,败坏了社会主义的声誉。③ 徐炽庆指出:"苏联的行动说明,三十年代末,它在对外政策上就开始背离马克思主义,滑到大国沙文主义和民族利己主义的立场上去了……变成了法西斯强盗打家劫舍的同伙,这在全世界人民心目中,严重地损害了作为唯一的社会主义国家的声誉。""苏联的这种领土扩张欲,所奉行的大国沙文主义政策,不仅玷污了无产阶级国际主义的旗帜,而且违背了国际关系的起码准则,在国际共产主义运动史上写下了很不光彩的一页。"④张玉龙也指出苏联"与法西斯德国无原则的合作,败坏了社会主义国家的声誉"。⑤ 彭训厚也说:"东方战线"的建设,暴露出苏联政府为了自身的安全和防务而牺牲弱小国家的利益和主权,在对外政策上推行大国沙文主义和民族利己主义政策的不正当作法,损害了社会主义苏联在世界人民心目中的威望和形象。⑥

其次,不利于反法西斯国家之间的联合。秦冰指出,"东方战线"影响了苏联与英法的联合。⑦

再次,建立"东方战线"将西部邻国推进了德国的怀抱,助长了法西斯势力。

叶存洪指出,建立"东方战线"使西部小国产生离心倾向,对苏抱不合作态度。⑧ 秦冰指出,苏联乘英、法、德忙于战争之机,建立起来的"东方战线"是建立在西部弱小邻国领土之上的。"这一错误行径严重挫伤了西北邻国的民族感

① 张玉龙:《关于历史上苏联建立"东方战线"的评析》,《理论学习》2002年第5期。
② 张继平、胡德坤:《第二次世界大战史》,甘肃人民出版社1984年版,第165页。
③ 安田等:《历史的公正结论》,《世界史研究动态》1985年第12期。
④ 徐炽庆:《试论第二次世界大战的性质》,《江西师院学报》1981年第1期。
⑤ 张玉龙:《关于历史上苏联建立"东方战线"的评析》,《理论学习》2002年第5期。
⑥ 彭训厚:《对苏德战争初期苏军失利主要原因的再思考》,《军事历史研究》1994年第4期。
⑦ 秦冰:《苏德战争初期苏军失利原因浅析》,《苏联历史问题》1983年第1期。
⑧ 叶存洪:《试析苏联卫国战争初期严重失利的原因》,《江西教育学院学报》1988年第2期。

情,增添了他们对苏联的疑惧和敌对情绪,把原来处于摇摆、矛盾、观察中的这些邻国推到了德国方面。"①安田等人也认为,苏联侵吞别国领土,遭到了当地居民的仇视和反对。苏联的行动"将西部保持中立的小国纷纷推向希特勒的怀抱,客观上助长了法西斯势力"。② 张玉龙也指出:正是因为苏联在扩展西部边界中表现出来的大国沙文主义,极大地伤害了西邻小国的民族感情,从而使它们接受了法西斯德国的保护,真正成为希特勒侵略苏联的前哨阵地。苏德战争爆发后,芬兰军队配合德北方集团军发起进攻,给列宁格勒保卫战造成了很大的压力,罗马尼亚的几个集团军和空军也加入了德南方集团军参战。这就是苏联此举的直接恶果。③

4."东方战线"没有起到抵御纳粹德国侵略的作用

张玉龙指出,从表面上看,通过扩展西部边界,苏联增加了 150 公里至 300 公里的防御空间。然而,当 1941 年 6 月 22 日德军向苏联突然发起进攻时,苏联西部边境并没有很好的战斗部署,苏军未能进行有效抵抗就被击溃,德军在 6 天内推进了 300 公里至 600 公里。所谓"东方战线"实际没有起到"防御体系"或"缓冲地带"的作用。④ 萨本仁指出,"东方战线"并未起到巩固苏联西部边界的作用。⑤ 秦冰也指出:"'东方战线'作为一条防线没有起到什么作用。苏联国境虽然向西推移了二三百公里,但却使两个敌手直接接触,使苏德的直接对抗成为可能。同时,新扩充的这一地区民族主义情绪十分强烈,在德国法西斯间谍的挑唆下离心倾向相当严重,加上边界西移后防御工事未及构筑,这不仅无助于西部边防的巩固,对战争的进行也有不利的影响。"⑥

同时,"东方战线"的出台为日后苏联解体埋下了隐患。徐晓冬、陈丽敏指出,苏联为保障自身安全威逼波罗的海三国加入苏联,在东欧剧变后,这三国率先起来要求独立,加速了苏联解体。⑦

---

① 秦冰:《苏德战争初期苏军失利原因浅析》,《苏联历史问题》1983 年第 1 期。
② 安田等:《历史的公正结论》,《世界史研究动态》1985 年第 12 期。
③ 张玉龙:《关于历史上苏联建立"东方战线"的评析》,《理论学习》2002 年第 5 期。
④ 张玉龙:《关于历史上苏联建立"东方战线"的评析》,《理论学习》2002 年第 5 期。
⑤ 萨本仁:《试论二次大战初期苏联对外政策中的社会沙文主义》,《宁夏大学学报》1980 年第 1 期。
⑥ 秦冰:《苏德战争初期苏军失利原因浅析》,《苏联历史问题》1983 年第 1 期。
⑦ 徐晓冬、陈丽敏:《"东方战线"的建立及其影响》,《黑龙江教育学院学报》2007 年第 5 期。

三、毁誉参半

更多的学者对苏联建立"东方战线"的行动进行了一分为二的评价。指出对《苏德互不侵犯条约》历史作用的评价，应从苏联当时所处的国际环境出发，以之后履行这一条约的实际内容为依据，予以全面地、历史地、实事求是地分析。他们既指出了苏联建立"东方战线"的必要性，又指出它带来了严重的后果。

一方面，苏联建立"东方战线"是为形势所迫，是有必要的。萨本仁指出：第二次世界大战初期，战争风云变幻紧急，国际阶级斗争错综复杂，十分尖锐。处于帝国主义包围形势下的社会主义苏联采取必要的措施，巩固国防以使自己不卷入，至少是推迟卷入这场战争，一旦卷入，也力争立于不败之地，自然是完全必要的。基于当时国际形势的险恶，社会主义苏联同法西斯德国间作为一种策略手段签订这一纸仅是"互不侵犯"的条约是有必要的，无可厚非的。[①] 刘承学等人认为，苏联在面临德国法西斯威胁的情况下建立了东方战线，这是苏联"唯一可取的军事战略措施"。苏联利用苏德条约来巩固自己的国防力量，从而形成了一个由自己军队扼守的，从波罗的海直到黑海的广阔的缓冲地带，使德国东进时必须从更西几百公里的线上开始，这是有战略意义的。[②] 万安中也认为，"二战"前夕，希特勒德国步步进逼，蠢蠢欲动，到处寻机挑衅。英法资产阶级心怀不轨，百般纵容，妄图借刀杀人。在国际形势日趋紧张的非常时刻，苏联政府考虑到自身的安全保障，为了巩固国防和准备对付未来必然要发生的同德国法西斯的战争，建立一条坚固的防线无疑是十分必要的。

另一方面，苏联建立"东方战线"的行为存在着严重的问题并带来了严重的后果，具体表现在以下几个方面。

首先，从出兵理由上看，苏联师出无名。万安中指出，尽管苏联史家强调苏联建立"东方战线"是支援遭受侵略和为祖国的独立而斗争的各国人民"、"拯救同胞的灾难"和"收复失地"，为苏联的安全体系着想等等，但这些都不能成为其干涉他国的理由。建立战争防线纵然为形势所迫，维护苏联自身的安全亦有必要，但所有这些行动却不能以损害其他国家的利益作为前提和代价。[③]

其次，从建立"东方战线"的手段上看，苏联执行的是沙文主义政策，以损害

---

① 萨本仁：《试论第二次世界大战初期苏联对外政策中的社会沙文主义》，《宁夏大学学报》1980 年第 1 期。

② 刘承学：《苏罗边界问题》，《世界史研究动态》1979 年第 9 期。

③ 万安中：《建立"东方战线"得失问题新探》，《江西社会科学》2002 年第 12 期。

其他国家利益为代价的。萨本仁指出，苏联在采取一系列巩固国防措施的过程中，由于历史的和现实的原因，对西邻国家实行了某些社会沙文主义的政策。①刘承学等人认为，苏联的"问题主要出在二战结束后，苏联未处理好与有关当事国的领土纠纷，犯了一个时代的错误。"②五卷本《第二次世界大战史》也指出：苏联违背列宁提出的民族自决原则，推行大国沙文主义，以本国安全为由出兵占领别国领土，以武力解决历史遗留问题，公然违背了国际法的一般原则。③

再次，从影响来看，"东方战线"产生了极为恶劣的影响。

一是"东方战线"的建立严重败坏了苏联和社会主义的声誉和形象。万安中指出，"东方战线"的建立"违背了苏联政府一贯坚持的原则立场……这与国际关系准则是不相容的，也违背了热爱和平人民的心愿，损害了社会主义苏联的大国形象。"④

二是建立"东方战线"将西部邻国推到了德国方面，助长了法西斯势力。万安中指出："苏联同芬兰的战争，在一定程度上削弱了苏军的军事力量，暴露了其军事弱点，助长了希特勒德国的侵略野心，同时也将芬兰、罗马尼亚等国推进了希特勒的怀抱。"⑤萨本仁指出，当德国向苏联发动进攻时，波兰、芬兰和罗马尼亚诸国不是直接参加了对苏联的进犯，便是打开通道使德军长驱东进。苏军损失惨重，大片国土迅速沦入敌手，这说明苏联的西部邻国没有也不可能成为苏联可靠的抗德前哨阵地。⑥

三是"东方战线"的建立并没有起到巩固苏联安全的作用，反而造成了苏德战争初期的严重失利。萨本仁指出：历史证明苏联政府用了近两年时间建立起来的这条从波罗的海到黑海的"东方战线"并未真正起到巩固苏联西北边界的作用。⑦尤其重要的是，"东方战线"的最终形成，虽然向西推移了几百公里，但在极短时期内，苏联没有也不可能建立起一条坚固的防线，以致战争爆发时，苏

①　萨本仁：《试论第二次世界大战初期苏联对外政策中的社会沙文主义》，《宁夏大学学报》1980年第1期。

②　刘承学：《苏罗边界问题》，《世界史研究动态》1979年第9期。

③　军事科学院军史部：《第二次世界大战史》第二卷，军事科学出版社1994年版，第252页。

④　万安中：《建立"东方战线"得失问题新探》，《江西社会科学》2002年第12期。

⑤　万安中：《建立"东方战线"得失问题新探》，《江西社会科学》2002年第12期。

⑥　萨本仁：《试论第二次世界大战初期苏联对外政策中的社会沙文主义》，《宁夏大学学报》1980年第1期。

⑦　萨本仁：《试论第二次世界大战初期苏联对外政策中的社会沙文主义》，《宁夏大学学报》1980年第1期。

军线溃人亡,造成了苏德战争初期的严重失利。"东方战线"的建立最重要的后果莫过于在短期内因战线建造不力,而导致苏德战争初期苏军的严重失利。苏联军队建造新的防线,不仅拆除原来的旧国境防线,而且还拆除新的边境上由原来诸小国建立的防线。这样,苏联必然要花费大量的人力、财力来实施这个庞大的计划;而后,苏联军队还必须在新的防线上建筑堡垒,建立大炮阵地,重新安排边防部队的一切设施。①

第二节　关于苏联出兵波兰

万安中、李冠乾指出,"苏联出兵波兰,不仅没有能够解除帝国主义战争威胁,却带来了意想不到的严重后果。"具体表现在:第一,苏联出兵波兰,违背了苏联政府一贯主张的和平外交政策,严重地损害了苏联社会主义国家的形象,极大地降低了苏联政府在国际上的尊严和威望。第二,苏军在波兰濒于灭亡的时候,从背后一击,决定了波兰的命运。第三,苏军出兵波兰,在一定程度上帮了德国的忙。波兰战争爆发后,希特勒一直忧虑英法进攻,希望尽快结束波德战争,在这节骨眼上,苏军能够出动,自然是希特勒拍手叫快求之不得的。在德苏军队的夹攻下,波兰灭亡了。②

针对苏联学术界长期坚持的苏联出兵波兰是为了"保护"和"解放"波兰人民的说教,侯成德指出,苏联借口援助和解放波兰东部居民,对波兰东部实行占领,并通过条约形式将其纳为己有。此时正当纳粹德国侵略波兰,波兰的资产阶级政府已逃到国外,波兰军队正在为民族生存与人民一起抗敌之时;而新的压迫者——德国法西斯军队尚未占领东部波兰。那么,苏军的"解放"行为从何谈起?③ 李玉娟在此基础上明确指出苏联的行为带有明显的侵略性质。④

第三节　关于苏芬战争

研究"东方战线",自然要提到苏芬战争。1939年11月30日发动的苏芬战

---

① 万安中:《建立"东方战线"得失问题新探》,《江西社会科学》2002年第12期。

② 万安中、李冠乾:《关于前苏联出兵波兰动机的商榷》,《广西民族学院学报》1996年第1期。

③ 侯成德:《1939—1941年的苏德关系》,《世界史研究动态》1983年第7期。

④ 李玉娟:《关于二战初期苏联出兵波兰性质探析》,《辽宁大学学报》2006年第3期。

争,是第二次世界大战初期一次小规模的局部战争。战争的双方,一方为社会主义的苏联,一方为资本主义的芬兰。苏芬战争爆发,立即引起了国际舆论的强烈反响。半个多世纪以来,它和《苏德互不侵犯条约》的签订及"东方战线"的建立等问题交织在一起,成为世界史学界争论的热点之一。苏联舆论认为进行这场战争是为了防止侵略的"英明决策"和"必要行动",理由是"正当的",战争是"正义的",而包括西方国家在内的世界舆论普遍认为这是侵略芬兰的非正义战争。

对于这一战争,出于历史的原因,我国史学界传统上予以完全肯定,认为它有利于世界人民的反法西斯战争。20世纪80年代以来,史学界掀起了研究的热潮,存在着两种截然不同的认识。

一、基本肯定

一些学者仍持肯定立场。如夏季亭、杨沂认为,苏联发动苏芬战争的目的"并不是要掠夺、占有芬兰,而是为了保卫列宁格勒,防止德国把芬兰的边境地区作为进攻列宁格勒的滩头战地。""在苏德战争期间,正是由于取得了部分芬兰领土,才使列宁格勒没有沦陷于德军之手。"在当时的历史条件下,"保卫列宁格勒代表了世界人民的利益。从这个意义上讲,苏联占据芬兰的部分领土并没有违背芬兰人民的根本利益。"[①]

二、完全否定

与此同时,绝大多数学者则对之持否定立场,指出苏联作为当时世界上唯一的社会主义国家,处于强敌压境的险恶环境之中,需要维护民族与国家的利益;而且也应当允许苏联同别的国家一样,将其安全利益作为制定对外政策支配对外行动的依据。在战火蔓延的紧急时刻,作为社会主义国家的苏联,采取必要的自卫措施免遭腹背受敌,自然无可非议。但苏联以战争的手段解决问题,因此"无论从战争性质还是后果看,都要否定这场战争"。[②]

第一,从苏芬战争的起因、责任和性质上看,它是一场非正义的战争。

梁占军认为,作为苏联筹建东方战线的重要步骤之一,苏芬战争的爆发本质

① 夏季亭、杨沂:《苏芬战争不是非正义的》,《世界史研究动态》1980年第8期。
② 薛龙根:《也是非正义的战争》,《世界史研究动态》1980年第8期;项祥一:《苏芬战争后果初探》,《史学月刊》1982年第3期。

上是苏联在二战之初所采取的"避战自保"政策的必然产物。① 部彦秀指出,苏芬冬战是斯大林建立"东方战线"防御体系的主要步骤之一,苏联借口芬兰威胁岂不是无稽之谈。② 林建华指出:"不管出于什么目的,苏芬冬战的责任是昭然若揭的。在解决双边关系时,理应坚持和平谈判、平等协商的方针,动辄诉诸武力和战争是不足取的。"③萨本仁指出,苏联为了自己的安全,而强加于芬兰一些不管出于什么原因它暂时还不愿接受的条件……特别是苏联与芬兰交换领土的"建议"遭到芬兰政府的拒绝后便大动干戈,而且长驱直入就更是师出无名了。因此,"对苏联来说,这是一场非正义的、恃强凌弱的战争。"④程岂凡指出:根据马克思主义、列宁主义有关战争性质的论述和国际法的有关准则,对照苏芬战争的具体事实,可以看出"二战"初期的苏联政府及其领导者斯大林同志违背了马列主义,推行了"以大欺小、以强凌弱的大国沙文主义政策和扩张政策,发动了侵略芬兰的战争"。这场战争"只能是一次非正义的战争"。⑤ 李惠民认为,苏芬战争是非正义的,导致非正义战争的根源就在于苏联处在反法西斯的历史任务面前,胸无全局,在政策上出现了民族利己主义和大国沙文主义的错误,造成了苏联"二战"史上不光彩的一页。社会主义苏联的国家性质并不能使这种战争变成正义的战争。苏芬战争是苏联民族利己政策的产物,是苏联推行大国沙文主义政策的绝续。⑥

第二,苏芬战争严重损害了苏联和社会主义的形象,给国际共产主义运动造成了不良影响。

吉珊珊指出,苏联借口本国安全和防务的需要,恃强侵吞弱小邻国的领土,这不仅违背了国际法的一般准则,也极大损害了社会主义事业的声誉与形象。人们不禁要问,苏联的行动与帝国主义大国以强权建立"安全圈"的行为有什么本质的区别呢?⑦ 欧阳国亮认为,作为第一个社会主义国家的苏联,保卫本国安全的着眼点应该主要放在本国领土上。然而,当纳粹德国对欧洲国家实行军事

①　梁占军:《1939 年苏芬战争爆发与英国的反应》,《首都师范大学学报》2000 年第 1 期。

②　部彦秀:《论苏芬冬战》,《外国问题研究》1989 年第 2 期。

③　林建华:《苏芬冬战始末》,《苏联问题研究资料》1991 年第 2 期。

④　萨本仁:《试论第二次世界大战初期苏联对外政策中的社会沙文主义》,《宁夏大学学报》1980 年第 1 期。

⑤　程岂凡:《只能是一次非正义的战争》,《甘肃理论学刊》1989 年第 2 期。

⑥　李惠民:《试论苏芬战争的性质》,《邢台师专学报》1995 年第 2 期。

⑦　吉珊珊:《从俄罗斯解密档案看苏芬战争》,《山西档案》2002 年第 2 期。

侵略时,社会主义苏联却用军事行动强占芬兰领土,大大损害了自己在世界人民中的形象,降低了第一个社会主义国家的声誉。对于把无产阶级和世界人民团结起来与法西斯斗争非常不利。① 程岂凡指出,苏芬战争不仅严重地损害了社会主义苏联和斯大林的形象和声望,还在史学界和理论界引起了长期的混乱。② 苏芬战争给苏联社会主义国家声誉带来的损失是难以弥补的。③ 正因如此,赵建军指出:苏联发动侵略芬兰的战争,"是社会主义国家发生质变的表现,这种战争不是社会主义政治的继续"。④ 吴亦明、朱跃进一步指出,苏芬战争给国际共产主义运动造成了不良影响,在世界人民中引起了思想混乱。苏芬战争前,欧洲各国共产党不与社会民主党及其他民主力量结成反法西斯统一战线,笼统地提"反战"口号,已使各国共产党的威信受到极大的破坏。苏芬战争爆发后,苏联又要求各国共产党一致为苏联的这一行为辩护,这使得他们更加难堪。斯堪的纳维亚各国共产党在人民中陷入了空前的孤立。法共在国内受到了猛烈的攻击,不久党被解散。⑤

第三,苏芬战争严重伤害了芬兰的民族感情,将芬兰推入了德国的怀抱。

欧阳国亮指出,苏芬战争严重伤害了芬兰的民族感情,导致了苏芬两国民族的隔阂。苏芬战争使芬兰丧失了13%的国民财富,12%的工业能力;使成千上万人死于战火,42万芬兰人民流离失所,无家可归。苏芬战争给芬兰人民带来了深重的灾难。以后,芬兰投靠德国,走上了反苏的道路,这同苏联的战争行动是有很大关系的。芬兰加入德国集团,共同反苏,使苏联北部门户洞开。⑥ 苏芬战争实际上起了把芬兰推进德国法西斯阵营的作用。⑦ 吉珊珊也说,苏联这一行动严重伤害了芬兰的民族感情,从而将原来可能成为苏德之间缓冲国的芬兰推向了德国的怀抱。以后,芬兰和德国结盟,参加侵苏战争,不能说与苏联的行动无关。因此,从苏联安全地位的角度看,扩大领土而获得的空间并未使苏联取得更为安全的地位。⑧

---

① 欧阳国亮:《苏芬战争》,《中学历史教学参考》1999年第7期。
② 程岂凡:《只能是一次非正义的战争》,《甘肃理论学刊》1989年第2期。
③ 李惠民:《试论苏芬战争的性质》,《邢台师专学报》1995年第2期。
④ 赵建军:《不是社会主义政治的继续》,《世界史研究动态》1981年第6期。
⑤ 吴亦明、朱跃:《不利于整个反法西斯事业》,世界史研究动态》1981年第6期。
⑥ 欧阳国亮:《苏芬战争》,《中学历史教学参考》1999年第7期。
⑦ 徐德龙、陈从阳:《芬兰与苏芬战争》,《广西梧州师专学报》1999年第1期。
⑧ 吉珊珊:《从俄罗斯解密档案看苏芬战争》,《山西档案》2002年第2期。

第四,苏芬战争对苏联是得不偿失的,在抵御德国入侵方面的作用是有限的。①

苏芬战争的结果是苏联占领了芬兰的大片领土,还获得了许多其他好处。② 如果说苏联对芬兰动用武力,是为加强自己国防准备对付未来战争的话,那么苏芬战争的后果则证明苏联的这一切举动是得不偿失。③ 苏联为此付出了昂贵的代价,战争中苏联伤亡人数在 21 万以上,并且耗费了大量武器装备,使其国防力量遭到严重的削弱。战争给苏芬两国人民带来了极其沉重的负担和灾难。④ 卢专指出:"那块靠不仁不义的手段夺来的苏联领土,对保卫列宁格勒根本就没起什么作用。"⑤

第五,苏芬战争不利于反法西斯统一战线的建立。

吴亦明、朱跃指出,"历史证明苏芬战争给反法西斯事业带来的是弊而不是利",因为"苏芬战争破坏了反法西斯力量及早建立联合的可能,把芬兰完全推向法西斯德国一边"。⑥ 陈从阳认为,苏芬战争造成了一系列严重后果,从世界反法西斯战争的全局来看,苏芬战争严重恶化了苏联与西方民主国家的关系,它为苏英、苏美等之间关系的改善及英苏同盟的建立设置了障碍,不利于国际反法西斯统一战线的早日建立。苏芬战争急剧地恶化了英苏、英法、英美关系。冬季战争后苏联与西方民主国家关系的全面恶化,从随后欧洲政局的变化来看,其造成的后果是消极的。⑦ 李惠民指出,苏芬战争的更严重的后果是使反法西斯力量进一步分散,斗争的方向被扭转了。这一时期微妙的苏德关系模糊了世界反法西斯人民的视线。苏芬战争带来的连锁反应使形势更复杂和更恶化了。⑧ 吉珊珊指出,苏芬战争增加了英法美等国的疑虑和反感,不利于反法西斯统一战线的建立。⑨

第六,苏芬战争暴露了苏联军事上的弱点,助长了希特勒德国的侵略野心,

① 欧阳国亮:《苏芬战争》,《中学历史教学参考》1999 年第 7 期。
② 部彦秀:《论苏芬冬战》,《外国问题研究》1989 年第 2 期。
③ 李惠民:《试论苏芬战争的性质》,《邢台师专学报》1995 年第 2 期。
④ 李惠民:《试论苏芬战争的性质》,《邢台师专学报》1995 年第 2 期。
⑤ 卢专:《对保卫列宁格勒不起作用》,《世界史研究动态》1981 年第 6 期。
⑥ 吴亦明、朱跃:《不利于整个反法西斯事业》,《世界史研究动态》1981 年第 6 期。
⑦ 陈从阳:《苏芬冬战与国际反法西斯统一战线》,《咸宁师专学报》2002 年第 1 期。
⑧ 李惠民:《试论苏芬战争的性质》,《邢台师专学报》1995 年第 2 期。
⑨ 吉珊珊:《从俄罗斯解密档案看苏芬战争》,《山西档案》2002 年第 2 期。

加速了苏德战争的爆发。

欧阳国亮指出,苏芬战争严重暴露了苏军的弱点。战争初期,苏军在占绝对优势的情况下而屡遭失败的事实,使西方国家估计到苏联的军事力量并不强大。希特勒之所以在西线战争还没有取得彻底胜利的情况下,就敢于回过头来进攻苏联,在很大程度上是因为希特勒看到苏芬战争初期苏军在弱小的芬兰面前还遭失败,当然更难以抵得住德军的"闪电战"。希特勒设想在一个半月到二个月内彻底摧毁苏联,这就使希特勒在实施"巴巴罗沙计划"时,丧心病狂地进行军事冒险,从而加速了苏德战争的爆发①,并从而加快了法西斯侵略战争由局部战争走向世界大战的步伐。② 五卷本《第二次世界大战史》也说"苏联在芬兰的军事行动所暴露出的弱点对希特勒发动侵苏战争起了一定的促进作用"。③

第四节　关于《苏日中立条约》

怎样评价1941年的《苏日中立条约》,苏联版的各种二战史书众口一词,认为它有助于巩固苏联远东边境的安全,制止日本的侵略,是苏联外交的伟大胜利。说苏联之所以签订"条约"和"签署关于互相承认蒙古人民共和国和'满洲国'的完整和独立的宣言,是为了巩固远东的和平"。④ "苏日中立条约在一定程度上限制了日本的侵略。"⑤20世纪80年代以前,我国学者附会苏联方面的说法,对其完全肯定。20世纪80年代以来,苏日中立条约问题成了我国史学界研究的热点问题,对其评价呈现出多样化的特点。

一、基本肯定

一些学者对《苏日中立条约》持基本肯定的认识,其依据是:

一是从签约的背景上看,苏联面临德日两个法西斯国家联合夹攻的危险局面。德国法西斯横扫西欧,三个法西斯国家进一步勾结并缔结了军事同盟条约、

---

① 欧阳国亮:《苏芬战争》,《中学历史教学参考》1999年第7期。

② 陈从阳:《苏芬战争与苏德战争》,《广西梧州师专学报》2001年第2期;万安中:《建立"东方战线"得失问题新探》,《江西社会科学》2002年第12期。

③ 军事科学院军史部:《第二次世界大战史》第二卷,军事科学出版社1994年版,第252页。

④ [苏]列·库达科夫:《当代国际关系史》,世界知识出版社1959年版,第691页。

⑤ [苏]杜宾斯基:《抗日时期的苏中关系(1940—1941)》,《苏联问题研究资料》1989年第2期。

美日谈判正在进行,并在改善美苏关系道路上预先设置了障碍。面对这种复杂的国际局势,苏联不能不考虑必须利用帝国主义国家之间的矛盾,粉碎它们联合起来反苏的阴谋。① 日本一直利用伪满作为扰乱苏联和外蒙的跳板,因此,苏联不能不把这一问题加以解决。②

二是从缔约的动机和目的看,在于"限制日本追随德国进攻苏联"。③《苏日中立条约》是苏联为使法西斯国家难于实现其侵略计划而采取的一连串外交环节中的一个,在当时的历史条件下,这一条约的签订不仅符合苏联的利益,也符合世界人民反法西斯全局的利益。④

三是从条约的作用和后果看,在德国即将发动侵苏战争之际,苏联从日本方面得到了中立的保证。条约的签订巩固了苏联远东边境的安全,稳住了日本,无疑是苏联外交政策的一大胜利。⑤

斯大林摸清了日本侵略的动向,利用了德日之间的矛盾,做出了正确的判断,果断地和日本签订了中立条约。日苏中立条约在一定程度上"束缚了日本侵略者的手脚",使日本和德国各自为战,不能很好配合。它使苏联在最艰苦的斗争年代避免了两线作战,这就为最后战胜希特勒创造了条件,这不能不说是英明的决策。因此可以说,"苏联恪守日苏中立条约,不卷入对日战争,以便全力对付纳粹德国,是符合反法西斯事业的整体利益的……而不能简单地贬之为'民族利己主义'"。⑥

签订日苏中立条约,让苏联全力打败希特勒,这个决定全局的战略同样符合抗战中的中国人的利益,不能说是"起消极作用"。⑦ 条约所附的声明,是苏日联合对中国领土主权的侵犯。"但因为苏联以后成为反法西斯战线的主力,因此,苏日中立条约的签订对整个反法西斯战线还是有利的。"⑧

---

①　李树藩:《论〈日苏中立条约〉签订的历史背景》,《外国问题研究》1985 年第 3 期。

②　石磊、鲁毅主编:《现代国际关系史辞典》,河南人民出版社 1988 年版,第 331—332 页;朱贵生:《〈现代国际关系史辞典〉评介》,《世界历史》1989 年第 2 期。

③　石磊、鲁毅主编:《现代国际关系史辞典》,河南人民出版社 1988 年版,第 331—332 页;朱贵生:《〈现代国际关系史辞典〉评介》,《世界历史》1989 年第 2 期。

④　李树藩:《论〈日苏中立条约〉签订的历史背景》,《外国问题研究》1985 年第 3 期。

⑤　李树藩:《论〈日苏中立条约〉签订的历史背景》,《外国问题研究》1985 年第 3 期;李嘉谷:《中苏关系史研究述评》,载《世界史研究动态》1989 年第 7 期。

⑥　贾文华:《论日苏中立条约》,《西伯利亚研究》1988 年第 2 期。

⑦　贾文华:《论日苏中立条约》,《西伯利亚研究》1988 年第 2 期。

⑧　李嘉谷:《中苏关系史研究述评》,《世界史研究动态》1989 年第 7 期。

当然,这些学者也指出了《苏日中立条约》的一些弊端。如"条约的签订,使日本避免了两线作战,解除了后顾之忧,客观上使日本得以放心南进,对太平洋战争的爆发起了激发作用"。①

二、完全否定

大多数学者对《苏日中立条约》持完全否定的立场。认为中立条约是苏联从民族利己主义的立场出发,放弃原则,牺牲中国利益,与日妥协,姑息日本侵略的产物;它对远东国际关系,对二战中的亚洲战场,对中国抗战均产生了直接的消极影响。② 他们从苏、日双方缔约的动机、条约的内容以及影响和后果等方面进行了全面而充分的论证。

从缔约的背景、动机和目的看,《苏日中立条约》是苏日两国对抗与妥协的产物。

学者们认为,结束因中国问题引起的苏日双边关系的紧张状态,从而适应新的国际形势的需要,是中立条约签订的动机。③ 苏日两个缔约国从各自的利益出发,为避免两线作战而缔约,则是显而易见的直接原因和目的④。"条约"充分体现了苏日两国的意愿。⑤ 从日本来说,"日本与苏联签约的目的之一,就是使苏联放弃援蒋活动。"从苏联来说,此举不过是为了自身的东部安全,而不是为了巩固远东的和平,否则就不会承认刺刀政策下产生的"满洲国"。⑥ 黄鸿飞认为在当时苏联没必要与日本签订条约,因为中国抗战牵制了大量日本陆军主力而改变日本侵略目标,同时日本自身不可克服的战略物资的缺点,从而得出太平洋战争前日本不可能北上侵苏的结论。⑦

从性质上看,《苏日中立条约》是苏日牺牲中国利益而达成的交易。

学者们指出,《苏日中立条约》是一个苏日以牺牲中国利益,侵略中国主权,

---

① 贾文华:《论日苏中立条约》,《西伯利亚研究》1988 年第 2 期。

② 厉声:《"苏日中立条约"试析》,《苏联历史问题》1985 年第 2 期;王春良:《评日苏中立条约和雅尔塔秘密协定》,《山东师大学报》1985 年第 1 期。

③ 赵文亮、许国林:《〈苏日中立条约〉与中国》,《河南师大学报》2000 年第 6 期。

④ 马林:《论苏日中立条约缔结的主要原因》,《宁夏教育学院学报》1988 年第 1 期。

⑤ 马丁、宋培基:《〈苏日中立条约〉对中国抗日战争的影响》,《绍兴师专学报》1994 年第 3 期。

⑥ 陆文培:《试论〈苏日中立条约〉对中国抗战的影响》,《社会科学战线》1994 年第 1 期。

⑦ 黄鸿飞:《试论苏联签订〈苏日中立条约〉的得失》,《泉州师范学院学报》2006 年第 5 期。

瓜分中国领土的条约①，"是日苏双方牺牲中国利益、干涉中国主权而达成的交易。"② 从苏联来说，1941 年签订的苏日中立条约就是苏联远东战略的具体实施和重要一环，或者说主要是为一国私利而采取的重要步骤。因此，从本质上说是利己主义的。③ 总之，"《苏日中立条约》是苏联从民族利己主义的立场出发、放弃原则、牺牲中国利益、与日妥协、姑息日寇在华侵略的产物。"苏联试图"将中国人民的抗日战争纳入维护苏联民族利益的轨道。在这种政策的指导下，一旦避免两线作战的目的可以通过与日直接妥协达到，他们就不惜出卖中国的权益，出卖中国人民的抗日"。④ 因此可以说，《苏日中立条约》又是一个为了本民族的利益而牺牲他国，纵容侵略的绥靖条约。⑤ 这种以牺牲弱国利益而谋求与侵略势力妥协的政策，在本质上与英法的祸水东引、以邻为壑的绥靖政策并无根本差别。⑥

《苏日中立条约》败坏了苏联社会主义的形象，对保证苏联远东的安全的作用也是有限的。

马丁等人认为，《苏日中立条约》的签订是苏联外交政策上的一次失败，也是苏联大国霸权主义和极端的民族利己主义的"杰作"。它背离了无产阶级国际主义原则，这些作为历史教训，人们是不应该忘记的。⑦ 钟家栋认为，苏联为了自己的战略意图无视他国主权，与日本签订中立条约的做法，实际上对苏联最后取得抗德卫国战争的胜利并未起到多少作用。⑧ 它不可能对苏联的远东安全起作用，更不可能限制日本侵苏。⑨ 日本没有进攻苏联，主要是出于自身侵略方向的考虑，并不是"条约"束缚的结果。⑩

《苏日中立条约》助长了日本法西斯的侵略气焰，扩大了对外侵略。

---

① 马丁、宋培基：《〈苏日中立条约〉对中国抗日战争的影响》，《绍兴师专学报》1994 年第 3 期。

② 赵文亮、许国林：《〈苏日中立条约〉与中国》，《河南师范大学报》2000 年第 6 期。

③ 杜朝伟、孙才顺：《对苏日中立条约的再认识》，《山东师大学报》1995 年第 5 期。

④ 厉声：《〈苏日中立条约〉试析》，《苏联历史问题》1985 年第 2 期。

⑤ 厉声：《〈苏日中立条约〉试析》，《苏联历史问题》1985 年第 2 期。

⑥ 陆文培：《试论〈苏日中立条约〉对中国抗战的影响》，《社会科学战线》1994 年第 1 期。

⑦ 马丁、宋培基：《〈苏日中立条约〉对中国抗日战争的影响》，《绍兴师专学报》1994 年第 3 期。

⑧ 钟家栋：《苏日中立条约的作用与意义辨析》，《上海师大学报》1987 年第 3 期。

⑨ 杜朝伟、孙才顺：《对苏日中立条约的再认识》，《山东师大学报》1995 年第 5 期。

⑩ 陆文培：《试论〈苏日中立条约〉对中国抗战的影响》，《社会科学战线》1994 年第 1 期。

有学者指出,日本是苏日中立条约的最大受益者。苏日中立条约使日苏关系从此进入了一个相对稳定的时期,日本可利用日苏改善关系的机会努力解决事变(指侵华战争),并可专意于南进计划。日本继续扩大侵略,给国际反法西斯盟国造成了难以想象的困难和难以估计的损失。①《条约》的签订使日本消除了后顾之忧,助长了侵略者的气焰,加速南进,挑起太平洋战争扩大了对中国、印度支那和南洋的侵略。给中国人民和东南亚人民以及太平洋地区人民带来了灾难。②

《苏日中立条约》不利于反法西斯国家之间的团结。

《苏日中立条约》给中苏关系和中国人民的抗日战争带来了十分消极的、不利的影响。

学者们指出,《苏日中立条约》对中苏关系和中国人民的抗日战争带来的消极和不利影响是多方面的,具体表现在以下几点:

第一,它侵害了中国的国家主权和利益,伤害了中华民族的民族感情。苏联无视中国的领土主权,为了达成条约而与日本侵略者发表宣言,互相承认所谓"满""蒙"的行为,严重伤害了正在艰苦抗战的中华民族的感情,同时也严重败坏了一向被视为中华民族的无私朋友的社会主义苏联在中国人民心目中的形象。③ 由于《苏日中立条约》所附"宣言"侵犯了中国的领土主权,中国政府向苏联政府提出了抗议。④

第二,《苏日中立条约》的签订沉重地打击了中国,使在外交上本已孤立的中国显得更加孤立。⑤

第三,它滋长了日本侵略者的侵华气焰,使中国抗战进入了困难的时期。条约签订后,日本为尽快结束侵华战争以便全力南下,一方面和汉奸伪政权借着签约的声势,大肆恫吓叫嚣,加强了诱降活动,妄图瓦解中国军民的抗战意志;另一

① 杜朝伟、孙才顺:《对苏日中立条约的再认识》,《山东师大学报》1995 年第 5 期。

② 陆文培:《试论〈苏日中立条约〉对中国抗战的影响》,《社会科学战线》1994 年第 1 期;马丁、宋培基:《〈苏日中立条约〉对中国抗日战争的影响》,《绍兴师专学报》1994 年第 3 期;王真:《〈苏日中立条约〉与战时中国》,《民国档案》1995 年第 3 期。

③ 钟家栋:《一九四一年的中国与苏日中立条约》,《档案与历史》1987 年第 3 期;陆文培:《试论〈苏日中立条约〉对中国抗战的影响》,《社会科学战线》1994 年第 1 期;马丁、宋培基:《〈苏日中立条约〉对中国抗日战争的影响》,《绍兴师专学报》1994 年第 3 期。

④ 李嘉谷:《〈苏日中立条约〉签订的国际背景及其对中苏关系的影响》,《世界历史》2002 年第 4 期。

⑤ 赵文亮、许国林:《〈苏日中立条约〉与中国》,《河南师大学报》2000 年第 6 期。

方面日本侵略军乘机在中国各战场发起攻势,加强了对中国军队的围剿。① 因此可以说,《苏日中立条约》的签订实际在政治上支持了日本的侵华战争。它确实促使日寇放手扩大在华侵略,是对中国人民抗日战争的政治出卖,给正在奋起抗战的中国人民的心灵上投下了一道阴影。②《条约》的签订解除了日本法西斯对北方苏联的忧虑,助长了日本法西斯的侵略气焰,使日本帝国主义调整了侵略方针,放手南进。对中国抗战来说,它更是使日本帝国主义加紧了对中国的侵略,增加了中国抗战的压力,成为中国人民进入抗战最困难时期的重要国际因素之一。③

第四,《苏日中立条约》的签订客观上加剧了中国抗战势力的分裂,促使中国国内抗战局势的复杂化。④

第五,《苏日中立条约》的签订激起了一股反共恶浪,使中国共产党的险恶处境雪上加霜。⑤《苏日中立条约》的签订在一定程度上也增强了国民党政权的反共意识和反共野心,在客观上为日后的中国革命带来许多不利的困难和影响。⑥

第六,《苏日中立条约》造成了中苏关系的倒退和美蒋政治上的迅速靠拢。《苏日中立条约》妨碍了中苏关系的正常发展,起到一种冷却双边关系的作用。⑦苏联在对华政策上出现了重大倒退,使中苏关系出现裂痕。⑧《条约》导致了中苏关系的松弛,客观上造成了美蒋加速靠拢的形势。⑨

第七,《苏日中立条约》孕育着中国抗战最后胜利的因素。《苏日中立条约》的签订,使日本解除了南下发动太平洋战争的后顾之忧。随着苏德战争和太平

---

① 钟家栋:《一九四一年的中国与苏日中立条约》,《档案与历史》1987 年第 3 期;厉声:《〈苏日中立条约〉试析》,《苏联历史问题》1985 年第 2 期。

② 厉声:《〈苏日中立条约〉试析》,《苏联历史问题》1985 年第 2 期。

③ 马丁、宋培基:《〈苏日中立条约〉对中国抗日战争的影响》,《绍兴师专学报》1994 年第 3 期。

④ 赵文亮、许国林:《〈苏日中立条约〉与中国》,《河南师大学报》2000 年第 6 期。

⑤ 钟家栋:《一九四一年的中国与苏日中立条约》,《档案与历史》1987 年第 3 期。

⑥ 马丁、宋培基:《〈苏日中立条约〉对中国抗日战争的影响》,《绍兴师专学报》1994 年第 3 期。

⑦ 王真:《苏日中立条约》与战时中国,《民国档案》1995 年第 3 期。

⑧ 马丁、宋培基:《〈苏日中立条约〉对中国抗日战争的影响》,《绍兴师专学报》1994 年第 3 期。

⑨ 陆文培:《试论〈苏日中立条约〉对中国抗战的影响》,《社会科学战线》1994 年第 1 期。

洋战争的爆发,苏联和美国也卷入了世界大战的漩涡;反法西斯国家包括中、美、英、苏等国结成了反法西斯同盟,中国从此摆脱了对日作战的不利局面,并最终打败了日本帝国主义。这是日本帝国主义在签订《苏日中立条约》时所不可能预见到的。因此从这个意义上说,《苏日中立条约》孕育着中国抗战最后胜利的因素。①

三、肯定、否定兼而有之

有许多学者认为,对《苏日中立条约》的评价应该一分为二,既要看到它有利于世界人民反法西斯斗争的一面,又要承认它损害中国主权、加剧中国抗战困难的一面。完全否定或完全肯定这个条约的传统观点都是不符合历史事实的。如姚海提出,对《苏日中立条约》所反映出来的苏联民族利己主义的行为进行谴责是必要的,但对苏联签约的历史条件和条约产生的影响应作具体的、实事求是的分析。在否定该条约消极面的同时,不应忽视它对整个反法西斯战争所起的积极作用。②

一方面,学者们指出了《苏日中立条约》积极的一面,主要表现在以下几点:

从苏联缔结条约的背景和目的看,是为了保证苏联远东地区的安全。

有学者指出,从条约签订的整个历史背景和其后的局势演变来看,《苏日中立条约》是苏联面临侵略的情况下,为了集中力量对付希特勒德国,避免两线作战采取的外交措施。这在当时是有必要的。③ 也有学者认为,《苏日中立条约》"是苏日两国长期对抗与妥协的产物,也是粉碎英美'绥靖政策'的需要,是离间法西斯轴心国联合进攻的需要。此外,中苏两国关系迅速降温加快了条约的出笼"。④

条约的签订保证了苏联远东的安全,对集中力量打败德国,并最终战胜法西斯作出了贡献。

不少学者指出,就第二次世界大战的战争历史发展的全局看,《苏日中立条约》作为苏联的一项外交措施,它是有积极意义的。⑤ 因为苏德战争中苏联的胜

---

① 赵文亮、许国林:《〈苏日中立条约〉与中国》,《河南师范大学学报》2000 年第 6 期。

② 姚海:《苏日中立条约与战时苏日关系》,《铁道学院学报》1986 年第 1 期。

③ 杜景川:《试评〈日苏中立条约〉》,《聊城师院学报》1998 年第 3 期。

④ 易新涛:《浅析〈苏日中立条约〉签订的原因》,《党史研究与教学》2003 年第 2 期。

⑤ 李嘉谷:《论〈苏日中立条约〉的签订及其对中国抗战的实际影响》,《抗日战争研究》1998 年第 1 期。

利,对第二次世界大战反法西斯战争的胜利是具有决定意义的。苏联通过《苏日中立条约》的缔结,对稳定远东地区,避免东西两面作战,从而集中力量战胜世界法西斯的首要国家德国,具有重要战略意义。① 条约在一定程度上达到了预期目的。② 因此,对苏联签订《苏日中立条约》的策略思想及其必要性应该肯定,视之为调动日本南侵的手段是不符合历史事实的。③

对苏联来说,条约的签订是在德国进攻苏联的威胁日益增长的形势下给希特勒的侵苏计划以沉重打击。④

条约的签订有助于加速反法西斯同盟的早日建立。它改变了反法西斯力量对比,加速了法西斯的灭亡。⑤

第一,《苏日中立条约》的签订促使了美国对外政策的改变。如果从军事角度来看,日苏中立条约影响了美国的全球政策。日本外相访苏,以及日苏互不侵犯条约的传闻,促进了美国政府对苏联关系的改善。故而从这个意义上讲,它为德苏开战以后所确立的美苏合作体制准备了条件。可以认为这就是《苏日中立条约》对美国对外政策的意义。⑥

第二,《苏日中立条约》有利于中国争取美英的援助与合作。就日本来说,《苏日中立条约》主要是针对美英的,这就促使美英在远东对日采取强硬政策,开始积极援助中国。美国得知《苏日中立条约》签订后,立即宣布增加对华援助。尤其是当太平洋战争爆发之后,中国抗日战争的外援能够主要依赖美英,这对中国抗日战争的坚持与最后胜利,无疑也是有作用的。⑦

第三,《苏日中立条约》的签订孕育着反法西斯联盟形成和战争胜利的因素。《苏日中立条约》稳定了苏联的东部边界,但激化美、英同日本的矛盾,促使美、英为了自身的利益,开始积极援助中国抗战。美、英转而成为援助中国抗战的主要国家。苏德战争爆发后,美、英等资本主义大国,从自身利益考虑,积极援

① 李嘉谷:《论〈苏日中立条约〉的签订及其对中国抗战的实际影响》,《抗日战争研究》1998年第1期。

② 杜景川:《试评〈日苏中立条约〉》,《聊城师院学报》1998年第3期。

③ 杜景川:《试评〈日苏中立条约〉》,《聊城师院学报》1998年第3期。

④ 王春良:《简论1935—1945年日本与苏联的关系》,《山东师大学报》2004年第1期。

⑤ 张善英、邓永奎:《试析〈日苏中立条约〉对欧亚战场的影响》,《重庆师专学报》1995年第3期。

⑥ 董秀敏:《日苏中立条约的缔结与美国》,《中国民航学院学报》1994年第4期。

⑦ 李嘉谷:《论〈苏日中立条约〉的签订及其对中国抗战的实际影响》,《抗日战争研究》1998年第1期。

助苏联抗战,世界反法西斯战线开始形成。不到半年,日本又发动了太平洋战争,日本更无力对苏作战,只能表示遵守苏日中立条约。这样苏联便可集中力量打击德国法西斯,在美、英等国的援助下,苏联的抗德战争取得了胜利,这是整个世界反法西斯战线的胜利,并使苏联得以调动150万大军东向打击日本法西斯,促使日本加速投降。[①]

另一方面,学者们指出了《苏日中立条约》消极的一面,主要表现在以下几点:

《苏日中立条约》严重损害了中国国家主权和领土完整,伤害了中国人民的民族感情,不利于中国的抗战。条约的附件宣布:日本承认"蒙古人民共和国",苏联承认"满洲国"。所谓"满洲国"和"蒙古人民共和国",在当时均是中华民国不可分割的一部分。[②] 这是在中国抗日战争最困难时期,日、苏相互公然瓜分中国领土外蒙古和东三省,"是日、苏瓜分中国'满蒙'之侵略事件"。[③] 这是日、苏拿中国的领土和主权作交易。[④]《苏日中立条约》的签订,对当时中国的抗日战争无疑是不利的,条约所附"宣言"更侵犯了中国的领土主权,伤害了中华民族的民族感情。[⑤] 它严重地打击了中国抗战的热情,使中国抗战遭受暂时挫折,增加了中国抗战的压力,并在客观上加速了美蒋联合的步伐。[⑥]

《苏日中立条约》反映出在中国问题上苏联存在着民族利己主义和大国沙文主义的倾向,严重地损害了苏联社会主义的形象。[⑦]

《苏日中立条约》刺激了日本进一步扩大侵略战争。《苏日中立条约》对日本维持它在华的侵略和发动太平洋战争起了重要作用。[⑧] "条约"使日本加紧对中国的侵略,大大加重了中国抗战的负担,同时也加速了太平洋战争的爆发,给中国和东南亚人民带来了巨大灾难。

---

① 李嘉谷:《论〈苏日中立条约〉的签订及其对中国抗战的实际影响》,《抗日战争研究》1998年第1期。

② 张善英、邓永奎:《试析〈日苏中立条约〉对欧亚战场的影响》,《重庆师专学报》1995年第3期。

③ 王春良:《简论1935—1945年日本与苏联的关系》,《山东师范大学学报》2004年第1期。

④ 杜景川:《试评〈日苏中立条约〉》,《聊城师范学院学报》1998年第3期。

⑤ 李嘉谷:《论〈苏日中立条约〉的签订及其对中国抗战的实际影响》,《抗日战争研究》1998年第1期。

⑥ 易新涛:《浅析〈苏日中立条约〉签订的原因》,《党史研究与教学》2003年第2期。

⑦ 李嘉谷:《论〈苏日中立条约〉的签订及其对中国抗战的实际影响》,《抗日战争研究》1998年第1期。

⑧ 李凡:《日本坚持对苏中立政策的选择》,《河北师范学院学报》1991年第1期。

第十章 多重因素促成了苏德战争初期悲剧的发生

——苏德战争初期苏军严重失利原因研究综述

1941 年 6 月 22 日,德国法西斯背信弃义,悍然撕毁《苏德互不侵犯条约》,采取不宣而战的强盗惯技,出动 190 个师 550 万的兵力,向苏联发起了全线大规模的突然袭击。到 10 月上旬,德军深入 850—1200 公里,占领占苏联工业产值 2/3、人口 7450 万的 150 万平方公里的苏联领土。苏联损失兵力近 700 万,被俘士兵 300 余万。苏联在卫国战争初期遭到了严重的失利。

那么,是什么原因造成了苏联在卫国战争初期的严重失利呢?

对于苏军初战严重失利,苏联元帅华西列夫斯基认为,苏军之所以未能击退德军突击,陷入灾难性状态,其直接原因"在于不曾及时地做好战斗准备",而其"根本原因是斯大林固执地否认苏联和法西斯德国即将爆发战争的可能性"。[①]基尔申认为"首先在于 30 年代形成的个人独裁制度";"战争前夕敌人的质量优势和苏联在军队建设和战备工作方面的失误,是苏联卫国战争初期严重失利的重要原因之一"。[②]

80 年代以来,我国学术界对苏联在卫国战争初期严重失利的原因进行了热烈而深入的探讨。学者们发表了大量的文章,阐述自己对这一问题的看法。一些学者强调军事、经济或政治因素的决定性作用;另一些学者强调主观因素或客观因素的重要作用。但更多的学者强调,苏联在卫国战争初期严重失利是由多种因素促成的:既有苏联主观方面的因素,也有客观方面的因素[③];既有内因,又有外因;既有军事方面的原因,又有政治、经济、外交等方面的原因。从根本上讲,是在战争准备和战争指导上主观和客观不相符合的结果,是一系列政治的、

---

① [苏]阿·米·华西列夫斯基:《战争前夕》,[俄]《近现代史》杂志 1992 年第 6 期,转引自沈志恩:《苏联预警或然性》,《历史教学问题》1993 年第 4 期。
② 苏联《近现代史杂志》1991 年第 3 期,转引自《世界史研究动态》1992 年第 6 期。
③ 叶存洪:《试析苏联卫国战争初期严重失利的原因》,《江西教育学院学报》1988 年第 2 期。

经济的和军事的因素共同作用的结果。①　"种种主客观原因,造成了苏德战争初期苏军暂时失利的局面。"②

第一节　实力对比上的敌强我弱

学者们指出,苏联在苏德战争初期的严重失利尽管是许多因素造成的,但敌强我弱的客观现实是其中最为重要的原因。

德国对苏侵略蓄谋已久,早就在各方面做了长期的充分的准备,在充分利用中西欧全部经济和军事资源的基础上进行侵苏冒险战争,实力强大;德国军队现代化装备程度很高,并在战前较早进行了战略的展开。③　与此相反,苏军是在战备工作没有全部完成的情况下仓促应战的,苏联在德军入侵后才把武装力量正式展开并进行国民经济总动员,把国民经济全部纳入战争轨道上来。④　希特勒借助于苏联政治和军事领导的失误先发制人,对尚未展开和未充分动员的苏军实施密集分割突击,从而造成苏军在初期在战略上处于防守的被动局面。⑤

德军在侵苏战争前已有两年多现代化战争的实践,积累了丰富的作战经验⑥;同时,征服欧洲频频得手使德军官兵士气大振,更加迷信希特勒和德军不可战胜的神话,进攻苏联正值德军士气最盛时期。⑦　而苏军二十多年没有经过战斗洗礼,缺乏打大规模现代化战争的实战经验。⑧

由于西线不可能对其构成严重威胁,德国能把绝大部分兵力移向东方,保证了各主攻方向的兵力和装备都达二至五倍的优势⑨。苏联西部防线(包括海岸线)第一梯队兵力薄弱,第二梯队又未全面展开,而德军则达到了在战术上使用密集兵力和兵器的计划。德军在主攻方向上,以压倒性优势,很快撕开苏军防线。

---

①　林野等:《苏联卫国战争初期失利的基本原因》,《世界史研究动态》1982年第10/11期。

②　李道豫:《论苏联卫国战争初期失利的原因》,《人文杂志》1994年第5期。

③　张继平、胡德坤:《第二次世界大战史》,甘肃人民出版社1984年版,第273页。

④　刘士田:《苏德战争初期双方得失和苏军失利原因》,《军事历史》1991年第1期。

⑤　张广翔:《苏德战争初期苏军受挫原因新探》,《长白学刊》1997年第1期。

⑥　张继平、胡德坤:《第二次世界大战史》,甘肃人民出版社1984年版,第273页。

⑦　张广翔:《苏德战争初期苏军受挫原因新探》,《长白学刊》1997年第1期。

⑧　刘士田:《苏德战争初期双方得失和苏军失利原因》,《军事历史》1991年第1期。

⑨　张继平、胡德坤:《第二次世界大战史》,甘肃人民出版社1984年版,第273页。

战术上的突然性,也使德军容易掌握战争的主动权。① 希特勒采取了大规模的偷袭,使苏联空军遭到重大损失,德军暂时取得了制空权。② 德国为达成侵苏战争的突然性,在外交、经济、军事和策略等方面都进行了充分的准备,并在策略上玩弄"海狮骗局",以假乱真,麻痹苏联。正如希特勒所说:"要把进攻俄国造成历史上最大的骗局"。③

武器装备质量上的差距。战争初期,德苏双方坦克数量比约为1∶3,战机数量比约为1∶2,苏联在装备数量上占了较大优势。但是在装备质量上,双方相差太多。苏联装备的坦克大部分是20世纪30年代初期生产的轻型坦克,它们火力弱装甲薄,无法对抗德军四号坦克等装甲厚重火力强劲的坦克。在战机方面,苏联的歼击机伊-16和轰炸机伊尔-16在飞行速度和载弹量等指标上,远逊于德国的梅塞施密特109型歼击机和容克88型轰炸机。苏联在战争初期的装备普遍过时,这导致了苏联在战争初期惨痛的失败。④

第二节　军事上的一系列失误

战争主要是一种军事行动。学者们普遍指出,苏联在军事上、在战场上的一系列失误是造成初战失利的最为直接的原因。"失利的主要原因在军事上"。⑤军事上的失误是多方面的,他们指出,敌人所具有的优势和苏军军事思想落后,军队建设、训练方面的失误,对敌人进攻方向和日期判断失误,苏军未做好充分战斗准备等原因,是战争初期苏军惨败的基本、真正和最主要的原因。⑥

一、苏联军事战略的失误

苏联军事战略的失误主要表现在片面强调战略进攻,忽视战略防御,没有建立坚固的战略防御体系。

苏德战争爆发前,苏联领导人制订了一条错误的军事战略方针,即苏联"一

---

① 张继平、胡德坤:《第二次世界大战史》,甘肃人民出版社1984年版,第273页。
② 刘士田:《苏德战争初期双方得失和苏军失利原因》,《军事历史》1991年第1期。
③ 李道豫:《论苏联卫国战争初期失利的原因》,《人文杂志》1994年第5期。
④ 蔺相智:《二战初期苏军受挫的武器装备因素》,《军事史林》2009年第8期。
⑤ 林野等:《苏联卫国战争初期失利的基本原因》,《世界史研究动态》1982年第10/11期。
⑥ 彭训厚:《对苏德战争初期苏军失利主要原因的再思考》,《军事历史研究》1994年第4期;张广翔:《苏德战争初期苏军受挫原因新探》,《长白学刊》1997年第1期。

旦遭到法西斯德国的进犯,将以武装力量实施强大的反击,旨在击退敌人侵略,并将战斗行动推到敌人领土上。"防御"将只是在战役进攻范围内个别方向内实施,而不是在整个战略战线上实施"。在战前制订的作战计划以及按计划对部队的部署、边境筑垒工事的建筑、仓库和作战物资的布放等方面都是按照进攻战略的设想进行的。由于估计德军深入苏联腹地的可能性不大,因此苏军根本没有制定战略防御计划,没有进行战略防御的思想和准备,没有建立战略防御集团,后方没有建立战略防线。沿新的边界虽然构筑了一些工事,但工程进展迟缓,战争爆发时尚未完工。① 战争初期的严重失利是对这种战略思想所做的检验。②

苏联的这种进攻战略,它并不符合战争的辩证法,也没有正确反映出德国在二战中的作战特点。从当时苏德双方战略态势上看,总的来说是敌强我弱,在这个前提下应当采取相应的战略方针——积极的防御,即实行战略退却,诱敌深入消耗敌人力量,寻找敌人薄弱环节克敌制胜。但苏军统帅部在战争爆发后却命令部队进行反攻,其结果必然导致部队混乱和失利。"这是苏军失利的主要的主观原因"。③

二、军事思想落后,缺乏科学预见

苏联军事领导人军事思想落后,对未来战争缺乏科学预见,具体表现在以下几个方面:

一是因循守旧,对战争初期作战样式的判断失误。苏联人机械地搬用"一战"的某些经验,指导思想远远落后于战争发展的实际。④ 国防人民委员会和总参谋部想当然地、错误地认为,在德国和苏联这样的大国之间的战争不可能是闪电式的,也不会以动员起来的军队集团突然转入进攻。未来的武装斗争仍将像第一次世界大战那样开始和进行,即"先在边境交战几天之后双方主力才进入

---

① 彭训厚:《对苏德战争初期苏军失利主要原因的再思考》,《军事历史研究》1994 年第 4 期;林野等:《苏联卫国战争初期失利的基本原因》,《世界史研究动态》1982 年第 10/11 期;杨存堂等:《军事思想上的脱离实际与片面性是苏德战争初期苏军失利的一个重要原因》,《苏联历史问题》1983 年第 1 期。

② 杨存堂等:《军事思想上的脱离实际与片面性是苏德战争初期苏军失利的一个重要原因》,《苏联历史问题》1983 年第 1 期。

③ 刘士田:《苏德战争初期双方得失和苏军失利原因》,《军事历史》1991 年第 1 期。

④ 叶存洪:《试析苏联卫国战争初期严重失利的原因》,《江西教育学院学报》1988 年第 2 期。

交战",认为法西斯德国在集中和展开的时间方面将与苏军一样。根据这个理论,部署在西部边境各军区的师,大部分都不满员,只占编制人数的 60%—80%。① 结果当德国一开始就投入 75% 以上的主力实施突袭时,苏军便招架不住,迅速败退。②

由此可见,苏联的军政领导人完全忽视了 1939—1940 年德军在西欧战局的新鲜经验,致使苏军在苏德战争初期被法西斯德国的"闪电战"打得措手不及,严重失利。③

二是对新的军兵种和新技术装备的作用估计不足。1937—1938 年肃反以后,一些领导人滞陷于国内战争和西班牙战争的局限经验,满足于步兵、骑兵和炮兵等传统兵种,而对空军、装甲兵等新的军兵种在未来战争中的地位和作用估计不足。把装甲兵的作用局限于对步兵的直接配合,把空军的作用局限于对地面部队的直接支持。结果导致技术兵种的比重明显下降。尽管后来加快了新军兵种的建设速度,但战争爆发时改编和更新的工作远未完成。装备生产也落后于扩军需要。如反坦克和防空武器及无线电通讯工具的研制和生产也被忽视,以致战争爆发后反坦克武器严重不足,不得不用燃烧瓶、手榴弹对付德军坦克。④

三是军队训练不符合实战要求。步兵部队的训练不考虑敌我大坦克兵兵团的参战,整个军队训练更没有考虑抗击坦克集群突击的问题。由于对战争初期夺取制空权的问题认识不足,军队的防空训练也被忽视。从上到下普遍忽视防御训练,步炮、步坦、陆空之间的协同动作很差。方面军之间的协同作战更没有研究。因此,战争爆发后,红军不能适应德军闪击战法。⑤

三、判断德军主攻方向的失误,兵力部署不当

苏联副国防人民委员沙波什尼科夫曾经预料德军的主攻方向是正西部的白俄罗斯,但斯大林等人却不以为然。1940 年 9 月和 1941 年春,总参谋部两次修

---

① 林野等:《苏联卫国战争初期失利的基本原因》,《世界史研究动态》1982 年第 10/11 期。
② 叶存洪:《试析苏联卫国战争初期严重失利的原因》,《江西教育学院学报》1988 年第 2 期。
③ 彭训厚:《对苏德战争初期苏军失利主要原因的再思考》,《军事历史研究》1994 年第 4 期;张广翔:《苏德战争初期苏军受挫原因新探》,《长白学刊》1997 年第 1 期。
④ 林野等:《苏联卫国战争初期失利的基本原因》,《世界史研究动态》1982 年第 10/11 期。
⑤ 林野等:《苏联卫国战争初期失利的基本原因》,《世界史研究动态》1982 年第 10/11 期。

改教学计划时都认为:未来德军进攻的"最危险的战略方向是西南方面的乌克兰,而不是西部方向的白俄罗斯",以夺取苏联的最重要的经济地区,掠夺乌克兰的粮食、顿涅茨克的煤和高加索的石油。基于对德军主攻方向的这种判断,苏军在部队配置上将主力集中在西南的乌克兰,在该方向上配置了80个师,占西部边缘总兵力的47%,而在德军主攻的西部方向只部署了40个师,占23%。德军在白俄罗斯发动主攻后,苏联的西方面军不得不抗击几倍于己的德军的突击,从而陷于极为不利的地位。结果,在战争的头几天,苏军不得不把部署在乌克兰的许多部队转移到西部方向,并从行进间仓促进入交战。正由于苏联统帅部对德军主要突击方向判断失误,苏军在西部方向遭到严重挫折。[1]

四、战争准备不充分

学者们指出,苏军初期失利,一个极为重要的原因是苏联在战争准备方面犯有严重错误。这突出表现在五个方面:

一是国民经济转入战争轨道过迟,经济布局东移过迟。

二是军队临战工作失之过迟,缺乏战争准备,部队没有做好迎战准备,军队缺额很大。军队编制、体制改编、改组计划落空,以及军队的集中、展开和通讯指挥系统的建立过迟,军队没有做好防突袭准备。[2]

三是对未来战争特点判断失误,导致苏军战争准备与战争实际脱节。[3]

四是战略大后方的建设,不适应现代战争的需要。军事工业的发展和战场建设的速度都比较缓慢。[4]

五是没有预先建立起国家和军队的最高领导体制;军队领导干部频繁变动,使工作的连续性遭到破坏。[5]

五、军事工业发展缓慢,武器装备陈旧短缺

苏联对德军的突然袭击缺乏准备,在战前的军事装备上有两个突出的错误:

---

[1] 蔡祖铭:《第二次世界大战史》,军事科学出版社1983年版,第90页;叶存洪:《试析苏联卫国战争初期严重失利的原因》,《江西教育学院学报》1988年第2期;彭训厚:《对苏德战争初期苏军失利主要原因的再思考》,《军事历史研究》1994年第4期;军事科学院军史部:《第二次世界大战史》第二卷,军事科学出版社1994年版,第281页。

[2] 叶存洪:《试析苏联卫国战争初期严重失利的原因》,《江西教育学院学报》1988年第2期。

[3] 李道豫:《论苏联卫国战争初期失利的原因》,《人文杂志》1994年第5期。

[4] 叶存洪:《试析苏联卫国战争初期严重失利的原因》,《江西教育学院学报》1988年第2期。

[5] 林野等:《苏联卫国战争初期失利的基本原因》,《世界史研究动态》1982年第10/11期。

第一，始终没有把突袭和反突袭放到战备的首要位置上来；第二，轻视了坦克部队在现代战争中的作用。[1] 苏联在战前未能及时安排新式技术兵器的大量生产，战争开始时，部队的火炮、防空武器和反坦克武器达不到编制的数量，有些机械化军装备的还是老式坦克和装甲车，而且数量只及编制的三分之一。[2]

六、军队建设存在严重缺陷

对新的军兵种的作用估计不足，对装甲兵和空军等新的军兵种的作用缺乏认识。当纳粹德国的机械化部队征服了波兰落后的步兵，闪击战屡屡奏效之时，苏联总军事委员会却闭目塞听，武断地认为大规模的机械化部队作用有限，并于1939年11月决定撤消机械化军，把坦克分散配置给步兵和骑兵；同时解散了重轰炸航空兵集团军。[3] 尽管后来（1941年4月）决定恢复坦克军，并制订了雄心勃勃的扩充坦克军的计划，但为时已晚。

总参谋部平时对各军、兵种配合作战缺乏必要考虑，也没有把它和国家的军事技术和武器生产计划协调起来；等等。[4]

没有建立起独立的军事通讯系统，战争到来时，还需要通过地方的电话和电报系统才能进行指挥。[5]

苏联一直没有建立起设防的指挥所，致使指挥机关一旦遭到攻击，整个部队就失去反应能力。[6]

尽管在1939—1940年的苏芬战争中已经暴露了苏军组织、技术装备等方面的严重缺陷，并且开始了改进，但速度过慢。[7] 苏军军事建设方面漏洞百出，使其战斗力大打折扣，在强敌突然攻击面前，既无招架之功，更无还手之力，是不难理解的。[8]

七、军事领导部门的失误

有学者对战前苏联军事领导部门进行了专门研究，指出正是由于苏联军事

---

[1]　钱洪：《略论苏德战争初期苏军失利的原因》，《世界史研究动态》1979年第7期。
[2]　蔡祖铭：《第二次世界大战史》，军事科学出版社1983年版，第90页。
[3]　叶存洪：《试析苏联卫国战争初期严重失利的原因》，《江西教育学院学报》1988年第2期。
[4]　施茂铭：《苏军二战初期失利原因新探》，《浙江省委党校学报》1995年第3期。
[5]　施茂铭：《苏军二战初期失利原因新探》，《浙江省委党校学报》1995年第3期。
[6]　施茂铭：《苏军二战初期失利原因新探》，《浙江省委党校学报》1995年第3期。
[7]　张广翔：《苏德战争初期苏军受挫原因新探》，《长白学刊》1997年第1期。
[8]　张广翔：《苏德战争初期苏军受挫原因新探》，《长白学刊》1997年第1期。

领导部门的一系列失误造成了初战的严重失利。其失误主要表现在：

第一，战前没有预先建立战时国家和军队的最高领导体制。人们在探究苏军初战失利的原因时，指出一个主要原因是苏联缺乏一个集中、统一、有效的战争领导体系，即缺少一个大本营和最高统帅部。[1] 战前，苏联没有研究战时的战略领导体制，没有确立战时统揽国家一切权力的预先方案，以致战争爆发后不能集中全力高效率地去处理战争初期异常紧张而危急的局面，不得不付出很大一部分精力去解决国家和军队战时领导体制和相关的人事、组织等问题。战争爆发的第二天，苏联才匆匆宣布成立以国防人民委员铁木辛哥元帅为首的"苏联武装力量总统帅部"。[2]

第二，总司令部在职能方面也存在着一系列问题。斯大林、莫洛托夫等最高决策人对作为总司令部主要作战机关的总参谋部重视不够，没有采取有力的措施来完善各机构，特别是完善总参谋部。1940 年 7 月，他们解散了红军总部，还把作战局、侦察局、战备局，负责后方事务和供应工作的各部、局及军事运输局等机构的职能和事务统统交给了总参谋部，这就使总参谋部的工作大大复杂化，使它不得不在集中力量解决编制、改组、技术装备和武装力量等问题的同时，腾出手来，处理大量的具体行政事务。[3]

第三，总司令部和总参谋部对行将到来的战争缺乏战略眼光。国防人民委员铁木辛哥在 1940 年 12 月的军事会议上武断地说："就战略创造性而言，欧洲战争的经验也没有提出什么新的东西"。这就完全忽视了第二次世界大战初期德国军队在军事方面出现的两个新因素，即战术利用机动兵团和动用空军支援陆军部队的行动，而这正是德军"闪电战"得以进行的基础。[4]

第四，国防人民委员的人选不当也是一个重要原因。伏罗希洛夫的个性和素质都很不适应 20 世纪 40 年代初军事发展的水平。[5]

第五，最重要的是斯大林在这些问题上应负不可推卸的责任。

斯大林作为苏联党和国家主要领导人，在第二次世界大战中的功绩是无可争议的。但是他的错误也是严重的，正因为他的错误和失职，苏联人民和军队付

---

① 施茂铭：《苏军二战初期失利原因新探》，《浙江省委党校学报》1995 年第 3 期。
② 彭训厚：《对苏德战争初期苏军失利主要原因的再思考》，《军事历史研究》1994 年第 4 期。
③ 施茂铭：《苏军二战初期失利原因新探》，《浙江省委党校学报》1995 年第 3 期。
④ 施茂铭：《苏军二战初期失利原因新探》，《浙江省委党校学报》1995 年第 3 期。
⑤ 施茂铭：《苏军二战初期失利原因新探》，《浙江省委党校学报》1995 年第 3 期。

出了惨重的代价。

他要为肃反扩大化承担政治责任。在这场大清洗、大镇压中,他把许多忠诚的共产党员、优秀的各级指挥员从肉体上加以消灭,从而摧毁了军队中的精华,大伤了党和国家的元气,给苏联的国防建设事业造成了不可估量的损失。

斯大林作为苏联的最高决策者对国防人民委员的任命和总参谋部的改组应负主要责任。他对总参谋部的多次改组,使之陷入了混乱,从而给法西斯德国的入侵造成了可乘之机。

斯大林在战略领导方面负有直接责任:在确定战争爆发的时间上过于"一厢情愿";斯大林在确定敌人的主要打击方向上也犯有严重失误;斯大林自认为是个机智灵活的政治家,与希特勒进行秘密书信往来,互相吹捧,互相欺瞒,都想玩弄对方,对多种途径传来的德国即将进攻苏联的情报一概不相信,结果被希特勒所要弄。[1]

八、"东方战线"在军事上的严重后果

在战略指导上,苏联不是立足于在本国领土的浅近纵深,依托战略要地和大城市抵御入侵之敌,而是寄希望于所谓"东方战线",企图以空间换取时间来迟滞敌人的进攻。苏联虽然将国土向西推移了数百公里,但并不能达到防御的目的。因为在短时间内,苏联无法在新边境建立起坚固的防御工事体系,靠近新边境地区的机场、交通线也没有达到足以应付未来战争需要的程度。结果,当德军集中强大的兵力集团向苏联国土纵深实施深远突击时,苏联通过"东方战线"获得的领土在短短几个星期内便全部丧失。面对德军的迅猛突击,苏军不得不依靠处于重要战略方向上的大城市和原有的筑垒地域抗击德军的入侵。[2]

第三节　思想认识上的重大失误

学术界普遍认为,斯大林和苏联领导人在认识上的一系列失误是造成苏联在苏德战争初期严重失利的重要原因。这些失误主要表现在:

---

① 施茂铭:《苏军二战初期失利原因新探》,《浙江省委党校学报》1995 年第 3 期。
② 彭训厚:《对苏德战争初期苏军失利主要原因的再思考》,《军事历史研究》1994 年第 4 期。

一、苏联对未来战争的看法与估计不符合这场战争的客观实际

苏联当局以斯大林的资本主义总危机理论为指导，教条式地认为，当时世界的主要矛盾是资本主义、帝国主义与社会主义之间的矛盾。由于它认为这场战争是帝国主义之间的战争，因而在战前采取了趁机渔利、以邻为壑甚至在道义上和物质上支持德国侵略的政策。苏联在军事战略思想指导下所采取的这些行动，造成了苏联与西部邻国关系的紧张，失去了与未来盟国及早建立关系的时机，从而也就孤立了自己，使自己一度单独承担德国法西斯的祸害。①

二、苏联对战争危机成熟程度的错误认识和对德国进攻时间判断的失误

苏联对战争危机成熟程度和德国进攻时间判断的失误"被视为苏联卫国战争初战失利的基本原因之一"②，"苏军失利的首要原因"。③

苏联领导人"过高估计了资本主义国家革命危机成熟的程度"④，"陷入了某种盲目性……主观地认为，一旦帝国主义国家侵苏，其本国后方将不可避免地迅速爆发革命，苏军只要流'少许的血'就可以轻易取胜"。由于过高估计了资本主义国家革命危机成熟的程度，导致"对战争危机成熟程度判断失误"⑤。苏德战争之前，苏联对希特勒的侵苏野心，虽早有认识，也做了一些准备。但是，苏联当局没有估计到德国会在1941年发动侵苏战争。对希特勒发动入侵的时机这个关键性问题做出了错误的判断，为战备工作带来了不可低估的消极影响。⑥

谈到苏联对德国进攻时间判断的失误的问题，不能不提到斯大林在其中的作用。在斯大林看来，苏联与德国法西斯之间的战争是不可避免的，但战争不可能在1941年发生，有可能推迟到1942年。1941年上半年，尽管有种种迹象表明，苏德战争即将爆发，但斯大林由于对苏联情报机关抱有极大偏见，不愿全面分析各种情报，过分沉溺于自己的错误推测，固执、主观认定1941年

---

① 杨存堂等：《军事思想上的脱离实际与片面性是苏德战争初期苏军失利的一个重要原因》，《苏联历史问题》1983年第1期。

② 沈志恩：《苏联初战简论》，《苏联历史问题》1986年第3期。

③ 军事科学院军史部：《第二次世界大战史》第二卷，军事科学出版社1994年版，第275—280页。

④ 秦冰：《苏德战争初期苏军失利原因浅析》，《苏联历史问题》1983年第1期。

⑤ 林野等：《苏联卫国战争初期失利的基本原因》，《世界史研究动态》1982年第10/11期。

⑥ 彭训厚：《对苏德战争初期苏军失利主要原因的再思考》，《军事历史研究》1994年第4期。

打不起来。① 这是导致苏联对德国进攻日期判断失误的决定性因素。② 为推迟战争，不给法西斯以口实，在战备上没有采取有力的措施，从而造成了苏德战争初期被动挨打的局面。③

五卷本《第二次世界大战史》指出，"时间判断失误是造成苏军失利的首要原因"。时间判断失误，由此导致：1. 国民经济转入战争轨道过迟；2. 苏军大规模改编改组计划落空，战争爆发时，许多部队尚处在旷日持久的改编阶段，战斗力下降；3. 军队的集中、展开和通讯指挥系统建立过迟，军队没有做好防突袭的准备。④

三、苏联高估了自己的实力，对德国将要发动的战争的猛烈性估计不足

苏联当局在估计苏德双方的力量时过高估计自己的力量，光看到自己的长处和优点，盲目乐观，相反却过低估计了德国的力量。⑤ "这种主观的不合实际的估量，使苏联从上到下产生了轻敌麻痹思想，因此对战争初期敌人搞大规模的突然袭击，全无精神准备。"⑥斯大林对"先进"和"第一流"的套用，对尚未实现的"世界第一位"的陶醉，正是对"苏德双方力量估计失当"的症结所在，苏联初战失利的一个主要原因。⑦ 虽然苏联对德国的侵略保持着警惕，并且进行着相应的战争准备，但苏联对法西斯德国的整个战略方针和战略部署仍估计不足，特别是斯大林对德国什么时候进攻、进攻的规模估计不足，对希特勒进行全线大规模的突然袭击，更是缺乏足够的思想准备。⑧

四、迷信苏德条约的保证作用并坚信希特勒不会两线作战

苏联领导人对希特勒的侵略野心早有察觉，没有忽视德国进攻苏联的可能性，但是他们认为，由于苏德条约的存在束缚了德国的手脚；况且俾斯麦的传统

① 彭训厚：《对苏德战争初期苏军失利主要原因的再思考》，《军事历史研究》1994 年第 4 期。
② 张广翔：《苏德战争初期苏军受挫原因新探》，《长白学刊》1997 年第 1 期。
③ 秦冰：《苏德战争初期苏军失利原因浅析》，《苏联历史问题》1983 年第 1 期。
④ 军事科学院军史部：《第二次世界大战史》第二卷，军事科学出版社 1994 年版，第 275—280 页。
⑤ 李道豫：《论苏联卫国战争初期失利的原因》，《人文杂志》1994 年第 5 期。
⑥ 秦冰：《苏德战争初期苏军失利原因浅析》，《苏联历史问题》1983 年第 1 期。
⑦ 沈志恩：《苏联初战简论》，《苏联历史问题》1986 年第 3 期。
⑧ 李道豫：《论苏联卫国战争初期失利的原因》，《人文杂志》1994 年第 5 期。

政策是,德国在西方进行战事时,总是避免对俄国的战争,希特勒也不会背离这个传统而甘冒风险。认为当时德国正忙于对英国作战,无力在东西两条战线上同时用兵,估计只有在德国征服英国或与英国媾和后才有可能发动侵苏战争。[1]有学者评论道:迷信苏德条约以及希特勒避免两线作战的往事,甚至把它们看得比一系列足以相互验证的有关纳粹德国行将侵苏的情报和先兆还要重要万倍。这恰恰是当年苏联主要领导人先入为主的东西。他们对战争危险的程度估计不足,这正是德国法西斯再收出敌之意之效的症结所在。[2]

第四节　政治上的个人专断

在苏德战争爆发之前,苏联国内政治生活是极不正常的。这种极不正常的政治生活对苏德战争初期苏军的严重失利造成的影响表现在以下几个方面。

首先,斯大林的个人独断带来了一系列严重的问题。斯大林"个人决定一切""唯意志论",极大地妨碍了战争准备决策的民主化。斯大林个人的专权,使苏联在确定战略方针、认识战争新特点、判断敌人进攻时间、确定敌人主攻方向等方面不能充分发表意见,许多正确的意见被否决,这就从最高层次上影响了战争准备的方向,使战争准备从开始就走上了错误的道路。[3]

其次,战前斯大林的农民政策、民族政策、肃反政策等对内政策方面的错误和失误是失利原因之一。[4] 在国内斗争中丧失了战争准备的时间。[5] 特别是肃反运动严重地削弱了苏联的国防能力和苏军的战斗力,给苏联的军队和国防建设带来了严重的恶果。[6] 主要表现在:

第一,肃反运动使红军失去了一大批高、中级指挥人员,大伤了军队的元气,降低了军队的素质,削弱了军队的战斗力。[7]

第二,肃反扩大化阻碍了军事理论的发展。大清洗之后,政治上的左倾和对

---

①　叶存洪:《试析苏联卫国战争初期严重失利的原因》,《江西教育学院学报》1988 年第 2 期。

②　沈志恩:《苏联初战简论》,《苏联历史问题》1986 年第 3 期。

③　张学全:《苏德战争前苏联战争准备的经验教训及启示》,《军事历史》2000 年第 4 期。

④　左学德:《斯大林的对内政策和苏德战争初期苏军的失利》,二战史第三次学术会议交流论文;张广翔:《苏德战争初期苏军受挫原因新探》,《长白学刊》1997 年第 1 期。

⑤　钱洪:《略论苏德战争初期苏军失利的原因》,《世界史研究动态》1997 年第 7 期。

⑥　施茂铭:《苏军二战初期失利原因新探》,《浙江省委党校学报》1995 年第 3 期。

⑦　钱洪:《略论苏德战争初期苏军失利的原因》,《世界史研究动态》1997 年第 7 期。

斯大林个人迷信的滋长,军队的主动性和创造性也受到抑制。① 在苏军中实际上禁锢了学术研究,禁止学术争鸣,导致创造性的理论研究活动被教条式地重复最高领导人的"最高指示"所代替,军事学术园地几乎陷于荒芜,给苏军建设和战备工作带来了消极后果。②

第三,"大清洗"造成了苏军编制体制上的某些倒退。如对于坦克兵和骑兵的发展问题,由于以革命军事委员会主席兼第一副国防人民委员图哈切夫斯基和红军总参谋长叶戈罗夫等为代表的竭力主张发展装甲坦克兵的"现代派"被镇压,坦克军被解散。后来,鉴于业已爆发的第二次世界大战中大型机械化步兵团显示出的巨大威力,以及苏军在日苏冲突和苏芬战争中取得的经验教训,苏联于1940年6月决定恢复坦克军。但是"大清洗"的后遗症在短期内是很难治愈的。苏德战争爆发时,苏军的整个改装换编工作远未完成。③

第四,"大清洗"破坏了军队教育训练和军事科研工作。在清洗时期,几乎所有的苏联军事院校都遭到破坏,20年来历尽艰辛建立起来的教育体系濒于瘫痪。清洗过后,在战争危险加剧的情况下,苏联才又匆匆忙忙建立起几十所学校,并增加了原有学校的学员数量。但是,要在短期内培养出大量训练有素的军官为时已晚。④

第五,"大清洗"贻误了军队建设的发展。20世纪30年代中期,苏军在质量上已经赶上、并在一些方面甚至超过了先进的资本主义国家的军队。但是,30年代中期以后,在德、日等法西斯国家竞相将经济纳入战时轨道,疯狂地进行扩军备战和全力加强军队建设时,苏联却因清洗运动没有及时利用暂时相对和平的国际环境和国内经济建设的良好势头,进一步提高苏军的质量和现代化水平,结果在两年之后,苏军在很多方面又落在了外军特别是德军的后面。⑤

第六,苏联军内肃反导致将才损失和军事科学停滞甚至局部倒退,刺激了希特勒十分好战唯对苏联有所畏惧的神经,加重了苏联卫国战争初期的困难局面。⑥ 肃反扩大化不仅从肉体上消灭了数万名优秀的各级指挥员,还使幸存者

①　秦冰:《苏德战争初期苏军失利原因浅析》,《苏联历史问题》1983年第1期;军事科学院军史部:《第二次世界大战史》第二卷,军事科学出版社1994年版,第283—284页。
②　彭训厚:《对苏德战争初期苏军失利主要原因的再思考》,《军事历史研究》1994年第4期。
③　彭训厚:《对苏德战争初期苏军失利主要原因的再思考》,《军事历史研究》1994年第4期。
④　彭训厚:《对苏德战争初期苏军失利主要原因的再思考》,《军事历史研究》1994年第4期。
⑤　彭训厚:《对苏德战争初期苏军失利主要原因的再思考》,《军事历史研究》1994年第4期。
⑥　沈志恩:《苏联军内"肃反"与卫国战争初期失利》,《苏联历史问题》1991年第2期。

因恐惧而丧失承担责任的勇气,导致作为红军"大脑"的总参谋部陷于瘫痪,这就为法西斯德国的进攻创造了极其有利的条件。法西斯头子希特勒当时就说过:"既然俄国在任何情况下都必须予以摧毁,那末,要做到这一点,现在就是最好的时机,因为现在俄国军队已丧失了领导人。"①

第五节　外交上的短视和利己主义

不少学者指出,苏联在苏德战争初期的严重失利,与其短视的、损人利己的外交政策有密切的联系。认为苏联对国际关系主要矛盾的错误认识和损人利己的外交政策,导致外交谋势失大于得。② 苏联在苏德战争初期军事上的孤军奋战,并因而严重影响其初战的结局,与苏联自身外交战略的严重失策有一定的关系。具体表现在:

第一,放弃了建立苏、英、法反德集体安全体系的主张,转而与德国签订了《苏德互不侵犯条约》(含秘密条款)。《苏德互不侵犯条约》尽管为苏军战备争取了时间,但其消极作用亦不可低估:模糊了世界反法西斯人民关于敌我友的界线,并使苏联失去了制止法西斯侵略的最后的机会。③

第二,通过最后通牒、武力威胁甚至出兵占领等方式,在他国领土上建立"东方战线"。苏联政府寄希望于建立所谓"东方战线"来改善自己的战略环境,但效果却适得其反。其一,苏联的这一做法极大地伤害了西邻国家和地区人民的感情,加大了与邻国的矛盾,增添了他们对苏联的疑惧和敌对情绪,把原来处于摇摆、矛盾、观察中的这些邻国推到了德国方面。其二,"东方战线"虽然使苏联的国境向西推移了二三百公里,但却使两个敌手直接接触,使苏德的直接对抗成为可能。其三,新扩充的这一地区民族主义情绪十分强烈,在德国法西斯间谍的挑唆下离心倾向相当严重。④ 其四,"东方战线"带来了巨大的副作用,成为导致苏联忽视在本国大城市设防的原因之一。由于苏联边界向外推移了数百公里,苏军估计德军深入苏联腹地的可能性不大,"因此对于准备与实施战略防御

---

①　施茂铭:《苏军二战初期失利原因新探》,《浙江省委党校学报》1995 年第 3 期。

②　张学全:《苏德战争前苏联战争准备的经验教训及启示》,《军事历史》2000 年第 4 期。

③　彭训厚:《对苏德战争初期苏军失利主要原因的再思考》,《军事历史研究》1994 年第 4 期。

④　秦冰:《苏德战争初期苏军失利原因浅析》,《苏联历史问题》1983 年第 1 期。

的理论未作全面的研究。"①

第三,不与其他反法西斯国家合作,丢掉了可能存在的"第二战场"。② 关于这一点,正如斯大林自己说的:"红军受挫的原因之一,就在于欧洲没有反对德国法西斯军队的第二战场。"第二战场本来是可以存在的,但"随着这个条约的签订,战前结成反法西斯统一战线的最后一点可能性的大门也被苏联堵死了"。在这场战争前和战争初期,苏联教条主义地看待世界上的各种矛盾,认为未来战争要么是帝国主义国家对苏联的联合进攻,要么就只能是帝国主义之间新的世界大战。直至当德、意、日三国已在欧、亚、非三大洲燃起了侵略战火以后,斯大林还一直坚持那是新的帝国主义大战,苏联自己则要避免卷入,为此不惜同未来敌人结盟。当希特勒已经把战火烧到自己的近邻,接着欧洲的几个主要国家尽遭荼毒的时候,苏联则从民族利己主义立场出发,不立即站在反法西斯国家一边,却趁机扩张自己的领土。结果使应该早日结成的反法西斯同盟一直推迟到敌人进攻苏联之后。③

综上所述,苏联在战争初期的失利的因素是多方面的,而各种因素又是密切联系的,并且往往是互为因果的。其中对国际形势和战争危险成熟程度的判断失误则是关键性的错误,是德国突然袭击得逞,从而使苏联遭受重大损失的主要因素。战略方针的不当、军事思想的落后,以及战略指导的失策,也是失利的基本因素。④

---

①　彭训厚:《对苏德战争初期苏军失利主要原因的再思考》,《军事历史研究》1994 年第 4 期。

②　钱洪:《略论苏德战争初期苏军失利的原因》,《世界史研究动态》1997 年第 7 期。

③　秦冰:《苏德战争初期苏军失利原因浅析》,《苏联历史问题》1983 年第 1 期。

④　林野等:《苏联卫国战争初期失利的基本原因》,《世界史研究动态》1982 年第 10/11 期。

第十一章 尘埃早已落定，争论依然未消

——珍珠港事件研究综述

1941 年 12 月 7 日（夏威夷时间），日本偷袭了美国在太平洋上的重要海军基地珍珠港。在珍珠港事件中，日本以微不足道的代价，击沉击伤美国主力舰 8 艘、巡洋舰和驱逐舰等其他舰只 10 多艘，毙伤美军 4500 多人，给美国太平洋舰队以毁灭性的打击，使美国海军遭受了它有史以来最惨重的损失。

珍珠港事件宣告了太平洋战争的爆发。这一事件不仅对日本、对美国，而且对第二次世界大战的进程和结局都产生了巨大的影响。日本袭击珍珠港是第二次世界大战中一次典型的海上突然袭击，它最大限度地达到了战略上的突然性。围绕这一事件，国内外政治家、军事家，特别是史学界的研究者们，至今仍在进行激烈的争论。那么，日本为什么要袭击珍珠港？日本取得成功的原因又是什么？

第一节 关于珍珠港事件发生的原因

对于引发珍珠港事件的根本原因，国外史学界至今争论不休，莫衷一是。美国学者分为四派：以比尔德为首的"修正派"史学坚持"罗斯福圈套说"，或"罗斯福阴谋说"，批评罗斯福及其政府"阴谋"将美国投入对日战争，设下"圈套"引诱日本放"第一炮"。他们认为，"罗斯福知道日本军部正在拟订一项计划，即是：如果日本与美国发生事端，它就使用全部力量袭击美国在太平洋上的海军基地珍珠港。"但有意识地逼迫日本对美国先动手，他则后发制人，从而克服美国国内孤立主义者的阻挠，把美国投入世界大战中。① "主流派"史学反对"罗斯福阴谋说"，坚持"珍珠港事件意外论"，认为对珍珠港的突然袭击是由于美国未能预见到这一点造成的；美国的政界和军界领导人根本不相信，或者低估了日本进

---

① 曹胜强：《关于珍珠港事件起因之争》，《世界史研究动态》1993 年第 10 期。

攻夏威夷的可能性。① 还有一派坚持山本"愚将说"，认为珍珠港事件可能是日本军部的一部分强硬派策划的某种"政变"，目的在于破坏日美谈判。② 还有一些学者提出了"埃德加·胡佛严重失职说"，认为由于当时的联邦调查局局长埃德加·胡佛在分析和处理所查获的一份有关日本侦察珍珠港的微型照片调查表问题上的严重失职，使日本成功地偷袭了珍珠港。③

日本学者井上清等人具有类似于"罗斯福阴谋说"的看法，说"这是美国总统为使美国国民同意对日本作战的苦肉计"④；尽管美国已获悉日本要袭击珍珠港的情报，但总统不对夏威夷发出警报，从而造成日本海军进攻珍珠港，"用不忘珍珠港"来动员美国人民投入战争。⑤ 也有日本学者认为日本发动珍珠港事件的"真正动机"是"为了弥补实力上的真正缺陷，而先于敌人填补真空，取得局部的控制权"。⑥

苏联学者坚持"绥靖说"，认为珍珠港事件是美国政府长期对日绥靖的必然结果。⑦ 有英国学者提出了"丘吉尔阴谋说"，认为美国和英国的情报人员不仅破译了日本的外交密码，而且破译了日本的海军密码 JN-25，从而得知了日本的军事机密。但是他们没有将此事报告罗斯福总统。丘吉尔虽然知情，但他也决定不将此事转告罗斯福。⑧

那么，中国学者的看法如何呢？

关于珍珠港事件发生的原因，中国学者进行了深入而热烈的探讨，存在着极大的意见分歧。综合起来大致有以下八种观点。

一、罗斯福"苦肉计"说

中国学者对珍珠港事件发生原因的探讨是围绕着"苦肉计"说的争论开

---

① 龚淑林、李浩：《珍珠港事件发生原因研究综述》，《江西师大学报》1993 年第 1 期。

② ［日］永井阳之助：《山本五十六为什么要偷袭珍珠港》，《世界史研究动态》1985 年第 10 期。

③ 龚淑林、李浩：《珍珠港事件发生原因研究综述》，《江西师大学报》1993 年第 1 期。

④ ［日］井上清：《日本历史》下册，天津人民出版社 1967 年版，第 907 页。

⑤ ［日］西春彦：《珍珠港事件前夕的"谜"》，《世界史研究动态》1983 年第 7 期。

⑥ ［日］永井阳之助：《山本五十六为什么要偷袭珍珠港》，《世界史研究动态》1985 年第 10 期。

⑦ 曹胜强：《关于珍珠港事件起因之争》，《世界史研究动态》1993 年第 10 期。

⑧ 翟晓敏、高金虎：《美国在珍珠港事件前的情报失误："罗斯福阴谋"驳论》，《世界历史》1995 年第 5 期。

始的。

一些学者坚持"苦肉计"说,认为珍珠港事件是罗斯福总统为了使美国参加对日作战而设计的苦肉计。指出罗斯福有意识逼日本放第一枪,他则后发制人,从而战胜孤立主义的阻挠,把美国投入第二次世界大战之中。

廉慧斌、孙武安指出:"日本之所以能在珍珠港美军毫无戒备的情况下奇袭成功,固然与日本政府玩弄的阴谋分不开。要强调的是一方面,即罗斯福政府为了调动国民的参战意识、寻找战争理由,施展了一个欲擒故纵的'苦肉计'。"其依据是:首先,罗斯福总统早已看到了美日之间迟早要爆发战争的现实可能性,并决心制造战争,迫使日本首先开战,以扫除美国早日宣战的障碍。而且罗斯福在 1941 年 11 月 25 日召开的战时内阁会议上明确指出:"我们大概在下星期日可能会受到攻击……问题是,我们应该做些什么,我们如何能使他们先放第一枪,而同时又不让我们自己冒太大的风险。"其次,珍珠港之难并非出乎罗斯福政府的意料。事发前美国不仅知道日本即将首先发动攻击,而且也得到了珍珠港将成为日军首先要摧毁的军事目标的情报。再次,在军事上,美国政府也采取了相应的措施。罗斯福固然要抛出"诱饵",诱使日本人先放第一枪,但他并不想以整个太平洋舰队作为代价,所以事发前已将驻珍珠港的太平洋舰队的精锐抽调一空。最后,珍珠港遭袭前夕罗斯福及其军政要员的表现反常。事发之前,虽然各方消息已经证实日本即将对珍珠港发难,但美国最高领导层不以为然,反而表现出异常的镇定,似乎在等待什么。因此,"日本的成功,在某种程度上,也应归功于罗斯福政府的纵容,从这个意义上说,美国并非失败者,日本的偷袭正中罗斯福的下怀。"[①]

孟庆龙持有类似的看法。他认为,对珍珠港事件的发生和责任,是不能用一句话来下结论的。只有把总统、国务院、陆海军部及其情报机构、太平洋舰队诸方面进行综合分析,才有可能得出较全面的结论。他提出:"珍珠港事件的发生,除了日本大胆、周密的突袭计划,太平洋舰队疏于防备外,我个人认为华盛顿有着不可推卸的责任。"从目前可找到的材料看,说罗斯福用"苦肉计",逼日本人放第一枪尚证据不足,但罗斯福等人 1941 年 12 月初时已清楚与日本将马上交战是事实。关键证据的"失踪",使得华盛顿事先是否知道日本袭击的目标是珍珠港的问题可能成为历史"悬案"。"让日本人放第一枪"是华盛顿决策圈心

---

①　廉慧斌、孙武安:《是谁制造了珍珠港事件?》,《军事历史》1992 年第 3 期。

目中的既定方针,但给美国造成的严重损失却大大超出了决策者们的意料。[1]

与此同时,有更多的学者专门撰文反对"苦肉计"说:

李安华认为,"苦肉计"的说法是"缺乏说服力的","不能令人信服"的。"不可设想,具有现实主义精神的罗斯福会用牺牲太平洋舰队主力的重大代价,去设计一条苦肉计,以唤起美国国民参战。"[2]

张继平认为,修正派历史学家认为珍珠港事件是罗斯福玩弄阴谋的证据,显然是不可靠的,是非历史主义的。珍珠港事件绝不是罗斯福个人玩弄阴谋诡计的产物。罗斯福说的"我们最好还是让日本放第一枪"是战争中被侵略国家经常考虑而采取的策略。它与"阴谋"并无什么内在的联系。因此,说日本袭击珍珠港是罗斯福有意策划的阴谋,那是完全没有根据的。我们不能简单地将历史上这么重大而复杂的事件,竟说成是罗斯福个人玩弄阴谋的结果。[3]

曹胜强认为,珍珠港事件前,美国并非"绝对置身事外",美国国民参战意识"无须用葬送珍珠港来调动"。至于逼日本放第一炮是为了让日本人承担战争罪名的论点,"显然是混淆了美日开战的性质"。罗斯福虽然早已看到美日战争的可能性,但并不希望这场战争过早地成为现实。"如果说美国要'逼'日本放'第一炮'的话,那就意味着美国甘愿以其最大的海军基地为代价,这是难以令人信服的。"所以"珍珠港事件的发生根本不存在什么'苦肉计'"。[4]

邓蜀生指出,如果罗斯福急于要把美国投入战争,可以选择的方式和地点很多,没有必要以鼓励日本人袭击珍珠港这种方式来揭开战幕。美国的太平洋舰队被称为"太平洋中价值几十亿美元的美国拳头",说罗斯福听任日本人把它彻底摧毁,这种引诱敌人"放第一枪"的代价未免太大了。作为美国总统是不敢冒天下之大不韪的。[5]

在反对"圈套说"或"苦肉计"说的学者中,对于珍珠港事件的起因究竟是什么,也存在着不同的看法。

---

[1]　孟庆龙:《华盛顿难辞其责——珍珠港事件再揭秘》,《世界历史》1995 年第 4 期。

[2]　李安华:《珍珠港事件是绥靖政策的必然结果——驳所谓"苦肉计"说》,《世界史研究动态》1981 年第 11 期。

[3]　张继平:《谁负珍珠港事件的责任?》,《世界现代史论文集》,三联书店 1981 年。

[4]　曹胜强:《是欲擒故纵的"苦肉计"吗?——也谈珍珠港事件的发生》,《军事历史》1992 年第 5 期。

[5]　邓蜀生:《罗斯福》,浙江人民出版社 1985 年版,第 263—264 页。

二、美国"绥靖政策"说

这是我国学术界的传统观点,而且 20 世纪 80 年代以来,我国学者中坚持"绥靖政策说"者居多。他们认为,由于美国对日本长期以来执行绥靖政策,纵容了日本的侵略,因此鼓励了日本的军国主义冒险,引发了珍珠港之变。

南开大学历史系编写的《世界现代史》写道:"日本偷袭珍珠港,完全是美帝国主义长期推行'坐山观虎斗'政策的结果。""美帝国主义实行损人利己的'远东慕尼黑'政策,最后自食其果。"①

李安华认为,"珍珠港事件是美国面对日本法西斯侵略扩张,推行绥靖政策的必然结果"。②"就其根本原因来说,珍珠港的灾难是美国长期推行绥靖日本的必然结果,其他说法是不能令人信服的。"③"政治上推行绥靖,必然导致军事上的麻痹大意和判断失误,为日本提供了可乘之机。"④

解力夫认为,美国遭到珍珠港事件的打击,"完全是咎由自取",它根源于"美国统治集团对日本侵略者长期以来实行的绥靖政策"。⑤

于振武也认为,偷袭珍珠港事件,是日本帝国主义以和平谈判掩护军事上的突然袭击的一个典型事件;也是美国统治集团推行绥靖政策,在和平思想影响下缺乏战斗准备的必然结果。⑥

姚华也提出,珍珠港事件的发生致美国太平洋舰队遭到毁灭性的打击,是美国 30 年代初以来一直对日本采取绥靖政策所带来的恶果。美国长期以来推行的对日绥靖政策,使日本能不断地从美国获得大量战略物资,这不仅维持了侵华战争的需要,并为其最终发动太平洋战争创造了必不可少的条件。此外,美国的绥靖政策也使日本侵略扩张的野心和胆量越来越大。日本正是在美日谈判的掩护下,精心制订了偷袭珍珠港的冒险计划,并为此作了种种周密准备,以致最终得以先发制人,给了美国太平洋舰队以毁灭性的打击,挑起了

---

① 南开大学历史系:《世界现代史》,上册,南开大学历史系 1977 年印刷,第 204—205 页。
② 李安华:《珍珠港事件是绥靖政策的必然结果——驳所谓"苦肉计"说》,《世界史研究动态》1981 年第 11 期。
③ 李安华:《珍珠港事件的"魔术"背景》,《军事历史》2001 年第 4 期。
④ 李安华:《珍珠港事件是绥靖政策的必然结果——驳所谓"苦肉计"说》,《世界史研究动态》1981 年第 11 期。
⑤ 解力夫:《身残志坚罗斯福》,世界知识出版社 1989 年版,第 302 页。
⑥ 于振武:《第二次世界大战史》,黑龙江人民出版社 1983 年版,第 132 页。

太平洋战争。①

与此相反，也有学者对"绥靖政策说"提出了质疑。邓蜀生指出，从 1935 年 10 月的芝加哥"防疫"演说到 1941 年 11 月 26 日的赫尔备忘录，罗斯福的对日政策，尽管经历了十分曲折的过程，出现过迁就日本侵略行动的图谋，但都没有成为事实。况且这种迁就也是由于多种因素造成的。罗斯福更不是如张伯伦在欧洲搞的慕尼黑阴谋那样，牺牲别国，向侵略者屈膝求饶，追求无原则的、不切实际的屈辱的和平。罗斯福不是张伯伦，"慕尼黑"在远东没有出现。罗斯福没有打算把中国出卖给日本，因为这是与美国本身的最大利益相违背的。中国不是捷克，没有人能出卖得了。②

三、美国"战略判断失误"说（或"麻痹大意"说）

这也是我国学术界赞成者较多的一种观点，许多学者对之进行过论述。

张继平、胡德坤认为，珍珠港事件是美国战略上采取防守政策以及和平麻痹思想带来种种失误，造成的可以避免而未能避免的严重灾难。③ "美国当局的麻痹大意是美国受到偷袭、惨败的主要原因。"④

曹胜强则认为，珍珠港事件是美国的战略失误所致，"而这种失误恰恰成了日本偷袭成功的关键因素。"⑤

邓蜀生反对"阴谋说"和"绥靖说"，坚持"失误说"，指出："珍珠港被袭，美国疏于防范，这不是罗斯福执行绥靖政策的结果，而是战术上的失误，是由于对侵略一方的疯狂性、冒险性估计不足，导致对日本进攻方向作出错误判断。"⑥ "珍珠港事件既不是由政治上执行妥协退让的绥靖政策引出的，也不是罗斯福的阴谋挑起的，而是由于战略判断失误造成……罗斯福以及美国军政首脑，

①　姚华：《浅析美国在珍珠港事件中遭到惨败的原因》，《安徽教育学院学报》1996 年第 4 期。

②　邓蜀生：《珍珠港之变是罗斯福的"绥靖政策"引出的吗？》，《世界史研究动态》1981 年第 11 期。

③　张继平：《谁负珍珠港事件的责任？》，《世界现代史论文集》，三联书店 1981 年版，第 198 页。

④　张继平、胡德坤：《第二次世界大战史》，甘肃人民出版社 1984 年版，第 310 页。

⑤　曹胜强：《是欲擒故纵的"苦肉计"吗？——也谈珍珠港事件的发生》，《军事历史》1992 年第 5 期。

⑥　邓蜀生：《太平洋战争前的美日关系》，《世界现代史论文集》，三联书店 1982 年版，第 342 页。

都没有估计到日本会攻击珍珠港，因此影响珍珠港军事当局采取认真的临战措施。"[①]

陈兼也坚持认为，美国"虽然估计到美日之间难免一战，却并未想到日本竟会对珍珠港动手，他们在这一点上是失策了"。[②]

翟晓敏、高金虎也指出："珍珠港事件与其说是美国政府施展阴谋诱使日本首先进攻的结果，不如说是由于美国决策层（包括美国情报界）在种种问题上的失误所造成的。换言之，美国在珍珠港事件发生前存在一种情报失误。"美国在珍珠港事件前的情报失误首先是由于情报机构本身的不完善所造成的，具体表现在：情报手段单一，只能依靠单一的情报来源；缺乏一个高效率的综合性情报分析机构；过分强调保密，极大地限制了情报的使用。其次体现在美国情报界乃至整个决策层对形势的错误估计上，具体表现在：美国决策者大大低估了日本统治者的冒险精神；先入之见主宰了美国的情报分析，在判断日本的进攻方向时情报人员存在着一种一厢情愿的想法，一直认为日本会配合德国进攻西伯利亚；过低估计日本海军的实力，尤其是低估日本海军在海军战略上的突破，以致对明知会出现的危险熟视无睹，在这一点上，太平洋舰队司令金梅尔和夏威夷基地司令肖特负有不可推卸的责任。[③]

四、美国"孤立主义"说

王晓依指出，从美国本身来说，在这次日军偷袭中导致如此惨败的原因固然很多，但"最根本的原因是美国国内孤立主义势力对罗斯福政府的阻挠，捆住了他的手脚。"他认为，由于孤立主义对罗斯福政府的阻挠，使美国军备不足，无力两洋作战；罗斯福为了争取战备时间，避免两面受敌，稳住日本，便一味地对日姑息、绥靖；美国的日益退却反而助长了日本法西斯的侵略气焰；人民也不愿意认为和也未意识到战争已经迫在眉睫，从而导致了珍珠港事件的发生。[④]

---

① 邓蜀生：《珍珠港之变是罗斯福的"绥靖政策"引出的吗?》，《世界史研究动态》1981 年第 11 期。

② 陈兼：《走向全球战争之路——第二次世界大战起源研究》，学林出版社 1989 年版，第 394 页。

③ 翟晓敏、高金虎：《美国在珍珠港事件前的情报失误："罗斯福阴谋"驳论》，《世界历史》1995 年第 5 期。

④ 王晓依：《三十年代美国孤立主义与珍珠港事件》，《大庆社会科学》1995 年第 4 期。

五、"日本侵略扩张必然结果"说

有学者认为，珍珠港事件的爆发是日本长期推行侵略扩张政策的必然结果。国洪梅指出，日本从全面侵华，到觊觎太平洋地区，进而制造珍珠港事件，始终走着一条侵略战争的道路。因为建立远东、太平洋地区的霸主地位一直是日本的国策。从日本传统的对外政策看，其侵略本性也是不变的。因此，发动珍珠港事件是其侵略本性的延续，是帝国主义性质的侵略战争。①

六、"日美矛盾必然结果"说

崔利波认为，"苦肉计说"和"绥靖说"都是不切实际的。从日美情报机构来看，事件是日美矛盾不断加剧和日益深化的必然结果。②

万安中从比较日本发动的两次偷袭战——偷袭旅顺和偷袭珍珠港入手，指出从根源上看，争霸并妄图称霸远东，是日本帝国主义发动偷袭战的政治目标；日美在太平洋地区的争霸活动，终于将两国推向了战争的边缘。日本狂妄地要实现其"大陆政策"，独霸远东，但同其对阵的却是实力强大的俄、美两国。既然不敢正面交锋，那么只好偷袭对方。无疑，日本国力的相对弱小，打不起持久战，只求速战速决，则是制约日本、使其不得不采用偷袭战手段的经济根源。③

七、"美国压力"说

一些学者认为，罗斯福对日本步步相逼，经济压力、武力威胁、援助中国三管齐下，使日本不得不放第一枪。珍珠港事件是罗斯福逼出来的。④

八、"多因素"说

有许多学者强调，珍珠港事件的发生是一个十分复杂的历史问题，它不是单一因素的结果，而是由多种因素促成的。

张继平最早提出这种观点，他指出，日本对珍珠港的突然袭击，是美国政府在和平思想的影响下，缺乏打击侵略者的准备，疏于戒备的结果；是美国对外政策长期执行中立主义，实际是变相绥靖政策带来的必然结果；是美国当局主观认

① 国洪梅：《从珍珠港事件看日本的侵略战争政策》，《牡丹江师范学院学报》1996 年第 2 期。
② 崔利波：《从珍珠港事件看美日情报工作》，《日本研究》1988 年第 4 期。
③ 万安中：《论日本发动偷袭战争的政治目标及经济根源》，《江西社会科学》2003 年第 6 期。
④ 崔利波：《从珍珠港事件看美日情报工作》，《日本研究》1988 年第 4 期。

识对客观判断的错误——在战略理论上未曾预见日本对珍珠港发动突然袭击的结果;也是日本处心积虑,长期策划,利用和平谈判积极准备突然袭击,图谋夺取海上霸权的结果。珍珠港事件绝不是二次世界大战史上的偶然事件。它是四十年代美、日两国内外政策发展的必然结果,也是二次世界大战发展到1941年12月的逻辑结果。①

朱贵生等学者也认为,珍珠港事件爆发的原因包括:第一,美国长期以来对日本侵略者实行绥靖政策,导致日本侵略者打到美国自己身上;第二,美国战备的严重不足,兵力的空虚,助长了日本法西斯的侵略气焰,使他们敢于越过大半个太平洋向珍珠港发动进攻;第三,美国战略估计的错误和罗斯福战略指导思想的错误使美国军政要人完全丧失了警惕性,以致对临战前夕的许多异常现象麻木不仁,熟视无睹;由于美国军政当局麻痹疏忽,昏昏沉沉,致使日本偷袭珍珠港得逞。②

陶丹红认为,珍珠港事件的爆发的原因在于美国政府长期受孤立主义思想的制约,对日不断妥协,以及日本的外交欺骗手段。一次大战后孤立主义势力重新抬头,反对政府卷入欧洲的国际纷争,在孤立主义思潮下,美国朝野上下侈谈和平,缺乏应付突然袭击的准备,此为珍珠港事件发生的原因之一。在"先欧后亚"战略方针指导下,美国政府不断奉行对日妥协政策,此为原因之二。日本在发动突然袭击之前,不断采取外交欺骗手段,释放和谈烟雾,此为原因之三。③

第二节　珍珠港事件中日美胜败的原因

学术界对日美双方在珍珠港事件中胜败的原因也进行了比较充分的探讨。有的强调客观因素,有的强调主观因素,但更多的学者强调是主客观因素相互作用的结果。指出从主观方面说是日本长期准备、严密策划和从事欺骗成功的结果,从客观方面说是美国缺乏思想准备以及麻痹大意,为日本的袭击成功提供了条件。④ 有的学者强调单个原因,但更多的学者认为是多种因素综合作用的结果,认为除了日本在军事上的大胆冒险、出奇制胜以及对偷袭行动的精心策划和

①　张继平:《珍珠港事件为何发生》,《世界历史》1981年第6期。
②　朱贵生等:《第二次世界大战史》,人民出版社1982年版,第308—312页。
③　陶丹红:《珍珠港事件原因浅析》,《镇江师专学报》1993年第1期。
④　赵占伟:《浅析日本袭击珍珠港成功的原因》,《洛阳师范学院学报》1995年第3期。

周密准备外，更在于太平洋战争前美国自身在对日政策、战略判断、珍珠港战备等方面的严重失误及临阵麻痹大意。

一、日本方面的充分准备和有利条件

第一，长期准备，严密策划。

为确保战役的成功，日军进行了长期而周密的计划与准备。1941年初，曾在美国留过学、熟知美军实力的日本联合舰队总司令山本五十六就秘密制定了代号为"Z"的袭击珍珠港的作战计划。按照这个计划，日本组织了一支航空母舰机动部队具体担负突袭任务。战役准备过程中，日本在准确掌握美军珍珠港情报的基础上，还秘密对其机动突击部队进行严格而有针对性的模拟训练和演习。周密的计划，缜密的部署，严密的防护，扎实而有针对性的训练，慎重地选择航线与攻击时间。所有这些充分保证了进攻行动的突然性及其效果。[①]

第二，多方进行侦察活动，获取准确情报。

在战役准备过程中，日本利用武官、领事的公开外交活动，派遣间谍、潜艇、军官化装侦察，以及收听夏威夷美国电台的广播等手段，从地面、空中、海上、水下对珍珠港进行了大规模的立体情报侦察和搜集活动，其中派遣的间谍就有200多名，直至把珍珠港美军的对空、对海防御设施和飞机、舰艇的种类、数量停泊位置以及美军平时和节假日的活动规律都摸得一清二楚。[②]

第三，严密伪装，隐蔽作战企图。

在珍珠港战役前夕，日本采取"谈判、伪装、佯动、保密"等欺骗措施，隐蔽其战役企图，促使美军对爆发太平洋战争的危险估计不足，疏于防范，从而达成了先制作战的突然性。

为保证袭击珍珠港行动的突然性，日军对"Z"作战计划进行了严格保密，只有山本五十六等最高级的几位军官知道详细情况。在外交上，日本为麻痹美国，竭力玩弄"和谈"骗局。直至12月8日日本袭击珍珠港时，日本谈判代表还会见美国国务卿赫尔，照会美国政府，宣称日本"不拒绝谈判的机会"。为掩护在太平洋的战略企图，日本在中国东北地区举行了代号为"关东军特别演习"的大

---

① 潘金宽、邹昊：《珍珠港战役日军如何实施"先制"作战》，《舰载武器》2003年第5期；李淑壁：《日军偷袭珍珠港：典型战例分析》，《岭南文史》1994年第3期。

② 潘金宽、邹昊：《珍珠港战役日军如何实施"先制"作战》，《舰载武器》2003年第5期。

规模演习,大肆制造进攻苏联的假象。12 月 5—7 日,横须贺海军学校三千名士官生被送往东京到处游览,故意制造错觉,好像日本海军无特殊任务似的。12月 2 日,故意安排万吨级油轮"龙田丸"从横滨开往美国洛杉矶撤侨,造成假象,好像日美之间仍不致马上面临战争。①

第四,确定先发制人的战略方针,实施突然猛烈打击。

李淑壁指出,先发制人就是"出其不意,攻其不备",日军当局认为它正是偷袭珍珠港成功的绝对条件。② 五卷本《第二次世界大战史》认为日本"以战略上的突然性对美军进行了出其不意的袭击,使得美军陷于措手不及的被动境地"。③ 潘金宽、邹昊认为,日军在珍珠港战役中的作战行动是一种主动进攻性的先发制人作战。日军在准确掌握和判断情况、周密进行作战准备、远程隐蔽快速机动的基础之上,趁美军情况不明、疏于戒备、疲于应付的有利时机,集中兵力连续短促突击,给美军太平洋舰队几乎毁灭性的打击,实现了攻其不备、出奇制胜的目的。日军空袭珍珠港前后持续 1 小时 50 分钟,而实际用于突击的时间仅 1 小时 28 分钟。在兵力运用上,日军强调海空联合,以联合舰队第 1 航空队,在珍珠港地区形成了局部优势。在作战手段运用上,日本除使用舰载航空兵袭击外,还使用了特种潜艇部队破坏、潜艇布雷、潜艇部队侦察、监视和截击等手段。④

二、美国方面的诸多失误和不利条件

学者们指出,从美国方面来看,美国的惨败不能单纯地归结为一种因素,而应视为诸因素的汇集和相互作用的结果:

第一,美国 20 世纪 30 年代初以来一直对日本采取绥靖政策所带来的恶果。

朱贵生等学者认为,美国长期坚持绥靖政策,妄图制造"远东慕尼黑",纵容日本侵略,最后导致日本侵略者打到美国自己身上。美国姑息养奸,纵虎贻患,到头来自食其果。⑤ 姚华指出:美国长期以来推行的对日绥靖政策,使日本能不

① 赵占伟:《浅析日本袭击珍珠港成功的原因》,《洛阳师范学院学报》1995 年第 3 期;潘金宽、邹昊:《珍珠港战役日军如何实施"先制"作战》,《舰载武器》2003 年第 5 期。
② 李淑壁:《日军偷袭珍珠港:典型战例分析》,《岭南文史》1994 年第 3 期。
③ 军事科学院军史部:《第二次世界大战史》第二卷,军事科学出版社 1994 年版,第 636 页。
④ 潘金宽、邹昊:《珍珠港战役日军如何实施"先制"作战》,《舰载武器》2003 年第 5 期。
⑤ 朱贵生等:《第二次世界大战史》,人民出版社 1982 年版,第 308 页。

断地从美国获得大量战略物资,这不仅维持了侵华战争的需要,并为其最终发动太平洋战争创造了必不可少的条件。此外,美国的绥靖政策也使日本侵略扩张的野心和胆量越来越大。日本正是在美日谈判的掩护下,精心制订了偷袭珍珠港的冒险计划,并为此作了种种周密准备,以致最终得以先发制人,给了美国太平洋舰队以毁灭性的打击,挑起了太平洋战争。① 五卷本《第二次世界大战史》也说珍珠港惨败是"美国长期奉行所谓'不干涉'方针,在远东推行绥靖政策,助长了日本军国主义扩张侵略的嚣张气焰"的结果。②

第二,美国最高领导层在战略判断上的严重失误。

以罗斯福为首的美国最高领导层在战略判断上的严重失误,以及对来自各方面的重要情报熟视无睹,不予重视,是美国在珍珠港事件中遭到惨败的又一不容忽略的主要原因。③ 同时,美国在对日本"北进"与"南进"上判断失误,即由于在"日本的主攻目标"问题上,华盛顿判断失误,战备仓促,使美国太平洋舰队在珍珠港的惨败成为定局。④

第三,美国的麻痹大意和思想上缺乏对突然袭击的准备。

王晓依认为,导致美国在珍珠港事件中惨败的"最根本的原因是美国国内孤立主义势力对罗斯福政府的阻挠,捆住了他的手脚"。⑤ 肖德芳也指出,珍珠港事件只是美国在无准备的情况下的一种无奈何的事实,即罗斯福在了解到日本要进攻珍珠港时,为时已晚,要使由于长期不重视而防务松懈的珍珠港守兵立即迎战已不可能,只好饮下自己酿成的苦酒。⑥

赵占伟对之进行了更加深入的分析,指出美国由于受孤立主义思想的影响,思想上战略上缺乏战争准备,直到 1940 年 6 月,美国在物力、人力以及心理上对战争完全没有思想准备。"正是这样,美国政府对外政策的主要精神是避免战争"。1940 年 9 月,美国确定了对日政策的新方针,就是尽量避免和日本发生冲突,力图通过谈判,迫使日本做出某些让步,维持一战后的远东格局。有种种迹象表明,日本在袭击珍珠港前,美国军事当局确已掌握了日本有可能实施突然袭

① 姚华:《浅析美国在珍珠港事件中遭到惨败的原因》,《安徽教育学院学报》1996 年第 4 期。
② 军事科学院军史部:《第二次世界大战史》第二卷,军事科学出版社 1994 年版,第 636 页。
③ 姚华:《浅析美国在珍珠港事件中遭到惨败的原因》,《安徽教育学院学报》1996 年第 4 期。
④ 肖德芳:《二战珍珠港事件原因之我见》,《宜宾师专学报》1990 年第 1 期。
⑤ 王晓依:《三十年代美国孤立主义与珍珠港事件》,《大庆社会科学》1995 年第 4 期。
⑥ 肖德芳:《二战珍珠港事件原因之我见》,《宜宾师专学报》1990 年第 1 期。

击的情报,其中有些情报已经直接泄露了日本袭击珍珠港的意图,然而,这些情报被认为没有特别重要的价值而被束之高阁,结果,当战争爆发时,美国军队甚至还没有转入较高等级的战斗状态,美国陆海军当局连想也没有想到日本会袭击珍珠港。结果,使美国舰队遭到极大的损失。①

第四,美国在军事上的轻敌和太平洋舰队战备的严重不足。

美国统治集团盲目迷信太平洋舰队的威力,认为日本不敢贸然进攻美国;同时又认为日本距珍珠港6000多公里,珍珠港处于日本舰队的有效射程之外,日本不可能来进攻。由于美国军政当局未能预料日本偷袭的目标就是珍珠港,所以没有通知珍珠港作任何必要的准备。结果使美国完全处于被动挨打的境地。② 同时,珍珠港的防卫力量极其薄弱,致使美军在日本的突然袭击下难以进行有效的抵抗,而只有被动挨打,落得一败涂地的下场。③ 夏威夷守军的麻痹和华盛顿当局的轻敌,放松了防务,给日军以可乘之机。④

第五,美军的通信失误。

曹永秋指出,美军在夏威夷地区的实力远远超过日本袭击珍珠港的兵力,作战舰艇94艘为日军3倍,飞机700架为日军两倍。其失利原因除了轻敌麻痹、部队战备松懈、临战又惊慌失措外,通信失误也是一个原因:瓦胡岛上雷达曾发现正北方向有大批飞机,却被情报中心值班军官判为友机,既未上报亦未处理。日机空袭时,飞机不能起飞、舰艇不能开动、炮兵不能组织射击、横向纵向通信联络混乱乃至中断,使指挥束手无策,防空体系完全瘫痪。⑤

第六,罗斯福为了战胜国内孤立主义者,以便尽快参加第二次世界大战的所作所为,是导致惨败的又一重要原因。⑥

第七,美国情报工作的失误。

崔利波认为,就珍珠港事件本身来看,日美双方的成功与失败,各自情报机构的工作起了极其重要的作用。⑦

综上所述,30余年来我国学术界对珍珠港事件进行了深入而热烈的探讨研

① 赵占伟:《浅析日本袭击珍珠港成功的原因》,《洛阳师范学院学报》1995年第3期。
② 龚淑林:《珍珠港灾难为何发生该由谁负责》,《宜春师专学报》1987年第6期。
③ 姚华:《浅析美国在珍珠港事件中遭到惨败的原因》,《安徽教育学院学报》1996年第4期。
④ 肖德芳:《二战珍珠港事件原因之我见》,《宜宾师专学报》1990年第1期。
⑤ 曹永秋:《珍珠港事件中的日美之战》,《现代通信》1994年第1期。
⑥ 肖德芳:《二战珍珠港事件原因之我见》,《宜宾师专学报》1990年第1期。
⑦ 崔利波:《从珍珠港事件看美日情报工作》,《日本研究》1988年第4期。

究,取得了极大的成绩,反映出我国学术界对这一重大学术问题重视的程度。尽管在这一问题的研究中也存在一些问题,但我们相信,只要大家以辩证唯物主义为指导,本着实事求是的态度,珍珠港事件起点问题的研究一定能够取得令人满意的成果。

第十二章　中美关系史上的辉煌篇章

——抗战时期美国援华和美中合作研究综述①

第二次世界大战是反法西斯盟国共同进行的一场反抗法西斯暴政的战争，它的胜利是各国通力合作的结果。抗战期间，中国曾得到许多反法西斯国家和人民的支持与援助。美国对华援助是其中重要的部分，也是抗日战争期间中美关系中的一个重大问题，它构成了这一时期中美外交的一条主线。唯其如此，它才一度成为中美关系史研究中的热点。据不完全统计，中国学术界出版该方面著作 60 余部，发表论文近 300 篇。

第一节　美国援华的原因、实质和阶段特征

在中国抗日战争期间，美国执行了"援华制日"的路线，这是学术界的共识。但对美国"援华制日"政策是否是一贯的，学术界存在着争议。一些学者认为，美国的政策具有一贯性，如陈九如、苏全有等认为，在整个抗战中，美国始终贯彻了"援华制日"的主线，从美国援华实施的过程看，分为道义性援华（1931—1937）、象征性援华（1937—1941）和实质性援华（1941—1945）。② 但绝大多数学者认为，抗战时期美国的对华政策有一个演变的过程，它逐渐由"中立"转向援华制日。美国何时开始援华呢？学术界有三种看法：任东来认为，1938 年底的桐油贷款标志着美国远东政策的转变③；陈昌炽认为这个标志是 1939 年 9 月

---

①　本综述在赵文亮、常县宾论文《抗战时期美国援华及美中合作之研究 20 年述评》（《湖南文理学院学报》2006 年第 4 期）基础上修改而成。

②　陈九如、苏全有等：《抗日战争中美国"援华制日"政策的演变》，《河南师范大学学报》1996 年第 3 期。

③　任东来：《通向援华之路：评美国对中国的桐油贷款》，中美关系史南京学术讨论会论文，1988 年 7 月。

欧战的爆发①;齐世荣认为,1940年9月日军进驻印度支那和德意日同盟条约的签订促使美国的政策发生变化。② 王淇也持有类似的看法。③

一、美国援华的原因

对于美国援华的原因,学者们进行了较为充分的探讨。绝大多数学者认为,无论美国的政策是"中立"还是援华,其根本出发点是美国的利益,所以"美国援华的根本原因是为了维护美国的根本利益"。张辉强认为,美国政策转变首先是日本独占中国的野心与行动,不仅仅威胁到美国在华"权益",而且威胁到美国在整个亚洲和太平洋地区的战略地位。另外,还必须把它放到美国当时的全球战略中加以考察。④ 张世均认为,1938年苏联对中国的贷款使美国感到了压力,罗斯福感到如果再拖延对中国的援助,将会把蒋介石推入俄国的怀抱,所以也不得不援华。⑤

二、美国援华的目的和实质

学者们认为,在援华的不同阶段,美国援华的目的与实质是有所不同的。

关于太平洋战争爆发前美国之援华,李华强、吴春英认为,美国看出日本不仅侵略中国而且要谋求控制整个亚洲和太平洋。如果允许日本侵略中国,就意味着美国放弃对亚洲和太平洋的控制权,这是美国所不甘心的。基于此,罗斯福认识到在亚洲"维持中国抗战具有美国国防第一线的作用"。这样,中国在1940年就获得了比较多的贷款。⑥ 但任东来认为,此时美国援华的目的是让中国拖住日本,阻挡日本军国主义南下的步伐,避免美日两国在太平洋上迎头相撞。并非像它所宣传的那样,因为中国的抗战是正义事业,甚至也不是因为它在中国有多大的物质利益。⑦

---

① 陈昌炽、黄永金:《略论抗日战争时期的美国对华政策》,《云南师范大学学报》1986年第2期。

② 齐世荣:《中国抗日战争与国际关系》,《世界历史》1987年第4期。

③ 王淇:《从中立到结盟——抗战时期美国对华政策》,广西师范大学出版社1995年版,第200页。

④ 张辉强:《中美桐油贷款与美国远东政策的转变》,《中山大学研究生学刊》1984年第2期。

⑤ 张世均:《论抗日战争时期美国对华政策的演变》,《康定民族师专学报》2000年第3期。

⑥ 李华强、吴春英:《美援与中国抗战》,《齐齐哈尔师院学报》1989年第4期。

⑦ 任东来:《通向中美抗日同盟:1941年中美关系述评》,《南京大学学报》1992年第1期。

　　关于太平洋战争爆发后美国之援华,谭圣安认为,美国对日战争的战略要求是打败日本,确立美国在亚洲、太平洋地区的领导地位。美国战时的对华政策追求着两个战略目标:一是"有效的军事盟友",使中国成为美国打败日本的有力帮手;二是"忠实的政治盟友",使中国成为美国同苏英抗衡和影响亚洲民族解放运动的"战后亚洲的稳定力量"。为了发挥中国作为美国的"有效的军事盟友"的作用,罗斯福政府积极支持中国的抗日战争,在经济、军事和政治上采取了一系列援助中国的措施。①

　　关于1944年底和1945年初美国援华策略又一次重大变化,任东来认为美国主要是出于战后世界之考虑。为了在战后建立亚洲、太平洋霸权体系,美国需要一个亲美的中国,这就非蒋介石政府莫属了。因此,美国的政策从援助中国抗战的单纯军事考虑,转到了支持蒋介石统一中国的复杂政治谋划。在1945年2月的雅尔塔会议上,罗斯福政府以牺牲局部利益为代价,终于赢得了苏联对其支持蒋介石统一中国政策的认同。罗斯福看来,如果中国由于国共分裂而发生内战,不仅会损害美国太平洋战争的胜利成果,而且会造成美苏在中国的直接对抗。② 陈永祥认为随着战争临近结束,罗斯福开始更多地从政治的角度来思考和审视中国,而战时建立起来的中美"特殊关系"使罗斯福最终选择了支持蒋介石政府。于是在蒋史矛盾的第三次高潮中,罗斯福不得不召回史迪威。③ 林迎春认为,史迪威事件是美国联蒋抗日到扶蒋统一中国转变过程中政策调整的产物。④

　　有学者将美国对华援助与美国的军事战略相联系,指出美国对华军事战略的制订,反映了美国决策者对整个战局和中国战略地位的认识,具有两个明显特点:其一,对华战略是防御型战略,服从于先欧后亚战略。其二,中国在美国远东防御战略中占有重要地位。为了维持中国抗战,开辟最后击败日本的基地,实现其战略目标,美国政府采取了加强军事援助、提供财政经济援助、保持通向中国的援助通道等一系列措施。自魁北克会议后,中国战场的战略地位开始下降,并最终成为美国远东战略中一个无足轻重的战场。⑤

① 谭圣安:《太平洋战争爆发后罗福斯政府的对华政策》,《世界历史》1988年第4期。
② 任东来:《略论美援与中美抗日同盟》,《抗日战争研究》1996年第2期。
③ 陈永祥:《蒋介石、史迪威矛盾中的宋子文》,《抗日战争研究》2001年第2期。
④ 林迎春:《史迪威事件是抗日战争后期美国对华政策的转折点》,《世纪桥》1997年第4期。
⑤ 何桂全:《太平洋战争期间美国对华军事战略》,《史林》1994年第2期。

第二节　美国的经济援助

近年来学者们较一致认为抗战期间美国在经济上是给中国以极大援助的。美国的经济援助主要表现为对华贷款和财政援助两个方面。

一、美国对华贷款笔数和数额

美国究竟给了中国几笔贷款？总额又是多少？学术界看法却并不一致，大体上有四种说法：

（一）五笔说。宓汝成认为，抗战期间美国共向中国提供了五笔贷款，约定借款量为6.2亿美元，实际动用6.06174亿美元。[1] 潘国琪也持同样看法。[2]

（二）六笔说。李华强等根据1949年美国白皮书的相关内容，认为中国向美国进行了六次借款，共计6.7亿美元。[3] 陈永祥也认为是六次，根据是国民党方面的文件，总计为6.7亿美元。[4] 刘吕红也认为是六笔共6.7亿美元。[5]

（三）七笔说。吴景平持这种看法，认为共七笔6.86亿美元。[6]

（四）八笔说。苏黎明认为，抗战期间美国共向中国提供了八笔贷款，计6.9亿美元。[7]

关于以上的四种意见，究竟哪一种看法正确，还有待史学同仁的考证。

美国除了给予中国借款之外，有学者指出在1936年、1937年美国已经开始对中国进行财政援助了。在1937年7月14日，美国同中国中央银行订立协定，美国同意收购5000万美元的中国法币，以帮助中国政府稳定通货。另外，美国进出口银行还拨给中国信用借款。在1936年和1937年两年经许可的信用贷款一共是1890万美元。[8]

---

① 宓汝成：《抗战时期的中国外债》，《中国经济史研究》1998年第2期。

② 潘国琪、易继苍：《抗战时期中美间的五次借款》，《福建省社会主义学院学报》2002年第1期。

③ 李华强、吴春英：《美援与中国抗战》，《齐齐哈尔师院学报》1989年第4期。

④ 陈永祥：《抗战时期宋子文争取美国经济援助评析》，《历史教学》2004年第4期。

⑤ 刘吕红：《抗日战争时期美国对华经济借款次数考》，《四川师大学报》1997年第2期。

⑥ 吴景平：《抗战时期的中国外债问题》，《抗日战争研究》1997年第1期。

⑦ 苏黎明：《抗战时期国民政府外债举借述评》，《中国社会经济史研究》2001年第1期。

⑧ 李华强、吴春英：《美援与中国抗战》，《齐齐哈尔师院学报》1989年第4期。

二、美国对华贷款的特点和作用

关于美国对华贷款的特点及作用，学者们也进行了探讨。任东来指出，太平洋战争爆发前美国对华援助有以下几个特点：第一，美国提供贷款的时机都是经过精心设计的，用中国驻美大使胡适的话说，不到重庆政府"最吃紧之危机，或暴敌最横行之时决不出手"。因此其效果每每收到"打强心针之效能"。第二，美国援华的目的在于遏制日本，因此援华都限制在不至于引起日本对美国采取强烈的报复行动范围之内。除平准基金外，其余贷款都是限制用途（非军事项目）的商业购货贷款。① 陈永祥认为，抗战时期美国对华经济援助是美国援华体系的重要环节，它在援助力度与援助性质上随着远东战局的发展和美日矛盾的激化经历了一个变化的过程，这一过程与美国对华政策日趋积极和国民政府外交重点转向美国有着密切的互动关系，对战时中美"特殊关系"的形成起了重要作用。② 潘国琪认为，抗战期间中美间的借款，除一部分用于稳定金融外，大部分都用于在国外购买军用物资。这对于国民政府坚持抗战、遏制日本的疯狂进攻、鼓励中国军民抗战起了较大作用；同时，这种以中国农矿产品偿债的方式，对于支持美国人民反对法西斯的斗争也起到了一定的作用。同时他也指出，由于美国单方面的援蒋政策，这就在客观上为蒋介石扩充自己的实力，利用美国的援助来发动内战提供了经济基础。③

此外学者们对美国对华援助还进行了个案研究。任东来研究了美国对华五亿贷款的问题，认为美国明知援华的作用有限，但又不得不满足蒋介石超出实际需要的援助要求。因为日本在亚太地区的胜利可能会迫使中国媾和，一旦中国与日本媾和，后者就会利用中国的自然和人力资源打败美国。这一可怕的前景必须与蒋介石的求援联系在一起。④ 吴景平研究了抗战时期美国与中国平准基金的问题，认为自太平洋战争爆发后，在以平准基金维持中国法币汇率的政策上，美国方面的态度渐趋消极。⑤ 白涛仔细研究了中美桐油借款的过程，认为这

---

①　任东来：《略论美援与中美抗日同盟》，《抗日战争研究》1996 年第 2 期。

②　陈永祥：《抗战时期美国对华经济援助评析》，《广州大学学报》2004 年第 2 期。

③　潘国琪、易继苍：《抗战时期中美间的五次借款》，《福建省社会主义学院学报》2002 年第 1 期。

④　任东来：《1942 年中美五亿美元借款始末》，《美国研究参考资料》1992 年第 5 期。

⑤　吴景平：《美国和抗战时期中国的平准基金》，《近代史研究》1997 年第 5 期。

是美国对华政策变化的开始。①

<h1 style="text-align:center">第三节　美国的军事援助</h1>

美国在抗日战争时期还对中国提供了巨大的军事援助,这是中国得以继续抗战的重要保障,并因而成为学术界研究的热点问题。

学者们指出,美国对华军事援助主要内容有:向中国租借大批军用物资,帮助训练中国军队,以美国武器装备中国军队,美国空军和空军志愿人员保卫中国领空和出动飞机运送租借物资等。② 其中,学者们对美国对华租借援助和军事援助的研究较为深入。

一、美国对华租借援助

田金星对美国对华租借援助进行了全面研究,指出太平洋战争爆发后美国对华租借物资主要用于训练装备中国的陆海空三军。陆军方面,中国军队的6个师在印度受到完整的美式训练与全副美式装备,11 个师在中国国内接受了训练,22 个师中的 50%—75% 成员受过美式训练。海军方面,美国军方在 1943 年11 月提出以租借名义向中国提供舰艇船只建设中国海军的设想,并在 1944 年批准向中国提供护航驱逐舰 4 艘、扫雷舰 4 艘,并同意中国派遣 60 名军官 1000名士兵赴美受训并接舰,战后无须归还以上船只。空军方面,在中国建立空军、以中国为基地轰炸日本本土是租借物资援华的重要内容。1941—1945 年,中国向美方购买租赁飞机共 1394 架,其中驱逐机 1038 架,轰炸机 244 架,侦察机 15架,运输机 97 架。日本投降后,美国对华租借物资援助延长了 6 个月。其费用支出主要装备国民党军队,帮助国民党军队占领各大城市交通干线与战略要地。此外还以租借名义提供民用物品,帮助中国政府抑制通货膨胀。③

翟全祯、董兴林指出美国租借援华的特点,一是美国"租借"援华受其全球战略所支配,数量相对较少,且年度分配不当,中国共产党领导的人民抗日武装力量没有得到任何援助;二是在中国最需要援助的抗战初期和中期,中国没有得

① 白涛:《中美〈桐油借款合同〉与美国对华政策的初始变化》,《贵州师范大学学报》1998 年第 4 期。
② 何桂全:《太平洋战争期间美国对华军事战略》,《史林》1994 年第 2 期。
③ 田金星:《租借物资与美国对华政策》,《学术季刊》1993 年第 1 期。

到或得到很少美国援助,而在中国抗日战争行将结束及结束以后却得到大量援助,从而鼓舞了蒋介石发动反共、反人民内战的野心。美国的"租借"援华对中国的抗日战争起到了一定的积极作用,但它对蒋介石国民党集团发动的内战所起的作用更大。①

任东来研究了美国对华租借中的"回惠租借",或称"逆租借"问题。他认为"回惠租借"是指中方以现金实物和劳务等向援华人员的日常开支,以及美国在成都等地修建空军基地的费用。国民党政府从美军在华开支中获得大笔外汇和实物,但中国为此付出了高昂的代价。这笔庞大的开支全靠通货膨胀来维持,极度恶化了中国经济,加深了人民的苦难。且这些美金和实物,不是落入统治阶级的私囊,就是用来进行反共反人民的内战。②

二、美国对华军事援助

从 20 世纪 80 年代以来史学界逐渐对美国空军和空军志愿人员保卫中国领空和出动飞机运送租借物资也给予了应有的研究和评价。

顾学稼、姚波指出,由于陈纳德拥蒋反共的政治态度,过去对于陈纳德领导下的美国志愿航空队在抗日战争中立下的功勋未能给予应有的重视。他们认为,美国空军人员通过给日本侵华空军、军事设施及航运的打击,不但有效地粉碎了日军在华的制空权,给中国地面部队以有力的援助,而且鼓舞了中国人民的抗战激情。③ 马毓福研究了在陈纳德建议下成立的中美空军混合团,指出中美空军并肩作战,在打击日本侵略者的战斗中取得了积极的战果。④ 张英智论述了抗战期间中美空军的联合作战,指出中美空军的联合作战,从战略上讲迅速填补了苏联空军撤走后形成的空隙,紧紧围绕争夺制空权与日军展开了斗争;从战术上讲,中美空军在夺取制空权、配合地面作战、保卫我方地面后勤补给线、大规模战略空运、破坏敌方交通运输线、空袭敌方重要设施与基地、远距离轰炸台湾和日本本土,以摧毁其国民意志力方面取得了显著的成绩。⑤ 王松认为,中、美、英三国的军事合作有一个从局部合作到形成军事同盟的过程,三国的合作迅速

---

① 翟全祯、董兴林:《从数量关系看抗战时期美国"租借"援华》,《齐鲁学刊》2003 年第 4 期。
② 任东来:《抗战时期美援与中美外交研究(上)》,《兰州学刊》1991 年第 1 期。
③ 顾学稼、姚波:《美国在华空军与中国的抗日战争》,《美国研究》1989 年第 4 期。
④ 马毓福:《抗日战争期间的中美空军混合团》,《军事历史》1996 年第 3 期。
⑤ 张英智:《论抗战时期中美空军联合作战》,《军事历史》2000 年第 2 期。

扭转了盟军在战场上的被动局面,使盟军逐步取得了战略上的主动权。①

在对抗战期间驼峰航线的研究上,学者们普遍认为,美国飞行员作出了重大的牺牲。空运队在这条线上飞行了3年,共损失468架飞机,平均每月损失13架;仅在1943年下半年就死亡机组人员168人。徐康明指出,"驼峰"航空线的开辟,是中、美、英三大盟国在亚太地区对日作战的一项具有战略意义的重大举措。"驼峰"航线不但是抗日战争后期中国获得外援和开展外贸最主要的国际交通大动脉,而且是世界反法西斯战争东方战线上的重要国际战略空运通道,为盟国夺取对日作战的最后胜利发挥了举足轻重的作用,在中国抗日战争史和世界反法西斯战争史上谱写了光辉的篇章。②

第四节　外交上的支持和帮助

有关学者认为,抗战期间美国政府在外交上给了中国以应有的支持,主要表现在支持中国的大国地位、废除不平等条约和废除排华法。

一、美国与中国的大国地位的取得

美国为什么帮助中国取得大国地位?学术界有三种不同的看法:

王真认为,第二次世界大战期间罗斯福一手将中国抬到大国地位,在他的支持下,中国跻身"四强"之列。罗斯福不仅主张中国在战时要以大国的面貌出现,而且在战后的国际事务中也应起到大国的作用。但王真也指出,从形式上承认中国的大国地位并不等于中国在实质上就已经是一个大国。③

朱坤泉认为,使中国成为"四强"之一是太平洋战争爆发后华盛顿制定的未来全球战略的重要组成部分。所以,在中国踏上"四强"台阶的过程中,美国处处表现出主导者的积极姿态。中国成为"大国"并不是美国的目的,而只是作为它实现自身战略的一种手段。其真正目的在于维持中国抗战,这是美国实施"先欧后亚"政策的必要保证;在此基础上扶植一个对美友善的、具有共同政治制度的中国,使之在战后成为华盛顿在远东抗衡苏联的重要合作伙伴和控制世

---

①　王松:《论抗战时期中美英军事合作的酝酿和建立》,《军事历史》2003年第1期。

②　徐康明:《二次大战中的"驼峰"航线》,《云南大学学报》2003年第3期。

③　王真:《中国的四强地位与罗斯福的亚洲战略》,《吉林大学学报》1985年第1期。

界政治格局的得力助手。中国步入"四强"之旅对密切战时中美关系所起的作用同样是极为有限的，其间所折射出来的融洽和睦的光环也十分虚幻。①

　　赵志辉则认为，太平洋战争时期美国的中国大国地位政策是各种因素综合作用的结果。它不仅是美国战时政治军事战略的需要，也体现了美国的对华政策思想与传统；同时，美国的中国形象和罗斯福总统本人对此政策的形成也起了重要作用。②

二、美国放弃不平等条约的原因

　　是什么原因促使美国废除中美不平等条约呢？韩渝辉指出有五大原因：中国抗战提高了中国的国际地位，创造了实现废约的有利前提；军事形势的紧张和先欧后亚战略的实施，使美英需要通过实现废约来支持中国抗战；《大西洋宪章》的政治影响，对废约的实现起了重要促进作用；罗斯福为实现其战后全球战略所作的努力，加速了废约的实现；为反击日本的挑拨离间，保证盟国之间的团结，也必须迅速实现废约。③

　　王淇肯定中美、中英"平等新约"的签订具有时代的进步意义，同时指出，必须考虑订约时的复杂的国际国内形势。在国际上，美国在财政和物资上不能大量援华的情况下，通过订约在政治上抬高中国的大国地位。但他认为，在修约问题上美国掌握着主动权，它没有以真正平等的态度对待中国，美蒋的主从关系没有根本改变。④

　　任东来认为，不论美国是放弃还是攫取在华的治外法权，美国都从中得到了巨大利益。对中国来说，这的确是走向完全独立平等的国际地位的第一步。但是，这第一步本身仍然是在不那么平等的环境中迈出的。⑤王建朗研究了英美在对待废除对华不平等条约问题上的态度，指出抗战时期，英美在废除对华不平等条约问题上保持着协调的姿态，给世人以英美一体的感觉。但他们之间又存在着很大的差异。英美之间分歧的产生，其原因不只在于英美在华经济利益或

　　① 朱坤泉：《抗战时期中国"四强"之路与中美关系》，《江苏社会科学》1992年第1期。
　　② 赵志辉：《太平洋战争时期美国的中国大国地位政策的起源》，《史学集刊》2000年第3期。
　　③ 韩渝辉：《中国是怎样得以在抗战时期实现废约的？》，《近代史研究》1986年第5期。
　　④ 王淇：《1943年〈中美平等新约〉签订的历史背景及其意义评析》，《中共党史研究》1989年第4期。
　　⑤ 任东来：《美国在华治外法权的放弃（1942—1943）》，《美国研究》1991年第1期。

英美国内体制上的差别,更深层的原因是,英美对于战后世界的勾画,对于中国角色的期待和定位都有着相当不同的认识。①

三、美国其他对华外交支持问题

学者们也研究了罗斯福在国内废除排华法的举措。如高伟浓、万晓宏认为,罗斯福采取措施废除排华法案是美国国家利益的体现,是为了实现美国政府的战略意图。为此罗斯福政府采取了一系列措施改善中美关系:第一是废除美国在华的特权,包括治外法权;第二是废除排华法律。指出排华法的废除具有积极意义,但尽管如此,1943年废除排华法法令仍然存在着很大的不足和缺陷。②

当然,大多数学者在研究抗战时期美国援华和中美合作的同时,也指出了中美两国之间在租借物资的控制权、军队指挥权上存在一系列的分歧,并认为根本的原因在于美国和蒋介石政府的出发点不一样。华盛顿中国政策的根本出发点在于维护其自身战时和战后的权益,而蒋介石政府对美政策的基点则是借助美国的支持以保证它在国内的统治地位。从这一目标出发,蒋介石政府日益明确地将抗日的责任推送给西方盟国,它在抗击日军的活动上也完全消极,而把注意力集中到如何保护自己的统治地位上,最终酿成了1944年夏秋的史迪威事件。但总的说来,学者们大都同意,抗战期间两国合作是主要的,而分歧是次要的。

总之,改革开放以来中国学术界对抗战时期美国援华和美中合作问题进行了相当深入和全面的研究,取得了很大的收获。这些研究从总体上看对美国援华和美中合作持一分为二的态度,反映出大陆学者在改革开放和思想解放的大背景下,能够以较为客观、公正的立场审视和评价这段历史。但同时也存在着明显的不足,主要表现为:第一,对一些问题的研究还不够深入,或仍然停留在传统的认识水平上。第二,还存在许多研究的空白点,对诸如战时美中情报合作、援华物资在中国的流转和分配、美国空军在华作战情况以及中国对美国在华人员支援情况等问题几乎无人论及。第三,在发表的论文中有相当一部分为低水平重复劳动,缺乏研究的深度。尽管存在着这些问题,但我们相信,随着我国学术

---

① 王建朗:《英美战时废约政策之异同与协调》,《抗日战争研究》2003年第3期。
② 高伟浓、万晓宏:《1943年美国废除排华法分析》,《华侨华人历史研究》2001年第4期。

界思想的进一步解放,随着两岸学者以及与美国学者的联合研究和交流的加强,中国学者对抗战时期美国援华和美中合作问题的研究必将迈上一个更高的台阶。

第十三章　心系祖国血脉情，不畏牺牲拯国难

——华侨华人与中国抗日战争研究综述[①]

华侨是中华民族的重要组成部分，素来具有爱国热情。在抗日战争中，他们更是与祖国同呼吸、共命运，为抗日战争的胜利作出了积极而巨大的贡献。毛泽东称赞"海外华侨输财助战……都对战争有所尽力"[②]；抗战期间，中国国民党方面亦屡屡致意海外华侨，赞侨胞自"抗战以来，输财出力，贡献特多"。[③]30多年来，大陆史学界对华侨与抗日战争关系的研究可谓硕果累累，并填补了华侨史研究中的许多空白。据统计，自20世纪80年代初至今，已有十余部著作问世，200多篇文章见诸报刊。而且，1999年8月4日至7日，由中国华侨历史学会、广东华侨历史学会主办，中国华侨华人历史研究所与暨南大学华侨华人研究所协办举行了"海峡两岸华侨与抗日战争"学术研讨会。与会的两岸学者近70人，交流了海峡两岸学者在这一领域的研究成果。概括30多年来的研究成果，有以下特点：首先，从整体上评价华侨对抗日战争作出贡献的文章较多。其次，国别、区域性研究占了相当大的比重。除过去经常研究的东南亚、美国外，有了新的开拓，如学者们加大了对非洲、加拿大等国华侨与抗日战争的研究；对地方籍华侨的研究有了突破，学者们对两广、福建和港澳台侨胞对抗日战争作出的贡献给了高度的评价。再次，对一些著名的侨领人物，如陈嘉庚、司徒美堂、蚁光炎、胡文虎等人的研究有了新的进展。最后，学术界拓展了新的研究领域，如华侨与抗日民族统一战线、抗战时期有关各方的侨务政策等。

[①]　本文是在赵文亮、常县宾论文《20余年来大陆学者关于华侨华人与抗日战争研究述评》（《东南亚研究》2005年第6期）基础上修改而成。

[②]　《毛泽东选集》第3卷，人民出版社1991年版，第1033页。

[③]　《华侨革命史》上册，台北正中书局1981年版，第121页。

第一节　华侨投身抗日救亡运动的原因和特点

学者们以较大的篇幅分析了华侨积极投身抗日救亡运动的原因、抗日救亡运动的特点及领导团体。

华侨积极参加抗日救亡运动的原因是什么？袁素莲认为原因是多方面的：华侨与祖国休戚与共的关系、爱国侨领的作用、国民政府侨务工作在推动华侨参加抗日救亡运动中所起的积极作用。[①] 庄国土则从 20 世纪 20—40 年代华侨对中国认同程度的变化探讨了南洋华侨参与抗日救亡运动的原因，指出："萌芽于晚清时的华侨民族主义，到抗战时升级为爱国主义，对中国本土的认同和凝聚力逐步加深使他们投入到抗日救亡运动中去。"[②]

在华侨抗日救亡运动的特点上，学者们一致认为抗日救亡运动时间长、规模大、形式多，是华侨史上的空前壮举。此外袁素莲还指出，华侨的抗日救亡运动是与世界各地人民的反法西斯战争紧密联系的。[③] 任学岭等指出华侨抗日救亡斗争有深厚的思想基础，华侨抗日救亡运动也是有组织有领导进行的。[④]

第二节　华侨对祖国抗战的主要贡献

学者们以极大的努力研究华侨在支援祖国抗战事业中所起的积极作用。认为华侨的贡献主要表现在以下几个方面。

一、建立抗日救亡团体，声援祖国抗战，进行抗日动员与组织工作

学者们普遍认为，海外华侨的抗日团体是随着日本军国主义对中国侵略的逐步升级而逐渐发展并完善起来的。九一八事变后，各地华侨便自发组织抗日团体，掀起筹赈募捐、抵制日货等救亡运动，并于 1932 年"一·二八"上海抗战

---

① 袁素莲：《海外华侨积极参加抗日救亡运动的原因》，《东方论坛（青岛大学学报）》1995 年第 3 期。

② 庄国土：《从民族主义到爱国主义：1911—1941 年间南洋华侨对中国认同的变化》，《中山大学学报》2000 年第 4 期。

③ 袁素莲：《试论海外华侨抗日救亡斗争的特点》，《山东社会科学》1995 年第 3 期。

④ 任学岭、李智晔：《华侨抗日救亡运动的特点》，《延安大学学报》1995 年第 3 期。

时将抗日救亡运动推向高潮。1936 年 9 月，成立了"全球华侨抗日联合会"，有英、法、德、比、荷等 40 多个抗日救亡组织参加。七七事变后，抗日团体更是如雨后春笋纷纷建立，且多具有抗日民族统一战线的性质。华侨社会迅即进行了抗日阵容的重新组合，抗日团体星罗棋布，并在短期内实现了组织上的高度统一。在美洲，美国华侨组织了"纽约华侨救国总委会"，抗日期间，美国华侨一共成立了 96 个救国团体；美洲的墨西哥、加拿大、秘鲁、厄瓜多尔等地，都分别建立了如"墨西哥华侨抗日后援会""厄瓜多尔华侨救国总会"等统一的华侨抗日团体。在澳洲的悉尼和非洲的毛里求斯、马达加斯加以及南非等地，侨社也都建立了各式救国后援组织。在南洋，除了各地数目众多的地方性华侨救国团体外，马来亚华侨于 1938 年 10 月在新加坡组织成立了跨国家、跨地区的联合抗日团体"南洋华侨筹赈祖国难民总会"（简称南侨总会），下辖 68 个分会。南侨总会在捐款捐物、组织华侨回国参战和维护抗日民族统一战线等方面发挥了巨大作用。[1] 至此，海外华侨继欧洲、美洲之后，又组建了一个，从而最终形成了相对集中的三大组织网络，奠定了华侨抗日阵线的基本格局。[2] 据国民政府侨务委员会的统计，至 1940 年底华侨组织大型救国团体共 649 个。但有人认为仅到 1939 年底，就达 919 个，其中南洋 703 个。[3] 抗战时期海外华侨的救亡团体总数共 2794 个。[4] 学者们还认为这些抗日救亡组织是与著名侨领的努力所分不开的。如陈嘉庚与南侨总会、司徒美堂与美国抗日救亡组织等。

二、捐资输财，从经济上援助祖国抗战

华侨对祖国抗战的巨大贡献集中体现在经济支援上，而经济支援大体上又可分为财力捐输与物力贡献两个方面。财力捐输包括捐款、购买国债和寄返家乡侨汇，而物力贡献则包括捐献战需物资和投资国内生产建设事业。

捐款。绝大多数学者都认为华侨捐款有以下特点：华侨捐款阶层广泛，从富有的侨领到生活贫苦的下层大众，"有固定工资收入的华侨职员和工人每月捐献工资的 10%，在校学生捐献 10% 的伙食费，赢利的华侨商店和企业每月捐献

---

① 童家洲：《南侨总会对祖国抗战的贡献》，《福建学刊》1995 年第 5 期。
② 军事科学院军史部：《第二次世界大战史》第四卷，军事科学出版社 1998 年版，第 759—760 页。
③ 徐波、杨朝云：《抗战时期华侨爱国运动及其当代启示》，《首都师大学报》2000 年第 4 期。
④ 吴凤琴：《试述华侨在抗日战争中的贡献》，《佳木斯师专学报》1995 年第 3 期。

赢利额的 20%";①持续时间长,从九一八事变起即开始,一直持续到抗日战争的胜利;捐款形式多样,有特别捐、伤兵之友捐、航空救国捐、常月捐等;捐款人数多、规模大,海外华侨 800 多万人中约有 400 万人参加。② 关于华侨捐款的数目,学术界认识有较大的差异。有人根据国民政府侨务委员会的统计认为抗战 8 年华侨捐款总额达 13 亿元。③ 有的学者认为远不止这些,指出仅抗战头 4 年华侨捐款即达 26 亿元,月均 6000 万元。④

购买国债。任贵祥认为,1937—1939 年华侨购买国债达 11 亿元,占国民政府发行国债总额(30 亿元)的 1/3,其中国民政府第一期发行的 5 亿元国债半数由华侨认购,最后无偿贡献给祖国。⑤

侨汇。抗战爆发后华侨的侨汇也大为增加,1938 年以前,平均每年 3 亿元,1939 年增加到 12 亿元,1940 年达到 20 亿元,抗战 8 年华侨的侨汇约 95 亿元以上。⑥ 当时全国抗战每月军费约 7000 万元,华侨承担了 6/7 以上。庞大的侨汇收入,既填补了中国对外贸易巨额逆差,而且作为硬通货,被用作发行纸币的基金,起到了维持战时经济的作用。

捐助战需物资。在捐款和侨汇的同时,华侨还积极捐献衣物、粮食、药品、飞机、枪械、汽车等国内紧缺的战需物资。大多数学者认为仅抗战头 3 年,捐赠物品就在 3000 批以上,月均 100 批;其中飞机 217 架,救护车 1000 多辆、坦克 23 辆。

投资国内,促进了西南地区的经济发展和祖国抗战。

关于华侨对国内的投资问题,有学者认为:1927—1937 年为华侨投资国内企业的"高潮",而 1937—1945 年间则为"低潮"。⑦ 有学者对此提出相反观点,指出 1927—1937 年间,华侨总投资额为 1 亿多元,平均每年为 1000 多万元;而战时总投资共 18 亿元之多,平均每年投资为 2.25 亿元,就是扣除战时法币贬值

---

① 马凌:《抗战期间东南亚华侨的救国活动及彰显的民族精神》,《东南亚纵横》2012 年第 11 期。

② 任贵祥:《华侨对祖国抗战经济上的贡献》,《近代史研究》1987 年第 5 期。

③ 军事科学院军史部:《第二次世界大战史》第四卷,军事科学出版社 1998 年版,第 759—760 页。

④ 黄慰慈、许肖声:《华侨在抗日战争中的作用》,《学术研究》1985 年第 4 期。

⑤ 任贵祥:《华侨对祖国抗战经济上的贡献》,《近代史研究》1987 年第 5 期。

⑥ 林金枝:《近代华侨投资国内企业史研究》,福建人民出版社 1983 年版,第 31 页。

⑦ 林金枝:《近代华侨投资国内企业的几个问题》,《近代史研究》1980 年第 1 期。

数额,战时华侨年平均投资额仍比前 10 年的年平均投资多数倍。所以说 1937—1945 年间是华侨投资国内企业的高潮期,而不是低潮期。① 学者们指出, 许多华侨移资国内尤其是西南大后方的工矿、垦殖、金融等行业,创办了一大批 适应抗战需要的侨资企业,从而增强了祖国的经济实力。唐凌、曾晓玲认为抗战 期间华侨对中国矿业投资与支持,主要表现在筹设工矿银行,为企业提供资金、 贡献技术和力量、帮助抢运矿产和在国外举行罢工斗争等几个方面。② 日本学 者菊池一隆就抗战期间华侨支持中国工业合作运动进行了有益的研究。他认为 在华侨支援等各种因素支持下,工业合作运动在内地急速发展,大量生产军需、 民用品,成为抗战工业生产的支柱之一。③

抵制日货和不合作运动。华侨还通过发动抵制日货和不合作运动等方式削 弱日本的经济实力,从而间接地支援了祖国的抗日斗争。抵制日货运动在九一 八事变后就已开始,全面抗战爆发后更具规模,几乎波及全球华人,以 1938 年为 例,"该年最初 3 个月中,日货在东南亚就削减了 54%,每月损失 2000 万元。"④ 抵制日货给日本造成很大的损失,如南洋开展抵制运动,"使日货的运销,在南 洋一落千丈"。⑤ 1939 年,"美国太平洋友善会"报告显示,在广泛的抵制日货 中,日本在东南亚每日的损失达 2000 万元。⑥ 相反国货在南洋的销量大为增 加,与大规模抵制日货前的 1937 年相比,1940 年中国对南洋的贸易总额增加了 2 到 3 倍。⑦ 同时,开展不合作运动,禁止和破坏向日本提供重要军事物资。 1938 年 12 月,在美国华侨压力下,加州州长下令将运往日本的 9 万吨废铁扣 留。再如日本所需的铁矿 2/3 来自马来西亚,1937 年马来西亚龙云铁矿、容株 巴铁矿的华侨罢工,捣毁机械并焚烧制造飞机的原料。1937 年 1 至 12 月输往 日本的铁矿月平均 128858 吨,而 12 月则仅运出 12424 吨,减少了 90%以上。⑧

---

① 任贵祥:《华侨对祖国抗战经济上的贡献》,《近代史研究》1987 年第 5 期。

② 唐凌、曾晓玲:《抗战时期华侨对中国矿业的支持》,《八桂侨史》1997 年第 4 期。

③ 菊池一隆:《抗日战争时期华侨和中国工业合作运动》,《抗日战争研究》2003 年第 2 期。

④ 马凌:《抗战期间东南亚华侨的救国活动及彰显的民族精神》,《东南亚纵横》2012 年第 11 期。

⑤ 曾瑞炎:《华侨与抗日战争》,四川大学出版社 1988 年版,第 95 页。

⑥ 夏茂香:《华侨抗战功绩彪炳史册——纪念抗日战争胜利五十周年》,《长春大学学报》 1995 年第 2 期。

⑦ 曾瑞炎:《华侨与抗日战争》,四川大学出版社 1988 年版,第 95 页。

⑧ 余全有、胡焕平:《华侨对祖国抗战的贡献》,《天中学刊》1996 年第 2 期。

三、踊跃回国报效,从人力上援助祖国抗战

全面抗战期间,华侨踊跃回国报效,从人力上援助祖国抗战。

1. 关于回国参战华侨的人数

关于回国效力的华侨人数,学术界有较大的争议。有学者统计,从抗战爆发到 1938 年 2 月,仅取道广州回国参战的华侨约 2000 人;抗战期间仅粤籍华侨回国参战的就有约 4 万多人,其中南洋各地约 4 万人,美洲和澳洲等地约 1000 人。[①] 当时中国驱逐机飞行员中,华侨就占了 3/4。另有大批医护人员、修理工服务于抗日战争,仅南洋华侨就有约 3200 名司机和修理工回国服务,海外华侨还组织了十几批医疗救护队,其中爪哇 13 批。回国参战的华侨中,有许多为国尽忠,捐躯祖国疆场。著名的有华侨飞行员林日尊、爪哇女青年李林、菲律宾华侨共产党员沈尔七。有人认为机工中就有 1000 多人牺牲。[②] 也有人认为他们牺牲更大,数年后登记入册者已不足半数,大部已牺牲、失踪或病故。[③] 有 200 名美国华侨在祖国空军中服役,其中有数十位牺牲。[④]

华侨回国参战,不仅直接增强了祖国的抗战能力,补充祖国长期抗战中缺乏的技术人才,同时也鼓舞了全国人民的抗战热情。

2. 关于华侨在人力上援助祖国抗战的表现

曾瑞炎对该问题进行了全面的研究,认为华侨在人力上援助祖国抗战的表现有四:活跃前线、深入后方,具体体现为参加战地救护工作、接受军训英勇杀敌和开展侨乡敌后斗争;参加战时运输和航空救国,为祖国抗战提供运输服务;奔赴抗日根据地,同根据地军民并肩战斗;血染抗日疆场。[⑤]

值得一提的是,学者们对回国华侨投奔中共抗日根据地、八路军和新四军给予了应有的关注和研究。曾瑞炎指出华侨对抗日根据地在政治上予以支持,在财力、人力和物力上给予了极大的帮助,有力地促进了根据地的发展。[⑥] 任贵祥则重点研究了抗战期间华侨在陕甘宁边区的活动,指出归侨在根据地参加各种社会活动并深入到乡下,向海外报道八路军、新四军的英勇事迹,大力支援了边

---

① 曾瑞炎:《华侨与抗日战争》,四川大学出版社 1988 年版,第 168 页。
② 陆安:《论华侨对祖国抗战的贡献》,《昭通师范高等专科学校学报》2000 年第 6 期。
③ 田玄:《华侨支援滇缅抗战的一些情况》,《抗日战争研究》1995 年第 1 期。
④ 军事科学院军史部:《第二次世界大战史》第四卷,军事科学出版社 1998 年版,第 759—760 页。
⑤ 曾瑞炎:《华侨与抗日战争》,四川大学出版社 1988 年版,第 168—209 页。
⑥ 曾瑞炎:《华侨支援抗日根据地事迹述略》,《西南师大学报》1987 年第 2 期。

区的经济建设等,这些都对根据地产生了积极的影响。① 卢宁指出华侨也大力支援了华南抗日根据地,他们除捐款捐物外,还组织回乡服务团为东江人民服务并参军参战。② 郑山玉特别指出,新四军从建立到抗战结束,自始至终都得到海外华侨在人力、物力、财力及精神道义上的极大援助与支持,海外华侨构成了新四军的宝贵兵源和一部分骨干力量。③ 李东光也指出华侨支持八路军最有效的手段是经济支援,但受其浴血杀敌鼓舞,许多华侨也参加了八路军。④ 甚至抗战时期从归国华侨中产生了我军的许多将领。⑤

四、促进与维护抗日民族统一战线,促进国际反日、反法西斯联合阵线的形成

学者一致认为,为了国家和民族利益,海外华侨不仅坚决要求抗日,而且积极呼吁国共联合抗日。早在九一八事变发生后,旧金山的中华总会就致电国民政府,要求"请息内争,御外侮,挽危亡,愿为后盾"。各地华侨也纷纷发表通电,要求抗击日本侵略。1935 年华北事变后中共提出了抗日民族统一战线的方针,得到华侨的拥护。1937 年七七事变后,海外华侨强烈要求建立抗日民族统一战线。7 月 23 日全欧华侨抗日联合会等 5 个侨团派出代表到国民政府驻法使馆请愿,要求迅速实现国共合作,一致抗日。抗战进入相持阶段后,面对国民党亲日派的妥协投降和顽固派的反共行为,华侨又立刻投入到反投降、反分裂和拥护国共合作的斗争中。1938 年 10 月,陈嘉庚给即将召开的国民参政会一届二次会议发去"电报提案"——"敌未退出国土前,言和即汉奸",获得通过,给汪逆以沉重打击,被誉为"古今中外最伟大的一个提案"。当汪逆发出"艳电"而公开叛逃投敌时,陈嘉庚急电要求"宣布其罪,通缉归案,以正国法而定人心"。缅甸仰光华侨救济总会还筹款百万元缉拿汪逆。在越南,仅南圻就有 40 万华侨参加讨汪活动。侨领司徒美堂也在美国掀起了轰轰烈烈的讨汪运动。当国民政府掀起三次反共高潮,特别是皖南事变后,广大华侨表达了 1000 多万海外赤子要求团结、反对分裂的共同心愿。纽约华侨青年救国会在电文中"热盼两党重归于好,

---

①　任贵祥:《抗日战争期间陕甘宁边区华侨活动述略》,《人文杂志》1987 年第 2 期。

②　卢宁:《海外华侨与华南抗日游击战争》,《东南亚研究》1995 年第 3 期。

③　郑山玉:《简论华侨在新四军中的地位与作用》,《党史研究与教学》1996 年第 2 期。

④　李东光:《海外华侨与八路军抗战》,《党史文汇》2003 年第 3 期。

⑤　纪华:《大义赴戎机——记归国抗战的华侨将领》,《党史纵横》2000 年第 9 期。

并肩作战"。马来西亚槟城 35 个侨团致电蒋介石,反对枪口对内。① 菲律宾纳卯华侨青年要求恢复新四军并释放叶挺军长。郑应洽认为华侨在促进与维护抗日民族统一战线上起到了特殊作用。由于华侨身处国外,国民党当局对其鞭长莫及,言行相对自由,所以敢公开批评国民党祸国殃民的政策。甚至公开提出"如果他们不抗日,可以下台",这种言论自由,当时国内同胞是不可能有的,从而使国民党感到强大压力。②

为了给中国的抗日战争营造一个较好的国际环境,各地华侨尤其是欧美侨胞充分利用自身的有利条件,在侨居地各阶层人士中广泛开展对外宣传和国际统战工作,取得了显著的效果。各地华侨还努力开展国民外交活动,如争取居留地政府同情中国抗战,予以精神上、物质上的支援,同时对日施加压力,予以经济制裁或舆论谴责;联合当地人民组织援华团体,举行群众集会和游行示威,发起筹谋捐款、抵制日货等活动。尤其值得称道的是,第二次世界大战爆发后,南洋英属殖民地的华侨,还开展了援英反德活动,以争取殖民地政府对华侨抗日救国活动的同情和支持。正是在海外华侨的影响、推动以及国际形势的发展等因素的共同作用下,英美等国政府对中日战争的态度才逐渐地发生了变化,转而积极地从精神上、物质上援助中国,并最终结成了反法西斯的国际联合阵线。③

第三节　华侨与抗日战争的国别、区域性研究

除了对华侨与祖国抗战的关系进行综合性的研究外,学者们还对各地华侨在抗日战争中所起的作用进行了具体研究。

一、东南亚华侨的抗日救亡运动

东南亚是海外华侨最重要的聚居地,所以学术界对东南亚华侨抗日救亡运动的研究十分深入。从整体上论述和评价东南亚华侨贡献的论著有许多。吴新奇、左双文认为,东南亚华侨通过捐款捐物、回国参战、维护团结抗战以及在当地开展各种斗争等积极支援祖国抗战的方式,对赢得抗日战争的胜利作出了不可

① 吴新奇、左双文:《东南亚华侨对祖国抗战的贡献》,《东南亚研究》1995 年第 3 期。

② 郑应洽:《试论海外华侨对抗日战争的特殊作用和贡献》,《暨南学报》1995 年第 4 期。

③ 军事科学院军事历史研究部:《第二次世界大战史》第四卷,军事科学出版社 1998 年版,第 762—763 页。

磨灭的贡献。[①] 日本学者山本真指出,抗日战争爆发初期,在东南亚各地的华侨社群中出现以"筹赈祖国难民运动"为名的爱国运动。该运动宣扬对祖国的爱国心和民族意识,进行募捐来救济战争难民,同时强化华侨对于祖国的爱国意识与反日情绪,为抗日战争的胜利作出了自己的贡献。[②] 此外,学者们的研究还涉及了其他的许多方面。王宁宁认为,东南亚华侨群体在抗日战争期间为国内抗战作出了巨大贡献,这一贡献离不开华侨教育的作用和影响。其教育主题、内容始终带有鲜明的家国色彩,民族主义、爱国主义、战时教育是其教育的基调和灵魂。华侨教育凝聚了海外侨民的救亡母邦意识,推动了华侨子弟的海外抗日运动,并直接培育了大批华侨抗日力量,为国内抗战作出了突出贡献。[③]

任贵祥探讨了抗战时期东南亚华侨的文艺救亡运动,指出华侨对祖国抗战的支援涉及方方面面,华侨在全世界范围内掀起的文化救亡运动也是一个重要方面,其中东南亚华侨的文艺救亡运动尤为典型。许多中国沦陷区的文化工作者逃难到南洋,他们与当地华侨文化界人士开展了各种形式的文化救亡运动,出现了中国文化南移的现象。因此,从七七事变到太平洋战争爆发期间,南洋华侨社会的文化事业一度呈现出欣欣向荣、群星灿烂的繁荣现象,其中以抗战文学和救亡戏剧为主要内容的文艺救亡运动更为突出。它既振奋了千百万侨众,又鼓舞了国内人民战胜日本侵略者的斗志,也揭露和打击了日本的侵华暴行及欺骗宣传,这无疑又起了传播火种的作用。[④]

孙慧荣则专门研究了东南亚地区华侨的抵制日货斗争,认为抵制日货最突出的是新加坡和马来西亚,抵制日货收到了相当成效,日本对南洋的贸易总额大幅下降,1938年比1937年减少了60%。[⑤] 秦钦峙指出了南洋华侨机工在抗日战争中的作用,他们大部分在滇缅公路上从事抢运抗战物资的工作,用自己的鲜血和生命为挽救祖国危亡、打败日本侵略者作出了重大贡献,并分析了机工们坚

---

① 吴新奇、左双文:《东南亚华侨对祖国抗战的贡献》,《东南亚研究》1995年第3期。
② 山本真:《抗战时期砂拉越华侨的筹赈运动(1937—1941)》,《华侨华人文献学刊》2021年第1期。
③ 王宁宁:《家国春秋:抗日战争时期东南亚华侨教育研究》,《抗日战争研究》2012年第4期。
④ 任贵祥:《抗日战争时期东南亚华侨文艺救亡运动》,《南洋问题》1986年第3期。
⑤ 孙慧荣:《抗日战争时期东南亚华侨的抵制日货斗争》,《华人华侨历史研究》1988年第2期。

定、勇敢抗击侵略者的原因,给予了高度评价。① 也有许多论著研究了菲律宾、泰国、马来西亚、缅甸、印尼等国华侨的抗日救亡活动,这里不一一叙述。

二、美洲、非洲、大洋洲、日本华侨的抗日救亡运动

许肖生认为美国华侨主要进行了三项抗日救亡活动:资助祖国抗战的筹赈、支持抗战到底的反日宣传和示威、破坏帝国原料供给。② 李其荣侧重阐述美国华侨华人参加美国的反法西斯战争,来往于战争的前线和后方,为战地服务或征战疆场,用事实说明了美国华侨华人是第二次世界大战中反法西斯侵略的英勇战士。③ 吴金平认为美国华侨在抗战胜利的两个关键方面,无论是对全国抗战局面的形成,还是对于全民抗战的持续,直到最后胜利,从物资到精神各个方面都发挥了应有的作用。④ 沈毅指出加拿大华侨除在人力、物力和财力上支援祖国抗战外,还努力争取加拿大各界人士对中国抗战的同情和支持,各抗日团体经常印制英文的宣传品,宣传抗战的意义。⑤

李安山从非洲华侨开展起来了轰轰烈烈的抵制日货斗争、在经济上打击了日本帝国主义、在七七事变后成立了大量抗日后援团体和进行抗日救国募捐三个方面进行了分析,特别指出了非洲华侨妇女在支援祖国抗战的活动中的出色表现。⑥

吴敏超在肯定了新西兰华侨为抗日战争胜利所作出的杰出贡献的同时,也专题研究了新西兰华侨在支援抗战捐款工作中的矛盾和分歧,指出这些矛盾和分歧在一定程度上促成了随后新西兰捐款方式的改善和监督机制的加强,有利于抗战时期捐款的顺利推进和华侨社会的团结。⑦

也有学者研究了七七事变后的旅日华侨,指出全面抗战开始后一部分华侨毅然回国,投入抗日战争中去,他们的离去给日本经济以沉重打击,而留在日本的华侨在当时日本反动的法西斯统治下,在极端艰难和险恶的环境中同祖国人

① 秦钦峙:《抗日战争时期的南洋华侨机工》,《云南社会科学》1989年第4期。
② 许肖生:《略谈美国华侨抗日救亡的三大运动》,《华南师范大学学报》1985年第2期。
③ 李其荣:《反法西斯战争中的美国华侨华人》,《华中师范大学学报》1995年第5期。
④ 吴金平:《美国华侨与中国抗日战争》,《衡阳医学院学报》2000年第1期。
⑤ 沈毅:《抗日战争中的加拿大华侨》,《辽宁大学学报》1990年第1期。
⑥ 李安山:《试论抗日战争中非洲华侨的贡献》,《世界历史》2000年第3期。
⑦ 吴敏超:《抗日战争与华侨社会的演变——以新西兰华侨捐款风波为中心的探讨》,《抗日战争研究》2016年第1期。

民一样,饱受苦难,但日本反动政府对华侨的高压统治和分化瓦解并没有能够达到他们预定的目的。①

三、籍属地华侨研究

学者们也以华侨的籍属地为线索对华侨与抗日战争的关系进行研究。其中对福建、两广华侨的研究较多。他们指出著名的侨领陈嘉庚、李清泉、胡文虎是福建籍,泰国著名侨领蚁光炎是广东籍。曹敏华除论述闽籍侨胞在捐款、参战等方面的贡献外,指出了他们大规模向国内投资,开发祖国资源,工矿企业是其投资的一个重要方面。如胡文虎投资 1000 万元于云南开设矿物公司,用于开发矿物资源。他还投资 200 万元创办资中糖厂,并与国内企业家合办华侨企业公司。马来亚"锡矿大王"、闽籍华侨王振相等投资 70 万元,与国内合资在西南建立一家胶轮复制厂。建厂不久便修复旧轮胎 1 万多个,为祖国节省外汇 2000 万元。陈嘉庚等人集资 50 万元与国内合资建立了重庆制药厂,生产药品多达 91 种,急救了大量伤兵难民,解决了国内战时难以克服的困难。战时福建华侨大规模地向大西南投资开发和利用西南资源为抗战服务,对西南工商业起到了重大作用。② 沈惠芬专题研究了福建跨国留守群体的生活变迁,指出抗日战争时期,侨眷生活的变迁是战时东南沿海侨乡社会经济状况的一个缩影,抗战后期在侨汇萎缩的情况之下,侨眷纷纷投入各种行业谋求生计,促成这些行业的发展,无疑为抗战胜利贡献了一份力量。③ 赵和曼认为日寇在祖国、在广西和所在国的暴行激起了广西籍华侨的极大愤怒,成为他们英勇打击敌人的强大动力。④ 此外李益杰高度评价了潮汕海外侨胞对祖国抗战作出的贡献。⑤

四、港澳台同胞与抗日战争

港澳台是祖国不可分割的部分,学术界对这三个地区的同胞与祖国的抗战也进行了研究。

---

① 陈昌福:《"七七"事变后的旅日华侨》,《上海师大学报》1988 年第 4 期。

② 曹敏华:《福建华侨对祖国抗日战争的贡献》,《理论学习月刊》第 6、7 合期。

③ 沈惠芬:《华侨汇款与侨眷生活:抗日战争时期福建跨国留守群体生活的变迁》,《福建论坛》2021 年第 9 期。

④ 赵和曼:《广西籍华侨对抗日战争的贡献》,《八桂侨史》1999 年第 3 期。

⑤ 李益杰:《潮汕海外华侨与抗日战争》,《南洋问题研究》2001 年第 4 期。

香港。梁洪浩翔实地论述了香港《华商报》的创办经过及其推动抗日民族解放斗争的历史功绩。认为《华商报》是抗日战争和解放战争时期中国共产党在香港创办的大型日报,其办报方针是"坚持抗战,反对投降;坚持团结,反对分裂;坚持进步,反对倒退"。该报在抗日战争中的主要贡献是:出色地宣传抗日民族统一战线,及时揭批帝国主义的"东方慕尼黑"阴谋,大力表彰抗日将士的功绩和积极宣传与支持海外同胞的抗日救国活动。[①] 刘蜀永认为由于香港特殊的地理位置和政治环境,它在辛亥革命和抗日战争中发挥了特殊的作用,香港各阶层民众自始至终关心和支援祖国抗战。日军攻占香港后,中共南方工作委员就决定成立广东人民抗日游击队总队部,将原第三、第五大队合并为港九大队。在 3 年多的游击战中机智灵活,捷报频传。[②]

澳门。郭凌论述了澳门在广东抗战中的作用,认为澳门是抗战时期广东对外联系的桥梁和窗口。[③] 张量论述了抗战时期中共在澳门进行组织活动和统战工作、澳门同胞在中共领导下从各方面支援祖国抗战的活动。[④]

台湾。吴国安指出,强烈的民族感情和民族意识的驱动,渴望挣脱日本帝国主义的殖民统治,促使台湾同胞投入到抗战中去。1937—1945 年间,台湾同胞曾积极参与了中国人民为抗击日本侵略者进行的艰苦卓绝的民族革命战争。在岛内,他们采取了多种方式的斗争,最激烈的是用武装暴动支援祖国抗战,较隐蔽的是破坏敌人物资、交通和军事设施,反对征工、征粮、消灭小股敌人,尤其是台湾同胞在思想意识文化方面上严守民族立场,主要表现在开展反"皇民化"运动上。在大陆,约有二十万台湾同胞直接参加了祖国的抗日战争,他们拥有众多的抗日团体,频繁地进行小规模、小范围的军事行动骚扰敌人,以配合祖国军队抗御日军,并大力开展宣传工作,以激励全国军民的斗志。此外,还参与经济生产与医务工作,以增强祖国抗战实力。台胞在岛内岛外的斗争沉重打击了日本帝国主义。[⑤] 白纯则具体分析了抗战时期台湾同胞针对日本推行"皇民化"的暴

① 梁洪浩:《人民喉舌抗战号角——香港〈华商报〉的创办及其在抗日战争中的功绩》,《暨南学报》1992 年第 1 期。

② 刘蜀永:《辛亥革命前后及抗日战争时期的香港》,《今日中国》1997 年第 4 期。

③ 郭凌:《试论澳门在广东抗战中的地位和作用》,《湛江师院学报》1999 年第 4 期。

④ 张量:《澳门同胞支援祖国抗战初探——兼谈抗战时期中国共产党在澳门的活动》,《抗日战争研究》2003 年第 1 期。

⑤ 吴国安:《论台湾同胞参加祖国抗日战争的活动及其历史意义》,《近代史研究》1986 年第 3 期。

政，采取了固守祖国传统文化和坚持民族气节及直接组织武装反抗等方式使之劳而无功。[1]

第四节　抗战期间有关各方的侨务政策研究

这方面的研究以往比较薄弱，近年来状况有所改变。

一、国民政府的侨务政策

曾瑞炎指出，国民政府为了坚持抗战和争取抗日财源，采取并颁布了有关的法令、法规，从各个方面加强对华侨的工作，促进了华侨抗日救亡运动的发展。概括起来，这些工作有：发动海外华侨支援祖国抗日，主要方式有对华侨开展抗日救亡的宣传、加强对华侨抗日团体的指导、发动侨胞捐献物资和增加侨汇、吸引华侨投资开发经济等；发挥归国华侨在抗战中的作用，主要方式有组织南侨机工参加抗战运输、安排组织归侨参军参战；开展救侨护侨工作，方式有制定颁布有关的法律法规，部署救侨护侨工作，进一步疏通侨汇，为归侨在国内提取国外存款与外国交涉。另外侨居乡省政府也做了大量工作，如建立救侨护侨机构、太平洋战争爆发后筹款进行紧急救侨工作、组织归侨生产自救等。组织华侨抗日武装，协助盟军抗日。太平洋战争爆发前国民政府拟制组织华侨抗日义勇军协助美英作战的计划；太平洋战争爆发后则号召华侨参加侨居国的抗日斗争。并给予了高度的评价，认为抗战期间是国民党执政以来侨务工作最活跃、成绩最显著的时期。[2]

而任贵祥则认为对抗战期间国民政府的侨务工作应具体分析，即分为政府系统（国民政府侨务委员会）和党务系统（国民党中央海外部）两方面。侨委会的工作可以肯定，当然也有失误和弊端，而国民党海外部虽也做了一些工作，但却将国民党与中共政治上的摩擦斗争贯彻到侨务工作中，有碍华侨团结抗日的主张，弊多利少，不值得肯定。他指出这些活动和弊端具体表现为：在广大华侨中挑动党派纷争、拉拢打击进步华侨、阻挠华侨对共产党及其领导军队的援助、监视华侨报刊对抗战舆论的宣传、迫害甚至屠杀倾向共产党的归侨青年等。[3]

---

① 　白纯：《试析抗战时期台湾同胞对日本"皇民化"运动的抵制》，《文史杂志》2002 年第 3 期。

② 　曾瑞炎：《抗战时期国民政府的侨务工作》，《抗日战争研究》1994 年第 1 期。

③ 　任贵祥：《华侨支援祖国抗战研究成果点评》，《抗日战争研究》1996 年第 3 期。

二、中国共产党的侨务政策

曾瑞炎认为中国共产党非常重视侨务工作,很早就设立了八路军驻广州办事处,1938 年又设立八路军驻香港办事处,中共中央将对华侨的统战工作列为他们的主要任务之一。1942 年初设立了海外工作委员会,中央政策研究室设立海外工作研究小组,两者由朱德负责,向海外宣传我党的抗日主张、方针政策;做好爱国侨领陈嘉庚、司徒美堂等人的统战工作,欢迎他们到根据地去;对回国从事抗日救亡运动的华侨则给予热情的支持与引导,使他们走上革命道路。① 而蓝振露认为,中共的侨务政策经历了一个变化的过程:太平洋战争爆发前,是寻求海外侨胞支援祖国抗战为主的政策;而在太平洋战争爆发后,政策则改为号召华侨参加所在国的政府抗战上。② 高鸣比较了国共双方的侨务政策后指出:"正是因为国共双方有不同的侨务政策,才使得两党的侨务工作结局和归宿有所不同:有始无终与有始有终有别;失侨心与得侨心也有别。正是由于广大华侨逐渐认清了国共两党的本质,才从拥蒋转向拥共,最终抛弃了国民党。"③

三、日伪的侨务政策

郭梁指出,在日本军国主义侵占东南亚的 3 年半时间内,尽管其政策前后有所变化,但总体来讲采取的是"先镇压、后绥靖"和"镇压为主、拉拢为辅"的高压政策,具体来讲日本暴政如下:残酷屠杀华侨、强迫华侨缴纳"奉纳金",使华侨经济陷入绝境;强制实行经济垄断政策,摧残华侨经济、强迫华侨承担劳务苦役、挑拨华侨与东南亚各族的关系,力图达到分而治之、强制奴化教育、推行日本化政策的目的。④ 路阳专题研究了日伪时期北京"华侨协会"的历史概况,指出"华侨协会"是依附在日本殖民统治和伪政权羽翼下的侨务团体,鼓吹亲日卖国政策,攻击重庆国民政府及英美盟国,分化海外侨胞,在历史上留下了耻辱的一页。⑤ 黄小坚则探讨了汪伪侨务委员会的工作及其劳而无功的原因,明确指出,华侨虽是可资借助的力量,但他们具有敏锐的政治洞察力和是非判断力,绝非国

---

① 曾瑞炎:《抗战时期中共对华侨的统战工作》,《党史研究与教学》1991 年第 3 期。

② 蓝振露:《简论中国共产党对华侨抗日的政策与主张》,《福建党史月刊》1991 年第 3 期。

③ 高鸣:《抗战期间海外华侨对国共两党政治态度的转换》,《无锡轻工大学学报》2001 年第 2 期。

④ 郭梁:《太平洋战争期间日本军政的华侨政策》,《东南亚》1987 年第 4 期。

⑤ 路阳:《日伪时期北京"华侨协会"之探讨》,《华侨华人历史研究》2017 年第 4 期。

内任何政治集团所能随意左右的。①

第五节　对战时华侨领袖和著名人物的研究

学者们对华侨领袖和著名人物做了许多的个案研究，取得了突出的成绩。

学者们大都认为，绝大多数侨领都为祖国抗战作出了杰出贡献，从不同侧面或角度对这些著名侨领、华侨爱国人士的作用和贡献作出了较为公正的评价。如指出司徒美堂团结海外侨胞，发动抗日募捐、保护爱国将领、维护华侨利益、发动华侨青年回国参战和支援祖国建设等。② 陈嘉庚精忠报国，在南洋领导抗日救亡运动，以闽侨为骨干，使新马成为抗日救亡运动的基地。③ 泰国侨领蚁光炎不顾日伪的威胁冒着生命危险开展反日活动，终为日特收买的杀手所害。④

同时，学者们也指出了部分侨领被汪伪拉下水，失去民族气节。如辛亥革命的元老、原新加坡同盟会会长张永福就成了侨奸；菲律宾原华侨组织负责人曾廷泉投靠日军，出卖华侨抗日游击队，造成了很大危害。再如，日军占领东南亚各地后，在当地建立傀儡组织，在新加坡有"昭南协会"，泰国有"东亚公司""南泰公司"等一些汉奸组织。当然，在这些组织中任职的华侨大多是被迫的。目前学者们争论比较大的是对胡文虎的看法和评价。焦点是日军占领香港后胡文虎是否出任"维持会"会长及其1943年东京之行是否构成汉奸罪行的问题。目前存在"媚日"说、"权宜"说、"救民"说和"周旋"说四种。有学者认为其东京之行表现出来的是爱国侨领的民族气节的新观点。⑤ 而任贵祥则指出，评价历史人物要么一棒子打死，全面否定，要么无限拔高，过于溢美，都是不客观的。具体到对胡文虎的看法和评价，任贵祥认为他和东条英机的谈话是有失民族气节的言论，但全面衡量他在抗战期间的活动，说他是一位具有爱国心的华侨实业家较为合适。⑥

---

①　萧北婴：《海峡两岸"华侨与抗日战争"学术研讨会综述》，《华侨大学学报》1999年第4期。

②　张兴汉：《司徒美堂与祖国抗战：纪念司徒美堂诞辰120周年》，《暨南学报》1988年第1期。

③　陈爱玉：《陈嘉庚与南洋华侨抗日救亡组织》，《福州大学学报》1995年第6期。

④　任贵祥：《泰国侨领蚁光炎抗日救亡史事述评》，《抗日战争研究》1999年第4期。

⑤　洪卜任、孙永松：《论胡文虎在香港沦陷期间的大节》，《抗日战争研究》1993年第1期。

⑥　任贵祥：《华侨支援祖国抗战研究成果点评》，《抗日战争研究》1996年第3期。

第六节　华侨与太平洋战争

学者们还对华侨在侨居国的抗日斗争进行了研究,指出太平洋战争爆发后,广大华侨直接置身于侨居地的抗日斗争行列,成为世界反法西斯战争的一支重要力量。李盈慧指出,华侨通过跨越侨乡边界、国家边界以及民族边界投身到抗日战争和太平洋战争之中,这不仅对于中国史、世界史具有意义,并且在海外华侨华人群体中也烙下永久的历史印记。①

南洋地区是日军侵略的重要目标,也是华侨抗战的主战场。战争爆发后不久,新加坡即自觉组织了以郁达夫、胡愈之为首的星马文化界战时工作团,进行抗战宣传;不久又成立以陈嘉庚为主席的星洲华侨抗敌动员总会,协助英国抗战。太平洋战争爆发后,华侨积极投身太平洋战争,抗击日本入侵。日军占领东南亚后,广大华侨勇敢地拿起武器,与日军展开殊死搏斗。其中最著名的有以华侨为主、由马来亚共产党领导的马来亚人民抗日军,有国民党人组织的华侨抗日军及国民党中央海外部与英国经济作战部合作组织的"一三六部队"。马来亚人民抗日军全盛时达万余人,打死打伤日军3000—5500人,牵制日军七八万人。在菲律宾,华侨还成立了地下抗日团体——抗日反奸大同盟,菲共领导的民抗军中有支以华侨为主、以八路军和新四军命名的"四八中队",即菲律宾华侨抗日游击支队(简称"华支")。此外南洋还有国民党组织的大量抗日武装。② 在东印度群岛及越南、缅甸等地,华侨也进行了英勇的抵抗。在太平洋彼岸的美洲、澳洲大陆,广大华侨也积极行动起来,直接或间接地投身到神圣的抗日战争中去。美国华侨参战人数最多,仅在陆军服役的就有13311人,占男性华侨总数的1/5以上。总之,海外华侨在积极援助祖国抗战的同时,也为世界反法西斯战争的胜利付出了重大的牺牲,作出了不可磨灭的贡献。③

总之,30多年来对华侨与抗日战争研究的学术气氛日益活跃,学者们不囿于传统的框架,勇于开拓新的研究领域,取得了相当可喜的成果,填补了华侨史研究中的许多空白。但我们也应看到一些问题,比如华侨居住国外,研究华侨与

---

① 李盈慧:《跨越边界:华侨在中国抗战、太平洋战争中的行动和意义》,《抗日战争研究》2016年第3期。

② 黄小坚:《华侨对抗日战争的杰出贡献》,《华人华侨历史研究》1995年第3期。

③ 军事科学院军史部:《第二次世界大战史》第四卷,军事科学出版社1998年版,第763页。

抗日战争，必然有相当一部分是海外资料尤其是外文资料。然而目前许多文章和著作的史料来源局限于中文。不发掘外文资料，势必限制研究者的视野。但这些问题终究瑕不掩瑜，而且我们相信，我国对华侨与抗日战争关系的研究必定会更上一层楼，取得新的建树。

第十四章　纳粹反犹屠犹为哪般？

——关于纳粹德国反犹原因的研究[①]

从 1933 年希特勒上台开始,纳粹政权就逐步开始大规模地迫害犹太人,从经济剥削一步步发展到肉体灭绝。人类历史上的大屠杀行为屡见不鲜,针对犹太人的屠杀行为也在欧洲历史上多次出现,但像纳粹德国这样如此有针对性的、有计划性的大规模的灭绝屠杀行为还是第一次。"纳粹屠犹的唯一性是毋庸置疑的"。[②] 因此,解读纳粹反对和屠杀犹太人的原因也就成为解释这种特殊性的重要依据。

改革开放后,由于思想的解放、资料的增多以及对外学术交流的频繁,我国学界对于希特勒和纳粹德国反犹屠犹的研究也从无到有。20 世纪 80 年代中期以来,特别是进入 20 世纪 90 年代之后,对纳粹反犹原因的研究逐渐加深。"早期著述侧重于向国人介绍历史事实,到 2000 年前后,中国的纳粹大屠杀研究开始向其社会文化影响等方面深入。"[③]

第一节　关于纳粹反犹的核心动力

要进行纳粹反犹原因的研究,首先必须明确纳粹反犹的核心动力是什么。

我们往往会纠结于"纳粹反犹原因"与"希特勒反犹原因"能否一概而论的问题。确实,"纳粹反犹原因"与"希特勒反犹原因"并不能混为一谈,纳粹党是一个集体,而希特勒是一个个体。但实际上,两者又几乎没有什么区别,原因就是:希特勒是纳粹政府反犹的核心动力。"希特勒反犹"与"纳粹反犹"这两个命

---

① 本文是山东师范大学历史学院 2016 级硕士生王泽方(陕西师范大学历史学院 2019 级博士生)与本人一起完成的,特此致谢。

② 刘百陆、文畅:《"大屠杀"国际研讨会综述》,《世界历史》2006 年第 6 期。

③ 潘光:《犹太研究在中国——三十年回顾:1978—2008》,上海社会科学院出版社 2008 年版,第 27 页。

题有着一致性。这是由纳粹党的特殊性决定的。在希特勒心中，"上帝选中他来做德国新的救世主，以及为世界建立一种新的秩序。"①而对于纳粹党徒，即使是赫尔曼·戈林、戈培尔等权力要人，对希特勒也是奉为上帝一般。因此，希特勒个人的意志可以成为纳粹党、纳粹德国的国策。我国学者最早认识到这个问题的是徐新，他认为，由于"纳粹当政时期推行的反犹主义一直沿着希特勒在 20 世纪 20 年代确定的方向发展"，因此，"没有希特勒的反犹主义思想，就不会出现纳粹式对犹太人的历史大屠杀"。② 其他学者没有对希特勒是否是纳粹反犹的核心动力问题进行过探讨，但从他们的著述中，我们也能看出这种观点的蛛丝马迹。比如，朱坚劲认为，对于"犹太刽子手"希姆莱和海德里希来说，"犹太人只不过是一种由元首选定的清洗对象，无灵魂的芸芸众生。"③余斌认为"德国法西斯分子成立的纳粹党，对希特勒的思想顶礼膜拜，奉为圭臬。希特勒的种族理论，便是他们反犹屠犹的思想源泉"。④ 因此，从学者们对于"纳粹反犹原因"和"希特勒反犹原因"并不区分的描写中可以看出，对于纳粹反犹核心动力问题，我国学者基本达成一种默认：希特勒就是纳粹反犹的核心动力。换句话说：希特勒个人因素是纳粹反犹原因的最重要组成部分，或者说希特勒反犹的原因就是纳粹反犹的原因。

第二节　希特勒反犹思想形成的时间

要研究希特勒反犹的原因，我们要尽力避免"无限原因论"，即将所有可能性的反犹原因以及历来欧洲各国反犹的原因都强加在希特勒的身上。为了避免这个误区，找到希特勒反犹思想形成的起点就显得至关重要。20 世纪 90 年代我国学术界出现了探讨希特勒反犹思想形成时间的高潮。在此期间，徐新、张倩红、杨曼苏、朱坚劲、姜天明等学者对希特勒反犹思想形成原因进行了深入的分析，提出了三种观点。

---

① ［美］沃尔特·C.兰格：《希特勒的心态——战时秘密报告》，程洪雁译，中央编译出版社 2011 年版，第 30 页。

② 徐新：《反犹主义解析》，顾晓鸣主编，上海三联书店 1996 年版，第 214—215 页。

③ 朱坚劲：《600 万犹太人魂断欧罗巴——第二次世界大战中纳粹屠杀犹太人纪实》，上海人民出版社 1995 年版，第 39 页。

④ 余斌：《纳粹反犹屠犹原因初探》，《宁波师院学报》1996 年第 4 期。

1.“林兹中学时期”说(1904—1905 年)

一些学者认为,希特勒的反犹思想在他离开林兹去维也纳之前就已经形成了。这一观点在 20 世纪 90 年代比较流行。朱坚劲是最早提出这一观点的学者之一,他以希特勒童年好友古斯特·库比斯克的话为证据:“当我初次认识阿道夫·希特勒的时候,他的反犹情绪就已经表露出来了。”①认为“希特勒的反犹主义最终是在维也纳时期形成的。”②我们注意到,认同希特勒在林兹中学时期就形成了反犹思想的学者,都以库比斯克的话为依据。③ 而希特勒在林兹中学的同学沃纳·梅瑟的话也为这一观点提供了佐证:“早在 1904—1905 年的学生时代,希特勒就已经成为一个生物学上的反犹主义者了。”④这种说法有一定依据,但考虑到学者们依据“希特勒好友描述”这一根据的一致性,以及好友描述的不确定性,这种观点并未在学术界达成一致。

2.“维也纳时期”说(1909—1913 年)

更多的学者认为,希特勒的反犹思想是在 1909—1913 年间维也纳“流浪时期”形成的。因为维也纳是种族主义、反犹主义兴盛的城市,在此生活的希特勒必然深受反犹主义思潮的影响。国内学术界最早提出这一观点的是 1992 年肖汉森的《纳粹德国反犹政策的演变与原因》一文。⑤ 徐新在 1996 年出版的《反犹主义解析》中明确提出希特勒反犹思想形成于维也纳时期,他还以威廉·夏伊勒的相同观点以及希特勒在《我的奋斗》中的自述“当我离开维也纳的时候,我是个彻底的反犹主义者”来作为依据。⑥ 2000 年之后,国内学者在探究希特勒反犹原因时几乎都将其作为定论。如姚丽丽指出:“究竟受到了什么样思想的影响促使其建立了反犹世界观? 这可以追溯到他在维也纳生活的那关键的

---

① 朱坚劲:《600 万犹太人魂断欧罗巴——第二次世界大战中纳粹屠杀犹太人纪实》,上海人民出版社 1995 年版,第 7 页。

② 朱坚劲:《600 万犹太人魂断欧罗巴——第二次世界大战中纳粹屠杀犹太人纪实》,上海人民出版社 1995 年版,第 7 页。

③ 姜天明、翟立明:《600 万犹太人之死》,辽宁古籍出版社 1994 年版,第 6 页;朱坚劲:《600 万犹太人魂断欧罗巴——第二次世界大战中纳粹屠杀犹太人纪实》,上海人民出版社 1995 年版,第 7 页;张倩红:《试论希特勒的反犹政策》,《'90 中国犹太学研究总汇》,上海三联书店 1992 年版。

④ 张倩红:《试论希特勒的反犹政策》,《'90 中国犹太学研究总汇》,上海三联书店 1992 年版。

⑤ 肖汉森:《纳粹德国反犹政策的演变与原因》,《华中师范大学学报》1992 年第 3 期。

⑥ 徐新:《反犹主义解析》,顾晓鸣主编,上海三联书店 1996 年版,第 223 页。

四年。"①

3. "慕尼黑时期"说（1919 年）

一些学者提出，希特勒的反犹思想是一个逐渐深化的过程，希特勒可能在中学时代就对犹太人没有好感，在维也纳的经历也会加深他对犹太人的仇恨，但他的反犹思想定型是在慕尼黑时期。如杨曼苏认为，希特勒在维也纳时期的见闻经历加深了他对犹太人的厌恶，而只是在战后的慕尼黑时期，"希特勒的反犹观念基本定型"。② 作者所说的这种"定型"是指希特勒的反犹思想中又多了所谓"犹太—布尔什维克集团阴谋论"的因素。

由于对希特勒反犹思想形成时间认识的不同，对希特勒反犹原因的结论也就会有重大差异，而且对希特勒反犹思想形成原因的错误认识很容易导致无限原因论的产生。因此，对于希特勒反犹思想形成时间的探究会成为今后希特勒反犹问题研究的重要内容。

第三节　纳粹反犹政策与欧洲反犹传统之间的关系

众所周知，反犹主义（Anti-Semititism）是欧洲历史上反犹活动逐步发展升级的产物。欧洲的排犹反犹活动已经有两千多年的历史，屠犹则是欧洲历史上反犹传统的延续和扩大。毫无疑问，纳粹的反犹和欧洲历史上的反犹主义之间有着千丝万缕的联系。在探究纳粹反犹原因时，容易犯"无限原因论"的错误，亦即将所有可能性原因以及欧洲历史上的反犹活动都归于希特勒反犹，一个重要原因就是在纳粹反犹活动与欧洲历史上传统反犹活动的关系上没有把握得当。

在纳粹的反犹运动与欧洲历史上的反犹传统的关系上，中国学者都认同两者间存在着继承和发展扩大的联系，即：相比欧洲历史上的反犹活动，纳粹反犹活动既有继承性又有其特殊性，"纳粹反犹既是西方反犹主义发展的自然结果，又有其特定的时代文化因素。"③如李工真认为："纳粹德国的反犹主义并不是从天上掉下来的，而是德意志社会历史中反犹运动长期发展的结果。"④徐新认为，基督教教义中的反犹主义教义作为具有永恒意义的存在，日后许多的反犹言论

①　姚丽丽：《浅谈希特勒憎恨犹太人思想的由来》，《江西金融职工大学学报》2006 年第 3 期。
②　杨曼苏：《犹太大劫难——纳粹屠犹纪实》，中国社会科学出版社 1995 年版，第 11 页。
③　刘洪一：《西方反犹主义的文化分析》，《徐州师范学院学报》1995 年第 1 期。
④　李工真：《德意志帝国时期的反犹主义》，《武汉大学学报（社会科学版）》1991 年 6 期。

和思想都是"这一时期反犹言论和思想的一种延续和发展"①;为了证明纳粹德国反犹活动和历史上基督教的反犹活动的继承性,徐新还将纳粹政策和历史上基督教反犹政策排序做了一个"对比表"②,可谓严谨细致。从这个对比表中可以发现,两者无论在反犹的政策手段上还是在各种政策手段的运用顺序上,都有惊人的一致。这也进一步说明了纳粹反犹活动和欧洲历史上的反犹活动具有密切的联系性。

另外,有一部分学者在讨论两者的关系时,强调纳粹反犹活动对欧洲传统反犹活动具有绝对的继承性,指出"如果没有长期的歧视和偏见,也就不会发展到后来灭绝种族的大屠杀"。③ 而要说纳粹德国反犹运动存在特殊性,"那就是他将反犹主义的手段现代化"。④ 张倩红在《犹太文化》中将欧洲至今的反犹历史划分为三个阶段:第一阶段,"恐犹症"(Judeophobia);第二阶段,"反犹太教"(Anti-Judaism);第三阶段,"反犹主义"(Anti-Semitism)。她认为,纳粹的反犹活动就是在第三阶段中"历史上诸多反犹观念与行动""在 20 世纪得到全面的大喷发与总发泄"。⑤

总而言之,在纳粹德国的反犹活动与欧洲历史上传统的反犹活动的关系上,我国学者提出了独到的见解,也使两者的关系更加明确和清晰,这对于避免在研究过程中出现纳粹反犹"无限原因论"的问题具有积极的作用。

第四节　希特勒反犹原因与纳粹反犹运动能够掀起的原因

对于研究纳粹反犹原因时容易出现"无限原因论"的错误,除了上面提到过的,关于希特勒反犹思想形成原因的因素以及纳粹反犹与欧洲传统反犹关系的因素之外,还有两方面的原因:一是学者们将纳粹反犹可能产生的效果以及纳粹德国反犹措施产生的效果都作为纳粹反犹的主观原因;二是将希特勒反犹原因与纳粹的反犹运动能够在德国广泛掀起的原因相混淆。

---

① 徐新:《论反犹主义的开端》,《同济大学学报(人文社会科学版)》1995 年第 1 期。

② 徐新:《反犹主义解析》,顾晓鸣主编,上海三联书店 1996 年版,第 212—213 页。

③ 肖宪:《谜一般的犹太人》,中国工人出版社 2007 年版,第 172—173 页。

④ 陈林俊:《犹太未解之谜——荒漠之岩——反犹主义与阴谋论解析》,世界图书出版社 2013 年版,第 59 页。

⑤ 张倩红、艾仁贵:《犹太文化》,人民出版社 2013 年版,第 247—248 页。

希特勒十分注意德国民众是否支持自己的政策，特别是在战争爆发之前。早在维也纳时期，希特勒通过研究各大政党的活动，就已经十分清楚民众的情绪对于政治运动的意义，认为"泛日耳曼党最严重的错误在于它未能唤起群众，甚至未能了解普通人民的心理"。① 因此，希特勒上台后极其重视德国民众对其政策的反应。比如，在1937年奥地利问题上，因为检阅军队时市民的敌对态度而中途放弃检阅，决定推迟战争，原因在于他感觉民众表现出"坚决反对战争"。② 但是，当希特勒的反犹政策一步步推出的时候，德国民众表现出狂热和支持的态度。这让很多学者难以理解"为什么反犹主义在民众教养很高的德国得以再度发作"。③ 因此，这使很多学者在研究纳粹反犹原因的时候从主观、客观上逐渐偏离了反犹的核心动力，转而重视广大群众的反犹原因或者是反犹的社会基础等因素。这也是出现"无限原因论"的最主要原因。目前，我国学术界"无限原因论"问题比较明显。因此，区分纳粹反犹原因和纳粹的反犹运动能够掀起的原因就显得尤为重要。中国学术界对于这个问题的研究，虽然分为注意区分两者的区别和不加区分两种态度，但始终没有学者就这一问题进行专门的论述，更没有在学术上就该问题进行过争鸣。

我国大多数学者在著述中对这种区分不做论述或者描述较为模糊，只有为数不多的学者注意到了两者的区分。林家恒在《浅谈希特勒法西斯反犹运动》一文中最早区分了驱使希特勒反犹的原因以及希特勒反犹罪恶能够得逞的原因。④ 在20世纪90年代，我们也能找到对纳粹反犹的原因和纳粹反犹活动之所以能掀起原因加以区分的著述。如在臧丕文、魏委所著的《论希特勒的反犹运动》一文中，区分了"希特勒疯狂地反对犹太人的动机"和"希特勒为什么能掀起反犹运动的狂风巨澜"。⑤ 而且，还能从20世纪90年代对纳粹反犹原因论述最好的著作之一，徐新的《反犹主义解析》里找到如何避免混淆两者的新方法：强调纳粹反犹活动的核心动力——希特勒的反犹思想。在《反犹主义解析》中，作者虽然没有在行文上区分纳粹反犹原因和纳粹反犹运动，但是却单独讨论了"希特勒反犹的原因"，着重强调了民族主义、反犹主义对希特勒的影响，使他形

①　[美]威廉·夏伊勒：《第三帝国的兴亡》，董乐山译，世界知识出版社2012年版，第22页。
②　[美]威廉·夏伊勒：《柏林日记》，张若涵译，新星出版社2007年版，第110页。
③　杨曼苏：《犹太大劫难——纳粹屠犹纪实》，中国社会科学出版社1995年版，第10页。
④　林家恒：《浅谈希特勒法西斯反犹运动》，《历史教学问题》1987年第2期。
⑤　臧丕文、魏委：《论希特勒的反犹运动》，《开封教育学院学报》1996年第1期。

成或者发展了自己的反犹思想、反犹理论。① 但进入到 2000 年之后,我国学术界已经基本看不到这种区分希特勒反犹原因与希特勒反犹运动掀起原因的观点了。

　　学者们对于两者的区分主要集中在文化和经济两个方面。不过必须明确,这两者之间可能存在重合。比如,民族主义的泛滥所造成的德国民众的种族主义狂热心态是反犹运动能够掀起的原因;但同时,如果这种思想影响并且支配希特勒的心理,那这就可能成为纳粹反犹的原因之一。徐新认为,民族主义使得很多德意志民族的人不愿意接触犹太人,使"犹太人的存在再次成为全社会厌恶、憎恨的焦点"。而同时,这种民族主义思想也是希特勒形成反犹思想的根源之一。② 学术界也有其他学者注意到了这一点。在《论希特勒的反犹运动》中,臧丕文、魏委认为,经济危机在德国造成的破坏性影响,一方面"使得濒于破产的德国小资产阶级茫然不知所措",促使纳粹反犹运动的掀起;而另一方面,经济危机使希特勒希望尽快克服经济、政治危机,所以成为了希特勒反犹的原因之一。③

　　我们区分这两种"原因"是为了避免"无限原因论"的误区,但上面提到的两种原因的重合仿佛又与区分这两种原因的初衷相悖。造成这种矛盾的原因其实还是由于我们"常常从单一的视角——奥斯维辛集中营展开",继而将所有历史的、社会的、个人的可能性原因都当作造成这一惨绝人寰的屠杀行为的必然原因。④ 也就是说,国内学术界"无限原因论"的错误已经相当严重了。当然,由于研究主体希特勒的扭曲性、他所处时代的极端性以及在那个特定环境下反犹众多"合理性"原因所造成的希特勒反犹的可能性,使得真正做到完全区分纳粹反犹原因(或者说是希特勒反犹原因)和纳粹反犹之所以掀起的原因具有极大的困难。但是我们相信,随着学术界对这种区分"反犹原因"与"反犹掀起原因"观点的接受和发展,对纳粹反犹主体动力——希特勒的进一步研究,对希特勒反犹思想形成时间的进一步确认,"无限原因论"的错误最终可以得到解决。

---

　　① 徐新:《反犹主义解析》,顾晓鸣主编,上海三联书店 1996 年版,第 215 页。
　　② 徐新:《反犹主义解析》,顾晓鸣主编,上海三联书店 1996 年版,第 213—214 页。
　　③ 臧丕文、魏委:《论希特勒的反犹运动》,《开封教育学院学报》1996 年第 1 期。
　　④ 〔德〕拉尔夫·乔治·劳埃特:《大逆转 1919——希特勒反犹背后的欧洲史》,陈艳译,陕西人民出版社 2012 年版,第 3 页。

第五节　国内学术界关于希特勒反犹原因的主要观点

改革开放以来,我国学术界在基本认同希特勒是纳粹反犹核心动力的基础上,对纳粹反犹原因的研究取得了丰富的成果,并且在主要的观点方面具有较为一致的共识。综合学术界的研究,中国学者认为,希特勒疯狂反犹主要有以下五个方面的原因。

1. 经济原因

学术界普遍认为经济原因是希特勒反犹的重要原因之一。希特勒上台之初,德国的经济由于经济危机的影响,已经十分脆弱。因此,剥削犹太人,"实现经济雅利安化"就显得刻不容缓。[①] 大多数学者认为希特勒反犹的经济目的主要有两个:一是剥削犹太人的财富,扩大军费来源;二是将犹太人的痕迹从德国经济生活中抹去。

首先,希特勒需要利用反犹措施为战争经济体制确立雄厚的物质基础。由于《凡尔赛和约》的限制,德国的陆军被限制在 10 万人,不被允许拥有空军和海军重型舰艇。希特勒上台之后,开始对德国"再武装",因此需要大量的资金。中国学者普遍认为,犹太人在德国经济中占有重要地位,"比如在金融界,势力就较大,许多大银行为犹太人所控制。"[②]犹太人仅占德国总人口的 1.5%,但是"他们的总财富却占国民经济收入的 1/16"。[③] 希特勒通过其早期的反犹措施,无论是"德国官方公布对全体犹太人处以集体罚款 10 亿马克"[④],还是"大肆侵吞犹太人的银行、企业、股票及其私人财产",都表现出赤裸裸的经济掠夺。而正是凭借对犹太人的掠夺,希特勒达到了扩大军费来源、加快德国"再武装"的进程[⑤]。

其次,希特勒反犹的另一个经济目的是要消除犹太人在德国经济生活中的痕迹。意思接近的另一种表述是:扫除犹太人在德国经济中的影响。但不同的

---

① 罗群芳、吴仪:《希特勒反对犹太人原因简析》,《襄樊学院学报》2003 年第 4 期。
② 肖汉森:《纳粹德国反犹政策的演变与原因》,《华中师范大学学报》1992 年第 3 期。
③ 余斌:《纳粹反犹屠犹原因初探》,《宁波师院学报》1996 年第 4 期。
④ 李伯杰等:《德国文化史》,对外经济贸易大学出版社 2002 年版。
⑤ 李有智:《希特勒反犹原因初探》,《淮南师范学院学报》2005 年第 5 期。

表述都指向了同一个目标"加强德国垄断资本的实力"。① 不过,中国学者对于这种目标深层目的的看法上存在着分歧。一种观点(也是大多数学者的观点)认为,这种目标深层的目的更倾向于政治需求。持这种观点的学者认为,德国垄断资产阶级与犹太资本家之间存在着尖锐的矛盾,希特勒正是看到了这一点,利用反犹来"迎合国内外垄断资产阶级的愿望"②,以换取他们的支持。另一种观点则更倾向于经济目的,认为打击犹太人的经济不仅有利于德国资本主义的发展,而且也满足了工人、下层资产阶级反对经济剥削的需要。因为犹太人在经济上过于成功,使得他们"表现得像是资本主义的发起者"一样。③ 这种经济目的强调反犹对维护德国资产阶级利益以及稳定德国经济的基础的作用。但是,如果考虑到希特勒的反犹思想和理论,我们可以推断,这种经济目标的深层原因可能还包括种族因素。因为希特勒对犹太人实施"最终解决"并不是由于反犹扩大化或者是战争受挫而临时决定的,早在 1922 年他同约瑟夫·海尔的对话中就说:"如果我真的获得权力,灭绝犹太人将是我第一个也是最重要的工作。"④可见希特勒从一开始就打算将犹太人彻底灭绝。如果说希特勒的"最终解决"政策作为对犹太人肉体上的消灭,那么抹除犹太人在德国经济中的影响很可能是意在从社会生活和经济活动中消除犹太人的痕迹,并最终达到彻底抹杀犹太民族的目的。

2. 政治原因

我国学者认为,政治原因是促使希特勒反犹的另一个重要原因之一。对于政治原因在希特勒反犹原因中的位置,学术界一直是将其作为希特勒反犹众多原因中的一项,但也有部分学者认为政治原因应该是希特勒反犹"最主要的原因"或者说"根本目的",其他原因都是为政治目的服务的。徐新是最早提出这种观点的学者之一,他在《论反犹主义的开端》一文中写道:"纳粹反犹原因是多方面的,主要是政治上的需求。"⑤还有学者认为,希特勒提出"单一魔鬼论",利用演讲夜以继日的宣传反犹,其原因是:在希特勒看来,"犹太民族和日耳曼民

---

① 肖汉森:《纳粹德国反犹政策的演变与原因》,《华中师范大学学报》1992 年第 3 期。
② 张倩红:《试论希特勒的反犹政策》,《'90 中国犹太学研究总汇》,上海三联书店 1992 年版。
③ 李工真:《德意志帝国时期的反犹主义》,《武汉大学学报(社会科学版)》1991 年第 6 期。
④ 陈林俊:《犹太未解之谜——荒漠之岩——反犹主义与阴谋论解析》,世界图书出版社 2013 年版,第 71 页。
⑤ 王林聪:《论纳粹种族主义与反犹观》,《宁夏大学学报(社会科学版)》1996 年第 4 期。

族都是他实现权力野心和争霸世界的工具"。① 据此认为政治原因是纳粹反犹的最主要原因。2000年之后，这种观点逐渐被淡化，但我们依旧能找到它的影子。桂莉、孙文沛在《希特勒反犹政策的原因论析》一文中指出："希特勒反犹的首要原因，也是最重要、最主要的原因在于，反犹和排犹是为其政治目的服务。"②而他们的出发点是，希特勒作为一个极富权术的政治家，他的措施和宣传都是为其政治目的服务。那么，希特勒反犹的具体政治目的是什么，学术界存在以下三种不同的侧重点。

大多数学者认为，希特勒反犹的政治目的是出于反苏、反共的需要。第一次世界大战结束后，在德国的巴伐利亚地区，曾经爆发德国共产党领导的暴力革命。暴动所造成的破坏使得民众对暴力革命的态度并不热情。随之而来的各种有关犹太人引发动乱以及犹太人在军队中的糟糕表现的传闻使得德国民众反犹情绪高涨，所谓的"背后暗箭说"盛极一时，希特勒"也成了'背后中了暗箭'的主要支持者"。③ "背后暗箭说"主要指很多德国士兵和民众都相信犹太人在德国军队中搞破坏活动，在背后捅了德国军队一刀。中国学者还提出了这种结论的依据：一战末期，希特勒在和战友讨论战事的时候，"硬说德国失利的原因不在于大炮少，而在于'无形敌人'的破坏，这个无形敌人就是犹太人和马克思主义者"。④ 虽然我们不能证明是否有这回事，但很多中国学者相信希特勒作为一名退役士兵会受到"背后暗箭说"的影响。不仅如此，在他当权后，他又"把马克思主义同犹太人问题等同起来，提出消灭犹太布尔什维克主义"。⑤ 学者们认为，希特勒十分敌视马克思主义，因此"出于反马克思主义的政治需要，他抓住了马克思为犹太人和大批犹太人参加无产阶级革命运动这一事实"大肆宣扬反犹、反共。⑥

一部分学者认为，希特勒反犹的政治目的是打击民主制度，加强独裁统治。值得注意的是，许多学者认为希特勒反共、反苏也有加强独裁统治的目的。如有学者提出，希特勒"反对马克思主义，反对资产阶级革命，反对犹太人与其实现

---

① 罗威编：《黑色档案》，山东书报出版社1998年版，第17页。

② 桂莉、孙文沛：《希特勒反犹政策的原因论析》，《华中师范大学学报》2010年第1期。

③ 姚丽丽：《浅谈希特勒憎恨犹太人思想的由来》，《江西金融职工大学学报》2006年第3期。

④ 杨曼苏：《犹太大劫难——纳粹屠犹纪实》，中国社会科学出版社1995年版，第8页。

⑤ 王林聪：《论纳粹种族主义与反犹观》，《宁夏大学学报（社会科学版）》1996年第4期。

⑥ 张倩红：《试论希特勒的反犹政策》，《'90中国犹太学研究总汇》，上海三联书店1992年版。

自己的专制独裁梦想在一定程度上是紧密相连的。"①但是少部分学者认为，希特勒反犹主要是出于反对欧美民主制度，而不是反对共产主义或者马克思主义。他们指出希特勒从来没有认为苏联的布尔什维克政府是民主政府，希特勒认为约瑟夫·斯大林最适合做他的对手，就是出于斯大林的独裁。因此，从这方面考虑，认为希特勒加强独裁而反犹主要出于反对欧美民主制而非布尔什维主义也是有道理的。但两种观点终究是殊途同归，即：希特勒反犹的政治目的是加强独裁统治。

还有一部分学者认为，希特勒反犹是为了"夺权"和"维稳"，学者们更多描述成"实现权力野心"和"摆脱国内的政治、经济危机"。上面提到过，在维也纳时期，希特勒已经认识到民众的情绪、支持对政治运动的重要性。张倩红和罗威都在著述中写道希特勒通过树立犹太人这个敌人来获取政治运动的成功，实现权力的野心。另外，希特勒上台初期，由于德国经济受破坏严重，他没有兑现扶持小资产阶级以及提高工人阶级福利的诺言，导致工人阶级、小资产阶级与垄断资产阶级矛盾的尖锐。所以，学者们认为希特勒通过宣传反犹主义来"转移国内阶级斗争视线"。② 同时，希特勒为了迎合国内日益增长的民族情绪和反犹情绪，利用反犹来"摆脱国内的政治与经济危机"。③

对于我国学术界大部分学者认同的观点：反犹的政治原因是出于反苏、反共的需要，我们则从另一个角度看待。不可否认，希特勒的反犹与反共之间存在着必然的联系。但是我们需要确定，对希特勒来说，"反犹为了反共"与"反共为了反犹"，哪个是他思想的主流？西方学者普遍认为希特勒敌对苏联是出于对马克思主义和犹太人的憎恨，而他在战争计划中最初把苏联作为最后的目标，以此作为他和犹太人以及"犹太人政权"的最终决斗。也就是说，他敌视苏联并且把苏联作为他与犹太人进行"最终决斗"的战场，在根本上是由于憎恨犹太人。从这个角度来看，似乎"反共为了反犹"更有道理。但国内学术界在这一问题上没有对两种观点进行区分和讨论，这也是在对希特勒反犹、反共问题的研究上需要注意的地方。

3. 军事原因

中国学者认为，军事和战争上的考虑，也是希特勒反犹的重要原因，很多学

---

① 张琼：《浅析希特勒反对犹太人的主要原因》，《甘肃高师学报》2010 年 3 期。
② 李有智：《希特勒反犹原因初探》，《淮南师范学院学报》2005 年第 5 期。
③ 臧丕文、魏委：《论希特勒的反犹运动》，《开封教育学院学报》1996 年第 1 期。

者将这种军事原因命名为"国际原因"。学者们主要从希特勒对内进行战争鼓动宣传，以及德国在占领国实施的反犹政策得出这种结论。具体来说主要有两种不同的看法。

第一种观点认为，希特勒反犹的军事原因就是对"生存空间理论"的实践。德国从刚跨入帝国主义时代就开始寻求"阳光下的地盘"，希特勒上台后继承了这种思想，而且由于《凡尔赛和约》对德国的不公平惩罚使得这种"生存空间理论"变本加厉。因此，一部分学者认为，出于经济、领土、未来人口增长等因素的考虑，"希特勒认为'唯一的出路便是实行对外扩张'，必须靠'剑'的威力去夺取生存空间。"①这种军事目的更加倾向于民族因素。这部分学者主要依据的是："随着战争的进行，反犹暴行不断升级。"②而希特勒在苏联屠杀犹太人，建立大量的无人区也是表现之一。

另一种观点认为，希特勒反犹的军事目的主要是为纳粹征服其他国家提供借口和依据。这种观点更倾向于政治性因素。从理论依据上看，希特勒宣称犹太人和斯拉夫民族是劣种种族，而作为优秀种族的日耳曼种族有对外扩张的权力。这不仅迎合了种族优越论，而且为纳粹德国的对外侵略找到了"理论依据"，"完善"了纳粹哲学。而且打出反犹的旗号更有利于促进德国国内民族团结，"最终完全否定《凡尔赛和约》，为纳粹德国征服别国土地寻找逻辑依据。"③其次，在现实外交依据上，有学者认为希特勒在犹太人问题上一直宣称犹太人问题是"国际性问题"，因此需要"国际性措施"来解决，这就"为希特勒借犹太问题干涉欧洲诸国内政提供了一种客观可能性。"④学者们认为希特勒干涉西班牙内战、借犹太问题向苏联发动宣传攻势以及向日本、匈牙利等盟国施加外交压力是很好的表现。

4. 思想文化原因

中国学者普遍认为，思想原因是希特勒反犹的最主要原因，希特勒反犹思想的形成受到了欧洲传统的各种反犹思想的影响。很多学者探讨了希特勒反犹思想的根源，但由于侧重各不相同，观点差异较大。纵观学术界的研究成果，在希特勒反犹的思想原因和反犹思想根源上，主要有以下五种观点。

---

① 张琼：《浅析希特勒反对犹太人的主要原因》，《甘肃高师学报》2010 年第 3 期。
② 肖汉森：《纳粹德国反犹政策的演变与原因》，《华中师范大学学报》1992 年第 3 期。
③ 臧丕文、魏委：《论希特勒的反犹运动》，《开封教育学院学报》1996 年第 1 期。
④ 余斌：《纳粹反犹屠犹原因初探》，《宁波师院学报》1996 年第 4 期。

第一，希特勒反犹政策的根源"涉及德意志的反犹传统、基督教社会的反犹历史"。[①] 这是我国学术界最传统的观点，认为希特勒反犹运动可以追溯到中世纪时期，强调纳粹反犹运动具有承袭性。如纪宗安、何新华在《纳粹德国排犹政策的演变及根源探析》一文中提出，纳粹反犹运动具有"独特性、唯一性"，也具有"延续性"。[②] 我们认为，这种观点的突出特点就是把希特勒的反犹运动看作是欧洲"反犹传统"影响之下的众多反犹事件中的一个具有特殊性的个例，并将这种反犹"历史传统"作为希特勒反犹的原因；这好像是说因为欧洲历史上众多国家都有反犹政策，而希特勒为了延续这种传统，也开始反犹。很明显，这一观点犯了"无限原因论"的错误。如果着重强调希特勒个人受到这种根深蒂固的反犹观念的影响，则可以将这一原因作为希特勒反犹的个人情感原因。此外，还有学者提出，这种对基督教反犹传统的继承，是为了"取得拥亿万教徒的罗马天主教廷的支持"。[③] 这已经有些偏重政治目的了。如果我们稍做分析就会发现，这种观点成立的前提有两个：首先，罗马天主教廷在现代国际关系上对引导民众舆论发挥着重大的作用，因为这种观点在潜意识中将纳粹对基督教的需求放在外交和国际关系领域；其次，假设前者成立，希特勒还必须认识到这一点。由于两个前提似乎都不成立，所以，这种观点在我国学术界也只是昙花一现的个例。

第二，种族主义是希特勒反犹的重要思想根源。这一观点在学术界几乎达成了共识。希特勒在《我的奋斗》中大量的自述也似乎直接证明了这一观点。在 20 世纪 90 年代，徐新、杨曼苏等学者对希特勒的种族主义思想根源进行了深入的探究，都强调种族主义思想对希特勒反犹思想的形成具有重要作用，并且在希特勒种族主义思想形成时间以及来源等方面基本达成一致。在中国学者看来，理查德·瓦格纳和张伯伦等人无疑是希特勒种族主义思想形成的重要"导师"，其中张伯伦的影响最大。如徐新认为"对希特勒影响最大的还是张伯伦的种族主义著作《十九世纪的基础》"；[④] 杨曼苏也在著述中表达了同样的观点——"其中对他影响最大的是张伯伦"。[⑤] 在 2000 年之后，希特勒种族主义思想是他反犹的重要思想根源这一观点被大多数学者所接受。值得一提的是，有

---

①　徐新：《纳粹屠犹研究在中国》，《河南大学学报》2006 年第 6 期。

②　纪宗安、何新华：《纳粹德国排犹政策的演变及根源探析》，《暨南学报》2003 年第 3 期。

③　臧丕文、魏委：《论希特勒的反犹运动》，《开封教育学院学报》1996 年第 1 期。

④　徐新：《反犹主义解析》，顾晓鸣主编，上海三联书店 1996 年版，第 221 页。

⑤　杨曼苏：《犹太大劫难——纳粹屠犹纪实》，中国社会科学出版社 1995 年版，第 6 页。

学者从"种族灭绝计划是经过周密安排的"角度出发,提出种族优越论已经超出了希特勒个人情感的范围,希特勒的种族优越论已经是出于"理性"而非"感性"。① 这种思想也是值得进一步研究的。而且,这种观点是我们区分希特勒反犹思想根源和个人情感原因的重要依据,我们将在下面进行论述。

第三,泛日耳曼民族主义是希特勒反犹的思想原因之一。泛德意志民族主义思想在希特勒脑海中可谓根深蒂固,出生在德、意边境的他一直宣扬德、奥的统一。学者们认为,希特勒很小就深受民族主义思想的影响。希特勒儿时挚友古斯特·库比斯克曾说希特勒的父亲是"著名的泛日耳曼主义者和反闪米特主义者——乔治·凡·希耐勒的一位追随者"。② 另外,"希特勒传记作家约翰·托兰在书中记述了希特勒少年时受泛德意志主义影响的一些例子,如他给同学讲波尔战争"。③ 学者们通过这些例子来证明希特勒从小就受到了泛日耳曼主义思想的影响。而正是这种民族主义思想,"其背后隐藏着强烈的反犹主义"④最终成为了希特勒反犹主义的思想根源之一。

第四,《犹太人贤士议定书》的影响。19 世纪、20 世纪之交,一股所谓"犹太人的国际阴谋"的说法盛极一时,而作为其最大"证据",《犹太人贤士议定书》也广泛宣传。《犹太人贤士议定书》也被译为《锡安长老会议议定书》(The Protocols of the Learned Elders Meeting of Zion),已经基本可以认定是伪造的。但在当时,它确实掀起了轩然大波,因为书中描述的场景似乎一一应验。正如亨利·福特所言:"我关心《议定书》的唯一原因,是它们与正在发生的一切相符合。"⑤我国学者将一本书作为纳粹反犹的原因之一,可见这本书对于希特勒、对于当时的世人反犹思想影响的程度。最早将《犹太人贤士议定书》作为希特勒反犹原因之一的是徐新,他认为希特勒在《我的奋斗》中的反犹理论和《犹太人贤士议定书》中的反犹理论如出一辙,存在很明显的照搬现象。因此他提出:"在谈论希特勒反犹思想形成过程中,还必须提到著名的反犹小册子《犹太人贤士议定书》的巨大影响。"⑥陈林俊则从反犹主义阴谋论的角度出发,指出《犹太

---

① 李伯杰等:《德国文化史》,对外经济贸易大学出版社 2002 年版。
② 姜天明、翟立明:《600 万犹太人之死》,辽宁古籍出版社 1994 年版,第 6 页。
③ 徐新:《反犹主义解析》,顾晓鸣主编,上海三联书店 1996 年版,第 216—217 页。
④ 徐新:《反犹主义解析》,顾晓鸣主编,上海三联书店 1996 年版,第 218 页。
⑤ 陈林俊:《犹太未解之谜——荒漠之岩——反犹主义与阴谋论解析》,世界图书出版社 2013 年版,第 12 页。
⑥ 徐新:《反犹主义解析》,顾晓鸣主编,上海三联书店 1996 年版,第 223 页。

人贤士议定书》是希特勒两大思想根源之一:"从思想根源上,有两大因素深深地影响了希特勒对犹太人的憎恨……另一因素就是这本《议定书》。"①

第五,还有少部分学者认为,由于德国文化特性,德国思想一直存在非理性因素。因此,在德国很容易找到思想文化上用非理性代替科学的信仰。但由于持这一观点的学者没有强调德国这一思想文化特性对希特勒的影响,因此,这种观点也步入了"无限原因论"的误区。

5. 希特勒个人情感原因

部分学者认为,希特勒个人情感原因是希特勒反犹的另一个重要的原因。在这里,我们先解释一下这里所说的情感原因与思想原因有何不同。上文曾提到过,有学者认为希特勒把自己的反犹思想当作一种"理性"。这一点,希特勒自己也这么认为,他说"他的反犹主义是基于对'现实'的认识"。② 当然,这很大程度上是由于社会达尔文主义等理论使得"19 世纪后期和 20 世纪初期,欧洲的反犹主义披上了一层'科学'的外衣",③已经是一种比较普遍的社会现象了。而这种所谓的"理性""非理性"就是我们区分希特勒思想根源与个人情感原因的依据。也就是说,希特勒认为是出于自己"理性"的,我们将其视为是希特勒反犹的思想根源;而希特勒自己没有注意到的自己的"非理性"的情感、心理因素,包括学者们认为的病态心理因素,我们将其视为他反犹的个人情感原因。通过这种方式,我们对近三十年来中国学者关于希特勒思想、情感上反犹原因就能有更加清楚的认识。

与政治原因一样,学者们对于希特勒个人情感、心理因素在其反犹原因中的地位也有分歧。20 世纪 90 年代,中国学者大都对这种情感、心理原因持不屑一顾的态度,普遍认为从心理学方面阐释希特勒反犹原因并不严谨,就算可以作为希特勒反犹原因,充其量也只是一个方面。④ 进入 21 世纪,大多数学者仍然认为,与经济、政治原因一样,希特勒个人思想情感因素是希特勒反犹的重要原因之一,并无特殊性。但也有一小部分学者非常重视希特勒反犹的心理原因。如杨海

---

① 陈林俊:《犹太未解之谜——荒漠之岩——反犹主义与阴谋论解析》,世界图书出版社 2013 年版,第 72 页。

② 杨曼苏:《犹太大劫难——纳粹屠犹纪实》,中国社会科学出版社 1995 年版,第 9 页。

③ 肖宪:《谜一般的犹太人》,中国工人出版社 2007 年版,第 194 页。

④ 王林聪:《论纳粹种族主义与反犹观》,《宁夏大学学报(社会科学版)》1996 年第 4 期;刘洪一:《西方反犹主义的文化分析》,《徐州师范学院学报》1995 年第 1 期。

军在 1993 年发表的《希特勒反犹原因新探》①一文中,特别强调了希特勒个人情感因素对他反犹的影响,首次将希特勒个人思想情感原因作为希特勒反犹的最重要原因。而且文中提到,希特勒把个人的不幸归结于社会不公,继而转化为对犹太人的仇视;以及将奴役其他民族作为自己心理的满足。作者虽然没有直接提出,但行文中暗含希特勒个人心理"投射"因素是他反犹的重要原因。因此,我们认为这篇文章在我国研究希特勒反犹原因问题上是一个重要的进步。进入新世纪,这种思想有一定承袭,如姚丽丽在《浅谈希特勒憎恨犹太人思想的由来》一文中,提出"促使希特勒灭犹的原因是复杂的,但主要是因为希特勒在思想上对犹太人的无比憎恨"。② 也强调希特勒个人思想情感原因是希特勒反犹最重要的因素。

中国学者对促使希特勒反犹的个人思想情感方面的研究和论述相当丰富,主要有以下三种观点。

第一种观点认为,希特勒反犹的心理动机是:作为一名奥地利出生的"非德国人"的德国元首,他为了迎合国内高涨的反犹情绪和民族主义情绪,"将自己打扮成一个日耳曼民族斗士"来巩固自己的政治地位。③ 持这种观点的只是个别学者。

第二种观点认为,希特勒反犹的个人情感原因受到了传统基督教反犹原因的影响。这包括犹太人间接杀死了耶稣,犹太人放高利贷和敛财等。但是我们认为,这种观点的前提必须是希特勒是一个基督徒。虽然希特勒刚出生时,便接受了洗礼,但事实上他并不是一个诚心的基督徒,他甚至瞧不起基督教。因此,在学术界,这种观点几乎无人呼应。

第三种观点,也是学术界最普遍的观点,认为希特勒反犹的思想原因源于希特勒的个人情感好恶,或者进一步说是由于他对犹太人的强烈、扭曲的憎恨。与上文所说种族优越论、极端民族主义等思潮对希特勒造成憎恨犹太人的心理不同,持这种观点的学者更注重社会状况、个人经历等原因对希特勒造成的心理影响,使他把不满"投射"到犹太人的身上。学者们认为,希特勒"以个人意志为中心,以个人的经历和好恶判断一切",④因此他需要用奴役、压迫其他民族来使失衡的心理得到满足。希特勒早期的生活并不顺利,尤其是在维也纳时期,住廉价

---

① 杨海军:《希特勒反犹原因新探》,《河南师范大学学报》1993 年第 3 期。

② 姚丽丽:《浅谈希特勒憎恨犹太人思想的由来》,《江西金融职工大学学报》2006 年第 3 期。

③ 臧丕文、魏委:《论希特勒的反犹运动》,《开封教育学院学报》1996 年第 1 期。

④ 杨海军:《希特勒反犹原因新探》,《河南师范大学学报》1993 年第 3 期。

旅馆,而且经常光顾施粥站,生活十分落魄。而他并没有把原因归结于自己的懒散,而是"把个人的不幸,归结于社会的不公,把对现实社会的不满,转化为对犹太人的仇视"。①进而采用灭绝犹太人的方式来宣泄对犹太人的不满。个人不幸对希特勒造成的心理和世界观的影响主要有两点:一个是让他越来越相信所谓"社会达尔文主义",认为人类社会同样也适合弱肉强食、适者生存的准则;二是使他对现实社会更加失望,进而产生了报复社会的潜在动因。但学者们论述这种观点时,对希特勒为什么会选择犹太人作为主要的报复对象没有过多探讨,这是一个遗憾。可能是学者们已经潜意识里认同那个时代各种社会思潮引导希特勒对犹太民族下手的观点。

近年来,有学者对这种观点提出了异议。他们指出,希特勒作为一个杰出的政治家,"决不会单纯以个人好恶来决定其政治意图或改变其政治方向。"②从马克思主义唯物史观来看,这一反对观点无疑是正确的。希特勒毫无疑问是一个杰出的政治家,但他经常以个人意志代替理性并成为他决策的标准,这常常让他的将军们头痛不已。比如,我们很难理解希特勒对苏联全面开战以后,为什么又对美国毫无理由的宣战,让美国名正言顺地介入欧洲战争。在《极端的年代》一书中,霍布斯鲍姆认为"没有足够的理由来解释希特勒的愚蠢。尽管我们知道他一直十分明显地低估了美国的作战能力"。③可见,希特勒在如此重大事务上都会仅凭自己个人情感好恶来做出决策。在西方学术界,从希特勒心理角度入手研究纳粹德国问题已经逐渐增多,甚至已经延伸到心理疾病学。因此,我们认为国内学术界开始从希特勒个人情感好恶原因探究对其反犹政策以及其他问题的影响,这是一个大的进步。

第六节　关于纳粹反犹原因几点依据的分析

学者们在探讨希特勒反犹思想形成原因、形成时间以及思想根源时,都将两个证据作为自己观点的最有说服力的依据:其一是希特勒在《我的奋斗》中的自述,其二是希特勒儿时好友对他的描述。毫无疑问,这两个证据都是研究希特勒

---

① 杨海军:《希特勒反犹原因新探》,《河南师范大学学报》1993年第3期。
② 桂莉、孙文沛:《希特勒反犹政策的原因论析》,《华中师范大学学报》2010年第1期。
③ ［英］艾瑞克·霍布斯鲍姆:《极端的年代》,马凡、赵勇等译,江苏人民出版社2010年版,第26页。

和纳粹德国问题,特别是思想问题最直接、最有说服力的证据,而且国内外学者也大都认可这一点。比如威廉·夏伊勒所著的被称为研究纳粹德国历史最权威的著作之一的《第三帝国的兴亡》中就大量引用《我的奋斗》中的文字,并在此基础上对希特勒进行分析。我国学者在著述中也大量引用以上两个证据。

在论述希特勒反犹思想形成的时间时,20世纪90年代的学者们在论述中都不约而同地依据希特勒儿时的两位好友古斯特·库比斯克和沃纳·梅瑟的话,得出结论:希特勒反犹思想形成于去维也纳之前。到了21世纪,学者们大多都依据希特勒在《我的奋斗》中的自述,比如那句最广为人知的话:"当我离开维也纳的时候,我是个彻底的反犹主义者,是整个马克思主义世界观的死敌,我的思想是泛德意志的。"①得出的结论是希特勒反犹思想形成时间是维也纳时期。而在论述希特勒思想根源的时候,学者们最主要的依据是《我的奋斗》,几乎所有学者都会提到希特勒在《我的奋斗》中表达的思想。虽然这是国内外学术界共同认可的,也是在依据第一手史料进行探究,是十分正统和合理的方式。但对于这两种主要依据,通过对国内外关于"纳粹反犹原因"的论述进行比较,我们对这两种主要依据的合理性和准确性有不同的看法。

一是《我的奋斗》作为重要史料的合理性和选择性。国内学术界都认为希特勒是个极具"煽动性""欺骗性"的演说家,而作为他的重要宣传工具之一的《我的奋斗》,许多学者将希特勒在其中的自述作为立论的依据。这有些自相矛盾,也是说不通的。因为作为希特勒自传性质的《我的奋斗》,其内容的选择性也给它的可信度致命一击。譬如,希特勒曾因一战中表现英勇而获得过一枚一级铁十字勋章,这对一名普通士兵来说是非常难得的。以希特勒好大喜功的性格,他应该将这一"辉煌"的荣誉着重刻画;而事实正相反,他只是一笔带过。有西方学者认为是因为"让屠杀犹太人的罪魁祸首获得勋章的居然是一位犹太陆军中尉",②而这位犹太军官为了这枚许诺过的勋章苦苦游说了师长两个月。这对希特勒来说绝对是一个巨大的讽刺。而在家庭方面,他也可能出于维护自己英雄的形象而对自己的家人、身世很少提及。而希特勒后来的行为也印证了这种观点的可能性,在《希特勒家族——第三帝国的神秘家庭》一书中,沃尔夫冈·茨德拉举出大量例证,说明希特勒为了维护自己的形象和神秘性,拼命掩盖

---

① 徐新:《反犹主义解析》,顾晓鸣主编,上海三联书店1996年版,第223页。

② [德]拉尔夫·乔治·劳埃特:《大逆转1919——希特勒反犹背后的欧洲史》,陈艳译,陕西人民出版社2012年版,第17页。

自己的妹妹、侄儿的身份,甚至让妹妹保拉·希特勒更改姓氏为"沃尔夫"。因此,希特勒在书中可能出于政治目的和心理上的满足感而进行过大量不客观的描述。西方史学家拉尔夫·乔治·劳埃特在其著作中提出,希特勒在《我的奋斗》中称自己在维也纳时期就形成了反犹主义世界观,很可能是出于政治需要而标榜自己是最早的反犹斗士,其反犹思想真正的形成时间是1919—1921年慕尼黑时期。① 种种证据都对《我的奋斗》作为重要史料依据的合理性提出了挑战,而对于它的抉择又是很困难的,毕竟《我的奋斗》是研究希特勒最直接的依据。

二是希特勒儿时挚友或其他友人对他的描述的合理性。与《我的奋斗》一样,对这些描述的合理性和准确性是很难判断的。尽管希特勒的儿时挚友都认为希特勒在林兹中学时期就已经是反犹主义者了,但希特勒在维也纳时期在流浪人之家的朋友对他的描述却是另一种情况:"一位生活在流浪人之家的来自布吕恩的匿名男子说:'希特勒和犹太人相处得十分愉快,他曾说犹太民族十分智慧,也比德国人团结。'"②还有很多人也持类似说法,这种说法说明希特勒在维也纳时期还不是一个反犹主义者,虽然他可能接触到反犹主义理论。而对比希特勒"朋友们"之间截然相反的描述,留给我们的除了不解,恐怕就是对希特勒朋友对他的描述作为史料依据合理性的疑问了吧。

希特勒反犹原因的研究是研究纳粹德国反犹问题的重要组成部分。该问题研究的高度能直接影响到对纳粹德国反犹政策一系列问题的研究深度。从上述回顾来看,我国学术界对于纳粹反犹问题的研究已经取得了较为丰富的成果,对未来的深入研究提供了很好的起点。但是存在着三个方面的问题:一是观点保守,虽然个别问题上有所创新,总体上没能有根本性的突破;二是提出了不少研究该问题的新的切入点,但都未能得到很好的继承与发展;三是研究领域并不全面。我们认为国内学术界在今后对该问题的研究的发展方向上,应该注意到四点。首先,应该更加重视研究希特勒反犹思想的形成时间;其次,要尽力避免走入"无限原因论"的误区;再次,更加重视希特勒作为纳粹反犹核心动力以及希特勒个人思想情感对他个人决策的影响的研究;最后,应该认识到《我的奋斗》

① ［德］拉尔夫·乔治·劳埃特:《大逆转1919——希特勒反犹背后的欧洲史》,陈艳译,陕西人民出版社2012年版,第17页。

② ［德］拉尔夫·乔治·劳埃特:《大逆转1919——希特勒反犹背后的欧洲史》,陈艳译,陕西人民出版社2012年版,第7页。

以及希特勒友人的描述作为研究该问题的史料依据的弊端。因为作为希特勒宣传工具之一的该书，希特勒会隐瞒很多真实的东西或歪曲事实以加强它的宣传作用。他在书中隐瞒自己的家庭、身世就是很好的一个例子。而国内学术界目前已经深入以上四点中的一部分，这表明我国学术界对该问题的研究已经逐渐深入，也为未来对该问题的研究提供了很好的起点。因为纳粹反犹原因的研究直接影响到对纳粹反犹一系列问题的研究，因此，深入对该问题的研究在今后依旧是一项重要的任务。

第十五章　广岛原子弹轰炸所引发的争论

——原子弹轰炸及其作用和后果研究综述①

1945 年 8 月 6 日和 9 日,在第二次世界大战行将结束之际,美国向日本的广岛和长崎两个城市投放了原子弹。一周后,日本宣布无条件投降。

美国投掷原子弹的目的和动机如何？原子弹轰炸在日本投降问题上起了怎样的作用？它对此后的历史产生了哪些影响？围绕着这些问题,长期以来,国内外学术界进行着激烈的争鸣,存在着广泛的意见分歧。

美国是最早开始对这一问题进行研究,且研究最为深入的国家,到 1970 年,在美国形成了三种主要观点。第一种观点认为,原子弹轰炸主要是出于军事方面的考虑,它避免了对日本本土的进攻,拯救了大批美国士兵的生命,加速了战争的结束。这是美国最流行的观点,不仅代表着战后初期美国官方对使用原子弹的基本态度,也代表了这一时期大多数学者的看法,至今仍颇有市场。第二种观点认为,使用原子弹主要是政治和外交上的考虑:杜鲁门总统及其顾问把原子弹视为外交工具,试图以使用原子弹来影响美、苏力量均势,吓唬苏联,并以此阻止苏联在东欧和亚洲的扩张野心。因此美国为迫使日本投降而投放原子弹是毫无必要的,且原子弹轰炸造成了冷战的出现。第三种是 20 世纪 70 年代以来美国修正学派的观点,他们认为,使用原子弹的主要动机首先是军事上的,其次才是政治和外交的考虑。虽然他们认为决策者把使用原子弹视为能提供外交影响的政治武器,且杜鲁门政府在战后利用原子弹作为美国外交的工具,但强调这种行动只是加剧了冷战,并没有引起冷战。②

日本学者则认为,美国为迫使日本投降是没有必要使用原子弹的。使用原子弹原因有二:一是美国在研制原子弹的初期,就已确定对日使用原子弹,把它当作一种"巨大的实验";二是美国研制原子弹花费了巨资(共 20 亿美元),全国

---

①　本综述在拙文《近 20 年来中国学界的原子弹轰炸及其相关问题研究》(《日本学论坛》2006年第 1 期)基础上修改而成。

②　戴超武:《美国关于对日使用原子弹问题的研究》,《世界史研究动态》1991 年第 6 期。

只有四位领导人参与其事,以至于议会和政府长期围绕着巨额军费的去向问题而不断发生争吵。如果花费如此巨额经费研制成功的原子弹不能发挥任何效力,议会肯定要做出强烈反应。议会的强大压力也是促使政府最终决定使用原子弹的原因之一。①

苏联官方军史学认为:"无论战略上或战术上看,都没有任何必要使用原子弹。""美国使用原子弹所追求的目的主要是政治上的,而不是军事上的。美国统治集团的意图是,通过显示这种破坏力威力极大的武器来恐吓各国人民,加强自己在战后世界的军事、政治和外交地位,保证拥有对苏联的战略优势,并利用这种优势向社会主义国家施加压力。"②波兰学者也认为,美国此举不是出于军事目的,而是出于政治和外交目的。③

我国学者对这一问题的研究虽然起步较晚,但自20世纪80年代中期以来,学术界呈现出十分活跃的局面。学者们围绕着原子弹轰炸的原因、作用和影响等问题展开了热烈而深入的探讨。

第一节　关于美国使用原子弹的原因和动机

1945年7月16日,美国原子弹试爆成功后,美国军界、科技界的关键决策人(史汀生、马歇尔、奥本海默、格罗夫斯、布什等)经反复研究和论证,主张对日本使用原子弹。

美国向日本投放原子弹是20世纪世界上最大的事件之一,弄清楚为什么投放原子弹的问题,有助于剖析美国的对外政策。

对于美国使用原子弹的原因和动机,我们学者从前持有与苏联类似的观点,认为美国是为了抢夺反法西斯战争的胜利果实和进行原子讹诈。如《简明世界史》就写道:"在日本帝国主义行将崩溃前夕,美帝国主义为了抵消中苏等国人民战胜日本法西斯的国际影响,抢夺反法西斯战争的胜利果实,把它当时仅有的

---

① 《美国为什么选择日本投掷原子弹》,《世界史研究动态》1986年第8期。

② ［苏］阿奇卡索夫、普洛特尼科夫主编:《第二次世界大战史》(1939—1945年)第11卷,上海译文出版社1989年版,第266页。

③ 孙才顺:《对美国原子弹轰炸日本的再认识》,《抗日战争研究》1998年第1期。

两颗原子弹于八月六日和九日投在日本广岛和长崎,进行原子弹讹诈。"①其他许多教科书也是这样写的。② 20 世纪 80 年代以来,我国学者进行了比较深入的探讨。尽管论述和强调的重心有所区别,但综合起来,大致有以下三个方面的原因：

第一,从军事上看,加速日本投降,减少美军伤亡。

刘庭华指出,杜鲁门政府对日投掷原子弹的目的与企图之一是"加速日本军国主义的崩溃,减少美军伤亡"。③ 高芳英说是为了"尽快结束战争,减少美军伤亡"。④ 冯志伟也说"为了减少美军的伤亡,有必要对日本进行核威慑,迫使它尽快投降"。⑤ 孙才顺认为,美国对日实施原子弹轰炸首先是为了尽可能快地结束战争,以减少美军的伤亡,即出于军事上的考虑;同时反映了美国试图通过科学技术而非人力结束战争这一重要的新思想。⑥ 何三雅也认为,对日战争的残酷性和美国决策阶层大多数人主张使用原子弹,决定了"在使用原子弹的问题上,杜鲁门已没有选择的余地"。⑦

戴超武认为,使用原子弹,就美国远东军事战略而言是尽可能迅速结束战争,减少美军的伤亡;虽然美国决策者不能确认,原子弹是否能产生足够的影响使日本立即投降,但原子弹作为一种新式武器在战争中加以使用,是美国发展原子弹的战略考虑,即尽量通过科学技术而非人力结束战争。历史也证明了这一思想的重要性。⑧

王文庆进行了更加充分的论述,指出"减少美英军队伤亡,加速日本投降,这是首要目标。要充分利用原子弹爆炸所具有的惊人特征来震撼和威吓敌人"。并且引用几位二战时期的当事人的评论加强论证。史汀生认为："为了迫

---

① 北京大学历史系简明世界史编写组：《简明世界史（现代部分）》,人民出版社 1975 年版,第 243 页。

② 中山大学历史系主编：《世界简史》,广东人民出版社 1974 年版,第 418 页；黄绍湘：《美国通史简编》,人民出版社 1979 年版,第 638 页；南开大学历史系：《世界现代史》,南开大学历史系 1977 年印刷,下册第 204—205 页。

③ 刘庭华：《评美国向日本投掷原子弹》,《军事历史》1995 年第 4 期。

④ 高芳英：《美国史学界关于对日使用原子弹原因的论争》,《内蒙古大学学报》1999 年第 2 期。

⑤ 冯志伟：《美国研制原子弹的初衷与后果》,《平顶山师专学报》2002 年第 1 期。

⑥ 孙才顺：《对美国原子弹轰炸日本的再认识》,《抗日战争研究》1998 年第 1 期。

⑦ 何三雅：《广岛,该不该炸？》,《文史天地》1996 年第 1 期。

⑧ 戴超武：《美国结束太平洋战争的战略与原子弹的使用》,《世界历史》1995 年第 4 期。

使日本天皇和他的军事顾问们真正投降,就得给他们一次当头棒喝,令人信服地证明我们有力量摧毁日本帝国。"原子弹"不仅仅是一种具有惊人破坏力的武器,它还是一种心理武器"。马歇尔"十分强调这种新武器具有震撼敌人的作用"。英国军事理论家利德尔·哈特对此问题的看法是:"突如其来的震惊比旷日持久的压力能更快地产生决定性的结果。震惊使对手六神无主,压力却使他们有时间去适应。"①

第二,从国内政治上看,美国使用原子弹出于双重考虑。

一是为雪珍珠港惨败之耻。高芳英指出:"美国使用原子弹在一定程度上符合美国人民雪耻的心理。"②何三雅认为,对日战争的残酷性和美国决策阶层大多数人主张使用原子弹,决定了"在使用原子弹的问题上,杜鲁门已没有选择的余地"。因为此时日本仍在负隅顽抗。1945 年 2 月 19 日美军攻打硫磺岛,在这块被称为"绞肉机"的战场上,美军与日军厮杀近一个月之久,死 7000 余人,伤 2 万人。此后,美军每攻打一个目标,都遭到日本军队和居民的顽强抵抗,损失惨重。1945 年,美国临时议会召集军界、政界人士以及科学家联名向杜鲁门提出使用新武器的建议。尽管他仍有顾虑,并在日记中写道:"我不喜欢这个武器。"但是在使用原子弹的问题上,杜鲁门已没有选择的余地了。③

二是为向国会交代。学者们都普遍指出,曼哈顿工程建立了庞大的工业设施来进行核分裂的试验,聚集了大批尖端科技人才,花费了比任何工程都多的人力、物力。④ 而且耗费巨资的"曼哈顿计划"是在国会不知情的情况下进行的。检验一下原子弹的威力,有关当局既可向国会报告,避免国会追究政治责任,也可向国人做个交代,还可以安慰一下参加研制工作的科学家们。⑤ 因此,尽管美国内部在关于是否使用原子弹的问题上存在分歧,杜鲁门总统还是下令对日本使用原子弹。⑥

① 王文庆:《关于原子弹轰炸日本的性质和作用问题》,《世界经济与政治》1995 年第 5 期。

② 高芳英:《美国史学界关于对日使用原子弹原因的论争》,《内蒙古大学学报》1999 年第 2 期。

③ 何三雅:《广岛,该不该炸?》,《文史天地》1996 年第 1 期。

④ 高芳英:《美国史学界关于对日使用原子弹原因的论争》,《内蒙古大学学报》1999 年第 2 期。

⑤ 刘庭华:《评美国向日本投掷原子弹》,《军事历史》1995 年第 4 期;王文庆:《关于原子弹轰炸日本的性质和作用问题》,《世界经济与政治》1995 年第 5 期。

⑥ 冯志伟:《美国研制原子弹的初衷与后果》,《平顶山师专学报》2002 年第 1 期。

　　第三，从外交上和国际政治目的上看，美国使用原子弹出于多重考虑。

　　一是摧毁和单独占领日本，独吞胜利果实，并使其成为美国在亚太地区的基地。王春良指出，美国对日本使用原子弹的目的是"要以原子弹为后盾，独吞战败日本的全部胜利果实"。① 刘庭华指出，在波茨坦会议上，斯大林要求与美国共同占领日本，这使杜鲁门大伤脑筋。美国政府急于避免发生这种局面。因此，美国对日投掷原子弹早于苏联对日参战两天时间，是为了在苏联参战以前使日军丧失斗志，以达到对日本的单独占领。② 王文庆说，美国对日投掷原子弹的目的之一是"防止苏联战后插足日本事务，由美国独吞占领日本的胜利果实"。③ 孙才顺认为，从美国对日使用原子弹的决策过程来看，其政治和外交企图是显而易见的。原子弹的问世导致了美国远东战略的调整与转折，即期望通过原子弹轰炸使日本向美国投降，以实现单独占领日本，把日本变成美国太平洋防线上的前哨阵地的战略目的。杜鲁门确信，当原子弹出现在日本本土上时，日本人就将在俄国人参战前彻底失败。④ 戴超武也认为，对日使用原子弹，更重要的是体现了美国新的远东战略设想，其中对日战略的设想是：以单独占领日本为契机，把日本变成美国太平洋防线上的前哨基地。因此，使用原子弹是保证日本向美国投降，防止苏联战后插足日本，实现美国远东战略的重要前提。⑤ 高芳英也指出美国对日投掷原子弹的外交目的之一是摧毁日本，使其成为美国在亚太地区的基地，指出"美国有一种独占日本的强烈愿望，有一种企图把日本变成美国在亚太地区的经济和军事基地的愿望"。⑥

　　二是贬低苏联参战的意义，提高美国在战胜日本中的地位和作用。张继平、胡德坤指出，美国使用原子弹，目的在于"即使日本不能在苏联参战前放下武器，也可以用原子弹来贬低苏联参战的意义，而提高美国在战胜日本中的地位和作用"。⑦ 王文庆也说，美国对日投掷原子弹的目的之一是"抵制苏联出

　　① 王春良：《日本在苏对日宣战前已决定投降》，《世界史研究动态》1985 年第 6 期。
　　② 刘庭华：《评美国向日本投掷原子弹》，《军事历史》1995 年第 4 期。
　　③ 王文庆：《关于原子弹轰炸日本的性质和作用问题》，《世界经济与政治》1995 年第 5 期。
　　④ 孙才顺：《对美国原子弹轰炸日本的再认识》，《抗日战争研究》1998 年第 1 期。
　　⑤ 戴超武：《美国结束太平洋战争的战略与原子弹的使用》，《世界历史》1995 年第 4 期。
　　⑥ 高芳英：《美国史学界关于对日使用原子弹原因的论争》，《内蒙古大学学报》1999 年第 2 期。
　　⑦ 张继平、胡德坤：《第二次世界大战史》，甘肃人民出版社 1984 年版，第 634 页。

兵影响"。①

三是迫使日本在苏联参战前投降,以排除苏联在整个远东的影响。张继平、胡德坤指出,美国在日本法西斯事实上"已经被击败和准备投降"的情况下使用原子弹,"显然主要是出于政治上的考虑……迫使日本在苏联参战前投降,以排除苏联在整个远东的影响"。②

四是胁迫苏联,增强与苏联战后划分势力范围的砝码。刘庭华说,美国对日投掷原子弹是"企图以原子弹对苏联施加政治压力,迫使苏联领导人在战后世界安排问题上让步"。③ 戴超武认为使用原子弹不仅是为了"限制苏联势力在远东的扩张",同时还试图通过展示原子弹的威力,迫使苏联在战后国际问题上做出让步。在美国决策者的心目中,原子弹成为对付苏联的"锤子"和"放在门后的枪"。④ 高芳英也指出美国对日投掷原子弹的外交目的之一是胁迫苏联,说"杜鲁门决定在苏联红军产生影响之前使用原子弹结束战争,这将避免与苏联分占日本,增强美国与苏联谈判战后划分势力范围的砝码"。⑤

第二节　关于原子弹轰炸的历史作用

我国学者过去认为,原子弹轰炸是"历史悲剧",对日本投降没有发生作用,苏联对日宣战才促使日本投降。20世纪80年代以来,学术界对此问题进行了深入的研究,提出了两种截然相反的观点。

一种观点认为,原子弹轰炸是日本投降的重要因素。

王春良认为,广岛原子弹轰炸是"促使日本在这一时刻决定投降的首要因素"。⑥ 刘庭华指出"美国在广岛和长崎第一次投掷了原子弹。这对加快日本军国主义的彻底毁灭和第二次世界大战的提前结束,起了重要作用"。⑦ 这是因为,二次大战进行到1945年7月,日本虽败局已定,却仍在负隅顽抗,并制订了

---

① 王文庆:《关于原子弹轰炸日本的性质和作用问题》,《世界经济与政治》1995年第5期。
② 张继平、胡德坤:《第二次世界大战史》,甘肃人民出版社1984年版,第634页。
③ 刘庭华:《评美国向日本投掷原子弹》,《军事历史》1995年第4期。
④ 戴超武:《美国结束太平洋战争的战略与原子弹的使用》,《世界历史》1995年第4期。
⑤ 高芳英:《美国史学界关于对日使用原子弹原因的论争》,《内蒙古大学学报》1999年第2期。
⑥ 王春良:《日本在苏对日宣战前已决定投降》,《世界史研究动态》1985年第6期。
⑦ 刘庭华:《评美国向日本投掷原子弹》,《军事历史》1995年第4期。

"一亿人总玉碎"的本土作战计划。但是,1945 年 8 月 6 日美国在广岛投掷原子弹后,日本天皇在外相奏明原子弹性质、威力及广岛惨状后,于 8 月 8 日坚持必须立即停战。而东京直到 8 月 9 日晨,才从国外广播和中国长春的电讯中得知苏联对日作战的消息。因此,"广岛原子弹轰炸促使日本提前决定投降和苏联提前对日作战,从而加速了第二次世界大战的结束。"① 不管从政治上还是从军事上看,对美国总统杜鲁门来说,做出对日本使用原子弹的决策,都是把握了审时度势,恰到好处的关节点。②

另一种观点与此正好相反,认为原子弹轰炸对促使日本投降的作用是有限的。

张继平、胡德坤指出:"不可否认,从当时情况来看,美国对日本投下原子弹确实起到了加速日本法西斯投降的作用,但它并不是迫使日本法西斯投降的决定性因素。"③ 孙才顺认为,"原子弹轰炸"对日本投降的影响比美国所设想的要小得多,加之日本军部对事实真相的掩盖,使杜鲁门本人也不能不得出"日本依然没有投降的表示"的结论。④ 李嘉谷对广岛原子弹轰炸是"促使日本在这一时刻决定投降的首要因素"的说法提出了质疑,认为美国在广岛投掷原子弹后,"日本依然没有投降的表示"。而是苏联出兵对日作战,日本才感到无望,被迫投降。他指出,正面肯定原子弹轰炸是不妥当的。⑤ 王文庆也认为:原子弹对日本的轰炸则仅仅是促进日本提前决定投降和苏联提前对日宣战;苏联对日宣战又进一步促进日本加快投降的步伐,从而加速了第二次世界大战的结束。⑥ 陆玉娇也认为,原子弹轰炸"对日本统治集团的战争心理上有着重大影响和威慑。但从消灭日本法西斯,结束战争来说,这两颗原子弹确无多大的军事价值,因为它除了杀伤大量的日本和平居民和大量毁坏日本的房屋财产以外,对日本的军事力量,特别是在中国大陆的占领并未损及"。⑦

① 王春良:《论广岛原子弹轰炸的历史作用》,《世界史研究动态》1989 年第 1 期。

② 刘庭华:《评美国向日本投掷原子弹》,《军事历史》1995 年第 4 期。

③ 张继平、胡德坤:《第二次世界大战史》,甘肃人民出版社 1984 年版,第 634 页。

④ 孙才顺:《对美国原子弹轰炸日本的再认识》,《抗日战争研究》1998 年第 1 期。

⑤ 李嘉谷:《原子弹轰炸是日本法西斯投降的重要因素吗?》,《世界史研究动态》1990 年第 1 期。

⑥ 王文庆:《关于原子弹轰炸日本的性质和作用问题》,《世界经济与政治》1995 年第 5 期。

⑦ 陆玉娇:《是谁打败了日本侵略者》,《桂海论丛》1995 年第 5 期。

第三节　关于原子弹轰炸的后果和影响

原子弹轰炸的后果和影响如何？学术界有两种不同的看法。

一种看法认为，原子弹轰炸应该予以肯定。它加速了日本军国主义的投降，减少了损失。

王春良指出，"广岛原子弹轰炸促使日本提前决定投降"，第二次世界大战比美国原先估计的 1946 年 11 月 15 日左右结束，提前一年零三个月，因此减少伤亡 1300 万人口。广岛原子弹轰炸是反法西斯的民主力量对法西斯军国主义的惩罚，它带给人类的不是继续战争，而是结束战争。至于对战后美国实行原子外交讹诈以及美、苏核军备竞赛的历史评价，那是另一问题。应该确切地看到，"广岛的悲剧"从根本上说是日本军国主义者自身造成的，应该谴责的是日本军国主义，而不是惩罚军国主义者的原子弹轰炸。[①]

王文庆指出，原子弹对日本的轰炸则仅仅是促进日本提前决定投降和苏联提前对日宣战；苏联对日宣战又进一步促进日本加快投降的步伐，从而加速了第二次世界大战的结束。他认为，如果战争按照美国所推算的持续时间，美日双方将要损失 488 万人。而两颗原子弹使日本死伤共 19.6331 万人，用不到 20 万人员的损失挽救了 24.86 倍双方人员的损失和 19.76 倍日本人的损失，可见原子弹的作用对双方都有功劳，对日本的功劳要更大，因为日本还可免遭财产损失。如再加上其他战场少受的损失挽救的人数就更多了。[②]

王芳等人认为，"原子弹的使用配合了世界人民反法西斯战争，在一定程度上促成了第二次世界大战的尽早结束。""原子弹加速了日本帝国主义的投降"。原子弹研制成功，是军事科学技术的重大突破。它对于加速日本投降，鼓舞长期坚持反法西斯战争的亚洲各国人民奋起反击，及早结束战争，起了重大作用。因此，片面地强调原子弹给日本人民带来的灾难，否认它的作用，是不公道的。战争的灾难，包括日本平民的灾难，都是由日本法西斯主义带来的。及早打败日本法西斯，符合世界人民的利益也符合日本人民的根本利益。[③]

另一种看法认为，对原子弹轰炸的作用应进行一分为二的评价。认为它一

---

① 王春良：《论广岛原子弹轰炸的历史作用》，《世界史研究动态》1989 年第 1 期。
② 王文庆：《关于原子弹轰炸日本的性质和作用问题》，《世界经济与政治》1995 年第 5 期。
③ 王芳、王敏等：《原子科学的突破与世界反法西斯战争》，《文史哲》1999 年第 3 期。

方面加速了日本的投降,迅速结束了第二次世界大战,另一方面促使"冷战"的形成和升级。

凡文认为,原子弹迅速结束了第二次世界大战,也拉开了人类核灾难的序幕,它还直接导致了战后美、苏的核军备竞赛,在核威慑下形成长达几十年的世界格局。[①] 冯志伟也认为,美国研制原子弹的后果可以从正反两方面看。一方面,它加速了日本的投降,减少了美军的伤亡;另一方面,它促使"冷战"形成和升级。美国之所以敢挑起"冷战",原子弹"功不可没"。美国利用原子弹对苏采取强硬政策,恶化了美苏关系,加速了"冷战"局面的形成。在以后长达40多年的"冷战"中,美、苏都以对方为主要对手,大力开展以核武器为中心的军备竞赛,在1962年的古巴导弹危机和1973年的"十月战争"中,双方几乎走到了核战争的边缘。[②]

原子弹轰炸是否达到了美国的目的? 孙才顺指出,原子弹的问世及决定使用对美国远东战略的转变起了很重要的作用,但"原子弹轰炸"本身所显示的功效对美国远东战略的实现所发挥的影响却不是那么重要。这一点,在考察"原子弹轰炸"时也是需要加以区分的。从美国对日使用原子弹的决策过程来看,其政治和外交企图是显而易见的,但是政治和外交目的的实现是要以军事目的的实现为前提的;而且"企图"和"实际成效"并非一回事。既然"原子弹轰炸"的军事功效仅此而已,那它对美国远东战略的实现所产生的作用和影响,也就可想而知了。[③]

第四节　原子弹轰炸的正当性问题

原子弹轰炸对日本造成的损失是很大的。根据目前的官方数字,广岛这颗原子弹共造成186940人死亡,大多为平民。同时,按照美国颇具权威性的《外交事务》杂志1995年第1期所载《原子弹轰炸再检讨》一文所披露的数字,广岛和长崎两地因原子弹轰炸而死亡的总人数可能高达25万人,另加至少10万人以上伤残。国外学者尤其是美国不少学者对原子弹轰炸的必要性提出了怀疑,抨击它的非道德性。中国也有学者在这方面进行过研究,提出了自己的看法,总体

---

① 凡文:《人间地狱:结局还是开始——美国对日本使用原子弹》,《山东消防》1999年11期。
② 冯志伟:《美国研制原子弹的初衷与后果》,《平顶山师专学报》2002年第1期。
③ 孙才顺:《对美国原子弹轰炸日本的再认识》,《抗日战争研究》1998年第1期。

上认为它具有正当性。

王文庆通过对二战全局的考察,认为使用原子武器打击法西斯侵略者具有正当性、合法性、合理性和必要性。其理由表现在:第一,反法西斯战争的正义性决定了使用原子武器的正当性;第二,战后国际军事法庭对各类战犯的审讯与判决,从国际法律地位肯定了德、日所进行的是侵略战争,并且严厉惩办了战争罪犯,从而也就肯定了使用原子武器打败法西斯侵略者的合法性;第三,研制、使用原子弹的目的和动机决定了运用原子武器消灭日本军国主义的合理性;第四,原子弹轰炸后的积极作用和轰动效应,显示出原子武器使用的必要性。1945 年 8 月 6 日和 8 月 9 日,美国两颗原子弹在日本投放后,其积极作用和轰动效应立即表现出来:一是彻底动摇了日本最高统治集团的作战决心和负隅顽抗的战斗意志,立即酝酿投降事宜;二是改变了苏联政府出兵东北的时间表,提前对日宣战;苏联对日宣战又进一步促进日本加快投降的步伐,从而加速了第二次世界大战的结束。①

何三雅认为,由于大多数美国人都主张原子弹将只用作一种威慑武器而不是战斗武器,他们不希望原子弹成为大屠杀的工具。因此,美国在确定原子弹轰炸的目标时是很慎重的,做出了两项重要决定:第一,不轰炸东京,因为那里人口稠密;第二,不轰炸京都,因为京都是日本的历史名城,如果轰炸了这座城市,战后很难和日本和解。广岛和长崎之所以被选为轰炸目标,是因为那里有军工厂和军事设施。②

一些学者将原子弹轰炸与"战略轰炸"相联系,指出了原子弹轰炸的原因,进而肯定了原子弹轰炸的正当性。孙才顺指出,首先是"战略轰炸",然后才是广岛、长崎的"原子弹轰炸"。战略轰炸实施是一种"无区别攻击"的恐怖战略,那么,它与核轰炸在本质上又有什么两样? 日本军国主义也是实施这一战略的急先锋。就此战略轰炸的历史过程而言,重庆大轰炸做了东京大空袭、广岛原子弹轰炸的先鞭。从这个角度再进而言之,军国主义日本遭受原子弹轰炸也完全是咎由自取,自食其果。在二次大战中,法西斯德国和军国主义日本都曾试图制造原子弹;而美国研制原子弹的主要动因就是要赶在纳粹德国以前造出原子弹。因此,作为一种武器的原子弹的使用是"理所当然的"。从这个角度讲,首先应

---

①　王文庆:《关于原子弹轰炸日本的性质和作用问题》,《世界经济与政治》1995 年第 5 期。

②　何三雅:《广岛,该不该炸?》,《文史天地》1996 年第 1 期。

该谴责的是日本军国主义者,而不是惩罚军国主义的原子弹轰炸。① 甘阳也持有类似的看法,他指出:原子弹并不是造成"全面战争"的原因而是其结果,因为原子弹之所以会被不假思索地投在广岛,恰恰是因为在此之前轰炸平民、轰炸中心城市已经成了家常便饭,广岛核轰炸事实上只是前此一系列"全面战争"的自然延伸而已。早在广岛之前,战争中的正义原则和道德约束已经被置之不顾,惟其如此,才会有广岛的原子弹轰炸。这里当然应当指出,所谓"全面战争"无疑是由德国、日本法西斯所首先发动。日军在南京的大屠杀,正是"二战"中最早、也是最令人发指的"全面战争"行径。②

第五节　关于日本败降的决定因素——一个与 原子弹轰炸评价有关的问题

在评价原子弹对日本投降的作用时,不能不涉及苏联参战的问题和决定日本投降的因素问题。

对造成日本帝国主义无条件投降的原因,历来众说纷纭。美、苏两国政治家和官方史学都竭力为自己国家卖力,各自宣扬自己起了"决定作用"。美国大肆宣传原子弹决定论,说日本投降的决定因素是美国向广岛和长崎投下了两颗原子弹。③ 苏联最初曾指出"战争的结束是由各盟国的共同努力所取得的",但后来则强调原子弹无关论与苏联参战决定论,鼓吹"决定日本命运并加速结束第二次世界大战的,正是苏军的行动",④苏联"对完全打败日本帝国主义起了决定性作用,并加速了它的彻底失败和无条件投降"。⑤ 苏联军事史学教授弗诺特钦科甚至非常武断地说,中、英、美诸国"不可能粉碎日本的抵抗迫使其投降……最终粉碎日本侵略者之所以成为可能,完全是苏联参战的结果"。⑥ 日本人则说,他们之所以战败是因为没有准备充分。⑦ 同时,美英的一些军事领导人和理

①　孙才顺:《对美国原子弹轰炸日本的再认识》,《抗日战争研究》1998 年第 1 期。

②　甘阳:《广岛轰炸再反省》,《读书》2000 年第 8 期。

③　《毛泽东选集》(合订本),人民出版社 1968 年版,第 1136 页"注释"。

④　[苏]亚·米·华西列夫斯基:《毕生的事业》(下),生活·读书·新知三联书店 1978 年版,第 664 页。

⑤　[苏]M.B.扎哈罗夫主编:《结局》,上海译文出版社 1978 年版,第 303 页。

⑥　[苏]弗诺特钦科:《远东的胜利》,辽宁人民出版社 1979 年版,第 240—241 页。

⑦　黎秀石:《日本"无条件投降"的真相》,《四川党史》1995 年第 6 期。

论家,如尼米兹、阿纳德、贝纳德、富勒等在战后写的各种著作中表达了不同的看法:原子弹不是迫使日本投降的决定因素。① 丘吉尔也指出:"如果认为原子弹决定了日本的命运,那将是一个错误。日本的失败在第一颗原子弹投掷之前已成定局。"②曾任东南亚盟军最高指挥官的英国蒙巴顿勋爵也说"认为原子弹会停止远东战争是一个最大的错误。"③使美国更加难堪的是,西方一些将军和学者反而赞成苏联参战决定论。如陈纳德将军提出"红军参战是决定因素,即使没有原子弹也会这样"。④ 保罗·克奇克梅提在《战略投降》一书中写道:"在迫使日本最后决定直接提出投降上,苏联宣战比原子弹起了更大的作用。"⑤日本学者井上清等在《日本近代史》、远山茂树等在所著《昭和史》以及伊豆公夫在《日本小史》等著作中也都表达了类似的观点。⑥ 此外,伊豆公夫在《日本小史》一书中也曾指出过:"日本帝国主义的失败和投降,是有很多原因的,其中绵延十四年的中国人民的民族解放战争,起了决定性的作用。"⑦正因如此,使人们对这一问题的认识如陷雾中,莫衷一是。

毛泽东说"日本投降的决定因素是苏联参战",⑧同时批判了原子弹决定论,指出:"原子弹不能使日本投降。只有原子弹而没有人民的斗争,原子弹是空的。假如原子弹能够解决战争,为什么要请苏联出兵?为什么投了两颗原子弹日本还不投降,而苏联一出兵日本就投降了呢?"⑨

20世纪80年代以前,中国学者坚持毛泽东的说法,普遍认为苏联参战是日本投降的决定因素。20世纪80年代以来,中国学者对这一问题进行了深入的研究,提出了下列九种不同的看法。

---

① 中国日本史学会编:《日本史论文集》,辽宁人民出版社1985年版,第295—296页。

② [美]小查尔斯·米:《在波茨坦的会晤》,生活·读书·新知三联书店1978年版,第243页。

③ 《毛泽东选集》(合订本),人民出版社1968年版,第1136页。

④ [法]亨利·米歇尔:《第二次世界大战史》下册,商务印书馆1981年版,第423页。

⑤ [美]保罗·克奇克梅提:《战略投降》,世界知识出版社1958年版,第176页。

⑥ [日]井上清、铃木正四:《日本近代史》,商务印书馆1959年版,第599页;[日]远山茂树等:《昭和史》,生活·读书·新知三联书店1958年版,第165页;张培义:《关于苏联在日本帝国主义投降中的作用》,《山东师院学报》1980年第1期。

⑦ 蔡祖铭:《第二次世界大战史》,军事科学出版社1983年版,第180—191页。

⑧ 《毛泽东选集》(合订本),人民出版社1968年版,第1123页。

⑨ 《毛泽东选集》(合订本),人民出版社1968年版,第1133页。

1.“原子弹轰炸决定”论

王春良认为,广岛原子弹轰炸是“促使日本在这一时刻决定投降的首要因素”。① “广岛原子弹轰炸促使日本提前决定投降和苏联提前对日作战,从而加速了第二次世界大战的结束。”②同时王春良对中、美、苏三国在打败日本帝国主义过程中的作用进行了分析。他指出,说“日本投降的决定因素是苏联参战”,那是指在“投降”这一历史环节上,而并不是说消灭日本帝国主义侵略主力和在打败日本帝国主义的全过程中起决定性作用的就是苏联。中国人民的抗日战争在时间、空间上最长、最大地牵制和消耗了日本帝国主义的主要力量,做出了最大的贡献,因此中国人民的抗日战争在打败日本帝国主义侵略战争的全过程中,起着决定性的作用;太平洋战争是消耗日军有生力量仅次于中国战场的战场,因此以美国为主力的太平洋上的盟军,在打败日本帝国主义的侵略战争中,起到了第二位的重大作用;苏联之对日参战,在歼灭日本帝国主义的有生力量方面,显然大大小于中国战场和太平洋战场,它在打败日本帝国主义的全过程中,起了第三位的重要作用。“苏联对日参战,在促使日本于一九四五年八月十五日投降这一点上,可以说是‘决定因素’。但是,它是在日本帝国主义的有生力量已经基本消灭,败局已定的大前提下实现的。”③

与此同时,一些学者反对“原子弹轰炸决定”论,指出日本投降是所有参战国家长期互相配合、共同战斗的结果。就日本投降而言,则有一个过程,即从承认败局、确定结束战争的方针、准备接受投降条款到最后投降。在这个过程中,发挥作用的因素很多。原子弹轰炸和苏联参战,既不是促使日本“这一刻投降”的主要因素,更不是日本投降的决定因素,而是加速了日本投降的进程,对促使日本最后投降起了一定的作用。④

2.“苏联参战决定”论

一些学者坚持认为,苏联参战是日本投降的决定因素。冯存诚指出,苏联是“歼灭日本关东军的主力,迫使日本无条件投降,主要是苏军的参战。”⑤李嘉谷

① 王春良:《日本在苏对日宣战前已决定投降》,《世界史研究动态》1985年第6期。
② 王春良:《论广岛原子弹轰炸的历史作用》,《世界史研究动态》1989年第1期。
③ 王春良:《试论日本投降和日苏关系》,《山东师院学报》1980年第3期。
④ 杜朝伟、孙才顺:《论二战后期促使日本投降的决定因素》,《山东师大学报》1994年第4期。
⑤ 冯存诚:《苏联为战胜法西斯作出重大贡献》,《和平与发展》1995年第3期。

对广岛原子弹轰炸是"促使日本在这一时刻决定投降的首要因素"的说法提出了质疑,认为美国在广岛投掷原子弹后,"日本依然没有投降的表示"。而是苏联出兵对日作战,日本才感到无望,被迫投降。他指出,正面肯定原子弹轰炸是不妥当的。① 王芳等人认为,苏联的参战对于促进战争的尽早结束做出了不可磨灭的重大贡献。不过,这一作用更多地表现为它增加了日本的心理压力,使之走投无路,放弃幻想,而宣布投降。②

3."原子弹和苏联参战作用同等重要"论

廖兴森指出:"那些贬低原子弹的作用,甚至说它与战争的结局无关,只说'苏联参战,决定日本投降',或者反过来只说原子弹的作用,不提苏联参战的影响等等观点,都是不符合实际的。"其结论是:"在日本败局已定的前提下,美国的原子弹攻击对加速日本无条件投降起了决定性作用,苏联参战也是重要因素。"③

4."中国抗战决定"论

许多学者坚持"中国抗战决定"论。寒放指出:"中国人民的抗日战争对最后战胜日本法西斯,起了决定性的作用。"④王维远指出,"中国抗战是日本败降的决定因素"。二战期间,中国作为东方反法西斯战争的主战场,参战时间最早最长,参战人数最多,作战规模最大,作战成果显著,付出代价高昂。中国战场对其他战场也给予了重大援助和有力配合。⑤ 王文庆说,"打败日本的主要因素是中国人民的 8 年抗战。"⑥赵鸿昌也说,"中国人民的抗日战争,是消灭日军主力,是打败日本帝国主义关键所在。"⑦

5."中国人民和亚洲人民长期战争决定"论

一些学者认为,在"打败日本帝国主义的过程中,中国人民和亚洲人民长期战斗才是决定的因素。"⑧

---

① 李嘉谷:《原子弹轰炸是日本法西斯投降的重要因素吗?》,《世界史研究动态》1990 年第 1 期。

② 王芳、王敏等:《原子科学的突破与世界反法西斯战争》,《文史哲》1999 年第 3 期。

③ 廖兴森:《论二战中加速日本无条件投降的决定性因素》,《广西社会科学》1994 年第 4 期。

④ 寒放:《中国抗战的地位》,《世界知识》1995 年第 17 期。

⑤ 王维远:《中国抗战是日本败降的决定因素》,《天中学刊》1995 年第 4 期。

⑥ 王文庆:《关于原子弹轰炸日本的性质和作用问题》,《世界经济与政治》1995 年第 5 期。

⑦ 赵鸿昌:《中国抗战是打败日本的关键》,《学习》1994 年第 11 期。

⑧ 中山大学历史系主编:《世界简史》,广东人民出版社 1974 年版,第 418 页;黄绍湘:《美国通史简编》,人民出版社 1979 年版,第 638 页。

6.“反法西斯各国共同努力,中国抗战决定因素”论

蔡祖铭指出:“导致日本帝国主义无条件投降因素是多方面的:中国人民的长期抗战;东南亚各国人民的抗日斗争;全世界人民的反法西斯斗争;日本国内人民的反战斗争;西方盟国在亚太战场对日军的打击;美国对日本本土的战略轰炸;苏联出兵我国东北,消灭关东军。上述各种因素对于导致日本的最后投降都起了相当重大的作用……在打败日本帝国主义过程中,中国人民的长期抗战起了决定性的作用。”①齐世荣指出,美国投掷原子弹、苏联出兵都对日本的最后投降起了促进作用,但必须记住的历史事实是:日本在投降前已经被中国军民的连续八年大小几十万次的战斗打得奄奄一息了。作为整体的日军有如一只猛兽,使它最后毙命的可能只是一两支利箭,但如果它不是在毙命前已经满身创伤,还是会继续挣扎顽抗的。② 李巨廉、王斯德等学者说:战胜日本法西斯是许多国家和人民在亚洲太平洋战场上互相配合,共同作战的结果。朝鲜、越南、马来亚、缅甸、菲律宾、印尼、印度等亚洲各国在战胜日本法西斯的战斗中起了重要作用,盟军在太平洋战场的大反攻给日本法西斯以致命的打击,苏联出兵我国东北和朝鲜加速了日本法西斯的投降。而自始至终坚持抗日武装斗争的中国人民在打败日本法西斯的斗争中起了决定性的作用。③ 陆玉娇也认为,“迫使日本投降是由多方面的因素构成的,其中中国人民的八年抗战起了决定性作用,是迫使日本侵略者投降的主要因素”。具体表现在:第一,中国是打败日本侵略者的主要力量。不仅中国反抗日本法西斯侵略的战争,开始最早,坚持最久,牺牲最大,而且中国八年抗战消灭了敌人大部陆军主力。第二,中国抗战严重地挫伤了日本的国力元气。第三,美国投掷原子弹与苏联出兵东北是在日本侵略军的战斗部队已被深深地陷在中国战场,日本侵略者在中国战场的败局已定的情况下进行的。④

7.“日本战时经济崩溃”论

吕秀琴认为,旷日持久的中日战争已使日本帝国主义精疲力竭,法西斯德国的败灭,苏联的对日宣战,以及美国的原子弹都在不同程度上加速了日本的投

---

① 蔡祖铭:《第二次世界大战史》,军事科学出版社 1983 年版,第 180—191 页。
② 齐世荣:《中国人民抗日战争的国际环境和世界意义》,《求是》1995 年第 14 期。
③ 李巨廉、王斯德等:《中国人民抗日战争是世界反法西斯战争的一面光辉旗帜》,《华东师大学报》1985 年第 4 期。
④ 陆玉娇:《是谁打败了日本侵略者》,《桂海论丛》1995 年第 5 期。

降。但战争的最后胜败取决于进行战争的基本因素,日本侵略战争的非正义性自不必说是其失败的根据,"而经济的崩溃则是导致战争最后失败的主要原因。""日本决定投降的根本原因是其国家丧失'遂行战争之能力',日本统治者为了维持自己的统治,免于日本同德国一样的焦土命运,阻止战争破坏后可能发生的左倾革命运动,因而迅即接受无条件投降。"①

8."日本对苏外交失败"论

黄革新认为,日本投降速度之快,出乎人们预料之外,在加速日本败降的诸因素中,日本对苏交涉活动的成败,在很大程度上影响着法西斯统治集团的决策选择。事实表明,战争后期日本对苏外交的失败是促使其迅速投降的直接因素。美国的原子弹和苏联发动远东战役均给予法西斯沉重打击,对加速日本败降作出了贡献,但将原子弹和消灭关东军的作用无限夸大,说成是促使日本投降的决定性因素,显然也是不符合历史事实的。②

9."多因素决定"论

许多学者认为,促使日本投降的因素是多方面的,这些因素有:

第一,反法西斯盟国的共同努力。

张培义认为,日本帝国主义从发动侵略战争到最后投降,不是哪一个国家的力量所决定的,而是被日本帝国主义所侵略的国家共同斗争的结果;尽管各国所起的作用大小不同,但正是所有力量的汇合,共同打击,才决定了日本帝国主义必然灭亡的命运。③ 杜朝伟、孙才顺认为,日本投降是所有参战国家长期互相配合、共同战斗的结果。④ 姜桂石、黄凤志指出,反法西斯战争是全人类正义力量共同的神圣事业,打败日本是所有参战国家长期努力共同斗争的结果。日本投降是在内外交困的情况下被迫接受的。这一局面的出现是所有参战国家长期努力、共同斗争的结果,是在世界反法西斯战争取得了决定性胜利的形势下,盟国不断对日本施加压力的结果。美国在太平洋战争中的作用和贡献是巨大的,是美国在太平洋战场上的凌厉攻势给予日本法西斯致命的打击和失败的命运,迫

---

① 吕秀琴:《从日本战时经济崩溃看日本帝国主义投降的原因》,《大同高等专科学校学报》1995 年第 3 期。

② 黄革新:《对苏外交失败与日本无条件投降》,《日本研究》1996 年第 1 期。

③ 张培义:《关于苏联在日本帝国主义投降中的作用》,《山东师院学报》1980 年第 1 期。

④ 杜朝伟、孙才顺:《论二战后期促使日本投降的决定因素》,《山东师大学报》1994 年第 4 期。

使其走上了投降的道路。① 其中,中美两国人民在打败日本法西斯战争的过程中起了至关重要的作用,他们的斗争给了了日本法西斯彻底失败的命运。② 王芳等人也认为,导致日本帝国主义投降的因素,不是哪一个国家、哪一种力量单独决定的,而是各国人民共同努力的结果。中国人民的长期抗战,苏联的参战,美英军队在太平洋战场上的浴血奋战,东南亚各国及各殖民地人民的反侵略斗争等,汇成了一股强大的洪流,决定了日本法西斯的最后灭亡。原子弹的使用加快了苏联对日作战的实施,而苏联的参战,打破了日本的最后一丝幻想。多种历史因素的汇合,促成了日本投降,战争早日结束。③

第二,日本综合国力的匮乏。

王昌沛指出,长时间的伤亡使日本所拥有的军事有生力量无法继续将战争支撑下去,同时,日本政府在国际上陷于孤立,国内处境日趋困顿,因此,经济、军事、政治、外交等综合国力的匮乏使日本走向失败的坟墓,投降成为它最终不可置疑的选择。④

第三,日本本身的一系列弱点。

张世均认为,日本在第二次世界大战中失败,除了其发动非正义的侵略战争,遭到世界反法西斯人民的坚决抗击外,还有日本国土狭小、资源贫乏、劳动力严重不足、工业实力较弱、战时经济管理体制落后等经济因素。⑤

---

① 姜桂石、黄凤志:《论美国在打败日本法西斯过程中的作用》,《内蒙古民族师院学报》1996年第2期。

② 黄凤志:《日本投降的综合因素》,《内蒙古民族师院学报》1995年第3期。

③ 王芳、王敏等:《原子科学的突破与世界反法西斯战争》,《文史哲》1999年第3期。

④ 王昌沛:《略论日本国力匮乏与败降》,《菏泽师专学报》1997年第3期。

⑤ 张世均:《论日本在第二次世界大战中失败的经济因素》,《四川师大学报》2000年第4期。

第十六章 是无条件投降，还是有条件投降？

——关于日本投降方式问题的研究[①]

1945 年 8 月 15 日，日本宣布无条件投降；9 月 2 日，正式签订投降书，标志着第二次世界大战的结束。

关于日本的投降问题，是国际二战史学界研究的一个热点问题，国内外学者都存在着广泛的意见分歧。中国学者自 20 世纪 80 年代以来，加强了对这一学术问题的研究，学者们围绕着无条件投降原则的内涵、无条件投降原则的作用以及日本投降是否附加有条件等问题进行了深入的探讨和热烈的争鸣。

第一节 无条件投降原则的提出及其内涵

中国学者普遍认为，无条件投降政策是反法西斯同盟国为彻底战胜法西斯侵略国所实行的政策，它经罗斯福提出，为同盟各国接受后成为指导同盟国行动的共同准则。它的制定经历了一个酝酿发展的过程。徐康明、熊伟民、赵晓兰等学者对无条件投降政策的形成过程进行了研究，指出：早在 1942 年 5 月，罗斯福就认为，战争必须以"无条件投降"而结束，协商停战是办不到的。罗斯福在 1943 年 1 月 24 日卡萨布兰卡会议闭幕式上正式提出，"唯有彻底消灭德国和日本的战争力量，世界才能获得和平……消灭德意日的战争力量就是要德意日无条件投降。那意味着未来世界和平得到合理的保证。它并不意味着毁灭德意日的人口，但它的确意味着这些国家以征服和奴役别国人民为基础的那种哲学的毁灭。"罗斯福的主张很快得到其他反法西斯同盟国领导人的响应。这一口号提出后，虽然人们对它在促使德国投降上存在许多分歧，但在同盟国内部立刻得到积极而广泛的响应。同盟国的一系列重要文件都列入了要求轴心国无条件投

---

① 本综述在拙文《是无条件投降，还是有条件投降？——近 20 年来中国学术界关于日本投降方式问题的研究》（《许昌学院学报》2005 年第 6 期）基础上修改而成。

降的内容,从而使无条件投降政策成为整个反法西斯同盟的共同政策。①

关于无条件投降政策的目标,徐康明指出是"在军事上彻底消灭德、日、意的战争力量,在政治上彻底铲除法西斯主义和军国主义,使之不能再度发动侵略战争"。②

关于无条件投降政策的内容或内涵,学者们进行了较为充分的研究,提出了不同的看法:

熊伟民认为,"无条件投降"的内涵,主要包括两个原则:第一,"不谈判"规则,这就意味着,盟国除了对"有秩序投降"的细节问题向敌人发布指令外,不得和敌人的现有政府领导人周旋,不允许就投降问题讨价还价;第二,"不承认"或"真空"原则,就是说敌国政府的领导人物在投降以后,立即停止执行任何政治权力,而且,不承认敌国其他原有任何政党或团体可以代表战败国社会。③

赵晓兰认为,"无条件投降"的内涵主要体现在:第一,建构了同盟国对轴心国处置的基本框架,以后所有关于处置战败国的条款都由此衍生而来;第二,它实际上规定了战争的底线,成为反法西斯联盟事实上的盟约,联盟在这一原则指导下进行战争。同时,由罗斯福抢先提出这一原则,使美国抢占了同盟国内部的战略制高点,为美国战后的国际地位打下了政治基础。④

孙凤山认为,无条件投降原则应包括这样一些内容:其一,轴心国投降不得以任何条件为前提,即盟国在受降时不受任何条约和义务的约束;其二,战胜国不侵犯战败国人民"生命权、自由权和追求幸福的权利";其三,它排斥一切危害和平的政治、经济、军事内容。⑤

高建明认为,第二次世界大战期间,美国总统罗斯福提出了著名的"无条件投降"原则:"这次战争的目标可以列成这样一条简单的公式:要德国、意大利和日本无条件投降。"⑥

管建强认为,无条件投降内涵的核心是拒绝敌国提出的所有条件。根据反

————————

① 徐康明:《无条件投降政策的形成和作用》,《历史教学问题》1985 年第 4 期;熊伟民:《罗斯福与"无条件投降"原则》,《益阳师专学报》1995 年第 1 期;赵晓兰:《"无条件投降"新论》,《浙江师大学报》1999 年第 1 期。

② 徐康明:《无条件投降政策的形成和作用》,《历史教学问题》1985 年第 4 期。

③ 熊伟民:《罗斯福与"无条件投降"原则》,《益阳师专学报》1995 年第 1 期。

④ 赵晓兰:《"无条件投降"新论》,《浙江师大学报》1999 年第 1 期。

⑤ 孙凤山:《也谈日本投降的条件问题》,《安康师专学报》2000 年第 1 期。

⑥ 高建明:《论罗斯福的无条件投降原则》,《齐鲁学刊》1982 年第 2 期。

法西斯同盟国接受德、意两国投降的经验,可以得出三点结论:"第一,无条件投降不受"双边无条件"的限制;第二,同盟国向敌国提出的无条件投降并不意味着一定要摧毁投降国的国体;第三,无条件投降就是同盟国向敌国提出的具体的投降要求,而敌国不得提出任何条件,对同盟国提出的条件也不得有任何保留。"[1]

第二节 无条件投降原则的作用

"无条件投降"是第二次世界大战时期同盟国处置法西斯国家的一项重要政策。这项政策的地位如此重要和显赫,正是在其基础之上决定了轴心国的最终命运,以至于任何讨论二战结局的论著均无法回避它的影响。但是,从"无条件投降"诞生的那天起,围绕着它的争论就开始了,这种争论在冷战年代变得更为猛烈,并伴有极强的意识形态对抗色彩。在否定"无条件投降"的人中,西方一些学者说它强化了德军的抵抗心理,关上了有条件投降谈判的大门,延缓了战争的结束,丧失了外交主动权;[2]导致中东欧的局势失控,不利于西方阵营在这一地区的战略地位。[3] 苏联学者抨击"无条件投降",说它是为英美方面拖延在欧洲开辟第二战场施放的烟幕。[4] 肯定"无条件投降"的学者普遍认为,它的积极作用表现在:第一,体现了对敌人的蔑视和决心,摧毁了敌方的抵抗意志;第二,安抚苏联,鼓舞了其他抵抗运动,巩固了反法西斯同盟;第三,驱除绥靖主义幽灵,阻塞单独媾和之路。[5]

关于"无条件投降"的作用,我国学者普遍肯定了它所起的进步作用。

徐康明认为,无条件投降政策明确了反法西斯战争的目标,消除了同盟国内部少数人同敌人妥协的幻想,鼓舞了广大军民的斗志,成为团结盟友、战胜敌人

---

[1] 管建强:《驳"日本有条件投降"论》,《国际法研究》2015 年第 2 期。

[2] [美]威廉·麦克尼尔:《美国、英国和俄国——它们的合作和冲突 1941—1946》,上海译文出版社 1978 年版,第 416—421 页;[美]阿瑟·林克等:《1900 年以来的美国史》中册,中国社会科学出版社 1983 年版,第 234 页。

[3] [法]安德烈·莫合瓦:《美国史——从威尔逊到肯尼迪》,上海人民出版社 1977 年版,第293 页。

[4] [苏] C.A.戈尼昂斯基等:《外交史》第四卷(上册),生活·读书·新知三联书店 1980 年版,第 392—393 页。

[5] 赵晓兰:《"无条件投降"新论》,《浙江师大学报》1999 年第 1 期。

的有力政治武器。而且无条件投降政策目标的实现,"对促进战后世界的和平与安全,无疑具有积极的作用。"①

熊伟民认为,"无条件投降"原则的出台,对正在同法西斯斗争的各国人民是一个极大的鼓舞,对法西斯集团是一个严重的警告,对以后民主改造法西斯国家也非常有利。②

高建明认为,无条件投降原则给反法西斯盟国带来了极大的利益,对反法西斯战争的彻底胜利产生了一系列的积极影响:首先,无条件投降原则为反法西斯事业描绘的光明前景,鼓舞了同盟国家战斗到底的决心和信心,大大加强了它们的战斗力量;其次,无条件投降原则协调了同盟国家的军事、政治行动,保证了美、英、苏三大国的团结合作;最后,无条件投降打破了德国统治集团的战争幻想,加剧了其政治分化。总之,无条件投降原则推动了反法西斯战争的目标和发展,加速了战争的结束,而绝不是推迟了战争的结束。③

第三节　日本是有条件投降还是无条件投降

日本到底是无条件投降还是有条件投降? 国际史学界传统上、较普遍的看法认为,日本是按照《波茨坦公告》向反法西斯盟国无条件投降的。但也有一些国外学者持不同意见,认为日本是有条件投降。如英国军事史家利德尔·哈特在《第二次世界大战史》和美国史学家麦克尼尔在《美国、英国和俄国——它们的合作和冲突》二书中都认为日本是有条件投降。日本学者井上清在《战后日本史》等著作中也认为日本是有条件投降。④

对于日本的投降方式问题,中国学者发表了大量的文章,进行了十分激烈的争鸣,存在两种截然对立的观点。

一种意见认为,日本是无条件投降。

黄瑞云反对"美国统治集团为了战后建立世界霸权的需要","一手操纵实现了日本的有条件投降"的说法,指出:必须把日本侵略者彻底失败、被迫无条件投降,同某些国家的统治阶级为了他们卑鄙目的的改变《波茨坦公告》精神造

①　徐康明:《无条件投降政策的形成和作用》,《历史教学问题》1985 年第 4 期。
②　熊伟民:《罗斯福与"无条件投降"原则》,《益阳师专学报》1995 年第 1 期。
③　高建明:《论罗斯福的无条件投降原则》,《齐鲁学刊》1982 年第 2 期。
④　徐康明:《是无条件投降还是有条件投降》,《世界史研究动态》1985 年第 8 期。

成的某些后果截然分开。我们不能以日、美之间(或其他国家之间)关于投降问题的讨价还价,特别不能以日本统治集团内部关于所谓"保存国体"之类的哀鸣,作为立论的根据;我们只能以具有决定意义的历史事实和历史文件作为根据来做出结论。日本无条件投降的依据表现在:第一,日本侵略者在各个战场已经惨败,他们已没有任何后盾提出条件和反法西斯盟国谈判。第二,反法西斯盟国1945年7月26日发表的《波茨坦公告》明确规定,日本政府必须无条件投降。第三,1945年8月14日深夜,日本铃木内阁发表致同盟国声明:"天皇陛下准备授权并保证他的政府和帝国大本营签署为执行波茨坦公告所必须的条款。"它正式接受了《波茨坦公告》规定的条款,即无条件投降原则。第四,8月15日下午,杜鲁门宣布,日本政府"这个答复完全接受了规定日本投降的波茨坦公告,答复中没有任何保留。"第五,日本政府以后并不是单独向美国投降,而是向反法西斯各个盟国投降。①

华永正认为,日本无条件投降的理由主要是:第一,从同盟国家作战目标上看,自从中、美、英三国结盟开展反对日本侵略战争以来,最终迫使日本无条件投降的指导思想一直是非常明确的,也一直没有变。加盟的各国都一致承认,将这一指导思想作为进行此次战争的总目标。苏联于1945年8月8日宣布加入同盟时也明白无误地接受了这一点。四国间从未在此后召开过任何会议做出修改这一原则的决定,更没有公布过停止或废除这一原则的法律性文件和记录。第二,从法律上看,日本裕仁天皇亲自向全国宣读的《停战诏书》宣布:"朕已命令帝国政府通告美英中苏四国愿意接受其联合公告。"这里所说的公告,指的就是同盟国家以要求日本作无条件投降为主要内容的《波茨坦公告》,在这份诏书里,并未提出什么投降的条件。第三,从日本投降的过程看,盟国拒绝了日本通过中立国家提出的关于"不改变天皇统治国家大权"的要求。②

周军认为,无条件投降政策的确切含义可以概括为:反法西斯战争不是以讨价还价的谈判结束,而是德、意、日必须完全按照同盟国的意志交枪投降和听从处置。因此,同盟国在拟订各种投降条款时,完全以同盟国的利益为根本出发点,这就不排除接受战败国提出的符合同盟国利益的条件。如意大利投降时曾提出以加入同盟国对德作战为条件,美英苏毫不犹豫地接受了这一条件,而且一

---

① 黄瑞云:《关于日本投降是有条件的还是无条件的小议》,《湖北师院学报》1985年第4期。
② 华永正:《不是无条件投降吗?》,《安徽党史研究》1993年第6期。

致认为这与无条件投降政策精神完全一致。首先,美、英、中、苏都没有要彻底废除日本天皇制政府的意志。所以,波茨坦公告除通牒日本政府外,提出日本将来政体应"依据人民自由表达之意志成立"。其次,美、英、中、苏都没有同意日本以保留天皇制作为投降的先决条件。尽管日本提出保留天皇制,但同盟国采取拒绝日本附加投降条件,坚持波茨坦公告的立场,要求日本按同盟国的意志听从处置。日本在正式投降照会中服从了这一立场。盟国在波茨坦公告的条款上,以及在日本投降过程中,都坚持了无条件投降的原则和条款。因此,日本投降是有条件的结论不能成立。①

邱维骥认为,历史证明了日本是无条件投降。战后,出现"冷战",日本无条件投降的有些条款未能被认真履行,这是事后变化,丝毫改变不了先前的既成事实。日本无条件投降的原则与条款,至今依然是遏制日本军国主义东山再起的法律根据。②

孙凤山对以"日本无条件投降是向'所有日本武装部队要求的,并不是向日本国家要求的',保留天皇制的国体是日本向盟国投降的条件"为由的"日本有条件投降"的观点进行了反驳。指出,日本投降不是以"保留天皇制"为前提的。"保留天皇制"既没有契约在先,也没有在战后按日本的意愿兑现。在保留天皇制问题上,盟国与日本的出发点根本不同。盟国允许日本保留天皇制的实质是一种诱降政策,与日本保留天皇制的投降条件有本质的不同。战后日本能够保留天皇制,是战后国际政治的客观形势造成的。保留下来的天皇制仍然没有违背无条件投降的原则,不足以构成"有条件投降"的根据。③ 而且根据无条件投降原则的内容的"原则性来判断日本投降有条件与否,'有条件'投降的说法显然是不能成立的"。④

管建强认为《波茨坦公告》本身就包含了战后原则上维护日本国体的设想,在组织战后日本政府形式的问题上,"不存在盟国接受日本提出的任何条件的事实",认为日本以不变更天皇统治权为前提接受《波茨坦公告》观点是缺乏相关依据的。并且认为"日本不是无条件投降"的主张背离史实,同时也违背了国

---

① 周军:《关于第二次世界大战期间"无条件投降"政策的探讨》,《军事历史》1992年第4期。

② 邱维骥:《二战铁案:日本无条件投降——驳"日本是有条件投降"之说》,《历史教学》2003年第7期。

③ 孙凤山:《日本"有条件投降"质疑》,《常熟高专学报》1999年第5期。

④ 孙凤山:《也谈日本投降的条件问题》,《安康师专学报》2000年第1期。

际法常识。①

另一种意见认为,日本是有条件投降。

中国学者中,最早是由陈正飞、张继平、胡德坤、徐康明等对日本无条件投降说提出了质疑。1980年陈正飞撰文指出:"日本无条件投降,严格说来是不确实的,它是有条件的,即日本还是保留了'天皇制'。"②张继平、胡德坤在其所著的《第二次世界大战史》中指出:"波茨坦公告既没有命令日本政府接受无条件投降,更没有涉及日本天皇制法西斯制度。所谓'无条件投降'的条款只限于日本武装部队。这就清楚表明,美国要求日本政府的投降不是无条件投降,而是有条件投降,它几乎原封不动地保留了'万世一系'的天皇制度。"③徐康明在1985年撰文指出:"在反法西斯战争胜利前夕,美国统治集团为了战后世界霸权的需要,修改了对日政策,背弃了反法西斯盟国要求日本无条件投降的政策,同日本统治集团进行交易,一手操纵实现了日本的有条件投降。"④进入20世纪90年代,有更多的学者纷纷发表文章,阐述自己的类似观点。李昌华认为,"日本的投降'是以保留天皇制为条件的'。"⑤熊伟民认为,"无条件投降"原则在具体实践过程中,除了德国外,意大利和日本都不是严格地按无条件投降原则结束战争的。⑥ 延华也认为,"历史的真实是日本是有条件投降,而不是无条件投降。"⑦蔡泽军、张红也指出:"客观地回顾这段历史,不难发现,日本的投降是'有条件'的,这就是'保留天皇制'。这是美国从它的战略布局及实际利益的前提出发的结果。"⑧

谈艳萍比较了《波茨坦公告》中对德、日投降问题不同的处置方法,认为"公告只要求日本武装部队投降,却允许日本政府继续行使权力。根据公告的有关规定,日本投降后其军国主义国家机器除军部之外,绝大部分得以保留。这是违背无条件投降政策精神和公告本身关于清除日本军国主义的要求的。这与盟国不承认德国任何中央或地方政权机构,对德国实行军事占领和管制的严厉措施

① 管建强:《驳"日本有条件投降"论》,《国际法研究》2015年第2期。
② 陈正飞:《关于日本"无条件"投降》,《安徽师大学报》1980年第4期。
③ 张继平、胡德坤:《第二次世界大战史》,甘肃人民出版社1984年版,第632页。
④ 徐康明:《是无条件投降还是有条件投降》,《世界史研究动态》1985年第8期。
⑤ 李昌华:《第二次世界大战末日本酝酿投降经过》,《军事历史研究》1991年第1期。
⑥ 熊伟民:《罗斯福与"无条件投降"原则》,《益阳师专学报》1995年第1期。
⑦ 延华:《日本是有条件投降而不是"无条件投降"》,《历史教学》1995年第6期。
⑧ 蔡泽军、张红:《试析美国与日本的"有条件投降"》,《云南教育学院学报》1996年第3期。

相比，美国有意庇护以天皇为首的日本统治集团的意图是十分明显的。因此，连日本外相东乡茂德等人也认为，《波茨坦公告》实际上是建议日本有条件投降"。"美国领导人在明知日本不愿意无条件投降下，而接受了日本的有条件投降。杜鲁门政府为了美国战后的霸权需要，彻底背弃了反法西斯同盟的要求法西斯国家无条件投降的政策，美国的操纵使日本变为有条件投降。"①

　　黎秀石指出，8月12日，美国以公开广播的形式答复日本提出的"在不改变日皇体制的前提下，接受《波茨坦公告》的条件"时，要求"自投降之时起，日皇及日本政府之国家统治之权限，为实施投降条件起见，应置于采取其必要措施的盟军最高司令官限制之下"。美国这样答复就等于同意不废除日皇，而只是把他的权力受制于盟军最高统帅。这完全违反了《波茨坦公告》中两大受降条件：日本军国主义必须永久铲除，日本战犯将交付审判。日皇是三军统帅，从侵华至偷袭珍珠港，无一不是他决定进行的。日皇本来无法逃脱战争罪犯的审判。但是美国在他还没有投降前就答应他可以继续高高在上当"天皇"。而且投降书上并无"日本无条件投降"的字句，而只是写着"本代表（指受降代表）兹命令日本帝国大本营应立即对不论在任何位置之一切日本军队及在日本国支配下之一切军队之指挥官，命其本身及在其支配下之一切军队应立即无条件投降"。军队投降与国家投降两者区别很大。②

第四节　日本有条件投降的利弊

　　有些学者对日本有条件投降的后果进行了研究，指出了有条件投降的利弊得失：

　　首先，有条件投降的积极作用表现在：这种政策的实施对加速日本投降起了催化作用，同时也减少了因战争的继续给美国及盟国以及日本人民所带来的损失。③

　　其次，有条件投降的消极作用表现在：由于日本有条件投降，盟军未及时占领日本。日本统治集团利用美军进占之前的半个月左右时间，抓紧进行瓜分军

---

　　①　谈艳萍：《从〈波茨坦公告〉的策划看日本是无条件投降还是有条件投降》，《九江师专学报》1995年第4期。

　　②　黎秀石：《日本"无条件投降"的真相》，《四川党史》1995年第6期。

　　③　蔡泽军、张红：《试析美国与日本的"有条件投降"》，《云南教育学院学报》1996年第3期。

用物资和军费、自行复员军队、销毁战争罪证、镇压民主力量等活动。这些公然
违反《波茨坦公告》有关规定的非法行为,极大地妨碍了战后彻底揭露和清算日
本军国主义的侵略战争罪行。战后初期,美国占领军一面以民主化指令来迫使
日本统治集团就范,一面又保存和利用除军部之外的天皇制度及其政权机构,以
便用最小的代价实现控制日本的战略目标。美、日交易导致的日本有条件投降
及其造成的消极影响,是战后半个多世纪以来日本一直未能正确认识和深刻反
省日本军国主义侵略战争罪行的历史根源,并给少数右翼分子歪曲历史、美化侵
略以可乘之机。[①]　日本有条件投降"深深地影响了日本以后几十年的政局,并为
日本军国主义的沉渣泛起留下了隐患"。[②]

①　徐康明:《日本的"有条件投降"及其消极影响》,《日本学刊》2000 年第 2 期。
②　蔡泽军、张红:《试析美国与日本的"有条件投降"》,《云南教育学院学报》1996 年第 3 期。

第十七章 冷战虽已过去,热议依然未休

——冷战起源及其相关问题研究综述①

冷战是指二战后形成的以美国和苏联为首的东西方两大政治、军事集团之间除采取直接交战方式之外的全面对抗。东西方冷战是战后国际关系的主旋律,对世界各国乃至整个国际格局的演变产生了重大深远影响,而且其影响至今犹存。正因如此,冷战是一个极具历史价值又有现实意义的研究课题。特别是东欧剧变、苏联解体后,冷战史更成为我国国际关系史研究中的热门课题,出现了一大批研究成果。当今世界,旧的世界秩序已经被打破,新的世界秩序尚未完全建立,世界格局正朝着多极化的方向发展。在这个新旧交替的历史时期,对冷战史的研究作一个综合概述,具有特别重大的意义。

第一节 冷战的界定

徐蓝认为,冷战是指 20 世纪 40 年代中后期至 80 年代末 90 年代初,以美苏两个超级大国以及分别以它们为首的两大集团之间在政治、经济、军事、外交、意识形态、文化乃至科学技术等一切方面的既非战争又非和平的对峙与竞争状态。冷战不仅具有传统的大国利益冲突的实在内容,具有明显的地缘政治与战略特点,更以其强烈的意识形态色彩为主要特征;另外,冷战双方在进行激烈的军备竞赛特别是核竞赛的同时,又具有使美苏两国之间始终避免兵戎相见的自我控制机制。②

赵茜认为,冷战是指第二次世界大战结束以后形成的各自以苏联和美国为首的东西方两大政治、军事集团之间的紧张斗争与较量,前后持续了四十多年之久。③

---

① 本章参考了葛兆富《关于冷战起源研究概述》(《青岛大学师范学院学报》2001 年第 2 期),特此致谢。

② 徐蓝:《试论冷战的爆发与两极格局的形成》,《首都师范大学学报》2002 年第 2 期。

③ 赵茜:《美苏冷战起源的三个主要因素》,《西北第二民族学院学报》2001 年第 1 期。

第二节　冷战的起源

冷战起源的研究是冷战史研究中最为重要的课题之一。我国学者对冷战起源问题非常重视,不仅产生了一大批论著,而且于 1999 年 3 月 20 日—21 日在首都师范大学召开"冷战起源与国际关系"学术研讨会。史学界对冷战起源的研究颇为深入,看法各异,可谓仁者见仁,智者见智。归结起来,大致有以下九种看法:

一、冷战是雅尔塔体制的必然产物。这是史学界最为流行的一种观点。李华昭认为:冷战得有个前提,就是要有一条明确的地缘政治分界线,以使双方不致彼此把对方的冷战措施误解为热战行动。雅尔塔体制就提供了这样一条"从斯皮兹卑尔根……到旅顺"的分界线,因此可以说冷战乃是雅尔塔体制的必然产物。① 王真也认为,雅尔塔体制的性质是"大国安排世界","是划分势力范围","雅尔塔协定奠定了战后美苏在远东战略格局的基础,是引起美苏冷战的根源之一"。② 有人甚至认为,"雅尔塔体制就是战后美苏两个超级大国相互在第二次世界大战军事分界线对峙,进行'冷战'的体制。"

二、冷战是美国霸权主义和全球战略的产物。张宏毅、董宝才通过对二战后期和战后初期美苏为代表的两种社会制度争斗历史的分析,指出:把战后初期形成的两极体系对峙简单地归纳为雅尔塔的"大国安排世界"和"划分势力范围"体制造成的是片面的,是把复杂问题简单化了。造成冷战局势的根源是美国推行全球霸权主义,美国必须对冷战承担主要责任;而苏联的大国沙文主义错误,为美国加剧冷战局势提供了口实。③

三、冷战源于二战同盟国内部两种制度的矛盾与斗争。赵承纲认为,冷战的发生原因是多方面的,其中主要是美苏两大国在二战中留下的矛盾和二战后的现实冲突。美苏从战时结盟走向分裂,从战后的遏制推向冷战,看上去是美苏之间"霸权主义"与"大国主义"之争,实为资本主义与社会主义的一场大搏斗。④

四、冷战源于美国对苏外交政策的转变和美苏双方谋求安全利益而造成的

---

① 华庆昭:《雅尔塔体制、原子弹和冷战》,《世界历史》1991 年第 1 期。
② 王真:《雅尔塔协定与美苏战略格局》,《世界历史》1987 年第 3 期。
③ 张宏毅、董宝才:《也谈二战后初期"冷战"的责任者问题》,《历史教学》1990 年第 9 期。
④ 赵承纲:《"冷战"溯源》,《贵州师范大学学报》1994 年第 3 期。

冲突。汪波认为，美苏战后由合作走向冷战的发展过程虽然可以找出一系列的历史和现实原因，但其根源不外乎美国对苏外交政策因总统更替而带来的转变和美苏各自为谋求国家安全利益而造成的现实冲突。杜鲁门过分强调苏联与西方意识形态上的冲突，以致双方极力夸大对方为维护自身安全利益而采取的一切措施。在这种敌对情绪日益强烈的气氛中，代表世界两大阵营的美苏之间终于发展成一种不可避免的冷战状态。① 陶文钊也提出冷战源于美苏两国对本国安全的考虑。他认为，冷战既不是苏联决策者也不是美国决策者制造的；既不是苏联的革命热情也不是美国的资本主义政治经济的必然结果。冷战的发生是因为战后的国际体系使苏联和美国决策者都感到对自己不利，他们都感到自己的国家安全受到自己所不能控制的力量的威胁，而意识形态又加强了他们的受威胁感。为了对付这种威胁，他们要通过意识形态的斗争来动员国内公众对外交政策的支持，这就又扩大了意识形态的分歧。既然他们使用了意识形态的因素，他们就催化了国内政治派别的力量。这些力量一旦被动员起来，自有它们各自的势头，从而越来越限制决策者的灵活性，使他们难以摆脱冷战的驱动力。②

五、冷战源于东西方在一些问题上的剧烈冲突。康春林提出，冷战源于东西方在东欧问题上的剧烈冲突。他认为，东西方在东欧问题上的剧烈冲突是资本主义和社会主义的一场世界性冲突。东欧的地理位置和政治地理状况使它具备成为东西方矛盾焦点的客观条件，东西方领导人"安全带"思想和"防疫带"思想的对立和冲突与东欧特殊的地理位置相结合，使东欧成为冷战的焦点成为必然趋势。可以说，社会主义与资本主义两种制度的斗争是东西方在东欧问题上剧烈冲突的根本原因，冷战政策的目的主要就是要迫使苏联"撤退他们东欧的势力"，把社会主义的"范围缩小"，并且为此"开始在欧洲构筑借以隔绝共产主义世界的墙壁"。③ 陈乐民也指出，二战后东欧地区的国家建立了人民民主专政，选择了社会主义的道路，西方徒然地试图加以阻止或改变，于是东西方形成对峙之势，冷战就是从这里（东欧）开篇的。④ 李春放则提出冷战源于东西方在伊朗问题上的剧烈冲突。他认为，1946年3月的伊朗危机是战后东西方首次严重对抗。东西方冷战肇始于近东，近东冷战发端于伊朗。冷战始于东西方对近东战

①　汪波：《美苏冷战起因透析》，《安徽大学学报》1997年第6期。
②　陶文钊：《关于冷战起源的新解释》，《世界历史》1998年第2期。
③　康春林：《东西方在东欧问题上的冲突与冷战起因》，《世界历史》1990年第4期。
④　陈乐民：《战后西欧国际关系》，中国科学出版社1987年版，第46页。

略资源和战略要地的争夺，对伊朗石油的争夺点燃了冷战的导火线。最后，危机有助于西方制造冷战舆论和制定冷战政策，加速了全面冷战的来临。苏联在伊朗危机和土耳其危机中的行为"验证"了凯南的遏制理论，为全面遏制苏联的杜鲁门主义的出笼提供了依据和契机。①

六、冷战源于美苏两国的争霸。李世安认为，冷战的起源，其成因应该从时代特点，特别是美苏两国的争霸中去探讨。美苏是冷战起源的重要因素，是内因。② 李春放也指出，冷战的深层次根源是"二战"后国际政治体系的结构性矛盾，即美国的全球扩张同苏联在欧亚大陆的扩张之间的矛盾。③

七、冷战源于两种原则——门户开放原则和势力范围原则的根本性对立和冲突。王玮指出，美国恪守的门户开放原则同苏联的势力范围原则是完全相对立的两种思想和理论体系，甚至是历史上形成的两种不同的民族传统。这两个原则的冲突不仅仅推动了冷战的到来，而且是冷战的原动力，是冷战最为本质的东西。从这一认识出发可以对冷战的本质、冷战的历史地位、冷战的发展动向和冷战的结局有深刻的理解。④

八、冷战源于超级大国决策者们对战后世界形势和对方行为的误判。叶江认为，在二战结束之初，美国的决策者们把斯大林有限地扩展苏联式社会主义的行动误解为全面地推进世界共产主义革命，并因此而产生过分的反应和过激的行动，用全面遏制的方法与苏联对抗，以致最终导致美苏之间长达40余年的全面冷战。⑤

九、冷战是多种因素综合作用的结果。中国许多学者认为，冷战是多种因素综合作用的结果。学者们在其著述中有不同的表述。

白建才认为，冷战之所以爆发并持续40多年，不能简单地归结为某一两个因素，而是多种因素构成的合力作用的结果。他将冷战爆发的原因总结为四点：第一，源于以美苏为代表的两种不同意识形态及社会制度的抗争；第二，源于美苏两种不同对外战略的碰撞；第三，源于美国原子弹的面世对美国威慑力量的加

---

①　李春放：《伊朗危机与冷战的起源》，《读书》2003 年第 6 期。

②　李世安：《英国与冷战的起源》，《历史研究》1999 年第 4 期。

③　李春放：《伊朗危机与冷战的起源》，《读书》2003 年第 6 期。

④　王玮：《论冷战的历史根源》，《世界历史》2002 年第 2 期。

⑤　叶江：《斯大林的战后世界体系观与冷战起源的关系》，《历史研究》1999 年第 4 期。

强;第四,源于英国的推波助澜。①

霜木也认为,冷战的产生并不是某一方某个人的作用或过错,而是诸多因素和条件所促成的,具有历史必然性,国家利益以及由此形成的国家关系态势起着根本作用。在东西方对峙中,意识形态的对立和原子武器的威慑作用也是不应忽视的重要因素。②

徐蓝指出,考察冷战起源,不仅要考察冷战爆发的国际背景,更要考察美苏在一些根本问题上存在的巨大差异。概括地说,第二次世界大战结束后的国际形势,为冷战的爆发提供了条件;而美苏两国战略之间的激烈碰撞,以及它们依据各自的战略而制定的对外政策和行为的对立互动,则最终使冷战未能避免。③

赵茜认为,冷战是20世纪上半叶世界政治、经济、军事等方面发展的必然结果。冷战的产生是诸多因素和条件所促成的,具有某种历史必然性。和平政治与两极格局的出现、美苏国家利益相悖、意识形态的分歧成为冷战起源的三个主要因素。和平政治与两极格局的出现,为美苏的冲突创造了条件,使美苏有了相争的资本和环境,而国家利益的相悖、意识形态的分歧,使美苏在广泛的世界事务中,不可避免地发生冲突和对抗,直至冷战。④

时殷弘指出,"冷战的起源是个十分复杂的问题",导致冷战的一些重要因素是,"美苏在战时的军事合作本身就包含着冲突种子";"冷战的一个基本原因是美国政府旨在支配世界的全球主义";美国统治阶级根深蒂固的反共意识形态使其把苏联的对外政策目标视为谋求世界性扩张;美国实力在第二次世界大战中迅速膨胀,刺激了它到处扩张的欲望及遏制苏联的自信;战时苏联在租借援助和第二战场等问题上对美国的猜疑妨碍了它争取战后同美国和平共处的积极努力;苏联在波兰问题上的大国主义和民族利己主义刺激了美国政府内外的反苏情绪;在伊朗和黑海海峡问题上违反国际关系准则的做法成为美国对苏联强硬方针的一个诱因。⑤

苏格则从三个层次剖析了冷战的缘起:从国际层次上看,意识形态的差异和

---

① 白建才:《论冷战的起源》,《陕西师大学报》1995年第4期。
② 霜木:《冷战起源刍议——兼论意识形态在国际关系中的作用》,《历史研究》1999年第4期。
③ 徐蓝:《试论冷战的爆发与两极格局的形成》,《首都师范大学学报》2002年第2期。
④ 赵茜:《美苏冷战起源的三个主要因素》,《西北第二民族学院学报》2001年第1期。
⑤ 时殷弘:《美苏从合作到冷战》,华夏出版社1988年版。

战后地缘政治因素逐渐使东西方形成战略对峙，双方互感"安全威胁"；从国家层面来看，美国综合国力和核武器的优势，使美国确立了"领导世界"的国际战略并首先采取对苏强硬政策，与其有特殊关系的英国"对美苏冷战起了推波助澜的作用"；从决策者个人层面看，"政治现实主义"理论家的政策建议则是促成华盛顿选择"遏制"道路的重要因素。①

第三节　美苏英与冷战的起源——关于冷战的责任问题

对于冷战的责任问题，国际学术界看法各异，而且不同国家的学者在争论中往往带着国际政治斗争和意识形态斗争的因素。美国长期以来是国际冷战史研究的中心，美国史学界在20世纪90年代以前对冷战起源的研究大致可以分为三个主要的学派，即"正统学派"（Traditionalism）、"修正学派"（Revisionism）和"后修正学派"（Post-Revisionism）。"正统学派"主导着20世纪40年代至50年代末的冷战研究，他们基本认同美国官方关于冷战起源的观点，把发动冷战的责任者完全归咎于苏联，尽管他们在某些具体政策问题上有这样那样的保留。根据正统主义学派的看法，苏联扩张主义应对冷战的爆发负责：冷战是苏联当时利用共产主义意识形态追求领土"扩张"和"世界霸权"之结果，而美国的政策基本上是防御性的回应。从20世纪50年代末期开始，冷战研究中崭露头角的"修正学派"则坚持认为美国资本主义才是冷战的主要根源，指出美国以"贸易自由"为突出特点的经济帝国主义，使得苏联不得不采取防御性的措施，将东欧纳入其势力范围之中；杜鲁门总统及其顾问们误解了战后对美国安全威胁，美国政府故意夸大"苏联扩张的威胁"来为自己的扩张政策服务。20世纪70年代兴起的"后修正学派"根据已披露出来的档案证据重新审查正统主义学派和修正主义学派的推测和论点，在冷战起源问题上形成了所谓"后修正主义的综合"，认为应探寻导致冷战的各种具体的复杂动因。他们强调冷战是不可避免的，是两极权力平衡的必然结果，没有人应该对冷战的起源和两大体系对抗负责，或者说美苏冷战双方都有责任。② 苏联史学家则呈反向一边倒的姿态，将冷战之责任推

---

① 苏格：《美国与冷战的缘起》，《外交学院学报》1996年第4期。
② ［美］塞缪尔·沃克：《历史学家与冷战起源》，《世界史研究动态》1985年第2期；李春放：《伊朗危机与冷战的起源》，《读书》2003年第6期；戴超武：《斯大林、苏联外交与冷战的起源》，《俄罗斯研究》2013年第1期。

向美国。他们认为美国垄断资本中最富于侵略性的集团为了利用美国的经济和军事实力来确立其世界霸权，积极推行反共的政策，从而一手导演了冷战。①

改革开放之前，我国学者对此问题基本没有什么研究，完全照搬苏联方面的观点，认为美国为了称霸世界并反对共产主义的发展，对苏联等社会主义国家推行遏制政策，从而引发了冷战。② 党的十一届三中全会以来，我国学界的观点呈现出多样化的特点，提出了多种说法。

一、"美国责任"说

一些学者认为，冷战是由美国酝酿和发动的，苏联只是被动的应战者。

席来旺认为，冷战首先是由美国挑起的，它以"抵制共产主义扩张"为借口，以反苏反共为宗旨。③

张宏毅、董宝才认为，尽管二战初期苏联的对外政策存在错误甚至严重错误，但是，造成冷战紧张局势的根源却在于美国推行全球霸权主义，美国必须对冷战承担主要责任。从两大阵营形成的基本过程来看，也反映出美国是冷战的主要责任者，是冷战的"肇事者"。④

竺培芬认为，美苏之间爆发冷战绝非偶然，也非一朝一夕，而是战争后期两国在波兰问题和德国问题上利害冲突的逻辑延伸。战后美国实力雄厚，处处盛气凌人，成为冷战的发起者，而苏联则是被动应战者。⑤

二、"美苏共同责任"说

张盛发认为，"冷战"并不是美国单方面对苏联发动的，或仅仅是由美国的政策和措施引起的，而是美苏两方行为的结果。冷战是一个双向斗争过程，是双方你一拳来他一脚去这样逐渐发展起来的，是双方不同的意识形态、价值观念、社会制度和战略目标相互矛盾和冲突的结果，是双方相互遏制和相互对抗的产物。⑥

沈志恩指出，冷战并非美国"独家制造"，而是"美苏共振互动所致"，双方在

————————

① ［苏］谢沃斯季扬诺夫主编：《美国现代史纲》，生活·读书·新知三联书店 1978 年版，第 7 章第 4 节。

② 刘建飞：《从战后初期英国工党的对苏政策看冷战的起源》，《当代世界社会主义问题》1998 年第 1 期。

③ 席来旺：《丘吉尔与"冷战"起源》，《史学月刊》1985 年第 3 期。

④ 张宏毅、董宝才：《也谈二战后初期"冷战"的责任者问题》，《历史教学》1990 年第 9 期。

⑤ 竺培芬：《冷战起源浅析》，《世界史研究动态》1985 年第 2 期。

⑥ 张盛发：《论苏联在"冷战"形式中的举措》，《上海师大学报》1995 年第 1 期。

东欧、德国、黑海海峡、伊朗、东亚等问题上共振互动,"又经双方最高领导人升华"所致。[①]

　　杨铮认为,美苏在战后都打算利用时机调整和配备力量,确定势力范围,以各自为核心组建新的国际体系,因此美苏为划分势力范围而爆发了冷战。[②]

　　高明振也认为,冷战是由美苏对雅尔塔协定的不同解释引起的。[③]

　　三、"英国责任"说

　　在研究冷战起源的问题上,许多学者强调英国在冷战形成中的主动作用,认为英国是冷战的"始作俑者"。但在英国所起作用大小的问题上,存在着不同的认识。

　　一些学者认为,英国对冷战的爆发起了推波助澜的作用。

　　白建才强调英国并非扮演消极被动的美国追随者角色,而是采取一种"主动积极的对抗性政策"。[④] 英国不愿轻易丢失东欧这一传统的势力范围,但经过两次世界大战实力大为削弱,无力单独与苏抗衡,于是将希望寄托在美国身上,企图促使美国承担责任,借助美国的力量遏制苏联的扩张。[⑤] 唐沁也坚持"英国主动论",认为英国在冷战起源中的作用不能忽视,更不能低估。[⑥]

　　程佩璇、崔剑在分析战后初期英国与苏联之间矛盾和分歧的基础上,认为"英国不仅是实行对苏遏制政策的急先锋,而且是西方遏制苏联的促成者"。[⑦]

　　黄亚红也指出,英国绝不是盲目追随美国政策的"小伙伴",有着"独立的冷战政策"。早在 1946 年上半年就形成了联美反苏的冷战政策:1946 年夏季的土耳其事件就是英国这一政策的体现。英国由于自身力量不足,为抵抗苏联的扩张,确保英帝国的利益和国家安全不受苏联的威胁,必须争取美国的全面合作,于是"拉拢美国结成亲密的联盟"。美国只是由于自身的需要于 1947 年"加入冷战",并由于实力雄厚而"取得了反苏阵营的领导权"。[⑧]

---

　　① 沈志恩:《冷战源论》,《浙江师大学报》1994 年第 3 期。

　　② 杨铮:《试论均势原则与战后国际力量对比》,载中国国际关系史研究会编印:《国际关系史论文集》,1981 年版。

　　③ 高明振:《冷战起源探析》,《华中师大学报》1988 年第 2 期。

　　④ 白建才:《美苏冷战史》,陕西大学出版社 1996 年版,第 8 页。

　　⑤ 白建才:《论冷战的起源》,《陕西师大学报》1995 年第 4 期。

　　⑥ 唐沁:《东西方关于冷战问题的文本差异分析》,硕士学位论文,外交学院,2009 年。

　　⑦ 程佩璇、崔剑:《试论英国与"冷战"的起源》,《扬州大学学报》1998 年第 1 期。

　　⑧ 黄亚红:《试论英国冷战政策的形成(1944—1946)》,《世界历史》1996 年第 3 期。

另一些学者则认为,英国在冷战爆发过程中起次要作用。

司昆阳认为,冷战的进程主要是美苏两个世界性强国决定的。英国在外交上十分活跃,采取了不少主动的行动,是促使冷战局面形成的一个主要因素。英国在冷战期间确实对美政策的转变及西方军事集团的形成起了重要作用,但它作为一个"处于衰落之中的国家"和"中等国家,不具备影响全局的力量"。①

与强调英国在冷战形成中的重要作用相反,李世安则对许多人提出的英国是冷战的"始作俑者"的观点提出了质疑,认为在杜鲁门主义"出笼"之前,无论是丘吉尔政府,还是艾德礼政府都没有制定正式的冷战政策,也没有采取主动积极的对抗性政策。冷战的起源,其成因应该从时代特点,特别是美苏两国的争霸中去探讨,而不应从一个正在衰落的英国去寻找。美苏是冷战起源的重要因素,是内因,而英国所起的作用最多只是一种外因而已。英国在冷战起源中的作用被夸大了。②

刘金质也提出,不能过高估计英国在冷战起源中的作用,因为冷战是一场意识形态和实力的较量,英国本身已经走向衰落,根本没有实力同苏联对抗,所以,"英国参与了导致冷战的全部行动。英国的政策配合了美国,充当了冷战的吹鼓手和美国在冷战中的小伙计。"③

对于丘吉尔在冷战中的作用,学术界有两种观点:

一种观点认为,丘吉尔个人对冷战爆发起了重要的作用。霜木认为,虽然美苏两国是最终形成的所谓冷战的主要对手,不过,在二战后三国关系紧张过程中,历来拨弄欧洲大国关系是非的英国是最先的发难者,而丘吉尔则是所谓冷战的始作俑者。④ 席来旺指出,英国政府的态度,特别是丘吉尔长期从事的煽动,对美国发起"冷战"负有不可推卸的责任。历史证明,战后初期,不仅是美国的统治集团,英国的国务活动家,也是帝国主义对外政策的制定者。丘吉尔从事多年的煽动,特别是他的"富尔顿演说"所产生的广泛影响,就是一个很好的例证。⑤

---

① 司昆阳:《英国与冷战》,《西欧研究》1987 年第 3 期。
② 李世安:《英国与冷战的起源》,《历史研究》1999 年第 4 期。
③ 刘金质:《冷战史》下册,世界知识出版社 2003 年版,第 1571 页。
④ 霜木:《冷战起源刍议——兼论意识形态在国际关系中的作用》,《历史研究》1994 年第 4 期。
⑤ 席来旺:《丘吉尔与"冷战"起源》,《史学月刊》1985 年第 3 期。

与此相反,另一种观点认为丘吉尔在冷战起源中的作用是有限的。李世安认为,丘吉尔的"富尔顿讲演"和英国政府放弃希腊的做法是冷战史中的重大历史事件,它为美国公开其冷战政策提供了机会。但丘吉尔不可能是美苏冷战的始作俑者,他顶多只是一个美国冷战政策的传声筒或敲边鼓者。① 沈志恩认为,温斯顿·丘吉尔在美国富尔顿城威斯敏斯特学院发表的演说是他"以在野之身作的这场讲演,尚属一种思潮,并不代表任何国家"。②

另外,叶江认为,研究战后初期英国工党政府的外交政策尤其是它的对苏政策是探讨冷战起源必不可少的一环。战后英国工党政府之所以在相当短的时期内改变了对苏政策,即从决心维持英苏同盟关系,经短暂的左右摇摆迅速转向与苏全面冷战,其根本的原因在于战后衰落的英国经济和英国统治阶级长期以来政治上的反苏态度。正是由于这种经济和政治力量的作用致使本来在工党内部存在过的保持英苏联盟的设想彻底化为泡影。③

四、"美英对等责任"说

田建明认为,冷战的起源是一个错综复杂的历史过程,这一过程是多种因素综合作用的结果,而美英"特殊关系"的构建是这多种因素中具有决定性意义的一个。"似乎可以从美英两国对等责任的意义上说,美英'特殊关系'的构建在无形之中构成了有形冷战起源的决定性因素。"④

五、"苏联责任"说

在我国史学界,每每论及"冷战",几乎必提凯南的 8000 字电文,丘吉尔的"铁幕"演说,杜鲁门主义和马歇尔计划,把它们视作美国和西方国家发动冷战的证据。而对苏联方面的同样举动,则鲜有论述。这实际上是失之偏颇的。

张盛发分析了作为冷战一方的苏联在冷战形成中的举措,指出苏联对冷战的爆发同样负有不可推卸的责任。主要原因有以下几点:(1)苏联进行冷战的必然性——斯大林体制与外部世界的本能对立;(2)不合时宜的斯大林关于资本主义与战争的演说;(3)对美国持严厉批判和否定态度的诺维科夫报告;(4)冷战的重要行动——莫洛托夫计划和共产党情报局。所以张盛发认为,斯大林

① 李世安:《英国与冷战的起源》,《历史研究》1999 年第 4 期。
② 沈志恩:《冷战源论》,《浙江师大学报》1994 年第 3 期。
③ 叶江:《战后英国工党政府与冷战起源》,《史林》1991 年第 1 期。
④ 田建明:《美英"特殊关系"的构建与冷战的起源(1944—1950)》,《史学集刊》2008 年第 6 期。

演说,诺维科夫报告,莫洛托夫计划和共产党情报局,应当被视作苏联方面进行冷战的信号和措施。①

张宏毅、董宝才认为,苏联的大国沙文主义错误,为美国加剧冷战局势提供了口实。②

戴超武研究了斯大林与冷战起源的关系,指出斯大林为追求苏联战后的安全,在诸如东欧的前途、德国问题以及对日占领等关键问题上,采取了强硬的政策。斯大林对东欧的控制被西方认为是挑战西方,从而产生了与他的愿望相反的结果。只是因为,苏联对自身安全与意识形态的追求,一方面同西方所坚持的所谓"民主"、"自决"原则产生了尖锐的矛盾;更为重要的是,苏联的目标同美国日益扩张的在全球的利益发生了严重的冲突,从而使欧洲逐步分裂成为两个敌对的集团。苏联在战争后期和战后初期对土耳其、伊朗的政策,成为以美国为首的西方国家遏制苏联的主要理由,成为导致冷战爆发的重要事件。③

第四节　冷战的影响

关于"冷战"的影响,比较普遍的观点认为,冷战的影响遍及全世界,对美苏两国乃至世界各国的发展产生了重大影响,带来了严重后果。白建才认为,冷战的影响与后果至少有以下几点:第一,冷战如同两次世界大战一样,同样是人类所蒙受的一场灾难,给人类的生命财产带来了巨大的损失;第二,在政治上,由于冷战,无论是在苏联,东欧,还是在美国都导致了一系列破坏民主与法制的行为;第三,在对外关系方面,无论美国还是苏联,为了争夺势力范围,肆意践踏国际法,屡屡干涉别国内政,甚至不惜大举出兵;第四,冷战在人们的心理、文化等方面,也投下了巨大的阴影。④

刘笑盈从欧洲的重组上阐述了冷战的影响。他认为,作为冷战起点和终点的欧洲,在百废待兴战后重建中的政治、经济、军事乃至国家关系等方面,都受到了冷战的强烈影响,以至于伴随冷战的兴起出现了激烈的分化组合,形成了两个欧洲的对立。随着北约,华约两大军事集团的出现,几乎所有欧洲国家在政治、

①　张盛发:《论苏联在冷战形成中的举措》,《上海师范大学学报》1995 年第 1 期。
②　张宏毅、董宝才:《也谈二战后初期"冷战"的责任者问题》,《历史教学》1990 年第 9 期。
③　戴超武:《斯大林、苏联外交与冷战的起源》,《俄罗斯研究》2013 年第 1 期。
④　白建才:《试论冷战的后果与教训》,《历史教学》1996 年第 9 期。

经济、军事及国家关系等方面都纳入了冷战轨道,东西方的对立进一步加强,欧洲的战后格局也随之确立。①

吴友法认为,德国的分裂也是美苏冷战的结果。为了惩治战败的德国,美、英、苏三国首脑在二战还未结束时就主张分割德国。随着反法西斯战争的胜利,他们又都放弃了分割德国的计划,一致同意由美、英、法、苏四大国军队分区占领德国。战后由于战时大国合作逐渐走向分裂,并导致美苏之间冷战,德国问题便成为冷战的焦点。冷战使德国的分区占领格局演变成德国的分裂局面。美、英、法和苏联为了控制其占领区,各自都在本占领区内推行有利于本国利益的政策,逐渐将两个占领区发展成为两个不同的经济、政治实体,并最后成立了两个国家。德国的被分裂,是大国的意志强加在德国人民头上的结果,完全是美苏冷战的产物。②

第五节　关于冷战的教训

对于我们应该从冷战中吸取什么教训,史学界看法基本上一致。白建才认为,从冷战中应该吸取的教训有:第一,不同意识形态、社会制度的国家应在互相尊重别国的主权和领土完整、互不侵犯、互不干涉内政、平等互利、和平共处的五项原则基础上处理相互之间的关系,绝不能唯我独尊,以为本国的社会制度最好,上帝赋予或历史赋予自己将本国社会制度推广到世界的"使命",不要企图将本国的制度强加于人,也不要输出革命。应尊重别国人民的选择,尊重历史发展的规律。第二,不能以任何理由、任何借口,搞任何形式的扩张主义。一个国家保障安全的防线只能建立在本土上,不能建立在别国的土地上。为了保障自身安全搞对外扩张,是地地道道的民族利己主义,大国沙文主义。第三,任何国家都不应凭借自身的经济、军事优势搞霸权主义,否则只能造成国际局势动荡,给世界和平和安全带来威胁。第四,各国都应致力于国内事务,努力解决好国内问题。③

黄钟青认为,美英两国冷战的特点之一是核恐怖平衡,双方大搞军备竞赛,无论是在常规武器还是核武器方面都力争压倒对方。美苏两个超级大国为它们

---

①　刘笑盈:《冷战的兴起与欧洲的重组》,《历史教学问题》1991 年第 6 期。

②　吴友法:《战后美苏"冷战"与德国的分裂》,《武汉大学学报》1996 年第 6 期。

③　白建才:《试论冷战的后果与教训》,《历史教学》1996 年第 9 期。

所奉行的军备竞赛政策付出了沉重的代价。因此,我们应该从中吸取教训:一个国家的军事力量归根结底要靠它的经济实力来支持;军事力量再大,经济上不去,最后还得垮下来。①

第六节　冷战的结束及其原因

一、冷战结束的时间

关于冷战结束的时间,学术界有如下几种观点:

一是"马耳他会议"说(1989年12月)。1994年中国经济科学出版社出版的高等学校马克思主义理论课通用教材《世界政治经济与国际关系》一书认为,1989年12月美苏首脑马耳他会晤是冷战结束的标志。②

二是"欧安会第二次首脑会议"说(1990年11月)。白建才认为,1990年11月欧安会第二次首脑会议的召开标志着冷战的结束。会议召开前以美苏为首的东西方冷战已经结束,会议通过的文件正式宣告了冷战的结束,会后不久华约解散,苏联解体,冷战再未恢复。③

三是"苏联解体"说。刘金质在其所著的《冷战史》一书中认为,东欧剧变,柏林墙倒塌,德国统一,华沙条约组织解散,苏联解体导致了冷战的结束,其中,苏联的崩溃是冷战结束的直接原因。④ 徐蓝认为,苏联因为无法解决的内部原因以及不可避免的外部原因最后导致分崩离析,使第二次世界大战结束后形成的以雅尔塔体系为基础的国际关系两极格局的彻底崩溃。"它在带来国际力量对比严重失衡、世界局势出现新的动荡的同时,也带来了持续近半个世纪的冷战的结束。"⑤

四是"冷战依然存在"说。钮维敢提出,讨论冷战结束的问题需要和冷战的概念结合起来。他指出冷战概念不只是指美苏之间无战争的敌对状态,也不只是发生在北约和华约之间。冷战是美英等西方资本主义国家对社会主义国家的

①　黄钟青:《冷战的教训》,《外交学院学报》1991年第4期。

②　国家教委社会科学司组编:《世界政治经济与国际关系》(试用本),北京经济科学出版社1995年版,第59页。

③　白建才:《冷战结束时间辨析》,《陕西师大学报》1996年第2期。

④　刘金质:《冷战史》下册,世界知识出版社2003年版,第1493页。

⑤　徐蓝:《从两极格局到多极化趋势的发展——20世纪70年代到90年代冷战态势的演变》,《浙江学刊》2005年第2期。

遏制以期最终铲除共产主义,在全球实行美英式资本主义,是作为国际行为体的两种社会制度国家之间的一种特殊形式的对抗。东欧剧变、苏联解体只能是社会主义体系主体的部分缺失,作为冷战一方的西方资本主义国家仍然存在,作为冷战另一方的社会主义国家也依然存在。冷战在全球范围内并没有结束,美国的冷战任务并没有完成。① 张文木指出,苏联解体后,围绕着苏联的冷战结束了,但是围绕着俄罗斯和中国的冷战却在加强,并且呈现出力量不对称化,美国正在将冷战的重心移向俄罗斯、中国和整个第三世界,作为冷战重要组织工具的北约并没有解散反而得到扩大和加强,所以在世界范围内,冷战没有结束反而得到了强化。② 孔寒冰明确指出,冷战没有结束,而是实实在在地发生了转型,并且在不断深化。③

二、冷战结束的原因

白建才认为,战后持续 40 多年、被某些西方学者称为“第三次世界大战”的东西方冷战于 20 世纪 90 年代初宣告结束,原因是多方面的:既有苏美两国政府在各种压力下的政策转向,又有世界和平、民主运动的推动,甚至也不乏作为冷战产物的美苏两国令人生畏的庞大核武库的反作用。其中,当时苏联领导人戈尔巴乔夫的政策取向起了十分重要的作用。④

戈尔巴乔夫上台之际,苏联内外交困,超级大国的地位岌岌可危。这种形势迫使戈尔巴乔夫改弦易辙,将注意力转向在国内制定加速发展战略,对外则谋求与西方的对话与缓和。在实施这一战略过程中其思想进一步发展,提出对外政策“新思维”,提出核战争中没有胜利者,全人类的利益高于一切。以此为契机,在对外政策方面实行了全面的战略收缩,和美国停止了核军备竞赛,签订了全面销毁陆基中导条约,达成了削减战略核武器协议,摒弃了勃列日涅夫主义,放弃了对东欧的控制,允许两德统一并加入北约,从阿富汗撤军,从其他热点地区收缩,单方面大规模裁军。这一系列做法赢得了西方的好感与信赖,使东西方结束对抗,走向缓和,持续战后 40 多年的冷战得以终结。因此,可以认为,戈尔乔

① 钮维敢:《论美国冷战任务的完成》,《辽宁大学学报》2008 年第 5 期。
② 张文木:《变动中的世界政治与日本问题》,《中国软科学》2006 年第 5 期。
③ 孔寒冰:《冷战并没有真结束》,《环球时报》2005 年第 15 版。
④ 白建才:《试论冷战结束的一个原因》,《历史教学》1999 年第 1 期。

夫在结束东西方冷战中起了十分重要的作用。①

第七节　雅尔塔体制与冷战的关系

关于雅尔塔体制与冷战的关系问题,学术界也颇为重视。从前有一个比较流行的看法,认为雅尔塔体制就是冷战体制。20 世纪 80 年代以来,学者们进行了比较热烈的讨论,提出了许多新的看法。

一种观点认为,冷战是雅尔塔体制的必然产物。

华庆昭分析了冷战与热战的区别,指出:冷战得有个前提,就是要有一条明确的地缘政治分界线,以使双方不致彼此把对方的冷战措施误解为热战行动。雅尔塔体制就提供了这样一条"从斯皮兹卑尔根……到旅顺"的界线。因此他认为,冷战是雅尔塔体制的必然产物。②

王真认为,冷战是雅尔塔体制的必然结果。雅尔塔体制没有消除三大国之间的矛盾和分歧。相反,它为战后的国际关系播下了许多矛盾和冲突的种子,对战后世界秩序发生了巨大影响。雅尔塔体制的性质是"大国安排世界","是划分势力范围"。"雅尔塔协定"奠定了战后美苏在远东战略格局的基础,是引起美苏冷战的根源之一。③

陈初升指出,雅尔塔会议确立的是以苏美为中心的划分势力范围的国际关系体系。这种体系是对盟国军事占领现实的肯定和承认。战后出现的美苏两大阵营正是由此形成的。④

王绳祖也指出,在战争尚未结束之际,美国为适应世界力量的对比激变的现实,不得不采取迂回曲折的手段,通过做出若干让步,换取苏联在安排战后世界秩序方面的合作。把美国的全球性目标和苏联基本上属于地区性的目标协调起来,奠定了雅尔塔体制的基础,同时又为日后插手中东欧,牵制苏联,称霸世界作好准备。雅尔塔体制既是美苏合作,安排战后世界的基础,又孕育着美苏冲突的

---

①　白建才:《试论冷战结束的一个原因》,《历史教学》1999 年第 1 期。

②　华庆昭:《雅尔塔体制、原子弹和冷战》,《世界历史》1991 年第 1 期。

③　王真:《雅尔塔协定与苏美战略格局》,《世界历史》1987 年第 2 期。

④　陈初升:《从易北河会师到雅尔塔会议的前后:浅谈两大阵营对峙格局的形成》,《宁德师专学报》1992 年第 2 期。

种子。从这个意义上讲,美苏"冷战"正是雅尔塔体制的必然产物。①

另一种观点认为,雅尔塔体制和冷战有重大区别。

徐天新从分析雅尔塔体制和冷战的形成过程入手,认为雅尔塔体制可以划分为前后两个阶段。虽然本质相同,却有明显的区别。如果谈到雅尔塔体制,只讲后一个阶段,或者把它等同于冷战体系是不正确的。②

周纪荣认为,雅尔塔体制形成的战后世界格局的特征是美苏两国分治,是建立在美苏继续保持协调和合作的共同愿望之上的,因而很难说雅尔塔体制必然导致冷战。因此周纪荣指出,导致冷战的主要根源不在于雅尔塔体制,而在于形势的变化和美国对苏政策的重大转变。③

张志认为,雅尔塔体制"以冷战为主要形式,重点在东欧"。雅尔塔体制和冷战无论从空间还是从时间上看都不是一致的,如果把雅尔塔体制理解过宽,则易与冷战体制混同。④

张宏毅、董宝才也有类似观点,他们认为,把战后初期形成的两极体系对峙简单归纳为雅尔塔的"大国安排世界"和"划分势力范围"体制造成的,是片面的,是把复杂问题简单化了。"雅尔塔体制同冷战体制是两个互相背谬的体制。"⑤

邹其昌认为,雅尔塔体制系指反法西斯盟国在雅尔塔等一系列国际会议上或其他外交场合所形成的条约、协定、宣言、公告、声明等外交文件;"冷战体制"是指第二次世界大战后冷战时期所形成的国际关系格局在条约、协定、宣言等国际关系文献上的反映。雅尔塔体制是反法西斯盟国在战胜法西斯侵略之际创建的一种国际关系体制,它是反法西斯战争胜利的产物;而冷战则是战后反法西斯盟国发生分裂进行冷战对峙的产物。二者形成的历史背景不同,内在涵义迥异,它们是二战后国际关系发展过程中先后出现的两个不同的法制体系。雅尔塔体制的核心问题或主要内容是处置战败国的基本原则,建立以维护战后和平与安全为宗旨的联合国。雅尔塔体制中包含有划分势力范围、大国主义、民族利己主义、强权政治、霸权主义、资本主义列强的帝国主义图谋,特别是美国的世界霸权

---

① 王绳祖:《国际关系史》(第 7 卷),世界知识出版社 1996 年版,第 120—121 页。
② 徐天新:《雅尔塔体系包含三个积极因素》,《世界历史》1991 年第 1 期。
③ 周纪荣:《雅尔塔体制与冷战》,《世界历史》1991 年第 1 期。
④ 张志:《雅尔塔体制涵义与现状》,《世界历史》1991 年第 1 期。
⑤ 张宏毅、董宝才:《也谈二战后初期"冷战"的责任者问题》,《历史教学》1990 年第 9 期。

的图谋等因素,但这些因素不居主导地位。①

谭荣邦认为,战后国际政治舞台上并不存在一个影响世界40多年的雅尔塔体制,在二战结束冷战爆发之后不久,雅尔塔体制就已被冷战格局所取代。雅尔塔体制是二战后期反法西斯同盟国就加速反法西斯战争、处置法西斯侵略国、维护战后和平而达成的一系列协议条约的统称。该体制基本上反映了世界反法西斯人民的意愿,符合世界人民的共同利益。而东西方剑拔弩张横眉冷对的冷战才是战后40余年国际舞台起伏跌宕的根本原因,也只有冷战才准确地反映了战后国际局势的基本特点。②

笔者认为,从雅尔塔体制和冷战体制的具体内容、表现和目的来看,二者确实是两个性质截然不同的互相背谬的体制。雅尔塔体制以美苏两国的合作为基础,以两种社会制度的并存为前提,试图通过继续维持战时合作关系而维护战后世界的和平,其出发点是良好的,它符合人民的要求,顺应历史发展的潮流,是一个应基本肯定的体制。冷战体制却与此正好相反,它以美苏两大国的争夺为基础,以两种社会制度的对抗为前提,其目的是通过这种特殊的战争取得以一方胜利结束的战果。冷战逆历史潮流而动,完全背离了广大人民反对战争的要求和呼声,是一个应完全否定的体制。但同时我们也应看到,正由于雅尔塔体制内的这种合作是代表两种社会制度的美苏两大国的合作,而由于两大国之间争夺势力范围的矛盾,两种社会制度之间的矛盾,使这种合作在共同击败法西斯之后由于共同威胁的消失而非常难以继续下去。尤其是美苏的争夺愈演愈烈,加之其他因素的存在,就使这种同盟关系的破裂成为不可避免。雅尔塔体制下大国对世界的安排成了冷战时期双方的分界线并被长期固定了下来。从这个意义上说,雅尔塔体制又孕育着冷战的某些因素。

---

① 邹其昌:《雅尔塔体制并非冷战体制》,《世界史研究动态》1987年第9期。
② 谭荣邦:《不该把雅尔塔体制与战后冷战格局混为一谈》,《张家口师专学报》1995年第3期。

第十八章　彪炳千古的伟大功绩，
　　　中国振兴的历史契机

——中国抗战在二战中的地位和作用研究综述①

对于中国在第二次世界大战中的重大贡献，亲历二次大战的一些政治家如罗斯福和斯大林都曾经给予高度的评价。罗斯福在 1945 年 1 月 6 日致国会的国情咨文中说："美国忘不了中国人民在七年多的长时间里怎样顶住了日本人的野蛮进攻和在亚洲大陆广大地区牵制住大量的敌军。"②1951 年 9 月 2 日，斯大林在给毛泽东的电报中也盛赞中国人民"在消灭日本帝国主义者的事业中起了极大的作用。中国人民及其解放军的斗争，大大便利了击溃日本侵略力量的事业"。③ 日本历史学家伊豆公夫也说："日本帝国主义的失败和投降，是有很多原因的，其中绵延 14 年的中国人民的民族解放斗争，起了决定性的作用。"④这已经是历史事实。但是，有些国外历史学家，或者由于对中国情况的不了解，或者囿于"欧洲中心论"和狭隘民族主义观念的束缚，不能也不愿承认中国抗战的应有地位，有些甚至故意歪曲和抹杀中国抗战的功绩。他们不适当地强调中国内部矛盾与外国对中国抗日战争的援助，而忽略了抗日战争对中华民族的觉醒、民族意识的蓬勃兴起所起的作用。如苏联一些学者认为中共及其领导下的军队"不去反抗日本军国主义者，而是积蓄力量进行反对国民党的战争"。⑤ 而中国抗战在世界反法西斯战争中的地位，则几乎是国外二战史研究的空白点，即便有

---

① 本综述在拙文《20 余年来中国学术界关于中国抗战在二战中的地位和作用问题的研究》（《抗日战争研究》2007 年第 3 期）基础上修改而成。

② 《罗斯福选集》，商务印书馆 1982 年版，第 480 页。

③ 《纪念抗日战争胜利六周年　毛主席斯大林大元帅互电致贺》，《人民日报》1951 年 9 月 3 日。

④ ［日］伊豆公夫：《日本小史》，湖北人民出版社 1956 年版，第 122 页。

⑤ ［苏］索洛维约夫主编：《第二次世界大战史》第 1 卷，苏联国防部军事出版社 1976 年版，第 1 章第 1 节。

所涉及也多为不实之论。如认为"随着战争的继续,中国的军事作用……越来越小"。① 中国抗战"不具有主要战略意义","只具有局部性质",中国军队在整个战争时期"没有进行过任何战略行动"。② "中国国民党军队几乎没有参加过什么战斗",即使"中国停止战斗,战争的进程也绝不会发生改变"。③ 必然的结论是:中国之所以能够坚持抗战,取得胜利,不是依靠自己的力量,而是外援的结果。这就把中华民族历时八年的反法西斯民族解放斗争的英雄史实一笔抹杀了。

20 世纪 80 年代以前,我国学者忽视了对这一问题的研究,无人对这一关系中国国际地位的重大问题进行全面的认识和论述。大陆学者只讲解放区的抗日战争,对国民党正面战场否定多肯定少;台湾学者虽然对国民党正面战场作了不少研究,惜限于一党之私,诬蔑共产党游而不击,实际上贬低了整个中国战场在战争中的作用。这就给国外贬低和歪曲中国抗战地位和作用的学者一种印象和"反证"——中国人承认他们在第二次世界大战中并没有起多大作用! 1980 年,刘思慕首先在《世界历史》第 4 期发表《中国抗日战争及其在第二次世界大战中的地位和作用》一文,纠正国外学者的评价。随后,中国学者纷纷发表文章,阐述自己对这一问题的看法,肯定中国在二次大战中的作用。1985 年,齐世荣在《红旗》第 17 期、《历史研究》第 4 期发表了《中国抗日战争在第二次世界大战中的地位和作用》一文,并在当年的第十六届国际历史科学大会上宣读这篇论文,引起了国际历史学界对中国学者研究的重视和关注,从而将这一问题的研究推向了一个高潮。是年,学术界共发表该方面论文 37 篇。以此为开端,中国学者对这一问题的研究持续升温,并于 1995 年纪念抗日战争和世界反法西斯战争胜利 50 周年时达到了新的高潮——该年发表论文 241 篇。据统计,40 余年来,中国学者共发表有关探讨中国抗日战争地位和作用的论文 420 余篇,出版的许多二战史著作中也对这一问题有所论述。

---

① ［美］费正清主编:《剑桥中华民国史》第二部,章建刚等译,上海人民出版社 1992 年版,第 581 页。

② ［苏］热洛霍夫采夫:《中国对第二次世界大战的解释》,《苏联东欧问题》1985 年第 1 期。

③ ［法］米歇尔:《第二次世界大战史》下册,商务印书馆 1981 年版,第 381、374 页。

第一节　关于中国抗日战争与第二次世界大战的关系

一、中国人民揭开了世界反法西斯战争的序幕，开辟了第一个大规模反法西斯战场

学术界普遍认为，反法西斯的第二次世界大战与第一次世界大战具有不同的特点，它一开始就具有反法西斯侵略、民族解放战争的性质；在战争规模上则表现为由一系列弱小国家反对德、日、意法西斯国家侵略的接连不断的局部战争，逐渐演变成全面战争，经历了一个较长的发展过程。

日本是世界上第一个形成法西斯侵略战争策源地的国家。世界法西斯侵略的第一把战火是由日本点燃的。九一八事变是日本帝国主义企图实现其独占中国，进而称霸亚洲和全世界的第一步。九一八事变日本揭开了侵华战争的序幕，也揭开了法西斯国家对外争霸称霸、侵略扩张，即发动第二次世界大战的序幕。以九一八事变为起点，中国人民打响了抗日战争的第一枪，也打响了世界反法西斯战争的第一枪。[①] 以九一八事变为起点，在中国东北兴起的中国人民的局部抗战，揭开了世界反法西斯战争的序幕。[②]"中国人民首先举起了反法西斯战争的义旗，在欧战爆发和欧洲抵抗运动开始之前，就进行了八年反对法西斯侵略的武装斗争，并第一个以自己的斗争打败法西斯国家的速战速决战略，使日本陷入了长期战争的泥潭。"[③]

二、中国抗日战争与第二次世界大战起点的关系

中国抗日战争与第二次世界大战的起点之间有什么关系呢？

关于第二次世界大战的起点问题，我国学术界历来众说纷纭。早在第二次世界大战仍在激烈进行的 1944 年，文元珏在其所著的《第二次世界大战史》中就指出"1937 年 7 月 7 日中日战争爆发，实为第二次世界大战的开端"的观点。[④] 第二次世界大战的炮火刚刚散去的战后初期，"三九"说在整个世界十分流行。但与

---

① 胡德坤：《中华民族走向世界的里程碑：论中国抗日战争的历史地位》，《湖北社会科学》1990 年第 9 期。

② 军事科学院军史部：《第二次世界大战史》第四卷，军事科学出版社 1998 年版，第 741—742 页。

③ 李巨廉、王斯德、潘人杰：《中国人民抗日战争是世界反法西斯战争的一面光辉旗帜》，《华东师大学报》1985 年第 4 期。

④ 文元珏：《第二次世界大战史》，湖南群社出版社 1944 年版。

此同时,有中国学者又提出了"三一"说。1946 年,汪叔棣在其所著的《第二次世界大战史》中明确指出:"1931 年 9 月 18 日日本帝国主义侵占东三省,这是第二次世界大战的开端。"①同年 9 月,舒宗侨在其编著的《第二次世界大战画史》序言中也明确指出:"第二次世界大战,是民主政治对法西斯政治的战争,起于 1931 年 9 月 18 日中国'九一八'事变,终于 1945 年 9 月 2 日日本签订降书,绵延了 14 年。"②20 世纪 50 年代中后期,在中国学术界掀起的关于二次大战起点和性质的讨论中,丁则民、张继平、俞楠等学者坚持"三一"说③;胡雪岩提出"三七"说④;郑玉林提出"一九三五——一九三七年左右"说,强调中国抗战在世界反法西斯战争中的作用,并进行了比较充分的论述。

　　20 世纪 80 年代以来,中国学者关于二次大战起点问题的观点更加多样化。在所提出的 10 种起点说中,有 5 种将中国抗战与第二次世界大战的起点联系在了一起。

1. "九一八事变"说或"三一"说（1931 年 9 月 18 日）

　　刘庭华、欧正文等学者主张九一八事变是第二次世界大战的起点。⑤ 其主要依据是:第一,第二次世界大战是在世界各个不同的地方以不同的时间开始的,而应以 1931 年日本侵略中国的九一八事变作为起点。⑥ 第二,应该把二次大战起点放到整个世界反法西斯战争的全局中来考察。不能把九一八事变仅仅看作是局部意义的中日两国的地区性的一般军事冲突,而应看作是日本帝国主义企图建立军事独裁法西斯专政,实现其独占中国的"新大陆政策"的第一步;从 1931 年九一八事变起,中国人民首先以武装斗争反对日本法西斯的侵略,从而打响了世界反法西斯战争的第一枪,揭开了第二次世界大战的序幕。⑦ 第三,

---

　　①　汪叔棣:《第二次世界大战史》,上海胜利出版公司 1946 年版。
　　②　舒宗侨:《第二次世界大战画史》,上海联合画报社 1946 年版。
　　③　丁则民:《第二次世界大战性质的初步探讨》,《光明日报》1955 年 12 月 22 日;张继平:《试论第二次世界大战的开始、起因和性质》,《光明日报》1956 年 11 月 22 日;俞楠:《关于第二次世界大战爆发的时期及其发展阶段问题》,《史学月刊》1957 年第 9 期。
　　④　胡雪岩:《关于第二次世界大战开始和性质问题》,《光明日报》1957 年 1 月 17 日。
　　⑤　刘庭华:《"九·一八"事变研究》,国防大学出版社 1986 年版;欧正文:《第二次世界大战应以"九·一八事变"为起点》,《河南师大学报》1982 年第 4 期。
　　⑥　欧正文:《第二次世界大战应以"九·一八事变"为起点》,《河南师大学报》1982 年第 4 期。
　　⑦　刘庭华:《"九·一八"事变研究》,国防大学出版社 1986 年版;《论中国抗日战争史的起点和阶段划分》,《中国首届近代军事史学术讨论会论文集》,军事科学出版社 1986 年版;《中国抗日战争与第二次世界大战系年要录·统计荟萃(1931—1945)》,海军出版社 1988 年版。

九一八事变及日本在中国的侵略扩张，打破了第一次世界大战后帝国主义各国在东方暂时的平衡，引起了日本与美国等国矛盾的加剧和远东国际关系的重大变化。因此，中国人民的抗日斗争一开始就具有十分明显的世界意义，是对世界一切反对法西斯的正义力量的支持。① 第四，"无论是日本的国家战略、国防战略还是军事战略都表明，日本发动的侵华战争不仅仅是针对中国的，也是对亚洲和世界各国特别是对苏联和美英等国的。1931 年 9 月 18 日，日本法西斯制造柳条湖事件发动的侵华战争，从一开始就具有世界大战的性质。同样，中国人民反抗日本法西斯的斗争，自始至终是世界反法西斯战争的重要组成部分。"②第五，毛泽东把九一八事变看作第二次世界大战的起点。

2."七七事变"说或"三七"说（1937 年 7 月 7 日）

粉碎"四人帮"后，王振德、侯成德首先发表文章，再次提出了"七七事变"说。③ 接着陈显泗、雷新时、谢照明等学者纷纷发表文章，阐述自己坚持七七事变说的依据。④ 第一，第二次大战是由几个法西斯国家"在不同的时间、不同的地点开始和进行战争的"若干个战场共同构成的，因此，"大战的起点只能以最早开始的那个战场的起点作为准绳"。⑤ "中国军民进行的反法西斯抗日民族解放战争，开辟了第一个反法西斯战场。该战场不仅开辟最早，持续最久，而且直至二次大战结束，始终没有中断过。它的开辟，理所当然地标志着反法西斯第二次世界大战的开始。"⑥第二，从日本法西斯的国家目标和侵略计划来看，卢沟桥事变是日本法西斯势力上台后实现侵略计划的重要一步，是日本进行争霸世界的大战的开始步骤。⑦ 它的爆发完全改变了东亚及太平洋地区的国际秩序，使法西斯侵略战争进入了一个新的阶段。第三，中国战场一开始就是世界大战的一个组成部分，而不仅是中日两国之战。⑧ 第四，中日间在七七事变开始的这场

① 何理：《弘扬英勇不屈的民族精神——纪念抗日战争胜利 45 周年》，《解放军报》1990 年 9 月 3 日。
② 彭训厚：《中国关于第二次世界大战起点研究综述》，《世界历史》1994 年第 3 期。
③ 王振德、侯成德：《关于二战的起点问题》，《光明日报》1978 年 7 月 5 日。
④ 陈显泗：《第二次世界大战不宜以"九·一八事变"而应以"七·七"事变为起点》，《郑州大学学报》1983 年第 3 期；雷新时：《第二次世界大战起于何时》，《陕西师大学报》1995 年第 4 期；谢照明：《第二次世界大战开始标志之新探》，《平顶山师专学报》1995 年第 3 期。
⑤ 王振德、侯成德：《关于二战的起点问题》，《光明日报》1978 年 7 月 5 日。
⑥ 王振德：《第二次世界大战中的中国战场》，社会科学文献出版社 1991 年版。
⑦ 温贤美：《卢沟桥事变是第二次世界大战的发端》，《军事历史》1990 年第 1 期。
⑧ 石林：《"七·七"事变 55 周年学术研讨会综述》，《军事历史》1992 年第 5 期。

战争,其意义和影响所及,远不只限于中日两国①,中国抗日战争具有不可磨灭的世界意义。② 第五,早在第二次世界大战初期,全世界两位著名的反法西斯战争领导人美国的罗斯福和苏联的斯大林,就已经明确指出卢沟桥事变是世界大战的开端。③

3. "九一八事变为序幕、七七事变是全面爆发的标志"说

有学者提出了九一八事变揭开了第二次世界大战的序幕,七七事变是第二次世界大战全面爆发的标志的观点。④

4. "九一八事变为序幕、德国侵略波兰全面爆发"说

蔡祖铭以及张继平、胡德坤分别在其所著的《第二次世界大战史》中采用了九一八事变揭开了序幕、德国侵略波兰标志着第二次世界大战全面爆发的说法。⑤

5. "多起点"说

军事科学院军事历史研究部编著的五卷本《第二次世界大战史》采用了九一八揭开序幕、大战在东西两个战场先后爆发的观点:1931 年九一八事变为大战的序幕;1937 年 7 月 7 日卢沟桥事变标志着大战在亚洲的爆发,1939 年 9 月 1 日德军袭击波兰标志着大战在欧洲的爆发。原因在于,第二次世界大战具有一些不同于第一次世界大战的特点:第一,从当时世界的主要矛盾来看,第二次世界大战是解决法西斯侵略者与被侵略国、西方民主国家、社会主义苏联和被压迫民族、被压迫人民之间的矛盾。法西斯侵略集团的开始形成,标志着法西斯与世界各国人民之间的矛盾已上升为世界的主要矛盾。从此,无论哪个法西斯国家发动的侵略战争,都应视为涉及世界全局性问题的战争,是大战的开始。日本发动全面侵华战争的七七事变就成了大战在东方的爆发点。德国入侵波兰成了欧洲战争的起点和大战在西方的爆发点。第二,从战争发动者情况来看,第二次世界大战的祸首和中心有两个:东方的日本和西方的德意。两者具体的扩张目标和行动步骤是独立的、各自为战的。从东西方两个战争策源地的形成到东西方

---

① 谢照明:《第二次世界大战开始标志之新探》,《平顶山学院学报》1995 年第 3 期。

② 雷新时:《第二次世界大战起于何时》,《陕西师大学报》1995 年第 4 期。

③ 温贤美:《卢沟桥事变是第二次世界大战的发端》,《军事历史》1990 年第 1 期。

④ 润昌方:《从二战开始的标志看中国抗日战争的历史地位》,《贵州师范大学学报》1995 年第 3 期。

⑤ 蔡祖铭:《第二次世界大战史》,军事科学出版社 1983 年版,第 6—9 页;张继平、胡德坤:《第二次世界大战史》,甘肃人民出版社 1984 年版。

两大战场的产生和发展,东西方都各有自己的序幕、起点、高潮和终点。它们既是相对独立的,又是第二次世界大战整体不可分割的组成部分。第三,从战争发展轨迹来看,第二次世界大战是沿着由局部战争到全面战争、由分别展开到先后结束不规则的轨迹发展的。日本从 1931 年九一八事变局部战争开始,到 1937 年七七事变全面侵华,大战在东方爆发,成为局部战争转化为全面战争的开始。1939 年德波战争爆发,大战在西方展开,欧洲局部战争演变为全面战争。①

尽管对二次大战起点问题的说法众说纷纭,学术界难以达成共识。但有如此众多的学者在探讨第二次世界大战的起点问题时,将起点问题与中国抗日战争联系在一起,说明中国抗日战争在第二次世界大战中的地位已引起学术界的广泛重视。

第二节　关于中国抗日战争对反法西斯战争的作用和贡献

学术界普遍认为,中国抗日战争在世界反法西斯战争的作用和贡献是巨大的、多方面的。学者们从不同的侧面进行了相当全面和深入的论证。

一、中国战场是第二次世界大战的主要战场,中国军民是抗击日本法西斯的主力军

学者们普遍指出,日本军阀是世界法西斯势力的重要组成部分,武力灭亡中国是日本军阀得以实现其侵略扩张国策野心的核心和基础,侵华战争则是日本军阀发动大规模侵略战争的最基本和最重要的战线,也是国际法西斯势力挑起的争霸世界战争的重要一部分。与此相适应,中国抗日战场不仅是亚洲大陆上反对日本法西斯的最基本的和最重要的战场,而且也是世界反法西斯战争的一个重要战场。②

对于中国战场在反法西斯的第二次世界大战中所处位置,学术界有不同的说法。第一种说法认为,"中国战场是世界反法西斯战争中的仅次于欧洲的另一个主要战场"③,"自始至终都是世界反法西斯战争的主战场之一"④;第二种

---

① 军事科学院军史部:《第二次世界大战史》第一卷,军事科学出版社 1994 年版,第17—19 页。

② 李世俊:《论二次大战时的中国战场》,《兰州大学学报》1987 年第 3 期。

③ 中国第二次世界大战史研究会编:《第二次世界大战史论文集》,生活·读书·新知三联书店 1985 年版。

④ 陈德鹏:《也评中国抗战在世界反法西斯战争反攻阶段的地位和作用》,《党史研究与教学》1995 年第 6 期。

说法认为,中国战场"是世界反法西斯战争中的东方主战场"①,"是亚太地区反法西斯战争的主战场"②;第三种说法认为,太平洋战争爆发后,太平洋战场是东方反法西斯主战场,中国战场只是东方反法西斯的重要战场之一③;第四种说法认为,太平洋战场是东方海洋主战场,中国战场是东方大陆主战场。④

胡德坤则对这一问题进行了更加辩证的分析,他认为中国战场在世界反法西斯战争的不同时期,其位置是不同的:从1937年中国战场正式开辟到1939年德国进攻波兰、世界大战全面爆发,中国是世界上唯一的反法西斯战场;到1941年太平洋战争爆发时,中国是东方唯一的反法西斯战场;太平洋战争爆发后,中国仍是东方重要的反法西斯战场。⑤ 但无论哪种说法,都一致同意中国战场是第二次世界大战的"有机组成部分"或"重要组成部分"。⑥ 中国是亚洲大陆抗击日本帝国主义侵略的主要国家,是世界反法西斯战争的重要战场,中国的八年抗战在世界反法西斯战争史上占有光辉的一页。⑦

中国战场是抗击日本法西斯侵略的重要战场,在第二次世界大战的八年中,中国军民经常抗击着第二号法西斯强国——日本陆军的70%—90%。⑧ 从1937年到1945年的八年时间里,日军的主力始终用于中国战场。据统计:1937年侵华日军为21个师团,1938年为32个师团,1939年为34个师团,1940年为39个师团,1941年达40个师团的兵力。太平洋战争爆发后,日本在中国战场仍保持27至29个战斗力最强的师团,兵力在100万以上。⑨ 直到停战时,日本在中国大陆仍驻有111万左右的军队,这个数目超过了在东南亚和太平洋各岛的日军总和,大约相当于全部海外日军(不包括关东军)的1/2。⑩ 由于中国战场牵制

---

① 中国第二次世界大战史研究会编:《第二次世界大战史论文集》,生活·读书·新知三联书店1985年版。

② 刘庭华:《中国抗日战场是亚太地区反法西斯战争的主战场》,《江西社会科学》1985年第4期。

③ 宋学文等:《试论中国战场在反法西斯战争中的作用和贡献》,《苏州大学学报》1988年第3期。

④ 宋学文等:《试论中国战场在反法西斯战争中的作用和贡献》,《苏州大学学报》1988年第3期。

⑤ 胡德坤:《中华民族走向世界的里程碑:论中国抗日战争的历史地位》,《湖北社会科学》1990年第9期。

⑥ 李巨廉、潘人杰:《第二次世界大战专题述评》,华东师大出版社1990年版。

⑦ 胡德坤:《中国抗战与日本对华政策的演变(1941—1945)》,《世界历史》1985年第9期。

⑧ 王振德:《中国抗日战争与第二次世界大战》,《世界历史》1984年第5期。

⑨ 张继平、胡德坤:《第二次世界大战史》,甘肃人民出版社1984年版,第640—641页。

⑩ 齐世荣:《中国抗日战争在第二次世界大战中的地位和作用》,《历史研究》1985年第4期。

了日本陆军的主力，日军不能从中国调出更多的部队派往南太平洋，这是日本在南太平洋方面陆、海两军不能紧密协调和作战失利的根本原因之一。①

二、中国抗日战争拖延了三个法西斯国家的结盟

1. 中国抗战打乱了日本侵略者的战争计划

中国全面抗日战争期间，中国人民以血肉之躯英勇抗战，极大地影响和制约着日本对华政策的实施，粉碎了日本帝国主义全面灭亡中国的妄想。② 中国抗日战争的发生和发展，牵制着日本陆军的主力，消耗了日军大量军事物资，从而破坏了它的扩军备战和发展生产力的计划，打乱了日本的世界战略计划，加剧了国内的政治经济危机和社会矛盾的尖锐化，大大消耗和削弱了日本军阀向外侵略扩张的野蛮暴行，从而导致了日本侵略者的"整个战局陷入完全被动的局面"。③

在太平洋战争爆发前，中国战场始终独立地抗击日本法西斯，牵制着日本陆军的主力，是反对日本法西斯的主要战场。它沉重地打击了日寇的侵略气焰，打乱了它的战略部署，使其欲进无力，欲退不能，这就势必对第二次世界大战的进程产生巨大影响④，"不仅对于最后战胜日本法西斯奠定了基础，而且对于世界反法西斯战争也起着重要作用。"⑤

2. 中国抗战拖延了德意日三个法西斯国家的结盟

学者们指出，中国抗战对于整个世界反法西斯战争全局"最为突出的贡献之一"就在于中国人民在极其艰难困苦的条件下，主要靠自己的力量，粉碎了日本企图短期内征服中国，变中国为其进一步争霸亚太地区的战略基地的侵略计划，从而使日本侵略者陷于"中国泥潭"，难以在欧战爆发前同德意结成紧密的军事性侵略同盟。整个法西斯侵略集团勾结起来扩大战争的企图因此被延缓。这无疑对世界反法西斯战争的整个进程和结局都具有重大的影响。⑥

中国人民的抗战使德意日三国同盟的组成不得不一拖再拖。早在 1938 年

①　邹南星：《从日本陆军兵力分布看中国战场的地位》，《世界史研究动态》1983 年第 7 期。

②　胡德坤：《中国抗战与日本对华政策的演变（1941—1945）》，《世界历史》1985 年第 9 期。

③　李世俊：《论二次大战时的中国战场》，《兰州大学学报》1987 年第 3 期。

④　王振德：《中国抗日战争与第二次世界大战》，《世界历史》1984 年第 5 期。

⑤　龚和平：《中国抗日战争在世界反法西斯战争中的作用》，《武汉大学学报》1992 年第 3 期。

⑥　李巨廉、王斯德、潘人杰：《中国人民抗日战争是世界反法西斯战争的一面光辉旗帜》，《华东师大学报》1985 年第 4 期。

1 月,德国就向日本提出了缔结三国同盟条约的建议,要求同盟的目标不仅针对苏联,而且针对英美等西方国家。欧战前夕,外交斗争十分紧张,国际局势瞬息万变;而德意日终于未能结成以英法苏为目标的军事同盟,中国抗日战争,是一个不可忽视的因素。① "中国抗战束缚了日本法西斯的手脚,使其无法在世界全局范围内同德意法西斯保持一致,因而直到欧战爆发前夕,日本一直拒绝同德意结成广泛而紧密的军事同盟。"②由于日本要把战略中心放在解决中国问题上,日本主要兵力陷在中国大陆,直到太平洋战争爆发前,日本实际上没有能给德国以军事援助。③

三、中国战场的持久抗战粉碎了德日意法西斯瓜分全球、称霸世界的侵略图谋

中国抗战束缚了日本的手脚,使其无法在世界全局的范围内同德意保持战略上的一致,这无疑对世界反法西斯战争的整个进程和结局都有重大影响。④

太平洋战争爆发后初期,英、美、荷等国军队节节败退。日本海军在取得初步胜利后,侵略气焰更加嚣张,企图进一步调兵遣将,东攻澳大利亚,切断澳大利亚与美国的联系;西攻锡兰和印度洋,与德国在中东会师。此时德国法西斯也正盼望着日本占领锡兰和马达加斯加,如果日本切断了英国经红海到埃及的交通线,就将十分有利于德军"隆美尔兵团"的挺进。日本海军的这一计划如果得不到陆军的支持是很难实现的。而此时的日本陆军主力陷在中国大陆,要再调动庞大的兵力配合海军完成上述任务,是根本不可能的。另外,1942 年 2 月,中国根据英国等盟国的要求,派遣远征军赴缅甸作战,从而牵制了在南亚地区作战的部分日军主力,这样就使得日本向西线作战,并企图与德军会师于中东的计划很快破产。⑤

四、中国为国际反法西斯统一战线和联合国的建立作出了重大贡献

中国是建立国际反法西斯统一战线的积极倡导者和有力推动者,为国际反

① 王振德:《中国抗日战争与第二次世界大战》,《世界历史》1984 年第 5 期。

② 李巨廉、王斯德、潘人杰:《中国人民抗日战争是世界反法西斯战争的一面光辉旗帜》,《华东师大学报》1985 年第 4 期。

③ 齐世荣:《中国的抗日战争在世界反法西斯战争中地位和作用》,《红旗》1985 年 17 期。

④ 李巨廉、潘人杰:《第二次世界大战专题述评》,华东师大出版社 1990 年版。

⑤ 龚和平:《中国抗日战争在世界反法西斯战争中的作用》,《武汉大学学报》1992 年第 3 期。

法西斯统一战线和联合国的建立作出了重大贡献。早在局部抗战阶段，在东北即形成中朝联合对日统一战线。1937 年 3 月，毛泽东提出了"建立太平洋联合战线"的主张，在此后的《抗日救国十大纲领》中主张迅速建立国际反法西斯统一战线，以联合一切和平民主力量共同抵抗法西斯侵略。

全面抗战爆发后，在中国共产党和全国人民团结抗战的推动下，中国政府确立了寻求盟国，共同抗日的外交总方针，并为实施这一方针开展了初步的外交活动。中国积极抵制英美远东绥靖政策的努力，避免了远东慕尼黑的结局，起到了促进世界反法西斯国家走向联合的作用。[1]

太平洋战争爆发后，中国共产党和中国国民政府都建议太平洋反侵略各国成立正式同盟。在中国政府的建议下，12 月 23 日，中、美、英在重庆召开东亚军事联合会议，通过了《远东联合行动初步计划》，中英两国签订了《共同防御滇缅路协定》。会议还决定中、美、英三国在重庆正式成立军事会议，以加强对日作战的协调。1942 年 1 月 1 日，由中、美、英、苏 4 国领衔 26 个国家在华盛顿签署了《联合国家宣言》，标志着反法西斯同盟的正式形成。中国对于建立国际反法西斯统一战线起了积极主动的直接推动作用。[2]

五、中国抗日战争有力地支援了世界各国的反法西斯战争

关于中国抗战给法西斯战略的打击和对盟国的援助，史学界普遍认为，中国抗战在迫使日本放弃"北进"计划上起了重大作用，迟滞了日军"南进"并使法西斯的中东会师计划破产。同时，中国抗战援助了盟国的"先欧后亚"战略，为盟国最终打败法西斯争取了时间；中国抗战保卫了苏联后方的安全，援助了苏联卫国战争；太平洋战争爆发后，也有力地援助了太平洋盟军作战。中国人民的长期抗战有力地支援了世界人民的反法西斯战争，保证了盟国反法西斯的整体战略计划的实施。具体表现为以下几点：

1. 中国抗日战争粉碎了日本"北进"苏联的计划，使苏联避免了东西两线同时作战，减轻了苏联卫国战争的后顾之忧

许多学者对这一问题进行过详细的论述，指出"中国战场是粉碎日军'北

---

① 胡德坤、关培凤:《中国在世界反法西斯联盟建立中的地位和作用》,《世界历史》2007 年第 3 期。

② 军事科学院军史部:《第二次世界大战史》第四卷,军事科学出版社 1998 年版,第 753—755 页。

进'计划的主力"①,在迫使日本放弃"北进"计划中的作用是"十分巨大的":它
束缚了日本的手脚,粉碎了日本"北进"发动侵苏战争的计划,使苏联避免了两
线作战,从而保证了苏德战争这一反法西斯主战场的胜利。②

　　(1)中国抗日战争粉碎了日本的"北进"计划

　　学者们指出,中国人民的抗日战争对世界反法西斯战争作出了杰出的贡献,
其中的一个重要方面,就是九一八事变以后,直到日本帝国主义投降为止,强有
力地牵制着日军的主力,尤其是陆军,使日本军国主义无法实现发动大规模侵苏
战争的"北进"战略。日本统治集团把对华战争看作是准备进攻苏联的组成部
分,因此,日本统治集团期望对华战争速战速决。由于中国人民抗日战争沉重打
击了日本侵略,使日本深陷中国泥潭不能自拔,无力发动对苏联的全面侵略战
争。③"中国抗日战争牵制了日本的北进战略,中国人民的抗日战争是张鼓峰事
件和诺门坎事件中苏军获胜的重要原因。"④在张鼓峰事件时,日军正忙于武汉
会战,无力抽调大批兵力参战,导致败北;诺门坎事件时,日军主力被牵制在中国
战场,只能以单薄的兵力同苏联作战,遭到惨败。第二次世界大战爆发后,苏联
采用大量援助中国抗战的方式,与中国结成了事实上的同盟,来打击日本,使其
无力进攻苏联。苏德战争爆发后,尽管日本军国主义明白"德苏开战实为千载
难逢的最好机会",但在1941年7月2日召开的御前会议上,还是正式通过了
《适应形势演变帝国国策纲要》,决定"继续解决中国事变","从南方各地采取种
种步骤以加强压力",迫使中国政府屈服,"暂不介入德苏战争"。⑤ 从此以后,
日本的北进政策就逐渐降到了次要地位。因此可以说,"正是由于中国人民的
全面抗战牵制了日本陆军主力,才阻止了日本的北进,使社会主义苏联避免了日
本法西斯祸水的冲击。"⑥

　　(2)中国抗日战争保证了苏联避免两线作战,全力以赴进行反对纳粹德国

　　① 聂月岩:《中国战场在世界反法西斯战争中的地位和作用》,《社会科学辑刊》1991年第
5期。
　　② 齐世荣:《中国抗日战争在第二次世界大战中的地位和作用》,《历史研究》1985年第4期。
　　③ 王春良、潘钧国:《试论中国抗日战争在二战中的地位和作用》,《山东师大学报》1983年第
3期。
　　④ 王春良、潘钧国:《试论中国抗日战争在二战中的地位和作用》,《山东师大学报》1983年第
3期。
　　⑤ 龚和平:《中国抗日战争在世界反法西斯战争中的作用》,《武汉大学学报》1992年第3期。
　　⑥ 胡德坤:《中国战场与日本的北进、南进政策》,《世界历史》1982年第6期。

的战争

许多学者指出,由于中国战场极大地牵制、打击和削弱了日本法西斯的军事力量,迫使日本法西斯不能在中日战争未结束之前,发动大规模进攻苏联的战争,从而使苏联避免了东西两线作战的危险①,减轻了苏联卫国战争的后顾之忧。日本之所以未能配合德国夹击苏联,固然由于红军的强大使它不敢轻举妄动,但中国抗战的影响显然是巨大的。苏联得到日本放弃北进的情报后,便从其远东军中调出八个步兵师和三个坦克师及空军部队到西线,在关键时刻支援了莫斯科保卫战。②

有学者指出,从形式上看,中国人民在第二次世界大战期间,没有把大兵团开赴苏德战场去援助苏联人民的伟大卫国战争,但实质上,中国人民抗日战争对苏联卫国战争的支援,远非几个兵团的力量所能比拟的。苏联政府和将军们都明白:"在两线作战的情况下,由于交通线漫长将会产生极大的困难。"事实上,这种巨大困难何止于交通线漫长。军事史上被两线夹击而遭惨败的事例是屡见不鲜的,为此兵家均忌之。苏联政府和军事领导人,在第二次世界大战中一直担心和警惕着陷于"东西两线作战",这是完全可以理解的。中国人民在极端困难的条件下,用数不尽的牺牲,不但保卫着自己的民族生存,而且援助了苏联,使之免遭东西两线作战的险境,打乱了日德法西斯的战略部署,为苏联集中力量在西线打败德国法西斯,为全世界人民赢得反法西斯战争的胜利,承担了历史性的光荣责任。③

2. 中国抗日战争推迟和牵制了日本法西斯的"南进"

(1)中国抗日战争推迟了太平洋战争的爆发,为各国准备反法西斯侵略赢得了宝贵时间

1931—1940 年,中国人民的武装反日斗争,抵制了日军的侵略行为,牵制了大量日军,从而为各国准备反法西斯侵略赢得了宝贵时间。④ 欧战爆发后,特别是法国投降、德军逼近英伦三岛之时,是日本南进的最好时机,但由于中

---

① 张继平、胡德坤:《第二次世界大战史》,甘肃人民出版社 1984 年版,第 640—641 页。

② 齐世荣:《中国的抗日战争在世界反法西斯战争中地位和作用》,《红旗》1985 年 17 期;龚和平:《中国抗日战争在世界反法西斯战争中的作用》,《武汉大学学报》1992 年第 3 期。

③ 王春良、潘钧国:《试论中国抗日战争在二战中的地位和作用》,《山东师大学报》1983 年第 3 期。

④ 黄玉章主编:《世界反法西斯战争中的中国抗战》,国防大学出版社 1989 年版。

国战场拖住了日本的后腿,使它迟迟不能转入南进,从而大大推迟了南进的时间,在英国最危急的时刻,给予了巨大支援,为美英加强欧洲和太平洋地区的防务,争取了宝贵的时间,有力地支援了欧美和世界各国人民的反法西斯战争。① 中国共产党军队发动了"百团大战",日本的军备计划被打乱,日本侵略者不得不推迟太平洋战争的发动,为民主国家加强战备争取到了宝贵的时间。②

(2)中国抗日战争在太平洋战争期间牵制了日本法西斯的"南进"

学者们指出,在太平洋战争期间,中国战场对日本的南进仍然起着抑制作用,对太平洋战场、北非战场和欧洲战场,都给予了支援。③ 中国的抗战,主要是解放区军民的反"扫荡"作战,抗击了日本在华的主要作战兵力,打破了日本将中国建设成为南进基地的如意算盘,有力地牵制了日本的南进。④ 中国人民的英勇抗战,使得日本在最终发动战争时兵力不足,不能全力以赴;日本法西斯无法调集它的陆军主力去阻止美英盟军的反攻和镇压其他国家人民的抗日运动。⑤ 中国的抗日战争在太平洋战争开始后有力地支援了美英在太平洋战场的作战。中国坚持抗战,也有利于美国在西南太平洋的反攻。⑥ "中国人民的抗日战争为美英盟军和亚洲国家的反攻胜利创造了极为有利的条件。"⑦

3. 中国抗日战争促使了日本西进战略的破产

太平洋战争爆发前夕,日本大本营就提出了进军印度洋和中东地区与德意会师,迫使英国屈服的西进战略。日本取得太平洋战争初战胜利的1942年是其西进良机,但因中国战场拖住了日本陆军主力,迟迟不能将西进战略提上日程。太平洋战场发生战略转折后,日本陆军主力依然深陷于中国战场,最终不得不放弃西进战略。中国战场的抗战是牵制日本西进战略的主要因素,是中国对盟国

① 胡德坤:《中国战场与日本的北进、南进政策》,《世界历史》1982年第6期。
② 王振德:《中国抗日战争与第二次世界大战》,《世界历史》1984年第5期;龚和平:《中国抗日战争在世界反法西斯战争中的作用》,《武汉大学学报》1992年第3期。
③ 胡德坤:《中国战场与日本的北进、南进政策》,《世界历史》1982年第6期。
④ 胡德坤:《中国抗战与日本对华政策的演变(1941—1945)》,《世界历史》1985年第9期。
⑤ 张继平、胡德坤:《第二次世界大战史》,甘肃人民出版社1984年版,第640—641页。
⑥ 齐世荣:《中国抗日战争在第二次世界大战中的地位和作用》,《历史研究》1985年第4期。
⑦ 张继平、胡德坤:《第二次世界大战史》,甘肃人民出版社1984年版,第640—641页。

反法西斯战争的重要支持。①

4. 中国战场是亚太地区盟军重要的战略支柱、后方基地和军事情报基地,直接支援和配合了盟军的反法西斯斗争

(1)中国战场是亚太地区盟军重要的战略支柱,中国曾直接派兵入缅与盟军共同对日作战。中国远征军入缅作战意义重大:第一,大量歼灭和牵制日军,为反法西斯作战提供了有力的精神支柱和军事援助;第二,稳固了中国的西南战局,为亚洲太平洋地区的持久抗战保存了坚强的战略根据地;第三,体现了中国政府履行职责的负责态度,加深了反法西斯国家间的友谊。②

(2)中国战场是亚太地区盟军对日作战的重要后方基地和军事情报基地。中国战场是盟军对日作战的空军基地和盟军太平洋战场反攻及进攻日本本土的重要基地。中国为美国提供了所需空军基地、第一线野战机场及地勤人员。其空军基地主要有成都、昆明、柳州、桂林、衡阳、宝庆(邵阳)、芷江、老河口等;第一线野战机场更多。中国方面耗费了大量的人力、物力和财力修建和保护这些机场,并积极营救美军飞行员。中国战场为盟国提供了大量的战略军事情报,其中最重要的是将德国即将进攻苏联和日本即将在太平洋采取行动的情报及时通报给了苏联和美国。中国还为盟国提供了大量的战略物资,其中向美国提供了价值 7. 48 亿美元的桐油和锡、钨等矿产品,向英国提供了价值 1. 148 亿英镑的农、矿产品,有力地支援了盟国的反法西斯战争。③

(3)中国对苏联反法西斯战争给予了直接支援。主要表现为,外交上中国于 1941 年 7 月宣布与德、意断交;经济上对苏联提供大量的物质援助,特别是中国源源不断地供应苏联所急需的各种稀缺的矿产,为提高苏联的飞机、坦克、火炮等兵器的产量和质量创造了有利的条件。④

(4)中国战场为英美与苏联保持了重要的战略通道。太平洋战争爆发后,日军由于受到中国战场的牵制,没有能力冲进中东地区,这就使由伊朗入里海,直通苏联中心地带的交通要道畅通无阻。日本因为中国的牵制而无力履行德、

---

① 胡德坤:《中国抗战与日本西进战略的破产》,《世界历史》2009 年第 4 期/《历史学习》2009 年第 10 期。

② 彭训厚:《世界反法西斯战争中的中国》,五洲传播出版社 2005 年版,第 109—119 页。

③ 军事科学院军史部:《第二次世界大战史》第四卷,军事科学出版社 1998 年版,第 751—752 页。

④ 彭训厚:《世界反法西斯战争中的中国》,五洲传播出版社 2005 年版,第 102—107 页。

意、日夹攻苏联的军事盟约,所以苏日之间一直不存在战争状态。这样,不仅苏联货船,而且大量美国商船,也改挂苏联国旗,在太平洋进行安全的航运。这样,英、美、苏各盟国间,不仅军事上可以东西呼应,而在战略物资上也紧密结合起来。这对共同进行反法西斯斗争是十分有益的。[1] 因此,中国战场保卫了英美对苏联的一条重要供应线。[2]

5. 中国抗日战争支援了盟国的"先欧后亚"战略

"先欧后亚"战略或称"先德后日"战略,是以美英为首的盟国在第二次世界大战中的大战略。学者们普遍指出,美苏制定的"先欧后亚"战略反映了争取国际反法西斯胜利的客观规律,符合世界人民的共同利益。中国人民以汪洋大海般的全民族的人民战争,打乱了日本的侵略计划,日本的战车受阻于中国战场,无法冲出亚洲去和法西斯德国会合,法西斯侵略集团始终无法把欧亚战场连成一气。这就使反法西斯盟国有可能把两个法西斯主要力量分割孤立,实现"先欧后亚"战略,集中力量首先打败德国,然后再集中力量击溃日本。这是中国抗日战争对整个世界反法西斯战争所作的又一贡献。[3] "中国抗战对有力地支援了'先欧后亚'战略实施"。[4] "中国战场的配合和支援,保证了美英'先欧后亚'战略的实施,对反法西斯战争进程产生了积极影响。"[5]反法西斯盟国制定和实施的"先德后日"战略对战争的胜利进程起到了关键的作用,而"先德后日"战略的成功与中国的牺牲与代价有不可分割的联系。[6] 由于有中国战场在极其艰难条件下的坚持,在很大程度上阻碍和迟滞了日本军队的战略走向与日德间在有利条件下的战略配合,并支持盟国形成了实施"先德后日"战略原则有利的战略格局。[7] 中国战场在反法西斯战争的全过程中始终支持着

---

① 龚和平:《中国抗日战争在世界反法西斯战争中的作用》,《武汉大学学报》1992 年第 3 期。

② 王振德:《中国抗日战争与第二次世界大战》,《世界历史》1984 年第 5 期。

③ 李巨廉、王斯德、潘人杰:《中国人民抗日战争是世界反法西斯战争的一面光辉旗帜》,《华东师大学报》1985 年第 4 期。

④ 张世均:《试论中国抗战对"先欧后亚"战略原则实施的支援》,《重庆教育学院学报》1995 年第 3 期/《成都师专学报》1996 年第 2 期;《论中国抗战对"先欧后亚"战略原则实施的支援》,《青海社会科学》1998 年第 4 期。

⑤ 党庆兰:《中国人民的抗日战争与美英的"先欧后亚"战略》,《甘肃社会科学》2004 年第 1 期。

⑥ 韩永利:《浅论中国在第二次世界大战中的战略地位》,《历史教学问题》2001 年第 6 期。

⑦ 韩永利、胡德坤:《美国"先德后日"战略的制定与中国抗日战场》,载张宏毅等主编:《世界现代史新论》,重庆出版社 2001 年版,第 83 页。

"先德后日"战略，对这一战略的制定与形成、调整与实施，乃至其最后完成都起了十分巨大的作用。①

6. 中国战场的存在和发展，打破了日本"大东亚共荣圈"的迷梦，支援了亚太地区国家和人民反对日本侵略的斗争。②

六、中国人民的持久抗战鼓舞了其他国家人民的反法西斯斗争

中国人民在很长时间内独立抗击日本法西斯的侵略，使中国不但没有像阿比西尼亚、波兰那样很快灭亡，反而拖住了日本陆军的主力，沉重地打击了日本帝国主义。这一铁的事实，引起了世界各国人民对中国的关注，对中国共产党、中国军队和中国人民的崇敬。尤其是那些被法西斯占领、受法西斯奴役国家的人民，从中国人民的抗日战争中看到了希望，受到了鼓舞。③

七、中国抗日战争极大地丰富了世界反法西斯战争的理论宝库

中国抗日战争收获了一整套独具特色的军事理论与以弱胜强的实践经验。有学者指出，中国亿万抗日军民长达 14 年的浴血奋战，为中国军事思想的大发展提供了丰沃的实践土壤。其中以毛泽东为代表的中国共产党人在持久战、游击战等方面的理论创造达到了很高的境界，对中国抗日战争的指导产生了重要影响，并极大地丰富了世界反法西斯战争的理论宝库。④

八、中国抗日战争歼灭了大量日军，为反法西斯战争的胜利作出了巨大贡献

学者们普遍认为，经过中国人民的八年艰苦抗战，以及大小几十万次战斗的打击，中国人民的抗日战争在消灭日本军国主义的主要支柱——日本陆军方面是起了主要作用的。"中国人民的英勇抗战，为打败日本法西斯，夺取世界反法

---

① 胡德坤、韩永利：《美国"先德后日"战略目标的完成与中国抗日战场》，载《第二次世界大战与亚太国际合作》，重庆出版社 2003 年版；韩永利：《浅论中国在第二次世界大战中的战略地位》，《历史教学问题》2001 年第 6 期；韩永利：《美国"先德后日"战略调整与中国抗日战场》，《世界历史》2002 年第 3 期。

② 李世俊：《论二次大战时的中国战场》，《兰州大学学报》1987 年第 3 期。

③ 张继平、胡德坤：《第二次世界大战史》，甘肃人民出版社 1984 年版，第 640—641 页。

④ 彭训厚：《世界反法西斯战争中的中国》，五洲传播出版社 2005 年版，第 139 页。

西斯战争的胜利作出了重大贡献。"①但是,在日军伤亡于中国战场的数量及其在日军损失总量中所占的比例问题上,则有较大的分歧。较多的学者持133万说,占日军损失总量的比例有的说是83.1%②,有的则说是70%③。还有伤亡198.4万人约占70%说④、455万人(包括毙、伤、俘及投降)约占70%说⑤;也有以日军死亡为准的说法,如44.7万人占39%说⑥、38万说⑦等。此外,学者还对日本用于中国战场的战费进行了探讨,有学者指出,1939年日本用于中国作战的直接战费(不包括武器费)达21.33亿日元,整个战争中用于中国战场的战费达120亿美元,相当于其全部战费的35%。⑧ 有学者对此做了补充:从七七事变到1938年10月,日本军费支出即达100亿日元。⑨

第三节　关于中国抗日战争在促使日本投降过程中的作用

一、中国抗日战争在促使日本投降过程中起了决定性作用

对于中国抗战在促使日本投降过程中的作用,学术界予以了充分的肯定。综合各家之言,大致有以下几种观点。

1. "中国抗战决定"论

许多学者坚持"中国抗战决定"论,指出"中国人民的抗日战争对最后战胜日本法西斯,起了决定性的作用。"⑩"打败日本的主要因素是中国人民的八年抗战"。⑪ "中国人民的抗日战争,是消灭日军主力,是打败日本帝国主义关键所在。"⑫"中国抗战是日本败降的决定因素"。指出二战期间,中国作为东方反法

---

① 胡德坤:《中国抗战与日本对华政策的演变(1941—1945)》,《世界历史》1985年第9期。

② 李道豫:《也论中国抗战的国际地位》,《人文杂志》1992年第5期。

③ 军事科学院军史部:《中国抗日战争》上卷,解放军出版社1991年版,第9页。

④ 刘庭华:《中国抗日战场是亚太地区反法西斯战争的主战场》,《江西社会科学》1985年第4期。

⑤ 张宏志:《论中国抗战的国际地位》,《人文杂志》1992年第1期。

⑥ 齐世荣:《中国抗日战争在第二次世界大战中的地位和作用》,《历史研究》1985年第4期。

⑦ 何理:《中日战争史》,上海人民出版社1985年版,第455页。

⑧ 齐世荣:《中国抗日战争在第二次世界大战中的地位和作用》,《历史研究》1985年第4期。

⑨ 聂月岩:《中国战场在世界反法西斯战争中的地位和作用》,《社会科学辑刊》1991年第5期。

⑩ 寒放:《中国抗战的地位》,《世界知识》1995年第17期。

⑪ 王文庆:《关于原子弹轰炸日本的性质和作用问题》,《世界经济与政治》1995年第5期。

⑫ 赵鸿昌:《中国抗战是打败日本的关键》,《学习》1994年第11期。

西斯战争的主战场,参战时间最早最长,参战人数最多,作战规模最大,作战成果显著,付出代价高昂。中国战场对其他战场也给予了重大援助和有力配合。①

2. "中国人民和亚洲人民长期战争决定"论

一些学者认为,在"打败日本帝国主义的过程中,中国人民和亚洲人民长期战斗才是决定的因素。"②

3. "反法西斯各国共同努力,中国抗战决定作用"论

有更多的学者坚持这一看法。蔡祖铭指出:"导致日本帝国主义无条件投降因素是多方面的:中国人民的长期抗战;东南亚各国人民的抗日斗争;全世界人民的反法西斯斗争;日本国内人民的反战斗争;西方盟国在亚太战场对日军的打击;美国对日本本土的战略轰炸;苏联出兵我国东北,消灭关东军。上述各种因素对于导致日本的最后投降都起了相当重大的作用……在打败日本帝国主义过程中,"中国人民的长期抗战起了决定性的作用。"③齐世荣也指出,美国投掷原子弹、苏联出兵都对日本的最后投降起了促进作用,但必须记住的历史事实是:日本在投降前已经被中国军民的连续八年大小几十万次的战斗打得奄奄一息了。作为整体的日军有如一只猛兽,使它最后毙命的可能只是一两支利箭,但如果它不是在毙命前已经满身创伤,还是会继续挣扎顽抗的。④ 李巨廉、王斯德等学者认为:战胜日本法西斯是许多国家和人民在亚洲太平洋战场上互相配合,共同作战的结果。朝鲜、越南、马来亚、缅甸、菲律宾、印尼、印度等亚洲各国在战胜日本法西斯的战斗中起了重要作用,盟军在太平洋战场的大反攻给日本法西斯以致命的打击,苏联出兵我国东北和朝鲜加速了日本法西斯的投降。而自始至终坚持抗日武装斗争的中国人民在打败日本法西斯的斗争中起了决定性的作用。"⑤

二、中国战场的大反攻对促使日本法西斯投降起了重要作用

1943—1945 年,中国战场对日军展开的反攻作战,使侵华日军损失惨重,为

---

① 王维远:《中国抗战是日本败降的决定因素》,《天中学刊》1995 年第 4 期。

② 中山大学历史系主编:《世界简史》,广东人民出版社 1974 年版,第 418 页;黄绍湘:《美国通史简编》,人民出版社 1979 年版,第 638 页。

③ 蔡祖铭:《第二次世界大战史》,军事科学出版社 1983 年版,第 180—191 页。

④ 齐世荣:《中国人民抗日战争的国际环境和世界意义》,《求是》1995 年第 14 期。

⑤ 李巨廉、王斯德、潘人杰:《中国人民抗日战争是世界反法西斯战争的一面光辉旗帜》,《华东师大学报》1985 年第 4 期。

最后战胜日本作出了贡献。① 中国战场是反攻日本侵略军的重要战线。从1943年下半年开始，敌后各解放区军民，对日本侵略者开始了反攻；华南地区国民党军队的反攻作战也取得了较大进展，而且还出兵北缅，直接配合了盟军在缅甸的作战。中国战场的反攻作战，沉重打击了日本侵略者，有力地支援配合了盟军的反攻作战，形成了南北配合、陆海夹击、联合反攻的有力局势，从而为加速日本帝国主义的灭亡，迫使日本侵略者最后投降起了重要作用。② 中国战略反攻具有重要的战略地位。③ 也有一些学者专门论述了解放区战场的反攻作战，指出，从1945年起，解放区军民开始了大反攻，日军不得不放弃广西、湖南、江西等地，退守华北、华中。中国战场的反攻，为最后打败日本帝国主义起了巨大的作用。④"解放区战场的反攻对日寇的败亡起了不可或缺的、决定性的作用。"⑤

第四节　中国抗日战争创造了弱国打败强国的宝贵经验

中国抗日战争是一个半殖民地半封建的弱国战胜一个法西斯强国的战争，这是弱国打败强国的典型范例。为什么一个弱国能够打败强国？学者们对此进行了研究，认为其经验是极其丰富的，概括起来主要有五点：第一，百余年来帝国主义侵略和反侵略造成的民族觉醒，而集中代表中华民族觉醒的政治力量和凝聚核心就是中国共产党及其领导下的人民军队；第二，建立、维护、巩固和发展由中国共产党倡导、以国共合作为基础的抗日民族统一战线，是取得抗日战争胜利的基本保证；第三，实行全民族的即人民战争的抗战路线和持久战的战略总方针及作战原则，是战胜日本侵略军的成功的军事战略指导；第四，开辟敌后战场，与正面战场相配合，构成陷敌于两面夹击的战略布局，是第二次世界大战中绝无仅有的英明战略决策；第五，争取世界反法西斯各国政府和人民的广泛同情和支援，是中国抗战取得胜利的重要外部条件。⑥ 也有学者强调指出，中国共产党在

①　黄玉章主编：《世界反法西斯战争中的中国抗战》，国防大学出版社1989年版。

②　李世俊：《论二次大战时的中国战场》，《兰州大学学报》1987年第3期。

③　颉建中：《论中国抗日战争在二次大战中的战略地位》，《兰州大学学报》1995年第3期。

④　胡德坤：《中国战场与日本的北进、南进政策》，《世界历史》1982年第6期。

⑤　冯治、王磊：《太平洋战争中的中国战区》，《东南文化》1997年第1期。

⑥　军事科学院军史部：《第二次世界大战史》第四卷，军事科学出版社1998年版，第757—758页。

抗日战争中,发动群众、组织群众和武装群众,建立抗日民族统一战线,建立抗日根据地、解放区和抗日民主政权的经验,为许多被法西斯奴役的国家所借鉴,对欧洲人民抵抗运动和亚洲人民抗日战争起了积极的推动作用。①

第五节 国外一些学者忽视或贬低中国 抗战地位和作用的原因

有学者研究了国外一些学者忽视或贬低中国抗战在二战中的地位和作用的原因,指出"除了他们对中国抗战的情况不甚了解、囿于某种政治偏见外,还有多方面的原因。"这些原因有:第一,长期的战争消耗,巨大的民族牺牲,中国抗战力相对衰竭。② 第二,"先欧后亚"战略,降低了中国战场的地位,大大限制了中国战场作用的发挥。第三,国民党坚持消极抗日积极反共的方针,严重地削弱了中国的抗日力量,极大地损害了中国抗战的形象。第四,先锋队员未能成为"最后得分手"的遗憾。太平洋战争爆发前,中国作为抗日的先锋队员,打得十分英勇和出色;到抗战后期,美国队、苏联队都参加进来,作了最后一搏,各进了一个球,从而决定了全局。第五,国共两党之间的斗争,混淆了世人视线,淡化了中国战场的作用。还在抗日战争进行之时,国共两党出于战后的打算,大有把对方搞倒搞臭之势。国民党诬蔑八路军、新四军在敌后抗敌则不足,而扰民则有余,是游而不击;共产党对国民党的消极抗日积极反共的政策进行了无情的揭露和批判,但有时却也免不了言过其实。这就使世人无法了解国共两党团结御侮,正面战场与敌后战场互相配合,共同抗敌的真相。抗战胜利后,国共两党之间的这种政治斗争延续了很长一个时期。在这期间,不仅在宣传上,就是在史论著作中都难以做到客观、公正地评价两党在抗战中的地位和作用。一谈到对方,宗旨只在贬低或批判,从而混淆了世人视听。③

总的看来,三十余年来我国学者对于中国抗战在二战中的地位和作用的研究成绩是巨大的,不仅彻底摆脱了苏联的研究体系,把中国抗战的地位放到整个世界范围来考察,而且在一些具体方面的研究上取得较大的进展,拓宽了思路,

---

① 张继平、胡德坤:《第二次世界大战史》,甘肃人民出版社1984年版,第640—641页。

② 黄爱军:《中国抗战作用被世人忽视原因之探讨》,《洛阳师院学报》1997年第6期。

③ 黄爱军:《中国抗战在二战中的地位和作用被一些国外学者忽视或贬低的原因》,《龙江党史》1998年第4期。

丰富了研究内容;与此同时,也存在一些不足,如有些观点牵强附会,材料缺乏和运用失当等。但我们相信,只要我们本着实事求是、一分为二的原则进行深入的探讨,我国学者对这一问题的研究肯定能克服缺陷,取得更大的收获。

第十九章 改变世界面貌的一场战争

——第二次世界大战对战后世界影响研究综述①

　　第二次世界大战是人类历史上最大规模的一场战争,它对人类的历史产生了重大而深远的影响。唯其如此,世界各国对第二次世界大战及其影响的研究十分重视。自 20 世纪 90 年代以来,中国学术界对第二次世界大战的影响和后果的研究方兴未艾,出现了大量的研究成果。学者们普遍认为,第二次世界大战对战后世界的影响是十分全面和深刻的,它涉及了世界政治、经济、军事、科技与文化等各个方面,而且这种影响至今犹存。

第一节　对国际政治和国际关系的影响

　　第二次世界大战对国际政治和国际关系的影响是全方位的,主要表现在以下几点:

一、彻底摧毁了法西斯极端反动势力,打击和削弱了帝国主义体系

　　20 世纪二三十年代,德意日法西斯集团开始了穷凶极恶的侵略扩张,可谓咄咄逼人,不可一世。反法西斯国家联合起来,经过几年的艰苦奋战,终于使三个法西斯国家彻底败降。此后,德国被苏美英法四国分区占领,纳粹战犯被处以绞刑;日本被美国独家占领,745 万军国主义武装被解除,战犯被惩办,财阀被解散。法西斯势力被彻底摧毁。而战后诞生了一大批社会主义国家和民族独立国家,帝国主义对社会主义苏联形成包围的局面被打破,对殖民地为所欲为的时代也一去不复返,帝国主义势力遭到很大削弱。②

---

　　①　本综述在拙文《改变世界面貌的一场战争——近十年来中国学术界关于二次大战对战后世界影响研究综述》(《盐城师范学院学报(人文社会科学版)》2003 年第 3 期)基础上修改而成。

　　②　王淑芳:《论反法西斯战争对战后国际关系的影响》,《锦州师院学报》1995 年第 3 期。

二、结束了"欧洲中心时代"的旧格局,推动国际政治格局进入新的时期

学者们指出,第二次世界大战使世界的面貌发生巨大变化。这种变化从世界战略格局的角度来说,就是结束了欧洲列强主宰全球的旧时代,并过渡到美、苏对峙的新时代。① 这一点可谓反法西斯战争给国际关系带来的最主要、最直接的影响。

自近代以来,英法德意等西欧列强经济实力雄厚,海外殖民地最多,曾长期主宰世界事务,构成国际关系舞台的主角,由此形成了"欧洲中心时代"的国际政治格局。但是,经过第二次世界大战,德意两个法西斯国家彻底战败,失去了称霸世界的资本;而英法虽然是战胜国,但创痛巨深,从此一蹶不振。这样一来,自拿破仑战争以来长期形成的西欧列强主宰世界的"欧洲中心时代"的旧格局宣告结束。

与上述情况截然相反,第二次世界大战促成战后美苏两极格局的出现。由于其他资本主义国家或战败或严重削弱,美国利用在战争中空前膨胀的经济、军事力量,爬上资本主义世界霸主的宝座;苏联经过代价高昂的战争洗礼,其势力和影响越出了国界,成为政治、军事实力堪称与美国抗衡的世界头等大国。由于合作基础的消失,二者又从战时的同盟者变成战后的对手。以雅尔塔体制为基础,经过战后各种形式的较量和斗争,终于在 20 世纪 50 年代形成美苏两极争霸的新的世界格局。虽然新格局是在 20 世纪 50 年代形成的,而其雏形在二战后期就已出现,是反法西斯战争极大地改变了世界政治力量的对比,直接促成了国际政治格局的转换。②

三、使社会主义力量超出了苏联一国范围,形成了由一大批国家组成的社会主义阵营

反法西斯战争的胜利大大推动了社会主义事业的发展,使社会主义实现了由一国向多国的飞跃,成了国际舞台上一支举足轻重的力量。二战中,欧亚一些国家的共产党领导人民为反对法西斯统治,进行着艰苦卓绝的斗争,并顺应时代潮流和人民意愿,在战后走上了社会主义道路。第二次世界大战以后国际力量发生了重大变化,欧、亚出现 13 个社会主义国家,形成了占全世界总人口 1/3

---

① 彭训厚、徐新民:《第二次世界大战的影响及其启示》,《军事历史》2001 年第 5 期。
② 王淑芳:《论反法西斯战争对战后国际关系的影响》,《锦州师院学报》1995 年第 3 期。

（10亿）的社会主义阵营。[①]

四、推动了亚、非、拉民族解放运动的深入发展，为第三世界的崛起准备了条件

反法西斯战争的胜利，使整个世界形势发生了重大变化，为亚非拉民族解放运动的发展开辟了更加广阔的道路。二战推动了亚非拉许多国家和地区民族工业的发展以及资产阶级和无产阶级队伍的扩大，增强了亚非拉反帝、反殖、争取独立的斗争力量，亚非拉人民的觉悟和组织水平有了很大的提高；二战大大削弱了殖民主义体系的统治，英法等国力量的削弱为亚非拉广大殖民地人民争取独立的斗争开辟了更加广阔的前景；世界反法西斯战争的胜利极大地鼓舞了长期饱受殖民主义统治的殖民地、半殖民地人民；二战促使东亚国家摆脱了殖民统治，成为具有独立主权的现代国家，走上了现代化的发展道路。社会主义越出一国范围形成世界体系，为民族解放运动的兴起提供了坚强后盾和有力支援。所有这些，都为战后亚、非、拉民族解放运动的兴起和蓬勃发展准备了良好的条件。第二次世界大战将法西斯的势力摧毁，帝国主义的力量也减弱，摧毁了殖民体系，世界上形成了社会主义阵营，发展中的国家得到发展。二战结束以来，100余个殖民地附属国先后宣告独立。新独立国家和原先的独立国家以新的面目登上国际舞台，形成一支强大的力量——第三世界。第三世界的崛起，极大地改变了世界政治力量的对比，促使世界政治力量重新分化与组合，冲击了战后形成的两极对峙格局，为世界进一步向多极化发展提供了条件。[②]

五、创立了不同社会制度国家联盟与合作的典范，为建立新型国际关系打下了基础

反法西斯战争的胜利，是广泛的国际反法西斯统一战线的共同胜利。虽然统一战线内部存在着复杂的矛盾，也有过激烈的明争暗斗，但这些都没有影响彼

---

①　张脉强：《世界反法西斯战争与战后国际格局》，《安徽大学学报》1995年第5期。

②　王芝：《反法西斯战争与战后国际关系》，《外交学院学报》1995年第3期；张脉强：《世界反法西斯战争与战后国际格局》，《安徽大学学报》1995年第5期；王淑芳：《论反法西斯战争对战后国际关系的影响》，《锦州师院学报》1995年第3期；彭训厚、徐新民：《第二次世界大战的影响及其启示》，《军事历史》2001年第5期；罗锋：《第二次世界大战对东亚国际体系变迁的影响》，《昭通学院学报》2015年第5期；袁媛：《浅析第二次世界大战对世界的影响》，《中国民族博览》2016年第12期。

此的协调战略,联合行动始终占主导地位。可以说,国际反法西斯统一战线的建立是这场反法西斯战争取得最后胜利的决定性因素之一。反法西斯国际统一战线首创了不同社会制度国家联合与合作的典范,这种形式在半个世纪的国际关系实践中占有重要地位,在未来同样会拥有广阔前程。①

六、孕育了联合国的诞生,为战后国际组织的广泛建立铺平了道路

联合国是当今世界规模最大、影响最广、最具权威性的政府间国际组织。它的建立得益于反法西斯战争的胜利,是反法西斯同盟国共同努力的结果。战争后期,苏美英三国首脑多次举行会晤,特别是在著名的德黑兰会议、敦巴顿橡树园会议、雅尔塔会议上,几大国就建立联合国的一些具体问题达成共识。经过几年的具体酝酿和准备,到1945年4月25日,终于在美国旧金山召开了联合国制宪会议,10月24日以《联合国宪章》生效为标志,宣告联合国正式成立。联合国在缓解国际冲突、控制军备竞赛、加速世界非殖民化进程、维护世界和平、促进经济发展等方面均发挥了重要作用,对战后国际政治产生了深刻的影响。以联合国的建立为契机,现代国际组织进入了一个成熟的发展阶段,目前世界上影响最大的四千多个国际组织中,90%以上是二战后建立的。②

七、促使国际关系主题的转变——和平与发展成为世界各国追求的首要目标

法西斯集团发动的第二次世界大战,是一场摧残人类文明的空前浩劫。当人民从战争中走出来后,最大的愿望就是和平——要争取人类的持久和平,不让悲剧重演。同时他们也从战后的国际关系实践中清醒地看到,霸权主义已取代过去的法西斯主义和军国主义而成为当代战争的主要危险,构成对世界和平的最大威胁。因此,反对霸权主义、维护世界和平、促进经济的发展已成为世界人民的一致呼声。和平与发展已取代过去的战争与对抗,这已成为当代世界的主题。曾经是法西斯战败国的日本和德国经过几十年的发展,已成为世界经济强国,饱受战争摧残的西欧各国走上了联合自强的道路,由20世纪60年代的欧共体发展到今天的欧洲联盟,在经济一体化和政治一体化方面取得了显著成就。③

---

①　王淑芳:《论反法西斯战争对战后国际关系的影响》,《锦州师院学报》1995年第3期。
②　王淑芳:《论反法西斯战争对战后国际关系的影响》,《锦州师院学报》1995年第3期。
③　王淑芳:《论反法西斯战争对战后国际关系的影响》,《锦州师院学报》1995年第3期。

八、推动了国际关系的民主化进程

战后国际关系民主化进程的发展同反法西斯战争的胜利具有密切的内在联系:首先,反法西斯战争的胜利使得民主思想深入人心,西方国家内部的民主体制得到了加强,它为国际关系的民主化创造了不可缺少的条件。英国在 1947 年所采取的一系列灵活的殖民地政策,以及法国在 20 世纪 60 年代就阿尔及利亚问题上的全民公决,都不能不看到在这样的外交政策背后由民主体制的重建所产生的人民的声音。其次,战后问题的处理方式也对战后国际关系的民主进程发挥了积极影响。战时的首脑会议对战后一系列问题的解决,如波兰边界的划分、对德国的分区占领、彻底消灭法西斯势力、东欧问题、战争赔偿等都做了原则性的规定,尤其是战后对法西斯势力的较彻底的清肃,1946 年纽伦堡和 1948 年的东京战犯审判,体现了同盟国以公理战胜邪恶的道义力量和法治精神,这都为战后国际关系注入了民主的因素。①

学者们在充分肯定二次大战对国际关系的发展所起的上述进步作用的同时,也指出二战对战后国际关系造成了一些消极影响,留下了一些战争后遗症:第一是大国支配战局与战后和平,出现了两个超级大国争霸世界的格局;第二是雅尔塔体制遗留下来的恶果,是二战后国际关系趋于紧张的最大症结;第三是国际关系中出现了冷战和集团政治的局面;第四是战后留下了一大堆至今难以解决的悬案。②

九、推动了全球化进程

人类的历史就是一个走向全球化的历史,第二次世界大战搅动了世界,推动了全球化的发展,全球化在第二次世界大战之后进入了一个新阶段。但是这种全球化并不是一体化而是多元化,是多样化共存。全球化和多元化,影响了整个人类社会和各个国家的发展。现在必须用全球性的眼光来观察、分析、处理问题,但同样需要从多元化角度来观察、分析处理问题。③

---

① 朱锋:《论反法西斯战争胜利对战后国际关系的若干影响》,《国际政治研究》1996 年第 1 期。

② 陶樾:《二次大战胜利后国际新局面的两重性》,《上海师大学报》1985 年第 4 期。

③ 张文莲:《铭记历史 和平发展——"第二次世界大战对现代国际关系的影响"研讨会综述》,《俄罗斯东欧中亚研究》2015 年第 3 期。

十、推动了现代国际法的发展

第二次世界大战使人类经受了更加毁灭性的灾难,国际法体系也遭到了严重的破坏。然而,战争并没有中断国际法。相反,在第二次世界大战结束后,国际法不但迅速得到恢复,而且与以前相比还有了明显的新发展。这种发展可以分为两类:一类是第一次世界大战后出现的变动过程的延续,如中立制度的危机、集体安全制度的进一步完善等;另一类是仅在第二次世界大战开始的发展,如国际法新分支的产生、联合国与国际法的发展等。[①]

第二节　对世界科技、经济和社会生产力发展的影响

一、第二次世界大战有力地促进了科技的进步,孕育并加速了第三次科技革命的到来

这是学者们着墨较多的问题,有许多学者撰文进行论述。学者们高度评价第二次世界大战对第三次技术革命产生和发展的极大作用,说二次大战是"现代科技发展史上的一个转折点"[②],是"通向第三次技术革命的桥梁"[③],是"新科技革命的催化剂"[④];"二次大战对新科技革命起着直接的刺激和促进作用"[⑤];"第三次科技革命是在第二次世界大战的炮火声中萌芽的"[⑥];"第三次技术革命是在第二次世界大战后特定的历史背景下发生的。但是,在第二次世界大战过程中的历史交往无疑是一个重要的历史前提,它在这些综合因素中起了催化、联系和承前启后的作用"[⑦];等等。

第二次世界大战的胜利,直接迎来了第三次科学技术革命,并给其打下了深深的烙印[⑧]。第三次科技革命的出现及其多项科技高度综合发展的新特点,都是与第二次世界大战紧紧相联的。[⑨] 如作为第三次科技革命主要标志和最具历

---

① 杨泽伟:《第二次世界大战对现代国际法发展的影响》,《法治研究》2015 年第 6 期。

② 廖丹青:《第二次世界大战与现代科学技术的发展》,《湛江师院学报》1998 年第 3 期。

③ 彭树智:《第二次世界大战与第三次技术革命》,《西北大学学报》1995 年第 3 期。

④ 周尚文:《二次大战与新科技革命》,《学术月刊》1995 年第 8 期。

⑤ 周尚文:《二次大战与新科技革命》,《学术月刊》1995 年第 8 期。

⑥ 王芝:《反法西斯战争与战后国际关系》,《外交学院学报》1995 年第 3 期。

⑦ 彭树智:《第二次世界大战与第三次技术革命》,《西北大学学报》1995 年第 3 期。

⑧ 陈本红:《第二次世界大战与科技革命》,《湘潭师院学报》1995 年第 4 期。

⑨ 彭训厚、徐新民:《第二次世界大战的影响及其启示》,《军事历史》2001 年第 5 期。

史意义的三大突破——原子能的开发利用、空间技术的发展和电子计算机的运用，以及其他代表性技术，都在第二次世界大战期间拉开了帷幕，而且与战争的需要密不可分。这些在第二次世界大战中绽开的科技之花并没有随着第二次世界大战的结束而枯萎，反而通过军转民途径发展成为一场蓬蓬勃勃的科技革命，放射出更加耀眼的光彩：原子弹的制造引发了一场能源革命；火箭技术的发展打开了人类进入太空的大门；电子计算机的发展导致了信息时代的到来。[①]

有学者对二次大战在"加速第三次科技革命的到来，开辟现代科学技术发展的新时代"的作用进行了具体论述：第一，二战中军事上的需要，加速了现代系统理论的产生，使自然科学研究发生了深刻的革命。第二次世界大战加速了系统论、控制论和信息论"三论"的产生，使人们借助于电子计算机和现代数学工具为解决复杂的系统问题提供了有效的科学方法，使科学研究推向更深的层次，也促进了一些新兴学科的产生和发展，为战后科学技术的突飞猛进奠定了重要的基础。第二，二战使原子弹等军事科学技术得到空前发展，为战后科技新发明提供了必要的理论基础和物质条件。第三，在二战中发明创造了电子计算机，它使科学技术发生革命性变化。第四，二战造就了一大批卓有成就的科学家和技术人员，使科学研究国家化，为战后科学技术的发展准备了重要条件。[②]

二、第二次世界大战改变了世界经济面貌

1. 第二次世界大战对战后世界经济秩序的确立产生了深远的影响。具体表现在：

二战使美国成为世界的首富，从而确立了战后以美国为主导的资本主义世界经济体系。战时和战后初期，美国凭借自己强大的经济实力，按照自己的意志来构筑战后世界秩序，包括世界经济秩序。在国际金融领域，美国通过布雷顿森林协定将美元与黄金直接挂钩，实际上建立了一个以美元为中心的国际货币体系，确立了美元的霸权地位。为了维持这个体系的正常运转，成立了美国把持的国际货币基金组织和国际复兴开发银行。在贸易领域，筹建由美国控制的"国际贸易组织"——"关税及贸易总协定"。

二战后，诞生了一大批社会主义国家，同时美苏又陷入了冷战，从而形成了

---

① 彭训厚：《第二次世界大战与科学技术进步》，《军事历史研究》1996 年第 4 期。
② 廖丹青：《第二次世界大战与现代科学技术的发展》，《湛江师范学院学报》1998 年第 3 期。

两个经济体系。为对社会主义各国在经济上进行遏制,西方国家成立了巴黎统筹委员会,旨在对社会主义国家实行禁运。而东欧各社会主义国家则成立了经济互助委员会,以加强各人民民主国家和苏联之间的经济合作,对付帝国主义的遏制、封锁政策。可见,当时世界基本形成了两个互相平行的市场,在相当一段时间里是互相封闭、对抗的。

二战加速了旧殖民体系的瓦解,随着殖民地国家的民族独立,民族经济也有很大发展。尽管帝国主义国家改变了对殖民地经济剥削、压迫的方式,但战后大多数民族独立的国家走上发展工业化的道路。昔日帝国主义生存的基础、理想的原料产地、商品市场及投资场所已逐渐发展成为独立的发展中国家经济。①

2. 第二次世界大战引起生产结构的变化和生产力的发展

兴起于二战的科技成就进一步发展,不仅导致许多新兴工业部门的产生,而且也使旧的生产部门得到改造。原子能工业、电子计算机工业、宇航工业的兴起,雷达制造、无线电、电子技术、人工合成技术的民用促使各国生产结构发生重大变化,生产力空前发展,主要表现在以下几个方面:(1)世界能源使用的变化,开始使用核能。(2)电子计算机的使用,使生产的自动化、机械化、系统化和管理的科学化进一步提高。(3)推动了生产率的提高。② 二战使科学技术获得划时代的突破性的发展,社会生产力飞速发展,使世界和人类社会发生了革命性的变革。③

3. 第二次世界大战引起经济结构的变化和社会生活的改善

第二次世界大战引起经济结构的变化和社会生活的改善。表现如下:首先,第一、第二产业在国民生产总值中和就业总人数中的比重进一步下降,特别是农业比重下降;其次,工业结构中发生了新旧工业的分化——劳动和资本密集型的工业逐步下降,技术密集型新工业崛起;再次,第三产业就业人数在整个就业人数中的比重上升。与此同时,军工技术的民用化创造了巨大的社会财富,直接导致社会生活的巨大变化。④

总之,第二次世界大战是对人类科技力量的一次全面检验和激发,而这种

---

① 沈学善:《反法西斯战争胜利对战后世界的影响》,《江海学刊》1995 年第 3 期。
② 张脉强:《世界反法西斯战争与战后国际格局》,《安徽大学学报》1995 年第 5 期;车效梅:《浅析第二次世界大战对社会生产力发展的影响》,《生产力研究》1998 年第 3 期。
③ 赵承纲:《沉重与辉煌:论二战与战后世界之发展》,《贵州师大学报》1995 年第 4 期。
④ 车效梅:《浅析第二次世界大战对社会生产力发展的影响》,《生产力研究》1998 年第 3 期。

科技力量成为战后世界经济增长和人类社会进步的最强大和最广泛的推动力。①

第三节　对战后世界性改革和发展的影响

有学者指出,反法西斯战争的胜利推动了战后世界范围内的革命与改革,从而推动了整个世界的发展。

第二次世界大战带动了整个世界的改革,具体表现在:

殖民地半殖民地争取独立与解放的变革。反法西斯战争一方面严重削弱了殖民帝国主义的力量,另一方面,殖民地半殖民地人民在战斗中提高了觉悟,壮大了力量,为民族解放运动准备了条件。因此,战后一批又一批的殖民地半殖民地国家获得了独立。②

战后欧亚一系列国家建立了社会主义制度,实现了社会制度的变革。反法西斯战争极大地削弱了帝国主义的力量,减少了无产阶级革命进程中国际帝国主义的干涉;也削弱了各国统治阶级的力量,减少了无产阶级革命的国内阻力。由于以上因素合力的作用,战后社会主义越出了一国的范围,在欧亚一系列国家中获得了胜利。③

资本主义世界的改革。二战使原有的资本主义秩序和统治方式已不能照旧延续下去,不得不对生产关系进行调整。资本主义国家的改革分为三种情况。第一种是盟国对德、日等战败国的社会改造,按照民主化和非军事化的方针,从政治、经济到社会文化等各方面进行广泛而深刻的改革,革除了封建残余势力,健全了资产阶级民主制。经过这次改革,解放了生产力,使西德、日本经济得到了迅速恢复和高速发展。第二种是西欧诸国的改革:在国内,实行福利国家政策,缓和阶级矛盾,谋求社会稳定,同时加强了垄断和国家干预,以提高本国经济的竞争能力;在国际上促进西欧联合,建立欧洲共同体,达到缓和国际矛盾,互惠互利。第三种是美国的改革,尽管速度比起其他资本主义国家要缓慢,但在二战

---

①　彭树智:《第二次世界大战与第三次技术革命》,《西北大学学报》1995年第3期。

②　胡德坤:《反法西斯战争与世界历史进程》,载李殿仁主编:《第二次世界大战史论文集③》,军事谊文出版社1996年版。

③　胡德坤:《反法西斯战争与世界历史进程》,载李殿仁主编:《第二次世界大战史论文集③》,军事谊文出版社1996年版。

的推动下,也发生了一些变化,主要是国家垄断和政府干预的加强。罗斯福新政的许多措施,在战后得到了实施。① 经过改革,资本主义各国之间经济上的相互依存,相互联合,向一体化发展始终占主导地位,而相互间的矛盾、纷争和摩擦虽不可避免,但都力求不用武力解决,使战后资本主义国家之间出现了整整半个世纪的和平安定局面。②

第二次世界大战带动了整个世界的发展。学者们主要探讨了二战对战后资本主义发展的影响,认为具体表现在:第一,第二次世界大战直接推动了战后第三次科学技术革命的兴起并为资本主义生产力大发展准备了条件;第二,第二次世界大战铲除了法西斯主义,同时又大大地促进了国家垄断资本主义的发展,从而深刻地改造了战前的资本主义生产关系并为战后资本主义的大发展准备了条件③;第三,二战的胜利使资本主义国家相互关系发生了重大变化,资本主义经济关系由战前的自由竞争向战后彼此合作、国际调节方向发展。战后出现的这种政治、经济关系变化,为资本主义社会的发展提供了有利的国际条件:第一,它使主要资本主义国家之间避免了硬性冲突,维持了和平相处的局面;第二,在巨额美元的扶持下,西欧和日本的经济得以迅速发展;第三,促进了国际贸易的发展。由此不仅使资本主义世界的经济矛盾得到一定程度的缓和,也有利于世界经济的发展。④

第四节　对战争与和平及世界军事发展的影响

一、对战争与和平的影响

学术界普遍认为,第二次世界大战是世界历史从战争与动荡时代向和平与发展时代转换的重大转折点,为战后世界和平奠定了基础。

第一,第二次世界大战变更了时代的主题,由战前的战争与动荡转变为战后的和平与发展。战后的世界尽管在相当长的时间里处在两极对抗的冷战状态之下,局部的动荡不时造成世界的不安宁,但是由第二次世界大战导致的战后和平与发展的时代特征始终没有发生根本性的变化,并逐渐形成了半个多世纪的无

---

① 胡德坤、罗志刚:《第二次世界大战与战后世界性社会进步》,湖北人民出版社 1993 年版。
② 王淑芳:《论反法西斯战争对战后国际关系的影响》,《锦州师院学报》1995 年第 3 期。
③ 刘彤:《第二次世界大战对战后资本主义发展的深远影响》,《世界历史》1985 年第 9 期。
④ 胡德坤、罗志刚:《第二次世界大战与战后世界性社会进步》,湖北人民出版社 1993 年版。

世界大战,或者说形成了制约世界大战的国际政治经济机制。

　　第二,二战改变了世界和平与战争力量的对比,极大地促进了战后和平力量的增长,根本改变了近代以来世界上战争力量超过和平力量的状况:(1)反法西斯战争大大削弱了帝国主义战争势力,使得国际和平民主力量空前加强;(2)反法西斯战争的胜利唤起了世界人民空前的和平民主意识,"要和平,不要战争"成了世界各国人民的共同呼声。[①] 第二次世界大战造成的战后力量对比,有效地维护了战后半个多世纪的世界和平,推进了战后国际关系中缓和、对话、协商、谋求共同发展的世界机制,加速了国际社会的相互依存趋势,促使国际联系与交往得到进一步的加强,使国际竞争的重点日渐由政治、军事转向经济和科技。第二次世界大战还从科技层面提供了制约世界战争的物质力量,其中最为显著的就是原子弹的研制与运用,成为战后世界战争与和平的重要物质力量。[②]

　　第三,反法西斯战争打破了旧的国际秩序,为一种全新国际秩序的最终确立开辟了道路。[③]

二、对世界军事发展的影响

　　第一,促进了世界近现代史上新一轮军事改革运动的兴起。二战期间,高技术和多性能的火炮、坦克、飞机、航空母舰和电子器材已大量装备部队,因而对军事学术的发展产生了重大影响。这次军事改革运动可谓是革命性的,内容广泛而深刻,具体表现为:战争的时空观发生重大改变,战争已由平面转化为立体战争和"无限化总战争";军队组织结构发生重大变革,军队编成中出现了新的兵种乃至军种等一些新成分,比例结构趋于协调合理;军事学术理论尤其是战役法理论获得长足发展,出现了空中战役、防空战役、联合战役、方面军群战役等新的战役样式;强大的战略突袭已成为侵略者发动战争的主要方式,战争初期作战理论得到发展;参战国家空前增多,战争规模空前扩大,联盟战略思想有新的突破;游击战更加广泛地开展,成为反侵略战争中不可或缺的、具有战略意义的一种作

---

　　① 胡德坤、姜文忠:《反法西斯战争与战后世界和平》,《湖北社会科学》1995 年第 9 期。

　　② 沈善荣:《论第二次世界大战对战后世界和平运动的影响》,《经济与社会发展》2003 年第 8 期;胡德坤、姜文忠:《反法西斯战争与战后世界和平》,《湖北社会科学》1995 年第 9 期。

　　③ 胡德坤、姜文忠:《反法西斯战争与战后世界和平》,《湖北社会科学》1995 年第 9 期;胡德坤、韩永利:《第二次世界大战对战后世界和平》,载李小军主编:《第二次世界大战与战后局部战争》,军事谊文出版社 2003 年版。

战形式。①

第二,第二次世界大战使人类进入核时代。核武器进入人类历史,是第二次世界大战产生的又一个极其重要的结果。1945年7月,美国成功试爆原子弹,标志着人类开始进入核时代,从此亦开始了战后美苏两国的核军备竞赛,并由此引发了两国国防军事体系的重大变革。②

第三,有形战争中孕育着无形战争,信息战初见端倪。二次大战之后,随着电子计算机技术、导弹技术、航天技术、激光技术等的飞速发展,特别是在越南、中东等地的局部战争中,各种战术导弹、制导炸弹、夜视仪器、侦察飞机和侦察卫星等信息技术装备的广泛使用,促进了各个领域信息对抗的全面发展,更加显示出信息对抗在战争中的重要作用。③

三、对战后局部战争的影响

第一,二战确立的苏美两极体制是战后局部战争持续不断的根源。在"雅尔塔体制"基础上建立起来的两极格局作为一个相对稳定的国际格局,由于东西两大集团的综合实力,特别是军事实力旗鼓相当,从而制约了战争的发生发展。④ 在二战中迅速崛起的美苏两个超级大国的争霸,是战后世界局势不宁,局部战争不断发生的根本原因。⑤

第二,二战中科学技术的发展和应用是战后局部战争走向高技术化的必要条件。二战中一些新式武器的使用,使作战理论、作战样式、作战原则以及编制体制等都有了新的飞跃和变革,为战后局部战争走向高技术化孕育了必要的条件;高技术战争形态的出现是战后科技进步及其军事应用的必然结果。从当今正在研究和已经应用于战争的高技术以及它们对战争的影响来看,现代的高技术战争无不与二战息息相关。⑥

---

① 彭训厚、徐新民:《第二次世界大战的影响及其启示》,《军事历史》2001年第5期。
② 张脉强:《世界反法西斯战争与战后国际格局》,《安徽大学学报》1995年第5期。
③ 彭训厚、徐新民:《第二次世界大战的影响及其启示》,《军事历史》2001年第5期。
④ 赵金存、王德生:《战后局部战争发展初探》,载李小军主编:《第二次世界大战与战后局部战争》,军事谊文出版社2003年版。
⑤ 王晓华:《试论第二次世界大战对战后世界局部战争的影响》,载李小军主编:《第二次世界大战与战后局部战争》,军事谊文出版社2003年版。
⑥ 吕占广等:《第二次世界大战与战后世界局部战争的形成》,载李小军主编:《第二次世界大战与战后局部战争》,军事谊文出版社2003年版。

第三，二战中核力量的使用与战后局部战争具有的核威慑特征直接相关。核武器在二战中所表现出的特殊作用，使各国对之趋之若鹜。但核武器的巨大杀伤力所产生的破坏效应使人们对其深恶痛绝，谁也不希望再爆发新的核战争；同时，由于多国拥有核武器，就出现了相互制衡的局面，促使拥有国冷静处理矛盾，局部战争呈现出核威慑的突出特征。①

第四，二战提供了制约局部战争上升为世界大战的一系列积极因素。首先，二战胜利促进各国人民的觉醒和世界和平力量的增强，为制约战争特别是世界大战提供了坚实的基础；战争观念变化使深受战争浩劫之苦的各国人民比以往任何时候，都更强烈地要求制止战争，把制止战争特别是避免世界大战作为神圣的任务。② 其次，经过二战以及战后国际斗争形成的国际政治格局和各力量中心，利害交织，相互斗争，其连锁互动对防止大战的爆发和局部战争升级起到了相互制约的作用。再次，二战促进了全世界国家与国家间的交流与合作，不同社会制度、意识形态和经济模式的国家和地区形成了资源、资本、生产、政策等多个层次的相互依存关系。这种全球化的经济依存关系对爆发新的世界大战起到了基本的制约作用。③ 最后，核战争的毁灭性效果使世界各国不敢贸然发动世界大战。④

因此可以说，二战改变了战前局部战争走向全面战争的历史惯性，避免了新的世界大战的爆发。⑤

---

① 吕占广等：《第二次世界大战与战后世界局部战争的形成》，载李小军主编：《第二次世界大战与战后局部战争》，军事谊文出版社 2003 年版。

② 赵金存、王德生：《战后局部战争发展初探》，载李小军主编：《第二次世界大战与战后局部战争》，军事谊文出版社 2003 年版。

③ 吕占广等：《第二次世界大战与战后世界局部战争的形成》，载李小军主编：《第二次世界大战与战后局部战争》，军事谊文出版社 2003 年版。

④ 杜森、张德胜：《第二次世界大战对战后局部战争的影响》，载李小军主编：《第二次世界大战与战后局部战争》，军事谊文出版社 2003 年版。

⑤ 胡德坤、韩永利：《第二次世界大战与战后世界和平》，载李小军主编：《第二次世界大战与战后局部战争》，军事谊文出版社 2003 年版。

第二十章　德日战争反省态度迥异原因何在?

——德日战争赔偿与战争反省问题研究综述

在第二次世界大战中,德、日法西斯给世界人民带来了深重的灾难。战后,为了惩治德、日法西斯,反法西斯同盟一致要求德、日对侵略战争进行赔偿与反思。战争赔偿与反思不仅是对被侵略国家经济补偿和精神安慰,也是对威胁世界和平的好战分子的警示,同时也是德、日取得周边受侵略国家的谅解、重新融入国际社会的必要措施。因此,国际社会无时无刻不关注着德、日战争赔偿与反思问题的发展。作为反法西斯同盟的重要大国,同时也作为日本法西斯侵略的最大受害者,自20世纪90年代以来,我国学者在德、日战争赔偿与反思问题上进行了大量的研究,取得了丰富的成果。据不完全统计,20多年来,我国学者发表有关德日战争赔偿和战争反省的文章600余篇,著作70余部,有几十篇硕士和博士学位论文也涉及这一选题。即使二战的硝烟已经散去70年,中国学者在该问题上的发言权也是毋庸置疑的。并且一直以来,日本右翼分子的频繁活动一直阻碍着日本的战争反省,特别是日本谋求联合国安全理事会常任理事国、解禁集体自卫权、增加军费等一系列动作使日本的政治野心昭然若揭,军国主义抬头的迹象已经表露无遗,这引起了中国为首的周边国家的强烈抗议。德、日的战争赔偿与反思问题也再次成为学者们注意的焦点。

第一节　反法西斯同盟对德日的索赔

面对在第二次世界大战中犯下的滔天罪行,德、日法西斯有义务和责任去对战争受害国进行赔偿,同时,遭受德、日侵略的各国有权利对德、日提出赔偿要求。这不仅是作为反法西斯同盟国和战争受害国的权利,也是对德、日法西斯主义进行惩罚的强制力的重要表现之一。我国学者在战后各国索赔政策的研究上取得了一定成果,同时也存在一些问题,比如专门论述受害国索赔政策的论文相对较少。①

一、中国对日索赔研究

中国是日本侵略的最大受害国,也是在亚洲战场对抗日本法西斯的主力。由于中国解放战争所造成的大陆政权更迭,我国学者在研究中国对日索赔问题时都将国民党政府与中华人民共和国政府区分开来。

国民党政府对日本的战争索赔早在战争结束之前就已开始准备,1939 年 7月,中国国民政府行政院制定了《抗战损失调查办法》。"蒋介石在参加开罗会议前已准备了索赔提案"。②"11 月 3 日,国民政府通过了《关于索取赔偿与归还劫物之基本原则及进行办法》,明确提出了对日战争索赔的十一条基本原则"。③ 然而,随着国民党内战失败,退守台湾,美国转而扶持日本,蒋介石在对日索赔问题上已经没有主动权,最终,蒋介石放弃了对日的索赔。对于台湾当局在所谓"日台条约"中放弃日本赔偿,中国学者一致认为"日台条约完全是一个非法条约,台湾当局也根本无权代表中国作放弃的承诺"。④ 由于台湾当局单方面宣布放弃对日索赔,日方在逃避战争赔偿责任上更加肆无忌惮。对于国民政府在对日索赔问题上的评价,我国学者基本持两种观点:一部分学者从国民党政府败退台湾后放弃战争赔偿的角度出发,认为台湾当局"放弃战争索赔是以满足一己之利而置民族利益不顾的行径,对国民党政府在索赔中的作用持否定态度⑤;另一部分学者认为当时的中华民国政府对日本的索赔是一个国际问题,受到国际大环境的影响,特别是美国的制约,所以应该辩证地看待国民党政府在对日索赔中的作用。比如在《中国对日战争索赔问题研究》一文中,作者从国民政府统计战争损失、制订索赔方案、与日本方面的谈判等方面全面分析,认为"虽

---

① 近二十年来,学术界专门探究受害国索赔政策的论文主要有:林国明:《犹太人世界对德国的战争索赔政策》,《世界历史》2005 年第 3 期;苑爽:《论二战后美国对德战争索赔政策》,《史学集刊》2013 年第 2 期;戚景:《中国对日战争索赔问题研究》,华中师范大学,硕士学位论文,2014 年;林国明:《犹太人社团与以色列对德国的战争索赔》,东北师范大学,硕士学位论文,2005 年;赵玉强:《浅议对日索赔问题》,《内蒙古电大学刊》2008 年第 4 期。

② 李运祥、孟国祥:《日本逃避对华战争赔偿责任的历史与现实》,《武汉大学学报》2003 年第 4 期。

③ 戚景:《中国对日战争索赔问题研究》,华中师范大学,硕士学位论文,2014 年。

④ 袁成毅:《日本对亚洲国家战争赔偿立场之比较——以国家间的赔偿为中心》,《抗日战争研究》2002 年第 3 期。

⑤ 赵玉强:《浅议对日索赔问题》,《内蒙古电大学刊》2008 年第 4 期。

然国民政府最终没能获得日本战争赔偿,但国民政府为对日索赔所做的努力是值得肯定的"。①

20世纪70年代,随着中日关系的缓和,战争赔偿问题成为中日建交所必须解决的问题。众所周知,中华人民共和国政府也放弃了官方的对日索赔,但并没有放弃民间的索赔权利。对于我国政府放弃索赔,我国学者一致认为这是中央人民政府以德报怨的表现,是中华民族胸怀宽广的表现,同时也是国际环境的特定需要。但也有部分学者认为中国政府放弃赔偿产生了战争创伤难以愈合、中国民间索赔受阻等问题。② 目前,民间索赔的研究也逐渐增多,我国学者认为我国受害者未能得到应有的赔偿,日本军国主义的复活、继而否认侵略的事实,国际国内形势的转好都是民间索赔直接兴起的原因。③ 学者们也认为政府应该积极支持民间的索赔。

二、犹太世界对德国的索赔

犹太世界在第二次世界大战中遭受了巨大的损失,纳粹的罪行使犹太民族几乎陷入了绝境。有上百亿美元的犹太财产被掠夺,高达600万犹太人惨遭纳粹杀害,因此,犹太人世界对德国的索赔有着重要的意义。我国学者认为:"由于以色列迟至1948年才建国,因此以色列和世界犹太人组织在国际法上并不具备要求战争赔偿的法律基础"④,"但大屠杀赋予了犹太世界获得战争赔偿的道义权利"。⑤

早在1940年春天,美国犹太人委员会就开始探讨犹太人的索赔问题。犹太学者在当时也普遍认为犹太人对德国索赔的权利是基于道义而不是国际法。1951年,以色列开始通过间接的方式从德国寻求战争赔款,即通过美英苏法四个占领国来与德国谈判取得赔款。然而由于复杂的国际环境和冷战的影响,以色列最终放弃了间接索赔的想法,经过与德国的一系列的谈判,德以双方签订了《卢森堡条约》,以色列最终得到了应得的赔偿。我国学者在研究中除了注重以

---

① 戚景:《中国对日战争索赔问题研究》,华中师范大学,硕士学位论文,2014年。

② 戚景:《中国对日战争索赔问题研究》,华中师范大学,硕士学位论文,2014年。

③ 袁成毅:《日本对亚洲国家战争赔偿立场之比较——以国家间的赔偿为中心》,《抗日战争研究》2002年第3期。

④ 林国明:《犹太人社团与以色列对德国的战争索赔》,东北师范大学,硕士学位论文,2005年;林国明:《犹太人世界对德国的战争索赔政策》,《世界历史》2005年第3期。

⑤ 林国明:《犹太人世界对德国的战争索赔政策》,《世界历史》2005年第3期。

色列索赔的本身,也注重以色列索赔对德国战争反省态度的影响,大部分学者都认为以色列索赔政策的强大舆论攻势,使犹太民族"从精神、道义和舆论上赢得了世人的广泛同情,迫使德国认罪"。①

三、美国的索赔政策

二战后,美国拥有世界上最强大的军事和经济实力,并且在战后美国单独占领了日本。因此,美国的战争索赔政策具有国际性,也就是说美国索赔政策的制订不仅关系到美国的战争赔偿问题,还会牵扯其他反法西斯成员国的索赔政策。同时,我国大部分学者都认为"在冷战逐步形成的背景下,美国的索赔政策受其全球战略的约束与规制,从一项独立的外交政策逐步演变成为服务其全球战略目标的附属政策"。② 因此,在对德日的索赔问题上,美国往往因为本国利益而损害其他反法西斯同盟国的合法权利。

在对德国的索赔问题上,大部分学者都认为美国的索赔政策还是比较符合波茨坦精神的。战后初期,美国对德国的索赔政策相当严厉,虽然美国军方反对对德国的惩罚过于严厉,然而美国实行了比较彻底的拆迁赔偿计划和大规模的"智力索赔"计划,因此美国在德国获得了大量显性与隐性的赔偿。③ 与美国的态度相近,英法苏也都实施了严厉的拆迁赔偿计划。然而,随着冷战的迫近,美国对德国的索赔态度逐渐发生了变化,为了扶植德国,美国在美英双占区推行"新工业水平计划",逐步将德国拉入了"马歇尔计划"的规划之内。同时,苏联也认为"拆迁赔偿造成很大浪费"④,从而改为了实物赔偿,即从德国无偿拉走大量新产品。1949 年 11 月之后,西占区基本停止了赔偿拆迁行动,美国对德国的战争赔偿政策也随之成为一项服务于美国战后大战略的附属政策。

美国是太平洋战场的绝对主力,并且在战后对日本进行了单独占领,因此,美国独掌了对日本赔偿政策的裁决大权。西方学术界认为,"美国的日本战后重建政策和措施是成功的。"⑤我国学者从事实出发,普遍认为美国的日本赔偿政策是"为美国的东亚战略乃至全球战略服务的",而这种服务于美国国家利益

①　赵文亮:《试析德日两国反省战争态度迥异的原因》,《洛阳工学院学报》1999 年第 3 期。
②　苑爽:《论二战后美国对德战争索赔政策》,《史学集刊》2013 年第 2 期。
③　苑爽:《试析第二次世界大战后美国对德"智力索赔"计划》,《世界历史》2011 年第 3 期。
④　苑爽:《论二战后美国对德战争索赔政策》,《史学集刊》2013 年第 2 期。
⑤　孟庆龙:《美国的占领政策与日本历史反思》,《中日关系史研究》2010 年第 3 期。

和全球战略不公正的索赔政策,最终造成了严重的后果。①

战后,美国对日本的战争赔偿政策的演变是一个逐渐变化的过程,这一过程是战后东亚地区战略形势的变化和国际冷战格局综合作用的结果。我国学者普遍认为美国对日本的索赔政策经历了"从最初积极、坚决的拆迁赔偿,到逐步减少并宣布停止拆迁赔偿"的过程。② 我国学者将美国的日本赔偿政策分为三个阶段。第一阶段为二战结束至1946年底,这阶段美国在远东的战略为扶植中国,压制日本,美国在日本的赔偿政策上执行以"鲍莱计划"为主要内容的政策,该计划意图将日本的工业水平压制在20世纪30年代的水平,而日本的工业设施将以拆迁赔偿的方式运往受侵略各国,主要是运往中国。第二阶段是1947年初到1949年5月,这一阶段,随着中国内战形势的变化,美国意识到蒋介石政府的失败是无法避免的,因此美国开始转变其远东战略,转而扶持日本,美国先后提出"斯特赖克报告""约翰斯顿报告"与凯南的《关于对日政策的建议》,"逐步削减日本的赔偿,甚至放弃赔偿"。③ 第三阶段是从1949年下半年到1951年9月《旧金山和约》的签署,美国确定了日本进行劳务赔偿的原则,从此,美国开始在日本赔偿问题上奉行"不赔偿主义"。这种态度转变对日本的战后赔偿产生了深远影响,对日本推卸战争责任、美化侵略战争负有不可推卸的责任。

四、苏联对德索赔政策

冷战期间,囿于两大阵营间意识形态对抗与相关档案处于保密阶段,我国学界关于苏联对德索赔政策的相关研究付之阙如。冷战结束后,原民主德国与俄罗斯的相关档案大量解密,研究这一问题的客观条件逐渐成熟,我国学者的相关成果也开始崭露头角。

根据我国学者的研究,苏联早在二战期间就开始谋划战后对德索赔的相关构想。但是到了雅尔塔会议和波兹坦会议时,苏联人的方案先后遭到了英美的反对。双方经过激烈的争论最后在四个方面达成了妥协:第一,苏联同意以百分

---

① 赵洪伟:《战后美国远东战略演变与日本赔偿政策的相关性》,《甘肃社会科学》2007年第4期。

② 赵文亮:《美国远东政策与日本的战争赔偿》,《郑州大学学报》2000年第4期;李鹏军:《关于二战之后日本赔偿的几点思考》,《重庆教育学院学报》2012年第4期;陈耀华:《美国关于日本战争赔偿政策的演变及影响》,《玉林师范学院学报》2002年第1期。

③ 乔林生:《日本战争赔偿与美国的责任》,《日本问题研究》2004年第2期。

比而不是具体数字确定赔偿规模；第二，苏联同意分区赔偿原则，西占区拆迁15%的设备用于和苏联交换粮食等，其中10%无偿交给苏联；第三，苏联同意德国当前产品优先用于出口换外汇以支付德国必要的进口；第四，英美放弃苏占区内德国企业的股份，同时放弃德国在罗马尼亚、保加利亚、芬兰、匈牙利和奥地利西部的资产要求；作为交换，苏联放弃了西占区的德国企业股份，并且不对上述五个地区之外的德国境外资产提出要求。① 苏占区大规模的拆迁工业设备的行动一直持续到1946年。随着冷战的爆发以及经济方面的原因，苏联也相应地调整了德国的赔偿方式：一是将苏占区的企业转为股份制，由苏联人管理，苏占区的人力、物力生产出的产品，将被无偿运往苏联；②二是以劳务赔偿的名义大量征用德国战俘和科技人员。③

关于苏联对德索赔政策的影响，学者们认为对苏联、德国、欧洲都产生了深远的影响。对苏联来说具有三个方面的影响：一是从德国取得的物资和人力推动了苏联社会经济和军事科技的发展；二是赔偿一方面削弱了德国东部的实力，保障了苏联的国家安全，另一方面西德成为英美抗衡苏联的前沿，增加了苏联的不安全感；三是在政治方面，相比于英美的马歇尔计划，苏联大规模索取德国的人力物力的行为招致了德国人民的不满。对德国来说，通过对苏联履行赔偿责任，反省军国主义造成的深重灾难，终使德国走上了和平发展之路，但是分区占领分区赔偿，最终导致了德国的分裂。对于欧洲来说，英美与苏联关于对德索赔问题的博弈，实际上就是遏制与反遏制的斗争，在波茨坦达成的协议也成为了让欧洲陷于冷战近半个世纪的重要一步。④

第二节　德国和日本的战争赔偿与战争反省

同为第二次世界大战的策源地与战败国，能否积极地进行战争赔偿和战争反省不仅关系到德、日两国能否获得周边受侵略国家的谅解，而且关系到两国能

① 李凤艳：《试析第二次世界大战后苏联的对德索赔政策》，《华东师范大学学报》2013年第6期。

② 李凤艳：《苏联对德国的改造政策研究（1945—1949）》，东北师范大学，硕士学位论文，2011年。

③ 李凤艳：《试析第二次世界大战后苏联的对德索赔政策》，《华东师范大学学报》2013年第6期。

④ 李凤艳：《试析第二次世界大战后苏联的对德索赔政策》，《华东师范大学学报》2013年第6期。

否被国际社会重新接纳。然而,德、日两国在战争赔偿和战争反省上却是截然不同的。德国积极进行赔偿与反思,德国政府和80%的民众在关于纳粹的大是大非问题上具有正确的立场。[①] 反观日本,虽然一部分负责任的学者认为日本的战争赔偿责任不能推卸,但日本的主流声音依然是推卸责任,美化侵略。由于德、日两国在该问题上的巨大反差,我国学者在探究德、日赔偿反思问题时往往采用对比研究的方式。本书也将以对比的方式总结近二十年来我国学者的研究成果。

一、德日战争赔偿、反省行为对比

首先,德、日两国的政要在涉及战争反省上表现不同。虽然德国政府在战后对待战争责任问题也经历了一个由回避到承认的过程,但联邦德国历任总理在战争赔偿与反省上所做的努力得到了世界的认同与赞誉。尤其是1970年,西德总理勃兰特在华沙犹太隔离区起义纪念碑前下跪,更是感染了世界。科尔也明确表示,1945年的5月8日并不是德国战败的日子,而是德国获得解放的日子。德国还通过立法等方式防止纳粹的重新兴起。但是日本的政要在对待战争责任问题上却是极其不负责的,其中最有代表性的就是参拜靖国神社。靖国神社是供奉日本战犯的地方,是日本军国主义和右翼分子的"圣地"。从1985年日本前首相和内阁成员正式参拜靖国神社开始,日本首相或议员参拜靖国神社的事件屡屡发生,并且对于右翼分子每年8月15日在靖国神社前的游行活动,日本政府也不管不问。这都表现出日本政要对战争责任问题的态度。这种不负责任的态度引起了周边国家的强烈不满。

其次,在对周边受侵略国家的战争赔偿上,德日两国的行为和态度截然不同。学者们普遍认为,"战争赔偿是战败国对因自己的战争罪行给对方造成的物质和精神上的损害所作的赔偿"。[②] 对周边受其侵略的国家进行战争赔偿是德日的义务,然而德国和日本的战争赔偿却是天壤之别。据德国财政部战后处理司公布,截至1993年1月,德国对欧洲各国支付总额已达651.288亿美元,而且根据德国的《联邦赔偿法》《联邦还债法》规定,自1993年2月至2030年,还要按计划支付228.576亿美元,最终支付赔偿总额约达880亿美元。不仅如此,

---

① 林治波:《从德日比较看日本为何不能坦诚地反省侵略战争》,《抗日战争研究》1995年第3期。

② 李鹏军:《关于二战之后日本赔偿的几点思考》,《重庆教育学院学报》2012年第4期。

德国的企业也对民间战时受害人给予了大量的经济赔偿。反观日本，学者们一致认为日本在战争赔偿问题上采取了抵赖政策。1947 年 10 月，包括中国在内的同盟国向日本提出了总额 540 亿美元的索赔要求，然而，日本最终"支付赔偿及准赔偿合计总额约 15 亿美元"①，另外，日本的赔偿方式"不仅没有摧毁日本战争工业的基础，而且为战后日本经济的发展开辟了道路，从而加快了日本重新武装的步伐和军国主义的复活"。② 我国大部分学者都认为日本对东南亚采取的劳务赔偿方式有利于日本对东南亚进行经济渗透，从而达到控制东南亚的原料产地和市场。在对于民间索赔的态度上，日本也百般推诿。对于中国的民间索赔，日本往往以个人物权索赔、受害者诉讼时限超过了日本法律规定、日本不能对受害者个人承担赔偿责任等理由搪塞。但在各方面的压力下，日本也曾做出过些许赔偿，比如 1994 年 8 月 31 日，日本决定给韩国慰安妇 1000 亿日元的赔偿。但总的来看，德国积极进行战争赔偿、反省与日本推卸战争责任，消极赔偿、反省的行为形成了巨大的反差。

再次，德国和日本在战争史观或者说在对战争性质的认识上也表现出巨大的差异。第二次世界大战是德日法西斯一手挑起的，德日作为侵略国对世界造成了深重的苦难。战后，德国上至总理，下至民众，都在反思自己的罪行，"绝大多数的德国人是把自己放在了迫害者的角度来考虑问题"。③ 然而日本却不同，由于日本战后的民主化改造并不彻底，大批军国主义分子不仅没有被彻底消灭，反而粉墨登场，在政坛上占据要职，在战争观上他们不承认失败，掩盖罪恶，愚弄国民，"圣战""东亚共荣"等思想被他们继续当作美化侵略战争的借口。在对周边国家合理合法的战争索赔拼命抵赖的同时，日本政府"从 1950 年至 1994 年共向旧军人、军属或遗属发放 38 兆日元的抚恤金"④，日本扭曲的战争观暴露无遗，所谓"东京审判史观"、"自存自卫史观"和"亚洲解放史观"等美化侵略的战争观充斥着日本社会。另外，日本国民也始终把自己放到受害者的角度上，不仅在原子弹和对日本的战略轰炸问题上大做文章，日本战后建立的各种纪念馆以及和平公园也都是在展示日本人遭受的灾难。日本只记得他们受到了轰炸，却忘了他们为什么会受到轰炸，也忘了他们对周边国家特别是中国带来的灾难。

---

① 田野：《关于日本战后赔偿分期问题的思考》，《黑龙江社会科学》2010 年第 3 期。
② 王哲、申晓若：《二战后战争赔偿与日本反省战争的态度》，《长白学刊》1996 年第 6 期。
③ 李敏：《德日对待二战态度差异与原因分析》，《青海社会科学》2005 年第 3 期。
④ 赵文亮：《德日的战争赔偿与战争反省》，《黄河科技大学学报》1999 年第 4 期。

最后，德日在对待战争反思的教育上的表现截然不同，这集中表现在教科书问题上。德国的历史教科书也曾经有过回避战争罪行的阶段，然而从20世纪70年代开始，德国的教科书开始逐渐正视纳粹的暴行。德国前总统魏茨泽克曾说"应该帮助青年人理解为什么牢记过去是极其重要的。我们要帮助他们面对历史真相"。① 正是由于德国对下一代进行了正确的二战史观教育，才使得德国能积极地进行战争反省和赔偿，并能较为彻底地清除了纳粹对德国社会的影响。然而与德国不同，日本右翼势力和政府反复在教科书问题上篡改史实、美化侵略。1958年日本文部省在审定教科书时把侵略中国改为"进入大陆"，1969年日本文部省在审定教科书时删除了所有关于反省战争责任的内容，1982年日本文部省在审定教科书时把"侵略华北"和"全面侵略中国"等词句中的"侵略"全部改为"进出"，把南京大屠杀改为"占领南京"。② 日本篡改教科书不仅反映了日本推卸战争责任、企图掩盖战争罪行的态度，而且引起了中国为首的周边国家的强烈抗议。

二、德日战争赔偿、反省行为截然不同的原因

德、日两国同为战争罪魁和战败国，在战争赔偿和战争反思上却有着截然不同的表现，造成这种反差的原因向来是学术界关注的焦点。近二十年来，随着经济实力的增强，日本在推卸战争责任、美化侵略上变本加厉，我国学者对该问题的研究也有增无减。总体来说，我国学者大多采取对比研究的方式来探讨德日战争赔偿、反思行为迥异的原因，在此基础上，学者们更加关注日本战争反思不彻底的原因。综合学者们研究成果，能得出这样的结论：德日之所以在战争赔偿和反省上有截然相反的行为，是一系列原因综合作用的结果，这些原因既有日本自身主观原因，也有客观原因。

第一，占领国对德日的占领政策和改造方式不同，这主要体现在占领方式、民主政治改造、战犯处理方式三个方面。第二次世界大战结束之后，同盟国对德日分别进行了占领，并且为了根除法西斯主义而进行了一系列的民主化改造。然而同盟国对德日的占领政策和改造政策却是不同的，这也影响了德日的战争反省。首先，对德国的占领是由英美法苏四国共同完成，国家分裂、任人宰割的状况不仅让德国的荣誉感和自傲感荡然无存，而且迫使德国必须要对战争进行

---

① 石涵月、肖花：《德日对二战反省的差异及其原因》，《湖南师范大学社会科学学报》2006年第1期。

② 罗时平、万晓庆：《德、日对战争罪行反省迥异及其影响》，《国际问题研究》2005年第5期。

积极的赔偿与反思。战后,日本由美国单独占领,虽然在战后初期美国对日本的赔偿政策相对严厉,然而随着国际形势的变化,美国从自身利益出发,开始包庇、纵容日本,日本的赔偿政策也最终以"劳务赔偿"的特殊的方式来完成。我国学者普遍认为美国对日本的赔偿政策和反思态度产生了重要的影响,"日本的战争赔偿问题是在美国一手操纵下进行的,它是为美国的世界战略和远东政策服务的"。① 赵文亮认为,第二次世界大战后,美国凭借其强大的实力以及单独占领日本的有利条件,使日本的战争赔偿问题始终为其远东政策服务。从最初积极、坚决地拆迁赔偿,到逐步减少并宣布停止拆迁赔偿,甚至放弃赔偿,反映出美国远东政策的变化。日本的战争赔偿最终以象征性的劳务赔偿方式解决,保证了美国的远东政策的顺利实施,但却严重地损害了深受日本侵略之苦的广大亚洲国家的利益,至今仍对日本的战争反省产生极为消极的影响。② 胡德坤、戴超武、崔丕、陈从阳等学者都撰有专文,持有相类似的看法。③

第二,占领国在对德日的民主化改造方面,西德建立了现代议会民主政体,而东德建立了社会主义制度,学者们认为"这两种制度都与法西斯思想水火不容"。④ 因此,纳粹在战后的德国已经没有市场。日本虽然在美国的监督下确立了现代议会民主制度,然而日本自民党在战后长期持续执政,日本政治的专制色彩浓重,"右翼势力仍在左右着政府的决策与行为"。⑤ 最后,在对战犯的处理上,德国对纳粹战犯进行了严格的审判和惩罚,这不仅表明德国政府对于纳粹的态度,而且能够引导德国民众的战争观,让德国上下能够较为彻底地进行战争反思。与德国不同,日本对战犯的处理是十分不彻底的,特别是朝鲜战争爆发后,大批战犯被释放、重新启用,"吉田茂、岸信介等人甚至做了首相"。⑥ 不仅如此,日本头号战犯——天皇并没有受到惩处。我国学者普遍认为天皇没有受到惩处,使日本保留了军国主义的残余,使日本右翼分子继续活跃在日本的政治舞台

① 李鹏军:《关于二战之后日本赔偿的几点思考》,《重庆教育学院学报》2012年第4期。
② 赵文亮:《美国远东政策与日本的战争赔偿》,《郑州大学学报》2000年第4期。
③ 胡德坤、徐建华:《美国与日本战争赔偿方式的演变》,《武汉大学学报(人文科学版)》2002年第4期;戴超武:《美国的政策与战后日本战争赔偿问题》,《兰州学刊》1994年第6期;崔丕:《美国关于日本战争赔偿政策的演变》,《历史研究》1995年第4期;陈从阳:《美国远东政策之嬗变与日本的战争赔偿》,《咸宁师专学报》1997年第4期。
④ 郭学旺:《德日对"二战"反省比较研究》,《高校社科信息》1996年第4期。
⑤ 欧阳雪梅:《论德日两国二战后对谢罪问题的认识》,《文史博览》2005年第12期。
⑥ 林治波:《从德日比较看日本为何不能坦诚地反省侵略战争》,《抗日战争研究》1995年第3期。

上,最终阻碍了日本的战争赔偿与反思。

德、日两国所面临的不同地缘因素影响了德日的战争赔偿、反思。德国处于欧洲的中部,被英、法、苏等大国包围,他们"时刻警惕着德国的强大"。① 正是由于来自周边国家的强大压力之下,德国才能较为彻底地进行战争赔偿与反思。相比于德国,日本的地缘压力要小得多,一方面日本得到了美国的扶植,得以在战争赔偿问题上占便宜。另一方面,以中国为首的东亚受侵略国家在战后经济凋敝,国力较弱,没有办法对日本进行有效的压制和威慑,这自然让逃避战争责任的日本可以逍遥法外。另外,有的学者认为,由于日本是个岛国,"地域狭小,资源十分贫乏,经济发展的对外依赖性很强"②,因此日本在骨子里并不认为他们对周边国家的侵略是非正义的,在这种心态的影响下,战争反思自然受到阻碍。

第三,德日两国文化、宗教观上的差异造成了两国在战争反思上迥异的行为。学者们认为"德国的哲学和基督教的原罪忏悔有助于他们的反省"③,并且,虽然德意志民族的民族优越感和专制主义十分浓厚,但是德意志民族在文化上更加倾向于"欧洲文明的自由、理性、科学精神"④,并且由于德意志文化中对政治的冷漠,所以德意志普通民众也更加容易与纳粹的专制主义、种族主义彻底决裂。对于日本,学者们普遍认为日本文化中有极强的"劣根性",特殊的地缘环境和发展历史使日本民族心态中充斥着极端民族主义、军国主义、狭隘的岛国心态、力量崇拜、骄傲与自卑相交的复杂心理,这就使日本对战争责任持不承认、不妥协的态度。另外,在日本的文化中,天皇是至高无上的,是"不会犯错的",战后天皇制的保留、天皇的逍遥法外都容易给日本民众造成一种暗示:战争并不是罪恶的,从而影响日本的战争赔偿和反思态度。至于宗教观念,日本并没有统一的宗教,道教、神道和基督教在日本社会都有流传,因此学者们认为"无论哪一种宗教都对他们起不到约束作用",所以日本很难对自己的罪恶真诚地反省。⑤

第四,近代史的发展轨迹不同。从1871年德意志帝国建立以来,德国经历

---

① 李敏:《德日对待二战态度差异与原因分析》,《青海社会科学》2005年第3期。

② 何耀明:《日本为何不能正视侵略历史——与德国反省历史罪责相比较》,《益阳职业技术学院学报》2005年第2期。

③ 马汉斌:《二战后德日对战争悔罪之不同表现及其原因》,《西藏民族学院学报》2005年第5期。

④ 郭桂艳:《德日反省二战历史的差异及原因探索》,《企业家天地》2011年第1期。

⑤ 石涵月、肖花:《德日对二战反省的差异及其原因》,《湖南师范大学社会科学学报》2006年第1期。

了两次世界大战,军国主义和法西斯主义不仅给受侵略国家造成了深重的灾难,而且给德国人民也造成了巨大的负担。特别是二战结束初期,德国基本成了一片废墟,物资匮乏,这就让军国主义的复活失去了群众基础。为了避免再次遭受这种灾难,德意志上下都对战争进行积极的反省和赔偿,任何为纳粹"翻案"的企图都会受到德国人民的唾弃。然而日本却不同,明治维新以来,日本面对资源匮乏、空间狭小的国情,致力于扩张。从甲午战争、日俄战争再到一战,日本用一次次的冒险取得了"辉煌的胜利","皇国命运,在此一战"的口号延续了几代人。由于日本的每次战争都能获得巨大的益处,因此,上至政客,下至百姓,都对军国主义的罪恶缺乏深刻的体会,这就造成逃避战争责任、篡改史实的右翼分子在日本阴魂不散,严重阻碍着日本的战争赔偿与战争反思。

第五,受害国自身的原因。众多的学者认为,德日之所以在战争赔偿和反思上截然不同,受害国自身也存在着原因。战后,以色列、波兰、苏联等国家对德国展开了坚持不懈的索赔,固然不排除苏联作为军事大国对德国造成的震慑力,但受害各国特别是以色列不懈的努力,使国际社会对德国的赔偿问题持续的关注,即使德国不情愿进行赔偿,国际舆论的压力也会迫使德国就范。然而日本却幸运得多,战后,由于美国非法签订了《旧金山和约》,日本对东南亚各国的方式就以"劳务赔偿"的方式确定下来,虽然东南亚各国对此进行了斗争,但在美国的压力下,最终都以各种条件接受了"劳务赔偿"的方式。国民党政府原本在对日索赔问题上态度强硬,然而败退台湾后,一心想在国际上站稳脚跟的蒋介石政府不顾民族大义,单方面宣布放弃了对日战争索赔要求。同时,中华人民共和国在中日建交时也宣布放弃了政府的索赔。这一方面使中国失去了惩罚日本战争罪行的机会,另一方面使日本对战争性质的认识上出现变异,也给民间索赔造成了十分不利的局面。另外,有学者认为中国未能应美国邀请派兵进占日本也使日本没感受到中国的压力和震慑力,导致日本在对华战争赔偿问题上百般抵赖、态度强硬。

另外,少部分学者们还认为:希特勒最终自杀,从而减轻了法西斯主义的影响;德国领导人有远见卓识;德、日外交政策的不同;德日两国在美国共产主义防护网上所处位置不同;日本战后经济迅速崛起而产生的民族优越感等也是造成德、日战争赔偿、反省行为迥异的原因。而战后,日本政府推行的内外有别、军民不同、官兵迥异,即根据对侵略战争的态度和"贡献"大小予以差别对待的战争补偿政策,明显具有战争犯罪的主观故意和客观影响,不容忽视。日本政府内外有别的战争赔偿政策的成因,主要有以下四个方面:1."自卫战争史观""解放战争史观""靖国史观"等,是这一战争赔偿政策形成的思想根源;2. 日本政要的右派构成和日本政权的保守性质,是这一战争赔偿政策形成的政治基础;3. 部分日本国民持错误的战争史观,是这一战争赔偿政策形成的社会土壤;4. 战后宽松的国际地缘政治环境,是这一战争赔偿政策形成的外部条件。①

　　德日两国不同的战争赔偿、反思态度对两国产生了不同的影响。德国获得了周边国家的谅解,迅速融入了国际社会,成为欧盟的重要成员,为欧洲一体化作出了重要的贡献。反观日本,由于日本的战争反思极不彻底,在战争遗留问题上经常与周边国家发生冲突,日本政要极不负责的言论也时常引发周边国家的抗议,这就导致日本迟迟不能与以中国为首的亚洲各国达成谅解。近年来,日本谋求政治大国的意图愈发明显,集体自卫权的解禁更是显示了日本的狼子野心,在这种情况下,国际社会应该采取更加有效的措施才能迫使日本承认侵略的事实,彻底地进行战争反思;中国政府也应该更加积极地支持民间索赔活动,以捍卫中华民族的合法权益。硝烟已经散去,然而历史当永存。

---

　　① 孙立祥:《日本政府内外有别的战争赔偿政策及其成因》,《世界历史》2007 年第 1 期。

　　本书系国家社科基金抗日战争研究专项工程"世界反法西斯战争史（含中国抗战史）档案资料收集整理与研究"（批准号：16KZD020）阶段性成果之一，受此专项工程经费资助。

中国二战史研究七十年

（1950—2019）（中册）

赵文亮 ◎ 著

人民出版社

作 者 简 介

赵文亮，河南汝州人，历史学博士，曲阜师范大学教授、博士生导师；兼任中国世界现代史研究会副会长、中国第二次世界大战史研究会常务理事、山东省世界史学会副会长等。先后在郑州大学、华东师范大学、武汉大学和中国人民大学就读，并曾在河南师范大学、山东师范大学工作。从事二战史、国际关系史、世界现代史、中东史教学和研究 30 余年。承担国家及省部级科研课题 10 余项（其中主持国家社科基金重点项目和一般项目各 1 项、重大项目子课题 3 项、教育部教学改革项目 1 项），出版学术著作 10 余部，发表论文近百篇，多项成果获省部级科研、教学奖励。

目　　录

中　册

第三编　第二次世界大战史著作目录索引

第四编　第二次世界大战史报刊论文目录索引

第 三 编
第二次世界大战史
著作目录索引

第一章 1950 年以来大陆学者著作目录索引

第一节 总 论

《第二次世界大战史参考书目》,军事科学院办公室图书资料处编印,1979年版。

《第二次世界大战史研究书目》,中国第二次世界大战史研究会编印,1983年版。

《第二次世界大战论著索引》,军事科学院计划指导部图书资料室编印,1985 年版。

《第二次世界大战史论著篇目索引:1949—1985 年》,北京大学历史系资料室编印,1986 年版。

《纪念中国人民抗日战争暨世界反法西斯战争胜利 60 周年丛书》,人民文学出版社 2005 年版。

《纪念中国人民抗日战争暨世界反法西斯战争胜利 60 周年系列图书》,中共党史出版社 2005 年版。

一、通史

《世界大战》(上中下),凌立主编;许海东撰稿,中国人民大学出版社 2004年版。

《二次大战》,高正红、王红梅编著,安徽人民出版社 1995 年版。

《二次大战》,周干、乌传衮编著,安徽人民出版社 1995 年版。

《二次大战》,王旭东等编著,安徽人民出版社 1995 年版。

《二战通史》,马博主编,线装书局 2016 年版。

《二战简史》,水木森编著,中国华侨出版社 2019 年版。

《二战全史》,思不群编著,中国华侨出版社 2011 年/2015 年版。

《二战全史》,宿文渊编著,中国华侨出版社 2013 年版。

《二战全史》,姚丽主编,外文出版社 2012 年版//汕头大学出版社 2014 年版。

《二战全史》,白虹编著,中国华侨出版社 2013 年/2014 年版。

《二战全史》,陈冰编,中国华侨出版社 2015 年版。

《二战全史》,齐瑞编,中国华侨出版社 2017 年版。

《二战全史:1939—1945》,徐谦编著,辽海出版社 2019 年版。

《二战全史(典藏版)》,杨子华编,中国华侨出版社 2013 年版。

《二战历史丛书》(全 7 册),黄炎等著,四川人民出版社 1994 年版。

《二战全景大纪实》(全 4 册),陈志斌、孙晓著,黄河出版社 2005 年版。

《第二次世界大战》,徐弦著,上海生活·读书·新知三联书店 1950 年版。

《第二次世界大战》,罗荣渠著,商务印书馆 1962 年版。

《第二次世界大战》,中山大学历史系编写,广东人民出版社 1978 年版。

《第二次世界大战》,中国人民解放军南京外国语学院训练部编印,1978 年。

《第二次世界大战》,黄玉章、唐志纲等著,世界知识出版社 1984 年/1995 年版。

《第二次世界大战》,金永华著,上海教育出版社 1989 年版//宁夏人民出版社 2016 年版。

《第二次世界大战》,夏普著,青岛出版社 2003 年版。

《第二次世界大战》,李征著,湖南科学技术出版社 2014 年版。

《第二次世界大战》,李锁清编著,山东科学技术出版社 2017 年版。

《第二次世界大战:专题述评》,李巨廉、潘人杰著,华东师范大学出版社 1990 年版。

《第二次世界大战:历史与现实》,刘思慕著,国防大学出版社 1990 年版。

《伟大的反法西斯战争——第二次世界大战》,罗荣渠著,商务印书馆 1980 年版。

《第二次世界大战史》,朱贵生、王振德、张椿年等编著,人民出版社 1982 年/1995 年/2005 年/2015 年版。

《第二次世界大战史》,于振武编著,黑龙江人民出版社 1983 年版。

《第二次世界大战史》,张继平、胡德坤等编著,甘肃人民出版社 1984 年版。

《第二次世界大战史》(全 5 卷),军事科学院军事历史研究部编,军事科学出版社 1995—1999 年/2015 年版。

《第二次世界大战的历史》,丁牧主编,中国商务出版社 2018 年版。

《第二次世界大战史纲》,胡德坤、罗志刚主编,武汉大学出版社 1989 年/2005 年版。

《第二次世界大战简史》,施鉴思著,上海人民出版社 1975 年版。

《第二次世界大战简介》,军事科学院外国军事研究部编印,1982 年版。

《第二次世界大战简介》,蔡祖铭著,军事科学院计划指导部编印,1983 年版。

《第二次世界大战简史》,孟庆瑞、郑复栋主编,中国地质大学出版社 1997 年版。

《第二次世界大战演义》,张京著,成都出版社 1992 年版。

《黑色的万与红色的星:第二次世界大战演义》,寇天、韦人著,华夏出版社 1993 年/1994 年版。

《63 个结点:第二次世界大战全过程》,冯精志著,二十一世纪出版社 2015 年版。

《第二次世界大战概况》,陈漫远著,湖北人民出版社 1984 年版。

《第二次世界大战史概要》,顾学顺主编,中国人民大学出版社 1991 年版。

《第二次世界大战史简编》,蔡祖铭著,军事科学出版社 1983 年版。

《第二次世界大战史简介》,南京高级陆军学校训练部编印,1982 年版。

《第二次世界大战史教程》,彭训厚、于江欣编著,军事科学出版社 2000 年版。

《第二次世界大战史要论》,李积顺编著,兰州大学出版社 1996 年版。

《第二次世界大战简史讲义》,军事科学院训练部编印,1980 年版。

《第二次世界大战史讲授大纲》,军事学院外军教研室等编印,1985 年版。

《第二次世界大战战史》,白虹编著,北京联合出版公司 2015 年版。

《新编第二次世界大战史》,王振德著,社会科学文献出版社 2006 年版。

《第二次世界大战史丛书》(全 24 册),李飚主编,中国环境科学出版社/学苑音像出版社 2006 年版。

《第二次世界大战史丛书(图文版)》(全 24 册),李飚主编,内蒙古人民出版社 2007 年版。

《第二次世界大战全史:图文本珍藏版》,张俊红主编,北方妇女儿童出版社 2004 年版。

《二战精粹丛书》(全16册),张月明编著,内蒙古人民出版社2009年版。

《第二次世界大战后期(1944—1945)》,海军司令部编印,1959年版。

《中国抗日战争及第二次世界大战简史(试用稿)》,炮兵学院训练部编印,1983年版。

《血碑:震撼全球的两次世界大战》,李巨廉著,西苑出版社2000年版。

二、工具书

《二战大事记》,余志和编,世界知识出版社2015年版。

《第二次世界大战通鉴:1937—1945》,张跃铭、蔡翔主编,天津人民出版社1995年版。

《第二次世界大战大词典》,王捷等主编,华夏出版社2003年版。

《第二次世界大战百科词典》,李巨廉等主编,上海辞书出版社1994年/2015年版。

《第二次世界大战事件人物》,王斯德主编,华东师范大学出版社1991年版。

《大事记》,军事科学院训练部编印,1981年版。

《一看就懂的二战大事典》,一看就懂丛书编写组编著,农村读物出版社2010年版。

《二战研究在中国》,赵文亮著,武汉大学出版社2006年版。

《中国抗日战争与第二次世界大战系年要录·统计荟萃:1931—1945》,刘庭华编著,海潮出版社1995年版。

《中国抗日战争与第二次世界大战统计》,刘庭华著,解放军出版社2012年版。

《第二次世界大战编年史》,彭训厚主编,广西师范大学出版社2015年版。

《第一、二次世界大战和四次中东战争有关统计资料》,后勤学院学术研究部资料组编印,1980年版。

《第二次世界大战重大事件记录》,陈渠兰编著,武汉大学出版社2014年版。

《印·记:二战重要地名录》,王胜三主编,人民出版社2015年版。

《二战地图》,陈泽卿著,中国长安出版社2005年版。

《第二次世界大战图史》,北京五岳文化咨询公司编写,华夏出版社1995

年版。

《第二次世界大战图史》,冯精志、吴晓平等编著,华夏出版社 2014 年版。

《第二次世界大战图史:解密二战全程的 28 个结点》,北京五岳文化咨询公司编写,华夏出版社 2005 年版。

《第二次世界大战史·第五卷·大战图志》,王天成主编,军事科学出版社 1999 年/2015 年版。

《第二次世界大战史画:1939—1945》,朱少华、周正舒主编,蓝天出版社 2005 年版。

《第二次世界大战画史》(上下册),郑志国等编,世界知识出版社 1995 年版。

《第二次世界大战画史》,舒宗侨编著,中国书店 1988 年版//中国文史出版社 2013 年版。

《第二次世界大战连环画》,彭训厚等编文,曾琪等绘,海南出版社 1995 年版。

《二战画史丛书:二战海陆空战场全景式记录》,崔长琦主编,解放军出版社 2005 年版。

《形塑正义旗帜:二战经典海报集》,朱成山主编,南京出版社 2015 年版。

《图解二战全史:五彩再现惊心动魄的世界大战》,白虹编著,中国华侨出版社 2010 年版。

《二战全史:全景再现人类史上空前绝后的世界大战》,白虹编著,中国华侨出版社 2017 年版。

《彩色图解第二次世界大战全史》,白虹编著,北京联合出版公司 2015 年版//中国华侨出版社 2016 年版。

《图说二战:永远的记忆》,继忆编,中国友谊出版公司 2015 年版。

《图说一战二战》,姚妤、蔡新苗编著,北京联合出版公司 2015 年版。

《图说一战战史二战战史》,姚妤、蔡新苗编著,北京联合出版公司 2016 年版。

《全彩图说二战全史》,白虹编著,中国华侨出版社 2015 年版。

《图文第二次世界大战史》,杨亮编著,新华出版社 2014 年版。

《二战纪实图集》,彭训厚等编著,江苏人民出版社 2016 年版。

《二战纪实影像图典》(全 3 卷 7 册),张海星主编,重庆出版社 2019 年版。

《第二次世界大战纪实图集》，彭训厚等编著，春风文艺出版社 1995 年版//京华出版社 2007 年版。

《第二次世界大战史连环画库》（全 6 卷），吴继德等编文；赵希玮绘，中国连环画出版社/云南人民出版社 1994 年版。

《第二次世界大战史连环画库》（全 40 册），武华改编，连环画出版社 2015 年版。

《第二次世界大战图片档案实录》（全 6 册），管辉、苏真主编，中国档案出版社 1995 年版。

《二次大战照片精华：历史的镜头罕见的珍本》，舒宗侨编，群言出版社 2005 年版。

《二战参战国军衔、服饰图鉴》，徐平著，金城出版社 2005 年版。

《二战海报艺术：墙壁上的武器》，范大鹏、戴冰著，解放军出版社 2005 年版。

《二战漫画艺术：嘻笑怒骂皆利器》，范大鹏、邸峥著，解放军出版社 2005 年版。

《二战飞机喷绘艺术：飞行在枪林弹雨中的图画》，范大鹏、戴冰等著，解放军出版社 2005 年版。

《巴金选编配文反法西斯画册四种》，巴金选编配文；[西]加斯特劳等绘图，上海社会科学院出版社 2005 年版。

《二战风云录：邮票上的故事》，许恩浩编著，军事科学出版社 2005 年版。

《邮票上的第二次世界大战》，杨永年著，天地出版社 2015 年版。

《邮票上的第二次世界大战》，卢江林编著，中国友谊出版公司 2015 年版。

《历史呼唤和平：纪念中国抗日战争暨世界反法西斯战争胜利 50 周年（邮票集）》，人民邮电出版社/中国国际广播出版社 1995 年版。

《纪念反法西斯战争胜利 60 周年主题创作作品集》，冯远主编；中国美术馆编，广西美术出版社 2005 年版。

三、论文集

《第十六届国际历史科学大会中国学者论文集》，中国史学会编，中华书局 1985 年版。

《二战史通讯》（1—34 期），中国第二次世界大战史研究会编印，1981—

2004年版。

《第二次世界大战史论丛》,王相如、李安华主编,四川大学出版社1985年版。

《第二次世界大战史论集》,包奕诚著,山东大学出版社2002年版。

《红山撷文——二战史论文选》,张海麟著,中国文史出版社1999年版。

《第二次世界大战史论文集》,华东师范大学历史系编印,1982年版。

《第二次世界大战史论文集》,哈尔滨师范大学历史系编印,1982年版。

《第二次世界大战史论文集》,中国第二次世界大战史研究会编,三联书店1985年版。

《第二次世界大战史论文集(2)》,中国第二次世界大战史研究会编,国防大学出版社1986年版。

《第二次世界大战史论文集(3):五十年的深思》,李殿仁主编,军事谊文出版社1996年版。

《第二次世界大战史论文集(4):人民战争的胜利》,中国第二次世界大战史研究会编(刘鲁民、徐根初主编),金盾出版社1998年版。

《第二次世界大战史论文集(5):科学技术的力量》,戚世权主编,解放军出版社1999年版。

《第二次世界大战史学术讨论会论文集》,武汉大学历史系二战史研究室编印,1985年版。

《第二次世界大战史第三次学术讨论会论文选》(全4册),中国第二次世界大战史研究会编印,1982年版。

《中国第二次世界大战史研究会第五届年会暨学术讨论会论文集》(上下册),军事科学院图书资料馆编印,2001年版。

《中国第二次世界大战史研讨会论文集》(上下册),军事科学院军事图书资料馆汇编印,2003年版。

《历史与记忆:二战史专题学术研讨会论文集》,首都师范大学历史学院编印,2015年。

《纪念抗日战争胜利四十周年论文集》,上海市中共党史学会编印,1985年版。

《纪念中国抗日战争和世界反法西斯战争胜利四十周年学术研讨会论文集》(全6册),中国社会科学院、军事科学院等编印,1985年版。

《战争奇观　民族壮举——纪念抗日战争胜利 50 周年论文集》,徐红主编,军事科学出版社 1995 年版。

《纪念中国抗日战争和世界反法西斯战争胜利 50 周年专集》,中国国际战略学会编印,1995 年版。

《云南省纪念中国人民抗日战争暨世界反法西斯战争胜利 60 周年学术研讨会论文选编:1945—2005》,钟世禄主编;中共云南省委党史研究室编,云南民族出版社 2005 年版。

《纪念抗战暨世界反法西斯战争胜利 60 周年文集》,上海市新四军暨华中抗日根据地历史研究会编印,2005 年版。

《血沃中华——纪念中国人民抗日战争暨世界反法西斯战争胜利 60 周年专刊》,黄埔杂志社编印,2005 年版。

《雪洗百年耻辱的伟大转折:全军纪念中国人民抗日战争暨世界反法西斯战争胜利 60 周年学术研讨会论文集》,赵一平主编,解放军出版社 2005 年版。

《纪念中国人民抗日战争暨世界反法西斯战争胜利 60 周年学术研讨会论文集》(上中下),中央党史研究室科研管理部编,中共党史出版社 2006 年版。

《中国抗战与世界反法西斯战争:纪念中国人民抗日战争暨世界反法西斯战争胜利 60 周年学术研讨会文集》(上中下),中国社会科学院近代史研究所编,社会科学文献出版社 2009 年版。

《牢记历史 振兴中华——江苏省纪念抗日战争暨世界反法西斯战争胜利 60 周年论文集》,江苏省哲学社会科学界联合会编印,2005 年版。

《纪念中国人民抗日战争暨世界反法西斯战争胜利 70 周年纪实文章选》,中共中央宣传部理论局编,学习出版社 2015 年版。

《纪念中国人民抗日战争暨世界反法西斯战争胜利 70 周年国际学术研讨会论文集》,中共中央党史研究室、中国社会科学院、中国人民解放军军事科学院编,中共党史出版社 2015 年版。

《伟大胜利 历史贡献:纪念中国人民抗日战争暨世界反法西斯战争胜利 70 周年》,本书编辑组编,北京出版社 2015 年版。

《铭记历史 守护和平:纪念中国人民抗日战争暨世界反法西斯战争胜利 70 周年文集》,李玲主编,军事科学出版社 2015 年版。

《全国党史界纪念中国人民抗日战争暨世界反法西斯战争胜利 70 周年学术研讨会论文集》,中共中央党史研究室科研管理部编,中共党史出版社 2016

年版。

《中俄军事历史学者纪念世界反法西斯战争胜利70周年论文集》，李泉、Н.И.Никифоров主编；熊友奇等译，军事科学出版社2015年版。

《铭让历史 共创未来：中俄共同庆祝世界反法西斯战争胜利70周年国际研讨会文集》，陈玉荣主编，世界知识出版社2018年版。

《第二次世界大战起源研究论集》，华东师范大学历史系第二次世界大战史研究室编，华东师范大学出版社1986年版。

《法西斯主义学术讨论会论文集》，二战史研究会编印，1984年版。

《法西斯主义与第二次世界大战》，朱庭光主编，华夏出版社1988年版。

《三十年代主要国家的战略与军备》，军事科学院军事历史研究部编，军事科学出版社1990年版。

《九一八事变与近代中日关系：九一八事变70周年国际学术讨论会论文集》，社会科学文献出版社2004年版。

《日军侵华暴行(国际)学术研讨会文集》，中共石家庄市委党史研究室等编，新华出版社1996年版。

《侵华日军南京大屠杀史国际学术研讨会论文集》，陈安吉主编，安徽大学出版社1998年版。

《第二次世界大战军事论文选：纪念中国抗日战争和世界反法西斯战争》，军事学术杂志社编，军事科学出版社1985年版。

《第二次世界大战中的军事学术》，张海麟主编，国防大学出版社1989年版。

《第二次世界大战军事学术讨论会论文》(全3册)，中国第二次世界大战史研究会编，国防大学科研部印，1988年版。

《第二次世界大战对战后世界的影响学术讨论会论文汇编》，军事科学院军事图书馆编印，1992年。

《第二次世界大战与世界历史进程：第二次世界大战史(武汉)学术讨论会论文集》，胡德坤主编、韩永利副主编，武汉大学出版社2002年版。

《第二次世界大战与亚太国际合作：第二次世界大战史(重庆)学术讨论会论文集》，苑鲁、谢先辉主编，重庆出版社2003年版。

《第二次世界大战与战后局部战争》，李小军主编，军事谊文出版社2003年版。

《二战及其遗留问题对国际关系的影响（论文汇编）》，二战史研究会编印，2004 年版。

《太平洋战争学术会议材料汇编》，新华社国际部编辑，1981 年版。

《论反法西斯盟国的对日作战：第二次世界大战史论文选集》，徐康明著，云南大学出版社 2005 年版。

《抗日战争与中国历史——"九·一八"事变 60 周年国际学术讨论会文集》，中国抗日战争史学会等编，辽宁人民出版社 1994 年版。

《七七事变五十周年纪念文集》，人民出版社编辑，人民出版社 1987 年版。

《纪念七七事变爆发 70 周年学术研讨会论文集》，中国社会科学院中日历史研究中心等编印，2007 年版。

《纪念七七事变爆发 70 周年学术讨论会论文集》，中国社会科学院近代史研究所编，社会科学文献出版社 2009 年版。

《启迪现实，昭示未来——纪念开罗宣言发表 70 周年国际学术研讨会文集》，郭宪纲主编，世界知识出版社 2013 年版。

《占领历史研究（1931—1949）：国际学术会议论文集》，胡德坤主编，武汉大学出版社 2010 年版。

《江桥抗战及近代中日关系研究》（上下册），周彦、李海主编，吉林人民出版社 2005 年版。

《中国近代史上的自由主义——"自由主义与近代中国（1840—1949）"学术研讨会论文集》，郑大华、邹小站主编，社会科学文献出版社 2008 年版。

《中华民族的抗争与复兴——第一、二届海峡两岸抗日战争史学术研讨会论文集》（上下册），何理、沈强主编，团结出版社 2010 年版。

《上海纪念抗日战争胜利 60 周年研讨会论文集》，上海市社会科学界联合会编印，2005 年版。

《海峡两岸"华侨与抗日战争"学术研讨会文集》，黄小坚主编，中国档案出版社 2000 年版。

《抗日战争与延安文艺研讨会论文集》，中国延安文艺学会，2005 年版。

《"1930 年代的中国"国际学术研讨会论文集》（上下卷），中国社会科学院近代史研究所等编印，2005 年版。

《"近代中国、东亚与世界"国际学术讨论会论文集》（上下册），中国社会科学院近代史研究所等编印，2006 年版。

四、纪实与实录

《这才是真实的二战历史》,赵文亮、崔美著,上海辞书出版社 2016 年版。

《二战风云:二次大战全记录》(全 3 册),唐彦生主编,蓝天出版社 1997 年版。

《第二次世界大战全纪录》(全 4 册),易晓东主编,吉林出版集团有限责任公司 2010 年版。

《世界反法西斯战争全纪实丛编》(全 28 册),刘干才、李奎编著,团结出版社 2015 年版。

《二战实录》,林静云著,中国言实出版社 2005 年版。

《世界大战实录》,知纯、许舸编著,四川大学出版社 1993 年版。

《世界大战实录》,陈石平主编,书海出版社 1994 年版。

《第二次世界大战实录:摄影集》,沈永兴、世华主编,重庆出版社 1995 年版。

《第二次世界大战实录:二十世纪战争》(上下部),李建臣编著,中国康艺音像出版社 1995 年版。

《第二次世界大战实录》,石礼文著,解放军音像出版社 1999 年版。

《第二次世界大战实录.战史篇》,马夫主编,新疆美术摄影出版社/新疆电子音像出版社 2010 年版。

《第二次世界大战备忘录》,侯鲁梁编著,汕头大学出版社 2015 年版。

《二战恩仇纪实》,"全景二战系列"丛书编委会主编,海潮出版社 2014 年版。

《全景二战》,杨少丹编著,印刷工业出版社 2013 年版。

《全景二战》,《图说天下·透过镜头系列》编,吉林出版集团有限责任公司 2010 年版。

《二战全景纪实》(上下册),沈永兴、朱贵生主编;刘本尚等著,中国华侨出版社 2005 年版。

《二战风云》,易晓东编著,吉林出版集团有限责任公司 2011 年版。

《二战风云》,张宏伟编著,中国华侨出版社 2014 年/ 2018 年版。

《二战风云》,马兰主编,天津人民出版社 2015 年版。

《二战风云》,潘晓编,中国华侨出版社 2015 年版。

《二战风云》,杨少丹编著,北京联合出版公司 2015 年版。

《二战风云:典藏版》,王宏志编,中国华侨出版社 2013 年版。

《二战风云:独裁的阴影(全彩图本)》,《图说天下·世界历史系列》编委会编,吉林出版集团有限责任公司 2009 年版。

《全球通史 9·两战风云:1914 年至 1945 年(彩图版)》,郭方主编,吉林出版集团有限责任公司 2010 年版。

《二战风云录》,《经典读库》编委会编著,煤炭工业出版社 2014 年版。

《二战风云录》,《时刻关注》编委会编,中国铁道出版社 2015 年版。

《二战风云大全集》,张宏伟编著,中国华侨出版社 2013 年版。

《二战风云录:二战全景纪实》,《学生探索者》编委会编,吉林出版集团有限责任公司 2010 年版。

《漠野烟尘:二次大战风云录》,黎汝清著,作家出版社 1993 年版。

《第二次世界大战百幕风云》(上下册),王书君著,蓝天出版社 1994 年版。

《第二次世界大战风云纪实》,夏季亭、徐保森主编,红旗出版社 1993 年版。

《第二次世界大战风云录》,罗荣渠等著,商务印书馆 1993 年版//中国少年儿童出版社/中国青年出版社 1996 年版。

《第二次世界大战风云实录》,潘强恩编著,时代文艺出版社 2004 年版。

《胜利属于人民:国际反法西斯战争纪实》,静如、列子编著,湖南文艺出版社 1995 年版。

《世界大战的悲歌》,黄甫生主编,长江文艺出版社 2001 年版。

《第二次世界大战经典聚焦》,军事科学出版社 2004 年版。

《列国争锋》,汪徐和、郭明著,世界知识出版社 1999 年版。

《世纪巨变》,胡绍皆等著,世界知识出版社 1999 年版。

《百年国际风云》,黄鸿钏主编,南京大学出版社 1990 年版。

《百年战火纪实》,卢天贶等编著,长江文艺出版社 2000 年版。

《国际战争风云录》,任正德、建新主编,新华出版社 1993 年版。

《世界十大战争危机》,朱坚劲、唐燕能编著,江苏人民出版社 1998 年版。

《血腥的战争》(上下册),鲁越著,国际文化出版公司 1994 年版。

《最恐怖、最残酷的世界大血战》,智纯、许舸编著,四川人艺出版社 1993 年版。

《从萨拉热窝到东京:两次世界大战》,吴伟、徐蓝著,中国青年出版社 1999 年版。

《中外记者笔下的第二次世界大战》,徐学增等编,东方出版社 1987 年版。

《中外记者笔下的第二次世界大战》,祝立明编,人民出版社 2015 年版。

《剑与火:第二次世界大战若干重大问题研究》,孙树芳著,新华出版社 2014 年版。

五、文献资料

《二战完全档案》,梁策著,九州出版社 2012 年版。

《二战绝密档案》(全景二战系列),李云编著,北京联合出版公司 2013 年版。

《二战秘档全公开丛书》(全 6 册),侯鲁梁、郑唯和等编译,京华出版社 2005 年版。

《反法西斯战争文献》,世界知识出版社编辑,世界知识出版社 1955 年版。

《第二次世界大战参考文献》,世界知识社 1955 年版。

《第二次世界大战有关资料》,成都陆军学校图书资料馆编印,1985 年版。

《第二次世界大战有关参考资料》,军事科学院编印,1981 年版。

《第二次世界大战史资料选辑(1931—1945 年)》,中国人民大学历史系编印,1986 年版。

《第二次世界大战大参考》,侯鲁梁编著,京华出版社 2006 年版//北京联合出版公司 2012 年版//石油工业出版社 2015 年版。

《第二次世界大战档案实录》(全 6 卷),管辉、苏真主编,中国档案出版社 1995 年版。

《战时日本外务省涉华密档:一九三一年——一九四五年》(共 167 册),金成民主编,线装书局 2013 年版。

《战时日本外务省涉华密档补编》(1—66 卷),金成民主编,线装书局 2014 年版。

《抗日战争史料丛编.第一辑》(1—99 卷),步平、高士华主编;中国社会科学院近代史研究所、中国人民抗日战争史学会编,国家图书馆出版社 2014 年版。

《第二次世界大战经典演说》,苏荷、袁元编,时代文艺出版社 2005 年版。

《第二次世界大战演说精编》,苏荷编,中国文史出版社 2012 年版。

《绝密档案大暴露》,刘干才、李奎编著,团结出版社 2015 年版。

《绝密战线:第二次世界大战秘密行动》,胡元斌、严锴主编,台海出版社

2014 年版。

六、其他

《二战往事》（全 4 册），陈泽卿主编，内蒙古人民出版社 2005 年版。

《二战传奇》（上下册），李传海著，团结出版社 1995 年版。

《二战传奇》，原阳编著，山西教育出版社 2014 年版。

《二战秘闻》，钱艺兵编著，大众文艺出版社 2003 年版。

《二战秘闻》，"全景二战系列"丛书编委会主编，海潮出版社 2014 年版。

《二战奇闻录》，沈鹤翔编著，四川人民出版社 1994 年版。

《二战秘闻录》，彭训厚编著，江苏人民出版社 2015 年版。

《二战秘闻真相》，兵人编著，哈尔滨出版社 2015 年版。

《二战重大决策秘闻》，彭宁主编，哈尔滨出版社 2004 年/2005 年版。

《反法西斯军事秘闻》（全 3 册），金石芒编，军事科学出版社 1996 年版。

《第二次世界大战秘闻》，雪松主编，北京出版社 1995 年版。

《第二次世界大战惊人内幕》，陈渠兰编著，武汉大学出版社 2014 年版。

《第二次世界大战盟国秘密：内幕真相》（第二次世界大战史丛书），李飚主编，中国环境科学出版社/学苑音像出版社 2006 年版//内蒙古人民出版社 2007年版。

《第二次世界大战风云录：十大谜团》，张海麟主编；黄安年等著，社会科学文献出版社 1995 年版。

《二战之谜：冲破硝烟下的迷雾》，《学生探索者》编委会编；李丽撰写，吉林出版集团有限责任公司 2010 年版。

《二战之谜》（全景二战系列），李丽编著，云南教育出版社/吉林出版集团2011 年版。

《二战之谜》，《图说天下·探索发现系列》编委会编，北京联合出版公司2012 年版。

《二战之谜》，王阳、张卉妍主编，中国华侨出版社 2013 年版。

《二战之谜》，夜千编，中国华侨出版社 2015 年版。

《二战之谜》，吕旷著，吉林出版集团 2017 年版。

《二战谜团》，李丽编著，北京联合出版公司 2015 年版。

《二战谜中谜》，李丽编著，印刷工业出版社 2013 年版。

《二战谜中谜》,李丽编著,四川少年儿童出版社2014年版。

《二战未解之谜》,《书立方》编委会编,重庆出版社2010年版。

《二战未解之谜》,《时刻关注》编委会编,中国铁道出版社2015年版。

《二次世界大战之谜》,谢建新编著,中原农民出版社1993年版。

《二次世界大战之谜》,李臻主编;秦伟忠、李永成等撰写,文汇出版社2005年版。

《解读第二次世界大战》,彭训厚编著,解放军出版社2015年版。

《看得见的二战史》(上下卷),肖石忠编著,北京大学出版社2015年版。

《内幕大揭秘》(二战往事系列),陈泽卿主编;王越撰稿,中国长安出版社2005年版。

《马骏细解二战谜中谜》,马骏著,中华书局2007年版。

《发现二战中的谜团真相》(二战视点丛书),秦书宝主编,辽海出版社2005年版。

《二战图片中你不知道的故事》,林周勇编著,农村读物出版社2006年版。

《幕后真相:第二次世界大战真相揭晓》,胡元斌、严错主编,台海出版社2014年版。

《重返烽烟现场:肉眼所见的二战进程》,冯精志编著,远方出版社2010年版。

《二战秘史之闪击!闪击!》,陈咸宁著,河南文艺出版社2011年版。

《盟军二战战场大解密》,潜水艇著,凤凰出版社2013年版。

《美军二战战场大解密》,傅峻巍编著,江苏人民出版社2013年版。

《德军二战战场大解密》,陈东著,凤凰出版社2013年版。

《旷古未闻的战争奇观》(二战启示录丛书),刘卫国、邢连杰编著,中国经济出版社1995年版。

《漫话第二次世界大战》,杨邵愈编著,军事科学出版社1996年版。

《重温二战:60个重大问题反思》,刘波主编,国防大学出版社2005年版。

《恩仇大纪实》(二战往事系列),陈泽卿主编;王越撰稿,中国长安出版社2005年版。

《决胜大赢家》(二战往事系列),陈泽卿主编;王越撰稿,中国长安出版社2005年版。

《二战烽烟》,马德祖著,中国文联出版社2005年版。

《二战视点丛书》（上下册），辽海出版社 2005 年版。

《知兵堂二战系列》，上海社会科学院出版社 2004 年版。

《二战意大利爆笑史》，黄伟著，云南人民出版社 2012 年版。

《一口气读完二战史》，杨会军著，中央编译出版社 2010 年版。

《一本书读完人类二战的历史》，崔佳编著，中华工商联合出版社 2014 年版。

第二节　第二次世界大战的起源

一、概述

《两次世界大战的起源》，康春林、邸文、金海著，江西人民出版社 2011 年版。

《第二次世界大战起源背景：瓜分世界》（第二次世界大战史丛书），李飚主编，中国环境科学出版社/学苑音像出版社 2006 年版//内蒙古人民出版社 2007 年版。

《世界战争起源新论：东欧与两次世界大战》，康春林著，社会科学文献出版社 2003 年版。

《第二次世界大战起源历史文件资料集 1937—1938 年》，李巨廉、王斯德主编，华东师范大学出版社 1985 年版。

《第二次世界大战大事纪要：起源、进程与结局》，军事科学院军事历史研究部世界军事历史研究室编，解放军出版社 1990 年版。

《第二次世界大战史·第一卷，大战的起源、酝酿与爆发》，柳茂坤主编，军事科学出版社 2015 年版。

《第二次世界大战前后：金仲华国际问题文选》，金仲华著，世界知识出版社 1987 年版。

《1931—1939 年国际关系简史》，洪育沂著，三联书店 1980 年版。

《帝国危机：第二次世界大战的背景》，胡元斌、严锴主编，台海出版社 2014 年版。

《走向全球战争之路》，陈兼著，学林出版社 1989 年版。

《从慕尼黑到敦刻尔克：关于第二次欧战的形成、发展和演变》，乔冠华著，世界知识出版社 1984 年版。

《第二次世界大战实录:决定人类命运的大决战,战争背景篇》,马夫主编,内蒙古人民出版社2005年版。

《战争导火索》,李景龙编著,军事科学出版社1999年版。

《亚欧硝烟:第二次世界大战的爆发》,胡元斌、严错主编,台海出版社2014年版。

《第二次世界大战序幕爆发:亚欧战火》(第二次世界大战史丛书),李飚主编,中国环境科学出版社/学苑音像出版社2006年版//内蒙古人民出版社2007年版。

《唇枪舌剑:九一八事变时期的中日外交》,余辛煌著,广西师范大学出版社1997年版。

二、法西斯主义与德意日走上战争之路

1. 法西斯主义比较研究

《法西斯》,郑寅达著,上海辞书出版社2006年版。

《法西斯主义》,蒋学模编,中华书局1950年版。

《法西斯细菌》,夏衍著,人民文学出版社1959年版。

《法西斯新论》,朱庭光主编,重庆出版社1991年版。

《法西斯演义》,贾佳撰文,沈阳出版社1995年版。

《上海屋檐下:法西斯细菌》,夏衍著,人民文学出版社2007年版。

《法西斯体制研究》,朱庭光主编,上海人民出版社1995年版。

《法西斯运动和法西斯专政》,陈祥超、郑寅达、孙仁宗等著,中国青年出版社1999年版。

《法西斯主义法学思潮》,史广全著,法律出版社2006年版。

《天网恢恢:法西斯兴亡录》,白希著,中共党史出版社2005年版。

《欧洲法西斯史》,杜美著,学林出版社2000年版。

《欧洲法西斯主义比较研究初探》,李传松、董炜波著,北京第二外语学院印,1984年版。

《西欧新法西斯恐怖势力》,吴克良编,群众出版社1981年版。

《警惕新法西斯》,冯建军著,解放军文艺出版社1995年版。

《新法西斯主义与人类的命运》,沉舟主编,北京理工大学出版社1994年版。

《法西斯：尚未逝去的梦魇》，郑寅达著，上海辞书出版社 2006 年版。

2. 德国法西斯主义

《希特勒上台记》，解力夫著，四川人民出版社 1992 年版。

《德国法西斯的兴起》，吴友法著，湖北教育出版社 2001 年版。

《德国纳粹运动与纳粹专政》，郑寅达、梁中芳著，北京师范大学出版社 2018 年版。

《世纪警钟：西方卷》（上下册），于波著，解放军文艺出版社 2002 年版。

《希特勒夺权备战之路》，吴友法编著，解放军出版社 1987 年版。

《魔匣：战争狂人谋称霸》（二战全景大纪实），陈志斌、孙晓著，黄河出版社 2005 年版。

《德国文化史》，杜美著，北京大学出版社 1990 年版。

《登上阳光灿烂的高地：德国百年强国历程》，滕藤主编，黑龙江人民出版社 1998 年版。

《德国：从分裂走向统一》，沈国梁等编著，军事谊文出版社 1994 年版。

《德意志道路：现代化进程研究》，李工真著，武汉大学出版社 1997 年版。

《冒险、失败与崛起：二十世纪德意志史》，吴友法著，武汉大学出版社 1992 年版。

《德国的分裂、统一与国际关系》，萧汉森、黄正柏主编，华中师范大学出版社 1998 年版。

《美国因素与魏玛共和国的兴衰》，陈从阳著，中国社会科学出版社 2007 年版。

《纳粹德国"企业共同体"劳资关系模式研究》，邓白桦著，同济大学出版社 2012 年版。

《从知识精英到纳粹分子：德国魏玛时期的大学生研究》，王莹著，武汉大学出版社 2014 年版。

《控诉法西斯：季米特洛夫在莱比锡审讯中的两个发言》，三联书店 1958 年版//人民出版社 1971 年版。

《文化的流亡：纳粹时代欧洲知识难民研究》，李工真著，人民出版社 2010 年版。

《联邦德国史学研究：以关于纳粹问题的史学争论为中心》，孙立新、孟钟捷、范丁梁著，社会科学文献出版社 2018 年版。

《德国为什么要二战:来自德国人的反思档案》,戴问天著,华文出版社2015年版。

3. 意大利和日本法西斯主义

《新罗马帝国梦》,王志强主编,外文出版社2010年版。

《亚平宁魔掌:浊浪翻腾的意大利法西斯》,王剑、巩英春著,长春出版社1995年版。

《日本百年外交论》,米庆余主编,中国社会科学出版社1998年版。

《日本法西斯思想探源》,崔新京、李坚等著,社会科学文献出版社2006年版。

《日本法西斯夺取政权之路》,杨宁一著,北京师范大学出版社2000年版。

《天皇制与近代日本政治》,周颂伦、张东著,世界图书出版广东有限公司2016年版。

三、民主国家和苏联的绥靖政策与应战策略

《慕尼黑阴谋》,潘际炯著,商务印书馆1957年版。

《绥靖与抗衡:太平洋战争爆发前美国远东政策研究》,韩永利著,武汉大学出版社1985年版。

《绥靖政策研究》,齐世荣主编,首都师范大学出版社1998年版。

《祸水东引话当年》,郭季竹著,上海人民出版社1965年版。

《慕尼黑阴谋和绥靖政策》,石立喷著,人民出版社1976年版。

《从凡尔赛和约到慕尼黑协定——两次大战期间帝国主义的几个协定》,胡思升著,人民出版社1973年版。

《侵略与绥靖:第二次世界大战是怎样打起来的》,谷陵等编,上海人民出版社1978年版。

《第二次世界大战前后英国外交政策的演变》,倪学德著,中国社会科学出版社2017年版。

《中立法研究》,肖凤城著,人民出版社2016年版。

《美国罗斯福政府经济外交研究:以RTA法案为中心的考察(1933—1938)》,陈弢著,上海交通大学出版社2018年版。

第三节　法西斯的侵略及其暴行

《烽火突起》,张卫华、李力钢著,世界知识出版社 1998 年版。

《瓜分地球的战火》,叶卫平、汪劲莲著,福建人民出版社 1993 年版。

《德日意争霸世界》,刘干才、李奎编著,团结出版社 2015 年版。

一、德国法西斯的侵略与暴行

1. 德国法西斯的侵略

《第三帝国的兴亡》(上中下册),李耐西著,中华书局 1970 年版。

《第三帝国兴亡史》(上下部),修武兴国,重庆出版社 2016 年版。

《第三帝国崛起》,王志强主编,外文出版社 2010 年版。

《第三帝国作战全史》,西风编著,中国市场出版社 2012 年版。

《闪击欧洲》,姜游游编著,哈尔滨出版社 2013 年版。

《死神的镰刀:闪击西欧》(第二次世界大战经典战役),董旻杰编著,同济大学出版社 2005 年版。

《黑色闪电:闪击欧洲》,兵人编著,哈尔滨出版社 2016 年版。

《征战欧罗巴:纳粹将帅实录》,马向东等撰文,沈阳出版社 1995 年版。

《闪击波兰》(二战经典战役全纪录),陈玉健主编,安徽人民出版社 2012 年版。

《闪击波兰》,方政编著,汕头大学出版社 2015 年版。

《闪击波兰》,"二战经典战役"编委会编译,中国铁道出版社 2015 年版。

《闪击波兰》(二战经典战役系列丛书),白隼编著,万卷出版公司 2018 年版。

《波兰闪击战》,王志强主编,外文出版社 2010 年版。

《波兰沦亡》,方政编著,石油工业出版社 2014 年版。

《鹰爪下的羊羔:德军闪击波兰》,朱少华著,蓝天出版社 1994 年/2010 年版。

《突袭法兰西》(二战经典战役系列丛书),白隼编著,万卷出版公司 2018 年版。

《越过马其诺:德军攻击法国》,李妙根、徐金发著,蓝天出版社 1994 年版。

《越过马其诺:法国的灭亡》,白衣编著,中国书籍出版社 2015 年版。

《悲鸣马其诺》(二战经典战役全纪录),陈玉健主编,安徽人民出版社 2012年版。

《最强防线的破灭:"二战"马奇诺防线》,翁伟力著,华中科技大学出版社2015 年版。

《突袭苏联》(二战经典战役全纪录),陈玉健主编,安徽人民出版社 2012年版。

《突袭苏联》,"二战经典战役"编委会编译,中国铁道出版社 2015 年版。

《闪击苏联》,孙鹏编著,石油工业出版社 2014 年版。

《闪击苏联》("二战秘闻"丛编),李宏编著,大众文艺出版社 2009 年版。

《突袭苏维埃》,孙鹏编著,汕头大学出版社 2015 年版。

《德国突袭苏联》(二战精粹丛书),张月明编著,内蒙古人民出版社 2009年版。

《注定失败的赌注:希特勒的疯狂与历史的惩罚》,熊伟民著,湖南师范大学出版社 1999 年版。

2. 德国法西斯的暴行

《第二次世界大战风云录:暴行纪实》,张海麟主编;翁赛飞等著,社会科学文献出版社 1995 年版。

《凶残的兽蹄》,军事科学院外国军事研究部编,解放军出版社 1994 年版。

《悲怆哀鸣的欧洲》(二战经典战役全纪录),陈玉健主编,安徽人民出版社2012 年版。

《罪恶迷雾:第二次世界大战纳粹真相》,胡元斌主编,台海出版社 2014年版。

《历史的惩罚:二战德国战犯罪行录》,翔文编著,长城出版社 1996 年版。

《疯狂与毁灭:"二战"法西斯暴行纪实》(上下册),杨乃乔主编,金城出版社 1994 年版。

《集中营档案》,陈小平编著,成都出版社 1995 年版。

《二战经典影片珍藏版·纳粹集中营》(上下),黑龙江文化音像出版公司1998 年版。

《犹太大劫难:纳粹屠犹纪实》,杨曼苏著,中国社会科学出版社 1995 年版。

《600 万犹太人之死》,姜天明、翟立明著,辽宁古籍出版社 1994 年版。

《600 万犹太人魂断欧罗巴:第二次世界大战中纳粹屠杀犹太人纪实》,朱坚劲著,上海人民出版社 1995 年版。

《新史学·第八辑:纳粹屠犹:历史与记忆》,陈恒、耿相新主编,大象出版社 2007 年版。

《纳粹大屠杀的政治和文化影响》,潘光主编,时事出版社 2009 年版。

《黑暗时刻:希特勒大屠杀与纳粹文化》,单世联著,广东人民出版社 2015 年版。

《党卫队》,[美]时代生活编辑部编,海南出版社 2000 年版。

《党卫军:希特勒的铁血师团》,李驰编著,团结出版社 1995 年版。

《黑色军团:希姆莱与党卫队》,麦顿编著,沈阳出版社 1995 年版。

《铁血卫队:纳粹党卫军在行动》(二战历史丛书),黄炎著,四川人民出版社 1994 年版。

《狼穴:希特勒的秘密总部》,张莉莉、刘诚等编著,汕头大学出版社 2011 年版。

《血魂魔影:盖世太保揭秘》(二战历史丛书),黄昕、黄瑛著,四川人民出版社 1994 年版。

《血魂魔影:盖世太保揭秘》(二战历史丛书),叶勇、黄敏等著,四川人民出版社 2005 年版。

《盖世太保:第三帝国的秘密警察》,李驰著,团结出版社 1995 年版。

《盖世太保:纳粹德国秘密警察》,苏真、刘平安编著,国际文化出版公司 1995 年版。

《血腥地狱:德国盖世太保行动档案》,朱治勇等编著,河北人民出版社 1998 年版。

《盖世太保枪口下的中国女人》,张雅文著,人民文学出版社/中国青年出版社 2002 年版。

《盖世太保枪口下的中国女人》(英文版),张雅文著;陈海燕译,外文出版社 2003 年版。

《罪恶的殉葬者》,朱少军主编,当代世界出版社 1995 年版。

《二战生死录(一):罪恶的殉葬者》,杜正艾主编,当代世界出版社 1995 年版。

《死亡战俘营》,盛振华主编;中央电视台《探索·发现》栏目编,安徽教育出版社 2005 年版。

《納粹殺人工廠:奧斯威辛》,巴金编辑,平明出版社 1951 年版。

《奥秘探索集中营》,黄雪主编,北京联合出版公司 2014 年版。

《通向死亡之路:纳粹统治时期德意志犹太人的生存状况》,罗衡林著,人民出版社 2006 年版。

《像自由一样美丽:犹太人集中营遗存的儿童画作》,林达著,三联书店 2008年/2013 年/2015 年版。

二、日本法西斯的侵略与暴行

1. 日本法西斯的侵略

《日本帝国主义侵华档案资料选编》(全 20 册),中央档案馆、中国第二历史档案馆等编,中华书局 1990—2005 年版。

《二战日军战史资料汇编》(全 30 卷),对日战犯审判文献丛刊编委会编,国家图书馆出版社 2016 年版。

《日本侵华决策史料丛编》(共 4 编 17 专题 38 册),徐勇、臧运祜总主编,社会科学文献出版社 2017 年版。

《日本侵华决策史料丛编.政治外交编.专题三,外交》(上下册),徐勇、臧运祜总主编;臧运祜、张展编,社会科学文献出版社 2017 年版。

《耶鲁大学图书馆馆藏日本侵华战争珍稀档案汇编与翻译》,岳峰等著,厦门大学出版社 2015 年版。

《日本侵华图志·第 1 卷:战争动员》,张宪文主编;曹大臣编著,山东画报出版社 2015 年版。

《日本侵华图志》(全 25 卷),张宪文主编,山东画报出版社 2015 年版。

《日本侵华思想理论探源》,渠长根著,新华出版社 2009 年版。

《"大东亚共荣圈"之梦》,柳茂坤、钟庆安著,海南出版社 2006 年版。

《"大东亚共荣圈"源流》,林庆元著,社会科学文献出版社 2006 年版。

《日军侵华战争(1931—1945)》(全 4 册),王辅著,辽宁人民出版社 1990年版。

《日本侵华战争:1931—1945》,王辅著,辽宁人民出版社 2015 年版。

《日本侵华史研究》(全 4 卷),朱成山主编,南京出版社 2014 年版。

《日本侵华七十年史》,张振鹍、沈予等编,中国社会科学院出版社 1992

年版。

《事实与真相:解读日本第二次侵华战争》(英文版),李薇编著;张静、李晨译,外文出版社 2015 年版。

《日本记者镜头中的侵华战争》,胡汉辉著,厦门大学出版社 2017 年版。

《日军镜头中的侵华战争:日军、随军记者未公开影像资料集》,田苏苏主编,河北美术出版社 2015 年版。

《日本关东军侵华史》,史丁著,南京出版社 2019 年版。

《日本关东军侵华罪恶史》,史丁著,社会科学文献出版社 2005 年版。

《天皇地黄:日本帝国侵华战争高层内幕纪实》,章勇编著,四川文艺出版社 1994 年版。

《恶魔导演的战争》,李双、张忆主编;向万成编,中国文学出版社 1993 年版。

《"皇军之花":日本关东军内幕纪实》,徐付群等编著,京华出版社 1994 年版。

《满铁内密文书》(全 29 卷),解学诗、宋玉印编,社会科学文献出版社 2015 年版。

《天津社会科学院图书馆馆藏满铁华北文献资料选编》(全 3 辑 103 册),周俊旗主编,北京燕山出版社 2014 年版。

《关东军满铁与伪满洲国的建立》,解学诗主编,社会科学文献出版社 2015 年版。

《溥仪与关东军司令官绝密会谈录》(全 20 册),李茂杰、李雪松编译,线装书局 2015 年版。

《从东北沦陷到东京审判》,薛庆超著,四川人民出版社 2014 年版。

《日本为什么侵华:从甲午战争到七七事变》,冯学荣著,金城出版社 2014 年版。

《日本侵华图志·第 6 卷:九一八事变与侵占东北》,张宪文主编;刘长江编著,山东画报出版社 2015 年版。

《从九一八到七七事变亲历记》,全国政协文史和学习委员会编,中国文史出版社 2015 年版。

《罪之源:日本发动侵华战争始末》,魏纪奎等著,四川文艺出版社 2019 年版。

《日本侵华战争的精神毒瘤："在华神社"真相》,陈小法著,浙江工商大学出版社 2015 年版。

《抗战起点　二战序幕:九一八事变图志》,沈阳"九·一八"历史博物馆编,辽宁美术出版社 2019 年版。

《九一八事变》,米玉萍著,中国友谊出版公司 2001 年版。

《九一八事变》,宋希濂、董其武等著,中国文史出版社 2013 年/2015 年版。

《九一八事变》,唐晓辉著,中国民主法制出版社 2015 年版。

《九·一八事变》,中央档案馆等编,中华书局 1988 年版。

《九·一八事变》,王文治编写,新华出版社 1991 年版。

《九·一八事变》,吉林省档案馆编,档案出版社 1991 年版。

《九·一八事变》,野庆裕编著,中国国际广播出版社 1996 年版。

《九·一八事变实录》,马越山著,辽宁人民出版社 1991 年版。

《"九·一八"事变史》,易显石著,辽宁人民出版社 1981 年版。

《"9·18"事变研究》,刘庭华著,国防大学出版社 1985 年版。

《九一八事变前日本在奉天的侵略活动档案汇编》(全 5 卷),张春风主编,沈阳出版社 2018 年版。

《日本侵华密电·九一八事变》(全 59 册),汤重南主编,线装书局 2017 年版。

《"九一八"事变策源地——旅顺日本关东军司令部》,赵锡金主编,大连出版社 2011 年版。

《抗日战争战时报告初编·"九一八"》(全 11 册),杨奎松主编,上海三联书店 2015 年版。

《长春文史资料·总第 61 辑　日本关东军的兴亡与"九·一八"事变》,高丕琨著,长春市政协文史资料委员会,2002 年版。

《九一八事变图片集》,沈伟一等主编,北京对外贸易教育出版社 1987 年版。

《日本侵华图像史料汇编·九一八事变》(全 11 卷),范丽红主编,"九·一八"历史博物馆编,线装书局 2017 年版。

《勿忘九一八:九一八事变史实图集》,沈阳市"九·一八"历史博物馆编;范丽红主编,辽宁大学出版社 2017 年版。

《〈李顿调查团报告书〉文献整理》(全 4 卷共 5 册),范国平主编,社会科学文献出版社 2018 年版。

《日本向中国东北移民》,黑龙江档案馆、黑龙江社会科学院编印,1989 年版。

《日本"满洲移民"研究》,高乐才著,人民出版社 2000 年版。

《日本向中国东北移民的调查与研究》,孙继武、郑敏主编,吉林文史出版社 2002 年版。

《伪满时期中国东北地区移民研究——兼论日本帝国主义实施的移民侵略》,王胜今著,中国社会科学出版社 2005 年版。

《日本移民侵略黑龙江》,黑龙江档案馆编著,黑龙江人民出版社 2015 年版。

《七七事变》,胡德坤著,解放军出版社 1987 年版。

《七七事变》,野庆裕编著,中国国际广播出版社 1996 年版。

《七七事变》,张敏杰编著,团结出版社 2013 年版。

《七七事变》,戴守义、秦德纯等著,中国文史出版社 2013 年/2015 年版。

《七七事变》,全国政协文史和学习委员会编,中国文史出版社 2015 年版。

《七七事变》,刘凤禄主编,中国电影出版社 2016 年版。

《卢沟桥抗战》,刘俊杰著,中国言实出版社 2015 年版。

《七七卢沟桥抗战》,孟超著,中国民主法制出版社 2015 年版。

《日本侵华密电·七七事变》(全 50 册),汤重南主编,线装书局 2017 年版。

《日本侵华密电·七七事变,总目录目录索引》,汤重南主编,线装书局 2017 年版。

《日本侵华图像史料汇编·七七事变·第十五册》,范丽红主编,线装书局 2017 年版。

《日本侵华图像史料汇编·七七事变》(全 15 卷),范丽红主编,九一八历史博物馆编,线装书局 2017 年版。

《抗日战争战时报告初编·七七事变》(全 2 卷),杨奎松主编,三联书店 2015 年版。

《七七事变探秘》,李惠兰、王勇、明道广主编,中共中央党校出版社 2013 年版。

《七七事变真相》,陈益民编著,江苏人民出版社 2017 年版。

《七七事变追忆》,郭景兴著,人民出版社 2007 年版。

《卢沟桥事变史论》,曲家源、白照芹著,人民出版社 1997 年版。

《七七事变亲历记》,全国政协文史和学习委员会编,中国文史出版社2015年版。

《七七事变:战火从东方燃起》,张俊红主编,北方妇女儿童出版社2004年版。

《七七事变:全国抗战的爆发点》,何立波著,中共党史出版社2005年版。

《卢沟桥事变:全民族抗战的起点》,周进等著,北京出版社2015年版。

《炮火下的觉醒:卢沟桥事变》,荣维木著,广西师范大学出版社1996年版。

《抗战:中华民族百年复兴史记忆.七七事变——谁打响了第一枪》,张瑞静著,河北教育出版社2015年版。

《七七事变前的日本对华政策》,臧运祜著,社会科学文献出版社2000年版。

《走向卢沟桥事变之路:1927—1937年中日关系》,袁成亮著,吉林文史出版社2001年版。

《二次大战期间日军侵略中南半岛概况》,昆明军区司令部情报部编印,1973年版。

《日本军鉴·004:从瓜岛到冲绳的溃灭之路》,指文军鉴工作室著,台海出版社2017年版。

《日本侵华图志·第7卷:建立伪满洲国与对东北的殖民统治》,张宪文主编;赵继敏编著,山东画报出版社2015年版。

《日本侵华图志·第8卷:侵占东北地区》,张宪文主编;罗存康等编著,山东画报出版社2015年版。

《日本侵华图志·第9卷:侵占华东地区》,张宪文主编;王卫星编著,山东画报出版社2015年版。

《日本侵华图志·第10卷:侵占华中地区》,张宪文主编;马振犊等编著,山东画报出版社2015年版。

《日本侵华图志·第11卷:侵占华南地区》,张宪文主编;马振犊等编著,山东画报出版社2015年版。

《日本侵华图志·第12卷:上海租界、香港的占领与统治》,张宪文主编;杨克林编著,山东画报出版社2015年版。

《日本侵华图志·第13卷:情报与间谍活动》,张宪文主编;马振犊、戚厚杰等编著,山东画报出版社2015年版。

2. 日本法西斯的暴行

（1）暴行总论

《日本侵华罪行档案新辑》（全15辑），辽宁省档案馆编，广西师范大学出版社1999年版。

《二战日军暴行报刊资料汇编》（全5册），国家图书馆选编；黄洁主编，国家图书馆出版社2016年版。

《罪证：侵华日军遗留档案》（上中下），萨苏主编，五洲传播出版社2014年版。

《证据——日本侵华暴行调查档案全编》（全15卷），北京出版社2015年版。

《侵华日军暴行总录》，徐秉新等主编，河北人民出版社1995年版。

《日伪暴行》，孙邦主编，吉林人民出版社1993年版。

《日伪罪行实录》，全国政协文史资料委员会编，中国文史出版社2005年版。

《侵华日军暴行录》，军事科学院外国军事研究部编，解放军出版社1995年版。

《日本侵华事件及暴行》，黄延燕著，安定出版社1992年版。

《日军侵华罪行纪实》，中共中央党史研究室科研管理部编，中共党史出版社1995年版。

《日军侵华暴行实录》（全4卷），《近代史资料》编辑部、中国人民抗日战争纪念馆等编，北京出版社1995—1998年版。

《沦陷区惨状记：日军侵华暴行实录》，孙俍工编，中国文史出版社2016年版。

《惨烈人寰：侵华日军暴行实录》，梅剑等编著，京华出版社1994年版。

《日本帝国主义在华暴行》，杨玉芝、邢安臣等主编，辽宁大学出版社1989年版。

《日本侵略军在中国的暴行》，军事科学院外国军事研究部编著，解放军出版社1986年版。

《侵华日军反人道罪行研究》，卞修跃著，团结出版社2015年版。

《太阳旗下的撒旦：侵华日军暴行纪实》，孙果达主编，上海远东出版社1995年版。

《血证:侵华日军暴行纪实日志》,中国史学会、中国社会科学院近代史研究所编,成都出版社 1995 年版。

《恸问苍冥:日军侵华暴行备忘录》,金辉著,解放军文艺出版社 1995 年版。

《鬼子来了:日军暴行记》,伯夷等著,上海科学技术文献出版社 2005 年版。

《关东宪兵队》,傅大中著,吉林教育出版社 1991 年版。

《抗日战争时期的侵华日军》,耿成宽、韦显文著,春秋出版社 1988 年版。

《血战亚细亚:日本军阀实录》,马一虹编著,沈阳出版社 1995 年版。

《日本侵华战争罪犯实录》,金阳编,黑龙江大学出版社 2017 年版。

《凶神榜:日本侵华重要战犯罪行实录》,张福兴著,解放军文艺出版社 1992 年版。

《日军暴行惨绝人寰》,张治国、韦德璞主编,黑龙江教育出版社 2015 年版。

《铁证》,毕英杰、白描编撰,昆仑出版社 2000 年版。

《日本侵华罪证——日本侵略军在中国的暴行》,军事科学院外国军事研究部编著,解放军出版社 1987 年版。

《铁证如山——吉林省新发掘日本侵华档案研究》,庄严著,吉林出版集团有限责任公司 2014 年版。

《日本侵华罪证》(全 4 册),北京市档案馆编,人民出版社 1995 年版。

《日本战犯的侵华罪行自供》(全 11 册),中央档案馆著,人民出版社 2014 年版。

《我认罪——日本侵华战犯口供实录》,张林、程军川主编,中华书局 2015 年版。

《强盗自白:来自日本随军记者的秘密照片》,张承钧主编,台海出版社 2000 年版。

《喋血的记忆:日军暴行亲见亲闻访谈录》,高玉峰、郭天红主编,山西人民出版社 2012 年版。

《揭露倭寇罪行 弘扬抗日精神:纪念抗日战争胜利 70 周年》,张广祥编著,中州古籍出版社 2015 年版。

《日本侵略华北罪行档案》(全 10 卷),谢忠厚、张瑞智、田苏苏总主编;中央档案馆、中国第二历史档案馆等编,河北人民出版社 2005 年版。

《日本侵略华北罪行档案 2:战犯供述》,田苏苏、申玉山编,河北人民出版社 2005 年版。

《侵华日军在北京地区的暴行》,中共北京市委党史研究室编,知识出版社 1995 年版。

《日军侵占平西罪行图影录》,赵思敬主编,北京联合出版公司 2015 年版。

《日军入侵鹿城暴行纪实》,李岳松主编;中共温州市鹿城区委党史编,中共党史出版社 2011 年版。

《侵华日军在蓟县暴行》(蓟县文史资料第四辑),中国人民政治协商会议天津市蓟县委员会编印,天津人民出版社 1995 年版。

《不能忘却的历史:侵华日军在迁西的暴行民间调查》,杜峙呈主编,中央文献出版社 2009 年版。

《南宫血泪:侵华日军暴行录》,中共南宫市委党史研究室编,河北人民出版社 2017 年版。

《侵华日军在山西的暴行》,中共山西省委党史研究室编,山西人民出版社 1986 年版。

《日军在朔暴行》,周子君著,三晋出版社 2014 年版。

《日军大同暴行录》,降大任主编;高向虹、古轶群著,三晋出版社 2010 年版。

《日本侵略军在山东的暴行》,方正主编,山东人民出版社 1989 年版。

《日军在济南的暴行》,王广贞编著,中共党史出版社/济南出版社 2006 年版。

《历史见证:侵华日军在淄博的暴行》,司志兰主编,黄河出版社 2015 年版。

《难忘记忆:抗战时期日军在张店暴行录》,赵晨光主编,中共党史出版社 2015 年版。

《侵华日军在沂蒙的暴行》,李洪彦主编,中共党史出版社 2015 年版。

《日军在菏泽暴行录》,中共菏泽市委党史委编,李允富主编,中共党史出版社 2015 年版。

《侵华日军在淮海的暴行》,淮安市中共党史学会编著,吉林文史出版社 2017 年版。

《日军在上海的罪行与统治》,张铨、庄志龄等著,上海人民出版社 2000 年/2015 年版。

《泣血吴淞口:侵华日军在上海宝山地区的暴行》,顾维安主编,上海社会科学院出版社 2000 年版。

《腥风血雨:侵华日军江苏暴行录》,江苏省政协文史资料委员会编印,1995年版。

《铁蹄下的南京》,杨国庆、薛冰著,南京出版社2017年版。

《南京沦陷与暴行纪实》,孙宅巍、李德英著,南京出版社2017年版。

《美国外交文件中的日军南京暴行研究》,杨夏鸣著,江苏人民出版社2017年版。

《不要忘啊！侵华日军在南京、潘家峪等地的暴行》,郭一尘主编,新蕾出版社1995年版。

《牢记血泪史:侵华日军在昆暴行录》,王道伟主编,上海科学技术文献出版社1995年版。

《原罪:侵华日军在南京栖霞暴行录》,吕佐兵主编,中国文史出版社2007年版。

《呜咽娄水:侵华日军在太仓的暴行》,张志华主编,中共党史出版社2010年版。

《鹿城之殇:侵华日军在昆山暴行录》,郑斌齐主编,中共党史出版社2010年版。

《日军常熟暴行录》,沈秋农编,广陵书社2015年版。

《警钟长鸣:侵华日军常熟暴行口述档案》,陆乾元、彭根华主编,上海社会科学院出版社2008年版。

《铁证如山:侵华日军在常熟暴行调查》,祝慧江、王钢、彭根华主编,中共党史出版社2010年版。

《铁蹄下的江南名城:常熟老人口述日军暴行》,沈秋农主编,中国社会科学出版社2017年版。

《日军侵略浙江实录》,浙江省档案馆、中共浙江省委党史研究室编,中共党史资料出版社1995年版。

《浙江文史资料·第五十六辑:铁证:侵华日军在浙江暴行纪实》,政协浙江省文史资料委员会编,浙江人民出版社1995年版。

《日军侵略浙江罪行专题集》,中共浙江省委党史研究室编;包晓峰主编,浙江人民出版社2015年版。

《血证:侵杭日军暴行实录》(全2集),毛雷主编;中共杭州市委党史研究室编,中共党史出版社2008—2009年版。

《血与泪的诉说：回忆侵华日军在诸暨的暴行》，许林章主编，中共党史出版社 2010 年版。

《日军入侵乐清暴行纪实》，中共乐清市委党史研究室编，林强主编，浙江人民出版社 2013 年版。

《日军侵略富阳暴行调查》，蒋虹瑶主编；富阳市史志办公室编，中共党史出版社 2008 年版。

《血色乡村：日军侵略台州路桥暴行实录》，王怡云主编，中共党史出版社 2009 年版。

《日军侵略松阳暴行调查》，孙柏健主编；中共松阳县委党史研究室编，浙江人民出版社 2013 年版。

《侵华日军在河南的暴行》，中共河南省委党史工作委员会编，河南人民出版社 1989 年版。

《侵华日军安阳暴行录》，范淑云主编，中共党史出版社 2016 年版。

《铁蹄下的罪恶：侵华日军林州暴行录》，魏俊彦主编，河南人民出版社 2008 年版。

《侵华日军在湖北暴行史料》，吴绪成、姚甲科主编；中国档案出版社 2005 年版。

《人道的颠覆：日军侵湘暴行研究》，陈先初著，社会科学文献出版社 2004 年版。

《侵华日军在广州暴行录》，肖敬荣主编；广州市档案馆编著，中国档案出版社 2005 年版。

《铁证如山：日军入侵广西暴行录》，庾新顺、梁宝渭编著，广西人民出版社 2014 年版。

《日军侵桂暴行证人证言录》，庾新顺、梁宝渭编著，广西人民出版社 2017 年版。

《血色记忆：日军在贵港的暴行实录》，李立振主编，漓江出版社 2015 年版。

《铁蹄下的腥风血雨：日军侵琼暴行实录》（全 2 辑），符和积主编，海南出版社 1995—1996 年版。

《铁证如山：日军侵琼 1939—1945 暴行实记》，海南省军区政治部等编著；钟捷东主编，海南出版社 2015 年版。

《琼中境域日军暴行实录》，政协海南省琼中黎族苗族县文史组编印，1995

年版。

《澄迈文史·10，日军侵澄暴行实录》，曾宪富主编，澄迈县政协文史资料委员会印，2000 年版。

《儋州文史第七辑：日军侵儋暴行实录专辑》，海南省儋州市政协文史资料委员会编印，1995 年版。

《万宁文史第五辑：铁蹄下的血泪仇，日军侵万暴行史料专辑》，林玉权主编，1995 年版。

（2）屠杀与惨案

《溅血的武士刀：日军屠杀录》，左禄主编，解放军出版社 1994 年版。

《侵华日军大屠杀暴行》，刘景山主编，人民日报出版社 2005 年版。

《日本侵华图志第 17 卷：三光作战与无人区》，张宪文主编；田苏著，山东画报出版社 2015 年版。

《抗日战争时期全国重大惨案》（7 卷本），李忠杰主编，中央党史研究室编著，中共党史出版社 2014 年版。

《华北历次大惨案》，中央档案馆、中国第二历史档案馆等合编，中华书局 1995 年版。

《日本侵略华北罪行档案 3：大屠杀》，李翠艳编，河北人民出版社 2005 年版。

《日本侵略华北罪行档案 4：无人区》，申玉山编，河北人民出版社 2005 年版。

《万人坑：千万冤魂在呼唤》（日本侵华暴行实录丛书），李秉刚著，中华书局 2005 年版。

《抗日战争时期大同煤矿"万人坑"史料汇编》，大同煤矿"万人坑"二战历史研究会编，中共党史出版社 2015 年版。

《南京大屠杀史料集 67—68：东京审判日方文献及报道》，曹大臣编，张宪文主编，江苏人民出版社/凤凰出版社 2014 年版。

《南京大屠杀史料集 7：东京审判》，杨夏鸣编，张宪文主编，江苏人民出版社/凤凰出版社 2014 年版。

《南京大屠杀史料集 71：东京审判书证及苏、意、德文献》，张生编，张宪文主编，江苏人民出版社/凤凰出版社 2014 年版。

《南京大屠杀史料集 64：民国出版物中记载的日军暴行》，马振犊等著；张宪文主编,江苏人民出版社/凤凰出版社 2014 年版。

《世界记忆名录:南京大屠杀档案》,国家档案局编;李明华主编,南京出版社 2018 年版。

《南京大屠杀图录》(中文版、英文版),侵华日军南京大屠杀遇难同胞纪念馆编;朱成山主编,五洲传播出版社 2015 年版。

《日本侵华图志第 16 卷:南京大屠杀》,张宪文主编;曹必宏等编著,山东画报出版社 2015 年版。

《见证! 1937—1938:中文报刊中的南京大屠杀报道》,徐小跃主编,江苏凤凰美术出版社 2017 年版。

《侵华日军南京大屠杀史研究成果交流会论文集》,朱成山主编,安徽大学出版社 1999 年版。

《侵华日军南京大屠杀最新研究成果交流会论文集》,朱成山主编,南京大学出版社 2001 年版。

《血河:为南京大屠杀遇难同胞而作》,张先海著,南京出版社 2011 年版。

《南京沦陷八年史:1937 年 12 月 13 日至 1945 年 8 月 15 日》,经盛鸿著,社会科学文献出版社 2005 年版。

《南京沦陷八年史:一九三七年十二月十三日至一九四五年九月九日》,经盛鸿著,社会科学文献出版社 2013 年版。

《枷锁下的金陵:日本统治南京八年史事日志》,经盛鸿著,中国工人出版社 2005 年版。

《罪恶极限》,全国政协文史和学习委员会编,中国文史出版社 2005 年版。

《中国大劫难》,陈家桢编著,延边人民出版社 1994 年版。

《中国国耻录》,周山主编,甘肃少年儿童出版社 1994 年版。

《南京大屠杀》,徐志耕著,昆仑出版社 1987 年版//江苏文艺出版社 1994 年/2007 年版//线装书局 2014 年版//外文出版社 2014 年版。

《南京大屠杀》,徐志耕著,解放军文艺出版社 1997 年/2005 年/2007 年版。

《南京大屠杀》,陈荣根编写,新华出版社 1991 年版。

《南京大屠杀》,孙宅巍主编,北京出版社 1997 年版//社会科学文献出版社 2001 年版。

《南京大屠杀》,中央档案馆等编,中华书局 1995 年版。

《南京大屠杀》,《历史不能忘记》丛书编委会编,中国民主法制出版社 1999

年版。

《南京大屠杀》，曹必宏著，中国民主法制出版社2015年版。

《南京大屠杀》，何建明著，中译出版社2017年版。

《南京大屠杀史》（中文版、英文版），张宪文主编，南京大学出版社2014年版。

《南京大屠杀全史》（上中下册），张宪文主编，南京大学出版社2012年版。

《南京大屠杀史研究》，张生等著，凤凰出版社2012年/2015年版。

《南京大屠杀研究：历史与言说》，张连红、孙宅巍主编，江苏人民出版社2014年版。

《南京大屠杀研究——日本虚构派批判》，程兆奇著，上海交通大学出版社2017年版。

《澄清历史——南京大屠杀研究与思考》，孙宅巍著，江苏人民出版社2005年版。

《侵华日军南京大屠杀史稿》，《侵华日军南京大屠杀史稿》编委会编，江苏古籍出版社1987年/1998年版。

《日本帝国主义在南京的大屠杀》，南京大学历史系编，南京大学出版社1979年版。

《日军侵华暴行——南京大屠杀》，高兴祖著，上海人民出版社1985年版。

《屠城——侵华日军南京大屠杀》，徐志耕著，花山文艺出版社1998年版。

《1937：屠城——侵华日军南京大屠杀（血色历史丛书）》，王维玲、陈新主编，徐志耕著，浙江少年儿童出版社2005年版。

《屠刀下的花季：南京1937》，房伟编著，济南出版社2007年版。

《南京大屠杀辞典》（全5册），朱成山主编，南京出版社2015年版。

《南京大屠杀辞典》（上下册），朱成山主编，南京出版社2017年版。

《南京大屠杀真相》，孙宅巍著，南京出版社2016年版。

《南京大屠杀全纪录》，孙宅巍、李德英著，中国文史出版社2012年/2015年版。

《南京大屠杀全纪实》，何建明著，江苏凤凰教育出版社2014年版//天地出版社2018年版//新世界出版社2018年版。

《血祭：侵华日军南京大屠杀实录》，徐志耕主编，中国人事出版社1994年版。

《永不忘记：南京大屠杀，1937》（英文版），徐志耕著，外语出版社 2014 年版。

《金陵血证：南京大屠杀纪实故事》，朱成山编著，少年儿童出版社 1997 年版。

《金陵血泪：南京大屠杀全貌大写真》，姚辉云著，百花洲文艺出版社 1998 年版。

《原罪：侵华日军在南京栖霞暴行录》，南京市栖霞区地方志办公室等编，中国文史出版社 2007 年版。

《侵华日军第六师团南京战役及暴行实录》，江紫辰、吴京昂著，重庆出版社 2017 年版。

《不屈的抗争：南京人民反抗日军暴行纪实》，中共江苏省委党史工作办公室等编，中央文献出版社 2007 年版。

《黑色 12·13——南京大屠杀最新揭秘》，孙宅巍、李德英著，青岛出版社 1997 年版。

《悲愤·血泪——南京大屠杀亲历记》，时事出版社编，时事出版社 1988 年版。

《1937~1938：人道与暴行的见证——经历南京腥风血雨的丹麦人》，戴袁支著，江苏人民出版社 2010 年版。

《南京大屠杀——英美人士的目击报道》，陆束屏编译，红旗出版社 1999 年版。

《西方新闻传媒视野中的南京大屠杀》，经盛鸿著，南京出版社 2009 年版。

《〈东南日报〉南京大屠杀报道研究》，何扬鸣著，浙江大学出版社 2014 年版。

《战时中国新闻传媒与南京大屠杀》（上下册），经盛鸿、张伯兴著，南京出版社 2010 年版。

《拉贝传：南京大屠杀的见证人》，黄慧英著，百家出版社 2002 年版。

《〈拉贝日记〉发现始末》，侵华日军南京大屠杀遇难同胞纪念馆编印，1997 年版。

《美国外交官的记载：日军大屠杀与浩劫后的南京城》，陆束屏编著，南京出版社 2012 年版。

《英国外交官和英美海军军官的记载：日军大屠杀与浩劫后的南京城》，陆束屏编著,南京出版社 2013 年版。

《血腥恐怖金陵岁月:金陵女子文理学院中外人士的记载》,陆束屏编译,南京出版社 2014 年版。

《南京大屠杀辞典 1:大屠杀前》,朱成山主编,南京出版社 2014 年版。

《二战经典影片珍藏版.南京大屠杀》,中国文采声像公司/北京电影学院音像出版社 1992 年版。

《侵华日军南京大屠杀档案》,中国第二历史档案馆等编,江苏古籍出版社 1987 年/1997 年版。

《日本帝国主义侵华档案资料选编:南京大屠杀》,中央档案馆等编,中华书局 1995 年版。

《侵华日军南京大屠杀暴行日志》,朱成山主编,南京出版社 2004 年版。

《侵华日军南京大屠杀日志》,吴广义编著,社会科学文献出版社 2005 年版。

《南京大屠杀:历史照片中的见证》,史咏、尹集钧著,海南出版社 1999 年版。

《侵华日军南京大屠杀暴行照片集》,南京大屠杀史料编辑委员会编,1985 年版。

《史料选辑 第四辑 南京大屠杀》,南京市政协文史资料委员会编印,1981 年版。

《史料选辑:侵华日军南京大屠杀史料专辑.第四辑》,南京市政协文史资料委员会编印,1983 年版。

《南京大屠杀史料集》(全 78 集),张宪文主编,江苏人民出版社/凤凰出版社 2005—2014 年版。

《侵华日军南京大屠杀史料》,《侵华日军南京大屠杀史料》编委会等编,江苏古籍出版社 1987 年/1997 年版。

《侵华日军南京大屠杀史料:纪实·证言》,《侵华日军南京大屠杀史料》编委会等编,江苏古籍出版社 1985 年版。

《海外南京大屠杀史料集》,朱成山主编,南京出版社 2007 年版。

《日本现存南京大屠杀史料研究》,程兆奇著,上海人民出版社 2008 年版。

《见证与记录:南京大屠杀史料精选》(全 3 册),张宪文、吕晶编,江苏人民出版社 2014 年版。

《南京大屠杀的历史见证》,章开沅著,湖北人民出版社 1995 年版。

《南京浩劫的见证:侵华日军南京大屠杀遇难同胞纪念馆》,朱成山、段月萍编著,中国大百科全书出版社 1998 年版。

《南京大屠杀:事实及纪录》,孙宅巍、吴天盛著,中国文史出版社 1997年版。

《南京大屠杀幸存者名录》,朱成山主编,南京出版社 2007 年版。

《南京大屠杀幸存者证言》(中文版、英文版、法文版、俄文版、日文版、朝鲜文版),朱成山著,外文出版社 2016 年版。

《南京大屠杀重要文证选录》,张宪文、崔巍、董为民编,凤凰出版社 2014年版。

《130 位南京大屠杀幸存者实录》,李晓方著,浙江人民出版社 2017 年版。

《最漫长的十四天:南京大屠杀幸存者口述实录与纪实》,陈庆港著,江苏凤凰文艺出版社 2015 年版。

《被改变的人生:南京大屠杀幸存者口述生活史》,张建军、张生主编,江苏凤凰文艺出版社 2017 年版。

《历史·记忆·书写:南京大屠杀》,张生著,南京大学出版社 2018 年版。

《记忆的纹理:媒介、创伤与南京大屠杀》,李红涛、黄顺铭著,中国人民大学出版社 2017 年版。

《历史与记忆:117 户南京大屠杀受害家庭(族)微观史调查与研究》,曾向东、徐康英、朱成山主编,南京:南京出版社 2019 年版。

《历史与记忆:论南京大屠杀和舞剧〈南京 1937〉》,车骁主编,中国戏剧出版社 2017 年版。

《血债兽行》,佟更、赵润兰著,新蕾出版社 1992 年版。

《铁证如山》,庄严主编,吉林出版集团有限责任公司 2014 年版。

《历史真相》,《南京大屠杀死难者国家公祭读本》编写组编,南京出版社 2014 年版。

《南京大屠杀真相》,张宪文、吕晶编,江苏人民出版社 2007 年版。

《南京大屠杀图证》,中央档案馆等编,吉林人民出版社 1995 年版。

《南京大屠杀图录》,侵华日军南京大屠杀遇难同胞纪念馆编,郭长建主编,五洲传播出版社 2005 年版。

《侵华日军南京大屠杀图集》,中国第二历史档案馆编,江苏古籍出版社

1998 年版。

《南京大屠杀与国际大救援图集》,朱成山主编,江苏古籍出版社 2002 年版。

《1937,南京大救援:西方人士和国际安全区》,尹集钧著,文汇出版社 1997 年版。

《东史郎日记图证》,中国人民抗日战争纪念馆主编;张承钧等编著,中国大百科全书出版社 2000 年版。

《东史郎诉讼案与南京大屠杀真相》,南京大屠杀图证编纂工作委员会编著,人民日报出版社 1998 年版。

《幸存者说:南京大屠杀亲历者采访记》,徐志耕撰,南京出版社 2014 年版。

《从耶鲁到东京:为南京大屠杀取证》,章开沅著,广东人民出版社 2003 年版。

《侵华日军南京大屠杀幸存者证言》,朱成山主编,社会科学文献出版社 2005 年版。

《侵华日军南京大屠杀幸存者证言集》,朱成山主编,南京大学出版社 1994 年版。

《侵华日军南京大屠杀外籍人士证言集》,朱成山主编,江苏人民出版社 1998 年版。

《南京大屠杀历史证人脚印:"铜版路"图集》,朱成山主编,南京出版社 2003 年版。

《南京大屠杀之铁证:向全世界人民鸣冤的诉讼状》,林长生著,中央编译出版社 2005 年版。

《现存历史:南京大屠杀幸存者素描肖像诗画集》,朱成山诗;张玉彪画,南京出版社 2012 年版。

《侵华日军南京大屠杀遇难同胞纪念馆 2013 年鉴》,朱成山主编,南京出版社 2014 年版。

《南京大屠杀纪念馆与中日关系》,叶皓著,五洲传播出版社 2010 年版。

《创伤的历史:南京大屠杀与战时中国社会》,张连红、经盛鸿等著,南京师范大学出版社 2005 年版。

《侵华日军南京大屠杀江东门"万人坑"遗址的发掘与考证》,朱成山主编,江苏古籍出版社 2002 年版。

《不屈的城墙：祭奠南京大屠杀 30 多万遇难同胞》，南京市作家协会等编，沈阳出版社 2001 年版。

《南京大屠杀研究：日本虚构派批判》，程兆奇著，上海辞书出版社 2002 年版。

《南京大屠杀新考：兼驳田中正明的"南京大屠杀之虚构"论》，刘惠恕编著，三联书店 1998 年版。

《南京大屠杀与日本战争罪责：高兴祖文集》，高兴祖著，南京大学出版社 2005 年版。

《为 300000 冤魂呐喊：朱成山研究南京大屠杀史文集》，朱成山著，新华出版社 2001 年版。

《侵华日军南京大屠杀遇难同胞纪念馆》，齐康著，辽宁科学技术出版社 1999 年版。

《侵华日军南京大屠杀遇难同胞纪念馆年鉴》，朱成山主编，南京出版社 2010 年版。

《侵华日军南京大屠杀遇难同胞纪念馆馆史：1985—2010》，朱成山主编，南京出版社 2010 年版。

《侵华日军南京大屠杀遇难同胞纪念馆故事》，朱成山主编，南京出版社 2012 年版。

《成长之路：侵华日军南京大屠杀遇难同胞纪念馆建馆 20 周年馆志》，朱成山主编，南京出版社 2005 年版。

《鼎立铸史：侵华日军南京大屠杀遇难同胞纪念馆陈列设计艺术》，朱成山著，南京出版社 2008 年版。

《国家公祭：解读南京大屠杀死难者国家公祭日资料集》（全 4 集），朱成山、朱同芳等主编，南京出版社 2014 年版。

《南京大屠杀死难者国家公祭鼎基座设计建造纪实》，张宏等编著，东南大学出版社 2016 年版。

《罪与罚：关于南京大屠杀与日本侵华暴行的道德与法律思考》，贾海涛、释大愿主编，世界图书出版广东有限公司 2017 年版。

《日军侵华第一号战犯：南京大屠杀罪魁祸首日本天皇裕仁兼论美日勾结和美国霸权主义的兴衰》，王正、刘顺发著，中国文联出版社 2015 年版。

《激战倒春寒:反对日本名古屋市长河村隆之否认南京大屠杀史斗争纪实》,朱成山著,南京出版社 2018 年版。

(3)生物战与化学战

《日本侵华图志第 15 卷:化学战与细菌战》,张宪文主编;高晓燕、王希亮编著,山东画报出版社 2015 年版。

《日本侵华决策史料丛编.军事战略编.专题六,生物武器作战》(全 6 册),徐勇、臧运祜总主编;[日]近藤昭二、王选编,社会科学文献出版社 2017 年版。

《日本细菌战》(《侵华日军第七三一部队罪行实录 1—2》),金成民编著,中国和平出版社 2015 年版。

《日本细菌战档案选编》(上下册)(《侵华日军第七三一部队罪行实录 8—9》),杨彦君主编,中国和平出版社 2015 年版。

《日寇细菌战暴行》,草原著,通联书店 1951 年版。

《侵华日军细菌战探讨》,段晓微著,中国人民抗日战争纪念馆研究部编印,1986 年版。

《侵华日军细菌战纪实》(上下册),郭成周、廖应昌著,北京燕山出版社 1998 年版。

《日本军细菌战》,金成民著,黑龙江人民出版社 2008 年版。

《日本侵华细菌战》,陈致远著,中国社会科学出版社 2014 年版。

《日本军细菌战图文集》,金成民主编,内蒙古人民出版社 2010 年版。

《战争与恶疫:日军对华细菌战》,解学诗、[日]松村高夫等著,人民出版社 2014 年版。

《日本在华细菌战》(英文版),杨彦君著,外文出版社 2016 年版。

《日本侵华与细菌战罪行录》,佟振宇著,哈尔滨出版社 1998 年版。

《日本侵华细菌战研究报告》,谢忠厚编著,中共党史出版社 2016 年版。

《日本侵华细菌战罪行调研报告》,谢忠厚编著,中共党史出版社 2010 年版。

《日本细菌战:被掩盖的真相》,雷亮著,民主与建设出版社 2019 年版。

《日本军细菌战原队员证言集》,金城民、中野胜著,黑龙江人民出版社 2009 年版。

《伯力审判档案:日军细菌战罪行披露》,中共党史出版社 2016 年版。

《侵华日军细菌战罪行学术研讨会论文集》，包晓峰主编，中共党史出版社2018年版。

《泣血控诉：侵华日军细菌战炭疽、鼻疽受害幸存者实录》（中英文本），李晓方编著；王之光、宋瑜翻译，中央文献出版社2005年版。

《侵华日军细菌战受害者名录》（侵华日军第七三一部队罪行实录13），杨彦君、邱明轩主编，中国和平出版社2015年版。

《侵华日军细菌战鼠疫、霍乱受害幸存者实录》，中共浙江省委党史研究室编；李晓方著，浙江人民出版社2017年版。

《侵华日军细菌战炭疽、鼻疽受害幸存者实录》，中共浙江省委党史研究室编；李晓方著，浙江人民出版社2017年版。

《侵华日军细菌战资料选编》（第一辑），鲍海春著，内蒙古文化出版社2010年版。

《侵华日军细菌战重要外文资料译介》，李海军等编译，中国社会科学出版社2018年版。

《侵华日军在中国实施的鼠疫细菌战研究》，陈致远著，中国社会科学出版社2018年版。

《日本侵略华北罪行档案.5，细菌战》，谢忠厚编，河北人民出版社2005年版。

《侵华日军在呼伦贝尔进行的细菌毒气战》，赵玉霞著，黑龙江人民出版社2005年版。

《鲁西细菌战大屠杀揭秘》，崔维志、唐秀娥著，人民日报出版社2003年版。

《日军在浙江细菌战专题研究》，中共浙江省委党史研究室编；包晓峰主编，浙江人民出版社2015年版。

《日军在金华细菌战专题研究》，金华市党委研究室编印，2015年版。

《关于浙赣地区日军细菌战的调查研究》，丁晓强等著，社会科学文献出版社2012年版。

《日军侵浙细菌战档案》，浙江省档案局编，浙江大学出版社2017年版。

《日军侵浙细菌战档案资料汇编》（全8册），韩李敏主编；中共浙江省委党史研究室等编，浙江人民出版社2015—2017年版。

《日军在浙细菌战受害者口述资料》，中共浙江省委党史研究室编；孙瑛主编，浙江人民出版社2017年版。

《浙江省崇山村侵华日军细菌战罪行史实》,张世欣编著,浙江教育出版社1999 年版。

《侵华日军义乌细菌战调查研究》,中共浙江省委党史研究室等编,包晓峰主编,浙江人民出版社 2015 年版。

《侵华日军义乌细菌战民国档案汇编》,徐义民主编,中国文史出版社 2016年版。

《义乌细菌战受害者口述史》,赵福莲著,上海人民出版社 2015 年版。

《毒菌之殇:日军细菌战东阳受害实录》,程国伟主编,浙江人民出版社 2017年版。

《辛巳劫难——1941 年常德细菌战纪实》,陈大雅、邢祁著,中共中央党校出版社 1995 年版。

《纪实:侵华日军常德细菌战》,陈致远著,中国社会科学出版社 2015 年版。

《伤痕:中国常德民众的细菌战记忆》,聂莉莉、刘云、金菁琳著,中国社会科学出版社 2015 年版。

《控诉:侵华日军常德细菌战受害调查》,朱清如著,中国社会科学出版社2015 年版。

《罪证:侵华日军常德细菌战史料集成》,张华编,中国社会科学出版社 20152015年版。

《细菌战最后的证人:衢州“烂脚病”人纪实》,廖峥艳,光明日报出版社2015 年版。

《侵华日军云南细菌战研究》,张华著,中国社会科学出版社 2018 年版。

《侵华日军在粤细菌战和毒气战揭秘》,沙东迅著,广东高等教育出版社2015 年版。

《日军细菌部队罪行录》,郭成周著,中国民主法制出版社 2015 年版。

《七三一部队细菌战贻害研究》,杨彦君著,黑龙江人民出版社 2009 年版。

《食人魔窟:侵华日军 731 细菌战部队(血色历史丛书)》,刘虔著,浙江少年儿童出版社 2005 年版。

《七三一问题国际研究中心文集》(《侵华日军第七三一部队罪行实录 3—4》),杨彦君编著,中国和平出版社 2015 年版。

《关东军第七三一部队实录》(中文版、日文版),杨彦君著,外文出版社2016 年版。

《侵华日军关东军七三一细菌部队》,郭长建主编,五洲传播出版社 2005 年版。

《侵华日军第七三一部队罪行实录》(全 60 卷),金成民主编,中国和平出版社 2015 年版。

《日本关东军 731 部队犯罪照片证据》(英文版),杨彦君主编,五洲传播出版社 2015 年版。

《关东军第七三一部队罪证图录》(中文版、日文版),侵华日军第七三一部队罪证陈列馆等编;杨彦君主编,五洲传播出版社 2015 年版。

《侵华日军 731 部队细菌战资料选编》,中国社会科学院近代史研究所近代史资料编译室主编;王希亮、周丽艳编译,社会科学文献出版社 2015 年版。

《七三一部队旧址调查与研究》(侵华日军第七三一部队罪行实录 5),杨彦君编著,中国和平出版社 2015 年版。

《侵华日军第七三一部队旧址:细菌实验室及特设监狱考古发掘报告》,李陈奇主编,科学出版社 2018 年版。

《七三一部队见证人口述史料集》(侵华日军第七三一部队罪行实录 10—12),杨彦君主编,中国和平出版社 2015 年版。

《七三一部队炭疽菌实验 A 报告:英文版》(侵华日军第七三一部队罪行实录 15),杨彦君主编,中国和平出版社 2015 年版。

《七三一部队鼻疽菌实验 G 报告:英文版》(侵华日军第七三一部队罪行实录 16),杨彦君主编,中国和平出版社 2015 年版。

《七三一部队鼠疫菌实验 Q 报告:英文版》(侵华日军第七三一部队罪行实录 17—18),杨彦君主编,中国和平出版社 2015 年版。

《美军调查日本细菌战总结报告书:英文版》(侵华日军第七三一部队罪行实录 19),杨彦君主编,中国和平出版社 2015 年版。

《七三一部队炭疽菌实验 A 报告》(侵华日军第七三一部队罪行实录 20),杨彦君主编;张艳荣、刘汝佳译,中国和平出版社 2015 年版。

《七三一部队鼻疽菌实验 G 报告》(侵华日军第七三一部队罪行实录 21),杨彦君主编;金东英、王彤竹译,中国和平出版社 2015 年版。

《七三一部队鼠疫菌实验 Q 报告》(侵华日军第七三一部队罪行实录 22),杨彦君主编;李志平、李明译,中国和平出版社 2015 年版。

《美军调查日本细菌战总结报告书》(侵华日军第七三一部队罪行实录

23）,杨彦君主编,中国和平出版社 2015 年版。

《日本细菌战部队命令·文件集》(《侵华日军第七三一部队罪行实录 24—25》),杨彦君主编,中国和平出版社 2015 年版。

《七三一部队兵要地志班调查报告集》(《侵华日军第七三一部队罪行实录 26—27》),杨彦君主编,中国和平出版社 2015 年版。

《关东军·华中军·南方军防疫研究报告》(《侵华日军第七三一部队罪行实录 28》),杨彦君主编,中国和平出版社 2015 年版。

《"北支那"防疫给水部档案》(《侵华日军第七三一部队罪行实录 29—30》),宫文婧、陈鹏主编,中国和平出版社 2015 年版。

《师团防疫给水部档案》(《侵华日军第七三一部队罪行实录 31—32》),鲁丹、刘汝佳主编,中国和平出版社 2015 年版。

《日本细菌战史料集,细菌实验类》(《侵华日军第七三一部队罪行实录 33—41》),杨彦君主编,中国和平出版社 2015 年版。

《日本细菌战史料集,战时给水类》(《侵华日军第七三一部队罪行实录 42—46》),金成民主编,中国和平出版社 2015 年版。

《日本细菌战史料集,预防免疫类》(《侵华日军第七三一部队罪行实录 47—53》),金成民主编,中国和平出版社 2015 年版。

《日本细菌战史料集,细菌战情报类》(《侵华日军第七三一部队罪行实录 54—55》),江萍、魏爽主编,中国和平出版社 2015 年版。

《日本细菌战史料集,流行病与传染病类》(《侵华日军第七三一部队罪行实录 56—58》),孙瑜主编,中国和平出版社 2015 年版。

《日本细菌战史料集,寄生虫类》(《侵华日军第七三一部队罪行实录 59—60》),李志平主编,中国和平出版社 2015 年版。

《前日本陆军军人因准备和使用细菌武器被控案审判材料》,金成民主编,中国和平出版社 2015 年版。

《中国华北的细菌战:日军 1855 部队细菌战华北受害情况的调研报告》,谢忠厚编著,中共党史出版社 2010 年/2017 年版。

《侵华日军广州 8604 细菌部队研究》,曹卫平著,中国社会科学出版社 2018 年版。

《侵华日军第 9420 部队及云南细菌战研究》,张华著,中国社会科学出版社 2018 年版。

《细菌战受害大诉讼》，刘雅玲、龚积刚著，湖南人民出版社 2004 年版。

《细菌战受害与赔偿诉讼》，翁本忠著，义乌市崇山细菌战遗址馆编印，2002年版。

《日本侵华决策史料丛编·军事战略编·专题五：化学武器作战》（全 2册），徐勇、臧运祜总主编；步平编，社会科学文献出版社 2017 年版。

《毒气战：追寻恶魔的踪迹》（日本侵华暴行实录丛书），步平著，中华书局 2005 年版。

《侵华日军的毒气战》，纪道庄、李录主编；中国抗日战争史学会、中国人民抗日战争纪念馆编，北京出版社 1995 年版。

《侵华日军毒气战事例集：日军用毒 1800 例》，纪学仁编著，社会科学文献出版社 2008 年版。

《日本侵略华北罪行档案 6，毒气战》，谢忠厚编，河北人民出版社 2005年版。

《日军侵华战争遗毒》，肖凯、朱洪平主编，第二军医大学出版社 2015 年版。

《施毒与清毒：战时化学战与战后化学武器的处理》，高晓燕著，黑龙江人民出版社 2011 年版。

《日本侵华战争化学战及战后问题研究》，朱建新、高朝廷主编，兵器工业出版社 2010 年版。

《日本遗弃化学武器回收技术规程》，石建华主编；周学志等撰写，中国经济出版社 2007 年版。

《国内外新闻媒体关于侵华日军遗弃在中国境内化学武器的调查》，韦锡新、彭德明整理，防化研究院情报资料处编印，1995 年版。

《日本遗弃化学武器及防化基础》，陈海平、王学峰主编，中国标准出版社 2010 年版。

《日本遗弃化学武器结构特征及鉴别》，吕畅、王新明等主编，中国标准出版社 2015 年版。

《日本遗弃在华化学武器调查与销毁处理》，夏治强编著，化学工业出版社 2015 年版。

《日本在华化学战及遗弃化学武器伤害问题研究》，步平、高晓燕著，中共党史出版社 2010 年版。

《日军化学战及遗弃化学武器伤害问题实证调查与研究》，步平、高晓燕编著,中共党史出版社 2017 年版。

《伤害仍在继续:侵华日军遗弃化学武器问题研究》,高晓燕著,南京出版社 2017 年版。

《销毁日本遗弃化学武器环境监测指导手册》,周黎明、周学志等著,中国质检出版社/中国标准出版社 2014 年版。

《移动式销毁日本遗弃化学武器污染控制技术》,葛卫华主编,中国大地出版社 2014 年版。

(4)大轰炸(无差别轰炸)

《轰炸!轰炸!——侵华日军的狂轰滥炸》(血色历史丛书),殷允岭著,浙江少年儿童出版社 2005 年版。

《日本侵华决策史料丛编·军事战略编·专题四:战略大轰炸》(全 3 册),徐勇、臧运祜总主编;[日]前田哲男、一濑敬一郎编;郭鑫、韩玲玲译,社会科学文献出版社 2017 年版。

《日本侵华图志第 14 卷:无差别轰炸》,张宪文主编;张瑾、唐润明著,山东画报出版社 2015 年版。

《重庆大轰炸》,重庆市政协学习及文史委员会等著,西南师范大学出版社 2002 年版。

《重庆大轰炸》,罗泰琪著,中国文史出版社 2015 年版。

《1938—1941 重庆大轰炸》,易丹、钱滨著,四川文艺出版社 2005 年版。

《烽火岁月:重庆大轰炸》,李金荣、杨筱著,重庆出版社 2005 年版。

《抗日战争时期重庆大轰炸研究》,潘洵等著,商务印书馆出版社 2013 年版。

《未曾蒙面的屠杀:"重庆大轰炸"研究》,唐润明著;朱成山编,南京出版社 2019 年版。

《重庆大轰炸纪实》,罗泰琪著,内蒙古人民出版社 1998 年版。

《重庆大轰炸图集》,重庆市文化局编,重庆出版社 2001 年版。

《重庆大轰炸档案文献》(全 12 卷),唐润明主编,重庆出版社 2015 年版。

《重庆大轰炸论文集》,王群生编,中国三峡出版社 2004 年版。

《给世界以和平:重庆大轰炸暨日军侵华暴行国际学术讨论会论文》,周勇主编,重庆出版社 2008 年版。

《成都大轰炸》,成都市人民防空办公室、成都市国防教育学会编著,中国和平出版社 2009 年版。

《铁证:成都大轰炸》,成都市国防教育学会等编,中国和平出版社 2013 年版。

《乐山大轰炸》,乐山市人民防空办公室等编印,2005 年版。

《大轰炸——滇西的血色记忆》,王琨楼著,云南人民出版社 2019 年版。

（5）对占领国妇女的性奴役

《日本侵略华北罪行档案 9:性暴力》,田苏苏编,河北人民出版社 2005 年版。

《慰安妇研究》,苏智良著,上海书店出版社/世纪出版集团 1999 年版。

《日军"慰安妇"研究》,苏智良著,团结出版社 2015 年版。

《日军慰安妇制度批判》,陈丽菲著,中华书局 2006 年版。

《被侮的女性:战时日军性奴隶制度》,刘萍著,黑龙江人民出版社 2011 年版。

《帝国军妓:随军慰安妇军中生活实录》,田玉光著,黑龙江人民出版社 1993 年版。

《滔天罪孽:二战时期的日军"慰安妇"制度》,苏智良、荣维木著,学林出版社 2000 年版。

《妓魂:韩国原 19 名日军慰安妇的亲身经历》,尹承俊著,吉林人民出版社 1994 年版。

《追索:朝鲜"慰安妇"朴永心和她的姐妹们》,陈丽菲、苏智良著,广东人民出版社 2005 年版。

《日本侵华图志第 19 卷:"慰安妇"与性暴行》,张宪文主编;苏智良、陈丽菲编著,山东画报出版社 2015 年版。

《侵华日军"慰安妇"问题研究》,苏智良、姚霏、陈丽菲编著,中共党史出版社 2011 年/2016 年版。

《日军性奴隶:中国"慰安妇"真相》,苏智良著,人民出版社 2000 年版。

《中国"慰安妇"真相》,苏智良著,南京出版社 2016 年版。

《罪与证:中国慰安妇实录》,马建河著,陕西人民出版社 2015 年版。

《日本帝国的性奴隶:中国"慰安妇"的证言》,丘培培、苏智良著,中国社会科学出版社 2018 年版。

《日帝强征从军慰安妇罪行录》,杨昭全主编,吉林省社会科学院印,1998

年版。

《二战时期日本强征"慰安妇"罪行采访纪实》,张国通著,中华书局 2015 年版。

《慰安妇考察手记》,曹保明著,吉林文史出版社 2007 年版。

《真相:慰安妇调查纪实》,陈庆港著,江苏文艺出版社 2007 年版。

《"慰安妇"调查实录》,张双兵著,江苏人民出版社 2015 年版。

《慰安妇血泪》,孙逊著,太白文艺出版社 2001 年/2015 年版。

《悲惨慰安妇:口述体长篇历史纪实小说》,熊俊生著,百花洲文艺出版社 2005 年版。

《血泪慰安妇》,东方门编著,青海人民出版社 1995 年版。

《血泪"慰安妇":连环漫画》,苏智良著;罗希贤改编,光明日报出版社 2001 年版。

《以人类的名义:向日本控诉》,柳白著,长安出版社 2005 年版。

《中国慰安妇:一部揭露战地军妓的秘密档案》,吴海峰著,漓江出版社 1993 年版。

《昭示:中国慰安妇:跨国跨时代调查白皮书》,江浩著,青海人民出版社 1998 年版。

《二战日军中国慰安妇影像实录》(英文版),陈庆港著,五州传播出版社 2014 年版。

《历史的深处:二战日军中国慰安妇影像实录》(中文版、日文版),陈庆港著,中国摄影出版社 2014 年版。

《昭示:中国慰安妇:1993·跨国跨时代调查白皮书》,江浩著,作家出版社 1993 年版。

《中国"慰安妇"历史博物馆一周年纪念册》,上海师范大学中国"慰安妇"问题研究中心编著,2017 年版。

《血泪"盖山西":日军山西性暴力十年调查》,班忠义著,中国文联出版社 2006 年版。

《上海日军慰安所实录》,苏智良、陈丽菲、姚霏著,上海三联书店 2005 年版。

《证据——上海 172 个慰安所揭秘》,苏智良、陈丽菲、姚霏著,上海交通大学出版社 2018 年版。

《海南"慰安妇"》，黄一鸣著，中国摄影出版社 2007 年版。

《台湾慰安妇》，朱德兰著，社会科学文献出版社 2012 年版。

《记忆的伤痕：日军慰安妇滇西大揭秘》，蔡雯、李根志编著，晨光出版社 2006 年版。

《伤痕·记忆：滇西日军慰安妇调查手记》，蔡雯、李根志著，云南大学出版社 2015 年版。

《十万慰安妇》，李秀平著，人民中国出版社 1993 年版。

《血痛：26 个慰安妇的控诉》，陈庆港著，北京出版社 2005 年版。

《90 位幸存慰安妇实录》，李晓方著，浙江人民出版社 2016 年版。

《37：慰安妇调查纪实》，陈庆港著，江苏凤凰文艺出版社 2018 年版。

《世纪呐喊：67 位幸存慰安妇实录》，李晓方著，中共党史出版社 2008 年版。

《控诉：采访九位海南"慰安妇"实录》，张媛主编，南海出版公司 2015 年版。

《索赔：亲历中国"慰安妇"及被强掳赴日劳工诉讼》，康健、刘荣军著，北京日报出版社/同心出版社 2015 年版。

（6）虐待战俘与掳掠劳工

《中国及太平洋抗战与战俘问题研究：中国及太平洋抗战与战俘问题》，井晓光主编，辽宁人民出版社 2009 年版。

《日本侵华图志第 20 卷：虐杀战俘与奴役劳工》，张宪文主编；何天义等编著，山东画报出版社 2015 年版。

《日军侵华战俘营总论》，何天义编著，社会科学文献出版社 2013 年版。

《日本盟军战俘营》，杨竞编著，福建教育出版社 2014 年版。

《东方奥斯威辛：侵华日军法西斯集中营》，王桂巧、薛建中著，花山文艺出版社 1998 年版。

《亚洲的奥斯威辛：日军侵华集中营揭秘》，何天义编著，四川人民出版社 2007 年/2015 年版。

《日本侵略华北罪行档案 7：集中营》，何天义主编，河北人民出版社 2005 年版。

《沈阳二战盟军战俘营图集》，井晓光主编，辽宁美术出版社 2011 年版。

《二战时期沈阳盟军战俘营研究》，王铁军著，社会科学文献出版社 2011 年版。

《盟军战俘在中国：奉天战俘营口述纪实》，杨竞著，人民出版社 2016 年版。

《奉天涅槃：见证二战日军沈阳英美盟军战俘营》，杨竞编著，沈阳出版社2003年版。

《二战盟军辽源高级战俘营史画》，王晓冬主编，吉林文史出版社2015年版。

《历史记忆：二战盟军高级战俘羁押辽源始末》，陈春萍、魏东著，吉林大学出版社2015年版。

《平津战俘营纪实》，范媛媛、王婵娟、何天义编著，知识产权出版社2019年版。

《济南战俘营纪实》，何晓、李爱军等编著，知识产权出版社2019年版。

《洛阳战俘营纪实》，何晓、何海、何天义编著，知识产权出版社2019年版。

《太原战俘营纪实》，曹朝阳、何洁、何天义编著，知识产权出版社2019年版。

《中国的奥斯维辛：日军"太原集中营"纪实》，刘林生著，山西人民出版社2012年版。

《石家庄战俘营纪实》，何天义、曹朝阳、何晓编著，知识产权出版社2019年版。

《战俘营的"抗三"》，范媛媛、侯志强、何天义编著，知识产权出版社2019年版。

《血性英雄：二战奉天战俘营纪事》，姜焕彤著，白山出版社2010年版。

《坚不可摧：日军战俘营的盟军战俘》，秦忻怡著，重庆出版社2014年版。

《被遗忘的潍县集中营》，冼杞然编，中国电影出版社2015年版。

《日军侵华集中营：中国受害者口述》，何天义主编，大象出版社2008年版。

《日本强掳中国劳工档案》，山东省档案局编；苏东亮主编，线装书局2017年版。

《日军侵华期间中国劳工伤亡调查：1933.9—1945.8》，居之芬编著，中共党史出版社2016年版。

《中国"特殊工人"：日军奴役战俘劳工实态》，解学诗、李秉刚著，社会科学文献出版社2015年版。

《中国战俘劳工录：1931—1945》，梅桑榆著，解放军出版社2015年版。

《中国人民抗日战争纪念馆藏日本强掳中国赴日劳工档案汇编》（全60册），沈强主编，国家图书馆出版社2014年版。

《日本侵略华北罪行档案 8:奴役劳工》,何天义主编,河北人民出版社 2005年版。

《强制劳动:侵略的见证 死亡的话题》,何天义、范媛媛等著,中华书局 2005年版。

《日军枪刺下的中国劳工》(全 4 册),何天义主编,新华出版社 1995 年版。

《二战掳日中国劳工口述史》(全 5 卷),纪念南京大屠杀受难同胞联合会等编;何天义主编,齐鲁书社 2005 年版。

(7)掠夺与中国财产损失

《日本侵华图志第 21 卷:经济侵略与资源掠夺》,张宪文主编;齐春著,山东画报出版社 2015 年版。

《日本侵华决策史料丛编·殖民经济编》(全 3 卷),徐勇、臧运祜总主编;刘凤华等编,社会科学文献出版社 2017 年版。

《日本侵略华北罪行档案 1:损失调查》,田苏苏、李翠艳主编,河北人民出版社 2005 年版。

《日本侵华图志第 24 卷:生态破坏与社会制度》,张宪文主编;武菁著,山东画报出版社 2015 年版。

《国民政府档案中有关抗日战争时期人口伤亡和财产损失资料选编》,中央党史研究室、中国第二历史档案馆编,中共党史出版社 2014 年版。

《抗战期间在华日本财阀研究》,王尤清著,人民出版社 2019 年版。

《黑龙江省抗日战争时期人口伤亡和财产损失》,黑龙江省委党史研究室编;张树军、李忠杰主编,中共党史出版社 2018 年版。

《辽宁省抗日战争时期人口伤亡和财产损失》,辽宁省委党史研究室编;王意恒主编,中共党史出版社 2015 年版。

《北京市抗日战争时期人口伤亡和财产损失》,北京市委党史研究室编;李忠杰主编,中共党史出版社 2014 年版。

《天津市抗日战争时期人口伤亡和财产损失》,天津市委党史研究室编;李忠杰主编,中共党史出版社 2014 年版。

《天津市抗日战争时期人口伤亡和财产损失资料选编》,中共天津市委党史研究室编,天津人民出版社 2015 年版。

《河北省抗日战争时期人口伤亡和财产损失》,河北省委党史研究室编;张树军、李忠杰主编,中共党史出版社 2019 年版。

《山西省抗日战争时期人口伤亡和财产损失》,山西省委党史办公室编;张树军、李忠杰主编,中共党史出版社2017年版。

《内蒙古抗日战争时期人口伤亡和财产损失》,内蒙古自治区委党史研究室编;李忠杰主编,中共党史出版社2014年版。

《山东省抗日战争时期人口伤亡和财产损失》,山东省委党史研究室编;张树军、李忠杰主编,中共党史出版社2017年版。

《山东省抗日战争时期人口伤亡和财产损失研究》,中共山东省委党史研究室编;常连霆主编,山东人民出版社2015年版。

《山东省抗日战争时期人口伤亡和财产损失档案文献选编》,中共山东省委党史研究室编;赵国卿主编,山东人民出版社2016年版。

《上海市抗日战争时期人口伤亡和财产损失》,上海市委党史研究室编;李忠杰主编,中共党史出版社2016年版。

《江苏省抗日战争时期人口伤亡和财产损失》,江苏省委党史工作办公室编;赵一心主编,中共党史出版社2014年版。

《浙江省抗日战争时期人口伤亡和财产损失》,浙江省委党史研究室编;邓金松主编,中共党史出版社2014年版。

《浙江省抗日战争时期人口伤亡和财产损失调研报告》,中共浙江省委党史研究室著;邓金松执笔,浙江人民出版社2015年版。

《福建省抗日战争时期人口伤亡和财产损失》,福建省委党史研究室编;逢立左主编,中共党史出版社2015年版。

《江西省抗日战争时期人口伤亡和财产损失》,江西省委党史研究室编;李忠杰主编,中共党史出版社2014年版。

《安徽省抗日战争时期人口伤亡和财产损失》,安徽省委党史研究室编;李忠杰主编,中共党史出版社2014年版。

《河南省抗日战争时期人口伤亡和财产损失》,河南省委党史研究室编;李忠杰主编,中共党史出版社2014年版。

《湖北省抗日战争时期人口伤亡和财产损失》,湖北省委党史研究室编;李忠杰主编,中共党史出版社2014年版。

《湖南省抗日战争时期人口伤亡和财产损失》,湖南省委党史研究室编;李忠杰主编,中共党史出版社2015年版。

《广东省抗日战争时期人口伤亡和财产损失》,广东省委党史研究室编;张树军、李忠杰主编,中共党史出版社 2018 年版。

《抗日战争时期广东经济损失档案史料选编》,广东省档案馆编;莫震主编,广东教育出版社 2015 年版。

《广西抗日战争时期人口伤亡和财产损失》,广西壮族自治区委党史研究室编;李忠杰主编,中共党史出版社 2014 年版。

《海南省抗日战争时期人口伤亡和财产损失》,海南省委党史研究室编;李忠杰主编,中共党史出版社 2015 年版。

《重庆市抗日战争时期人口伤亡和财产损失》,重庆市委党史研究室编;李忠杰主编,中共党史出版社 2014 年版。

《四川省抗日战争时期人口伤亡和财产损失》,四川省委党史研究室编;李忠杰主编,中共党史出版社 2015 年版。

《贵州省抗日战争时期人口伤亡和财产损失》,贵州省委党史研究室编;李忠杰主编,中共党史出版社 2016 年版。

《云南省抗日战争时期人口伤亡和财产损失》,云南省委党史研究室编;李忠杰主编,中共党史出版社 2016 年版。

《云南省抗日战争时期人口伤亡和财产损失档案文献资料选辑》(上、下),云南省委党史研究室编;张树军、李忠杰主编,中共党史出版社 2017 年版。

《陕西省抗日战争时期人口伤亡和财产损失》,陕西省委党史研究室编;李忠杰主编,中共党史出版社 2015 年版。

《甘肃省抗日战争时期人口伤亡和财产损失》,甘肃省委党史研究室编;李忠杰主编,中共党史出版社 2014 年版。

《宁夏抗日战争时期人口伤亡和财产损失》,宁夏回族自治区委党史研究室编;李忠杰主编,中共党史出版社 2015 年版。

《青海省抗日战争时期人口伤亡和财产损失》,青海省委党史研究室编,中共党史出版社 2015 年版。

《新疆抗日战争时期人口伤亡和财产损失》,新疆维吾尔自治区党委党史研究室编;李忠杰主编,中共党史出版社 2016 年版。

《抗日战争中国军队伤亡调查》,彭玉龙编著,中共党史出版社 2016 年版。

《抗日战争时期八路军人员伤亡和财产损失档案选编》,中央党史研究室、中国人民解放军档案馆编;李蓉主编,中共党史出版社 2014 年版。

《抗日战争时期中国解放区人口伤亡和财产损失档案选编》,中央党史研究室、中央档案馆编;李忠杰主编,中共党史出版社 2015 年版。

《抗日战争时期华侨人口伤亡和财产损失》,黄晓坚编著,中共党史出版社 2016 年版。

（8）其他暴行

《日侵时期新马华人受害调查》,张连红主编,江苏人民出版社 2004 年版。

《日本侵华决策史料丛编·社会文化编·专题三:占领区的殖民教育》,徐勇、臧运祜总主编;徐志民编,社会科学文献出版社 2017 年版。

《日本侵华图志第 22 卷:文化侵略与奴化教育》,张宪文主编;齐红著,山东画报出版社 2015 年版。

《日本侵略华北罪行档案 10:文化侵略》,谢嘉编,河北人民出版社 2005 年版。

《南京文化的劫难:1937—1945》,孟国祥著,南京出版社 2007 年/2017 年版。

《武士刀下的南京:日伪统治下的南京殖民社会研究:1937 年 12 月 13 日至 1945 年 9 月 9 日》,经盛鸿著,南京师范大学出版社 2008 年版。

《文化殖民与都市空间:侵华战争时期日本文化人的"北平体验"》,王升远著,三联书店 2017 年版。

《日本侵华图志第 18 卷:毁坏城镇》,张宪文主编;夏蓓编著,山东画报出版社 2015 年版。

《罪证——从东京审判看日本侵华鸦片战争》,韩华著,中国言实出版社 2015 年版。

《鸦片:日本侵华毒品政策五十年(1895—1945)》,王宏斌著,上海社会科学院出版社 2016 年版。

《日本侵华图志第 23 卷:扶植伪政权》,张宪文主编;经盛鸿等编著,山东画报出版社 2015 年版。

第四节　各战场研究

《第二次世界大战史第二卷:大战的全面展开》,张茂林主编,军事科学出版社 2015 年版。

《第二次世界大战史第三卷:大战的相持与转折》,孙利辉主编,军事科学出版社 2015 年版。

《二战文集:二战四大战场纪实》,朱贵生著,中国华侨出版社 2007 年版。

《第二次世界大战欧洲战场绝密档案》,光艺多媒体著,山东电子音像出版社 2005 年版。

《第二次世界大战全面展开:横扫欧非》(第二次世界大战史丛书),李飚主编,中国环境科学出版社/学苑音像出版社 2006 年版。

《第二次世界大战全面展开:入侵欧非》(第二次世界大战史丛书),李飚主编,内蒙古人民出版社 2007 年版。

《回望二战烽烟——欧非角逐》,余志和编著,经济科学出版社 2014 年版。

《第二次世界大战实录:决定人类命运的大决战》(全 3 篇),马夫主编,内蒙古人民出版社 2005 年版。

《第二次世界大战最后结局:全面进攻》(第二次世界大战史丛书),李飚主编,中国环境科学出版社/学苑音像出版社 2006 年版//内蒙古人民出版社 2007 年版。

《盟军反法西斯征战纪实》(全 3 册),陈立华著,大连出版社 1993 年版。

《黑色战争:第二次世界大战盟国争雄纪实》(二战历史丛书),闻玓编著,四川人民出版社 1994 年版。

一、西欧—大西洋战场

《欧洲战场》,唐先圣著,四川人民出版社 1994 年版。

《欧洲战场》,陈志瑞等著,中国少年儿童出版社/中国青年出版社 1996 年版//华夏出版社 2015 年版。

《欧战风云》(全景二战系列),聂传炎编著,云南教育出版社 2011 年版。

《欧洲战场风云》,聂传炎编著,四川少年儿童出版社 2014 年版。

《保卫之战:第二次世界大战欧洲战事》,胡元斌、严锴主编,台海出版社 2014 年版。

《争霸欧洲》(二战地图系列),陈泽卿主编;王越撰稿,中国长安出版社 2005 年版。

《第二次世界大战欧洲战场:闪击鏖战》(第二次世界大战史丛书),李飚主编,中国环境科学出版社/学苑音像出版社 2006 年版//内蒙古人民出版社 2007 年版。

《第二次世界大战欧洲战场》,西风编著,中国市场出版社 2014 年版。

《第二次世界大战期间的欧洲(舆图)》,甄国宪、石奉天编辑,中国地图出版社 1988 年版。

《第二次世界大战实录:决定人类命运的大决战——欧洲战场篇》,马夫主编,内蒙古人民出版社 2005 年版。

1. 西欧战场

《血沃欧罗巴》,于江欣等著,华夏出版社 1993 年版。

《睡狮怒吼的欧洲》(二战精粹丛书),张月明编著,内蒙古人民出版社 2009 年版。

《纳尔维克港"困兽犹斗"》,百年海战大观丛书编委会主编,外文出版社 2013 年版。

《西线战争》,复旦大学历史系世界史组等编写,上海人民出版社 1977 年版。

《西线战场》("二战秘闻"丛编),李宏编著,大众文艺出版社 2009 年版。

《梦断马奇诺》,"二战经典战役"编委会编译,中国铁道出版社 2016 年版。

《悲哀的马奇诺》(二战精粹丛书),张月明著,内蒙古人民出版社 2009 年版。

《铁蹄下的马其诺》,林顶编著,石油工业出版社 2014 年版。

《敦刻尔克大撤退》,西言撰;张江舟绘,九州图书出版社 1994 年版。

《敦刻尔克大撤退》,刘桓编著,哈尔滨出版社 2013 年版。

《奇迹般的撤退:敦刻尔克战役》,常子仪著,武汉大学出版社 2014 年版。

《直击二战最伟大的救援:敦刻尔克大撤退》,兵人编著,哈尔滨出版社 2016 年版。

《不列颠之战:1940.7—1941.5》(二战精粹丛书),张月明编著,内蒙古人民出版社 2009 年版。

《不沉的英伦岛:英伦之战》,吴穹、过亦林著,蓝天出版社 1994 年/2010 年/2012 年版。

《英伦之战:青少年阅读版》,吴穹、过亦林著,蓝天出版社 2013 年版。

《大不列颠的悲歌》,程芬著,北京文艺出版社 2000 年版。

《二战秘史之从大不列颠到巴尔干》,陈咸宁著,河南文艺出版社 2011 年版。

《不列颠上空的鹰》,王志强主编,外文出版社 2010 年版。

《大西洋壁垒:隆美尔的铜墙铁壁》,杨增辉著,武汉大学出版社 2008 年版。

《第二战场》,林秀川主编,人民武警出版社 2013 年版。

《兵临诺曼底》,王志强著,外文出版社 2010 年版。

《血战诺曼底》,蒋光明著,四川人民出版社 1994 年版。

《诺曼底大登陆》,尹洪举编著,石油工业出版社 2014 年版。

《诺曼底登陆:苦战第二战场》,张俊红主编,北方妇女儿童出版社 2004 年版。

《诺曼底登陆大解密》,章乐编著,江苏人民出版社 2013 年版。

《英吉利海峡的狂飙:诺曼底登陆战》,刘源沥著,蓝天出版社 1994 年/2010 年版。

《D 日辉煌:二战西欧战场》,傅雁南著,军事科学出版社 2000 年版。

《D-DAY:一个中国人眼里的诺曼底登陆》,刘显闻著,四川人民出版社 2014 年版。

《神话与现实:波卡基村之战》,潘学基著,武汉大学出版社 2012 年版。

《从诺曼底登陆到巴黎解放》,刘鹭编著,解放军出版社 1986 年版。

《绿野狂飚:从诺曼底到易北河》,傅雁南著,光明日报出版社 1995 年版。

《西线:盟军进攻与德军反击:1944—1945》,潘学基等著,武汉大学出版社 2008 年版。

《疯狂的阿登》,王志强主编,外文出版社 2010 年版。

《最后的危机》(《突击》丛书),董旻杰编著,内蒙古人民出版社 2006 年版。

《燃烧的天空》(《突击》丛书),董旻杰编著,内蒙古人民出版社 2006 年版。

《被遗忘的战斗:1944 年马斯河突出部之战》,潘学基著,武汉大学出版社 2009 年版。

《进军柏林:攻陷第三帝国》,张俊红主编,北方妇女儿童出版社 2004 年版。

2. 大西洋战场

《大洋烽火》,"全景二战系列"丛书编委会主编,海潮出版社 2014 年版。

《海上狂飙》,王志强主编,外文出版社 2010 年版。

《鏖战大西洋》,张晓林、吴鹏等编著,海潮出版社 2012 年版。

《对决大西洋》(二战经典战役系列丛书),白隼编著,万卷出版公司 2018 年版。

《大西洋战场》,翟晓敏著,中国少年儿童出版社/中国青年出版社 1996 年版//华夏出版社 2015 年版。

《大西洋之战》(二战经典战役全纪录),陈玉健主编,安徽人民出版社 2012 年版。

《大西洋大海战》,石炜著,新华出版社 2011 年版。

《大西洋血腥海战》,刘干才、李奎编著,团结出版社 2015 年版。

《大西洋战场空海战》,侯鲁梁著,外文出版社 2015 年版。

《魂断大西洋》,"二战经典战役"编委会编译,中国铁道出版社 2016 年版。

《烽火大西洋》(二战地图系列),陈泽卿主编;周海越撰稿,长安出版社 2005 年版。

《大海之战:1940.10—1945.7》(二战精粹丛书),张月明编著,内蒙古人民出版社 2009 年版。

《大西洋之战:1939.9—1945.5》(二战精粹丛书),张月明编著,内蒙古人民出版社 2009 年版。

《第二次世界大战大西洋战场:浪涌烽烟》(第二次世界大战史丛书),李飚主编,中国环境科学出版社/学苑音像出版社 2006 年版//内蒙古人民出版社 2007 年版。

《怒海翻腾:第二次世界大战大西洋战事》,胡元斌、严错主编,台海出版社 2014 年版。

《第二次世界大战实录:决定人类命运的大决战——大西洋战场篇》,马夫主编,内蒙古人民出版社 2005 年版。

《大西洋上的狼群》,刘桓编著,哈尔滨出版社 2013 年版。

《"狼群"的覆灭》,郑军著,北京文艺出版社 2000 年版。

二、北非—地中海战场

《天下决斗:第二次世界大战非洲与地中海战事》,胡元斌、严错主编,台海出版社 2014 年版。

《非洲战场》("二战秘闻"丛编),李宏编著,大众文艺出版社 2009 年版。

《北非战场》,陈晓律、张子恺著,中国少年儿童出版社/中国青年出版社 1996 年版//华夏出版社 2015 年版。

《第二次世界大战实录:决定人类命运的大决战——非洲战场篇》,马夫主编,内蒙古人民出版社 2005 年版。

《第二次世界大战非洲战场:大漠厮杀》(第二次世界大战史丛书),李飚主编,中国环境科学出版社/学苑音像出版社 2006 年版//内蒙古人民出版社 2007 年版。

《非洲沙漠大决战》,刘干才、李奎编著,团结出版社 2015 年版。

《大漠狼烟:北非的角斗》,苏真、肖石忠主编;刘平安、贾存福编著,九州图书出版社 1995 年版。

《大漠狼烟:北非之战》,兵人编著,哈尔滨出版社 2016 年版。

《大漠狼烟》,"全景二战系列"丛书编委会主编,海潮出版社 2014 年版。

《大漠决斗:第二次世界大战非洲战事》,胡元斌主编,台海出版社 2014 年版。

《鏖兵北非》(二战地图系列),陈泽卿主编;王越撰稿,中国长安出版社 2005 年版。

《沙漠旋风》,王志强主编,外文出版社 2010 年版。

《喋血黄沙:北非争夺战》,过亦林著,蓝天出版社 1994 年/2010 年版。

《沙红海腥:从阿拉曼到罗马》,程广中、方林著,光明日报出版社 1995 年版。

《阿拉曼之恨》,杨柏青著,首都师范大学出版社 1994 年版。

《大漠猎狐》,老船著,华夏出版社 1993 年版。

《大漠猎狐》,李传海著,华夏出版社 2005 年版。

《浴血阿拉曼》,王志强主编,外文出版社 2010 年版。

《血战阿拉曼》,姜游游编著,哈尔滨出版社 2013 年版。

《决战阿拉曼》,耿雪峰编著,石油工业出版社 2014 年版。

《恶战在阿拉曼》,陈立华著,大连出版社 1993 年版。

《哀鸣的阿拉曼:1942.10—1943.1》(二战精粹丛书),张月明编著,内蒙古人民出版社 2009 年版。

《鏖战苍穹的北非》(二战精粹丛书),张月明编著,内蒙古人民出版社 2009 年版。

《隆美尔与非洲军》,立骏、许昆鹏著,武汉大学出版社 2009 年版。

《鏖兵地中海》,王志强主编,外文出版社 2010 年版。

《塔兰托之夜》,百年海战大观编委会主编,外文出版社 2013 年版。

《塔兰托之夜》,田树珍编著,民主与建设出版社2018年版。

《西西里大反攻》,王志强主编,外文出版社2010年版。

《西西里夺岛战》,刘小沙编著,西苑出版社2013年版。

《横扫西西里》,叶春雷编著,汕头大学出版社2015年版。

《横扫西西里》,"二战经典战役"编委会编译,中国铁道出版社2016年版。

《夺岛西西里》(二战经典战役系列丛书),白隼编著,万卷出版公司2018年版。

《烽火亚平宁:意大利之战》,周明、胡烨著,武汉大学出版社2010年/2015年版。

《通往罗马之路:1943—1944年的意大利战局》,周明等著,上海辞书出版社2004年版。

《直击二战群山血路:意大利战役》,兵人编著,哈尔滨出版社2016年版。

三、苏联—东欧战场

《东线战场》("二战秘闻"丛编),李宏编著,大众文艺出版社2009年版。

《苏德战场》,庞绍堂著,中国少年儿童出版社/中国青年出版社1996年版//华夏出版社2015年版。

《铁血苏德》,徐焰著,辽宁人民出版社2014年/2017年版。

《被遗忘的战斗:1944—1945年期间的苏德战争》,李亦杨编著,沈阳出版社2016年版。

《画说二战之苏德战争》,徐焰著,机械工业出版社2015年版。

《苏德战场生死战》,侯鲁梁著,外文出版社2015年版。

《拯救人类的战场》,杜正艾主编,当代世界出版社1995年版。

《雪崩:苏德战争》,杜正艾、彭训厚编著,军事科学出版社2000年版。

《苏德战史:苏联怎样战败德国》,焦敏之著,上海光明书局1950年版。

《喋血东线:苏德的较量》,苏真、肖石忠主编;李久林等编著,九洲图书出版社1995年版。

《苏联伟大卫国战争》,时代出版社1953年版。

《苏联伟大卫国战争》,王正泉著,社会科学文献出版社2016年版。

《苏联卫国战争史话》,朱子善著,上海新知识出版社1955年版。

《苏联的伟大卫国战争》,中国人民大学出版社1952年版。

《苏联的伟大卫国战争》，印希著，中苏友好协会总会编，人民出版社 1951 年/1952 年版。

《苏联伟大卫国战争史》，军事学院战史教授会编印，1953 年版。

《苏联伟大卫国战争画集》，邹雅编，朝花美术出版社 1955 年版。

《苏联卫国战争宣传画选》，云霍、文堉编，朝花美术出版社 1957 年版。

《苏联红军二战战场大解密》，姜子钒著，凤凰出版社 2013 年版。

《苏联伟大卫国战争及战后建设时期重要文献选集》，东北人民大学马克思列宁主义基础教研室编印，1952 年版。

《苏联伟大卫国战争的目的性质及其各时期的划分》，军事学院编印，1954 年版。

《苏联伟大卫国战争初期的战史资料》，高等军事学院训练部编印，1960 年。

《苏联卫国战争初期失利的基本教训》，林野等著，军事科学院外国军事研究部印，1982 年版。

《冻土：苏德战场大搏杀》（二战全景大纪实），陈志斌、孙晓著，黄河出版社 2005 年版。

《东线 1941—1945：国境交战十八天》，朱世巍著，吉林科学技术出版社 2004 年版。

《东线：巴巴罗萨与十八天国境交战》，朱世巍著，重庆出版社 2018 年版。

《东线 1941—1945：从斯摩棱斯克到基辅》，朱世巍著，吉林科学技术出版社 2004 年版。

《东线 1941—1945：第一个冬天》，朱世巍著，吉林科学技术出版社 2004 年版。

《保卫列宁格勒》，陈仲厚编，上海人民出版社 1980 年版。

《保卫列宁格勒》，王志强著，外文出版社 2010 年版。

《铁壁合围列宁格勒》，李骞撰；郭志华绘，九州图书出版社 1994 年版。

《多国血拼克仑要塞殊死保卫莫斯科》，张俊杰著，九州图书出版社 1994 年版。

《东线 1941—1945：斯大林格勒》，朱世巍著，吉林科学技术出版社 2004 年版。

《东线，1945 年的春天》，朱世巍著，重庆出版社 2015 年版。

《鏖兵斯大林格勒》，黄文田著，首都师范大学出版社 1994 年版。

《决胜斯大林格勒》,王志强主编,外文出版社 2011 年版。

《决战斯大林格勒》,王恩泽编著,哈尔滨出版社 2013 年版。

《红军的铁拳》(《突击》丛书),董旻杰编著,内蒙古人民出版社 2005 年版。

《二战秘史之苏联反击战》,陈咸宁著,河南文艺出版社 2012 年版。

《千里荡寇:从莫斯科到柏林》,杜正艾著,光明日报出版社 1995 年版。

《东线:中央集团军群的覆灭》,朱世巍著,重庆出版社 2009 年版。

《东线:从哈尔科夫到库尔斯克》,朱世巍著,重庆出版社 2007 年版。

《东线 1941—1945:库尔斯克》,朱世巍著,吉林科学技术出版社 2004 年版。

《东线:决战第聂伯河》,朱世巍著,重庆出版社 2007 年版。

《东线:第三帝国的黑洞》(第二次世界大战经典战役),董旻杰等著,武汉大学出版社 2008 年版。

《东线:从乌克兰到罗马尼亚》,朱世巍著,重庆出版社 2007 年版。

《东线:大崩溃》,朱世巍著,重庆出版社 2010 年版。

《愤怒的俄罗斯:德国法西斯的克星》,安凌、王保庆著,长春出版社 1995 年版。

《德国法西斯军队在波兰境内的覆灭》,军事学院编印,1954 年版。

《德国法西斯军队在匈牙利境内的覆没》,军事学院编印,1954 年版。

《反攻柏林》,王志强著,外文出版社 2010 年版。

《"卐"字旗的陨落:攻克柏林》,田渴新著,蓝天出版社 1994 年版。

《第二次世界大战相持转折:苏德争锋》(第二次世界大战史丛书),李飚主编,中国环境科学出版社/学苑音像出版社 2006 年版//内蒙古人民出版社 2007 年版。

四、亚洲—太平洋战场

《亚洲惊天大战场》,刘干才、李奎编著,团结出版社 2015 年版。

《第二次世界大战实录:决定人类命运的大决战,亚洲战场篇》,马夫主编,内蒙古人民出版社 2005 年版。

《黑色太阳:第二次世界大战亚洲战事》,胡元斌主编,台海出版社 2014 年版。

《决战远东:第二次世界大战亚洲战事》,胡元斌、严锴主编,台海出版社 2014 年版。

1. 太平洋战场

《美日激战太平洋》,刘干才、李奎编著,团结出版社 2015 年版。

《第二次世界大战太平洋战场》,西风编著,中国市场出版社 2014 年版。

《太平洋战场》,陈仲丹、周晓政著,中国少年儿童出版社/中国青年出版社 1996 年版//华夏出版社 2015 年版。

《太平洋战争》,西风编著,中国市场出版社 2011 年版。

《太平洋战争》(全 5 册),青梅煮酒著,现代出版社 2017 年—2019 年版。

《太平洋战争:美日对决》,董旻杰、张凯伦等著,武汉大学出版社 2008 年版。

《太平洋风暴》,王星星编著,西苑出版社 2013 年版。

《太平洋风暴》,叶春雷编著,石油工业出版社 2014 年版。

《浴血太平洋》,邱常德著,哈尔滨工程大学出版社 1995 年版。

《血战太平洋》,张晓林、马骏编著,海潮出版社 2004 年版。

《血战太平洋》,王书君著,山东友谊出版社 2005 年版。

《血战太平洋》(“二战秘闻”丛编),李宏编著,大众文艺出版社 2009 年版。

《血战太平洋》(全景二战系列),赵云峰编著,云南教育出版社 2011 年版。

《席卷太平洋》,叶春雷编著,汕头大学出版社 2015 年版。

《太平洋战场对决战》,侯鲁梁著,外文出版社 2015 年版。

《燃烧的大洋:二战太平洋战场全纪录》,赵川著,新世界出版社 2015 年版。

《太平洋战争全史书系》(全 5 卷),赵恺等著,团结出版社 2018 年版。

《通俗太平洋战争史》,赵炯朗编著,上海书店出版社 2018 年版。

《血战太平洋大解密》,朱旭著,凤凰出版社 2012 年版。

《血战太平洋:纪实文学》,宋宜昌著,北岳文艺出版社 1994 年版。

《天昏地暗:太平洋战争》,苏虹著,蓝天出版社 1994 年/2010 年版。

《碧海狼烟:太平洋战争》,侯小河著,军事科学出版社 2000 年版。

《太平洋海空战》,王书君编著,海洋出版社 1987 年/2005 年版。

《太平洋大海战》,郑孝时、康明芬著,上海文艺出版社 1990 年版。

《太平洋大海战》,“全景二战系列”丛书编委会主编,海潮出版社 2014 年版。

《太平洋大血战》,郑孝时、千虹著,少年儿童出版社 1992 年版。

《太平洋大血战》(全 2 册),王书君著,金城出版社 1994 年版。

《太平洋战争史》,军事学院编印,1954 年版。

《太平洋战争新论》,李玉、骆静山主编,中国社会科学出版社 2000 年版。

《太平洋战争史话》,孟凡俊、李春光著,海南出版社 2006 年版。

《日落激流:第二次世界大战太平洋战事》,胡元斌、严锴主编,台海出版社 2014 年版。

《第二次世界大战太平洋战场:血海翻腾》(第二次世界大战史丛书),李飚主编,中国环境科学出版社/学苑音像出版社 2006 年版//内蒙古人民出版社 2007 年版。

《战争从未如此热血.二战美日太平洋大对决》(全 3 卷),关河五十州著,民主与建设出版社 2014 年版//湖南人民出版社 2014 年版。

《第二次世界大战亚洲战场:地狱决斗》(第二次世界大战史丛书),李飚主编,中国环境科学出版社/学苑音像出版社 2006 年版//内蒙古人民出版社 2007 年版。

《第二次世界大战实录:决定人类命运的大决战——太平洋战场篇》,马夫主编,内蒙古人民出版社 2005 年版。

《太平洋战争海战史:1941—1945》,赵振愚著,海潮出版社 1997 年版。

《血声鹤唳太平洋》(二战经典战役全纪录),陈玉健主编,安徽人民出版社 2012 年版。

《血声鹤唳太平洋》(二战精粹丛书),张月明著,内蒙古人民出版社 2012 年版。

《日美太平洋血战记》,王书君著,海洋大学出版社 1991 年版。

《二战美日海上争霸》,文明编,时事出版社 1993 年版。

《回望二战烽烟.亚太厮杀》,余志和编著,经济科学出版社 2014 年版。

《宿命的败退:太平洋战场几场关键性战役》,张宇翔著,武汉大学出版社 2011 年版。

《图说太平洋战争》,殷占堂编著,漓江出版社 2014 年版。

《血战太平洋》(二战地图系列),陈泽卿主编;王越撰稿,中国长安出版社 2005 年版。

《二战实录:太平洋战场秘闻》(上下册),何酩编著,湖北人民出版社 1994 年版。

《太平洋战争关系图》,(出版印刷单位信息不详),1952 年版。

《第二次世界大战太平洋战场形势（舆图）》，程维兴编绘，福建省地图出版社 1985 年版。

《珍珠港战役》（"二战秘闻"丛编），李宏编著，大众文艺出版社 2009 年版。

《偷袭珍珠港》，张俊红著，北方妇女儿童出版社 2004 年版。

《偷袭珍珠港》，侯鲁梁著，海南出版社 2006 年版。

《偷袭珍珠港》，张越主编，外文出版社 2010 年版。

《偷袭珍珠港》，王恩泽编著，哈尔滨出版社 2013 年版。

《偷袭珍珠港》，闫林林编著，西苑出版社 2013 年版。

《空袭珍珠港》，马俊杰编著，石油工业出版社 2014 年版//汕头大学出版社 2015 年版。

《偷袭珍珠港》（二战经典战役全纪录），陈玉健主编，安徽人民出版社 2012 年版。

《偷袭珍珠港》，"二战经典战役"编委会编译，中国铁道出版社 2015 年版。

《偷袭珍珠港》（二战经典战役系列丛书），白隼编著，万卷出版公司 2018 年版。

《直击二战·虎！虎！虎！：偷袭珍珠港》，兵人编著，哈尔滨出版社 2017 年版。

《偷袭珍珠港："阴谋论"还是"耻辱日"》，侯鲁梁著，武汉大学出版社 2013 年版。

《偷袭珍珠港事件》，复旦大学历史系《偷袭珍珠港事件》编写组编，上海人民出版社 1977 年版。

《日本偷袭珍珠港》，张世斌著，湖南少年儿童出版社 1995 年版。

《日本偷袭珍珠港》（二战精粹丛书），张月明著，内蒙古人民出版社 2009 年版。

《军港惊魂：日军袭击珍珠港》，侯鲁梁著，军事科学出版社 2001 年版。

《日本法西斯对珍珠港的突然袭击》，军政大学训练部编印，1974 年版。

《第二次世界大战太平洋方面日本对珍珠港实施战略突然袭击》，军事学院编印，1963 年版。

《眺望珍珠港：美日从合作走向战争的历史透视》，刘笑盈著，北京广播学院出版社 2002 年版。

《血染的星条旗：美国军队败战录》，郑军著，北京文艺出版社 2000 年版。

《"轮到我们开火了":1942 年美国太平洋舰队的第一次反击》,谭飞程著,武汉大学出版社 2017 年版。

《20 世纪海战连环画 1 珊瑚海大海战》,焦国力、孙联生主编,科学普及出版社 1999 年版。

《喋血中途岛》,杨泽瑞著,首都师范大学出版社 1994 年版。

《决战中途岛》("二战秘闻"丛编),李宏编著,大众文艺出版社 2009 年版。

《决战中途岛》,张越主编,外文出版社 2010 年版。

《死战中途岛》(二战经典战役系列丛书),白隼编著,万卷出版公司 2018 年版。

《旭日西沉:中途岛大海战》,贺新城著,中国社会科学出版社 1995 年版。

《巨舰覆灭:中途岛大海战》,贺新城著,军事科学出版社 2000 年版。

《碧海狂澜——中途岛大海战》,梁晓秋、陈辉编著,广西科学技术出版社 2004 年版。

《燃烧的岛群:太平洋反击战》,兵人编著,哈尔滨出版社 2016 年版。

《世界第一大海战:美日太平洋战争实录》,郑孝时、千铁著,山西人民出版社 1991 年版。

《日沉太平洋》,马骏、黎明著,华夏出版社 1993 年版。

《日本兵败中途岛》,陈玉潇编著,西苑出版社 2013 年版。

《白星逐日——从中途岛到东京湾》,马骏著,光明日报出版社 1995 年版。

《二战后期美国马特霍恩计划研究》,胡越英著,中华书局 2017 年版。

《燃烧的岛群》,朱宜昌著,北岳文艺出版社 1987 年版。

《日美岛屿争夺战》,侯鲁梁、侯荷洁著,外文出版社 2015 年版。

《"玉碎"提尼安岛》,海峡文艺出版社 1985 年版。

《喋血瓜岛》,王海莹编著,哈尔滨出版社 2013 年版。

《喋血瓜岛》,王永梅编著,石油工业出版社 2014 年版。

《喋血瓜岛》,"二战经典战役"编委会编译,中国铁道出版社 2015 年版。

《鏖兵瓜岛》(二战经典战役系列丛书),白隼编著,万卷出版公司 2018 年版。

《日沉孤岛:瓜岛战役》,兵人编著,哈尔滨出版社 2016 年版。

《拉包尔》,毛元佑、孔健著,海南出版社 2006 年版。

《拉包尔风云》,张越主编,外文出版社 2010 年版。

《瓜达尔卡纳尔》,陈培军著,海南出版社 2006 年版。

《马里亚纳》,周小宁著,海南出版社 2006 年版。

《马里亚纳大反攻:靠不住的绝对国防圈》,周小宁著,武汉大学出版社 2013 年版。

《阻击日轮:从拉包尔到巴布亚》,冬初阳著,武汉大学出版社 2013 年版。

《菲律宾浴血》,刘庆、钟庆安著,海南出版社 2006 年版。

《重返菲律宾》,张越著,外文出版社 2010 年版。

《光复菲律宾》,杜秀娟编著,汕头大学出版社 2015 年版。

《海岛浴血争夺战》(二战经典战役全纪录),陈玉健主编,安徽人民出版社 2012 年版。

《东南亚战场》,潘兴明著,中国少年儿童出版社/中国青年出版社 1996 年版//华夏出版社 2015 年版。

《燃烧的东南亚》,孟凡俊、李春光著,海南出版社 2006 年版。

《烽火东南亚》,张越主编,外文出版社 2010 年版。

《堡垒的陷落:新加坡之战》,万龙著,三秦出版社 2016 年版。

《海洋探秘 9:激战冲绳》,丁剑玲主编,青岛出版社 2017 年版。

《豪赌:太平洋战场的落日》,朱旭著,江苏人民出版社 2013 年版。

《冲绳·硫黄"玉碎"》,肖鸿恩、钟庆安著,海南出版社 2006 年版。

《本土决战》,赵恺、顾晓绿著,团结出版社 2018 年版。

《军国末日》,侯鲁梁著;钟立兵图,海南出版社 2006 年版。

《核袭日本》(二战经典战役系列丛书),白隼编著,万卷出版公司 2018 年版。

《帝国末日:"蘑菇云"下的历史》,侯鲁梁著,武汉大学出版社 2013 年版。

《登陆日本:最后一战》,肖鸿恩、钟庆安著,武汉大学出版社 2013 年版。

《日落东瀛》,王宏林编著,汕头大学出版社 2015 年版。

《日本的兴亡》,中国社会科学出版社 2004 年版。

《日军二战战场大解密》,张友筠著,凤凰出版社 2012 年版。

《日美对决启示录——太平洋战争日本战败秘史指要》,李庚辰、赵尚朴著,长征出版社 2015 年版。

《魔性的战争:太平洋战争日本战败内幕》,李庚辰、赵尚朴著,四川人民出版社 2001 年版。

《太平洋战争日本战败内幕：新近解密的二战机密文件》，李庚辰、赵尚朴著，四川人民出版社 2007 年版。

2. 中国战场与中缅印战场

（1）中国战场

《抗日战争史研究述评》，郭德宏主编，中共党史出版社 1995 年版。

《近十年来抗日战争史研究述评选编：1995—2004》，杨青、王昶编，中共党史出版社 2005 年版。

《第二次世界大战中的中国战场》，王振德著，社会科学文献出版社 1991 年/1995 年版。

《抗日战争》，章伯锋、庄建平主编，四川大学出版社 1997 年版。

《抗日战争》（全 3 册），王树增著，人民文学出版社 2015 年版。

《抗日战争史》，何理著，上海人民出版社 1985 年版。

《中日战争史（1931—1945）》，胡德坤著，武汉大学出版社 1988 年/2005 年版。

《中日战争史研究（1931—1945）》，胡德坤著，商务印书馆 2010 年版。

《中国抗日战争史》（上中下卷），军事科学院军事历史研究部编著，解放军出版社 1994 年/2005 年版。

《中国抗日战争史》，军事科学院军事历史研究部著，王道平主编，解放军出版社 2015 年版。

《中国抗日战争史（1931—1945）》，张宪文主编，南京大学出版社 2001 年/2011 年版。

《中国抗日战争史（1931—1945）》（全 4 卷），张宪文等著，化学工业出版社 2016 年/2017 年版。

《中国抗日战争史》（全 8 卷），步平、王建朗著，社会科学文献出版社 2019 年版。

《中国抗日战争史稿》（上下册），龚古今主编，湖北人民出版社 1983 年版。

《中国抗日战争史纲》，李振民、赵保真主编，西北大学出版社 1992 年版。

《中国抗日战争史论稿》，张注洪著，中共党史出版社 2018 年版。

《中国抗日战争全史》，萧一平、郭德宏著，四川人民出版社 2005 年版。

《中国抗日战争全书》，王桧林主编，山西人民出版社 1995 年版。

《中国抗日战争简史》（英文版），《中国抗日战争》编委会编，中央编译出版社 2015 年版。

《中国抗日战争史简明读本》,支绍曾主编,人民出版社 2015 年版。

《图说中国抗日战争史(1931—1945)》,张宪文编,学林出版社 2005 年版。

《第二次中日战争纪事(1931.9—1945.9)》,袁旭等编著,档案出版社 1988 年版。

《中国抗日战争大辞典》,章绍嗣等主编,武汉出版社 1995 年版。

《新编中国抗日战争大辞典》,章绍嗣、田子渝、陈金安主编,武汉出版社 2015 年版。

《中华民族抗日战争史(1931—1945)》,王秀鑫、郭德宏主编,中共党史出版社 1995 年/2005 年/2015 年版。

《中国人民抗日战争史》,何理著,上海人民出版社 2015 年版。

《中国人民抗日战争史料简编》,仝华主编;中国延安精神研究会编,高等教育出版社 2016 年版。

《中国抗战军事史》,罗焕章著,北京出版社 1995 年版。

《抗日战争文化史(1937—1945)》,肖效钦、钟兴锦主编,中共党史出版社 1992 年版。

《抗日战争实录》,解力夫著,河北人民出版社 1992 年版。

《抗日战争纪事》,陈之中、谭剑峰编写,解放军出版社 1990 年版。

《中国抗战纪略》,张天社著,西北大学出版社 2014 年版。

《中國抗戰史演義》,杜惜冰著,江苏人民出版社 2017 年版。

《抗日战争史事探索》,江苏省历史学会编,上海社会科学院出版社 1988 年版。

《抗日战争十四年全纪录》,李蓉、叶成林著,人民日报出版社 2015 年版。

《世界反法西斯战争中国战场史长编》(上下册),伍宗华等主编,四川大学出版社 1985 年版。

《中国近代史通鉴(抗日战争卷)》,戴逸主编,红旗出版社 1997 年版。

《中国抗日战争画史》,张承钧、刘建业主编,外文出版社 1995 年版。

《中国抗日战争画史》(英文版),沈强主编,外文出版社 2014 年版。

《中国抗日战争画史新编》,沈强主编,外文出版社 2014 年版。

《中国抗日战争地图集(1931—1945)》,李宗远主编,中国地图出版社 2016 年版。

《中国抗日战争史地图集（1931—1945）》，武月星主编；中国抗日战争史学会等编，中国地图出版社 1949 年/1995 年/2015 年版。

《中国抗日战争珍贵文献："战时出版社"抗战文献》，张国柱、向刘骝主编，西安交通大学出版社 2017 年版。

《中国抗战歌曲精选》，唐杨科、杨定书编，西南师范大学出版社 2015 年版。

《中国抗战经典歌曲集》，花城出版社音乐出版中心编，花城出版社 2015 年版。

《中国抗战广播史料选编》，赵玉明、艾红红主编，中国广播影视出版社 2017 年版。

《中国抗战题材电影史略》，杜巧玲等著，中国电影出版社 2017 年版。

《中国抗战话剧图史：1931—1945》，胡传敏、张凌南编著，文化艺术出版社 2017 年版。

《民族歌魂：中国抗日战争救亡歌曲精选集 1931—1945》，陈洁主编，江苏凤凰美术出版社 2016 年版。

《中国局部抗日史略：从"九一八"到"七七"》，刘庭华著，军事科学出版社 1995 年/2010 年版。

《抗日战争正面战场》（上下册），中国第二历史档案馆编，江苏古籍出版社 1987 年版。

《中国抗日战争正面战场作战记》（上下册），郭汝瑰、黄玉章主编，江苏人民出版社 2002 年版。

《中国共产党抗日战争大事记（1937.7.7—1945.9.2）》，雷德昌编著，上海社会科学院出版社 1987 年版。

《中国抗日战争秘闻》，林治波主编，北京出版社 1995 年版。

《记者笔下的抗日战争》，宋世琦、颜景政主编，人民日报出版社 1995 年版。

《抗日战争时期的中国新闻界》，中国社会科学院新闻研究所编，重庆出版社 1987 年版。

《正视抗日战争：抗日战争若干重大历史问题辨析：纪念 1945—2015》，柳建辉、孙新编著，青岛出版社 2015 年版。

《中国抗战大后方研究论著目录索引：1979—2011》，周勇、潘洵主编，重庆出版社 2016 年版。

《进军东北》，胡海波编著，石油工业出版社 2014 年版。

《决胜东北》，胡海波编著，汕头大学出版社 2015 年版。

《地狱绝杀：当关东军遇上苏联红军》，关河五十州著，现代出版社 2013 年版。

《当关东军遇上苏联红军》，关河五十州著，现代出版社 2015 年版。

《日本大败局Ⅰ当关东军遇上苏联红军》，关河五十州著，现代出版社 2019 年版。

《对日寇最后一战——歼灭日本关东军》，田志和著，长春出版社 2005 年版。

《二战终结之战》，侯鲁梁、丁里著，外文出版社 2015 年版。

《见证二战：从上海到太平洋战场》，程洪、陆承忠等著，华东师范大学出版社 2005 年版。

《远东大战纪事》（全3卷），罗先明著，广西人民出版社 2005 年/2009 年版。

（2）中缅印战场与中国远征军印缅抗战

《海外稀见抗战影像集三：中缅印战场》，李学通、高士华主编，山西人民出版社 2015 年版。

《第二次世界大战中缅战场学术讨论会论文提要》，保山行署等编印，1994 年版。

《从滇缅路走向欧洲战场》，萧乾著，云南人民出版社 2011 年版。

《滇缅抗战档案》，中国第二历史档案馆编；刘传吉主编，中国文史出版社 2019 年版。

《滇缅印抗战记忆》，杨丽辉编著，保山人民印刷厂印，2015 年版。

《缅甸泥潭》，陈培军、钟庆安著，海南出版社 2006 年版。

《缅甸丛林战》（"二战秘闻"丛编），李宏编著，大众文艺出版社 2009 年版。

《中缅印战场抗日战争史》，徐康明著，解放军出版社 2007 年版。

《中国远征军：血战滇、缅、印纪实》，方知今著，作家出版社 1991 年版。

《中国远征军》，周文林著，云南人民出版社 1992 年版。

《中国远征军（1943—1945）》，张承钧、卫道然主编，中国经济出版社 1994 年版。

《中国远征军》，杨海峰编著，中国国际广播出版社 1996 年版。

《中国远征军》，万高潮、王健康、魏明康编，中国文史出版社 2005 年版。

《中国远征军》（上下册），方知今著，江西教育出版社 2009 年版。

《中国远征军》,邱对著,云南人民出版社2011年版。

《中国远征军》,张跃先、秦少智编著,中国广播电视出版社2012年版。

《中国远征军》,朵翔主编,云南卫视《经典人文地理》著,中国友谊出版公司2012年版。

《中国远征军》(上下册),罗学蓬、舒莺著,重庆出版社2014年版。

《中国远征军》,吴婷编著,中国民主法制出版社2015年版。

《腾冲!腾冲!中国远征军生死战》,孙晓青著,广东人民出版社2016年版。

《逝者魂安 生者慰藉:纪念戴安澜将军及中国远征军在缅牺牲将士》,戴澄东编著,吉林出版集团2014年版。

《忠魂归国:2014"中国远征军抗日阵亡将士"公祭》,黄毅主编,云南美术出版社2014年版。

《忠魂归国:中国远征军七十年祭》,黄毅主编,云南人民出版社2015年版。

《老兵老兵:中国远征军老兵在缅甸》,禹志云主编,云南大学出版社2015年版。

《旌旗万里:中国远征军在缅甸》,彭荆风著,云南人民出版社2016年版。

《美国国家档案馆馆藏中国抗战历史影像全集.卷九,中国远征军》,张宪文总主编,化学工业出版社2016年版。

《中国远征军史》,时广东、冀伯祥著,重庆出版社1994年版。

《中国远征军战史》,徐康明著,军事科学出版社1995年版。

《二战纪实:中国远征军》,CCTV《走近科学》编辑部编,巴蜀书社2014年版。

《虎出南亚:太平洋战争之中国远征军》,无住著,海南出版社2008年版。

《亲历中国远征军》,王楚英著,河南文艺出版社2016年版。

《中国远征军缅甸荡寇志》,孙克刚著,辽宁教育出版社2005年版。

《中国远征军血战滇缅实录》,凤凰卫视供稿,中国友谊出版公司2005年版。

《中国远征军印支征战纪实》,杨大镇著,中国华侨出版公司1990年版。

《中国远征军入缅抗战纪实(1941—1945)》,戴孝庆、罗洪彰主编,西南师范大学出版社1990年版。

《中国远征军:滇印缅参战将士口述全纪录》,李立编著,中国大百科全书出版社 2012 年/2016 年版。

《中国远征军：滇缅战争拼图与老战士口述历史》，袁枚芳、吕牧昀著，江苏凤凰文艺出版社 2016 年版。

《忠魂：中国远征军》，李晓琴编著，成都地图出版社 2015 年版。

《1942—1945 血战滇缅印——中国远征军抗战纪实》，方知今著，解放军出版社 2005 年版。

《远征印缅抗战：原国民党将领抗日战争亲历记》，杜聿明、宋希濂等著，中国文史出版社 1990 年/2010 年/2013 年/2015 年版。

《远征印缅抗战亲历记》，全国政协文史和学习委员会编，中国文史出版社 2015 年版。

《滇缅军魂——中国远征军纪实》，王晓华著，河南大学出版社 1995 年版。

《铁血远征：中国远征军印缅抗战》，田玄著，广西师范大学出版社 1994 年版。

《浴血远征：中国军队远征滇缅战记》，宋弘午、关华编著，云南大学出版社 2014 年版。

《远征颂：中国远征军、驻印军抗战纪实》，王晓华编著，中国档案出版社 1995 年版。

《国魂闪光：中国远征军入缅抗战纪实》，徐波平、陈文云主编，天津人民出版社 1997 年版。

《远征国殇：缅甸抗战历史的追踪故事》，蔡雯著，云南大学出版社 2016 年版。

《碧血千秋——滇缅抗战将士名人录》，穆英杰主编，云南大学出版社 2017 年版。

《缅甸之战：美英中联军的拉锯战》，陈培军著，武汉大学出版社 2013 年版。

《滇缅会战》，林建英编著，航空工业出版社 2016 年版。

《缅北之战》，黄仁宇著，九州出版社 2007 年/2012 年版。

《喋血缅北》，信周著，万卷出版公司 2009 年版。

《中国远征军在缅北》，孙克刚著，云南人民出版社 2002 年/2008 年版。

《旌旗万里：中国远征军在缅印》，彭荆风著，云南人民出版社 2016 年版。

《国殇第五部：中国远征军缅甸、滇西抗战秘录》，陈立人著，团结出版社 2015 年版。

《远征:流在缅北的血》,金满著,万卷出版公司 2010 年版。

《从怒江峡谷到缅北丛林》,周勇等编著,云南美术出版社 2001 年版。

《军碑一九四二》,王楚英著,京华出版社 2009 年版。

《缅甸中日大角逐》,陈立人著,解放军文艺出版社 1998 年版。

《缅北冲锋号:缅北反攻战影像全纪录》,刘波、卢兴顺著,长城出版社 2015 年版。

《远征将士碑:滇缅大会战影像全纪录》,沈铁,黑马编著,长城出版社 2015 年版。

《仁安羌解围战考:颠覆"仁安羌"大捷神话》,卢洁峰著,解放军文艺出版社 2015 年版。

《中国远征军大结局》,刘革学著,湖北人民出版社 2010 年版。

《国殇:第五部中国远征军缅甸、滇西抗战秘录》,陈立人著,团结出版社 2013 年版。

《国家记忆:美国国家档案馆收藏二战中缅印战场影像》,章东磐著,山西人民出版社 2010 年版。

《国家记忆 2:美国国家档案馆收藏中缅印战场影像》,章东磐、晏欢等编,山西人民出版社 2012 年版。

《缅甸之战:随孙立人刘放吾将军远征纪实》,戴广德著,黄山书社 1995 年版。

《孙立人将军传:第二次世界大战中国驻印军新一军印缅抗日战争实录》,薛庆煜编著,内蒙古大学出版社 2000 年版。

《在同一面战旗下:中国驻印军老兵口述实录》,邓贤主编,五洲传播出版社 2015 年版。

《刘放吾将军与缅甸仁安羌大捷》,刘伟民著,上海书店出版社 1995 年版。

《魂兮归来:随中国远征军赴印缅抗战手记》,王业腾著,中国文联出版公司 2005 年版。

《中国远征军女兵缅甸蒙难记》,革非著,中国文联出版公司 1992 年/1997 年版。

《寻找最后的远征军老兵》,胡丽华主编,云南人民出版社 2014 年版。

《走出野人山的女兵》,甘泉、刘桂英著,安徽文艺出版社 1992 年版。

《滇缅公路》,王水乔、刘大伟主编,云南人民出版社 2016 年版。

《二战交通史话:国家生命通道》,唐伯明、张勃等编著,人民交通出版社2017年版。

《史迪威公路:1942—1945》,牟之先著,重庆出版社2005年版。

《血色:史迪威公路》,胡群山著,中国民族摄影艺术出版社2017年版。

《二战交通史话:史迪威公路》,唐伯明等编著,人民交通出版社2014年版。

《彪炳史册的滇缅公路》,李娅菲著,云南教育出版社2012年版。

《血线:滇缅公路纪实》,白山著,云南人民出版社2006年版。

《血浴抗战生命线:滇缅公路的传奇故事》,杨一奇主编,云南美术出版社2015年版。

《血捍滇缅路:〈新华日报〉滇缅战区报道汇编(1939—1945)》,穆英杰主编,云南大学出版社2017年版。

《美国国家档案馆馆藏中国抗战历史影像全集卷十九:滇缅公路Ⅰ》,张宪文总主编,化学工业出版社2016年版。

《美国国家档案馆馆藏中国抗战历史影像全集卷二十:滇缅公路Ⅱ》,张宪文总主编,化学工业出版社2016年版。

《啊!滇缅公路——日军第56师团113联队滇缅从军记》,杨魁主编,富新春印务彩色有限公司印,2015年版。

(3)"飞虎队"与"驼峰"航线

《飞虎队》,朱新春著,东方出版社2007年版。

《解密飞虎队》,杨耀健著,重庆出版社2005年版。

《援华抗日的美国飞虎队》,彭光谦编著,中共党史出版社2005年版。

《难忘飞虎队:美国飞虎队援华全景图文》,孙官生主编,云南人民出版社2011年版。

《飞虎队柳州旧影集》,李厚全主编,云南民族出版社2005年版。

《美国"飞虎队"在柳州》,中共广西柳州市委员会宣传部编,广西人民出版社2005年版。

《飞虎队在桂林:从桂林出发的中美空军》,赵平著,广西师范大学出版社2011年版。

《驼峰》,汤汉清、邵贵龙主编,云南人民出版社2005年版。

《驼峰飞虎》,丹增著,人民文学出版社2006年版。

《驼峰飞鸿》,张清德著,中国民航出版社2013年版。

《驼峰航线》,刘小童著,作家出版社 2005 年版。

《驼峰航线:抗战中国的一条生命通道》,刘小童著,广西师范大学出版社 2010 年版。

《驼峰航线:一条改变太平洋战区格局的悲壮航线》,赵丽娟著,中国友谊出版公司 2007 年版。

《飞跃驼峰:抗战史上的空运壮举》,凯宁著,辽宁教育出版社 2005 年版。

《飞跃"驼峰":第二次世界大战中最著名的战略空运》,徐康明著,解放军出版社 2005 年版。

《驼峰航线上的祥云》,中共祥云县委党史研究室编,云南民族出版社 2006 年版。

《师出印度:二战打通中印公路纪实》,王鲁东、王健著,青岛出版社 1999 年版。

第五节　战时国际关系研究

一、战时大国外交与国际关系

《战时国际关系》,杨天石、侯中军编,社会科学文献出版社 2011 年版。

《世界联盟:第二次世界大战的展开》,胡元斌、严错主编,台海出版社 2014 年版。

《正义密码:第二次世界大战盟国秘事》,胡元斌主编,台海出版社 2014 年版。

《二战重要会议透析》,赵晓冬、孙振江编著,军事科学出版社 2015 年版。

《开罗宣言》,刘星著,中国广播电视出版社 2015 年版。

《大棋局:从〈开罗宣言〉到〈波茨坦公告〉》,魏纪奎、张丽等著,四川文艺出版社 2019 年版。

《德黑兰、雅尔塔、波茨坦会议记录摘编》,上海人民出版社 1974 年版。

《从雅尔塔到板门店》,华庆昭著,中国社会科学出版社 2006 年/2013 年版。

《雅尔塔体系与东西方国家的制度变迁》,范晓军著,社会科学文献出版社 2011 年版。

《会议桌上的世界:第二次世界大战中大国安排战后世界纪实》,郑寅达著,上海人民出版社 1995 年/2003 年版。

《圆桌旁的顶级谋算:揭秘二战期间国际会议及大国外交》,余志和编著,世界知识出版社 2015 年版。

《死地:三巨头谋略之谜》,陈志斌、孙晓著,黄河出版社 1995 年版。

《血幕后的角逐:二战中国家元首之间的斗争》,鲁杰著,中原农民出版社 1996 年版。

《狮虎争雄:二战首脑间的角逐》,古越著,军事科学出版社 2005 年版。

《二战巨头的幕后博弈》,姜晓光著,白山出版社 2015 年版。

《战争与命运:大对抗》(全 2 册),杨大群著,沈阳出版社 1994 年版。

《伟大卫国战争时期的国际关系》,中国人民大学国际关系与中国对外政策史教研室编印,1953 年版。

《难以实现的同盟:苏联因素与第二次世界大战时期的美国远东政策:1931—1945》,张愿著,人民出版社 2019 年版。

《太平洋战争与中美关系》,刘建飞主编,当代中国出版社 2013 年版。

《1939—1940 年罗斯福的欧洲战略与对外政策》,李工真著,武汉大学出版社 1985 年版。

《第二次世界大战时期的美法关系》,严双伍、胡德坤著,武汉大学出版社 1997 年版。

《西班牙内战期间法英外交政策》,王薛红主编,中国财政经济出版社 2010 年版。

《世界反法西斯战争中的中国》(英文版),彭训厚著,五洲传播出版社 2015 年版。

《反法西斯战争时期的中国与世界研究》(全 9 卷),胡德坤主编,人民出版社 2015 年版。

《〈苏日中立条约〉与二战时期的中国及远东》,曹艺著,社会科学文献出版社 2012 年版。

《同盟的背后:第二次世界大战及战后初期英美在埃及的博弈》,方长明著,华中科技大学出版社 2014 年版。

二、中国抗战与国际关系的互动

1. 国民政府与中共的抗战外交

《抗战与外交》,胡愈之著,世界知识出版社 2014 年版。

《抗日战争时期中国对外关系》,陶文钊、杨奎松、王建郎著,中共党史出版社 1995 年版。

《抗日战争时期中国外交制度研究》,陈雁著,复旦大学出版社 2002 年版。

《国殇第九部:抗战时期的外交风云》,方明著,团结出版社 2014 年版。

《抗日战争时期国民政府外交决策研究》,左双文著,团结出版社 2015 年版。

《国民政府抗战时期外交档案选辑》,振犊、郭必强主编,重庆出版社 2016 年版。

《中国抗日战争时期外交密档》(全 10 卷),本书编委会编,人民日报出版社 2017 年版。

《中国抗日战争时期外交密档》(第五、第六、第七卷),本书编委会编,人民日报出版社 2017 年版。

《反法西斯战争时期的中国与世界研究第四卷:太平洋战争爆发前国民政府外交战略与对外政策》,胡德坤总主编;彭敦文著,武汉大学出版社 2010 年版//人民出版社 2015 年版。

《反法西斯战争时期的中国与世界研究第五卷:太平洋战争爆发后国民政府外交战略与对外政策》,胡德坤主编;王建朗著,武汉大学出版社 2010 年版//人民出版社 2015 年版。

《没有硝烟的战线:抗战时期的中共外交》,王真著,广西师范大学出版社 1995 年版。

《中国共产党关于建立抗日民族统一战线的理论和政策研究》,祝志男著,首都师范大学出版社 2011 年版。

2. 围绕中国抗战的国际关系

《中国抗战局势与国际政治关系》,阎玉田、李爱香著,人民出版社 2008 年版。

《近五十年日本与中国(1932—1982 年)》,张蓬舟主编,四川人民出版社 1985 年版。

《六十年来中国与日本》,王芸生编,三联书店 1980 年/1982 年版。

《战时中国对日政策研究》,胡德坤、彭敦文著,社会科学文献出版社 2009 年版。

《俞辛焞著作集第十卷:唇枪舌剑——九一八事变时期的中日外交》,俞辛焯著,南开大学出版社 2016 年版。

《俞辛焯著作集第四卷:满洲事变期的中日外交史研究》,俞辛焯著,南开大学出版社 2016 年版。

《九一八事变期间中国、日本与国联的交涉》,崔海波著,吉林大学出版社 2016 年版。

《侵略与自卫:全面战争期间的中日关系》,曹振威著,广西师范大学出版社 1994 年版。

《反法西斯战争时期的中国与世界研究第一卷:中国抗日战争与日本世界战略的演变》,胡德坤总主编;胡德坤著,武汉大学出版社 2010 年版//人民出版社 2015 年版。

《反法西斯战争时期的中国与世界研究第二卷:中国抗战与美英东亚战略的演变》,胡德坤总主编;韩永利著,武汉大学出版社 2010 年版//人民出版社 2015 年版。

《中美关系史(1911—1950)》,陶文钊著,重庆出版社 1984 年版。

《抗日战争时期美国对华政策》,关绍纪著,山东大学出版社 1996 年版。

《从中立到结盟:抗战时期美国对华政策》,王淇主编,广西师范大学出版社 1996 年版。

《反法西斯战争时期的中国与世界研究第六卷:战时美国对华政策》,胡德坤总主编;陶文钊主编,武汉大学出版社 2010 年版//人民出版社 2015 年版。

《战时美国大战略与中国抗日战场》,韩永利著,武汉大学出版社 2003 年版。

《中国抗日战争时期外交密》(第一、第二卷),本书编委会编,人民日报出版社 2017 年版。

《中国抗日战争时期外交密档第八卷:战后中美中英外交》,本书编委会编,人民日报出版社 2017 年版。

《美军驻延安观察组成员文件集》,吕彤邻、杨冬权主编;孙晨旭编,上海远东出版社 2019 年版。

《转折的一年——赫尔利使华与美国对华政策》,项立岭著,重庆出版社 1988 年版。

《从赫尔利到马歇尔——美国调处国共矛盾始末》,牛军著,福建人民出版社 1992 年版。

《史迪威事件》，梁敬镦著，商务印书馆 1973 年版。

《蒋介石与丘吉尔：民国中英关系研究》，张宗保等著，湖北人民出版社 1998 年版。

《反法西斯战争时期的中国与世界研究第七卷：战时英国对华政策》，胡德坤总主编；李世安等著，武汉大学出版社 2010 年版。

《中国抗日战争时期外交密档第三卷：中英外交》，本书编委会编，人民日报出版社 2017 年版。

《太平洋战争时期的中英关系》，李世安著，中国社会科学出版社 1994 年版。

《英国与中日战争》，徐蓝著，北京师范学院出版社 1991 年版。

《中国抗日战争时期外交密档第四卷：中国与苏德法外交》，本书编委会编，人民日报出版社 2017 年版。

《动荡中的同盟：抗战时期的中苏关系》，王真著，广西师范大学出版社 1993 年版。

《合作与冲突：1931—1945 年的中苏关系》，李嘉谷著，广西师范大学出版社 1996 年版。

《反法西斯战争时期的中国与世界研究第八卷：战时苏联对华政策》，胡德坤总主编；汪金国著，武汉大学出版社 2010 年版//人民出版社 2015 年版。

《中德日三角关系研究》，陈仁霞著，生活·读书·新知三联书店 2003 年版。

《中国抗日战争时期外交密档》（第九、第十卷），本书编委会编，人民日报出版社 2017 年版。

《友乎？敌乎？德国与中国抗战》，马振犊、戚如高著，广西师范大学出版社 1997 年版。

《反法西斯战争时期的中国与世界研究第九卷：战时德国对华政策》，胡德坤总主编；马振犊著，武汉大学出版社 2010 年版//人民出版社 2015 年版。

《政治游戏中的一张王牌——德国对伪满洲国政策研究》，何兰著，吉林人民出版社 2001 年版。

《"里斯本丸"沉船事件研究》，唐洪森、田庆华等著，人民出版社 2007 年版。

《第二次世界大战收养日本遗孤纪实》，曹保明著，北方妇女儿童出版社 1999 年版。

《再认识与再评价：二战中的中国与亚洲民族独立运动》，汪朝光主编，社会科学文献出版社 2018 年版。

《反法西斯战争时期的中国与世界研究第三卷：中国与世界反法西斯联盟》，胡德坤总主编；关培风著，武汉大学出版社 2009 年版//人民出版社 2015 年版。

3. 对中国抗战的国际支持

《中国抗战时期的国际援助》，沈庆林著，上海人民出版社 2000 年版。

《上海抗战与国际援助》，徐剑雄、杨元华著，上海人民出版社 2015 年版。

《同仇：中国战场的国际力量》，吴冠中、陈金琳编著，国防科技大学出版社 2015 年版。

《战争生命线：国际交通与八年抗战》，徐万民著，广西师范大学出版社 1995 年版。

《抗日战争中的西北国际大通道》，刘志兵、邵志勇著，未来出版社 2015 年版。

《友谊：中苏联合抗战纪实》，彭训厚主编，五洲传播出版社 2015 年版。

《苏联与中国抗日战争史话》，雪融开、闫晶著，四川人民出版社 2017 年版。

《抗日战争时期的中美军事合作》，马建国著，解放军出版社 2007 年版。

《剑拔弩张的盟友：太平洋战争期间的中美军事合作关系：1941—1945》，齐锡生著，社会科学文献出版社 2012 年版。

《中美合作所与太平洋战争》，孙丹年著，陕西人民出版社 2012 年版。

《抗战时期中美租借援助关系》，曹嘉涵著，东方出版中心 2015 年版。

《第二次世界大战中美军援华内幕》，刘重宵等编，四川人民出版社 1994 年版。

《争吵不休的伙伴：美援与中美抗日同盟》，任东来著，广西师范大学出版社 1995 年版。

《美国飞虎队援华抗战纪实》，鱼佩舟编，西南师范大学出版社 1993 年版。

《空中飞虎队：美国援华空军抗日影像全纪录》，胡耀忠著，长城出版社 2015 年版。

《跨越太平洋：中美联合抗战纪实》（中文版、英文版），马毓福著，五洲传播出版社 2015 年版。

《驼峰空运（画册）》，马毓福编著，五洲传播出版社 2003 年版。

《驼峰空运(中英文本)》,郭长建主编,五洲传播出版社 2003 年版。

《盟国军援与新疆》,政协新疆维吾尔自治区委员会文史资料委员会编,新疆人民出版社 1992 年版。

《轰炸东京——中国救助美国飞行员纪实》,王国林著,新华出版社 2002 年版。

《营救杜利特尔轰炸机队(中英文本)》,郭长建主编,五洲传播出版社 2003 年版。

《国际友人与抗日战争》,乔玲梅著,中国民主法制出版社 2015 年版。

《蓝眼睛,黑眼睛:国际友人援华抗日纪实》,马祥林著,解放军文艺出版社 1995 年版。

《红色记忆 45:中国抗日战争中的国际友人》,海南省文化交流促进会编,南海出版公司 2015 年版。

《拉贝先生》,何建明著,作家出版社 2015 年版。

《历史不应忘记:爱泼斯坦的抗战记忆》(中文版、英文版),伊斯雷尔·爱泼斯坦著,五洲传播出版社 2015 年版。

《正义的力量:1938 年世界学联代表团访华与中国抗战》,谢从高著,科学出版社 2019 年版。

《西班牙反法西斯战争时期的国际纵队与中国(1936—1939)》,张至善著,北京大学出版社 2007 年版。

第六节 世界人民的反法西斯斗争

一、世界各国的反法西斯斗争

《共抗法西斯》,中国人民抗日战争纪念馆、俄罗斯卫国战争纪念馆编,人民出版社 2015 年版。

《欧洲抵抗运动》,延艺云著,光明日报出版社 1991 年版。

《欧洲反法西斯抵抗运动史》,文暖根等编,陕西人民出版社 1985 年版。

《第二次世界大战中的欧洲抵抗运动》,罗志刚著,武汉大学出版社 1990 年版。

《英国与欧洲反法西斯抵抗运动》,赵克仁著,河北人民出版社 2006 年版。

《卐旗下的怒火:德国法西斯和德国人民反法西斯的历史》,萧汉森著,武汉大学出版社 1988 年版。

《刺杀希特勒档案解密:1932—1945》,李海宁著,中国长安出版社 2014 年版。

《武神与将军:纳粹德国军人抵抗运动史话》,刘怡著,山西人民出版社 2015 年版。

《欧洲共产党与反法西斯抵抗运动:镌刻史册的伟大贡献》,于海青、童晋著,社会科学文献出版社 2016 年版。

《伊巴露丽:国际反法西斯战争先锋西班牙共产党中央主席》,王涛著,中国工人出版社 2014 年版。

《日本人民的反战斗争》,孙金科著,北京出版社 1996 年版。

《在华日人反战组织史话》,小林清著,社会科学文献出版社 1987 年版。

《亚太地区反对日本法西斯侵略的斗争:1931—1945》,李巨廉、王斯德主编,上海远东出版社 1995 年版。

《兵火:1931—1945:日本战地记者眼中的抗日战争》,樊建川编著,外文出版社 2014 年版。

《花冈暴动回忆录》,陈理昂、朱铁英编著,中国青年出版社 1992 年版。

二、港澳台同胞、海外侨胞与祖国抗战

《华侨与抗日战争》,曾瑞炎著,四川大学出版社 1988 年版。

《华侨与抗日战争:纪念中国人民抗日战争暨世界反法西斯战争胜利 70 周年画展图册》,黄王奇辑录编撰,中国文史出版社 2015 年版。

《祖国不会忘记:华侨与抗日战争》,中国致公党广州市委员会编;岳朝阳主编,广东人民出版社 2015 年版。

《历史丰碑:海外华侨与抗日战争》,潮龙起主编,暨南大学出版社 2015 年版。

《海外侨胞与抗日战争》,黄小坚、赵红英等著,北京出版社 1995 年版。

《海外华侨与祖国抗日战争》,任贵祥著,团结出版社 2015 年版。

《华夏向心力:华侨对祖国抗战的支援》,任贵祥著,广西师范大学出版社 1995 年/2015 年版。

《华侨支援祖国抗战纪实》,任贵祥著,中国民主法制出版社 2015 年版。

《华侨与抗日战争学术研讨会》,《福建华侨史》编撰委员会等编印,

2015 年版。

《丰碑永铸：华侨华人与抗日战争图片集》，徐云编著，暨南大学出版社 2015 年版。

《华侨抗战影像实录：历史的诠释》，黄晓坚编著，中国华侨出版社 2015 年版。

《中国人民抗日战争暨世界反法西斯战争中的华侨华人》，中国博物馆协会华侨博物馆专业委员会、中国华侨历史博物馆编；黄纪凯主编，文物出版社 2015 年版。

《华侨抗战女英雄》，李林、黄正华主编，福建漳州市华侨历史学会印，2016 年版。

《华侨英雄李林》，王宝国著，南京出版社 2018 年版。

《华侨雄鹰：纪念抗日战争胜利 70 周年暨纪念抗战华侨飞行员》，武汉市侨务办公室、广州市侨务办公室等编；安卫东主编，武汉出版社 2015 年版。

《赤子情怀：福建华侨与抗日战争》，王亚君主编，福建华侨史编委员会印，2015 年版。

《南侨机工：南洋华侨机工回国抗战纪实》，黄尧、黄蕙著，云南人民出版社 2015 年版。

《烽火赤子心：滇缅公路上的南侨机工》，林少川著，新华出版社 2015 年版。

《华侨书信抗战史料选编：五邑侨乡卷》，刘进、罗达全等编，广东人民出版社 2015 年版。

《港澳同胞与祖国抗日战争》，中国人民抗日战争纪念馆著，团结出版社 2015 年版。

《孤岛影像：澳门与抗日战争图志》，林发钦、王熹编著，广东教育出版社 2015 年版。

《平民声音：澳门与抗日战争口述历史》，林发钦、江淳主编，广东教育出版社 2015 年版。

《台湾人民与抗日战争》，邵铭煌著，团结出版社 2015 年版。

《日本统治时期台湾原住民抗日历史研究：以北台湾泰雅族抗日运动为例》，傅琪贻著，团结出版社 2015 年版。

《中国人民抗日战争纪念馆藏台湾义勇队档案汇编》（全 6 册），沈强主编，国家图书出版社 2015 年版。

第七节　第二次世界大战的军事学术

《第二次世界大战重大学术观点摘编》，军事科学院军事历史研究部编印，1990 年版。

《战史参考资料》，军事学院编印，1967 年版。

《苏联伟大卫国战争的军事政治总结及苏联军事学术在战争中的发展》，军事学院编印，1956 年版。

《日军战史研究和教育方面的一些情况》，总政治部联络部调研处编印，1982 年版。

一、军事思想和军事战略

《历史的反思——第二次世界大战的战略与政略》，张继平著，时事出版社 1990 年版。

《第二次世界大战战略指导教程》，姚有志主编，军事科学出版社 1999 年版。

《战略举兵》，"全景二战系列"丛书编委会主编，海潮出版社 2014 年版。

《二战大牌局：七强国的战略博弈》，王鼎杰著，上海人民出版社 2017 年版。

《第二次世界大战初期各国的战略教训》，军事科学院办公室调查研究处编印，1980 年版。

《大纵深战役理论与制战场权》，王锐著，国防大学出版社 2015 年版。

《德意志军事思想研究》，戴耀先主编，军事科学出版社 1999 年版。

《希特勒的战略构思与策略运用》，包奕诚著，新疆大学印，1984 年版。

《从布拉格到珍珠港：纳粹德国政治和战略的失败》，张志华著，世界知识出版社 2018 年版。

《闪电战》，卢天贶、卢哲俊等编著，湖南科学技术出版社 2000 年版。

《闪击战》（"二战秘闻"丛编），李宏编著，大众文艺出版社 2009 年版。

《经典闪击战》，孙鹏编著，汕头大学出版社 2015 年版。

《欧洲战场闪击战》，侯鲁梁著，外文出版社 2015 年版。

《雷霆杀机：二战四大闪击战》，"二战经典战役"编委会编译，中国铁道出版社 2017 年版。

《闪击战破谜:二战德国战略战术新论》,陆邑著,内蒙古人民出版社 1996 年版。

《大胆下注:世界著名闪击战揭秘》,郑必华等编著,海南出版社 1997 年版。

《海狮计划》,蔡琳杉编著,西苑出版社 2013 年版。

《巴巴罗萨行动》,王志强主编,外文出版社 2010 年版。

《二战秘史之"巴巴罗萨"计划》,陈咸宁著,河南文艺出版社 2012 年版。

《战魔行动巴巴罗萨》(二战经典战役系列丛书),白隼编著,万卷出版公司 2018 年版。

《日本军事思想研究》,潘俊峰主编,军事科学出版社 1992 年版。

《日军作战理论研究》,黄金鹏著,军事科学出版社 1998 年版。

《绝对国防圈》,赵恺著,团结出版社 2018 年版。

《征服之梦:日本侵华战略》,徐勇著,广西师范大学出版社 1993 年版。

《日本侵华决策史料丛编·军事战略编·专题一:战争的发动及其战略(太平洋战争前)》(全 3 册),徐勇、臧运祜总主编;郭鑫、袁成毅、徐勇编,社会科学文献出版社 2017 年版。

《日本侵华决策史料丛编·军事战略编·专题二:太平洋战争时期的对华战略与谋略》,徐勇、臧运祜总主编;[日] 芳井研一编;宋芳芳译,社会科学文献出版社 2017 年版。

《日本侵华决策史料丛编·政治外交编·专题一:侵华战争指导体制及方针》(全 3 册),徐勇、臧运祜总主编;[日] 纐纈厚、郭鑫编,社会科学文献出版社 2017 年版。

《日本侵华决策史料丛编·政治外交编·专题二:战争体制的确立与演变》,徐勇、臧运祜总主编;杨宁一编,社会科学文献出版社 2017 年版。

《日本关东军对苏作战计划》,总参谋部情报部编印,1981 年版。

《"东方马其诺防线"大揭秘:侵华日军伪满洲国境要塞群实录》,周艾民著,中央编译出版社 2004 年版。

《东方马其诺防线大揭秘》,周艾民著,中央编译出版社 2010 年版。

《日本关东军海拉尔要塞》,徐占江主编,内蒙古文化出版社 2012 年版。

《空军之父与空权斗士:杜黑军事技术思想》,赵江波、荣小雪主编,首都经济贸易大学出版社 2017 年版。

《战时美国的欧洲战略》,熊伟民著,湖南教育出版社 1997 年版。

《苏联卫国战争时期战略防御和战略进攻概述》，坦克学院编印，1958 年版。

《苏联卫国战争初期战略指导上几个问题的研究》，总参谋部作战部编印，1980 年版。

《对苏德战争初期苏军战略方针的探讨》，徐飞著，军事科学院印，1998 年版。

《苏联卫国战争初期简要情况》，炮兵学院训练部编印，1979 年版。

《苏联卫国战争初期简要情况（1941 年 6 月—12 月）》（全 4 册），军事学院训练部编印，1978—1982 年版。

《法军与法国国防战略》，丁步洲著，解放军外语音像出版社 2006 年版。

《抗日战争时期的战略防御》，张宏志著，军事科学出版社 1985 年版。

《第二次世界大战中的两线作战问题初探》，吴春秋著，军事科学院外国军事研究部，1982 年版。

《全国二战史学会战争初期专题学术讨论会材料汇编》，赵孝铨编，全国二战史学会印，1984 年版。

《辉煌与暗淡：第二次世界大战指挥杰作与失误》，郭若冰、杨树旗编著，中共中央党校出版社 1995 年版。

《顶级失误》，高金虎、刘雪梅主编，内蒙古人民出版社 2003 年版。

二、重大战役

1. 总论

《重温二战：60 场经典战事评述》，刘波主编；许三飞等著，国防大学出版社 2005 年版。

《外军集团军战役战例选编》，军事科学院外国军事研究部编印，1980 年版。

《著名战役》，鲍志萍著，西北工业大学出版社 2015 年版。

《经典战役纪实》，杨少丹编著，四川少年儿童出版社 2014 年版。

《二战决胜战局》，"全景二战系列"丛书编委会主编，海潮出版社 2014 年版。

《二战经典战役》，张祥斌主编，中国铁道出版社 2012 年版。

《二战经典战役》，《时刻关注》编委会编，中国铁道出版社 2015 年/2017 年版。

《二战经典战役全记录》（全 16 册），丛书编委会，京华出版社 2004 年/2005—2006 年版。

《二战经典战役全记录》（全册 14 册），丛书编委会，北京联合出版公司 2011 年版。

《二战经典战役全记录》，沧海满月著，新世界出版社 2012 年版。

《二战经典战役全纪录》（全 15 册），陈玉健主编，安徽人民出版社 2012 年版。

《二战经典战役全记录》，白虹编著，中国华侨出版社 2013 年版。

《二战经典战役全纪录》，沈一白编，中国华侨出版社 2015 年版。

《二战经典战役连环画》（全 20 册），刘洁主编；臧瀚之改编，海豚出版社 2015 年／2018 年版。

《二战经典战役系列丛书》（全 20 册），白隼编著，万卷出版公司 2018 年版。

《浴血鏖兵：二战经典战役实录》，刘丙海、黄学爵编著，金盾出版社 2015 年版。

《一战二战经典战役全纪录》，《经典读库》编委会编著，江苏凤凰美术出版社 2015 年版。

《两次世界大战中的经典战役》，王宇勃主编，哈尔滨出版社 2004 年版。

《第二次世界大战经典战役》（全 4 册），董旻杰编著，同济大学出版社 2006 年版。

《记录二战中的经典战役》（二战视点丛书），申晋书主编，辽海出版社 2005 年版。

《巅峰战役》（全景二战系列），杨少丹著，云南教育出版社 2011 年版。

《二战大鏖战》，万冲、晓娣著，黑龙江人民出版社 1996 年版。

《二战巅峰战役》，杨少丹编著，北京联合出版公司 2013 年版。

《二战著名战役实录》，赵润生主编，山东人民出版社 1995 年版。

《二战十大著名战役》，于重宇主编，哈尔滨出版社 2003 年/2005 年版。

《二战十大著名战役》，胡明峰编著，哈尔滨出版社 2015 年版。

《转折时刻：二战三大会战》，战经典战役编委会编译，中国铁道出版社 2017 年版。

《兵临城下：二战三大保卫战》，"二战经典战役"编委会编译，中国铁道出版社 2017 年版。

《万里烽烟大会战》，刘干才、李奎编著，团结出版社 2015 年版。

《战役王中王・二战经典》（全 4 册），赵一明、缪惟主编，中国少年儿童出版社 2005 年/2015 版。

《"二战"中的决定性战役》(全 2 册),侯鲁梁著,解放军文艺出版社 2001 年版。

《二战著名战役全画传丛书》(全 4 册),侯鲁梁编译,京华出版社 2005 年版。

《大搏杀:第二次世界大战典型战例评析》,奚纪荣著,国际展望出版社 1995 年版。

《陆海空鏖战奇观:第二次世界大战著名战役写真》,郭颖主编,军事科学出版社 1995 年版。

《王牌战舰的覆灭:二战海空大战纪实》,王义山编著,海洋出版社 1990 年/2005 年/2008 年版。

《战争与命运·大较量》(全 2 册),杨大群著,沈阳出版社 1994 年版。

《战争与命运·大决战》(全 2 册),杨大群著,沈阳出版社 1994 年版。

《第二次世界大战风云录:沙场决战》,张海麟主编;兰长羽著,社会科学文献出版社 1995 年版。

《帷幄与决胜:第二次世界大战中决定性会战述评》,倪乐雄著,上海人民出版社 1995 年版。

《远征欧亚:美军反法西斯著名战役纪实》,马峻、崔长崎著,世界知识出版社 1995 年版。

《钢铁洪流:英军反法西斯著名战役纪实》,于江欣、于江明著,世界知识出版社 1994 年版。

《风林火山:细数二战风云战役》,中国大百科全书普及版编委会编,中国大百科全书出版社 2013 年版。

《反攻狂飙:席卷东欧和太平洋》,张俊红主编,北方妇女儿童出版社 2004 年版。

《扭转乾坤:斯大林格勒、阿拉曼、中途岛》,张俊红主编,北方妇女儿童出版社 2004 年版。

《幽林搏击:二战中的丛林战》,周润根、穆永朋、傅岩松编著,军事科学出版社 2004 年版。

2. 陆上战役

《陆地鏖战》,卢哲俊、曾明等编著,黄河出版社 2000 年版。

《经典大会战》,马永良编著,汕头大学出版社 2015 年版。

《经典保卫战》,徐林编著,汕头大学出版社 2015 年版。

《二战转折之战》,侯鲁梁、文嘉著,外文出版社 2015 年版。

《外军战役战例选编》,沈阳军区司令部编印,1980 年版。

《血染尘埃:第二次世界大战著名陆战》,胡元斌、严锴主编,台海出版社 2014 年版。

《第二次世界大战特殊陆战:喋血尘埃》(第二次世界大战史丛书),李飚主编,中国环境科学出版社/学苑音像出版社 2006 年版//内蒙古人民出版社 2007 年版。

（1）西欧战场

《转折之战:诺曼底登陆》,杨隽编著,中国书籍出版社 2015 年版。

《直击二战最长的一天:诺曼底战役》,兵人编著,哈尔滨出版社 2016 年版。

《诺曼底登陆》,严华工作室编著,中国电影出版社 2004 年版。

《诺曼底登陆》(二战精粹丛书),张月明著,内蒙古人民出版社 2009 年版。

《诺曼底登陆》(“二战秘闻”丛编),李宏编著,大众文艺出版社 2009 年版。

《诺曼底登陆》(二战经典战役全纪录),陈玉健主编,安徽人民出版社 2012 年版。

《诺曼底登陆》,李洁编著,西苑出版社 2013 年版。

《诺曼底登陆》,刘岳峰编著,哈尔滨出版社 2013 年版。

《激战诺曼底》,张木早、苏品红著,首都师范大学出版社 1994 年版。

《登陆诺曼底》,尹洪举编著翻译,汕头大学出版社 2015 年版。

《登陆诺曼底》,“二战经典战役”编委会编译,中国铁道出版社 2015 年版。

《抢滩诺曼底》(二战经典战役系列丛书),白隼编著,万卷出版公司 2018 年版。

《诺曼底登陆战》,徐红著,湖南少年儿童出版社 1993 年版。

《诺曼底登陆战》,崔长琦主编,国防大学训练部印,2002 年版。

《诺曼底登陆战》,刘源沥著,蓝天出版社 2013 年版。

《诺曼底登陆战:第二次世界大战最大登陆战》,周明、李巍著,上海社会科学院出版社 2019 年版。

《诺曼底登陆战役》,国防大学外军教研室编写,国防大学训练部印,1998 年。

《百舸蔽天:诺曼底登陆战》,崔长琦著,中国社会科学出版社 1995 年版。

《世纪登陆:诺曼底登陆战役》,蔡仁照著,军事科学出版社 2001 年版。

《战役与战模:诺曼底战役》,单丰、张翼编著,海潮出版社 2003 年版。

《霸王行动:诺曼底登陆战役》(上下册),石磊主编,中国环境科学出版社/学苑音像出版社 2006 年版。

《"霸王"行动:诺曼底登陆战役》,石磊主编,武汉大学出版社 2014 年版。

《"霸王行动":诺曼底登陆战役》(上下册),苏连营主编,辽海出版社 2009 年版。

《血战阿登》,卢飞编著,汕头大学出版社 2015 年版。

《血战阿登》,"二战经典战役"编委会编译,中国铁道出版社 2016 年版。

《浴血阿登》(二战经典战役系列丛书),白隼编著,万卷出版公司 2018 年版。

《阿登反击战》,卢飞编著,石油工业出版社 2014 年版。

《沸腾的雪:阿登反击战》(上下册)(第二次世界大战经典战役),董旻杰编著,同济大学出版社 2006 年版。

《冰与火之歌:阿登战役与莱茵河战役》,兵人编著,哈尔滨出版社 2016 年版。

(2)北非、意大利战场

《阿拉曼战役》,严亚珍编著,西苑出版社 2013 年版。

《大漠猎狐——阿拉曼战役》(上下册),石磊主编,中国环境科学出版社/学苑音像出版社 2006 年版。

《大漠"猎狐"阿拉曼战役》,苏连营主编,辽海出版社 2009 年版。

《大漠"猎狐":阿拉曼战役》,石磊主编,武汉大学出版社 2014 年版。

《血战阿拉曼》,"二战经典战役"编委会编译,中国铁道出版社 2016 年版。

《血拼阿拉曼》(二战经典战役系列丛书),白隼编著,万卷出版公司 2018 年版。

《鏖战阿拉曼》,耿雪峰编著,汕头大学出版社 2015 年版。

《卡西诺战役 1944:从冬季防线到罗马城》(上下册),潘学基编著,中国长安出版社 2015 年版。

(3)苏联—东欧战场

《第二次世界大战东线重大战役》,徐小亭编著,中国市场出版社 2015

年版。

《苏军伟大卫国战争战例选编》,军事科学院编印,1959 年版。

《横扫千军:苏联卫国战争著名战役纪实》,吴伟主编;葛新生著,世界知识出版社 1995 年版。

《背水一战:苏联卫国战争著名战役纪实》,林静云编著,中国言实出版社 2005 年版。

《苏军战例》,军事科学院计划指导部图书资料处编印,1981 年版。

《十大战役》,胡果文主编,上海古籍出版社 1992 年版。

《血染基辅》,王志强著,外文出版社 2010 年版。

《基辅 1941:史上最大合围战》,张向明著,台海出版社 2016 年版。

《莫斯科会战》(二战经典战役全纪录),陈玉健主编,安徽人民出版社 2012 年版。

《莫斯科保卫战》("二战秘闻"丛编),李宏编著,大众文艺出版社 2009 年版。

《莫斯科保卫战》,张琳编著,哈尔滨出版社 2013 年版。

《莫斯科保卫战》,邱剑敏编著,石油工业出版社 2014 年版。

《东线 1941—1945:莫斯科保卫战》,朱世巍著,吉林科学技术出版社 2004 年版。

《犁不开的冻土:莫斯科保卫战》,周正舒著,蓝天出版社 1994 年版。

《犁不开的冻土:莫斯科保卫战》,兵人编著,哈尔滨出版社 2016 年版。

《血捍莫斯科》,邱剑敏编著,汕头大学出版社 2015 年版。

《血捍莫斯科》,"二战经典战役"编委会编译,中国铁道出版社 2015 年版。

《死守莫斯科》(二战经典战役系列丛书),白隼编著,万卷出版公司 2018 年版。

《高加索会战》,方诚主编,军事学院战史教授会印,1953 年版。

《喋血列宁格勒》(二战经典战役系列丛书),白隼编著,万卷出版公司 2018 年版。

《兵临城下 872 天:列宁格勒保卫战》,兵人编著,哈尔滨出版社 2016 年版。

《霍尔姆战役 1942:105 天的东线血火地狱》,杨超、丛丕编著,人民日报出版社 2016 年版。

《东线·命运——斯大林格勒》,朱世巍著,重庆出版社 2019 年版。

《斯大林格勒会战》,军事教员训练班训练部编印,1952年版。

《斯大林格勒会战》(二战精粹丛书),张月明著,内蒙古人民出版社2009年版。

《斯大林格勒会战》(二战经典战役全纪录),陈玉健主编,安徽人民出版社2012年版。

《斯大林格勒战役》,蔡琳杉编著,西苑出版社2013年版。

《斯大林格勒保卫战》,上海海运局"钢五"轮理论组、上海师大历史系编,上海人民出版社1976年版。

《斯大林格勒保卫战》("二战秘闻"丛编),李宏编著,大众文艺出版社2009年版。

《斯大林格勒大血战》,王文庆、林峰著,商务印书馆1985年版。

《斯大林格勒大血战》,檀琦编著,石油工业出版社2014年版。

《斯大林格勒大会战》,张国浩著,蓝天出版社2013年版。

《决胜斯大林格勒》,"二战经典战役"编委会编译,中国铁道出版社2016年版。

《血守斯大林格勒》(二战经典战役系列丛书),白隼编著,万卷出版公司2018年版。

《血染伏尔加河:斯大林格勒战役》,兵人编著,哈尔滨出版社2016年版。

《血染名城:斯大林格勒会战》,袁文彬著,军事科学出版社2000年版。

《血色荣光:斯大林格勒战役》,石磊主编,武汉大学出版社2014年版。

《血染的冬天:斯大林格勒大会战》,张国浩著,蓝天出版社1994年/2010年版。

《战胜法西斯:斯大林格勒战役全景画集》,天津人民美术出版社2000年版。

《决定性转折:斯大林格勒战役》(上下册),石磊著,中国环境科学出版社/学苑音像出版社2006年版。

《第二次世界大战的根本转折:斯大林格勒大血战》,李克峰、彭鲲编著,广西科学技术出版社2004年/2012年版。

《冬季风暴:斯大林格勒的围与解》,杨佳豪、王轩著,中国长安出版社2015年版。

《烈焰之岛:斯大林格勒"街垒"火炮工厂攻防战》,胡毅秉、丛丕编著,人民日报出版社 2016 年版。

《库尔斯克会战》,军事学院编印,1954 年版。

《库尔斯克大碰撞》,马永良编著,石油工业出版社 2014 年版。

《决战库尔斯克》,蔡丽、龚静编著,哈尔滨出版社 2014 年版。

《决战库尔斯克》,"二战经典战役"编委会编译,中国铁道出版社 2016 年版。

《对决库尔斯克》,马永良编著,汕头大学出版社 2015 年版。

《绞杀库尔斯克》(二战经典战役系列丛书),白隼编著,万卷出版公司 2018 年版。

《钢铁的碰撞:库尔斯克战役》,兵人编著,哈尔滨出版社 2016 年版。

《纳尔维克港"困兽犹斗"》,田树珍编著,民主与建设出版社 2018 年版。

《亚氏—科涅夫战役》,军事学院训练部、战史教授会编印,1952 年版。

《白俄罗斯战役》,军事教员训练班训练部编印,1952 年版。

《苏军喀尔巴阡山—杜克利亚战役》,军事学院训练部编印,1980 年版。

《东普鲁士战役》,军事学院战史教授会编印,1955 年版。

《决战柯尼斯堡,1945:二战德军东普鲁士最后的要塞陷落纪实》,周思成著,中国长安出版社 2014 年版。

《苏军维斯瓦河—奥得河战役》,国防大学训练部编印,1990 年版。

《乌克兰第 3 方面军的博罗敦防御战役》,军事学院编印,1954 年版。

《濒海方向防御战役组织方面的特点》,总参谋部情报部编印,1999 年版。

《沙俄瓜分波兰及二次大战时苏军入波作战简况》,总参谋部情报部编印,1980 年。

《跨国军事行动 AA 级大揭秘》,肖石忠等著,华夏出版社 1993 年版。

《攻克柏林》,解放军东北军区司令部编印,1952 年版。

《攻克柏林》,吴广权编著,解放军出版社 1987 年版。

《攻克柏林》("二战秘闻"丛编),李宏编著,大众文艺出版社 2009 年版。

《攻克柏林》,郭亮编著,哈尔滨出版社 2013 年版。

《攻克柏林》,陈玉潇编著,西苑出版社 2013 年版。

《攻占柏林》,任成琦编著,石油工业出版社 2014 年版。

《攻克柏林》,任成琦编著,汕头大学出版社 2015 年版。

《攻克柏林》,"二战经典战役"编委会编译,中国铁道出版社 2015 年版。

《攻克柏林》（二战经典战役系列丛书），白隼编著，万卷出版公司 2018 年版。

《东线:攻占柏林》，朱世巍著，重庆出版社 2015 年版。

《法西斯的覆灭:攻克柏林》，杨隽编著，中国书籍出版社 2015 年版。

《帝国的毁灭:柏林战役》，兵人编著，哈尔滨出版社 2016 年版。

（4）中国—东南亚战场

《诺门罕战争》，孟松林、石映照编著，新世界出版社 2010 年版。

《诺门坎战役》，万龙著，三秦出版社 2015 年版。

《中国诺门罕:1939》，郑健著，内蒙古文化出版社 2012 年版。

《日"满"与苏蒙的血腥对决——诺门罕战争》，厉春鹏等编著，吉林文史出版社 1988 年/2006 年版。

《第二次世界大战苏联出兵我国东北对日作战》，军政大学训练部编印，1974 年版。

《第二次世界大战苏联出兵我国东北对日作战》，武汉军区军政干部学校训练部编印，1978 年版。

《1945 年苏联对日本作战初步研究》，何金凯著，军事科学院外国军事研究部编印，1982 年版。

《1945 年苏军远东战役资料汇编》，沈阳军区司令部情报部编印，1976 年。

《苏军头目对一九四五年远东战役的基本观点》，沈阳军区司令部情报部编印，1978 年版。

《死亡行军:二战美军大溃败纪实》，于艾平著，航空工业出版社 1994 年版。

《二次大战中盟军反攻缅甸作战概况》，昆明军区司令部情报部编印，1973 年版。

《二次大战期间盟军与日军在印缅边境作战情况》，昆明军区司令部情报部编印，1973 年版。

《日军侵华战例》，军事科学院计划指导部图书资料处编印，1981 年版。

《日军侵占缅甸及"盟军"反攻作战概况》，昆明军区司令部军训部编印，1980 年版。

《东方诺曼底之战:滇西缅北战役》，张志芳主编，北京燕山出版社 2005 年版。

《浴血雨林:英帕尔战役》，冬初阳、胡烨著，武汉大学出版社 2016 年版。

3. 空中战役

《不列颠战役》,空军党委条令教材编审小组办公室编印,1964 年版。

《碧空长虹:不列颠空战》,崔长琦著,中国社会科学出版社 1995 年版。

《不列颠空战》("二战秘闻"丛编),李宏编著,大众文艺出版社 2009 年版。

《不列颠空战》,严亚珍编著,西苑出版社 2013 年版。

《不列颠空战》,宋宪铃编著,哈尔滨出版社 2013 年版。

《不列颠大空战》,方飞编著,石油工业出版社 2014 年版。

《长空博杀:不列颠之战》,林齐华、陈喜林等著,军事科学出版社 2000 年版。

《激战英伦:不列颠空战》(上下册),石磊主编,中国环境科学出版社/学苑音像出版社 2006 年版//武汉大学出版社 2014 年版。

《伦敦上空的鹰:不列颠空战》,兵人编著,哈尔滨出版社 2016 年版。

《鹰击不列颠》,方飞编著,汕头大学出版社 2015 年版。

《鹰击不列颠》,"二战经典战役"编委会编译,中国铁道出版社 2016 年版。

《鹰袭不列颠》(二战经典战役系列丛书),白隼编著,万卷出版公司 2018 年版。

4. 海上战役

(1)综合

《二战巅峰战役:经典大海战》,贾华林编著,汕头大学出版社 2015 年版。

《海战》(第二次世界大战兵种作战系列),朱军主编,知识出版社 1995 年版//新星出版社 2005 年版。

《世纪海战》,吴纯光编著,辽宁人民出版社 2014 年版。

《海战代号释义》,何京柱编著,海洋出版社 1992 年版。

《世界海战精粹》,木文编,兵器工业出版社 1992 年版。

《海上争雄》,卢天贶、姚宗辉等编著,黄河出版社 2000 年版。

《海上争雄》,"全景二战系列"丛书编委会主编,海潮出版社 2014 年版。

《二战大海战:战略举兵,海上称雄》,陈书方主编,中国长安出版社 2005 年版。

《二战大海战:攻岛之战,海魂之梦》,陈书方主编,中国长安出版社 2005 年版。

《第二次世界大战海战史》,翁赛飞、时平编著,海潮出版社 1995 年版。

《第二次世界大战经典海战：海天绞杀》（第二次世界大战史丛书），李飚主编，中国环境科学出版社/学苑音像出版社2006年版//内蒙古人民出版社2007年版。

《海上鏖战：第二次世界大战著名海战》，胡元斌、严锴主编，台海出版社2014年版。

《海战惊魂》，"全景二战系列"丛书编委会主编，海潮出版社2014年版。

《夺岛之战》，"全景二战系列"丛书编委会主编，海潮出版社2014年版。

《鏖兵大洋：二战三大海战》，"二战经典战役"编委会编译，中国铁道出版社2017年版。

《铁血鏖兵大海战》，刘干才、李奎编著，团结出版社2015年版。

《大洋铁流：二战中的岛屿作战》，穆永朋、周润根等编著，军事科学出版社2004年版。

（2）太平洋海战

《第二次世界大战太平洋海战史》，海军学院军事学术研究部编印，1982年版。

《第二次世界大战太平洋战史参考资料》，安徽大学历史系、海军学院编印，1980年版。

《第二次世界大战太平洋岛屿争夺战》，广州军区编印，1960年版。

《美、日军在太平洋几个主要岛屿争夺战中在战斗行动上的比较》，海军军事学院编、海军军事学术研究部印，1960年版。

《第二次世界大战马来亚、缅甸、硫磺岛、冲绳岛作战情况》，总参谋部作战部战争经验研究处编印，1955年版。

《血拼太平洋》，"二战经典战役"编委会编译，中国铁道出版社2016年版。

《共同的记忆：中美抗战纪实（英文版）》，步平著，外文出版社2015年版。

《大洋惊雷：日本海军偷袭珍珠港之战》，柳茂坤编著，广西科学技术出版社2004年版。

《珊瑚海海战》，田树珍编著，田树珍编著，民主与建设出版社2018年版。

《珊瑚海之战》，百年海战大观编委会主编，外文出版社2013年版。

《碧血南洋：美日珊瑚海海战》，何国治著，武汉大学出版社2017年版。

《搏杀中途岛》，"二战经典战役"编委会编译，中国铁道出版社2015年版。

《中途岛之战》，侯鲁梁著，海南出版社2006年版。

《中途岛战役》，郭亮编著，哈尔滨出版社2014年版。

《中途岛大海战》，王永生编著，石油工业出版社 2014 年版。

《中途岛海空大战》（二战精粹丛书），张月明著，内蒙古人民出版社 2009 年版。

《中途岛海空大战》（二战经典战役全纪录），陈玉健主编，安徽人民出版社 2012 年版。

《太平洋战争：蒙达之战》，胡烨著，中国长安出版社 2014 年版。

《瓜岛海战》，百年海战大观丛书编委会主编，外文出版社 2013 年版。

《瓜岛争夺战》（二战精粹丛书），张月明著，内蒙古人民出版社 2009 年版。

《瓜岛争夺战》（二战经典战役全纪录），陈玉健主编，安徽人民出版社 2012 年版。

《瓜岛争夺战》，刘小沙编著，西苑出版社 2013 年版。

《瓜岛战役：可怕的消耗战》，陈培军著，武汉大学出版社 2013 年版。

《血拼瓜达卡纳尔》，王永梅编著，汕头大学出版社 2015 年版。

《浴血绿色地狱瓜岛之战》，胡烨著，武汉大学出版社 2011 年版。

《决战铁底湾：六次所罗门海战》，江泓著，武汉大学出版社 2016 年版。

《太平洋战争.布干维尔战役》，胡烨著，中国长安出版社 2015 年版。

《喋血环礁：吉尔伯特和马绍尔之战》，冬初阳著，武汉大学出版社 2012 年版。

《拉包尔海战》，百年海战大观编委会主编，外文出版社 2013 年版。

《长弓射日：决胜塞班岛》，冬初阳著，武汉大学出版社 2014 年版。

《残阳如血：美日恩加诺角海战》，何国治著，武汉大学出版社 2016 年版。

《马里亚纳海战》，百年海战大观编委会主编，外文出版社 2013 年版。

《激战马里亚纳》（二战经典战役系列丛书），白隼编著，万卷出版公司 2018 年版。

《菲律宾战役：1944.10—1945.7》（二战精粹丛书），张月明编著，内蒙古人民出版社 2009 年版。

《鏖战菲律宾》，马晓奕编著，哈尔滨出版社 2014 年版。

《鏖战菲律宾》，"二战经典战役"编委会编译，中国铁道出版社 2015 年版。

《莱特湾大海战》，张越主编，外文出版社 2010 年版。

《血战莱特湾》，百年海战大观编委会主编，外文出版社 2013 年版。

《血战莱特湾》，田树珍编著，民主与建设出版社 2018 年版。

《血洗莱特湾》(二战经典战役系列丛书),白隼编著,万卷出版公司 2018
年版。

《巅峰海战:美日对决莱特湾》,邓李斯特著,南方出版社 2015 年版。

《巴丹半岛拉锯战》,百年海战大观编委会主编,外文出版社 2013 年版。

《征战地狱:攻克硫黄岛》,刘海丰、冬初阳著,武汉大学出版社 2019 年版。

《冲绳守卫战》,上海新创华文化发展有限公司编,安徽科学技术出版社
2019 年版。

《炼狱之门:冲绳战役》,冬初阳、刘海丰著,武汉大学出版社 2017 年版。

《日军对冲绳战例的研究》,总参谋部情报部编印,1964 年版。

《第二次世界大战太平洋方面日军防守冲绳岛战例》,军事学院编印,1963
年版。

《第二次世界大战太平洋方面日军防守冲绳岛的研究》,军事学院编印,
1964 年版。

《第二次世界大战太平洋方面美军防守巴丹半岛战例》,军事学院编印,
1963 年版。

《第二次世界大战太平洋方面美军防守巴丹半岛的研究》,军事学院编印,
1964 年版。

《第二次世界大战美国海军在太平洋各战役概要》,海军司令部委员会编
印,1961 年版。

《海军典型战例与舰艇事故分析》,中船总七院第七一四研究所、海军装备
部舰艇部合编印,1992 年版。

《美军太平洋舰队征战纪实》,陈俊华著,新疆人民出版社 2003 年版。

《搏击海空:航空母舰作战的经典战例》,毛正公主编,海潮出版社 2013
年版。

《巅峰与衰落:第二次世界大战中德国水面舰队的巡洋作战》,查攸吟编著,
同济大学出版社 2010 年版。

三、战术与作战样式

1. 概述

《第二次世界大战以来战争形态的演变》,熊光楷报告,总参谋部情报部印,
1987 年版。

《突然袭击战例汇编》,北京军区司令部情报部编印,1980 年版。

《几个突然袭击战例的汇集》,空军司令部编印,1960 年版。

《外军突然袭击战例选编》,南京军区司令部情报部编印,1983 年版。

《第二次世界大战时几个突然袭击战例汇编》,济南军区司令部情报处编印,1960 年版。

《在第二次世界大战中帝国主义突然袭击的战例》,军事科学院编印,1962 年版。

《德国法西斯对波兰的突然袭击》,军政大学训练部编印,1974 年版。

《德国法西斯对法、荷、比、卢的突然袭击》,军政大学训练部编印,1974 年版。

《德国法西斯对苏联的突然袭击》,军政大学训练部编印,1975 年版。

《第二次世界大战兵种作战系列》(全 4 册),赖小刚等主编,知识出版社 1995 年版//新星出版社 2005 年版。

《拉包尔之战:制空权和制海权之战》,毛元佑著,武汉大学出版社 2013 年版。

《第二次世界大战各国登陆和空降作战战例选编》,军事学院训练部编印,1980 年版。

2. 陆上作战样式

《二战陆战》,施鹤群编著,上海科学技术文献出版社 2015 年版。

《坦克战》(第二次世界大战兵种作战系列),赖小刚主编,知识出版社 1995 年版//新星出版社 2005 年版。

《二战装甲战术,德国篇》,严美编著,云南科技出版社 2010 年版。

《坦克:世界王牌坦克暨作战实录》,王姗编著,哈尔滨出版社 2009 年版。

《东线装甲战:二次世界大战欧洲战场规划最大、历时最长、战斗最为惨烈的装甲肉搏!》,邓涛著,中国长安出版社 2014 年版。

《苏军坦克兵战例选辑》,装甲兵学院编印,1963 年版。

《死神之花:第二次世界大战最大的坦克战纪实》(二战历史丛书),黄瑛著,四川人民出版社 1994 年版。

《苏军在第二次世界大战中使用装甲坦克兵的十个战例》,军事科学院外国军事研究部编印,1971 年版。

《苏联卫国战争中坦克及机械化部队与兵团战例选集》,装甲兵司令部编印,1953 年版。

《苏联伟大卫国战争的军事政治总结和装甲坦克、机械化兵团作战》(全2册),军事学院编印,1955年/1956年版。

《库尔斯克坦克大战》,王志强著,外文出版社2010年版。

《库尔斯克坦克大决战》(二战精粹丛书),张月明著,内蒙古人民出版社2009年版。

《库尔斯克坦克大决战》(二战经典战役全纪录),陈玉健主编,安徽人民出版社2012年版。

《库尔斯克战役:第二次世界大战最大坦克战》,周明、李巍著,上海社会科学院出版社2019年版。

《画说二战中的坦克战:铁甲雄风》,徐焰主编,国防大学出版社2016年版。

《辉煌与泥泞:洛林坦克战》,王法著,武汉大学出版社2017年版。

《挡车之螳:第二次世界大战中的日军反坦克战·武器与战术》(上下册),王法编著,中国长安出版社2015年版。

《美英日蒋军丛林战战例》,总参谋部情报部编,总参谋部出版局印,1964年版。

3. 空中作战样式

《空战》(第二次世界大战兵种作战系列),黄苏建、张争平等编著,知识出版社1995年版//新星出版社2005年版。

《空战:二十世纪血战纪实》,石庆环主编,黑龙江人民出版社1994年版。

《二战空战》,施鹤群编著,上海科学技术文献出版社2015年版。

《二战巅峰战役:经典空降战》,徐林编著,汕头大学出版社2015年版。

《第二次世界大战经典空战》,西风编著,中国市场出版社2014年版。

《雷霆万钧:第二次世界大战著名空战》,胡元斌、严锴主编,台海出版社2014年版。

《第二次世界大战著名空战:轰雷狂飚》(第二次世界大战史丛书),李飚主编,中国环境科学出版社/学苑音像出版社2006年版//内蒙古人民出版社2007年版。

《二战王牌飞行员空战实录》,谭立威编著,航空工业出版社2014年版。

《云端的决斗:二战空战的17个瞬间》,陶力编著,北京航空航天大学出版社2016年版。

《银幕上的战鹰:电影中的二战空中战场》,陆志勇著,北京航空航天大学出版社 2016 年版。

《空战！空战：从第一次世界大战至第二次世界大战的空中作战行动》，西风编著，中国市场出版社 2015 年版。

《雷霆万钧大空战》，刘干才、李奎编著，团结出版社 2015 年版。

《世界空战以劣胜优以少胜多战例分析》，刘筱平等编，空军指挥学院研究部编印，1991 年版。

《帝国苍穹：二战德军昼间防空战》，张天骏、杨佳豪著，中国长安出版社 2015 年版。

《决死天空：二战末期德国昼间空战》，韩磊著，武汉大学出版社 2011 年/2015 年版。

《血色夜空：二战英德夜间空战实录》（第二次世界大战经典战役），董旻杰编著，同济大学出版社 2005 年版。

《意大利空战：欧洲软肋上空的殊死争夺》，赵国星编著，吉林文史出版社 2016 年版。

《最后的空战：剑指柏林：1944 年春—终战》，顾剑著，中国长安出版社 2013 年版。

《空袭与防空战例选编》，空军学院训练部编印，1984 年版。

《外军夺取制空权的几个战例》，空军军政干校训练部编印，1978 年版。

《空降战》（第二次世界大战兵种作战系列），宋友杰、胡建明等编著，知识出版社 1995 年版//新星出版社 2005 年版。

《兵从天降：二战中的空降作战》，隋治刚编著，军事科学出版社 2004 年版。

《空降神兵："市场花园"行动》，兵人编著，哈尔滨出版社 2016 年版。

《空降神兵：二战五大空降》，"二战经典战役"编委会编译，中国铁道出版社 2017 年版。

《陆空大战：世界空降作战史》，顾卫华、洪维权编，航空工业出版社 1993 年版。

《海空角逐：海军航空兵史话》，刘永路、魏秀芳主编；陈禹铭编著，海潮出版社 2012 年版。

《帝国苍穹：二战东线德国仆从国空战史》，陶力著，中国长安出版社 2015 年版。

《晴空雷霆：二次大战期间英国皇家空军对德战略轰炸行动纪实》，丁雷著，汕头大学出版社 2011 年版。

《天火焚魔：美军对日战略轰炸全史（1942—1945）》，丁雷、蒙创波著，武汉大学出版社 2013 年版。

《杜立德 B-25 轰炸东京的故事》，傅中著，上海人民出版社 2012 年版。

《1942：轰炸东京》，王国林著，三联书店 2016 年版。

《东京大轰炸》，陈军著，中国社会科学出版社 2018 年版。

《战争的终结：轰炸日本》，兵人编著，哈尔滨出版社 2016 年版。

《第二次世界大战中的莫斯科防空作战》，空军司令部情报部编印，2001 年版。

《第二次世界大战时期苏德双方争夺制空权的斗争》，军事科学院外国军事研究部编印，1966 年版。

《钢铁苍穹：轰炸德意志》，兵人编著，哈尔滨出版社 2016 年版。

《马里亚纳海空战》，张越主编，外文出版社 2010 年版。

《鹰击烈日：菲律宾战役》，兵人编著，哈尔滨出版社 2016 年版。

《中国大空战》，王苏红、王玉彬著，昆仑出版社 1988 年版。

4. 海上作战样式

《二战海战》，施鹤群编著，上海科学技术文献出版社 2015 年版。

《海战事典 005：二战德国的巡洋作战》，董旻杰著，吉林文史出版社 2016 年版。

（1）潜艇战与反潜作战

《潜艇战例选》，海军潜艇学院图书馆编印，1989 年版。

《潜艇战：波涛上下的绞杀》，周碧松等编著，海洋出版社 1998 年版。

《捕猎潜艇：世界潜艇与反潜战揭秘》，凌翔编著，冶金工业出版社 1996 年版。

《潜艇作战的经验教训》，海军军事学术研究所编印，1988 年版。

《狼群出动》，王志强主编，外文出版社 2010 年版。

《狼腾大西洋》，贾华玲编著，石油工业出版社 2014 年版。

《"狼群"出击：大西洋海战》，兵人编著，哈尔滨出版社 2016 年版。

《海狼行动：第二次世界大战潜艇战纪实》（二战历史丛书），黄炎著，四川人民出版社 1994 年版。

《潜艇扬威大洋：第二次世界大战中的潜艇作战》，田云飞、肖汉华编著，海潮出版社 2014 年版。

《碧海群狼：二战德国 U 艇全史》，周明著，武汉大学出版社 2009 年版。

《洋中猎"狼"：大西洋之战》，陈虎等著，光明日报出版社 1995 年版。

《水面舰艇反潜、防潜战例选编》，海军学院训练部水面舰艇教研室编印，1983 年版。

《护航大海战》，王志强主编，外文出版社 2010 年版。

《水雷战例汇编》，海军水面舰艇学校编印，1975 年版。

（2）航母为主力的海战

《航母来了：从珍珠港到东京湾》，甘本祓著，科学普及出版社 2014 年版。

《中途岛航母战》，百年海战大观编委会主编，外文出版社 2013 年版。

《中途岛航母战》，田树珍编著，民主与建设出版社 2018 年版。

《航母大决战：中途岛海战》，兵人编著，哈尔滨出版社 2016 年版。

《航母决斗：中途岛海战》，石磊主编，武汉大学出版社 2014 年版。

《航母时代的号角：中途岛海战》（上下册），石磊主编，中国环境科学出版社/学苑音像出版社 2006 年版。

《终极对决：美日马里亚纳航母大战》，何国治著，武汉大学出版社 2014 年版。

《重返菲律宾：世界史上最大的航空母舰对决》，刘庆、钟庆安著，武汉大学出版社 2013 年版。

5. 两栖作战（登陆战与抗登陆战）

《登陆战》（第二次世界大战兵种作战系列），赖小刚主编，知识出版社 1995 年版//新星出版社 2005 年版。

《登陆战役》，刘博主编，中国人民解放军后勤指挥学院印，1995 年版。

《经典登陆战》，尹洪举编著，汕头大学出版社 2015 年版。

《血色海滩：二战四大登陆战》，"二战经典战役"编委会编译，中国铁道出版社 2017 年版。

《外军登陆战例》，军事科学院图书资料处编印，1979 年版。

《登陆作战战例选编》，广州军区司令部情报部编印，1976 年版。

《20 世纪十大登陆战》，吴凤明等编著，解放军出版社 2001 年版。

《20 世纪十大登陆战》，姚俊国编著，内蒙古人民出版社 2002 年版。

《外军登陆作战参考材料》，军事学院训练部编印，1978 年版。

《二战以来外军重要登陆作战战例》，空军司令部情报部编印，2001 年版。

《对第二次世界大战期间美军登陆作战的几个问题的研究》,沈阳军区司令部编印,1956年版。

《西西里登陆战》,叶春雷编著,石油工业出版社2014年版。

《美军诺曼底登陆作战》,国防大学训练部编印,1988年版。

《美、英军诺曼底登陆战役》,广州军区司令部情报部编印,1978年版。

《诺曼底美英军联合登陆战役》,总参谋部情报部编印,1958年版。

《诺曼底登陆战役中的空降作战及特点》,空军司令部情报部编印,2001年版。

《第二次世界大战太平洋方面塞班登陆战役史料》,盛文华、王晏清编,军事学院训练部研究部编印,1962年版。

《第二次世界大战太平洋方面美军登陆进攻塞班岛战例》,军事学院编印,1963年版。

《第二次世界大战太平洋方面美军登陆进攻塞班岛的研究》,军事学院编印,1964年版。

《硫磺岛登陆作战》,海军司令部编印,1976年版。

《日军冲绳岛抗登陆作战》,南京军区司令部情报部编印,1980年版。

《抗登陆战:极难取胜的防御战》,李亚强、张光磊编,海洋出版社1998年版。

6. 谋略战与情报战

《二战厚黑术》(上下卷),郑毅、肖玉声主编,吉林文史出版社2000年版。

《政变与暗杀》,刘立勤主编,当代世界出版社1995年版。

《色彩纷呈的谋略战》(二战启示录丛书),苑士军编著,中国经济出版社1995年版。

《死地:巨头谋略扭乾坤》(二战全景大纪实),陈志斌、孙晓著,黄河出版社2005年版。

《出奇制胜:世界著名战役谋略揭秘》,赵兴国编著,海南出版社1997年版。

《第二次世界大战智谋运用纪实》,吴广权著,时事出版社1994年版。

《二战与三十六计:细品二战成败揭秘谋略玄机》,尚伟主编,国防大学出版社2011年版。

《摄魂夺魄:二战中的心理战》,金海龙编著,军事科学出版社2004年版。

《舌剑出鞘:二战中的舆论战》,李飞舟、宋伟伟编著,军事科学出版社2004年版。

《火淬天平:二战中的法律战》,许江瑞著,军事科学出版社 2004 年版。

《难得糊涂却"糊涂"——政治奇谋篇》,博平等编,蓝天出版社 1994 年版。

《第二次世界大战风云录:外交角逐》,张海麟主编;袁胜育著,社会科学文献出版社 1995 年版。

《为战车开道:外交方略篇》,张卫东等编,蓝天出版社 1994 年版。

《希特勒的战争谋略——乖戾的军事天才》,李巨廉著,上海人民出版社 1995 年版。

《希特勒的战争谋略——乖戾的军事天才》,李巨廉著,当代中国出版社 2015 年版。

《第二次世界大战纳粹阴谋:揭露骗局》(第二次世界大战史丛书),李飚主编,中国环境科学出版社/学苑音像出版社 2006 年版//内蒙古人民出版社 2007 年版。

《看不见的第二战场:无线电情报与战场》,高金虎著,东方出版社 2007 年版。

《情报战》(20 世纪特殊战丛书),兰黄明等编著,黑龙江人民出版社 1995 年版。

《二战情报战》,李乡状编著,团结出版社 2014 年版。

《谍光秘影:二战中的情报战》,傅岩松等编著,军事科学出版社 2004 年版。

《第二次世界大战情报史》,刘宗和、高金虎主编,解放军出版社 2009 年版。

《二战时期密码决战中的数学故事》,王善平、张奠宙著,高等教育出版社 2008 年版。

《中途岛之战:情报的胜利》,侯鲁梁著,武汉大学出版社 2013 年版。

《二战期间日本情报失误研究及思考》,罗卫萍著,时事出版社 2014 年版。

《二战间谍战秘闻》,蔡俊编著,珠海出版社 2005 年版。

《神秘莫测的间谍战》(二战启示录丛书),朱宁雪、卫宁编著,中国经济出版社 1995 年版。

《国殇第四部:国民党对日抗战谍战纪实》,施原著,团结出版社 2015 年版。

《硝烟在何处:用间秘计篇》,曹蓉晖等编,蓝天出版社 1994 年版。

《反间谍战》(20 世纪特殊战丛书),李树宝等编著,黑龙江人民出版社 1995 年版。

《绝密战线:第二次世界大战盟军反间谍纪实》(二战历史丛书),黄炎编著,四川人民出版社 1994 年/2005 年版。

《二战密码战》，庄严编著，哈尔滨出版社 2015 年版。

《紫色密码》，袁道之、白莉著，宁夏人民出版社 2007 年版。

《驼峰酋长行动：中美日密码间谍空战》，袁道之著，中国社会科学出版社 2010 年版。

《第二次世界大战风云录：谍海浮沉》，张海麟主编；朱听昌等著，社会科学文献出版社 1995 年版。

《二战名谍》，袁静伟主编，当代世界出版社 1995 年版。

《二战谍雄》，李乡状编著，团结出版社 2014 年版。

《二战三巨谍》，万冲、晓娣编著，黑龙江人民出版社 1996 年版。

《侵华日军间谍特务活动记实》，逄复主编，北京出版社 1993 年版。

《太平洋战争的警号：记几位反法西斯战士在日军偷袭珍珠港前后的情报活动》，方知达、梁燕、陈三百著，东方出版社 1995 年版。

《画说二战中的宣传战：攻心为上》，徐焰主编；潘攀撰稿，国防大学出版社 2016 年版。

《二战女间谍》，李乡状编著，团结出版社 2015 年版。

《二战著名间谍》，吴琼编著，哈尔滨出版社 2015 年版。

《二战绝密大间谍》，刘干才、李奎编著，团结出版社 2015 年版。

《二战中的谍海之花》，李乡状编著，团结出版社 2014 年版。

《二战中的王牌间谍》，李乡状编著，团结出版社 2014 年版。

《二战女间谍秘闻》，蔡俊编著，珠海出版社 2005 年版。

《第二次世界大战间谍秘史》，陈渠兰编著，武汉大学出版社 2014 年版。

《谍海幽灵：第二次世界大战主要间谍》，胡元斌、严错主编，台海出版社 2014 年版。

《第二次世界大战间谍：诡秘谍海》（第二次世界大战史丛书），李飚主编，中国环境科学出版社/学苑音像出版社 2006 年版//内蒙古人民出版社 2007 年版。

7. 特种作战样式

《二战特种战》，施鹤群编著，上海科学技术文献出版社 2015 年版。

《20 世纪特殊战》，兰黄明、王健等编著，黑龙江人民出版社 1995 年版。

《虎口拔牙：二战中的特种作战》，杨效敏、兰永明、付晓斌编著，军事科学出版社 2004 年版。

《第二次世界大战中的15种特殊作战》，王伟力等主编，黄河出版社1995年版。

《论第二次世界大战中的电子战》，郭成建著，军事科学院印，1998年版。

《电子战》（20世纪特殊战丛书），兰黄明等编著，黑龙江人民出版社1995年版。

《中外通信战例选编》，杨苏海主编，解放军出版社2001年版。

《外交战》（20世纪特殊战丛书），王健编等著，黑龙江人民出版社1995年版。

《后勤战》（20世纪特殊战丛书），兰黄明等编著，黑龙江人民出版社1995年版。

《细菌战与毒气战》，中央档案馆等编，中华书局1989年版。

《阳光下的罪恶：侵华日军毒气战实录》，步平、高晓燕著，黑龙江人民出版社1999年版。

《太阳旗下的毒魔：侵华日军毒气战真相》，张海泉著，解放军出版社2003年版。

《日本侵华战争时期的化学战》，步平、高晓燕等编著，社会科学文献出版社2004年版。

《封锁战》，王国平、严德勇等编著，湖南科学技术出版社2000年版。

《城市绞杀：二战中的城市作战》，李泉、穆永朋编著，军事科学出版社2004年版。

《美国核击日本》（二战经典战役全纪录），陈玉健主编，安徽人民出版社2012年版。

《苏军伟大卫国战争中烟幕的使用》，训练总监部军事出版部编印，1958年版。

四、战争动员与战争经济

1. 战争动员

《苏德日美等国在第二次世界大战中的兵员动员》，总参谋部动员部编印，1982年版。

《美国战争动员的几个问题》，总参谋部情报部编印，1985年版。

《二次世界大战中主要参战国家造船工业战时动员措施》，第六机械工业部第七研究院编印，1965年版。

《战争总动员：美国二战国内史》，陆乐著，中国长安出版社 2013 年版。

《战争总动员：画说二战美国国内宣传战》，陆乐著，吉林文史出版社 2019 年版。

《难忘二战·硝烟中国旗国徽国歌的故事》，闫雪主编，军事科学出版社 2015 年版。

《难忘二战·硝烟中军旗军徽军歌的故事》，陈零主编，军事科学出版社 2015 年版。

《难忘二战·硝烟中军衔军服军功章的故事》，张磊主编，军事科学出版社 2015 年版。

《二战德国勋赏制度解密·军事卷》，指文号角工作室编著，台海出版社 2016 年版。

《二战中的美国》，光亭、天枢著，时代文艺出版社 2015 年版。

《太平洋战争期间美国强制迁移日裔问题研究》，柴金璐著，吉林大学出版社 2016 年版。

《二战中的英国》，光亭、天枢著，时代文艺出版社 2015 年版。

《二战中的德国》，杨博一著，时代文艺出版社 2015 年版。

《二战中的日本》，光亭、天枢著，时代文艺出版社 2015 年版。

《日本侵华决策史料丛编·社会文化编·专题一：思想战与文化宣传》（全 2 册），徐勇、臧运祜总主编；唐利国编，社会科学文献出版社 2017 年版。

《日本侵华决策史料丛编·社会文化编·专题二：战争社会动员》，徐勇、臧运祜总主编；胡澎编，社会科学文献出版社 2017 年版。

《日本侵华决策史料丛编·军事战略编·专题七：兵要地志测绘》（全 5 册），徐勇、臧运祜总主编；牛越国昭编；孟庆荣译，社会科学文献出版社 2017 年版。

《没有硝烟的战争——抗战时期的中日经济战》，齐春风著，湖南师范大学出版社 2015 年版。

《昭和史的证言：战时体制下的日本文学：1931—1945》，胡连成著，吉林大学出版社 2009 年版。

《刺刀书写的谎言：侵华战争中的日本"笔部队"真相》，王龙著，广东人民出版社 2015 年版。

《"笔部队"和侵华战争：对日本侵华文学的研究与批判》，王向远著，昆仑出版社 2015 年版。

《军国之女：日本女性与"大东亚战争"》，李建军著，贵州人民出版社 2001 年版。

《恶魔的吹鼓手与辩护士：战时日本新闻传媒与南京大屠杀》，经盛鸿著，南京出版社 2008 年版。

《苏联卫国战争时期女性贡献探析：以女性主义史学为视角》，孙丽红著，哈尔滨工程大学出版社 2016 年版。

2. 战争经济

《辉耀千秋的科技火焰》（二战启示录丛书），杭长钊等编著，中国经济出版社 1995 年版。

《财富较量：二战中的经济战》，徐平、金洁编著，军事科学出版社 2004 年版。

《浅谈德国法西斯战争经济问题》，后勤学院外军部编印，1984 年版。

《第二次世界大战期间德国的科学研究工作》，国家技术委员办公厅编印，1958 年版。

《美军历次战争作战物资消耗资料》，陈平生整理，军事科学院外国军事研究部编印，1984 年版。

《日本战时统制经济研究》，雷鸣著，人民出版社 2007 年版。

《日本的经济能否持久作战》，郑森禹著，世界知识出版社 2014 年版。

《太平洋战争期间日本对东南亚的经济统制》，毕世鸿著，社会科学文献出版社 2012 年版。

《第二次世界大战期间的日本铁道兵及其抢建泰缅铁路概况》，铁道兵科学技术研究所编印，1981 年版。

《战时体制下的日本妇女团体 1931—1945》，胡澎著，吉林大学出版社 2005 年版。

《战时日本贩毒与"三光作战"研究》，李恩涵著，江苏人民出版社 1999 年版。

《中国战时财政思想的形成：1931—1945》，李超民著，东方出版中心 2011 年版。

五、武器与装备

《军火之源:二战武器制造商大观》,铁血图文编著,人民邮电出版社 2014 年版。

1. 总论

《二战经典武器》,李明编著,哈尔滨出版社 2015 年版。

《二战尖端武器鉴赏指南(珍藏版)》,《深度军事》编委会编著,清华大学出版社 2014 年/2017 年版。

《经典二战武器鉴赏指南(金装典藏版)》,军情视点编,化学工业出版社 2017 年版。

《第二次世界大战风云录:神威武器》,张海麟主编;李力钢、苏雨生著,社会科学文献出版社 1995 年版。

《王牌武器》(全景二战系列),萨沙编著,云南教育出版社 2011 年版。

《解密王牌武器》,萨沙编著,四川少年儿童出版社 2014 年版。

《层出不穷的新式武器》(二战启示录丛书),王炳臣编著,中国经济出版社 1995 年版。

《二战尖端武器鉴赏指南》,深度军事编委会编著,清华大学出版社 2014 年版。

《第二次世界大战秘密武器》,陈渠兰编著,武汉大学出版社 2014 年版。

《第二次世界大战中的盟军经典武器》,西风编著,中国市场出版社 2013 年版。

《二战中的美军武器》,西风编著,中国市场出版社 2013 年版。

《二战中的英军武器》,西风编著,中国市场出版社 2014 年版。

《第二次世界大战中的德军武器》,西风编著,中国市场出版社 2014 年版。

《第二次世界大战中的日军武器》,西风编著,中国市场出版社 2014 年版。

《第二次世界大战中的苏军武器》,西风编著,中国市场出版社 2014 年版。

《末日帝国的终极科技:二战德国尖端武器大观》,刘杨编著,人民邮电出版社 2013 年版。

《北美重装:二战美军重武器》,军情视点编,化学工业出版社 2015 年/2018 年版。

《红色洪流:二战苏军重武器》,军情视点编,化学工业出版社 2015 年/2018 年版。

《战地集结:二战德军重武器》,军情视点编,化学工业出版社 2015 年/ 2018 年版。

《二战军士装备》,王法编著,哈尔滨出版社 2015 年版。

《单兵装备特辑 001:二战步兵分队战术》,朱勇琦著,台海出版社 2017 年版。

《二战陆军单兵装备》(全 3 册),赫英斌编著,台海出版社 2018 年版。

《二战德国陆军单兵装备》,赫英斌编著,北京艺术与科学电子出版社 2018 年版。

《二战德国空军单兵装备》,刘杨、唐思编著,北京艺术与科学电子出版社 2014 年版。

《二战美国陆军单兵装备》,赫英斌编著,北京艺术与科学电子出版社 2014 年版。

《二战美国海军陆战队单兵装备》,赫英斌编著,台海出版社 2016 年版。

《单兵利刃:二战德军单兵武器装备》,军情视点编,化学工业出版社 2015 年版。

《单兵利刃:二战德军单兵武器装备》,郭栋主编,化学工业出版社 2018 年版。

《白头鹰之爪:二战美军单兵武器装备》,军情视点编,化学工业出版社 2015 年 / 2018 年版。

《苏维埃之拳:二战苏军单兵武器装备》,军情视点编,化学工业出版社 2015 年 / 2018 年版。

《二战苏德军服》,周明、董旻杰著,上海社会科学院出版社 2017 年版。

2. 陆战武器

《轻武器的故事》(二战风云系列),李大光编著,星球地图出版社 2015 年版。

《战地精英:二战步兵武器风云录》,铁血图文编著,人民邮电出版社 2012 年版。

《闪击利刃:二战德军步兵武器装备风云录》,铁血图文编著,人民邮电出版社 2013 年版。

《火力制胜:二战美军步兵武器装备风云录》,铁血图文编著,人民邮电出版社 2012 年版。

《二战日本陆军单兵装备：全面系统的二战日本陆军单兵装备全纪》，赫英斌编著，北京艺术与科学电子出版社2014年版。

《战车的故事》（二战风云系列），李大光编著，星球地图出版社2015年版。

《世界坦克装甲车辆手册》，兵器工业情报研究所编，兵器工业出版社1991年版。

《世界履带式装甲战车图册》，《坦克装甲车辆》编辑部编，兵器工业出版社1991年版。

《陆战雄狮：二战坦克风云录》，铁血图文编著，人民邮电出版社2012年/2013年版。

《重装集结：二战美军坦克装甲车辆全集》，潘晓滨编著，人民邮电出版社2012年版。

《重装集结：二战德军坦克及变型车辆全集》，张翼编著，人民邮电出版社2012年版。

《重装集结：二战德军半履带车辆及变型车全集》，张翼编著，人民邮电出版社2012年版。

《重装集结：二战德军轮式装甲车及变型车辆全集》，张翼编著，人民邮电出版社2012年版。

《重装集结：二战德军缴获坦克装甲车辆全集》，张翼编著，人民邮电出版社2014年版。

《战地先锋：二战德国半履带装甲车全史》，潘晓滨著，中国长安出版社2014年版。

《二战德国坦克图览》，米舒卡著，武汉大学出版社2011年/2015年版。

《帝国最后的巨兽：二战德国E系列坦克全集》，邓涛编著，中国长安出版社2014年版。

《二战德军虎式坦克全景战史》，郑鑫编，重庆出版社2017年版。

《末日战车：纳粹德国E系列坦克》，邓涛著，解放军出版社2016年版。

《末日计划：二战德国计划试验及冷门坦克装甲车辆全集》，张翼编著，吉林文史出版社2016年版。

《条顿骑士的黑色铁蟒：二战德国装甲列车图史》，唐浩编著，吉林文史出版社2017年版。

《二战苏军坦克装甲车辆全集》，王辉编著，海潮出版社2002年版。

《抗战时期陆军服制装备 1931—1945》,滕昕云著,老战友工作室印,2001年版。

3. 空战武器

《海空雄鹰》,王校轩等编著,国防大学出版社 1998 年版。

《战机的故事》(二战风云系列),李大光编著,星球地图出版社 2015 年版。

《二战中的空中无敌舰队》,孟繁泉编著,辽宁人民出版社 2011 年版。

《空战英豪:二战战机风云录》,铁血图文编著,人民邮电出版社 2012 年/2013 年版。

《长空铁翼:二战十大战斗机》,周明、李巍著,上海社会科学院出版社 2017年版。

《战略轰炸机发展回顾与展望》,唐长红著,航空工业出版社 2009 年版。

《二战德军飞机》,西风编著,中国市场出版社 2013 年版。

《纳粹空中武库:秘密档案中的超级武器与帝国兴衰》,陈位昊、席康等著,上海人民出版社 2007 年版。

《长空鹰隼:二战德国 Bf 109 战斗机战史》,高智著,武汉大学出版社 2015年版。

《屠夫之鸟:二战德国空军 Fw 190 战斗机战史》,高智著,武汉大学出版社 2018 年版。

《尖叫死神:二战德国 Ju 87"斯图卡"俯冲轰炸机战史》,高智著,武汉大学出版社 2014 年版。

《二战德国空军单兵装备:全面系统的二战德国空军单兵装备全纪》,刘杨编著,北京艺术与科学电子出版社 2014 年版。

《特种武器:二战德国的隐秘航空技术》,邓涛著,中国长安出版社 2015年版。

《长空闪电:P-38 战机全传》,蒙创波著,武汉大学出版社 2010 年版。

《呼啸长空:P-51 战机传奇》,蒙创波著,武汉大学出版社 2010 年版。

《万钧雷霆:P-47 战机全史》,蒙创波著,武汉大学出版社 2012 年版。

《搏击海天:F4U 海盗战机传奇》,朱昱著,武汉大学出版社 2011 年版。

《"地狱之猫":二战美国海军 F6F 战斗机全史》,杨剑超著,武汉大学出版社 2018 年版。

《B-29 来了:从波音到东瀛》,甘本祓著,科学普及出版社 2015 年版。

《美国远程战略轰炸机发展道路分析——发展、争论与思考》，唐长红著，航空工业出版社 2010 年版。

《钢铁苍穹：前苏联中央航空设计局 20—30 年代的战斗机发展史》，云中子著，电脑报电子音像出版社 2011 年版。

《苏俄航空史：二战米格战斗机》，高飞著，中国青年出版社 2014 年版。

《红星下的雄鹰：二战时期苏联海空军战斗机王牌纵览》，丛丕、赵国星编著，台海出版社 2017 年版。

《特种武器：二战苏联经典轰炸机》，邓涛著，中国长安出版社 2015 年版。

《霍克"双风"：二战英国"台风"、"暴风"战斗机全史》，子兮著，武汉大学出版社 2019 年版。

4. 海战武器

《舰艇的故事》（二战风云系列），李大光编著，星球地图出版社 2015 年版。

《海上蛟龙：水面舰艇兵》，张玉坤、戴建军编著，国防大学出版社 1998 年版。

《海战先锋：二战战舰风云录》，铁血图文编著，人民邮电出版社 2012 年/2013 年版。

《二战航母全览》，刘怡著，武汉大学出版社 2009 年版。

《海战事典.007，德意法西斯航母》，董旻杰、马静著，台海出版社 2017 年版。

《兵器.二战航母的不同命运》，《兵器》杂志编著，人民邮电出版社 2015 年版。

《海天争霸：二战航母及舰载机》，铁血图文编著，人民邮电出版社 2014 年版。

《全甲板攻击：战火中成长的美国航母》，谭星著，武汉大学出版社 2009 年版。

《企业号 1942："企业"号太平洋初战浴血史》，陕西师范大学出版社 2004 年版。

《日本海军联合舰队舰艇全览》，刘怡编著，武汉大学出版社 2010 年版。

《联合舰队的黄昏：太平洋战争时期日本海军舰艇图集》，王佐荣编著，武汉大学出版社 2017 年版。

《兵器.二战主力战舰》，《兵器》杂志编著，人民邮电出版社 2015 年版。

《钢铁艨艟：二战十大战舰》，李巍、周明著，上海社会科学院出版社 2017

年版。

《消逝的巨兽:第二次世界大战各国战列舰》,刘怡编著,武汉大学出版社2010 年版。

《"俾斯麦"号覆灭记》,百年海战大观编委会主编,外文出版社 2013 年版。

《"斯比伯爵"号覆灭记》,百年海战大观编委会主编,外文出版社 2013年版。

《"斯比伯爵"号覆灭记》,田树珍编著,民主与建设出版社 2018 年版。

《"沙恩霍斯特"号覆灭记》,百年海战大观编委会主编,外文出版社 2013年版。

《"威尔士亲王"号沉没记》,百年海战大观编委会主编,外文出版社 2013年版。

《"威尔士亲王"号覆没记》,田树珍编著,民主与建设出版社 2018 年版。

《"皇家方舟"号沉没记》,百年海战大观编委会主编,外文出版社 2013年版。

《大西洋之战中的英国驱逐舰》,赵楚主编,上海辞书出版社 2004 年版。

《登陆战武器库》,杨非编著,军事谊文出版社 2005 年版。

《第二次世界大战中外国潜艇》,海军司令部编印,1964 年版。

《第二次世界大战期间的外国潜艇》,海军潜水艇学校编印,1963 年版。

六、后勤与供应

《战争中的后勤》,刘胜俊著,军事科学出版社 1986 年版。

《外军后勤战例选编》,总后勤部编,解放军出版社 1984 年版。

《世界军事后勤史(现代部分)中册:公元 1939—1945》,刘文英主编,金盾出版社 1992 年版。

《世界军事后勤史资料选编(现代部分)中二》,刘文英主编,金盾出版社1993 年版。

《世界军事后勤史资料选编(现代部分)中三》,曹广俊、赵哲主编,金盾出版社 1992 年版。

《二战后勤启示录》,张连松、杨庆华著,国防大学出版社 2007 年版。

《第二次世界大战时期海上交通线作战战例选编》,海军学院训练部编印,1983 年版。

《海上交通线作战的若干评论和战例选编》,海军学院训练部图书馆编印,1984 年版。

《苏国防部军史研究所著〈伟大卫国战争中的苏军后勤〉》,兰州军区司令部情报部编印,1978 年版。

《伟大卫国战争中的苏联后方》,总后勤部编,解放军出版社 1983 年版。

《第二次世界大战苏联军事经济后勤史》,王波、彭学芳主编,金盾出版社1990 年版。

《太平洋战争美军岛屿进攻作战后勤保障研究》,符林国著,军事科学出版社 2010 年版。

《法国军队卫勤保障》,吴东、苏文娜著,军事医学科学出版社 2010 年版。

《二战时期苏德军服图说(1939—1945)》,本垒打、唐思等编著,上海社会科学院出版社 2004 年版。

七、军队指挥与运筹

《第二次世界大战著名将帅指挥艺术》,葛振峰等编著,辽宁人民出版社1987 年版。

《机密档案:第二次世界大战盟军最高司令部内幕揭秘》(二战历史丛书),鲛虒编著,四川人民出版社 1994 年版。

《机密档案——第二次世界大战盟军最高司令部内幕》(二战历史丛书),黄炎编著,四川人民出版社 2005 年版。

《二次大战中国战区统帅部内幕纪实》,景敏编著,甘肃人民出版社 1993年版。

《解码王牌部队》,吕宁编著,四川少年儿童出版社 2014 年版。

《二战精锐部队》,吴秀辉编著,哈尔滨出版社 2015 年版。

《铁血军团:二战精锐部队全揭秘:西方篇》,李宁著,新世界出版社 2015年版。

《侵华日军序列沿革》,李惠等编,解放军出版社 1988 年版。

《法西斯精锐师团覆亡录》(全 2 册),建军著,四川人民出版社 1996 年版。

《二战德军最强部队:大德意志师战史(1939—1944)》马文俊、宓轶捷著,武汉大学出版社 2013 年版。

《西线:1944.6—1945.4:第三帝国 B 集团军群的覆灭》,彭志文著,吉林文史出版社 2016 版。

《第 12 希特勒青年团师全史》(上下册),陈星波、胡烨著,电脑报电子音像出版社 2011 年版。

《党卫军第 1"阿道夫·希特勒警卫旗队"装甲师战史》,胡烨著,中国长安出版社 2014 年版。

《死亡之星:党卫军第 3"髑髅"师战史》,胡烨著,中国长安出版社 2014 年版。

《武装党卫军第 5"维京"装甲师官方战史》,胡烨著,中国长安出版社 2014 年版。

《武装党卫军第 12"希特勒青年团"师全史》,陈星波著,上海社会科学院出版社 2016 年版。

《二战德国陆军第 197 突击炮营战史:第 653 重装甲歼击营前身部队的作战历程》,黄锴、冯涛编著,吉林文史出版社 2016 年版。

《二战德国陆军第 654 重装甲歼击营官方战史》(上中下),黄锴、丛丕编著,吉林文史出版社 2015 年版。

《二战德军 653 重装甲歼击营战史》,黄锴编,重庆出版社 2016 年版。

《虎之传奇:SS 第 502 重装甲营全史》,瓦内克编著,南京大学出版社 2012 年版。

《虎之战迹:二战德国"虎"式坦克部队征战全记录 1942—1945》(全 3 卷),郑鑫编译,中国长安出版社 2015 年版。

《西线空战:二战德国空军第 26 战斗机联队战史》,夏夜著,武汉大学出版社 2018 年版。

《希望与毁灭:第三帝国空军的最后一年》,孙晓翔著,中国长安出版社 2015 版。

《最强空战联队:德国空军第 52 战斗机联队史》,冯涛编著,台海出版社 2017 年版。

《图解第三帝国空军综合事典:1935—1945》,丛丕著,中国长安出版社 2015 年版。

《帝国精锐:二战德国特殊部队》,马文俊、王懿著,武汉大学出版社 2008 年/2011 年版。

《苏军柏林战役中的波兰军队》,驻波武官处编印,1958 年版。

《波军第 3 步兵团(第 3 柏林步兵团)简史》,驻波武官处编印,1958 年版。

《第二次世界大战中的德国空军与英国空军》,西风编著,中国市场出版社 2014 年版。

《伟大卫国战争中的苏联空军》,空军司令部军训部编印,1981 年版。

《二战德国空降兵全纪录:鹰从天降》,唐思编著,内蒙古人民出版社 2006 年版。

《天降神兵:二战美国空降兵战记》,李星、阎滨著,武汉大学出版社 2010 年版。

《美国陆军航空兵的发展及其主要任务》,总参谋部情报部编印,1988 年版。

《霸海狂飚:世界王牌舰队》,吴华著,时事出版社 1998 年版。

《联合舰队》,刘怡著,武汉大学出版社 2010 年/2011 年版。

《日本"联合舰队"覆灭记》,汤家玉主编,海潮出版社 2013 年版。

《联合舰队内幕:旧日本海军主战装备与太平洋战争》,章骞等、谭飞程等著,上海人民出版社 2007 年版。

《太平洋战争中的日本陆军联队全史 1941—1945》,唐茜、丛丕编著,台海出版社 2016 年版。

《特遣部队档案:1940 年代:美国海军的光辉岁月》,王骅、谭飞程著,上海人民出版社 2007 年版。

《二战苏联海军史》,吴荣华著,人民日报出版社 2014 年版。

《死亡之旅:英军中国师欧战蒙难记》,罗学蓬著,四川文艺出版社 1994 年版。

《黑色魔鬼:美加联合第 1 特勤队二战实录:1942—1945》,骆艺、赵继南编著,吉林文史出版社 2017 年版。

第八节　法西斯的投降、战争审判与战争反省

一、法西斯的投降

《战场对决:第二次世界大战的转折》,胡元斌、严锴主编,台海出版社 2014 年版。

《盟军反攻之战》,侯鲁梁、田春磊著,外文出版社 2015 年版。

《挥师全线大进攻》,刘干才、李奎编著,团结出版社 2015 年版。

《胜利反攻:第二次世界大战的结局》,胡元斌、严锴主编,台海出版社 2014年版。

《德意日法西斯覆灭记》,解力夫著,汕头大学出版社 2015 年版。

《难圆霸主梦》,张晖编著,军事科学出版社 1999 年版。

《埋葬法西斯》,徐蓝著,华夏出版社/广东人民出版社 1996 年版。

《德意日法西斯覆灭记》(全 2 册),解力夫著,世界知识出版社 1995 年版。

《柏林战役与希特勒德国投降》,军事学院编印,1952 年版。

《希特勒征服欧洲迷梦的破灭》,山东大学历史系等编写,人民出版社 1976年版。

《德国降书》,计秋枫撰文,南京出版社 2016 年版。

《东方的落日》,孙晓、陈志斌著,北京师范大学出版社 1993 年版。

《走向神社的哀歌》,张子申、薛春德编著,解放军出版社 1994 年版。

《终结关东军:苏军出兵东北抗日影像全纪录》,胡海波编著,长城出版社2015 年版。

《日本投降内幕》,王俊彦著,中国华侨出版社 1995 年版。

《太阳旗的飘落:日本军队败战录》,程景、吴谦著,北京文艺出版社 2000年版。

《日落要塞:日本关东军霍尔莫津要塞》,谢幕著,黑龙江教育出版社 2015年版。

《铁案:日本无条件投降》,李恒、邱维骥编著,云南人民出版社 2015 年版。

《太阳帝国投降内幕》,曹华筱芳编,团结出版社 1993 年版。

《侵华日军投降内幕》,郑海金著,四川文艺出版社 1995 年版。

《落日:侵华日军投降内幕大揭秘》,正清编著,天津人民出版社 1995 年版。

《远东大受降》,林成西、许蓉生著,青海人民出版社 1995 年版。

《二战大受降:中国抗战与世界反法西斯战争胜利史料集》,朱成山主编,南京出版社 2015 年版。

《中国大受降:侵华日军投降影像全纪录》,李楷编著;徐华主编,长城出版社 2015 年版。

《见证日本投降》,黎秀石著,广东人民出版社 2005 年版。

《日本拒降乞降受降目击记》,冯金辉、边丽君编,军事译文出版社 1992年版。

《第二次世界大战中国战区受降纪实》，中国第二历史资料出版社编，中共党史资料出版社1989年版。

《在河内接受日本投降内幕：回忆十六年外交官生涯之一》，凌其翰编，世界知识出版社1984年版。

《葫芦岛百万日侨俘大遣返》（中文版、英文版），韩亚力主编，五洲传播出版社2015年版。

二、战争审判

《大审判》，《时刻关注》编委会编，中国铁道出版社2014年/2016年版。

《正义审判：第二次世界大战后审判战犯纪实》，王志强主编，科学出版社2016年版。

《从纽伦堡到东京》，王青、海林著，华夏出版社1993年版。

《从改造到自省：战后美国对德反亲善政策探微》（"二战战败国的改造与反省之路"比较研究丛书），沈辰成著；孟钟捷编，黄山书社2015年版。

1. 对德国战犯的审判

《大国合作的试验：盟国对德管制委员会研究》（"二战战败国的改造与反省之路"比较研究丛书），徐之凯著；孟钟捷编，黄山书社2015年版。

《纽伦堡审判》，何勤华、朱淑丽、马贺著，中国方正出版社2006年版。

《纽伦堡审判：对德国法西斯的法律清算》，何勤华、朱淑丽、马贺著，商务印书馆2015年版。

《纽伦堡大审判：纳粹战犯受审纪实》（二战历史丛书），利旋编著，四川人民出版社2005年版。

《纽伦堡大审判：第二次世界大战纳粹战犯受审纪实》（二战历史丛书），利旋著，四川人民出版社1994年版。

《天涯缉凶：纳粹战犯世纪大追捕》，肖宪、刘亚明、李华著，中国工人出版社2005年版。

《正义之剑：全球追捕审判纳粹战犯史鉴》，冯存诚编著，中国海关出版社2008年版。

《全球大追捕：纳粹战犯》，肖宪、刘亚明、李华著，羊城晚报出版社2011年版。

2. 对日本战犯的审判

《日本侵华图志·第 25 卷:投降与受审》,张宪文主编;姜良芹编著,山东画报出版社 2015 年版。

《二战后审判日本战犯报刊资料选编(全 6 卷)》,对日战犯审判文献丛刊编,国家图书馆出版社 2014 年版。

《日本侵华决策史料丛编·政治外交编·专题四:战后审理》,徐勇、臧运祜总主编;宋志勇、周志国编,社会科学文献出版社 2017 年版。

《日本战犯审判》,韩文宁、冯春龙著,南京出版社 2005 年版。

《大审判:日本战犯秘录》,何力编,团结出版社 1993 年版。

《东京审判》,余先予、何勤华、蔡东丽著,中国方正出版社 2005 年版。

《东京审判》,高群书著,中国广播电视出版社 2006 年版。

《东京审判:为了世界和平》,程兆奇著,上海交通大学出版社 2017 年版。

《东京审判:正义与邪恶之法律较量》,余先予、何勤华等著,商务印书馆 2015 年/2016 年版。

《正义的审判:纪念中国人民抗日战争胜利 70 周年》,人民法院报社编,人民法院出版社 2016 年版。

《东京大审判》,魏白著,黄河出版社 1995 年版。

《东京大审判》,黄鹤逸著,北岳文艺出版社 2010 年版。

《东京大审判:纪实》,黄鹤逸著,改革出版社 1999 年版。

《远东大审判:审判日本战犯影像全纪录》,郭芳著,长城出版社 2015 年版。

《东方大审判:审判侵华日军战犯纪实》,郭晓晔著,解放军文艺出版社 1995 年/2005 年/2013 年版。

《国际大审判:远东国际军事法庭审判日本战犯始末》,黄鹤逸著,湖南文艺出版社 1995 年版。

《东京大审判:远东国际军事法庭中国法官梅汝璈日记》,梅汝璈著,江西教育出版社 2005 年版。

《东京审判亲历记》,梅汝璈著;梅小侃整理,上海交通大学出版社 2016 年版。

《东京审判再讨论》,上海交通大学东京审判研究中心编,上海交通大学出版社 2015 年版。

《东京审判研究手册》,程兆奇编著,上海交通大学出版社 2013 年版。

《图说东京审判》，石鼎、赵玉蕙、龚志伟编著，上海交通大学出版社 2019 年版。

《东京审判历史图片集》，对日战犯审判文献丛刊编委会编，国家图书馆出版社 2014 年版。

《东京审判书证及苏、意、德文献》，张生、杨夏鸣著，江苏人民出版社 2010 年版。

《梅汝璈东京审判文稿》，梅小璈、梅小侃编，上海交通大学出版社 2013 年版。

《向哲濬东京审判函电及法庭陈述》，向隆万著，上海交通大学出版社 2014 年版。

《东京审判征战记:中国检察官向哲濬团队》，向隆万著，上海交通大学出版社 2019 年版。

《世纪大审判·1946》，姚辉云著，百花洲文艺出版社 2010 年/2012 年版。

《世纪大审判:东京审判》，李宗远、方勇著，中国友谊出版公司 2001 年版。

《东京审判始末》，余先予、何勤华著，浙江人民出版社 1986 年版。

《东京国际大审判》，乐为、熊程编著，中国文联出版社 2005 年版。

《远东国际大审判》，唐灏著，上海人民出版社 2003 年版。

《东北沦陷史研究 10:东京审判的研究与评价》，东北沦陷史研究杂志社编印，1999 年版。

《远东国际军事法庭审判纪实》，CCTV《走近科学》编辑部编，巴蜀书社 2014 年版。

《远东国际军事法庭》，梅汝璈著，法律出版社 1988 年版。

《远东国际军事法庭判决书》，张效林等节译，上海交通大学出版社 2015 年版。

《远东审判[为了迟到的正义]》（细节见证历史·抗日战争丛书），武原、陈伟德著，中共党史出版社 2005 年版。

《远东国际军事法庭庭审记录·全译本·第一辑》（全 10 卷），程兆奇主编，上海交通大学出版社 2014 年版。

《远东国际军事法庭庭审记录·中国部分》（全 12 卷），程兆奇主编，上海交通大学出版社 2014 年版。

《远东国际军事法庭庭审记录索引、附录》，上海交通大学东京审判研究中心编纂,上海交通大学出版社/国家图书馆出版社 2013 年版。

《远东国际军事法庭证据文献集成索引、附录》(全 3 卷),上海交通大学东京审判研究中心编纂,上海交通大学出版社/国家图书馆出版社 2014 年版。

《横滨审判文献汇编》,对日战犯审判文献丛刊编委会编,国家图书馆出版社 2014 年版。

《战争遗留问题的源头——东京审判与〈旧金山合约〉》,徐勇、张会芳、史楠著,黑龙江人民出版社 2011 年版。

《伯力城审判:沉默半个世纪的证言》,孙家红编校,九州出版社 2015 年版。

《伯力审判:12 名前日本细菌战犯的自供词》,拂洋编写,吉林人民出版社 1997 年版。

《伯力审判庭审记录》(中、英、俄、德、日文版),对日战犯审判文献丛刊编委会编,国家图书馆出版社 2016 年版。

《日本细菌战战犯伯力审判实录》,王国栋著,湖南人民出版社 2005 年版。

《1949:伯力大审判——侵华日军使用细菌武器案庭审实录》,姜力编,解放军文艺出版社 2005 年版。

《马尼拉审判文献汇编》(全 53 卷),对日战犯审判文献丛刊编委会编,国家图书馆出版社 2014 年版。

《罪恶的自供状:新中国对日本战犯的历史审判》,袁秋白、杨瑰珍编著,解放军出版社 2001 年/2015 年版。

《世纪大审判:南京大屠杀日本战犯审判纪实》,姚辉云著,北方文艺出版社 2007 年版。

《南京大审判揭秘——国共两党惩奸纪实》,魏白编著,国际文化出版公司 1995 年版。

《日本侵华战犯的最后结局》,鲍志娇著,崇文书局 2011 年版。

《浴血八年树丰碑:受降与审判》,郭大钧、吴广义著,广西师范大学出版社 1994 年版。

《日本战犯审判秘闻》,王俊彦著,中国华侨出版社 1994 年版。

《国殇·第八部:审判日伪战犯纪实》,施原著,团结出版社 2015 年版。

《正义的审判:二战日本战犯罪行录》,徐平编著,长城出版社 1996 年版。

《正义的审判:最高人民法院特别军事法庭审判日本战犯纪实》,王战平主编,人民法院出版社 1991 年版。

《中外军事法庭审判日本战犯:关于南京大屠杀》,胡菊蓉著,南开大学出版社 1988 年版。

《百万日军魔首大审判:战争狂人的末日》,郑海金著,四川文艺出版社 1995 年版。

《日本战犯的再生之地:中国抚顺战犯管理所》,郭长建、张佐库、侯桂花主编,五洲传播电子出版社 2005 年版。

《世界名人死亡之谜:走向坟墓的二战战犯》,邹志明等编著,山东人民出版社 1993 年版。

《人与鬼:日本战犯关押纪实》,于雷著,辽宁教育出版社 1996 年版。

《前日本陆军军人因准备和使用细菌武器被控案审判材料》,外国文书籍出版局 1950 年版。

《汉奸大审判》,王晓华著,南京出版社 2005 年版。

《侵华日军战犯手记文档揭秘》,张子峰著,中国青年出版社 2007 年版。

《把东条英机送上绞刑架的中国人》,梅朝荣著,武汉大学出版社 2006 年版。

《为正义敲响法槌:审判日本战犯的军事法官叶在增》,梅孝斌、叶恕兵著,南京出版社 2007 年版。

《丸之内审判文献汇编》(全 18 卷),对日战犯审判文献丛刊编委会编,国家图书馆出版社 2016 年版。

三、战争赔偿与战争反省

1. 战争赔偿

《德国战败赔偿政策研究(1939—1949)》,田小惠著,中央编译出版社 2012 年版。

《"战争与和平"视阈下的美国对德战争索赔政策》,苑爽著,中央编译出版社 2015 年版。

《中国抗战损失与战后索赔始末》,孟国祥、喻德文著,安徽人民出版社 1995 年版。

《为什么日本不认账:日本国战争赔偿备忘录》,李正堂著,时事出版社 1997 年版。

《血债:对日索赔纪实——中国政府放弃日本战争赔偿历史背景》,高平编著,国际文化出版公司 1997 年版。

《未被审判:中国民间对日索赔纪实》,李冬苓、李九红著,中央编译出版社 2004 年版。

《未走完的历史和解之路——战后日本的战争赔偿与对外援助》,徐显芬著,世界知识出版社 2018 年版。

《谁来承担战争赔偿的责任——日本对华战争赔偿问题新论》,袁成毅著,黑龙江人民出版社 2011 年版。

2. 战争反省

《日本的战争责任认识》(中文版、英文版),步平著,五洲传播出版社 2015 年版。

《日本谢罪为什么这样难》,王卫新、胡令远主编,华东师范大学出版社 2015 年版。

《战后日本政界战争观研究》,王希亮著,社会科学文献出版社 2005 年版。

《战后日本文化与战争认知研究》,刘炳范,中国社会科学出版社 2003 年版。

《战后日本人的战争责任认识研究》,徐志民著,社会科学文献出版社 2012 年版。

《是总结还是翻案:兼评〈大东亚战争的总结〉》,潘俊峰、杨民军主编,军事科学出版社 1998 年版。

《解放还是侵略? 评〈大东亚战争的总结〉》,王云骏等编著,社会科学文献出版社 2011 年版。

《谢罪与翻案:德国和日本对第二次世界大战侵略罪行反省的差异及其根源》,彭玉龙著,解放军出版社 2001 年版。

《日本军国主义论》,蒋立峰、汤重南主编,河北人民出版社 2005 年版。

《日本军国主义问题研究丛书》,河北人民出版社 2005 年版。

《论日本军国主义的侵略战争》,朱冬生编著,解放军出版社 2008 年版。

《日本三代天皇操纵侵华战争内幕》,王天平著,辽宁人民出版社 2013 年版。

《解密靖国神社》,王智新著,广东人民出版社 2005 年版。

《靖国神社揭秘》,祁隆编著,新世界出版社 2003 年版。

《靖国神社大揭秘》,华民编著,世界知识出版社 2005 年版。

《日本靖国神社七问》，步平著，解放军出版社 2016 年版。

《靖国神社与日本军国主义》，步平著，黑龙江人民出版社 2011 年版。

《靖国神社是如何建立起来的?》（中文版、英文版、法文版、俄文版、日文版、西班牙文版），步平著，五洲传播出版社 2014 年版。

《靖国神社：日本军国主义的招魂幡》，郑彭年著，新华出版社 2000 年版。

《靖国神社与日本的文化、宗教有什么样的关系?》（中文版、英文版、法文版、俄文版、日文版、西班牙文版），五洲传播出版社 2014 年版。

《战后的靖国神社与战前有什么区别?》（中文版、英文版、法文版、俄文版、日文版、西班牙文版），步平著，五洲传播出版社 2014 年版。

《日本侵华战争中的靖国神社是什么样的?》（中文版、英文版、俄文版、法文版、日文版、西班牙文版），步平著，五洲传播出版社 2014 年版。

《历史不容忘记：中国驻外使节批驳日本首相参拜靖国神社文集》（中文版、英文版、法文版、俄文版、日文版、西班牙文版），程永华等编著，五洲传播出版社 2014 年版。

《参拜靖国神社为什么成为敏感话题?》（中文版、英文版、法文版、俄文版、日文版、西班牙文版），步平著，五洲传播出版社 2014 年版。

《靖国神社甲级战犯的罪证：远东国际军事法庭的判决》，对日战犯审判文献丛刊编委会编，国家图书馆出版社 2014 年版。

《靖国神社供奉的日本甲级战犯罪行录》，祁长松主编，学习出版社 2005 年版。

《靖国神社的幽灵：警惕日本军国主义复活》，高岚编著，军事科学出版社 2002 年版。

《永远抹不去的印记：从发动甲午战争到参拜"靖国神社"》，陈桦、李景屏主编，江西人民出版社 2008 年版。

《东史郎谢罪》，朱成山撰文；王重义绘画，上海辞书出版社 2002 年版。

《东史郎和他的诉讼案：一个日本侵华老兵的反省》，中国人民抗日战争纪念馆编，北京文艺出版社 2000 年/2005 年版。

《千年之交的较量：抗议大阪反华集会与日本最高法院对东史郎案不公正判决文集》，朱成山编著，新华出版社 2000 年版。

《日本右翼问题研究》（中文版、英文版、日文版），步平、王希亮著，五洲传播出版社 2015 年版。

《战后日本右翼势力研究》,孙立祥著,中国青年出版社 2013 年版。

《日本右翼历史观批判研究》,王向远著,昆仑出版社 2015 年版。

《日本右翼势力与东北亚国际关系》,王希亮著,社会科学文献出版社 2013 年版。

《谁该向中国忏悔:抗战胜利反思录》,朱小平著,辽宁人民出版社 2013 年版。

《和平之翼:〈美华论坛〉对日本军国主义的声讨》,田彤、刘莉主编;张靓、刘莉等翻译,华中师范大学出版社 2018 年版。

《20 世纪 90 年代德语自传文学中的纳粹时期成长记忆》,赵叶莹著,吉林大学出版社 2016 年版。

第九节　二战人物研究

一、比较研究

《铁血兵王》(全景二战系列),吕宁编著,云南教育出版社 2011 年版。

《风云人物》,鲍志萍著,西北工业大学出版社 2015 年版。

《二战风云人物》,肖石忠主编,华夏出版社 2005 年/2014 年版。

《二战十大风云人物》,孟节主编,哈尔滨出版社 2003 年版。

《二战十大风云人物》,王焱编著,哈尔滨出版社 2015 年版。

《马骏别解二战风云人物》,马骏著,光明日报出版社 2006 年版。

《成败:二战风云人物启示录》,华章编著,金城出版社 2005 年版。

《第二次世界大战风云人物》,陈渠兰编著,武汉大学出版社 2014 年版。

《第二次世界大战风云人物传》,肖石忠主编,华夏出版社 1994 年版。

《插图本二战国际风云人物丛书》(全 14 册),解力夫等著,世界知识出版社 2005 年版。

《重温二战,60 位著名人物评传》,刘波、王胜杰主编,国防大学出版社 2005 年版。

《风云人物:第二次世界大战著名人物》,胡元斌、严锴主编,台海出版社 2014 年版。

《二战中的成王败寇》,李乡状编著,团结出版社 2014 年版。

《第二次世界大战领袖:救世伟人》(第二次世界大战史丛书),李飚主编,中国环境科学出版社/学苑音像出版社 2006 年版。

《第二次世界大战领袖：二战统帅》（第二次世界大战史丛书），李飚著，内蒙古人民出版社 2007 年版。

《第二次世界大战将帅图集》（全 2 册），凌伊编著，中国华侨出版社 1994年版。

《第二次世界大战著名将帅》，潘人杰、李欣主编，百花洲文艺出版社 1996年版。

《元帅韬略：第二次世界大战著名元帅》，胡元斌、严锴主编，台海出版社 2014 年版。

《二战将帅的风姿与丑行》（二战启示录丛书），及耀斌等编著，中国经济出版社 1995 年版。

《第二次世界大战元帅：超级战神》（第二次世界大战史丛书），李飚主编，中国环境科学出版社/学苑音像出版社 2006 年版//内蒙古人民出版社 2007 年版。

《二战将帅的婚姻生活》，李乡状编著，团结出版社 2014 年版。

《二战名将》（全景二战系列），姜静编著，云南教育出版社 2011 年版。

《二战名将解读》，《时刻关注》编委会编，中国铁道出版社 2015 年/2017年版。

《二战十大猛将》，王恩泽编著，哈尔滨出版社 2015 年版。

《二战名将解读》，张祥斌主编；《二战名将解读》编委会编，中国铁道出版社 2012 年版。

《二战骁将与名战》，马骏主编，中国社会科学出版社 1995 年版。

《二十世纪大将军》，张天瑜、宋元明主编，北京出版社 1998 年版。

《二战王牌指挥官》，刘岳峰编著，哈尔滨出版社 2015 年版。

《二战·将帅的婚姻生活》，李乡状编著，团结出版社 2014 年版。

《二战·士兵浪漫曲》，李乡状编著，团结出版社 2014 年版。

《二战启示录.铁血人物》，刘波、王胜杰主编，农村读物出版社 2015 年版。

《将星纵横：第二次世界大战著名将领》，胡元斌、严锴主编，台海出版社 2014 年版。

《第二次世界大战傀儡：乞尾赖犬》（第二次世界大战史丛书），李飚主编，中国环境科学出版社/学苑音像出版社 2006 年版//内蒙古人民出版社 2007 年版。

《奴才媚相：第二次世界大战主要傀儡》，胡元斌、严锴主编，台海出版社

2014 年版。

《人物大结局》（二战往事系列），陈泽卿主编；王越撰稿，中国长安出版社 2005 年版。

《第二次世界大战传奇女性》，陈渠兰编著，武汉大学出版社 2014 年版。

《抗日战争中在中国的外国国家元首》，曹晋杰编著，黑龙江人民出版社 2002 年版。

《蒋介石与希特勒》，马振犊、戚如高著，九州出版社 2012 年版。

《蒋介石与希特勒：1927—1938 中德关系的蜜月时期》，王晓华、张庆军著，台海出版社 2012 年版。

二、法西斯国家人物

《法西斯人物列传》，王家福主编；傅树政等编著，黑龙江人民出版社 1986 年版。

《纳粹枭雄》，洪庆明编，东方出版社 2005 年版。

《二战首要战犯绝密档案》，高士振编著，台海出版社 2010 年版。

《十大军事枭雄》，晓亮、宪生主编，广东旅游出版社 1994 年版。

《第二次世界大战枭雄：亡命暴徒》（第二次世界大战史丛书），李飚主编，中国环境科学出版社/学苑音像出版社 2006 年版//内蒙古人民出版社 2007 年版。

《暴徒血证：第二次世界大战主要枭雄》，胡元斌、严锴主编，台海出版社 2014 年版。

《欧亚大喋血：二战枭雄亲征秘史》，段鹤冰、张雨生主编，河北人民出版社 1994 年版。

《第二次世界大战实录：决定人类命运的大决战·枭雄篇》，马夫主编，内蒙古人民出版社 2005 年版。

《第二次世界大战元凶：噬血恶魔》（第二次世界大战史丛书），李飚主编，中国环境科学出版社/学苑音像出版社 2006 年版//内蒙古人民出版社 2007 年版。

《第二次世界大战实录：决定人类命运的大决战·悍将篇》，马夫主编，内蒙古人民出版社 2005 年版。

《第二次世界大战悍将：呲骨豺狼》（第二次世界大战史丛书），李飚主编，中国环境科学出版社/学苑音像出版社 2006 年版//内蒙古人民出版社 2007 年版。

《豺狼陷阱：第二次世界大战主要悍将》，胡元斌、严锴主编，台海出版社

2014年版。

1. 法西斯魁首

《轴心三枭雄》,万冲、晓娣著,黑龙江人民出版社1994年版。

《二战三恶魔:希特勒 墨索里尼 东条英机》,杨国学著,中共党史出版社2005年版。

《法西斯三大元凶》,刘干才、李奎编著,团结出版社2015年版。

《二次大战三元凶:希特勒 东条英机 墨索里尼》,解力夫著,汕头大学出版社2015年版。

《第二次世界大战法西斯罪魁》,刘汉全等编著,黑龙江人民出版社1995年版。

《纳粹三恶魔》,李影等编著,黑龙江人民出版社1992年版。

《恶魔下场:第二次世界大战主要元凶》,胡元斌、严锴主编,台海出版社2014年版。

(1)希特勒

《希特勒》,胡其鼎著,浙江人民出版社1986年/1997年版。

《希特勒》,方村编著,中国和平出版社1996年版。

《希特勒》,李哲编著,国际文化出版公司1996年版。

《希特勒》,白光炜著,中国华侨出版社1998年版。

《希特勒》,黄雁等编著,中央广播电视大学出版社2000年版。

《希特勒》,奥特著,黑龙江人民出版社2001年版。

《希特勒》,温恕编写,延边大学出版社2003年版。

《希特勒》,余才千等编著,京华出版社2003年版//石油工业出版社2014年版//汕头大学出版社2016年版。

《希特勒》,陶小康、李军政著,中国少年儿童出版社2003年版。

《希特勒》(上下册),解力夫著,世界知识出版社2004年版。

《希特勒》,时影编著,汕头大学出版社2005年版。

《希特勒》,李乡状著,吉林大学出版社2009年版。

《希特勒:战争狂人》,李言主编;姜亚林著,中国长安出版社2003年版。

《希特勒:注定失败的赌注》,熊伟民著,湖南师范大学出版社1999年版。

《希特勒:惨绝人寰的嗜血恶魔》,余才千等编著,北京联合出版公司2014年版。

《希特勒:一个"畸形"男人荒淫、霸道的一生》,艾德尼编著,北京时事出版社 1996 年版。

《希特勒外传》,江西人民出版社改编,南昌出版社 1985 年版。

《希特勒全传》,隆仁主编,中国华侨出版社 1998 年版。

《希特勒秘传》,杰夫编著,中国工人出版社 2001 年版。

《希特勒之谜》,麦顿编著;沈阳出版社 1994 年版。

《希特勒档案》,戴福顿著,河南人民出版社 1995 年版。

《希特勒谋略》,刘庭华编著,内蒙古人民出版社 1998 年版。

《阿道夫·希特勒》,赵望尘编著,金城出版社 2001 年版。

《战争狂人希特勒》,胡成编著,中国戏剧出版社 2006 年版。

《盗世奸雄:希特勒》,解力夫著,世界知识出版社 1985 年/2005 年版。

《帝国狂人:希特勒》,志干编著,北京图书馆出版社 1997 年版。

《纳粹元凶:希特勒》,吕双波编著,中国书籍出版社 2017 年版。

《纳粹枭雄:希特勒秘传》,杰夫编著,中国工人出版社 2002 年版。

《世纪魔王希特勒》,阿迁编,中国工人出版社 1994 年版。

《战争狂人和大独裁者:合订本》,中国青年出版社 1996 年版。

《最疯狂的战争狂徒——希特勒》,莹秋编著,同心出版社 2011 年版。

《二十世纪大劫难:希特勒的一生》,尉晨阳编著,山西高校出版社 1993 年版。

《肆虐的纳粹瘟疫:德意志灾星希特勒发迹始末》,黄传武等著,长春出版社 1995 年版。

《希特勒霸权结局:流氓者和兵痞——希特勒》,陈冠任编著,当代中国出版社 2001 年版。

《希特勒的真面目》,保龄著,北京现代出版社 1980 年版。

《希特勒与知识分子》,刘国柱著,时事出版社 2000 年版。

《希特勒财宝的秘密》,鄂华著,海峡文艺出版社 1986 年版。

《战争魔王的黑暗生涯:希特勒画传》,毛德鸣、孙玲编,上海画报出版社 1990 年版。

《希特勒的女人们》,李乡状编著,团结出版社 2014 年版。

《希特勒的魔鬼口才》,王俊编著,中共党史出版社 2003 年版。

《希特勒与艺术:德国艺术史上最可耻的一章》,赵鑫珊著,百花文艺出版社

1996 年版。

《蒋介石与希特勒勾结史料》,中国科学院近代历史研究所南京史料整理处编印,1961 年版。

《希特勒大本营的最后 100 天》,元歌著,解放军出版社 2005 年版。

《"霸王"出世:希特勒的崛起》,张俊红主编,北方妇女儿童出版社 2004 年版。

《希特勒血腥屠杀全球为敌秘传》,李庶巾主编,吉林摄影出版社 2004 年版。

(2)墨索里尼

《墨索里尼》,罗红波著,浙江人民出版社 1987 年/1997 年版。

《墨索里尼》,黄雁著,中央广播电视大学出版社 2000 年版。

《墨索里尼》,奥特著,中国青年出版社 2001 年版。

《墨索里尼》,牛景立著,京华出版社 2003 年版//石油工业出版社 2014 年/ 2016 年版。

《墨索里尼》(上下卷),解力夫著,世界知识出版社 2004 年版。

《墨索里尼》,李乡状等编著,吉林大学出版社 2009 年版。

《墨索里尼》(上下册),牛景立等著,京华出版社 2014 年版。

《专制魔王:墨索里尼》,解力夫著,世界知识出版社 1985 年/1994 年/2005 年版。

《墨索里尼:专制魔王》,李言主编;朱智宾著,中国长安出版社 2003 年版。

《法西斯狂徒:墨索里尼》,端木佳睿编著,中国书籍出版社 2017 年版。

《法西斯党魁墨索里尼》,张慧德著,商务印书馆 1986 年版。

《法西斯鼻祖墨索里尼》,李丹编著,中国戏剧出版社 2005 年版。

《法西斯的鼻祖——墨索里尼》,金永华编著,宁夏人民出版社 2015 年版。

《墨索里尼与意大利法西斯》,陈祥超著,中国华侨出版社 2004 年版。

《墨索里尼:一个比"魔鬼"更可怕的刽子手》,艾德尼编著,北京时事出版社 1996 年版。

(3)东条英机

《东条英机》,何以多、吴健生编著,中国和平出版社 1996 年版。

《东条英机》,黄雁等编著,中央广播电视大学出版社 2000 年版。

《东条英机》,本书编委会编,中国和平出版社 2002 年版。

《东条英机》(上下册),刘乐华等著,京华出版社 2003 年/2006 年版。

《东条英机:乱世赌徒》,李言主编;刘涛著,中国长安出版社 2003 年版。

《东条英机:最新图文版》,解力夫文,世界知识出版社 2004 年版。

《东条英机》,侯黎风著,中国少年儿童出版社 2005 年版。

《东条英机传》,李一鸣主编,吉林大学出版社 2010 年版。

《东条英机全传》(上下册),杜查理著,红旗出版社 1996 年版。

《战争狂人:东条英机》(插图本二战国际风云人物丛书),解力夫著,世界知识出版社 2005 年版。

《战争狂魔:东条英机》,鸿儒文轩编著,中国书籍出版社 2017 年版。

《东条英机:穷兵黩武的剃刀将军》(上下),刘乐华等编著,京华出版社 2014 年版。

《日本大战犯东条英机》,张阁林、襟官德编著,商务印书馆 1986 年版。

《"剃头屠夫"东条英机》,何静编著,中国戏剧出版社 2005 年版。

2. 法西斯将帅

《德军将帅狐狼榜》,史习基编著,北京联合出版公司 2012 年版。

《二战德军十大将帅》,"二战经典战役"编委会编译,中国铁道出版社 2017 年版。

《轴心国作恶悍将》,刘干才、李奎编著,团结出版社 2015 年版。

(1)隆美尔

《隆美尔》,薛菲、李隽编著,国际文化出版公司 1996 年版。

《隆美尔》,林文著,海南出版社 2003 年版。

《隆美尔》,梅林著,京华出版社 2004 年版。

《隆美尔》,葛立德、黄文政等编著,沈阳辽海出版社 2004 年版。

《隆美尔》(上下卷),程广中著,世界知识出版社 2004 年版。

《隆美尔》,李乡状著,吉林大学出版社 2009 年版。

《隆美尔》,孙洁著,中国华侨出版社 2015 年版。

《隆美尔:沙漠之狐》,郭辉编译,中国铁道出版社 2019 年版。

《隆美尔:沙漠中厮杀的狡狐》,池昕鸿著,延边人民出版社 2009 年版。

《隆美尔:沙漠中厮杀的狡狐》,郭辉编著,石油工业出版社 2014 年版//汕头大学出版社 2015 年版//中国铁道出版社 2019 年版。

《隆美尔传》,南羽著,哈尔滨出版社 2012 年版。

《隆美尔全传》，林葳著，华中科技大学出版社 2013 年版。

《隆美尔全传》，金泽灿著，华中科技大学出版社 2017 年版。

《沙漠之狐隆美尔》（上下），宋宜昌著，北岳文艺出版社 1992 年版。

《沙漠之狐隆美尔》，王坚强编著，中国戏剧出版社 2005 年版。

《沙漠之狐隆美尔》，宋宜昌著，山东人民出版社 2010 年版。

《沙漠之狐——隆美尔：1891—1944》，鸿儒文轩编著，中国书籍出版社 2013 年版。

《沙场斗兽：隆美尔》（插图本二战国际风云人物丛书），程广中著，世界知识出版社 2005 年版。

《隆美尔：沙场斗兽》，程广中著，世界知识出版社 1994 年版。

《隆美尔：沙漠斗兽》，李言主编；张隆著，中国长安出版社 2003 年版。

《隆美尔的青少年时代》，刘金洲、孙玲编著，现代出版社 1997 年版。

《漫画二战将帅隆美尔》，杨宏志主编，中央广播电视大学出版社 2012 年版。

（2）山本五十六

《山本五十六》，李彦明、张晴编著，国际文化出版公司 1996 年版。

《山本五十六》，郭宏军著，京华出版社 2004 年版。

《山本五十六》（上下册），接培柱著，世界知识出版社 2004 年版。

《山本五十六》，时影编著，汕头大学出版社 2005 年版。

《山本五十六》，李乡状著，吉林大学出版社 2009 年版。

《山本五十六》，郭宏军编著，汕头大学出版社 2015 年版。

《山本五十六》，张万杰著，中国华侨出版社 2015 年版。

《山本五十六传》，明华锋著，哈尔滨出版社 2012 年版。

《山本五十六全传》，林树增著，华中科技大学出版社 2015 年／2017 版。

《山本五十六全传》，金泽灿著，华中科技大学出版社 2017 年版。

《战争赌徒山本五十六》，宋强编著，中国戏剧出版社 2005 年版。

《战争赌徒：山本五十六》（插图本二战国际风云人物丛书），接培柱著，世界知识出版社 2005 年版。

《战争赌徒：山本五十六》，鸿儒文轩编著，中国书籍出版社 2015 年版。

《豪赌太平洋——山本五十六》，杜川云编著，同心出版社 2011 年版。

（3）其他军政要人

《戈林》，兆丰、凡玲编著，解放军出版社 1994 年版／／海南出版社 2002 年版。

《乱世枭雄戈林》,王建吉著,世界知识出版社2004年版。

《乱世枭雄:戈林》(插图本二战国际风云人物丛书),王建吉著,世界知识出版社2005年版。

《希特勒四大爪牙之——戈林》,李乡状编著,团结出版社2015年版。

《戈培尔》,郭威著,海南出版社2002年版。

《希特勒的宣传部长:戈培尔博士》,马建钧等编著,新疆人民出版社1996年版。

《法西斯喉舌戈培尔》,刘奎编著,中国戏剧出版社2005年版。

《邓尼茨》,王新霞著,海南出版社2002年版。

《邓尼茨》,赵爽著,中国华侨出版社2015年版。

《希特勒四大爪牙之——邓尼茨》,李乡状编著,团结出版社2015年版。

《希特勒四大爪牙之——海因里希》,李乡状编著,团结出版社2015年版。

《希特勒四大爪牙之——龙德施泰特》,李乡状编著,团结出版社2015年版。

《希姆莱》,赫希尔编著;青海人民出版社1997年版。

《希姆莱》,鲁文岚著,海南出版社2002年版。

《慈面魔王:希姆莱》,屈平、成建著,世界知识出版社1999年版。

《政治杀手贝利亚杀人恶魔希姆莱》,石文才编著,中国戏剧出版社2005年版。

《古德里安》,张晓光著,京华出版社2006年/2014年版。

《古德里安》,李乡状著,吉林大学出版社2009年版.

《古德里安》,姚捷著,中国华侨出版社2015年版。

《古德里安传》,陈辉著,哈尔滨出版社2012年版。

《古德里安全传》,林文力著,华中科技大学出版社2015年版。

《古德里安全传》,史清源著,华中科技大学出版社2018年版。

《古德里安:德国装甲兵之父》,张晓光编译,中国铁道出版社2019年版。

《铁甲悍将——古德里安》,鸿儒文轩编著,中国书籍出版社2015年版。

《坦克怪杰——古德里安》,曹宏、张惠民著,世界知识出版社1995年版。

《曼施泰因》,蒋渊著,中国华侨出版社2015年版。

《权杖下的战争:第三帝国元帅列传》,张瀚涛编著,台海出版社2017版。

《莱因哈德·海德里希传:第三帝国代理人》,巴超、王玉莹著,中国长安出版社 2016 版。

《裕仁天皇传》，程永明著，天津社会科学院出版社 2011 年/2014 年版。

《史实：日本三代天皇侵华内幕》，王天平著，辽宁教育出版社 2007 年版。

《侵华日军十大恶魔》，东方明著，中国文联出版公司 1995 年版。

《侵华日军甲级战犯大结局》，袁杨主编，珠海出版社 2004 年版。

《靖国神社中的甲级战犯》，中国社会科学院近代史研究所编，五洲传播出版社 2005 年版。

《靖国神社中的甲级战犯》（中文版、英文版、日文版），中国社会科学院近代史研究所编，五洲传播出版社 2015 年版。

《装甲英豪：二战德军装甲兵上将温克和他的部队》，韩磊、董旻杰著，中国长安出版社 2014 年版。

3. 其他人物

《德军将帅狐狼榜》，史习基编著，汕头大学出版社 2015 年版。

《纳粹疯狂刽子手》，刘干才、李奎编著，团结出版社 2015 年版。

《帝国骑士：第三帝国最高战功勋章获得者全传》，汪冰著，台海出版社 2018 年版。

《帝国骑士：二战时期德国最高战功勋章获得者全传》（全 4 卷），汪冰著，中国长安出版社 2013 年版。

《毙命中国的百名日军将领》，张子申、薛春德编，解放军出版社 1990 年版。

《河本大作与日军山西“残留”》，中央档案馆、中国第二历史档案馆等编，中华书局 1995 年版。

《谍海奸雄：土肥原贤二秘录》，王朝柱著，作家出版社 2013 年版。

《谍海之花：川岛芳子》，友子著，湖南师范大学出版社 2011 年版。

《男装女谍：一个真实的川岛芳子》，友子编著，团结出版社 2007 年版。

《川岛芳子传》，李一鸣主编，吉林大学出版社 2010 年版。

《谍海女枭·川岛芳子》，宁国仕著，白山出版社 2008 年版。

《乱世魔女川岛芳子　侵华谍枭土肥原贤二》，秦泽编著，中国戏剧出版社 2005 年版。

《蒋介石侍卫官眼中的戴笠和川岛芳子》，叶邦宗著，团结出版社 2012 年版。

《魏特琳传》，南京师范大学南京大屠杀研究中心主编，南京出版社 2001

年版。

《魏特琳:忧郁的一九三七》,赵锐著,南京师范大学出版社2012年版。

《见过希特勒与救过犹太人的伪满外交官》,杨明生执笔,黑龙江人民出版社2001年版。

《二战德国王牌飞行员:二战德国七位顶级王牌的传奇人生实录》,凯琳著,中国长安出版社2013年版。

《德国女兵梦断法兰西:卷进战争的女性》,革非著,中国工人出版社1999年版。

《寻访"二战"德国兵》,朱维毅著,同心出版社2005年版。

三、反法西斯盟国人物

《同盟国风云人物》,刘干才、李奎编著,团结出版社2015年版。

《二战美军十大战将》,"二战经典战役"编委会编译,中国铁道出版社2017年版。

《二战苏军十大将帅》,"二战经典战役"编委会编译,中国铁道出版社2017年版。

《二战英军十大将帅》,"二战经典战役"编委会编译,中国铁道出版社2017年版。

《二战名将:艾森豪威尔　戴高乐》,解力夫著,汕头大学出版社2015年版。

《二战盟国大英雄》,刘干才、李奎编著,团结出版社2015年版。

《第二次世界大战风云录:一代名将》,张海麟主编;王永涛等著,社会科学文献出版社1995年版。

《第二次世界大战将领:叱咤英豪》(第二次世界大战史丛书),李飚主编,中国环境科学出版社/学苑音像出版社2006年版//内蒙古人民出版社2007年版。

《第二次世界大战实录:决定人类命运的大决战·将领篇》,马夫主编,内蒙古人民出版社2005年版。

《二战·英雄的故事》,李乡状编著,团结出版社2014年版。

《第二次世界大战英雄:铁胆勇士》(第二次世界大战史丛书),李飚主编,中国环境科学出版社/学苑音像出版社2006年版//内蒙古人民出版社2007年版。

《第二次世界大战实录:决定人类命运的大决战·英雄篇》,马夫主编,内蒙古人民出版社2005年版。

《英雄赞歌：第二次世界大战著名英雄》，胡元斌、严锴主编，台海出版社2014年版。

1. 反法西斯盟国首脑

《二战三巨头：罗斯福 斯大林 丘吉尔》，戴文光著，中共党史出版社2005年版。

《二次大战三巨头：丘吉尔 罗斯福 斯大林》，解力夫著，汕头大学出版社2015年版。

《"二战"三巨头：欧洲战场纪实》，唐先圣著，重庆出版社2005年版。

《罗斯福杜鲁门》，苏妍、胡高昂编著，红旗出版社2017年版。

《罗斯福杜鲁门：一个真实的美国总统》，苏妍、胡高昂编著，沈阳出版社2017年版。

《第二次世界大战实录：决定人类命运的大决战·领袖篇》，马夫主编，内蒙古人民出版社2005年版。

《巨人之战：第二次世界大战中的罗斯福、斯大林和丘吉尔》，汪文军著，同心出版社1995年版。

《美国70年·第一部，从罗斯福到艾森豪威尔（1933—1961年）：大而不倒的阴谋政治》，田明著，云南人民出版社2011年版。

（1）罗斯福

《罗斯福》，皮瑞著，名人出版社1980年版。

《罗斯福》，邓蜀生著，浙江人民出版社1985年/1997年版。

《罗斯福》，盛震江编著，沈阳辽海出版社1998年版。

《罗斯福》，许静编著，哈尔滨出版社2001年版。

《罗斯福》（上下卷），解力夫著，世界知识出版社2004年版。

《罗斯福》，罗兰德编著，内蒙古人民出版社2006年版。

《罗斯福》，李乡状著，吉林大学出版社2009年版。

《罗斯福》，文景主编，中国人口出版社2012年版。

《罗斯福》（上下册），章正余等编著，京华出版社2014年版。

《罗斯福：轮椅上的英勇斗士》（上下册），章正余编著，石油工业出版社2014年版。

《罗斯福：轮椅上的英勇斗士》（上下册），章正余等编著，北京联合出版社2014年版。

《罗斯福传》,罗永宽编著,崇文书局 2010 年版。

《罗斯福传》,苗妍著,吉林出版集团有限责任公司 2011 年版。

《罗斯福全传》,柳鸣九主编,长春出版社 2002 年版。

《罗斯福大传》,刘屹松著,华中科技大学出版社 2019 年版。

《罗斯福大传》,康荞编著,企业管理出版社 2012 年版。

《罗斯福:刚毅果敢》,李言主编;王慧著,中国长安出版社 2003 年版。

《身残志坚:罗斯福》,解力夫著,世界知识出版社 1989 年/1994 年版。

《身残志坚:罗斯福》(插图本二战国际风云人物丛书),解力夫著,世界知识出版社 2005 年版。

《富兰克林·罗斯福传》,张艳虎编著,中国社会出版社 2006 年版。

《罗斯福——轮椅总统》,竞游主编,内蒙古人民出版社 2007 年版。

《轮椅总统——罗斯福》,徐帮学主编,吉林教育出版社 2010 年版。

《轮椅总统——罗斯福:1882—1945》,鸿儒文轩编著,中国书籍出版社 2012 年版。

《罗斯福:勇者无敌》,欧阳静雯编著,北京师范大学出版社 2015 年版。

《罗斯福:轮椅上的英勇斗士》,章正余编译,中国铁道出版社 2019 年版。

《罗斯福:开辟"美国世纪"的总统》,黄砥中、刘昕著,长春出版社 1999 年版。

《罗斯福演说:战火中的民族精神》,任宪宝编著,中国言实出版社 2014 年版。

《战时盟国的领导人——罗斯福》,晓树主编,中国画报出版社 2009 年版。

《罗斯福:在轮椅上领导反法西斯斗争的杰出总统》,陈鹰翔主编,贵州教育出版社 2011 年版。

《罗斯福:美国历史上执政时间最长的总统》,图说名人系列编委会主编,江苏科学技术出版社 2013 年版。

《罗斯福外交思想研究》,赵志辉著,安徽大学出版社 2009 年版。

《"联合国"之父:罗斯福》,《图说名人》编委会编著,南海出版公司 2015 年版。

《经天纬地仍从容:罗斯福兵法》,沈晓阳、廉京辉著,中原农民出版社 1998 年版。

《罗斯福舰队转进太平洋》,朱玉瑶、刘娟著,吉林大学出版社 1995 年版。

《坐在轮椅上的美国总统罗斯福》，何迪著，商务印书馆1985年版。

《富兰克林·D.罗斯福时代：1929—1945》，刘绪贻主编，人民出版社1994年版。

《不失时机的选择：罗斯福的领导与美国的霸权》，熊伟民著，湖南师范大学出版社1999年版。

《总统与情报：从罗斯福到小布什》，纪真著，军事科学出版社2008年版。

（2）丘吉尔

《丘吉尔》，陈尧光著，浙江人民出版社1988年/1997年版。

《丘吉尔》，吴慧颖编著，沈阳辽海出版社1998年版。

《丘吉尔》，曾莉、张乎振著，中国少年儿童出版社1999年版。

《丘吉尔》，汤翔编著，哈尔滨出版社2001年版。

《丘吉尔》（上下册），刘乐土著，书目文献出版社2001年版//京华出版社2004年版。

《丘吉尔》（上下册），解力夫著，世界知识出版社2004年版。

《丘吉尔》，时影编著，汕头大学出版社2005年版。

《丘吉尔》，梅小燕编著，内蒙古人民出版社2005年版。

《丘吉尔》，钟声著，蓝天出版社2011年版。

《丘吉尔》，文景主编，中国人口出版社2012年版。

《丘吉尔》，何京鸿编著，哈尔滨出版社2015年版。

《丘吉尔》，刘乐华编译，石油工业出版社2014年版//汕头大学出版社2015年版//中国铁道出版社2019年版。

《丘吉尔传》，翁燕珩主编，北京理工大学出版社1993年版。

《丘吉尔传》，蔡赓生编著，湖北辞书出版社1996年版//崇文书局2010年版。

《丘吉尔传》，王晓君编著，中国社会出版社2006年版。

《丘吉尔传》，李娟、李微微著，国家图书馆出版社2008年版。

《丘吉尔传》，张小铁著，时代文艺出版社2012年/2016年版。

《丘吉尔全传》（上下册），杜查理著，红旗出版社1996年版。

《丘吉尔大传》，邱林编著，企业管理出版社2012年版。

《临危受命：丘吉尔》，解力夫著，世界知识出版社1989年/1994年版。

《临危受命：丘吉尔》（插图本二战国际风云人物丛书），解力夫著，世界知识出版社 2005 年版。

《铁血首相丘吉尔》,鸿儒文轩编著,中国书籍出版社 2015 年版。

《千面政客丘吉尔》,钱林峰编著,中国戏剧出版社 2005 年版。

《丘吉尔——杰出首相》,竞游主编,内蒙古人民出版社 2007 年版。

《风云首相丘吉尔》,王金锋编著,王金锋著,辽海出版社 2017 年版。

《丘吉尔:逆境崛起(二战将帅)》,李言主编;徐利英著,中国长安出版社 2003 年版。

《战盾不列颠:丘吉尔再振日不落国威》,刘泓著,长春出版社 1995 年版。

《承受不起的战争:邱吉尔的坚韧与帝国的崩溃》,李积顺著,湖南师范大学出版社 1999 年版。

《胆识韬略盖英伦:丘吉尔兵法》,赵一平著,中原农民出版社 1998 年版。

《丘吉尔牵引英国狮》,徐萍、赵文飞著,吉林大学出版社 1995 年版。

《临危受命的英国战时首相:丘吉尔》,常桂祥、王瑞龙、谢广才编,吉林人民出版社 2011 年版。

《驾驭"暴力"与"激情"的战略领导:丘吉尔大战略思想研究》,于海峰著,光明日报出版社 2010 年版。

《改变世界的精彩演讲,拯救英国的丘吉尔》,江涛、邝丹主编,石油工业出版社 2010 年版。

《智谋大师丘吉尔:冷战奸雄》,吕园平、斯壮立著,中原农民出版社 1997 年版。

《丘吉尔与英国对外政策》,萨本仁、萨支辉著,世界知识出版社 2003 年版。

(3)斯大林

《斯大林》(上下册),刘乐华著,京华出版社 2004 年版。

《斯大林》,时影编著,汕头大学出版社 2005 年版。

《斯大林》,郑春兴主编,时代文艺出版社 2009 年版。

《斯大林》,马良著,蓝天出版社 2011 年版。

《斯大林》,卫莹著,国际文化出版公司 2012 年版

《斯大林》,韩冰著,中国工人出版社 2014 年版。

《斯大林》,杨东雄编著,石油工业出版社 2014 年版。

《斯大林传》,戴隆斌著,人民日报出版社 2009 年版//天地出版社 2018 年版。

《纵横捭阖:斯大林》,解力夫著,世界知识出版社 1989 年/2005 年版。

《纵横捭阖:斯大林生平故事》,李朋、高德宝著,红旗出版社 2017 年版。

《斯大林:钢铁意志》,李言主编;袁诗宁著,中国长安出版社 2003 年版。

《斯大林:具有坚定意志的"二战"领袖》,马良编著,蓝天出版社 2011 年版。

《斯大林评价的历史与现实》,刘书林著,社会科学文献出版社 2009 年版。

(4)戴高乐

《戴高乐》,罗兰德编著,内蒙古人民出版社 2005 年版。

《戴高乐》,陈鹰翔主编,贵州教育出版社 2011 年版。

《戴高乐》,文景主编,中国人口出版社 2012 年版。

《戴高乐》,陈乐民著,生活·读书·新知三联书店 2014 年版。

《戴高乐》,章正余编著,石油工业出版社 2014 年版//汕头大学出版社 2015 年版。

《戴高乐》,穆重怀编著,哈尔滨出版社 2015 年版。

《戴高乐》,胡元斌编著,团结出版社 2016 年版。

《戴高乐传》,齐悦、米东华编著,中国社会出版社 2006 年版。

《戴高乐画传》,时影编著,作家出版社 2016 年版。

《戴高乐新传:从士兵到将军》,曹松豪著,东方出版社 2019 年版。

《戴高乐将军全传》,刘聪著,军事科学出版社 2006 年版。

《坚韧不拔戴高乐》,解力夫著,世界知识出版社 2004 年版。

《不屈斗士戴高乐》,胡元斌编著,辽海出版社 2017 年版。

《法国的丈夫戴高乐》,章正余编译,中国铁道出版社 2019 年版。

《戴高乐巴顿》,王林等编著,山西人民出版社 2012 年版。

《戴高乐与战争面对面》,赵青海、牛新春著,吉林大学出版社 1995 年版。

《法兰西灵魂戴高乐》,李军编著,中国戏剧出版社 2005 年版。

《世纪伟人戴高乐将军》,吴清和著,上海辞书出版社 2014 年版。

《自由之魂——戴高乐:1890—1970》,鸿儒文轩编著,中国书籍出版社 2012 年版。

《戴高乐:法兰西民族主义之魂》,马良编著,蓝天出版社 2011 年版。

《二战将帅戴高乐:热血豪胆》,李言主编;刘婷著,中国长安出版社 2003 年版。

《戴高乐忍辱负重再造法国秘传》,李庶巾主编,吉林摄影出版社 2004

年版。

2. 反法西斯国家将帅

《美苏英铁血元帅》,刘干才、李奎编著,团结出版社 2015 年版。

《盟军三骁将》,李影等编著,黑龙江人民出版社 1993 年版。

《盟军无敌大将军》,刘干才、李奎编著,团结出版社 2015 年版。

《美军战将龙虎榜》,栗爱斌、宋绍松编著,汕头大学出版社 2015 年版。

《英国将帅龙虎榜》,刘剑平编著,汕头大学出版社 2015 年版。

《苏军将帅龙虎榜》,郭拓荒编著,汕头大学出版社 2015 年版。

（1）艾森豪威尔

《艾森豪威尔》,张广军编著,中国国际广播出版社 1996 年版。

《艾森豪威尔》,郝晓伟编著,沈阳辽海出版社 2004 年版。

《艾森豪威尔》,时影编著,汕头大学出版社 2005 年版。

《艾森豪威尔》,马夫著,蓝天出版社 2011 年版。

《艾森豪威尔》,公晓燕编著,石油工业出版社 2014 年版//汕头大学出版社 2015 年版。

《艾森豪威尔》,时贵仁编著,哈尔滨出版社 2015 年版。

《艾森豪威尔》,张玲玲著,中国华侨出版社 2015 年版

《艾森豪威尔》,孙恒、刘珍丽编著,红旗出版社 2017 年版。

《艾森豪威尔:骁勇善战》,李言主编;李菁著,中国长安出版社 2003 年版。

《艾森豪威尔:最新图文版》（上下卷）,解力夫著,世界知识出版社 2004 年版。

《艾森豪威尔:当选合众国总统的五星上将》,马夫编著,蓝天出版社 2011 年版。

《艾森豪威尔传:1890—1969》,罗永宽编著,湖北辞书出版社 2001 年版。

《艾森豪威尔传》,刘玲丽著,中国华侨出版社 2007 年版//吉林出版集团 2011 年版。

《艾森豪威尔:传奇五星上将》,公晓燕编译,中国铁道出版社 2019 年版。

《大器晚成:艾森豪威尔》,解力夫著,世界知识出版社 1991 年/1993 年版。

《大器晚成:艾森豪威尔》（插图本二战国际风云人物丛书）,解力夫著,世界知识出版社 2005 年版。

《盟军统帅艾森豪威尔》,吴斌编著,中国戏剧出版社 2005 年版。

《美国军事统帅艾森豪威尔:1890—1969》,致雨、飞雪编著,深圳海天出版社 1997 年版。

《艾森豪威尔麦克阿瑟》,娄晶等编著,山西人民出版社 2012 年版。

《艾森豪威尔画传》,时影编著,作家出版社 2015 年版。

《艾森豪威尔全传》,林文力著,华中科技大学出版社 2015 年版。

《艾森豪威尔全传》,史清源著,华中科技大学出版社 2018 年版。

《漫画二战将帅,艾森豪威尔》,杨宏志主编,中央广播电视大学出版社 2012 年版。

《上将总统——艾森豪威尔》,鸿儒文轩编著,中国书籍出版社 2012 年版。

《上将总统艾森豪威尔》,郭艳红编著,辽海出版社 2017 年版。

(2)麦克阿瑟

《麦克阿瑟》,黄海波编著,哈尔滨出版社 2001 年版。

《麦克阿瑟》,温致强编著,沈阳辽海出版社 2004 年版。

《麦克阿瑟》,时影编著,汕头大学出版社 2005 年版。

《麦克阿瑟》,李乡状著,吉林大学出版社 2009 年版。

《麦克阿瑟》,王泳生编著,石油工业出版社 2014 年版//汕头大学出版社 2015 年版。

《麦克阿瑟》,皮波人物国际名人研究中心编著,国际文化出版公司 2013 年版。

《麦克阿瑟》,马晓奕编著,哈尔滨出版社 2015 年版。

《麦克阿瑟:图文纪念版》,严明贵著,中国华侨出版社 2015 年版。

《麦克阿瑟画传》,时影编著,作家出版社 2016 年版。

《麦克阿瑟全传》,林树增著,华中科技大学出版社 2015 年版。

《麦克阿瑟全传》,林文力著,华中科技大学出版社 2017 年版。

《麦克阿瑟:刚烈将军》,李言主编;张伟著,中国长安出版社 2003 年版。

《桀骜不驯:麦克阿瑟》,傅雁南著,世界知识出版社 1994 年/2005 年版。

《"西点之父"麦克阿瑟》,邱川兵编著,中国戏剧出版社 2005 年版。

《漫画二战将帅,麦克阿瑟》,杨宏志主编,中央广播电视大学出版社 2012 年版。

《不死老兵麦克阿瑟》,鸿儒文轩编著,中国书籍出版社 2015 年版。

（3）巴顿

《巴顿》，彭训厚、古今编著，辽海出版社 1998 年/2004 年版。

《巴顿》，梅德罗著，京华出版社 2004 年版。

《巴顿》，时影编著，汕头大学出版社 2005 年版。

《巴顿》，李乡状著，吉林大学出版社 2009 年版。

《巴顿》，林风著，蓝天出版社 2011 年版。

《巴顿》，袁颖编著，石油工业出版社 2014 年版//汕头大学出版社 2015 年版。

《巴顿》，于之伟、郭岭松主编；凌嵩著，中国华侨出版社 2016 年版。

《巴顿：铁胆英豪》，袁颖编译，中国铁道出版社 2019 年版。

《巴顿传》，肖磊编著，中国社会出版社 2006 年版。

《巴顿传》，张立伟著，哈尔滨出版社 2012 年版。

《巴顿全传》，金泽灿著，华中科技大学出版社 2013 年版。

《巴顿全传》，林文力著，华中科技大学出版社 2017 年版。

《巴顿画传》，时影编著，作家出版社 2016 年版。

《我是巴顿》，黄蓓佳著，江苏凤凰少年儿童出版社 2014 年版。

《乔治·巴顿》，吴秀辉编著，哈尔滨出版社 2015 年版。

《热血豪胆：巴顿》，刘文涛、柯春桥著，世界知识出版社 1994 年版。

《热血豪胆：巴顿》（插图本二战国际风云人物丛书），刘文涛、柯春桥著，世界知识出版社 2005 年版。

《"血胆将军"巴顿》，张华平编著，中国戏剧出版社 2005 年版。

《血胆将军——巴顿》，徐帮学主编，吉林教育出版社 2010 年版。

《血胆将军——巴顿：1885—1945》，鸿儒文轩编著，中国书籍出版社 2012 年版。

《铁胆将军巴顿》，刘干才编著，辽海出版社 2017 年版。

《血胆军神：巴顿全传》，范高峰著，新世界出版社 2017 年版。

《铁甲军魂巴顿》（全 4 册），燔焕强主编，浦东电子出版社 2002 年版。

《巴顿：机械化进攻作战的铁胆将军》，林风编著，蓝天出版社 2011 年版。

《巴顿艾森豪威尔》，高陶著，深圳海天出版社 2000 年版。

（4）史迪威与陈纳德

《中国抗日战争中的两位美国将军》，云章、刘亚东编著，吉林人民出版社

1999 年版。

《名将史迪威》，袁道之、白莉著，宁夏人民出版社 2007 年版。

《史迪威与蒋介石》，苑鲁、王敏著，重庆出版社 1990 年/2005 年版。

《中国战区参谋长史迪威将军》，苑鲁编著，重庆出版社 2005 年版。

《政坛败将：史迪威在中国战区实录》，王朝柱著，作家出版社 2013 年版。

《史迪威将军与中国战区统帅部影像集》，周勇、徐重宁主编，重庆出版社 2017 年版。

《史迪威将军的中国心云南情》，杨晓林编著，云南教育出版社 2012 年版。

《飞虎将军陈纳德》，李建丰著，长江文艺出版社 2005 年版。

《陈纳德和飞虎队》，马毓福、郭长建主编，五洲传播出版社 2003 年/2016 年版。

《陈纳德与飞虎雄风》，黄蜀云编著，云南教育出版社 2009 年版。

《虎啸九天：抗战中的陈纳德将军》，小叶秀子著，中共中央党校出版社 1995 年版。

《虎！虎！虎！陈纳德和他的第十四航空队》，杨耀健著，中国青年出版社 1989 年版。

《飞虎队的"老头子"陈纳德》，舒绍平、蓝雨著，中国文史出版社 2006 年/2009 年版。

《援华抗日将领陈纳德：鲨鱼头·飞虎队》，王启明著，军事谊文出版社 2005 年版。

《陈香梅与陈纳德》，范长江著，二十一世纪出版社 2005 年版。

（5）蒙哥马利

《蒙哥马利》，徐飞编著，沈阳辽海出版社 2004 年版。

《蒙哥马利》（上下册），樊高月著，世界知识出版社 2004 年版。

《蒙哥马利》，李乡状著，吉林大学出版社 2009 年版。

《蒙哥马利》，曾勋著，蓝天出版社 2011 年版。

《蒙哥马利》，葛业文编著，石油工业出版社 2014 年版//汕头大学出版社 2015 年版。

《蒙哥马利》，郭伯虎著，中国华侨出版社 2015 年版。

《蒙哥马利传》，姜秋月、姜云舒著，时代文艺出版社 2016 年版。

《蒙哥马利传》，洪晓然著，哈尔滨出版社 2012 年版。

《蒙哥马利全传》,金泽灿著,华中科技大学出版社2018年版。

《蒙哥马利全传》,林文力著,华中科技大学出版社2015年版。

《蒙哥马利:戴两个帽徽的英勇将军》,葛业文编译,中国铁道出版社2019年版。

《稳扎稳打:蒙哥马利》,樊高月著,世界知识出版社1994年/2005年版。

《战地名将蒙哥马利》,梅昌娅编著,辽海出版社2017年版。

《蒙哥马利:桀骜不驯》,李言主编;卜艳军著,中国长安出版社2003年版。

《两个蒙哥马利:军事妙计篇》,曹小乐等编,蓝天出版社1994年版。

《阵地战大师蒙哥马利》,吴志文编著,中国戏剧出版社2005年版。

《沙漠跳鼠——蒙哥马利:1887—1976》,鸿儒文轩编著,中国书籍出版社2012年版。

(6)朱可夫

《朱可夫》,孙维韬、屈平编著,沈阳辽海出版社2004年版。

《朱可夫》(上下卷),王日中、蔡志强著,世界知识出版社2004年版。

《朱可夫》,时影编著,汕头大学出版社2005年版。

《朱可夫》,罗兰德编著,内蒙古人民出版社2005年版。

《朱可夫》,陈秀伶著,蓝天出版社2011年版。

《朱可夫》,邱剑敏编著,石油工业出版社2014年版//汕头大学出版社2015年版。

《朱可夫》,李正军著,中国华侨出版社2015年版。

《朱可夫:军功彪炳》,李言主编;杨晨光著,中国长安出版社2003年版。

《朱可夫:从士兵到元帅》,邱剑敏编译,中国铁道出版社2019年版。

《朱可夫》,胡元斌编著,团结出版社2016年版。

《朱可夫传》,黄海著,哈尔滨出版社2012年版。

《朱可夫全传》,林文力著,华中科技大学出版社2015年版。

《朱可夫全传》,金史海著,华中科技大学出版社2018年版。

《朱可夫画传》,时影编著,作家出版社2016年版。

《朱可夫大传》,徐隆彬著,山东人民出版社2013年版。

《常胜将军朱可夫》,周容宇编著,中国戏剧出版社2005年版。

《传奇统帅朱可夫》(全4册),燔焕强主编,浦东电子出版社2002年版。

《胜利象征:朱可夫》(插图本二战国际风云人物丛书),王日中、蔡志强著,世界知识出版社 2005 年版。

　　《胜利象征——朱可夫》,鸿儒文轩编著,中国书籍出版社 2013 年版。

　　《胜利之神朱可夫》,杨玲玲编著,辽海出版社 2017 年版。

　　《功勋卓著的帅才:朱可夫》,佟明忠、鲁壮著,军事科学出版社 2000 年版。

　　《盖世英雄称战神:朱可夫兵法》,陈明福著,中原农民出版社 1998 年版。

　　《漫画二战将帅朱可夫》,杨宏志主编,中央广播电视大学出版社 2013 年版。

　　《朱可夫:从士兵到元帅》,莹秋著,同心出版社 2011 年版。

3. 其他人物

　　《盟军的军事谋士》,陈舟、袁正领著,军事科学出版社 2000 年版。

　　《英军将帅龙虎榜》,刘剑平编著,北京联合出版公司 2012 年版。

　　《美军战将龙虎榜》,栗爱斌编著,北京联合出版公司 2012 年版。

　　《美国十大五星上将传奇》,张敬录、王榛华著,黄河出版社 1998 年版。

　　《星条旗下的 50 颗星:美国十大五星上将风云榜》,薛鸿飞、刘清华编著,北京联合出版公司 2012 年版。

　　《永不言败的海上骑士:尼米兹》,高润浩编著,京华出版社 2004 年版。

　　《尼米兹:永不言败的海上骑士》,高润浩编著,石油工业出版社 2010 年/2014 年版。

　　《尼米兹:永不言败的海上骑士》,高润浩编著,汕头大学出版社 2015 年版。

　　《尼米兹:"大海战"胜利者》,高润浩编译,中国铁道出版社 2019 年版。

　　《尼米兹传:1885—1996》,胡慧著,时代文艺出版社 2013 年版。

　　《尼米兹全传》,林树增著,华中科技大学出版社 2015 年版。

　　《尼米兹全传》,林葳著,华中科技大学出版社 2017 年版。

　　《海上骑士——尼米兹》,徐帮学主编,吉林教育出版社 2010 年版。

　　《海上骑士:尼米兹全传》,刘屹松著,新世界出版社 2017 年版。

　　《海上骑士尼米兹》,鸿儒文轩编著,中国书籍出版社 2015 年版。

　　《尼米兹统帅艺术》,骆地编著,兵器工业出版社 2013 年版。

　　《骁勇善战的奇帅》,红杏著,军事科学出版社 2000 年版。

　　《布莱德雷:大智若愚的大兵将军》,杜朝晖著,京华出版社 2004 年/2014 年版。

　　《布莱德雷:大智若愚的大兵将军》,杜朝晖著,石油工业出版社 2014 年版。

《布莱德雷:大兵将军》,杜朝晖编译,中国铁道出版社 2019 年版。

《大智若愚:布莱德雷》;吴华、于青著,世界知识出版社 1995 年版。

《布莱德雷全传》,金史海著,华中科技大学出版社 2018 年版。

《布莱德雷全传》,林文力著,华中科技大学出版社 2015 年版。

《原子弹之父奥本海默》,李丹丹编著,辽海出版社 2017 年版。

《原子弹之父:罗伯特·奥本海默的故事》,张洪野、袁继贤编著,广东教育出版社 2004 年/2012 年版。

《原子弹之父:罗伯特·奥本海默的故事》,张洪野、袁继贤编著,吉林科学技术出版社 2012 年版。

《奥本海默:犹太家庭走出的尖端科学家》,许兴胜编著,中国社会出版社 2012 年版。

《史沫特莱与中国左翼文化》,刘小莉著,浙江大学出版社 2012 年版。

《大地的女儿——史沫特莱的故事》,丁永淮、熊文祥著,上海人民美术出版社 2008 年版。

《英伦之豹:蒙巴顿》,吕德宏、赵建中著,世界知识出版社 1995 年/1995 年版。

《坦克制胜论先驱富勒》,王凯著,军事科学出版社 2000 年版。

《苏军将帅龙虎榜》,郭拓荒编著,北京联合出版公司 2012 年版。

《崔可夫》,张广军编著,中国国际广播出版社 1996 年版。

《骁勇善战:崔可夫》,杜正艾著,世界知识出版社 1994 年/1994 年版。

《华盛顿 图哈切夫斯基》,王丽娟等编著,山西人民出版社 2012 版。

《莫洛托夫与第二次世界大战前后的苏联外交》,胡昊著,社会科学文献出版社 2017 年版。

《苏联女兵血染伏尔加:卷进战争的女性》,革非著,中国工人出版社 1999 年版。

《中国女兵蒙难野人山:卷进战争的女性》,革非著,中国工人出版社 1999 年版。

《季米特洛夫》张万杰著,中国工人出版社 2014 年版。

《铁托》,冉昊编,中国工人出版社 2014 版。

《铁托传奇》,杨元恪编著,当代世界出版社 2013 版。

《功勋与悲剧:红色谍王左尔格》,杨国光著,中国青年出版社 2012 年版。

《左尔格在中国的秘密使命》,苏智良主编,上海社会科学院出版社 2014 年版。

《联邦特工王埃德加·胡佛红色谍星佐尔格》,谢光兴编著,中国戏剧出版社 2005 年版。

《理查德·左尔格:一个秘密谍报员的功勋和悲剧》,杨国光著,汉语大词典出版社 2005 年版。

《蒋介石与战时经济研究:1931—1945》,方勇著,浙江大学出版社 2013 年版。

《蒋介石与战时外交研究:1931—1945》,张祖龑著,浙江大学出版社 2013 年版。

《张学良与九一八事变研究》,郭俊胜主编,辽宁人民出版社 2011 年版。

《长空虎贲:百岁老人张义声的抗日战争》,向风友著,云南人民出版社 2014 年版。

《雪域神鹰:一名飞虎队老兵的二战回忆录》,紫龙晴川著,辽宁教育出版社 2011 年版。

《在同一面战旗下:中国二战老兵回忆录》,邓贤主编,五洲传播出版社 2005 年版。

《纳粹集中营的中国女孩:朱敏回忆录》,顾保孜执笔,河北少年儿童出版社 1995 年版。

《亲历与见证:黄廷鑫口述记录——一个经历诺曼底战役中国老兵的海军生涯》,黄山松著,中国社会科学出版社 2013 年版。

《华人之光:登陆诺曼底的二战老兵黄君裕》,李强、杨欣欣著,杭州出版社 2015 年版。

《超级堡垒:美国第 20 空军抗日史与中国人》(英文版),李肖伟著,四川人民出版社 2015 年版。

《中国的鲁滨逊:二战英雄、中国轮机长沈祖挺》,卓东明、潘健生著,人民交通出版社 2016 年版。

第十节　第二次世界大战的总结

《第二次世界大战史第四卷:大战的最后较量、结局与总结》,彭训厚主编,军事科学出版社 2015 年版。

《历史的告诫:第二次世界大战的终结与总结》,彭训厚著,国防大学出版社 2015 年版。

《第二次世界大战的回顾与省思》,钮先钟著,广西师范大学出版社 2003 年版。

一、第二次世界大战的经验与教训

《反法西斯战争的历史经验》,人民日报编辑部编,人民出版社 1965 年版。

《第二次世界大战经验与教训》,张海麟等著,世界知识出版社 1987 年版。

《第二次世界大战的遗产》,《参考消息》编辑部编印,1986 年版。

《人民战争胜利万岁》,林彪著,人民出版社 1965 年版。

《人民战争胜利万岁:纪念中国人民抗日战争胜利二十周年》,林彪著,人民出版社 1967 年版。

《人民战争胜利万岁:纪念中国人民抗日战争胜利二十周年》,林彪著,河北人民出版社 1969 年版。

《启示将才的战争失误》(二战启示录丛书),刘威、叶明编著,中国经济出版社 1995 年版。

二、第二次世界大战的影响与后果

《一本书读懂二战:给二战算笔经济账》,禹涵著,长江文艺出版社 2013 年版。

《第二次世界大战与现代局部战争》,彭训厚著,中国文史出版社 2006 年版。

《第二次世界大战与人类持久和平》,彭训厚、苑鲁、谢先辉著,重庆出版社 2007 年版。

《第二次世界大战与战后世界性社会进步》,胡德坤、罗志刚著,湖北人民出版社 1993 年/2005 年版。

《第二次世界大战与战后资本主义世界发展模式的转换》,朱大伟著,中国社会科学出版社 2014 年版。

《论第二次世界大战与战后战争制约机制》,吴鑫著,军事科学院印,1999 年版。

《第二次世界大战与战后国际军备控制》，杜清华著，人民出版社 2017年版。

《和平与发展：世界反法西斯战争的胜利与人权进步》（中文版、英文版），中国人权研究会编，五洲传播出版社 2017 年版。

《第二次世界大战中国民党军死伤数》，总参作战部编，1981 年版。

《炮火中的文化：文化和第二次世界大战》，金重远著，浙江人民出版社 1991年版。

《历史的回声：二战遗产与现代东亚秩序》，牛军主编，人民出版社 2015年版。

《梦魇：东西方冷战之谜》（二战全景大纪实），陈志斌、孙晓著，黄河出版社 1995 年/2005 年版。

《冷战的起源与战后欧洲：战后国际关系史》，汤季芳编著，兰州大学出版社 1987 年版。

《美苏从合作到冷战》，时殷弘著，华夏出版社 1988 年版。

《走进冷战：战后苏联对外关系的演变（1945—1953）》，张祥云、董泉增著，中国言实出版社 1997 年版。

《冷战的起源：战后苏联的对外政策及其转变》，沈志华著，九州出版社 2013年版。

《英国与冷战起源档案选编》，姚百慧、韩长青编，社会科学文献出版社 2018年版。

《冷战是这样开始的：冷战起源专题研究》，余伟民主编，学林出版社 2015年版。

《冷战国际史研究》（全 28 期），李丹慧主编，世界知识出版社 2018 年版。

《联合国研究》，张贵洪主编，社会科学文献出版社 2014 年版。

《雅尔塔体制与东西方国家的制度变迁：当代国际共运史专题》，范晓军著，社会科学文献出版社 2011 年版。

《中日历史问题与中日关系》，步平主编，团结出版社 2015 年版。

《日美冲绳问题起源研究》，刘少东著，世界知识出版社 2011 年版。

三、中国抗日战争的地位与作用

《中国与第二次世界大战》，新星出版社 1995 年版。

《世界反法西斯战争中的中国》,彭训厚著,五洲传播出版社 2005 年版。

《世界反法西斯战争中的中国抗战》,黄玉章主编,国防大学出版社 1989 年版。

《同盟国的胜利:抗日战争图志》,杨克林、曹红执行主编,上海锦绣文章出版社 2015 年版。

《国际社会对抗日战争胜利的反映》,李津津、姜晓德主编;中国延安精神研究会编,中央文献出版社 2016 年版。

《第二次世界大战与中国抗战地位研究》,韩永利著,商务印书馆 2010 年版。

《中国抗战与世界历史进程》,胡德坤、韩永利、彭敦文等著,社会科学文献出版社 2015 年版。

《抗战:中国与世界反法西斯战争》,彭训厚著,五洲传播出版社 2015 年版。

《伟大贡献:中国与世界反法西斯战争》(中文版、英文版),沈强主编;中国人民抗日战争纪念馆编,外文出版社 2015 年版。

《中国抗战与世界反法西斯战争》,胡德坤、韩永利著,社会科学文献出版社 2005 年版。

《中国抗日战争与世界反法西斯战争》,全国中共党史研究会编,中共党史资料出版社 1988 年版。

《中国抗日战争在世界反法西斯战争中的地位和作用》,吴广权著,军事科学院印,1988 年版。

《中国抗战在世界反法西斯战争中的历史地位》,胡德坤、韩永利、彭敦文等著,经济科学出版社 2013 年版。

《谁是打败德意日法西斯的主力军》,何戊爽著,天津联合图书出版社 1950 年版。

《抗日战争与民族振兴》,李秉刚、戴茂林主编,东北大学出版社 1995 年版。

《抗日战争胜利的伟大意义》,庄岚、范文俊编著,中华工商联合出版社 2014 年版。

《抗日战争与中国的国际地位》,王真著,社会科学文献出版社 2003 年版//团结出版社 2015 年版。

《抗日战争与中国社会》,魏宏运著,天津人民出版社 2017 年版。

《抗日战争与中国社会变迁》,韩文琦、程卫华著,国防大学出版社 2015

年版。

《抗日战争与中国社会变迁》,齐春风、郑忠、严海建著,团结出版社2015年版。

《抗日战争与中国工业化》,张守广著,人民出版社2017年版。

《卡尔逊与罗斯福谈中国:1937—1945》,吕彤邻主编;武云编,上海远东出版社2017年版。

《四川1937—1945:外国人眼中的中国抗日战争》,海外华西文献研究中心编译;朱丹枫主编,天地出版社2015年版。

《外国观察者眼中的中共抗战:美军观察组延安机密档案》(全3册),吕彤邻等主编,上海远东出版社2019年版。

四、纪念与反思

《创伤难愈》,折鸿雁编,西安交通大学出版社1996年版。

《警喻后世的人间灾难》(二战启示录丛书),肖炳涛等编著,中国经济出版社1995年版。

《现代战争启示录》,王春芳、张晓林主编;马骏等编写,江苏人民出版社1992年版。

《纪念战胜德国法西斯把反对美帝国主义的斗争进行到底》,罗瑞卿著,人民出版社1965年版。

《纪念抗日战争和世界反法西斯战争胜利四十周年》,中国革命博物馆编印,1985年版。

《战争与和平——纪念反法西斯战争胜利暨联合国成立五十周年》,胡国成、赵梅主编,中国社会科学出版社1996年版。

《国际春秋(首卷)——纪念世界反法西斯战争胜利50周年专集》,吴榴楠主编;中国国际文化传播中心编,新华出版社1995年版。

《风雨同舟——纪念世界反法西斯战争暨中国抗日战争胜利五十周年》,中国侨联文化工作部、中国华侨华人历史研究所编,中国华侨出版社1995年版。

《让历史告诉未来——纪念世界反法西斯战争中国抗日战争胜利50周年知识500题》,刘宝、张新宇、李冬梅主编,黑龙江人民出版社1995年版。

《纪念中国人民抗日战争暨世界反法西斯战争胜利70周年知识竞赛学习

读本》,本书编写组编著,华龄出版社 2015 年版。

《铭记历史 圆梦中华:纪念中国人民抗日战争胜利七十周年书画集》,江苏省文史研究馆编,周勋初主编,南京大学出版社 2015 年版。

《伟大胜利 历史贡献:纪念中国人民抗日战争暨世界反法西斯战争胜利 70 周年主题展览画册》,中共中央宣传部宣传教育局等编,北京出版社 2016 年版。

《铭记历史 开创未来:纪念中国人民抗日战争暨世界反法西斯战争胜利 70 周年杭州油画作品集》,翁卫军主编,浙江摄影出版社 2015 年版。

《铭记历史 同护和平:纪念世界反法西斯战争胜利 70 周年》,《铭记历史 同护和平》编委会著,中国画报出版社 2015 年版。

《铭记历史 圆梦中华:纪念中国人民抗日战争暨世界反法西斯战争胜利 70 周年诗词联赋·书法展作品选》,中共福建省委宣传部编,张萍主编,海峡文艺出版社 2015 年版。

《岁月回眸:纪念中国人民抗日战争暨世界反法西斯战争胜利 70 周年诗歌散文楹联精品书法》,广东省文学艺术界联合会编,广州出版社 2015 年版。

《我们万众一心:上海市纪念中国人民抗日战争暨世界反法西斯战争胜利 70 周年》,中共上海市委宣传部等编,上海教育出版社 2015 年版。

《唱响和平:中国人民抗日战争世界反法西斯战争精选歌曲 200 首》,陈宇主编,当代世界出版社 2015 年版。

《乔冠华文集》,乔冠华著,吉林人民出版社 2000 年版。

《萧干西欧战场特写选》,萧干著,新华出版社 1986 年版。

《一个中国记者看二战》,萧干著,三联书店 1996 年/2015 年版//上海人民出版社 2015 年版。

《回首二战》,潘人杰、贾光华编,汉语大词典出版社 1994 年版。

《走向绞架——二次世界大战回顾》,叶云等编,广西人民出版社 1985 年版。

《二战警世录》(全 3 册),吴成编,陕西旅游出版社 1995 年版。

《世界反法西斯战争 70 年警示录》,彭光谦、徐长银、陶德言编,上海远东出版社 2015 年版。

《反法西斯战争与欧美文学》,吴文辉著,广东高等教育出版社 1995 年版。

《世界反法西斯文学书系》(总 52 卷),刘白羽总主编,重庆出版社 1992—

1994 年版。

《世界反法西斯战争与中国电影》，李镇、石川主编，中国广播影视出版社
2018 年版。

《反法西斯战争小说史》，陈敬咏著，南京大学出版社 1992 年版。

《反法西斯战争和苏联文学》，李毓榛著，北京大学出版社 2015 年版。

《苏联反法西斯战争小说史》，陈敬咏著，南京大学出版社 1992 年版。

《祀与戎：欧洲反法西斯诗歌选集》，北京外国语大学欧洲语言文化学院编
译；赵刚主编，中国和平出版社 2016 年版。

《东南亚反法西斯华文文学书卷》，庄钟庆、郑楚主编，世界图书出版公司
2015 年版。

《世界百部战争影片》，明振江主编，解放军文艺出版社 1995 年版。

《珍爱和平：世界反法西斯歌曲精选集》，薛范编著，安徽文艺出版社 2015
年版。

《燃烧的旋律：纪念世界反法西斯战争胜利 70 周年歌曲集》，韩万斋主编，
四川文艺出版社 2015 年版。

《胜利：1945—2015！——纪念世界反法西斯战争胜利 70 周年俄罗斯美术
作品集》，吴为山主编，人民美术出版社 2015 年版。

《血与火的岁月：世界反法西斯战争电影故事选编》，中国电影出版社 1995
年版。

《捍卫和平的战斗：国际反法西斯战争故事》，蒋益编著，湖南文艺出版社
1995 年版。

《欧美反法西斯战争故事》，华立等编著，西安未来出版社 1998 年版。

《苏联历史档案选编》（总 32 卷），沈志华总主编，社会科学文献出版社
2002—2003 年版。

《正义必胜 和平必胜 人民必胜：中国战区反法西斯战争胜利暨审判日本战
犯史实大型主题展览专辑》，朱成山主编，南京出版社 2015 年版。

《正义对邪恶的胜利：纪念世界反法西斯战争胜利 70 周年画史》，朱成山主
编，南京出版社 2015 年版。

《铸魂鉴史 珍爱和平：纪念中国人民抗日战争暨世界反法西斯战争胜利 70
周年美术作品集》，人民美术出版社 2015 年版。

五、思考与回忆

《第二次世界大战罗斯福亲历记》，陆平、张渊编著，国防大学出版社 1995 年版。

《第二次世界大战丘吉尔亲历记》，文若鹏等编著，国防大学出版社 1995 年版。

《第二次世界大战斯大林亲历记》，华列兵等编著，国防大学出版社 1995 年版。

《第二次世界大战戴高乐亲历记》，李莉、范海洋编著，国防大学出版社 1995 年版。

《第二次世界大战艾森豪威尔亲历记》，张锋等编著，国防大学出版社 1995 年版。

《第二次世界大战麦克阿瑟亲历记》，张勇、李延荃编著，国防大学出版社 1995 年版。

《第二次世界大战巴顿亲历记》，王建华编著，国防大学出版社 1995 年版。

《第二次世界大战尼米兹亲历记》，丁立平编著，国防大学出版社 1995 年版。

《第二次世界大战中共著名将帅亲历记》，彭德怀、聂荣臻等著，国防大学出版社 1995 年版。

《第二次世界大战希特勒亲历记》，河阳等著，国防大学出版社 1995 年版。

《第二次世界大战墨索里尼亲历记》，白凤君、田家屯编著，国防大学出版社 1995 年版。

《第二次世界大战东条英机亲历记》，赵鲁杰编著，国防大学出版社 1995 年版。

《第二次世界大战戈林亲历记》，刘斌武编著，国防大学出版社 1995 年版。

《第二次世界大战隆美尔亲历记》，范跃江等编著，国防大学出版社 1995 年版。

《第二次世界大战邓尼茨亲历记》，于殿德、曹静编著，国防大学出版社 1995 年版。

《第二次世界大战山本五十六亲历记》，立平、其明编著，国防大学出版社 1995 年版。

《第二次世界大战冈村宁次亲历记》，蔡仁照、姜普敏编著，国防大学出版社

1995 年版。

　　《滇缅战场追忆:中国远征军老兵口述汇编》,魏奕雄主编,天地出版社 2017
年版。

第二章 1950年以来港台学者著作目录索引

第一节 总 论

《台湾出版抗日战争史著作论文索引(1950—1987年)》,周元正编,四川大学,1988年版。

《新编图说世界历史(8):第一、二次世界大战》,台北:光复书局1992年版。

《二战谜团真相》,秦书宝著,新北:灵活文化事业有限公司2018年版。

《二次大战风云录》(上下册),王书君著,台北:风云时代出版股份有限公司2005年版。

《第二十世纪大战》,赵齐爱编辑,香港:麒麟书业有限公司1982年版。

《第二次世界大战史》,陈守一著,"台湾中华文化委员会"编印,1952年版。

《第二次世界大战史》,邓伯川编,台北:三豪书局1956年版。

《第二次大战回忆歌》,于右任词,台北:正中书局1958年版。

《第二次世界大战纪略》,涂序瑄编述,香港:华国出版社1955年版。

《第二次世界大战秘史》,吴小苹著,三重:世新出版社1979年版。

《第二次世界大战实录》,李勉民主编,香港:读者文摘远东公司1982年版。

《第二次世界大战画史》,黄大受编著,香港:麒麟书业有限公司1979年版。

《第二次世界大战大画史》,杨德钧编著,台北:北升文化事业公司1989年版。

《第二次世界大战回顾与省思》,钮先钟著,台北:麦田出版公司1996年版。

《二次世界大战重大事件记录》,陈渠兰著,香港:驿站文化事业有限公司2008年版。

《第二次世界大战太平洋美日海空大战各大战役诗集:一九四一——一九四五年》,杨濬彦著,台北(出版者不详),2010年版。

《抗日御侮》,蒋纬国主编,台北:黎明文化事业公司1978年版。

《抗日战史》,台湾国民党"邮政译局"编印,1989年版。

《抗日战争简史》,虞奇著,台北:黎明文化事业公司1977年版。

《第二次中日战争史》(上下册),吴相湘著,台北:综合月刊社1973—1974年版。

《抗战以前之中日关系》,周永庆著,台北:台湾学生书局1976年版。

《日军侵华八年抗战史》,何应钦著,台北:黎明文化事业公司1982年版。

《中国抗日战争史:1931—1945:牺牲·奋战·光荣》(上下册),郑浪平著,台北:麦田出版公司2001年版。

《中华民族抗日战争史大事记》(上下编),方衡主编,香港:天马图书有限公司2003年版。

《世界大事日日记:中国抗战八年二次大战六年》(宋氏世界大事日日记系列追记篇:1937.7—1945.10),宋文明撰,香港:宋氏照远出版社2005年版。

《人类的前途与世界新道德标准之树立:第二次中日战争的追忆》,黄季陆撰,台北:"国史馆",1978年版。

《抗战时期外国对华军事援助》,王正华著,台北:环球书局1987年版。

《华侨与抗日战争论文集》(上下册),张希哲著,印尼华侨协会总会印行,1999年版。

《菲律宾华侨与抗日战争》,邱荣章等编,香港荣誉出版公司1999年版。

《德国问题与欧洲秩序》,彭滂沱著,台北:三民书局1992年版。

《处理日本投降文件汇编》,"中国陆军总司令部"编,台北:文海出版社有限公司1972年版。

《战争电影与国家认同:俄罗斯二战题材电影研究》,侯微著,新北:花木兰文化出版社2013年版。

第二节　法西斯侵略及其暴行

《二战中的德国》,知兵堂编辑部著,台北:知兵堂出版社2013年版。

《军国主义的世界大战:1914年至1945年》,郭方主编,新北:草原文创有限公司2017年版。

《日本军国主义侵略史备忘录》,蔡省三、吴琼著,香港:夏菲尔国际出版公司2005年版。

《日本军国主义侵略史备忘录》,蔡省三、吴琼著,香港:生活文化基金会有限公司,2015 年版。

《血染我山河:日本侵华史实》,方志平著,台北:金禾出版社 1993 年版。

《九一八事变史述:走向历史与未来》,梁敬锌著,台北:世界书局 1995年版。

《历史的伤痛:九一八事变之真相与回顾》,"台湾日报出版中心"著,台北团结自强协会,1965 年版。

《国民政府处理九一八事变之重要文献》,刘维开编辑,中国国民党中央委员会党史委员会,1992 年版。

《二战中的日本写真:政治、经济、文化、军事工业与战争》,知兵堂编辑部编著,台北:知兵堂出版社 2014 年版。

《日本关东军兽行内幕》,徐付群等著,香港:利文出版社 1995 年版。

《七七事变》,曲子编,香港广角镜 1998 年版。

《七七事变前后》,李惠兰、明道广主编,台北:兰台出版社 2015 年版。

《卢沟桥事变前后的中日外交关系》,"中华民国外交问题研究会"编,台北,1964 年版。

《南京大屠杀》,徐志耕著,香港:绿洲出版公司 1987 年版。

《南京大屠杀》,郭岐著,台北:台湾中外图书公司 1981 年版。

《革命文献·第108 辑　日军在华暴行:南京大屠杀(上)》,秦孝仪主编,台湾文物供应社 1987 年版。

《革命文献·第109 辑　日军在华暴行:南京大屠杀(下)》,秦孝仪主编,台湾文物供应社 1987 年版。

《最漫长的十四天:南京大屠杀幸存者口述实录与纪实》,陈庆港著,台北:龙图腾文化有限公司 2018 年版。

《南京大屠杀史料新编》,卜正民编;王了因、陈广恩等译,台北:台湾商务印书馆 2007 年版。

《侵华日军南京大屠杀遇难同胞纪念馆》,朱成山主编,香港出版有限公司2010 年版。

《遮盖不了的罪恶:日本新闻传媒与南京大屠杀》,经盛鸿著,台北秀威资讯科技股份有限公司,2009 年版。

《罪:金女大教授明妮·魏特琳经历的南京大屠杀》,赵锐著,台北秀威资讯科技公司,2013 年版。

《金陵永生——魏特琳女士传：南京大屠杀，保护中华妇女的活菩萨》，胡华玲著，台北：九歌出版公司 1997 年版。

《南京大屠杀中的美国活菩萨：舍命保护中华妇女的魏特琳》，胡华玲著，台北：九歌出版公司 2003 年版。

《日军慰安妇内幕》，谢永光著，香港：明报出版社 1993 年/2016 年版。

《慰安妇调查实录》，张双兵著，台北：立京文化，2015 年版。

《沉默的伤痕：日军慰安妇历史影像书》，赖采儿等著，台北商周出版公司 2005 年版。

《帝国的慰安妇：殖民统治与记忆政治》，朴裕河著；刘夏如译，台北：玉山社 2017 年版。

《跨国档案：中国慰安妇》，江浩著，香港：天地图书出版有限公司 1998 年版。

《无尽的冬日：慰安妇寻求正义的漫长旅程》，刘大项著，台北：智库股份有限公司，2002 年版。

《日本帝国的性奴隶：中国“慰安妇”的证言》，丘培培、苏智良著，香港：香港大学出版社 2017 年版。

《台湾慰安妇》，朱德兰著，台北：五南图书出版股份有限公司 2009 年版。

《台湾慰安妇报告》，妇女救援基金会主编，台北：台湾商务印书馆 1999 年版。

《台湾慰安妇档案调查与研究成果发表会》，朱德兰，台北：中山人文社会科学研究所，1999 年版。

《台日官方档案慰安妇史料汇编》，“台湾省文献委员会”编；王学新编译，南投：台湾省文献委员会，2001 年版。

《铁盒里的青春：台籍慰安妇的故事》，夏珍编，台北：天下远见出版股份有限公司 2005 年版。

《追索：朝鲜“慰安妇”朴永心和她的姐妹们》，陈丽菲、苏智良著，香港：时代国际出版有限公司 2005 年版。

《地狱证言：抗战时期被强掳赴日中国劳工的血泪口述》，中国近代口述史学会等编辑，香港：利文出版公司 2005 年版。

《日本对华南进政策与台湾黑帮籍民之研究》，王学新著，台北：台湾文献馆 2009 年版。

《重光之路：日据香港与太平洋战争》，邝智文著，香港：天地图书有限公司
2015年版。

《香港绝不能忘记的三年零八个月：战时日军在香港暴行》，谢永光著，香
港：明报出版社有限公司2015年版。

第三节 二战军事学术研究

《二战纪事：会战名将武器组织》，舒孝煌、耿直编著，台北：麦田出版公司
1995年版。

一、战场与战役

《战场精选系列》，台北：知兵堂出版社2007年版。

《二战经典战役系列》，台北：知兵堂出版社2006年版。

《二次世界大战经典战役》，申晋书著，香港：驿站文化事业有限公司2008
年版。

《二次大战十大著名战役》，于重宇编著，新北：灵活文化事业有限公司2004
年版。

《智慧的闪电：1940年德国西线战场写真》，王佐荣编著，台北：苍璧出版有
限公司2017年版。

《大西洋壁垒：隆美尔的铜墙铁壁》，杨增辉著，台北：知兵堂出版社2008
年版。

《沸腾的雪：阿登反击战》（上下册），董旻杰著，台北：知兵堂出版社2007
年版。

《突出部之役：阿登反击战》，董旻杰著，台北：知兵堂出版社2012年版。

《史达林格勒之役：二战的转折点》，张德辉著，台北：风格司艺术创作坊
2017年版。

《春醒作战：1945巴拉顿湖战役》，董旻杰著，台北：知兵堂出版社2013
年版。

《珍珠港事变》，刘君默编，香港：现代出版公司1970年版。

《珍珠港事变前美日交涉经过之研究》，徐汉斌著，台北：台湾嘉新水泥公司
文化基金会印行，1964年版。

《珍珠港事变到雅尔达协定期间的美国对华关系》，李荣秋著，台北：私立东吴大学中国学术著作奖助委员会，1978 年。

《太平洋战争：美日对决》，董旻杰、张凯伦等著，台北：知兵堂出版社 2007 年版。

《军医日记：太平洋战争》，吴平城著，台北：自立晚报文化出版部 1989 年版。

《第二次世界大战海战检评》，宋锷著，台北："中国新闻"出版公司 1957 年版。

《第二次世界大战海战检评》（上下卷），香港中国新闻出版社编印，1957 年版。

《太平洋美日海空大战录咏：录自〈第二次世界大战海战检评〉部分》，杨浚彦编录，台北，2005 年版。

《孤独前哨：太平洋战争中的香港战役》，邝智文、蔡耀伦等著，香港：天地图书有限公司 2013 年版。

《剑拔弩张的盟友：太平洋战争期间的中美军事合作关系（1941—1945）》，齐锡生著，台北：联经出版事业股份有限公司 2012 年版。

《第二次中日战争各重要战役史料汇编：长城战役》，台湾"国史馆"史料处编辑，台北："国史馆"，1980 年版。

《第二次中日战争各重要战役史料汇编：东北义勇军》，台湾"国史馆"史料处编辑，台北："国史馆"，1984 年版。

《第二次中日战争各重要战役史料汇编：台儿庄会战》，台湾"国史馆"史料处编辑，台北："国史馆"，1984 年版。

《中国远征军战史》，徐康明著，台北：文史哲出版社 2014 年版。

《蓝鹰兵团——中国远征军缅印血战记》，罗曼著，台北：星光出版社 1979 年版。

《中国远征军缅甸战记：1942—1945》，知兵堂编辑部著，台北：知兵堂出版社 2014 年版。

《中国远征军 II 老战士访谈录》，袁梅芳编著，香港：红出版集团 2017 年版。

《中国远征军：滇缅战争拼图与老战士口述历史》，袁梅芳、吕牧昀编著，香港：红出版集团（青森文化出版公司）2015 年版。

《血战瓦鲁班：对日抗战国军装甲兵缅北瓦鲁班战斗》，滕昕云著，新北：老战友工作室,2015年版。

《中华民国抗日战争史料汇编·中国远征军》,周琇环编辑,台北:台湾"国史馆",2015年。

《国家记忆:美国国家档案馆二战中缅印战场影像》,章东盘主编,台北:旅读中国出版社2013年版。

《空袭福尔摩沙:二战盟军飞机攻击台湾纪实》,张维斌著,台北:前卫出版社2015年版。

《日本关东军覆灭记》,徐焰著,台北:风云时代出版公司1994年版。

二、军事思想与军事战略

《西方战略思想史》,钮先钟著,台北:麦田出版公司1995年版。

《战略思想与历史教训》,钮先钟著,台北:幼狮文化事业公司1979年版。

《二次大战海战风云》,汤柏森著,台北:汉湘文化出版公司1995年版。

《闪击西欧:二战德国闪击战实录》,董旻杰等著,台北:知兵堂出版社2006年版。

《西线闪电战:1940年二战德军西线战场写真集》,王佐荣编著,台北:知兵堂出版社2014年版。

《美日海空争霸大剖示》,王书君著,台北:风云时代出版股份有限公司2005年版。

《美日海空大战》(上下局),王书君著,香港中原出版社1991年版。

《美日海空大战》(上下局),王书君著,台北:风云时代出版股份有限公司2005年版。

《血色夜空:二战英德夜间空战实录》,韩磊、董旻杰著,台北:知兵堂出版社2006年版。

《公主战机顶尖对决!不列颠航空大战》,高詹灿译,台北:三悦文化事业有限公司2011年版。

《巅峰勇士:美国空降兵战记:1940—2005》,李星著,台北:知兵堂出版社2012年版。

《决死德意志天空:二战末期德国空军本土昼间空防作战》,韩磊著,台北:知兵堂出版社2010年版。

《二次大战下的台北大空袭》,庄天赐撰文,"台北市政府文化局",2007年版。

《米机袭来:二战盟军飞机攻击台湾纪实》,甘记豪著,台北:前卫出版社2015年版。

三、武器与装备

《二次世界大战的秘密武器》,陈渠兰著,香港:驿站文化事业有限公司2007年版。

《火箭与飞弹》,黄龙编著,台北:天工书局1983年版。

《钢铁同盟:二次大战盟军战斗车辆专辑》,模型高手工作室企划编辑,台北:高手专业出版社2008年版。

《二战德军坦克图解》,知兵堂编辑部著,台北:知兵堂出版社2012年版。

《二战航空母舰全览》,刘怡著,台北:知兵堂出版社2011年版。

《消逝的巨兽:第二次世界大战各国主力舰》,刘怡著,台北:知兵堂出版社2011年版。

《二战日本海军舰艇全览》,刘怡著,台北:知兵堂出版社2013年版。

《尖叫死神:二战德国 Ju-87"斯图卡"俯冲轰炸机全史》,高智著,台北:知兵堂出版社2012年版。

《腾云野马:美国 P-51 野马战斗机发展及作战史》,蒙创波著,台北:知兵堂出版社2011年版。

《海盗无敌:美国海军舰载机 F4U 的传奇故事》,朱昱著,台北:知兵堂出版社2008年版。

《结束二次大战的武器》,黎白尔、贝莱著,台北:台湾商务印书馆1982年版。

四、军队指挥与运筹

《以军事观点检视纳粹党卫军》,滕昕云著,新北:老战友工作室,2006年版。

《装甲雄狮:第二次世界大战德国装甲部队之创建、战斗与败亡》(全2部),滕昕云著,新北:老战友工作室,2017年版。

《希特勒警卫队师:德国党卫军王牌部队战场写真集》,王佐荣编著,台北:知兵堂出版社2014年版。

《希特勒青年团师:德国党卫军王牌部队战场写真集》,王佐荣编著,台北:知兵堂出版社2014年版。

《希特勒青年团:德国复兴之秘密武器》,三重:世新出版社 1978 年版。

《东线之鹰》,黄竣民编著,台北:雅图创意设计有限公司 2014 年版。

《动荡的青春:希特勒青年团写真》,王佐荣编著,台北:苍璧出版有限公司 2017 年版。

《帝国精锐:二战德国特殊部队》,王懿、马文俊著,台北:知兵堂出版社 2007 年版。

《统帅堂重装甲营战史:1942—1945》,马文俊著,台北:知兵堂出版社 2007 年版。

《消失的 200 万人:40 国 200 万人,二战德军外籍兵团写真集》,王佐荣编著,台北:知兵堂出版社 2014 年版。

《灰飞的存在:二战德军 200 万外籍兵团》,王佐荣编著,台北:苍璧出版有限公司 2018 年版。

《联合舰队:旧日本帝国海军发展史:二战日本海军战史》,Windward、刘怡著,台北:知兵堂出版社 2009 年版。

《二战美国海军陆战队》,张德辉编,新北:风格司艺术创作坊 2015 年版。

《二战苏联精锐装甲部队》,张德辉编著,新北:风格司艺术创作坊 2013 年版。

《精锐部队揭秘》,图说天下编委会编著;余素维主编,新北:西北国际文化有限公司 2015 年版。

《护国丸:被遗忘的二战台籍日本海军史》,陈柏棕著,新北:月熊出版 2018 年版。

第四节　中国抗日战争、华人华侨与抗日战争

《中国抗日战争史:1931—1945》(上下册),张宪文、陈谦平等著,台北:苍璧出版有限公司 2015 年版。

《中国抗日战争史新编》,吕芳上主编,台北:台湾"国史馆",2015 年版。

《中国八年抗日战争日程实录》,张在庐主编;李秀勤、张云超等编写,新北:花木兰文化出版社 2015 年版。

《寸血河山:抗日战争》,知兵堂编辑部著,台北:知兵堂出版社 2014 年版。

《澳门人的抗战》,林发钦主编,澳门理工学院,2016 年版。

《澳门与抗日战争》，林发钦主编，澳门理工学院中西文化研究所，2018 年版。

《抗日战争时期的澳门：续篇》，蔡佩玲主编，澳门东亚大学公开学院同学会，2015 年版。

《难忘香港抗战岁月》，李国强主编，香港各界文化促进会，2015 年版。

《华侨与抗战》，宏观周报著，台北："中华民国侨务委员会"，2015 年版。

《华侨与抗日战争：图片集》，张欣荣、温竞文等编辑，香港：生活文化基金会有限公司，2015 年版。

《华侨与抗日战争：纪念抗战胜利七十年》，中华人民共和国国务院侨务办公室，香港中国旅游出版社 2015 年版。

《菲律宾华侨与抗日战争》，邱荣章等编辑，香港：生活文化基金会有限公司，2015 年版。

《马来亚华侨抗日史料选辑》，黎亚久、卢朝基编辑，香港：生活文化基金会有限公司，2015 年版。

《泰国华侨归侨抗日史料选辑》，黎亚久、卢朝基编辑，香港：生活文化基金会有限公司，2015 年版。

《缅甸华侨归侨抗日史料选辑》（上下册），王锦彪、徐新英编辑，香港：生活文化基金会有限公司，2015 年版。

《中国抗日暨世界反法西斯战争胜利 70 周年纪念文集：缅华抗战记忆》，张平、林清风编著，澳门缅华互助会，2015 年版。

《印尼苏岛华侨抗日史料选辑》，熊志仁、周芸编著，香港：生活文化基金会有限公司，2015 年版。

《铁蹄下的抗争：印尼爪哇华侨抗日史料选辑》，梁凤翔编辑，香港：生活文化基金会有限公司，2015 年版。

第五节　二战人物研究

《二次大战十大风云人物》，孟节著，新北：灵活文化事业有限公司 2004 年版。

《希特勒的一生》，陈进源著，香港：21 世纪出版社 1986 年版。

《混世魔王希特勒》，杜英穆编著，台北：名望出版社 1988 年版。

《纳粹独裁者——希特勒》，周宏伟著，香港：培真文化企业有限公司 2004

年版。

《你所不知道的希特勒》,张禹清著,香港:华立文化事业有限公司 2005 版。

《由纳粹党魁希特拉说起》,陈增爵等编著,香港:明窗出版社有限公司 2005 年版。

《大独裁者:希特勒的传奇一生》,张禹清编,台北:汉湘文化事业公司 1993 年版。

《希特勒与"第三帝国"兴亡史话》,郭恒钰著,台北:三民书局股份有限公司 2004 年版。

《希特勒兵法:诡计多端的一代枭雄》,张禹清编著,台北县汉湘文化事业公司 2000 年版。

《希特勒与德国将帅间之关系及其共同主导的战争》,傅实真著,台北民生社 1976 年版。

《希特勒与墨索里尼言论集》,敬乐然编,台北:帕米尔书店 1976 年版。

《墨索里尼:法西斯的大独夫》,罗红波著,台北:百观出版社 1994 年版。

《沙漠之狐·隆美尔》,胡小池著,台北:军事译粹社 1985 年版。

《德国沙漠之狐——隆美尔》,蔻小丹著,台北:咖啡田文化馆 2004 年版。

《隆美尔与非洲军》,立骏、许昆鹏著,台北知兵堂出版社 2008 年版。

《盖世太保 & 希姆莱》,故事口袋编辑群编,台北县三诚堂出版社 2002 年版。

《德军镶钻骑士:二战德军 27 位镶钻骑士战场写真集》,王佐荣编著,台北:知兵堂出版社 2014 年版。

《镶钻骑士铁十字勋章:二战德军 27 位最高勋章受勋者传奇》,王佐荣编著,台北:苍璧出版有限公司 2015 年版。

《意志的胜利:镶钻骑士铁十字勋章》,王佐荣编著,台北:苍璧出版有限公司 2017 年版。

《山本五十六:从"贫寒到武士"到"战争赌徒"》,廖上仁著,台北:普全文化事业公司 1985 年版。

《石原莞尔的中国认识与亚洲观》,张芝瑾著,"台湾大学"政治学系中国大陆暨两岸关系教学与研究中心,2010 年版。

《太阳旗下的傀儡:满洲国、华北政权与川岛芳子秘话》,陈纪滢著,台北:独立作家,2014 年版。

《装甲指挥官战记》,黄竣民编著,台北:雅图创意设计有限公司 2013 年版。

《斯大林传奇》,朱汉生著,香港:天马出版有限公司2007年版。

《斯大林年谱》(上下册),孟英编著,台北:中华百科出版社2006年版。

《邱吉尔与战时英国:1939—1945》,吴圳义著,台北:台湾商务印书馆1993年版。

《乱世领袖学:邱吉尔二战英雄记》,邵男竞著,香港:天窗出版社有限公司2015年版。

《蒋介石与希特勒:民国时期的中德关系》,马振犊著,台北:东大图书公司1998年版。

《蒋中正先生对太平洋战争的贡献》,高崇云著,台北:黎明文化事业公司1991年版。

《美国的凯撒:麦克阿瑟》,曾伯充主编,台北:克宁出版社1991年版。

《艾森豪威尔元帅》,(台湾)革命实践研究院图书资料室编,台北:天一出版社1988年版。

《艾森豪威尔总统全传:一代伟人之非凡成就》,莫立克编著,台北:武陵出版社1986年版。

《巴顿:热血豪胆的现代骑士》,林少华著,台北:普全文化事业公司1995年版。

《美国最伟大战将——巴顿》,寇小丹著,台北:咖啡田文化馆2005年版。

《陈纳德与飞虎队在华抗战纪实》,张军著,台北:灵活文化事业有限公司2015年版。

《杜立德B-25轰炸东京的故事》,傅中著,台北:知兵堂出版社2014年版。

《中缅印战区盟军将帅图志》,晏欢、胡博著,台北:黎明文化事业公司2015年版。

《当世界年轻的时候:参加西班牙内战的中国人(1936—1939)》,倪慧如、邹宁远著,台北:人间出版社2015年版。

《通敌:二战中国的日本特务与地方菁英》,卜正民著;林添贵译,台北:远流出版2015年版。

第六节　第二次世界大战的总结

《东京审判亲历记》,梅汝璈著;梅小侃整理,台北:龙时代出版公司2018

年版。

《恨意、精神分析与罗夏克墨渍测验：纽伦堡审判以来犯罪心理研究的演变》，乔尔·丁斯戴尔著；张馨方、李之年译，台北：商周出版社 2016 年版。

《靖国神社与中日生死观》，张石著，香港：南粤出版社 2015 年版。

《靖国神社告诉我们：香港中学生"纪念抗日战争胜利七十周年日本考察学习之旅"心声集》，何汉权主编，香港：中华书局（香港）有限公司 2016 年版。

《抗战燃烧的岁月——垒允·驼峰 1937—1945 文献图版书画展：纪念世界反法西斯战争胜利暨中国人民抗日战争胜利七十周年》，香港：和信文化艺术出版社 2015 年版。

《吴耀宗全集第二卷：九一八至太平洋战争前夕（1932—1941）》（上下册），邢福增编，香港：中文大学出版社 2017 年版。

《开罗宣言的意义与影响》，吴思华、吕芳上著，台北：政大出版社 2014 年版。

《八年抗战期间中日美三国漫画之研究》，张淑冠著，新北：花木兰文化事业有限公司 2017 年版。

《再见海南岛：台籍日本海军通译张子泾太平洋战争回忆录》，张子泾著；天江喜久等译，新北：远足文化事业股份有限公司 2017 年版。

《铭记历史 珍爱和平：纪念中国人民抗日战争暨世界反法西斯战争胜利七十周年》，邢学智主编，香港：国际炎黄文化出版社 2015 年版。

《香港侨界纪念抗日战争胜利 70 周年文选》，许丕新等编辑，香港：生活文化基金会有限公司，2015 年版。

《海外侨界纪念抗战胜利暨台湾光复七十周年活动纪实特刊》，"中华民国侨务委员会"编，台北："中华民国侨务委员会"，2016 年版。

第三章　1950年以来大陆出版国外学者译著目录索引

第一节　总　论

《院外军部有关二战史方面的外文图书库藏目录》,军事科学院外国军事研究部编印,1985年版。

一、通史

《一战战史二战战史大全集》,[英]伊恩·韦斯特威尔等著;姚妤、蔡新苗译,中国华侨出版社2012年版。

《二战史》,[英]约翰·基根著;李雯译,北京大学出版社2015年版。

《二战史》,[英]安东尼·比弗著;邵旭东、云晓丽译,海南出版社2015年版。

《二战战史》,[英]萨默维尔著;文娟译,吉林文史出版社2017年版。

《二战简史:黑暗时代》,[英]诺曼·斯通著;美同译,中信出版社2015年版。

《二战图文史:战争历程完整实录》,[英]理查德·奥弗里著;朱鸿飞译,金城出版社2015年版。

《二战始末:美国观点》,[美]威廉森·默里、阿伦·米利特著;邵文实、王爱松译,江苏人民出版社2015年版。

《牛津二战史》,[英]理查德·奥弗里主编;戴帼君、孙文竹译,新华出版社2018年版。

《极简二战史》,[美]奈杰尔.考索恩著;钱峰译,浙江人民出版社2018年版。

《第二次世界大战》,[英]康纳德·萨莫维尔等著;尚亚宁译,万卷出版公司2016年版。

《第二次世界大战（1939—1945）》，［苏］索明著；周延富译，高等教育出版社1957年版。

《第二次世界大战：1939—1945》，［苏］普拉托诺夫等著，总参谋部出版局翻印，1963年版。

《第二次世界大战：1939—1945》（全3册），［苏］普拉托诺夫著；中国人民解放军海军司令部译，战士出版社1980年版。

《第二次世界大战：1939—1945》，［苏］苏联国防部出版局编，军事科学院翻印，1963年版。

《第二次世界大战：1939—1945年：事实真相和虚构捏造》，［德］斯德范·得恩堡主编；企公译，商务印书馆1962年版。

《第二次世界大战》（上下册），［法］米歇尔著；九仞译，商务印书馆1980年版。

《第二次世界大战》，［美］麦克·夏普著；周晖译，青岛出版社2003年版。

《第二次世界大战史》（上下册），［英］利德尔—哈特著；伍协力译，上海译文出版社1978年/1980年版。

《第二次世界大战史》（上下册），［德］蒂佩尔斯基希著；赖铭传译，解放军出版社1986年/1992年/2014年版//国防大学出版社2001年版。

《第二次世界大战史》（十二卷本），［苏］德波林等主编；上海外国语学院西语系等译，上海译文出版社1978—1989年版。

《第二次世界大战史》，［英］安德鲁·罗伯茨著；李广才、崔喆等译，长江文艺出版社2014年版。

《战争风云：第二次世界大战新史》，［英］安德鲁·罗伯茨著；李广才等译，长江文艺出版社2010年版。

《第二次世界大战史》，［英］马丁·吉尔伯特著；王涛等译，长江文艺出版社2016年版。

《两次世界大战：西方的没落？》，［美］帕尔默等著；陈少衡等译，世界出版公司北京公司2011年版。

《国际事务概览丛书·战时编（1939—1946）》（共11卷13册），［英］阿诺德·托因比等著；上海外国语学院英语系翻译组译，上海译文出版社1979—1990年版。

《国际事务概览·第二次世界大战》（共11册），［英］阿诺德·汤因比等著;许步曾等译,上海译文出版社 2007 年版。

《第二次世界大战史大全》(共 11 册),[英]阿诺德·托因比等编著;复旦大学历史系世界史教研室译,上海译文出版社 1995 年版。

《第二次世界大战全史》,[英]阿诺德·汤因比主编;复旦大学历史系世界史教研室译,上海译文出版社 2015 年版。

《第二次世界大战战史》(上下册),[英]李德·哈特著;钮先钟译,上海人民出版社 2002 年/2009 年/2015 年版。

《第二次世界大战:1939—1945. 战史概要》,[苏]斯·普·普拉托诺夫等著;中国人民解放军海军司令部出版处译,中国人民解放军总参谋部出版局印,1963 年版。

《第二次世界大战:1939—1945. 战史概要》(上下册),[苏]斯·普·普拉托诺夫等著;中国人民解放军军事科学院译,战士出版社 1980 年版。

《赢者之师:第二次世界大战始末》,[美]威廉森·默等著;邵文实、王爱松译,昆仑出版社 2001 年版。

《战争风云:第二次世界大战新史》,[英]安德鲁·罗伯茨著;李广才、崔喆等译,长江文艺出版社 2016 年版。

二、工具书与资料

《第二次世界大战大事记:1939—1945》,[联邦德国]希尔格鲁贝尔、许梅尔兴著;戴耀先译,军事科学出版社 1987 年版。

《第二次世界大战历史百科全书》,[法]博多等主编;曹毅风等译,解放军出版社 1988 年版。

《第二次世界大战编年史》,[瑞士]毛斯、恩德来斯著,总参谋部第二部翻印,1973 年版。

《第二次世界大战史编年史初稿》,吴国宾译,军事科学院翻印,1961 年版。

《第二次世界大战:1939—1945(图册)》(上、下),[苏]斯·普·普拉托诺夫等编辑;中国人民解放军军事科学院译,战士出版社 1980 年版。

《图文世界大战史》,[美]欧文·布奥斯、约翰·瓦尔顿著;师从、任建成译,中国社会科学出版社 2003 年版。

《图解第二次世界大战》,[英]英国 DK 出版公司编;韩鸽等译,旅游教育出版社 2015 年版。

《图文第二次世界大战史》（全39卷），［美］埃尔森、罗伯特·T等著；戴平辉等译，中国社会科学出版社1987年/2004年版//海南出版社2004年版。

《总体战：图文第二次世界大战史》，［美］欧文·布思、约翰·沃尔顿著；李东南、西风译，中国市场出版社2013年版。

《二战画史丛书》（全10卷），［英］《战争图解》杂志编；杜福增、李强等译，解放军出版社2005年版。

《第二次世界大战图片经典》，［美］Abrams公司编；张凌译，湖南美术出版社2005年版。

《地图上的第二次世界大战》（上下册），［英］戴维·乔丹等著；穆强、金存惠译，中国市场出版社2015年版。

《照片中的第二次世界大战：二战战地写真》，［英］约翰·皮姆罗特编；李来泉、李继忠译，湖南美术出版社2005年版。

《患难与共：二战纪念图片专辑》，美国国务院、美国驻成都总领事馆编印，2015年版。

《国际二战博物馆导览》（上下），［俄］扎巴罗夫斯基主编，团结出版社2016年版。

《邮票中的第二次世界大战》，［日］西岛有厚著；房恩、吴常春、张明译，中共中央党校出版社2005年版。

《镜头中的第二次世界大战》，［美］保罗·惠特尔主编；彭敦文译，湖南人民出版社2005年版。

《伟大的时刻：战地记者眼中的第二次世界大战》，［美］路易斯·辛德编；黄文范译，广西人民出版社2006年版。

《西方战地记者镜头中的第二次世界大战》，［美］美国科利尔出版公司编；溥奎等译，金城出版社2016年版。

《西洋世界军事史（卷三）：从美国南北战争到第二次世界大战结束》，［英］富勒著；钮先钟译，广西师范大学出版社2004年版。

《第二次世界大战资料汇编》，军事科学院外国军事研究部编译印刷，1982年版。

三、其他书籍

《直播二战》，［英］温斯顿·丘吉尔等著；斯眉译，时代文艺出版社2014

年版。

《二战每日纪实》,[英]克里斯·毕晓普著,北京联合出版公司2015年版。

《历史密档中的二战》,[美]詹姆斯·麦迪逊编著;石左虎译,上海人民出版社2015年版。

《帝国兴亡:大战风云录》,[英]安东尼·肖著;孟广林译,江苏人民出版社2009年版。

《第二次世界大战全纪实》,[英]安德鲁·威斯特著;隋丹译,中国市场出版社2016年/2018年版。

《第二次世界大战全景纪实》,秦刚等编译,黑龙江人民出版社1992年版。

《〈纽约时报〉二战全纪实》(全4卷),《纽约时报》著;[英]理查德·奥弗里主编;钱垂君等译,新世界出版社2016年版。

《第二次世界大战内幕》,[苏]沃尔科夫著;彭训厚等译,军事科学出版社1992年版。

《揭秘二战》,[英]罗伯·劳埃德·琼斯文等著;荣信文化编译,未来出版社2014年版。

《二战秘史》,[英]唐尼·格拉克斯坦著;李亚男译,新华出版社2013年版。

《二次大战秘闻录》,张大化编译,海潮出版社1993年版。

《二战秘密档案》,[俄]鲍里斯·索科洛夫著;张凤、贾梁豫译,中国广播电视出版社2005年版。

《二战秘密档案:苏联惨胜真相》,[俄]鲍里斯·索科洛夫著;张凤、贾梁豫译,江苏人民出版社2009年版。

《二战解密:盟军如何扭转战局并赢得胜利》,[英]保罗·肯尼迪著;何卫宁译,新华出版社2013年版。

《二战未解之谜》,[美]威廉·布鲁尔著;郭晓鹏、岳恒译,海南出版社2001年版。

《战争推迟七天结束》,[南]米兰·巴斯塔著;达洲、代军译,上海译文出版社1983年版。

《美国人眼中的第二次世界大战》,[美]莫里斯·艾泽曼著;刘群译,当代中国出版社2006年版。

《二战物典:改变二战的100件物品》,[英]朱利安·汤普森、[美]阿兰·

米利特著;文微、宋凌译,广东人民出版社2018年版。

第二节　第二次世界大战的起源

一、概述

《第二次世界大战的起源》,[英]泰勒著;潘人杰、朱立人等译,上海辞书出版社1991年/2013年版。

《第二次世界大战的起源》,[英]泰勒著;何抗生、林鲁卿译,商务印书馆1992年版。

《第二次世界大战在亚洲及太平洋的起源》,[美]入江昭著;李响译,社会科学文献出版社2016年版。

《图说世界·8·燃烧的世界:20世纪两次大战的爆发》,[德]克劳斯·伯恩德尔等编著;黄洋等译,云南人民出版社2012年版。

《"二战"伊始》,[英]彼得·达尔曼主编;赵希俊译,北京理工大学出版社2015年版。

《从战争到战争》,[英]温斯顿·丘吉尔著;吴泽炎等译,译林出版社2012年/2015年版。

《从战争到战争》,[英]温斯顿·丘吉尔著;方唐译,青岛出版社2015年版//北京时代华文书局2017年版。

《1939年3月的世界》(第二次世界大战史大全1),[英]阿诺德·汤因比等编著;郑玉质、关仪译,上海译文出版社1995年版。

《1939年3月的世界》(国际事务概览·第二次世界大战1),[英]弗兰克·艾什顿—格沃特金编著;郑玉质、关仪译,上海译文出版社2007年版。

《1939年3月的世界》(第二次世界大战全史1),[英]阿诺德·汤因比等编著;郑玉质、关仪译,上海译文出版社2015年版。

《大战前夕1939》(第二次世界大战史大全2),[英]阿诺德·汤因比等编著;劳景素、复旦大学历史系世界史教研室译,上海译文出版社1995年版。

《大战前夕1939年》(国际事务概览·第二次世界大战2),[英]阿诺德·汤因比、维罗尼卡·汤因比编著;劳景素译,上海译文出版社2007年版。

《大战前夕1939年》(第二次世界大战全史2),[英]阿诺德·汤因比主编,上海译文出版社2015年版。

《二战爆发前十天》，[英]理查德·奥弗里著；吴奕俊译，海南出版社 2019 年版。

《抉择：波兰，1939—1945》，[以]伊爱莲著；吴晶译，学苑出版社 2013 年版。

二、法西斯主义与二次大战

1. 法西斯主义比较研究

《法西斯主义》，[英]斯图亚特·胡德文等著；石梅芳译，文化艺术出版社 2003 年版。

《法西斯主义》，[英]马克·尼古拉斯著；袁柏顺译，吉林人民出版社 2007 年版。

《法西斯主义史：从灾难走向灭亡》，[意]卡罗齐·贾姆皮埃洛著；徐映译，四川人民出版社 2000 年版。

《法西斯主义的兴起》，[英]弗·卡斯顿著；周颖如、周熙安译，商务印书馆 1989 年版。

《法西斯主义：过去、现在、未来》，[美]沃尔特·拉克尔著；张峰译，北京出版社 2000 年版。

《法西斯主义剖析：原因统治结构现实性》，[德]莱因哈德·屈恩尔著；邸文、李广起译，军事科学出版社 1992 年版。

《技术、战争与法西斯主义》，[美]赫伯特·马尔库塞著；高海青、冯波译，人民出版社 2019 年版。

《托洛茨基论反法西斯斗争》，[俄]托洛茨基著；施用勤译，陕西人民出版社 2012 年版。

《法西斯主义群众心理学》，[奥]威尔海姆·赖希著；张峰译，重庆出版社 1990 年/1993 年版//上海三联书店 2017 年版。

《法西斯主义大众心理学》，[奥]威尔海姆·赖希著；张峰译，上海三联书店 2017 年版。

《作为群众运动的法西斯主义》，[匈牙利]米哈伊·瓦伊达著；孙建茵译，黑龙江大学出版社 2015 年版。

《市民法理论与法西斯主义：卡尔·施米特理论的社会功能与现实影响》，[德]英格博格·毛斯著；刘毅、张福广等译，上海人民出版社 2014 年版。

《法西斯地缘政治学与美帝国主义》，[苏]谢明诺夫著；允白译，中华书局

1950 年版。

《欧洲法西斯主义比较:1922—1982 年》,[德]维佩曼著;宋钟璜、张载扬译,东方出版社 1992 年版。

《欧洲社会主义思想与运动史:从产业革命到希特勒攫取政权》(上下卷),[美]兰道尔著;群立译,商务印书馆 1994 年版。

《社会主义思想史(第五卷):社会主义和法西斯主义》,[英]柯尔著,商务印书馆 1997 年版。

《墨索里尼与法西斯主义意大利》,[英]马丁·布林克霍恩著;吴杨译,上海译文出版社 2003 年版。

2. 德国法西斯主义与走上战争之路

《希特勒与纳粹主义》,[法]克洛德·达维德著;徐岚译,商务印书馆 1997 年版。

《希特勒和纳粹主义》,[英]迪克·吉尔里著;王文科译,上海译文出版社 2003 年版。

《希特勒与纳粹主义》,[意]恩佐·克罗迪著;文心译,三联书店 2006 年版。

《希特勒的民族帝国:劫掠、种族战争和纳粹主义》,[德]格茨·阿利著;刘青文译,译林出版社 2011 年版。

《1924:改变希特勒命运的一年》,[美]彼得·罗斯·兰奇著;杨献军译,中国友谊出版公司 2018 年版。

《从俾斯麦到希特勒》,[德国]塞巴斯蒂安·哈夫纳著;周全译,译林出版社 2016 年版。

《海德格尔与纳粹》,[英]杰夫·科林斯著;赵成文译,北京大学出版社 2005 年版。

《海德格尔:纳粹主义、女人和哲学》,[法]阿兰·巴迪欧著;刘冰菁译,重庆大学出版社 2016 年版。

《海德格尔的危机:纳粹德国的哲学与政治》,[美]汉斯·斯鲁格著;赵剑等译,北京出版社 2015 年版。

《纳粹的精神解析:德国帝国元帅戈林与美国心理学家凯利致命的智力交锋》,[美]杰克·艾尔—海著;刘苗苗译,西苑出版社 2014 年版。

《生而有罪:纳粹子女访谈录》,[奥]彼得·西施罗夫斯基著;贾辉丰、臧惠娟译,世界图书出版公司2017年版。

《尼采与希特勒——本世纪人为历史悲剧的反思》,[德]桑德福斯著;周建新、黄敬甫译,陕西人民出版社1988年版。

《青年希特勒:蜕变从这一刻开始》,[奥]奥古斯特·库比席克著;郑国雄译,九州出版社2014年版。

《第三帝国13,扭曲的梦想》,[美]时代生活编辑部编;洪钧译,海南出版社2015年版。

《大逆转1919:希特勒反犹背后的欧洲史》,[德]拉尔夫·劳埃特著;陈艳译,陕西人民出版社2012年版。

《理性的毁灭:非理性主义的道路——从谢林到希特勒》,[匈]卢卡奇著;王玖兴等译,山东人民出版社1988年版。

《魏玛共和国史:从洛迦诺会议到希特勒上台(1925—1933年)》,[瑞士]埃里希·艾克著;王步涛等译,商务印书馆1994年版。

《魏玛共和国时期的德国》,[法]里昂耐尔·理查尔著;李末译,山东画报出版社2005年版。

《德意志史:第四卷》(世界大战时期:1914—1950年),[德]埃尔德曼著;华明译,商务印书馆1986年版。

《从德意志帝国到德意志联邦》,[德]卡尔·奥特等著;刘新利译,山东大学出版社1995年版。

《德国近现代史:它的历史和文化》(上下册),[美]平森著;范德一译,商务印书馆1987年版。

《纳粹》(图文第二次世界大战史:典藏本2),[美]罗伯特·赫泽斯坦著;楼玲令译,中国社会科学出版社/海南出版社2004年版。

《纳粹德国:一部新的历史》,[美]克劳斯·P.费舍尔著;佘江涛译,江苏人民出版社出版社2006年版。

《纳粹德国的兴亡》(上中下),[美]赫泽斯坦等著;楼玲令译,中国社会科学出版社/海南出版社2005年版。

《纳粹德国的兴亡》,[德]托尔斯腾·克尔讷著;李工真译,湖南人民出版社2005年版//人民出版社2010年版。

《第三帝国的兴亡:纳粹德国史》(上下),[美]夏伊勒著;董天爵等译,世界知识出版社1965年/1979年/2005年/2012年/2015年版。

《第三帝国的兴亡:纳粹德国史》(全4册),[美]夏伊勒著;董乐山等译,三联书店/世界知识出版社1974年版。

《第三帝国的兴亡:纳粹德国史》(上中下),[美]威廉·夏伊勒著;董乐山等译,世界知识出版社1980年/1986年/1992年/1996年/2000年/2005年版。

《纳粹德国的兴亡:首次披露二战时期珍贵彩照》,[英]乔治·福尔蒂著;徐莉娜等译,青岛出版社2005年版。

《纳粹兴亡图文史:希特勒帝国的毁灭》,[英]保罗·罗兰著;晋艳译,金城出版社2019年版。

《希特勒的纳粹德国:第三帝国社会生活史》,[英]马修·休兹、克里斯·曼著;于仓和译,中国市场出版社2016年版。

《第三帝国图文史:纳粹德国浮沉实录》,[英]理查德·奥弗里著;朱鸿飞译,金城出版社2014年版。

《历史与记忆中的第三帝国》,[英]理查德·埃文斯著;梁本彬、孙匀译,中信出版集团2018年版。

《希特勒的土地:美国人亲历的纳粹疯狂之路》,[美]安德鲁·纳戈尔斯基著;吴冬、姚小菡译,重庆出版社2014年版。

《第三帝国》,[英]迈克尔·伯利著;李广才译,长江文艺出版社2016年版。

《第三帝国》(全21册),[美]时代生活编辑部编;孙逊译等译,海南出版社2015年版。

《权力风云》,[美]时代生活编辑部编;张显奎译,海南出版社2000年版。

《德国历史的教训——关于财政资本和容克地主的政治作用》,[德]诺尔登著;弓矛译,科学出版社1959年版。

《希特勒的阴谋》,[英]戴维·韦尔奇著;张卫东等译,中国市场出版社2011年版。

《希特勒的阴谋——国会纵火案内幕》,[日]桧山良昭著;王泰平译,工人出版社1985年版。

《法西斯专政时期的德国:1933—1945》,[民主德国]巴特尔著;肖辉英、宋忠武译,中国社会科学出版社1979年版。

《希特勒德国的对外政策》(上下篇),[美]温伯格著;何江、张炳杰译,商务印书馆1992年/1997年版。

《盖世太保史》,[英]鲁伯特·巴特勒著;马玉凤等译,上海译文出版社1984年版。

《盖世太保史》,[法]雅克·德拉律著;黄林发、萧弘译,上海译文出版社1995年版。

《盖世太保秘史》,[加]布里索等著;季晓峰、曹增友译,新华出版社1988年版。

《图说盖世太保史》,[英]鲁伯特·巴特勒著;马玉凤等译,辽宁教育出版社1998年版。

《盖世太保:希特勒的秘密警察史(1933—1945)》,[英]鲁珀特·巴特勒著;罗衡林译,湖南人民出版社2010年版。

《盖世太保:希特勒的秘密警察史(1933—1945年)》,[英]鲁伯特·巴特勒著;周冠琼译,中国市场出版社2013年版。

《盖世太保:第三帝国的统治和暴政》,[德]卡斯滕·达姆斯等著;朱刘华译,贵州人民出版社2010年版。

《党卫队:佩髑髅标志集团》,[德]赫内著;江南、杨西译,商务印书馆1984年版。

《党卫队(时代生活丛书:第三帝国)》,[美]时代生活丛书编辑部著;孙逊译,海南出版社2000年版。

《第三帝国01:党卫队》,[美]时代生活编辑部编;孙逊译,海南出版社2015年版。

《二战数据Ⅲ:党卫队:1923—1945》,[英]克里斯·麦克纳布著;张书坤、蒋进国等译,电脑报电子音像出版社2011年版。

《第三帝国02:铁拳》,[美]时代生活编辑部编;刘晓丽、肖欢译,海南出版社2015年版。

《第三帝国03:权利风云》,[美]时代生活编辑部编;张显奎译,海南出版社2015年版。

《第三帝国04:新秩序》,[美]时代生活编辑部编;张显奎译,海南出版社2015年版。

《第三帝国10:权力的中心》,[美]时代生活编辑部编;石平萍译,海南出版社2015年版。

《纳粹上台前后我的生活回忆》,[德]卡尔·洛维特著;区立远译,学林出版社 2008 年版。

《德国的浩劫》，[德] 梅尼克著；何兆武译，三联书店 1991 年版。

《德国社会民主党与世界大战》，[德] 伦施·P 著；英涯译，三联书店 1965年版。

《希特勒的影子帝国：纳粹经济学与西班牙内战》，[阿根廷] 皮耶尔保罗·巴维里著；刘波译，中信出版集团 2018 年版。

《教宗与墨索里尼：庇护十一世与法西斯崛起秘史》，[美] 大卫·I.科泽著；陶泽慧译，上海三联书店 2018 年版。

《纳粹德国的腐败与反腐》，[德] 弗兰克·巴约尔著；陆大鹏译，译林出版社 2015 年版。

《柏林 1936：柏林奥运：第三帝国集权者的"盛世"之舞》，[德] 奥利弗·西姆斯著；陈韵雅译，海南出版社 2017 版。

3. 日本法西斯主义与走上战争之路

《日本军国主义》（全 4 册），[日] 井上清著；姜晚成译，商务印书馆 1985年版。

《近代天皇观的形成》，[日] 安丸良夫著；刘金才、徐滔等译，北京大学出版社 2010 年版。

《逃脱东京审判：大川周明的奇异疯狂》，[美] 埃里克·贾菲著；黄缇萦译，中国友谊出版公司 2016 年版。

《日本天皇的阴谋》（上中下册），[美] 贝尔加米尼著；张震久译，商务印书馆 1986 年版。

《天皇与日本国命：裕仁天皇引领的日本军国之路》，[美] 戴维·贝尔加米尼著；王纪卿译，民主与建设出版社 2016 年版。

《现代社会转型中的天皇制和基督教》，[日] 土肥昭夫等著；查常平译，华夏出版社 2007 年版。

《东条内阁垮台的内幕》，[日] 吉松安弘著；文华里等译，军事译文出版社 1986 年版。

《西班牙内战》，[美] 斯坦利·佩恩著；胡萌琦译，中信出版社 2016 年版。

《西班牙内战：革命与反革命》，[英] 伯内特·博洛滕著；戴大洪译，新星出版社 2017 年版。

《西班牙战场：内战见闻实录》，[奥] 弗兰茨·柏克瑙著；伽禾译，人民文学出版社 2018 年版。

《西班牙内战:真相、疯狂与死亡》,[美]阿曼达·维尔著;诸葛雯译,中国友谊出版公司 2018 年版。

三、绥靖政策与二次大战

《绥靖战略》,[英]米德尔马斯著;复旦大学国际政治系译,上海译文出版社 1978 年版。

《欧洲内幕》,[美]根室著;蒋学楷译,世界知识出版社 1962 年版。

《美国、英国与绥靖》,[英]麦克唐纳著;何抗生等译,中国对外翻译出版公司 1988 年版。

《慕尼黑历史的新文件》,苏联外交部、捷克斯洛伐克外交部编;蔡子宇译,世界知识出版社 1962 年版。

《慕尼黑——和平的代价》(上下册),[美]特尔福德·泰勒著;石益仁译,新华出版社 1984 年版。

《美国的绥靖政策:1933—1938 年美国的外交政策与德国》,[美]奥夫纳著;陈思民、余昌楷译,商务印书馆 1987 年版。

《光荣与梦想:1932—1937 年美国实录》(全 4 册),[美]威廉·曼彻斯特著;朱协译,商务印书馆 1979 年版。

《光荣与梦想:1932—1937 年美国实录》(全 2 册),[美]威廉·曼彻斯特著;朱协译,海南出版社/三环出版社 2004 年版。

《第二次世界大战史(1939—1945)第一卷:战争的酝酿 进步力量为保卫和平而斗争》(苏联十二卷本《第二次世界大战史》),[苏]德波林主编;上海外国语学院西俄语系俄语教师译,上海译文出版社 1978 年版。

《第二次世界大战前夕苏联为争取和平而斗争:1938—1939 年文件和材料》,[苏]苏联外交部编;江鹏、李巨廉、余传民等译,中国第二次世界大战史研究会印,1985 年版。

《第二次世界大战史(1939—1945)第二卷:大战前夕》(苏联十二卷本《第二次世界大战史》),[苏]德波林主编;潘咸芳译,上海译文出版社 1981 年版。

《大战前夕 1939 年》(11 卷本《国际事务概览丛书·战时编》),[英]阿诺德·托因比等编著;劳景素等译,上海译文出版社 1984 年版。

《1939 年 3 月的世界》(上下册)(11 卷本《国际事务概览丛书·战时编》),

［英］阿诺德·汤因比等编著；郑玉质等译，上海译文出版社 1990 年版。

第三节　法西斯的侵略及其暴行

《战争序幕》（图文第二次世界大战史：典藏本.1），［美］罗伯特·埃尔森著；戴平辉译，中国社会科学出版社/海南出版社 2004 年版。

《轴心国的初期胜利》（11 卷本《国际事务概览丛书·战时编》），［英］阿诺德·汤因比等编著；许步曾等译，上海译文出版社 1983 年版。

《轴心国的初期胜利》（第二次世界大战史大全 3），［英］阿诺德·汤因比等编著；许步曾等译，上海译文出版社 1995 年版。

《轴心国的初期胜利》（国际事务概览·第二次世界大战 3），［英］阿诺德·汤因比著；许步曾等译，上海译文出版社 2007 年版。

《二战中的国际大屠杀与民众受难》，［德］艾德林等著；朱成山主编；李寄、林丽译，江苏人民出版社 2015 年版。

一、日本的侵略及其暴行

1. 日本的侵略

《大东亚战争全史》（全 4 册），［日］服部卓四郎著；张玉祥、赵宝库译，商务印书馆 1984 年版。

《日本帝国海军战史 1941—1945》，［美］保罗·达尔著；谢思远译，吉林文史出版社 2019 年版。

《日本的道路》，［日］河野一郎著；郭常仪译，军事译文出版社 1986 年版。

《军阀的野心》，［日］笠原良三著；胡立品、柳真译，解放军出版社 1988 年版。

《血色的太阳》，［美］亚瑟尔·里奇著；张健、颜福祥译，解放军文艺出版社 1992 年版。

《绝望的挑战者》，［日］大薮春彦著；郑竹筠、翼人伶译，四川文艺出版社 1988 年版。

《日军大本营》，［日］森松俊夫著；黄金鹏译，军事科学出版社 1985 年版。

《天皇的军队》，［日］本多胜一、长沼节夫著；刘明华译，警官教育出版社 1996 年版。

《关东军秘史》，［日］楳本捨三著；高书全、袁韶莹译，上海译文出版社 1992 年版。

《哈尔滨特务机关：日本关东军情报部简史》，［日］西原征夫著；赵晨译，群众出版社 1986 年版。

《日本侵华内幕》，［日］重光葵著；齐福霖等译，解放军出版社 1987 年版。

《日军侵华的自白》，［日］自中国归还人员联络会编；祖秉和、霍军译，群众出版社 1985 年版。

《真相：裕仁天皇与侵华战争》，［美］赫伯特·比克斯著；王丽萍、孙盛萍译，新华出版社 2004 年版。

《日本军国主义侵华资料长编》，［日］日本防卫厅战史室编；天津市政协编译委员会译，四川人民出版社 1988 年版。

《伪满洲国》，［日］冈部牧夫著；郑毅译，吉林文史出版社 1990 年版。

《日本侵华战争自供状：中国事变画报：从卢沟桥事变至珍珠港事件（1937.7—1941.12）》（全 10 卷），［日］大阪每日新闻社、东京日日新闻社编；成玉峰、金锦珠等译，山东画报出版社 2017 年版。

《日本的猛攻》，［英］温斯顿·丘吉尔著；卢继祖、丁岳等译，译林出版社 2013 年/2015 年版。

《日本的猛攻》，［英］温斯顿·丘吉尔著；富杰译，青岛出版社 2015 年版//北京时代华文书局 2017 年版。

《偷袭珍珠港》，［英］彼得·达尔曼主编；赵宁译，北京理工大学出版社 2015 年版。

《断刀：从珍珠港到中途岛》，［美］艾迪·鲍尔著；何卫宁译，海洋出版社 2017 年版。

《闪电战：日本陆军在东南亚的猖狂进攻》，［美］比尔·耶讷著；姚丽瑞、袁超译，中国市场出版社 2016 年版。

2. 日本的暴行

（1）总论

《战争与罪责》，［日］野田正彰著；朱春立等译，昆仑出版社 2004 年版。

《战争罪责：一个日本学者关于侵华士兵的社会调查》，［日］野田正彰著；朱春立、刘燕译，广西师范大学出版社 2000 年版。

《侵华日军暴行录》，［澳］哈罗德·廷珀利著；马庆平、万高潮译，新华出版社 1986 年版//济南出版社 2006 年版。

《燕赵悲歌:侵华日军在河北省的暴行》,[日] 广濑龟松主编,天津社会科学院出版社 1995 年版。

《侵华日军战犯手记》,[日] 中国归还者联络会编;张惠才等译,中共党史资料出版社 1991 年版。

《日本战犯侵华罪行自述》,[日] 中国归还者联络会编;李亚一译,世界知识出版社 1990 年版。

《历史的见证:日军忏悔录》,[日] 中国归还者联络会编;袁秋白等译,解放军出版社 1994 年版。

《外人目睹中之日军暴行》,[英] 田伯烈著;杨明译,中国老年历史研究会印,1985 年//江西人民出版社 1986 年版。

《外人目睹中之日军暴行》,[英] 田伯烈著;杨明译,上海科学技术文献出版社 2015 年版//南京出版社 2017 年版。

《外国人目睹中的日军暴行》,[英] 田伯烈著;杨之文译,天津人民出版社 1992 年版。

《1937:一名英国记者实录的日军暴行》,[英]田伯烈著;杨明译,湖北人民出版社 2005 年版。

(2)南京大屠杀

《南京大屠杀与三光作战:记取历史教训》,[日] 森山康平著;天津市政协编译委员会译,四川教育出版社 1984 年版。

《南京大屠杀》,[日] 洞富雄著;毛良鸿、朱阿根译,上海译文出版社 1988 年版。

《南京大屠杀》,[美] 张纯如著;马志行、田淮滨等译,东方出版社 2005 年版。

《南京大屠杀:第二次世界大战中被遗忘的大浩劫》,[美] 张纯如著;谭春霞、焦国林译,中信出版社 2013 年/2015 年版。

《辛德勒名单》,[澳] 托马斯·基尼利著;冯涛译,上海译文出版社 2015 年版。

《南京暴行:被遗忘的大屠杀》,[美] 张纯如著;孙英春、徐蓝译,东方出版社 1998 年版。

《南京浩劫:被遗忘的大屠杀》,[美] 张纯如著;杨夏鸣译,东方出版社 2007

年版。

《南京的恶魔》，[英]莫·海德著；刘春芳译，人民文学出版社2012年版。

《日本在中国的超级大屠杀》，[美]丹·温著；郝平、吴敏娜等译，北京大学出版社2005年版。

《侵华日军南京大屠杀日本报刊影印集》，朱成山编；彭曦等译，南京出版社2011年版。

《南京大屠杀幸存者证言集》，侵华日军南京大屠杀遇难同胞纪念馆编；[日]加藤实译，南京大学出版社1999年版。

《南京大屠杀始末采访录》，[日]本多胜一著；刘春明、包容等译，北岳文艺出版社2001年版。

《南京大屠杀：日军士兵战场日记》，[日]小野贤二、藤原彰等著；李一杰、吴绍沅译，社会科学文献出版社2007年版。

《南京大屠杀：日军士兵战地日记》，[日]小野贤二、藤原彰等编；刘峰译，社会科学文献出版社2019年版。

《从日本老兵战时书信与日记看——南京大屠杀》，[日]松冈环编著；彭曦等译，南京出版社2007年版。

《日本随军记者见闻录：南京大屠杀》，[日]小俣行男著；周晓萌译，世界知识出版社1985年版。

《天理难容：美国传教士眼中的南京大屠杀（1937—1938）》，章开沅编译，南京大学出版社1999年版。

《难民区百日：亲历日军大屠杀的西方人》，[日]笠原十九司著；李广廉、王志君译，南京师范大学出版社2005年版。

《历史上的黑暗一页：英国外交文件与英美海军档案中的南京大屠杀》，[美]陆束屏编著、编译，江苏人民出版社2017年版。

《忍辱负重的使命：美国外交官记载的南京大屠杀与劫后的社会状况》，[美]陆束屏编著、翻译，江苏人民出版社2018年版。

《腥风血雨话金陵——明妮·魏特琳1937—1938年日记、书信和电文》，陆束屏编译，南京出版社2012年版。

《南京战·被割裂的受害者之魂：南京大屠杀受害者120人的证言》，[日]松冈环编著；沈维藩译，上海辞书出版社2005年版。

《南京战·寻找被封闭的记忆：侵华日军原士兵102人的证言》，[日]松冈环编著;新内如、全美英等译,上海辞书出版社 2002 年版。

《拉贝日记》,[德] 约翰·拉贝著;本书翻译组译,江苏人民出版社/江苏教育出版社 1997 年/2009 年/2017 年版。

《拉贝日记》,[德] 约翰·拉贝著;朱刘华译,金城出版社 2009 年版。

《拉贝日记》,[德] 埃尔文·维克特著;周娅、谭蕾译,新世界出版社 2009 年版。

《魏特琳日记》,[美] 明妮·魏特琳著;南京师范大学南京大屠杀研究中心译,江苏人民出版社 2000 年版。

《东史郎日记》,[日] 东史郎著;本书翻译组译,江苏教育出版社 1999 年版//江苏凤凰教育出版社 2014 年版。

《东史郎战地日记:1938.10—1939.9》,[日] 东史郎著;纪廷许、王丹丹等译,世界知识出版社 2000 年版。

《〈东史郎日记〉案图集:正义与邪恶交锋实录:中日文对照》,[日] 山内小夜子著;朱成山译,新华出版社 2000

《活着的士兵》,[日] 石川达三著;钟庆安、欧希林译,昆仑出版社 1987 年版。

《活着的士兵》,[日] 石川达三著;唐卉译,中国广播电视出版社 2008 年版。

《活着的士兵:南京大屠杀 1938》,[日] 石川达三著;金中译,文化艺术出版社 1994 年版。

《南京大屠杀大疑问》,[日] 松村俊夫著;赵博源等译,新华出版社 2001 年版。

《南京大屠杀的彻底检证》,[日] 东中野修道著;严欣群译,新华出版社 2000 年/2014 年版。

《"南京大屠杀"之虚构》,[日] 田中正明著;军事科学院外国军事研究所译,世界知识出版社 1985 年版。

《南京事件争论史:日本人是怎样认知史实的》,[日] 笠原十九司著;罗萃萃、陈庆发等译,社会科学文献出版社 2011 年版。

《南京大屠杀和日本人的精神构造》,[日] 津田道夫著;程兆奇、刘燕译,海南出版社 2005 年版。

（3）慰安妇问题

《慰安妇》，〔澳〕乔治·希克斯著；滕建群译，新华出版社 2002 年版。

《慰安妇》，〔德〕鲁特·哈罗著；赵兴辰译，上海译文出版社 2015 年版。

《慰安妇问题研究》，〔日〕矢野玲子著；大海译，辽宁古籍出版社 1997 年版。

《随军慰安妇：长篇纪实文学》，〔日〕千田夏光著；林怀秋、夏文秀译，湖南人民出版社 1988 年/2009 年版。

《军妓血泪：天皇军队和朝鲜慰安妇》，〔日〕金一勉著；接桑等译，天津社会科学院出版社 1993 年版。

《被掠往侵略战场的慰安妇》，〔韩〕韩国挺身队研究会编；金镇烈、黄一兵译，中国文史出版社 2001 年版。

《军国烟花："随军慰安妇"庆子的经历》，〔日〕千田夏光著；林怀秋、夏文秀译，花城出版社 1995 年版。

《随军慰安妇：庆子》，〔日〕千田夏光著；徐宪成译，群众出版社 1996 年版。

《沉默五十年：一位原"慰安妇"的自述》，〔澳〕扬·鲁夫—奥赫恩著；张兵一译，重庆出版社 2015 年版。

《被折断的花朵：八个荷兰"慰安妇的伤痛回忆》，〔荷〕玛格丽特·哈默尔著；季我努译，重庆出版社 2019 年版。

（4）残虐战俘

《山东集中营》，〔美〕朗顿·基尔凯著；程龙译，学苑出版社 2015 年版。

《皮蒂日记：奉天战俘营 1942—1945》，杨竞编译，沈阳出版社 2015 年版。

《樟宜战俘营：1942—1945》，〔英〕R.P.W.海沃斯著；季我努译，重庆出版社 2015 年版。

《丑闻：二战期间美国日裔拘留营中的惊人故事》，〔美〕理查德·里夫斯著；魏令查译，商务印书馆 2018 年版。

《永远不能忘记：日军战俘营的岁月》，〔荷〕弗雷德·塞克著，人民出版社 2014 年版。

《地狱航船：亚洲太平洋战争中的"海上活棺材"》，〔美〕格雷戈里·米切诺等著；季我努译，重庆出版社 2015 年版。

《活着回家：巴丹死亡行军亲历记》，〔美〕列斯特·坦尼著；范国平译，世界知识出版社 2009 年版。

《死里逃生:从巴丹到巴拉望,美军战俘的求生史诗》,[美]斯蒂芬·穆尔著;纪丽娜译,新世界出版社 2018 年版。

《万劫归来:一个家庭三年半的日本集中营经历》,[美]艾格尼斯·凯斯著;穆青译,三联书店 2017 年版。

《骷髅的证词:棉兰老岛死里逃生记》,[日]荻原长一著;胡毓文、黄凤英译,上海译文出版社 1992 年版。

《天皇之客:香港沦陷与加拿大战俘》,[加]肯·凯姆本著;吴启之译,民族出版社 1995 年版。

《不义之财:日本财阀压榨盟军战俘实录》,[英]琳达·赫尔著;季我努译,重庆出版社 2015 年版。

《太阳旗下的地狱:美军战俘修建缅泰死亡铁路秘闻》,[美]凯利·克拉格著;季我努译,重庆出版社 2015 年版。

(5)生化战

《人性的瘟疫:日本细菌战秘史》,[美]丹尼尔·巴伦布莱特著;林玮、邓凌妍译,金城出版社 2016 年版。

《日本生物武器作战调查资料》,[日]近藤昭二、王选主编,社会科学文献出版社 2019 年版。

《日本宪兵队秘史:亚洲战场上的谋杀、暴力和酷刑》,[英]马克·费尔顿著;季我努译,重庆出版社 2017 年版。

《恶魔的暴行——关东军细菌战》,[日]森村诚一著;刘宗和译,湖南人民出版社 1983 年版。

《魔鬼的乐园:关东军细菌战部队》(全 3 册),[日]森村诚一著;关成和、徐明勋译,黑龙江人民出版社 1983 年版。

《食人魔窟:日本关东军细菌战部队》(全 3 部),[日]森村诚一著;祖秉和、唐亚明等译,群众出版社 1982—1985 年版。

《恶魔的饱食:日本 731 细菌战部队揭秘》(全 3 册),[日]森村诚一著;骆为龙、陈耐轩译,学苑出版社 2007 年/ 2014 年版。

《魔窟:日本细菌部队的可怕真相》(全 3 册),[日]森村诚一著;郑民钦译,群众出版社 2004 年版。

《战争与医学》(《侵华日军第七三一部队罪行实录 7》),[日]西山胜夫著;王琪译,中国和平出版社 2015 年版。

《731 ——石井四郎及细菌战部队揭秘》,［日］青木富贵子著;凌凌译,上海译文出版社 2010 年版//哈尔滨出版社 2018 年版。

《解密日本细菌战历史:军医中将石井四郎的故事》(《侵华日军第七三一部队罪行实录 6》),［美］肯尼思·波特著;龙菡译,中国和平出版社 2015 年版。

(6)其他暴行

《重庆大轰炸》,［日］前田哲男著;李泓、黄莺译,成都科技大学出版社 1989 年版。

《黄金武士:二战日本掠夺亚洲巨额黄金黑幕》,［美］斯特林·西格雷夫等著;南京师范大学南京大屠杀研究中心译,中国对外翻译出版公司 2005 年版//江苏人民出版社 2011 年版。

《二战梦魇:美国记者亚洲战场逃亡录》,［美］比尔·赖瑟著;帖馨雨译,新星出版社 2019 年版。

二、德国的侵略及其暴行

1. 德国的侵略

《第二次世界大战史(1939—1945)第三卷:战争的开始,侵苏战争的准备》(苏联十二卷本《第二次世界大战史》),［苏］杰烈维扬科主编;厦门大学外文系俄语教研室译,上海译文出版社 1981 年版。

《第三帝国 05:帝国的扩张》,［美］时代生活编辑部编;孙逊译,海南出版社 2015 年版。

《第三帝国 06:闪电战》,［美］时代生活编辑部编;莫竹芩译,海南出版社 2015 年版。

《闪击战:古德里安回忆录》,［德］海因茨·古德里安著;李江艳译,时代文艺出版社 2016 年版。

《闪击战:未经披露的照片档案,从突袭波兰到横扫北非》,［英］巴克斯特著;谢伏亚、胡伟译,航空工业出版社 2015 年版。

《战争闪电》(二战画史丛书·第 1 卷),［英］《战争图解》杂志编;苏银荣、阮光峰等译,解放军出版社 2013 年版。

《第三帝国:铁拳》,［美］时代生活丛书编辑部著;刘晓丽、肖欢译,海南出版社 2000 年版。

《气焰嚣张》,［英］《战争图解》杂志编;曹子珏、尹鸿涛等译,解放军出版社

2005年版。

《第二次世界大战:从波兰到巴黎》,〔英〕艾迪·鲍尔著;何卫宁译,中国市场出版社2014年版。

《天降战火:从突袭波兰到克里特岛空降作战》,〔英〕艾迪·鲍尔著;何卫宁译,中国市场出版社2015年版。

《第三共和国的崩溃:对1940年法国战败的研究》,〔美〕夏伊勒著;尹元耀等译,南海出版公司1990年版。

《法国的沦陷》,〔英〕温斯顿·丘吉尔著;李平沤等译,译林出版社2013年/2015年版。

《法国的沦陷》,〔英〕温斯顿·丘吉尔著;贾宁译,青岛出版社2015年版//北京时代华文书局2017年版。

《第三共和国的崩溃:1940年法国沦陷之研究》,〔美〕威廉·L.夏伊勒著;戴大洪译,作家出版社2015年版。

《晦暗不明的战争》,〔英〕温斯顿·丘吉尔著;吴泽炎等译,译林出版社2012年/2015年版。

《晦暗不明的战争》,〔英〕温斯顿·丘吉尔著;方唐译,青岛出版社2015年版//北京时代华文书局2017年版。

《第三帝国08:征服巴尔干》,〔美〕时代生活编辑部编;李莉、李含译,海南出版社2015年版。

《第二次世界大战:从不列颠之战到克里特岛战役》,〔英〕艾迪·鲍尔著;何卫宁译,中国市场出版社2014年版。

《第三帝国12:远海之战》,〔美〕时代生活编辑部编;李凤荷译,海南出版社2015年版。

《德国东进》,〔英〕温斯顿·丘吉尔著;韦凡、丁岳译,译林出版社2013年/2015年版。

《德国东进》,〔英〕温斯顿·丘吉尔著;朱建国译,青岛出版社2015年版//北京时代华文书局2017年版。

《东线战事:希特勒的东方灭绝战》,〔美〕史蒂芬·G.弗里茨著;程逸松译,时代文艺出版社2017年版。

《第三帝国11:巴巴罗萨》,〔美〕时代生活编辑部编;孙逊译,海南出版社2015年版。

《突袭苏联:"巴巴罗萨"行动》,[英]威尔·福勒著;张国良、唐清华等译,中国市场出版社 2010 年版。

《突袭苏联:"巴巴罗萨"行动最初的七天》,[英]福勒著;张国良译,航空工业出版社 2015 年版。

《通往斯大林格勒之路》,[英]约翰·埃里克森著;夏科峰、李岩译,台海出版社 2019 年版。

《纳粹的非洲计划》,[英]盖伊·萨维尔著;姜振华、柳文文译,重庆大学出版社 2014 年版。

《希特勒的欧洲》(11 卷本《国际事务概览丛书·战时编》),[英]阿诺德·托因比等编;孙基亚译,上海译文出版社 1980 年版。

《希特勒的欧洲》(第二次世界大战史大全 4),[英]阿诺德·托因比等编著;王智量等译,上海译文出版社 1995 年版。

《希特勒的欧洲》(国际事务概览·第二次世界大战 4),[英]阿诺德·汤因比著;王智量等译,上海译文出版社 2007 年版。

《第三帝国的兴起:1939—1942 年:德国在欧洲的胜利》,[英]克里斯·毕晓普著;李本明、薛蕾等译,新星出版社 2006 年版。

《第三帝国的兴起》,[英]克里斯·毕晓普著;李本明、薛蕾等译,重庆出版社 2010 年版//中国市场出版社 2014 年版。

2. 德国的暴行

《第三帝国 16:征服者的铁蹄》,[美]时代生活编辑部编;兆丰,凡玲译,海南出版社 2001 年/2015 年版。

《法西斯野兽:儿童剧》,[苏]N.谢斯达可夫撰;渔阳译,泥土社 1951 年版。

《纳粹魔影》,[德]克劳斯·曼著;李良健等译,群众出版社 1986 年版。

《刺刀下的白玫瑰》,[德]理查·汉萨尔著;于智元译,吉林人民出版社 1985 年版。

《纳粹屠刀下的阴霾》,[英]彼得·达尔曼主编;赵希俊译,北京理工大学出版社 2015 年版。

《德国反犹史》,[德]费舍尔著;钱坤译,江苏人民出版社 2007 年版。

《强迫症的历史:德国人的犹太恐惧症与大屠杀》,[美]劳克斯·费舍尔著;佘江涛译,译林出版社 2017 年版。

《纳粹医生:医学屠杀与种族灭绝心理学》,[美]罗伯特·利夫顿著;王毅、刘伟译,江苏凤凰文艺出版社 2016 年版。

《X 字旗下的灾祸——纳粹战争罪行录》,[英] 鲁塞尔著;戚仁禾译,世界知识出版社 1955 年版。

《死亡工厂》,[捷] 奥托·克劳乌斯著;白林年、魏友译,重庆出版社 1983年版。

《杀人机器》,[美] 时代生活编辑部编;张显奎、刘德军等译,海南出版社 2001 年版。

《第三帝国 18:杀人机器》,[美] 时代生活编辑部编;张显奎译,海南出版社 2015 年版。

《里昂屠夫》,[美] 埃哈德·达布林豪斯著;秦晋、思平译,军事谊文出版社 1985 年版。

《IBM 和纳粹》,[美] 埃德温·布莱克著;郭楚强译,广东人民出版社 2018年版。

《纳粹集中营》,[德] 古德龙·施瓦茨著;樊哲等译,军事科学出版社 1992年版。

《奥斯维辛:一部历史》,[英] 劳伦斯·里斯著;刘爽译,广西师范大学出版社 2016 年版。

《奥斯威辛集中营秘闻》,[匈] 米克洛什·尼斯利著;许家维译,天津人民出版社 1989 年版。

《灭绝的年代:纳粹德国与犹太人(1939—1945)》,[美] 索尔·弗里德兰德尔著;卢彦名等译,中国青年出版社 2011 年/2015 年版。

《死亡的回忆:奥斯威辛五年》,[波] 维斯拉夫·基拉尔著;李平、裘明仁译,上海译文出版社 1989 年版。

《黑夜》,[美] 埃利·威塞尔著;袁筱一译,南海出版公司 2018 年版。

《安妮日记》,[德] 安妮·弗兰克著;高年生译,人民文学出版社 2015年版。

《夜:我在奥斯维辛的遭遇》,[法] 伊列·维泽尔著;定宜庄译,现代出版社 1988 年版。

《这就是奥斯维辛:1945—1986 年的证据》,[意] 普里莫·莱维等著;沈萼梅译,中信出版集团 2017 年版。

《来自纳粹地狱的报告:奥斯维辛犹太法医纪述》,[匈] 米克洛斯·尼斯利著;刘建波译,北京联合出版公司 2015 年版//四川人民出版社 2019 年版。

《元素周期表:奥斯维辛化学家的二战回忆》,[意]普里莫·莱维著;牟中原译,百花洲文艺出版社 2015 年版。

《奥斯维辛集中营的志愿者:一份来自波兰卧底的报告》,[波]维托·皮莱茨基著;黄煜文译,世界图书出版公司 2015 年版。

《杀人魔法:毒气战和细菌战秘史》,[英]哈里斯·帕克斯曼著;路明军译,群众出版社 1988 年版。

《从"安乐死"到最终解决》,[美]亨利·弗里德兰德著;赵永前译,北京出版社 2000 年版。

《邻人:波兰小镇耶德瓦布内中犹太群体的灭亡》,[美]格罗斯著,中央编译出版社 2017 年版。

《罪行与沉默:直面耶德瓦布内犹太人大屠杀》,[波兰]安娜·比康特著;[美]艾丽莎·瓦莱斯英译;季大方汉译,社会科学文献出版社 2018 年版。

《在纳粹铁丝网后面》,[德]艾里希·雷马克著;王竞、章伟良译,安徽人民出版社 1984 年版。

《大屠杀后遗症》,[美]阿伦·哈斯著;梁骏译,北京出版社 2000 年版。

《大屠杀与集体记忆》,[美]彼得·诺维克著;王志华译,译林出版社 2019 年版。

《恐惧与希望:纳粹大屠杀幸存者及其后代子孙》,[以]丹·巴旺著;张嘤嘤译,内蒙古人民出版社 1997 年版。

《从奥斯威辛集中营到澳大利亚:一位纳粹大屠杀幸存者的记忆》,[澳大利亚]奥尔佳·霍拉克著;高山译,人民邮电出版社 2010 年版。

《与魔鬼的交易:一个大屠杀幸存者的记忆》,[英]拉斯洛·勒布著;范宸译,新世界出版社 2010 年版。

《纳粹集中营里的少女》,[以]囚号 135633 著;吴禾译,中国文联出版社 1990 年版//中国广播电视出版社 2008 年版。

《战俘》(图文第二次世界大战史:典藏本·20),[美]罗纳德·何·贝利著;王苹译,中国社会科学出版社/海南出版社 2004 年版。

《彗星之旅:盟军飞行员逃离纳粹监狱纪实》,[美]彼得·艾斯纳著;王庆华、刘瑾译,群众出版社 2005 年版。

《飞出牢笼》,[法]露西·奥布拉克著;顾良等译,中央编译出版社 1998

年版。

《我逃离了纳粹德国：伊尔丝的流亡日记（1938—1939 年）》，［法］亚埃尔·哈桑著；赵英晖、郭宁萱译，浙江少年儿童出版社 2014 年/2016 年版。

《一颗破碎的心：来自纳粹集中营的一个母亲对孩子的关爱》，［德］马丁·德里著；邵灵侠、贾峰昌译，上海社会科学院出版社 2004 年版。

《德意志公敌：第二次世界大战时期的纳粹宣传与大屠杀》，［美］杰弗里·赫夫著；黄柳建译，译林出版社 2019 年版。

《抢救维纳斯：二战时期艺术品与古建筑的遭遇》，［美］伊莱利亚·布瑞著；黄中宪译，漓江出版社 2013 年版。

《劫掠欧罗巴：西方艺术珍品在二战中的命运》，［美］林恩·尼古拉斯著；刘子信译，民主与建设出版社 2018 年版。

《希特勒的艺术大盗：希尔德布兰德·古利特、纳粹和欧洲珍宝大劫掠》，［美］苏珊·罗纳德著；刘清山译，上海社会科学院出版社 2019 年版。

《第三帝国的艺术博物馆：希特勒与“林茨特别任务”》，［德］哈恩斯·罗尔著；孙书柱、刘英兰译，三联书店 2009 年/2016 年版。

《造假者的声望：维米尔、纳粹和 20 世纪最大的艺术骗局》，［美］爱德华·多尼克著；陆道夫、牛海等译，江苏凤凰美术出版社 2017 年版。

《二战中的巴黎：纳粹铁蹄下的欲望、背叛与死亡》，［美］提拉·马奇奥著；杨献军译，台海出版公司 2018 年版。

《烽火巴黎：1939—1944》，［英］戴维·德雷克著，上海人民出版社 2019 年版。

《柏林日记：二战驻德记者见闻（1934—1941）》，［美］威廉·L.夏伊勒著；张若涵译，作家出版社 2017 年版。

《爱与黑暗：“二战”时期欧洲的同性恋者》，［法］让·勒比图著；邵济源译，中国人民大学出版社 2015 年版。

第四节　各战场研究

《边缘战场的争夺》（图文第二次世界大战史：典藏本 33），［美］西蒙·里格著；梁开业译，中国社会科学出版社/海南出版社 2004 年版。

一、西欧—大西洋战场

《战争爆发》，[英]《战争图解》杂志编；苏银荣、阮光峰译，解放军出版社2005年版。

《毁灭》（二战画史丛书·第2卷），[英]《战争图解》杂志编；辛锡禄、靳敬纯等译，解放军出版社2013年版。

《第三帝国07：狼群》，[美]时代生活编辑部编；卢水淹、靳惠玲译，海南出版社2015年版。

《极地战争：德军在挪威、芬兰与苏联的战争》，[英]克里斯·曼、[瑞士]克里斯特·乔根森著；于仓和译，大象出版社2012年版。

《斯堪的纳维亚战役》（图文第二次世界大战史：典藏本10），[美]罗伯特·爱德温著；林恩全译，中国社会科学出版社/海南出版社2004年版。

《奇怪的战败：写在1940年的证词》，[英]马克·布洛克著；汪少卿译，中国人民大学出版社2015年版。

《敦刻尔克的奇迹》，[美]洛德·沃尔特著；寿进文译，上海译文出版社1991年版。

《敦刻尔克》，[美]沃尔特·劳德著；黄佳瑜译，百花洲文艺出版社2017年版。

《敦刻尔克》，[英]约书亚·莱文著；吴奕俊、陆小夜译，重庆出版社2017年版。

《逃亡日：敦刻尔克大溃退亲历者口述》，[英]约书亚·莱文著；胡露云、曾祥凤译，江苏人民出版社2011年版。

《英国之战》（图文第二次世界大战史：典藏本6），[美]伦纳德·莫斯利著；杨晋译，中国社会科学出版社/海南出版社2004年版。

《不列颠之战》，[英]乔恩·莱克著；马盛昌译，新星出版社2006年版。

《鹰击不列颠》（二战经典战役全纪录），[英]卡萨诺瓦·布尔斯坦著；方飞编译，京华出版社2004年版/北京联合出版公司2011年版。

《鸡飞狗跳的英伦大爆炸》，[英]泰瑞·狄利著；李桐豪译，中州古籍出版社2010年版。

《激战重围》（二战画史丛书·第3卷），[英]《战争图解》杂志编；任学勇、曹俊译，解放军出版社2013年版。

《单独作战》，[英]温斯顿·丘吉尔著；李平沤等译，译林出版社2012年/2015年版。

《单独作战》,[英] 温斯顿·丘吉尔著;贾宁译,青岛出版社 2015 年版/北京时代华文书局 2017 年版。

《反攻欧洲》,[英] 彼得·达尔曼主编;胡湘华译,北京理工大学出版社 2015 年版。

《争夺欧洲:第二次世界大战西线反攻纪实》,[澳] 切斯特·威尔莫特著;闻立欣、胡大庆译,国际文化出版公司 2005 年版。

《胜利的浪潮》,[英] 温斯顿·丘吉尔著;张师竹等译,译林出版社 2013 年/2015 年版。

《胜利的浪潮》,[英] 温斯顿·丘吉尔著;王敏译,青岛出版社 2015 年版//北京时代华文书局 2017 年版。

《岛屿战争:欧洲争夺战》,中国人民解放军总参谋部翻印,1959 年版。

《大反攻》(二战画史丛书·第 8 卷),[英]《战争图解》杂志编;王志文、黄学爵等译,解放军出版社 2005 年/2013 年版。

《开辟第二战场》(图文第二次世界大战史:典藏本.13),[美] 道格拉斯·鲍汀著;张晓莉译,中国社会科学出版社/海南出版社 2004 年版。

《霸王行动:生死诺曼底》,[英] 安东尼·霍尔著;孟广林译,江苏人民出版社 2009 年版。

《最漫长的一天:诺曼底登陆》,[英] 威尔·福勒著;张国良、吕胜利等译,中国市场出版社 2009 年版。

《最长的一天》,[美] 科尼利厄斯·瑞恩著;李文俊、陶洁等译,解放军文艺出版社 2014 年版。

《最长的一天:我见证了诺曼底登陆》,[英] 彼得·利德尔著;王国平、潘金凤译,世界图书出版公司 2014 年版。

《无敌霸王行动:镜头里的诺曼底登陆战》,[英] 弗朗西斯·克罗斯比著;付阳译,当代中国出版社 2014 年版。

《黎明的炮声:从诺曼底登陆到第三帝国覆灭》,[美] 里克·阿特金森著;小小冰人等译,重庆出版社 2015 年版。

《第三帝国的灭亡:1943—1945 年:德国在欧洲的失败》,[英] 戴维·乔丹著;吕胜利、姚宝珍等译,新星出版社 2006 年版。

《第三帝国的灭亡:1944—1945 从诺曼底登陆到柏林陷落》,[英] 邓肯·安德森著;方文军、章浩等译,国际文化出版公司 2002 年版。

《第三帝国的灭亡:从诺曼底登陆到柏林陷落》,[英]邓肯·安德森著;方文军等译,中国市场出版社2009年版。

《解放》,[英]邓肯·安德森著;方文军等译,北京大学出版社2005年版。

《解放》(图文第二次世界大战史:典藏本25),[美]马丁·布鲁门森著;邓晓霞译,中国社会科学出版社/海南出版社2004年版。

《最后一击》,[英]邓肯·安德森著;方文军等译,北京大学出版社2005年版。

《阿登森林的鏖战》,[美]杰夫·尚拉著;冀开运主译,重庆大学出版社2014年版。

《噩梦沉沦》,[美]时代生活编辑部编;戴茵译,海南出版社2000年版。

《胜利》(二战画史丛书·第9卷),[英]《战争图解》杂志编;汤家玉、李新市等,解放军出版社2005年/2013年版。

《魂归大西洋》(二战经典战役全纪录),[美]蒂根·沃林福德著;贾华玲译,京华出版社2004年/2005年版//北京联合出版公司2011年版。

《魂归大西洋》(二战经典战役全纪录),[美]蒂根·沃林福德著;贾华玲译,安徽文艺出版社2012年版。

《血战大西洋》,[英]彼得·达尔曼主编;陈廷礼译,北京理工大学出版社2015年版。

《猎杀希特勒:镜头里的希特勒总部争夺战》,[英]伊恩·巴克斯特著;法磊译,当代中国出版社2014年版。

二、北非—地中海战场

《第三帝国南方前线》,[美]时代生活编辑部编;张天文译,海南出版社2015年版。

《第二次世界大战回忆录.北非战场》,[英]温斯顿·丘吉尔著;巫琼译,三秦出版社2017年版。

《破晓的军队:从挺进突尼斯到解放北非:1942—1943》,[美]里克·阿特金森著;王国平译,重庆出版社2015年版。

《第二次世界大战之西西里和意大利战场》,[美]迈克尔·哈斯丘著;李胜机等译,中国市场出版社2016年版。

《战斗的日子:从攻占西西里岛到解放意大利:1943—1944》,[美]里克·

阿特金森著;小小冰人译,重庆出版社 2015 年版。

《野战团:从西西里海滩到达豪集中营 500 天征战》,[英]亚历克斯·克肖著;林立群译,重庆出版社 2014 年版。

《马耳他攻击舰队出击记》,[美]史密斯·沃克著;荆园译,海洋出版社 1987 年版。

《挽回非洲局势》,[英]温斯顿·丘吉尔著;卢继祖等译,译林出版社 2013 年/2015 年版。

《挽回非洲局势》,[英]温斯顿·丘吉尔著;富杰译,青岛出版社 2015 年版//北京时代华文书局 2017 年版。

《沙漠之战》(图文第二次世界大战史:典藏本 5),[美]基思·惠勒著;杨晋译,中国社会科学出版社/海南出版社 2004 年版。

《征战阿拉曼》(二战经典战役全纪录),[美]迈克尔·哈林顿著;耿雪峰编译,京华出版社 2004 年/2006 年版。

《征战阿拉曼》(二战经典战役全纪录),[美]迈克尔·哈林顿著;耿雪峰编译,北京联合出版公司 2011 年版。

《鏖战阿拉曼》(二战经典战役全纪录),[美]迈克尔·哈林顿著;耿雪峰编译,安徽文艺出版社 2012 年版。

《战斗的阿拉曼》,[苏]施瓦柯夫·安瓦著;中国人民大学翻译组译,人民出版社 1973 年版。

《地中海战役》(图文第二次世界大战史:典藏本 9),[美]惠普尔著;赵盈译,中国社会科学出版社/海南出版社 2004 年版。

《意大利战役》(图文第二次世界大战史:典藏本 8),[美]罗伯特·华莱士著;王秀国译,中国社会科学出版社/海南出版社 2004 年版。

《战胜意大利》,[英]温斯顿·丘吉尔著;张自谋等译,译林出版社 2013 年/2015 年版。

《战胜意大利》,[英]温斯顿·丘吉尔著;寿韶峰译,青岛出版社 2015 年版//北京时代华文书局 2017 年版。

《拯救意大利》,[美]罗伯特·埃德塞著;鄢宏福、刘晓燕译,陕西人民出版社 2014 年版。

《从德黑兰到罗马》,[英]温斯顿·丘吉尔著;张自谋等译,译林出版社 2013 年/2015 年版。

《从德黑兰到罗马》，[英] 温斯顿·丘吉尔著；寿韶峰译，青岛出版社 2015 年/北京时代华文书局 2017 年版。

《墨索里尼的末日：意大利和西西里之战》，[英] 迈克尔·哈斯丘著；李胜机、刘亚华等译，中国市场出版社 2009 年版。

《战时中东》(11 卷本《国际事务概览丛书·战时编》)，[英] 乔治·柯克著；上海外国语学院英语系翻译组译，上海译文出版社 1980 年版。

《第二次世界大战史大全·6·战时中东》，[英] 乔治·柯克著；上海外国语学院英语系翻译组译，上海译文出版社 1995 年版。

《第二次世界大战全史·6·战时中东》，[英] 乔治·柯克著；上海外国语学院英语系翻译组译，上海译文出版社 2015 年版。

三、苏联—东欧战场

《论苏联伟大卫国战争》，[苏] 斯大林著，人民出版社 1954 年版。

《斯大林论苏联伟大卫国战争》，[苏] 斯大林著；人民出版社编译，人民出版社 1954 年版。

《苏联大百科全书选译：苏联伟大卫国战争(1941 至 1945 年)》，[苏] 沃罗彪夫等著；秋江、方兆琏译，人民出版社 1954 年版。

《苏芬战争：1939—1940》，[俄] 拜尔·伊林切耶夫著；胡烨译，中国长安出版社 2014 年版。

《交战前夕的希特勒和斯大林》，[俄] 别济绵斯基著；文和、李酉生译，上海译文出版社 2003 年版。

《突袭苏联》(二战经典战役全纪录)，[美] 叶皮凡·马卡列夫著；孙鹏编译，京华出版社 2004 年/2005 年版//北京联合出版公司 2011 年版。

《突袭苏联》(二战经典战役全纪录)，[美] 叶皮凡·马卡列夫著；孙鹏编译，安徽文艺出版社 2012 年版。

《苏德战争：1941—1945》，[英] 西顿著；中国人民解放军军事科学院外国军事研究部译，上海人民出版社 1983 年版。

《巴巴罗萨行动：1941 年德军入侵苏联》，[英] 克里斯托弗·艾尔斯比著；陈涵译，大象出版社 2011 年版。

《东进：苏德战争：1941—1943》，[德] 保罗·卡雷尔著；小小冰人译，北京艺术与科学电子出版社 2012 年/2013 年版。

《东进：1941—1943 年的苏德战争》，［德］保罗·卡雷尔著；小小冰人译，台海出版社 2018 年版。

《焦土：苏德战争：1943—1944》，［德］保罗·卡雷尔著；小小冰人译，北京艺术与科学电子出版社 2013 年版。

《焦土：1943—1944 年的苏德战争》，［德］保罗·卡雷尔著；小小冰人译，台海出版社 2018 年版。

《浴血东线——"巴巴罗萨"·斯大林格勒·库尔斯克·列宁格勒·柏林：未曾公开的历史照片，1941—1945》，［英］威尔·福勒著；张国良、邓永卫译，中国人民大学出版社 2005 年版。

《东线战场：1941—1945 巴巴罗萨 斯大林格勒 库尔斯克 柏林》，［英］邓肯·安德森等著；李清站、高原等译，国际文化出版公司 2002 年版//中国市场出版社 2013 年版。

《第二次世界大战·东线战场：从巴巴罗萨到柏林陷落》，［英］邓肯·安德森等著；李清站等译，中国市场出版社 2009 年版。

《燃烧的土地》（二战画史丛书·第 7 卷），［英］《战争图解》杂志编；谭钢兵、赵羽飞等译，解放军出版社 2005 年/2013 年版。

《东线：未经披露的照片档案，从巴巴罗萨到柏林之战》，［英］威尔.福勒著；张国良、邓永卫译，航空工业出版社 2015 年版。

《伟大卫国战争期间斯大林与罗斯福和丘吉尔往来书信：文献研究》，［俄］弗·奥·佩恰特诺夫等著；于淑杰、隋涛等译，世界知识出版社 2017 年版。

《苏联伟大卫国战争》，中苏友好协会总会编；印希译，人民出版社 1951 年版。

《苏联伟大卫国战争》，［苏］捷里普霍夫斯基著，莫斯科外国文书籍出版局 1954 年版。

《苏联伟大卫国战争：1941 至 1945 年》，［苏］沃罗彪夫·贝洛夫著；秋江、方兆琏译，人民出版社 1954 年版。

《苏联伟大卫国战争简史（一九四一——一九四五年）》，［苏］阿尼西莫夫等著；王复加译，时代出版社 1953 年版。

《苏联伟大卫国战争简史》，［苏］沃罗彪夫·克拉夫佐夫著，军事科学院军事科学研究部翻印，1960 年版。

《苏联伟大卫国战争简史（1941—1945 年）》，［苏］阿尼西莫夫等著；王复加译,商务印书馆 1998 年版。

《大战爆发的前夜》,［苏］谢沃斯季扬诺夫著,中共中央调查部编印,1981
年版。

《战争是这样开始的》,［苏］巴格拉米扬著;宁清民译,解放军出版社 1984
年版。

《莫斯科 1941》,［英］罗德里克·布雷思韦特著;曹建海译,新星出版社
2008 年版。

《血捍莫斯科》(二战经典战役全纪录),［苏］马尔钦·科济列夫斯基著;邱
剑敏编译,京华出版社 2004 年/2005 年版//北京联合出版公司/2011 年版。

《血捍莫斯科》(二战经典战役全纪录),［苏］马尔钦·科济列夫斯基著;邱
剑敏编译,安徽文艺出版社 2012 年版。

《围困中的苏联》(图文第二次世界大战史:典藏本 22),［美］尼古拉斯·
贝锡尔著;张栋译,中国社会科学出版社/海南出版社 2004 年版。

《第二次世界大战史(1939—1945)第四卷:法西斯对苏联的侵略"闪击战"
战略的破产》(上、下册)(苏联十二卷本《第二次世界大战史》),［苏］安德罗尼
科夫主编;南京师范学院外语系俄语翻译组译,上海译文出版社 1981 年版。

《第二次世界大战史(1939—1945)第五卷:法西斯集团侵略计划的破产》
(苏联十二卷本《第二次世界大战史》),［苏］莫罗佐夫主编;吴文智等译,上海
译文出版社 1982 年版。

《斯大林格勒》,［美］时代生活丛书编辑;罗宁晖译,海南出版社 2002
年版。

《斯大林格勒》,［英］邓肯·安德森等著;李清站等译,北京大学出版社
2005 年版。

《斯大林格勒》,［德］台奥多尔·普利维埃著;宁瑛、钟长盛等译,解放军文
艺出版社 2005 年版。

《第三帝国 14:斯大林格勒》,［美］时代生活编辑部编;罗宁辉译,海南出版
社 2015 年版。

《斯大林格勒三部曲:苏德战争》(四卷本),［美］戴维·M.格兰茨等著;小
小冰人译,台海出版社 2016 年/2018 年版。

《保卫斯大林格勒:1942—1943》,［英］安东尼·比弗著;何璇译,海南出版
社 2008 年版。

《保卫斯大林格勒》，〔俄〕萨姆索诺夫著；黄德文译，长江出版社 2010 年版。

《血战斯大林格勒：镜头里的斯大林格勒保卫战》，〔英〕尼克·科尼什著；郝兴丽译，当代中国出版社 2014 年版。

《浴血斯大林格勒》（二战经典战役全纪录），〔苏〕谢韦里安·捷列宾斯基著；檀琦编译，京华出版社 2004 年/2006 年版//北京联合出版公司 2011 年版。

《决战斯大林格勒》（二战经典战役全纪录），〔苏〕谢韦里安·捷列宾斯基著；檀琦编译，安徽文艺出版社 2012 年版。

《决战斯大林格勒》，〔俄〕谢韦里安·捷列宾斯基著；檀琦编著，汕头大学出版社 2015 年版。

《决战斯大林格勒：地狱熔炉，1942 年 9 月 13 日—1943 年 2 月 2 日》，〔英〕斯蒂芬·沃尔什著；白平华、刘亚华译，新星出版社 2006 年版。

《斯大林格勒血战记》，〔俄〕恩·维尔塔著；金人译，上海/北京新华书店 1950 年版//人民文学出版社 1951 年版。

《图说斯大林格勒战役》，〔英〕杰弗里·罗伯茨著；隋俊杰、金连柱译，中国市场出版社 2010 年版。

《转折——斯大林格勒会战：1942—1943》，〔英〕斯蒂芬·沃尔什著；白平华、刘亚华译，中国市场出版社 2010 年版。

《斯大林格勒城下》，〔苏〕萨姆塞诺夫著；鄢宝安、戴炜臣译，上海自由出版社 1954 年版。

《斯大林格勒回忆录》，〔德〕魏纳特著；高年译，新文艺出版社 1956 年版。

《在斯大林格勒战壕中》，〔苏〕涅克拉索夫著；李齐野译，上海文化工作社 1953 年版。

《斯大林格勒特写集》，〔苏〕科洛杰耶夫著；张雅微译，上海新文艺出版社 1956 年版。

《在斯大林格勒：青年团员安妮亚的笔记》，〔苏〕盖拉西莫夫著；孙肇基、黄寿考译，上海新文艺出版社 1956 年版。

《苏军在斯大林格勒的伟大胜利》，〔苏〕捷里普霍夫斯基著；劳栋译，时代出版社 1955 年版。

《斯大林格勒的胜利：一场改写历史的战役》，〔英〕杰弗里·罗伯茨著；隋俊杰、金连柱译，中国人民大学出版社 2005 年版。

《重建斯大林格勒》,〔苏〕盖拉西莫夫著;吴岩译,上海新文艺出版社 1955年版。

《保卫斯大林格勒的西伯利亚英雄们》,〔苏〕因戈尔著;孙珂译,时代出版社 1956 年版。

《第二次世界大战史(1939—1945)第六卷:战争的根本转折》(苏联十二卷本《第二次世界大战史》),〔苏〕帕罗季金、霍罗希洛夫主编;安徽大学苏联问题研究所译,上海译文出版社 1982 年版。

《第二次世界大战史(1939—1945)第七卷:完成战争的根本转折》(上、下册)(苏联十二卷本《第二次世界大战史》),〔苏〕索洛维约夫主编;安徽大学苏联问题研究所译,上海译文出版社 1983 年版。

《库尔斯克》,〔英〕邓肯·安德森著;李清站等译,北京大学出版社 2005年版。

《巨人之间:第二次世界大战中的波罗的海战事》,〔英〕普里特·巴塔著;刘任、张大卫译,台海出版社 2018 年版。

《红军的崛起》(图文第二次世界大战史:典藏本.23),〔美〕约翰·肖著;彭云译,中国社会科学出版社/海南出版社 2004 年版。

《苏维埃战车》(图文第二次世界大战史:典藏本.24),〔美〕伊尔·齐姆克著;田少芳译,中国社会科学出版社/海南出版社 2004 年版。

《大进军:随军采访四年》(全 2 册),〔苏〕鲍·波列伏依著;徐耀魁译,新华出版社 1983 年版。

《粉碎"台风"计划:随军采访四年》(全 2 册),〔苏〕鲍·波列伏依著;徐耀魁译,新华出版社 1983 年版。

《第二次世界大战史(1939—1945)第八卷:法西斯集团防御战略的破产》(上下册)(苏联十二卷本《第二次世界大战史》),〔苏〕叶戈罗夫主编;安徽大学苏联问题研究所译,上海译文出版社 1984 年版。

《第二次世界大战史(1939—1945)第九卷:解放苏联和欧洲各国的领土太平洋和亚洲的战争》(上下册)(苏联十二卷本《第二次世界大战史》),〔苏〕谢米里加主编;安徽大学苏联问题研究所译,上海译文出版社 1984 年版。

《普鲁士战场:苏德战争:1944—1945》,〔英〕普里特·巴塔著;小小冰人译,中国长安出版社 2015 年版//台海出版社 2018 年版。

《末日之战:1944—1945 年的德国战场》,〔英〕马克斯·黑斯廷斯著;闫晓峰译,新华出版社 2017 年版。

《距柏林 896 公里:随军采访四年(三)》,[苏] Б·Н·波列伏依著;徐耀魁译,新华出版社 1984 年版。

《D-日挺进柏林》(第二次世界大战经典战役、事件全纪录书系),[英] 威廉姆斯著;叶娟、丁美群译,群众出版社 2005 年版。

《强击柏林:正义的清算 1945 年 4 月 6 日—5 月 2 日》,[美] 卡尔·巴姆著;张国良、史强译,新星出版社 2006 年版。

《血战柏林:对希特勒的最后一击》,[美] 卡尔·巴姆著;张国良、史强译,中国市场出版社 2009 年版。

《柏林 1945》,[英] 安东尼·比弗著;王宝泉译,海南出版社 2015 年版。

《攻克柏林》,[苏]巴甫达科·奇阿乌列里著;史敏徒译,时代出版社 1951 年版。

《攻克柏林》(二战经典战役全纪录),[俄] 比比克·穆尔奇科夫著;任成琦编译,京华出版社 2004 年/2006 年版//北京联合出版公司 2011 年版。

《攻克柏林》(二战经典战役全纪录),[俄] 比比克·穆尔奇科夫著;任成琦编译,安徽文艺出版社 2012 年版。

《攻克柏林》,[英] 安东尼·比弗著;王宝泉译,海南出版社 2008 年版。

《纳粹的最后堡垒》,[日] 落合信彦著;宋协毅、洪伟译,春风文艺出版社 1990 年版。

《第二次世界大战史(1939—1945)第十卷:最后击溃法西斯德国》(苏联十二卷本《第二次世界大战史》),[苏] 舍霍夫佐夫主编;蒋妙瑞等译,上海译文出版社 1987 年版。

《希特勒东线战败:镜头里的二战东部战场》,[英] 伊恩·巴克斯特著;法磊译,当代中国出版社 2014 年版。

《希特勒死后:欧洲战场的最后十天》,[英] 迈克尔·琼斯著;秦恺译,湖南人民出版社 2018 年版。

《巨人的碰撞:苏德战争鲜为人知的历史真相》,[美] 戴维·M.格兰斯等著;赵玮、赵国星译,汕头大学出版社 2012 年版。

《历史上从未有过的胜利》,[苏] 格列夺科著,总参谋部第二部翻印,1973 年版。

《苏军在伟大卫国战争中的辉煌胜利》,[苏] 葛里可夫著;康华译,三联书店 1956 年版。

《苏联伟大卫国战争胜利的全世界历史意义》,[苏]特里普赫夫斯基著;张伯刚译,时代出版社 1954 年版。

《苏联武装力量的胜利源泉》,[苏]库兹明著;清河译,时代出版社 1954年版。

《火线上的苏联大兵:镜头里的二战苏联红军》,[俄]阿尔乔姆·德拉布金著;法磊译,当代中国出版社 2014 年版。

《苏联人民在伟大卫国战争中的劳动功勋》,[苏]E·И·索尔达钦柯等著;清河译,时代出版社 1954 年版。

《苏联航空英雄卫国战争的故事》,[苏]毕拉霍娃撰;邱陵译,新亚书局1951 年版。

《解放克里米亚和敖德萨战役中的黑海舰队战士》,[苏]B·M.柯诺年科著;颜明宜译,时代出版社 1956 年版。

《苏联卫国战争中的青年英雄烈士》,[苏]A·特露什可夫编;樊英译,上海人民出版社 1951 年版//上海华东人民出版社 1953 年版。

四、亚洲—太平洋战场

1. 太平洋战场

《战争临到美国》,[英]温斯顿·丘吉尔著;韦凡、丁岳译,译林出版社 2012年/2015 年版。

《战争临到美国》,[英]温斯顿·丘吉尔著;朱建国译,青岛出版社 2015 年版//北京时代华文书局 2017 年版。

《太平洋战争史》(全 5 册),[日]日本历史学研究会编;金锋等译,商务印书馆 1959—1965 年版。

《太平洋战争:1941—1945》(上下册),[英]约翰·科斯特洛著;王伟等译,东方出版社 1985 年版。

《太平洋战争》(全 3 卷),[日]山冈庄八著;兴远、金哲译,金城出版社2011—2013 年版。

《太平洋战争》,[英]道格拉斯·福特著;刘建波译,北京联合出版公司2014 年版。

《太平洋战争》,[日]儿岛襄著;彤彤译,东方出版社 2016 年版。

《太平洋战争》,〔英〕赫克特·拜沃特著;刘玥译,天地出版社 2019 年版。

《第二次世界大战之太平洋战场》,〔美〕安德鲁·威斯特等著;穆占劳译,中国市场出版社 2016 年版。

《太平洋战争图文史:通往东京湾的胜利之路》,〔澳〕罗伯特·奥尼尔主编;傅建一译,金城出版社 2019 年版。

《日本随军记者见闻录:太平洋战争》,〔日〕小俣行男著;周晓萌译,世界知识出版社 1988 年版。

《太平洋战争与日本新闻》,〔日〕前坂俊之著;晏英译,新星出版社 2015 年版。

《天下海战:铁血太平洋》,〔英〕约翰·戴维森著;孟广林主译,江苏人民出版社 2009 年版。

《血战太平洋》,〔美〕安德鲁·威斯特著;穆占劳译,北京大学出版社 2005 年版。

《血战太平洋:从珍珠港到广岛:1941—1945》,〔美〕安德鲁·威斯特等著;穆占劳、苟建新译,国际文化出版公司 2002 年版//中国市场出版社 2009 年/2010 年版。

《血战太平洋》,〔美〕斯莱塞·罗伯特著;胡海波编译,华文出版社 2010 年版。

《偷袭珍珠港前的三百六十五天》,〔日〕实松让著;史人译,上海译文出版社 1980 年版。

《珍珠港事件前的日日夜夜》,〔日〕实松让著;张焕利、黄凤珍译,新华出版社 1984 年版。

《偷袭珍珠港前的 365 天》,〔日〕实松让著;史人译,上海译文出版社 1995 年版。

《通向珍珠港之路:美日战争的来临》,〔美〕赫伯特·菲斯著;周颖如、李家善译,商务印书馆 1983 年版。

《珍珠港事件》,〔美〕哈门著;徐博拢译,辽宁少年儿童出版社 2015 年版。

《袭击珍珠港》,〔日〕渊田美津雄著;许秋明译,商务印书馆 1979 年版。

《偷袭珍珠港》(二战经典战役全纪录),〔美〕利奥波德·罗森伯格著;马俊杰编译,京华出版社 2004 年/2006 年版//北京联合出版公司 2011 年版。

《偷袭珍珠港》(二战经典战役全纪录),〔美〕利奥波德·罗森伯格著;马俊杰编译,安徽文艺出版社 2012 年版。

《激战珍珠港》,[美]哈利·梅泽著;李墨译,外语教学与研究出版社 2013年版。

《图说偷袭珍珠港》,[美]哥德斯坦等著;林光馀译,当代世界出版社 2001年版。

《珍珠港和中途岛》,[美]安德鲁·威斯特等著,穆占劳等译,北京大学出版社 2005 年版。

《珍珠港 1941:美国的耻辱日》,[美]卡尔·史密斯著;金铠译,海洋出版社2015 年版。

《美国的耻辱:珍珠港事件内幕》,[美]约翰·托兰著;李殿昌等译,中国广播电视出版社 1994 年版。

《日本大败局:偷袭珍珠港决策始末》,[美]堀田江理著;马文博译,新华出版社 2014 年版。

《燃烧的岛链:美国人眼中的珍珠港事件》,[美]高尔登·普朗格著;张晓生编译,台海出版社 2017 年版。

《日本的进攻》(二战画史丛书·第 5 卷),[英]《战争图解》杂志编;吕彬、王晓辉等译,解放军出版社 2005 年/2013 年版。

《疯狂的岛国》,[美]时代生活丛书编辑著;唐奇芳译,中国社会科学出版社 2004 年版。

《肆虐的太阳旗》(图文第二次世界大战史:典藏本 30),[美]亚瑟·查齐著;胡修雷译,中国社会科学出版社/海南出版社 2004 年版。

《黑暗中的眼泪:巴丹死亡行军全记录》,[美]迈克尔·诺曼等著;杨超、李游子等译,江苏人民出版社 2011 年版。

《搏杀中途岛》(二战经典战役全记录),[美]汤森·华林著;王永生编译,京华出版社 2004 年/2006 年/2014 年版。

《中途岛 1942:太平洋战争的转折点》,[英]马克·希利著;彭莹译,海洋出版社 2015 年版。

《中途岛奇迹》,[美]戈登·普兰奇等著;祁阿红、王喜六译,百花洲文艺出版社 2015 年版。

《岛屿战争:太平洋夺战》,中国人民解放军总参谋部翻印,1959 年版。

《岛屿之战》(图文第二次世界大战史:典藏本 34),[美]罗纳德·巴利著;

武欣译,中国社会科学出版社/海南出版社 2004 年版。

《喋血瓜岛》(二战经典战役全记录),[美]格里夫·科恩著;王永梅译,京华出版社 2004 年/2006 年版//北京联合出版公司 2011 年版。

《血拼瓜达卡纳尔》(二战经典战役全纪录),[美]格里夫·科恩著;王永梅编译,安徽文艺出版社 2012 年版。

《制霸太平洋:从珍珠港到东京湾》,[美]奥利弗·诺斯、乔·马瑟著;闻立欣译,团结出版社 2015 年版。

《席卷太平洋》(二战经典战役全纪录),[美]约翰·克劳福德著;叶春雷编译,安徽文艺出版社 2012 年版。

《通往东京之路》(图文第二次世界大战史:典藏本 37),[美]基思·惠勒著;陈婧、李贺杰译,中国社会科学出版社/海南出版社 2004 年版。

《太平洋战场的较量(上):太平洋底的战争》,[美]基思·惠勒著;顾群译,中国社会科学出版社 2005 年版。

《太平洋战场的较量(中):远征军》,[美]唐·莫泽著;刘宁译,中国社会科学出版社 2005 年版。

《太平洋战场的较量(下):燃烧的岛桥》,[美]拉菲尔·斯坦贝格著;武欣译,中国社会科学出版社 2005 年版。

《太平洋战场的胜利(上):麦克阿瑟的归来》,[美]拉菲尔·斯坦伯格著;丁翠玉译,中国社会科学出版社/海南出版社 2005 年版。

《太平洋战场的胜利(中):轰炸日本》,[美]基思·惠勒著;李丽译,中国社会科学出版社/海南出版社 2005 年版。

《太平洋战场的胜利(下):杀向东京》,[美]基思·惠勒著;陈婧、李贺杰译,中国社会科学出版社/海南出版社 2005 年版。

《再见,黑暗:太平洋战争回忆录》,[美]威廉·曼彻斯特著;陈杰译,作家出版社 2014 年版。

《日本帝国的衰亡》(上、下),[美]约翰·托兰著;郭伟强译,新华出版社 1982 年版。

《日本法西斯的末日:镜头里的太平洋远东战争》,[英]安迪·罗森著;刘国伟译,当代中国出版社 2014 年版。

《重返菲律宾》(图文第二次世界大战史:典藏本 35),[美]拉菲尔·斯坦贝格著;丁翠玉译,中国社会科学出版社/海南出版社 2004 年版。

《鏖战菲律宾》(二战经典战役全记录),[美]本杰明·埃勒曼著;杜秀娟编译,京华出版社 2004 年/2006 年版//北京联合出版公司 2011 年版。

《光复菲律宾》(二战经典战役全纪录),[美]本杰明·埃勒曼著;杜秀娟编译,安徽文艺出版社 2012 年版。

《硫黄岛 1945:星条旗在折钵山升起》,[英]德里克·赖特著;李瑾译,海洋出版社 2015 年版。

《最残酷的战斗:硫磺岛战役生还者讲述》,[日]NHK 取材班著;兴远译,金城出版社 2011 年版。

《血战太平洋·决战冲绳岛》,[美]E·B.斯莱奇著;张志刚译,译林出版社 2010 年版。

《日本的崩溃》(图文第二次世界大战史:典藏本 38),[美]基斯·惠勒著;李海钢译,中国社会科学出版社/海南出版社 2004 年版。

《日落东瀛》(二战经典战役全纪录),[美]肯尼斯·加尔布雷著;王宏林编译,安徽文艺出版社 2012 年版。

《干掉太阳旗》,[美]比尔·奥雷利著;庄逸抒、刘晓同译,江苏凤凰文艺出版社 2017 年版。

《无情之战:太平洋战争中的种族与强权》,[美]约翰·W.道尔著;韩华译,中信出版集团 2019 年版。

2. 亚洲战场

《第二次世界大战回忆录.远东战场》,[英]温斯顿·丘吉尔著;沙迎风译,三秦出版社 2017 年版。

《中国—缅甸—印度》(图文第二次世界大战史:典藏本 32),[美]唐·莫泽著;刘宁译,中国社会科学出版社/海南出版社 2004 年版。

《缅甸战役:从灾难走向胜利(1942—1945)》,[英]弗兰克·麦克林恩著;章启晔译,上海三联书店 2015 年版。

《缅甸 1942:从仰光到曼德勒》,[澳]阿兰·沃伦著;雷鹏飞译,重庆出版社 2019 年版。

《滇缅公路:第二次世界大战"中国—缅甸—印度战场"的壮丽史诗》,[美]多诺万·韦伯斯特著;朱靖江译,作家出版社 2006 年版。

《滇缅公路:二战"中缅印战场"的壮丽史诗》,[美]多诺万·韦伯斯特著;朱靖江译,九州出版社 2015 年版。

《滇缅公路》，[英]尼克尔·史密斯著；郭晓岚译，天地出版社2019年版。

《天堑通途：中缅印抗战生命线》，[美]小弗雷德里克·F.施安勒口述；李松编；刘苹图片翻译，北方文艺出版社2015年/2018年版。

《修筑滇缅公路纪实》，[美]谭伯英著；戈叔亚译，云南人民出版社2016年版。

《驼峰空运》，[美]普雷廷著；张兵一译，重庆出版社2014年版。

《驼峰空运：第二次世界大战中美国为维系中国抗日战争而实施的战略》，[美]普雷廷著；张兵一译，重庆出版社2013年版。

《美国十字军在中国(1938—1945年)》，[美]迈克尔·沙勒；郭济祖译，商务印书馆1982年版。

《老兵长存：美国海军陆战队在中国》，[美]E.B.斯莱奇著；朱超译，新华出版社2014年版。

《远征军：二战缅甸正面战场亲历者口述》，[英]朱利安·汤普森著；唐美容、甘玲玲译，江苏人民出版社2011年版。

《滇缅公路上的人们》，[美]蒋彝著；邓丽蓉译，天地出版社2019年版。

《国际事务概览·第二次世界大战(8)1942—1946年的远东》，[英]F.C.琼斯、休·博顿、皮尔恩著；复旦大学外文系英语教研组译，上海译文出版社2007年版。

《第二次世界大战全史8，1942—1946年的远东》，[英]F.C.琼斯、休·博顿著；复旦大学外文系英语教研组译，上海译文出版社2015年版。

《决胜东北》(二战经典战役全纪录)，[苏]伊万·谢苗诺夫著；胡海波编译，安徽文艺出版社2012年版。

《突向哈尔滨》，[苏]А.П.别洛博罗多夫著；晓渔译，军事译文出版社1984年版。

《日本关东军覆灭记》，[日]岛田俊彦著；李汝松译，辽宁教育出版社1991年版。

《日本关东军覆灭记》，方维新译，白山出版社2011年版。

《亚洲的结局》(图文第二次世界大战史：典藏本39)，[美]时代生活丛书编辑著；张荣耀译，中国社会科学出版社/海南出版社2004年版。

第五节　战时国际关系

《第二次世界大战期间国际关系概述》,[苏]П.Н.伊万诺夫著;贝璋衡译,高等教育出版社 1959 年版。

《美国、英国和俄国:它们的合作和冲突 1941—1946》(11 卷本《国际事务概览丛书·战时编》),[美]威廉·哈代·麦克尼尔著;叶佐译,上海译文出版社 1978 年版。

《第二次世界大战史大全 5:美国、英国和俄国:它们的合作和冲突 1941—1946》,[英]威廉·哈代·麦克尼尔著;叶佐译,上海译文出版社 1995 年版。

《国际事务概览·第二次世界大战(5)美国、英国和俄国:它们的合作和冲突:1941—1946 年》,[美]威廉·哈代·麦克尼尔著;叶佐译,上海译文出版社 2007 年版。

《第二次世界大战全史 5:美国、英国和俄国:它们的合作和冲突:1941—1946 年》,[美]威廉·麦克尼尔著;叶佐译,上海译文出版社 2015 年版。

《外交史·第四卷:第二次世界大战年代的外交活动》,[苏]С.А.戈尼昂斯基等著;武汉大学外文系等译,三联书店 1980 年版。

《大外交》,[美]亨利·基辛格著;顾淑馨、林添贵译,海南出版社 1998 年版。

《二战内幕:苏联观点》,[苏]沃尔科夫著;彭训厚等译,江苏人民出版社 2015 年版。

《二战的细节》,[德]库特·冯·蒂佩尔斯基希著;李娟编译,民主与建设出版社 2017 年版。

《欧洲第二战场外交史》,[苏]И.Н.泽姆斯科夫著;叶月明译,军事译文出版社 1985 年版。

《盟军高级司令部内幕:将军们之间的战争》,[英]戴维·欧文著;张德广等译,新华出版社 1986 年版。

《从珍珠港到诺曼底》,[美]约翰·艾森豪威尔著;张明学等译,解放军出版社 1988 年版。

《1942—1946 的远东》(11 卷本《国际事务概览丛书·战时编》),[英]F.C.琼斯等著;复旦大学外文系教研组译,上海译文出版社 1979 年版。

《第二次世界大战史大全 8:1942—1946 的远东》,[英] F.C.琼斯等著;复旦大学外文系教研组译,上海译文出版社 1995 年版。

《巨大的转变:美国与东亚(1931—1949)》,[美] 入江昭等编,复旦大学出版社 1991 年/1997 年版。

《美国对华政策(1944—1945)》,[美] 谢伟思著;王益等译,中国社会科学出版社 1989 年版。

《中国的纠葛:从珍珠港事变到马歇尔使华,美国在中国的努力》,[美] 赫伯特·菲斯著;林海等译,北京大学出版社 1989 年版。

《美国与中共的心理战合作》,吕彤邻主编;[美] 埃文·泰勒编,上海远东出版社 2019 年版。

《高层的背叛:美国出卖盟友秘闻》,[新加坡] 詹姆斯·麦凯著;何林荣译,中国城市出版社 1998 年版。

《美军观察组在延安》,[美] D.包瑞德著;万安潮等译,解放军出版社 1984 年版。

《美国人与中国共产党》,[美] 肯尼思·休梅克著;郑志宁译,吉林文史出版社 1988 年版。

《他们想窃取我们的胜利果实:第二次世界大战中美国对外政策史概论(1939—1943 年)》,[苏] 维·萨·科瓦尔著;华世良等译,世界知识出版社 1965 年版。

《1941—1945 年苏联伟大卫国战争期间苏联部长会议主席同美国总统和英国首相通信集·第一册:斯大林同丘吉尔和艾德礼的通信》,[苏] 苏联外交部编;潘益柯译,世界知识出版社 1961 年版。

《1941—1945 年苏联伟大卫国战争期间苏联部长会议主席同美国总统和英国首相通信集·第二册:斯大林同罗斯福和杜鲁门的通信》,[苏] 苏联外交部编;宗伊译,世界知识出版社 1963 年版。

《二战期间日本外交内幕》,[日] 法眼晋作著;袁靖等译,中国文史出版社 1993 年版。

《日本外交史》(上下册),[日] 信夫清三郎编;天津社会科学院日本问题研究所译,商务印书馆 1980 年版。

《河豚鱼计划:第二次世界大战期间日本人与犹太人的秘密交往史》,[美] 托克耶·斯沃茨著;龚方震等译,三联书店上海分店 1992 年版。

《蒋介石政府与纳粹德国》，[美]柯伟林著；陈谦平等译，中国青年出版社1994年版。

《黑太阳：蒙淘克的纳粹—西藏连接》，[美]皮特·穆恩著；刘仲敬译，江苏人民出版社2014年版。

《梵蒂冈史：第二次世界大战时期》，[苏]舍英曼著；黑龙江大学俄语系译，黑龙江人民出版社1979年版。

《大战和中立国》（11卷本《国际事务概览丛书·战时编》），[英]阿诺德·托因比等编；上海电机厂职工大学业余翻译班译，上海译文出版社1981年版。

《第二次世界大战史大全7：大战和中立国》，[英]阿诺德·托因比等编著；田基译，上海译文出版社1995年版。

《国际事务概览·第二次世界大战（7）大战和中立国》，[英]阿诺德·汤因比、维罗尼卡·汤因比编著；田基译，上海译文出版社2007年版。

《第二次世界大战全史7：大战和中立国》，[英]阿诺德·汤因比、维罗尼卡·汤因比编著；田基译，上海译文出版社2015年版。

《中立国》（图文第二次世界大战史：典藏本21），[美]丹尼斯·J.弗德著；沈建冬译，中国社会科学出版社/海南出版社2004年版。

《雅尔塔：决定世界格局和历史进程的八天》，[美]浦洛基著；林添贵译，江苏文艺出版社2012年版。

《雅尔塔：改变世界格局的八天》，[美]沙希利·浦洛基著；林添贵译，中信出版集团2018年版。

《德黑兰、雅尔塔、波茨坦会议文件集》，[苏]萨纳柯耶夫、崔布列夫斯基编，三联书店1973年版。

《1944：罗斯福与改变历史的一年》，[美]杰伊·温尼克著；李迎春等译，广西师范大学出版社2018年版。

《回形针行动："二战后期美国招揽纳粹科学家的绝密计划》，[美]安妮·雅各布森著；王祖宁译，重庆出版社2015年版。

第六节　世界人民的反法西斯斗争

《审问欧洲：二战时期的合作、抵抗与报复》，[美]伊斯特万·迪克著；舒琦译，中信出版社2018年版。

一、法西斯国家的抵抗运动

《四十二起谋杀希特勒的案件》,[联邦德国] 维尔·贝特霍尔德著;龚新康译,群众出版社 1986 年版。

《42 起谋杀希特勒的案件》(第二次世界大战经典战役、事件全纪录书系),[联邦德国] 维尔·贝特霍尔德著;龚新康译,群众出版社 2005 年版。

《暗杀希特勒》,[联邦德国] 汉斯·基尔斯特著;王勇等译,军事译文出版社 1987 年版。

《刺杀纳粹头子海德里希行动内幕》(第二次世界大战经典战役、事件全纪录书系),[德] 赫尔穆特·哈义斯著;慕峰涛译,群众出版社 2005 年版。

《反战士兵手记》,[日] 水野靖夫著;巩长金译,解放军出版社 1985 年版。

《与盖世太保周旋的人》,[俄] 梅德韦杰夫著;磊夫等译,军事译文出版社 1987 年版。

《巴托克:独自对抗第三帝国》,[瑞典] 谢尔·埃斯普马克著;王晔译,上海人民出版社 2014 版。

《第二次世界大战中的日本与战后日本人民的独立斗争》,[苏] 叶·米·茹科夫著;韩建中译,高等教育出版社 1958 年版。

《志愿军——在西班牙与法西斯作战的亲身经历》,[美] 斯蒂夫·纳尔逊撰;黄星圻等译,文艺翻译出版社 1953 年版。

《西班牙在心中:反法西斯诗选》,[智利] 巴勃罗·聂鲁达等著;赵振江译,作家出版社 2015 年版。

二、被侵略国家人民的反抗

《抵抗》(图文第二次世界大战史:典藏本 19),[美] 拉塞尔·米勒著;韩晓宁译,中国社会科学出版社/海南出版社 2004 年版。

《反抗军》,[美] 彼得·杜菲著;俞圆译,群众出版社 2009 年版。

《战斗者》(二战画史丛书·第 6 卷),[英]《战争图解》杂志编;曹子珏、尹鸿涛等译,解放军出版社 2013 年版。

《勇敢的天才:一位科学家与一位哲学家从法国抵抗运动到获得诺贝尔奖的冒险历程》,[美] 西恩·卡罗尔著;孙璐译,中央编译出版社 2015 年版。

《爱国者与游击队》(图文第二次世界大战史:典藏本 17),[美] 罗纳德·拜利著;王士宇译,中国社会科学出版社/海南出版社 2004 年版。

《奇袭敢死队》,[英]彼得·扬著;余水秀、杨则瑞译,解放军文艺出版社1992年版。

《二战敢死队》,[美]威廉·布鲁尔著;毛新耕、林莹译,湖南人民出版社2003年版。

《血与沙》(二战画史丛书·第4卷),[英]《战争图解》杂志编;李景龙、汪宾等译,解放军出版社2013年版。

《拯救不列颠:温斯顿·丘吉尔与他的战时内阁》,[美]乔纳森·施内尔著;欧阳瑾、宋和坤译,上海人民出版社2018年版。

《人民之战》,[波兰]爱泼斯坦著;刘涟等译,上海科学技术文献出版社2015年版。

《不折之鹰:二战中的波兰和波兰人》,[英]哈莉克·科汉斯基著;何娟、陈燕伟译,中国青年出版社2015年版。

《南斯拉夫的解放战争和人民革命》,[南]马梁诺维奇著;李玉臣译,世界知识出版社1957年版。

《第二次世界大战前后的罗马尼亚》,[苏]Б·С·波波夫著;刘正楷、刘存厚译,北京高等教育出版社1957年版。

《保加利亚人民在第二次世界大战期间争取独立自由和独立的斗争》,[苏]波佐洛琴著;张开译,世界知识出版社1957年版。

《援救的神话:为什么没能从纳粹手中救出更多的犹太人》,[美]威廉·鲁宾斯坦著;张峰、樊延新译,北京出版社2000年版。

《突击队》(图文第二次世界大战史:典藏本16),[美]罗赛尔·米勒著;朴淑瑜译,中国社会科学出版社/海南出版社2004年版。

《坚不可摧:一个关于生存、抗争和救赎的二战故事》,[美]劳拉·希伦布兰德著;王祖宁译,重庆出版社2015年版//新世界出版社2019年版。

《中国抗日战争史》,[日]石岛纪之著;郑玉纯、纪宏译,吉林教育出版社1990年版。

《中国抗战纪事》,[美]霍尔多·汉森著;韩瑞国译,解放军文艺出版社2017年版。

《不可征服的人们:一个外国人眼中的中国抗战》,[英]詹姆斯·贝特兰著;李述一等译,求实出版社1988年版。

《中国,被遗忘的盟友:西方人眼中的抗日战争全史》,[英]拉纳·米特著;

蒋永强、陈逾前等译,新世界出版社 2014 年版。

《浴火重生:〈纽约时报〉中国抗战观察记:1937—1945》,郑曦原编;众志愿者译,当代中国出版社 2016 年版。

第七节　第二次世界大战的军事学术

一、军事思想与军事战略

1. 军事思想

《论苏联军事科学》,[苏] 普霍夫斯基著;葆和甫译,上海作家书屋 1950 年版。

《约·维·斯大林的军事科学与苏联伟大卫国战争》,[苏] H·B·普霍夫斯基著;毅敏译,上海作家书屋 1953 年版。

《战争初期——第二次世界大战中战局和战役经验》,[苏] 谢·帕·伊万诺夫主编;中国人民解放军军科院译,上海译文出版社 1979 年版。

《进攻的快速性和连续性讨论文集——诸兵种合同战斗的理论和实践》,[苏] IO·丘马科夫著;孟海译,解放军出版社 1984 年版。

《论进攻中的防御》,[苏] 瓦西里耶夫著,总参谋部情报部翻印,1986 年版。

《伟大卫国战争经验及其在现代条件下的意义》,[苏] 索科洛夫著,总参谋部情报部翻印,1985 年版。

《根据伟大卫国战争的经验论反攻的几个问题》,[苏] 叶辽缅柯著,军委作战部翻印,1973 年版。

《伟大卫国战争中的苏联海军学术史》(上下册),[苏] 阿契卡索夫·巴甫洛维奇著,海军学院军事学术研究部翻印,1981 年版。

《伟大卫国战争中组织和实施战略防御的经验》,[苏] 科兹洛夫著,总参谋部情报部翻印,1981 年版。

《苏联海军在伟大卫国战争中的战役战略使用经验》,[苏] 巴索夫著,海军学院军事学术研究部翻印,1985 年版。

《胜利将帅及其军事遗产:苏联伟大卫国战争中将帅的军事艺术》,[俄] M·A·加列耶夫著;何英玉、杨宇杰等译,解放军出版社 2012 年版。

《步兵攻击》,[德] 埃尔温·隆美尔著;刘勇军译,北京联合出版公司 2018 年版。

《步兵攻击》,［德］埃尔温·隆美尔著;曹磊译,时代文艺出版社 2014
年版。

《步兵攻击》,［德］埃尔温·隆美尔著;曹磊译,长江文艺出版社 2018
年版。

《步兵攻击》,［德］隆美尔著;张卫能译,天津人民出版社 2017 年版∥台海
出版社 2018 年版。

《装甲战》,［英］约翰·富勒著,解放军出版社 1988 年版。

《坦克——前进!》,［德］古德里安著,装甲兵司令部翻印,1982 年版。

《坦克战:战略·战术·战例》,［瑞典］克里斯特·乔根森等著;孔鑫译,中
国市场出版社 2013 年版。

《制空权》,［意］朱里奥·杜黑著;曹毅风、华人杰译,解放军出版社 2005
年版。

《突击:步兵战的战略、战术和战例》,［美］M.K.巴比尔、安德鲁·维斯特
著;白平华、邓永卫译,军事谊文出版社 2010 年版。

2. 军事战略

《第二次世界大战史:战略与战术》,［英］J.F.C.富勒著;胡毅秉译,台海出
版社 2018 年版。

《第二次世界大战(1939—1945):战略与战术的历史》,［英］J.F.C.富勒著;
姚军译,文化发展出版社 2018 年版。

《1939—1945 第二次世界大战·战略战术评论》,［英］约翰·富勒著,总参
谋部出版部印,1960 年版。

《第二次世界大战中的政治与战略》,［德］卡尔·德雷奇斯尔勒等著;军事
科学院外国军事研究部译,军事科学出版社 1983 年版。

《第二次世界大战总结与教训》,［苏］苏联国防部军事历史研究所等编;张
海麟等译,军事科学出版社 1988 年版。

《第二次世界大战第一阶段(1939—1941 年)》,［苏］边净编,海军司令部
出版处翻印,1960 年版。

《盟军首脑决策内幕解密》,［美］威廉·布鲁尔著;王献志译,湖南人民出
版社 2005 年版。

《第二次世界大战中的美国战略——再思考》,［美］肯特·格林菲尔德著;
陈月娥译,解放军出版社 1985 年版。

《日本对华战争指导史》，[日]掘扬一雄著，军事科学院翻印，1988 年版。

《希特勒战争密令全集：1939—1945》，[联邦德国]巴尔特·胡巴奇编；张元林译，军事科学出版社 1990 年版。

《绞杀世界：二战各国未实施的绝密军事计划》，[英]迈克尔·克里根著；宋易译，世界出版公司北京公司 2013 年版。

《第二次世界大战中的德国海军战略：对四十个问题的答复》，[德]卡尔·邓尼茨著；上海外语学院德法语系德语组译，上海人民出版社 1976 年版。

《总体战》，[德]埃里克·鲁登道夫著；戴耀先译，解放军出版社 1988 年/2014 年版。

《总体战》，[德]埃里克·鲁登道夫著；张君劢译，北京理工大学出版社 2007 年版。

《闪电战》，[美]时代生活丛书编辑部著；莫竹芩译，海南出版社 2001 年版。

《闪电战》，[英]《战争图解》杂志编；辛锡禄、勒敬纯等译，解放军出版社 2005 年版。

《闪电战》(图文第二次世界大战史：典藏本 4)，[美]罗伯特·温尼克著；杨晋译，中国社会科学出版社/海南出版社 2004 年版。

《第二次世界大战之闪击战》，[英]阿德里安·吉尔伯特著；孔娅妮等译，中国市场出版社 2016 年版。

《经典闪击战》("二战巅峰战役"系列)，[德]威廉·弗雷德里希著；孙鹏等编译，京华出版社 2009 年版//汕头大学出版社 2017 年版。

《可怕的闪电战》，[英]泰瑞·德里著；[英]迈克·菲利普斯绘；刘莹译，接力出版社 2014 年版。

《图说闪击战》，[英]伊恩·巴克斯特著；谢伏娅、胡伟译，中国市场出版社 2010 年版。

《闪击战：从入侵波兰到阿拉曼：1939—1943》，[英]阿德里安·吉尔伯特著；孔娅妮等译，国际文化出版公司 2002 年版//中国市场出版社 2009 年/2012 年版。

《闪击战：波兰与北欧》，[英]阿德里安·吉尔伯著；孔娅妮等译，北京大学出版社 2005 年版。

《闪击战：西线》，[英]阿德里安·吉尔伯著；孔娅妮等译，北京大学出版社

2005 年版。

《闪击战:巴尔干与北非》,[英] 阿德里安·吉尔伯著;孔娅妮等译,北京大学出版社 2005 年版。

《闪击战:巴巴罗萨》,[英] 邓肯·安德森著;李清站等译,北京大学出版社 2005 年版。

《巴巴罗萨》,[美] 时代生活编辑部编;孙逊译,海南出版社/三环出版社 2000 年版。

《"巴巴罗萨"行动》,[英] 威尔·福勒著;张国良、唐清华等译,新星出版社 2006 年版。

《七天七夜:"巴巴罗萨"行动》,[英] 威尔·福勒著;张国良、唐清华等译,中国市场出版社 2011 年版。

《德国步兵 VS 苏联步兵:"巴巴罗萨行动"1941 年》,[美] 戴维·坎贝尔著;金存惠译,中国对外翻译出版有限公司 2015 年版。

《苏联闪击战》,[英] P.H.维戈尔著;沈燕加等译,军事谊文出版社/军事出版社 1985 年版。

《大纵深战役理论》,[苏] M.H.图哈切夫斯基等著;赖铭传译,解放军出版社 2007 年版。

《霸王行动》,[美] 奈杰尔·考索恩著;周旭东等译,湖南人民出版社 2005 年版。

《美国军事史》,[美] 阿伦·米利特等著;军事科学院外国军事研究部译,军事科学出版社 1989 年版。

《从马汉到珍珠港:日本海军与美国》,[日] 麻田贞雄著;朱任东译,新华出版社 2015 年版。

二、战役战例研究

《对比与反差:二战经典战役》,[英] 彼得·多伊尔著;张玉龙等译,机械工业出版社 2016 年版。

《经典保卫战》("二战巅峰战役"系列),[俄] 伊万·法捷耶夫著;徐林编译,京华出版社 2009 年版//汕头大学出版社 2015 年版。

《二十世纪十大战役》,夫真等编译,黑龙江人民出版社 1993 年版。

《第二次世界大战重大战事》,孙丽霜、王瑜编译,黑龙江人民出版社 1995

年版。

《第二次世界大战的重大战役》,[英]亨利·莫尔著;上海第一钢厂翻译组译,上海人民出版社1976年版。

《第二次世界大战的重大战役》,[英]亨利·莫尔著;尚钢译,上海译文出版社1983年版。

《第二次世界大战的决定性战役:德国观点》,[德]汉斯—阿道夫·雅各布森等著;军事科院外国军事研究部译,江苏人民出版社1982年版。

《二战的决定性战役:德国观点》,[德]汉斯·阿道夫·雅各布森等著;军事科学院外国军事研究部译,江苏人民出版社2015年版。

《第二次世界大战决定性战役》,[英]迈尔克·哈斯丘等著;西风等译,中国市场出版社2012年版。

《第二次世界大战经典战役·闪击战》,[英]阿德里安·吉尔伯特著;孔娅妮等译,中国市场出版社2018年版。

《决定性四大战役全画传》(二战著名战役全画传丛书),侯鲁梁编译,京华出版社2005年版。

《西线四大战役全画传》(二战著名战役全画传丛书),侯鲁梁编译,京华出版社2005年版。

《东线四大战役全画传》(二战著名战役全画传丛书),侯鲁梁编译,京华出版社2005年版。

《太平洋四大战役全画传》(二战著名战役全画传丛书),侯鲁梁编译,京华出版社2005年版。

《第二次世界大战七大战役》,[英]邓肯·安德森等著;李清站等译,中国人民大学出版社2004年版。

《二战十六大战役战事秘档全公开(上下册)》(二战秘档全公开丛书),侯鲁梁编译,京华出版社2005年版。

《第二次世界大战各次要战区的军事行动》(全4册),军事学院战史教授会翻印,1955年版。

《从闪电战到沙漠风暴:战争战役层级发展史》,[美]罗伯特·M.奇蒂诺著;小小冰人译,台海出版社2019年版。

《漫漫征程:从战略大轰炸到莱特湾之战》,[英]艾迪·鲍尔著;郭玮译,中国市场出版社2016年版。

《大潮汹涌:从巴巴罗萨作战行动到巴丹惨败》,[英]艾迪·鲍尔著;何卫宁译,中国市场出版社 2015 年版。

《悬崖边上:从狼群作战到北非战事结束》,[英]艾迪·鲍尔著;何卫宁译,中国市场出版社 2016 年版。

《如何赢得一场"战争":从二战经典战役中学到的商业经验》,[西]冈萨雷斯—波萨达著;贾文娟译,商务印书馆 2017 年版。

1. 陆上战役

(1)总论

《二战最伟大的战役,经典的陆战》,[美]伊恩·霍格著;董晓霞、满海霞译,北京燕山出版社 2013 年版。

《第二次世界大战欧洲争夺战》,[英]威尔莫特著,总参谋部翻印,1959 年版。

《经典大会战》("二战巅峰战役"系列),[俄]伊凡·马卡洛夫斯基著;马永良等编译,京华出版社 2009 年版//汕头大学出版社 2015 年版。

(2)西线

《第二次世界大战西线重大战役》,[美]迈克尔·哈斯丘著;易亮译,中国市场出版社 2015 年版。

《闪电战:波兰·低地国家·法国·北非:未曾公开的历史照,1939—1942》,[英]伊恩·巴克斯特著;谢伏娅、胡伟译,中国人民大学出版社 2005 年版。

《梦断马奇诺》(二战经典战役全记录),[美]埃莱纳·德珀雷著;林顶编译,京华出版社 2004 年/2006 年版//北京联合出版公司 2014 年版。

《梦断马奇诺》,[法]埃莱纳·德珀雷著;林顶编译,汕头大学出版社 2015 年版。

《陷入重围》,[英]《战争图解》杂志编;任学勇等译,解放军出版社 2005 年版。

《国防军·第一部,折戟沉沙,1942 年德军历次战役》,[美]罗伯特·M.奇蒂诺著;胡毅秉译,台海出版社 2019 年版。

《诺曼底战役》,[美]鲍勃·卡拉瑟斯著;黄琳译,时代文艺出版社 2015 年版。

《诺曼底 1944》,[英]史蒂芬·阿姆布鲁斯著;云晓丽译,海南出版社 2015 年版。

《最长的一天：1944 诺曼底登陆》，［美］科尼利厄斯·瑞恩著；李文俊、陶洁等译，中信出版集团 2015 年/2018 年版。

《诺曼底登陆：盟军进攻欧洲及"海王"行动》，［美］克雷格·西蒙兹著；刘媺、黄海枫译，上海人民出版社 2015 年版。

《生死诺曼底："历史上最漫长的一天"》，［英］威尔·福勒著；张国良、吕胜利译，航空工业出版社 2015 年版。

《诺曼底的六支军队：从 D 日到巴黎解放》，［英］约翰·基根；小小冰人译，中国长安出版社 2015 年版//吉林文史出版社 2019 年版。

《遥远的桥》，［美］科尼利厄斯·瑞恩著；王义国译，解放军文艺出版社 2007 年版。

《遥远的桥：1944 市场—花园行动》，［美］科尼利厄斯·瑞恩著；王义国译，中信出版社 2015 年/2018 年版。

《苦林》，［美］约翰·艾森豪威尔著；陈锋等译，解放军出版社 1988 年版。

《血战阿登》（二战经典战役全纪录），［美］戴维·钱伯斯著；卢飞编译，安徽文艺出版社 2012 年版。

《阿登反击战：第一个 24 小时》，［英］戴维·乔丹著；邓飞译，新星出版社 2006 年版。

《突出部战役》（图文第二次世界大战史：典藏本 14），［美］威廉·古尔里克著；李文国译，中国社会科学出版社/海南出版社 2004 年版。

《突出部战役：希特勒的最后疯狂》，［英］戴维·乔丹著；邓飞、吕胜利译，中国市场出版社 2010 年版。

《阿登之战：希特勒最后的赌博》，［美］约翰·托兰著；张怀博等译，浙江文艺出版社 2019 年版。

《阿登战役 1944—1945：希特勒的冬季攻势》，［瑞典］克里斯特·贝里斯特伦著；姚军译，江苏凤凰文艺出版社 2019 年版。

《1944 阿登战役：希特勒的最后反攻》，［英］安东尼·比弗著；董旻杰译，中信出版集团 2018 年版。

《最后的疯狂：阿登反击战的第一个 24 小时》，［英］戴维·乔丹著；邓飞、胜利译，航空工业出版社 2015 年版。

《跨越莱茵河》（图文第二次世界大战史：典藏本 15），［美］杰拉尔德·赛门斯著；范晓雁译，中国社会科学出版社/海南出版社 2004 年版。

(3)东线

《闪击波兰》(二战经典战役全纪录),[美]博尔克曼·博佩尔著;方政编译,京华出版社 2004 年/2006 年版//北京联合出版公司 2011 年版。

《闪击波兰》(二战经典战役全纪录),[美]博尔克曼·博佩尔著;方政编译,安徽文艺出版社 2012 年版。

《苏军战史》,军事学院军事科学研究部编译,军事学院印,1952 年版。

《苏联军队是怎样崩溃的》,[美]奥多姆著;王振西等译,新华出版社 2000年版。

《苏联伟大卫国战争的重要战役》,[苏]日林主编,军事科学院翻印,1959年版。

《第二次世界大战之东线战场》,[英]邓肯·安德森等著;李清站等译,中国市场出版社 2016 年版。

《第二次世界大战经典战役.东线战场》,[英]邓肯·安德森等著;李清站等译,中国市场出版社 2018 年版。

《图说东线战役:1941—1945》,[英]威尔·福勒著;张国良、邓永卫译,中国市场出版社 2010 年版。

《巴巴罗萨脱轨:斯摩棱斯克交战》(全 2 卷),[美]戴维·格兰茨著;小小冰人译,台海出版社 2019 年版。

《基辅会战:历史上最大规模的合围战》,[德]维尔纳·豪普特著;军事科学院外国军事研究部译,解放军出版社 1984 年版。

《莫斯科会战》,[苏]苏共中央马克思列宁主义研究院莫斯科分院编;余力译,军事译文出版社 1985 年版。

《莫斯科战役 1941:二战"台风"行动与德军的首次大危机》,[瑞典]尼克拉斯·泽特林等著;王行健译,台海出版社 2018 年版。

《莫斯科近郊大会战》,[苏]格·卡拉耶夫撰;鲁林译,上海潮锋出版社 1953 年版。

《莫斯科的夜空》,星灿译,新华社参编部印,1989 年版。

《列宁格勒会战:1941—1944》,[美]戴维·格兰茨原著;小小冰人译,台海出版社 2018 年版。

《高加索会战》,[苏]A.A.格列奇科著;杨树人、张文良译,三联书店 1978年版。

《敖德萨保卫战》，［苏］包利索夫著；陆源译，上海新知识出版社 1955年版。

《列宁格勒战役：历史上最惨烈的围城战》，［美］戴维·格兰斯著；于仓和译，大象出版社 2010 年版。

《斯大林格勒 1942》，［英］安东尼·比弗著；何旋译，海南出版社 2015年版。

《斯大林格勒战役》，［苏］维尔塔著；刘迟译，中央电影局 1950 年版。

《斯大林格勒战役》，［法］鲍里斯·洛朗著；金海波译，时代文艺出版社2015 年版。

《斯大林格勒大会战》，［苏］热麦齐斯著；清河译，时代出版社 1954 年版。

《斯大林格勒保卫战》，［苏］格罗斯曼著；吴人珊译，上海出版公司 1954年版。

《斯大林格勒保卫战》，［苏］朱可夫等著；王健夫译，天津人民出版社 1980年版。

《地狱熔炉：斯大林格勒大血战》，［英］斯蒂芬·沃尔什著；白平华、刘亚华译，航空工业出版社 2015 年版。

《200 天大血战：斯大林格勒会战》，［苏］A.M.萨姆索诺夫；牛海鱼等译，军事译文出版社 1985 年版。

《克里米亚之战：1941—1944》，［美］罗伯特·福奇克著；朱曼琦、杨春晓译，航空工业出版社 2019 年版。

《哈尔科夫 1942：苏军视角下的哈尔科夫战役》，［美］大卫·M.格兰茨著；陈然译，航空工业出版社 2018 年版。

《哈尔科夫之战图集：1942—1943》，［法］让·雷斯塔耶著；陈星波译，三秦出版社 2012 年版。

《库尔斯克会战》，［苏］科尔图诺夫、索洛维约夫著；余力译，军事译文出版社 1984 年版。

《库尔斯克会战》，［美］戴维·格兰茨著；孙渤等译，台海出版社 2019年版。

《决战库尔斯克》（二战经典战役全记录），［苏］多姆宁·普里列扎耶夫著；马永良编译，京华出版社 2004 年/2005 年版//北京联合出版公司 2011 年版。

《对决库尔斯克》（二战经典战役全纪录），［苏］多姆宁·普里列扎耶夫著；

马永良译,安徽文艺出版社 2012 年版。

《十个歼灭性的突出》,［苏］查玛金等著,东北军区司令部翻印,1952 年版。

《十个歼灭性的突击》,［苏］查马金等著;付克、允携译,中国人民大学出版社 1953 年版。

《日托米尔—别尔季切夫:德军在基辅以西的作战行动》,［英］斯蒂芬·巴勒特著;小小冰人译,台海出版社 2019 年版。

《白俄罗斯人民的胜利——第五次打击》,［苏］米那祥著;高兴亚译,时代出版社 1956 年版。

《从失败到胜利:1944 年夏季东线的决定性与非决定性战役》,［英］迪克著;小小冰人译,台海出版社 2019 年版。

《帝国覆灭:柏林之战》,［英］巴姆著;张国良、史强译,航空工业出版社 2015 年版。

《最后一役:1945 柏林战役》,［美］科尼利厄斯·瑞恩著;王义国译,中信出版社 2015 年版。

《纳粹德国最后一战:镜头里的柏林之战》,［英］尼克·科尼什著;郝兴丽译,当代中国出版社 2014 年版。

《诺门罕,日本第一次战败:一个原日本关东军军医的战争回忆录》,［日］松本草平等著;李兆晖译,山东人民出版社 2005 年版。

《缅甸作战》,［日］日本防卫防卫研究所战史室编;天津市政协编译委员会译,中华书局 1987 年版。

《日军东南亚战史》,［日］伊藤正德著,昆明军区司令部二部翻印,1980 年版。

《中国事变陆军作战史》(全 3 卷 6 册),［日］日本防卫防卫研究所战史室编;田琪之译,中华书局 1977—1981 年版。

《美、英、蒋、日军在中南半岛作战的几个战例》,南京高级陆军学校训练部图书馆翻印,1983 年版。

《一九四四年十二月台风袭击马尼剌湾美国舰队》,海军青岛基地司令部翻印,1958 年版。

2. 空中战役

《经典空降战》("二战巅峰战役"系列),［英］詹姆斯·沃克尔著;徐林等编译,京华出版社 2009 年版//汕头大学出版社 2015 年版。

《二战最伟大的战役·经典的空战》,［美］伊恩·霍格著;董晓霞、满海霞译,北京燕山出版社 2013 年版。

《不列颠战役》,[英] 伦纳德・莫斯利著;曾诚、赵鹏译,解放军文艺出版社 1992 年版。

《不列颠大空战》,[英] 乔恩・莱克著;马盛昌译,中国市场出版社 2010 年版。

《不列颠之战:1940 年英国国土防空作战》,[英] 桑德斯著,人民邮电出版社 2017 年版。

《大轰炸:1939—1945》,[德] 罗尔夫—迪特・米勒著;何宁、经轶译,中国人民大学出版社。

《从重庆通往伦敦、东京、广岛的道路:二战时期的战略大轰炸》,[日] 前田哲男著;王希亮译,重庆出版社 2015 年版。

《空降西西里》(第二次世界大战经典战役、事件全纪录书系),[美] 爱德化・鲁杰罗著;景晶译,群众出版社 2005 年版。

3. 海上战役

《第二次世界大战太平洋战争诸战役》(全 2 册),[美] 美国战略轰炸调查局编,海军司令部翻印,1955 年版。

《经典大海战》("二战巅峰战役"系列),[美] 汤森・沃特福德著;贾华林等编译,京华出版社 2009 年版//汕头大学出版社 2015 年版。

《海战秘史:第二次世界大战实录》,[法] 让・诺利著;夏国政译,长江文艺出版社 1993 年版。

《大西洋之战(1939 年 9 月—1943 年 5 月)》,[美] 摩里逊著,海军司令部出版处翻印,1960 年版。

《大西洋海战》(图文第二次世界大战史:典藏本 12),[美] 巴利・皮特著;马赛译,中国社会科学出版社/海南出版社 2004 年版。

《远海之战》,[美] 时代生活丛书编辑部编著;李凤荷译,海南出版社 2002 年版。

《海王作战》,[美] B.B.斯科菲尔德著;刘鹭译,海洋出版社 1985 年版。

《攻击塔兰托》,[美] B.B.斯科菲尔德著;何京柱译,海洋出版社 1984 年版。

《马塔潘角夜战》,[美] S.W.帕克著;李梦海译,海洋出版社 1988 年版。

《横扫西西里》(二战经典战役全纪录),[美] 帕特里克・布索尔斯基著;叶春雷编译,安徽文艺出版社 2012 年版。

《苏联伟大卫国战争海军战例选编》,海军司令部出版处翻印,1960 年版。

《"太平洋战争诸战役"俄文版序言》,〔苏〕伊萨可夫著,海军司令部翻印,1959 年版。

《太平洋大海战 1941—1945》,〔英〕戴维·雷格著;张国良、雷丹等译,中国市场出版社 2014 年版。

《搏杀中途岛》,〔美〕汤森·华林著;王永生编译,京华出版社 2014 年/汕头大学出版社 2015 年版。

《瓜达尔卡纳尔岛 1942:战略反攻》,〔美〕约瑟夫·穆勒著;程艳译,海洋出版社 2015 年版。

《海底冤魂》,〔美〕雷蒙德·里奇著;俞松禄译,海潮出版社 1991 年版。

《莱特湾战役》,〔美〕托马斯·卡特勒著;何卫宁译,中国市场出版社 2012 年版。

《莱特湾大海战》,〔美〕詹姆斯·霍恩费舍尔著;余渭深、王旭主译,重庆大学出版社 2015 年版。

《莱特湾 1944:史上规模最大的海战》,〔美〕伯纳德·爱尔兰著;甘咏译,海洋出版社 2015 年版。

《丧钟为谁而鸣:莱特湾海陆空大战》,〔美〕托马斯·J.卡特勒著;何卫宁译,海洋出版社 2018 年版。

《日本海军在中国作战》,〔日〕日本防卫厅防卫研究所战史室编;天津市政协编译委员会译,中华书局 1991 年版。

《日苏战争:北海道十一天》,〔日〕佐漱稔著;洪科译,吉林人民出版社 1981 年版。

三、战术与作战样式

《二次世界大战以来帝国主义实施突然袭击的战例》,空军学院训练部翻印,1963 年版。

《致命的失误》,〔英〕肯奈斯·麦卡西著;杨军、王争译,军事译文出版社 1992 年版。

1. 合同战术

《海军空战:1939—1945》,〔美〕N.米勒著;王义山译,海洋出版社 1982 年版。

《陆海空协同作战:第二次世界大战主要合同进攻战役经验》,[苏]奥尔什腾斯基著;杨尔肃译,解放军出版社 1986 年版。

2. 陆上作战样式

《突破》,[苏] A.N.拉齐耶夫斯基著,总参谋部情报部翻印,1980 年版。

《突破》,[苏] A.N.拉齐耶夫斯基著,南京军区司令部军训部翻译,1981 年版。

《突破》,[苏] A.N.拉齐耶夫斯基著;秦之山译,战士出版社 1981 年版。

《坦克战:对第二次世界大战装甲兵作战使用的研究》,[德]冯·梅林津著;刘名于译,战士出版社 1981 年版。

《第二次世界大战中的德国装甲作战》,[英]伊恩·巴克斯特著;黄敏行译,中国市场出版社 2014 年版。

《二战德国装甲部队》,[英]克里斯·毕晓普著;飞影译,阳光出版社 2012 年版。

《隆美尔的装甲部队:闪击战争中的装甲兵团》,[瑞典]克里斯特·乔根森著;于仓和译,大象出版社 2011 年版。

《库尔斯克坦克大战:1943 年 7 月 5 日—8 月 23 日》,[美] M.K.巴比尔著;杨志斌、成铨译,中国人民大学出版社 2005 年版。

《坦克大决战:库尔斯克突出部战役》,[英] M.K.巴比尔著;张国良、杨志斌等译,中国市场出版社 2010 年版。

《库尔斯克战役:历史上最大的战车战》,[英]尼克·科尼什著:夏钧波译,大象出版社 2011 年版。

《巅峰对决:库尔斯克坦克大战》,[英] M.K.巴比尔著;杨志斌、张国良译,航空工业出版社 2015 年版。

《苏军坦克兵》,[苏]依·耶·克鲁普钦科主编;刘名于译,战士出版社 1979 年版。

《赤色风暴:苏联坦克部队》,[英]大卫·波特著;小小冰人译,敦煌文艺出版社 2011 年版。

《铁甲雄师:第二次世界大战中的苏军坦克装甲部队发展和作战史》,[英]蒂姆·比恩、威尔·福勒著;徐小亭、李本明等译,航空工业出版社 2019 年版。

《二战巅峰对决·虎王 VS 斯大林-2》,[英]大卫·R.希金斯著;张玉龙等译,机械工业出版社 2018 年版。

3. 空中作战样式

《空中力量发展史及其战略战术的演变》，[日] 乡田充著，空军学院研究部编印，1983 年版。

《狗斗：第二次世界大战中的空中决战》，[英] 托尼·赫尔姆斯主编；徐玉辉译，海洋出版社 2017 年版。

《欧洲的空战》（图文第二次世界大战史：典藏本 11），[美] 罗纳德·巴利著；李琳译，中国社会科学出版社/海南出版社 2004 年版。

《在德国上空》，空军党委条令教材编审小组办公室翻印，1965 年版。

《最伟大的一周：六天改变二战进程》，[美] 比尔·耶讷著；吴冬译，重庆出版社 2016 年版。

《轰炸柏林》，[英] 伊恩·霍金斯编著；刘蕾译，时代文艺出版社 2017 年版。

《攻击高度 4000 米：第二次世界大战德国空军战斗记实》，[德] 卡尤思·贝克尔著，空军司令部军训部翻印，1980 年版。

《战争上空：1914—1945》（又名《伟大卫国战争苏联空军战役学》），[苏] И·В·季莫霍维奇著；张凯军等译，北京航空航天大学出版社 1989 年版。

《伟大卫国战争中夺取制空权斗争的主要阶段》，[苏] 瓦希列夫著，空军学院翻印，1963 年版。

《论美国战略空军在第二次世界大战中的行动》，[苏] 费道罗夫著，军事学院翻印，1973 年版。

《毁灭：二战中的德军和盟军的战略大轰炸 1939—1945》，[德] 迪特·米勒著；何宁，经轶译，中国市场出版社 2010 年版。

《轰炸机》，[英] 克里斯·查恩特著、白平华、刘松明译，科学普及出版社 2004 年版。

《空中决战：不列颠之战》，[英] 乔恩·莱克著；马盛昌译，航空工业出版社 2015 年版。

《战略轰炸机继续出击》，空军党委条令教材编审小组办公室翻印，1965 年版。

《第二次世界大战期间英国轰炸德国鲁尔区水库的情况》，空军高炮、地空导弹部队战术集训办公室编译印刷，1982 年版。

《轰炸日本》（图文第二次世界大战史：典藏本 36），[美] 基思·惠勒著；李丽译，中国社会科学出版社/海南出版社 2004 年版。

《轰炸东京》,[美]杜利特尔著;王庆祝等编译,海潮出版社 1993 年版。

《轰炸东京:1942,美国人的珍珠港复仇之战》,[美]詹姆斯·斯科特著;银凡译,民主与建设出版社 2016 年版。

《东京大轰炸:1942 杜立特的故事》,[美]陈军著,中国社会科学出版社 2018 年版。

《空降突击》,[美]高尔文著,空军司令部军训部翻印,1975 年版。

《外军空降战例选编》,高射炮兵学校训练部翻印,1984 年版。

《从二次大战使用空降兵的经验中得出的几点结论》,[苏]苏霍鲁科夫编,总参谋部情报部翻印,1981 年版。

《第二次世界大战期间法西斯德国的防空作战》,空军高炮、地空导弹部队战术集训办公室编译印刷,1982 年版。

《第二次世界大战期间日本本土防空作战》,空军高炮、地空导弹部队战术集训办公室编译印刷,1982 年版。

《第二次世界大战期间英国的防空作战》,空军高炮、地空导弹部队战术集训办公室编译印刷,1982 年版。

《第二次世界大战初期莫斯科的防空作战》,[苏]杰斯尼茨基著,空军高炮、地空导弹部队战术集训办公室翻印,1982 年版。

4. 海上作战样式

《海上战争》,[德]卢格著,海军司令部编印,1960 年版。

《大海战:第二次世界大战海战史》,[美]尼米兹·波特著;赵振愚等译,海洋出版社 1987 年版。

《海空突击.美国海军舰载战机发展和作战全史:从第二次世界大战到越南战争》,[英]汤米·托马森著;林雪译,海洋出版社 2017 年版。

《第二次世界大战中各主要资本主义国家海军在次要战区的行动》,[苏]恩索罗维耶夫编,海军高级学校科研部翻印,1962 年版。

《第二次世界大战中德国海军巡洋作战的若干总结》,[苏]叶列密也夫著,海军司令部编印,1954 年版。

(1)以航空母舰为主力的海战

《美日航母太平洋海战》,[日]栀林秀等著,西安地图出版社 2015 年版。

《航空母舰作战:危急关头的指挥决策》,[美]道格拉斯·史密斯著;刘诚等译,航空工业出版社 2012 年版。

《联合舰队的覆灭》,［日］伊藤正德著;刘宏多译,海洋出版社1991年版。

《珊瑚海1942:首次航母大对决》,［美］马克·斯蒂尔著;李瑾译,海洋出版社2015年版。

《列克星敦号与珊瑚海海战》,［美］斯坦利·约翰斯顿著;相伟建译,新时代出版社1983年版。

《太平洋海战与"企业"号航空母舰》,［美］布隆原著,海军军事学院学术研究部翻印,1981年版。

《中途岛海战》,［日］渊田美津雄等著;许秋明译,商务印书馆1979年版。

《机动部队:中途岛海战续篇》,［日］渊田美津等著;孟宪楷译,海洋出版社1987年版。

《中途岛奇迹》,［美］戈登·普兰奇等著;王喜六等译,上海译文出版社1991年版。

《断剑:中途岛海战尚不为人知的真相》,［美］乔纳森·帕歇尔等著;蒋民、于丰祥等译,学林出版社2013年版。

《所罗门海空伏击战》,［美］伯克·戴维斯著;王义山译,海洋出版社1984年版。

《爪哇海战》,［美］F.C.范奥斯滕著;钱苏安译,海洋出版社1986年版。

(2)潜艇战与反潜作战

《猎潜战》,［英］A.瓦茨著;刘鹭译,海洋出版社1985年版。

《大西洋潜艇战:希特勒的狼群》,［英］戴维·乔丹著;张国良、胡伟等译,中国市场出版社2010年版。

《潜艇:潜艇战战术、德国二战时期的"狼群战术"、现代核潜艇武器》,［英］普雷斯顿·安东尼著;李加运译,国际文化出版公司2003年版。

《狼群:德国U型潜艇战与盟国反击作战1939—1945年》,［英］戴维·乔丹;张国伟、胡良等译,中国人民大学出版社2004年版。

《狼群出击:二战德国海军U型潜艇:1936年—1945年》,［英］阿兰·加洛普著;姚军译,人民邮电出版社2015年版。

《深海狼群:二战德国国防军潜艇篇:1939—1945》,［英］克里斯·毕晓普著;卡米柚子译,重庆出版社2010年版。

《铁棺材:二战德军U型潜艇艇长的回忆:1939—1945》,［德］罗伯特·维尔纳著;王翰民、张敬译,重庆出版社2016年版。

《黑色五月:首次全面披露1943年5月盟国大败德国U潜艇的内幕》,[美]迈克尔·甘农著;洪津、殷贵云译,昆仑出版社2000年版。

《太平洋底的战争》(图文第二次世界大战史:典藏本31),[美]基思·惠勒著;顾群译,中国社会科学出版社/海南出版社2004年版。

《第二次世界大战中美国潜水艇的战斗活动》,[美]罗斯科著,海军司令部翻印,1960年版。

5. 两栖作战(登陆战与抗登陆战)

《经典登陆战》("二战巅峰战役"系列),[美]保罗·肯尼迪著;尹红举等编译,京华出版社2009年版//汕头大学出版社2015年版。

《第二次大战中几个登陆战》,杨周熙编译,第三野战军司令部作战处印,1950年版。

《诺曼底登陆》,[美]塞缪尔·莫里森等著,海军军政干部学校军事学术研究所翻印,1976年版。

《诺曼底登陆》,[美]道格拉斯·鲍汀著;张晓莉译,中国社会科学出版社2004年版。

《诺曼底登陆》,[英]威尔·福勒著;张国良、吕胜利等译,中国人民大学出版社2004年版。

《登陆诺曼底》(二战经典战役全纪录),[法]伯斯·朗费罗著;尹洪举编译,京华出版社2004年/2005年版//北京联合出版公司2011年版//安徽文艺出版社2012年版。

《登陆诺曼底》,[英]邓肯·安德森著;方文军等译,北京大学出版社2005年版。

《诺曼底登陆》,[美]斯蒂芬·阿姆布鲁斯著;云小丽译,海南出版社2008年版。

《诺曼底登陆》,[美]安东尼·比弗著;马昕译,长江文艺出版社2010年/2014年/2016年版。

《诺曼底登陆战役》,海军司令部训练处编,第三野战军司令部作战处翻印,1950年版。

《诺曼底登陆战役》,海军司令部翻印,1976年版。

《诺曼底登陆作战》,南京军区司令部情报部编印,1975年版。

《诺曼底登陆战役》,空军军政干部学校训练部翻印,1978年版。

《诺曼底美英军联合登陆战役》，高等军事学院训练部翻印，1959 年版。

《西西里登陆》，［美］塞缪尔·莫里森等著，海军学院军事学术研究部翻印，1980 年版。

《美军太平洋登陆战例》（全 3 册），［美］塞缪尔·摩里逊著，海军学院军事学术研究部翻印，1978 年版。

《太平洋之声：二战美军太平洋岛屿登陆作战纪实》，［美］亚当·马科斯等著；王瀚民、杨文锐译，重庆出版社 2014 年版。

《瓜达尔卡纳岛登陆战役》，［美］塞缪尔·莫里森著；海军学院军事学术研究部翻印，1979 年版。

《布根维耳岛登陆》，［美］塞缪尔·摩里逊著，海军学院军事科学研究部翻印，1963 年版。

《吉尔贝特群岛登陆》，［美］塞缪尔·摩里逊著，海军学院军事科学研究部翻印，1963 年版。

《中所罗门群岛登陆》，［美］塞缪尔·摩里逊著，海军学院军事科学研究部翻印，1964 年版。

《马利亚纳群岛登陆》，［美］塞缪尔·摩里逊著，海军学院军事科学研究部翻印，1963 年版。

《马绍尔群岛登陆》，［美］塞缪尔·摩里逊著，海军学院军事科学研究部翻印，1963 年版。

《帛琉群岛登陆》，［美］塞缪尔·摩里逊著，海军学院军事科学研究部翻印，1963 年版。

《菲律宾群岛登陆》，［美］塞缪尔·摩里逊著，海军学院训练部翻印，1964 年版。

《1944 年 10 月美军雷伊泰岛登陆作战战例》，高等军事学院翻印，1959 年版。

《硫黄岛登陆》，［美］塞缪尔·摩里逊著，海军学院军事科学研究部翻印，1963 年版。

《冲绳岛登陆》，［美］塞缪尔·摩里逊著，海军学院军事科学研究部翻印，1964 年版。

6. 谋略战与情报战

《统帅决胜之道》，［美］贝文·亚历山大著；尹宏义、荣守俊译，新华出版社 1996 年版。

《世界大战中的情报战》,[美]布鲁斯·诺尔曼著;孙志成等译,军事科学出版社 1986 年版。

《第二次世界大战中的秘密战场》,[苏]Л·别济缅斯基著;彭训厚、高洪山译,军事科学出版社 1990 年版。

《秘密战争》,[美]弗朗西斯·卢塞尔著;赵昆译,解放军文艺出版社 1992 年版。

《秘密战争》(图文第二次世界大战史:典藏本 18),[美]弗朗西斯·罗素著;娄亚译,中国社会科学出版社/海南出版社 2004 年版。

《第三帝国 15:隐蔽战》,[美]时代生活编辑部编;石平萍译,海南出版社 2015 年版。

《秘密与间谍:第二次世界大战的幕后的故事》,[美]美国《读者文摘》社编;冯之丹、席林生译,商务印书馆 1985 年版。

《间谍和卖国贼:第二次世界大战间谍史话》,[美]库尔特·辛格著;施蛰存译,浙江人民出版社 1987 年版。

《谍海迷情:二战英国第一女特工的传奇一生》,[英]克莱尔·马利著;刘勇军译,世界图书出版公司 2014 年版。

《反间谍战》,[法]皮埃尔·诺尔著;杨松河、许钧译,群众出版社 1988 年版。

《英国黑室:二战中布莱奇利庄园的秘密岁月》,[英]阿萨·布里格斯著;杨惠萍译,金城出版社 2014 年版。

《两面间谍:第二次世界大战中的两面间谍系统》,[英]约翰·马斯特曼著;肖中译,群众出版社 1979 年版。

《二战间谍秘史》,[美]威廉·B.布鲁尔著;郑国锋等译,湖南人民出版社 2003 年版。

《D 日谍影》,[美]《读者文摘》编辑部编;紫雯编译,军事译文出版社 1985 年版。

《F 行动:诺曼底登陆前的间谍战》,[美]拉里·柯林斯著;陈筱卿译,中国文联出版公司 1987 年版。

《宣传战史》,[日]池田德真著;朴世俣译,新华出版社 1984 年版。

《世界大战中的宣传技巧》,[美]哈罗德·拉斯韦尔著;张洁、田青译,中国人民大学出版社 2003 年版。

《飘扬在战场上的传单:用传单重读太平洋战争》,[日]濑俊也著;刘凤健译,军事科学出版社 2010 年版。

《敌人在倾听》,[英]文琳·克莱顿著;陈早坝译,解放军出版社 1985 年版。

《日出行动》,[美]史密斯、[意]阿加罗西著;冯先霈、华庆昭译,国际文化出版公司 1987 年版。

《日出行动计划》,[美]托马斯·怀斯曼著;沈红阳译,地质出版社 1981 年版。

《兵不厌诈》(上下册),[英]安东尼·布朗著;李潞译,新华出版社 1982 年版。

《绝密行动》,[苏]M.科罗利科夫著;杨继舜等译,军事科学出版社 1991 年版。

《秘密使命》,[美]埃利斯·马·札卡里亚斯著;何新译,群众出版社 2015 年版。

《秃鹰:第二次世界大战中无人知晓的特大间谍》,[英]阿诺德·克拉米什著;郭燕奎等译,昆仑出版社 1990 年版。

《露茜行动:第二次世界大战中最秘密的间谍网》,[英]里德·费希尔著;刘其中译,军事译文出版社 1985 年版。

《原子弹间谍案》,[英]蒙哥马利·海德著;李家禄、关平译,群众出版社 1986 年版。

《希特勒、尼克松、萨达特令人震惊的外交内幕》,[美]迈克尔·汉德尔著;刘艾莲等译,商务印书馆 1990 年版。

《两面间谍》,[英]约翰·马斯特曼著;肖钟译,群众出版社 2015 年版。

《苏德间谍战》,[波]利奥波德·特雷伯著;远直译,南粤出版社 1981 年版。

《诺曼底间谍战:改变二战历史的最大军事骗局》,[英]本·麦金泰尔著;梁青译,金城出版社 2015 年版。

《多拉报告》,[匈]拉多·山多尔著;柴鹏飞译,群众出版社 1980 年版。

《第二次世界大战期间的德国第五纵队》,[荷]路易·德·荣著;吴慎娴等译,群众出版社 1962 年版。

《秘密战线:纳粹特工局黑幕》,[奥]威廉·霍特尔编著;孙家新等译,北京时事出版社 1988 年版。

《第三帝国军事情报局内幕》,[联邦德国]海因茨·赫内著;时波节译,世界知识出版社 1988 年版。

《秘密行动手册:二战中纳粹占领区特工行动技巧》,[英]史蒂芬·哈特等著;张晓琳、谭桔玲译,解放军出版社 2016 年版。

《她能左右希特勒》,[英]吉姆·威尔逊著;魏山琳、丁敏译,金城出版社 2016 年版。

《上海秘密战:第二次世界大战期间的谍战、阴谋与背叛》,[美]华百纳著;周书垚译,上海社会科学院出版社 2015 年版。

《日本情报机构秘史》,[英]理查德·迪肯著;群益译,群众出版社 1985 年版。

《窃听:"二战"美军审讯营秘密监听档案解密》,[德]菲利克斯·略莫尔著;强朝晖等译,三联书店 2017 年版。

《苏军反间谍史》,[苏]尤·鲍·多尔戈波洛夫著;张亚和、陈晓兰译,世界知识出版社 1988 年版。

《野鹅行动:纳粹谋杀斯大林的阴谋》,[联邦德国]海因茨·G.孔撒里克著;刘凝冰译,解放军出版社 1988 年版。

《谍战伴随艾森豪威尔》,[美]斯蒂芬·安布罗斯著;徐燕山译,军事译文出版社 1992 年版。

《希特勒和赫斯遭遇的惊天大骗局:英国情报机构在二战中最隐蔽的秘密》,[英]马丁·A.艾伦著;郝文杰、陈丽译,哈尔滨出版社 2005 年版。

《特殊间谍任务:1942 阻止希特勒原子弹研制计划纪实》(第二次世界大战经典战役、事件全纪录书系),[英]雷·米尔斯著;杜宇健、景晶译,群众出版社 2005 年版。

7. 特种作战样式

《二战特种作战精锐》,[英]迈克尔·哈斯丘著;李晓泉译,三秦出版社 2012 年版。

《卫国战争中的无线电》,[苏]别列塞布金著,空军学院翻印,1963 年版。

《美国电子战史》,[美]普赖斯著,解放军出版社 1988 年版。

《密码与战争:无线电侦察及其在第二次世界大战中的作用》,武利平等译,群众出版社 1984 年版。

《大西洋密码战:"捕获"恩尼格玛》,[美] 卡恩著;巩丽娟译,金城出版社2016年版。

《伟大卫国战争中的通信联络》,[苏] 佩列塞普金著,总参谋部通信部翻印,1976年版。

《核击日本》(二战经典战役全记录),[美] 肯尼斯·加尔布雷思著;王宏林编译,京华出版社2004年/2006年版//北京联合出版公司2011年版//中国铁道出版社2015年版。

《广岛悲剧:美对日投放原子弹记实》,[美] 彼得·威登著;王秋海等译,农村读物出版社1988年版。

《银盘记:广岛原子弹纪实》,[美] 托马斯等著;辛蕤发译,新华出版社1981年版。

《广岛·长崎原子弹爆炸写实》,钱贵等编译,宇航出版社1992年版。

《长崎的毁灭》,[日] 长崎证言会编著;徐英东、田葳等译,北方文艺出版社2012年版。

《东京上空30秒》,[美] 泰德·威廉·罗森著;朱沉之译,法律出版社2012年版。

四、战争动员与战争经济

1. 战争动员

《战争中的大后方》,[英] 达尔曼主编;胡湘华译,北京理工大学出版社2015年版。

《战争中的德国》(图文第二次世界大战史:典藏本3),[美] 查里斯·怀汀著;熊婷婷译,中国社会科学出版社/海南出版社2004年版。

《弯曲的脊梁:纳粹德国与民主德国时期的宣传活动》,[美] 兰德尔·彼特沃克著;张洪译,上海三联书店2012年版。

《第二次世界大战数据手册·第三帝国:1933—1945》,[英] 克里斯·麦克纳布著;梁本彬译,电脑报电子音像出版社2010年版。

《绝望者日记:纳粹德国时期的政治与社会生活》,[德] 弗里德里希·莱克著;何卫宁译,新华出版社2015年版。

《德国人的战争:1939—1945纳粹统治下的全民意志》,[英] 尼古拉斯·斯塔加特著;宋世峰译,民主与建设出版社2017年版。

《铁血与面包:第三帝国社会生活史》,[英]马修·休兹、克里斯·曼著;于仓和译,中国市场出版社2018年版。

《莫扎特与纳粹:第三帝国对一个文化偶像的歪曲滥用》,[英]艾瑞克·莱维著;杨宁译,广西师范大学出版社2017年版。

《林格伦二战日记:1939—1945》,[瑞典]阿斯特丽德·林格伦著;李之义译,中国少年儿童出版社2018年版。

《希特勒的女明星:纳粹电影中的明星身份和女性特质》,[美]安特耶·阿舍得著;柳迪译,上海人民出版社2009年版。

《纳粹的孩子们》,[法]塔妮娅·克拉斯尼昂斯基著;徐丽松译,上海人民出版社2018年版。

《亢奋战:纳粹嗑药史》,[德]诺曼·奥勒著;强朝晖译,社会科学文献出版社2018年版。

《战争中的意大利》(图文第二次世界大战史:典藏本7),[美]亨利·亚当斯著;黄欣译,中国社会科学出版社/海南出版社2004年版。

《战争中的日本》(图文第二次世界大战史:典藏本28),[美]时代生活丛书编辑著;唐奇芳,中国社会科学出版社/海南出版社2004年版。

《战争时期日本精神史》,[日]鹤见俊辅著;高海宽、张义素译,吉林人民出版社1991年版。

《菊坂》(三十年代日本法西斯军国主义发动侵华战争后日本国内的故事),[日]田宫虎彦著;储元熹译,上海译文出版社1982年版。

《"神国"日本荒唐的决战生活:广告、传单、杂志是如何为战争服务的》,[日]早川忠典著;胡澎译,三联书店2015年版。

《神风特攻队、樱花与民族主义:日本历史上美学的军国主义化》,[美]大贯惠美子著;石峰译,商务印书馆2016年版。

《财阀与帝国主义:三井物产与中国》,[日]坂本雅子著;徐曼译,社会科学文献出版社2011年版。

《战争中的美国》(图文第二次世界大战史:典藏本29),[美]罗纳德·巴利著;马文丽译,中国社会科学出版社/海南出版社2004年版。

《五个人的战争:好莱坞与第二次世界大战》,[美]马克·哈里斯著;黎绮妮译,社会科学文献出版社2017年版。

《拼实业:美国是怎样赢得二战的》,[美]阿瑟·赫尔曼著;李永学译,上海社会科学院出版社 2017 年版。

《在伟大卫国战争中的布尔什维克党》，［苏］A.列昂捷夫等著；德厚译，作家书屋 1951 年版。

《苏联共产党是苏联人民在伟大卫国战争中获得胜利的鼓舞者和组织者》，［苏］H·沙塔庚著；联星译，时代出版社 1956 年版。

《苏联共产党历史画册·第十三册：布尔什维克党在苏联伟大卫国战争时期》，［苏］Π·H·波斯伯洛夫主编；中国人民解放军军事学院经济科学教授会译，国家政治书籍出版局 1950 年版。

《共青团员在伟大卫国战争年代中》，［苏］H·舍列频著；杨寿钧译，作家书屋 1950 年版。

《苏联伟大卫国战争时期中的青年团》，苏联青年近卫军出版局编；杜章智译，青年出版社 1950 年版。

《苏联伟大卫国战争经验》，［苏］格雨果纳夫著；吴英恒等编译，人民卫生出版社 1956 年版。

《苏联卫国战争诗选》，［苏］C.米哈尔可夫著；林陵等译，苏商时代书报公司 1951 年版。

《苏联卫国战争短篇小说选》，［苏］波·拉夫连诺夫著；周煦良译，上海晨光出版公司 1952 年版。

《伦敦博弈：改变"二战"进程的五个日夜》，［美］约翰·卢卡斯著；王志欣译，新世界出版社 2018 年版。

2. 战争经济

《资本主义国家的战时财政：第二次世界大战资金供应的来源与方法》，［苏］阿列克谢夫著，中国人民大学财政教研室翻印，1952 年版。

《纳粹德国经济史》，［法］夏尔·贝特兰著；刘法智、杨燕怡译，商务印书馆 1990 年版。

《1939—1945 年德国的战时工业》，德国经济研究所编写；蒋洪举、卜大壮等译，三联书店 1959 年版。

《日本军事工业》，［英］德赖弗特著，国防科工委情报研究所编印，1988 年版。

《第二次世界大战期间的日本垄断资本》，［苏］马·伊·卢基扬诺娃著；林林译，商务印书馆 1959 年版。

《卫国战争期内的苏联战时经济》，［苏］沃兹涅先斯基著；唯真译，北京新华书店1950年版。

《苏联社会主义经济史·第五卷:伟大的卫国战争前夕和卫国战争时期的苏联经济(1938—1945)》,苏联科学院经济研究所编;周邦新等译,三联书店1984年版。

《苏联军事经济:1941—1945》,[苏] F.C.克拉夫琴柯著;梁丰年译,解放军出版社1984年版。

《苏联卫国战争期间的军事经济》,[苏] 沃兹涅先斯基著;中国人民解放军总后勤部译,战士出版社1982年版。

《苏联卫国战争被毁地区之重建》,[苏] 窝罗宁撰;林徽因、梁思成译,龙门联合书局1952年版。

《苏联共产党历史画册·第十四册:布尔什维克党在苏联伟大卫国战争结束后为恢复和进一步发展苏联国民经济而斗争》,[苏] Π·Η·波斯伯洛夫主编;中国人民解放军军事学院经济科学教授会译,国家政治书籍出版局1950年版。

五、武器与装备

《秘密武器:影响深远的二战军事科技》,[英] 布莱恩·福特著;姚军译,人民邮电出版社2016年版。

《对比与反差:二战经典武器》,[英] 迈克尔·哈斯丘著;刘东锋、杨耿译,机械工业出版社2013年版。

《二战坦克模型涂装识别指南》,[西] 米格·希门尼斯著;骆蔚曦、胡平译,机械工业出版社2016年版。

《黑豹坦克大揭秘》,[英] 马修·胡斯等编著;海佳译,机械工业出版社2014年版。

《钢铁雄狮:西线盟军坦克》,[英] 大卫·波特著;秋夜星河译,敦煌文艺出版社2011年版。

《铁甲雄师:二战中的苏军坦克:1939—1945》,[英] 蒂姆·比恩著;李本明、王熙玲译,中国人民大学出版社2004年版。

《第二次世界大战苏军坦克》,[英] 蒂姆·比恩、威尔·福勒著;李本明、王熙玲译,中国市场出版社2010年版。

《第二次世界大战中的王牌战舰》,[英] 约翰·沃德著;张国良、吕胜利译,新星出版社 2006 年版。

《第二次世界大战世界战列舰》,[日]一木壮太郎著;贾璞、李楠主编,西安地图出版社 2015 年版。

《航空母舰:从第一次世界大战至今》,[英]安东尼·普雷斯顿著;金连柱译,国际文化出版公司 2003 年版。

《美国航空母舰战争.设计、发展和作战全史,从起源到二战》,[英]凯夫·达林著;杨秀英等译,海洋出版社 2016 年版。

《航空母舰:航空母舰发展史及其对世界大事的影响·1909—1945》,[美]诺曼·波尔马著;王华等译,上海科学技术文献出版社 2013 年版。

《第二次世界大战中的航空母舰和舰载机》,[英]克里斯·比晓普、克里斯·钱特著;张国良等译,中国市场出版社 2013 年版。

《太平洋战争中的美国航空母舰》,[美]薛尔曼著,海军司令部翻印,1960 年版。

《大洋余生——"企业号"征战史》,[法]齐治·布隆德著;梁贵和、姚根林译,新华出版社 1983 年版。

《美国驱逐舰在第二次世界大战中的战斗行动》,海军学院训练部翻印,1964 年版。

《伪旗行动:第二次世界大战中的德国偷袭舰》,[澳]斯蒂芬·罗宾逊著;秦传安译,中央编译出版社 2018 年版。

《纳粹德国潜艇史》,[日]青木荣一著;北京凸版数字产品有限公司译,青岛出版社 2010 年版。

《日本潜艇史》,[日]坂本金美著;龚建国等译,海洋出版社 1988 年版。

《第二次世界大战美国潜艇的损失》,王培元、李柱成译,海军学院训练部编印,1985 年版。

《世界航空史:从原始飞行器到第二次世界大战》,[英]罗伯特·杰克逊著;李志涛译,中国市场出版社 2015 年版。

《二战巅峰对决.F4F"野猫"VS A6M 零式》,[美]爱德华·M.杨著;张玉龙等译,机械工业出版社 2018 年版。

《二战军机》,[英]大卫·唐纳德主编;张奕译,中国青年出版社 2006 年版。

《世界飞机图文档案·二战军机》,[美]吉姆·温切斯特主编;程刚、邓万学等译,中国青年出版社 2007 年版。

《二战中的战机》,克瑞斯特·钱特著;李龙、陈奥译,吉林美术出版社 2004年版。

《二战主力战机:数据和结构图》,[英]保罗·艾登、索普·莫恩主编;张立功等译,中国市场出版社 2013 年版。

《二战主力战机:数据和结构图·2》,[英]保罗·艾登、索普·莫恩主编;燕辉译,中国市场出版社 2014 年版。

《鹰击长空:盟军战斗机》,[英]克里斯·钱特著;程再鈌译,敦煌文艺出版社 2012 年版。

《德国在第二次世界大战期间使用的火箭武器》,[苏]沙夫罗诺夫著,空军学院翻印,1963 年版。

《科学战·特工战·神经战——原子武器研制秘密角逐记》,[苏]奥夫钦民科夫著;邵念诚译,新华出版社 1986 年版。

《原子弹出世记》,[美]罗兹著;周直译,知识出版社 1990 年版。

《二战秘密武器》,[美]威廉·B.布鲁尔著;彭敦文、韩永利等译,湖南人民出版社 2003 年版。

《第三帝国的秘密武器》,[俄]斯·尼·斯拉温著;崔寿智等译,东方出版社 2004 年版。

《纳粹德国的秘密武器》,[英]罗格·福特著;张瞳译,中国市场出版社 2014 年版。

《二战数据.Ⅱ,希特勒的秘密武器:1933—1945》,[英]大卫·波特著;梁本彬译,电脑报电子音像出版社 2010 年版。

《希特勒的"原子弹"》,[德]赖纳·卡尔施、海科·彼得曼著;闻立欣译,国际文化出版公司 2010 年版。

《决胜诺曼底:登陆战中的科技、工程与特种装备》,[英]乔纳森·法尔康纳著;姚军译,人民邮电出版社 2015 年版。

六、后勤与供应

《战争与后勤——从拿破仑到巴顿的后勤》,[以]克列威尔德著,总后勤部编印,1982 年版。

《第二次世界大战军服、徽标、武器图解百科》,[英]乔纳森·诺思著;姚军译,吉林文史出版社 2019 年版。

《伟大卫国战争中的苏联武装力量后方勤务》,〔苏〕库尔科特金主编,总后勤部翻印,1979年版。

《伟大卫国战争中的苏联内河运输》,〔苏〕M.H.切博塔廖夫主编;马振寰等译,解放军出版社1986年版。

《苏联卫国战争时期的军事交通》,总后勤部编译,解放军出版社1986年版。

《苏联伟大卫国战争中的交通运输》,〔苏〕N.B.科瓦廖夫著;总后勤部译,解放军出版社1986年版。

《苏联伟大卫国战争中的交通运输》,〔苏〕N.B.科瓦廖夫著,总后勤部翻印,1987年版。

《在主要作战方向上的后勤工作》,〔苏〕安季片科著;解放军出版社1986年版。

《向前方供应油料》,〔苏〕尼基金著;总后勤部油料科译,解放军出版社1986年版。

《二战军服全记录》,〔英〕安德鲁·莫罗著;叶正茂、王立非译,人民出版社2006年版。

《1941—1945苏联伟大卫国战争医学经验——内科部分摘译》(上下卷),人民军医出版社1961年版。

《苏联伟大卫国战争医学经验外科部分摘译1941—1945》(上下册),编译委员会主译,人民军医出版社1956年版。

《苏联伟大卫国战争医学经验:外科部分摘译(1941—1945)》,〔苏〕吉尔哥拉夫C.C.等编;吴英恺等译,人民卫生出版社1956年版。

《1941—1945苏联伟大卫国战争医学经验:卫生学部分》,〔苏〕克罗特科夫等编;魏赞道等译,人民卫生出版社1958年版。

《1941—1945苏联伟大卫国战争期间的医学经验:流行病部分》,〔苏〕T.E.包德列夫著,人民军医出版社1959年版。

《第二次世界大战美军战伤救治经验:外科各卷摘译》,吴公良、盛志勇等译,解放军出版社1989年版。

七、军队建设与运筹

《盟军最高司令部》,〔美〕福雷斯特·波格著;军事科学院外国军事研究部译,军事科学出版社1989年版。

《三次战争的空中力量:二战、朝鲜和越南》,[美]威廉·莫姆耶尔著;陆以中、吕民序译,世界知识出版社2014年版。

《海军航空兵发展史》,[英]布赖恩·约翰逊著;屈景富、陈书海译,国防工业出版社1988年版。

《二战忠犬录》,[美]罗伯特·温特劳布著;王一凡译,外语教学与研究出版社2018年版。

1. 德国

《国防军》,[英]约翰·平洛特著;张德辉译,大象出版社2011年版。

《德国国防军大本营》,[联邦德国]瓦尔特·瓦利蒙特著;军事科学院外国军事研究部译,军事科学出版社1990年版。

《第三帝国的精锐部队》,[英]提姆·雷普利著;于仓和译,中国市场出版社2016年版。

《第二次世界大战时期的德国空军发展史》,[英]约翰·平洛特著;于仓和译,中国市场出版社2014年版。

《第二次世界大战时期的德国海军发展史》,[英]罗伯特·杰克逊著;于仓和译,中国市场出版社2014年版。

《第二次世界大战时期的德国装甲部队发展史》,[英]尼尔·巴尔、拉塞尔·哈特著;于仓和译,中国市场出版社2014年版。

《第二次世界大战中德国空军的统率机关和领导人员》,[美]布格著,空军学院研究部翻印,1983年版。

《二战数据Ⅴ德国空军:1933—1945》,[英]迈克·帕韦列科著;梁本彬译,三秦出版社2013年版。

《二次大战的德国伞兵》,[英]克里斯·麦纳著;于仓和译,大象出版社2010年版。

《兀鹰军团:二战德国·空军飞行中队》,[英]克里斯·毕晓普著;卡米柚子译,重庆出版社2010年版。

《党卫军秘密档案:东线》,[英]伊恩·巴克斯特著;于仓和译,大象出版社2012年版。

《党卫军秘密档案:西线》,[英]伊恩·巴克斯特著;于仓和译,大象出版社2012年版。

《黑色闪电：党卫军第2"帝国"师战史（1933—1942）》（全2册），[英] 哈特著；董伟译，人民日报出版社2012年版。

《黑色闪电：二战德国武装党卫军》，[英] 克里斯·毕晓普；卡米柚子译，重庆出版社2010年版。

《第三帝国武装党卫军：从未面世的纪实：1923—1945》，[英] 克里斯托夫·艾尔西著；张灿译，中国市场出版社2014版。

《武装党卫军第二"帝国"师官方战史（第Ⅲ卷）：1942—1943》，胡烨编译，北京艺术与科学电子出版社2013年版。

《二战精锐对决：诺曼底战役中的德国党卫军第一装甲师》，[英] 戴维·波特著；姚军译，人民邮电出版社2015年版。

《德国国防军503重装甲营全史》，[德] 弗兰茨·洛赫曼等著；陈星波、林立群译，三秦出版社2013年版。

《503重装甲营战史》，[德] 弗兰茨·洛赫曼等编著；陈星波、林立群译，重庆出版社2014年版。

《二战数据Ⅳ德国海军》，[英] 大卫·波特著；梁本彬译，三秦出版社2013年版。

《装甲作战：赫尔曼·霍特与"巴巴罗萨"行动中的第3装甲集群》，[德] 赫尔曼·霍特著；赵国星译，台海出版社2019年版。

《二战德军装甲侦察兵战史》，[美] 罗伯特·爱德华兹著；林立群、唐怡译，重庆出版社2016年版。

《二战精锐对决·库尔斯克战役中的德军"帝国"师》，[英] 戴维·波特著；姚军译，人民邮电出版社2015年版。

2. 苏联

《泥足巨人：苏德战争前夕的苏联军队》，[美] 戴维·M.格兰茨著；孙渤译，台海出版社2018年版。

《伟大卫国战争中武装斗争的领导问题》，[苏] 华西列夫斯基著，总参谋部第二部翻印，1973年版。

《二次大战中的苏联统帅部》，[联邦德国] 佐比克著，总参谋部情报部翻印，1980年版。

《战争年代的总参谋部》（上下部），[苏] C.M.什捷缅科著；洪科译，三联书店1972年/1976年版。

《战争年代的总参谋部》(第一、第二部),[苏]C.M.什捷缅科著;军事科学院外国军事研究部译,军事科学出版社1984年版。

《伟大卫国战争中的苏军空军首长及司令部》,[苏]科热弗尼科夫著,空军学院翻印,1979年版。

《苏军方面军和集团军快速集群的奔袭作战经验》,[苏]乌索利采夫著,总参谋部情报部翻印,1981年版。

《卫国战争年代陆军集团军的组建和使用经验》,[苏]戈洛夫宁著,总参谋部情报部翻印,1981年版。

《苏联伟大卫国战争步兵师战例汇编》,[苏]斯契夫、马拉霍夫主编,军事科学院翻印,1960年版。

《苏联伟大卫国战争步兵师战例选编(附图)》,军事科学院翻印,1960年版。

《苏联伟大卫国战争步兵军战例汇编》,[苏]斯契夫、马拉霍夫主编,总参谋部出版部翻印,1960年版。

《苏联伟大卫国战争步兵军战例选编(附图)》,军事科学院翻印,1960年版。

《苏联伟大卫国战争步兵团战例汇编》,[苏]华西列夫斯基主编,军事科学院翻印,1960年版。

《苏联伟大卫国战争步兵营战例汇编》,[苏]华西列夫斯基主编,总参谋部出版部翻印,1960年版。

《苏联伟大卫国战争重要战役中的工程兵》,工程兵司令部编印,1962年版//工程兵学院训练部翻印,1983年版。

《第二次世界大战中的歼击航空兵》,[苏]符拉索夫著,空军学院翻印,1952年版。

《第二次世界大战中的苏联空军》,[美]惠廷著,空军学院研究部翻印,1983年版。

《伟大卫国战争中的国土防空军》,[苏]斯韦特利申著,空军司令部军训部翻印,1985年版。

《卫国战争时期苏联国土防空军的发展》,[苏]巴季茨基;南京军区司令部翻印,1976年版。

《卫国战争期间苏联空军的作战指挥》,陆以中译,空军学院研究部印刷,1982年版。

《苏联的航空故事》,[苏]И·马祖鲁克著;娄旭辰、马真译,中国青年出版社 1954 年版。

《大战前夜的苏联海军》,［苏］尼.格.库兹涅佐夫著;万启智译,新华出版社 1981 年版。

《伟大卫国战争中的苏联海军》,［苏］A.B.巴索夫著;唐安印等译,海洋出版社 1986 年版。

《第二次世界大战中的苏联海军:尼.格.库兹涅佐夫回忆录》,［苏］伊萨可夫著,海军司令部出版处翻印,1959 年版。

《红旗太平洋舰队》,［苏］C.E.扎哈罗夫等著;廉正海译,三联书店 1978 年版。

《苏联北方舰队作战行动的分析》,［法］于昂著,海军学院军事学术研究部翻印,1983 年版。

《红军——解放者的军队》,［苏］费多谢耶夫著;邹文奎译,北京人民出版社 1951 年版。

《光荣的苏联军队(图集)》,上海市中苏友好协会译,上海人民美术出版社 1958 年版。

《苏联军人的英勇功绩》,上海市中苏友好协会译,上海人民出版社 1958 年版。

《苏联红军的战斗荣誉》,［苏］杰尼索夫著;臧守珩、娄旭辰译,时代出版社 1956 年版。

《苏联红军的光荣战斗历程》,［苏］费多歇耶夫著;尤国平译,时代出版社 1954 年版。

《二战精锐对决·库尔斯克战役中的苏军第 5 近卫坦克集团军》,［英］戴维·波特著;姚军译,人民邮电出版社 2015 年版。

3. 美国

《美国陆军史》,［美］拉塞尔·韦格利著;丁志源等译,解放军出版社 1989 年版。

《篱墙之战:布莱德雷的第 1 军团在诺曼底,1944 年 6—7 月》,［美］利奥·多尔蒂著;于仓和译,大象出版社 2011 年版。

《空中英豪:美国第八航空队对德国的空中之战》(全 2 册),［美］唐纳德·米勒著;小小冰人译,吉林文史出版社 2019 年版。

《空中英豪:美国第八航空队对纳粹德国的空中之战》(全 3 册),［美］唐纳德·L.米勒著;小小冰人译,人民日报出版社 2014 年版。

《解围阿纳姆:市场花园行动中的美军第 82 空降师第 504 伞兵团》,[荷]弗兰克·范·鲁特恩著;林立群译,重庆出版社 2017 年版。

《兄弟连:美 101 空降师 506 团 E 连从诺曼底直抵希特勒的鹰巢》,[美]斯蒂芬·E·安布罗斯著;王喜六、祁阿红等译,南京译林出版社 2003 年版。

《美国海军陆战队 VS 日本步兵:鏖战瓜岛 1942—1943》,[美]戈登·罗特等著;金存惠译,中译出版社 2015 年版。

4. 日本

《二战精锐对决:诺曼底战役中的英军第七装甲师》,[英]戴维·波特著;姚军译,人民邮电出版社 2015 年版。

《深入敌后:二战中的英国特种空勤团》,[英]加文·莫蒂默著;赵国星译,人民邮电出版社 2017 年版。

《地中海海战:第二次世界大战中的意大利海军》,[意]布拉加丁著;蔡鸿干译,海洋出版社 1982 年版。

第八节　法西斯的投降、战争审判与战争反省

一、法西斯的投降

《黑潮渐退:从斯大林格勒的胜利到缅甸战事》,[英]艾迪·鲍尔著;何卫宁译,中国市场出版社 2016 年版。

《光荣和热血:从突出部之战到日本帝国灭亡》,[英]艾迪·鲍尔著;郭玮译,中国市场出版社 2016 年版。

《第三帝国 19:燃烧的土地》,[美]时代生活编辑部编;卜祥丽译,海南出版社 2015 年版。

《第三帝国 20:欧洲要塞》,[美]时代生活编辑部编;刘靖译,海南出版社 2015 年版。

《第三帝国 21:噩梦沉沦》,[美]时代生活编辑部编;戴茵译,海南出版社 2015 年版。

《第三帝国的灭亡》,[美]威廉·夏伊勒著;董乐山译,中国对外翻译出版社 1983 年版。

《第三帝国的灭亡》,[英]戴维·乔丹著;吕胜利、姚宝珍等译,重庆出版社

2010 年版//中国市场出版社 2014 年版。

《第二次世界大战之第三帝国的覆灭》，［英］邓肯·安德森等著；方文军等译，中国市场出版社 2016 年版。

《第三帝国的最后十四天》，［德］约阿希姆·费斯特著；陈晓春译，新星出版社 2016 年版。

《第三帝国覆亡记：镜头里的二战西部战场》，［英］安迪·罗森著；付阳译，当代中国出版社 2014 年版。

《谁打败了希特勒》，［美］彼得·特索拉斯主编；宋易译，北京时代华文书局 2014 年版。

《最后一百天：希特勒第三帝国覆亡记》，［美］约翰·托兰著；刘永刚译，浙江文艺出版社 2018 年版。

《欧洲的胜利》（图文第二次世界大战史：典藏本 26），［美］杰拉尔德·赛门斯著；张瑾译，中国社会科学出版社/海南出版社 2004 年版。

《关东军和苏联远东军》，［日］林三郎编著；高书全等译，吉林人民出版社 1979 年版。

《日本帝国衰亡》，［英］马克斯·黑斯廷斯著；周仁华译，长江文艺出版社 2016 年版。

《日本帝国衰亡史》（4 卷本），［美］约翰·托兰著；郭伟强译，中信出版集团 2015 年版。

《进攻日本：日军暴行及美军投掷原子弹的真相》，［美］雷蒙德·戴维斯等著；［美］臧英年译，广西师范大学出版社 2014 年版。

《日本天皇投降内幕》，［日］加濑英明著；吴景林译，黑龙江人民出版社 1992 年版。

《天皇和日本投降》，［日］日本读卖新闻社编；蔡德金等编译，档案出版社 1992 年版。

《日本历史上最长的一天：八一五投降纪实》，［日］太平洋战争研究会著；金坚范、陆洁等译，国际文化出版公司 1985 年版。

《日本最长的一天》，［日］太平洋战争研究会著；韩有毅、夏宁生译，河北人民出版社 1986 年版。

《日本最漫长的一天：决定命运的八月十五日》，［日］半藤一利著；杨庆庆、王萍等译，重庆出版社 2009 年版。

《落日:日本帝国的覆灭》,[美]安德鲁·威斯特等著;穆占劳译,中国市场出版社 2014 年版//海洋出版社 2017 年版。

《第二次世界大战史(1939—1945)第十一卷:日本军国主义的失败 第二次世界大战的结束》(苏联十二卷本《第二次世界大战史》),[苏]阿奇卡索夫等主编;安徽大学苏联问题研究所译,上海译文出版社 1989 年版。

《胜利荣光:芷江受降》,[美]约瑟夫·德口述;李松编;刘苹译,北方文艺出版社 2015 年版。

二、战争审判与罪行惩治

《纽伦堡审判》,[英]保罗·罗兰德著;曹永毅译,青岛出版社 2015 年版。

《纽伦堡审判 上卷:选自国际军事法庭对首要战犯审判的纪录·文献和资料》,[民主德国]P.A.施泰尼格编;王昭仁、宋钟译,商务印书馆 1985 年版。

《纽伦堡审判 下卷:选自国际军事法庭对首要战犯审判的纪录·文献和资料》(第一、第二分册),[民主德国]P.A.施泰尼格编;石奇康等译,商务印书馆 1988 年版。

《纽约堡审讯:随军采访四年(四)》,[苏]鲍·波列伏依著;徐耀魁译,新华出版社 1984 年版。

《纽伦堡大审判》,[美]约瑟夫·珀西科著;刘巍等译,上海人民出版社 2000 年版。

《国际军事法庭审判德国首要战犯判决书》,汤宗舜、江左译,世界知识出版社 1955 年版。

《天生恶魔? 纽伦堡审判与罗夏墨迹测验》,[美]乔尔·迪姆斯代尔著;史先涛译,三联书店 2019 年版。

《38 万希特勒战俘在美国》,[法]科斯泰尔著;丛莉译,东方出版社 1993 年版。

《质问希特勒:把纳粹逼上法庭的律师》,[美]本杰明·黑特著;何远译,北京大学出版社 2014 年版。

《日本首要战犯的国际审判》,[苏]尤·拉金斯基等著;萨大为等译,世界知识出版社 1955 年版。

《东京审判》,[苏]H.斯米尔诺夫等著;李执中等译,军事译文出版社 1988 年版。

《东京审判》，[日]《朝日新闻》东京审判记者团著；吉佳译，河北人民出版社 1988 年版。

《东京审判：被忘却的纽伦堡》，[法] 艾迪安·若代尔著；杨亚平译，上海交通大学出版社 2013 年版。

《东京审判：第二次世界大战后对法与正义的追求》，[日] 户谷由麻著；赵玉蕙译，上海交通大学出版社 2016 年版。

《另一个纽伦堡：东京审判未曾述说的故事》，[美] 阿诺德·布拉克曼著；梅小侃、余燕明译，上海交通大学出版社 2017 年版。

《远东国际军事法庭判决书》，张效林译，群众出版社 1986 年版。

《帕尔法官：印度民族主义与东京审判》，[日] 中里成章著；陈卫平译，法律出版社 2014 年版。

《东京审判·战争责任·战后责任》，[日] 大沼保昭著；宋志勇译，社会科学文献出版社 2009 年版。

《超越胜者之正义：东京战罪审判再检讨》，[日] 田中利幸、[澳] 蒂姆·麦科马克等编；梅小侃译，上海交通大学出版社 2014 年版。

《东京审判的国际关系：国际政治中的权力和规范》，[日] 日暮吉延著；翟新、彭一帆译，上海交通大学出版社 2016 年版。

《纽伦堡和东京审判之后：1945—1968 年日本与西德的"历史清算"》，[德] 曼弗雷德·基特尔著；吕澍、王维江译，上海交通大学出版社 2014 年版。

《纳粹猎人：全球追捕纳粹战犯纪实》，[俄] B.格拉乔夫等著；张晓丹译，中国对外翻译出版公司 2006 年版。

《纳粹猎人》，[美] 安德鲁·纳戈尔斯著；陈鑫译，社会科学文献出版社 2019 年版。

《最高统帅：麦克阿瑟在日本的胜利》，[美] 西摩·小莫里斯著；林立群、唐怡译，重庆出版社 2015 年版。

《第二次世界大战全史 10：四国对德国和奥地利的管制：1945—1946 年》，[英] 迈克尔·鲍尔弗、约翰·梅尔著；安徽大学外语系译，上海译文出版社 2015 年版。

三、战争责任与战争反省

《希特勒青年团骨干忏悔录》，[美] 阿尔方斯·黑克著；王涛等译，四川文艺出版社 1992 年版。

《父亲,请你回答! 一位曾为希特勒浴血奋战的德国人的自白》,[德]霍斯特·布尔格著;姜丽译,知识出版社 2000 年版。

《天皇的战争责任》,[日]井上清著;吉林大学日本研究所译,商务印书馆 1983 年版。

《昭和天皇的秘密:你在地狱中徘徊吧! 裕仁天皇》,[日]赤间刚著;范力民译,新华出版社 1991 年版。

《日本人的集团心理:十五年战争狂热的反思》,[日]入谷敏男著;天津编译中心译,中国文史出版社 1989 年版。

《战后责任论》,[日]高桥哲著;徐曼译,社会科学文献出版社 2008 年版。

《国家与历史——战后日本的历史问题》,[日]波多野澄雄著;马静译,社会科学文献出版社 2016 年版。

《日本人的战争观:历史与现实的纠葛》,[日]吉田裕著;刘建平译,新华出版社 2000 年版。

《靖国神社》,[日]大江志乃夫著;沈志平译,世界知识出版社 1990 年版。

《东史郎对日本军国主义的批判》,[日]东史郎著;彭曦、汪平译,南京出版社 2007 年版。

《为证言的证言:一个日本记者的东史郎诉讼案实录》,[日]竹内迅著;田原、张嬿译,世界知识出版社 2000 年版。

《BC 级战犯从地狱喊出的声音:骇人听闻的 BC 级战犯的战争生涯和牢狱经历》,[日]大森淳郎著;李娜娜译,金城出版社 2011 年版。

《永远的祈祷:两个从死亡边缘上生还的日军老兵的真诚告白》,[日]北冈信夫著;包容译,人民文学出版社 2001 年版。

《大东亚战争的总结》,[日]日本历史研究委员会编;东英译,新华出版社 1997 年版。

《审判山下奉文:战争罪与指挥官责任》,[美]理查德·雷尔著;韩华译,上海交通大学出版社 2016 年版。

《一道背负:日本父子的侵华战争责任对话》,[日]田中信幸编著;宋金文译,人民日报出版社 2015 年版。

《虚构的大义:一个关东军士兵的日记》,[日]五味川纯平著;尚永清、陈应年译,人民文学出版社 1976 年版。

《广岛札记:生的定义》,〔日〕大江健三郎著;刘光宇等译,光明日报出版社1995年版。

《战争和人》(全4册),〔日〕五味川纯平著;苏明顺等译校,春风文艺出版社1992年版。

第九节　二战人物研究

一、比较研究

《二十世纪的领袖们》,〔日〕岸信介著;王泰平译,世界知识出版社1986年版。

《欧美名将评传》,〔英〕麦克·卡佛编;钮先钟译,昆仑出版社1999年版。

《二战名人录》,〔英〕大卫·梅森著;李申等译,武汉大学出版社2015年版。

《第二次世界大战功勋名将》,刘汉全等编译,黑龙江人民出版社1995年版。

《二战沙场战将全画传丛书》(全3册),高润浩、张晓光等编译,京华出版社2005年版。

《二战风云人物全画传丛书》(全2册),刘芳芳、张正育等编译,京华出版社2005年版。

《第二次世界大战中的风云人物》,〔英〕A.P.泰勒著;范飞译,吉林文史出版社1988年版。

《第二次世界大战十大名将丛书》(全10册),郭宏军、张晓光等编译,京华出版社2004年/2005年版。

《二战八政要巨头谋略秘档全公开(上下册)》(二战秘档全公开丛书),郑唯和等编译,京华出版社2005年版。

《二战十六大名将征战秘档全公开(上下册)》(二战秘档全公开丛书),王永生等编译,京华出版社2005年版。

二、法西斯国家人物研究
1. 法西斯魁首

《三元凶全画传》(二战风云人物全画传丛书),张正育等编译,京华出版社

2005 年版。

（1）希特勒

《希特勒》，［德］哈·施特凡著；王世英译，河北教育出版社 2001 年版。

《希特勒》（全 3 册），［美］约翰·托兰著；郭伟强译，国际文化出版公司 2001 年/2003 年/2004 年版。

《希特勒》，［美］约翰·托兰著；郭伟强译，国际文化出版公司 2009 年版。

《希特勒》（上下卷），［英］伊恩·克肖著；廖丽玲等译，世界知识出版社 2005 年/2015 年版。

《希特勒传》，［德］拉尔夫·格奥尔格·罗伊特著；周新建、皇甫宜均译，人民文学出版社 2011 年版。

《希特勒传》，［德］乔西姆·费斯特著；黄婷、马昕译，长江文艺出版社 2013 年/2016 年/2018 年版。

《希特勒传》，［法］弗朗索瓦·凯尔索迪著；董晨耕译，吉林出版集团有限责任公司 2013 年版。

《希特勒传》，［美］伊恩·克肖著；史鉴译，世界知识出版社 2018 年版。

《希特勒传：从乞丐到元首》，［美］约翰·托兰著；郭伟强译，浙江文艺出版社 2016 年版。

《希特勒传：跃升年代》，［德］福尔克尔·乌尔里希著；亦青译，东方出版社 2016 年版。

《希特勒：恶魔元首》，杨顺编译，光明日报出版社 2003 年版。

《大独裁者希特勒：暴政研究》（上下册），［英］艾伦·布洛克著；朱立人等译，北京出版社 1986 年版。

《阿道夫·希特勒》，［联邦德国］彼得·波罗夫斯基著；姜志军译，群众出版社 1983 年版。

《从乞丐到元首：希特勒一生》（上下册），［美］约翰·托兰著；郭伟强译，北京日报出版社 1989 年版//北京同心出版社 1998 年版。

《希特勒传——从乞丐到元首》，［美］约翰·托兰著；郭伟强译，国际文化出版公司 2010 年版。

《解读希特勒》，［德］塞巴斯蒂安·哈夫纳著；景德祥译，译林出版社 2016 年版。

《希特勒的兴亡》，［美］威廉·夏伊勒著；张雅楠译，江苏凤凰文艺出版社

2017 年版。

《阿道夫·希特勒的兴亡》,[美]威廉·夏勒著;肖容注释,外语教学与研究出版社 1982 年/2000 年版。

《阿道夫·希特勒的兴亡》,[美]威廉·夏伊勒著;刘文哲等译,西南师范大学出版社 1985 年版。

《希特勒与 20 世纪德国》,[德]汉斯·莫姆森著;赵涟译,社会科学文献出版社 2013 年版。

《希特勒与德国人》,[美]埃里克·沃格林著;张新樟译,上海三联书店 2015 年版。

《希特勒与战争》(上下册),[英]戴维·欧文著;兆瑜、章晨译,黑龙江人民出版社 1986 年版。

《希特勒的心态:战时秘密报告》,[美]沃尔特·C·兰格著;程洪雁译,中央编译出版社 2011 年版。

《中情局绝密档案之希特勒性格分析报告》,[美]亨利·穆雷著;蒋蓉译,团结出版社 2014 年版。

《希特勒这样输掉了二战:德国的致命决策》,[美]贝文·亚历山大著;江燕楠译,新华出版社 2015 年版。

《希特勒最后十三天》,[苏]M.麦尔扎诺夫著;高云恰、陈德华译,军事译文出版社 1984 年版。

《最后一百天》,[美]约翰·托兰著;诸葛仓麟等译,新华出版社 1984 年版。

《最后一百天:希特勒第三帝国覆亡记》,[美]约翰·托兰著;刘永刚译,重庆出版社 2009 年版。

《帝国的崩溃:希特勒和第三帝国的末日》,[德]约阿希姆·费斯特著;陈晓春译,上海三联书店 2005 年版。

《希特勒的末日》,[英]特莱弗·罗珀著;龚新康、孙宇译,群众出版社 1985 年版。

《希特勒的末日》,[苏]沃罗比约夫等著;杨伯清等译,军事译文出版社 1985 年版。

《希特勒末日记》,[英]特雷弗·罗珀著;沈大銈译,上海社会科学院出版社 2010 年版。

《希特勒末日目睹记》，［苏］马·伊·梅尔扎诺夫著；钟大能、李宝芝译，北京出版社 1986 年版。

《希特勒在地堡的最后日子：少年纳粹亲历"第三帝国"的末日》，［美］阿尔敏·莱曼、蒂姆·卡罗尔著；方海萍、魏青江译，九州出版社 2005 年版。

《希特勒之死》，［苏］列夫·别西缅斯基著；龚新康等译，江西人民出版社 1986 年版。

《希特勒之死》，［俄］阿达·彼特卢娃等著；邱伟立、张巧枝等译，海南出版社 2002 年版。

《希特勒死亡之谜》，［苏］列夫·别西缅斯基著；龚新康等译，百花洲文艺出版社 1992 年版。

《解开希特勒自杀之谜》，［苏］叶列娜·尔热夫斯卡娅著；都钟秀译，河北人民出版社 1986 年版。

《希特勒之谜》，［美］沃尔特·C.兰格著；单俊毅、佳韵译，新华出版社 1990 年版。

《希特勒秘史》，［美］罗伯特·佩恩著；云根、家祺译，甘肃人民出版社 1989 年版。

《希特勒档案》（全译本），［德］亨·埃伯利、马乌尔著；朱刘华、韩梅译，金城出版社 2008 年版。

《希特勒的罪恶生活》，［德］格拉尔德著；韦诚译，广西民族出版社 1989 年版。

《希特勒再世之梦》，［美］艾拉·莱文著；张文浩、童忠绥译，浙江科学技术出版社 1981 年版。

《乱世阴魂：希特勒出逃之谜》，［英］辛克莱·米歇尔著；陈育明、白晓梅译，解放军文艺出版社 1993 年版。

《爱娃与希特勒》，［美］格伦·因菲尔德著；郭文峰等译，云南人民出版社 1981 年版。

《希特勒的追随者》，［德］古一多·克洛卜主笔；周键、彭志华译，海南出版社 1999 年版。

《希特勒副手赫斯的一生》，［德］武尔夫·施瓦茨韦勒著；李世华译，世界知识出版社 1991 年版。

《希特勒背后的人：马丁·鲍曼和他的日记》，［俄］列夫·别济缅斯基著；

徐锦栋、李春梅译，上海译文出版社 2003 年版。

《元首秘书博尔曼：一个能左右希特勒的人》，[德] 约亨·朗格著；陈方全译，群众出版社 1986 年版。

《希特勒的银行家》，[美] 约翰·韦茨著；张禹九译，光明日报出版社 2000 年版。

《希特勒的女密使》（第二次世界大战经典战役、事件全纪录书系），[德] 玛尔塔·莎德著；叶萌译，群众出版社 2005 年版。

《希特勒女秘书的遗书》，[德] 安东·约阿希姆斯塔勒编；陈建福译，世界知识出版社 1991 年版。

《希特勒的间谍》（上下册），[美] 戴维·卡恩著；夏海涛、王伟译，湖南人民出版社 1983 年版。

《世界头号间谍：第三帝国心脏里的弗里茨·科尔贝》，[法] 卢卡·德拉特著；王立群、马中原等译，解放军出版社 2006 年版。

《英国贵夫人：希特勒身边的女间谍》，[英] 威廉·海灵顿著；晓晶译，解放军出版社 1987 年版。

《我是希特勒的译员》，[德] 保·施密特著；刘同舜译，上海人民出版社 1982 年版。

《希特勒的志愿行刑者》，[美] 丹尼尔·戈德哈根著；贾宗谊译，新华出版社 1998 年版。

《审判希特勒》，[美] 菲力普·范·尔金德特著；董培继等译，内蒙古人民出版社 1988 年版。

《希特勒，永不消散的阴云：德国历史学家之争》，[德] 尤尔根·哈贝马斯等著；逢之、崔博等译，生活·读书·新知三联书店 2014 年版。

《青年希特勒：蜕变从这一刻开始》，[奥] 奥古斯特·库比席克著；郑国雄译，九州出版社 2014 年版。

《历史的事实：库比茨克回忆希特勒》，[奥] 奥古斯都·库比茨克著；纪永滨、杨菁译，陕西人民出版社 2014 年版。

《他欺骗了全世界：希特勒死亡之谜》，[阿根廷] 阿贝尔·巴斯蒂著；孙颖屏、唐莹莹译，群众出版社 2014 年版。

《希特勒的诅咒》，[美] 詹姆斯·罗林斯著；李玉兰译，重庆出版社 2014 年版。

《希特勒的绝密宝藏:追踪纳粹藏匿称帝圣物纪实》,[美]西德尼·柯克帕特里克著;陈嘉宁译,金城出版社 2012 年版。

《希特勒的十字架》,[美]欧文·路茨尔著;张大军译,团结出版社 2012 年版。

《希特勒万岁,猪死了! 政治笑话与第三帝国兴亡史》,[德]鲁道夫·赫尔佐克著;卜德清、林笛等译,花城出版社 2008 年版。

(2)墨索里尼

《墨索里尼》(上下册),[德]奥托著;万马明译,北方妇女儿童出版社 2002 年版。

《墨索里尼》,[澳]理查德·博斯沃思著;李宏强译,国际文化出版公司 2004 年/2008 年版。

《墨索里尼:被处决的首相》,江潇编译,光明日报出版社 2003 年版。

《墨索里尼传》,[英]丹尼斯·史密斯著;王三水译,中共中央党校出版社 2000 年版。

《战争元凶:墨索里尼传》,[英]丹尼斯·史密斯著;王三水译,时代文艺出版社 2003 年版。

《墨索里尼其人》,[英]丹尼斯·史密斯著;许其鹏、陆炳华译,军事译文出版社 1985 年版。

《墨索里尼之谜》,[俄]米·伊林斯基著;振亚译,上海译文出版社 2003 年版。

《二十世纪的恺撒:墨索里尼》,[美]朱尔斯·阿切尔著;宋韵声、吴文忠译,春风文艺出版社 1985 年版。

《疯狂的爱:墨索里尼与他的情妇》,[意]罗伯特·杰尔巴佐著;王晓山译,黑龙江人民出版社 1988 年版。

《为墨索里尼而死的女人——克拉雷塔》,[意]杰尔瓦索著;刘锡荣、沈萼梅译,北方文艺出版社 1987 年版。

2. 法西斯将帅

(1)隆美尔

《隆美尔传》,[英]戴维·欧文著;张全光译,时代文艺出版社 2003 年版。

《魔鬼战神:隆美尔传》,[英]戴维·欧文著;张全光译,时代文艺出版社 2003 年版。

《沙漠之狐隆美尔》,[英]德斯蒙德·扬著;欧阳瑾译,台海出版社2018年版。

《隆美尔:沙漠中厮杀的狡狐》(上下册)(第二次世界大战十大名将丛书),[德]弗兰茨·梅林著;郭辉编译,京华出版社2004年/2005年版。

《隆美尔:沙漠中厮杀的狡狐》(上下册)(第二次世界大战十大名将丛书),[德]弗兰茨·梅林著;郭辉编译,北京联合出版公司2014年版。

《隆美尔:第二次世界大战战争自述》,[英]约翰·平洛特编著;薛晓、杨静娜等译,中国市场出版社2018年版。

《战争的艺术:第二次世界大战中的隆美尔》,[英]约翰·平洛特编;薛晓、杨静娜等译,当代中国出版社2015年版。

《隆美尔:狐狸发踪迹》,[英]戴维·欧文著;卜珍伟、江山译,解放军出版社1984年/1988年/2010年版。

《隆美尔神话:信徒? 叛徒? 盖棺定论隆美尔充满矛盾的一生》,[德]莫里斯·雷米著;秦琥译,重庆出版社2019年版。

《隆美尔战时文件:沙漠之狐作战理念的完美体现》,[英]李德哈特著;钮先钟译,陕西师范大学出版社2005年版。

《隆美尔战时文件》,[英]李德·哈特著;钮先钟译,民主与建设出版社2015年版。

(2)山本五十六

《山本五十六》,[日]阿川弘之著;朱金、王凤芝译,解放军出版社1987年版。

《山本五十六:日本帝国的“海军之花”(上下册)》(第二次世界大战十大名将丛书),[日]加藤正秀著;郭宏军编译,京华出版社2004年/2005年版。

《荒海之鹫:日本海军大将山本五十六》,[日]阿川弘之著;沈英甲、吕萍萍译,海军出版社1989年版。

《偷袭珠港——山本五十六传》,[日]阿川弘之著;张承译,时代文艺出版社2002年版。

(3)其他军政要人

《德军四大战将全画传》(二战沙场战将全画传丛书),邱剑敏等编译,京华出版社2005年版。

《纳粹元帅沉浮记》,[联邦德国]O.E.莫勒编;文川编译,军事译文出版社

1984 年版。

《纳粹枭雄:第三帝国的元帅》,苏真编译,九洲图书出版社 1994 年版。

《戈林传》,[美]戴维·欧文著;中外名人研究中心翻译部译,上海人民出版社 1992 年版。

《帝国元帅——戈林传》,[德]戴维·欧文著;宋长琨著,时代文艺出版社 2002 年版。

《戈培尔传》,[德]拉尔夫·罗伊特著;周新建等译,人民文学出版社 2016 年版。

《戈培尔日记:1945 年》,[德]约瑟夫·戈培尔著;晏晓、张海明等译,上海译文出版社 1987 年版。

《海因里希·希姆莱》,[德]武尔夫·贝格纳著;钱秀文译,群众出版社 1988 年版。

《海因里希·希姆莱与妻书信集:1927—1945》,[德]米卡尔·维尔特著;陈伟译,上海文艺出版社 2015 年版。

《HHhH:希姆莱的大脑是海德里希》,[法]劳伦·比奈著;刘成富、张靖天译,上海人民出版社 2015 年版。

《古德里安》,[英]肯·麦克塞著;张晓光编译,京华出版社 2008 年版。

《闪击英雄》,[德]古德林著;钮先钟译,战士出版社 1987 年版。

《古德里安》,张晓光编著,石油工业出版社 2014 年版//汕头大学出版社 2015 年版。

《古德里安:横扫欧陆的闪击怪杰(上下册)》(第二次世界大战十大名将丛书),[德]施塔贝尔·泽德勒著;张晓光编译,京华出版社 2004 年版。

《古德里安:横扫欧陆的闪击怪杰(上下册)》,[德]施塔贝尔·泽德勒著;张晓光编译,北京联合出版公司 2014 年版。

《第一个纳粹埃里希·鲁登道夫:让希特勒成为可能的人》,[美]威尔·布劳内尔等著;刘瑀瀚译,江苏凤凰文艺出版社 2016 年版。

《他差一步改变历史:纳粹情报局长的阴谋》,[英]理查德·巴塞特著;张孝铎译,中国青年出版社 2013 年版。

《装甲司令:艾哈德·劳斯大将东线回忆录》,[奥]艾哈德·劳斯著;邓敏译,中国长安出版社 2015 年版。

《东条英机传》,[日]伊东峻一朗著;辽宁大学历史系翻译组译,商务印书馆 1972 年版。

《东条英机:东条生平和日本陆军兴之秘史》,[日]秘定鹤造著;田桓等译,商务印书馆 1987 年版。

3. 其他人物

《间谍—左尔格》,[苏]尤里·科罗利科夫著;永慕、爱琦等著,新华出版社 1980 年版。

《佐尔格案件》,[美]F.W.狄金、G·R·斯多利著;聂崇厚译,群众出版社 1983 年版。

《纳粹间谍沃尔夫》,[美]肯·福莱特著;徐海潮、马小丁编译,军事科学出版社 1986 年版。

《战犯239:纳粹罪犯及其庇护者》,[苏]Л·别泽缅斯著;孟如海译,军事译文出版社 1985 年版。

《纳粹高徒》,[美]斯蒂芬·金著;施寄青、赵永芬等译,中国盲文出版社 2010 年版。

《我的母亲是纳粹》,[德]赫尔加·施奈德著;姚霖也译,译林出版社 2009 年版。

《在地狱中游荡:我的日本间谍生涯》,[意]阿·维斯帕著;武寒青译,中国世界语出版社 1995 年版。

三、反法西斯国家人物研究

1. 反法西斯国家首脑

《三巨头全画传》(二战风云人物全画传丛书),刘芳芳等编译,京华出版社 2005 年版。

(1)罗斯福

《罗斯福》,[美]弗雷德·伊斯雷尔著;郑清荣译,中国工人出版社 2009 年版。

《罗斯福:狮子与狐狸》,[美]詹姆斯·伯恩斯著;孙天义等译,商务印书馆 1982 年/1987 年版。

《罗斯福:狮子与狐狸》,[美]詹姆斯·伯恩斯著;孙天义等译,国际文化出版公司 2011 年版。

《罗斯福》,[美]詹姆斯·伯恩斯著;孙天义等译,国际文化出版公司 2004

年版。

《罗斯福》(上中下),艾德尼编译,中国言实出版社 1997 年版。

《罗斯福传》,[美]简·爱德华·史密斯著;李文婕译,长江文艺出版社 2009 年/2013 年版。

《罗斯福传:坐在轮椅上转动世界的巨人》,[加]康拉德·布莱克著;张帆、蒋旭峰等译,中信出版社 2005 年版。

《罗斯福正传》,[美]卡勒·内森著;祥里等译,新华出版社 1985 年版。

《罗斯福外传》,[美]奥尔登·哈奇著;贺哈定等译,江西人民出版社 1982 年版。

《罗斯福总统传》,[英]康普顿·麦肯齐著;张尚之译,三联书店 2014 年版。

《轮椅总统罗斯福》,[苏]H.H.雅科夫列夫著;宋竹音译,北京出版社 1987 年版。

《富兰克林·罗斯福》,[美]小阿瑟·史勒辛格主编、安妮·玛丽亚·苏莉安著;王杨译,现代教育出版社 2005 年版。

《富兰克林·罗斯福自传》,[美]富兰克林·罗斯福著;苏芳芳等译,华中科技大学出版社 2015 年版。

《富兰克林·罗斯福:轮椅上的总统》,[美]唐·纳尔多著;王为译,世界知识出版社 1998 年版。

《富兰克林·德拉诺·罗斯福:美国总统》,[美]布兰达·豪根著;徐莉娜译,青岛出版社 2009 年版。

《罗斯福:自由的战士:1940—1945》,[美]詹姆斯·麦格雷戈·伯恩斯著;马继森译,商务印书馆 2015 年版。

《总统,是人民的工具:富兰克林·罗斯福自传》,[美]富兰克林·罗斯福著;唐纳德·戴编;贾大海译,江苏文艺出版社 2013 年版。

《罗斯福与美国对外政策:1932—1945》(上下册),[美]罗伯特·达莱克著;伊伟等译,商务印书馆 1984 年版。

《罗斯福与新政:1932—1940》,[美]威廉·爱·洛克滕堡著;朱鸿恩、刘绪贻译,商务印书馆 1993 年版。

《罗斯福与丘吉尔》,[美]乔恩米·查姆著;康怡、凌丽君等译,中信出版社 2005 年版。

《罗斯福与霍普金斯：二次大战时期白宫实录》（上下册），［美］R.E.舍伍德著；福建师范大学外语系译，商务印书馆1980年版。

《非常年代：罗斯福夫妇在二战岁月中》，［英］多莉丝·古德温著；尤以丁、刘春发译，北京时代华文书局2015年版。

《罗斯福和他的特使们：二战与美国命运相会》，［美］迈克尔·富利洛夫著；张荣建等译，重庆出版社2014年版。

《总统经济学：从罗斯福到里根以及未来总统经济政策的制定》，［美］赫伯特·斯坦著；刘景竹译，中国计划出版社1989年版。

《美国总统经济史：从罗斯福到克林顿》，［美］赫伯特·斯坦著；金清、郝黎莉译，吉林人民出版社1997年版。

（2）丘吉尔

《丘吉尔》，［德］塞·哈夫纳著；全军译，河北教育出版社2001年版。

《丘吉尔》，［英］亨利·佩林著；沈永兴等译，国际文化出版公司2000年/2003年/2009年版。

《丘吉尔》，［英］保罗·约翰逊著；宋伟航译，金城出版社2011年版。

《丘吉尔传》，［英］亨利·佩林著；沈永兴等译，东方出版社1988年版。

《丘吉尔传》，［英］马丁·吉尔伯特著；马昕译，长江文艺出版社2009年/2013年/2016年版。

《丘吉尔传》，［英］诺曼·罗斯著；李家真译，人民文学出版社2011年版。

《丘吉尔外传》，［日］高林畅儿著；高秋菊译，江西人民出版社1986年版。

《温斯顿·丘吉尔》，［英］菲安娜·雷诺森著；张黎新译，外语教学与研究出版社2004年版。

《温斯顿·丘吉尔》，［加］汉密尔顿著；施清波译，上海外语教育出版社2008年版。

《温斯顿·丘吉尔》，［美］布兰达·豪根著；周莉、何翠翠译，青岛出版社2008年版。

《温斯顿·丘吉尔》，［英］约翰·基根著；李阳译，生活·读书·新知三联书店2015年版。

《丘吉尔的一生》，［苏］特鲁哈诺夫斯基著；张德广译，北京出版社1982年版。

《英国首相丘吉尔》，［韩］姜敏熙著；林春颖译，吉林出版集团有限责任公司2013年版。

《丘吉尔与戴高乐》,[法] F.克沙迪著;武仁译,新华出版社 1991 年版。

《丘吉尔论领袖素质》,[美] 斯迪文·哈沃德著;梁景宇译,海南出版社 2000 年版。

《邱吉尔及其密友》,[英] 约翰·科尔维尔著;周玲、方华译,新华出版社 1985 年版。

《预言家丘吉尔传》,[美] 詹姆斯·休姆斯著;陈丽丽译,北京师范大学出版社 2014 年版。

《丘吉尔的秘密:滑向第三次世界大战的 1945 年》,[比] E.N.德泽勒皮著;徐耕才译,河北人民出版社 1984 年版。

《丘吉尔和他的光荣战役》,[英] 阿兰·麦克唐纳著;林静慧译,海燕出版社 2011 年/2013 年版。

《丘吉尔战争实验室》,[英] 泰勒·唐宁著;徐艳秋、王兴刚等译,内蒙古人民出版社 2012 年版。

《我绝不与这个世界妥协:丘吉尔演讲集》,[英] 温斯顿·丘吉尔著;陈钦武译,江苏人民出版社 2017 年版。

《丘吉尔:追寻伟人的足迹》,[英] 杰弗里·贝斯特著;贾文娟译,商务印书馆 2012 年版。

《改变世界的领导力:丘吉尔与希特勒政治谋权沉思录》,[英] 安德鲁·罗伯茨著;徐雅婧译,海南出版社 2008 年版。

《追溯丘吉尔》,[英] 西莉娅·桑蒂斯著;刘欣、巩向飞译,东方出版社 2006 年版。

《丘吉尔的女间谍》,[英] 约瑟芬·巴特勒著;乐山译,人民日报出版社 1985 年版。

(3)斯大林

《斯大林传》,[英] 罗伯特·谢伟思著;李秀芳、李秉中译,华文出版社 2014 年版。

《斯大林传:命运与战略》,[俄] 斯维亚托斯拉夫·雷巴斯等著;吴昊、张彬译,上海人民出版社 2014 年版。

《大元帅斯大林》,[俄] 弗拉基米尔·卡尔波夫著;何宏江等译,社会科学文献出版社 2005 年/2013 年版。

《斯大林和丘吉尔:1941—1945》,[俄] 奥·阿·勒热舍夫斯基编;王仲宣、齐仲等译,东方出版社 2006 年版。

《斯大林:胜利与悲剧》,[俄]德·安·沃尔科戈诺夫著;张慕良等译,国际文化出版公司 2009 年版。

《斯大林的失误:苏德战争前十天的悲剧》,[俄]康斯坦丁·普列沙科夫著;王立平、王世华译,宁夏人民出版社 2008 年版。

《斯大林的战争:1939—1953》(全 2 册),[美]杰弗里·罗伯茨著;李晓江译,社会科学文献出版社 2010 年/2018 年版。

《斯大林:鲜为人知的剖面》,[俄]罗伊·麦德维杰夫等著;王桂香等译,新华出版社 2004 年版。

(4)戴高乐

《戴高乐》,[英]查尔斯·威廉斯著;王鹏译,国际文化出版公司 2006 年/2009 年版。

《戴高乐传》,[法]保尔—玛丽·德拉戈尔斯著;曹松豪译,商务印书馆 2006 年版。

《戴高乐与罗斯福》,[法]拉乌尔·阿格隆著;仓友衡译,世界知识出版社 1989 年版。

《巨人之情:戴高乐和丘吉尔》,[法]弗朗索瓦·凯尔索迪著;周以光译,华夏出版社 1990 年版。

《我的父亲戴高乐》,[法]菲利普·戴高乐等著;梁贵和、卢苏燕等译,中国人民大学出版社 2005 年版。

2. 反法西斯国家将帅

(1)艾森豪威尔

《艾森豪威尔》,[美]罗伯特·丹沃著;公晓燕编,京华出版社 2008 年版。

《艾森豪威尔:声名远扬的盟军统帅(上下册)》(第二次世界大战十大名将丛书),[英]维娜·艾莉著;公晓燕编译,京华出版社 2004 年/2005 年版。

《艾森豪威尔:一个士兵的一生》,[美]卡罗·德斯特著;张贺译,南海出版公司 2014 年版。

《艾森豪威尔传》,[苏]罗·费·伊万诺夫著;朱荫枝、马堃麟译,新华出版社 1987 年版。

《艾森豪威尔传》(上下册),[美]安布罗斯著;徐问铨等译,中国社会科学出版社 1989 年版。

《艾森豪威尔传》,[美]斯蒂芬·安布罗斯著;董浩云译,长江文艺出版社2011年/2016年版。

《盟军统帅——艾森豪威尔传》,[美]斯蒂芬·安布罗斯著;马中流译,时代文艺出版社2003年版。

《艾森豪威尔大传:一部儿子写给父亲的传记》,[美]约翰·艾森豪威尔著;张颖译,哈尔滨出版社2005年版。

《偶像和英雄:艾森豪威尔传》,[美]汤姆·威克著;司小莲译,安徽教育出版社2005年版。

《我时刻准备着:艾森豪威尔传》,[美]卡罗·德斯特著;张贺译,南海出版公司,2005年版。

《在战神与爱神之间:二次大战中的艾森豪威尔》,[美]梅尔维尔·萨沃尔森著;及锋、柳荫译,太原北岳文艺出版社1987年版。

(2)麦克阿瑟

《麦克阿瑟》,[美]小米克·布莱尔著;翟志海等译,战士出版社1983年版。

《麦克阿瑟》,[美]威廉·迈契斯特著;张容译,新华出版社1989年版。

《麦克阿瑟》(上下册),[美]杰弗里·佩雷特著;胡刚、李庆丰译,长江文艺出版社2012年版。

《麦克阿瑟传》,[美]小克莱·布莱尔著;吉力译,中共中央党校出版社2000年版。

《麦克阿瑟:1880—1964》,[美]卡梅尔·惠特尼著;王泳生编译,京华出版社2008年版。

《麦克阿瑟:美国的凯撒大帝》(上下册)(第二次世界大战十大名将丛书),[美]杰弗里·佩雷特著;王泳生编译,京华出版社2004年/2009年版。

《美国的恺撒大帝:麦克阿瑟》,[美]威廉·曼彻斯特著;黄瑶译,中信出版社2017年版。

《常胜将军:麦克阿瑟传》,[美]小克莱·布莱尔著;吉力译,时代文艺出版社2003年版。

《老战士永不死:麦克阿瑟将军传》,[美]杰弗里·佩著;任海燕、王斌译,海南出版社1999年版。

《责任荣誉国家》,[美]麦道格拉斯·克阿瑟著;李伟译,中国商业出版社

2014 年版。

《麦克阿瑟的间谍战》,[美] 威廉·布鲁尔著;廖根福、俞惠等译,湖南人民出版社 2007 年版。

(3)巴顿

《巴顿:热血豪胆的冰火战将》(上下册)(第二次世界大战十大名将丛书),[美] 格利德尔·梅德罗著;袁颖编译,京华出版社 2004 年/2008 年版//北京联合出版公司 2014 年版。

《巴顿将军》(上下册),[美] 拉迪斯拉斯·法拉戈著;张志明,王蜀生等译,中国对外翻译出版公司 1984 年版。

《巴顿将军》,[美] 斯坦利·赫什森著;赵洪云、赵毅译,中信出版社 2005 年版。

《巴顿传:图文典藏本》,[法] 雅尼·卡达利著;沈军安译,吉林出版集团有限责任公司 2012 年版。

《巴顿将军传》,[美] 乔治·巴顿著;王三水译,中共中央党校出版社 2000 年版。

《巴顿:这是我的使命》,[美] 迈克尔·基恩著;毛旖娜译,中国电力出版社 2014 年版。

《狗娘养的战争:巴顿将军自传》,[美] 乔治·巴顿著;安春海、肖新文等译,时代文艺出版社 2000 年版//云南人民出版社 2012 年版。

《狗娘养的战争:巴顿自传》,[美] 乔治·巴顿著;唐小娟译,长江文艺出版社 2016 年版。

《巴顿和第 3 军团:1944 年 8—9 月第 3 军团的诺曼底战役》,[英] 蒂姆·里普利著;吴磊译,大象出版社 2011 年版。

《目标:巴顿——铁血将军殒身之谜》,[美] 罗伯特·威尔科克斯著;任小红译,商务印书馆 2010 年版。

《巴顿的领导艺术》,[美] 艾伦·阿克塞尔罗德著;王予和译,光明日报出版社 2001 年版。

《巴顿将军私人日记》,[法] 鲍里斯·劳伦著;黄昱译,时代文艺出版社 2015 年版。

(4)朱可夫

《朱可夫》,[美] O.P.钱尼著;洪宇译,三联书店 1976 年版。

《朱可夫:战无不胜的绝世帅才》(上下册),[俄]亚历山大·热列兹尼科夫著;邱剑敏编译,京华出版社2004年版//北京联合出版公司2014年版。

《朱可夫:打败希特勒的人》,[法]让·洛佩兹等著;张竝译,上海文艺出版社2015年版。

《朱可夫:斯大林的将军》,[英]杰弗里·罗伯茨著;李晓江译,社会科学文献出版社2015年版。

《朱可夫传》,[苏]尼·雅可夫列夫著;袁玉德译,海燕出版社2001年版。

《朱可夫传》,[苏]弗拉基米尔·卡尔波夫著;姜丽娜、李静等译,长江文艺出版社2016年版。

《朱可夫元帅》,[美]钱尼著;张光远、沈澄如译,新华出版社1984

《朱可夫元帅》,[苏]雅科夫列夫著;张铁钢等译,天津人民出版社1988年/1996年版。

《朱可夫元帅》,[英]艾伯特·阿克塞尔著;刘亚华、张国良译,军事谊文出版社2013年版。

《朱可夫自传》,[苏]朱可夫著;姜发敏译,江苏文艺出版社1998年版。

《朱可夫外传》,[苏]康·西蒙诺夫等著;朱大荣等译,中国物资出版社1988年版。

《常胜元帅——朱可夫传》,[美]小奥托·普雷斯顿著;李南译,时代文艺出版社2003年版。

(5)其他军政要人

《美军四大战将全画传》(二战沙场战将全画传丛书),高润浩等编译,京华出版社2005年版。

《苏军四大战将全画传》(二战沙场战将全画传丛书),张晓光等编译,京华出版社2005年版。

《马歇尔》,[英]伦纳德·莫斯利著;蒋恺等译,解放军出版社1988年版。

《马歇尔传》,[英]伦纳德·莫斯利著;杜小敬等译,东方出版社1985年版。

《马歇尔传:1939—1942年》,[美]波格·福雷斯特著;黄友义等译,世界知识出版社1992年版。

《诚实将军——马歇尔传》,[英]伦纳德·莫斯利著;徐海洋、付家楼译,时代文艺出版社2000年版。

《陆军五星上将乔治·C·马歇尔》，[美] 埃德·克雷著；王启明译，军事谊文出版社 2004 年版。

《陈纳德》，[美] 杰克·萨姆森著；李平译，东方出版社 1990 年版。

《陈纳德与飞虎队》，[美] 陈香梅著；石源华、金光耀译，学林出版社 1988 年版。

《飞虎队：陈纳德和他的美国志愿者：1941—1942》，[美] 丹尼尔·福特著；叶蔚然译，北京联合出版公司 2017 年版。

《布莱德雷：大智若愚的大兵将军》，[美] 奥马尔·布莱德雷等著；佟乐编译，解放军出版社 1985 年版。

《布莱德雷：大智若愚的大兵将军》（上下册）（第二次世界大战十大名将丛书），[英] 布莱尔·克莱尔著；杜朝晖编译，京华出版社 2004 年/2006 年版。

《将军百战归：布雷德利自传》，[美] 克莱·布莱尔整理；廉怡之译，军事译文出版社 1985 年版。

《尼米兹》，[美] 波特著；蒋恺、施家鼐等译，解放军出版社 1988 年/2005 年版。

《尼米兹》，[美] 约翰逊·柯贝尔著；高润浩编译，京华出版社 2008 年版。

《尼米兹：永不言败的海上骑士》（第二次世界大战十大名将丛书），[美] 乔西夫·米兹著；高润浩编译，京华出版社 2004 年版。

《太平洋大海战中的尼米兹》，[英] E.B.波特著；李佳璐译，海洋出版社 2016 年版。

《史迪威日记：1941.12—1944.10》，[美] 约瑟夫·史迪威著；林鸿译，北方文艺出版社 2014 年/2018 年版。

《史迪威日记》，[美] 史迪威著；郝金茹译，哈尔滨出版社 2016 年/2018 年版。

《史迪威抗战日记》，[美] 约瑟夫·史迪威著；骆伯鸿编译，湖南人民出版社 2013 年版。

《史迪威与美国在华经验 1911—1945》（上下册），[美] 巴巴拉·塔奇曼著；陆增平译，商务印书馆 1985 年版。

《史迪威与美国在中国的经验 1911—1945》，[美] 巴巴拉·塔奇曼著；万里新译，新星出版社 2007 年版//中信出版社 2015 年版。

《逆风沙：史迪威与美国在华经验 1911—1945》，[美] 巴巴拉·塔奇曼著；

汪溪等译,重庆出版社 1994 年版。

《中华民国史资料丛稿:译稿·第二辑,史迪威资料》,[美]史迪威著;瞿同健等译,中华书局 1978 年版。

《航母舰队司令:弗兰克·杰克·弗莱彻在珊瑚海、中途岛和瓜达尔卡纳尔岛》,[美]约翰·B.伦德斯特罗姆著;胡毅秉译,中国长安出版社 2013 年版。

《张伯伦传》,[英]伊恩·麦克劳德著;西安外国语学院英语系译,商务印书馆 1990 年版。

《蒙哥马利》,[英]罗纳德·卢因著;熊秉慈等译,解放军出版社 1991 年版。

《蒙哥马利》,[英]艾伦·穆尔黑德著;葛业文编译,京华出版社 2008 年版。

《蒙哥马利:稳扎稳打的英伦雄狮》(上下册)(第二次世界大战十大名将丛书),[美]特德里克·杜拉克著;葛业文编译,京华出版社 2004 年版。

《蒙哥马利:稳扎稳打的英伦雄狮》(上下册)(第二次世界大战十大名将丛书),[美]特德里克·杜拉克著;葛业文编译,北京联合出版公司 2014 年版。

《威振德寇——蒙哥马利传》,冯云峰编译,时代文艺出版社 2003 年版。

《蒙巴顿传》,[英]菲利浦·齐格勒著;仲大军等译,新华出版社 1989 年版。

《布琼尼元帅传》,[苏]A.M.佐洛托特鲁博夫著;李一、李桐等译,军事科学出版社 1986 年版。

《罗科索夫斯基元帅传》,[苏]B.N.卡尔达绍夫著;范先等译,军事科学出版社 1989 年版。

《斯大林的儿子瓦西里》,[俄]安德列·苏霍姆利诺夫著;李惠生,黄志渊译,新华出版社 2002 年版。

3. 其他人物

《航母舰队司令:弗兰克·杰克·弗莱彻、美国海军与太平洋战争》,[美]约翰·伦德斯特罗姆著;胡毅秉译,吉林文史出版社 2019 年版。

《山里来的海军上将》,[美]德里斯基尔、卡萨德著;伍江等译,海洋出版社 1985 年版。

《空军战士:1944 年—1945 年驾驶 B—24 轰炸机飞越德国上空的男人们》,[美]史蒂芬·安布罗斯著;贾益译,中国社会科学出版社 2004 年版。

《罗伯特·奥本海默传》，[美] 彼德·古德柴尔德著；陈槐庆译，原子能出版社 1986 年版。

《奥本海默与原子弹》，[美] 保罗·斯特拉瑟恩著；朱蔓译，辽宁教育出版社 2000 年版。

《奥本海默传："原子弹之父"的美国悲剧》，[美] 凯·伯德、马丁·舍温著；李霄垅、华夏等译，译林出版社 2009 年版。

《斯大林格勒的白玫瑰：第二次世界大战中的苏联英雄女飞行员莉莉娅》，[美] 比尔·耶讷著；孙灿译，航空工业出版社 2017 年版。

《与魔鬼同行：二战美军陆航中尉自传：从柏林奥运会到太平洋战争，[美] 路易斯·赞佩里尼等著；王爽、毛晓璐等译，中国长安出版社 2014 年版。

《我与日本帝国的战争：二战美军特工在华救助飞行员的故事》，[美] 理查德·维能·希尔著；陈守仁等译，中国文史出版社 2015 年版。

第十节　第二次世界大战的总结

一、经验与教训

《检证战争责任：从九一八事变到太平洋战争》，日本读卖新闻战争责任检证委员会撰稿；郑钧等译，新华出版社 2007 年版。

《击败希特勒：关于希特勒为何战败的秘密报告》，[英] 保罗·温特著；王铮译，万卷出版公司 2014 年版。

《第二次世界大战史（1939—1945）第十二卷：第二次世界大战的结果和经验教训》（苏联十二卷本《第二次世界大战史》），[苏] A.C.丘什克维奇主编；安徽大学苏联问题研究所译，上海译文出版社 1989 年版。

二、影响与后果

《1945——大转折的一年》，[德] 泰奥·索梅尔著；任翔、徐洋译，中央编译出版社 2006 年版。

《解放与战后》（二战画史丛书·第 10 卷），[英]《战争图解》杂志编；杜福增、李强等译，解放军出版社 2005 年版。

《二战国文典藏：解放与纪念（第 10 卷）》，[英]《战争图解》杂志编；杜福增、李强等译，解放军出版社 2013 年版。

《欧洲的结局》(图文第二次世界大战史:典藏本 27),[美] 道格拉斯·鲍汀著;蒋书婉译,中国社会科学出版社/海南出版社 2004 年版。

《欧洲的重组》(11 卷本《国际事务概览丛书·战时编》),[英] 阿诺德·托因比等编著;劳景素译,上海译文出版社 1981 年版。

《第二次世界大战史大全 9:欧洲的重组》,[英] 阿诺德·托因比等编著;劳景素译,上海译文出版社 1995 年版。

《第二次世界大战全史 9:欧洲的重组》,[英] 阿诺德·汤因比、维罗尼卡·汤因比编著;劳景素译,上海译文出版社 2015 年版。

《国际事务概览·第二次世界大战(9)欧洲的重组》,[英]阿诺德·汤因比、维罗尼卡·汤因比编著;劳景素译,上海译文出版社 2007 年版。

《四国对德国和奥地利的管制 1945—1946》(11 卷本《国际事务概览丛书·战时编》),[英] 迈克尔·鲍尔弗著;安徽大学外语系译,上海译文出版社 1980 年版。

《第二次世界大战史大全 10:四国对德国和奥地利的管制 1945—1946》,[英] 迈克尔·鲍尔弗著;安徽大学外语系译,上海译文出版社 1995 年版。

《大国博弈:全面解密二战中美苏英德法等大国的博弈及其对现代世界秩序的影响》,[美] 约翰·托兰著;青山、松林译,新世界出版社 2014 年版。

《大国格局:全面解密二战中美苏英德法等大国的格局及其对现代世界秩序的影响》,[美] 约翰·托兰著;一兵编译,武汉出版社 2017 年版。

《大国格局:最后的 100 天》,[美] 约翰·托兰德著;陈文刚、万松林译,新世界出版社 2013 年版。

《铁幕》,[英] 温斯顿·丘吉尔著;张师竹等译,译林出版社 2013 年/2015 年版。

《铁幕》,[英] 温斯顿·丘吉尔著;王敏译,青岛出版社 2015 年版//北京时代华文书局 2017 年版。

《希特勒魔影下的战后德国》,[德] 吴伟·利希塔著;黄在正译,民族出版社 2000 年版。

《第二次世界大战期间和战后的德国及德意志民主共和国的成立和发展》,[苏] 维·库里巴金著;全地译,高等教育出版社 1957 年版。

《日本的资本主义:以战败为契机的战后经济发展》,[日] 都留重人著;复旦大学日本研究中心译,复旦大学出版社 1995 年版。

《第二次世界大战中的非洲》,[苏] 施皮尔特著;何新译,世界知识出版社1960年版。

《第二次世界大战与亚非人民的命运》,[苏] 叶菲莫夫著,莫斯科新闻社出版局1980年版。

《1945—1950年的中东》(11卷本《国际事务概览丛书·战时编》),[英] 乔治·柯克著;复旦大学历史系世界史教研室译,上海译文出版社1980年版。

《第二次世界大战史大全11:1945—1950年的中东》,[英] 乔治·柯克著;复旦大学历史系世界史教研室译,上海译文出版社1995年版。

《第二次世界大战以来的社会科学》,[美] 丹尼尔·贝尔著;范岱年等译,中国社会科学院情报研究所印,1982年版。

《战争和军事医学》,[苏] E.H.斯米尔诺夫著;罗宁等译,战士出版社1982年版。

《拥抱战败:第二次世界大战后的日本》,[美] 约翰·道尔著;胡博译,三联书店2015年版。

《电影通史(第六卷):当代电影(上册),第二次世界大战时期的电影》,[苏] 萨杜尔著;徐昭等译,中国电影出版社1958年版。

《第二次世界大战全史11:1945—1950年的中东》,[英] 乔治·柯克著;复旦大学历史系世界史教研室译,上海译文出版社2015年版。

《活着回来的男人:一个普通日本兵的二战及战后生命史》,[日] 小熊英二著;黄耀进译,广西师范大学出版社2017年版。

《局部战争中不同兵器对人员伤亡的影响》,[南] 彼士采维奇著,总参谋部情报部翻印,1988年版。

《抢救维纳斯:二战时期艺术品与古建筑的遭遇》,[美]伊莱利亚·布瑞著;黄中宪译,漓江出版社2013年版。

三、纪念与回忆

1. 政治人物回忆

《罗斯福见闻秘录》,[美] 小罗斯福著,总参谋部翻印,1959年版。

《邱吉尔大战回忆录》,[英] 邱吉尔著,总参谋部翻印,1959年版。

《二战回忆录(丘吉尔文集)》,[英] 丘吉尔著;康文凯等译,江苏人民出版社2000年版。

《第二次世界大战回忆录》（全6卷），［英］丘吉尔著；北京编译社等译，商务印书馆1974—1975年版。

《第二次世界大战回忆录》（全2册），［英］丘吉尔著；韦凡等译，时代文艺出版社1995年版。

《第二次世界大战回忆录》（全6卷），［英］温斯顿·丘吉尔著；吴万沈译，南方出版社2006年版//南方出版社2007年版。

《第二次世界大战回忆录》（上下），［英］温斯顿·丘吉尔著；史雪峰译，中国画报出版社2015年版。

《第二次世界大战回忆录：全景插图版》（上下），［英］温斯顿·丘吉尔著；史雪峰译，中国画报出版社2018年版。

《第二次世界大战回忆录（精选本）》，［英］丘吉尔著；李慧泉译，江西人民出版社2017年版。

《第二次世界大战回忆录》（上下），［英］温斯顿·丘吉尔著；姜玲译，民主与建设出版社2017年版。

《丘吉尔第二次世界大战回忆录》（全12卷），［英］温斯顿·丘吉尔著；王敏译，北京时代华文书局2017年版。

《丘吉尔：第二次世界大战回忆录》（全12卷），［英］温斯顿·丘吉尔著；李国庆等译，广东人民出版社2019年版。

《不需要的战争》，［英］丘吉尔著；薛鸿时选编，漓江出版社1991年版。

《不需要的战争：丘吉尔亲述二战》，［英］温斯顿·丘吉尔著；刘灿译，民主与建设出版社2015年版。

《胜利与悲剧》，［英］温斯顿·丘吉尔著；张师竹、许崇信译，时代文艺出版社2000年版。

《为未竟的事业奋战到底：丘吉尔演说精选》，绍民选译，中国青年出版社1996年版。

《思想与经历：丘吉尔文集》，［英］丘吉尔著；赵文书、肖锁章译，江苏人民出版社1997年版。

《苦难与血泪：丘吉尔演讲集》，［英］大卫·加拿丁著；陈钦武译，江苏人民出版社2000年版。

《战争回忆录》（全3卷），［法］夏尔·戴高乐著；陈焕章译，中国人民大学出版社 2005 年/2015 年版。

《战争回忆录》（全 3 册），［法］戴高乐著；北京编译社译，世界知识出版社 1959 年/1981 年版。

《在中国失掉的机会：美国前驻华外交官约翰·谢伟思第二次世界大战时期的报告》，［美］埃谢里克编著；罗清、赵仲强译，国际文化出版公司 1989 年版。

《出使莫斯科》，［美］约瑟夫·戴维斯著；尚定等译，红旗出版社 1994 年版。

《特使——与丘吉尔、斯大林周旋》，［美］哈里曼、伊贝尔著；南京大学历史系英美对外关系研究室译，三联书店 1978 年版。

《哈里曼回忆录——与丘吉尔、斯大林周旋》，［美］哈里曼、伊贝尔著；吴世民译，东方出版社 2007 年版。

《使日十年：1932 至 1942 年美国驻日大使格鲁的日记及公私文件摘录》，［美］约瑟夫·格鲁著；蒋相泽译，商务印书馆 1983 年版。

《艾登回忆录》，［英］安东尼·艾登著；武雄等译，商务印书馆 1977 年版。

《原来他乡是故乡：司徒雷登回忆录》，［美］司徒雷登著；杜智颖译，江苏人民出版社 2014 年版。

《外交风云录》，［苏］瓦·米·别列日柯夫著；李金田等译，世界知识出版社 1981 年/1985 年版。

《外交风云录续篇》，［苏］瓦·米·别列日柯夫著；李金田等译，世界知识出版社 1982 年/1984 年版。

《舒伦堡回忆录：纳粹德国的谍报工作》，［联邦德国］舒伦堡著，群众出版社 1961 年/1979 年版。

《希特勒副官的回忆》，［联邦德国］尼·冯·贝洛著；张连根译，吉林人民出版社 1984 年版。

《齐亚诺日记：1939—1943 年》，［意］加莱阿佐·齐亚诺著；武汉大学外文系译，商务印书馆 1983 年版。

《佛朗哥私人谈话录》，［西］萨尔加多—阿劳霍著；陈用仪等译，商务印书馆 1987 年版。

2. 著名将领回忆

《艾斯豪威尔大战回忆录》，［美］德怀特·艾森豪威尔著，总参谋部翻印，1959 年版。

《艾森豪威尔回忆录》(全 4 册),[美]德怀特·戴维·艾森豪威尔著;樊迪、静海等译,东方出版社 2007 年版。

《艾森豪威尔将军战争回忆录》,[美]德怀特·艾森豪威尔著;刘卫国等译,解放军出版社 2010 年版。

《远征欧陆:第二次世界大战回忆录》,[美]德怀特·艾森豪威尔著;樊迪译,三联书店 1975 年版。

《麦克阿瑟回忆录》,[美]道格拉斯·麦克阿瑟著;上海师范学院历史系翻译组译,上海译文出版社 1984 年版。

《第二次世界大战马歇尔亲历记》,[美]乔治·马歇尔著;翟唯佳、王胜铎译,国防大学出版社 1995 年版。

《巴顿将军战争回忆录》,[美]乔治·S·巴顿著;陈铎、李福崇译,解放军出版社 1995 年/2005 年版。

《我所知道的战争:巴顿将军战争回忆录》,[美]乔治·巴顿著;陈锋李福崇译,解放军出版社 1989 年版。

《我所知道的战争——巴顿回忆录》,[美]乔治·S.巴顿著;卓夫译,东方出版社 2006 年版。

《欧战纪实与反思:巴顿将军日记》,[美]乔治·巴顿著;蒋伟明、戴瑞辉译,中国对外翻译出版公司 1990 年版。

《布莱德雷将军战争回忆录》,[美]奥马尔·布莱德雷著;郭莹译,解放军出版社 2006 年版。

《我在中国那些年:陈纳德回忆录》,[美]陈纳德著;李平译,中国工人出版社 2013 年版。

《亚历山大元帅战争回忆录》,[英]亚历山大著;刘卫国译,解放军出版社 2014 年版。

《蒙哥马利元帅回忆录》,[英]伯纳德·劳·蒙哥马利著;郑北渭、刘同舜译,上海人民出版社 1982 年版。

《蒙哥马利元帅回忆录》,[英]伯纳德·劳·蒙哥马利著;郑北渭、刘同舜译,东方出版社 2007 年版。

《蒙哥马利元帅战争回忆录》,[英]伯纳德·劳·蒙哥马利著;陈锋等译,解放军出版社 2010 年版。

《第二次世界大战蒙哥马利亲历记》,[英]蒙哥马利著;草之、慎之译,国防大学出版社 1995 年版。

《回忆与思考》，[苏]朱可夫著；洪科译，三联书店 1972 年/1984 年版。

《回忆与思考》（上下册），[苏]Г.К.朱可夫著；军事科学院外军部译，中国对外翻译出版社 1984 年版。

《朱可夫回忆录》，[苏]朱可夫著，总参谋部第二部翻印，1972 年版。

《朱可夫回忆录》，[苏]朱可夫著；陆仁益译，中国广播电视出版社 1991 年版。

《朱可夫元帅回忆录》，[苏]朱可夫著；中国人民解放军军事科学院外国军事研究部译，中国对外翻译出版公司 1985 年版。

《第二次世界大战朱可夫亲历记》，[苏]朱可夫著；翔文、张兵译，国防大学出版社 1995 年版。

《在华使命：一个军事顾问的笔记》，[苏]崔可夫著；赖铭传译，新华出版社 1980 年版。

《在华使命：一个军事顾问的笔记（1940—1942）》，[苏]崔可夫著；赖铭传译，解放军出版社 2012 年版。

《崔可夫战争回忆录：从斯大林格勒到柏林》（上下册），[苏]B.N.崔可夫著；赵云峰、吴蕴辉译，军事学院出版社 1985 年版。

《崔可夫元帅战争回忆录》，[苏]崔可夫著；周南征、张海涛等译，解放军出版社 1995 年版//2003 年版。

《第二次世界大战崔可夫亲历记》，[苏]崔可夫著；赵云峰、吴蕴辉译编，国防大学出版社 1995 年版。

《从斯大林格勒到柏林》（上下册），[苏]崔可夫著；周南征等译，解放军出版社 1989 年版。

《巴格拉米扬元帅战争回忆录》，[苏]巴格拉米扬著；赖铭传译，解放军出版社 1996 年版。

《巴格拉米扬元帅战争回忆录》（上下册），[苏]巴格拉米扬著；赖铭传译，解放军出版社 2008—2009 年版。

《科涅夫元帅战争回忆录》，[苏]И.C.科涅夫著；赖铭传译，解放军出版社 2005 年版。

《方面军司令员笔记》，[苏]科涅夫著；肖兵等译，军事译文出版社 1985 年版。

《叶廖缅科元帅战争回忆录》,［苏］А.И.叶廖缅科著;赖铭传译,解放军出版社 2005 年版。

《梅列茨科夫元帅战争回忆录》,［苏］梅列茨科夫著;王树森等译,解放军出版社 1995 年/2008 年版。

《罗科索夫斯基元帅战争回忆录》,［苏］罗科索夫斯基著;徐锦栋、杨世昭译,解放军出版社 2003 年版。

《华西列夫斯基元帅战争回忆录》,［苏］华西列夫斯基著;徐锦栋、思齐译,解放军出版社 2003 年版。

《什捷缅科大将战争回忆录》,［苏］什捷缅科著;甘霖、思齐译,解放军出版社 2003 年版。

《第二次世界大战什捷缅科亲历记》,［苏］什捷缅科著;毕长红、李青译编,国防大学出版社 1995 年版。

《胜利之路——苏联坦克兵主帅巴巴贾尼扬回忆录》,［苏］巴巴贾尼扬著;刘名干等译,解放军出版社 1986 年版。

《远去的胜利:德国前线将领二战回忆录》,［英］威廉·理查德森等主编;晨钰琪译,化学工业出版社 2016 年版。

《走向胜利:战争回忆录》,［苏］库兹涅佐夫著;伊敏等译,军事科学出版社 1986 年版。

《山的那一边:被俘德国将领谈二战》,［英］李德·哈特著;张和声译,上海人民出版社 2011 年/2015 年版。

《邓尼茨元帅战争回忆录》,［德］卡尔·邓尼茨著;王星昌等译,解放军出版社 2005 年版。

《十年与二十天:希特勒接班人邓尼茨回忆录》,［联邦德国］邓尼茨著;王雅芬译,军事科学出版社 1989 年版。

《失去的胜利:曼斯坦元帅回忆录》,［联邦德国］曼施泰因著;钮先钟译,战士出版社 1980 年版。

《曼施泰因元帅战争回忆录》,［联邦德国］曼施泰因著;戴跃先译,解放军出版社 2006 年版。

《失去的胜利:曼施泰因元帅战争回忆录》,［德］埃里希·曼施泰因著;戴耀先译,民主与建设出版社 2015 年版。

《崛起与毁灭:纳粹德国海军元帅雷德尔回忆录》,［德］埃里希·雷德尔著;吕贤臣译,上海人民出版社 2019 年版。

《古德里安将军战争回忆录》,［德］古德里安著;戴耀先译,解放军出版社
2005 年版。

《第二次世界大战古德里安亲历记》,［德］古德里安著;刘长青等译编,国
防大学出版社 1995 年版。

《闪击英雄:古德里安将军战争回忆录》,［德］海因茨·古德里安著;戴耀
先译,民主与建设出版社 2015 年版。

《闪击之王:"闪击战之父"古德里安战争回忆录》,［德］古德里安著;张卫
能译,台海出版社 2018 年版。

《隆美尔战时文件》,［英］李德哈特著,总参谋部翻印,1959 年版。

《纳粹将领的自述:命运攸关的决定》,［联邦德国］维尔纳·克赖佩等著;
申庚译,商务印书馆 1982 年版。

《冈村宁次回忆录》,［日］冈村宁次著;稻叶正夫编;天津市政协编译委员
会译,中华书局 1981 年版。

《冈村宁次战场回忆录》,［日］冈村宁次著,中共中央对外联络部翻印,
1971 年版。

《今井武夫回忆录》,［日］今井武夫著;《今井武夫回忆录》翻译组译,上海
译文出版社 1978 年版。

《今井武夫回忆录》,［日］今井武夫著;天津市政协编译委员会译,中国文
史出版社 1987 年版。

3. 其他人物回忆

《战争风云:二战亲历者回忆录》,［美］约翰·托兰德等著;陈景松译,新世
界出版社 2013 年版。

《战争与回忆:二战亲历者口述实录》,［美］菲利普·莫里森等口述;余鸣
等编辑,新世界出版社 2015 年版。

《劫后人语:第二次世界大战亲历者谈话实录》,［美］特克尔编撰;徐复等
译,中国对外翻译出版公司 1988 年版。

《我在现场:罗斯福、杜鲁门顾问回忆录》,［美］威廉·李海著;马登阁等
译,华夏出版社 1988 年版。

《不能忘却的战争记忆:25 个人眼中的二战》,［澳］蔡成著,金城出版社
2015 年版。

《布拉格之冬:1937—1948:奥尔布赖特二战回忆录》,[美]玛德琳·奥尔布赖特著;一熙译,重庆大学出版社2016年版。

《奥威尔:二战亲历回忆录》,[英]乔治·奥威尔著;石子丽译,辽宁人民出版社2017年版。

《绝密战争:一个同希特勒作对的英国学者》,[英]琼斯著;曹增友等译,新时代出版社1987年版。

《阿道夫·希特勒女秘书的回忆录》,[德]克里斯塔·施罗德著;陈建福译,内蒙古文化出版社1996年版。

《无法回答的问题:希特勒小圈子里的秘密》,[德]约阿希姆·费斯特著;任翔译,中央编译出版社2006年版。

《我是斯大林的译员——外交史的篇章》,[苏]别列日科夫著;周梦黑等译,上海译文出版社1991年版。

《志愿军:在西班牙与法西斯作战的经历》,[美]史迪夫·纳尔逊著;海观译,世界知识出版社1954年版。

《希特勒暗堡》,[美]奥唐奈著;秦梅译,世界知识出版社1983年版。

《残暴的普通人:希特勒贴身女秘书自述》,[联邦德国]施罗德著;章琪译,农村读物出版社1991年版。

《我们的街:1933—1934年写于法西斯德国国内的纪事录》,[德]贝特逊著,人民文学出版社1959年版。

《战争:日本人记忆中的二战》,[美]法兰克·吉伯尼编;尚尉、史禾译,中央编译出版社2003年版。

《日本人口述"二战"史:一部日本平民亲历者的战争反思录》,[日]田谷治子、[美]西奥多·F.库克著;小小冰人等译,重庆出版社2018年版。

《我们沉睡在清晨:有关珍珠港的未告诉过人的故事》(上下册),[美]普郎格著;张金碚等译,长征出版社1990年版。

《蘑菇云下的悲剧:广岛少男少女的回忆》,[日]长田新编著;彭家声等译,北京大学出版社1989年版。

《潜伏珍珠港:一个日本间谍的回忆》,[日]吉川猛夫著;巩长金译,解放军出版社1986年版。

《武官夫人秘史》,[日]小野卉百合子著;朱继征、杨卫红译,军事译文出版社1987年版。

《战争风云:美国士兵战争亲历记》,〔美〕查尔斯·格拉斯著;向程译,新世界出版社 2015 年版。

《我们时代的旅程》,〔美〕哈里森·E.索尔兹伯里著;汪溪等译,华夏出版社 1989 年版。

《东方:第二次世界大战时期在新加坡以及后来新中国的经历》,〔丹〕汉森著;孙宛裳译,国际文化出版公司 1985 年版。

《见证:第二次世界大战》,〔美〕尼尔·卡根等著;胡向春等译,长江文艺出版社 2016 年版。

《与魔鬼同行,二战美军陆航中尉自传:从柏林奥运会到太平洋战场到日军战俘营的传奇一生》,〔美〕路易斯·赞佩里尼、大卫·兰森著;王爽、毛晓璐等译,中国长安出版社 2014 年版。

《浴血太平洋:一个海军陆战队员瓜岛战役亲历记》,〔美〕比尔·斯朗著;季我努译,重庆出版社 2016 年版。

第四章 1950年以来港台出版国外学者译著目录索引

第一节 总 论

《第二次世界大战》,罗史密函汇编;纽先钟、刘宏谋译,台北:黎明文化事业股份有限公司1988年版。

《第二次世界大战史:现代国民基本知识丛书》,陈守一译,台北:中华文化出版社事业委员会1952年版。

《第二次世界大战史》,[美]科马格著;钟荣译,台北:正中书局1963年/1978年版。

《第二次世界大战简史》,李省吾译,香港华国出版社1950年版。

《第二次世界大战简史》,美军生活杂志社著,台北:"文物供应社"1951年版。

《第二次世界大战秘史》,吴守成译,台北:大众书局1968年版。

《第二次世界大战秘史》,美国读者文摘社著;吴小苹译,香港:大明王氏出版有限公司1975年版。

《第二次世界大战秘录》,张文雄编译,台北志文出版社1978年版。

《第二次世界大战战史》(全3册),[英]李德哈克著;纽先钟译,"台北军事译粹社"1977年/1979年/1995年版。

《世纪战云录》,[英]查尔斯·梅森哲著;王鼎钧译,台北:麦田出版公司1997年版。

《世纪大决战:第二次世界大战的总体分析》,[英]克里夫·庞亭著;曾祥颖译,台北:麦田出版公司1997年版。

《二次世界大战启示录:还原历史真相》,[英]达尼埃尔·克斯泰等著;王天星译,台北:汉宇国际文化有限公司2013年版。

《关于第二次世界大战的问题》,[法]马克·菲罗著;王宝泉译,三联书店

(香港)有限公司 2005 年版。

《第二次世界大战的 101 个问题》,[美]约克·艾希顿坎普著;东吴大学德国文化学系译,台北:台湾商务印书馆 2012 年版。

《伟大的时刻:二次大战新闻报导精华》(上下册),[美]路易士史尼都编,台北:麦田出版公司 1995 年版。

《第二次世界大战末期艾森豪威尔报告书》,[美]艾森豪威尔著;刘正侃译,台北:黎明文化事业公司 1986 年版。

《西洋世界军事史(卷三):从南北战争到第二次世界大战》,[英]富勒著;钮先钟译,台北:麦田出版公司 1996 年版。

《第三帝国兴亡史》(全 3 册),[美]威廉·夏伊勒著;董乐山等译,台北:麦田出版公司 1998 年版。

《第三帝国的兴亡史》(全 4 册),[美]夏伊勒著;董乐山等译,台北:左岸文化出版公司 2010 年版。

《德国风暴八十年:从俾斯麦的光荣到希特勒的没落》,[澳]罗兰·斯蒂芬著,台北:地球出版社 1979 年/1982 年版。

《二战回忆录》,[英]丘吉尔著;刘灿译,台北:海鸽文化出版图书有限公司 2016 年版。

第二节　法西斯主义及其侵略暴行

《法西斯主义》,[法]米歇尔著;黄发典译,台北:远流出版事业公司 1993 年版。

一、德国法西斯及其侵略暴行

《佛洛依德与纳粹》,[英]大卫·科恩著;洪慧芳译,台北:台湾商务印书馆 2010 年版。

《柏林 1936:纳粹神话与希特勒的夏日奥运》,[德]奥利弗·希尔梅斯著;傅熙理译,台北:猫头鹰出版公司 2017 年版。

《破解希特勒·德意志三部曲》,[德]赛巴斯提安·哈夫纳著;周全译,新北:左岸文化事业有限公司 2017 年版。

《平和、秩序与叛逆:第三帝国的日常生活》,[英]马修·休兹、克里斯·曼著;于仓和译,台北:风格司艺术创作坊 2014 版。

《从俾斯麦到希特勒:回顾德意志国》,[德]赛巴斯提安·哈夫纳著;周全译,新北:左岸文化事业有限公司 2017 年版。

《盛会不歇:最屈辱的年代、最璀璨的时光,纳粹统治下的巴黎文化生活》,[英]艾伦·莱丁著;庄仲黎译,台北:麦田出版 2018 年版。

《大屠杀:利列吉村的惨剧》,约翰·布拉都德著;许万德译,三重:世新出版社 1977 年版。

《奥许维兹卧底报告:自愿关进纳粹集中营的波兰英雄》,[波]威托德·皮雷茨基著;黄煜文译,新北:卫城出版社 2014 年版。

《纽伦堡大审判:冤魂告发纳粹的暴行》,坎恩著;李长源译,三重:世新出版社 1977 年版。

《夜:纳粹集中营回忆录》,[美]埃利·维瑟尔著;陈蓁美译,左岸文化事业有限公司 2011 年版。

《野兽花园:1933 纳粹帝国元年,一个美国外交官在柏林》,[美]艾瑞克·拉森著;黄中宪译,台北:漫游者文化事业股份有限公司 2014 年版。

《纳粹:历史的教训》,[英]劳伦斯·吕著;林立树译,台北:博雅书屋有限公司 2008 年版。

《纳粹:历史的教训》,[英]劳伦斯·吕著;林立树译,台北:五南图书出版股份有限公司 2016 年版。

《为第三帝国服务:希特勒与科学家的拉锯战》,[英]菲利浦·鲍尔著;张毓如译,台北:麦田出版公司 2017 年版。

二、日本法西斯及其侵略暴行

《日本天皇史话》,[日]竹田恒泰著;姚蓓芳译,台北:商讯文化事业股份有限公司 2008 年版。

《被扭曲的樱花:美的意识与军国主义》,[日]大贯惠美子;尧嘉宁译,台北:联经出版事业股份有限公司 2014 年版。

《逃离东京审判:甲级战犯大川周明的疯狂人生》,[美]艾瑞克·贾菲著;梁东屏译,新北:远足文化事业股份有限公司 2018 年版。

《日本近代政治史 4:走向大东亚战争的道路》,[日]信夫清三郎著;周启乾译,台北:桂冠图书股份有限公司 1990 年版。

《大东亚战争全史》，[日]服部卓四郎著，台北："军事译粹社"1978年版。

《日本侵华内幕》，陈鹏仁译著，台北：麦田出版公司1986年版。

《中日十五年战争小史：九一八事变—日本投降》，[日]江口圭一著；陈鹏仁译，台北：幼狮文化事业公司1996年版。

《日人笔下的九一八事变》，陈鹏仁译，台北：水牛图书出版事业公司1991年版。

《南京大屠杀亲历记》，[日]曾根一夫著；陈惠坤译，台北：黎明文化事业公司民国七十六年（1987年）版。

《彻底检证南京大屠杀》，[日]东中野修道著；邱振瑞译，台北：前卫出版社2001年版。

《被遗忘的大屠杀：1937南京浩劫》，[美]张纯如著；萧富元译，台北：天下远见出版股份有限公司2007年版。

《西方记者笔下的南京大屠杀》（上下册），经盛鸿著，台北：秀威资讯科技股份有限公司2011年版。

《记忆的暗杀：一个日本记者的东史郎"南京大屠杀"诉讼案实录》，[日]竹内迅著；田原、张嬿译，台北：慧明文化事业有限公司2002年版。

《慰安妇》，[日]千田夏光著；黄玉燕译，台北：传文文化事业公司1996年版。

《日本集中营生活纪实：武吉杜里—西冷—芝马圩》，[印尼]梁友兰著；梁英明译，香港：生活文化基金会有限公司2015年版。

《赤柱日治拘留营：铁丝网内的三年零八个月（1942—1945）》，[英]严穆生著；杨场译，香港：青森文化出版公司2017年版。

《东京审判》，[日]日暮吉延著；黄耀进、熊绍惟译，新北：远足文化事业公司2017年版。

《战争责任》，[日]家永三郎著；何思慎译，台北：台湾商务印书馆2006年版。

《零战与日本刀：潜藏于美丽之下的失败本质》，[日]百田尚树、渡部升一著；张咏翔译，新北：枫书坊文化出版社2014年版。

《拥抱战败：第二次世界大战后的日本》，[美]约翰·道尔著；胡博译，新北：远足文化事业公司2017年版。

第三节 各战场研究

一、欧洲—北非战场

《第二次世界大战决定性会战:德国人的观点》(上下册),德国军事研究协会编著;钮先钟译,台北:"军事译粹社"1977年版。

《欧战风暴》,[美]庞德著;庄胜雄、林木春译,台北:星光出版社1995年版。

《第二次世界大战欧洲争夺战》,[英]威尔莫特著;钮先钟译,台北:"军事译粹社"1978年版。

《欧洲争夺战》(全3册),[澳]威尔莫特·C著;钮先钟译,台北:麦田出版公司1998年版。

《华沙抗暴记:孤苦无援的抗敌运动》,[波]帝修纳·金达著;李长源译,三重:世新出版社1977年版。

《巴黎沦陷:溃退到旦凯尔克纽》,[美]维廉著;郑万凌译,三重:世新出版社1977年版。

《1940法国陷落(卷三)希特勒在巴黎》,[美]威廉·夏伊勒著;高紫文译,新北:左岸文化事业有限公司2014年版。

《敦克尔克大撤退》,[美]诺曼·格尔伯著;张佩杰译,台北:麦田出版公司1995年版。

《敦克尔克奇迹:人类战争史上的不朽时刻、纳粹帝国毁灭的开始》,[美]诺曼·格尔伯著;张佩杰译,新北:八旗文化出版社2017年版。

《英伦大空战》,[英]艾弗瑞德·普莱斯著;张德辉译,新北:风格司艺术创作坊2016年版。

《突出部之役:希特勒的最后一搏》,[美]崔佛·杜普伊等著;许绶南译,台北:麦田出版公司1996年版。

《希特勒最后一战:此次战役孤注一掷遭致覆亡命》,[美]彼得·爱斯多夫著;郑万凌译,三重:世新出版社1978年版。

《希特勒最后一战:此次战役孤注一掷遭致覆亡命》,[美]爱斯多夫著;郑万凌译,香港:大明王氏出版公司1996年版。

《解密突出部之役:英国权威军事史家带你实境穿越1944年阿登战场 见证希特勒败亡最后一里路》,[英]安东尼·毕佛著;黄佳瑜译,台北:麦田出版公司 2019 年版。

《巴斯通会战》,[美]彼德·艾尔斯托伯著;庆信译,台北:星光出版社 2004 年版。

《俄芬冬季战争:虽败犹荣的 105 天极地战》,[美]理查·康登著;张光明译,台北:星光出版社 2004 年版。

《希特勒征俄失败史》,[波]安德尔斯著;钮先钟译,台北:"军事译粹社" 1977 年版。

《莫斯科攻防战:德军迫近克里姆林宫》,朱克斯著;李献廷译,三重:世新出版社 1984 年版。

《斯大林格勒之战:欧战的转折点》,[英]杰佛雷·尤克斯著;袁亦宁、王孝存译,台北:星光出版社 2001 年版。

《斯大林格勒会战秘闻》,[美]克尔著;谢永湉译,台北:黎明文化事业公司 1982 年版。年版。

《最后一役:柏林一九四五》,[德]雷恩著;黄文范译,台北:麦田出版公司 1995 年版。

《柏林之战:希特勒总统死于废墟》,亚尔·杰姆琪著;李竞成译,香港:大明王氏出版公司 1996 年版。

《贝达富姆沙漠战》,[英]肯尼斯·J.麦克塞著;黄彭年译,台北:星光出版社 2004 年版。

《最后的战役:二次世界大战欧洲战场的最后一刻》,[美]史蒂芬·霍丁著;杨佳蓉译,台北:黎明文化事业公司 2017 年版。

《极地战争:德军在挪威、芬兰、苏俄的战争》,[英]克里斯·曼等著;于仓和译,新北:风格司艺术创作坊 2015 年版。

《第三帝国的灭亡》,[英]邓肯·安德森著;赵玉、钱澄译,新北:风格司艺术创作坊 2010 年/2014 版。

二、亚洲—太平洋战场

《亚洲、太平洋战争》,[日]吉田裕著;周保雄译,香港:香港中和出版有限公司 2016 年版。

《太平洋战争》,[日]家永三郎著;何欣泰译,台北:台湾商务印书馆 2006 年版。

《血战太平洋》，［美］保罗·肯尼迪著；闻炜译，台北：星光出版社2004年版。

《岛屿争夺战：太平洋战争》，［美］弗兰克·霍夫著；钮先钟译，台北："军事译粹社"1954年/1976年版。

《岛屿战争：太平洋争夺战》，［美］弗兰克·霍夫著；钮先钟译，台北："军事译粹社"1978年版。

《珍珠港事变》，［日］千早正隆著，台北：板桥三丰出版社1992年版。

《突袭珍珠港：太平洋战争的爆发点》，［英］巴卡著；许清梯译，台北文化图书公司1973年版。

《偷袭珍珠港：太平洋战争的导火线》，［美］巴克著；陈志新译，台北：星光出版社2000年版。

《日本1941：耻辱倒计时》，［美］堀田江理著；马文博译，商务印书馆（香港）有限公司2014年版。

《珍珠港与山本五十六之死》，［美］戴维斯著；黄文范译，台北：幼狮文化事业公司1972年版。

《新加坡沦陷记：山下奉文兵团马来亚闪电战》，［英］史恩逊著；陶逸民译，台北：世新出版社1980年版。

《中途岛之战：难以置信的胜利》，［美］洛德著；黄文范译，台北：幼狮文化事业公司1972年版。

《中途岛海战：太平洋战争的转折点》，［英］巴克著；王立田、万福明译，台北：星光出版社2001年版。

《中途岛大海战》，［日］牧岛贞一著；谢新发译，香港：马昆杰文化事业公司1977年版。

《ZERO太平洋战记.中途岛篇》，［日］小林源著；许嘉祥文，台北：苍璧出版有限公司2017年版。

《太平洋反攻大战》，［英］保罗·肯尼迪著；刘立群译，台北：星光出版社2004年版。

《死亡游戏：卡达卡那尔是美日的"死斗之岛"》，［英］肯特著；李常源译，三重：世新出版社1977年版。

《火海浴血战：美日两军在"塔拉瓦"岛上的生死斗》，［美］亨利·萧著；陶逸民译，三重：世新出版社1977年版。

《雷伊泰湾之战:史上最大海战》,[美]汤玛士·柯特勒著;易鹗译,台北麦田出版公司 1995 年版。

《雷伊泰争夺战:史无前例的大海战》,[英]唐纳德·麦金太尔著;张俊焕译,台北:星光出版社 1996 年版。

《菲律宾争夺战:美日两军在菲律宾的激战》,[美]拉萨福特著;朱大明译,香港:大明王氏出版公司 1996 年版。

《冲绳登陆战:日本本土的最后保卫战》,[美]贝尼斯·M.法兰克著;胡克杰译,台北:星光出版社 2003 年版。

《岛屿浴血战:美国海军陆战队太平洋战史》,[美]霍夫著;钮先钟译,台北:麦田出版公司 1994 年版。

《决战太阳旗》,[美]康顿·D 著;傅镜晖译,台北:星光出版社 1994 年版。

《太平洋最后的决战》,[法]法兰克·M 著;郑万凌译,三重:世新出版社 1984 年版。

《日本的无条件投降》,[英]考克斯著;刘守坚译,三重:世新出版社 1977 年版。

《日本的悲剧》,[日]重光葵著;宓汝卓译,台北:中华日报社 1982 年版。

《日本海军的崩溃》,[日]原为一著;赵长年译,香港:马昆杰文化事业公司 1968 年版。

《联合舰队的覆灭:揭开日本败战之谜》,[日]伊藤正德著;刘宏多译,台北:风云时代出版公司 1994 年版。

《二次大战苏联参加对日作战的阴谋》,"台湾通讯社编译部"译,台北:"文物供应社"1956 年版。

《第二次世界大战 4:美俄冲突夺回国后岛》,[日]岩野正隆著,台南西北出版社 1981 年版。

《最终战争论战争史大观:帝国陆军的异端儿》,[日]石原莞尔著;郭介懿译,新北:广场出版公司,2013 年版。

《太平洋战争秘史:美国战时领袖回忆录》,吴守成、刘汉久等译,高雄大众书局 1976 年版。

第四节　二战军事学术研究

一、军事战略与思想

《战略战术兵器事典 15：二战兵器大比拼》，［英］迈克·E.哈斯丘著；王翎译，新北：枫树林出版事业有限公司 2014 年版。

《战争指导》，［英］富勒著；钮先钟译，台北：幼狮文化事业公司 1974 年版。

《二次大战各国战争指导史》（全 2 册），［日］新政见一著；赖德修译，台北：黎明文化事业公司 1988 年版。

《总体战：希特勒崛起的导师与德国开战的指南》，［德］鲁登道夫著；魏止戈译，新北：八旗文化出版社 2018 年版。

《注意，战车！：装甲部队的发展、战术与作战潜力》，［德］海因兹·威廉·古德林著；黄竣民译，台北：雅图创意设计有限公司 2013 年版//台北：苍璧出版有限公司 2017 年版。

《步兵攻击：经验与教训》，［德］艾尔温·隆美尔著；黄竣民译，台北：雅图创意设计有限公司 2014 年版。

《闪击战》，［德］阿德里安·吉尔伯特著；赵清澄、钱玉译，台北：风格司艺术创作坊 2014 年版。

《闪击战：装甲作战的经典战役》，［英］阿德里安·吉尔伯特著；赵清澄、钱玉译，新北：风格司艺术创作坊 2009 年版。

《希特勒的闪击战》，［美］考夫曼等著；滕昕云译，台北：麦田出版公司 1996 年版。

《第三帝国闪击战：从希特勒的崛起到敦克尔克的》，［英］戴顿著；庄胜雄译，台北：星光出版社 1996 年版。

《海军思想的发展》，［德］罗辛斯基著；钮先钟译，台北：黎明文化事业公司 1988 年版。

《第二次世界大战发生之军事错误》，［英］肯尼士·麦卡锡著；刘广华译，台北：台湾国防部史政编译，2005 年版。

《战败者的观点：德军将领谈希特勒与二战时德国的兴衰》，［英］李德哈特著；张和声译，新北：远足文化事业公司 2016 年版。

二、战术与作战样式

《第二次世界大战心理作战理论与实际》,[美]林奈尔著;奈钟瑗译,台北:中华文化出版委员会,1956年/1978年版。

《第二次大战大空战》,[日]后藤克典著,黄伟杰译,台北:星光出版社2005年版。

《鹏搏万里:伟大的空战》,[美]寇尼编;黄文范译,台北:麦田出版公司1994年版。

《二次大战英伦空战纪实》,[英]泰勒著;赵复生、吴惠民译,台北:黎明文化事业公司1982年版。

《长空勇士:不列颠之战战纪》,[英]戴顿著;叶弘译,台北:星光出版社2004年版。

《不列颠航空战:英伦制空权争夺战》,[英]爱德华·毕夏普著;张俊焕译,台北:星光出版社2005年版。

《光荣的英伦三岛之战:德英空军在英本土的决战》,[英]爱德华·比雪著;李长源译,香港:大明王氏出版有限公司1983年版。

《冬日之战:阿登地区的空战1944—1945》,[美]丹尼·派克著;李恕平译,台北:麦田出版公司1997年版。

《希特勒空军血战史:欧洲上空无敌机的踪影》,[英]普莱士著;黄南辉译,三重:世新出版社1977年版。

《日美航空决战:1941—1944》,[日]保坂宗雄制作;安国寺译,台北:星光出版社2008年版。

《中日航空大决战》,海华斯著;许万德译,三重:世新出版社1977年版。

《悲惨的日本大轰炸:B29把日本的主要都市化为焦土》,巴凯著;李献廷译,三重:世新出版社1977年版。

《空中决胜:美国陆军航空军二次大战史》,[英]高佛瑞·皮特著;郑平译,台北:麦田出版公司1996年版。

《华沙抗暴:反纳粹之城市游击战》,[德]根瑟·德希纳著;杨宇光译,台北:星光出版社2004年版。

《世界坦克战史:1917—1967》,伊克斯著;马凯南译,台北:黎明文化事业公司1992年版。

《坦克大决战:库斯克之役》,[美]罗宾·克罗斯著;程嘉文译,台北:麦田出版公司 1995 年版。

《坦克大决战：德苏战车史上最大的撞击》，朱克斯著；李竞成译，三重：世新出版社 1977 年版。

《隆美尔的装甲兵团》，[瑞典]克里斯特·乔根森著；于仓和译，新北：风格司艺术创作坊 2009 年版。

《血战七十六小时：塔拉瓦登陆战》，[美]萧二世著；刘立群译，台北：星光出版社 1995 年版。

《沙勒诺登陆战》，[英]大卫·梅森原著；林子清、林剑鸣译，台北：星光出版社 2004 年版。

《诺曼底登陆战：历史上最大的战役》，[英]汤普生著，台北：文化图书公司 1973 年版。

《诺曼底滩头战：日薄西山的纳粹德国》，[英]埃萨姆著；星彬译，台北：星光出版社 2001 年版。

《日本神风特攻队》，[日]猪口力平等著；谢新发编译，香港：现代出版公司 1970 年版。

《特功敢死队：奇袭！肉搏作战》，扬著；许万德译，三重：世新出版社 1977 年版。

《神风特攻队：日本自杀武器》，[美]A.J.巴克著；祖纯译，台北：星光出版社 1995 年版。

《日本联合舰队的末路：联合舰队的溃灭神风特攻队出击》，马金泰耶著；李长源译，三重：世新出版社 1999 年版。

《狼群》，[英]戴维·乔丹著；张国伟、胡良等译，新北：风格司艺术创作坊，2009 年版。

《希特勒的海中之狼》，梅逊著；方志成译，三重：世新出版社 1977 年版。

《希特勒的海中之狼》，梅逊著；方志成译，香港：大明王氏出版有限公司 1980 年版。

《神出鬼没的希特勒舰队：战舰"俾斯麦"的出击》，汉布尔著；李献廷译，三重：世新出版社 1978 年/1988 年版。

《神出鬼没的希特勒舰队：战舰"俾斯麦"的出击》，汉布尔著；李献廷译，香港：大明王氏出版有限公司 1980 年版。

《美苏海底战略：日本海上的美苏潜艇战》，[日]堀元美等著；明滔译，香港:天地图书出版有限公司 1978 年版。

《东京玫瑰:日本战时心战广播之花》,［日］上阪冬子著;陈宝莲译,台北:麦田出版公司 1997 年版。

三、武器与装备

《二战步兵武器:手枪、冲锋枪、步枪、机枪》,［英］约翰·威克斯著;彭启峰译,台北:星光出版社 1995 年版。

《第二次世界大战超级武器》,［日］溪由葵夫著;刘若南等译,香港:万里书店 1996 年版。

《第二次世界大战异想天开武器》,［日］溪由葵夫著;刘若南等译,香港:万里书店 1995 年版。

《震撼第三帝国的秘密武器:从雷达、弹道飞弹一直谈到原子弹爆炸》,安德斯著;陶逸民译,三重:世新出版社 1984 年版。

《希特勒的秘密武器:V1 号 V2 号是恐怖的秘密武器》,［英］布莱安·福德著;李献廷译,三重:世新出版社 1978 年版。

《希特勒的秘密武器:V1 号 V2 号是恐怖的秘密武器》,福德著;李献廷译,香港:大明王氏出版有限公司 1980 年版。

《希特勒的最后一张王牌》,［英］威廉·格林著;李长源译,三重:世新出版社 1979 年版。

《希特勒的最后一张王牌》,［英］威廉·格林著;李长源译,香港:大明王氏出版有限公司 1980 年版。

《图解·德国装甲师》,［日］高贯布士文、上田信绘;许嘉祥译,台北:星光出版社 2008 年版。

《视死如归:T34 战车是苏俄对德国反攻的原动力》,奥杰尔著;黄敦仁译,三重:世新出版社 1977 年版。

《零式战斗机:日军致命武器》,马丁·凯登著;黄胜译,台北:星光出版社 1996 年版。

《P-51 野马战斗机:轰炸机保镖》,［英］威廉·海斯著;郭宏章译,台北:星光出版社 2008 年版。

《空中超人:"喷火"是解救了英国的战斗机》,贝达著;黄南辉译,三重:世新出版社 1977 年版。

《轰炸日本的 B29：美国超级堡垒轰炸机》，贝格著；闻炜译，台北：星光出版社 1995 年版。

《纳粹神鹰——Bf109》，马丁·凯登著；星光编译部译，台北：星光出版社 1995 年版。

《联合舰队军舰大全》，［日］片桐大自著；陈宝莲等译，台北：麦田出版公司 1997 年版。

《大和号战舰》，［日］松野正树著；安国思等译，台北：星光出版社 2006 年版。

《大和号的末日》，［日］松野正树、松野有记著；安国寺译，台北：星光出版社 2006 年版。

《超无畏级战舰大和号的末日》，［日］松野正树、松野有记等著；安国寺译，台北：星光出版社 2006 年版。

《深海狼群：德意志国防军—潜舰篇：1939—45》，［英］克里斯·毕晓普著；卡米柚子译，新北：枫书坊文化出版公司 2007 年版。

四、军事编制与运筹

《大本营参谋的情报战记：无情报国家的悲剧》，［日］堀荣三著；钟瑞芳译，新北：广场出版社 2018 年版。

《第三帝国的精锐部队》，［英］提姆·雷普利著；于仓和译，新北：风格司艺术创作坊 2012 年版。

《装甲骑兵团之旅》，［美］克兰西著；庄胜雄译，台北：星光出版社 1995 年版。

《德国装甲神兵：快如闪电的无敌部队》，［英］肯尼斯·麦克塞著；郑继文译，台北：星光出版社 1996 年版。

《希特勒的装甲师团：装甲师团是希特勒闪电战的主角》，麦克塞著；廖雪美、曾澄洋译，三重：世新出版社 1977 年版//香港：大明王氏出版有限公司 1980 年版。

《希特勒的空中老鹰："梅塞希密特"是德空军的》，凯登著；林荣耀译，三重：世新出版社 1979 年版//香港：大明王氏出版有限公司 1980 年版。

《希特勒的空降部队：所向无敌的奇袭部队》，麦克多纳德著；郑万凌译，世新出版社 1978 年版//香港：大明王氏出版有限公司 1980 年版。

《纳粹武装亲卫军：希特勒的铁血师团》，吉肯著；李长源译，三重：世新出版社1978年/1986年版。

《党卫军秘密档案·西线》，[英]伊恩·巴克斯特编著；于仓和译，新北：风格司艺术创作坊2010年版。

《党卫军秘密档案·东线》，[英]伊恩·巴克斯特编著；于仓和译，新北：风格司艺术创作坊2010年版。

《武装亲卫队：纳粹黑衫军》，[英]约翰·吉根著；钟良弼、庆信译，台北：星光出版社2004年版。

《盖世太保：恐怖的秘密警察及纳粹亲卫队》，[英]罗杰·曼贝尔著；李长源译，三重：世新出版社1978年版。

《隆美尔战车军团——沙漠之狐：二次世界大战丛书6》，[英]肯尼斯·J.麦克塞著；杨京生译，三重：世新出版社1978年版。

《隆美尔非洲军》，[英]肯尼斯·J.麦克塞著；庆信译，台北：星光出版社2004年版。

《沙漠突击兵：北非特种部队》，[英]亚瑟·史文生著；张晨译，台北：星光出版社2004年版。

《日本的海上舰队》，汉布尔著；曾晓云译，三重：世新出版社1977年版。

《失败的本质：日本军的组织论研究》，[日]户部良一等著；陈政雄译，台北：致良出版社有限公司2013年版。

第五节　二战人物研究

一、法西斯国家人物

1. 首脑人物

《二十世纪西方名将评传：第二次世界大战部分》，[英]加富尔著；钮先钟译，台北："军事译粹社"1979年版。

《希特勒与史大林》（全2册），[英]艾伦·布洛克著；刘炳章译，台北：联经出版事业公司1998年版。

《希特勒》，[英]丹尼斯·维普曼著；郭季娴译，台北：鹿桥文化事业公司1992年版。

《希特勒的一生》，[英]阿伦·韦克斯著，三重：世新出版社1978年版。

《希特勒:纳粹帝国的独裁者》,[英]阿伦·威克斯著;薛金印译,台北:星光出版社1995年版。

《阿道夫·希特勒,一个独裁者的一生》,[美]托马斯·桑德库勒著;林继谷译,台北:麦田出版公司2017年版。

《我的奋斗:一代枭雄的自述》,希特勒著,台南:大行出版社1988年版。

《希特勒的纳粹德国:第三帝国的社会生活》,[美]马修·休兹、克里斯·曼著;于仓和译,新北:风格司艺术创作坊2012年版。

《漫画世界历史15:希特勒与第二次世界大战》,台北:牛顿编译中心编译,1988年版。

《希特勒暗杀事件:震撼世界的阴谋》,[英]罗杰·曼菲尔著;陈文良译,三重:世新出版社1978年版。

《希特勒暗杀事件:震撼世界的阴谋》,[英]罗杰·曼菲尔著;陈文良译,香港:大明王氏出版有限公司1980年版。

《希特勒的悲惨结局》(全2册),[德]杜兰德著;朱嘉宾译,台北:黎明文化事业公司1975年版。

《破解希特勒》,[德]赛巴斯提安·哈夫纳著;周全译,台北:左岸文化出版公司2010年版。

《我的邻居希特勒:1929—1939,一名犹太历史学家的童年回忆》,[英]艾德加·福伊希特万格等著;粘耿嘉译,台北:猫头鹰出版公司2014年版。

《暗杀希特勒:功败垂成的7月20日行动》,[英]罗杰·曼菲尔著;徐舟涛译,台北:星光出版社2003年版。

《墨索里尼:世纪小丑》,[英]朱利叶斯·亚瑟著;吴毅敏译,新北:北辰文化公司1988年版。

《墨索里尼的帝国:法西斯主义的兴亡》,[美]爱德温·何伊特著;李宛蓉译,台北:麦田出版公司1995年版。

2. 著名将帅

《希特勒的将领》,[英]康瑞利·伯内特著;萧有临译,台北:麦田出版公司1995年版。

《戈林:纳粹德国空军总司令》,[英]罗杰·曼菲尔著;浩云等译,台北:星光出版社2003年版。

《空军元帅戈林:第三帝国第二个斗士》,[英]罗杰·曼贝尔著;李长源译,三重:世新出版社 1978 年版。

《纳粹飞鹰:戈林与德国空军》,[美]爱德温·何伊特著;施孝玮译,台北:麦田出版公司 1995 年版。

《隆美尔传:骑士十字勋章》,[德]佛瑞瑟著;谭天译,台北:麦田出版公司 1994 年版。

《隆美尔战时文件》,[英]李德哈特著;钮先钟译,台北:"军事译粹社"1978 年版。

《沙漠之狐隆美尔:隆美尔战时档》,[英]李德·哈特著;钮先钟译,台北:星光出版社 1994 年版。

《隆美尔非洲军:沙漠之狐装甲军团》,[英]肯尼斯·麦克塞著;庆信译,台北:星光出版社 2004 年版。

《闪击英雄:古德林大战回忆录》,[德]古德林著;钮先钟译,台北:"军事译粹社"1979 年/1982 年版。

《戈培尔:第三帝国的宣传大师》,[美]艾伦·怀克斯著;夏伯铭译,台北:星光出版社 2005 年版。

《失去的胜利:曼斯坦元帅回忆录》,[德]曼斯坦著;钮先钟译,台北:"军事译粹社"1960 年版。

《失去的胜利:曼斯坦元帅回忆录》,[德]曼斯坦著;钮先钟译,台北:幼狮文化事业公司 1978 年版。

《山本大将传》,[日]阿川弘之著;曾金山译,香港:现代出版公司 1969 年版。

《太平洋之鹰:山本五十六消失于所罗门群岛》,[澳]约翰·瓦德尔著;李长源译,三重:世新出版社 1989 年版。

《联合舰队司令长官:山本五十六》,[日]阿川弘之著;陈宝莲译,台北:麦田出版公司 1998 年版。

《山本五十六大将与日本海军》,[日]阿川弘之著;朱成祥编译,台北:黎明文化事业公司 1982 年版。

3. 其他人物

《铁十字战鹰》,[德]阿道夫·格兰德著;钮先钟译,台北:星光出版社 2007 年版。

《秘密德国:史陶芬堡与反特勒之神秘十字军》,[美]理查·雷伊著;刘世安译,台北:麦田出版公司 1996 年版。

《日本投降秘辛:日本外务省官员加濑俊一回忆录:从 1918 到 1945 年日本投降日本政府和战决策内幕》,[日]加濑俊一著;轶名译,"老战友工作室"2013 年版。

《纳粹的孩子》,[法]谭雅·克拉斯尼安斯基著;徐丽松译,台北:商周出版 2016 年版。

《活着回来的男人:一个普通日本兵的二战及战后生命史》,[日]小熊英二著;黄耀进译,台北:联经出版事业股份有限公司 2015 年版。

二、反法西斯国家人物

1. 著名将帅

《希尔多·罗斯福传》,约翰·莫顿布伦著;胡子丹译,台北:"中华日报社" 1979 年版。

《丘吉尔:乐在危险的人生》,[美]保罗·约翰逊著;宋伟航译,台北:左岸文化事业有限公司 2009 年版。

《战时将帅:艾森豪威尔与蒙哥马利》,[美]诺曼·格尔伯著;黄文范译,台北:麦田出版公司 1995 年版。

《艾森豪威尔:欧战盟军最高统帅》,[美]布鲁门森著;蔡浩琪译,台北:星光出版社 1995 年版。

《欧洲十字军:艾森豪威尔元帅回忆录》,[美]艾森豪威尔著;台湾史政局编译,台北:"军事译粹社"1976 年/1978 年版。

《巴顿将军:一马当先的装甲猛战》,[英]怀廷·C 著;刘謦豪等译,台北:星光出版社 1995 年版。

《巴顿将军:美国的闪击英雄》,[美]马丁·布拉曼生著;黄文范译,台北:麦田出版公司 1995 年版。

《巴顿和第 3 军团:一九四四年八至九月,第 3 军团的诺曼第战役》,[英]提姆·雷普利著;吴磊译,台北:风格司艺术创作坊 2009 年版。

《巴顿将军新传》,[美]布勒曼逊著,台北:黎明文化事业公司 1988 年版。

《麦克阿瑟》,麦契斯特著;张容译,台北:名人出版事业公司 1982 年版。

《麦克阿瑟传》,威廉·曼彻斯特著;黄文范译,台南:大行出版社 1984 年版。

《麦克阿瑟:杰出的跳岛作战指挥官》,迈耶·S 著;周维杰、俞洪亮译,台北:星光出版社 1995 年版。

《老兵麦克阿瑟:战胜日本的杰出领导者》,[美]梅耶著;许清梯译,台北:文化图书公司 1973 年版。

《麦克阿瑟回忆录》,[美]麦克阿瑟著;陆兴善译,台北:"中华日报",1980年版。

《麦克阿瑟回忆录》,[美]麦克阿瑟著;文国书局编译部编译,台南:文国书局 1985 年版。

《占领日本:麦帅在日本的功过》,梅耶著;李竞成译,三重:世新出版社 1977 年版。

《史迪威:中缅印战区美军统帅》,鲁尼著;王建华译,台北:星光出版社 2004年版。

《陈纳德将军与中国》,[美]陈纳德著;陈香梅译,新北:传记文学出版社1978 年/2014 年版。

《飞虎队:陈纳德在中国》,[美]隆·海佛曼著;彭启峰译,台北:星光出版社1996 年版。

《蒙哥马利:隆美尔的克星》,[英]汤普森著;刘謦豪、李厚壮译,台北:星光出版社 1995 年版。

《孤寂的将领:蒙哥马利和他的战争》,[英]阿利斯泰尔·霍恩等著;许绥南译,台北:麦田出版公司 1996 年版。

《蒙哥马利元帅回忆录》,[英]蒙哥马利著;刘方矩译,台北:"军事译粹社"1978 年版。

《蒙巴顿:东南亚战区盟军统帅》,[英]亚瑟·史文生著;闻炜译,星光出版社 2004 年版。

2. 其他人物

《罗斯福夫人传》,史坦恩堡·亚尔佛烈著;饶余庆译,香港:自联出版社1960 年版。

《罗斯福夫人回忆录》,[美]罗斯福著;王维达译,香港:今日世界社 1964年版。

《铁翼下的日子:杜立特将军自传》,[美]吉米·杜立特等著;黄文范译,台北:星光出版社 1996 年版。

《轰炸东京的英雄:杜立德空袭队员忆往》,[美]克雷格·纳尔逊著;黄文范译,台湾史政局编译,2010 年版。

《飞虎英雄传》,[美]凯斯克著;翟国瑾译,台北:麦田出版公司 1987 年版。

《空战英雄》,[英]布莱恩·菲蒲特著;李恕平译,台北:星光出版社 1996 年版。

《疾速俯冲:杰出的二战俯冲轰炸机王牌飞行员》,[英]彼得·史密斯著;熊自庆译,台北:星光出版社 1997 年版。

《太平洋之翼:一名俯冲轰炸机飞行员的亲身经历》,[美]哈罗德·比尔著;张光明、王立非译,台北:星光出版社 1996 年版。

《苏联航空英雄卫国战争故事》,[苏] 毕拉霍娃著;邱陵译,香港新亚书店 1951 年版。

《奥许维兹卧底报告:自愿关进纳粹集中营的波兰英雄》,[波] 威托德·皮雷茨基著;黄煜文译,新北:卫城出版 2014 年版。

《勇士们》,[美]唐·康顿著;丁平译,台北:星光出版社 1995 年版。

《女性面对的战争:及那些敢于抵抗的勇者》,[英] 劳伊德·罗伯茨著;谢滨安译,新北:自由之丘文创事业公司,2018 年版。

《战争没有女人的脸:169 个被掩盖的女性声音》,[白俄] 斯维拉娜·亚历塞维奇著;吕宁思译,台北:猫头鹰出版公司 2016 年版。

《纳粹猎人:追捕德国战犯的黑暗骑士》,[美] 安德鲁·纳古斯基著;高紫文译,新北:左岸文化 2017 年版。

《装甲掷弹兵》,[英] 克里斯·毕萧著;张德辉译,新北:风格司艺术创作坊 2014 年版。

《败战的勇者:光荣与悲壮的二战故事》,[日] 松田孝宏、内田弘树著;赵翊达译,新北:远足文化事业公司 2018 年版。

第 四 编
第二次世界大战史
报刊论文目录索引

第一章　第二次世界大战史研究总论

第一节　二战史研究综述与动态

一、中国二战史研究综述

《第二次世界大战史国际委员会》,《世界史研究动态》1979 年第 7 期。

《美国第二次世界大战史委员会简介》,陈兼著,《二战史通讯》1987 年第 9 期。

《中国第二次世界大战史研究会章程》,《二战史通讯》1982 年第 4 期。

《老骥伏枥——访张群侄子、中国第二次世界大战史研究会会长张继平》,唐长胜著,《华声报》1985 年 8 月 20 日。

《我国第二次世界大战史研究事业的奠基者》,李巨廉著,《世界历史》2006 年第 1 期。

《我与朱庭光老师》,郑寅达著,《世界历史》2006 年第 1 期。

《第二次世界大战史学简介》,严亮著,《兰州学刊》1995 年第 4 期。

《第二次世界大战战前史研究综述》,[日]齐滕孝著;谈春兰、何凤圆译,《现代外国哲学社会科学文摘》1985 年第 10 期。

《成果显著,仍需努力——近年来我国二战史研究情况简介》,李巨廉著,《世界史研究动态》1981 年第 12 期。

《1982 年我国二战史研究情况简述》,田娟玉著,《世界史研究动态》1983 年第 7 期。

《二次大战史研究的新见解》,武克全著,《解放日报》1984 年 4 月 4 日。

《近年来我国二战史研究概况》,李巨廉著,《世界历史》1985 年第 9 期。

《我国第二次世界大战史研究工作取得新的进展》,《人民日报》1985 年 9 月 4 日。

《近十年来我国关于二战史的研究综述》,刘士田著,《高校社科情报》1991 年第 3 期。

《近年来我国第二次世界大战史研究述评》,崔剑著,《世界史研究动态》1991 年第 12 期。

《第二次世界大战史研究的若干重要问题》,彭训厚著,《中国军事科学》1994 年第 3 期。

《第二次世界大战史研究若干重要问题综述》,彭训厚著,《军事历史研究》1995 年第 1 期。

《中国第二次世界大战史研究综述》,彭训厚著,《世界历史》1995 年第 5 期。

《中国第二次世界大战史研究 30 年回顾》,胡德坤、赵文亮著,《史学理论研究》2008 年第 4 期。

《中国第二次世界大战史研究 30 年述评》,沈永兴、赵文亮著,《世界历史》2008 年增刊。

《中国改革开放以来的二战史研究》,沈永兴著,《中国社会科学报》2010 年 8 月 5 日。

《建国以来中国大陆第二次世界大战史研究定量分析》,崔美著,《赤峰学院学报》2010 年第 1 期。

《我国第二次世界大战史研究现状与未来展望》,林利民著,《高等函授学报》1996 年第 1 期。

《近年来中国军事史学界二战史研究的新进展》,彭训厚著,《军事历史》1997 年第 4 期。

《第二次世界大战史研究的新进展》,徐蓝著,《历史研究》2015 年第 4 期。

《第二次世界大战与苏联卫国战争史》,张盛发著,《俄罗斯学刊》2015 年第 4 期。

《近年来中国第二次世界大战史研究中的几个学术热点问题》,彭训厚著,《军事历史》2004 年第 2 期。

《再论第二次世界大战的一些问题》,郑玉林著,《光明日报》1957 年 1 月 3 日。

《关于第二次世界大战的几个争论问题》,张培义著,《山东师院学报》1980 年第 3 期。

《关于第二次世界大战的几个问题》(全 4 期),王立著,《河北大学学报》1985 年第 1 期/1987 年第 1 期/1988 年第 4 期/1991 年第 2 期。

《关于第二次世界大战历史的若干看法》,曲培洛著,《东北师大社会科学丛书·第五集·世界史论集》,1980 年。

《关于第二次世界大战的几点思考》,林广著,《南京理工大学学报》1995 年第 Z1 期。

《对第二次世界大战的一些思考》,[美]温伯格著;李忠强译,《军事历史研究》1993 年第 1 期。

《辉煌、苦难、艰辛的胜利历程——第二次世界大战若干问题的再认识》,罗荣渠著,《北京大学学报》1995 年第 4 期。

《二战史研究之新进展》,潘迎春、彭训厚著,《北京日报》2005 年 5 月 9 日。

《二战史研究在争鸣中前进》,赵文亮著,《中国社会科学报》2010 年 8 月 26 日。

《围绕第二次世界大战的国际关系史研究——30 年来的成就与展望》,徐蓝著,《世界历史》2008 年增刊。

《利德尔·哈特〈第二次世界大战史〉中的一处错误》,倪乐雄著,《军事历史研究》1996 年第 1 期。

《第二次世界大战》,欧正文著,《史地教学通讯》1957 年第 5 期。

《第二次世界大战》,许久著,《历史研究》1959 年第 5 期。

《第二次世界大战》,《人民日报》1976 年 7 月 29 日。

《第二次世界大战》,张炳杰著,《人民日报》1995 年 5 月 9 日。

《第二次世界大战》,《瞭望》1995 年第 13 期。

《第二次世界大战》,俞亮译,《世界军事》1999 年第 5 期。

《第二次世界大战(1939—1945)》,彭训厚著,《军事世界画刊》1999 年第 7/8 期。

《第二次世界大战史略》,蔡祖铭著,《军事历史》1984 年第 1 期。

《纵览人类历史最大的战争》,李巨廉著,《书城》1995 年第 3 期。

《第二次世界大战纵览》,刁仕军著,《春秋》1995 年第 4 期。

《二十世纪的巨大事件——第二次世界大战史略》,支绍曾著,《人民日报》1995 年 5 月 2 日//《第二次世界大战史论文集》,李殿仁主编,军事谊文出版社 1996 年版。

《二次大战及中国抗日战场基本情况》,刘秀文著,《世界近代、现代史》1985 年第 8 期。

《军事学者话二战》，本刊编辑部著，《世界军事》1995 年第 3 期。

《第二次世界大战大事记》，《世界军事》1995 年第 4 期。

二、国外二战史研究综述

《国外研究第二次世界大战史的概况》，《国外社会科学动态》1979 年第 11 期。

《俄罗斯二战史研究综述》，吴恩远著，《军事历史》1996 年第 2 期。

《苏联二次大战史研究动态》，《国外社会科学情报》1988 年第 6 期。

《苏联为第二次世界大战史编纂者授勋》，《国外社会科学动态》1986 年第 3 期。

《评苏联二战史学中几个重要观点》，沈志恩著，《世界史研究动态》1990 年第 8 期。

《苏联史学家评价西德二战史研究的主要流派》，田娟玉著，《世界史研究动态》1980 年第 8 期。

《苏联和德意志民主共和国历史学家对第二次世界大战的研究》，朱忠武著，《历史研究》1959 年第 6 期。

《二战史研究中针锋相对的斗争——苏联学者对七十年代以来西方二战史著作的评论》，田娟玉著，《世界史研究动态》1981 年第 11 期。

《近年来俄罗斯史学期刊中的二战研究》，吴少进著，《国外理论动态》2015 年第 6 期。

《罗马尼亚历史著作中关于第二次世界大战史的研究》，[罗]特拉扬·乌德里亚著；张藩摘译，《世界历史译丛》1979 年第 3 期。

《资产阶级史学对第二次世界大战的研究》，[苏]Л·日林等著；李君锦译，《国外社会科学》1985 年第 12 期。

《资产阶级对第二次世界大战史的捏造》，[苏]Л·日林著；李建译，《甘肃师大学报》1959 年第 5 期。

《资产阶级伪造第二次世界战争历史的反动本质》，[苏]Н.А.什林著，《马克思主义研究参考资料》1986 年第 18 期。

《反对资产阶级捏造者歪曲第二次世界大战史》，[苏]С.З.戈里柯夫著；蔡子宇译，《史学月刊》1959 年第 7 期。

《批判资产阶级对第二次世界大战史的歪曲》，[苏]Л·日林著，《国外社会科学动态》1985 年第 10 期。

《美国二战外交史学述评》，[美] G.H.海恩斯著；东来译，《世界史研究动态》1985 年第 11 期。

《美国人眼中的第二次世界大战》，[美] 莫里斯·艾泽曼著；刘群译，《中国空军》2008 年第 3 期。

《英国对第二次世界大战史的研究》，[英] A.M.厄克里契著；谈阳译，《史学集刊》1957 年第 1 期。

《英国二战官方史学述评》，杨东著，《近现代国际关系史研究》2017 年第 2 期。

《英国第二次世界大战官方史学述评》，杨东著，《军事历史》2017 年第 6 期。

《"二战史"研究和国际法学——评 60 年代 70 年代西方两个史学新流派》，李家善著，《华东师大学报》1981 年第 5 期。

《苏联史学界论美英关于第二次世界大战史的研究》，《国外社会科学参考资料》1979 年第 6 期。

《第二次世界大战历史中的"空白点"》，[苏] B.斯米尔诺夫著；文华编译，《国外社会科学快报》1989 年第 1 期。

《中国对第二次世界大战的一些事件的解释》，[苏] 热洛霍夫采夫著；董进泉译，《现代外国哲学社会科学文摘》1985 年第 10 期。

《第二次世界大战美国军事医学史的编写情况》，《国外军事医学简报》1957 年第 1 期。

第二节　二战史研究的理论与方法

《构建有中国特色的第二次世界大战史研究体系——访胡德坤教授》，胡德坤、胡杰著，《历史教学问题》2013 年第 5 期。

《马克思主义与二次大战史研究》，李巨廉著，《历史教学问题》1983 年第 2 期。

《世界主要国家反法西斯战争历史观述评》，徐成芳、何欣著，《大连干部学刊》2015 年第 6 期。

《正义性和合法性："二战"的国际法视角》，张艳、朱艳萍著，《求索》2015 年第 10 期。

《正确理解斯大林关于第二次世界大战性质的论述》，刘士田著，《牡丹江师院学报》1985 年第 1 期。

《斯大林、毛泽东论反法西斯战争胜利的意义》，徐隆彬著，《昌潍师专学报》2000 年第 6 期。

《论毛泽东关于第二次世界大战的思想理论》，刘士田著，《第二次世界大战史论文集③：五十年的深思》，李殿仁主编，军事谊文出版社 1996 年版。

《论抗日战争时期毛泽东关于第二次世界大战的思想理论》，刘士田著，《毛泽东与中国历史文化》1993 年 10 月。

《毛泽东研究第二次世界大战的科学方法》，张健著，《军事历史研究》1988 年第 1 期。

《论毛泽东对第二次世界大战的战略预测》，徐晓村著，《军事历史》1993 年第 6 期。

《毛泽东对第二次世界大战的战略预见》，石维行著，《毛泽东思想论坛》1995 年第 3 期。

《毛泽东对第二次世界大战的战略预见》，刘洪著，《文史精华》2012 年第 3 期。

《论毛泽东对第二次世界大战的科学预见》，王泰安著，《孙子研究》2015 年第 4 期。

《毛泽东关于第二次世界大战的准确预言及其历史贡献》，蔺永建、杜晓辉著，《济南陆军学院学报》2003 年第 9 期。

《毛泽东是如何分析二次世界大战的起因、起点和性质的？》，吴东风著，《军事历史》1992 年第 1 期。

《从〈第二次世界大战的转折点〉看毛泽东信息解读方法》，王永明著，《汉中师院学报》2004 年第 1 期。

《国际关系研究中解读信息的光辉典范——析毛泽东〈第二次世界大战的转折点〉一文》，王永明著，《聊城大学学报》2004 年第 2 期//《合肥工业大学学报》2005 年第 1 期。

《毛泽东论中国抗日战争的世界意义》，陈逸平著，《天水师院学报》1996 年第 1 期。

《毛泽东关于中国抗战在二次世界大战中作用的论述》，成国银著，《四川党史》1997 年第 5 期。

《毛泽东同志论中国战场在第二次世界大战中的地位和作用》,鲍世修著,《世界史研究动态》1983 年第 12 期。

《〈战争论〉与〈论持久战〉若干观点之比较》,朱根生著,《解放军外国语学院学报》1999 年第 6 期。

《〈论持久战〉饱含毛泽东反法西斯斗争的哲学睿智》,唐贵荣、林波著,《渝西学院学报》2005 年第 5 期。

《〈论持久战〉尽显毛泽东战略风采——纪念世界反法西斯战争和中国抗日战争胜利六十周年》,兰国庆著,《武钢政工》2005 年第 7 期。

《学习周恩来同志关于第二次世界大战的论述》,陈英吴著,《江苏师院学报》1981 年第 1 期。

《普京总统评第二次世界大战》,吴恩远著,《红旗文稿》2015 年第 4 期。

《应当怎样解读第二次世界大战? ——对话 O.A.勒热舍夫斯基等人》,默恬著,《国外理论动态》2015 年第 6 期。

《全球化历史视域下的第二次世界大战》,张文伟著,《上饶师范学院学报》2016 年第 4 期。

《从战争经济学看二战历史转折点》,陈秋月著,《贵州大学学报》2006 年第 4 期。

《西方的正义战争论在第二次世界大战与伊拉克战争中的运用》,陈春华、胡亚敏著,《军事历史》2018 年第 4 期。

《中国社会科学院认真研究人大代表关于二战史的提案》,《世界史研究动态》1982 年第 6 期。

《加强抗日战争和世界反法西斯战争历史的研究》,胡乔木著,《红旗》1985 年第 18 期。

《开拓我国第二次世界大战史研究新局面之浅见》,李巨廉著,《世界史研究动态》1984 年第 9 期//《第二次世界大战史论文集③:五十年的深思》,李殿仁主编,军事谊文出版社 1996 年版。

《中国二战史研究与反法西斯大国地位不相称》,胡德坤著,《北京日报》2015 年 6 月 15 日。

《以新视野回首二战》,李巨廉著,《中国社会科学报》2010 年 8 月 3 日。

《对新世纪"二战"史研究的战略思考》,牛力、刘光得著,《二战及其遗留问题对国际关系的影响》，二战史研究会编，2004 年。

《解放思想，打破"禁区"——世界史研究工作者笔谈"禁区"问题：不打破
"禁区"，难以提高第二次世界大战史的研究》，侯成德著，《世界史研究动态》
1979 年第 3 期。

《争取正确阐释第二次世界大战事件》，[苏] 尤·施切宾尼科夫著；朱贵生
译，《二战史通讯》1985 年第 7 期。

《警惕否认二战成果的历史虚无主义》，吴恩远著，《人民论坛》2015 年第
16 期。

《两次世界大战的比较研究》，郝承敦著，《广东技术师院学报》2003 年第
1 期。

《读懂二战的七个战争维度》，夏一东著，《解放军报》2015 年 5 月 8 日。

《战争的辩证——论第二次世界大战》，羊枣著，《福建党史通讯》1985 年第
8 期。

《战争历史运动坐标上的第二次世界大战》，李巨廉著，《世界历史》1995 年
第 4 期。

《战争与和平历史运动的转折—— 一个中国学者对第二次世界大战的思
考》，李巨廉著，《史学理论研究》2005 年第 3 期。

《战争具有"以暴易暴"的无限化暴烈性——重读克劳塞维茨的〈战争
论〉》，李巨廉著，《历史教学问题》2002 年第 1 期。

《世界反法西斯战争的一些学术意见》，胡命烈著，《军事学术情况》1985 年
第 14 期。

《世界大战为什么那么漫长》，[英]休·斯特罗恩著，《社会科学报》2014 年
8 月 7 日。

《对中学二战史教材的几点看法》，姚伟民著，《广东技术师院学报》2002 年
第 S1 期。

《关于二战史教学的思考》，岳红雨著，《四川师院学报》2001 年第 5 期。

《如何搞好第二次世界大战史的教学》，滕海键著，《昭乌达蒙族师专学报》
1999 年第 6 期。

《对〈第二次世界大战史〉的教学研究》，秦和鸣著，《历史教学》1952 年第
3 期。

《"第二次世界大战"一章的教学改革》，廖理著，《历史教学》1960 年第

9 期。

《关于加强二战史教学的历史感和时代感》,马卫东著,《历史教学》1995 年第 11 期。

《"第二次世界大战"的教学设计》,陈金德著,《历史教学问题》1995 年第 4 期。

《第二次世界大战教学点滴谈》,雷生友著,《中学历史教学参考》1991 年第 4 期。

《"抗日战争"与"第二次世界大战"教学中的一点思考》,王春良著,《山东教育》1996 年第 2/4 期。

《"抗日战争"与"第二次世界大战"教学中的一点思考》,姜安蓉著,《雅安职业技术学院学报》2013 年第 1 期。

《〈世界人民反法西斯战争的伟大胜利〉一节的教学》,杨子坤著,《历史教学》1986 年第 4 期。

《武汉大学与中国的第二次世界大战史研究》,赵文亮著,《武汉大学学报(人文科学版)》2006 年第 4 期。

《苏刊谈第二次世界大战史研究任务》,《世界史动态与资料》1977 年第 6 期。

《苏修杂志谈研究慕尼黑问题的方针》,《世界史动态与资料》1977 年第 4 期。

《苏联军事历史学家谈苏联军事历史工作状况与改革》,彭训厚译,《二战史通讯》1989 年第 10 期。

《美国历史科国家标准对历史思维的要求——第二次世界大战部分》,张静著,《历史教学》1996 年第 2 期。

《试析回忆录在史料方面的特点、价值和缺陷——以丘吉尔〈第二次世界大战回忆录〉第一卷为例》,康民军著,《石家庄学院学报》2006 年第 2 期。

第三节　学术会议综述

一、综合性问题会议综述

《一战和二战历史回顾:教训和启示国际学术研讨会在京召开》,《军事历史》2014 年第 4 期。

《第二次世界大战史国际学术讨论会》，李君锦著，《国外社会科学》1982 年第 8 期。

《第二次世界大战史国际学术讨论会在莫斯科召开》，《世界史研究动态》1987 年第 6 期。

《第二次世界大战学术讨论会在筹备中》，闻一著，《世界史研究动态》1979 年第 4 期。

《第二次世界大战史学术讨论会在哈尔滨举行》，侯成德著，《光明日报》1979 年 8 月 19 日。

《第二次世界大战史学术讨论会纪实》，朱贵生著，《世界史研究动态》1979 年第 7 期。

《第二次世界大战史学术讨论会在昆举行，第二次世界大战史研究会正式成立》，《云南日报》1980 年 8 月 15 日。

《文武咸集，各抒己见——二战史第二次学术讨论会侧记》，钱洪著，《世界史研究动态》1980 年第 9 期。

《第二次世界大战史学术讨论会综述》，孙祥秀著，《新华月报》1980 年第 9 期。

《第二次世界大战史第三次学术讨论会纪实》，钱洪著，《历史教学问题》1982 年第 6 期。

《二战史第三次学术讨论会在京召开》，钱洪著，《世界史研究动态》1982 年第 12 期。

《二战史第三次学术讨论会暨二战史研究会第二届年会纪要》，《二战史通讯》1982 年第 4 期。

《第二次世界大战史学术讨论会在京召开》，张海麟著，《世界史研究动态》1984 年第 4 期。

《第二次世界大战学术讨论会综述》，马骏著，《军事历史》1988 年第 1 期。

《第二次世界大战全面爆发 50 周年学术讨论会综述》，吴东风著，《军事历史》1989 年第 6 期。

《世界反法西斯战争胜利 60 周年纪念·学术研讨会在重庆召开》，廖晖、刘园著，《重庆与世界》2005 年第 6 期。

《第二次世界大战史暨中国抗日战争史学术讨论会综述》，子规著，《文史杂志》1989 年第 1 期。

《中国第二次世界大战史研讨会综述》,邸文著,《世界历史》2002 年第 2 期。

《中国第二次世界大战史研究会举行学术研讨会》,李成刚著,《军事历史》1999 年第 6 期。

《中国第二次世界大战史研究会第五届年会暨学术讨论会综述》,潘迎春著,《武汉大学学报(人文科学版)》2002 年第 2 期。

《中国二战史研究会 2002 年年会暨学术研讨会在重庆召开》,彭训厚著,《军事历史》2002 年第 6 期。

《中国第二次世界大战史研究会 2002 年年会暨学术研讨会综述》,彭训厚著,《军事历史》2003 年第 1 期。

《第二次世界大战史研究会 2004 年学术研讨会综述》,刘邦奇、梁瑞红著,《世界历史》2005 年第 4 期。

《2004 年第二次世界大战史研讨会综述》,梁瑞红著,《军事历史研究》2005 年第 1 期。

《中国第二次世界大战史研究会 2006 年学术年会在浙江上虞召开》,彭训厚著,《军事历史》2007 年第 1 期。

《中国第二次世界大战史研究会 2016 年年会暨学术研讨会综述》,武垚著,《近现代国际关系史研究》2016 年第 2 期。

《中国第二次世界大战史研究会 2017 年年会暨学术研讨会侧记》(共 2 篇),喻卓、谢茜著,《近现代国际关系史研究》2017 年第 2 期。

《第二次世界大战史的再发掘与新探索——中国第二次世界大战史研究会 2018 年学术研讨会综述》,徐之凯著,《军事历史》2018 年第 4 期。

《中国第二次世界大战史研究会 2019 年学术研讨会综述》,宋涛、李朋著,《军事史林》2019 年第 11 期。

《上海市史学会讨论第二次世界大战史》,孟彭兴著,《世界史研究动态》1979 年第 8 期。

《隆重的纪念　可喜的收获——记抗日战争和世界反法西斯战争胜利四十周年学术讨论会》,荣欣著,《世界史研究动态》1985 年第 11 期。

《纪念抗日战争胜利四十周年学术讨论综述》,薛鹏志著,《探索》1985 年第 4 期。

《成都军区召开纪念世界反法西斯战争胜利四十周年学术讨论会》,谢欣著，《军事学术情况》1985 年第 9 期。

《纪念抗日战争胜利五十周年学术讨论会简况》，孙修福著，《民国档案》1995 年第 4 期。

《纪念中韩抗日战争胜利 50 周年学术研讨会在上海举行》，华磊著，《当代韩国》1995 年第 4 期。

《纪念中国抗日战争暨世界反法西斯战争胜利 50 周年学术讨论会综述》，卢来宾、殷汝涛著，《军事历史》1995 年第 6 期。

《纪念中国人民抗日战争和世界反法西斯战争胜利 50 周年国际学术研讨会综述》，臧嵘等执笔，《课程·教材·教法》1995 年第 11 期。

《"纪念中国人民抗日战争和世界反法西斯战争胜利 50 周年研讨会"简述》，宇之著，《历史教学》1995 年第 9 期。

《纪念抗日战争和世界反法西斯战争胜利 50 周年学术讨论会综述》，孙恭恂著，《历史教学》1995 年第 11 期。

《纪念抗日战争暨世界反法西斯战争胜利五十周年学术讨论会纪要》，赵克仁著，《世界历史》1996 年第 1 期。

《总结历史 把握未来——美国所"纪念反法西斯战争胜利暨联合国成立 50 周年"研讨会综述》，金灿荣著，《太平洋学报》1995 年第 1 期。

《把握历史脉络展望未来趋势——"纪念反法西斯战争胜利暨联合国成立五十周年"研讨会综述》，金灿荣著，《美国研究》1995 年第 2 期。

《回顾历史，展望未来——"纪念反法西斯战争胜利暨联合国成立 50 周年"研讨会综述》，金灿荣著，《世界知识》1995 年第 4 期。

《毋忘历史　敬业强国——纪念反法西斯胜利五十周年座谈会综述》，刘慧晏著，《东方论坛》1995 年第 2 期。

《中国宗教界纪念世界反法西斯中国抗日战争胜利 50 周年座谈会在京召开》，《中国道教》1995 年第 3 期。

《全国党校系统纪念抗日战争、世界反法西斯战争胜利 50 周年学术研讨会综述》，黄立忠著，《党史研究与教学》1995 年第 6 期。

《全国党校系统纪念抗日战争、世界反法西斯战争胜利和党的"七大"召开五十周年学术研讨会观点综述》，刘爽、张进勇著，《理论前沿》1995 年第 15 期。

《东北地区中日关系史研究会纪念抗战及世界反法西斯战争胜利五十周年研讨会综述》，孟庆春、周彦著，《学习与探索》1995 年第 6 期。

《广东省召开"纪念抗日战争和世界反法西斯战争胜利 50 周年学术讨论会"》，邵方著，《探求》1995 年第 5 期。

《北京大学举办中国抗日战争与第二次世界大战史国际学术研讨会》，徐勇著，《抗日战争研究》1995 年第 3 期。

《北京大学和大阪经济法科大学合办纪念二战结束五十周年学术研讨会综述》，牛大勇著，《抗日战争研究》1995 年第 4 期。

《纪念抗日战争胜利 55 周年学术研讨会综述》，要秋霞著，《抗日战争研究》2000 年第 4 期。

《全国纪念中国人民抗日战争暨世界反法西斯战争胜利 60 周年学术研讨会综述》，崔向华著，《军事历史研究》2005 年第 3 期。

《世界反法西斯战争暨中国抗日战争胜利 60 周年研讨会综述》，简妮著，《世界历史》2006 年第 1 期。

《中国人民抗日战争胜利暨世界反法西斯战争胜利 60 周年全国研讨会综述》，李颖著，《抗日战争研究》2005 年第 3 期。

《"中国人民抗日战争暨世界反法西斯战争胜利 60 周年研讨会"综述》，张志勇著，《抗日战争研究》2005 年第 3 期。

《全军纪念中国人民抗日战争暨世界反法西斯战争胜利 60 周年学术研讨会综述》，刘子君著，《军事历史研究》2005 年第 2 期。

《全军纪念中国人民抗日战争暨世界反法西斯战争胜利 60 周年学术研讨会综述》，赵欣著，《探索与争鸣》2005 年第 6 期。

《全军纪念抗日战争胜利暨世界反法西斯战争胜利 60 周年学术研讨会在南京举行》，梅世雄著，《人民日报》2005 年 5 月 29 日。

《全军纪念中国人民抗日战争暨世界反法西斯战争胜利 60 周年学术研讨会剪影》，曾凡祥、周宏伟著，《军事历史》2005 年第 7 期。

《中华民族大团结的伟大胜利：全军纪念中国人民抗日战争暨世界反法西斯战争胜利 60 周年学术研讨会综述》，潘泽庆、魏碧海著，《军事历史》2005 年第 7 期。

《纪念中国人民抗日战争暨世界反法西斯战争胜利 60 周年学术研讨会综述》，王贺雨著，《高校社科信息》2005 年第 6 期。

《毋忘历史　继往开来——上海学界"纪念中国人民抗日战争暨世界反法西斯战争胜利 60 周年理论研讨会"综述》，郝宇青著，《探索与争鸣》2005 年第

7 期。

《庆祝世界反法西斯战争胜利 70 周年国际研讨会在京召开》，《国际问题研究》2015 年第 4 期。

《纪念中国人民抗日战争暨世界反法西斯战争胜利 70 周年国际学术研讨会在北京举行》，关泠著，《军事历史》2015 年第 4 期。

《"纪念中国人民抗日战争暨世界反法西斯战争胜利 70 周年国际学术研讨会"综述》，王树林著，《中共党史研究》2015 年第 9 期。

《"纪念中国人民抗日战争暨世界反法西斯战争胜利 70 周年学术研讨会"在京召开》，胡昌勇著，《党的文献》2015 年第 5 期。

《"全国党史界纪念中国人民抗日战争暨世界反法西斯战争胜利 70 周年学术研讨会"综述》，《中共党史研究》2015 年第 9 期。

《全军纪念中国人民抗日战争暨世界反法西斯战争胜利 70 周年学术研讨会在北京召开》，赵真燕著，《军事历史》2015 年第 4 期。

《中俄两军纪念世界反法西斯战争暨中国人民抗日战争胜利 70 周年学术研讨会在北京召开》，赵真燕、李永著，《军事历史》2015 年第 4 期。

《历史不会忘记——纪念抗日战争暨世界反法西斯战争胜利 70 周年学术研讨会纪要》，丁雨、曲柄睿著，《史学理论与史学史学刊》2015 年第 1 期。

《纪念中国人民抗日战争暨世界反法西斯战争胜利 70 周年宗教界和平祈祷活动在京举行》，吴晶晶著，《中国道教》2015 年第 5 期。

《"二战—抗战及战后国际和平"中俄国际学术论坛会议综述》，许佳著，《东北亚论坛》2017 年第 1 期。

《"第二次世界大战的史实、记忆与阐释"国际学术讨论会综述》，许欣舸著，《抗日战争研究》2018 年第 4 期。

二、专题问题会议综述

1. 国外

《苏联历史学部举行第二次世界大战起因问题讨论会》，《国外社会科学动态》1980 年第 6 期。

《莫斯科国际学术讨论会讨论第二次世界大战的起因》，部彦秀著，《世界史研究动态》1980 年第 4 期。

《西德举行关于纳粹德国对外政策国际讨论会》，《世界史研究动态》1980

年第 11 期。

《民主德国召开"反法西斯的胜利与国际社会民主党的政策"学术讨论会》,松海著,《世界史研究动态》1987 年第 4 期。

《日本学者举行"二·二六事件"五十周年讨论会》,吕昶编译,《世界史研究动态》1986 年第 1 期。

《二战史的一次专题讨论会在罗马举行》,《世界史研究动态》1979 年第 8 期。

《希特勒分子罪行国际学术讨论会在华沙举行》,《世界史研究动态》1983 年第 7 期。

《希特勒对德国人民犯下的罪行——全波科学讨论会在弗罗茨瓦夫举行》,刘邦义摘译,《世界史研究动态》1985 年第 9 期。

《匈牙利举行研究法西斯主义史讨论会》,《国外社会科学动态》1980 年第 1 期。

《记南斯拉夫"战胜法西斯 50 周年"国际学术讨论会》,马细谱著,《世界历史》1995 年第 4 期。

《纪念莱比锡审判五十周年学术讨论会》,《国外社会科学动态》1984 年第 11 期。

《中国抗战胜利五十周年纽约国际学术研讨会侧记》,牛大勇著,《抗日战争研究》1995 年第 4 期。

《联邦德国举行"中国抗战全面爆发 51 周年学术报告会"》,史兵著,《军事历史》1988 年第 5 期。

《温哥华中日战争国际研讨会综述》,齐福霖著,《抗日战争研究》1996 年第 1 期。

《雅尔塔举行二战期间的苏美关系学术讨论会》,李昌德编译,《世界史研究动态》1993 年第 11 期。

《欧洲抵抗运动史第二次国际会议概况》,吴世民著,《历史研究》1961 年第 6 期。

《"欧洲抵抗运动比较研究"国际会议》,阿劳译,《国外社会科学动态》1984 年第 1 期。

《盛会的前奏——斯英莱尼策抵抗运动史国际圆桌会议侧记》,清照著,《世界史研究动态》1984 年第 9 期。

《欧洲各国反法西斯抵抗运动史学术讨论会在杭州举行》，刘邦义著，《世界史研究动态》1985 年第 3 期。

《欧洲抵抗运动——苏联专题学术讨论会》，陈文编译，《世界史研究动态》1987 年第 2 期。

《埃塞俄比亚战争与世界舆论国际学术讨论会》，近方著，《世界史研究动态》1985 年第 11 期。

2. 国内

（1）法西斯主义与二次大战的起源

《全国第二次世界大战起源专题学术讨论会综述》，培新著，《华东师大学报》1984 年第 1 期。

《关于第二次世界大战的起源——记二战起源专题学术讨论会》，则化著，《世界历史》1984 年第 1 期。

《法西斯主义课程座谈会在天津召开》，施句著，《世界史研究动态》1987 年第 2 期。

《欧洲法西斯主义专题学术讨论会在烟台举行》，武寅著，《世界史研究动态》1985 年第 1 期。

《热烈的讨论有益的切磋——记欧洲法西斯问题烟台学术讨论会》，沈永兴、武寅著，《世界历史》1985 年第 3 期。

《德意日法西斯体制学术讨论会》，广益著，《世界史研究动态》1992 年第 11 期。

《德国法西斯问题讨论会综述》，吴友法著，《世界史研究动态》1987 年第 11 期。

《法西斯问题学术讨论会侧记》，陈桂荣著，《世界历史》1988 年第 1 期。

（2）中国抗日战争

《中国抗日战争专题学术讨论会在京举行》，南世宣著，《世界史研究动态》1987 年第 10 期。

《中日军事史国际学术研讨会综述》，步平著，《抗日战争研究》1999 年第 2 期。

《"九·一八"事变史学术讨论会在沈阳召开》，沆克著，《世界史研究动态》1981 年第 12 期。

《"九·一八"事变 60 周年国际学术讨论会综述》，蒋立峰整理，《日本学刊》

1991 年第 6 期。

《"九·一八"事变 60 周年国际学术讨论会综述》,要秋霞著,《中国人民抗日战争纪念馆文丛·第五辑》,北京燕山出版社 1992 年版。

《前事不忘　后事之师——"九·一八"事变 60 周年国际学术讨论会综述》,边纪著,《社会科学辑刊》1991 年第 6 期。

《"九一八事变 85 周年暨九一八事变历史背景研究学术研讨会"会议综述》,高洋著,《兰台世界》2016 年第 S2 期。

《九一八事变与近代中日关系——九一八事变 70 周年国际学术讨论会综述》,《抗日战争研究》2001 年第 4 期。

《"九一八事变与近现代东北亚国际关系学术研讨会"在辽大举行》,《中国社会科学报》2014 年 12 月 15 日。

《"张学良与九一八事变国际学术研讨会"综述》,范丽红著,《东北史地》2011 年第 6 期。

《张学良与九一八事变国际学术研讨会综述》,赵东阜著,《沈阳干部学刊》2011 年第 6 期。

《九一八事变与中华民族觉醒学术研讨会综述》,石岩著,《中国纪念馆研究》2018 年第 2 期。

《中日关系史学会"七·七事变"学术讨论会》,草田著,《世界史研究动态》1987 年第 9 期。

《"七七事变"五十周年国际学术讨论会述评》,有之著,《历史教学问题》1988 年第 2 期。

《七七事变 55 周年学术讨论会综述》,齐密云著,《中共党史通讯》1992 年第 19 期。

《"七·七"事变 55 周年学术研讨会综述》,石林著,《军事历史》1992 年第 5 期。

《卢沟桥事变 80 周年"如何跨越战争"国际学术研讨会综述》,高莹莹著,《抗日战争研究》2017 年第 3 期。

《中国二战史研究会举行抗战学术讨论会》,《人民日报》1995 年 8 月 19 日。

《纪念中国人民抗日战争爆发 50 周年学术讨论会在京召开》,远方著,《世界史研究动态》1987 年第 9 期。

《"纪念抗日战争全面爆发 60 周年"学术研讨会在京举行》,《世界历史》

1997 年第 5 期。

《"纪念全面抗战爆发八十周年国际学术研讨会"综述》，高士华、许欣舸著，《抗日战争研究》2017 年第 4 期。

《纪念抗战胜利国际学术讨论会在京举行》，《人民日报》1995 年 8 月 17 日。

《全国纪念抗日战争胜利五十周年学术讨论会综述》，郭德宏著，《抗日战争研究》1995 年第 4 期。

《中国史学会举行纪念抗战胜利五十周年学术研讨会》，晓今著，《抗日战争研究》1995 年第 3 期。

《纪念中国抗日战争胜利 50 周年国际学术讨论会综述》，翁有为著，《史学月刊》1995 年第 6 期。

《纪念抗日战争胜利 50 周年全国学术讨论会综述》，张喜德著，《南京政治学院学报》1995 年第 6 期。

《以史为鉴振兴中华：纪念抗日战争胜利 50 周年学术讨论会综述》，叶方明著，《贵州日报》1995 年 9 月 6 日。

《中国人民抗日战争研究的空前盛会——纪念中国人民抗日战争暨世界反法西斯战争胜利 60 周年学术研讨会综述》，薛庆超著，《纪念中国人民抗日战争暨世界反法西斯战争胜利 60 周年学术研讨会论文集：下卷》，中共中央党史研究室科研管理部编，中共党史出版社 2006 年版。

《纪念中国人民抗日战争胜利 65 周年学术研讨会综述》，李鑫、罗存康著，《抗日战争研究》2010 年第 3 期。

《"第一届抗日战争史青年学者研讨会"综述》，敖凯著，《抗日战争研究》2014 年第 1 期。《抗日战争史研究的新开拓——"第二届抗日战争史青年学者研讨会"综述》，潘洵、赵国壮等著，《抗日战争研究》2015 年第 2 期。

《"第三届抗日战争史青年学者研讨会"综述》，董为民著，《抗日战争研究》2016 年第 3 期。

《新意迭出，未来可期："第四届抗日战争史青年学者研讨会"综述》，王峰、江沛著，《抗日战争研究》2017 年第 2 期。

《"第五届抗日战争史青年学者研讨会"综述》，杜薇著，《抗日战争研究》2018 年第 2 期。

《"第六届抗日战争史青年学者研讨会"综述》，杨思机著，《抗日战争研究》2019 年第 2 期。

《西南地区"抗日战争史学术研讨会"综述》,张子路著,《社会科学研究》1995年第4期。

《中日战争国际研讨会概述》,沈于、齐福霖著,《世界历史》1996年第5期。

《纪念中国人民抗日战争暨世界反法西斯战争胜利60周年"重庆抗战文化研讨会"述要》,凌孟华著,《重庆师范大学学报》2005年第5期。

《纪念世界反法西斯战争胜利65周年暨中国抗战文史研究国际学术研讨会综述》,凌孟华、王学振著,《文学评论》2011年第3期。

《"纪念世界反法西斯战争胜利65周年暨中国抗战文史研究国际学术研讨会"综述》,王碧萍、李会丽著,《重庆师范大学学报》2011年第1期。

《"中国全面抗日战争80周年及苏联在中国抗战中的贡献"中俄国际学术会议综述》,李天籽著,《东北亚论坛》2017年第5期。

《"对日战争与亚太社会经济政治变动"国际学术讨论会综述》,马晓娟著,《抗日战争研究》2018年第4期。

《"抗日战争研究中的史料问题"学术研讨会综述》,徐志民、夏卫东著,《抗日战争研究》2011年第1期。

《"蒋介石与抗日战争(1931—1945)"学术研讨会综述》,肖如平著,《抗日战争研究》2014年第2期。

（3）中缅战场

《云南举行二次世界大战中缅战场国际研讨会》,《人民日报》1994年6月27日。

《第二次世界大战中缅战场国际学术讨论会》,《抗日战争研究》1994年第3期。

《第二次世界大战中缅战场国际学术讨论会综述》,林超民著,《抗日战争研究》1994年第4期。

《第二次世界大战中缅战场国际学术讨论会综述》,彭训厚著,《军事历史》1994年第5期。

《第二次世界大战中缅战场国际学术讨论会概述》,赵世林著,《云南民族学院学报》1994年第3期。

《第二次世界大战中缅战场国际学术讨论会剪影》,李东伟、段一平著,《保山师专学报》1994年第2期。

《云南举行第二次世界大战中缅战场国际学术讨论会》,京中著,《抗日战争研究》1994 年第 3 期。

（4）华侨与抗日战争

《"海峡两岸华侨与抗日战争学术研讨会"综述》,《抗日战争研究》1999 年第 3 期。

《海峡两岸"华侨与抗日战争"学术研讨会追记》,笑建著,《海内与海外》1999 年第 11 期。

《海峡两岸"华侨与抗日战争"学术研讨会综述》,萧北婴著,《华侨大学学报》1999 年第 4 期。

《海峡两岸学术交流的一次盛会——海峡两岸"华侨与抗日战争"学术研讨会述评》,黄小坚著,《华侨华人历史研究》1999 年第 4 期。

《海峡两岸"华侨与抗日战争"学术研讨会文集出版》,《华侨华人历史研究》2000 年第 4 期。

《"华侨与抗日战争学术研讨会"会议综述》,何正开、伍淑斌著,《八桂侨刊》2015 年第 4 期。

《第二届海峡两岸抗日战争史学术研讨会综述》,李鑫、罗存著,《抗日战争研究》2009 年第 3 期。

《第三届海峡两岸抗日战争史学术研讨会综述》,李鑫著,《抗日战争研究》2011 年第 4 期。

《第四届海峡两岸抗日战争史学术研讨会综述》,都斌、李鑫著,《抗战史料研究》2014 年第 1 期。

《中华民族复兴视域中的抗战历史——第四届海峡两岸抗战史学术研讨会综述》,袁志秀著,《日本侵华史研究》2014 年第 1 期。

《第五届海峡两岸抗日战争史学术研讨会综述》,都斌、李鑫著,《抗战史料研究》2015 年第 2 期。

《两岸近代史学界交流与合作的纽带——"蒋介石与抗战时期的中国学术研讨会"述评》,李在全著,《抗日战争研究》2013 年第 3 期。

（5）雅尔塔体制与战后世界格局

《雅尔塔体制与战后世界格局(圆桌讨论会)》,张志、沈永兴等著,《世界历史》1991 年第 1 期。

《"雅尔塔体制与战后世界格局"研讨会综述》,张志敏著,《天津日报》1990 年 1 月 2 日。

《雅尔塔体制与战后世界格局讨论会述要》,张浩著,《世界史研究动态》1991年第2期。

《"雅尔塔体系与战后世界格局"学术讨论会综述》,张志敏著,《历史教学》1991年第4期。

《冷战起源与国际关系学术研讨会综述》,程文进、王蓉霞著,《世界历史》1999年第4期。

（6）二次大战对战后世界的影响

《"第二次世界大战与当代"学术研讨会综述》,张来仪著,《西北大学学报》1995年第3期//《中学历史教学参考》1995年第9期。

《中国和世界历史中转折:"世界反法西斯战争与人类进步"学术讨论会纪要》,《解放日报》1995年9月3日。

《第二次世界大战对战后世界的影响专题学术讨论会综述》,林文著,《军事历史》1992年第5期。

《第二次世界大战对战后世界影响学术讨论会》,林治波著,《世界史研究动态》1992年第12期。

《第二次世界大战与战后世界发展国际学术讨论会观点综述》,陈夕著,《中共党史通讯》1995年第12期。

《"世界反法西斯战争胜利70周年与战后国际秩序"研讨会综述》,顾炜、汪舒明著,《国际关系研究》2015年第4期。

《"反法西斯战争胜利和社会主义的历史命运理论研讨会"在崇州市召开》,沐民著,《社会科学研究》1996年第2期。

《第二次世界大战与科学技术发展学术研讨会综述》,江辛著,《军事历史》1997年第1期。

《二战史研究的新进展——二战与科学技术发展研讨会综述》,单琳锋著,《世界历史》1997年第1期。

《珍视历史经验坚持科技强军——"第二次世界大战与科学技术发展"学术讨论会综述》,李新生、单琳锋著,《电子对抗学术》1997年第1期。

《第二次世界大战与战后局部战争研讨会在石家庄召开》,彭训厚著,《军事历史》2003年第6期。

《第二次世界大战与战后局部战争的发展学术研讨会综述》,魏子任著,《世界历史》2004年第2期。

《中国第二次世界大战史研究会二○○二年年会暨学术研讨会会议综述》，张瑾著，《第二次世界大战与亚太国际合作：第二次世界大战史（重庆）学术讨论会论文集》，苑鲁、谢先辉主编，重庆出版社 2003 年版。

《第二次世界大战与战后局部战争学术研讨会综述》，魏子任著，《中国军事科学》2003 年第 6 期。

《中国第二次世界大战与战后局部战争的发展学术研讨会综述》，周平伦、魏子任著，《第二次世界大战与战后局部战争》，李小军主编，军事谊文出版社 2003 年版。

《"战争遗留问题暨中日关系展望国际学术研讨会"在北京召开》，《抗日战争研究》2004 年第 4 期。

《二战及其遗留问题对战后世界的影响学术研讨会在南京召开》，彭训厚著，《军事历史》2004 年第 6 期。

《"战争与和平：二战及战后世界的变动"会议综述》，韩琦著，《社会科学战线》2015 年第 12 期 //《世界近现代史研究》2015 年第 1 期。

《铭记历史　和平发展——"第二次世界大战对现代国际关系的影响"研讨会综述》，张文莲著，《俄罗斯东欧中亚研究》2015 年第 3 期。

（7）德日的侵略及其暴行

《日军侵华暴行国际学术研讨会综述》，党福民著，《抗日战争研究》1995 年第 4 期。

《日军侵华暴行国际学术研讨会纪要》，李志忠著，《高校社科信息》1995 年第 5 期。

《"日本侵略亚洲的历史不容否认"学术讨论会在北京召开》，李金泽著，《世界历史》2001 年第 4 期。

《"日本殖民教育侵略史第五届国际学术研讨会"在沈阳师范学院召开》，许桂清著，《沈阳师院学报》2001 年第 6 期。

《纪念"九·一八"七十周年"日本殖民教育侵略史第五届国际学术研讨会"在沈阳师范学院召开》，许桂清著，《辽宁教育研究》2001 年第 10 期。

《"日本军国主义思潮"研讨会综述》，周永生著，《外交学院学报》1995 年第 1 期。

《"日本侵略亚洲战争责任问题国际学术讨论会"综述》，陈丽菲、苏智良著，《抗日战争研究》2003 年第 4 期。

《日本应承担侵略亚洲战争的责任——日本侵略亚洲战争责任问题国际讨论会侧记》，彭善民、孙爱民著，《探索与争鸣》2003年第10期。

《日军战争罪行研讨会在大阪举行》，《人民日报》1999年12月14日。

《日本学者及友人专程来华参加石家庄举办"日军侵华暴行研讨会"》，《人民日报（海外版）》1995年8月21日。

《中国首次"慰安妇"问题研讨会在上海师大举行》，《上海师大学报》2000年第2期。

《中国"慰安妇"问题国际学术研讨会在上海举行》，张永英著，《妇女研究论丛》2000年第2期。

《"日军慰安妇"问题国际学术研讨会综述》，彭训厚著，《军事历史》2000年第3期。

《中国"慰安妇"问题国际学术研讨会综述》，陈丽菲、苏智良著，《抗日战争研究》2000年第2期//《历史研究》2000年第3期。

《"日军慰安妇问题"国际学术会议成功举行》，《延边大学学报》2014年第4期。

《延边大学"日军'慰安妇'问题"国际学术会议综述》，金成镐、金成杰著，《当代韩国》2014年第3期。

《"细菌战罪行国际学术研讨会"综述》，童远忠著，《抗日战争研究》2003年第1期。

《首届细菌战罪行国际学术研讨会综述》，童远忠著，《军事历史研究》2003年第1期//《常德师范学院学报》2003年第1期。

《第三次"侵华日军细菌战罪行"国际学术研讨会综述》，罗运胜著，《日本侵华史研究》2015年第4期。

《第五次七三一部队罪行国际学术研讨会综述》，王彤竹著，《学理论》2015年第36期。

《"纳粹屠犹和南京大屠杀国际研讨会"综述》，温立峰著，《学海》2005年第6期。

《"纳粹屠犹和南京大屠杀国际研讨会"综述》，钱春霞著，《抗日战争研究》2005年第4期。

《"大屠杀"国际学术研讨会综述》，刘百陆、文畅著，《世界历史》2006年第6期。

《循环往复的大屠杀记忆与教育——第五届犹太大屠杀中国教育者专题研讨会综述》，高霞著，《历史教学问题》2015年第2期。

《侵华日军南京大屠杀史研究会举行学术报告会纪念抗战胜利66周年》，《南京大屠杀史研究》2011年第3期。

《侵华日军南京大屠杀史研究会召开2012年第一次工作会议》，《南京大屠杀史研究》2012年第2期。

《历史记忆中的1937——北京、江苏两地学者纪念七七事变和南京大屠杀事件75周年学术交流会会议综述》，黄春锋、李锐著，《抗战史料研究》2012年第2期。

《南京大屠杀史料国际学术讨论会综述》，曾明著，《民国档案》2006年第1期。

《"南京大屠杀史料国际学术讨论会"综述》，易青、姜良芹著，《抗日战争研究》2006年第1期。

《"国家公祭视域下的南京大屠杀史研究"学术研讨会暨侵华日军南京大屠杀史研究会2014年学术年会在宁召开》，《日本侵华史研究》2015年第1期。

《"南京大屠杀与日本战争犯罪"国际学术研讨会综述》，王立、黄文凯、张国松著，《日本侵华史研究》2017年第4期。

《历史·和平·发展——"多元视域下的日本侵华与南京大屠杀研究"学术研讨会综述》，张国松著，《日本侵华南京大屠杀研究》2019年第1期。

《"战争与和平：人类命运共同体视域下的日本侵华与南京大屠杀研究"高层论坛综述》，张国松、童肖著，《日本侵华南京大屠杀研究》2019年第4期。

《"纽伦堡、东京审判与战争犯罪"学术研讨会会议综述》，徐持著，《净月学刊》2015年第6期。

《第三届"战后对日本战犯审判"青年学者研讨会综述》，曹鲁晓著，《日本侵华南京大屠杀研究》2018年第2期。

《法则构建与史事论析——2018纪念东京审判宣判70周年国际学术研讨会综述》，曹鲁晓著，《日本侵华南京大屠杀研究》2019年第1期。

（8）其他专题问题

《第二次世界大战军事学术讨论会综述》，马骏著，《军事历史》1988年第1期。

《第二次世界大战军事学术讨论会在京召开》，晓健著，《军事科学信息》

1988 年第 2 期。

《第二次世界大战战略问题研讨会述评》,彭训厚著,《军事历史研究》1993 年第 4 期//《军事历史》1993 年第 6 期。

《二次大战中的战争初期专题学术讨论会在军事学院举行》,《二战史通讯》1985 年第 7 期。

《太平洋战争学术讨论会》,金仁芳著,《世界史研究动态》1981 年第 9 期。

《牡丹江太平洋战争史学术讨论会纪实》,凌治彬著,《二战史通讯》1981 年第 1 期。

《关于太平洋战争史的学术讨论》,凌治彬著,《辽宁大学学报》1981 年第 6 期。

《日本"太平洋战争再考察国际会议"纪要》,墨孙著,《军事历史研究》1992 年第 4 期。

《"太平洋战争与中美关系"国际学术研讨会综述》,梁亚滨著,《新远见》2012 年第 2 期。

《纪念苏德战争爆发五十周年学术讨论会观点述要》,王健著,《四川社联通讯》1991 年第 4 期。

《"史迪威研讨会"述要》,周勇著,《社会科学研究》1992 年第 2 期。

《历史的责任 民族的情感——"战争引起民间赔偿法律问题国际研讨会"速写》,李国荣著,《华人时刊》2002 年第 4 期。

《"中日战争与战争遗留问题学术研讨会"综述》,袁成毅、夏卫东著,《抗日战争研究》2004 年第 2 期。

《战时国际关系——中日战争国际共同研究第四次会议综述》,许丽梅著,《社会科学研究》2010 年第 1 期。

《"战时国际关系:中日战争国际共同研究第四次会议"综述》,侯中军著,《近代史研究》2010 年第 3 期。

《第二次世界大战背景下的中日战争研究——"中日战争国际共同研究第五次会议"综述》,潘洵、赵国壮著,《抗日战争研究》2013 年第 4 期。

《纪念开罗会议七十周年学术研讨会综述》,关培凤著,《世界历史》2014 年第 5 期。

《军事与外交:二战史专题国际研讨会综述》,管世琳著,《历史教学问题》2013 年第 1 期。

《军事与外交：二战史专题国际学术研讨会综述》，肖文超著，《世界历史》2013 年第 5 期。

《二战史研究最新动态——"军事与外交：二战史专题国际研讨会"侧记》，王若茜著，《首都师范大学学报》2013 年第 1 期。

《"历史与记忆——二战史专题国际学术研讨会"在北京举行》，《世界知识》2015 年第 15 期。

《历史与记忆学术研讨会在首都师范大学召开》，史林凡著，《世界历史》2016 年第 2 期。

《"欧洲和东亚的二战记忆"国际学术研讨会综述》，高莹莹著，《抗日战争研究》2017 年第 4 期。

《中日关系的历史记忆与现实认知——"东亚和平的新愿景"学术研讨会暨第二次中日和平学者对话会综述》，刘喜涛著，《日本侵华史研究》2017 年第 1 期。

《东京审判再检讨——2013 年东京审判国际学术讨论会纪要》，程兆奇著，《军事历史研究》2014 年第 4 期。

《"韩国独立运动与中国抗日战争"学术研讨会综述》，张欣著，《当代韩国》2004 年第 2 期。

《回顾共同抗战史开拓研究新领域——"中韩第十三次抗日历史问题国际研讨会"综述》，高晓燕著，《抗日战争研究》2013 年第 3 期。

《"日本战略走向与中日关系定位"国际研讨会举行》，林昶著，《日本学刊》2014 年第 5 期。

《宋子文与战时中国研究——"宋子文与战时中国：1937—1945"国际学术会议综述》，李强著，《社会科学》2006 年第 9 期。

《二战史研究会部分理事与国际历史学会会长科卡教授座谈》，彭训厚著，《军事历史》2002 年第 1 期。

《"抗战时期北平反法西斯文学艺术研讨会"综述》，赵亚迅著，《抗日战争研究》2005 年第 3 期。

《沦陷时期北平文学艺术的反法西斯属性——北京市社会科学院举办的主题纪念研讨会综述》，赵亚迅著，《北京社会科学》2005 年第 4 期。

《抗战文学研究的创新和深化——中国抗战文史研究国际学术研讨会综述》，王学振、凌孟华著，《中国现代文学研究丛刊》2011 年第 4 期。

《"民国政要与第二次世界大战"学术研讨会综述》,梁艳著,《民国研究》
2015 年第 2 期。

第四节　二战史著作评介

《为了牢记这段历史——二战新书概览》,行省著,《世界历史》1995 年第
4 期。

一、通史

1. 中国学者著作

《评"〈现代国际关系〉史"(1917—1945)》,石磊著,《世界知识》1958 年第
24 期。

《评〈1931—1939 年国际关系简史〉》,李铁城著,《世界历史》1981 年第
6 期。

《〈第二次世界大战〉简介》,顾以淑著,《世界史研究动态》1979 年第 1 期。

《〈第二次世界大战史〉出版》,孙祥秀著,《人民日报》1982 年 11 月 15 日。

《〈第二次世界大战史〉(修订版)评介》,孙祥秀著,《世界历史》1995 年第
6 期。

《评〈第二次世界大战史〉》,李巨廉、王斯德著,《世界历史》1983 年第 4 期。

《评〈第二次世界大战〉》,夏韵芳著,《世界历史》1985 年第 5 期。

《研究第二次世界大战史的可喜成果(读〈第二天世界大战史〉)》,祝立明
著,《文汇报》1982 年 10 月 18 日。

《不囿成说,勇于探索——评〈第二次世界大战史〉》,孙祥秀著,《世界历
史》1982 年第 4 期。

《内容丰富的历史专著——评〈第二次世界大战〉》,李南友著,《人民日报》
1984 年 8 月 20 日。

《具有中国特点的历史专著:评〈第二次世界大战史〉》,史平著,《新书报》
1985 年第 2 期。

《张继平、胡德坤等著〈第二次世界大战史〉评介》,朱贵生著,《世界历史》
1985 年第 2 期。

《另一本出版最早的〈第二次世界大战史〉简介》,徐德荣著,《军事历史》

1989 年第 2 期。

《国内三部二战史著作比较片谈》，王建辉著，《社会科学评论》1986 年第 4 期。

《我国二战史研究的良好开端——评三部〈二战史〉专著》，吴东风、于江欣、程广中著，《军事历史研究》1987 年第 1 期。

《〈第二次世界大战史纲〉评介》，彭玉龙、彭训厚著，《军事历史》1990 年第 6 期。

《评〈第二次世界大战史纲〉》，冀伯祥著，《文史杂志》1991 年第 2 期。

《雄浑壮丽的反法西斯斗争历史画卷：评我国首部〈第二次世界大战史〉》，周绍昆著，《云南图书馆》1991 年第 2 期。

《纪念世界反法西斯战争胜利 60 周年——〈第二次世界大战史〉再版序言》，李铁映著，《世界历史》2005 年第 5 期。

《评五卷本〈第二次世界大战史〉第一卷》，侯成德著，《军事历史》1995 年第 6 期。

《第二次世界大战史研究的新起点：〈第二次世界大战史〉第一卷评介》，史卒著，《中国军事科学》1996 年第 2 期。

《含英咀华，求实创新——评介军事科学院军史部著〈第二次世界大战史〉第一卷》，李巨廉著，《世界历史》1996 年第 1 期。

《〈第二次世界大战史〉第二卷评介》，张海麟、禹杰著，《中国军事科学》1997 年第 1 期。

《发扬自身优势，博采众家之长——评军事科学院军事历史研究部编著的五卷本〈第二次世界大战史〉第二卷》，沈永兴著，《世界历史》1996 年第 3 期。

《史论结合的战争史佳作——〈第二次世界大战史〉第四卷评介》，张海麟、禹杰著，《中国军事科学》1999 年第 4 期。

《世纪之交史论结合的佳作——〈第二次世界大战史〉第四卷评介》，史众著，《军事历史研究》2000 年第 1 期。

《纪念世界反法西斯战争胜利 55 周年暨五卷本〈第二次世界大战史〉出版专家座谈会情况综述》，彭训厚著，《军事历史》2000 年第 6 期。

《一部具有中国特色的〈第二次世界大战史〉——兼评该书第五卷的开拓创新性》，朱庭光、陈祥超著，《军事历史》2000 年第 1 期。

《第二次世界大战史研究集大成之作——评军事科学院军事历史研究部著

的〈第二次世界大战史〉》,何奇松著,《中国军事科学》2001 年第 1 期。

《一部把中国与世界融为一体的二战史著——〈第二次世界大战编年史〉评介》,周桂香著,《抗战史料研究》2016 年第 1 期。

2. 国外学者著作

《近十五年来苏联有关二次世界大战史书籍的若干情况》,日娟玉等著,《世界史研究动态》1979 年第 7 期。

《苏联新出一本第二次世界大战史》,周剑卿译,《世界史动态与资料》1978 年第 4 期。

《苏联出版的几部关于二次大战的书》,《世界图书》1985 年第 6 期。

《苏联多卷集〈第二次世界大战史〉浅析》,章任贤著,《苏联问题研究资料》1986 年第 3 期。

《对苏联 12 卷本〈第二次世界大战史〉评介》,乌传衮著,《军事历史》1987 年第 3 期。

《〈1939—1945 年二次世界大战简史〉评介》,叶兴平著,《世界史研究动态》1986 年第 11 期。

《德意志民主共和国出版有关第二次世界大战史的著作》,刘陵著,《世界史动态与资料》1978 年第 7 期//《世界史动态与资料》1978 年第 7 期。

《吉尔伯特新版〈第二次世界大战全史〉评价》,余昌楷著,《世界史研究动态〉》1993 年第 1 期。

《法国出版一批有关二次大战的书》,《世界史研究动态》1980 年第 2 期。

《匈牙利出版一批二次大战时期的资料》,《世界史研究动态》1979 年第 7 期。

《关于二战期间德波关系新书四本》,刘邦义著,《世界史研究动态》1980 年第 5 期。

《外国对两本论述第二次世界大战的书的评论》,王丽兰著,《世界图书副刊》1980 年第 2 期。

《总结历史经验,维护世界和平:上海出版的部分第二次世界大战史译著概述》,林勇军著,《文汇报》1985 年 8 月 5 日。

《读〈第三帝国的兴亡〉》,朱州著,《世界知识》1979 年第 21 期。

《日本帝国海军战史 1914—1945》,《国外书讯》1978 年第 10 期。

《〈第二次世界大战简史〉国际编委会会议在柏林召开》,叶绥云著,《国外社会科学动态》1980 年第 5 期。

《一部全面系统地阐发斯大林兵法思想的力作：〈文谋武略当世雄：斯大林兵法〉一书评析》，张云著，《军事历史研究》1998 年第 4 期。

二、专题问题研究

1. 第二次世界大战的起源

《评价〈第二次世界大战的起源〉》，林鲁卿著，《世界史研究动态》1991 年第 4 期。

《简介〈第二次世界大战的起源〉》，林鲁卿著，《国外社会科学》1995 年第 8 期。

《正经与异端：〈第二次世界大战的起源〉评介》，潘人杰著，《读书》1993 年第 2 期。

《二战起源研究的新启迪——评泰勒〈第二次世界大战的起源〉》，金卫星著，《镇江师专学报》1994 年第 1 期。

《〈德国法西斯的兴起——第二次世界大战起源研究〉评介》，黄正柏、邢来顺著，《世界历史》2003 年第 3 期。

《研究法西斯的又一部力作——〈德国法西斯的兴起——第二次世界大战起源研究〉读感》，韦红著，《武汉大学学报》2003 年第 5 期。

《〈第二次世界大战大事纪要——起源、进程与结局〉评介》，史军著，《军事历史》1990 年第 4 期。

《谁是历史的渔人——读〈德国法西斯的兴起——第二次世界大战起源研究〉后感》，朱帅著，《资料通讯》2006 年第 10 期。

《一部具有重要学术价值的专著——读〈法西斯主义与第二次世界大战〉》，张海麟著，《世界历史》1989 年第 2 期。

《一部具有重要学术价值的专著——评朱庭光主编〈法西斯主义与第二次世界大战〉》，张海麟著，《红山撷文——二战史论文选》，张海麟著，中国文史出版社 1999 年版。

《一部系统研究法西斯的力作——评〈法西斯新论〉》，杨玉生著，《世界历史》1992 年第 5 期。

《一本求真求实的〈法西斯新论〉》，刘绪贻、桂立著，《兰州学刊》1994 年第 3 期。

《〈法西斯体制研究〉的重要贡献》,刘绪贻著,《世界历史》1995 年第 6 期。

《法西斯主义研究的重要进展——〈法西斯体制研究〉评介》,徐蓝著,《首都师范大学学报》1996 年第 1 期。

《积 20 年之功的力作——评介〈墨索里尼与意大利法西斯〉》,孙仁宗著,《世界历史》2005 年第 4 期。

《独树一帜的史学力作——评〈墨索里尼与意大利法西斯〉》,支绍曾著,《军事历史》2005 年第 8 期。

《史料丰富,视角全面——〈墨索里尼与意大利法西斯〉评介》,郑寅达著,《历史教学问题》2005 年第 2 期。

《被压倒的理性——读〈乌合之众——大众心理研究〉、〈法西斯群众心理学〉》,吴茂华著,《书屋》2004 年第 9 期。

《国内魏玛共和国研究的开创之作——读〈美国因素与魏玛共和国的兴衰〉》,赵骞著,《咸宁学院学报》2008 年第 5 期。

《〈希特勒夺权备战之路〉简评》,郑寅达著,《世界历史》1988 年第 3 期。

《日本侵略中国是处心积虑且由来已久——读〈日本侵华思想理论探源〉》,王艳娟、王龙著,《中国校外教育》2012 年第 16 期。

《揭倭皇裕仁真相 识法西斯之本质——读〈真相——裕仁与侵华战争〉并纪念"九一八事变"》,刘永佶著,《社会科学论坛》2005 年第 9 期。

《系统廓清日本侵略理论的一部力作——评〈"大东亚共荣圈"源流〉》,方艳华、刘志鹏著,《福建党史月刊》2008 年第 3 期。

《第二次世界大战前夜》,[日] 笹本骏二著,《外国史学摘译》1979 年第 3/4 期。

《第二次世界大战前夕的外交斗争》,[苏] В.Я.西波尔斯著;子木摘译,《国外社会科学著作提要》1982 年第 6 辑。

《两次世界大战之间自由主义的危机》,[奥] L.塔登著;雅禾摘译,《国外社会科学著作提要》1982 年第 6 辑。

《抉择:1937—1939 年英国外交政策的经济背景》,[英] 佩登著;黄跃民摘译,《二战史通讯》1985 年第 7 期。

《二战大战前夕的苏波、苏罗关系》,[苏] 帕尔萨达诺娃著;余伟民摘译,《二战史通讯》1985 年第 7 期。

《美国、英国和绥靖政策(1936—1939)》,[英] 麦克唐纳著;叶江编译,《二战史通讯》1985 年第 7 期。

《〈美国的绥靖政策〉评价》，余昌楷著，《世界史研究动态》1987 年第 12 期。

《"斯大林和希特勒"——苏俄 1930—1941 年的外交政策》，张正中著，《世界史研究动态》1980 年第 4 期。

《炮火中的文化——文化和第二次世界大战》，崔剑著，《世界史研究动态》1993 年第 4 期。

《德意志帝国与第二次世界大战》，《世界史研究动态》1983 年第 7 期。

《评入江昭〈第二次世界大战在亚洲及太平洋的起源〉》，仙慧著，《全球史评论》2017 年第 2 期。

《重读入江昭〈第二次世界大战在亚洲和太平洋地区的起源〉》，徐国琦著，《中华读书报》2015 年 4 月 1 日。

2. 战时抵抗运动

《欧洲抵抗纳粹 1940—1945》，《世界史研究动态》1983 年第 12 期。

《读〈欧洲反法西斯抵抗运动史〉》，张继平著，《世界历史》1986 年第 1 期。

《读〈第二次世界大战中的欧洲抵抗运动〉》，何桂全著，《世界经济与政治》1993 年第 8 期。

《殷勤留着花梢露——评〈第二次世界大战中的欧洲抵抗运动〉》，人淮著，《世界历史》1993 年第 3 期。

《贵在探索，贵在创新——〈第二次世界大战中的欧洲抵抗运动〉读后》，严双伍著，《武汉大学学报》1992 年第 2 期。

3. 中国抗战与第二次世界大战

《宏观考察中日战争史的一部力作——〈中日战争史（1931—1945）〉评介》，罗鸣著，《世界历史》1990 年第 3 期。

《中国抗日战争史学的新篇章——〈中国抗日战争史〉（上卷）读后》，王振德、侯成德著，《历史教学》1994 年第 4 期。

《对第二次世界大战史学的贡献——初读〈中国抗日战争史〉》，王振德著，《世界历史》1996 年第 5 期。

《评〈中国抗日战争史（1931—1945）〉》，经盛鸿著，《抗日战争研究》2002 年第 3 期。

《简评〈第二次世界大战中的中国战场〉》，石化著，《军事历史》1993 年第 3 期。

《恢复历史事实,弘扬民族精神——〈第二次世界大战中的中国战场〉评介》,侯成德著,《世界历史》1993年第4期。

《〈中国抗战与世界反法西斯战争〉评介》,林利民著,《世界历史》2006年第5期。

《从世界历史性进步的大视角看中国抗日战争的丰功伟绩——〈中国抗战与世界反法西斯战争〉评介》,林利民著,《中国军事科学》2006年第2期。

《综合研究的典范　令人折服的力作——〈中国抗战与世界反法西斯战争〉评介》,彭训厚著,《军事历史》2007年第2期。

《〈反法西斯战争时期的中国与世界〉(九卷本评介)》,彭训厚著,《外国军事学术》2010年第9期。

《一部把中国与世界融为一体的二战史巨著——九卷本〈反法西斯战争时期的中国与世界研究〉评介》,彭训厚著,《军事历史研究》2010年第3期。

《〈反法西斯战争时期的中国与世界研究〉评介》,邢来顺著,《武汉大学学报(哲学社会科学版)》2011年第5期。

《评〈反法西斯战争时期的中国与世界研究〉》,赵文亮著,《世界历史》2012年第4期。

《一个复杂的故事——评〈被遗忘的盟友:中国的第二次世界大战(1937—1945)〉》,牛军著,《国际政治研究》2014年第4期。

《一部西方研究抗日战争史的力作——〈中国,被遗忘的盟友:西方人眼中的抗日战争全史〉》,董文墨著,《党史博采(纪实)》2015年第1期。

《多重视野下的〈被遗忘的盟友〉》,欣明著,《党史博采(纪实)》2015年第1期。

《历史的公正:抗日战争与"负责任的大国"塑造——兼评〈中国,被遗忘的盟友:西方人眼中的抗日战争全史〉》,孙会岩、唐莲英著,《湖湘论坛》2015年第4期。

《探微索幽,求深创新——〈"九·一八"事变时期的中日外交史研究〉评介》,胡德坤著,《世界历史》1988年第4期。

《一本值得中日两国读者阅读的好书——〈卢沟桥事变史论〉评介》,李良志著,《抗日战争研究》1998年第1期。

《一部具有开拓意义的中日关系史著作——读袁成亮〈走向卢沟桥事变之路〉》,朱坤泉著,《苏州科技学院学报》2004年第1期。

《拨云见日史天晴——读阎玉田〈中国抗战局势与国际政治关系〉》，马舜著，《社会科学论坛》2010 年第 6 期。

《读〈抗日战争时期美国对华政策〉》，祝明著，《东岳论丛》1998 年第 4 期。

《〈抗日战争时期的中美军事合作〉简评》，张军贤著，《人民日报》2007 年 3 月 23 日。

《一部展现中德关系真实历史的新著——简评〈友乎？敌乎？——德国与中国抗战〉》，方庆秋著，《民国档案》1997 年第 3 期。

《中国抗日战争外交史的一部力作——评〈友乎？敌乎？德国与中国抗战〉一书》，朱懋铎著，《抗日战争研究》1998 年第 3 期。

《一部真实可信的抗战历史画卷——读〈中国远征军〉有感》，王楚英著，《军事历史》2008 年第 1 期。

《〈中国妇女抗战史研究(1937—1945)〉简评》，任贵祥著，《抗日战争研究》2000 年第 3 期。

《让史实说话——读〈中国妇女抗战史研究〉》，陈瑞云著，《史学集刊》2001 年第 2 期。

《不能忽视的区别——评〈中国共产党历史〉第一卷中关于日本投降的记述》，李恒著，《中共党史研究》2013 年第 2 期。

4. 法西斯的侵略及其暴行

《一部深究日本侵略战争根源的力作——评坂本雅子〈财阀与帝国主义：三井物产与中国〉》，冯昭奎著，《东北亚学刊》2012 年第 1 期。

《为了被忘却的媒体良知——评〈太平洋战争与日本新闻〉》，夏晶著，《新闻与传播评论》2015 年第 1 期。

《贿赂与掠夺——读格茨·阿利的〈希特勒的民族帝国：掠夺、种族战争和纳粹主义〉》，李晔梦著，《世界历史》2013 年第 4 期。

《〈9·18 事变研究〉评介》，石玉山著，《解放军报》1987 年 9 月 27 日。

《〈"九一八"事变研究〉评介》，王敬著，《史学月刊》1987 年第 6 期。

《〈"九一八"事变研究〉简介》，周继华著，《世界史研究动态》1988 年第 3 期。

《〈七七事变探秘〉问世》，徐志民著，《抗日战争研究》2013 年第 3 期。

《研究日本人战争责任的一部力作——评〈战后日本人的战争责任认识研究〉》，王希亮著，《抗日战争研究》2012 年第 4 期。

《略评〈日本向中国东北移民〉》,戴丽艳著,《黑龙江档案》1995 年第 4 期。

《评〈日本"满洲移民"研究〉》,魏克威著,《长春师范学院学报》2002 年第 1 期。

《揭露移民罪恶澄清历史真相——评〈日本"满洲移民"研究〉》,晨晓著,《东北师大学报》2002 年第 2 期。

《〈日本"北满移民"研究〉》,马伟著,《近代史研究》2016 年第 2 期。

《〈满洲农业移民入植图〉暴露日本侵略野心》,包艳伶著,《兰台世界》2013 年第 7 期。

《漫话〈日本移民侵略黑龙江〉》,戴伟著,《黑龙江档案》2015 年第 5 期。

《一项多重角度研究的创新成果——评〈伪满时期中国东北地区移民研究——兼论日本帝国主义实施的移民侵略〉》,陈景彦著,《东北亚论坛》2006 年第 3 期。

《〈侵华日军暴行总录〉——人类历史上最野蛮最疯狂的大屠杀铁证》,王宁著,《赤子(上中旬)》2015 年第 18 期。

《〈外人目睹中之日军暴行〉序》,郭沫若著,《郭沫若学刊》2014 年第 2 期。

《贝德士与田伯烈之〈侵华日军暴行录〉编撰始末》,徐炳三著,《南京社会科学》2019 年第 11 期。

《历史岂容篡改　档案铁证如山——评〈铁证如山:吉林省新发掘日本侵华档案研究〉》,胡珀、黄彦震著,《昆明学院学报》2016 年第 5 期。

《大屠杀研究的历史巨作——〈灭绝的年代:纳粹德国与犹太人,1939—1945〉评介》,胡浩、彭丽萍著,《史志学刊》2015 年第 5 期。

《日本法西斯侵华罪证——揭开历史之谜中的〈虎头要塞〉》,李王明著,《黑龙江教育》1995 年第 9 期。

《〈南京大屠杀史研究〉2012 年第总目录》,《南京大屠杀史研究》2012 年第 4 期。

《〈南京大屠杀史研究与文献系列丛书〉第 30 卷等新书在宁首发》,《日本侵华史研究》2013 年第 1 期。

《〈南京大屠杀史料集〉(1—55 册)简介》,张连红著,《抗日战争研究》2007 年第 4 期。

《南京大屠杀史料集》,《社会科学战线》2012 年第 2 期。

《〈南京大屠杀全纪实〉:反思历史勿忘国耻》,宋庄著,《人民日报(海外版）》2014 年 12 月 12 日。

《历史记实首当真实——简评〈南京大屠杀全记实〉》，徐志耕著，《扬子江评论》2015 年第 5 期。

《读〈〈南京大屠杀图证〉》，高兴祖著，《抗日战争研究》1997 年第 1 期。

《评〈侵华日军南京大屠杀图集〉》，高兴祖著，《江海学刊》1998 年第 3 期。

《一本关于南京惨案的重要史料集 ——评〈侵华日军南京大屠杀罪行档案史料选辑〉》，高兴祖著，《现代日本经济》1988 年第 2 期。

《〈二战时期日本暴行图片展〉在菲开幕 南京大屠杀史成展览重点》，《日本侵华史研究》2013 年第 3 期。

《〈南京大屠杀全史〉评介》，荣维木著，《抗日战争研究》2012 年第 4 期。

《关于〈南京大屠杀全史〉》，姜良芹，《北京日报》2012 年 12 月 17 日。

《〈南京大屠杀全史〉与南京大屠杀问题的学术研究》，步平著，《抗日战争研究》2013 年第 1 期。

《真实全面再现"南京大屠杀"真相的历史巨著——评〈南京大屠杀全史〉》，李沛霖著，《理论学刊》2013 年第 4 期。

《〈南京大屠杀史研究〉读后》，张连红著，《抗日战争研究》2012 年第 4 期。

《南京大屠杀历史的澄清与思考——读评〈澄清历史——南京大屠杀研究与思考〉》，陈辽著，《民国档案》2005 年第 4 期。

《评〈澄清历史——南京大屠杀研究与思考〉》，张连红著，《抗日战争研究》2006 年第 2 期。

《第三方国对南京大屠杀暴行的见证——评〈美国外交官的记载〉》，朱成山著，《日本侵华史研究》2013 年第 2 期。

《一部填补抗战史研究空白的新著——评经盛鸿〈战时中国新闻传媒与南京大屠杀〉》，张宪文著，《民国档案》2011 年第 3 期。

《南京大屠杀系列研究丛书中的奇葩——评〈腥风血雨话金陵〉》，朱成山著，《日本侵华史研究》2013 年第 1 期。

《我与英文版〈南京大屠杀〉著者张纯如的交往》，孙宅巍著，《日本侵华史研究》2013 年第 1 期。

《从西方传媒的报道与评论来研究南京大屠杀——评经盛鸿新著〈西方新闻传媒视野中的南京大屠杀〉》，孙健著，《南京大屠杀史研究》2011 年第 3 期。

《南京大屠杀史研究的又一力作——评〈英国外交官和英美海军军官的记

载——日军大屠杀与浩劫后的南京城〉一书》，朱成山著，《日本侵华史研究》
2014 年第 1 期。

《侵华日军制造南京大屠杀的铁证——〈1937—1938 年冬天日本人在南京
的暴行录〉介绍》，明玉著，《历史档案》1986 年第 3 期。

《曾经的〈东南日报〉新闻如今的南京大屠杀铁证——〈"东南日报"南京大
屠杀报道研究〉述评》，宋旭华著，《中国出版》2014 年第 19 期。

《〈恶魔的吹鼓手与辩护士——战时日本新闻传媒与南京大屠杀〉出版》，
《民国档案》2009 年第 1 期。

《战时日本新闻传媒的真实性等于零——读经盛鸿〈恶魔的吹鼓手与辩护
士——战时日本新闻传媒与南京大屠杀〉》，茅家琦，《民国档案》2009 年第
2 期。

《〈时间〉：堀田善卫对南京大屠杀的解读及对中日关系的思考》，徐静波著，
《日本问题研究》2013 年第 4 期。

《让历史发声　用史实说话——读〈日军常熟暴行录〉》，张衡著，《档案与建
设》2016 年第 4 期。

《〈重庆大轰炸研究〉在日本出版》，徐志民著，《抗日战争研究》2016 年第
1 期。

《一段不应该被忘记的历史——〈重庆大轰炸〉出版》，周松著，《中国出版》
2002 年第 12 期。

《揭开日军细菌战的重重黑幕——读哈里斯著〈死亡工厂〉》，丁晓强著，《抗
日战争研究》2001 年第 3 期。

《浅析日本人的中日"战争体验"——读田中正俊〈战中战后：战争体验与日
本的中国研究〉有感》，李柯岩、史桂芳著，《首都师范大学学报》2006 年第
S1 期。

《海外〈日本侵华研究〉杂志简介》，京中著，《抗日战争研究》1991 年第
1 期。

《不应忘记历史的悲剧——评〈战时日本贩毒与"三光作战"研究〉》，王卫
星著，《抗日战争研究》2000 年第 2 期。

《〈731 部队细菌战贻害研究〉简评》，金成民著，《北方文物》2009 年第 3 期。

《关于侵华日军化学毒气战的两部新著》，《抗日战争研究》1999 年第 3 期。

《一部向世界揭露二战日军细菌战罪行的新著——〈细菌战大屠杀〉评介》，

陈致远著，《常德师院学报》2002 年第 1 期。

《战争性别与创伤：解析诺拉·凯勒的〈慰安妇〉》，张丽、李鹏飞著，《北京工业大学学报》2013 年第 2 期。

《"根据天皇命令行动的野兽集团"的性奴隶——〈慰安妇研究〉评介》，张振鸥著，《抗日战争研究》2000 年第 2 期。

《侵华日军强征"慰安妇"的文学证言——以〈粉墨筝琶〉为例》，张元卿著，《日本侵华史研究》2013 年第 4 期。

《呐喊的"黑镜头"——读〈中国慰安妇〉》，徐斌著，《新闻实践》2005 年第 8 期。

《国家档案局发布〈"慰安妇"——日军性奴隶档案选〉》，崔清新著，《人民日报》2015 年 8 月 16 日。

《不能忘却的记忆——写在〈二战掳日中国劳工口述史〉出版之际》，许允龙著，《山东社会科学》2005 年第 8 期。

《一部坦然正视日本侵华历史的力作——读冈部牧夫〈伪满洲国〉》，马玉良著，《北华大学学报》2004 年第 5 期。

《一部反省日本侵华教育的力作——评〈满洲教育的基础研究〉》，宋恩荣、张海英著，《河北师大学报（教育科学版）》2001 年第 3 期。

《评〈冒险、失败与崛起——20 世纪德意志史〉》，夏季亭、宋钟璜著，《历史研究》1994 年第 5 期。

《现代德意志历史演进的全景图——评〈冒险、失败与崛起——二十世纪德意志史〉》，杨泽伟著，《世界历史》1994 年第 6 期。

《评〈纳粹德国的兴亡〉》，盛亚军著，《哈尔滨学院学报》2012 年第 8 期。

《德国社会民众与"大屠杀"——读费舍尔〈德国反犹史〉》，张倩红著，《史学理论研究》2009 年第 1 期。

《大屠杀与集体记忆〈论莫迪亚诺的大屠杀文学书写〉》，黄文凯著，《解放军外国语学院学报》2017 年第 3 期。

《关于〈陆军军医学校防疫研究报告Ⅱ部〉所载"预防免疫类"的总体介绍——基于日文档案的研究》，杨彦君著，《日本侵华史研究》2016 年第 4 期。

《简评〈鸦片——日本侵华毒品政策五十年（1895—1945）〉》，董文武、张文涛著，《抗日战争研究》2009 年第 1 期。

5. 二战战略、战术及战役

《"二战"战史杰作及其遗憾——读〈第二次世界大战战史〉》,维舟著,《军营文化天地》2013 年第 12 期。

《含英咀华,别具特色——评介李巨廉、潘人杰著〈第二次世界大战——专题述评一书〉》,陶樾著,《军事历史研究》1990 年第 3 期。

《读〈第二次世界大战——专题述评〉》,徐晓村著,《军事历史》1993 年第 3 期。

《〈第二次世界大战中的军事学术〉简介》,彭训厚著,《军事历史》1989 年第 2 期。

《〈第二次世界大战经验与教训〉评介》,夏韵芳著,《军事历史》1988 年第 2 期。

《凌云健笔意纵横——〈第二次世界大战经验与教训〉评介》,张继平著,《世界历史》1989 年第 1 期。

《〈历史的反思〉评介》,彭训厚著,《军事历史》1991 年第 4 期。

《白发青衫自漫歌:读〈历史的反思——第二次世界大战的战略和政略〉》,张海麟著,《世界史研究动态》1991 年第 4 期//《红山撷文——二战史论文选》,张海麟著,中国文史出版社 1999 年版。

《第二次世界大战的主要决定》,[瑞士] 雅克德洛纳著;石雷编译,《二战史通讯》1985 年第 7 期。

《军事战略与美国的崛起——评〈战时美国的欧洲战略〉》,辉湘著,《益阳师专学报》1998 年第 3 期。

《微精事理　宏揽全局——〈战时美国的欧洲战略〉评介》,彭训厚著,《军事历史》2000 年第 2 期。

《奇怪战争的秘密战略》,周以光著,《世界史研究动态》1985 年第 3 期。

《〈第二次世界大战中秘密战场〉评介》,宋晓虎著,《军事历史研究》1990 年第 3 期。

《一生行踪半天下满纸文墨献华夏:读刘思慕的〈第二次世界大战历史与现实〉》,张海麟著,《军事历史研究》1992 年第 1 期。

《一部颇有价值的"二战"史著作:评〈大搏杀:第二次世界大战典型战例评析〉》,李成刚著,《军事历史研究》1996 年第 4 期。

《德国历史研究领域的一个重要成果——〈德意志军事思想研究〉介绍》,肖辉英著,《世界历史》1999 年第 5 期。

《纳粹将军笔下的德国战争机器——〈德国国防经济与军事经济史〉评介》,朱忠武著,《军事历史》1991 年第 2 期。

《英国著名战略家利德尔·哈特二战研究代表作 纳粹将道①②③④》,[英]利德尔·哈特著;赵楚译,《军事历史》2005 年第 1/2/3 期/2006 年第 2 期。

《〈海权对第二次世界大战的影响〉书评》,倪乐雄著,《军事政治学研究》2015 年第 2 期。

《论杨杰〈评苏德战争〉》,杨德慧著,《云南师范大学学报》1986 年第 6 期。

《二战在中东:〈中东秘密战争:第二次世界大战期间轴心国和同盟国情报活动的影响〉评介》,成振海著,《近现代国际关系史研究》2016 年第 1 期。

《爱国书生对法国二战败亡的反省——以马克·布洛赫〈奇怪的战败〉为主要考察对象》,张辉著,《安徽理工大学学报》2015 年第 6 期。

6. 战时国际关系

《一本值得注意的二次世界大战史参考书:〈美国、英国和俄国——它们的合作和冲突,1941—1946 年〉简介》,《世界史研究动态》1979 年第 7 期。

《中东国际关系史的一部新书——〈二次大战期间帝国主义各国对阿拉伯东方的政策〉》,刘陵著,《世界史研究动态》1982 年第 6 期。

《〈抗日战争时期中国对外关系〉点评》,章百家著,《抗日战争研究》1996 年第 4 期。

《抗战前期的外交战场——〈中德日三角关系研究〉随想》,陈敏著,《炎黄春秋》2004 年第 10 期。

《一部卓尔不群的专门史著作——评〈日本近现代对华关系史〉》,史桂芳、王宁宁著,《历史教学(下半月刊)》2011 年第 7 期。

《一个复杂的课题:介绍〈动荡中的同盟——抗战时期的中苏关系〉》,杨云若著,《近代史研究》1994 年第 2 期。

《评王真著〈动荡中的同盟——抗战时期的中苏关系〉》,李嘉谷著,《抗日战争研究》1994 年第 3 期。

《战时中苏关系史研究的新收获——读〈合作与冲突——1931—1945 年的中苏关系〉》,徐万民著,《抗日战争研究》1998 年第 2 期。

《走出抗战时期中苏关系的迷雾——评曹艺〈"苏日中立条约"与二战时期的中国及远东〉》,张珊珍著,《抗日战争研究》2012 年第 3 期。

《中美关系史研究的新成果——读〈从赫尔利到马歇尔——美国调处国共矛盾始末〉》,陶文钊著,《中共党史研究》1990 年第 1 期。

《美国对华政策新解(评〈从赫尔利到马歇尔〉)》,章百家著,《世界历史》1990 年第 4 期。

《美国与现代中国——〈中美关系史(1911—1950)〉评析》,时殷弘著,《历史研究》1995 年第 2 期。

《一部系统探索抗战时期中美军事关系的力作——〈抗日战争时期的中美军事合作〉简评》,张军贤著,《军事历史》2007 年第 2 期。

《抗战后期外交研究的新进展——读〈太平洋战争爆发后国民政府外交战略与对外政策〉》,侯中军、李莉娜著,《抗日战争研究》2011 年第 3 期。

《中德关系史研究的新成果——评〈政治游戏中的一张王牌:德国对伪满洲国政策研究〉》,刘新利、高宗一著,《北方论丛》2002 年第 6 期。

《评〈太平洋战争时期的中英关系〉》,杨群著,《世界历史》1995 年第 4 期。

《一部颇具特色的中英关系史新著——读〈太平洋战争时期的中英关系〉》,萨本仁著,《世界历史》1996 年第 6 期。

《〈阿卡迪亚会议——太平洋战争〉一书的摘录》,[美] 约翰·科斯特洛著;蓝天摘译,《环球》1983 年第 5 期。

《美日关系研究的一部力作——读〈眺望珍珠港:美日从合作走向战争的历史透视〉有感》,蔡翔著,《现代传播》2003 年第 3 期。

《开中国研究日美冲绳问题起源之先河——评刘少东教授所著〈日美冲绳问题起源研究 1942—1952〉》,王振锁著,《世界知识》2012 年第 14 期。

《钓鱼岛是日本固有的领土吗？——评村田忠禧教授新作〈日中领土问题的起源〉》,胡德坤、颜子龙著,《现代国际关系》2013 年第 11 期。

《〈共产国际与二次大战〉》,王闻编译,《国际社会与经济》1996 年第 4 期。

《"自由泰"运动始末(介绍〈泰国与第二次世界大战〉)》,林谦著,《世界史研究动态》1982 年第 7 期。

7. 罪行清算与战争反省

《〈东京战犯审判〉介绍》,李宏为编译,《历史档案》1988 年第 1 期。

《再现东京审判的佳作——〈东京审判〉译著评介》,志勇著,《历史教学》1989 年第 4 期。

《丧钟为谁而鸣——〈远东国际军事法庭审判纪实〉读后》,戴文葆著,《出版科学》2005 年第 5 期。

《〈东京审判亲历记〉出版随想》，梅小璈著，《法制日报》2016 年 8 月 15 日。

《〈东京审判——为了世界和平〉中国法官后代们的客观力作》，洪鸿、赵国明著，《台声》2017 年第 14 期。

《远东国际军事法庭上中国知识分子的忧思——读〈东京大审判——远东国际军事法庭中国法官梅汝璈日记〉》，张国功、曾祥金著，《中国出版》2015 年第 21 期。

《跨越国界的历史认识——顾若鹏〈从人到鬼，从鬼到人：日本战争罪行与中国审判〉读后》，严海建著，《抗日战争研究》2017 年第 1 期。

《探寻日本战败后的真面目——〈拥抱战败：第二次世界大战后的日本〉评介》，吴妙思、胡天舒著，《外国问题研究》2018 年第 1 期。

《〈检证·战争责任〉读后》，步平著，《抗日战争研究》2007 年第 2 期。

《战后日本为侵略战争全面翻案的第一本书——林房雄的〈大东亚战争肯定论〉》，王向远著，《安徽理工大学学报》2006 年第 2 期。

《〈未走完的历史和解之路：战后日本的战争赔偿与对外援助〉出版》，郭蕾著，《抗日战争研究》2018 年第 4 期。

《〈中国抗战损失与战后索赔始末〉出版》，《民国档案》1995 年第 2 期。

《史学工作者献给抗战胜利 50 周年的佳礼——读〈中国抗战损失与战后索赔始末〉》，徐启平著，《民国档案》1995 年第 2 期。

《一部进行爱国主义教育和开拓创新的佳作——〈中国抗战损失与战后索赔始末〉评介》，刘庆楚著，《南京社会科学》1995 年第 8 期。

8. 其他问题研究

《伊朗危机与冷战起源研究的力作——读〈伊朗危机与冷战的起源〉》，李铁匠著，《世界历史》2003 年第 5 期。

《美国：国家和工人阶级（从美利坚合众国成立到第二次世界大战结束期）》，[苏]西瓦切夫著；贺龙宝译，《现代外国哲学社会科学文摘》1985 年第 9 期。

三、工具书

《第二次世界大战词典》，李化著，《世界图书（A）》1981 年第 1 期。

《第二次世界大战历史百科全书》，《世界图书（A）》1981 年第 10 期。

《第二次世界大战百科全书》,《世界史研究动态》1983 年第 1 期。

《评〈第二次世界大战百科词典〉》,徐晓村著,《军事历史》1994 年第 6 期。

《我国第一部战争百科词典——〈第二次世界大战百科词典〉的编纂》,林益民著,《军事历史研究》1990 年第 1 期。

《我国二战史研究的一项重大成果——评〈第二次世界大战百科词典〉》,陈祥超著,《世界历史》1995 年第 1 期。

《重温历史 放眼未来:评介〈第二次世界大战百科词典〉》,林明著,《军事历史研究》1995 年第 2 期。

《评〈第二次世界大战通鉴〉》,朱贵生著,《光明日报》1996 年 9 月 30 日。

《〈中国抗日战争与第二次世界大战系年要录·统计荟萃〉评介》,郭木石著,《军事史林》1989 年第 3 期。

《〈二战研究在中国〉评介》,梁占军、张晓华著,《世界历史》2007 年第 2 期。

《一部二战学术史研究的新作——评〈二战研究在中国〉》,李世安著,《史学集刊》2007 年第 1 期。

《芳草无情,更在斜阳外——读〈二战研究在中国〉》,熊伟民著,《历史教学问题》2007 年第 2 期。

《〈中国抗日战争与第二次世界大战统计〉评介》,史桂芳著,《抗日战争研究》2012 年第 4 期。

《一部史论与史料有机结合的抗战史研究力作:〈中国抗日战争与第二次世界大战统计〉评介》,史桂芳著,《军事历史》2012 年第 5 期。

《美国新版"二战史百科"有关中国的条目述评》,余昌楷著,《世界史研究动态》1993 年第 6 期。

《评〈第二次世界大战实录〉》,裴燕生著,《档案学通讯》1995 年第 6 期。

《历史的评说与见证——〈中国抗日战争论纲〉出版》,麻光武著,《全国新书目》2005 年第 13 期。

《全景展示抗日战争的辉煌宏篇画卷——〈世界抗日战争图志〉评介》,汤重南著,《中国摄影家》2007 年第 7 期。

《用画笔将历史定格——评〈现存历史——南京大屠杀幸存者素描肖像诗画集〉》,张华清著,《日本侵华史研究》2013 年第 2 期。

四、资料与文件

《西德资产阶级的第二次世界大战史历史编纂学》,〔苏〕A.H.麦尔查洛夫著;李君锦摘译,《国外社会科学著作提要》1980 年第 1 期。

《苏刊介绍〈西德资产阶级第二次世界大战史编纂学〉一书》,《国外社会科学动态》1980 年第 6 期。

《有关第二次世界大战的一些资料》,〔苏〕加琳娜·米哈依洛娃著;晓文译,《世界历史译丛》1979 年第 3 期。

《〈日本帝国主义侵华档案资料选编〉评介》,李侃、解学诗等著,《近代史研究》1991 年第 1 期。

《第二次世界大战前夜的文件和材料》,姚昆遗编译,《世界史研究动态》1983 年第 5 期。

《〈一九四一——一九四五年伟大卫国战争时期国际会议上的苏联〉(文件集)》,侯成德著,《世界史研究动态》1979 年第 9 期。

《希特勒的"独白"——马丁·鲍曼的秘密记录》(全 3 期),李进军译,《世界史研究动态》1981 年第 8 期—第 10 期。

《介绍〈齐亚诺日记〉1939—1943 年(第二次世界大战历史资料)》,陈廷祐著,《世界历史》1983 年第 6 期。

《南京大屠杀史研究的新成果——〈侵华日军南京大屠杀暴行日志〉出版》,段月萍著,《抗日战争研究》2004 年第 3 期。

《南京大屠杀铁证:〈陷京三月记〉——"国医"蒋公穀 73 年前写下南京大屠杀亲历》,王德安、东方晓著,《东方收藏》2010 年第 8 期。

《〈南京大屠杀史料集〉总序》,张宪文著,《民国档案》2005 年第 3 期。

《〈日本现存南京大屠杀史料研究〉出版》,《民国档案》2009 年第 1 期。

《〈日本侵华细菌战〉出版》,徐志民著,《抗日战争研究》2014 年第 4 期。

《〈侵华日军细菌战资料选编〉(第一辑)出版发行》,宋吉庆著,《北方文物》2011 年第 3 期。

《〈浙江省崇山村侵华日军细菌战罪行史实〉出版》,《抗日战争研究》1999 年第 3 期。

《日军细菌战罪证新资料:〈金子顺一论文集〉的发现及其意义》,奈须重雄、罗建忠著,《武陵学刊》2012 年第 3 期。

《关于〈汤普森报告书〉的初步解读——基于美国解密日本细菌战档案的调

查》,刘汝佳著,《北方文物》2012 年第 4 期。

《〈远东国际军事法庭庭审记录〉及"对日战犯审判文献丛刊"出版》,李强著,《抗日战争研究》2014 年第 1 期。

《〈远东国际军事法庭庭审记录〉、检索工具及人名问题》,程兆奇、赵玉蕙著,《近代史研究》2014 年第 5 期。

《大爱无疆——〈浙江抗日军民救护遇险盟军档案〉介绍》,张晰著,《浙江档案》2011 年第 1 期。

五、人物传记

《〈希特勒传〉(书评)》,《世界史研究动态》1979 年第 1 期。

《〈墨索里尼传〉(书评)》,寿关荣著,《世界史研究动态》1983 年第 1 期。

《〈戈培尔日记〉(1945 年 2 月 27 日至 4 月 8 日)》,陈倩筠译,《书林》1979 年第 2 期。

《间谍——左尔格》,晓吕著,《世界图书》1982 年第 5 期。

第五节　其他问题研究

《第二次世界大战中的女兵》,丁伟著,《军事史林》1994 年第 6 期//《当代世界》1995 年第 3 期。

《第二次世界大战中的妇女》,潘焕民著,《羊城晚报》1995 年第 3 期。

《第二次世界大战中的儿童》,本刊编辑部著,《军事史林》2000 年第 7 期。

《纳粹童子军》,柏金著,《世界军事》2003 年第 2 期。

《艰辛·危险·悲哀——二战时期德国纳粹装甲兵生活纪实》,张盟山、刘玉成著,《环球军事》2003 年第 11 期。

《"二战"期间一段悲壮记忆——青浜岛跨国生死情,空中逃生记》,若遇著,《世界军事》2001 年第 8 期。

《"我是美国飞行员……"漫谈美军飞行员的营救标志》,博阳著,《军事史林》2003 年第 9 期。

《一桩扑朔迷离的历史疑案》(全 2 期),晓光、李英鹏著,《东欧》1997 年第 2/3 期。

《二战秘闻录》,高士振著,《文史天地》1995 年第 4 期。

《第二次世界大战秘闻》,[苏]波列集卡著,《国际问题译丛》1958 年第 2 期。

《二战趣闻:动物"士兵"建殊勋》,孟微著,《军事历史》1996 年第 5 期。

《利德尔日记曝光英国二战机密》,沈志真著,《兵工科技》2003 年第 1 期。

《日美二战文献之争考》,李锡峰、雷霆著,《晋图学刊》1997 年第 1 期。

《邮票中的反法西斯战争》,方言著,《21 世纪》1995 年第 4 期。

《第二次世界大战的勋章》,石雷、马晓英著,《百科知识》1984 年第 8 期。

《第二次世界大战最重要的一枪》,王永怀著,《国防》2001 年第 5 期。

《英国报界首次披露二战最惨重的误伤事件》,建平著,《现代妇女》1995 年第 4 期。

《二战中盟军最大的一次误伤》,晓钟著,《文史杂志》1997 年第 3 期。

《二战中盟军的三次大火并》,王云雷、李宗昆著,《军事史林》1998 年第 9 期。

《纳粹德国的一批黄金哪里去了?》,林汉隽著,《外国史知识》1984 年第 10 期。

《二战期间纳粹黄金流向何方》,洁子著,《世界知识》1996 年第 24 期。

《2226 吨黄金历险记——这不是虚构的故事,而是二次世界大战中一页真实的历史》,闻一著,《外国史知识》1981 年第 2 期。

《足球与世界大战》,阿城著,《收获》1998 年第 3 期。

第二章　第二次世界大战的起源、起点与性质

第一节　第二次世界大战的起源与起因

一、第二次世界大战的起源

1. 概述

《第二次世界大战的起源》(全 3 期),姚敬恒译,《贵州大学学报》1985 年第 4 期//1986 年第 1/2 期。

《第二次世界大战起源新探》,[英] 安·亚当思韦特著;叶江摘译,《世界史研究动态》1987 年第 2 期。

《苏联对二战起源问题的研究》(全 2 期),俞新天、徐筠著,《世界史研究动态》1984 年第 1/2 期。

《苏联史学界关于二战起源的研究动态》,俞新天、徐筠著,《第二次世界大战起源研究论集》(华东师范大学历史系编),华东师大出版社 1986 年版。

《西方史学界关于二战起源的论争述评》,潘人杰著,《第二次世界大战起源研究论集》(华东师范大学历史系编),华东师大出版社 1986 年版。

《关于第二次世界大战起源的两种观点》,[日] 齐藤孝著;朱根译,《现代外国哲学社会科学文摘》1985 年第 10 期。

《时代、格局和人——关于世界大战起源问题的若干思考》,潘人杰、李巨廉著,《世界历史》1989 年第 1 期。

《两次世界大战起源的比较研究》,潘人杰、李巨廉著,《第二次世界大战史论文集②》,中国二战史研究会编,国防大学出版社 1986 年版。

《概论世界大战的起源和抑制因素》,任银睦著,《青岛大学师范学院学报》1995 年第 2 期。

《对制约世界大战几个因素的分析》,狄春著,《国防大学学报》1988 年第 1 期。

《试论两次世界大战在起源上的异同及教训》,张守意著,《惠州大学学报》

1995 年第 3 期。

《管理维护国际和平须强化联合国维和功能和汲取二战爆发的深刻教训》，毛宗山、万芬等著，《二战及其遗留问题对国际关系的影响》，二战史研究会编，2004 年。

《本世纪两次世界大战的根源与性质怎样？》，王存华著，《新史学通讯》1953 年第 10 期。

《试论第二次世界大战的起源——谨以此文纪念齐世荣先生逝世一周年》，徐蓝著，《首都师范大学学报》2016 年第 6 期。

《试论第二次世界大战的起源》，徐蓝著，《近现代国际关系史研究》2017 年第 2 期。

《通向全面战争之路——略论有关第二次世界大战起源的若干问题》，罗荣渠著，《世界历史》1979 年第 5 期。

《第二次世界大战在西方的酝酿与爆发》，《军事历史》2015 年第 2 期。

《第二次世界大战的爆发及启示》，俞世福等著，《第二次世界大战史论文集⑤：科学技术的力量》，戚世权主编，解放军出版社 1999 年版。

《第二次世界大战爆发的历史启示》，曹胜强著，《枣庄学院学报》2005 年第 6 期。

《20 世纪两次世界大战发生的历史反思——兼论反法西斯战争的历史地位》，徐友珍著，《武汉大学学报（人文科学版）》2015 年第 4 期。

《第二次世界大战的根源探析及当代启示》，郑寅达著，《大连干部学刊》2015 年第 5 期。

《仅仅是执行命令吗？ 美一学者对传统的二战史观提出质疑》，《山东经济日报》1996 年 5 月 8 日。

《不可用哗众取宠的手法歪曲历史事实——驳所谓斯大林和希特勒共谋挑起二战的谬论》，刘淑春、佟宪国著，《世界社会主义研究》2019 年第 6 期。

2. 世界经济发展与第二次世界大战

《经济危机与两次世界大战》，广东省第一汽车制配厂工人理论组著，《中山大学学报》1975 年第 4 期。

《关于资本主义经济危机问题：三十年代的经济危机导致第二次世界大战》，余惕君著，《文汇报》1975 年 1 月 26 日。

《重评道威斯计划》，胡果文、王少如著，《史学月刊》1986 年第 6 期。

《两次世界大战期间的战绩纠纷》，杨子竞著，《世界历史》1985 年第 7 期。

《二次大战前资本主义世界的经济危机》，《解放军报》1974 年 12 月 6 日//《广西日报》1974 年 12 月 17 日。

《第二次世界大战以前资本主义世界各次主要经济危机的简况》，红鸣著，《教学与研究》1963 年第 2 期。

《世界整体发展与三十年代经济危机的爆发》，杨泽伟著，《武汉大学学报》1996 年第 4 期。

《经济危机与帝国主义战争——学习世界近代现代史札记》，黄宏著，《思想战线》1975 年第 1 期。

《推动二战爆发的催化剂：1929—1933 年的经济危机》，陈噉著，《西南民族学院学报》1996 年（历史、经济研究专辑）。

《三十年代的经济危机与第二次世界大战的爆发》，郑宗育著，《上饶师专学报》1983 年第 3 期。

《三十年代的资本主义经济危机》，郑庆云著，《陕西师大学报》1975 年第 1 期。

《1929—1933 年资本主义世界经济危机》，《吉林师大学报》1975 年第 1 期。

《30 年代经济危机与德美资本主义》，吴友法著，《武汉大学学报（社会科学版）》1989 年第 4 期。

《经济大危机对三十年代国际关系的影响》，马娟娟、鲁利著，《时代经贸（下旬刊）》2008 年第 3 期。

《二十世纪三十年代的国际经济战》，崔树菊著，《天津师院学报》1982 年第 2 期//《世界现代史论文集》，三联书店 1982 年版。

《二十世纪三十年代国际关系中的经济战》，胡毓源著，《上海师大学报》1986 年第 4 期。

《科学技术与第二次世界大战》，钟伦荣著，《长沙水电师院学报》1995 年第 2 期。

《二次大战前的国际贸易与金融》（上下），吴永珣著，《国际贸易问题》1986 年第 6 期//1987 年第 1 期。

《国家经济利益因素与国际冲突的缘起及反思——以二战的起源为个案的探讨》，黄世相、杨捷著，《江西师范大学学报》2005 年第 5 期。

3. 国际政治、国际关系与第二次世界大战

《从战争到战争：论一战对二战的影响》，[德]格哈德·希斯菲尔德著；孙明丽译，《东北亚论坛》2017年第1期。

《试论第一次世界大战后德国对一战的反思》，张国臣著，《许昌学院学报》2018年第5期。

《国际联盟与第一次世界大战后的国际秩序》，徐蓝著，《中国社会科学》2015年第7期。

《三十年代国际政治三角结构与二战爆发》，王旭东著，《学术界》1991年第1期。

《二十世纪三十年代欧洲国际格局的演变》，叶书宗著，《上海师大学报》1992年第2期。

《世界整体发展与第二次世界大战的起源》，韩永利著，《理论月刊》1996年第1期。

《两次世界大战与世界整体化进程》，仇海燕著，《淮阴师院学报》2000年第2期。

《世界整体性发展对世界大战的制约》，王冰著，《历史教学问题》2000年第1期。

《世界大战与西方近代战争伦理观》，朱之江著，《军事历史》2002年第4期。

《军事理论的发展对第二次世界大战爆发的影响》，刘文书、平志伟著，《军事教育学院学报》1992年第5期。

《两种国际集体安全体系的失败——走向二战的重要一步》，徐海平著，《聊城师院学报》1999年第2期。

《从英法苏外交政策的失误看二战起源》，王三义著，《天水师院学报》1996年第1期。

《二战前反法西斯国家战略判断及决策的失误与影响》，肖鹏著，《军事史林》2009年第4期。

《三大冲击与资本主义政治格局的演变暨第二次世界大战的爆发》，刘家钦著，《阜阳师院学报》1995年第4期。

《凡尔赛—华盛顿体系与两次世界大战之间的国际关系》，徐蓝著，《历史教学问题》2000年第3期。

《对凡尔赛—华盛顿战略格局演变的历史思考》,于延民著,《军事历史》1992 年第 5 期。

《从凡尔赛—华盛顿体系的内在矛盾看二战起源》,赖凡著,《长江师范学院学报》2008 年第 6 期。

《从〈凡尔赛和约〉看第二次世界大战的爆发》,卫艳伟著,《沧桑》2010 年第 6 期。

《战争之后的正义与和平——对与〈凡尔赛条约〉相关的几个问题的思考》,熊伟民著,《北大史学》,2011 年。

《军备竞赛与太平洋战争的起源》,徐传博著,《历史教学(下半月刊)》2019 年第 10 期。

《军备竞赛与第二次世界大战的来临》,[英]约瑟夫·梅奥罗著;年玥译,《中国国际战略评论》2015 年第 1 期。

《从 1937 年布鲁塞尔会议看国际关系格局的变化及其影响》,冯国民著,《国际关系学院学报》1988 年第 1 期。

《略论小协约国与两次世界大战之间的国际关系》,李树房著,《聊城师院学报》2000 年第 3 期。

《两次世界大战之间巴尔干国家发展的共同特点》,[保]克勒斯托·曼切夫著;马细谱译,《世界历史译丛》1980 年第 3 期。

《试论 20 世纪亚太地区国际格局的演变》,徐蓝著,《首都师范大学学报》2014 年第 3 期。

《帝国主义争霸必然导致战争——1931 年至 1938 年欧洲国际关系史剖析》,施世新著,《厦门大学学报》1976 年第 1 期。

《资本主义利益争夺和帝国主义国际秩序引发战争》,徐蓝著,《中国社会科学报》2014 年 7 月 28 日。

《通向战争的道路——霸权与均势之间的欧洲》,[民主德国]洛塔尔·格鲁赫曼著,《世界历史译丛》1979 年第 3 期。

《两次世界大战之间的帝国主义政治》,唐希中著,《武汉大学学报》1984 年第 4 期。

《旧欧洲的衰颓——论两战之间的英法外交与国际政治》,时殷弘著,《复旦学报》1999 年第 6 期。

《有必要对两次世界大战时期的欧洲史进行再认识——关于时代问题的探

讨》，陈鲁直著，《现代国际关系》1988 年第 2 期。

《两次世界大战之间中东的国际政治》，张润民著，《西南亚研究》1988 年第 4 期。

《苏联的"边缘化"与第二次世界大战的爆发》，王共晋著，《淮阴师院学报》2001 年第 4 期。

《浅析斯大林外交思想对二战爆发的影响》，刘畅著，《西安社会科学》2011 年第 1 期。

《略论第二次世界大战前夕的主要矛盾》，王方著，《世界现代史论文集》（第一集），三联书店 1980 年版。

《两次世界大战之间国际关系中主要矛盾及其发展变化》，隋兆蔚著，《国际关系史论文集》，中国国际关系史研究会，1981 年。

《试论 1918—1941 年帝国主义国家间的矛盾及其发展》，萨师炯著，《甘肃师大学报》1963 年第 3 期。

《论斯大林对二战前世界主要矛盾划分的失误》，刘耀国著，《齐齐哈尔师院学报》1985 年第 5 期。

《第一次世界大战后的远东太平洋形势与华盛顿会议（1921—1922 年）》，郑挺著，《历史教学》1958 年第 7 期。

《关于洛迦诺公约的性质问题》，马真玉著，《世界近现代史论文集》（河南大学历史系编），1985 年。

《评凯洛格非战公约》，王明中著，《江汉论坛》1980 年第 2 期。

《凯洛格铸造的非战公约》，王明中著，《美国史论文集》，三联书店 1980 年版。

《1932 年国联裁军会议》，顾学杰著，《中学历史教学》1987 年第 8 期。

《1930 年代苏联构建集体安全的失败——一种基于"威胁平衡理论"的分析》，徐振伟著，《河南大学学报》2012 年第 4 期。

《苏联集体安全体系的落空与二战的爆发——兼论当今世界和平》，刘春蕊著，《彭城职业大学学报》1995 年第 1 期。

《论国联在维护国际安全中的悲剧角色》，王晓艳著，《中共太原市委党校学报》2010 年第 1 期。

《国际联盟集体安全机制评析》，张晓东著，《云南社会主义学院学报》2015 年第 2 期。

《欧洲集体安全制的失败与二战的爆发》,文晓燕著,《南昌职业技术师院学报》1994年第4期。

《20世纪30年代国际联盟对日、意经济外交的失败》,杨泽喜著,《理论月刊》2010年第4期。

《两次世界大战之间的帝国主义裁军》,林和坤著,《南开史学》1980年第1期。

《两次世界大战期间的帝国主义裁军骗局》,林和坤著,《历史教学》1984年第2期。

《两次大战中间时间国际关系中的裁减海军军备》,王德仁著,《国际关系史论文集》,中国国际关系史研究会,1981年。

《海权争夺与第二次世界大战的爆发》,苏读史著,《三十年代主要国家的战略与军备》,军事科学院军事历史研究部编,军事科学出版社1990年版。

《二十世纪西方大众政治对国家对外政策和外交的影响》,时殷弘著,《南京大学学报》2001年第3期。

《20世纪的民族民主运动及其影响》,时殷弘著,《世纪之交的中美关系》,中国社会科学出版社2000年版。

《民族主义与二十世纪的战争》,赵文亮著,《第二次世界大战与世界历史进程:第二次世界大战史(武汉)学术讨论会论文集》,胡德坤主编,武汉大学出版社2002年版//《河南师范大学学报》2003年第4期。

《从民族主义角度看第二次世界大战的爆发》,李世安著,《中国社会科学院院报》2005年5月12日。

《苏联民族利己主义外交政策与二战的爆发》,张小兵著,《宁夏大学学报》2006年第2期。

《从德国人的性格看二战的爆发》,戴云阳、陆迪民著,《新学术》2009年第1期。

《两次世界大战之间的法国安全政策评析》,王振亚著,《法国研究》2001年第2期。

《试析两次世界大战期间法国安全战略的演变》,荣莉、胡利胜著,《牡丹江师院学报》2000年第1期。

《东方公约与苏德关系》,李筠著,《历史教学问题》1984年第6期。

《浅析两次世界大战期间苏联外交的特点》,欧阳杰著,《井冈山师院学报》

2002 年第 2 期。

《两次世界大战之间的国际法与人权保护问题:以保护少数者为中心》,龚刃韧著,《中外法学》1992 年第 1 期。

《苏德秘密军事合作 20 年》,罗山爱著,《环球军事》2007 年第 7 期。

《一个引人注目的披露:关于苏德 1922—1933 年间军事合作内幕》,徐桃林著,《军事史林》1991 年第 2 期。

《二战前波兰外交政策探析》,龚建伟著,《法制与社会》2017 年第 3 期。

4. 法西斯主义与第二次世界大战

《略论法西斯主义就是战争》,肖汉森著,《湖北大学学报》1985 年第 4 期。

《法西斯与二战》,陈祥超著,《人民日报》1995 年 5 月 3 日。

《法西斯与第二次世界大战》,陈祥超著,《中国社会科学院院报》2005 年 5 月 12 日。

《法西斯主义与二次大战的爆发》,朱庭光著,《三十年代主要国家的战略与军备》,军事科学院军事历史研究部编,军事科学出版社 1990 年版。

《试论轴心国军事膨胀型经济危机》,包奕诚著,《世界经济》1982 年第 8 期。

《普鲁士精神、法西斯主义与第二次世界大战的爆发》,李世安著,《烟台大学学报》2005 年第 3 期。

《德国法西斯与战争》,肖汉森著,《法西斯主义与第二次世界大战》(朱庭光主编),华夏出版社 1988 年版。

《纳粹主义与侵略战争》,宋钟璜著,《第二次世界大战史论文集》,三联书店 1985 年版。

《德国法西斯的兴起与第二次世界大战》,吴友法著,《历史教学》1998 年第 7 期。

《希特勒纳粹德国和第二次世界大战》,[日] 三宅正树著,《外国史学摘译》1981 年第 7—9 期。

《两次世界大战的发动者为何都是德国》,刘如林著,《新课程(教研)》2010 年第 1 期。

《希特勒德国的崛起和第二次世界大战的爆发》,施鉴思著,《历史研究》1976 年第 5 期。

《希特勒是怎样在“缓和”的烟幕下挑起第二次世界大战的》,陈显泗、郭建斌著,《文史哲》1977 年第 3 期。

《纳粹德国缘何提前发动第二次世界大战》,杨晓杰著,《军事历史研究》2001 年第 1 期。

《德国法西斯为什么提前发动第二次世界大战?》,梁卓生著,《世界历史》1979 年第 6 期。

《以三次会议看希特勒提前发动战争的决定》,张培义著,《山东师院学报》1980 年第 3 期。

《泰勒引起的一场论战——希特勒究竟该不该对战争的爆发负责》,郑寅达等著,《上海师大学报》1979 年第 4 期。

《希特勒不是发动第二次世界大战的罪魁祸首吗? ——评 A.P.泰勒的〈二战起源〉》,张继平著,《武汉大学学报》1985 年第 4 期。

《希特勒最不希望打世界大战吗? 和利得尔·哈特先生商榷》,沈志恩著,《浙江师大学报》1996 年第 5 期。

《怎样弄清希特勒的意思》,[美] J.K.罗思著,《国外社会科学动态》1986 年第 5 期。

《略论第二次世界大战策源地的形成问题》,汪宏玉著,《安徽师大学报》1982 年第 4 期。

《日本军事法西斯主义与第二次世界大战东方策源地》,张劲松著,《日本研究》2000 年第 4 期。

《"七七事变"与第二次世界大战》,陈本善著,《现代日本经济》1987 年第 5 期。

《德国发动两次世界大战探源》,邸文著,《第二次世界大战与世界历史进程:第二次世界大战史(武汉)学术讨论会论文集》,胡德坤主编,武汉大学出版社 2002 年版。

《一战后德国人民族心理对二战爆发的影响》,周彰堃著,《贵州民族研究》2018 年第 4 期。

《意大利法西斯主义与二次大战的爆发》,罗红波著,《三十年代主要国家的战略与军备》,军事科学院军事历史研究部编,军事科学出版社 1990 年版。

《试论第二次世界大战未能避免的原因》,徐友珍著,《第二次世界大战与世界历史进程:第二次世界大战史(武汉)学术讨论会论文集》,胡德坤主编,武汉大学出版社 2002 年版。

《世界大战的导火线是谁点燃的?》,张仲琴著,《历史大观园》1987 年第 3 期。

《谁应承担助长第二次世界大战爆发的罪责》,文雄达著,《洛阳师专学报》1986 年第 2 期。

《论二战中的极端民族主义和种族主义——纪念世界反法西斯战争及抗日战争胜利 60 周年》,马俊毅著,《民族研究》2005 年第 5 期。

5. 绥靖政策与第二次世界大战

《绥靖政策,苏德条约与二战的爆发》,刘书林著,《中山大学研究生学刊》1984 年第 1 期。

《绥靖战略的失灵告诉我们什么》,王继安著,《指挥学报》1995 年第 8 期。

《走向第二次世界大战的路程——围绕着这次战争的目的》,[日]义井博著;李树藩译,《外国问题研究》1981 年第 2 期。

《历史的教训——第二次世界大战是这样开始的》,[苏]科瓦廖夫等著;宋锦海译,《东欧中亚问题译丛》1993 年第 2 期。

《中日战争和西方的远东绥靖政策——兼论第二次世界大战的起源与分期》,[以]夏阿龙著;杨少俊译,《军事历史》1994 年第 6 期。

《两次世界大战期间苏联的裁军政策、特点及其后果》,杜清华著,《社会科学论坛》2011 年第 9 期。

《两次世界大战期间美国的裁军政策及其特点和后果》,杜清华著,《长春工业大学学报》2013 年第 2 期。

《美国的欧洲政策与第二次世界大战的爆发》,金克明著,《松辽学刊》1985 年第 1 期。

《20 世纪 30 年代美、德、苏三国经济政治状况之比较》,杨秀林著,《湖北师院学报》1991 年第 4 期。

《妥协退让埋下祸根　坚决反击迫敌收缩——第二次世界大战的一点启示》,陈忠龙著,《指挥学报》1995 年第 8 期。

《战略判断失误是反法西斯国家未能制止第二次世界大战爆发的重要原因》,王天成著,《军事历史》1988 年第 3 期。

《从新政治思维看第二次世界大战未能防止的原因》,[苏]苏维尼罗夫著;李木兰摘译,《外国军事学术》1989 年第 4 期。

《苏联和西方在阻止法西斯侵略战争上的重大失误》,罗荣渠著,《当代世界与社会主义》1995 年第 3 期。

《第二次世界大战制止的可能性分析》,刘继贤著,《军事历史研究》1990 年第 4 期。

《从"二战"爆发的历史教训看"世界大战不可避免"论》,史波著,《西南民族学院学报》1987 年第 2 期。

6. 和平主义与第二次世界大战

《三十年代世界和平运动初探》,张一平著,《世界历史》1990 年第 2 期。

《第一次世界大战与欧美和平运动的发展》,徐蓝著,《世界历史》2014 年第 1 期。

《两次大战之间的英国和平主义运动》,钱洪、潘卫东著,《第二次世界大战起源研究论集》,华东师范大学历史系编,华东师大出版社 1986 年版。

《两次世界大战间英国和平主义运动及其历史评价》,王春露著,《东北师大学报》1997 年第 4 期。

《30 年代英国的和平运动》,熊伟民著,《湖北大学学报》2001 年第 5 期//《世界现代史新论》,张宏毅等主编,重庆出版社 2001 年版。

《信仰与现实间的选择——第二次世界大战期间的英国和平主义者》,熊伟民著,《湖南师范大学社会科学学报》2002 年第 3 期。

《20 世纪 30 年代美国的和平主义运动》,熊伟民著,《史学月刊》2003 年第 12 期。

《公众舆论与政府决策——1934—1935 年英国"和平投票"的政治影响》,梁占军著,《史学月刊》1999 年第 2 期。

二、第二次世界大战的起因

《战争的原因》,[苏] 奥莱格·雷赛雪夫斯基著;朱听昌译,《二战史通讯》1987 年第 9 期。

《第二次世界大战爆发的原因》,黄成礼、李桂之著,《历史教学》1957 年第 2 期。

《第二次世界大战起因的商榷》,[苏] M.纳林斯基著;姜桂石译,《二战史通讯》1983 年第 5 期。

《惨痛的历史教训——关于第二次世界大战起因的思考》,王雪著,《中学历史教学》1994 年第 4 期。

《试论第二次世界大战的起因——哪种类型的帝国主义国家是最危险的战争策源地》，包奕诚著，《历史研究》1980年第4期。

《试论第二次世界大战的起因——兼论那种类型的帝国主义国家是最危险的大战策源地》，包奕诚著，《第二次世界大战史论集》，包奕诚著，山东大学出版社2002年版。

《第二次世界大战的起因和开始》，梁全炳译，《世界史研究动态》1989年第11期。

《第二次世界大战的基本原因》，[美]罗伯特·艾格著；李文亚译，《二战史通讯》1985年第7期。

《第二次世界大战爆发的原因》，刘越英著，《前沿》1995年第8期。

《20世纪30年代经济危机中的德国与二战的爆发》，蒋姣艳著，《传承》2011年第2期。

《第二次世界大战史研究会成立，代表们讨论了第二次世界大战爆发的原因等问题》，《光明日报》1980年7月31日。

《第二次世界大战何以爆发？》，[德]赖因哈德·屈恩尔著；李广起译，《军事历史》1991年第5期。

《"二战"究竟因何爆发》，阮炜著，《人民日报》2015年4月23日。

《第二次世界大战何以爆发？——七十余年来中国学者关于二次大战起源问题的研究》，赵文亮著，《近现代国际关系史研究》2017年第2期。

《二战起因的层次分析》，周川著，《山西经济管理干部学院学报》2011年第3期。

《二次世界大战原因浅析》，李蔚著，《甘肃教育》1998年第11期。

《第二次世界大战爆发的原因教训及其现实意义》，陈伟、张书红等著，《山东师大学报》1997增刊。

《第二次世界大战爆发的历史原因及启示》，张金基著，《第二次世界大战与战后局部战争》，李小军主编，军事谊文出版社2003年版。

《以历史为镜鉴，思安危于未来：对第二次世界大战爆发多因性的思考》，吴广权著，《国防大学学报》1990年第1期。

《第二次世界大战未能推迟爆发的历史教训》，高锐著，《军事学术》1985年第11期。

《第二次世界大战为何未能推迟和制止》，张海麟著，《世界历史》1990年第

5期。

《第二次世界大战为何未能推迟和制止》,青文著,《军事历史》1991年第1期。

《第二次世界大战为什么未能推迟和制止》,张海麟著,《红山撷文——二战史论文选》,张海麟著,中国文史出版社1999年版。

第二节　第二次世界大战的起点

《民主德国学者对二次大战起点的看法》,李广起著,《军事历史》1990年第5期。

《中国关于第二次世界大战起点研究综述》,彭训厚著,《世界历史》1994年第3期。

《国内关于第二次世界大战起点和性质研究述评》,赵喜儒著,《阴山学刊》1995年第3期。

《六十余年来中国学者关于第二次世界大战起点问题的研究》,赵文亮著,《第二次世界大战与亚太国际合作:第二次世界大战史(重庆)学术讨论会论文集——中国第二次世界大战史(重庆)学术研讨会论文集》,苑鲁、谢先辉主编,重庆出版社2003年版。

《改革开放以来国内学术界关于第二次世界大战起点研究综述》,王新雪著,《湖北科技学院学报》2018年第6期。

《蒋介石对二战爆发时间的预测》,《文史杂志》1989年第5期。

《第二次世界大战的序幕》,[英]亚当·思末特著;肖朗译,《现代外国哲学社会科学文摘》1985年第10期。

《世界大战爆发日期及其发展阶段诸说》,《文汇报》1957年10月24日。

《关于第二次世界大战起点问题的不同见解》,何金凯、徐一朋、王振德等著,《军事历史》1985年第3期。

《论第二次世界大战的起点与性质》,张呈余著,《西藏民族学院学报》1980年第4期。

《关于第二次世界大战的开始和性质问题》,胡雪岩著,《光明日报》1957年1月17日。

《关于第二次世界大战的起点和性质问题》,何金铠著,《军事卷通讯》1985

年第 35 期。

《关于第二次世界大战爆发的时期及其发展阶段问题》，俞楠著，《史学月刊》1957 年第 9 期。

《关于第二次世界大战的起点问题》，王振德、侯成德著，《光明日报》1978 年 7 月 5 日。

《对第二次世界大战起点问题的探讨》，侯振彤著，《天津社联通讯》1979 年第 4 期。

《也谈第二次世界大战的起点问题》，王桂厚著，《吉林大学学报》1979 年第 6 期。

《再谈第二次世界大战的起点问题——答王桂厚同志》，王振德等著，《吉林大学学报》1980 年第 6 期。

《具有世界规模不等于起点》，铁成等著，《世界史研究动态》1982 年第 4 期。

《第二次世界大战起点问题辨析》，高明振著，《江汉论坛》1984 年第 3 期。

《三论第二次世界大战的起点问题——兼答高明振同志》，王振德等著，《江汉论坛》1985 年第 7 期。

《宦乡论有关二次大战的两个争议问题》，黄书海著，《世界知识》1985 年第 17 期。

《宦乡谈第二次世界大战的起点》，刘鲁亚著，《社会科学评论》1985 年第 10 期。

《纪念反法西斯战争胜利 40 周年》，宦乡著，《第二次世界大战史论文集》，国防大学出版社 1986 年版。

《怎样认识第二次世界大战的起点问题?:宦乡提出三点基本看法》，朱勤摘编，《辽宁日报》1985 年 11 月 11 日。

《反共产国际协定是第二次世界大战集中形成和爆发的标志吗？——与宦乡同志商榷》，郑寅达著，《世界历史》1986 年第 6 期。

《论第二次世界大战的起点》，方永春、权立著，《延边大学学报》1985 年第 4 期。

《第二次世界大战究竟何时全面爆发》，徐一朋著，《南京政治学院学报》1985 年第 3 期。

《关于第二次世界大战起点之管见》，尉晨阳著，《山西师大学报》1985 年第

2 期。

《论二次世界大战的起点是德国侵略波兰》,王文庆著,《晋阳学刊》1985 年第 1 期。

《试论第二次世界大战的起点》,包奕诚著,《世界历史》1989 年第 5 期//《第二次世界大战史论集》,包奕诚著,山东大学出版社 2002 年版。

《二次大爆发于何时》,田金星著,《社会科学报》1989 年 10 月 12 日。

《第二次世界大战起点又一说》,《军事历史》1993 年第 6 期。

《第二次世界大战起点究竟在那里》,《军事文摘》1994 年第 3 期。

《第二次世界大战究竟何时爆发?》,本刊编辑著,《军事文摘》1995 年第 2 期。

《扑朔迷离的二战起点》,徐焰著,《世界军事》2005 年第 7 期。

《第二次世界大战的爆发和扩大》,邓兴国、赖蓉辉著,《历史学习》2006 年第 1 期。

《第二次世界大战应以"九·一八"事变为起点》,欧正文著,《河南师范大学学报》1982 年第 4 期。

《论"九·一八"事变是第二次世界大战的起点》,王维远、徐建东著,《日本研究》1986 年第 1 期。

《论"九·一八"事变能否成为二战起点》,孙礼刚著,《东疆学刊》1988 年第 3 期。

《1931 年日本对中国的进攻是第二次世界大战的序幕》,[意]鲁纳奇著;杨少俊译,《军事历史》1994 年第 1 期。

《"九·一八事变"——日本燃起第二次世界大战的第一把战火》,[俄]季莫宁·彼特罗维奇著;朱显平等译,《东北亚论坛》2017 年第 1 期。

《论"九·一八"事变作为二战起点的合理性》,苏太华著,《重庆科技学院学报》2017 年第 2 期。

《丹心照汗青,国史启未来——纪念欧正文教授〈第二次世界大战应以"九·一八事变"为起点〉发表 35 周年有感》,《河南大学学报》2017 年第 3 期。

《第二次世界大战起点"九·一八"和"七·七"说质疑》,刘士田著,《军事历史》1991 年第 4 期。

《第二次世界大战不宜以"九·一八事变"而应以"七·七"事变为起点》,陈显泗著,《郑州大学学报》1983 年第 3 期。

《第二次世界大战始于芦沟桥事变》，[美] 戴德华著；陈兼译，《世界史研究动态》1991 年第 4 期。

《卢沟桥事变是第二次世界大战的发端》，罗焕章著，《军事历史》1990 年第 1 期。

《卢沟桥事变是第二次世界大战的发端》，温贤美著，《天府新论》1990 年第 5 期。

《"芦沟桥事变"是第二次世界大战起点》，白明富著，《广西社会主义学院学报》2004 年第 3 期。

《卢沟桥事变是世界反法西斯战争的开端》，刘喜发著，《江苏行政学院学报》2005 年第 5 期。

《卢沟桥抗战是世界反法西斯战争的伟大开端》，刘喜发著，《牢记历史 振兴中华——江苏省纪念抗日战争暨世界反法西斯战争胜利 60 周年论文集》，江苏省哲学社会科学界联合会编，中共党史出版社 2006 年版。

《"七七"事变中国人民打响了世界反法西斯战争的第一枪》，范银飞著，《学术讨论》1987 年增 1 期。

《中国抗日战争与第二次世界大战的起点》，徐杰、王桧林著，《北京党史》1993 年第 4 期。

《中国抗日与二战的开始》，俞金尧著，《安徽师范大学学报》2016 年第 3 期。

《日本侵华战争是第二次世界大战的开端》，[俄] B.П.巴拉诺夫著；朱蓓蓓、朱显平译，《东北亚论坛》2017 年第 1 期。

《太平洋战争与第二次世界大战的爆发——一个值得探讨的问题》，冬岩著，《外国问题研究》1982 年第 1 期。

《第二次世界大战应以太平洋战争为起点》，石庆环著，《求是学刊》1987 年第 6 期。

《西线战争是第二次世界大战的起点》，尚鸿、张中林著，《北方论丛》1993 年第 4 期。

《第二次世界大战起点新探》，黄胜林著，《争鸣》1993 年第 6 期。

《第二次世界大战起于何时》，雷新时著，《陕西师大学报》1995 年第 4 期。

《关于二战的起点问题及其他》，蒯慧著，《淮北煤炭师院学报》1996 年第 3 期。

《应区分世界反法西斯战争和第二次世界大战的不同起点》,潘湘生著,《抗日战争研究》1993 年第 2 期。

《第二次世界大战的性质和开始日期》,林举岱著,《历史教学问题》1957 年第 2 期。

《第二次世界大战从何时开始?》,《党风通讯》1995 年第 5 期。

《第二次世界大战开始标志之新探》,谢照民著,《平顶山师专学报》1995 年第 3 期。

《关于世界反法西斯战争的起始时间问题》,刘正祥著,《长河求索》1995 年第 3 期。

《关于第二次世界大战开始的时间问题》,王新平著,《晋东南师专学报》1996 年第 1 期。

《论将西班牙内战作为第二次世界大战起点的合理性——与俞金尧先生商榷》,刘文庆、郭蕊著,《西部学刊》2019 年第 11 期。

《蒋介石对二次大战爆发时间的判断》,胡哲峰著,《团结报》1989 年 8 月 29 日。

《张学良对二战的科学预见》,本刊编辑部著,《军事历史》1995 年第 5 期。

《"大战是一定要爆发的!"——张学良对第二次世界大战的科学预见》,温永录著,《党史纵横》1995 年第 8 期。

《二战爆发:被戏剧性地推迟了 6 天》,王作化著,《环球军事》2005 年第 10 期。

《被戏剧性推迟六天爆发的第二次世界大战》,王作化、王晋阳著,《文史天地》2005 年第 9 期。

《德国发动二战计划并非始于希特勒》,张壮年、张颖震著,《出版参考》2006 年第 2 期。

第三节　第二次世界大战的性质

一、第二次世界大战的性质

《关于第二次世界大战性质的重新界定及其意义》,张运城著,《四川教育学院学报》1995 年第 3 期。

《第二次世界大战的原因性质和主要总结》,[苏] M.G.德拉古烈夫著;蔡永春译,《史学集刊》1957 年第 2 期。

《"二战"性质探讨》,熊燕西著,《重庆邮电学院学报》2001 年第 3 期。

《俄罗斯学者温达瑟诺夫谈第二次世界大战的性质》,刘淑春著,《国外理论动态》1995 年第 32 期。

《论第二次世界大战的性质》,[苏] 博耳亭、德波林著,《和平和社会主义问题》1959 年第 9 期。

《略论第二次世界大战的性质》,[民主德国] 阿尔弗雷德·弗尔斯特著,《世界历史译丛》1979 年第 3 期。

《试论第二次世界大战的性质》,姜桂石著,《内蒙古民族师院学报》1985 年第 1 期。

《关于第二次世界大战的性质问题》,何戊双著,《教学与研究》1954 年第 2 期。

《第二次世界大战性质的初步探讨》,丁则民著,《光明日报》1955 年 12 月 22 日。

《关于第二次世界大战的起因和性质问题——与丁则民同志商讨》,郑玉林著,《光明日报》1956 年 2 月 2 日。

《试论第二次世界大战的开始、起因和性质》,张继平著,《光明日报》1956 年 11 月 22 日。

《关于第二次世界大战的性质问题》,宣谛之著,《军事历史》1984 年第 3 期//《社会科学战线》1985 年第 3 期。

《关于第二次世界大战的性质问题》,安田、刘忠信著,《军事学术》1984 年增 3 期。

《论第二次世界大战的性质》,陈正飞著,《安徽师院学报》1957 年第 2 期。

《对胡锡年先生"关于第二次世界大战的开始和性质问题"一文的一点意见》,张生旺、上官鸿南著,《人文杂志》1958 年第 5 期。

《试论第二次世界大战的性质问题》,《共产党人》1958 年第 5 期。

《试论第二次世界大战的性质问题》,王文庆著,《山西大学学报》1960 年第 4 期。

《第二次世界大战的性质》,《世界马克思主义评论》1959 年第 9 期。

《第二次世界大战的起源和性质》,丁则民著,《历史教学》1957 年第 4 期。

《关于第二次世界大战的性质》,朱圣果著,《中学历史教学》1957 年第

6 期。

《略谈第二次世界大战的性质》,王振德著,《世界史研究动态》1979 年第 5 期。

《试论第二次世界大战的性质》,徐炽庆著,《江西师院学报》1981 年第 1 期。

《试论第二次世界大战的性质》,包奕诚著,《第二次世界大战史论集》,包奕诚著,山东大学出版社 2002 年版。

《略论第二次世界大战的性质》,沈志恩著,《史学月刊》1983 年第 4 期。

《也谈第二次世界大战的性质——与朱贵生等同志商榷》,万松玉著,《河南大学学报》1985 年第 4 期。

《略论第二次世界大战初期的性质》,王军、王铁城著,《驻马店师专学报》1986 年第 2 期。

《也谈第二次世界大战的性质与开始时期》,何保罗等著,《中学历史教学》1979 年第 1 期。

《略论二次大战初期的性质与西欧国家保卫祖国的口号》,李巨廉著,《郑州大学学报》1978 年第 4 期。

《略论第二次世界大战初期的性质与西欧国家"保卫祖国"的口号》,李巨廉著,《世界史研究动态》1979 年第 1 期。

《关于第二次世界大战的性质问题》,《函授通讯》1981 年第 5 期。

《有关第二次世界大战的性质的几个问题》,谢建明著,《湘潭大学学报》1982 年第 2 期。

《关于第二次世界大战的性质问题——苏联论点演变过程述评》,侯成德著,《江西大学学报》1983 年第 1 期。

《关于第二次世界大战的两重性问题》,宣谛之著,《社会科学战线》1985 年第 3 期。

《关于第二次世界大战的初期性质》,刘士田著,《河北师范学院学报》1987 年第 3 期。

《第二次世界大战初期阶段性质辨析》,张秀振著,《理论探讨》1995 年第 4 期。

《谈谈第二次世界大战的性质》,柳大庸著,《历史知识》1985 年第 5 期。

《第二次世界大战初期反法西斯战争性质述评》,张秀振、张浩著,《世纪桥》

2008 年第 4 期。

《60 余年来中国学者关于第二次世界大战性质问题的研究》,赵文亮著,《安徽史学》2005 年第 6 期。

《一场世界反法西斯战争:第二次世界大战的历史回顾》,方程著,《半月谈》1985 年第 10 期。

《二次大战的全过程都是反法西斯战争》,常才林著,《淮阴师专学报》1988 年第 1 期。

《民主力量与法西斯的生死搏斗——第二次世界大战性质新探》,杨秀林著,《湖北师院学报》1989 年第 2 期。

《"二战"性质再认识》,熊燕西著,《九江师专学报》1995 年第 4 期。

《侵略战争的性质不容模糊》,《人民日报》1985 年 3 月 22 日。

《我国外交部发言人指出二次大战性质责任任何人也改变不了》,《人民日报》1989 年 2 月 17 日。

《研究 20 世纪战争历史运动的转折与当代有限战争》,李巨廉著,《军事历史研究》1997 年第 2 期。

《人类战争运动的历史趋势及 21 世纪世界大战可能性析论》,李巨廉著,《华东师范大学学报(哲学社会科学版)》2000 年第 1 期。

《正视历史 深刻反省——浅论"二战"时期日本的军刀和美国的原子弹》,蔡丽娟著,《理论学刊》2006 年第 2 期。

二、第二次世界大战的特点

《第二次世界大战的特点》,[日]斋藤孝著;杨允丰译,《世界历史译丛》1980 年第 1 期。

《论第二次世界大战的若干特点》,王文庆著,《山西大学学报》1987 年第 4 期。

《从局部战争走向全面战争是第二次世界大战的重要特点》,柳茂坤著,《军事历史研究》1994 年第 2 期。

《二战从局部战争演变为世界大战之反思》,姜春义著,《解放军报》2015 年 6 月 23 日。

第四节　第二次世界大战的转折问题

《第二次世界大战由局部战争演变而成的历史原因浅析》,柳茂坤著,《中国军事科学》1992年第1期。

《第二次世界大战的战略转折问题之我见》,屈小强著,《文史杂志》1988年第3期。

《苏德战争爆发是第二次世界大战的转折点》,张志华著,《"九一八"研究》,2014年。

《关于第二次世界大战的根本转折问题》,吴惠敏著,《云南教育学院学报》1990年第3期。

《论第二次世界大战中的战略相持阶段问题》,徐晓村著,《军事历史》1995年第4期//《第二次世界大战史论文集③:五十年的深思》,李殿仁主编,军事谊文出版社1996年版。

《必然性与偶然性——试评德国发动第二次世界大战的时机选择》,田猛著,《社科纵横》2011年第1期。

第三章 法西斯主义与德意日走上战争之路

第一节 关于法西斯主义的研究

一、法西斯主义研究概述

1. 各国法西斯研究状况

《法西斯主义》,吕昶译,《世界史研究动态》1984 年第 12 期。

《意大利近年来对法西斯主义的研究》,陆象淦著,《国外社会科学动态》1983 年第 9 期。

《联邦德国关于法西斯主义的几种理论》,邸文著,《世界史研究动态》1987 年第 4 期。

《联邦德国关于修正法西斯主义的争论》,邸文著,《世界史研究动态》1988 年第 8 期。

《民主德国和联邦德国史学界对法西斯主义的研究》,肖辉英著,《世界史研究动态》1984 年第 8 期。

《民主德国史学界关于奥地利与德国法西斯主义的比较研究》,肖辉英著,《世界史研究动态》1987 年第 1 期。

《法国对法西斯主义的研究》,周以光著,《世界史研究动态》1987 年第 3 期。

《苏联对法西斯主义的研究》,[苏] C.斯罗奇著;肖涅译,《世界史研究动态》1989 年第 3 期。

《斯大林对德国法西斯主义认识的过程及其教训》,徐晓村著,《军事历史》1988 年第 4 期。

《斯大林对法西斯主义的认识与对战争危机的判断》,徐晓村著,《三十年代主要国家的战略与军备》,军事科学院军事历史研究部编,军事科学出版社 1990 年版。

《德意奥社会民主党论法西斯主义》,李国麟著,《世界史研究动态》1987 年第 3 期。

《现代资产阶级史学论法西斯主义的起源》，[苏] П.拉赫什米尔著；李君锦译，《国外社会科学》1983 年第 5 期。

《法兰克福学派对法西斯主义的剖析》，张伟著，《探索与争鸣》1990 年第 1 期。

《日本有关法西斯主义研究概况》，吕永和著，《世界史研究动态》1987 年第 3 期。

《韦伯曼教授谈法西斯主义问题》，燕平著，《世界史研究动态》1987 年第 7 期。

《库纳尔教授谈战后新法西斯主义问题》，毕健康著，《世界历史》1995 年第 3 期。

《西方马克思主义对法西斯主义的批判》，雷琳著，《新疆社科论坛》1996 年第 1 期。

《西方马克思主义视域下的"法西斯主义"》，范国雄著，《河北软件职业技术学院学报》2007 年第 4 期。

《祛除独裁的阴影——西方马克思主义对法西斯主义的批判模式解读》，罗富尊著，《兰州学刊》2007 年第 4 期。

《英国马克思主义史学家蒂莫西·梅森纳粹德国史研究述评》，孙立新、张浩著，《黑龙江社会科学》2012 年第 6 期。

《富兰克林·罗斯福的反法西斯主义思想》，赵志辉著，《淮北煤炭师范学院学报》2004 年第 3 期。

《论 A.赫胥黎的反法西斯主义思想》，朱望著，《汕头大学学报》2011 年第 2 期。

《中国共产党人眼中的法西斯主义——上海时期的〈红旗周报〉》，徐有威著，《上海党史研究》2000 年第 3 期。

《大革命时期陈独秀对法西斯主义的批判》，徐有威著，《上海党史研究》1999 年第 5 期。

《试论胡愈之 1923 年对法西斯主义的报道》，张文涛著，《宜宾学院学报》2009 年第 8 期。

《二十年代中国共产党人对法西斯主义的批判》，徐有威著，《中共党史研究》1996 年第 6 期。

《从 20 年代〈东方杂志〉和〈国闻周报〉看中国知识界对法西斯主义的评析》，徐有威著，《党史研究与教学》1997 年第 4 期。

2. 法西斯主义比较研究

《重视对法西斯主义的研究》，郑寅达著，《世界史研究动态》1983 年第 12 期。

《资料：法西斯蒂》，《大众日报》1977 年 5 月 10 日。

《法西斯的由来》，林凡著，《中外历史》1987 年第 2 期。

《"法西斯"的由来》，陈祥超著，《百科知识》1995 年第 7 期。

《"法西斯"名称的由来》，陈祥超著，《编译参考》1985 年第 8 期。

《"法西斯"的由来和演变》，于忠著，《外国史知识》1982 年第 4 期。

《法西斯主义的总概念》，秦声德著，《中学历史教学参考》1992 年第 7 期。

《迷惑人的法西斯主义》，〔美〕苏珊·桑塔格著；赵炳权译，《世界电影》1988 年第 5 期。

《从"法西斯"到法西斯主义》，小鲁著，《新文化史料》1995 年第 4 期。

《二十世纪的法西斯》，郑寅达著，《华东师大学报》1998 年第 5 期。

《法西斯：20 世纪的人类毒瘤——郑寅达教授访谈录》，郭保强著，《探索与争鸣》2000 年第 4 期。

《为什么会有法西斯》，雷颐著，《探索与争鸣》1996 年第 2 期。

《解析法西斯的外在迷惑性》，郑寅达著，《探索与争鸣》2005 年第 6 期。

《法西斯主义毒瘤须连根切除》，〔俄〕尤里·库巴索夫著，《人民日报》2015 年 8 月 14 日。

《法西斯主义理论的致命诱惑》，雷颐著，《北京日报》2005 年 5 月 9 日。

《论法西斯侵略的主要根源》，刘国晨、徐怀礼著，《宁夏学刊》1995 年第 4 期。

《法西斯主义的思想根源及其批判》，陶东风著，《国外理论动态》2017 年第 3 期。

《法西斯主义思潮的历史和现实思考》，莫文廷著，《传承》2011 年第 30 期。

《法西斯集权主义国家观初探》，陈祥超著，《第二次世界大战史论文集③：五十年的深思》，李殿仁主编，军事谊文出版社 1996 年版。

《法西斯宣传理论批判》，张又著，《南京社会科学》1995 年第 8 期。

《法西斯主义与极端民族主义》，仇海燕著，《淮阴师院学报》2004 年第

5 期。

《极端民族主义与法西斯主义——纪念世界反法西斯战争胜利 50 周年》，郝时远著，《世界民族》1995 年第 1 期。

《权威主义社会性格与法西斯主义思想的心理基础——读〈法西斯主义群众心理学〉》，仰海峰著，《东岳论丛》2009 年第 1 期。

《德意日法西斯与封建主义的关系》，史洁著，《人民日报》1980 年 8 月18 日。

《法西斯主义与封建主义的历史联系》，崔树菊、君里著，《历史教学》1980年第 10 期。

《无政府主义与法西斯主义》，仓理新著，《首都师范大学学报》2001 年第3 期。

《法西斯主义与大众文化——论阿多诺大众文化观中的一个主题》，赵勇著，《文艺理论研究》2003 年第 5 期//《国外文学》2004 年第 4 期。

《天主教会与法西斯主义（1930—1933 年）》，［苏］M.E.叶林著；沈志恩译，《二战史通讯》1989 年第 10 期。

《法意法西斯主义的异同》，文理摘译，《世界史研究动态》1989 年第 3 期。

《德意法西斯主义运动比较》，王昌沛、徐玲著，《佳木斯大学社会科学学报》2005 年第 4 期。

《文明的危机：法西斯主义和欧洲文明》，［意］M.纳契芳著；乔亚译，《国外社会科学》1985 年第 3 期。

《浅论世界法西斯兴起和灭亡——纪念世界人民反法西斯战争胜利 50 周年》，王洪慈、张艳萍著，《齐齐哈尔大学学报》1995 年第 6 期。

《论法西斯运动之成因》，张奇方著，《理论学习月刊》1989 年第 2 期。

《法西斯兴起的体制机制性原因》，郑寅达著，《烟台大学学报》2005 年第3 期。

《论法西斯主义的群众心理基础》，陈硕著，《法制与社会》2010 年第 24 期。

《集体运动视角下的法西斯主义》，刘亚鹏著，《齐齐哈尔大学学报》2016 年第 4 期。

《试论世界法西斯运动的第一次浪潮》，陈祥超著，《华中师大学报》1996 年第 6 期。

《封建主义与德日意法西斯的上台》，任众著，《北方论丛》1981 年第 5 期。

《论德意日法西斯上台的历史根源和社会根源》,杨青云著,《天中学刊》2001 年第 3 期。

《浅议德、意法西斯主义产生的历史背景和理论依据》,杜美著,《德国史论文集》,三联书店 1980 年版。

《意德法西斯主义兴起的历史背景对比》,张丽丽著,《长江大学学报》2012 年第 1 期。

《法西斯主义运动在法国——与德、意法西斯运动的比较研究》,周以光著,《世界史研究动态》1987 年第 4 期。

《二次大战德日法西斯传播体系溯源》,李磊、张燕著,《兰州大学学报》1995 年第 4 期。

《论德日法西斯的残酷性及战后两国政府对其历史的反思》,郑青江著,《张家口师专学报》1995 年第 3 期。

《试比较日德意法西斯的"新秩序"》,李广民著,《山西师大学报》1999 年第 2 期。

《论法西斯主义的过去和现在:纪念世界人民反法西斯战争胜利 50 周年》,邓介曾、董建宁著,《四川社科界》1995 年第 4 期。

《必须重新认识法西斯主义这一历史现象》,李巨廉著,《探索与争鸣》1995 年第 7 期。

《法西斯时代的德国和意大利建筑》,王群著,《时代建筑》2006 年第 4 期。

《独裁者——浅论希特勒对蒋介石的政治理念的影响》,谭钟毓著,《法制与经济(上半月)》2007 年第 4 期。

二、意大利法西斯研究

1. 关于意大利法西斯的理论探讨

《意大利法西斯研究》,[美] 查尔斯·德尔泽尔著;程华摘译,《世界史研究动态》1986 年第 8 期。

《苏联史学界关于意大利法西斯主义的研究概况》,[苏] 帕·罗布霍夫著;寿关荣节译,《世界历史译丛》1980 年第 6 期。

《意大利史学界对法西斯主义史的研究》,陈祥超著,《世界史研究动态》1986 年第 9 期。

《意大利对法西斯主义产生及其通向政权之路的研究》,陈祥超著,《世界史研究动态》1987 年第 3 期。

《解读意大利法西斯问题》，郑寅达著，《社会科学报》2005 年 3 月 31 日。

《意大利与 20 世纪的法西斯主义》，陈祥超著，《世界历史》2001 年第 1 期。

《意大利法西斯若干特点考察》，陈祥超著，《世界史研究动态》1991 年第 7 期。

《意大利法西斯主义的含义及其特征》，[印] B.K.戈克赫尔著；王方宪摘译，《历史教学》1990 年第 9 期。

《意大利法西斯主义重要名称浅释》，陈祥超著，《世界史研究动态》1988 年第 6 期。

《意大利法西斯主义职团制》，陈祥超著，《历史研究》1991 年第 6 期。

《浅析意大利法西斯体制的特点》，杨秋著，《文史博览》2006 年第 4 期。

《意大利法西斯运动的阶级性质》，陈祥超著，《历史研究》1988 年第 4 期。

《意大利法西斯运动及其性质的演变》，陈祥超著，《世界历史》1989 年第 3 期。

《剖析意大利法西斯主义的历史渊源》，柯妍著，《中国社会科学院院报》2005 年 6 月 7 日。

《意大利法西斯和马基雅维里主义关系试探》，王能强、徐光明著，《史学月刊》1992 年第 2 期。

《意大利法西斯主义与马基雅维里主义的关系》，王能强著，《咸宁师专学报》1993 年第 1 期。

《从国家统一到法西斯的崛起——民族主义在意大利近现代史上的演变》，李秋香著，《周口师专学报》2001 年第 6 期。

《法西斯主义的政治和社会学说》（上下），[意] 墨索里尼著；寿关荣节译，《世界史研究动态》1980 年第 9/10 期。

《意大利法西斯执政前的部分纲领和文件》，徐力源著，《世界史研究动态》1988 年第 12 期。

《意大利法西斯党的党内问题》，[意] 埃·真蒂莱著；宣景峰译，《世界史研究动态》1986 年第 6 期。

《1930 年代自由主义知识分子的意大利法西斯主义观——以〈东方杂志〉和〈国闻周报〉为中心的考察》，徐有威、王林军著，《中国近代史上的自由主义》，郑大华、邹小站主编，社会科学文献出版社 2008 年版。

《1930 年代力行社眼中的意大利法西斯主义——以〈前途〉杂志为例》，徐有威著，《"1930 年代的中国"国际学术研讨会论文集：上卷》，中国社会科学院近代史研究所等编，2005 年。

《比拿破仑和威廉第二更危险的独裁者——从〈东方杂志〉和〈国闻周报〉看墨索里尼在中国的形象》，徐有威、王林军著，《中国近代（第十七辑）》，2007 年。

2. 意大利法西斯的兴起及其专制统治的确立

《法西斯主义如何起源于意大利？介绍罗伯特·维威尔尼〈法西斯起源阐释〉一文》，谢小九著，《世界史研究动态》1993 年第 8 期。

《意大利法西斯主义的兴起》，杜美著，《世界现代史论文集》（第一集），三联书店 1980 年版。

《意大利法西斯主义的兴起》，陈祥超著，《世界历史》1987 年第 1 期。

《对意大利法西斯主义兴起的几点看法》，陈祥超著，《第二次世界大战史论文集②》，中国二战史研究会编，国防大学出版社 1986 年版。

《墨索里尼上台原因探析》，傅新球著，《怀化学院学报（社会科学）》2004 年第 1 期。

《论意大利法西斯政权的建立》，罗红波著，《法西斯主义与第二次世界大战》，朱庭光主编，华夏出版社 1988 年版。

《意大利法西斯独裁统治的确立》，陈祥超著，《世界历史》1985 年第 5 期。

《试析意大利建立法西斯极权体制的过程》，陈祥超著，《史学月刊》1990 年5 期。

《意大利法西斯体制产生的历史背景探析》，杨秋著，《文史博览》2005 年第 Z2 期。

《墨索里尼在意大利建立法西斯独裁政权的背景是什么？》，王存华著，《新史学通讯》1954 年第 6 期。

《墨索里尼关于在意大利实行独裁统治的讲话（1925 年 1 月 3 日）》，陈祥超译，《世界史研究动态》1990 年第 1 期。

《意大利的政治——社会分裂与法西斯政权的早熟》，刘家钦著，《阜阳师院学报》1997 年第 3 期。

《意大利法西斯的形成及其历史教训》，施茂铭著，《杭州师院学报》1981 年第 2 期。

《意大利法西斯主义教育体制初探》，陈祥超著，《世界历史》1994 年第

1 期。

《论墨索里尼对外政策的矛盾性》，杨和平著，《四川师院学报》1994 年第 2 期。

《两次世界大战期间意大利发展道路特点及反思》，张乐著，《学理论》2018 年第 12 期。

三、德国法西斯研究

1. 关于纳粹主义

《民主德国历史学家关于德国法西斯主义的新书》，[苏] R.C.德拉布著；李君锦译，《国外社会科学动态》1984 年第 12 期。

《民主德国纳粹史新著介绍》，杜文棠著，《世界史研究动态》1985 年第 2 期。

《民主德国对上台前法西斯主义研究》，邸文著，《世界史研究动态》1987 年第 4 期。

《德国史学界关于民族社会主义研究的回顾》，[德] 沃尔夫冈·席德尔著；孟钟捷、唐晓婷译，《德国研究》2002 年第 4 期。

《20 世纪造神狂潮的迷妄与幻灭：从卡西尔等人对法西斯主义的剖析谈起》，王毅著，《东方》1995 年第 5 期。

《德国纳粹主义的若干历史特征》，杨玉生著，《历史研究》1991 年第 6 期。

《波姆谈纳粹主义和法西斯主义》，《国外社会科学动态》1980 年第 10 期。

《希特勒"国家社会主义"应是"民族社会主义"》，宋钟璜著，《世界史研究动态》1982 年第 2 期。

《纳粹主义简说》，紫岫著，《外国史知识》1981 年第 2 期。

《"纳粹主义"是"民族社会主义"》，鲍世修著，《真理的追求》2000 年第 4 期。

《关于"纳粹主义"译为"国家社会主义"的商榷》，鲍世修著，《对外大传播》2005 年第 6 期。

《究竟什么是"纳粹主义"和"纳粹党"》，鲍世修著，《文汇报》2017 年 2 月 3 日。

《纳粹党纲领试析》，肖汉森著，《华中师院学报》1985 年第 3 期。

《纳粹意识形态探源》，任众著，《法西斯主义与第二次世界大战》，朱庭光主编,华夏出版社 1988 年版。

《浅析纳粹主义与尼采思想》,邸文著,《世界历史》1988 年第 2 期。

《尼采哲学中的战争伦理思想探析》,尚伟、成雪峰著,《唐都学刊》2014 年第 6 期。

《法西斯专政的思想渊源——批判尼采"超人哲学"的反动本质》,戴文麟著,《南京大学学报》1978 年第 3 期。

《纳粹主义渊源再探》,陈其珏著,《历史教学问题》2000 年第 2 期。

《论希特勒纳粹主义的宗教渊源》,雷雨田著,《湘潭大学学报》1996 年第 5 期。

《对希特勒世界观渊源的初步探索》,张连根编译,《法西斯主义学术讨论会论文集》,1984 年。

《历史主义与纳粹主义的思想关联及现实启示》,焦佩锋著,《中国党政干部论坛》2014 年第 10 期。

《德意志"民族共同体"意识与纳粹主义》,李工真著,《历史教学问题》1998 年第 6 期。

《德意志"历史学派"传统与纳粹主义》,李工真著,《世界历史》2002 年第 4 期。

《纳粹经济纲领与德意志"经济改革派"》,李工真著,《历史研究》2001 年第 4 期。

《非理性主义是德国法西斯的思想前驱》,吴友法著,《武汉大学学报》1990 年第 6 期。

《论希特勒纳粹党上台前的经济思想》,邸文著,《世界历史》1995 年第 4 期。

《希特勒及其党徒的纳粹心态形成浅探》,肖守库著,《张家口师专学报》1994 年第 1 期。

《关于纳粹党阶级属性的几个问题》,王双静著,《西北大学学报》1999 年第 2 期。

《德意志中间等级与纳粹主义》,李工真著,《世界历史》2000 年第 6 期。

《论 1920—1934 年纳粹党同德国主要社会阶层关系》,郑寅达、李巨廉著,《上海社会科学院学术季刊》1990 年第 2 期。

《纳粹主义与封建主义残余关系初探》,朱忠武著,《法西斯主义与第二次世界大战》,朱庭光主编,华夏出版社1988年版。

《纳粹党同大资本家、大地主的结合过程》,陆世澄著,《法西斯主义与第二次世界大战》(朱庭光主编),华夏出版社1988年版。

《浅析德国纳粹党性质转变的原因》,吴晓莉著,《蒲峪学刊》1997年第4期。

《霍亨索伦与法西斯主义》,〔民主德国〕维·古切等著;周希奋译,《二战史通讯》1983年第5期。

《理查德·瓦格纳对希特勒及纳粹主义的影响》,王莹著,《武汉大学学报(人文科学版)》2010年第3期。

《剖析纳粹主义在德国恶性发展及失败的原因》,李宏毅著,《长春师院学报》2001年第4期。

《德国法西斯的历史教训及其现实意义》(上下),资中筠著,《国家人文历史》2013年第1/2期。

《从X字的含义到纳粹党党徽》,竹叶著,《新文化史料》1995年第4期。

《希特勒为何用"卐"作纳粹标志》,萧苏著,《四川统一战线》2009年第4期。

《何种哲学? 什么罪责? ——海德格尔和纳粹问题札记(之二)》,赵敦华著,《外国哲学》第28辑,2014年。

《纳粹主义的历史观念变化——评〈第三帝国的历史与记忆〉》,徐璟玮著,《江西社会科学》2017年第7期。

《纳粹史叙事与民族认同——战后七十年联邦德国史学界对纳粹历史的思考》,徐健著,《史学集刊》2015年第4期。

2. 德国法西斯的兴起和上台

(1)德国法西斯的兴起

《70年来欧洲国家关于纳粹德国起源问题研究回顾》,卢晓娜、柴彬著,《山西师大学报》2015年第5期。

《"纳粹"的兴起》,〔英〕杰里米·诺克斯著,《世界史研究动态》1983年第11期。

《纳粹的兴起》,金云译,《第二次世界大战史论丛》,王相如、李安华主编,四川大学出版社1985年版。

《德国法西斯主义兴起的近代历史根源》,朱正梅著,《盐城师专学报》1995

年第 4 期。

《论德国法西斯兴起的社会历史条件》，吴友法著，《法西斯主义与第二次世界大战》，朱庭光主编，华夏出版社 1988 年版。

《纳粹党在德国兴起的社会基础》，卡力、乌兰著，《内蒙古师大学报》1996年第 1 期。

《疯狂的转型：纳粹在德国兴起的社会学思考》，袁浩著，《社会》2009 年第 1 期。

《前资本主义因素与德国法西斯的兴起》，吴友法著，《武汉大学学报》1993年第 2 期。

《二三十年代经济危机与德国法西斯的兴起》，吴友法著，《武汉大学学报》1988 年第 4 期。

《经济危机与德国纳粹党的崛起》，黄琪轩著，《解放日报》2015 年 3 月31 日。

《德国的现代化与法西斯的兴起》，胡惠芳著，《池州师专学报》1996 年第2 期。

《德国自由主义走向法西斯主义的原因探析》，许惠芬著，《嘉兴学院学报》2006 年第 2 期。

《论德国法西斯主义产生的历史原因——兼谈德意志文化传统与欧美人文主义传统的背离和反叛》，何薇著，《中学历史教学参考》1999 年第 3 期。

《民族心理与纳粹的崛起》，王世霆著，《山东师大学报》1989 年增刊。

《德意志民族思想文化与纳粹主义的兴起》，黄正柏著，《历史教学问题》1998 年第 5 期。

《试论德意志军国主义传统的成因》，李冈原著，《湖北师院学报》1997 年第4 期。

《浅析德国人支持希特勒的原因》，姚丽丽著，《当代经理人》2006 年第4 期。

《浅析希特勒政权建立的力量支持》，刘文君著，《哈尔滨学院学报》2011 年第 7 期。

《为什么德国人二战期间支持纳粹？》，袁志英著，《东方早报》2011 年 4 月10 日。

《论德国纳粹的青年基础》，刘志明著，《广西社会科学》2005 年第 6 期。

《略论纳粹党夺取政权的民意因素》，彭凯、郭达喜著，《黔南民族师范学院学报》2007 年第 4 期。

《纳粹历史与德意志民族认同危机》，孙立新著，《2012·学术前沿论丛——科学发展:深化改革与改善民生（上）》，北京市社会科学界联合会编，北京师范大学出版社 2012 年版。

《纳粹党的崛起与德国小资产阶级》，张继平著，《历史研究》1985 年第 4 期。

《希特勒纳粹党与德国小资产阶级》，肖辉英著，《法西斯主义与第二次世界大战》，朱庭光主编，华夏出版社 1988 年版。

《德国小资产阶级支持纳粹党的原因》，潘慧生、张玉珍著，《忻州师院学报》1999 年第 3 期。

《纳粹党怎样争取城乡小资产阶级的支持》，邸文著，《法西斯主义与第二次世界大战》，朱庭光主编，华夏出版社 1988 年版。

《反动势力的支持与德国法西斯的兴起》，吴友法著，《武汉大学学报》1984 年第 6 期。

《封建势力复活与德国法西斯的兴起》，吴友法著，《世界历史》1985 年第 9 期。

《浅析群众心理与德国法西斯主义的产生——读约翰·麦克里兰〈西方政治思想史〉中关于法西斯主义的论述有感》，林涵著，《今日南国（理论创新版）》2010 年第 3 期。

《纳粹党是凡尔赛和约播下的一棵复仇种子》，吴友法著，《历史教学问题》1983 年第 6 期。

《凡尔赛体系的缺失与纳粹德国的崛起》，宋晨著，《太原城市职业技术学院学报》2008 年第 7 期。

《"二十年危机"——凡尔赛体系下纳粹德国崛起的过程探析》，王浩著，《企业导报》2010 年第 7 期。

《国际格局的演变与纳粹德国的崛起》，宋晨著，《江苏教育学院学报》2009 年第 1 期。

《魏玛德国晚期的民众心态与纳粹党的崛起》，罗盘著，《理论界》2014 年第 2 期。

《简析希特勒发动啤酒馆暴动失败的原因》，吴友法著，《历史教学》1985 年第 9 期。

《纳粹党的冲锋队:三十年代初一般成员的社会基础和思想意识》,[英] 科南·费希尔著;费佩君译,《二战史通讯》1985 年第 7 期。

《早期纳粹宣传及其群体心理学分析》,杨光著,《山东大学学报》2004 年第 2 期。

(2)德国法西斯的上台

《关于纳粹党及其上台原因讨论的述评》,高原著,《西安文理学院学报》2006 年第 4 期。

《国外关于纳粹党上台原因的探讨》,王棉田、赵光强著,《现代企业教育》2010 年第 10 期。

《纳粹是怎样上台的》,[英] 诺克斯著;侯曦译,《现代外国哲学社会科学》1984 年第 11 期。

《希特勒是怎样上台的?》,李巨廉著,《历史教学问题》1982 年第 4 期。

《走上法西斯独裁专政之路——希特勒是怎样上台的》,吴友法著,《武汉大学学报》1981 年第 2 期。

《从流浪汉到总统:希特勒上台始末》,晓荣著,《中学历史教学参考》1988 年第 6 期。

《联邦德国历史学家沃尔加斯特谈希特勒上台诸问题》,佟泰著,《世界史研究动态》1984 年第 11 期。

《全面分析希特勒上台的原因》,林博斌著,《山东师大学报》1993 年第 3 期。

《试论希特勒上台的原因》,吴晓奎著,《聊城师院学报》1995 年第 3 期。

《德国法西斯主义上台原因析》,刘锋著,《北方文学(下半月)》2012 年第 2 期。

《浅谈希特勒的政治伎俩》,陈勇著,《皖西学院学报》2005 年第 3 期。

《走上法西斯独裁专政之路——希特勒纳粹党是怎样上台的》,王玉莲著,《太原经济管理干部学院学报》2004 年第 2 期。

《试论德国纳粹党攫取政权的原因》,闫素娥著,《濮阳教育学院学报》1999 年第 1 期。

《德国纳粹党上台的法律及政治因素》,杜洋著,《白城师范学院学报》2014 年第 4 期。

《略论德国法西斯的上台、夺权和专政》，宋钟璜、朱懋铎著，《德州师专学报》1992 年第 3 期。

《试论德国法西斯主义上台的社会和历史根源》，吕桂霞著，《上海青年管理干部学院学报》2004 年第 3 期。

《20 世纪初德国纳粹掌权的历史条件——从威廉·夏伊勒的〈第三帝国的兴亡〉进行分析》，黄宇蓝著，《广西社会科学》2006 年第 10 期。

《德国的民族情感与法西斯道路的选择》，任海滨著，《牡丹江师院学报》1999 年第 4 期。

《谁资助了希特勒》，殷宸著，《世界知识》1979 年第 15 期。

《谁扶植希特勒上台》，[联邦德国] 埃伯特·茨肖恩著；陈小清译，《二战史通讯》1985 年第 7/8 期。

《希特勒纳粹党与德国国防军》，吴友法著，《湖北大学学报》1986 年第 6 期。

《德国国防军与希特勒上台》，赵文亮著，《河南师范大学学报》1993 年第 4 期。

《德国国防军与希特勒上台的关系》，王永立著，《集宁师范学院学报》2016 年第 3 期。

《施莱彻尔与希特勒上台》，赵文亮著，《赤峰教育学院学报》2000 年第 4 期。

《经济危机与希特勒上台》，路芳著，《沈阳大学学报》2015 年第 2 期。

《希特勒上台与三十年代经济危机》，大连红旗造船厂运输科西欧问题研究组，《辽宁大学学报》1975 年第 2 期。

《三十年代的政治经济危机与希特勒上台》，史世著，《华中师院学报》1975 年第 1 期。

《30 年代经济危机对德国法西斯上台的作用》，刘显娅著，《常德师院学报》1999 年第 2 期。

《试论经济危机在纳粹上台中的作用》，吴晓奎著，《聊城大学学报》2004 年第 1 期。

《论 1929—1933 年经济危机与德国政治变革的关系》，肖汉森著，《华中师大学报》1988 年第 2 期。

《工业经济的集中化——论德国法西斯上台的经济根源》，张清著，《贵州大学学报》1999 年第 2 期。

《略论希特勒攫取政权同德国封建专制势力之间的关系》,林和坤著,《南开学报》1998 年第 4 期。

《希特勒上台与德国垄断资产阶级的关系》,许刚雁著,《阴山学刊》2003 年第 4 期。

《他们帮助了纳粹吗——评德国大企业与希特勒的关系》,[美] 杰弗里·G.菲尔德著;王喜福编译,《世界史研究动态》1986 年第 1 期。

《德国垄断资产阶级与希特勒纳粹党的上台》,孙鸿波著,《丹东师专学报》1995 年第 4 期。

《德国垄断资本家在希特勒攫取政权活动中的作用》,朱忠武著,《北京师院学报》1984 年第 1 期。

《德国垄断资本家和容克地主向兴登堡总统要求任命希特勒为帝国总理的请愿书》,曹令予等译,《世界史研究动态》1979 年第 7 期。

《德国垄断资本本来选择的是巴本而不是希特勒:兼论 1929—1933 年纳粹与垄断资本的关系》,夏季亭著,《世界历史》1992 年第 6 期。

《德国垄断资产阶级与纳粹党关系的演变》,张淑华著,《泰安师专学报》1998 年第 1 期。

《希特勒上台与德国垄断资本内部的争斗》,武克全著,《复旦学报》1984 年第 4 期。

《30 年代初希特勒同垄断资本的关系》,夏季亭著,《史学月刊》1993 年第 2 期。

《魏玛宪法二元制与希特勒的上台》,景德祥著,《史学理论研究》2006 年第 4 期。

《如何认识宪政讨论中纳粹上台与现代民主的关系?》,顾銮斋著,《文史哲》2010 年第 3 期。

《第三帝国的出生秘密》,沈大明著,《社会科学报》1995 年 9 月 7 日。

《纳粹夺权时期的政治宣传初探》,梅义征著,《史学月刊》1999 年第 3 期。

《浅析宣传在德国法西斯专政建立过程中的作用》,赵丹、柳敏著,《法制与社会》2007 年第 2 期。

《有关纳粹党上台的一组文件》,张炳杰译,《世界史研究动态》1984 年第 8 期。

《希特勒上台前夕》，[联邦德国]海因茨·赫因著；肖辉英摘译，《编译参考》1985 年第 8 期。

《关于希特勒一九三三年取得政权的合法性问题》，[联邦德国]格哈德·迪尔歇尔著；李后霖译，《中山大学学报》1986 年第 1 期。

《希特勒的上台与德国法西斯专政的实质》，许琳菲、丁建弘著，《世界历史》1985 年第 6 期。

《希特勒上台与德国法西斯政权的全面确立》，邸文著，《世界历史》1990 年第 4 期。

《试论法西斯运动何以能在德国肆虐》，朱懋铎著，《文史哲》1995 年第 5 期。

《1933 年希特勒上台是德国历史的继续还是中断》，[英]伊恩·克肖著；常德志摘译，《世界史研究动态》1984 年第 5 期。

《西德报纸论德国法西斯主义夺取政权三十周年纪念日》，《外国史知识》1964 年第 5 期。

《夺权——德国通向希特勒独裁之路》，宋任翼著，《世界史研究动态》1986 年第 3 期。

四、日本法西斯主义和军国主义研究

1. 研究综述

《有关日本法西斯研究情况概述》，武寅、吕永和等著，《世界史研究动态》1984 年第 9 期。

《日本史学界法西斯主义研究近况》，郎维成著，《世界史研究动态》1987 年第 4 期。

《三十年代的日本是否是法西斯主义》，[美]G.麦科马克著；葆真译，《外国社会科学》1983 年第 5 期。

《日本法西斯主义研究中的"肯定论"和"否定论"的含义是什么》，郑务著，《世界史研究动态》1984 年第 9 期。

《读〈日本意识形态论〉——论其对日本主义法西斯主义的批判及意义》，赵乃章著，《社会科学辑刊》1995 年第 5 期。

《对日本法西斯主义的研究与批判——〈日本法西斯夺取政权之路——对日本法西斯主义的研究与批判〉简介》，肖理著，《大学出版》2001 年第 2 期。

《论法西斯主义的过去和现在》,邓介曾、董建宁著,《理论学习导刊》1995年第9期。

《日本法西斯与"现代"》,[日] 安部博纯著;吕昶译,《世界史研究动态》1987年第12期。

《十五年战争与日本法西斯》,[日] 木板顺一郎著,《日本研究》1985年第4期。

《十五年战争和日本法西斯主义》,[日] 安部博纯著;袁韶莹译,《国外社会科学动态》1984年第5期。

《日本法西斯劳工团体初探》,俞辛焞著,《日本史论文集》,三联书店1981年版。

《日本法西斯团体东方会及其领导人中野正刚》,李晓晨、陈秀武著,《延边大学学报》2017年第3期。

《日本没有法西斯吗?》,[日] 安部博纯著;徐勇译,《世界史研究动态》1991年第6期。

《侵华战争:日本法西斯化的加速器》,宋成有著,《南开日本研究》2016年第1期。

2. 日本法西斯理论研究

《日本法西斯研究》,杨宁一著,《求是学刊》1995年第3期。

《日本法西斯思想探讨》,崔世广著,《日本问题》1989年第5期。

《日本民间法西斯述论》,程文著,《辽宁教育行政学院学报》2010年第5期。

《略论日本法西斯思想的形成》,崔新京著,《日本研究》2001年第4期。

《从日本独特社会结构析日本法西斯的形成》,徐恺、刘华英著,《忻州师院学报》2002年第2期。

《日本法西斯思想的基本内容及其主要特点》,崔新京著,《日本研究》2003年第3期。

《日本军事法西斯主义思想专制述论》,张劲松著,《日本研究》2000年第2期。

《论日本军部法西斯主义政治独裁》,张劲松著,《日本研究》1989年第3期。

《略论日本法西斯主义哲学及其实践》,李宗耀著,《社会科学辑刊》1985年第 2 期。

《"天皇制法西斯主义"重探——日本现代史的割裂与继承》,[澳]H.比克斯著;葆真译,《国外社会科学》1983 年第 5 期。

《日本天皇制法西斯主义的理论构成》,王金林著,《日本研究》1995 年第 4 期。

《另一把血淋淋的战刀——日本法西斯新闻制度掠影》,展江、杨鲁江著,《新闻爱好者》1995 年第 10 期。

《日本法西斯主义的阶级基础和产生的历史条件》,朱学勤著,《世界史研究动态》1988 年第 5 期。

《论日本法西斯主义的文化源流》,张世良著,《日本研究》1995 年第 4 期。

《浅谈军国主义日本法西斯主义的影响》,朱定秀著,《居巢学刊》1991 年第 1/2 期。

《试论日本法西斯主义的反现代化思想渊源》,马万利著,《池州师专学报》2001 年第 4 期。

《两战间的日本法西斯主义及其对外扩张理论》,徐勇著,《抗日战争研究》2002 年第 3 期//《九一八事变与近代中日关系——九一八事变 70 周年国际学术讨论会论文集》,中国社会科学院中日历史研究中心等编,中国社会科学文献出版社 2004 年版。

《试论中间内阁与法西斯主义》,郭冬梅著,《日本学论坛》2001 年第 3 期。

《国家改造·世界帝国·领导中国——北一辉侵略扩张思想述略》,渠长根著,《平顶山师专学报》2002 年第 6 期。

《一战后日本国家体制转型挫败——以北一辉"国家改造"思想为视角》,赵晓靓著,《探索与争鸣》2019 年第 12 期。

《柳田国男的日本近代法西斯主义国家批判》,孙敏著,《国际关系学院学报》2012 年第 3 期。

3. 日本军国主义研究

《关于日本军国主义》,蒋立峰著,《中国抗战与世界反法西斯战争——纪念中国人民抗日战争暨世界反法西斯战争胜利 60 周年学术研讨会文集:上卷》,中国社会科学院近代史研究所编,社会科学文献出版社 2009 年版。

《日本走向军国主义的历史轨迹及其反思——纪念反法西斯战争胜利 60 周年》,曲宗著,《西藏发展论坛》2005 年第 4 期。

《日本军国主义及其侵略扩张本质》，戴裕民著，《中国青年政治学院学报》2006 年第 6 期。

《日本军国主义对外扩张野心的形成与膨胀》，赵阶琦著，《日本学刊》2005 年第 4 期。

《武士道与日本军国主义》，杨绍先著，《世界历史》1999 年第 4 期。

《从武士道到军国主义的探析》，王银星、谢小艳著，《世界现代史新论·第三编》，李世安等主编，中国华侨出版社 2007 年版。

《浅析日本的武士道精神》，高小岩著，《日本问题研究》2006 年第 2 期。

《再析武士道——答某些日本学者》，娄贵书著，《贵州师大学报》2003 年第 6 期。

《武士道善恶观与军国主义战争观》，娄贵书著，《贵州师大学报》2001 年第 4 期。

《有关军国主义、日本军国主义的几个问题》，万峰著，《日本问题》1987 年第 6 期。

《武士道：变异的日本战略文化基因》，江新凤著，《中国军事科学》2008 年第 2 期。

《樱花背后的恶灵：揭秘日本武士道》（上中下），王立鹏著，《世界军事》2008 年第 6/7/8 期。

《乃木希典："武士道"的狂徒》，王作化著，《环球军事》2005 年第 2 期。

《武士道"军神"：乃木希典与他的"肉弹攻击法"》，王作化著，《军事史林》2005 年第 5 期。

《中国武德与日本武士道比较分析》，方港、林波萍等著，《军事体育进修学院学报》2006 年第 3 期。

《二战中日本军人的死亡崇拜意识展析》，陆群著，《吉首大学学报》1994 年第 4 期。

《谈"剖腹"的文化根源》，王秀文著，《日本问题资料》1989 年第 7 期。

《战争中的符号暴力——以二战时期日本军人切腹自杀为例》，林茂著，《日本问题研究》2009 年第 4 期。

《远东恶魔心脏的产生——日本军国主义内阁的形成》，莫宏颖著，《齐齐哈尔大学学报》1995 年第 5 期。

《日本军国主义的历史脉络》，孙绍红著，《西安政治学院学报》2015 年第

4 期。

《论日本军国主义的历史特征》,万峰著,《学习与思考》1982 年第 6 期。

《日本军国主义的本质是反人类》,吴晓晓著,《北京日报》2014 年 7 月 11 日。

《日本军国主义形成的诸要素研讨》,陈荣晶著,《昆明冶金高等专科学校学报》2015 年第 2 期。

《日本军国主义渊源初探》,孙丽华、艾德文等著,《江西社会科学》2001 年第 1 期。

《日本军国主义形成的历史特质》,陈季君著,《遵义师院学报》2000 年第 3 期。

《浅析日本军国主义产生的根源》,李寅铨著,《山东省工会管理干部学院学报》2004 年第 1 期。

《试析日本军国主义的历史根源》,陆萍著,《湖南广播电视大学学报》2002 年第 4 期。

《从历史的深层看日本——试析日本军国主义的社会基础与历史根源》,武寅著,《炎黄春秋》2001 年第 10 期。

《日本军国主义的三大根基》,姜守明著,《学海》2018 年第 5 期。

《日本军国主义的基层组织——"帝国在乡军人会"》,王志、王晓峰著,《日本研究》2017 年第 3 期。

《对近代日本军国主义发展背景的剖析和思考》,朱永德著,《抗日战争研究》1992 年第 1 期 //《抗日战争与中国历史——"九·一八"事变 60 周年国际学术讨论会文集》,中国抗日战争史学会等编,辽宁人民出版社 1991 年版。

《昭和时期的法西斯日本人论对日本军国主义的影响》,魏娟著,《青春岁月》2013 年第 13 期。

《论日本军国主义的历史根源和思想基础》,徐传海著,《海军学术研究》1990 年第 4 期。

《日本文化传统与日本军国主义》,陈橹著,《中国军事科学》1999 年第 4 期。

《日本军国主义产生的社会历史文化渊薮》,徐炳杰著,《华中理工大学学报》2000 年第 3 期。

《日本军国主义的文化渊源与演变轨迹》,宋志勇著,《人民论坛》2015 年第

25 期。

《近代日本儒学的异化与军国主义的产生》，吴磊著，《齐齐哈尔大学学报》2016 年第 2 期。

《略论日本军国主义思想的形成》，赵波著，《江西师大学报》2003 年第 1 期。

《试析日本军国主义的两面性》，武寅著，《世界历史》1997 年第 3 期。

《军国主义传统与日本法西斯主义》，王祖奇著，《历史教学问题》2005 年第 3 期。

《日本法西斯国家的形成与军国主义教育》，赵亚夫著，《中学历史教学参考》2005 年第 11 期。

《军国主义与日本社会大众：评木坂顺一郎著〈“一亿玉碎”——15 年战争与民众对战争的支持〉》，王也扬著，《抗日战争研究》2000 年第 3 期。

《日本 20 世纪 20 年代的教育改革与军国主义教育》，赵亚夫著，《中学历史教学参考》2005 年第 9 期。

《日本军国主义教育制度化的基本过程》，赵亚夫著，《中学历史教学参考》2005 年第 10 期。

《试析日本思想政治教育中的军国主义教育》，苏寄宛著，《首都师范大学学报》2001 年第 6 期。

《日本军国主义教育极端化的基础》，赵亚夫著，《中学历史教学参考》2005 年第 12 期。

《论近代日本军国主义的形成》，肖传林著，《江汉论坛》1996 年第 7 期。

《简论日本军国主义的形成》，唐若玲著，《海南师院学报》2002 年第 4 期。

《日本摆脱世界经济大危机的路径选择与军国主义的形成》，李凤成著，《求索》2016 年第 11 期。

《山县有朋与日本军国主义政治体制》，杨旭彪、娄贵书著，《西南民族大学学报》2017 年第 8 期。

《近代日本是如何走向军国主义的——基于思想史的梳理与分析》，王屏著，《人民论坛·学术前沿》2015 年第 14 期。

《军国主义的扩张冲动之源——日本“大陆政策”的形成与现实危害》，韩毓海、谢韬著，《人民论坛·学术前沿》2015 年第 14 期。

《日本军国主义就是战争》，董文先著，《中国国防报》2015 年 8 月 4 日。

《军国主义的日本是人类公敌》，郑晋鸣著，《光明日报》2014年4月5日。

《将日本军国主义永远钉在历史的耻辱架上》，高杨著，《人民政协报》2014年6月14日。

《日本军国主义与侵华战争》，曹选玉著，《重庆师院学报》1997年第1期。

《日本军国主义与侵华战争》，林治波著，《人民日报（海外版）》1995年7月21日//《外国军事学术》1995年第8期。

《日本军国主义与侵华战争》，于彤著，《现代舰船》2013年第5C期。

《日本军国主义与太平洋战争》，刘世龙著，《日本学刊》2005年第4期。

《试析日本军国主义侵华战争的渊源和特点》，张西同、胡霞裳著，《思想理论教育导刊》1995年第8期。

《作为军国主义侵华理论家的福泽谕吉》，王向远著，《解放军外国语学院学报》2006年第3期。

《庞杂的精神糟粕：日本军国主义思想剖析》，汤重南著，《光明日报》2000年7月7日。

《日本军国主义思想是庞杂的精神糟粕》，汤重南著，《日本学刊》2005年第4期。

《有史为证：日本军国主义思想是庞杂的精神糟粕》，汤重南著，《中国抗战与世界反法西斯战争——纪念中国人民抗日战争暨世界反法西斯战争胜利60周年学术研讨会文集：上卷》，中国社会科学院近代史研究所编，社会科学文献出版社2009年版。

《试析日本军国主义思想中的神道因素》，岳峰著，《内蒙古师范大学学报》2014年第6期。

《从日本文坛看日本军国主义思想及侵华"国策"的形成》，王向远著，《抗日战争研究》1998年第4期。

《论神道教在日本侵略中国东北过程中的作用》，韩大梅著，《辽宁师大学报》1998年第1期。

《日本近代家族制度与军国主义的内在联系》，崔世广著，《日本学刊》2005年第4期。

《试析日本近代家族制度与军国主义的内在关联》，崔世广著，《中国抗战与世界反法西斯战争——纪念中国人民抗日战争暨世界反法西斯战争胜利60周年学术研讨会文集：上卷》，中国社会科学院近代史研究所编，社会科学文献出版社 2009 年版。

《近代日本侵略性文化的历史渊源及解析》,黄真、曹绿著,《日本问题研究》2009 年第 3 期。

4. 日本天皇制及其实质

《近年来我国日本天皇制研究述评》,解晓东著,《渤海大学学报》2008 年第 1 期。

《天皇制的起源及结构特征》,武寅著,《历史研究》2012 年第 3 期。

《天皇制立宪主义——传统的发明、断裂与延续》,张东著,《日本问题研究》2016 年第 6 期。

《天皇制立宪主义试论》,张东著,《南开日本研究》2018 年第 1 期。

《日本近代天皇制的形成》,张建朝著,《西南农业大学学报》2012 年第 2 期。

《近代日本天皇制的历史考证》,张东著,《日本问题研究》2013 年第 2 期。

《日本象征天皇制与国民》,[日]真边美佐著;吴限、谢明译,《世界知识》2019 年第 8 期。

《日本象征天皇制的历史考察》,[日]加藤阳子著;米彦军、王美平译,《南开史学》2019 年第 1 期。

《日本天皇和天皇制产生和发展历史探讨》,王蕴杰著,《郑州航空工业管理学院学报》2004 年第 1 期。

《近代天皇制军国主义》,娄贵书著,《贵州大学学报》2006 年第 2 期。

《日本近代天皇制军国主义的确立》,徐康明著,《日本学刊》1994 年第 6 期。

《日本近代天皇制军国主义体制的三大支柱》,娄贵书著,《贵州师范大学学报》2018 年第 1 期。

《天皇换代与日本军国主义》,[日]井上清著;诸葛蔚译,《日本问题资料》1989 年第 3 期。

《日本天皇与日本人的"忠"思想》,张琦著,《赤子(上中旬)》2014 年第 19 期。

《论近代日本军队的天皇崇拜》,陈树涵著,《郑州大学学报》2003 年第 5 期。

《日本民族的天皇崇拜思想论略》,孙立祥著,《外国问题研究》1994 年第

3 期。

《天皇制与近代日本军队的政治教育》,吴乃山著,《军事历史》1996 年第
2 期。

《日本天皇制神国思想形成历程简论》,罗时光著,《苏州科技学院学报》
2006 年第 1 期。

《论日本天皇的本质特征》,沈才彬著,《日本问题》1989 年第 5 期。

《天皇是日本军国主义的最大支柱》,[日] 井上清著,《国际问题译丛》1953
年第 6 期。

《天皇崇拜——近代日本军队的精神支柱》,陈树涵著,《西北大学学报》
2003 年第 3 期。

《近代天皇制下日本政党与军队关系的历史考察及启示》,卓爱平著,《军事
历史研究》2008 年第 2 期。

《"天皇制"与日本近代"民族国家"的建构》,武心波著,《日本学刊》2007 年
第 3 期。

《制宪权视角下象征天皇制与近代天皇制间的断裂与连续》,张东著,《日本
文论》2019 年第 2 期。

《从天皇制的发展管窥"明治维新"的不彻底性》,杨华、万映辰著,《哈尔滨
学院学报》2013 年第 12 期。

《日本共产党关于"天皇制"的概念形成、嬗变与认识变迁》,陈月娥著,《日
本学刊》2019 年第 5 期。

五、其他国家法西斯研究

《两次世界大战之间奥地利纳粹党的演进历程》,马凌著,《社会科学论坛》
2013 年第 1 期。

《略论三十年代法西斯主义在欧洲的蔓延和佛郎哥叛乱夺权的完成》,曹广
俊著,《辽宁大学学报》1985 年第 3 期。

《西班牙法西斯和佛朗哥政权》,郭保强著,《历史教学问题》1999 年第
3 期。

《佛朗哥一夜哗变　西班牙两阵演兵》,刘韬著,《中国空军》1993 年第
1 期。

《罗马尼亚法西斯上台的国际背景》,康春林著,《世界史研究动态》1985 年

第 12 期。

《试论葡萄牙法西斯政权的建立及其原因》,李华著,《淮北煤炭师院学报》1995 年第 2 期。

《初论葡萄牙法西斯政权建立及其特点》,李华著,《青海师大学报》1995 年第 3 期。

《初探三十年代法国法西斯未能上台的原因》,张镇强、李松魁著,《湖北大学学报》1985 年第 4 期。

《法国法西斯主义运动的失败和资产阶级民主制度》,周以光著,《北京师院学报》1988 年第 3 期。

《法国特色的法西斯主义——瑞史学家菲力浦·布兰答记者问》,周以光著,《世界史研究动态》1987 年第 9 期。

《斯达维斯基丑闻与法国"二月骚乱"（1934）》,柴健尔著,《外国史知识》1985 年第 5 期。

《法西斯暴政与民族国家观念的嬗变》,严双伍著,《国际论坛》2004 年第 5 期。

《法国弗林姆兰政府和法西斯暴乱》,钱能欣著,《光明日报》1958 年 5 月 21 日。

《1934 年 2 月的巴黎暴乱》,[美] 威廉·夏伊勒著;陈海燕译,《二战史通讯》1987 年第 9 期。

《驳"高尚阶级的法西斯主义"——兼论英国法西斯主义的起源与溃退》,张镇强等著,《湖北大学学报》1986 年第 3 期。

《试析 20 世纪 30 年代美国的法西斯主义逆流》,高芳英著,《苏州科技学院学报》2005 年第 3 期。

《美国三十年代的法西斯运动和没走上法西斯道路的原因》,张秋生著,《徐州师院学报》1987 年第 3 期。

《30 年代美国未走上法西斯道路的原因初探》,李淑芳著,《黄岗师专学报》1997 年第 3 期。

《罗斯福"新政"与希特勒法西斯主义之比较观》,周玉风著,《昭乌达蒙族师专学报》1991 年第 4 期。

《法西斯主义在中国的产生及其嬗变》,马金玲著,《商洛师专学报》2001 年第 1 期。

《民国时期非医国良药的法西斯主义探析》,李运著,《湘潮(下半月)》2012年第 5 期。

《关于二、三十年代法西斯主义在中国传播的几个问题》,陶鹤山著,《南京大学学报》1996 年第 2 期。

《二十世纪三十年代法西斯主义在中国的传播——以〈我的奋斗〉中译本发行为例》,陈瑜著,《近现代国际关系史研究(第三辑)》,徐蓝主编,人民出版社2013 年版。

《三十年代国民党内法西斯主义的泛起及其原因初探》,潘国琪著,《浙江大学学报》1993 年第 2 期。

《国民党内法西斯主义的泛起与蒋介石独裁统治的建立》,刘健清著,《南开学报》1983 年第 5 期。

《三、四十年代两个中国之命运的斗争与中国共产党对中国法西斯主义的批判》,王志连、郭春旺著,《当代世界社会主义问题》2000 年第 2 期。

《20 世纪 20—40 年代中国共产党人对中国法西斯主义的批判》,张文涛著,《理论学刊》2012 年第 10 期。

《20 世纪 20—30 年代旅德俄侨的法西斯运动》,郝葵著,《俄罗斯学刊》2014年第 2 期。

六、法西斯理论家思想研究

《试论希特勒的世界观》,叶江著,《历史教学问题》1995 年第 1 期。

《希特勒的文化专制主义》,朱忠武著,《世界历史》1979 年第 3 期。

《希特勒是马克思主义者吗?》,[英] G.沃森·戴著;林伦译,《国外社会科学动态》1986 年第 5 期。

《希特勒的世界观——争夺霸权的蓝图》,[联邦德国] 艾伯哈特·耶克尔著;魏元吾译,《二战史通讯》1989 年第 10 期。

《旧话重提:从希特勒〈我的奋斗〉谈起》,罗威著,《开放时代》1995 年第 3 期。

《历史的镜子——评希特勒的〈我的奋斗〉》,姜德昌著,《东北师大学报》1987 年第 1 期。

《不能忘掉这本书——〈我的奋斗〉》,钱洪著,《书林》1980 年第 6 期。

《封建主义与法西斯主义——读希特勒的〈我的奋斗〉与墨索里尼的〈我的

自传〉》,铮琦著,《书林》1989 年第 4 期。

《希特勒的第二本书》,宋钟璜著,《书林》1980 年第 6 期。

《〈希特勒的第二本书〉及其问世记》,邸文著,《世界史研究动态》1981 年第 9 期。

《希特勒的政治遗嘱（附编者按)》,吴友法、朱忠武等著,《世界史研究动态》1985 年第 12 期。

《关于海德格尔与纳粹主义关系问题的论争》,孟明译,《国外社会科学动态》1989 年第 8 期。

《"海德格与纳粹主义"问题的现状》,[日] 田村荣子著;齐羽译,《国外社会科学快报》1992 年第 7 期。

《略论希特勒的民族沙文主义》,朱忠武著,《法西斯主义与第二次世界大战》,朱庭光主编,华夏出版社 1988 年版。

《克罗齐与法西斯主义》,陈祥超著,《史学月刊》1988 年第 5 期。

《日本法西斯主义思想家简评》,贾卉、聂月岩著,《外国问题研究》1996 年第 4 期。

《北一辉的法西斯思想》,崔新京著,《日本研究》2002 年第 2 期。

《北一辉思想及其对日本法西斯主义运动的影响初探》,赵哲著,《日本研究》1985 年第 3 期。

《北一辉法西斯主义国际战略与近代中国——以 20 世纪 20—30 年代北一辉的中国论为核心的考察》,赵晓靓著,《日语学习与研究》2010 年第 4 期。

《试论北一辉法西斯主义国际战略的演变与五四运动的关联》,赵晓靓著,《东南亚研究》2008 年第 6 期。

《近卫文麿与北一辉的法西斯思想比较》,程文著,《南昌航空大学学报》2010 年第 2 期。

《大川周明与日本法西斯主义》,赵哲著,《日本研究》1986 年第 2 期。

《日本法西斯主义思想家大川周明》,战军著,《外国问题研究》1988 年第 4 期。

《大川周明的法西斯思想》,崔新京著,《日本研究》2002 年第 4 期。

《论大川周明的法西斯主义思想》,田富著,《吉林师范大学学报》2010 年第 3 期。

《论大川周明的历史观》,田富著,《社会科学战线》2012 年第 10 期。

《大川周明道义国家思想评析》,陈俊杭、周颂伦著,《北华大学学报》2017年第 2 期。

《斯泰内勒与法国法西斯意识形态的研究》,吕一民著,《世界历史》1994 年第 3 期。

《试析蒋介石法西斯主义的思想体系》,侯宜岭、孙海泉著,《中国矿业大学学报》2001 年第 4 期。

《蒋介石与法西斯主义在中国的传播(1931—1937)》,白纯著,《求索》2003年第 5 期。

《中国的法西斯——康泽》,立之著,《炎黄春秋》1994 年第 6 期。

《法西斯极权主义的父系家庭权威基础——霍克海默对法西斯极权主义社会文化根源的剖析》,吴友军、孔扬著,《吉林省教育学院学报》2009 年第 12 期。

《如何再现纳粹屠杀——海登·怀特的历史相对主义思想辨析》,王霞著,《清华大学学报》2012 年第 2 期。

《法西斯主义与性政治:奥·赖希的阐述及其启示》,张立波著,《学习与探索》2008 年第 2 期。

《当代资本主义社会的法西斯潜能——阿多尔诺政治思想片论》,季乃礼著,《宝鸡文理学院学报》2012 年第 5 期。

《略论阿多诺对法西斯主义社会心理的分析》,张和平著,《华南师范大学学报》2006 年第 2 期。

《纳粹的上台与左翼的失败——恩斯特·布洛赫关于法西斯主义理论》,金寿铁著,《社会科学》2012 年第 6 期。

《托洛茨基的反纳粹理论》,刘磊著,《长治学院学报》2012 年第 4 期。

第二节　德意日的法西斯化与战争准备

一、纳粹德国的法西斯化与战争准备

1. 德国的法西斯化

《二战前德国纳粹化的非理性因素分析》,胡德坤、卢晓娜著,《军事历史研究》2019 年第 1 期。

《纳粹德国的文化政策论析》,张筱云著,《华中师范大学研究生学报》2017

年第 1 期。

《法西斯焚书的历史教训》,杨成绪著,《瞭望周刊》1984 年第 46 期。

《纳粹德国是怎样控制舆论的》,黄钟著,《炎黄春秋》2010 年第 1 期。

《极权制造——从德国法西斯新闻事业浅议法西斯新闻体制》,谢昆著,《新闻传播》2017 年第 2 期。

《希特勒用艺术包装纳粹德国》,徐卫兵著,《国际公关》2012 年第 6 期。

《希特勒法西斯统治时期的德国军事国家垄断资本主义》,郭吴新著,《武汉大学学报》1963 年第 4 期。

《希特勒政权与德国垄断资本主义》,肖辉英著,《德国史论文集》,三联书店 1980 年版。

《浅论〈纽伦堡法典〉制定实施的重要意义》,王德国著,《中国医学伦理学》2005 年第 5 期。

《试析纳粹德国种族主义政策》,苑爽著,《北方论丛》2006 年第 5 期。

《纳粹德国〈绝育法〉新探——从纳粹〈绝育法〉看纳粹政权的邪恶性》,周鑫著,《社会科学论坛》2012 年第 3 期。

《论"二战"前德国的民族主义和帝国主义——兼论阿伦特的民族观》,粮宁著,《哈尔滨学院学报》2007 年第 9 期。

《希特勒民社党的社会政策(1933—1939)》,邸文著,《中国抗战与世界反法西斯战争——纪念中国人民抗日战争暨世界反法西斯战争胜利 60 周年学术研讨会文集:下卷》,中国社会科学院近代史研究所编,社会科学文献出版社 2009 年版。

《试论纳粹德国的人口政策》,王肇伟著,《山东师大学报》1994 年第 4 期。

《希特勒"生命之源"计划揭密》,村夫著,《河南教育》1995 年第 6 期。

《纳粹为何要进行"国民净化"》,施京吾著,《同舟共进》2018 年第 8 期。

《纳粹强制绝育政策下德国妇女的社会角色》,邓雪莉著,《历史教学问题》2019 年第 2 期。

《希特勒消灭残疾人事件始末》,秦川著,《军事历史》1993 年第 3 期。

《纳粹时期的社会记录》,张正中著,《世界史研究动态》1981 年第 2 期。

《第三帝国与教会》,邸文著,《世界历史》1994 年第 2 期。

《教会与德国法西斯》,[德] 丁·雷曼著;白锡堃译,《国外社会科学》1985 年第 5 期。

《论慕尼黑危机前后德军将领与希特勒之间的关系》,仓理新著,《世界历史》1991 年第 3 期。

《纳粹德国的农业政策和妇女政策》,郑寅达、陈旸、韩昕旸著,《经济社会史评论》2018 年第 4 期。

《纳粹德国经济体制与垄断资本》,黄正柏著,《高等函授学报》1994 年第 6 期。

《20 世纪 30 年代德美两国反经济危机政策的比较》,徐紫晨著,《理论界》2014 年第 1 期。

《1945 年前德国资本主义社会演变的特点及政治与经济的不同步性》,吴友法著,《武汉大学学报》1997 年第 6 期。

《论纳粹德国的农业思想及政策》,刘新利、王肇伟著,《世界历史》1997 年第 3 期。

《纳粹党农业政策的演变及其特点》,肖辉英著,《法西斯主义与第二次世界大战》(朱庭光主编),华夏出版社 1988 年版。

《论纳粹德国的妇女理论及政策》,王肇伟著,《世界历史》1995 年第 4 期。

《德国纳粹时期的妇女政策与妇女》,马瑞映著,《世界历史》2003 年第 4 期。

《纳粹种族主义政策下的德国妇女》,庞贝著,《海南广播电视大学学报》2008 年第 3 期。

《纳粹德国妇女理论与政策的历史性倒退》,楣馨著,《中国妇运》2010 年第 11 期。

《纳粹政权的婚育政策与德国女性的顺从》,陈玉玲、李涛著,《安庆师范学院学报》2008 年第 8 期。

《国家意志与科学共同体的命运——以纳粹"排犹"政策实施为例》,杨庆余、王长富著,《物理与工程》2012 年第 2 期。

《法西斯煽动下的民族意识扭曲》,左亚娜著,《解放日报》2015 年 4 月 15 日。

《法西斯统治时期的社会学》,[联邦德国] J.魏尔著;白锡堃译,《国外社会科学》1985 年第 5 期。

《纳粹时期德国新教中的教会斗争》,冯小茫著,《世界宗教研究》2014 年第 2 期。

《纳粹时期的德国史学》,景德祥著,《山东社会科学》2008 年第 8 期。

《试论德国大学传统在纳粹统治时期的断裂》,韩艳著,《广西师范学院学报》2010 年第 S1 期。

《纳粹对德国大学衰退的影响——以哥廷根大学为例》,张帆著,《纪念〈教育史研究〉创刊二十周年论文集(18)——外国高等教育史研究》,中国地方教育史志研究会等编,2009 年。

《纳粹图谋建立"第四帝国"》,杨孝文著,《环球军事》2009 年第 11 期。

《一座改写世界历史的建筑——柏林国会大厦》,程树榛著,《中华建设》2005 年第 6 期。

2. 法西斯独裁统治

《纳粹主义的残暴》,保尔·斯塔米著,《台州师专学报》1997 年第 1 期。

《纳粹德国政治体制初探》,郑寅达著,《世界历史》1988 年第 1 期。

《论纳粹德国一体化政治的建立》,宋晓芹著,《山西大学学报》1990 年第 3 期。

《论德国法西斯独裁统治的确立》,吴友法著,《武汉大学学报》1994 年第 6 期。

《纳粹如何引导德国走向疯狂》,王纪潮著,《博览群书》2005 年第 6 期。

《希特勒专政的特征及其形成的原因》,肖汉森著,《华中师院学报》1983 年第 1 期。

《希特勒修改魏玛宪法的恐怖真相》,李维著,《中国社会科学报》2014 年 6 月 11 日。

《希特勒纳粹独裁统治之建立的话语研究》,郑昀著,《神州》2013 年第 3 期。

《从德国民族主义形成特点看纳粹独裁统治的必然性》,李云霞、张献著,《邯郸学院学报》2005 年第 1 期。

《浅论 20 世纪德国两次民主制度替代专制制度的国际因素》,王宏波著,《史学理论研究》2014 年第 4 期。

《希特勒上台后与德国军官团的关系及其影响》,涂永峰著,《人文论谭》2009 年第 1 期。

《兴登堡对德国法西斯政权全面确立的影响》,马廷中、王秀伟著,《阿坝师范高等专科学校学报》2010 年第 3 期。

《论魏玛共和国的终结》,戚骥著,《吉林工程技术师范学院学报》2005 年第11 期。

《魏玛共和国的灭亡和德国早期民主制的终结》,陆梅著,《南通师范学院学报》2004 年第 3 期。

《政府的合法性和有效性探微——以魏玛共和国的衰亡为例》,张永会著,《党政干部论坛》2005 年第 3 期。

《论〈魏玛宪法〉总统紧急权力与希特勒专制独裁》,魏兴著,《西安文理学院学报》2016 年第 5 期。

《论魏玛共和国的失败及其教训》,于群等著,《长春师院学报》1986 年第2 期。

《试论德国魏玛共和国 1935 年以前反法西斯斗争的失误及其教训》,肖辉英著,《世界历史》1985 年第 9 期。

《魏玛民主的保卫者和掘墓人——论魏玛德国时期国防军的政治地位和作用》,姜天明、丛丕著,《江汉大学学报》2006 年第 1 期。

《论封建制残余与德国魏玛共和国的灭亡》,李慧著,《榆林学院学报》2010年第 5 期。

《〈极权主义的起源〉视域下的德国纳粹党特征研究》,赵志伟著,《办公室业务》2012 年第 11 期。

《历史上的台尔曼》,施用勤著,《炎黄春秋》2008 年第 12 期。

《德国"国会纵火案"真相》,柴岫著,《外国史知识》1981 年第 3 期。

《漫谈"国会纵火案"真相和证据》,陈燕昌著,《国际共运》1984 年第 2 期。

《四十七载沉冤昭雪(西柏林推翻"国会纵火案"判决)》,《人民日报》1981年 1 月 4 日。

《法西斯阴谋的破产——莱比锡审判前后》,凌治彬著,《辽宁日报》1959 年11 月 3 日。

《季米特洛夫怎样出名的》,侯志川著,《历史教学(中学版)》2010 年第1 期。

《坚贞不屈大义凛然——季米特洛夫在莱比锡法庭上同法西斯斗争的故事》,黄彦著,《中国青年报》1962 年 6 月 21 日。

《历史发展的不可抗拒的规律——读控诉法西斯——季米特洛夫在莱比锡审讯中的两个发言》,蒙莽著,《读书》1958 年第 21 期。

《痛斥法西斯,光彩照人寰——莱比锡法庭上的季米特洛夫》(上下),[民主德国]卡门·卡尔切夫原著;余志和编译,《环球》1982 年第 5/6 期。

《德国社会民主党和法西斯主义:关于 1932—1935 年德国社会民主党在政治上和组织上的发展》,[联邦德国]B.黑贝尔·孔策著;王幼农译,《国外社会科学著作提要》1982 年第 6 辑。

《德国纳粹党内的两派斗争》,邸文著,《世界历史》1991 年第 2 期。

《希特勒炮制的"罗姆事件"》,李广起著,《军事历史》1993 年第 2 期。

《希特勒血洗冲锋队》,李力钢著,《军事史林》1993 年第 4 期。

《浅析希特勒清洗冲锋队的原因》,王霄飞著,《社会科学战线》2000 年第 6 期。

《试论一九三四年德国六·三〇事件的起因》,杨翔著,《华中工学院学报》1982 年第 2 期。

《"长刀之夜"事件与希特勒法西斯独裁统治的确立》,夏季亭著,《山东师大学报》1991 年第 6 期。

《纳粹党执政及"盖世太保"成立》,王文美著,《四川统一战线》2000 年第 7 期。

《英美历史学家的发现——第三帝国的暗探局》,《世界史研究动态》1980 年第 5 期。

《联邦德国对第三帝国的研究》,邸文著,《世界史研究动态》1986 年第 11 期。

《德意志犹太人的社会集团与纳粹统治》,罗衡林著,《世界历史》2007 年第 2 期。

《对纳粹暴政与德意志历史最早的反思——德国流亡社会科学家与纳粹主义研究》,李工真著,《世界历史》2011 年第 3 期。

3. 扩军备战和战争准备

《论纳粹德国战前战争经济发展战略》,程广中著,《三十年代主要国家的战略与军备》,军事科学院军事历史研究部编,军事科学出版社 1990 年版。

《纳粹德国战前国防经济领导体制及其特点》,程广中著,《北京大学研究生学刊》1990 年第 1 期。

《希特勒侵略的经济准备(1933—1935 年)》,[苏]B.B.拉兹麦罗夫著;贺兴平译,《二战史通讯》1989 年第 10 期。

《第二次世界大战前夕德国法西斯的战争物质准备》,于振起著,《天津师大学报》1985 年第 7 期。

《试论第二次世界大战前德国对战争的经济准备》,陈坤胜著,《首都师范大学学报》1994 年第 3 期。

《纳粹德国战前政治、经济政策初探》,候振彤著,《天津师专学报》1985 年第 2 期//《法西斯主义与第二次世界大战》,朱庭光主编,华夏出版社 1988 年版。

《纳粹德国战前经济剖析》,肖汉森著,《华中师院学报》1984 年第 3 期。

《纳粹德国的经济发展与希特勒的经济政策剖析》,肖汉森著,《海南大学学报》1993 年第 2 期。

《法西斯统治下德国经济的畸形发展》,孙云沛著,《自修大学:文史哲经专业》1985 年第 11 期。

《纳粹党的企业代表会政策与德国经济民主的消亡》,孟钟捷、邓白桦著,《武汉大学学报(人文科学版)》2007 年第 2 期。

《与纳粹合作过的世界名企》,邓鑫著,《人民文摘》2011 年第 9 期。

《纳粹德国战前的经济军事化初探》,刘留生著,《第二次世界大战史论丛》,王相如、李安华主编,四川大学出版社 1985 年版。

《德意日法西斯是如何在战前掩盖扩军备战的》,《人民日报》1976 年 8 月 29 日。

《当年德日法西斯如何利用西方经济援助准备战争》,《人民日报》1976 年 5 月 24 日。

《纳粹德国的"四年计划"与军备政策》,朱忠武著,《三十年代主要国家的战略与军备》,军事科学院军事历史研究部编,军事科学出版社 1990 年版。

《纳粹德国的经济和军备》,宋钟璜著,《法西斯主义与第二次世界大战》,朱庭光主编,华夏出版社 1988 年版。

《浅谈法西斯德国发动战争前的战争经济及其根本弱点》,杨少俊著,《法西斯主义与第二次世界大战》(朱庭光主编),华夏出版社 1988 年版。

《试论二战前希特勒的"总体战争经济体制"》,朱懋铎著,《史学月刊》1993 年第 1 期。

《1933—1939 年德国军事战略演变初探》,程广中著,《军事历史》1989 年第 2 期。

《论纳粹德国的军事战略和战争准备(1933—1939)》,李巨廉、郑寅达著,《第二次世界大战起源研究论集》,华东师范大学历史系编,华东师大出版社1986年版//《法西斯主义与第二次世界大战》,朱庭光主编,华夏出版社1988年版。

《早熟的"总体战":战前德国的军事准备》,刘怡著,《国家人文历史》2017年第16期。

《论纳粹德国的重新武装》,孙月华著,《泰山学院学报》2004年第1期。

《法西斯德国战前的扩军备战》,杨少俊著,《三十年代主要国家的战略与军备》,军事科学院军事历史研究部编,军事科学出版社1990年版。

《论战前纳粹德国的军队建设》(全2期),左立平著,《军事历史研究》1995年第4期//1996年第1期。

《论战前纳粹德国的军队建设》,左立平著,《第二次世界大战史论文集③:五十年的深思》,李殿仁主编,军事谊文出版社1996年版。

《试析战前德国武装力量现代化的途径》,程广中著,《空军政治学院学报》1987年第3期。

《法西斯德国空军是如何崛起的》,倪智著,《中国空军》1999年第3期。

《第二次世界大战前法西斯德国的空军建设》,谢学钫著,《军事历史》1990年第3期。

《浅谈第二次世界大战前德国空军的战争准备》,谢学钫著,《三十年代主要国家的战略与军备》,军事科学院军事历史研究部编,军事科学出版社1990年版。

《〈英德海军协定〉对德国潜艇部队发展的促进》,纪德明著,《成都师范学院学报》2013年第10期。

《纳粹德国精神动员的特点初探》,杜正艾著,《军事历史》1993年第2期。

《欧洲列强抑或世界强国——二十世纪德国的选择与命运》,时殷弘著,《世界历史》2000年第4期。

《纳粹德国时期的文化政策》,霍林峰著,《华中师范大学研究生学报》2011年第3期。

《浅谈纳粹德国的历史教育》,黎晓玲著,《文史博览(理论)》2012年第2期。

《论德国纳粹统治时期的教育》,陈旸著,《漳州师范学院学报》2006年第

3 期。

《纳粹德国政治教育理论体系探析》,李战胜、顾刚著,《中国地质大学学报》2012 年第 2 期。

《纳粹德国时期大学教师的清洗与分化》,陈玉玲、李涛著,《许昌学院学报》2009 年第 3 期。

《德国青年为何疯狂接受纳粹的"特殊教育"——纳粹德国时期青年的"特殊教育"》,陈玉玲、李涛著,《河北青年管理干部学院学报》2009 年第 1 期。

《纳粹德国家庭政策:1933—1939》,庞贝、邢来顺著,《长江论坛》2011 年第 2 期。

二、日本的法西斯化与战争准备

1. 日本的法西斯化

《战前日本国家主义运动史》,〔日〕堀幸雄著;熊达云译,《近代史研究》2010 年第 5 期。

《三十年代的日本是否法西斯主义》,〔美〕G.麦科马克著;葆真译,《国外社会科学》1983 年第 5 期。

《法西斯时代的日本》,张隆溪著,《书城》2012 年第 3 期。

《"二战"时期日本媒体法西斯化初探》,刘颖著,《青年记者》2006 年第 2 期。

《论战时体制下日本报界的法西斯化》,孙继强著,《新闻与传播研究》2013 年第 4 期。

《论二战中日本传播政策的法西斯化》,陈力丹著,《湖南大众传媒职业技术学院学报》2006 年第 5 期。

《20 世纪 30 年代日本右翼运动剖析》,何理著,《九一八事变与近代中日关系——九一八事变 70 周年国际学术讨论会论文集》,中国社会科学院中日历史研究中心等编,中国社会科学文献出版社 2004 年版。

《试论近代日本右翼的"三阶段"发展路径》,吴限、谢明著,《理论与现代化》2012 年第 3 期。

《1945 年以前日本右翼与军国主义的关系》,张跃斌著,《日本学刊》2005 年第 4 期。

《试论战前日本右翼与军国主义的内在关系》,张跃斌著,《中国抗战与世界反法西斯战争——纪念中国人民抗日战争暨世界反法西斯战争胜利 60 周年学术研讨会文集:上卷》,中国社会科学院近代史研究所编,社会科学文献出版社 2009 年版。

《日本"军、财密切合作"的政治过程》,[日] 吉田裕著;徐建新等译,《世界史研究动态》1985 年第 3 期。

《三十年代日本财阀与法西斯势力的关系》,武寅著,《世界历史》1985 年第 11 期。

《日本军国主义的支柱——财阀》,王键著,《日本学刊》2005 年第 4 期。

《日本军国主义与财阀》,王键著,《中国抗战与世界反法西斯战争——纪念中国人民抗日战争暨世界反法西斯战争胜利 60 周年学术研讨会文集:中卷》,中国社会科学院近代史研究所编,社会科学文献出版社 2009 年版。

《三十年代日本急进的法西斯主义运动与中间阶层》,李玉著,《世界历史》1987 年第 3 期。

《日本法西斯运动之探讨》,郎维成著,《外国问题研究》1986 年第 2 期。

《试论日本法西斯运动》,[日] 须崎慎一著;吕永和摘译,《世界史研究动态》1985 年第 3 期。

《论日本法西斯运动》,[日] 安部博纯著;吕昶译,《世界史研究动态》1988 年第 6 期。

《日本民间法西斯运动初探》,杨宁一、金相春著,《北京师大学报》1993 年第 3 期。

《日本现代化的失衡与法西斯主义的兴起》,郝宏桂著,《盐城师专学报》1995 年第 3 期。

《论日本法西斯体制的形成》,乔瑞雪著,《黑龙江教育学院学报》2008 年第 3 期。

《九一八事变后日本法西斯体制的形成》,钦丽欣著,《黑龙江教育学院学报》2009 年第 5 期。

《二战前日本的现代化与法西斯化》,张景全著,《日本问题研究》2010 年第 1 期。

《日本军国主义与强权政治》,武寅著,《中国社会科学院研究生院学报》2005 年第 6 期//《中国抗战与世界反法西斯战争——纪念中国人民抗日战争暨世界反法西斯战争胜利 60 周年学术研讨会文集:上卷》,中国社会科学院近代史研究所编,社会科学文献出版社 2009 年版。

《日本青年将校的"国家改造'运动'"》,孙仁宗著,《世界历史》1986 年第 9 期。

《日本"二·二六事件"史料选译》(上下),蒋立峰等译,《世界史研究动态》1986 年第 4/5 期。

《论二·二六事件》,李树藩著,《外国问题研究》1987 年第 3 期。

《从二·二六事变到七七事变》,张历历著,《齐齐哈尔师范学院学报》1988 年第 1 期。

《二·二六事件和日本两派法西斯军阀》,万峰著,《环球》1982 年第 4 期。

《日本公开"二·二六"事件新史料》,峰著,《世界史研究动态》1988 年第 5 期。

《日本对"二·二六"事件审判记录研究的最新状况》,胡晓丁著,《世界历史》1994 年第 3 期。

《从一法官笔记看二·二六事件审判内幕》,[日] 保阪正康著;吕昶译,《世界史研究动态》1989 年第 3 期。

《二二六事件、西安事变和七七事变》,金卫星著,《安徽史学》2006 年第 5 期。

《试析二二六事件中裕仁动用皇权的用意》,曹喜顺、宋丹著,《商业文化(上半月)》2011 年第 4 期。

《天皇裕仁处理"二二六"事变的历史思考》,张海艳著,《大连近代史研究》第 9 卷,2012 年。

《关于日本国家的法西斯化问题》,程丁著,《历史教学》1957 年第 6 期。

《论近代日本对国民思想的控制》,胡连成著,《大连近代史研究》第 10 卷,2013 年。

《试论国家传统与日本法西斯化的关系》,孙国军著,《赤峰学院学报》2011 年第 1 期。

《关于日本法西斯化的问题》,高兴祖著,《南京师大学报》1987 年第 2 期。

《干犯侵略权的论争与参谋本部——兼谈 1930 年伦敦海军裁军条约的缔结》,[日] 绞缬厚著,《世界历史译丛》1980 年第 3 期。

《论日本法西斯化与军部》,易显石著,《日本研究》1985 年第 4 期。

《近代日本党军关系刍议》,刘世刚著,《抗战史料研究》2012 年第 2 期。

《军部与日本的法西斯化》，韩振响、徐玲玲著，《日本问题研究》2006 年第 1 期。

《日本军部的主战派和主和派》，［日］服部泰三著；金仁芳、周伟嘉译，《二战史通讯》1982 年第 3 期。

《日本的军部政治化与法西斯主义的确立》，徐勇著，《历史研究》1988 年第 4 期。

《30 年代日本陆军统制派与日本的法西斯化》，孙仁宗著，《杭州大学学报》1987 年第 2 期。

《试析日本军部势力的逐步加强及在日本法西斯化中的作用》，丁晓杰著，《内蒙古师大学报》1994 年第 3 期。

《试论日本军部在法西斯专政建立过程中的作用》，吴晓奎著，《聊城大学学报》2002 年第 5 期。

《论日本军部法西斯体制的形成》，兰奇光著，《贵州师大学报》2002 年第 4 期。

《明治维新时期日本的行政改革及战前军部法西斯行政体制》，邹钧著，《外国问题研究》1990 年第 3 期。

《日本法西斯主力"军部"的形成》，何士军著，《吕梁高等专科学校学报》2004 年第 1 期。

《日本近代社会结构与军部法西斯体制》，徐平著，《辽宁大学学报》1987 年第 2 期。

《论日本军部职能的加强与日本法西斯化》，涂荣娟著，《四川师院学报》2001 年第 5 期。

《论日本军部政治职能的加强及其法西斯化》，张卫军著，《济宁师专学报》2003 年第 2 期。

《法西斯主义和封建主义结合的典型——试析三十年代日本法西斯化的特点》，周希奋著，《世界现代史论文集》，三联书店 1982 年版。

《简析日本近代的皇国观念》，史桂芳著，《西南师范大学学报》2004 年第 5 期。

《日本近代的"皇国"观念与对外侵略战争》，史桂芳著，《群言》2005 年第 9 期。

《试析日本近代"皇国观念"的特点及影响》，史桂芳著，《纪念中国人民抗日战争暨世界反法西斯战争胜利 60 周年学术研讨会论文集:下卷》,中共中央党史研究室科研管理部编,中共党史出版社 2006 年版。

《二战时期日本民族教育塑造皇国民性格的文化心理解析》,杨晓著,《教育科学》2015 年第 1 期。

《论日本天皇制法西斯统治的确立》,刘景泉著,《南开学报》1995 年第 5 期。

《试析天皇在日本法西斯化过程中的作用》,焦海艳、丁志强著,《淮北煤炭师院学报》2004 年第 5 期。

《略论日本法西斯强硬派》,周益跃著,《经济与社会发展》2007 年第 5 期。

《论民间右翼团体在日本 30 年代法西斯化过程中的作用》,田富著,《东北亚论坛》1997 年第 3 期。

《论日本法西斯统治的"国民组织化"》,胡月著,《沈阳大学学报》2010 年第 5 期。

《论日本法西斯统治下日本的国民伦理观念及其特征》,唐永亮著,《日本研究》2007 年第 3 期。

《略论战争期间日本法西斯对日本民众的宗教专制》,高洪著,《中国抗战与世界反法西斯战争——纪念中国人民抗日战争暨世界反法西斯战争胜利 60 周年学术研讨会文集:上卷》,中国社会科学院近代史研究所编,社会科学文献出版社 2009 年版。

《日本对外侵略扩张野心的形成与膨胀》,赵阶琦著,《中国抗战与世界反法西斯战争——纪念中国人民抗日战争暨世界反法西斯战争胜利 60 周年学术研讨会文集:上卷》,中国社会科学院近代史研究所编,社会科学文献出版社 2009 年版。

《对外侵略、"国家改造"和日本的法西斯化》,高兴祖著,《南京社会科学》1991 年第 4 期。

《日本法西斯化与侵华战争》,金相春著,《北京师大学报》1985 年第 4 期。

《论日本帝国主义的总体战战略与法西斯化》,金相春著,《济宁师专学报》1985 年第 2 期。

《战前日本政宪政治进程探讨》,解晓东著,《锦州师院学报》1992 年第 2 期。

《昭和动乱动因初探》,李东芝、唐辽著,《乐山师范学院学报》2007 年第

1 期。

《试论 1924—1932 年的日本政党政治》，李玉著，《世界历史》1996 年第5 期。

《试论战前日本政党政治的崩溃和军部法西斯专政的建立》，吴善群著，《龙岩师专学报》1998 年第 2 期。

《试析第二次世界大战前日本政党政治失败的原因》，刘兆华著，《苏州科技学院学报》2006 年第 2 期。

《日本法西斯时期的经济体制》，王星全著，《阴山学刊》1992 年第 2 期。

《浅析战时日本经济统制政策的演变》，申康林著，《许昌师专学报》1992 年第 2 期。

《日本法西斯统治与大政翼赞体制》，张东著，《四川师范大学学报》2015 年第 6 期。

《日本军部法西斯统治的确立与全面侵华战争的爆发》，朱日龙著，《河北师大学报》1987 年第 3 期。

《对近卫内阁发动"国民精神总动员运动"的管见》，中村哲夫著，《民国档案》1998 年第 1 期。

《对侵华战争时期日本国内"举国一致"现象的分析》，史桂芳著，《中国抗战与世界反法西斯战争——纪念中国人民抗日战争暨世界反法西斯战争胜利 60 周年学术研讨会文集：中卷》，中国社会科学院近代史研究所编，社会科学文献出版社 2009 年版//《抗战史料研究》2013 年第 1 期。

《日本在侵略战争中"举国一致"的社会基础》，李卓著，《世界近现代史研究》第五辑，中国社科出版社 2008 年版。

《试论日本法西斯形成的特点》，张劲松著，《辽宁大学学报》1988 年第1 期。

《浅析日本建立法西斯专政的特点及形成原因》，于海涛著，《山东师大学报》1996 增刊。

《日本法西斯体制的形成过程》，［日］安部博纯著，《外国问题研究》1985 年译文增刊。

《日本军国主义时期法西斯主义的形成》，［日］功力俊祥著；于文奇摘译，《国外社会科学情报》1984 年第 6 期。

《三十年代日本法西斯政权的形成及其特点》，李玉著，《世界历史》1984 年第 6 期。

《日本法西斯怎样利用中日战争建立法西斯统治体制》,李秀石著,《延边大学学报》1987 年 2 月 3 日。

《战前日本军部法西斯体制确立原因新探》,徐平著,《日本学刊》1991 年第 3 期。

《从皇姑屯事件到"日本国家改造运动"——九一八事变前后日本军权的失衡与失控》,王希亮著,《"九一八"研究》2017 年第 1 期。

《日本法西斯主义运动之探讨》,郎维成著,《外国问题研究》1986 年第 2 期。

《浅论日本法西斯政权确立的历史背景和主要条件》,胡德坤、申康林著,《湖北社会科学》1988 年第 8 期。

《大日本主义乎? 小日本主义乎?:战前日本立国路线的争论》,吕万和著,《日本学刊》1991 年第 1 期。

《抗日战争时期日本内阁的嬗变》,郑志廷著,《历史教学》1986 年第 8 期。

《日本・1940 年体制"遗产"论》,宋绍英著,《外国问题研究》1996 年第 3 期。

《太阳旗下狗咬狗:二战爆发前后日本军部派系争斗管窥》,徐平、查强著,《军事史林》1999 年第 4 期。

《论日本媒体"二战"时的法西斯化》,陈力丹著,《国际新闻界》2001 年第 3 期。

《侵华战争期间日本报界"转向"的历史考察》,孙继强著,《世界近现代史研究》第 4 辑,中国社科出版社 2007 年版。

《"国体明征"与近代日本宪法学的法西斯化》,张东著,《历史教学(下半月刊)》2017 年第 6 期。

2. 日本的战争准备

《日本近代的对华军事外交路线图解析》,杨义刚著,《达县师范高等专科学校学报(教育教学研究专辑)》2006 年第 S1 期。

《浅谈日本战前的战争经济》,王通信著,《三十年代主要国家的战略与军备》,军事科学院军事历史研究部编,军事科学出版社 1990 年版。

《日本建立战争经济进行对外侵略的透视——纪念中国抗日战争胜利 50 周年》,刘业础、朱庆林著,《世界经济与政治》1995 年第 7 期。

《近代以来日本战争扩张心理分析》，赵鲁杰著，《军事历史》2014 年第 4 期。

《试论日寇侵华的战前准备》，盛清才著，《许昌师专学报》1993 年第 2 期。

《三十年代的日本军队建设》，彭训厚著，《三十年代主要国家的战略与军备》，军事科学院军事历史研究部编，军事科学出版社 1990 年版。

《浅谈全面侵华战争前的日军后勤》，李蔚著，《第二次世界大战史论文集④：人民战争的胜利》，刘鲁民、徐根初主编，金盾出版社 1998 年版。

《侵略中国是前日本政府的基本国策》，唐培吉著，《上海党史研究》1997 年第 4 期。

《远东战争策源地的形成》，崔树菊著，《外国史知识》1982 年第 12 期。

《试析日本"创造"的政治地理名词"满蒙"》，王旭著，《日本研究论集（2008）》（南开大学日本研究院编），天津人民出版社 2008 年版。

《近代日本的"满蒙危机"意识——由所谓近代国家体系论楔入》，周颂伦著，《南开日本研究》，2010 年。

《四次日俄协定与日本在"满蒙"的侵略扩张》，丁晓杰、李永福著，《山西高等学校社会科学学报》2006 年第 10 期。

《皇姑屯事件是日本武力解决"满蒙问题"的开始》，崔艳芳、仲晨星著，《大连近代史研究》第 11 卷，2014 年。

《试论日本"满蒙政策"的形成与性质》，易显石著，《日本研究》1987 年第 4 期。

《日本"满蒙政策"的演变分析》，朱洪兵著，《唐山师范学院学报》2012 年第 1 期。

《日本朝野的"满蒙情结"与中韩联合抗战》，宋成有著，《当代韩国》2008 年第 3 期。

《论近代日俄两国的"满蒙"争夺战及对东亚政局的影响》，于春梅、张春波著，《大连近代史研究》第 5 卷，2008 年。

《日本帝国主义的"满蒙政策"和内蒙古反对封建上层的"自治"独立运动》，黄时鉴著，《内蒙古师大学报》1963 年第 1 期。

《论大正昭和初期日本陆军内部的派系纷争及日本对华入侵的进程》，林芊著，《贵阳师专学报》1995 年第 3 期。

《和平扩张·军事征服·商业福利——二十世纪日本的选择和命运》，时殷弘著,《日本学刊》2000年第2期。

《浅析近代日本文化的侵略性》,温素丽著,《重庆科技学院学报》2010年第18期。

《对日本1937—1945年间的历史反思——非理性的沙文主义者还是极端的贸易保护主义者》,[美]戈登·戴尼斯著;陆远权、周盛译,《重庆三峡学院学报》1998年第2期。

第三节　为发动战争服务的法西斯外交

一、德意日的对外政策

1. 德国的对外政策

《纳粹德国的外交战略》,郑寅达著,《第二次世界大战起源研究论集》,华东师范大学历史系编,华东师大出版社1986年版。

《为备战服务的战前纳粹外交》,周希奋著,《暨南学报》1985年第2期。

《为发动战争服务的战前纳粹外交》,周希奋著,《法西斯主义与第二次世界大战》,朱庭光主编,华夏出版社1988年版。

《挥舞"橄榄枝"的骗局——1933年至1936年纳粹德国外交剖析》,吴友法著,《武汉大学学报》1986年第5期。

《通向侵略战争之路——1936—1939年纳粹德国外交剖析》,吴友法著,《武汉大学学报》1987年第5期。

《一部关于第三帝国外交史的新书:希特勒德国与列强——关于第三帝国外交政策的资料》,曼弗雷德·冯克编著,《世界史研究动态》1980年第1期。

《1933—1945年德国的外交政策》,图志著,《世界史研究动态》1982年第10期。

《论二次大战前希特勒的外交策略》,卢少志著,《内蒙古民族师院学报》1995年第3期。

《战前希特勒对欧政策任务与策略的演变》,肖汉森著,《华中师大学报》1988年第2期。

《纳粹德国的对英政策》,李巨廉、郑寅达著,《华东师大学报》1982年第1期//《世界现代史论文集》,三联书店1982年版。

《论波德互不侵犯条约》,夏小平著,《重庆教育学院学报》1989年第4期。

《1934 年德波互不侵犯条约的签订及其危害》,周美云著,《安徽师大学报》1993 年第 4 期。

《论 1936—1939 年的德波关系》,邓从先著,《荆州师专学报》1995 年第 4 期。

《1933—1941 年纳粹德国对中东欧外交初探》,陈从阳著,《咸宁师专学报》1999 年第 1 期。

《战前纳粹德国的巴勒斯坦政策》,赵云侠著,《世界历史》1991 年第 3 期。

《希特勒怎样利用奥运会》,金利著,《体育报》1980 年 2 月 2/4/6/8/11 日。

《一九三六的柏林举行奥运会的前前后后》,方原著,《人民日报》1980 年 1 月 26 日。

《纳粹德国的反犹政策与 1936 年奥运会》,赵文亮著,《河南大学学报》2007 年第 2 期。

2. 意大利的对外政策

《德意轴心建立之前法西斯意大利对外政策初探》,杨兆文著,《外交学院学报》1990 年第 1 期。

《论法西斯意大利的外交选择》,杨和平著,《史学月刊》2002 年第 7 期。

《墨索里尼政府外交政策演变的国际因素》,徐越著,《聊城大学学报》2010 年第 2 期。

3. 日本的对外政策

《20 世纪前期日本的文化外交》,姚奇志、胡文涛著,《广西社会科学》2005 年第 7 期。

《20 世纪前期日本与东亚国际关系》,宋志勇著,《南开学报》2010 年第 6 期。

《日本"十五年战争"论的前世今生》,[日]伊势弘志、葛睿著,《抗日战争研究》2014 年第 1 期。

《日本大陆政策初探》,段国卿著,《东岳论丛》1983 年第 1 期。

《"东方会议"与"大陆政策"》,金基凤著,《延边大学学报》1985 年第 2 期。

《日本的大陆政策及其对中国东北的侵略》,陈本善著,《现代日本经济》1989 年第 5 期。

《论日本"大陆政策"的演变过程》,裴匡一著,《中国人民抗日战争纪念馆文丛·第五辑》,北京出版社 1995 年版。

《日本对外侵略扩张的基本国策——谈"大陆"政策的形成及演变》,尤雅娟、车辉著,《丹东师专学报》1995年第2期。

《试论三十年代初日本统治集团在侵华政策上的分歧》,唐宝林著,《党史研究与教学》1995年第5期。

《从"九一八"事变到"七七"事变日本侵华政策的演变》,张雅丽著,《世界历史》1988年第5期。

《九一八事变期间中日关于直接交涉的外交斗争》,张皓著,《北京师范大学学报》2005年第4期。

《九一八事变过程中日本侵华的军事外交二重唱》,曾景忠著,《史学月刊》2008年第2期。

《论"七七"事变前夕日本"佐藤外交"的实质》,熊沛彪著,《南开学报》1998年第4期。

《卢沟桥事变前夕日本对华政策的演变》,臧运祜著,《抗日战争研究》1998年第1期。

《卢沟桥事变前日本对华政策的特征》,沈予著,《抗日战争研究》1994年第2期。

《论战前日本军国主义内外夹击策略的主要特点》,程驰著,《日本研究》1990年第4期。

《论1937年上半年日本对华政策的演变》,罗平汉著,《广西师大学报》1997年第3期。

《"七·七"事变前日本侵华政策的几个问题》,刘国新著,《民国档案》1989年第4期。

《走向全面侵华战争之路——"七·七"事变爆发前日本侵华政策初探》,胡德坤著,《武汉大学学报》1983年第1期。

《从"九一八事变"到"七七事变":日本军方的对华认识与侵华战争》,宋志勇著,《南开日本研究》,2011年。

《从退出国联看日本外交的失败》,武寅著,《世界历史》1992年第4期。

《日本退出国际联盟的"法理"思辨》,陈秀武著,《外国问题研究》2012年第2期。

《30年代日本对苏政策》,李凡著,《东北师大学报》1992年第4期。

《1918—1941年日苏关系述略》,张捷著,《中山大学研究生学刊》1986年第

2 期。

《二战前的日本外交》，[美] 罗伯特·斯凯兰皮诺著；容新房译，《日本问题研究》1988 年第 2 期。

《日本外交决策体制初探》，田培良著，《日本问题研究》1987 年第 4 期。

《从 1939 年日本对美外交试探论平沼内阁》，《内蒙古大学学报》1993 年第 2 期。

《战前日美经济关系的变动及其对日本外交政策的影响》，武寅著，《世界历史》1989 年第 6 期。

《二战以前日本在中国东北的特殊利益与日美冲突的根源》，张建人著，《西北第二民族学院学报》1991 年第 2 期。

二、法西斯国家的勾结与轴心国的形成

《略论德日意轴心国集团的形成》，陈兼著，《第二次世界大战起源研究论集》(华东师范大学历史系编)，华东师大出版社 1986 年版。

《从日德意"反共协定"到日德意三国同盟》，王德仁著，《外交学院学报》1985 年第 1 期。

《试论 1936 年德日意〈防共协定〉的实质与作用》，俞辛焞著，《史学月刊》1981 年第 6 期。

《试论柏林—罗马轴心的形成及其影响》，陈祥超著，《史学月刊》1992 年第 3 期。

《试论〈反共产国际协定〉缔结前后的日德关系》，王辉著，《日本研究》1990 年第 2 期。

《德日谈判〈反共产国际协定〉的情况》，[美] 格哈德·温伯格著；张北根译，《北京科技大学学报》1999 年第 2 期。

《反共产国际协定背后的中德日角逐》，陈仁霞著，《民国档案》2003 年第 3 期。

《"日德防共协定"扩张与远东国际关系》，武向平著，《日本研究》2008 年第 1 期。

《日本对德结盟述论》，张景全著，《史学集刊》2007 年第 4 期。

《日本对德结盟与日本对美结盟的关系》，张景全著，《日本学刊》2007 年第 1 期。

《论 1933—1939 年的德意关系》,袁正清著,《山西大学学报》1994 年第 1 期。

《奥地利问题与三十年代的意德关系》,杨和平著,《四川师院学报》1997 年第 5 期。

《三十年代前期意大利对德政策的演变》,杨和平著,《四川师院学报》1993 年第 5 期。

《墨索里尼给希特勒的两封信》,陈祥超著,《世界史研究动态》1985 年第 8 期。

《起步维艰的德意法西斯同盟的形成及其影响》,周璞芬著,《世界历史》1994 年第 3 期。

《柏林—罗马:困难的联盟——析法西斯意大利的参战》,徐莺音著,《中学历史教学参考》2002 年第 8 期。

《德国调停中日战争及其在德日关系中的地位》,何兰著,《武汉大学学报》1998 年第 2 期。

《简论三十年代德日侵华政策及其矛盾和影响》,祝中侠著,《池州师专学报》1995 年第 3 期。

《二战初期意大利采取"非交战"立场的原因》,陈祥超著,《华中师大学报》1986 年第 3 期。

《"非交战状态"时期的意德关系》,寿关荣著,《北京师院学报》1982 年第 3 期。

《第二次世界大战爆发前后的德日矛盾试析》,侯振彤著,《天津师大学报》1985 年第 5 期。

《论三十年代至四十年代初德意日的矛盾与勾结》,白坚著,《陕西师大学报》1990 年第 4 期。

《从对苏、对华政策的冲突看二战前德日法西斯之间的矛盾》,卢永嘉著,《湖北经济学院学报》2006 年第 3 期。

第四节　法西斯国家的局部扩张和世界大战策源地的形成

《二战策源地如何形成》,韩永利著,《人民日报》2015 年 4 月 30 日。

《意德纵火:第二次世界大战的序幕》,陈文波著,《世界知识》1984 年第
10 期。

《剑拔弩张:第二次世界大战的迫近》,凌育仁著,《世界知识》1984 年第
13 期。

《战前法西斯德国和意大利在西方国家纵容下的侵略》,《人民日报》1976
年 7 月 29 日。

《始终坚持对外侵略 二战前的激进扩张》,萨苏、王屏著,《环球人物》2012
年第 27 期。

一、日本发动九一八事变与亚洲战争策源地的形成

1. 日本侵华思想与理论

《论日本侵华思想理论的有关问题》,杨玉修著,《河南社会科学》2003 年第
3 期。

《关于日本侵华思想研究的几点思考》,渠长根著,《常熟高专学报》2002 年
第 5 期。

《军国主义阴魂不散的深刻思想根源——明治维新后日本侵华思想的发展
与演变》,吕耀东著,《人民论坛·学术前沿》2015 年第 14 期。

《日本〈帝国国防方针〉的中国观》,崔丕著,《东北师大学报》1989 年第
1 期。

《日本侵略中国思想的验证》,水野明著,《抗日战争研究》1995 年第 1 期。

《论日本侵华思想理论的有关问题》,杨玉修著,《河南社会科学》2003 年第
3 期。

《清理日本侵华思想——中国抗战胜利纪念的另一重要内容》,渠长根著,
《河南社会科学》2005 年第 4 期。

《试析中日战争时期日本的侵略理论》,史桂芳著,《抗日战争研究》2002 年
第 1 期。

《多种侵略理论为日本侵华张目》,史桂芳著,《中国社会科学报》2017 年 9
月 18 日。

《近代日本的亚洲观及其对中国的侵略》,史桂芳著,《长白学刊》2002 年第
5 期。

《亚洲主义与近代日本的侵略思想》,张瑞楠、龚松博著,《日本侵华史研究》

2015 年第 4 期。

《民族优越论：日本对外侵略的重要思想源流》，陈树涵著，《史学月刊》2002年第 12 期。

《近代天皇信仰的制造与日本侵略战争》，张博著，《日本侵华史研究》2017年第 4 期。

《近代日本侵略中朝思想中的民族优越论分析》，安善花著，《东北亚论坛》2012 年第 1 期。

《儒家文化与日本侵华战争》，方艳华、刘志江著，《黑龙江教育学院学报》2008 年第 10 期。

《从世界主义到天皇制——冈仓天心"亚洲一体论"渊源与流变探微》，杜小军、闫晓艳著，《史志学刊》2019 年第 1 期。

《战前日本的"海上帝国"建设与"文化共同体"构想》，陈秀武著，《东北师大学报》2017 年第 5 期。

《"文明论"主导下的日本侵华战争外宣话语——以二战前日本对美宣传为中心》，张小龙著，《军事历史研究》2019 年第 2 期。

《试析日本大亚细亚主义与九一八事变的关系》，杨宗鸣著，《兰台世界》2014 年第 S1 期。

《武力侵占东北是日本大陆政策的核心》，高学军著，《理论观察》2007 年第5 期。

《近代日本扩张主义意识形态的两种类型——以大川周明的思想理论为中心》，刘峰著，《世界历史》2017 年第 6 期。

《"国学"：日本军国主义者侵略中国乃至歧视华人之根本精神源流——日本神国军国主义"国学"批判研究》，罗时光著，《前沿》2010 年第 18 期。

《论石川达三的侵华战争观及其成因》，丁瑜著，《湘南学院学报》2007 年第4 期。

《北一辉的中国认知》，刘景瑜著，《北华大学学报》2019 年第 3 期。

《大隈重信的"东西文明调和论"》，杨延峰著，《日本问题研究》2011 年第4 期。

《石原莞尔的侵华思想述论》，渠长根著，《殷都学刊》2002 年第 3 期。

《石原莞尔的侵华思想渊源》，王珊著，《社会科学辑刊》1997 年第 6 期。

《石原莞尔侵华思想体系的形成及其实践》，李晓晨著，《近代中国东北与日本研究》2018 年第 1 期。

《"石原构想"的出笼与破产》,李玉勤著,《党史纵横》2012 年第 5 期。

《石原莞尔:"石原构想"的炮制者》,李玉勤著,《湖北档案》2015 年第 11 期。

《石原莞尔侵略战争理论与"九一八"事变的爆发》,朱宇著,《理论界》2011 年第 6 期。

《"九一八"事变后日本人的"满洲建国"理论——以〈满洲评论〉为中心》,吕媛媛著,《外国问题研究》2015 年第 3 期。

《近卫文麿侵略思想及其活动述略》,谢俊美著,《历史教学》2000 年第 12 期。

《近卫文麿的侵略思想及其活动述略》,谢俊美著,《福建论坛》2001 年第 1 期。

《论抗战时期中共对日本文化侵略理论的批判》,操申斌、黄延敏著,《湖北教育学院学报》2006 年第 3 期。

2. 九一八事变

(1)综述

《日本战后研究"九·一八"事变和伪满洲国的主要书目和论著》,张锦堂编译,《国外社会科学情报》1981 年第 7 期。

《在"九·一八"事变史研究中值得注意的一种倾向——评介日本关于九·一八事变史研究》,良邑著,《松辽学刊》1989 年第 3 期。

《关于日本"满洲事变"言论的研究》,杨殿林著,《"九一八"研究》2018 年第 1 期。

《"九·一八"事变述略》,陈崇民著,《中美关系史论集》,吉林人民出版社 1984 年版。

《九一八事变研究综述》,张劲松、马依弘著,《抗日战争研究》1991 年第 1 期。

《"九·一八"事变研究综述》,白雅琴著,《社会科学战线》1991 年第 4 期。

《九一八事变研究综述(1991—2000)》,陈小琼著,《江海学刊》2001 年第 5 期。

《近十年来中国学界关于九一八事变研究综述》,郭永虎著,《中共党史研究》2011 年第 12 期。

《日中共同历史研究有关九一八事变爆发的研究成果》，[日]芳井研一著；宋芳芳译，《抗日战争研究》2011年第4期。

《从国际视角审视"九一八"事变》，张洁著，《辽宁日报》2015年8月20日。

《"九·一八"事变》，苏岚著，《人民日报（海外版）》1991年9月17日。

《论"九·一八"事变》，张铨著，《史林》1991年第4期。

《田中义一与九一八事变》，刘恩格、范斌著，《大连近代史研究》第8卷，2011年。

《"九一八"事变应改称"九一八战争"》，张一波、刘庆怀著，《中国国情国力》2000年第7期。

《重新认识"九·一八"》，许铭著，《齐齐哈尔师范高等专科学校学报》2005年第1期。

《九一八事变爆发后中共满洲省委发表的相关文件述评》，张瑞强著，《大连近代史研究》第7卷，2010年。

《九一八事变资料选辑》（一），《中国现代史资料通讯》1979年第2期。

《〈申报〉史料中的九一八事变考述》，温文芳、袁飞著，《兰台世界》2011年第23期。

《战火硝烟中的〈盛京时报〉——以"九一八事变"的报道为中心》，姜明、刘爱君著，《大连大学学报》2014年第4期。

《从日本史料考证九一八事变爆发的时间》，胡月著，《日本侵华史研究》2016年第4期。

《从日本史料看有关九一八事变的几个问题》，石岩著，《日本侵华史研究》2016年第3期。

（2）九一八事变的原因

《"九一八"事变真相》，王辅著，《军事历史》1985年第1期。

《试论"九·一八"事件的起因》，徐光金、黄中元著，《齐齐哈尔师院学报》1983年第3期。

《浅析日本发动侵略战争的原因》，王芳、唐鹤龄著，《政法论坛》1997年第4期。

《论日本发动"九一八"事变的战略意图》，熊沛彪著，《日本研究论集（4）》，南开大学日本研究中心编，南开大学出版社1999年版。

《简论"九·一八"事变的成因》，王康美著，《中共沈阳市委党校学报》2000

年第 5 期。

《略论"九·一八"事变爆发的原因》,林和生著,《山西师大学报》1985 年第 2 期。

《关于九一八事变深层次原因的研究》,张淑香著,《大连近代史研究》第 8 卷,2011 年。

《论"九·一八事变"爆发的必然性与偶然性》,潘何琴著,《延边党校学报》2016 年第 5 期。

《评"九·一八"事变起因的"外部压力"说》,沈予著,《近代史研究》1983 年第 1 期。

《日本发动九一八事变的内、外因探析》,张一拓著,《"九一八"研究》2016 年第 1 期。

《"九·一八"事变与战前日本政治》,董伟著,《学习与探索》1994 年第 4 期。

《从民族主义的视角看九一八事变的起因》,张万杰著,《理论学刊》2011 年第 8 期。

《国共合作的分裂与"九·一八"事变》,姚守真、齐欣著,《辽宁大学学报》1993 年第 5 期。

《中国内争不统一:日本乘虚侵占东北的政治背景》,曾景忠著,《史学月刊》2004 年第 5 期。

《从一部日本帝国主义侵华史看日本发动九·一八事变的根本原因》,朗维成著,《外国问题研究》1991 年第 3 期。

《"九·一八"事变发生论》,高二音著,《东北师大学报》1987 年第 5 期。

《日本的立国理念与九一八事变》,刘建国、王海晨著,《"九一八"研究》2016 年第 1 期。

《试论九一八事变的国际背景》,周波著,《"九一八"研究》2017 年第 1 期。

《"九一八"事变爆发的经济背景初探》,董谦、林谷良著,《近代史研究》1982 年第 2 期。

《浅析"九·一八"事变的经济背景》,何华国著,《湘潭大学学报》1987 年第 3 期。

《从经济根源看日本发动侵华战争的动因》,卢晓平著,《湖北行政学院学报》2015 年第 5 期。

《从日本经济谈日本发动九一八事变的历史必然》,宋苗著,《"九一八"研究》2017 年第 1 期。

《日本经济危机与对我国东北的侵略》,詹方瑶著,《郑州大学学报》1986 年第 6 期。

《论日本经济危机与九·一八事变》,包奕诚著,《新疆大学学报》1980 年第 2 期//《第二次世界大战史论集》,包奕诚著,山东大学出版社 2002 年版。

《"九·一八"事变起因及其历史教训》,金宇钟、常好礼著,《黑龙江日报》1991 年 9 月 17 日。

《"九·一八"事变与日本的"大陆政策"》,王元年著,《北方工业大学学报》1991 年第 4 期。

《"九·一八"事变与"大陆政策"》,于春梅著,《齐齐哈尔大学学报》2001 年第 6 期。

《日本的大陆政策及其对中国东北的侵略》,陈本善著,《现代日本经济》1989 年第 5 期。

《日本大陆政策的形成及"九·一八"事变的爆发》,孙士江著,《邢台学院学报》2004 年第 2 期。

《"九·一八"事变是日本推行"大陆政策"的一个重要步骤》,任永祥著,《辽宁师大学报》1996 年第 5 期。

《北伐期间日本的"满蒙观"与"九·一八"事变》,王美平著,《日本问题研究》2012 年第 1 期。

《"满蒙危机"与九一八事变》,史桂芳著,《北京党史研究》1994 年第 4 期。

《日本发动"九一八"事变政策形成的真相》,沈予著,《档案与历史》1990 年第 2 期。

《日本关东军为何选择"九·一八"侵华》,史丁著,《书摘》2005 年第 12 期。

《日本的中国认识与九一八事变》,沈海涛著,《东北史地》2011 年第 4 期。

《再论日本发动"九·一八"事件的主要因素》,李家智、张世均著,《康定民族师范高等专科学校学报》2004 年第 2 期。

《略论日本民间右翼势力对九·一八事变的催动和影响》,王希亮著,《社会科学战线》,1995 年第 5 期。

《"九·一八"事变前日本对东北金融政策析论》,庞宝庆著,《渤海大学学报》2015 年第 4 期。

《九一八事变前夕贺耀组等为日本在东北新动向提请政府有关方面注意来往函电》，何玲著，《民国档案》2010 年第 2 期。

（3）九一八事变的策划与准备

《日本东方会议和田中义一内阁对华政策》，沈予著，《近代史研究》1981 年第 1 期。

《〈田中奏折〉析考》，张兴伯著，《世界现代史论文集》（第一集），三联书店1980 年版。

《〈田中奏折〉探隐》，刘建业著，《中国人民抗日战争纪念馆文丛·第四辑》，北京出版社 1993 年版。

《〈田中奏折〉真伪论》，邹有恒著，《外国问题研究》1994 年第 1 期。

《如何看〈田中奏折〉真伪》，王希亮著，《中国社会科学报》2010 年 9 月7 日。

《日本对外扩张的纲领——田中奏折》，甄容、师堪著，《史学月刊》1983 年第 5 期。

《从日本关东军早期侵华史实看"田中奏折"的真实性》，李柏武、王宗仁著，《沙洋师范高等专科学校学报》2005 年第 4 期。

《第三届太平洋国际学会与〈田中奏折〉》，王连捷著，《中国及太平洋抗战与战俘问题研究——中国及太平洋抗战与战俘问题国际学术研讨会文集》，井晓光、王建学等主编，辽宁人民出版社 2009 年版。

《略论九一八前日本的战争准备》，刘战著，《理论观察》2014 年第 9 期。

《九一八前日本的军事预谋活动》，刘战、赵朗著，《兰台世界》2014 年第13 期。

《九一八事变前日本的华北谋略》，藏运祜著，《九一八事变与近代中日关系——九一八事变 70 周年国际学术讨论会论文集》，中国社会科学院中日历史研究中心等编，中国社会科学文献出版社 2004 年版。

《九一八事变前日本在中国东北强势地位的构建及其影响》，李淑娟、王希亮著，《历史研究》2014 年第 6 期。

《"九·一八"事变前日本关东军的军事准备探析》，郭建平著，《辽宁大学学报》1991 年第 6 期。

《九一八事变前关东军在中国东北侵略活动述论》，王健著，《辽宁师范大学学报》2010 年第 1 期。

《九一八事变前满铁与关东军的东北"参谋旅行"》，武向平著，《东北史地》2014年第5期。

《日军情报系统与满洲事变的渊源》，〔美〕詹姆斯·韦兰德著；张亦兵编译，《中国人民抗日战争纪念馆文丛·第五辑》，北京出版社1995年//《军事历史研究》1996年第2期。

《九一八事变前后日本间谍在华摄影活动——以岛崎役治为个案的考察》，杨红林著，《中国国家博物馆馆刊》2014年第8期。

《"九·一八"事变前后日本统治阶级内部围绕侵华问题的矛盾》，易显石著，《中美关系史论集》，吉林人民出版社1984年版。

《九一八事变前"满铁"职员对战争的美化》，张锦、刘禹著，《东北史地》2013年第2期。

《九一八事变是日本蓄意制造的侵华战争开端》，张海鹏著，《人民日报》2015年8月24日。

（4）九一八事变始末及其责任

《日本发动九一八事变纪实》，裴艳著，《党史文汇》2005年第1期。

《"九一八"事变的前前后后》，万峰著，《人民日报》1961年9月17日。

《日本是怎样发动"九·一八"侵略的》，丹东著，《世界知识》1982年第17期。

《日本帝国主义策划"九·一八"事变始末》，赵步云著，《外国问题研究》1987年第1期。

《日本军国主义发动"九一八"事变的阴谋狡诈活动》，曾景忠著，《团结报》2000年9月18日。

《日本军部在九·一八事变中的作用》，郎维成著，《吉林大学学报》1985年第2期。

《日本军部、内阁与"九·一八"事变》，郎维成著，《世界历史》1985年第2期。

《日本关东军策划"九·一八"事变的内幕》，张锦堂著，《中美关系史论集》，吉林人民出版社1984年版。

《关东军与日本内阁在九一八事变中的地位研究》，陈健著，《"九一八"研究》2018年第1期。

《九一八事变：日本关东军罪加一等》，尹下萍著，《军事史林》1995年第

9 期。

《"九·一八"事变与关东军两个参谋》,李光平著,《文史天地》2006 年第 9 期。

《新发现的日本军部关于"九·一八"事变的三份历史文件》,郎维成著,《东北师大学报》1985 年第 5 期。

《试论九一八事变时日本军部与"不扩大方针"》,袁成亮著,《湖北社会科学》2008 年第 7 期。

《略论日本政府对九一八事变的"不扩大方针"》,袁成亮著,《长白学刊》2011 年第 3 期。

《"九一八"事变前后的中日情报战》,何立波著,《党史纵横》2011 年第 9 期。

《满铁情报调查在九一八事变前后的战略性演变》,李娜著,《社会科学战线》2014 年第 10 期。

《满铁与九一八事变》,郭洪茂著,《纪念中国人民抗日战争暨世界反法西斯战争胜利 60 周年学术研讨会论文集:上卷》,中共中央党史研究室科研管理部编,中共党史出版社 2006 年版 //《中国抗战与世界反法西斯战争——纪念中国人民抗日战争暨世界反法西斯战争胜利 60 周年学术研讨会文集:上卷》,中国社会科学院近代史研究所编,社会科学文献出版社 2009 年版。

《满铁与"九·一八"事变》,武向平著,《日本问题研究》2014 年第 2 期。

《"九一八"事变中的满铁》,郭洪茂著,《社会科学战线》2005 年第 5 期。

《满铁侵略活动与"九·一八"事变》,刘晓钟著,《沈阳工程学院学报》2005 年第 3 期。

《满铁——日本侵华扩张的桥头堡、先锋队》,王珍仁著,《东北史地》2006 年第 4 期。

《满铁及日本民间势力对"九一八"事变的策动》,王希亮著,《社会科学战线》2015 年第 8 期。

《"九·一八"事变的内幕》,姜念东著,《新村》1986 年第 2 期。

《九一八事变若干史实辨证》,杨裕泰著,《中共党史研究》1990 年第 6 期。

《"九·一八"事变与日本的战争责任》,陈九如著,《山东师大学报》1995 年增刊。

《驳中村粲的九一八事变"中国责任说"》,孙立祥著,《世界历史》2005 年第

4 期。

《"独走论"再评析》,郎维成著,《九一八事变与近代中日关系——九一八事变 70 周年国际学术讨论会论文集》,中国社会科学院中日历史研究中心等编,中国社会科学文献出版社 2004 年版。

《论日本帝国主义发动"九·一八"事变的时机选择》,湛贵成著,《山东师大学报》1995 年增刊。

《日本利用国共对立发动"九·一八"事变》,殷昌友著,《抗日战争研究》1993 年第 2 期。

《三名日本少壮派将校与九一八事变》,齐福霖著,《九一八事变与近代中日关系——九一八事变 70 周年国际学术讨论会论文集》,中国社会科学院中日历史研究中心等编,中国社会科学文献出版社 2004 年版。

《"九·一八"事变与石原莞尔》,朱海举著,《东北师大学报》1981 年第 5 期。

《中村事件与"九·一八"事变》,王玉平著,《史学月刊》1983 年第 1 期。

《中村间谍案与九一八事变》,黄耀慧著,《大连近代史研究》(第 15 卷,2018 年。

《中村事件不是九一八事变的导火索》,杨春生著,《"九一八"研究》2017 年第 1 期。

《樱会与九一八事变》,华永正著,《党史纵横》1995 年第 3 期。

《试论南次郎与九一八事变》,袁成亮著,《社会科学辑刊》2008 年第 5 期。

《大连日本右翼社团组织与"九·一八"事变"》,郭铁桩著,《日本研究》2008 年第 3 期。

《探析"大雄峰会"与九一八事变》,冷秀锦著,《中日关系史研究》2011 年第 1 期。

《九一八事变与在东北日本人的策应》,王希亮著,《溥仪研究》2014 年第 2 期。

《日本舆论界对九一八事变的推动作用》,杨殿林、郭媛著,《"九一八"研究》2019 年第 1 期。

(5)九一八事变的影响与反思

《论"九·一八"事变的影响》,王松林著,《光明日报》1991 年 9 月 18 日。

《也谈"九·一八事变"的后果》,祝曙光著,《江汉论坛》2009 年第 9 期。

《"九·一八"事变与日本军部的"国民动员"》，张劲松著，《日本研究》1991年第2期。

《论日本一九三一年对中国的进攻——九一八事变的由来及其后果》，胡正邦著，《思想战线》1983年第4期。

《"九·一八"事变与"满洲国"的建立》，于耀洲、吴连友著，《齐齐哈尔大学学报》2001年第6期。

《"九一八"事变与日本侵华政策的确立》，韩捷著，《哈尔滨学院学报》2005年第7期。

《日本对华侵略与国家总动员体制的建立》，郭鑫著，《军事历史研究》2015年第1期。

《九一八事变后日本决策层侵华国策的趋同》，王希亮著，《历史研究》2011年第4期。

《九一八事变与日本海军的"大陆转向"》，胡德坤、江月著，《历史教学问题》2019年第6期。

《九一八事变后日本军权膨胀与"军国热"评析》，王希亮著，《抗战史料研究》2012年第1期。

《"远东太平洋洛迦诺构想"："九·一八事变"期芦田均外交对案分析》，徐思伟著，《北华大学学报》2019年第1期。

《九一八事变后日本政党的改造与变质》，张东著，《安徽史学》2018年第6期。

《"九·一八"事变前后关东军与满铁关系述评》，张劲松著，《日本研究》1999年第3期。

《九一八事变与民族觉醒的标志》，王文丽著，《"九一八"研究》2019年第1期。

《中国命运的转折点——九·一八事变浅析》，金道林著，《菏泽学院学报》2009年第1期。

《"九·一八"事变的教训》，郎维成著，《东北师大学报》1991年第5期。

《"九·一八"事变的历史启示》，柳茂坤著，《人民日报》1991年9月16日。

《九一八事变对民众生活的影响》，徐晓飞著，《大连近代史研究》第5卷，2008年。

《九一八事变后日本政府对中国留日学生监控政策述略》，徐志民著，《抗战史料研究》2012 年第 1 期。

《吉野作造对九一八事变的认识——近代日本知识分子的战争观管窥》,赵晓靓著,《广东外语外贸大学学报》2011 年第 4 期。

《我所知道的日本侵华内幕——九·一八事变前后我在日本的见闻》,宁向南著,《文史通讯》1981 年第 4 期。

《回忆九一八》,王家桢著,《大公报》1961 年 9 月 16 日。

《刻骨铭心“九·一八”》,任泽全著,《外国史知识》1982 年第 9 期。

《侵略者必亡——访“九一八”事变爆发地沈阳北大营》,佟希文、李俊羽著,《北京日报》1961 年 9 月 18 日。

《莫忘“九·一八”》,《人民日报》1991 年 9 月 16 日。

《对九一八国耻日纪念的考察与反思》,苏全有、邹宝刚著,《石河子大学学报》2012 年第 2 期。

《历史的教训——为“九一八”事变三十周年而作》,周保中著,《中国青年报》1961 年 9 月 18 日。

《纪念“九一八”警惕日本军国主义复活》,钟明彪著,《吉林日报》1961 年 9 月 17 日。

《纪念“九一八”事变三十周年坚决反对美国复活日本军国主义》,王春良、郝国兴著,《大众日报》1961 年 9 月 18 日。

《不许新的“九一八”事变在亚洲重演(社论)》,《人民日报》1961 年 9 月 18 日。

《我们不能不警惕?——纪念“九一八”事变三十周年(社论)》,《大公报》1961 年 9 月 18 日。

《美国反动派的阴谋决不能得逞——为“九一八”事变三十周年而作》,方任著,《文汇报》1961 年 9 月 17 日。

《美国反动派必将受到历史的审判——纪念“九一八”事变三十周年而作》,阎宝航著,《大公报》1961 年 9 月 17 日。

《反对美帝国主义扶植日本军国主义为纪念“九一八”事变三十周年而作》,柳初著,《人民日报》1961 年 9 月 18 日。

《不许美帝国主义扶植日本军国主义复活——九一八事变三十周年》,本报评论员著,《光明日报》1961 年 9 月 18 日。

《忆“九一八”当年——并警告台湾蒋介石集团》,王芸生著,《大公报》1961

年9月18日。

《粉碎美国利用日本侵略亚洲的罪恶计划——纪念"九一八"事变三十周年》,听涛著,《解放日报》1961年9月18日。

《纪念"九一八"事变三十周年反对美帝国主义扶植日本军国主义》,新宁著,《新华日报》1961年9月18日。

《反对复活日本军国主义粉碎帝国主义的战争阴谋——纪念"九一八"事变三十周年而作》,李澄之著,《大众日报》1961年9月18日。

《严重警惕美国复活日本军国主义的阴谋——纪念"九一八"三十周年而作》,冯乃超著,《南方日报》1961年9月19日。

3. 九一八事变后日本对中国东北的侵略、掠夺和殖民统治

(1)对中国东北的侵略掠夺

《九一八事变前日本资本对中国东北的殖民经营》,王希亮著,《"九一八"研究》2016年第1期。

《"九一八"事变后日本法西斯对东北经济的掠夺和破坏》,李莹、刘春霞著,《沈阳航空工业学院学报》2006年第6期。

《九一八事变后日本资本对东北经济的垄断》,孙玉玲著,《大连近代史研究》2015年第12卷。

《"九一八"事变后日本攫取中国东北铁路权探析》,张洁著,《辽宁大学学报》2009年第6期。

《九一八事变后满铁攫取我国东北铁路路权始末》,郭铁桩著,《齐齐哈尔大学学报》2009年第1期。

《九一八事变后日本对中国东北有色金属矿业的掠夺》,孙瑜著,《学术交流》2016年第9期。

《日本侵华期间对东北土地的掠夺》,孟月明著,《中国社会科学报》2019年7月8日。

《略论伪满统治对东北农民的掠夺》,高晓燕著,《日本侵华史研究》2014年第4期。

《日本在中国东北设立的殖民主义科研机构》,李萍萍著,《兰台世界》2016年第5期。

《东北沦陷时期日本侵华酷刑犯罪初论》,王宜田著,《纪念中国人民抗日战争暨世界反法西斯战争胜利70周年国际学术研讨会论文集》,李亚平等编,中共党史出版社 2015 年版。

《伪满时期关东宪兵队发展进程探究》,张柏琦著,《文物鉴定与鉴赏》2019
年第 21 期。

《揭露二战期间日本疯狂侵占和掠夺中国东北资产的权威史料》,《社会科
学辑刊》2015 年第 1 期。

《沦陷时期日本对中国东北兵器工业的控制与掠夺》,孙瑜著,《军事历史研
究》2018 年第 6 期。

《太平洋战争后伪满殖民地经济的特点》,赵聆实著,《溥仪研究》2016 年第
2 期。

《日本侵略者掠夺中国东北电力》,孙瑜著,《中国社会科学报》2016 年 8 月
15 日。

《九一八事变前日本对东北的文化侵略研究》,李莹、李正鸿著,《"九一八"
研究》2017 年第 1 期。

《九一八事变前后日本对中国东北的文化侵略》,李亚婷著,《"九一八"研
究》2014 年第 1 期。

《伪满时期日本在东北的文化侵略》,石嘉著,《日本侵华史研究》2017 年第
3 期。

《日本侵略中国东北的卫生殖民机构略考》,巩瑞波著,《日本侵华史研究》
2014 年第 4 期。

《日本殖民统治时期对大连地区文物古迹的掠夺》,王珍仁著,《日本侵华史
研究》2015 年第 2 期。

（2）对中国的移民与殖民活动

①日本移民概述

《近年来对日本向中国东北移民问题的研究综述》,马玉良、孔艳波著,《东
北史地》2004 年第 7 期。

《近十年关于日本在中国东北移民研究综述》,沈建刚著,《哈尔滨学院学
报》2014 年第 8 期。

《战后日本学术界关于"满洲移民"问题的研究管窥》,张晓刚、段凡著,《延
边大学学报》2019 年第 5 期。

《关于日本帝国主义满洲移民问题研究的思考》,浅田乔二、刘含发等著,
《吉林师范学院学报》1989 年第 3 期。

《日本对中国东北移民侵略始末》,赵力群著,《社会科学辑刊》1992 年第 2 期。

《近代日本移民我国东北线索梳理》,楚双志、马平安著,《民族史研究》1999 年第 1 期。

《抗战初期日本向中国东北移民述论》,赵朗著,《辽东学院学报》2008 年第 5 期。

《日本对中国东北的移民》,张丽著,《中国社会科学报》2011 年 8 月 11 日。

《略论日本"满洲移民"的类型》,石艳春著,《辽宁省社会主义学院学报》2008 年第 2 期。

《满铁与日本的中国东北移民》,孙彤著,《外国问题研究》2009 年第 2 期。

《民国舆论对日本东北移民之关注》,常雪著,《黑龙江史志》2013 年第 7 期。

《浅论日本对我国东北农村移民》,杨韶明著,《历史档案》1995 年第 4 期。

《"九·一八"事变后日本向中国东北地区的人口迁移》,周川、许改玲著,《中华文化论坛》2009 年第 4 期。

《"九·一八"事变后的东北农业与农民——以伪满后期粮食、劳务和日本移民政策的推行为中心》,解学诗著,《社会科学战线》2001 年第 5 期。

《关于日本伪满移民的两个问题》,马伟著,《佳木斯大学社会科学学报》2010 年第 2 期。

《关于日本向中国东北移民侵略的档案》,吉林省档案馆著,《中国档案报》2014 年 5 月 15 日。

②日本移民的本质

《日本军国主义的移民侵略》,魏艳丽著,《黑龙江史志》2012 年第 13 期。

《日本对华移民实为殖民侵略》,孟月明著,《中国社会科学报》2016 年 9 月 12 日。

《开拓还是掠夺》,梁玉多著,《齐齐哈尔师范学院学报》1995 年第 5 期。

《关于日本在东北移民的检讨》,陈勇开、孙弘等著,《民国档案》2015 年第 4 期。

《略论日本对东北的移民侵略》,佟静著,《辽宁师范大学学报》1995 年第 6 期。

《试论日本对中国东北的移民侵略》,冯敏、蓝海著,《求是学刊》1997 年第

1 期。

《浅论日本对中国东北的移民侵略》，王晓燕著，《康定民族师范高等专科学校学报》2009 年第 1 期。

《论日本对中国东北的移民侵略》，马玉良、孔艳波著，《日本研究》2005 年第 1 期。

《论日本对中国东北地区的移民侵略：日本军国主义侵略本质的新视角》，王胜今著，《东北亚论坛》2001 年第 2 期。

《论日本对中国东北移民的侵略本质》，沈海涛、衣保中等著，《吉林大学社会科学学报》2014 年第 3 期。

《从满洲移民政策看日本的侵略本质》，徐业滨著，《学术交流》1997 年第 2 期。

《必须正确认识日本的移民侵略问题》，范敬文、王静轩著，《北方论丛》2000 年第 3 期。

《满铁与日本向中国东北的移民侵略》，王玉芹著，《社会科学战线》2009 年第 10 期。

《日本对中国东北的移民侵略评析》，李鑫著，《中华民族的抗争与复兴——第一、二届海峡两岸抗日战争史学术研讨会论文集（下）》，中国抗日战争史学会等编，团结出版社 2010 年版。

《日本对中国东北地区的移民侵略》，张锦著，《东北史地》2012 年第 2 期。

《日本对中国东北的移民侵略与土地掠夺》，王中茂、晓明著，《洛阳师范学院学报》2001 年第 4 期。

《日本对中国东北的移民入侵与土地掠夺》，朱理峰著，《黑龙江社会科学》2002 年第 4 期。

《二战时期日本的移民侵略及其对我国东北土地资源的掠夺》，宋承荣、张庆山著，《华中农业大学学报》2001 年第 1 期。

《对日本侵略中国东北新形式的认识》，范敬文著，《大庆高等专科学校学报》2003 年第 1 期。

《从朝鲜移民看日本帝国主义侵略东北的本质》，胡金风、房君著，《广播电视大学学报》2008 年第 1 期。

《从东北日本移民看伪满时期的土地关系及其社会影响》，马伟著，《长白学刊》2013 年第 1 期。

《从移民问题看日本国民在侵华战争中的历史责任》,孟月明著,《"九一八"研究》2014 年第 1 期。

《帝国意识支配下的东亚人口移动问题研究——以日本"满洲移民"政策为中心》,郑毅著,《社会科学战线》2014 年第 10 期。

《东北沦陷时期日本"大陆新娘"政策述评》,张洁、孟月明著,《人民论坛》2011 年第 29 期。

《日本侵华期间"大陆新娘"政策的提出》,王青著,《首都师范大学学报》2011 年第 S1 期。

《日本"满洲移民"时期的"大陆新娘"》,石艳春著,《南昌航空大学学报》2013 年第 1 期。

《对日本"北满"移民之理论考察》,拜根兴、马伟著,《哈尔滨师范大学社会科学学报》2011 年第 6 期。

《东宫铁男与关东军"北满"移民政策探析》,马伟著,《辽宁师范大学学报》2013 年第 1 期。

《对伪满时期日本"林业移民"的研究》,朱诗畅著,《兰台世界》2015 年第 19 期。

《日本开拓团真相》,陈玫著,《北京党史》2011 年第 5 期。

《伪满开拓团的来龙去脉》,《世界知识》2011 年第 17 期。

《日本"开拓团"之来龙去脉》,孟月明著,《中国社会科学报》2015 年 9 月 15 日。

《揭秘:历史上的日本"开拓团"》,姜廷玉、李戈瑞著,《北京日报》2011 年 8 月 14 日。

《日本"开拓团"中非农业移民述论》,黄定天著,《学术交流》1999 年第 1 期。

《日本移民开拓团是负有侵略使命的特殊村落》,李淑娟著,《中国社会科学报》2011 年 8 月 9 日。

《世界史上罕见的圈地运动——日本武装移民开拓团始末》,富宏博著,《黑龙江史志》2012 年第 18 期。

《入殖齐齐哈尔地区的日本开拓团》,代虹著,《齐齐哈尔师范高等专科学校学报》2007 年第 1 期。

《日本开拓团在北安地区入殖情况概述》,郭昕著,《黑河学刊》2015 年第

12 期。

《日本移民开拓团的组织形态及对东北农民生活的影响》,李淑娟著,《纪念抗战胜利 65 周年学术研讨会论文集》,中国抗日战争史学会等编,2010 年。

《日本移民开拓团的组织形态及对东北村屯组织结构的破坏》,李淑娟著,《民国档案》2010 年第 3 期。

《战后日本满洲移民"记忆之场"的生成——以 20 世纪 60—70 年代原开拓团的建碑、祭奠活动为中心》,赵彦民著,《民俗研究》2013 年第 3 期。

《满洲开拓青少年义勇队——一种特殊的移民形式》,王丽波著,《日本侵华史研究》2015 年第 3 期。

《"九·一八"事变后日本对东北的移民侵略》,肖建杰著,《沈阳师范学院学报》1999 年第 5 期。

《"九一八"事变后日本对中国东北的移民侵略》,邹桂芹著,《长春教育学院学报》2003 年第 2 期。

《九一八事变后日本对中国东北的移民侵略》,王希亮著,《中国社会科学报》2011 年 8 月 9 日。

《试谈"九一八"事变后日本对东北的移民侵略》,陈鹏著,《牡丹江师范学院学报》2002 年第 6 期。

《评沦陷时期日本对中国东北朝鲜移民的政策》,史向辉著,《北华大学学报》2005 年第 6 期。

《日本"百万户移民"国策评析》,高乐才著,《历史研究》1999 年第 3 期。

《日本"百万户移民"时期的土地掠夺》,高乐才著,《东北师大学报》1998 年第 4 期。

《日本"北满"移民之关联问题述论》,马伟、佟淑玲著,《佳木斯大学社会科学学报》2010 年第 6 期。

《日本"国策移民"对中国东北农业资源的掠夺及影响》,郑朋著,《格物集:吉林省博物馆协会第三届学术研讨会论文选编(2014—2015)》,吉林人民出版社 2016 年版。

《日本"满洲移民"战略意图新探》,高乐才著,《世界历史》1999 年第 5 期。

《日本"满洲移民"政策的三点透析》,高乐才著,《东北师大学报》1999 年第 4 期。

《日本"满洲移民"政策的制定与实施》,石艳春著,《日本研究论集》2008 年第 1 期。

《日本"满洲移民"政策对中国东北移民活动的影响》,孔艳波著,《日本研究》2009 年第 4 期。

《日本"满洲移民"诸问题探讨》,关伟、关捷著,《抗日战争研究》2002 年第 2 期。

《日本"满洲移民"诸问题之探讨》,关伟、关捷著,《九一八事变与近代中日关系——九一八事变 70 周年国际学术讨论会论文集》,中国社会科学院中日历史研究中心等编,中国社会科学文献出版社 2004 年版。

《日本帝国主义对中国东北的武装移民》,孙继武著,《社会科学战线》1990 年第 1 期。

《日本对华"武装移民"政策及其战略目的》,高乐才著,《日本学论坛》2002 年第 Z1 期。

《日本"武装移民"入殖黑龙江地区简析》,刘全顺著,《边疆经济与文化》2016 年第 6 期。

《日本帝国主义对中国东北移民侵略特点之剖析》,《李淑娟著,学术交流》2003 年第 2 期。

《浅论日本对中国东北的"青少年"移民问题》,卢海燕著,《辽宁教育学院学报》2002 年第 5 期。

《日本"满蒙开拓青少年义勇军"移民政策的确立和实施》,王友兴著,《黑龙江教育学院学报》2002 年第 2 期。

《日本"满蒙"青少年移民训练所及其功用》,高乐才著,《日本学论坛》2007 年第 1 期。

《日本帝国主义向我国东北进行"青少年义勇军移民"的军事目的》,朱海举著,《东北师大学报》1986 年第 2 期。

③向各地的移民

《伪满时期黑龙江地区的日本移民》,石方著,《学习与探索》1985 年第 1 期。

《日本移民侵略黑龙江之武装移民》,王玥著,《黑龙江档案》2016 年第 2 期。

《日本帝国主义在佳木斯的移民》,李雪、包长华著,《佳木斯教育学院学报》2003 年第 4 期。

《略论"九·一八"事变后日本在佳木斯地区的农业移民活动》,栗婷婷著,《黑龙江史志》2015年第1期。

《伪满时期辽宁日本移民状况调查与研究》,孟月明、赵朗著,《兰台世界》2011年第13期。

《日在辽农业试点移民对侵略政策的影响》,孟月明、张洁著,《人民论坛》2011年第26期。

《日本对内蒙古东部地区朝鲜移民的统治》,胡金凤著,《内蒙古师范大学学报》2007年第S1期。

《日本对内蒙古阿荣旗的移民侵略》,黄耀慧著,《大连近代史研究》2015年第1期。

《日本对华北沦陷区的移民及其影响》,刘敬忠、米卫娜著,《河北大学成人教育学院学报》2006年第1期。

《20世纪30年代日本对华北地区的移民侵略》,米卫娜著,《中州学刊》2011年第6期。

《日本对北平的移民和侵略》,冯雪利、乔克著,《北京日报》2016年8月1日。

《日本在青岛的移民侵略》,张蓉著,《青岛日报》2015年8月28日。

《广州日本移民族裔经济的形成及其社会空间特征》,刘云刚、陈跃著,《地理学报》2014年第10期。

《试析日本据台时期对台农业移民及其危害》,吴本荣著,《中国社会经济史研究》2005年第3期。

《太平洋战争爆发后的日本移民政策》,刘含发著,《吉林师院学报》1995年第2期。

④移民的结果

《日本对东三省移民概况》,曹必宏著,《民国档案》1991年第2期。

《日本对满洲农业移民政策的演变》,左学德著,《贵州师范大学学报》2000年第2期。

《伪满洲国日本人移民用地征购政策》,高乐才著,《外国问题研究》2011年第1期。

《日本移民与伪满洲国的殖民地农业》,衣保中著,《东北亚论坛》1996年第4期。

《日本对中国台湾和东北地区移民的关联性与差异性》，孟月明著，《广东社会科学》2016 年第 2 期。

《日本侵华期间的青少年移民政策刍议》，高乐才著，《世界历史》2008 年第 4 期。

《日本武装试验移民入侵黑龙江概述》，刘全顺著，《边疆经济与文化》2018 年第 2 期。

《日本向我国东北移民原因新探》，石艳春著，《社会科学辑刊》2008 年第 4 期。

《日本向中国东北地区"试点"移民及其失败》，高乐才著，《东北师大学报》1997 年第 6 期。

《日本向中国东北农业移民史研究述评》，刘含发著，《吉林师范学院学报》1991 年第 2 期。

《日本向中国东北移民问题的历史考察》，王也平著，《吉林师范学院学报》1984 年第 4 期。

《日本向中国东北移民政策评析》，齐春风著，《江海学刊》2004 年第 1 期。

《日本移民对中国东北土地的掠夺》，张凤鸣著，《齐齐哈尔师范学院学报》1995 年第 5 期。

《日本移民侵略与东北殖民地化》，李莹著，《长春师范学院学报》2003 年第 4 期。

《日本移民侵略与东北土地产权结构的演变》，李淑娟著，《北方文物》2008 年第 1 期。

《日本移民侵略与东北殖民地土地占有关系》，衣保中、廉晓梅著，《北方文物》1997 年第 3 期。

《日本移民侵略下东北农村土地产权结构的演变及对农民生活的影响》，李晓航著，《北方文物》2012 年第 1 期。

《日本移民政策与对华侵略》，孟月明著，《中国社会科学报》2015 年 8 月 18 日。

《日本在中国东北移民的农业经营（1905—1945）》，王元周著，《抗日战争研究》1999 年第 4 期。

《日本早期东北移民与九一八事变》，孟月明、李学成著，《兰台世界》2017 年第 18 期。

《日本殖民扩张政略下的中国东北地区朝鲜移民》，杨凤霞著，《黑龙江民族丛刊》2017年第1期。

《日本中国新移民人口迁移的特征分析——以名古屋个案为例》，张慧婧著，《华侨华人历史研究》2014年第4期。

《日伪对东北的地籍整理和土地掠夺》，张占斌著，《北方文物》1988年第4期。

《日伪统治时期东北农村社会结构的殖民地化》，李淑娟著，《学习与探索》2005年第3期。

《试论东北沦陷时期的国内开拓民》，刘含发著，《现代日本经济》1991年第5期。

《试论近代日本的人口问题与对华移民侵略》，米卫娜著，《北华大学学报》2012年第1期。

《试论日本帝国主义向中国东北的移民》，季淑芬著，《北方文物》1995年第3期。

《试论日本移民中国东北及其影响》，王秀华、李莹著，《日本研究》1995年第3期。

《伪满时期东北殖民地租佃关系的变迁》，于春英著，《兰台世界》2009年第11期。

《一九三一至一九四五年间日本军国主义移民我国东北的侵略活动》，孔经纬著，《历史研究》1961年第3期。

《以“开拓”为名的日本移民侵略——日本移民侵略档案分析》，王胜今、高瑛著，《东北亚论坛》2015年第2期。

《有关日本向我国东北移民的两个问题》，刘晶辉著，《黑河学刊》1988年第4期。

《战时日本纸媒视野下的“满洲移民”运动》，孙继强著，《东北史地》2013年第6期。

《中国东北日本移民的开拓行政机构》，石艳春著，《日本研究论集》2007年第1期。

《中日战争时期在广东三灶岛的日本农业移民》，蒲丰彦著，《抗日战争研究》2004年第4期。

《“满洲拓植公社”在日本移民侵略中的地位和作用》，高乐才著，《东北师大学报》1998 年第 6 期。

《东北人民对日本移民侵略的反抗斗争》，孟月明著，《兰台世界》2011 年第 29 期。

（3）在东北地区的奴化教育

《简析日本军国主义在东北推行的奴化、同化政策》，肖安鹿著，《甘肃理论学刊》1995 年第 5 期。

《剖析日本帝国主义在我国东北的殖民奴化教育》，胡小淳著，《南京政治学院学报》1990 年第 1 期。

《浅说日本占领东北时期对中国的奴化教育》，戴玉堂著，《乌鲁木齐成人教育学院学报》1995 年第 4 期。

《论日本帝国主义对我国东北人民的奴化统治》，郑文云著，《牡丹江师范学院学报》2002 年第 5 期。

《日本侵略者对东北人民的奴化教育》，徐亚娟著，《世纪桥》2005 年第 6 期。

《日本侵华期间在东北的奴化教育问题》，刘振甲著，《渤海大学学报》2008 年第 3 期。

《日本侵华时期对伪“满洲国”的奴化教育》，刘季富著，《乐山师范学院学报》2008 年第 8 期。

《日本侵华时期东北奴化教育研究》，潘娜、辛颖等著，《山西青年》2017 年第 5 期。

《日伪统治时期日本在中国东北推行的奴化教育》，吕华著，《辽宁师范大学学报》2013 年第 3 期。

《伪满时期日本对中国东北的文化统治与奴化教育》，李枫著，《外国问题研究》2019 年第 2 期。

《1931—1937 年日本对东北的奴化教育》，金钟哲、陈雷雷著，《世纪桥》2017 年第 4 期。

《日本在东北与台湾奴化教育之比较研究》，史桂芳著，《中华民族的抗争与复兴——第一、二届海峡两岸抗日战争史学术研讨会论文集（下）》，中国抗日战争史学会等编，团结出版社 2010 年版。

《“关东州”殖民奴化教育亲历记》，陈丕忠著，《锦州师范学院学报》1999 年第 1 期。

《"关东州"殖民奴化教育体系及特征》，张玲玲著，《大连近代史研究》2009年第1期。

《"七七"事变后的"关东州"日语奴化教育揭露》，陈晶晶、张卫娣著，《江西电力职业技术学院学报》2019年第3期。

《东北沦陷时期的奴化教育》，韩山保著，《长春师范学院学报》1994年第4期。

《东北沦陷时期殖民地教育方针剖析》，王希亮著，《黑河学刊》1989年第3期。

《东北沦陷时期日本奴化教育及其危害》，胡庆祝著，《学术交流》2012年第2期。

《东北沦陷时期日本奴化教育及罪恶举要》，胡庆祝著，《兰台世界》2011年第26期。

《伪"满洲国"的皇民化教育》，〔日〕野村章著；王希亮译，《黑河学刊（地方历史版）》1987年第Z1期。

《皇民化教育、同化教育与奴化教育——比较反映日本殖民地教育性质的概念的同异》，齐红深著，《锦州师范学院学报》1999年第1期。

《略论东北沦陷区奴化教育和反奴化教育的特点》，胡移山、姚志敏著，《理论界》2005年第11期。

《论日本侵略者对东北儿童的奴化教育》，成莉著，《直面血与火——国际殖民主义教育文化论集》（张诗亚主编），内蒙古大学出版社2006年版。

《浅析"九一八事变"后日本在东北推行奴化教育的目的》，白宇著，《沈阳干部学刊》2012年第5期。

《从"日满时期"东北地区的奴化教育看日本的侵略野心》，杨凤霞、李慧娟著，《绥化师专学报》2002年第4期。

《东北沦陷期日本奴化教育推行儒学的实质目的》，宋萌著，《边疆经济与文化》2016年第3期。

《论奴化教育的特点及其本质——文史教科书视域下的伪满洲国教育》，孟庆欣著，《沈阳师范大学学报（社会科学版）》2014年第6期。

《伪满时期日本帝国主义在东北地区的奴化教育及危害》，赵群著，《社会科学辑刊》2002年第6期。

《伪满时期日本在东北实行的奴化教育及危害》，胡庆祝著，《党史文苑》

2010 年第 14 期。

《日本帝国主义奴化教育对东北文化的影响》，李莹著，《沈阳航空工业学院学报》2004 年第 6 期。

《浅析日本在东北推行奴化教育影响》，白宇著，《黑龙江史志》2013 年第 5 期。

《浅析日本在东北推行奴化教育的影响》，白宇著，《沈阳干部学刊》2012 年第 3 期。

《伪满时期日本的奴化教育及其影响——以四平市为例》，王志彦、倪晶著，《通化师范学院学报》2019 年第 11 期。

《九一八事变后日本的奴化教育与东北民众民族意识的觉醒》，黄巍著，《山西青年》2016 年第 20 期。

《伪满时期"东三省"实施的"奴化"教育》，李朝著，《黑龙江农垦师专学报》1995 年第 3 期。

《关于伪满奴化教育的几个问题》，张丽丹著，《溥仪研究》2012 年第 4 期。

《伪满洲国统治下的奴化教育问题研究》，贾颉、贾琪著，《格物集：吉林省博物馆协会第三届学术研讨会论文选编（2014—2015）》，吉林人民出版社 2016 年版。

《伪满洲国殖民教育特点及历史反思》，魏晓文、李俊颖著，《大连理工大学学报》2006 年第 4 期。

《"九一八事变"后日本在东北实施殖民教育的特点》，于耀洲著，《大连近代史研究》第 4 卷，2007 年。

《略论伪满洲国对青少年的奴化教育》，刘晶辉著，《牡丹江师范学院学报》2005 年第 3 期。

《透视伪满时期的学校教育——奴化教育》，周金凤著，《溥仪研究》2011 年创刊号。

《伪满洲帝国教育会与殖民奴化教育的实施》，刘战著，《理论观察》2019 年第 10 期。

《日本侵略者对东北沦陷区教师的全面控制》，刘战著，《东北史地》2009 年第 5 期。

《试析伪满时期日伪对中小学教材的控制》，杨家余、张玮、王德惠著，《纪念〈教育史研究〉创刊二十周年论文集（12）——日本侵华教育史研究》，中国地方教育史志研究会编印,2009 年。

《日本在我国东北推行奴化教育歌曲始末》,穆景元著,《"九一八"研究》2017 年第 1 期。

《日据吉林时期的文化专制与奴化教育》,李倩著,《中国边疆史地研究》2006 年第 4 期。

《日伪统治时期对辽宁的奴化教育》,董慧云著,《兰台世界》1996 年第5 期。

《1931—1945 年辽宁学校德育的方针政策》,林少君著,《吉林省教育学院学报(上旬)》2012 年第 1 期。

《揭露日伪统治时期日本在辽宁推行的奴化教育及其实质》,朱兰英著,《辽宁教育》2005 年第 4 期。

《日本帝国主义在辽东的奴化教育》,李荣君著,《黑龙江财专学报》1985 年第 1 期。

《从日伪统治期间的教材编纂看其对大连人民实施的奴化教育》,李荣君著,《大连大学学报》1992 年第 2 期。

《日据大连时期的奴化教育实质》,李萍著,《辽宁师范大学学报》2002 年第4 期。

《日本对旅大地区中国人的奴化教育》,宋艳秋著,《辽宁师范大学学报》2011 年第 1 期。

《日本侵占旅大期间实施奴化教育及其造成的严重后果》,王俏峰著,《大连干部学刊》2010 年第 5 期。

《日本殖民统治时期的奴化教育——以旅大地区为例》,阎利著,《大连近代史研究》2012 年第 1 期。

《浅析九一八事变前日本于旅大地区的教育侵略及其影响》,张一拓著,《"九一八"研究》2017 年第 1 期。

《伪满时期日本对东蒙地区的殖民奴化教育》,程志峰著,《纪念中国人民抗日战争暨世界反法西斯战争胜利 70 周年国际学术研讨会论文集》,李亚平等编,中共党史出版社 2015 年版。

《日本侵华时期蒙疆沦陷区的学校教科书研究》,吴洪成、蔡晓莉等著,《邯郸学院学报》2017 年第 4 期。

《伪满时期赤峰地区殖民奴化教育之评析》,郭小丽著,《赤峰学院学报(汉文哲学社会科学版)》2011年第8期。

《略论日本对中国东北的殖民教育——九一八事变前后之比较》,孙丹阳著,《东北史地》2014年第5期。

《东北沦陷时期殖民地教育方针剖析》,王希亮著,《黑河学刊》1989年第3期。

《论伪满洲国教育本质与其对东北教育之影响——纪念抗日战争胜利50周年》,刘兆伟、林群等著,《辽宁高等教育研究》1995年第4期。

《东北沦陷时期的高等教育》,胡智伟著,《纪念〈教育史研究〉创刊二十周年论文集(12)——日本侵华教育史研究》,中国地方教育史志研究会编印,2009年。

《试析东北沦陷时期的学校教育体系》,胡智伟著,《纪念〈教育史研究〉创刊二十周年论文集(12)——日本侵华教育史研究》,中国地方教育史志研究会编印,2009年。

《伪满时期东北的社会教育》,陈春萍著,《日本侵华史研究》2016年第4期。

《日本侵略中国东北教育史的研究范围及方法》,王庆玲著,《纪念〈教育史研究〉创刊二十周年论文集(12)——日本侵华教育史研究》,中国地方教育史志研究会编印,2009年。

《伪满洲国教科书的演变》,齐红深著,《纪念〈教育史研究〉创刊二十周年论文集(12)——日本侵华教育史研究》,中国地方教育史志研究会编印,2009年。

《从伪满〈历史教科书〉看日本殖民当局对历史的篡改》焦润明著,《史学理论研究》2008年第3期。

《论伪满洲国"王道"至"皇道"的策略演变》,冷绣锦著,《大连近代史研究》第5卷,2008年。

《东北沦陷时期日本对华的电影政策及实施》,胡昶著,《电影艺术》1995年第4期。

《试论抗战时期日本对华广播侵略与殖民宣传——以日本在"满洲国"的放送活动为中心》,齐辉著,《新闻与传播研究》2015年第9期。

《日本对伪满洲国新闻业的垄断》,何兰著,《现代传播》2005年第3期。

《"九·一八"事变前日本对中国东北朝鲜族教育权的侵夺》,朴今海著,《民族教育研究》2002年第1期。

《日本帝国主义对中国朝鲜族奴化教育体系的形成过程》，吴千石著，《东疆学刊》2006 年第 2 期。

《"九一八"事变后日本文人笔下的"满洲国"形象及其本质》，张锦著，《东北师大学报》2016 年第 1 期。

（4）在东北地区的毒化政策

《日本帝国主义在东北推行的鸦片政策》，王祥滨著，《北方文物》1996 年第 3 期。

《日本帝国主义在东北的鸦片政策》，尹正萍、舒晓丹著，《世纪桥》2001 年第 1 期。

《"罪恶之花"在东北——日本在东北实行的烟毒政策》，尹正萍著，《团结》2001 年第 3 期。

《日本在中国东北实施鸦片毒化》，赵朗著，《中国社会科学报》2016 年 11 月 14 日。

《日本在中国东北实施鸦片毒化政策演变的剖析》，金恒薇著，《黑龙江史志》2014 年第 21 期。

《"九一八"事变后日本在我国东北地区的鸦片毒化政策》，郑敏著，《日本学刊》2000 年第 2 期。

《日本在满铁附属地的鸦片贩毒罪行》，赵朗著，《理论学刊》2013 年第 7 期。

《简论伪满时期日本在中国东北的鸦片毒化政策》，屈宏、荆蕙兰等著，《东北抗联史学术交流会文集》，张鹏一等主编，白山出版社 2013 年版。

《东京审判庭审记录与日本对华鸦片侵略研究——以"满洲国"为例》，韩华著，《日本侵华史研究》2015 年第 1 期。

《日本在伪满洲国推行的鸦片统制政策与毒祸》，王文佳著，《历史教学（下半月刊）》2015 年第 11 期。

《东北沦陷期间日伪推行的鸦片政策》，何忠诚著，《辽宁师范大学学报》1994 年第 3 期。

《东北沦陷期间日伪的鸦片毒化政策》，李淑娟著，《历史教学》2004 年第 11 期。

《东北沦陷时期日本炮制伪满鸦片专卖政策的经过及实质》，孙彤、郑敏著，《大连近代史研究》2008 年第 1 期。

《伪满鸦片断禁政策评析》，刘全顺著，《长春师范学院学报》2008 年第 11 期。

《伪满鸦片政策略析》，赵朗著，《社会科学辑刊》2012 年第 3 期。

《简析日伪在东北的鸦片政策》，刘全顺著，《长春教育学院学报》2009 年第 1 期。

《日伪的鸦片毒化政策对东北农村社会的影响》，李淑娟著，《抗日战争研究》2005 年第 1 期。

《日伪鸦片政策对东北人民生活的影响》，李淑娟著，《中国社会科学报》2011 年 6 月 16 日。

《九一八事变后日本在黑龙江地区推行的鸦片毒化政策》，刘丽丽著，《长春师范大学学报》2019 年第 9 期。

《九·一八事变后日本在奉天地区的鸦片政策》，王香著，《唐山师范学院学报》2009 年第 3 期。

《日本在辽鸦片政策研究（1905—1945）》，赵朗著，《社会科学辑刊》2009 年第 4 期。

《"以毒养战"：九一八事变前日本在东北实施的鸦片战略——以在辽宁的鸦片走私活动为中心》，赵朗著，《学习与探索》2012 年第 10 期。

《九一八事变之前日本在辽宁的鸦片政策研究》，栾兆靖著，《长春工业大学学报》2014 年第 2 期。

《九一八事变后日本在辽宁实施的鸦片政策》，赵朗著，《兰台世界》2012 年第 28 期。

《"九·一八"事变后鸦片对辽宁人民的毒害》，赵朗著，《侨园》2018 年第 Z2 期。

《日本鸦片毒化政策下的辽西地区》，赵朗著，《理论学刊》2010 年第 11 期。

《日本在东北地区实施的鸦片侵略政策——以抚顺千金寨地区鸦片毒品贩卖活动为中心》，赵朗、廖晓晴著，《社会科学战线》2014 年第 4 期。

《试析日本殖民统治时期在大连地区推行的鸦片政策》，何忠诚著，《辽宁大学学报》1995 年第 4 期。

《日本侵占大连时期鸦片政策初探》，邓一民著，《大连近代史研究》2018 年第 1 期。

《日本殖民大连时期的鸦片政策及影响》，王勇著，《大连近代史研究》2019

年第 1 期。

《"九一八"后日本对热河的鸦片毒品侵略》,农伟雄著,《九一八事变与近代中日关系——九一八事变 70 周年国际学术讨论会论文集》,中国社会科学院中日历史研究中心等编,中国社会科学文献出版社 2004 年版。

《抗战时期蒙疆的鸦片贸易与日本对华政策》,朴橿著,《档案与史学》1995年第 2 期。

《九一八事变后日本对西蒙的鸦片毒品入侵》,农伟雄著,《抗日战争研究》2002 年第 3 期。

《日伪的毒品政策与蒙疆烟毒》,张同乐著,《史学月刊》2003 年第 9 期。

《日本伪蒙疆政权时期的鸦片专卖政策——以专卖制度为中心》,丁晓杰著,《内蒙古师范大学学报》2004 年第 6 期。

《试论日本侵华期间的鸦片政策——以"蒙疆"产鸦片为中心》,高宇、刘成虎著,《社会史研究》2016 年第 1 期。

《试析日伪对赫哲族的毒化政策》,杨光、田丽华著,《佳木斯大学社会科学学报》2013 年第 3 期。

4. 亚洲战争策源地的形成

《论东北日本殖民统治的"负遗产"》,高晓燕著,《理论观察》2018 年第6 期。

《九一八事变与日本侵略扩张战略的升级》,熊沛彪著,《民国档案》2008 年第 4 期。

《九一八事变前日本在中国东北的间谍活动》,王惠宇著,《"九一八"研究》2017 年第 1 期。

《简析九一八事变后日本关东军在中国东北的军事侵略与启示》,高珊著,《黑河学刊》2017 年第 1 期。

《略论三十年代亚洲战争策源地之形成》,胡德坤著,《武汉大学哲学社会科学论丛·史学专辑》,1979 年。

《试论亚洲战争策源地的形成》,胡德坤著,《武汉大学学报》1980 年增刊。

《关于亚洲战争策源地形成的标志问题》,张伟著,《历史教学问题》1985 年第 3 期。

《关于"二战亚洲策源地形成标志"的思考》,孙海东著,《中国校外教育》2012 年第 35 期。

二、德、意在欧洲和非洲的侵略与欧洲战争策源地的形成

1. 意大利侵略埃塞俄比亚

《浅论墨索里尼发动侵埃战争之动因》,陈祥超著,《史林》1988 年第 4 期。

《墨索里尼的抉择(附:意大利总参谋长根据墨索里尼 1940 年 3 月 3 日备忘录起草的作战计划)》,陈祥超著,《世界史研究动态》1984 年第 9 期。

《意大利"非洲大帝国"计划的出笼与破灭——略论埃塞俄比亚战争后墨索里尼的选择》,陈祥超著,《西亚非洲》1986 年第 4 期。

《意大利侵略埃塞俄比亚的战争》,周希奋、周跃明著,《外国史知识》1983 年第 4 期。

《意大利侵略埃塞俄比亚战争始末》,陈祥超著,《西亚非洲》1985 年第 5 期。

《意大利侵埃战争后期情况:后勤决策的失误》,陈祥超著,《世界史研究动态》1992 年第 6 期。

《一战后非洲战争策源地形成的历史考证》,熊波著,《四川文理学院学报》2008 年第 S1 期。

2. 德国撕毁《凡尔赛和约》与兼并奥地利和捷克斯洛伐克

《希特勒进军莱茵兰》,丰兵欢著,《外国史知识》1986 年第 4 期。

《试析希特勒进兵莱因兰成功的原因》,王国范著,《许昌师专学报》1987 年第 3 期。

《莱茵兰事件及其影响》,孙月华著,《泰安师专学报》1994 年第 3 期。

《希特勒走向世界大战的道路》,烽林著,《人民日报》1962 年 1 月 23 日。

《希特勒是怎样走上侵略的道路的》,吴友法著,《武汉大学学报》1982 年第 5 期。

《法西斯德国是怎样走上战争道路的》,林铮著,《历史知识》1981 年第 6 期。

《霍斯巴赫备忘录(柏林,1937 年 11 月 10 日)》,郑寅达、李巨廉译,《二战史通讯》1981 年第 1 期。

《希特勒之年》,[美] 约翰·鲁卡斯著;曹广俊译,《二战史通讯》1987 年第 9 期。

《有关纳粹德国侵略奥地利的一份资料——舒士尼格关于贝希斯特加登会谈的记录(节录)》,钟文译,《中学历史教学》1980 年第 2 期。

《希特勒与奥地利人——在完全一体化与局部镇压之间》,[奥]阿诺德·苏潘著;陈琛译,《抗日战争研究》2017 年第 1 期。

《试论捷克斯洛伐克"五月危机"的起因(1938)》,何抗生著,《华中师院学报》1985 年第 2 期。

《慕尼黑时期捷克的设垒防线》,特尔福德·泰勒著,《世界史研究动态》1983 年第 12 期。

《希特勒对非洲的阴谋——希特勒觊觎非洲,1933—1945 年图谋使非洲成为法西斯的秘密计划》,《世界史研究动态》1980 年第 11 期。

3. 德意武装干涉西班牙

《德意武装干涉西班牙动因初探》,武克全著,《世界现代史论文集》,三联书店 1982 年版。

《1936 年墨索里尼干涉西班牙决策初探》,陈祥超著,《河南大学学报》1990 年第 1 期。

《西班牙内战与苏德坦克战》,邱振宇、牛明明著,《世界军事》2006 年第 3 期。

《论纳粹德国对西班牙内战的干涉》,倪学德著,《历史教学问题》2012 年第 5 期。

《德意法西斯武装干涉西班牙内战的得失》,倪学德著,《历史教学(高校版)》2008 年第 8 期。

4. 欧洲战争策源地的形成

《欧洲战争策源地的形成》,邸文著,《外国史知识》1983 年第 3 期。

《略论欧洲战争策源地之形成》,罗志刚著,《武汉大学哲学社会科学论丛·史学专辑》,1979 年。

《三十年代欧洲战争策源地的形成》,蒋相泽著,《中山大学学报》1990 年第 1 期。

《试论欧洲战争策源地形成过程中的几个问题》,许崇林著,《第二次世界大战史论丛》(王相如、李安华主编),四川大学出版社 1985 年版。

《二次大战图解之三:欧洲战争策源地——德国及其帮凶意大利》,寒放著,《世界知识》1995 年第 5 期。

第四章　民主国家和苏联的绥靖政策与应战策略

第一节　民主国家和苏联的绥靖政策

一、绥靖政策总论

1. 概述

《国外绥靖政策研究述评》,徐蓝著,《光明日报》2015 年 7 月 18 日。

《80 年代以来我国关于绥靖政策的研究》,曹胜强著,《世界史研究动态》1992 年第 9 期。

《试论二十世纪三十年代的绥靖政策》,张继平著,《武汉大学学报》1979 年第 6 期。

《第二次世界大战前对德、日法西斯的经济绥靖主义政策》,《人民日报》1977 年 11 月 6 日。

《经济绥靖主义的历史与现状》,蒋元椿著,《世界经济》1979 年第 1 期。

《绥靖政策的产生、发展和收场》,丁宝有著,《东北师大学报》1983 年第 6 期。

《略评绥靖政策》,张朝阳著,《福建党史月刊》1995 年第 10 期。

《简论姑息政策》,周尊南著,《国际关系史论文集》,中国国际关系史研究会,1981 年。

《对绥靖政策的辩证评析》,王卓著,《牡丹江大学学报》2016 年第 9 期。

《试论绥靖政策与欧战危险》,李淑璧著,《国际关系史论文集》,中国国际关系史研究会,1981 年。

《绥靖政策与二战前的欧洲大国关系》,廖朝文著,《零陵学院学报》2003 年第 S1 期。

《绥靖主义——一面历史的镜子》,朱州著,《世界知识》1980 年第 7 期。

《以史为鉴 60 年后的反思——关于绥靖政策》,龚沛龙著,《文史春秋》2005 年。

《对绥靖外交政策的反思》,谷宇新著,《哈尔滨师范大学社会科学学报》2014年第2期。

《对绥靖政策的再认识——兼论"慕尼黑类比"》,王天韵著,《国际论坛》2008年第6期。

《英法美绥靖政策浅析》,李月红著,《文教资料》2007年第35期。

2. 绥靖政策的起源与成因

《论绥靖政策的缘起》,王也平著,《社会科学战线》1985年第1期。

《再论绥靖政策——1933至1940年的美国、英国和德国》,[美]阿诺德·A.奥夫纳著,《世界历史译丛》1979年第2期。

《西欧三十年代的绥靖政策和和平主义》,[丹麦]贝恩·穆肯施纳贝尔著,《共运资料选译》1981年第2期。

《和平主义与绥靖》,邵汝著,《第二次世界大战起源研究论集》(华东师范大学历史系编),华东师大出版社1986年版。

《和平主义与绥靖政策》,崔瑞连著,《中学历史教学参考》2008年第5期。

《〈现代国际关系〉史的一个"热门":评价西方学者关于绥靖政策形成原因的研究》,齐世荣著,《世界史研究动态》1984年第3期。

《英国30年代绥靖政策的根源》,陆月娟著,《上饶师专学报》1994年第4期。

《英国绥靖政策成因之我见》,王越群著,《陕西教育学院学报》1991年第2期。

《对英法推行绥靖政策原因的再认识》,任仲字著,《教育革新》2006年第1期。

《20世纪30年代英国政府推行绥靖政策的多维原因解析》,欧阳杰著,《井冈山学院学报》2006年第6期。

《泰勒论英国绥靖政策之因:体系与国家的双重视角》,钮松、张璇著,《系统科学学报》2018年第2期。

《20世纪30年代英国推行绥靖政策的原因探析》,王敏著,《时代人物》2008年第8期。

《浅谈英国实行绥靖政策的原因》,王艳萍著,《沧桑》2011年第1期。

《英国绥靖政策的国内背景》,人禾摘译,《世界史研究动态》1986年第4期。

《试论影响英国绥靖政策形成的内在动因》，王越群著，《唐都学刊》1998 年第 2 期。

《张伯伦绥靖政策中的大国情感动因》，赵娟著，《理论界》2007 年第 11 期。

《从英国的和平主义运动看其绥靖政策》，岳澎著，《运城高等专科学校学报》2001 年第 2 期。

《从英国 20 世纪二三十年代的和平主义运动看其绥靖政策的形成》，胡莉著，《安徽广播电视大学学报》2012 年第 1 期。

《两战期间英国和平主义与绥靖政策》，张艳婧著，《世纪桥》2017 年第 1 期。

《三十年代英国的重整军备与绥靖外交》，齐世荣著，《历史研究》1984 年第 2 期。

《英国绥靖政策的经济根源》，尹明明著，《中国社会科学院研究生院学报》1998 年第 1 期。

《从经济状况看英国绥靖政策的选择》，陆梅著，《南通师专学报》1996 年第 4 期。

《英国绥靖政策之社会根源》，刘淑清著，《德州师专学报》1995 年第 3 期。

《社会思潮与绥靖政策的产生》，周卫新著，《读与写（教育教学刊）》2009 年第 2 期。

《论英国对德绥靖的认识根源》，包奕诚著，《文史哲》1992 年第 6 期//《第二次世界大战史论集》，包奕诚著，山东大学出版社 2002 年版。

《两战期间英国对德绥靖政策原因的新视角》，程诚著，《江苏科技大学学报》2009 年第 3 期。

《论英国对德绥靖中的对苏政策》，叶江著，《探索与争鸣》1993 年第 3 期。

《二十世纪三十年代英国绥靖日本原因探析》，夏洪亮著，《黑龙江史志》2014 年第 1 期。

《二战前英国绥靖政策的起讫问题——与陶樾同志商榷》，吴友法著，《世界历史》1981 年第 2 期。

《简论法国绥靖政策出台的缘由》，夏洪亮著，《沧桑》2009 年第 1 期。

《法国推行对德绥靖政策原因探析》，夏洪亮著，《沧桑》2013 年第 3 期。

《法国 30 年代的军事战略与绥靖外交》，全毅著，《湖北大学学报》2002 年第 2 期。

3. 绥靖政策的目的与性质

《论"不干涉政策"的创始者及其动机》,齐世荣著,《北京师院学报》1982 年第 2 期//《第二次世界大战史论文集》,三联书店 1985 年版。

《是退让投降吗? ——一论欧洲的绥靖》,包奕诚著,《史学集刊》1983 年第 3 期//《第二次世界大战史论集》,包奕诚著,山东大学出版社 2002 年版。

《是祸水东引吗? ——二论欧洲的绥靖》,包奕诚著,《史学集刊》1984 年第 1 期//《第二次世界大战史论集》,包奕诚著,山东大学出版社 2002 年版。

《"祸水东引"是英国绥靖政策的目的》,李前著,《广州师院学报》1983 年第 4 期。

《祸水东引并非慕尼黑勾结的直接动机》,曹胜强著,《聊城师院学报》1989 年第 1 期。

《祸水东引分析考》,高明振著,《华中师院学报》1982 年第 2 期。

《"祸水东引"还是"避战求和"——绥靖政策目的浅析》,张培义著,《山东师院学报》1981 年第 2 期。

《略论二战前夕英法外交的策略变化——也谈"祸水东引"问题》,黄家泉著,《史学月刊》1984 年第 2 期。

《对二战前夕美国绥靖政策的剖析》,程早霞、吴秀菊著,《学术交流》1995 年第 5 期。

《是谁帮了希特勒的忙?》,〔苏〕N.M.麦斯基著;贺兴平译,《二战史通讯》1982 年第 1 期。

4. 绥靖政策的后果与教训

《英法对德国的绥靖政策及第二次世界大战的全面爆发》,黄玉军著,《济宁学院学报》2013 年第 1 期。

《第二次世界大战前的绥靖政策及其破产》,杨相海著,《历史教学》1984 年第 4 期。

《希特勒的狂妄野心与张伯伦绥靖政策的破产》,石节著,《南开大学学报》1976 年第 1 期。

《绥靖政策何时破产》,彭剑钊著,《历史学习》2004 年第 10 期。

《张伯伦的绥靖政策和希特勒的侵略扩张》,令时著,《光明日报》1977 年 11 月 10 日。

《法西斯意大利如何利用英法的绥靖政策》,陈祥超著,《世界历史》1992 年第 3 期。

《西方推行"绥靖政策"历史教训》,何耀华著,《云南大学学报》1974 年第 3 期。

《论战前的经济绥靖及其历史教训》,包奕诚著,《新疆大学学报》1982 年第 3 期。

《论战前的经济绥靖及其教训》,包奕诚著,《第二次世界大战史论集》,包奕诚著,山东大学出版社 2002 年版。

《绥靖和冷战的历史教训——纪念世界反法西斯战争胜利四十周年》,黄浩年著,《盐城师专学报》1985 年第 4 期。

《两次世界大战间英国欧洲外交的教训》,张世均著,《重庆教育学院学报》1995 年第 1 期。

《两次世界大战间英国欧洲外交的历史教训》,张世均著,《康定民族师专学报》1999 年第 2 期。

《英国对德绥靖政策的思考:原因与启示》,谢鹏著,《北京大学研究生学刊》1997 年第 2 期。

《试析英法对德绥靖政策失败的标志》,袁源著,《郑州航空工业管理学院学报》2014 年第 2 期。

《论英国绥靖政策的错误和教训——兼论二战的不可避免》,李怀顺著,《石河子大学学报》2015 年第 5 期。

《绥靖主义对国际联盟影响的再探索》,马勇著,《辽宁教育学院学报》2001 年第 1 期。

《局部战争怎样演变为世界大战——第二次世界大战的历史经验之一》,高明振著,《华中师院学报》1984 年第 6 期。

二、西方国家的绥靖政策

《评二三十年代的西方绥靖主义》,何耀华著,《理论学习》1978 年第 3 期。

1. 英法的不干涉主义和美国的中立政策

(1)英法的不干涉主义

《评析英国绥靖政策》,王宇博著,《江海学刊》1996 年第 5 期。

《英国两面政策的实质》,《世界知识》1950 年第 19 期。

《对英国绥靖政策的浅析》,陈玲玲著,《平顶山师专学报》1995 年第 3 期。

《三十年代英国的绥靖政策》，王丹红著，《昭乌达蒙族师专学报》1997 年第 2 期。

《20 世纪 30 年代英国的绥靖政策》，李贞著，《牡丹江大学学报》2009 年第 10 期。

《三十年代英国对德绥靖探析》，林和坤著，《史学集刊》1998 年第 4 期。

《1937—1941 年英国对日绥靖政策研究》，张西虎著，《郑州大学学报》2006 年第 2 期。

《试论均势主义与绥靖政策》，张兴伯著，《国际关系史论文集》，中国国际关系史研究会，1981 年。

《绥靖政策的终结——慕尼黑协定后英国外交政策、轴心国和东欧》，张正中、赵星铁著，《世界史研究动态》1982 年第 2 期。

《英苏美对张伯伦"外交革命"的研究》，王大刚著，《世界史研究动态》1984 年第 3 期。

《张伯伦与绥靖政策》，吴友法著，《武汉大学哲学社会科学论丛·史学专辑》，1979 年。

《张伯伦是怎样搬起石头砸自己脚的?》，郑析著，《郑州大学学报》1975 年第 4 期。

《张伯伦绥靖政策的破产的历史教训》，李文业著，《辽宁大学学报》1975 年第 6 期。

《张伯伦三访希特勒》，余宪文著，《西部》2012 年第 2 期。

《"克莱夫登集团"和英国绥靖政策》，徐洛著，《历史研究》1986 年第 5 期。

《勃鲁姆人民阵线政府与"不干涉政策"》，吕一民著，《杭州大学学报》1993 年第 4 期。

《二战初期英国张伯伦政府对苏联政策初探》，檀跃宇著，《湖北社会科学》2007 年第 4 期。

（2）美国的中立政策

《美国的绥靖政策》，人禾编译，《世界史研究动态》1986 年第 12 期。

《三十年代美国绥靖政策》，王贵正著，《吉林师大学报》1979 年第 2 期。

《关于第二次世界大战前夕美国的绥靖政策》，冯承伯著，《历史研究》1978 年第 8 期。

《西方绥靖政策的开端——不承认主义》，杜华著，《山东师大学报》1997 年第 3 期。

《21 世纪以来国内学术界对 20 世纪 30 年代美国绥靖政策研究的新进展》,王锦著,《牡丹江大学学报》2015 年第 5 期。

《"拯救危机的重要工具"——美国对德经济绥靖的争论和行动》,佟泰著,《世界史研究动态》1981 年第 12 期。

《美国对德绥靖的"韦尔斯计划"》,金卫星著,《历史研究》1995 年第 4 期。

2. 对德国法西斯的绥靖

《两次大战之间英美对德国的扶植和纵容》,李纯武著,《历史教学》1957 年第 3 期。

《论英美对德绥靖的试探性合作》,金卫星著,《南京师大学报》1993 年第 2 期。

《论 1935 年英、法对德政策的分歧》,王国范著,《河南社会科学》2005 年第 6 期。

《二战前夕英法对德绥靖政策形成分析》,李秉正著,《长春工业大学学报》2013 年第 4 期。

《简析英国对德绥靖政策的历史渊源》,张新宇著,《西华大学学报》2005 年第 6 期。

《试析英法对德绥靖政策失败的标志》,袁源著,《郑州航空工业管理学院学报》2014 年第 2 期。

《慕尼黑会议后绥靖与遏制并存的美国对德政策》,程文进著,《齐鲁学刊》2006 年第 3 期。

《第二次世界大战前法西斯德国和意大利在西方国家纵容下的侵略》,《新华月报》1976 年第 10 期。

(1)德国违约扩军与西方国家的绥靖

《英法对德政策与希特勒的"毁约扩军"》,陈兼、倪培华著,《华东师大学报》1983 年第 5 期。

《1933 年希特勒在德国上台与法国的反应》,梁占军著,《史学月刊》2000 年第 2 期。

《1935 年萨尔全民公决与英国外交》,梁占军著,《史学月刊》2004 年第 11 期。

《英国为什么签订 1935 年英德海军协定》,江涛著,《安徽师大学报》1989 年第 1 期。

《对 1935 年〈英德海军协定〉的几点考察》,袁征著,《史学月刊》1993 年第 6 期。

《1935 年英德海军协定的缔结与英法关系》,梁占军著,《世界历史》2000 年第 2 期。

《纳粹德国重新武装莱茵兰与西方国家的反应》,蒋相泽著,《国际关系史论文集》,中国国际关系史研究会,1981 年。

《莱茵兰事件与法波同盟》,夏小平著,《重庆师院学报》1991 年第 1 期。

《法国军队与 1936 年莱因兰危机》,全毅著,《历史教学问题》1991 年第 2 期。

《莱茵兰事件中法国军方态度辨析》,杨凯著,《历史教学问题》1995 年第 4 期。

《法国在莱茵兰事件中采取的退让政策及其经济背景》,周以光著,《世界历史》1986 年第 5 期。

《法国在 1936 年莱因兰危机中采取退让政策的军事与经济背景》,[美]斯蒂芬·舒克尔著;全毅译,《二战史通讯》1989 年第 10 期。

《试论法国在莱茵兰事件中妥协退让的原因及后果》,杨凯著,《安徽教育学院学报》1995 年第 2 期。

（2）慕尼黑事件与西方对德绥靖的最高峰

《关于慕尼黑事件的研究综述》,房春草著,《中学历史教学参考》2000 年第 2 期。

《绥靖政策与德国法西斯全面吞并捷克斯洛伐克》,张继平著,《武汉大学哲学社会科学论丛·史学专辑》,1979 年。

《慕尼黑阴谋历史文献》,非非著,《世界史研究动态》1981 年第 9 期。

《捷克斯洛伐克危机和慕尼黑协定》,李铁城著,《外国史知识》1983 年第 6 期。

《慕尼黑历史的新文件》,[苏]切慕斯克夫著,《历史教学与研究》1959 年第 3 期。

《慕尼黑会议前后》,[法]G.塔布伊著;马香雪译,《史学选译》1983 年第 7 期。

《可耻的慕尼黑事件》,李学勤、张岂之著,《历史研究》1958 年第 12 期。

《慕尼黑会议的台前幕后》，张炜著，《团结报》2018 年 10 月 11 日。

《慕尼黑危机的真相不容歪曲——评西方资产阶级史学著作中的几个流行观点》，齐世荣著，《世界历史》1979 年第 1 期。

《关于慕尼黑勾结历史的部分文件》，姚昆遗著，《北京师院学报》1984 年第 4 期。

《慕尼黑事件的根源：1933—1937 年英国对欧洲多瑙河地区的政策》，[英]迈克尔·纽曼著；郭建译，《世界历史译丛》1979 年第 2 期。

《凡尔赛和约与慕尼黑阴谋——谈慕尼黑事件的历史根源》，宋晓东著，《商丘师院学报》2004 年第 6 期。

《慕尼黑协定产生的根本原因及其后果》，洪聚堂著，《西北师院学报》1988 年第 4 期。

《慕尼黑事件的再认识——基于威慑与威逼理论及错误知觉的分析》，廖舟著，《法制与社会》2008 年第 2 期。

《美国与慕尼黑》，何抗生著，《世界历史》1984 年第 3 期。

《美国和慕尼黑阴谋》，[苏]巴图林著，《国际问题译丛》1959 年第 9 期。

《试探美国在慕尼黑危机时期的态度》，赵睿韬著，《黑龙江史志》2010 年第 9 期。

《美帝国主义与慕尼黑阴谋》，伍贻康著，《历史教学》1963 年第 2 期。

《美国是慕尼黑会议的组织者》，张惕全著，《历史教学》1959 年第 6 期。

《慕尼黑危机与美国对纳粹德国的绥靖》，程文进著，《首都师范大学学报》2003 年第 5 期//《近现代国际关系史研究（第一辑）》，徐蓝主编，人民出版社2006 年版。

《罗斯福在慕尼黑事件中的作用——与何抗生同志商榷》，黄贵荣著，《世界历史》1985 年第 10 期。

《捷克"五月危机"前后的美国外交》，曾醒时著，《华南师院学报》1981 年第 2 期。

《霍勒斯·威尔逊：慕尼黑事件的参与者?》，[英]马丁·吉尔伯特著；张秋生译，《二战史通讯》1987 年第 9 期。

《达拉第和慕尼黑危机》，周以光著，《世界历史》1988 年第 6 期。

《慕尼黑时期的法国最高司令部》，[加]罗伯特·J.扬著，《世界历史译丛》1979 年第 2 期。

《慕尼黑叛卖的严重后果》,王文庆著,《山西大学学报》1980 年第 1 期。

《慕尼黑背叛的教训》,〔捷〕雅罗斯拉夫·崔沙尔著,《世界史研究动态》1985 年第 3 期。

《慕尼黑事件及其历史教训》,江珊孟、张云宜著,《南京大学学报》1977 年第 1 期。

《慕尼黑悲剧的历史教训》,周尊南著,《史学月刊》1981 年第 4 期。

《慕后黑勾结和巴尔干国家》,《世界史研究动态》1980 年第 9 期。

《慕尼黑阴谋在东非的预演》,汤宜庄著,《宁夏大学学报》1980 年第 1 期。

《慕尼黑:一个历史的教训——希特勒反动一生的片段》,冶金局写作组著,《天津师院学报》1976 年第 3 期。

《慕尼黑危机中苏联无意援助捷克斯洛伐克》,俞晓秋著,《世界史研究动态》1982 年第 2 期。

《苏联坚定地承担了苏捷条约义务》,王芝著,《世界史研究动态》1982 年第 2 期。

3. 对意大利法西斯侵略的绥靖

《1935—1936 年的意埃战争与美国的绥靖政策》,李昌德著,《河北大学学报》1987 年第 4 期。

《1935 年至 1936 年埃塞俄比亚战争期间英法的绥靖政策》,周希奋、周耀明著,《暨南大学学报》1980 年第 4 期//《世界现代史教学与研究(1)》,世界现代史研究会,1980 年。

《试析意埃战争前夕英国的"双重外交"》,齐世荣著,《世界历史》1989 年第 5 期。

《意埃战争与英国的双重政策》,齐世荣著,《三十年代主要国家的战略与军备》,军事科学院军事历史研究部编,军事科学出版社 1990 年版。

《英法在意大利侵略埃塞俄比亚时期的政策剖析》,王章辉著,《历史教学》1984 年第 11 期。

《意埃战争中英法两国绥靖政策比较》,郑凤华著,《青年文学家》2013 年第 9 期。

《一个值得记取的历史教训——一九三五年国联对意大利侵略制裁》,方原著,《人民日报》1980 年 2 月 19 日。

《1935 年法意罗马协定的缔结与意埃战争的爆发》,梁占军著,《历史教学》

2001 年第 11 期。

《意埃战争爆发后法英在对意制裁问题上的合作与分歧》,梁占军著,《历史研究》2001 年第 4 期//《近现代国际关系史研究(第一辑)》,徐蓝主编,人民出版社 2006 年版。

《论英国对意大利的外交政策(1936 年 7 月—1938 年 11 月)》,齐世荣著,《历史研究》2002 年第 1 期。

《二十世纪三十年代末四十年代初英国对意大利政策的转变》,徐悦著,《北方文学(下半月)》2012 年第 6 期。

4. 对德意干涉西班牙内战的绥靖

《不干涉政策与西班牙内战》,周德芹著,《辽宁师专学报》2000 年第 1 期。

《1936—1939 年西班牙内战时期的不干涉委员会》,王薛红著,《史学集刊》2000 年第 4 期。

《法国对西班牙内战推行"不干涉"政策的原因》,王薛红著,《历史教学》1998 年第 5 期。

《探析法国在西班牙内战中的"不干涉"政策》,王利著,《忻州师范学院学报》2011 年第 4 期。

《英国政府对西班牙内战政策探析》,檀跃宇、何雁著,《湖北社会科学》2005 年第 2 期。

《西班牙内战期间英国"不干涉"政策浅析》,檀跃宇、何雁著,《常州工学院学报》2005 年第 1 期。

《英国政府对西班牙内战"不干涉"政策的原因》,韩占元著,《广西教育学院学报》2007 年第 5 期。

《美国中立法与绥靖——以西班牙内战为例》,李犇鑫著,《边疆经济与文化》2011 年第 6 期。

5. 对日本侵略中国的绥靖与远东慕尼黑阴谋

《日本的侵华野心与美英的绥靖政策》,王屏著,《北京日报》2015 年 6 月 1 日。

(1)西方国家对"九一八"事变的态度

《"九·一八"事变与绥靖政策》,胡德坤著,《武汉大学学报》1979 年第 3 期。

《"九·一八"事变时美、苏态度与东北亚国际关系》,步平著,《抗日战争与中国历史——"九·一八"事变60周年国际学术讨论会文集》,中国抗日战争史学会等编,辽宁人民出版社1994年版。

《九一八事变的历史教训》,陈瑞云著,《吉林大学社会科学论丛》第二辑(史学专辑),1980年。

《"九一八"事变的历史教训》,方衡、吴韫山著,《西南民族学院学报1983年第3期。

《论欧美大国对"九·一八"事变的"主义"》,张世均著,《康定民族师专学报》2002年第3期。

《"九·一八"事变期间英美在华绥靖政策刍议》,王宇博、冷光裕著,《江苏教育学院学报》1995年第3期。

《英美的对日绥靖与日本发动全面侵华战争》,黄玉军、陈海宏著,《理论学刊》2009年第2期。

《试析"九·一八"事变中英国对日本推行绥靖政策的原因》,汪文军著,《湘潭师院学报》1995年第1期。

《"九·一八"事变后英国对日绥靖及其本质探究》,于磊、温荣刚著,《渤海大学学报》2015年第4期。

《试析1934年英国"政治绥靖"日本政策的提出》,徐蓝著,《世界历史》1990年第2期。

《英国关于解决"满洲国"问题方案的提出与破产》,吴景平著,《史学集刊》1988年第4期。

《英国与1931—1933年远东危机的结束——兼评〈李顿调查报告〉》,王宇博著,《苏州大学学报》1995年第1期。

《对远东危机时期英国对日政策的若干评价的评价》,王宇博著,《史学月刊》1993年第6期。

《张伯伦政府的东方绥靖政策》,周启明著,《世界历史》1985年第5期。

《美帝国主义和九一八事变》,浦素著,《光明日报》1961年9月17日。

《略论美国对"九一八"事变的态度》,易显石著,《近代史研究》1980年第3期。

《略论美国对"九·一八"事变的态度》,吴惠敏著,《云南教育学院学报》1997年第1期。

《"九一八事变"后美国的"不偏袒"方针》,陈锦骅著,《世界历史》1988年第

6 期。

《"不承认主义"政策在美国对华外交中的首次使用》,秦珊著,《史学月刊》2003 年第 8 期。

《"九·一八"事变与美国绥靖主义政策》,许运清著,《辽宁教育学院学报》1992 年第 1 期。

《"九一八"事变中美国帮助日本侵略我国的罪行》,《江海学刊》1961 年第 9 期。

《九一八事变时期美日帝国主义的勾结》(全 2 期),陈芳芝著,《北京大学学报》1962 年第 3/4 期。

《试析"九·一八"事后美国对日本采取绥靖政策的原因》,王永江著,《齐齐哈尔师院学报》1992 年第 6 期。

《日本侵华史上一桩"悬案"的历史考察——九一八事变时期〈美日密约〉探析》,袁成亮著,《西部学刊》2014 年第 8 期。

《美国在远东战争策源地形成中的作用》,黄锐著,《江汉大学学报》1988 年第 1 期。

《试论二战远东战争策源地形成的"美国因素"》,杨晓杰著,《军事历史研究》2007 年第 1 期。

《三十年代美国绥靖日本侵华的战略动因》,曹胜强著,《聊城师院学报》1992 年第 3 期。

《二战前美国对日本实行绥靖政策主要原因再思考》,杨晓杰著,《探求》2009 年第 3 期。

《"七·七"事变爆发后美国对日纵容的原因初探》,韩永利著,《武汉大学学报(社会科学版)》1985 年第 4 期。

《抗战初期美国对日绥靖政策原因探析》,彭升著,《求索》2006 年第 1 期。

《从"帕内号事件"看美国的对日绥靖政策》,温荣刚著,《北京理工大学学报》2008 年第 1 期。

《从"鼓浪屿事件"看抗战前期远东绥靖政策的危害》,王爱菊著,《福建党史月刊》2005 年第 7 期。

《太平洋战争爆发前美国对日本的绥靖政策》,孙平著,《学习与思考》1995 年第 9 期。

《论太平洋战争爆发前美国对日本的经济绥靖及其原因》,邓从先著,《荆州师专学报》1991 年第 4 期。

《试析 1941 年美国在美日谈判第一阶段的对日绥靖倾向》,隋淑英著,《烟台大学学报》1997 年第 3 期。

《1941 年美日谈判美国草案中有无停止援华条款——兼述美方两个提案的演变》,王建朗著,《近代史研究》1997 年第 3 期。

《二次世界大战爆发前后绥靖政策在亚太地区的玩弄和破产》,任重著,《史学月刊》1981 年第 3 期。

《探析 20 世纪 30 年代澳大利亚对日本的绥靖政策》,陈成琳著,《中国石油大学学报》2013 年第 2 期。

（2）关于远东慕尼黑阴谋

《远东慕尼黑》,姚小玲著,《北京航空学院学报》1987 年第 S1 期。

《远东慕尼黑真相》,施庆年著,《群众论丛》1981 年第 6 期。

《何谓"远东慕尼黑阴谋"》,刘卫华著,《中学历史教学》2005 年第 7 期。

《中国遭遇翻版"慕尼黑阴谋"》,程家栋著,《中国国防报》2010 年 8 月 10 日。

《太平洋会议是怎么回事？——关于"远东慕尼黑"的考察之一》,王建朗著,《抗日战争研究》1996 年第 3 期。

《第二次慕尼黑阴谋初探》,王大刚著,《历史教学》1984 年第 3 期。

《试评太平洋战争爆发前的英美对日妥协倾向——关于"远东慕尼黑"的考察之二》,王建朗著,《抗日战争研究》1998 年第 1 期。

《远东慕尼黑阴谋的破产及其历史启示》,魏全木、李睿著,《南昌大学学报》1995 年第 3 期。

《美英法纵容日本侵华的政策及其反动阴谋》,王贵正、伊文成著,《历史教学》1960 年第 5 期。

《〈远东慕尼黑阴谋与中国人民抗日战争〉——纪念抗日战争胜利四十周年》,刘天纯著,《中国社会科学院研究生院学报》1985 年第 4 期。

三、苏联的绥靖政策

《苏联与绥靖政策》,孙红旗著,《社会科学战线》1995 年第 1 期。

《苏联型绥靖政策探析》,夏洪亮著,《怀化学院学报》2006 年第 9 期。

《苏德战争前苏联的绥靖政策初探》,杨宝康著,《广西教育学院学报》1997

年第 3 期。

《卫国战争前夕苏联对法西斯势力的绥靖》,蒋华志著,《新疆师大学报》2000 年第 2 期。

《论二战爆发前夕苏联的绥靖政策》,杨宝康著,《思茅师专学报》2001 年第 1 期。

《苏联绥靖政策的产生、发展和收场》,常县宾著,《安康师专学报》2003 年第 2 期。

1. 对日本的绥靖

《苏联远东战略与绥靖政策》,肖守库著,《张家口师专学报》1996 年第 1 期。

《1931—1937 年苏联的远东政策》,张雪梅著,《天府新论》2004 年第 5 期。

《九一八事变后苏联对中日冲突的不干涉政策》,王真著,《抗日战争研究》1994 年第 2 期。

《九一八事变与苏联的不干涉政策》,王真著,《中共党史研究》2003 年第 3 期//《九一八事变与近代中日关系——九一八事变 70 周年国际学术讨论会论文集》,中国社会科学院中日历史研究中心等编,中国社会科学文献出版社 2004 年版。

《"九·一八"事变后苏联的"不干涉"政策述议》,王桂香著,《传承》2007 年第 7 期。

《九一八事变后苏联对中日冲突不干涉政策解析》,郭庆艳著,《德州学院学报》2012 年第 S1 期。

《"九一八"事变后苏联对日侵华态度述议》,吴敏著,《贵州大学学报》1999 年第 3 期。

《评九一八事变前后苏联对日本的外交政策及其影响》,马越山著,《黑龙江社会科学》2000 年第 3 期。

《评"九·一八"事变前后苏联对中东铁路的处理》,孙月华著,《泰安师专学报》1997 年第 2 期。

《"九·一八"前后苏联中东铁路政策变化》,才家瑞著,《历史教学》1993 年第 12 期。

《试论苏联向伪满转让中东铁路的性质和影响》,邢丽雅、丁志宏著,《齐齐哈尔大学学报》1995 年第 5 期。

《"九一八"事变与苏联出售中东铁路》,王凤贤著,《世纪桥》1996年第2期。

《略论苏联出售中东铁路》,骆拓著,《苏联历史问题》1984年第3/4期。

《日本收买中东铁路浅析》,郭洪茂著,《社会科学战线》1997年第2期。

《二战前夕斯大林同希特勒举行过"会晤"吗?》,马龙闪摘译,《世界史研究动态》1991年第3期。

2. 对德国的绥靖

《苏联的对德绥靖外交》,蒋华志著,《康定民族师专学报》1999年第3期。

《苏联对德国的绥靖政策浅析》,周晓峰著,《中学历史教学参考》2000年第5期。

《苏联的对德绥靖外交——从苏联与英法和德国的两次谈判谈起》,徐晓芹、张世昌著,《呼伦贝尔学院学报》2013年第2期。

《斯大林和希特勒——苏俄1931—1941年的外交政策》,张正中著,《世界史研究动态》1980年第4期。

第二节　民主国家和苏联的应战策略

一、民主国家的应战策略

《试论两战之间的英、法对外政策》,吴晓奎著,《江西社会科学》2002年第7期。

《两次世界大战间欧洲集体安全体系探微》,郭梅花著,《青海师大学报》1997年第4期。

《英国、法国与四国公约(1933.3—7)》,梁占军著,《近现代国际关系史研究(第六辑)》,徐蓝主编,世界知识出版社2014年版。

《一次有益的尝试——尼翁会议述评》,高自省著,《史学月刊》1995年第5期。

1. 英国的应战策略

《1933—1938年英国公众舆论、和平运动与外交决策》,史林凡著,《历史教学(下半月刊)》2017年第3期。

（1）英国内政

《英国政治的联合(1932—1945)》,[英]A.P.泰勒著;萨本仁译,《二战史通讯》1985 年第 8 期。

《论二次大战前英国的军备政策》,倪培华著,《第二次世界大战起源研究论集》,华东师范大学历史系编,华东师大出版社 1986 年版。

《英国在三十年代的重整军备》,王彰辉著,《世界史研究动态》1979 年第 8 期。

《英国 1919—1945 年的军事建设》,陈海宏著,《江西师大学报》2003 年第 2 期。

《论 1935 年到 1940 年英国重整军备》,张昀京著,《聊城大学学报》2006 年第 4 期。

《第二次世界大战前英国军备建设概要》,翟文奇著,《青海师大学报》1996 年第 4 期。

《二次大战前英国国防政策对陆军建设的影响》,于江欣著,《三十年代主要国家的战略与军备》,军事科学院军事历史研究部编,军事科学出版社 1990 年版。

《二次大战前英军装甲兵建设的历史教训》,于江欣著,《军事历史》1990 年第 1 期。

《"大陆义务"与两次世界大战之间英国的陆军战略》,耿志著,《军事历史研究》2019 年第 1 期。

《试论两次世界大战之间英国经济的特点》,陈建兰、张建明著,《苏州铁道师院学报》2000 年第 3 期。

《浅析两次世界大战之间英国经济衰落的两个原因》,陈建兰著,《苏州铁道师院学报》2001 年第 4 期。

《两次大战之间英国海军重拾"两强标准"探析》,耿志著,《历史教学(下半月刊)》2012 年第 2 期。

《1936—1938 年英国政府的舆论管控》,史林凡著,《历史教学(下半月刊)》2016 年第 2 期。

(2)英国外交

《英国和战前苏联欧洲集体安全政策》,罗志刚著,《武汉大学学报》2000 年第 3 期。

《论 1930—1935 年英国对苏政策的转变》,叶江著,《世界历史》1990 年第 3 期。

《两次世界大战期间英国欧洲外交的教训》,张世钧著,《重庆教育学院学报》1995 年第 1 期。

《两次大战期间英国的外交政策与欧洲均势》,陶樾著,《世界历史》1980 年第 3 期//《英国史论文集》,三联书店 1982 年版。

《二十世纪二、三十年代英国的欧洲政策及评价》,阎静著,《理论界》2005年第 11 期。

《两次世界大战期间英国的对外政策及外交困境》,李娜著,《创新》2008 年第 4 期。

《从"光荣孤立"到"绥靖政策"——试析两次世界大战间英国对欧外交政策的转变及原因》,任霞著,《安徽文学(下半月)》2008 年第 11 期。

《论两次世界大战之间英国的理想主义外交》,倪学德、倪学勇著,《聊城大学学报》2011 年第 6 期。

《浅析 20 世纪 20—30 年代英国的欧洲政策》,姚娜著,《淮南师范学院学报》2010 年第 1 期。

《20 世纪 30 年代前后英国和平外交政策及其意义》,段西宁著,《温州大学学报》2013 年第 6 期。

《30 年代英国对德政策浅析》,林和坤著,《史学集刊》1998 年第 4 期。

《评三十年代的英国对德政策》,林和坤著,《南开史学》1987 年第 1 期。

《1935 年英德两国签订海军协定的真实原因及影响》,张昀京著,《广西社会科学》2007 年第 6 期。

《从战前英德的外交看绥靖政策与二战的爆发》,丁英胜著,《世纪桥》2009年第 21 期。

《论 1939 年 3 月—1940 年 6 月英国的对法政策之嬗变》,倪昕著,《湖北第二师范学院学报》2008 年第 12 期。

《英国与"四国公约"(1933.3—7)》,梁占军著,《历史教学》2006 年第 5期//《近现代国际关系史研究(第二辑)》,徐蓝主编,人民出版社 2008 年版。

《试论 1935 年伦敦海军协议》,章毅君著,《近现代国际关系史研究(第一辑)》,徐蓝主编,人民出版社 2006 年版。

《评 1935 年 2 月英法伦敦会谈》,梁占军著,《社会科学战线》2009 年第 12 期。

《1935 年英法伦敦会谈》,梁占军著,《近现代国际关系史研究(第三辑)》,

徐蓝主编,人民出版社 2013 年版。

《英国与尼翁会议》,高翠著,《近现代国际关系史研究(第一辑)》,徐蓝主编,人民出版社 2006 年版。

《第二次世界大战前英国和希特勒德国的关系》,伍贻康著,《历史教学》1962 年第 5 期。

《第二次世界大战前夜的英德经济矛盾(1933—1939)》,[苏] J.B.波兹提耶娃著;刘存宽译,《史学集刊》1956 年第 1 期。

《英国在希特勒统治世界计划中的作用》,[英] 安·希尔格鲁伯著;倪培华译,《二战史通讯》1981 年第 1 期。

《评 1939 年汉普顿的华盛顿之行》,徐蓝著,《首都师范大学学报》1995 年第 4 期。

《试论英国 1939 年的"外交革命"》,陈伟、詹挽强著,《成功(教育)》2008 年第 3 期。

《第二次世界大战序幕中的英国》,[美] 韦布著;徐步衡译,《现代外国哲学社会科学文摘》1985 年第 10 期。

《论二次大战前夕英国的对外政策》,王斯德著,《第二次世界大战起源研究论集》,华东师范大学历史系编,华东师大出版社 1986 年版。

《谈二次大战前期英国对外政策的转变》,王斯德著,《华东师大学报》1980 年第 1 期。

《三十年代香港在英国远东战略中的地位与作用》,于江欣著,《军事历史》1998 年第 4 期。

2. 法国的应战策略

(1)法国内政

《1936 年的法国人民阵线》,晓深著,《历史教学》1959 年第 4 期。

《通向人民阵线之路》,[英] 海伦·格雷著;赵亚麟等译,《贵州民族学院学报》1988 年第 3 期。

《论法国人民阵线的形成和政策》,陶樾著,《上海师院学报》1984 年第 3 期。

《试论法国人民阵线政府的社会改革(1936 年)》,沈雁南著,《世界史研究动态》1984 年第 5 期。

《略评 1936 年勃鲁姆政府的社会改革》,戴成钧著,《杭州大学学报》1990 年第 3 期。

《法国社会党和共产党共同行动纲领（1935 年 9 月 23 日）》，陶樾著，《世界史研究动态》1984 年第 7 期。

《季米特洛夫关于法国人民阵线的论述》，戴成钧著，《世界史研究动态》1990 年第 5 期。

《评 1919—1945 年法国的军事建设》，陈海宏著，《江西师大学报》1997 年第 3 期。

《两次大战之间法国陆军的建设》，吴东风著，《三十年代主要国家的战略与军备》，军事科学院军事历史研究部编，军事科学出版社 1990 年版。

《略述两次大战之间法国的军事建设》，黄玉芳著，《怀化学院学报》2006 年第 1 期。

《法兰西装甲兵之路——两次大战之间法国装甲兵的建设及其运用》，丁骥著，《国外坦克》2004 年第 8 期。

《1936 年法国防范德国重占莱茵非军事区的决策》，梁占军著，《史学月刊》2006 年第 5 期。

《1936 年德国进军莱茵兰及其对法国的影响》，王利著，《学理论》2011 年第 12 期。

（2）法国外交

《二战前夕路易·巴都的外交活动》，［苏］K.A.马拉弗也夫著；王刚摘译，《世界史研究动态》1984 年第 1 期。

《试论法国巴尔都外交》，陈石著，《第二次世界大战起源研究论集》，华东师范大学历史系编，华东师大出版社 1986 年版。

《论两次大战期间法国的联盟战略》，吴东风著，《第二次世界大战史论文集③：五十年的深思》，李殿仁主编，军事谊文出版社 1996 年版。

《两次大战之间法国谋求安全尝试的外交失策》，罗会钧著，《湖南师大学报》1996 年第 6 期。

《试论战前法国外交失败的原因》，沈坚著，《史学集刊》1985 年第 2 期。

《两次世界大战期间法国欧洲外交的历史教训》，吴继德著，《思想战线》1982 年第 5 期//《世界现代史论文集》，三联书店 1982 年版。

《法国和南斯拉夫谅解条约（1927.11.11）》，《史学选译》1981 年第 2 期。

《法国和波兰秘密军事协定（1927.2.21）》，《史学选译》1981 年第 2 期。

《三十年代法国对外政策演变初探》,沈坚著,《华东师大学报》1983 年第 5 期。

《二十世纪三十年代中期法国外交政策的演变》,马真玉著,《史学月刊》1986 年第 4 期。

《经济形势对 1936—1939 年法国外交政策的影响》,人禾摘编,《世界史研究动态》1986 年第 3 期。

《两次大战间法国对德政策的演变》,何德廷著,《咸宁师专学报》1990 年第 4 期。

《法国在两次大战期间对德国外交政策述略》,吴友法著,《法国研究》1987 年第 3 期。

《1936 年西班牙内战的法国外交政策》,王海丹著,《贵州工业大学学报》2007 年第 4 期。

3. 从和平走向战争的美国

(1)美国的备战工作

《罗斯福"新政"述评》,邓蜀生、王明中著,《美国史论文集》,三联书店 1980 年版。

《罗斯福"新政"的历史地位》,刘绪贻著,《美国史论文集:1981—1983》,三联书店 1983 年版。

《第二次世界大战与"罗斯福新政"》,李存训著,《美国研究》1994 年第 1 期。

《美国参加第二次世界大战前的经济与后勤准备》,李玉连著,《三十年代主要国家的战略与军备》,军事科学院军事历史研究部编,军事科学出版社 1990 年版。

《浅谈两次世界大战之间的美国陆军建设》,孙利辉著,《三十年代主要国家的战略与军备》,军事科学院军事历史研究部编,军事科学出版社 1990 年版。

《珍珠港事件前美国陆军建设的主要问题》,顾春兴、魏岳江著,《军事历史》1994 年第 4 期。

《两次世界大战期间美国的人力动员政策》,陈海宏著,《齐齐哈尔师院学报》1997 年第 5 期。

《第二次世界大战前夕美军破格选拔人才》,《解放军报》1980 年 11 月 14 日。

（2）美国外交

《论 1933—1937 年罗斯福的对外政策》，冯纪宪著，《第二次世界大战起源研究论集》，华东师范大学历史系编，华东师大出版社 1986 年版。

《太平洋战争爆发前美国对外援助与美国军备建设》，张士伟著，《山东师范大学学报》2009 年第 2 期。

《两次世界大战之间美国公共外交体系初探》，刘鸣筝、李吉品著，《关东学刊》2016 年第 3 期。

①孤立主义与中立法

《20 世纪 30 年代美国“孤立主义”政策——绥靖政策的另一种形式》，方能著，《金田》2013 年第 5 期。

《美国“孤立主义”外交政策及其演变》，岳西宽著，《理论月刊》2011 年第 12 期。

《纵论美国外交政策：从孤立主义者到“国际警察”》，方恩升著，《南京政治学院学报》2006 年第 3 期。

《论孤立主义与美国两场对外战争的爆发》，蒋晋光著，《沧桑》2008 年第 4 期。

《论美国三十年代孤立主义的盛行》，刘戈宏著，《求是学刊》1992 年第 2 期。

《20 世纪 30 年代美国孤立主义外交政策探析》，王彬著，《内蒙古电大学刊》2013 年第 3 期。

《试析美国传统外交政策：孤立主义的发展及其在 30 年代外交中的应用》，张宗华著，《西北师大学报》1997 年第 4 期。

《微观视角下的 20 世纪 30 年代美国孤立主义》，张华著，《井冈山学院学报》2008 年第 2 期。

《孤立主义，抑或“国际主义”？ 二三十年代美国外交基本特征》，仇海燕著，《淮阴师专学报》1996 年第 1 期。

《罗斯福与孤立主义》，冯纪宪著，《上海师大学报》1980 年第 1 期//《世界现代史论文集》（第一集），三联书店 1980 年版。

《罗斯福与孤立主义，1933—1945 年》，王齐艳著，《世界史研究动态》1984 年第 3 期。

《罗斯福与孤立主义的斗争》（上下），邓蜀生著，《复旦学报》1979 年第

5/6 期。

《透视罗斯福与孤立主义的斗争》，党琳琳著，《洛阳师范学院学报》2009 年第 6 期。

《论罗斯福现实主义外交》，程佩璇著，《徐州教育学院学报》1996 年第 4 期。

《二战初期罗斯福与"孤立主义"的斗争》，齐康著，《贵州教育学院学报》1995 年第 3 期。

《从孤立主义到反法西斯立场的转变：太平洋战争爆发前美国的对外政策》，王春梅著，《社会科学探索》1997 年第 2 期。

《从罗斯福与孤立主义的斗争看美国外交的转变》，贺占勤著，《大庆师范学院学报》2010 年第 2 期。

《美国三十年代中立法》，王贵正著，《世界历史》1982 年第 2 期。

《美国 1935 年中立法的酝酿与制订》，张尚谦著，《云南教育学院学报》1987 年第 1 期。

《评美国 1935 年中立法的产生及应用》，韩莉著，《北京师院学报》1992 年第 6 期。

《论二战前夕美国"中立法案"的修订》，凌晓华著，《甘肃高师学报》2000 年第 1 期。

《1939 年中立法与美国国会政治》，韩莉著，《北京师大学报》1990 年第 6 期。

《美国三十年代的"中立"和围绕"中立"的大辩论》，张尚谦著，《云南教育学院学报》1985 年第 1 期。

《美国中立法的帝国主义本质》，伍贻康著，《历史教学》1961 年第 9 期。

《美国三十年代中立法浅论》，王贵正著，《国际关系史论文集》，中国国际关系史研究会，1981 年。

《略论三十年代美国中立法》，欧亚著，《世界现代史论文集》，三联书店 1982 年版。

《二十世纪三十年代美国中立法述评》，易平著，《阿坝师范高等专科学校学报》2005 年第 1 期。

《三十年代后期的美国中立政策》，陈璐著，《社科纵横》2007 年第 4 期。

《从经济因素浅析 20 世纪 30 年代美国中立政策》，周建秀著，《科教文汇

（上旬刊)》2010 年第 11 期。

《20 世纪 30 年代美国的中立法案与孤立主义》,乔瑞雪著,《成人教育》2010 年第 11 期。

②对外政策的调整

《两次大战期间美国的地缘政治和政治地理》,［澳］亚当斯著,《现代外国哲学社会科学》1960 年第 11 期。

《略论 30 年代罗斯福的欧洲政策》,王桂厚著,《美国史论文集》,三联书店 1980 年版。

《罗斯福的欧洲及拉美政策与美国称霸世界》,胡才珍、李珞红著,《华中科技大学学报》2005 年第 2 期。

《论罗斯福的"睦邻政策"》,陆国俊著,《历史教学》1963 年第 9 期。

《论罗斯福的"睦邻政策"》,程洪著,《武汉教育学院学报》1989 年第 1 期。

《罗斯福提出"睦邻政策"的历史背景及步骤》,祝立明著,《兰州学刊》1983 年第 4 期。

《浅析罗斯福"睦邻政策"的历史文化根源》,余敏哲著,《经济研究导刊》2011 年第 14 期。

《谈罗斯福的"睦邻政策"的积极意义》,刘景修著,《南开史学》1982 年第 1 期。

《罗斯福"睦邻政策"的历史作用》,高平仲著,《云南师大学报》1986 年第 6 期。

《罗斯福的"睦邻政策"与美洲反法西斯同盟的形成》,丁金光著,《世界史研究动态》1982 年第 8 期。

《美国"睦邻政策"新论》,时晓红著,《沈阳教育学院学报》1996 年第 1 期。

《睦邻政策与美国反轴心国的斗争》,李晔著,《东北师大学报》1989 年第 2 期。

《太平洋战争爆发前美国的拉美战略》,周志和著,《湖南城市学院学报》2004 年第 1 期。

《两次大战之间澳美关系初探》,张建新著,《湛江师院学报》1998 年第 4 期。

《美国长期拒不承认苏联的原因》,武正红著,《历史教学》1987 年第 11 期。

《试析美国承认苏联的原因》,陈明等著,《商丘师专学报》1988 年第 4 期。

《论罗斯福政府同苏联建交的背景、动因和意义》,王文庆著,《外交学院学报》1993 年第 3 期。

《试析美苏建交的历史背景及原因》,沈莉华著,《史学集刊》2008 年第 1 期。

《1933 年美苏建交中的日本因素》,陈从阳著,《咸宁学院学报》1996 年第 4 期。

《1938 年捷克危机期间美国政府对苏联的态度》,[美] M.L.托弗著;陈兼摘译,《二战史通讯》1985 年第 8 期。

《罗斯福的新殖民主义》,金永华著,《世界现代史论文集》,三联书店 1982 年版。

《试析 1933—1937 年美国远东政策中的均势外交——以苏联因素为中心》,张愿、胡德坤著,《辽宁大学学报》2012 年第 4 期。

《试析 20 世纪 20 年代美国的两洋战略》,李海燕著,《邵阳学院学报》2006 年第 3 期。

《富兰克林·罗斯福的集体安全思想新解》,赵志辉著,《求是学刊》2008 年第 6 期。

《富兰克林·罗斯福国际合作外交思想初探》,陈远著,《学理论》2014 年第 11 期。

《暗藏的线索——从地缘政治学角度试析富兰克林·D.罗斯福时期美国外交政策》,王玉著,《首都师范大学学报》2005 年第 S1 期。

《罗斯福时期的美国与世界裁军会议》,鲁静著,《河南师范大学学报》2005 年第 6 期。

《近现代国际关系史研究(第二辑)》,徐蓝主编,人民出版社 2008 年版。

《富兰克林·D.罗斯福的角色与美国"世界主义"对外战略的实施》,刘冬梅著,《辽宁大学学报》2005 年第 3 期。

③对欧、对日政策

《美国对外政策:1933—1941 年》,张尚谦著,《云南教育学院学报》1987 年历史专辑。

《"没有永远的朋友,只有永恒的利益":论美国在两次世界大战期间与主要资本主义国家的矛盾》,程佩璇著,《徐州教育学院学报》1997 年第 1 期。

《1933 年世界经济会议与美国外交政策》,黄贵荣著,《史学月刊》1988 年第

3 期。

《强大不等于安全——1938 年后美国对外政策的反思》,[苏]史蒂芬等著,《美国问题参考资料》1988 年第 12 期。

《评罗斯福政府三十年代对欧政策》,顾德欣著,《美国研究参考资料》1986 年第 10 期。

《罗斯福的欧洲战略与对外政策(1937—1940)》,李工真著,《武汉大学学报》1988 年第 3 期。

《简评 1937 年美英关于罗斯福和平计划的秘密谈判》,徐蓝著,《首都师范大学学报》2000 年第 4 期。

《对"罗斯福—韦尔斯和平计划"的历史考察》,徐蓝著,《世界历史》2001 年第 4 期//《近现代国际关系史研究(第一辑)》,徐蓝主编,人民出版社 2006 年版。

《浅析罗斯福—韦尔斯和平计划失败的原因》,王莉珍著,《绥化师专学报》2004 年第 3 期。

《1938 年罗斯福的"和平倡议"与英国内阁危机》,陈兼、倪培华著,《世界历史》1985 年第 7 期。

《评 1938 年初英格索尔的伦敦之行》,徐蓝著,《历史研究》1994 年第 4 期。

《试论罗斯福新政与二战前美国外交政策走向》,吴忠超著,《历史教学问题》2001 年第 3 期。

《罗斯福对美国外交政策的变革及新政的结束:新政研究之二》,杨秀林著,《湖北师院学报》1990 年第 3 期。

《从中立法到租借法——论第二次世界大战前夕及大战初期美国的欧洲政策》,谭圣安著,《美国史论文集》,三联书店 1980 年版。

《试论 30 年代英美对德政策分歧》,梁军著,《华中师大学报》2002 年第 6 期。

《贸易争端与美国和纳粹德国敌对的起源》,陈弢著,《同济大学学报》2019 年第 2 期。

《美国对德国 1935 年重整军备的反应》,程文进著,《首都师范大学学报》2006 年第 3 期。

《美国安抚纳粹德国的富勒使命》,程文进著,《历史教学》2006 年第 8 期。

《罗斯福政府在裁军问题上的对德政策》,唐彩霞著,《内蒙古师范大学学报》2011 年第 5 期。

《1937—1941 年的美德矛盾》，王明中著，《世界历史》1983 年第 2 期。

《一九三七年至一九四一年美国的对德政策》，陈兼著，《历史研究》1983 年第 2 期。

《略论二战前夕罗斯福对德政策的调整》，张辉强著，《中山大学研究生丛刊》1983 年第 4 期。

《"二战'爆发前后美德矛盾的产生与激化》，蒋希正、邹应民著，《许昌师专学报》1999 年第 3 期。

《第二次世界大战前美国和希特勒德国的关系》，伍贻康著，《历史教学》1962 年第 5 期。

《胡佛政府在裁军问题上的对德政策》，唐彩霞著，《广播电视大学学报》2007 年第 1 期。

《美国的欧洲经济战略与 1933—1940 年的对德政策》，程文进著，《河南师范大学学报》2006 年第 3 期//《世界现代史新论·第三编》，李世安等主编，中国华侨出版社 2007 年版。

《美德关于罗斯福"世界和平会议计划"的外交接触》，程文进著，《首都师范大学学报》2005 年第 6 期//《近现代国际关系史研究（第二辑）》，徐蓝主编，人民出版社 2008 年版。

《浅析罗斯福执政时期的对日政策》，王晓华著，《云南教育学院学报》1995 年第 3 期。

《论太平洋战争前 10 年的日美关系》，刘咏华著，《东北师大学报》2003 年第 6 期。

《太平洋战争爆发前十年的美日关系》，汪济南著，《赤峰学院学报》2014 年第 9 期。

《珍珠港事件前美国的对日政策》，国洪梅著，《牡丹江师院学报》1997 年第 1 期。

《太平洋战争前美国的对日政策》，唐庆著，《江汉大学学报》1997 年第 4 期。

《20 世纪 30 年代前后美国的对日政策》，王晓华著，《云南民族大学学报》2004 年第 3 期。

《1931—1941 年美国对日政策的演变》，唐庆著，《江汉大学学报》2005 年第

4 期。

《太平洋战争爆发前美国对日本的经济制裁——从拒绝实施"中立法"到废铁禁运》,李京原著,《南都学坛》2011 年第 6 期。

《冻结资产与石油禁运——太平洋战争前美国对日本的经济制裁》,李京原著,《南都学坛》2003 年第 3 期//《近现代国际关系史研究（第一辑）》,徐蓝主编,人民出版社 2006 年版。

《走向战争之路:浅析两次世界大战之间的美日关系》,宋江荣著,《宁德师专学报》1992 年第 2 期。

二、苏联的应战策略

1. 苏联的备战工作

《苏联抗击法西斯侵略的战备工作》,章任贤编译,《苏联问题研究资料》1992 年第 2 期。

《浅谈苏联战前军事经济准备的得失》,袁尚孝著,《三十年代主要国家的战略与军备》,军事科学院军事历史研究部编,军事科学出版社 1990 年版。

《米高扬回忆苏联战前储备战略原料的情况》,东志摘译,《世界史研究动态》1986 年第 5 期。

《米高扬回忆苏联国家国防委员会成立情况》,东志摘译,《世界史研究动态》1986 年第 5 期。

《论二三十年代苏联国防事业得失》,沈志恩著,《河南职技师院学报》1995 年第 1 期。

《20 年代苏联军事战略研究初探》,余伟民著,《军事历史研究》1988 年第 3 期。

《三十年代苏军的现代化建设》,钟良理著,《军事历史》1992 年第 2 期。

《苏联 30 年代初对消耗战略的批判及其教训》,孙公达著,《军事历史》1987 年第 6 期。

《苏联 30 年代军事改革的曲折及其教训》,余伟民著,《军事历史》1989 年第 2 期。

《论苏德战争前夕苏联的军事理论与军事改革》,余伟民著,《军事历史》1988 年第 3 期。

《卫国战争前苏联空军的建设与发展》,陈洪著,《三十年代主要国家的战略与军备》,军事科学院军事历史研究部编,军事科学出版社 1990 年版//《历史教学问题》1991 年第 3 期。

《苏联卫国战争前夕加强西部各军区战备的措施》,本刊编辑部著,《后勤学术文选》1980 年第 2 期。

《苏联在伟大卫国战争前夕为巩固国防安全而斗争》,杨田著,《历史教学》1959 年第 10 期。

《"斯大林防线"的建设与拆毁》,王少平著,《吉林大学学报》1996 年第 1 期。

《二战前苏联的北极政策论析》,徐广淼著,《武汉大学学报(人文科学版)》2015 年第 3 期。

2. 阻止战争的外交努力

《苏联为维护和平而斗争的四十年》,吴霜著,《教学与研究》1957 年第 11 期。

《俄国所走的从和平到战争的道路——1919—1941 年苏联对外政策》,[美] 路易斯·费希尔著,《外国史学摘译》1981 年第 7 期。

《浅析二十世纪三十年代苏联的外交战略》,段建荣著,《太原大学学报》2004 年第 2 期。

《论 20 世纪 30 年代苏联的外交政策(1933—1939 年)》,黄泽均著,《湘潭大学学报》1988 年第 4 期。

《从十月革命到第二次世界大战期间苏联对外政策主题》,时殷弘著,《学术季刊》2001 年第 1 期//《上海社会科学院学术季刊》2001 年第 1 期。

《三十年代苏联外交政策述评》,堵晓东著,《镇江师专学报》1996 年第 2 期。

《"东方公约"——一个避免"二战"的设想的泡影》,柴健尔著,《外国史知识》1983 年第 10 期。

《人民阵线和苏联》,[法]亨利·米歇尔著;周以光摘译,《世界史研究动态》1986 年第 7 期。

《苏联与一九三八年捷克斯洛伐克危机》,[英] 乔纳森·哈斯拉姆著;陈兼译,《二战史通讯》1985 年第 7 期。

《关于慕尼黑危机时期苏捷关系问题》,朱伟华编译,《世界史研究动态》1980 年第 1 期。

《慕尼黑会议前后苏联对欧洲的"双重外交"》,赵艳霞著,《保定师专学报》2000 年第 3 期。

《慕尼黑之后苏联外交政策调整初探》,于振起著,《历史教学》1982 年第 10 期。

《试论慕尼黑会议后苏联外交政策的变化》,余伟民著,《华东师大学报》1983 年第 2 期。

《第二次世界大战前苏联怎样为维护国际和平而斗争》,李纯武著,《历史教学》1956 年第 5 期。

《二战前夜苏联争取和平的斗争》,[苏]С.Л.齐赫文斯基著,《中山大学研究生学刊》1982 年第 4 期。

《苏波关系(1933—1939)——集体安全政策与"中立"政策的冲突(摘要)》,袁恒革著,《外交学院学报》1994 年第 3 期。

《试论 1935 至 1937 年苏联对德国和平共处的尝试》,毛锐著,《山东师大学报》2000 年第 1 期。

《第二次世界大战全面爆发前夕法英对外政策的分歧(1936—1939)》,罗志刚著,《法国研究》1988 年第 2 期。

《从 1939 年欧洲外交看战前苏德关系的演变》,胡祥芹著,《新乡师专学报》2003 年第 1 期。

《重新认识二战前夕苏德关系的发展》,周乾著,《安徽史学》2001 年第 1 期。

《二十世纪三十年代苏德关系的演变》,吴凡著,《黑龙江史志》2013 年第 15 期。

《第二次世界大战前的苏联外交》,郭美兰著,《华中师大学报》1999 年第 2 期。

《苏联外交和第二次世界大战》,金重远著,《俄罗斯研究》2005 年第 2 期。

《二战前夕苏联的双重外交政策》,于振起著,《历史教学》1984 年第 6 期。

《二战前夕欧洲各国外交走向与苏联"双重外交"的实施》,胡刚亮著,《湘潭大学学报》1997 年第 5 期。

《二战前斯大林的"双重对外战略"》,秦正为、夏祥鹤等著,《国际关系学院学报》2008 年第 6 期。

《试论战前斯大林的外交政策》,陈峰著,《世界现代史新论·第三编》,李世安等主编,中国华侨出版社 2007 年版。

《关于二次大战前苏联集体安全体系问题》,龚萍著,《云南教育学院学报》1989 年第 1 期。

《试论三十年代苏联的"集体安全"体系》,王哲著,《史学集刊》1995 年第 2 期。

《苏联推行集体安全政策的原因和不利因素》,祝孔江著,《克山师专学报》2004 年第 4 期。

《论二战前苏联自身安全保障及其失误》,陈显泗著,《信阳师院学报》1984 年第 1 期。

《集体安全的困境:集体安全与个体安全——20 世纪 30 年代苏联集体安全政策述评》,汪丽著,《铜陵职业技术学院学报》2007 年第 1 期。

《苏联的责任——苏联集体安全政策失败的原因》,李远君著,《枣庄学院学报》2009 年第 1 期。

《20 世纪 30 年代苏联从集体安全到一国自保的历史考察》,张盛发著,《俄罗斯学刊》2015 年第 4 期。

《二十世纪三十年代斯大林外交的对日反应》,[以] 雅可布·科瓦里奥著;叶江摘译,《二战史通讯》1985 年第 8 期。

《简论苏联对西班牙内战政策的转变》,季慧著,《西伯利亚研究》2007 年第 4 期。

《欧战爆发前后苏联欧洲政策的变化》,万柏连著,《中山大学学报》1998 年第 5 期。

《二战爆发前后苏联欧洲外交策略转变探析》,陈永贵著,《黑河学刊》2009 年第 6 期。

《1939 年德国入侵捷克斯洛伐克对苏联外交政策的影响》,周小溪著,《首都师范大学学报》2010 年第 S1 期。

第三节　1939 年:处于转折关头的大国外交

一、三角谈判

《大战爆发前夕的国际局势》,张继平著,《外国史知识》1983 年第 1 期。

《关于二次世界大战前史的几个问题》,李巨廉、潘人杰著,《世界历史》1979

年第 5 期。

《一九三九年五月英国和苏联结盟的决定》，［英］罗伯特·曼内著；陈兼译，《二战史通讯》1981 年第 1 期。

《关于 1939 年莫斯科》，《二战史通讯》1983 年第 5 期。

《一九三九年英法苏谈判初探》，李巨廉著，《华东师大学报》1980 年第 6 期。

《论 1939 年英法苏谈判》，李巨廉著，《第二次世界大战起源研究论集》，华东师范大学历史系编，华东师大出版社 1986 年版。

《略论一九三九年英、法、苏、德三角双边的外交谈判》，王宏玉等著，《安徽师大学报》1985 年第 2 期。

《略论 1939 年欧洲外交舞台三种谈判》，程佩璇著，《徐州师院学报》1995 年第 3 期。

《试论 1939 年的英法苏莫斯科谈判》，梁军著，《华中师大学报》2000 年第 3 期。

《1939 年 8 月苏、英、法三国军事代表团谈判（会议记录：1939.8.12）》，［苏］安德列耶娃·德米特里耶娃著，《国际问题译丛》1959 年第 9 期。

《1939 年莫斯科谈判的一些新材料》，姚昆遗译，《中山大学研究生学刊》1982 年第 3 期。

《关于 1939 年莫斯科谈判的若干新材料》，［苏］O.A.尔热舍夫斯基著；宋秀梅译，《二战史通讯》1983 年第 5 期。

《苏刊发表〈关于 1939 年莫斯科会谈的一些新材料〉的文章》，学辑著，《世界史研究动态》1981 年第 12 期。

《苏军“过境问题”浅论》，康春林著，《第二次世界大战与亚太国际合作：第二次世界大战史（重庆）学术讨论会论文集》，苑鲁、谢先辉主编，重庆出版社 2003 年版。

《论二战爆发前苏军西进过境问题》，康春林著，《史学集刊》2003 年第 2 期。

《评二战前夕苏联对英法苏谈判和德苏谈判的态度》，许昱彬著，《鞍山师院学报》1997 年第 1 期。

《1939 年英法苏莫斯科谈判失败的原因浅析》，林和坤著，《南开学报》1987 年第 1 期。

《英法苏三国莫斯科谈判失败原因浅析》，隋景林著，《大庆师专学报》1988年第 1 期。

《试析一九三九年苏英法莫斯科谈判失败的原因》，张斌著，《苏联历史》1986 年第 1 期。

《从"过境"权问题看 1939 年英法苏谈判失败的原因》，黄家泉著，《郑州大学学报》1987 年第 4 期。

《苏、德、英法三角外交与波兰的沦陷》，杨成菊、刘瑞民著，《牡丹江师院学报》1995 年第 3 期。

《威尔逊——沃塔特谈判的新材料（1939 年夏）》，[苏] Л.A.别兹敏斯基著；姚昆遗译，《二战史通讯》1982 年/1982 年第 3/4 期。

《1939 年的真相》，《和平和社会主义问题》1959 年第 9 期。

《1939 年的德波战争与帝国主义的反苏阴谋》，王德辉著，《中山大学学报》1957 年第 2 期。

《战前波兰对德、苏两国的"等距离外交"及其后果》，万柏连著，《中山大学学报》1991 年第 4 期。

《但泽危机和英德关系》，陈石著，《历史研究》1982 年第 2 期。

《纳粹德国侵吞捷克后的苏英关系——苏联外交部的几份档案》，李巨廉译，《二战史通讯》1981 年第 1 期。

《一种新的反应：从布拉格到波兰战争》，[英] 乔基姆·雷马克著；张训达译，《二战史通讯》1981 年第 1 期。

《试论 1939 年布拉格事件后英国的对苏政策》，叶江著，《上海师范大学学报》1995 年第 1 期。

《余波——1939 年 3 月英国的对波保证》，[英] 西门·纽曼著；陈石译，《二战史通讯》1981 年第 1 期。

《第二次世界大战全面爆发前夕法英对外政策的分歧（1936—1939）》，罗志刚著，《法国研究》1988 年第 2 期。

《试析二战前夕导致苏联实行双重外交政策的客观因素》，陈永祥、樊昌志著，《湘潭大学学报》1987 年增刊。

《第二次世界大战前夕苏联的双重外交政策》，于振起著，《历史教学》1984 年第 6 期。

《从三国谈判失败看二战前夕苏联在外交上的失误》，卜振友、许二斌著，

《鞍山师院学报》2003 年第 3 期。

《略论一九三九年的欧洲——战争能够制止吗?》,李巨廉、郑寅达著,《第二次世界大战史论文集》,三联书店 1985 年版。

二、《苏德互不侵犯条约》的签订及其评价

《俄罗斯史学家谈"苏德条约"》,王少平著,《史学集刊》1996 年第 1 期。

《条约》,[波] 杨·恩格尔卡尔德著;刘邦义译,《世界史研究动态》1989 年第 5 期。

《关于苏德条约评价的不同见解(附编者按)》,于振起、帅桥昌等著,《世界史研究动态》1985 年第 12 期。

《关于苏德互不侵犯条约的研究综述》,马焕明著,《德州学院学报》1994 年第 1 期。

《国内史学界对于〈苏德互不侵犯条约〉的评价综述》,刘金源、周志亮著,《广西社会科学》1995 年第 4 期。

《我国关于〈苏德互不侵犯条约〉的研究(1979—1998)》,李树房、曹胜强著,《世界历史》2001 年第 1 期。

《中国时人对苏联签订〈苏德互不侵犯条约〉的看法——以〈大公报(天津版)〉和〈东方杂志〉为主的考察》,魏原著,《文史博览(理论)》2010 年第 9 期。

《蒋介石对〈苏德互不侵犯条约〉的反应》,鹿锡俊著,《近代史研究》2011 年第 3 期。

《发生在德苏条约签订之前》,李昂著,《百科知识》1989 年第 12 期。

《在苏德条约签订以后》,[联邦德国] 尤·布劳恩塔尔著,《世界史研究动态》1983 年第 7 期。

《应当怎样评价苏德互不侵犯条约》,王开琚著,《史学通讯》1980 年第 1 期。

《必须实事求是评价〈苏德互不侵犯条约〉》,李冠乾著,《广州师院学报》1984 年第 3 期。

《〈苏德互不侵犯条约〉究竟缘何缔结?》,王真著,《百年潮》2000 年第 1 期。

《斯大林为什么签订苏德互不侵犯条约》,沈雁南译,《世界史研究动态》1981 年第 1 期。

《斯大林签署〈苏德互不侵犯条约〉原因探析》,耿进昂著,《华北水利水电大

学学报》2014 年第 3 期。

《苏联签署苏德互不侵犯条约原因探析》,苏鹏宇著,《运城学院学报》2003
年第 2 期。

《试论 30 年代苏联的"集体安全"政策:兼评〈苏德互不侵犯条约〉的签订》,
王哲著,《史学集刊》1995 年第 2 期。

《从布列斯特到莫斯科——综论战前苏德关系的发展》,陈海燕著,《武汉师
范学院汉口分院学报》1982 年第 4 期。

《论二战前夕苏联的外交失误》,黄宗祥著,《新疆大学学报》1996 年第
2 期。

《历史的必然,唯一的选择》,于振起著,《世界史研究动态》1985 年第
12 期。

《论 1939 年苏联的外交选择》,曹胜强著,《史学集刊》1997 年第 4 期。

《再论 1939 年苏联外交抉择的正确性》,杭福珍著,《安徽教育学院学报》
1996 年第 3 期。

《1939 年苏联对外政策转变的再认识》,陈红民著,《南京大学学报》2002 年
第 2 期。

《苏联该不该签订〈苏德互不侵犯条约〉》,陈汉忠著,《历史教学》2003 年第
10 期。

《关于苏德互不侵犯条约的评价》,郑寅达、费佩君著,《军事卷通讯》1985
年第 38 期。

《对苏联签订苏德互不侵犯条约的不同看法》,郑寅达、黄佩君著,《军事历
史》1985 年第 2 期。

《论苏德互不侵犯条约(一九三九·八)》,王斯德著,《世界史研究动态》
1979 年第 8 期。

《也论苏德互不侵犯条约》,潘人杰著,《上海市一九八〇年年会论文选》,
1980 年。

《关于苏德互不侵犯条约的几点看法——与王斯德同志商榷》,高明振著,
《世界史研究动态》1984 年第 4 期。

《也谈〈苏德互不侵犯条约〉的签订——与王斯德同志商榷》,赵纯海著,《锦
州师院学报》1988 年第 1 期。

《苏德互不侵犯条约试析》,李玲、禾人著,《山西大学学报》1983 年第 1 期。

《苏德互不侵犯条约再研究》,李安启著,《山西师大学报》1987年1期。

《〈苏德互不侵犯条约〉的得与失》,方双六著,《安庆师院学报》1990年第2期。

《〈苏德互不侵犯条约〉利弊简析》,王国范著,《南都学坛》1994年第4期。

《〈苏德互不侵犯条约〉的再研究》,李安启著,《山西师大学报》1987年第1期。

《评〈苏德互不侵犯条约〉》,刘子靖著,《咸阳师院学报》2003年第5期。

《试论〈苏德互不侵犯条约〉》,陈荣序著,《石家庄市教育学院学报》1985年第2期。

《试评〈苏德互不侵犯条约〉》,李昌德著,《河北大学学报》1990年第2期。

《试析苏德互不侵犯条约》,李克武著,《成都陆军学校学刊》1985年第3期//《第二次世界大战史论丛》,王相如、李安华主编,四川大学出版社1985年版。

《重评苏德条约》,安田著,《军事学通讯》1985年第38期。

《重评苏德互不侵犯条约》,安田著,《军学》1985年第1期。

《重评〈苏德互不侵犯条约〉》,孙祖逊著,《北京大学研究生学刊》1990年第1期。

《再谈〈苏德互不侵犯条约〉》,阎正富著,《丹东师专学报》1995年第2期。

《再析苏德互不侵犯条约的签订》,王毅著,《辽宁税务高等专科学校学报》1995年第3期。

《对两个"苏德条约"的看法》,彭训厚著,《军事历史》1990年第1期。

《对苏德条约的重新评价》,易斌编译,《国外社会科学信息》1993年第22期。

《对〈苏德互不侵犯条约〉的再认识》,杨荣著,《湖北大学学报》2002年第3期。

《〈苏德互不侵犯条约〉再评价》,姚红艳著,《徐州教育学院学报》2006年第1期。

《国家安全与利益扩张——对苏联签订〈苏德互不侵犯条约〉的重新思考》,周倩著,《曲靖师范学院学报》2007年第2期。

《从列宁的对外政策评〈苏德互不侵犯条约〉》,徐炽庆著,《江西师大学报》1984年第4期。

《从〈苏德互不侵犯条约〉的签订看斯大林的大国主义和民族主义》,柯元斌著,《中学历史教学参考》2001 年第 7 期。

《从〈苏德互不侵犯条约〉看苏联二战期间对外政策的两重性》,杨荣著,《二战及其遗留问题对国际关系的影响》(二战史研究会编),2004 年。

《从〈苏德互不侵犯条约〉看苏联对外政策的两重性》,杨荣著,《淮南师范学院学报》2005 年第 5 期。

《苏德互不侵犯条约的历史作用》,俞正梁著,《国际关系史论文集》,中国国际关系史研究会,1981 年。

《略论苏德互不侵犯条约签订的背景与意义》,王芝著,《国际关系史论文集》,中国国际关系史研究会,1981 年。

《苏德条约有利于世界人民》,王芝著,《世界史研究动态》1981 年第 5 期。

《"赢得"时间之说难以成立:重评〈苏德互不侵犯条约〉的缔结》,帅桥昌、邓树英著,《南昌大学学报》1999 年第 1 期。

《过大于功,弊大于利——也谈苏德条约》,薛龙根著,《世界史研究动态》1981 年第 5 期。

《22 个月的时间对德国更有利》,李一平著,《世界史研究动态》1985 年第 12 期。

《波、南共产党不是苏德条约后被解散的——对〈过大于功　弊大于利〉一处史实的质疑》,刘邦义著,《世界史研究动态》1981 年第 8 期。

《略论〈苏德互不侵犯条约〉的后果》,夏小平著,《重庆师院学报》1987 年第 1 期。

《〈苏德互不侵犯条约〉与二战的爆发》,任颖著,《西安教育学院学报》2004 年第 2 期。

《评〈苏德互不侵犯条约〉与第二次世界大战的关系》,张秀见著,《唐都学刊》2009 年第 3 期。

《苏德互不侵犯条约和波兰的灭亡》,李华强著,《齐齐哈尔师院学报》1986 年第 4 期。

《从纳粹统治的欧洲看〈苏德互不侵犯条约〉》,陈广充著,《西南民族学院学报》1988 年第 2 期。

《又一种绥靖政策》,帅桥昌著,《世界史研究动态》1985 年第 12 期。

《试论〈苏德互不侵犯条约〉对美共的影响》,丁金光著,《青海社会科学》

2001 年第 4 期。

《论苏德互不侵犯条约与日本外交和战略方针的调整及其影响》，万柏连著，《中山大学学报》1995 年第 3 期。

《变局中的坚守：〈苏德互不侵犯条约〉与国民政府的抗日外交战略》，蔡梓著，《民国研究》2017 年第 1 期。

《〈布列斯特和约〉与〈苏德互不侵犯条约〉比较研究》，欧阳杰著，《吉安师专学报》1997 年第 1 期。

《〈苏德互不侵犯条约〉与〈布列斯特和约〉之比较研究》，周启光著，《黄冈师专学报》1996 年第 3 期。

《评苏德互不侵犯条约——与布列斯特和约比较》，刘士田著，《牡丹江师院学报》1985 年第 4 期。

《论〈布列斯特和约〉与〈苏德互不侵犯条约〉之区别》，李红庆著，《历史教学》2006 年第 1 期。

《苏德条约：半个世纪以后》，[美] G.L.温伯格著；太夫编译，《国外社会科学快报》1990 年第 2 期。

《苏德秘密协定》，李国麟译，《世界史研究动态》1979 年第 7 期。

《德国和苏联互不侵犯条约（1939 年 8 月 23 日）》，《史学选译》1981 年第 2 期。

《疑案：在探索中——"德苏秘密协定"之谜来龙去脉》，宣兆鹏著，《世界史研究动态》1980 年第 5 期。

《20 世纪档案大曝光：俄公布〈苏德秘密协议〉与"卡廷惨案"文件原本》，李铁匠著，《世界史研究动态》1993 年第 4 期。

《二次世界大战前奏德苏条约秘史》，钟荣来译，《上海译报》1988 年 2 月 1 日。

《关于苏德秘密议定书与波兰边界的确定》，曹廷清著，《世界历史》1995 年第 4 期。

《〈苏德互不侵犯条约〉所附秘密议定书的正式文本今何在?》，胡昊编译，《世界史研究动态》1993 年第 2 期。

《苏联关于 1939 年苏德、苏波关系中几个问题的讨论情况》，洪育圻著，《世界史研究动态》1990 年第 8 期。

《二战前夕苏德关系最新研究成果述评》，周乾著，《俄罗斯研究》1993 年第

2 期。

《对二战前夕的德苏关系的几点讨论》,严峻著,《郧阳师范高等专科学校学报》2008 年第 2 期。

《苏德战争爆发前苏联对波兰政策初探》,李淑杰著,《哈尔滨师专学报》1991 年第 1 期。

《二战前夕苏波、苏罗关系(1938.9—1939.9)》,[苏]崔比纳著,《世界史研究动态》1984 年第 12 期。

第五章 法西斯的全面侵略及其暴行

第一节 日本的对外侵略及其暴行

《日本学界关于侵华战争史研究的学术评价》,曹敏华著,《中共福建省委党校学报》2015 年第 11 期。

《以习近平重要讲话为指导 深化抗战史和日本侵华史研究》,曾向东著,《日本侵华史研究》2016 年第 1 期。

《提升我国日本侵华史研究的整体质量》,江河著,《日本侵华史研究》2016 年第 4 期。

一、日本的对外侵略

1. 卢沟桥事变与日本对华全面侵略

（1）日本发动全面侵华战争的原因

《影响日本选择侵华时机的因素分析》,湛贵成著,《洛阳师专学报》1997 年第 1 期。

《日中战争的历史背景》,〔日〕依田憙家著;吕永和译,《世界史研究动态》1986 年第 10 期。

《试论日本侵华的历史根源》,王金婷著,《佳木斯教育学院学报》2014 年第 3 期。

《纪念抗日战争和世界反法西斯战争胜利 50 周年笔谈——日本帝国主义侵华原因和侵华政策的演变》,黄存林等著,《河北师范学院学报》1995 年第 3 期。

《试述日本发动侵华战争的历史根源及启示》,张岩著,《格物集:吉林省博物馆协会第三届学术研讨会论文选编（2014—2015）》,吉林人民出版社 2016 年版。

《日本发动全面侵华战争原因浅析》,胡德坤著,《日本问题》1987 年第

4 期。

《日本发动全面侵华战争的历史原因》，王明亮著，《党史研究》1987 年第
5 期。

《论日本发动侵华战争的主要原因》，彭训厚著，《军事历史研究》1990 年第
1 期。

《试析日本侵华战争的根源》，周希奋著，《暨南学报》1995 年第 4 期。

《日本侵华战略的历史文化渊源》，冯天瑜著，《光明日报》2014 年 5 月 28
日//《人文论丛》2014 年第 2 期。

《探究日本发动侵华战争背后的文化因素》，秦昕著，《通化师范学院学报》
2016 年第 11 期。

《甲午战争对日本发动全面侵华战争的影响》，刘承斌、赵文亮著，《河南师
范大学学报》1997 年第 4 期。

《日本如何有计划有步骤发动全面侵华战争》，张皓著，《北京师范大学学
报》2017 年第 3 期。

《试析日本侵华战争的经济原因》，赵鸿昌、张佑昌等著，《内蒙古民族师院
学报》1986 年第 1 期。

《试析日本长期侵华的经济原因》，杜艳华著，《史学集刊》2000 年第 1 期。

《从"柳条沟"到"芦沟桥"：浅论经济危机与日本全面侵华》，周希奋著，《暨
南学报》1987 年第 3 期。

《战前日本的民族意识与侵华战争》，王富春著，《南开学报》2003 年第
6 期。

《心理传统：日本侵略中国的深层原因》，渠长根著，《焦作大学学报》2002
年第 2 期。

《历史不容篡改——论日本帝国主义发动全面侵华战争的必然性》，王付昌
著，《中山大学学报》1995 年第 3 期。

《1937—1945 年三菱财阀的经营活动与日本侵华战争》，孙雁著，《日本侵华
史研究》2017 年第 2 期。

《间谍先行·资本渗透与"女性先驱"的日本人流——近代日本人染指东北
之始及殖民谋求》，王希亮著，《日本侵华史研究》2013 年第 3 期。

《日本民众与侵华战争》，孙立祥著，《世界历史》1994 年第 4 期。

《日本知识分子与侵华战争》，孙立祥著，《东北师大学报》1993 年第 2 期。

《从昭和研究会看战争中的日本知识分子》，史桂芳、王柯著，《抗日战争研究》2008 年第 2 期。

《日本民众盲从战争原因初探》，孙立祥著，《东北师大学报》1991 年第 4 期。

《论日本第一届近卫内阁的侵华战争责任》，孙艺年、伊胜利著，《理论探讨》1990 年第 1 期。

《二战期间日本"史学家"为侵略战争服务手法剖析》，王启省著，《厦门大学学报》1987 年第 1 期。

（2）卢沟桥事变

①卢沟桥事变的发生及其原因

《审视日本学者"卢沟桥事变"研究》，白纯著，《中国社会科学报》2017 年 7 月 6 日。

《卢沟桥事变研究综述》，荣维木著，《抗日战争研究》1992 年第 3 期。

《卢沟桥事变研究述略》，谢坚明著，《广州广播电视大学学报》2003 年第 4 期。

《近 10 年来卢沟桥事变研究综述》，宋力、曾祥健著，《抗日战争研究》1997 年第 3 期。

《近年来学界关于"七七事变"的研究述评》，冯兵、罗情情著，《延安大学学报》2017 年第 3 期。

《近十年来国内学界关于七七事变研究述评》，郭永虎、闫立光著，《党史研究与教学》2017 年第 4 期。

《关于七七事变研究的回顾与前瞻》，张皓著，《中共党史研究》2018 年第 7 期。

《略论日本帝国主义挑起"七·七"事变的几个问题》，易显石著，《日本研究》1987 年第 4 期。

《关于七七事变与七七抗战研究的几个问题》，岳思平著，《日本侵华史研究》2014 年第 1 期。

《抗战时期台湾同胞如何看待"七七事变"》，陈小冲著，《两岸关系》2013 年第 4 期。

《卢沟桥事变》，马仲廉著，《军事史林》1985 年第 1 期。

《卢沟桥事变那一天》，柳山著，《军事文摘》1995 年第 2 期。

《七七事变交涉经过》，周永业著，《春秋》2007年第4期//《武汉文史资料》2007年第7期。

《日本帝国主义悍然挑起"七·七"事变》，胡德坤著，《外国史知识》1983年第2期。

《卢沟桥的枪声——七七事变纪实》，张量、张英秋著，《党史文汇》2005年第4期。

《对卢沟桥事变期间一份"作战命令"的考析》，李宗远著，《军事历史》1999年第3期。

《引发"七七事变"的日军"士兵失踪"事件真相》，杨飞著，《世纪桥》2010年第4期。

《日本2·26政变与中国7·7事变——芦沟桥抗战六十周年祭》，岳川著，《集宁师专学报》1997年第1期。

《"七·七"事变前后的亚太地区》，金卫星著，《镇江师专学报》1988年第3期。

《从甲午战争到七七事变：日本如何走上全面侵华道路？》，乔林生著，《社会观察》2015年第1期。

《七七事变与日本发动全面侵华战争》，胡德坤著，《档案史料与研究》1997年第4期//《第二次世界大战史论文集④：人民战争的胜利》，刘鲁民、徐根初主编，金盾出版社1998年版。

《试论日本帝国主义全面侵华战争的发动：芦沟桥事变前后日本侵华方针之考察》，常凯著，《档案与历史》1986年第3期。

《日本军部法西斯主义统治的确立与全面侵华战争的爆发》，朱月龙著，《河北师大学报》1987年第3期。

《试论日本军部派系斗争对全面侵华战争的影响》，徐平、查强著，《第二次世界大战史论文集④：人民战争的胜利》，刘鲁民、徐根初主编，金盾出版社1998年版。

《日本发动全面侵华战争之历史根源剖析》，王金华著，《军事历史》2014年第6期。

《日本发动全面侵华战争的历史根源和特殊背景》，廖大伟著，《中国抗战与世界反法西斯战争——纪念中国人民抗日战争暨世界反法西斯战争胜利60周年学术研讨会文集：上卷》，中国社会科学院近代史研究所编，社会科学文献出版社 2009 年版。

《日本发动全面侵华战争经济原因初探》，胡德坤、姜红著，《湖北社会科学》1987 年第 4 期。

《从日本经济与政策视角透视侵华战争》，李睿著，《中共南昌市委党校学报》2005 年第 4 期。

《日本的国际战略与中日战争的扩大化——论联接中日战争和太平洋战争的一个关键原因》，鹿锡俊著，《历史教学(高校版)》2008 年第 1 期。

《从美日在华利益的消长论日本侵华的原因》，尹灵芝著，《许昌师专学报》1994 年第 2 期。

《英美首脑决策与日本发动全面侵华战争》，韩永利著，《武汉大学学报》1993 年第 3 期。

《卢沟桥事变前后日本侵华军事战略分析》，贺朝霞著，《山西大学学报》2001 年第 6 期。

《日本推动全面侵华战争军事准备的历史启示》，任军著，《军事历史》2017 年第 1 期。

《卢沟桥事变前的日本海军与对华开战决策的形成》，陆伟著，《党史研究与教学》2002 年第 3 期。

《卢沟桥事变前日本侵华政策的实行与演变》，未也著，《四川师大学报》1994 年第 4 期。

《九一八事变到七七事变期间日本侵华活动述论》，魏鹏著，《兰台世界》2017 年第 7 期。

《"七·七"事变前日本帝国主义的对华侵略》，姚洪卓著，《中国民航学院学报》1988 年第 3 期。

《"七·七"事变前日本对华北经济侵略的原因及后果探析》，吴凤琴著，《佳木斯师专学报》1997 年第 3 期。

《评述芦沟桥事变爆发的根源》，于学仁著，《东北师大学报》1985 年第 4 期。

《芦沟桥事件是偶然发生的吗?》，赵延庆著，《世界历史》1989 年第 3 期。

《论芦沟桥事变的起因》，曲家源著，《山西师大学报》1987 年第 2 期。

《论卢沟桥事变的起因》，荣维木著，《北京党史》1995 年第 4 期。

《试论芦沟桥事变的经济动因》，慈廷光著，《内蒙古师大学报》1997 年第

5 期。

《论导发七七事变的历史必然性》，贾兴权著，《北京师大学报》1987 年第 4 期。

《近代日本"大陆政策"与七七事变》，李宗远著，《前线》2017 年第 7 期。

《近代中日关系与"七·七事变"》，吴承昆著，《北京社会科学》1987 年第 3 期。

《发动全面侵华战争与建设"新日本"：日伪论制造七七事变的必然性》，张皓著，《江苏师范大学学报》2018 年第 4 期。

《卢沟桥事变的起因与中日战争的责任问题》，石桥、张益民著，《山西师大学报》1995 年第 S1 期。

《卢沟桥事变爆发真相辨析》，曹振威著，《军事历史》1996 年第 4 期。

《卢沟桥事变是日本法西斯专政的产物》，何素华著，《邯郸师专学报》1997 年 Z 期。

《"卢沟桥事变"是日本军国主义者蓄意制造的》，刘映春著，《当代世界》1995 年第 7 期。

《再论日本发动卢沟桥事变的计划性——兼答安井三吉教授》，曲家源著，《抗日战争研究》1999 年第 4 期。

《芦沟桥枪声辨析——有感于江口圭一教授新著的新证言》，林和声著，《世界历史》1989 年第 3 期。

《卢沟桥事变与日本全面侵华的阴谋》，荣维木著，《文史精华》1997 年第 7 期。

《卢沟桥事变的经过和策划者》，吴玉林著，《北京党史》1997 年第 4 期。

《谁是七七事变的肇事者》，胡德坤著，《日本研究》1986 年第 1 期。

《卢沟桥事变与牟田口廉也》，安井三吉著，《抗日战争研究》1999 年第 2 期。

《近卫文麿与七七事变的发生与扩大》，张皓著，《历史教学问题》2015 年第 5 期。

《满铁与七七事变》，谭忠艳著，《日本侵华史研究》2017 年第 3 期。

《对卢沟桥事变几个问题的思考》，蔡德金著，《抗日战争研究》1997 年第 3 期。

《日本社会如何看"七七事变"》，冯武勇、刘秀玲著，《兰台内外》2014 年第

4 期。

《从七七"现地谈判"看日本制造侵华事端的模式》,崔文龙著,《日本侵华史研究》2017 年第 3 期。

②卢沟桥事变的影响、回忆与反思

《卢沟桥事变:历史的转折点》,李华兴、杨宏雨著,《史林》1997 年第 3 期。

《"七·七"事变与日本发动全面侵华战争》,罗宝轩著,《军事历史》1987 年第 3 期。

《卢沟桥事变在历史上的地位和作用》,张廷栖著,《历史教学问题》1987 年第 5 期。

《北京卢沟桥"七七事变"——日本发动全面侵华战争的开端》,杨柳青著,《城建档案》2005 年第 5 期。

《战争与"国策":七七事变与日本对东北殖民政策的调整》,李淑娟著,《军事历史研究》2018 年第 5 期。

《七七事变与民族觉醒:论反侵略战争环境中的民族觉醒》,于殿武著,《军事历史研究》1994 年第 1 期。

《"七七事变"的历史启示与现实思考》,赵春荣著,《学习与实践》2007 年第 6 期。

《中国全面抗日战争的序幕:卢沟桥事变纪实》,友辉著,《福建党史月刊》1995 年第 7 期。

《卢沟桥不是"芦沟桥"》,悠悠著,《上海师大学报》1995 年第 3 期。

《"卢沟桥",还是"芦沟桥"》,《语文建设》1996 年第 1 期。

《回顾卢沟桥事变》,《北京档案》1995 年第 4 期。

《卢沟桥事变与抗日战争全面爆发 60 周年座谈会纪要》,刘大可著,《东岳论丛》1997 年第 4 期。

《芦沟桥畔的壮歌 纪念馆中的启示》,黄昭宇著,《现代国际关系》1995 年第 7 期。

《英名永铭芦沟桥》,柯峥、君山著,《中州统战》1996 年第 2 期。

《抗日战争胜利五十周年游芦沟桥感怀》,蔡景星著,《岭南文史》1995 年第 3 期。

《中国抗日战争的几点思考——纪念"芦沟桥事变"60 周年》,杨耀文、苗润明著,《长白学刊》1997 年第 6 期。

《"卢沟桥事变"挑起者的可耻下场》,石青著,《老年人》2002 年第 7 期。

(3)日本对中国的全面侵略

①日本侵华概述

《日本侵华史研究综述》,徐勇著,《世界史研究动态》1989 年第 3 期。

《1931—1945 年日本殖民统治历史的分期及其特征》,方永春编译,《世界史研究动态》1987 年第 6 期。

《70 年后,再看 70 年——关于日本侵华史研究的回顾与思考》,臧运祜著,《抗日战争研究》2016 年第 1 期。

《井上清论日本帝国主义的侵华战争》,李微译,《中共党史研究》1988 年第 1 期。

《日本军国主义对中国的侵略》,《医学教育》1995 年第 8 期。

《深化研究还原日本侵略史实》,王广禄著,《中国社会科学报》2015 年 8 月 21 日。

《对日本侵华战争全面发动的再认识》,熊沛彪著,《世界历史》1993 年第 2 期。

《关于日本对侵华战争的称呼问题》,张锦堂著,《日本研究》1986 年第 4 期。

《对日本战争称谓问题的一个考察》,[日]庄司润一郎著;郭阳译,《抗日战争研究》2015 年第 4 期。

《试析日本关于 1945 年战败前侵略战争的称呼》,乌兰图雅著,《东北亚外语研究》2015 年第 3 期。

《十五年战争的性质及其称谓问题》,[日]木坂顺一郎著;谭露译,《日本研究》1993 年第 2 期。

《日本侵华战争的特点》,刘家英著,《云南社会科学》1990 年第 3 期。

《日本军国主义侵华特征略述》,苑书义、董从林著,《河北学刊》1987 年第 5 期。

《"七·七"事变前日本侵华的几个问题》,刘国新著,《民国档案》1989 年第 4 期。

《日本侵略中国史实的调查》,[日]相本哲邦著,《侵华日军暴行(国际)学术研讨会论文集》,中共石家庄市委党史研究室等编,新华出版社 1996 年版。

《简析日本全面侵华的责任与教训》,卢粉艳著,《渭南师专学报》1998 年第

4 期。

《日本军国主义的侵华史不容篡改》，唐志意著，《武汉大学学报》1982 年第 5 期。

《日本帝国主义侵略罪行铁证如山》，李明华著，《求是》2014 年第 18 期。

《全面抗战时期中国的战争损失述论》，孟英莲著，《南方论丛》2005 年第 3 期。

《抗日战争中中国军民的伤亡及经济损失》，吴广义著，《当代军事文摘》2005 年第 11 期。

《抗战时期难民人口伤亡刍议》，孙艳魁著，《民国档案》2012 年第 3 期。

《日本侵华战争初期的决策与实施机构——关于"兴亚院"的研究》，臧运祜著，《纪念中国人民抗日战争暨世界反法西斯战争胜利 70 周年国际学术研讨会论文集》，李亚平等编，中共党史出版社 2015 年版。

《满铁与关东军的"华北自治"阴谋》，武向平著，《东北师大学报》2017 年第 4 期。

②经济、资源掠夺

《30—40 年代日本与中国东北农业经济的殖民地化》，郑敏著，《日本学论坛》1999 年第 3 期。

《伪满洲国的统制经济政策浅析》，井志忠著，《外国问题研究》2010 年第 3 期。

《第二次世界大战前日本在中国东北的金融活动》，[日] 松野国治著；叶晓林摘译，《国外社会科学情报》1985 年第 4/5 期。

《日本的"共荣"经济就是掠夺经济》，崔少岩著，《青岛日报》1985 年 9 月 3 日。

《从二战期间日本的对外经济侵略看东北亚的战略地位》，车霁虹著，《黑龙江社会科学》1996 年第 4 期。

《论日铁大冶矿业所对大冶铁矿的侵夺》，柯育芳、张志强著，《湖北经济学院学报（人文社会科学版）》2012 年第 7 期。

《七七事变前后满铁对华北经济的侵略与掠夺》，郭铁桩著，《大连近代史研究》第 7 卷，2010 年。

《日本帝国主义掠夺华北资源述评》，王乃德、翟相卫著，《民国档案》1997 年第 4 期。

《七七事变前夕日本在华北的白银走私研究》，刘世超著，《中国物价》2014年第 11 期。

《"七七事变"前后日本中国驻屯军对华北的政治经济侵略》，张利民著，《东北亚学刊》2015 年第 5 期。

《日本在全面侵华战争时期发行军票始末及评析》，张新知、王学文、关心著，《江苏钱币》2015 年第 2 期。

《"二战"时日本从南京掠走至少 6000 吨黄金揭秘》，吴麓著，《天津政协》2012 年第 10 期。

《抗日战争时期日本侵略者对华中地区蚕丝业的破坏和掠夺》，潘德棠著，《江苏丝绸》1995 年第 3 期。

《抗战时期日本对中国轮船航运业的入侵与垄断》，朱荫贵著，《历史研究》2011 年第 2 期。

《日本对我国台湾的经济掠夺（1895—1945）》，伊文成著，《世界历史》1982 年第 1 期。

《日据时期对台湾的经济掠夺及其后果》，李鹏军著，《重庆第二师范学院学报》2013 年第 3 期。

③其他侵华问题研究

《关东神宫与日本精神文化侵略》，周爱民著，《日本侵华史研究》2014 年第 4 期。

《日本军国主义对中国东北的思想文化侵略研究——以吉林省档案馆藏日本侵华档案为主要依据》，庄严、穆占一等著，《社会科学战线》2014 年第 8 期。

《抗战时期日本对北平的文化侵略》，任超著，《北京党史》2019 年第 2 期。

《侵华日军在南京推行和扶植殖民文化的种种手法》，经盛鸿、经姗姗著，《日本侵华史研究》2015 年第 2 期。

《日本文化侵略的毒瘤：〈中日文化协会〉——透析抗日战争时期的日本侵华的"第四条战线"》，吕悦、叶美霞著，《日本侵华史研究》2015 年第 2 期。

《日本帝国主义在侵华期间的电影文化侵略》，田野、梅川著，《当代电影》1996 年第 1 期。

《日本对中国书报出版业的摧残》，孟国祥著，《日本侵华史研究》2014 年第 4 期。

《战时日本对华的图书政策及其实施述略》，孟国祥著，《日本侵华史研究》

2017 年第 1 期。

《侵华日军对中国主要城市的毁坏及其影响》,夏蓓著,《日本侵华史研究》
2015 年第 3 期。

《遭受日本侵略的人的战争体验》,[日]田中正俊著;栾成显等译,《国外社
会科学》1989 年第 2 期。

《论百团大战后日本对华北的政策》,丁则勤著,《抗日战争研究》2000 年第
2 期。

《日本侵华的"以战养战"政策》,单冠初著,《历史研究》1991 年第 4 期。

《日本帝国主义的"以华制华"和"以战养战"政策》,杨圣清著,《中国民航
学院学报》1994 年第 2 期//抗日战争与中国历史——"九·一八"事变 60 周年
国际学术讨论会文集》,中国抗日战争史学会等编,辽宁人民出版社 1994 年版。

《抗日战争时期日本侵华的经济战》,吕明灼著,《齐鲁学刊》1991 年第
5 期。

《论抗战时期日本削弱中国国力的经济战略》,王真著,《日本研究》1999 年
第 3 期。

《论日本侵华期间削弱中国国力的经济战略》,王真著,《民国档案》2000 年
第 3 期。

《试论日本对华经济侵略中的"以战养战"政策及其破产》,聂家华著,《临沂
师专学报》1995 年第 4 期。

《试论日本"持久战"与建立傀儡政权结合方针的形成》,于耀洲著,《松辽学
刊》2002 年第 3 期。

《明治维新至二战结束日本以军事为目的的中国语学习》,卢燕丽著,《军事
历史研究》2003 年第 2 期。

《日军占领香港的前前后后》,左立平著,《现代兵器》1997 年第 6 期。

《二战中日本为何没占领澳门》,《陕西审计》1999 年第 3 期。

《二战时日本为何不敢侵略澳门》,刘继兴著,《文史博览》2011 年第 7 期。

《二战期间:日军为何没有侵占澳门?》,草人著,《中国工商》1999 年第
6 期。

《太平洋战争爆发后日军进攻重庆西安的战略计划及其破产》,徐旭阳著,
《史学月刊》1998 年第 1 期。

《揭露日本侵华罪行 展现中国抗战实态——广西师大社出版抗战研究珍稀

文献纪实》，宾长初著，《中国出版》2005 年第 9 期。

《抗战时期日本工业资本在青岛的扩张》，刘大可著，《理论学刊》2008 年第 8 期。

《日本侵略者给太行区人民带来的深重灾难》，南振国著，《侵华日军暴行 (国际)学术研讨会论文集》，中共石家庄市委党史研究室等编，新华出版社 1996 年版。

《从东宁要塞看日军的侵略扩张》，高晓燕、王敬荣著，《黑龙江社会科学》 2003 年第 2 期。

《从我的经历揭露日本军国主义的罪行》，爱新觉罗·溥仪著，《人民日报》 1961 年 9 月 17 日。

《从日本驻澳门总领事馆档案看太平洋战争爆发后日寇在澳门的活动》，房 建昌著，《广东社会科学》1999 年第 3 期。

《从抗日战争时期日本帝国主义在海南岛所犯下的罪行看其侵略本性》，陈 诚著，《琼州大学学报》2002 年第 1 期。

《东亚联盟与伪满洲国》，史桂芳著，《日本学论坛》2000 年第 2 期。

《日伪时期北平的东亚联盟协会》，史桂芳著，《北京党史》2000 年第 6 期。

《中日战争时期中国的东亚联盟运动与"政治独立"》，[韩] 裴京汉著，《九 一八事变与近代中日关系——九一八事变 70 周年国际学术讨论会论文集》，中 国社会科学院中日历史研究中心等编，中国社会科学文献出版社 2004 年版。

《板垣征四郎在华中日占区推行的"东亚联盟"运动》，经盛鸿著，《民国档 案》2005 年第 2 期。

2. 从"北进"苏联到"南进"发动太平洋战争

（1）总论

《试论太平洋战争爆发前日本帝国主义的战略转变》，任众著，《北方论丛》 1980 年第 2 期。

《试析第二次世界大战中日本从"北进"到"南进"政策演变的原因》，章扬 定著，《合肥工业大学学报》1986 年第 2 期。

《论日本在二战中的南进、北进战略》，徐勇著，《外国问题研究》1997 年第 2 期。

《论日本在二战中的北、南进战略抉择》，徐勇著，《北大史学》1997 年第 1 期 //《日本研究论集（1998）》，南开大学日本研究院编，天津人民出版社 1998

年版。

　　《关于日本南进与北进扩张战略的几个问题》，王启生著，《厦门大学学报》1983 年第 2 期。

　　《日本北进、南进战略演进过程述考》，李小白、周颂伦著，《抗日战争研究》2010 年第 1 期。

　　《北斗西争南进——日本三面出击的背后》，段廷志、周庆建著，《当代军事文摘》2005 年第 6 期//《瞭望新闻周刊》2005 年第 13 期。

　　《1940—1941 年日本"南进政策"与"北进政策"分析》，黄靖皓著，《军事历史》2015 年第 3 期。

　　《苏德战争前后日本北进、南进政策与美国的对日外交策略》，官文娜著，《中南民族学院学报》1987 年第 3 期。

　　（2）日本"北进"试探及其破产

　　《"九·一八"事变与日本"北进"战略》，祝中侠著，《池州师专学报》1997 年第 1 期。

　　《论"九·一八"事变与日本"北进"战略》，祝中侠著，《怀化师专学报》1997 年第 2 期。

　　《"东方马其诺"》，程鹏汉著，《世界军事》1999 年第 10 期。

　　《侵华日军的"东方马其诺防线"》，陈家光、邵颖著，《环球军事》2004 年第 12 期。

　　《远东秋"演兵"：苏日哈勒哈河战役》，房兵著，《世界军事》1995 年第 4 期。

　　《论日本"北进"战略实施中的大国外交》，喜富裕著，《甘肃高师学报》2002 年第 4 期。

　　《日本北进战略计划的流产及对二战的影响》，邢克鑫著，《安阳师范学院学报》2007 年第 1 期。

　　《二战期间日本秘密制定进攻苏联"关东计划"内幕》，柳玉鹏、华玉贤著，《军事史林》2006 年第 11 期。

　　《昭和天皇与北进战略》，龚娜著，《前沿》2013 年第 24 期。

　　《张鼓峰事件前夕苏日在东北亚的军事建设研究》，赵聪著，《西伯利亚研究》2018 年第 1 期。

　　《张鼓峰事件是日本北进的试探吗？——兼论日本北进战略的畸变》，张捷著，《中山大学学报》1988 年第 4 期。

《张鼓峰事件探讨》,金大植著,《东疆学刊》1991 年第 3 期。

《1938 年日苏张鼓峰事件新论》,曲晓范、智利疆著,《东北师大学报》2012年第 5 期 //《近代中国:文化与外交:下卷》,张俊义主编,社会科学文献出版2012 年版。

《伪满洲国"边境"战事及其因应——张鼓峰、诺门罕事件的另一视角》,王文锋、刘会军著,《溥仪研究》2012 年第 1 期。

《张鼓峰事件中苏日参战兵力及损失对比研究》,赵聪著,《西伯利亚研究》2016 年第 4 期。

《张鼓峰事件对中苏边界影响摭论》,何强、崔艳芳著,《兰台世界》2016 年第 8 期。

《对张鼓峰事件中苏联太平洋舰队作用的历史考察》,赵聪、黄定天著,《学习与探索》2014 年第 11 期。

《"诺门罕事件"小考》,张晓刚、刘绪著,《内蒙古师范大学学报》2009 年第1 期。

《中蒙边境苏日大决战揭秘》,钱占元著,《福建党史月刊》2009 年第 3 期。

《诺门罕战役的边界纠纷探析》,乌兰图雅著,《日本侵华史研究》2013 年第2 期。

《战争前夜——日苏诺蒙坎事件》,[日] 平井友义著;熊达云译,《世界史研究动态》1985 年第 12 期。

《1939 年"满蒙"边境战争的起因　日本关东军进攻苏联的军事试探》,历春鹏、徐占江著,《黑河学刊》1988 年第 1 期。

《诺门坎事件爆发原因及对日苏关系的影响》,李凡著,《历史教学》2003 年第 10 期。

《斩断魔爪 5 万日本关东军兵败诺门坎纪实》(上下),陈辉著,《军事历史》2006 年第 1/2 期。

《一役毙日七将军:记世界上首次大规模立体战争诺门罕之战》,吴立新、秦超著,《军事史林》2002 年第 2 期。

《诺门坎之战:日军上演蹩脚闹剧》(上下),王作化、林生著,《环球军事》2006 年第 4/5 期。

《〈满洲评论〉的诺门罕战役报道》,祝力新、徐婷婷著,《外国问题研究》2014 年第 3 期。

《诺门罕血战:日本陆军的滑铁卢》,吴明著,《文史博览》2010 年第 8 期。

《诺门罕之战:关东军为何惨败于苏军》,何立波著,《同舟共进》2012 年第 8 期。

《试析诺门罕战役中日本的情报分析失误》,罗卫萍著,《军事历史》2012 年第 3 期。

《诺门坎事件对日本南进北进政策的影响》,申文勇著,《唐山师范学院学报》2008 年第 6 期。

《略论诺门罕战争前后苏日远东政策及其演变》,杨彦君著,《黑龙江史志》2006 年第 10 期。

《论日、苏张鼓峰事件和诺门坎事件》,王春良著,《聊城大学学报》2004 年第 1 期。

《对张鼓峰和诺门坎事件的再认识》,高培著,《军事历史》1994 年第 2 期。

《1931—1941 年日本未能"北进"原因初探》,黄鸿飞著,《泉州师专学报》1996 年第 2 期。

《日本为何没有进攻苏联》,[俄]A.科什金著,《当代世界》1996 年第 10 期。

《日本进攻苏联的图谋是怎样被挫败的——记在中国抗战中的苏联远东情报机关》,[俄]IO.克德罗夫著;王昌滨译,《当代世界》1996 年第 7 期。

《诺门罕战役与日本人的苏联观——以村上春树的〈发条鸟年代记〉为中心》,尚一鸥著,《外国问题研究》2011 年第 4 期。

《"伪满"时期关东军在东宁的驻兵及对苏战略浅析(1933.1—1945.8)》,俞培珍著,《黑龙江史志》2015 年第 1 期。

(3)中国抗战与日本"北进"、"南进"政策

《中国战场与日本的北进、南进政策》,胡德坤著,《世界历史》1982 年第 6 期。

《中国抗战与日本北进、南进政策》,黄生秀著,《青海师专学报》1995 年第 3 期。

《日本的北进南进策略与中国战场》,孙少艾著,《安庆师院学报》1995 年第 4 期。

《日本的北进南进策略与中国战场的关系》,夏宁和著,《延安大学学报》1993 年第 3 期。

《论日本侵华战争与其南进北进战略的关系》,徐勇著,《抗日战争研究》

1995 年第 3 期。

《简论中国的抗日战争及日本北进苏联政策破产》,耿秀芬著,《内蒙古农业大学学报》2002 年第 3 期。

《略论太平洋战争前日本侵华、南进及北进的关系》,黄鸿飞著,《泉州师专学报》1986 年第 2 期。

《浅析抗日战争中日本的北进南进战略与中国战场的关系》,李娟芳著,《菏泽师专学报》2000 年第 3 期。

《中国抗战与日本的南进政策》,余子道著,《江海学刊》1995 年第 2 期。

《评析日本侵华的"南进"政策》,张增香著,《理论界》2000 年第 1 期。

《卢沟桥抗战对日本北进苏联战略的牵制》,龚和平著,《武汉大学学报》1988 年第 6 期。

《中国的抗日战争打破了日本的"北进"计划》,万红著,《呼兰师专学报》1995 年第 3 期。

《中国的抗日战争与日本北进战略的破产》,王东艳著,《济宁师范专科学校学报》2005 年第 4 期。

(4)"南进"政策的形成及其实施

《日本"南进"原因浅析》,李秀芳、王鑫著,《红河学院学报》2006 年第 6 期。

《论战前日本南进政策的形成》,赵哲著,《日本研究》1987 年第 3 期。

《试探二战中日本"南进"之原因》,张增香著,《东疆学刊》1998 年第 3 期。

《论二战中日本南进战略的形成》,谢承国著,《荆州师专学报》1995 年第 4 期。

《日本南进军事战略形成及其失败的主要因素》,高强著,《大连大学学报》1995 年第 2 期。

《昭和天皇与南进战略的确立》,龚娜著,《社科纵横》2016 年第 4 期。

《二战前日本南进政策形成的历史脉络》,周俊著,《长沙理工大学学报》2016 年第 6 期。

《论二战中日本南进战略形成的原因》,高学军著,《齐齐哈尔大学学报》2001 年第 6 期。

《试论百团大战对日本南进战略的影响》,冀燕青著,《山西大学学报》1992 年第 4 期。

《20 世纪上半期日本南进战略述论》,宋凤仙著,《商丘师范学院学报》2007

年第 10 期。

《日美矛盾的发展与南进政策的实施》,李树藩著,《外国问题研究》1983 年第 2 期。

《日本帝国主义南进战略的几个问题浅析》,方永春著,《东疆学刊》1988 年第 3 期。

《第二次世界大战中日本南进政策的制定时间和行动标志》,王幼麟等著,《四川大学学报》1981 年第 2 期。

《日本南进政策中的台湾——以福建官脑局案为中心之个案分析》,陈小冲著,《台湾研究集刊》1988 年第 4 期。

《太平洋战争期间日本"南进"东南亚得逞的原因剖析》,骆兆伦著,《史学月刊》1984 年第 6 期。

《二战期间日军迅速占领东南亚的原因》,马丁著,《杭州师院学报》1996 年第 1 期。

《论日本对东南亚的占领及其影响(1941—1945)》,梁志明著,《世界历史》1995 年第 4 期。

《试述二战时期日本帝国主义侵缅的目的》,朱振明著,《历史教学》1985 年第 10 期。

《太平洋战争期间日本对东南亚的财政金融统制》,毕世鸿著,《东南亚纵横》2011 年第 3 期。

《究竟谁是法西斯?——重返菲律宾被日军侵略的历史现场》,杨小辉著,《社会观察》2015 年第 7 期。

《日本侵华期间切断国际援华路线的"断"字号作战》,杨栋梁、雷娟利著,《南开学报》2017 年第 5 期。

(5)日本侵略亚洲理论——"大东亚共荣圈"等

《近卫文麿国际秩序论的演变》,金寅斌著,《南开日本研究》2018 年第 1 期。

《亚洲主义与日本对外侵略》,史桂芳著,《军事历史》2010 年第 3 期。

《日本的"东亚新秩序"构想及其推进》,吴丽华著,《齐齐哈尔大学学报》2000 年第 6 期。

《评近卫文麿"东亚新秩序"理论的内容和实质》,陆伟著,《党史研究与教学》2000 年第 1 期。

《冈仓天心〈东洋的理想〉"兴亚论"探析》，何春兰著，《重庆科技学院学报》2012 年第 22 期。

《日本帝国主义的侵略招牌"大东亚共荣圈"》，胡德坤著，《外国史知识》1983 年第 11 期。

《日本"大东亚共荣圈"迷梦的形成及其破灭》，吕万和、崔树菊著，《世界历史》1983 年第 4 期。

《"大东亚共荣圈"的历史与现实思考》，赵健民著，《世界历史》1997 年第 3 期。

《"大东亚共荣圈"论》，［日］安达宏昭著；张敏译，《南开日本研究》2016 年第 1 期。

《评所谓"大东亚共荣圈"》，［日］家永三郎著；张水良译，《经济资料译丛》1986 年第 2 期。

《简论"大东亚共荣圈"始末》，王永江著，《齐齐哈尔大学学报》1999 年第 4 期。

《"大东亚共荣圈"的欺骗性》，王屏著，《人民日报》2005 年 6 月 27 日。

《揭开日本"大东亚共荣圈"的伪装》，李成刚著，《中国国防报》2015 年 8 月 25 日。

《日本军国主义"大东亚共荣圈"真相》，高兴祖著，《江苏历史档案》1995 年第 2 期。

《大东亚会议研究——兼论"大东亚共荣圈"的侵略本质》，李晓倩著，《日本侵华南京大屠杀研究》2018 年第 4 期。

《日本军国主义狼子野心的见证——大东亚共荣圈图》，吕秀莲、甘少华著，《中国档案报》2005 年 7 月 28 日。

《日本"大东亚共荣圈"反动思想剖析》，丛滋香、吴明银著，《石油大学学报》1996 年第 2 期。

《假共荣 真侵吞——包藏祸心的〈大东亚共荣圈详图〉》，于淑娟著，《兰台世界》2000 年第 6 期。

《"大东亚共荣圈"鼓吹者的卑劣行径》，王启生著，《世界现代史论文集》（第一集），三联书店 1980 年版。

《大东亚共荣政策与日本资产阶级》，罗运璇著，《贵州民族学院学报》1995 年第 3 期。

《伪满覆亡与"大东亚共荣圈"理论的破产》,金增新著,《新长征》1995 年第 11 期。

《日本海上帝国迷梦与"南方共荣圈"的幻灭》,毕世鸿著,《东北师大学报》2017 年第 5 期。

《从"满蒙领有论"到"大东亚共荣圈"——对日本殖民扩张主义的再认识》,冯玮著,《抗日战争研究》2002 年第 2 期。

《1939 年前后的"东亚共同体":一个历史用语的考察》,雷国山著,《民国档案》2011 年第 3 期。

《"东亚共同体"与"大东亚共荣圈"》,黄梅婴著,《学习月刊》2009 年第 21 期。

《西田哲学中的"东亚共荣圈"原理——兼与军部的"大东亚共荣圈"理论比较》,吴玲、胡博实著,《外国问题研究》2012 年第 3 期。

《序列意识与大东亚共荣圈——对二战时期日本国家行为的心理文化学解读》,游国龙著,《日本学刊》2013 年第 2 期。

《19 世纪以来日本东亚秩序观的主要历史演变》,张青磊著,《齐齐哈尔大学学报》2010 年第 6 期。

《试析二战时期日本的地缘政治学研究》,程铭著,《学术交流》2012 年第 6 期。

《剖析石原莞尔的"东亚联盟论"》,关伟著,《"九一八"研究》2018 年第 1 期。

《对侵略理论的深刻剖析——评〈东亚联盟论研究〉》,雷颐著,《抗日战争研究》2003 年第 3 期。

《石原莞尔的"东亚联盟论"及其实质探析》,王云翠著,《湘潮（下半月）》2014 年第 12 期。

《评"东亚联盟论·政治独立"的实质及影响》,史桂芳著,《北京党史研究》1998 年第 4 期。

《试析东亚联盟论的"经济一体化"》,史桂芳著,《首都师范大学学报》1998 年第 5 期。

《日本侵华战争时期的"东亚协同体论"》,史桂芳著,《历史研究》2015 年第 5 期。

《海外雄飞论——日本"大陆政策"的思想渊源》,薛子奇、周彦著,《北方论丛》1997 年第 1 期。

《"海外雄飞论"的引领与日本扩张道路的选择》,孙立祥著,《华中师范大学学报》2016 年第 6 期。

二、日本法西斯的暴行

《美国解密日本二战罪行文件》,唐勇著,《人民日报》2007 年 1 月 22 日。

《美国国家档案馆日本二战罪行文献资料馆藏情况分析》,雷亮著,《国家图书馆学刊》2014 年第 2 期。

《英国国家档案馆馆藏日本二战罪行文献档案调查与思考》,袁硕著,《图书馆研究与工作》2017 年第 11 期。

1. 对中国人民的殖民统治与暴行

(1)总论

《略述日本帝国主义侵略中国的滔天罪行——纪念抗日战争胜利四十周年》,柯有华著,《湖北师范学院学报》1985 年第 4 期。

《简论加强日军侵华罪行研究的意义》,张铨著,《上海纪念抗日战争胜利 60 周年研讨会论文集》,上海市社会科学界联合会编,上海人民出版社 2005 年版。

《侵华日军暴行与纳粹暴行原因比较研究初探》,马振犊著,《民国档案》2007 年第 2 期//《"近代中国、东亚与世界"国际学术讨论会论文集:上册》,中国社会科学院近代史研究所等编,2006 年。

《侵华日军暴行研究概述》,李蓉著,《南京社会科学》1995 年第 6 期。

《五年来日军侵华暴行热点研究述略》,陈建成著,《首都师范大学学报》2004 年第 S3 期。

《侵华日军暴行研究的回顾与思考》,张连红著,《历史研究》2015 年第 4 期。

《日本侵略军在中国的暴行》,齐福霖著,《北京党史》1995 年第 6 期。

《"七七"事变后日本侵华的暴行》,徐义君、王瑞珍著,《历史教学》1987 年第 7 期。

《抗日战争时期日军在我国的暴行》,侯善才著,《史学月刊》1982 年第 6 期。

《论抗战时期侵华日军的野蛮性》,张志荣著,《理论学刊》2002 年第 6 期。

《留在人类文明史上的野蛮残暴的铁证》,徐俊元著,《侵华日军暴行(国际)

学术研讨会论文集》,中共石家庄市委党史研究室等编,新华出版社 1996 年版。

《日军侵华暴行的沉思》,刘兰华著,《侵华日军暴行(国际)学术研讨会论文集》,中共石家庄市委党史研究室等编,新华出版社 1996 年版。

《必须加强对侵华日军暴行的研究》,孙宅巍著,《民国档案》2001 年第 1 期。

《英国史学家:二战日军残暴甚于纳粹》,黄恒著,《新华每日电讯》2007 年 11 月 6 日。

《侵华日军暴行违反国际法律严重侵犯人权》,张昊著,《法制日报》2014 年 12 月 14 日。

《侵华日军的暴行与中国人口损失述略》,陈小琼、王艳珍著,《江西教育学院学报(社会科学)》2001 年第 5 期。

《抗战时期日军暴行的文化分析》,郑忠、高萍萍著,《徐州师范大学学报》2002 年第 3 期。

《侵华日军"三光政策"的形成始末》,李涛著,《军事历史》2015 年第 2 期。

《日军对晋东北、冀西、冀中的"三光作战"考实》,李恩涵著,《抗日战争研究》1993 年第 4 期。

《抗战期间日军对晋东北、冀西、冀中的"三光作战"考实》,李恩涵著,《第二届近百年中日关系史国际研讨会论文集》,中国抗日战争史学会等编,中华书局 1995 年版。

《铁证! 滔天罪行罄竹难书》,《人民日报(海外版)》2014 年 7 月 18 日。

《日军暴行:令人发指　让人作呕》,多国丽著,《人民法院报》2015 年 9 月 3 日。

《绝不能姑息纵容侵略行为》,张顺洪著,《人民日报》2015 年 8 月 27 日。

《国民政府之日军罪证调查问题再考察》,刘萍著,《东岳论丛》2015 年第 12 期。

《民国出版物中日军的暴行研究》,陶健著,《日本侵华史研究》2017 年第 2 期。

《侵华日军暴行的铁证——日军战俘及投诚官兵控诉日军暴行档案揭秘》,张万祥、周忠全、贾茹著,《军事历史研究》2015 年第 2 期。

《中英人士揭露日本侵华罪行》,张洁著,《中国社会科学报》2016 年 8 月 15 日。

《九一八事变后日人在东北之暴行报告》,张建威、张晓刚著,《民国档案》2019 年第 4 期。

《日本帝国主义侵略乌兰察布地区的罪行》,刘峰著,《集宁师范学院学报》2016 年第 1 期。

《历史不容忘却——1932 年—1945 年:日军在呼伦贝尔地区暴行调查》,赵绪莹著,《呼伦贝尔学院学报》2016 年第 5 期。

《美国传教士关于日军在如皋暴行事致上海总领事馆函》,李伟豪、[美]艾伯特·H.施密特等著,《民国档案》2017 年第 2 期。

《20 世纪 40 年代福州地区沦陷期间日军之暴行》,郑复龙著,《福建党史月刊》2016 年第 2 期。

《抗日战争时期日军对广西儿童的暴行》,梁宝渭著,《传承》2015 年第 9 期。

《藏匿于白塔天盘内的日军暴行控诉书》,鹿璐著,《中国档案报》2015 年 7 月 31 日。

《侵华日军在桂林暴行缘由之反思》,李雅莉著,《桂林师范高等专科学校学报》2017 年第 3 期。

《日本民间组织对日军侵琼暴行的实地调查研究与启示》,许寿童著,《大连大学学报》2018 年第 1 期。

《侵华日军滇西罪行相关史料的解读与应用初探》,雷娟利、王建宏著,《保山学院学报》2015 年第 1 期。

《〈新华日报〉所见侵华日军滇西战争罪行的史料选摘(1940—1944 年)》,雷娟利著,《抗战史料研究》2016 年第 1 期。

(2)屠杀与惨案

《揭露日本帝国主义在二次大战中残杀中国人的滔天罪行》,《日本两友好团体组织花冈惨案调查》,新华社著,《人民日报》1970 年 11 月 12 日。

《抗日战争时期日寇在我国的暴行——南京、潘家峪、平阳大惨案》,刘霞著,《学习与研究》1985 年第 9 期。

《南京大屠杀的预演——"八·一三"日军在上海暴行考略》,孟彭兴著,《史林》1993 年第 2 期。

①南京大屠杀

A.南京大屠杀研究现状与方法

《南京大屠杀史研究的现状与未来》,张宪文著,《光明日报》2016 年 12 月

8 日。

《中日两国南京大屠杀研究的回顾与思考》,张连红著,《南京大学学报》2007 年第 1 期。

《围绕南京大屠杀真实历史的近八十年斗争》,经盛鸿著,《日本侵华史研究》2014 年第 4 期。

《历史与历史学家:海外南京大屠杀研究的争议综述》,魏楚雄著,《历史研究》2009 年第 5 期。

《南京大屠杀问题研究述评》,孙宅巍著,《学海》1992 年第 6 期。

《"南京大屠杀"事件研究现状和今后的课题》,高兴祖著,《抗日战争研究》1996 年第 4 期。

《中国学术界对"南京大屠杀事件"的研究》,李寒梅著,《太平洋学报》2005 年第 8 期。

《近十年"侵华日军南京大屠杀"研究述评》,张卫波著,《中共党史资料》2006 年第 3 期。

《近十年来国内学术界关于南京大屠杀研究述评》,郭永虎、闫立光著,《日本侵华史研究》2017 年第 1 期。

《近十年来中日学界关于南京大屠杀研究的成果》,杨秀云著,《档案与建设》2017 年第 7 期。

《南京大屠杀史研究三十年:1982—2012》,朱成山、袁志秀著,《日本侵华史研究》2013 年第 2 期。

《改革开放给南京大屠杀史研究带来勃勃生机》,孙宅巍著,《档案与建设》2008 年第 9 期。

《南京大屠杀研究的回顾与前瞻》,陈红民、傅敏著,《抗日战争研究》2008 年第 4 期。

《日军暴行研究的回顾与思考——兼论南京大屠杀案的影响》,孟国祥著,《南京大屠杀史研究》2012 年第 3 期。

《南京大屠杀的全景展示与深度研究》,张春海著,《中国社会科学报》2012 年 12 月 7 日。

《现代史上最黑暗的一页——南京大屠杀述实》,宋华忠著,《党史文汇》1995 年第 5 期。

《〈救国时报〉揭露南京大屠杀真相述评》,姚群民著,《民国档案》2005 年第

4 期。

《国际历史对话与南京大屠杀研究》,杨大庆著,《抗日战争研究》2010 年第 4 期。

《如何记忆南京大屠杀——中日共同历史研究中的学术对话》,张连红著,《抗日战争研究》2010 年第 4 期。

《侵华日军南京大屠杀的"德国视角"——以德国外交档案为中心》,张生著,《南京大学学报(哲学.人文科学.社会科学版)》2007 年第 1 期。

《南京大屠杀的"德国视角"——以德国外交档案为中心》,张生著,《中国抗战与世界反法西斯战争——纪念中国人民抗日战争暨世界反法西斯战争胜利 60 周年学术研讨会文集:上卷》,中国社会科学院近代史研究所编,社会科学文献出版社 2009 年版。

《跨学科视域下的南京大屠杀史研究(笔谈)》,王卫星、马振犊等著,《日本侵华史研究》2017 年第 2 期。

《口述史学视角下的南京大屠杀史研究》,朱成山、袁志秀著,《南京社会科学》2006 年第 4 期。

《历史叙事视角的转换与南京大屠杀》,费团结、陈曦著,《陕西理工学院学报》2012 年第 3 期。

《南京大屠杀历史解读的多维思考》,朱成山著,《纪念抗战胜利 65 周年学术研讨会论文集》,中国抗日战争史学会等编,2010 年。

《试析中国史学界南京大屠杀史研究的范式转移》,朱继光、姜良芹著,《民国档案》2008 年第 2 期。

《从历史到记忆:深化南京大屠杀研究的逻辑路径》,张生著,《南京政治学院学报》2014 年第 6 期。

《以更宏观的社会视野深化南京大屠杀研究》,张宪文、王建朗、张建军著,《日本侵华史研究》2017 年第 4 期。

《微观视角下南京大屠杀史调查研究的认知与实践》,杨小平、朱成山著,《日本侵华史研究》2017 年第 3 期。

《"南京大屠杀"的跨文化叙述与国家形象建构》,陈林侠著,《中州学刊》2012 年第 4 期。

《南京大屠杀微观史调查与研究初探》,朱成山著,《日本侵华史研究》2016 年第 2 期。

《南京大屠杀史研究需要在资料、理论方法、问题意识三个方面深化》,卢彦名著,《日本侵华史研究》2016年第4期。

《研究南京大屠杀的新视角——评〈南京大屠杀史研究〉》,孙宅巍著,《日本侵华史研究》2016年第3期。

《侵华日军暴行与纳粹暴行比较研究初探》,马振犊著,《南京大屠杀史研究》2011年第3期。

《南京大屠杀与德国纳粹屠犹问题比较——北大王炜教授、王炎博士访谈》,付光辉著,《民主与科学》2005年第4期。

《悲情的冠军赛:犹太大屠杀与南京大屠杀比较研究》,王炎、严蕾著,《中国图书评论》2009年第1期。

《侵华日军南京大屠杀史研究会》,《南京大屠杀史研究》2011年第2期//2012年第4期。

《南京大屠杀史研究会口述史分会在南京成立》,《南京大屠杀史研究》2012年第2期。

《南京大屠杀研究的几个问题》,程兆奇著,《过去的经验与未来的可能走向——中国近代史研究三十年(1979—2009)》,近代史研究编辑部编,2009年//《史林》2010年第4期。

《关于南京大屠杀称谓、规模和地域的争议》,孙宅巍著,《民国春秋》1998年第6期。

《永不忘却:1937年12月侵华日军的南京大屠杀》,林木著,《党史博览》2007年第12期。

《南京大屠杀的历史事实不容篡改》,邹明德、胡菊蓉等著,《历史档案》1982年第4期。

《在南京大屠杀问题上日本不可以说"不"》,骆为龙著,《日本学刊》1992年第1期。

《侵华日军在南京大屠杀的罪行不容抹煞》,郭传玺著,《历史档案》1994年第4期。

《南京屠城铁案如山不容否定》,张树纯著,《兰台世界》1995年第7期。

《南京大屠杀的历史事实不容歪曲》,朱成山著,《侵华日军暴行(国际)学术研讨会论文集》,中共石家庄市委党史研究室等编,新华出版社1996年版。

《南京大屠杀铁证如山早有定论》,李冀著,《南京日报》2014年4月1日。

《南京大屠杀是国际社会早有的定论》,朱成山、朱天乐著,《南京社会科学》2012年第4期。

《论南京大屠杀埋尸研究中几个牵动全局的问题》,孙宅巍著,《南京社会科学》2008年第8期。

《南京大屠杀期间国际安全区遇难者的考证——南京大屠杀70周年祭》,朱成山、颜玉凡著,《南京社会科学》2007年第8期。

《二战大屠杀研究:从边缘位置到中心议题》,[英]鲍勃·穆尔著,《中国社会科学报》2014年11月5日。

B.南京大屠杀的原因

《南京大屠杀原因探索》,孙宅巍著,《东南文化》1995年第3期。

《南京大屠杀事件之再研究》,吴天威著,《抗日战争研究》1994年第4期。

《论南京大屠杀的背景和范畴》,孙宅巍著,《民国档案》1995年第1期。

《论侵华日军南京大屠杀的历史动因》,经盛鸿著,《长白学刊》2006年第5期。

《日军部署及战略意图与南京大屠杀的原因》,王卫星著,《江海学刊》2007年第6期。

《战争进程与南京大屠杀》,崔巍著,《江苏社会科学》2005年第3期。

《南京大屠杀与日本军国主义》,傅曾著,《近代史研究》1983年第2期。

《日本军国主义与南京大屠杀》,孙宅巍著,《侵华日军暴行(国际)学术研讨会论文集》,中共石家庄市委党史研究室等编,新华出版社1996年版。

《日本武士道精神与南京大屠杀》,赵琦著,《大连近代史研究》第14卷,2017年。

《南京大屠杀的人性解读》,朱靖江著,《中国新闻周刊》2007年第26期。

《南京大屠杀期间日军的群体心理》,王山峰、张国松著,《南京大屠杀史研究》2011年第2期。

《侵华日军南京大屠杀暴行之心理剖析》,李玉胜、孙孝科著,《社科纵横》2010年第11期。

《日本民族心理状态与日军暴行研究初探——以南京大屠杀为例》,邢烨著,《日本侵华史研究》2016年第1期。

《南京大屠杀期间日军暴行行为探析——基于〈威尔逊日记〉的记载》,王毅著,《怀化学院学报》2018年第1期。

《论南京保卫战对南京大屠杀的影响》,孙宅巍著,《日本侵华南京大屠杀研究》2018 年第 1 期。

《南京大屠杀与日军的预谋》,孙宅巍著,《江海学刊》1994 年第 4 期。

《南京大屠杀——日本军国主义有预谋的恐怖政策》,高兴祖著,《南京社会科学》1995 年第 8 期。

《中日双方对南京的地位与价值的认识差异是导致南京大屠杀的一大成因》,刘燕军著,《日本侵华史研究》2013 年第 3 期。

《侵华日军攻略南京与大屠杀的战略目的及其破产》,经盛鸿著,《南京邮电学院学报》2005 年第 3 期。

《论南京大屠杀的准备、实施和延伸》,孙宅巍著,《江海学刊》2000 年第 5 期。

《"广田电报"与南京大屠杀》,孙宅巍著,《抗日战争研究》2000 年第 4 期。

《从南京大屠杀的发生看日军的战略时机选择——以日方思虑为中心的考察》,张生著,《南京师大学报》2007 年第 6 期。

C.南京大屠杀的过程及日军暴行

《日本侵略军制造的南京大屠杀案》,邹明德、胡菊蓉等著,《历史档案》1982 年第 4 期。

《大屠杀,不该遗忘的历史——日军南京大屠杀经过》,张洪涛、张朴宽著,《齐齐哈尔社会科学》1994 年第 3 期。

《南京大屠杀地域范围与起始时间再研究》,王卫星著,《江苏社会科学》2017 年第 5 期。

《论南京大屠杀中的性暴力问题》,孙宅巍著,《民国档案》2000 年第 4 期。

《南京大屠杀中性暴力罪行原因新探》,周晓著,《阜阳师范学院学报》2008 年第 4 期。

《南京大屠杀中的性暴力及性别分析》,金一虹著,《妇女研究论丛》2008 年第 5 期。

《南京大屠杀期间日军的性暴行虐待》,经盛鸿、秦军著,《南京大屠杀史研究》2012 年第 4 期。

《日军在南京大屠杀中对妇女性暴行的最新调查报告》,经盛鸿著,《抗战史料研究》2012 年第 2 期。

《南京大屠杀中的性暴力——受害者与加害者相关证言的研究》,〔日〕松冈环著;芦鹏译,《日本侵华史研究》2014 年第 2 期。

《南京大屠杀前后的金陵大学（鼓楼）医院》,经盛鸿著,《民国档案》2010 年第 2 期。

《南京大屠杀期间日军在金陵大学的暴行》,高兴祖著,《南京大学学报》1997 年第 4 期。

《侵华日军南京幕府山大屠杀的一个重要历史见证》,高兴祖著,《民国档案》1997 年第 4 期。

《侵华日军南京大屠杀中的栖霞山难民》,高兴祖著,《南京史志》1998 年第 6 期。

《南京大屠杀中在南京回族的劫难》,洪伟著,《日本侵华史研究》2016 年第 3 期。

《南京大屠杀期间侵华日军在南京下关地区罪行研究》,徐康英、夏蓓著,《民国档案》2008 年第 2 期。

《南京大屠杀的元凶:第 6 师团——侵华战争日本各师团全曝光（十）》,李大光著,《环球军事》2005 年第 21 期。

《南京大屠杀事件与日军第六师团》,［日］广岛正著;芦鹏译,《日本侵华史研究》2013 年第 1 期。

《日本京都十六师团和南京大屠杀》,高兴祖著,《民国春秋》1998 年第 3 期。

《侵华日军第十六师团在南京的血腥暴行》,高兴祖著,《抗日战争研究》1994 年第 4 期。

《日军第十六师团南京中山门外屠杀真相》,高兴祖著,《历史研究》1995 年第 4 期。

《日军步兵第七联队与南京大屠杀》,王卫星著,《日本侵华南京大屠杀研究》2018 年第 4 期。

《日本海军舰队与南京大屠杀》,刘忠良著,《军事历史研究》2015 年第 2 期。

《松井石根的南京之行及其责任》,唐军、张生著,《西南大学学报》2018 年第 3 期。

《南京大屠杀元凶谷寿夫罪行调查始末》,胡兆才著,《南京史志》1995 年第 Z1 期。

《南京大屠杀期间有朝鲜人组成的日本军吗?》,朱成山著,《南京社会科学》2009年第10期。

《英国外交官、英美海军军官记载的日军暴行与浩劫后的南京城》,陆束屏著,《日本侵华史研究》2013年第4期。

《南京大屠杀与南京军民的反抗》,孙宅巍著,《第二届近百年中日关系史国际研讨会论文集》,中国抗日战争史学会等编,中华书局1995年版。

《论南京军民在南京大屠杀暴行中的反抗》,孙宅巍著,《日本侵华史研究》2016年第1期。

《日军大屠杀期间南京军民反抗问题研究》,马振犊、邢炫著,《抗日战争研究》2007年第4期。

《南京大屠杀期间及之后南京市民与中国战俘真的没有反抗日军暴行吗?》,经盛鸿、经姗姗著,《日本侵华史研究》2015年第4期。

《有关南京大屠杀的日军官兵日记》,王卫星著,《抗日战争研究》2005年第4期。

《南京大屠杀幸存者的日记与回忆》,张连红著,《抗日战争研究》2005年第4期。

《从市民呈文看南京大屠杀》,姜良芹、吴润凯著,《抗日战争研究》2007年第1期。

《欺骗与屠杀——南京大屠杀期间日军对南京难民的统治措施》,谷秀青著,《华中师范大学研究生学报》2007年第2期。

《"南京大屠杀"前后的南京人口问题》,赵洪宝著,《民国档案》1991年第3期。

D.日本人如何对待和认识南京大屠杀

《侵华日军对南京"文化大屠杀"述论》,经盛鸿著,《江海学刊》2004年第5期。

《战后日本对南京大屠杀的研究》,金仁芳著,《世界史研究动态》1991年第4期。

《日本国内关于"南京大屠杀"的新争论》,李秀石编译,《世界史研究动态》1985年第5期。

《五十八年回顾:日本关于南京大屠杀事件的争论》,高兴祖著,《南京大学学报》1995年第3期。

《日本学术界"南京大屠杀事件"论争及各派论点评析》,王希亮著,《抗日战争研究》2006年第4期。

《日本人对南京大屠杀的认识》,〔日〕松冈环著,《侵华日军暴行(国际)学术研讨会论文集》,中共石家庄市委党史研究室等编,新华出版社1996年版。

《日本人怎么看待南京大屠杀》,刘柠著,《炎黄春秋》2013年第6期。

《日本人究竟如何看待南京大屠杀?》,萨苏著,《剑南文学(经典阅读)》2010年第12期。

《日本人眼中的南京大屠杀——来自中国学界的观察》,徐志民著,《社会科学战线》2017年第9期。

《日本外交官对日军南京暴行的反应与应对》,王卫星著,《南京社会科学》2015年第9期。

《战时日本当局在国内是如何封锁南京大屠杀真相的?》,经盛鸿著,《江苏社会科学》2008年第3期。

《南京大屠杀后日本当局是如何对内封锁消息的》,经盛鸿著,《百年潮》2012年第5期。

《南京大屠杀后日本当局采取卑劣手法对内封锁消息》,江河著,《南京大屠杀史研究》2012年第3期。

《论侵华日军在南京大屠杀期间对西方传媒的两面手法》,经盛鸿著,《江海学刊》2007年第6期。

《侵华日军在南京大屠杀期间对新闻舆论的控制与利用》,经盛鸿、开云著,《南京师大学报》2004年第6期。

《日本战时出版审查与战地文学中的南京大屠杀——以石川达三〈活着的士兵〉为中心》,〔日〕尾西康充、张博著,《日本侵华史研究》2016年第1期。

《战时日本传媒对南京大屠杀的掩盖与粉饰》,经盛鸿著,《史学月刊》2010年第8期。

《论日本战时传播的构建——以南京大屠杀为中心》,孙继强著,《日本侵华史研究》2013年第4期。

《战时日本报刊新闻图片掩饰南京大屠杀》,经盛鸿、方占红、武宇红著,《档案与建设》2009年第12期。

《镜头下的罪恶谎言——日本报刊对南京大屠杀的掩盖和粉饰》,经盛鸿著,《百年潮》2009年第5期。

《世界新闻史上的丑闻与笑料——日本新闻传媒对侵华日军进攻南京战役的多次不实报道》,经盛鸿著,《安徽史学》2009 年第 5 期。

《战时日本传媒泄露的南京大屠杀的蛛丝马迹》,陆艺、经盛鸿著,《南京大屠杀史研究》2011 年第 2 期。

《是日本"勇士",还是杀人恶魔？——对南京大屠杀期间日本报刊报道日军"杀人比赛"的剖析》,经盛鸿著,《安徽史学》2012 年第 3 期。

《〈盛京时报〉与南京大屠杀的真相》,李正鸿、李娜著,《文史天地》2015 年第 9 期。

《南京大屠杀期间日本随军记者与作家》,经盛鸿著,《百年潮》2008 年第 2 期。

《南京大屠杀期间日本随军记者、作家群体活动分析》,经盛鸿著,《民国档案》2007 年第 2 期。

《政治叙事、言说空间与日本政府对南京大屠杀记忆的操作》,王广涛著,《南京社会科学》2017 年第 8 期。

《记 1997 年日本南京大屠杀死难者纪念活动》,高兴祖著,《民国春秋》1998 年第 2 期。

《日中历史共同研究与南京大屠杀论争在日本的终结》,[日]笠原十九司著;高莹莹译,《抗日战争研究》2010 年第 4 期。

《日中历史共同研究意味着南京大屠杀论争在日本有了一个正式的结论》,刘燕军著,《南京大屠杀史研究》2011 年第 2 期。

《日本右翼是如何抹杀"南京大屠杀"的》,魏福明、谢建明著,《江苏行政学院学报》2009 年第 5 期。

《日本一部反映南京大屠杀的纪实小说及其遭遇》,经盛鸿著,《钟山风雨》2009 年第 3 期。

《近年来日本国内否认"南京大屠杀"存在的事件》,孙宅巍著,《江海侨声》1997 年第 Z1 期。

《欲盖弥彰的丑恶表演——日本右翼集会否定南京大屠杀事件评析》,高洪著,《求是》2000 年第 5 期。

《历史的真实胜于诡辩和抵赖——与否定南京大屠杀的日本右翼人士斗争的历史回顾》,经盛鸿著,《南京社会科学》2012 年第 4 期。

《"南京大屠杀"的史实不容抹煞——评田中正明的九点质疑》,高兴祖著,

《日本问题》1986 年第 4 期。

《抵赖与狡辩推翻不了南京大屠杀的血铸史实》，经盛鸿著，《百年潮》2013 年第 4 期。

《南京大屠杀是"无稽之谈"吗？——洞富雄著定本〈南京大屠杀〉是一本好书》，高兴祖著，《中国民航学院学报》1987 年第 2 期。

《驳日本右翼南京大屠杀"伪造论"》，张宪文著，《社会科学战线》2014 年第 8 期。

《谁在制造谎言——评日本右翼的军国主义史观》，荣维木著，《求是》2000 年第 6 期。

《到底是谁在制造伪证？——驳〈南京大屠杀之虚构〉对贝德士的诋毁》，章开沅著，《历史研究》1999 年第 2 期。

《揭露南京大屠杀"虚构论"的诡辩——评日本洞富雄教授的新著〈南京大屠杀之证明〉》，骆为龙著，《日本问题》1986 年第 6 期。

《日本学者田中正明篡改松井石根的〈战中日记〉——兼驳田中正明的"南京大屠杀之虚构"论》，李松林著，《北京师院学报》1987 年第 3 期。

《驳"虚构"论者对南京大屠杀事件的新攻击》，高兴祖著，《抗日战争研究》1997 年第 4 期。

《评西村真悟附和河村隆之南京大屠杀"虚构说"的奇谈怪论》，王希亮著，《南京大屠杀史研究》2012 年第 4 期。

《日本政府否定南京大屠杀的居心暴露于世——关于〈南京大屠杀档案〉入选世界记忆遗产名录的问题》，［日］笠原十九司著；芦鹏译，《日本侵华史研究》2017 年第 1 期。

《南京大屠杀的记忆与历史学——败战之后日本国民对历史的"遗忘"》，［日］笠原十九司著；芦鹏译，《南京大屠杀史研究》2012 年第 2 期。

E.国际社会与南京大屠杀

《侵华日军南京大屠杀暴行真相披露经过》，《南京史志》1995 年第 Z1 期。

《论南京大屠杀真相的早期传播》，孙宅巍著，《南京社会科学》2004 年第 6 期。

《中国报刊第一篇关于南京大屠杀的社评》，经盛鸿、沈旻著，《钟山风雨》2008 年第 1 期。

《国民党战时对外宣传与南京大屠杀真相传播研究》，文俊雄著，《民国档案》2008 年第 1 期。

《第一次使用"南京大屠杀"一词的中国报刊》,经盛鸿、胡卓然著,《日本侵华史研究》2013 年第 4 期//《钟山风雨》2013 年第 5 期。

《南京大屠杀事件具有鲜明的国际性特征》,刘燕军著,《日本侵华史研究》2013 年第 3 期。

《联合国统帅部笔下的南京大屠杀》,魏宏运著,《民国档案》2008 年第 2 期。

《西方人士与南京大屠杀》,严海建著,《中国社会科学报》2015 年 8 月 28 日。

《西方视角中的"南京大屠杀"》,石永红、陈瑶著,《检察风云》2007 年第 20 期。

《地狱般的日子——西方人士眼中的南京大屠杀》,孙宅巍著,《档案春秋》2014 年第 12 期。

《国际人士对侵华日军南京大屠杀罪行的制止与揭露》,曹必宏著,《侵华日军暴行(国际)学术研讨会论文集》,中共石家庄市委党史研究室等编,新华出版社 1996 年版。

《国际社会对南京大屠杀的反应——以英西意苏等国为中心的考察》,姜良芹著,《民国档案》2012 年第 4 期。

《南京大屠杀时期美日间的外交折冲——以"阿利森事件"为中心》,董为民著,《南京社会科学》2014 年第 10 期。

《美国人眼中的南京大屠杀》,徐志民著,《世界知识》2007 年第 4 期。

《侵华日军南京暴行与美国抵制日货运动》,杨夏鸣、赵华著,《南京大学学报(哲学·人文科学·社会科学)》2016 年第 1 期。

《南京大屠杀前后美国侨民给予美国对日外交政策的批评》,徐立刚著,《档案与建设》2017 年第 9 期。

《被忽视的侵略——北欧各国关于日军全面侵华战争初期暴行报告的反应》,何铭生、菅先锋著,《抗日战争研究》2017 年第 3 期。

《为了世界的和平——从基督教仁爱观分析南京大屠杀期间的"国际救援"动机》,彭剑、汤蕾著,《宗教学研究》2012 年第 3 期。

《国内关于"南京大屠杀中南京国际安全区"研究的历史回顾》,王秀霞著,《山东省农业管理干部学院学报》2004 年第 2 期。

《试论南京大屠杀中的"安全区"》,孙宅巍著,《南京社会科学》1992 年第 5 期。

《南京大屠杀时期的南京市自治委员会与安全区国际委员会》,张连红著,《民国档案》2007 年第 4 期。

《南京大屠杀期间国际安全区的治安管理状况》,薛媛元著,《日本侵华史研究》2014 年第 4 期。

《南京大屠杀期间国际安全区难民的医疗卫生状况》,薛媛元著,《日本侵华史研究》2014 年第 3 期。

《南京大屠杀中栖霞、江宁、句容农民的苦难和德、丹友人的国际救援活动》,高兴祖著,《抗日战争研究》2000 年第 4 期。

《日军大屠杀后美国外交官在南京非凡的使命》,陆束屏著,《日本侵华史研究》2013 年第 2 期。

《南京大屠杀与国际救援——上海"南京国际救济会"钩沉》,刘燕军著,《民国档案》2017 年第 3 期。

《南京大屠杀期间的难民医疗救助》,刘燕军著,《南京大屠杀史研究》2012 年第 3 期。

《南京大屠杀之后的难民安置与救济工作——以南京国际救济委员会的工作为例》,袁志秀著,《日本侵华史研究》2015 年第 4 期。

《南京大屠杀时期的金陵大学难民收容所》,王勇忠著,《抗日战争研究》2008 年第 4 期。

《仇日乎,反日乎——试析南京大屠杀期间美国传教士对日军之态度》,彭剑著,《南京社会科学》2004 年第 6 期。

《美国外交关系档案揭秘:1937 年秋冬的"泛南京大屠杀"》,王岚著,《学术月刊》2007 年第 11 期//《历史教学(高校版)》2008 年第 3 期。

《日军南京大屠杀的铁证——一位美国医生的日记》,《世界军事》1995 年第 5 期。

《"二战"时期的媒体宣传与新闻选择——中、美、日三国报纸对"南京大屠杀"事件的报道比较分析》,姜鹏、郑乔著,《编辑之友》2015 年第 11 期。

《南京大屠杀前后的美、英记者群体活动评析》,经盛鸿、经姗姗著,《日本侵华史研究》2017 年第 1 期。

《1937 年〈纽约时报〉关于南京大屠杀的报道(1937 年 12 月 18 日)》,[美]

F.蒂尔曼·德丁著；高兴祖译，《民国档案》1995 年第 3 期。

《抗战期间〈纽约时报〉关于日军南京暴行报道探析》，闫立光、郭永虎著，《广西社会科学》2017 年第 11 期。

《美国〈时代周刊〉1937—1941 年有关日军轰炸南京和大屠杀的报道》，杨夏鸣著，《民国档案》2006 年第 4 期。

《抗战期间〈泰晤士报〉关于日军南京暴行报道探析》，郭永虎、闫立光著，《党的文献》2017 年第 6 期。

《论南京大屠杀期间西方侨民的宣传贡献》，经盛鸿著，《江海学刊》2009 年第 1 期。

《南京大屠杀时期在宁西方外交人员的活动及其影响》，董为民著，《福建论坛（人文社会科学版）》2012 年第 2 期。

《南京沦陷前后的西方侨民及其对日抗争》，经盛鸿著，《南京社会科学》2006 年第 4 期。

《南京大屠杀时期红卍字会活动的两面性》，高鹏程、池子华著，《南京社会科学》2010 年第 6 期。

《从南京大屠杀看中国抗战前途——南京西方人士的观察和预判》，张生著，《民国档案》2006 年第 4 期。

《亲历南京大屠杀的外籍人士人数考》，朱成山著，《抗日战争研究》2005 年第 4 期。

《南京安全区国际委员会研究——南京大屠杀期间留宁西方人士考证》，[美]戴维·艾斯克著；王山峰译，《南京大屠杀史研究》2011 年第 2 期。

《人道主义的赞歌——南京大屠杀期间的中国红十字会南京分会的人道救援》，高翔宇、钟声著，《渤海大学学报》2011 年第 4 期。

F.见证者与研究者

《侵华日军南京大屠杀受害幸存者口述实录》，李晓方著，《浙江档案》2015 年第 12 期。

《大屠杀研究中见证者口述历史的价值》，王琳著，《档案学研究》2019 年第 4 期。

《英美海军军官笔下的南京大屠杀》，王立著，《日本侵华史研究》2016 年第 4 期。

《见证南京大屠杀暴行的欧美友人档案揭密》，刘维荣著，《云南档案》2018

年第 7 期。

《欧美侨民关于南京大屠杀的证言客观公正并无偏见——驳松村俊夫〈南京大屠杀大疑问〉的相关谬论》，徐立刚著，《档案与建设》2015 年第 2 期。

《美国人对南京大屠杀的见证与传播论略》，袁志秀著，《江苏警官学院学报》2016 年第 2 期。

《美国证人在东京审判法庭的南京大屠杀证言》，杨秀云著，《档案与建设》2019 年第 6 期。

《来自西方的记忆：南京大屠杀中的五位美籍传教士》，王晓阳著，《日本侵华史研究》2015 年第 3 期。

《美国传教士见证的南京大屠杀——以麦卡伦为中心的考察》，王山峰著，《大连近代史研究》第 13 卷，2016 年。

《〈美国传教士 1937 在南京〉展览在美国北卡罗莱纳州开幕》，王晓阳著，《日本侵华史研究》2014 年第 3 期。

《让事实说话——贝德士眼中的南京大屠杀》，章开沅著，《抗日战争研究》1996 年第 4 期。

《"南京大屠杀"中的辛德贝格》，黄加佳著，《兰台内外》2014 年第 4 期。

《有关 1937 年淞沪抗战、侵华日军南京大屠杀见证人辛德贝格的一组外文史料》，戴袁支著，《民国档案》2010 年第 1 期。

《南京大屠杀的重要见证人魏特琳》，经盛鸿、沈岚著，《民国春秋》2000 年第 2 期。

《南京大屠杀亲历档案——魏特琳（华群）日记》，刘维荣著，《山西档案》2004 年第 6 期。

《福斯特证言——美籍传教士福斯特见证的日军南京大屠杀暴行》，刘相云著，《南京大屠杀史研究》2012 年第 4 期。

《瑞典驻华外交官约翰·贝克—弗里斯关于南京大屠杀的报告》，戴袁支著，《日本侵华南京大屠杀研究》2019 年第 2 期。

《从中岛日记、拉贝日记看东史郎日记的真实性》，高兴祖著，《南京邮电学院学报》2000 年第 3 期。

《南京大屠杀见证人：德国大使馆行政主管沙尔芬贝格之死》，姜玉春著，《日本侵华史研究》2013 年第 1 期。

《东史郎日记真实可信——读〈一个应征士兵的体验·南京大屠杀〉》，高兴祖著,《民国春秋》1995 年第 4 期。

《日本"东史朗案件"——一场有关南京大屠杀的官司》,孙宅巍著,《民国春秋》1997 年第 6 期。

《杀人者状告揭露 杀人者的怪事——关于日本东史郎的"败诉"》,高兴祖著,《民国春秋》1997 年第 6 期。

《东史郎诉讼案的中国意义与日本意义》,经盛鸿著,《南京社会科学》2001年第 4 期。

《南京大屠杀见证人科拉功罪的历史评说》,戴袁支著,《日本侵华史研究》2016 年第 4 期。

《12 名南京大屠杀幸存者口述档案首次向全球发布》,潘晔、蔡玉高等著,《兰台世界》2014 年第 1 期。

《费吴生目睹南京大屠杀》,赵子云著,《炎黄纵横》2007 年第 7 期。

《亲历、书写、传播:费吴生与南京大屠杀研究》,冯翠、姜良芹著,《民国档案》2019 年第 3 期。

《我所经历的南京大屠杀和八年沦陷——范晋德的口述》,范晋德著,《日本侵华史研究》2014 年第 4 期。

《城市记忆:口述历史——南京大屠杀见证人陈海霖口述》,姜玉春著,《南京大屠杀史研究》2012 年第 3 期。

《蒋坤证言——南京大屠杀幸存者蒋坤见证日军在上海路附近的大屠杀》,刘相云、刘燕军等著,《南京大屠杀史研究》2011 年第 2 期。

《谁是第一个报道南京大屠杀的新闻记者》,经盛鸿著,《抗日战争研究》2011 年第 4 期//《中共党史研究》2012 年第 3 期。

《第一位正面描述南京大屠杀的中国作家》,经盛鸿著,《粤海风》2010 年第 3 期。

《民国名人笔下的南京大屠杀》,马思睿著,《抗日战争研究》2009 年第 4 期。

《论章开沅与南京大屠杀历史研究》,高峻、林伟荦著,《党史研究与教学》2006 年第 5 期。

《国殇:取证与纪念——我与南京大屠杀研究 30 年》,孙宅巍著,《群众》2014 年第 12 期。

《南京大屠杀史研究:真实与理性——张宪文教授访谈》,张宪文著,《南京社会科学》2013 年第 6 期。

《抗战初期国内外有关南京大屠杀事件的报道和著作》,高兴祖著,《抗日战争研究》1995 年第 4 期。

《郭泰祺与南京大屠杀真相的在英揭露》,蒋耘著,《南京大屠杀史研究》2012 年第 2 期。

《金大校友郭俊鉌先生与南京大学的日军侵华暴行研究》,蔡丹丹、姜良芹著,《民国研究》2019 年第 1 期。

《探寻参与南京大屠杀太平门集体屠杀的日本老兵在南京的宿营地》,松冈环、芦鹏著,《日本侵华史研究》2014 年第 1 期。

G.影响、清算与反省

《南京大屠杀所造成的社会经济后果研究》,孙宅巍著,《南京社会科学》1996 年第 2 期。

《关于南京大屠杀中我遇难同胞总数的考证》,钟庆安著,《文献和研究》1986 年第 3 期。

《论南京大屠杀遇难人数认定的历史演变》,孙宅巍著,《江海学刊》2001 年第 6 期//《九一八事变与近代中日关系——九一八事变 70 周年国际学术讨论会论文集》,中国社会科学院中日历史研究中心等编,社会科学文献出版 2004 年版。

《论南京大屠杀遇难人数的历史演变》,孙宅巍著,《九一八事变与近代中日关系——九一八事变 70 周年国际学术讨论会论文集》,中国社会科学院中日历史研究中心等编,中国社会科学文献出版社 2004 年版。

《如何解读东京审判对南京大屠杀遇难人数的认定》,孙宅巍著,《南京师大学报》2007 年第 6 期。

《30 万遇难人数有充分依据》,孙宅巍著,《新华日报》2014 年 12 月 12 日。

《诠释南京大屠杀遇难人数问题》,孙宅巍著,《中国档案报》2014 年 4 月 25 日。

《南京大屠杀遇难者 30 万只是下限》,蔡玉、高蒋芳著,《新华每日电讯》2014 年 2 月 28 日。

《30 万南京同胞被屠杀的史实岂容否定》,孙宅巍著,《抗日战争研究》1991 年第 2 期//《抗日战争与中国历史——"九·一八"事变 60 周年国际学术讨论会文集》,中国抗日战争史学会等编,辽宁人民出版社 1994 年版。

《三十万冤魂给世人的警示："南京大屠杀"事件之再剖析》,许志龙、戴玉富著,《毛泽东军事思想研究》1995 年第 3 期//《西安政治学院学报》1995 年第5 期。

《南京大屠杀遇难人口的构成——以南京市常住人口为中心》,张连红著,《南京师大学报》2007 年第 6 期。

《南京大屠杀遇难同胞中究竟有多少军人》,孙宅巍著,《抗日战争研究》1997 年第 4 期。

《南京大屠杀期间市民财产损失的调查与统计——基于国内现存档案资料的分析》,姜良芹、朱继光著,《历史研究》2012 年第 2 期。

《南京大屠杀:日本法西斯主义的反人类罪行》,仝华著,《纪念中国人民抗日战争暨世界反法西斯战争胜利 70 周年理论研讨会论文集》,中国延安精神研究会等,2015 年。

《南京大屠杀:日本法西斯主义的反人类罪行》,仝华著,《毛泽东论坛》2016年第 1 期。

《通州事件与南京大屠杀关系研究》,于宁著,《日本侵华史研究》2016 年第2 期。

《东京审判与南京大屠杀》,朱文奇著,《政法论坛》2007 年第 5 期。

《东京审判对南京暴行的审理模式与历史记忆》,徐持著,《日本侵华南京大屠杀研究》2019 年第 2 期。

《南京大屠杀主犯谷寿夫受审记》,本刊编辑部著,《军事历史》1994 年第5 期。

《南京大屠杀首犯何以逃脱极刑》,朱小平著,《政府法制》2009 年第18 期。

《论南京"审判战犯军事法庭"对南京大屠杀案的审判》,经盛鸿著,《南京社会科学》2013 年第 6 期。

《远东国际军事法庭南京大屠杀案审判中的辩护——以控、辩双方质证为中心的考察》,张生著,《中华民族的抗争与复兴——第一、二届海峡两岸抗日战争史学术研讨会论文集(下)》,中国抗日战争史学会等编,团结出版社 2010年版。

《东京审判南京大屠杀案的辩护——以控、辩双方质证为中心的考察》,张生、翟意安著,《抗日战争研究》2008 年第 4 期。

《困难的宽恕:大屠杀事件的宽恕问题探究》,王霞著,《西北民族大学学报》2018 年第 6 期。

《对战后南京大屠杀案审判的再认识》,严海建著,《南京师大学报》2008 年第 3 期。

《国民政府对南京大屠杀案审判的社会影响论析》,严海建著,《福建论坛(人文社会科学版)》2011 年第 4 期。

《南京大屠杀法定证据链构成及其价值与作用》,朱天乐、朱成山著,《日本侵华南京大屠杀研究》2018 年第 1 期。

《涉及南京大屠杀史在日诉讼五案评析及其启示》,朱成山著,《江苏社会科学》2009 年第 3 期。

《中国民间对日索赔的维权之路与南京大屠杀幸存者的艰难索赔》,徐志耕著,《日本侵华史研究》2016 年第 4 期。

《蒋介石对"南京大屠杀"的反应》,孟国祥著,《日本侵华史研究》2013 年第 1 期。

《国民政府揭露南京大屠杀的国际宣传》,经盛鸿、孙宗一著,《南京社会科学》2014 年第 3 期。

《延安中共新闻传媒对南京大屠杀的揭露与批判》,《党史博览》2012 年第 12 期。

《武汉传媒对日军南京大屠杀之揭露——从南京沦陷至武汉失守》,朱成山、陶亮著,《长江论坛》2009 年第 2 期。

《南京大屠杀真相的对外传播》,李习文著,《公共外交季刊》2011 夏季号(总第 6 期)。

《国民政府对南京大屠杀案的社会调查(1945—1947)》,张连红著,《江海学刊》2010 年第 1 期。

《论国共两党对南京大屠杀的共识》,孙宅巍著,《民国档案》2005 年第 2 期//《牢记历史 振兴中华——江苏省纪念抗日战争暨世界反法西斯战争胜利 60 周年论文集》,江苏省哲学社会科学界联合会编,中共党史出版社 2006 年版。

《世界上第一本南京大屠杀史书之考证》,朱成山著,《南京社会科学》2010 年第 6 期。

《延安中共报刊和图书对日军南京大屠杀的报道与评论》,经盛鸿著,《中共党史研究》2010 年第 9 期。

《〈救国时报〉在海内外披露南京大屠杀真相的述评》,姚群民著,《牢记历史振兴中华——江苏省纪念抗日战争暨世界反法西斯战争胜利 60 周年论文集》,江苏省哲学社会科学界联合会编,中共党史出版社 2006 年版。

《新中国成立后对南京大屠杀案幸存者的寻访调查》,夏蓓著,《日本侵华史研究》2013 年第 1 期。

《中日邦交正常化对南京大屠杀史学研究与传播的影响与展望》,朱成山著,《南京大屠杀史研究》2012 年第 3 期。

H.回忆与反思

《南京大屠杀的历史记忆(1937—1985)》,刘燕军著,《抗日战争研究》2009 年第 4 期 //《中华民族的抗争与复兴——第一、二届海峡两岸抗日战争史学术研讨会论文集(下)》,中国抗日战争史学会等编,团结出版社 2010 年版。

《南京大屠杀国家记忆传播与受众群体的构成——侵华日军南京大屠杀遇难同胞纪念馆观众调查》,张建军、陈俊峰等著,《日本侵华史研究》2017 年第 1 期。

《南京大屠杀的仪式叙事与社会记忆》,王山峰著,《日本侵华史研究》2015 年第 4 期。

《南京大屠杀的后遗症:幸存者的创伤》,张连红著,《中国抗战与世界反法西斯战争——纪念中国人民抗日战争暨世界反法西斯战争胜利 60 周年学术研讨会文集:上卷》,中国社会科学院近代史研究所编,社会科学文献出版社 2009 年版。

《大屠杀见证:创伤记忆与历史再现》,王欣著,《社会科学研究》2015 年第 6 期。

《南京大屠杀文化创伤的社会构建》,李昕著,《日本侵华史研究》2017 年第 4 期。

《南京大屠杀:从历史事件到国家记忆》,许金晶著,《日本侵华南京大屠杀研究》2018 年第 2 期。

《南京大屠杀遇难同胞纪念碑全纪录》,孙宅巍著,《日本侵华史研究》2013 年第 4 期。

《"世界记忆名录南京大屠杀档案"纪念碑立碑》,许薇、邵澍赟著,《档案与建设》2018 年第 12 期。

《国家公祭是对南京大屠杀历史的第三次固化》,朱成山著,《解放军报》2014 年 12 月 13 日。

《国家公祭与南京大屠杀史第三次固化》,朱成山著,《日本侵华史研究》2015 年第 1 期。

《南京大屠杀死难者国家公祭的伦理意蕴》,刘淑萍、彦薇薇著,《南京政治学院学报》2014 年第 6 期。

《走向国家公祭日的近八十年历程——围绕南京大屠杀真实历史的长期斗争》,经盛鸿、房晓蓉著,《档案与建设》2014 年第 12 期。

《论南京大屠杀死难者国家公祭日设立的普世价值》,徐立刚著,《日本侵华史研究》2015 年第 2 期。

《论南京大屠杀性质与南京大屠杀死难者国家公祭日设立》,徐立刚、顾玮玮著,《档案与建设》2015 年第 10 期。

《铭记历史,守望和平:对确定中国人民抗日战争胜利纪念日和设立南京大屠杀死难者国家公祭日的理解和思考》,孔令义著,《中国军法》2014 年第 2 期//《军事史林》2014 年第 5 期。

《对国家公祭视角下南京大屠杀研究的思考》,孟国祥著,《日本侵华史研究》2015 年第 1 期。

《南京国际和平城市的建构与东亚和平的新愿景——南京国家公祭日的意义》,胡令远、奚伶等著,《日本侵华史研究》2017 年第 3 期。

《世界视角下的"南京大屠杀死难者国家公祭日"和"中国人民抗日战争胜利纪念日"》,汤重南著,《日本侵华南京大屠杀研究》2018 年第 1 期。

《侵华日军南京大屠杀遇难同胞纪念馆的展览活动》,段月萍著,《抗日战争研究》1992 年第 4 期。

《国家公祭与灾难博物馆的功能发挥——以侵华日军南京大屠杀遇难同胞纪念馆为例》,季晨、周裕兴著,《日本侵华史研究》2015 年第 1 期。

《在纪念与教育之间——侵华日军南京大屠杀遇难同胞纪念馆与亚德瓦谢姆纪念馆之比较》,陈紫竹、陈仲丹著,《抗战文化研究》2015 年第 1 期。

《热爱和平的人们警惕日本军国主义复活——写在侵华日军南京大屠杀 75 周年之际》,张群著,《华人时刊》2012 年第 12 期。

《南京大屠杀新论——兼论日本军国主义根本没有死亡》,庞士让著,《人文杂志》1997 年第 4 期。

《政治家与历史认知：南京大屠杀事件七十年的思索》，［日］野中广务著；芦鹏译，《日本侵华史研究》2013 年第 2 期。

《南京大屠杀的罪恶历史不容否定》，周华著，《纪念抗战暨世界反法西斯战争胜利 60 周年文集》，上海新四军暨华中抗日根据地历史研究会编，2005 年。

《南京大屠杀的历史事实不容否认》，徐畅著，《人民日报》2015 年 8 月20 日。

《南京大屠杀 60 年祭——对南京大屠杀历史影响的思考》，孙宅巍著，《南京社会科学》1997 年第 10 期。

《南京大屠杀是东京审判的编造么？》，程兆奇著，《近代史研究》2002 年第6 期。

《关于南京大屠杀的研究及其现实意义——兼驳石原慎太郎的谎言》，高兴祖著，《抗日战争研究》1991 年第 2 期。

《"南京大屠杀"的历史警示》，许志龙、戴玉富著，《中国军事科学》1995 年第 4 期//《南京政治学院学报》1995 年第 6 期。

《论南京大屠杀与当代民族忧患意识》，何亦农、陆剑杰等著，《南京社会科学》2005 年第 8 期。

《南京大屠杀与民族忧患意识》，中共江苏省委宣传部，《纪念中国人民抗日战争暨世界反法西斯战争胜利 60 周年学术研讨会论文集：上卷》，中共中央党史研究室科研管理部编，中共党史出版社 2006 年版。

《改革开放以来南京大屠杀纪念活动及其功能表达》，闫立光著，《北华大学学报》2018 年第 6 期。

《驳〈检证南京事件证据照片〉——南京大屠杀历史照片再检证》，易青、曹必宏著，《民国档案》2008 年第 1 期。

《美国文本记录的南京大屠杀具有无可替代的证明力》，刘燕军著，《日本侵华史研究》2013 年第 3 期。

《史实与论争：不同视域里的南京大屠杀》，王卫星、张连红等著，《军事历史》2014 年第 6 期。

《大屠杀创伤记忆与文学》，信慧敏著，《名作欣赏》2016 年第 9 期。

《南京大屠杀的影像叙事与历史建构》，周根红著，《日本侵华史研究》2016

年第 2 期。

《民族精神创伤的疗治不能缺少痛苦的自审——以"南京大屠杀"题材的电影为例》，房福贤著，《当代电影》2012 年第 8 期。

《旅日华侨设立南京大屠杀研究资助项目》，《抗日战争研究》2004 年第 2 期。

《媒体的责任与坚守——日本电视台南京大屠杀系列纪录片论析》，崔亚娟、杨曦佳著，《电影评介》2018 年第 11 期。

《小说中的南京大屠杀与民族国家观念表达》，李永东著，《中国社会科学》2015 年第 6 期。

I.南京大屠杀罪行资料

《南京大屠杀亲历档案》，刘维荣著，《中国档案报》2004 年 4 月 2 日。

《"南京大屠杀"档案揭秘》，王炳毅、金萍著，《文史博览》2005 年第 15 期。

《南京大屠杀事件档案述论》，徐立刚著，《档案与建设》2013 年第 12 期。

《中国档案文献遗产——侵华日军南京大屠杀专题档案》，刘峰著，《档案与建设》2010 年第 6 期。

《国家档案局推出〈南京大屠杀档案选萃〉》，王昊魁、赵达等著，《光明日报》2014 年 12 月 8 日。

《南京大屠杀研究与日方档案资料》，曹大臣著，《军事历史研究》2011 年第 2 期。

《德国档案中的南京大屠杀》，张生著，《抗日战争研究》2005 年第 4 期。

《德国档案馆为何藏有"南京大屠杀"史料》，王炳毅、金萍著，《北京档案》2004 年第 12 期。

《美国文本记录的南京大屠杀》，张生著，《历史研究》2012 年第 5 期。

《美国国家档案馆资料记录的南京大屠杀》，杨夏鸣著，《抗日战争研究》2005 年第 4 期。

《日本现存南京大屠杀史料概论》，程兆奇著，《社会科学》2006 年第 9 期。

《满铁档案中记载的南京大屠杀》，王天平著，《党史纵横》2007 年第 6 期。

《南京大屠杀期间直接形成的相关档案述论》，徐立刚著，《日本侵华史研究》2013 年第 3 期。

《〈南京大屠杀史料集〉的学术价值与政治意义》，张宪文著，《南京大学学报》2007 年第 1 期。

《侵华日军南京大屠杀又一见证——南京鼓楼医院发现威尔逊日记》,郭宗悼著,《南京史志》1995 年第 Z1 期。

《南京大屠杀遇难者尸体掩埋史料评介》,孙宅巍著,《抗日战争研究》2005 年第 4 期。

《论南京大屠杀新史料的双向效应——以埋尸资料为中心》,孙宅巍著,《民国档案》2008 年第 3 期。

《新发现南京大屠杀埋尸资料的重要价值》,孙宅巍著,《抗日战争研究》2007 年第 4 期。

《南京大屠杀殷山矶遇难同胞遗址的发现与考证》,朱天乐著,《抗日战争研究》2007 年第 1 期。

《威尔逊医生关于南京大屠杀日记选译(1938 年 2 月 5 日至 4 月 24 日)》,翟亚柳著,《中共党史资料》2007 年第 4 期。

《本·提里特关于编印出版南京大屠杀史料致中国驻英国大使郭泰祺函两件》,任荣、张开森等著,《民国档案》2006 年第 4 期。

J.其他惨案

《南京大屠杀的前页历史——旅顺大屠杀》,王珍仁著,《日本侵华史研究》2014 年第 4 期。

《日本关东军第 16 师团与老黑沟惨案》,张淑贤、唐晓天著,《东北史地》2007 年第 2 期。

《日本关东军第十六师团与老黑沟惨案》,唐承运著,《江桥抗战及近代中日关系研究(上)》,周彦、李海主编,吉林人民出版社 2005 年版。

《日军在长城线上制造惨绝人寰的"无人区"》,陈平著,《侵华日军暴行(国际)学术研讨会论文集》,中共石家庄市委党史研究室等编,新华出版社 1996 年版。

《"成安惨案"之探析》,傅风阁等著,《侵华日军暴行(国际)学术研讨会论文集》,中共石家庄市委党史研究室等编,新华出版社 1996 年版。

《试析侵华日军在河北制造的惨案》,刘继堂、刘德峰著,《侵华日军暴行(国际)学术研讨会论文集》,中共石家庄市委党史研究室等编,新华出版社 1996 年版。

《从"梅花惨案"浅析日军侵华罪行》,王增辉、李香芝著,《侵华日军暴行(国际)学术研讨会论文集》,中共石家庄市委党史研究室等编,新华出版社 1996

年版。

《揭露日本侵略者制造承德街水泉沟万人坑的罪行》，彭明生著，《侵华日军暴行（国际）学术研讨会论文集》，中共石家庄市委党史研究室等编，新华出版社1996年版。

《日军侵晋暴行之"神郊惨案"》，张敏慧著，《党史文汇》2015年第12期。

《侵华日军周庄大屠杀始末》，刘冀著，《江苏地方志》2005年第5期。

《侵华日军在苏南城乡的疯狂大屠杀暴行》，王炳毅著，《江苏地方志》2007年第6期。

《侵华日军平阳大屠杀调查》，翟丽芳著，《文史精华》2012年第5期。

《日本两友好团体组织花冈惨案调查》，新华社著，《人民日报》1970年11月12日。

《论侵华日军对中国妇女的血腥迫害与屠杀——驳日本电影〈自尊〉"皇军不杀妇女和孩子"的无耻谎言》，吴成国著，《民国档案》1999年第1期。

《从淮南煤矿"万人坑"看日军对中国劳工的残害和经济掠夺》，施昌旺著，《侵华日军暴行（国际）学术研讨会论文集》，中共石家庄市委党史研究室等编，新华出版社1996年版。

《日本军国主义与中国劳工"万人坑"》，孙宅巍著，《民国档案》1999年第1期。

（3）生物战与化学战

①生化战总论

《侵华日军使用化学细菌武器述略》，刘庭华著，《中共党史资料》2007年第3期。

《侵华战争期间日本研制使用生化武器概况》，陈宏著，《东北史地》2012年第3期。

《侵华战争期间日本实施细菌战与化学战之研究》，陈宏著，《大连近代史研究》第7卷，2010年。

《侵华日军用化学细菌武器杀害中国人民述略》，刘庭华著，《纪念七七事变爆发70周年学术研讨会论文集》，中国社会科学院中日历史研究中心等编，社会科学出版社2009年版。

《侵华日军使用化学、细菌武器杀害中国人民述略》，刘庭华著，《日本侵华史研究》2015年第4期。

《论日本帝国主义侵华期间进行细菌战的几个问题》，辛培林著，《抗日战争与中国历史——"九·一八"事变60周年国际学术讨论会文集》,中国抗日战争史学会等编,辽宁人民出版社1994年版。

《关于侵华日军细菌战罪行的研究》,韩晓著,《常德师范学院学报》2003年第3期。

《侵华日军使用生化武器揭秘》,刘庭华著,《解放军健康》2005年第5期。

《原日本侵华军细菌毒气战分布及简介》,徐文芳著,《黑龙江史志》2004年第5期。

《恶魔的微笑——日军的生物化学武器》,[日]秋吉久纪夫著;刘琴译,《日本研究论集(2006)》,南开大学日本研究院编,天津人民出版社2006年版。

《残暴罪行:二战时期日本对中国的生化战》,江峡著,《湖北行政学院学报》2005年第4期。

《野蛮践踏国际法:日本侵华战争中的生化战》,黄明著,《中国军法》2005年第4期。

《浅析抗战时期日军对华的生化战》,侯建新著,《沧桑》2013年第2期。

《日军在中国研究和使用生化武器的罪恶》,吴越著,《泰山乡镇企业职工大学学报》2007年第4期。

《略论侵华日军在黑龙江建立的生化战基地》,高晓燕著,《中日关系史研究》2013年第4期。

《关于侵华日军在山西施放生化武器的调查研究》,张泓明著,《史志学刊》2018年第3期。

《日军在山东的细菌战和毒气战》,赵延庆著,《军事历史》1995年第6期。

《侵华日军在南京的秘密生化武器试验与战争实施》,经盛鸿著,《江海学刊》2003年第1期。

《侵华日军在南京的秘密生化武器研制及战争实施》,经盛鸿、经姗姗著,《日本侵华史研究》2016年第3期。

②生物细菌战问题

A.生物细菌战总论

《世界各国调查研究日军细菌战状况》,金成民、康峰著,《学理论》2008年第14期。

《六十年来国内外日本细菌战史研究述评》,陈致远、朱清如著,《抗日战争研究》2011年第2期。

《日本侵华细菌战研究述论》,孟晓旭著,《抗日战争研究》2011 年第 3 期。

《侵华日军细菌战研究述论》,谢忠厚著,《抗日战争研究》2011 年第 3 期。

《侵华日军细菌战罪行研究概述》,谢忠厚著,《中华民族的抗争与复兴——第一、二届海峡两岸抗日战争史学术研讨会论文集(上)》,中国抗日战争史学会等编,团结出版社 2010 年版。

《侵华日军细菌战研究回顾与展望》,杨彦君著,《中国社会科学报》2018 年 4 月 2 日。

《在侵华日军细菌战罪行学术研讨会上的致辞》,金延锋著,《侵华日军细菌战罪行学术研讨会论文集》,中共浙江省委党史研究室等编,中共党史出版社 2018 年版。

《关于日军细菌战的调查与研究》,丁晓强著,《浙江学刊》1997 年第 4 期。

《近 10 年来侵华日军细菌战研究综述》,张丽梅著,《北华大学学报》2006 年第 4 期。

《侵华日军细菌战理论探析》,罗运胜著,《军事历史研究》2015 年第 1 期。

《论侵华日军的细菌武器及武器水平》,陈致远著,《求索》2017 年第 10 期。

《日本细菌战刍议》,刘汝佳著,《学理论》2009 年第 24 期。

《侵华日军的细菌战》,郭成周著,《军事史林》1992 年第 6 期。

《侵华日军曾发动细菌战》,张焕利著,《人民日报》2002 年 8 月 28 日。

《"Q"报告与侵华日军细菌战》,周丽艳著,《日本侵华南京大屠杀研究》2019 年第 4 期。

《细菌战:有组织的国家犯罪》,赵征南著,《文汇报》2015 年 8 月 15 日。

《日军细菌战反人类灭绝人性》,陆培法著,《人民日报(海外版)》2014 年 7 月 11 日。

《罪恶的细菌战是怎么开展的》,《人民法院报》2015 年 9 月 3 日。

《灭绝人性的细菌战实验》,《医学教育》1995 年第 8 期。

《人体实验:反人类的肮脏记录》,赵征南著,《文汇报》2015 年 8 月 15 日。

《二战期间侵华日军人体实验的伦理审视》,李伦、何瑛著,《伦理学研究》2015 年第 5 期。

《侵华日军生物战罪行考》,万学峰、王季红著,《当代军事文摘》2006 年第 10 期。

《侵华日军确曾秘密使用细菌弹》,其冰摘,《军事历史》1993 年第 2 期。

《侵华日军"十八秋"细菌战》,闫春河著,《文史春秋》2010 年第 12 期。

《论日本军部进行细菌战的罪责》,高兴祖著,《南京大学学报》1999 年第 1 期。

《论日本帝国主义的细菌战罪恶活动》,辛培林著,《侵华日军暴行(国际)学术研讨会论文集》,中共石家庄市委党史研究室等编,新华出版社 1996 年版。

《再揭日军细菌战种族屠杀罪行》,邹德浩著,《人民日报(海外版)》2004 年 4 月 9 日。

《有关侵华日军细菌战问题的新补充》,郭成周著,《常德师范学院学报》2003 年第 1 期。

《炭疽在第二次世界大战中的使用及其历史影响》,孟庆龙著,《中国抗战与世界反法西斯战争——纪念中国人民抗日战争暨世界反法西斯战争胜利 60 周年学术研讨会文集:下卷》,中国社会科学院近代史研究所编,社会科学文献出版社 2009 年版。

《日本细菌部队在华的炭疽战》,张启祥著,《钟山风雨》2004 年第 6 期。

《二战期间侵华日军炭疽战初探》,张启祥著,《军事历史研究》2005 年第 1 期。

《对〈陆军军医学校防疫研究报告第 2 部〉中"鼻疽菌"论文的分析》,[日]莇昭三著;韩慧光译,《武陵学刊》2018 年第 2 期。

《论日本细菌战战略的成因及实施》,谢志民著,《赤峰学院学报(汉文哲学社会科学版)》2012 年第 11 期。

《从战略层面解析原日本侵华军细菌战的发生发展与结局》,梁文玺著,《黑龙江史志》2006 年第 4 期。

《中国发生的鼠疫同日军细菌战的因果关系》,[日]中村明子著;王希亮译,《常德师范学院学报(社会科学版)》2003 年第 2 期。

《1942 年石井四郎被"撤职"原因新探——日军细菌战战略的调整变动》,陈致远、朱清如著,《民国档案》2012 年第 1 期。

《松本正一关于日军细菌战罪行的证词》,王希亮著,《钟山风雨》2003 年第 4 期。

《日本细菌战罪行研究与口述史料》,朱清如著,《湖南文理学院学报》2008 年第 1 期。

《追诉"二战"日本细菌战犯可能性初探》,焦经川、杨军著,《金陵法律评论》2015 年第 1 期。

《被掩盖的满洲医科大学与细菌战关系》，运怀英、王彦杰著，《学理论》2017年第 9 期。

《让历史档案与物证说话——满洲医科大学与细菌战关系研究综述》，运怀英、郝建东、王彦杰著，《学理论》2016 年第 10 期。

《满洲医科大学为日军细菌部队输送骨干力量考证》，运怀英著，《兰台世界》2017 年第 21 期。

B.生物细菌战案例

《近代东北鼠疫与日军的鼠疫细菌战活动》，陈致远著，《武陵学刊》2019 年第 3 期。

《二战期间日军对奉天盟军战俘细菌实验罪行考实》，张洁、赵朗著，《社会科学战线》2010 年第 5 期。

《奉天盟军战俘遭受细菌实验探析》，李卓然著，《吉林广播电视大学学报》2017 年第 9 期。

《侵华日军"农安细菌战"研究》，柳毅、陈致远著，《抗战史料研究》2017 年第 1 期。

《孟家屯日寇细菌工厂纪实》，王凌杉著，《长春日报》2005 年 8 月 9 日。

《侵华日军 1942 年绥西鼠疫细菌战》，陈致远著，《武陵学刊》2018 年第 2 期。

《1943 年秋日军鲁西细菌战述析》，徐畅著，《聊城大学学报》2004 年第 6 期。

《1943 年秋日军发动鲁西细菌战述评》，赵延垒、沈庭云著，《军事历史》2009 年第 6 期。

《日军鲁西霍乱作战研究》，谢忠厚著，《抗日战争研究》2013 年第 2 期。

《鲁西北细菌战：日军侵华暴行的缩影》，冷玉健著，《炎黄春秋》2017 年第 8 期。

《侵华日军在中国南方实施的细菌战》，陈致远著，《军事历史研究》2015 年第 1 期。

《侵华日军浙赣细菌战中的炭疽攻击》，丁晓强、何必会著，《湖南文理学院学报》2004 年第 1 期。

《日军曾在浙江进行细菌战》，马登潮著，《浙江档案》1991 年第 10 期。

《日军对浙江实施细菌战的罪行综述》,包晓峰著,《党史研究与教学》2005年第 4 期。

《日本侵略者在浙江的细菌战述略》,徐绍全著,《宁波师院学报(社会科学版)》1985 年第 3 期。

《1940 年日军对浙江细菌攻击方式初探》,杨沫江著,《侵华日军细菌战罪行学术研讨会论文集》,中共浙江省委党史研究室等编,中共党史出版社 2018年版。

《世纪罪行——侵华日军对浙细菌战述略》,马登潮、周峰林著,《浙江档案》2003 年第 12 期。

《日本民间人士寻证侵华日军浙江细菌战》,谭进著,《观察与思考》2011 年第 3 期。

《"细菌战"在浙江——日军细菌战研讨会扫描》(一),丁晓强著,《观察与思考》1999 年第 4 期。

《丽水"瘟疫"揭秘——"细菌战"在浙江》(二),陈史英、庄启俭著,《观察与思考》1999 年第 6 期。

《凶残、欺瞒、冷漠——细菌战在浙江》(三),张世欣著,《观察与思考》1999年第 7 期。

《日军细菌战:浙江瓯江流域人间鼠疫之祸源》,周耀明著,《广西民族学院学报》2001 年第 S1 期。

《1940 年日军对宁波细菌战的几点研究》,魏巍著,《中共宁波市委党校学报》2005 年第 4 期。

《侵华日军实施宁波细菌战的史料实证研究》,汪鹤飞著,《宁波广播电视大学学报》2017 年第 4 期。

《侵华日军制造的宁波鼠疫》,顾生霖著,《文史精华》1995 年第 5 期。

《抗战时期福建地区日军细菌战研究》,彭榕华等著,《医学与哲学(A)》2017 年第 4 期。

《侵华日军江西细菌战研究》,吴永明著,《纪念中国人民抗日战争暨世界反法西斯战争胜利 60 周年学术研讨会论文集:下卷》,中共中央党史研究室科研管理部编,中共党史出版社 2006 年版。

《江西在侵华日军实施细菌战期间受害状况探析》,谢志民、刘加波著,《上饶师范学院学报》2005 年第 5 期。

《常德细菌战与日本侵略》，韩隆福著，《常德师范学院学报》2002 年第 6 期。

《侵华日军常德细菌战大屠杀》，杨万柱、童远忠著，《常德师范学院学报》2002 年第 1 期。

《1941 年日军对湖南常德的细菌攻击》，陈先初著，《湖南大学学报》2003 年第 1 期。

《1941，侵华日军常德细菌战》，陈志远著，《档案春秋》2007 年第 7 期。

《关于常德细菌战研究的几个问题》，柳毅、陈致远著，《常德师范学院学报》2003 年第 3 期。

《侵华日军实施常德细菌战之原因》，童远忠著，《湖南文理学院学报》2004 年第 4 期。

《日军细菌战对常德地区社会经济的影响初探》，罗运胜著，《湖南文理学院学报》2005 年第 2 期。

《侵华日军常德细菌战造成的经济危害探析——以常德细菌战为例》，朱清如著，《侵华日军细菌战罪行学术研讨会论文集》，中共浙江省委党史研究室等编，中共党史出版社 2018 年版。

《美国对常德细菌战情报的收集》，张华著，《近现代国际关系史研究》2017 年第 2 期。

《侵华日军在粤进行细菌战之研究》，沙东迅著，《侵华日军暴行（国际）学术研讨会论文集》，中共石家庄市委党史研究室等编，新华出版社 1996 年版。

《侵华日军在粤使用细菌武器的罪行》，官丽珍著，《广东党史》2003 年第 5 期。

《侵华日军云南细菌战探析（1938—1945）》，张华著，《武陵学刊》2019 年第 3 期。

《日军在滇西的细菌战》，谢本书著，《湖南文理学院学报》2004 年第 1 期。

《侵华日军云南腾冲鼠疫细菌战研究》，张华著，《湖南文理学院学报》2009 年第 3 期。

C.罪行调查与见证

《日本馆藏细菌战文件档案整理与研究》，杨彦君著，《北方文物》2017 年第 4 期//《侵华日军细菌战罪行学术研讨会论文集》，中共浙江省委党史研究室等编，中共党史出版社 2018 年版。

《未审之罪:日本细菌战罪行文献在美国国家档案馆馆藏情况分析》,雷亮著,《上海高校图书情报工作研究》2017年第2期。

《对一份新发现日本细菌战档案的解读》,宫文婧著,《佳木斯大学社会科学学报》2016年第4期。

《审判材料揭露日军细菌战罪行》,袁跃军著,《档案时空》2015年第7期。

《〈审判材料〉再现侵华日军细菌战罪证》,陆其国著,《中国档案》2015年第8期。

《石井四郎与侵华日军细菌战》,张正著,《东北史地》2006年第4期。

《石井四郎因实验细菌战伤及自己人被撤职》,陈致远、朱清如著,《文史参考》2012年第9期。

《当年日本医学精英都参与了细菌战》,郭威著,《新华每日电讯》2006年3月13日。

《被历史忽略的罪恶——对佐藤俊二华南地区细菌战罪行的新探究》,谭元亨、郑紫苑著,《武陵学刊》2013年第3期。

《日本在中国进行细菌战的态度》,刘汝佳著,《黑龙江教育学院学报》2010年第3期。

《日本国家意志对细菌战的隐匿》,[日]近藤昭二著;王希亮译,《湖南文理学院学报》2007年第4期。

《从哈巴罗夫斯克审判看侵华日军的细菌战罪行》,俞明著,《东华大学学报》2004年第2期。

《日本侵华细菌战伤害中国军民人数问题之研究》,谢忠厚著,《武陵学刊》2010年第5期。

《试谈细菌战罪行研究的科学化——从日军在华细菌战受害者人数谈起》,杨玉林著,《湖南文理学院学报》2009年第3期。

《侵华日军细菌战"特别输送"受害者遗属调查》,杨玉林著,《江桥抗战及近代中日关系研究(下)》,周彦、李海主编,吉林人民出版社2005年版。

《日军细菌战"特别输送"实证调查的几点结论》,杨玉林著,《湖南文理学院学报》2008年第1期。

《北京发现侵华日军细菌战的原证》,何民著,《中国档案报》2004年3月19日。

《1943年日军鲁西细菌战及其死亡人数》,陈致远著,《抗战史料研究》2013

年第 1 期//2014 年第 1 期。

《论日寇浙赣细菌战及其后果》，李力、郭洪茂著，《社会科学战线》1995 年第 5 期。

《浙江省馆接收侵华日军细菌战档案资料》，楼培、郑金月著，《中国档案报》2005 年 6 月 30 日。

《常德细菌战疫死人数的七年调查——7643 人的死亡名单是如何产生的》，刘雅玲、陈玉芳著，《常德师范学院学报》2003 年第 3 期。

《1941 年日军常德细菌战造成城区居民死亡人数的研究》，陈致远、柳毅著，《湖南文理学院学报》2004 年第 4 期。

《日军常德细菌战致死城区居民人数的研究》，陈致远著，《民国档案》2006 年第 2 期。

《常德城区细菌战受害者口述历史调查 12 例》，陈致远、柳毅著，《湖南文理学院学报》2006 年第 2 期。

《常德石公桥细菌战受害者口述历史调查 7 例》，郑军著，《湖南文理学院学报》2006 年第 2 期。

《侵华日军细菌战所致云南人民受害与死亡情况调研报告》，陈祖樑著，《保山学院学报》2010 年第 4 期。

《关于侵华日军细菌战宁波疫区的调研报告》，陈煜东著，《青年与社会》2013 年第 2 期。

《日军细菌战常德民众受害记忆的文化人类学研究》，聂莉莉著，《湖南文理学院学报》2006 年第 6 期。

《日本医学细菌战档案揭密》，李群著，《档案天地》2008 年第 6 期。

《美国保存的日本细菌战档案主要内容、史料价值及利用建议》，杨彦君著，《北方文物》2013 年第 2 期。

《关于美国藏日本细菌战档案初步调查与研究——日军对细菌战攻击方式的研究及应用》，宫文婧著，《学理论》2011 年第 30 期。

《对托马斯·B〈英格利斯报告〉的初步解读——基于美国解密日本细菌战的调查与研究》，宫文婧著，《日本侵华史研究》2017 年第 2 期。

《中国获赠一批日本细菌战罪证文物资料》，张乐著，《兰台世界》2009 年第 7 期。

《对一份日军细菌战文件的解读》，张华著，《民国档案》2011 年第 2 期。

《日本发现细菌战新资料的主要内容、史料价值及其意义》,王希亮著,《抗日战争研究》2012 年第 1 期。

《侵华日军在浙江实施细菌战部分档案公布》,《浙江档案》2014 年第 8 期。

《浙江公开 13 份侵华日军细菌战档案》,石琳、严红枫著,《光明日报》2014 年 8 月 15 日。

《浙江省档案馆全文公布 13 份侵华日军在浙江实施细菌战档案》,《浙江档案》2014 年第 8 期。

《日本军国主义侵华又添铁证 浙江省档案馆收藏我国首批炭疽、鼻疽受害幸存者档案》,《浙江档案》2005 年第 7 期。

《世界最大细菌战揭秘者》,张正直、刘青著,《档案天地》2007 年第 4 期。

《世界最大细菌战揭秘者的精彩人生》,张正直著,《档案春秋》2005 年第 9 期。

《侵华日军细菌战鼠疫受害者口述实录》,李晓方著,《浙江档案》2015 年第 5 期。

《最早揭露日帝在华细菌战的医学微生物学家——陈文贵》,青宁生著,《微生物学报》2007 年第 3 期。

《还历史真相扬正义之剑——访侵华日军细菌战中国受害诉讼原告团团长兼总代表王选》,张年忠著,《今日浙江》2005 年第 15 期。

《侵华日军细菌战诉讼案回顾与思考》,杨万柱、刘雅玲等著,《常德师范学院学报》2002 年第 6 期。

《细菌战诉讼案的意义与启示》,杨万柱、陈玉芳等著,《湖南文理学院学报》2008 年第 1 期。

《日本政府对侵华日军细菌战承担国家责任的法律依据新探析》,韩文江著,《法制与社会》2009 年第 32 期。

《侵华日军细菌战中国受害者对日索赔途径新探析》,韩文江著,《法制与社会》2009 年第 33 期。

《反细菌战调查与建国初期爱国卫生运动的肇始》,李洪河著,《河北师范大学学报》2010 年第 3 期。

《细菌战的真相终将大白于天下——侵华日军细菌战的浙江调查》,张启祥著,《史林》2004 年第 S1 期。

《苏联照会中国政府提议组特别国际法庭审判日皇等细菌战犯》,徐京利著,《国际问题研究》2005 年第 6 期。

《二战后美日庇护和掩盖日本细菌战罪行之剖析》,周丽艳著,《南京大屠杀史研究》2012 年第 1 期。

《日本细菌战及美日幕后交易》,朱阿根著,《社会观察》2011 年第 11 期。

《日本细菌战战犯免于起诉的背后》,王希亮著,《钟山风雨》2005 年第 5 期。

《日本细菌战犯的可耻下场》,柯云、袁奋著,《环球军事》2005 年第 7 期。

《常德师范学院"细菌战罪行研究所"简介》,《常德师范学院学报》2002 年第 1 期。

③化学毒气战问题

A.化学毒气战总论

《二战前后四次规模最大的化学战争》,党观著,《湖南档案》2002 年第 5 期。

《第二次世界大战时期日本化学战的准备》,高晓燕著,《社会科学战线》1995 年第 5 期。

《日军的化学战与日本称霸世界的战略意图》,日本化学战罪行研究课题组著,《瞭望新闻周刊》2005 年第 39 期。

《从日本军国主义对苏战略设想看其对化学武器的研究》,孙桂娟著,《世纪桥》2015 年第 7 期。

《日本学术界关于二战时期日军毒气研制和使用情况研究动态综述》,安伯英、任文峰著,《军事历史研究》2008 年第 2 期。

《侵华战争时期日军的化学毒气战》,俞辛焞著,《日本研究》1985 年第 3 期。

《侵华日军的化学战罪行》,高晓燕著,《纪念中国人民抗日战争暨世界反法西斯战争胜利 60 周年学术研讨会论文集:下卷》,中共中央党史研究室科研管理部编,中共党史出版社 2006 年版。

《日军在华化学武器的研制应用及遗弃》,王玉芹著,《北华大学学报(社会科学版)》2017 年第 4 期。

《侵华日军的化学战》,武月星著,《北京党史研究》1995 年第 6 期。

《侵华日军使用化学武器述略》,刘庭华著,《学习时报》2005 年 10 月 3 日。

《违反天理人道的日本化学战》,《人民日报》2005 年 9 月 16 日。

《日军侵华战争中进行化学战探微》,李力刚著,《军事历史》1995 年第 1 期。

《日军在中国使用化学武器问题初探》,吴英、高振山著,《侵华日军暴行(国际)学术研讨会论文集》,中共石家庄市委党史研究室等编,新华出版社 1996 年版。

《日本化学战在中国犯下的滔天罪行》,日本化学战罪行研究课题组著,《光明日报》2005 年 9 月 2 日。

《关于第二次世界大战期间日本在中国的化学战问题》,步平著,《黑龙江社会科学》1999 年第 4 期。

《历史图片揭露侵华日军化学战真相》,高晓燕著,《抗战史料研究》2016 年第 1 期。

《略论侵华日军与化学武器》,孙桂娟著,《北方文物》1995 年第 3 期。

《魔鬼的唾液——日本化学武器发展揭秘》,韩愈著,《环球军事》2004 年第 17 期。

《侵华日军毒气战述略》,方毓宁著,《抗日战争史及史料研究(一)——中国近现代史史料学学会学术会议论文集》,刘建业主编,南开大学出版社 1996 年版。

《侵华日军毒气战述评》,毕春富著,《侵华日军暴行(国际)学术研讨会论文集》,中共石家庄市委党史研究室等编,新华出版社 1996 年版。

《日军在侵华战争中的毒气战》,郑传芳著,《福建党史月刊》1991 年第 2 期。

《日本全面侵华战争中的化学战及其历史反思》,高广国、李春龙等著,《军事历史》2016 年第 6 期。

《关于日军曾使用毒气弹的报告》,[日]吉见义明著,《世界史研究动态》1989 年第 7 期。

《抗战八年来敌军用毒经过报告书》,《档案与史学》1995 年第 5 期。

《残暴罪行不容掩盖——揭露侵华日军在中国的毒气实验》,步平著,《北方文物》2001 年第 3 期。

《日本学者著书揭露日在华实施化学战》,袁杨著,《解放军报》2014 年 7 月 4 日。

B.化学毒气战案例

《侵华日军在中国东北施放毒气的罪证》,李平著,《世纪桥》2003 年第

1 期。

《论日军习志野学校及在中国东北的毒气试验》，高晓燕著，《黑龙江社会科学》2007 年第 5 期。

《侵华日军在中国东北的化学战》，高晓燕著，《纪念七七事变爆发 70 周年学术研讨会论文集》，中国社会科学院中日历史研究中心等编，社会科学出版社 2009 年版。

《日本关东军在中国东北使用化学武器探析》，孙桂娟著，《世纪桥》2016 年第 9 期。

《侵华日军化学武器在齐齐哈尔的累累铁证》，吕坤鹏著，《齐齐哈尔师范高等专科学校学报》2005 年第 1 期。

《日军对东北抗日武装使用毒气考》，高晓燕著，《世纪桥》2008 年第 11 期。

《日本关东军对东北抗联使用化学武器初探》，孙桂娟著，《齐齐哈尔大学学报（哲学社会科学版）》2016 年第 7 期。

《日军对华北抗日部队实施毒气战史述》，谢忠厚著，《抗战史料研究》2014 年第 1 期。

《日军在山西的毒气战》，高晓燕著，《文史月刊》2002 年第 5 期。

《侵华日军武汉会战期间化学战实施概况》，毕春富著，《民国档案》1991 年第 4 期。

《关于日军大举进攻武汉期间实行的毒气战》，李力著，《社会科学战线》1992 年第 2 期。

《武汉会战期间日军施放毒气罪行实录》，张成忠、王磊著，《档案时空》2012 年第 5 期。

《日军侵华最严重的毒气战在宜昌》，郑龙昌著，《纵横》2005 年第 5 期。

《侵华日军南昌会战毒气战述评》，毕春富著，《军事历史研究》1995 年第 1 期。

《试论日军在常德会战中使用化学武器的问题》，朱清如著，《湖南文理学院学报》2005 年第 4 期。

《侵华日军也曾在粤进行化学战》，沙东迅著，《抗日战争研究》1998 年第 4 期。

《侵华日军化学战对作战进程的推进作用——以武汉会战为例》，孙桂娟著，《世纪桥》2016 年第 6 期。

C.罪行调查与见证

《日本军国主义研制与使用化学毒气的真相》,宋志勇著,《历史教学》1987年第6期。

《日军在二战中使用毒气武器的新证据》,[日]吉见义明著,《国外社会科学动态》1989年第2期。

《日军在大久野岛的毒气制造与加害》,[日]山内正之著;芦鹏著,《日本侵华史研究》2017年第2期。

《日本是如何掩盖化学战罪行的》,高晓燕著,《抗日战争研究》1998年第2期。

《侵华日军进行化学战铁证如山》,高晓燕著,《中国社会科学报》2015年3月16日。

《二战中日本军部进行化学战的罪责》,高兴祖著,《南京邮电学院学报》2001年第1期。

《从国际禁止化学武器公约谈日本的化学战责任》,高晓燕著,《学习与探索》2012年第6期。

《日本军队的毒气战与美国——美国国家档案馆资料调查》,[日]吉见义明著;步平译,《抗日战争研究》2004年第1期。

《研究日军化学战的村田忠禧先生》,林卫国著,《文史月刊》2003年第12期。

《勿忘日本侵华化学战罪行,绝不能让历史悲剧重演》,夏洽强著,《纪念中国人民抗日战争暨世界反法西斯战争胜利70周年国际学术研讨会论文集》,李亚平等编,中共党史出版社2015年版。

《史海秘闻——战后美国政府庇护日本细菌战犯始末》,[美]约翰·W.鲍威尔著;胡学亮译,《中国人民抗日战争纪念馆文丛·一九九〇年版》,北京出版社1991年版。

④生化战部队研究

《恶魔的唾液:中国大地上的日军细菌战部队》,李骅著,《军事史林》2003年第4期。

《杀人工厂——日军在中国建立的细菌战部队》,刘庭华著,《军事历史》2005年第5期。

《用活人做实验的"工厂":侵华日军的化学细菌战部队》,许介鳞著,《纵横》1985 年第 5 期。

《侵华日军的细菌毒气部队——从档案资料看被日帝隐瞒的暴行》，王明哲著，《档案学通讯》1995 年第 4 期。

《侵华日军驻北平及华北各地细菌部队研究概论》，徐勇著，《抗日战争研究》2002 年第 1 期。

《日军细菌战部队的建立及对华细菌战》，[日]奈须重雄著；谢彩虹译，《军事历史研究》2015 年第 1 期。

《与 731 部队是一对恶魔兄弟的 516 部队》，王作东著，《黑龙江档案》2015 年第 1 期。

《略论 516 毒气部队与 731 细菌部队的罪恶勾结》，王宇、王天蛟著，《黑河学刊》2017 年第 5 期。

　　A.“731”部队

《日本军部与第 731 细菌部队》，王祖远著，《军事文摘》2016 年第 13 期。

《对日本“关东军第 731 部队”的再解析》，杨来青著，《中国档案报》2015 年 7 月 17 日。

《731 部队的创建时间和历史名称考》，陈致远著，《武陵学刊》2010 年第 2 期。

《关东军第七三一部队正式设立时间考证——兼论七三一部队名称出现的时间》，杨彦君著，《北方文物》2012 年第 3 期。

《论侵华日军第七三一部队与日本军国主义的关系》，黄彦震著，《青海师范大学学报》2019 年第 5 期。

《京都大学病理学教研室与 731 部队军医》，[日]杉山武敏著；朱丹译，《武陵学刊》2017 年第 4 期。

《侵华日军 731 部队进行活体细菌试验的档案》，吉林省档案馆著，《中国档案报》2014 年 5 月 9 日。

《日本军国主义的杀人魔窟——关东军 731 部队的细菌实验》，王丹菊著，《黑龙江档案》2015 年第 5 期。

《“731”部队细菌实验的见证——馆藏国家一级文物铁网鼠笼》，韩雪著，《黑河学刊》2015 年第 12 期。

《浅论关东军第七三一部队的人体毒气实验》，王宇著，《黑河学刊》2018 年第 2 期。

《从〈A 报告〉及〈G 报告〉看 731 部队人体实验》，[日]莇昭三著；鲁丹译，《武陵学刊》2019 年第 6 期。

《七三一部队细菌战研究基地的建设者》，[日]广原盛明著；韩慧光译，《抗战史料研究》2015 年第 1 期。

《侵华日军 731 部队的雏形——背荫河细菌实验场》，高晓燕著，《日本侵华史研究》2014 年第 1 期。

《关东军细菌部队背荫河及平房基地择址原因刍议》，关燕妮著，《学理论》2017 年第 12 期。

《日军 731 细菌部队的罪行》，董绍卿、崔贵海著，《侵华日军暴行(国际)学术研讨会论文集》，中共石家庄市委党史研究室等编，新华出版社 1996 年版。

《日军 731 细菌部队在中国的罪行》，田瑞雪著，《大连近代史研究》第 7 卷，2010 年。

《侵华日军七三一部队在中国的罪行研究》，王玉芹著，《日本侵华史研究》2017 年第 3 期。

《"七三一"掩盖下的魔鬼部队"五一六"》，刘博、胡晓斌著，《军事史林》1995 年第 4 期。

《日本法西斯的暴行不容抹杀——记罪恶的 731 细菌部队》，王一汀等著，《世纪桥》2000 年第 2 期。

《日军 731 细菌部队对哈尔滨城市和当地人民的影响》，张正著，《佳木斯大学社会科学学报》2005 年第 4 期。

《日本 731 细菌部队在大连的罪恶活动》，闻隽著，《党史纵横》2018 年第 8 期。

《日本第 731 部队大连卫生研究所罪恶录》，孙波著，《大连近代史研究》2018 年第 15 卷。

《揭开华北"731"秘史》，赵润生著，《文史月刊》2003 年第 7 期。

《揭秘"华北 731"的罪恶》，王思达著，《河北日报》2015 年 9 月 11 日。

《侵华日军 731 部队与常德鼠疫及战争遗产研究》，高龙彬著，《廊坊师范学院学报》2015 年第 4 期。

《731 部队研制的细菌炸弹类型初探——基于美国解密日本细菌战档案的解读》，杨彦君、宫文婧著，《北方文物》2013 年第 1 期。

《七三一部队对细菌战剂的研究、实验与选择——基于美国解密档案的调查》，宫文婧著，《北方文物》2014 年第 3 期。

《关于 731 部队鼠疫报告书的初步解读——基于美国解密日本细菌战档案的调查》，杨彦君著，《医学与哲学（A）》2013 年第 6 期。

《"二战"期间 731 部队研发病毒武器的阴谋行动——从美国解密的日本细菌战档案考察》，张华著，《武陵学刊》2017 年第 1 期。

《哈尔滨首次展出"美国解密 731 档案"》，徐宜军著，《兰台世界》2010 年第 15 期。

《浅析侵华日军孙吴第六七三支队建立的背景及选址孙吴的原因》，刘航著，《黑河学刊》2016 年第 6 期。

《攫取与交易：美军对日本 731 部队的调查》，张艳荣、杨微、李志平著，《医学与哲学（A）》2017 年第 6 期。

《NHK 二战纪录片〈731 部队的真相〉解读》，崔亚娟著，《艺术评论》2017 年第 11 期。

《二战后美军对七三一部队成员龟井贯一郎的调查》，刘汝佳著，《学理论》2016 年第 9 期。

《1939 年 731 部队"诺门罕细菌战"》，陈致远著，《武陵学刊》2010 年第 5 期。

《实验与实战：七三一部队在诺门罕战争》，韩慧光著，《日本侵华史研究》2015 年第 1 期。

《731 部队是怎样一支邪恶部队——从安倍推崇 731 部队看其军国主义走向》，黑龙江省中国特色社会主义理论体系研究中心等著，《红旗文稿》2014 年第 5 期。

《日军七三一细菌部队的劳工政策》，张正著，《学习与探索》2005 年第 4 期。

《侵华日军 731 细菌部队与"特殊输送"制度》，卞修跃著，《中国社会科学院近代史研究所青年学术论坛（2002 年卷）》，社会科学文献出版社 2004 年版。

《日本 731 部队与沈阳盟军战俘营》，高建著，《抗战史料研究》2012 年第 2 期。

《731 部队孙吴支队遗址调查研究》，韩慧光著，《学理论》2014 年第 8 期。

《关东军第七三一部队旧址保护历程述论（1950—1995 年）》，杨彦君著，《学理论》2012 年第 10 期。

《侵华日军第七三一部队遗址申遗推出新举措》，赵涛著，《中国社会科学报》2012 年 11 月 5 日。

《浅述日军 731 部队对中国人民的战后影响》,肖丽峥著,《中国及太平洋抗战与战俘问题研究——中国及太平洋抗战与战俘问题国际学术研讨会文集》,井晓光、王建学等主编,辽宁人民出版社 2009 年版。

《牢记历史　珍视和平——侵华日军 731 部队罪行的回顾与反思》,张英著,《知与行》2015 年第 5 期。

《我为何要揭露日本 731 部队细菌战真相》,张蕾、森正孝著,《中国青年报》2017 年 12 月 27 日。

《我学界首次发现 731 部队核心成员供词》,王建著,《新华每日电讯》2014 年 3 月 27 日。

B.“516”部队

《日本 516 毒瓦斯部队探秘》,张守生著,《齐齐哈尔社会科学》1998 年第 1 期。

《侵华日军“516 毒瓦斯部队”揭秘》,张守生著,《军事历史》1998 年第 3 期。

《侵华日军“516”部队罪行考略》,关庆凡、崔建伟著,《人民论坛》2012 年第 26 期。

《鲜为人知的侵华日军 516 化学武器部队》,王作东著,《中国档案报》2014 年 5 月 16 日。

《侵华日军在齐齐哈尔设立的“516”化学毒气部队的历史罪恶》,王大为著,《黑龙江史志》2013 年第 23 期。

《侵华日军“516”毒气部队遗址追溯》,崔建伟、关庆凡著,《兰台世界》2012 年第 34 期。

《日本“516”毒气部队遗址的现状与保护》,关庆凡、崔建伟著,《齐齐哈尔大学学报》2011 年第 6 期。

《“516”化学毒气部队遗址的保护利用研究》,关庆凡、崔建伟、姜彬著,《理论观察》2014 年第 9 期。

《日遗化学武器的罪恶之源——原驻齐齐哈尔日军 516 部队》,曹志勃著,《江桥抗战及近代中日关系研究(下)》,周彦、李海主编,吉林人民出版社 2005 年版。

C.“荣”1644 部队

《“荣”1644 部队研究述评》,朱清如著,《武陵学刊》2010 年第 2 期。

《侵华日军荣字 1644 细菌部队》,张群著,《档案与建设》2005 年第 4 期。

《再揭日军1644细菌部队活人试验的罪行》,高兴祖著,《民国春秋》1999年第3期。

《侵华日军1644细菌战部队活人实验受害者遗骸的考证》,高兴祖、朱成山著,《南京社会科学》2000年第2期。

《"荣"1644部队与常德细菌战》,朱清如著,《武陵学刊》2010年第5期。

《南京"荣"1644部队几个问题研究》,陈致远、朱清如著,《南通大学学报》2013年第1期。

《"荣"1644部队历任部队长及支部问题辨析》,朱清如著,《武陵学刊》2011年第6期。

D.1855细菌部队

《华北甲第一八五五细菌战部队之研究》,谢忠厚著,《抗日战争研究》2002年第1期。

《华北(甲)一八五五部队的细菌战犯罪》,谢忠厚、谢丽丽著,《抗日战争研究》2003年第4期。

《华北北支(甲)第1855细菌部队之研究》,谢忠厚著,《九一八事变与近代中日关系——九一八事变70周年国际学术讨论会论文集》,中国社会科学院中日历史研究中心等编,中国社会科学文献出版社2004年版。

《日军北支派遣(甲)第1855部队的罪恶之路》,张婧雅著,《党史文汇》2019年第7期。

《揭开侵华日军1855细菌战部队之谜》,李建军、纪红建著,《军事历史》2004年第4期。

《日军在华第二个细菌战基地——"北支"(甲)1855部队》,谢忠厚著,《军事历史研究》2017年第2期。

《华北"甲"1855细菌部队的活人实验和活人解剖犯罪》,谢忠厚著,《中国抗战与世界反法西斯战争——纪念中国人民抗日战争暨世界反法西斯战争胜利60周年学术研讨会文集:中卷》,中国社会科学院近代史研究所编,社会科学文献出版社2009年版。

《华北(甲)一八五五部队正式设立时间考证——基于日本新发现的细菌战档案调查与研究》,宫文婧著,《日本侵华史研究》2016年第3期。

E.其他部队

《侵华日军100部队研究》,陈致远著,《军事历史研究》2017年第2期。

《苦难见证:揭秘侵华日军细菌战第100部队》,刘硕、张博宇著,《军事文摘》2018年第21期。

《日本关东军一〇〇部队罪行访查记》,邹世魁著,《吉林史志》1985年第5期。

《日本关东军第一〇〇部队研究》,王文锋著,《日本侵华史研究》2017年第4期。

《关于"满洲第一〇〇部队"的几个问题》,张玉雪著,《北华大学学报(社会科学版)》2017年第6期。

《日本关东军细菌战主力第一〇〇部队兴亡之探析》,陈鹏著,《陕西学前师范学院学报》2016年第9期。

《侵华日军第100部队细菌战准备过程探析》,赵士见著,《日本侵华南京大屠杀研究》2019年第2期。

《日方档案中侵华日军第100部队的历史透视》,赵士见著,《浙江档案》2019年第5期。

《初探细菌162支队在日军细菌战中的作用》,李静华著,《黑龙江史志》2012年第7期。

《侵华日军"波"字8604部队的几个问题》,柳毅、曹卫平著,《军事历史研究》2017年第2期。

《"井上睦雄证言"与侵华日军波字第8604部队的生化战罪恶》,廖文著,《武陵学刊》2013年第3期。

《辽宁境内日本细菌战部队大揭秘》,王全有著,《党史纵横》2015年第3期。

《日本关东军第一期兵要给水调查实施计划(选录)》,孙文慧、孙彤著,《军事历史研究》2019年第3期。

(4)大轰炸

《近二十年来关于抗战时期日本空袭与中国反空袭斗争研究综述》,古琳晖著,《抗日战争研究》2012年第2期。

《近40年来侵华日军无差别轰炸惨案研究的回顾与展望》,吴光会、潘洵著,《抗日战争研究》2017年第2期。

《抗战大后方侵华日军无差别轰炸重大惨案的时空分布考察》,吴光会、潘洵著,《西南大学学报(社会科学版)》2019年第1期。

《侵华日军轰炸研究持续深入》,曾江著,《中国社会科学报》2017年6月14日。

《日机对中国非军事目标的轰炸》,赵建中著,《民国春秋》1994年第4期。

《揭露侵华日军无差别轰炸暴行真相》,潘洵著,《中国社会科学报》2014年12月12日。

《日本全面侵华战争中的无差别轰炸及其罪行之探究》,古琳晖著,《南京社会科学》2015年第10期。

《不该遗忘的血腥大屠杀——日军无差别轰炸造成的重大惨案不胜枚举》,茅永怀著,《抗战史料研究》2017年第2期。

《无差别轰炸:民众的历史记忆与罪证之间(1937—1946)》,黄正光著,《民国档案》2019年第4期。

《深化侵华日军无差别轰炸研究的方法论思考》,潘洵著,《抗日战争研究》2016年第2期。

《撩开军事史的帷幕——剖析日本帝国主义所谓"战略轰炸"的实质》,董兴林著,《潍坊教育学院学报》1995年第Z1期。

《略述日机轰炸重庆等地的罪行》,温贤美著,《第二届近百年中日关系史国际研讨会论文集》,中国抗日战争史学会等编,中华书局1995年版。

《惨绝人寰:侵华日军重庆和四川大轰炸受害者口述实录》,李晓方著,《浙江档案》2015年第7期。

《抗战时期侵华日军"轰炸记忆"的演变与建构——以"重庆大轰炸"为中心的考察》,潘洵、高佳著,《西南大学学报(社会科学版)》2018年第6期。

《论重庆大轰炸》,潘洵、杨光彦著,《西南师范大学学报(哲学社会科学版)》1999年第6期。

《三十年来国内重庆大轰炸研究述评》,刘茂伟著,《日本侵华南京大屠杀研究》2019年第2期。

《抗战时期"重庆大轰炸"几个基本问题的探讨》,周勇著,《重庆大学学报(社会科学版)》2009年第1期。

《关于抗日战争时期"重庆大轰炸"研究的几个问题》,唐润明著,《民国档案》2014年第4期。

《日机轰炸重庆的暴行》,杨耀健著,《文史精华》1995年第12期。

《不应忘记的侵华日军重庆大轰炸》,潘洵著,《中国社会科学报》2015年9

月 15 日。

《试析抗战期间日军轰炸重庆的主要背景和战略意图》,任学丽著,《党史文苑》2007 年第 24 期。

《抗战期间轰炸重庆的日军所属部队和武器装备》,任学丽、潘舰萍著,《兰台世界》2014 年第 1 期。

《侵华日军对重庆大轰炸见闻记》,周云蒸著,《湖北文史资料》1995 年第 1 期。

《1941 年 6 月 5 日夜:重庆大隧道惨案调查》,杨筱著,《长江文明》2019 年第 1 期。

《〈一九四一年轰炸集〉与〈抗战时期重庆大轰炸日志〉的诗史互证》,熊飞宇著,《抗战文化研究》2012 年第 1 期。

《抗战时期重庆大轰炸人口伤亡数量再研究》,潘洵著,《四川师范大学学报(社会科学版)》2015 年第 5 期。

《重庆大隧道惨案死亡人数辨析》,程雨辰著,《民国档案》1996 年第 4 期。

《重庆"大隧道窒息惨案"死亡人数考析》,徐建明著,《抗日战争研究》2001 年第 3 期。

《重庆大轰炸档案文献采撷——〈轰炸经过与人员伤亡(区县部分)〉述评》,闫峰、王兆辉著,《公共图书馆》2018 年第 1 期。

《西方主流媒体对重庆大轰炸的报道分析——以〈时代〉周刊为例》,张瑾、陈微著,《重庆大学学报(社会科学版)》2008 年第 3 期。

《西方主流媒体对重庆大轰炸的报道分析——以〈基督教科学箴言报〉为例》,张瑾、高瑜著,《西南大学学报(社会科学版)》2009 年第 1 期。

《西方主流媒体对重庆大轰炸的报道分析——以〈纽约时报〉为例》,张瑾、王爽著,《重庆大学学报(社会科学版)》2010 年第 5 期。

《日本〈朝日新闻〉〈读卖新闻〉当年怎样报道重庆大轰炸》,唐思蜀著,《红岩春秋》2013 年第 3 期。

《抗战期间〈泰晤士报〉关于日军无差别轰炸重庆报道探析》,闫立光、郭永虎著,《重庆师范大学学报(社会科学版)》2018 年第 6 期。

《试析抗战时期日本媒体对重庆大轰炸的报道》,任学丽著,《兰台世界》2015 年第 31 期。

《抗争中的嬗变:重庆大轰炸的国际影响》,潘洵著,《史学集刊》2012 年第

3 期。

《时空视野下重庆大轰炸历史地位的思考》，潘洵著，《抗战史料研究》2015年第 2 期。

《重庆大轰炸与国际法》，金明、张鲁鲁著，《西南大学学报（社会科学版）》2013 年第 4 期。

《从 1938—1945 年日机轰炸川渝暴行析其违反国际法的问题——史料展开》，张培田著，《全国外国法制史研究会学术丛书：混合的法律文化》，全国外国法制史研究会编，法律出版社 2008 年版。

《重庆大轰炸中的日本国家责任——从大轰炸受害平民对日索赔的角度分析》，金明著，《四川大学学报（哲学社会科学版）》2012 年第 6 期。

《国际法视野下"重庆大轰炸"民间索赔的困境与出路》，何蓓著，《天津行政学院学报》2015 年第 6 期。

《"重庆大轰炸"受害者对日索赔有充分事实和法律依据》，李树民著，《中国社会科学报》2012 年 9 月 1 日。

《中国民间对日索赔中的外交保护——以重庆大轰炸受害者索赔为例》，陈熙著，《法制与社会》2013 年第 21 期。

《侵华战争期间日军对福建狂轰滥炸之暴行》，郑复龙著，《福建党史月刊》2016 年第 1 期。

《不能忘却的记忆：侵华日军对边陲古镇松潘的轰炸》，李佳、杨东晓著，《文史春秋》2016 年第 7 期。

《溧水大轰炸的历史记忆》，卞新宏著，《唯实》2017 年第 7 期。

《抗战时期日军对浙江的无差别轰炸》，杨沫江著，《军事史林》2019 年第 8 期。

《从档案看日军对昆明的轰炸》，陈静波著，《云南档案》2017 年第 6 期。

《侵华日军滇西无差别战略轰炸考（1940—1944 年）》，雷娟利著，《历史教学（下半月刊）》2017 年第 4 期。

《封锁与毁灭：抗战时期侵华日军轰炸滇缅公路述论》，朱海嘉著，《云南民族大学学报（哲学社会科学版）》2017 年第 3 期。

《日军对滇缅国际交通线的"封锁轰炸"及国民政府的应对》，向倩著，《重庆交通大学学报（社会科学版）》2018 年第 3 期。

《日机大轰炸及其对蒋介石的"斩首行动"》，杨天石著，《世纪》2016 年第

2 期。

（5）警察统治与政治奴役

《试论日本统治东北期间撤销"治外法权"的实质》，王希亮著，《北方文物》1991 年第 3 期。

《伪满的殖民体制与日本外务省》，俞辛焞著，《首都师范大学学报》1995 年第 5 期。

《伪满洲国的殖民统治机构剖析》，宋伟宏、滕飞著，《日本侵华史研究》2016 年第 3 期。

《东北沦陷时期日伪军警宪特镇压机构的建立与强化》，陈宏、韩伟著，《"九一八"研究》，2014 年。

《"日满时期"东北地区的警察统治研究》，胡庆祝著，《兰台世界》2011 年第 16 期。

《"总体战"体制下日本对东北沦陷区的政治控制》，李凡、季泓旭著，《长白学刊》2017 年第 6 期。

《伪满洲国经济警察探论》，高承龙、高乐才著，《求索》2011 年第 5 期。

《关东军对伪满"内部统辖"制度的确立》，刘战著，《世纪桥》2013 年第 12 期。

《关东军的"治安"战略述论》，张劲松著，《江桥抗战及近代中日关系研究（下）》，周彦、李海主编，吉林人民出版社 2005 年版。

《东北沦陷时期日本对东北基层统治特点论析》，车霁虹著，《纪念中国人民抗日战争暨世界反法西斯战争胜利 60 周年学术研讨会论文集：下卷》，中共中央党史研究室科研管理部编，中共党史出版社 2006 年版。

《从日军在东北的暴行看日本殖民统治的野蛮性》，郭素美著，《齐齐哈尔师院学报》1995 年第 5 期。

《试析日本帝国主义对中国东北的殖民统治》，王希亮著，《学习与探索》1990 年第 2 期。

《解析日本侵占东北时期的统治理念及其实质》，王希亮著，《民国档案》2010 年第 3 期。

《日据吉林时期残暴的法西斯统治与血腥的军事镇压》，李倩著，《东北史地》2006 年第 5 期。

《太平洋战争后伪满"总力战体制"及法西斯统治的加剧》，王希亮著，《日本侵华史研究》2017 年第 3 期。

《伪满时期东北殖民地经济形态的形成深化及其特征初探》,王希亮著,《黑河学刊》1992 年第 4 期。

《满铁的情报机构与伪满洲国的建立》,王玉芹、李娜著,《外国问题研究》2012 年第 1 期。

《从总务制到次长制——论伪满洲国政治体制的傀儡性》,李慧娟著,《史学集刊》2005 年第 4 期。

《论日本民族在伪满洲国的地位》,高成龙、高乐才著,《清华大学学报(哲学社会科学版)》2011 年第 3 期。

《浅析伪满时期日本的宗教统治》,闫超著,《历史教学(高校版)》2009 年第 3 期。

《太平洋战争爆发后伪满对基督教会的控制》,徐炳三著,《史学集刊》2013 年第 6 期。

《东北沦陷时期日本在内蒙古东部施行的特别行政制度》,车霁虹著,《北方文物》2006 年第 3 期。

《伪满洲国时期日本对朝鲜族的统治政策》,高乐才、高承龙著,《东北师大学报(哲学社会科学)》2012 年第 1 期。

《浅述日本在伪满洲国时期的劳动统制政策》,汪少鹏著,《黑龙江教育学院学报》2011 年第 4 期。

《日本关东军对"特殊工人"的奴役和镇压》,王文锋著,《民国档案》2007 年第 4 期。

《论抗战时期华北沦陷区的"村政建设"》,张同乐著,《安徽史学》2011 年第 4 期。

《抗战时期伪武汉特别市政府的成立及演变》,周厚清、徐旭阳著,《学习月刊》2010 年第 17 期。

《宣抚班:日军侵华心战特务组织》(上下),赖晨著,《政协天地》2013 年第 10/11 期。

《论侵华日军对南京的毒品毒化政策》,经盛鸿著,《求是学刊》2006 年第 5 期。

《东北沦陷期间殖民地思想统治剖析》,王希亮著,《抗日战争与中国历史——"九·一八"事变 60 周年国际学术讨论会文集》,中国抗日战争史学会等编,辽宁人民出版社1994年版。

《试析伪满洲国时期日本对中国东北妇女的控制》,刘怡君、高乐才著,《社会科学战线》2018年第12期。

《杀人魔窟:抗战时期日军在东北设立的"矫正辅导院"》,李正鸿、刘拥锋著,《文史天地》2016年第9期。

《从"司法矫正"看"九一八"后日本对东北人民的殖民统治》,王晓东著,《"九一八"研究》2018年第1期。

（6）殖民教育与奴化教育

《日伪对我国关内地区教育侵略述评》,经盛鸿著,《南京师大学报》1988年第1期。

《近年来日本侵华殖民教育史研究综述》,覃红霞、吴洪成著,《抗日战争研究》2003年第1期。

《日本侵华过程中的奴化教育述评——纪念中国抗日战争胜利五十周年》,欧阳杰著,《井冈山师范学院学报》1995年第3期。

《日本侵华殖民教育之决策——基于战时日本档案的分析》,徐志民著,《福建论坛(人文社会科学版)》2015年第10期。

《奴化教育与殖民统治》,金明兰著,《佳木斯教育学院学报》1996年第1期。

《殖民教育和奴化教育——教育史学者在日本侵华教育史研究中的共同点与不同点》,耿申著,《教育科学研究》2000年第6期。

《日本帝国主义侵华期间在沦陷区奴化和毒化我国人民的罪行》,王瑞珍著,《历史教学》1989年第7期。

《论日本侵华时期的奴化教育》,苏明飞、于守海著,《沈阳师范大学学报》2005年第5期。

《论日本侵华时期的学校奴化教育》,邓红著,《日本问题研究》1999年第2期。

《抗战时期日本在中国的奴化教育》,赵顺成著,《北京电子科技学院学报》2004年第3期。

《日本在侵华期间实施的奴化教育——中国现代史上特定的教育历史现象》,吴洪成著,《纪念〈教育史研究〉创刊二十周年论文集(12)——日本侵华教育史研究》,中国地方教育史志研究会编印,2009年。

《论日本在侵华期间对华沦陷区的奴化教育》，鼓泽平、吴洪成著，《求索》1999 年第 6 期。

《抗战时期沦陷区文化的特点——奴化思想教育》，李惠康著，《中南林学院学报》2004 年第 3 期。

《抗日战争时期沦陷区的奴化教育》，吴洪成、方家峰著，《临沂师范学院学报》2010 年第 2 期。

《抗战时期华北沦陷区奴化教育研究——以伪国立新民学院中国学生的"日本参观旅行"为例》，彭程、刘晓军著，《南开日本研究》2017 年第 1 期。

《抗日战争时期沦陷区的奴化教育行政管理制度》，吴洪成、张华著，《衡水学院学报》2008 年第 2 期。

《试论日本侵华期间在沦陷区的奴化教育方针与政策》，彭泽平、姚琳著，《直面血与火——国际殖民主义教育文化论集》，张诗亚主编，内蒙古大学出版社 2006 年版。

《试论日本占领区教育方针的表述问题》，齐红深著，《纪念〈教育史研究〉创刊二十周年论文集（12）——日本侵华教育史研究》，中国地方教育史志研究会编印，2009 年。

《日本侵华时期沦陷区奴化教育形态研究》，吴洪成、张华著，《临沂师范学院学报》2008 年第 4 期。

《日本侵华时期沦陷区奴化教育的企图、性质与控制》，吴洪成、张华著，《邢台职业技术学院学报》2008 年第 4 期。

《日本在华实施奴化教育与日语教学的强制推行》，王向远著，《纪念〈教育史研究〉创刊二十周年论文集（12）——日本侵华教育史研究》，中国地方教育史志研究会编印，2009 年。

《日伪在中国沦陷区实施奴化教育的若干问题分析》，吴洪成著，《直面血与火——国际殖民主义教育文化论集》，张诗亚主编，内蒙古大学出版社 2006 年版。

《日伪统治下的日语教育》，夏军著，《民国档案》2005 年第 2 期。

《日本侵华过程中推行的语言同化政策概述》，顾碧著，《黑河学刊》2012 年第 1 期。

《日伪政权下的奴化教育》，李炳侯著，《党史纵横》2016 年第 2 期。

《日本帝国主义的奴化教育与敌后抗日根据地的反奴化教育》，张建民著，

《中学历史教学参考》1997 年第 9 期。

《日伪对我国关内地区教育侵略述评》,经盛鸿著,《南京师大学报》1988 年第 1 期。

《浅析二战期间日本对华沦陷区的殖民教育》,刘文书著,《二战及其遗留问题对国际关系的影响》,二战史研究会编,2004 年。

《试论日本侵华时期沦陷区的教师教育》,吴洪成、丁昭著,《广州大学学报》2008 年第 5 期。

《抗战时期日军对华北地区文教机构破坏述评》,方艳华、刘志鹏著,《信阳师范学院学报》2010 年第 6 期。

《20 世纪 30 年代日本的“宣传战”及其在华北沦陷区的新闻统制》,李杰琼著,《新闻界》2015 年第 8 期。

《日本侵略者在华北沦陷区的奴化教育罪行》,谢嘉著,《档案天地》2003 年第 S1 期。

《华北沦陷区日伪奴化教育述论》,郭贵儒著,《河北师范大学学报》2005 年第 6 期。

《华北沦陷区日伪奴化教育述论》,郭贵儒著,《纪念中国人民抗日战争暨世界反法西斯战争胜利 60 周年学术研讨会论文集:下卷》,中共中央党史研究室科研管理部编,中共党史出版社 2006 年版。

《日本侵华时期华北沦陷区奴化教育初探》(上下),吴洪成、周旋著,《教育实践与研究》2017 年第 10/11 期。

《论抗战时期华北沦陷区的奴化教育——以伪新民学院的学制为例》,彭程著,《黑龙江史志》2015 年第 6 期。

《刍论抗战时期华北沦陷区奴化教育的启幕——伪新民学院设立过程的研究》,彭程、刘晓军著,《东北亚研究论丛》2018 年第 1 期。

《日伪统治下的华北留日教育》,余子侠著,《近代史研究》2004 年第 5 期。

《日伪新民会与华北沦陷区的奴化教育》,杨琪著,《北华大学学报》2004 年第 1 期。

《试析华北伪陆军军官学校及奴化教育》,刘敬忠、欧阳宏顺著,《河北大学成人教育学院学报》2005 年第 1 期。

《日本侵华期间对河北省的奴化教育》,时赟著,《河北大学学报》2005 年第 6 期。

《抗日战争时期日本在河北沦陷区实施的奴化教育》,时赟著,《直面血与火——国际殖民主义教育文化论集》,张诗亚主编,内蒙古大学出版社 2006 年版。

《河北沦陷区奴化教育的基本内容》,李秋红著,《飞天》2012 年第 4 期。

《抗战时期河北沦陷区中小学奴化教育初探》,吴洪成、钱露著,《河北师范大学学报(教育科学版)》2012 年第 5 期。

《抗日战争时期河北沦陷区的奴化教育行政管理制度》,吴洪成、钱露著,《邯郸学院学报》2012 年第 1 期。

《日军对河北教育事业的破坏与河北人民反奴化教育的斗争》,刘茗、王大民著,《纪念〈教育史研究〉创刊二十周年论文集(12)——日本侵华教育史研究》,中国地方教育史志研究会编印,2009 年。

《北京市伪政权对中小学的奴化教育》,王显成著,《长春师范学院学报》2012 年第 7 期。

《日伪时期北平市的日语教育》,米卫娜著,《北华大学学报》2015 年第 5 期。

《日伪政权统治下北京师范大学的奴化教育论析》,孙邦华著,《北京社会科学》2017 年第 8 期。

《可恨的日伪奴化教育》,杨生江著,《山西文史资料》1995 年第 Z1 期。

《日伪在山西沦陷区推行的奴化教育》,王运丽、张全盛著,《沧桑》1997 年第 1 期。

《日本侵华期间在山西沦陷区的奴化教育》,张理明、张静娴著,《沧桑》2000 年第 6 期。

《日军侵华期间对山西沦陷区的奴化教育》,袁军著,《晋城职业技术学院学报》2016 年第 1 期。

《论日本侵华期间对山西沦陷区的奴化教育》,张理明、张静娴著,《纪念〈教育史研究〉创刊二十周年论文集(12)——日本侵华教育史研究》,中国地方教育史志研究会编印,2009 年。

《日本侵占山东期间的奴化教育初探》,李清民、钟春翔著,《山东社会科学》2004 年第 7 期。

《山东现代教育史的黑暗一页——抗战时期山东沦陷区奴化教育述论》,吴洪成、路娟著,《衡水学院学报》2010 年第 2 期。

《日本在青岛的殖民奴化教育评析》,孙新兴著,《抗日战争研究》2003 年第 1 期。

《日本侵占青岛时期殖民主义教育概观》,孙新兴著,《纪念〈教育史研究〉创刊二十周年论文集(12)——日本侵华教育史研究》,中国地方教育史志研究会编印,2009 年。

《抗战时期日伪在青岛的奴化教育》,徐佳著,《长江丛刊》2016 年第 18 期。

《试论抗战期间日本在华东沦陷区的奴化教育——以伪中央大学为个案研究》,邱从强、张炳伟著,《南京中医药大学学报》2002 年第 3 期。

《汪伪政权的“奴化教育”》,黄骏著,《民国档案》2003 年第 1 期。

《汪伪奴化教育政策述论》,曹必宏著,《民国档案》2005 年第 2 期。

《日寇在江苏地区推行的奴化教育》,墨尼著,《江苏地方志》1995 年第 4 期。

《日本在沦陷区的电影文化统制理论建构与实践——以上海为中心的探讨》,郑炀著,《当代电影》2019 年第 8 期。

《“太平洋战争”爆发后日本电影在上海的传播与接受(1942—1945)》,宫浩宇著,《当代电影》2016 年第 10 期。

《汪伪统治期间南京中小学教育》,施京京、刘璐著,《日语教学与日本研究》2015 年第 1 期。

《日本在侵华期间对浙江沦陷区的奴化教育》,周章森著,《浙江学刊》1997 年第 1 期。

《日军对厦门的经济掠夺与奴化教育述论》,张玉龙著,《漳州师范学院学报》2003 年第 1 期。

《抗日战争中厦门沦陷期间教育概述》,李度青著,《纪念〈教育史研究〉创刊二十周年论文集(12)——日本侵华教育史研究》,中国地方教育史志研究会编印,2009 年。

《日据台湾的皇民化运动及影响》,洪晓静著,《才智》2014 年第 18 期。

《从“同化政策”看日本殖民统治及殖民扩张主义的特征和本质:对日本在台湾推行“同化政策”的历史考察》,冯玮著,《复旦学报》1999 年第 6 期。

《日本占据时期台湾殖民地教育概观》,李正心著,《纪念〈教育史研究〉创刊二十周年论文集(12)——日本侵华教育史研究》,中国地方教育史志研究会编印,2009 年。

《准军人的养成——日治时期台湾中等学校的军事训练》，郑政诚著，《日据时期台湾殖民地史学术研讨会论文集》，中国社会科学院台湾史研究中心编，2009 年。

《日本在中国台湾推行的日语奴化教育及其危害》，程志燕著，《天津外国语大学学报》2018 年第 6 期。

《抗战时期河南沦陷区的奴化教育》，谢冰松著，《史学月刊》1999 年第 5 期。

《日伪统治时期的河南教育》，赵国权著，《纪念〈教育史研究〉创刊二十周年论文集（12）——日本侵华教育史研究》，中国地方教育史志研究会编印，2009 年。

《论沦陷时期日伪在武汉进行的殖民奴化教育》，程利、李卫东著，《曲靖师范学院学报》2005 年第 1 期。

《论抗战时期日伪在湖北沦陷区的文化控制模式》，张泰山著，《武汉科技大学学报》2005 年第 4 期。

《试析日伪在沦陷时期实施的"大东亚教育建设"——以武汉为中心的历史考察》，兰军著，《黑龙江史志》2009 年第 18 期。

《日伪政权在广东的奴化宣教概述》，郑泽隆著，《广东史志》1999 年第 3 期。

（7）残害战俘和强掳、残害劳工

①战俘集中营问题

《日军侵华战俘营总论》，何天义著，《抗战史料研究》2013 年第 1 期。

《日军战俘政策历史述论》，王铁军著，《社会科学战线》2010 年第 6 期。

《战俘为日本工业巨头助力：二战日本强征战俘为奴隶劳工纪实》，季我努著，《坦克装甲车辆》2013 年第 2 期。

《日本二战时期血腥虐待战俘新揭秘》，杨孝文著，《环球军事》2007 年第 24 期。

《论日军在中国建立的战俘劳工集中营》，何天义著，《纪念中国人民抗日战争暨世界反法西斯战争胜利 60 周年学术研讨会论文集：下卷》，中共中央党史研究室科研管理部编，中共党史出版社 2006 年版。

《二战时期日军在海峡两岸设置的战俘营比较研究》，何天义著，《中华民族的抗争与复兴——第一、二届海峡两岸抗日战争史学术研讨会论文集（下）》，中国抗日战争史学会等编,团结出版社 2010 年版。

《鲜为人知的日军在华集中营》,周益著,《兰台内外》2008 年第 5 期。

《日军在华北的战俘劳工集中营》,何天义著,《档案天地》2004 年第 3 期。

《日本侵略者在中国东北迫害战俘的几个问题》,傅波著,《侵华日军暴行(国际)学术研讨会论文集》,中共石家庄市委党史研究室等编,新华出版社 1996 年版。

《寻访奉天战俘集中营》,吴力田著,《湖北档案》2005 年第 Z1 期。

《太平洋战争时期的四平集中营——伪满当局对东北境内同盟国天主教神职人员的政策》,吴佩军著,《外国问题研究》2011 年第 4 期。

《东方“奥斯维辛”集中营的战俘“手记”》,张志强、马岚著,《中国档案》2006 年第 6 期。

《侵华日军在沪集中营考论》,李健、苏智良著,《上海师范大学学报(哲学社会科学版)》2017 年第 3 期。

《潍县集中营揭秘》,王增勤著,《人民公安》2008 年第 20 期。

《山东潍县日军集中营揭秘》,王海潮著,《春秋》2006 年第 4 期。

《揭密二战时期亚洲最大的集中营》,李凤勇著,《档案春秋》2007 年第 7 期。

《不可忘却的历史——潍县集中营》,张泽芳、若秋著,《山东档案》2010 年第 3 期。

《侵华日军设置的张店集中营》,罗光洲、沈洪玲著,《春秋》2014 年第 2 期。

《日本集中营:上海西侨的黑色记忆》,Betty Barr、程乃珊著,《文史博览》2006 年第 1 期。

《寻访侵华日军在沪战俘集中营》,岳雯著,《档案春秋》2005 年第 8 期。

《美军战俘画笔下的宝山集中营》,陈正卿著,《世纪》2005 年第 5 期。

《抗战时期上饶茅家岭集中营暴动始末》,书林著,《档案天地》2014 年第 10 期。

《抗日战争时期日军在中国战场的俘虏政策》,李力著,《中国近代史及史料研究》(乔万敏等著),社会科学文献出版社 2010 年版。

《简析二战期间日本对中国战俘政策》,祁玉红著,《辽宁师专学报(社会科学版)》2015 年第 6 期。

《日军奴役虐杀中国战俘的罪行必须彻底清算》,何天义著,《日本侵华史研究》2014 年第 1 期。

《寻踪探析秦贤助的〈沾满俘虏鲜血的白虎部队〉一文》，陆束屏、金龙国著，《日本侵华史研究》2016 年第 2 期。

《日军集中营里中国战俘的生存状况及精神世界》，张帅著，《上海对外经贸大学学报》2018 年第 1 期。

②强掳、残害劳工

《日本强掳中国人的真相》，林伯耀著，《抗日战争研究》1998 年第 1 期。

《二战期间日本对"中国劳工"的奴役和摧残》，杨博著，《档案》2015 年第 4 期。

《太平洋战争爆发前日本骗招入满华工的地位与待遇考》，居之芬著，《中国经济史研究》2005 年第 4 期。

《日本在侵华战争期间迫害致死中国劳工近千万》，吴天威著，《抗日战争研究》2000 年第 1 期。

《二战时期掳日中国煤矿工人生活与劳动状况概论》，薛毅著，《湖北理工学院学报》2019 年第 6 期。

《"万人坑"——日本残杀中国矿工的铁证》，薛世孝著，《河南理工大学学报》2013 年第 4 期。

《一部血泪斑斑的中国劳工史——兼评日本一些人对历史真实的玷污》，王希亮著，《黑龙江社会科学》2001 年第 6 期。

《用档案向日本军国主义亮剑——吉林省档案局（馆）开发日本侵华档案工作纪实》，《中国档案》2014 年第 4 期。

《论日本与纳粹德国在"强制劳动"罪行上的异同点（1933.9—1945.8）》，居之芬著，《民国档案》2008 年第 2 期 //《纪念七七事变爆发 70 周年学术研讨会论文集》，中国社会科学院中日历史研究中心等编，社会科学出版社 2009 年版。

《日本帝国主义的劳工政策》，[日]松泽哲成著，《侵华日军暴行（国际）学术研讨会论文集》，中共石家庄市委党史研究室等编，新华出版社 1996 年版。

《日本强掳中国战俘劳工真相析》，刘宝臣著，《侵华日军暴行（国际）学术研讨会论文集》，中共石家庄市委党史研究室等编，新华出版社 1996 年版。

《论日本侵略者对华工的强征役使》，赵晋著，《侵华日军暴行（国际）学术研讨会论文集》，中共石家庄市委党史研究室等编，新华出版社 1996 年版。

《日本侵略者强掳虐待中国劳工的真相——驳斥日本某些人为强掳中国战

俘劳工辩解的言论》，何天义著，《抗日战争研究》1995年第4期。

《日本强掳与奴役中国劳工的几个问题》，祁刚利、薛建中著，《侵华日军暴行（国际）学术研讨会论文集》，中共石家庄市委党史研究室等编，新华出版社1996年版。

《二次大战期间日本使用中国强制劳工人数初考》，居之芬著，《抗日战争研究》2001年第1期//《近代中国与世界——第二届近代中国与世界学术讨论会论文集（第一卷）》，中国社会科学院近代史研究所编，社会科学文献出版社2005年版。

《疯狂掠夺资源残酷迫害劳工》，赵延庆著，《侵华日军暴行（国际）学术研讨会论文集》，中共石家庄市委党史研究室等编，新华出版社1996年版。

《谎言掩盖不了事实——驳斥日本某些人为强掳中国战俘劳工辩解的言论》，何天义著，《侵华日军暴行（国际）学术研讨会论文集》，中共石家庄市委党史研究室等编，新华出版社1996年版。

《二战期间在日本的中国劳工》，陈景彦著，《历史研究》1998年第2期。

《二战期间在日中国劳工死亡原因分析》，陈景彦著，《日本学论坛》1999年第3期。

《我所知道的"涩谷事件"真相——日本军国主义于二战投降后欠下中国人民的又一笔血债》，尤伟仁著，《台声》2000年第8期。

《论太平洋战争爆发后日本强掳虐待华北强制劳工罪行》，居之芬著，《民国档案》2003年第2期//《中国抗战与世界反法西斯战争——纪念中国人民抗日战争暨世界反法西斯战争胜利60周年学术研讨会文集：中卷》，中国社会科学院近代史研究所编，社会科学文献出版社2009年版。

《二战时期大阪的中国劳工》，[日]杉原达著，《侵华日军暴行（国际）学术研讨会论文集》，中共石家庄市委党史研究室等编，新华出版社1996年版。

《挖掘被埋没的历史——关于大阪的中国劳工问题》，[日]樱井秀一著，《侵华日军暴行（国际）学术研讨会论文集》，中共石家庄市委党史研究室等编，新华出版社1996年版。

《被强掳到大江山镍矿的中国战俘劳工》，[日]山内小夜子著，《侵华日军暴行（国际）学术研讨会论文集》，中共石家庄市委党史研究室等编，新华出版社1996年版。

《日本军国主义罪行的记录——"花冈惨案"》，梅汝璈著，《读书月报》1955

年第 6 期。

《花冈运动与花冈事件记录会》，［日］谷地田恒夫著，《侵华日军暴行（国际）学术研讨会论文集》，中共石家庄市委党史研究室等编，新华出版社 1996 年版。

《二战掳日中国劳工殉难者遗骨送还问题研究——以第一次遗骨送还运动为中心》，邢寒著，《神州》2013 年第 10 期。

《论日军奴役下的伪满劳工》，党福民著，《侵华日军暴行（国际）学术研讨会论文集》，中共石家庄市委党史研究室等编，新华出版社 1996 年版。

（8）对中国的毒化政策

《日本鸦片侵华政策述论》，王金香著，《抗日战争研究》1993 年第 2 期。

《日本对中国的毒品侵略政策》，王金香著，《民国春秋》1996 年第 3 期。

《日本帝国主义对华鸦片侵略内幕》，韩文宁著，《南京史志》1995 年第 4 期。

《战后日本学界的鸦片侵略政策研究述论》，王美平著，《抗日战争研究》2019 年第 4 期。

《日本在中国占领区内使用麻醉毒品戕害中国人民的罪行》，王德溥、郦玉明著，《民国档案》1994 年第 1 期。

《三四十年代日本的鸦片侵华政策》，魏宏运著，《第二届近百年中日关系史国际研讨会论文集》，中国抗日战争史学会等编，中华书局 1995 年版。

《日本侵华时期的毒化政策》，梅桑榆著，《百年潮》2001 年第 4 期。

《日本侵华时期的毒化政策》，库益菴著，《文史月刊》2013 年第 12 期。

《抗战时期日本对中国社会的毒化政策》，叶锋著，《株洲师范高等专科学校学报》2006 年第 1 期。

《毒化政策——不该遗忘的日寇罪行》，朱桂玲著，《兰台世界》2019 年第 5 期。

《略论英、日对华实施鸦片侵略政策之异同》，赵朗著，《兰台世界》2013 年第 31 期。

《本世纪 30 年代前后日本对华北的毒化政策》，李恩涵著，《近代史研究》1997 年第 4 期。

《抗战时期日本对国统区毒品走私活动述评》，齐春风著，《民国档案》2003 年第 1 期。

《论日本在华北的毒品政策及其危害》,郭贵儒著,《燕山大学学报》2001 年第 4 期。

《论伪维新政府时期日本的鸦片毒化政策》,季鹏著,《社会科学战线》2005 年第 4 期。

《日伪统治时期伪北京市政权的毒品统制政策》,王显成著,《史学月刊》2010 年第 8 期。

《抗战时期日本毒化河北实态研究》,肖红松、李真著,《日本问题研究》2009 年第 2 期。

《档案揭秘日本毒化政策对河北之危害》,曹立朝著,《档案天地》2015 年第 4 期。

《抗战时期日军对山西的毒化侵略》,岳谦厚、乔傲龙著,《抗日战争研究》2012 年第 1 期。

《日本内蒙鸦片政策述评》,陆伟著,《党史研究与教学》1998 年第 3 期。

《日本侵略者对山东的鸦片毒化政策》,王明星著,《抗日战争研究》1998 年第 3 期。

《1923—1937 年日本毒祸山东述评》,唐志勇著,《山东师大学报》2001 年第 2 期。

《日本占领青岛期间的鸦片专卖与占领财政》高宇、燕红忠著,《中国经济史研究》2015 年第 1 期。

《战前日本对上海的鸦片输出》,王明星著,《日本学刊》1997 年第 2 期。

《日伪在南京地区的毒品政策》,黄新华著,《档案与建设》2001 年第 11 期。

《日伪在南京地区的毒品政策初探》,黄新华著,《南京师大学报》2001 年第 6 期。

《论侵华日军对南京的毒品毒化政策》,经盛鸿著,《求是学刊》2006 年第 5 期。

《论侵华日军在福建的贩毒活动》,赖正维著,《晋阳学刊》2005 年第 3 期。

《略述抗战时期日本在福建的毒化政策》,王爱菊著,《福建党史月刊》2013 年第 12 期。

《20 世纪上半叶日本在福建的鸦片政策》,周雪香著,《中国经济史研究》2017 年第 4 期。

《日据台湾时期的鸦片政策(1895—1945)》,朱庆葆著,《福建论坛》2000 年第 4 期。

《日据时期日本在台湾的鸦片政策》，徐振伟著，《日本学论坛》2008 年第 4 期。

《浅评后藤新平在台湾的鸦片专卖政策》，李雪丰、吴玲著，《佳木斯大学社会科学学报》2006 年第 6 期。

《日本殖民台湾时期经济政策在 1937 年前后之变化——以农业政策、鸦片政策为例》，吴群艳著，《湖北师范学院学报》2011 年第 4 期。

《日本华中毒化政策的执行者——华中宏济善堂》，杨天亮著，《档案与史学》2000 年第 2 期。

《日本侵华毒化机构——华中宏济善堂》，曹大臣著，《抗日战争研究》2004 年第 1 期。

《鸦片利益背后的重重矛盾——以日本在华中地区的毒化政策为例》，朱守云著，《兰州教育学院学报》2008 年第 2 期。

《日本侵华时期在华南的毒化活动（1937—1945）》，曹大臣著，《民国档案》2002 年第 1 期。

（9）其他暴行

《日本法西斯在鹤岗煤矿的暴行》，姜富等著，《世纪桥》1995 年第 Z1 期。

《日军在鹤岗煤矿的暴行》，梁荣胜著，《侵华日军暴行（国际）学术研讨会论文集》，中共石家庄市委党史研究室等编，新华出版社 1996 年版。

《日本侵略者在大庆地区的罪行》，杨满良著，《大庆社会科学》2005 年第 5 期。

《日本关东宪兵队在辽宁的罪恶行径》，张淑香著，《辽宁师范大学学报》2007 年第 4 期。

《日军在中国华北的战争犯罪述论》，田苏苏著，《河北师范大学学报》2005 年第 4 期。

《浅析侵华日军在河北的暴行》，宋俊然著，《侵华日军暴行（国际）学术研讨会论文集》，中共石家庄市委党史研究室等编，新华出版社 1996 年版。

《论日军在井陉煤矿的暴行》，马赶春著，《侵华日军暴行（国际）学术研讨会论文集》，中共石家庄市委党史研究室等编，新华出版社 1996 年版。

《从日本资料看日军在江苏常州地区的暴行》，高兴祖著，《民国春秋》1997 年第 5 期。

《侵浙日军罪行研究》,金延锋著,《浙江档案》2015 年第 7 期。

《日军祸赣暴行实录》,蒋伟著,《侵华日军暴行(国际)学术研讨会论文集》,中共石家庄市委党史研究室等编,新华出版社 1996 年版。

《前事不忘后事之师——记日军在德安暴行和万家岭战役》,李科友著,《南方文物》2005 年第 4 期。

《二战期间日寇在玉山暴行调查》,廖焕水著,《上饶师范学院学报》2007 年第 5 期。

《从日军在湖南的暴行看日本军国主义的凶残面目》,王文珍著,《侵华日军暴行(国际)学术研讨会论文集》,中共石家庄市委党史研究室等编,新华出版社 1996 年版。

2. 对亚太其他国家的殖民统治与暴行

《以史为鉴,清算日军侵略亚洲罪行》,李世华著,《现代国际关系》1995 年第 7 期。

《日本在殖民地强制推行的"皇民化"教育》,赵亚夫著,《中学历史教学参考》2005 年第 8 期。

《对日本侵略罪行的严正谴责——泰戈尔 1938 年给日本诗人野口的两封信》,任鸣皋著,《前进论坛》1995 年第 8 期。

(1)对东亚及东南亚其他国家人民的暴行

《战时日本对亚太地区的殖民统治机构之演变——以"大东亚省"的设立过程为中心》,臧运祜著,《抗日战争研究》2017 年第 2 期。

《试析日本在朝鲜殖民统治的特点》,谭红梅著,《东北史地》2013 年第 2 期。

《略论日本侵略战争对殖民地朝鲜造成的损害》,安成日著,《韩国研究论丛》2007 年第 2 期。

《二战期间在日本的朝鲜劳工》,王明星著,《韩国研究论丛》2007 年第 4 期。

《二战期间日本对朝鲜劳工的征用》,陈景彦著,《文史杂志》1998 年第 4 期。

《〈每日新闻〉披露二战史实日本在南洋岛国残杀无辜》,《人民日报》1995 年 7 月 18 日。

《太平洋战争初期日本对东南亚的政策》,孙福生著,《厦门大学学报》1985

年第 1 期。

《试析第二次世界大战期间日本对东南亚的占领政策》，刘兵著，《历史教学》1987 年第 8 期。

《二战期间日本对东南亚的侵略、奴役和掠夺》，高芳英著，《苏州大学学报》1995 年第 3 期。

《日本二战中掠夺的巨额财富到哪儿去了》，萧嘉著，《政工学刊》2014 年第 9 期。

《罪恶的"金百合"：日本二战劫掠亚洲巨额财富秘史》，康狄著，《坦克装甲车辆》2013 年第 4 期。

《侵华日军在南京大屠杀期间对外人资产的劫掠暴行》，卢彦名著，《日本侵华史研究》2013 年第 4 期。

《南京大屠杀期间日军对外人资产之掠夺——以美德两国在宁资产被劫情况为中心的考察》，姜良芹著，《南京大学学报》2013 年第 3 期。

《太平洋战争时期日本法西斯在东南亚的统治方式》，王士录著，《东南亚》1997 年第 2 期。

《"大检证"和"大肃清"日军对新马华人的大屠杀》，范国平著，《军事史林》2007 年第 7 期。

《日军统治对马来亚民族关系的影响》，廖小健著，《世界民族》2001 年第 1 期。

《太平洋战争时期日本的文化政策及其对菲律宾和印尼的影响》，潘一宁著，《东南亚研究》1990 年第 3 期。

《日本侵略东南亚国家时期发行的军用票》，童子玉等著，《中国钱币》1995 年第 3 期。

《日本军票史小考——兼论日本对外经济侵略》，林晓光、孙辉著，《中国抗战与世界反法西斯战争——纪念中国人民抗日战争暨世界反法西斯战争胜利 60 周年学术研讨会文集：上卷》，中国社会科学院近代史研究所编，社会科学文献出版社 2009 年版。

《第二次世界大战期间日本对东亚和东南亚国家的侵略罪行：批驳日本右翼分子否认侵略的言论》，齐欢等著，《云南师大学报》1995 年第 4 期。

《试析太平洋战争期间日本的"南方特别留学生"制度》，李炯里著，《兰州教育学院学报》2013 年第 7 期。

《"二战"时期日本在东南亚招募的"南方特别留学生"》,徐志民著,《世界历史》2017 年第 6 期。

《对"九一八"事变后日本在华出版俄文报纸及控制俄侨办报活动的历史考察》,赵永华著,《国际新闻界》2011 年第 6 期。

（2）对盟军战俘的关押与奴役

《日军对二战盟军战俘的虐待及原因》,胡月著,《中国及太平洋抗战与战俘问题研究——中国及太平洋抗战与战俘问题国际学术研讨会文集》,井晓光、王建学等主编,辽宁人民出版社 2009 年版。

《日军战时的俘虏政策与管理——日军对中外俘虏管理的比较研究》,李力著,《社会科学战线》2009 年第 4 期。

《论二战时期日军对盟军高级战俘奉行政策之演变》,陈春萍著,《溥仪研究》2015 年第 1 期//《日本侵华史研究》2015 年第 4 期。

《日本的战俘管理体系与军人俘虏观教育》,李庆辉、李雪丽著,《大连近代史研究》第 15 卷,2018 年。

《"巴丹死亡行军"述略》,沈宗艳著,《中国及太平洋抗战与战俘问题研究——中国及太平洋抗战与战俘问题国际学术研讨会文集》,井晓光、王建学等主编,辽宁人民出版社 2009 年版。

《亲历者眼中的"巴丹死亡行军"》,杨孝文著,《环球军事》2012 年第 24 期。

《巴丹死亡行军:列斯特·坦尼亲历的死亡之旅》,季我努著,《坦克装甲车辆》2013 年第 2 期。

《巴丹死亡行军:日军以砍杀俘虏为乐》,范国平著,《人民法院报》2015 年 9 月 3 日。

《血迹斑斑的无声控诉:泰国"死亡铁路"博物馆》,王越著,《军事史林》2012 年第 5 期。

《膏药旗下的地狱:日军强迫美军战俘修建缅泰死亡铁路秘闻》,季我努著,《坦克装甲车辆》2013 年第 2 期。

《"地狱航船"——日本二战中转运白人战俘的"海上活棺材"》,康狄著,《世界知识》2012 年第 23 期。

《日本侵华战争与战俘问题——从内海爱子的观点说起》,洛河著,《抗日战争研究》1997 年第 4 期。

《二战时期日本的盟军战俘集中营及其监管制度》,郭洪茂著,《社会科学战线》2009 年第 4 期。

《二战盟军战俘营研究亟待加强》,耿雪著,《中国社会科学报》2015 年 5 月
18 日。

《二战盟军战俘营名册研究》,田晶著,《中国及太平洋抗战与战俘问题研
究——中国及太平洋抗战与战俘问题国际学术研讨会文集》,井晓光、王建学等
主编,辽宁人民出版社 2009 年版。

《太平洋战争时期中国境内盟国侨民集中营研究回顾与展望》,王淼著,《日
本侵华史研究》2017 年第 4 期。

《离死神最近的地方:战俘回忆日军奥唐奈集中营》,战子秋、石维军等著,
《世界军事》2007 年第 7 期。

《二战期间亚洲最大的同盟国集中营揭秘》,鲁南著,《福建党史月刊》2008
年第 11 期。

《日本关押外国人的山东潍县集中营揭秘》,鲁南著,《文史月刊》2008 年第
12 期。

《二战期间亚洲最大的同盟国潍县集中营揭秘》,鲁南著,《世纪桥》2008 年
第 21 期。

《二战盟军高级战俘营旧址引起关注》,曾毅著,《光明日报》2009 年 10 月
27 日。

《揭秘辽源二战高级战俘营》,赵颖志、乔会博著,《兰台内外》2015 年第
6 期。

《辽源二战盟军高级战俘营纪事》,赵雪峰著,《长春日报》2019 年 10 月
30 日。

《辽源二战盟军高级战俘营寻觅与考证》,李君著,《中国及太平洋抗战与战
俘问题研究——中国及太平洋抗战与战俘问题国际学术研讨会文集》,井晓光、
王建学等主编,辽宁人民出版社 2009 年版。

《日本设置二战辽源盟军高级战俘集中营探究》,李倩、张冬梅著,《大连大
学学报》2014 年第 1 期。

《"二战辽源盟军高级战俘营"座谈会》,《社会科学战线》2009 年第 4 期。

《拂去尘埃始见金——二战沈阳盟军战俘营研究综述》,石恒利著,《辽宁大
学学报》2007 年第 2 期。

《沈阳二战盟军战俘集中营述论》,高建著,《中国近现代史史料学学会学术

会议论文集之七——中国近现代史及史料研究》,2007 年。

《沈阳二战盟军战俘营研究资料综述》,王玲菱著,《中国及太平洋抗战与战俘问题研究——中国及太平洋抗战与战俘问题国际学术研讨会文集》,井晓光、王建学等主编,辽宁人民出版社 2009 年版。

《浅析沈阳二战盟军战俘集中营的由来》,石岩著,《中国及太平洋抗战与战俘问题研究——中国及太平洋抗战与战俘问题国际学术研讨会文集》,井晓光、王建学等主编,辽宁人民出版社 2009 年版。

《以往鉴来料远若近——"二战沈阳盟军战俘营"历史文化价值的现实解读》,杨竞著,《辽宁大学学报》2007 年第 2 期。

《研究沈阳二战盟军战俘营历史的现实意义》,包艳伶著,《大连近代史研究》第 10 卷,2013 年//《抗日战争研究》2010 年第 2 期。

《第二次世界大战时期日军对盟军的战俘政策析论——以沈阳盟军战俘营的日美战俘信息交换为例》,王铁军、焦润明著,《世界历史》2009 年第 5 期。

《二战期间日军战俘管理制度研究——以日军沈阳盟军战俘营为中心》,王铁军著,《抗日战争研究》2010 年第 2 期。

《关于"沈阳英美盟军战俘营"之史实再考订》,王铁军著,《辽宁大学学报》2009 年第 3 期。

《〈奉天涅槃:见证二战日军沈阳英美盟军战俘营〉考订》,李晗、葛丽敏著,《中国及太平洋抗战与战俘问题研究——中国及太平洋抗战与战俘问题国际学术研讨会文集》,井晓光、王建学等主编,辽宁人民出版社 2009 年版。

《沈阳二战盟军战俘营与潍县侨民集中营比较研究》,石岩著,《兰台世界》2011 年第 5 期。

《二战时期日军设立的沈阳盟军战俘营和潍县侨民集中营之比较研究》,石岩著,《抗战史料研究》2015 年第 1 期。

《"无声之营——沈阳二战盟军战俘营史实展"在旧金山开幕》,《中国博物馆通讯》2017 年 12 月。

《沈阳二战盟军战俘营旧址保护研究的回顾与展望》,刘长江著,《"九一八"研究》2014 年第 1 期。

《近代日本战俘管理制度的时代差异性——以板东德军战俘营和沈阳盟军战俘营为例》,李庆辉著,《抗战史料研究》2016 年第 2 期。

《奉天战俘营盟军高级战俘述论》,张恺新著,《中国及太平洋抗战与战俘问题研究——中国及太平洋抗战与战俘问题国际学术研讨会文集》，井晓光、王建学等主编，辽宁人民出版社 2009 年版。

《奉天二战美军战俘营纪事》，邓永泉著，《纵横》2004 年第 4 期。

《奉天盟军战俘集中营考略》，杨竞著，《历史研究》2009 年第 1 期。

《二战期间日军在奉天所设盟军战俘营研究》，张洁、赵朗等著，《社会科学辑刊》2006 年第 6 期。

《上海盟军战俘营考略》，张帅、苏智良著，《历史研究》2016 年第 1 期。

《日军设置的上海盟军战俘营》，张帅、苏智良著，《社会科学文摘》2016 年第 6 期。

《揭秘日军"死亡战俘营"》，杨竞著，《人民日报》2014 年 5 月 5 日。

《樟宜战俘营》，范国平著，《人民法院报》2015 年 9 月 3 日。

《"特殊"囚犯：日军战俘营里的美国奥运选手》，陈祥著，《经济观察报》2015 年 6 月 8 日。

3. "慰安妇制度"——对亚太各国妇女的性奴役

（1）慰安妇问题总论

《日本学术界"慰安妇问题"研究述论》，潘德昌著，《社会科学辑刊》2004 年第 4 期。

《血泪写就的历史岂能无视——二战日军"慰安妇"问题综述》，林晓光著，《国际观察》1994 年第 1 期。

《中国"慰安妇"问题研究综述》，胡银平著，《周口师范学院学报》2007 年第 1 期。

《中国慰安妇研究概要（1994—2007）》，梁占军著，《占领历史研究："1931—1949 占领历史研究"国际学术会议论文集》，胡德坤主编，武汉大学出版社 2010 年版。

《台湾慰安妇问题的最近动向》，陈丽菲著，《抗日战争研究》1999 年第 3 期。

《对日军性奴隶问题的解析》，曹喜胜、金成杰著，《延边大学学报》2014 年第 4 期。

《日本对性奴隶犯下的暴行》，都斌著，《海内与海外》2014 年第 6 期。

《日军"慰安所"历史罪责及其现实的研究课题》，金成镐、金成杰著，《延边大学学报》2014 年第 5 期。

《"慰安妇"制度略述》,赵丽君著,《济宁学院学报》2018年第4期。

《日军"慰安妇"制度概念辨析》,刘广建著,《日本侵华史研究》2017年第1期。

《加强"慰安妇"问题研究》,苏智良著,《中国社会科学报》2015年8月10日。

《将"慰安妇"改称"性奴隶"更有力》,宋杰著,《法制日报》2014年2月11日。

《迈向战争与性暴力的比较史》,[日]上野千鹤子等著;陆薇薇译,《妇女研究论丛》2019年第6期。

《兽类的盛宴——侵华日军淫虐暴行纪实》,彭中杰著,《现代妇女》1995年第7期。

(2)日本本国慰安妇

《二战时期的日军"慰安妇制度"》,王延华著,《理论观察》1995年第5期。

《关于日军的"慰安妇制度"》,王延华著,《齐齐哈尔师院学报》1995年第5期。

《关于日军慰安妇制度的几点辨析》,苏智良著,《抗日战争研究》1997年第3期。

《侵华日军慰安妇制度略论》,苏智良、陈丽菲著,《历史研究》1998年第4期。

《日军"慰安妇"制度概念辨析》,刘广建著,《日本侵华史研究》2017年第1期。

《从军慰安妇问题的由来》,[日]干田夏光著;唐棣译,《国外社会科学快报》1992年第8期。

《日军"慰安妇"制度的由来与"河野谈话"的得失》,[日]吉见义明、芦鹏著,《日本侵华史研究》2015年第3期。

《日本社会传统与日军慰安妇制度》,高凡夫著,《学海》2005年第3期。

《日本军人的性心理与慰安妇制度》,高凡夫、赵德芹著,《南京社会科学》2006年第8期。

《"慰安妇"就是日本政府推行的军队性奴隶》,苏智良著,《社会科学战线》2014年第8期。

《不容抹杀的历史:日军性奴隶制度》,[韩]尹美香;崔强译,《当代韩国》

2007 年第 3 期。

《日本慰安妇制度的起源》，田中良、张涛著，《池州师专学报》2004 年第
5 期。

《日军"慰安妇"前史——西伯利亚出兵与"唐行小姐"》，林博史、芦鹏著，
《日本侵华史研究》2015 年第 4 期。

《日本陆军中央与"从军慰安妇"制度——以金原节三〈陆军省业务日志摘
录〉为中心》，[日]吉见义明著；王亚琴译，《军事历史研究》2015 年第 2 期。

《昔日随军"慰安妇"——日本"军事秘密"的真相》，吴仲明著，《当代韩国》
1995 年第 3 期。

《日本从军"慰安妇"制度的极端隐秘性》，李洪锡著，《日本研究》2015 年第
2 期。

《侵华日军南京"慰安妇"制度述论》，经盛鸿著，《江海学刊》2000 年第
6 期。

《现代军事性奴隶：日本慰安妇制度散论》，苏智良著，《学术月刊》2000 年
第 8 期。

《驻孙吴日军"慰安妇"》，杨柏林著，《黑龙江档案》2008 年第 4 期。

《慰安妇制度的见证——以孙吴侵华日军军人会馆为例》，韩雪著，《黑河学
刊》2013 年第 11 期。

《民国出版物中的日军"慰安妇"制度》，刘广建著，《日本侵华南京大屠杀研
究》2018 年第 3 期。

《档案中发现的有关上海日军慰安妇问题》，陈正卿、庄志龄著，《档案与史
学》2000 年第 2 期。

《抗战初期的日军慰安所》，华强著，《档案与史学》1995 年第 4 期。

《南京事件前后日军慰安所的开设与运作——南京·上海·扬州的日军慰
安所与上海派遣军（1937—1938）》，[日]吉见义明著；齐方译，《日本侵华史研
究》2013 年第 3 期。

《二战时期日军直营慰安所研究——以上海杨家宅日军慰安所为中心》，苏
智良、陈丽菲著，《历史教学问题》2015 年第 1 期。

《"慰安妇"制度就是反人道的性奴隶制度——以日军直营"慰安所"为中
心》，苏智良著，《纪念中国人民抗日战争暨世界反法西斯战争胜利 70 周年国际
学术研讨会论文集》，中共中央党史研究室等，2015 年。

《侵华日军华中"慰安妇"罪行新证》，陈正卿著，《档案与史学》2003 年第 1 期。

《档案记录有铁证　侵华军官有书证　宜昌旧址有物证——侵华日军在宜昌设有慰安所》，裴宜喜、马治安著，《湖北档案》2001 年第 5 期。

《二战时期东南亚战场上的日军慰安妇》，朱和双、李金莲著，《学术论坛》2003 年第 2 期。

（3）中国慰安所、慰安妇案例与调查

《日本强征"慰安妇"铁证如山》，苏智良著，《人民日报》2015 年 8 月 15 日。

《日军侵华期间强征中国慰安妇问题》，陈景彦著，《东北亚论坛》2001 年第 3 期。

《日本侵略者强迫中国妇女作日军慰安妇实录》，稣实著，《抗日战争研究》1992 年第 4 期。

《东宁要塞慰安妇首次揭秘》，兰草、韩茂才著，《文史精华》2001 年第 10 期。

《侵华日军东宁要塞群中国劳工、慰安妇调查报告》，《黑龙江省社会主义学院学报》2003 年第 2 期。

《黑龙江省档案馆馆藏"慰安妇"档案的价值》，聂博馨著，《黑龙江档案》2017 年第 6 期。

《关于战时厚和豪特市"慰安妇"问题的探讨——以凉城县"慰安妇"健康证章为视角》，张爱民、张颖异著，《集宁师范学院学报》2017 年第 5 期。

《日军慰安妇政策在华北地区的实施》，田苏苏著，《抗日战争研究》2005 年第 2 期。

《"慰安妇"：这一页屈辱黑暗的历史——日军在华北实施"慰安妇"制度罪行史证》，晓苏著，《档案天地》2004 年第 2 期。

《新发现的日军在天津强征中国妇女充当慰安妇的档案资料》，卞修跃著，《抗日战争研究》1998 年第 3 期。

《关于日军强征山西"慰安妇"的调查报告》，刘萍著，《抗日战争研究》1999 年第 2 期。

《战后日军仍设有慰安所重要证据在山西省档案馆发现》，雨华著，《山西档案》2001 年第 5 期。

《日军侵占太原时的慰安妇与殡仪馆》，刘展著，《文史月刊》2002 年第

1 期。

《山东慰安所调查》，荆棘著，《齐鲁周刊》2014 年第 33 期。

《南京日军慰安所实录》，苏智良著，《紫金岁月》1997 年第 6 期。

《南京慰安妇悲恨往事实录》，王炳毅著，《档案与建设》2005 年第 7 期。

《南京"慰安妇"写真》，经盛鸿、孙良铭著，《民国春秋》1999 年第 6 期。

《南京的慰安妇与慰安所》，经盛鸿著，《抗日战争研究》1999 年第 2 期。

《南京的"慰安所"与"慰安妇"》，经盛鸿、王冠保著，《钟山风雨》2005 年第 2 期。

《南京日军"慰安所"与"慰安妇"概论》，经盛鸿、胡卓然著，《日本侵华史研究》2013 年第 3 期。

《侵华日军南京慰安所研究》，苏智良著，《日本侵华南京大屠杀研究》2018 年第 1 期。

《侵华日军南京慰安所调查与研究》，经盛鸿、管尔东著，《南京社会科学》2004 年第 12 期。

《慰安妇血铸的史实——对南京侵华日军慰安所的调查》，经盛鸿著，《南京师大学报》2007 年第 1 期。

《对南京侵华日军慰安所的最新调查》，经盛鸿、钱春霞著，《江苏地方志》2005 年第 4 期。

《对南京日军慰安所的最新调查报告》，经盛鸿、张连红著，《纪念中国人民抗日战争暨世界反法西斯战争胜利 60 周年学术研讨会论文集：下卷》，中共中央党史研究室科研管理部编，中共党史出版社 2006 年版。

《对南京原日军慰安所的最新调查报告》，经盛鸿著，《社会科学战线》2007 年第 3 期。

《南京慰安妇的血泪——对南京侵华日军慰安所的最新调查报告》，经盛鸿、王丽娜等著，《百年潮》2007 年第 5 期。

《南京下关区侵华日军慰安所的调查报告》，张连红、李广廉著，《南京师大学报》2000 年第 6 期。

《南京"慰安所"寻证记》，经盛鸿著，《炎黄春秋》2019 年第 4 期。

《侵华日军在南京的又一暴行——南京"慰安所"揭秘》，经盛鸿、邓若华著，《档案与建设》2000 年第 8 期。

《南京利济巷：亚洲最大的"慰安所"遗址》，经盛鸿著，《团结报》2015 年 10

月 22 日。

《南京利济巷慰安所旧址陈列馆与"慰安妇"历史的固化》,袁志秀著,《档案与建设》2016 年第 2 期。

《朴永心与南京利济巷"慰安所"遗址考证》,经盛鸿著,《日本侵华史研究》2016 年第 1 期。

《杨春普与南京利济巷慰安所旧址——关于"普庆新村"的考证》,刘广建、袁志秀著,《日本侵华南京大屠杀研究》2018 年第 1 期。

《是普通妓院还是日军慰安所——关于南京"人民慰安所"的考证》,刘广建著,《档案与建设》2017 年第 7 期。

《侵华日军上海慰安所揭秘》,苏智良著,《上海党史与党建》1995 年第 4 期。

《侵沪日军的"慰安所"》,苏智良著,《抗日战争研究》1996 年第 4 期。

《关于上海四个日军慰安所的调查》,苏智良著,《抗日战争研究》1999 年第 2 期。

《侵沪日军搜掠妇女充当慰安妇史料》,《档案与史学》1995 年第 4 期。

《上海市档案馆发现慰安妇材料 日寇侵华铁证如山岂容篡改》,《上海档案》2001 年第 3 期。

《上海四川北路周围的慰安所研究》,姚霏著,《上海纪念抗日战争胜利 60 周年研讨会论文集》(上海市社会科学界联合会编),上海人民出版社 2005 年版。

《上海四川北路区域慰安所研究》,姚霏著,《抗日战争研究》2006 年第 2 期。

《上海日军慰安所探秘》,苏智良著,《检察风云》2005 年第 12 期。

《长恨当悲 杭城洒泪——记日军侵华期间出现在杭州的慰安妇》,郑箴、宋微著,《浙江档案》1997 年第 7 期。

《一份揭露日军慰安所的珍贵文献——〈金华鸡林会会则及名簿〉解读》,苏智良、陈丽菲著,《史林》2018 年第 1 期。

《日军在安徽实施"慰安妇"制度的考察》,苏智良、陈媛媛著,《安徽史学》2019 年第 6 期。

《武汉慰安所揭秘》,江城著,《武汉文史资料》1995 年第 4 期。

《侵华日军武汉地区慰安所的调查与研究》,熊子健著,《湖南科技学院学报》2019 年第 1 期。

《日寇铁蹄下汉口的日本陆军慰安所》，房建昌著，《武汉文史资料》2000 年第 4 期。

《汉口积庆里日本陆军特殊慰安所》，房建昌著，《武汉文史资料》2015 年第 Z2 期。

《抗日战争中的滇西慰安妇》，陆安著，《档案春秋》2012 年第 6 期。

《滇西抗战中的另类人生——日军慰安妇》，李配亮、张惟祎著，《云南教育》2005 年第 7 期。

《日本侵略海南时期的慰安妇制度浅析》，杜汉文著，《纪念中国人民抗日战争暨世界反法西斯战争胜利 60 周年学术研讨会论文集:下卷》，中共中央党史研究室科研管理部编，中共党史出版社 2006 年版。

《侵琼日军慰安妇实录》，符和积著，《抗日战争研究》1996 年第 4 期。

《台湾"慰安妇"问题的由来》，王键著，《世界知识》2015 年第 22 期。

《台湾影片中的"慰安妇"》，俞晓著，《人民日报（海外版）》2015 年 8 月 31 日。

《香港日军慰安所调查记》，苏智良著，《探索与争鸣》2000 年第 2 期。

《日军强征慰安妇史料一则》，《北京档案史料》1995 年第 2 期。

《日军史无前例的强暴中华妇女——被强奸者远多于慰安妇》，吴天威著，《抗日战争研究》1999 年第 2 期。

《不堪回首的慰安妇经历》，龚志伟著，《人民法院报》2015 年 9 月 3 日。

《世纪呐喊——慰安妇幸存者纪实》，李晓方著，《浙江档案》2015 年第 6 期。

《透过历史的尘埃看中国"慰安妇"真相》，陈秋兰著，《中国律师》1998 年第 11 期。

《铁证如山罄竹难书——中国原"慰安妇"受害事实调查委员会第一阶段调查结果》，《中国律师》2007 年第 8 期。

《"慰安妇"的血泪记忆》，郑晋鸣著，《光明日报》2014 年 6 月 26 日。

《"慰安妇"的声音不容遗忘》，苏智良著，《人民日报》2016 年 6 月 8 日。

《"慰安妇"——日军性奴隶档案》（共 5 期），《中国档案报》2015 年 8 月 17 日、8 月 20 日、8 月 24 日、8 月 31 日、9 月 3 日。

《〈"慰安妇"——日军性奴隶档案选〉第六集:中国司法机关审讯日本侵华

战犯形成的档案》，靳昊著，《光明日报》2015 年 8 月 21 日。

《〈"慰安妇"——日军性奴隶档案选〉第七集：战时出版的中日文图书资料》，《人民日报》2015 年 8 月 24 日。

《〈"慰安妇"——日军性奴隶档案选〉第八集：历史照片》，《人民日报》2015 年 8 月 24 日。

《在档案中探寻"慰安妇"问题的真相》，陈景彦、吕春月著，《东北亚论坛》2018 年第 6 期。

《"慰安妇"是永不消逝的民族记忆》，丁建庭著，《南方日报》2017 年 8 月 15 日。

《"慰安妇"文学：血泪的见证》，王学振著，《中国社会科学报》2015 年 12 月 11 日。

《新发掘档案对"慰安妇"研究维度的拓展——以吉林省档案馆藏为中心》，赵玉洁著，《兰台内外》2018 年第 4 期。

《黑龙江省档案馆参加日军"慰安妇"国际学术会议》，聂博馨著，《黑龙江档案》2018 年第 5 期。

（4）其他国家慰安妇

《揭秘全球首个公开身份的白人慰安妇》，李云贵著，《兰台内外》2016 年第 1 期。

《摧折的花朵：白人"慰安妇"铁证控诉》，范国平著，《环球时报》2019 年 12 月 17 日。

《慰安妇问题与日本的国际化》，管宁著，《世界史研究动态》1993 年第 9 期。

《二战时期日军"慰安"制度的国际化倾向》，华强著，《抗日战争研究》2006 年第 2 期。

《日军在亚洲实施的军队性奴隶制度》，苏智良著，《光明日报》2000 年 7 月 7 日。

《为朝鲜"慰安妇"在南京寻证》，经盛鸿著，《钟山风雨》2018 年第 6 期。

《韩国学者发现日军运营慰安所秘密文件》，董小娇著，《文史参考》2012 年第 17 期。

《朴永心：侵华日军慰安妇制度的活人证》，经盛鸿著，《纵横》2005 年第 1 期。

《我为在玉田的朝鲜慰安妇作证》，刘大为著，《炎黄春秋》2001 年第 10 期。

《韩日"慰安妇"问题：一个难解的结》，郑继永著，《世界知识》2017 年第 4 期。

《韩国"慰安妇"议题的形成、发展过程与社会意识问题》，李贞玉著，《妇女研究论丛》2019 年第 4 期。

《韩日慰安妇问题协议：内容、机制与影响》，李婷婷著，《国际战略研究简报》2016 年。

《韩国人，为什么"不宽容"——"慰安妇写真集"引发的讨论》，金俊、朴光海、宋成有著，《世界知识》2004 年第 7 期。

《安达曼群岛日本海军"慰安所"考证》，[日]杉本雄一郎著；芦鹏译，《日本侵华史研究》2016 年第 4 期。

（5）责任追究与历史记忆

《慰安妇问题与日本战争罪责》，卞修跃著，《抗日战争研究》1999 年第 2 期。

《试论战后日本对慰安妇问题态度》，苏智良著，《日本研究》1999 年第 3 期。

《试析战后日本政府对"慰安妇"问题的认识》，陈健行著，《军事历史研究》2015 年第 2 期。

《论日本在"慰安妇"问题上的错误史观》，李敏著，《日本侵华史研究》2017 年第 2 期。

《从"受害者之耻"到"加害者之罪"——"慰安妇"问题再思考》，胡澎著，《中国妇女报》2017 年 8 月 22 日。

《慰安妇问题与日本的战争责任认识》，步平著，《抗日战争研究》2000 年第 2 期。

《东南亚国家的慰安妇问题与日本的战争责任》，朱和双著，《东南亚》2001 年第 3 期。

《正视历史耻辱 方能改过图新——评日本在"慰安妇"问题上的顽固立场》，万振著，《当代世界》2007 年第 8 期。

《安倍政府的"慰安妇"问题认识与日韩关系的困境》，李成日著，《东北亚学刊》2018 年第 3 期。

《驳日本"慰安妇"问题否定派观点》，林博史、芦鹏著，《日本侵华史研究》

2015 年第 3 期。

《否认强征"慰安妇"自取其辱》,丁建庭著,《南方日报》2016 年 2 月 23 日。

《"慰安妇"问题:舆论正义和日本的"历史战"》,金嬴著,《当代世界》2017年第 11 期。

《在慰安妇问题上,日本不要与世界为敌》,丁建庭著,《南方日报》2016 年10 月 27 日。

《在慰安妇问题上韩国会被日本忽悠吗?》,刘和平著,《深圳特区报》2016年 1 月 21 日。

《日本政客为何惧怕"慰安妇"?》,彭亮著,《人民日报(海外版)》2014 年 6月 14 日。

《美学者:日"慰安妇"政策"倒退二十年"》,徐超著,《中国妇女报》2015 年7 月 8 日。

《"慰安妇"问题不能就此终结》,丁建庭著,《南方日报》2015 年 12 月31 日。

《国际劳工组织专家委员会对"慰安妇"问题的审议和判定》,王玉强著,《日本侵华南京大屠杀研究》2019 年第 4 期。

《美国通过"慰安妇"议案敲打日本》,吴广义著,《世界知识》2007 年第14 期。

《慰安妇问题:美国压力下的日本式尴尬》,陈言著,《中国新闻周刊》2007年第 24 期。

《美国众议院关于"慰安妇"问题的立法活动研究》,王玉强著,《东北亚论坛》2016 年第 3 期。

《"慰安妇"雕像背后的历史态度》,鲍南著,《北京日报》2017 年 9 月 27 日。

《美国的"慰安妇"立像与日裔社会》,[日]小山艾米著;芦鹏译,《日本侵华史研究》2015 年第 2 期。

《构建超越民族国家的历史记忆——美国"慰安妇"纪念碑运动调查》,丘培培著,《日本侵华南京大屠杀研究》2019 年第 4 期。

《"慰安妇问题协议":韩方立场与韩日关系》,吕春燕著,《东北亚学刊》2019 年第 2 期。

《日韩"慰安妇"问题的历史演变及其原因分析》,张源著,《当代韩国》2018年第 2 期。

《日韩解决"慰安妇"问题的背后》，禾泽著，《中国文化报》2016 年 1 月 7 日。

《日韩建交后的"慰安妇问题"：政府、民意与美国因素》，姜龙范著，《日本学刊》2018 年第 6 期。

《新时代下韩国"慰安妇"影像记忆的呈现》，陈荃著，《戏剧之家》2019 年第 7 期。

《中国"慰安妇"受害幸存者对日索赔诉讼述论》，高凡夫著，《日本侵华史研究》2016 年第 1 期。

《亲历中国劳工及"慰安妇"对日诉讼》，康健著，《中关村》2019 年第 7 期。

《日本实施性奴隶制度的新证据》，苏智良著，《光明日报》2014 年 7 月 8 日。

《日本实施性奴隶制度的新证据——新发现的关东军"慰安妇"档案解读》，苏智良著，《社会科学战线》2014 年第 7 期。

《慰安妇制度铁证如山》，万宇著，《人民日报》2013 年 7 月 15 日。

《对残留日军慰安所史料的考订》，赵永强著，《山西档案》2001 年第 5 期。

《国耻五十年祭——记日军侵华战争中的劳工、难童、慰安妇》，李秀平、齐声著，《法律与生活》1995 年第 8 期。

《"松下富贵楼"内窥器：侵华日军实施"慰安妇"制度的重要罪证》，王伟民、李忻悦、孙红亮著，《日本侵华史研究》2016 年第 3 期。

《徐信符：首位用诗歌揭露日军慰安妇制度的诗人》，周生杰著，《石家庄学院学报》2016 年第 5 期。

《文献、口述与研究：重建日军"慰安妇"的历史事实》，苏智良著，《上海师范大学学报（哲学社会科学版）》2018 年第 5 期。

《创伤与记忆："慰安妇"的私密创伤与公共记忆重构》，刘喜涛、曹大臣著，《南京社会科学》2018 年第 11 期。

《〈人民日报〉建构"慰安妇"集体记忆探析（1995—2018）》，陈婧著，《东南传播》2019 年第 1 期。

《创伤叙事：慰安妇集体记忆的媒体建构——以纪录片〈揭秘日军"慰安妇"制度暴行〉为例》，吴林璞、王玲宁著，《东南传播》2018 年第 11 期。

《论"慰安妇"题材纪实文学的身体话语》，黄文凯著，《日本侵华南京大屠杀研究》2019 年第 4 期。

《吉林省档案馆代表团赴韩国参加〈解决日本军"慰安妇"问题的课题与展

望〉国际学术研讨会》,《兰台内外》2015 年第 6 期。

（6）其他

《中国慰安妇问题研究中心成立》,《抗日战争研究》1999 年第 2 期。

《中国"慰安妇"资料馆开馆》,姚霏著,《抗日战争研究》2007 年第 4 期。

《抗战文学中的慰安妇题材》,王学振著,《南京师范大学文学院学报》2012 年第 4 期。

《苏智良与中国慰安妇研究》,赵兰英著,《瞭望》1999 年第 34 期。

《我研究"慰安妇"问题的历程》,苏智良、陈礼茂著,《史林》2006 年第 S1 期。

《我所做的是还历史一个真相——访中国慰安妇研究中心主任苏智良教授》,王恒利著,《河南教育（高校版）》2006 年第 3 期。

《记录黎苗族"慰安妇"血泪史的人——记黎族退休干部张应勇》,黄青文著,《今日海南》2005 年第 9 期。

《慰安妇制度受害的不仅是女性》,夏蓓著,《南京大屠杀史研究》2012 年第 1 期。

《性别视角下的"慰安妇"问题》,胡澎著,《日本学刊》2007 年第 5 期。

《"慰安妇"档案申遗》,姜浩峰著,《新民周刊》2014 年第 23 期。

《南京大屠杀和"慰安妇"档案已申报联合国教科文组织〈世界记忆名录〉》,本刊讯著,《中国档案》2014 年第 7 期。

《我馆馆藏"慰安妇"档案已申报联合国教科文组织世界记忆名录》,聂博馨著,《黑龙江档案》2014 年第 4 期。

《国际法透视下的日军"慰安妇"问题》,陈淑荣著,《石家庄学院学报》2005 年第 4 期。

《中国"慰安妇"真相》,朱冬菊、原碧霞著,《华人时刊》2005 年第 8 期。

《档案记载的"慰安妇"真相》,张新著,《档案春秋》2007 年第 7 期。

第二节　德国法西斯的侵略及其暴行

一、德国法西斯的侵略

《关于希特勒准备和发动战争手段的思考》,徐玲著,《枣庄学院学报》2005 年第 3 期。

《希特勒的声东击西(答读者问)》,《人民日报》1977 年 8 月 11 日。

《德国法西斯入侵波兰》,吴友法著,《外国史知识》1983 年第 4 期。

《希特勒的奸计和波兰的沦亡》,陈亚舟、袁南芳著,《军事学术》1982 年第 2 期。

《"闪击"波兰》,任玉波、将言著,《坦克装甲车辆》1994 年第 8 期。

《希特勒闪击华沙　波空军奋起还击》,刘韫著,《中国空军》1993 年第 2 期。

《空中桥梁渡德军　兵从天降征丹挪》,刘韫著,《中国空军》1993 年第 3 期。

《空降突击取要塞　强击轰炸显神威》,刘韫著,《中国空军》1993 年第 4 期。

《"鲍拉行动"心理战　兵不血刃陷巴黎》,刘韫著,《中国空军》1995 年第 1 期。

《德意志大战同盟军　希特勒征服法兰西》,刘韫著,《中国空军》1993 年第 5 期。

《谈谈德国法西斯首先进攻西欧的原因》,朱光著,《大庆师专学报》1983 年第 3 期。

《希特勒进攻英法的决策与张伯伦的对策》,蒋相泽著,《学术研究》1994 年第 5 期。

《希特勒闪击西欧四国何以得逞》,刘克俭著,《军事教育学院学报》1991 年第 2 期。

《试论二战初期德国迅速攻占欧洲诸国的原因》,周中林著,《荆州师专学报》1993 年第 6 期。

《闪电战:不列颠空战》,本刊编辑部著,《中国尖端武器报道 B:进攻与防御》2005 年第 5 期。

《不列颠上空起战云　希特勒暴怒炸伦敦》,刘韫著,《中国空军》1995 年第 2 期。

《德国法西斯侵略南斯拉夫的准备(1937—1941)》,福明、濮阳翔译,《史学译丛》1958 年第 1 期。

《7 名德国士兵占领南斯拉夫首都》,赵倡文著,《文史月刊》2009 年第 12 期。

《七个德国兵占领贝尔格莱德》，赵倡文著，《文史博览》2011 年第 1 期。

《征服巴尔干以惩罚为目的》，本刊编辑部著，《中国尖端武器报道 B：进攻与防御》2005 年第 1 期。

《征服巴尔干：闪电入侵一个爱琴海上的岛屿》，本刊编辑部著，《中国尖端武器报道 B：进攻与防御》2005 年第 2 期。

《希特勒大举进攻　斯大林哀兵必胜》，刘韫著，《中国空军》1996 年第 1 期。

《希特勒声西击东》，陈亚舟、袁南芳著，《军事学术》1982 年第 4 期。

《希特勒的"计划"和"巴巴罗萨"行动的起因》，［英］H.W.科克著；人禾译，《世界史研究动态》1984 年第 8 期。

《"关于希特勒入侵苏联的讲话"的多声音的实现》，张志敏著，《广西社会科学》2002 年第 6 期。

《二战期间德国对俄国的入侵》，［俄］B.A.格拉西莫夫著；尹德今译，《呼兰师专学报》1996 年第 1 期。

《希特勒的"第 25 号命令"》，亚雄著，《现代兵器》1993 年第 9 期。

《染指巴尔干》，彭彬、任玉波著，《坦克装甲车辆》1995 年第 1 期。

《猎獗的恶魔：德军在二战初期的欧洲战场》，左立平著，《军事史林》1995 年第 11 期。

《希特勒对美国宣战》，［美］诺曼·里奇著；孙利辉译，《二战史通讯》1982 年第 4 期。

《纳粹德国为何对美国宣战》，蒋相泽著，《学术研究》1997 年第 6 期。

《关于纳粹德国史中的几个专用名词》，宋钟璜著，《世界史研究动态》1983 年第 5 期。

《美军杂志载文分析第二次世界大战中德军如何以寡敌众》，《解放军报》1982 年 5 月 7 日。

《纳粹血洗纽约计划曝光》，杨孝文著，《环球军事》2010 年第 20 期。

《纳粹德国：破灭的"太空殖民"梦》，陈晓刚著，《中国航天报》2018 年 3 月 3 日。

《二战期间德国的西藏和中亚考察与研究计划》，赵光锐著，《藏学学刊》2015 年第 1 期。

二、德国法西斯的暴行

1. 纳粹反犹屠犹研究

（1）希特勒反犹排犹

《海德格尔与胡塞尔关系史外篇：反犹主义与纳粹问题》，倪梁康著，《现代哲学》2016 年第 4 期。

《纳粹德国滔天罪，历史谜团终得解：90 年代我国史学界关于“希特勒反犹原因探索”综述》，欧阳杰著，《吉安师专学报》1999 年第 3 期。

《希特勒与犹太人》，布仁图著，《内蒙古师大学报》1988 年第 3 期。

《希特勒反犹之谜》，本刊编辑部著，《军事史林》2000 年第 1 期。

《关于纳粹反犹活动及其原因》，高建国著，《外国史知识》1984 年第 17 期。

《浅谈希特勒法西斯反犹运动》，林家恒著，《历史教学问题》1987 年第 2 期。

《浅析希特勒反犹的原因》，张倩红著，《史学月刊》1992 年第 2 期。

《希特勒反犹原因新探》，杨海军著，《河南师范大学学报》1993 年第 3 期。

《希特勒反犹原因再探》，杨海军著，《黄淮学刊》1994 年第 4 期。

《试析希特勒反对犹太人的原因》，李贵方著，《中学历史教学》1986 年第 1 期。

《希特勒反对犹太人原因简析》，罗群芳、吴仪著，《襄樊学院学报》2003 年第 4 期。

《希特勒反犹政策的原因论析》，桂莉、孙文沛著，《华中师范大学学报（人文社会科学版）》2010 年第 1 期。

《试论希特勒的反犹主义》，范鸿著，《北京大学研究生学刊》，1994 年第 3 期。

《论纳粹种族主义与反犹观》，王林聪著，《宁波大学学报》1996 年第 4 期。

《论希特勒的反犹运动》，臧丕文、魏委著，《开封教育学院学报》1996 年第 1 期。

《希特勒的反犹与反共》，李道豫著，《历史教学》1994 年第 6 期。

《希特勒外交政策的八大原则和反犹观》，何桂全译，《世界史研究动态》1989 年第 8 期。

《反犹是第三帝国的既定国策》，陈守普著，《北方论丛》1987 年第 1 期。

《纳粹为什么迫害犹太人》，史途著，《党政论坛》2005 年第 3 期。

《纳粹德国反犹政策的演变与原因》,肖汉森著,《华中师大学报》1992 年第 3 期。

《纳粹德国排犹政策的演变及根源探析》,纪宗安、何新华著,《暨南学报》2003 年第 3 期。

《纳粹主义助长了希特勒反犹》,[联邦德国]里塔·塔尔芒著;李文哲编译,《世界史研究动态》1983 年第 3 期。

《锡安主义与纳粹德国的反犹政策》,李平民著,《西亚非洲》2002 年第 4 期。

《史案辨析——1938 年纳粹导演的"水晶之夜"》,[美]彼德·烈文贝格著;杜文棠译,《史学理论》1988 年第 2 期。

(2)纳粹屠犹与集中营

①纳粹屠犹总论

《〈二战中的国际大屠杀与民众受难〉专题展在宁开幕》,《日本侵华史研究》2014 年第 3 期。

《纳粹屠犹研究在中国》,徐新著,《河南大学学报》2006 年第 6 期。

《我国近 20 年来纳粹屠犹研究综述》,余惠、张淑清著,《鲁东大学学报(哲学社会科学版)》2016 年第 3 期。

《日德两国种族屠杀研究之比较》,[日]石田勇治著,《江海学刊》2001 年第 6 期。

《纳粹屠杀与南京暴行的研究:范式转变与比较启示》,[英]英尼尔·格雷戈尔、杨夏鸣著,《南京大学学报》2010 年第 3 期。

《犹太大屠杀、种族屠杀与南京大屠杀的潜在比较研究思路》,[美]沃尔夫·格鲁纳著;卢彦名译,《日本侵华南京大屠杀研究》2019 年第 1 期。

《南京大屠杀与奥斯威辛集中营》,陈香娥、詹义康著,《江西师大学报》1995 年第 3 期。

《集体的平庸与堕落——从南京大屠杀和奥斯威辛集中营看法西斯的群体心理》,朱美娣著,《淮北煤炭师院学报》2004 年第 2 期。

《美国密勒斯维尔大学的"大屠杀"研究系列年会》,翟强著,《世界史研究动态》1993 年第 5 期。

《"纳粹屠犹国际研讨会"纪要》,张金平著,《西亚非洲》2008 年第 11 期。

《谁是屠杀犹太人的真正元凶——西方大屠杀研究述论》,洪邮生著,《南京大学学报》1997 年第 1 期。

《国际学术界关于大屠杀研究的新趋向》,张倩红著,《世界历史》2013 年第 4 期。

《德国法西斯的民族灭绝政策》,张淑华著,《漯河职业技术学院学报(综合版)》2005 年第 1 期。

《从纳粹案看种族灭绝罪构成》,郑锦墨著,《河北法学》2016 年第 5 期。

《二战中的国际大屠杀与民众受难》,朱成山、卢彦名著,《东北亚论坛》2014 年第 5 期。

《回忆德国纳粹时期的大屠杀》,[德] Peter Carrier 著;伍迅译,《史林》2011 年第 2 期。

《梦魇年代》,[美] 威廉·夏伊勒著;僬侥译,《外国史知识》1986 年第 7 期。

《欧洲犹太人的毁灭》,张倩红著,《世界史研究动态》1991 年第 8 期。

《希特勒德国的"最后解决"计划实施始末》,冯存诚著,《欧洲》1995 年第 4 期。

《大屠杀:欧洲犹太人的灾难 1932—1945》,璞芬著,《世界史研究动态》1991 年第 5 期。

《纳粹大屠杀再认识》,汪舒明著,《人民日报》2015 年 10 月 2 日。

《希特勒侵略者在苏联领土上的大屠杀》,[苏] 舍维亚科夫著,《国外社会科学》1992 年第 5 期。

《希特勒在波兰杀死多少人》,梁全炳著,《世界史研究动态》1979 年第 8 期。

《犹太区——灭绝波兰犹太人的前奏》,[波] 达涅尔·鲁林斯基著;刘邦义译,《二战史通讯》1989 年第 10 期。

《波兰〈首都〉周刊披露纳粹曾在波兰杀害上万意战俘》,《人民日报》1988 年 2 月 13 日。

《德国法西斯对波兰人的办法是"必须连根拔除"》,[波] 切·皮里霍夫斯基著;刘邦义译,《二战史通讯》1985 年第 8 期。

《希特勒统治下中欧和北欧犹太人的命运》,姜天明译,《民族译丛》1992 年第 1 期。

《希特勒统治下东欧犹太人的命运》,姜天明著,《民族译丛》1993 年第 3 期。

《最后的疯狂——二战后期纳粹"帝国"师制造的屠杀惨案》,冷晓明著,《环球军事》2007 年第 6 期。

②纳粹屠犹原因

《希特勒的反犹暴行及其根源初探》,关耐冬著,《广州师院学报》1993 年第 4 期。

《希特勒为何屠杀犹太人》,傅万臣著,《中学历史教学参考》1996 年第 11 期。

《希特勒为什么要屠杀犹太人》,戢祖义著,《金秋》2009 年第 6 期。

《希特勒为什么仇视屠杀犹太人》,马新龙著,《教学月刊》1988 年第 5 期。

《希特勒疯狂屠杀犹太人原因透析》,王昌沛著,《青岛大学师范学院学报》2004 年第 1 期。

《试析纳粹屠杀犹太人的历史成因》,阿桂著,《国际观察》1995 年第 3 期。

《纳粹反犹屠犹原因初探》,余斌著,《宁波师院学报》1996 年第 4 期。

《纳粹屠犹的历史—文化学阐释》,任晓润著,《南京大学学报》1994 年第 3 期。

《二战纳粹大屠杀原因剖析》,寒梅、彭金发、丁友文著,《江西社会科学》2000 年第 12 期。

《纳粹德国种族灭绝政策的社会民族心理根源》,张国臣著,《许昌学院学报》2019 年第 1 期。

《从种族优劣说看希特勒灭犹》,庄勇著,《中学历史教学参考》2004 年第 3 期。

《绥靖主义助长了希特勒灭犹》,[联邦德国] 里塔·塔尔芒著;李文哲编译,《世界史研究动态》1983 年第 3 期。

《马丁·海德格尔,纳粹主义和犹太大屠杀》,马文通著,《读书》1997 年第 2 期。

《强迫症的历史:德国人的犹太恐惧症与大屠杀》,[美]克劳斯·P.费舍尔著;佘江涛译,《当代外国文学》2017 年第 1 期。

《普通德国人与大屠杀》,[美] 艾德勒著;力文译,《现代外国哲学社会科学文摘》1996 年第 7 期。

《纳粹屠犹与海登·怀特的历史阐释理论——绝对主义·相对主义·多元主义的理论思考》,王霞著,《北京科技大学学报(社会科学版)》2014 年第 1 期。

《作为文化的反犹主义与纳粹大屠杀——单世联教授访谈录》,单世联、郎静著,《中国图书评论》2016 年第 3 期。

《直面纳粹屠犹的理论维度——海登·怀特的"边界"与汉娜·阿伦特的"越界"》,王霞著,《清华大学学报》2015 年第 2 期。

③纳粹集中营

《法西斯德国的第一座集中营》,唐师曾著,《出版参考》2005 年第 26 期。

《纳粹德国的集中营》,张倩红、向辉著,《世界史研究动态》1992 年第 1 期。

《纳粹集中营内的"最后的剥夺"》,龚健著,《军事史林》1998 年第 8 期。

《纳粹集中营里的人体冷冻试验》,王永顺著,《军事史林》1995 年第 9 期。

《"血腥的波兰之旅":纳粹德国第 101 警察营的暴行》,李诗匀著,《军事史林》2000 年第 7 期。

《纳粹党卫军它的名字叫恐怖》,本刊编辑部著,《军事史林》2003 年第 6 期。

《设在波兰的希特勒集中营》,刘邦义著,《历史教学》1982 年第 6 期。

《"我们不该忘记":纳粹集中营内幕》,孙晓彦、刘晓斌著,《军事史林》1996 年第 8 期。

《传统形而上学的没落与重建——阿多诺对奥斯威辛集中营的反思》,吴友军著,《马克思主义与现实》2004 年第 1 期。

《走进慕尼黑达豪集中营》,章毓光、张益著,《文化交流》2003 年第 1 期。

《隔都·集中营·华沙起义纪念碑——"回忆与希望之行"在波兰》,王寅著,《历史教学问题》2001 年第 5 期。

《在奥斯切维兹集中营里的最后日子》,张胜康著,《当代世界》1995 年第 6 期。

《奥斯维辛集中营死难人数新说》,鲁力著,《国外社会科学》1998 年第 3 期。

《这里曾是法西斯杀人工厂——访波兰国家奥斯维辛纪念馆》,常近时著,《河南教育》1995 年第 6 期。

《一座真正的人间地狱——前纳粹波兰奥斯威辛集中营见闻》,文有仁著,《四川统一战线》1995 年第 8 期。

《看! 当年法西斯匪徒是怎样屠杀里昂孩子们的,法国在审判巴比》,陈慧华编译,《上海译报》1987 年 7 月 6 日。

《历史在这里不会改道——拉脱维亚纳粹罪恶史》,安吉尔著,《国际展望》2004 年第 16 期。

④大屠杀的影响

《"大屠杀"对以色列犹太人的影响》,时春荣著,《西亚非洲》2003 年第 2 期。

《后大屠杀时代:纳粹屠犹的社会后果分析》,张倩红著,《史学月刊》2005 年第 9 期。

《试论纳粹大屠杀及其对犹太民族和文明的影响》,潘光著,《世界历史》2000 年第 2 期。

《纳粹大屠杀对犹太民族和犹太文明的影响》,李红梅著,《理论导刊》2006 年第 9 期。

《大屠杀与犹太复国主义》,钟志清著,《中国图书评论》2010 年第 12 期。

《纳粹屠犹与犹太民族的现实主义转向》,汪舒明著,《世界民族》2010 年第 2 期。

《大屠杀记忆在捍卫以色列中的战略性运用》,汪舒明著,《世界民族》2012 年第 4 期。

《"大屠杀"对美国社会的影响》,[美] 威廉·赫尔姆赖希著;时春荣摘译,《民族译丛》1992 年第 6 期。

《纳粹大屠杀、美国犹太人与人权外交》,汪舒明著,《社会科学》2009 年第 11 期。

《纳粹屠犹与西德和以色列的特殊关系》,李志芬著,《延安大学学报》2009 年第 1 期。

《"最后解决"消息的披露及英美的反映》,郭强、李再友摘译,《世界史研究动态》1982 年第 2 期。

《美国犹太人一体观的困境——浅析 20 世纪 30 年代美国犹太人对纳粹反犹的反应》,马广东著,《湖南医科大学学报》2008 年第 6 期。

《二战期间美国拒绝轰炸奥斯维辛集中营的原因探析》,娄伟光、刘丽娟著,《华北水利水电学院学报(社科版)》2012 年第 6 期。

《家庭罗曼史的"幽灵"——纳粹大屠杀幸存者后代的代际创伤》,黄文凯、谢雨君著,《湖南大学学报(社会科学版)》2019 年第 6 期。

《生存危机与道德困境:纳粹大屠杀期间的梵蒂冈》,楼天雄著,《世界宗教文化》2018 年第 6 期。

　　⑤大屠杀的总结和反思

　　《纳粹大屠杀是不可推翻的铁案》，闫勇著，《中国社会科学报》2015 年 1 月 28 日。

　　《纳粹集中营关押过多少中国同胞》，崔石正著，《四川统一战线》2005 年第 5 期。

　　《通向死亡的列车——德国铁路与纳粹屠犹》，马冰著，《社会科学论坛》2011 年第 5 期。

　　《从〈冤家、一个爱情故事〉看辛格对二战期间犹太大屠杀罪行的控诉》，赵军著，《琼州学院学报》2012 年第 3 期。

　　《纳粹屠犹之大众心理症结——评〈希特勒的志愿行刑者〉》，孙燕著，《辽宁行政学院学报》2007 年第 12 期。

　　《〈现代性与大屠杀〉简析》，张天资、孙晨光著，《重庆科技学院学报》2014 年第 9 期。

　　《对纳粹集中营的记忆和思考——读〈被淹没和被拯救的〉》，陈增爵著，《杂文月刊（文摘版）》2013 年第 6 期。

　　《德国如何立法主动承担纳粹大屠杀罪责》，翟巍著，《法制日报》2014 年 12 月 23 日。

　　《德国对纳粹大屠杀历史的反思与悔悟》，张倩红、艾仁贵著，《光明日报》2014 年 2 月 26 日。

　　《战后德国史学界对纳粹大屠杀罪行的反思》，张倩红著，《世界历史》2014 年第 4 期。

　　《叙事话语与大屠杀记忆：以美国、以色列大屠杀纪念馆为例》，陈紫竹著，《日本侵华南京大屠杀研究》2019 年第 2 期。

　　《理性与责任——齐格蒙特·鲍曼对纳粹屠犹的道德审视》，孟芳著，《理论界》2016 年第 5 期。

　　《纳粹大屠杀与西方文化的"除魅"——乔治·斯坦纳的文化反思》，单世联著，《文学评论》2016 年第 1 期。

　　《后屠杀时代的启示：从纳粹屠犹到南京大屠杀的历史传播》，郭文静、阮丽媛著，《开封教育学院学报》2016 年第 9 期。

　　《"艾赫曼审判"与以色列人对大屠杀的记忆——读阿伦特〈艾赫曼在耶路

撒冷〉》,钟志清著,《中国图书评论》2006 年第 4 期。

《无家可归与还乡——柏林犹太人大屠杀纪念馆的现象学解读》,姜梅著,《华中建筑》2008 年第 3 期。

《德国大屠杀纪念日刍议》,孟钟捷著,《江海学刊》2015 年第 4 期。

《纳粹大屠杀纪念日的确立及其英雄主义内涵》,艾仁贵著,《学海》2014 年第 3 期。

《以色列的大屠杀教育及其启示》,刘爱琳著,《连云港师范高等专科学校学报》2015 年第 2 期。

《以色列国家安全体系中的“大屠杀记忆”》,汪舒明著,《世界知识》2014 年第 22 期。

《以色列社会对“犹太大屠杀”的记忆(1945 年—2000 年)》,[以]吉迪恩·格雷夫著;任小奇译,《历史教学问题》2017 年第 1 期。

《论犹太人铭记大屠杀的方式》,徐新著,《南京社会科学》2006 年第 10 期。

《犹太社会与“大屠杀”的国际认知》,张倩红、刘丽娟著,《历史教学(下半月刊)》2015 年第 6 期。

《见证的文学,文学的见证——纳粹大屠杀幸存者文学在施害者研究中的意义》,房春光著,《外国文学评论》2018 年第 3 期//《社会科学文摘》2018 年第 12 期。

《犹太女性的身份认同与话语建构——关于纳粹大屠杀幸存者的性别解读》,高霞著,《鲁东大学学报(哲学社会科学版)》2017 年第 6 期。

(3)犹太人在二战中

《第二次世界大战期间法西斯分子放逐德籍犹太人的情况》,[民主德国]克鲁格罗夫著;于汛译,《现代外国哲学社会科学文摘》1985 年第 10 期。

《纳粹德国流亡科学家的洲际移转》,李工真著,《历史研究》2005 年第 4 期。

《纳粹德国知识难民在英国的流亡》,李工真著,《学海》2009 年第 1 期。

《纳粹统治时期德意志犹太人向巴勒斯坦的移居》,李工真著,《历史研究》2004 年第 1 期。

《纳粹德国的巴勒斯坦阴谋》,李平民著,《国际观察》2000 年第 3 期。

《耶德瓦布奈惨案:二战中波兰人杀戮犹太人事件揭秘》,唐晓明著,《国外社会科学文摘》2001 年第 6 期。

《维希政府迫害犹太人问题研究》，张庆海著，《世界历史》2006 年第 6 期。

《维希政府迫害犹太人的历史渊源》，王志鑫著，《韶关学院学报》2008 年第 1 期。

《国际联盟对纳粹德国犹太难民问题的应对（1933—1937 年）》，丁强著，《常熟理工学院学报》2016 年第 5 期。

《红十字国际委员会与纳粹集中营的被关押者（1942 年—1945 年）》，〔瑞士〕塞巴思蒂安·法尔著，《150 年人道行动：红十字国际委员会 1863—2013 年》，红十字国际委员会编，2014 年。

《论美国政府对纳粹暴政下欧洲犹太难民的政策》，赵杰著，《南都学坛》1996 年第 5 期。

《论美国政府对纳粹暴政下犹太难民的政策》，李敏著，《考试周刊》2011 年第 18 期。

《试论罗斯福总统对待欧洲犹太难民的态度》，马广东著，《前沿》2008 年第 2 期。

《罗斯福时代的美国欧洲犹太知识移民政策（1933—1945）》，胡小芬、郭飞根著，《理论月刊》2008 年第 7 期。

《英国对纳粹德国儿童难民的安置》，王本立著，《苏州科技大学学报（社会科学版）》2017 年第 1 期。

《二战时期英国绥靖政策对犹太人的影响——析 1939 年〈关于巴勒斯坦问题白皮书〉》，邹芝、周丽波著，《江西教育学院学报》2009 年第 1 期。

《二战中波兰人与犹太人关系初探》，龚建伟著，《佳木斯职业学院学报》2017 年第 1 期。

《对波兰犹太人援助委员会的历史考察》，龚建伟著，《吉林省教育学院学报》2018 年第 1 期。

《二战前日本救助犹太人的"河豚计划"》，文春美著，《外国问题研究》2019 年第 4 期。

《论日本二战时期的对犹政策》，高洪等著，《世界史研究动态》1990 年第 3 期。

《太平洋战争爆发前夕日本对来沪德国犹太难民的利用——1940 年上海公共租界工部局董事会选举记》，房建昌著，《德国研究》1997 年第 4 期。

《论二战时期苏联政府对犹太人的态度及政策》，张宝行著，《枣庄学院学报》2016 年第 4 期。

《二战期间巴勒斯坦犹太人寻求改善对苏关系原因探析》,郭龙飞著,《黑龙江史志》2013 年第 19 期。

《二战期间苏联犹太人反法西斯委员会代表团的盟国之行评析》,宋永成著,《世界历史》2012 年第 1 期。

《"嘤其鸣矣,求其友声":二战期间苏联犹太人代表团盟国之行评析》,宋永成著,《近现代国际关系史研究》2017 年第 2 期。

《时代变迁中命运沉浮的苏联犹太人——评析第二次世界大战中和战后初期苏联政府对境内犹太人的政策》,毛远臻著,《首都师范大学学报》2005 年第 S1 期。

《"克里木方案"与二战后苏联犹太人的命运》,宋永成著,《历史教学(高校版)》2007 年第 3 期。

《第二次世界大战期间上海的犹太难民》,潘光著,《上海社会科学院学术季刊》1991 年第 2 期。

《二战期间德籍犹太难民在上海》,房建昌著,《德国研究》1998 年第 3 期。

《二战时期犹太难民来沪避难的原因》,郝勇著,《黑龙江史志》2014 年第 21 期。

《纳粹屠刀下的偷生者——记二次大战中避难来沪的犹太人》,许步曾著,《上海档案》1989 年第 1 期。

《二战初为犹太人开绿灯的中国外交官》,伍法祐、伍法同著,《炎黄春秋》2001 年第 8 期。

《中外慈善团体援助欧洲来沪犹太难民史料》(全 4 期),《民国档案》2000 年第 1—4 期。

《二战期间中国对犹太人的援助》,张玉英、孟丽著,《衡水师专学报》2004 年第 3 期。

《试论第二次世界大战时期的中犹关系》,王健著,《西亚非洲》1997 年第 4 期。

《互伸援手:二战时期的中犹友谊》,王健著,《社会科学》2000 年第 4 期。

《二战来华犹太人几乎全都幸存下来》,呼涛著,《新华每日电讯》2005 年 5 月 12 日。

《在中国被占领区的西方公民》,李世安、李宏雷著,《占领历史研究:

"1931—1949 占领历史研究"国际学术会议论文集》，胡德坤主编，武汉大学出版社 2010 年版。

《伪满洲国时期的哈尔滨犹太人》，房建昌著，《辽宁师大学报》1996 年第 4 期。

2. 奴役与掠夺

《希特勒的欧洲——1939—1945 年国家社会主义占领政策的几个方面》，[希腊]哈根·弗莱舍著，《占领历史研究："1931—1949 占领历史研究"国际学术会议论文集》，胡德坤主编，武汉大学出版社 2010 年版。

《豪斯霍费尔与纳粹"新秩序"设想：大陆、地缘政治、欧洲经济》，李维著，《北大史学》2007 年。

《纳粹德国的欧洲新秩序剖析》，金玉龙著，《郑州大学学报》1987 年第 6 期。

《从德国对欧洲占领国的统治看欧洲新秩序的实质》，国洪梅著，《牡丹江师院学报》1997 年第 3 期。

《纳粹德国奴役欧洲的政治构思与实践》，包奕诚著，《文史哲》1988 年第 4 期//《第二次世界大战史论集》，包奕诚著，山东大学出版社 2002 年版。

《浅析纳粹德国对占领区的管理及作用》，刘剑枫著，《环球人文地理》2014 年第 14 期。

《纳粹对欧洲的经济奴役与掠夺》，包奕诚著，《第二次世界大战史论文集②》，中国二战史研究会编，国防大学出版社 1986 年版。

《纳粹德国对欧洲的经济奴役与掠夺》，包奕诚著，《第二次世界大战史论集》，包奕诚著，山东大学出版社 2002 年版。

《1940—1945 年德国对西欧经济的剥削》，[荷兰]海恩·克雷曼著，《占领历史研究："1931—1949 占领历史研究"国际学术会议论文集》，胡德坤主编，武汉大学出版社 2010 年版。

《纳粹德国对法国的军事经济掠夺政策》，程有炳著，《军事经济研究》1995 年第 4 期。

《第三帝国的奴隶劳动政策初探》，宋敏桥著，《黄淮学刊》1994 年第 4 期。

《希特勒与第三帝国的"艺术掠夺"》，刘晨著，《世界文化》2015 年第 1 期。

《二战期间苏德艺术品掠夺内幕》，周丹著，《美术观察》1996 年第 1 期。

《二战被掠文物返还的法律基础及相关问题》，王云霞著，《辽宁大学学报》

2007 年第 4 期。

《1933—1940 年希特勒德国在东南欧的经济扩张》,罗志刚著,《历史研究》1990 年第 2 期。

《纳粹战争罪行档案被解密》,凯瑟琳著,《中国档案》2001 年第 2 期。

《纳粹德国的武装党卫军》,徐京著,《军事史林》1993 年第 4 期。

《"黑色闪电":纳粹德国党卫军希特勒近卫师》,孙明、邓飞等著,《军事史林》1999 年第 11 期。

《"盖世太保"与"克格勃"(外一篇)》,董乐山著,《读书》1995 年第 6 期。

《纳粹德国在挪威的统治》,陈煜骅著,《世界历史》2002 年第 3 期。

《〈没落〉——二战时期的法国》,骆幼玲著,《世界史研究动态》1981 年第 9 期。

《试析维希法国的"新秩序"》,张忠其著,《杭州大学学报》1991 年第 2 期。

《德国占领时期雅典的幸存者》,[希腊]尤吉尼亚·波诺娃著,《占领历史研究:"1931—1949 占领历史研究"国际学术会议论文集》,胡德坤主编,武汉大学出版社 2010 年版。

《地下狼穴:记二战中纳粹秘密地下工程》,杨倩著,《军事史林》1998 年第 4 期。

第三节　意大利法西斯的侵略

《意大利法西斯参战初探》,陈祥超著,《法西斯主义与第二次世界大战》(朱庭光主编),华夏出版社 1988 年版。

《二战中的常败之旅:意大利军队征战记》,王学民著,《世界军事》2000 年第 6 期。

《贝尼托·墨索里尼执政时期意大利红海地区扩张政策》,马子堂著,《温州大学学报》2012 年第 4 期。

《意大利对法国南部的占领统治》,[法国]戴安娜·格利叶著,《占领历史研究:"1931—1949 占领历史研究"国际学术会议论文集》,胡德坤主编,武汉大学出版社 2010 年版。

第六章　世界人民的反法西斯战争

第一节　被侵略国家人民的反法西斯抵抗运动

一、总论

《中国的抗日民族解放战争与欧洲的反法西斯抵抗运动》,文暧根著,《西北大学学报》1988 年第 2 期。

《论中国抗日战争和南斯拉夫抵抗运动的共同特点》,郝承敦著,《齐鲁学刊》1995 年第 5 期。

《略论中国抗日战争和南斯拉夫抵抗运动的差异》,郝承敦著,《齐鲁学刊》2004 年第 6 期。

《反法西斯抵抗运动史研究的历史、现状及问题》,赵克仁著,《高校社科情报》1993 年第 3 期。

《反法西斯抵抗运动与民族解放》,文暧根著,《西北大学学报》1993 年第 1 期。

《反法西斯抵抗运动的历史分期及其特点》,文暧根著,《历史教学问题》1985 年第 4 期。

《反法西斯抵抗运动在第二次世界大战中的战略地位》,文暧根著,《西北大学学报》1985 年第 3 期。

《读〈亚非反法西斯反帝抵抗运动〉》,康春林著,《世界史研究动态》1987 年第 8 期。

《论德意日人民反法西斯反战斗争的特点》,张一平著,《海南师院学报》1991 年第 3 期。

《浅谈各国反法西斯文化对世界的贡献》,张彤著,《天津中德职业技术学院学报》2016 年第 1 期。

《"弗赖堡社团"抵抗纳粹主义》,韩秀云著,《德国研究》1995 年第 1 期。

《对于法西斯主义、纳粹主义和军国主义的抵抗运动——第十六届国际历史科学大会课题介绍之二》，华庆昭著，《世界史研究动态》1986 年第 4 期。

《1939 年至 1945 年德国占领下欧洲的抵抗运动》，曾醒时著，《史学月刊》1957 年第 9 期。

《1939—1948 年地中海欧洲的抵抗与革命》，余昌楷著，《世界史研究动态》1993 年第 2 期。

《欧洲各国人民的反法西斯抵抗运动》，罗志刚著，《外国史知识》1984 年第 3 期。

《欧洲的革命和抵抗运动》，[南]布朗科·佩特兰诺维奇著；马细谱摘译，《世界史研究动态》1986 年第 12 期。

《抵抗战争和反法西斯变革主体的形成》，[日]岛村辉著；顾春译，《读书》2013 年第 12 期。

《二次大战中抵抗运动所起的作用（附编者按）》，[英]霍利亨著；田作高译，《现代外国哲学社会科学文摘》1985 年第 6 期//《世界近代、现代史》1985 年第 8 期。

《欧洲内部的反抗在欧洲抵抗运动中的地位》，人禾摘译，《世界史研究动态》1987 年第 4 期。

《试论本世纪三、四十年代的"反犹抵抗运动"》，杨海军著，《史学月刊》1994 年第 2 期。

《欧洲抵抗纳粹 1940—1945》，《世界史研究动态》1983 年第 12 期。

《对意大利民族解放战争史研究工作的巨大贡献》，[意]阿尔多·达尔丰索著，《争取持久和平，争取人民民主》1954 年 4 月 3 日。

《奥地利关于法西斯主义和抵抗运动研究状况》，肖辉英著，《世界史研究动态》1987 年第 4 期。

二、欧洲各国人民的抵抗运动及英美对抵抗运动的态度

1. 欧洲各国人民的抵抗运动

《二战期间欧洲各国青年的反法西斯斗争》，沈学善著，《青年运动学刊》1987 年第 2 期。

《抵抗运动关于战后欧洲建设的目标与主张》，严双伍著，《武汉大学学报（人文科学版）》2007 年第 3 期。

《试析二战后国内学界对欧洲反法西斯抵抗运动的研究进展》，宋海群著，

《青海师范大学学报（哲学社会科学版）》2019 年第 2 期。

（1）波兰

《试论波兰人民反法西斯抵抗运动》，延艺云著，《西北大学学报》1982 年第 3 期。

《关于 1939 年波兰"九月"保卫战》，刘邦义著，《贵州师大学报》1986 年第 3 期。

《析 1939 年波兰"九月"保卫战》，杜华著，《济宁师专学报》1998 年第 2 期。

《试论 1944 年华沙起义》，刘邦义著，《世界历史》1983 年第 3 期。

《试论苏联在华沙起义中的作用》，张亚鸣著，《淮阴师范学院教育科学论坛》2007 年第 2 期。

《华沙起义失败原因浅析》，张满生著，《零陵师专学报》1985 年第 2 期。

《波兰犹太人的反法西斯抵抗斗争》，姜天明著，《史学集刊》1997 年第 2 期。

《欧洲的一次反法西斯武装斗争——纪念 1943 年 4 月 19 日事件》，［波］朱白兰著；章鹏高译，《羊城晚报》1963 年 4 月 20 日。

《华沙犹太人起义十九周年》，［波］西兰·达佩夸尔著，《世界知识》1962 年第 9 期。

《历史的悲剧：华沙"八一"起义失败原因初探》，杨小辉著，《华南师大历史系论文集》第一集，1984 年版。

《殉难的华沙　狂欢的巴黎——六十年前两场反抗纳粹暴政的人民起义》，肖雪慧著，《书屋》2004 年第 10 期。

《冲破黎明前的黑暗：记华沙解放战役》，刘邦义著，《外国史知识》1984 年第 7 期。

《波兰民族解放委员会宣言（1944 年 7 月 22 日，海尔姆）告波兰人民书》，《世界史研究动态》1983 年第 12 期。

《第二次世界大战时中国进步报刊对波兰人民反法西斯战争的报道》，刘邦义著，《世界历史》1999 年第 6 期。

《波兰与国际反法西斯联盟的形成》，付际红著，《承德民族职业技术学院学报》2002 年第 2 期。

《波兰人民对战胜法西斯德国的贡献》，刘祖熙著，《史学集刊》1985 年第 3 期。

（2）法国

《法国与南斯拉夫抵抗运动比较研究》，赵克仁著，《外国问题研究》2019 年第 3 期。

《法国抵抗运动史的研究概况》，戴成钧著，《法国史通讯》1980 年第 3 期。

《法国人民反法西斯的正义斗争》，贺观清著，《工人日报》1962 年 2 月 15 日。

《试论法国抵抗运动的兴起》，戴成钧著，《法国史通讯》1976 年第 2 期。

《法国抵抗运动的策略》，戴成钧著，《世界史研究动态》1982 年第 6 期。

《法国人民抗击德国法西斯斗争片段——一位法国老抵抗战士的回忆》（上下），〔法〕马克斯·魏因斯坦著；金闻华译，《当代世界》1995 年第 4/5 期。

《解放巴黎——44 年 8 月 18—25 日的起义》，〔法〕埃马努厄尔·拉杜里著，《世界历史译丛》1980 年第 4 期。

《法国抵运动中的戴高乐将军》，李昌德著，《河北大学学报》1992 年第 4 期。

《戴高乐统一法国抵抗运动成功之原因》，罗志刚著，《法国研究》1991 年第 1 期。

《法国沦陷时期吕西安·费弗尔的文化"抗争"》，吕浩俊著，《光明日报》2015 年 4 月 18 日。

（3）南斯拉夫

《南斯拉夫史学界对 1941—1945 年人民解放战争和革命的研究状况》，马细谱著，《世界史研究动态》1986 年第 4 期。

《南斯拉夫人民解放战争在第二次世界大战中的作用和特点》，曾莫休著，《第二次世界大战史论文集》，三联书店 1985 年版。

《南斯拉夫人民解放战争的光辉历史——〈人民解放战争和社会主义革命〉简介》，夏淑华著，《世界史研究动态》1980 年第 6 期。

《南斯拉夫反法西斯解放战争初论》，陈英吴著，《辽宁大学学报》1979 年第 3 期。

《南斯拉夫人民的反法西斯斗争》，李恩声、许汉泗著，《世界历史》1979 年第 3 期。

《南斯拉夫人民解放战争大事记（一九四一——一九四五年）》，李国麟著，《世界史动态与资料》1978 年第 10 期。

《1941—1945 年南斯拉夫民族解放战争》,张椿年著,《历史教学》1979 年第
4 期。

《南斯拉夫人民解放运动的若干问题》,罗志刚著,《世界历史》1989 年第
2 期。

《南斯拉夫对战胜法西斯的贡献》,[南] 格·约维契奇著;杨元恪等译,《红
旗》1985 年第 4 期。

《光辉的战斗历程——南斯拉夫反法西斯武装起义四十周年纪念活动见
闻》,贾斌著,《光明日报》1981 年 7 月 4 日。

《浴血苏捷斯卡河谷——南斯拉夫民族解放战争的生死之战》,文锋著,《环
球军事》2004 年第 21 期。

《第二次世界大战中中国进步报刊论铁托》,马细谱译,《世界史研究动态》
1987 年第 5 期。

《英苏博弈对南斯拉夫抵抗运动的影响》,赵克仁著,《经济社会史评论》
2017 年第 3 期。

(4)西班牙

《西班牙人民反对意—德武装干涉者和法西斯叛乱者的民族革命战争
(1936—1939)》,[西] 多洛列斯·伊巴露丽著;朱贵生译,《史学译丛》1956 年
第 6 期。

《1936—1939 年西班牙人民反法西斯的民族革命战争》,丁则民著,《历史教
学》1957 年第 6 期。

《西班牙民族革命战争》,武克全著,《外国史知识》1983 年第 5 期。

《西班牙国际纵队》,武克全著,《华东师大学报》1981 年第 1 期。

《国际旅在西班牙(1936—1938)》,[西] 高尔西牙著;王贵厚译,《史学集
刊》1957 年第 2 期。

《国际纵队在西班牙》,[苏] 麦谢里亚科夫著;武克全译,《世界历史译丛》
1980 年第 6 期。

《西班牙内战中的国际纵队》,殷恒民著,《外国史知识》1984 年第 4 期。

《关于西班牙国际纵队的人数问题》,武克全著,《外国史知识》1981 年第
3 期。

《一曲悲壮的国际主义之歌——纪念国际纵队开赴西班牙五十周年》,楼宗
人等著,《人民日报》1986 年 11 月 4 日。

《别样的"国际纵队"：二战前夕苏联组织"海外兵团"参加西班牙内战纪实》,季焕胜著,《环球军事》2007 年第 10 期。

《"X 行动"苏联在西班牙内战中的角色》,彭华著,《时代教育（先锋国家历史）》2008 年第 11 期。

《试析 1938 年苏联撤除对西班牙援助的原因及影响》,袁灿兴著,《西伯利亚研究》2006 年第 6 期。

《西班牙国际纵队中知名人物的去向》,〔西〕托马斯著;游长江译,《政党与当代世界》1989 年第 8 期。

《中国革命者与西班牙国际纵队》,李忠杰著,《浙江学刊》1985 年第 1 期。

《1936—1939 年西班牙人民反法西斯战争与中国人民的斗争》,张世鹏、霍兴著,《国际共运史研究》1987 年第 1 期。

《战斗在西班牙反法西斯前线的中国支队》,姜廷玉著,《纵横》2000 年第 2 期。

《西班牙反法西斯战场上的中国勇士》,安莉著,《湖北档案》2006 年第 3 期。

《西班牙国际纵队中的中国政委》,赖晨著,《中华魂》2014 年第 14 期。

《"满天吹着西班牙的风"：抗战时期的中国诗坛与西班牙内战》,曲楠著,《中国现代文学研究丛刊》2018 年第 1 期。

《1936—1939 年西班牙民族革命战争的失败及其原因》,史明贤著,《内蒙古师大学报》1983 年第 3 期。

《〈西班牙内战〉评介》,张铠著,《世界史研究动态》1979 年第 10 期。

《英国志愿军与西班牙内战》,赵国新著,《国际论坛》2014 年第 1 期。

（5）其他国家

《二战期间欧洲流亡政府在伦敦》,蓝振露著,《中学历史教学参考》1988 年第 3 期。

《北欧反抗纳粹》,雷克著,《外国史知识》1985 年第 8 期。

《二战期间巴尔干国家的抵抗运动——兼论小国在世界大战中的地位和作用》,张云著,《探索与争鸣》2005 年第 5 期。

《1940 年法国败降后英国抵抗德国入侵的斗争》,白坚著,《西北大学学报》1988 年第 1 期。

《二战期间的荷兰地下抵抗运动》,高庆军著,《军事史林》2019 年第 4 期。

《他们让 7 个德军师团动弹不得：记二战中的意大利游击队》，汪明敏著，《环球军事》2005 年第 7 期。

《第二次世界大战中的罗马尼亚》，张建辉、王天恩著，《咸阳师专学报》1995 年第 4 期。

《罗马尼亚对反法西斯战争的贡献——为反法西斯战争胜利四十周年而作》，朱贵生、康春林著，《世界历史》1985 年第 8 期。

《"蒂列亚事件"与罗马尼亚外交政策》，周旭东著，《历史教学问题》1999 年第 6 期。

《罗马尼亚"八·二三"武装起义》，康春林著，《外国史知识》1984 年第 8 期。

《一九四四年罗马尼亚人民八·二三反法西斯起义》，詹方瑶著，《历史教学》1984 年第 11 期。

《罗马尼亚军团引发德军溃败》，萧萧著，《环球军事》2012 年第 18 期。

《试论罗马尼亚人民在祖国解放中的作用》，韩安俊著，《辽宁大学学报》1979 年第 6 期。

《保加利亚人民的反法西斯斗争：1923—1944 年》，晓冬编译，《东欧》1991 年第 2 期。

《九月血——纪念保加利亚反法西斯起义 60 周年》，余志和著，《外国史知识》1983 年第 9 期。

《中国进步报刊论二战中保加利亚人民反法西斯斗争》，马细谱著，《东欧》1989 年第 1 期。

《希腊人民反法西斯抵抗运动述略》，陈英吴著，《苏州大学学报》1982 年第 2 期。

《希腊抵抗军》，苏瑞林著，《世界史研究动态》1985 年第 1 期。

《再谈 1945 年希腊武装斗争失败的根本原因——与王延生同志再商榷》，赵承纲著，《贵州师大学报》1987 年第 4 期。

《第二次世界大战中和战后的希腊》，[保]维·安格洛夫著；夏联芳等节译，《世界历史译丛》1980 年第 3 期。

《二战时期盟军战俘在其劳役场所的反抗斗争——以"满洲工作机械株式会社"为例》，李卓然著，《学理论》2018 年第 9 期。

2. 英美对抵抗运动的态度

《英国对欧洲抵抗运动政策初探》，徐友珍著，《武汉大学学报》1995 年第 4 期。

《试论英国在二战期间对欧洲抵抗运动的作用与影响》，徐友珍著，《武汉大学学报》1999 年第 6 期。

《试析英国对波兰抵抗运动的政策——兼论波兰华沙起义失败的原因》，赵克仁著，《东欧》1989 年第 2 期。

《试析二战中英国对巴尔干抵抗运动政策的演变》，赵克仁著，《外国问题研究》1991 年第 4 期。

《美国对法国抵抗运动的政策》，[美] 诺曼·科根著;罗小光节译，《世界史研究动态》1991 年第 9 期。

《试析美国对法国抵抗运动的态度》，赵克仁著，《河北师范学院学报》1992 年第 1 期。

三、亚太各国人民的抗日斗争

《亚洲各国人民的抗日战争》，胡德坤著，《外国史知识》1984 年第 1 期。

《从历史文献看东北中韩两国人民的抗日斗争——以 1931 年九一八事变以前为中心》，关捷、关伟著，《"九一八"研究》2016 年第 1 期。

《试论中国反法西斯斗争特点》，林山华著，《沈阳教育学院学报》1995 年第 3 期。

《朝鲜义勇队与台湾义勇队之关系研究》，甘露著，《当代韩国》2011 年第 1 期。

《略述朝鲜族人民对抗日战争事业的杰出贡献》，沈平平著，《延安大学学报》1991 年第 4 期。

《论中日战争期间的韩国临时政府》，石源华著，《复旦学报》1993 年第 6 期。

《朝鲜义勇队述评》，冰凌著，《上海教育学院学报》1994 年第 1 期。

《朝鲜义勇队和韩国光复军的组建和统一》，余子道著，《复旦学报》1995 年第 5 期。

《朝鲜义勇军在东北参加民主政权建设与赴朝过程》，孙春日著，《延边大学学报》2012 年第 6 期。

《抗战前韩国抗日组织在南京地区的活动》,经盛鸿著,《档案与建设》2006年第8期。

《韩国抗日组织在南京地区的活动(1932—1937.11)》,经盛鸿著,《江苏社会科学》2004年第4期。

《韩国志士金九等在南京的抗日复国活动》,经盛鸿、经姗姗著,《日本侵华史研究》2014年第3期。

《简论韩国独立运动政治家吕运亨》,金成淑著,《历史教学问题》2001年第6期。

《抗战时期中国国民政府与韩国独立运动》,谢俊美著,《华东师大学报》2004年第1期。

《抗战时期国民政府与韩国独立运动》,武菁著,《安徽大学学报》2008年第3期。

《中韩合作抗战时期韩国在华期刊出版考》,李光烈、姚远、韩隽著,《西北大学学报》2009年第3期。

《韩国光复军在国际反法西斯战争中的历史贡献——从韩国光复军使用的军服说起》,牟元义著,《大连近代史研究》第16卷,2019年。

《韩国光复军征募三分处抗日活动史略》,王世新著,《当代韩国》2008年第2期。

《论抗战时期的韩国光复军官兵消费合作社》,石建国著,《军事历史研究》2010年第3期。

《美军和韩国独立武装在安徽的抗日活动》,汪谦干、汪菁华著,《江淮文史》2012年第1期。

《1914—1945年东南亚国家各族人民解放战争史略》,[苏]华西列耶夫等著;黄焕宗译,《史学译丛》1956年第2期。

《第二次世界大战期间的菲律宾》,[苏]Г.И.列文逊著;慧民译,《南洋问题资料译丛》1960年第2期。

《日本侵占菲律宾和菲律宾人民的抗日武装斗争》,刘迪辉著,《东南亚历史论文集》,中山大学东南亚历史研究所编,1984年。

《虎克党和华支:第二次世界大战期间菲律宾人民的抗日斗争》,[菲]罗兰德·辛布兰著,《纪念中国人民抗日战争暨世界反法西斯战争胜利70周年国际学术研讨会论文集》,李亚平等编,中共党史出版社2015年版。

《抗战时期胡志明在桂林》，黎远明著，《炎黄春秋》1999 年第 1 期。

《略论太平洋战争时期的苏加诺》，韩贞著，《东南亚纵横》1995 年第 2 期。

《第二次世界大战期间缅甸的民族解放运动》，陈显泗著，《历史教学》1984 年第 6 期。

《论缅甸小资产阶级在民族危亡关头的作用》，赵勇著，《昆明师专学报》1996 年第 2 期。

《星华义勇军与新加坡保卫战》，钟日兴、宋少军著，《文史春秋》2014 年第 9 期。

《澳大利亚在世界反法西斯战争中的贡献》，侯敏跃著，《历史教学问题》1989 年第 3 期。

《澳大利亚对亚太地区反法西斯战争的贡献》，费佩君著，《军事历史研究》1994 年第 1 期。

《澳大利亚与第二次世界大战》，姜天明著，《世界历史》1982 年第 2 期//《南京大学学报》1995 年第 3 期。

《太平洋战争前后英日殖民统治与马来亚独立建国运动》，陈中和著，《世界历史》2018 年第 3 期。

《太平洋战争时期缅甸民众反英亲日心态研究综述》，董烨寒著，《佳木斯职业学院学报》2019 年第 3 期。

四、非洲、西亚在二战中的作用

1. 非洲

《反法西斯战争中非洲人民的贡献》，唐同明著，《贵州师大学报》1996 年第 4 期。

《非洲人民在反法西斯战争中的贡献》，罗洪彰著，《西南师院学报》1981 年第 2 期。

《论非洲对世界反法西斯战争的贡献》，张世均著，《黔东南民族师专学报》1997 年第 1 期。

《非洲在二战期间的人力贡献》，人禾编译，《世界史研究动态》1987 年第 6 期。

《非洲人民对二战胜利的贡献》，汪勤梅著，《人民日报》1995 年 5 月 15 日。

《非洲人民对第二次世界大战胜利作出重大贡献：纪念世界反法西斯战争

胜利五十周年》,汪勤梅著,《西亚非洲》1995 年第 4 期。

《试论非洲在第二次世界大战中的作用》,张世均著,《重庆三峡学院学报》1998 年第 1 期。

《简论北非战场在第二次世界大战中的地位》,林胜著,《山西师大学报》1994 年第 1 期。

《埃塞俄比亚抗意游击战争》,罗洪彰著,《世界史研究动态》1979 年第 4 期。

《试析三十年代埃塞俄比亚的抗意战争》,陆庭恩著,《西亚非洲》1985 年第 6 期。

《世界反法西斯斗争的光辉一页——一九三五到一九四一年埃塞俄比亚抗意卫国战争》,罗洪彰著,《外国史知识》1982 年第 9 期。

2. 西亚

《在夹缝中求生存——客观评价西亚国家在二战中的地位和作用》,何跃、何琍著,《西亚非洲》2000 年第 6 期。

《伊朗与第二次世界大战》,张润民著,《中东》1988 年总第 23 期。

《二战中的阿拉伯民族主义运动》,张润民著,《阿拉伯世界》1989 年第 1 期。

五、拉美国家与二次大战

《第二次世界大战中的拉美国家》,方幼封著,《军事历史研究》1992 年第 3 期。

《拉美国家与世界反法西斯战争》,洪育圻著,《外交学院学报》1990 年第 3 期。

《拉美国家在第二次世界大战中的作用》,焦震衡著,《拉丁美洲丛刊》1985 年第 4 期。

《拉丁美洲与第二次世界大战 1939—1942》,《世界史研究动态》1984 年第 9 期。

《拉丁美洲与第二次世界大战——对二战世界性的再认识》,程洪著,《武汉教育学院学报》1995 年第 4 期。

《巴西与第二次世界大战》,陈海燕著,《世界历史》1985 年第 9 期。

《论阿根廷在二战期间的独特对外政策》,程洪著,《拉丁美洲研究》2000 年第 1 期。

第二节　法西斯国家人民的反战斗争

《论德日意人民反法西斯反战斗争的特点》,张一平著,《海南师院学报》1991 年第 3 期。

一、德国人民的反战斗争

《联邦德国关于德国抵抗运动的研究》,邸文著,《世界史研究动态》1987 年第 12 期。

《德国人民的斗争对世界反法西斯战争胜利的贡献》,肖汉森著,《华中师范大学学报》1995 年第 5 期。

《德国人民反法西斯斗争述评——纪念反法西斯斗争胜利 40 周年》,苏瑞林著,《西北大学学报》1985 年第 2 期。

《德国人民反战、反希特勒政权的英勇斗争》,肖汉森著,《历史教学》1983 年第 11 期。

《纳粹德国时期的国内军事抵抗运动》,刘皓舒著,《中外企业家》2012 年第 16 期。

《试论纳粹德国时期的军中反抗运动》,杨鑫著,《办公室业务》2014 年第 23 期。

《第三帝国内部的"反对派""黑色乐队"》,王长春著,《外国史知识》1985 年第 6 期。

《1933—1937 年德国人民反对希特勒专政的斗争》,肖汉森著,《华中师院学报》1980 年第 4 期。

《德国反抗运动的问题》,人禾编译,《世界史研究动态》1987 年第 5 期。

《德国内部的反抗在欧洲抵抗运动中的地位》,人禾摘译,《世界史研究动态》1987 年第 4 期。

《德国反法西斯组织白玫瑰失败原因探析》,韩君佩著,《西昌学院学报(社会科学版)》2017 年第 2 期。

《反纳粹运动中的歌德勒团体及其对德国后希特勒时代的治国构想》,王琪著,《史学集刊》2003 年第 2 期。

《联邦德国纪念"7·20"事件四十周年》，雅士著，《世界史研究动态》1984年第 11 期。

《"7·20"，谋杀希特勒》，左立平著，《军事史林》1995 年第 2 期。

《苏联卫国战争时期自由德国民族委员会及其政治活动》，戚炳惠著，《西伯利亚研究》2018 年第 3 期。

《86 岁老妪披露当年暗杀希特勒内幕》，建平著，《环球军事》2004 年第 15 期。

《一位被遗忘的反法西斯主义理论家——诺伊曼及其纳粹主义批判的缘起、背景与理路》，周凡著，《学术交流》2015 年第 9 期。

二、日本人民的反战斗争

《日本人民的反战斗争》，骆兆伦著，《历史知识》1985 年第 5 期。

《日本的反战、反法西斯主义运动（1931—1945）》，[日] 神田文人著；董永裁译，《世界史研究动态》1987 年第 1 期。

《卢沟桥事变前日本基督教界的反战言行及其本质》，徐炳三著，《民国档案》2016 年第 3 期。

《日本侵华时期国内的反战活动》，步平著，《社会科学战线》2010 年第 8 期。

《侵华战争期间日本文人的反战活动》，张锦著，《外国问题研究》2013 年第 1 期。

《"九·一八"事变时期日本人民的反战斗争》，孙继武著，《社会科学战线》1987 年第 1 期。

《九·一八事变后日本人民的反战斗争》，朱守仁著，《历史教学》1961 年第 11 期。

《抗日战争时期日本人民的反战斗争》，孙邦荣著，《阜阳师院学报》1982 年第 4 期。

《抗日战争时期日本人民的反战运动》，吴乃澄著，《日本问题》1985 年第 4 期。

《抗日战争时期日本人民的反抗斗争》，宋德龄著，《佳木斯师专学报》1990 年第 2 期。

《浅谈日本人民反法西斯反战斗争》，王建明著，《渝州大学学报》1992 年第

4 期。

《日本人民解放联盟》,梅枫著,《历史教学》1981 年第 10 期。

《从统一战线视角来看日本反战同盟》,田静著,《中山大学研究生学刊》2011 年第 3 期。

《日本反战同盟在反对侵华战争中的作用》,张其敏著,《日本侵华史研究》2015 年第 3 期。

《在两次淞沪抗战中日本人民的反侵华斗争》,卞杏英著,《上海党史与党建》2002 年第 8 期。

《在华日本人民的反战斗争》,黄义祥著,《中山大学学报》1995 年第 3 期。

《抗战时期在华日本人的反战宣传活动》,黄义祥著,《广东社会科学》1995 年第 4 期。

《抗战期间驻南京日本军民的反战活动》,经盛鸿著,《纵横》2005 年第 7 期。

《抗战期间驻南京部分日本军民的反战活动》,经盛鸿著,《史学月刊》2005 年第 12 期。

《抗战期间驻南京部分日本军民的觉醒与反战活动》,经盛鸿、张宁著,《纪念七七事变爆发 70 周年学术研讨会论文集》,中国社会科学院中日历史研究中心等编,社会科学出版社 2009 年版。

《在华日人在陕甘宁边区的反战活动》,缪平均、王彦儒著,《文史春秋》2014 年第 7 期。

《抗战时期陕甘宁边区日人反战运动述论》,陈国庆、司胜杰著,《唐都学刊》2015 年第 5 期。

《抗日战争时期日本人在陕甘宁边区的反战活动》,缪平均、王彦儒著,《云南档案》2014 年第 9 期。

《和谐之音:抗战时期的延安日本工农学校》,杜维泽、张小兵著,《中国延安干部学院学报》2009 年第 2 期。

《抗战中的在华日人反战同盟》,焦璐著,《中国档案报》2015 年 8 月 28 日。

《抗日战争中的在华日人反战组织及其活动》,刘德峰著,《纪念中国人民抗日战争暨世界反法西斯战争胜利 70 周年国际学术研讨会论文集》,李亚平等编,中共党史出版社 2015 年版。

《抗日战争中日本人的反战组织——日本人民解放联盟简介》,张惠才等著,《党史通讯》1985 年第 8 期。

《抗战时期活跃于中国的日本反战同盟》,谢慧君著,《兰台世界》2005 年第 8 期。

《日本人反战同盟在中国》,张静芳著,《沈阳师院学报》1992 年第 2 期。

《在华日本人民反战同盟简史》(全 2 期),伦清著,《黔东南社会科学》1988 年第 4 期//1989 年第 2 期。

《在华日本反战组织的建立与活动》,刘德峰、孙靖著,《江淮文史》2019 年第 4 期。

《日本人反战同盟在华中的组织与活动》,曹晋杰著,《抗日战争研究》1995 年第 2 期。

《在华日本人反战同盟西南支部活动始末》,龚翔莹著,《江西广播电视大学学报》2007 年第 2 期。

《日本人民反战同盟在桂林》,〔日〕鹿地亘遗著;王晓秋等编译,《广西社会科学》1986 年第 1 期。

《日本反战同盟第五支部(三辑)》,潘子君著,《地方革命史研究》1985 年第 3—6 辑。

《活跃在抗战前线的日本反战同盟第五支部》,陈益著,《武汉文史资料》2015 年第 Z2 期。

《从反战同盟五支部到日军 46 人集体暴动》,赵晓泮著,《党史博览》2007 年第 6 期。

《在华日本人民反战运动领导人——森健》,孙金科、杨定法著,《中华民族的抗争与复兴——第一、二届海峡两岸抗日战争史学术研讨会论文集(下)》,中国抗日战争史学会等编,团结出版社 2010 年版。

《在华日人反战运动兴起与发展的原因初探》,张可荣著,《江汉论坛》1995 年第 7 期。

《在华日人反战运动的成因探析》,杜玉芳著,《兰州学刊》2004 年第 6 期。

《国民党大后方的"在华日人反战同盟"》,岳青、新贵著,《团结报》1988 年 4 月 30 日。

《国民党统治区在华日人反战同盟》,张荣华著,《石油大学学报》1988 年第 4 期。

《国统区日本人民反战同盟》,孙金科著,《近代史研究》1990 年第 1 期。

《抗日战争时期国统区的日本人民反战同盟》,邱宗功、邱雪梅著,《纪念中国人民抗日战争暨世界反法西斯战争胜利 60 周年学术研讨会论文集:下卷》,中共中央党史研究室科研管理部编,中共党史出版社 2006 年版。

《统一战线的国际化延伸——山西日人反战演剧探析》,段俊著,《山西农业大学学报(社会科学版)》2015 年第 2 期。

《鹿地亘与在华日本人民反战同盟》,王晓秋著,《中国社会科学报》2015 年 8 月 21 日。

《毛泽东与在华日本人反战斗争》,李红喜著,《中共中央文献研究室个人课题成果集 2015 年》,中共中央文献研究室科研管理部,2016 年。

《重庆国民政府与日本人士的反战运动》,内田知行著,《重庆师范大学学报》2008 年第 4 期。

《中共领导人与抗日战争时期的在华日人反战斗争》,李红喜著,《纪念中国人民抗日战争暨世界反法西斯战争胜利 60 周年学术研讨会论文集:下卷》,中共中央党史研究室科研管理部编,中共党史出版社 2006 年版。

《抗战大后方在华日人反战运动述论》,李孟卿、王泽宗、晁跟芳著,《信阳师院学报》1996 年第 4 期。

《论抗日根据地的日人反战运动》,邓庆伟著,《成都师专学报》1996 年第 2 期。

《抗日根据地的在华日人反战组织述论》,刘庆礼著,《湘潮(下半月)(理论)》2009 年第 12 期。

《抗战时期解放区日人反战运动研究》,贾蓓蓓、张小兵著,《唐山师范学院学报》2010 年第 3 期。

《抗战时期在延安召开的日本士兵代表大会》,王光荣著,《党史文苑》2002 年第 1 期。《抗日战争时期侵华日军官兵中的反战运动》,林谷良著,《军事历史研究》1994 年第 2 期。

《抗日敌后战场上的日人反战运动述论》,王宗泽著,《北京大学研究生学刊》1994 年第 3 期。

《在华日本共产主义者同盟》,张荣华著,《石油大学学报》1989 年第 4 期。

《抗日战争时期山东的日人反战活动》,杜玉芳、王卫红著,《山东档案》2003 年第 5 期。

《野坂参三与中国解放区的日人反战运动》,杜玉芳著,《理论月刊》2005 年第 2 期。

《反法西斯的地下战斗——记日军反战同盟中的几位友人》，易行之著，《湖北文史资料》1997 年第 4 期。

《抗日战争中鲜为人知的日本八路》，佚名著，《文史月刊》2009 年第 9 期。

《石桥湛山与反战文化》，易显石著，《日本研究》1992 年第 4 期。

《抗战时期的日本进步作家鹿地亘》，陶钟麟、谢鸣著，《文史天地》1995 年第 5 期。

《日俘何以成为八路军战士？》，钟正著，《解放军报》2015 年 12 月 16 日。

《冀南、冀中根据地的"日本八路"》，邓沛著，《党史文汇》2016 年第 2 期。

《前田光繁：最早的"日本八路"》，[日]小林阳吉著，《光明日报》2015 年 8 月 25 日。

第七章　第二次世界大战各战场重大问题探讨

第一节　总　论

《第二次世界大战中的十大作战计划》(上下)，徐平著，《军事史林》1994 年第 2/3 期。

《壮哉！二战中的四大战役》，平雨、刘慧宁著，《南京史志》1995 年第 4 期。

《大登陆：20 世纪最著名的六次重大登陆战役》，杜立平著，《军事历史》1999 年第 5 期。

《打败德国法西斯的两个重大战役》，车古著，《北京日报》1985 年 5 月 10 日。

《第二战场、北非战场、太平洋战场》，王兆伟著，《山东师院学报》1980 年第 3 期。

第二节　西欧—大西洋战场研究

《第二次世界大战欧洲战场三大战役》，邓蜀生著，《百科知识》1985 年第 9 期//《教学参考资料》1986 年第 1 期。

《二战欧洲战场著名战役的转折点》(上下)，谭益新、于清祥著，《环球军事》2005 年第 10/11 期。

《论北欧战场在二战中的历史地位》，彭凯著，《毕节学院学报》2010 年第 6 期。

一、西欧战场

1. 波兰战局与波兰的败亡

《战争降临欧洲》，胡佛著，《空军军事学术》2002 年第 2 期。

《闪击波兰》，[美] 克里斯托·索雷斯著；张双川译，《外国空军军事学术》

1995 年第 4 期。

《施佩尔谈纳粹德国对波兰的入侵》，何其莘译，《编译参考》1979 年第 12 期。

《希特勒是怎样捏造口实侵略波兰的》，杨汉德著，《史学月刊》1983 年第 5 期。

《一九三九年的德波战争——帝国主义发动突然袭击一例》，程人乾著，《历史研究》1978 年第 2 期。

《1939 年的波兰战役》，陶永斌著，《外国空军军事学术》1985 年第 6 期。

《揭开二战波兰骑兵悲壮对战德军坦克之谜》，杨名宇、赵海宁等著，《军事史林》2007 年第 11 期。

《被误读的精英：还原波兰骑兵打坦克的历史真相》，［波］查可谢夫斯基著；胡向春译，《现代舰船》2010 年第 3 期。

《"银鹰"的抗争：波兰军队保卫但泽维斯特普拉特半岛之战》，阴丽娜著，《兵器》2007 年第 10 期。

《二战史上的首次空战：1939 年 9 月 1 日波兰空战纪实》，史放著，《环球军事》2008 年第 12 期。

《论 1939 年 9 月波兰败亡的原因》，刘邦义著，《世界历史》1986 年第 9 期。

《论 1939 年波兰迅速败亡的原因》，杭福珍著，《安徽教育学院学报》1998 年第 4 期。

《二战初波兰迅速败亡的原因》，佘平著，《益阳师专学报》2002 年第 5 期。

《关于波德战争的历史教训》，安田著，《历史知识》1984 年第 4 期。

《简析波兰国家两度沦亡》，李乃玲著，《外国史知识》1988 年第 4 期。

《波兰稳定战局的努力为何失败》，安田、刘忠信著，《军事历史》1984 年第 3 期//《第二次世界大战军事论文选》，军事学术杂志编，军事科学出版社 1985 年版。

《第二次世界大战波兰稳定战局的努力及失败教训》，安田著，《第二次世界大战史论丛》，王相如、李安华主编，四川大学出版社 1985 年版。

《波兰迅速败亡 前苏联难辞其咎》，徐玲著，《枣庄师专学报》1998 年第 1 期。

《一九三九年德波战争的历史背景》，刘邦义著，《第二次世界大战史论文集》，三联书店 1985 年版。

《论德波战争中英法政府对波兰的出卖》,张思成著,《内蒙古师大学报》1983 年第 3 期。

《论一九三九年三月英国对波兰保证的原因及其破产》,齐世荣著,《北京师院学报》1981 年第 1 期。

《访二战欧洲战场的"卢沟桥"——波兰格利维采广播电台》,文有仁著,《四川统一战线》1999 年第 9 期。

《利德尔·哈特关于波兰会战的几个错误》,倪乐雄著,《史学月刊》2000 年第 2 期。

2. 英法的"奇怪战争"

《奇怪战争》,[法]亨利·米歇尔著;石雷译,《世界史研究动态》1990 年第 7 期。

《"奇怪的战争"并不奇怪(一九三九年九月至一九四〇年五月)》,杨上林著,《南通师院学报》1983 年第 4 期。

《"奇怪战争"新释》,张继平著,《历史教学问题》1987 年第 5 期。

《奇怪战争时期英国的对德政策》,刘明振著,《世界史研究动态》1983 年第 9 期。

《奇怪的战争是英法绥靖政策的继续吗?》,王再邦著,《世界史研究动态》1982 年第 4 期。

《奇怪的战争是英法绥靖政策的继续》,李昌德著,《河北大学学报》1983 年第 1 期。

《"奇怪战争"不是"绥靖政策"的继续》,陈强、陈国飞著,《青海师专学报》1995 年第 3 期。

《"奇怪战争"时期的法国战略》,周以光著,《历史研究》1990 年第 2 期。

《从奇怪战争看二战初英法的军事战略》,朱秀芳、谢大伟著,《杭州师院学报》1998 年第 4 期。

《"奇怪战争"不奇怪——第二次世界大战初期"西线无战事"说质疑》,张继平著,《历史研究》1987 年第 6 期。

3. 西线战事与法国的败降

《是法国战局,还是法国战役?》,肖石忠著,《近现代国际关系史研究》2017 年第 2 期。

（1）敦刻尔克大撤退及其成因

《敦刻尔克大撤退》，《人民日报》1975 年 11 月 7 日。

《敦刻尔克大撤退》，陈平建著，《航海》1981 年第 6 期。

《敦刻尔克大撤退》，赵克仁著，《历史教学》1994 年第 7 期。

《浅谈敦刻尔克大撤退》，吴波著，《辽宁教育学院学报》1996 年第 3 期。

《敦刻尔克之战》，一兵著，《坦克装甲车辆》1989 年第 2 期。

《绝路逢生——敦刻尔克战略退却》，郭玉千著，《坦克装甲车辆》1994 年第 10 期。

《敦刻尔克(1940)》，[德] 雅各布森著；徐晓军译，《外军资料》1981 年第 254 期。

《敦刻尔克之谜》，张健康著，《军事史林》1997 年第 4 期。

《"战争史上一大奇迹"——敦刻尔克大撤退》，左立平著，《军事史林》1995 年第 4 期。

《敦刻尔克大撤退　英国空军第一功》，刘韫著，《中国空军》1993 年第 5 期。

《试析所谓"敦刻尔克之谜"》，张志华著，《军事史林》2019 年第 8 期。

《敦刻尔克大撤退成功原因再探》，申文勇著，《吉林师院学报》1995 年第 2 期。

《敦刻尔克大撤退成功原因再探析》，孔辉、丁舞昌著，《聊城大学学报》2009 年第 2 期。

《"敦刻尔克奇迹"是怎样发生的?》，郑厚安著，《外国史知识》1981 年第 10 期。

《敦刻尔克的 9 天:奇迹是这样炼成的》，鸿渐著，《军事文摘》2017 年第 19 期。

《帝国日落:从英国视角解读敦刻尔克大撤退》，张晶著，《坦克装甲车辆》2017 年第 22 期。

《基于德军视角探析敦刻尔克大撤退的成功》，王毅著，《中国石油大学学报（社会科学版）》2018 年第 4 期。

《敦刻尔克大撤退及其历史教训》，陈英吴著，《辽宁大学学报》1978 年第 2 期。

《敦刻尔克大撤退质疑》，辛逸著，《山东师院学报》1981 年第 2 期。

《关于敦刻尔克大撤退的几个问题》,杨祖泰著,《四川师院学报》1981 年第 4 期。

《关于敦克尔刻奇迹的两个问题——与杨祖泰同志商榷》,李华著,《南通师专学报》1987 年第 1 期。

《论法国政府在敦刻尔克撤退中的责任》,阎来恩著,《辽宁大学学报》1984 年第 5 期。

《敦刻尔克撤退以后》,[法]让·马兰著;高天译,《环球》1980 年第 5 期。

《对〈关于敦刻尔克大撤退的几个问题〉的两点质疑》,李华等著,《淮北煤炭师院学报》1989 年第 1 期。

《并非"可耻的失败":敦刻尔克大撤退的前因后果解析》,张杰著,《坦克装甲车辆》2017 年第 22 期。

《论法国政府在敦克尔克撤退中的责任》,阎来恩著,《辽宁大学学报》1984 年第 5 期。

《敦刻尔克大撤退中的消防艇》,丹戈著,《中国消防》2017 年第 21 期。

《对希特勒"停进令"有关两问题的探讨》,葛兆富著,《青岛师专学报》1988 年第 2 期。

《德国侵略军停止进犯敦克尔克真相初探》,韩敬友著,《临沂教育学院学报》1990 年第 4 期。

《希特勒停止装甲部队前进之谜》,熊伟民著,《益阳师专学报》1994 年第 3 期。

《德军在敦刻尔克停止前进之原因探析》,王毅著,《坦克装甲车辆》2017 年第 22 期。

《从"布拉格和约"看"敦刻尔克之谜"》,牟元钧著,《山东师大学报》1995 年第 3 期。

《敦刻尔克撤退以后》(一二),[法]让·马兰著;高天译,《环球》1980 年第 5/6 期。

《敦刻尔克之谜——希特勒的又一外交策略》,司道旺著,《陇东学院学报》2006 年第 3 期。

《从敦刻尔克撤退到诺曼底反攻》,刘劲文著,《大众理财顾问》2011 年第 7 期。

(2)法国败降的原因及其影响

《第三共和国的崩溃:1940 年法国沦陷之研究》(全 2 期),[美]威廉·L.夏伊勒著;戴大洪译,《博览群书》2015 年第 11/12 期。

《我国学术界关于 1940 年法国败降原因研究综述》,赵文亮、彭训厚著,《法国研究》2006 年第 3 期。

《法国对"1940 年悲剧"的反省》,关山摘译,《世界史研究动态》1981 年第 7 期。

《法国之战》,任玉波、王学平著,《坦克装甲车辆》1994 年第 9 期。

《拯救巴黎》,戴冰著,《军事史林》2003 年第 5 期。

《法兰西的失败》,罗志刚著,《外国史知识》1983 年第 5 期。

《军事史上的悲剧——记第二次世界大战初期法国的失败》,詹小美、甄平著,《广东教育学院学报》1985 年第 1 期。

《论纳粹德国突破法国防线的真正原因》,[法] 夏贝尔著;易寒译,《现代外国哲学社会科学文摘》1985 年第 10 期。

《试论 1940 年法国的失败》,高明振著,《华中师院学报》1980 年第 4 期。

《浅析 1940 年法国战败的原因》,夏正伟著,《军事历史研究》1995 年第 1 期。

《二战中法国迅速战败的原因》,王小铁著,《历史学习》2009 年第 2 期。

《关于 1940 年法国溃败的原因——第二次世界大战史研究会第三届年会讨论综述》,《世界历史》1982 年第 6 期。

《一九四〇年法国败降原因探索》,周希奋著,《第二次世界大战史论文集》,三联书店 1985 年版。

《1940 年法国溃败原因探讨》,戴成钧著,《杭州大学学报》1982 年第 4 期。

《论 1940 年法国溃败的原因》,戴成钧著,《法国史论文集》,三联书店 1984 年版。

《重评法国军事溃败的原因》,[法] 亨利·夏贝尔著;严武摘译,《世界史研究动态》1985 年第 3 期。

《1940 年法国败降原因分析》,李道豫著,《唐都学刊》1997 年第 1 期。

《试论二战期间法国投降的原因》,李连波著,《党史博采(理论)》2017 年第 10 期。

《法国在第二次世界大战中迅速沦亡的原因》,马真玉著,《史学月刊》1983 年第 4 期。

《二战中法国猝败及反败为胜的原因初探》,膝国林著,《北方论丛》1995 年第 2 期。

《论二战时期法军败降与苏军初期失利的原因》,田卫星著,《史林》1991 年第 4 期。

《第二次世界大战中法国失败的原因和法国人民反法西斯奴役的斗争》,张继平著,《历史教学》1957 年第 1 期。

《绥靖政策与法国的覆灭》,吴继德著,《世界现代史论文集》(第一集),三联书店 1980 年版。

《论法国败降的政治、经济和社会思想原因》,于群著,《东北师大学报》1984 年第 1 期。

《法国 1940 年迅速败降的军事原因》,王文庆、陈建平著,《山西大学学报(哲学社会科学版)》1984 年第 2 期。

《简析 1940 年法国迅速败降的军事原因》,杨凯著,《安徽教育学院学报》1993 年第 4 期。

《1940 年法国败降军事原因再探讨——基于对流行观点的反思》,赵文亮、王泽方著,《历史教学(下半月刊)》2017 年第 8 期。

《消极防御:法国人自己打败自己》,陈怀德著,《国防》1995 年第 7 期。

《军事保守思想的恶果》,徐宝喜等著,《军事学术》1980 年第 11 期。

《军事思想保守落后的教训》,林野、何金铠等著,《军事历史》1984 年第 2 期//《第二次世界大战军事论文选》(军事学术杂志编),军事科学出版社 1985 年版。

《二战前法国军事战略透视》,杨凯著,《学术界》1995 年第 4 期。

《军事战略指导失误的惨痛教训——试析二战中法国的败降》,肖伟雄、刘双才著,《军事历史》1994 年第 4 期。

《从军事哲学的角度看法国 1940 年失败的历史教训》,刘宪廷、王显臣著,《世界历史》1982 年第 4 期。

《论甘末林——兼及法国在第二次世界大战中失利的原因》,翟文奇著,《齐齐哈尔师院学报》1996 年第 2 期。

《法国沦陷与情报机构的失败》,魏长春著,《军事历史研究》2009 年第 S1 期。

《法国沦亡的历史教训》,尹之、张晓峰著,《毛泽东军事思想研究》1995 年第 3 期。

《略谈第二次世界大战中法国战败的几点教训》,董建华、陈仲山著,《军事学术》1980 年第 6 期//《第二次世界大战军事论文选》(军事学术杂志编),军事科学出版社 1985 年版。

《有关法国崩溃的两份材料:1.法俄同盟的解体》,[法]皮埃尔·科特著;阮亦男译,《二战史通讯》1985 年第 7 期。

《有关法国崩溃的两份材料:2.法国为什么在 1939 年 9 月诉诸战争》,[法]爱德华·达拉第著;阮亦男译,《二战史通讯》1985 年第 7 期。

《中国持久抗战胜利与法国短期败降的历史启示》,韩永利著,《江汉论坛》2000 年第 4 期。

《论法国败降的转折点意义》,娄琳著,《四川师院学报》2001 年第 3 期。

《论 1940 年法国败降的国际影响》,严双伍著,《法国研究》1985 年第 4 期。

《论法国猝败对二战进程和格局的影响》,陈明著,《江海学刊》,1995 年第 1 期。

《1940 年 6 月法国败降对二战战局的影响》,周希奋、甘雨著,《暨南学报》1997 年第 2 期。

《法国败降对第二次世界大战的影响》,王希安、张伟著,《辽宁高职学报》1999 年第 3 期。

《法国沦陷对美国的影响》,熊伟民著,《益阳师专学报》1992 年第 4 期。

《法国败降与日本南进》,楼海强著,《军事文摘》1998 年第 7 期。

《法国败降与日本战略的演变》,杨凯著,《安徽教育学院学报》1989 年第 4 期。

《法国败降与德国对外战略的转变》,杜明才、吴振刚著,《佳木斯师专学报》1991 年第 4 期。

《试析法国败降对中国抗战的影响》,赵文亮著,《河南师范大学学报》1996 年第 4 期。

《马其诺防线不攻自破》,柴健尔著,《外国史知识》1984 年第 8 期。

《法国的半条长城:马奇诺防线奇战》,李淑壁著,《历史大观园》1986 年第 3 期。

《英军在加来的最后抵抗》,段大江著,《兵器》2006 年第 12 期。

《拯救英法联军的加来阻击战》,史放著,《环球军事》2009 年第 3 期。

4. 不列颠之战

《不列颠之战》，左立平著，《军事史林》1995 年第 6 期。

《不列颠之战》，华人杰著，《外国军事学术》1983 年第 11 期。

《"不列颠之战"：历史的思考》，倪乐雄著，《中国国防报》2014 年 1 月 7 日。

《英国为生存而战》，夏正伟著，《上海大学学报》1995 年第 4 期。

《伦敦不是巴黎　英国军民誓死抗战》，张晓军著，《国防》1995 年第 8 期。

《不列颠上空大门紧闭　英吉利海峡德军无望》，刘韫著，《中国空军》1995年第 3 期。

《绝密战争——伦敦是怎样免于毁灭的》，［英］R.V.琼斯著，《书林》1981年第 2 期。

《第二次世界大战中大不列颠在战略上的不利因素》，张继平著，《华中师范大学学报》1993 年第 6 期。

《智挫德国飞弹群——二次大战中保卫伦敦之战》，［英］R.V.琼斯著；马铁英摘译，《环球》1982 年第 1 期。

《鹰魂梦断不列颠：1940 年英德不列颠战役》，杨树旗、郭若冰著，《坦克装甲车辆》1994 年第 12 期。

《希特勒对作战的无知导演了战争奇迹——不可能任务 1942　德国海军突破英吉利海峡之役》，周明著，《国际展望》2003 年第 21 期。

《德军入侵英国失利的原因及启示》，杨浩、盛建勇著，《第二次世界大战与战后局部战争》，李小军主编，军事谊文出版社 2003 年版。

《西德对不列颠之战德国失利原因的看法》，王文昌著，《二战史通讯》1985年第 7 期。

《英国何以赢得不列颠之战？》，［英］戴伊著；张立飞译，《现代舰船》2011年第 9 期。

《英国在第二次世界大战中能够保存下来的原因》，吴献葵著，《史学月刊》1985 年第 4 期。

《希特勒放弃海狮计划原因新探》，张国臣著，《许昌学院学报》2007 年第4 期。

《评二战初期英国对德抗战》，夏正伟著，《军事历史研究》1991 年第 3 期。

《英国在不列颠之战中反空袭斗争胜利的经验》，夏韵芳著，《军事历史》1985 年第 2 期。

《试论英伦空战的历史地位》，杨晓杰著，《军事历史》1988 年第 1 期。

《遭空袭因祸反得福，不列颠率先创空军》，刘韫著，《中国空军》1991 年第 1 期。

《大不列颠的民防》，陈福春著，《人防工程》1986 年第 3 期。

《不列颠之战：空中封锁与反封锁作战的几个问题》，于江欣著，《外国军事学术》2001 年第 11 期。

《"被遗忘的战争"：第二次不列颠战役》，郭彩虹著，《环球军事》2004 年第 12 期。

《伦敦上空的波兰雄鹰》，王霄著，《世界军事》2004 年第 5 期。

《英国欲建不列颠空战纪念塔》，《世界知识》2010 年第 11 期。

5. 欧洲第二战场问题与诺曼底登陆

（1）关于"第二战场"

《第二次世界大战中的第二战场》，金重远著，《军事历史研究》1987 年第 1 期。

《关于"第二战场"的称谓问题》，杨成竹等著，《扬州师院学报》1988 年第 4 期。

《再论第二战场》，张大卫著，《北京师院学报》1986 年第 3 期。

《略论第二战场的开辟》，詹方瑶著，《郑州大学学报》1982 年第 4 期。

《论欧洲第二战场的开辟》，李巧云、马方智著，《大庆师专学报》1991 年第 2 期。

《如何看待第二战场的开辟》，金永华著，《世界现代史论文集》（第一集），三联书店 1980 年版。

《关于开辟第二战场的一些浅见》，石磊著，《历史研究》1984 年第 2 期。

《第二战场与美英的战略企图》，朱贵生、华庆昭著，《世界历史》1984 年第 5 期。

《浅析欧洲第二战场开辟的曲折性》，臧春华著，《哈尔滨学院学报》2007 年第 7 期。

《试论第二次世界大战中第二战场的开辟》，许刚雁著，《阴山学刊》1992 年第 3 期。

《试论第二战场开辟的作用》，洪飞著，《合肥学院学报》2005 年第 3 期。

《浅论第二战场的开辟和作用》，曲培洛、汪天山著，《东北师大学报》1986

年第 3 期。

《略论第二战场的开辟及其历史作用》,祖岩石著,《中学历史》1980 年第 4 期。

《斯大林怎样推动英美开辟"第二战场"》,王学杰著,《决策》2005 年第 12 期。

《希特勒与第二战场琐谈》,曹炯著,《绥化学院学报》2005 年第 3 期。

(2)诺曼底登陆

《登陆诺曼底》,黄建国著,《世界军事》1994 年第 4 期。

《诺曼底登陆战》,余祥基著,《黑龙江日报》1985 年 9 月 2 日。

《诺曼底登陆战役》,海军、王玉峰著,《外国军事学术》1983 年第 10 期。

《诺曼底登陆战役》,朱质坚著,《外国海军文集》1985 年第 8 期。

《诺曼底登陆战役》,彭彬著,《坦克装甲车辆》1990 年第 3 期。

《辉煌的战果——记诺曼底登陆战役》,杨育林、李信忠著,《现代兵器》1994 年第 10 期。

《盟军在诺曼底登陆——开辟第二战场》,吴玉珠著,《军事历史研究》1990 年第 1 期。

《致希特勒死命的"霸王"计划》,侯成德著,《书刊导报》1986 年 1 月 2 日。

《作为头等业绩载入史册的"霸王行动":诺曼底登陆战》,杭福珍著,《中国城市经济》1995 年第 2 期。

《"霸王"战役最高统帅人选问题上的矛盾》,熊伟民著,《益阳师专学报》1990 年第 1 期。

《为"霸王"探路的一记"钩拳"》,陈高峰、张东航等著,《国防科技》2004 年第 9 期。

《诺曼底登陆战前夕两巨头轶事》,辛华著,《军事史林》1994 年第 5 期。

《诺曼底登陆前夕的法美之争》,[法]拉库蒂尔著;庄严译,《现代外国哲学社会科学文摘》1985 年第 10 期。

《试论诺曼底战役》,刘书林著,《中山大学研究生学刊》1984 年第 2 期。

《诺曼底大赌博:成功与失败各占 50%》,《军事史林》1994 年第 5 期。

《出奇制胜的诺曼底登陆战》,史镜著,《外国史知识》1982 年第 2 期。

《第二次世界大战欧洲战场重大战役(之六):诺曼底登陆战》,于江欣著,《人民日报》1995 年 5 月 15 日。

《诺曼底登陆的准备与实施》，詹方瑶著，《史学月刊》1983 年第 5 期。

《诺曼底登陆前夕》，［美］约翰·艾森豪威尔著；王华等译，《环球》1984 年第 5 期。

《决策：诺曼底登陆前夜——纪念诺曼底登陆 60 周年》，风云、张晓莉著，《环球军事》2004 年第 11 期。

《天气捉弄了德军——诺曼底两栖登陆作战的前夜》，耿来整理，《解放军报》1981 年 6 月 26 日。

《诺曼底登陆演习时发生的"可怕错误"被捂近 60 年——749 名美兵葬身鱼腹》，罗斯、久仁著，《档案时空（史料版）》2004 年第 7 期。

《二战中盟军大规模进攻日》，［英］沃纳著；田作高译，《现代外国哲学社会科学文摘》1985 年第 6 期。

《"霸王"行动登陆地点为何选在诺曼底》，刘元吉、赵桂芝著，《中学历史教学参考》2004 年第 4 期。

《从"霸王"行动到"沙漠风暴"：军事行动代号的故事》，王霄、吴博峰等著，《世界军事》2001 年第 1 期。

《诺曼底登陆与"桑"行动》，张世英著，《海洋》1985 年第 12 期。

《登陆基地建立得太迟了呢？》，［英］格里格著；蔡鹏鸿译，《现代外国哲学社会科学文摘》1985 年第 6 期。

《"冥王星行动"：欧洲第二战场的海底"大动脉"》，白光著，《兵器》2012 年第 10 期。

《艾森豪威尔与诺曼底登陆》，刘勇著，《名人传记》1995 年第 8 期。

《诺曼底成功登陆的奥妙——艾森豪威尔的谋略艺术》，童中贤著，《公关世界》2009 年第 8 期。

《决胜巅峰——诺曼底登陆中的最高司令部》，席庆山、郑勇、张敬华著，《国际展望》2005 年第 12 期。

《蒙哥马利和"霸王"行动计划的准备》，［英］布鲁克斯著；承厚法译，《现代外国哲学社会科学文摘》1985 年第 6 期。

《艰难的决策——诺曼底登陆战役的一个片段》，汤中应著，《国防》2004 年第 6 期。

《诺曼底水雷大战》，徐冠军著，《海洋》1981 年第 8 期。

《从诺曼底到易北河》，朱贵生著，《瞭望》1985 年第 18 期。

《Ultra 与诺曼底登陆的胜利》,张继平著,《军事历史》1992 年第 5 期。

《"欧洲解放的钥匙":缅怀诺曼底登陆大捷》,王宪华著,《光明日报》1985 年 4 月 25 日。

《诺曼底登陆战役的启示》,李日新、黄应国著,《国防》2002 年第 4 期。

《诺曼底登陆作战的启示》,蔡昌军、罗长兴著,《中国人民防空》2002 年第 5 期。

《诺曼底登陆战役的一些经验》,刘鹭著,《军事历史》1985 年第 3 期//《第二次世界大战军事论文选》(军事学术杂志编),军事科学出版社 1985 年版。

《德军诺曼底登陆作战失败之原因》,吴学永著,《外国军事学术》2000 年第 11 期。

《盟军诺曼底登陆作战成功之原因》,彭训厚著,《外国军事学术》2000 年第 11 期。

《二战中盟军为何会在诺曼底登陆中获得完胜》,杨不过著,《文史月刊》2010 年第 8 期。

《史无前例的大规模登陆战役:诺曼底登陆战役述评》,彭训厚著,《军事历史》2008 年第 1 期。

《妥协、合作与胜利——回眸诺曼底登陆胜利 60 周年》,黄世相、杨捷著,《江西师大学报》2004 年第 3 期。

《也谈诺曼底战役的意义——与刘洪玉先生商榷》,谢天明著,《书屋》2010 年第 3 期。

《60 年前国内媒体对"诺曼底登陆"的报道》,张俊著,《军事记者》2005 年第 4 期。

《诺曼底登陆作战中的中国军人:卫国者系列之七》,萨苏著,《兵器》2014 年第 9 期。

《诺曼底和仁川登陆作战的回顾与思考》,陈忠良著,《东海民兵》2004 年第 9 期。

《从诺曼底到马岛:渡海登陆作战浅说之一》,何树才著,《世界军事》2000 年第 4 期。

《惨烈的迪厄普死亡登陆》,乔林著,《当代海军》2002 年第 7 期。

《迪野普战役和诺曼底登陆》,张继平著,《世界史研究动态》1993 年第 7 期。

《第厄普失败对盟军诺曼底登陆战役的影响》,王湘江著,《外国军事学术》2000 年第 11 期。

《诺曼底登陆战及其后果》,[英] 基根著;蔡鹏鸿译,《现代外国哲学社会科学文摘》1985 年第 6 期。

《美英军队登陆是在意大利政变之后》,徐丽萍著,《中学历史教学参考》2000 年第 6 期。

6. 西欧战场其他战事

《1940 年的挪威之役》,刘世光著,《外国空军军事学术》1985 年第 6 期。

《"雷诺"战役》,管苏清著,《汽车运用》2002 年第 7 期。

《"猛虎作战行动"惨案 43 年后真相大白》,顾颖等译,《上海译报》1988 年 1 月 25 日。

《法莱斯口袋之战》,齐凤著,《坦克装甲车辆》2005 年第 3 期。

《阿登反攻,孤注一掷,希特勒输得精光》,杨胜松著,《外国史知识》1985 年第 3 期。

《阿登反击战:纳粹的最后疯狂》,潘清卿著,《中国国防报》2014 年 12 月 23 日。

《阿登反击战 德国第 6 装甲集团军进攻》,戴维·乔丹著,《国际展望》2006 年第 19 期。

《寒冬里的豪赌 莫德尔在阿登战役》,彭志文著,《海陆空天惯性世界》2011 年第 9 期。

《最后的决定性战役:粉碎德军 1944 年在阿登地区的反攻》,王凯著,《坦克装甲车辆》1991 年第 3 期。

《苦战洛林:记美第 3 集团军洛林战役》,段晓云著,《坦克装甲车辆》1995 年第 7 期。

《致命一击:记鲁尔战役》,任玉波著,《坦克装甲车辆》1994 年第 7 期。

《叩响地狱之门》,李东著,《世界军事》1993 年第 2 期。

《最后的乐章:记欧洲战场最后一战》,将言著,《坦克装甲车辆》1995 年第 12 期。

《艾森豪威尔为何不进军柏林》,蔡鸿著,《军事历史》1986 年第 3 期。

《二战末期苏美抢先攻占柏林内幕解密》,凯宁、王金华著,《外国军事学术》2001 年第 2 期。

《十万德国战俘集体越狱计划破产记》,蒋建平著,《军事史林》2000 年第 6 期。

《曾经有那么一次战争——第二次世界大战期间随军笔记》,〔美〕斯坦培克著;朱雍译,《时代的报告》1981 年第 2 期。

二、大西洋战场
1. 大西洋运输线的战斗

《二战中英美保卫大西洋运输线的战斗》,许刚雁著,《阴山学刊》1995 年第 3 期。

《德国入侵苏联至太平洋战争爆发期间的海上斗争形势》,〔苏〕В.П.鲍戈列波夫等著,《二战史通讯》1982 年第 3 期。

《二战时期大西洋海上战略通道争夺战论析》,田原著,《军事历史研究》2011 年第 2 期。

《试谈大西洋之战在第二次世界大战中的作用》,关耐冬著,《广州师院学报》1984 年第 3 期。

《盟军在大西洋交通线斗争中是怎样取胜的》,马文贤著,《军事历史》1986 年第 1 期。

《"二战"中的大西洋交通线争夺战及若干问题的思考》,曹智英、宗兆瑞著,《国防交通》1994 年第 3 期。

《二战大西洋破交,护航作战经典系列　名狼之夜 HX-72 护航船队之战》,维洛克斯著,《国际展望》2003 年第 9 期。

《二战大西洋破交,护航作战经典系列:壮烈的 22 分钟　"贾维斯湾"号辅助巡洋舰和 HX-84 护航船队之战》,维洛克斯著,《国际展望》2003 年第 13 期。

《二战大西洋破交,护航作战经典系列:冰海浩劫 PQ-17 护航船队的悲剧》,维洛克斯著,《国际展望》2003 年第 17 期。

《在那没有人知道的冰与火的海洋上——被遗忘的战场,二战期间美国潜艇在阿留申群岛的作战活动》,〔美〕爱德华·惠特曼著;黄毅磊译,《国际展望》2003 年第 22 期。

《二战大西洋破交护航作战经典系列:最后的防御性护航 ONS-154 护航船队之战》,维洛克斯著,《国际展望》2003 年第 23 期。

《勇闯"黑窟":盟军护航运输队大战纳粹"狼群"》,李浩著,《环球军事》

2005 年第 2 期。

2. 大西洋战场其他战事

《二战时期英国"铁锤行动"始终未果的原因》,唐方亮著,《内蒙古师范大学学报(哲学社会科学版)》2019 年第 3 期。

《二战中,英国为何突袭冰岛?》,金凯著,《中国国防报》2016 年 10 月 28 日。

《二战中的"冰海航线"》,倪海宁著,《解放军报》2016 年 2 月 12 日。

《死亡之旅:一起由罗斯福与丘吉尔钦定的远洋兵力投送》,李希敏、宋谦著,《国防科技》2002 年第 11 期。

《"铁血宰相"沉洋底　海空协同奏大功》,刘韫著,《中国空军》1995 年第 6 期。

《拉普拉塔河之战》,张福兴著,《外国史知识》1986 年第 5 期。

《拉普拉脱护航之战》,沈崇礼著,《航海》1981 年第 2 期。

《佛斯特峡湾的血战》,凯攸著,《航海》1980 年第 3 期。

《"类人猿"行动始末》,李力钢著,《军事史林》1992 年第 6 期。

《二战"类人猿"计划》,马志勇,《军事史林》2004 年第 12 期。

《"狮鹫"行动始末》,杨国华著,《军事史林》1997 年第 9 期。

《"狮鹫计划":希特勒又一匹短命的特洛伊木马》,张晓栋著,《环球军事》2004 年第 10 期。

《一次神奇的远程渗透破袭战》,陈亚舟著,《军事历史》1986 年第 4 期。

《一次胆大包天的航行》,潘星星、谢明著,《军事历史》1999 年第 2 期。

《"肉馅计划"是怎样成功的》,韦学良著,《当代海军》1998 年第 4 期。

《美国东海岸"击鼓"之战》,梁红著,《当代海军》2002 年第 12 期。

《"海德曼妖妇"与"骗子战役"》,童先著,《航海》1981 年第 5 期。

《"灰狼"万里投降之谜》,艾海著,《当代海军》1996 年第 1 期。

《巴伦支海战:二战期间德国海军水面舰队的落日之战》,郭彩虹著,《环球军事》2009 年第 4 期。

第三节　非洲—地中海—西亚战场研究

一、非洲战场

《第二次世界大战中的北非战场》,鲁虎著,《百科知识》1995 年第 6 期。

《略论二战非洲战场的开端》，张士昌、杨安武著，《安徽师大学报》1999 年第 3 期。

《略论二次大战中非洲战场的若干问题》，徐济明著，《西亚非洲》1995 年第 4 期。

《试论北非战场的几个问题》，邝书斌著，《第二次世界大战史论丛》（王相如、李安华主编），四川大学出版社 1985 年版。

《从非洲战场看二战的国际争斗》，田树茂著，《太原师专学报》1990 年第 3 期。

《第二次世界大战中的非洲战场——纪念反法西斯战争胜利 50 周年》，李广一著，《湘潭大学学报》1995 年第 5 期。

《意北之战》，冀彝、将言著，《坦克装甲车辆》1996 年第 7 期。

《非洲争夺战》，将言著，《坦克装甲车辆》1995 年第 4 期。

《挥师东进：1942 年德意军北非作战》，张浩著，《坦克装甲车辆》1997 年第 11 期。

《谁点燃了二战北非"火炬"》，贺胜著，《环球军事》2004 年第 23 期。

《试论二次世界大战中的"火炬"战役》，熊伟民著，《益阳师专学报》1991 年第 2 期。

《雷霆压顶：美国海军特混舰队突袭法驻摩洛哥基地战记》，俞敏著，《舰载武器》2013 年第 10 期。

《阿拉曼战役》，周德祥著，《坦克装甲车辆》1989 年第 1 期。

《略论阿拉曼战役》，詹方瑶著，《郑州大学学报》1991 年第 1 期。

《第二次世界大战北非战场：阿拉曼战役》，古平著，《人民日报》1995 年 5 月 8 日。

《第二次世界大战北非战场：阿拉曼战役》，于江欣著，《人民日报》1995 年 5 月 11 日。

《大漠猎狐：记阿莱曼战役》，刘学道著，《坦克装甲车辆》2005 年第 2 期。

《阿拉曼战役——捕猎"沙漠之狐"》，胡晓蓉著，《思维与智慧》1998 年第 1 期。

《捕猎"沙漠之狐"：阿拉曼之战》，本刊编辑部著，《世界军事》1994 年第 3 期。

《德军将领点评阿拉曼战役》，西格弗里德·韦斯特法尔著，《军事历史》

2005 年第 4 期。

《"伯特伦"——阿拉曼战役中的诈敌行动》,李华著,《历史大观园》1992 年第 1 期。

《隆美尔的北非战役》,〔美〕A.诺菲著;钟午春、潘嘉玢译,《二战史通讯》1982 年第 4 期。

《"沙漠之狐"兵败阿拉曼的交通运输原因与启示》,李树友、郭兆东著,《军事交通学院学报》2015 年第 12 期。

《"沙漠之狐"隆美尔轻信地图致使整个战役失利》,岳贵云、何国明著,《环球军事》2003 年第 6 期。

《超级机密:阿拉曼战役隆美尔惨败的真实诱因》,陈家光著,《军事史林》2009 年第 7 期。

《他们这样做出命运攸关的决定:亲历阿拉曼》(上下),〔德〕拜尔莱因著;申庚、史雁译,《军事历史》2005 年第 4/5 期。

《阿拉曼战役前三个不同人物的命运》,许伟平、许长朋著,《军事史林》2009 年第 8 期。

《沙场龙虎斗:蒙哥马利与隆美尔在北非的较量》,左立平著,《军事史林》1995 年第 5 期。

《北非:蒙哥马利大战隆美尔》,子璇著,《军事史林》1998 年第 4 期。

《千里大撤退:"沙漠之狐"在北非战场上的最后一个"杰作"》,袁方、张伟著,《军事史林》1998 年第 3 期。

《北非战场上的"十字军"行动》,杨育林、李信忠著,《坦克装甲车辆》1997 年第 10 期。

《穷寇末路:记北非战场的最后角逐》,郭玉千、张金桥著,《坦克装甲车辆》2005 年第 8 期。

《谁才是罪魁祸首? 意大利军队在北非的真实表现》,〔捷〕扎波托兹尼著;于方译,《现代舰船》2011 年第 4C 期。

《试论德意法西斯在北非战场的失败》,李伟著,《徐州师院学报》1983 年第 4 期。

二、地中海战场

《鏖战地中海》,焦方金著,《舰载武器》2003 年第 12 期。

《"二战"中英国的"弩炮"行动》,张世均著,《历史教学》1995年第6期。

《希腊式悲剧:"弩炮"计划与法国舰队的覆灭》,王学民著,《军事史林》2000年第7期。

《英国在地中海与德意的抗争(1940年6月—1941年6月)》,夏正伟著,《军事历史研究》1995年第4期。

《四月战争——南斯拉夫和希腊的沦陷》,[南]托多尔·西莫夫斯基著;苏冬译,《世界历史译丛》1980年第3期。

《马耳他之战(1940—1942年)》,陈惠秀著,《外国空军军事学术》1985年第5期。

《二战中,意大利突击艇惨败马耳他》,马兰著,《中国国防报》2010年10月12日。

《克里特岛战役》,高培著,《外国军事学术》1983年第11期。

《克里特岛之战》,殷宪群著,《海军学术研究》1991年第6期。

《克里特岛之战(1941)》,[联邦德国]卡尔·贡德拉赫著;甘苏庆译,《二战史通讯》1982年第3期。

《"拯救"马耳他之"鱼叉"作战》,张勇超、陈曦著,《舰船知识》2007年第12期。

《"拯救"马耳他之"雄壮"作战:1942年6月12—16日》,张勇超、陈曦著,《舰船知识》2007年第11期。

《南辕北辙的"中东运送计划":美国海军二战初期的一次秘密之旅》,朱竞成著,《环球军事》2006年第20期。

《奋战在地中海:英国紧急补给马耳他》,周风啸著,《现代舰船》2013年第9期。

《试论米尔斯克比尔事件及其影响》,宋永成著,《历史教学》2001年第5期。

《论"二战"期间法国海军舰队的衰亡》,宋永成著,《陕西师大学报》2000年第3期。

《潘泰莱里亚,1943》,王霄著,《环球军事》2004年第9期。

《南方前线之激战西西里》,本刊编辑部著,《中国尖端武器报道B:进攻与防御》2005年第7期。

《西西里之战巴顿争头功》,齐凤著,《坦克装甲车辆》2004年第11期。

《第二次世界大战欧洲战场重大战役(之五):西西里岛登陆战》,于江欣著,《人民日报》1995 年 5 月 12 日。

《调虎离山以石击卵——西西里岛登陆战役》,左立平著,《现代兵器》1995 年第 5 期。

《西西里岛登陆作战何以成功:记"肉馅"行动计划》,郭若冰著,《军事史林》1993 年第 3 期。

《西西里岛登陆战役的经验和教训》,于巧华著,《外国军事学术》2001 年第 6 期。

《安齐奥登陆场之战》,齐凤著,《坦克装甲车辆》2005 年第 1 期。

《奥托纳之战:加拿大军队在二战中的扬威之役》,刘忠斌著,《环球军事》2006 年第 13 期。

《铁血铸丰碑:记盟军巴斯托尼保卫战》,刘学道、孟庆举著,《坦克装甲车辆》2003 年第 9 期。

《巴里港大空袭》,于力著,《现代兵器》2012 年第 1 期。

《二战中的巴里事件之谜》,李力钢著,《军事史林》1995 年第 1 期。

《祸从天降——1943 年德军偷袭巴里港事件》,张艳明著,《国际展望》2004 年第 20 期。

《"第二珍珠港事件":二战中德军轰炸意大利巴里港纪实》,朱竟成、李金森著,《环球军事》2006 年第 12 期。

《第二个"珍珠港事件":德军袭击巴里港揭秘》,[美]拉菲伦茨著;王涛译,《现代舰船》2010 年第 4 期。

《雷马根:置德军于死地的第二个诺曼底》,左立平著,《军事史林》1994 年第 2 期//《军事文摘》1995 年第 1 期。

《萨勒诺战役》,《国际展望》2004 年第 4 期。

《"墨索里尼遗产"争夺战:二战中的多德卡尼斯群岛战役》,李浩著,《环球军事》2004 年第 9 期。

《海角之谜:重估二战期间德国攻占直布罗陀计划之动机》,[英]诺曼·果达著;王海良译,《军事历史》1994 年第 1 期。

《圣纳泽尔突袭战》,李鹏著,《兵工科技》2003 年第 10 期。

《解放意大利》(上下),沙展著,《坦克装甲车辆》2011 年第 4/5 期。

《"眼镜蛇"与魔鬼的较量("二战"中巴西远征军奋战在意大利)》,《外国史知识》1983 年第 8 期。

《叼着烟斗的"眼镜蛇":二战中的巴西远征军》,张俊杰著,《世界军事》1997 年第 4 期。

三、西亚战场

《二战中的伊拉克之战》,于冰著,《环球军事》2007 年第 5 期。

第四节　苏联—东欧战场与苏联卫国战争研究

一、概述

《苏联对卫国战争史研究的概述》,余伟民著,《军事历史》1991 年第 5 期。

《俄罗斯学术界关于卫国战争的争论》,赵晶旸著,《国外理论动态》2000 年第 12 期。

《剧变后俄罗斯的卫国战争史研究》,吴恩远著,《历史研究》1995 年第 6 期。

《"对神圣的东西的亵渎"——谈某些俄罗斯作家对卫国战争的"新"看法》,张捷著,《俄罗斯文艺》1996 年第 1 期。

《介绍"1941—1945 年苏联伟大卫国战争史"》,孙剑晨著,《历史研究》1959 年第 9 期。

《〈1942—1945 年伟大卫国战争百科全书〉简介》,余伟民著,《世界史研究动态》1986 年第 12 期。

《批判对卫国战争历史的错误说法(苏联报刊文摘)》,[苏]科兹洛夫、莫洛佐夫著;胡思升著,《外国史学动态》1964 年第 2 期。

《现代资产阶级历史学家对伟大卫国战争史的评价》,[苏]A.C.雅库舍夫斯基著;叶月明译,《二战史通讯》1981 年第 1 期。

《苏联关于苏联卫国战争时间的划分》,张海麟、王树森整理,《二战史通讯》1985 年第 8 期。

《是三个多星期,还是五个半月——浅谈对苏联卫国战争初期时间划分问题的看法》,张海麟、韩高润著,《第二次世界大战史论文集②》,中国二战史研究会编,国防大学出版社 1986 年版。

《苏德战争》,王方仁著,《外国军事学术》1983 年第 8 期。

《世纪大决战——记二战中的苏德战场》,张耀著,《世界军事》1995 年第 5 期。

《波澜壮阔的苏联卫国战争》(上下),王渔舟著,《军事史林》2005 年第 8/9 期。

《苏联卫国战争的五大传闻》,[俄]卡尔波夫著;姚科译,《军事史林》2005 年第 5 期。

《苏德战争:近现代战争史上伤亡最惨重的战争》,徐焰著,《军事史林》2003 年第 10 期。

《论〈杨杰评苏德战争〉》,杨德慧著,《云南师大学报》1986 年第 6 期。

《苏联卫国战争十周年》,张其华著,《人民日报》1951 年 6 月 22 日。

《关于苏联卫国战争的几个问题》,林村著,《国际观察》1995 年第 3 期。

《苏德战争中苏军的经验教训》,[苏]C.阿赫罗麦耶夫著;李木兰译,《二战史通讯》1985 年第 8 期。

《苏军卫国战争中的合围战役》,[苏]科涅夫著;徐晓村译,《外国军事学术》1979 年第 1 期。

《苏德战争合围战特点探析》,马军著,《史林》1993 年第 3 期。

《苏德战争初期苏军被合围的主要教训》,刘万成著,《军事学术》1982 年第 4 期//《第二次世界大战军事论文选》,军事学术杂志编,军事科学出版社 1985 年版。

《关于苏联伟大卫国战争的战略性战役问题》,[苏]B.古尔金等著;翟明生译,《二战史通讯》1987 年第 9 期。

《后勤工作的好坏决定苏德战场的胜败》,福岛克之著,《外军后勤资料》1981 年第 8 期。

《苏联卫国战争中城市战斗的特点》,[苏]叶菲莫夫著;闵振范译,《外军资料》1981 年第 266 期。

《苏军在卫国战争中从行进间强渡江河的几点经验》,《外国军事学术》1981 年第 5 期。

《苏联近卫军:卫国战争中的利剑》,吕军著,《军事史林》2004 年第 7 期。

《苏联颁发数量最多的勋章:卫国战争勋章》,黄灏明著,《军事史林》2004 年第 9 期。

《军事博物馆中的"巨无霸":俄罗斯伟大卫国战争中央博物馆》,陈昕著,

《环球军事》2009 年第 11 期。

《苏联伟大卫国战争与俄罗斯民族振兴》，吴伟著，《当代世界》2005 年第 5 期。

《卫国战争期间苏联工业的发展历程》，钱可威著，《西伯利亚研究》2009 年第 3 期。

《苏联妇女在卫国战争时期的巨大贡献》，张广翔著，《世界历史》2005 年第 5 期。

《苏联的三座卫国战争纪念碑》，张天怡、朱琳著，《公共艺术》2014 年第 4 期。

《朱可夫元帅论"斯大林防线"》（上下），常名著，《解放军报》2013 年 5 月 9/16 日。

《活跃在苏联卫国战争前线和后方的中国战士》，彭训厚著，《政工学刊》2005 年第 9 期。

《苏联卫国战争中的中国面孔》，刘继兴著，《传承》2010 年第 13 期。

《苏联卫国战争中的中国"飞将军"》，朱岩著，《文史博览》2005 年第 19 期。

《毛岸英在苏联卫国战争中》，毛新宇著，《党的建设》2005 年第 9 期。

《卫国战争中的法国贵族后裔》，朱岩著，《世界军事》2012 年第 18 期。

《俄罗斯纪念卫国战争胜利 60 周年》，《西伯利亚研究》2005 年第 3 期。

《俄罗斯纪念卫国战争胜利 60 周年特点分析》，吴恩远、孙建廷等著，《马克思主义研究》2005 年第 4 期。

《俄罗斯隆重庆祝卫国战争胜利 65 周年的外交战略意图》，初冬梅、邢广程著，《当代世界》2010 年第 4 期。

二、战争的准备与酝酿

《苏德战争前夕》，季伏枥著，《坦克装甲车辆》2002 年第 6 期。

《希特勒入侵苏联的战略决策初探》，张茂林著，《军事历史》1992 年第 6 期。

《浅论战前苏联对德政策和卫国战争的爆发》，褚家渊著，《上海工程技术大学学报》1991 年第 3 期。

《黎明，静悄悄……》，闻一著，《外国史知识》1981 年第 6 期。

《山雨欲来：进攻苏联前夕的情报》，佟泰著，《世界史研究动态》1992 年第

2 期。

《苏德战争前夕的文件与资料选》,金辉辑译,《苏联历史问题》1983 年第
1 期。

《苏联卫国战争前夕的筑垒地域》,吴德如著,《外国军事学术》1982 年第
7 期。

《苏联最高机密:斯大林原想先发制人》,穆易著,《世界军事》1990 年第
3 期。

《斯大林曾有侵德之谋吗? ——与霍夫曼先生商榷》,沈志恩著,《浙江师大
学报》2000 年第 5 期。

《战争并不突然:苏联海军在卫国战争前夕》,天鹰著,《舰载武器》2005 年
第 6 期。

《苏德战争爆发前两则鲜为人知的史实》,理治著,《军事历史》1992 年第
2 期。

《法西斯德国进攻苏联前的情报准备》,王健玲著,《外军资料》1980 年第
200 期。

《卫国战争前夕的苏联谍报活动》,徐桃林译,《军事史林》1990 年第 6 期。

《简析苏联统帅部对苏德战略的战略判断及决策》,李泉著,《中国军事科
学》2012 年第 1 期。

《公绵羊、檫枪布、煤油灯:格鲁乌在苏德战前判断德军动向的依据》,杜华
春著,《军事史林》2000 年第 11 期。

《战前苏军情报机关真相》,张广翔著,《史学集刊》1995 年第 4 期。

《他最早判断出苏德战争的爆发时间》,林欣捷著,《文史月刊》2010 年第
5 期。

《舒伦堡伯爵的冒险行动:德苏战争前一则不为人知的史实》,[苏] 高尔洛
夫·S 著;孔寒冰译,《国外社会科学情况》1991 年第 7 期。

《1941 年 6 月 22 日》,[苏] 亚历山大·涅克里奇著;国杰等译,《苏联历史
问题》1983 年第 1 期。

《历史教育:生动史实拒斥僵化说教——再看苏德战争爆发前欧洲的形
势》,张聿军、蒲强著,《中学历史教学参考》2002 年第 11 期。

三、苏德战争爆发及初期苏联失利的原因和教训

《风云变幻八十年　第二十讲　风云骤变——苏德战争的爆发》,侯成德著,《世界知识》1984 年第 16 期。

《苏德战争初期大事记》,戴跃先著,《外国军事学术》1982 年第 7 期。

《苏德战争初期兵力兵器对比》,谭勇著,《历史大观园》1992 年第 5 期。

《苏德战争初期双方兵力对比》,张茂林著,《外国军事学术》1982 年第 7 期。

《苏德战争初期德国陆军实施的重要战役和战果统计》,张茂林著,《外国军事学术》1982 年第 7 期。

《苏德战争初期德国陆军人员和武器装备损失情况》,张茂林著,《外国军事学术》1982 年第 7 期。

《卫国战争首日的苏联空军》,史放著,《环球军事》2008 年第 19 期。

《东线天空的第一滴血——苏德战争第一天的空中较量》,顾剑著,《国际展望》2005 年第 17 期。

《卫国战争之初斯大林曾否"临阵脱逃"?》,王渔舟著,《军事史林》2005 年第 6 期。

《苏德战争初期苏军飞机损失情况》,张茂林著,《外国军事学术》1982 年第 7 期。

《苏刊谈卫国战争初期失利问题》,杨少俊著,《外军后勤资料》1988 年第 9 期。

《苏联卫国战争初期的性质和特点》,[苏] 巴格拉米扬著;王方仁、徐存悌译,《外国军事学术》1982 年第 5 期。

《苏联卫国战争初期失利的基本原因》,林野等著,《世界史研究动态》1982 年第 10 期。

《二次大战初苏军失利的原因:介绍新书〈领袖的秘密顾问〉》,陆昭徽编译,《今日东欧中亚》1995 年第 2 期。

《苏德战争初期苏联在战争指导上的失策》,何金铠著,《外国军事学术》1982 年第 7 期。

《从军事经济实力的消长看苏德战争的成败》,余章松著,《世界历史》2000 年第 3 期。

《苏德战争前苏联战争准备的经验教训及启示》,张学全著,《军事历史》

2000 年第 4 期。

《苏德战争初期苏军失利原因浅析》，秦冰著，《苏联历史问题》1983 年第 1 期。

《苏德战争初期苏军失利原因质疑》，刘志明著，《贵阳师范高等专科学校学报》2004 年第 3 期。

《苏德战争初期苏军失利原因探讨》，刘志明著，《军事历史》2006 年第 12 期。

《苏德战争初期红军暂时失利的原因》，刘郑著，《军事历史》1988 年第 2 期。

《苏德战争初期苏联红军暂时失利的原因》，郑庆云著，《陕西历史学会会刊》01 期。

《试论苏联卫国战争初期的严重失利及其历史教训》，杨成竹著，《社会科学参考》1983 年第 4 期。

《试论苏联在卫国战争初期失利的原因》，刘乃喜著，《内江师范学院学报》2008 年第 7 期。

《试析苏德战争初期苏联严重失利的原因》，张镇强著，《苏联历史》1984 年第 3 期。

《试析苏联卫国战争初期严重失利的原因》，叶存洪著，《江西教育学院学报》1988 年第 2 期。

《对苏德战争初期苏军失利主要原因的再思考》，彭训厚著，《军事历史研究》1994 年第 4 期。

《苏德战争初期双方得失和苏军失利原因》，刘土田著，《军事历史研究》1989 年第 1 期//《军事史林》1989 年第 3 期//《军事历史》1991 年第 1 期。

《探寻苏德战争初期苏军失利的真正原因》，彭训厚、杜正艾编译，《世界史研究动态》1992 年第 6 期。

《论苏联卫国战争初期失利的原因》，李道豫著，《人文杂志》1994 年第 5 期。

《苏军二战初期失利原因新探：为纪念世界反法西斯战争胜利五十周年而作》，施茂铭著，《浙江省委党校学报》1995 年第 3 期。

《苏德战争初期苏军受挫原因新探》，张广翔著，《长白学刊》1997 年第 1 期。

《略论苏德战争初期苏军失利的原因》,钱洪著,《世界史研究动态》1979 年第 7 期//《第二次世界大战起源研究论集》,华东师范大学历史系编,华东师大出版社 1986 年版。

《苏德战争初期苏军失利的原因和教训》,安菲洛夫著;徐存悌译,《外军资料》1982 年第 394 期。

《苏联在卫国战争初期失利的主要教训》,石耀华著,《军事学术》1979 年第 5 期。

《关于苏联卫国战争初期的十点经验教训》,[苏] B.马祖连科著;余伟民摘译,《二战史通讯》1985 年第 8 期。

《浅析苏军大溃败的原因》,李力钢、陆邑著,《军事史林》2002 年第 8 期。

《再析苏军大溃败的原因》,陈楷著,《军事史林》2003 年第 1 期。

《苏德战争初期苏军失利的主要原因》,胥思省著,《遵义师范学院学报》2005 年第 3 期。

《论苏德战争初期苏军的失利——军事角度的探讨》,吴浩著,《南京教育学院学报》1986 年第 3 期。

《苏联在苏德战争初期失利的军事原因探析》,陈昌洪著,《军事历史》2008 年第 4 期。

《小论苏德战争初期苏联失败的军事原因》,辛红娜著,《文学界(理论版)》2010 年第 9 期。

《试论二战苏德战争初期德国胜利的军事原因》,陈军平著,《当代经理人》2006 年第 21 期。

《二战初期苏军受挫的武器装备因素》,蔺相智著,《军事史林》2009 年第 8 期。

《军事训练落后于战争实际是苏德战争初期苏军失利的重要原因》,陈乃尚著,《第二次世界大战中的军事学术》,张海麟主编,国防大学出版社 1989 年版。

《军事思想上的脱离实际与片面性是苏德战争初期苏军失利的一个重要原因》,杨存堂等著,《苏联历史问题》1983 年第 1 期。

《苏联卫国战争初期情报失误原因再思考及启示》,王亮著,《情报杂志》2003 年第 8 期。

《苏联军内"肃反"与卫国战争初战失利》,沈志恩著,《苏联历史问题》1991 年第 2 期。

《三十年代苏军"大清洗"及其后果》,彭训厚著,《军事史林》1998 年第 4 期。

《大清洗对苏军在卫国战争初期严重失利的影响》,王清耀著,《军事史林》2006 年第 3 期。

《从孙子兵法看二战初期苏军的失利》,陈秋月著,《贵州工业大学学报》2007 年第 1 期。

《苏联初战简论》,沈志恩著,《苏联历史问题》1986 年第 3 期。

《第二次世界大战前夕苏军扩编后果再探》,[美] 罗杰·里斯著;黄风志、戴激波译,《世界史研究动态》1990 年第 1 期。

《对苏联卫国战争初期战局的一个假设》,费希杰著,《山东师大学报》1998 年增刊。

《战争初期的教训——谈〈回忆与思考〉的点滴体会》,高岚著,《解放军报》1981 年 3 月 6 日。

《论 1941 年苏联预警或然性》,沈志恩著,《历史教学问题》1993 年第 4 期。

《巴巴罗萨再现:重评苏德战争最初阶段》,[美] 拉塞尔·斯托尔菲著;张一平摘译,《二战史通讯》1983 年第 5 期。

《斯大林对希特勒发动侵苏战争的判断为何失误》,夏韵芳著,《军事历史》1983 年第 7 期//《第二次世界大战军事论文选》,军事学术杂志编,军事科学出版社 1985 年版。

《斯大林对苏德战争爆发时间判断失误的原因初探》,杜正艾著,《军事历史》1994 年第 1 期。

《从苏德战争初期苏军失利看苏联战争准备方面的教训》,林野著,《外国军事学术》1982 年第 7 期。

《斯大林对希特勒并没有和平的幻想——评苏德战争前苏军对战略进攻的部署》,金敢、马骏著,《东北师大学报》1987 年第 4 期。

《有关苏德战争"提前"爆发的两个问题》,徐隆彬著,《俄罗斯中亚东欧研究》2006 年第 5 期。

《重新评估丘吉尔对斯大林的警告》,[英] 加布里埃尔·戈罗杰茨基著;裴惠敏、赵念渝编译,《世界史研究动态》1987 年第 12 期。

《假作真时真亦假——斯大林何以不信德军入侵的情报》,张国栋、张有祥著,《军事史林》1994 年第 5 期。

《从伟大卫国战争初期的经验中得出的几点结论》,[苏]马楚连科著;李效东译,《外军资料》1984年第901期。

《从苏联卫国战争初期作战看出的几个问题》,鲁胡春著,《军学》1984年第1期。

《苏军新任总参谋长谈苏德战争中苏军的经验教训》,李木兰著,《外国军事学术》1984年第10期。

四、重大战役研究

《苏刊关于苏军在第二次世界大战中实施战略性战役次数的讨论》,吴明军著,《外国军事学术》1988年第6期。

《卫国战争第三时期苏德战场三大战局》,李静、袁亚楠著,《军事历史研究》1988年第2期。

《辉煌的战绩,历史的丰碑:苏联伟大卫国战争重大战役回顾》(上中下),三山著,《工人日报》1995年5月8—10日。

1. 莫斯科战役

《苏联和西方对莫斯科战役的研究》,田娟玉著,《世界史研究动态》1983年第2期。

《苏联和西方史学界关于莫斯科战役研究概况》,夏小平、杨凯编译,《二战史通讯》1989年第10期。

《苏联参战与莫斯科战役》,叶月明著,《外国史知识》1983年第2期。

《莫斯科会战》,何金铠著,《外国军事学术》1983年第8期。

《莫斯科大会战》,先一著,《知识就是力量》2004年第6期。

《莫斯科保卫战》,军事科学院外国军事研究部著,《军事学术》1978年第1期。

《莫斯科会战浅析》,丁梦奇著,《第二次世界大战史论文集》,三联书店1985年版。

《莫斯科保卫战简介》,《外国军事学术》1974年第10期。

《希特勒兵临莫斯科　斯大林红场大检阅》,刘韫著,《中国空军》1996年第2期。

《胜利与凯旋——二战两次莫斯科红场大阅兵》,吕志英著,《军事历史》2005年第8期。

《莫斯科保卫战时日本没有夹击苏联初探》,吴高民著,《中州大学学报》2013 年第 3 期。

《纳粹枭雄古德里安眼中的莫斯科会战——目标:莫斯科第 2 装甲集团军亲历战记》,[德]海因茨·古德里安著;钮先钟译,《军事历史》2005 年第 10 期。

《第二次世界大战欧洲战场重大战役(之三):莫斯科会战》,杜正艾著,《人民日报》1995 年 5 月 8 日。

《保卫莫斯科——投身苏联卫国战争忆闻①②③》,唐铎、徐建源著,《党史纵横》1995 年第 9—11 期。

《血捍莫斯科》(共 6 期),丁凯、刘海江等著,《坦克装甲车辆》2010 年第 10—12 期//2011 年第 1—3 期。

《"台风"吹不灭的明灯:克里姆林红星与莫斯科保卫战》,王迈著,《军事史林》1997 年第 11 期。

《抵御"台风"的背后:莫斯科保卫战中鲜为人知的内幕》,罗山爱著,《环球军事》2007 年第 13 期。

《莫斯科保卫战中鲜为人知的秘密》,曾涛著,《环球军事》2007 年第 12 期。

《纳粹衰败序幕:莫斯科市会战》,杨树旗、郭若冰著,《中国青年报》1985 年 6 月 10 日。

《真是严寒挽救了苏联吗?》(上下),王渔舟著,《军事史林》2004 年第 6/7 期。

《纳粹德军兵败莫斯科的气象原因》,张连松、金戈著,《军事史林》2004 年第 2 期。

《希特勒兵败莫斯科是"天意"》,李毅著,《档案时空(史料版)》2005 年第 11 期。

《纪念莫斯科保卫战胜利 53 周年》,贾荣甫著,《贵州师大学报》1995 年第 3 期。

《试论莫斯科战役在第二次世界大战中的历史地位》,叶月明著,《苏联历史问题》1985 年第 1 期。

《浅析莫斯科会战对二战的影响》,张小军著,《黑龙江史志》2009 年第 9 期。

2. 斯大林格勒战役

《斯大林格勒战役》,[民主德国]瓦尔特·格利茨著;仲掌生译,《外军资料》1980 年第 187 期。

《斯大林格勒战役》,〔民主德国〕瓦尔特·格利茨著;仲掌生译,《二战史通讯》1981 年第 1 期//1982 年第 3/4 期。

《斯大林格勒战役》,彭彬著,《坦克装甲车辆》1990 年第 2 期。

《斯大林格勒会战》,石耀华著,《外国军事学术》1983 年第 12 期。

《斯大林格勒血战记》,高文伟著,《外国史知识》1985 年第 5 期。

《斯大林格勒保卫战》,王兴武、邢健飞著,《坦克装甲车辆》2003 年第 5 期。

《斯大林格勒保卫战》,军事科学院外军部著,《军事学术》1978 年第 1 期//《第二次世界大战军事论文选》,军事学术杂志编,军事科学出版社 1985 年版。

《斯大林格勒保卫战简介》,本刊编辑部著,《外国军事学术》1973 年第 9 期。

《斯大林格勒战役再探讨》,张昱琨著,《西伯利亚与远东》1985 年第 4 期。

《决胜斯大林格勒》(共 14 期),韩永、王印楼等著,《坦克装甲车辆》2011 年第 4/5/6/7/8/9/10/11/12 期//2012 年第 1/2/3/4/5 期。

《决战中的搏杀:记斯大林格勒保卫战》,刘学道、王丰秋著,《坦克装甲车辆》2005 年第 1 期。

《苏军高级将领斯大林格勒战役亲历记最艰难的一日叶廖缅科元帅对 8 月 23 日战斗的回忆》,〔苏〕叶廖缅科著;赖铭传译,《军事历史》2006 年第 3 期。

《从斯大林格勒到费卢杰:城市作战的发展和变化》,姚旺、王湘江著,《外国军事学术》2005 年第 10 期。

《城市作战:从斯大林格勒到费卢杰》,姚旺、王湘江著,《现代军事》2006 年第 1 期。

《斯大林格勒的反击》,碧剑峰著,《世界军事》2014 年第 11 期。

《斯大林格勒战役的前前后后》,崔可夫著,《苏中友好》1958 年第 5 期。

《决定斯大林格勒会战命运的"小土星"战役》,文元著,《军事历史》1986 年第 3 期。

《"小土星"战役:记斯大林格勒会战中托莫尔莫辛地区交战》,何军国著,《坦克装甲车辆》1999 年第 1 期。

《阿克赛河畔坦克会战:记斯大林格勒会战中的科捷利尼科夫斯基战役》,张军、何军国著,《坦克装甲车辆》1998 年第 12 期。

《斯大林与希特勒:将错就错——斯大林格勒会战原本可以不打吗?》,[苏]列夫·别兹缅斯基著;刘佳译,《国外社会科学文摘》2003年第4期。

《斯大林格勒大血战　希特勒无计挽狂澜》,刘韫著,《中国空军》1996年第6期。

《第二次世界大战欧洲战场重大战役(之四):斯大林格勒会战》,杜正艾著,《人民日报》1995年5月10日。

《坚不可摧的城防——斯大林格勒保卫战简介(一)附图》,张永刚著,《解放军报》1981年4月24日。

《阻击袭扰拖住敌人——斯大林格勒保卫战简介(二)》,张永刚著,《解放军报》1981年5月1日。

《把条条街巷变成"捕杀场"——斯大林格勒保卫战简介(三)》,张永刚著,《解放军报》1981年5月8日。

《炸不断的运输线——斯大林格勒保卫战简介(四)》,张永刚著,《解放军报》1981年5月16日。

《在炮火下坚持边战斗边生产——斯大林格勒保卫战简介(五)》,张永刚著,《解放军报》1981年5月22日。

《南北夹击围歼德寇——斯大林格勒保卫战简介(六)》,张永刚著,《解放军报》1981年5月29日。

《斯大林格勒战役最后一幕——希特勒第六集团军覆灭记》,宋钟璜著,《外国史知识》1981年第6期。

《斯大林格勒——反法西斯战争胜利一丰碑》,王春芳著,《历史知识》1985年第5期。

《伟大的胜利——纪念斯大林格勒会战十五周年》,[苏]舍甫琴科·阿著,《解放日报》1958年2月3日。

《斯大林格勒防御战的可取之道》,王春芳著,《军事学术》1982年第12期。

《试析苏军斯大林格勒保卫战的胜利因素》,吉云著,《后勤学术》1980年第6期。

《如何评价斯大林格勒战役的历史地位?》,吴伟著,《军事历史》1995年第3期。

《略论斯大林格勒会战的地位作用》,毛宗山著,《第二次世界大战史论文集③:五十年的深思》(李殿仁主编),军事谊文出版社1996年版。

《斯大林格勒会战胜利的深远意义》,王文庆著,《山西大学学报》1983 年第 1 期。

《论斯大林格勒大会战的国际意义》,[俄]波·谢·阿巴里辛著;赵文元译,《吉林师院学报》1992 年第 4 期。

《二次大战的转折点:斯大林格勒会战》,吴维宁著,《世界军事》1998 年第 5 期。

《谁输掉了斯大林格勒?》,宋玉勤著,《世界军事》2004 年第 3 期。

《德军兵败斯大林格勒原因探析》,坚锵著,《军事史林》2005 年第 6 期。

《曼施泰因等人评斯大林格勒会战德军失败的原因》,本刊编辑部著,《外国军事学术》1981 年第 6 期。

《致命错误:希特勒的第 45 号训令让德军兵败斯大林格勒》,董利雄、吴巍著,《环球军事》2006 年第 11 期。

《斯大林格勒战役与战争片的历史重述》,李玥阳著,《世界知识》2013 年第 24 期。

3. 库尔斯克会战

《库尔斯克会战》,张诠虎著,《苏联历史问题》1986 年第 3 期。

《库尔斯克会战》,凌治彬著,《辽宁大学学报》1993 年第 2 期。

《库尔斯克大战:第一至第三回》,杜木著,《兵器知识》1980 年第 2—4 期。

《库尔斯克大会战》,朱崇坤著,《军事文摘》1995 年第 2 期。

《苏德库尔斯克会战》,周宁著,《历史教学》1986 年第 4 期。

《"堡垒"计划的破产:罗科索夫斯基元帅忆库尔斯克战役准备工作》,[苏]罗科索夫斯基著;徐锦栋、杨世昭译,《军事历史》2006 年第 1 期。

《铁甲绝唱:库尔斯克会战》(上下),季伏枥著,《兵器知识》2002 年第 2/3 期。

《铁血大决斗:记苏德库尔斯克会战》,魏焕春、刘学道著,《坦克装甲车辆》2005 年第 4 期。

《库尔斯克铁血大对决》(共 10 期),刘海江、丁凯等著,《坦克装甲车辆》2012 年第 17/19/20/23 期//2013 年第 1/3/5/7/9/11 期。

《论库尔斯克会战》,于振武著,《史学集刊》1994 年第 1 期。

《解读库尔斯克会战》,邹远修著,《军事史林》2003 年第 8 期。

《库尔斯克战役探析》,王勇著,《牡丹江师院学报》2002 年第 1 期。

《力挽狂澜:苏联卫国战争时期》(上下),季伏枥著,《坦克装甲车辆》2002年第 8/9 期。

《论希特勒在库尔斯克会战中的战略失误》,詹方瑶著,《史学月刊》1985 年第 7 期。

《希特勒失算苏德大决战》,刘云著,《坦克装甲车辆》2006 年第 5 期。

《试论库尔斯克会战在第二次世界大战中的地位》,刘志明著,《贵阳学院学报》2012 年第 3 期。

《重论苏德战场的转折点——库尔斯克会战的战略意义》,刘奕飞著,《科学大众(科学教育)》2016 年第 12 期。

4. 柏林战役

《苏军柏林战役准备阶段大规模变更部署的经验》,[苏] 拉马尼切夫著;高尚清译,《外国军事学术》1980 年第 8 期。

《进军柏林》,李英德著,《外军研究》1985 年第 7 期。

《柏林战役简介》,《外国军事学术》1974 年第 13 期。

《直捣狼穴》(上下),房兵著,《现代兵器》1995 年第 11/12 期。

《苏军对纳粹德国的最后一击——柏林大会战》,粤儒著,《军事史林》1996 年第 9 期。

《柏林大拼杀——苏德战争中的最后一场恶战》,李力钢著,《军事史林》1994 年第 6 期。

《攻占纳粹国会大厦》,章开元著,《世界军事》2004 年第 11 期。

《攻克最后堡垒:苏军强击柏林第 9 防区战斗》,林翳著,《坦克装甲车辆》1996 年第 8 期。

《柏林上空的红星》,于力著,《世界军事》2003 年第 11 期。

《浅析柏林战役的几个特点》,孙有才、武成著,《军事学术研究》1988 年第 2 期。

《苏军在柏林会战中的对空防御》,于瀛淮著,《教学研究》1986 年第 1 期。

《最后的疯狂:柏林战役中的德军装甲部队》,杨静水著,《坦克装甲车辆·新军事》2009 年第 10 期。

《苏军不惜一切代价抢先攻克柏林的幕后原因》,冷静著,《军事史林》2005 年第 10 期。

《柏林 1945:图说柏林巷战中的苏联红军》,马智冲著,《军事历史》2005 年第 5 期。

《最后一战：30 万苏军倒在攻克柏林的前夜》，杭东著，《军事史林》2008 年第 12 期。

《希特勒怎么输的这盘棋》，任庆华著，《世界军事》1989 年第 2 期。

5. 其他战役研究

《"朱可夫计划"之谜》，王文忠著，《军事史林》2001 年第 5 期。

《"莫斯科门户"之战（上下）：苏德在斯摩棱斯克的殊死较量》，丁凯、王丰秋著，《坦克装甲车辆》2010 年第 8/9 期。

《德国"闪击战"的第一次失败——斯摩棱斯克之战》，张志刚著，《知识就是力量》2006 年第 6 期。

《基辅之战：战争史上规模最大的合围战》，刘欣著，《军事文摘》1998 年第 7 期。

《基辅会战：苏联西南方面的噩梦》，王印楼、魏焕春著，《坦克装甲车辆》2010 年第 7 期。

《基辅会战：苏军一次损兵 70 万》，王勇著，《环球军事》2006 年第 8 上期。

《赢得最大规模的会战输掉最大规模的战争：苏德基辅会战评析》，郭松民著，《军事史林》1998 年第 8 期。

《列宁格勒保卫战简介》，本刊编辑部著，《外国军事学术》1973 年第 9 期。

《避其锐气击其惰归：记列宁格勒会战》，杨育林、李信忠著，《坦克装甲车辆》1993 年第 4 期。

《列宁格勒久困不死　生命之路屡炸长通》，刘韫著，《中国空军》1996 年第 5 期。

《拯救列宁格勒："生命之路"的奇迹》，文锋著，《军事史林》2006 年第 9 期。

《苏军 1942 年夏季失利原因初步探讨》，彭训厚著，《军事历史研究》1987 年第 4 期。

《苏军 1942 年夏季失利原因初探》，彭训厚著，《第二次世界大战中的军事学术》，张海麟主编，国防大学出版社 1989 年版。

《第一次突击：记列宁格勒—诺夫哥罗德战役》，杨育林、李信忠著，《坦克装甲车辆》1994 年第 3 期。

《深远突击分割歼敌：别尔哥罗德—哈尔科夫战役》，将言著，《坦克装甲车辆》1993 年第 5 期。

《敖德萨保卫战》，碧剑锋著，《世界军事》2014 年第 2 期。

《批亢捣虚快速合围：记白俄罗斯战役》，张杰英、郭玉千著，《坦克装甲车辆》1991 年第 6 期。

《"巴格拉季昂"战役》，李英德著，《外军研究》1985 年第 8 期。

《跨过第聂伯河》（全 4 期），李海龙、刘爱东等著，《坦克装甲车辆》2013 年第 13/17/19/23 期。

《第二次突击：第聂伯河右岸乌克兰进攻战役》，陈虹著，《军事历史》2005 年第 8 期。

《雅西—基什尼奥夫战役》，文峰著，《军事史林》2001 年第 1 期。

《希特勒"把握作战"的破产》，远泉整理，《解放军报》1980 年 11 月 17 日。

《一九四四年的南线》，［苏］A.M.华西列夫斯基著，《苏联史译文选辑（1）》，陕西师大历史系苏联史研究室，1982 年。

《凄风苦雨喀尔巴阡：杜克拉山口争夺战》，木叶君山著，《现代兵器》2013 年第 9 期。

《库尔兰战役，纳粹最后的挣扎》，陈壮壮、王燕著，《世界军事》2006 年第 10 期。

《苏军在白俄罗斯战役中的进攻作战的特点》，陆文荣著，《军事历史》1985 年第 4 期。

《吹响维斯瓦河上的号角：二战苏军凯尔采进攻战役》（上下），科京著，《兵器》2005 年第 6/7 期。

《丧钟已经敲响：维斯瓦河—奥得河战役》，彭彬著，《坦克装甲车辆》1994 年第 1 期。

《"台风"来临的时刻》，胡小杰著，《坦克装甲车辆》1994 年第 2 期。

《决定命运之战：1944 年苏芬卡累利阿战役》（上下），闻舞著，《环球军事》2008 年第 17 期/下期。

《下西里西亚战役（1945）》，《军事历史》2006 年第 2 期。

《浅论二战时期苏联的北极战场》，徐广淼著，《史学集刊》2018 年第 6 期。

五、其他问题研究

《全民动员的光辉胜利——纪念苏联卫国战争胜利四十年》，张任贤著，《苏联问题研究资料》1985 年第 3 期。

《苏联伟大卫国战争胜利的历史意义》,马卡洛夫著,《大公报》1961 年 6 月 21 日。

《苏联人民在伟大卫国战争中的具有全世界历史意义的胜利》,〔苏〕巴·安·日林著,《世界历史译丛》1979 年第 3 期。

《苏联卫国战争的中国意义》,马军著,《社会科学报》2015 年 4 月 30 日。

《苏军强调卫国战争经验的现实意义》,石跃华著,《外国军事学术》1978 年第 58 期。

《苏军解放纳粹集中营见闻》,丽娜著,《军事史林》2002 年第 2 期。

《苏联卫国战争史上的空白点》,〔苏〕萨姆索诺夫著;房筱琴摘译,《今日苏联东欧》1989 年第 4 期。

《苏军铁道兵在卫国战争中的功勋》,池秀峰著,《国防交通》1990 年第 2 期。

《苏联科学家在二战中的作用》,李伟民、陈莉著,《解放军报》1990 年 11 月 16 日。

《未能扣动"扳机":二战期间苏联流产的四大作战计划》,柳玉鹏著,《环球军事》2008 年第 23 期。

《1941 年保卫莫斯科的劳动者》,〔美〕M.A.柏兰特著;吴仲炳译,《历史教学问题》1958 年第 4 期。

《苏联妇女在卫国战争中的作用》,王淑媛著,《史学月刊》1992 年第 5 期。

《苏联妇女在卫国战争中的作用及其表现特征》,王丰、刘明著,《延安大学学报(社会科学版)》2018 年第 5 期。

《苏联卫国战争时期女性的医疗贡献研究》,孙丽红著,《西伯利亚研究》2019 年第 2 期。

《试谈卫国战争中的苏联知识分子》,叶月明著,《苏联历史》1984 年第 4 期。

《苏联回族在卫国战争中的贡献》,冯钧平著,《回族研究》1995 年第 4 期。

《旅沪俄侨与苏联卫国战争》,汪之成著,《社会科学》1995 年第 11 期。

《中亚东干族与苏联卫国战争》,王国杰著,《东欧中亚研究》1997 年第 4 期。

《试论囚犯在苏联卫国战争中的作用》,吴少进、徐元宫著,《俄罗斯东欧中亚研究》2015 年第 3 期。

《苏德战争中的俄罗斯民族解放军》,苗文韬著,《世纪桥》2014 年第 3 期。

《苏联卫国战争中的中国飞行员》,叶介甫著,《文史博览》2016 年第 2 期。

《苏联卫国战争中的军犬》,吴宝志著,《军事史林》2000 年第 8 期。

《苏联卫国战争期间俄奸知多少》,马龙闪著,《历史教学问题》2003 年第 4 期。

《苏德冲突毕竟是两种社会制度的斗争》,人禾摘译,《世界史研究动态》1981 年第 12 期。

《略论苏德冲突的性质——社会主义制度同资本主义制度的对立》,陈显泗著,《史学月刊》1983 年第 1 期。

《试析苏联卫国战争时期的"沙皇将帅崇拜热"》,郝承敦、庄青著,《广东职业技术师院学报》2000 年第 2 期。

《论苏联卫国战争时期抗战合力中的传统文化》,郝承敦、赵为龙著,《临沂师院学报》2001 年第 2 期。

《卫国战争时期苏联政教关系的正常化》,傅树政、雷丽平著,《吉林大学社会科学学报》1994 年第 2 期。

《"从未动摇过":莫洛托夫谈卫国战争》(上下),田兆译,《世界博览》1991 年第 8/9 期。

第五节　亚洲—太平洋战场研究

《亚太战场盟军反攻图》,《世界知识》1995 年第 17 期。

一、太平洋战争研究

1. 总论

《亚洲太平洋战争研究引论(上):从满洲事变到中日战争》,陈文寿著,《中国人民抗日战争纪念馆文丛一九九零年版》(中国人民抗日战争纪念馆编),北京出版社 1991 年版。

《亚洲太平洋战争研究引论(中):从中日战争到太平洋战争》,陈文寿著,《中国人民抗日战争纪念馆文丛·第三辑》,北京燕山出版社 1992 年版。

《国内关于太平洋战争及美国对日政策诸问题的研究》,木柳著,《外国问题研究》1987 年第 1 期。

《日本史学界关于太平洋战争史的研究动态》,金仁芳著,《第二次世界大战起源研究论集》,华东师范大学历史系编,华东师大出版社 1986 年版。

《太平洋战争分期问题初探》,王书君著,《第二次世界大战史论文集②》,中国二战史研究会编,国防大学出版社 1986 年版。

《〈太平洋海空战〉评介——兼论太平洋战争的分析》,朱贵生著,《世界历史》1987 年第 4 期。

《太平洋战争》,高培著,《外国军事学术》1983 年第 6 期。

《太平洋波澜:太平洋战争》(上下),彭彬著,《坦克装甲车辆》1995 年第 1/2 期。

《再回首:惨烈的太平洋战争》,肖鸣、大红著,《军事史林》1999 年第 1 期。

《太平洋战争概况》,孙利辉著,《人民日报》1995 年 7 月 31 日。

《论太平洋战争》,[日] 由井正巨著,《外国问题研究》1982 年第 1 期。

《日本历史学家论太平洋战争》,[苏] 列·库达柯夫著;张志译,《教学与研究》1957 年第 5 期。

《关于太平洋战争的战略阶段划分问题》,史树新著,《辽宁大学学报》1985 年第 4 期。

《简论日本军国主义侵华与太平洋战争的关系》,南星著,《学术研究丛刊》1986 年第 2 期。

《抗战、欧战、太平洋战争》,董乐山著,《中国翻译》1995 年第 4 期。

《美国对日本的战争:鹰对太阳》,人禾编译,《世界史研究动态》1986 年第 7 期。

《"门户开放"与太平洋战争》,张景刚著,《兰台世界》2006 年第 1 期。

《太平洋战争与中国》,汪熙著,《复旦学报》1992 年第 4 期。

2. 美日谈判与太平洋战争的爆发

(1)美日谈判与珍珠港事件的酝酿

《苏德战争爆发与美国对日政策的转变》,张愿著,《史学月刊》2012 年第 7 期。

《析太平洋战争爆发前美国对日本的政策》,孙平著,《中共杭州市委党校学报》2006 年第 3 期。

《珍珠港事件前的美国外交大辩论及其意义》,王立新著,《世界历史》2012 年第 6 期//《历史教学(下半月刊)》2013 年第 3 期。

《对太平洋战争前罗斯福总统东亚政策的再思考》，熊志勇著，《新远见》2012 年第 2 期。

《浅论美国的孤立主义外交思想的实践与破产——珍珠港事件前后美国外交政策的探讨》，陈延宾、王粉萍著，《甘肃农业》2006 年第 9 期。

《1941 年的美日秘密谈判》，王绍岳著，《北京师大学报》1963 年第 1 期。

《论 1941 年美日谈判》，吴荣宣著，《党史研究与教学》1993 年第 1 期。

《试论太平洋战争爆发前的日美谈判》，张利华著，《外交学院学报》1986 年第 2 期。

《美国全球战略与 1941 年日美谈判》，朱听昌著，《外国问题研究》1989 年第 2 期。

《珍珠港事变前赫尔同野村谈判的方针》，人禾著，《世界史研究动态》1987 年第 9 期。

《试论一九四一年日本对美谈判的性质》，李曰军著，《山东师大研究生论辑》1986 年第 1 期。

《失去的机会还是无法实现的和解？——1941 年近卫文麿—罗斯福会谈流产论析》，朱利群著，《阜阳师范学院学报》2010 年第 1 期。

《1941 年的“魔术”失密和日美关系》，[美] 鲁斯·R.哈里斯著；曲培洛译，《外国问题研究》1983 年第 1 期。

《一九四一年“魔术”的泄密和日美关系》，[美] 鲁斯·汉哈里斯著；张萍译，《云南教育学院学报》1995 年第 1 期。

《美日的私人议和活动与〈日美谅解案〉的形成》，丁则勤、丁克迅著，《历史研究》1986 年第 5 期。

《日本的“南下”决策与美日关系的演变》，赵占伟著，《洛阳师专学报》1985 年第 4 期。

《偷袭珍珠港之前的“偷袭”》，乔林著，《当代海军》2002 年第 2 期。

《珍珠港罹难之前》，令铜著，《解放军报》1981 年 9 月 11 日。

《偷袭珍珠港前夜：坠机震惊日军高层》，徐少红著，《军事史林》1998 年第 9 期。

《从谈判意图看战争爆发的必然性——以苏德战争、太平洋战争的爆发为例》，丁翌著，《济宁学院学报》2010 年第 4 期。

《日美谈判与中国问题》，谯大俊著，《西南师范大学学报》1991 年第 2 期。

《中国问题与日本 1941 年的开战决策——以日方档案为依据的再确认》，鹿锡俊著，《近代史研究》2008 年第 3 期。

《太平洋战争前夕蒋介石政府对美日秘密谈判的反应》，周乾著，《中国抗战与世界反法西斯战争——纪念中国人民抗日战争暨世界反法西斯战争胜利 60 周年学术研讨会文集：下卷》，中国社会科学院近代史研究所编，社会科学文献出版社 2009 年版。

《太平洋战争前夕蒋介石对待美日谈判的态度——以〈蒋介石日记〉为中心》，张北根著，《社会科学》2015 年第 5 期。

《真伪之间：中国舆论界对日美交涉（1941 年）的观察与回应》，潘光哲著，《聊城大学学报》2019 年第 5 期。

（2）珍珠港事件研究

《美国的珍珠港史学》，黄贵荣著，《江苏教育学院学报》1995 年第 4 期。

《太平洋上的美国海军基地珍珠港》，钱晋著，《舰船知识》1994 年第 10 期。

①珍珠港事件纪实

《偷袭珍珠港》，程嘉文著，《世界航空航天博览》2001 年第 32 期。

《偷袭珍珠港》（上下），施征著，《海洋世界》2005 年第 1/2 期。

《〈中国大百科全书〉军事卷条目：袭击珍珠港》，海军百科全书编辑部著，《海军杂志》1985 年第 11 期。

《日本突袭珍珠港》，史树新著，《外国史知识》1983 年第 9 期。

《日本偷袭珍珠港》，《解放军报》1969 年 10 月 20 日。

《日本偷袭珍珠港》，《北京晚报》1985 年 5 月 4 日。

《日军偷袭珍珠港》，左立平著，《军事史林》1995 年第 1 期。

《日军偷袭珍珠港》，周志清著，《文史月刊》2005 年第 12 期。

《日军偷袭珍珠港：典型战例分析》，李淑壁著，《岭南文史》1994 年第 3 期。

《珍珠港偷袭纪实》，江海洋译述，《航海》1980 年第 4/5 期。

《日本海空军偷袭珍珠港》，侯振彤著，《外国史知识》1981 年第 12 期。

《太平洋战争图史：偷袭珍珠港》，安云著，《地图》2006 年第 1 期。

《航母经典战例点评之三：空袭珍珠港》，张文旦著，《当代海军》2013 年第 12 期。

《珍珠港，美国人从恶梦中醒来》，张通韬著，《国防》1995 年第 10 期。

《人们尚在沉睡的黎明时刻——偷袭珍珠港的详细经过（初次披露）》，

[美]戈登·普兰治著;任舛译,《编译参考》1982年第12期。

《珍珠港事件中的日美之战》,曹永秋著,《现代通信》1994年第1期。

《一个小人物给社会的影响(偷袭珍珠港事件)》,邵建设摘译,《书林》1982年第5期。

《日本两次偷袭战的比较研究》,万安中著,《中学月刊》1996年第1期。

《我率队袭击珍珠港》,冯杰军、施锦萍著,《云南国防》1992年第2期。

《珍珠港的水下幽灵:有关珍珠港的一段鲜为人知的故事》,吕文强、张可等著,《现代舰船》1996年第10期。

②珍珠港事件发生的原因及责任

《珍珠港事件发生原因研究综述》,龚淑林、李浩著,《江西师大学报》1993年第1期。

《"珍珠港"疑案》,彭青著,《芳草》1985年第3期。

《珍珠港事件揭秘》(上中下),法国《费加罗杂志》文章,《参考消息》1992年1月24—26日。

《"珍珠港事变"是怎样爆发的? 事变的经过怎样? 美国的损失如何?》,欧正文著,《史学月刊》1958年第6期。

《山本五十六为什么要偷袭珍珠港》,[日]永井阳之助著,《世界史研究动态》1985年第10期。

《山本五十六偷袭珍珠港内幕》,黄秀珍著,《芜湖师专学报》2001年第3期。

《珍珠港事件为何发生》,张继平著,《世界历史》1981年第6期。

《〈珍珠港事件为何发生〉两则史实订正》,丁克迅著,《世界历史》1984年第3期。

《珍珠港灾难为何发生该由谁负责》,龚淑林著,《宜春师专学报》1987年第6期。

《珍珠港事件原因浅析》,陶丹红著,《镇江师专学报》1993年第1期。

《二战珍珠港事件原因之我见》,肖德芳著,《宜宾师专学报》1990年第1期。

《关于珍珠港事件起因之争》,曹胜强著,《世界史研究动态》1993年第10期。

《珍珠港为什么遭到突然袭击》,曾浪著,《广东教育学院学报》1985年第

1 期。

《试评珍珠港事件》,刘士田著,《牡丹江师院学报》1982 年第 4 期。

《日本偷袭珍珠港得逞谁之过?》,志勇著,《军事历史》1992 年第 6 期。

《日本偷袭珍珠港的原因分析》,张皓天著,《边疆经济与文化》2016 年第 1 期。

《"珍珠港事件"谁之过?》,渠智等编著,《科技与国力》1999 年第 4 期。

《谁负珍珠港事件的责任?》,张继平著,《世界现代史论文集》,三联书店 1982 年版。

《是谁制造了珍珠港事件?》,廉慧斌、孙武安著,《军事历史》1992 年第 3 期。

《美军打响珍珠港之战第一枪》,本刊编辑部著,《海南武装》2006 年第 1 期。

《偷袭珍珠港计划是"美军制定的"》,马庆恒著,《国防科技》2005 年第 9 期。

《偷袭珍珠港:美军亲手为日军订计划》,孙冬、魏鹏程等著,《环球军事》2007 年第 9 期。

《罗斯福与珍珠港事件》,孙兢著,《解放军报》1981 年 7 月 3 日。

《罗斯福与珍珠港事件》,邓蜀生著,《复旦学报》1982 年第 1 期。

《珍珠港之变是罗斯福的"绥靖政策"引出的吗》,邓蜀生著,《世界史研究动态》1981 年第 11 期。

《珍珠港:罗斯福的赌注》,颜平、王学民等著,《军事史林》2000 年第 1 期。

《惊天大阴谋:罗斯福与日本联手偷袭珍珠港》,马骏著,《新世纪文学选刊(上半月)》2007 年第 5 期。

《珍珠港事件是绥靖政策的必然结果——驳所谓"苦肉计"说》,李安华著,《世界史研究动态》1981 年第 11 期。

《是欲擒故纵的"苦肉计"吗?:也谈珍珠港事件的发生》,曹胜强著,《军事历史》1992 年第 5 期。

《华盛顿难辞其责——珍珠港事件再揭秘》,孟庆龙著,《世界历史》1995 年第 4 期。

《三十年代美国孤立主义与珍珠港事件》,王晓依著,《大庆社会科学》1995 年第 4 期。

《美国在珍珠港事件前的情报失误——"罗斯福阴谋"驳论》，翟晓敏、高金虎著，《世界历史》1995 年第 5 期。

《日本为什么悍然突袭珍珠港？》，黄敏兰著，《中国图书评论》2009 年第 5 期。

《论日本发动偷袭战争的政治目标及经济根源》，万安中著，《江西社会科学》2003 年第 6 期。

《前景理论视角下的日本突袭珍珠港事件》，徐振伟著，《史学集刊》2012 年第 2 期。

《日本人的阴谋：在成功偷袭珍珠港的背后》，[美] 菲利普·H.杰科森著；赵国译，《舰载武器》2004 年第 9 期。

《当战争不可避免，美国海军在做什么？ 海军战争计划——战前美国海军的"北大西洋作战计划"》，赵国栋著，《国际展望》2004 年第 16 期。

《从珍珠港事件看日本的侵略战争政策》，国洪梅著，《牡丹江师院学报》1996 年第 2 期。

《从日军内部的斗争看珍珠港计划的出笼》，[美] 迈克尔·A.巴恩哈特著；陈洪译，《二战史通讯》1985 年第 8 期。

《从日军内部的斗争看突击珍珠港计划的出笼》，陈洪著，《外国空军军事学术》1985 年第 5 期。

《珍珠港战役日军如何实施"先制"作战》，潘金宽、邹昊著，《舰载武器》2003 年第 5 期。

《日本两次偷袭战的政治经济根源》，李冠乾、万安中著，《湘潭大学学报》1995 年第 4 期。

《珍珠港事件新探》，王天成著，《军事历史》1987 年第 6 期。

《珍珠港事件杂谈》，熊伟民著，《益阳师专学报》1991 年第 4 期。

《日军曾试图二次轰炸珍珠港》，张颖彬、宋言平著，《环球军事》2008 年第 8 上期。

《胎死腹中的日本"第二次珍珠港偷袭"计划》，谭顺谋著，《海军译文》2011 年第 3 期。

③珍珠港事件的结果及反思

《日本偷袭珍珠港成败论》，申文勇著，《吉林师院学报》1992 年第 1 期。

《日军偷袭珍珠港成功的关键》，童屹立著，《现代兵器》2013 年第 4 期。

《浅析日本袭击珍珠港成功的原因》,赵占伟著,《洛阳师院学报》1995 年第 3 期。

《浅析美国在珍珠港事件中遭到惨败的原因》,姚华著,《安徽教育学院学报》1996 年第 4 期。

《从珍珠港事件和古巴导弹危机看情报失误的原因》,高金虎著,《情报杂志》1995 年第 3 期。

《珍珠港事件的历史教训》,欧彬甫著,《海军学术研究》1985 年第 4 期。

《珍珠港美军漏情的教训》,王呈伟著,《雷达兵》1990 年第 2 期。

《对珍珠港事件情报失误的思考》,粟诗、寒田原著,《情报杂志》2011 年第 S2 期。

《偷袭珍珠港与日美海军作战思想和方式的转变》,任文峰著,《军事历史研究》2009 年第 3 期。

《珍珠港事件又有新发现》,史靖洪著,《北京档案》2000 年第 1 期。

《英国人、中国人与珍珠港事件》,酬勤著,《军事史林》1998 年第 12 期。

《"珍珠港事件"三思》,杨秋元著,《国防大学学报》1994 年第 10 期。

《珍珠港罹难,太平洋复仇》,邓沛著,《当代海军》1998 年第 2 期。

《美国海军史上的一次惨重损失》,潘星星著,《军事气象》1998 年第 5 期。

《珍珠港袭击美国人心中永远的痛》,邓子祥著,《军事史林》2004 年第 6 期。

《像一名战士那样挺起胸膛——珍珠港事件幸存者的回忆》,〔美〕莫顿·洛斯著;红光摘译,《环球》1986 年第 11 期。

《珍珠港事件 50 周年:美日人士一席谈》,王旭东著,《世界史研究动态》1992 年第 7 期。

《刻骨铭心的 12 月 7 日:珍珠港事件 50 年祭》,赵念渝著,《国际展望》1991 年第 23 期。

《珍珠港之殇:亚利桑那纪念馆》,杜志强、韩超著,《现代舰船》2013 年第 4C 期。

《珍珠港"密苏里"号战列舰博物馆纪实》,本刊编辑部著,《世界航空航天博览》2001 年第 26 期。

《尼豪岛事件:珍珠港事件鲜为人知的结尾故事》,郭彩虹著,《环球军事》2006 年第 13 期。

《珍珠港:解释、争论及其背后》,张尚谦著,《云南民族大学学报》2007年第6期。

《是谁发明了航空母舰?——航母记忆之三:大放异彩偷袭珍珠港》,海寓著,《中国海事》2013年第4期。

《浅谈"珍珠港事件"对我海军驻泊地域对空防御的启示》,杜跃东、周广洪著,《海军军事学术》2004年第3期。

(3)太平洋战争的爆发及其原因

《太平洋战争的发生》,严钟奎著,《历史教学》1982年第10期。

《日本发动太平洋战争》,寒放著,《世界知识》1995年第14期。

《开战经过——关于太平洋战争的座谈记录》,[日]池井优等著,《世界历史译丛》1979年第3期。

《太平洋战争的爆发——〈日本皇室的阴谋〉一书的摘录》(一、二),[美]戴维·伯加米尔著;陈亮等摘译,《环球》1980年第8期/1981年第1期。

《试论1941年日本对美开战决策》,谯大俊著,《重庆师院学报》1992年第3期。

《论太平洋战争前日本的南进与美国对日政策》,杨宝康著,《思茅师专学报》1988年第2期。

《日美开战原委——兼论太平洋战争的性质》,史树新著,《世界现代史论文集》(第一集),三联书店1980年版。

《日本为什么对美开战——太平洋战争爆发原因初探》,金仁芳著,《华东师大学报》1981年第3期。

《论太平洋战争不可避免性》,杨宁一著,《求是学刊》1992年第3期。

《浅析太平洋战争的起因》,周希奋著,《中学历史教学》1982年第2期。

《试论太平洋战争爆发的原因》,李绪基著,《聊城师院学报》1982年第3期。

《浅析日本发动太平洋战争的原因》,高辉著,《日本研究》1995年第3期。

《一战后的美日海权角逐与太平洋战争的爆发》,胡德坤、刘潇湘著,《武汉大学学报(人文科学版)》2013年第2期。

《东条英机与太平洋战争》,金桂昌著,《历史教学》1984年第2期。

《对太平洋战争爆发主要原因的再探析》,杨晓杰著,《军事历史研究》2000年第1期。

《日美矛盾与太平洋战争的爆发》,詹方瑶、景厉剑著,《学术界》1994年第1期。

《20世纪二三十年代美国的远东政策与太平洋战争的爆发》,鲍秋媛著,《兰台世界》2007年第21期。

《美国对日政策与太平洋战争的爆发》,俞辛焞、王敦书著,《历史研究》1979年第12期。

《美日谈判与太平洋战争的爆发》,黄德禄著,《河北师范学院学报》1986年第2期。

《1941年的日美谈判与太平洋战争爆发》,张秋生著,《徐州师院学报》1988年第3期。

《浅析太平洋战争爆发的历史原因》,张贵锁、李兴凯著,《红旗文稿》2007年第17期。

《日本发动太平洋战争的经济原因》,蒲瑞元著,《第二次世界大战史论文集》,三联书店1985年版。

《从资源的角度看日本的太平洋战争》,董学荣、王书明等著,《中国海洋社会学研究》2018年第1期。

《错觉与战争的起因——以太平洋战争爆发为例》,何晨青、石斌著,《国际政治研究》2007年第1期。

《太平洋战争爆发原因探析——试析日本决策层的错误知觉》,刘嘉著,《湘南学院学报》2011年第1期。

《探析延缓太平洋战争爆发的原因》,祝曙光著,《苏州科技学院学报》2005年第3期。

《日本入侵印支与太平洋战争的爆发》,詹方瑶、李郑钢著,《郑州大学学报》1995年第1期//《第二次世界大战史论文集③:五十年的深思》,李殿仁主编,军事谊文出版社1996年版。

《太平洋战争的爆发以及给我们启示》,赵振愚著,《海军学术研究》1985年第4期。

《苏联与太平洋战争的爆发》,陈晖著,《百年潮》2005年第4期。

《从近代日本对外侵略扩张史看太平洋战争性质》,程文明著,《吉林师范大学学报(人文社会科学版)》2016年第3期。

《美国外交关系委员会与美国参加第二次世界大战》,金龙云著,《历史教学

(下半月刊)》2010 年第 5 期。

(4)日本在太平洋地区的进攻

《浅析太平洋战争初期东南亚迅速沦陷的原因》,李先进、张秋生著,《东南亚之窗》2008 年第 2 期。

《再论太平洋战争初期东南亚迅速沦陷的原因》,张秋生、李先进著,《东南亚纵横》2009 年第 6 期。

《太平洋战争中马来亚迅速沦陷的原因探析》,钟日兴、宋少军著,《五邑大学学报(社会科学版)》2014 年第 3 期。

《试析太平洋战争初期英美荷在东南亚失利的原因》,何跃著,《湖北大学学报》2005 年第 6 期。

《太平洋战争期间印尼迅速沦陷原因探析》,韩贞著,《东南亚纵横》1992 年第 4 期。

《美军在太平洋战争中的难言之隐》,段伦宗著,《军事史林》1997 年第 4 期。

《第二次世界大战期间美军克拉克空军基地覆灭记》,张健著,《外国史知识》1986 年第 9 期。

《克拉克机场的哀鸣》,雅勋著,《现代兵器》1993 年第 11 期。

《锡迪白尼拉为什么失守了》,王福军著,《战术研究》1987 年第 4 期。

《珍珠港事件后的仰光物资抢运》,吴强著,《云南档案》1998 年第 4 期。

《1941 年香港保卫战的历史教训》,沈元加著,《内江师院学报》1997 年第 3 期。

《太平洋战争爆发后的日本"敌侨"》,陶菊隐著,《出版参考》2006 年第 11 期。

《太平洋战争图史:悲情马来亚》,安云著,《地图》2006 年第 3 期。

《太平洋战争初期日本决策者的情报失误探究》,王非、孔翔兰著,《社科纵横》2010 年第 12 期。

《论日本侵占东南亚对我国抗战经济之影响》,赵杰艺、武铁成著,《洛阳工学院学报》2000 年第 S1 期。

3. 太平洋战争战役研究

《一部波澜壮阔的太平洋战史:〈燃烧的岛群〉评介》,闲云著,《新书报》1987 年 3 月 25 日。

（1）珊瑚海海战

《珊瑚海海战》，朱少军著，《人民日报》1995 年 8 月 1 日。

《珊瑚海之战》，郑守兵著，《中学历史教学参考》1997 年第 8 期。

《珊瑚海大海战》，西文著，《世界军事》1993 年第 5 期。

《珊瑚海海战：谁是最后的胜利者》，宫春科著，《中国社会科学报》2015 年 7 月 23 日。

《珊瑚海战役中的美日航母遭遇战》，张猛著，《当代海军》2011 年第 11 期。

《人类史上首次航母大拼杀：美日珊瑚海大海战》，刘勇著，《军事史林》2003 年第 11 期。

《"西姆斯"号的不幸：珊瑚海大战中首艘被击沉的美舰》，程胜著，《国际展望》2003 年第 20 期。

《1942 年 5 月，珊瑚海海战后：血海余波》，易水著，《舰船知识》2007 年第 4 期。

（2）中途岛海战

《中途岛海战及瓜岛之役》，李广起著，《人民日报》1995 年 8 月 2 日。

《中途岛之战》，何智著，《档案时空》2012 年第 3 期。

《中途岛海战》（上中下），北军著，《海洋世界》2005 年第 3—5 期。

《中途岛海战：一场输给自己海军建军方略的海空大战》，谢弋科著，《现代兵器》2001 年第 6 期。

《中途岛海空战》，［美］唐纳德·桑福著；王守成译，《电影作品》1986 年第 9 期。

《中途岛大海战》，高雄柏著，《世界知识》1992 年第 6 期。

《中途岛大海战》，王天祥著，《外国海军文集》1985 年第 8 期。

《中途岛战役简析》，赵潭著，《历史教学》1987 年第 10 期。

《日美大战中途岛》，董文进著，《军事史林》1995 年第 1 期。

《论中途岛海战》，袁昌尧著，《沈阳师院学报》1987 年第 1 期。

《太平洋战争图史：决战中途岛》，安云著，《地图》2006 年第 2 期。

《中途岛战役评析》，赵喜儒、袁明著，《军事史林》1996 年第 8 期。

《中途岛战役中的五分钟》，曹怀正、白丽红著，《云南国防》1997 年第 3 期。

《中途岛战役：决定日本命运的五分钟》，曹怀正、白丽红著，《军事文摘》1997 年第 1 期。

《将计就计巧择战绩——中途岛海战》,刘相吉著,《解放军报》1981 年 10 月 30 日。

《太平洋战争的转折点——中途岛海战》,凌治彬著,《辽宁大学学报》1982 年第 5 期。

《扭转太平洋战局的海战——中途岛海战》,岳志著,《中学历史教学参考》1996 年第 11 期。

《航母经典战例点评之六:中途岛海战》,张文旦著,《当代海军》2014 年第 3 期。

《太平洋战争的一个转折点:海军大战中途岛以少胜多美克日》,顾云深著,《文汇报》,1995 年 8 月 16 日。

《中途岛海空大战是日本胜败的分水岭》,余宗著,《航空史研究》1996 年第 2 期。

《折戟铩羽、霸梦终将成空——第二次世界大战时日本对美国两次大海战:1. 珊瑚海之战;2. 中途岛海战》,张廉君、王作民著,《外国史知识》1982 年第 7 期。

《从中途岛海战看正确的决断与指挥》,陈榕星著,《海军杂志》1985 年第 5 期。

《美日中途岛战役的经验、教训与启示》,王伟宏著,《海军学术研究》1998 年第 3 期。

《从中途岛之战看"以劣胜优"》,陈晓春著,《军事》1996 年第 2 期。

《日军中途岛海战失败原因》,董文静著,《军事历史》2015 年第 2 期。

《对中途岛海战日军失败原因的分析》,付忠良著,《海军杂志》1980 年第 9 期。

《战后日本对中途岛海战失败的反思》,王世忠、武建平著,《军事历史》2001 年第 2 期。

《透视中途岛海战奇迹》,陶然著,《海洋世界》2008 年第 9 期。

《日本战败中途岛、并非偶然》,雨霏著,《文史博览》2012 年第 7 期。

《美日谍战中途岛:日本海军的滑铁卢》,乐楚、彭如著,《文史博览》2012 年第 7 期。

《密码"AF"与日本第一航母舰队覆没》,高林著,《航空知识》2005 年第 6 期。

《日落太平洋:记美日中途岛海战》,刘学道、杨艳丽著,《坦克装甲车辆》2005 年第 3 期。

《中途岛海战中美日航空兵运用比较研究》,陈刚、周德华著,《海军学术研究》2013 年第 2 研究生论文专辑期。

《菜鸟们的天空(上下):中途岛战役中陆基航空兵的奋战》,爱澜著,《军事历史》2006 年第 4/5 期。

《打赢中途岛海战的特殊功臣》,张晓栋著,《环球军事》2005 年第 7 期。

《从中途岛海战得到的启示》,董海波著,《第二次世界大战军事论文选》,军事学术杂志编,军事科学出版社 1985 年版。

《永远的"约克敦"号:幸存者记忆里的中途岛海战》,陆怀南著,《世界军事》2000 年第 7 期。

《衢州机场与中途岛海战》,展华云著,《当代海军》2008 年第 3 期。

(3)瓜岛争夺战

《瓜岛血战》,管苏清著,《汽车运用》2002 年第 5 期。

《瓜岛争夺战》,史言著,《海军杂志》1987 年增 1 期。

《瓜岛争夺战》(上中下),施征著,《海洋世界》2005 年第 6—8 期。

《瓜岛血战记》(上中下),先一著,《知识就是力量》2004 年第 2—4 期。

《瓜达卡纳尔岛争夺战》,张廉军著,《外国史知识》1983 年第 5 期。

《首战成名:美军血战瓜岛》,武长海著,《现代舰船》2012 年第 12C 期。

《扭转太平洋形势的一次战役——瓜达尔卡纳尔岛争夺战》,郑庆云著,《第二次世界大战史论文集》,三联书店 1985 年版。

《太平洋战争的又一个转折点:美日瓜达尔卡纳尔岛争夺战》,陈安刚著,《国防科技》2005 年第 12 期。

《太平洋战争图史:血战瓜达尔卡纳尔》(上下),安云著,《地图》2006 年第 4/5 期。

《瓜岛上的生死决战——太平洋战场的"斯大林格勒战役"》,丁顺发著,《军事文摘》2019 年第 11 期。

《演习代号"鸽尾榫":瓜岛战役前夜的不堪往事》,阿廖沙著,《舰载武器》2014 年第 10 期。

《固守登陆场:瓜岛登陆作战及启示》,南京军区司令部军研室,《华北民兵》2006 年第 10 期。

《美军在瓜岛山地丛林中的防御战斗》,钟庆安、冯书著,《外军资料》1979年第 37 期。

《日美瓜岛争夺战的最后一役:伦纳尔岛海战》,周丽娅、张艳明著,《舰载武器》2004 年第 10 期。

《料敌制胜——日军瓜岛大撤退》,刘炳生著,《思维与智慧》1999 年第11 期。

《傲慢与偏见的代价:日军兵败瓜岛内幕探析》,齐辉著,《军事史林》1997年第 11 期。

《折戟沉沙　矛头顿挫——瓜岛战役日军战败分析》,孙泽健、陈龙著,《军事文摘》2018 年第 3 期。

《美军在瓜岛之战中的情报失误:来自解密情报资料的证明》,张卫著,《军事史林》1997 年第 1/2 期。

《得不偿失的日海军瓜达尔卡纳尔岛海战》,李文军、李明强、朱明东著,《当代海军》2005 年第 6 期。

《日本兵食人肉充饥:瓜达尔卡纳尔岛上的人间惨剧》,田桂林著,《军事史林》1998 年第 1 期。

(4)硫黄岛战役

《硫黄岛战役》,高培著,《外国军事学术》1983 年第 6 期。

《血战硫黄岛》,郭若冰、杨树旗著,《世界军事》1994 年第 5 期。

《苦战硫磺岛》,冀蠡、将言著,《坦克装甲车辆》1995 年第 6 期。

《火攻硫黄岛》,陈健著,《中国空军》2012 年第 11 期。

《硫黄岛血战记》,宋宜昌著,《舰船知识》1985 年第 6 期。

《硫黄岛战役研究》,傅雁南著,《外国军事学术》2001 年第 3 期。

《评硫黄岛抗登陆作战》,徐锡康著,《海军杂志》1987 年增 1 期。

《太平洋上的"肉搏战":硫磺岛战役》,本刊编辑部著,《中国尖端武器报道:进攻与防御》2006 年第 9B 期。

《沉默的记忆 图说硫磺岛战役遗迹》,马智冲著,《国际展望》2007 年第6 期。

《血染的全球鹰:美国海军陆战队血战硫磺岛》,本刊编辑部著,《现代舰船》2012 年第 10C 期。

《美国海军陆战队:血战硫黄岛》,本刊编辑部著,《中国尖端武器报道 A:武器较量》2005 年第 8 期。

《最惨烈、最辉煌、最勇猛——二战硫磺岛血战中的美国海军陆战队》,祝枕漱著,《海洋世界》2011 年第 9 期。

《美国国旗升起在硫磺岛上》,晓流著,《军事记者》2002 年第 6 期。

《二战著名照片,拍来实属偶然:〈美国国旗插上硫磺岛〉背后的秘闻》,严凤亭、杨治国、杨文治著,《环球军事》2006 年第 4 期。

《日军硫黄岛防御作战失败原因》,贺新城著,《外国军事学术》2001 年第 3 期。

《绝对的优势　错误的评估　惨痛的胜利——美军硫磺岛登陆战役浅析》,钱锋著,《军事史林》2019 年第 9 期。

《美日瓜岛之战与中国战场》,屈小强著,《文史杂志》2015 年第 4 期。

(5)莱特湾海战

《莱特岛战役》,黄金鹏著,《外国军事学术》1983 年第 6 期。

《莱特湾海战》,施征著,《海洋世界》2005 年第 9 期。

《人类历史上的最大规模海战:莱特湾海战》,《中国尖端武器报道:进攻与防御》2006 年第 6B 期。

《登陆场外的海空大搏杀(二期):美日海军莱特湾大战》,龙卷著,《海军杂志》2007 年第 7 期。

《莱特湾,二战最后一场大海战》,苏鹏宇著,《中国国防报》2014 年 10 月 21 日。

《航母经典战例点评之八:莱特湾海战》,张文旦著,《当代海军》2014 年第 5 期。

《莱特湾海战——日本海军从此成为强弩之末》,张廉君著,《外国史知识》1985 年第 9 期。

《把老鼠消灭在窝里——从莱特湾战役看正确决策的威力》,纪明葵著,《科学决策》2005 年第 5 期。

《揭开莱特湾海战大幕的无名小卒"卡洛里婴孩"的奋战》,赵国栋著,《国际展望》2004 年第 1 期。

(6)冲绳岛战役

《冲绳海战》,宋宜昌著,《舰船知识》1983 年第 1 期。

《冲绳岛战役》,高培著,《外国军事学术》1983 年第 6 期。

《太平洋最后一战冲绳岛争夺战》,郭若冰、杨树旗著,《世界军事》1994 年第 6 期。

《美日血战冲绳》,左立平著,《军事史林》1995 年第 7 期。

《冲绳岛防护线上的攻防战》,许春林著,《军事史林》2019 年第 9 期。

《美日火与血的较量:冲绳岛战役》,《中国尖端武器报道:武器较量》2006 年第 8 期。

《血战太平洋之决战冲绳岛》,[美] 斯莱奇著;张志刚译,《当代外国文学》2010 年第 3 期。

《散却的硝烟:冲绳岛战役片段》,季伏枥著,《兵器知识》2003 年第 2 期。

《1945 冲绳岛海空上的硝烟》(上下),施征著,《舰载武器》2004 年第 1/2 期。

《冲绳岛:侵略者的天堂与坟墓》,段伦宗著,《军事文摘》1997 年第 1 期。

《冲绳战役中平民高死亡率原因探究》,赖正维著,《世界近现代史研究》2015 年第 1 期。

《日本最后的疯狂:二战冲绳岛战役 68 周年祭》,冷洋著,《坦克装甲车辆》2013 年第 8 期上。

《目标冲绳:二战期间日本仅有记载的一次航空布雷行动》,闻舞、边磊著,《环球军事》2007 年第 3 期下。

《冲绳战:历史真相与集体记忆——从冲绳教科书事件及相关诉讼案件谈起》,陈言著,《上海师范大学学报》2010 年第 6 期。

(7)其他战役

《莱亚克之战:美国陆军与日本陆军的第一战》,王宵著,《环球军事》2004 年第 20 期。

《第一次反击 美军第 8 特混舰队袭击马绍尔群岛》(上下),爱澜著,《军事历史》2006 年第 2/3 期。

《孤岛血战:太平洋战争中美日威克岛争夺战纪实》,郭彩虹著,《环球军事》2008 年第 7 期。

《激战科科达:日本陆军在太平洋战场上的首次失败》,郭彩虹著,《环球军事》2008 年第 14 期。

《萨沃岛悲歌　美军历史上损失最惨重的海战》,赵国栋著,《国际展望》2003 年第 14 期。

《日军战败俾斯麦海》,白丽红著,《军事文摘》1998 年第 3 期。

《血色残阳:二战中的俾斯麦海大空战》(上下),李明著,《现代兵器》2010年第 10/11 期。

《浴血塔拉瓦环礁》,左立平著,《现代兵器》1994 年第 3 期。

《血色炼狱:塔拉瓦环礁之战》,肖鹏著,《坦克装甲车辆》2005 年第 7 期。

《燃烧的岛群:二战美军血战塔拉瓦环礁》,[英]哈特著;钮先钟译,《现代舰船》2012 年第 11C 期。

《血染安宁奥》,左立平著,《现代兵器》1994 年第 7 期。

《太平洋战争中美军的第一次登陆作战:塔拉瓦岛之战》,杨育林、李信忠著,《坦克装甲车辆》1995 年第 10 期。

《太平洋上遮天蔽日大血战》,龚锐著,《文史春秋》2002 年第 3 期。

《塞班岛战役》,黄金鹏著,《外国军事学术》1983 年第 6 期。

《图说战争利器之塞班岛登陆作战》,明诚著,《现代兵器》2008 年第 2 期。

《塞班岛登陆的美军制式保障舰船》,王亚军、张连松著,《后勤》2005 年第7 期。

《美军塞班岛登陆的抢滩上陆和物资卸载》,张连松、农清华著,《海军后勤学术研究》2006 年第 1 期。

《马里亚纳海空大战》,章慕荣著,《文史天地》2004 年第 5 期。

《航母经典战例点评之七:马里亚纳海战》,张文旦著,《当代海军》2014 年第 12 期。

《马里亚纳海战:航母舰载机的疯狂对决》,周德华著,《现代舰船》2013 年第 7C 期。

《一边倒的马里亚纳海空对决》,冯辉著,《中国国防报》2017 年 10 月 27 日。

《火鸡猎场》,焦方金著,《舰载武器》2003 年第 7 期。

《美军在马里亚纳群岛登陆》,赵振愚著,《军事展望》2002 年第 12 期。

《腊包尔岛之战,1943》,张艳明、曹家伟著,《舰载武器》2005 年第 4 期。

《最后的海空快战:拉包尔 1943》(上下),张亚威著,《航空世界》2012 年第9/10 期。

《海天决战腊包尔:追忆美日腊包尔决战》(上下),蒋福兴著,《坦克装甲车辆》2013 年第 24 期/2014 年第 2 期。

《特鲁克:第二个"珍珠港"事件》,杜雪松著,《军事历史》2000 年第 3 期。

《"第二个珍珠港事件":美、日特鲁克之战》,聂云著,《现代兵器》1997年第3期。

《第二次珍珠港事件之谜》,古玉著,《山西老年》2000年第3期。

《侦照特鲁克》,张玉坤著,《世界军事》2001年第3期。

《太平洋"直布罗陀"的覆灭:二战中美军奇袭特鲁克》,肖鹏、陈宇著,《兵器》2006年第2期。

《"冰雹"行动》,谢建军著,《世界军事》2002年第8期。

《尼米兹的"冰山战役"》,管苏清著,《汽车运用》2002年第3期。

《赫恩德之战》,梁云著,《兵工科技》2002年第6期。

《布纳丛林之战》,雅勋著,《现代兵器》1993年第10期。

《奇袭斯卡帕湾》,翟晓敏著,《军事历史》1998年第6期。

《"岩崖部队"飞夺哥黎希律岛》,肖鹏、洪军著,《兵器》2005年第12期。

《马尼拉湾战役》,熊佳著,《舰载武器》2009年第11期。

《马尼拉瓦村突袭战》,吴越著,《兵工科技》2002年第7期。

《登陆日本:"奥林匹克行动"与"决号作战"》,寒暄著,《舰载武器》2005年第7期。

《西南太平洋岛屿战场对太平洋战争的贡献》,汪诗明著,《探索与争鸣》2006年第11期。

《阿留申群岛之战——美军收复被日军攻占领土纪实》,罗森著,《环球军事》2008年第2期。

《太平洋战争两次关键战役中的地理战》,王世著,《地理教育》2015年第10期。

4. 太平洋战争其他问题研究

《中国抗战与盟国的太平洋战争》,胡德坤著,《纪念七七事变爆发70周年学术讨论会论文集》,中国社会科学院近代史研究所编,社会科学文献出版社2009年版。

《中国抗战与美国太平洋战场获胜的关系》,费晓华著,《齐齐哈尔师范高等专科学校学报》2011年第4期。

《试论美国在太平洋战争中的作用》,徐杰令著,《理论探讨》1987年第5期。

《美国是如何夺取太平洋战争主动权的》,梁晓秋著,《外国军事学术》1987

年第 4 期。

《海战史上罕见的战绩——美军"老爷舰"偷袭日军港》,辛今等著,《解放军报》1981 年 2 月 13 日。

《二战后期美军进攻日本本土计划揭秘》,谢永安著,《军事史林》1997 年第 5 期。

《抗战后期美军缘何未在中国沿海登陆》,刘守仁著,《纪念抗日战争胜利六十周年文集》,2006 年。

《太平洋战争后期美军攻台战略的提出和放弃》,金虎著,《军事历史》1998 年第 6 期。

《澳空军当年首先侦破日军在太平洋上行动》,喜万仓著,《解放军报》1991 年 11 月 26 日。

《二战,日军如何备战菲律宾战场?》,沈克尼著,《世界军事》2011 年第 22 期。

《丛林噩梦:日落南洋万骨枯》,李建军著,《军事史林》1999 年第 3 期。

《美军在二战中的 4 次惨败》,朱竞成著,《环球军事》2006 年第 14 期。

《二战时期的美军四次大缴械》,郑军、王秋宁著,《军事史林》2002 年第 7 期。

《美军在二战中的四次大缴械》,朱竞成、张治宇著,《国防科技》2006 年第 9 期。

《从巴丹到阿登:美军在二战中的四次大缴械》,郑军、刘建忠著,《世界军事》2001 年第 5 期。

《浅析二战后期英国参加太平洋作战问题》,胡杰著,《历史教学问题》2015 年第 5 期。

《二战末期英国太平洋舰队对日作战刍议》,胡杰著,《边界与海洋研究》2016 年第 4 期。

《二战时期英国 Z 舰队的覆灭及原因分析》,胡德坤、钱宇明著,《近现代国际关系史研究》2017 年第 2 期。

《以太平洋战争为转折的亚太战略格局的形成》,赵金超、郭渊斐著,《海军工程大学学报(综合版)》2015 年第 4 期。

《太平洋战争与战后初期东南亚国际政治格局》,叶永东著,《东南亚研究》1998 年第 4 期。

《太平洋战争与战后初期东南亚国际政治新格局》,叶永东著,《延边大学学报》1998 年第 3 期。

《论太平洋战争对中国的影响》,陈绛著,《军事历史研究》1992 年第 4 期。

《太平洋战争期间韩国临时政府争取美国承认所作的努力》,罗强著,《传承》2009 年第 8 期。

二、中缅印战场研究

1. 中缅印战场的出现及其地位

《试论太平洋战争中日本入侵缅甸问题》,王永江著,《北方论丛》2003 年第 3 期。

《第二次世界大战中日本侵缅目的探析》,杜长印著,《山东师大学报》1996 年增刊。

《日本南进后对中缅战场的战略影响》,高学军著,《齐齐哈尔大学学报》2002 年第 5 期。

《英国关于滇缅战场的具体设想》,杨东著,《军事历史》2015 年第 4 期。

《评抗日战争中的缅甸战场》,周銮书、廖信春著,《江西师大学报》1990 年第 4 期。

《略论第二次世界大战中的缅甸战场》,王介南著,《第二次世界大战中的军事学术》,张海麟主编,国防大学出版社 1989 年版。

《中缅战场及其历史地位》,姜德昌著,《东北师大学报》1995 年第 4 期。

《中缅印战场是中国抗日战争的第三个战场》,范德伟著,《抗日战争研究》1996 年第 3 期//《厦门大学学报》1996 年第 3 期。

《试论中缅战场在第二次世界大战中地位和作用的演变》,苑鲁著,《天府新论》1995 年第 2 期。

《滇缅抗战是世界反法西斯战争胜利不可忽略的重要篇章》,郑汕、赵康著,《昆明陆军学院学报》1995 年第 3 期。

《缅甸北部克钦突击队在中缅印战场的重要作用,1942—1945》,[缅甸] Kyaw Swe Nyunt 著,《纪念中国人民抗日战争暨世界反法西斯战争胜利 70 周年国际学术研讨会论文集》,李亚平等编,中共党史出版社 2015 年版。

2. 中国远征军入缅作战及其评价

《加强对中国抗战国际战场的研究——关于中国远征军入缅作战的研究及

八点建议》，汤重南著，《纪念抗战胜利 65 周年学术研讨会论文集》，中国抗日战争史学会等编，2010 年。

《加强对中国抗战国际战场的研究——关于中国远征军入缅作战研究的八点建议》，汤重南著，《中日关系史研究》2010 年第 3 期。

（1）中国远征军入缅作战的原因

《中国远征军的由来和演变》，王凯著，《团结报》2015 年 12 月 31 日。

《试论中国远征军入缅抗战的原因》，杨洪著，《思茅师专学报》1997 年第 1 期。

《中国军队入缅作战与盟国战略的复杂关系》，张力、陈廷湘著，《近代史研究》1989 年第 3 期。

《试论中国远征军入缅抗战中的多边关系》，王学明著，《云南社会科学》2001 年 S1 期。

《第二次世界大战全局中的中国远征军入缅作战》，方世风著，《民国档案》2004 年第 1 期。

《浅析英军迟迟不让中国远征军事先入缅布防的深层原因》，张国防著，《昆明陆军学院学报》1995 年第 3 期。

（2）中国远征军入缅作战概况

《中国远征军研究概述》，王振华著，《黑龙江史志》2010 年第 5 期。

《中国远征军第一次入缅作战经过史料选》（上），蒋梅、廖利明著，《民国档案》2018 年第 2 期。

《中国远征军第一次入缅作战经过史料选》（下），虞亚梅著，《民国档案》2018 年第 3 期。

《中国远征军第一次入缅作战粮食补给史料选》，孙骊君、张云馨著，《民国档案》2017 年第 2 期。

《抗日战争中的中国远征军》，虞宝棠著，《中学历史教学》1983 年第 1 期。

《中国远征军缅甸浴血抗日》，于江欣著，《光明日报》2015 年 10 月 7 日。

《中国远征军艰苦而辉煌的战斗历程》，周玲著，《昭通师专学报》1995 年第 4 期。

《中国远征军反攻滇缅胜利会师》，刘树斌著，《中国档案报》2019 年 5 月 24 日。

《中国远征军血战仁安羌》，倪良端著，《红岩春秋》2015 年第 5 期。

《李家寨守卫战：中国远征军完胜 5 倍日军王牌》，萨沙著，《档案记忆》2016年第 6 期。

《中国远征军》，谢建平著，《文史天地》2012 年第 11 期。

《中国远征军：绝域远征歼狂寇》（一、二、三、四），杨林著，《中国边防警察》2009 年第 5—8 期。

《中国远征军在缅甸》，熊懋绩著，《文史春秋》1996 年第 1 期。

《中国远征军入缅作战概况》，黎牧著，《历史知识》1987 年第 3 期。

《中国远征军滇缅抗战纪实》，沈学斌著，《团结》2005 年第 4 期。

《历史将记住——抗日战争中的缅甸战场》，林锡星著，《世界知识》2005 年第 12 期。

《东吁血战——记中国远征军出国抗日第一仗》，戴孝庆著，《军事史林》1991 年第 1 期。

《御虎：远征军装甲部队转战缅甸纪实》（上下），萨苏著，《坦克装甲车辆》2009 年第 5/6 期。

《残阳如血 河山依旧——中国远征军入缅作战始末》，岳占斌著，《山西社会主义学院学报》1999 年第 4 期。

《八千里路血与火 远征军第一次入缅惨败而退》，吕峥著，《文史参考》2011年第 6 期。

《十万将士十万血 异域忠魂家国殇——中国远征军第一次入缅抗战纪实》，伏自文著，《云南档案》2012 年第 9 期。

《随中国第一路远征军入缅作战纪事》，彭宣贵著，《湖北文史资料》2000 年第 4 期。

《1942 年的中国远征军》，邢慧丽著，《康定民族师专学报》2001 年第 1 期。

《中国驻印军反攻缅甸战场追忆》，王林著，《武汉文史资料》1999 年第 1 期。

《中国远征军在缅甸战场上的重大胜利》，高学军著，《纪念中国人民抗日战争暨世界反法西斯战争胜利 60 周年专刊》，中国中日关系史学会编，2005 年。

《军心似箭：中国远征军归国之战》（全 26 期），萨苏著，《坦克装甲车辆·新军事》2009 年第 1—3/5—10/12 期//2012 年 1—12 期//2013 年 1—4 期。

《中国远征军女兵闯野人山的悲壮历程》，廖耀湘、严农著，《文史春秋》2006年第 11 期。

《日军步兵第四联队与中国远征军交战始末》,刘家鑫著,《历史教学(高校版)》2009 年第 9 期。

《戴安澜将军在缅甸战场》,王楚英著,《军事历史》2004 年第 1 期。

《郑洞国将军指挥了他们的团长他们的团——原国民党高级将领谈中国远征军》,朱冬生著,《档案天地》2009 年第 5 期。

《亲历 1942:蒋介石三次赴缅》,王楚英、王映竹著,《军事历史》2013 年第 3 期。

《我为什么要写中国远征军战史?》,周郁谋著,《广东党史》2006 年第 4 期。

《入缅抗战的"安徽团"》,费国政著,《江淮文史》1997 年第 1 期。

《入缅作战亲历记》,孙廷兴著,《贵州文史天地》1998 年第 1 期。

《缅甸战役亲历记》,王楚英著,《民国档案》1992 年第 2 期。

《中印缅战场亲历记》,曹越华著,《文史精华》2004 年第 8 期。

《一个中国远征军战士的战地回忆》,葛其、渝文著,《党史文汇》2012 年第 11 期。

《中国远征军"国殇墓园"记》,彰无忌著,《文史精华》2006 年第 6 期。

《中国驻印军的建立》,杨建华著,《文史精华》2013 年第 9 期。

《中国远征军在印度集训》,白涩著,《传奇·传记(文学选刊)》2013 年第 11 期。

《中国驻印军整训期间的军队建设的成效及局限》,王凯、张晓武著,《通化师范学院学报》2015 年第 5 期。

(3)中国远征军及其入缅作战评析

《两次入缅作战之我见》,宵木著,《文史杂志》1992 年第 4 期。

《论中国远征军滇缅战场的作战》,吕隽著,《德宏师范高等专科学校学报》2011 年第 2 期。

《中国远征军与缅甸防御战》,徐康明著,《第二次世界大战史论文集②》,中国二战史研究会编,国防大学出版社 1986 年版。

《中国远征军赴缅抗战几个问题的探讨》,马先彦、傅宏著,《贵州文史丛刊》1995 年第 4 期。

《略论中国远征军入缅作战》,戴孝庆著,《探索》1991 年第 3 期。

《论中国远征军入缅对日作战》,张珉著,《松辽学刊》1989 年第 1 期。

《中国远征军出兵缅甸的美国因素》,陈家晶著,《延安大学学报》2004 年第

4 期。

《中国远征军滇缅战场抗日作战评析》，黄汉光著，《军事历史》1995 年第 5 期//《国防大学学报》1995 年第 8—9 期。

《评述抗日战争时期的中国远征军》，史向辉著，《北华大学学报》1996 年第 1 期。

《论缅甸保卫战中的中国远征军》，李键著，《四川师院学报》1989 年第 1 期。

《中国远征军第一次入缅抗日述评》，伊俊鹏著，《承德师专学报》1989 年第 4 期。

《中国远征军第一次入缅作战评析》，屠文淑著，《宁波大学学报》2001 年第 3 期。

《略析中国远征军入缅初战失利之原因》，陆安著，《连云港师专学报》1994 年第 4 期。

《试析中国远征军入缅初战失利的原因》，李淑霞著，《昭乌达蒙族师专学报》1998 年第 1 期。

《中国远征军首期滇缅会战失利初探》，徐兰、俞群策著，《盐城师专学报》1993 年第 2 期。

《论中国远征军第一次入缅抗战失败的原因》，胡湘著，《湘潭师范学院学报》2009 年第 3 期。

《再论中国远征军第一次入缅抗战失利的原因》，施建光著，《成都大学学报》2009 年第 3 期。

《略论中国远征军第一次入缅作战及其失败的原因——纪念中国远征军出国作战 70 周年》，蔡艳宁著，《佳木斯大学社会科学学报》2012 年第 4 期。

《中国远征军第一次入缅作战失败的军事原因》，赵占伟著，《南都学坛》1997 年第 4 期。

《制空权与中国远征军第一次入缅作战失利原因分析》，倪乐雄著，《中国军事科学》2005 年第 2 期。

《缅甸战役蒋介石、史迪威的失败责任》，黄道炫著，《抗日战争研究》2001 年第 2 期//《中国社会科学院近代史研究所青年学术论坛（2000 年卷）》，社会科学文献出版社 2001 年版//《近代中国与世界——第二届近代中国与世界学术讨论会论文集（第一卷）》，中国社会科学院近代史研究所编，社会科学文献出版社 2005 年版。

《远征军对二战战局的影响》,张鹏著,《国学》2011 年第 1 期。

《中国远征军在世界反法西斯战争中的地位》,刘文生、唐春芳著,《群文天地》2012 年第 19 期。

《论中国远征军在世界反法西斯战争中的作用》,黄世相著,《第二次世界大战与亚太国际合作:第二次世界大战史(重庆)学术讨论会论文集》,苑鲁、谢先辉主编,重庆出版社 2003 年版。

《略论中国远征军在世界反法西斯战争中的贡献与作用》,黄世相著,《江西社会科学》1988 年第 6 期。

《中国远征军在第二次世界大战中的地位和作用》,宋词著,《鸡西大学学报》2011 年第 7 期。

《浅论中国远征军在第二次世界大战中的作用》,魏民著,《产业与科技论坛》2017 年第 16 期。

《中国远征军在二战反法西斯战争中的历史作用》(上下),夏小博著,《祖国》2014 年第 11/12 期。

《世界反法西斯战争全局视角下的中国远征军滇缅抗战》,刘朝华、刘潇湘著,《中央社会主义学院学报》2015 年第 4 期。

《中国远征军入缅作战及其影响》,王永江著,《齐齐哈尔大学学报》2002 年第 6 期。

《论中国远征军赴缅作战的历史地位》,杨荣著,《淮南师院学报》1999 年第 2 期。

《略论中国远征军入缅作战的历史地位》,杨泽明著,《江西教育学院学报》1999 年第 4 期。

《试论中国远征军赴缅作战的历史作用》,皮海峰、荣先乔著,《荆门大学学报》1991 年第 2 期。

《浅析中国远征军入缅作战的战略地位》,张鹏著,《湘潮(下半月)》2010 年第 2 期。

《中国远征军入缅作战的历史作用探析》,庞存生、侯晓蒙、张建军著,《第二次世界大战与亚太国际合作:第二次世界大战史(重庆)学术讨论会论文集》,苑鲁、谢先辉主编,重庆出版社 2003 年版。

《抗战时期中国远征军两次入缅作战的历史意义》,岳玮著,《信阳师范学院学报》2005 年第 5 期。

《试述中国远征军入缅抗战及在反法西斯战争中的地位和作用》,戴孝庆著,《重庆师院学报》1996 年第 3 期。

《中国远征军入缅作战和中国驻印军在缅北反攻战役的历史功绩》,周翔著,《云南社会主义学院学报》2005 年第 2 期。

《简论中国远征军开辟中缅战场的历史地位——纪念滇西抗日战争胜利 50 周年》,何光文著,《保山师专学报》1994 年第 1 期。

《中国出军缅甸是第二次世界大战的重要一环》,季宁著,《中国及太平洋抗战与战俘问题研究——中国及太平洋抗战与战俘问题国际学术研讨会文集》,井晓光、王建学等主编,辽宁人民出版社 2009 年版。

《试论中国远征军在缅甸战场的作用》,王晓华著,《云南民族大学学报》2008 年第 3 期。

《世界反法西斯战争中的重要一役——中国远征军的滇缅作战》,李跃新、孙颖著,《延安大学学报》2006 年第 1 期。

《再论中国远征军成败及对第二次世界大战战局的影响:兼从制空权的角度分析缅甸战局》,倪乐雄著,《军事历史研究》2007 年第 2 期。

《论抗战视野下的中国远征军书写》,陈桃霞著,《河南师范大学学报(哲学社会科学版)》2014 年第 6 期。

《浅析中国远征军入缅作战对国内抗日的作用》,石亚琼著,《学理论》2015 年第 12 期。

《试论中国驻印军、远征军战斗精神的源泉及现实启示》,朱晓琳著,《沙洋师范高等专科学校学报》2011 年第 2 期。

《略论打通中印公路与滇缅战场大反攻》,张天周著,《天中学刊》1996 年第 2 期。

《略论打通中印公路之战的战略意义》,范光辉著,《沧桑》2010 年第 4 期。

《血色聚焦——美军镜头下的中国远征军》,宗河著,《文史博览》2012 年第 11 期。

《战地记者笔下的中国远征军》,张文芝著,《云南档案》2016 年第 1 期。

3. 缅甸战场在二战中的地位和作用

《缅甸战场在第二次世界大战中的地位和作用》,杨宝康著,《山东师大学报》1996 年增刊。

《缅甸战场在世界反法西斯战争中的地位和作用》,朱爱武著,《宁波师院学报》1994 年第 2 期。

《缅北—滇西抗战在世界反法西斯战争中的地位》,郭亚非著,《云南师范大学学报》1995 年第 4 期。

《滇缅战场在世界反法西斯战争中的三维战略影响》,韩继伟著,《云南档案》2012 年第 9 期。

4. 缅甸战场主要战役研究

《辉煌的缅甸战役》,金光耀著,《文汇报》1995 年 8 月 14 日。

《太平洋战争中的缅甸战局》,詹方瑶著,《郑州大学学报》1987 年第 5 期。

《太平洋战争中的缅甸问题》,何跃著,《云南民族学院学报》2002 年第 3 期。

《缅甸防御战的主要战役及其失败原因》,戴孝庆著,《重庆大学学报》2000 年第 2 期。

《浅析缅甸战役失败的原因》,黄虚锋著,《浙江海洋学院学报》1995 年第 2 期。

《中英保卫缅甸失败原因述略》,王新民著,《文史杂志》1990 年第 4 期。

《试析中英美首次缅甸会战失败的原因》,冀伯祥著,《西南师大学报》2002 年第 4 期。

《缅北瓦鲁班大捷六十周年记:二战中美联盟作战》,田立仁著,《世界航空航天博览》2004 年第 6 期。

《荡寇记:中国驻印军战车第一营缅北战记》,肖浒著,《军事历史》2005 年第 4 期。

《中国驻印军与缅北反攻战》,王建朗著,《军事历史研究》1986 年第 6 期。

《二战亚洲战场的转折点——滇西缅北反攻》,李林著,《云南开放大学学报》2015 年第 4 期。

《八千里路云和月:中国驻印军和远征军反攻缅北、滇西纪实》,刘学道、刘海江著,《坦克装甲车辆》2005 年第 10 期。

《中国驻印军、远征军反攻缅北滇西胜利的原因》,刘咏涛著,《成都大学学报》2008 年第 2 期。

《中国远征军在曼德勒以南作战与曼德勒会战之夭折》,张家德著,《云南文史丛刊》1989 年第 4 期。

《中国远征军入缅参战典型战役史：密支那役始末》，陈文云、徐波平著，《驻马店师专学报》1990 年第 3 期。

《对奇袭密支那战役的评析》，王楚英著，《第二次世界大战史论文集④：人民战争的胜利》，刘鲁民、徐根初主编，金盾出版社 1998 年版。

《一个中国远征军老兵眼中的密支那战役》，郭红敏著，《云南档案》2015 第 10 期。

《仁安羌大捷概况综述》，许白爽著，《社科纵横（新理论版）》2013 年第 3 期。

《缅甸仁安羌大捷揭秘》，刘肃勇著，《中国社会科学报》2015 年 1 月 14 日。

《扬威异域——仁安羌大捷亲历记》，王楚英著，《军事历史》2006 年第 8 期。

《缅甸仁安羌大捷与解救七千英军》，刘肃勇著，《侨园》2011 年第 8 期。

《关于仁安羌战役研究中的几个问题》，薛庆煜著，《抗日战争研究》2000 年第 3 期。

《英帕尔—科希马之战》，左立平著，《现代兵器》1995 年第 4 期。

《日军兵败英帕尔》，贾凤山著，《军事史林》1999 年第 7 期。

《英帕尔战役：日本陆军史上最大的败仗》，文锋著，《军事史林》2001 年第 9 期。

《论东南亚战场的战略转折——英帕尔战役》，于江欣著，《军事历史》1995 年第 6 期//《第二次世界大战史论文集③：五十年的深思》，李殿仁主编，军事谊文出版社 1996 年版。

《火烧鸟巢与英帕尔战役》，胡劲松著，《中国国防报》2019 年 9 月 19 日。

《森林之魅：英帕尔战役的回忆与思考》（上下），蒋福兴著，《坦克装甲车辆》2013 年第 12/14 期。

《二战时期的缅甸同古保卫战》，谢青著，《历史教学》1988 年第 6 期。

《铁甲碾碎森林狐：中国远征军瓦鲁班大捷》，林儒生著，《兵器知识》2004 年第 6 期。

《缅北反攻战述评》，杨宝康著，《思茅师专学报》1995 年第 2 期。

《中国驻印军反攻缅甸初露锋芒之战：大榕树之战》，范国平著，《坦克装甲车辆》2014 年第 6 期。

《参加滇缅边境反攻战役与驻印军会师之始末》（上下），张修忠著，《黄埔》

2008 年第 3/4 期。

《浅谈中缅印战区的联盟作战》，刘观现著，《第二次世界大战与亚太国际合作：第二次世界大战史(重庆)学术讨论会论文集》，苑鲁、谢先辉主编，重庆出版社 2003 年版。

《论滇缅印抗战的特点》，王文成著，《纪念中国人民抗日战争暨世界反法西斯战争胜利 60 周年学术研讨会论文集：中卷》，中共中央党史研究室科研管理部编，中共党史出版社 2006 年版。

《二战中盟军中印缅战区的空运行动及其历史意义》，王通信著，《外军后勤信息》2003 年第 1 期。

《第二次世界大战中盟军中缅印战区的空运行动及其历史意义》，王通信、徐克洲著，《第二次世界大战与亚太国际合作：第二次世界大战史(重庆)学术讨论会论文集》，苑鲁、谢先辉主编，重庆出版社 2003 年版。

《励兵兰姆伽抗战期间中国驻印军整训纪事》，三土著，《军事历史》2006 年第 5 期。

《中国驻印军整训期间的军队建设的成效及局限》，王凯、张晓武著，《通化师范学院学报》2015 年第 5 期。

《论二战中缅印战区的"东方诺曼底"》，杨毓骧著，《云南民族大学学报》2005 年第 6 期。

5. 缅甸战场与盟国关系

《二战期间缅甸战场大国关系研究》，王伟著，《社会科学战线》2016 年第 5 期。

《1944 年远征军反攻滇西前的中美争执》，彭荆风著，《文史天地》2005 年第 11 期。

《丛林深处的荆棘之路：史迪威与滇缅公路》，[美] 斯特鲁克著；风语译，《现代舰船》2010 年第 4 期。

《缅甸战役与中美英关系》，陶文钊著，《美国研究》1994 年第 4 期。

《中美英战略分歧对缅甸战役的影响》，王小民著，《广西社会科学》2007 年第 3 期。

《中美英在缅甸战场上的联合与冲突》，郭晓霞著，《职业时空》2008 年第 10 期。

《二战时期第一次缅甸战役与中美英三国战略述评》，朱寰、程舒伟著，《思想战线》1995 年第 4 期。

《试论中美英三国在第一次缅甸战役期间的合作与分歧》，方伟著，《乐山师范学院学报》2013 年第 3 期。

《中英美三国战略利益与中国军队远征缅甸》，季荣臣著，《党史研究与教学》2005 年第 5 期。

《中国远征军和英美盟军缅甸歼日寇》，周郁谋著，《广东党史》2008 年第 5 期。

《论太平洋战争中中美英在缅甸战场的合作与冲突》，何跃、何莊著，《学术探索》2001 年第 1 期。

《滇缅战役中的中美英关系——博弈论视角的解读》，曹晓飞、刘稚著，《保山师专学报》2007 年第 3 期。

《盟国商讨反攻缅甸方案中的矛盾与冲突》，方世凤著，《抗日战争研究》1994 年第 1 期。

《二战期间中英美三国在反攻缅甸上的分歧及其影响》，高学军、杨玲著，《辽宁工程技术大学学报》2007 年第 6 期。

《论 1942 年中美英关于反攻缅甸战略决策的演变》，冀伯祥著，《世界现代史新论》，张宏毅等主编，重庆出版社 2001 年版。

《从抗战时期滇缅公路运输的三个阶段看中英美日等国际关系》，韩继伟著，《广西社会科学》2012 年第 5 期。

《缅甸战场盟军意图之分歧》，李安华著，《文史杂志》1994 年第 3 期。

《二战期间中英在反攻缅甸问题上的分歧与斗争》，王小民著，《东南亚研究》2006 年第 5 期。

《蒋介石、宋子文、俞飞鹏等为滇缅公路相关事宜往来函电》，任骏著，《民国档案》2008 年第 4 期。

《中国军的滇缅抗战与英国政府的应对策略》，钟汝贤著，《新疆石油教育学院学报》2001 年第 2 期。

《从缅甸战场看抗战时期的中英关系》，张红著，《民国档案》1999 年第 3 期。

《缅甸"7·19"事件与英国立场》，何跃著，《学术探索》2004 年第 3 期。

《丘吉尔与缅甸防御战（1941—1942）》，侯宁著，《首都师范大学学报》2010 年第 S1 期。

《缅甸战场的温盖特及其钦迪队》,[以]本尼·米歇尔松著,《军事历史》2015 年第 6 期。

6. 滇缅公路战场

《档案中的滇缅铁路》,张云辉著,《云南档案》2017 年第 11 期。

《滇缅铁路与抗战精神》,崔罡著,《西南交通大学学报(社会科学版)》2015 年第 5 期。

《抗战生命线:滇缅公路》,侯洁著,《中国档案》2015 年第 9 期。

《滇缅路——二次世界大战远东交通大动脉》,赵勇著,《昆明师专学报》1995 年第 2 期。

《滇缅公路:抗战时期的大后方生命线》,章易著,《文史春秋》2004 年第 3 期//《汽车运用》2004 年第 3 期。

《战时动员:记者笔下的滇缅公路》,向芬著,《中国社会科学报》2015 年 8 月 20 日。

《修筑滇缅公路拾遗》,王丽明、董筠著,《云南档案》1999 年第 1 期。

《滇缅公路的奇迹及其历史意义》,张红著,《兰台世界》2010 年第 15 期。

《滇缅公路:用手指抠出来的抗战输血管》,陆安著,《中学历史教学参考》1999 年第 12 期。

《国民政府的外交努力与滇缅公路的修建》,崔巍著,《江海学刊》2013 年第 6 期。

《抗战时期滇缅公路的修建及运输述论》,贾国雄著,《四川师大学报》2000 年第 2 期。

《浴血滇缅路》,黄加佳著,《北京日报》2018 年 6 月 12 日。

《中英共同保卫滇缅公路》,于江欣著,《光明日报》2015 年 9 月 9 日。

《滇缅公路的历史功绩及时代价值》,程永照著,《社会主义论坛》2018 年第 10 期。

《滇缅公路在抗战中的作用》,杨明辉著,《云南社会主义学院学报》2013 年第 3 期。

《抗战时期滇缅路的修筑及价值评析》,张永明著,《陕西师大学报》1998 年第 S2 期。

《滇缅公路在抗日战争中的历史地位》,程利著,《曲靖师范学院学报》2005 年第 4 期。

《略论滇缅公路在抗日战争中的历史作用》，李莹著，《云南师大学报》1986年第6期。

《一条决定战争胜败的公路——滇缅公路对中国抗战的贡献》，杨升义著，《云南教育》2005年第7期。

《滇缅公路：粉碎日军速胜中国的神话》，飞楚著，《文史博览》2013年第7期。

《日本的南进政策与英国封闭滇缅公路事件》，余子道著，《军事历史研究》2008年第1期。

《论英国封闭滇缅公路的决策考量——以英国外交部档案为考察对象》，翁海玲著，《哈尔滨学院学报》2019年第3期。

《英国与滇缅公路危机》，徐蓝著，《北京师院学报》1990年第5期。

《关于滇缅公路危机研究的若干思考》，王英著，《民国研究》2017年第2期。

《滇缅公路危机与英国对日绥靖政策的转变》，张愿著，《理论月刊》2008年第1期。

《二战时期英国对日本的绥靖政策演变历程钩沉——以滇缅公路为中心》，李旭著，《新西部》2017年第21期。

《试析太平洋战争前夕英国关闭滇缅公路的原因及后果》，何跃、何俐著，《学术探索》2000年第5期//《云南师范大学学报》2001年第1期。

《再谈滇缅公路的关闭——英国外交部决策过程》，杨东著，《中央社会主义学院学报》2013年第5期。

《二战时期英国在整个滇缅公路运输中对日妥协的原因》，李旭著，《新西部（理论版）》2016年第16期。

《滇缅公路危机与中英关系》，刘金源著，《江海学刊》1999年第3期。

《国民政府应对滇缅公路危机的外交活动》，方伟著，《宜春学院学报》2013年第5期。

《战时滇缅公路的中美角力——基于"滇监会"改组风波的视角》，陈力著，《海南师范大学学报（社会科学版）》2015年第9期。

《转向联德，还是继续亲英美？——滇缅路事件后国民党内曾谋划调整外交路线》，左双文著，《近代史研究》2008年第2期。

《试论保卫滇缅路作战的上下限》，张家德著，《云南文史丛刊》1990年第

4 期。

《一九四四年缅甸公路战场试析》，吴国安等著，《学习月刊》1985 年第 10 期。

《美国的〈租借法案〉与打通滇缅公路的斗争》，蔡黛云著，《嘉应大学学报》1995 年第 3 期。

《张家德著〈中国抗日远征史〉第一卷〈保卫滇缅路〉出版》，祖秀、德铭著，《抗日战争研究》1994 年第 3 期。

《血肉筑成的生命线——记滇缅、中印公路及驼峰航线的开辟》，蒲元华著，《文史精华》1998 年第 12 期。

《边疆人民与滇缅公路》，彭勋子著，《今日民族》1995 年第 6 期。

《抗战生命线——中印公路》，黄河著，《云南档案》2005 年第 4 期。

《滇缅战场上中印公路的修筑》，徐康明著，《抗日战争研究》1995 年第 1 期。

第八章　欧洲战争爆发后的大国外交与国际关系的互动

第一节　大战初期阶段的国际关系

一、大战初期阶段苏联的外交政策

《试论二战期间苏联全球战略问题》,李凤飞著,《求是学刊》1996 年第 1 期。

《二次世界大战期间的苏联外交政策》,金重远著,《探索与争鸣》2005 年第 7 期。

《二战时期苏联对外政策已刊档案文献综述》,陈晖著,《徐州工程学院学报(社会科学版)》2018 年第 5 期。

《20 余年来我国学术界关于苏联卫国战争前夕外交政策的研究》,赵文亮著,《俄罗斯中亚东欧研究》2005 年第 4 期。

《苏德战争前夕苏联对外政策初探》,俞新天著,《第二次世界大战起源研究论集》,华东师范大学历史系编,华东师大出版社 1986 年版。

《第二次世界大战初期苏联中立外交的政治后果》,吴继德著,《史学论文集》,云南大学历史系编,1983 年。

《论卫国战争前夕苏联对欧洲政策的嬗变及影响》,崔剑著,《扬州师院学报》1995 年第 2 期。

《试论第二次世界大战初期苏联对外政策中的社会沙文主义》,萨本仁著,《宁夏大学学报》1980 年 1 期。

1. 苏联建立"东方战线"及苏联东欧关系

(1)关于"东方战线"

《"东方战线"探源》,李怀顺著,《肇庆学院学报》2014 年第 6 期。

《苏联"东方战线"始末》,安敏著,《中学历史教学参考》1999 年第 9 期。

《关于苏联建立"东方战线"之我见》,朱世广著,《庆阳师专学报》1993 年第

1 期。

《关于苏联建立"东方战线"的重新思考》,李冠乾、万安中著,《当代世界与社会主义》1995 年第 4 期。

《建立"东方战线"得失问题新探》,万安中著,《江西社会科学》2002 年第 12 期。

《关于历史上苏联建立"东方战线"的评析》,张玉龙著,《理论学习》2002 年第 5 期。

《"东方战线"的建立及其影响》,徐晓冬、陈丽敏著,《黑龙江教育学院学报》2007 年第 5 期。

《前苏联"东方战线"的建立及其影响》,王晓坤著,《湖南医科大学学报》2008 年第 1 期。

《"东方"战线与大国沙文主义——评世界第二次大战初期苏联"东方战线"的建立》,徐天新等著,《世界现代史论文集》(第一集),三联书店 1980 年版。

《看"二战"初期苏联的大国沙文主义和民族利己主义表现及其影响——以"东方战线"为例》,张保丰著,《和田师范专科学校学报》2006 年第 2 期。

《侵略扩张的实质——谈第二次世界大战中苏联东方战线的建立》,曲秀文著,《林区教学》2008 年第 7 期。

(2)出兵波兰

《1939 年苏联出兵波兰与英国的反应》,梁占军著,《首都师范大学学报》1996 年第 4 期。

《一九三九年九月十七日》,[波]塔德乌土·皮乌罗著;刘邦义译,《世界史研究动态》1987 年第 12 期。

《波报披露二次大战初期苏军占领波兰真相》,《人民日报》1987 年 9 月 21 日。

《1939 年波兰领土变迁之我见》,刘邦义著,《苏联历史问题》1987 年第 4 期。

《苏波领土问题(1918—1939)》,洪育圻著,《世界史研究动态》1986 年第 6 期。

《关于前苏联出兵波兰动机的商榷》,万安中、李冠乾著,《广西民族学院学报》1996 年第 1 期。

《关于二战初期苏联出兵波兰性质探析》,李玉娟著,《辽宁大学学报》2006

年第 3 期。

《卡廷事件》（上下），[苏]娜·戈尔巴涅夫斯卡娅著;任舛译,《编译参考》1980 年第 7/8 期。

《卡廷事件真相》,鲁骥著,《当代世界社会主义问题》1990 年第 2 期。

《"卡廷事件"的真相》,刘彦顺著,《历史教学》2004 年第 5 期。

《卡廷事件:存在的疑点》,[俄]弗拉基米尔·施韦德著;马维先译,《世界社会主义研究》2017 年第 5 期。

《波兰战俘"特别营"的存在是证伪"卡廷事件"的有力证据》,[俄]弗·施韦德著;马维先译,《世界社会主义研究》2019 年第 5 期。

《二战卡廷森林事件与苏波关系》,钱宝著,《文史天地》2016 年第 8 期。

《1943 年来自卡廷的报告——波兰红十字会秘密报告》,刘邦义摘译,《世界史研究动态》1989 年第 1 期。

《卡廷事件基本档案》,沈志恩著,《世界历史》1995 年第 4 期。

《卡廷惨案:历史不能永久地被掩盖》,陈继礼著,《炎黄春秋》2009 年第 10 期。

《最机密的屠杀:卡廷惨案》,余蓓著,《保密工作》2011 年第 5 期。

《论波兰三次被瓜分与卡廷惨案》,王春良著,《山东师大学报》1997 年第 1 期。

《波兰历史几个瞬间:卡廷事件、流亡政府和华沙起义种种情由》,徐焰著,《世界知识》2010 年第 9 期。

《卡廷森林的回忆》,郝强著,《环球军事》2004 年第 18 期。

《卡廷案件中是否有波军元帅遇害?》,江英著,《军事历史》1991 年第 5 期。

《卡廷事件中是否有波军元帅遇害》,刘邦义著,《世界史研究动态》1991 年第 1 期。

《二战期间一万五千名波兰被俘军人失踪之谜》,何立波著,《军事史林》2005 年第 6 期。

《俄首次公布"卡廷惨案"绝密文件》,《世界知识》2010 年第 10 期。

（3）苏芬战争

《略论苏联伟大卫国战争前夕苏芬谈判和苏芬战争》,鞠秀熙著,《史学月刊》1958 年第 3 期。

《苏芬战争》,广濑荣、袁孝华著,《外军资料》1982 年第 388 期。

《苏芬战争》,欧阳国亮著,《中学历史教学参考》1999 年第 7 期。

《苏芬冬战始末》,林建华著,《苏联问题研究资料》1991 年第 2 期。

《苏芬"冬季战争"纪要》,维明著,《百科知识》1981 年第 3 期。

《鲜为人知的苏芬战争》,万露初著,《中学历史教学参考》1995 年第 11 期。

《历史上的苏芬战争是怎么回事》,普勒著,《国际展望》1988 年第 13 期。

《苏芬战争初期浅析》,刘万成著,《军学》1981 年第 4 期。

《论苏芬冬战》,部彦秀著,《外国问题研究》1989 年第 2 期。

《试析苏芬战争》,缪军著,《固原师专学报》1991 年第 2 期。

《苏芬冬季战争的起因》,[芬兰]伊尔卡·塞皮宁著,《军事历史》2015 年第 6 期。

《试析苏芬战争及其历史影响》,杜辉、王润彬等著,《呼伦贝尔学院学报》2007 年第 1 期。

《苏芬战争与芬兰对苏政策演变》,王鹏辉著,《湖北科技学院学报》2016 年第 7 期。

《苏芬战争,"北极熊"的冬季噩梦》,李伟华、邱国栋著,《中国国防报》2014 年 11 月 25 日。

《苏芬战争中的"香肠战"》,王玉祥著,《军事历史》1989 年第 3 期。

《浅谈"苏芬战争"中苏联的错误》,郭茹军著,《驻马店师专学报(社会科学版)》1987 年第 1 期。

《苏芬战争 70 周年:败给大雪的苏军 44 摩步师》,陈肇祥著,《中国国防报》2009 年 12 月 10 日。

《苏军第 44 师在苏芬战争中的覆灭》,蔡祖铭著,《军事学术》1983 年第 3 期。

《冬战前后——苏联公布苏芬战争的有关外交文件》,洪育圻摘译,《世界史研究动态》1990 年第 9 期。

《关于苏芬战争的揭密文献》,沈志华、胡昊编辑著,《世界历史》1998 年第 6 期。

《苏芬空战秘闻》,黄晋一著,《世界军事》2013 年第 18 期。

《我与斯大林的谈判——回忆苏芬战争前夕芬兰代表团莫斯科之行》,[芬]尤·库·巴锡基维著,《世界史研究动态》1981 年第 1 期。

《略论苏联伟大卫国战争前夕的苏芬谈判和战争》,鞠秀熙著,《史学月刊》

1985 年第 3 期。

《库马涅夫谈苏芬战争》，［苏］格·阿·库马涅夫著；沈志恩译，《苏联历史问题》1993 年第 2 期。

《试论苏芬战争的性质》，李惠民著，《邢台师专学报》1995 年第 2 期。

《一九三九年冬的苏芬战争，是由于苏联要求领土交换而爆发，苏联算不算侵略呢?》，王存华著，《新史学通讯》1953 年第 3 期。

《苏芬战争不是非正义的——与薛龙根同志商榷》，夏季亭著，《世界史研究动态》1981 年第 1 期。

《也是非正义的战争——1939—1941 年苏联入侵芬兰始末》，薛龙根著，《世界史研究动态》1980 年第 8 期。

《只能是一次非正义的战争——苏芬战争性质之我见》，程岂凡著，《甘肃理论学刊》1989 年第 2 期。

《不利于整个反法西斯事业（苏芬战争）》，吴亦明等著，《世界史研究动态》1981 年第 6 期。

《不是社会主义政治的继续》，赵建军著，《世界史研究动态》1981 年第 6 期。

《对保卫列宁格勒不起作用》，卢青著，《世界史研究动态》1981 年第 6 期。

《未向芬兰全境推进是迫于形势》，孙学宽著，《世界史研究动态》1981 年第 6 期。

《苏芬战争后果初探》，项祥一著，《史学月刊》1982 年第 3 期。

《苏芬战争之我见》，李随安著，《安庆师院学报》1984 年第 3 期。

《有关苏芬战争的几个问题》，徐隆彬著，《俄罗斯东欧中亚研究》2013 年第 5 期。

《关于苏芬战争中几个问题的我见》，徐炽庆著，《江西教育学院学报》1986 年第 3 期。

《关于苏芬战争的解密文献》，《世界历史》1998 年第 6 期。

《从俄罗斯解密档案看苏芬战争》，吉珊珊著，《山西档案》2002 年第 2 期。

《苏芬战争初期芬军怎样以劣势兵力挫败苏军进攻》，刘万成等著，《军事学术》1981 年第 12 期。

《以劣胜优，初期取胜：析苏芬战争和意希战争初期战役的联想》，朱军著，《军学》1981 年第 4 期。

《苏联战争史上的一大败笔 1939:镜头里的苏芬战争,损失 50 万大军的惨胜唤醒了一支伟大的军队》,陈肇祥著,《国际展望》2002 年第 5 期。

《苏芬战争:二战中苏军一个带血的印记》,张蜀江著,《军事史林》1997 年第 3 期。

《芬兰兵败雄风在　苏军虽胜败绩多》,刘韫著,《中国空军》1993 年第 3 期。

《芬兰与苏芬战争》,徐德龙、陈从阳著,《广西梧州师范高等专科学校学报》1999 年第 1 期。

《苏芬战争与苏德战争》,陈从阳著,《广西梧州师范高等专科学校学报》2001 年第 2 期。

《苏芬冬战与国际反法西斯统一战线》,陈从阳著,《咸宁师专学报》2002 年第 1 期。

《苏芬战争及其对苏美关系的影响》,于长江著,《西伯利亚研究》2013 年第 1 期。

(4) 与其他国家的关系

《苏罗边界问题》,刘承学著,《世界史研究动态》1979 年第 7 期。

《1939 年—1940 年间波罗的海沿岸国家与苏联》,常庆摘译,《苏联东欧问题译丛》1982 年第 1 辑。

2. 苏德关系

《苏德战争爆发前苏联对德(法西斯)政策述评》,翁有利著,《松辽学刊》1998 年第 3 期。

《略论苏德互不侵犯条约后的苏德关系》,杨建辉著,《福建师大福清分校学报》1994 年第 1 期。

《〈苏德互不侵犯条约〉签订后苏联对德国宣传策略的转变》,陈余著,《俄罗斯学刊》2015 年第 5 期。

《1939—1941 年的苏德关系》,侯成德著,《世界史研究动态》1983 年第 7 期。

《1939—1941 年苏德关系剖析》,沈志恩著,《社会科学战线》1993 年第 4 期。

《1939—1941 年苏德关系剖析》,程早霞著,《求是学刊》1998 年第 2 期。

《试论二战初期的德苏关系》,梁军著,《华中师大学报》2004 年第 1 期。

《浅析第二次世界大战初期的苏德关系》，曹英伟、吴晓迪著，《齐齐哈尔师院学报》1995 年第 5 期。

《苏德军事合作内幕》，江英著，《军事历史》1991 年第 5 期。

《二战前期苏德经贸关系述论》，程早霞著，《北方论丛》1997 年第 3 期。

《苏德临战岁月经贸关系透视》，沈志恩著，《铁道师院学报》1993 年第 2 期。

《1939—1941 年苏德经济贸易关系》，［苏］Г.М.依瓦尼茨基著；姜桂石译，《内蒙古民族师院学报（哲学社会科学汉文版）》1992 年第 1 期。

《1939—1941 年苏联与德国的经贸往来分析》，张少珊著，《西伯利亚研究》2008 年第 3 期。

《1939—1941 年苏德经贸外交及后果》，姜桂石著，《世界历史》2002 年第 2 期。

《论卫国战争前苏德经贸关系的政治意义》，康春林著，《史林》2002 年第 3 期。

《卫国战争前的苏德经贸关系及其影响》，姜桂石著，《史学集刊》1992 年第 3 期。

《试论苏德战争前夕苏德经贸关系的热因》，王为群著，《内蒙古民族师院学报》1993 年第 1 期。

《苏德边界友好条约（1939 年 9 月 28 日）》，《史学选译》1981 年第 2 期。

《1939 年 9 月 28 日，苏德友好与边界条约探微》，汪宏玉、周美云著，《史学月刊》1991 年第 5 期。

《苏德商业协定（1940 年 2 月 11 日）》，《史学选译》1981 年第 2 期。

《试析 1940 年 11 月苏德柏林会谈》，侯成德著，《世界历史》1985 年第 9 期。

《试论 1940 年的苏德柏林谈判》，梁军著，《高等函授学报》2004 年第 1 期。

《出使柏林》（上中下），《外国史学摘译》1981 年第 7—9 期。

《希特勒与斯大林间的东欧》，［俄］M.纳林斯基著；蔡艳辉编译，《内蒙古民族大学学报》2004 年第 2 期。

《评"苏德战争前苏联对西部国土恢复图"答复》，戴直夫、王汝学著，《历史教学》1953 年第 7 期。

《论苏联对纳粹德国的一年半准同盟外交》，沈志恩著，《社会科学战线》1987 年第 1 期。

《从"自保求和政策"到"和平战略"——谈二战前后苏联对外政策中民族利己主义的膨胀》,付际红著,《承德民族师专学报》2003 年第 4 期。

《试析苏德战争爆发前夕的两国关系变化》,王广振著,《山东师大学报》2000 年第 4 期。

《苏德战争爆发前夕希特勒对苏政策调整探析》,程早霞、何长占著,《齐齐哈尔师院学报》1997 年第 6 期。

《浅析苏德战争前德国与苏联的外交博弈》,袁锐著,《黑龙江教育学院学报》2012 年第 1 期。

《苏德战争爆发前夕苏联对德国绥靖的表现及原因新探》,蓝强著,《邢台学院学报》2005 年第 1 期。

《从档案资料看苏德开战两年前关于势力范围问题的三次谈判》,徐隆彬著,《俄罗斯学刊》2015 年第 3 期。

《1939—1941 年苏联对德国的宣传策略》,杜娟著,《学术交流》2016 年第 2 期。

《苏德战争前苏联政治宣传中的"德国形象"——以〈真理报〉为主要考察对象》,陈余著,《俄罗斯研究》2014 年第 1 期。

3. 苏日关系与《苏日中立条约》

《二战时期的苏日关系及其对华影响》,苏燕平著,《广西社会科学》2005 年第 6 期。

《评〈日苏中立条约〉》,黄泽均著,《湘潭大学学报》1987 年第 1 期。

《试评〈日苏中立条约〉》,杜景川著,《聊城师院学报》1998 年第 3 期。

《浅论 1941 年苏日"中立条约"》,程爱勤等著,《河南师范大学学报》1990 年第 4 期。

《苏日中立条约的再认识》,陈万松著,《四川师范大学学报》1989 年第 1 期。

《对苏日中立条约的再认识》,杜朝伟、孙才顺著,《山东师大学报》1995 年第 5 期。

《〈苏日中立条约〉试析》,厉声著,《苏联历史问题》1985 年第 2 期。

《〈苏日中立条约〉评析》,黄光耀著,《江苏教育学院学报》2011 年第 1 期。

《浅析〈苏日中立条约〉签订的原因》,易新涛著,《党史研究与教学》2003 年第 2 期。

《对 1941 年〈苏日中立条约〉的再评价》,王亚兵著,《苏联问题研究资料》1988 年第 5 期。

《齐赫文斯基论 1941 年苏日中立条约》,李嘉谷摘译,《世界史研究动态》1991 年第 1 期。

《论苏日中立条约缔结的主要原因》,马林著,《宁夏教育学院学报》1988 年第 1 期。

《论〈日苏中立条约〉签订的历史背景》,李树藩著,《外国问题研究》1985 年第 3 期。

《论日苏中立条约签订的国际背景及其历史意义》,贾文华著,《西伯利亚研究》1988 年第 2 期。

《远东局势(1939—1941):俄罗斯最新档案研究》,[俄]维克多·加夫里洛夫著,《军事历史》2015 年第 6 期。

《苏日中立条约与战时苏日关系》,姚海著,《铁道师院学报》1986 年第 1 期。

《苏日中立条约的作用与意义辨析》,钟家栋著,《上海师大学报》1987 年第 3 期。

《重新审视〈苏日中立条约〉下的苏日关系》,吴伟著,《俄罗斯东欧中亚研究》2015 年第 3 期。

《1941 年苏日中立条约及其影响》,[苏] A.A.柯西金著;王真译,《民国档案》1997 年第 4 期。

《〈苏日中立条约〉的缔结与影响》,金东吉著,《中共党史研究》2008 年第 1 期。

《〈苏日中立条约〉与战时中国》,王真著,《民国档案》1995 年第 3 期。

《〈苏日中立条约〉与中国》,赵文亮、许国林著,《河南师范大学学报》2000 年第 5 期。

《一九四一年的中国与苏日中立条约》,钟家栋著,《档案与历史》1987 年第 3 期。

《中国抗战与〈苏日中立条约〉》,黄鸿飞著,《九江师专学报》2003 年第 1 期。

《试论〈苏日中立条约〉的签订对中国的影响》,孙国军著,《鸡西大学学报》2004 年第 6 期。

《试论〈苏日中立条约〉对中国抗战的影响》,陆文培著,《社会科学战线》1994 年第 1 期。

《〈苏日中立条约〉对中国抗日战争的影响》,马丁、宋堵塞著,《绍兴师专学报》1994 年第 3 期。

《论〈苏日中立条约〉的签订及其对中国抗战的实际影响》,李嘉谷著,《抗日战争研究》1998 年第 1 期。

《试析〈苏日中立条约〉及其对中国敌后抗战的影响》,孙长泉著,《大庆师专学报》1990 年第 3 期。

《〈苏日中立条约〉签订的国际背景及其对中苏关系的影响》,李嘉谷著,《世界历史》2002 年第 4 期。

《从〈苏日中立条约〉的签订看抗战时期的中苏外交》,陈涛著,《理论界》2009 年第 11 期。

《抗战时期的〈苏日中立条约〉侵害了中国的利益》,邵艳梅著,《河北学刊》2005 年第 4 期。

《日苏中立条约在中国的争议及其政治延伸》,邓野著,《近代史研究》2009 年第 6 期。

《〈苏日中立条约〉与东北抗日联军的"战略转移"》,王惠宇著,《河北学刊》2006 年第 6 期。

《〈苏日中立条约〉签订后中国对苏舆论的转变——以〈大公报〉为例》,李群著,《西伯利亚研究》2014 年第 3 期。

《〈苏日中立条约〉与战时国民外交》,饶品良著,《周口师范学院学报》2005 年第 4 期//《党史研究与教学》2005 年第 5 期。

《〈苏日中立条约〉与国民政府的内外肆应》,左双文著,《中山大学学报》2010 年第 2 期。

《〈苏日中立条约〉签订后国共两党的应对》,曹艺著,《南京大屠杀史研究》2011 年第 2 期。

《中共对〈苏日中立条约〉的态度论析》,曹艺著,《纪念抗战胜利 65 周年学术研讨会论文集》,中国抗日战争史学会等编,2010 年。

《1941 年苏日签约引发的国共宣传战述论》,卢毅著,《理论学刊》2015 年第 3 期。

《日苏中立条约的订立与美国》,[日]义井翠著;赵成国译,《世界史研究动态》1992 年第 2 期。

《日苏中立条约的缔结与美国》,董秀敏著,《中国民航学院学报》1994 年第
4 期。

《评日苏中立条约和雅尔塔秘密协定》,王春良著,《山东师大学报》1985 年
第 1 期。

《关于 1941 年苏日签订中立条约谈判的新揭密档案》,李嘉谷著,《世界历
史》1998 年第 5 期。

《〈申报〉视阈下的〈苏日中立条约〉》,刘新庆著,《黑龙江教育学院学报》
2010 年第 8 期。

《试论苏联签订〈苏日中立条约〉的得失》,黄鸿飞著,《泉州师范学院学报》
2006 年第 5 期。

《试析〈日苏中立条约〉欧亚战场的影响》,张善英、邓永奎著,《重庆师专学
报》1995 年第 3 期。

《姑息养奸与同仇敌忾——二战时期苏日关系的发展和变化》,王昌沛著,
《河北理工大学学报》2006 年第 1 期。

《我知道的〈苏日中立条约〉》,王健著,《炎黄春秋》2012 年第 2 期。

《苏联出兵东北前夕苏日外交战揭秘》,王炳毅著,《世纪桥》2005 年第
Z1 期。

《浅析北太平洋航线运行中的日苏中立关系(1941—1945)》,刘佳楠著,《法
制与社会》2016 年第 23 期。

二、大战初期的大国外交

《德苏条约签订后张伯伦推行的对外政策》,《世界史研究动态》1985 年第
8 期。

《1939 年苏芬战争爆发与英国的反应》,梁占军著,《首都师范大学学报》
2000 年第 1 期。

《论二战初期丘吉尔对英美联盟的构筑》,倪学德著,《辽宁大学学报》2010
年第 6 期。

《论二战全面爆发初期的英苏关系》,向冬梅、徐德荣著,《史学月刊》1998
年第 2 期。

《二战初期自由法国与英国的关系(1940.6—1941.6)》,郭希宁著,《法国研

究》1984 年第 1 期。

《1939—1940 年法英同盟最高委员会会议纪要》,周以光摘译,《世界史研究动态》1985 年第 7 期。

《法英军事同盟与法兰西第三共和国的覆灭》,王玫芳著,《华中师大学报》1986 年第 6 期。

《评第二次世界大战爆发前后的英法同盟关系》,杨卓林著,《暨南大学研究生学刊》1989 年第 1 期。

《1940 年的德法停战谈判》,李淑壁著,《历史大观园》1987 年第 8 期。

《美国与欧战(1939 年 9 月—1941 年 12 月)》,欧亚著,《外交学院学报》1989 年第 4 期。

《美国与二战初期纳粹德国的"和平倡议"》,程文进著,《二战及其遗留问题对国际关系的影响》,二战史研究会编,2004 年。

《美国与第二次世界大战初期纳粹德国的"和平倡议"》,程文进著,《山西大学学报》2005 年第 6 期。

《美国在参加二次世界大战以前对外政策的转变》,程佩璇著,《徐州教育学院学报》1988 年第 1 期。

《论二战期间美国外交政策的转变》,周远力著,《黔南民族师范学院学报》2015 年第 2 期。

《第二次世界大战初期美国的中立》,杜朝伟著,《山东师大学报》1990 年第 2 期。

《论二战中美国从中立到参战的原因及其影响》,刘国玲著,《山东师大学报》1998 年第 3 期。

《论 1939—1941 年的美国对德战略》,徐克洲著,《第二次世界大战与世界历史进程:第二次世界大战史(武汉)学术讨论会论文集》,胡德坤主编,武汉大学出版社 2002 年版。

《二战初期美国对苏联的经济管制(1939.9—1941.6)》,张愿著,《历史教学问题》2016 年第 1 期。

《浅析太平洋战争前夕美国对日政策》,陈志彬、杨杰著,《第二次世界大战史论丛》,王相如、李安华主编,四川大学出版社 1985 年版。

《试论二战中期美国与纳粹德国关系的崩溃》,王道著,《宁夏大学学报》2017 年第 6 期。

《论二战中叶美国与纳粹德国的"不宣而战"》,王道、许海云著,《上海师范大学学报(哲学社会科学版)》2018 年第 1 期。

《美德海军不宣而战的诱因——"格利尔号事件"评析》,王道著,《山西师大学报(社会科学版)》2016 年第 4 期。

《暧昧终结:论 1941 年美德海军冲突与〈中立法〉的修订》,王道著,《历史教学(下半月刊)》2018 年第 2 期。

《自由贸易与 1934—1941 年的美国外交》,周军著,《淮南师院学报》2004 年第 1 期。

《1940—1941 年的美国外交政策和波罗的海国家》,[美] 戴维·克劳著;费佩君摘译,《二战史通讯》1985 年第 7 期。

第二节　法西斯侵略集团的形成及内部冲突

一、三国同盟条约与法西斯侵略集团的形成

《〈三国同盟的诞生〉(一、二、三)》,[苏] 别列日科夫著,《外国史学摘译》1979 年第 4—6 期。

《简论一九四〇年柏林条约》,周希奋著,《社会科学战线》1984 年第 4 期。

《日德意军事协定》,侯振彤译,《世界史研究动态》1986 年第 11 期。

《德日意三国同盟条约探析》,张捷著,《暨南学报》1989 年第 4 期。

《论德意日军事政治同盟的形成》,罗志刚著,《武汉大学学报》1984 年第 1 期。

《松冈洋右与三国同盟关系浅析》,李广民著,《山西师大学报》1998 年第 1 期。

《日本加入三国同盟与昭和天皇的态度》,龚娜著,《社科纵横》2017 年第 3 期。

《论日德法西斯缔结军事同盟的动机》,王辉著,《辽宁大学学报》1990 年第 5 期。

《关于德意日法西斯结盟原因的思考》,邓兴普著,《中国集体经济(下半月)》2007 年第 4 期。

《德意日三国同盟条约的签订对世界局势的影响》,罗志刚著,《武汉大学学报》1988 年第 2 期//《武汉教育学院学报》1991 年第 1 期。

《德意日同盟条约对世界战略格局的影响》，崔洪利著，《渤海大学学报》2005 年第 6 期。

《三国同盟与太平洋战争》，谯大俊著，《西南师大学报》1987 年第 2 期。

《蒋介石对日德意三国同盟的反应》，鹿锡俊著，《近代史研究》2013 年第 3 期。

《二战期间德日轴心国合作的原因》，李晓芸著，《内蒙古民族大学学报》2008 年第 3 期。

《二战期间德日同盟关系初探》，艾跃进、赵鲁臻著，《南开学报》2010 年第 2 期。

《没有开通的航线：二战中意大利与日本间的秘密飞行》，[日]稻坂硬一著；朱京斌译，《环球军事》2004 年第 3 期。

《论罗马尼亚投向纳粹德国的外交抉择》，周旭东著，《历史教学问题》2004 年第 4 期。

《"轴心国"阴影下的二战民族问题》，沈坚著，《华东师范大学学报》2007 年第 3 期。

二、法西斯集团的内部冲突

《法西斯国家之间的战略矛盾》，宣谛之著，《军事历史》1984 年第 4 期//《第二次世界大战军事论文选》，军事学术杂志编，军事科学出版社 1985 年版。

《二战时期德意日法西斯的矛盾》，刘士田著，《史学月刊》1994 年第 1 期。

《二战时期轴心国内部矛盾探析》，崔剑、朱维平著，《扬州师院学报》1996 年第 3 期。

《评德意日法西斯世界战略的分歧与三国同盟的失败》，黄凤志、冀伯祥著，《内蒙古民族师院学报》1990 年第 4 期。

《法西斯轴心国与世界反法西斯同盟》，朱昌都著，《半月谈》1995 年第 1 期。

《美日谈判与轴心联盟》，韩永利著，《武汉大学学报》1990 年第 2 期。

《第二次世界大战时期的德、意关系》，[意]埃托雷·安基耶里著，《世界史研究动态》1986 年第 10 期。

《二次大战期间的德、意矛盾》，罗秋著，《邢台师专学报》1995 年第 3 期。

《二战时期德意法西斯的战略矛盾》，于海涛著，《滨州教育学院学报》2000

年第 4 期。

《试论 1940—1943 年的德意关系》,国洪梅著,《牡丹江师院学报》1998 年第 1 期。

《对德日法西斯的战略矛盾研究》,黄革新著,《清华大学学报》1996 年第 1 期。

《从对苏、对华政策的冲突看二战前德日法西斯之间的矛盾》,卢永嘉著,《湖北经济学院学报(人文社会科学版)》2006 年第 3 期//《甘肃农业》2006 年第 4 期。

《浅析二战期间的德日矛盾》,钟艳萍著,《内蒙古民族大学学报》2005 年第 5 期。

《二战期间的德日矛盾评议》,陈钊著,《哈尔滨学院学报》2009 年第 7 期。

《日本与德国的矛盾及其对第二次世界大战的影响》,左学德著,《北方论丛》1990 年第 4 期。

《浅谈德日矛盾对第二次世界大战进程的影响》,尚鸿著,《北方论丛》,1994 年第 6 期。

《三国同盟条约缔结后德日对苏政略之分歧》,罗志刚著,《史学月刊》1995 年第 4 期。

《二战未解之谜:日德为何没有夹击苏联》,其昌著,《文史博览》2010 年第 8 期。

《德日法西斯争夺印度的斗争》,易斌著,《国际社会与经济》1995 年第 1 期。

《德日法西斯争夺印度的暗中较量》,[苏] A.赖科夫著;王昌滨摘译,《当代世界》1995 年第 11 期。

《第二次世界大战时期德日的三次中立——德日法西斯的矛盾》,刘士田著,《日本研究》1992 年第 3 期。

《二战期间德意日的四次中立——法西斯国家的矛盾》,刘士田著,《军事历史研究》1993 年第 4 期。

《二战期间德、意、日的四次中立——法西斯国家的矛盾》,刘士田著,《历史教学》1993 年第 12 期。

《德日两国在 1941—1943 年合作中的全球战略观点及其相互影响》,[英]维尔纳·拉思著;张茂林译,《军事历史研究》1997 年第 4 期。

《二战中日本干预泰、法印领土争端论析》，熊沛彪著，《武汉大学学报（人文科学版）》2013 年第 6 期。

第三节　反法西斯同盟的形成、合作及其内部冲突

一、反法西斯同盟的形成

《风云变幻八十年　伟大同盟（上下）——二次大战中的国际反法西斯联盟》，朱贵生著，《世界知识》1984 年第 17/18 期。

《世界反法西斯联盟形成》，于江欣著，《光明日报》2015 年 7 月 1 日。

《试论国际反法西斯联盟的形成》，于振起著，《历史教学》1986 年第 4 期。

《国际反法西斯联盟的形成与发展》，沈学善著，《南京史志》1995 年第 6 期。

《论世界反法西斯联盟的形成》，何素华、孙瑛著，《邯郸学院学报》2006 年第 4 期。

《论国际反法西斯统一战线的形成》，刘金保著，《安徽商专学报》1995 年第 3 期。

《对国际反法西斯统一战线的再思考》，张海麟著，《红山撷文——二战史论文选》，张海麟著，中国文史出版社 1999 年版。

《反法西斯统一战线是怎样形成的》，穆林著，《历史教学》1957 年第 3 期。

《反法西斯统一战线的形成分为三个阶段》，张冰著，《世界史研究动态》1982 年第 12 期。

《英美联合是建立反法西斯统一战线的第一步》，陈必达著，《世界史研究动态》1983 年第 12 期。

《英美"非正式联盟"》，刘达永著，《历史知识》1983 年第 3 期。

《评 1941 年英美参谋会谈》，徐蓝著，《历史研究》1992 年第 6 期。

《英苏同盟是怎样产生的》，[英] 洛萨·凯特纳克尔著；小网编译，《世界史研究动态》1983 年第 7 期。

《从中立到同盟——二战初期美国对英国政策的转变》，杨巧燕、张书元著，《武汉理工大学学报》2005 年第 4 期。

《英、美、苏三国同盟建立原因探讨》，王尚银著，《文科教学》1985 年第 3 期。

《英美苏三国联盟与世界反法西斯联盟的形成》,赖悦著,《惠州大学学报》1995 年第 2 期。

《第二次世界大战反法西斯同盟形成条件浅析》,曾昭玉、刘灵心著,《山东师大学报》1997 年增刊。

《世界反法西斯统一战线的形成及其历史作用》,周美云著,《历史教学问题》1985 年第 1 期。

《论第二次世界大战反法西斯统一战线的形成及其历史作用》,李文亚著,《世界现代史教学与研究(二)》,世界现代史研究会,1982 年。

《关于二战期间苏美英结盟的几点思考》,祝中侠著,《安徽教育学院学报》1997 年第 3 期。

《抗战时期的日美关系及国际抗日统一战线的形成》,刘江永著,《日本学刊》2002 年第 5 期。

《大西洋宪章的产生》,武克全著,《外国史知识》1983 年第 7 期。

《大西洋会议与大西洋宪章》,李铁城、武冰著,《世界历史》1985 年第 9 期。

《〈大西洋宪章〉构建和平思想的价值探析》,朱大伟著,《渭南师范学院学报》2012 年第 9 期。

《〈大西洋宪章〉再现英美论战——评述历史对中美构建新型大国关系的启示》,杨永锋著,《太平洋学报》2014 年第 6 期。

《〈大西洋宪章〉与罗斯福思想探析》,杨永锋著,《延安大学学报》2014 年第 1 期。

《〈大西洋宪章〉的历史地位》,谭学秋著,《鲁东大学学报》2017 年第 2 期。

《世界反法西斯同盟的纲领——〈联合国家宣言〉》,陈海宏、宋敏忠等著,《山东师大学报》1999 年第 1 期。

《动乱中的同盟——论珍珠港事件后中美英战略关系的形成》,时广东著,《重庆师院学报》1993 年第 2 期。

《大联盟的序幕:苏德战争初期的盟国三巨头》,汪文军著,《名人传记》1995 年第 8 期。

《试论太平洋抗日联合阵线的形成》,马先彦、付宏著,《贵州教育学院学报》1995 年第 3 期。

《论国际反法西斯联盟和第二次世界大战》,黄安年著,《北京师大学报》1985 年第 4 期。

《国际反法西斯联盟与第二次世界大战》,杨宝康著,《思茅师专学报》1998年第 2 期。

《论国际反法西斯统一战线与第二次世界大战之关系》,刘星汉等著,《国际关系史论文集》,中国国际关系史研究会,1981 年。

《中国与世界反法西斯联盟的巩固》,关培凤著,《武汉大学学报(人文科学版)》2008 年第 2 期。

《中国建立世界反法西斯联盟思想探源》,关培凤著,《民国档案》2008 年第3 期。

《论 1939—1940 年中国建立遏制日本的远东国际联合阵线的努力》,周乾著,《安徽史学》2006 年第 3 期。

《中国与世界反法西斯联盟关系研究》,关培凤、胡德坤著,《占领历史研究:"1931—1949 占领历史研究"国际学术会议论文集》,胡德坤主编,武汉大学出版社 2010 年版。

《中国在世界反法西斯联盟建立中的地位和作用》,胡德坤、关培凤著,《世界历史》2007 年第 3 期。

《世界反法西斯同盟的形成与中国的抗日战争》,王安平著,《文史杂志》1995 年第 4 期。

《从上海看国际反法西斯统一战线》,潘光著,《上海市社会主义学院学报》2005 年第 4 期。

《抗战时期上海的国际反法西斯统一战线》,潘光著,《社会科学》2008 年第8 期。

《反法西斯战争期间上海的国际统一战线——纪念世界反法西斯战争和中国抗日战争胜利 70 周年》,潘光著,《国际展望》2015 年第 3 期。

《回顾世界反法西斯联盟》,谭荣邦著,《中国党政干部论坛》1995 年第9 期。

《"二战"中的国际反法西斯统一战线》,思成著,《统一战线》1995 年第5 期。

《第二次世界大战与反法西斯统一战线》,许超宇著,《外国问题研究》1997年第 3 期。

《论二战中的国际反法西斯统一战线》,王树春、孙传明著,《第二次世界大战史论文集③:五十年的深思》,李殿仁主编,军事谊文出版社 1996 年版。

《抗日国际统一战线的形成和发展》,张星星著,《党的生活》1995 年第 7 期。

《"中国青年反法西斯代表大会"探析》,曲峡著,《石油大学学报》1992 年第 4 期。

《"东方各民族反法西斯代表大会"述评》,曲峡等著,《史学月刊》1992 年第 4 期。

《在延安召开的东方各民族反法西斯代表大会》,孙金科著,《党史研究资料》1990 年第 10 期。

《1941 年延安东方各民族反法西斯代表大会》,袁武振、梁月兰著,《中共党史资料》1995 年第 55 期。

《宋庆龄主持的上海反战大会——八旬老人黄霖谈半个世纪前的一次远东反战反法西斯会议》,蒋曙晨著,《瞭望:新闻周刊》1986 年第 11 期。

《简述东方各民族反法西斯同盟》,梅枫著,《山东师大学报》1992 年第 1 期。

《抗战后期远东中苏朝反法西斯联盟的形成》,沈志华著,《团结报》2015 年 11 月 12 日。

二、盟国间的合作与协调

1. 盟国间的合作

(1)军事、战略与情报合作

《论第二次世界大战中的盟国合作关系》,孙才周著,《中学历史教学参考》2005 年第 6 期。

《大国合作:世界反法西斯战争的胜利》,夏当著,《湘潭师范学院学报》1995 年第 4 期。

《浅析主要参战国之间的军事政治合作及启示》,王喜阳、金迪著,《第二次世界大战与战后局部战争》,李小军主编,军事谊文出版社 2003 年版。

《试论 1941 年中美英战略同盟的形成》,王广军著,《辽宁高职学报》1999 年第 3 期。

《第二次世界大战时期的中英军事合作》,张北根著,《北京科技大学学报》1997 年第 2 期。

《"中美英三国联合军事会议"述评》,唐润明著,《第二次世界大战与亚太国际合作:第二次世界大战史(重庆)学术讨论会论文集》,苑鲁、谢先辉主编,重庆出版社 2003 年版。

《反希特勒同盟各国的军事合作和力量的协调》,[苏]拉济耶夫斯基著;杨蔼仪译,《外军资料》1983 年第 584 期。

《论 1940 年至 1941 年美国对英援助》,杜明才著,《中南民族学院学报(哲学社会科学版)》1998 年第 4 期。

《评 1941 年英美参谋会谈》,徐蓝著,《历史研究》1992 年第 6 期。

《评美英"战舰换基地"》,章毅君著,《历史教学问题》1998 年第 1 期。

《关于 1940 年美英"驱逐舰换基地"协定的历史考察》,徐蓝著,《历史研究》2000 年第 4 期。

《从"ADB"协定看太平洋战争爆发前英美在远东的军事合作》,徐蓝著,《世界历史》1994 年第 3 期。

《远东反法西斯联合作战指挥机构的建立》,吴景平著,《民国春秋》1987 年第 5 期。

《世界反法西斯联盟的民主共识及其在华实验》,金卫星著,《扬州大学学报(人文社会科学版)》2015 年第 5 期。

《略论二战时期美国在亚太的联盟战略》,邱桂金著,《第二次世界大战与亚太国际合作:第二次世界大战史(重庆)学术讨论会论文集》,苑鲁、谢先辉主编,重庆出版社 2003 年版。

《中美苏亚太战略合作是二战胜利的重要保证》,蒋玉槐、刘文书、郑洪著,《第二次世界大战与亚太国际合作:第二次世界大战史(重庆)学术讨论会论文集》,苑鲁、谢先辉主编,重庆出版社 2003 年版。

《第二次世界大战时期的中美战略合作》,韩永利、叶静著,《占领历史研究:"1931—1949 占领历史研究"国际学术会议论文集》,胡德坤主编,武汉大学出版社 2010 年版。

《抹不去的国家记忆:中美在二战中并肩战斗》,韩显阳、王传军著,《光明日报》2014 年 10 月 17 日。

《北极"飓风":二战期间英国空军援苏航空队作战纪实》,郭彩虹著,《环球军事》2008 年第 4 期下。

《太平洋战争爆发前后英、美、苏三国的情报合作》(全 2 期),高旭译,《外军参考》1985 年第 14/15 期。

《第二次世界大战期间美苏两国的情报合作》,[美] B.F.史密斯著;李惠明译,《世界史研究动态》1985 年第 9 期。

《二战期间苏美两国对秘密情报的利用》,李红梅、孟宪梅著,《世纪桥》2001年第 2 期。

《战时合作中美苏阿拉斯加—西伯利亚空中走廊研究》,孙向宇著,《求是学刊》2016 年第 6 期。

《第二次世界大战中同盟国的国际后勤支援》,阎家泰著,《军事历史》1985年第 2 期//《第二次世界大战军事论文选》,军事学术杂志编,军事科学出版社1985 年版。

《论二战期间澳美军事同盟关系的建立》,汪诗明、王艳芬著,《安徽史学》2005 年第 2 期。

《太平洋战争时期陈诚在盟国军事合作问题上的态度与实践》,付辛酉著,《平顶山学院学报》2019 年第 3 期。

(2)政治与外交合作

《关于反法西斯联盟关系的演变及其历史反思》,余龙生著,《上饶师专学报》1996 年第 4 期。

《同盟国亚太合作对反法西斯战争的影响》,毛宗山著,《第二次世界大战与亚太国际合作:第二次世界大战史(重庆)学术讨论会论文集》,苑鲁、谢先辉主编,重庆出版社 2003 年版。

《反法西斯联盟中的"三巨头"》,邓蜀生著,《历史知识》1985 年第 4 期。

《二战时期美英苏首脑外交再探》,许金华著,《湘潭大学学报》1995 年第3 期。

《从开罗到波茨坦:第二次世界大战中有关对日作战的几次国际会议》,华哲著,《南京日报》1985 年 8 月 14 日。

《永远的启示:论世界各国人民联合反对德意日法西斯实践的历史意义》,周治滨著,《理论与改革》1995 年第 8 期。

《论第二次世界大战时期美国的同盟外交》,吴潮著,《上海交通大学学报》2003 年第 3 期。

《第二次世界大战期间的苏美合作》,[德] B.M.库利施著;王智娟译,《苏联历史问题》1986 年第 2 期。

《美苏史学家讨论两国在二战中的合作问题》,林志华编译,《世界史研究动态》1988 年第 2 期。

《血缘文化情结的历史实践:二战之前的英美姻亲联盟》,王贞著,《聊城大学学报》2006 年第 6 期。

《血缘文化情结:二战时期英美"特殊关系"的助搏器》,王贞著,《河北师范大学学报》2007 年第 6 期。

《援苏抗德与丘吉尔的现实主义外交》,倪学德著,《河南大学学报》2009 年第 3 期。

《第二次世界大战时期英联邦的内部合作》,曹非著,《湖北大学学报》1996 年第 5 期。

《二战时期的加美安全关系》,张华著,《史学月刊》2015 年第 12 期。

《第二次世界大战时期的亚太合作》,谢先辉、敖依昌著,《第二次世界大战与亚太国际合作:第二次世界大战史(重庆)学术讨论会论文集》,苑鲁、谢先辉主编,重庆出版社 2003 年版。

《试论第二次世界大战中的苏土关系》,杨华文著,《兰州学刊》2007 年第 S1 期。

《略论第二次世界大战期间的苏联和土耳其关系》,张峰著,《忻州师范学院学报》2008 年第 1 期。

《论二战期间法国向英美求援》,李连波著,《长春工业大学学报》2012 年第 4 期。

《第二次世界大战期间中南人民的战斗友谊》,罗洪彰著,《史学通讯》1979 年第 1 期。

(3)经济合作

《经济合作是盟国合作的纽带——论二战期间盟国的关系》,姜桂石、裴云涌著,《内蒙古财经学院学报》2005 年第 2 期//《烟台大学学报》2005 年第 3 期。

《论美国在二战参战前对英法中苏的援助》,尹翔著,《潍坊学院学报》2010 年第 3 期。

《二战期间的英美经济合作》,高辉著,《辽宁大学学报》1992 年第 6 期。

《论 1940 至 1941 年美国对英援助》,杜明才著,《中南民族学院学报》1998 年第 4 期。

《二战时期西方盟国对苏联的援助》,冷静著,《军事史林》2006 年第 1 期。

《试评美国"租借法案"》,林泓著,《三明职业大学学报》2000 年第 S3 期。

《美国租借法案述评》，王正文、唐利著，《固原师专学报》2000 年第 2 期。

《租借法案与档案》，韩安俊著，《辽宁档案》1994 年第 2 期。

《从"租借法案"看罗斯福战略思想的转变》，王孔安著，《潍坊教育学院学报》1995 年第 Z1 期。

《租借法案与美国对外政策的转变》，张兵著，《辽宁大学学报》2002 年第 5 期。

《从〈中立法〉到〈租借法〉——二战时期美国军火贸易政策探析》，王中文著，《郑州航空工业管理学院学报》2004 年第 4 期。

《租借法剖析——论二次大战时美国对英国的援助及其互助》，朱贵生著，《思想战线》1986 年第 6 期。

《论战时美国对苏联的租借援助》，朱贵生著，《世界历史》1986 年第 11 期。

《论第二次世界大战中的对苏租借援助》，时殷弘著，《江海学刊》1996 年第 3 期。

《二战期间美国对苏实施租借法案之北太平洋航线研究》，刘佳楠著，《西伯利亚研究》2015 年第 4 期。

《浅析二战期间美国对苏援助政策》，单云著，《成功（教育）》2011 年第 5 期。

《论美国 1941—1945 年对苏联的援助》，王勇著，《牡丹江师院学报》1991 年第 2 期。

《二战期间苏联的粮食供应及盟国对苏的粮食援助》，徐振伟、田钊著，《安徽史学》2014 年第 3 期。

《谁是租借法案的受益者?》，赵国富等译，《世界史研究动态》1993 年第 7 期。

《租借法延期援助的政策动机及其后果》，王德春著，《唐都学刊》2012 年第 1 期。

《浅论租借法在第二次世界大战中的作用》，杨建增著，《山西大学学报》1982 年第 3 期。

《租借法在第二次世界大战中的作用》，杨建增著，《军事历史》1987 年第 5 期。

《美国"租借法案"在二战中的作用》，陈秋菊著，《大连大学学报》1997 年第 5 期。

《论租借法在反法西斯战争中的作用》,陶侃、魏春初著,《绍兴师专学报》1996 年第 1 期//《绍兴文理学院学报》1996 年第 1 期。

《试析〈租借法案〉在英美经济霸权转移中的作用》,杨永锋著,《中南大学学报》2014 年第 3 期。

2. 盟国间的外交

《第二次世界大战期间苏、英、美三国的关系》,姜桂石著,《通辽师院学报》1980 年第 1 期。

《苏德战争和太平洋战争前后中苏美关系的演变》,杨云若著,《中共党史研究》1988 年第 6 期。

《珍珠港事件至缅甸沦陷期间的中美英关系》,杨宝康著,《思茅师专学报》1992 年第 2 期。

《远东战争结束时的中美苏关系》,[苏] 阿·列多夫斯基著,《东北亚研究动态》1985 年第 2 期。

《第二次世界大战期间的美苏关系》,伍贻康著,《历史教学》1964 年第 10 期。

《评第二次世界大战期间的美苏关系》,吴学永著,《北京大学研究生学刊》1993 年第 4 期。

《第二次世界大战中的苏美关系》,[苏] E.P.伊萨科夫著;朱贵生译,《世界史研究动态》1986 年第 2 期。

《伟大卫国战争时期的苏美关系》,[苏] 奥布霍夫著;沙端一译,《苏联问题研究资料》1986 年第 5 期。

《从敦刻尔克到德黑兰——论 1940 年至 1943 年底英美关系的演变》,段丽珍著,《许昌师专学报》1995 年第 4 期。

《美英学者关于二战期间美英东亚政策与战略的研究》,韩永利、张士伟著,《民国档案》2010 年第 1 期。

《1940—1941 年两次印度支那危机与英美远东关系的转变》,曹大友著,《世界历史》1994 年第 2 期。

《关于第二次世界大战中英美的对法政策》,尹良惠著,《华东冶金学院学报》1989 年第 4 期。

《略论第二次世界大战中的英苏关系》,曾维君著,《历史教学》2001 年第 4 期。

《关于第二次世界大战的几个问题：七、第二次世界大战期间的中美关系》，王立著，《河北大学学报》1991 年第 2 期。

《西方学术界对富兰克林·罗斯福战时外交研究述评》，赵志辉著，《史学理论研究》2004 年第 1 期。

《从罗斯福到杜鲁门：战时美国对法政策的转折》，严双伍著，《法国研究》2000 年第 2 期//《第二次世界大战与世界历史进程：第二次世界大战史（武汉）学术讨论会论文集》，胡德坤主编，武汉大学出版社 2002 年版。

《浅析二战初期从法国沦陷到美国参战前的美国对法政策》，柏圣南著，《首都师范大学学报》2010 年第 S1 期。

《试析二战期间美国对"自由法国"的政策》，伍向群著，《解放军外国语学院学报》1992 年第 5 期。

《二战期间美国对自由法国政策的演变》，周乾著，《安徽大学学报》2000 年第 6 期。

《圣皮埃尔——密克隆岛事件及其对美国与自由法国关系的影响》，宋永成著，《陕西师大学报》2001 年第 2 期。

《简论第二次世界大战后期的法美关系》，白云著，《历史教学》1986 年第 1 期。

《1940—1942 年美国亲维希政府原因浅析》，苏志龙著，《沈阳大学学报》2010 年第 2 期。

《论戴高乐的战时对美政策》，严双伍著，《武汉大学学报》1991 年第 1 期。

《试论二战时戴高乐政权与美国的关系》，陈燕著，《宁夏师范学院学报》2015 年第 2 期。

《论二战时期戴高乐与英国关系》，罗志刚著，《法国研究》1993 年第 2 期。

《美国学者对罗斯福政府战时对苏政策的评价》，顾德欣著，《世界史研究动态》1984 年第 8 期。

《浅谈 1941—1945 年美国战时对苏政策》，程佩璇著，《徐州教育学院学报》1993 年第 4 期。

《论 1941—1945 年美国对苏政策的演变》，程佩璇著，《聊城师院学报》1998 年第 4 期。

《二战期间美国对苏联出兵远东态度的变化》，茹莹著，《军事历史》2002 年第 3 期。

《试析二战时期美国外交中的文化价值观因素》，陈雷著，《济南职业学院学报》2007 年第 2 期。

《试论罗斯福政府与 1943 年联合国家粮农会议的缘起》，韩长青著，《近现代国际关系史研究（第一辑）》，徐蓝主编，人民出版社 2006 年版。

《太平洋战争期间罗斯福对战后印支前途设想的演变》，何桂全著，《南洋问题研究》1989 年第 1 期。

《美国与欧洲一体化（1942—1957）》，陈六生、严双伍著，《武汉大学学报》2003 年第 1 期。

《富兰克林·D.罗斯福政府对欧洲统一运动的态度及其原因》，何维保著，《南都学坛》2003 年第 3 期。

《二战期间美国对印度自决的政策》，王琛著，《史学月刊》2014 年第 11 期。

《二战期间美国对印度独立运动的态度》，于世华著，《江西科技师范学院学报》2010 年第 4 期。

《略论二战时期美国对印经济政策》，常县宾著，《高等函授学报》2008 年第 12 期。

《"第三国外交"下的美伊关系及其对二战的影响》，吴振君著，《黄石理工学院学报（人文社会科学版）》2011 年第 2 期。

《共命运：第二次世界大战期间中印关系的发展》，[印]玛妲玉著，《纪念中国人民抗日战争暨世界反法西斯战争胜利 70 周年国际学术研讨会论文集》，李亚平等编，中共党史出版社 2015 年版。

《1942 年蒋介石访印与调停英印关系的失败》，陈谦平著，《南京大学学报》1991 年第 3 期 //《抗日战争与中国历史——"九·一八"事变 60 周年国际学术讨论会文集》，中国抗日战争史学会等编，辽宁人民出版社 1991 年版。

《第二次世界大战期间加拿大与英国关系初探》，潘迎春著，《第二次世界大战与世界历史进程：第二次世界大战史（武汉）学术讨论会论文集》，胡德坤主编，武汉大学出版社 2002 年版。

《〈海德公园宣言〉与二战期间加美关系》，潘迎春著，《世界历史》1999 年第 5 期。

《浅析二战爆发前后澳英关系嬗变之过程及影响》，于明波著，《黑龙江史志》2011 年第 19 期。

《寻求大国的庇护：太平洋战争期间澳美关系述评》，张建新著，《史学集刊》

1998 年第 4 期。

《太平洋战争时期澳大利亚对英关系的调整》,张建新、王冰著,《四川师大学报》2000 年第 4 期。

《二战期间英犹双方政策的调整及其影响》,贺雅琴著,《山西大同大学学报》2012 年第 3 期。

《第二次世界大战时期的英南关系》,罗志刚著,《求是学刊》1995 年第 2 期 //《湖北大学学报》1995 年第 4 期。

《国民政府对德意日三国同盟的观察》,萧李居著,《抗日战争研究》2016 年第 3 期。

《抗战时期国民政府对印度独立运动的态度述论》,耿密著,《西华师范大学学报(哲学社会科学版)》2017 年第 6 期。

《国民政府战时对缅关系及对印缅民族独立运动的关注》,左双、刘杉著,《社会科学研究》2018 年第 5 期。

三、反法西斯同盟的内部冲突

1. 盟国间的分歧与冲突

《世界反法西斯联盟内部的矛盾和斗争》,王钊著,《沧州师专学报》2002 年第 4 期。

《触目惊心的盟军内部混乱》,王云雷、李宗昆著,《当代海军》1998 年第 6 期。

《中英美在反对日本法西斯国际统一战线中的分歧与斗争》,李世安著,《外交学院学报》1996 年第 1 期。

《论二战时期苏美关系的演变》,张世均著,《青海社会科学》1997 年第 4 期。

《"朋友与敌人、合作与冲突"——论二战时期苏美关系的演变》,张世均著,《康定民族师专学报》1996 年第 3 期。

《1940 年英法军事政治联盟中的分歧和矛盾》,张继平著,《法国研究》1983 年第 1 期。

《从 SEATO 成立看美国与盟国的分歧》,杨湛著,《中山大学研究生学刊》1989 年第 2 期。

《从大西洋会议看英美的合作与冲突》,王小平著,《沈阳教育学院学报》

1995 年第 4 期。

《评英美在大西洋会议上的战略分歧》,耿志著,《近现代国际关系史研究(第二辑)》,徐蓝主编,人民出版社 2008 年版。

《论第二次世界大战期间的英美矛盾及其妥协》,李昌新、黄世相著,《世界历史》2004 年第 6 期。

《二次世界大战期间英美的经济摩擦》,人禾编译,《世界史研究动态》1987 年第 2 期。

《二战初期英美在对德经济战问题上的摩擦与协调》,胡杰著,《社会科学论坛》2010 年第 14 期。

《"铁砧",还是"腋窝"? ——1944 年上半年的美英欧洲战略分歧探析》,李积顺著,《世界近现代史研究》2011 年。

《1940—1941 年两次印度支那危机与英美关系》,曹大友著,《世界历史》1994 年第 2 期。

《试论二战中苏联与英美之间的矛盾》,张世均著,《黔东南民族师专学报》1998 年第 2 期。

《试论二战期间英法合谋祸水西引》,李连波著,《党史博采(理论)》2017 年第 5 期。

《从中英两国的战争目标看二战期间的中英矛盾》,张小强著,《河南师范大学学报》2001 年第 1 期。

《战时中英关系:以领土问题为中心》,关培凤著,《近现代国际关系史研究》2017 年第 2 期。

《二战时期中英关系再探讨:以南亚问题为中心》,林孝庭著,《近代史研究》2005 年第 4 期。

《北非登陆前美国不承认自由法国的客观原因》,彪晓红、宋永成著,《历史教学》1997 年第 7 期。

《二战期间美法矛盾成因析考》,严双伍著,《武汉大学学报》2001 年第 4 期。

《挫败"两个法国"的阴谋——二次大战期间法美关系回顾和剖析》,金重远著,《江苏行政学院学报》2001 年第 1 期。

《二战时期英美在援法问题上的分歧与英国的抗争》,胡杰著,《历史教学(下半月刊)》2015 年第 4 期。

《战时英美对戴高乐政策的比较研究》，谌焕义著，《广西师大学报》1996 年第 4 期。

《论二战时期英国对戴高乐政策的演变》，张世均著，《辽宁师范大学学报》2001 年第 1 期//《重庆教育学院学报》1998 年第 1 期。

《戴高乐曾备受罗斯福、丘吉尔冷遇》，鲁林摘编，《军事历史》1993 年第 3 期。

《论罗斯福和戴高乐的法国大国地位之争》，宋永成著，《陕西师范大学学报》2005 年第 6 期。

《第二次世界大战与中国大国地位之争》，于群著，《东北师大学报》1995 年第 4 期。

《从罗斯福外交思想看美国反对戴高乐掌权的原因》，楚志锋、黄晨曦著，《沧桑》2011 年第 1 期。

《"弩炮计划"的缘起——1940 年法国单独停战与英国的对策研究》，梁占军著，《首都师范大学学报》2005 年第 2 期。

《英国与自由法国在叙利亚和黎巴嫩的冲突探析》，尹秀凤著，《沧桑》2008 年第 5 期。

《试论英国与自由法国关于叙利亚问题的冲突与合作（1941 年 3 月—9 月）》，马吟婷著，《近现代国际关系史研究（第六辑）》，徐蓝主编，世界知识出版社 2014 年版。

《美国对朝鲜的政策研究（1943—1950）》，邓峰著，《社会科学战线》2014 年第 4 期。

《太平洋战争期间美国对朝鲜半岛政策的形成——从不承认大韩民国临时政府到托管政策的提出》，董洁著，《社会科学研究》2012 年第 1 期。

《论英国在太平洋战争中的双重使命》，何跃著，《云南师大学报》2003 年第 6 期。

《二战时期围绕挪威战争英瑞双方的战略分歧及原因》，唐方亮著，《内蒙古师范大学学报》2014 年第 1 期。

《马克思主义国际关系思想在"二战"中的流变——以斯大林外交政策的"双重性"为例》，秦正为著，《国际关系学院学报》2009 年第 6 期//《理论导刊》2009 年第 12 期。

《二战中伊朗航线与库尔德问题》，孙向宇著，《西伯利亚研究》2016 年第

3 期。

2. 盟国间分歧与冲突的主要问题

（1）关于欧洲"第二战场"的开辟

《初探第二次世界大战中的"第二战场"》，金重远著，《世界历史》1984 年第 2 期。

《再论"第二战场"》，张大卫著，《北京师院学报》1986 年第 3 期。

《关于二战时期"第二战场"两个问题的探讨》，崔剑著，《徐州师大学报》1996 年第 4 期。

《关于"第二战场"的几个问题》，张大卫著，《甘肃师大学报》1979 年第 4 期。

《第二次世界大战期间欧洲第二战场问题》，黄正柏著，《高师函授学刊》1991 年第 3 期。

《论苏美英开辟第二战场的冲突和合作》，赵登明著，《长春师院学报》1999 年第 4 期。

《英美苏三国在第二战场问题上的冲突与合作》，王丽娜著，《齐齐哈尔大学学报》2011 年第 1 期。

《英、美、苏与巴尔干方案》，康春林著，《世界历史》1987 年第 6 期。

《论二战中英美在战略上的分歧与纷争之二：第二战场》，林芊著，《贵阳师专学报》1996 年第 3 期。

《"三重唱"中的不和谐"音符"——评述第二次世界大战期间苏、美、英三国关于开辟第二战场的争吵》，李锋著，《沈阳教育学院学报》1996 年第 2 期。

《第二战场与英美的战略企图》，朱贵生、华庆昭著，《世界历史》1984 年第 5 期。

《英美在开辟欧洲第二战场问题上的争论（1940—1942）》，张继平、日木著，《世界历史》1985 年第 8 期。

《论二战间英国和苏联在"第二战场"上的论争》，林芊著，《贵州大学学报》2005 年第 1 期。

《一九四三年英美的欧洲战略与开辟第二战场问题》，张京著，《中南民族学院学报》1985 年第 4 期。

《试析欧洲第二战场的战略争论》，兼评"宽大正面"战略》，李积顺著，《社科纵横》1991 年第 6 期。

《同苏联争夺欧洲——欧洲第二战场与美国的战略》，朱贵生、华庆昭著，《第二次世界大战史论文集》，三联书店 1985 年版。

《也论欧洲第二战场与美国战略——与朱贵生、华庆昭同志商榷》，韩毅著，《辽宁大学学报》1987 年第 5 期。

《战后苏美史学界对罗斯福第二战场政策的研究》，韩毅著，《国外社会科学情报》1988 年第 9 期。

《合作与抗衡——横渡海峡作战与美国的对苏政策》，熊伟民著，《湖北大学学报（哲学社会科学版）》1990 年第 6 期。

《欧洲第二战场与英国的战略》，叶伯华、张毓诗著，《苏州大学学报》1994 年第 2 期。

《试析 1941 年苏英关系中的第二战场问题》，叶月明著，《史学集刊》1984 年第 4 期。

《美英为何一再拖延开辟"第二战场"?》，曹胜强著，《军事历史》1993 年第 2 期。

《欧洲"第二战场"的推迟与评价问题》，高鉴国著，《山东大学学报》1992 年第 1 期。

《试论 1941 年英国没有开辟"第二战场"的原因》，吴双全、刘俊著，《兰州大学学报》1998 年第 4 期。

《罗斯福力主开辟第二战场原因之我见》，韩毅著，《宁夏大学学报》1988 年第 3 期。

《试析 1942 年第二战场未能开辟的原因》，杭福珍著，《大庆高等专科学院学报》1996 年第 1 期。

《关于 1942 年能否开辟第二战场之我见——与石磊、金重远同志商榷》，阎来恩著，《历史研究》1984 年第 6 期。

《罗斯福与 1942 年开辟第二战场的"承诺"》，韩毅著，《辽宁大学学报》1986 年第 3 期。

《试评丘吉尔的"巴尔干方案"》，杨斌著，《齐鲁学刊》1984 年第 3 期。

《丘吉尔"地中海战略"与开辟"第二战场"的拖延》，廖君湘著，《湘潭师院学报》1996 年第 4 期。

《丘吉尔是怎样拖延开辟第二战场的》，万柏连著，《中山大学学报》1997 年第 1 期。

《邱吉尔与第二战场的开辟》,曹洪东著,《江西师大学报》1993 年第 1 期。

《丘吉尔与第二战场的开辟》,张建民著,《西藏大学学报》1999 年第 1 期。

《重评温斯顿·丘吉尔与"第二战场"》,[美]特维亚·本·摩西著;周乾译,《军事历史研究》1992 年第 3 期。

《从第二战场的开辟看二战中英美关系》,孙会著,《中学历史教学参考》2000 年第 5 期。

(2)苏联与美英在波兰问题上的冲突

《第二次世界大战时期国际舞台上的波兰问题》,程人乾著,《晋阳学刊》1981 年第 2 期//《国际关系史论文集》,中国国际关系史研究会,1981 年。

《波兰民族解放委员会宣言(1944 年 7 月 22 日,海尔姆告波兰人民书)》,刘祖熙译,《世界史研究动态》1983 年第 12 期。

《波兰全国人民代表会议关于建立民族解放委员会的法令(1944 年 7 月 22 日华沙)》,刘祖熙译,《世界史研究动态》1983 年第 12 期。

《波兰民族解放委员会驻莫斯科代表是如何活动》,[波]斯太凡·莫德里霍夫斯基著;刘邦义摘译,《世界史研究动态》1987 年第 2 期。

《科息斯政府纲领(1945 年 4 月 5 日)》,范达人译,《世界史研究动态》1983 年第 1 期。

《二战期间波兰边界问题与美英苏的矛盾和斗争》,孙月华著,《临沂师院学报》2000 年第 2 期。

《二战期间"三巨头"会议中的波兰问题》,杨艳著,《兰州学刊》2000 年第 5 期。

《浅析 20 世纪 30 年代前期波兰外交战略的调整》,丁强、朱仁华著,《苏州科技学院学报》2002 年第 4 期。

《论波兰战后东西边界的划分》,杨叶春著,《历史教学》2002 年第 1 期。

《波兰西部和北部边界的确定》,梁全炳著,《世界史研究动态》1979 年第 7 期。

《苏联与第二次世界大战中的波兰边界问题》,吴伟著,《首都师范大学学报》1995 年第 4 期。

《二次世界大战后期苏美英在波兰问题上的合作与冲突》,萨本仁著,《汕头大学学报》1986 年第 1 期。

《苏美英三国在援助华沙起义问题上的分歧、斗争及其影响》,胡舶著,《世界历史》2014 年第 3 期。

《第二次世界大战中的波兰问题》,金重远著,《复旦学报》1991 年第 6 期。

《罗斯福与波兰问题》,梁金炳著,《世界史研究动态》1981 年第 3 期。

(3)其他问题

《从强硬到妥协——二战期间英、美在波罗的海三国问题上的对苏外交》,谢清溪著,《史学月刊》1995 年第 2 期。

《巴尔干和第二次世界大战》,金重远著,《复旦学报》2005 年第 3 期。

《二战中大国在巴尔干的政治角逐》,赵克仁著,《河北师范学院学报》1995 年第 3 期。

《美国与 1944 年英苏划分巴尔干势力范围》,任东来著,《美国研究》1997 年第 1 期。

《二战前后苏联对巴尔干区的政策》,李提著,《渭南师范学院学报》2015 年第 21 期。

《"伯尔尼事件"与战时美苏关系》,张瑾著,《首都师范大学学报》2006 年第 S2 期。

《二战中大国在中东的争夺》,张润民著,《西南亚研究》1989 年第 2 期。

《西方列强在二次世界大战中的阿拉伯政策》,姚青山著,《世界图书》1981 年第 10 期。

《二战期间美英苏三国的中东政策》,马爱国著,《二战及其遗留问题对国际关系的影响》,二战史研究会编,2004 年。

《二战中英美在非洲的经济争夺》,刘若锌摘译,《世界史研究动态》1988 年第 2 期。

《第二次世界大战中的土耳其问题》,金重远著,《复旦学报》1997 年第 5 期。

《苏联与第二次世界大战中的黑海海峡问题(1939—1945)——兼论土耳其危机的形成》,梁强著,《俄罗斯东欧中亚研究》2014 年第 6 期。

《"要命"的海峡! ——第二次世界大战中的苏土黑海海峡危机》,寒桀著,《坦克装甲车辆》2016 年第 6 期。

《第二次世界大战中的伊朗问题》,何跃、牛文光著,《复旦学报》2000 年第 4 期。

《略论二战前后美英在伊朗石油权益的博弈》,韩清友著,《绥化学院学报》

2006 年第 6 期。

《"波斯走廊"建立过程中的美苏冲突与合作》,马骏著,《第二次世界大战与亚太国际合作:第二次世界大战史(重庆)学术讨论会论文集》,苑鲁、谢先辉主编,重庆出版社 2003 年版。

《二战期间美英在殖民地问题上的矛盾和斗争》,马晓京著,《中南民族学院学报》1997 年第 2 期。

《论二战期间美英围绕殖民地的分歧与妥协》,汪春杰著,《山西广播电视大学学报》2006 年第 5 期。

《论二战前后法泰两国的领土争端与谈判》,刘莲芬著,《东南亚研究》2006 年第 4 期。

《太平洋战争期间英国对缅甸政策出台始末》,何跃著,《东南亚纵横》2005 年第 2 期。

《反攻缅甸与中英美三角关系》,顾莹蕙著,《苏州大学学报》1989 年第 Z1 期。

《二战期间美英围绕建立战后世界秩序问题的矛盾和摩擦》,卢阳著,《解放军洛阳外语学院学报》1992 年第 4 期。

《试论第二次世界大战期间美国对东南亚的介入》,吴群著,《云南师大学报》1998 年第 1 期。

《二战后期美苏两国争夺德国导弹人才纪实》,俞风流著,《军事史林》2000 年第 5 期。

《美苏对纳粹德国导弹技术资源的争夺战》,刘桐林著,《飞航导弹》2006 年第 5 期。

《美苏对纳粹德国导弹人才的争夺》,刘桐林著,《现代兵器》2014 年第 6 期。

《苏联对纳粹德国火箭技术的争夺(1944—1945)》,王芳著,《自然科学史研究》2013 年第 4 期。

《神秘的"阿尔索斯"》,牛宝成著,《世界军事》2003 年第 1 期。

《神秘的"阿尔索斯":美国搜捕纳粹德国科学家的行动》,张小龙、李英骏著,《军事史林》2003 年第 1 期。

《代号:"阿尔索斯"——历史上规模最大的搜捕科学家行动》,元元著,《环球军事》2003 年第 11 期。

《不为人知的"云遮雾绕"计划:二战美国对德国科学家资源的掠夺》(上下),蜜蜡著,《坦克装甲车辆》2019年第8/10期。

《美军"抢"鸡下蛋,航空借力腾飞:二战末期美军抢夺德军航空人才、装备纪实》,俞飞流著,《环球军事》2008年第20期。

《原子科学家逃亡盟方——二次大战中的一段秘史》,[美]威廉·斯蒂文森著;节流译,《环球》1980年第7期。

四、反法西斯同盟中的共产国际和各国共产党

1. 共产国际的政策、作用及其评价

(1)共产国际与世界反法西斯战争

《共产国际与反法西斯斗争》,武克全著,《国际共运》1984年第5期。

《共产国际与第二次世界大战》,李忠杰著,《聊城师院学报》1986年第2期。

《实事求是评价共产国际历史地位和贡献》,李景治著,《理论视野》2019年第6期。

《共产国际在世界反法西斯斗争中的作用及评价》,柴尚金著,《当代世界》2015年第8期。

《共产国际在反法西斯斗争中的功绩与失误》,武克全著,《社会科学》1985年第9期。

《正确评价共产国际在第二次世界大战中的作用》,陈叶军著,《中国社会科学报》2015年3月25日。

《论工人阶级反法西斯统一战线的建立及影响》,尤宁戈著,《北京大学研究生学刊》1988年第4期。

《共产国际"七大"与反法西斯战争》,吴建新著,《北京日报》1985年8月7日。

《共产国际"七大"与世界人民反法西斯战争》(上下),王惠群著,《许昌师专学报》1986年第2/3期。

《共产国际后期策略转变原因试析》,于洪君著,《长白学刊》1986年第5期。

《共产国际政策转变刍议》,王佳友著,《阜阳师范学院学报》1987年第2期。

《季米特洛夫与 1935 年共产国际政策的转变》,张万杰著,《当代世界与社会主义》2016 年第 5 期。

《从少数人的战争到全人类的和平——论第二次世界大战前夕共产国际的路线》,[意] G.普罗卡齐著;杨国顺译,《马克思主义研究参考资料》1982 年第33 期。

《从解密档案看苏德互不侵犯条约签订后共产国际策略的变化》,徐隆彬著,《当代世界社会主义问题》2016 年第 2 期。

《共产国际在第二次世界大战初期的路线变化》,牛晶晶著,《首都师范大学学报》2010 年第 S1 期。

《二战期间共产国际政策的演变——以季米特洛夫为视角的考察》,张万杰著,《党政研究》2016 年第 4 期。

《列宁与共产国际反法西斯统一战线策略》,房广顺著,《东欧中亚研究》1999 年第 5 期。

《共产国际反法西斯统一战线策略的形成、实施及其伟大胜利》,文暖根著,《西北大学学报》1983 年第 3 期。

《共产国际反法西斯统一战线策略的制定及其伟大胜利》,马云著,《内蒙古民族师院学报》1995 年第 3 期。

《1935—1939 年共产国际反对法西斯侵略战争的斗争》,李忠杰著,《历史教学》1984 年第 12 期。

《共产国际反法西斯统一战线策略的演变》,房广顺著,《世界共运研究》1997 年第 4 期。

《共产国际统一战线策略新论》,李世安、吴岳霞著,《河南师范大学学报》2011 年第 1 期。

《共产国际 1939—1941 年间的战略转折探析》,范炳良、朱有华著,《吴中学刊》1995 年第 3 期。

《共产国际在第二次世界大战中的策略转变评析》,张喜德著,《社会科学战线》1991 年第 2 期。

《共产国际和苏德互不侵犯条约》,董友忱译,《国际共运史研究》1990 年第3 期。

《苏德互不侵犯条约签订后共产国际路线的变化》,侯成德著,《世界历史》1986 年第 12 期。

《第二次世界大战和 1939—1941 年的共产国际》，［俄］斯米尔诺夫著；胡德君、田玄译，《军事历史研究》1997 年第 3 期。

《略论 1941—1943 年间的共产国际》，李忠杰著，《青海师大学报》1987 年第 4 期。

《法国人民阵线与共产国际》，王大东著，《国际共运》1986 年第 6 期。

《共产国际与西班牙民族革命战争》，李忠杰著，《中南民族学院学报》1985 年第 1 期。

《季米特洛夫与共产国际对西班牙内战的援助（1936—1939）》，张万杰著，《江西师范大学学报（哲学社会科学版）》2019 年第 4 期。

《共产国际对日本反战斗争指导的失误》，孙立祥著，《东北师大学报》1994 年第 6 期。

《"东方各民族反法西斯代表的大会"述评》，曲峡著，《延安大学学报》1993 年第 2 期。

《社会主义与世界反法西斯战争》，许征帆著，《教学与研究》1995 年第 4 期。

《国际共产主义运动在世界反法西斯战争中的历史作用》，姜安著，《中国社会科学》2015 年第 9 期。

《国际共产主义运动在世界反法西斯战争中的历史作用》（英文版），姜安、Huang Deyuan 著，《Social Sciences in China》2016 年第 3 期。

《国际共运：世界反法西斯战争的重要政治力量》，张君荣著，《中国社会科学报》2015 年 10 月 12 日。

《国际共运是世界反法西斯战争坚强的政治基石》，张君荣著，《中国社会科学报》2015 年 11 月 17 日。

（2）共产国际的解散

《共产国际因何解散？》，茹恰摘编，《军事历史》1995 年第 3 期。

《试论共产国际解散的原因》，王群著，《阴山学刊》1991 年第 4 期。

《共产国际解散原因探析》，吴正俊著，《西南民族学院学报》2001 年第 8 期。

《共产国际解散原因探析》，张彬彬著，《吉林广播电视大学学报》2016 年第 3 期。

《共产国际解散原因新探》，林添成著，《岭南学刊》1989 年第 1 期。

《关于共产国际解散原因的再探讨》,武克全著,《探索与争鸣》1987 年第 1 期。

《论共产国际解散的真正原因》,冉清文著,《锦州师范学院学报》1999 年第 3 期。

《共产国际为什么会在 1943 年仓促解散》,吴正俊、李宁波著,《党史文汇》2000 年第 9 期。

《解散共产国际与开辟第二战场的关系再探讨》,吴秀平著,《湖北理工学院学报》2013 年第 2 期。

《略论共产国际解散的主要原因及其意义》,张喜德著,《科学社会主义》2002 年第 1 期。

《论共产国际解散的原因及所产生的历史作用》,马红霞著,《西藏民族学院学报》1990 年第 2 期。

《共产国际的解散与反法西斯国际同盟的巩固》,陈幼芳著,《贵州教育学院学报》1995 年第 3 期。

《共产国际的解散与苏联战后大国合作战略的确立》,崔海智著,《华东师范大学学报》2011 年第 6 期。

《季米特洛夫与共产国际的解散》,张万杰著,《求索》2017 年第 4 期。

《1943 年共产国际解散后国民党的舆论战》,夏清著,《党史研究与教学》2018 年第 1 期。

（3）共产国际与各国共产党的关系

《对"绝对地无条件地保卫苏联"口号的初探》,林松乐著,《西藏民族学院学报》1984 年第 4 期。

《对共产国际"保卫苏联"口号的历史考察》,本范著,《华中师大学报》1989 年第 2 期。

《试论"保卫苏联"口号的提出及其影响》,潘非欧著,《浙江师大学报》1996 年第 5 期。

《毛泽东与共产国际在保卫苏联问题上的争论》,《党的建设》1995 年第 1 期。

《毛泽东与苏联和共产国际在"保卫苏联"问题上的分歧》,王静著,《历史教学》1995 年第 11 期。

《1938 年解散波兰共产党问题》,《共运资料选译》1984 年第 8 期。

《二次大战时期的波兰共产党人》,[波]普什刚斯基著;陆博兰摘译,《共运资料选译》1983 年第 6 期。

《试析二战期间苏共与南共之间的冲突》,杨振华著,《曲靖师院学报》2002 年第 5 期。

《试析二战期间苏共与南共之间冲突产生的原因》,杨振华著,《重庆邮电学院学报》2003 年第 2 期。

《南斯拉夫共产党和共产国际关系浅析》,冯特君著,《国际共运》1985 年第 1 期。

2. 各国共产党的反法西斯斗争

《世界共产党人为二战作出卓越贡献》,刘林著,《中国社会科学报》2015 年 7 月 16 日。

(1)中国共产党

《中国共产党在世界反法西斯战争伟大功绩:兼评海外某些学者有关这个问题的论述》,唐有章著,《内江师专学报》1991 年第 1 期。

《试论七七事变后中国共产党的抗战策略》,张桂东著,《福建党史月刊》2008 年第 8 期。

《论中共对远东慕尼黑的态度演变》,陈传刚著,《南京政治学院学报》1994 年第 4 期。

《远东慕尼黑阴谋及中国共产党的斗争》,李蓉著,《世纪桥》1998 年第 1 期。

《中国共产党与国际反法西斯统一战线》,王继洲、张波著,《吉林师院学报》1989 年第 1 期。

《中国共产党与国际反法西斯统一战线》,王德京著,《光明日报》1995 年 6 月 5 日//《中国教育报》1995 年 6 月 21 日//《党的文献》1995 年第 5 期。

《中国共产党与国际反法西斯统一战线》,朱金才、刘双才著,《第二次世界大战史论文集③:五十年的深思》,李殿仁主编,军事谊文出版社 1996 年版。

《中国共产党与国际反法西斯统一战线》,姜廷玉著,《光明日报》2015 年 8 月 13 日//《军事历史》2015 年第 6 期//《理论参考》2015 年第 9 期。

《中国共产党对世界反法西斯战争的历史贡献》,《党的生活》2015 年第 8 期。

《中国共产党对世界反法西斯战争的历史贡献》,中共中央党史研究室理论研究中心著,《人民日报》2015 年 7 月 7 日。

《抗战时期中共对国内国际两个统一战线的科学统筹》,于海涛著,《军事历史》2010 年第 4 期。

《略论中国共产党对国际反法西斯统一战线的重大贡献》,李南征等著,《第二次世界大战与亚太国际合作:第二次世界大战史(重庆)学术讨论会论文集》,苑鲁、谢先辉主编,重庆出版社 2003 年版。

《中国共产党对建立世界反法西斯统一战线的贡献》,王真著,《战争奇观民族壮举》,徐红主编,军事科学出版社 1995 年版。

《中国共产党对促进世界反法西斯统一战线的贡献》,罗焕章著,《抗日战争研究》1995 年第 3 期 //《中国人民抗日战争纪念馆文丛·第五辑》,北京出版社1995 年版。

《中国共产党在构建世界反法西斯统一战线中的贡献》,罗艳梅、王东生著,《中共山西省委党校学报》2015 年第 4 期。

《论中共抗日统一战线对世界反法西斯统一战线发展与贡献》,张琴芬著,《江苏教育学院学报》1997 年第 3 期。

《中国抗日民族统一战线和国际反法西斯统一战线论略》,邵和平著,《中国及太平洋抗战与战俘问题研究——中国及太平洋抗战与战俘问题国际学术研讨会文集》,井晓光、王建学等主编,辽宁人民出版社 2009 年版。

《中国共产党建立国际反法西斯统一战线的理论与实践》,鸿志著,《国际政治研究》1995 年第 4 期。

《论中国共产党关于建立国际反法西斯统一战线的理论与实践》,彭训厚著,《军事历史研究》1998 年第 1 期。

《试论中国共产党对国际反法西斯统一战线的重要贡献》,刘仁亮、马珺著,《第二次世界大战史论文集④:人民战争的胜利》,刘鲁民、徐根初主编,金盾出版社 1998 年版。

《中共抗日国际统一战线方针初探》,张星星著,《抗日战争研究》1993 年第3 期。

《抗日战争时期中国共产党的联日反法西斯国际统一战线工作初探》,王庭岳著,《党史研究与教学》1990 年第 6 期。

《简论中共关于建立太平洋反日统一战线的策略思想》,张同乐著,《河北师范大学学报》1996 年第 S1 期。

《我党建立太平洋反法西斯统一战线的策略思想》,张国平著,《广东党史》2004 年第 4 期。

《中国共产党在世界反法西斯联盟中的作用》,张齐政著,《衡阳师院学报》1995 年第 4 期。

《论中国共产党的抗日国际统一战线工作》,张星星著,《战争奇观民族壮举》,徐红主编,军事科学出版社 1995 年版。

《中国共产党关于国际抗日统一战线的战略和政策》,王红续著,《理论视野》2005 年第 4 期。

《论抗战时期中国共产党坚持国际主义的理论与实践》,单国新著,《中州大学学报》1996 年第 1 期。

《论抗战时期中国共产党国际统一战线的外交思想》,张玲著,《广东省社会主义学院学报》2011 年第 2 期。

《中国共产党抗日战争后期的国际统战政策》,杨治远著,《山东医科大学学报》1995 年第 2 期。

《论抗战时期我党的国际反法西斯统一战线政策》,龙光尧著,《黔东南民族师专学报》1996 年第 1 期。

《抗日战争时期中国共产党国际统一战线政策的演进》,王琴著,《青海社会科学》2007 年第 3 期。

《抗战时期中国共产党的国际统一战线工作及历史经验》,刘志平著,《重庆社会科学》2005 年第 11 期。

《毛泽东与世界反法西斯统一战线》,黄国华著,《蜀都建设》1995 年第 4 期。

《毛泽东与世界反法西斯统一战线》,钟小敏著,《四川师大学报》2002 年第 1 期。

《毛泽东与国际反法西斯统一战线》,姜廷玉著,《纪念中国人民抗日战争暨世界反法西斯战争胜利 60 周年学术研讨会论文集:下卷》,中共中央党史研究室科研管理部编,中共党史出版社 2006 年版。

《论毛泽东关于建立国际反法西斯统一战线的思想》,吴薇等著,《长白学刊》1996 年第 2 期。

《毛泽东关于建立反法西斯国际统一战线的策略思想》,唐正芒、李国亮著,《党的文献》2019 年第 6 期。

《论毛泽东对国际反法西斯统一战线的历史贡献》,姜廷玉著,《党史研究资料》1996 年第 12 期。

《抗日战争时期毛泽东国际统一战线思想论析》,曲庆彪、杨文存著,《东北师大学报》1996 年第 3 期。

《试论毛泽东国际统一战线思想及其当代价值》,刘青锋著,《福建省社会主义学院学报》2015 年第 6 期。

《论毛泽东的抗日国际统一战线方针》,侯衔正著,《江汉大学学报》1994 年第 2 期。

《毛泽东抗日国际统一战线思想略论》,吴继轩著,《文史博览(理论)》2014 年第 1 期。

《毛泽东的抗日国际统一战线思想及其历史贡献》,吴继轩、姚顺玉著,《光明日报》2015 年 8 月 19 日。

《毛泽东国际统战思想刍论》,朱小宝著,《湖南省社会主义学院学报》2018 年第 2 期。

《毛泽东关于东方各民族反法西斯统一战线思想初探》,庄友桂著,《国际政治研究》1993 年第 4 期。

《毛泽东论国际援助与中国抗日战争》,柳茂坤著,《军事历史研究》1997 年第 3 期。

《毛泽东与中国抗日战争的两条统一战线——纪念中国抗日战争暨世界反法西斯战争胜利 60 周年》,卢国琪著,《恩施州党校学报》2005 年第 3 期。

《周恩来与国际反法西斯统一战线》,丁英顺、王晓园著,《江苏省社会主义学院学报》2017 年第 5 期。

《周恩来抗战时期的国际统一战线思想》,袁本文著,《北方工业大学学报》1997 年第 2 期。

《从民族主义到国际主义——第二次国共合作的基石》,王妮利著,《探索与争鸣》2005 年第 8 期。

《中国共产党在香港的抗战文化活动》,黄建新、莫振山著,《中共党史研究》1989 年第 6 期。

《自主团结的旗帜——国际反法西斯统一战线与中国共产党》,谢文著,《党史纵横》1996 年第 7 期。

《抗日战争时期中国共产党对西方民主的借鉴》,李君如、段炼著,《南京航空航天大学学报》2009 年第 2 期。

《抗日战争中后期中国共产党对西方民主的借鉴》，李君如、段炼著，《党史研究与教学》2009 年第 5 期。

《论抗战时期〈联共（布）党史简明教程〉在中国的传播及其对中国共产党宣传工作的影响》，欧阳军喜著，《党史研究与教学》2008 年第 2 期。

《略论"百团大战"在第二次世界大战中的地位和作用》，王中兴著，《军事历史研究》1987 年第 2 期。

《百团大战对世界反法西斯战争的影响》，叶立森著，《世界史研究动态》1993 年第 6 期。

《从百团大战看彭德怀对世界反法西斯战争的历史贡献》，曾哲著，《江汉论坛》1998 年第 11 期。

（2）日本共产党

《"九·一八"事变前夕日共的政治主张》，冯正钦著，《历史教学问题》1994 年第 1 期。

《"九·一八"事变前后部分日共党员"转向"的原因初探》，孙立祥著，《社会科学战线》1994 年第 6 期。

《日本共产党领导的反战斗争》，姜成玉著，《牡丹江师院学报》1991 年第 2 期。

《日本帝国主义发动的侵略战争与日本共产党的反战斗争》，[日]吉田阳介著，《当代世界与社会主义》2015 年第 3 期。

《日本侵华时期日本共产党领导的人民反战斗争》，郭栩著，《洛阳师范学院学报》2014 年第 10 期。

《日本共产党反对侵华战争的战略与策略》，冯正钦著，《历史教学问题》1996 年第 1 期。

《关于日本共产党建立反法西斯统一战线的资料一则》，冯正钦译，《承德民族师专学报》1994 年第 3 期。

《二战时期日本共产党中央机关报〈赤旗〉的战争观》，孙继强、张利军著，《当代世界与社会主义》2016 年第 1 期。

《左倾路线对日本人民反法西斯斗争的严重危害》，吕万和著，《世界史研究动态》1981 年第 10 期。

（3）德国和法国共产党

《欧洲共产党对世界反法西斯战争的贡献》，陈叶军著，《中国社会科学报》2015 年 3 月 30 日。

《试论德国共产党 1935 年以前反法西斯斗争的失误及其教训》，肖辉英著，《世界历史》1985 年第 9 期。

《试论德国共产党 1935 年以前反法西斯斗争的教训》，肖辉英著，《法西斯主义与第二次世界大战》，朱庭光主编，华夏出版社 1988 年版。

《三十年代德国共产党建立反法西斯统一战线的努力及失误》，于琳琦著，《黑龙江省社会主义学院学报》2001 年第 3 期。

《德国共产党反对法西斯专政的斗争（1933—1945）》，〔民主德国〕勃兰克著；蔡子宇译，《历史教学》1960 年第 7 期。

《试论德国共产党的抵抗斗争，1933—1945》，李维著，《北大史学》2016 年第 1 期。

《法国人民阵线运动兴衰之我见——兼评中共领导下的抗日民族统一战线》，罗重一著，《法国研究》1997 年第 2 期。

《论反法西斯抵抗运动中的法国共产党》，过亦林著，《军事历史研究》1995 年第 2 期。

《法国共产党领导人民反对德国法西斯占领者的斗争》，王贵正著，《历史教学》1962 年第 7 期。

《法共在二次大战期间和战后初期的政策变化》，〔奥〕尤利乌斯·布劳恩泰尔著；吴兴唐摘译，《共运资料选译》1984 年第 1 期。

第四节　交战国之间的关系

《关于 1941 年战事的一次国际讨论会》，〔苏〕阿·菲利托夫著；吴兴勇摘译，《二战史通讯》1983 年第 5 期。

《地缘政治因素与二战期间大国的战略抉择》，赵晓春著，《国际关系学院学报》1995 年第 3 期。

《评 1941 年"赫斯事件"》，金永华著，《思想战线》1984 年第 1 期。

《解开赫斯之谜》，贺兴平著，《中学历史教学参考》1985 年第 3 期。

《赫斯飞英之"谜"：国际关系史上一桩似了未了的公案》，石磊著，《外交学院学报》1991 年第 2 期。

《纳粹副元首驾机独往英国之谜：也谈赫斯出走原因》，夏柱峰、郑勇著，《军事史林》2004 年第 10 期。

《希特勒副手汉斯当年是自投罗网》，鲁林著，《军事历史》1992 年第 5 期。

《"3 号纳粹"只身驾机飞往英国为哪般？》，一兵摘，《军事历史》1995 年第 4 期。

《论赫斯飞英与丘吉尔"战时内阁"的对外政策》，萨本仁著，《宁波大学学报》1981 年第 2 期//《英国史论文集》，三联书店 1982 年版。

《"赫斯事件"与实施法西斯的战略意图》，陈守普著，《北方论丛》1989 年第 1 期。

《德苏战争开始后纳粹德国外交活动论析》，肖汉森著，《华中师大学报》1997 年第 5 期。

《墨索里尼下台前的意大利和平试探》，[美] 威廉·S.林森迈耶著；费佩君译，《二战史通讯》1987 年第 9 期。

《第二次世界大战期间和战后西方国家的对德政策》，曹国卿著，《史学月刊》1981 年第 3 期。

《论二战期间美国对外政策的演变》，王钊著，《沧州师专学报》2000 年第 2 期。

《略论二战时期美国对德政策的形成问题》，胡笑冰、黄庭月著，《河南大学学报》2001 年第 6 期。

《从卡萨布兰卡到广岛：论太平洋战争时期美国对日政策的两次转折》，戴超武著，《外国问题研究》1991 年第 4 期。

《战时日美国际关系理念的冲突及其对中国的争夺》，赵志辉著，《社会科学战线》2009 年第 10 期。

《论二次大战结束前后英美苏对德政策的演变》，戴伟青著，《上海师大学报》1985 年第 1 期//《世界近代、现代史》1985 年第 4 期。

《20 世纪一桩未了历史公案——二战期间教皇是否同纳粹狼狈为奸》，陆象淦著，《国外社会科学》2001 年第 2 期。

《1941—1945 年伟大卫国战争中中苏法关系中的德国问题》，[苏] 崔比纳著，《国际问题译丛》1959 年第 5 期。

《试论 1940—42 年英美与法国维希政府的关系》，马岱熙著，《河北师范学院学报》1992 年第 1 期。

《二战时期英国对法国维希政权的政策探析》，倪昕著，《北华大学学报》2011 年第 2 期。

《试析二战后期英国关于建立英法同盟的战略考虑》，巩象忠著，《首都师范大学学报》2004 年第 1 期。

《论太平洋战争时期英国策划马来亚联盟的动机》，张祖兴著，《中山大学学报》2003 年第 4 期。

《国家利益与斯大林时代苏联的对外政策》，侯文富著，《外国问题研究》1996 年第 1 期。

《二战期间斯大林与苏联的对外政策》，[苏] 别列日柯夫著；吕昶编译，《世界史研究动态》1984 年第 12 期。

《国际主义和大国主义——二战中斯大林外交政策的“双重性”评析》，秦正为著，《甘肃社会科学》2009 年第 1 期。

《论苏联在二战结束前后的对外政策》，徐天新著，《世界历史》1995 年第 5 期。

《论第二次世界大战结束前后苏联的对外政策》，陈淑荣著，《太行学刊》1995 年第 3 期。

《一九四一——一九四五伟大卫国战争时期国际会议上的苏联》，侯成德著，《世界史研究动态》1979 年第 8 期。

《论二战期间苏德关系的变化》，杨增麒著，《吴中学刊》1995 年第 3 期。

《论二次大战时期的法苏关系》，罗志刚著，《法国研究》1999 年第 1 期。

《论第二次世界大战中苏联和南斯拉夫的关系》，郝承敦著，《东欧》1995 年第 3 期。

《第二次世界大战期间日苏关系剖析》，任众著，《第二次世界大战史论文集》，三联书店 1985 年版。

《战时苏联对日中立政策研究》，崔建平著，《西伯利亚研究》2019 年第 2 期。

《浅析北太平洋航线运行中的日苏中立关系(1941—1945)》，刘佳楠著，《法制与社会》2016 年第 23 期。

《苏德战争与日苏关系》，罗志刚著，《武汉科技大学学报(社会科学版)》2000 年第 1 期//《第二次世界大战与世界历史进程:第二次世界大战史(武汉)

学术讨论会论文集》,胡德坤主编,武汉大学出版社 2002 年版。

《第二次世界大战结束前日俄、日苏关系的特点》,安成日著,《西伯利亚研究》2007 年第 2 期。

《斯大林三次谋求与德国媾和》,青文摘编,《军事历史》1993 年第 2 期。

《苏德战争初期斯大林三次谋求与德媾和》,胡昊编译,《世界史研究动态》1993 年第 1 期。

《苏联卫国战争初期斯大林"新布列斯特和约"意念的产生和夭折》,王作化著,《军事史林》2005 年第 3 期。

《卫国战争初期斯大林打算对德媾和说辨析》,郑异凡著,《探索与争鸣》2006 年第 6 期。

《评"斯大林向德乞和说"——兼与郑异凡先生商榷》,金重远著,《探索与争鸣》2006 年第 10 期。

《关于"评'斯大林向德乞和说'"一文的信》,郑异凡著,《探索与争鸣》2007 年第 3 期。

《苏联对意大利和东欧政策研究(1943—1947 年)》,杜辉著,《西伯利亚研究》2012 年第 2 期。

《苏联与第二次世界大战中的特兰西瓦尼亚问题(1940—1945)》,梁强著,《俄罗斯研究》2013 年第 5 期。

《1940 年 5 月—1941 年初英美对日政策的相同点及原因》,岳伟著,《邯郸职业技术学院学报》2004 年第 3 期。

《二战期间中德宣战原因管窥》,蔡胜、吴佳佳著,《黄山学院学报》2006 年第 1 期。

《维希政府对德外交政策述论》,陈文洪著,《哈尔滨学院学报》2011 年第 7 期。

《论维希法国与第三帝国的关系》,李义芳著,《法国研究》1998 年第 2 期。

《二战末期驻越法军退入中国及战后重返越北论析》,温亚昌著,《中山大学学报》2004 年第 4 期。

《太平洋战争前后的泰日关系》,张声海著,《东南亚研究》2001 年第 2 期。

《二战中"日泰同盟"关系评析》,蒋敬东、杨同富著,《苏州大学学报》2003 年第 3 期。

《澳大利亚外交与第二次世界大战》,姜天明著,《世界历史》1985 年第

3 期。

《澳大利亚对日政策的演变(1901—1941)》,杨杰著,《世界历史》1993 年第
6 期。

《国内关于二战时期澳大利亚外交研究综述》,赵昌、甘振军著,《东南亚纵
横》2008 年第 1 期。

《第二次世界大战爆发前后的南斯拉夫对外政策》,罗志刚著,《历史研究》
1989 年第 6 期。

《试析两次大战之间的南斯拉夫外交(1934—1941)》,周旭东著,《浙江师大
学报》1999 年第 1 期。

《英国对纳粹德国儿童难民的营救》,王本立著,《史学集刊》2014 年第
1 期。

《一个民族两个阵营 纳粹乌克兰 VS 红色乌克兰》,朱世巍著,《国家人文历
史》2014 年第 8 期。

第五节　大战与中立国

《析二战欧洲中立国之"中立"》,陈安全著,《史林》2004 年第 2 期。

《镜花水月——二战中的中立国》,刘帅著,《世界博览》2005 年第 12 期。

《中立,还是交战? 对二次大战期间欧洲战场中立国行为的一点理论思
考》,陈安全著,《历史教学问题》1998 年第 3 期。

《欧洲中立国与二战初期英国对德经济战(1939—1940)》,胡杰著,《陕西理
工学院学报》2013 年第 2 期。

《二战中土耳其奉行中立政策的原因》,张润民著,《思想战线》1987 年第
5 期。

《第二次世界大战期间土耳其中立外交政策的特点和意义》,张润民著,《西
亚非洲》1986 年第 6 期。

《试论战时土耳其的对外政策》,熊伟民著,《益阳师专学报》1993 年第
4 期。

《近年来国内关于二战时期西班牙中立问题的研究》,倪学德著,《历史教学
问题》2016 年第 3 期。

《佛朗哥政权的西班牙中立》,许东涛著,《福建广播电视大学学报》2004 年

第 5 期。

《评佛朗哥在二战中的"中立"政策》,金重远著,《世界历史》1991 年第 6 期。

《浅析二战时期西班牙的中立政策》,程有炳著,《历史教学》1994 年第 4 期。

《试析二战期间西班牙中立的原因》,于海涛著,《军事历史》1999 年第 2 期。

《二战中佛朗哥政权保持中立的原因》,祝中侠著,《安庆师范学院学报》2008 年第 2 期。

《二战期间西班牙佛朗哥政府中立政策原因研究》,冯烁著,《改革与开放》2014 年第 1 期。

《西班牙法西斯政权的建立及在二战中保持中立的原因》,陈长风著,《淮海工学院学报》2013 年第 4 期。

《试析二战中西班牙中立政策的原因及其实质》,张晨晨著,《安徽文学(下半月)》2009 年第 2 期。

《西班牙与美国"棉花贷款"问题初探》,吴涵著,《近现代国际关系史研究(第三辑)》,徐蓝主编,人民出版社 2013 年版。

《瑞士之中立》,赖元晋著,《世界史研究动态》1993 年第 1 期。

《二战时期瑞士中立探析》,赵剑峰、陈安全著,《皖西学院学报》2007 年第 6 期。

《二战中的瑞士是中立国吗》,王家森著,《中国人民抗日战争纪念馆文丛·第六辑》,团结出版社 2011 年版。

《瑞士在二战期间中的中立政策》,[瑞士]多米尼克·朱兰德著,《军事历史》2015 年第 6 期。

《浅谈瑞士在二战中避免被德国入侵的原因》,曹令军著,《安徽广播电视大学学报》2002 年第 3 期。

《二战期间瑞士中立政策及免遭侵占原因探析》,李媛著,《学理论》2019 年第 12 期。

《不可避免的中立:二战中的葡萄牙》,[葡]佩德罗·艾利斯·奥利韦拉著,《军事历史》2015 年第 6 期。

《评二战时期瑞典的"中立"》,陈安全著,《军事历史研究》2005 年第 1 期。

《二战时期英瑞外交关系中的铁矿石问题——围绕对德铁矿石贸易两国的政策分歧》,唐方亮著,《内蒙古师范大学学报》2010 年第 6 期。

《试论二战初期英国对德国经济战中的瑞典铁矿砂问题》,裴芝荣著,《首都师范大学学报》2007 年第 S1 期。

《二战时期英瑞在转运德军及战争物资问题上的纠葛》,唐方亮著,《黄石理工学院学报(人文社会科学版)》2011 年第 2 期。

《二战时期阿根廷的外交政策探析》,杨波著,《重庆科技学院学报》2010 年第 5 期。

《第二次世界大战中阿根廷与纳粹德国的关系初探》,曾强、夏正伟著,《军事历史研究》2006 年第 2 期。

《阿根廷与纳粹德国的暧昧往事》,吕晗子著,《国家人文历史》2014 年第 17 期。

《"风中之竹"的生存之道——简述二战期间泰国的外交政策》,周寒丽著,《思茅师范高等专科学校学报》2008 年第 5 期。

《二战时期美国未接受泰国宣战的原因》,朱大伟著,《淮北师范大学学报》2012 年第 4 期。

《试析二战期间爱尔兰实行中立的原因》,张伟颀著,《首都师范大学学报》2009 年第 S1 期。

《弃德投美:二战中巴西的抉择》,许志强著,《中国国防报》2009 年 10 月 13 日。

《论巴西在第二次世界大战期间的作用》,程晶著,《湖北大学学报》2006 年第 5 期。

《第二次世界大战中的贝当元帅和法国维希政权》,魏王笑天著,《学理论》2015 年第 27 期。

本书系国家社科基金抗日战争研究专项工程"世界反法西斯战争史（含中国抗战史）档案资料收集整理与研究"（批准号：16KZD020）阶段性成果之一，受此专项工程经费资助。

中国二战史研究七十年

（1950—2019）（下册）

赵文亮 ◎ 著

人民出版社

作 者 简 介

赵文亮，河南汝州人，历史学博士，曲阜师范大学教授、博士生导师；兼任中国世界现代史研究会副会长、中国第二次世界大战史研究会常务理事、山东省世界史学会副会长等。先后在郑州大学、华东师范大学、武汉大学和中国人民大学就读，并曾在河南师范大学、山东师范大学工作。从事二战史、国际关系史、世界现代史、中东史教学和研究 30 余年。承担国家及省部级科研课题 10 余项（其中主持国家社科基金重点项目和一般项目各 1 项、重大项目子课题 3 项、教育部教学改革项目 1 项），出版学术著作 10 余部，发表论文近百篇，多项成果获省部级科研、教学奖励。

目　录

下　册

第五编　第二次世界大战史学位论文目录索引

第九章　中国抗日战争与大国关系的互动

第一节　中国抗日战争研究综述

一、国外学界抗日战争研究综述

《近十年来国外中国抗日战争史英文研究述评》,刘本森著,《中共党史研究》2015 年第 1 期。

《加强中日学者对抗日战争史研究的交流》,史桂芳著,《北京党史研究》1995 年第 4 期。

《近十年来西方对中国抗日战争史研究述评》,王爱云著,《中共党史研究》2005 年第 5 期//《纪念中国人民抗日战争暨世界反法西斯战争胜利 60 周年学术研讨会论文集:上卷》,中共中央党史研究室科研管理部编,中共党史出版社 2006 年版。

《国外中国抗日战争史研究述评》,张注洪著,《北京党史研究》1995 年第 5 期。

《国外有关中国抗日战争论述简辑》,费佩君著,《纪念抗日战争胜利四十周年论文集》,上海市中共党史学会编,2000 年。

《2015 年国外学界的抗日战争研究》,韦磊著,《国外社会科学》2016 年第 5 期。

《国外历史课程标准中的抗日战争》,张汉林著,《中学历史教学参考》2019 年第 3 期。

《国外学者关于"十四年抗战"研究视角综论》,翟亚柳著,《红广角》2017 年第 Z3 期。

《东亚视角下的中日战争研究》,裴京汉著,《抗日战争研究》2016 年第 1 期。

《西方历史学界对中国抗日战争研究的新动态——以英国牛津大学"中国抗日战争研究中心"为例》,周昌文著,《重庆社会科学》2013 年第 3 期。

《略论日本学界对抗日战争史的研究》,齐福霖著,《人民日报(海外版)》1988 年 8 月 20 日。

《日本学者对中国抗日战争史研究述评》,齐福霖著,《中共党史研究》1989 年第 2 期。

《日本国内关于日中战争论的动向》,[日]斋藤道彦著,《北京师大学报》1995 年第 4 期。

《近年来日本学界对抗战时期中共党史的研究》,[日]丸田孝志著,《史学月刊》2015 年第 9 期。

《日本学界关于中日战争和亚洲太平洋战争称呼之讨论》,段瑞聪著,《南开史学》2019 年第 1 期。

《日本的日中战争史研究》,[日]波多野澄雄著;谭皓译,《抗日战争研究》2016 年第 4 期。

《近年来欧美学界的中国抗日战争研究》,王爱云著,《史学月刊》2015 年第 9 期。

《英国学术界抗日战争研究的发展》,聂洪萍著,《史学月刊》2018 年第 8 期。

《英国学术界中国抗战史研究的过去、现状与趋势》,刘本森著,《国际汉学》2019 年第 3 期。

《俄罗斯的中国抗战史研究》,李玉贞著,《史学月刊》2015 年第 9 期。

二、中国学界抗日战争研究综述

《毛泽东论抗日战争》,夏远生著,《毛泽东思想研究》1995 年第 4 期。

《习近平抗战史观及其现实影响》,游海华著,《中国延安干部学院学报》2019 年第 4 期。

《1991 年抗日战争史研究的进展》,曾景忠著,《近代史研究》1992 年第 4 期。

《1992 年抗日战争史研究的进展》,蒋英著,《党史研究与教学》1993 年第 3 期。

《1995 年抗日战争史研究的进展》,曾景忠著,《抗日战争研究》1996 年第 2 期。

《近五年来国内抗日战史研究简介》,马振犊著,《社科信息》1995 年第

9 期。

《一个立体多视角体系:近十五年来的中国抗日战争史研究》,蒋伯英著,《福建日报》1995 年 9 月 2 日。

《一年来抗日战争研究述评》,《抗日战争研究》1998 年第 1 期。

《一年来抗日战争研究述评》,本刊编辑部著,《抗日战争研究》1999 年第 1 期。

《一年来抗日战争史研究综述》,《抗日战争研究》2000 年第 1 期。

《一年来抗日战争研究述评》,《抗日战争研究》2001 年第 1 期。

《近年来抗日战争史研究综述》,杨青著,《教学与研究》2000 年第 9 期。

《中国抗日战场研究述略》(上下),曾景忠著,《许昌学院学报》2004 年第 1/4 期。

《抗日战争史研究述略》,京中著,《1945—1995 抗日战争胜利五十周年纪念集》,《抗日战争研究》编辑部编,近代史研究杂志社,1995 年。

《2001 年海内外中日关系史研究述评》,柯惕著,《抗日战争研究》2002 年第 4 期。

《2002 年海内外中日关系史研究述评》,柯惕著,《抗日战争研究》2003 年第 4 期。

《2003 年海内外中日关系史研究述评》,柯惕著,《抗日战争研究》2004 年第 4 期。

《2005 年中日关系史研究述评》,柯惕著,《抗日战争研究》2006 年第 4 期。

《2006 年中日关系史研究述评》,李仲明、刘兵等著,《抗日战争研究》2007 年第 4 期。

《2007 年中日关系史研究述评》,荣维木、高士华著,《抗日战争研究》2008 年第 4 期。

《2008 年中日关系史研究述评》,荣维木、高士华著,《抗日战争研究》2009 年第 4 期。

《2009 年中日关系史研究述评》,荣维木、高士华著,《抗日战争研究》2010 年第 4 期。

《2010 年中日关系史研究述评》,高士华、徐志民等著,《抗日战争研究》2011 年第 4 期。

《2011 年中日关系史研究述评》,高士华、李仲明等著,《抗日战争研究》

2012 年第 4 期。

《中国人民抗日战争研究述评(2015 年度)》,刘学礼著,《马克思主义理论学科研究》2016 年第 4 期。

《建国以来抗日战争史研究述评》,黄美真、张济顺等著,《民国档案》1987 年第 4 期。

《抗日战争史研究述论》,荀利波著,《社会科学动态》2019 年第 2 期。

《近十年来抗日战争研究述评》,荣维木著,《教学与研究》2005 年第 8 期。

《近十年抗日战争史研究新进展述评》,郭德宏、陈亚杰等著,《党史研究与教学》2005 年第 6 期。

《近年来抗日战争研究述评》,荣维木著,《纪念中国人民抗日战争暨世界反法西斯战争胜利 60 周年学术研讨会论文集:上卷》,中共中央党史研究室科研管理部编,中共党史出版社 2006 年版。

《三十年来抗日战争研究述评》,荣维木著,《中国近代史研究三十年(1979—2009)》,近代史研究编辑部编,2009 年。

《新世纪以来中国抗日战争史研究的回顾与前瞻》,董佳著,《北京行政学院学报》2015 年第 5 期。

《近十年来学界关于抗日战争若干问题研究述评》,郭永虎、暴占杰著,《日本研究》2015 年第 3 期。

《关于抗日战争研究的若干学术和热点问题评析》,岳思平著,《日本侵华史研究》2017 年第 1 期。

《21 世纪以来中国抗战口述史研究综述》,汪葛春著,《忻州师范学院学报》2015 年第 4 期。

《二十年来中国学者对中日关系史的研究》,贾宝波著,《世界史研究动态》1992 年第 9 期。

《50 年来的抗战时期思想文化研究》,马勇著,《抗日战争研究》1999 年第 3 期。

《海峡两岸关系视野下的抗日战争研究》,史习培著,《纪念中国人民抗日战争暨世界反法西斯战争胜利 60 周年学术研讨会论文集:上卷》,中共中央党史研究室科研管理部编,中共党史出版社 2006 年版。

《台湾史学界抗日战争研究述评》,高平平著,《军事历史研究》2003 年第 3 期。

三、抗日战争研究的方法

《抗日战争史研究中的若干"计量化"问题》，袁成毅著，《中国近代史研究三十年（1979—2009）》，近代史研究编辑部编，2009 年。

《抗日战争史研究中的若干"量化"问题》，袁成毅著，《抗日战争研究》2010 年第 1 期//《中华民族的抗争与复兴——第一、二届海峡两岸抗日战争史学术研讨会论文集（上）》，中国抗日战争史学会等编，团结出版社 2010 年版。

《"抗战十四年"的提法更准确》，徐焰著，《解放军报》2017 年 1 月 13 日。

《中国抗日战争史研究的几个问题》，刘庭华著，《史学月刊》1987 年第 3 期。

《关于抗日战争研究的两点想法》，章百家著，《党的文献》2005 年第 5 期。

《关于抗日战争史研究的几点思考》，章百家著，《中共党史研究》2015 年第 10 期。

《关于抗日战争研究几个问题的思考》，张宪文著，《南京大学学报》2005 年第 4 期。

《关于近年来抗日战争史研究的思考》，步平著，《人民日报》2010 年 9 月 3 日。

《关于日中战争史研究的几个问题》，［日］久保亨著，《抗日战争研究》2016 年第 1 期。

《正确认识中国抗日战争史三个重大问题》，李文著，《人民日报》2015 年 8 月 15 日。

《中国抗日战争与苏联卫国战争之比较》，齐玉琳、周德慧著，《社会科学研究》1995 年第 4 期。

《从甲午战争到抗日战争——两次中日战争比较研究》，王晓秋著，《北京大学学报》1995 年第 4 期。

《关于太平洋战争前夕中国战场的若干问题——与胡德坤同志商榷》，袁鸿林著，《世界历史》1986 年第 5 期。

《也谈太平洋战争前夕中国战场的若干问题——答袁鸿林同志》，胡德坤著，《世界历史》1986 年第 10 期。

《关于第二次世界大战时期中国战场的若干问题》，袁鸿林著，《世界历史》1987 年第 4 期。

《论二次大战中中国战场的几个问题》，沈永兴著，《中国社会科学院研究生院学报》1995 年第 4 期。

《国际法视角下的中国抗日战争研究》,祁怀高著,《历史教学(高校版)》
2008 年第 12 期。

《浅谈抗日战争与中日关系史研究》,葛美晶著,《学理论》2010 年第 33 期。

《笔谈"抗日战争与中日关系史研究"》,步平、荣维木、徐勇等著,《抗日战争
研究》2009 年第 1 期。

《关于中国抗日战争史开端问题理论观点综述》,荣维木著,《党校科研信
息》1988 年第 35 期。

《太平洋战争时期朝鲜人资本家的"中国侵略"》,金仁镐著,《抗日战争研
究》2006 年第 1 期。

《中国抗日战争与战时国际关系》,胡德坤著,《东北亚论坛》2015 年第
4 期。

第二节　中国局部抗战时期国际关系的互动

一、九一八事变与日、中两国的政策

《九一八事变前后的中日双方政策比较》,史桂芳著,《首都师范大学学报》
1994 年第 2 期。

《9·18 事变爆发至〈淞沪停战协定〉签字期间的蒋日关系》,陈鸣钟著,《民
国档案》1988 年第 2 期。

1. "九一八"事变与日本的政策

《从华盛顿会议到九一八事变——论 1921—1931 年日本对华政策的演
变》,沈予著,《抗日战争研究》1991 年第 1 期。

《从日方史料看九一八事变期间日本内阁政策底线的变动》,刘峰著,《"九
一八"研究》2016 年第 1 期。

《论九一八事变后日本的"决为外交保障占领"方针》,范德伟著,《"九一
八"研究》2018 年第 1 期。

《"九·一八"事变前后日本政府的对华政策》,王贵忠著,《沈阳师院学报》
1991 年第 4 期。

《九一八事变时期日本的对华新政策》,臧运祜著,《中国社会科学院研究生
院学报》2002 年第 2 期。

《九一八事变后日本的对华外交及战略意图——兼论南京国民政府的对策》,熊沛彪著,《历史研究》1998 年第 4 期。

《中日共同历史研究与九一八事变后日本对华政策的几个问题》,宋志勇著,《抗日战争研究》2011 年第 2 期。

《试论石原莞尔的"不扩大"思想》,王云翠著,《历史教学(高校版)》2009 年第 7 期。

《从〈日满议定书〉及相关附件的内容看伪满政权的傀儡性》,于耀洲、黄志强著,《齐齐哈尔大学学报(哲学社会科学版)》2008 年第 3 期。

《九一八事变后币原外交终结的原因探析》,李杰著,《广西教育学院学报》2004 年第 2 期。

《"九一八"事变后日本的对华"经济提携"政策》,熊沛彪著,《世界历史》1999 年第 2 期。

《九一八事变后日本媒体的舆论宣传和民众的反应——以〈盛京时报〉为例》,邱晶、于耀洲著,《理论观察》2013 年第 12 期。

《"九·一八"事变期间中日两国在国联的外交斗争》,赵东辉著,《齐齐哈尔大学学报》1995 年第 5 期。

《日本退出国际联盟始末》,徐康明著,《日本学刊》1994 年第 2 期。

《九一八事变与日本退出国联》,武向平著,《历史教学(下半月刊)》2011 年第 6 期。

《由列强对九一八事变的反应看日本退出国联的必然性》,常乐著,《"九一八"研究》2018 年第 1 期。

《关于"满洲国"外交承认的几个理论问题》,钟放著,《外国问题研究》2010 年第 4 期。

《从日本外务省与驻华领事馆密电揭秘日本承认伪满洲国内幕》,周波著,《日本侵华史研究》2014 年第 1 期。

《从"不扩大"方针到全面侵华方针的确立》,于耀洲著,《齐齐哈尔大学学报(哲学社会科学版)》2001 年第 1 期。

《从"协调"外交到东亚新秩序——日本东亚扩张政策的发展》,史桂芳、于英丽著,《北京中国抗日战争史研究会建会 20 周年学术论文集》,北京中国抗日战争史研究会等编,北京出版社 2012 年版。

《"广田三原则"评析——日本妄图灭亡中国的一份纲领性文件》,袁成亮著,《苏州科技学院学报》2005 年第 3 期。

《从"广田三原则"到"近卫三原则"——抗战爆发前后日本对华政策的"表"与"里"》,臧运祜著,《社会科学研究》2011 年第 5 期//《纪念抗战胜利 65 周年学术研讨会论文集》(中国抗日战争史学会等编),2010 年//《近代中国:文化与外交:下卷》,张俊义主编,社会科学文献出版社 2012 年版。

《西安事变与日本的对华政策》,臧运祜著,《近代史研究》2008 年第 2 期。

《试论日本对西安事变的态度及事变后日本侵华策略的调整》,罗平汉著,《探索》1997 年第 1 期。

《日本对西安事变的观点和反应——根据〈盛京时报〉新闻报道所作的分析》,王志刚著,《抗日战争研究》2012 年第 3 期。

《"华北事变"期间的日本对华政策》,臧运祜著,《纪念七七事变爆发 70 周年学术研讨会论文集》,中国社会科学院中日历史研究中心等编,社会科学出版社 2009 年版。

《九一八事变至七七事变时期日本对华政策初探》,田晶著,《大连近代史研究》第 9 卷,2012 年。

《从"九·一八"事变到"七·七"事变期间日本侵华政策的演变》,胡宝元著,《辽宁工学院学报》2002 年第 6 期。

《从华北事变到"八一三"中日双方政策的演变》,梁星亮著,《西北大学学报》1988 年第 2 期。

《七七事变以前的日本对华政策及其演变》,臧运祐著,《抗日战争研究》2007 年第 2 期//《中国抗战与世界反法西斯战争:纪念中国人民抗日战争暨世界反法西斯战争胜利 60 周年学术研讨会文集(下)》,中国社会科学院近代史研究所编,社会科学文献出版社 2009 年版。

《步向全面侵华战争前的准备——论九一八事变后日本对中国财政的破坏》,郑会欣著,《九一八事变与近代中日关系——九一八事变 70 周年国际学术讨论会论文集》,中国社会科学院中日历史研究中心等编,中国社会科学文献出版社 2004 年版。

《试析九一八事变后日本国内"侵华排外"狂潮》,史桂芳著,《党史研究资料》1993 年第 3 期。

《九一八事变后日本政府对中华民国留日学生政策述论》,徐志民著,《抗日战争研究》2011 年第 3 期。

2."九一八"事变与中国的政策

（1）赢得国际支持的外交努力

《"九·一八"事变后的中国外交》，李良玉著，《江海学刊》1996 年第 2 期。

《九一八事变后国民政府的外交选择》，马永著，《"九一八"研究》2018 年第 1 期。

《九一八事变后国民党政府内外政策的演变》，区苑华著，《广东民族学院学报》1993 年第 2 期。

《国民政府应对日本侵华的政策演变》，范丽红、胡玉海著，《"九一八"研究》2018 年第 1 期。

《"九一八"至"七七"间南京国民政府外交转变评述》，仲华著，《南京政治学院学报》2002 年第 6 期。

《简述国民政府的外交政策——从九一八事变到七七卢沟桥事变》，李莹、陈雷雷著，《"九一八"研究》2018 年第 1 期。

《"九·一八"事变后南京国民政府设立的特种外交委员会》，左双文著，《近代史研究》2003 年第 1 期。

《九一八事变后南京国民政府设立的特种外交委员会研究》，左双文著，《中华民国史研究三十年（1972—2002）：上卷》，中国社会科学院近代史研究所等编，社会科学文献出版社 2008 年版。

《抗战前夕国民政府外交部的危机应对——以国民政府三任外交部长的更替为中心》，陈立中、刘大禹著，《求索》2009 年第 12 期。

《南京国民政府对"一二八"事变的方针》，金再及著，《历史研究》1992 年第 3 期。

《一·二八事变与国民政府的外交决策》，左双文著，《华南师范大学学报（社会科学版）》2010 年第 1 期。

《一·二八事变与国民政府的外交决策》，左双文著，《抗战史料研究》2012 年第 1 期。

《"九·一八"事变后国民党倚赖国际联盟的骗局及其破产》，于永志著，《史学月刊》1965 年第 1 期。

《南京国民政府国联外交研究述评》，洪岚、卫金桂著，《北京电子科技学院学报》2009 年第 3 期。

《南京政府依赖国际联盟的外交政策》，彭敦文著，《民国春秋》2001 年第

1 期。

《简论国民政府依赖国联外交政策的形成》,彭敦文著,《武汉大学学报(哲学社会科学版)》1999 年第 1 期。

《国民政府为什么对日本采取了"诉诸国联政策"》,李翱著,《文史月刊》2013 年第 4 期。

《九一八事变与国民政府的国联外交》,左世元、罗福惠著,《南京社会科学》2008 年第 12 期。

《"九一八"事变后中国依赖国联的原因分析》,江星若著,《教育观察(上旬刊)》2014 年第 5 期。

《九·一八事变后南京政府依赖国联制日外交析评》,宗成康著,《民国档案》1997 年第 3 期。

《"锦州中立区"计划与南京国民政府"国联外交"辨析》,张革英著,《内蒙古农业大学学报(社会科学版)》2008 年第 3 期。

《略论李顿调查团来华前后南京政府对国联的外交策略》,周乾著,《世界现代史新论·第三编》,李世安等主编,中国华侨出版社 2007 年版。

《李顿调查团与南京国民政府国联外交得失》,洪岚著,《北京电子科技学院学报》2004 年第 1 期。

《马占山会晤李顿调查团代表补考》,王希亮著,《江桥抗战及近代中日关系研究(上)》,东北地区中日关系史研究会编,周彦、李海主编,吉林人民出版社2005 年版。

《试论蒋介石依赖国联解决九·一八事变的幻想及其破灭》,袁成亮著,《铁道师院学报》1991 年第 1 期。

《寄望国联解决中日冲突的尝试宣告失败——蒋介石的对日和战抉择系列之三》,吴景平著,《世纪》2017 年第 2 期。

《九一八事变后中国外交幻想的破灭》,何俊华著,《文史杂志》2012 年第4 期。

《顾维钧诉诸国联的外交活动》,蒋永敬著,《抗日战争研究》1992 年第1 期。

《三十年代顾维钧"国联外交"考察》,张玮、岳谦厚著,《山西师大学报(社会科学版)》2003 年第 1 期。

《日本退出国联后中国知识界对外交出路的探究与省思》,陈志刚著,《安徽史学》2019 年第 2 期。

《中国知识界对国联处理九一八事变的不同反应——以胡适、罗隆基和胡愈之为例的考察》,郑大华、刘妍著,《抗日战争研究》2009 年第 1 期。

《从对〈李顿报告书〉的评论看中国抗战前途》,莫镇湖著,《绵阳师范学院学报》2011 年第 10 期。

《九一八事变后张学良与蒋介石应对策略的比较研究》,范丽红著,《中国国家博物馆馆刊》2012 年第 1 期。

《九一八事变后顾维钧的外交主张述评》,陈积敏、赵金金著,《怀化学院学报》2007 年第 2 期。

《论九一八事变后顾维钧"联美制日"思想》,白杰著,《学理论》2014 年第 11 期。

《九一八事变后顾维钧的抗日外交努力》,张一拓著,《"九一八"研究》2019 年第 1 期。

《孙科"联苏制日"外交思想简论》,左双文、殷莎著,《抗战史料研究》2014 年第 1 期 //《徐州工程学院学报(社会科学版)》2013 年第 5 期。

《论宋庆龄反对国际绥靖主义》,唐宝林著,《近代史研究》1992 年第 5 期。

《蒋介石的中日苏关系观与"制俄攘日"构想——兼论蒋汪分歧的一个重要侧面》,鹿锡俊著,《近代史研究》2003 年第 4 期。

《蒋介石的中日苏关系观与"制俄攘日"战略——兼论蒋汪分歧的一个重要侧面(1933—1934)》,鹿锡俊著,《中华民国史研究三十年(1972—2002):上卷》,中国社会科学院近代史研究所等编,社会科学文献出版社 2008 年。

《蒋介石"首脑外交"之运用:与苏绝交和复交》,张祖龚著,《民国档案》2008 年第 1 期。

《是"联俄抗日"还是"共同防共":1933—1937 年蒋介石关于选边站的纠结》,张皓著,《安徽史学》2019 年第 5 期。

《蒋介石的对苏纠结与抗日决断(1936—1937)》,鹿锡俊著,《抗日战争研究》2015 年第 3 期。

《1932 年中国对苏复交的决策过程》,鹿锡俊著,《近代史研究》2001 年第 1 期。

《1932 年中苏复交档案史料》,卞岩著,《民国档案》2006 年第 2 期。

《从 1932 年中苏复交看国民政府对苏政策实质》,王员、郭秋光著,《甘肃社会科学》2004 年第 5 期。

《1931 至 1937 年南京政府对苏外交述评》，李立新、兰荣著，《喀什师范学院学报》1998 年第 3 期。

《南京国民政府对苏政策析论》，琚贻明著，《东方论坛》1998 年第 2 期。

《"九一八"事变后国民政府派系之争下的中苏复交》，侯中军著，《晋阳学刊》2015 年第 6 期。

《九一八事变后南京政府的对美外交》，熊志勇著，《外交学院学报》1990 年第 3 期。

《1935 年蒋介石、汪精卫争取德国调停中日冲突的目的辨析》，张北根著，《北京科技大学学报（社会科学版）》2016 年第 3 期。

《九一八事变后中国知识界对日本战争宣传的反击——以英文撰述为中心》，李珊著，《抗日战争研究》2012 年第 4 期。

《九一八事变后〈益世报〉的对日舆论》，马彬著，《首都师范大学学报》2011 年第 S1 期。

《理性民族主义之一例：九一八事变后的天津〈大公报〉》，郑大华著，《浙江学刊》2009 年第 4 期。

《九一八事变后中国留日学生的抗日救亡活动》，王奇生著，《抗日战争研究》1996 年第 3 期。

《九一八历史的整合——论"九·一八"事变后的中西文化融合》，马千里著，《苏州大学学报》1996 年第 4 期。

（2）中国对日本的政策与和战决策

《南京国民政府对日政策变迁（1927—1937）》，赵延宁著，《学理论》2009 年第 19 期。

《九一八事变前蒋介石对东北危机的预判与应对策略》，范德伟著，《"九一八"研究》2017 年第 1 期。

《论"九一八"事变后中国对日抗战思想的演变》，孟彭兴著，《史林》1989 年第 1 期。

《论九一八事变与南京国民政府的对日政策》，李云峰著，《西北大学学报》1992 年第 3 期。

《论"九·一八"事变与南京国民政府的对日政策》，李云峰著，《抗日战争与中国历史——"九·一八"事变 60 周年国际学术讨论会文集》，中国抗日战争史学会等编,辽宁人民出版社 1991 年版。

《试析从"九·一八"到"七·七"国民党政府的对日政策》,李淑霞著,《昭乌达蒙族师专学报》1991 年第 3 期。

《"九一八"事变中蒋介石对日政策论评》,刘侃著,《中国人民抗日战争纪念馆文丛·第三辑》,北京燕山出版社 1992 年版。

《"九一八"事变前后蒋介石之对日战略》,范德伟著,《蒙自师范高等专科学校学报》2000 年第 5 期。

《"九一八事变"前后的蒋介石——蒋介石的对日和战抉择系列之二》,吴景平著,《世纪》2017 年第 1 期。

《"九一八"事变前蒋介石与张学良对日问题的共同方针》,洪岚著,《北京电子科技学院学报》2005 年第 1 期。

《"九·一八"事变前后张学良与蒋介石对日主张比较》,袁成亮著,《西部学刊》2018 年第 11 期。

《"九·一八"事变后蒋介石对日外交中的心理战策略》,范明强著,《黑龙江省社会主义学院学报》2012 年第 2 期。

《直接交涉:九一八事变期间独特的外交争论》,张皓著,《徐州师范大学学报》2007 年第 4 期。

《"九·一八"事变前后南京政府的对日政策》,翟金忠著,《沈阳师院学报》2000 年第 1 期。

《"一·二八"抗战中国民党当局的对日政策》,李松林著,《团结报》1989 年 1 月 28 日。

《一·二八事变期间国民政府对日政策评析》,陈积敏、张同侠著,《重庆文理学院学报》2010 年第 5 期。

《论"一·二八"事变期间国民政府对日政策——兼与"九·一八"事变对日政策比较分析》,陈积敏、张同侠著,《宜宾学院学报》2009 年第 9 期。

《国民党政府对"九·一八"及"一·二八"事变之反应》,黄民文著,《湖南人文科技学院学报》2013 年第 3 期。

《九一八事变后南京政府关于对日绝交的讨论》,陈红民著,《南京大学学报》2000 年第 1 期。

《九一八事变后孙科政府的对日绝交方案》,肖如平、李红梅著,《历史教学(高校版)》2009 年第 4 期。

《论"九·一八"事变后孙科内阁对日绝交宣战计划及其破产》,袁成亮著,《江苏社会科学》1995 年第 1 期。

《"九一八"事变后胡适对日主张中的战与和问题》,周玉和著,《东北师大学报》1994 年第 5 期。

《九一八事变后胡适对日外交政策的理性思考》,徐希军著,《安庆师范学院学报》2006 年第 4 期。

《浅析九一八事变后顾维钧的对日外交谋划》,于耀洲著,《东北史地》2011 年第 4 期。

《论宋子文的对日强硬态度(1931—1933 年)》,吴景平著,《抗日战争研究》1992 年第 2 期 //《抗日战争与中国历史——"九·一八"事变 60 周年国际学术讨论会文集》,中国抗日战争史学会等编,辽宁人民出版社 1994 年版。

《论蒋介石对"九一八事变"的不抵抗政策》,马洪武、宋学文著,《江苏社会科学》1992 年第 5 期。

《论蒋介石对"九·一八"事变的不抵抗政策》,马洪武、宋学文著,《抗日战争与中国历史——"九·一八"事变 60 周年国际学术讨论会文集》,中国抗日战争史学会等编,辽宁人民出版社 1994 年版。

《"九·一八"事变与蒋介石的不抵抗主义》,陈崇桥著,《辽宁大学学报(哲学社会科学版)》1981 年第 5 期。

《"九·一八"事变与"不抵抗政策"》,郭江青著,《舟山师专学报》1995 年第 2 期。

《蒋介石对日不抵抗政策探源》,李云峰著,《安徽史学》1999 年第 1 期。

《蒋介石的"攘外必先安内"的方针与不抵抗政策》,雷奎怀著,《贵阳师专学报(社会科学版)》1997 年第 4 期。

《九一八事变前后日本各派政治力量的态度及蒋介石的不抵抗政策》,张宏著,《内蒙古电大学刊》2004 年第 6 期。

《对"九·一八"事变中"不抵抗"政策的再探讨》,张世均著,《曲靖师范学院学报》2005 年第 4 期。

《浅析九一八事变后国民政府的不抵抗政策》,金恒薇著,《沈阳大学学报(社会科学版)》2012 年第 1 期。

《蒋介石、张学良与不抵抗政策之关系》,关志钢著,《社会科学研究》1998 年第 6 期。

《蒋介石的不抵抗和张学良的不抵抗》，范德伟、庄兴成著，《史学月刊》2003年第9期。

《论"九一八"事变张学良执行不抵抗政策的原因》，李振著，《黑龙江史志》2014年第17期。

《谁是"不抵抗政策"的始作俑者》，张桂芝著，《大连近代史研究》2015年第1期。

《正确区分"九一八"事变前后蒋介石与张学良的两种"不抵抗主义"》，李方祥著，《思想理论教育导刊》2015年第11期。

《张学良、蒋介石与"九一八"事变时的不抵抗主义——基于张学良回忆的讨论》，李东朗著，《史学集刊》2017年第1期。

《李宗仁对蒋介石不抵抗政策的揭露和抨击》，赵德教著，《河南师范大学学报》1985年第2期。

《九一八事变与当年日本政界——兼论蒋介石放弃不抵抗政策的可行性》，朱泽刚著，《景德镇高专学报》2003年第3期。

《一·二八淞沪抗战中的抵抗与交涉——蒋介石对日和战抉择系列之五》，吴景平著，《世纪》2017年第4期。

《"蒋汪合作"与对日政策的改弦更张——蒋介石对日和战抉择系列之四》，吴景平著，《世纪》2017年第3期。

《长城抗战时期国民政府的对日交涉》，明珠、刘春英著，《长春师院学报》2002年第4期。

《"道义外交"与国民政府对日外交策略》，彭敦文著，《民国档案》2004年第3期。

《蒋介石的亲日外交思想解析》，杨凤霞、吴艳春著，《吉林省社会主义学院学报》2005年第4期。

《30年代蒋介石对日思维——以〈敌乎？友乎？——中日关系的检讨〉一文为中心的考察》，彭敦文著，《民国档案》2009年第2期。

《蒋介石对社会价值观念的塑造与对日外交（1931—1936）》，邓正兵、张均著，《社会科学论坛（学术研究卷）》2008年第4期。

《1935年前后国民政府"亲日"外交透视》，王旸著，《张家口师专学报》1999年第2期。

《蒋介石与1935年上半年的中日亲善——以蒋氏日记为中心的考察》，臧运祜著,《民国档案》2018 年第 1 期。

《张川谈判及蒋介石对日妥协政策的破产》,谢鹏著,《外交学院学报》1989 年第 4 期。

《二二六事变后国民政府的因应及其困境》,赵晓红著,《民国档案》2017 年第 1 期。

《九一八事变后国民政府对日政策的演变》,傅玉能著,《华南师范大学学报》2004 年第 5 期。

《九一八事变后南京国民政府对日政策的演变——以〈中央日报〉对马占山抗战的报道为中心》,刘丽丽著,《民国档案》2015 年第 6 期。

《九一八事变后国民政府对日政策的演变探究》,李阳著,《赤子》2016 年第 12 期。

《绥远抗战与蒋介石对日政策的转变——蒋介石日记解读》,杨天石著,《晋阳学刊》2012 年第 4 期//《江淮文史》2013 年第 2 期。

《试论华北事变后蒋介石对日态度的变化》,谢树坤、陈瑾著,《中州学刊》1987 年第 3 期。

《从华北事变看国民党政府对日政策的转变》,赵冰梅著,《辽宁教育学院学报》1989 年第 4 期。

《华北事变前后国民党对日政策的变化》,刘邵思著,《才智》2008 年第 15 期。

《华北事变后蒋介石对日态度的转变及其原因》,俞国著,《中学历史教学研究》1999 年第 3 期。

《浅论“华北事变”后蒋介石对日态度策略转化的经济原因》,王维宣著,《甘肃理论学刊》1991 年第 1 期。

《全面抗战爆发前的蒋日矛盾和南京政府的对策》,李振民著,《西北大学学报》1989 年第 1 期。

《试论抗战前国民党对日政策的两次转变》,李加才旦著,《青海民族学院学报》1995 年第 4 期。

《试论抗战前蒋介石对日外交政策的调整》,杨凤霞著,《长春师范学院学报》2005 年第 4 期。

《七七事变前蒋介石对日政策的演变》,金冲及著,《近代史研究》2014 年第 1 期。

《蒋介石对日政策转变的主观因素初探》，曹德贵著，《内蒙古师大学报》1993 年第 2 期。

《论蒋介石对日由妥协到全面抵抗的历史必然》，张小强著，《钦州师范高等专科学校学报》2000 年第 4 期。

《略论蒋介石对日态度的演变》，王剑秋著，《纪念抗日战争胜利四十周年论文集》，上海市中共党史学会编，2000 年。

《南京国民政府对日政策转变的主观因素探析》，袁素莲著，《齐鲁学刊》1997 年第 6 期。

《南京国民政府对日政策的转变及对抗战的影响》，袁素莲著，《齐鲁学刊》2000 年第 4 期。

《抗日战争前夕蒋介石对日妥协方针探源》，罗双飞著，《湖南纺织高等专科学校学报》2000 年第 2 期。

《卢沟桥事变前蒋介石的对日谋略——以蒋氏日记为中心所做的考察》，杨天石著，《近代史研究》2001 年第 2 期。

《国民政府体制内压力集团对外交决策的影响——以战前政府对日方针制订为中心的考察》，申晓云著，《南京大学学报（哲学、人文科学、社会科学版）》2009 年第 3 期。

《"满洲国"承认问题与国民党的对日政策》，钟放著，《外国问题研究》2010 年第 3 期。

《蒋介石"攘外必先安内"政策研究综述》，薛钰著，《民国档案》1995 年第 2 期。

《近 20 年来蒋介石"攘外必先安内"政策研究热点述评》，段妍著，《北京党史》2005 年第 5 期。

《"攘外必先安内"政策的历史透视》，张霞著，《淄博学院学报（社会科学版）》2000 年第 3 期。

《谁最先提出"攘外必先安内"的口号》，王晓华著，《民国春秋》2000 年第 2 期。

《"攘外必先安内"的提出及演变》，刘家富著，《兰台世界》2008 年第 20 期。

《试论"攘外必先安内"方针的形成》，李松林著，《史学月刊》1989 年第 1 期。

《试析"攘外必先安内"》，方德助著，《台州师专学报》1994 年第 3 期。

《"攘外必先安内"再批判》,熊宗仁著,《抗日战争研究》2001 年第 4 期。

《论国民党政争与蒋介石"攘外必先安内"政策》,蔡建中著,《台州师专学报》1994 年第 1 期。

《蒋介石"攘外必先安内"政策探析》,蔡建中著,《华中师范大学学报(哲学社会科学版)》1992 年第 6 期。

《走向深渊的误国逆行——蒋介石与"攘外必先安内"》,周建超著,《党史纵横》1993 年第 9 期。

《蒋介石与"攘外必先安内"》,周建超著,《党史研究与教学》1994 年第 2 期。

《蒋介石政府"攘外必先安内"政策的历史考察》,吴传秀著,《江汉论坛》1994 年第 3 期。

《蒋介石"攘外必先安内"的历史透析——与桑弘羊"欲安其内,先固其外"的比较研究》,赵东喜著,《河南师范大学学报》2002 年第 5 期。

《蒋介石"攘外必先安内"政策之剖析》,季云飞著,《河北学刊》1995 年第 3 期。

《蒋介石"攘外必先安内"方针研究》,黄道炫著,《抗日战争研究》2000 年第 2 期 //《中国社会科学院近代史研究所青年学术论坛(1999 年卷)》,社会科学文献出版社 2000 年版。

《浅谈蒋介石"攘外必先安内"政策的形成》,庞美华著,《广西广播电视大学学报》2000 年第 2 期。

《蒋介石何时提出"攘外必先安内"的政策》,李明山著,《史学月刊》1986 年第 6 期。

《蒋介石"攘外必先安内"政策是什么时候提出来的?》,朱兆中著,《历史教学》1987 年第 12 期。

《蒋介石"攘外必先安内"政策的动因新探》,陈任远著,《湛江师范学院学报》2007 年第 1 期。

《日军侵华与"安内攘外"政策》,舒胜利著,《太原教育学院学报》1998 年第 2 期。

《蒋介石为什么坚持"攘外必先安内"的方针?》,本刊编辑部著,《党史文苑》2013 年第 7 期。

《试析蒋介石"攘外必先安内"政策提出的缘由》,周正龙著,《社会科学论坛》2006 年第 9 期。

《南京国民政府"攘外必先安内"政策论析》,杨启秀著,《无锡教育学院学报》1995 年第 4 期。

《也论国民党政府的"攘外必先安内"政策》,刘昊著,《鸡西大学学报》2008年第 5 期。

《国民党政府的"攘外必先安内"政策之探析》,丁云著,《历史教学问题》2016 年第 6 期。

《国民党"攘外必先安内"政策的实质及其转变的意义》,何华国著,《湘潭大学学报(社会科学版)》1986 年第 1 期。

《国民党政府放弃"攘外必先安内"政策探因》,远宁著,《湖南社会科学》1998 年第 2 期。

《从"攘外必先安内"到"国共合作抗日"——国民党蒋介石国策转变原因初探》,黄士君著,《武警学院学报》1995 年第 S1 期。

《论蒋介石"攘外必先安内"政策的发展变化》,尹行创著,《安康学院学报》2008 年第 5 期。

《论蒋介石"攘外必先安内"反动政策的出笼及其破产》,周善红著,《理论学刊》1998 年第 2 期。

《关于南京国民政府"安内攘外"政策的评价》,王维礼、程舒伟著,《中共党史研究》1993 年第 3 期 //《第二届近百年中日关系史国际研讨会论文集》,中国抗日战争史学会等编,中华书局 1995 年版。

《蒋介石坚持"攘外必先安内"中国丧失一次联苏抗日的机会——试解抗战前夕陈立夫秘密赴欧之谜》,奎松著,《炎黄春秋》1997 年第 9 期。

二、中日和谈及双方关系

《九一八事变前中日东北问题交涉的内容与特点》,胡玉海著,《"九一八"研究》2016 年第 1 期。

《略论第一次世界大战至"九·一八"事变期间的中日关系》,王升著,《东北亚论坛》1996 年第 4 期。

《宋子文的美欧之行与"九一八"事变后的中日外交》,宋志勇著,《日本研究论集(1)》,南开大学日本研究中心编,南开大学出版社 1988 年版。

《塘沽协定签订前的中日谈判》,肖前著,《近代史研究》1990 年第 1 期。

《1935 年前后的蒋日关系》,李蓓蓓著,《上海大学学报》1988 年第 3 期。

《试论 1935、1936 年中日会谈》,陈鸣钟著,《民国档案》1989 年第 2 期。

《中日外交谈判述略(1935—1936)》,萧李居著,《抗战史料研究》2012 年第 1 期。

《广田三原则交涉始末》,谢鹏著,《外交学院学报》1985 年第 3 期。

《"广田三原则"与国民政府的对策》,齐福霖著,《近代史研究》1994 年第 3 期 //《第二届近百年中日关系史国际研讨会论文集》,中国抗日战争史学会等编,中华书局 1995 年版。

《中日"广田三原则"交涉中的国民政府的外交策略》,彭敦文著,《民国档案》2001 年第 3 期。

《蒋介石与中日三原则谈判》,臧运祜著,《民国档案》2010 年第 4 期 //《第三届近代中国与世界国际学术研讨会论文集·第二卷·政治·外交(下)》,中国社会科学院近代史研究所编,社会科学文献出版社 2015 年版。

《蒋介石与 1935 年中日苏关系的转折》,鹿锡俊著,《近代史研究》2009 年第 3 期 //《民国人物与民国政治》,中国社会科学院近代史研究所等编,社会科学文献出版社 2009 年版。

《日本外务省对蒋介石的认知与双方的互动——从 1935 年蒋接任行政院院长至 1936 年成都事件前夕》,陈群元著,《社会科学研究》2019 年第 1 期。

《稳定日中关系的可能性——从塘沽停战协定到卢沟桥事件》,[日]户部良一著;高莹莹译,《抗日战争研究》2011 年第 2 期。

《抗战前中日国交调整的最后尝试与失败——1937 年日本儿玉经济使节团访华研究》,王萌著,《史林》2014 年第 4 期。

三、国联、世界大国的态度和政策

1. 国联的反应与李顿调查报告

《"国际联盟"与"九·一八"事变》,卞直甫著,《社会科学辑刊》1992 年第 4 期。

《"九·一八"事变后国联的反应》,马永、王勇著,《山西大同大学学报》2017 年第 6 期。

《国联集体安全机制与九一八事变》,李广民、王玉婷著,《南通纺织职业技术学院学报》2012 年第 2 期。

《评国际联盟在"九一八"事变中的作用》,张敬禄著,《齐鲁学刊》1988 年第 3 期。

《国联调解"九·一八"事变评析》,何岚、梅亚娣著,《淮阴师院学报》2000 年第 3 期。

《对国际联盟调解"九一八事变"中日冲突的再认识》,蒋超群著,《广西社会科学》2006 年第 12 期。

《李顿调查团》,喻选锋著,《历史教学》1994 年第 7 期。

《"九一八"事变与李顿调查团》,张洪祥著,《南开史学》1982 年第 1 期。

《国际性与主体性:中日冲突和国际联盟调查团的产生》,陈海懿、郭昭昭著,《抗日战争研究》2017 年第 3 期。

《九一八事变后美国的因应和国联调查团产生》,陈海懿著,《民国档案》2019 年第 4 期。

《九一八事变后的英国与国联调查团组建——基于英国档案文献的考察》,陈海懿、徐天娜著,《史林》2019 年第 4 期。

《浅析国联调查团派遣案的出笼》,武寅著,《外国问题研究》1989 年第 4 期。

《国联调查团的预演:九一八事变后的中立观察员派遣》,陈海懿著,《抗日战争研究》2019 年第 2 期。

《李顿赴华调查中国事件致其妻子信件》,朱利译,《民国档案》2002 年第 3 期。

《"九一八"事变后国联调处活动评析》,李淑娟著,《北方论丛》2001 年第 3 期。

《"九·一八"事变后国联调查活动研究》,魏鹏著,《学理论》2016 年第 12 期。

《一二八事变后国际联盟的调处活动评析》,刘建武著,《抗日战争研究》1994 年第 3 期。

《禁锢与监控:李顿调查团与西方记者密访马占山风波》,王希亮著,《日本侵华南京大屠杀研究》2019 年第 3 期。

《李顿调查团来华调查真相》,窦爱芝著,《历史教学》1998 年第 12 期。

《"李顿调查团"研究的回顾与深化》,黄金宽著,《民国研究》2017 年第 2 期。

《试析〈李顿报告书〉的出台过程及其影响》,赵欣著,《东北师大学报(哲学社会科学版)》2016 年第 6 期。

《重评李顿调查团报告书》,周美云著,《安徽师大学报》1992 年第 3 期。

《新评〈李顿报告书〉》,郑凯旋著,《兰台世界》2014 年第 2 期。

《联合国欧洲办事处所藏国联调查团档案概述》,曹必宏、文俊雄著,《民国档案》2011 年第 3 期。

《日内瓦藏李顿调查团档案文献的结构和价值》,杨骏、张生著,《安徽史学》2019 年第 2 期。

《从〈国联调查团报告书〉看〈TRUTH(真相)〉史料的历史地位》,刘长江著,《辽宁大学学报(哲学社会科学版)》2015 年第 5 期。

《国联档案馆藏李顿调查团档案之〈国难备忘录〉解读》,汪文丽著,《兰台世界》2019 年第 8 期。

《国联调查团收函电选》,文俊雄著,《民国档案》2012 年第 2 期。

《〈国联调查团报告书〉中记载的东北军民对伪满洲国态度的评析》,田晶著,《"九一八"研究》2019 年第 1 期。

《国联无力制止日本侵华活动》,孟月明著,《中国社会科学报》2017 年 9 月 18 日。

《九一八事变后国联调处活动及中日外交反应》,于耀洲著,《大连近代史研究》第 9 卷,2012 年。

《英国、国联与"九·一八"事变——兼评〈李顿调查报告〉》,王宇博著,《历史档案》2002 年第 2 期。

《英国对国联会议审议李顿报告书的态度》,张北根著,《抗日战争研究》2001 年第 2 期。

《九一八事变后国联与中日的外交二重性评析》,俞辛焞著,《抗日战争研究》1993 年第 4 期。

《中日两国围绕李顿调查团外交对策之比较》,李广民著,《日本研究论集》1998 年第 1 期。

《浅析"九一八"事变后日本反对国联派遣调查团的原因》,朱宇著,《黑龙江史志》2014 年第 11 期。

《满铁在国联调查团来华期间"活动"述考》,武向平著,《东北史地》2012 年第 2 期。

《九一八事变与中共对国联调处中日争端的反响》,洪岚著,《"九一八"研究》2018年第1期。

2. 世界大国的态度和政策

《九一八事变与权力政治——失效的国际道德和世界舆论》,李杨著,《文史博览(理论)》2015年第9期。

《论九一八事变的国际性——以〈TRUTH(真相)〉史料为中心》,王建学著,《辽宁大学学报(哲学社会科学版)》2015年第5期。

《浅谈九一八事变的发生对世界格局产生的影响及变化》,史永梅著,《"九一八"研究》2018年第1期。

《九一八事变前后美、英、苏对日政策的演变及中日两国的政策取向》,李莹、王瑜鹭著,《"九一八"研究》2016年第1期。

《美英苏在九一八事变后的远东政策》,王旸著,《邢台师专学报》2000年第1期。

《国家利益与外交政策的选择——兼评1931—1933年远东危机中苏美等国的对日政策》,龙宏甫著,《安庆师院学报》2003年第4期。

《"九·一八"事变前后外国在华记者的报道活动》,张功臣著,《新闻与传播研究》1996年第3期。

《欧美大国和华侨对"九一八"事变的反响》,张世均著,《世界历史》2001年第4期。

《浅析欧美等国在九一八事变发生后的应对》,孙中美著,《"九一八"研究》2018年第1期。

《英美在应对九一八事变中的"西蒙—史汀生迷思"》,解永春著,《"九一八"研究》2018年第1期。

《协调与分歧:"九一八"事变后美英的反应》,李业圣著,《学习月刊》2009年第4期。

《中日〈淞沪停战协定〉中的英美因素》,任东来、刘华著,《江海学刊》2011年第1期。

《评"九一八事变"后英美两国的远东政策》,阮君华著,《江海学刊》2001年第5期。

《英国、美国与"九·一八"事变》,王宇博著,《史林》1999年第2期。

《美苏两国对九一八事变及伪满洲国建立的态度政策分析》,郭温玉著,

《"九一八"研究》2018年第1期。

《从九·一八事变的处理看国际压力对日本决策的影响》,武寅著,《日本研究》1991年第4期。

《试论"九一八"后日本与美、英对中国市场的竞争》,仇华飞著,《档案与史学》1997年第6期。

《天羽声明与欧美各国之反响——日本帝国主义侵华资料选译(二)》,马斌著,《中国人民抗日战争纪念馆文丛·第三辑》,北京燕山出版社1992年版。

《国际社会为何聚焦日军空袭锦州》,袁成毅著,《中国社会科学报》2010年3月2日。

《日军空袭锦州与国际社会反响再探讨》,袁成毅著,《民国档案》2013年第4期。

(1)英国的态度和政策

《英国与"九·一八"事变》,徐蓝著,《北京师院学报》1989年第2期。

《英国与"九·一八"事变》,洪邮生著,《江苏社会科学》1991年第6期。

《英国与"九·一八"事变》,王宇博著,《江海学刊》1995年第5期。

《"九·一八"事变期间英国的远东政策》,汪文军著,《武汉大学学报》1989年第3期。

《试析英国政府处理"九一八"事变的心态和立场》,袁成亮、尤士洁著,《铁道师院学报》1998年第5期。

《"九·一八"事变后英国、国联对日政策演变》,赵岚著,《武汉大学学报(人文科学版)》2014年第5期。

《利益依归:九一八事变后英国远东政策演变(1931—1933)——以英国内阁文件为中心的分析》,周勇、耿密著,《东北师大学报(哲学社会科学版)》2015年第1期。

《新加坡基地与三十年代初期英国的远东政策》,周旭东著,《历史教学问题》1991年第3期。

《1933—1937年英国的远东政策》,汪文军著,《武汉大学学报》1992年第5期。

《1934年日英签订互不侵犯条约构想论析》,王小欧著,《北方论丛》2011年第3期。

《1936年英国对中日关系的调解》,崔巍著,《民国档案》2016年第3期。

《李滋罗斯中国之行述评》，吴景平著，《近代史研究》1988 年第 6 期。

《〈泰晤士报〉对中日战争态度的转变——九一八事变与七七事变相关报道之比较》，张炜著，《唐山师范学院学报》2007 年第 4 期//《兰州学刊》2007 年第 8 期。

（2）美国的态度和政策

《"九·一八"事变与美国外交》，金安泰著，《史学集刊》1983 年第 3 期。

《"九·一八"事变后美国政府的外交选择》，马永、王勇著，《山西大同大学学报》2019 年第 5 期。

《美国对"九·一八"事变的反应》，陈永祥著，《湘潭大学学报》2003 年第 2 期。

《进退失据："九一八"事变后美国对日本侵华的反应（1931—1933）》，耿密著，《西南大学学报（社会科学版）》2015 年第 3 期。

《美国外交传统对九一八事变的影响》，汪洋著，《"九一八"研究》2018 年第 1 期。

《"满洲危机"危机与史汀生主义》，王明中著，《美国史论文集：1981—1983》，三联书店 1983 年版//《江海学刊》1984 年第 1 期。

《评美国对九一八事变和一二八事变的态度——兼析"史汀生主义"的提出及局限性》，赵哲著，《抗日战争研究》1993 年第 3 期。

《试论史汀生主义的历史作用》，闫自兵著，《珞珈史苑》2011 年第 1 期。

《对美国"不承认主义"的几点看法》，陈锦骅著，《苏州大学学报》1989 年第 2 期。

《美国"不承认主义"外交政策在中国的表现》，秦珊著，《暨南学报》2002 年第 3 期。

《从孤立到干涉——九一八事变后美国远东政策的转变》，张洪军著，《中国及太平洋抗战与战俘问题研究——中国及太平洋抗战与战俘问题国际学术研讨会文集》，井晓光、王建学等主编，辽宁人民出版社 2009 年版。

《"九一八事变"后美国远东政策的历史考察》，任志锋著，《传记文学选刊（理论研究）》2011 年第 7 期。

《摇摆与孤立："九一八"后美国远东政策的考察》，刘杰著，《安徽广播电视大学学报》2011 年第 3 期。

《"九·一八"事变与美国对华对日政策》，秦兴洪著，《华南师大学报》1990

年第 2 期。

《九一八事变后中美关系研究》，刘子一著，《"九一八"研究》2019 年第 1 期。

《"门户开放主义"与"大陆政策"——围绕"九一八"事变的美日外交》，高二音著，《中美关系史论文集》第 2 辑，重庆出版社 1988 年版。

《〈纽约时报〉与美国对华政策（1931—1937）》，段玉强著，《东北亚研究论丛》2016 年第 1 期。

（3）苏联的态度和政策

《苏联与"九一八"事件》，张电军译，《国际共运》1986 年第 6 期。

《斯大林与"九一八事变"》，沙青青著，《东方早报》2014 年 9 月 14 日。

《略论苏联对"九·一八"事变的态度》，胡国顺著，《国际共运教研参考》1982 年第 3 期。

《试析苏联对"九一八事变"的态度》，胡充寒著，《湘潭大学学报》1989 年第 1 期。

《试析苏联对"九一八"事变的态度》，尤东晓著，《日本研究》1997 年第 2 期。

《浅谈苏联出售中东铁路的动因及其消极影响》，刘爱华著，《哈尔滨市委党校学报》2010 年第 3 期。

《"九一八"事变与苏联东亚政策的形成》，肖洪著，《边疆经济与文化》2008 年第 12 期。

《九一八事变前后苏联对日政策再解读》，沙青青著，《历史研究》2010 年第 4 期。

《"九·一八"事变前后苏联对华政策浅析（1927—1932）》，乌传衮著，《苏联问题研究资料》1988 年第 4 期。

《试论九一八事变后苏联的对华政策》，李鑫著，《抗战史料研究》2012 年第 2 期。

《九一八事变后中苏关系的调整》，李嘉谷著，《抗日战争研究》1992 年第 2 期。

《"九·一八"事变后中苏关系的调整》，李嘉谷著，《抗日战争与中国历史——"九·一八"事变 60 周年国际学术讨论会文集》，中国抗日战争史学会等编，辽宁人民出版社 1991 年版。

《九一八事变与苏联对华政策的缓慢转变》,易新涛著,《党史文苑》2006 年第 4 期。

《九·一八事变后中苏关系改善缓慢的原因》,刘志青著,《苏联问题研究资料》1992 年第 5 期。

《"九·一八"事变后中苏关系改善原因探析》,于晶娜著,《吉林商业高等专科学校学报》1999 年第 3 期。

《试析九·一八事变后苏联对蒋介石政府政策的调整》,胡充寒著,《湘潭大学学报》1992 年第 3 期。

《九一八事变与中苏复交》,贺军著,《南京大学学报》1987 年第 1 期。

《"九·一八"事变后中苏复交经过》,李嘉谷著,《民国春秋》1992 年第 3 期。

《九一八事变至中苏复交苏联对中国的援助》,周慧杰著,《黑龙江社会科学》2004 年第 1 期。

《评九一八事变至中苏复交期间苏联对中国的同情和支持》,周慧杰著,《史学月刊》2005 年第 5 期。

《"九·一八"事变后的中苏关系》(全 2 期),[苏]米罗维茨卡娅著;王武选译,《民国档案》1992 年第 2/3 期。

《试论 1933—1937 年苏联"联华防日"政策的微妙变化》,易新涛著,《党史研究与教学》2000 年第 2 期。

《1935—1936 年间苏联与南京政府谈判情况简介》,马宝华著,《苏联问题研究资料》1985 年第 6 期。

《胡适对苏联外交的评判——以对华政策为中心》,徐希军著,《安徽史学》2004 年第 5 期。

《1928—1937 年〈大公报〉等报刊对中苏关系认识的演变》,陈廷湘著,《近代史研究》2006 年第 3 期。

（4）其他国家的态度和政策

《试析德国对待"九一八事变"的态度》,何兰著,《北方论丛》1999 年第 5 期。

《"狄克逊事件"原因剖析》,何兰著,《学术交流》2002 年第 2 期。

《狄克逊"访满"未遂事件试析》,王扬,《湖北大学学报》2002 年第 2 期。

《海耶与"德满协定"》,陈仁霞著,《民国档案》2001 年第 3 期。

《德国军事顾问塞克特的中国之行述评》，吴景平著，《民国档案》1994 年第 3 期。

《抗日战争前塞克特访华史料选译》（上下），吴景平著，《历史档案》1993 年第 1/3 期。

《1935 年德国远东经济考察团访华史料四件》，张开森、许茵著，《民国档案》1991 年第 4 期。

《波兰对伪满洲国外交政策》，龚建伟著，《理论观察》2017 年第 3 期。

第三节　中国全面抗战时期国际关系的互动

一、总论

《抗战时期的国际关系》（全 3 期），杨云若著，《教学与研究》1995 年第 3—5 期。

《20 世纪前期东亚国际关系的演变》，宋志勇著，《南昌航空大学学报》2011 年第 1 期。

《中国抗日战争与国际关系（1931—1941）》，齐世荣著，《世界历史》1987 年第 4 期//《近现代国际关系史研究（第一辑）》，徐蓝主编，人民出版社 2006 年版。

《围绕日中战争的国际关系》，［日］铃木隆史著；陈埃译，《上海行政学院学报》2000 年第 3 期。

《中国抗日战争与世界主要大国的战略演变（1931—1941）》，王斯德、陈兼著，《社会科学战线》1985 年第 3 期 //《第二次世界大战起源研究论集》，华东师范大学历史系编，华东师大出版社 1986 年版。

《"九一八"至太平洋战争爆发远东国际关系的改组》，黄正柏著，《第二次世界大战与亚太国际合作：第二次世界大战史（重庆）学术讨论会论文集》，苑鲁、谢先辉主编，重庆出版社 2003 年版。

《抗日战争爆发前后国际形势的探讨》，龚达、李淑霞著，《昭乌达蒙族师专学报》1990 年第 4 期。

《抗日战争与二战期间国际战略格局的转变》，孙建杭著，《中共中央党校学报》2005 年第 4 期。

《中国全面抗战时期的东亚国际秩序研究》，祁怀高、王欣著，《四川理工学院学报》2007 年第 5 期。

《三十年代日本侵华与中日苏三国关系变化》,李凡著,《南开学报》2004 年第 4 期。

《30 年代的远东国际关系与中国抗日战争》,敬玉堂、王京生著,《山东社会科学》1995 年第 6 期。

《中国抗日战争与中美英关系的演变》,韩永利著,《"近代中国、东亚与世界"国际学术讨论会论文集:上册》,中国社会科学院近代史研究所等编,2006 年//《世界现代史新论·第三编》,李世安等主编,中国华侨出版社 2007 年版。

《抗战时期的中美日苏四国关系》,刘江永著,《哈尔滨工业大学学报》2005 年第 5 期。

《全面抗日战争初期中美中苏关系的演变及其启示(1937—1941)》,黄世相著,《多元视野中的中外关系史研究——中国中外关系史学会第六届会员代表大会论文集》,耿昇等编,延边大学出版社 2007 年版。

《二战遗产多棱镜:世界与中国》,徐波著,《世界知识》2005 年第 16 期。

《"帕奈"号事件的原因及后果》,杨夏鸣著,《日本侵华史研究》2016 年第 2 期。

《对 1943 年 9 月—1945 年 8 月国际政治与中国抗战局势的历史反思》,闫玉田、李爱香著,《河北大学成人教育学院学报》2005 年第 1 期。

《抗日战争时期中外关系研究述评》,王建朗著,《抗日战争研究》1999 年第 3 期。

《中国全面抗日战争时的美日苏关系》,黄世相著,《江西师大学报》1998 年第 2 期。

《二战时期远东中苏美关系的战略演化》,王家福著,《史学集刊》1995 年第 2 期。

《太平洋战争爆发后苏中美中关系变化的过程》,[苏] 杜宾斯基著;宋恩铭节译,《苏联问题研究资料》1988 年第 2 期。

《国际政治与中国抗战局势(1938 年 10 月—1943 年 8 月)》,闫玉田、李爱香著,《河北大学学报》1998 年第 2 期//《河北学刊》2000 年第 1 期。

《英美对华政策与独立自力的中国抗战》,戴长征著,《九江师专学报》1996 年第 4 期。

《皖南事变与国际关系》,孙其明著,《南京师大学报》1992 年第 3 期。

《对皖南事变国际背景的一点看法》,刘益涛著,《教学与研究》1987 年第 1 期。

《国民党政府争取美援的外交与皖南事变》,任东来著,《安徽史学》1992 年第 1 期。

《论皖南事变妥善解决的国际因素》,祝中侠著,《怀化师专学报》1999 年第 1 期。

《论西安事变和平解决的国际因素》,祝中侠著,《历史教学问题》2002 年第 6 期。

《西安事变中苏联和日本态度之比较》,李云峰、叶扬兵著,《文博》1997 年第 1 期。

《论中国抗日民族统一战线与世界反法西斯联盟的结合》,杨竹芬著,《思茅师专学报》2000 年第 2 期。

《七七抗战对中日两国的影响与意义论析》,曹子阳著,《抗战史料研究》2016 年第 2 期。

二、七七事变的国际反应

《论中国七七抗战的国际影响》,韩永利、胡德坤著,《纪念七七事变爆发 70 周年学术研讨会论文集》,中国社会科学院中日历史研究中心等编,社会科学出版社 2009 年版。

《"七七抗战"对世界格局的影响》,胡德坤、岳思平、韩永利著,《北京日报》2014 年 7 月 7 日。

《七·七事变对远东国际关系的影响》,金卫星著,《文史杂志》1993 年第 4 期。

《卢沟桥事变的国际反响》,武月星著,《北京党史》1990 年第 4 期。

《"七·七"事变后的国际反应》,耿成宽著,《军事历史》1991 年第 4 期。

《试析"七七事变"后英美的不同反应》,沈杨著,《社科纵横(新理论版)》2008 年第 4 期。

《论中国"七·七"抗战的国际影响》,韩永利、胡德坤著,《武汉大学学报(人文科学版)》2007 年第 3 期。

《布鲁塞尔会议与中日战争》,徐蓝著,《民国档案》1990 年第 1 期。

《"七七"事变后围绕中国问题的远东国际关系(1937.7—1939.9)》,王也平著,《中南民族学院学报》1984 年第 3 期。

《论析"七七事变"后美国对华对日政策》,徐小明著,《杭州大学学报》1995
年第 4 期。

《"七七事变"与美国远东政策》,揭书安著,《华中师大学报》1988 年第
2 期。

《试论美国对七七事变的反应》,赵德教、赵文莉著,《河南师范大学学报》
2005 年第 4 期。

《美国应付"七·七"事变的对策》,张北根著,《社会科学》2017 年第 1 期。

《"七七事变"后美国对日政策的演变及其启示——以 1937—1938 年时间
段为限》,王红著,《西昌学院学报》2017 年第 4 期//《和田师范专科学校学报》
2017 年第 6 期。

《论七七事变与英国的最初因应》,侯中军著,《近代史研究》2018 年第
2 期。

《无力遏制日本独霸步伐:英国政府对七七事变的应对》,张皓著,《社会科
学》2016 年第 2 期。

《七七事变与英国的远东对日政策转变》,傅敏著,《民国档案》2002 年第
3 期。

《卢沟桥事变后英国对日政策的转变》,李世安、陈淑荣著,《河南师范大学
学报》2008 年第 4 期 //《历史教学(高校版)》2008 年第 12 期 //《中华民族的抗
争与复兴——第一、二届海峡两岸抗日战争史学术研讨会论文集(下)》,中国抗
日战争史学会等编,团结出版社 2010 年版。

《试析七七事变后英国在对日经济制裁问题上的犹豫态度》,马丁著,《历史
教学(下半月刊)》2015 第 10 期。

《1937 年 7 月至 8 月苏联对七七事变的关注和应对》,张皓著,《党史研究与
教学》2019 年第 4 期。

《纳粹德国与七七事变》,何立波著,《档案天地》2006 年第 4 期。

《德国对七七事变的矛盾态度及其原因(1937 年 7—10 月)》,张皓著,《安
徽大学学报》2019 年第 2 期。

《"七·七"事变引发远东全面战争的前因》,金卫星著,《苏州科技学院学
报》2005 年第 4 期。

《论卢沟桥事变在世界反法西斯战争中的地位》,王伟著,《毛泽东军事思想

研究》1995 年第 3 期。

《"七·七"全国抗战对世界反法西斯战争的影响》,罗焕章著,《军事历史》1987 年第 3 期。

三、卢沟桥事变后的中日外交与双边关系

《卢沟桥事变后中日高层决策》,郭汝瑰、黄玉章著,《炎黄春秋》2002 年第 7 期。

1. 日本对华政策

《我国学者对日本侵华政策的研究综述》,肖立辉、孟今海著,《日本学刊》1999 年第 5 期。

《日本侵华政策剖析》,郑地荣著,《东北师大学报》1990 年第 4 期。

《1871—1945:日本侵华战略方针的历史演变——从第一次进犯台湾到日本投降》,刘庭华著,《日本侵华史研究》2015 年第 2 期。

《日本侵华政策的演变(1931—1937)》,王广军著,《理论界》2009 年第 5 期。

《从"九一八"到"七七"日本侵华政策的演变》,刘建武著,《湘潭师范学院学报》1992 年第 1 期。

《从日本侵华政策的演变看"七·七"事变的爆发》,刘杰辉、吕家毅著,《国家检察官学院学报》1997 年第 3 期。

《1937 年到 1941 年日本的侵华政策》,黄玉军著,《济宁师范专科学校学报》2005 年第 4 期。

《卢沟桥事变与日本侵华政策》,居之芬著,《河北学刊》1987 年第 5 期。

《太平洋战争爆发后日本侵华政策》,丁则勤著,《抗日战争史论文集——中国现代史学会第四、五次学术讨论会论文选》,春秋出版社 1989 年版。

《中日战争初期日本政略方针之探析》,丁则勤著,《抗日战争研究》1996 年第 1 期。

《抗日战争时期日本侵华政策的演变》,《江西师范大学学报》1995 年第 4 期。

《抗日战争时期的日本侵华政策及其演变》,丁则勤著,《近代史研究》1987 年第 4 期。

《抗日战争初期日本侵华政策的几个问题》,张健民、仇宝山著,《百家论坛》

1987 年第 3 期。

《论抗日战争时期的日本侵华政策的演变》，吴蕴山、侯衍正著，《抗日战争史论文集——中国现代史学会第四、五次学术讨论会论文选》，春秋出版社 1989 年版。

《试分析日本在全面侵华战争中策略的演变》，于耀洲著，《辽宁师大学报》2003 年第 2 期。

《从华盛顿体系到东亚新秩序——日本对外扩张政策的演进》，史桂芳著，《抗战史料研究》2015 年第 2 期。

《从近卫文麿到安倍晋三：日本首相的"和平"与对华战争》，张皓著，《北京党史》2015 年第 4 期。

《全面侵华时期昭和天皇的对华战略选择》，龚娜著，《理论界》2016 年第 3 期。

《"七七"事变与日本外交》，宋志勇著，《南开学报》1995 年第 5 期。

《广田外交与芦沟桥事变》，周彦、雷志国著，《齐齐哈尔大学学报》1995 年第 5 期。

《试论七七事变后日本的不扩大方针》，王树荫著，《史学月刊》1994 年第 1 期。

《论七七事变时期日本的"不扩大方针"——兼论南京国民政府的对策》，熊沛彪著，《纪念七七事变爆发 70 周年学术研讨会论文集》，中国社会科学院中日历史研究中心等编，社会科学出版社 2009 年版。

《从"七七事变"到淞沪抗战时期的日本对华政策研究》，胡德坤著，《武汉大学学报（人文科学版）》2005 年第 4 期。

《从"七七"到"八一三"——日本对华政策的演变》，臧运祜著，《日本研究论集》2008 年第 1 期。

《七七事变之后日本在华北的政策演变》，臧运祜著，《中华民族的抗争与复兴——第一、二届海峡两岸抗日战争史学术研讨会论文集（下）》，中国抗日战争史学会等编，团结出版社 2010 年版。

《侵华日军"以华制华"政策的标本——评伪"南京市自治委员会"》，经盛鸿著，《南京社会科学》2008 年第 4 期。

《试论近卫第一次内阁的对华诱降外交》，王辉著，《辽宁大学学报》1989 年第 4 期。

《试析近卫对华三声明》，孙淑华著，《日本研究》1991年第4期。

《论日本近卫文麿内阁的对华政策》，沈予著，《近代史研究》1998年第1期。

《抗战时期"近卫声明"的来龙去脉》，雷国山著，《阅江学刊》2010年第1期。

《论国际因素对1938年日本对华策略的影响》，卫颂著，《学术界》1990年第3期。

《从近卫三次声明看抗战初期日本侵华策略的变化和破产》，刘洪刚著，《南京理工大学学报（自然科学版）》1985年第2期。

《日本昭和研究会与近卫内阁的对华政策》，史桂芳著，《陕西师范大学学报》2011年第4期。

《试析从"九·一八"到武汉沦陷前日本的对华政策》，张历历著，《历史教学》1985年第6期。

《武汉会战时期的日本对华政策研究》，胡德坤著，《武汉大学学报（人文科学版）》2008年第2期。

《抗战初期日本对蒋介石和国民政府政策的演变》，卫金桂、彭红英著，《石油大学学报》1999年第4期。

《抗战初期德日法西斯诱降的阴谋》，施子愉译，《近代史资料》1957年第14期。

《日本侵华战争期间的"和平交涉"》，沈予著，《第二届近百年中日关系史国际研讨会论文集》，中国抗日战争史学会等编，中华书局1995年版。

《以"和"亡华——抗战时期日本诱降策略探析》，都斌著，《中国人民抗日战争纪念馆文丛·第六辑》，团结出版社2011年版。

《"桐工作"辨析》，杨天石著，《历史研究》2005年第2期。

《抗战时期日本诱降蒋介石的"桐工作"》，史会来著，《求是学刊》1985年第6期。

《浅析日本诱降蒋介石的"桐工作"》，耿玉发著，《历史教学》1989年第5期。

《日本土肥原机关的"吴佩孚工作"及其破产》，吴根樑著，《近代史研究》1982年第3期。

《中日战争时期日本对外战略的内在矛盾与"桐工作"》，熊沛彪著，《九一八事变与近代中日关系——九一八事变 70 周年国际学术讨论会论文集》,中国社会科学院中日历史研究中心等编,中国社会科学文献出版社 2004 年版。

《一九四〇年日本对华和平工作:"钱永铭工作"》,[日] 藤井志津枝著,《抗日战争研究》1994 年第 3 期。

《日军侵华政治谋略——四次诱降蒋介石(综述)》,潘玉萍著,《职大学报》1999 年第 3 期。

《试论日本诱降政策的破产》,史会来著,《求是学刊》1991 年第 4 期。

《日寇诱降蒋介石集团未遂之原因》,刘守仁著,《唯实》1990 年第 2 期。

《日本诱降蒋介石的阴谋及破产》,马若义著,《池州师专学报》1995 年第 3 期。

《日本诱降蒋介石集团的政策为何破产》,胡德坤著,《军事历史》1987 年第 5 期。

《日本侵华战争期间的诱降策略及其失败原因》,魏阳、沈仁安著,《世界历史》1988 年第 6 期。

《日本承认汪伪政府之经纬》,张展著,《抗日战争研究》2014 年第 3 期。

《周佛海叛国投敌是日本侵略者诱降政策的产物》,陈坚良著,《益阳师专学报》2000 年第 3 期。

《论日本对华战争新政策及宣传谋略》,罗运璇著,《贵州民族学院学报》1998 年第 3 期。

《抗日战争期间的日本侵华政策综述》,肖立辉著,《日本问题研究》2000 年第 1 期。

《抗日战争时期日本帝国主义的侵华策略》,刘昭豪等著,《湘潭大学学报》1986 年第 2 期。

《日本帝国主义在全面侵华战争初期的两手政策》,丁则勤著,《北京大学学报》1979 年第 1 期。

《抗日战争战略相持阶段前期的日本侵华政策》,丁则勤著,《北京大学学报》1988 年第 6 期。

《日本帝国主义在太平洋战争爆发后的侵华政策和战略》,丁则勤著,《军事历史研究》1989 年第 2 期//《北京大学学报》1990 年第 2 期。

《太平洋战争爆发后日本"以华制华"方针的强化》,于耀洲、邢丽雅著,《学习与探索》2003 年第 2 期。

《中日战争时期日本对蒋政策的演变》,鹿锡俊著,《近代史研究》1991 年第 4 期。

《从"九·一八"到武汉陷落日本侵华政策探析》,杜长印著,《山东师大学报》1995 年增刊。

《一九三七——一九四五年日本对华政策述略》,张钢杰著,《史学月刊》1986 年第 2 期。

《略论 1939 年 9 月—1941 年 12 月的日本对华政策》,祝曙光著,《铁道师院学报》1991 年第 1 期。

《萧振瀛工作:抗战初期日本以何应钦为对象的谋和触角》,邵铭煌著,《抗日战争研究》1998 年第 3 期。

《抗战时期日本内阁的更替及其侵华政策的演变》,李秀芳、郑志廷著,《长沙电力学院学报》1994 年第 2 期。

《关于日本对中国战而不宣问题的研究》,孟国祥、费迅著,《民国档案》1998 年第 4 期。

《日本在第二次世界大战中何以始终未向中国宣战》,孙军著,《军事历史》1992 年第 3 期。

《中日战争期间日本对国民政府的政策》,余子道著,《军事历史》1998 年第 1 期。

《中国抗战与日本对华政策的演变》,胡德坤著,《世界历史》1985 年第 9 期。

《中国抗日战争与日本对华政策的演变(1941—1945)》,胡德坤著,《档案史料与研究》1990 年第 2 期。

《"四川作战计划"与日本对华政策的再调整》,宋俭著,《江西社会科学》2002 年第 12 期。

《卢沟桥事变后日本转变对蒙政策原因探析》,丁晓杰著,《阴山学刊》2007 年第 1 期。

《抗战时期蒙疆的鸦片贸易与日本对华政策》,朴橿著,《档案与史学》1995 年第 2 期。

《日寇"防共"阴谋评析》,李新市著,李雪枝著,《殷都学刊》1998 年第 3 期。

《国共关系与日本——战争末期的"容共"纠葛》,[日] 波多野澄雄著;袁广泉译,《抗日战争研究》2018 年第 1 期。

2. 中国对日政策与和战决策

《两次中日战争中国对日政策比较》，徐梁伯著，《社会科学战线》1988 年第 4 期。

《抗战时期蒋介石对日外交思想解析》，杨凤霞著，《黑龙江省社会主义学院学报》2005 年第 3 期。

《七七事变前后国民党对日政策的演变》，于景洋著，《世纪桥》1997 年第 4 期。

《试析抗日战争时期制约蒋介石国民政府对日政策的几个因素》，沈绍根著，《湘潭师范学院学报》1995 年第 4 期。

《"抗战无底论"与"不降必胜论"想说什么？——抗日战争期间蒋介石集团对日政策剖析》，王桧林著，《学术月刊》2005 年第 9 期。

《卢沟桥事变与国民政府外交》，张圻福著，《安徽史学》1995 年第 2 期。

《七七事变后国民政府的危机应对》，谢坚明著，《民国档案》2005 年第 3 期。

《卢沟桥事变后国民政府的和战决策》，王建朗著，《百年潮》1997 年第 4 期。

《卢沟桥事件后国民政府的战和抉择》，王建朗著，《近代史研究》1998 年第 5 期。

《卢沟桥事变与蒋介石的和战抉择》，刘庭华著，《抗战史料研究》2016 年第 2 期。

《"七七事变"至全面抗战国民政府的应对之策》，信洪林著，《上海革命史资料与研究》，2007 年。

《七七事变后蒋介石的和战抉择》，杨奎松著，《纪念七七事变爆发 70 周年学术研讨会论文集》，中国社会科学院中日历史研究中心等编，社会科学出版社 2009 年版。

《蒋介石应对卢沟桥事变新考》，李宝明著，《军事历史研究》2019 年第 6 期。

《卢沟桥事变后蒋介石的战和抉择与各方因应》，赵晓红著，《党史研究与教学》2014 年第 4 期。

《蒋介石对"七七事变"之和战因应——基于中观层面的再考察》，钟健著，《福建论坛》2018 年第 12 期。

《战略与策略的平衡抉择：再论"七七事变"后蒋介石的应对》，侯中军著，《上海师范大学学报（哲学社会科学版）》2019 年第 2 期。

《如何评价卢沟桥事变爆发后蒋介石的对日交涉——评〈中国抗日战争史〉的一段论述》，蔡德金著，《抗日战争研究》1996 年第 3 期。

《抗战初期蒋介石对日双重策略探源》，侯宜岭著，《徐州师大学报》1997 年第 4 期。

《蒋介石、宋哲元对卢沟桥事变态度比较》，罗平汉著，《山东社会科学》1997 年第 6 期。

《七七事变前后蒋介石与宋哲元的对日分歧》，冯杰著，《团结报》2015 年 7 月 2 日。

《国民党政府抗战初期"不屈服不扩大"方针述评》，吴建国著，《西南民族学院学报》1992 年第 4 期。

《"七·七事变"后国民政府"应战而不求战"方针探析》，赵健著，《西部学刊》2018 年第 4 期。

《浅谈蒋介石没有公开投降日本的原因》，赵国锋著，《南都学坛》1992 年第 4 期。

《论抗战前后蒋介石的对日态度》，程方圆著，《濮阳职业技术学院学报》2013 年第 4 期。

《在抗日与反共间游移——抗战时期蒋介石心态剖析》，贺良林著，《沧桑》2008 年第 4 期。

《简评陶德曼"调停"期间蒋介石的对日立场》，胡献著，《抗日战争研究》1994 年第 3 期。

《淞沪会战时期的中国对日政策研究》，胡德坤著，《江汉论坛》2005 年第 7 期。

《关于抗日战争时期国民党政府对日政策的几个问题》，张钢杰著，《河南师范大学学报》1988 年第 1 期。

《抗战时期国民党对日政策的变化及其原因》，徐德莉著，《南华大学学报》2006 年第 1 期。

《抗战时期国内公众舆论与国民党对日政策》，王强、张森林著，《社会科学战线》2006 年第 6 期。

《从"九·一八"到"八·一三"蒋介石对日政策的变化》，吕乃澄、梁旭毅著,《历史教学》1985 年第 4 期。

《从"九一八事变"到"七七事变"蒋介石由对日妥协转向抗日的原因》,蔡丽娟著,《丹东师专学报》1995 年第 2 期。

《"一二八"到"八一三"蒋介石对日态度变化之客观原因》,吴珍美著,《上海师范大学学报(哲学社会科学版)》1996 年第 1 期。

《从"一·二八"到"八·一三"蒋介石"以战求和"抗战策略的转变——以胡佛研究所藏〈蒋介石日记〉为中心》,薛念文著,《社会科学》2008 年第 10 期。

《浅析从九一八事变到七七事变国民政府对日态度的转变》,吴鸣著,《大连近代史研究》第 12 卷,2015 年。

《国民政府对日政策的争论与亲英美派、亲日派的形成》,张皓著,《贵州大学学报》2003 年第 1 期。

《抗战初期汪精卫的"战"、"和"观述论》,张殿兴著,《阴山学刊》2005 年第 4 期。

《国民党对日宣战问题初探》,王树荫著,《北京师院学报》1988 年第 3 期。

《有关中日宣战若干问题之评析》,刘承斌著,《洛阳师院学报》1995 年第 4 期。

《抗战中期中国对日本宣战始末》,陈雁翚著,《文史杂志》1996 年第 3 期。

《论抗战前期国民党政府的只应战,不宣战策略》,董长贵著,《松辽学刊》1996 年第 3 期。

《1937 年 7 月至 1938 年 1 月关于对日宣战问题的论争》,张皓、叶维维著,《晋阳学刊》2015 年第 2 期。

《抗战时期国民政府对日宣战问题再探》,王瑶、朱华著,《人文杂志》2018 年第 1 期。

《论全面抗战爆发后国民政府的对日宣战》,侯中军著,《湖北社会科学》2019 年第 7 期。

《抗战后国民政府迟迟不对日宣战原因浅析》,言均君著,《江西社会科学》1990 年第 3 期。

《国民政府在珍珠港事件爆发前不对日宣战之原因》,张皓、陈国文著,《北京档案史料》1997 年第 2 期。

《国民政府在珍珠港事件前不对日宣战原因辨析》,陈国文著,《贵州大学学报》2000 年第 6 期。

《太平洋战争爆发后汪伪政权参战原因探析》，赵东喜著，《河南师范大学学报》2009 年第 1 期。

《现代中日关系史的一个重要侧面——〈中国的经济建设与日中关系——对日抗战的序曲 1927—1937 评介〉》，周启乾著，《抗日战争研究》2001 年第 1 期。

《抗战前后胡适的对日态度与外交参与》，楚秀红著，《山西大同大学学报（社会科学版）》2016 年第 6 期。

3. 中日和谈及双方关系

《中日战争为何不宣而战》，王人广著，《军事史林》1987 年第 4 期。

《中日战争为何不宣而战？"近卫声明"背后的军政博弈》，周渝著，《国家人文历史》2019 年第 4 期。

《日本为何对华采取战而不宣的方针》，郭雄著，《团结报》1988 年 12 月 31 日。

《树欲静而风不止——关于七七事变前后中日关系走向之考察》，臧运祜著，《河北学刊》2017 年第 3 期。

《蒋介石与民国时期的中日关系》，石源华著，《世界知识》2010 年第 1 期。

《抗战时期日蒋关系述要》，刘守仁著，《唯实》1996 年第 Z1 期。

《关于抗日战争时期蒋介石反动集团的几次妥协投降活动》，章伯锋著，《近代史研究》1979 年第 2 期。

《七七事变前蒋介石对日求和性质辨析》，徐振岐著，《长春师范学院学报（人文社会科学版）》2010 年第 3 期。

《和乎？战乎？——卢沟桥事件中蒋介石的决策过程》，李学通著，《军事历史研究》2017 年第 3 期。

《论卢沟桥事变期间的中日"现地交涉"》，荣维木著，《民国档案》1998 年第 4 期。

《蒋介石与"恢复卢沟桥事变前原状"》，杨天石著，《百科知识》2006 年第 18 期。

《论抗日战争期间日蒋的"和平交涉"》，沈予著，《历史研究》1993 年第 2 期。

《抗战时期与日本的秘密谈判》，杨天石著，《百科知识》2006 年第 17 期。

《抗日战争初期的中日和平谈判》，杨汉卿著，《洛阳工学院学报》1999 年第

3 期。

《抗日战争初期国民党政府的对日妥协与秘谈》，范龙堂著，《南都学坛》1990 年第 4 期。

《抗日战争初期国民党政府同日本谈判述评》，王树芹著，《山东师大学报》1991 年增刊。

《抗日战争前期蒋介石对日议和问题再探讨》，沈予著，《抗日战争研究》2000 年第 3 期。

《试论抗日战争时期蒋介石对日“和谈”问题》，安成日、任龙哲著，《日本问题研究》1997 年第 2 期。

《从日蒋和谈看日本的诱降政策》，陈志杰著，《民国档案》2002 年第 2 期。

《1938 年日本和国民政府的和平谈判述评》，杨汉卿著，《安徽史学》1996 年第 3 期。

《抗战期间日华秘密谈判中的“姜豪工作”——近世名人未刊函电过眼录》，杨天石著，《近代史研究》2007 年第 1 期。

《抗战前期日本“民间人士”和蒋介石集团的秘密谈判》，杨天石著，《历史研究》1990 年第 1 期。

《蒋介石抗日态度之研究——以抗战前期中日秘密交涉为例》，杨奎松著，《抗日战争研究》2000 年第 4 期 //《近代中国与世界——第二届近代中国与世界学术讨论会论文集（第三卷）》，中国社会科学院近代史研究所编，社会科学文献出版社 2005 年版。

《抗战初期蒋、汪、日的秘密往来》，沈立行著，《档案与史学》1994 年第 1 期。

《抗战时期蒋介石与日秘密谈判》，吕春著，《文史春秋》2007 年第 4 期。

《抗战时期蒋介石和日本的秘密外交》（上下），王光远著，《文史精华》1997 年第 3/4 期。

《蒋介石日记披露对日密谈内幕》，杨天石著，《文史博览》2008 年第 4 期。

《蒋介石日记披露抗战期间对日密谈内幕》，杨天石著，《党史文苑》2009 年第 19 期。

《蒋介石与抗战初期国民党的对日和战态度——以名人日记为中心的比较研究》，吴景平著，《抗日战争研究》2010 年第 2 期。

《1938 年国民党对日和战态度述评——以蒋介石日记为中心的考察》，吴景平著,《民国档案》2010 年第 3 期。

《尘封下的真相:解读蒋介石亲自修改的一组对日议和文件》,王建朗著,《抗日战争研究》2004 年第 2 期。

《1939 年中日"和谈"中"小川路线"始末析——兼论抗战进入相持阶段时蒋介石对和战之态度》,俞凡、李瑶著,《江西师范大学学报》2017 年第 6 期。

《孔祥熙与抗战期间的中日秘密交涉》,杨天石著,《近代史研究》1995 年第 5 期。

《抗战相持阶段孔祥熙与日本的秘密和谈》,杨汉卿著,《河南大学学报》1998 年第 6 期。

《1938 年孔祥熙和宇垣一成的秘密"和谈"》,杨汉卿著,《洛阳师范学院学报》2001 年第 1 期。

《抗战期间孔祥熙、宇垣一成中日秘密议和》,沈予著,《百年潮》2007 年第 12 期。

《论抗日战争初期宇垣一孔祥熙"和平交涉"的出台及破产》,贾婷、于耀洲著,《齐齐哈尔大学学报》2015 年第 9 期。

《蒋介石对孔祥熙谋和活动的阻遏——抗战时期中日关系再研究之二》,杨天石著,《历史研究》2006 年第 5 期。

《太平洋战争前夕蒋介石政府对日秘密谈判的反应》,周乾著,《中国抗战与世界反法西斯战争:纪念中国人民抗日战争暨世界反法西斯战争胜利 60 周年学术研讨会文集:下卷》,中国社会科学院近代史研究所编,社会科学文献出版社 2009 年版。

《1941 年太平洋战争爆发前国民政府对美日妥协之因应》,张俊义著,《抗日战争研究》2014 年第 4 期。

《抗战中蒋介石政府与日"和谈"未果之原因初探》,刘云龙著,《山西师大学报》1995 年第 S1 期。

《太平洋战争爆发后的日中战争》,[日] 藤原彰著;解莉莉、张惠才译,《中共党史研究》1989 年第 1 期。

《抗战时期中日两国佛教界关系述评》,许效正著,《云南社会科学》2015 年第 6 期。

《一位外国传教士的和平幻想——司徒雷登与中日和谈》,何迪著,《新的视野——中美关系史论文集》第 3 辑,南京大学出版社 1991 年版。

《汪精卫降日卖国的"东亚联盟"理论剖析》,陈戎杰著,《抗日战争研究》1994 年第 3 期。

《汪精卫访日营造"大东亚共荣圈"》,杨津涛著,《文史参考》2012 年第 19 期。

《战时中日特殊关系下的外交畸形——关于汪伪驻日使领馆实态的考察》,臧运祜、张展著,《民国档案》2014 年第 2 期。

四、中日双方谋求国际支持的外交努力

1. 中国谋求国际支持和争取大国地位的外交努力

（1）中国对外政策与政府外交

《近十年来抗日战争时期国民政府对外关系研究述评》,陈谦平著,《抗日战争研究》2002 年第 2 期。

《近四十年来国民政府抗战外交研究综述》,耿密著,《西华师范大学学报（哲学社会科学版）》2019 年第 6 期。

《谈抗日战争时期国民党政府的外交政策》,孙其明、刘以顺著,《理论战线》1985 年第 12 期。

《试评抗日战争时期国民党政府的外交政策》,孙其明、刘以顺著,《党史资料与研究》1985 年第 4 期。

《抗日战争时期国民党政府外交政策的特点》,栗国旗著,《庆阳师专学报（社会科学版）》1995 年第 4 期。

《略论国民党的抗战政策》,李安华著,《文史杂志》1995 年第 5 期。

《试论国民党政府的抗战外交》,曹学恩著,《陕西师大学报（哲学社会科学版）》1995 年第 6 期。

《国民政府战时外交决策机制初探》,张连红著,《近代史研究》1997 年第 2 期。

《由宋子文档案重新了解国民政府的对外政策》,［日］伊原泽周著,《中华民国史研究三十年（1972—2002）:上卷》,中国社会科学院近代史研究所等编,社会科学文献出版社 2008 年版。

《外交斡旋、非官方出访和舆论策应——国民政府抗战外交的特殊运作》,刘会军著,《民国档案》2005 年第 3 期。

《试分析国共两党的抗战纲领》,于耀洲、王春英著,《齐齐哈尔师范学院学

报(哲学社会科学版)》1995 年第 5 期。

《太平洋战争前国共对美英战略演变》,王红续著,《新远见》2012 年第 2 期。

《影响战时中国外交的若干因素》,陶文钊著,《近代史研究》1995 年第 4 期。

《抗战初期国民政府的外交》,刘小宁著,《档案与建设》2013 年第 12 期。

《二战爆发前国民政府外交综论》,王建朗著,《历史研究》1995 年第 4 期。

《抗日战争相持阶段国民政府外交综述》,于耀洲著,《大连近代史研究》第 5 卷,2008 年。

《论国民政府"苦撑待变"外交战略》,关培凤著,《兰州学刊》2007 年第 1 期。

《南京国民政府的国联外交(1937—1941)》,洪岚著,《华南师范大学学报(社会科学版)》2009 年第 4 期。

《抗战时期国民参政员的政治外交思想——以参政会关于外交问题的提案为中心》,黄利新著,《湖北社会科学》2014 年第 2 期。

《抗战初期国民政府的求和与英美调停》,王松著,《民国档案》2003 年第 2 期。

《论 1937 至 1941 年国民政府对日和谈与对外求援》,刘会军著,《史学集刊》2003 年第 2 期。

《从"七七事变"到淞沪抗战时期中国外交政策浅论》,胡德坤、费泉蕙著,《武汉大学学报(人文科学版)》2003 年第 6 期。

《从七七事变到淞沪抗战时期中国外交政策浅论》,胡德坤、费泉蕙著,《九一八事变与近代中日关系——九一八事变 70 周年国际学术讨论会论文集》,中国社会科学院中日历史研究中心等编,中国社会科学文献出版社 2004 年版。

《抗战时期国民党应对国际环境嬗变的经验及教训》,杜俊华、崔晶晶著,《甘肃社会科学》2013 年第 2 期。

《二战爆发前后的中国外交——侧重于苏联因素的考察》,王建朗著,《中俄关系的历史与现实》,栾景河主编,河南大学出版社 2004 年版。

《欧洲变局与国民政府的因应——试析二战爆发前后的中国外交》,王建朗著,《历史研究》2004 年第 4 期。

《国民政府对欧战及结盟问题的应对》,鹿锡俊著,《历史研究》2008 年第

5 期。

《欧战应对与国民政府"国际解决"战略的调整——1940 年代中国外交的前提》,鹿锡俊著,《一九四〇年代的中国:下卷》,中国社会科学院近代史研究所等编,社会科学文献出版社 2009 年版。

《浅谈太平洋战争爆发前中国对国际形势的认知》,于之伟著,《中国及太平洋抗战与战俘问题研究——中国及太平洋抗战与战俘问题国际学术研讨会文集》,井晓光、王建学等主编,辽宁人民出版社 2009 年版。

《太平洋战争爆发前国民党高层对国际局势的认知与因应(1939—1941)》,于之伟、鲁静著,《河北师范大学学报》2010 年第 6 期。

《太平洋战争爆发前中国对国际局势的认知与因应之策(1939—1941)》,于之伟著,《历史教学(下半月刊)》2010 年第 11 期。

《试析太平洋战争爆发后国民党的外交政策》,王玉全、栾雪飞著,《史学集刊》2009 年第 5 期。

《国民政府对盟国在反法西斯战略上的外交策略》,赵卫华著,《信阳师范学院学报》2012 年第 2 期。

《中国为抗日寻求外国军事援助与合作的经历》,章百家著,《中共党史研究》2007 年第 5 期//《纪念七七事变爆发 70 周年学术研讨会论文集》,中国社会科学院中日历史研究中心等编,社会科学出版社 2009 年版。

《有限的伙伴关系:1928 年至 1944 年中国与德国、苏联和美国的关系》,[美]William C Kirby 著;范瑞明译,《社会科学研究》2010 年第 3 期。

《二战爆发前后国民政府的中法英军事结盟计划》,侯中军著,《近代史研究》2019 年第 3 期。

《联德还是联英美?——抗战时期中国外交的重要抉择》,杨天石著,《同舟共进》2010 年第 3 期。

《多边关系框架下国民政府外交重心的转移(1937—1940)》,肖自力、蔡梓著,《历史研究》2019 年第 6 期。

《抗战前期国民政府对苏政策论略》,郭秋光、王员著,《南昌大学学报(人文社会科学版)》2006 年第 2 期。

《抗战前期中国争取同苏联订立互助条约始末——兼析〈中苏互不侵犯条约〉的签订》,孙艳玲著,《抗日战争研究》2006 年第 1 期。

《抗战初期中苏结盟的努力及失败原因》,韩大梅、关博著,《东北史地》2015

年第 5 期。

《南京国民政府的联苏制日方针》,李义彬著,《历史研究》1991 年第 1 期。

《南京政府的联苏制日方针》,李义彬著,《走向近代世界的中国——中国社会科学院近代史研究所建所 40 周年学术讨论会论文集》,中国社会科学院近代史研究所编,成都出版社 1992 年版。

《抗战前期国民政府“联苏抗日”外交述论》,蔡泽琛、陈金凤著,《江西师大学报》2003 年第 2 期。

《论抗战后期国民政府的对苏政策》,郭秋光、王员著,《南昌大学学报》2004 年第 2 期。

《苏联出兵东北的中方代价——宋子文、蒋经国赴苏谈判内幕》,马仲廉著,《炎黄春秋》1998 年第 12 期。

《中苏关系史研究二题》,李嘉谷著,《抗日战争研究》1995 年第 1 期。

《抗战时期国民党与美国关系》,周晓锋著,《中学历史教学参考》1999 年第 11 期。

《抗战八年国民政府对美宣传策略》,何扬鸣著,《民国春秋》2000 年第 5 期。

《论抗战时期国民党政府对美国的政策》,王光银著,《杭州师院学报》1991 年第 3 期。

《论抗战之初国民党政府的对美外交》,朱坤泉著,《苏州大学学报》1992 年第 2 期。

《抗日战争前期国民政府对美政策初探》,章百家著,《中美关系史论文集》第 2 辑,重庆出版社 1988 年版。

《“七·七事变”后到太平洋战争前国民政府对美外交活动述略》,张文禄著,《呼伦贝尔学院学报》2011 年第 2 期。

《论抗战前期国民政府对美依存关系的形成》,张圻福著,《民国档案》1993 年第 1 期。

《试析相持阶段国际形势的变化与中国对美外交为重心格局的形成》,于鹏著,《辽宁行政学院学报》2007 年第 7 期。

《抗战中期国际形势的变化与以对美外交为重心格局的形成》,于耀洲著,《大连近代史研究》第 10 卷,2013 年。

《抗战后期国民政府对美为重心的外交格局的形成》,于宁宁著,《江桥抗战及近代中日关系研究（下）》，东北地区中日关系史研究会编，周彦、李海主编，吉林人民出版社 2005 年版。

《1938—1941 年国民政府对美外交述论》，张文禄著，《长江师范学院学报》2011 年第 1 期。

《国民党争取外援的外交与皖南事变》，任东来著，《安徽史学》1992 年第 1 期。

《国民政府争取成为"租借法案"受援国》，郭倩著，《黑龙江史志》2010 年第 1 期。

《浅析皖南事变后国民政府对美外交》，高伟著，《传承》2010 年第 12 期。

《1941 年中美熊猫外交及其舆论反应》，王晓著，《绥化学院学报》2018 年第 9 期。

《论 1941 年中国政府及舆论对美日谈判的反应》，周乾著，《安徽大学学报》2006 年第 3 期。

《珍珠港事变前夜的中美交涉》，杨天石著，《近代史研究》2015 年第 2 期 //《江淮文史》2015 年第 4 期。

《珍珠港事件与国民政府的外交对策》，黄金凤著，《民国档案》2004 年第 2 期。

《试论太平洋战争初期国民党政府的对美外交》，金光耀著，《档案与历史》1989 年第 4 期。

《太平洋战争期间国民党政府的对美政策》，陈孝华著，《福建师大学报》1989 年第 1 期。

《太平洋战争前后国民政府争取中美英联合抗日的努力》，方伟著，《重庆科技学院学报》2013 年第 11 期。

《太平洋战争爆发之初国民政府对美英军事合作的构想及交涉》，姜涛著，《抗日战争研究》2016 年第 3 期。

《太平洋战争爆发后国民政府对英外交政策的调整》，王立新著，《北华大学学报》2006 年第 2 期。

《论太平洋战争期间英国对华战略》，周璞芬著，《第二次世界大战与亚太国际合作：第二次世界大战史（重庆）学术讨论会论文集》，苑鲁、谢先辉主编，重庆出版社 2003 年版。

《"不痛不痒"之间：1942 年上半年国民政府对美国有关军事战略的交涉》，

姜涛著，《民国档案》2019 年第 3 期。

《抗日战争中期国民政府弃苏亲美外交政策成因初探》，凌取智、李艳红著，《沙洋师专学报》2004 年第 1 期。

《抗战中期国民政府弃苏联美政策成因探析》，张文禄著，《长江师范学院学报》2012 年第 1 期。

《南京国民政府与德国的外交抉择（1928—1938）》，孙光明著，《长江师范学院学报》2011 年第 6 期。

《中德钨锡交易和国民政府的外交对策》，史义银、印少云著，《盐城师范学院学报（人文社会科学版）》2001 年第 2 期。

《1937—1941 年中国政府对意外交的开展与终结》，蔡梓著，《抗日战争研究》2019 年第 3 期。

《日本对外缔结三国同盟时期的中国外交》，李广民著，《日本研究论集（4）》，南开大学日本研究中心编，南开大学出版社 1999 年版。

《评国民政府发表〈自卫抗战声明〉的策略》，李道苏著，《党史研究与教学》1998 年第 4 期。

《抗战期间国民政府援越抗战政策的变化及原因初探》，陈美娟著，《开封教育学院学报》2017 年第 9 期。

《抗日战争时期中国的特使外交》，吴寅著，《法制与社会》2009 年第 21 期。

《浅析抗战时期国民政府的特使外交——以全面抗战爆发后初期蒋百里奉命出使意德为例》，蒋焰著，《历史教学问题》2016 年第 5 期。

《南京国民政府时期驻外使节的政治任用与外交使命研究（1931—1945）》，汪秋菊著，《巢湖学院学报》2019 年第 5 期。

《战时国民政府对外宣传中的媒介运用与策略》，徐惊奇、徐春美著，《兰台世界》2016 年第 12 期。

《抗战时期美国对华政策与国民政府媒体外交》，徐惊奇、牛佳著，《学理论》2015 年第 32 期。

《抗战时期外国记者团体与国民政府的媒体外交》，徐惊奇、谭爽著，《青年记者》2015 第 32 期。

《抗战时期〈大公报〉与国民政府外交的互动》，徐惊奇、吴令著，《学理论》2015 年第 29 期。

《重庆版〈大公报〉与抗战时期国民政府媒体外交关系探究（1941—1943）》，

徐惊奇、陈林著,《东南传播》2015 年第 6 期。

《太平洋战争时期中国的对外贸易》,［日］木越义则著;王大川译,《抗日战争研究》2013 年第 4 期。

《抗战时期国民政府的利用外资政策及其措施》,曹均伟著,《财经研究》2007 年第 6 期。

（2）民国要人与政府外交

《蒋介石与战时外交制度》,陈雁著,《民国档案》2002 年第 1 期。

《蒋介石与战时外交体制探析——以宋子文使美为中心》,吴景平著,《史学月刊》2017 年第 11 期。

《中国战时外交的再研究与再思考——以蒋介石日记、宋子文档案等海外文献为中心》,吴景平、张闶著,《中学历史教学参考》2015 年第 11 期。

《蒋介石战时外交:谈判策略与内外互动》,戴鸿超著,《民国人物与民国政治》,中国社会科学院近代史研究所等编,社会科学文献出版社 2009 年版。

《论七·七事变前蒋介石的日本观和抗战观》,杨木武著,《培训与研究》(湖北教育学院学报)2003 年第 6 期。

《论抗战初期蒋介石内外政策的演变》,乔兆红著,《广东社会科学》2005 年第 4 期。

《七七事变与蒋介石抗战的"最后关头"》,刘庭华著,《军事历史》2017 年第 3 期。

《卢沟桥事变与蒋介石抗战的"最后关头"》,刘庭华著,《日本侵华史研究》2017 年第 1 期。

《1940 年的国际危机与蒋介石的抉择——以当事者日记为基础的一个初步考察》,鹿锡俊著,《近代中国:文化与外交:下卷》,张俊义主编,社会科学文献出版社 2012 年版。

《拥抱国际主流社会:蒋介石的对日外交战略》,黄自进著,《抗日战争研究》2014 年第 2 期。

《蒋介石与民国时期的中苏关系》,石源华著,《世界知识》2010 年第 7 期。

《蒋介石与抗战初期的中苏关系》,［美］约翰·W.格威尔著;王静译,《国际政治研究》1990 年第 4 期。

《抗战初期蒋介石寻求苏联参战始末》,［美］约翰·加弗著;王静译,《文史精华》1995 年第 1 期。

《蒋介石请求苏联出兵参战——为抗日寻求外国军事援助之二》，章百家著，《百年潮》2004 年第 10 期。

《蒋介石与苏联结盟的历史背景》，蔺金红著，《黑龙江史志》2015 年第 5 期。

《贺耀组访苏与蒋介石谋求中苏互助条约的努力》，秦世强著，《民国档案》2018 年第 2 期。

《蒋介石对苏德战争的预测及因应——蒋介石抗日外交个案研究之四》，鹿锡俊著，《抗日战争研究》2014 年第 1 期。

《蒋介石与民国时期的中美关系》，石源华著，《世界知识》2012 年第 19 期。

《从乞援到争援再到要援——抗战时期蒋介石美援外交思想探析》，高小亮著，《长江师范学院学报》2008 年第 3 期。

《略论抗战时期蒋介石改变美国战略重心的努力》，韩永利著，《武汉大学学报》2000 年第 3 期。

《抗战期间蒋介石争取"先亚后欧"外交努力的评析》，赵卫华、熊炎著，《法制与社会》2007 年第 4 期。

《蒋介石关于开辟远东"第二战场"的建议》，[苏]符拉基米尔·索科洛夫著；钟华译，《国外社会科学文摘》2005 年第 9 期。

《蒋介石与抗战时期"联美制日"目标的实现》，张祖龚著，《江海学刊》2010 年第 3 期。

《皖南事变后蒋介石对美外交余波——宋子文档案解读之三》，张俊义著，《百年潮》2004 年第 11 期。

《蒋介石与民国时期的中德关系》，石源华著，《世界知识》2010 年第 4 期。

《析 1942 年蒋介石对印度的访问》，张维克、刘靖北著，《聊城师范学院学报》1992 年第 4 期。

《蒋介石的一次秘密访印》，东山尹著，《文史月刊》2005 年第 12 期。

《1942 年蒋介石访印述评》，徐旭阳著，《文史杂志》1999 年第 4 期。

《抗战期间蒋介石访问印度述论》，季鹏著，《民国档案》2002 年第 4 期。

《蒋介石访印失败原因探析》，杜勇著，《乐山师范学院学报》2004 年第 3 期。

《蒋介石访印与克里浦斯调查团》，杜勇著，《湘潭工学院学报（社会科学版）》2003 年第 5 期 //《南亚研究季刊》2004 年第 2 期。

《1942 年蒋介石访问印度之分析》,段瑞聪著,《民国研究》2009 年第 2 期。

《1942 年蒋介石访印与战时中英关系》,宋海洋著,《佳木斯大学社会科学学报》2014 年第 2 期。

《抗战时期蒋介石访问印度的再考察》,肖如平著,《浙江大学学报(人文社会科学版)》2018 年第 5 期。

《蒋介石访印前后与各方往来电函一组》,马振犊、夏军著,《民国档案》1994 年第 3 期。

《寻求中印合作的努力——蒋介石、宋美龄访问印度述略》,马芸芸著,《中华文化论坛》2015 年第 2 期。

《蒋介石在抗战期间维护国家主权和领土完整的外交努力》,刘庭华著,《日本侵华史研究》2016 年第 4 期。

《抗战初期蒋介石、宋子文、孔祥熙等募集海外捐债来往函电》,《民国档案》2000 年第 4 期。

《1942—1943 年宋美龄访美述论》,梁怡著,《历史档案》2000 年第 2 期。

《试析 1942 年宋美龄访美的背景》,陆亚玲著,《徐州教育学院学报》2001 年第 4 期。

《论 1942—1943 宋美龄访美之影响》,戴雯婷、杜毅著,《湘潭师范学院学报(社会科学版)》2008 年第 6 期。

《1942—1943 宋美龄访美原因、经过及其效果》,徐旭阳著,《华中理工大学学报》1997 年第 1 期。

《1942—1943 年宋美龄访美与抗战后期的中美关系》,朱坤泉著,《抗日战争研究》1996 年第 3 期。

《1942—1943 年宋美龄访美国际宣传的技巧与效果》,李习文著,《新闻春秋》2014 年第 4 期。

《抗战时期宋美龄访美之行的地位和作用》,陈清清著,《浙江档案》2003 年第 9 期。

《试析 1943 年宋美龄访美访英之取舍》,李淑苹、李文惠著,《江西社会科学》2008 年第 7 期。

《宋美龄的战时访美外交——1943 年国会演说的内涵与诉求》,原婧著,《黑龙江史志》2013 年第 15 期。

《宋美龄第二次访美为何迟迟不归》,郭洋著,《文史天地》2017 年第 3 期。

《论抗战后期宋美龄对美外交的局限性》,李旷原著,《漯河职业技术学院学报》2017 年第 6 期。

《抗战初期宋庆龄呼吁英国支持中国抗战》,杨元华著,《宋庆龄与中国抗日战争》,张世福主编,上海社会科学院出版社 1995 年版。

《1943 年宋美龄拒绝访英原因探析》,陆亚玲著,《扬州教育学院学报》2002 年第 4 期。

《1943 年宋美龄拒绝访英原因新探》,张文禄著,《沧桑》2008 年第 5 期。

《1943 年宋美龄访英态度变化及原因考察》,夏蓉著,《广东社会科学》2016 年第 5 期。

《基于国际关系心理学视角下的 1943 年宋美龄拒绝访英的原因探析》,董烨寒著,《淄博师专学报》2018 年第 2 期。

《宋子文外交思想述评(1931—1945)》,徐创新、谢东良著,《长江丛刊》2017 年第 29 期。

《抗战时期宋子文的外交活动与成就》,罗刘强著,《兰台世界》2016 年第 12 期。

《宋子文与太平洋战争爆发前后的中美关系》,吴景平著,《民国春秋》1995 年第 4 期。

《宋子文与美援外交》,陈永祥著,《广州大学学报(社会科学版)》2003 年第 3 期。

《论抗战时期宋子文的美援外交思想》,陈永祥著,《广州大学学报》2011 年第 4 期。

《宋子文争取美国租借援助述评》,陈永祥著,《广州大学学报》2003 年第 7 期。

《宋子文与〈中美租借协定〉》,赵先明著,《贵州师范大学学报》1998 年第 4 期。

《宋子文、中国银行与战时美国租借援助的接洽》,曹嘉涵著,《史学月刊》2011 年第 10 期。

《抗战时期宋子文争取美国经济援助评析》,陈永祥著,《历史教学》2004 年第 4 期。

《1940 年宋子文何以赴美求援》,连若雪著,《炎黄春秋》1995 年第 8 期。

《第二次世界大战期间中国的一次外交努力——宋子文 1943 年访英述

评》，陈谦平著，《南京大学学报（哲学社会科学版）》1995 年第 4 期。

《抗战初期孙科赴法求援经过》，王军著，《民国春秋》1997 年第 6 期。

《孙科与国民政府的对苏外交（1932—1945）》，高华著，《南京大学学报（哲学、人文科学、社会科学版）》1998 年第 2 期。

《孙科与战时中苏关系》，李玉贞著，《内蒙古师范大学学报》2002 年第 4 期 //《中华民国史研究三十年（1972—2002）：上卷》，中国社会科学院近代史研究所等编，社会科学文献出版社 2008 年版。

《胡适与抗战时期的国际关系》，孙成岗著，《辽宁教育学院学报》2001 年第 7 期。

《抗战时期胡适的外交活动》，姜陆、刘惠琴著，《鲁东大学学报（哲学社会科学版）》2018 年第 5 期。

《美援外交中的胡适与宋子文》，陈永祥著，《民国档案》2003 年第 3 期。

《胡适、宋子文与抗战时期美援外交》，陈永祥著，《抗日战争研究》2011 年第 2 期。

《1918—1949 年胡适对苏俄态度的变化》，方巍巍著，《中国国家博物馆馆刊》2016 年第 6 期。

《蒋廷黻与七七事变前后的中苏关系》，任骏著，《近代史研究》1990 年第 4 期。

《蒋廷黻与南京国民政府联苏制日外交》（二），张玉龙著，《贵阳金筑大学学报》2005 年第 1 期。

《驻苏大使蒋廷黻向蒋介石提出"联苏抗日"策略始末》，吴跃农著，《钟山风雨》2008 年第 2 期。

《蒋廷黻向蒋介石提出"联苏抗日"始末》，吴跃农著，《文史春秋》2013 年第 4 期。

《关于抗战前蒋廷黻秘密访苏的探讨》，张玉龙著，《漳州师范学院学报》2004 年第 3 期。

《陈立夫秘密赴苏未遂详情》，张珊珍著，《湖北档案》2006 年第 8 期。

《争取西方的援助：孔祥熙 1937 年欧美之行》，郑会欣著，《史学月刊》2011 年第 1 期。

《争取西方的援助——评孔祥熙 1937 年的欧美之行》，郑会欣著，《第三届近代中国与世界国际学术研讨会论文集·第二卷·政治·外交（下）》，中国社会科学院近代史研究所编,社会科学文献出版 2015 年版。

《顾维钧与国民政府在美国的求援活动》,金光耀著,《一九四〇年代的中国:下卷》,中国社会科学院近代史研究所等编,社会科学文献出版社 2009 年版。

《王宠惠与全面抗战初期的中国外交》,刘宝东著,《廊坊师院学报》2002 年第 1 期。

《抗战初期杨杰赴法寻求军援活动述评》,杨斌著,《抗日战争研究》2001 年第 3 期。

《抗战初期杨杰等赴法寻求军援与孔祥熙等来往文电选》(上中下),杨斌译,《民国档案》1998 年第 4 期//1999 年第 1—2 期。

《欧战爆发后朱家骅的对德立场与联德活动》,李乐曾著,《民国档案》2010 年第 1 期。

《蒋百里赴欧游说墨索里尼和戈林》,周重礼、徐代建著,《纵横》2005 年第 6 期。

《程天放使德与中德关系(1936—1938)研究》,汪秋菊著,《乐山师范学院学报》2018 年第 9 期。

《抗战时期陈诚对中外关系的认识与应对——以书信、回忆录、日记为中心的考察》,徐炳三著,《暨南学报(哲学社会科学版)》2015 年第 5 期。

(3)争取大国支持的民间外交

《南京国民政府时期的国民外交运动论略》,印少云著,《徐州师范大学学报(哲学社会科学版)》2009 年第 5 期。

《论 1939 年天津事件后的国民外交运动——兼论国民政府与中共的应对》,曾荣著,《理论界》2010 年第 9 期。

《抗战时期中国国民外交协会述略》,熊斌、但唐军著,《重庆师范大学学报》2013 年第 3 期。

《抗战时期中国国民外交协会缘起及活动探析》,王东平著,《浙江理工大学学报》2015 年第 10 期。

《抗战时期回族的国民外交与国民政府的策略——以"中国回教朝觐团"为中心的考察》,方素梅著,《青海民族研究》2015 年第 4 期。

《抗战时期回族争取国际声援的国民外交活动》,达慧中著,《西北第二民族学院学报》2004 年第 1 期。

《浅论抗日战争爆发前夕的民间外交——以中国商业考察团赴南洋考察为

例》,汪妮著,《黑龙江史志》2014 年第 21 期。

《抗战时期宋庆龄在中美民间外交中的地位和贡献》,叶维维著,《海南师范大学学报(社会科学版)》2016 年第 6 期。

(4)争取大国地位的外交

《抗战时期的中外条约关系论析》,李育民、许健柏著,《晋阳学刊》2014 年第 3 期。

《抗战期间国民政府对中国大国地位的寻求》,王真著,《民国档案》2003 年第 2 期。

《战时国民政府争取中国大国地位的外交努力》,余本兰著,《淮北煤炭师范学院学报》2007 年第 3 期。

《试论国民政府在战后处理上对大国关系的构想》,曹艺著,《抗战史料研究》2014 年第 2 期。

《大国意识与大国作为——抗战后期的中国国际角色定位与外交努力》,王建朗著,《历史研究》2008 年第 6 期。

《现实性与虚幻性——影响抗战时期中国大国地位的若干因素》,郝银侠著,《晋中学院学报》2009 年第 4 期。

《抗战时期中国的“四强”地位及其影响》,马克锋著,《河北学刊》2014 年第 1 期。

《抗战时期中国的“四强”地位再解读——从比较视野所作的分析》,耿密著,《井冈山大学学报(社会科学版)》2018 年第 1 期。

《论抗战时期中国国际地位的变化及其局限》,聂俊华著,《天中学刊》2009 年第 1 期。

《大国梦难圆:抗战后期国民政府的外交挫败——以 1944 年国民政府的对美外交为中心》,左双文著,《社会科学研究》2014 年第 3 期。

2. 日本孤立中国的外交努力

《失败的外交记录:抗战初期日本外交综述》,王建朗著,《近代史研究》1992 年第 1 期。

《“四国联盟”构想与日本对苏中立政策》,李凡著,《吉林师院学报》1993 年第 2 期。

《中国抗日战争与日本对德关系的演变》,胡德坤著,《抗日战争研究》1992 年第 2 期。

《中立:日本对苏政策的选择(1939—1941)》,李凡著,《世界历史》1990 年第 2 期。

《1936—1941 年日本对德政策及其影响》,武向平著,《世界历史》2010 年第 1 期。

《论苏德战争时期的日本对苏政策(1941.6—1945.5)》,李凡著,《河北师范学院学报》1989 年第 4 期。

《太平洋战争初期日本对东南亚政策》,孙福生著,《厦门大学学报》1985 年第 1 期。

《二次大战前期日泰关系浅析》,刘含发著,《吉林师院学报》1987 年第 2 期。

《日据台湾时期"以华制华"战略的运用》,曹大臣著,《江海学刊》2004 年第 1 期。

五、各大国的远东政策和对日对华外交

《评抗战初期的远东国际关系》,左永平著,《思茅师专学报》1995 年第 2 期。

《抗战时期中美与中苏关系》,邓著之著,《九江师专学报》1995 年第 3 期。

《抗战时期的英美对华政策》,戴长征著,《安徽农业大学学报(社科版)》1996 年第 2 期。

《1937 年日军轰炸南京与欧美对日交涉》,崔巍著,《日本侵华史研究》2017 年第 1 期。

《二战时期英美对华政策的转变》,张海艳著,《中国及太平洋抗战与战俘问题研究——中国及太平洋抗战与战俘问题国际学术研讨会文集》,井晓光、王建学等主编,辽宁人民出版社 2009 年版。

《抗战时期中国与美、苏、英三大国的关系》,杨天石著,《探索与争鸣》2015 年第 4 期。

《中日战争与日德中苏关系》,[日]田岛信雄著,《社会科学研究》2010 年第 2 期。

《抗战后期的中美苏关系及其影响》,陈谦平著,《纪念中国人民抗日战争暨世界反法西斯战争胜利 70 周年国际学术研讨会论文集》,李亚平等编,中共党史出版社 2015 年版。

《1945 年前美俄(苏)对华政策特点之比较》,茹莹著,《齐鲁学刊》2003 年第
1 期。

1. 苏联远东政策和外交

(1)关于苏联远东政策

《抗战时期苏联远东战略与日本侵华战争》,雷大川著,《北方论丛》2006 年
第 2 期。

《论日本大陆政策与俄国远东政策》,黄定天著,《东北亚论坛》2005 年第
4 期。

《试论三十年代苏联远东政策的特点》,张昱琨著,《西伯利亚研究》1991 年
第 5 期。

《浅析三十年代苏联的远东战略》,周美云著,《历史教学问题》1994 年第
1 期。

《试论二战中斯大林的亚洲谋略》,李果河著,《河池师专学报》1998 年第
4 期。

《1931—1941 年苏联远东战略述评》,黄风志著,《湘潭师院学报》1988 年第
3 期。

《1931—1941 年苏联的远东政策刍议》,黄鸿飞著,《历史教学问题》2001 年
第 4 期。

《1931—1937 年的苏联远东政策与外交》,罗志刚著,《武汉大学学报》1995
年第 4 期。

《1937—1945 年苏联远东政策的演变》,罗志刚著,《武汉大学学报》1997 年
第 1 期。

《略论日本侵华期间苏联的远东政策》,黄家泉著,《广州大学学报》1995 年
第 1 期。

《第二次世界大战期间苏联的远东政策》,姜桂石、黄风志著,《内蒙古民族
师院学报》1988 年第 3 期。

《论苏联在第二次世界大战中的远东战略》,刘志青著,《社会科学战线》
1994 年第 1 期。

《二战时期苏联远东政策成功的原因》,徐宁著,《成都师专学报》2000 年第
3 期。

《20 世纪 30 年代的中日苏关系》,黄鸿飞著,《泉州师范学院学报》2004 年

第 1 期。

《试论抗日战争时期中日苏三国关系的演变》,孙其明著,《党史纵横》1995年第 4 期。

《崔可夫与 1941 年中苏日三边关系》,吕严斌著,《和田师范专科学校学报》2005 年第 2 期。

《试析苏联对蒙战略缓冲政策的形成与外蒙古"独立"》,彭传勇著,《中国边疆学》2015 年第 2 期。

(2)苏联对华政策与苏中关系

①苏联对华政策

《日本侵华十五年间苏联对华外交一瞥》,张世敏著,《党史文汇》1996 年第 1 期。

《评抗战初期苏联对华政策》,邓家倍著,《国际共产主义运动》1988 年第 5 期。

《抗战初期苏联对华外交》,石冬明、王圣祯著,《江桥抗战及近代中日关系研究(上)》,东北地区中日关系史研究会编,周彦、李海主编,吉林人民出版社 2005 年版。

《略评二战期间的苏联对华政策》,黄世相著,《江西师大学报》1993 年第 1 期。

《简评抗战时期斯大林对华政策》,张庆瑰等著,《徐州师院学报》1990 年第 2 期。

《试评抗日战争时期苏联对华政策》,朱敏彦著,《民国档案》1990 年第 4 期 //《山东医科大学学报(社会科学版)》1990 年第 1 期。

《试评抗日战争时期苏联的对华政策》,杨欣著,《汉中师院学报》1996 年第 2 期。

《略评抗战期间的苏联对华政策》,冯春龙著,《扬州大学学报》1999 年第 4 期。

《抗战时期苏联对华政策浅析》,侯衔正著,《江汉大学学报》1989 年第 3 期。

《抗战时期苏联对华政策述论》,文晓燕著,《江西社会科学》1998 年第 10 期。

《苏联对中国的政策(1937—1945)》,[苏] A.列多夫斯基著;路运编译,《国外中共党史研究动态》1991 年第 5 期。

《抗日战争时期苏联对华政策解读》，赵士国著，《世界历史》2007 年第 1 期。

《抗日战争时期苏联对华政策新论》，徐明忠、王胜霞著，《枣庄师专学报》1997 年第 4 期。

《抗日战争时期苏联对华政策的评析》，陆亚玲著，《扬州教育学院学报》2002 年第 1 期。

《抗日战争时期前苏联对华政策评析》，屈建军著，《西安航空技术高等专科学校学报》2006 年第 2 期。

《中国全面抗战与苏联对华政策新论》，[俄]Н.Л.玛玛耶娃著；朱显平、王玉国著译，《东北亚论坛》2017 年第 5 期。

《第二次世界大战期间苏联的对华政策》，刘立凯著，《党史研究资料》1984 年第 9 期。

《试析抗战胜利前夕苏联的对华政策》，孙宝根著，《华东船舶工业学院学报》2001 年第 3 期。

《评析 1931—1945 年苏联对华政策》，易新涛著，《党史文苑》2009 年第 6 期。

《试论 1931—1945 年苏联对华政策及其成因》，王立新著，《南京社会科学》1997 年第 6 期。

《1941—1944 年苏联对华政策述评》，易新涛著，《北京理工大学学报》2000 年第 3 期。

《简评抗战胜利前夕苏联对华政策》，朱敏彦著，《史学月刊》1988 年第 6 期。

《论抗日战争时期苏联对华政策的演变》，袁雅欣、刘艳秋著，《佳木斯教育学院学报》1999 年第 1 期。

《试论苏联在中国抗日战争时期政策的演变》，武广洁著，《石家庄师专学报》2001 年第 2 期。

《抗战后期苏联对华政策转变原因探析》，傅义强著，《福建党史月刊》2007 年第 4 期。

《抗战初期苏联舆论对战争走向的观察》，郭奇林著，《党史研究与教学》2016 年第 6 期。

②中苏关系

A.总论

《抗战爆发前后中国国家安全视野中的中苏关系》，王真著，《纪念中国人民抗日战争暨世界反法西斯战争胜利 60 周年学术研讨会论文集：下卷》，中共中央党史研究室科研管理部编，中共党史出版社 2006 年版。

《论第二次世界大战时期的中苏关系》，张西虎著，《社会科学家》2005 年第 S2 期。

《第二次世界大战中的苏联与中国》，［苏］弗·斯·米亚斯尼科夫著；宿丰林译，《学习与探索》2006 年第 1 期。

《抗战时期的中苏外交》，杨耀健著，《文史精华》2005 年第 12 期。

《抗日战争时期的中苏关系述评》，徐平山著，《湘潭大学学报》1987 年第 2 期。

《抗日战争时期的中苏关系》，陈小琼著，《江西社会科学》1989 年第 3 期。

《抗战时期的中苏关系述略》，徐世和著，《青海民族学院学报》1995 年第 4 期。

《抗战时期跌宕曲折的中苏关系》，吴景平著，《民国春秋》1996 年第 4 期。

《中国抗日战争期间的中苏关系》，［美］高沃龙著；陈伟译，《世界史研究动态》1990 年第 3 期。

《再谈抗日战争时期的中苏关系》，徐世和著，《青海民族学院学报》1999 年第 3 期。

《抗日战争时期中苏关系的历史走向》，杨娟、冷屹著，《学习月刊》2015 年第 24 期。

《抗战时期中苏关系对反法西斯战争的影响》，姚海著，《探索与争鸣》2015 年第 4 期。

《美国学者论抗日战争时期的中苏关系及其深远影响》，陈伟译，《党史研究资料》1990 年第 4 期。

《抗战时期中苏关系的演变及其原因》，李佳玉著，《邢台学院学报》2011 年第 2 期。

《试论抗日战争时期中苏日三角关系的演变》，孙其明著，《思想理论教育导刊》1995 年第 8 期。

《抗日战争爆发前后的苏中关系》，［苏］杜宾斯基著；吴能摘译，《苏联问题研究资料》1986 年第 1 期。

《试析 1937—1941 年的中苏关系》,陈晖著,《南京师大学报》2003 年第 6 期。

《论抗战初期的苏中关系》,郭成建、徐飞著,《第二次世界大战史论文集④:人民战争的胜利》,刘鲁民、徐根初主编,金盾出版社 1998 年版。

《试谈抗战初期国民党政府与苏联的关系》,刘志青著,《社联通讯》1988 年第 1 期。

《抗战初期中苏在苏联参战问题上的分歧》,王真著,《历史研究》1994 年第 6 期。

《抗战初期中苏关系文件选译》(上下),王真著,《历史档案》1995 年第 3/4 期。

《孙科与抗战初期的中苏关系》,王军著,《史学月刊》1996 年第 4 期。

《试析抗日战争前期的中苏关系》,韩新路著,《汉中师院学报》1992 年第 2 期。

《抗日战争中期的苏中关系(1940—1941)》,[苏] 杜宾斯基著;王亚兵译,《苏联问题研究资料》1989 年第 5 期。

《抗日战争后期的中苏关系》,韩新路著,《汉中师院学报》1992 年第 4 期。

《抗日战争时期有关中苏关系的几份文件》,夏洪跃译,《党史研究资料》1990 年第 2 期。

《有关抗战期间中苏关系的几份文件》,夏洪跃译,《民国档案》1991 年第 1 期。

《抗战时期中国与苏联签订的两个条约》,刘晓宁著,《档案与建设》2007 年第 9 期。

《抗战时期的蒋介石与斯大林》,李玉贞著,《社会科学研究》2010 年第 5 期。

《孙科与战时国民政府的对苏关系》,王真著,《近代史研究》1993 年第 5 期。

《抗战时期中苏关系的一个侧面——孙科与中苏文化协会》,李玉贞著,《广州大学学报》2005 年第 11 期。

《抗战时期苏联顾问团活动一瞥崔可夫的在华使命》,佚名著,《军事历史》2005 年第 2 期。

《抗日战争时期的中苏关系：一个苏联外交官的笔记》，［苏］列道夫斯基著；李湘敏编译，《党史文苑》1992 年第 2 期。

《1937—1939 年蒋介石与 H.B.斯大林及 K.E.伏罗希洛夫之间的信函往来》，胡德君、田玄译，《军事历史研究》1998 年第 1 期。

《驻苏大使蒋廷黻与苏联外交官员会谈纪录》，任骏编选，《民国档案》1989 年第 4 期。

《蒋廷黻关于苏联概况、外交政策及中苏关系问题致外交部报告》，任骏、孙必有著，《民国档案》1989 年第 1 期。

《国民政府军事委员会委员长侍从室密电抄底节选：1941—1942 年的中苏关系》，《民国档案》2000 年第 1 期。

《八年抗战时期的中苏贸易》，徐万民著，《近代史研究》1988 年第 6 期。

B.中苏关系中若干重大问题

（a）中苏互不侵犯条约的签订

《〈中苏互不侵犯条约〉的签订》，梁琪著，《历史教学》1999 年第 3 期。

《中苏互不侵犯条约的签订及其意义》，李嘉谷著，《苏联历史问题》1993 年第 1 期。

《〈中苏互不侵犯条约〉的签订及对中国的影响——兼评 1941 年苏日中立条约〉》，张小强著，《钦州师专学报》1998 年第 2 期。

《〈中苏互不侵犯条约〉的签订及其国际国内反响》，罗存康著，《南京大屠杀史研究》2011 年第 3 期。

《中苏互不侵犯条约谈判与 1932—1937 年的中苏关系》，张毅著，《近代史研究》2016 年第 2 期。

《从蒋介石日记看〈中苏互不侵犯条约〉签订的前前后后》，李奇著，《抗战史料研究》2017 年第 1 期。

《1939 年〈中苏通商条约〉及其签订原因探究》，白晓光著，《西伯利亚研究》2015 年第 6 期。

（b）《中苏友好同盟条约》

《一九四五年的中苏谈判》，［苏］杜宾斯基著；吴能摘译，《苏联问题研究资料》1986 年第 4 期。

《1945 年苏中莫斯科谈判（三）》，［苏］A.列多夫斯基著；温耀平译，《苏联问题研究资料》1989 年第 1 期。

《1945 年中苏友好同盟条约谈判内幕》，梁敬镦、阮家新译，《军事史林》1988 年第 4 期。

《1945 年中苏莫斯科谈判评述》，丁应通著，《韩山师范学院学报》2004 年第 1 期。

《关于宋子文斯大林莫斯科会谈:美国外交档案选译》(上中下)，吴景平译，《民国档案》1991 年第 2—4 期。

《王世杰与〈中苏友好同盟条约〉》，顾关林著，《民国春秋》1999 年第 2 期。

《中国争取同苏联签订互助条约始末——抗战前期中苏关系中一个不能忽视的重要问题》，孙艳玲著，《纪念中国人民抗日战争暨世界反法西斯战争胜利60 周年学术研讨会论文集:下卷》，中共中央党史研究室科研管理部编，中共党史出版社 2006 年版。

《无奈的选择:中苏同盟建立的曲折历程(1944—1950)》，沈志华著，《近代史研究》2010 年第 6 期。

《1945 年〈中苏友好同盟条约〉签订的历史背景》，张重衍著，《华中师大研究生学报》1988 年第 3 期。

《强权政治下的悲剧——1945 年〈中苏友好同盟条约〉签订的内幕》，王静著，《文史精华》1996 年第 9 期。

《〈中苏友好同盟条约〉签字时间考析》，姚江鸿著，《中共党史研究》2018 年第 3 期。

《试论〈中苏友好同盟条约〉签订的过程及其影响》，颜圣举著，《西伯利亚研究》2007 年第 2 期。

《一九四五年的中苏友好同盟条约》，朱瑞真等著，《苏联东欧问题》1984 年第 2 期。

《关于 1945 年中苏友好同盟条约的评价》，潘志军著，《世界史研究动态》1985 年第 9 期。

《试评一九四五年的中苏谈判和中苏条约》，孙其明著，《安徽大学学报》1988 年第 3 期。

《试论〈中苏友好同盟条约〉的签订》，刘志青著，《华中师大研究生学报》1988 年第 2 期。

《评 1945 年"中苏条约"》，魏新生著，《史学月刊》1989 年第 2 期。

《评 1945 年的〈中苏条约〉——兼与翁仲二同志商榷》，薛庆超著，《河南党史研究》1990 年第 6 期。

《〈中苏友好同盟条约〉评析》，刘喜发著，《社会科学战线》1996 年第 3 期。

《再论〈中苏友好同盟条约〉——驳卜道明"迫不得已、利大于弊"观点之依据》，阎玉田著，《社会科学论坛（学术评论卷）》2009 年第 8 期。

《〈中苏友好同盟条约〉与战后中苏关系》，李群著，《西伯利亚研究》2002 年第 2 期。

《试论〈中苏友好同盟条约〉对中国政局的影响》，王潮江著，《世纪桥》2007 年第 2 期。

《〈中苏友好同盟条约〉的签订对国共两党关系的影响》，刘莉著，《世纪桥》2000 年第 9 期。

《〈中苏友好同盟条约〉与重庆谈判的缘起》，任晓伟著，《西南大学学报》2008 年第 5 期。

《中苏同盟和雅尔塔体系》，窦晖著，《党史研究资料》1993 年第 7 期。

《从屈辱妥协到独立自主——〈中苏友好同盟条约〉与〈中苏友好同盟互助条约〉比较研究》，李志学著，《学习与探索》2002 年第 3 期。

《〈中苏友好同盟条约〉与〈中苏友好同盟互助条约〉之比较》，栾景河、李福生著，《当代中国史研究》2004 年第 2 期。

（c）抗战中后期苏联与国民党政府关系恶化的原因

《抗战期间中苏关系恶化原因初探》，王真著，《历史研究》1990 年第 4 期。

《以什么为标准来评判抗战期间中苏关系中的是与非——论抗战期间中苏关系恶化的原因》（全 3 期），孙才顺著，《滨州教育学院学报》1998 年第 1/2 期。

《以什么标准来评判抗战期间的中苏关系——论抗战期间中苏关系恶化的原因》，孙才顺著，《山东师大学报》2001 年第 4 期。

《如何评判抗战期间中苏关系中的是与非——论抗战期间中苏关系恶化的原因》，孙才顺著，《抗日战争研究》2001 年第 3 期。

《实事求是，尊重历史——怎样以科学的态度研究抗战时期中苏关系的是与非》，王真著，《抗日战争研究》2001 年第 4 期。

《浅析抗日战争期间国民党政府与苏联关系恶化的原因》，吴长绪著，《太原师院学报》1997 年第 4 期。

《抗战中后期前苏联与国民党政府关系恶化的原因》，薛德枢著，《滨州师专学报》1998 年第 3 期。

《抗战时期中苏国家关系中的意识形态问题》,王真著,《抗日战争研究》2003年第2期//《中华民国史研究三十年(1972—2002):上卷》,中国社会科学院近代史研究所等编,社会科学文献出版社2008年。

《抗战时期的新疆问题与中苏关系》,沙卫东著,《同济大学学报》1995年第2期。

《论二战爆发后苏联对新疆政策的变化》,谢承国著,《洛阳农业高等专科学校学报》2001年第3期。

《论盛世才政权与苏联同盟关系的基础》,谢承国著,《史学月刊》1999年第4期//《荆州师院学报》2001年第1期。

《论盛世才与苏联同盟关系的确立》,谢承国著,《上饶师院学报》2001年第5期。

《20世纪40年代美苏在新疆的权益争夺及其特征》,闫佼丽著,《西安工程大学学报》2010年第5期。

《1944年新蒙边境纠纷的解决与美国对中苏关系的协调》,闫自兵著,《新疆大学学报(哲学·人文社会科学版)》2012年第4期。

③苏联对华政策的实质和影响

《从外蒙独立历程论苏(俄)联对华政策中的民族利己主义》,张世均著,《西南民族大学学报(人文社会科学版)》2012年第11期。

《抗战初期苏联不出兵援华的原因》,赵金鹏摘编,《中共党史通讯》1992年第9期。

《试析抗战初期苏联对华政策之于国民党的影响》,艾虹、李延龄著,《社会科学战线》2010年第4期。

《从苏联出兵中国东北看斯大林对华政策》,李静云著,《衡水师专学报》1999年第2期。

《抗战时期苏联对华政策的演变及其性质》,王妮利著,《探索与争鸣》2002年第11期。

《抗战时期苏联对华政策的演变及其影响》,王瑜瑾著,《福建党史月刊》2010年第4期。

《抗战初期苏联对华政策的两面性》,赵艳慧著,《石油大学学报》1998年第1期。

《简论苏联对中国前期抗战的两面外交》,刘云平、张洪岳著,《延安大学学报》1997 年第 2 期。

《试论 1931—1945 年苏联对华政策中的两重性》，王立新著，《江苏社会科学》1996 年第 1 期。

《评抗战前期苏联对中国抗战的双重态度》，薛德枢著，《青岛大学师范学院学报》1997 年第 4 期。

《苏联国家利益与其抗战时期的对华政策》，季荣臣著，《河南教育学院学报》1999 年第 1 期。

《评第二次世界大战期间苏联对华政策的出发点》，吴贤辉著，《华侨大学学报》1996 年第 2 期。

《从美国的全球战略看其抗日战争时期的对华政策》，徐鸣钟著，《枣庄师专学报》1996 年第 1 期。

《试论中国抗日战争前后苏联对华政策中的大国主义行为（上下篇）》，靳国庆、赵国才著，《集宁师专学报》1996 年第 2 期//1997 年第 1 期。

《论 1922—1937 年前苏联对华政策中的民族利己主义》，张世均著，《重庆教育学院学报》2000 年第 3 期。

《20 世纪二三十年代苏联利己主义对华政策的成因》，赵惠民著，《莱阳农学院学报》2001 年第 2 期。

《抗战时期苏联对华政策中的民族利己主义和强权政治》，姜春晖著，《国际关系学院学报》1996 年第 3 期。

《从中东铁路交涉看苏联对华外交中的民族利己主义倾向》，孙国军、赵文亮著，《赤峰教育学院学报》1999 年第 1/2 期。

《抗战胜利前夕中苏关于中东铁路问题的交涉》，王凤贤著，《黑龙江社会科学》1997 年第 1 期。

《苏联国家利益对中国抗日民族统一战线的影响》，彭贵珍著，《洛阳师院学报》2002 年第 6 期。

《苏联与西安事变》，李义彬著，《历史研究》1991 年第 5 期。

《苏联对"西安事变"的态度及其原因浅析》，廖良初著，《云梦学刊》1992 年第 1 期。

《从雅尔塔协定看苏联对华政策的演变》，李杰著，《国际共运》1985 年第 6 期。

《雅尔塔协定与 1945 年中苏条约》，王贵正编译，《世界史研究动态》1989 年第 12 期。

《试论苏联对华政策对中国抗战的影响》,周茶仙、李兰芳著,《上饶师院学报》1997 年第 2 期。

《抗日战争前期苏联对华政策及对中国抗战的影响》,田霞著,《西北大学学报》1999 年第 2 期。

《抗战前期苏联对华政策与皖南事变的爆发》,郭秋光著,《南昌大学学报》1999 年第 1 期。

《试论抗战时期苏联对华政策的负面作用》,克藻著,《淮北煤炭师院学报》1995 年第 4 期。

《苏联承认伪满洲国原因浅探》,石岩著,《大连近代史研究》第 8 卷,2011 年。

(3) 苏联对日政策与苏日关系

《三十年代初围绕中国问题的苏日关系》,[苏] 雅各布·科瓦里宾著;人禾译,《世界史研究动态》1985 年第 6 期。

《简论 1923—1935 年日本与苏联的关系》,王春良著,《山东师大学报》2003 年第 1 期。

《简论 1935—1945 年日本与苏联的关系》,王春良著,《山东师大学报》2004 年第 1 期。

《1931—1945 年苏日关系浅议》,何成刚著,《中学历史教学参考》1987 年第 4 期。

《第二次世界大战前的苏日贸易》,薛巨著,《外国问题研究》1983 年第 3 期。

《在战争阴影下——从 30 年代初到二战结束日苏关系的演变》,孙雪峰著,《甘肃社会科学》1999 年第 S1 期。

《论苏联"二战"期间的对日策略》,丁宝有著,《外国问题研究》1984 年第 4 期。

《刍议二战期间苏联对日政策之演变》,蒲瑶著,《延安大学学报》2001 年第 2 期。

《略论二战中苏联对日政策的影响》,张晓峰、王玉玲著,《北方论丛》1997 年第 2 期。

《1941 年苏联关于日本对苏动态的情报》,娄杰、左风荣译,《民国档案》

1997 年第 3 期。

《日苏主张缔结互不侵犯条约的转换——1931—1941 年》，李玫娟著，《历史教学（高校版）》2008 年第 2 期。

《日本坚持对苏中立政策的选择：1941—1945 年》，李凡著，《河北师范学院学报》1991 年第 2 期。

《二战时期苏联对日政策对中国抗日战争的影响》，王玉玲、张晓峰著，《龙江党史》1998 年第 3 期。

《日苏关系与国共的战略利益——1943 年蒋介石制裁中共的策划与取消》，邓野著，《近代史研究》2007 年第 6 期。

《两次世界大战期间苏日关系中的石油因素》，王绍章著，《东北亚论坛》2003 年第 6 期。

2. 美国远东政策和外交

（1）关于美国远东政策

《国家利益与 20 世纪 30 年代美国东亚政策》，李朋著，《求是学刊》2011 年第 5 期。

《中国抗日战争与美国远东政策的演变》，韩永利著，《武汉大学学报（人文科学版）》2005 年第 4 期。

《孤立主义势力对美国远东政策的影响》，赵文莉著，《北京联合大学学报》2006 年第 4 期。

《中国抗战初期格鲁对美国远东政策的主张评析》，张愿著，《武汉大学学报（人文科学版）》2008 年第 1 期。

《日本全面侵华与美国的态度》，朱昕昌著，《苏州大学学报》1989 年第 2 期。

《日本侵华与"门户开放"政策的破产》，姜德福著，《佳木斯师专学报》1989 年第 4 期。

《论太平洋战前美国远东战略及其演变》，王斯德、李巨廉著，《历史研究》1982 年第 6 期。

《论太平洋战争前美国远东战略及其演变》，王斯德、李巨廉著，《中美关系史论文集》第 1 辑，重庆出版社 1985 年版。

《太平洋战争爆发前英美远东政策的比较研究》，黄凤志著，《内蒙古民族大学学报》2002 年第 3 期。

《论太平洋战争前美国远东政策的两重性》,张小强著,《钦州师专学报》
2003 年第 2 期。

《试析太平洋战争爆发前美国制日援华政策》,项锷著,《深圳教育学院学
报》1999 年第 1 期。

《试析太平洋战争爆发前夕美国对日华的"平衡外交"》,钞群英著,《长春师
范学院学报》2004 年第 3 期。

《1937—1941 年英美制日援华政策的演变与比较》,李增辉著,《档案史料与
研究》2000 年第 2/3 期。

《20 世纪 40 年代美国的远东战略》,金海著,《第二次世界大战与亚太国际
合作:第二次世界大战史(重庆)学术讨论会论文集》,苑鲁、谢先辉主编,重庆出
版社 2003 年版。

《帕奈号事件后美国调整远东战略》,方堃著,《第二次世界大战史论文集
④:人民战争的胜利》,刘鲁民、徐根初主编,金盾出版社 1998 年版。

《"先欧后亚"战略与太平洋战争爆发前的美国远东政策》,韩永利著,《武汉
大学学报》1996 年第 5 期。

(2)美国对日政策与美日关系

《中日战争初期美国举棋不定的"中立"政策》,徐康明、徐岚著,《曲靖师范
学院学报》2005 年第 4 期。

《1937 年日美在对华问题上的矛盾》,钟放著,《历史学习》1999 年第 7 期。

《浅析 1941 年美日谈判的缘起》,隋淑英著,《烟台师院学报》2000 年第
3 期。

《略论 1941 年美日谈判的性质和后果》,王开琚著,《西南师院学报》1982 年
第 3 期。

《美国全球战略与 1941 年美日谈判》,朱听昌著,《外国问题研究》1983 年第
2 期。

《太平洋战争前的美日关系》,邓蜀生著,《世界现代史论文集》,三联书店
1982 年版。

《太平洋战争爆发前美国的对日政策》,李宁著,《浙江师院学报》1983 年第
2 期。

《太平洋战争前美国对日政策的演变》,李凌云著,《日本研究》1998 年第
4 期。

《太平洋战争爆发前美国对日经济政策的演变》，梁辉著，《益阳师专学报》2002 年第 2 期。

《珍珠港事件之前的日美关系——基于日本对华战争全面爆发后的利益分析》，王储、邓永发著，《河西学院学报》2016 年第 3 期。

《美国的私人议和活动与〈日美谅解案〉的形成》，丁则勤著，《历史研究》1986 年第 5 期。

《1941 年前美国对日政策（重温珍珠港"事件"50 周年）》，欧亚著，《外交学院学报》1991 年第 4 期。

《三十年代美在华与日矛盾的发展及其对日政策的演变》，辛志敏著，《辽宁师院学报》1983 年第 4 期。

《评三十年代美国对华对日政策的演变》，秦天洪著，《汕头大学学报》1989 年第 3 期。

《美国对日政策的内在矛盾性》，杨伯江著，《世界知识》2014 年第 21 期。

《太平洋战争前美国在美日谈判第一阶段的远东政策》，丁则勤著，《历史研究》1989 年第 1 期。

《试析美国在美日谈判第二阶段及最后阶段的远东政策》，隋淑英著，《烟台大学学报》1998 年第 2 期。

《经济因素在美国对日政策中的作用（1937—1941）》，蔡玉民著，《世界历史》2001 年第 3 期。

《舆论与外交——太平洋战争期间美国民众对日舆论的变化》，[日] 田中勇著；张捷译，《世界史研究动态》1986 年第 8 期。

《抗战初期日美围绕在华权益的冲突》，李灵革、胡晓丁著，《石油大学学报》2004 年第 1 期。

《"帕奈号"事件及美国对其采取温和路线的原因》，赵德教、赵文莉著，《广西社会科学》2007 年第 11 期。

《中国人在美国人眼中形象的转变——从帕奈号事件到珍珠港事件》，赵博宇著，《黑龙江史志》2009 年第 19 期。

（3）美国对华政策与中美关系

①美国对华政策

A.总论

《美国对华政策的政治导因分析》，李庆四著，《中共天津市委党校学报》

2008 年第 3 期。

《三十年代美国对华政策新论》，李庆余著，《近代史研究》1989 年第 6 期。

《第二次世界大战期间的美国对华政策》，宋萍著，《新乡师范高等专科学校学报》2005 年第 4 期。

《评三十年代后期美国对华对日政策的演变》，秦兴洪著，《汕头大学学报》1989 年第 3 期。

《从"七七事变"到"东方慕尼黑阴谋"时期的美国对华政策》，陆军军著，《首都师范大学学报》2006 年第 S1 期。

《1937 年至 1941 年美国对华政策》，辜宗秀、何德廷著，《咸宁学院学报》1996 年第 4 期。

《1937—1941 年美国对华政策》，王韵华著，《历史教学》1998 年第 4 期。

《1937—1941 年的美国对华政策》，隋淑英著，《齐鲁学刊》2000 年第 3 期。

《绥靖主义，还是现实主义——评 1937—1941 年的美国对华政策》，金灿荣著，《美国研究参考资料》1988 年第 4 期。

《试评 30 年代后期美国的对华政策》，谢溶著，《昆明师专学报》1993 年第 1 期。

《试评 20 世纪 30 年代后期美国的对华政策》，谢溶著，《河南机电高等专科学校学报》2008 年第 1 期。

《艰难的起步：1938 年美国对华政策透视》，王建朗著，《抗日战争研究》1992 年第 2 期。

《太平洋战争爆发前美国的对华政策》，车辉、季春仁著，《丹东纺专学报》1996 年第 2 期。

《试论太平洋战争前美国的对华政策》，刘子建著，《天府新论》1996 年第 5 期。

《论太平洋战争爆发前美英的对华政策》，马丁著，《温州师院学报》2000 年第 4 期。

《论太平洋战争爆发前的美国对华政策（1931—1941）》，徐尚平著，《蚌埠学院学报》2012 年第 6 期。

《太平洋战争爆发前美国对华政策评析》，吴蓓著，《吉林省社会主义学院学报》2004 年第 2 期。

《试论太平洋战争爆发前夕的美国对华政策》，黄光耀著，《连云港教育学院学报》2000 年第 3 期。

《"先欧后亚"战略与太平洋战争爆发前夕的美国对华政策》,黄光耀著,《杭州师院学报》2001 年第 1 期。

《太平洋战争爆发后美国的对华政策》,吴韫山、侯衔正著,《西南民族学院学报》1987 年第 3 期。

《太平洋战争爆发后罗斯福政府的对华政策》,谭圣安著,《世界知识》1988年第 4 期//《第二次世界大战史论文集②》,中国二战史研究会编,国防大学出版社 1986 年版。

《太平洋战争时期美国对华政策探析》,石开玉著,《牡丹江大学学报》2014年第 9 期。

《太平洋战争前期的美国对华政策——从"珍珠港事件"到开罗会议前》,陈世阳著,《韩山师范学院学报》2007 年第 2 期。

《1941—1945 年的美国对华政策与美蒋关系》,白冶钢著,《理论导刊》1998年第 9 期。

《抗战时期美国对华政策》,金剑华著,《宁夏社会科学》1996 年第 3 期。

《抗战时期美国的对华政策》,吴锋著,《中学历史教学参考》1996 年第7 期。

《抗战时期的美国对华政策》,赵艳锋著,《中共郑州市委党校学报》2004 年第 2 期。

《抗战时期美国对华政策解析》,朱德军著,《淮北煤炭师范学院学报》2004年第 5 期。

《抗日战争中美国对华政策》,王和杰著,《池州师专学报》2006 年第 2 期。

《抗日战争时期的美国对华政策》,李蓬著,《连云港化工高专学报》1996 年第 3 期。

《论抗日战争时期美国对华政策》,张庆瑰、曹军著,《沈阳师院学报》1995年第 3 期。

《论抗日战争时期美国对华政策》,王巧荣著,《河南师范大学学报》2006 年第 1 期。

《论抗日战争时期的美国对华政策》,阎素娥著,《中州学刊》1999 年第5 期。

《略论抗日战争时期美国对华政策》,王作坤著,《齐鲁学刊》1985 年第

2 期。

《略论抗日战争时期的美国对华政策》,陈昌炽等著,《云南师大学报》1986年第 2 期。

《试论抗日战争时期美国的对华政策》,冯春明著,《民国档案》1986 年第 3 期。

《试析抗日战争时期美国的对华政策》,马彦丽著,《濮阳职业技术学院学报》2005 年第 3 期。

《简析抗日战争时期的美国对华政策》,叶美兰、徐鸣著,《青岛大学师范学院学报》2005 年第 3 期。

《抗日战争时期的美国对华政策浅述》,杨淑英、侯淑梅著,《延边教育学院学报》2008 年第 1 期。

《评抗战初期美国对华政策》,程伟、崔凤英著,《大庆社会科学》1997 年第 6 期。

《抗日战争前期美国对华政策简述》,张附孙著,《云南教育学院学报》1986年第 1 期。

《抗日战争前期美国对华政策述评》,张勇著,《清华大学学报(哲学社会科学版)》1996 年第 1 期。

《试论抗日战争后期的美国对华政策》,李续基著,《学术论文集刊》1980 年第 1 期。

《抗战后期美国政府的对华政策问题》,翟作君著,《党史研究与教学》1989年第 1 期。

《抗日战争时期美国对华政策的制订》,阳春喜著,《湖湘论坛》1998 年第 3 期。

《抗战时期美国的"中国通"与美国对华政策》,夏绍能著,《焦作教育学院学报》1997 年第 1 期。

《马格鲁德军事代表团使华述评》,徐旭阳、刘劲松著,《贵州文史丛刊》2001年第 4 期。

《1944 年美国副总统华莱士访华全程纪实》(共 2 期),周永福著,《百年潮》2016 年第 7/8 期。

《1940 年代美国葛德石来华使命与历史作用的探析:兼与李约瑟来华的比较研究》,朱艳美、张藜著,《中国科技史杂志》2019 年第 4 期。

《抗战时期美国对华"文化外交"——美国国务院中美文化关系项目初探》，杨雨青著，《抗日战争研究》2011 年第 4 期。

《抗战后期美国的对华政策与对苏外交》，关绍纪著，《文史哲》1997 年第 3 期。

《太平洋战争时期美国的对华宣传：起源、政策与机制》，王睿恒著，《世界历史》2014 年第 4 期。

《太平洋战争时期美国的对华宣传：媒介与受众》，王睿恒著，《史学集刊》2016 年第 1 期。

《太平洋战争时期美国对华宣传中的中国形象》，王睿恒著，《历史研究》2016 年第 4 期。

《太平洋战争时期美国对华宣传塑造的美国形象》，王睿恒著，《世界历史》2017 年第 5 期。

《20 世纪 40 年代美国对中国新疆政策研究》，许建英著，《云南师范大学学报》2011 年第 4 期。

B.美国对华政策的演变

《从同情到同盟——美国与中国的抗战》，胡波著，《郑州大学学报（哲学社会科学版）》2015 年第 4 期。

《抗战时期美国对华政策的演变》，陈学明著，《南昌大学学报（工科版）》1985 年第 4 期。

《抗战时期美国对华政策的演变》，赵艳慧著，《黄河学刊》1997 年第 2 期。

《抗战期间美国对华政策的演变》，金卫星著，《探索与争鸣》2015 年第 4 期。

《抗战前期美国对华政策之演变》，李精华著，《北方论丛》1995 年第 2 期。

《抗战前期美国外交官对华政策的分歧》，王纲领著，《社会科学研究》2006 年第 5 期。

《1937—1941 年美国对华政策的演变及其原因》，胡之信著，《求是学刊》1981 年第 4 期。

《中美〈桐油借款合约〉与美国对华政策的初始变化》，白涛著，《贵州师大学报》1998 年第 4 期。

《太平洋战争时期美国对华政策的调整——兼与赵志辉同志商榷》，陈世阳、夏欢著，《五邑大学学报》2005 年第 4 期。

《抗日战争时期美国对华政策的调整》,张瑞静著,《中国矿业大学学报》2010 年第 3 期。

《太平洋战争时期美国对华政策的演变》,王邦宪著,《复旦学报》1983 年第 4 期。

《论太平洋战争爆发后美国对华政策的转变》,杨淑艳著,《北方论丛》1999 年第 2 期。

《太平洋战争后期美国对中国东北政策的转变》,马丁著,《长春大学学报》2016 年第 5 期。

《抗战期间美国对华政策及其演变》,梁长平著,《郑州大学学报》1997 年第 3 期。

《抗日战争时期美国对华政策的演变》,吴敏先著,《东北师大学报》1990 年第 1 期。

《抗日战争时期美国对华政策的演变》,李林宇著,《党史研究与教学》1995 年第 5 期。

《抗日战争时期美国对华政策的演变》,隋巧妮著,《福建教育学院学报》2003 年第 8 期。

《抗日战争时期美国对华政策及其演变》,刘子建著,《四川省纪念抗日战争胜利四十周年论文暨史料选(1)》,四川省社会科学院出版社 1985 年版。

《试论抗战时期美国对华政策的演变》,张世均著,《重庆教育学院学报》1997 年第 1 期。

《论抗日战争时期美国对华政策的演变》,张世均著,《康定民族师专学报》2000 年第 3 期。

《试论抗日战争时期美国对华政策的变化》,陈璐著,《惠州大学学报》1995 年第 2 期。

《浅谈抗日战争时期美国对华政策的演变》,张艳君著,《沈阳航空工业学院学报》2005 年第 6 期。

《抗日战争中美国"援华制日"政策的演变》,陈九如、苏全有、刘海文著,《河南师范大学学报》1996 年第 3 期。

《试论 1941—1945 年美国对华政策及其演变》,徐康江著,《湖南师大学报》1985 年第 4 期。

《浅析 1941 年—1945 年美国对华政策的演变》,于英红著,《浙江学刊》2015

年第 4 期。

《1941—1945 年美国对华政策的演变及其原因》，胡之信著，《杭州大学学报》1983 年第 3 期。

《1941—1945 年美国对华政策的演变及原因》，赵宜权、立晔著，《吉林师院学报》1992 年第 4 期。

《太平洋战争时期美国对华政策的连续性和波动性》，周万亮著，《北京大学研究生学刊》1991 年第 3 年第 4 期。

《也谈开罗会议与美国对华政策的转折——兼与时殷弘和陶文钊同志商榷》，赵志辉著，《世界历史》2000 年第 2 期。

《抗日战争后期美国对华政策的演变》，何迪、曹建林等著，《近代史研究》1981 年第 4 期//《中美关系史论文集》第 1 辑，重庆出版社 1985 年版。

《浅析二战后期美国对华政策的演变》，周晋著，《南昌教育学院学报》1999 年第 4 期。

《论抗战后期美国对华政策的内部争论》，李永玲著，《泰山学院学报》2011 年第 2 期。

《试析抗战后期美国对华政策的变化及原因》，李晓军、孙宏明著，《石油大学学报》1998 年第 2 期。

《抗战末期美国对华政策抉择失误的历史反思》，岳苏明著，《长沙电力学院学报》1995 年第 3 期。

《美国对外政策的理想主义与现实主义矛盾——以二战末期美国对华政策为中心的分析》，徐尚平著，《安徽史学》2012 年第 6 期。

《抗战末期美国对华政策的再认识——以旧金山制宪会议中国代表团问题为视角》，李传利著，《井冈山大学学报》2014 年第 5 期。

《二战结束前后美国对华政策问题再探讨》，赵入坤著，《广西师范大学学报》2007 年第 6 期//《抗日战争研究》2008 年第 3 期。

《美军观察组在延安——兼评抗战后期美国对华政策的演变》，高汉诚著，《青岛大学师范学院学报》1995 年第 2 期。

《抗战胜利前美国对华政策转折的历史必然性——与一种观点商榷》，王建辉著，《上海师大学报》1985 年第 2 期。

《"一项不幸的政策"的必然选择：抗战后期美国对华政策浅析》，赵巧霞著，《文史杂志》1989 年第 6 期。

《战后初期美国对华政策研究的新视角》,李桂树著,《河南师范大学学报》2008 年第 2 期。

《抗战初期美国在华撤侨撤军决策与行动》,陈志刚、张生著,《安徽史学》2013 年第 6 期。

《费正清在 20 世纪 40 年代美国对华政策调整中的作用和影响》,王新谦著,《河南大学学报》2005 年第 2 期。

C.美国对华政策的性质和后果

《抗日战争时期美国对华政策的侵略实质》,李清禄著,《学术月刊》1965 年第 9 期。

《美国对华政策的两面性》,应谦著,《思想理论教育导刊》1995 年第 12 期。

《抗战期间美国对华政策的两面性》,邹宇雷著,《云南学术探索》1995 年第 4 期。

《试论 20 世纪美国东亚政策的演变——兼论美国对华政策的两面性》,苏华、张菲著,《陕西教育学院学报》2000 年第 3 期。

《试析太平洋战争爆发前美国对华政策的两面性》,赵荣强著,《菏泽师专学报》2001 年第 3 期。

《应从世界全局的高度评价抗日战争时期的美国对华政策》,赵鸿昌、姜桂石著,《史学集刊》1995 年第 1 期。

《浅谈抗日战争时期美国对华政策及其作用》,陈喜增等著,《北京第二外国语学院学丛》1980 年第 2 期。

《从意识形态看抗战时期美国的对华政策》,夏绍能著,《许昌师专学报》1997 年第 3 期。

《第二次世界大战中美国实用主义对华政策的特点》,刘芝堂著,《齐鲁学刊》1992 年第 1 期。

《"隔离演说"研究——以美国对华政策为例》,袁伟华、郭飞根著,《新余高专学报》2002 年第 4 期。

《战时美国战略与"保持中国于战争之中"》,韩永利著,《中国抗战与世界反法西斯战争:纪念中国人民抗日战争暨世界反法西斯战争胜利 60 周年学术研讨会文集:下卷》,中国社会科学院近代史研究所编,社会科学文献出版社 2009 年版。

《美国"使中国成为大国"的政策评析》,刘德喜著,《国际政治研究》1994 年第 1 期。

《太平洋战争时期美国对华政策失败的原因探析》,陈梅著,《山东省农业管理干部学院学报》2004 年第 1 期。

《论美国对华政策对中国抗战的影响》,陆祥正、黎有忠著,《徐州教育学院学报》1989 年第 3 期。

《抗战时期美国邀请中国学者赴美考察管窥》,孙洋著,《兰台世界》2011 年第 23 期。

《论抗战时期美国的"压力策略"对国民参政会的影响》,冯成杰著,《哈尔滨学院学报》2012 年第 1 期。

D.罗斯福与美国对华政策

《罗斯福时代(1932—1945)美国对华政策研究综述》,陈世阳著,《韩山师范学院学报》2007 年第 1 期。

《富兰克林·罗斯福的中国观》,赵志辉著,《美国研究》2002 年第 2 期。

《罗斯福对华政策经纬》,邓蜀生著,《世界历史》1985 年第 4 期。

《罗斯福对华政策评析》,孙建霞著,《齐鲁师范学院学报》2012 年第 4 期。

《试析罗斯福时期美国对日本侵华的政策》,王妍著,《北方论丛》2002 年第 2 期。

《美国对伪满洲国的不承认主义及经济关系探究(1932—1941)》,杨静萍著,《苏州大学学报》2006 年第 6 期。

《富兰克林·罗斯福总统第一任期内美国对伪满洲国政策的演变》,段永富著,《抗日战争研究》2012 年第 1 期。

《汉密尔顿的远东之行与罗斯福政府远东政策的调整》,黄定天、段永富著,《世界历史》2010 年第 2 期。

《中国的四强地位与罗斯福的亚洲战略》,王真著,《吉林大学学报》1985 年第 1 期。

《论罗斯福政府对华政策的连续性》,徐源松著,《四川教育学院学报》2001 年第 7 期。

《赫尔利和罗斯福对华政策》,项立岭著,《美国史论文集:1981—1983》,三联书店 1983 年版。

《富兰克林·罗斯福的托管制度方案与中国》,李艳娜著,《山东师范大学学报(人文社会科学版)》2011 年第 1 期。

《二战期间罗斯福三次和斯诺密谈中国问题》,丁晓平著,《党史博览》2013年第2期。

《美国外交档案中关于纳尔逊使华的史料选译》,吴景平译,《抗日战争研究》1994年第4期。

②抗日战争时期的中美关系

《抗日战争时期中美关系研究综述》,陶文钊著,《世界史研究动态》1990年第6期。

《学术界对抗日战争时期中美关系的研究》,徐报喜著,《吉林师院学报》1995年第7期。

《抗战时期的中美关系述评》,张来仪著,《华南师大学报》1997年第5期。

《抗日战争时期中美经济关系研究述评》,杨雨青著,《历史研究》2006年第3期。

《浅论抗日战争时期的中美关系》,胡秀勤著,《历史教学》1986年第10期 //《长沙水电师院学报(社会科学版)》1986年第1期。

《战时中美关系的若干问题》,陶文钊著,《美国研究》1995年第3期。

《抗日战争时期的中美关系》,朱贵生著,《世界历史》1995年第4期。

《抗日战争时期的中美关系》,薛磊著,《党史文苑》2005年第14期。

《抗日战争时期中美关系的演变》,张胜男著,《内蒙古大学学报》1995年第4期。

《二战时期中美特殊关系形成的原因》,陈宝印著,《成功(教育)》2011年第4期。

《如何认识全面抗战前期的中美关系——评齐锡生著〈从舞台边缘走向中央〉》,侯中军著,《抗日战争研究》2019年第1期。

《抗日战争时期的中美关系及启示》,张殿清著,《北京印刷学院学报》2007年第3期。

《20世纪40年代初期的中美关系》,杜环欢著,《中州学刊》2002年第2期。

《走上结盟之路——浅析芦沟桥事变至太平洋战争爆发前的中美关系》,刘喜发著,《长白学刊》1995年第4期。

《通向中美抗日同盟:1941年中美关系述评》,任东来著,《南京大学学报》1992年第1期。

《不对称的同盟:太平洋战争时期的中美关系》,章百家著,《开放时代》2015

年第 4 期。

《是最毒辣的敌人，还是共同抗日的盟友？——试论珍珠港事件以后至抗日胜利前夕的中美关系》，王建辉著，《青海社会科学》1985 年第 5 期。

《太平洋战争后的中美关系：从史迪威、魏德迈和赫尔利在华活动谈起》，麻玉林著，《社会科学探索》1995 年第 4 期。

《从史迪威、魏德迈和赫尔利在华活动看太平洋战争后的中美关系》，麻玲著，《社会科学战线》2005 年第 5 期。

《浅析意识形态对抗战后期中美关系的影响》，王丽霞、李艳红著，《临沧师范高等专科学校学报》2007 年第 1 期。

《二战后期的中美关系与战后国际秩序的重建》，左双文著，《近代史研究》2013 年第 6 期。

《重庆国民政府与 1941 年的美日妥协谈判》，朱坤泉著，《史学月刊》1993 年第 3 期。

《抗战时期中国"四强"之路与中美关系》，朱坤泉著，《江苏社会科学》1992 年第 1 期。

《太平洋战争爆发后美国对中国国际地位的影响》，徐一鸣著，《安徽广播电视大学学报》2013 年第 4 期。

《论抗日战争时期影响中美关系发展变化的因素》，董岩著，《淄博学院学报》2001 年第 4 期。

《抗战时期蒋美合作与冲突》，刁良举、韩胜朝著，《南部学坛》1995 年第 5 期。

《抗日战争时期中美之间的合作与斗争》，石荣慧著，《河池师专学报》2002 年第 1 期。

《美国对华"租借"援助与美蒋矛盾（1942—1944）》，任东来著，《历史教学》1985 年第 12 期。

《试析 1941—1945 年中美合作中产生分歧与矛盾的原因》，王禹军著，《思茅师范高等专科学校学报》2008 年第 1 期//《大理学院学报》2008 年第 9 期。

《从蒋介石日记看抗战后期的中英美关系》，王建朗著，《民国档案》2008 年第 4 期。

《被遗忘记的危机：1944 年中美两国在谈判贷款和在华美军开支问题上的争吵》，任东来著，《抗日战争研究》1995 年第 1 期。

《抗战时期美国总统特使居里两度来华述评》，何品著，《民国档案》2004 年第 3 期。

《论 1941 年美国总统特使居里访华的起因和由来》，周乾著，《抗日战争研究》2006 年第 1 期。

《华莱士访华及其论中国的前途》，王祖奇著，《晋阳学刊》2009 年第 4 期。

《1944 年华莱士访华述评》，俞国著，《扬州教育学院学报》2006 年第 2 期。

《论华莱士 1944 年访华》，俞国著，《扬州大学学报》2008 年第 3 期。

《再论华莱士访华与 1944 年的中美关系》，付辛酉著，《史林》2013 年第 4 期。

《华莱士访华：延安美军观察组的最终成行》，胡越英著，《社会科学研究》2009 年第 4 期。

《1940 年蒋介石拟向美国出租台湾、海南的文件与说明》，任东来著，《民国档案》1995 年第 1 期。

《宋美龄与抗日战争时期的中美关系述论》，刘娟娟著，《求索》2005 年第 6 期。

《1942—1943 年宋美龄访美新探》，俞国著，《苏州大学学报》2007 年第 6 期。

《评抗战时期宋美龄访美之行》，陆亚玲著，《扬州职业大学学报》2009 年第 3 期。

《论 1943 年宋美龄在美国的演讲及其影响》，曾静著，《理论月刊》2009 年第 7 期。

《对太平洋战争期间宋美龄赴美游说的再评价》，付辛酉著，《抗战史料研究》2012 年第 2 期。

《1942—1943 年宋美龄访美期间与蒋介石来往电函探析》，曾静著，《理论界》2013 年第 5 期。

《留美学生与战时中美关系》，夏军著，《民国档案》2003 年第 4 期 //《第二次世界大战与亚太国际合作：第二次世界大战史（重庆）学术讨论会论文集》，苑鲁、谢先辉主编，重庆出版社 2003 年版。

《美国与 1945 年的中苏会谈》，吴景平著，《历史研究》1990 年第 1 期。

《美国对 1945 年中苏条约谈判的介入——基于核军事背景下的分析》，[日]吉田丰子著，《近现代国际关系史研究》2018 年第 1 期。

3. 英国远东政策和外交

（1）关于英国远东政策

《论 1937—1939 年英国的远东政策》，黄凤志著，《内蒙古民族师院学报》1989 年第 5 期。

《1936—1938 年的英国远东政策》，周旭东著，《第二次世界大战与亚太国际合作：第二次世界大战史（重庆）学术讨论会论文集》，苑鲁、谢先辉主编，重庆出版社 2003 年版。

《张伯伦政府的东方慕尼黑政策》，周启朋著，《世界历史》1985 年第 5 期。

《从日本封锁中国海岸看抗战初期英国双重性的远东政策》，崔巍著，《南京社会科学》2015 年第 5 期。

《从"天津事件"看抗战前期英国的远东政策》，孟令梅著，《天津成人高等学校联合学报》2000 年第 2 期。

《第二次近卫声明的发表与英国远东政策的调整》，傅敏著，《安庆师范学院学报》2010 年第 4 期。

《第二次世界大战前夕英国的远东政策（"英国对外政策文件 1919—1934 年三集八、九卷评介"）》，王绍坊著，《光明日报》1957 年 6 月 6 日。

《二战爆发前后英国海军战略与远东政策的演变》，周旭东著，《浙江师大学报》1997 年第 4 期。

《论第二次世界大战中英国的远东政策》，何跃著，《历史教学问题》2007 年第 4 期。

《太平洋战争爆发前英国远东政策的演变》，黄凤志著，《史学集刊》2000 年第 2 期。

《太平洋战争爆发前英国对日政策》，黄凤志著，《世界历史》1991 年第 2 期。

《太平洋战争前十年间英国对中日战争的态度和政策》，萨本仁著，《抗日战争研究》1994 年第 2 期。

《试论英国财政部和外交部在远东政策上的分歧及影响》，陈淑荣著，《河南师范大学学报》2010 年第 5 期。

（2）英国对日政策与英日关系

《李滋罗斯远东之行和 1935—1936 年的中英日关系——英国外交部档案选译》（上中下），吴景平译，《民国档案》1989 年第 3/4 期//1990 年第 1 期。

《1936—1937 年英日谈判中的对华关系问题》,徐蓝著,《世界历史》1991 年第 2 期。

《论 1939 年"天津事件"前后英日在华的矛盾冲突》,刘景泉著,《南开学报》1987 年第 4 期。

《"有田—克莱琪协定"在中国的反响——以西南联大国际问题专家的观察与评析为中心》,闻黎明著,《史学月刊》2010 年第 2 期。

《论 1938 年海关协定和英日在华冲突》,邱霖著,《南京建筑工程学院学报（社会科学版）》2001 年第 1 期。

（3）英国对华政策与中英关系

《论 1937—1939 年英国的对华政策》,黄风志著,《湘潭师院学报》1992 年第 3 期。

《抗日战争时期英国对华政策的演变》,刘景泉著,《历史教学》1987 年第 3 期。

《1937—1940 年英国调整与撤退在华驻军述评》,杨海清著,《珞珈史苑》2017 年第 1 期。

《论太平洋战争前夕英国对华政策的调整》,张智丹著,《长春师范学院学报》2006 年第 11 期。

《浅论丘吉尔政府应对日本南进准备的政策——以"先德后日"为视角》,韩永利、王娟著,《军事历史》2018 年第 5 期。

《1942 年英国访华团访华述论》,田幸川著,《黑龙江史志》2015 年第 1 期。

《太平洋战争爆发后的中英关系——以英国议会访华团为中心所作的考察》,丁兆东著,《理论界》2007 年第 6 期。

《英国对蒋介石访印之外交因应再探》,徐友珍、谭文天著,《安徽史学》2019 年第 3 期。

《抗战时期英国邀访宋美龄再考察》,肖如平著,《近代史研究》2016 年第 3 期。

《抗战时期的中英关系》,吴景平著,《民国春秋》1996 年第 3 期。

《抗日战争初期的中英关系（1937.7—1939.9）》,邱霖著,《史学月刊》1994 年第 5 期。

《试论 1939—1941 年间的中英关系》,廖宣力著,《政治研究》1988 年第 4 期。

《浅谈抗战后期的中英关系——以 1942 年和 1945 年的太平洋学会会议为例》，白佳鑫著，《哈尔滨师范大学社会科学学报》2013 年第 3 期。

《中英如何结成抗战同盟》，罗辉著，《解放日报》2015 年 11 月 27 日。

《浅析二战时期中英新约谈判》，李庆著，《群文天地》2012 年第 20 期。

《蒋介石与民国时期的中英关系》，石源华著，《世界知识》2012 年第 20 期。

《蒋介石与抗战时期英国议会代表团访华》，肖如平著，《社会科学战线》2018 年第 3 期。

《蒋介石与纳尔逊会谈记录（1944 年 9 月 19 日）》，《民国档案》1987 年第 3 期。

《一段鲜为人知的历史事实——周恩来在抗战初期给英国援华委员会的一封信探源》，边志海著，《党的文献》1998 年第 5 期。

4. 德国远东政策和外交

（1）德国远东政策与陶德曼"调停"

《试论 1919—1932 年德国远东政策特点及成因》，王扬著，《湖北大学学报》2001 年第 1 期。

《德国与远东：1931—1938》，叶江编译，《世界史研究动态》1985 年第 4 期。

《德国对待 1931—1933 年远东危机态度分析》，王扬著，《武汉大学学报》2000 年第 2 期。

《论两次大战之间德国远东政策中的亲日倾向》，王扬著，《湖北大学学报》2005 年第 6 期。

《20 世纪 20—30 年代德国远东政策亲日倾向刍议》，王扬著，《湖北师范学院学报》2006 年第 1 期。

《论中日战争爆发前希特勒德国的远东政策》，谢承国著，《荆州师院学报》1996 年第 4 期。

《矿物？盟友？——浅析抗战爆发前后德国远东政策的变化》，张士伟著，《苏州科技学院学报》2009 年第 3 期。

《论中日战争爆发后希特勒德国远东政策的演变》，谢承国著，《咸宁师专学报》2001 年第 4 期。

《论纳粹德国远东政策的演变》，杨玉生著，《史学集刊》1989 年第 4 期。

《试析 1933 至 1938 年纳粹德国在远东政策上的分歧》，李乐曾著，《历史教学问题》1998 年第 4 期。

《试析 1933 至 1938 年纳粹德国内部在远东政策上的分歧》，李乐曾著，《同济大学学报（人文·社会科学版）》1996 年第 2 期。

《"海耶事件"与希特勒改变德国远东政策的首次尝试》，王扬、何兰著，《湖北大学学报》2001 年第 3 期。

《20 世纪 30 年代德国远东政策的嬗变及其对中德贸易的影响》，杨捷著，《甘肃社会科学》2014 年第 3 期。

《二战前后，德国与中日两国的利益纠结》，其昌著，《文史博览》2010 年第 12 期。

《希特勒三次"调停"中日战争》，陈家光、邵颖著，《环球军事》2006 年第 17 期。

《一九三五年德国对"调解"中日关系的态度》，王益著，《近代史研究》1985 年第 4 期。

《中国抗战初期的德国调停》，祝曙光著，《探索与争鸣》2015 年第 4 期。

《陶德曼调停初探》，蔡德金、杨立宪著，《民国档案》1987 年第 1 期。

《重评陶德曼调停》，刘昭豪著，《湘潭大学学报》1989 年第 2 期。

《陶德曼调停新论》，陈仁霞著，《历史研究》2003 年第 6 期。

《陶德曼调停始末》，王同起著，《历史教学》2000 年第 10 期。

《陶德曼秘密调停始末》，杨智友著，《档案春秋》2015 年第 9 期。

《抗战初期陶德曼"调停"之始末》，朱美琴著，《南通师专学报》1985 年第 4 期。

《抗战初期陶德曼"调停"之始末》，戴宗芬著，《江汉论坛》1995 年第 9 期。

《陶德曼调停中的一波三折》，陆茂清著，《团结报》1994 年 1 月 26 日。

《陶德曼调停中一些问题的再探讨》，王建朗著，《中共党史研究》1989 年第 4 期。

《1937 年底德国调停中日战争的利益所在》，李广起著，《南开学报》1992 年第 3 期。

《中日战争初期纳粹德国"调停"活动内幕及其结局》，杨玉文、杨玉生著，《近代史研究》1988 年第 1 期。

《日本外务省有关"陶德曼调停"的一组电报》，蔡伟选译，《北京档案史料》1990 年第 1 期。

《试析德国在"陶德曼调停"中的亲日倾向》，夏忠敏著，《湖北大学学报》

2005 年第 2 期。

《简论德国在调停中日战争中的两面性》,袁成毅著,《杭州师范学院学报》1994 年第 4 期。

《论抗战初期陶德曼调停中的中国民众舆论现象》,饶品良著,《抗战文化研究》2008 年第 1 期。

《蒋介石对陶德曼调停的态度之变化》,朱继光著,《安庆师范学院学报》2008 年第 2 期。

《谁为调停"买单"? ——再论陶德曼调停》,袁玮蔓著,《抗战史料研究》2012 年第 2 期。

《关于"陶德曼调停"研究的几点遗留问题》,雷国山著,《江海学刊》2005 年第 5 期。

《1938 年德国特使佛德秘密访华述评》,黄翠芳、马振犊著,《民国档案》1997 年第 4 期。

《〈大公报〉视野中的德日关系演变(1931—1941)》,陈声玥著,《安庆师范学院学报》2014 年第 4 期。

(2)德国对华政策与中德关系

《论希特勒的对华政策(1933—1941)》,吴首天著,《民国档案》1990 年第 2 期。

《试论 20 世纪 30 年代德国对华政策》,李兰琴著,《历史研究》1989 年第 1 期。

《第三帝国对华关系的缘起和发展:1933——1941 年》,吴首天著,《世界经济与政治论坛》1988 年第 12 期。

《试析 20 世纪 20—30 年代德国对华"工业外交"》,孙红国著,《湖北大学学报》2004 年第 2 期。

《论中日战争初期德国的对华政策》,陈方孟著,《抗日战争研究》1996 年第 2 期。

《简论全面抗战爆发后德国的对华政策》,梁星亮著,《西北大学学报》1992 年第 2 期。

《20 世纪 30 年代德国对华政策的国内原因》,牛妙卓著,《学理论》2012 年第 20 期。

《"广州事件"与纳粹德国初期的对华政策》,刘义章、肖自力著,《民国档案》2007 年第 1 期。

《纳粹德国外交决策体制与驻华军事顾问团》，孙红国、陈世阳著，《武汉大学学报（人文科学版）》2006 年第 6 期。

《2010—2015 年我国关于抗战时期中德关系研究综述》，石玉翠、介国泽著，《哈尔滨学院学报》2017 年第 10 期。

《试论南京国民政府对纳粹德国的认识及其影响》，李敏著，《黑龙江教育学院学报》2007 年。

《抗战初期国民政府的对德政策——以朱家骅使德计划为中心》，李乐曾著，《德国研究》2009 年第 3 期。

《1939—1941 年间蒋介石对德态度之演变》，张智丹著，《许昌学院学报》2009 年第 6 期。

《三十年代中德关系初探》，张宪文著，《历史档案》1990 年第 2 期。

《三十年代前后的中德关系浅探》，刘连著，《青岛海洋大学学报（社会科学版）》1998 年第 3 期。

《20 世纪三四十年代中德关系的历史考察》，隋牧蓉著，《兰台世界》2012 年第 27 期。

《中日战争爆发前后中德关系走向述评》，方世敏著，《湘潭大学学报》1993 年第 3 期。

《抗日战争爆发前后中德关系的演变》，徐旭阳著，《湖北师范学院学报》1995 年第 5 期。

《从"蜜月"到断交——抗日战争爆发前后中德关系的演变》，易豪精著，《中共党史研究》1995 年第 5 期。

《抗战爆发前后中德关系的演变》，陈晖著，《徐州师范大学学报》2000 年第 1 期。

《日本侵华后的中德关系及其变化》，马竣著，《世界历史》1989 年第 3 期。

《抗日战争时期中德关系研究》，张北根著，《北京科技大学学报》2006 年第 4 期。

《抗战初期的中德关系》，吴景平著，《民国春秋》1995 年第 2 期。

《试析抗战初期（1937 年 7 月—1939 年 9 月）的中德关系》，宫炳成著，《北华大学学报》1998 年第 6 期。

《法西斯德国是"朋友"吗——存于中华人民共和国的有关 1935 至 1941 年

间国民党政府的档案》,〔德〕安悟行著;张劲译,《民国档案》1989 年第 2 期。

《民国时期中德关系研究述评(1927—1949)》,左双文、王英俊著,《史学集刊》2013 年第 1 期。

《浅析民国时期中德关系的发展与变迁》,王小兰著,《鲁东大学学报》2010 年第 6 期。

《1928—1938 年的德中关系》,钱娥芬著,《武汉大学学报(哲学社会科学版)》1999 年第 4 期。

《1933—1941 年的中德关系》,张北根著,《历史研究》1995 年第 2 期。

《浅析 1933—1941 年中德关系中的实利主义因素》,管银凤著,《重庆科技学院学报》2008 年第 6 期。

《试论 1938—1941 年的中德关系》,何兰著,《华中师大学报》1997 年第 5 期。

《德国与中国的抗日战备》,纪乃旺著,《广西社会科学》2004 年第 10 期。

《中国抗战与德国军售》,吕春著,《贵阳文史》2007 年第 4 期。

《德国对中国抗日战争准备的帮助》,王营宝著,《华中人文论丛》2014 年第 2 期。

《敌乎? 友乎? ——德国曾援助中国抗日》,武阳著,《文史博览》2010 年第 12 期。

《抗战爆发前德国军火输华述评》,马振犊著,《民国档案》1996 年第 3 期。

《抗战爆发后德国军火输华述论》,马振犊著,《近代中国与世界——第二届近代中国与世界学术讨论会论文集(第二卷)》,中国社会科学院近代史研究所编,社会科学文献出版社 2005 年版。

《略论抗战时期中、德军事合作关系》,王松、郑永红著,《历史教学》2003 年第 9 期。

《太平洋战争爆发前中德军事和经贸合作关系的若干史事述评》,吴景平著,《民国档案》2006 年第 4 期。

《20 世纪 30 年代德国与中国国民政府的军事合作》,曹霞著,《湖南工业大学学报(社会科学版)》2015 年第 3 期。

《论 1927—1941 年中德军事合作背后的政治博弈》,张奚铭、赫坚著,《长春师范大学学报》2016 年第 1 期。

《三十年代中德军事关系及其对中国抗日战争的影响》,刘殿君著,《人文杂志》1998 年第 1 期。

《中德军事经济合作对中国抗战的影响》，苏晓峰、于海泉著，《湖北经济学院学报（人文社会科学版）》2007 年第 2 期。

《二战前德国与南京国民政府军事技术现代化》，丁栋、谈利兵著，《德国研究》2007 年第 2 期。

《德国军事顾问与中德关系》，何兰著，《华中师大学报》1999 年第 2 期。

《德国顾问与中国抗日战争》，马振犊著，《民国春秋》1995 年第 2 期。

《德国军事总顾问与中国抗日战争》，马振犊著，《档案与史学》1995 年第 3 期。

《德国驻华军事顾问团对华作用之评价》，朱孔宝、单卫华著，《学术界》1999 年第 5 期。

《德国顾问团参与中国抗战活动之剖析》，刘峰著，《军事历史研究》2006 年第 2 期。

《德国顾问与国民政府的抗日战备——为抗日寻求外国军事援助之一》，章百家著，《百年潮》2004 年第 9 期。

《抗战初期的德国军事顾问团》，刘峰、任辉著，《当代军事文摘》2005 年第 9 期。

《抗日战争初期的德国军事顾问团》，刘峰、任辉著，《环球军事》2005 年第 10 期。

《淞沪会战与德国顾问》，赖晨著，《档案时空》2014 年第 11 期。

《1928—1938 年德国军事顾问团与中国国防工业建设》，王春著，《哈尔滨工业大学学报（社会科学版）》2005 年第 2 期。

《浅析德国军事顾问团对南京国民政府抗战策略的影响》，陈华著，《黑河学刊》2011 年第 1 期。

《论德国军事顾问团对中国整军与抗日战略设计的贡献》，徐康著，《民国档案》2017 年第 1 期。

《抗战前德国军事顾问团对中国军事教育的改进与贡献》，徐康著，《民国档案》2010 年第 1 期。

《试析 1928—1938 年德国在来华军事顾问团问题上的分歧》，孙红国著，《郧阳师范高等专科学校学报》2003 年第 2 期。

《1937—1938 年德国驻华大使馆收集的有关中国抗战档案史料》，安悟行、马振犊著,《民国档案》1988 年第 1 期。

《德国赴华军事顾问关于"八·一三"战役呈德国陆军总司令部报告》(全 6 期),傅宝真著,《民国档案》1998 年第 3—4 期、1999 年第 1—3 期、2000 年第 3 期。

《德国军事顾问法肯豪森与中国抗战》,王喆著,《文史春秋》2008 年第 1 期。

《法肯豪森与中国全面抗战开始前后正面战场的军事》,戚厚杰著,《军事历史》2000 年第 2 期。

《德国总顾问法肯豪森关于中国抗日战备之两份建议书》,戚厚杰著,《民国档案》1991 年第 2 期。

《德国克虏伯与中国的抗战准备》,陈振国著,《江汉大学学报》2003 年第 5 期。

《抗战初期的中德钨砂贸易》,陈谦平著,《抗日战争研究》1998 年第 3 期。

《抗战爆发后中德易货档案史料选》(上下),中国第二历史档案馆著,《民国档案》1995 年第 2/3 期。

《纳粹德国的外贸政策及对华贸易》,王肇伟、刘新利著,《山东师大学报》1997 年第 4 期。

《抗战时期中德易货贸易述评——兼论中德关系的演变》,刘盛、张安著,《哈尔滨学院学报》2009 年第 5 期。

《德国军事顾问团与中德易货贸易》,王春著,《西安文理学院学报》2014 年第 3 期。

《孔祥熙与希特勒、戈林、沙赫特和里宾特洛甫的谈话——德国外交档案选译》,吴景平译,《民国档案》1994 年第 3 期。

《纳粹德国与伪满洲国的交往》,房建昌著,《德国研究》2000 年第 2 期。

《德国不承认伪满洲国政策的形成原因》,何兰著,《世界历史》2002 年第 2 期。

《德国 1938 年承认伪满洲国的原因》,何兰著,《武汉大学学报》2002 年第 3 期。

《纳粹德国承认"满洲国"内幕》,周波著,《溥仪研究》2015 年第 3 期 //《格物集:吉林省博物馆协会第三届学术研讨会论文选编(2014—2015)》,吉林人民出版社 2016 年版。

《德国承认伪满问题与国民政府的外交方针》,左双文著,《史学月刊》2008年第 11 期。

《德国外交部与〈德"满"贸易协定〉》,何兰著,《北方论丛》2002 年第 1 期。

《德国承认汪伪国民政府史料一组》,陈仁霞著,《民国档案》2004 年第 3 期。

《抗战中国与纳粹德国的关系在重庆中止》,张仲著,《重庆与世界》2011 年第 2 期。

《蒋介石与德国内部反对希特勒的地下运动》,杨天石著,《文史参考》2010年第 14 期。

《蒋介石与希特勒恩怨情仇:从亲密合作到断交宣战》,赵光强著,《纪实》2010 年第 12 期。

《国民政府与德国断交原因浅析》,曾巍著,《复旦学报(社会科学版)》1994年第 4 期。

《二战期间中德关系破裂原因探析》,蔡胜、王安平著,《西南交通大学学报》2006 年第 3 期。

5. 法国远东政策与中法关系

《抗日战争时期及战后初期的中法关系》,黄庆华著,《抗日战争研究》2008年第 3 期。

《抗日战争时期中法关系述论》,杨邓红著,《信阳师院学报》2003 年第 3 期。

《试析抗日战争前期的中法关系》,俞国著,《广西教育学院学报》2008 年第 5 期。

《抗战时期的"中法混合委员会"》,冯炳玑著,《印度支那》1989 年第 4 期。

《法国军事顾问团来华与抗战前期中法关系》,陈晋文著,《民国档案》1998年第 2 期。

《论抗战前期法国关于中国借道越南运输的政策》,刘卫东著,《近代史研究》2001 年第 2 期。

《抗战时期在假道越南运输问题上法国政策的演变》,李建高著,《求索》1992 年第 2 期。

《抗战时期急转直下的中法关系》,吴景平著,《民国春秋》1995 年第 6 期。

《戴高乐和"自由法国"在中国抗日战争时期的反响》,戴成钧著,《法国研究》1990 年第 1 期。

《抗战时期法国对于废除中法不平等条约的态度》，葛夫平著，《抗日战争研究》2003 年第 3 期。

6. 抗日战争时期的中意关系

《民国时期意大利与中国关系的档案史料——以〈陈公博访意报告书〉（1938 年）为例》，陈红民著，《安徽史学》2015 年第 1 期。

《日本侵华与中意关系》，［意］圭德·N.萨马拉尼著；马振犊译，《民国档案》1993 年第 6 期。

《意大利墨索里尼与中国蒋介石政府关系之始终（1930—1937）》，樊米凯、任筱萌著，《中国文化研究》2009 年第 2 期。

《意大利法西斯政府与西安事变》，［意］瓦尔多·费拉蒂著；罗敏译，《近代史研究》2007 年第 2 期。

《罗马对南京政府的军事援助与蒋百里的意大利之行》，［意］萨马拉尼著；甘慧杰译，《军事历史研究》1996 年第 1 期。

《蒋介石与意大利特使斯坦法尼会谈纪要》，马振犊著，《民国档案》1994 年第 3 期。

7. 抗日战争时期中国与其他国家的关系

《并不"一切如常"：抗战时期丹麦和瑞典对华外交政策的比较研究》，何铭生、李珊著，《抗日战争研究》2015 年第 1 期。

《1937—1946 年的中泰关系》，余定邦著，《世界历史》2000 年第 1 期。

《二战前后中泰关系研究》，徐惊奇、易宇等著，《湖北函授大学学报》2012 年第 12 期。

《二次大战期间泰国銮披汶政权排华运动浅析》，陈乔之著，《东南亚研究资料》1983 年第 3 期。

《抗战时期知识分子对大泰族主义的反驳》，王连浩著，《苏州科技学院学报》2011 年第 4 期。

《抗战时期国民政府及知识界对大泰族主义之回应》，王连浩、陈勇著，《南京大学学报》2012 年第 3 期。

六、对中国抗战的国际支持和合作

1. 盟国援华抗战总论

《抗日战争时期的国际援助》，刘波著，《纵横》2000 年第 8 期。

《抗日战争中的国际援助》,刘捷著,《上海党史与党建》2015 年第 6 期。

《国联与联合国文献中的国际援华抗战》,李跃进著,《档案天地》2015 年第 1 期。

《略述国际合作精神下的中国抗日战争》,马芸芸著,《中华文化论坛》2014 年第 8 期。

《抗战时期外国军事援助述评》,仲华、邹轶男著,《军事历史研究》2007 年第 1 期。

《抗战时期哪些国家援助过中国》,《文史博览》2014 年第 10 期。

《抗战时期世界各国对中国的援助政策》,赵慧芳、王洪伟著,《赤峰学院学报(汉文哲学社会科学版)》2011 年第 9 期。

《盘点抗战时期有多少个国家援助中国》,渠冉著,《红广角》2014 年第 1 期。

《抗战期间新辟国际运输线知多少》,青文著,《军事历史》1990 年第 6 期。

《滇缅·中印·驼峰:抗战中三条国际运输线》,宋力著,《军事史林》1997 年第 11 期。

《血肉筑就的"生命线"——记抗战时期三条国际运输线的开辟与保卫》,龚连娣、厉松著,《党史纵横》1998 年第 2 期。

《抗战时期中国陆续开辟的五条国际援华运输线》,李友唐著,《钟山风雨》2013 年第 2 期//《福建党史月刊》2013 年第 11 期。

《中国抗日正面战场的主要国际通道》,徐康明著,《淮阴师范学院学报》2005 年第 3 期。

《抗日战争时期国际运输路线的变迁及其作用》,余凡著,《四川省纪念抗日战争胜利四十周年论文暨史料选(1)》,四川省社会科学院出版社 1985 年版。

《抗战时期国民政府国际援华运输线路变迁述评》,韩继伟著,《贵州大学学报》2012 年第 3 期。

《纪念反法西斯战争胜利五十周年:滇缅路——二次世界大战远东交通大动脉》,赵勇著,《昆明师专学报》1995 年第 2 期。

《抗战前期国民政府对印支通道的经营》,刘卫东著,《近代史研究》1998 年第 5 期。

《陆地上的"驼峰航线"》,王凯著,《文史博览》2012 年第 10 期。

《抗战时期中印公路测勘报告》,《档案与史学》1996 年第 2 期。

《抗战期间中英政府交涉中印公路运输线考释》（上下），张永攀、杨珺著，《长安大学学报》2003 年第 2/3 期。

《抗战中的滇越铁路》，李晓明著，《云南档案》2017 年第 12 期。

《抗日战争时期的滇越铁路》，谢本书著，《云南档案》2017 年第 2 期。

《鲜为人知的战时桂越国际交通运输线》，韩继伟著，《广西社会科学》2016 年第 8 期。

《抗战时期中越红河水陆联运线的开辟》，夏强疆著，《档案与史学》1998 年第 3 期。

《抗战时期中苏西北战略通道的开辟及消亡》，李成刚著，《党史博览》2016 年第 4 期。

《抗日战争时期西北国际交通线的历史作用》，许瑞源著，《纪念中国人民抗日战争暨世界反法西斯战争胜利 70 周年国际学术研讨会论文集》，李亚平等编，中共党史出版社 2015 年版。

《抗战时期发挥重要作用的西北国际交通线》，邵建忠著，《党史纵横》2016 年第 4 期。

《抗战时期苏联西北援华物资通道的运输问题及应对》，路琪琪、巨亚娟著，《档案》2016 年第 6 期。

《抗战后期国民政府关于假道运输之交涉》，邵玮楠著，《南京大学学报》2015 年第 2 期。

《抗日战争时期同盟国军队译员的贡献》，李学芹著，《兰台世界》2014 年第 34 期。

《"抗战中国"与世界反法西斯盟国的媒体交往与宣传合作》，李习文、郭镇之著，《新闻与传播评论》2015 年第 1 期。

《国际援华医疗队新探》，傅宏著，《贵州社会科学》2005 年第 6 期。

《浅析二战中我军在医疗卫生领域得到的国际支援与合作》，金迪、吕占广、刘天鹏著，《第二次世界大战与亚太国际合作：第二次世界大战史（重庆）学术讨论会论文集》，苑鲁、谢先辉主编，重庆出版社 2003 年版。

《抗战时期盟国对四川的医药援助问题研究》，张玲、郭梅著，《四川档案》2010 年第 2 期。

《抗战时期国际援助之力量分析——以桂林抗战为例》，朱凤林著，《新学术》2007 年第 3 期。

《盟军参与对云南抗战的作用与影响》,徐政芸著,《中国及太平洋抗战与战俘问题研究——中国及太平洋抗战与战俘问题国际学术研讨会文集》,井晓光、王建学等主编,辽宁人民出版社 2009 年版。

《抗战时期盟国在云南的存在及其影响》,车辚著,《曲靖师范学院学报》2014 年第 1 期。

2. 反法西斯盟国的支持

《盟国对中国抗战的支援问题》,陈兼著,《社会科学》1985 年第 9 期。

《论世界各国政府对中国抗日战争的援助》,田玄著,《军事历史研究》1996 年第 2 期。

《试论 1937—1941 年的美苏援华》,倪维钧著,《浙江学刊》1986 年第 6 期。

《抗日战争时期中外空军的联合作战》,洪良波著,《巢湖学院学报》2004 年第 5 期。

《关于抗战时期苏、美对中国的军事援助问题》,陈瑜著,《临沂教育学院学报》1993 年第 2 期。

《对抗战时期苏美英援华抗战评析》,田玄著,《第二次世界大战史论文集④:人民战争的胜利》,刘鲁民、徐根初主编,金盾出版社 1998 年版。

《中、苏、美战机空袭日军占领下的南京》,孙宅巍著,《档案与建设》2014 年第 8 期。

《试论抗战时期的工运合作与国际合作》,乔玲梅著,《第二次世界大战与亚太国际合作:第二次世界大战史(重庆)学术讨论会论文集》,苑鲁、谢先辉主编,重庆出版社 2003 年版。

(1)苏联的支持与中苏合作

①苏联援华的原因及其实质

《中国抗战与中苏相互支持战略格局的形成及影响》,韩永利、邱显存著,《历史教学问题》2015 年第 3 期。

《2000 年以来抗战时期苏联援华问题的研究综述》,李馨著,《唐山师范学院学报》2017 年第 4 期。

《苏联与中国抗日战争》,王廷科著,《文史杂志》1987 年第 4 期。

《苏联与中国抗日战争》,乔有露、彭玉龙著,《军事历史》2017 年第 2 期。

《抗战时期苏联的对华援助》,沈庆林著,《团结报》1993 年 8 月 4 日。

《抗日战争时期中苏两国的相互援助》,李淑霞著,《昭乌达蒙族师专学报》

1996 年第 1 期。

《试论 1937—1945 年苏联的“援华抗日”政策》，易新涛著，《党史研究与教学》1999 年第 5 期。

《苏联援华抗日政策评析》，陈九如著，《民国档案》2001 年第 4 期。

《抗战期间苏联的援华政策评析》，董凯著，《西安社会科学》2011 年第 5 期。

《抗战时期苏联援华问题再探讨——以援华借款数额为中心》，江李军著，《淮海工学院学报（人文社会科学版）》2015 年第 10 期。

《苏联援华抗日及其历史启示》，李静杰著，《俄罗斯学刊》2015 年第 6 期。

《苏联援助中国抗日战争的评价问题》，登高、乔有露、彭玉龙著，《党史博览》2017 年第 11 期。

《试析抗战时期影响苏联援华政策的因素及评价》，时晓明著，《溥仪研究》2015 年第 2 期。

《浅析抗日战争初期的苏联“援华抗日”政策》，杨凯超著，《黑龙江史志》2015 年第 11 期。

《苏联援华抗日的动因与效果》，王真著，《北京日报》2013 年 5 月 20 日。

《苏联援助中国抗日战争目的辨析》，骆晓会著，《株洲师专学报》2000 年第 4 期。

《试析抗战前期苏联积极援华的原因》，孙宝根著，《江苏理工大学学报》2001 年第 2 期。

《抗战初期斯大林提出苏参加对日作战的三个条件》，《军事历史》1995 年第 4 期。

《抗战初期苏联对华援助原因之历史分析》，刘文书、刘保廷、王桂林著，《第二次世界大战与亚太国际合作：第二次世界大战史（重庆）学术讨论会论文集》，苑鲁、谢先辉主编，重庆出版社 2003 年版。

《抗日战争初期苏联援华政策的几个问题》，陈英吴、胡充寒著，《文史哲》1991 年第 5 期。

《论抗战初期苏联援华政策的性质》，王真著，《中共党史研究》1993 年第 5 期。

《抗战初期苏联援华政策的性质》，晓波摘编，《军事历史》1994 年第 1 期。

《略论抗战初期中苏蜜月般关系——苏联援华抗日述评》，王林涛著，《浙江学刊》1995 年第 4 期。

《浅析抗战前期的苏联对华援助》,胡伟龙著,《学理论》2011 年第 9 期。

《抗日战争时期苏联援华的实质》,李淑霞著,《昭乌达蒙族师专学报》1995 年第 3 期。

《论苏联在中国抗日战争中的作用和影响》,高向远著,《人文杂志》1998 年第 3 期。

《试析苏联在中国抗日战争中的作用》,张学军著,《内蒙古电大学刊》2003 年第 4 期。

《苏德战争爆发前苏联对中国抗日战争的援助》,刘志清著,《甘肃社会科学》1992 年第 2 期。

《试论二战中苏德战争爆发后苏联对华援助减少的种种因素》,时晓明著,《中国近代史及史料研究》,乔万敏等著,社会科学文献出版社 2010 年版。

《试论苏德战争爆发后苏联对华援助减少的原因》,时晓明著,《中国人民抗日战争纪念馆文丛·第六辑》,团结出版社 2011 年版。

《论苏德战争爆发后苏联对华援助减少的因素》,李鑫著,《日本侵华史研究》2015 年第 1 期。

《试析抗战时期影响苏联援华政策的因素及评价》,时晓明著,《溥仪研究》2015 年第 2 期。

《抗战时期苏联援华历史档案的价值:以库里申科为例》,赵滟著,《云南档案》2014 年第 12 期。

《中国抗日战争的西北国际援助生命线——苏联对华援助问题研究(1937—1941)》,李浩、梁永康著,《江西教育学院学报》2009 年第 2 期。

《抗日战争时期西北国际交通线的建立及其历史作用》,袁志学著,《档案》2014 年第 11 期。

《太平洋战争时期援华物资西北路线初探》,付辛酉著,《新疆社会科学》2010 年第 5 期。

②苏联的军事援助

《声援并军援——苏联与中国的抗战》,侯杰、赵天鹭著,《郑州大学学报》2015 年第 4 期。

《抗日战争中苏联的军事援华》,马涛著,《档案时空》2010 年第 7 期。

《苏联对中国抗日战争的军事援助》,彭玉龙著,《军事历史》1991 年第

2 期。

《抗日战争时期苏联对中国的军事援助》，李嘉谷著，《历史教学》1990 年第 10 期。

《简析抗战时期苏联对中国的军事援助》，李馥明著，《焦作大学学报》2003 年第 4 期。

《试论抗日战争前期苏联对华的军事援助》，赵蔚著，《国际共产主义运动》1988 年第 5 期。

《抗战初期苏联对华军事援助述评》，张贺著，《耕耘录：吉林省博物院学术文集（2012—2013）》，吉林人民出版社 2014 年版。

《太平洋战争爆发前苏联对华军事援助述略》，孔庆泰著，《历史档案》1991 年第 1 期。

《苏联军事援助对中国抗战胜利的贡献》，李赟著，《军事历史》2015 年第 5 期。

《原国民党政府驻苏武官回忆：苏对华军援内幕》，夏禄敏著，《纵横》1994 年第 3 期。

《试论抗战时期的中苏空军联合作战》，姜振飞著，《固原师专学报》2002 年第 1 期。

《抗战初期中苏空军联合作战初探》，姜振飞、秦士才著，《哈尔滨学院学报》2003 年第 2 期。

《苏联与武汉会战》，许小青、项海著，《华中师大学报》1999 年第 2 期。

《国际视角下武汉会战期间的中苏合作》，匡增军、张悦著，《东北亚论坛》2017 年第 5 期。

《苏联军事顾问在中国》，[苏联] O.邱多杰耶夫著；杨圣清译，《中共中央党校学报》1990 年第 12 期。

《抗战时期的在华苏联军事顾问》，王真著，《抗日战争研究》1992 年第 3 期。

《抗日战争期间苏联驻华军事顾问的活动》，吴能节译，《党史资料与研究》1987 年第 6 期。

《抗日战争期间苏联在华军事顾问及其作用》，刘志青著，《军事历史》1991 年第 4 期。

《我的在华战斗时光——一名苏联援华军事顾问的回忆》，杨静水著，《档案春秋》2010 年第 12 期。

《苏联航空援华抗日》，高萍萍著，《档案与建设》2018 年第 9 期。

《再造苏联形象：抗战初期苏联空军援华及其影响》，张建华著，《史学月刊》2017 年第 1 期。

《秘密援华的苏联志愿航空队》，刘立军著，《文史精华》2010 年第 12 期。

《抗战史上的苏联援华航空志愿队》，鲁文著，《团结报》2014 年 9 月 25 日。

《苏联航空志愿队：抗战中的另一支"飞虎队"》，颜梅生著，《湖北档案》2015 年第 7 期。

《苏联航空志愿队：抗日战争中鲜为人知的另一支"飞虎队"》，颜梅生著，《云南档案》2015 年第 9 期。

《北方之鹰——记苏联援华志愿航空队》，高金业著，《时代文学》2016 年第 2 期。

《中国史学中的苏联空军援华志愿队》，陈开科著，《湖南社会科学》2015 年第 4 期。

《俄国史学中的苏联空军援华志愿队问题》，陈开科著，《俄罗斯学刊》2018 年第 3 期。

《中苏外交战略协调背景下的苏联援华空军志愿队》，陈开科著，《抗日战争研究》2015 年第 4 期。

《苏联援华志愿航空队：奇袭日本海军松山机场》，高荣伟著，《文史春秋》2015 年第 11 期。

《80 年前的"红色突防"——苏联空军轰炸机奇袭台湾》，罗山爱著，《坦克装甲车辆》2018 年第 20 期。

《"斯大林之鹰"——记抗战初期的苏联援华航空志愿队》，李鹏、唐静著，《党史文汇》2006 年第 11 期。

《抗日战争中的苏联"飞虎队"》，王津生著，《环球军事》2004 年第 7 期。

《参加中国抗日战争的苏联志愿飞行人员》，[苏]杜宾斯基著；吴能摘译，《苏联问题研究资料》1986 年第 5 期。

《参加中国抗战的苏联志愿飞行员》，高新生著，《新疆大学学报》1998 年第 1 期。

《抗日英烈中的苏联援华飞行员》，孙继兰著，《文史春秋》2014 年第 11 期。

《抗日战争中的苏、美志愿飞行队》，刘道刚著，《党史文汇》1996 年第 6 期。

《苏联空军志愿队与武汉三次空战》,马秀兰著,《中国档案》1995 年第9 期。

《苏联空军志愿队参加武汉抗战小记》,杨湘海、杨芳著,《湖北文史资料》1995 年第 1 期。

《抗战初期苏联空军在芷江印象记》,雁翎、正雄著,《军事历史》1995 年第 1 期。

《战斗在重庆上空的苏联志愿飞行员》,唐学锋著,《红岩春秋》2013 年第 3 期。

《抗战时期苏联援华志愿飞行员对日作战战术》,赵广军著,《党史文苑》2009 年第 1 期。

《苏联空军支援队援华抗日史料一则》,《民国档案》1985 年第 1 期。

《苏联空军志愿队烈士墓》,杨公楫、杨鸣著,《武汉春秋》1984 年第 2 期。

《东北亚反日本法西斯力量的聚结及其历史意义——兼论东北抗联与苏联远东军的关系》,赵俊清著,《学术交流》1995 年第 5 期。

《回忆抗战初期的中苏情报交换工作》,陆立之著,《江淮文史》1997 年第 3 期。

《抗战初期中苏情报合作内幕初探》,马振犊著,《抗日战争研究》2003 年第 3 期//《第二次世界大战与亚太国际合作:第二次世界大战史(重庆)学术讨论会论文集》,苑鲁、谢先辉主编,重庆出版社 2003 年版。

《在苏联秘密整训的东北抗联》,何立波著,《党史博采(纪实)》2008 年第 7 期。

《东北抗日联军在苏联秘密整训的台前幕后》,马芳著,《档案天地》2012 年第 10 期。

③苏联的物质和经济援助

《抗日战争初期苏联援华军事物资发送简况》,[苏] 杜宾斯基等著;王亚兵译,《苏联问题研究资料》1989 年第 6 期。

《抗日战争时期苏联对华贷款与军火物资援助》,李嘉谷著,《近代史研究》1988 年第 3 期。

《抗战时期苏联援华军火物资知多少》,李嘉谷著,《团结报》1993 年 10 月 6 日。

《抗日战争时期苏联援华物资知多少?》,《军事历史》1994 年第 3 期。

《抗日战争时期苏联援华借款到底是多少?》,刘建德著,《教学与研究》1986年第 4 期。

《评苏联著作中有关苏联援华抗日军火物资的统计》,李嘉谷著,《抗日战争研究》1994 年第 2 期。

《抗战时期苏联援华飞机数量及机型》,赵广军著,《军事历史》2009 年第 1 期。

《抗战时期苏联援华飞机等军火物资数量问题的探讨》,李嘉谷著,《近代史研究》1993 年第 6 期。

《抗战期间中国偿还苏联援华财物再议》,王荣林著,《山西高等学校社会科学学报》2002 年第 3 期。

《关于抗日战争时期苏联援华贷款问题》,李嘉谷著,《近代史研究》1992 年第 3 期。

《关于抗日战争时期苏联援华借款的总额、笔次、时间的考证》,许碧晏著,《中国社会经济史研究》2000 年第 1 期。

《抗战初期中苏易货借款述论》,赵波著,《江西社会科学》2003 年第 1 期。

《抗战时期苏联的三笔易货援华贷款》,李嘉谷著,《民国春秋》1987 年第 5 期。

《抗战时期苏联援华的主要方式——中苏易货借款》,孙月华著,《泰山学院学报》2008 年第 4 期。

《抗日战争时期国民党政府与苏联的易货贸易》,杨玉林著,《学习与探索》1992 年第 3 期。

《抗日战争时期中苏贸易的特点和历史作用》,许乃典、童彩萍著,《历史教学问题》1995 年第 4 期。

《关于抗战前期苏联军火过境越南的史实订补》,刘卫东著,《抗日战争研究》2000 年第 2 期。

《中国军事代表团与苏联商谈援华抗日器械记录稿》,《民国档案》1987 年第 3 期。

（2）美国的支持与美中合作

《抗战时期美国援华及美中合作之研究 20 年述评》,赵文亮、常县宾著,《湖南文理学院学报》2006 年第 4 期。

《抗战期间美援与中美外交研究》(上下),任东来著,《兰州学刊》1991 年第

1/2 期。

《二战期间亚太战场中美合作对战争进程的作用——在纪念世界反法西斯战争胜利 60 周年学术研讨会上的发言》,糜振玉著,《国际展望》2005 年第 16 期。

①美国援华的原因及其实质

《试论中美关系史上的合作亮点与启示》,杨庆华著,《第二次世界大战与亚太国际合作:第二次世界大战史(重庆)学术讨论会论文集》,苑鲁、谢先辉主编,重庆出版社 2003 年版。

《二战时期的中美友谊》,谢本书著,《学术探索》2005 年第 3 期。

《美国与中国的抗日战争》,项立岭著,《上海师院学报》1980 年第 3 期。

《美援与中国抗战》,李华强、吴春英著,《齐齐哈尔师院学报》1989 年第 4 期。

《美国的援华抗日》,蒋相泽著,《学术研究》1987 年第 4 期。

《抗战时期"美援"三事》,谌小岑著,《人民政协报》1999 年 11 月 9 日。

《略论美援与中美抗日同盟》,任东来著,《抗日战争研究》1996 年第 2 期。

《抗战时期美援与中美外交研究》(上下),任东来著,《兰州学刊》1991 年第 1/2 期。

《论抗战时期美国的援华政策及其实质》,周韬著,《史学月刊》2007 年第 8 期。

《试论抗战时期美国援华作用的两面性》,田标、王芳著,《南京体育学院学报》1996 年第 2 期。

《试论抗日战争相持阶段美国对国民政府的援助》,于耀洲、杨楠著,《学理论》2019 年第 3 期。

《太平洋战争时期中美之间的战略合作与分歧》,张海麟著,《军事历史》1993 年第 1 期//《红山撷文——二战史论文选》,张海麟著,中国文史出版社 1999 年版。

②美国的军事援助

《1941—1949 年美国在中国的军事机构及其沿革》,任东来著,《民国档案》2003 年第 1 期。

A.美中军事和情报合作

《论抗日战争时期的中美军事同盟》,何仲山、刘友于著,《中国及太平洋抗战与战俘问题研究——中国及太平洋抗战与战俘问题国际学术研讨会文集》，井晓光、王建学等主编，辽宁人民出版社 2009 年版。

《抗日战争时期中美关系资料选编——第一辑 中美军事同盟的建立和史迪威使华》（全 3 期），王建朗著，《军事历史研究》1986 年第 2 期//1987 年第 1、3 期。

《美国对华战略与中美军事合作（1940.9—1943.5）》，时平著，《第二次世界大战与亚太国际合作：第二次世界大战史（重庆）学术讨论会论文集》，苑鲁、谢先辉主编，重庆出版社 2003 年版。

《论抗战时期中、美、英军事合作》，王松著，《历史教学》2002 年第 12 期。

《论抗战时期中、美、英军事合作的酝酿和建立》，王松著，《军事历史》2003 年第 1 期。

《二战结束前后的中美军事关系》，张芳著，《中国社会科学报》2015 年 7 月 23 日。

《中美战时军事合作的个案分析——以浙赣战役期间蒋介石军事决策为中心》，付辛酉著，《民国档案》2015 年第 3 期。

《中美混合联队》，[美]蒂莫斯·沃罗克著；李恕平译，《航空周刊》2002 年第 20 期。

《论抗战时期的中美空军联合作战》，沈绍根著，《湘潭大学学报》1998 年第 3 期。

《论抗战时期中美空军联合作战》，张英智著，《军事历史》2000 年第 2 期。

《抗日战争期间的中美空军混合团》，马毓福著，《军事历史》1996 年第 3 期。

《从对日空战看中美相互战略支持》，袁成毅著，《历史研究》2015 年第 4 期。

《美国在华空军与中国的抗日战争（1941 年 8 月—1945 年 3 月）》，顾学稼、姚波著，《美国研究》1989 年第 4 期//《新的视野——中美关系史论文集》第 3 辑，南京大学出版社 1991 年版。

《玛特霍恩计划——记二战后期美军第二十轰炸机总队在中国的作战》，李肖伟、修戈著，《航空知识》2005 年第 8 期。

《第二次世界大战期间美军空中攻击台湾地区状况一览表》，王绳果著，《航空史研究》1997 年第 4 期。

《战时美国对中国空军的援助》，王跃如著，《重庆科技学院学报》2008 年第 7 期。

《抗战时期中国空中战场述评》，董栋、江羽翔著，《军事历史》1993 年第 2 期。

《抗日战争中的中国空中战场》，陈洪、邵贵宾著，《第二次世界大战与亚太国际合作：第二次世界大战史（重庆）学术讨论会论文集》，苑鲁、谢先辉主编，重庆出版社 2003 年版。

《抗战时期"中美特种技术合作所"研究概述》，孙定宇著，《传承》2013 年第 10 期。

《中美合作所是一个抗日军事合作机构》，洪小夏著，《历史教学（高校版）》2007 年第 8 期。

《抗日战争时中美合作所论析》，洪小夏著，《抗日战争研究》2007 年第 3 期。

《中美合作所的历史真相》，袁灿兴著，《文史月刊》2012 年第 11 期。

《湮没史海的中美合作所雄村训练班》，曹鸿藻著，《世纪》2008 年第 3 期。

《中共与盟军情报合作秘闻》，东山涛著，《档案时空》2012 年第 9 期。

《抗日战争时期的中美气象情报合作》，李平等著，《阅江学刊》2015 年第 5 期。

《关于培训中方技术人员的中美谈判（1944—1945）》，吴丹著，《经济社会史评论》2019 年第 4 期。

B.“驼峰”航线空运

《飞越驼峰》，李国华著，《军事史林》1996 年第 2/3 期。

《驼峰空运》，林三著，《航空杂志》1985 年第 12 期。

《驼峰空运》，张力著，《国防交通》1991 年第 1 期。

《驼峰空运：抗日战争的生命线》，陆安著，《中学历史教学参考》2002 年第 10 期。

《“驼峰”空运》，王立新著，《中国民用航空》2014 年第 4 期。

《闻名世界的“驼峰”军事空运》，王德兴、姬晓宇著，《基层政工读物》2008 年第 8 期。

《驼峰航线：二战空运史上的奇迹》，赵灿东著，《中学历史教学参考》1996 年第 10 期。

《二次大战中的"驼峰"航线》，徐康明著，《云南大学学报》2003 年第 3 期。

《抗日战争中的"驼峰航线"》，郭兆东著，《国防交通》2005 年第 4 期。

《二战期间飞越驼峰的美国空运队》，姚波、郭凯著，《军事历史研究》1989 年第 2 期。

《终极回顾抗战中的"驼峰空运"飞越颠峰》，马毓福著，《军事历史》2005 年第 9 期。

《评二战中的"驼峰"航运》，蒋新红、杨文英著，《曲靖师范学院学报》2007 年第 2 期。

《论"驼峰空运"伟大壮举》，张国全、陈兆仁等著，《军事交通学院学报》2012 年第 6 期。

《"驼峰"——一座不朽的历史丰碑》，年先春、彭建群著，《四川统一战线》2005 年第 3 期。

《"驼峰航线"与世界反法西斯战争》，佘湘、唐艳华著，《湘潭大学学报》2003 年第 S1 期。

《抗战期间中美的战略合作与驼峰空运的发展》，刘连芬著，《军事历史研究》2007 年第 4 期。

《从"驼峰航线"谈中美关系》，宋苗著，《中国及太平洋抗战与战俘问题研究——中国及太平洋抗战与战俘问题国际学术研讨会文集》，井晓光、王建学等主编，辽宁人民出版社 2009 年版。

《"驼峰"航线与美国对华援助》，谭刚著，《长白学刊》2007 年第 2 期。

《有关驼峰航线的历史以及尼赫鲁访问重庆》，《重庆与世界》2013 年第 2 期。

《寻访驼峰航线：抗战英灵情牵大洋两岸》，都国平著，《军事历史》2013 年第 5 期。

《树立在世界屋脊上空的历史丰碑——纪念"驼峰"航空线开辟六十周年》，徐康明著，《第二次世界大战与亚太国际合作：第二次世界大战史（重庆）学术讨论会论文集》，苑鲁、谢先辉主编，重庆出版社 2003 年版。

《中美联合勘察二战期间"驼峰"航线坠毁美机残骸纪事》，通嘎著，《中国西藏》（中文版）2003 年第 1 期。

C."飞虎队"

《飞虎队》，[波]维·乌尔班诺维奇著；吴英曾译，《国际论坛》1988 年第

2/3 期。

《"飞虎队"名称由来考证》,唐学锋著,《红岩春秋》2018 年第 12 期。

《为什么称这支部队为"飞虎队"》,徐康明著,《北京日报》2004 年 2 月 2 日。

《抗战友军"飞虎队"》,张强著,《人民日报(海外版)》1999 年 8 月 25 日。

《援华抗日的美国"飞虎队"》,徐康明著,《云南大学学报》2004 年第 3 期。

《援华抗日之"飞虎队"》,张恒俊、卢勇著,《东南亚纵横》2008 年第 8 期。

《抗战时期的"飞虎队"》,谢建平著,《文史天地》2015 年第 11 期。

《民国政府招募组建飞虎队的经过》,周光祚著,《文史精华》2006 年第 12 期。

《美国人民援华抗日的飞行使者——飞虎队赴华参战初探》,赵勇著,《昆明师专学报》1998 年第 2 期。

《空中"飞虎"——美国援华志愿航空队的传奇经历》,南湘著,《国防》1997 年第 5 期。

《空中飞虎:第二次世界大战中的"中国空军美国志愿队"》,戈叔亚著,《华夏人文地理》2001 年第 3 期。

《美国第 14 航空队与中国抗日战争》,唐华元著,《中国及太平洋抗战与战俘问题研究——中国及太平洋抗战与战俘问题国际学术研讨会文集》,井晓光、王建学等主编,辽宁人民出版社 2009 年版。

《飞虎队——美国勇士在中国树起的一座历史丰碑》,老铁著,《文史春秋》2011 年第 2 期。

《"飞虎队"首战到底击落了多少架日机》,唐学锋、陈丹著,《红岩春秋》2019 年第 1 期。

《威震日寇的美国空军"飞虎队":纪念抗日战争胜利 60 周年》,魏岳江著,《国防科技》2005 年第 10 期。

《战斗在中国抗日战场的 CATF:介绍"飞虎队"的后继者中国空军特遣部队》,王大锐、王颂著,《航空知识》1999 年第 1 期。

《美国空军"飞虎队"在中国》,魏岳江著,《世纪桥》2005 年第 7 期。

《桂柳会战前后的美国"飞虎队"》,唐凌著,《抗日战争研究》2007 年第 3 期。

《抗战时期成都的美国陆军航空队述略》,李龙著,《中国国家博物馆馆刊》

2014 年第 1 期。

《陈纳德"飞虎队"鏖战鄂西始末》,史元杰、刘思华著,《湖北文史资料》2000 年第 3 期。

《归侨"飞虎队"抗战纪实》,李瑛著,《文史春秋》2005 年第 6 期。

《宋子文与陈纳德和战时美国驻华空军》,金光耀著,《"近代中国、东亚与世界"国际学术讨论会论文集:下册》,中国社会科学院近代史研究所等编,2006 年。

《"飞虎队"偷袭新竹机场——盟国空军对台湾日军基地的首次空袭》,李浩著,《环球军事》2003 年第 17 期。

《谈谈罗斯福与飞虎队》,尔重著,《党史天地》2005 年第 9 期。

《告诉你一个真实的"飞虎队"》,历时著,《档案天地》2004 年第 2 期。

《美国空军援华抗战的历史特点》,牟之先著,《第二次世界大战与亚太国际合作:第二次世界大战史(重庆)学术讨论会论文集》,苑鲁、谢先辉主编,重庆出版社 2003 年版。

《揭秘飞虎队腊戍护航蒋介石》,周光祚、金晔著,《航空知识》2010 年第 1 期。

《纪念美国飞虎队援华抗日周年座谈会举行》,《光明日报》2001 年 9 月 6 日。

《B—29"超级空中堡垒"在中国》,王德中著,《历史大观园》1992 年第 2 期。

《"权宜之计":美国援华志愿航空队之改编》,徐亮著,《抗日战争研究》2019 年第 1 期。

D."史迪威公路"

《史迪威公路:一条永不尘封的"生命线"》,姜太芹著,《云南档案》2011 年第 12 期。

《"Z"运输线——中国抗战的"生命之路"》,[俄]维克托·乌索夫著;赖铭传译,《百年潮》2014 年第 8 期。

《史迪威公路与战时美援物资运输》,韩继伟著,《中共贵州省委党校学报》2012 年第 5 期。

《史迪威公路在"二战"中的战略地位与历史作用》,韩继伟著,《兴义民族师范学院学报》2011 年第 3 期。

《再论史迪威公路的价值》,杨黔云著,《曲靖师范学院学报》2005 年第

1 期。

《史迪威公路上的 24 道拐》,邓茜著,《当代贵州》2015 年第 35 期。

《"史迪威公路""二十四道拐"》,冯伟著,《百年潮》2013 年第 10 期。

《史迪威公路的神秘"24 道拐"》,本刊记者著,《贵阳文史》2010 年第 1 期。

《史迪威公路"24 道拐"战略解读》,韩继伟著,《兰台世界》2012 年第 4 期。

《从"二战"期间美国军事援华物资运输视角解读史迪威公路"24 道拐"》,韩继伟著,《抗战史料研究》2012 年第 2 期。

《从史迪威公路"24 道拐"看美国军事援华物资运输》,韩继伟著,《兰台世界》2013 年第 1 期。

《"史迪威公路"的形象标识:晴隆"二十四道拐"的形成及作用》,韩继伟著,《党史研究与教学》2013 年第 6 期。

《史迪威公路抗战文化遗产的精神内涵与价值分析》,韩继伟著,《抗战文化研究》,2012 年。

《史迪威公路今昔谈》,屈平著,《广东党史》2005 年第 6 期。

③美国的物资和经济援助

《抗战时期美国对华经济援助评析》,陈永祥著,《广州大学学报》2004 年第 2 期。

《论罗斯福与美国对华经济援助(1937—1945)》,于兆兴、杨淑洁著,《黑龙江教育学院学报》2009 年第 11 期。

《战时美国经济援华与中美"特殊关系"的形成》,陈永祥著,《广州大学学报(社会科学版)》2009 年第 11 期。

《中美结盟与美国租借物资援华——为抗日寻求外国军事援助的经历之三》,章百家著,《百年潮》2004 年第 11 期。

《租借物资与美国对华政策》,田金星著,《学术季刊》1993 年第 1 期。

《抗战时期中美租借关系述评》,吴景平著,《历史研究》1995 年第 1 期。

《评美国对华军事"租借"援助》,任东来著,《中美关系史论文集》第 2 辑,重庆出版社 1988 年版。

《从数量关系看抗战时期美国"租借"援华》,翟全祯、董兴林著,《齐鲁学刊》2003 年第 4 期。

《二战时期美国供给中国政府的租借物资流向》,赵先明、刘达永著,《西南交通大学学报》2005 年第 5 期。

《抗战时期美国供给中国政府租借物资流向问题初探》，赵先明著，《西昌师范高等专科学校学报》1998 年第 3 期。

《二战时期美国援华租借物资未用于抗日物资问题研究》，赵先明、邱梅著，《西昌学院学报（人文社会科学版）》2005 年第 1 期。

《抗战时期中美两国关于租借物资分配权的冲突》，闵强著，《文史春秋》2006 年第 12 期。

《论抗战时期美国援华物资的运输途径及效果评价》，陈永祥著，《抗战史料研究》2013 年第 2 期。

《中国对美国租借援助的回惠政策及战地服务团》，王伟、张旭著，《吉林师范大学学报》2012 年第 6 期。

《美国援华贷款与中国抗战》，林宇梅著，《民国档案》2003 年第 4 期 //《第二次世界大战与亚太国际合作：第二次世界大战史（重庆）学术讨论会论文集》，苑鲁、谢先辉主编，重庆出版社 2003 年版。

《对抗战时期美国对华借款的比较研究》，杨雨青、程宝元著，《史学月刊》2007 年第 6 期。

《抗日战争时期美国对华经济借款次数考》，刘吕红著，《四川师大学报》1997 年第 2 期。

《抗日战争前期中美五次经济借款余论》，阙敏、刘吕红著，《西南民族学院学报》2002 年第 10 期。

《抗战时期中美间的五次借款》，潘国琪、易继苍著，《福建省社会主义学院学报》2002 年第 1 期。

《抗战时期国民政府外债举借述评》，苏黎明著，《中国社会经济史研究》2001 年第 1 期。

《1942 年中美五亿美元借款始末》，任东来著，《美国研究参考资料》1992 年第 5 期。

《围绕美国贷款展开的中美外交（1939—1940）》，任东来著，《南京大学学报》1990 年第 5 期。

《被遗忘的危机：1944 年中美两国在谈判贷款和在华美军开支问题上的争吵》，任东来著，《抗日战争研究》1995 年第 1 期。

《蒋介石与战时美国对华财经援助》，吴景平著，《史学月刊》2011 年第 1 期。

《美国和抗战时期中国的平准基金》,吴景平著,《近代史研究》1997 年第 5 期。

《中美〈平准基金协定〉的签订与美国对华态度的变化》,刘达永著,《贵州师大学报》1995 年第 3 期。

《〈中美租借协定〉之"防卫用品"供应初探》,刘达永著,《天府新论》1996 年第 6 期。

《抗战时期美国租借物资与西昌的历史联系》,赵先明著,《四川师大学报》1998 年第 3 期。

《战时美国对中国图书资料的救存、获取与援助(1940—1945)》,吴刘娟著,《中国图书馆学会年会论文集(2017 年卷)》,国家图书馆出版社 2018 年版。

④废除不平等条约

《试论抗日战争时期中国的废约外交》,马芸芸著,《中华文化论坛》2006 年第 3 期。

《二战期间英美交还在华租界特权原因的辨析》,孙月华著,《泰山学院学报》2007 年第 2 期。

《抗战时期国民政府对美修约政策的演变》,印玉林著,《苏州丝绸工学院学报》2000 年第 6 期。

《有关二战中废除不平等条约问题的再评价——兼论国民政府在废约问题上的作用》,项锷著,《史学集刊》2001 年第 1 期。

《二战中英美废除在华特权之分析》,徐刚著,《华东冶金学院学报》1989 年第 5 期。

《美国在华治外法权的放弃(1942—1943)》,任东来著,《美国研究》1991 年第 1 期。

《评 1943 年初中美不平等条约的废除》,童新著,《华中师大研究生学报》1989 年第 4 期。

《一九四三年初几个中外不平等条约的废除》,张附孙著,《云南教育学院学报》1987 年第 2 期。

《中美平等新约谈判述评》,吴景平著,《抗日战争研究》1994 年第 2 期。

《1943 年"中美新约"述评》,齐福霖著,《北京档案史料》1992 年第 4 期。

《一九四三年中美、中英新约的签订》,孙淑著,《民国春秋》1991 年第 6 期。

《一九四三年"中美平等新约"签订的历史背景及其意义评析》,王淇著,《中共党史研究》1989 年第 4 期。

《1943 年中美平等新约签订的历史背景及其意义评析》,王淇著,《新的视野——中美关系史论文集》第 3 辑,南京大学出版社 1991 年版。

《美国退还庚子赔款目的评析》,李建国著,《贵州师大学报》1993 年第 1 期。

《美国"退还"部分庚子赔款事件述评》,季云飞著,《南京政治学院学报》1990 年第 3 期。

《1943 年美国废除排华法分析》,高伟浓、万晓宏著,《华侨华人历史研究》2001 年第 4 期。

《抗战时期美国自愿放弃在华特权的真相》,郭学旺著,《河北学刊》1995 年第 3 期。

《英美战时废约政策之异同与协调》,王建朗著,《抗日战争研究》2003 年第 3 期。

《中国是怎样得以在抗战时期实现废约的?》,韩渝辉著,《近代史研究》1986 年第 5 期。

《抗战时期中共对废除不平等条约的态度》,鲁娜著,《东岳论丛》1991 年第 5 期。

（3）英国的支持与英中合作

《抗战期间中英秘密情报合作》,欧阳吉平著,《团结报》2000 年 7 月 4 日。

《抗战期间中英情报工作的一次合作》,唐志著,《军事历史》1994 年第 5 期 //《民国春秋》1994 年第 6 期。

《没有硝烟的空中战场:二战中英空防情报合作内幕》,丁汉孙著,《航空知识》2005 年第 9 期。

《抗战时期国民党中统特工的对英合作》,马振犊、邱锦著,《抗日战争研究》2006 年第 3 期。

《抗日战争中的英军代表团》,楼绛云著,《人民政协报》2000 年 4 月 4 日。

《岭南"英军服务团"创建经过》,[英]埃德温·赖德著;常艳嫦译,《纵横》1991 年第 6 期。

《1942 年中英新约谈判述论》,王真著,《民国档案》1997 年第 2 期。

《1943 年中英缔结新约的国际背景》,吴士存著,《史学月刊》1998 年第 3 期。

《中英在缅甸作战中的合作与矛盾》,彭玉龙著,《军事历史》1994 年第 5 期。

《抗战后期中英贷款交涉述论》,徐文军著,《天中学刊》2014 年第 6 期。

《英国对中国抗战的贡献》,刘金源著,《探索与争鸣》2015 年第 4 期。

(4)其他盟国的支持与合作

《抗战期间中加军事关系评析》,潘兴明著,《史学集刊》2009 年第 1 期。

《澳大利亚对华援助及其影响》,侯敏跃著,《华东师范大学学报》2006 年第 6 期。

《印度:一支关键的援华抗日力量》,胡志勇著,《解放日报》2015 年 12 月 20 日。

《第二次世界大战时期的中印关系及其影响因素》,韩枫、杜勇著,《南亚研究季刊》2006 年第 2 期。

《论太平洋战争期中的中印关系——以蒋介石访问印度为中心》,[日]伊原泽周著,《抗日战争研究》2012 年第 2 期。

《世界反法西斯战争中的中国和印度》,谢刚著,《纪念中国人民抗日战争暨世界反法西斯战争胜利 70 周年国际学术研讨会论文集》,李亚平等编,中共党史出版社 2015 年版。

《抗战时期中印输油管道的铺设》,张永帅著,《团结报》2015 年 10 月 29 日。

《抗战时期在重庆的荷兰外交官》,张克雷著,《红岩春秋》2014 年第 1 期。

《二战期间法军进入广西十万大山揭秘》,黄天勇、周克平等著,《文史春秋》2006 年第 6 期。

《国际社会对马占山与江桥抗战的支持》,孙文政著,《理论观察》2019 年第 2 期。

3. 各国民间人士的支持

《关于国际友人与中国抗战之研究》,张注洪著,《抗日战争研究》1996 年第 3 期。

《国际友人在抗日战争中的贡献》,张注洪著,《山西政协报》2009 年 12 月 23 日。

《国际友人在抗日战争中的贡献和作用》,张注洪著,《历史档案》1998 年第 3 期。

《国际友人对中国抗日战争的作用与贡献》,王胜军著,《赤峰学院学报》

2016 年第 9 期。

《国际友人在陕甘宁边区的活动及其贡献》,袁武振、梁月兰著,《延安文学》2015 年第 5 期 //《总结历史经验,全面建设小康社会——纪念陕甘宁边区政府成立七十周年论文集》,陕西省陕甘宁革命根据地史研究会,2007 年。

《国际友人在延安和陕甘宁边区的活动及其对中国抗战的贡献》,袁武振、郝琦著,《延安大学学报》1999 年第 2 期。

《延安时期助力中国革命的国际友人》,徐世强著,《党史博览》2013 年第 7 期。

《国际友人与抗日民族统一战线的形成》,李伟著,《中国统一战线》2011 年第 4 期。

《论国际友人在抗日民族统一战线形成中的贡献》,李伟著,《党史文苑》2010 年第 24 期。

《抗日战争中国际友人援助的作用——以燕京大学外籍教师为例》,韩小昆著,《日本侵华史研究》2016 年第 2 期。

《抗日战争中国际工人的援华运动》,《中共山西省委党校学报》1985 年第 5 期。

《国际反侵略运动支持中国抗战》,沈庆林著,《团结报》1995 年 7 月 5 日。

《抗日战争中的外国军事顾问》,孙果达著,《党史纵览》1995 年第 2 期。

《中国抗日战场上的外国人》,方知著,《工人日报》1995 年 8 月 12 日。

《太行山永远铭记:追论当年援华抗日的国际友人》,池茂花著,《人民日报(海外版)》1995 年 8 月 25 日。

《爱国人士国际友人支援抗日战争》,《长春日报》2005 年 7 月 21 日。

《论抗战初期英美民众援华制日运动》,韩永利、方长明著,《民国档案》2009 年第 1 期。

《抗战时期中国国内对世界援华制日大会的反应》,雷志松著,《中南大学学报(社会科学版)》2018 年第 5 期。

《来自欧洲的反法西斯战士们——国际援华医疗队在国民党大后方》,王庭岳著,《党史纵横》1995 年第 8 期。

《刻骨铭心的历史记忆——国际援华医疗队的故事之一》,史继忠著,《贵阳文史》2007 年第 3 期。

《全面抗战时期国际红十字会对华援助述论——以〈申报〉为中心的考察》,

董晓航、高翔宇著,《黑龙江史志》2011 年第 13 期。

《七七事变中的世界红卍字会中华总会》,鹿璐著,《中国档案报》2014 年 7 月 7 日。

《卢沟桥事变后世界红卍字会的社会救济》,任超著,《北京史学论丛(2017)》,社会科学文献出版社 2018 年版。

《全面抗战时期国际红十字组织对华人道援助述论》,池子华、阎智海著,《史学月刊》2016 年第 1 期。

《抗战时期的印度援华医疗队》,陈永成著,《百年潮》2014 年第 2 期。

《抗战时期鲜为人知的印度援华医疗队》,刘静著,《红广角》2014 年第 3 期。

《我所知道的白求恩大夫》,靳宗翰著,《海峡两岸》1999 年第 12 期。

《论白求恩对反法西斯战争的贡献及启示》,魏晓玲著,《保定学院学报》2014 年第 4 期。

《新四军中的"白求恩大夫":记奥地利医生罗生特》,张伟国著,《党史纵横》1995 年第 1 期。

《柯棣华在武汉》,朱彬著,《长江日报》1984 年 2 月 12 日。

《不应被忘却的澳洲援华部队》,侯敏跃著,《历史教学问题》2000 年第 5 期。

《抗战期间在中国的"西班牙医生"》,张辛民著,《文史天地》1995 年第 5 期。

《援助中国抗战的罗马尼亚医生》,刘勇著,《党史博览》2006 年第 5 期。

《马海德:投身抗战的洋博士》,陈伟源著,《国际人才交流》1995 年第 8 期。

《卡尔逊与中国抗战》,谈方著,《抗日战争研究》1995 年第 4 期。

《珍珠港事件之前美国院外援华集团初探》,付辛酉著,《河北师范大学学报》2011 年第 1 期。

《抗战时期美国图书馆协会对华援助的初步考察》,孙洋著,《辽宁大学学报》2011 年第 6 期。

《论中国抗战初期美国民众抵制日货与终止对日贸易运动》,方长明、王莹著,《武汉科技大学学报》2009 年第 1 期。

《中国抗战初期美国教士阶层的援华运动》,方长明著,《理论月刊》2009 年第 1 期。

《抗战时期来西昌的美国人》,赵先明著,《西南民族大学学报》2004 年第 11 期。

《抗战初期西方记者的报道》,张功臣著,《新闻爱好者》1996 年第 10 期。

《美国记者与中国抗战》,刘景修、张克明著,《民国档案》1989 年第 1 期//《新的视野——中美关系史论文集》第 3 辑,南京大学出版社 1991 年版。

《报道中国:抗战时期在华美国女记者研究》,张威著,《新闻与传播研究》2010 年第 3 期。

《卡帕:最早报道中国抗战的盟军战地记者》,管飘著,《青年记者》2013 年第 29 期。

《亨利·卢斯与抗战期间中国新形象的创造》,郭洵澈著,《民国档案》1999 年第 4 期。

《抗战时期中外记者参观团访问西北纪实》,孟红著,《党史纵览》2008 年第 8 期。

《论抗战时期在华居处的美国作家》,郎艳丽著,《学术论坛》2013 年第 1 期。

《燕京大学的外籍教师与抗日战争》,韩小昆著,《中国人民抗日战争纪念馆文丛·第六辑》,团结出版社 2011 年版。

《桂林抗战文化城国际友人援华史料英译策略——从归化与异化角度》,韦名忠著,《桂林航天工业学院学报》2014 年第 3 期。

《抗日战争中期西方民间人士与中共对外信息传播》,吕彤邻著,《中共党史研究》2015 年第 7 期。

《新四军中的国际反法西斯战士》,张威、张学忠著,《中州统战》1995 年第 8 期。

《八路军中的“国际纵队”:朝鲜义勇队》,管飞、葛清伟著,《党史博采(纪实)》2014 年第 11 期。

《八路军德籍女少校王安娜在中国的抗战岁月》,丁晓平著,《党史博览》2011 年第 11 期。

《采访八路军中的日本兵》,王希亮著,《世纪桥》2004 年第 1 期。

《埃德加·斯诺与中国的局部抗战(1931—1937)》,赵德教、赵文莉著,《河南师范大学学报》1994 年第 6 期。

《埃德加·斯诺与中国抗战》,赵德教、赵文莉著,《河南师范大学学报》1995

年第 4 期。

《斯诺与中国抗战》，游国斌著，《宁德师专学报》1995 年第 4 期。

《史沫特莱在抗战时期的中国》，刘济普著，《军事历史》1995 年第 5 期。

《库里申科 献身中国抗战的苏联勇士》，白墨著，《新西部》2013 年第 11 期。

《被遗忘的运动——李约瑟与英国援华会及其成员的交往与活动》，尹晓冬著，《中国科技史杂志》2011 年第 3 期。

《汉斯·米勒：来自莱茵河畔的反法西斯战士》，辜坚著，《国际人才交流》1995 年第 8 期。

《一个英国人的非凡经历 林迈可：英国贵族支援中国抗战》，张兴兴著，《世界博览》2014 年第 19 期。

《一位美军上尉眼中的中国抗战——卡尔逊观察员给罗斯福总统私人秘书的信》，李向前、张强著，《北京党史》1994 年第 2 期。

《同中国人民并肩反对日本侵华战争》，小林清著，《人民日报》1987 年 7 月 3 日。

《泰戈尔与中国抗战》，傅宁军著，《海内与海外》2007 年第 8 期。

《泰戈尔与中国抗日战争》，高其荣著，《文史杂志》2003 年第 3 期。

《尼赫鲁与中国抗日战争——纪念反法西斯战争胜利 50 周年》，尚劝余著，《南亚研究季刊》1995 年第 4 期。

《尼赫鲁对中国抗战的贡献》，尚劝余著，《重庆工学院学报》2005 年第 10 期//《抗日战争研究》2007 年第 1 期。

《汉斯·希伯：为中国抗战流尽最后一滴血》，王贞勤著，《炎黄纵横》2013 年第 9 期。

《论抗战初期英国民众援华的几个问题》，张新军著，《宁夏大学学报》1995 年第 4 期。

《中国抗日战争时期的西方传教士》，吴邦江著，《史学集刊》1997 年第 3 期。

《外籍艺术与科教人员在西北——抗战、解放战争时期》，张文琳著，《西北史地》1999 年第 4 期。

《深切的关怀，真挚的友谊——南斯拉夫人民当年对中国抗日战争的声援》，马细谱著，《人民日报》1985 年 9 月 4 日。

《中国抗战中的越南将军》，张静宇著，《人民日报》2005 年 8 月 31 日。

《略论朝鲜民族在中国抗日战争中的积极贡献》,郑信哲著,《韩国研究》(第十辑),2010年。

《中国抗战洪流中的朝鲜志士》,石源华著,《世界知识》2007年第19期。

《回顾中国抗日战争时期的朝鲜义勇军》,刘正一、池宽容著,《军事历史》1995年第4期。

《朝鲜民族革命党在中国的抗日武装斗争》,朴英姬著,《历史档案》2000年第1期。

《华北抗日战场上的朝鲜义勇军》,张洪祥著,《南开学报》1995年第5期。

《韩国临时政府与中国抗日战争》,唐国东、华强著,《南京政治学院学报》2003年第1期。

《1931年前后韩侨在中国东北的抗日活动》,耿立强著,《军事历史研究》2006年第4期。

《抗战时期金九与中国共产党人的交往》,傅德岷著,《红岩春秋》2009年第4期。

《抗日战争时期中东穆斯林的援华活动》,铁维英著,《阿拉伯世界》1991年第2期。

《上海犹太人与抗日战争》,王健、潘光著,《社会科学报》2005年9月22日//《上海纪念抗日战争胜利60周年研讨会论文集》,上海市社会科学界联合会编,上海人民出版社2005年版。

4. 港澳台同胞及海外华侨与中国抗战和世界反法西斯战争

(1)港澳台同胞的抗日活动及对大陆抗战的援助

《血浓于水——港澳台侨对抗日战争的鼎力支持》,彭训厚著,《党史博采(纪实)》2015年第6期。

《论香港人民的抗日斗争》,吴鑫、宋国才著,《第二次世界大战史论文集④:人民战争的胜利》,刘鲁民、徐根初主编,金盾出版社1998年版。

《香港人民在抗日战争中的重要贡献》,夏学平著,《光明日报》2005年9月14日。

《香港在全民族抗战中的历史贡献及启示》,房正宏著,《甘肃社会科学》2007年第3期。

《二次大战结束前香港的华人商会》,李培德著,《华中师范大学学报(人文社会科学版)》2009年第3期。

《抗战时期香港大学与内地大学互助史略》,李均著,《现代教育论丛》2013年第3期。

《抗战时期的香港文化和内地文人向香港的迁徙》,葛美荣著,《档案天地》2010年第5期。

《抗战时期日占香港的"归乡"运动述评》,李光和著,《民国档案》2010年第2期。

《抗战时期宋庆龄在香港倡导的"一碗饭运动"》,夏雨著,《湖北档案》2010年第4期。

《略论抗日战争时期的澳门》,叶美兰著,《民国档案》1999年第4期。

《澳门同胞支援祖国抗战初探——兼谈抗战时期中国共产党在澳门的活动》,张量著,《抗日战争研究》2003年第1期//《九一八事变与近代中日关系——九一八事变70周年国际学术讨论会论文集》,中国社会科学院中日历史研究中心等编,中国社会科学文献出版社2004年版。

《日据时台湾人民抗日斗争述论》,鞠忠美、赵磊、宋继和著,《山东教育学院学报》2010年第5期。

《台湾同胞是抗日中的中华英杰》,郑坚著,《人民日报》1995年9月3日。

《宝岛怒潮:台湾同胞抗击日寇记事》,吕俊平、王俊彦著,《解放军报》1995年9月2日。

《论1937—1945年台湾人民对日本"皇民化"运动的抵制》,茅家琦、胡华军著,《东南文化》1995年第3期。

《浅析抗战时期台湾同胞对日本"皇民化运动"的抵制》,白纯著,《文史杂志》2002年第3期。

《台湾人民反抗日本殖民统治的斗争》,赵铁锁著,《历史教学》1995年第8期。

《抗战时期的台湾籍民问题》,陈小冲著,《台湾研究集刊》2001年第1期。

《抗战时期台湾知识分子社会角色分析》,陈韵著,《福建论坛(人文社会科学版)》2010年第5期。

《台籍志士与台湾复省》,褚静涛著,《中国抗战与世界反法西斯战争:纪念中国人民抗日战争暨世界反法西斯战争胜利60周年学术研讨会文集:下卷》,中国社会科学院近代史研究所编,社会科学文献出版社2009年版。

《抗战时期台湾同胞对收复台湾的贡献》,王生怀著,《安庆师院学报》2002

年第 4 期。

《第二次世界大战中的台湾与台湾复归祖国》,陈碧笙著,《台声》1984 年第 6 期。

《论台湾同胞参加抗日战争的活动及其历史意义》,吴国安著,《近代史研究》1986 年第 3 期。

《抗战时期台籍人士在大陆的抗日复台活动研究述评》,周大计、曾庆科著,《抗日战争研究》1998 年第 4 期。

《可歌可泣的台湾抗日义勇队》,赵建平著,《炎黄纵横》2011 年第 6 期。

《台湾抗日义勇队成立前后史实考》,赵爱玉、赵建平著,《福建文博》2011 年第 1 期。

《抗战时期台湾义勇队组织活动史料一组》,《民国档案》1999 年第 1 期。

《抗战时期台湾义勇队在大陆的医疗活动》,黄颖著,《医学与哲学(人文社会医学版)》2010 年第 8 期。

《活跃在华东战场的台湾抗日义勇队》,陈晓声、陈华蕾著,《中国纪检监察报》2005 年 8 月 14 日。

《台湾义勇队抗战时期在浙江等地的新闻宣传活动》,俞国平、陈敏南著,《视听纵横》2012 年第 3 期。

《寻访台湾义勇队在浙江金华的抗战遗迹》,楼子芳著,《台声》1998 年第 11 期。

《台湾抗日义勇队在武夷山的感人故事》,熊慎端、黄胜科著,《福建党史月刊》2011 年第 13 期。

《抗战时期奔赴延安的台湾同胞》,徐康著,《台声》2013 年第 12 期。

《抗战时期在大陆的台湾学生的活动初探》,贺平著,《福建省社会主义学院学报》2009 年第 4 期//《洛阳理工学院学报》2009 年第 5 期。

(2)海外华侨华人与中国抗日战争

①总论

《华侨与抗日战争研究》,曾瑞炎著,《华声报》1989 年 8 月 8 日。

《近年来有关华侨与抗日战争的研究概况》,刘侃著,《华侨华人历史研究》1988 年第 4 期。

《华侨支援祖国抗战研究成果点评》,任贵祥著,《抗日战争研究》1996 年第 3 期。

《10 年来华侨支援祖国抗战研究述评》,任贵祥著,《安徽史学》2006 年第 6 期。

《"九·一八"至"七·七"华侨抗日救国运动述略》,曾瑞炎著,《党史研究与教学》1990 年第 3 期。

《"九·一八"事变后海外华侨抗日斗争研究》,魏鹏著,《哈尔滨职业技术学院学报》2017 年第 4 期。

《华侨抗战文献的类型梳理与分布概述》,王华著,《图书馆》2015 年第 9 期。

《华侨抗日救亡运动的特点》,任学岭、李智晔著,《延安大学学报》1995 年第 3 期。

《抗日战争时期华侨航空救国运动与对日空战》,任贵祥著,《军事历史》1991 年第 5 期。

《赤子报国功勋昭著:简论华侨抗日爱国的特点》,任贵祥著,《光明日报》1995 年 10 月 9 日。

《试论海外华侨抗日救亡斗争的特点》,袁素莲著,《山东社会科学》1995 年第 3 期。

《海外华侨积极参加抗日救亡运动的原因》,袁素莲著,《东方论坛》1995 年第 3 期。

《1931—1945 年华侨支援祖国抗战的主要方式》,王富盛著,《琼州学院学报》2014 年第 4 期。

《抗日战争中的海外华人》,陈红著,《纪念抗战胜利暨台湾光复 60 周年专刊》,2005 年。

《抗日战争中华侨的爱国精神》,许在全著,《光明日报》1993 年 6 月 21 日。

《太平洋战争爆发后华侨的抗日斗争》,曾瑞炎著,《文史杂志》1987 年第 4 期。

《华侨与抗日战争》,裴耀鼎著,《杭州师院学报》1996 年第 1 期。

《华侨与抗日战争》,林炯如、杨美琳著,《纪念抗日战争胜利四十周年论文集》,上海市中共党史学会编,2000 年。

《华侨与抗日战争》,夏明星、苏振兰著,《党史天地》2002 年第 7 期。

《〈华侨与抗日战争〉展览在京举行》,刘建业著,《抗日战争研究》1994 年第 3 期。

《华侨华人与抗日战争》，裴援平著，《求是》2015 第 19 期。

《海外华侨与抗日战争》，蔡如今著，《党史资料与研究》1987 年第 4 期。

《海外华侨与中国抗战》，袁素莲著，《齐鲁学刊》1993 年第 5 期。

《海外赤子与祖国抗战》，孙瑞华著，《昭乌达蒙族师专学报》1998 年第 5 期。

《论华侨在抗日战争中的作用》，舒志超著，《纪念抗日战争胜利四十周年论文集》，上海市中共党史学会编，2000 年。

《华侨在抗日战争中的历史地位》，吴映萍著，《惠州大学学报》1995 年第 2 期。

《海外华侨对抗战的贡献》，杨洪范著，《社会科学辑刊》1986 年第 6 期。

《海外华侨在抗日战争中的伟大贡献》，李昕、黄革新著，《长安大学学报》2004 年第 3 期。

《海外华人在全民族抗战中的历史功绩》，刘东著，《北京行政学院学报》2006 年第 1 期。

《试论海外华侨对抗日战争的特殊作用与贡献》，郑应洽著，《暨南学报》1995 年第 4 期。

《华侨对祖国抗日战争的贡献》，简慕兰著，《广东教育学院学报》1985 年第 4 期。

《华侨对祖国抗日战争的贡献》，黄英湖著，《福建论坛》1995 年第 4 期。

《华侨在抗日战争中的贡献》，陈万安、钟珍维著，《广州研究》1985 年第 4 期。

《华侨在抗日战争中的贡献》，韩森著，《历史档案》1987 年第 4 期。

《爱国华侨在祖国抗战中的贡献》，赖海泉著，《党史研究》1986 年第 1 期。

《爱国华侨对抗日战争的伟大贡献》，孙倩著，《纪念中国人民抗日战争暨世界反法西斯战争胜利 70 周年理论研讨会论文集》，中国延安精神研究会等编，2015 年。

《华侨对抗日战争的巨大贡献》，王佩琏著，《首都师范大学学报》1995 年第 4 期。

《华侨对抗日战争的杰出贡献》，黄小坚著，《华侨华人历史研究》1995 年第 3 期。

《简论华侨在抗战中的重要贡献》，韦俊世、李荣华著，《杭州大学学报》1996

年第 1 期。

《海外赤子抗日救国的壮举永垂青史：论华侨在抗日战争中的重大贡献》，洪新发著，《重庆教育学院学报》1995 年第 3 期。

《论华侨在抗战中的历史贡献》，章小朝著，《浙江师大学报》1996 年第 4 期。

《抗日战争时期海外华侨作出的历史贡献》，曾瑞炎著，《四川大学学报》1984 年第 2 期。

《抗日战争时期海外华侨对祖国的贡献》，丁丁著，《北京党史》1997 年第 4 期。

《华侨对祖国抗战的贡献》，黄慰慈、许肖生著，《近代史研究》1984 年第 2 期。

《试述华侨在抗战中的贡献》，吴凤琴著，《佳木斯大学学报》1995 年第 3 期。

《论华侨对抗日战争的贡献》，马仁著，《理论学刊》1995 年第 5 期。

《论华侨对祖国抗战的贡献》，陆安著，《兰州教育学院学报》2000 年第 2 期。

《海外华侨对祖国抗战的贡献》，夏家林著，《中学历史教学参考》1996 年第 11 期。

《海外赤子在抗日战争中的奉献》，任贵祥著，《瞭望新闻周刊》1995 年第 39 期。

《试述海外华侨对抗日战争的贡献》，曹晋杰、王世谊著，《江苏社会科学》1995 年第 5 期。

《华侨对祖国抗战的作用》，余全有、胡焕平著，《天中学刊》1996 年第 1 期。

《华侨对祖国抗战经济的贡献》，任贵祥著，《近代史研究》1987 年第 5 期。

《抗日战争中华侨在政治上的贡献》，李云峰、王彬著，《西北大学学报》1995 年第 3 期。

《对祖国抗日战争的支援》，陈民著，《人民日报》1984 年 9 月 7 日。

《中国空军中归侨抗战史迹》，黄富恒、丁福生著，《广东党史》2006 年第 6 期。

《试论海外华人华侨对中共领导的广东抗战作出的历史贡献》，陈雷刚著，《岭南文史》2015 年第 2 期//《广东省社会主义学院学报》2015 年第 2 期。

《抗战中的华侨妇女》，石彤著，《华侨华人历史研究》1988 年第 4 期。

《华侨妇女在祖国抗战中的贡献》，蒋红彬著，《广西师大学报》1995 年第 3 期。

《海外华侨华人与反法西斯战争》，廖小健著，《华侨华人历史研究》1995 年第 3 期。

《抗日战争中的华侨青年》，黄慰慈、许肖生著，《暨南学报》1984 年第 3 期。

《华侨与西南抗战》，曾瑞炎著，《西南师大学报》1992 年第 2 期。

《司徒美堂与抗日战争》，任贵祥著，《史学月刊》2004 年第 11 期。

②世界各地华侨与中国抗日战争

A.亚洲华侨与中国抗日战争

《东南亚华侨对祖国抗战的贡献》，吴新奇、左双文著，《东南亚研究》1995 年第 3 期。

《东南亚华侨与抗日战争——纪念中国抗日战争与世界反法西斯战争胜利 70 周年》（全 2 期），周南京著，《八桂侨刊》2015 年第 2/3 期。

《东南亚华侨在祖国抗战与反对日本法西斯战争中的作用》，孙永松、洪卜仁著，《厦门大学学报》1987 年第 4 期。

《论东南亚华侨支援中国抗战的原因》，王强、李先伦著，《湖南工程学院学报》2007 年第 2 期。

《抗战期间东南亚华侨的救国活动及彰显的民族精神》，马凌著，《东南亚纵横》2012 年第 11 期。

《抗战时期的东南亚华侨文化救亡运动》，任贵祥著，《南洋问题》1986 年第 3 期。

《抗日战争时期东南亚华侨文艺救亡运动》，任贵祥著，《抗战文艺研究》1987 年第 4 期。

《抗日战争时期东南亚华侨的抵制日货运动》，孙慧荣著，《华人华侨历史研究》1988 年第 2 期。

《试论抗战时期东南亚华侨对广西的援助》，劳家全、熊志灵著，《东南亚纵横》2007 年第 8 期。

《抗战时期东南亚华侨在西南大后方的投资》，周龙著，《贵州文史丛刊》2013 年第 3 期。

《抗战前后东南亚华侨抵制日货运动的思考》，张坚著，《广西师范大学学报

（哲学社会科学版）》2016 年第 6 期。

　　《南洋华侨对祖国抗战的贡献》，刘雪河著，《岭南文史》1995 年第 3 期。

　　《南侨总会对祖国抗战的贡献》，童家洲著，《福建学刊》1995 年第 5 期。

　　《南侨在抗日战争中的历史功绩：纪念抗日战争胜利 50 周年》，郭戈奇著，《四川文物》1995 年第 4 期。

　　《试论抗战时期南洋华侨机工对军事物资补给的贡献》，夏玉清著，《华侨华人历史研究》2015 年第 3 期。

　　《抗战救亡运动与南洋华侨社会》，郭梁著，《南洋问题》1985 年第 4 期。

　　《对"援华抗日运动"的最新述评：〈东南亚华族社会发展论〉读后感》，言射著，《社会科学》1993 年第 4 期。

　　《抗日战争时期的南洋华侨机工》，秦钦峙著，《云南社会科学》1989 年第 4 期。

　　《南侨机工：中国抗战史上英勇悲壮的群体》，林少川著，《福建党史月刊》2005 年第 10 期。

　　《南侨机工——中华民族不可或缺的抗战力量》，李治著，《人民日报（海外版）》2015 年 9 月 1 日。

　　《南侨机工对西南战场及中国抗日战争的贡献》，杨芳著，《纪念中国人民抗日战争暨世界反法西斯战争胜利 70 周年理论研讨会论文集》，中国延安精神研究会等编，2015 年。

　　《一座碑铭记南洋机工抗战义举》，宗禾著，《云南档案》2005 年第 4 期。

　　《南洋客家华侨与抗日战争》，廖楚强著，《华人之声》1995 年第 5 期。

　　《东南亚闽南籍华侨对抗日战争的贡献》，江榕惠著，《福建论坛》1995 年第 5 期。

　　《七七事变后新马华侨的爱国义举》，李恒俊著，《团结报》2014 年 7 月 3 日。

　　《关于抗日战争前期星马华侨的抗日救亡运动》，钟南安著，《暨南学报》1986 年第 3 期。

　　《论新加坡、马来西亚闽籍华侨的爱国抗日活动》，黄露夏著，《福建论坛》1995 年第 4 期。

　　《抗战时期新马华人教会救国运动考述（1937—1941）》，谌畅著，《基督教学术》2018 年第 1 期。

　　《马来西亚华侨对祖国抗战的贡献》，许肖生著，《华南师大学报》1984 年第

4 期。

《马来亚"抗援会"与华侨抗日运动：纪念卢沟桥事变 50 周年》，陈青山著，《南方日报》1987 年 7 月 7 日。

《国内关于马来亚华侨抗战史的研究述评》，宋少军著，《文山学院学报》2014 年第 4 期。

《菲律宾华侨的抗日斗争》，许志猛著，《人民日报》1985 年 8 月 22 日。

《菲律宾华侨对抗日战争的贡献》，张世均著，《北京师范大学学报（人文社会科学版）》2002 年第 2 期。

《菲律宾华侨对中国局部抗战的支援》，张世均著，《重庆教育学院学报》2002 年第 5 期。

《菲律宾华侨参加抗日战争的影响》，张世均著，《新疆师大学报》2003 年第 1 期。

《抗战旌旗在江南：菲华侨救国义勇队回国参战记》，郑山玉著，《福建论坛》1984 年第 2 期。

《泰国侨领蚁光炎抗日救国史事述评》，任贵祥著，《抗日战争研究》1999 年第 4 期。

《忆蚁光炎先生及泰国华侨的抗日救亡运动》，许侠著，《文史资料选辑》(5)，中国文史出版社 1986 年版。

《参加泰国华侨抗日救亡运动的回忆》，杜英著，《文史资料选辑》(5)，中国文史出版社 1986 年版。

《泰国华侨义勇队回国抗战的历史考察》，曾亚雄、山雨著，《华侨华人历史研究》1998 年第 2 期。

《澳大利亚华工抗日事迹重见天日》，利华摘编，《军事历史》1993 年第 3 期。

《新西兰华侨华人与反法西斯战争》，王娟著，《历史教学问题》2017 年第 5 期。

《"七·七"事变后的旅日华侨》，陈昌福著，《上海师大学报》1988 年第 4 期。

《旅日华侨与抗日战争》，赵入坤著，《中国矿业大学学报（社会科学版）》2015 年第 4 期。

B.欧美非华侨与中国抗日战争

《旅美华侨的抗日救亡运动》，沈立新著，《史学月刊》1984 年第 2 期。

《抗战初期旅美华侨救国捐款活动史料选辑》,赵刚选编著,《档案与历史》1987年第3期。

《美国华侨与祖国的抗战》,黄美华等著,《广州师院学报》1985年第3期。

《美国华侨与中国抗日战争》,吴金平著,《南华大学学报》2000年第1期。

《美国华侨堂会与中国抗战》,潮龙起著,《暨南学报(哲学社会科学版)》2015年第11期。

《美国华侨的航空救国活动》,方雄普著,《华人华侨历史研究》1988年第2期。

《加拿大华侨对祖国抗日战争的支援》,沈毅著,《历史知识》1986年第4期。

《抗日战争中的加拿大华侨》,沈毅著,《辽宁大学学报》1990年第1期。

《抗战时期秘鲁华侨对祖国的支援初探》,潘澎著,《长沙大学学报》2013年第1期。

《试论抗日战争中非洲华侨的贡献》,李安山著,《世界历史》2000年第3期。

C.籍属地华侨与中国抗日战争

《闽籍华侨对抗日战争的贡献》,张振玉著,《"红色文化论坛"论文集》,中国博物馆协会纪念馆专业委员会等编,中共党史出版社2013年版。

《闽籍华侨在抗战中的作用不可替代》,王文清著,《人民日报(海外版)》2015年9月4日。

《福建华侨在祖国抗日战争中的贡献》,林金枝著,《历史教学》1987年第3期。

《福建华侨对祖国抗日战争的贡献》,曹敏华著,《理论学习月刊》1989年第6期。

《福建华侨与东南亚人民共同反对日本的斗争(1942—1945年)》,林金枝著,《南洋问题》1987年第2期。

《故地求存:太平洋战争期间福建的返乡难侨》,沈惠芬著,《世界民族》2011年第6期。

《烽火狼烟中的赤子丹心——青田爱国华侨的反法西斯斗争》,杨大兴著,《浙江档案》2010年第12期。

《抗战时期海外潮汕华侨回国参战》,李绪杰著,《八桂侨刊》1999年第

3 期。

《潮汕海外华侨与抗日战争》,李益杰著,《南洋问题研究》2001 年第 4 期。

《略论潮阳华侨对抗日战争和解放战争的贡献》,史如林著,《印度支那》1989 年第 3 期。

《海外潮侨在抗战中的爱国表现》,黄绮女著,《汕头日报》1995 年 8 月 23 日。

《潮籍侨领蚁光炎对抗日战争的贡献》,吴忠文著,《汕头日报》2005 年 9 月 12 日。

《惠属侨胞与祖国抗战》,黄敏著,《青海师专学报》2003 年第 3 期。

《试论泉州华侨对抗战的贡献》,刘西水著,《福建史志》2015 年第 4 期。

《抗日战争时期晋江华侨的爱国主义精神》,陈文敬著,《理论学习学刊》1995 年第 8 期。

③华侨支援祖国抗战的方式

《华侨支援祖国抗战的方式》,陆安著,《中学历史教学参考》2000 年第 1 期。

《简论华侨的抗日爱国精神》,杨淑珍著,《西南师大学报》1995 年第 3 期。

《试论华侨在抗战时期的爱国主义》,沈静园著,《苏州大学学报》1984 年第 4 期。

《抗战时期的华侨爱国运动及其当代启示》,徐波、杨朝云著,《首都师范大学学报》2000 年第 4 期。

《抗战时期的华侨捐输与救亡运动》,魏宏运著,《近代史研究》1999 年第 6 期。

《两次世界大战期间东南亚华侨汇款及其作用》,林金枝著,《近代史研究》1988 年第 3 期。

《华侨与抗战时期经济》,曾瑞炎著,《八桂侨刊》1995 年第 2 期。

《抗战时期华侨对中国矿业的支持》,唐凌、曾晓玲著,《八桂侨刊》1997 年第 4 期。

《抗日战争时期的华侨和中国工业合作运动》,[日]菊池一隆著,《抗日战争研究》2003 年第 2 期。

《略论华侨对祖国抗战的医药支援》,张旺清著,《江西社会科学》2010 年第 9 期。

《抗战中的华侨飞行员》,耿绍华著,《中学历史教学参考》1997 年第 4 期。

《大义赴戎机——记归国抗战的华侨将领》,纪华著,《党史纵横》2000 年第 9 期。

《海外华侨与淞沪抗战》,沈立新著,《学术月刊》1985 年第 9 期。

《旅沪外侨及国际友人对上海抗日斗争的支援》,崔志鹰、潘光等著,《社会科学》1995 年第 8 期。

《华侨为华南抗战竭尽全力》,卢宁著,《羊城晚报》1995 年 8 月 10 日。

《华侨对华南抗日斗争的贡献》,任贵祥著,《党史研究与教学》1988 年第 5 期。

《海外华侨与华南抗日游击战争》,卢宁著,《东南亚研究》1995 年第 3 期。

《海外华侨对华南抗日游击战争的历史作用》,卢宁著,《广东社会科学》1995 年第 4 期。

《华侨和港澳同胞对东江抗日武装斗争的贡献》,黄慰慈著,《惠州师专学报》1984 年第 1 期。

《海外华侨与八路军抗战》,李东光著,《党史文汇》2003 年第 3 期。

《华侨支援抗日根据地的事迹述略》,曾瑞炎著,《西南师大学报》1987 年第 2 期。

《抗日战争时期陕甘宁华侨活动述略》,任贵祥著,《文史杂志》1987 年第 2 期。

《抗战时期华侨对西南后方的经济开发》,钟铁著,《华侨华人历史研究》1992 年第 4 期。

《抗战时期爱国华侨在重庆》,傅佑勋著,《八桂侨刊》1995 年第 3 期。

④华侨对抗日民族统一战线的贡献

《抗日民族统一战线与华侨抗日》,蔡仁龙、杨秋君著,《南洋问题》1986 年第 1 期。

《抗日民族统一战线与爱国华侨:纪念抗日战争胜利五十周年》,袁锋著,《中央民族大学学报》1995 年第 5 期。

《华侨在抗日民族统一战线中》,刘世扬著,《贵州文史丛刊》1989 年第 1 期。

《华侨对抗日统一战线的贡献和作用》,曹选玉著,《重庆教育学院学报》1995 年第 3 期。

《略论华侨对抗日民族统一战线的重要作用》，李佩著，《上海大学学报》1995 年第 3 期。

《抗战期间海外华侨对国共两党政治态度的转换》，高鸣著，《无锡轻工大学学报》2001 年第 2 期。

《抗日战争时期华侨为推动和维护全民族团结抗战所做出的努力》，肖承罡著，《广东省社会主义学院学报》2003 年第 2 期。

（3）海外华侨与世界反法西斯战争

《跨越边界：华侨在中国抗战、太平洋战争中的行动和意义》，李盈慧著，《抗日战争研究》2016 年第 3 期。

《华侨在反法西斯战争中》，巫乐华著，《华声报》1986 年 10 月 30 日。

《两个"有限"——华侨华人与苏联反法西斯战争研究评述》，王祎著，《八桂侨刊》2015 年第 3 期。

《太平洋战争与南洋华侨》，郭梁著，《南洋问题》1985 年第 3 期。

《中华海外儿女抗日在南洋——东南亚华侨的武装抗日斗争》，贺圣达著，《云南民族大学学报》2005 年第 6 期。

《抗战时期华侨抵制日货运动及其贡献》，郭立珍著，《许昌学院学报》2005 年第 4 期。

《论全面抗战时期海外华侨的抵制日货运动》，张学强著，《求索》2006 年第 9 期。

《反法西斯战争中的美国华侨华人》，李其荣著，《华中师范大学学报》1995 年第 5 期。

《百分之二十的美国华人曾参加第二次世界大战》，《八桂侨刊》1997 年第 2 期。

《第二次世界大战期间的旅欧华侨》，李明欢著，《华侨华人历史研究》2001 年第 4 期。

《略论"七七事变"前后旅日青年华侨的爱国抗日活动》，常学飞著，《消费导刊》2010 年第 6 期。

《"亲日"与反日——抗战时期朝鲜华侨的艰难抉择》，[日] 菊池一隆著；高莹莹译，《抗日战争研究》2011 年第 4 期。

《迫害与反迫害——印尼华侨在第二次世界大战中》，李未醉著，《八桂侨刊》2004 年第 3 期。

《印尼华侨积极支援抗日战争的必然性》，刘书平著，《学理论》2015 年第9 期。

《论菲律宾华侨与世界反法西斯战争》，张世均著，《重庆教育学院学报》1998 年第 3 期。

《第二次大战期间（1939—1945 年）的马来亚华侨》，[印尼] 帕赛尔著；石景云译，《南洋问题资料译丛》1957 年第 1 期。

《越南华侨华人抗日斗争的特征及贡献》，向大有著，《八桂侨刊》2015 年第4 期。

《华侨抗日志愿队在缅甸》，王楚英著，《纵横》2004 年第 12 期。

《在缅甸首战奏捷的华侨抗日志愿队》，王楚英著，《民国档案》2004 年第1 期。

《华侨支援滇缅抗战的一些情况》，田玄著，《抗日战争研究》1995 年第1 期。

《滇缅公路与南洋机工》，沙平著，《档案时空（史料版）》2005 年第 9 期。

《抗战时期滇缅公路上的南洋华侨》，肖荣华著，《党史纵横》2011 年第11 期。

《千里滇缅公路抗战运输线上的南洋华侨机工》，龙岗著，《上海档案》2003 年第 2 期。

《南侨机工颂——记抗战时期滇缅运输线上的南侨机工》，张文芝著，《云南档案》1994 年第 2 期。

《滇缅路上建奇功——南洋华侨机工回国抗战纪实》，麦群忠著，《文史春秋》2006 年第 11 期。

《华侨在滇缅战场抗日中的作用和贡献——写在滇缅战场抗日战争胜利 50 周年之际》，尹文和著，《保山师专学报》1994 年第 1 期。

《澳大利亚华侨华人与世界反法西斯战争》，张秋生、王娟著，《民国档案》2015 年第 3 期。

《海外华侨反法西斯斗争的壮丽史诗——评杜埃的长篇小说〈风雨太平洋〉》，卓世明著，《华夏》1987 年第 6 期。

（4）各方的华侨政策

《抗日战争时期国共两党侨务政策比较研究》，任贵祥著，《开放时代》1995 年第 7/8 期。

《抗战时期的侨务政策与华侨的历史地位》，吴箐著，《安徽大学学报》2006年第 1 期//《中国抗战与世界反法西斯战争：纪念中国人民抗日战争暨世界反法西斯战争胜利 60 周年学术研讨会文集：下卷》，中国社会科学院近代史研究所编，社会科学文献出版社 2009 年版。

《抗战时期共产党的侨务政策及影响》，王娟等著，《兰台世界》2015 年第 22 期。

《简论中国共产党对华侨抗日的政策与主张》，蓝振露著，《福建党史月刊》1991 年第 3 期。

《抗战时期中共对华侨的统战工作》，曾瑞炎著，《党史研究与教学》1991 年第 3 期。

《抗日战争时期中国共产党海外华侨统战初探》，邱永文著，《中央社会主义学院学报》2015 年第 4 期。

《抗日战争时期的华侨与中国共产党》，钟仲著，《吉首大学学报》2000 年第 2 期。

《延安华侨救国联合会的创立与发展》，张玲蔚著，《党史博览》2018 年第 9 期。

《抗战时期国民政府侨团政策探究》，陈国威著，《八桂侨刊》2014 年第 1 期。

《抗战时期的国民参政员对海外华侨的统战思想》，黄利新著，《华侨华人历史研究》2005 年第 3 期。

《试析抗战前期国民政府的侨务宣传活动及策略——以广州〈华侨战线〉为中心的考察》，张秋菊著，《抗战文化研究》2014 年第 1 期。

《抗战前后南京国民政府的华侨教育政策研究》，冉春著，《河北师范大学学报（教育科学版）》2015 年第 4 期。

《抗战时期国民政府救侨政策研究——以安徽宣城侨乐村为例》，谢从高著，《八桂侨刊》2014 年第 4 期。

《抗战时期南京国民政府对华侨教育的救助》，王宁宁著，《兰台世界》2012 年第 16 期。

《略论抗战时期的南京国民政府侨务委员会》，冀满红、赵金文著，《东南亚研究》2014 年第 3 期。

《抗日战争时期国民政府侨委会侨务工作述评》，任贵祥著，《史学月刊》

2016 年第 1 期。

《浅析战后在日华侨的遣返》,刘华昆著,《兰台世界》2011 年第 14 期。

《第二次世界大战后国民政府遣送旅意华侨归国研究》,马少寅著,《中国市场》2010 年第 35 期。

《抗战后期知识界关于战后处理南洋华侨问题的讨论》,曾凡云著,《东南亚研究》2013 年第 2 期。

《抗战时期广西的救侨工作》,唐凌著,《八桂侨刊》1999 年第 4 期。

《1940 年代初期日本南洋华侨政策初探——以日本的南洋华侨调查为中心》,连心豪著,《一九四〇年代的中国:下卷》,中国社会科学院近代史研究所等编,社会科学文献出版社 2009 年版。

《太平洋战争期间日本军政的华侨政策》,郭梁著,《东南亚》1987 年第 4 期。

《战争、思想与秩序:日本对南洋华侨的宣传政策与活动(1937—1941)》,吴婉惠著,《广东社会科学》2019 年第 5 期。

(5)第二次世界大战对海外华侨的影响

《抗日战争对海外华侨的影响》,程希著,《华侨华人历史研究》1995 年第 3 期。

《抗日战争对海外华侨的影响》,陶季邑著,《贵州大学学报》1996 年第 3 期。

《反法西斯战争与美国华侨社会的发展变化》,廖小健著,《八桂侨刊》1995 年第 3 期。

《太平洋战争与东南亚华侨经济》,崔志著,《东南亚纵横》1991 年第 4 期//《社会科学》1992 年第 3 期。

《浅析"九一八"与香港华人民族意识的澎湃》,霍启昌著,《九一八事变与近代中日关系——九一八事变 70 周年国际学术讨论会论文集》,中国社会科学院中日历史研究中心等编,中国社会科学文献出版社 2004 年版。

七、反法西斯盟国在中国抗战问题上的矛盾和冲突

1. 香港问题与中英矛盾

《论香港在抗日战争中的历史地位》,张明著,《第二次世界大战史论文集④:人民战争的胜利》,刘鲁民、徐根初主编,金盾出版社 1998 年版。

《第二次世界大战中的香港》，张思恩、相艳著，《史学月刊》1997年增刊。

《太平洋战争期间的香港问题》，陶文钊著，《历史研究》1994年第5期。

《太平洋战争期间的香港问题》，李爱阳著，《丹东师专学报》1996年第4期。

《开罗会议前后中英香港之争》，袁自强著，《档案时空》2011年第11期。

《抗战时期中国收复香港的斗争》，吴达著，《北京教育学院学报》1997年第3期。

《二战后期美国对香港问题的政策变化》，金卫星著，《镇江师专学报》1998年第4期。

《二战后期关于香港战后归属问题的成因分析》，何晓帆著，《辽宁行政学院学报》2010年第8期。

《罗斯福总统与美国二战期间对香港政策的演变》，周乾著，《安徽大学学报》2003年第5期。

《太平洋战争爆发前后我在香港的一段经历》，陈贞娴著，《广西党史》1995年第5期。

《论抗战时期国民党政府收复香港的尝试》，祝中侠著，《云梦学刊》1997年第2期//《池州师专学报》1997年第2期。

《太平洋战争时期中国收回香港主权斗争为何失败？》，本刊编辑部著，《军事历史》1995年第1期。

《太平洋战争时期中国收回香港主权斗争的失败及历史教训》，田跃安、魏纹著，《西北大学学报》1994年第3期。

《香港的沦陷及战后的归属问题》，萨本仁著，《历史教学问题》1986年第5期。

《抗战时期中英香港问题谈判内幕》，潇湘雪著，《湖北档案》2012年第1期。

《论抗战后期中英处置香港问题之方略(1943—1945)》，孙扬著，《抗日战争研究》2014年第1期。

《重庆国民政府与英国政府关于香港问题的交涉》，刘新力著，《近代史研究》1994年第4期。

《太平洋战争爆发后中英关于香港问题之争》，陈世英著，《华北电力大学学报》1995年第1期。

《蒋介石曾三次力图收回香港》，马红著，《党史纵横》2012年第10期。

《"二战"期间中英关于香港归属斗争中的蒋介石》,张宝善著,《南京社会科学》1997 年第 4 期。

《1941—1945 年中国收回香港主权努力的历史透视》,陈榲著,《社会科学辑刊》2005 年第 6 期。

《论太平洋战争时期蒋介石政权收复港九地区的努力》,唐湘雨著,《钦州师范高等专科学校学报》2005 年第 4 期。

《论二战后期中英美围绕香港战后地位问题的交涉与斗争》,周乾著,《安徽史学》2003 年第 6 期。

《二战期间中英在香港问题上的矛盾与斗争》,马晓京著,《中南民族学院学报》1997 年第 4 期。

《1943 年中英废除不平等条约的谈判和香港问题》,李世安著,《历史研究》1993 年第 5 期。

《从一九四三年中英废约谈判看英国在香港问题上的一贯举措》,李世安著,《神州学人》1994 年第 5 期。

《抗战胜利后中英香港受降权之争》,汪杰著,《文史杂志》1996 年第 3 期。

《抗战胜利后中英政府关于香港受降之争》,杨盛云著,《民国春秋》1996 年第 4 期。

《抗日战争胜利前后中英在香港问题上的斗争》,赵佳楹著,《外交学院学报》1997 年第 3 期。

《抗战时期美国在中英香港问题交涉中的作用之我见》,艾逊著,《史学情报》1987 年第 1 期。

《抗战胜利前后重庆国民政府关于香港问题的交涉》,袁成亮著,《铁道师院学报》1997 年第 3 期。

《黑色的圣诞——简论二战中的香港之战》,祝中侠著,《池州师专学报》1998 年第 1 期。

《略论太平洋战争时期的香港》,萧北婴著,《党史研究与教学》1997 年第 6 期。

《抗战胜利前后中国收回澳门的谋划与流产》,左双文著,《近代史研究》1999 年第 6 期。

《抗战时期澳葡政府的对华关系》,陈锡豪著,《广东社会科学》2001 年第 1 期。

2. 史迪威事件与美蒋矛盾

（1）史迪威事件概述

《史迪威使华与史迪威事件研究述评》，牛军著，《美国研究参考资料》1991年第12期。

《1981年以来史迪威与史迪威事件研究综述》，陈世阳著，《郧阳师专学报》2003年第1期。

《2000年以来史迪威与"史迪威事件"研究综述》，陶亭亭著，《新西部》2019年第32期。

《"史迪威事件"始末》，李伟著，《文史春秋》1996年第2期。

《关于"史迪威事件"》，何正芳著，《思想战线》1995年第4期。

《试析史迪威事件》，张小路著，《学术界》1992年第5期。

《史迪威事件新探》，张玉霞著，《河南社会科学》1995年第6期。

《略论太平洋战争时期史迪威与蒋介石的关系》，胡秀勤著，《文史杂志》1995年第6期。

《谢伟思谈史迪威事件》，斯彦译，《党史研究资料》1986年第11期。

《何应钦与"史迪威事件"》，熊宗仁著，《贵州社会科学》1990年第10期。

《马歇尔与"史迪威事件"》，徐鲁航著，《天津师大学报》1994年第6期。

《宋子文与"史迪威"事件》，俞宏标著，《历史教学问题》1994年第1期。

《宋子文与"史迪威事件"》，杨智友著，《档案春秋》2009年第8期。

《蒋介石、史迪威矛盾中的宋子文》，陈永祥著，《抗日战争研究》2001年第2期。

《论蒋（介石）史（迪威）矛盾中的宋子文》，陈永祥著，《中山大学研究生学刊（社会科学版）》2001年第1期。

《未被采纳的意见：马歇尔将军关于留用史迪威致蒋介石的电文》，[美]迈克尔·沙勤著；王冠华译，《世界史研究动态》1985年第4期。

《史迪威事件中的蒋介石与宋子文——抗战时期中国国际关系研究之一》，杨天石著，《纪念七七事变爆发70周年学术研讨会论文集》，中国社会科学院中日历史研究中心等编，社会科学出版社2009年版。

《〈王世杰日记〉的史料价值——以史迪威事件及中苏谈判为例》，林能士著，《中国近现代史史料学国际学术讨论会论文集》，中国近现代史史料学学会等编，新华出版社2005年版。

（2）史迪威事件的原因

《试析史迪威解职的原因》，宫炳成著，《北华大学学报》2004 年第 6 期。

《论"史迪威事件"及其原因》，魏楚雄著，《近代史研究》1985 年第 1 期。

《试析史迪威事件的根本原因》，周志强著，《重庆师院学报》1989 年第 2 期。

《试析"史迪威事件"的根本原因》，周志强著，《北京大学研究生学刊》1989 年第 2 期。

《"史迪威事件"原因再探》，李亮著，《长春师院学报》2003 年第 1 期。

《"史迪威事件"背后的中美关系透析》，赵红、王小苗著，《延安大学学报》2008 年第 1 期。

《试析蒋介石要求召回史迪威的根本原因》，李学文、谢鹏著，《外交学院学报》1987 年第 1 期 //《史学月刊》1988 年第 1 期。

《蒋介石和他的盟军中国战区参谋长史迪威交恶内幕》，杨燕、杨振著，《文史月刊》2010 年第 10 期。

《从史迪威来华职责权限之争看美蒋的不同企图》，王建华等著，《苏州大学学报》1990 年第 2 期。

《试论史迪威事件与蒋美之间的矛盾》，杨三宪著，《档案与历史》1988 年第 3 期。

《史迪威与抗战期间美国的对华政策》，张良春著，《渝州大学学报》1992 年第 1 期。

《史迪威事件与美国对华政策》，王镭著，《安徽技术师院学报》1994 年第 2 期。

《史迪威事件与美国对华政策》，熊杏林著，《战争奇观民族壮举》，徐红主编，军事科学出版社 1995 年版。

《史蒋矛盾与中美关系》，臧具林、吴运启著，《信阳师院学报》1991 年第 1 期。

《试析史蒋矛盾及其实质》，孙文学著，《湖北大学成人教育学院学报》2003 年第 3 期。

《从太平洋战争时期美国对华政策看"史迪威事件"》，欧阳小华著，《吉安师专学报》1999 年第 3 期。

《1942—1944 年美国对华政策与史迪威事件剖析》，张建华著，《信阳师院学报》2001 年第 3 期。

《史迪威陈纳德龃龉与美国对华政策》,严四光著,《中美关系史论文集》第
2 辑,重庆出版社 1988 年版。

《罗斯福战时对华政策与史迪威在华使命:兼评"史迪威事件"》,董宝才著,
《江苏教育学院学报》1999 年第 4 期。

《从史迪威事件看第二次世界大战中美国与中国国民党政府的矛盾》,罗志
田著,《四川大学学报》1984 年第 4 期。

《从史迪威与蒋介石的矛盾看二战期间中美军事合作中的争斗》,庞存生等
著,《第二次世界大战与亚太国际合作:第二次世界大战史(重庆)学术讨论会论
文集》,苑鲁、谢先辉主编,重庆出版社 2003 年版。

《从史迪威使华多重身份的矛盾看美国对华政策的失败》,余妮著,《第二次
世界大战与亚太国际合作:第二次世界大战史(重庆)学术讨论会论文集》,苑
鲁、谢先辉主编,重庆出版社 2003 年版。

《从国家利益的视角解读史迪威与蒋介石之间的矛盾纠葛》,李桂树著,《山
东师范大学学报(人文社会科学版)》2008 年第 4 期。

《从"史迪威事件"看中美关系》,彭华著,《宜宾学院学报》1995 年第 3 期。

《史、蒋矛盾冲突与美中战时利益分歧》,陈国清著,《武汉大学学报(人文科
学版)》2007 年第 1 期。

《太平洋战争期间中美矛盾的根源》,蔡黛云著,《湘潭大学学报》1995 年第
2 期。

《试析史迪威时期的美国对华政策》,宋小刚、李周仁著,《陕西师大学报》
1998 年第 S3 期。

《试论史迪威与蒋介石的关系》,胡秀勤、陈莉著,《武汉教育学院学报》1988
年第 2 期。

《试论史迪威与蒋介石的矛盾》,徐畅著,《淮北煤炭师院学报》1990 年第
4 期。

《评史迪威与蒋介石的矛盾》,鞠景奇著,《江海学刊》1989 年第 3 期。

《论抗战后期史迪威与蒋介石的矛盾》,伊胜利、张巨浩著,《理论探讨》1988
年第 5 期。

《史迪威与蒋介石之间的恩恩怨怨》,李桂树著,《兰台世界》2008 年第
1 期。

《史迪威与蒋介石的主要矛盾及其实质》,黄盛桢著,《重庆工商大学学报》1992 年第 1 期。

《蒋介石三驱史迪威述论》,陈国清著,《历史教学》1993 年第 7 期。

《蒋介石与史迪威的矛盾》,吴行中著,《文史天地》1996 年第 1 期。

《1942—1944:史迪威与蒋介石的矛盾》,钱守云著,《党史文汇》2002 年第 11 期。

《蒋介石在史迪威事件中施展的手法》,尹正萍、陈安丽著,《江西社会科学》1999 年第 6 期。

《论蒋介石与史迪威矛盾中的中共因素》,吕迅著,《社会科学研究》2016 年第 2 期。

(3)史迪威事件的影响

《史迪威事件及影响》,曾哲、李平著,《江汉论坛》1996 年第 7 期。

《试析史迪威与赫尔利的更迭》,吴荣宣著,《教学与研究》1986 年第 2 期。

《史迪威、陈纳德之争与抗战时期美国对华政策》,李亚平著,《陕西师大学报》1995 年第 4 期。

《"史迪威事件"产生的原因及对中美关系的影响》,苑鲁著,《第二次世界大战与世界历史进程:第二次世界大战史(武汉)学术讨论会论文集》,胡德坤主编,武汉大学出版社 2002 年版。

《史迪威与抗战后期中美关系》,刘迎红著,《求是学刊》1997 年第 3 期。

《"史迪威事件"对中美关系的影响》,承婧著,《黔南民族师范学院学报》2007 年第 1 期。

《"史迪威事件"及其对当代中美关系发展的启示》,裴宏灵著,《兰州教育学院学报》2017 年第 2 期。

《"史迪威事件"再研究及其对中美关系史研究的启示》,张宁静著,《民国研究》2016 年第 2 期。

《史、陈矛盾及其对战时中美关系的影响》,王真著,《辽宁师范大学学报》1996 年第 3 期。

《从美国对华政策看"史迪威事件"影响》,邱欢颖著,《九江学院学报》2008 年第 5 期。

《"史迪威事件"与战时中美英三角关系》,顾莹惠著,《苏州大学学报》2006 年第 1 期。

《史迪威事件是抗日战争后期美国对华政策的转折点》,林迎春著,《世纪桥》1997 年第 4 期。

《从"史迪威事件"看蒋介石的消极抗战》,李湘敏著,《福建师大学报》1996年第 1 期。

《第二次史迪威危机与 1943 年中美军事同盟关系研究》,付辛酉著,《民国档案》2018 年第 3 期。

（4）史迪威与战时中美关系

《史迪威使华阶段中美关系述评》,朱爱农著,《宁夏大学学报》1990 年第4 期。

《史迪威将军使华概论》,陈英著,《历史档案》1991 年第 2 期。

《中美关系与史迪威的命运》,蓝东兴著,《文史天地》1996 年第 1 期。

《试论史迪威来华使命失败的原因》,程雪川著,《贵州大学学报》1987 年第4 期。

《抗战后期史迪威在中美关系中的作用》,李艳著,《世纪桥》1999 年第 2期 //《龙江党史》1999 年第 2 期。

《战时中美合作的历史经验:由史迪威在华经历所想到的》,章百家著,《红岩春秋》1992 年第 1 期。

《〈史迪威与美国在华经验:1911—1945 年〉一书摘登》,《编译参考》1982 年第 10/11 期。

《试析史迪威与陈纳德的个性及对中国战区的影响》,王晓华著,《民国档案》1994 年第 4 期。

《1936—1944 年斯诺、史迪威对中共的了解与中美关系》,张宝锋著,《洛阳师院学报》1999 年第 3 期。

《论史迪威与中国共产党的联系及其态度》,刘建德著,《学习与探索》1990 年第 6 期。

《抗日战争时期史迪威为何倚重共产党》,寇炜材著,《理论导刊》1995 年第9 期。

《美国驻华军事代表史迪威主张联共抗日》,渠冉著,《福建党史月刊》2012 年第 11 期。

《论史迪威主张与中国共产党合作的原因》,陈挥著,《上海纪念抗日战争胜利 60 周年研讨会论文集》,上海市社会科学界联合会编,上海人民出版社 2005

年版。

《抗战时期史迪威对中国共产党的现实主义态度》，陈挥著，《纪念抗日战争胜利四十周年论文集》，上海市中共党史学会编，2000年。

（5）美蒋矛盾

《罗斯福果真下令暗杀蒋介石吗?》，宁志一著，《党史纵横》2004年第10期。

《中美关系史上一件"谜案"的历史考察——"罗斯福下令史迪威除掉蒋介石之说"辨析》，袁成亮著，《安徽史学》2005年第6期。

《史迪威假传罗斯福指示策划暗杀蒋介石——开罗会议前后侧记》，杨天石著，《江淮文史》2012年第1期。

《蒋介石和史迪威的分歧与中国远征军入缅作战失败》，范德伟著，《军事历史》2010年第5期。

《第一次史迪威危机与中美战略分歧》，付辛酉著，《抗日战争研究》2011年第1期。

《略论史迪威成为美蒋矛盾牺牲品的原因》，刘兰昌、包爱芹著，《鲁东大学学报》2006年第4期。

《太平洋战争后期美国对华政策——从"史迪威事件"到太平洋战争结束》，陈世阳著，《南华大学学报》2007年第1期。

《史迪威事件中的蒋宋矛盾——蒋介石日记解读之二》，杨天石著，《世纪》2007年第5期。

3. 西藏问题

《抗战前后中美英西藏问题的交涉》，张植荣、渠怀重著，《抗日战争研究》2007年第1期。

《美国外交档案中有关中美英三国交涉西藏问题的史料选译》，吴景平著，《抗日战争研究》1994年第1期。

《1943年中英关于西藏问题的交涉》，《历史研究》1996年第4期。

《中英关系视阈下的西藏危机》，杨东著，《唐都学刊》2015年第6期。

《抗战期间中英围绕中印交通问题之西藏交涉》，郭永虎、李晔著，《西藏民族学院学报（哲学社会科学版）》2007年第1期。

《抗战中后期中英西藏问题交锋历程探析》，魏少辉著，《党史研究与教学》2016年第4期。

《抗日战争时期中英关系探究——以西藏地区为例》,孟灿、张士昌著,《西藏研究》2019 年第 4 期。

《抗日战争时期国民政府反对英国分裂西藏的一场斗争》,胡岩著,《西藏研究》1999 年第 1 期。

《蒋介石抗战期间应对西藏危机之策》,张双智著,《中国藏学》2012 年第 4 期。

《抗战中的英国与西藏》,方正、郑言著,《文史月刊》2003 年第 2 期。

《抗日战争期间英国对西藏的侵略》,董志勇著,《抗日战争研究》1994 年第 1 期。

《〈艾登备忘录〉与二战末期英国对藏政策》,张永攀著,《中国边疆史地研究》2003 年第 3 期。

《抗战前后英国对西藏门隅地区的领土扩张》,陈谦平著,《民国档案》2003 年第 2 期。

《揭秘二战末期英对藏军援内情》,张永攀著,《报刊荟萃》2011 年第 4 期。

《抗战时期英国侵藏急先锋古德评析——兼与国民政府驻藏人员比较》,梁忠翠著,《云南民族大学学报》2014 年第 5 期。

《抗日战争时期中美关系中的西藏问题》,胡岩著,《纪念中国人民抗日战争暨世界反法西斯战争胜利 60 周年学术研讨会论文集:下卷》,中共中央党史研究室科研管理部编,中共党史出版社 2006 年版。

《二战期间美国对中国西藏政策新论》,杜凡一著,《社会科学战线》2007 年第 5 期。

《太平洋战争期间美国的西藏政策》,张智丹著,《长春师范学院学报》2007 年第 11 期。

《抗战时期中印"驮运补给线"与美国战略情报局在中国西藏地区的地下活动》,刘达永著,《四川师范大学学报》1997 年第 4 期。

《1942—1972 年美国中央情报局在中国西藏地区的隐蔽行动》,李树宏著,《军事历史》2013 年第 3 期。

《1939 年希特勒派往西藏的使节》,房建昌著,《德国研究》1997 年第 1 期。

《德国纳粹的两次西藏探险阴谋》,一知著,《湖北档案》2005 年第 Z1 期。

《希特勒为何两次派人进西藏》,石丁著,《晚报文萃》2009 年第 13 期。

《德国党卫军考察队 1938—1939 年的西藏考察》,赵光锐著,《德国研究》

2014 年第 3 期。

《宋子文与战时西藏问题交涉》，蒋耘著，《民国档案》2008 年第 1 期 //《历史教学（高校版）》2008 年第 7 期。

4. 其他问题

《抗战时期中国的外债问题》，吴景平著，《抗日战争研究》1997 年第 1 期。

《抗战时期的中国外债》，宓汝成著，《中国经济史研究》1998 年第 2 期。

《南京国民政府时期的外债研究综述》，金普森、潘国琪著，《浙江社会科学》2001 年第 6 期。

《外债与抗日战争的胜利》，金普森著，《抗日战争研究》2006 年第 1 期。

《抗战时期美国要求中国军队指挥权的原因浅析》，李建军著，《贵州大学学报》1995 年第 2 期。

《奇异的同盟——"二战"胜利前夕美苏在日本问题上的合作与冲突》，陈锦晓著，《南都学刊》1989 年第 4 期。

《抗日战争胜利前后美苏在中国东北的斗争》，杨江华著，《中共党史研究》1990 年增刊。

《二战末期杜鲁门下令美军登陆大连揭秘》，孟国祥著，《社科信息》1993 年第 2 期。

《我国抗日战争结束前后美苏两国在中国问题上的斗争与妥协》，乌传衮著，《苏联问题研究资料》1988 年第 5 期。

《抗战时期前苏联和美国使馆的喋血秘事》，陈与、刘渝著，《重庆与世界》2014 年第 7 期。

《1945 年中苏条约谈判中的外蒙古疆界问题》，[日] 吉田丰子著，《抗日战争研究》2016 年第 1 期。

《中苏谈判与外蒙独立——以台湾方面史料为中心的考察》，卢绪友著，《集宁师范学院学报》2017 年第 2 期。

《论蒋介石与中苏外蒙古问题交涉》，朱昭华著，《苏州科技大学学报（社会科学版）》2018 年第 3 期。

《简论 1918—1945 年苏俄（苏联）对中国外蒙古的言行》（上下），王春良著，《山东电大学报》1998 年第 1/2 期。

《战时围绕英缅当局扣留过境援华租借物资的中英交涉》，左双文、叶鑫著，《抗日战争研究》2019 年第 2 期。

八、中国对其他国家的支援

《中国抗日战争对世界反法西斯战争的战略支援——纪念中国人民抗日战争和世界反法西斯战争胜利 60 周年》，张世均著，《周口师范学院学报》2005 年第 4 期。

《二战时期蒋介石政府对"先欧后亚"战略的反应》，徐飞著，《安庆师范学院学报》2013 年第 6 期。

《跨越国界的抗战——再论中国抗日战争与美英东方战线》，党庆兰著，《青海师大学报》1996 年第 3 期。

《中国空军远征日本始末》，唐学峰著，《文史杂志》1991 年第 6 期。

《参战与重建——二战时期国民政府海军军官赴英美参战、实习的背景与经过述论》，黄山松著，《杭州师范大学学报》2012 年第 3 期。

《苏联曾得到过中国的援助》，文力著，《军事历史》1992 年第 2 期。

《抗日战争期间中国对苏联的物质援助》，徐万民著，《苏联问题研究资料》1990 年第 4 期。

《苏军中的"中国旅"》，辛闻著，《侨园》2005 年第 Z1 期。

《莫斯科保卫战中的中国老兵》，李嘉树、张应松著，《党史纵横》2010 年第 10 期。

《美国轰炸东京与中国拯救机组人员》，傅中著，《炎黄春秋》2012 年第 9 期。

《二战期间中国军民救护遇险美国飞行员述论》，邓平著，《第二次世界大战与亚太国际合作:第二次世界大战史(重庆)学术讨论会论文集》，苑鲁、谢先辉主编，重庆出版社 2003 年版。

《太平洋战争爆发后浙江人民救援盟军的历史作用与影响》，朱馥生著，《东南文化》1995 年第 3 期。

《浙江百姓"二战"营救美英盟军》，马登潮著，《浙江档案》2005 年第 4 期。

《抗战时期平谷军民营救美国飞行员》，柴福善著，《前线》2014 年第 7 期。

《怒海生死情——二次大战时舟山渔民救护英盟军战俘纪实》，毛德传著，《航海》1995 年第 3 期。

《让和平玫瑰开得更鲜艳:二战期间中国冀东抗日军民营救美国飞行员纪实》，黄加来著，《中国档案报》2000 年 1 月 10 日。

《二战期间中国曾帮助英国破译日军密电》，王钰著，《党史纵横》2010 年第

10 期。

《抗战时期盟军中的中国译员》，左平著，《社会科学研究》2013 年第 1 期。

《浙赣战役：中国为盟军承受的一次巨大报复》，楼子芳、袁成毅著，《浙江社会科学》1994 年第 6 期。

《抗战时期的中国国民党与越南独立运动》，罗敏著，《抗日战争研究》2000 年第 4 期。

《国民政府战时对缅关系及对印缅民族独立运动的关注》，左双文、刘杉著，《社会科学研究》2018 年第 5 期。

《抗战时期中国国民党援助越南与韩国独立运动的比较研究》，石源华著，《复旦学报》2003 年第 1 期。

《1931—1937 年间国民政府与朝鲜独立运动》，徐有威著，《抗日战争研究》1994 年第 2 期。

《1937 年前国民党对韩国独立运动的援助》，袭新明、徐有威著，《民国春秋》1995 年第 4 期。

《论抗日战争期间国民政府的援朝政策》，石源华著，《抗日战争研究》1994 年第 2 期。

《试论抗战时期韩国独立党与中国国民政府的关系》，石建国著，《档案与史学》1998 年第 2 期。

《论析中国共产党对朝鲜反日独立运动的认识——以"七七事变"前为中心》，金雄鹤著，《朝鲜·韩国历史研究》，2011 年。

《抗日战争时期中国共产党与朝鲜反日民族解放运动——以关内地区为中心》，金雄鹤著，《朝鲜·韩国历史研究——中国朝鲜史研究会会刊》第十二辑，2012 年。

《蒋介石的亚洲认识——太平洋战争时期蒋介石对韩半岛政策及战后亚洲构想》，裴京汉著，《近代思想史研究（第 10 辑）》，2013 年。

《蒋介石与韩国独立运动》，杨天石著，《抗日战争研究》2000 年第 4 期//《近代中国与世界——第二届近代中国与世界学术讨论会论文集（第三卷）》，中国社会科学院近代史研究所编，社会科学文献出版社 2005 年版。

《抗战期间中国处理韩国问题的经验及教训》，徐万民著，《韩国学论文集》第 14 辑，辽宁民族出版社 2005 年版。

《二战结束前夕国民政府对韩政策新探》，符常俊著，《韩国研究论丛》第八辑,中国社会科学出版社 2001 年版。

《重庆国民政府安置逃亡犹太人计划筹议始末》,毕春福编著,《民国档案》1993 年第 3 期。

《抗战时期国民政府容留十万犹太难民计划》,殷昭鲁、赵飞飞著,《钟山风雨》2007 年第 1 期。

《抗战时期国民政府计划容留 10 万犹太难民始末》,殷昭鲁、赵飞飞著,《文史月刊》2007 年第 2 期。

第四节　抗战时期盟国关系中的中国共产党

一、独立自主的中共外交

1. 抗战时期中共外交

《中国革命与对外关系(1911—1949)》,陶文钊著,《社会变革比较研究——近代中国社会变革国际学术讨论会论文集》,中国社会科学院近代史研究所主编,社会科学文献出版社 1992 年版。

《抗战时期国共两党对外政策述略》,石方杰著,《湖北社会科学》2011 年第 12 期。

《抗战时期国共两党外交政策之共性》,高鸣著,《江苏社会科学》2006 年第 2 期。

《中国共产党的抗日外交》,彭玉龙著,《国防》1993 年第 7 期。

《抗战时期的中共外交述评》,雷甲平、樊红梅著,《延安教育学院学报》2001 年第 1 期。

《中国共产党的抗战外交政策述评》,丁晋清著,《广东党史》1995 年第 5 期。

《试论抗战时期党的外交政策》,郑香福著,《福建党史月刊》1995 年第 5 期。

《中国共产党抗日外交战略的形成》,杨奎松著,《中共党史研究》1995 年第 4 期。

《中国共产党国际战略的历史演变及其启示》,张深溪著,《学习论坛》2001 年第 11 期。

《试论抗战时期中共独立自主的对外政策》,戴长征著,《理论学习月刊》

1993 年第 Z2 期。

《抗战时期中国共产党独立自主的对外政策评述》，曲新英著，《东岳论丛》1995 年第 S1 期。

《抗日战争时期的中外关系和中国共产党的对外政策》，吴东之著，《国际关系史论文集》，中国国际关系史研究会，1981 年//《外交学院学报》1988 年第 3/4 期。

《抗战时期中国共产党对外政策述评》，刘玉玲著，《克山师专学报》2000 年第 1 期。

《试析抗战时期中国共产党的对外政策》，王前进著，《咸宁师专学报》1995 年第 4 期。

《抗日战争时期中国共产党外交政策研究》，胡之信著，《学术交流》1987 年第 4 期。

《抗日战争时期中国共产党的外交政策及其实践》，吴恒心著，《池州师专学报》2003 年第 6 期。

《试论抗日战争时期中国共产党的对外政策》，张胜男著，《内蒙古大学学报》1991 年第 4 期。

《中国共产党在抗日战争时期的对外政策》，周毓华、彭陟焱著，《西南民族学院学报》1995 年第 5 期。

《抗日战争时期中国共产党对外政策的基本特点》，柯有华著，《湖北师范学院学报》1995 年第 5 期。

《延安时期中国共产党处理对外关系的战略》，鱼俊清、翟文晶等著，《陕西行政学院学报》2009 年第 4 期。

《抗战前期中国共产党对外战略的演变——从反法西斯到反帝再到反法西斯》，曹希岭著，《鲁东大学学报》2019 年第 6 期。

《面向世界的延安——论抗战时期中国共产党的对外交往》，王红续著，《纪念中国人民抗日战争暨世界反法西斯战争胜利 60 周年学术研讨会论文集:下卷》，中共中央党史研究室科研管理部编，中共党史出版社 2006 年版。

《中国共产党延安时期的对外活动》，左红娟著，《世纪桥》2019 年第 11 期。

《试析太平洋战争爆发后中共的外交政策》，王玉全著，《社会科学战线》2009 年第 8 期。

《抗战后期中国共产党独立自主外交政策的胜利》，胡之信著，《北方论丛》

1983 年第 4 期。

《抗战期间中国共产党寻求外部援助的思想及其启迪》，魏青松、李建华著，《社科纵横》2017 年第 1 期。

《论抗战时期中国共产党对外宣传工作的国际传播力和影响力》，年士萍著，《上海党史与党建》2013 年第 1 期。

《中共与盟军在南中国的情报合作》，东山涛著，《红岩春秋》2013 年第 1 期。

《抗战时期中共对国联的政策研究》，洪岚著，《学术研究》2010 年第 8 期。

《九一八事变至抗战中期国共两党的国联外交》，洪岚著，《史学月刊》2010 年第 7 期。

《抗战时期中共民间外交述评》，朱蓉蓉著，《社会科学战线》2002 年第 6 期。

《试析中共在抗战时期的民间外交》，朱蓉蓉著，《江苏社会科学》2002 年第 6 期。

《浅析抗战时期中共民间外交实践》，刘非著，《南昌工程学院学报》2014 年第 5 期。

《抗战时期中国共产党赢得国际宣传话语权的原因》，李习文著，《中国社会科学报》2017 年 9 月 19 日。

《新四军对海外人士的统战工作》，曹景文著，《党史文汇》2015 年第 6 期。

《新四军对日军的统战工作》，曹景文著，《党史文汇》2019 年第 9 期。

《抗战时期中国共产党与国民党的对日政策》，徐德莉著，《党史文苑》2005 年第 16 期。

《延安时期中国共产党的对日统战工作》，田静著，《湖北省社会主义学院学报》2012 年第 3 期。

《抗日战争时期共产党分化日军俘虏的策略》，张淑香、蔡静著，《沈阳农业大学学报》2005 年第 4 期。

《从交往角度看抗战时期中国共产党的日俘政策》，车国民、谭显兵著，《新学术》2007 年第 1 期。

《档案解读抗战时期中国共产党的日俘政策》，杨晓玲、张文友著，《军事历史研究》2015 年第 6 期。

《抗战时期中共与美国关于日本战俘问题的初步合作》，张牧云著，《高校马克思主义理论研究》2018 年第 3 期。

《抗战时期延安日本问题研究会述论》，张牧云著，《中共党史研究》2017 年第 12 期。

《抗战时期中共与保卫中国同盟、美国援华会的医疗援助互动》，张牧云著，《党史研究与教学》2019 年第 5 期。

《苏德战争爆发后中共对时局的分析与对策》，李书亮著，《中州学刊》1995 年第 4 期。

《苏德战争爆发后中共曾准备出兵》，青文摘编，《军事历史》1993 年第 2 期。

《二战期间中共为何拒绝斯大林的援助请求》，李海文著，《福建党史月刊》2014 年第 13 期。

《中国共产党对太平洋战争的预测与分析》，史春林著，《大连海事大学学报》2005 年第 3 期。

《论中共对"先欧后亚"战略的认识》，张文禄著，《重庆科技学院学报》2011 年第 11 期。

《二战初期中共认同"先欧后亚"战略原因论析》，张文禄著，《广西社会科学》2011 年第 6 期。

《抗战时期中国的国际地位与中国共产党》，王化平著，《青海社会科学》1995 年第 S1 期。

《中国共产党在世界反法西斯联盟中的作用》，张齐政著，《衡阳师专学报》1995 年第 4 期。

《抗战中后期西方国家的延安观》，李世安著，《光明日报》2001 年 7 月 17 日。

《抗战时期外国人对中国共产党的考察及其历史价值》，居之芬著，《抗日战争与中国历史——"九·一八"事变 60 周年国际学术讨论会文集》，中国抗日战争史学会等编，辽宁人民出版社 1991 年版。

《外国人眼中的延安日本战俘学校》，王光荣著，《党史博览》2002 年第 4 期。

《美军观察组延安报告中的日本工农学校》，吕彤邻著，《中共党史研究》2018 年第 7 期。

《延安报告选译：美军观察组与日本工农学校》，吕彤邻著，《抗战史料研究》

2018 年第 1 期。

《中共对美军登陆作战的预期及其在浙江的"进"与"退"》,袁成毅著,《纪念抗战胜利 65 周年学术研讨会论文集》,中国抗日战争史学会等编,2010 年。

2. 中共要人与中共抗战外交

《毛泽东的抗日外交思想》,王红续著,《中共中央党校学报》2005 年第 3 期。

《试析抗战时期毛泽东的外交战略思想》,侯德泉著,《理论学刊》2002 年第 1 期。

《抗日战争时期毛泽东外交思想的基本特征》,孙金伟著,《河南社会科学》2005 年第 3 期。

《抗战时期毛泽东的外交思想及其启示》,秦晓波、田虹著,《沈阳师范大学学报》2005 年第 6 期。

《抗日战争时期毛泽东的国际战略思想》,张豫豫著,《理论界》2006 年第 7 期。

《抗日战争时期毛泽东是如何制定国际战略的》,高长武著,《毛泽东研究》2015 年第 4 期。

《抗日战争时期毛泽东的国际战略观的核心——世界整体性原则》,王林凤著,《辽宁税专学报》1996 年第 4 期。

《论抗战时期毛泽东关于国际战略的理论支点》,任振杰、高广国著,《军事历史》2001 年第 4 期。

《从 1936 年毛泽东在延安与埃德加·斯诺的谈话看毛泽东抗日外交的原则和战略》,丰鹏、简红艳等著,《世纪桥》2011 年第 3 期。

《四十年代毛泽东对美苏政策浅析》,葛成明、徐晓旭著,《毛泽东思想研究》1995 年第 2 期。

《毛泽东与抗战前期中国共产党的对美关系》,张琦著,《毛泽东百周年纪念——全国毛泽东生平和思想研讨会论文集(中)》(毛泽东生平和思想研讨会组织委员会编),中央文献出版社 1994 年版。

《抗战时期毛泽东对苏外交策略探微》,陈再生著,《漳州师范学院学报》2005 年第 4 期。

《科学的预断,英明的决策:苏德战争爆发后毛泽东对二战战局的估量与党的国际战略》,卓爱平、王永贵著,《现代炮兵学报》2005 年第 4 期。

《从世界反法西斯战争的全景视角解读毛泽东为人民服务思想的国际影响》,祝志伟著,《毛泽东思想研究》2014 年第 1 期。

《抗日战争时期毛泽东的日本观》,欧阳军喜、张牧云著,《党的文献》2018年第 4 期。

《野坂参三与毛泽东、蒋介石的往来书信》,〔日〕加藤哲郎著;林晓光译,《中共党史研究》2005 年第 1 期。

《抗战时期周恩来外交的肇始及其初步成效》,徐行、黄园著,《南开学报》2014 年第 1 期。

《抗战时期周恩来对苏联的国际统战工作述论》,丁英顺著,《南方论刊》2017 年第 10 期。

《论抗战时期周恩来"求同存异"国际统战策略与实践——以周恩来对英统战为例》,杜俊华著,《南京政治学院学报》2002 年第 4 期。

《周恩来与抗战时期中共—英国关系的嬗变——以中共南方局与英国驻华大使馆为中心的考察》,杜俊华著,《中共党史研究》2008 年第 1 期。

《论吴玉章在海外的抗日宣传活动》,吴达德著,《"1930 年代的中国"国际学术研讨会论文集:上卷》,中国社会科学院近代史研究所等编,2005 年//《中国抗战与世界反法西斯战争:纪念中国人民抗日战争暨世界反法西斯战争胜利 60周年学术研讨会文集:下卷》,中国社会科学院近代史研究所编,社会科学文献出版社 2009 年版。

二、美国对华政策与国、共、美三方关系

1. 美国对中共的政策及对国共冲突的调解

《美国馆藏中国抗战史料中的美国与战时国共关系》,董佳著,《中共历史与理论研究》2017 年第 2 期。

《试论抗日战争时期美国对国共关系的制约和影响》,孙光辉著,《河南社会科学》1995 年第 4 期。

《抗日战争时期美苏对华政策与国共关系》,顾莹惠著,《东南文化》1995 年第 4 期。

《抗战时期美国对华政策演变与国共关系》,周道华著,《党史研究与教学》1996 年第 1 期。

《抗日战争初美国对华政策及对国共关系的影响》,刘梦然著,《传承》2015

年第 8 期。

《试论抗战初期国际因素对国共关系的影响》,颜世强著,《临沂教育学院学报》1990 年第 4 期。

《抗日战争前期美国对国共关系的政策》,关绍纪著,《文史哲》1995 年第 5 期。

《柯里使华对抗战前期国共关系的影响》,关绍纪著,《东岳论丛》1995 年第 4 期。

《太平洋战争爆发前美国对国共关系政策的变化》,毛丽著,《党史研究与教学》2001 年第 1 期。

《太平洋战争时期美英两国对国共斗争的态度及战后对华政策》,管秀廷著,《呼伦贝尔学院学报》2002 年第 1 期。

《太平洋战争时期美英两国与中共关系之比较》,管秀廷著,《呼伦贝尔学院学报》2001 年第 4 期。

《抗战时期美国政府压蒋联共政策的制定及其对华短期政策》,胡泰著,《湖北师院学报》2001 年第 1 期。

《抗战后期美国对华的压蒋联共政策述评》,周盛盈著,《湘潭师院学报》1992 年第 2 期。

《抗日战争后期美国对华政策与国共关系》,曹江秋著,《宁夏社会科学》2002 年第 2 期。

《略论 1944 年美国的扶蒋联共政策》,秦兴洪著,《广州师院学报》1993 年第 4 期。

《从蒋介石日记看全面抗战时期苏美对中共的支持》,张太原著,《史学月刊》2019 年第 12 期。

《再议美援在美国调处国共谈判中的作用》,杨雨青著,《民国档案》2016 年第 2 期。

《美国"迪克西使团"出使延安始末》,王永华著,《纵横》2005 年第 4 期。

《"迪克西使团"出使延安——纪念美国军事观察组访问延安七十周年》,鲍世修著,《国际人才交流》2014 年第 7 期。

《美军延安观察组述评》,黄虚锋著,《历史教学问题》1996 年第 3 期。

《论美军延安观察组》,俞国著,《苏州科技学院学报》2008 年第 3 期。

《美军军事观察组研究现状综述》,邓峥云著,《柳州师专学报》2014 年第

3 期。

《20 世纪 90 年代以来美军观察组研究综述》,韦磊、张语著,《北京党史》2019 年第 4 期。

《浅析美军观察组进驻延安之成因》,佟玉兰著,《理论纵横》1995 年第 2 期。

《抗战时期美军观察组赴延安的原因探析》,刘小宁著,《改革与开放》2014 年第 24 期。

《美军观察组赴延安动机揭秘》,胡越英著,《炎黄春秋》2017 年第 1 期。

《美国向延安派遣军事观察组的酝酿与决策》,于化民著,《中共党史研究》2006 年第 3 期。

《外交使团的特殊时光——1944 年美军观察组在延安》,李明和著,《党史纵横》1999 年第 1 期。

《抗战时期在延安的美军观察组》,吴兴唐著,《当代世界》2004 年第 7 期。

《美国第一个官方代表团——美军观察组在延安》,陈子平著,《档案时空》2008 年第 7 期。

《美军观察组在延安始末》,陈子平著,《陕西档案》2006 年第 4 期。

《1944 年美军观察组延安之行始末》,徐世强、李道明著,《档案时空》2014 年第 5 期。

《美军观察组赴延安考察始末研究》,段姗姗著,《西安政治学院学报》2015 年第 2 期。

《美军观察组在延安述略》,邵雍著,《中国延安干部学院学报》2018 年第 2 期。

《关于延安时期美国观察组的几个问题》,白媛媛著,《新西部》2018 年第 8 期。

《关于 1944 年美军观察组考察延安的几个问题——基于中央档案馆藏相关档案的研究》,杨冬权著,《党的文献》2015 年第 5 期。

《"美军观察组"在延安的活动及影响》,冯嘉琳著,《历史教学》2005 年第 1 期。

《美军延安观察组——战时中美关系的另一面》,罗山著,《国家人文历史》2017 年第 17 期。

《从"美军观察组"来延安看美国政府的对华政策》,赵红著,《河南师范大学学报》2008 年第 5 期。

《从美军观察组看抗战后期美国对中共政策》，雍婷婷著，《齐齐哈尔师范高等专科学校学报》2011 年第 1 期。

《美军观察组来延安对中共与美国关系的影响》，赵红著，《延安大学学报》2005 年第 2 期。

《从美军观察组访问延安看中共抗战形象的构建》，彭波著，《毛泽东思想研究》2018 年第 6 期。

《中美关系史上特殊的一页——中共领导人与延安美军观察组交往始末》，于化民著，《东岳论丛》2006 年第 4 期。

《"中国沿海登陆计划"与美军观察组》，胡越英著，《百年潮》2008 年第 1 期。

《美军观察组对国共两党历史命运的认知与判断》，赵红著，《延安大学学报》2013 年第 3 期。

《抗日战争时期美军观察组对中国共产党中流砥柱作用的客观反映》，舒文、严曼一著，《思想理论教育导刊》2016 年第 3 期。

《美国军事情报人员对八路军的第一次实地考察——卡尔逊给美国军方情报处的报告》，侯中军著，《抗日战争研究》2004 年第 2 期。

《蒋介石对美军观察组派驻延安的态度》，方伟著，《怀化学院学报》2013 年第 9 期。

《失之交臂的机会——对抗日战争时期美国与中共关系之反思》，张瑞敏著，《学术论坛》2005 年第 2 期。

《抗战初期美国对中共武装力量的关注及政策调整》，董莹著，《军事历史》2014 年第 2 期。

《抗战时期美国战略情报局与中共军事合作的尝试》，贾钦涵著，《抗日战争研究》2018 年第 1 期。

《评述抗战时期美国对中共政策的变化》，胡大泽著，《贵州大学学报》1990 年第 1 期。

《浅析抗日战争时期美国对中共政策的变化及原因》，倪薇著，《学海》1998 年第 4 期。

《抗战后期美国曾寻求与中共合作》，刘德喜著，《党史文汇》1993 年第 9 期。

《抗战后期美国试图援助中国共产党的前因后果》，吴宏亮、任中义著，《中州学刊》2015 年第 1 期。

《抗战后期美国与中共合作的基础是脆弱的》，刘德喜著，《北京党史》1997 年第 2 期。

《抗战后期美国与中共关系中的苏联因素——以美军观察组为视角》，王姣姣著，《牡丹江教育学院学报》2015 年第 10 期。

《抗日战争胜利前夕美国对中国共产党政策发生转变原因初探》，刘焕明著，《学术交流》1996 年第 2 期。

《中国战场左右摇摆的"山姆大叔"——美、蒋与中共在抗战胜利前后关系变奏曲》，《党史博览》1995 年第 4 期。

《从"援华抗日"到"扶蒋溶共"：1941—1945 年美国对华政策浅析》，高峰著，《芜湖师专学报》2000 年第 4 期。

《蒋史之争评析——抗战后期美国对华政策思考之一》，曹木清、江秋著，《湘潭工学院学报》2000 年第 2 期。

《"联合政府"与美国对华政策——抗战后期美国对华政策反思之二》，曹江秋著，《宁夏大学学报》2002 年第 1 期。

《抗战时期美国记者在中国共产党控制区域的活动》，朱跃著，《湛江师院学报》1998 年第 4 期。

《美国"中国通"眼中的中国共产党——谢伟思 1944—1945 年的延安报告》，管永前著，《当代世界与社会主义》2012 年第 2 期。

《"联合政府"与美国对华政策》，韩东屏著，《河北大学学报》1994 年第 2 期。

《罗斯福总统建立"国共联合政府"的政策构想阐析》，陈梅著，《长春工业大学学报》2010 年第 3 期。

《美国插手抗战时期国共谈判始末》，秦相启著，《党史博览》1996 年第 5 期。

《抗战后期美国调处国共关系始末》（上下），王静著，《文史精华》1997 年第 2/3 期。

《"赫尔利使华"研究述评》，贾钦涵著，《上海交通大学学报》2015 年第 5 期。

《赫尔利使华时期美国对华政策评析》，陈梅著，《长春工业大学学报》2009

年第 1 期。

《赫尔利调停与战时中美关系的转折》，杨立宪著，《北京师范大学学报》1987 年第 1 期。

《赫尔利的调停与美对华政策的倾移》，苏燕平著，《云南财贸学院学报》1997 年第 3 期。

《赫尔利使华与罗斯福政府的对华政策》，赵红著，《河南师范大学学报》2012 年第 1 期。

《赫尔利使华与抗战胜利前后的美国对华政策》，牛军著，《党史研究》1985 年第 4 期。

《从赫尔利来延安看美国政府的对华政策》，赵红、贺延荣著，《延安大学学报》2004 年第 4 期。

《赫尔利与国共联合政府谈判》，秦立海著，《学术探索》2010 年第 4 期。

《赫尔利主导国共谈判作用论析》，赵红、李阿能著，《延安大学学报》2010 年第 3 期。

《赫尔利使华与美国政府扶蒋反共政策的确定》，陶文钊著，《近代史研究》1987 年第 2 期。

《赫尔利"扶蒋反共"政策解析》，纪立新著，《宁波广播电视大学学报》2004 年第 2 期。

《"颠倒了"罗斯福对华政策的赫尔利》，张家康著，《文史精华》2004 年第 5 期。

《对〈赫尔利接受中共五点建议析疑〉的商榷》，陶文钊著，《近代史研究》1989 年第 6 期。

《赫尔利赴华使命的失败及原因论析》，龙士云著，《武汉理工大学学报》2005 年第 3 期。

《论赫尔利在国共谈判过程中采取的政策及其失败的原因》，赵红著，《河南师范大学学报》2009 年第 2 期。

《抗日战争胜利前夕美国与中共关系破裂的原因探析》，王永、董琳著，《齐齐哈尔大学学报》2000 年第 6 期。

《抗战胜利前后美国处理国共关系的政策及其演变》，徐报喜、吴竹标著，《盐城师专学报》1991 年第 3 期。

《抗战胜利前后美国对华政策对国共两党关系转折的影响》，谢军著，《黑龙江省社会主义学院学报》2005 年第 1 期。

《试论抗日战争时期美国政府对华政策上的分歧》，许放著，《北京钢铁学院学报》1987 年第 2 期。

《抗战后期美国外交官对华态度分歧初析》，蒋伟国著，《历史教学问题》1992 年第 2 期。

《二战结束前美国的远东战略与对华政策》，茹莹著，《国际关系学院学报》2003 年第 2 期。

《"二战"结束前后美国对华政策中的苏联因素》，杨晓娟著，《晋东南师专学报》2000 年第 2 期。

《抗战胜利前后美国对华政策中的苏联因素》，张文政著，《四川师院学报》2002 年第 3 期。

2. 中共对美、对英政策

《抗战时期国共争取英国驻华大使之博弈》，杜俊华著，《求索》2012 年第 10 期。

《抗日战争时期国共两党的对美政策》，章百家著，《历史研究》1987 年第 3 期。

《抗日战争时期中共的对美、对英政策》，胡之信、郭健军著，《世纪桥》1995 年 Z1 期 //《龙江党史》1995 年第 Z1 期。

《谈抗战时期我党对于和英美结盟态度的变化》，刘明钢著，《江汉大学学报》1995 年第 4 期。

《抗战时期中共对英美大资产阶级的理论和策略》，卓爱平著，《学术界》1995 年第 5 期。

《抗战时期中共对国民党联合英美外交政策的态度嬗变》，洪富忠著，《东疆学刊》2015 年第 1 期。

《抗战时期中国共产党对美国外交政策的基本精神和原则》，刘小宁著，《烟台大学学报》1998 年第 4 期。

《抗战时期中共对美外交工作的三个转向》，李振著，《毛泽东思想研究》2017 年第 2 期。

《抗战时期的中共对美政策》，张莉红著，《文史杂志》1994 年第 4 期。

《抗战时期中共的对美外交述略》，王安平著，《四川师院学报》1995 年第 5 期。

《抗日战争时期中国共产党的对美政策述论》,袁武振著,《西北大学学报》1991 年第 1 期。

《延安时期中国共产党对美政策探析》,析杜平、袁武振著,《陕西师大学报》2004 年第 3 期。

《试析抗战时期中共对美政策的确立》,阎晓荣著,《阴山学刊》1995 年第 3 期。

《中国共产党在抗战时期的对美政策》,刘玲著,《徐州教育学院学报》2001 年第 4 期。

《抗日战争时期中国共产党的对美政策》,陶文钊著,《美国研究》1993 年第 1 期。

《抗日战争时期中国共产党对美政策述论》,袁武振著,《西北大学学报》1991 年第 1 期。

《抗日战争时期中国共产党对美国外交述略》,卢来宾、宋谦著,《第二次世界大战与亚太国际合作:第二次世界大战史(重庆)学术讨论会论文集》,苑鲁、谢先辉主编,重庆出版社 2003 年版。

《抗日战争时期中国共产党的对美外交政策》,袁成毅著,《杭州师院学报》1993 年第 4 期。

《中共联美抗日政策的确立》,刘德喜著,《党史文汇》1994 年第 2 期。

《试析中国共产党抗日联美政策的演变:从"九一八"事变到苏德战争爆发后》,郭永康著,《上海教育学院学报》1995 年第 3 期。

《抗战前期中共对美政策起源与确立》,章百家著,《社会科学报》1991 年 7 月 25 日。

《抗日战争前期中共对美政策的起源与确立》,章百家著,《近代史研究》1991 年第 5 期。

《试析 1931—1937 年中共对美国政策的演变及外交尝试》,刘小宁著,《烟台大学学报》2000 年第 2 期。

《1937—1941 年中共对美政策述论》,刘小宁著,《西安石油学院学报》1999 年第 1 期。

《中国共产党抗日联美政策的演变——从"九·一八"事变到苏德战争爆发》,李宪英著,《黑龙江教育学院学报》2000 年第 6 期。

《论太平洋战争爆发后的中共对美政策》,段红红著,《大庆高等专科学校学报》1998 年第 2 期。

《试论太平洋战争期间中国共产党的对美政策》，牛军著，《中国人民警官大学学报》1986 年第 1 期。

《试析抗日战争后期中国共产党的对美"合作政策"》，管建宏著，《历史教学问题》1993 年第 3 期。

《抗战后期中国共产党的对美外交》，王志峰著，《山西高等学校社会科学学报》2005 年第 5 期。

《抗战后期中共对美援的争取》，刘中刚、孟俭红著，《抗日战争研究》2007年第 1 期。

《抗战后期中共对美政策的演变》，李竹红著，《北京党史研究》1992 年第3 期。

《抗日战争后期中共对美政策探析》，肖贵清著，《燕山大学学报》2000 年第4 期。

《谈抗战胜利前夕中国共产党的对美政策》，佟绍玲著，《辽宁广播电视大学学报》1999 年第 2 期。

《抗日战争结束前后中共对美政策的演变》，章百家著，《走向近代世界的中国——中国社会科学院近代史研究所建所 40 周年学术讨论会论文集》，中国社会科学院近代史研究所编，成都出版社 1992 年版。

《抗日战争结束前后中国共产党对美国政策的演变》，章百家著，《中共党史研究》1991 年第 1 期。

《抗战胜利前后中共与美国政府之间关系的演变》，袁盈著，《历史教学》1994 年第 1 期。

《抗日战争时期中国共产党与美国关系的演变》，董海鹏著，《党史文苑》2009 年第 18 期。

《抗战时期中国共产党与美国关系的演变探析》，李小红著，《中共济南市委党校学报》2018 年第 1 期。

《从赫尔利到马歇尔：中共对美国对华政策的因应》，赵红著，《延安大学学报》2007 年第 3 期。

《抗战时期党对外交往的方法论初探——以与美国交往为例》，王春祥著，《江东论坛》2011 年第 2 期。

《论抗战时期毛泽东对美战略构想》，吴荣宣著，《党史研究与教学》1994 年第 3 期。

《论毛泽东抗战时期的对美外交政策》,祖蕾、杜华著,《枣庄学院学报》2005
年第 6 期。

《抗战爆发前毛泽东对美外交政策的构想》,曹志为著,《党的文献》1996 年
第 5 期。

《抗战爆发前毛泽东对美政策的演变》,闫超杰、黄土华著,《湖南第一师范
学报》2008 年第 3 期。

《毛泽东与抗日战争后期中共对美外交政策的转变》,曹志为著,《毛泽东思
想论坛》1996 年第 1 期。

《抗战时期毛泽东对美外交思想与实践》,蔡远忠著,《安徽农业大学学报》
1998 年第 3 期。

《毛泽东对美国的应对战略》,卢文华著,《党史文苑》2002 年第 6 期。

《毛泽东对美应对战略的变化》,卢文华著,《福建党史月刊》2004 年第
2 期。

《抗战时期毛泽东应对美国对华政策的策略》,李振著,《湘潮(上半月)》
2015 年第 8 期。

《抗战时期毛泽东应对美国对华政策的政治智慧》,李振著,《毛泽东论坛》
2016 年第 1 期 //《新湘评论》2018 年第 17 期。

《毛泽东如何应对美国对华政策的转变——基于赫尔利抗战时期调处国共
谈判的考察》,茅文婷著,《2017 年度文献研究个人课题成果集(上)》,中共中央
文献研究室科研管理部编,中共文献出版社 2018 年版。

《抗战时期影响毛泽东美国观的因素分析》,赵凤欣著,《科技信息》2011 年
第 19 期。

《1944—1949 年毛泽东对美国对华政策的认知和应对》,李振著,《毛泽东研
究》2015 年第 3 期。

《抗战胜利前后毛泽东的对美统战术》,卿定文著,《益阳师专学报》1996 年
第 2 期。

《抗日战争时期毛泽东关于中美合作的构想》,王树林著,《抗战史料研究》
2014 年第 1 期。

《毛泽东与美军观察组政治顾问谢伟思的谈话启示》,赵红著,《延安大学学
报》2012 年第 6 期。

《抗战后期毛泽东曾准备亲往华盛顿》，《中学文科》1995 年第 11 期。

《抗战末期毛泽东提议访美的前前后后》（上下），翟文亮著，《当代世界》2005 年第 10/11 期。

《友谊与合作：毛泽东在延安阐述中共对美外交》，丁晓平著，《党史博览》2011 年第 4 期。

《抗日战争前期毛泽东对中美关系的认识及其启示》，张丽著，《思想理论教育导刊》2004 年第 4 期。

《试论毛泽东在抗战时期关于争取外援的思想和策略》，周长明著，《自贡师专学报》1995 年第 1 期。

《抗战时期毛泽东利用美资发展经济思想述论》，刘省贵著，《前沿》2012 年第 4 期。

《抗战时期中共中央争取美援工作述评》，赵建利、任学勇等著，《军事历史》2002 年第 3 期。

3. 中共、美国双方的交往和合作

《抗日战争时期美国与中国共产党关系述评》，金普森、袁成毅著，《杭州大学学报》1993 年第 3 期。

《抗日战争前期中国共产党与美国的关系》，陶文钊著，《中共党史研究》1991 年第 1 期。

《二战期间中国共产党与美国关系初探》，李桂树著，《内蒙古民族大学学报》2003 年第 4 期。

《抗日战争时期中国共产党与美国的接触》，张传庚著，《河池学院学报（综合版）》2005 年第 S1 期。

《试析抗日战争时期中国共产党与美国的关系》，郑金标著，《中学历史教学参考》1999 年第 11 期。

《抗日战争时期中国共产党与美国的关系》，伊胜利著，《中国近代史史料学国际学术研讨会论文集》，山东省历史学会编，2004 年 //《纪念中国人民抗日战争暨世界反法西斯战争胜利 60 周年学术研讨会论文集：下卷》，中共中央党史研究室科研管理部编，中共党史出版社 2006 年版。

《抗战时期中国共产党与美国的关系探析》，白鹭著，《石家庄经济学院学报》2013 年第 2 期。

《中共与美国政府的首次正式外交》，汤家玉著，《文史春秋》2003 年第

4 期。

《抗战时期中国共产党与美国的交往及历史经验》，王春祥著，《理论建设》2005 年第 4 期。

《太平洋战争期间的中国共产党和美国》，邓春丰著，《中共太原市委党校学报》2006 年第 5 期。

《太平洋战争爆发后中共和美国的合作》，李东朗著，《新远见》2012 年第 1 期。

《试析太平洋战争爆发后中共与美国的关系及其演变》，刘小宁著，《烟台大学学报》1999 年第 3 期。

《太平洋战争期间美国与中国共产党的接触》，于英红著，《新远见》2012 年第 2 期。

《短暂的合作：抗战后期中共与美国关系解析》，于化民著，《抗日战争研究》2007 年第 3 期。

《延安时期中国共产党与美国的关系》，计小青著，《理论导刊》1995 年第 9 期。

《延安时期中共对美关系始末》，一叶著，《湖北档案》2014 年第 9 期。

《二战期间美国与中共有限合作之历史及启示》，杨值珍著，《湖北经济学院学报》2006 年第 5 期。

《美国对中共的态度演变——浅析二战后期的中美关系》，王德福著，《和田师范专科学校学报》2007 年第 3 期。

《抗战期间中共与美国的军事交往》（全 2 期），刘中刚著，《文史精华》2001 年第 9/第 10 期。

《试论抗战期间中共与美国的军事情报合作》，方小强、余震著，《军事历史研究》2009 年第 S1 期。

《抗战时期中共与美国的军事合作问题再探》，殷露露著，《中共党史研究》2015 年第 8 期。

《美军观察组在延安——中国共产党与美国政府正式接触的开端》，刑建续、方卫渤著，《北京师院学报》1981 年第 2 期。

《抗战时期中共和美军观察组的合作》，何理良著，《百年潮》2015 年第 12 期。

《中国共产党与援华美国空军的抗战佳话》，唐学锋著，《红岩春秋》2017 年第 1 期。

《抗战时期中国共产党同美英记者深度交往的历史原因》，李习文、高睿著，《南京政治学院学报》2011 年第 6 期。

《抗战期间来华美国人士对中共的认识评价及其意义》，吴孟雪著，《江西社会科学》1995 年第 9 期。

《抗战时期美国传教士对共产党的看法》，［美］福克斯·伯特费尔德著；鲁娜译，《档案与史学》1998 年第 2 期。

三、苏联对华政策与国、共、苏三方关系

《抗日战争时期国共、苏联三者关系述评》，张丽俊著，《中华民族的抗争与复兴——第一、二届海峡两岸抗日战争史学术研讨会论文集（下）》（中国抗日战争史学会等编），团结出版社 2010 年版。

《苏军与国共两党的日伪协和会对策》，南龙瑞著，《学习与探索》2012 年第 6 期。

《1931—1937 年苏联对中共政策的演变》，易新涛著，《前沿》2007 年第 12 期。

《西安事变前后苏联对国共两党政策的转变》，王惠宇著，《社会科学辑刊》2007 年第 5 期。

《共产国际与第二次国共合作的形成》，段照珂著，《边疆经济与文化》2017 年第 3 期。

《抗战初期中共与苏联关系试说》，柯奔著，《温州师院学报》1997 年第 1 期。

《抗日战争时期中共与苏联关系的解读》，雷磊著，《重庆社会主义学院学报》2010 年第 5 期。

《试述抗战期间苏共和中共的关系》，王芳著，《盐城师院学报》1995 年第 4 期。

《论全面抗战初期苏联对中共的政策》，易新涛、易远锡著，《沙洋师专学报》2003 年第 2 期。

《论抗日战争时期苏联对中国共产党的政策》，易新涛著，《甘肃理论学刊》2009 年第 1 期。

《抗战时期苏联与中共关系研究中的几个问题》，王真著，《近代史研究》

1992 年第 6 期。

《浅析抗战时期苏联对中共的态度》，陈金飞著，《温州师院学报》1999 年第 4 期。

《抗战时期苏联援助中共武器问题初探》，孙艳玲著，《抗日战争研究》2013 年第 4 期。

《"重国轻共"：苏联援助中国抗战的双重政策》，万玲著，《湖北行政学院学报》2005 年第 6 期。

《全面抗战时期苏联对国共两党援助比较研究》，张龙杰著，《深圳社会科学》2019 年第 4 期。

《抗战时期苏联对华战略与国共摩擦》，齐彪著，《民国档案》1996 年第 4 期。

《危局中的变与不变——蒋介石的苏联认知与对中共问题的因应（1937—1940）》，蔡梓著，《党史研究与教学》2018 年第 2 期。

《抗战时期共产国际和苏联对华特殊政策》，孙玉玲、蒋之林著，《驻马店师专学报》1993 年第 4 期。

《皖南事变与苏联对华政策》，王真著，《中共党史研究》2009 年第 1 期。

《皖南事变的前后中国共产党与苏联关系简论》，陈保中著，《山东医科大学学报》1995 年第 2 期。

《延安整风时期中共与苏联的关系》，朱超南著，《毛泽东思想论坛》1992 年第 4 期。

《抗日战争后期和解放战争时期苏联与中国革命的关系》，廖盖隆著，《中共党史研究》1990 年增刊。

《抗日战争后期和解放战争时期苏联与中国革命关系中的几个问题》，尹成著，《昆明师专学报》1997 年第 1 期。

《抗战后期苏共领导人为何否定中共的马列性质》，高民著，《山东科技大学学报》1999 年第 1 期。

《不尽和谐的奏鸣曲——论抗战时期苏联与中共的意识形态关系》，王真著，《中共党史研究》2004 年第 4 期。

《国家利益与抗战胜利前后苏联的"扶蒋非共"政策》，易新涛著，《党史研究与教学》2002 年第 4 期。

《试析抗战胜利前后苏联对华政策对国共两党关系转折的影响》，闫兴德著,《世纪桥》2009 年第 19 期。

《中国共产党对苏联反法西斯战争的援助》,毛传清、罗辉权著,《中南民族学院学报》1995 年第 5 期。

四、共产国际与中国抗日战争

1. 共产国际与中国抗战

《共产国际和中国人民抗日战争》,张静著,《南开学报》1995 年第 5 期。

《共产国际、苏联与中国东北抗日斗争关系初探:1931—1936 年》,李晓男著,《龙江党史》1993 年第 3 期。

《共产国际和中共代表团对东北抗日斗争前期的指导及启示》,鲁志美著,《世纪桥》1999 年第 1 期。

《共产国际、苏联与东北抗日斗争关系初探》,陈桂香著,《山东大学学报》2002 年第 1 期。

《卢沟桥事变后,共产国际、苏联和东北抗日斗争》,李鸿文著,《东北师大学报》1994 年第 2 期。

《抗日战争时期共产国际在东北地区的情报活动浅探》,周淑珍著,《北方论丛》1991 年第 6 期。

《共产国际和苏联在中国抗战中的消极作用》,李惠康著,《湘潭师院学报》1999 年第 5 期。

2. 共产国际与抗战中的中共

《简评抗日战争时期共产国际、苏联同中国的关系》,李淑著,《南京师大学报》1985 年第 4 期。

《抗日战争时期共产国际与中国革命关系讨论观点综述》,瞿超著,《社科信息》1988 年第 9 期。

《试析抗战时期共产国际、苏联和中国共产党的关系》,缪慈潮著,《福州党校学报》1995 年第 2 期。

《抗日战争时期共产国际、苏联与中国共产党的关系》,周海龙著,《青海社会科学》1995 年第 S1 期。

《抗日战争时期中共与共产国际、苏联关系研究综述》,任元著,《沧州师专学报》1996 年第 1 期。

《论抗战时期共产国际和中国共产党的关系》,崔德芬著,《贵州师大学报》

1997 年第 3 期。

《抗战期间共产国际与中共关系文献资料述评》，杨奎松著，《社会科学》2006 年第 2 期。

《抗战前后共产国际与中共关系的转化》，张德顺著，《淮阴师院学报》1999 年第 5 期。

《论共产国际对中国共产党推进马克思主义中国化的影响及启示——以抗日民族统一战线策略的形成和发展为例》，张运洪、李良明著，《西北大学学报》2010 年第 5 期。

《抗战时期共产国际对中共的指导与帮助》，苏杰著，《唐山师范学院学报》2009 年第 4 期。

《抗战时期共产国际与苏联对中国革命理论的影响分析》，刘冉娜著，《漯河职业技术学院学报》2014 年第 1 期。

《独立自主原则在抗日战争中的运用和发展——兼论抗战时期中共与共产国际和苏联的关系》，张永斌著，《党史纵览》1995 年第 3 期。

《抗战时期苏联和共产国际对中共的财政援助》，张泽宇著，《党史研究与教学》2011 年第 5 期。

《试探九一八事变后联共（布）、共产国际的对策及对中国共产党的影响》，王新生著，《中国延安干部学院学报》2015 年第 5 期。

《全面抗战时期苏联和共产国际对中共的援助研究》，张泽宇著，《中共党史研究》2011 年第 8 期。

《共产国际与中国抗战时期的反托洛茨基派运动》，王新生著，《中共党史研究》2010 年第 11 期。

《共产国际战略转变影响下的中共对外政策论析（1938—1941）》，闫磊、胡云霞著，《毛泽东思想研究》2018 年第 5 期。

《抗战全面爆发前后毛泽东的领导地位与共产国际》，邹巧灵著，《南华大学学报》2001 年第 2 期。

《曲折中的独立自主——抗战时期对共产国际消极影响的清除》，戴亿绵、于庆祥著，《党史纵横》1997 年第 6 期。

《中共对共产国际在抗战领导权问题上消极影响的抵制与清理》，邹金堂、彭宜佳著，《湖北广播电视大学学报》2006 年第 1 期。

《共产国际、联共（布）对中共敌后抗日根据地的影响》，黄雅丽、柳作林著，

《人民论坛》2013 年第 18 期。

《从皖南事变看共产国际对中共的影响》，方强著，《兰台世界》2015 年第 1 期。

3. 共产国际与中国抗日民族统一战线

《共产国际第七次代表大会与中国抗日民族统一战线》，王绮兰著，《江西大学学报》1985 年第 3 期。

《共产国际第七次代表大会与中国的抗日民族统一战线》，王绮兰著，《南昌大学学报》1985 年第 3 期。

《共产国际七大和中国抗日民族统一战线》，陈再凡著，《华中师范大学学报》1987 年第 2 期。

《共产国际与中国抗日民族统一战线》，杨云芝著，《锦州师院学报》1996 年第 2 期。

《共产国际与中国抗日民族统一战线》，于瑞杰著，《昭乌达蒙族师专学报》1997 年第 4 期。

《共产国际与中国抗日民族统一战线》，李维民著，《炎黄春秋》2006 年第 3 期。

《共产国际和中国抗日民族统一战线的提出》，黄小同著，《南开史学》1981 年第 1 期。

《共产国际和中国抗日民族统一战线的形成》，卢玉著，《中共山西省委党校学报》1990 年第 5 期。

《共产国际与抗日民族统一战线的形成》，孙艺著，《安徽教育学院学报》1995 年第 4 期。

《论共产国际与抗日民族统一战线的形成》，冯红丽著，《党史博采（下）》2018 年第 9 期。

《共产国际对抗日民族统一战线政策的影响》，刘丹、张丽萍著，《兰台世界》2015 年第 25 期。

《共产国际与中国抗日民族统一战线两次危机的化解——以共产国际与中共之间及中共内部往来电文为中心的考察》，何金凤著，《学术探索》2016 年第 6 期。

《共产国际和党的抗日民族统一战线政策——纪念抗日战争胜利四十周年》，李维志著，《徐州师范学院学报》1985 年第 3 期。

《论共产国际政策的转变和中国抗日民族统一战线的关系》,刘以顺著,《江淮论坛》1986 年第 6 期。

《第三国际与中国共产党的抗日民族统一战线政策》,肖莉著,《中央社会主义学院学报》1996 年第 5 期。

《共产国际和中国共产党关于建立抗日民族统一战线的策略》,向青著,《共产国际与中国革命关系论文集》,向青著,上海人民出版社 1985 年版。

《共产国际与中共抗日民族统一战线政策方针的关系初探》,夏以溶著,《西南民族学院学报》1985 年第 3 期。

《浅析共产国际对我党制定抗日民族统一战线政策的影响》,杨建萍著,《共产国际研究》1993 年第 3 期。

《论共产国际对中共建立抗日民族统一战线方针的影响》,刘畅然、臧颖著,《湖北行政学院学报》2007 年第 S1 期。

《共产国际政策的转变与中共抗日民族统一战线政策的提出》,杨钦良著,《党校教学》1988 年第 4 期。

《共产国际与中共抗日民族统一战线思想的初步提出》,刘丹著,《世纪桥》2010 年第 17 期。

《共产国际的"下层统一战线"与中共抗日民族统一战线思想的初步提出》,刘丹、张世明著,《传承》2014 年第 3 期。

《中国共产党抗日民族统一战线政策的形成与共产国际》,杨奎松著,《近代史研究》1982 年第 4 期。

《共产国际对中国共产党抗日民族统一战线策略形成和发展的贡献》,宫力、赵志元著,《河北师范学院学报》1987 年第 2 期。

《中共驻共产国际代表团与抗日民族统一战线的形成》,黄启钧著,《中共党史研究》1988 年第 6 期。

《关于共产国际与中国抗日民族统一战线形成关系的再认识》,常黎峰著,《理论导刊》1997 年第 2 期。

《共产国际与中共抗日民族统一战线独立自主原则的形成》,龙士云、朱厚望著,《湖南行政学院学报》2001 年第 1 期。

《毛泽东抗日民族统一战线中独立自主原则的形成与共产国际》,张喜德著,《中共党史研究》1995 年第 3 期。

《共产国际世界战略的转变与中共抗日统战策略的确立》,刘畅然著,《黑龙江史志》2009 年第 1 期。

《论共产国际与中共抗日民族统一战线方针政策的确立》，刘丹、李言红著，《福建省社会主义学院学报》2014 年第 1 期。

《论我党在确立抗日民族统一战线策略原则过程中与共产国际的关系》，刘炳愉、李成福著，《理论界》1996 年第 5 期。

《抗战初期共产国际与中共抗日民族统一战线策略再研究》，徐玉凤著，《中共党史研究》2014 年第 9 期。

《简析党的抗日民族统一战线策略与共产国际七大关系问题的争论》，杨云若著，《教学与研究》1986 年第 4 期。

《共产国际"七大"新战略对中共抗日民族统一战线思想确立的影响探析》，谭锐著，《黑河学刊》2014 年第 1 期。

《"第三时期"理论对中共抗日统战策略的消极影响》，刘畅然著，《福建党史月刊》2009 年第 2 期。

《共产国际中国问题研究小组评析》，曾成贵著，《中国延安干部学院学报》2014 年第 2 期。

《中共关于抗日民族统一战线的论述与共产国际》，施巨流著，《探索》1998 年第 4 期。

《季米特洛夫与中国抗日民族统一战线的建立》，赵文品著，《学理论》2011 年第 17 期。

《季米特洛夫促进中共抗日民族统一战线政策形成——中共对蒋方针的三次转变》，张万杰著，《中国国际共运史学会 2011 年年会暨学术研讨会论文集》，中国国际共运史学会编，2011 年。

《季米特洛夫与中共抗日民族统一战线政策的形成——围绕中共对蒋介石方针三次转变的考察》，张万杰著，《中共党史研究》2012 年第 3 期。

《季米特洛夫与中共抗日民族统一战线政策的形成——围绕中共对蒋方针三次转变的考察》，张万杰著，《思想政治理论教育新探索》2012 年第 1 期。

《季米特洛夫与中共抗日民族统一战线的维持和发展》，张万杰著，《中共杭州市委党校学报》2018 年第 3 期。

《中共驻共产国际代表团与东北地区抗日统一战线方针的提出》，蒋孝山著，《东北师大学报》1992 年第 4 期。

《中共驻共产国际代表团与东北抗日联军——兼论东北抗日统一战线的形

成与发展》,谷曼著,《长白学刊》2013 年第 5 期。

《共产国际与东北抗日统一战线的形成》,仲晨星著,《学理论》2015 年第 33 期。

《中国共产党"抗日反蒋"主张与共产国际的关系》,卢培青著,《中共党史研究》1988 年第 3 期。

《共产国际与我党"逼蒋抗日"》,张建芳著,《安庆师院学报》1994 年第 1 期。

《中共"逼蒋抗日"策略方针的形成》,荣维木、赵刚著,《近代史研究》1988 年第 3 期。

《从"反蒋抗日"到"联蒋抗日"——中共抗日民族统一战线政策的形成与共产国际》,张喜德著,《党史纵横》1995 年第 12 期。

《关于共产国际与中国共产党"联蒋抗日"方针的关系问题》,杨奎松著,《中共党史研究》1989 年第 4 期。

《论共产国际与我党抗日民族统一战线》,程显煜著,《理论与改革》1995 年第 9 期。

《共产国际的"两个一切"与中国抗日民族统一战线的建立》,施巨流著,《四川党史》1995 年第 6 期。

《浅析共产国际与中共的沟通机制对抗日民族统一战线的影响》,蔡丽、冯云著,《中国井冈山干部学院学报》2015 年第 4 期。

《试析共产国际对中共抗日主张演变的影响》,刘青环著,《人民论坛》2012 年第 17 期。

《东北抗日武装统一战线和共产国际》,常好礼著,《学习与探索》1988 年第 6 期。

《共产国际与东北抗日武装统一战线的形成》,谢文著,《历史档案》1993 年第 3 期。

《关于中共驻共产国际代表团对建立抗日民族统一战线的作用问题》,李良志著,《临沂师院学报》2000 年第 2 期 //《划时代的历史转折——"1949 年的中国"国际学术讨论会论文集》(中国社会科学院近代史研究所编),四川人民出版社 2002 年版。

《论中共驻共产国际代表团对建立抗日民族统一战线的积极作用》(全 2 期),李良志著,《信阳师院学报》2000 年第 2/3 期。

《中共驻共产国际代表团与中国抗日战争——以抗日民族统一战线的形成和发展为线索》，黄一兵著，《中共党史研究》2005 年第 5 期。

《中国驻共产国际代表团与中国的抗日战争——以抗日民族统一战线形成和发展为线索》，黄一兵著，《纪念中国人民抗日战争暨世界反法西斯战争胜利 60 周年学术研讨会论文集：上卷》，中共中央党史研究室科研管理部编，中共党史出版社 2006 年版。

《中共驻共产国际代表团与东北地区抗日统一战线的制定和形成》，蒋孝山著，《东北师大学报》1996 年第 2 期。

《中共驻共产国际代表团与东北抗战》，胡凤斌著，《世纪桥》2011 年第 5 期。

《苏子元与共产国际情报工作》，胡凤斌著，《世纪桥》2004 年第 1 期。

《第二次国共合作的由来：共产国际与中国共产党》，［美］约翰·W.加弗著；李湘敏等编译，《福建党史月刊》1988 年第 11 期。

《抗日民族统一战线与国际形势》，逄先知著，《党史资料征集通讯》1985 年第 12 期。

《毛泽东、斯大林和抗日统一战线的形成》，祝华编译，《国外社会科学快报》1993 年第 3 期。

《毛泽东、斯大林和抗日民族统一战线的形成：1935—1937》，迈克尔·M.申著；周敏译，《毛泽东思想研究》1992 年第 4 期。

《毛泽东共产国际与抗日民族统一战线的形成（1935—1937）》，王静著，《北京党史》1995 年第 4 期。

《共产国际和毛泽东关于中国抗日民族统一战线策略方针的比较研究》，杨云若、李良志著，《抗日战争研究》1993 年第 3 期。

《共产国际与我党在抗日民族统一战线策略问题上的比较研究》，张民著，《长春师院学报》2001 年第 3 期。

《中国共产党独立自主原则的光辉一章——论在建立抗日民族统一战线中我党同共产国际、国民党的关系》，张庆瑰、秦晓波著，《沈阳师院学报》1994 年第 3 期。

《党和毛泽东同志在国际共运中坚持抗日统一战线的独立自主》，向青著，《共产国际与中国革命关系论文集》，向青著，上海人民出版社 1985 年版。

《共产国际与西安事变》，高光厚等著，《党史通讯》1986 年第 11 期。

《共产国际与西安事变新论》,张翼著,《西南交通大学学报》2001 年第 1 期。

《共产国际及苏联与西安事变》,何步兰著,《人文杂志》1986 年第 6 期。

《论共产国际及苏联对西安事变的态度》,范敏华、孙锡平著,《苏州大学学报》1997 年第 4 期。

《共产国际反对西安事变原因探析》,陈铁生、张霖著,《天中学刊》1997 年第 S1 期。

《共产国际和平解决西安事变方针初探》,张文亮著,《山东师大学报》1988 年第 3 期。

《共产国际帮助中共制定和平解决西安事变方针辨析》,李荣武、王学宝著,《齐齐哈尔大学学报》1999 年第 3 期。

《共产国际与西安事变的和平解决》,张庆瑰、赵彩秋著,《沈阳师院学报》1996 年第 3 期。

《共产国际在"西安事变"中的主导作用——兼论张学良"西安事变"的真实动机》,张雪山著,《成都大学学报》2008 年第 2 期。

《试析苏联、共产国际与西安事变——以世界革命战略的转变为视角》,龙杜娟著,《法制与社会》2011 年第 1 期。

《试析苏联、共产国际与西安事变——纪念西安事变和平解决 80 周年》,张龙杰著,《齐齐哈尔工程学院学报》2016 年第 1 期。

《共产国际、苏联和皖南事变》,刘以顺著,《中共党史研究》1991 年第 5 期。

第十章　第二次世界大战中的军事学术研究

《第二次世界大战中军事学术的发展》,莫阳著,《第二次世界大战中的军事学术》,国防大学出版社 1989 年版。

《试论第二次世界大战中斯大林军事学术的几个主要问题》,徐晓村著,《第二次世界大战中的军事学术》,国防大学出版社 1989 年版。

《军事学术角逐与二战胜败》,洪源著,《解放军报》2015 年 8 月 18 日。

第一节　军事战略与战术

一、军事理论和思想

《二战与 20 世纪国际战争观的演变》,梁占军著,《中国社会科学报》2015 年 9 月 15 日。

《两次世界大战之间的美国军事思想》,陈海宏著,《军事历史》2018 年第 5 期。

《二战前夕苏德军事思想之比较》,梁文清著,《黔南民族师专学报》1995 年第 2 期。

《日德法西斯的扩张理论》,徐勇著,《三十年代主要国家的战略与军备》,军事科学院军事历史研究部编,军事科学出版社 1990 年版。

《从第二次世界大战中德军的闪电战看科学技术的发展对战术的影响》,[日]藤村宪司著;严沛卡译,《外军资料》1983 年第 613 期。

《对关东军作战思想的几点看法》,安田著,《第二次世界大战军事论文选》,军事学术杂志编,军事科学出版社 1985 年版。

《突然性:胜利之本》,胡延忠著,《外国空军军事学术》1988 年第 11 期。

《略论突然袭击的难知性和可知性》,辉野著,《第二次世界大战史论丛》,王相如、李安华主编,四川大学出版社 1985 年版。

《心理战》,[法]富特·哈文斯著;李伟若译,《现代外国哲学社会科学文摘》1985 年第 10 期。

《K.豪斯霍夫的地缘政治论与希特勒的向外侵略扩张》,张继平、王渝著,《武汉大学学报》1991 年第 6 期。

《希特勒战争理论的几个基本点》,马骏著,《三十年代主要国家的战略与军备》,军事科学院军事历史研究部编,军事科学出版社 1990 年版。

《希特勒的称霸战争与豪斯浩佛的地缘政治理论》,傅立群著,《军事历史》1986 年第 1 期。

《纳粹德国侵略扩张战略的思想文化根源剖析》,彭训厚著,《中国军事科学》1998 年第 1 期。

《法西斯总体战理论的奠基之作:总体战实施》,[德]鲁登道夫著;戴耀先译,《军事历史》2006 年第 5 期。

《戴高乐的"建立职业军队"理论》,袁正领著,《中国军事科学》1999 年第 3 期。

《富勒的机械化战争思想探析》,王凯著,《军事历史》1991 年第 6 期。

《戴高乐的机械化运动战思想》,魏王笑天著,《学理论》2015 年第 8 期。

《法军机械化作战理论的集大成者:戴高乐》,京雨著,《国外坦克》2006 年第 5 期。

《二战前坦克运用理论之争及其几点启示》,郭胜伟著,《军事历史》1994 年第 1 期。

《"闪电"的前奏:"魏玛时期"德国机械化战争理论的探索与实践》,元佑著,《坦克装甲车辆》2016 年第 9 期。

《马汉理论对第二次世界大战中美国海上战略的影响》,张晓林著,《外国军事学术》1987 年第 10 期//《军事历史》1988 年第 4 期。

《二战中海战思想与基本经验》,时平著,《海军杂志》1995 年第 9 期。

《回顾第二次世界大战中海战思想的发展》,苏读史著,《海军杂志》1995 年第 9 期。

《日本海军在太平洋战争中的作战指导思想》,赵振愚著,《海军杂志》1987 年增 1 期。

《论日本陆军的总体战思想》,陈景彦、姚春海著,《东北亚论坛》2009 年第 6 期。

《日本陆军"中坚层"的总体战理论及其对侵华战争之影响》,马晓娟著,《军事历史》2019 年第 3 期。

《第二次世界大战中日本陆军的唯意志论倾向》，马军著，《民国研究》2016 年第 2 期。

《第二次世界大战中美军岛屿进攻作战思想的发展》，王湘江著，《外国军事学术》2001 年第 3 期。

《太平洋战争爆发前美日海军建设思想之比较》，潘远强、李景泉著，《军事历史》2013 年第 2 期。

《两种决战思想两样战争结局——太平洋战争中美日海上决战思想之比较》，于国华著，《国防大学学报》1996 年第 8/9 期。

《第二次世界大战：空中战争论的实践与思考》，沈威力著，《第二次世界大战史论文集③：五十年的深思》（李殿仁主编），军事谊文出版社 1996 年版。

《杜黑和他的制空权理论》，杨家祺著，《军事历史》1986 年第 4 期。

《杜黑和他的制空权理论》，熊伟民著，《益阳师专学报》1997 年第 3 期。

《两次世界大战之间的空军学术思想》，禹杰著，《军事历史》1992 年第 2 期。

《两次世界大战的空军学术思想》，章俭、禹杰著，《空军军事学术》1993 年第 2 期。

《空军学术思想在第二次世界大战中的发展》，曹毅风著，《教学研究》1985 年第 7 期。

《空军军事思想在第二次世界大战中的发展》，曹毅风著，《军事历史》1987 年第 2 期。

《第二次世界大战中空军学术思想的发展》，陈惠秀、华人杰著，《空军军事学术》1993 年第 3 期。

《浅析第二次世界大战中空袭作战理论的发展》，张宁、王席阳等著，《第二次世界大战与战后局部战争》，李小军主编，军事谊文出版社 2003 年版。

《第二次世界大战中的军用飞机和“空中制胜论”：航空百年史话之二》，朱荣昌著，《中国空军》2003 年第 2 期。

《航空技术与空战理论的相互作用及其对二战的影响》，于江欣著，《军事历史》1997 年第 1 期//《第二次世界大战史论文集⑤：科学技术的力量》，戚世权主编，解放军出版社 1999 年版。

《浅析伟大卫国战争中苏联空军的战略指导》，谢学铴著，《空军军事学术》

1995 年第 4 期。

《二战初期苏联的建军思想及其现实意义》，郭俊鹏著，《军事史林》2003 年第 3 期。

《苏德战争前夕苏联的军事理论与国防实践》，余伟民著，《第二次世界大战中的军事学术》，国防大学出版社 1989 年版。

《斯大林军事学术的几个主要问题》，徐晓村著，《军事学术》1982 年增 7 期。

《斯大林军事思想在卫国战争初期的发展》，刘喻著，《军事教育学院学报》1988 年第 3 期。

《斯大林在卫国战争时期的军事辩证法思想》，陶樾等著，《学术研究丛刊》1980 年第 3 期。

《简论第二次世界大战中斯大林联盟战略思想》，吴鑫著，《毛泽东军事思想研究》1998 年第 1 期。

《第二次世界大战中英、德军战役特点之比较》，徐晓军著，《外国军事学术》1986 年第 5 期。

《第二次世界大战中德军以少胜多的若干经验教训》，[美] 哈里森著；孙利辉译，《二战史通讯》1982 年第 4 期//《外军资料》1982 年第 337 期。

《探讨美英武装力量在第二次世界大战中的作战行动的若干教训和结论》，[苏] 基里扬著；徐存悌译，《外军资料》1983 年第 579 期。

《从二战与近期高技术局部战争对比中看美军伤亡观》，石宝江、马士斌著，《第二次世界大战与战后局部战争》，李小军主编，军事谊文出版社 2003 年版//《外军炮兵防空兵学术》2004 年第 3 期。

《石原莞尔军事思想初探》，张劲松著，《军事历史》1994 年第 3 期。

《蒋百里抗战思想述评》，金光耀著，《军事历史研究》1987 年第 2 期。

《论蒋百里的抗日战略思想》，张学继著，《浙江学刊》2002 年第 5 期。

《试论蒋百里的抗日持久思想》，张永涛、任宝明著，《十堰职业技术学院学报》2007 年第 2 期。

《试论三十年代中期蒋介石的美国远东政策观及其对日持久战思想的形成》，周建波著，《中国人民抗日战争纪念馆文丛第三辑》，北京燕山出版社 1992 年版。

《1931—1937：蒋介石应对日本侵华的军事思想》，仲华著，《南京社会科学》

2003 年第 10 期。

《抗战时期陈绍宽的海权理论与实践》，赵书刚著，《郑州大学学报》2015 年第 4 期。

《毛泽东人民战争思想在抗日战争中的坚持和发展》，那良玉著，《第二次世界大战史论文集③：五十年的深思》，李殿仁主编，军事谊文出版社 1996 年版。

二、军事战略

《二战中形形色色的作战计划》，张德明著，《中学历史教学研究》2009 年第 1 期。

1. 各国军事战略比较

《浅谈第二次世界大战前夕的国防观念》，韩高润著，《第二次世界大战中的军事学术》，张海麟主编，国防大学出版社 1989 年版。

《第二次世界大战前的“理论交锋”及其启示》，郭胜伟著，《军事史林》1988 年第 6 期。

《胜败之机：第二次世界大战的战略指导综述》，姚有志、徐飞著，《军事历史》2005 年第 6 期。

《世界反法西斯战争战略运筹经验启示》，夏一东著，《解放军报》2015 年 6 月 16 日。

《第二次世界大战前有关坦克作战的“理论交锋”初探》，刘忠信著，《第二次世界大战史论丛》，王相如、李安华主编，四川大学出版社 1985 年版。

《伟大的观念远比伟大的将军影响深广：第二次世界大战前的“理论交锋”》，刘忠信、安田著，《解放军报》1985 年 5 月 17 日。

《略论第二次世界大战中的战略与后勤》，杨少俊著，《第二次世界大战中的军事学术》，张海麟主编，国防大学出版社 1989 年版。

《对第二次世界大战中几个战略问题的探讨》，韦均朴著，《第二次世界大战军事论文选》，军事学术杂志编，军事科学出版社 1985 年版。

《略论第二次世界大战史研究中三个战争概念的区别与联系》，柳茂坤著，《军事历史》1994 年第 2 期。

《从第二次世界大战及战后局部战争看联盟战略》，陈亚峰、王学民著，《第二次世界大战史论文集⑤：科学技术的力量》，戚世权主编，解放军出版社 1999 年版。

《简评〈三十年代世界主要国家的战略与军备〉》，金明著，《军事历史》1991年第 6 期。

《二次大战大战略理论研究述要》，王天成著，《军事历史》1990 年第 6 期。

《第二次世界大战的政治与战略（之一）》，[联邦德国] 卡尔·德雷奇斯尔勒等著；董海燕译，《外军资料》1982 年第 510 期。

《第二次世界大战的政治与战略（之二）》，[联邦德国] 安德烈亚斯·希尔格鲁伯著；董海燕译，《外军资料》1982 年第 510 期。

《第二次世界大战的政治与战略（之三）》，[美] 迈克尔·霍华德著；董海燕译，《外军资料》1982 年第 511 期。

《第二次世界大战的政治与战略（之四）》，[日] 东藤原著；于江欣译，《外军资料》1982 年第 511 期。

《第二次世界大战的政治与战略（之五）》，[苏] 阿·日林著；于江欣译，《外军资料》1982 年第 512 期。

《第二次世界大战的政治与战略（之六）》，[美] 福雷斯特·波格著；董海燕译，《外军资料》1982 年第 513 期。

《第二次世界大战的政治与战略（之七）》，[美] 沃伦·金鲍尔著；于江欣译，《外军资料》1982 年第 514 期。

《重视战争的历史经验：谈第二次世界大战中几个处于防御地位的国家在战争初期军事战略上的主要经验教训》，谭知耕著，《军事学术》1982 年第 2 期//《第二次世界大战军事论文选》，军事学术杂志编，军事科学出版社 1985 年版。

《军事战略的演变（二）：第一次世界大战和第二世界大战时代》，[日] 堀东一著；姜培善译，《外国空军军事学术》1989 年第 2 期。

《游击战在第二次世界大战中的作用及其历史经验浅析》，高巨文、王玉祥著，《第二次世界大战中的军事学术》，张海麟主编，国防大学出版社 1989 年版。

《略论第二次世界大战中游击战争的特点及战略战术的发展》，干前进著，《第二次世界大战史论丛》，王相如、李安华主编，四川大学出版社 1985 年版。

《略论第二次世界大战中游击战争的特点及战略战术的发展》，斡前进著，《第二次世界大战史论文集②》，中国二战史研究会编，国防大学出版社 1986 年版。

《试论第二次世界大战中的威慑战略》，李迎久、王承庆著，《第二次世界大战史论文集③：五十年的深思》，李殿仁主编，军事谊文出版社 1996 年版。

《近年来关于抗战初期中日战略研究述评》，吴金松著，《中学历史教学参考》1997 年第 11 期。

《抗战时期国民党与日军军事战略比较研究》，汪中华、杜夏明著，《黑龙江社会科学》1999 年第 6 期。

《抗战时期中国共产党与侵华日军军事战略比较》，史会来著，《哈尔滨工业大学学报》2003 年第 4 期。

《中国敌后游击战争与世界其它反法西斯游击战的比较》，赵立彬著，《中山大学学报》1995 年第 3 期。

《抗日战争的正面战场和敌后战场浅析》，黄士奎著，《第二次世界大战中的军事学术》，张海麟主编，国防大学出版社 1989 年版。

《试论中日双方持久战之战略》，仇宝山著，《第二次世界大战史论文集④：人民战争的胜利》，刘鲁民、徐根初主编，金盾出版社 1998 年版。

《二战中各国海军战略思想》，赵克增著，《海军杂志》1995 年第 9 期。

《马汉理论与美日海上战略演变》，肖德芳著，《宜宾师专学报》1993 年第 3 期。

《太平洋战争中日美海军战略战术》，苏读史著，《军事史林》1996 年第 2/3 期。

《太平洋战争中日本与美国海军的战略战术》，苏读史著，《海军军事学术》1995 年第 4 期。

《太平洋战争中日美双方海战运输线上的战略战术》，赵堂春著，《国防交通》1996 年第 4 期。

《略论第二次世界大战中的两线作战》，夏正伟著，《军事历史研究》2004 年第 4 期。

《第二次世界大战中的两线作战问题》，吴春秋著，《第二次世界大战史论文集》，三联书店 1985 年版。

《第二次世界大战中的两线作战问题初探》，吴春秋著，《军事历史》1984 年第 1 期//《第二次世界大战军事论文选》，军事学术杂志编，军事科学出版社 1985 年版。

《潜力、实力与战果——总体战视阈下的中国抗日战争》，贾东荣著，《山东青年政治学院学报》2015 年第 4 期。

《从战时到战后——东亚总体战体制的形成与演变》，久保亨、袁广泉著，《抗日战争研究》2019 年第 4 期。

2. 法西斯国家的军事战略

《审视二战中的闪击战》，刘波著，《光明日报》2005 年 9 月 7 日。

《法西斯国家开战方式初探》，张海麟著，《红山撷文——二战史论文选》，张海麟著，中国文史出版社 1999 年版。

《关于帝国主义的突然袭击：对第二次世界大战中几个问题的探讨之一》，韦均朴著，《军事学术》1976 年第 1 期。

《第二次世界大战中法西斯国家实施突然袭击的特点》，赵庆和著，《教学研究》1986 年第 4 期。

《闪击战及其有关的历史教训》，安田著，《第二次世界大战军事论文选》，军事学术杂志编，军事科学出版社 1985 年版。

《闪击战及其历史教训的几点新探索——纪念反法西斯战争胜利三十五周年》，安田著，《南充师院学报》1980 年第 4 期。

《由德国人的"闪电"想到日本人的"特攻"》，邓子祥著，《军事史林》2003 年第 11 期。

（1）纳粹德国

《二十世纪德国的战略演变：兼论德国民族特性对其国家兴衰的影响》，吴学永著，《中国军事科学》2000 年第 2 期。

《两次世界大战之间德国军事学说的源泉》，［英］巴里·波森著；程广中译，《二战史通讯》1989 年第 10 期。

《纳粹德国战前军事战略演变初探》，程广中著，《第二次世界大战中的军事学术》，张海麟主编，国防大学出版社 1989 年版。

《德国的战略（1939—1945）（设想、目标、指挥、结果）》（全 2 期），［德］梅塞施米特著；吴东风译，《军事历史研究》1991 年第 1/2 期。

《〈尼伯龙根之歌〉中的战争行为对德国军事的影响》，李钥著，《湖南科技大学学报》2008 年第 4 期。

《论希特勒的战争指导》，熊伟民著，《湖南师范大学社会科学学报》1997 年第 3 期。

《施里芬和施里芬计划》，姜德昌著，《军事历史》1991 年第 6 期。

《论史里芬计划及其对后世的影响》，郭振玉著，《内蒙古农业大学学报》

2011 年第 3 期。

《试论纳粹战争的特殊毁灭性》，包奕诚著，《史学月刊》1989 年第 4 期//《第二次世界大战史论集》，包奕诚著，山东大学出版社 2002 年版。

《"闪击战"小议》，蔡祖铭著，《军事历史》1985 年第 1 期。

《试论纳粹德国的内击战》，纪胜利著，《求是学刊》1996 年第 2 期。

《试论二战期间德军"闪击战"理论的创立：对军事理论创新的几点启示》，卢来宾、李学华著，《第二次世界大战与战后局部战争》，李小军主编，军事谊文出版社 2003 年版。

《浅析德国闪击战战略的客观基础》，史成群、庞存生等著，《军事历史》1995 年第 4 期。

《试析德国"闪电战"在二战初大行其道的原因》，白献竟著，《沈阳教育学院学报》2004 年第 3 期。

《德国闪击战理论的破产》，［苏］Л.日林著；姚宏德译，《二战史通讯》1982 年第 4 期//《外军资料》1982 年第 376 期。

《浅谈法西斯德国闪击战的失败》，白献竟著，《沈阳教育学院学报》1995 年第 4 期。

《1939 年希特勒开战决策初探》，李巨廉著，《世界历史》1987 年第 1 期。

《希特勒入侵波兰的战略决策剖析》，吴春秋著，《军事学术》1984 年增 3 期//《第二次世界大战军事论文选》，军事学术杂志编，军事科学出版社 1985 年版。

《希特勒的"白色行动计划"》，侯成德著，《书刊导报》1985 年 12 月 19 日。

《"黄色计划"与法兰西第三共和国的覆亡》，韩毅著，《历史知识》1984 年第 4 期。

《试论"曼施坦因计划"成功的原因》，赵文亮、王泽方著，《史学月刊》2018 年第 7 期。

《"海狮计划"的制定及其不列颠之战》，缪军著，《中学历史教学》1989 年第 2 期。

《"海师"计划缘何夭折》，李希敏、胡再国等著，《军事史林》2003 年第 1 期。

《海狮作战计划宣告结束》，孙秀民译，《世界之窗》1980 年第 5 期。

《空中格斗："海狮计划"破产之谜》，吴开胜、宋瑾著，《中国国防报》2004 年 12 月 7 日。

《"巴巴罗萨"计划》,田小文、张元秋著,《军事历史研究》1988 年第 3 期。

《"巴巴罗萨"进军指令》,戴跃先著,《外国军事学术》1982 年第 7 期。

《"巴巴罗萨(红胡子)计划"》,阮少华著,《宁夏日报》1985 年 6 月 28 日。

《"巴巴罗萨"行动(上下):纳粹德国突袭苏联》,魏焕春、李海龙著,《坦克装甲车辆》2010 年第 5/6 期。

《"巴巴罗萨"行动起因探析》,梁华府著,《皖西学院学报》2002 年第 1 期。

《"巴巴罗萨"新解》,《世界军事》2011 年第 24 期。

《"巴巴罗萨行动"的极限》,沈志恩著,《历史教学问题》1992 年第 2 期。

《"巴巴罗萨"计划:苏德战争初期交战》,将言著,《坦克装甲车辆》1995 年第 2 期。

《"巴巴罗萨"——突然袭击和通讯联络》,[英]安蒙·塞拉著;宣兆鹏译,《世界历史译丛》1980 年第 1 期。

《"巴巴罗萨"在空中的兴衰》,沈根林、陆晨明著,《军事历史研究》1989 年第 3 期。

《德军"巴巴罗萨"计划何以失败?》,何炜俊著,《军事文摘》2016 年第 9 期。

《略论法西斯德国对苏联的突然袭击》,徐正著,《历史教学》1991 年第 2 期。

《第二次世界大战中法西斯德国的突然袭击》,巴芳辰著,《外国军事学术》1980 年第 10 期//《二战史通讯》1981 年第 1 期。

《论 1940 年至 1941 年德国军事战略的转移》,杜明才、罗立著,《襄樊学院学报》1999 年第 3 期。

《1939—1945 年的德国海战战略指导》,[德]维尔纳·拉恩著;李广起译,《军事历史》1997 年第 4 期。

《二战初期德国海军战略运用探析(兼论对战后理论的影响)》,王锋著,《第二次世界大战与世界历史进程:第二次世界大战史(武汉)学术讨论会论文集》,胡德坤主编,武汉大学出版社 2002 年版。

《"狼群教父"最后的固守——介绍〈战争中的德国海军战略〉》,晨光著,《当代海军》1996 年第 4 期。

《"菲力克斯"——一个没有兑现的作战计划——兼论伊比利亚半岛在纳粹德国军事战略中的地位》,金重远著,《军事历史研究》1991 年第 2 期。

《希特勒德国避免两线作战方针试析》,罗志刚著,《求是学刊》1994 年第

3 期。

《试论二战中德国避免两线作战的战略》,于淑贞著,《成功(教育)》2009 年第 9 期。

《希特勒冒险进行两线作战的原因》,梁建新著,《益阳师专学报》1994 年第 5 期。

(2)意大利

《法西斯意大利军事战略的探索》,陈祥超著,《首都师范大学学报》1994 年第 3 期。

(3)日本

《日本的战争计划》,[日]野村实著;金仁芳译,《二战史通讯》1982 年第 4 期。

《也谈日本侵华战争的战略问题》,曲家源著,《世界历史》1995 年第 4 期。

《日本国防发展战略简述》,高培著,《三十年代主要国家的战略与军备》,军事科学院军事历史研究部编,军事科学出版社 1990 年版。

《日本帝国的国家战略与军事战略》,汤重南著,《国际政治研究》2015 年第 1 期//《南开日本研究》2015 年第 1 期。

《战前日本基本国策与侵华战争》,肖鸿恩著,《三十年代主要国家的战略与军备》,军事科学院军事历史研究部编,军事科学出版社 1990 年版。

《日本帝国主义全面侵华战争的战略方针演变》,李昌华著,《军事史林》1987 年第 3 期。

《日本侵华战争的军事战略分析》,蒋立峰著,《抗日战争研究》1991 年第 2 期。

《试论日本侵华战争的军事战略》,高培著,《军事历史》1993 年第 4 期。

《全面侵华时期日军的对华持久战战略》,张展著,《抗日战争研究》2018 年第 3 期。

《全面抗战爆发前国民政府对日本侵华军事战略之研判》,袁成毅著,《抗日战争研究》2018 年第 2 期。

《太平洋战争期间日本的战争指导大纲》,张艳茹著,《军事历史研究》2016 年第 5 期。

《日军在太平洋战争初期的闪击战》,欧彬甫著,《军事历史》1985 年第 4 期//《第二次世界大战军事论文选》,军事学术杂志编,军事科学出版社 1985

年版。

《太平洋战争初期昭和天皇的军事态度与战略选择》,龚娜著,《社科纵横》2017年第6期。

《太平洋战争期间日本全面防御战略研究(1943.9—1944.8)》,张晓璇著,《军事历史》2019年第2期。

《一战后日本海军的对美战略及其漂移》,刘轩著,《历史教学(下半月刊)》2018年第10期。

《太平洋战争前日本的海军战略》,赵振愚著,《三十年代主要国家的战略与军备》,军事科学院军事历史研究部编,军事科学出版社1990年版。

《论第二次世界大战期间日本海军的战略思想》,谢朝辉著,《海军学术研究》2002年第2期。

《沉痛的教训:评太平洋战争中日本海军的战略思想》,蔡延生著,《外国海军文集》1985年第8期。

《论太平洋战争前期日本海军作战思想》,邱建群著,《辽宁大学学报》2002年第5期。

《太平洋战争日本海军战略思想及启示》,周凌青著,《当代海军》2008年第8期。

《战前日本海军的"大舰巨炮主义"及其终结》,冯昭奎著,《日本研究》2016年第4期。

《太平洋战争"大炮巨舰"作战理论的破产及启示》,《第二次世界大战史论文集⑤:科学技术的力量》,戚世权主编,解放军出版社1999年版。

《试论太平洋战争中日本海军的大舰巨炮舰队决战战略》,赵振愚著,《第二次世界大战史论文集②》,中国二战史研究会编,国防大学出版社1986年版。

《从日军海拉尔筑垒地域看其对苏军事战略》,汤向进著,《军事历史》2003年第3期。

《对日本关东军"满"苏国境阵地的初步考察与研究》,黑龙江省革命博物馆等著,《北方文物》1995年第3期。

《日本关东军的对苏战略与苦难的中国劳工》,赵宁、贾雪虹著,《北方文物》1995年第3期。

《日本法西斯的战略退却》,娄平著,《南开学报》1986年第6期。

《第二次中日战争期间日本侵华战略的总体走向》,张志辉著,《娄底师专学报》2002 年第 3 期。

《中美关系与日本侵华战略的变化》,鹿锡俊著,《探索与争鸣》1995 年第 12 期。

《谈判、结盟和不宣而战——试析日本两次偷袭战的手段》,万安中著,《华南师大学报》1990 年第 2 期。

《日军大陆"一号作战"之评析》,刘承斌著,《洛阳师院学报》1998 年第 1 期。

《"关特演"计划述评》,李凡著,《军事历史》1992 年第 2 期。

《"关东军特别演习"与日本对苏备战》,陈宏著,《东北史地》2015 年第 5 期。

《论二战期间日军作战理论的基本特点》,黄金鹏著,《军事历史》1996 年第 5 期。

《田中义一与总力战——侵略与总动员体制构想》,[日]缬缬厚著;木子译,《东北师大学报》2014 年第 4 期。

《第二次世界大战期间芬兰战略指导浅析》,康昊著,《军事史林》2009 年第 3 期。

3. 反法西斯盟国的军事战略

《抗战时期中美之间陆空战略之争再探析》,付辛酉著,《西南大学学报》2015 年第 5 期。

(1)美国和英国

①美英军事战略比较

《战时英美欧洲战略比较研究》,熊伟民著,《社会科学战线》1995 年第 4 期。

《美英两国的世界战略及其演变》,任众著,《求是学刊》1988 年第 6 期。

《1942—1943 年美英的战略分歧及其影响》,吴广权、周彩钡著,《军事历史》1993 年第 6 期。

《地中海还是西北欧:战时英美欧洲战略的军事考察》,熊伟民著,《益阳师专学报》1996 年第 3 期。

《艾蒙二帅战略之争》,未娟著,《羊城晚报》1984 年 12 月 2 日。

《论太平洋战争时期美英对华军事战略的分歧》,周璞芬著,《第二次世界大战史论文集④:人民战争的胜利》,刘鲁民、徐根初主编,金盾出版社 1998

年版。

《太平洋战争后期英美在中缅战场上的战略演变》,高学军著,《齐齐哈尔大学学报》2003 年第 5 期。

《二次大战美英联军作战战略指导的争论探源》,夏子、亦庄著,《军事历史研究》1995 年第 3 期。

《中国战场、缅甸战役与盟军战略的转变》,陶文钊著,《抗日战争研究》1991 年第 2 期。

②美国

《试论两次大战间美国的军事战略和军备政策》,魏楚雄著,《第二次世界大战起源研究论集》,华东师范大学历史系编,华东师大出版社 1986 年版。

《战前美国的战略理论与国防建设》,王天成著,《三十年代主要国家的战略与军备》,军事科学院军事历史研究部编,军事科学出版社 1990 年版。

《第二次世界大战中美国全球战略的指导原则》,白长江著,《军事史林》1989 年第 1 期。

《"胜利"计划——战时美国的综合性战略计划》,耿志著,《近现代国际关系史研究》2017 年第 2 期。

《第二次世界大战期间美国的"先欧后亚"大战略方针》,吴春秋著,《第二次世界大战史论文集②》,中国二战史研究会编,国防大学出版社 1986 年版。

《"先欧后亚",还是两洋平行——试论美国"先欧后亚"战略原则》,熊伟民著,《湖湘论坛》1993 年第 3 期。

《二战中罗斯福奉行"先欧后亚"战略之原因探析》,黄光耀著,《南京政治学院学报》2001 年第 6 期。

《第二次世界大战时期美国"先欧后亚"战略评析》,任珊珊著,《军事历史》2017 年第 3 期。

《二战中美国为何采取"先欧后亚"战略——兼论"先欧后亚"战略对中国战场的影响》,耿志著,《经济社会史评论》2015 年第 4 期。

《从太平洋第一到先欧后亚——1919—1941 年美国军事战略述论》,熊伟民著,《益阳师专学报》1990 年第 4 期。

《从孤立主义到全球主义看美国"重欧轻亚"外交战略的形成》,王慧英著,《世界历史》1996 年第 6 期。

《论美国"大西洋第一战略"的确立》,王建辉著,《武汉大学学报》1985 年第

4 期。

《罗斯福政府的"欧洲第一"战略浅析》,杭福珍著,《芜湖师专学报》1993 年第 1 期。

《试析罗斯福政府的"欧洲第一"战略》,杭福珍著,《历史教学问题》1995 年第 4 期。

《罗斯福"先欧后亚"战略评析》,黄光耀著,《江海学刊》1998 年第 2 期。

《论美国"先欧后亚"政策对太平洋战争的影响》,孟悦著,《中国及太平洋抗战与战俘问题研究——中国及太平洋抗战与战俘问题国际学术研讨会文集》,井晓光、王建学等主编,辽宁人民出版社 2009 年版。

《论二战中英美在战略上的分歧与争论:火炬行动——丘吉尔地中海战略研究之一》,林芊著,《贵阳师专学报》1996 年第 2 期。

《试论二战中美国的欧洲战略》,堵晓东著,《重庆师院学报》2000 年第 3 期。

《战时美国欧洲战略形成的国内背景》,熊伟民著,《益阳师专学报》1992 年第 2 期。

《艾森豪威尔与战时美国欧洲战略的形成》,李积顺著,《世界现代史新论·第三编》(李世安等主编),中国华侨出版社 2007 年版。

《论罗斯福与马歇尔在欧洲战略上的分歧》,熊伟民著,《武汉大学学报》1990 年第 5 期。

《美国与北非地中海战略》,韩永利、王丰著,《历史教学问题》2004 年第 5 期。

《马汉军事理论对第二次世界大战中美国海上战略的影响》,张晓林著,《军事历史研究》1988 年第 4 期//《第二次世界大战中的军事学术》,国防大学出版社 1989 年版。

《从"橙色计划"到"彩虹计划"》,[日]市来俊男著,《世界史研究动态》1983 年第 7 期。

《从"橙色"计划到"彩虹"计划(太平洋战争前美国的战略演变)》,徐蓝著,《历史研究》1996 年第 6 期。

《二战期间美国地缘战略空间观念变迁——基于地图投影的视角》,何光强著,《地理科学》2019 年第 5 期。

《从橙色到彩虹:二战前美国海军对日战略计划追踪》,章骞著,《国际展望》

2006 年第 23 期。

《太平洋战争中的美国海军战略》，吴歆文著，《军事历史》1998 年第 3 期。

《论太平洋战争中的美国海军战略》，翁赛飞著，《第二次世界大战中的军事学术》，张海麟主编，国防大学出版社 1989 年版。

《浅析太平洋战争美军战略的失误》，严兴平著，《西安政治学院学报》1993 年第 1 期。

《试论 1942—1943 年美军的用兵重点、成因及其影响》，左立平著，《军事历史》1994 年第 3 期。

《1944 年美军关于太平洋战略的争论》，熊伟民著，《益阳师专学报》1995 年第 3 期。

《美国太平洋反攻战略的演变及其原因探讨》，张晓林著，《军事历史研究》1987 年第 2 期。

《谈盟军从"逐岛进攻"到"越岛进攻"》，李鹏青著，《军事历史》1985 年第 2 期//《第二次世界大战军事论文选》，军事学术杂志编，军事科学出版社 1985 年版。

《试析太平洋战争后期美国的对日反攻战略》，孙英著，《消费导刊》2009 年第 15 期。

《二战太平洋战区美国海陆军之争述论》，戴磊、朱泽荣等著，《黑龙江史志》2013 年第 15 期。

《1945 年前菲律宾因素与美日海权之争》，宋效峰著，《云南社会主义学院学报》2005 年第 2 期。

《艾森豪威尔在占领柏林问题上的战略选择》，曹涌著，《世界史研究动态》1987 年第 10 期。

《太平洋战争期间美国对华军事战略》，何桂全著，《史林》1994 年第 2 期。

《试析 1942—1944 年间美国对华军事战略的演变》，王建朗著，《中美关系史论文集》第 2 辑，重庆出版社 1988 年版。

《中国战场"只剩马特洪恩了"——二战后期美国核战略在中国》，胡越英著，《四川大学学报（哲学社会科学版）》2007 年第 6 期。

《重塑中国形状：二战期间美国战略思维与中国少数民族边疆》，刘晓原著，《历史教学问题》2010 年第 5 期。

③英国和法国

《二战后期英国欧洲战略简析》，林蔚著，《咸宁师专学报》1998年第2期。

《二战中英国的侵华政策及其战略目标》，郭朋弟著，《西安社会科学》2010年第6期。

《两次世界大战期间丘吉尔军事战略情报思想刍议》，张福财著，《大庆师范学院学报》2007年第4期。

《论丘吉尔的联盟战略思想》，赵一平著，《中国军事科学》2001年第1期。

《简析丘吉尔对英国开辟第二战场的战略指导》，徐林、董卫华著，《军事历史》2009年第1期。

《第二次世界大战爆发前法国消极防御战略的形成及其发展》，罗志刚著，《三十年代主要国家的战略与军备》，军事科学院军事历史研究部编，军事科学出版社1990年版。

《"奇怪的战争"——论英法联盟二战初期的战略指导》，吴东风著，《军事历史》1995年第4期。

《马奇诺防线与法国军事战略》，杨凯著，《军事历史研究》1992年第2期。

《法兰西长城：马奇诺防线与法国军事战略》（上下），南达著，《坦克装甲车辆·新军事》2011年第3/4期。

《应该如何评价马奇诺防线：〈马奇诺防线的神话与现实〉简介》，王天成著，《外国军事学术》1983年第5期。

《从马奇诺防线的得失谈起》，殷富礼著，《军事学术》1980年第3期。

《简评马奇诺防线》，杨凯著，《安徽教育学院学报》1990年第4期。

《从"马奇诺防线"到"萨达姆防线"：谈军事思想落后的危险性》，彭彬著，《毛泽东军事思想研究》1991年第3期。

《法国马奇诺防线地点选择试析》，杨凯著，《历史教学问题》1990年第4期。

《关于马奇诺防线的若干问题》，杨凯著，《世界史研究动态》1992年第10期。

（3）苏联

《列宁斯大林军事理论要义浅说》，薛建湘著，《国防》1992年第1期。

《论斯大林军事理论的几大亮点》（上下），徐晓村著，《军事历史》2009年第5/6期。

《简评三十年代的苏联国防发展战略》,程金明著,《三十年代主要国家的战略与军备》,军事科学院军事历史研究部编,军事科学出版社 1990 年版。

《苏联"东方战线"的建立与战前的国防政策》,侯成德著,《三十年代主要国家的战略与军备》,军事科学院军事历史研究部编,军事科学出版社 1990 年版。

《二次大战前苏联军事战略思想述略》,余伟民著,《第二次世界大战起源研究论集》,华东师范大学历史系编,华东师大出版社 1986 年版。

《浅析苏德战争爆发前苏军的战略指导思想》,杜正艾著,《外国军事学术》1995 年第 8 期。

《透视巴巴罗萨的噩梦:苏德战争前夕的战略决策与情报》,戎振华著,《解放军国际关系学院学报》2002 年第 4 期。

《对苏德战争初期苏军战略方针的探讨》,徐飞著,《军事历史研究》1998 年第 4 期。

《论苏联军事战略思想的演变》,冯白平著,《军事历史》1989 年第 4 期。

《论苏联在卫国战争前期军事战略方针的转变》,许国林著,《许昌师专学报》1995 年第 3 期。

《关于苏德战争中苏联军事战略的几点思考》,程金明著,《第二次世界大战中的军事学术》,张海麟主编,国防大学出版社 1989 年版。

《苏军大纵深战役理论浅析》,王锐著,《国防大学学报》1989 年第 4 期。

《对苏军大纵深战役理论之研究》,郭胜伟著,《外军研究》1987 年第 2 期。

《苏军大纵深立体战役理论的特点》,鄢慕先著,《人民炮兵》1987 年第 3 期。

《苏军大纵深立体进攻战役的程序》,单民田、禹壮飞著,《外军研究》1987 年第 5 期。

《对苏军大纵深战役理论的几点看法》,赖铭传著,《外国军事学术》2008 年第 7 期。

《钢铁雄师的灵魂:闪击战和大纵深突击的异同》,离子鱼著,《兵器》2007 年第 7 期。

《苏军大纵深立体战役的基本思想及可能带来的变化》,陈希滔著,《外国军事学术》1987 年第 12 期。

《对苏大纵深战役翼侧保障的初步探讨》,邹晓兵著,《外国军事学术》1988 年第 2 期。

《苏军大纵深战斗理论向立体战斗理论发展》,姚宏德著,《外国军事学术》1988 年第 9 期。

《论苏军大纵深立体进攻对我的影响》,赵金库著,《后勤研究》1986 年第 5 期。

《浅议苏军炮兵的大纵深火力毁伤》,万和平著,《南京炮兵学院学报》1989 年第 4 期。

《论 1941 年苏德战争合围战争特点探析》,马军著,《史林》1993 年第 3 期。

《苏联伟大卫国战争中海军的战役战略使用》,许小海著,《外国军事学术》1985 年第 11 期。

《铁流火飓风:追踪苏军在卫国战争中的战术发展》,侯晓蒙、张建军著,《国际展望》2003 年第 5 期。

《莫斯科会战:莫斯科会战看苏军战略学的发展》,[苏]格林凯维奇著;徐存悌译,《外军资料》1982 年第 519 期。

《莫斯科会战中进攻战斗战术的发展》,刘克忠著,《外军研究》1986 年第 1 期。

《对苏军突破作战的初步探讨》,总参军训部干部训练处编印,1981 年。

《苏军合围战役今昔》,郭其侨著,《军事学术》1981 年第 2/3 期。

《远东战役经验与苏军进攻战役原则》,郭其侨著,《军事学术》1979 年第 2 期。

(4)中国

①国共两党军事战略比较

《关于中国抗日战争的战略问题》,莫阳、蔡祖铭、鲍世修著,《第十六届国际历史科学大会中国学者论文集》,中国史学会编,中华书局 1985 年版。

《国共两党抗日战争的战略指导》,姚有志著,《纪念中国人民抗日战争暨世界反法西斯战争胜利 60 周年学术研讨会论文集:上卷》,中共中央党史研究室科研管理部编,中共党史出版社 2006 年版。

《抗日战争初期国共两党战略方针的异同及军事合作》,郭小丽著,《赤峰学院学报(汉文哲学社会科学版)》2005 年第 5 期。

《国共两党持久战战略方针之比较》,岳思平著,《军事历史》1992 年第 4 期。

《国共两党抗日持久战略比较研究》,余子道著,《复旦学报》1995 年第

5 期。

《国共两党抗日持久战略方针的比较研究》，刘雪明著，《求实》1995 年第 9 期。

《国共两党持久抗战思想浅析》，刘发军、欧阳有华著，《第二次世界大战史论文集④：人民战争的胜利》，刘鲁民、徐根初主编，金盾出版社 1998 年版。

《试析两种持久战战略方针的异同》，张同新著，《军事史林》1989 年第 4 期。

《简论抗战时期国共两党对日作战的战略方针及其不同点》，杜君著，《长白学刊》1995 年第 2 期。

《国共抗日军事战略比较研究》，经盛鸿、经姗姗著，《日本侵华史研究》2014 年第 1 期。

《抗战初期国共两党军事战略比较》，王树荫著，《北京师院学报》1990 年第 6 期。

《抗日战争初期国共两党军事战略比较研究》，王树荫著，《北京师大学报》1990 年第 6 期。

《抗战第一阶段国共两党的军事战略初探》，蒲述昌著，《中山大学研究生学刊》1987 年第 1 期。

《太平洋战争爆发前国共两党军事战略之比较》，康勇等著，《第二次世界大战与亚太国际合作：第二次世界大战史（重庆）学术讨论会论文集》，苑鲁、谢先辉主编，重庆出版社 2003 年版。

《国共两党对"先欧后亚"战略方针的分歧》，张晓峰著，《中共党史研究》1996 年第 1 期。

《抗战时期国共两党对"先欧后亚"战略的不同态度》，倪学德著，《军事史林》2012 年第 5 期。

《试论毛泽东与蒋介石对日战略的区别》，路芳著，《沈阳教育学院学报》2001 年第 1 期。

《关于中国抗日游击战争》，华庆昭著，《第十六届国际历史科学大会中国学者论文集》，中国史学会编，中华书局 1985 年版。

《试论抗日游击战争的重要战略地位》，徐爽迷著，《纪念抗日战争胜利四十周年论文集》，上海市中共党史学会编，2000 年。

《抗战时期国共两党敌后游击战争之比较研究》，陈瑜著，《贵州社会科学》

2005 年第 2 期。

②国民党和国民政府的军事战略

《中国正面战场对日战略研究》，陈兵著，《军事历史研究》1987 年第 2 期。

《国民政府抗战的战略思想论纲》，韩信夫著，《军事史林》1989 年第 4 期。

《论国民党的抗日军事战略》，马金旗、吴华著，《武警学院学报》1995 年第 S1 期。

《中国正面战场对日战略的演变》，余子道著，《历史研究》1988 年第 5 期。

《一二八事变蒋介石的对日战略》，张北根著，《北京科技大学学报》2015 年第 5 期。

《"七七"事变前中国国民党的对日战略》，胡哲峰著，《三十年代主要国家的战略与军备》，军事科学院军事历史研究部编，军事科学出版社 1990 年版。

《抗战前国民党政府国防准备评述》，胡哲峰著，《军事历史研究》1987 年第 2 期。

《抗战初期国民党军事战略方针述评》，王建朗著，《复旦学报》1985 年第 4 期。

《抗战初期国民党军事战略的转变及其原因分析》，喻国荣著，《湘潭师院学报》2001 年第 3 期。

《抗日战争初期国民党的持久战略初探》，王树荫著，《史学月刊》1987 年第 4 期。

《评中国抗日战争时期国民党的"持久消耗"作战方针》，于灵、马殿超著，《辽宁税务高等专科学校学报》1995 年第 3 期。

《从持久消耗战略看抗战初期正面战场之得失》，赵文亮、马雪芹著，《第二次世界大战史论文集④：人民战争的胜利》，刘鲁民、徐根初主编，金盾出版社 1998 年版。

《浅析抗战时期国民党的"持久消耗战略"》，宋法政著，《振兴中华——江苏省纪念抗日战争暨世界反法西斯战争胜利 60 周年论文集》，江苏省哲学社会科学界联合会编，2005 年。

《论中国正面战场初期的战略作战方向问题》，余子道著，《军事历史研究》1999 年第 1 期。

《略论抗战相持阶段国民政府的军事战略——以南岳军事会议和长沙会战为中心的研究》，陈红民著，《南京师大学报（社会科学版）》2003 年第 6 期。

·《蒋百里将军及其持久战战略》,吴庆生著,《绍兴文理学院学报(哲学社会科学版)》1999 年第 3 期。

③中国共产党的军事战略

《中国共产党抗日战争的军事战略》,罗焕章著,《军事历史》2002 年第 3 期。

《中国共产党在抗日战争时期的军事战略策略》,龙方成著,《军事历史》2001 年第 3 期。

《中国共产党在抗日战争中的军事战略及其实践》,房功利、赵诣著,《理论学刊》2015 年第 8 期。

《论抗日战争时期中国共产党的军事经济战略》,卢守纪著,《军事经济研究》1995 年第 7 期。

《论我党在抗战时期的军事战略转变》,张宏志、陈英著,《历史档案》1987 年第 4 期。

《抗战前期中共军事战略转变研究述评》,潘泽庆著,《军事历史研究》2017 年第 1 期。

《全国抗战前中国共产党对日战略策略的演变》,柳茂坤著,《三十年代主要国家的战略与军备》,军事科学院军事历史研究部编,军事科学出版社 1990 年版。

《抗日战争爆发后中国共产党对日军事战略方针的演变》,杨奎松著,《近代史研究》1988 年第 2 期。

《略论党在抗战初期的战略转变》,王开良著,《黄淮学刊》1991 年第 2 期。

《试论抗日战争初期我军的军事战略》,钟理明、喻忠桂著,《国防大学学报》1995 年第 8 期。

《论抗日战争初期我军的军事战略转变》,岳思平著,《军事历史》1991 年第 2 期。

《论抗战初期中共对日作战军事战略方针的转变》,李瑾怡、张亚斌著,《重庆理工大学学报(社会科学)》2015 年第 11 期。

《论党的军事战略转变的历史意义》,张国祥著,《城市改革理论研究》1986 年第 6 期。

《抗战初期党的军事战略转变的深远意义和伟大作用》,梁柱著,《中国延安干部学院学报》2015 年第 4 期。

《抗战初期我党对军事战略转变的认识》,张亚斌著,《延边大学学报(哲学社会科学版)》1995 年第 4 期。

《党的军事战略的转变与敌后根据地的开辟》,周秀芳著,《西南师范大学学报(人文社会科学版)》1985 年第 3 期。

《毛泽东与抗战初期中共军事战略方针的转变》,李树泉著,《军事历史研究》2014 年第 3 期。

《毛泽东与党在抗战初期的军事战略转变》,梁柱著,《中国高校社会科学》2015 年第 5 期。

《朱德与抗战初期党的军事战略的转变》,王雷平著,《晋阳学刊》2008 年第 5 期。

《刘少奇对抗战初期实现军事战略转变的杰出贡献》,周鸿根著,《军事历史研究》1998 年第 4 期。

《试论抗日战争后期我军的军事战略转变》,柳茂坤著,《军事历史研究》1987 年第 2 期。

《左权在抗战时期的军事思想与实践》,潘泽庆著,《党史文汇》2017 年第 10 期。

《抗日战争促进了中国共产党军事理论创新》,彭学涛著,《军事历史研究》2005 年第 2 期。

《论敌后抗日根据地的攻势防御战略》,张云著,《江苏行政学院学报》2005 年第 6 期。

《抗战初期中共独立自主的山地游击战论析》,王安平著,《四川师范学院学报(哲学社会科学版)》1998 年第 2 期。

《抗战初期我党由正规战向游击战的战略转变》,马功成著,《四川师院学报(社会科学版)》1985 年第 3 期。

《抗日战争初期我军作战指导原则浅析》,刘雷波等著,《第二次世界大战史论文集③:五十年的深思》,李殿仁主编,军事谊文出版社 1996 年版。

《中国共产党关于抗日战争战略指导的几个问题》,张从田著,《军事历史》2017 年第 1 期。

《抗战初期中国共产党游击战争战略方针的确定》,吴丽华、翟金玲著,《齐齐哈尔师范学院学报》1995 年第 5 期。

《论中国共产党对日作战的攻势防御战略》,张云著,《纪念中国人民抗日战争暨世界反法西斯战争胜利 60 周年学术研讨会论文集:中卷》,中共中央党史研究室科研管理部编,中共党史出版社 2006 年版。

《略论八路军战略战术的制定和发展》,王相如、蒲东成著,《第二次世界大战史论丛》,王相如、李安华主编,四川大学出版社 1985 年版。

《抗日战争中我军战役作战的特点》,王晓华等著,《第二次世界大战史论文集③:五十年的深思》(李殿仁主编),军事谊文出版社 1996 年版。

《抗日战争时期毛泽东军事思想散论》,孟彭兴著,《史林》1991 年第 3 期。

《毛泽东军事思想在抗日战争时期的发展》,刘先廷著,《军事历史研究》1996 年第 3 期。

《论毛泽东抗日游击战的军事战略思想》,郭秀清著,《福州师专学报》1998 年第 4 期。

《抗日战争时期毛泽东战略战术思想的几个问题》,林英著,《黔东南民族师专学报》1999 年第 1 期。

《毛泽东积极防御战略思想的历史发展与思考》,李德义著,《军事历史》2002 年第 4 期。

《毛泽东人民战争思想在抗日战争时期的成功运用》,弥淑琴著,《张家口职业技术学院学报》2005 年第 3 期。

《抗日战争与毛泽东军事思想体系的成熟和完善》,张家裕著,《毛泽东思想论坛》1995 年第 3 期。

《论毛泽东研究和指导抗日战争的科学方法论》,辛正、江寒著,《军事历史研究》1987 年第 2 期。

《指导抗日战争的军事理论纲领——〈论持久战〉——纪念抗日战争胜利四十周年》,漆明生著,《西南民族学院学报(哲学社会科学版)》1985 年第 4 期。

《朱德总力战思想研究》,庹平著,《中共党史研究》2012 年第 3 期。

《试论朱德的游击战思想》,胡和勤著,《毛泽东思想研究》2007 年第 2 期。

《论陈毅抗日战争时期的军事哲学思想》,李军著,《成都电子机械高等专科学校学报》2012 年第 2 期。

《论抗日战争时期陈毅的军事统战思想》,赵纪军著,《军事历史》2001 年第 4 期。

《刘少奇领导华中敌后抗日的军事战略与策略思想》,黄祖琳著,《党的文献》1998 年第 2 期。

《邓小平抗战时期军事战略理论探赜》，张晓刚著，《重庆工学院学报（社会科学版）》2008 年第 12 期。

《论任弼时的抗日持久战军事战略思想》，欧金林著，《安徽大学学报》2004 年第 4 期。

三、战术与作战样式

《现代战争的共同特点：两次世界大战的方法和手段比较》，吴伟著，《中学历史教学》1999 年第 8 期。

《中途岛战役美军如何实施"反制"作战》，潘金宽、邹昊著，《舰载武器》2003 年第 6 期。

1. 合同战术及"闪击战"

《浅谈第二次世界大战合同战术的发展》，王春芳著，《第二次世界大战中的军事学术》，张海麟主编，国防大学出版社 1989 年版。

《第二次世界大战中陆海协同的经验》，［苏］奥尔什滕斯基著；陈学惠、吴德如译，《外国军事学术》1984 年第 5 期。

《论库尔斯克战役的立体化合成》，徐萍著，《史学集刊》2001 年第 1 期。

《解放白俄罗斯时游击队与第 65 集团军的协同动作》，李英德著，《外军研究》1985 年第 3 期。

《第二次世界大战期间太平洋战场上的美陆海军之间的矛盾》，张晓林著，《外国军事学术》1989 年第 4 期。

《二战中的联合战役及其发展与未来》，周长安、高云著，《二战及其遗留问题对国际关系的影响》，二战史研究会编，2004 年。

《闪击战：蒙古铁骑到德国坦克——关于中外军事交流史的历史断想》，龚绍方著，《军事史林》1988 年第 6 期。

《闪击战的产生及演变：1870—1939 年》，马骏著，《军事历史研究》1987 年第 4 期。

《闪击战和空地一体作战》，［英］小约翰·伍德曼西著；钟舞春译，《外军资料》1984 年第 950 期。

《德军和苏军的闪击战》，徐晓军著，《外国军事学术》1986 年第 3 期。

《评欧洲战区苏军"闪击战"战役思想》，姜绍崇著，《军事译丛》1987 年第 9 期。

《呼啸而至的"闪击战"》，张彰、李锋锐著，《国防科技》2004 年第 3 期。

《二战中德军"闪击战"后勤保障的教训及启示》，徐平、唐晓页著，《后勤指挥学院学报》2005 年第 4 期。《读懂闪击战背后的故事》，马腾著，《军事史林》2010 年第 2 期。

《第二次世界大战中使用破坏袭击兵器的战术》，熊梦华著，《外国海军学术》1985 年第 1 期。

2. 兵种战术

（1）陆上战术与作战样式

《论第二次世界大战中的游击战战役》，袁丁著，《军事历史》1985 年第 4 期//《第二次世界大战史论丛》，王相如、李安华主编，四川大学出版社 1985 年版。

《试论第二次世界大战中游击战的主要特点——纪念世界反法西斯战争胜利五十周年》，堵晓东著，《镇江师专学报》1995 年第 3 期。

《西方史学界对苏联卫国战争时期沦陷区游击运动研究述评》，张广翔著，《吉林大学学报》1991 年第 4 期。

《浅论苏联沦陷区游击战在卫国战争中的历史地位和作用》，罗志刚著，《苏联社会科学研究》1988 年第 3 期。

《苏联卫国战争时期的地道战》，姜永伟著，《兵器知识》2003 年第 1 期。

《苏军实施炮火准备的特点和德军进行抗击的做法》，孙维群著，《军事历史》1986 年第 3 期。

《苏联卫国战争时期进攻中炮兵使用的几个问题》，罗庆云著，《外国军事学术》1979 年第 9 期。

①防御战与反攻战

《苏联卫国战争中战略防御和战略反攻的特点及其对发展苏联军事学术的意义》，［苏］科兹洛夫著；王方仁、徐存悌译，《外国军事学术》1982 年第 5 期。

《苏联卫国战争中战略防御作战的几个特点：对第二次世界大战中几个问题的探讨之二》，韦均朴著，《军事学术》1976 年第 2 期。

《苏联卫国战争中防御战术的发展》，［苏］契尔尼亚耶夫著，《外国军事学术》1977 年第 56 期。

《卫国战争时期苏军防御战术的发展》，［苏］伊奥宁著；李木兰译，《外国军事学术》1981 年第 3 期。

《苏联卫国战争各阶段对防御的突破》，[苏] 拉齐耶夫斯基著；徐存悌译，《外军资料》1980 年第 196 期//《外国军事学术》1982 年第 6 期。

《苏联卫国战争中的城市防御》，[苏] 叶菲莫夫著；罗庆云译，《外国军事学术》1978 年第 61 期。

《伟大卫国战争的防御战役中炮火反准备的组织实施》，[苏] 皮拉托夫著；陈学惠译，《外军资料》1984 年第 936 期。

《从卫国战争初期苏军的失利看战略防御的重要性》，吴孟雪著，《中山大学研究生学刊》1984 年第 2 期。

《反法西斯战争初期几个主要防御国家作战失利对我军战备工作的启示》，李鹏飞、牛胜启著，《毛泽东军事思想研究》1996 年第 2 期。

《认真总结集团军防御战役的经验》，田小文著，《军事译丛》1988 年第 6 期。

《伟大卫国战争战略防御战役的经验》，刘克忠著，《外军研究》1986 年第 2 期。

《苏联卫国战争中组织与实施战略防御的经验》，[苏] 科兹洛夫著；李木兰译，《外国军事学术》1981 年第 7 期。

《斯大林格勒城市防御战的经验教训》，陈晓林著，《第二次世界大战史论丛》（王相如、李安华主编），四川大学出版社 1985 年版。

《浅析苏德战争期间德军防御作战的教训》，左立平著，《军事历史研究》1994 年第 2 期。

《卫国战争中的作战对象及反攻战役的实施》，杨河、武科传著，《外军资料》1995 年第 55 期。

《苏联卫国战争中的大城市进攻战斗》，本刊编辑部著，《外国军事学术》1974 年第 12 期。

《苏联卫国战争中师的夜间进攻》，苏希宁、闵振范著，《外军资料》1981 年第 255 期。

②装甲兵作战

《第二次世界大战中装甲兵战术的运用》，陈运生等著，《第二次世界大战史论文集③：五十年的深思》，李殿仁主编，军事谊文出版社 1996 年版。

《浅谈二战期间科学技术的进步对二战中装甲兵发展和作战运用的影响和启示》，戚成健等著，《第二次世界大战史论文集⑤：科学技术的力量》，戚世权主编,解放军出版社 1999 年版。

《对第二次大战中三个坦克战例的评论》,[英] 大卫·伊斯比著;张保田译,《外军资料》1980 年第 188 期。

《二战期间苏德坦克"较量"对武器装备发展的启示》,李勤、成兵、赵宁康著,《装备》2003 年第 4 期。

《坦克与"闪击战"》,王凯著,《坦克装甲车辆》1991 年第 5 期。

《西班牙内战的坦克运用》,丁骥著,《国外坦克》2004 年第 10 期。

《坦克与马奇诺防线》,王印楼著,《坦克装甲车辆》1992 年第 4 期。

《对法西斯德军装甲兵进攻作战特点的探讨》,方天成、孙津华著,《外国军事学术》1988 年第 8 期。

《在二战期间纳粹德国装甲兵发展及其运用》,黄树旗、郭若冰著,《坦克装甲车辆》1995 年第 8 期。

《第二次世界大战中德军装甲兵作战特点初探》,方天成、孙津华著,《第二次世界大战中的军事学术》,张海麟主编,国防大学出版社 1989 年版。

《坦克:前进!德军装甲兵在第二次世界大战前的发展及战中的运用》(全 2 期),彭彬著,《坦克装甲车辆》1994 年第 9/10 期。

《德波战争中的坦克运用》,丁骥著,《国外坦克》2004 年第 12 期。

《德军在法国战局中装甲兵的运用》,方一成、于忠义著,《装甲兵》1997 年第 3 期。

《魔鬼之师闪击先锋:记德国第 7 装甲师横扫西欧的作战行动》,丁骥著,《坦克装甲车辆》2003 年第 6 期。

《纳粹德军装甲部队闪击西欧》,刘韬、刘海江著,《坦克装甲车辆》2010 年第 4 期。

《纳粹铁军席卷西欧:法国之战中的坦克运用》,丁骥著,《国外坦克》2005 年第 1 期。

《声东击西兜击歼敌:记德军第 11 装甲师马内契斯卡亚战斗》,张占贵、辛锡禄、王惠萍著,《坦克装甲车辆》1998 年第 1 期。

《齐尔河畔的"消防队":德军第 11 装甲师齐尔河畔战斗》,黄海峰、赵坤、艾俊著,《坦克装甲车辆》1998 年第 11 期。

《危中险胜:记德军第 11 装甲师 1944 年退却和防御作战》,刘学道、张瑞平著,《坦克装甲车辆》2001 年第 3 期。

《顽抗到最后的一支纳粹部队：党卫军"诺德兰"第 11 装甲掷弹兵师》，李浩著，《环球军事》2003 年第 13 期。

《诺曼底战役坦克战》（上下），李诗匀著，《兵器知识》2001 年第 2/3 期。

《鏖战诺曼底——二战德国第 12"希特勒青年"党卫军装甲师在诺曼底的作战（1）》，牛头著，《海陆空天惯性世界》2008 年第 4 期。

《德军阿登地区反攻战役装甲兵运用》，云月、王伟等著，《装甲兵》1999 年第 3 期。

《被人遗忘的巴斯通坦克战》，朱京斌著，《环球军事》2009 年第 4 下期。

《"战斧"作战行动中德军装甲兵的运用》，傅殿发、蓝新波著，《装甲兵》1999 年第 1 期。

《铁甲显神威理论铸丰碑》，杨育林、李忠信著，《坦克装甲车辆》1992 年第 5 期。

《苏联早期装甲兵发展和运用》，丁骥著，《国外坦克》2004 年第 6 期。

《苏芬战争中的坦克运用》，丁骥著，《国外坦克》2004 年第 11 期。

《苏联战车发展史：苏德战争前夕》，董干戈著，《坦克装甲车辆》1991 年第 5 期。

《"战争之王"的较量——扭转第二次世界大战胜负的苏德坦克战》，张广翔著，《东北亚论坛》2015 年第 4 期。

《苏德战争中苏军对坦克防御的发展》，王谊民著，《军事学术》1979 年第 1 期//《第二次世界大战军事论文选》，军事学术杂志编，军事科学出版社 1985 年版。

《略谈苏联在进攻作战对坦克兵的使用》，刘名于著，《第二次世界大战军事论文选》，军事学术杂志编，军事科学出版社 1985 年版。

《第二次世界大战中苏军运用坦克兵的经验教训》，苏宽文、吴清丽著，《第二次世界大战中的军事学术》，张海麟主编，国防大学出版社 1989 年版。

《苏联卫国战争期间坦克交战的经验》，瑾舟著，《学术研究》1985 年第 8 期。

《苏军首战纳粹"虎王"》，王穗著，《环球军事》2005 年第 6 期。

《苏卫国战争中的一次坦克交战》，石耀华著，《外国军事学术》1979 年第 7 期。

《斯摩棱斯克坦克战》，金宪一、张钟祥等著，《兵器知识》1981 年第 4/5 期。

《基辅之战中的装甲兵》，郝丕文著，《人民装甲兵》1988 年第 2 期。

《莫斯科会战中的坦克兵运用》，杨育林、黄海峰著，《装甲兵》1997 年第 1 期。

《斯大林格勒会战中苏军坦克兵的使用》，海峰、王伟著，《装甲兵》1996 年第 6 期。

《乌克兰平原装甲合围战》，丁骥著，《坦克装甲车辆》2001 年第 1 期。

《伏尔加河畔的硝烟：经典坦克防御战》，意海著，《现代舰船》2012 年第 5C 期。

《两军相遇勇者胜：记库尔斯克坦克遭遇战》，将言著，《坦克装甲车辆》1990 年第 5 期。

《坦克大决斗：库尔斯克战役》，史军著，《世界军事》2000 年第 4 期。

《铁甲大搏杀：库尔斯克会战》，本刊编辑部著，《中国尖端武器报道：武器较量》2006 年第 5 期。

《钢铁咆吼　库尔斯克坦克大决战》，康健、李航等著，《知识就是力量》2014 年第 4 期。

《库尔斯克会战防御阶段苏军坦克部队的运用》，王伟、卢志强著，《装甲兵》1998 年第 3 期。

《库尔斯克会战中苏军的反坦克作战》，戴跃先著，《外国军事学术》1979 年第 7 期。

《哈尔科夫交战中装甲兵的运用》，郝丕文著，《人民装甲兵》1991 年第 11 期。

《苏德战争中苏军步兵兵团对坦克防御的发展》，[苏]科兹洛夫著；王谊民译，《外军资料》1979 年第 1 期。

《苏联卫国战争第三阶段中同敌人反坦克兵器的斗争》，[苏]崔卡洛夫著；李木兰译，《外军资料》1982 年第 399 期。

《迅猛突击割裂歼敌：记东普鲁士战役中的苏军坦克兵》，杨育林、李信忠著，《坦克装甲车辆》1994 年第 5 期。

《利索夫坦克战》，科京著，《兵器》2007 年第 8 期。

《柏林战役中苏军装甲兵的运用》，方天成、于忠义、张利辛著，《装甲兵》1998 年第 4 期。

《千里跃进长途奔袭：记苏蒙骑兵机械化集群承德、张家口袭击战役》，段晓云著,《坦克装甲车辆》1995 年第 11 期。

《艰苦卓绝的冲绳岛登陆之战:记冲绳岛登陆战役中美军坦克的使用》,丁骥著,《坦克装甲车辆》2002 年第 2 期。

《二战日军坦克战术及应用》,王法、张雄著,《海陆空天惯性世界》2011 年第 8 期。

《论“二战”时期日军坦克兵种的滞后》,马军著,《社会科学》2009 年第 7 期。

《长驱直入快速奔袭:记日军坦克先遣队斯林河战斗》,刘学道、王印楼著,《坦克装甲车辆》1997 年第 5 期。

《装甲狂潮殊死对抗:塞班岛战役中坦克装甲车辆的使用及教训》,丁骥著,《坦克装甲车辆》2001 年第 5 期。

《阿拉曼战役中英军装甲兵的运用》,云月、王伟、卢志强著,《装甲兵》1998 年第 6 期。

《富勒和英国的坦克运用》,丁骥著,《国外坦克》2004 年第 7 期。

《法兰西装甲兵之路——两次大战之间法国装甲兵的建设及其运用》,丁骥著,《国外坦克》2004 年第 8 期。

《天堂、地狱、坦克:非洲争夺战中装甲兵的运用》,将言著,《坦克装甲车辆》1995 年第 4 期。

《兵败科曼斯切特:美国装甲步兵在亨廷根森林腹地的奋斗》,朱承广著,《兵器》2006 年第 8 期。

《诺门坎铁甲大碰撞》,陈辉著,《世界军事》2005 年第 12 期。

(2)空中作战样式

①概论

《图说第二次世界大战的空中战场(1、2、3)》,丛胜利、倪智等著,《中国空军》2005 年第 4—6 期。

《第二次世界大战的启示:航空整体战的时代》,宁博著,《世界航空航天博览》2001 年第 31 期。

《从不列颠空战看二战期间英德空军作战思想的差异》,孔扬、郑冬晓著,《吉林省教育学院学报》2010 年第 4 期。

《二战的预演:西班牙空战》,波赛、王涛著,《现代舰船》2010 年第 2 期。

《二战初期的空战》,胡延忠著,《外国空军军事学术》1997 年第 4 期。

《二次世界大战中的一次空战》,刘礼全著,《中国空军》1995 年第 5 期。

《二战史上的首次空战——1939 年 9 月 1 日波兰空战纪实》,史放著,《环球军事》2008 年第 12 期。

《飞机、航空兵与第二次世界大战》,金仁芳著,《文史杂志》1994 年第 3 期。

《第二次世界大战初期空战特点及其经验教训》,曹毅风著,《军事历史》1985 年第 2 期。

《第二次世界大战中航空兵运用的基本经验》,谢祖琦、谢学钫著,《空军军事学术》1995 年第 5 期。

《第二次世界大战中夺取制空权的斗争及其主要经验教训》,郭庆谊著,《第二次世界大战中的军事学术》,张海麟主编,国防大学出版社 1989 年版。

《航空兵在高速度大纵深战役中的使用》,[俄] A.时菲莫夫著;胡晓惠译,《外国空军军事学术》1995 年第 4 期。

《太平洋战争中航空兵海上作战使用回顾》,付幼尧著,《海军学术研究》1996 年第 3 期。

《从二战谈海军岸基航空兵的作用及使用、发展时应注意的问题》,梁毅著,《海军学术研究》1998 年第 3 期。

《二战中海军航空兵的作用及其启示》,吴连庆、潘宣宏著,《海军杂志》1995 年第 9 期。

《日本陆海军对华航空初战及其影响(1931—1932)》,袁成毅著,《历史研究》2014 年第 3 期。

《"来自香格里拉的空袭"与"富号作战":二次大战中美日之间的本土空袭战》,屈新儒著,《军事史林》1989 年第 1 期。

《第二次世界大战中的日本航空兵:从空中摧毁日本》,[俄]H.奇斯托夫、胡延忠著,《外国空军军事学术》1995 年第 4 期。

《致命的错觉:二战日本空中力量的战略失误》,博伊恩、王涛著,《现代舰船》2010 年第 5 期。

《地中海海空战》,胡其道著,《舰船知识》1996 年第 1 期。

《血战之鹰:二战马耳他空战》(上中下),高飞天著,《兵器》2005 年第 2—4 期。

《战斗机飞行员的天堂:二战中的马耳他》,[美] 罗杰斯著;胡向春译,《现代舰船》2010 年第 11 期。

《前世之师:一战经验对二战英伦空战的影响》,白光著,《兵器》2014 年第 6 期。

《沙漠袭击者:英国特别空勤旅在非洲》,柏金著,《世界军事》2003 年第 4 期。

《一部空战英雄写的书:〈碧空铁血——苏德空战亲历记〉译后》,朱启文著,《中国空军》1991 年第 2 期。

《第二次世界大战中的"罪恶城空战"》,邓绪东著,《知识文库》2001 年第 4 期。

《二次大战中的欧洲空中力量》,俞福祥著,《外国空军军事学术》1995 年第 1 期。

《第二次世界大战中德国空军作战的经验教训》,永盛义夫著,《外国空军资料选译》1981 年第 9 期。

《二战结束前夕的德国空军》,[美]马修·库珀、李素辉著,《外国空军军事学术》1995 年第 4 期。

《德国空军在二战中付出的代价》,[英]马修·库珀著;李淑琴、李素辉译,《外国空军军事学术》1995 年第 4 期。

《帝国苍穹:二战东线德国仆从国空战史》,陶力著,《军事文摘》2015 年第 17 期。

《苏联卫国战争时期突破敌防御时航空兵的战斗使用经验》,[苏]米克柳科夫、勃柳霍夫斯基著;徐存悌译,《外军资料》1983 年第 578 期。

《卫国战争前夕苏联空军作战使用观点》,苏庆谊著,《外国空军军事学术》1988 年第 10 期。

《论卫国战争初期苏联空军的教训与经验》,陈洪著,《第二次世界大战中的军事学术》,张海麟主编,国防大学出版社 1989 年版。

《苏德战争初期苏联空军被动失利的主要原因》,陈洪著,《军学》1985 年第 7 期。

《苏德战争初期德国空军制胜的原因》,相伟建著,《第二次世界大战中的军事学术》,张海麟主编,国防大学出版社 1989 年版。

《空中力量在战区一级冲突中的使用》,[美]威廉·R.卡特著;李素辉译,《外国空军军事学术》1992 年第 2 期。

《西部威胁:诺曼底登陆前的空中战役》,[英]马里斯·麦克拉布著;李素辉译,《外国空军军事学术》1995 年第 1 期。

《空中力量使诺曼底登陆得以实现》,李素辉著,《外国空军军事学术》1985 年第 4 期。

《诺曼底登陆战役中空军的作战使用》,禹杰著,《空军军事学术》2001 年第 3 期。

《诺曼底登陆战役中盟军对空中力量的运用》,王春芳、吴继锋著,《军事历史》1998 年第 2 期。

《诺曼底登陆战役中关于空军运用的分歧及其实质》,曹志刚著,《军事历史》2000 年第 4 期。

《诺曼底登陆战役前后盟军夺取制空权的做法》,张烨著,《外国军事学术》2000 年第 11 期。

《机械化战争时代单一空中力量最大规模作战内幕:霸王之鹰——诺曼底空中战役的现代启示录》,张宏飞著,《国际展望》2005 年第 4 期。

《浅析太平洋战争战略反攻阶段中国战场争夺制空权的斗争》,徐礼祥、曾文辉著,《军事历史研究》1987 年第 3 期。

《二战最后的空战》,龚杰著,《航空知识》2009 年第 3 期。

②战略轰炸和空袭战

《论第二次世界大战空袭与反空袭》,李富元等著,《第二次世界大战史论文集③:五十年的深思》,李殿仁主编,军事谊文出版社 1996 年版。

《二战空袭战:空中“矛”与“盾”的较量》,黄宏林著,《中国国防报》2015 年12 月 1 日。

《二次大战的轰炸》,王楫著,《航空杂志》1985 年第 11 期。

《战略轰炸和布雷封锁的重大作用》,翁赛飞著,《海军学术研究》1985 年第 4 期。

《第二次世界大战中的战略轰炸及其经验教训》,梁晓秋著,《外国军事学术》1987 年第 6 期。

《战略轰炸在第二次世界大战中的作用》,禹杰著,《第二次世界大战中的军事学术》(张海麟主编),国防大学出版社 1989 年版。

《二战盟军的独家大杀器:战略轰炸》,叶隐著,《文史天地》2018 年第 2 期。

《战略轰炸是美军的一种主要作战样式》,蒋模祥、叶少军著,《军事学术》1991 年第 9 期。

《对美军战略轰炸的溯源与思考》，蒋谟祥、叶少军著，《西南军事研究》1991年第4期//《学术研究》1991年第7期。

《德国闪击波兰的空袭作战》，木易著，《生命与灾害》2019年第2期。

《"敦刻尔克"空战：德国空军的失落》，张玲瑜著，《坦克装甲车辆》2017年第22期。

《伦敦大轰炸》，吴鹏著，《军事史林》1994年第1期。

《希特勒无奈大海峡　德空军夜袭考文垂》，刘韫著，《中国空军》1995年第4期。

《不列颠上空的魔影：二战期间德国空军对英国袭扰轰炸》，[英]克里斯·戈斯著；张宏飞译，《军事历史》2006年第1期。

《英国在不列颠之战中反空袭斗争的经验》，夏韵芳著，《第二次世界大战军事论文选》，军事学术杂志编，军事科学出版社1985年版。

《规模空前的不列颠大空战》，王虎成、吴宏博著，《中国国防报》2000年2月25日。

《德国近距空中支援战术终极诠释——斯图卡出击 纳粹空军对地攻击作战：1939—1943》，段亚波著，《国际展望》2004年第7期。

《美国二战时在欧洲选择战略轰炸目标的理论根据》，[美]斯蒂文·A.帕克著；陆以中译，《外国空军军事学术》1990年第8期。

《人类历史上最早的战略轰炸：美英航天兵对德、日的空袭》，徐焰著，《中国人民防空》2001年第7期。

《对德空中战役》，华人杰著，《外国空军军事学术》1985年第6期。

《对德国的战略轰炸》，雷克摘译，《世界史研究动态》1987年第10期。

《二战期间同盟国空军对德国城市的大轰炸及其历史书写与争论》，孙立新、陈瑜著，《武汉大学学报（哲学社会科学版）》2018年第5期。

《英机远袭奥格斯堡 得不偿失智勇可嘉》，刘韫著，《中国空军》1996年第3期。

《"惩罚"行动：英国对德国水电系统的轰炸作战》，王明志著，《中国空军》2008年第3期。

《千机炸科隆》，贾新乐著，《世界军事》1993年第4期。

《千机轰炸科隆市　两番空袭施韦城》，刘韫著，《中国空军》1996年第4期。

《砸开法西斯空中门户：埃森—汉堡轰炸》，赖小刚著，《外国史知识》1985年第 10 期。

《空袭柏林》，秦晓周著，《军事史林》1994 年第 1 期。

《轰炸柏林》，［美］埃塞尔·A.普莱斯著；李素辉译，《外国空军军事学术》1995 年第 4 期。

《轰炸柏林　震慑戈林》，王大锐、王颂著，《军事史林》1999 年第 1 期。

《1941 年：苏军 10 次轰炸柏林》，何苗苗著，《环球军事》2007 年第 18 期。

《轰炸雷根斯堡和施魏因富特》，［美］艾尔弗雷德·普赖斯著；俞福祥译，《外国空军军事学术》1995 年第 4 期。

《俄摩拉行动：痛击纳粹的 1943 年汉堡大轰炸》，［美］格兰特著；田宇平译，《军事史林》2007 年第 12 期。

《俄摩拉城行动：二战末期英国轰炸德国汉堡纪实》，曹刊、张艳明著，《环球军事》2007 年第 7 期。

《美国战略轰炸的目标选择理论》，初兆丰著，《外国军事学术》2005 年第 10 期。

《钢火与意志的较量：二战盟军对德战略轰炸》（上下），张璐著，《坦克装甲车辆》2011 年第 12B 期/2012 年第 1B 期。

《二战盟军对德两次大轰炸》，李乐著，《兵器知识》2007 年第 12 期。

《"穿梭轰炸"100 天》，王钟强著，《航空知识》2005 年第 6 期。

《从"德累斯顿大轰炸之争"谈二战记忆的真实性问题》，孟钟捷著，《世界历史》2019 年第 6 期。

《血与火的教训：雷根斯堡/施韦因富特大轰炸》，李平著，《航空周刊》2002 年第 20 期。

《梦魇般的 20 次轰炸：二战期间美军对德国洛伊纳化工厂的大轰炸》，张艳明、曹刊、杜劲松著，《环球军事》2007 年第 9 期。

《最后的千机大轰炸》，王必成著，《世界军事》2010 年第 12 期。

《浅析二战中美英对德国的战略轰炸》，王向飞、沈宇军著，《兵工科技》2002 年第 6 期。

《盟国战略轰炸对德国战时经济的影响》，程广中著，《军事历史研究》1991 年第 4 期。

《盟军战略轰炸及其对德国战时经济的影响》，程广中著，《华中师大学报》

1992 年第 3 期。

《盟军战略轰炸对德国战时经济、军事行动的影响》,禹杰著,《世界历史》
1991 年第 4 期。

《第二次世界大战中美英对德的战略轰炸及其启示》,丁步东、林学斌著,
《军事历史》2001 年第 3 期。

《二战中,英美对德经济目标轰炸为何效果差》,熊睿、钟磊著,《中国国防
报》2011 年 4 月 28 日。

《美英战略轰炸对苏德战场作战的影响》,禹杰著,《空军指挥学院学报》
1988 年第 5 期。

《空袭格林佛:二战西线战场的落幕闹剧》,郭彩虹著,《环球军事》2013 年
第 12 期。

《成功的空袭:二战德军东线空中闪击的经验教训》,离子鱼著,《兵器》2006
年第 12 期。

《纳粹德国空军的最后挑战》,段大江著,《兵器》2007 年第 10 期。

《失去制空权纳粹德国空军最后的挣扎》,〔美〕理查德·穆勒著;张宏飞编
译,《国际展望》2005 年第 8 期。

《第二次世界大战中美国空军对日本本土战略轰炸浅析》,苏金龙著,《第二
次世界大战中的军事学术》,张海麟主编,国防大学出版社 1989 年版。

《二战时期美国对日本的大轰炸》,王恩收著,《档案时空》2014 年第 7 期。

《二战期间美空军对日本战略后方的大轰炸》,姚文礼著,《外国军事学术》
1987 年第 11 期。

《二战中美军的对日战略轰炸及其影响》,张继文、李树山著,《军事史林》
1993 年第 4 期。

《美国空军在二战中对日本本土战略轰炸的作用》,穆景元著,《大连近代史
研究》2015 年第 1 期。

《二战中美军对日战略轰炸的"艺术"》,纪树著,《中国国情国力》2002 年第
4 期。

《致日本于死地:二战中美国战略轰炸"五步棋"》,闵增富著,《军事史林》
1995 年第 7 期。

《空袭日本:美国空军对日本的战略轰炸》,肖鹏著,《坦克装甲车辆》2004
年第 10 期。

《"马塔角行动"：B-29 的早期战略轰炸行动》，[美] 科雷尔著；砺剑译，《现代舰船》2010 年第 6 期。

《美国首次轰炸东京的实况及其前因后果》，桂心仪著，《宁波师院学报》1992 年第 4 期。

《挫败锋芒　怒而挠之——美军首次轰炸东京秘闻》，郭若冰著，《军事史林》1993 年第 4 期。

《东京在燃烧——1942 年美军奇袭日本本土》，马德祖著，《世界军事》1995 年第 2 期。

《火攻东京：造成空前惨重损失的一次常规战略轰炸》，黄良盛著，《现代兵器》2001 年第 2 期。

《他们炸毁了东京，他们炸毁了广岛，他们炸毁了长崎——B-29 出击！美国陆军第 20 航空队史》，周丽娅、张艳明著，《国际展望》2004 年第 10 期。

《〈珍珠港〉影片和历史上的轰炸东京》，傅前哨著，《航空知识》2002 年第 8 期。

《"暴雨"攻日计划内幕披露》，李海龙著，《军事史林》1996 年第 4 期。

《最后一次对日空袭》，王颂、王大锐著，《军事史林》1998 年第 10 期。

《二战美军为何轰炸日本居民区》，陆旬多著，《文史博览》2015 第 10 期。

《中国空军轰炸日本始末》，张苏东著，《军事文摘》1995 年第 2 期。

《神鹰翔九洲　华威凌东瀛——记 1938 年中国空军远征日本》，王德中著，《军事史林》1993 年第 1 期。

《"敌机跳梁"：抗战后期中美空军对日航运空袭（1943—1945）》，萧明礼著，《抗日战争研究》2019 年第 3 期。

《震颤东京的芷江飞虎——远东最大的盟军机群参战大曝光》，牟永刚著，《传记文学》1995 年第 4 期。

《日本：火的磨难》，[美] 李·肯尼特著；陈洪译，《外国空军军事学术》1990 年第 8 期。

《日本帝国主义"战略轰炸"思想的形成与实践》，董兴林著，《山东师大学报》1995 年增刊。

《揭密二战中日本对美国本土的空袭计划》，鲁小林著，《兵工科技》2010 年第 15 期。

③空降作战

《二次大战中的空降作战》,添怡著,《文史杂志》1994年第4期。

《论二战期间的空降作战》,宋国才、张韬著,《第二次世界大战史论文集③:五十年的深思》,李殿仁主编,军事谊文出版社1996年版。

《空降兵的袭击》,刘克忠著,《外军研究》1985年第11期。

《第二次世界大战空降兵使用特点》,王俊芝著,《空降兵学术研究》1985年第9期。

《第二次世界大战中使用空降兵的经验》,[苏]苏霍鲁科夫著;陈学惠、杨士华译,《外国军事学术》1982年第5期。

《第二次世界大战中空降兵的发展和运用》,胡复生著,《空降兵》1988年第1期//《第二次世界大战中的军事学术》,张海麟主编,国防大学出版社1989年版。

《第二次世界大战初期德军空降作战的特点》,胡复生著,《军事历史》1985年第4期//《第二次世界大战军事论文选》,军事学术杂志编,军事科学出版社1985年版。

《二战空降史教给了我们什么?》,戴旭著,《现代军事》2005年第8期。

《战例详解:突袭埃本埃美尔要塞》,含章著,《世界军事》2013年第10期。

《刺向要害的尖刀:德军奇袭比利时埃马尔要塞》,陈克清、杨建华等著,《军事展望》2000年第11期。

《营救墨索里尼》,含章著,《世界军事》2013年第6期。

《一次惊险的机降突袭——希特勒的突击队营救墨索里尼经过》,赵志民著,《解放军报》1980年9月26日。

《克里特岛空降战例分析与思考》,简洁著,《航空杂志》2014年第9期。

《德军克里特岛空降战役的经验教训》,王运献、王世忠等著,《军事历史》2001年第4期。

《克里特岛之战德国空降兵精锐的衰没》,张志博、胡冰著,《军事史林》1999年第10期。

《纳粹空降兵的掘墓之战:克里特岛大空降》,袁静伟著,《军事史林》1994年第3期。

《二战期间盟军最大的一次空降战》,胡琪著,《历史大观园》1992年第1期。

《阿纳姆空降：盟军的"地狱"之战》，杨斌、张彰著，《国防科技》2004年第4期。

《"地狱"之战：第二次世界大战中阿纳姆空降》，杨斌、张彰著，《环球军事》2004年第6期。

《"哈斯基"空降行动：二战期间美军最惨烈的误击事件》，于洋著，《环球军事》2011年第23期。

《西西里岛空降作战两次大悲剧》，王龙善著，《高炮教研》1986年第1期。

《最悲惨的空降作战行动》，李力钢著，《军事史林》1994年第2期。

《苏德战争开始阶段苏军对空降兵的使用》，任找泉著，《军事学术》1982年增3期//《第二次世界大战军事论文选》，军事学术杂志编，军事科学出版社1985年版。

《苏空降兵在克林地区切断德军退路的空降行动》，王俊芝、谢振超著，《外军空降资料》1986年第6期。

《诺曼底登陆战役中空降作战的特点及其启示》，俞晓鹏、孟现军、王宁著，《军事历史》2001年第4期。

《诺曼底登陆战役中的空降作战及特点》，管有勋著，《外国空军军事学术》2001年第5期。

《诺曼底登陆战役中盟军空降兵的使用》，胡复生著，《外国军事学术》2000年第11期。

《王牌对决：二战德军第6伞兵团诺曼底战记》，堂皇著，《兵器》2010年第2期。

《浅析"市场—花园"行动失利的经验教训》，杜新记著，《空降兵》2002年第3期。

《浅析"市场—花园"战役中盟军的情报评估失误》，李景龙著，《军事历史》2013年第2期。

《"大学行动"：二战盟军空降作战的收山之作》，郭彩虹著，《环球军事》2005年第10期。

《天降武士：二战中鲜为人知的日本空降兵作战》，张宇飞著，《兵工科技》2010年第19期。

④防空作战

《走向新阶段的前奏：两次世界大战之间的防空》，于祯著，《航空杂志》1981

年第 3 期。

《新体系的出现：第二次世界大战的防空》，于祯著，《航空杂志》1981 年第 5 期。

《二战与战后城市反空袭作战探讨》，刘观现、茹福红著，《第二次世界大战与战后局部战争》，李小军主编，军事谊文出版社 2003 年版。

《二战时期英、德、苏三国的首都防空》，靳涛著，《军事史林》2007 年第 6 期。

《纳粹天幕 德军高炮部队防空作战》，[美] 肯尼·沃雷尔著；张宏飞译，《国际展望》2006 年第 17 期。

《空袭与防空史话（五）法西斯秃鹫折翼俄罗斯原野：苏联卫国战争中的防空作战》，徐焰著，《中国人民防空》2001 年第 6 期。

《苏军卫国战争时期防空作战（1、2、3）》，黄晓春著，《高炮教研》1986 年第 1—3 期。

《伟大卫国战争初期对空防御的组织与实施》，[苏] 科尔杜诺夫著；陈学惠译，《外军资料》1984 年第 937 期。

《苏联伟大卫国战争时期的国土防空经验》，[苏] A.H.科尔杜诺夫著；彭训厚译，《二战史通讯》1987 年第 9 期。

《卫国战争中苏联陆军野战防空的发展》，殷杰著，《军事文摘》2018 年第 11 期。

《苏联卫国战争初期莫斯科的防空》，王方仁著，《外国军事学术》1986 年第 5 期。

《苏联卫国战争时期不断完善防空指挥系统的经验》，张正德译，《外国空军军事学术》1987 年第 9 期。

《第二次世界大战中的民防》，木一荐著，《云南国防》1996 年第 5 期。

《空袭与防空史话（四）：西欧战场上抗击纳粹的防空作战》，易宇著，《中国人民防空》2001 年第 5 期。

《英国反空袭作战研究》，李江源、张帆著，《外军炮兵防空兵学术》2001 年第 2 期。

《二战时期英国的国土反空袭》，甄新宪、张艳萍、秦悦著，《中国人民防空》2002 年第 8 期。

《二战中的最大机密："超级机密"》，于江欣著，《兵器知识》2000 年第 1 期。

《英军考文垂防空战为何失利》,崔恒福著,《军事历史》1989 年第 1 期。

《考文垂防空失利的真实原因:第二次世界大战英军要地防空战例简介》,崔恒福著,《空军指挥学院学报》1988 年第 3 期。

《二战期间美军航空兵在菲律宾战略防御中的教训》,程享明、刘宗海著,《军事史林》1998 年第 4 期。

《从"火炬"行动到突尼斯战役:纳粹德国空军在北非的最后一战》,张杨著,《现代兵器》2012 年第 12 期。

（3）海上作战样式

《论第二次世界大战海战及其基本经验》,时平、张金基著,《第二次世界大战史论文集③:五十年的深思》,李殿仁主编,军事谊文出版社 1996 年版。

①概述

《二次大战中的海战》,宋稳缤著,《中学历史教学参考》1986 年第 4 期。

《二战中的四大海战》,翁赛飞著,《海军杂志》1995 年第 9 期。

《二次大战海上军事大事记》,韩力著,《海军杂志》1995 年第 9 期。

《对反法西斯战争中海战的回顾与思考》,何林忠著,《海军杂志》1995 年第 9 期。

《第二次世界大战期间及其以后的海军 C3》,张鸿海著,《国外舰船技术(指控)》1985 年第 2 期。

《二次大战及其后局部战争中海战的回眸》,苏读史著,《现代军事》1995 年第 12 期。

《诺曼底登陆战役中的海军作战》,刘政著,《外国军事学术》2000 年第 11 期。

《民劣胜优:太平洋战争中美海军对抗零式战斗机的战术》,贾洪峰著,《海军译文》1997 年第 3 期。

《美海军二战中的秘密之旅》,张羽、常兴等著,《当代海军》2002 年第 12 期。

《第二次世界大战中的法国海军》,曹章祺著,《外国海军文集》1986 年第 1 期。

《伟大卫国战争中的苏联海军》,刘巍著,《外国海军文集》1995 年第 3 期。

《二战中的英国海军太平洋舰队》,张学诚、周新来著,《当代海军》2002 年第 5 期。

《航母专家谈珍珠港事件 60 年来美国海军的变迁》,本刊记者著,《现代舰船》2001 年第 12 期。

《太平洋上的五次航母大战》,连跃华著,《军事展望》1997 年第 5 期。

《冰舰打兵舰》,王杰锋著,《国防》1990 年第 7 期。

《所罗门海战:"舰队决战"理论的重新审视》,周德华著,《现代舰船》2013 年第 7C 期。

《差距巨大,谈何较量? 再论二战后期美日航母的对抗》,欧阳欣著,《现代舰船》2013 年第 12B 期。

《二战中苏联海军舰艇塔林突围的悲剧及其启示》,[俄]瓦西里耶夫著;谭丽华译,《世界海军训练》2011 年第 1 期。

《揭秘二战美国对日水雷封锁战》,仲光友著,《兵工科技》2012 年第 1 期。

②潜艇战与反潜战

《两次世界大战中的反潜战回顾》,黄向明著,《海军学术研究》1992 年第 5 期。

《第二次世界大战中的潜艇战》(上中下),董其锋著,《现代舰船》2010 年第 7A/8A/9 期。

《第二次世界大战中潜艇的作战活动》,梁志城著,《第二次世界大战中的军事学术》,张海麟主编,国防大学出版社 1989 年版。

《第二次世界大战中的潜艇防空作战》,张承宗、朱波等著,《军事历史》1998 年第 6 期。

《世界大战中的德国潜艇战》,于青云著,《军事史林》1997 年第 10 期。

《第二次世界大战中德国使用潜艇的几种方法》,冯国彬著,《外国海军文集》1986 年第 2 期。

《大西洋里的"狼群"——二次大战德国潜艇战术》(上下),王桂海著,《解放军报》1980 年 2 月 7/15 日。

《鱼雷失灵"大灾难":纳粹潜艇战失败的重要原因之一》,夏泽松著,《军事史林》1993 年第 6 期。

《浅析德国大西洋潜艇战失败的主要原因》,欧彬甫著,《海军学术研究》1987 年第 1 期。

《轴心国潜艇对美洲大陆的恐怖攻击》,柯瑞著,《现代舰船》2003 年第 7 期。

《击鼓　二战德国潜艇的美国之战》，楚水昂著，《舰载武器》2010 年第 2 期。

《意红海潜艇纵队对潜指挥的经验和教训》，王培元著，《海军学术研究》1988 年第 2 期。

《第二次世界大战太平洋战区使用潜艇的经验》，冯国彬著，《外国海军文集》1985 年第 11 期。

《第二次世界大战中日本海军使用潜艇兵力的作战思想》，赵振愚著，《第二次世界大战中的军事学术》，张海麟主编，国防大学出版社 1989 年版。

《日本袭击珍珠港战役中潜艇兵力的作战行动》，毛传信著，《潜艇学术研究》1997 年第 1 期。

《日本潜艇赴德秘闻》，《军事史林》2000 年第 9 期。

《一群被遗忘的水下恶狼，见证二战最失败的潜艇战术：菊花海狼——日本乙型潜艇全传》，童丰著，《国际展望》2004 年第 12 期。

《迷失深海：二战日潜艇战失利原因分析》，俞风流著，《当代海军》2013 年第 6 期。

《美国潜艇在太平洋战争中的作战使用》，吴传瑞著，《海军杂志》1985 年第 3 期。

《论第二次世界大战美军潜艇对日作战》，郁振伟、纪金耀著，《军事历史》2012 年第 3 期。

《扼住日本的生命线：太平洋战争中的美军潜艇部队》，肖鹏著，《环球军事》2005 年第 7 期。

《太平洋战争初期美潜艇战术的失误》，吴进森著，《海军杂志》1986 年第 4 期。

《洋面下的静默杀手——太平洋战争中的美军潜艇作战拾粹》，肖鹏著，《国防科技》2005 年第 6 期。

《美国潜艇在中途岛海战中的作战使用（1942 年 5 月 14 日—6 月 4 日）》，教务部军事学术组著，《潜艇学术研究》1997 年第 4 期。

《美潜艇在菲律宾群岛的特别行动》，毛传信著，《海军学术研究》1988 年第 1 期。

《阿留申群岛潜艇战》，张艳明著，《世界军事》2005 年第 10 期。

《美国潜艇在太平洋战争中为什么能取得较好的战绩》，骆小宁著，《海军学术研究》1985 年第 4 期。

《狼熊之争纵横谈:从二战苏德潜艇表现看影响潜艇战力的人为因素》,刘杨著,《现代舰船》2009 年第 2B 期。

《二战中苏联潜艇的使用》,殷杰著,《舰载武器》2008 年第 12 期。

《对第二次世界大战中苏联潜艇作战指挥问题的浅析》,骆小宁著,《海军学术研究》1985 年第 3 期。

《卫国战争中潜艇的作战经验》,[美]切尔纳温著,《海军学术研究》1989 年第 1 期。

《约翰·沃克与二战中的反潜战》,胡睿、胡胜利著,《当代海军》2005 年第 11 期。

《第二次世界大战期间令人咋舌的两场反潜战》,胡宝良著,《现代舰船》2013 年第 7C 期。

《论二战中潜艇和航空兵的攻势布雷》,王社强著,《海军学术研究·水雷战研究论文集期》1999 年增刊。

《浅谈太平洋战争中攻势布雷的作用及启示》,徐国平、徐锡康著,《海军学术研究》1989 年第 5 期。

《对苏军在第二次世界大战中反潜成效甚微的浅析》,黄文焕著,《海军学术研究》1985 年第 4 期。

《“狼群”肆虐大西洋　盟军实施反潜战》,刘韫著,《中国空军》1995 年第 5 期。

《二战中盟军航空兵在大西洋的反潜作战评析》,付幼尧著,《现代军事》1995 年第 9 期。

《纳粹“海狼”的最后哀鸣:比斯开湾反潜大战》,李浩著,《环球军事》2003 年第 7 期。

《歼灭狼群:美国陆航对德国潜艇的空中打击》,马丹松著,《舰载武器》2006 年第 10 期。

《是扬长避短还是扬短弃长:从二战德军潜艇与飞机对抗想到的》,王立文著,《解放军报军事科技周刊》2000 年 7 月 12 日。

③海上交通线作战

《勇闯“黑窟”——盟军护航运输队大战纳粹“狼群”》,李浩著,《环球军事》2005 年第 2 期。

《第二次世界大战中海洋交通线斗争的经验》，[美]切尔纳温著；王谊民译，《外国军事学术》1990年第11期。

《二战时期海上战略交通线作战的历史分析及启示》，陈晓山、苏平著，《海军工程大学学报》2015年第4期。

《太平洋战争中的日军保交作战》，赵振愚著，《海军学术研究》1987年第1期。

《太平洋战争中日军的保交作战》，赵振愚著，《海军杂志》1987年第4期。

《关键在于争夺主动权：盟军大西洋保交作战取胜原因浅析》，马文贤著，《海军学术研究》1987年第1期。

《论大西洋争夺战中盟军保交斗争的主要经验——兼论大西洋交通线争夺的战略性质》，曹智英、宗兆瑞著，《海军学术研究》1992年第1期。

《二战时期海上交通线斗争的几点历史经验》，王金华著，《军事历史》2001年第2期。

《二战时期海上保交斗争的经验与启示》，王金华著，《国防交通》2001年第3期。

《二次大战中意海军的护航战》，余用哲著，《海军杂志》1985年第3期。

《北极航线上的血腥与悲壮》，梁云著，《兵工科技》2002年第7期。

《二战和越战期间美国对日本及越南海上封锁作战特点浅析》，高鹏著，《军事历史》2001年第2期。

《浅析二战中美海上封锁对日本战败的影响》，张煦著，《海军杂志》1995年第9期。

《太平洋战争期间美国是怎样破坏日本海上运输线的》，蒲瑞元著，《世界史研究动态》1984年第10期。

《德航空兵在地中海的首次破交战》，殷宪群著，《海军学术研究》1991年第2期。

（4）两栖作战（登陆战与抗登陆战）

《第二次世界大战中主要登陆战役情况简表》，仲毅著，《舰船知识》1984年第10期。

《二战登陆作战的特点及启示》，安高柱等著，《第二次世界大战与战后局部战争》，李小军主编，军事谊文出版社2003年版。

《二战期间美军登陆作战的指导思想》，古风摘，《军事历史》1995年第

5 期。

《二战期间德军登陆作战研究》，朱维、刘万侠著，《外国军事学术》2001 年第 10 期。

《北非登陆战役的经验和教训》，陈昱澍著，《外国军事学术》2001 年第 6 期。

《西西里岛登陆战役述评》，彭训厚著，《军事历史》2007 年第 3 期。

《"利剑"刺"软腹"——记西西里岛登陆战役》，杨育林、杨信忠著，《坦克装甲车辆》1994 年第 11 期。

《历史上最大的登陆作战计划》，聂云著，《当代海军》1996 年第 5 期。

《"庆典"作战对登陆作战的借鉴意义》，成坚著，《海军学术研究》2003 年第 5 期。

《第二次世界大战时期美军在太平洋岛屿的登陆作战》，戴维·伊斯著，《外国军事学术》1976 年第 35 期。

《太平洋战争美军登陆作战战场态势塑造的主要经验》，夏亦著，《军事历史》2018 年第 5 期。

《血战佩莱利乌岛：美军伤亡率最高的登陆战》，文锋著，《世界军事》2007 年第 6 期。

《美军塞班岛登陆战役特点》，冯万库著，《外国军事学术》2001 年第 6 期。

《塔拉瓦登陆战》，《海洋世界》2005 年第 8 期。

《从瓜岛到冲绳：二战美军两栖登陆作战的几个侧面》（上下），窦超著，《现代兵器》2012 年第 5/6 期。

《代价高昂的越岛登陆作战：美军硫黄岛登陆战役述评》，朱金才、韩继兵著，《军事历史》2009 年第 1 期。

《美军冲绳岛登陆成功原因探析》，张玉国著，《外国军事学术》2001 年第 6 期。

《登岛攻坚：硫黄岛登陆作战及启示》，南京军区司令部军研室著，《华北民兵》2006 年第 11 期。

《积极防空：冲绳岛登陆作战及启示》，南京军区司令部军研室著，《华北民兵》2006 年第 12 期。

《日军在冲绳抗登陆作战中的坑道战》，秦毅著，《外国军事学术》2001 年第 6 期。

《美军马绍尔群岛登陆战役的战法选择》,吕罡、刘万侠著,《外国军事学术》2001 年第 6 期。

《苏海军在卫国战争中的登陆作战》,[苏]阿奇卡索夫著;高岚译,《外国军事学术》1979 年第 1 期。

3. 特种作战

(1)经济战

《第二次世界大战中的科技经济战》,任海平著,《国防大学学报》1995 年第 3 期。

《二战时期经济战主要形式浅探》,杨新贵、李晓波著,《军事经济学院学报》2003 年第 1 期。

《略论二战初期英国的海上经济封锁战略》,于江欣著,《军事历史》2001 年第 2 期。

《盟国对德经济战(1939—1941)中的苏联因素》,杨华文著,《九江师专学报》2002 年第 1 期。

《二战中德对英海上封锁的思考及启示》,李鹏程著,《军事历史》1999 年第 5 期。

《"二战"期间同盟国对日本的军事经济封锁与打击》,张金山、杨新贵著,《军事经济研究》2001 年第 10 期。

《"饥饿战役"浅析》,许腾著,《海军学术研究》1991 年第 5 期。

《美军对日军实施的"饥饿战役"》,贾晓光著,《军事历史》1995 年第 2 期。

《令人窒息的"饥饿战"——二次大战中美军对日本本土海上封锁述评》,丁良红著,《军事史林》1991 年第 3 期。

《二战期间美军对日本本土海上封锁的经验及启示》,吴清丽、盛建勇著,《二战及其遗留问题对国际关系的影响》,二战史研究会编,2004 年。

《"饥饿战役":美军对日本本土的水雷封锁》,许腾、叶元鹤著,《现代军事》1995 年第 8 期。

《饥饿战役——二次大战结束前的水雷封锁战》,徐冠军著,《航海》1982 年第 4 期。

《前事不忘后事之师:写在"饥饿战役"50 周年之际》(上下),骆传骊著,《现代舰船》1994 年第 1/3 期。

《第二次世界大战中的石油战》,[苏]T.B.基里连科著;彭训厚译,《二战史通讯》1989 年第 10 期。

《太平洋战争中的石油战》，刘少文、杨俊杰等著，《国防科技》2006 年第
1/2/4 期。

《德国在二战中的石油战述评》，庞媛媛著，《河南工业大学学报》2012 年第
2 期//《华北水利水电学院学报（社科版）》2012 年第 2 期。

《日本在第二次世界大战中的石油战——兼论对国家资源安全的启示》，庞
媛媛、王倩等著，《石家庄学院学报》2011 年第 5 期。

《石油战：苏联卫国战争时期的苏德战场》，王绍章、李爽著，《社会科学战
线》2007 年第 1 期。

《抗战初期的中日货币战》，石磊著，《档案与史学》1995 年第 4 期。

《战中之战：中日学界关于抗战时期中日货币战研究评述》，王萌著，《日本
侵华南京大屠杀研究》2018 年第 4 期。

《二战特种作战与现代战争》，孙友军著，《解放军报》2015 年 6 月 30 日。

《特种作战招数多：英国在二战中的特种作战揭秘》，高元新、马荣升著，《环
球军事》2003 年第 11 期。

《第二次世界大战中的地图战》，应兴国著，《羊城晚报》1980 年 8 月 30 日。

（2）电子战与通讯对抗

①电子战

《第二次世界大战中的电子战》，陈忠龙著，《外国史知识》1984 年第 12 期。

《二次大战期间电子战轶事》，范新民文著，《知识就是力量》1988 年第
2 期。

《二战中崭露头角的电子战一瞥》，白汉德著，《坦克装甲车辆》1995 年第
11 期。

《特殊的战斗：第二次世界大战中的电子战》，俊杰著，《兵器知识》1981 年
第 3 期。

《从典型战例看二战期间的电子对抗》，程建、张世男著，《第二次世界大战
史论文集⑤：科学技术的力量》，戚世权主编，解放军出版社 1999 年版。

《浅谈第二次世界大战电子对抗技术发展的启示》，金家才、陈刚毅著，《第
二次世界大战史论文集⑤：科学技术的力量》，戚世权主编，解放军出版社 1999
年版。

《第二次世界大战中的电子伪装与欺骗》，杨士华著，《外国军事学术》1991

年第 12 期。

《浅谈无线电欺骗在第二次世界大战中的运用》,孙冲著,《第二次世界大战史论文集⑤:科学技术的力量》,戚世权主编,解放军出版社 1999 年版。

《电子战和信息战在诺曼底登陆中的作用》,田在津著,《中国雷达》2000 年第 1 期。

《诺曼底登陆战役中的电子战》,本刊编辑部著,《空降兵》2002 年第 1 期。

《"霸王行动"与电子战》,田在津著,《解放军报》2001 年 6 月 8 日。

《诺曼底登陆战役电子战探析》,戚世权著,《第二次世界大战史论文集③:五十年的深思》,李殿仁主编,军事谊文出版社 1996 年版。

《诺曼第登陆战役中的电子对抗》,贾泽宗著,《通信战士》1981 年第 1 期。

《一次成功的隐真示假:记二战中诺曼底登陆战役盟军采取的电子对抗措施》,李江昌著,《现代兵器》1998 年第 9 期。

《电波中的较量:二战美军对日战略轰炸中的电子战》(上下),廖新华、景启鹏著,《兵器》2008 年第 5/6 期。

《安齐奥登陆战中的电子战》,李祥著,《电子对抗学术》1995 年第 2 期。

《二次大战中的苏军电子战》,张华廷著,《海军杂志》1985 年第 5 期。

《第二次世界大战中的苏联无线电电子作战》,比奇利著,《外国空军资料选译》1981 年第 9 期。

《第二次世界大战中的导航对抗》,杨士华著,《外国军事学术》1991 年第 8 期。

《第二次世界大战中的雷达对抗》,杨士华著,《外国军事学术》1991 年第 9 期。

《第二次世界大战中的雷达对抗》,杨健著,《第二次世界大战史论文集⑤:科学技术的力量》,戚世权主编,解放军出版社 1999 年版。

②通讯对抗

《第二次世界大战中的通信对抗》(上下),杨士华著,《外国军事学术》1991 年第 10/11 期。

《苏德战争初期苏军通信联络的经验教训》,戴敬忠著,《通信战士》1981 年第 1 期。

《对二次大战苏德战争中的苏联军事通信体制的研究与思考》,顾元聪著,《军事通信学术》1988 年第 5 期。

（3）密码战与情报战

①密码战

《密码激战》，汤正华著，《科学时代》1983 年第 2 期。

《第二次世界大战中的密码战》，严瑞池著，《军事历史》1986 年第 2 期。

《两次世界大战中的密码战》，康保东、王志军著，《军事史林》1994 年第 4 期。

《两次世界大战中的密码战》，黄邦在著，《档案天地》2009 年第 10 期。

《两次世界大战期间美军的稀有语言军事密码》，吴承义著，《军事历史》2014 年第 4 期。

《兵不厌诈——第二次世界大战中的电波战》，[法] 阿兰·米希厄著；朱佳强译，《世界之窗》1987 年第 5 期。

《二次大战中惊心动魄的密码战》，严瑞池著，《人民日报》1985 年 9 月 8 日。

《密码战及其在二战中的作用》，曹志鸿著，《河北师范学院学报》1995 年第 3 期。

《大西洋战场上的密码战》，[美]弗兰克著，《舰载武器》2007 年第 6 期。

《"恩格玛"与"不列颠空战"》，奥斯卡著，《坦克装甲车辆》2016 年第 24 期。

《二战中英国的"超级机密"》，董利雄、石奇义等著，《当代世界》2007 年第 6 期。

《二战中的最大机密——"超级机密"》，于江欣著，《兵器知识》2000 年第 1 期。

《破译希特勒密码系统》，[美] 马丁·吉尔伯特著；曹道明译，《环球》1990 年第 2 期。

《日军密码四次落入美军之手》，宋云良、张建国著，《军事历史》1986 年第 4 期。

《穿越时空的秘密：二战中的美军密码机》（上下），白炎林著，《兵器》2005 年第 4/5 期。

《太平洋战争中的"魔术"》，君里著，《历史知识》1981 年第 5 期。

《珍珠港之波》，冯献成著，《人民装甲兵》1988 年第 2 期。

《珍珠港上的电波战》，任众著，《外国史知识》1981 年第 11 期。

《珍珠港事件前夕的"谜"》，[日] 西春彦著；永昶摘译，《世界史研究动态》1983 年第 7 期。

《珍珠港事件的"魔术"背景》,李安华著,《军事历史》2001 年第 4 期。

《"魔术"与珍珠港事件》,赵喜儒、袁明著,《军事史林》1995 年第 12 期。

《"魔术"情报与珍珠港事件》,李安华著,《第二次世界大战史论丛》,王相如、李安华主编,四川大学出版社 1985 年版。

《谁破译了日本偷袭珍珠港的密电?》,边逸著,《国防科技》2004 年第 12 期。

《是谁破译了日军将偷袭珍珠港的密电?》,亦文著,《文史通讯》1997 年第 2 期。

《中国人破译日本偷袭珍珠港密电》,刘起来、张志刚著,《当代海军》2005 年第 11 期。

《破译日军偷袭珍珠港密电的池步洲》,吴越著,《炎黄世界》1996 年第 7 期。

《破译日军即将偷袭珍珠港密码的奇才:池步洲》,吴越著,《贵州文史天地》1997 年第 5 期。

《临终,他还在念叨珍珠港——记破译日本 TV 密码电报人张顺理》,陈礼荣著,《党史纵横》1995 年第 9 期。

《中国到底有没有破译日本突袭珍珠港密电》,池步洲著,《民国春秋》1997 年第 4 期。

《中国没有破译日本突袭珍珠港的密电》,张令澳著,《世纪》1997 年第 6 期。

《以小搏大——抗日战争中的密码战》,王霄著,《环球军事》2004 年第 23 期。

《二战期间:国民党密电检译所曾多次破译日军的绝密情报》,渠冉著,《档案天地》2012 年第 5 期。

②情报战

《国民政府对日本情报的破译(1938 年 1—6 月)——基于孔祥熙档案的分析》,侯中军著,《抗日战争研究》2016 年第 3 期。

《谈情报工作在二战中的作用》,刘惠敏著,《商丘师院学报》2002 年第 3 期。

《世界反法西斯战争中的情报活动》,朱宁著,《第二次世界大战史论文集③:五十年的深思》,李殿仁主编,军事谊文出版社 1996 年版。

《战略情报对反法西斯国家战略决策的影响》,王天成著,《第二次世界大战中的军事学术》,张海麟主编,国防大学出版社 1989 年版。

《形成于二战硝烟中的情报科学——为纪念本刊创刊 10 周年而作》,王崇德著,《晋图学刊》1995 年第 3 期。

《论反法西斯战争的特殊战场》,张宏志著,《人文杂志》1995 年第 4 期。

《德日二战情报工作异同略论》,余凯、吴静著,《法制与社会》2009 年第 25 期。

《无间道:两次世界大战期间美日海军间的情报战》(上下),陈宇、马强、张晓军著,《环球军事》2008 年第 1/2 期。

《法国学者论情报工作与三十年代法国政府的对德政策》,周以光摘译,《世界史研究动态》1986 年第 11 期。

《纳粹空军调研局内幕》,李国麟译,《时代的报告》1980 年第 3 期。

《文洛事件:"假战争"时期的英德情报战》,高金虎著,《历史大观园》1992 年第 1 期。

《不列颠战役中的空军情报工作》,魏长春著,《军事历史研究》2012 年第 1 期。

《第二战场的开辟与情报工作》,裴慧敏编译,《世界史研究动态》1981 年第 11 期。

《诺曼底战役中的情报战》,邹依粟著,《外军电子战》2004 年第 2 期。

《诺曼底登陆战役中的信息战》,李姗著,《当代海军》2006 年第 12 期。

《情报战在诺曼底登陆前打响》,梁军、冯晨著,《当代海军》1999 年第 5 期。

《诺曼底登陆中的反情报战》,洪俭、张羽著,《教学研究与信息》2002 年第 3 期。

《"霸王行动"何以成功——谈诺曼底登陆战役中的保密措施》,谢波涛著,《军事史林》1992 年第 5 期。

《情报定输赢:迪耶普登陆背后的情报角逐》,汪明敏著,《世界军事》2005 年第 9 期。

《争夺"老天爷":大西洋之战背后的气象情报战》,文锋著,《环球军事》2007 年第 2 期。

《看不见的战线:卫国战争期间苏海军情报战纪实》,姜永伟著,《环球军事》2004 年第 24 期。

《二战苏联情报失误原因探析》,阮春良著,《山东社会科学》2012 年第 S2 期。

《令斯大林判断失误的军事情报》,云昌著,《军事史林》2007 年第 6 期。

《计中计:斯大林格勒保卫战中的情报战》,陈然、李晓明著,《环球军事》2008 年第 7 期。

《库尔斯克战役中的苏军情报工作》,孙建民、孙亚利著,《军事历史》2019 年第 3 期。

《北非战场上的情报战》,郭剑著,《世界军事》2005 年第 7 期。

《日偷袭珍珠港前的情报战》,李小明著,《海军杂志》1986 年第 1 期。

《从珍珠港事件看美日情报工作》,崔利波著,《日本研究》1988 年第 4 期 //《辽宁大学学报》1990 年第 1 期。

《中途岛海战中的美日情报战》,潘金宽著,《国防科技》2003 年第 2 期。

《从中途岛海战谈到信息战的妙用》,袁文先著,《现代军事》2005 年第 7 期。

《浅析中途岛海战中的美日情报战》,刘丽著,《情报探索》2008 年第 4 期。

《情报战:美军治愈中途岛海战之关键》,王立刚著,《内蒙古农业大学学报》2007 年第 1 期。

《情报的胜利:从中途岛战役看情报在决策中的威力》,俞风流著,《保密工作》2012 年第 8 期。

《制胜的关键——从中途岛战役看情报在决策中的威力》,蒲宁著,《科学决策》2005 年第 10 期。

《还原历史真相:美日中途岛战役和击毙山本五十六战斗中的密码情报战》,吴明冰著,《舰船知识》2009 年第 10 期。

《中途岛海战中日本情报失误研究》,王肖戎、邱婷婷著,《社科纵横》2012 年第 2 期。

《从珍珠港到中途岛:太平洋战争前期日本情报失误研究》,罗卫萍著,《军事历史研究》2008 年第 2 期。

《二战期间日军反情报工作研究》,耿华洲、周飞著,《黑河学刊》2017 年第 1 期。

《二战时期日军对缅工作机构——南机关再考》,[日] 斋藤照子著;司韦译,《南洋资料译丛》2009 年第 2 期。

《日本情报文化形成的深层原因探析》,吕延晨、刘肖岩著,《湖北警官学院学报》2013 年第 4 期。

《美军在瓜岛之战中的通信情报失误》,张卫著,《通信士官》2001 年第 1 期。

《三封电报与莱特湾海战》,王春旭、咸玉国等著,《当代海军》2006 年第 7 期。

《"硫磺岛":让美军一再误判》,于怀超著,《环球军事》2009 年第 20 期。

《浴血硫磺岛的高昂代价:美军情报失误对硫磺岛战役的重大影响》,邱夕海著,《军事史林》2008 年第 7 期。

《影子武士:二战美国战略情报局揭秘》,斯坦查克著,《现代舰船》2009 年第 8C 期。

《日本关东军对苏联远东"情报战"研究》,庞宝庆著,《安徽农业大学学报》2009 年第 1 期。

《抗战时期中日特殊情报战》,李群著,《江苏地方志》2007 年第 6 期。

《中国"佐尔格"的三大情报》,王连捷、李劲为著,《兰台世界》2011 年第 1 期。

《世界反法西斯阵营在远东的一个瞭望塔》,李仲元著,《党史文汇》1997 年第 9 期。

《二战中的气象预报》,刘世炎著,《军事史林》1995 年第 11 期。

《第二次世界大战中的气象战》,刘世炎著,《解放军报》1995 年 8 月 22 日。

《极地争风:二战中的"气象战"》,[美] 舒斯特尔著;逯艳若译,《现代舰船》2009 年第 3C 期。

《日军偷袭珍珠港背后的气象战》,殷占堂著,《中国国防报》2015 年 6 月 30 日。

③间谍战与反间谍战

《希特勒的秘密战线之一:岛屿堡垒:英德间谍战》(上中下),[美] 乔根森著;长弓译,《现代舰船》2010 年第 1—3 期。

《希特勒的秘密战线之二:无情的战争:苏德间谍战》(上下),[美] 乔根森著;长弓译,《现代舰船》2010 年第 4/6 期。

《希特勒的秘密战线之三:特种行动》(上下),[美] 乔根森著;长弓译,《现代舰船》2010 年第 7/8 期。

《在另一个战场上(第二次世界大战盟国轴心国之间谍报作战的真实情况摘译)》,李潞著,《人民日报》1981年11月29日/1981年11月30日。

《希特勒的间谍——第二次世界大战期间的德国军事间谍活动》(全3期),[美]戴维·卡恩著;海天译,《时代的报告》1980年第1/1980年第2/1980年第3期。

《希特勒的"公主":德国最神秘的女间谍斯蒂芬妮·冯·霍恩洛亚》,张雨薇著,《环球军事》2006年第9期。

《德国间谍美国"现形记"》(上下),谭顺谋著,《环球军事》2014年第10/12期。

《击碎希特勒导弹梦的女间谍》,林国利、梁灼刚著,《环球军事》2007年第13期。

《珍珠港谍战风云》,李落落著,《世界军事》2009年第9期。

《战争,日机轰炸瓦胡岛!——珍珠港事件中一个被遗忘的间谍》,舒嘉颖著,《环球军事》2005年第2期。

《德国"间谍之家"助日本偷袭珍珠港》,魏佳林著,《文史博览》2011年第10期。

《诺曼底登陆前的女间谍案》,米歇尔·格拉克斯内著,《环球》1980年第5期。

《诺曼底登陆中的双面间谍》,季我努著,《坦克装甲车辆》2011年第11B期。

《芬洛事件:二战初期的英德间谍战》,刘晓燕著,《世界军事》1999年第9期。

《"卫士计划"谍中谍:诺曼底战役中的间谍战》,周明著,《世界军事》1999年第12期。

《"卫兵"行动:战争史上规模最大德谍报活动》,李宁著,《世界军事》1995年第3期。

《第二次世界大战中的苏联"露西谍报"》,严瑞池著,《军事史林》1988年第2期。

《暗战八年:战争史上历时最久、规模最大的间谍战》,贺炎夏、李斌著,《环球军事》2009年第23期。

《抗战初期震惊中外的南京日谍案》,经盛鸿著,《钟山风雨》2003年第

1 期。

《二战日军战略间谍的摇篮:陆军中野学校》,谭小龙著,《坦克装甲车辆·新军事》2009 年第 2 期。

《二战中的神秘间谍》,张志刚著,《环球军事》2005 年第 11 期。

《二战最重要的间谍解密》,闻新芳著,《北京档案》2001 年第 6 期。

《美国中情局最新解密档案揭出二战秘闻》,哲文著,《湖北档案》2001 年第 10 期。

《二战英谍日记大解秘》,沈农夫著,《世界文化》2003 年第 3 期。

《略论第二次世界大战时期苏军的反间谍工作》,郭华著,《军事历史》2011 年第 3 期。

《揭秘死魔室:二战期间苏军反间谍工作纪实》,郭华著,《环球军事》2011 年第 2 期。

《神秘的前苏联锄奸总局》,晓翎著,《当代世界》2004 年第 4 期。

《莫斯科保卫战中的反间谍战》,彭华著,《世界军事》2007 年第 4 期。

《暗战:苏联别动队与纳粹特工的殊死较量》,柳玉鹏著,《环球军事》2007 年第 18 期。

《苏联策反战俘的方法及成效(1941—1956)》,张广翔、王学礼著,《社会科学战线》2012 年第 4 期。

《抗日战争之"无间道"——侵华日军和中共抗日武装谍报战档案解读》,孙瑾、贾茹、代年云著,《军事历史研究》2015 年第 3 期。

《中日邮票谍报战》,王伟著,《文史博览》2010 年第 8 期。

(4)谋略战

①心理战与宣传战

A.心理战

《心理战在两次世界大战中的运用——心理战发展史探讨之二》,蒋杰著,《空军政治学院学报》1996 年第 5 期。

《略论第二次世界大战与心理战的发展》,王晓华著,《二战及其遗留问题对国际关系的影响》,二战史研究会编,2004 年。

《近几场局部战争中心理战与二战中心理战之比较》,刘洪亮著,《第二次世界大战与战后局部战争》,李小军主编,军事谊文出版社 2003 年版。

《二战盟军心理战述略》,张晓校著,《北方论丛》1996 年第 1 期。

《BBC 与心理战：第二次世界大战中的英国广播公司》，张天、邓红梅著，《军事史林》1993 年第 2 期。

《二战时期美国对日本的心理战研究》，史澎海著，《长安大学学报》2017 年第 2 期。

《美军太平洋战争与朝鲜战争传单心理战运用成效及启示》，周宣敏、余远来著，《东南军事学术》2011 年第 3 期。

《德国纳粹心理谋略的反思》，晓剑著，《军事学术信息》1990 年第 1 期。

《希特勒与他的心理战手法》，杜正艾著，《史学集刊》1994 年第 3 期。

B.广播宣传战

《二战中的广播舆论战》，姚宝权、唐芬艳著，《青年记者》2006 年第 24 期。

《浅谈宣传在战争中的作用》，宋璐著，《教育教学论坛》2010 年第 23 期。

《电波部队——第二次世界大战中的广播宣传战》，高铁军著，《世界文化》2010 年第 7 期。

《漫话第二次世界大战中的"广播战"》，胡耀亭著，《中国广播电视学刊》1995 年第 7 期。

《第二次世界大战中广播的战略性政治传播》，哈艳秋、葛畅著，《中国广播》2005 年第 11 期。

《第二次世界大战中英国与德国广播宣传比较》，汤妍著，《新闻世界》2013 年第 5 期。

《解剖希特勒惯用的舆论战策略》，刁文辉著，《军事记者》2008 年第 6 期。

《二战中盟军的宣传战》，张晓校著，《历史教学》1997 年第 7 期。

《"东京玫瑰"栽入美国水兵的心》，王玉东著，《当代海军》1998 年第 5 期。

《舆论战的奇葩——二战中盟军"四巨头"的广播演说》，魏晓斌著，《国防科技》2007 年第 3 期。

《盟军电台瓦解德海军士气》，牛宝成著，《政工研究文摘》2005 年第 5 期。

《美国战时新闻舆论战的手段、特点及其启示》，张国良、张勇著，《二战及其遗留问题对国际关系的影响》，二战史研究会编，2004 年。

《第二次世界大战对日宣传单研究概述》，[日] 土屋礼子著；刘凤健译，《军事历史研究》2008 年第 4 期。

《二战初期英国对美国宣传的历史考察》，张瑾著，《北方论丛》2008 年第 6 期。

《试析苏联在第二次世界大战时的舆论宣传战》，闫雪著，《军事历史》2007年第 3 期。

《浅析卫国战争时期苏联软实力中舆论战术的运用》，周小颖著，《西伯利亚研究》2009 年第 3 期。

《战时苏联战俘报纸的宣传目标及成效》，王学礼著，《贵州社会科学》2013年第 2 期。

《抗战时期中日双方激烈的舆论宣传战》，王龙著，《文史天地》2017 年第3 期。

《日本法西斯侵略中国十五年间的广播宣传》，王士林著，《中国广播电视学刊》2005 年第 11 期。

《日本殖民统治者在台湾的战时广播宣传》，周海娟著，《传媒观察》2014 年第 10 期。

《侵华战争时期日本报界战时宣传的特征及评析》，孙继强著，《新闻与传播研究》2014 年第 10 期。

《日本侵华时期大众媒体战争参与问题探析》，刘朝华、刘潇湘著，《社会科学家》2013 年第 1 期。

《日本的新闻传媒与日本的侵华历史》，经盛鸿著，《抗战史料研究》2014 年第 1 期。

《九一八事变前后日本在"满洲问题"上的反华宣传——以日本太平洋问题调查会为中心的考察》，欧阳军喜著，《清华大学学报》2007 年第 5 期。

《太平洋战争前日本在东南亚的欺骗宣传及间谍活动》，马勇著，《东南亚研究》1997 年第 4 期。

《东方与西方的声音——抗战时期中外新闻报道比较》，余靖、孙汀娟著，《新闻前哨》2004 年第 5 期。

《回旋历史的声音（中篇）——第二次世界大战中的中外广播 国民党中央广播电台的抗战宣传》，李佳佳著，《中国广播》2005 年第 11 期。

《略论国民党主导的中国反日国际宣传战——以"九一八"事变为中心》，刘继忠、赵佳鹏著，《新闻记者》2019 年第 11 期。

《抗战时期中日两国在东南亚的宣传战》，赵晓红著，《党史研究与教学》2018 年第 5 期。

《太平洋战争前后国民政府的外交战略与对美宣传——以国际广播电台为

中心的考察》,朱叶著,《兰州学刊》2017 年第 6 期。

《抗战时期的国民党对外宣传及美国记者群》,张威著,《杭州师范大学学报》2008 年第 5 期。

《刍议抗战时期我军对外宣传工作》,罗国金、罗国辉著,《军事记者》2007 年第 1 期。

《全面抗战时期我党对日宣传的媒介手段与效果研究》,赵新利著,《中国出版》2019 年第 18 期。

《让世界听到中国的声音——新华社英语广播开播 60 周年纪事》,熊蕾著,《中国记者》2004 年第 10 期。

《东方反法西斯战场上的媒介主角——论"二战视野"下的延安新华广播电台》,白生良著,《东南传播》2009 年第 12 期。

《抗战时期朝鲜义勇队在桂林等地新闻宣传活动初探》,靖鸣、张雷著,《新闻与传播研究》2009 年第 2 期。

《第二次世界大战中的邮票战》,朱金才著,《军事历史》1994 年第 6 期。

《二次世界大战中的邮票宣传战》,黄明心编译,《环球》1982 年第 9 期。

《二次大战中的宣传邮票》,〔美〕萨默著;何小东编译,《集邮》1994 年第 1 期。

《邮票在两次世界大战中扮演的角色》,阿颖著,《环球军事》2013 年第 9 期。

《盟军曾向纳粹发动邮政大战》,杨孝文著,《环球军事》2012 年第 4 期下。

②欺骗与伪装

《试析"二次大战"中的欺骗谋略》(全 2 期),刘波著,《昆明陆军学院学报》1996 年第 1/2 期。

《真实的诺言:二战中最为成功的"肉馅"军事欺骗行动》,司古著,《兵器知识》2005 年第 9 期。

《"肉馅行动"——英军在西西里战役中的战略欺骗》,陈循著,《当代军事文摘》2005 年第 7 期。

《"卫士"计划——历史上最大的战争骗局》,郭魁、康永革著,《国防科技》2006 年第 4 期。

《诺曼底登陆战役的谋略运用及其启示》,张伟、张光明等著,《军事历史》2001 年第 1 期。

《欺骗"霸王"与"霸王"欺骗》,徐起著,《现代舰船》1997 年第 4 期。

《霸王计划与战略欺骗——试析盟军诺曼底登陆作战与情报手段》,张福财著,《盐城师范学院学报(人文社会科学版)》2009 年第 2 期。

《诺曼底登陆战役欺骗最新揭秘》,付天宇著,《当代海军》2011 年第 3 期。

《诺曼底登陆战役欺骗的最新揭秘》,李大光著,《军事史林》2011 年第 4 期。

《"诺曼底登陆"前的谋略战》,常江雷、于芝著,《参谋学刊》1996 年第 2 期。

《浅谈诺曼底登陆前的战役伪装》,庞存生、李保国著,《第二次世界大战史论文集⑤:科学技术的力量》,戚世权主编,解放军出版社 1999 年版。

《冒名顶替,杰姆士中尉"元帅"行:盟军在诺曼底登陆前的一个骗局》,郭若冰著,《军事史林》1993 年第 2 期。

《诺曼底登陆战前的惑敌之计》,吴志荣著,《思维与智慧》2005 年第 1 期。

《谈诺曼底登陆中盟军的疑兵之计》,敖宝著,《现代兵种》2002 年第 4 期。

《诺曼底登陆中盟军的疑兵之"计"》,梁予君、周晓光著,《国防科技》2006 年第 9 期。

《诺曼底登陆战役中的欺骗与伪装》,郑国跃著,《桂林陆军学院学报》1995 年第 5 期。

《诺曼底登陆战役中盟军的佯动欺骗》,郑守华著,《外国军事学术》2000 年第 11 期。

《诺曼底登陆战役中的奇妙伪装》,刘斌著,《云南国防》1997 年第 5 期。

《美英联军诺曼底战役中的战役伪装》,谢鲁海著,《工程兵指挥学院学报》1989 年第 1 期。

《诺曼底登陆中的"苦肉计"》,黄飞英著,《思维与智慧》2001 年第 1 期。

《对诺曼底登陆战役伪装成攻原因的简析》,赵福玉著,《海军学术研究》1985 年第 3 期。

《苏军卫国战争中的战役伪装》,赵锦贵著,《人民工兵》1980 年第 3 期。

《绝路逢生:新木马计——二次大战中的戏剧性逃跑》,[英]彼得·罗布森著;安楠译,《环球》1982 年第 3 期。

《珍珠港外谋略战》,苏恩泽著,《华北军事》2001 年第 1 期。

(5)细菌战和化学战

《骇人听闻的细菌战》,华永正著,《军事文摘》1998 年第 1 期。

《从日美苏三国档案看日本细菌战战术问题》,宫文婧著,《武陵学刊》2016年第 5 期。

《九一八事变爆发后日本的细菌战战略研究》,张玉雪著,《"九一八"研究》2016 年第 1 期。

《日军太平洋细菌战之计划与实施分析》,张华著,《武陵学刊》2011 年第 6 期。

《二战中日军曾拟用细菌武器攻美》,苗生著,《军事史林》1996 年第 7 期。

《太平洋战争新资料——日军以细菌战攻击美军和美国本土内幕》,吴天威著,《抗日战争研究》1997 年第 4 期。

《日军曾在对苏战争中使用细菌战》,宗巍、刘硕等著,《新华每日电讯》2014 年 7 月 5 日。

《"极点"行动:苏军摧毁德国细菌武器基地纪实》,李树宝著,《世界军事》1999 年第 2 期。

《英国在二战中的特种化学战》,高元新著,《国防科技》2003 年第 11 期。

《第二次世界大战期间日本军队的化学战》,步平著,《侵华日军暴行(国际)学术研讨会论文集》,中共石家庄市委党史研究室等编,新华出版社 1996 年版。

《毁灭日本的毒气战计划》,枝叶著,《历史大观园》1992 年第 7 期。

《二次大战中的神经性毒气》,李力钢著,《百科知识》1996 年第 3 期。

《希特勒为何没有动用化学武器》,庄振明著,《军事史林》1997 年第 8 期。

《浅析"二战"中德军未发动化学战的原因》,李力钢著,《军事史林》1992 年第 4 期。

《"二战"中盟军为何没有发动化学战》,李力钢著,《军事历史》1993 年第 3 期。

《二战时期海军生物战的研究状况述评——对美国保存档案的初步解读》,刘汝佳著,《学理论》2016 年第 7 期。

(6)日德的"特攻战"

《神风特攻行动始末》,顾卫华著,《军事知识》1988 年第 11 期。

《孤注一掷　拼死一搏:太平洋战争中日军特攻作战述评》,屈新儒著,《军事史林》1989 年第 2 期。

《日军"特攻战之父"大西泷治郎》,邓沛著,《军事历史》1999 年第 2 期。

《日军"特攻战之父"大西泷治郎罪恶的一生》,邓沛著,《文史精华》1997 年第 11 期。

《樱花凋零在东京上空：二战时期的日本首次空中特攻战》，闻舞著，《环球军事》2007 年第 23 期。

《菊水特攻作战——太平洋战争中最惨烈的一幕》，邓沛著，《中学历史教学参考》1997 年第 6 期。

《"樱花"出击：二战末期日本海军航空兵"神雷特攻"行动始末》，闻舞著，《环球军事》2007 年第 3 期。

《"S 特攻队"未能出击：日本二战投降前的超级计划》，何民著，《世界军事》2000 年第 11 期。

《"神风"特攻队最后的疯狂》，何立波著，《环球军事》2014 年第 5 期。

《"神风"无助大和魂》（上下），季伏枥著，《坦克装甲车辆》2004 年第 12 期//2005 年第 1 期。

《"神风"无力难回天》，高林著，《航空知识》2005 年第 8 期。

《日本的神风特攻机》，殷宪群著，《舰船知识》2001 年第 11 期。

《末路狂花：日本"神风"特攻机》，季伏枥著，《兵器知识》2003 年第 10 期。

《武装渔船：日本最早的"特攻"部队》，朱京斌著，《环球军事》2009 年第 5 期。

《日本"神风特攻队"》，向东著，《军事史林》1992 年第 4 期。

《日军的神风特攻队》，余宗著，《航空史研究》1994 年第 4 期。

《"神风特攻队"名称的由来》，郑军著，《军事史林》1998 年第 9 期。

《神风特攻队：军国主义的"人肉炸弹"》，本刊综合著，《保密工作》2014 年第 4 期。

《太平洋上空的恶魔：二战期间日本的"神风"特攻队》，吕文强著，《现代舰船》1997 年第 2 期。

《没有坟墓的幽魂 日军"神风特攻队"自杀战》，萨苏著，《国家人文历史》2014 年第 14 期。

《日军特攻队为何称为"神风"》，郑军著，《军事历史》1998 年第 5 期。

《海底神风特攻队》，本刊编辑部著，《世界军事》1993 年第 4 期。

《日本"水下神风特攻队"的覆灭》，宋力著，《军事文摘》1998 年第 2 期。

《回天鱼雷，无力回天：日本"水下神风特攻队"的覆灭》，宋力、王世恩著，《现代舰船》1997 年第 12 期。

《"神风特攻队"申遗意在美化日本侵略历史》,梁淋淋著,《新华每日电讯》2014年2月11日。

《驱逐舰大战"神风"机》,寒江著,《环球军事》2003年第11期。

《与神风特攻队过招》,费伊著,《世界军事》2012年第5期。

《日本"神风"自杀特攻队的覆灭》,王国玉著,《军事展望》2002年第11期。

《探询疯狂神风背后的必然:人员素质和战略条件对日本航空兵战术的影响》,离子鱼著,《现代兵器》2007年第9期。

《漫谈日军自杀式攻击行动》,陈宇、林迟迟著,《军事史林》2007年第11期。

《看看日军的自杀式袭击》,陈宇著,《环球军事》2007年第11期。

《纳粹海军的自杀特攻》,谢建军著,《当代海军》2002年第9期。

《"埃尔贝":纳粹德国的"神风特攻队"》,陈家光、邵颖著,《环球军事》2004年第9期。

《希特勒的"神风"敢死队》,严伟江著,《世界军事》2002年第7期。

《纳粹德国特攻队绝地救魔》,纳川、刘海江著,《坦克装甲车辆》2009年第7期。

《自讨苦吃的坦克特攻战》,朱京斌著,《环球军事》2010年第8期上。

《二战时日本曾用氢气球轰炸美国》,《天津政协》2012年第7期。

第二节　战争动员与战争经济

一、战争动员

1. 战争动员比较研究

《"二战"中苏美两国战争动员的经验教训及启示》,崔斌、樊建莹著,《许昌师专学报》1995年第3期。

《第二次世界大战中的经济动员及其经验教训》,刘义昌、陈德弟著,《军事历史》1991年第3期。

《第二次世界大战各主要参战国的兵员动员》,冯根龙、杨凯、张新兵著,《第二次世界大战与战后局部战争》,李小军主编,军事谊文出版社2003年版。

《从第二次世界大战看武装力量动员的时机》,林益群著,《军事史林》1992年第2期。

《苏德战争武装力量动员的特点》,李力著,《第二次世界大战史论丛》,王相如、李安华主编,四川大学出版社 1985 年版。

《九一八事变后中日两国的舆论战——以中国知识界的英文撰述为中心》,李珊著,《中国社会科学院近代史研究所青年学术论坛(2011 年卷)》,社会科学文献出版社 2012 年版。

2. 法西斯国家的战争动员

(1)德国的战争动员

《德国在第二次世界大战时的动员情况》,本刊编辑部著,《外国军事学术》1976 年增刊 1—3 期。

《二战前期德国战争动员之考察(1933—1939)》,周全俊著,《乐山师范学院学报》2010 年第 6 期。

《试论纳粹德国的战时妇女就业动员政策》,徐盐城著,《淮北煤炭师范学院学报》2005 年第 3 期//《牡丹江教育学院学报》2005 年第 4 期。

《希特勒的孩子——二战中震惊世界的纳粹德国"生命之源计划"》,贺骞著,《跨世纪(时文博览)》2007 年第 7 期。

《谎言的末路:纳粹德国的狂热宣传》,刘丽群著,《环球军事》2013 年第 7 期。

《纳粹德国战时"儿童下乡运动"浅析》,陈旸著,《历史教学问题》2010 年第 3 期。

(2)日本的战争动员

《日本在第二次世界大战中的动员情况》,本刊编辑部著,《外国军事学术》1976 年增 3 期。

《二十世纪三四十年代日本的战争动员及其影响》,吴会蓉著,《西南民族大学学报》2016 年第 4 期。

《疯狂的军事侵略与战争动员——基于四川省建川博物馆藏侵华日军家书的研究》,吴会蓉著,《西华大学学报》2015 年第 1 期。

《"英灵彰显":从新见"仓桥文书"看日本的战争动员》,芮赵凯、王川著,《日本侵华南京大屠杀研究》2019 年第 3 期。

《日本侵华战争时期在乡军人与日本社会动员》,高燎著,《日本侵华史研究》2017 年第 3 期。

《日本侵略战争中的宗教动员》,袁涛、翟恩彬等著,《科学与无神论》2006

年第 5 期。

《试析侵华战争末期日本的"学徒出阵"》,马兴达著,《抗战史料研究》2014年第 2 期。

《成亦是船　败亦是船——"大东亚战争"日本舰舶动员浅析》,张羽著,《国防交通》1998 年第 1 期。

《二战时期的日本何以形成强大的全社会动员能量》,钟磊、白建升著,《军事史林》2010 年第 8 期。

《日本军国主义对外侵略与"一亿总动员"》,李卓著,《东北亚学刊》2015 年第 3 期。

《近代日本侵华战争中的舆论宣传》,王群岭著,《文史天地》2015 年第 4 期。

《二战时期日本政府对舆论的调控》,王晓露著,《军事记者》2008 年第 10 期。

《二战时期日本舆论的调控研究——兼论当下对日信息传播策略》,崔磊著,《军事记者》2010 年第 12 期。

《日本的新闻管控与侵略战争》,张千帆著,《炎黄春秋》2015 年第 12 期。

《侵华战争时期日本政府的言论控制机制》,[日]尾西康充著;张博译,《日本研究》2017 年第 2 期。

《战时媒介管制与媒介功能"让位"——太平洋战争中的日本灾害新闻报道研究》,高昊、金莲姬著,《北京理工大学学报》2017 年第 4 期。

《战时日本新闻的"沦陷"与日本国民性的关联》,单波、詹佩著,《北大新闻与传播评论》2015 年第 1 期。

《"日本八路"历史叙事下侵华战争时期日本国民心理构造分析》,张焕香著,《日本侵华史研究》2016 年第 3 期。

《从太平洋战争时期的〈读卖新闻〉看战争中"新闻失守"现象》,伍素文著,《新闻传播》2018 年第 1 期。

《日本侵华战争时期的"笔杆部队"》,吴艳著,《南开学报》2018 年第 6 期。

《太平洋战争中的日本"PK 部队"研究——以征用作家为对象》,吉正芬、李彬著,《求索》2015 年第 10 期。

《日本侵华战争与葬仪:"大日本忠灵显彰会"考论(1939—1945)》,杨秀云著,《日本侵华史研究》2017 年第 4 期。

《日本国内战争狂热的形成及原因》，史桂芳著，《浙江师范大学学报》2015年第 6 期。

《日军全面侵华期间宣传策略考察》，孙佳丽著，《新闻研究导刊》2015 年第 20 期。

《满铁殖民宣传在日本侵华战争中的作用》，王玉芹著，《中国社会科学报》2018 年 9 月 20 日。

《九一八事变后日本国内的新闻报道与战争狂热》，史桂芳著，《学术交流》2016 年第 9 期。

《海军军歌与日本的海上帝国梦想》，孙雪梅著，《东北师大学报》2017 年第 5 期。

《和着战争的节拍——从商业广告看日本的战争体制与战争狂热》，史桂芳著，《安徽史学》2018 年第 3 期。

《抗战初期日本媒体的战争宣传——以〈东京日日新闻〉为个案》，邹灿著，《民国档案》2016 年第 3 期。

《战争期间日本军国主义法西斯的精神专制》，高洪著，《日本学刊》2005 年第 4 期。

《"二战"时期日本政治传播网络的构建》，孙继强著，《青年记者》2014 年第 29 期。

《论日本军用中国语教科书的编撰》，王宇宏、罗琦著，《军事历史研究》2013 年第 1 期。

《少见的敌人：太平洋战争中日本陆军为何拼死顽抗》，［美］德里尔著；砺剑译，《现代舰船》2011 年第 2C 期。

《日本侵略战争中妇女团体的作用》，胡澎著，《日本学刊》2005 年第 4 期。

《日本对外侵略战争中的军国主义妇女团体》，胡澎著，《日本研究论集（2006）》，南开大学日本研究院编，天津人民出版社 2006 年版。

《日本侵略战争期间的军国主义妇女团体》，胡澎著，《中国抗战与世界反法西斯战争——纪念中国人民抗日战争暨世界反法西斯战争胜利 60 周年学术研讨会文集：上卷》，中国社会科学院近代史研究所编，社会科学文献出版社 2009 年版。

《战时日本官方妇女团体的地位、作用与双重角色》，王文佳著，《历史教学问题》2019 年第 2 期。

《日本妇女与侵华战争》,孙立祥、韩立娟著,《华中师范大学学报》2014 年第 1 期。

《日本妇女在侵华战争中具有"受害者"与"加害者"的双重身份》,卢彦名著,《日本侵华史研究》2014 年第 2 期。

《抵抗与妥协:战争动员下的日本教会学校——以同志社大学为中心》,朱虹著,《世界宗教研究》2018 年第 3 期。

《殖民地时代朝鲜半岛对日本军国主义的战略意义》,曹中屏著,《聊城大学学报》2017 年第 1 期。

2. 反法西斯国家的战争动员

(1)美国的战争动员

《从建国到二战时期美国防备外交的历史演进》,朱方琴著,《军事历史研究》2013 年第 2 期。

《两次世界大战与美国的人力动员政策》,陈海宏著,《美国社会发展与中美交流》,梁茂信主编,中国社会科学出版社 2003 年版。

《二战中的美国经济动员特点》,何奇松、程群著,《军事经济研究》2000 年第 11 期。

《二战期间美国战争资源的对外投放考察》,韩永利、张士伟著,《世界历史》2010 年第 1 期。

《"我们用电影干掉敌人":美国陆军航空兵第一电影队二战征战记》,杨孝文著,《环球军事》2012 年第 10 期。

《太平洋战争期间史密森协会的"战时服务"》,谢雨婷著,《博物院》2018 年第 6 期。

《第二次世界大战中的美国妇女》,何黎萍著,《光明日报》2016 年 4 月16 日。

《美国印第安人与第二次世界大战》,余昌楷著,《世界史研究动态》1993 年第 8 期。

《美国第 9066 号行政命令出台之战时因素探析》,陈景彦、柴金璐著,《学习与探索》2015 年第 3 期。

《美国在太平洋战争期间对日裔美国人的特殊管制》,温荣刚、张劲松著,《日本研究》2003 年第 4 期。

《论第二次世界大战时期美国对日裔美国公民的拘留政策》,戴超武著,《日本问题研究》1997年第4期。

《太平洋战争期间美国日裔安置营报纸初探——刊行状况及宣传作用》,王子晖、胡楚悦著,《外国问题研究》2018年第3期。

《太平洋战争中美国对日裔语言专家的训练和使用》,张凤、高航著,《军事历史》2015年第5期。

《公众舆论与西方民主国家战争政策——以美国参加二战为例》,马小力著,《云南社会主义学院学报》2014年第4期。

(2)苏联的战争动员

《苏联在第二次世界大战时的动员情况》,本刊编辑部著,《外国军事学术》1976年增1期。

《苏军卫国战争中的经济动员》,文金著,《后勤学术》1985年第10期。

《苏联卫国战争初期国家转为战时体制的做法和对我们的启示》,薛连壁著,《军事教育学院学报》1988年第1期。

《苏联经济的战争准备战时改组和扩大再生产》,张克难著,《第二次世界大战史论丛》,王相如、李安华主编,四川大学出版社1985年版。

《试论苏联卫国战争初期的政治宣传工作》,过亦林著,《军事历史研究》1991年第3期。

《苏联卫国战争时期制定的奖励措施》,胡宝林著,《军事史林》1985年第2期。

《胜利的保证 兵员动员与二战苏联军事力量的发展》,江雨著,《海陆空天惯性世界》2011年第10期。

《论苏联卫国战争时期女性在工业生产中的贡献》,孙丽红著,《历史教学(下半月刊)》2015年第6期。

《二战时期苏联对囚犯的政策》,徐元宫著,《学习时报》2014年11月24日。

《从档案资料看卫国战争时期的苏联劳改营》,徐隆彬著,《西伯利亚研究》2014年第6期。

《卫国战争时期苏联宗教政策的变化》,雷丽平著,《世界宗教文化》2015年第5期。

《二战爆发前后苏联对少数民族的迁移》,刘显忠著,《俄罗斯中亚东欧研究》2007年第2期。

《卫国战争前后苏联境内德意志族人的命运》,刘显忠著,《俄罗斯学刊》

2015 年第 4 期。

《胜利与凯旋：二战两次莫斯科红场大阅兵》，吕志英著，《军事历史》2005年第 8 期。

《苏军在卫国战争中对官兵战斗精神的激励》，于跃进著，《西安政治学院学报》2006 年第 5 期。

《苏联卫国战争中的纪实美术宣传》，李一帅著，《历史教学（高校版）》2008年第 5 期。

《唤起血战到底的决心：苏联卫国战争时期的战地音乐》，何立波著，《环球军事》2012 年第 11 期。

《响彻列宁格勒的〈第七交响乐〉》，梁贵明、李贵中著，《国防科技》2006 年第 1 期。

《〈第七交响曲〉助威列宁格勒保卫战》，杜希国著，《环球军事》2004 年第17 期。

《苏联卫国战争时期群众歌曲与中国抗日救亡歌曲的比较研究》，李人亮、刘丽丽著，《艺术教育》2016 年第 10 期。

《苏联卫国战争时期的图书馆服务》，王林军著，《西伯利亚研究》2016 年第1 期。

《从波兰迅速败亡看现代战争中的动员问题》，王萍丽、张贵锁等著，《第二次世界大战与战后局部战争》，李小军主编，军事谊文出版社 2003 年版。

（3）中国的战争动员

《"战争动员与抗日战争"学术研讨会综述》，温艳著，《抗日战争研究》2019年第 4 期。

《国民政府抗战动员体制若干问题辨析》，吕晓勇著，《军事历史研究》2013年第 4 期。

《抗战时期蒋介石全国总动员理念释辨》，吕晓勇著，《民国档案》2014 年第4 期。

《蒋介石与抗战时期总动员体制之构建》，段瑞聪著，《历史教学（下半月刊）》2014 年第 11 期。

《抗战期间国民政府战争动员与基层控制关系论析》，吕晓勇著，《安庆师范学院学报》2011 年第 1 期。

《论抗日战争时期国民政府的国际舆论动员》，古琳晖、李峻著，《江海学刊》

2005 年第 5 期。

《九一八事变后中国的抗战外宣(1931—1938)——以杨光泩及世界电讯社为中心的考察》,侯中军著,《民国档案》2018 年第 2 期。

《论抗日战争时期中国电影的舆论动员》,黄国升著,《北方文学(下半月)》2010 年第 8 期。

《报刊与抗日战争时期的舆论动员》,郑大华著,《史学月刊》2015 年第 10 期。

《简论抗战前国民政府的对日防空准备》,袁成毅著,《抗战史料研究》2014 年第 2 期。

《抗战时期的国民精神总动员运动》,谷小水著,《抗日战争研究》2004 年第 1 期。

《简析国民政府的〈国民精神总动员纲领〉》,于耀洲著,《佳木斯大学社会科学学报》2003 年第 1 期。

《抗战时期"九一八"纪念的历史考察》,郭辉著,《中国国家博物馆馆刊》2013 年第 2 期。

《抗日战争时期政治动员研究述评》,伍亚娟著,《学理论》2016 年第 1 期。

《抗日战争时期的政治动员对中国国家认同的影响》,朱桂莲著,《太原理工大学学报》2015 年第 2 期 //《广西青年干部学院学报》2015 年第 2 期。

《抗日战争时期中国共产党政治动员经验理析》,赵爽著,《长春市委党校学报》2015 年第 5 期。

《抗日战争时期中国共产党政治动员的理论与实践》,赵自力著,《胜利油田党校学报》2015 年第 5 期。

《抗日战争时期中国共产党的政治动员及启示》,刘超伟著,《黑龙江省社会主义学院学报》2019 年第 2 期。

《论抗日战争时期革命根据地的政治动员与政治参与》,刘卫华、李艳著,《党史文苑》2010 年第 22 期。

《抗日战争时期毛泽东的政治动员思想研究——基于〈论持久战〉的思考》,胡娇娇著,《淮海工学院学报》2017 年第 7 期。

《抗日战争时期陈云的政治动员思想及其现实启示》,鞠健著,《攀登》2019 年第 5 期。

《〈新华日报〉与抗日战争中的政治动员》,汤志华、钟慧容著,《长白学刊》

2015 年第 2 期。

《抗日战争时期中国共产党的社会动员能力研究》,聂云鹤著,《党史博采(理论)》2016 年第 6 期。

《从〈抗敌报〉看抗战时期中共的社会动员》,刘宇著,《山西高等学校社会科学学报》2018 年第 4 期。

《论抗日战争时期中国共产党的社会动员方法》,刘颖著,《兰州学刊》2006 年第 4 期。

《人民主体——抗日战争中中国共产党的社会动员思想及其启示》,计会云、常永清著,《湖北省社会主义学院学报》2016 年第 6 期。

《略论抗战时期国民党民众动员政策》,申燕、龙汉武、邬家能著,《湖北社会科学》2005 年第 9 期。

《抗战时期我军民众动员的理论与实践》,于夕红著,《中国军事科学》2017 年第 1 期。

《论抗战时期中国共产党的国防动员工作》,孙绪闻、费志杰著,《知与行》2016 年第 2 期。

《论抗战时期陕甘宁边区民众动员的模式和机制》,宋炜著,《西北大学学报》2005 年第 5 期。

《中国共产党在抗战时期的民众动员和社会改革》,戴源著,《聊城师范学院学报》2000 年第 6 期。

《抗日战争时期毛泽东的群众动员思想述评》,刘雅华、石宏亮著,《湖南行政学院学报》2010 年第 4 期。

《抗战时期的文化动员及其启示——以戏剧动员为例》,王志峰、刘娟娟著,《中共山西省委党校学报》2019 年第 6 期。

《抗战时期中国共产党领导下的文艺动员及其成效》,李先明著,《南京社会科学》2015 年第 4 期。

《抗战时期〈新华日报〉〈中央日报〉战争认同动员的话语框架》,肖燕雄、王亚隽著,《教育传媒研究》2018 年第 1 期。

《新闻救国视角下抗战时期佛教报刊的战争动员探析》,曾友和著,《重庆科技学院学报(社会科学版)》2017 年第 9 期。

《抗日战争时期根据地的兵役动员》,刘爱民著,《军事历史》2018 年第 4 期。

《抗日战争时期中国共产党的农民动员论析》,李铁著,《河南机电高等专科学校学报》2016 年第 5 期。

《抗日战争时期中国共产党对农村妇女的政治动员》,倪婷著,《中国妇运》2017 年第 7 期。

《"抗日"的日本人——抗战时期中共对日军事宣传》,赵新利著,《公共外交季刊》2015 年第 3 期。

二、战争经济与技术

1. 战争经济

《浅谈第二次世界大战中战争经济的两个问题》,杨少俊著,《第二次世界大战史论文集②》,中国二战史研究会编,国防大学出版社 1986 年版。

《军事技术、武器装备与战争进程》,余高达著,《现代军事》2005 年第 7 期。

《略论第二次世界大战中的经济因素》,史成群、刘文书著,《第二次世界大战史论文集③:五十年的深思》,李殿仁主编,军事谊文出版社 1996 年版。

《论法西斯德日两国的战争经济基础》,戴激波著,《湘潭师院学报》1995 年第 4 期。

《试论二战期间日、德两国的军事力量》,马丁著,《温州师院学报》2003 年第 1 期。

《纳粹德国战争经济略析》,肖汉森著,《华中师大学报》1986 年第 2 期//《第二次世界大战史论文集②》,中国二战史研究会编,国防大学出版社 1986 年版。

《试论法西斯德国的战争经济》,马真玉著,《史学月刊》1984 年第 6 期。

《论二战前后德国的工业政策》,李富森著,《学术探索》2012 年第 9 期。

《二战中苏德经济"大比拼"》,魏鹏程、孙冬等著,《军事史林》2007 年第 4 期。

《从希特勒的"近视症"谈战争效益观》,梁彦宁著,《学术研究》1988 年第 5 期。

《论施佩尔改组对纳粹德国战争经济的影响》,韩光明著,《世界历史》1988 年第 4 期。

《施佩尔工业改组对战时德国工业的影响》,陆月娟著,《上饶师专学报》1996 年第 5 期。

《试析纳粹德国战时经济中所存在的问题》，叶晓东、彭爽著，《理论月刊》2006 年第 8 期。

《德国 1945 年前政治与经济不同步发展原因探析》，吴友法著，《世界历史》1998 年第 4 期。

《浅谈第二次世界大战日本的战争经济》，王通信著，《后勤学院学报》1988 年第 4 期。

《日本军事法西斯主义与战争经济》，张劲松、李保安著，《日本研究》1999 年第 2 期。

《二战前日本促进工业自主发展能力快速增强的经验》，范建刚、张小明著，《石家庄经济学院学报》2010 年第 6 期。

《太平洋战争时期日本军事经济浅析》，屈新如、杨安民著，《军事历史研究》1989 年第 4 期。

《论战时日本农业政策》，蒋立峰著，《日本史论文集》，辽宁人民出版社1985 年版。

《日本二战期间土地制度的演变》，吴玲著，《日本学论坛》2004 年第 2 期。

《论二战时期日本战时军费筹集机制》，庞宝庆著，《日本问题研究》2017 年第 2 期。

《二战时期能源问题对日本战略决策的影响》，胡乐凯、宋永林著，《社会科学论坛》2018 年第 6 期。

《战时日本财税统制体制演进中的政府角色考察》，闫浩、杜小军、雷鸣著，《日本问题研究》2016 年第 4 期。

《略论二战中日本战争经济崩溃的原因》，向冬梅、徐德荣著，《哈尔滨师专学报》1995 年第 4 期。

《侵华战争期间日本经济的崩溃》（上下），殷杰著，《坦克装甲车辆》2019 年第 14/16 期。

《略论第二次世界大战时期美国的经济体制和经济政策》，徐德荣著，《史学月刊》1994 年第 6 期。

《第二次世界大战期间美国农业经济"战争景气"现象研究》，刘鹏著，《世界农业》2015 年第 11。

《第二次世界大战中政府对钢铁工业的干预》，[美] 托马斯·肯尼著；张立新译，《美国问题参考资料》1981 年第 15 期。

《战争债券与美国的战争筹资》,项飞著,《军事历史研究》2010 年第 4 期。

《从两次世界大战期间的美国国际收支看美国经济的战争性》,李树杰、梁春生著,《河北工程技术职业学院学报》2004 年第 1 期。

《第二次世界大战中的英国》,[英]伍德著;黄静杰译,《现代外国哲学社会科学文摘》1985 年第 10 期。

《国内学术界关于二战期间英国经济政策的研究综述》,张凯成著,《佳木斯职业学院学报》2015 年第 12 期。

《第二次世界大战中的苏联经济》,张克难著,《成都陆军学校学刊》1985 年第 3 期。

《苏联卫国战争胜利的经济基础》,王立全著,《后勤装备研究》1986 年第 3 期。

《苏联的战时经济和战时经济体制》,闻一著,《第二次世界大战史论文集》,三联书店 1985 年版。

《苏联正确指导战时经济的一些作法》,张克难著,《军事历史》1986 年第 1 期。

《卫国战争时期苏联经济与战略东移》,曾晓玲著,《青海师大学报》1996 年第 3 期。

《卫国战争期间苏联国民经济的改组》,姜桂石、卢少志著,《内蒙古民族师院学报》1990 年第 3 期。

《苏联战时国民经济军事工业的重建改造》,[苏]恰·叶尔莫拉耶维奇著;贺兴平译,《二战史通讯》1987 年第 9 期。

《苏联卫国战争时期国民经济的平转战问题》,王立全著,《后勤装备动态》1985 年第 24 期。

《苏联伟大卫国战争时期国家经济由平时向战争状态的转变》,[苏]C.库尔科特金著;彭训厚译,《二战史通讯》1987 年第 9 期。

《战前苏联经济发展的特点与苏德战局的转折》,叶兴平著,《武汉大学研究生学刊》1986 年第 1 期。

《从卫国战争看国防工业基础能力对国家命脉的支撑》,杨大勇、三行著,《国防科技工业》2005 年第 7 期。

《苏联民航在卫国战争中的作用》,李晋玉著,《外国空军资料》1987 年第 8 期。

《抗战期间国民政府的战时经济体制》,陆仰渊著,《安徽史学》1995 年第 3 期。

《抗日战争战略指导中的军事经济问题》,孙秀德、曹廷泽著,《军事经济研究》1995 年第 9 期。

《抗战时期国民政府的统制经济政策与国家资本企业》,张忠民、朱婷著,《社会科学》2007 年第 4 期。

《重庆中国抗战大后方兵工生产情况述论》,王兆辉、张亚斌著,《云南开放大学学报》2014 年第 2 期。

《论蒋介石对日抗战经济准备意识的演进过程》,赵伟著,《苏州科技大学学报(社会科学版)》2017 年第 6 期。

《论抗日战争时期我党的军事经济思想》,龚泽琪著,《军事经济研究》1991 年第 10 期。

《石油与二战中的日本》,解晓燕著,《石油大学学报》2000 年第 4 期。

《石油与第二次世界大战》,戴德铮著,《武汉大学学报》1987 年第 2 期。

《雅尔塔会议与美国石油》,李秀著,《史学集刊》1995 年第 3 期。

《二次大战中的苏联石油——巴依巴柯夫的回忆》,王才良著,《石油政工研究》2004 年第 4 期。

2. 战时科学与军事技术

《论第二次世界大战中的军事技术革命》,冯亮、陈代兴著,《军事经济学院学报》2002 年第 1 期//《第二次世界大战与世界历史进程:第二次世界大战史(武汉)学术讨论会论文集》,胡德坤主编,武汉大学出版社 2002 年版。

《略论先进军事技术与兵器在二战中的作用》,曹广俊著,《辽宁大学学报》1990 年第 6 期。

《第二次世界大战中三大军事技术的运用及人们对其作用的认识》,许锡挥著,《学术研究》1985 年第 1 期。

《二次大战时期苏美两国的军事科研组织工作》,许锡挥著,《复印报刊资料:科技管理与成就》1987 年第 9 期。

《原子科学的突破与世界反法西斯战争》,王芳、王敏等著,《文史哲》1999 年第 3 期。

《简论科技进步对"二战"产生影响的几个重要环节》,张济海等著,《第二次世界大战史论文集⑤:科学技术的力量》,戚世权主编,解放军出版社 1999 年版。

《科学技术对第二次世界大战进程及形态的影响》，李元奎、李建韬等著，《军事历史》1997 年第 6 期。

《论科学技术对第二次世界大战战争进程及形态的影响》，李元奎等著，《第二次世界大战史论文集⑤：科学技术的力量》，戚世权主编，解放军出版社 1999 年版。

《落后就要挨打：从第二次世界大战看战争与科技的互励作用》，乔松楼、苏雨生著，《军事文摘》1995 年第 2 期。

《影响欧洲战场的重大军事科技》，《解放军报》2005 年 4 月 30 日。

《军事技术进步与苏联在二战中的发展》，韩龙文著，《第二次世界大战史论文集⑤：科学技术的力量》，戚世权主编，解放军出版社 1999 年版。

《二次大战时期苏联的科技政策及其对军事的影响》，吕建军著，《成都陆军学校学刊》1985 年第 3 期。

《第二次世界大战时期苏联的科技政策及其对军事的影响》，吕建军著，《第二次世界大战史论丛》，王相如、李安华主编，四川大学出版社 1985 年版。

《美国驻莫斯科武官 ф.费依门维尔的秘密报告（1937—1938 年）》（上下），姜桂石著，《内蒙古民族师院学报（社会科学汉文版）》1987 年第 1/2 期。

《谈航空技术发展对第二次世界大战的深刻影响》，李树山著，《第二次世界大战史论文集⑤：科学技术的力量》，戚世权主编，解放军出版社 1999 年版。

《浅谈第二次世界大战中科学技术与战术的运用》，王华斌著，《第二次世界大战史论文集⑤：科学技术的力量》，戚世权主编，解放军出版社 1999 年版。

《科技发展给第二次世界大战带来的新特点》，王雪平著，《第二次世界大战史论文集⑤：科学技术的力量》，戚世权主编，解放军出版社 1999 年版。

《科学技术的进步与第二次世界大战作战方式的变革》，谢欣著，《第二次世界大战史论丛》，王相如、李安华主编，四川大学出版社 1985 年版。

《格斗（四）：二战中新技术带给空战样式的革命》，流星著，《世界航空航天博览》2002 年第 7 期。

《浅谈军事技术的进步对二战海战的影响》，时平著，《第二次世界大战史论文集⑤：科学技术的力量》，戚世权主编，解放军出版社 1999 年版。

《科学技术进步与第二次世界大战中进攻战役的发展》，刘文书等著，《第二次世界大战史论文集⑤：科学技术的力量》，戚世权主编，解放军出版社 1999 年版。

《战争与科学：二次世界大战期间的 OSRD》，东方无忌、郭继贤著，《自然辩证法通讯》1988 年第 2 期。

《日本大正至第二次世界大战时期的技术发展：日本近现代技术发展史的第二阶段》，吴熙敬著，《自然辩证法通讯》1984 年第 6 期。

《二战与美国科技"黄金时代"》，吴必康著，《中国社会科学报》2015 年 10 月 19 日。

《纳粹德国载人航天之谜》，柳玉鹏著，《环球军事》2008 年第 2 期。

《二战时期的德国科学家》，吴名著，《科学家》2014 年第 8 期。

《二战时期德国科学家述评——对科学家社会责任的哲学思考》，余淼淼、王滨著，《辽东学院学报》2007 年第 4 期。

《第二次世界大战中几位德国数学家的遭遇》，黄汉平著，《数学通报》2005 年第 9 期。

《悲观主义的花——二战中的法国流亡知识分子》，黄亚楠著，《学理论》2012 年第 23 期。

第三节　二战武器装备

一、武器

《二战 10 大风云兵器》，刘广明著，《世界军事》1995 年第 4 期。

《二次大战中的明星武器》，吴振学、马东坡等著，《环球军事》2005 年第 11 期。

1. 陆战武器

（1）轻兵器

①机枪

《叶成荫子满枝：二战前后的机枪发展》，薛荣著，《轻兵器》1999 年第 3 期。

《苏联马克沁机枪的二战及战后传奇》，本刊编辑部著，《兵器》2010 年第 5 期。

《二战轻武器中的两栖老兵：美国 M2"尾刺"机枪》，曹晓东著，《现代轻武器》2006 年第 4 期。

《瓜岛上的火力中坚：说解美国勃朗宁 M1917A1 重机枪》，朱怿昀、孙全著，《现代兵器》2010 年第 7 期。

《二战时期的法国机枪》,陈霞著,《轻兵器》2005 年第 18 期。

②冲锋枪

《驰骋于二次大战战场的著名冲锋枪》,靳卫著,《轻兵器》1993 年第 3 期。

《二战名枪:德国 9mmMP40 式冲锋枪》,林源著,《坦克装甲车辆》1999 年第
12 期。

《二战著名冲锋枪赏析之五:MP40——毁誉参半的"打嗝枪"》,杨南镇著,
《轻兵器》2002 年第 8 期。

《纳粹的"屠刀":德国 MP38/MP40 冲锋枪札记》,智威、三土著,《兵工科
技》2007 年第 2 期。

《二战名枪 PPsh41 冲锋枪》,剑如虹著,《国防科技》2005 年第 4 期。

《二战及抗美援朝战争中战功卓著的冲锋枪:波波沙及仿制品 50 式冲锋
枪》,胡德利、马志杰著,《军事史林》2006 年第 6 期。

《二战前后的原苏联冲锋枪》,韩奎元著,《轻兵器》1996 年第 1 期。

《二战著名冲锋枪赏析之四:M3 冲锋枪——学艺不精的"小老虎'盖
德'"》,杨南镇著,《轻兵器》2002 年第 6 期。

《太平洋战场的见证:雷兴 11—43MM 系列冲锋枪》,知远、木鱼著,《轻兵
器》2008 年第 12 期。

《二战前后的美国冲锋枪》,韩奎元著,《轻兵器》1994 年第 6 期。

《第二次世界大战中的名枪:司登冲锋枪》,韩奎元著,《轻兵器》1995 年第
4 期。

《二战著名冲锋枪赏析之三:具有"乞丐"风格的"大腕"——司登冲锋枪》,
杨南镇著,《轻兵器》2002 年第 5 期。

③步枪

《第一、第二次世界大战时期的世界名枪:毛瑟步枪》,黎明著,《轻兵器》
1994 年第 4 期。

《通用步枪的未来发展:二战跨世纪的步枪》,本刊编辑部著,《世界航空航
天博览》2004 年第 98 期。

《希特勒命名的枪:突击步枪》,何平著,《轻兵器》1999 年第 11 期。

《二战中德国研制并装备的步枪》,余秀峰、徐春平等著,《军事史林》2012
年第 3 期。

《步枪也能反坦克:漫谈二战苏军两款经典反坦克步枪》,韦忠纯著,《兵工

科技》2012 年第 4 期。

《"二战"老枪获新生:美国斯普林菲尔德 M6 多用途步枪》,郭占义著,《轻兵器》1999 年第 7 期。

《虽败犹荣:与"二战第一名枪"擦肩而过的美国佩德森 T1 半自动步枪》,三土、明光著,《现代兵器》2013 年第 11 期。

《第一、第二次世界大战期间美国生产销售的外国步枪》,易日著,《轻兵器》1995 年第 1 期。

《二战美军狙击步枪》,白炎林著,《兵器》2005 年第 7 期。

《二战中美军装备的半自动步枪》,余秀峰、涂茂文著,《军事史林》2013 年第 4 期。

④手枪

《二战中最差的手枪:王八盒子》,萨沙著,《兵工科技》2008 年第 2 期。

《二战记忆:史密斯—韦杰胜利型转轮手枪》,方丽著,《轻兵器》2012 年第 11 期。

⑤其他轻武器

《二战中的轻兵器》,乃翁著,《兵器知识》1995 年第 5 期。

《二战时期英、美、德三军轻武器扫描》,李有林、陈向军等著,《军事史林》2003 年第 11 期。

《侵华战争中的日本轻武器》,范伟著,《军事史林》2002 年第 11 期。

《从我国人民在反对日本侵略的战争中缴获的枪械看——二战及二战以前的日本枪械发展概况》,韩奎元著,《轻兵器》1994 年第 2 期。

《二战期间的轻武器瞄准镜》,共田著,《轻兵器》2005 年第 19 期。

《二战中的枪弹》,金云凤著,《轻兵器》1999 年第 4 期。

《金属与火焰的回忆:二战军用枪弹全接触》(全 10 期),三土、明光著,《轻兵器》2005 年第 10—19 期。

《火力制胜:二战经典速射武器》,黄迪著,《兵器知识》2013 年第 6 期。

《二战中崛起的枪榴弹》,萧湘著,《轻兵器》1999 年第 6 期。

(2)重兵器

①火炮、火箭炮和高射炮

A.火炮

《二战今昔数"炮王"》,晓林、立军著,《当代世界》1995 年第 9 期。

《二战中的列车炮》,季伏枥著,《坦克装甲车辆》1998 年第 12 期。

《两次世界大战期间的最大火炮》,王建刚著,《军事史林》1999 年第 6 期。

《希特勒的超级武器:"多拉"大炮》,肖占中著,《世界军事》1999 年第 11 期。

《希特勒的短命武器:"多拉"巨炮》,肖占中著,《国防科技》2006 年第 8 期。

《二战德军无后坐力炮》,余俊勇著,《环球军事》2006 年第 8 期上。

《消逝的"雷神":二战德国超级臼炮"卡尔"战记》(上下),拖雷著,《兵器》2008 年第 4/6 期。

《二战中美军最重要的自行榴弹炮:美国 M7"牧师"自行榴弹炮》,季伏枥著,《坦克装甲车辆》2017 年第 7 期。

《34 天诞生的杰作:二战中的苏军 152 毫米突击炮》,罗远辉著,《世界军事》2002 年第 9 期。

《苏联火炮的杰作:二战苏联 ЗИС-3 型 76 毫米加农炮》,科京著,《兵器》2006 年第 2 期。

《"斯大林之锤":苏联 Б-4 榴弹炮》,柳直著,《坦克装甲车辆》2009 年第 5 期。

《"斯大林之锤":苏联 Б-4 型 203 毫米榴弹炮》,孙威著,《兵工科技》2011 年第 7 期。

《二战期间的英军火炮》,徐志伟著,《坦克装甲车辆》2018 年第 1 期。

《二战中的"一代名炮":英军的 17 磅炮及苏军的 F22 系列火炮》,季伏枥著,《坦克装甲车辆》2010 年第 11 期。

B.火箭炮

《初识"喀秋莎"》,钱家赵著,《世界军事》1996 年第 6 期。

《二战中的自行火箭炮》,裴晓龙著,《外军炮兵防空兵学术》2004 年第 3 期。

《二战德军多管火箭炮》(上下),干戈著,《坦克装甲车辆》2008 年第 8/9 期。

《二战中德军多管火箭炮》,子轩著,《坦克装甲车辆》2005 年第 6 期。

C.高射炮

《防空武士:德军 Sd-kfz7/2 自行防空炮车》,汪新南著,《兵器》2005 年第 9 期。

《二战明星：德国 88 毫米高炮》，干戈著，《坦克装甲车辆》2005 年第 3 期。

《德国鬼子的"猎鹰高手"：二战中的德军自行高炮》（上下），季伏枥著，《坦克装甲车辆》2009 年第 3/4 期。

《"海狼"屠刀：纳粹德国潜艇甲板炮》，李浩著，《环球军事》2005 年第 4 期。

《日本"欧风"高射炮》，高桥升、朱京斌著，《环球军事》2004 年第 9 期。

《不称职的保护伞：日本二战时期的高射炮》，高桥升、朱京斌著，《环球军事》2004 年第 7 期。

《万国空防之屏障　二战博福斯高炮家族》，席康著，《国际展望》2005 年第 13 期。

《从二战到今天：俄 AK-176M 单 76 毫米舰炮》，苗海、康郦等著，《现代舰船》2003 年第 6 期。

《太平洋战争第一炮：美国海军 MK9 舰炮》，雷蒙著，《舰载武器》2010 年第 4 期。

《二战时期的舰载反潜利器：反潜刺猬炮》，仲光友著，《兵工科技》2014 年第 19 期。

②坦克、自行火炮和反坦克炮

A.坦克与坦克歼击车

《第二次世界大战中的坦克》，李力钢著，《历史学习》1995 年第 8 期。

《大显身手：第二次世界大战时期的坦克》，李太昌著，《坦克装甲车辆》1989 年第 4 期。

《战火中造就的陆战之王：两次世界大战中的坦克》（上下），兆辉著，《国外坦克》2005 年第 7/8 期。

《钢铁铸造的历史画卷——第二次世界大战中的装甲兵》，张勇、房兵著，《坦克装甲车辆》1995 年第 5 期。

《生死大搏斗：二战期间的"甲—弹之争"》（上下），徐志伟著，《兵器知识》1998 年第 5/7 期。

《二战中的著名坦克》，龙隆著，《坦克装甲车辆》2000 年第 6 期。

《二战坦克的技术特点》，龙隆著，《坦克装甲车辆》2000 年第 8 期。

《虎式坦克与第二次世界大战中新式武器的评价》，申文勇著，《北华大学学报》2008 年第 2 期。

《坦克总体布置的过去现在和未来（4）：二战及战后第一代坦克的总体布

置》,阳亮、季伏枥著,《坦克装甲车辆》2006 年第 4 期。

《二战中的德英两国坦克》,金重著,《国外坦克》2004 年第 12 期。

《二战铁甲拳王争霸战:"虎王"VS"斯大林"3》,干戈著,《坦克装甲车辆》2005 年第 4 期//《中国尖端武器报道 A:武器较量》2005 年第 5 期。

《二战铁甲双雄会:苏联 T-34/76 对决德国 IV 号 G 型》,文苇著,《世界军事》2005 年第 1 期。

《苏军首战纳粹"虎王"》,王穗著,《环球军事》2005 年第 3 下期。

《谁是二战坦克的王者至尊:也谈"虎王"和 IS-3 坦克的战斗力对比》,冷静著,《坦克装甲车辆》2006 年第 3 期。

《二战其他喷火坦克》,新华熊著,《兵器》2006 年第 5 期。

《海狮之牙——二战中的潜水坦克》,丛丕著,《文史天地》2019 年第 4 期。

《DD 坦克:真正的"大水柜":二战期间英美的水陆坦克》,季伏枥著,《坦克装甲车辆》2008 年第 10 期。

《劫后余生:二战德军缴获苏军坦克秘闻披露(1、2、3、4)》,子迟著,《坦克装甲车辆》2008 年第 8/9/10/12 期。

《二战中的"钢铁火神":二战时期德、美、英、意的喷火坦克》,季伏枥著,《坦克装甲车辆》2012 年第 7 期。

《希特勒的陆战之王:记二战中的德国坦克》,赖小刚著,《兵器知识》1995 年第 2 期。

《德国二战坦克知多少》,李恩著,《兵工科技》2003 年第 7 期。

《二战德军坦克型号识别》,蒋红磊著,《兵工科技》2008 年第 6 期。

《空前绝后坦克王之完备生平:帝国狂想:二战德国"鼠"式超重型坦克》,科京著,《兵工科技》2004 年第 4 期。

《纳粹钢铁小精灵:二战中德国的小型遥控坦克》,季伏枥著,《兵器知识》2004 年第 10 期。

《钢铁巨兽的归宿:二战中德国坦克的最后命运》,[日]山崎宪著:朱京斌译,《环球军事》2004 年第 10 期。

《二战中的"德军军马":德国 IV 型坦克》,冷洋著,《坦克装甲车辆》2005 年第 10 期。

《二战德国"黑豹"D 型坦克》,《坦克装甲车辆》2018 年第 23 期。

《德意志军马:二战德国 Pzkpfw-IV 中型坦克》,科京著,《兵器》2006 年第

1 期。

《Ⅳ型坦克在二战中的使用与发展》,本刊编辑部著,《兵器》2006 年第 1 期。

《二战中后期德军喷火坦克》,杨增辉著,《兵器》2006 年第 5 期。

《"轻骑尖兵":二战中德国 Pzkpfw38—t 坦克》,昕峰著,《环球军事》2006 年第 7 期。

《从 TNH 到 38t 坦克:二战中的捷克坦克》,董干戈著,《坦克装甲车辆》2006 年第 11 期。

《二战中的德军重型坦克》,余秀峰著,《军事史林》2007 年第 10 期。

《"海狮"计划和德国潜水坦克》,季伏枥著,《坦克装甲车辆》2008 年第 6 期。

《二战中最好的中型坦克:德国"黑豹"中型坦克》,余秀峰、梁邦福、许美勇著,《军事史林》2008 年第 7 期。

《"闪击战"的急先锋(上期):德国Ⅰ型轻型坦克》,董干戈著,《坦克装甲车辆》2009 年第 9 期。

《"闪击战"的急先锋(下期):德国Ⅱ型轻型坦克》,董干戈著,《坦克装甲车辆》2009 年第 10 期。

《"德意志战马":二战中德国的四号坦克》,余秀峰、徐路著,《兵工科技》2010 年第 20 期。

《二战中德国研制的轻型坦克》,余秀峰、肖亚星、徐斌著,《军事史林》2012 年第 6 期。

《纳粹德国的又一个"钢铁巨兽":二战德国 E100 超重型坦克》,季伏枥著,《坦克装甲车辆》2012 年第 11 期。

《二战德国遥控坦克》,高翔宇著,《兵工科技》2014 年第 11 期。

《"虎"Ⅰ坦克:希特勒党卫军的一张王牌》,湘宁著,《国外坦克》2004 年第 4 期。

《"海狮"计划与潜水坦克》,干戈著,《坦克装甲车辆》2001 年第 4 期。

《万字旗下的红色战车:纳粹德国装甲部队中的苏式坦克》,司古著,《坦克装甲车辆》2003 年第 8 期。

《疯狂"老鼠":纳粹德国的"鼠"式坦克》,杨柳著,《世界军事》2002 年第 7 期。

《纳粹"三只虎"（之一）：德国"虎"式重型坦克》（上下），季伏枥著，《坦克装甲车辆》2010 年第 1/2 期。

《纳粹"三只虎"（之二）：德国"虎王"式重型坦克》，季伏枥著，《坦克装甲车辆》2010 年第 3 期。

《纳粹"三只虎"（之三）：德国"猎虎"坦克歼击车》，季伏枥著，《坦克装甲车辆》2010 年第 4 期。

《身陷曹营：二战中轴心国使用的 T-34 坦克》，席康著，《兵工科技》2004 年第 6 期。

《纳粹猛犬"追猎者"》，浩楼著，《世界航空航天博览》2002 年第 5 期。

《"虎王"的研制》，远帆著，《兵器》2005 年第 1 期。

《"虎王"De 生产和改进》，远帆著，《兵器》2005 年第 1 期。

《二战时期纳粹德国的"动物园"》，王毓龙、王明明著，《军事史林》2010 年第 1 期。

《专为纳粹德国培养装甲兵的秘密学校：喀山坦克学校》，田剑威著，《坦克装甲车辆》2010 年第 2 期。

《摩托坦克：二战德国 Sdkfz-2 履带摩托车》，罗孚著，《兵工科技》2010 年第 22 期。

《纳粹喽罗们的钢铁家什》（上下），干戈著，《坦克装甲车辆》2006 年第 9/10 期。

《P40：二战期间的意大利重型坦克》，董干戈著，《坦克装甲车辆》1998 年第 8 期。

《捆绑在德国战车上的走卒：二战中的意大利装甲车》，干戈著，《坦克装甲车辆》2007 年第 7 期。

《"罗马军团"的"豆坦克"：二战前意大利 CV33 超轻型坦克》，季伏枥著，《坦克装甲车辆》2011 年第 10 期。

《二战时期的匈牙利"图兰"中型坦克》，季伏枥著，《坦克装甲车辆》2018 年第 1 期。

《二战时期的日本坦克发展》，王凯著，《兵工科技》2013 年第 1 期。

《日本的"钢铁巨无霸"：二战时期的日本重型坦克》，季伏枥著，《坦克装甲车辆》2016 年第 17 期。

《扶桑铁骑　日本 89 式步兵战车》，古奥著，《现代兵器》2008 年第 11 期。

《刚愎自用军事思维的典范——探索二战日军失败的军事原因：日本 95 式轻型坦克》，毕勤著，《国际展望》2003 年第 23 期。

《二战期间日本坦克的"快心之作"——日本 97 式中型坦克　解剖 97 式坦克研制、列装、作战及服役的全过程》，徐伦著，《国际展望》2003 年第 23 期。

《没有胜算的对决——日本三式坦克 VS 美国 M7 坦克》，白石光、朱京斌著，《环球军事》2004 年第 11 期。

《95 式轻型坦克：日军肆虐东南亚的急先锋》，干戈著，《坦克装甲车辆》2005 年第 2 期。

《二战日本 97 式中型坦克传略》，钟卜著，《兵器》2007 年第 3 期。

《另类的日本"特二式内火艇"：二战期间的日本水陆坦克》，季伏枥著，《坦克装甲车辆》2008 年第 11 期。

《二战期间的日本无线电遥控战车》，刘荣昌、季伏枥著，《坦克装甲车辆》2012 年第 8 期上。

《第二次世界大战中的苏联坦克工业》，张广翔等著，《军事历史研究》2015 年第 5 期。

《二战中的苏联坦克》，湘中著，《国外坦克》2004 年第 11 期。

《卫国战争时期的苏军坦克》，王景泽、吴振钢著，《军事史林》1990 年第 6 期。

《苏联坦克发展史：卫国战争时期》，董干戈著，《坦克装甲车辆》1991 年第 6 期。

《装甲先锋：伟大卫国战争中的苏联坦克兵》（一、二、三、四、五），虎跃、田桂军著，《坦克装甲车辆》2013 年第 11 期//2014 年第 1/3/5/7 期。

《红色装甲军团：评析二战苏军坦克兵编制发展》（上下），窦超著，《坦克装甲车辆》2010 年第 7/8 期。

《前苏军的打"虎"英雄》，钱云山著，《现代兵器》1998 年第 1 期。

《KV 坦克：苏联重型坦克的鼻祖》，徐志伟著，《坦克装甲车辆》2017 年第 11 期。

《谁与争锋：苏联 HC－3 重型坦克》，施证著，《坦克装甲车辆》2003 年第 1 期。

《二战苏联 KV-1 重型坦克》，《坦克装甲车辆》2017 年第 11 期。

《二战苏联最优秀的重型坦克：IS-2 重型坦克》，季伏枥著，《坦克装甲车辆》2017 年第 13 期。

《IS"斯大林"重型坦克：苏军战胜德军的铁流中坚》，金重著，《国外坦克》2004 年第 8 期。

《红色坦克终结者：二战中的"斯大林"坦克》，汤懿鉴著，《世界军事》2003 年第 10 期。

《T 34 坦克——苏联红军实力的象征》，仲晨著，《国外坦克》2004 年第 2 期。

《二战中最优秀的中型坦克：T-34》，重才著，《坦克装甲车辆》1995 年第 6 期。

《KB 重型坦克——苏军反击德军的"重拳"》，重才著，《国外坦克》2004 年第 5 期。

《苏联二战期间的轻型坦克》，干戈著，《坦克装甲车辆》2014 年第 1 期。

《苏联卫国战争中的 T-60/T-70 轻型坦克》，金重著，《坦克装甲车辆》1997 年第 6 期。

《身先士卒：卫国战争中的 BT 系列坦克》，罗山爱著，《兵器》2014 年第 8 期。

《二战中的苏军轻型水陆坦克》，季伏枥著，《坦克装甲车辆》2008 年第 7 期。

《坦克也能飞上天：揭秘二战苏联的飞行坦克》，东烨著，《兵工科技》2010 年第 12 期。

《红色"钢铁火神"：二战前及二战中苏联的喷火坦克》，季伏枥著，《坦克装甲车辆》2012 年第 6 期。

《红色 X 坦克：二战时期的苏联试验型坦克》，锦衣著，《兵工科技》2010 年第 2 期。

《曾经拥有的辉煌：记苏联卫国战争时期的履带战车》，陆玉阳亮著，《坦克装甲车辆》1996 年第 6 期。

《明智还是失策？二战中的苏联试验型半履带装甲车》，子迟著，《兵器》2010 年第 5 期。

《二战中的美国坦克》，金重著，《国外坦克》2004 年第 10 期。

《"越洋铁骑"彪炳青史——二战英美援苏坦克装甲车辆秘史》（上下），季伏枥著，《坦克装甲车辆》2016 年第 9、11 期。

《美国 M6 重型坦克》，白石光、朱京斌著，《环球军事》2004 年第 8 期。

《M4：二战中产量最多的坦克》，徐志伟著，《坦克装甲车辆》1996 年第 2 期。

《M-4"谢尔曼"中型坦克：二战时期的美军战马》，滕昕云著，《世界航空航天博览》2003 年第 1 期。

《M4 坦克：诺曼底登陆战中的铁甲先锋》，重才著，《国外坦克》2004 年第 3 期。

《西线狂飙：美国 M4"谢尔曼"中型坦克》，张梅著，《坦克装甲车辆》2005 年第 9 期。

《浴血奥马哈："谢尔曼"式两栖坦克征战诺曼底》，鸿渐著，《坦克装甲车辆·新军事》2009 年第 12 期。

《"谢尔曼"变"萤火虫"》，干戈著，《坦克装甲车辆》2004 年第 8 期。

《美国 M—60"巴顿"主战坦克系列》（一二），Taylor 著，《世界航空航天博览》2003 年第 4/5 期。

《二战中美国装备的中型坦克》，余秀峰、文启禄等著，《军事史林》2014 年第 10 期。

《M24：二战最强轻型坦克》，张亚成著，《世界军事》2012 年第 14 期。

《喷火坦克显威冲绳岛》，李庆俐、宁欣著，《现代兵器》1994 年第 8 期//《军事文摘》1995 年第 1 期。

《"钢铁火神"显神威：二战中的喷火坦克》（上下），徐志伟著，《坦克装甲车辆》2002 年第 8/9 期。

《笨拙的"领悟"——简评二战中的美国坦克歼击车》，元佑著，《坦克装甲车辆》2016 年第 13 期。

《英国佬的"铁乌龟"：二战期间英国 A39"龟"式重型突击坦克》，董干戈、封昌丽著，《坦克装甲车辆》2013 年第 9 期。

《丘吉尔步兵坦克》，子轩著，《坦克装甲车辆》2005 年第 7 期。

《二战英国"十字军"巡洋坦克》，徐子轩著，《坦克装甲车辆》2006 年第 4 期。

《赫巴特将军的"马戏团"》，季伏枥著，《兵器知识》2003 年第 1 期。

《"赫伯特马戏团"的钢铁家什：诺曼底登陆战役中的英军特殊装甲车辆》，季伏枥著，《坦克装甲车辆》2007 年第 12 期。

《"蝎子"和"螃蟹"的故事：二战英军链枷扫雷坦克小史》（上下），［日］木叶君山著,《现代兵器》2012 年第 7/8 期。

《屡败屡战:战场上的英国坦克》,钟卜著,《兵器》2013 年第 6 期。

《迷失的先知:第二次世界大战英国坦克全解析》,本刊编辑部著,《兵器》2013 年第 6 期。

《从迷失到成熟:二战结束前的英国坦克发展》,孟宸著,《兵器》2013 年第 6 期。

《国土防卫军:二战英国"盟约者"巡洋坦克发展始末》,潘晓滨著,《现代兵器》2013 年第 10 期。

《对空射手:二战英军"十字军战士"防空坦克小传》(上下),燕云著,《坦克装甲车辆》2013 年第 16/17 期。

《"丘吉尔"坦克:英国最后一种步兵坦克》,金千里著,《国外坦克》2004 年第 10 期。

《烈焰狂鳄:二战英军"丘吉尔"喷火坦克战记》(上下),堂皇著,《兵器》2008 年第 12 期/2009 年第 1 期。

《法兰西首创:AMX-10RC 轮式坦克》,伍妩玲著,《现代兵器》2011 年第 7 期。

《20—30 年代法国坦克的发展:法国战车发展史(二)》,季伏枥著,《坦克装甲车辆》1996 年第 4 期。

《公羊、袋鼠、獾、灰熊:二战期间的加拿大坦克》,徐志伟著,《坦克装甲车辆》1999 年第 9 期。

《"第六坦克大国"之殇:二战爆发前的波兰坦克及其他武器》,徐志伟著,《坦克装甲车辆》2019 年第 19 期。

《不甘被鱼肉的抗争:二战波兰 7TP 轻型坦克》,钟卜著,《兵器》2010 年第 4 期。

《二战中的中国战车部队》(一、二),季伏枥著,《坦克装甲车辆》1995 年第 6/7 期。

《斯柯达的袖珍利刃:二战南斯拉夫 T-32 超轻型坦克歼击车》,苏锷著,《现代兵器》2013 年第 4 期。

B.装甲车

《装甲车的黄金时代:第二次世界大战中的装甲车》,季伏枥著,《坦克装甲车辆》2006 年第 10 期。

《半轮半履亦风光:二战期间的半履带式装甲车》,季伏枥著,《坦克装甲车辆》2006 年第 11 期。

《又一道风景线:二战期间德国履带式摩托车》,徐子轩著,《坦克装甲车辆》2004 年第 9 期。

《桶车传记:二战德军 YW82"桶车"军用车辆》,司古著,《坦克装甲车辆》2004 年第 11 期。

《披挂万字旗的盟军战车:二战中德军对缴获战车的使用》(上中下),子迟著,《坦克装甲车辆》2013 年第 1/3/5 期。

《别样的风景线(上下):二战期间德国半履带式装甲车》,董干戈著,《坦克装甲车辆》2013 年第 11/13 期。

《"鳄鱼"·"水牛"·"大毒蛇"及其他:二战中美军的两栖装甲战车》,季伏枥著,《坦克装甲车辆》2008 年第 8 期。

C.自行火炮与反坦克炮

《日耳曼"犀牛"》,《坦克装甲车辆》2003 年第 10 期。

《从突击虎到象式:巨无霸传奇——二战德国"斐迪南"重型坦克歼击车传略》,科京著,《兵工科技》2004 年第 8 期。

《老虎怎样变成大象的? 二战德国"斐迪南"坦克歼击车》,徐子轩著,《坦克装甲车辆》2006 年第 6 期。

《第二次世界大战中的自行火炮》(上中下),季伏枥著,《坦克装甲车辆》2003 年第 8—10 期。

《二战中的另类自行火炮》,季伏枥著,《坦克装甲车辆》2003 年第 11 期。

《二战中的"另类"自行火炮》,本刊编辑部著,《中国尖端武器报道 B:进攻与防御》2005 年第 2 期。

《二战步兵反坦克武器与战术》,刘琨著,《兵器》2006 年第 9 期。

《盟军步兵反坦克武器》,赵蓬著,《兵器》2006 年第 9 期。

《"铁拳":单兵反坦克武器的始祖》,郭亚楠著,《兵器》2012 年第 7 期。

《二战中德国的自行炮架》,季伏枥著,《坦克装甲车辆》2003 年第 2 期。

《纳粹炮旅有"野蜂":二战期间德国"野蜂"自行榴弹炮》,季伏枥著,《坦克装甲车辆》2013 年第 3 期。

《小车大炮数"黄蜂"二战期间德国"黄蜂"自行榴弹炮》,子轩著,《坦克装甲车辆》2008 年第 7 期。

《"虎""豹"群里有"昆虫"：二战德国"蟋蟀"150 毫米自行步兵炮》，季伏枥著，《坦克装甲车辆》2010 年第 10 期。

《"终极"步兵炮：二战中的德国"蟋蟀"自行重步兵炮》，木叶君山著，《现代兵器》2011 年第 2 期。

《二战中的"黄鼠狼"自行反坦克炮》，干戈著，《坦克装甲车辆》2000 年第 8 期。

《二战中最好的坦克歼击车："猎豹"》，李鹏著，《兵工科技》2003 年第 9 期。

《二战时期德国的近战反坦克武器》，共田著，《现代轻武器》1999 年第 4 期。

《88 毫米高射炮——扬名二战的反坦克利器》，吴波著，《国防科技》2003 年第 10 期。

《T3 突击炮：二战德军自行炮的半壁江山》，干戈著，《坦克装甲车辆》2005 年第 11 期。

《磨尖利角的犀牛：二战德军"犀角"/"大黄峰"式自行反坦克炮小史》，〔日〕木时君山著，《现代兵器》2014 年第 6 期。

《二战时期德国的"铁拳"单兵反坦克武器》，何力群著，《现代兵器》2002 年第 10 期。

《是"铁老虎"？ 还是"纸老虎"？ 二战期间德国"强虎"自行突击炮》，鸣镝著，《坦克装甲车辆》2008 年第 10 期。

《铁道上的死神（上下）：二战期间日军的铁道炮和铁甲列车》，干戈著，《坦克装甲车辆》2008 年第 12 期/2009 年第 1 期。

《鲜为人知的探照灯坦克部队》，丁骥著，《国外坦克》2005 年第 4 期。

《苏德"杂交"的怪物：二战苏联 SU-761 自行火炮》，陈肇祥著，《兵器》2009 年第 2 期。

《喷火猎手：卫国战争中的苏联反坦克炮》，席康著，《军事历史》2005 年第 8 期。

《二战中苏联自行火炮一瞥》（上下），金千里著，《坦克装甲车辆》1998 年第 6/7 期。

《二战苏联 SU-76M 自行火炮》，《坦克装甲车辆》2019 年第 22 期。

《苏军第二次大战时和现装备主要反坦克武器对照表》，本刊编辑部著，《国外资料选摘》1980 年第 1 期。

《二战中的美军坦克歼击车》(上下)，干戈著，《坦克装甲车辆》1997 年第 12 期/1998 年第 1 期。

《M18：二战中最快的坦克歼击车》，子轩著，《坦克装甲车辆》2004 年第 3 期。

《从 M10 到 M36(上)：二战中美国的坦克歼击车》，干戈著，《坦克装甲车辆》2006 年第 5 期。

《二战中英军轻型反坦克武器》，〔日〕广田厚司著；朱京斌译，《环球军事》2004 年第 4 期。

《倒打一耙的"箭手"：二战时期英国著名的自行反坦克炮》，朱京斌著，《环球军事》2005 年第 5 期。

《加拿大的"教堂主持"：二战加拿大"雪克斯顿"自行火炮》，季伏枥著，《坦克装甲车辆》2013 年第 8 上期。

《无人战车的鼻祖：二战中德军的遥控爆破车》，季伏枥著，《坦克装甲车辆》2012 年第 17 期。

③导弹

《二战期间的导弹技术发展》，刘桐林著，《飞航导弹》2006 第 4 期。

《二战末期导弹武器的出现及战后的发展》，蒋玉槐、宋国才著，《第二次世界大战史论文集⑤：科学技术的力量》(戚世权主编)，解放军出版社 1999 年版。

《精确打击萌芽：二战中出现的早期制导炸弹》，张鸿滨、马捷著，《现代兵器》2010 年第 7 期。

《灵巧之爪——第二次世界大战中德国研制的反舰和防空制导武器》，李宁、翟志云等著，《航空知识》2005 年第 11 期。

《世界上第一枚巡航导弹的故事——纳粹"复仇者 1 号"》，朱伟锋著，《国际展望》2004 年第 8 期。

《飞弹袭击伦敦始末》，R.V.琼斯著，《世界之窗》1981 年第 1 期。

《伦敦上空的神秘来袭物：纳粹德国的 V1 和 V2 导弹》，伏之著，《兵器知识》1998 年第 4 期。

《破碎了的复仇迷梦——二战中纳粹德国的"V 型武器作战"始末》(全 2 期)，黄志洵著，《现代物理知识》1995 年第 4/5 期。

《夺命幽灵：V-1 导弹对英国袭击始末》，钱锟著，《兵工科技》2004 年第 4 期。

《划过天际的死神:纳粹德国 V-2 弹道导弹》,李晓泉著,《兵器》2009 年第 12 期。

《争夺 V-2》,张志刚著,《环球军事》2005 年第 19 期。

《反舰双煞:纳粹德国的空舰制导武器》,杨柳著,《世界军事》2002 年第 10 期。

《末日黄花:二战时期德国 X-4 空空导弹》,李文盛、张慧英著,《兵器知识》2004 年第 8 期。

《昙花一现:记德国二战期间研制的地空导弹》,彭涛著,《兵工科技》2008 年第 9 期。

《末日天雷 纳粹德国防空导弹项目发展史》,邓涛著,《航空档案》2009 年第 5 期。

《希特勒的洲际导弹计划》,粟周熊著,《世界军事》2004 年第 5 期。

《佩内明德:纳粹德国的导弹试验中心》,刘桐林著,《飞航导弹》2006 年第 3 期。

《开武器制导化之先河:纳粹战术导弹》,刘桐林著,《现代兵器》2014 年第 5 期。

《纳粹德国的导弹试验场及地下工厂》,本刊编辑部著,《现代兵器》2014 年第 5 期。

《倭国妖弹:二战中的日本陆海军制导武器计划》,云中子著,《航空世界》2010 年第 9 期。

《"阿弗洛狄特"行动始末　二战美国制导武器使用纪实》,郭彩虹、予阳著,《国际展望》2004 年第 22 期。

《第二次世界大战中的中国科学家——兵不血刃斗 V-2》,应兴国、虞昊著,《科学画报》1995 年第 7 期。

2. 空战武器

(1)作战飞机

《二战中的作战飞机》,朱荣昌著,《兵器知识》1995 年第 4 期。

《历史的缩影 图说航空史精彩瞬间(十二)二战著名轰炸机、战斗轰炸机和夜间战斗机》,桂志仁著,《航空世界》2013 年第 7 期。

①战斗机

《苏日二战期间战斗机的发展和应用》,砺志著,《海陆空天惯性世界》2009

年第 1 期。

《Me-262 喷气式战斗机时代的开路先锋》,宗明、李维涛、折生禄著,《军事史林》2013 年第 9 期。

《对地俯冲,"屠夫之鸟"！纳粹德国 Fw-190F 攻击机战史》,[日]木叶君山著,《现代兵器》2013 年第 8 期。

《夭折的乌鸦福克·武尔夫 Ta-183 喷气截击机》,戴岭著,《国际展望》2004 年第 21 期。

《纳粹德国末日挣扎:记世界第一代喷气战斗机》,张寒著,《军事史林》1997 年第 3 期。

《恶魔的猎鹰:二战中德国 Me109 飞机》,白炎林著,《环球军事》2004 年第 15 期。

《60 年前制图板上的空中杀手——梅塞施米特 MeP-1101 项目终极搜秘》,戴岭著,《国际展望》2004 年第 19 期。

《黑翼军团:二战中的德军对地攻击机部队》,张杨著,《现代兵器》2012 年第 10 期。

《末日猎鹰:最后的纳粹猛禽(1、2、3、4)》,云中子著,《航空世界》2013 年第 8/9 期//2014 年第 1/3 期。

《注意容克斯·黑死神！二战德军反坦克飞机发展秘史》(上下),云中子著,《坦克装甲车辆·新军事》2010 年第 1/2 期。

《纳粹德国的空中绝响:梅塞施米特 ME262 喷气式战斗机》,萨沙著,《兵工科技》2009 年第 2 期。

《纳粹的"鱼鹰":二战德国水上飞机集萃》(上下),朱京斌著,《兵器》2005 年第 8/9 期。

《疯狂的 Me-163:纳粹德国研发和使用火箭战斗机始末》,陈东著,《环球军事》2005 年第 12 期。

《希特勒的"食蚁兽":Do335"箭"式战机》,刘晓军著,《兵器知识》2005 年第 4 期。

《纳粹末日截击机-Ba349 小传》,钱锟著,《兵工科技》2003 年第 11 期。

《纳粹空军的绝唱:Me-262 喷气式战斗机》,罗远辉著,《世界军事》2002 年第 6 期。

《夕阳下无力的喷气流:二战末期德国喷气式战斗机一瞥(现实与计划)》,

张强著，《世界航空航天博览》2002 年第 3 期。

《失落的低空杀手：二战中的意大利坎萨 FC-20 攻击机》，汪晓诚著，《现代兵器》2012 年第 1 期。

《日本零式战斗机从称霸到覆灭》，华强著，《文史天地》2014 年第 5 期。

《从零式战斗机看日军衰亡》，李大光著，《科学大观园》2006 年第 1 期。

《第二次世界大战日本喷气机计划》，江东著，《航空史研究》2001 年第 3 期。

《错误的开始：日本九七式战斗机》，［日］若松和树、朱京斌著，《环球军事》2005 年第 9 期。

《目标，B-29：二战日本"屠龙"战斗机》，楚水昂著，《航空知识》2010 年第 5 期。

《血色残阳：二战中日军的"樱花"自杀飞机》，王南著，《世界军事》2011 年第 6 期。

《漫谈日本二战舰载机家族：从仿制到空中称霸》，谢顿著，《军事文摘》2015 年第 21 期。

《望穿"秋水"俱成灰：二战期间日本"秋水"火箭式飞机揭秘》，季伏枥著，《坦克装甲车辆·新军事》2010 年第 11 期。

《画虎类犬"橘花"特攻：二战末期日本喷气战斗机试制始末》，江东著，《航空世界》2009 年第 3 期。

《流星乍逝"秋水"无痕：二战末期日本试制的火箭动力战斗机》，江东著，《航空世界》2009 年第 4 期。

《二战晚期的日本空军杀手铜："紫电"和"紫电改"战斗机》，李浩著，《航空知识》2010 年第 1 期。

《二战日本最大的航空制造企业：中岛飞行机株式会社》，王凯著，《兵工科技》2013 年第 17 期。

《红色"战斧"：二战中 P-40 在苏联空军的故事》，宝丁著，《航空知识》2010 年第 7 期。

《航炮打"虎""豹"攻顶见奇效——二战中苏军轻型强击机的一次妙用》，钱云山著，《现代兵器》1999 年第 5 期。

《斯大林的战鹰》，晓明著，《世界军事》2002 年第 1 期。

《卫国战争中的苏联歼击机》，王强著，《外国空军军事学术》1986 年第

5 期。

《第二次世界大战期间苏联的歼击机》，石行编译，《航空知识》1960 年第 7 期。

《"可怕的伊凡"》，李一军著，《国防》1991 年第 6 期。

《苏芬冬季战争中的福克 D.21 战斗机》，龚永峰著，《航空世界》2014 年第 6 期。

《二战美国攻击机家族谱系：空地打击 A 字头》，[日]木叶君山著，《现代兵器》2013 年第 3 期。

《二战美国攻击机战术嬗变史：空中武力的本质就是进攻》，[日]木叶君山著，《现代兵器》2013 年第 3 期。

《驰骋欧洲和太平洋战场：P-47"雷电"的作战使用》，程昭武、齐贤德著，《航空知识》2005 年第 5 期。

《"零"式战斗机的克星：F6F"地狱猫"的作战使用》，齐贤德、程昭武著，《航空知识》2005 年第 4 期。

《二战歼击机之王：P-51"野马"驱逐机》，余秀峰、余钢等著，《军事史林》2011 年第 2 期。

《太平洋战场美军主力战机：F6F"地狱猫"的研制与生产》，程昭武、齐贤德著，《航空知识》2005 年第 4 期。

《飞向太阳的"猫"：横扫太平洋战场的美海军"地狱猫"舰载战斗机》，[美]格兰特著；谭顺谋译，《海军译文》2007 年第 3 期。

《木头传奇：二战中的英国"蚊"式飞机》，左卫强著，《兵工科技》2007 年第 9 期。

《从水机大赛冠军 S.6B 到二战名机"喷火"》，陈应明著，《航空知识》2000 年第 3 期。

《不畏强敌的"捷登纳斯卡"》，钟志毅著，《航空知识》1999 年第 7 期。

②轰炸机

《技术进步对二战轰炸机的影响》，薛方著，《兵器知识》2007 年第 12 期。

《二次世界大战中使用最广的轰炸机：世界军用、民用飞机选登（1）》，《航空知识》1985 年第 1 期。

《异样星光之二战经典轰炸机》，山水著，《兵器知识》2007 年第 12 期。

《纳粹空军的软肋　二战德国重型轰炸机简史》，[美]威廉·默里著；吕玉冬译,《国际展望》2007 年第 3 期。

《容克武士:纳粹德国 JU—88 中型轰炸机作战简史》,汪晓诚著,《现代兵器》2014 年第 8 期。

《螳臂挡车:纳粹末日计划洲际重型轰炸机篇》(上中下),云中子著,《坦克装甲车辆》2011 年第 5B/6B/7B 期。

《希特勒的闪电轰炸机 Ar-234 小传》,钱锟著,《兵工科技》2004 年第 9 期。

《希特勒的"喷气重锤":二战德国 Ar-234 喷气式轰炸机全传》,钱锟著,《兵器》2007 年第 8 期。

《纳粹空军的"闪电":Ar234 喷气轰炸机》,周传秋著,《世界军事》2003 年第 2 期。

《未能逞威的德国"鹰狮"——亨克尔 He-177 轰炸机》,予阳著,《国际展望》2004 年第 22 期。

《伦敦上空的鹰》,穆易著,《世界军事》1990 年第 6 期。

《战略轰炸的先驱:一战时的德国"哥达"式轰炸机》,孙睿著,《兵工科技》2010 年第 6 期。

《使命不凡　命运多舛:二战时期的苏联叶-2 远程轰炸机》,科京著,《兵器》2012 年第 1 期。

《战略轰炸的先声:俄国"伊利亚·穆罗梅茨"重型轰炸机》,选锋著,《航空世界》2012 年第 3 期。

《空中"相拥"的 B-17》,史放著,《环球军事》2009 年第 5 期。

《B-24 轰炸机的秘密战果》,张艳明著,《环球军事》2004 年第 8 期上。

《战略轰炸与超级堡垒:B-29 战略轰炸机研制与使用》,齐贤德、程昭武著,《航空知识》2005 年第 7 期。

《不列颠的骄傲:"兰开斯特"轰炸机》,蒋炫、黄瑜璋著,《环球军事》2005 年第 10 期。

《第二次世界大战英国重型轰炸机"兰开斯特"号简介》,胡其道、李学国著,《航空知识》1983 年第 7 期。

《巴尔干"雀鹰"二战罗马尼亚空军 SM—79B 轰炸机》,[罗]克里斯蒂安·克拉丘诺尤著;吕玉冬译,《国际展望》2007 年第 11 期。

③直升机

《直升机在二战中的崛起和应用》,江东著,《航空史研究》1994 年第 2 期。

《可贵的萌芽:盘点二战中直升机的作战应用》,关宇著,《兵工科技》2014年第 19 期。

《海空多面手:不可忽视的舰载直升机》,胡宝良著,《航空世界》2012 年第10 期。

《夭折的"竹蜻蜓":二战中的德国直升机》,于力著,《世界军事》2004 年第9 期。

《旋舞飞魔:二战时期的德国反潜直升机 FI282 研制始末》,俞敏著,《舰载武器》2012 年第 3 期。

④滑翔机

《二战滑翔机史话》,高庆军著,《军事史林》2013 年第 8 期。

《悄声魅影:二战中的德国滑翔机及其作战使用》,宝丁著,《航空知识》2007年第 11 期。

《滑翔机奇袭要塞》,刘洋、马照习著,《国防科技》2004 年第 9 期。

《暴雷无声:纳粹德国 DFS－230 轻型突击滑翔机》,席康著,《军事历史》2005 年第 2 期。

《D 日上空的滑翔机》,史放著,《环球军事》2009 年第 1 期。

⑤其他作战飞机

《二战日本鸠部队揭秘》,闻舞著,《环球军事》2014 年第 3 期下。

《"深山"改的挽歌:二战日本鸠部队揭秘》,文武著,《航空世界》2014 年第8 期。

《两次大战中的空中"王牌"及其歼击纪录》,温长平著,《军事历史》1993 年第 5 期。

《二战潜载飞机之迷》,谢础著,《航空知识》2002 年第 5 期。

《第二次世界大战的舰载飞机》,胡其道著,《舰船知识》1988 年第 1 期。

《纳粹空军的秘密反舰武器》,胡其道著,《现代舰船》1999 年第 11 期。

《鲜为人知的日耳曼飞鲸:纳粹德国末日计划中的海空世兽》,云中子著,《现代舰船》2010 年第 7 期。

《纳粹德国的秘密武器》,朱如华著,《现代兵器》1995 年第 8 期。

《旋翼怪枭:纳粹德国旋翼截击机计划》,樟楠著,《兵器知识》2006 年第7 期。

《二战德国 Fa－269 倾转旋翼战斗机》,胡凯著,《兵工科技》2010 年第

18 期。

《另辟蹊径：二战期间德国空军的"怪"飞机》，郭华著，《兵工科技》2010 年第 4 期。

《"鱼鹰"始祖：二战德国 Weserflug—P－1003/1 倾转旋翼机》，余俊勇著，《环球军事》2006 年第 12 期。

《纳粹德国的秘密碟形飞行器》，张亚威著，《军事史林》2012 年第 9 期。

《希特勒的"空中贼眼"："闪电"Ar234 侦察机》，郭晓波、陈文峰等著，《现代兵器》2005 年第 1 期。

《苏联卫国战争期间的浮空飞行器》，夏开华、刘江平等著，《环球军事》2005 年第 23 期。

《前苏联的电子战飞机》，钱平著，《知识就是力量》2004 年第 6 期。

（2）高炮与雷达

《二战中的高科技武器——雷达》，张华祝、罗丹著，《国外科技动态》2003 年第 4 期。

《天空之网：二战中的英、德早期防空雷达》，［美］弗兰克著，《现代兵器》2011 年第 9 期。

《凝视天空：二战德国高炮火控雷达》，郝赫著，《兵器》2005 年第 10 期。

《不称职的保护伞——日本二战时期的高射炮》，高桥升、朱京斌著，《环球军事》2004 年第 7 期。

《夭折的 B-29 克星——日本 150 毫米超级高炮》，高桥升、朱京斌著，《环球军事》2004 年第 16 期。

3. 海战武器

《第二次世界大战中海军武器装备的发展及其对海战的影响》，李杰、苏读史著，《第二次世界大战史论文集⑤：科学技术的力量》（戚世权主编），解放军出版社 1999 年版。

（1）水面舰艇

①常规舰艇

A.战列舰

《海上巨兽：二战时期主要的海军战列舰》，王旭著，《环球军事》2004 年第 18 期。

《二战德国海军大型战舰的发展和作战》，曹晓盼著，《舰载武器》2004 年第

8 期。

《"地震"炸弹击沉"北方恶狼"》，刘晓锋著，《当代海军》2002 年第 11 期。

《纳粹"梯比兹"号战列舰的覆灭》，李华著，《历史大观园》1992 年第 4 期。

《一艘倒霉透顶的纳粹战舰》，戊疆著，《军事史林》1992 年第 6 期。

《倒霉的"虹"动——纳粹德国水面舰队的失败表演》，李浩著，《环球军事》2004 年第 24 期。

《二战中德国最大的战列舰："俾斯麦"号战列舰》，余秀峰、杨华等著，《军事史林》2010 年第 8 期。

《设计精巧的"俾斯麦"号》，丹杰著，《舰载武器》2004 年第 7 期。

《德国王牌战列舰"俾斯麦"号》，沈顺根著，《军事展望》2000 年第 4 期。

《追歼"俾斯麦"号战列舰》，曹又文著，《航海》2006 年第 4 期。

《追歼"俾斯麦"号的殊死搏斗》，绍方著，《外国史知识》1983 年第 8 期。

《"俾斯麦"号战列舰的"过关斩将"与"走麦城"》，天华著，《兵器知识》1992 年第 4 期。

《"俾斯麦"号战列舰的沉没：英国皇家海军追踪击沉德军主力战舰》，陈晓云著，《国际电子战》2002 年第 2 期。

《北海逐杀：德舰"俾斯麦"号沉渊洋底》，左立平著，《军事史林》1994 年第 5 期。

《"俾斯麦"号的覆灭》，魏文东、白日勤著，《海洋》1984 年第 7 期。

《"俾斯麦"号沉没之谜》，张钢著，《历史大观园》1992 年第 1 期。

《"俾斯麦"号覆灭记》，王积建著，《当代海军》2006 年第 1 期。

《"存在舰队"战略的执行者：二战中的德国"特匹兹"号战列舰》，高峰著，《当代海军》1999 年第 6 期。

《二战传奇战舰：德国袖珍战列舰"格拉夫·施佩海军上将"号》，杜朝平著，《现代兵器》2006 年第 10 期。

《喋血大西洋：纳粹"海军上将格拉夫·斯佩伯爵"号战列巡洋舰覆灭记》，刘阳著，《当代海军》2003 年第 12 期。

《大西洋之"狼"：二战德军"沙恩霍斯特"号战列巡洋舰》，周毅著，《兵器》2006 年第 10 期。

《追寻"沙恩霍斯特"号》，振华著，《世界军事》2004 年第 7 期。

《"沙恩霍斯特"号的末日》，科京著，《舰载武器》2007 年第 1 期。

《"沙恩霍斯特"号战列巡洋舰的覆灭》，陈召强著，《当代海军》2006年第2期。

《蚊子叮死大象：英国X型袖珍潜艇猎杀"提尔皮茨"号战列舰秘闻》，张宇飞著，《兵工科技》2010年第17期。

《日本人眼中的二战："大和"出击冲绳之谜》，[日]大田嘉弘著；孙守鹏等译，《舰载武器》2004年第12期。

《折戟沉沙"大和"号：日本"大和"号战舰全景大扫描》（上下），季伏枥著，《坦克装甲车辆·新军事》2010年第5/6期。

《"不沉战舰"遭遇空中克星》，乔林著，《当代海军》2002年第6期。

《海上巨无霸："大和"号战列舰沉没之谜》，王世伟、祁磊等著，《军事史林》2008年第11期。

《击沉神秘巨舰》（上下），恩莱特著，《世界军事》1989年第3/4期。

《"大和"末日》，张立、刘政等著，《现代舰船》2004年第11期。

《"大和"号神话的破灭》，函雨、曹晓光、杜文龙著，《兵器知识》2010年第7期。

《锡布延海大猎杀：击沉"武藏"的最后海空战》，爱澜著，《军事历史》2005年第8期。

《日本联合舰队旗舰"三笠"号战列舰》，殷宪群著，《舰船知识》2013年第5期。

《联合舰队末代旗舰"大淀"号》，殷宪群著，《舰船知识》2014年第7期。

《联合舰队的外购战列舰》，王早著，《舰载武器》2008年第1期。

《艨艟争雄岂无凭：美、日二战战列舰对比》（上下），白炎林著，《兵器》2007年第12期/2008年第2期。

《美国战列舰的设计：第十六章，二战中的美国海军战列舰》，[美]弗里德曼著；长弓译，《舰载武器》2013年第11期。

《珍珠港事件中美军受创战列舰的下落》，邓沛著，《军事历史》1996年第1期。

《二次大战期间美国损失的战列舰和巡洋舰》，王义山著，《舰船知识》1988年第11期。

《还在流泪的"亚里桑那"号》，张艳明、杜劲松著，《环球军事》2006年第12期。

《美国"国舰"葬身太平洋内幕》,克劳德著,《当代海军》1996 年第 7/8 期。

《二次大战的英国战列舰》(上下),胡其道著,《舰船知识》2003 年第 3/ 4 期。

《英国"皇家橡树"号战列舰的厄运》,天玉著,《现代兵器》1995 年第 6 期。

《法兰西堡垒:法国黎塞留级战列舰》,Leon 著,《兵器》2005 年第 3 期。

《为生存而战斗:法国战败后的黎塞留级战列舰》,本刊编辑部著,《兵器》 2005 年第 3 期。

《浴火重生:重归同盟国阵营的黎塞留级战列舰》,本刊编辑部著,《兵器》 2005 年第 3 期。

B.巡洋舰

《二次大战中巡洋舰的战斗活动》,李孔荣著,《舰船知识》1988 年第 12 期。

《艰难重生:二战德国轻巡洋舰的设计建造》,易智辉、刘杨著,《兵器》2014 年第 1 期。

《二战中的意大利重巡洋舰:条约型巡洋舰》,周新民著,《现代舰船》2001 年第 11 期。

《二战中的意大利轻型巡洋舰:"雇佣兵队长"型巡洋舰》,周新民著,《现代 舰船》2001 年第 12 期。

《地中海上的骠骑(上中下):二战意大利巡洋舰》,胡其道著,《舰船知识》 2004 年第 10—12 期。

《所罗门之狼:"青叶"号的战斗活动》,宪群著,《舰船知识》2004 年第 6 期。

《从侵华到太平洋战争 旧日本海军妙高级重巡洋舰作战简史》,爱澜著, 《国际展望》2006 年第 13 期。

《偷袭珍珠港的日舰下场》,王绍杰著,《军事史林》2000 年第 11 期。

《参与偷袭珍珠港的日军舰艇的下场》,方正著,《现代舰船》2001 年第 12 期。

《厄运难逃:日本联合舰队高雄级与利根级重巡洋舰的最终下场》,罗山爱 著,《环球军事》2008 年第 1 期。

《帝国夕阳 联合舰队最后旗舰"大淀"号的末日》,张致铖著,《国际展望》 2004 年第 1 期。

《珍珠港事件中损伤的美国舰艇》,海工著,《现代舰船》2001 年第 12 期。

《二战美国巡洋舰族谱》,其道著,《舰船知识》2003 年第 1 期。

《美国条约型巡洋舰的开端——经历整个太平洋战争的元老:彭萨科拉级重巡洋舰简史》,王骅著,《国际展望》2004 年第 8 期。

《迟来的考验:二战中的声望级战列巡洋舰》,本刊编辑部著,《兵器》2005年第 9 期。

《战火中的英国巡洋舰》,胡其道著,《舰船知识》2003 年第 9 期。

《二次大战的英国重巡洋舰》,胡其道著,《舰船知识》2003 年第 7/8 期。

《"欧根亲王"号重巡洋舰始末》,宋涛著,《国际展望》2004 年第 23 期。

《二次大战的英国轻巡洋舰》,胡其道著,《舰船知识》2003 年第 8 期。

《二战英国主力轻巡洋舰——南安普敦级轻巡洋舰简史》,阿维著,《国际展望》2004 年第 14 期。

《以英雄之名战斗:二战荷兰"德·鲁伊特"号轻巡洋舰》,苏锷著,《现代舰船》2009 年第 14 期。

C.驱逐舰

《二战结束之前的世界高速军舰发展史》,杨雪丽、倪明著,《现代兵器》2012年第 3 期。

《二战德国 3 型驱逐舰》,陶然著,《舰船知识》2013 年第 2 期。

《黑十字旗下的海上狂犬:纳粹驱逐舰》(上中下),胡其道著,《舰船知识》2004 年第 6/7/8 期。

《帝国凶盾日本二战秋月级驱逐舰全剖析》,童丰著,《国际展望》2004 年第21 期。

《红海军第一型战舰:列宁格勒级驱逐领舰》,周凤啸著,《舰船知识》2013年第 4 期。

《海上喀秋莎:USSLSM-188 级火力支援型登陆舰》,刘杨著,《现代舰船》2013 年第 5 期。

《盟军驱逐舰浴血诺曼底》,赵国栋、肖爱军著,《当代海军》2004 年第 7 期。

《40 年前美国旧驱逐舰发挥了什么作用》,毕建海编译,《世界史研究动态》1981 年第 1 期。

《二战年代的美国护航舰》,胡其道著,《舰船知识》2009 年第 11 期。

《"牛仔"世家:二战美国驱逐舰》(上下),胡其道著,《舰船知识》2005 年第6/7 期。

《怒海猛犬(上下):二战英国舰队驱逐舰》,胡其道著,《舰船知识》2006 年第 11/12 期。

《海上卡西莫多："诺曼底"级舰队装甲舰简史》,叶鹤舟著,《现代舰船》2013 年第 5B 期。

《改变历史的"英格兰"号驱逐舰》,远骏著,《环球军事》2004 年第 4 期。

《永载史册的"英格兰"号护航驱逐舰》,刘锦秀著,《国防科技》2003 年第 10 期。

《怒海牧羊犬:二战英国舰队驱逐舰的战斗》,胡其道著,《舰船知识》2007 年第 1 期。

《皇家海军"Z"舰队覆没记》,张文生著,《当代海军》1999 年第 3 期。

D.其他舰艇

《二战时期的意大利战舰》,周新民著,《现代舰船》2001 年第 7 期。

《地中海之战中意大利海军一段被遗忘的历史　二战意大利特种突击快艇》,欧阳欣著,《国际展望》2004 年第 5 期。

《二战中的"水上蛟龙":美国 LVT 系列水陆两用输送车》,大侠著,《坦克装甲车辆》1996 年第 10 期。

②航空母舰

《二战中的航空母舰》,本刊编辑部著,《军事展望》1997 年第 5 期。

《第二次世界大战的航空母舰》,胡其道著,《海洋世界》1995 年第 4 期。

《航母何时走到尽头:从"巨舰大炮"时代的终结看航空母舰的发展》,刘光耀、郭琴著,《环球军事》2008 年第 18 期。

《战列舰应该在二战中被航母取代吗?》,马世强著,《舰载武器》2005 年第 5 期。

《舰队核心争夺战:二战太平洋战场上航母取代战列舰》,王恭瑾著,《当代海军》2013 年第 2 期。

《巨舰大炮与航空母舰的第一次 PK》,张勇超、朱俊松著,《舰船知识》2007 年第 6 期。

《二战中各国航空母舰的沉没纪实》,刘旭、南军著,《文史天地》2011 年第 2 期。

《葬海航母备忘录》(上下),迟延年、贾晓南著,《当代海军》2002 年第 5/8 期。

《航空母舰的防卫始终是个大问题——二战中航空母舰的沉没记录》,刘旭、蔡元峰等著,《文史月刊》2010 年第 12 期。

《二次大战中的航空母舰哪里去了》,《舰船知识》1988 年第 3 期。

《第二次世界大战后期美、英有多少航空母舰?》,于瀛、马铁山著,《舰船知识》1982 年第 5 期。

《纳粹德国缘何没有航母》,宗昆、云雷著,《现代军事》1998 年第 9 期。

《"纳粹德国"为何没有航母》,刘起来、张志刚著,《当代海军》2005 年第 9 期。

《二战中德国为何没有航空母舰?》,王庆著,《环球军事》2006 年第 3 期。

《从二战德国海军建设思考中国的航母舰队》,江雨著,《舰载武器》2009 年第 8 期。

《德国航母被苏联暗藏半世纪 二战军事史上最大谜团揭开》,沈沉著,《湖北档案》2007 年第 Z1 期。

《二战意大利舰队航母"天鹰"号》,何中文著,《舰船知识》2005 年第 5 期。

《钝剑残阳:二战日本陆军航母小史》,刘怡著,《现代舰船》2007 年第 7B 期。

《二战中的日本航空母舰》,郝奇著,《兵工科技》2013 年第 18 期。

《日本航空母舰的兴衰》,东海著,《舰船知识》1995 年第 6 期。

《从世界第一到沉沦没落:二战日军航母发展得失谈》,梁云著,《兵工科技》2004 年第 9 期。

《日本"加贺"号航空母舰》(上中下),殷宪群著,《舰船知识》2000 年第 2/3/4 期。

《凋谢在太平洋上的恶之花:记"信浓"号航母的最后巡航》(上下),蒋福兴、沈健宇著,《坦克装甲车辆·新军事》2010 年第 4/5 期。

《处女航 17 小时沉没:旧日本海军超级航母"信浓"号的覆灭》(上下),拖雷著,《兵器》2005 年第 10/11 期。

《短命小航母"祥凤"号》,殷宪群著,《舰船知识》2007 年第 2 期。

《云龙级航空母舰:日本联合舰队称霸海空的最后幻想》,忠和著,《环球军事》2003 年第 7 期。

《日本海军最后的疯狂(上下):二战末期日本"伊"400 潜水航母揭秘》,季伏枥著,《坦克装甲车辆》2012 年第 10 期下/12 期上。

《二战期间的日本"陆军航母"揭秘》(上下),季伏枥著,《坦克装甲车辆》

2017 年第 4/6 期。

《日本航母为何如此脆弱：二战日美航母生存性能对比分析》，朱少觉著，《航空世界》2005 年第 8 期。

《太平洋海战中的美国航母》，谭丽华著，《海军学术研究》1989 年第 1 期。

《太平洋战争中的美国航空母舰》，魏励勇著，《航空史研究》2000 年第 3 期。

《美军护航航母猎杀德军潜艇》，陈宇著，《军事史林》2014 年第 8 期。

《太平洋战争初期美航空母舰编队的作战运用》，任善定、王鲁宁著，《海军学术研究》2006 年第 7 期。

《二次大战期间美国损失的航空母舰》，王义山著，《舰船知识》1988 年第 7 期。

《太平洋战争中美国航母的沉没》，李力钢著，《航海》1990 年第 5 期。

《谁击沉了"俾斯麦海"号》，李赫、朱京斌著，《环球军事》2006 年第 20 期。

《美国"突击者"号航空母舰》，于瀛著，《现代舰船》2003 年第 12 期。

《美国航空母舰之五：CV-5"约克城"号》，海天著，《舰载武器》2003 年第 1 期。

《扭转太平洋战争的功臣：美国约克城级航空母舰》，余秀峰、程立新等著，《军事史林》2013 年第 1 期。

《美"约克城"号航母：从重伤到沉没》，张晓红著，《中国国防报》2008 年 11 月 4 日。

《美国航空母舰之六：CV-6"企业"号》，海天著，《舰载武器》2003 年第 2 期。

《美国航空母舰之七：CV-7"黄蜂"号》，崔英著，《舰载武器》2003 年第 3 期。

《击沉"黄蜂"：日潜艇击沉美航母纪实》，程传林著，《环球军事》2005 年第 24 期。

《美国航空母舰之七：CV-8"大黄蜂"号》，海天著，《舰载武器》2003 年第 4 期。

《美国航空母舰之九：CV-9"埃塞克斯"号》，海天著，《舰载武器》2003 年第 5 期。

《美国航空母舰之十：CV-10"约克城"号》，海天著，《舰载武器》2003 年第

6 期。

《击沉"约克城"》，晴川著，《舰船知识》1994 年第 11 期。

《美国航空母舰之十一：CV-11"勇猛"号》，海天著，《舰载武器》2003 年第 7 期。

《美国航空母舰之十三：CV-13"富兰克林"号》，海天著，《舰载武器》2003 年第 9 期。

《美国航空母舰之十六：CV-16"列克星敦"号》，海天著，《舰载武器》2003 年第

《美国航空母舰之四十二：CV-43"珊瑚海"号》，海天著，《舰载武器》2006 年第 2 期。

《碧海逐狼——"瓜岛"号护航航空母舰战记》，阿维著，《军事历史》2005 年第 12 期。

《二战中特殊航母扫描》，王虎成、余琼著，《现代舰船》2000 年第 9 期。

《第二次世界大战秘密武器：冰舰》，朱永康译，《历史大观园》1989 年第 4 期。

《二战中英国"冰航母"计划》，佚名著，《文史博览》2011 年第 10 期。

《二战期间异想天开的武器冰制航空母舰》，梁贵明著，《坦克装甲车辆》2005 年第 9 期。

《揭秘二战中英国离奇的"冰山航母"建造计划》，仲光友著，《兵工科技》2012 年第 11 期。

《胎死腹中的苏联航母计划》，房兵著，《文苑（经典选读）》2012 年第 7 期。

（2）潜艇

《两次世界大战中的潜艇》，凌翔著，《历史大观园》1990 年第 10 期。

《活跃在二战期间的袖珍潜艇》，止戈著，《舰船知识》2001 年第 4 期。

《特攻兵器之特攻小型潜艇》，季伏枥著，《兵器知识》2003 年第 4 期。

《二次大战中的德国潜艇》，韩庆、顾寿荣著，《舰船知识》1994 年第 7 期。

《纳粹 U 艇与潜艇战》（上下），胡其道著，《舰船知识》2003 年第 5/6 期。

《注意！海狼：纳粹德国 U 型潜艇型号考》，一辉著，《舰载武器》2008 年第 7 期。

《U 型潜艇的末日》，京菁著，《航空知识》2000 年第 6 期。

《纳粹德国弹道导弹潜艇计划》，胡其道著，《兵器知识》2003 年第 9 期。

《昙花一现的"诱饵"潜艇》,王立文著,《当代海军》2001 年第 5 期。

《狼群中的虎豹:二战中的德国海军新技术潜艇》,刘杨著,《兵工科技》2004 年第 5 期。

《海狼末日:纳粹三艘王牌潜艇覆灭记》,刘阳著,《当代海军》2003 年第 9 期。

《U-505:二战期间唯一被美国俘获的德国潜艇》,张艳明、曹家伟著,《环球军事》2005 年第 4 期下。

《生擒"孤狼"二战期间美国俘获的唯一一艘德国潜艇》,仲光友著,《环球军事》2010 年第 2 期。

《最后的挣扎:二战时期纳粹德国海军"海豹"微型潜艇》,杨增辉著,《兵器》2010 年第 10 期。

《成功猎杀 U 型潜艇的幕后科学家》,谭顺谋、谢辉著,《环球军事》2011 年第 11 期。

《锻造新罗马狼群——二战及战前意大利潜艇舰队的技术演进》,邹宇著,《国际展望》2004 年第 15 期。

《被遗忘的猎杀——日本潜艇二战期间在美国西海岸的作战》,郭彩虹著,《国际展望》2004 年第 12 期。

《陆军造潜艇:二战中的日本陆军"由"字号潜艇》,户高一成著,《环球军事》2003 年第 10 期。

《I—52 号潜艇沉没之谜探幽》,王振飞、何力、韩宝海著,《军事历史》2000 年第 1 期。

《大和之水下亡魂:浅议二战日军潜艇使用特点》,殷杰著,《兵器》2008 年第 8 期。

《揭秘:日本二战期间研制航母潜艇》,青木著,《现代舰船》2013 年第 5C 期。

《二战最牛潜艇:一天吃 324 颗深水炸弹不沉》,萧萧著,《现代舰船》2013 年第 7C 期。

《潜龙 第二次世界大战前苏俄潜艇发展小史》,千里著,《舰载武器》2011 年第 3 期。

《卫国战争中的苏联潜艇》,吴传瑞著,《海军杂志》1987 年增第 1 期。

《鲜为人知的前苏联运输潜艇》,曾德胜、朱竞成著,《当代海军》2006 年第

2 期。

《一次消灭敌一个整师的苏联 13 号潜艇》,张国华、高嵩著,《环球军事》2006 年第 13 期。

《潜龙:第二次世界大战苏俄潜艇发展小史》,千里著,《舰载武器》2011 年第 3 期。

《二战期间美国海军潜艇主力共建 119 艘"跃级"舰队型潜艇》,闵瑞红著,《舰船知识》2008 年第 3 期。

《美潜艇"棘鳍"号和"大青花鱼"号击沉日航空母舰"翔鹤"号和"大凤"号的战斗》,林声洛著,《潜艇学术研究》1985 年第 3 期。

《美"巴特菲希"号潜艇连续击沉日三艘潜艇的战斗》,毛传信著,《潜艇学术研究》1987 年第 1 期。

《太平洋战争爆发初期的美国潜艇》,祁一荣著,《现代舰船》2006 年第 7 期。

《洋面下的静默杀手:太平洋战争中的美军潜艇作战拾粹》,肖鹏著,《国防科技》2005 年第 6 期。

《围猎秘笈:太平洋战争中的美军潜艇使用》,殷杰著,《舰载武器》2008 年第 3 期。

《太平洋战争时期的美国海军船队型潜艇》(上中下),陈进著,《现代舰船》2011 年第 9B/10B/11B 期。

《二战中的英军潜艇》(上下),胡其道著,《舰船知识》2003 年第 11/12 期。

《为了自由的法兰西:二战法国海军"红宝石"号潜艇征战记》(上下),苏锷著,《现代舰船》2010 年第 1/2 期。

《深水孤寒——自由法国"红宝石"号布雷潜艇战记》,俞敏著,《舰载武器》2011 年第 11 期。

(3)鱼雷

《追记二战末战功显赫的潜艇与鱼雷》,赵庆钏著,《现代舰船》1998 年第 12 期。

《二战期间德国鱼雷的作战使用》,钱晋著,《舰船知识》2005 年第 10 期。

《希特勒未及出手的秘密武器:蛙雷》,周恒峰著,《当代海军》2001 年第 3 期。

《析纳粹德军潜艇鱼雷危机》,王江、罗从文著,《军事历史研究》2009 年第

S1 期。

《二战法西斯国家的秘密特战武器:人操鱼雷》,仲光友、李厚全著,《兵工科技》2013 年第 11 期。

《水下"猪"和"肉弹":二战中的人操鱼雷》,余秀峰著,《军事史林》1993 年第 4 期。

《人鱼雷——二战中意大利海军的秘密武器》,静宇著,《文史杂志》1994 年第 5 期。

《美国鱼雷在第二次世界大战初期存在的问题》,兵器部鱼雷处著,《海军装备》1986 年第 7 期。

《二战美国海军 PT 鱼雷快艇战史》(一、二、三),刘致著,《现代舰船》2014 年第 7B/8B/9B 期。

《洋面上的精灵:二战美国 PT 鱼雷艇族谱》(上下),拖雷著,《兵器》2007 年第 5/6 期。

《不列颠长弓手:二战中的英国鱼雷快艇》(上中下),刘致著,《现代舰船》2014 年第 1—3 期。

4. 其他武器

《纳粹德国的"钢铁小爬虫"——二战期间德军小型遥控战车一瞥》,季伏枥著,《坦克装甲车辆》2019 年第 1 期。

《战场"摩的":二战德军的半履带式摩托车》,季伏枥著,《坦克装甲车辆》2018 年第 9 期。

《覆灭前最后的疯狂:二战末期日本特攻兵器史话》(全 5 期),季伏枥著,《坦克装甲车辆》2019 年第 2、4、6、8、10 期。

《来自二战的异想天开武器》(全 4 期),[日] 溪由葵夫著,《军事展望》2000 年第 2/3/4/6 期。

《大决战火力制胜——二战经典速射武器》,黄迪著,《兵器知识》2013 年第 6 期。

《二战中典型手榴弹点评》,阿勇著,《兵工科技》2005 年第 11 期。

《二战中的特殊兵器:气球炸弹》,牛宝成、魏启敏著,《兵工科技》2002 年第 5 期。

《"二战"中的德军手榴弹》,陆江著,《轻兵器》1998 年第 4 期。

《二战期间德国手榴弹》,萧湘著,《轻兵器》2005 年第 17 期。

《纳粹技术及其在火药和推进剂中的应用》,王永寿、苏鑫鑫著,《飞航导弹》2007 年第 11 期。

《隐藏的杀机:二战中的德军地雷战》,范诺伊、风语著,《现代舰船》2011 年第 5C 期。

《灵巧之爪:第二次世界大战中德国研制的反舰和防空制导武器》,李宁、翟志云等著,《航空知识》2005 年第 11 期。

《二战时期的日本 100 式喷火器》,王继亮著,《轻兵器》2010 年第 5 期。

《二战日本"樱花"自杀炸弹"首秀"》,朱必勇著,《舰载武器》2013 年第 10 期//《航空世界》2014 年第 8 期。

《日本军国主义的"利爪":浅说 30 年式刺刀(上下篇)》,三土著,《轻兵器》2004 年第 7/8 期。

《"乳白色魔鬼"之谜》,牛宝成著,《国防》2001 年第 6 期。

《"老鼠炸弹"显威风》,李京进著,《国防》2001 年第 6 期。

《二战日本秘密武器》,尤文虎著,《世界军事》2005 年第 12 期。

《最后的稻草——二战日本本土决战秘密兵器研制内幕》,孙守鹏著,《国际展望》2006 年第 7 期。

《烽火记忆:二战同盟国军用手榴弹全接触·美国》(上中下),三土、明光著,《轻兵器》2008 年第 4/5/6 期。

《烽火记忆:二战同盟国军用手榴弹全接触·苏俄》(上下),三土、明光著,《轻兵器》2008 年第 7/8 期。

《烽火记忆:二战同盟国军用手榴弹全接触·英国》(上下),三土、明光著,《轻兵器》2008 年第 9/10 期。

《烽火记忆:二战同盟国军用手榴弹全接触·法国》,三土、明光著,《轻兵器》2008 年第 11 期。

《来自红色帝国的火焰:浅谈苏军二战主要火焰喷射武器》,《兵工科技》2012 年第 3 期。

《苏、美喷火器在二战中的发展和作用》,陈宏达、侯丽丽著,《轻兵器》2005 年第 14 期。

《太平洋战争中美军的火焰喷射器》,范清源著,《兵工科技》2010 年第 14 期。

《轻灵勇士:美国二战"蝙蝠燃烧弹"计划揭秘》,李秋玲、戴艳丽著,《兵器知识》2008 年第 1 期。

《从 M1 到 M9——二战以来美军刺刀的发展历程》(上下),赵宇著,《轻兵器》2003 年第 2/3 期。

《美英二战巨型航空炸弹》,李文盛著,《兵器知识》2003 年第 9 期。

《史上最强航空炸弹:揭秘二战英国地震炸弹》,云中子著,《航空世界》2013 年第 9 期。

二、装备

《二战时期航空武器装备发展的动力》,陈炜、吴军著,《国防科技》2007 年第 4 期。

《第二次世界大战中飞行员防护救生装备的发展》,朱铮、李珊著,《中国个体防护装备》2012 年第 5 期。

《第二次世界大战期间轰炸机飞行员防护装备的发展(1938—1945 年)——飞行员防护救生装备发展系列介绍》,徐翠英著,《中国个体防护装备》2012 年第 2 期。

《战场上的两轮战期间轰炸机飞行员防护装备的发展(1938—1945 年):飞行员防护救生装备发展系列介绍——袖珍军马:漫谈二战期间军用摩托车》,粤儒著,《世界航空航天博览》2004 年第 3 期。

《空降神兵的随身法宝:美国二战时期空降兵用 M1/M2 卡宾枪的附属装备》,京营著,《环球军事》2008 年第 2 期。

《二次世界大战中德军曾用过无人驾驶车辆》,张元林著,《解放军报》1984 年 8 月 13 日。

《纳粹铁驴:二战德国陆军 RSO 履带式牵引车》,后藤仁著,《环球军事》2003 年第 19 期。

《军用摩托车:纳粹德军的"风火轮"》,刘超威著,《环球军事》2004 年第 17 期。

《漫话二战德军服饰》,章开元著,《世界军事》2004 年第 1 期。

《二战德国装甲列车》,唐思著,《兵器》2005 年第 5 期。

《纳粹国防军的机械化"功臣":通用汽车与希特勒的"战车"》(上下),[美]布莱克著;李彬译,《现代舰船》2009 年第 7C/8C 期。

《另类三轮:奇特的二战德国三轮扫雷车》,杜平洋著,《兵器知识》2007 年第 12 期。

《侵略先锋神州丸：二战日本陆军"特殊船"的研制、服役和结局》，章骞著，《军事历史》2005 年第 2 期。

《诺曼底登陆中的特种装备》，杨斌、汪长传著，《国防科技》2003 年第 7 期。

《诺曼底登陆战役的成功对武器装备发展的启示》，郑敏、成兵著，《装备》2002 年第 2 期。

《诺曼底登陆中的人工港》，周锦鸿著，《海军学术研究》1990 年第 1 期。

《诺曼底登陆战役中的"桑树"人工港》，张世英著，《海军杂志》1987 年增 2 期。

《诺曼底登陆战役中盟军对港口的利用》，鲁仁、范智勇著，《外国军事学术》2000 年第 11 期。

《诺曼底登陆战役人工港建设的回顾和启示》，蔡惊涛、刁景华等著，《价值工程》2014 年第 6 期。

《诺曼底战争中的钢铁巨蟹》，贾冰著，《坦克装甲车辆》2003 年第 1 期。

《会猎碧波浩渺间：二战盟军反潜探测装备》，刘杨著，《兵工科技》2004 年第 7 期。

《二战中的反潜装备"王牌"："利"式探照灯》，仲光友著，《兵工科技》2014 年第 5 期。

《苏联卫国战争期间的浮空飞行器》，钱云山著，《现代兵器》1997 年第 2 期。

《红军雪地精灵：二战苏联军用摩托雪橇》（上下），陈忠著，《兵器》2009 年第 10 期/2010 年第 1 期。

《踏雪无痕：史话二战苏军的战斗雪地摩托车》，崔琰著，《兵工科技》2010 年第 20 期。

《战火中的"红星"：二战期间的苏联军服与服饰》（上中下），白水泉著，《轻兵器》2005 年第 5/6/7 期。

第四节　后勤与供应

一、总论

《第二次世界大战后勤地位作用探微》，韩卫兵著，《后勤学术》1995 年第

8 期。

《试论后勤对第二次世界大战的决定性影响和作用》,邢贵龙著,《第二次世界大战中的军事学术》,张海麟主编,国防大学出版社 1989 年版。

《试论第二次世界大战中的后勤战》,金国华、于长江著,《第二次世界大战史论文集③:五十年的深思》,李殿仁主编,军事谊文出版社 1996 年版。

《军事经济与后勤保障对二战进程和结局的重大影响》,彭训厚著,《后勤学术》1995 年第 8 期。

《关于二战国际后勤形成与发展的思考》,杨庆华、张连松著,《第二次世界大战史论文集③:五十年的深思》,李殿仁主编,军事谊文出版社 1996 年版。

《关于科技与二战大空间大流量后勤保障的历史思考》,杨庆华著,《第二次世界大战史论文集⑤:科学技术的力量》,戚世权主编,解放军出版社 1999 年版。

《试论科学技术进步对二战中军队后勤体制的影响》,徐平、李同敬、刘仁亮著,《第二次世界大战史论文集⑤:科学技术的力量》,戚世权主编,解放军出版社 1999 年版。

《日刊谈第一次和第二次大战中的后勤补给情况》,严沛卡著,《外军资料》1982 年第 372 期。

《浅谈世界战争与局部战争后勤保障的异同》,杨庆华著,《第二次世界大战史论文集⑤:科学技术的力量》,戚世权主编,解放军出版社 1999 年版。

《军事交通——二战留下的一个重要课题》,左建昌著,《解放军报》1995 年 8 月 15 日。

《二次大战中盟军的弹药消耗》,卞荣宣著,《轻武器快报》1985 年第 8 期。

《太平洋战争末期日美后勤力量对比》,陈保甫译,《外军后勤资料》1987 年第 12 期。

《对第二世界大战中海上后勤保障简况回顾》,谢翔著,《海军学术研究》1985 年第 4 期。

《第二次世界大战期间美军后勤系统改革论析》,董启帆、王金华著,《军事历史》2018 年第 6 期。

《试论太平洋战争爆发前美军后勤思想的演进》,符林国著,《军事历史》2010 年第 2 期。

《试论后勤因素对太平洋战争的影响》,齐晟著,《后勤指挥学院学报》2007 年第 6 期。

《论太平洋战争美军岛屿进攻作战后勤保障的主要特点》，符林国著，《军事历史》2009 年第 4 期。

《二次大战时美军后勤》，李殿选著，《外国空军后勤》1993 年第 1 期。

《尼米兹与美国海军海上补给革命》，王宗涛著，《求索》2016 年第 8 期。

《美军太平洋战争"越岛进攻"物资保障及启示》，农清华著，《后勤学院学报》2014 年第 1 期。

《诺曼底登陆作战的后勤保障》，海军后勤部理论研究室著，《外国海军后勤资料》1996 年第 1 期//《国防交通参阅资料》1996 年第 4 期。

《诺曼底登陆战役的后勤保障》，朱维、刘卫新著，《外国军事学术》2001 年第 6 期。

《盟军诺曼底登陆作战中的后勤保障》，张连松著，《后勤指挥学院学报》2001 年第 4 期。

《精心准备以求先胜：论诺曼底登陆战役盟军的后勤准备》，徐秀林著，《海军后勤学院学报》2002 年第 3 期。

《作战指挥视野下诺曼底战役盟军后勤保障再考察》，蒲晓鹏著，《军事历史》2017 年第 6 期。

《斯大林格勒战役后勤保障》，《外军后勤资料》1981 年第 6 期。

《库尔斯克战役的后勤保障》，王新斌著，《外军后勤资料》1985 年第 2 期。

《苏联卫国战争初期军队后勤存在的问题》，本刊编辑部著，《后勤学术文选》1980 年第 2 期。

《卫国战争初期战役后勤的展开》，黄文寿著，《外军后勤资料》1988 年第 12 期。

《苏联卫国战争第一时期苏联武装力量的后方勤务》，[苏] 戈卢什科著；徐存惕译，《外国军事学术》1982 年第 7 期。

《卫国战争第三阶段进攻战役后勤保障的几个问题》，[苏] 阿勃拉莫夫著，《外军后勤资料》1981 年第 8 期。

《苏军在卫国战争中战役后勤物资保障的改进措施》，本刊编辑部，《后勤学术》1986 年第 6 期。

《伟大卫国战争中登陆兵后勤保障》，卢永金著，《外军后勤资料》1988 年第 6 期。

《伟大卫国战争中的海军后勤组织和指挥》，伊敏著，《外国海军学术》1985

年第 1 期。

《卫国战争中海军后勤的组织机构》,谭今著,《外军后勤资料》1985 年第 6 期。

《第二次世界大战苏军山地战役后勤保障的经验教训》,孙耀文著,《后勤学术》1985 年第 12 期。

《卫国战争中坦克集团军进攻战役后勤保障》,[苏]安南耶夫著;李庚起译,《外军后勤资料》1989 年第 8 期。

《苏联卫国战争初期西方面军的后方勤务》,本刊编辑部著,《后勤学术文选》1980 年第 2 期。

《白俄罗斯第二方面军在东普鲁士战役中的后勤保障》,王立全著,《后勤装备研究》1985 年第 3 期。

《苏联卫国战争忽视后勤组织体制建设的教训》,余用哲著,《后勤》1985 年第 9 期。

《失败于临战后勤准备阶段的德军英国登陆战役》,张连松著,《后勤指挥学院学报》2002 年第 1 期。

《忽视后勤保障是德军对苏闪击战破产的一个重要因素》,杨少俊著,《军事历史》1985 年第 2 期//《第二次世界大战军事论文选》,军事学术杂志编,军事科学出版社 1985 年版。

《补给困难是希特勒闪击战破产的重要原因之一》,胡正梁著,《军事学术》1983 年第 6 期。

《苏德战争初期德军为何缺乏冬装:一个纳粹将领的供述》,[德]古德里安著,《外军后勤资料》1981 年第 8 期。

《美军冲绳岛登陆战役后勤保障剪影》(上下),余用哲著,《海军后勤学术研究》1986 年第 1/2 期。

《美军冲绳岛登陆的后勤筹划与准备》,张连松、董玲著,《海军后勤学术研究》2006 年第 5 期。

《美军冲绳战役由海向陆的后勤保障》,张连松、董玲著,《海军后勤学术研究》2006 年第 6 期。

《浅谈第二次世界大战日军战败的后勤原因》,王通信著,《第二次世界大战史论文集③:五十年的深思》,李殿仁主编,军事谊文出版社 1996 年版。

《丧失战区制空权之后的跨海运输行动:日军瓜岛登陆作战中的后勤保障

举措及结局》,赵丽著,《后勤指挥学院学报》2004 年第 2 期。

《"U 号行动"的破产——"兵败后勤"战例选之三》,余用哲著,《后勤》1994年第 6 期。

《美军在第二次大战中的一个严重失误》,王达伦著,《后勤》1986 年第2 期。

《争夺信兹维亚后勤基地之战》,余用哲著,《后勤》1981 年第 4 期。

二、技术保障

《第二次世界大战中苏军技术保障研究》,孔令茂、潘凯著,《第二次世界大战史论文集⑤:科学技术的力量》,戚世权主编,解放军出版社 1999 年版。

1. 交通运输保障

《第二次世界大战中的交通战场》(全 2 期),郝友忠著,《军事交通》1999 年第 2/3 期。

《第二次世界大战中的军交运输大行动》,陈兆仁著,《国防交通》1995 年第4 期。

《第二次世界大战中的美军运输》,谢泼德著,《后勤学术》1991 年第 6 期。

《伟大卫国战争时期的军事交通》,茅期明著,《外军后勤资料》1986 年第4 期。

《第二次世界大战苏军战略防御中的军事运输》,李茂著,《国防交通》1996年第 1 期。

《第二次世界大战苏军铁路运输经验教训与启示》,陈兆仁、李大航、苏威著,《军事交通学院学报》2006 年第 1 期。

《前苏军莫斯科战役交通保障》,高强著,《国防交通》1997 年第 1 期。

《苏联在攻克柏林战役中的铁路运输》,史善新著,《参阅资料》1985 年第10 期。

《卫国战争中小河流和湖泊的水上运输》,李庚起著,《外军后勤资料》1986年第 12 期。

《卫国战争期间卫生运输船舶的准备和使用》,孔凡康著,《外军后勤资料》1985 年第 16 期。

《伟大卫国战争时期伤病员的铁路后送》,王新斌著,《外军后勤资料》1985年第 16 期。

《伟大卫国战争中伤员河运后送的经验》,缪其宏著,《外军后勤资料》1985年第7期。

《白俄罗斯战役的铁路准备及伤病员后送》,孔凡康著,《外军后勤资料》1985年第16期。

《二战中诺曼底登陆战役盟军的运输保障》,毛尚春著,《国防交通》1997年第1期。

2. 卫生勤务保障

《马岛战争和二战中海战伤发生特点及其对我军海战伤救治的启示》,宗兆文、李楠著,《第三军医大学学报》2017年第24期。

《伟大卫国战争中的苏联军事医学》,陈潮著,《外军后勤资料》1986年第13期。

《伟大卫国战争第二阶段完善军队卫勤保障的基本方针》,黄文寿著,《外军后勤资料》1985年第3期。

《伟大卫国战争第三阶段卫勤保障的一些问题》,孟庆锡译,《外军后勤资料》1987年第1期。

《苏联卫国战争中的海军卫生勤务》,白敬先译,《外军后勤资料》1987年第2期。

《伟大卫国战争中的部队卫勤人员减员》,西尔伯贝格著,《后勤学术》1990年外军后勤版6期。

《库尔斯克会战中的军队卫生保障》,金汝煌著,《外军后勤资料》1985年第7期。

《伟大卫国战争时期卫生化学防护组织的一些问题》,孟庆锡等著,《外军后勤资料》1987年第10期。

《苏军白俄罗斯战役的卫勤保障》,孔凡康著,《外军后勤资料》1985年第18期。

《诺曼底登陆战盟军卫勤保障经验》(上下),李培进、李云波、毛军文著,《人民军医》2006年第8/9期。

3. 其他技术保障

《第二次世界大战中装甲兵技术保障的经验及教训》,苏宽文等著,《第二次世界大战史论文集⑤:科学技术的力量》,戚世权主编,解放军出版社1999年版。

《苏德战争初期苏军通信保障情况简析》,刘志云著,《军事通信学术》1989

年第 1 期。

《第二次世界大战苏德战场苏军通信保障特点初探》，谢文魁著，《通信指挥学院学报》1988 年第 3 期。

《第二次世界大战中苏军通讯保障特点刍议》，谢文魁、牛力等著，《第二次世界大战中的军事学术》，张海麟主编，国防大学出版社 1989 年版。

《诺曼底登陆中的成功气象保障及现实意义》，费建芳著，《军事气象》1995 年第 6 期。

《伟大的卫国战争期间苏海军的水文气象保障》，张贵银著，《军事气象》1986 年第 5 期。

《善测风云的美国空军气象部队》，王霄著，《环球军事》2004 年第 17 期。

《从保障补给转向保障战斗：第二次世界大战中美军的维修保障》，戎军著，《坦克装甲车辆》1996 年第 5 期。

《苏卫国战争中机场工程保障》，李维著，《外国空军后勤资料》1985 年第 6 期。

《气象对登陆作战的影响：从诺曼底登陆气象保障谈开去》，俞风流著，《当代海军》2005 年第 4 期。

三、给养保障

《伟大卫国战争中的给养保障概况》，郭秉禄译，《外军后勤资料》1987 年第 3 期。

《伟大卫国战争中的财务保障》，陈明明译，《外军后勤资料》1987 年第 9 期。

《浅析苏联卫国战争初期经费保障的失误》，杨永良著，《后勤研究》1985 年第 6 期。

《苏德战争中苏军的油料保障》，朱书生、杨志廉著，《外军后勤资料》1985 年第 5 期。

《卫国战争初期苏军油料保障的教训》，朱书生著，《军用油料》1986 年第 3 期。

《伟大卫国战争前后的油料保障》，战英译，《外军后勤资料》1987 年第 3 期。

《伟大卫国战争第三阶段方面军的油料保障》，张芬芬著，《外军后勤资料》

1988 年第 3 期。

《诺曼底登陆与海底油管》，关崇炎著，《外国海军文集》1985 年第 8 期。

《卫国战争中的汽车器材保障》，潘科夫著，《后勤学术》（外军后勤版）1990 年第 6 期。

《被围困的列宁格勒城的武器和弹药供应》，张国春著，《外军后勤资料》1985 年第 9 期。

《列宁格勒保卫战后勤保障的几个问题》，《外军后勤资料》1980 年第 13 期。

《从列宁格勒保卫战看濒海大城市的后备力量建设》，巴忠炎著，《学术研究》1987 年第 6 期。

四、军事专业勤务保障

《第二次世界大战时期军事装备保障的发展》，卢来宾、宋谦、李学华著，《第二次世界大战与战后局部战争》，李小军主编，军事谊文出版社 2003 年版。

《第二次世界大战期间反法西斯盟国军用伪装服研究》，杜清华著，《服饰导刊》2016 年第 4 期。

《苏联卫国战争进攻战役集团军后勤指挥的若干问题》，黄文寿著，《外军后勤资料》1988 年第 1 期。

《卫国战争前的苏军战术后勤》，黄文寿著，《外军后勤资料》1988 年第 5 期。

《苏军卫国战争中坦克兵战役技术保障的组织》，朱再发著，《东北军事学术》1990 年第 1 期。

《第二次世界大战中苏军技术保障体制》，朱再发著，《人民装甲兵》1990 年第 2 期。

《战场上的坦克"制造"工厂：第二次世界大战中苏军的装甲兵技术保障》，戎军著，《坦克装甲车辆》1996 年第 4 期。

《第二次世界大战期间苏军的战役烟幕保障》，纪学仁著，《防化学报》1998 年第 2 期。

《坦克第 1 和近卫坦克第 5 集团军进入突破口的炮火保障》，［苏］基乌德马阿著；姚宏德译，《外军资料》1982 年第 480 期。

《记取苏联卫国战争的经验教训充分认识战略后方基地的地位作用》，徐庆儒著,《后勤学术》1990 年增 1 期。

《从苏联卫国战争初期的经验教训看合理布局国家战略后方基地的重要性》,余用哲著,《军学》1985 年第 7 期//《环球》1985 年第 7 期。

《第二次世界大战期间苏军战略后方基地建设的教训及补救措施》,解大军著,《后勤学术》1990 年增 1 期。

《卫国战争年代航空兵兵团作战的后勤保障经验》,黄文寿译,《外军后勤资料》1987 年第 11 期。

《莫斯科会战:莫斯科会战中苏军的后勤保障》,[苏]库尔科特金著;徐存悌译,《外军资料》1982 年第 519 期。

《柏林战役中近卫坦克第 2 集团军的后勤保障》,王磊著,《外军后勤资料》1986 年第 15 期。

《第二次世界大战太平洋战区美国空军后勤》,石之英著,《外国空军后勤资料》1987 年第 3 期。

《第二次世界大战中美国对盟军的后勤支援》,闻家泰著,《后勤》1981 年第 6 期。

第五节　军队建设、指挥与运筹

《"二战"中军事运筹实践的特点》,张方伟、张含义著,《第二次世界大战史论文集③:五十年的深思》,李殿仁主编,军事谊文出版社 1996 年版。

一、军队建设

《第二次世界大战中的兵役制度及其在战后的演变》,吕占广、金迪著,《二战及其遗留问题对国际关系的影响》,二战史研究会编,2004 年。

《第二次世界大战期间海军的革命性发展与战略性作用》,杨晓丹、杨志荣著,《军事历史》2019 年第 2 期。

《第二次世界大战期间英国军事建设探要》,翟文奇著,《齐齐哈尔大学学报》2005 年第 6 期。

《卫国战争前夕苏联空军的建设和发展》,朱建新著,《外国空军军事学术》1988 年第 10 期。

《两次世界大战之间德国陆军向机械化转型的反思》,张新征、陆关生著,

《国防科技》2010 年第 5 期。

《论太平洋战争期间日本武装力量建设上的缺陷》,付晓斌著,《军事历史》2007 年第 2 期。

《太平洋战争期间日本法西斯陆军的兵力编成与部署变更述略》,徐德源著,《辽宁大学学报》1986 年第 2 期。

《一支由近代化向现代化过渡的军队:二战日本陆军装备世界二流》,康狄著,《坦克装甲车辆》2012 年第 12 期。

《第二次世界大战日本陆军兵器生产的局限》,马军、张环泽著,《军事历史研究》2002 年第 3 期。

《日本"南方军"史略:兼论"二战"期间日本陆军力量的滞后》,马军著,《史林》1996 年第 1 期。

《"二战"前和"二战"时期日军兵力规模考略》,张箭、张堂贵著,《重庆师范大学学报》2019 年第 3 期。

《全面抗战前国民政府空军建设评析》,袁成毅著,《杭州师范大学学报(社会科学版)》2013 年第 2 期。

《从抗战时中日武器对比看军队战斗素质》,徐焰著,《兵器知识》2009 年第 3 期。

二、作战指挥

《卫国战争期间苏军最高统帅部的作用》,姜桂石著,《内蒙古民族师院学报(社会科学汉文版)》1988 年第 1 期。

《论苏军最高统帅部在卫国战争中的作用》,赵飞、李桂树著,《内蒙古民族大学学报》2005 年第 5 期。

《苏联卫国战争时期最高统帅部代表的作用及其工作组织和工作方法》,[苏] 巴格拉米扬、维罗多夫著;高尚清译,《外国军事学术》1981 年第 6 期。

《苏联卫国战争时期总参谋部的工作组织与工作方法》,[苏] 洛莫夫、戈鲁鲍维奇著;徐存悌译,《外国军事学术》1981 年第 6 期。

《苏联卫国战争时期总参谋部、方面军和集团军司令部情况通报工作的组织》,[苏] 叶夫谢耶夫、古罗夫著;徐存悌译,《外国军事学术》1982 年第 2 期。

《战争年代的总参谋部(第四章:斯大林格勒会战前夜),中央集团军群的覆灭》,[联邦德国] 赫尔曼·加肯霍尔茨著;仲掌生等译,《二战史通讯》1983 年第

5 期。

《苏联卫国战争时期苏军战区总指挥部的工作经验》，徐存悌著，《外国军事学术》1982 年第 2 期。

《二战期间太平洋战区的统一指挥》，［美］梅林杰著；李红甫译，《外国军事学术》2010 年第 8 期。

《苏德对决中的步坦协同作战》，杨成著，《军事史林》2009 年第 2 期。

《苏军坦克集团军在卫国战争的进攻战役中恢复战斗力的措施》，［苏］拉齐耶夫斯基著；王谊民译，《外国军事学术》1980 年第 8 期。

《卫国战争中苏军第一、二梯队的运用》，钱俊德、韩迎春著，《外国军事学术》1980 年第 4 期。

《卫国战争年代在地雷爆炸性障碍物中开辟通路的方法》，［苏］索斯科夫著；闵振范译，《外国军事学术》1980 年第 11 期。

《意大利空军败走不列颠》，史放著，《环球军事》2008 年第 24 期。

《败绩：二战中的意大利军队》，朱竞成、刘平著，《环球军事》2006 年第 12 期。

《二战意大利军队战斗力孱弱诸原因》，马子堂著，《军事史林》2012 年第 7 期。

《卖命之战：二战时意大利分舰队在黑海的徒劳行动》，张艳明、章诚、袁军华著，《环球军事》2005 年第 12 期。

《喋血克伦：二战中意大利军队"闪光"的一页》，郭善根著，《军事史林》2010 年第 11 期。

《苏德战争第三阶段苏军变更部署时军队指挥的几个问题》，［苏］科尔宗著；徐存悌译，《外国军事学术》1981 年第 1 期。

《晴空血战与心理极限：从电影看二战美军轰炸机部队的作战承受力》，风伊万著，《航空知识》2009 年第 7 期。

《二战时日本南方军热带岛屿野战生存概说》，沈克尼著，《轻兵器》2009 年第 4 期下。

《地狱归来：二战美军战机生存力集萃》，雾岛著，《世界军事》2010 年第 12 期。

《第二次世界大战中英军、德军的指挥、火力与机动》，徐晓军著，《外国军事学术》1986 年第 4 期。

《阿拉曼之战中英军作战指挥上的成功之处》,董海波著,《第二次世界大战军事论文选》,军事学术杂志编,军事科学出版社1985年版。

《一部运转不灵的"机器":二战时期德国国防大本营指挥体制浅析》,窦超著,《现代兵器》2011年第2期。

《二战中的德国空军指挥控制系统》,何自强著,《国际电子战》2004年第2期。

《对苏联在卫国战争初期夺取战略主动权问题的探讨》,中央军委战略委员会著,《军事学术》1984年第2期。

《对苏联在卫国战争初期夺取战略主动问题的探讨》,赵德路著,《第二次世界大战军事论文选》,军事学术杂志编,军事科学出版社1985年版。

《莫斯科会战苏军防御的主要经验》,丁梦奇著,《第二次世界大战军事论文选》,军事学术杂志编,军事科学出版社1985年版。

《苏军合围战役经验》,郭其侨著,《第二次世界大战军事论文选》,军事学术杂志编,军事科学出版社1985年版。

《第二次世界大战中使用突击破坏兵器的战术》,王历中著,《外国海军文集》1985年第2期。

《伟大卫国战争中组织与实施遭遇交战艺术的发展》,刘克忠著,《外军研究》1985年第2期。

三、军事运筹

《第二次世界大战中主要资本主义国家武装力量的战略展开问题》,[苏]扎波罗什钦科等著;陈学惠译,《外军资料》1984年第935期。

《浅析战略预备队对夺取战略主动权的作用》,陈志彬著,《第二次世界大战史论丛》,王相如、李安华主编,四川大学出版社1985年版。

《关于战略预备队的组建和使用:对第二次世界大战中几个问题的探讨之三》,韦均朴著,《军事学术》1977年第3期。

《关于战略后方的建设:对第二次世界大战中几个问题的探讨之四》,韦军朴著,《军事学术》1977年第6期。

《浅析第二次世界大战前夕德国的军事动员体制与动员方式》,马骏著,《第二次世界大战中的军事学术》,张海麟主编,国防大学出版社1989年版。

《对苏联在卫国战争初期夺取战略主动问题的探讨》,中央军委战略委员会办公室著,《军事学术》1984 年第 2 期。

《第二次世界大战苏军工程兵的作战运用》,姜涛著,《第二次世界大战中的军事学术》,张海麟主编,国防大学出版社 1989 年版。

《莫斯科会战:莫斯科会战中苏军各军兵种的作战使用》,徐存悌著,《外军资料》1982 年第 519 期。

《莫斯科会战:莫斯科会战中苏联空军的作战使用》,［苏］库塔霍夫著;徐存悌译,《外军资料》1982 年第 519 期。

《莫斯科会战:莫斯科会战中苏联防空军的作战使用》,［苏］科尔杜诺夫著;徐存悌译,《外军资料》1982 年第 519 期。

《苏联卫国战争中战略预备队的建立》,马金生著,《外国军事学术》1989 年第 1 期。

《卫国战争中苏军反合围的措施》,王正谟著,《西安陆军学院学报》1988 年第 1 期。

《苏联卫国战争中的城防委员会》,本刊编辑部著,《外国军事学术》1974 年第 10 期。

《卫国战争中对筑垒地域准备和实施突破的几个特点》,田小文著,《外国军事学术》1985 年第 2 期。

《苏联卫国战争中围歼敌重兵集团的经验及在现代条件下的意义》,彭训厚著,《外国军事学术》1985 年第 6 期。

《卫国战争中苏军提高方面军(集团军)指挥所生存力的几点经验》,汉秋著,《外国军事学术》1986 年第 8 期。

《苏联在卫国战争指导上的七个教训》,于淑杰著,《外国军事学术》2000 年第 8 期。

《第二次世界大战期间苏军的战略性进攻战役》,吴广权著,《第二次世界大战中的军事学术》,张海麟主编,国防大学出版社 1989 年版。

《苏联卫国战争第一阶段苏军防御战役的若干规律性特点》,王正谟著,《第二次世界大战中的军事学术》,张海麟主编,国防大学出版社 1989 年版。

《苏军战略性防御战役在苏联卫国战争中的战略作用》,翟明生著,《第二次世界大战中的军事学术》,张海麟主编,国防大学出版社 1989 年版。

《苏德战争初期苏军反突击失利的主要教训》,刘万成著,《军事学术》1982 年第 6 期//《第二次世界大战军事论文选》,军事学术杂志编,军事科学出版社

1985 年版。

《苏联卫国战争初期失利之训练方面的原因》，陈乃尚著，《军事教育学院学报》1988 年第 1 期。

《苏德战争初期苏军工程兵作战失利原因浅探及反思》，姜涛著，《工程兵指挥学院学报》1989 年第 3 期。

《第二次世界大战以来苏联炮兵发展给我们的启迪》，楼文伟、陈蜀军等著，《第二次世界大战史论丛》，王相如、李安华主编，四川大学出版社 1985 年版。

《以伟大卫国战争初期作战经验中引出的几点结论》，刘克忠著，《外军研究》1985 年第 3 期。

《诺曼底登陆战的对策分析》，俞中明、张松涛著，《国防大学学报》1992 年第 5 期。

《诺曼底登陆日选定有因》，小健著，《解放军报》1995 年 2 月 13 日。

《诺曼底登陆地域选择的作战决策分析》，何兰著，《系统工程理论与实践》1998 年第 8 期。

《从诺曼底登陆战役谈登陆地区和登陆时间的选择》，林春光著，《海军学术研究》1993 年第 5 期。

《诺曼底登陆作战的组织与实施》，姜培善著，《外国空军军事学术》1985 年第 4 期。

《诺曼底登陆战役中盟军的破障行动》，贾咏梅著，《外国军事学术》2000 年第 11 期。

《诺曼底登陆战役中船载炮兵的运用》，刘斌武著，《外国军事学术》2000 年第 11 期。

《诺曼底登陆作战军交运输的谋略运用》，陈兆仁、杨雁祥等著，《军事交通学院学报》2005 年第 3 期。

《诺曼底登陆对我未来登陆作战的几点启示》，曹新元、彭福杨著，《海军学术研究》2003 年第 5 期。

《诺曼底登陆战前准备对现代高技术条件下登陆作战的启示》，左立平著，《国防大学学报》1996 年第 8/9 期。

《德军诺曼底抗登陆作战指挥失误浅析》，刘友良著，《学术研究》1988 年第 12 期。

《诺曼底登陆战役对我军渡海登陆作战的启示》，郑文达著，《二战及其遗留问题对国际关系的影响》，二战史研究会编，2004 年。

《采攻玉之石谋打赢之策：诺曼底登陆作战启示录》，刘学道、王印楼著，《坦克装甲车辆》2004 年第 9 期。

《第二次世界大战中的抗登陆作战为什么多数失败？》，张聿法著，《军事学术》1984 年第 5 期//《第二次世界大战军事论文选》，军事学术杂志编，军事科学出版社 1985 年版。

《由海向陆的战争回眸：从"二战"中六次成功战例看现代登陆作战》，张锋、马亚西著，《解放军报军事科技周刊》2000 年 3 月 8 日。

《从中途岛海战看作战过程中的几个转化问题》，魏喜令著，《海军学术研究》1985 年第 1 期。

《胜利之道：二战盟军最高战略指导》，姚有志著，《军事历史》2005 年第 8 期。

《浅谈第二次世界大战期间各主要参战国对武装力量的战略指导》，张海麟著，《第二次世界大战中的军事学术》，张海麟主编，国防大学出版社 1989 年版//《红山撷文——二战史论文选》，张海麟著，中国文史出版社 1999 年版。

《第二次世界大战中日本的战略决策机构及其对战争的指导》，顾汝钰著，《第二次世界大战中的军事学术》，张海麟主编，国防大学出版社 1989 年版。

《伟大卫国战争中苏德双方的兵力兵器损失对比》，章仁贤译述，《苏联问题研究资料》1989 年第 3 期。

《苏联卫国战争中战略预备队的建立与使用》，马金生著，《第二次世界大战中的军事学术》，张海麟主编，国防大学出版社 1989 年版。

《略谈苏联卫国战争第一阶段的战略后备力量》，鲁胡春著，《军学》1985 年第 7 期。

《苏联的改变战争进程中力量对比所作的斗争》，[苏] A.B.巴索夫著；胡充寒译，《苏联历史问题》1987 年第 2 期。

《苏军抗击德军反突击的经验》，《第二次世界大战军事论文选》（军事学术杂志编），军事科学出版社 1985 年版。

《苏军抗击德军反突击的经验及对今后作战的一些新看法》，刘继贤著，《军事历史》1985 年第 1 期。

《苏联卫国战争前苏军对军兵种使用的观点》，李效东著，《外国军事学术》1981 年第 11 期。

《苏军关于卫国战争中军队变更部署问题的讨论》，本刊编辑部著，《外国军事学术》1982 年第 1 期。

《准备、适应与战斗力：从〈纳粹将领的自述〉里得到的启示》，刘继贤著，《军事学术》1983 年第 1 期。

《抗战时期驻华美军部署及作战概况——兼谈中国战区在美国战略棋盘上的地位》，阮家新著，《抗日战争研究》2007 年第 3 期。

四、军事教育与训练

《第二次世界大战期间西方主要国家的军事教育和训练体制》，陈海宏著，《军事历史》2001 年第 6 期。

《苏军总参军事学院在伟大卫国战争中的教学工作》，[苏]库利科夫著；王剑译，《外军资料》1978 年第 348 期。

《近代日本的帝国梦想与战时军歌（1931—1945）》，于铭扬著，《长春师范大学学报》2018 年第 9 期。

《抗战时期的日本工农学校》，谢慧君、耿妍著，《兰台世界》2010 年第 21 期。

第六节 军队组织、编制与管理

一、军队的组织

1. 军兵种

《"二战"中美德陆军战斗力之比较》，李金森、燕涛著，《南京政治学院学报》2006 年第 S1 期。

《穷人战争？抑或富人战争？——二战美德陆军战力比较》，李金森、燕涛著，《国防科技》2007 年第 2 期。

《苏联卫国战争时期苏德兵力兵器对比》，本刊编辑部著，《人民装甲兵》1981 年增刊。

《"炮兵是战争之神"》，张利华著，《历史大观园》1992 年第 6 期。

《第二次世界大战炮兵的作战运用特点》，解文欣著，《现代炮兵学报》2005 年第 6 期。

《两次世界大战之间英法德三国装甲部队建设思想与实践之比较》（一二），

于江欣著,《军事历史》2009 年第 2/3 期。

《美国作战专家戳破 20 世纪最大军事神话 从克里特、诺曼底、阿纳姆到如今——地狱特快 空降兵的明天:生存、还是毁灭?》,〔美〕马克·德沃尔著;张宏飞译,《国际展望》2005 年第 21 期。

《在海战中大显神通的蛙人兵》,李景龙著,《海洋》1985 年第 1 期。

《二战时期的美军装甲兵》,季伏枥著,《坦克装甲车辆》1999 年第 10 期。

《欧罗巴的烈焰天空　二战美国驻欧空中力量简史:1942—1945》,赵国栋著,《国际展望》2004 年第 20 期。

《皇家空军扬基鹰　不列颠空战中的美军志愿飞行员》,郭彩虹著,《国际展望》2004 年第 22 期。

《驾着自己的飞机参战:二战期间保卫美国海岸的民间飞行员》,史放著,《环球军事》2011 年第 3 期下。

《征途漫漫 二战前苏军装甲力量的发展与战术思想的演进》,千里著,《现代兵器》2010 年第 1 期。

《为了忘却的纪念:二战苏军侦察兵经验总结报告揭秘》,陈霞、杨南镇著,《轻兵器》2006 年第 3 期下。

《莫斯科上空的雄鹰:卫国战争初期的苏军空军》,周鹏著,《环球军事》2004 年第 8 下期。

《红鹰、红鹰:二战前苏军空降兵的发展》,〔美〕大卫·格兰茨著;张宏飞译,《国际展望》2007 年第 7 期。

《白色冰原上的利器:苏联卫国战争时期的飞行雪橇》,李沛然著,《兵工科技》2005 年第 11 期。

《伟大卫国战争最后几次战役中的高射炮兵》,王兴禹著,《炮院学刊》1986 年第 4 期。

《黑色蛟龙:卫国战争中的苏联蛙人部队》,江帆著,《兵器知识》2003 年第 8 期。

《最后的屏障 二战中的英军高炮部队》,〔英〕肯尼·沃雷尔著;张宏飞译,《国际展望》2006 年第 17 期。

《被埋没的两栖英豪:英国海军突击队在西西里》,王挺松著,《世界军事》2007 年第 7 期。

《卡塞林之战后炮兵是如何击败隆美尔》,丁福蛟、钱勇等著,《外军炮兵防空兵学术》2003 年第 3 期。

《怒海争锋 纳粹德国海军简史》,[德]卡尔・O.斯切尔斯特著;胡荟译,《国际展望》2006 年第 11 期。

《惊涛中的"短剑":二战德军高速鱼雷艇部队》(上下),拖雷著,《兵器》2006 年第 8/9 期。

《二战时期日本海军舰艇部队》,黄力民著,《军事史林》2013 年第 4 期。

《二战时期日本陆军海洋部队》,黄力民著,《军事史林》2013 年第 5 期。

《二战时期日本陆军航空部队》,黄力民著,《军事史林》2014 年第 7 期。

《日本海军航空战队:辉煌与梦破》,徐辉著,《世界军事》2007 年第 1 期。

《二战日军航空兵的衰落》,司古著,《航空知识》2009 年第 1 期。

《第二次世界大战日本坦克兵种的滞后》,马军著,《中国抗战与世界反法西斯战争——纪念中国人民抗日战争暨世界反法西斯战争胜利 60 周年学术研讨会文集:下卷》,中国社会科学院近代史研究所编,社会科学文献出版社 2009 年版。

《末路之师——太平洋战争中的日本海军陆战队》,陈娜、倪海宁著,《国际展望》2005 年第 16 期。

《日本关东军兴亡述略》,石岩著,《大连近代史研究》第 10 卷,2013 年。

2. 具体作战部队

《"陆战雄狮":二战欧洲盟军的精锐部队》,尹东强、高升著,《环球军事》2005 年第 11 期。

《二战美国陆军航空队王牌》,胡其道著,《兵器知识》2002 年第 8 期。

《二战美国海军及海军陆战队王牌》,胡其道著,《兵器知识》2002 年第 9 期。

《美国空军第 20 航空队空袭日本秘闻》,任秋凌著,《环球军事》2004 年第 20 期。

《照片背后的故事:美 101 空降师士兵眼中的诺曼底登陆》,张艳明著,《环球军事》2005 年第 11 期。

《美军第 82 空降师在西西里》,杜洪顺著,《外军空降资料》1986 年第 1 期。

《"恶魔之旅":记二战期间美加第 1 特勤部队》,郭彩虹著,《环球军事》2007 年第 10 期。

《来自太平洋战场上的问候:二战美国海军陆战队突袭营》,杨圣辰著,《轻兵器》2009 年第 1 期。

《星条旗下的日裔军团》,泰石著,《环球军事》2004 年第 8 期上。

《以牺牲回击歧视——二战美军日裔部队第 442 步兵团传奇》,从丕著,《文史天地》2017 年第 9 期。

《巴顿麾下的"黑豹":二战中的美军 761 坦克营》,戚小光著,《文史天地》2017 年第 12 期。

《德军王牌部队二战风云榜》,本刊编辑部著,《中国尖端武器报道:武器较量》2006 年第 7 期。

《日耳曼之鹰:二战德国空军王牌》(上下),胡其道著,《兵器知识》2003 年第 12 期/2004 年第 1 期。

《希特勒手中王牌:纳粹武装近卫队》,本刊编辑部著,《世界军事》1995 年第 5 期。

《"帝国"的末日之路 纳粹党卫军第 2 装甲师战史简编》,刘栋、林诚谦著,《国际展望》2005 年第 19 期。

《"纳粹"帝国铁骑急先锋——德国陆军第 3 装甲师兴衰记》,肖鹏著,《国防科技》2005 年第 7 期。

《"象"的征途:德军"斐迪南" 重驱逐战车营西线战史》,本刊编辑部著,《兵器》2009 年第 7 期。

《低效短命的救火队:德军"1944 年装甲旅"小史》,木叶君山著,《现代兵器》2013 年第 12 期。

《纳粹德国唯一的"风暴"突击师:二次世界大战中的第 78 步兵师》(上下),熊文博、彭志文著,《坦克装甲车辆·新军事》2010 年第 12 期/2011 年第 1 期。

《德国纳粹"婴儿师"覆灭记》,陈家光、郭国防著,《军事史林》2006 年第七期。

《北非沙漠的拉锯战:第 27 战斗机航空联队的衰落之四》,袁来著,《航空世界》2005 年第 3 期。

《"非洲装甲军"的覆灭》,齐凤著,《坦克装甲车辆》2004 年第 10 期。

《轴心国的阿拉伯士兵》,樟楠著,《兵器知识》2006 年第 5 期。

《卫国战争中的苏联民航机队》,顾伟著,《中国国防报》2016 年 6 月 10 日。

《伟大卫国战争中的苏联民航机队》,顾伟著,《坦克装甲车辆》2016 年第 14 期。

《铜墙铁壁坚不可摧:库尔斯克战役中的苏军坦克第 1 集团军》,短晓云著,《坦克装甲车辆》1993 年第 6 期。

《卫国战争中的波罗的海神兵》,姜永伟著,《舰船知识》2004 年第 11 期。

《卫国战争时期的苏联女兵初探》,孙丽红、董小川著,《历史教学问题》2015 年第 4 期。

《空战女杰(上下):二战中的苏军第 586 女子歼击航空团》,[俄]戈尔巴赫著;于力译,《现代舰船》2010 年第 3/4 期。

《越洋铁骑彪青史:苏联卫国战争时期》(上下),季伏枥著,《坦克装甲车辆》2002 年第 8/9 期。

《大不列颠的精英:英国皇家陆军特别空勤团》,马茜著,《军事历史》1999 年第 4 期。

《苏德战场上的皇家空军:"飓风"联队》,宝丁著,《航空知识》2011 年第 1 期。

《不列颠上空的"巡警":英国皇家空军预警机部队》,梁桂华著,《现代兵器》2003 年第 4 期。

《日本关东军部队要览》,黄力民著,《日本侵华史研究》2017 年第 1 期。

《追溯 102 个侵华师团》,李大光、鲁胜利著,《北京日报》2005 年 6 月 29 日。

《施暴中缅的魔鬼:第 33 师团:侵华战争日本各师团全曝光(八)》,王宏德著,《环球军事》2005 年第 14 期。

《丛林恶魔:太平洋战争中的日本陆军第 18 师团》,杨刚著,《现代兵器》2014 年第 5 期。

《二战中最短命的日本空降部队》,王作化、林生著,《环球军事》2005 年第 19 期。

《梦碎兴安　命断苏联——日本关东军步兵第一〇七师团覆灭记》,黄耀慧著,《大连近代史研究》2017 年第 1 期。

《侵华关东军中的三支外籍军团》,金点强著,《文史博览》2012 年第 2 期。

《太阳旗的边饰:回顾二战中日本侵略军的仆从军队》,刘旭著,《军事文摘》2019 年第 15 期。

《"诺曼底—涅门"团:自由法国空军在东线的铁拳》,本刊编辑部著,《航空世界》2007 年第 5 期。

《轻步兵阻击坦克群!:第一次托布鲁克战役中的澳大利亚第 9 步兵师》,拖雷著，《兵器》2006 年第 3 期。

《澳大利亚特种空勤团：特战专家是如何炼成的》，杨圣辰著，《轻兵器》2007
年第 1 期。

《顿河激战：二战中匈牙利第一装甲师的兴亡》，堂皇著，《兵器》2011 年第
8 期。

《二战时期的苏联"伪军"》，徐元宫著，《同舟共进》2014 年第 7 期。

《二战期间苏联伪军秘闻》，赖晨著，《湖北档案》2015 年第 7 期。

二、军队编制

《"二战"对战后军队编制体制改革的影响》，姜富生著，《军事历史》1992 年
第 6 期。

《列宁斯大林军队组织编制管理思想研究》，丁团结、马大文著，《外国军事
学术》2007 年第 4 期。

《卫国战争中苏陆军编制的发展》，[苏] 帕诺夫著；易敏译，《外国军事学
术》1990 年第 12 期。

《红色军团：二战中苏联陆军编制的发展》（上下），窦超著，《现代兵器》
2009 年第 8/9 期。

《二战德军集团军群概况》，文锋著，《军事史林》2007 年第 10 期。

《二战中苏联的方面军及司令员》，张宏坤著，《军事史林》2007 年第 6 期。

《苏德战争时期苏军步兵师、机械化军和坦克军编制装备变化表》，将树兴
著，《外国军事学术》1979 年第 4 期。

《苏联卫国战争中空军组织体制的演变》，杨士华著，《外国军事学术》1979
年第 9 期。

《红色空军军团：二战苏联空军及国土防空军编制的发展变化》，窦超著，
《现代兵器》2011 年第 1 期。

《纳粹德国装甲兵编制体制发展的兴衰》，党崇民著，《军事史林》1993 年第
2 期。

《关于日军的编制及其译名》，荣维木著，《抗日战争研究》1994 年第 1 期。

《二战期间日本陆军部队组织与隶属关系考略》，黄力民著，《军事历史研
究》2010 年第 2 期。

《二战时期日本海军的编制结构与指挥关系述略》，黄力民著，《军事历史研

究》2011 年第 1 期。

《1874—1931 年侵华日军部队述略》,黄力民著,《日本侵华史研究》2017 年第 3 期。

《解读二战日军师团番号》,徐焰著,《世界军事》2005 年第 7 期。

《二战时期日本陆军的总军、方面军与军》,黄力民著,《军事史林》2011 年第 11 期。

三、军队管理

《二战期间德、日将帅军衔设置概况》,云升著,《军事史林》1995 年第 10 期。

《二战早期的德国军衔》,王忠东著,《军事史林》2002 年第 3 期。

《二战时期及战后日本军衔》,徐平著,《军事史林》1999 年第 4 期。

《禁锢纳粹的"黑十字幽灵":"铁十字勋章"漫话》,牛宝成著,《军事史林》2005 年第 9 期。

《抗日战争中我军的司令机关建设》,吴朝全、李艾果著,《第二次世界大战史论文集③:五十年的深思》,李殿仁主编,军事谊文出版社 1996 年版。

《二战期间苏联战俘的接收、关押及警备制度》,王学礼、张广翔著,《河南师范大学学报》2013 年第 3 期。

《二战中美国第 101 特遣队的特别行动》,王曾琢、廖湘东著,《军事文摘》2016 年第 11 期。

第十一章　盟国反攻与法西斯的失败和投降

第一节　远东战役和原子弹轰炸

一、苏联红军对日作战与关东军的覆灭

《苏联兵出东北与关东军投降——浅谈远东战役的作用》，王宗仁著，《中日关系史研究》2014 年第 1 期。

《苏联出兵东北前后》，周重礼著，《文史天地》2005 年第 8 期。

《揭开苏军对日作战的铁幕》，彭华著，《世界军事》2007 年第 3 期。

《斯大林决定对日作战的瞬间——访佛·别列日克夫》，[日] 古森义久著；丁宝友摘译，《外国问题研究》1983 年第 3 期。

《有关苏联出兵参加对日作战的几个问题》，孙叔林著，《纪念中国人民抗日战争暨世界反法西斯战争胜利 60 周年学术研讨会论文集：下卷》，中共中央党史研究室科研管理部编，中共党史出版社 2006 年版。

《斯大林出兵援华前前后后》，东山尹著，《文史精华》2000 年第 1 期。

《苏联出兵东北的前前后后》，陆启华、朱剑良著，《纪念抗日战争胜利四十周年论文集》，上海市中共党史学会编，2000 年。

《苏联出兵中国东北》，彭训厚著，《人民日报》1995 年 8 月 4 日。

《苏联出兵中国东北：目标和结果》，沈志华著，《历史研究》1994 年第 5 期。

《苏联出兵我国东北对日作战》（全 2 期），刘洪康著，《黑龙江史志》1987 年第 4 期 // 1988 年第 1 期。

《论苏联出兵东北》，王育民著，《上海师院学报》1980 年第 3 期。

《也谈苏联出兵中国东北》，王稳祥著，《廊坊师范学院学报》2010 年第 2 期。

《也谈 1945 年苏联出兵中国东北》，张宗海著，《龙江社会科学》1996 年第 3 期。

《苏联出兵东北击溃关东军真相》，刘军著，《贵阳文史》2008 年第 2 期。

《关于苏联出兵东北的几个问题》,张惠民著,《历史教学(中学版)》2011年第8期。

《苏军粉碎关东军战役指挥浅析》,孙宝臣著,《军事史林》2019年第4期。

《苏联红军出兵东北与座落在黑龙江省的苏军纪念碑》,蔡宝珠、周国士著,《世纪桥》2008年第17期。

《二次大战的最后一战——苏军满洲闪击战》,《世界军事》1995年第5期。

《远东战役》,张昱琨著,《西伯利亚研究》1995年第6期。

《闪击满洲》,章弓著,《世界军事》2003年第1期。

《试论远东战役》,王健著,《山东社会科学》1995年第3期。

《远东战役的初步研究》,谭知耕著,《军事学术》1981年第2期。

《对远东战役的初步研究》,谭知耕著,《第二次世界大战军事论文选》,军事学术杂志编,军事科学出版社1985年版。

《远东战役——歼灭关东军》,高广东、徐玉年著,《百科知识》2008年第1期。

《苏联远东军与日本关东军的最后之战》,张劲松著,《日本研究》1995年第4期。

《关东军的建立与覆灭》,李良志、廖良初著,《抗日战争研究》1991年第2期 //《抗日战争与中国历史——“九·一八”事变60周年国际学术讨论会文集》,中国抗日战争史学会等编,辽宁人民出版社1994年版。

《一场实力悬殊的战争:评苏联红军与日本关东军之战》,周銮书、廖信春著,《江西师大学报》1997年第4期。

《苏联红军在远东战场——为纪念世界反法西斯战争胜利四十周年》,朱贵生著,《经济日报》1985年8月9日。

《远东战役研究疑误及辨析》,黄力民著,《社会科学论坛》2008年第3期。

《苏军对日作战前日本关东军实力的变化及其结果》,邓沛著,《史学月刊》1993年第5期。

《侵华日军中苏边境防线及其覆灭》,靳维柏著,《军事历史》2001年第4期。

《苏联红军出兵东北的战略特点及意义》,马维颐、胡凤斌著,《北方文物》1995年第3期。

《苏联远东军出兵我国东北的历史意义》,贾玉彬著,《抚顺社会科学》1995

年 09 期。

《苏联出兵东北与关东军投降——浅谈远东战役的作用》,王宗仁著,《中日关系史研究》2014 年第 1 期。

《苏联红军在对日作战中的失误》,刘志清著,《甘肃社会科学》1993 年第 2 期。

《论苏联参加对日作战的目的》,孙玉芝著,《求是学刊》1987 年第 6 期。

《论苏德战争结束后苏军对日宣战的动因及意义》,孙国军著,《赤峰学院学报(汉文哲学社会科学版)》2011 年第 9 期。

《浅析 1945 年苏联对日作战及苏美在东北亚的地缘角逐》,田步伟、李爽著,《东北史地》2010 年第 2 期。

《对苏联出兵中国东北之我见》,邓兴华著,《军事史林》1989 年第 5 期。

《关于苏联出兵中国东北的几个问题:与邓兴华同志商榷》,刘士田著,《军事史林》1990 年第 1 期。

《苏军出兵东北密闻》,刘宏亮著,《志苑》2000 年第 3 期。

《苏联红军解放黑河》,王登明著,《党史文汇》1994 年第 10 期。

《疾风铁马扫关东:苏联出兵中国东北纪实》,邱毅著,《军事文摘》1998 年第 3 期。

《铁骑千里奔袭横扫日本关东军》,肖鹏著,《国外坦克》2005 年第 8 期。

《苏联红军胜利突破大兴安岭防线点滴见闻:为世界反法西斯战争和抗日战争胜利五十周年而作》,孙瑕著,《长春党校学报》1995 年第 3 期。

《崇高的友谊鲜红的热血:追溯苏蒙联军对日宣战》,阮生江著,《中国民兵》1985 年第 10 期。

《一九四五年苏蒙军队在张家口、承德方向上的作战行动》,蒋树兴著,《外国军事学术》1978 年第 11 期。

《血战牡丹江——日本军国主义的"滑铁卢"》,苏亮著,《安徽文学(下半月)》2008 年第 9 期。

《对侵华日军虎头战役历史的研究》,胡德久著,《黑龙江史志》2007 年第 10 期。

《第二次世界大战终结地——虎林要塞》,田茫茫著,《档案》2009 年第 4 期。

《二次大战的枪炮声在这里终结:记苏日虎头要塞之战》,王远昌著,《纵横》

1996 年第 5 期。

《第二次世界大战的最后一战——苏日虎头要塞战役研究》,谭天宇著,《西伯利亚研究》2009 年第 3 期。

《虎头要塞:"二战"最后终结的地方》,喻胜林著,《黑龙江史志》2015 年第 14 期。

《东宁要塞——第二次世界大战的最后战场》,张海江、张世忠等著,《黑龙江史志》2004 年第 5 期//《军事历史》2005 年第 1 期。

《微探东宁要塞为第二次世界大战最后战场》,徐烨著,《黑龙江史志》2010 年第 9 期。

《"二战"最后的战场——东宁之战述论》,王宗仁著,《抗战史料研究》2014 年第 2 期。

《中外专家认定中国的东宁是二战的最后战场》,彭训厚著,《外国军事学术》2005 年第 9 期。

《齐齐哈尔申地房子战斗应是二次世界大战的最后一战》,张港著,《理论观察》2005 年第 4 期。

《第二次世界大战"终结地"问题的考察与思考》,王希亮著,《军事历史研究》2015 年第 4 期。

《日本王牌部队"关东军"灭亡始末》,吴开胜、陈昌喜著,《党史文苑》2005 年第 11 期。

《关东军的覆灭》,姚昆遗著,《国际问题资料》1985 年第 16 期。

《论日本关东军的覆灭》,袁昌尧著,《徐州师院学报》1988 年第 3 期。

《日本关东军覆灭的原因》,穆景春著,《锦州师院学报》1986 年第 2 期。

《满洲战役速胜原因探析》,张嘉友著,《西南科技大学高教研究》2010 年第 3 期。

《苏联出兵东北对国共两党争夺东北的影响》,于耀洲著,《史学集刊》1996 年第 1 期。

《从〈雅尔塔协定〉到攻取千岛群岛》,天鹰著,《现代兵器》2011 年第 4 期。

《二战苏军收官之作:千岛群岛战役》,本刊编委会著,《兵工科技》2012 年第 22 期。

《1945 日本北海道险被苏军占领始末》,赛世平著,《舰载武器》2013 年第 4 期。

《未能实现的"二战最后攻略":苏联红军夺取日本北海道方案揭秘》(上下),波涛著,《坦克装甲车辆》2013 年第 20/21 期。

二、原子弹轰炸与日本投降

1. 原子弹的研制竞赛

《二战中的核竞赛》,桑中林著,《兵器知识》1995 年第 5 期。

《静悄悄的"死亡竞赛":二战期间德英日苏等国原子弹研究揭秘》,季伏枥著,《坦克装甲车辆·新军事》2009 年第 4 期。

《罗斯福、丘吉尔和原子弹:第二次世界大战期间美英在原子能问题上的矛盾与合作》,戴超武著,《延边大学学报》1996 年第 2 期。

《简论第二次世界大战期间的美英原子能合作》,赵学功著,《历史教学》2006 年第 1 期。

《二战期间和战后初期的英美核合作》,耿志著,《首都师范大学学报》2007 年第 2 期。

《论二战时期的英美核合作与英美核关系发展》,孙健著,《学理论》2009 年第 13 期。

《二战中英美对全球核原料的控制》,耿志著,《经济社会史评论》2018 年第 3 期。

《原子弹:在美德竞逐中诞生》(上下),何鸣著,《军事史林》2007 年第 6/7 期。

《试论二次大战中原子武器研制的竞争》,叶江著,《上海师大学报》1997 年第 2 期。

《试论二战中原子武器研制的竞争》,叶江著,《第二次世界大战史论文集⑤:科学技术的力量》,戚世权主编,解放军出版社 1999 年版。

《第一颗原子弹研制建议的提出》,周志明著,《军事历史》1986 年第 4 期。

《原子弹发明始末》,李明著,《发明与革新》1994 年第 5 期。

《珍珠港事件与美国原子弹》,陆侦妮著,《贵阳文史》2010 年第 1 期。

《二战期间美国国家战略转变与核观念的初步形成——美国研制原子弹的准备过程》,闫晶著,《宜宾学院学报》2011 年第 10 期。

《美国赶制原子弹的动力及其过程》,林利民著,《华中师大研究生学报》1986 年第 4 期。

《美国原子弹工程的人才抢夺战》,宋斌、邓慧婷著,《国际人才交流》2014年第 8 期。

《美国核研究的发展和"曼哈顿工程"的建立》,耿志著,《近现代国际关系史研究》2018 年第 1 期。

《抢先制造原子弹的超级秘密》,吕文强、王向阳著,《军事文摘》1997 年第 8 期。

《美国第一颗原子弹爆炸试验中鲜为人知的趣闻》,张开善著,《军事史林》2007 年第 10 期。

《二战后期美国马特洪恩计划与核战略》,胡越英著,《抗日战争研究》2008年第 3 期。

《制造原子弹究竟有多难？五角大楼"第 N 国计划"绝密内幕大曝光》,冰川著,《环球军事》2003 年第 8 期下。

《斯大林比杜鲁门早知道原子弹的秘密三年多时间》,张开善著,《军事史林》2004 年第 2 期。

《斯大林与原子弹》,刘显忠、王桂香著,《俄罗斯中亚东欧研究》2004 年第 5 期。

《二战中的苏联"核计划"》,刘建著,《国防科技工业》2017 年第 3 期。

《前苏联研制原子弹高层内幕》,闻一著,《文史博览》2004 年第 6 期。

《苏联第一颗原子弹研制始末——基于对俄罗斯解密档案文献的研究》,刘玉宝、张广翔著,《俄罗斯东欧中亚研究》2013 年第 5 期。

《苏联核工厂的生产和生活管理模式(1940—1950 年代)》,刘玉宝、梅里尼科娃著,《西伯利亚研究》2009 年第 3 期。

《二战期间苏联核战略启动决策述论——基于苏联解密档案的研究》,张泽宇著,《战略决策研究》2012 年第 6 期。

《英国研制原子弹的前前后后》,倪学德著,《军事史林》2006 年第 5 期。

《军统与中国原子弹研制计划》,马振犊著,《保密工作》2011 年第 2 期。

《德日合作开发原子弹之谜》,陈宝莲著,《编译参考》1997 年第 1 期。

《海森伯与纳粹的铀计划》,张民仓、王较过著,《物理》2002 年第 3 期。

《对〈海森伯与纳粹的铀计划〉一文的质疑》,秦克诚著,《物理》2002 年第 12 期。

《有关二战期间海森伯历史问题的再探讨——答秦克诚先生》,张民仓、王较过著,《物理》2002 年第 12 期。

《重水之战》,陈振尧著,《外国史知识》1981 年第 2 期。

《重水行动:粉碎希特勒的原子弹梦》,陈小雷著,《保密工作》2012 年第 7 期。

《摧毁希特勒原子弹力量的科学间谍小组》,林力著,《湖北档案》2002 年第 3 期。

《纳粹德国核计划的失败》,彭岳著,《自然杂志》1986 年第 9 期。

《纳粹德国原子弹计划的失败》,王文庆著,《军事历史》1993 年第 6 期。

《德国原子弹研制失败之谜》,耳木著,《军事展望》1998 年第 6 期。

《纳粹原子弹未响之迷》,英国《新科学家》周刊文章,《参考消息》1992 年 11 月 13 日。

《美德原子弹研制角逐成败原因评析》,王文庆著,《世界历史》1992 年第 5 期//《军事史林》1993 年第 1 期。

《纳粹德国何以未能研制出原子弹》,李力钢著,《军事史林》1995 年第 4 期。

《法西斯德国为何未能造出原子弹?》,岳建著,《中学历史教学参考》2001 年第 10 期。

《海森堡与玻尔的历史公案　纳粹德国为何没能造出原子弹》,[日]临川之笔著,《文史参考》2011 年第 8 期。

《日本制造过原子弹吗?》,[英] 马凯著;赵红州等译,《国外社会科学动态》1989 年第 8 期。

《日本研制原子弹秘闻》,秦可著,《军事展望》1998 年第 6 期。

《秘而不宣五十年:二战期间日本研制核武器内幕》,王建华著,《军事史林》1997 年第 3 期。

《半个世纪前的秘密:二战期间日本研制原子弹内幕》,[日]铃木辰三郎著,《世界军事》1995 年第 3 期。

《揭秘二战期间日本研制原子弹内幕》,于刚、孟尚栋著,《中国国防报》2006 年 6 月 6 日。

《日本军国主义政府原子弹计划的失败》,王文庆著,《第二次世界大战史论文集③:五十年的深思》,李殿仁主编,军事谊文出版社 1996 年版//《太原师院学报》1997 年第 3 期。

《二战期间日本帝国军队秘密研制原子弹计划述论》，江峡著，《湖北行政学院学报》2015 年第 4 期。

《二战期间日本研制核武器计划与对华铀矿的调查和开采》，乔林生著，《外国问题研究》2018 年第 4 期。

《原子弹的故事》，高士振著，《当代世界》1995 年第 9 期。

《爱因斯坦与原子弹》，一夫著，《档案》1995 年第 6 期。

《关于爱因斯坦与原子弹的真实故事》，羌有理著，《发明与革新》2002 年第 2 期。

《奥本海默与原子弹》，胡新和著，《社会科学战线》2000 年第 6 期。

《"原子弹之父"：奥本海默》，曲爱国著，《兵器知识》1995 年第 5 期。

《美国原子弹之父罗伯特·奥本海默的杰出成就和不幸遭遇》，张开善著，《军事史林》2005 年第 12 期。

《罗斯福、丘吉尔的原子弹》，戴超武著，《延边大学学报》1996 年第 2 期。

《杜鲁门与原子弹》，邵成章著，《中学历史教学参考》1996 年第 11 期。

《物理学家与二战期间原子弹的研制》，秦希锋、张世忠著，《中专物理教学》1995 年第 4 期。

2. 关于原子弹轰炸及其评价

（1）概述

《近 20 年来中国学界的原子弹轰炸及其相关问题研究》，赵文亮著，《日本学论坛》2006 年第 1 期。

《原子弹轰炸机的秘密》，赵宝岩、郝春平著，《世界军事》1994 年第 1 期。

《美首次展出投掷原子弹的轰炸机》，莫纳汉著，《军事史林》2004 年第 4 期。

《温多弗的秘密：B-29 轰炸机的原子弹投弹训练》，波西、风语著，《现代舰船》2011 年第 9C 期。

《美国关于对日使用原子弹问题的研究》，戴超武著，《世界史研究动态》1991 年第 6 期。

《浅谈二战中美各界人士对研制及使用原子弹的不同态度——以美国主要政治家、军事家、科学家为例》，曾瑞琪著，《出国与就业（就业版）》2011 年第 10 期。

《原子弹投郑前风云录》，法国《青年非洲》周刊文章，《参考消息》1992 年 9

月 4 日。

《原子弹投掷前后的秘闻》，王作化、王晋阳著，《环球军事》2005 年第 8 下期。

《美国对日本投掷原子弹前的秘闻》，王作化、王晋阳著，《军事史林》2006 年第 1 期。

《美国向日本空投原子弹纪实：摘自解密的核档案》，张开善著，《军事史林》2011 年第 1 期。

《美国向日本投掷原子弹前一番争论》，刘守仁著，《历史大观园》1992 年第 5 期。

《美国在对日本投掷原子弹中鲜为人知的分歧情节》，张开善著，《国防科技》2006 年第 2 期。

《美国对日本投掷两颗原子弹中曾有着鲜为人知的分歧情节》，张开善著，《军事史林》2006 年第 3 期。

《原子弹轰炸》，高飞天著，《兵器》2007 年第 9 期。

《广岛劫难："小男孩"原子弹爆炸纪实》，范兴凯著，《云南国防》1995 年第 4 期。

《独一无二的核袭击：美国原子弹突袭广岛和长崎》，秦宏著，《世界军事》1999 年第 1 期。

《人类历史上的首次核灾难：原子弹轰炸广岛、长崎》，卢宇著，《军事史林》2007 年第 8 期。

《原子弹大空袭》，毕力著，《军事展望》1998 年第 6 期。

《原子弹轰炸日本秘闻》，王作化著，《当代世界》2005 年第 9 期。

《核弹投向日本》，李悦堂、周碧松著，《军事展望》2002 年第 5 期。

《两朵蘑菇云后的对日轰炸》，王颂、王大锐著，《航空知识》1999 年第 7 期。

《美军原子弹空袭广岛、长崎揭秘》，伊贵玺著，《外国空军训练》2001 年第 1 期。

《美国向日本投掷第一颗原子弹的经过》，王恩收著，《文史月刊》2011 年第 8 期。

《1945 年之夏：美国投下一颗铀弹、一颗钚弹》，刘城著，《军事史林》1995 年第 12 期。

《原子弹是这样扔下去的》，念愉著，《国际展望》1995 年第 17 期。

《见证蘑菇云》,墨人著,《军事史林》1999年第3期。

《恐怖的蘑菇云——世界上第一颗原子弹投放纪实》,阿超著,《21世纪》1994年第1期。

《原子弹投在广岛的前前后后》,吕冰著,《南方日报》1987年9月23日。

《关于"第二颗原子弹"》,张立强著,《中学历史教学参考》2000年第7期。

《美国当年在日本共投下三颗原子弹,日军将未爆炸原子弹交给了苏联》,新启著,《军事历史》1992年第6期。

(2)原因与作用

《美国史学界关于对日使用原子弹原因的论争》,高芳英著,《内蒙古大学学报》1999年第2期。

《美国为何要对日本使用原子弹》,李安华著,《文史杂志》1988年第4期。

《为什么日本被选定为原子弹轰炸的目标》,老章译,《新观察》1986年第7期。

《美对日用核弹是为遏制苏联?》,陈默著,《文史博览》2015年第7期。

《升腾岛国的蘑菇云——美国原子弹袭击广岛、长崎内幕》,陈汉忠、叔木著,《南京史志》1995年第4期。

《二战后期美国对日本使用原子弹的原因剖析》,蔡丽娟著,《兰台世界》2009年第15期。

《对二战末期向日本投掷原子弹行动的一种阐释》,曹卫国著,《黑龙江史志》2008年第15期。

《美国为什么选择日本投掷原子弹》,晓雄摘译,《世界史研究动态》1986年第8期。

《美国为何要在广岛和长崎投下原子弹》,[俄] Б.斯拉温斯基著;王昌滨译,《当代世界》1996年第3期。

《美国怎样选定广岛、长崎作为原子弹轰炸的目标》,刘成鹏著,《云南国防》1995年第1期。

《广岛事件与美国原子弹使用控制的分歧》,刘霁堂著,《河南大学学报》1996年第3期。

《美国为什么投下了原子弹》,何金海译,《世界史研究动态》1992年第2期。

《原子弹与美国远东军事战略》,戴超武著,《军事史林》1990年第6期。

《美国战略与对日使用原子弹》，戴超武著，《军事历史研究》1991年第4期。

《美国结束太平洋战争的战略与原子弹的使用》，戴超武著，《世界历史》1995年第4期。

《波茨坦与原子弹》，王昌滨著，《国际社会与经济》1996年第1期。

《论广岛原子弹轰炸的历史作用》，王春良著，《世界史研究动态》1989年第1期。

《对广岛原子弹轰炸历史作用的探讨》，众采著，《军事历史》1990年第1期。

《美国有必要在日本投掷原子弹吗?》，黄力译，《外军参考》1985年第22期。

《原子弹轰炸是日本法西斯投降的重要因素吗? ——与王春良同志商榷》，李嘉谷著，《世界史研究动态》1990年第1期。

《日本是"败于两颗原子弹"吗?》，李冰著，《中国社会科学报》2015年3月23日。

《关于原子弹轰炸日本的性质和作用问题:兼评日本某些政界人士为侵略罪行翻案的言论》，王文庆著，《世界经济与政治》1995年第9期。

《历史解释:事实判断与价值判断的统一——以二战中的"原子弹轰炸事件"为例》，何成刚、沈为慧、张克州著，《教育科学研究》2018年第8期。

《评美国向日本投掷原子弹》，刘庭华著，《军事历史》1995年第4期。

《对美国原子弹轰炸日本的再认识》，孙才顺著，《抗日战争研究》1998年第1期。

《二战中的原子弹非投不可吗?》，吴越著，《军事史林》1997年第11期。

《广岛，该不该炸?》，何三雅著，《文史天地》1996年第1期。

《失败的原子弹轰炸》，郭彩虹著，《环球军事》2011年第18期。

《应该怎样讲解"广岛原子弹轰炸"（上、下）——〈历史〉教学提高科学性举例》，王春良著，《学科教育》1998年第3/4期。

《"不后悔执行任务":在广岛投下原子弹的机组成员》，张晓红著，《环球军事》2014年第16期。

《完整地准确地理解毛泽东思想与世界现代史研究——关于原子弹历史作用与"纸老虎"问题的思考》，王春良著，《山东师大学报》1993年第1期。

（3）后果及教训

《人间地狱：结局还是开始——美国对日本使用原子弹》，凡文著，《山东消防》1999 年第 11 期。

《止战之殇——长崎遭受原子弹爆炸攻击 65 周年纪念》，沈婷婷著，《海洋世界》2010 年第 9 期。

《广岛长崎罹难者近 30 万人》，本刊编辑部著，《军事历史》1990 年第 5 期。

《广岛轰炸再反省》，甘阳著，《读书》2000 年第 8 期。

《美国研制原子弹的初衷与后果》，冯志伟著，《平顶山师专学报》2002 年第 1 期。

《恐惧中的胜利者——原子弹轰炸日本对美国社会的影响》，代兵著，《阜阳师范学院学报》2009 年第 5 期。

《原子弹出现对世界格局的影响：纪念世界反法西斯战争胜利五十周年》，张健志、王晓东著，《解放军报》1995 年 8 月 1 日。

《原子弹爆炸幸存者的稳定性染色体畸变：25 年研究结果》，松涛著，《国外医学》（放射医学核医学分册）2002 年第 5 期。

《二战期间唯一目击原子弹爆炸的美国记者》，吴明仁著，《军事记者》2003 年第 6 期。

《"那段历史，决不能让它重演"——访从原子弹灰烬中爬出来的张文彬老人》，龙正才、邓如山著，《湘潮》2001 年第 6 期。

《原子弹沉默的遗迹》，赵清著，《世界科学》1995 年第 9 期。

《在广岛长崎原子弹爆炸中的中国受害者》，潘银良著，《历史档案》1995 年第 4 期。

《日本"原子弹文学"述略》，刘光宇著，《日本学论坛》1997 年第 3 期。

第二节　关于德日"投降"问题及其争论

一、德国和日本的投降

《围歼希特勒匪徒的最后时刻——一九四五年旧报剪辑，纪念欧洲反法西斯战争胜利四十周年》，甘惜分著，《解放军报》1985 年 5 月 7 日。

《绝密：仅供统帅部阅！——关于第三帝国最后几天的笔记》（全 2 期），［德］魏德林著；侯成德译，《世界史研究动态》1985 年第 7/8 期。

《希特勒灭亡前夕》，姚昆遗著，《国际问题资料》1985 年第 9 期。

《法西斯的失败》，罗志刚著，《外国史知识》1983 年第 5 期。

《纳粹德国投降前后的柏林》，本刊编辑部著，《军事史林》2000 年第 5 期。

《德国法西斯无条件投降》，吴友法著，《外国史知识》1984 年第 11 期。

《德国法西斯究竟于何时投降？》，邓沛著，《中学历史教学》1991 年第 3 期。

《差点改变二战结局的未签“和约”》，王作化著，《环球军事》2004 年第 22 期。

《“二战”期间同盟国迫使德意日无条件投降始末》，周军著，《军事史林》1993 年第 1 期。

《日本军阀死硬派的最后一次挣扎》，姚昆遗著，《国际问题资料》1985 年第 11 期。

《日本法西斯的投降》，杨湘海著，《外国史知识》1984 年第 12 期。

《日本法西斯的投降》，金仁芳著，《历史教学问题》1995 年第 5 期。

《日本法西斯战败投降》，刘庭华著，《人民日报》1995 年 8 月 31 日。

《日本投降始末》，朱贵生著，《百年潮》2005 年第 9 期。

《第二次世界大战——日本投降前夕纵横谈》，林纳著，《羊城晚报》1980 年 9 月 3 日。

《第二次世界大战末日本酝酿投降的经过》，李昌华著，《军事历史》1991 年第 4 期//《军事历史研究》1991 年第 1 期。

《日本投降的决策过程》，[法] 哈文斯著；王正超译，《现代外国哲学社会科学文摘》1985 年第 10 期。

《日本无条件投降的决策过程》，陆伟著，《历史教学》2006 年第 8 期。

《日本投降的决定因素是什么？》，梁尔东著，《黑龙江档案》2015 年第 3 期。

《日本军国主义无条件投降的前前后后》，郭彬蔚等著，《党史研究资料》1986 年第 1/2 期。

《兵变：发生在日本宣布战败的前夜》，吕文强、王向阳著，《军事文摘》1996 年第 10 期。

《日本在投降前的乞和活动述略》，戚厚杰著，《日本侵华史研究》2015 年第 3 期。

《投降——日本无奈的抉择》，茂钦著，《文史天地》2005 年第 8 期。

《1945 年日本高层关于“降”与“战”的争斗》，刘小宁著，《档案与建设》2013

年第 3 期。

《1945，日本防空洞御前会议决定无条件投降》，赵佳楹著，《世界知识》2012年第 23 期。

《日本投降时刻》，李锐著，《光明日报》1995 年 8 月 15 日。

《日本帝国主义投降的日期答问》，李隆庚著，《教学通讯》1983 年第 9 期。

《日本投降前谋求苏联调停内幕》，刘小清著，《历史知识》1989 年第 11 期。

《日本法西斯投降实录》，《中国教育报》1995 年 8 月 13 日。

《图文追忆 1945 年 9 月 2 日日本投降签字仪式——东京湾 1945》，马智冲著，《军事历史》2005 年第 9 期。

《一个历史性的日子：记"密苏里"号签字》，黄椿著，《外国史知识》1985 年第 9 期。

《1945 年 9 月 2 日日本在密苏里舰签字投降》，荣维木著，《中国青年报》1995 年 8 月 30 日。

《在"密苏里"号上举行受降式的缘由》，石林著，《军事史林》1998 年第 9 期。

《落日——记日本签字投降的一幕》，朱启平著，《世界知识》1985 年第 17 期。

《我亲历的日本关东军投降》，康登勤、康鹏著，《云南档案》2014 年第 8 期//《党史纵横》2014 年第 9 期。

《福州川石岛受降记》，翁树杰著，《福建党史月刊》2005 年第 9 期。

《日皇投降诏书发布前》，佚名著，《工人日报》1995 年 8 月 14 日。

《日本投降前后的历史插曲》，熊宗仁著，《文史天地》1995 年第 4 期。

《昭和天皇与日本战败投降》，龚娜著，《社科纵横》2014 年第 4 期。

《昭和天皇与日本败降》，曾景忠著，《军事历史研究》2016 年第 2 期。

《镜头，对准日军投降的最后一幕》，吴雪晴著，《紫金岁月》1995 年第 3 期。

《侵华日军在南京签降揭秘》，葛逊著，《军事史林》1994 年第 6 期。

《"999"日军在南京签字投降》，陆仰渊、胡菊蓉著，《紫金岁月》1995 年第 5 期。

《论日本投降签字仪式》，李战青著，《海洋》1984 年第 4 期。

《〈日本投降预定占领计划〉两则解读：受降权分割与敌情判断》，黄力民著，《日本侵华史研究》2014 年第 2 期。

《努力填补"中国战区受降"研究空白点》，路育松、吴楠著，《中国社会科学报》2014 年 9 月 12 日。

《战后初期美国是如何帮助国民党垄断受降权的》，陶文钊著，《中共党史研究》1994 年第 2 期。

《中国战区受降亲历记》，王楚英著，《纵横》2002 年第 1 期。

《中国战区和"陆总"受降述论》，吴庆生著，《绍兴文理学院学报》1997 年第 3 期。

《中国战区"中国陆军总司令部"受降述评》，田玄著，《江海学刊》1989 年第 3 期。

《中国战区侵华日军投降仪式具有鲜明的国际性》，肖姗著，《南京日报》2014 年 9 月 10 日。

《中国抗战受降三个突然改变》，杨必军著，《文史天地》2005 年第 5 期。

《日军降使洽降逸事》，杨奇著，《军事史林》1995 年第 8 期。

《再访日军签字投降旧址》，贺雨辰著，《紫金岁月》1995 年第 5 期。

《接受日本投降的真实记录〈日本投降内幕〉一书评介》，王纯著，《世界经济与政治》1995 年第 10 期。

《抗战后中国军队首次跨国受降内幕》，秦姗著，《湖北档案》2010 年第 11 期。

《抗战胜利后中国军队入越受降问题述评》，吴潮、赵晓兰著，《东南亚纵横》1995 年第 1 期。

《日本投降序幕：中日芷江洽降》，庄淑玉、张剑著，《南京史志》1995 年第 5 期。

《侵华日军在芷江向中国投降纪要》（上下），杨序凯著，《中州今古》1995 年第 5/6 期。

《受降一日落芷江》，钱德喜、杨宗锡著，《中国统一战线》2005 年第 10 期。

《论湘西会战和芷江受降的历史地位》，曾长秋著，《怀化学院学报（社会科学）》2006 年第 9 期//《文史博览（理论）》2007 年第 3 期。

《中国战区受降地究竟在何处——芷江洽降与受降之辨析》，戚厚杰、卢彦名著，《日本侵华史研究》2014 年第 4 期。

《目睹日本关东军在哈尔滨投降》，康登勤著，《党的生活（黑龙江）》2015 年第 8 期。

《第一个报道日本投降消息的记者》,倪早菊著,《党史天地》2002 年第 12 期。

《投降后的日本是"一片废墟"吗?》,高新民著,《学习与探索》1998 年第 1 期。

《中国战区受降与战时敌我友关系的转换》,熊宗仁著,《贵州文史丛刊》1999 年第 4 期。

《中国战区日俘日侨的收容、管理与遣送》,吴庆生著,《江西社会科学》2002 年第 4 期。

《抗日胜利后受降权之争揭开国共内战序幕》,于化民著,《文史参考》2012 年第 9 期。

二、关于日本投降方式的学术争论

《是无条件投降,还是有条件投降? ——近 20 年来中国学术界关于日本投降方式问题的研究》,赵文亮著,《许昌学院学报》2005 年第 6 期。

《日本投降方式争讼若干问题辨正》,王哲、董遂强著,《中州学刊》2015 年第 6 期。

《国内日本无条件投降问题研究综述》,段振华著,《新丝路(下旬)》2016 年第 1 期。

《论日本投降》,陈家麟著,《日本史论文集》,辽宁人民出版社 1985 年版。

《日本无条件投降书(1945 年 9 月 2 日)》,《中外历史》1987 年第 2 期。

《偷梁换柱的投降文书》,陈艺鸣著,《历史大观园》1992 年第 1 期。

《日本〈投降诏书〉大有文章》,张志刚著,《环球军事》2005 年第 19 期。

《"太阳神国"的落日:日本宣布无条件投降前后纪实》(全 2 期),翁树杰著,《福建党史月刊》1995 年第 1/2 期。

《日本无条件投降史略》,刘建皋著,《党史研究资料》1985 年第 8 期。

《日本无条件投降,世界反法西斯战争胜利结束》,寒放著,《世界知识》1995 年第 1 期。

《最后的日子——日本无条件投降实录》,禾荐著,《支部建设》2002 年第 1 期。

《关于日本无条件投降的问题》,陈本善著,《现代日本经济》1990 年第 5 期。

《关于第二次世界大战期间"无条件投降"政策的探讨》,周军著,《军事历史》1992 年第 4 期。

《论反法西斯同盟的无条件投降政策》,徐康明著,《史学论文集》(云南大学历史系编),1983 年。

《无条件投降政策的形成和作用》,徐康明著,《历史教学问题》1985 年第 4 期。

《论罗斯福的无条件投降原则》,高建国著,《齐鲁学刊》1982 年第 2 期。

《罗斯福与无条件投降政策》,徐康明著,《思想战线》1984 年第 4 期。

《罗斯福与"无条件投降"原则》,熊伟民著,《益阳师专学报》1995 年第 1 期。

《试析美国与日本的"有条件投降"》,蔡泽军、张红著,《云南教育学院学报》1996 年第 3 期。

《意、德、日三国投降情况比较——四论日本的有条件投降及其影响》,徐康明著,《中国抗战与世界反法西斯战争——纪念中国人民抗日战争暨世界反法西斯战争胜利 60 周年学术研讨会文集:下卷》,中国社会科学院近代史研究所编,社会科学文献出版社 2009 年版。

《关于日本"无条件"投降》,陈正飞著,《安徽师大学报》1980 年第 4 期。

《日本"无条件投降"的真相》,黎秀石著,《四川党史》1995 年第 6 期。

《日本无条件投降标志考》,李恒著,《北京日报》2015 年 7 月 13 日。

《浅议日本无条件投降的原因》,李蓝江著,《思想战线》2008 年第 S1 期。

《浅析日本军国主义无条件投降原因》,李志国著,《内蒙古民族大学学报》2006 年第 4 期。

《对苏外交失败与日本无条件投降》,黄革新著,《日本研究》1996 年第 1 期。

《论二战中加速日本无条件投降的决定性因素》,廖兴森著,《广西社会科学》1994 年第 4 期。

《论日本的"无条件投降"与天皇制的保留》,牛仲君著,《许昌学院学报》2014 年第 1 期。

《"无条件投降"新论》,赵晓兰著,《浙江师大学报》1999 年第 1 期。

《是无条件投降还是有条件投降》,徐康明著,《世界史研究动态》1985 年第 8 期。

《关于日本投降是有条件的还是无条件的小议》，黄瑞云著，《湖北师院学报》1985 年第 4 期。

《从〈波茨坦公告〉的策划看日本是无条件投降还是有条件投降》，谈艳萍著，《九江师专学报》1995 年第 4 期。

《"波茨坦公告"与日本"无条件投降"——二战日本投降方式争论中的若干问题辨证》，王哲、董遂强著，《甘肃社会科学》2015 年第 4 期。

《日本"无条件投降论"质疑》，郑毅著，《日本学论坛》1994 年第 2 期。

《日本：并非无条件投降》，《中学历史教学参考》1999 年第 11 期。

《日本是"无条件投降"吗？》，黎秀石著，《西北信息报》1995 年 9 月 29 日/《党政论坛》2000 年第 11 期。

《日本是有条件投降而不是"无条件投降"》，延华著，《历史教学》1995 年第 6 期。

《日本在第二次世界大战末是有条件投降》，李昌华著，《档案史料与研究》1997 年第 1 期。

《日本"有条件投降"质疑》，孙凤山著，《常熟高专学报》1999 年第 5 期。

《驳"日本有条件投降"论》，管建强著，《国际法研究》2015 年第 2 期。

《日本是"无条件投降"吗？》，冯伟著，《炎黄春秋》2013 年第 3 期。

《日本是"有条件投降"吗？》，王涓等著，《潍坊高等专科学校学报》2000 年第 3 期。

《日本不是无条件投降吗？》，华永正著，《安徽党史研究》1993 年第 6 期。

《日本真的是无条件投降吗》，王昱著，《文史博览》2015 年第 1 期。

《二战铁案：日本无条件投降——驳"日本是有条件投降"之说》，邱维骥著，《历史教学》2003 年第 7 期。

《也谈日本投降的条件问题》，孙凤山著，《安康师专学报》2000 年第 1 期。

《日本投降有无"条件"？》，王才清著，《中学历史教学参考》2000 年第 7 期。

《"无条件投降"与"潘多拉盒子"——熊伟民先生〈战时美国的欧洲战略〉读后》，伍春辉著，《株洲师专学报》2000 年第 1 期。

《究竟什么是无条件投降》，邱维骥、李春文著，《云南师范大学学报》2006 年第 6 期。

《日本的"有条件投降"及其消极影响——日德两国投降情况比较》，徐康明著，《日本学刊》2000 年第 2 期。

《日本战时内阁接受无条件投降时的和战之争》,丁忠林著,《历史教学问题》1986 年第 2 期。

《日本败降问题浅论》,曲培洛著,《东北师大学报》1984 年第 6 期。

《日本投降的方式及其影响:答黄瑞云同志》,徐康明著,《史学论丛》1987 年第 2 期。

《日本的媾和对策研究》,崔丕著,《东北师大学报》1995 年第 4 期。

《还原日本"无条件投降"历史真相》,王建柱著,《红岩春秋》2015 年第 8 期。

《军史专家揭露日本所谓"无条件投降"的幕后真相》,徐焰著,《中国国防报》2015 年 8 月 11 日。

第三节　战争双方胜败原因分析

一、盟国在打败法西斯集团中的作用与贡献

《盟国获胜的主要原因浅析》,杨中强著,《河北师大学报》1995 年第 3 期。

《二战时期同盟国"无条件投降"条款的制定和实施》,倪学德著,《历史教学(高校版)》2007 年第 9 期。

《二战中反法西斯国家胜利的经济因素》,白献竟著,《沈阳教育学院学报》2003 年第 3 期。

《评英美在第二次世界大战中的作用》,赵怀普著,《外交学院学报》1995 年第 2 期。

《试论英美联军在第二次世界大战中的作用》,陈香苓著,《新疆大学学报》1986 年第 4 期。

《苏、中对二战胜利的贡献岂容抹杀》,金志著,《报刊资料》2005 年第 5 期。

《论苏中在二战战胜法西斯主义和日本军国主义中的作用——"纪念世界反法西斯战争暨中国人民抗日战争胜利 70 周年"俄中国际学术论坛》,徐博著,《东北亚论坛》2015 年第 4 期。

《学者解析中俄二战重要贡献》,钟哲著,《中国社会科学报》2015 年 5 月 13 日。

《试论美国在反法西斯战争中的作用与地位》,陈洪波著,《佛山科学技术学院学报》2009 年第 6 期。

《美国与拉美国家的合作及其对反法西斯战争的贡献》，吴振君著，《学习月刊》2011年第2期。

《苏联为战胜法西斯作出重大贡献》，冯存诚著，《和平与发展》1995年第3期。

《苏联对打败德、日法西斯的贡献》，朱贵生著，《中国社会科学院院报》2005年5月12日。

《苏联是抗击法西斯的中流砥柱》，高其荣，《云梦学刊》1997年第1期。

《苏德战场是打败德国法西斯的主战场》，彭训厚著，《世界历史》1995年第4期。

《苏联是击败法西斯侵略者的主要力量——纪念苏联粉碎法西斯德国十三周年》，何戊双著，《教学与研究》1958年第5期。

《苏联在二次世界大战中的历史贡献》，赵杰著，《函授教育》1996年第1期。

《苏联在第二次世界大战中的历史贡献》，罗志刚著，《武汉大学学报》1992年第2期。

《苏联在反法西斯战争中作出巨大贡献》，金挥著，《工人日报》1995年5月28日。

《苏联人民何以能战胜德国法西斯?》，叶秋编译，《俄罗斯研究》1995年第5期。

《二战胜利:苏联功不可没》，吴云著，《光明日报》1995年5月7日。

《苏军的世界历史性作用》，[罗]埃米尔·波德纳拉希著，《争取持久和平、争取人民民主》1953年第8期。

《第二次世界大战中的苏联及法西斯的覆灭》，[俄]C.史米德等著;陈玫译，《龙江党史》1996年第1期。

《苏联和欧洲的解放》，[英]埃立克逊著;应道宏、张丽蕾译，《现代外国哲学社会科学文摘》1985年第10期。

《中东欧解放与苏联的历史贡献》，周尚文、江宏伟著，《俄罗斯研究》2005年第2期。

《是谁打败了日本侵略者》，陆玉娇著，《桂海论丛》1995年第5期。

《日本帝国主义的覆亡是世界反法西斯统一战线的伟大胜利》，吴继华著，《四川省社会主义学院学报》2005年第2期。

《论二战后期促使日本投降的决定因素》,杜朝伟、孙才顺著,《山东师大学报》1994 年第 4 期。

《评中美苏在打败日本帝国主义中的作用》,刘玉琛著,《史学月刊》1987 年第 6 期。

《浅析中、美、苏战胜日本的作用》,季芳著,《南通学刊》1994 年第 2 期。

《论美国在打败日本法西斯过程中的作用》,姜桂石、黄凤志著,《内蒙古民族师院学报》1996 年第 2 期。

《太平洋战场上美苏远东战略与日本投降——兼论日本投降的原因》,闫晶著,《西昌学院学报》2011 年第 1 期。

《再议原子弹对促使日本投降的历史作用:兼评日本政府的认罪态度》,张霖著,《抗日战争研究》1995 年第 4 期。

《论苏联参战决定日本投降》,张守常著,《新史学通讯》1956 年第 10 期。

《苏对日作战:重要性超过原子弹》,任秋凌著,《环球军事》2013 年第 12 期。

《关于苏联在日本帝国主义投降中的作用》,张培义著,《山东师院学报》1980 年第 1 期。

《日本军国主义兴亡与对俄(苏)战争》,孙叔林著,《日本学刊》2005 年第 4 期。

《非洲对世界反法西斯战争贡献的再认识》,黄玉沛、张忠祥著,《历史教学问题》2015 年第 4 期。

《"二战"胜利后亚洲战场的地位和作用被忽视的原因分析》,梅方青、李亚雄著,《理论月刊》2015 年第 7 期。

《如何评价中国对第二次世界大战胜利的贡献?》,周永生著,《东北亚论坛》2015 年第 6 期。

《中国贡献　具有全局意义》,步平著,《人民日报》2014 年 8 月 15 日。

《二战胜利离不开中国的巨大贡献》,刘波著,《解放军报》2015 年 6 月 11 日。

《中国抗战是打败日本的关键》,赵鸿昌著,《学习》1994 年第 11 期。

《中国抗战是日本败降的决定因素》,王维远著,《天中学刊》1995 年第 4 期。

《中国抗战是日本败降的根本原因——兼论美苏的作用》,徐承发著,《武汉交通管理干部学院学报》2000 年第 3 期。

《还中国促使日本无条件投降应有的历史地位》,薛衔天著,《中国抗战与世界反法西斯战争——纪念中国人民抗日战争暨世界反法西斯战争胜利 60 周年学术研讨会文集:上卷》,中国社会科学院近代史研究所编,社会科学文献出版社 2009 年版。

《中国抗战是打败日本法西斯的决定性因素》,徐成发著,《郧阳师专学报》1995 年第 4 期。

《论中国抗战对打败日本帝国主义所起的决定性作用》,赵鸿昌著,《内蒙古师院学报》1989 年第 2 期。

《中国人民的持久抗战对打败日本法西斯具有决定作用》,张元勋著,《党史研究与教学》1995 年第 6 期。

《中国对日本法西斯的覆灭起到了决定性作用》,陈一鸣、黄培昭等著,《人民日报》2014 年 7 月 6 日。

《纪念抗日战争爆发五十周年学术报告会提供最新资料,中国是打败日本帝国主义主力军》,《人民日报》1987 年 7 月 6 日。

《中国抗日战争对打败日本帝国主义的伟大贡献》,罗焕章著,《抗日战争研究》1991 年第 2 期。

《中国对世界反法西斯战争胜利的关键作用》,张民著,《光明日报》2015 年 6 月 30 日。

《中国抗战对世界反法西斯战争胜利的贡献》,徐玲著,《江汉大学学报》2005 年第 3 期。

《论中国抗战对世界反法西斯战争胜利的贡献》,荣开明著,《江汉论坛》2015 年第 10 期。

《世界反法西斯战争胜利中国抗战作出独特贡献》,石原华著,《文汇报》1995 年 8 月 10 日。

《中国抗日战争对世界反法西斯战争胜利的巨大贡献》,张传伦著,《理论辅导》1995 年第 8 期。

《中国抗战对世界反法西斯战争胜利的突出贡献》,丛彩娥著,《济南职业学院学报》2005 年第 5 期。

《中国抗战为世界反法西斯战争胜利作出巨大贡献》,胡德坤著,《人民日报》2014 年 9 月 1 日。

《中国抗战对世界反法西斯胜利的重大贡献》，荣开明著，《学习月刊》2015年第 13 期。

《中国抗战为世界反法西斯战争胜利作出重大贡献》，步平著，《人民日报》2015 年 8 月 27 日。

《中国抗战对世界反法西斯战争胜利的伟大贡献》，刘琦著，《佛山科学技术学院学报》1995 年第 5 期。

《中国抗日战争对世界反法西斯战争胜利的伟大贡献》，彭训厚著，《政工学刊》2005 年第 7 期。

《中国人民对世界反法西斯战争胜利所作出的伟大贡献》，吴学谦著，《人民日报》1999 年 8 月 24 日。

《中国抗日战争对世界反法西斯战争的伟大贡献》，潘泽庆著，《解放军艺术学院学报》2015 年第 3 期。

《中国抗日战争对世界反法西斯战争胜利的重要贡献》，范鑫涛、曾惠萍著，《陕西师大学报》1995 年第 4 期。

《略论中国抗日战争对世界反法西斯战争胜利的贡献》，魏薇、米如山著，《天津教育学院学报》1998 年第 4 期。

《不可磨灭的贡献》，李世安著，《神州学人》1997 年第 7 期。

《中国抗日战争为世界反法西斯战争的胜利作出了不可磨灭的贡献》，焦秀端著，《求实》1995 年第 10 期。

《中国的抗日战争为世界反法西斯战争做出了重要贡献》，甄喜善著，《马克思主义理论与实践研究》2014 年第 1 期。

《论中国战场对世界反法西斯战争胜利的重大贡献》，刘文书、郑洪著，《第二次世界大战与世界历史进程：第二次世界大战史（武汉）学术讨论会论文集》，胡德坤主编，武汉大学出版社 2002 年版。

《中国的抗日民族解放战争为世界反法西斯战争的胜利作出重大的贡献》，白玉著，《太原师专学报》1995 年第 2 期。

《东方战场——中国抗日战争对世界反法西斯战争胜利的卓越贡献》，彭训厚著，《党史博采》2015 年第 10 期。

《东方主战场，为世界反法西斯战争胜利做出重大贡献》，杨祖荣著，《解放军报》2015 年 7 月 29 日。

《中国抗战推动了第二次世界大战走向胜利的历史进程》，胡德坤著，《历史教学问题》2010 年第 6 期。

《对"中国战场决定性地位"的再思考》,王维远著,《史林》1999 年第 2 期。

《中国抗战与日本的败降》,赵延庆著,《山东社会科学》2005 年第 12 期//《纪念中国人民抗日战争暨世界反法西斯战争胜利 60 周年学术研讨会论文集:上卷》,中共中央党史研究室科研管理部编,中共党史出版社 2006 年版。

《中国的抗日战场与日本的败降》,杨秀云著,《湖南第一师范学报》2004 年第 2 期。

《中国抗战与日本战败投降问题的再认识》,陈景彦著,《学习与探索》2004 年第 6 期。

《中国人民抗日战争的最后胜利与苏联对日作战》,陈维新著,《青海师大学报》1985 年第 3 期。

二、德日法西斯失败的原因

《从二战看决定战争胜负的主要因素》,刘志青著,《光明日报》2005 年 5 月 18 日。

《二战意大利军队屡败诸原因分析》,马子堂著,《内蒙古农业大学学报》2012 年第 2 期。

1. 德国失败的原因

《试论纳粹德国战败的"美国因素"》,杨晓杰著,《军事历史研究》2002 年第 2 期。

《法西斯德国侵苏战争失败的主要原因何在?》,陈晓军著,《第二次世界大战中的军事学术》,张海麟主编,国防大学出版社 1989 年版。

《二战爆发后德国的第一次失败究竟是哪一个战役?》,田琦漪著,《中学历史教学参考》2000 年第 6 期。

《二战中德国的首次失败究竟是哪一次战役》,严维实著,《中学历史教学参考》2000 年第 12 期。

《德国纳粹向盟军投降仪式记略》,柳岗著,《文史天地》1995 年第 4 期。

《二战结束为何德国两次签署投降书》,张孟银著,《中学历史教学参考》1997 年第 7 期。

《历史的教训:希特勒德国无条件投降书签字纪念地巡礼》,卢永华著,《人民日报》1985 年 5 月 5 日。

《论德国军国主义在两次世界大战中失败的原因》，[苏]格·捷波林等著；蔡子宇译，《历史教学》1959 年第 9 期。

《从战略视角解析德国二战的失败》，刘海洋著，《黑龙江史志》2009 年第 15 期。

《德国在二战中迅速败亡的两点原因》，石建华著，《铜仁学院学报》2007 年第 S1 期。

《法西斯德国失败的经济因素》，戴德铮著，《世界现代史论文集》，三联书店 1982 年版。

《论德国在第二次世界大战中失败的经济原因》，冀伯祥、赵平著，重庆师大学报 2004 年第 1 期。

《油荒加速纳粹灭亡》，董仲舒著，《文史博览》2012 年第 3 期。

《拿破仑与希特勒入侵俄国失败的共同原因》，严兴平著，《西安政治学院学报》1990 年第 5 期。

《拿破仑和希特勒战争失败的共因探析》，程广中著，《军事历史》1996 年第 3 期。

2. 日本的失败及其原因

《近年来日本国内的战败原因研究评析》，张跃斌著，《晋阳学刊》2017 年第 4 期。

《日本投降内幕》，高士振著，《21 世纪》1995 年第 5 期。

《日本投降的内幕》，荒漠著，《文科月刊》1988 年第 9 期。

《日本侵略者接受投降内幕》，高士振著，《文史春秋》1995 年第 6 期。

《日本投降的综合因素》，黄凤志著，《内蒙古民族师院学报》1995 年第 3 期。

《简析日本投降的原因》，朱斌著，《武警学院学报》1995 年第 S1 期。

《也谈日本的战败与投降》，朱跃著，《雷州师专学报》1990 年第 2 期。

《"日本投降原因"谜底有新说》，李云锋等著，《中学历史教学参考》1998 年第 10 期。

《第二次世界大战日本投降原因的争论》，黄德渊著，《党史博采（纪实）》2005 年第 12 期。

《苏联参战与日本投降——浅析远东的作用》，张昱琨著，《西伯利亚与远东》1985 年第 5 期。

《苏联出兵东北与日本投降》,贾烈英著,《北京航空航天大学学报》1999 年第 3 期。

《试论日本投降和日苏关系》,王春良著,《山东师院学报》1980 年第 3 期。

《1945 年日本对苏外交失败述评》,展金霞著,《山西大同大学学报》2008 年第 2 期。

《日本在苏对日宣战前已决定投降》,王春良著,《世界史研究动态》1985 年第 6 期。

《中国抗日战争与日本在太平洋战场的失败》(上、下),胡德坤著,《百科知识》1989 年第 3/4 期。

《蛇岂能吞象:太平洋战争日本失败根源的分析》,邹辉著,《兵器》2006 年第 4 期。

《侵华日军失败内因析》,王庭岳著,《军事历史》1991 年第 1 期。

《浅谈日本战败的经济原因》,李安华著,《文史杂志》1988 年第 3 期。

《日本败降经济原因初探》,申康林著,《武汉大学学报》1993 年第 1 期。

《浅析 1945 年日本败降的经济原因》,孙甲智著,《渤海学刊》1991 年第 1 期。

《浅谈第二次世界大战日本战败的经济原因》,王通信著,《第二次世界大战中的军事学术》,张海麟主编,国防大学出版社 1989 年版。

《试论日本在第二次世界大战中战败的经济原因》,张世均著,《重庆社会科学》1995 年第 4 期。

《论日本在第二次世界大战中失败的经济原因》,张世均著,《黔东南民族师专学报》1996 年第 2 期。

《论日本在第二次世界大战中失败的经济因素》,张世均著,《四川师范大学学报(社会科学版)》2000 年第 4 期。

《略论日本国力匮乏与败降》,王昌沛著,《菏泽师专学报》1997 年第 3 期。

《从日本战时经济崩溃看日本帝国主义投降的原因》,吕秀琴著,《大同高等专科学校学报》1995 年第 3 期。

《"经济力量"与日本在第二次世界大战中的失败》,戴德铮著,《经济评论》1997 年第 6 期。

《对日本在太平洋战争中失败原因的定量分析》,殷宪群著,《外国海军学术》1985 年第 1 期。

《论第二次世界大战日本陆军军事学术的滞后》,马军著,《史林》2014年第6期。

《压垮日本法西斯的最后一根稻草——从合格飞行员的缺失看日本帝国的灭亡》(上、中、下),潘文林著,《军事文摘》2016年第1/3/5期。

《第二次世界大战中日本失败的思想史意义》,李伟周等著,《日本研究》1986年第2期。

《驳"日军并非战败,中国亦非胜利"论》(上、下),黄钟著,《报刊资料》2005年第8/9期。

第十二章　大国安排与战后世界格局的形成

第一节　大国安排与雅尔塔体系的形成

一、大国安排

1. 盟国战时会议与宣言

《德黑兰·雅尔塔·波茨坦会议》，杨湘海著，《外国史知识》1984 年第 8 期。

《苏美英三国领袖的德黑兰、克里米亚和波茨坦会议》，沙丁著，《历史教学》1960 年第 2 期。

（1）开罗会议、德黑兰会议与《开罗宣言》

《开罗会议是 1943 年 11 月举行的，德黑兰会议也是 1943 年 11 月举行的，为什么在同年同月里举行两次这样重要的会议》，欧正文著，《史学月刊》1960 年第 3 期。

《从开罗会议到波茨坦会议》，［日］福田茂夫著；夏景才译，《外国问题研究》1983 年第 4 期。

《中美英开罗会议初探》，洪育圻著，《世界史研究动态》1985 年第 12 期。

《近年台湾高中历史教科书关于〈开罗宣言〉和〈旧金山和约〉内容探析》，王玉国著，《闽台文化研究》2014 年第 4 期。

《开罗会议新论》，赵志辉著，《世界历史》2004 年第 5 期//《近现代国际关系史研究（第一辑）》，徐蓝主编，人民出版社 2006 年版。

《开罗会议与〈开罗宣言〉》，李世安著，《光明日报》2013 年 12 月 5 日。

《〈开罗宣言〉是如何诞生的》，田晓航、王蕾著，《新湘评论》2013 年第 24 期。

《〈开罗宣言〉签署始末》，张洋芋著，《台声》2014 年第 1 期。

《〈开罗宣言〉考》，褚静涛著，《台湾研究》2015 年第 2 期。

《〈开罗宣言〉拟定与发表的若干真相》，周小宁著，《军事历史》2013 年第

6 期。

《开罗宣言的国际法效力不容否定:访中国社会科学院荣誉学部委员刘楠来教授》,肖凤城、姜波著,《中国军法》2013 年第 5 期。

《〈开罗宣言〉的国际法效力不容置疑》,高洪著,《解放军报》2013 年 12 月 2 日。

《〈开罗宣言〉的国际法效力不容置疑》,张文生著,《台声》2014 年第 1 期。

《考论〈开罗宣言〉的国际法效力与现实意义》,高洪著,《领导科学论坛》2014 年第 2 期。

《论〈开罗宣言〉在当代国际法律秩序中的地位》,管建强著,《国际观察》2014 年第 1 期。

《日本必须遵守〈波茨坦公告〉和〈开罗宣言〉》,刘江永著,《人民日报(海外版)》2014 年 2 月 13 日。

《〈开罗宣言〉与朝鲜独立》,褚静涛著,《安徽史学》2017 年第 3 期。

《中韩两国的共同抗战历程与〈开罗宣言〉》,韩诗俊著,《韩国研究论丛》2015 年第 2 期。

《作为思想志向的〈开罗宣言〉:中日海岛冲突背景下美国对中、日态度转变之应对依据》,邓云成、江丹著,《浙江海洋学院学报》2015 年第 3 期。

《从"主观意图"论〈开罗宣言〉和〈波茨坦公告〉的国际条约性质——纪念世界反法西斯战争和中国人民抗日战争胜利 70 周年》,伍俐斌著,《太平洋学报》2015 年第 9 期。

《蒋介石与开罗会议》,李华著,《社会科学战线》1995 年第 2 期。

《蒋介石参加开罗会议内幕》,官互进著,《湖北档案》2000 年第 12 期。

《蒋介石和丘吉尔在开罗会议上的争执》,王天庆著,《民国春秋》1994 年第 1 期。

《蒋介石参加开罗会议前前后后》,李同成著,《党史纵横》2007 年第 4 期。

《从蒋档看宋美龄与开罗会议》,陈英杰著,《海南师范大学学报》2014 年第 5 期。

《开罗会议上王宠惠为国争权益》,刘宝东著,《世纪》2009 年第 3 期。

《开罗会议及其研究中的中共因素探讨》,唐正芒、李国亮著,《历史教学(下半月刊)》2016 年第 7 期。

《开罗会议与战后东亚国际秩序的重构》,陈谦平著,《近代史研究》2013 年第 6 期。

《开罗会议中美关于战后亚洲事务会谈史料辨析》,刘晓原、冯一鸣著,《冷战国际史研究》2019 年第 1 期。

《开罗会议中国民政府领土诉求之溯源》,徐飞著,《赤峰学院学报(汉文哲学社会科学版)》2013 年第 10 期。

《开罗会议后中国政府收复台湾的准备》,郭学旺著,《台湾研究》1997 年第 2 期。

《开罗会议后国民政府结束战争的准备》,石源华著,《军事历史研究》2005 年第 4 期。

《论开罗会议后国民政府结束战争的准备》,石源华著,《中国抗战与世界反法西斯战争——纪念中国人民抗日战争暨世界反法西斯战争胜利 60 周年学术研讨会文集:下卷》,中国社会科学院近代史研究所编,社会科学文献出版社 2009 年版。

《忘记历史就意味着背叛:纪念〈开罗宣言〉发表 70 周年》,郭晔远、周小宁著,《国防教育》2013 年第 12 期。

《开罗会议——中国争取民族解放的重要里程碑》,储飞鸿著,《历史学习》2002 年第 3 期。

《开罗会议与国民党政权对战后日本政策的设计》,冯全普著,《河南师范大学学报》2006 年第 3 期。

《开罗会议与中国国际地位之提升》,陈永祥、刘芳等著,《河北省社会主义学院学报》2014 年第 2 期。

《开罗会议是中国大国地位恢复的转折点》,曹亮著,《科教导刊(中旬刊)》2015 第 10 期。

《开罗会议是美国对华政策的转折点吗?》,陶文钊著,《历史研究》1995 年第 6 期。

《开罗会议:二战时期中美关系分水岭》,陈永祥、朱锐等著,《世界知识》2014 年第 6 期。

《开罗会议提供的历史性愿景——以中美关系为中心的若干思考》,吴景平著,《近代史研究》2013 年第 6 期。

《论开罗会议中的日本领地处置与中日海上领土问题》,张郭著,《东疆学刊》2015 年第 1 期。

《美国外交文件中的〈开罗宣言〉与日本海外领地处置研究》,张郭著,《国际论坛》2015年第1期。

《〈开罗宣言〉的实质是惩罪侵略国日本》,胡德坤著,《光明日报》(理论周刊)2014年11月26日

《〈开罗宣言〉等国际法捍卫"二战"胜利成果》,宋晓鲁著,《中国社会科学报》2015年9月9日。

《〈开罗宣言〉及其拘束力——写在〈开罗宣言〉签订60周年》,葛勇平著,《河北法学》2004年第6期。

《纪念〈开罗宣言〉70周年:匡扶正义、惩治侵略的法律武器》,饶戈平著,《中国法学》2014年第2期。

《当前中国推动国际体系变革的目标和路径——开罗会议之于国际体系变革的战略含义和当今启示》,周桂银著,《世界经济与政治论坛》2011年第1期。

《苏联在1943年莫斯科和德黑兰会议上的战争目标》,[美]沃吉泰奇·马斯特尼著,《世界历史译丛》1979年第3期。

《德黑兰会议的最后一幕》,王戈著,《历史大观园》1987年第8期。

《三巨头德黑兰聚首施辩才》,王大可著,《军事史林》1995年第4期。

《论德黑兰会议对中国国际地位的影响》,李怀顺著,《天水师范学院学报》2011年第1期。

(2)雅尔塔会议与《雅尔塔协定》

《苏联版克里米亚会议文件集》,《世界历史》1981年第2期。

《雅尔塔会议》,刘同舜著,《国际问题资料》1984年第10期。

《关于雅尔塔会议若干学术争论问题析疑》,张之毅、王德仁著,《外交学院学报》1993年第2期。

《浅谈雅尔塔会议对战后初期国际政治格局形成的影响》,黄世相著,《江西师大学报》1988年第1期。

《雅尔塔谈判奠定战后格局》,任向群著,《光明日报》1999年3月1日。

《雅尔塔会议与战后世界》,戴芬著,《世界军事》1990年第3期。

《雅尔塔会议的波兰问题》,[波]W.科伐尔斯基著;郭增麟译,《共运资料选译》1984年第7期。

《雅尔塔会议与德国赔偿政策的确立》,田小惠著,《渤海大学学报》2005年第2期。

《布热津斯基论雅尔塔会议的历史后果和关于欧洲争夺的前景》,尹振明译,《国外社会科学动态》1985 年第 5 期。

《雅尔塔会议真相》,[法]皮埃尔·米尔扎著;许明龙编译,《世界史研究动态》1985 年第 7 期。

《雅尔塔会议是"互信互让"的协商会晤吗?》,李绪基著,《聊城师院学报》1987 年第 2 期。

《德黑兰、雅尔塔、波茨坦会议中不光彩的一页》,袁昌尧著,《沈阳师院学报》1989 年第 1 期。

《雅尔塔会议的大国政治》,王贵正著,《东北师大学报》1995 年第 4 期。

《雅尔塔会议与中国》,林家恒著,《历史教学问题》1997 年第 6 期。

《雅尔塔会议与外蒙古问题》,卢纪雨著,《内蒙古大学学报》1998 年第 6 期。

《雅尔塔会议前美苏远东战略与共同支蒋政策的形成》,茹莹著,《思想战线》2003 年第 2 期。

《雅尔塔——具有深远意义的协议》,[苏]A.阿赫塔姆江著;姚昆遗译,《二战史通讯》1989 年第 10 期。

《〈雅尔塔协定〉签署的前前后后》,冯绍霆著,《档案与史学》2004 年第 5 期。

《苏、美、英签订"雅尔塔协定"的原因》,龚亚立等著,《上饶师专学报》1990 年第 4/5 期。

《围绕着日本战败的国际关系——以雅尔塔协定和美苏中关系为中心》,[日]山极晃著;李树藩译,《史学集刊》1983 年第 3 期。

《雅尔塔协定和美国的远东战略》,周希奋著,《世界历史》1985 年第 12 期。

《雅尔塔协定与美苏战略格局》,王真著,《世界历史》1987 年第 3 期。

《对〈雅尔塔协定与美苏战略格局〉一文的两点校正》,何桂全著,《世界历史》1989 年第 3 期。

《雅尔塔协定与苏联民族利己主义》,周军著,《苏联问题研究资料》1991 年第 3 期。

《从〈雅尔塔协定〉看大国强权政治》,汪涛著,《九江师专学报》1995 年第 3 期。

《〈雅尔塔协定〉与大国强权政治》,杨宝康著,《思茅师专学报》1997 年第 2

期 //《广西教育学院学报》1997 年第 4 期。

《从〈雅尔塔协定〉看强权政治》,陈季君著,《遵义师院学报》2000 年第
1 期。

《雅尔塔的秘密交易》,黄邦和著,《世界史研究动态》1980 年第 8 期。

《雅尔塔的命运》(全 2 期),[美] 布热津斯基著;舒行译,《世界史研究动
态》1985 年第 11/12 期。

《"雅尔塔秘密协定"新论》,刘华、杨菲蓉著,《学术研究》1995 年第 4 期。

《论雅尔塔秘约的历史渊源与性质》,王春良著,《山东教育学院学报》1999
年第 3 期。

《〈雅尔塔秘密协定〉是大国强权政治的必然产物》,李茂春、丁汝娴等著,
《政治研究》1988 年第 2 期。

《大国的交易——〈雅尔塔秘密协定〉的分析》,乔丽萍著,《山西大同大学学
报》2007 年第 2 期。

《雅尔塔秘密协定与美苏对中国的政策》,张宏毅著,《世界史研究动态》
1982 年第 2 期。

《从〈雅尔塔协定〉看美苏对华政策》,赵泉钧著,《中共党史研究》1990 年
增刊。

《雅尔塔密约与美苏东方战略构想》,田霞著,《西北大学学报》1995 年第
3 期。

《雅尔塔秘密协定与中国领土主权之受损害》,王春良著,《史学月刊》1995
年第 4 期。

《〈雅尔塔秘密协定〉中的外蒙古"现状"溯源》,梁文清著,《历史教学问题》
1994 年第 4 期。

《〈雅尔塔秘密协定〉背后的中、美、苏关系透析》,张振江著,《东南亚研究》
2003 年第 4 期。

《雅尔塔远东问题协议重探——以傅秉常为中心的讨论》,傅铱华、张帆等
著,《南京大学学报》2008 年第 1 期。

《从雅尔塔协定看中国》,陈季君著,《学术界》2006 年第 2 期。

《中国抗日战争与雅尔塔协定》,叶志麟著,《杭州师院学报》1987 年第
4 期。

《〈雅尔塔协定〉与苏联出兵中国东北》,杨学峰著,《东北史地》2013 年第

6 期。

《雅尔塔协定与 1945 年中苏条约》,刘存宽著,《史学集刊》1991 年第 1 期//《走向近代世界的中国——中国社会科学院近代史研究所建所 40 周年学术讨论会论文集》,中国社会科学院近代史研究所编,成都出版社 1992 年版。

《〈雅尔塔秘密协定〉与〈中苏友好同盟条约〉研究概述》,李嘉谷著,《世界史研究动态》1991 年第 1 期。

《1945 年中美苏关系的一幕:从雅尔塔秘密协定到〈中苏友好同盟条约〉》,陶文钊著,《美国研究》1990 年第 4 期。

《从雅尔塔秘密协定和中苏友好同盟条约看国际主义和爱国主义的关系》,杨建英著,《中共党史研究》1990 年增刊。

《从〈雅尔塔协定〉到〈中苏友好同盟条约〉》,王光远著,《文史精华》2006 年第 7 期。

《从〈雅尔塔协定〉到〈中苏友好同盟条约〉——苏联对华政策中的民族利己主义》,倪良端著,《党史文汇》2005 年第 8 期。

《从雅尔塔看罗斯福》,谭圣安著,《世界史研究动态》1981 年第 6 期。

《罗斯福与雅尔塔会议》,谭圣安著,《国际关系史论文集》,中国国际关系史研究会,1981 年//《第二次世界大战史论文集》,三联书店 1985 年版。

《罗斯福与雅尔塔协定》,任东来著,《世界史研究动态》1984 年第 5 期。

《评罗斯福的雅尔塔之行》,顾德欣著,《历史教学》1987 年第 6 期。

《蒋介石与雅尔塔协定的再认识》,李杨著,《开放时代》2009 年第 11 期。

《论雅尔塔协定后蒋介石政府的双重外交》,李彬彬著,《巢湖学院学报》2007 年第 1 期。

《雅尔塔"密约"对国民政府的冲击与接收东北——也论抗日战争结束时之东亚国际关系》,[日]西村成雄著,《抗日战争研究》1997 年第 3 期。

《"忍气吞声、负重致远":从蒋介石日记看他对雅尔塔协议的态度》,郑会欣著,《社会科学》2008 年第 7 期。

《雅尔塔会议与重庆谈判》,李道华著,《南充师院学报》1988 年第 2 期。

《雅尔塔协定、中苏条约与重庆谈判》,秦立海著,《安徽史学》2004 年第 6 期。

《杜鲁门政府对〈雅尔塔协定〉的坚持与妥协研究——以 1945 年中苏谈判为例》,胡德坤、汪凡家著,《历史教学问题》2017 年第 2 期。

(3)波茨坦会议与《波茨坦公告》

《〈波茨坦宣言〉名称考》,褚静涛著,《台湾研究》2016 年第 5 期。

《〈波茨坦宣言〉述论》,褚静涛著,《民国档案》2017 年第 3 期。

《还原波茨坦会议台前幕后》,李红强著,《光明日报》2015 年 8 月 25 日。

《围绕〈波茨坦公告〉展开的历史斗争》,王少普著,《国际关系研究》2015 年第 4 期。

《原子弹阴影下的波茨坦会议》,李凤艳著,《世界知识》2018 年第 20 期。

《波茨坦会议——战时同盟的"终点站"》,姚昆遗著,《国际问题资料》1984 年第 13 期。

《幕前交易——三巨头波茨坦会议实录》,黄舍骄著,《世界史研究动态》1980 年第 4 期。

《〈波茨坦公告〉究竟是怎样产生的?——略评〈第二次世界大战史〉》,王春良著,《社会科学战线》1998 年第 6 期。

《〈波茨坦公告〉不是波茨坦会议的内容》,杜慧如著,《外国史知识》1984 年第 11 期。

《〈波茨坦公告〉的五点现实意义》,华益文著,《人民日报(海外版)》2015 年 7 月 24 日。

《〈波茨坦公告〉和〈开罗宣言〉的现实意义》,周永生著,《当代世界》2015 年第 9 期。

《〈波茨坦公告〉的国际法效力问题》,马伟阳著,《河南理工大学学报》2016 年第 2 期。

《战后亚太国际秩序的法律基石——纪念〈波茨坦公告〉发表 69 周年》,莫纪宏、支振锋著,《求是》2014 年第 15 期。

《论〈波茨坦公告〉与波茨坦会议的关系以及苏联为什么未在〈公告〉发表时签署》,王春良著,《山东师大学报》1999 年第 1 期。

《正确理解〈波茨坦公告〉的有关问题(上、下)——提高〈历史〉教学科学性的一点思考》,王春良著,《学科教育》1998 年第 9/第 10 期。

《涉〈波茨坦公告〉易误及其订正》,周传洪著,《石油大学学报》1995 年第 3 期。

《访波茨坦会议会址》,兰琴著,《北京晚报》1985 年 7 月 27 日。

《日本为何惧怕波茨坦公告第八条》,贾秀东著,《人民日报(海外版)》2014

年 7 月 28 日。

《波茨坦会议与美国中苏政策的转折(1945 年 7—8 月)》,张振江著,《史学月刊》2004 年第 12 期。

《波茨坦公告与中国的抗战》,周志清著,《文史月刊》2005 年第 7 期。

2. 关于苏联对日作战的条件

《德黑兰—雅尔塔—波茨坦:关于苏联参加对日作战的问题》,[俄] B.济莫宁著;王昌滨译,《当代世界》1995 年第 9 期。

《雅尔塔协定与苏联对日宣战》,周军著,《国际共运史研究》1991 年第 3 期。

《评苏联参加对日作战的条件》,徐康明著,《苏联历史问题》1986 年第 1 期。

《苏联参加对日作战的首要条件》,梁文清著,《黔南民族师专学报》1994 年第 1 期。

《试论苏联对日作战的先决条件》,刘丽君著,《福州师专学报》1996 年第 1 期。

《苏联对日作战条件评析》,陈英吴著,《外国问题研究》1988 年第 4 期。

《苏联对日宣战问题评析》,杭福珍著,《芜湖师专学报》1998 年第 3 期。

《试评苏联在第二次世界大战中的对日宣战》,范浔化著,《探索》1997 年第 3 期。

《有关苏联出兵远东的几个问题》,叶兴平著,《苏联历史问题》1988 年第 1 期。

《第二次世界大战末期苏军的对日作战准备》,钟庆安著,《外国军事学术》1982 年第 3 期。

《略论抗日战争时期苏联参加对日作战问题》,罗志刚著,《武汉大学学报》1998 年第 1 期。

《论苏联参加对日作战的首要条件》,梁文清著,《黔南民族师院学报》1994 年第 1 期。

《简析苏联出兵东北期间对华政策中的自相矛盾现象》,乌传衮著,《苏联问题研究资料》1989 年第 5 期。

3. 苏联与英国划分巴尔干各国势力范围

《二战期间大国政治一瞥——略谈一九四四年英苏的"百分比"秘密协定》,

袁华音著，《世界史研究动态》1981 年第 8 期。

《一九四四年十月斯大林、丘吉尔在莫斯科关于划分巴尔干各国势力范围的"百分比"秘密协定》，黄德禄译，《史学选译》1982 年第 5 期。

《丘吉尔与斯大林划分东南欧势力范围：俄国档案中的百分比协定》，吕雪峰著，《冷战国际史研究》2006 年第 2 期。

《英国档案中的百分比协定：1944 年 10 月丘吉尔与斯大林会谈记录的补充说明》，王大卫、杜蒲著，《冷战国际史研究》2008 年第 3 期。

《是维护大英帝国传统政治还是冷战的揭幕——论二战中丘吉尔的"巴尔干战略"》，林芊著，《黔南民族师范学院学报》2008 年第 1 期。

《丘吉尔与戴高乐的"欧洲观"之比较》，彭沛著，《经济与社会发展》2008 年第 2 期。

二、雅尔塔体制及其相关问题的研究

1. 关于雅尔塔体制

《二战后的国际秩序》，徐蓝著，《人民日报》2005 年 4 月 29 日。

《雅尔塔体制研究述评》，滕海键著，《昭乌达蒙族师专学报》2000 年第 4 期。

《雅尔塔体制研究综述》，于浩淼著，《中学历史教学》2002 年第 9 期。

《近 10 年来雅尔塔体制问题研究的新进展》，毛锐著，《山东师大学报》2001 年第 3 期。

《各国政治要员和学者论雅尔塔》，周启朋、李铁城著，《世界史研究动态》1991 年第 4 期。

《雅尔塔体系刍议》，曹胜强著，《聊城师院学报》1993 年第 3 期。

《"雅尔塔体制"概念辨析——兼议战后国际体制问题》，邹其昌著，《世界经济与政治》1991 年第 1 期。

《雅尔塔体制内容再思考》，李先波著，《哈尔滨学院学报》2007 年第 11 期。

《关于"雅尔塔"体制的若干问题》，《国际展望》1990 年第 18 期。

《关于雅尔塔体制的若干问题》，林利民著，《高等函授学报》1994 年第 5 期。

《雅尔塔体制与联合国》，杨泽伟著，《武汉大学学报》1997 年第 4 期。

《雅尔塔体制与世界总体和平》，丁晋清著，《广东党史》1997 年第 2 期。

《浅析雅尔塔体制的维和功能》,王顺奎著,《延边党校学报》2000 年第6 期。

《雅尔塔体制与二十一世纪亚太和平》,张文木著,《光明日报》2015 年 8 月5 日。

《试论雅尔塔体系对战后国际关系的影响》,徐蓝著,《历史教学》2002 年第5 期。

《雅尔塔体系对战后世界政治格局及国际关系的影响》,常虹著,《中学历史教学参考》2018 年第 18 期。

《雅尔塔体制对战后局部战争的影响》,庞存生、张建军等著,《第二次世界大战与战后局部战争》,李小军主编,军事谊文出版社 2003 年版。

《二次大战胜利后国际新局面的两重性》,陶樾著,《上海师大学报》1985 年第 4 期。

《雅尔塔体制与全球化》,杨和平著,《西华师范大学学报》2009 年第 2 期。

《雅尔塔体系的负面影响》,陈新祥著,《历史学习》2002 年第 11 期。

《从国际体系的视角再论雅尔塔体系》,李世安著,《世界历史》2007 年第4 期。

《苏联与雅尔塔体系关系初探》,曹胜强著,《社会科学战线》1995 年第3 期。

《雅尔塔体制的形成与苏联势力范围的确立》,张盛发著,《历史研究》2000 年第 1 期。

《美国与雅尔塔体系关系初探》,谢金萍著,《工会论坛(山东省工会管理干部学院学报)》2010 年第 1 期。

《"远东雅尔塔体系"与中苏关系》,李兴著,《俄罗斯研究》1994 年第 1 期。

《雅尔塔体制与战后初期远东政局》,王京生著,《辽宁师大学报》1992 年第1 期。

《雅尔塔体制与东欧地区的出现》,张振第著,《当代世界社会主义问题》1989 年第 2 期。

《雅尔塔体系与战后东西欧国家的集团化》,吴伟著,《首都师范大学学报》1994 年第 3 期。

《论中国与雅尔塔体系的关系》,李海君、张战著,《前沿》2011 年第 14 期。

《雅尔塔世界格局对中国的影响——纪念世界反法西斯战争胜利 50 周

年》,王瑞升著,《世界经济与政治》1995 年第 7 期。

《雅尔塔体系的形成与中国关系的再认识》,赵志辉著,《南京社会科学》2000 年第 6 期//《淮北煤师院学报》1999 年第 2 期。

《雅尔塔格局与新中国的历史走向》,王真著,《中共党史研究》2000 年第 4 期。

《试论雅尔塔体制与两次中苏条约的签订》,罗向阳著,《黔南民族师院学报》1994 年第 4 期。

《雅尔塔体制下三国四方关系与中国内战的爆发》,许刚雁著,《辽宁教育行政学院学报》2009 年第 3 期。

《雅尔塔体系与中国人民革命的胜利》,张星星著,《第三届近代中国与世界国际学术研讨会论文集·第二卷·政治·外交(下)》,中国社会科学院近代史研究所编,社会科学文献出版社 2015 年版。

《雅尔塔条约体系在处理钓鱼岛争端上的国际法地位》,刘丹、何笑青著,《太平洋学报》2014 年第 4 期。

《雅尔塔体制与旧金山体制关系的再思考——以国际法视角下的中日领土主权争端为中心》,钮维敢著,《中山大学学报》2017 年第 3 期。

《反法西斯战争胜利五十周年和雅尔塔体制的兴衰》,黄安年著,《历史教学》1995 年第 6 期。

《雅尔塔体制"瓦解"质疑》,杨和平著,《信阳师院学报》2002 年第 2 期。

《雅尔塔体制瓦解原因浅析》,廖仲乐著,《齐齐哈尔师范高等专科学校学报》2008 年第 2 期。

《美苏告别雅尔塔:简论雅尔塔体制瓦解的原因》,杨小梅著,《沈阳教育学院学报》1996 年第 2 期。

《雅尔塔体系崩溃与国际经济形势》,滕维藻著,《世界经济与政治》1991 年第 3 期。

《雅尔塔体制的解体与世界格局新特点》,陈强著,《贵州民族学院学报》1998 年第 1 期。

《从雅尔塔到马耳他——试论战后两极国际格局的形成与演变》,李沛著,《国际政治研究》1990 年第 3 期。

《雅尔塔体系的终结与当今世界格局》,张宇燕著,《当代世界》2005 年第 5 期。

《国际体系变动的新古典现实主义分析——以雅尔塔体系的形成与终结为例》,范瑞莹著,《湖州师范学院学报》2010 年第 6 期。

《雅尔塔体制并非冷战体制——兼论德国分裂与雅尔塔体制的关系》,邹其昌著,《世界史研究动态》1987 年第 9 期。

《不该把雅尔塔体制与战后冷战格局混为一谈》,谭荣邦著,《张家口师专学报》1995 年第 3 期。

《论雅尔塔体系与冷战的关系》,曹胜强著,《聊城大学学报》2006 年第 6 期//曹胜强著,《世界现代史新论·第三编》,李世安等主编,中国华侨出版社 2007 年版。

《从凡尔赛到雅尔塔——试析近代欧洲安全体系》,高硕、孙子东著,《河北师范大学学报》2004 年第 3 期。

《20 世纪国际秩序的历史研究——凡尔赛体系与雅尔塔体系之比较》,曹胜强著,《世界历史》1997 年第 1 期。

《凡尔赛—华盛顿体系与雅尔塔体系比较研究》,陈从阳著,《咸宁师专学报》1998 年第 2 期。

《维也纳体系、凡尔赛—华盛顿体系和雅尔塔体系有哪些异同之处》,任生明著,《中学文科》2001 年第 9 期。

《凡尔赛—华盛顿体系与雅尔塔体系之比较》,黄玉军著,《历史教学(上半月刊)》2013 年第 7 期。

《凡华体系与雅尔塔体系解体原因比较分析》,程早霞著,《学术交流》2005 年第 11 期。

《从凡尔赛体系到雅尔塔体系的历史比较研究》,王灏著,《黑龙江史志》2014 年第 13 期。

2. 联合国的建立

《联合国的创立与作用》,张墨著,《历史教学问题》1995 年第 6 期。

《论联合国的成立及其作用》,乔志忠著,《集宁师专学报》2005 年第 3 期。

《苏联是联合国常任理事国否决权的发明者》,徐爱贤、华锦彬著,《环球军事》2006 年第 11 期。

《论联合国创立初期美苏英之间的分歧与协调》,胡德坤、刘晓莉著,《江西社会科学》2005 年第 10 期。

《英国对苏联联合国政策走向的观察和评估,1945—1947》,韩长青著,《近现代国际关系史研究(第二辑)》,徐蓝主编,人民出版社 2008 年版。

《中国与联合国的成立》,胡德坤、刘晓莉著,《湖北社会科学》2005 年第 8 期。

《国民政府与联合国筹建方案的确立》,刘晓莉著,《武汉大学学报(人文科学版)》2008 年第 4 期。

《中国在联合国创建中的作用及对自身大国地位的认识》,金光耀著,《近代史研究》2013 年第 6 期。

《论联合国建立阶段的几个问题——纪念联合国成立四十周年》,李铁城、魏能涛著,《世界历史》1985 年第 12 期。

《孔祥熙出席布利顿森林货币会议期间致蒋介石密电》,任骏著,《民国档案》2009 年第 3 期。

3. 战后其他设想与安排

《二战期间美苏英三大国战后秩序观初探》,卞秀瑜著,《湖北社会科学》2008 年第 5 期。

《二战战时美苏英三大国对战后世界和平的构划》,卞秀瑜著,《社科纵横》2011 年第 6 期。

《"天真的"伙伴关系——浅析罗斯福关于在战后世界与苏联合作的理想主义想法》,周清泉著,《黑龙江史志》2009 年第 22 期。

《浅议二战后国际秩序设计的几个特点》,王建朗著,《近代史研究》2013 年第 6 期。

《从租借法案看罗斯福世界构想的战时实践》,韩金金著,《边疆经济与文化》2005 年第 10 期。

《二战期间美、英、苏围绕德国前途问题的争论》,郑丽著,《武汉大学学报(人文科学版)》2007 年第 4 期。

《1945—1949 年盟国对德政策的走向及其得失》,秦元春著,《淮南师范学院学报》2005 年第 5 期。

《美国中东政策的缘起——罗斯福对战后中东的构想及其影响》,李卫华、焦玉奎著,《阿拉伯世界》2004 年第 5 期。

《罗斯福与美国的中东政策》,李卫华著,《哈尔滨工业大学学报(社会科学版)》2004 年第 3 期。

《从理想到现实:两次世界大战期间美国对非殖民化的态度》,房建国著,

《哈尔滨学院学报》2018 年第 12 期。

《富兰克林·罗斯福非殖民化思想研究综述》,贺占勤著,《开封教育学院学报》2010 年第 4 期。

《论罗斯福反殖民主义思想的渊源和影响》,杨锐、张励著,《经济与社会发展》2008 年第 2 期。

《论罗斯福的国际托管制度》,李艳娜著,《聊城大学学报(社会科学版)》2014 年第 3 期。

《从"非殖民"到"国际托管":罗斯福政府殖民地政策论析(1941—1945)》,毕元辉著,《东北师大学报》2014 年第 2 期。

《论第二次世界大战时期美国的印度支那托管计划》,王心同著,《军事历史》2018 年第 5 期。

《富兰克林·罗斯福的非殖民化思想和印度支那托管计划》,刘东明著,《首都师范大学学报(社会科学版)》2005 年第 4 期。

《富兰克林·罗斯福与印度支那托管计划的兴衰新探》,李桂峰著,《哈尔滨学院学报》2014 年第 3 期。

《罗斯福印度支那国际托管计划的文化价值因素分析》,韩永利、胡珊著,《历史教学问题》2009 年第 3 期。

《罗斯福放弃印度支那托管计划原因新探》,李桂峰著,《菏泽学院学报》2011 年第 6 期。

《罗斯福政府印度支那政策评析(1941—1945)》,汪堂峰著,《世界历史》2007 年第 4 期。

《战后初期美国印支政策的演变:从罗斯福到艾森豪威尔》,吕桂霞著,《聊城大学学报(社会科学版)》2010 年第 3 期。

《从苏联外交部门档案看第二次世界大战中苏联对战后世界秩序的规划》,梁强著,《俄罗斯学刊》2016 年第 1 期。

《开罗会议前后美国远东战略视野中的中国战场》,陈永祥、何少伟、李文光著,《广州社会主义学院学报》2016 年第 1 期。

《开罗会议前蒋介石对台湾问题的认识与考虑》,冯琳著,《四川师范大学学报(社会科学版)》2015 年第 5 期。

《英国与国民政府的战后处置计划兼及台湾问题(1941—1943)——以英方外交决策和报告为中心》,侯中军著,《中山大学学报》2016 年第 3 期 //《中国社会科学院近代史研究所青年学术论坛（2015年卷）》，社会科学文献出版社2018年版。

《苏美在对日媾和问题上的矛盾与二战后日苏间悬而未决的问题》，安成日著，《俄罗斯学刊》2015年第1期。

《二战期间美国筹建战后世界多边自由贸易体系的历程》，金卫星著，《史学月刊》2003年第12期。

第二节　冷战的起源及其相关问题的研究

一、概述

《史学家对冷战起源的新见解》，［美］塞缪尔·沃克著；王薇生译，《国外社会科学情况》1983年第16期。

《西方史学关于冷战起源的研究》，黄亚红著，《世界史研究动态》1993年第7期。

《近十年来美英两国学术界冷战史研究述评》，夏亚峰著，《史学集刊》2011年第1期。

《冷战起源研究中的英国学派》，洪邮生著，《世界现代史新论》，张宏毅等主编，重庆出版社2001年版。

《苏联解体后美国学术界对冷战史的研究》，白建才著，《世界历史》1996年第1期。

《近年来美国的冷战史研究》，白建才著，《历史研究》2002年第1期。

《二十年来我国学术界对冷战史的研究》，白建才、田华著，《世界历史》1999年第2期。

《关于冷战起源问题的新研究综述》，毛锐、于翠萍著，《石油大学学报》2000年第2期。

《"冷战"研究述评》，滕海键著，《昭乌达蒙族师专学报》2000年第1期。

《近年来冷战史研究概述》，冷雪梅著，《中学历史教学》2002年第12期。

《冷战研究的新流派：非极化主义》，汤晏中著，《世界历史》1994年第2期。

《冷战史新研究与档案文献的收集和利用》，沈志华著，《历史研究》2003年第1期。

《"冷战史新研究"：源起、学术特征及其批判》，陈兼、余伟民著，《历史研究》2003 年第 3 期。

《应加强对冷战史的研究——略论研究冷战史的意义》，白建才著，《西北大学学报》1996 年第 3 期。

《关于冷战问题研究的几点思考》，仇华飞著，《史学月刊》2003 年第 1 期。

《雅尔塔体系与冷战的关系》，薛柳著，《黑龙江史志》2015 年第 3 期。

《雅尔塔体系、冷战与世界多极化趋势的发展》，徐蓝著，《第二次世界大战与世界历史进程：第二次世界大战史（武汉）学术讨论会论文集》，胡德坤主编，武汉大学出版社 2002 年版。

《国际关系理论与冷战史研究》，张小明著，《史学月刊》2005 年第 6 期。

二、冷战的起源

《关于冷战起源的几种解释》，王帆著，《外交学院学报》2000 年第 2 期。

《关于冷战起源研究概述》，葛兆富著，《青岛大学师范学院学报》2001 年第 2 期。

《关于美苏冷战的起源问题》，沈毅著，《青海师范大学学报》2001 年第 2 期。

《"冷战"起源研究的历史回顾》，苗杨著，《周口师范学院学报》2008 年第 3 期。

《关于冷战起源的多维度思考》，丁鑫南著，《黑龙江史志》2008 年第 16 期。

《"冷战"的起源与终结——世界历史的视角》，余伟民著，《史学集刊》2013 年第 1 期。

《冷战源论》，沈志恩著，《浙江师大学报》1994 年第 3 期。

《"冷战"溯源》，赵承纲著，《贵州师大学报》1994 年第 3 期。

《冷战的起源：1944—1945 年的欧洲》，[英] 戴维·雷诺兹著；孟庆龙摘译，《世界史研究动态》1986 年第 10 期。

《冷战的起源》，[美] 乔治·C.赫尔林著；张小明摘译，《世界史研究动态》1987 年第 1 期。

《冷战的起源》，[美] 托玛斯·佩特森著；徐国琦译，《历史教学》1987 年第 11 期。

《论冷战的起源》，白建才著，《陕西师大学报》1995 年第 4 期。

《论冷战的起源——虚假均势、极权主义政体与冷战的爆发》，袁茵著，《佳木斯大学社会科学学报》2010 年第 5 期。

《冷战起源浅析》，竺培芬著，《世界史研究动态》1985 年第 2 期。

《冷战起源探析》，高明振著，《华中师范大学学报》1988 年第 2 期。

《冷战起源探析》，周纯清著，《邵阳师范高等专科学校学报》2002 年第
1 期。

《冷战起源刍议——兼论意识形态在国际关系中的作用》，霜木著，《历史研
究》1999 年第 4 期。

《也谈冷战的起源》，张小明著，《政治研究》1987 年第 4 期。

《冷战起源再认识》，高明振著，《华中师大学报》1988 年第 2 期。

《冷战起源的再认识》，覃翠柏著，《广西右江民族师专学报》1999 年第
1 期。

《冷战起源问题的再探索》，张爱东著，《唐山师范学院学报》2002 年第
4 期。

《冷战起源研究的国际渊流与发展》，邓峰著，《社会科学战线》2012 年第
12 期。

《论冷战的历史根源》，王玮著，《世界历史》2002 年第 2 期。

《关于冷战起源的新解释》，陶文钊著，《世界历史》1998 年第 2 期。

《对冷战起源的一点认识——兼论战后初期苏联的对外政策》，朱晓姝著，
《国际政治研究》2001 年第 4 期。

《美苏冷战起因透视》，汪波著，《安徽大学学报》1997 年第 6 期。

《美苏冷战起源的三个主要因素》，赵茜著，《西北第二民族学院学报》2001
年第 1 期。

《试论冷战起源的几个因素》，郭建平、岳占菊著，《东方论坛》2005 年第
1 期。

《试论冷战起源的几个因素》，陈亚锋著，《甘肃广播电视大学学报》2008 年
第 1 期。

《冷战：多因素的产物——在各条战线上：冷战的产生》，张小明著，《世界史
研究动态》1987 年第 5 期。

《冷战兴起原因试析——兼议多因素综合作用论》，王艮胜著，《科教文汇
（中旬刊）》2017 年第 2 期。

《意识形态与冷战的起源》，杨光斌著，《教学与研究》2000 年第 3 期。

《从地缘政治看欧洲冷战的起源》,韩桂玲著,《史学月刊》2001 年第 4 期。

《美苏冷战的文化探源》,张彦著,《西安教育学院学报》2004 年第 1 期。

《美苏政治文化差异与冷战起源》,郑毅著,《西伯利亚研究》2007 年第 4 期。

《文化背景与大国关系——论美苏领导人的大国使命感与冷战起源》,张勇著,《工会论坛》2007 年第 5 期。

《冷战起源背后的文化冲突——兼评俄罗斯文明与西方文明的差异性》,朱鹏著,《国际关系学院学报》2009 年第 3 期。

《论题:美苏国家大战略的演变与冷战》,徐蓝、韩长青、姚百慧等著,《历史教学问题》2008 年第 5 期。

《战后苏美经济合作尝试的失败——兼论经济冷战的起源》,崔海智著,《世界历史》2011 年第 1 期。

《美国对苏贷款问题历史考察(1943—1946)——关于美苏经济冷战起源的研究(之一)》,沈志华著,《俄罗斯研究》2019 年第 6 期。

《由对抗到承认:从早期苏美关系看冷战的起源》,沈莉华著,《俄罗斯中亚东欧研究》2009 年第 3 期。

《美英"特殊关系"的构建与冷战的起源(1944—1950)》,田建明著,《史学集刊》2008 年第 6 期。

《斯大林是怎样掉入"修昔底德陷阱"的——战后苏美从合作走向对抗的路径和原因》,沈志华、余伟民著,《俄罗斯研究》2019 年第 1 期。

《美国与冷战的缘起》,苏格著,《外交学院学报》1996 年第 4 期。

《"冷战"的起源与美国》,张华著,《重庆工业高等专科学校学报》2004 年第 5 期。

《美国人的世界使命感与冷战的起源》,倪学德著,《聊城大学学报》2002 年第 3 期。

《美国总统的更迭与冷战的爆发》,关艳红著,《高校社科信息》2004 年第 4 期。

《核武器的研制与美苏冷战》,赵学功著,《浙江学刊》2006 年第 3 期。

《核武器的诞生与美苏合作的破裂》,毛立坤著,《同济大学学报》2003 年第 2 期。

《核武器、美苏关系与冷战的起源》,赵学功著,《历史研究》2018 年第 5 期。

《论二战后美国对德战争索赔政策与冷战起源》，苑爽著，《历史教学问题》2012 年第 4 期。

《英国与冷战》，司昆阳著，《西欧研究》1987 年第 3 期。

《英国与冷战的起源》，李世安著，《历史研究》1999 年第 4 期。

《试论英国与"冷战"的起源》，程佩璇、崔剑著，《扬州大学学报》1998 年第 1 期。

《论英国在冷战起源中的作用》，孙一萍著，《德州师专学报》1999 年第 4 期。

《英国在冷战起源中的作用新探》，［英］安尼·戴顿著；魏地春译，《世界史研究动态》1989 年第 1 期。

《邱吉尔与"冷战"起源》，席来旺著，《史学月刊》1985 年第 3 期。

《温斯顿·丘吉尔的第一次"铁幕"演讲》，周启朋译，《世界史研究动态》1986 年第 7 期。

《战后英国工党政府与冷战起源（1945—1948）》，叶江著，《史林》1991 年第 1 期。

《试论英国冷战政策的形成（1944—1946）》，黄亚红著，《世界历史》1996 年第 4 期。

《从战后初期英国工党的对苏政策看冷战的起源》，刘建飞著，《当代世界与社会主义》1998 年第 1 期。

《1946—1947 年的英国外交部俄国委员会与冷战》，［英］雷·梅里克著；孔苈译，《世界史研究动态》1987 年第 7 期。

《试论二战后艾德礼工党政府的对美外交与"冷战"的起源》，滕淑娜著，《聊城大学学报（社会科学版）》2007 年第 4 期。

《第二次世界大战后的英国和美国：双边关系与冷战的开始》，陈文婷著，《国外社会科学》2013 年第 4 期。

《试论英国与"双占区"的建立及其对苏冷战政策》，鞠维伟著，《近现代国际关系史研究》2014 年第 1 期。

《论苏联在冷战形成中的举措》，张盛发著，《上海师大学报》1995 年第 1 期。

《苏联的战争目标与战后"冷战"的形成》，张小强著，《长春师范学院学报》2007 年第 5 期。

《斯大林、苏联外交与冷战的起源》,戴超武著,《俄罗斯研究》2013 年第
1 期。

《斯大林的战后世界体系观与冷战起源的关系》,叶江著,《历史研究》1999
年第 4 期。

《东西方在东欧问题上的冲突与冷战起因》,康春林著,《世界历史》1990 年
第 4 期。

《试论冷战起源的德国因素》,苑爽、张艳丽等著,《合肥师范学院学报》2012
年第 5 期。

《"德国裁军与非军事化条约"与冷战的缘起》,李凤艳、王彦著,《东北师大
学报》2012 年第 6 期。

《二战结束前后大国在奥地利的争夺与苏美冷战(1945—1948)》,郭梅花
著,《青海师范大学学报》2015 年第 3 期。

《伊朗危机与冷战的起源》,李春放著,《读书》2003 年第 6 期。

《论两极格局形成与冷战爆发——一种建构主义解析》,张璋著,《河北建筑
科技学院学报》2006 年第 1 期。

《战后美国的东亚遏制思维与东亚冷战格局的形成》,李加洞著,《江汉大学
学报》2014 年第 2 期。

《历史学家与冷战起源》,[美] 塞缪尔·沃克著,《世界史研究动态》1985
年第 2 期。

《引爆冷战的雷姆伯托瓦战俘营事件》,陈肇祥著,《环球军事》2008 年第
24 期。

《战后初期美苏在伊朗、土耳其、希腊的角逐》,刘志青著,《甘肃社会科学》
2005 年第 5 期。

《冷战是如何开始的?》,[美] 梅尔文·莱夫勒著;陈兼、陈之宏译,《国际冷
战史研究》,2004 年第 1 期。

《也谈二战后初期"冷战"的责任者问题》,张宏毅、董宝才著,《历史教学》
1990 年第 9 期。

《东亚冷战起源与扩展中的中国因素(1945—1950)》,张志梅著,《山西大同
大学学报》2016 年第 5 期。

《东亚冷战的序幕:中美战时外交中的朝鲜问题》,刘晓原著,《史学月刊》
2009 年第 7 期。

《从易北河会师到雅尔塔会议的前后：浅谈两大阵营对峙格局的形成》，陈初升著，《宁德师专学报》1992 年第 2 期。

《从雅尔塔到富尔顿：对美苏冷战史的反思》，童小溪著，《江西社会科学》2006 年第 1 期。

《西方怎样在一九四五年失去了和平》，［英］约翰·科尔维尔著；邵原子译，《国外社会科学动态》1986 年第 10 期。

《1945：大国博弈下的世界秩序新格局》，［美］迈克尔·内伯格著；宋世锋译，《工会博览》2019 年第 6 期。

《冷战结束时间辨析》，白建才著，《陕西师大学报》1996 年第 2 期。

《试论冷战结束的一个原因》，白建才著，《历史教学》1999 年第 1 期。

三、冷战的后果与教训

《冷战的教训》，黄钟青著，《外交学院学报》1991 年第 4 期。

《试论冷战的后果与教训》，白建才著，《历史教学》1996 年第 9 期。

《二战中的大国关系和对冷战后国际战略格局调整的启示》，周琬著，《军事历史》1998 年第 5 期。

《冷战的兴起与欧洲的重组》，刘笑盈著，《历史教学问题》1991 年第 6 期。

《战后德国分裂的由来》，潘琪昌著，《世界历史》1986 年第 1 期。

《战后美苏"冷战"与德国的分裂》，吴友法著，《武汉大学学报》1996 年第 6 期。

《占领德国：战后德国的四个盟国占领区（1945—1949）》，［德国］学海勒·波门金著，《占领历史研究："1931—1949 占领历史研究"国际学术会议论文集》，胡德坤主编，武汉大学出版社 2010 年版。

《激变战略与解放政策——冷战初期美国政府对苏联东欧内部状况的政策》，时殷弘著，《世界历史》1995 年第 3 期。

《美苏冷战的起源及对中国革命的影响》，杨奎松著，《历史研究》1999 年第 5 期。

《论英国在冷战中对亚洲的政策》，孟庆龙著，《世界历史》1988 年第 1 期。

《冷战时期美国对东亚政策思想的演变》，王缉思著，《世界历史》1988 年第 2 期。

《试论冷战的爆发与两极格局的形成》，徐蓝著，《首都师范大学学报》2002

年第 2 期。

《国家大战略与对外政策调整——20 世纪 40—60 年代冷战态势的演变》，徐蓝著，《浙江学刊》2003 年第 6 期。

《英美从战时联盟向冷战联盟的转变——以英美核关系的演变为例（1942—1958）》，金飞著，《江苏教育学院学报（社会科学）》2012 年第 2 期。

《斯大林、冷战与中国分治》，[美] 布赖恩·默里著；张盛发译，《中共党史研究》1997 年第 2 期。

《原子弹、冷战与当代世界和平进程》，王祖奇著，《长白学刊》2010 年第 2 期。

《为什么必须重视"冷战"背后意识形态作用的研究？》，杨奎松著，《冷战国际史研究》2019 年第 2 期。

第十三章 罪行清算与战争反省

第一节 对德日的占领与处置

一、盟国对德、日处置和战犯审判比较

《甲午战争、日俄战争与两次世界大战的战后处理》,雷颐著,《文史天地》2017 年第 9 期。

《盟国对战败国的处置与世界政治地图的变化》(上、下),张象著,《历史教学》1987 年第 9/10 期。

《"二战"环境下的国际法与占领》,[澳大利亚] 琼·博蒙特著,《占领历史研究:"1931—1949 占领历史研究"国际学术会议论文集》,胡德坤主编,武汉大学出版社 2010 年版。

《占领区政府:两难困境下的法律和道德评价》,[荷兰] 院彼得·罗梅恩著,《占领历史研究:"1931—1949 占领历史研究"国际学术会议论文集》,胡德坤主编,武汉大学出版社 2010 年版。

《通向战后审判之路:盟国对二战战罪惩处拟议述论》,严海建著,《南京社会科学》2016 年第 2 期。

《二战后对战犯的审判》,黄小波著,《历史教学》1995 年第 3 期。

《战犯审判、历史认识、民族和解》,宋志勇著,《史学理论研究》2011 年第 1 期。

《绞刑架与和平:纽伦堡审判和东京审判的启示》,赵永琛著,《东方》1995 年第 5 期。

《第二次世界大战后的两次国际审判——纽伦堡审判与东京审判》,黄德禄著,《河北天津师范学院学报》1957 年第 2 期。

《国际惩治战争犯罪历史的研究——从首次尝试到纽伦堡和东京两次大审判》,徐安军著,《西安政治学院学报》1999 年第 1 期。

《纽伦堡审判与东京审判之初步比较》,吴天威著,《第二届近百年中日关系

史国际研讨会论文集》(中国抗日战争史学会等编),中华书局1995年版。

《纽伦堡审判和东京审判的法律困惑之解读——以罪刑法定原则为视角》,翟慎海著,《河南司法警官职业学院学报》2009年第3期。

《战后盟国追究德、日财阀战争责任的比较与反思——以纽伦堡审判与东京审判为例》,朱成山、卢彦名著,《日本侵华史研究》2015年第3期。

《对二战战犯审判的法律困惑之解读》,王世萍著,《学理论》2010年第14期。

《追诉"二战"德日战犯差异探析》,焦经川著,《河北法学》2016年第3期。

二、对德国的处置和战犯审判

《二战时盟国处置德国政策研究》,李怀顺著,《中国青年政治学院学报》2014年第5期。

《美国对德国的战争罪行审判计划》,刘薇译,《世界史研究动态》1991年第7期。

《纽伦堡国际军事法庭组成》,晓伟著,《解放军报》1983年11月9日。

《纽伦堡大审判》,付征南、倪海宁著,《世界军事》2005年第12期。

《纽伦堡军事法庭审讯纳粹战犯》,节流等著,《外国史知识》1982年第6期。

《纽伦堡审判是怎么回事?》,冯圣葆著,《世界知识》1981年第1期。

《纽伦堡审判:正义的胜利》,付征南著,《环球军事》2011年第20期。

《二战后盟国对德国战犯的审判——纽伦堡审判》,商豫著,《文史月刊》2011年第12期。

《论国际人权保护中纽伦堡审判的作用》,张海峰著,《辽宁行政学院学报》2012年第5期。

《莫斯科宣言:哈尔科夫审判和关于第二次世界大战主要战犯的政策问题》,张皓编译,《世界史研究动态》1993年第10期。

《战后对纳粹罪行的审判与德国反省历史的自觉意识》,李乐曾著,《德国研究》2005年第2期。

《评〈正义之剑——全球之追捕审判纳粹战犯史鉴〉》,郭方、邸文著,《世界历史》2003年第3期。

《英国战时内阁档案文件显示:丘吉尔想不经审判就处死希特勒》,墨夫著,

《北京档案》2006 年第 2 期。

《论美国对战后德国的处理》，郭尚鑫著，《江西师大学报》1995 年第 3 期。

《美国的对德政策和德国的分裂》，林勇军著，《世界历史》1983 年第 5 期。

《美国的德国赔偿政策与德国的分裂》，汤季芳著，《西欧研究》1985 年第 3 期。

《1943—1955 年美国对德政策的演变》，叶晓东著，《大庆师范学院学报》2009 年第 5 期。

《战后 1945—1952 年美国对德政策的转变》，孙山亦著，《烟台大学学报》2011 年第 2 期。

《从严惩到扶持——二战后初期美国对德政策的转变》，叶晓东著，《武汉工程大学学报》2008 年第 6 期。

《二战期间美国对德军战俘的处置——兼评艾森豪威尔的"战俘新思维"》，王雅红、贾凯著，《安徽师范大学学报》2015 年第 3 期。

《西占区非纳粹化比较初探》，马冰著，《社会科学论坛》2011 年第 3 期。

《二战后盟国对德国的"非纳粹化"改造》，郑丽著，《武汉大学学报（人文科学版）》2010 年第 5 期。

《二战后法占区的德国公务员与非纳粹化》，徐之凯著，《德国研究》2015 年第 1 期。

《西德民主政治的曲折历程——二次大战后西德建立民主政治的条件分析》，肖德芳著，《宜宾学院学报》1995 年第 3 期。

《从战争走向和平的二次探索：1947 年巴黎和约的历史意义》，刘龙喜著，《历史教学》1997 年第 9 期。

《关于普鲁士历史评价的重新思考——对盟国管制委员会第 46 号令的驳正》，任国强著，《德国研究》2004 年第 3 期。

《纽伦堡审判的审理及控辩过程》，张炜著，《团结报》2015 年 11 月 26 日。

《法律正义的实现路径——以纽伦堡审判为视角》，王勤勤、陈中丁著，《赤峰学院学报》2014 年第 5 期。

《间接涉入战争罪的责任：纽伦堡后续对德国企业家的审判》，张颖军著，《西安政治学院学报》2016 年第 1 期。

《纽伦堡审判与东京审判之比较》，宋志勇著，《东北亚论坛》2015 年第 2 期。

《纽伦堡审判和东京审判具有重大历史意义》,汪闽燕著,《法制日报》2015年8月25日。

《纽伦堡审判中反人道罪的法理分析》,姜林坤著,《法制与经济》2017年第7期。

《纽伦堡审判与人体试验伦理规则》,徐爱国著,《人民法院报》2019年7月19日。

《纽伦堡审判》(上、下),何勤华著,《法制日报》2016年10月19日/11月2日。

《铭记历史,警钟长鸣——评〈纽伦堡审判〉》,徐莉娜著,《中国出版》2016年第20期。

《战争罪中媒体仇视宣传的责任——纽伦堡后续审判和国际军事法庭三起相关案例之比较》,张颖军、刘斯尧著,《武汉大学学报(哲学社会科学版)》2015年第5期。

三、对日本的处置和战犯审判

1. 军事占领与民主改造

《"四国占领日本"计划的流产》,陈自新著,《文史精华》2013年第1期。

《美国是怎样制定对日占领政策的》,熊达云著,《日本研究论丛》1986年第2期。

《论"日本派"在制定美国对日占领政策中的作用》(上、下),刘世龙著,《日本问题》1988年第2/3期。

《本尼迪克特与美国对日占领政策》,刘毅著,《日本研究》1992年第3期。

《试论美国对日本的独占及其初期占领政策》,孙雅洁、张巨浩著,《学术交流》1990年第4期。

《美国占领日本时期的政策评析》,冯瑞云著,《现代日本经济》1991年第5期。

《美国战后初期的对日政策》,徐启斌著,《上饶师专学报》1990年第4期。

《论战后初期美国对日政策的战略转变》,于群著,《东北师大学报》1990年第1期。

《战后美国对日长期驻军政策的确定》,孔晨旭著,《美国研究》2007年第4期。

《遣返战败者——关于第二次世界大战结束后解除日军武装的原因》,[日]加藤阳子著;李杰译,《南开日本研究》2016 年第 1 期。

《美国对日单独媾和政策形成史论》,崔丕著,《美国研究》1992 年第 2 期。

《美国从对日占领转向对日媾和政策的历史轨迹》,于淑云著,《首都师范大学学报》1994 年第 6 期。

《日本投降后中国参与对日本的占领》,吴兆鹏著,《民国春秋》1994 年第 3 期。

《二战后中国军队曾有机会占领日本》,何中原著,《文史博览》2012 年第 11 期。

《二战后中国缘何没有驻军日本》,刘作奎著,《北京档案》2004 年第 11 期。

《二战后中国军队未占领日本之谜》,吕梦非著,《协商论坛》2012 年第 10 期。

《二战后中国没有参加驻日占领军的原因》,孔卫华著,《贵阳文史》2008 年第 4 期。

《抗战胜利后国民党政府为何没有驻军日本》,王业明著,《军事史林》1999 年第 3 期。

《战后初期美苏对抗对日本的影响》,高辉著,《日本研究》1997 年第 1 期。

《战后初期苏联对日政策》,刘越英著,《呼伦贝尔学院学报》2006 年第 5 期。

《日本被占领时期的苏联对日政策:基本构架及其变化》,[日]斋藤元秀著;王持明译,《世界史研究动态》1989 年第 1 期。

《抗战后期孙科关于彻底清算日本军国主义的主张》,左双文著,《长沙电力学院学报》1997 年第 3 期。

《析战后初期澳美对日政策之分歧》,汪诗明著,《国际论坛》2007 年第 1 期。

《战后日本整肃初探》,沈才彬著,《中国社会科学院研究生院学报》1986 年第 5 期。

《浅析战后盟国对日本的非军事化政策》,杨孝臣著,《外国问题研究》1990 年第 4 期。

《日本的战后处理是如何进行的?》,[日]石井明著;邵力群译,《现代外国哲学社会科学文摘》1995 年第 5 期。

《日本战后处理不能逃避"战争加害"责任》，步平著，《光明日报》2015 年 8 月 27 日。

《简评战后美国对日本的改造》，宋昊天著，《漯河职业技术学院学报》2015 年第 1 期。

《美国占领军在日本战后民主改革中的作用问题再探讨》，张秋生著，《徐州师院学报》1985 年第 4 期。

《美国的文化传统与改造日本的必然性》，吕锡月著，《烟台职业学院学报》2014 年第 2 期。

《战后初期美国对日本人的意识形态改造》，于群著，《外国问题研究》1996 年第 3 期。

《日本战后改革与美国的战争犯罪处理政策》，宋志勇著，《南开日本研究》2016 年第 1 期。

《留下的烙印远不止一部和平宪法——"太上天皇"麦克阿瑟改造日本》，郭晔旻著，《国家人文历史》2015 年第 16 期。

《日本战后财阀的被迫改组及其局限性》，吴杰著，《日本史论文集》，辽宁人民出版社 1985 年版。

《浅析占领时期美国对日本的现代化改造》，杨潇雨著，《黑龙江史志》2014 年第 3 期。

《试析战后初期美国对日本教育的改造》，何宛昱、刘旭升等著，《佳木斯大学社会科学学报》2011 年第 3 期。

《战后美国对日本教育的改革新探（1945—1950）》，白玉平、张杨著，《中南大学学报》2013 年第 6 期。

《论占领期美国对日本政治经济民主化改革基础上的教育政策》，勾宇威著，《中国市场》2017 年第 24 期。

《战后日本改造对思想清算的忽视及其后果》，高元新著，《二战及其遗留问题对国际关系的影响》，二战史研究会编，2004 年。

《试谈美国对日占领政策对战后日本经济复兴的影响》，郑毅著，《吉林师院学报》1987 年第 3 期。

《民主化改革对战后日本经济腾飞的作用》，曹俊、袁德群著，《重庆电子工程职业学院学报》2009 年第 5 期。

《试论日本战后改革的不彻底性》，张健著，《日本学刊》2004 年第 1 期。

《从文化视角浅析二战后美国改造日本的不彻底性》,胡娜著,《长春理工大学学报》2012 年第 6 期。

《抗战胜利前后国民政府对日处置的基本思考述论》,彭敦文著,《民国档案》2016 年第 1 期。

《抗战胜利的喜悦与对日处置的纠结——由蒋介石日记观其战后对日处置的双面性》,汪朝光著,《抗日战争研究》2013 年第 3 期。

《蒋介石确立的战后对日处置政策与方针的根由及影响》,饶品良著,《云南行政学院学报》2014 年第 2 期。

《蒋介石对日"以德报怨"政策探析》,陈勤、周为号著,《社会科学家》1992年第 5 期。

《蒋介石外交战略中的对日政策——作为其归结点的"以德报怨"讲话》,家近亮子著,《近代中国与世界——第二届近代中国与世界学术讨论会论文集(第三卷)》,中国社会科学院近代史研究所编,社会科学文献出版社 2005 年版。

《战后初期国民党政权对日"以德报怨"政策之原因分析》,冯全普著,《东方论坛》2006 年第 2 期。

《战后蒋介石对日"以德报怨"政策的几个问题》,袁成毅著,《抗日战争研究》2006 年第 1 期 //《中国抗战与世界反法西斯战争——纪念中国人民抗日战争暨世界反法西斯战争胜利 60 周年学术研讨会文集:下卷》,中国社会科学院近代史研究所编,社会科学文献出版社 2009 年版。

《战时中国知识精英对战后处置日本问题的若干思考——以昆明知识界为中心》,闻黎明著,《知识分子与近现代中国社会》,中国现代史学会等编,2007 年。

《1945—1950 年苏联对日本战俘的劳动利用》,赵玉明著,《俄罗斯学刊》2015 年第 4 期。

2. 战犯审判与惩治

《联合国战争罪行委员会的设立与运行——以台北"国史馆"档案为中心的探讨》,刘萍著,《历史研究》2015 年第 6 期。

《沈阳审判与纽伦堡、东京、南京审判比较研究》,赵朗、廖晓晴、张强著,《辽宁大学学报》2009 年第 6 期。

《二战后对日本战犯的审判》,王恩收著,《文史月刊》2010 年第 3 期。

《"二战"后日本战犯是如何被审判的》,李友唐著,《中国档案报》2010 年 8

月 27 日。

《二战后日本被处决 941 名战犯》,李友唐著,《军事史林》2010 年第 12 期。

《日本战犯被推上历史的绞架:所有爱好和平的人们都应警惕军国主义》,刘潮江著,《北京日报》1985 年 8 月 11 日。

《改造日本战犯的奇迹是怎样创造的?》,胡新民著,《党史博采(纪实)》2014 年第 11 期。

(1)东京审判

①东京审判概述

《东京审判述评》,周维宏著,《历史教学》1985 年第 11 期。

《东京审判研究综述》,韩华著,《抗日战争研究》2012 年第 2 期。

《中国东京审判研究的新进展》,程兆奇著,《民国档案》2014 年第 1 期。

《近十年来中国大陆东京审判热点问题研究述评》,白纯、杨曦阳著,《军事历史》2015 年第 3 期。

《关于东京审判的研究》,宋志勇著,《日本研究论集》2003 年第 1 期。

《东京审判研究的现状及展望》,程兆奇著,《人民法院报》2015 年 9 月 3 日。

《东京审判再审视》,高士华著,《安徽师范大学学报》2015 年第 4 期。

《西方东京审判研究源流论》,龚志伟著,《军事历史研究》2015 年第 6 期。

《东京审判:人类史上规模最大的国际审判》,张春波著,《中国审判》2015 年第 16 期。

《东京审判:没有硝烟的战斗》,向隆万著,《解放日报》2015 年 5 月 30 日。

《论东京审判的几个问题》,宋志勇著,《中共党史研究》2005 年第 5 期//《纪念中国人民抗日战争暨世界反法西斯战争胜利 60 周年学术研讨会论文集:下卷》,中共中央党史研究室科研管理部编,中共党史出版社 2006 年版。

《东京审判几处常识辨析》,赵玉蕙著,《人民法院报》2015 年 9 月 3 日。

《东京审判研究——兼论中美两国在东京审判中的作用》,林晓光、周彦著,《中华民族的抗争与复兴——第一、二届海峡两岸抗日战争史学术研讨会论文集(下)》,中国抗日战争史学会等编,团结出版社 2010 年版。

《对日审判的舆论考察(1943—1948 年)》,孟凡明著,《历史教学问题》2015 年第 4 期。

《不应当被遗忘的"东京审判"》,程兆奇著,《新华日报》2017 年 6 月 8 日。

《对东京审判不同方式的书写》,卜正民著,《解放日报》2017 年 2 月 25 日。

《东京审判与"帕尔神话"》,宋志勇著,《四川大学学报》2016年第6期。

《用好东京审判丰富史料做出抗战研究好成果》,宋志勇著,《抗日战争研究》2016年第2期。

②东京审判的经过

《东京审判亲历记》,倪征燠著,《人民日报》1995年8月25日。

《东京审判与日本的对策》,宋志勇著,《日本学刊》2004年第1期。

《东京审判与日本侵略罪行》,薛茹著,《中国军法》2013年第5期。

《关于东京国际法庭的审判》,[苏]A.尼古拉耶夫著;孙爱娣译,《二战史通讯》1985年第8期。

《远东国际法庭审判日本军事战犯记略》,侯振彤著,《外国史知识》1983年第12期。

《远东国际军事法庭审判日本战犯纪实》,吴雪晴著,《世纪行》1995年第9期。

《远东国际军事法庭内外》,夏星著,《民国春秋》1995年第4期。

《侵略者的末日——记远东国际军事法庭审判日本战犯》,黎石著,《人民检察》1995年第8期。

《丧钟为谁而鸣——一九四六:远东国际军事法庭审判纪实》(全7期),《党史文汇》2005年第1—7期。

《公正与缺憾:1946年远东国际军事法庭审判纪实》,徐世强、徐雪梅著,《文史天地》2016年第4期。

《走向远东国际军事法庭的政治过程与日本的法庭报道(1946—1948)》,家近亮子著,《一九四〇年代的中国:下卷》,中国社会科学院近代史研究所等编,社会科学文献出版社2009年版。

《日本甲级战犯嫌疑人的释放与日本战犯上诉》,赵玲燕著,《兰台世界》2016年第24期。

③东京审判的评价(意义和影响)

《正确认识日本投降和东京审判》,魏宏运著,《民国档案》2005年第4期。

《东京审判的历史意义》,张永安著,《中学历史教学参考》2005年第8期。

《东京审判的历史意义》,宋志勇著,《人民日报》2015年8月21日。

《再论东京审判的历史意义》,宋志勇著,《纪念中国人民抗日战争暨世界反法西斯战争胜利70周年国际学术研讨会论文集》,李亚平等编,中共党史出版社 2015 年版。

《东京审判的法律意义》，丘东、张舒著，《西安陆军学院学报》2005 年第 4 期。

《东京审判的里程碑意义》，何勤华著，《基层政工读物》2005 年第 10 期。

《正义与和平的胜利——东京审判及其历史意义》，杨玉林著，《学习与探索》1995 年第 6 期。

《东京审判的意义不容淡忘》，钟声著，《人民日报》2016 年 11 月 14 日。

《正视东京审判的意义关乎世界和平》，程兆奇著，《光明日报》2016 年 11 月 13 日。

《抗日战争胜利的历史记录——东京审判及其价值》，杨荣华著，《安徽师范大学学报（人文社会科学版）》2005 年第 4 期。

《东京审判的历史意义与局限性》，邬海军著，《安徽文学（下半月）》2008 年第 5 期。

《东京审判的历史功绩与缺憾》，刘庭华著，《军事历史》2011 年第 6 期//《学习时报》2013 年 4 月 15 日//《科学大观园》2014 年第 19 期。

《东京审判的若干遗憾》，蔡东丽著，《中国社会科学报》2015 年 8 月 26 日。

《东京审判的诘问与反思》，何勤华著，《人民法院报》2015 年 9 月 3 日。

《东京审判的功绩与不足》，赵建文著，《中国审判》2015 年第 16 期。

《东京审判的贡献与不足》，张万洪著，《人民法院报》2015 年 9 月 3 日。

《不彻底的远东国际军事法庭审判》，黄鸣鹤著，《团结报》2015 年 8 月 20 日。

《东京审判的不彻底性及其影响》，郭小鹏著，《山西师大学报》2017 年第 1 期。

《东京审判及其留下的历史遗患》，肖裕声著，《光明日报》2015 年 12 月 23 日。

《试论远东国际军事法庭审判的不彻底性》，金恒薇著，《"九一八"研究》2014 年第 1 期。

《天皇何以能逃脱远东国际军事法庭的审判》，周春华著，《大连陆军学院学报》1995 年第 5 期。

《东京审判的反思》，何天义著，《抗日战争研究》1997 年第 3 期。

《东京审判的回顾与思考》，常璇、杨成梁著，《中国军法》2004 年第 3 期。

《"东京审判"的回顾与再思考》,沈永兴著,《中日关系史研究》2014 年第 1 期。

《东京审判再思考》,范国平著,《世界军事》2006 年第 12 期。

《"日本法西斯主义之父"伏法记》,永恩摘编,《军事历史》1995 年第 4 期。

《东京审判后日本的甲级战犯政策》,翟新著,《国际政治研究》2006 年第 3 期。

《日本究竟为何不服东京审判》,《文史博览》2014 年第 5 期。

《解析"东京审判史观"及其实质》,王希亮著,《世界历史》2008 年第 5 期。

《东京审判日本辩护证据的历史考察》,曹大臣著,《军事历史研究》2012 年第 1 期。

《"东京审判"不容否定》,杨荣华著,《光明日报》1995 年 8 月 28 日。

《东京审判结果不容否认》,胡彬著,《西安政治学院学报》2005 年第 4 期。

《远东审判定论不容篡改》,孙伶伶著,《哈尔滨工业大学学报》2005 年第 5 期。

《正义的东京审判》,沈永兴著,《百年潮》2005 年第 9 期。

《文明与正义的历史记录——远东国际军事法庭对日本战犯的审判与启示》,杨荣华著,《党史研究与教学》1995 年第 3 期。

《东京审判的正义性不容否认》,步平著,《中国社会科学院院报》2005 年 8 月 16 日//《光明日报》2005 年 9 月 9 日。

《东京审判的正义性不容挑战》,步平著,《光明日报》2005 年 9 月 9 日//《纪念中国人民抗日战争暨世界反法西斯战争胜利 60 周年学术研讨会论文集:下卷》,中共中央党史研究室科研管理部编,中共党史出版社 2006 年版。

《东京审判的正义性不可动摇》,林晓光著,《求是》2005 年第 18 期//《纪念中国人民抗日战争暨世界反法西斯战争胜利 60 周年学术研讨会论文集:下卷》,中共中央党史研究室科研管理部编,中共党史出版社 2006 年版。

《东京审判的正义性岂容抹杀》,沈永兴著,《中国抗战与世界反法西斯战争——纪念中国人民抗日战争暨世界反法西斯战争胜利 60 周年学术研讨会文集:上卷》,中国社会科学院近代史研究所编,社会科学文献出版社 2009 年版。

《东京审判是正义审判》,高士华著,《人民日报》2015 年 8 月 3 日。

《东京审判是"文明的审判"》,姜津津著,《光明日报》2014 年 9 月 1 日。

《东京审判是"文明的审判"》,季卫东著,《上海学术报告(2014)》,上海市社会科学界联合会等著,上海人民出版社 2015 年版。

《东京审判是严肃公正的国际审判》,宋志勇著,《人民日报》2015 年 7 月 7 日。

《东京审判:人类之理性与进步》,朱文奇著,《人民法院报》2015 年 9 月 3 日。

《东京审判:人类的理性与进步——析"胜者的正义"论》,朱文奇著,《法学家》2015 年第 6 期。

《东京审判体现了国际社会对正义的追求》,张国香著,《人民法院报》2005 年 8 月 15 日。

《东京审判:一场意义重大的国际法制教育》,王伟臣著,《检察风云》2017 年第 4 期。

《历史的正义裁决:东京审判中的日本战争罪行》,季我努著,《坦克装甲车辆》2013 年第 2 期。

《远东国际军事法庭的正义审判:访杨寿林副教授》,董邦安著,《文物天地》1985 年第 4 期。

《正义的审判岂容否定——远东国际军事法庭再思考》,沈永兴著,《世界现代史新论·第三编》,李世安等主编,中国华侨出版社 2007 年版。

《历史的审判正义的胜利:关于东京国际法庭审判日本战犯的一些情况》,严瑞池著,《军事史林》1989 年第 3 期。

《远东审判的合法性、正义性及对未来的启迪》,苏智良著,《上海师范大学学报》2006 年第 4 期。

《远东国际军事法庭的审判不会过时》,高兴祖著,《民国春秋》1996 年第 4 期。

《论美国对审判日本战犯的功过及影响》,王俊彦著,《纪念中国人民抗日战争暨世界反法西斯战争胜利 60 周年专刊》,中国中日关系史学会编,2005 年。

《东京审判:日本军国主义的终结点》,冀勇著,《法制日报》2015 年 8 月 18 日。

《东京审判与国际关系》,宋志勇著,《近现代国际关系史研究》2016 年第 2 期。

《东京审判与世界和平》,赵玉蕙著,《文汇报》2016 年 11 月 19 日。

《发掘东京审判宝贵遗产:反思战争,珍视和平》,徐瑞哲著,《解放日报》

2016 年 11 月 19 日。

《东京审判对战后日本的影响论析》,白纯著,《南京政治学院学报》2015 年第 4 期。

《刽子手的正义与世界秩序的建构——在反法西斯战争胜利七十周年之际重访艾希曼审判》,曹勉之著,《社会科学论坛》2015 年第 9 期。

《甲级战犯典型情节与东京审判的解读》,黄力民著,《联合日报》2015 年 10 月 17 日。

《国民政府对东京审判的态度评析——以〈中央日报〉报道评论为中心》,王卫星、刘广建著,《日本侵华史研究》2016 年第 1 期。

《美国人眼中的"东京审判"——基于"季南档案"的历史考察》,陈波著,《江苏师范大学学报》2017 年第 2 期。

《民国媒体中的东京审判》,刘广建著,《档案与建设》2019 年第 8 期。

《以大众传媒形式介绍东京审判的有效尝试》,宋志勇著,《中国文化报》2016 年 12 月 12 日。

《以当代视角解读东京审判》,陈春萍、崔岢岚著,《大连近代史研究》2017 年第 1 期。

《昭和天皇逃脱东京审判与日本错误历史观的形成》,龚娜著,《东北亚学刊》2016 年第 4 期。

《"东京审判",不容误读》,顾学文著,《解放日报》2015 年 5 月 15 日。

④东京审判的法律问题

《远东国际军事法庭的法理依据》,王秀梅著,《人民法院报》2015 年 9 月 3 日。

《远东国际军事法庭享有管辖权的新论证》,管建强著,《法学评论》2015 年第 4 期。

《远东国际军事法庭审判中的刑事诉讼问题》,刘向红著,《上海政法学院学报》2012 年第 3 期。

《由远东国际军事法庭之"侵略罪"引发的思考——兼评日本当局之"侵略未定论"》,方远著,《法制与社会》2017 年第 26 期。

《远东国际军事法庭在中国的调查取证》,刘广建著,《日本侵华史研究》2013 年第 2 期。

《东京审判法理溯源——兼驳日本右翼的翻案谬论》,吴永明著,《徐州师范大学学报》2003 年第 1 期。

《东京审判的法律依据》,管建强著,《人民法院报》2015 年 9 月 3 日。

《东京审判与国际刑事司法》,刘仁文著,《人民法院报》2015 年 9 月 3 日。

《东京审判的国际法意义——纪念世界反法西斯战争胜利 70 周年》,李宇著,《中山大学法律评论》2015 年第 3 期。

《东京审判与现代国际法的发展》,何勤华著,《法制日报》2016 年 11 月 16 日。

《关于东京审判的历史反思——以东京审判对现代国际法的贡献为中心》,何勤华著,《政治与法律》2015 年第 11 期。

《东京审判惩治侵略罪的法理依据研究》,赵心著,《四川大学法律评论》2017 年第 2 期。

《程兆奇谈东京审判管辖权》,王珊珊著,《人民法院报》2015 年 9 月 3 日。

《东京审判管辖权的理论疏解与当代意义》,徐持著,《学术交流》2016 年第 12 期。

《论东京审判对"侵略罪"管辖权的合法性问题——驳"帕尔意见书"的相关论点》,赵心著,《理论月刊》2016 年第 4 期。

《论东京审判管辖权之争应当终结》,徐持著,《山东警察学院学报》2017 年第 2 期。

《战后的战犯审判与普遍管辖权:实践、发展与问题》,宋杰著,《武汉大学学报(哲学社会科学版)》2015 年第 5 期。

《东京审判对侵略罪的认定——以板垣征四郎在东北所犯罪行为例》,姜慧媛著,《大连近代史研究》2019 年第 1 期。

《东京审判量刑问题再审视——以"死刑投票 6 比 5"为中心》,陈新宇著,《清华大学学报》2014 年第 4 期。

《东京审判侵略战争责任追究中的制度逻辑——以荒木贞夫审判为中心》,邹皓丹著,《暨南学报》2016 年第 8 期。

《论东京审判中的破坏和平罪》,薛茹著,《国际法研究》2016 年第 3 期。

《论东京审判中的危害人类罪——与纽伦堡审判对比的视角》,张楠著,《法治社会》2018 年第 4 期。

《东京审判死刑投票问题再考证》,陈新宇著,《人民法院报》2015 年 9 月 3 日。

《东京审判与追究侵略之罪责》,朱文奇著,《中国法学》2015 年第 4 期。

《东京审判与追究日本军政要人刑事责任》,朱文奇著,《国际法研究》2016 年第 4 期。

《东京审判中的座次之争》,王祖远著,《文史博览》2017 年第 4 期。

《事实碾碎对东京审判的否定》,宋志勇著,《中国社会科学报》2014 年 9 月 29 日。

《伪证与真相:东京审判被告南次郎的"华北事变"证词与侵略罪责辨析》, 龚志伟著,《史林》2019 年第 1 期。

《尊重私法人格的东京审判》,赵国辉著,《人民法院报》2015 年 8 月 21 日。

⑤东京审判相关资料

《国家图书馆东京审判文献史料征集与整理》,高红、梁爱民等著,《国家图书馆学刊》2014 年第 2 期。

《国家图书馆远东国际军事法庭审判文献史料征集工作及其思考》,雷亮著,《图书馆》2017 年第 3 期。

《远东国际军事法庭关于板垣征四郎在华所犯战争罪行审判记录(节选)》, 范国平著,《军事历史研究》2017 年第 1 期。

《〈远东国际军事法庭判决书〉对缅泰死亡铁路的描述(节选)》,《人民法院报》2015 年 9 月 3 日。

《东京审判文献在美国国家档案馆的收藏情况分析》,雷亮著,《新世纪图书馆》2016 年第 1 期。

《国际条约与民族主义:东京审判中秦德纯之证词与质证》,曹树基著,《上海交通大学学报》2015 年第 4 期。

《美国所藏几种东京审判萨顿检察官个人档案初探——兼论东京审判史料的利用》,赵玉蕙著,《史林》2019 年第 1 期。

《美国外交档案中有关东京审判的问题研究》,张郭著,《历史教学(下半月刊)》2015 年第 10 期。

《日本现存东京审判资料收藏情况》,朴燕著,《图书馆理论与实践》2015 年第 6 期。

《东京审判与日本侵华罪行史料》,宋志勇著,《南开学报》2015 年第 4 期。

《东京审判中关于日本侵占东北的庭审记录》,韩华著,《日本侵华史研究》2014 年第 2 期。

⑥检察官和见证者

《东京审判与中国》,程兆奇著,《人民法院报》2018 年 11 月 9 日。

《东京审判中的中国代表团》,向隆万、孙艺著,《民国档案》2014 年第 1 期。

《东京审判中的中国代表团》,卢彦名著,《日本侵华史研究》2014 年第 3 期。

《东京审判中的中国检察官》,韩啸著,《中国检察官》2018 年第 11 期。

《东京审判检察官向哲濬的函电》,向隆万著,《世纪》2015 年第 5 期。

《他似乎就是为东京审判而生》,程兆奇著,《文汇报》2017 年 6 月 19 日//《中华读书报》2017 年 4 月 5 日。

《向哲濬检察官在东京审判中表现"懦弱"吗》,程兆奇著,《中华读书报》2018 年 9 月 26 日。

《叶在增:南京审判战犯军事法庭的最后一位法官》,段月萍著,《日本侵华史研究》2015 年第 3 期。

《审判日本战犯:论中国检查官在远东法庭的艰苦工作》,向隆万著,《解放日报》1995 年 8 月 23 日。

《出席远东国际军事法庭的中国法官》,赵存存著,《党史文汇》2002 年第 4 期。

《梅汝璈与远东国际军事法庭》,何勤华著,《法学》2005 年第 7 期。

《他为中国人赢得尊严:追记参加东京审判的中国法官梅汝璈》,王恩收著,《铁军》2012 年第 11 期。

《东京审判中的倪徵燠先生》,李海珉著,《文史天地》2005 年第 12 期。

《东京法庭上的中国法官与检察官们——兼论东京审判的遗留问题》,赵胜著,《玉林师范学院学报》2009 年第 2 期//《大庆师范学院学报》2009 年第 2 期。

《东京审判中国法官为你讲述——准备起诉… 国际检察处对战犯们的调查工作及起诉准备》,梅汝璈著,《国际展望》2006 年第 18 期。

《历史的见证:访远东国际军事法庭翻译周锡卿教授》,沈永兴著,《当代世界社会主义问题》1995 年第 3 期。

《历史的审判岂容篡改——访原远东国际军事法庭参加者周锡卿教授》,荣欣著,《求是》1995 年第 16 期。

《东京大审判中的证人溥仪》,龚志伟著,《档案春秋》2014 年第 12 期。

《吴文藻眼中的东京大审判》,王炳根著,《档案春秋》2014 年第 9 期。

《新闻镜头下的东京审判》,郭传芹著,《中国文化报》2017 年 8 月 31 日。

《再忆东京审判》,曹艳梅著,《社会科学报》2015 年 8 月 13 日。

《追诉"二战"日本战犯缺失之原因探析》,焦经川著,《云南大学学报(法学版)》2015 年第 5 期。

(2)其他审判

《"山下奉文审判"法官意见研究——对二战后轴心国战犯审判第一案的重新审视》,王震宇著,《法制博览(中旬刊)》2014 年第 3 期。

《战后美军在华处置战犯问题初探》,刘萍著,《民国档案》2016 年第 3 期。

《英国远东战犯审判与其战后亚洲殖民地政策》,李乐天著,《西部学刊》2019 第 23 期。

《被遗忘的审判?——战后国民政府对日审判研究的回顾与检讨》,严海建著,《民国研究》2016 年第 2 期。

《中方如何审判日本战犯》,刘统著,《解放日报》2015 年 10 月 11 日。

《国民政府审判日本战犯概述(1945—1949)》,刘统著,《民国档案》2014 年第 1 期。

《国民政府审判日本战犯是宣示主权、伸张正义的重大事件》,卢彦名著,《日本侵华史研究》2014 年第 3 期。

《抗战胜利后国民政府审判日本战犯研究》,徐志民著,《杭州师范大学学报》2015 年第 5 期。

《国民政府与日本乙丙级战犯审判》,严海建著,《近代史研究》2017 年第 1 期。

《战后国内法院对日审判研究——以伯力审判为例》,杨军著,《理论界》2017 年第 7 期。

《中国军事法庭对日本侵华部分战犯审判概述》,胡菊蓉著,《史学月刊》1984 年第 4 期。

《新中国审判日本战犯研究》,高建著,《日本侵华史研究》2014 年第 3 期。

《中国司法机关审讯日本侵华战犯形成的档案》,《人民日报》2015 年 8 月 21 日。

《战后初期中国的对日政策与战犯审判》,宋志勇著,《南开学报》2001 年第 4 期。

《审判日本战犯军事法庭的组建经过》,罗昌洪著,《南京史志》1992 年第

5 期。

《历史与正义的审判——侵华日军战犯的结局》,黄敏、郭珊玲著,《文史精华》1995 年第 9 期。

《国民政府审判侵华日军战犯略论》,李荣著,《抗日战争研究》1995 年第 3 期。

《国民政府在惩处日本战犯问题上的两面性》,左双文、刘燕军著,《日本侵华史研究》2013 年第 1 期。

《法理与罪责:国民政府对战犯谷寿夫审判的再认识》,严海建著,《江海学刊》2013 年第 6 期。

《中国政府是怎样处理日本战犯的?》,功平摘编,《军事历史》1993 年第 5 期。

《周恩来与对日本战犯的处理政策》,〔日〕大泽武司著;王宗瑜、杜崎群杰译,《中共党史研究》2008 年第 4 期。

《新中国政府对侵华日本战犯的审判和改造》,孙辉、林晓光著,《百年潮》2005 年第 7 期。

《中国共产党对侵华日本战犯的审判处理和改造》,林晓光著,《党史研究与教学》2004 年第 4 期。

《1956,中国审判日本战犯实录》,叔弓著,《纵横》2006 年第 6 期。

《1956 年特别军事法庭沈阳太原审判研究》,龙心刚、孙君著,《党史文苑》2009 年第 4 期。

《正义的审判——1956 年最高人民法院特别军事法庭审判日本战犯回顾》,黄晓云著,《中国审判》2009 年第 4 期。

《日本战犯沈阳受审前后》,高建、王建学著,《炎黄春秋》2008 年第 9 期。

《沈阳审判日本战犯始末》,王天平著,《中国档案报》2001 年 9 月 14 日。

《特别军事法庭在沈阳审判日本战犯始末》,王和利、张家安、赵兴文著,《党史文汇》2000 年第 2 期 //《江淮文史》2001 年第 1 期。

《特别军事法庭在沈阳审判日本战犯纪实》,王和利、张家安、赵兴文著,《记者观察》1999 年第 7 期。

《沈阳特别军事法庭审判日本战犯简述》,沈宗艳著,《辽宁省社会主义学院学报》2009 年第 1 期。

《特别军事法庭沈阳审判日本战犯史海钩沉》,李莉著,《溥仪研究》2016 年第 1 期。

《从沈阳审判再谈战犯改造工作的深远影响》,魏鹏著,《辽宁经济管理干部学院学报》2016 年第 4 期。

《沈阳审判与纽伦堡、东京、南京审判比较研究》,赵朗、廖晓晴、张强著,《辽宁大学学报》2009 年第 6 期。

《论我国改造日本战争犯罪分子政策的伟大胜利》,谢玉叶、赵月琴著,《中国人民抗日战争纪念馆文丛·第四辑》,北京出版社 1993 年版。

《人权视角论中国政府对日本战犯的改造审判》,李鑫著,《日本侵华史研究》2016 年第 1 期。

《审判 731 部队战犯内幕》(全 4 集),沃金著,《参考消息》2001 年 6 月 19—22 日。

《新中国对日本战犯的改造》,赵月琴、周玉文著,《纪念中国人民抗日战争暨世界反法西斯战争胜利 60 周年学术研讨会论文集:上卷》,中共中央党史研究室科研管理部编,中共党史出版社 2006 年版。

《改造日本战犯的成功之路》(全 3 期),金源等著,《中国人民警官大学学报》1985 年第 3/4 期//1986 年第 1 期。

《新中国改造日本战犯的国际影响研究》,金恒薇、牟岱著,《沈阳师范大学学报》2014 年第 5 期。

《侵华日军头号战犯无罪开释揭秘》,胡兆才著,《军事史林》1994 年第 2 期。

《蒋介石包庇冈村宁次内幕》,王存福著,《档案时空(史料版)》2006 年第 3 期。

《冈村宁次投降和"无罪"释放真相》,高兴祖著,《民国春秋》1999 年第 1 期。

《人道主义的伟大历史实践——兼论抗日战争时期我军对战俘的保护与教育》,许祥文、忘笑天著,《战争奇观民族壮举》,徐红主编,军事科学出版社 1995 年版。

《战后中国遣返日侨日俘述略》,王玲菱著,《学理论》2012 年第 12 期。

《从侵略政策的工具到中日友好的种子》,步平著,《人民日报(海外版)》2006 年 6 月 22 日。

《关东军战犯在苏联》,莫晓著,《文史博览》2012 年第 10 期。

《前苏联解密档案对"日本战俘"问题的新诠释》,徐元宫、李卫红著,《当代世界社会主义问题》2006 年第 4 期。

第二节　德日的战争赔偿

一、德日战争赔偿比较

《战争赔偿的起源与发展》,熊太峰、何碧琼著,《西华大学学报》2005 年第 S1 期。

《国际法视野中的战争赔偿及历史演变》,袁成毅著,《浙江社会科学》2007 年第 3 期//《"近代中国、东亚与世界"国际学术讨论会论文集:上册》,中国社会科学院近代史研究所中外关系史学科等编,2006 年。

《二战遗留下来的赔偿问题》,童增著,《江汉大学学报》1992 年第 1 期。

《二战赔偿问题评述》,姜维久著,《学术月刊》1995 年第 8 期。

《日本与德国战后赔偿比较研究》,姜维久著,《世界经济与政治》1995 年第 9 期。

《日本与德国战后国家赔偿及个人受害赔偿比较研究》,姜维久著,《抗日战争研究》1995 年第 3 期。

《关于国家赔偿责任准据法的备忘录——以战后补偿的案例为中心》,[日]奥田安弘著;郭玉军译,《中国国际私法与比较法年刊》2001 年第 1 期。

《日本与德国的战争责任及战后赔偿》,[日]北住炯一著,《外国问题研究》1998 年第 3 期。

《德日战争赔偿表现迥异原因之比较》,买文兰、赵文亮著,《洛阳师院学报》1999 年第 6 期。

《德日对战争罪责的反省存在明显差异的主要原因是什么》,胡文华、黄海平著,《历史学习》2003 年第 11 期。

《论二战平民受害赔偿责任》,姜维久著,《社会科学战线》2000 年第 1 期。

二、德国的战争赔偿

《关于德国的战争赔偿问题》,《德国研究》1996 年第 1 期。

《精神和道义的忏悔——二战后德国的战争赔偿历程》,梁平安著,《社会观察》2004 年第 2 期。

《简析战后德国分区赔偿政策的执行》,田小惠著,《国际论坛》2005 年第
1 期。

《波茨坦会议与德国分区赔偿原则的确立》,田小惠著,《渤海大学学报》
2007 年第 4 期。

《德国战争赔偿　东西占区差别大》,黄金生著,《国家人文历史》2015 年第
9 期。

《由〈波茨坦会议公报〉看战后对德国的经济制裁》,周鑫著,《理论月刊》
2009 年第 7 期。

《试析第二次世界大战后美国对德"智力索赔"计划》,苑爽著,《世界历史》
2011 年第 3 期。

《试析第二次世界大战后苏联的对德索赔政策》,李凤艳著,《华东师范大学
学报》2013 年第 6 期。

《不了了之的糊涂账:"战"后德国的赔偿问题》,丁心著,《外国史知识》
1984 年第 4 期。

《德国二战赔偿,算不清的糊涂账》,青木著,《环球时报》2019 年 4 月 11 日。

《犹太人世界对德国的战争索赔政策》,林国明著,《世界历史》2005 年第
3 期。

《犹太人社团对联邦德国的民间索赔——以"要求赔偿联合会"为中心》,林
国明著,《东北师大学报》2005 年第 5 期。

三、日本的战争赔偿

1. 日本战争赔偿概述

《日本的战争赔偿》,杨栋梁著,《日本研究》1995 年第 3 期。

《日本的战争赔偿责任》,毛惠玲著,《抗日战争研究》1995 年第 4 期。

《日本战争赔偿问题始末》,于群著,《日本学刊》1995 年第 5 期。

《日本战争赔偿问题初探》,戴建兵著,《河北经贸大学学报》1996 年第
1 期。

《日本战后初期的赔偿问题》,湛贵成著,《外国问题研究》1995 年第 1 期。

《论战后日本赔偿问题》,刘士田、李志忠著,《河北师范学院学报》1996 年
第 4 期。

《浅谈日本的战后赔偿》,张健著,《日本学刊》1998 年第 3 期。

《日本的战争赔款问题》,田健著,《文史精华》2013 年第 1 期。

《二战后对日索赔相关问题研究》,王化凯著,《信阳师范学院学报》2007 年第 5 期。

《关于二战之后日本赔偿的几点思考》,李鹏军著,《重庆教育学院学报》2012 年第 4 期。

《关于日本战后赔偿分期问题的思考》,田野著,《黑龙江社会科学》2010 年第 3 期。

《日本的战争赔偿责任不容推卸》,[日]金子道雄著;林代昭译,《国际政治研究》1996 年第 1 期。

《四分残舰:日本战败的象征性赔偿》,何先位著,《军事史林》1995 年第 1 期。

《糊涂账——面目全非的日本战后赔偿》,贺新城著,《军事历史》2006 年第 1 期。

《日本政府内外有别的战争赔偿政策及其成因》,孙立祥著,《世界历史》2007 年第 1 期。

《日本的战争赔偿与战争认罪》,杨绍先著,《贵州师大学报》2002 年第 3 期。

《二战后战争赔偿与日本反省战争的态度》,王哲、申晓若著,《长白学刊》1996 年第 6 期。

《战后日本的战争赔偿与经济外交》,张光著,《南开学报》1994 年第 6 期。

《关于日本赔偿问题与战后经济》,湛贵成著,《世界历史》1995 年第 4 期。

《日本对亚洲各国的战争赔偿》,沈美华著,《国际观察》2002 年第 4 期。

《日本对亚洲国家战争赔偿立场之比较——以国家间的赔偿为中心》,袁成毅著,《抗日战争研究》2002 年第 3 期。

《日本向战争受害者个人赔偿的若干问题》,姜维久著,《社会科学战线》1995 年第 5 期。

《关于日本对亚洲各国受害者的损害赔偿责任》,高兴祖著,《南京社会科学》1996 年第 8 期。

《日本对战争受害者赔偿问题述评》,吴广义著,《世界经济与政治》1999 年第 12 期。

《民间对日索赔与东亚和谐》,高凡夫、苏智良著,《贵州师范大学学报》2008

年第 2 期。

2. 日本战争赔偿及其态度

(1)对中国的战争赔偿

《关于日本侵华战争的中方损失调查与日本赔偿》,姚会元著,《福建论坛》2005 年第 6 期。

《关于日本对中国的赔偿问题》,邢贵德著,《大连大学学报》1995 年第2 期。

《战后日本对华赔偿问题》,刘士田、李志忠著,《当代亚太》1996 年第 6期//《抗日战争研究》1997 年第 3 期。

《论日本对中国的战争赔偿问题》,朱玉湘著,《中国抗战与世界反法西斯战争——纪念中国人民抗日战争暨世界反法西斯战争胜利 60 周年学术研讨会文集:下卷》,中国社会科学院近代史研究所编,社会科学文献出版社 2009 年版。

《日本对中国战争赔偿问题再论》,赵聆实著,《耕耘录:吉林省博物院学术文集(2003—2010)》,吉林人民出版社 2010 年版。

《日本对中国战争赔偿内幕》,牛宝成、马志强著,《党史天地》2001 年第2 期。

《日侵华"战争赔偿"内幕》,陈昌喜著,《党史文苑》2005 年第 3 期。

《1952 年台北和议中日本利用中国不统一逃脱战争赔偿》,曾景忠著,《抗日战争研究》2000 年第 2 期。

《"约定必须遵守"与中日战争赔偿问题》,黄世席著,《北方论丛》2001 年第2 期。

《日本两次侵华战争赔偿问题之比较及索还被劫物资问题》,赵佳楹著,《世界知识》2013 年第 16 期。

《日本逃避对华战争赔偿责任的历史与现实》,李运祥、孟国祥著,《武汉大学学报》2003 年第 4 期。

《田中角荣访华拒战争赔偿》,刘建平著,《党史纵览》2014 年第 1 期。

《刻意制造"两个中国":战后日本逃避对华赔偿责任的战略逻辑》,王广涛著,《日本研究》2016 年第 4 期。

《对战后日本对华战争赔偿的跟踪研究》,杨庆华著,《二战及其遗留问题对国际关系的影响》,二战史研究会编,2004 年。

《简评战后日本对中国的赔偿与援助问题》,杨世武著,《曲靖师范学院学报》2003 年第 1 期。

《二战后日本提供援助与中国放弃赔偿间关系的再探讨》,徐显芬著,《武汉大学学报(人文科学版)》2017 年第 6 期。

《日本对华民间赔偿法律依据辨析》,宋庆东著,《陕西青年管理干部学院学报》2005 年第 3 期。

《日本拒绝对华民间赔偿法律依据辨析》,宋庆东著,《西安政治学院学报》2005 年第 4 期。

《日本拒绝中国民间索偿的法律问题探讨》,秦玉娈、张文镔等著,《社会科学论坛》2006 年第 1 期。

《从国际法看日本国侵华战争的民间赔偿问题》,管建强著,《法学》2000 年第 3 期。

《从国际法看侵华战争的民间赔偿问题》,赵金凤著,《辽宁师专学报》2003 年第 4 期。

《日本企业的战争责任及民间赔偿问题——以制造"花冈惨案"的鹿岛建设公司为例》,安平著,《抗日战争研究》1998 年第 1 期。

《关于"跨国诉讼"——中日民间战争赔偿诉讼评述》,步平著,《抗日战争研究》2003 年第 4 期。

《驳日本拒绝中国民间索赔的两个理由——兼评中国民间对日索赔 18 年诉讼实践》,王军杰、申莉萍著,《湖南大学学报》2013 年第 4 期。

《评东京地方法院关于"七三一细菌部队等受害者索赔案"的判决书》,吴广义、朱春立著,《抗日战争研究》2000 年第 1 期。

《评析日本法院对侵略战争遗留问题的不当判决——以"浮岛丸"事件的不当判决为例》,严海玉著,《延边大学学报》2012 年第 6 期。

(2)对其他被侵略国家的赔偿

《亚洲各国二战受害者赔偿诉讼纷起的分析》,姜维久著,《当代亚太》1995 年第 4 期。

《战后日本对东南亚国家的战争赔偿》,高兴祖著,《南京社会科学》1996 年第 2 期。

《日本利用"战争赔偿"向东南亚扩张》,陈隆深著,《国际问题研究》1959 年第 3 期。

《日本的战争赔偿是侵略东南亚的武器》,张廷铮著,《世界知识》1960 年第

2 期。

《日本对东南亚的战争赔偿与"赔偿景气"》,刘毅著,《日本研究》1993 年第 1 期。

《"经济外交"与 50 年代日本对东南亚的战争赔偿》,陈从阳著,《咸宁师专学报》1995 年第 4 期。

《试析战后日本对东南亚各国赔偿问题解决的经济原因》,杨玉洪、汪彭谰著,《松辽学刊》1998 年第 3 期。

《赔偿外交:二战后日本重返东南亚市场的策略》,徐康明、张勤著,《思想战线》2001 年第 1 期。

《日本对东南亚的赔偿外交成因初探》,张丽莉著,《康定民族师范高等专科学校学报》2005 年第 3 期。

《战后初期日本对东南亚"赔偿外交"的策略变化分析》,周杰著,《浙江师范大学学报》2007 年第 5 期。

《试析战后初期美国东亚战略下对日赔偿政策的演变》,刘毅,《三峡大学学报》2009 年第 S1 期。

《吉田内阁东南亚赔偿政策转变的动因探析》,田野著,《哈尔滨学院学报》2010 年第 4 期。

《日本战争赔偿对菲律宾主要工业的作用》,[菲]利昂尼拉·弗兰西斯科著;罗时熙译,《东南亚研究资料》1962 年第 2 期。

《略论美菲交涉与〈旧金山对日和约〉中的"劳务赔偿"问题》,侯文富著,《日本学刊》1997 年第 4 期。

《论战后菲日关系中的战争赔偿问题》,邹志明、黄正柏著,《安徽史学》2012 年第 6 期。

《日菲关系正常化进程中的战争赔偿交涉探析》,邹志明著,《历史教学(下半月刊)》2012 年第 6 期。

《二战后韩国对日索赔要求的演变》,安成日著,《日本学论坛》2005 年第 Z1 期。

《试论二战后韩国对日索赔要求的演变》,安成日著,《世界历史》2005 年第 4 期。

《日本和缅甸关于战争赔偿的交涉》,史勤著,《世界历史》2018 年第 5 期。

《苏军拆迁东北工矿业与战后赔偿研究》,蒋清宏著,《抗日战争研究》2004

年第 2 期。

3. 日本逃脱战争赔偿的原因

《论日本逃脱侵华战争政府赔偿的原因》,潘德昌著,《锦州师范学院学报》2000 年第 2 期。

《日本政府逃脱侵华战争赔款的过程及原因》,汪兴涛、刘静著,《江汉大学学报》2009 年第 3 期。

《二战后中国及各受害国对日索赔失败的原因》,王化凯著,《湖北民族学院学报》2007 年第 4 期。

《建国后对日索赔长期搁置的原因探析》,赵德芹、高凡夫著,《长白学刊》2007 年第 6 期。

《对日本战争赔偿宽容处置的国际原因》,刘士田、李志忠著,《侵华日军暴行(国际)学术研讨会论文集》,中共石家庄市委党史研究室等编,新华出版社1996 年版。

《日本战争赔偿与美国的责任》,乔林生著,《日本问题研究》2004 年第 2 期。

《战后初期中国对日索赔中的美国因素——以资源委员会与美国交往为中心》,张维缜著,《西南师大学报》2004 年第 1 期。

《美国强令日本和台湾当局缔结的"和约"》,高兴祖著,《民国春秋》1994 年第 3 期。

《美国的政策与战后日本战争赔偿问题》,戴超武著,《兰州学刊》1994 年第 6 期。

《美国关于日本战争赔偿政策的演变》,崔丕著,《历史研究》1995 年第 4 期。

《美国远东政策之嬗变与日本的战争赔偿》,陈从阳著,《咸宁师专学报》1997 年第 4 期。

《美国远东政策与日本的战争赔偿》,赵文亮著,《郑州大学学报》2000 年第 4 期。

《美国对战后日本战争赔偿的影响及其后果》,张克福著,《新乡师专学报》2000 年第 3 期。

《美国与日本战争赔偿方式的演变》,胡德坤、徐建华著,《武汉大学学报(人文科学版)》2002 年第 4 期。

《美国关于日本战争赔偿政策的演变及影响》，陈耀华著，《玉林师院学报》2002 年第 1 期。

《试论战后美国对日赔偿政策的演变》，刘立峰著，《历史教学问题》2006 年第 5 期。

《战后美国对日本战争赔偿政策的转换及其严重后果》，王哲著，《河南师范大学学报》2005 年第 4 期。

《日本战争赔偿中美国由打击到扶持政策的演变》，胡涛、杨黔云著，《文山师范高等专科学校学报》2006 年第 2 期。

《战后美国远东战略演变与日本战争赔偿政策的相关性》，赵洪伟著，《甘肃社会科学》2007 年第 4 期。

《试析战后初期美国远东战略与日本战争赔偿》，杭福珍著，《南京工程学院学报》2007 年第 2 期。

《美国亚洲政策与战后我国处理日本战争赔偿问题》，王颖杰、张宏著，《吉林师范大学学报》2014 年第 1 期。

《美国与国民党政府对日索赔问题浅议》，翁有利著，《松辽学刊》2000 年第 3 期。

《战后初期美国主导下的日本拆迁赔偿计划》，徐康明著，《二战及其遗留问题对国际关系的影响》，二战史研究会编，2004 年//《世界历史》2006 年第 1 期。

4. 中国的索赔活动

（1）中国政府的立场

《中国抗战损失赔偿问题的历史与现实》，孟国祥著，《南京医科大学学报》2011 年第 2 期。

《也谈中国抗战损失调查》，阎少军著，《军事史林》1995 年第 5 期。

《战后初期资源委员会与对日索赔》，张维缜著，《文史哲》2003 年第 3 期。

《近十年来资源委员会研究综述》，高海萍著，《历史教学问题》2006 年第 3 期。

《五十年后话索赔》，孟国祥著，《紫金岁月》1995 年第 3 期。

《战后国民党政府对日索赔问题》，杨盛云著，《历史教学》1996 年第 10 期。

《国民政府与日本战争赔偿问题》，翁有利著，《东北师大学报》1996 年第 4 期。

《关于国民党政权向日本索赔问题》，孟国祥著，《近代史研究》1991 年第

2 期。

《关于抗战胜利后国民党政府对日索赔问题》，欧阳雪梅著，《湘潭大学学报》1995 年第 4 期。

《抗战胜利后国民党对日战争索赔始末》，袁成毅著，《党史博览》2005 年第 8 期//《北京档案》2005 年第 11 期。

《简论战后初期国民政府对日本的战争索赔》，王东进著，《历史教学问题》2006 年第 5 期。

《抗战结束后蒋介石为何放弃日本的战争赔偿》，卫金桂著，《民国春秋》1997 年第 2 期。

《蒋介石政权放弃日侵华战争赔偿揭秘》，刘定平、刘定远著，《云南国防》2002 年第 6 期。

《国共两党关系对战后中国向日本索赔流产的影响》，董长贵著，《安庆师范学院学报》2012 年第 5 期。

《王世杰与二战后索赔问题之浅析》，赵绪磊著，《聊城大学学报》2007 年第 2 期。

《二战后中国赴日本接收赔偿秘闻》，奚珍珍著，《现代舰船》2013 年第 2C 期。

《中国接收日本二战赔偿舰艇》，马骏杰著，《现代舰船》2009 年第 2 期。

《荣光之证：中国海军战后接收的日本投降和赔偿舰（1、2、3、4、5、6、7）》，郭亮著，《现代兵器》2013 年第 7/8/9/10/12 期//2013 年第 2/3 期。

《中国放弃日本战争赔偿的来龙去脉》，梁文著，《炎黄春秋》1995 年第 9 期//《武汉文史资料》2012 年第 7 期。

《中国放弃日本战争赔偿的前前后后》，王剑华著，《陕西教育学院学报》1999 年第 2 期。

《中国放弃日本战争赔偿述略》，王令云、朱红娟著，《商丘师院学报》2001 年第 1 期。

《中国政府放弃中日战争赔款始末》，郭琼著，《安康师专学报》2000 年第 1 期。

《中国放弃日本战争赔偿要求始末》，王先勇著，《党史文汇》2002 年第 7 期。

《中国因何放弃日本侵华战争赔偿》，王先勇著，《世纪桥》2005 年第 5 期。

《刍议中国政府放弃日本战争赔款问题》，李事明著，《中国校外教育》2007年第4期。

《中国放弃对日战争赔偿要求问题述评》，杭福珍著，《南京工程学院学报》2009年第2期。

《中共关于日本战争赔偿政策的演变》，杨光著，《历史教学（下半月刊）》2010年第6期//《中共党史研究》2010年第8期//《党史博览》2011年第5期。

《中国为何没有向日本索取战争赔偿》，袁成毅著，《军事史林》1995年第5期。

《中国放弃日本战争赔偿的反思》，王剑华著，《西北大学学报》2000年第3期。

《中国放弃对日战争赔偿要求之影响》，刘尚洪等著，《理论导刊》2001年第6期。

《中国从对日索赔到放弃赔款要求探微》，罗平汉著，《广西师大学报》1999年第4期。

《论中国政府放弃对日战争赔偿要求的友好因素》，高凡夫著，《抗日战争研究》2008年第2期。

《放弃战争赔偿的历史背景与对日索赔的民间方式》，邱静著，《中国法律》2005年第3期。

《中共中央放弃日本国战争赔偿的背景与意义》，王中茂著，《洛阳师范学院学报》2012年第6期。

《"请求权放弃论"可以休矣!》，吕乃澄著，《中国律师》2007年第7期。

《中国民间对日索赔中的"请求权放弃"问题——兼评日本最高法院2007年4月27日的两份判决》，金明著，《武大国际法评论》2011年第1期。

《论中国民间对日索赔"请求权放弃"中的政府承认问题》，霍力著，《前沿》2013年第12期。

《〈中日联合声明〉并未放弃所有对日索赔权》，刘江永著，《中国律师》2007年第7期。

《〈中日联合声明〉"放弃战争赔偿要求"放弃了什么?——基于条约解释理论的批判再考》，张新军著，《清华法学》2010年第2期。

《放弃赔偿就是纵恶》，郭松民著，《政工研究文摘》2003年第5期。

《关于中日战争赔偿问题的思考》，于稳立著，《辽宁工学院学报》2007年第

3 期。

《侵华战争赔偿诉讼的国际法探析》，徐明著，《法制与社会》2008 年第 34 期。

《中国法院管辖审理对日索赔案意义重大》，张蕾著，《中国青年报》2016 年 9 月 19 日。

《抗战史和二战史视野下的战后中国对日索赔》，吴景平、樊芸著，《河北学刊》2017 年第 3 期。

（2）民间索赔与诉讼活动

《历史的回声：中国民间对日索赔》，周延明著，《社会工作》1995 年第 5 期。

《再论二战遗留下来的赔偿问题：要求日本对中国民间实行受害赔偿综述》，江鹏九著，《江汉大学学报》1992 年第 2 期。

《战后中国民间对日索赔综述》，田苏苏著，《文史精华》2003 年第 3 期。

《中国战后民间索赔诉讼之现状（2002 年）——围绕在日本、美国及中国提起的战后民间索赔诉讼》，[日]高木喜孝著，《中国律师》2003 年第 2 期。

《中国民间对日索赔运动的回顾与前瞻》，把增强、鲍玉仓著，《文史精华》2005 年第 S1 期。

《对中国民间对日索赔诉讼十五年的反思》，刘萍著，《第三届近代中国与世界国际学术研讨会论文集·第四卷·经济·社会·学术》，中国社会科学院近代史研究所编，社会科学文献出版社 2015 年版。

《中国民间对日索赔问题》，陈景彦著，《文史杂志》1996 年第 6 期。

《中国民间对日索赔活动的兴起》，曾景忠著，《百科知识》1998 年第 7 期。

《对日民间受害索赔管窥》，王钟伦著，《西南师范大学学报》1999 年第 6 期。

《日本侵华战争的民间受害者对日索偿问题研究》，丁伟著，《法学》1999 年第 10 期。

《中国民间受害者对日索赔的再认识——读〈战后补偿的思考〉》，何天义著，《民主与科学》1999 年第 4 期。

《对日索赔研究述评》，王金进、孟召光著，《四川理工学院学报》2010 年第 5 期。

《谁来赔偿侵华战争受害者？——中国民间对日本索赔》，孙国栋著，《法律与生活》1998 年第 5 期。

《从战争遗留问题论实现民间受害赔偿的政治意义》，董立延著，《社会科学战线》2005 年第 2 期。

《论中国民间对日索赔的权利》，管建强著，《政治与法律》2006 年第 2 期。

《论对日国民索赔权放弃问题》，黄辉、廖汉伟著，《东北农业大学学报》2016 年第 3 期。

《中国民间受害者对日索赔存在的问题和对策》，上海天宏律师事务所对日索赔课题组著，《中国律师》2001 年第 10 期。

《试析对日民间索赔诉讼面临的主要问题》，王剑华著，《西北大学学报》2006 年第 3 期。

《困境与展望：对日民间索赔途径之思考》，方嘉著，《四川理工学院学报》2009 年第 5 期。

《论我国民间对日索赔的困境与对策》，王军杰、金明著，《四川大学学报》2014 年第 6 期。

《民间对日索赔 20 年：困境中找寻希望》，张春波著，《中国审判》2015 年第 16 期。

《中国战争受害者对日索赔的尴尬》，旻子著，《中日关系史研究》2010 年第 1 期。

《论中国民间对日索赔的演变与前景》，杨永红著，《学术界》2015 年第 7 期。

《对日索赔诉讼路向何方》，王工、莫纪宏等著，《法律与生活》2005 年第 16 期。

《论对日索取民间战争赔偿的出路与意义》，王剑华著，《唐都学刊》2006 年第 3 期。

《论对日国民索赔权放弃问题》，黄辉、廖汉伟著，《东北农业大学学报》2016 年第 3 期。

《论我国对日民间诉讼正当性》，张东升著，《法制与社会》2014 年第 5 期。

《论我国民间对日索赔的困境与对策》，王军杰、金明著，《四川大学学报》2014 年第 6 期。

《抗日战争时期日本强掳劳工民间诉讼的困境与突破》，郑京辉著，《日本问题研究》2013 年第 4 期。

《中日民间索偿法律问题研讨会综述》，赵运刚著，《法学》2000 年第 12 期。

《全国律协召开民间对日索赔诉讼专家论证会》,《中国律师》2003 年第 9 期。

《中国民间对日索赔的法律问题——中日两国法学家、律师北京研讨会综述》,闫欣著,《中国律师》2008 年第 1 期。

《对日本民间索偿的法律分析》,周洪钧著,《法学》2000 年第 12 期。

《对日民间索偿法律问题探究》,丁伟著,《中国律师》2001 年第 3 期。

《对日民间索赔的几个法律问题辨析》,曾佩菲著,《广州社会主义学院学报》2005 年第 4 期。

《试论中国民间对日索赔的法律问题》,毛欣著,《工会论坛》2006 年第 1 期。

《论对日索取民间战争赔偿的法律依据》,王剑华、姚米佳等著,《唐都学刊》2005 年第 5 期。

《对日民间索赔国内诉讼的法理基础及其法律适用——以"重庆大轰炸"案为例》,郑文琳著,《甘肃社会科学》2012 年第 1 期。

《对日民间索赔之法理探讨》,宋海伟、王海峰著,《安徽大学法律评论》2005 年第 2 期。

《对日民间索赔诉讼的法理分析》,方嘉著,《今日南国》2009 年第 10 期。

《我国对日民间索赔的国际法分析》,张磊著,《十堰职业技术学院学报》2006 年第 1 期。

《对日民间索赔:国际法与历史认识》,董立延著,《福建论坛》2008 年第 7 期。

《从国际法看民间对日索赔》,谢志民著,《人民论坛》2012 年第 5 期。

《关于中国对日民间索赔中的国际法问题——兼评日本最高法院的两份判决》,金明著,《社会科学研究》2008 年第 5 期。

《浅论对日民间诉讼——日侵华遗毒案的国际法问题思考》,夏骄阳、白文俊著,《法制与社会》2007 年第 1 期。

《对日民间索赔中的〈中日联合声明〉与"旧金山和约框架"——兼评日本最高法院的两份判决》,金明著,《国际论坛》2008 年第 1 期。

《论我国法院对我国民间对日索赔案件的管辖权》,梁樑著,《太原师范学院学报》2014 年第 4 期。

《论我国法院对我国民间对日本索赔案件的管辖权》,郇春松著,《山西警官高等专科学校学报》2015 年第 2 期。

《我国法院关于民间对日索赔诉讼管辖权探析》,李椿著,《法制博览》2016年第 4 期。

《民间对日索赔与中国实施外交保护的可行性》,黎海波著,《日本问题研究》2009 年第 4 期。

《外交保护的实体权利和程序问题——以中国民间对日索赔诉讼中的战争遗留问题为素材》,张新军著,《中外法学》2008 年第 1 期。

《民间对日索赔中的个人赔偿请求权探析》,刘畅著,《法制与经济（下旬）》2014 年第 5 期。

《民间对日索赔诉讼上的变迁和中国政府的回应——兼论不干涉原则》,张新军著,《清华法学》2007 年第 4 期。

《国内起诉:民间对日索赔的可行性》,刘波、吴明秀等著,《中国律师》2002年第 3 期。

《日本侵华战争化学战民间战争损害赔偿的策略研究》,万学锋、王季红著,《防化学报》2008 年第 4 期。

《花冈事件诉讼的意义》,〔日〕新美隆著,《侵华日军暴行（国际）学术研讨会论文集》,中共石家庄市委党史研究室等编,新华出版社 1996 年版。

《析"花冈案件"的和解模式与对日民间索偿》,管建强著,《法学》2001 年第4 期。

《追究战争责任　还我历史公道——"花冈事件"诉讼案"和解"的背后》,王希亮著,《学习与探索》2001 年第 3 期。

《福冈案一审胜诉对中国劳工对日索赔的影响》,康健著,《中国律师》2002年第 8 期。

第三节　德日的战争反省

一、德日战争反省比较

《德日的战争赔偿与战争反省》,赵文亮著,《黄河科技大学学报》1999 年第4 期。

《汉学家魏格林谈德日战争反省态度》,姜红著,《中国社会科学报》2015 年6 月 5 日。

《充满争论的记忆——德国、日本的战争体验与历史政策》,[日]沃尔夫冈·施文特克著;陈琛译,《抗日战争研究》2014 年第 3 期。

《对待侵略历史的两种反差》,唐天日著,《瞭望》2000 年第 35 期。

《日德政要对侵略历史的不同态度及相关思考》,孙立祥著,《日本学论坛》2004 年第 2 期。

《日德两国政要对侵略历史态度迥异的原因新探》,孙立祥著,《石油大学学报》2004 年第 5 期。

《日德两国政要对侵略历史的不同态度及其成因》,孙立祥著,《社会科学战线》2015 年第 7 期。

《反思二战历史德日态度迥异》,《贵州日报》1995 年 5 月 6 日。

《面对在二战中的罪行——德、日反差大》,王以资著,《时事》1995 年第 2 期。

《德日两国对二战态度的五大不同》,亓景明著,《理论前沿》1995 年第 15 期。

《德日对"二战问题"的不同态度》,陈宣圣著,《现代国际关系》1999 年第 8 期。

《试析德日对战争历史反思的比较》,崔文龙著,《日本侵华史研究》2015 年第 4 期。

《略评德日对"二战"的反思》,曹亚民、曹刚著,《江苏教育学院学报》1995 年第 4 期。

《略论德、日对二战历史认识的差异》,余伟民著,《历史教学问题》2005 年第 5 期。

《德国和日本对二战的不同态度述评》,龚维华著,《天中学刊》1996 年第 4 期。

《德国和日本对二战不同态度的评述》,黄锦华著,《江西行政学院学报》2001 年第 4 期。

《德国和日本对二战不同历史态度的评述》,黄锦华著,《延安大学学报》2005 年第 5 期。

《德国和日本对二战的不同历史态度评析》,扈明丽著,《华中科技大学学报》2006 年第 3 期。

《日本与德国对二战的不同态度研究》,刘丽君著,《福建教育学院学报》

2001 年第 4 期。

《日本与德国在二战问题上的鲜明对比》,邓伟志著,《联合时报》2013 年 9 月 3 日。

《忏悔意识与修辞手段——评德国和日本对待自己二战罪行之态度》,宋立民著,《商丘师院学报》1995 年第 7 期。

《同样的战争暴行 迥异的历史认知——南京大屠杀与奥斯威辛大屠杀之比较》,陈希亮著,《牢记历史 振兴中华——江苏省纪念抗日战争暨世界反法西斯战争胜利 60 周年论文集》,江苏省哲学社会科学界联合会编,中共党史出版社 2006 年版。

《德日两国缘何对二战评断迥异》,苏惠民著,《和平与发展》2005 年第 2 期。

《对德日反省历史态度差异的原因分析》,胡德尊著,《黔东南民族师专学报》2003 年第 2 期。

《战后德日反省历史态度相异原因之分析》,庞存生、常明等著,《国际问题调研》2004 年第 10 期//《二战及其遗留问题对国际关系的影响》,二战史研究会编,2004 年。

《论德国和日本对其侵略战争认识的差异》,樊建莹著,《许昌师专学报》1996 年第 3 期。

《德日反省战争罪行态度迥然不同的原因》,祝中侠著,《安庆师院学报》1996 年第 3 期。

《从德日比较看日本为何不能坦诚地反省侵略战争》,林治波著,《抗日战争研究》1995 年第 3 期。

《日本德国对二战态度不同症结何在》,孟国祥著,《南京社会科学》1995 年第 8 期。

《浅议二战日本与德国所处国际环境之差异:兼析日本朝野泛起否认二战罪行逆流的原因》,林凤升著,《河北大学学报》1995 年第 4 期。

《德日反省战争罪行态度迥异的原因》,祝中侠著,《池州师专学报》1996 年第 2 期。

《试析德日两国反省战争态度迥异的原因》,赵文亮著,《洛阳工学院学报》1999 年第 3 期。

《德国和日本对侵略战争态度迥异的原因比较》,徐德荣、向冬梅著,《第二次世界大战史论文集④：人民战争的胜利》，刘鲁民、徐根初主编，金盾出版社1998 年版。

《德国和日本对待历史态度不同的原因——从纽伦堡审判和东京审判的区别说起》，马呈元著，《中国党政干部论坛》2015 年第 9 期。

《德国和日本对第二次世界大战反思的差异及启示——纪念反法西斯战争胜利 70 周年》，桂亚平著，《云南社会主义学院学报》2015 年第 2 期。

《战后日德认罪态度差异形成的外因分析》，陈肖英著，《浙江师大学报》2001 年第 1 期。

《德日两国反省战争罪责的差异及原因比较》，王小娟著，《青海师大学报》2002 年第 4 期。

《德日对待二战态度的差异及其深层次原因》，李元卿著，《石油大学学报》2002 年第 1 期。

《德日对待二战态度差异与原因分析》，李敏著，《青海社会科学》2005 年第3 期。

《德日对二战反省的差异及其原因》，石涵月、肖花著，《湖南师范大学社会科学学报》2006 年第 1 期。

《论德日在反省二战罪行问题上的差异和原因》，杜雁芸著，《前沿》2005 年第 11 期//《太平洋学报》2005 年第 9 期。

《德日对二战反省差异的原因及启示》，姜桂石、米智著，《世界现代史新论·第三编》，李世安等主编，中国华侨出版社 2007 年版。

《德日两国对二战反省态度差异的原因分析》，张晓锋著，《哈尔滨师范大学社会科学学报》2013 年第 5 期。

《德日两国对二战罪责不同态度的原因分析》，周宝砚著，《世纪桥》2015 年第 11 期。

《试析德日两国对二战罪责之不同态度及其启示》，周宝砚著，《世纪桥》2015 年第 12 期。

《析二战后德日对战争罪行反省差异的若干原因》，李妍著，《黑龙江史志》2015 年第 5 期。

《德日二战后反省态度的差异及其根源》，李婷婷著，《吉林广播电视大学学报》2018 年第 11 期。

《从地缘文化看德日两国对待二战态度之差异》，李燕著，《理论导刊》2003

年第 9 期。

《德日两国在地缘政治环境、历史文化观和战争记忆方面的差异是导致国家道歉态度迥然的根本原因》，江河著，《日本侵华史研究》2016 年第 4 期。

《德日两国反省战争罪责差异的文化诸因素比较》，王小娟著，《青海民族学院学报》2005 年第 1 期。

《二战后德日对战争悔罪之不同表现及其原因》，马汉斌著，《西藏民族学院学报》2005 年第 5 期。

《钟声长鸣——日本和德国对战争罪责的态度何以不同》，邓聿文著，《党的建设》2005 年第 8 期。

《简析德日两国在对待侵略战争罪责问题上的态度迥异的原因》，石海红著，《克山师专学报》2004 年第 1 期。

《德、日对战争罪行反省迥异及其影响》，罗时平、万晓庆著，《国际问题研究》2005 年第 5 期。

《正视历史才能开创美好的未来：论日本和德国在反省第二次世界大战侵略罪行问题上的差异及其根源》，宁鹏舟著，《军事历史》1999 年第 2 期。

《为什么德国、日本对侵略战争持不同态度》，王建军著，《思想政治课教学》2002 年第 2 期。

《为什么日本、德国的反省侵略战争历史的态度上大相径庭？——本刊记者访军事科学院军事历史研究部专家学者》，邓晓宝著，《中国军事科学》2000 年第 2 期。

《评德国和日本不同的二战史观》，李乐曾著，《德国研究》1997 年第 2 期。

《日德两国政要"二战史观"之比较研究》，孙立祥著，《东北师大学报》1998 年第 3 期。

《宗教哲学视角下德日对待二战的不同态度的原因之比较分析》，孙翀著，《中共济南市委党校学报》2015 年第 4 期。

《从〈光明与阴霾——德日二战反思录〉看多重对比视角下的二战反思》，吴克燕著，《当代电视》2016 年第 3 期。

二、德奥的战争反省

《德国与奥地利的历史反思》，［奥］阿诺德·苏潘著；陈琛译，《抗日战争研究》2017 年第 2 期。

《二战后德国的战争赔偿与反省》，金铎著，《团结》2005 年第 5 期。

《德国勇于承担战争罪责》，晓光著，《人民日报》1995 年 5 月 17 日。

《愧疚：德国人对二战的反思》，苏惠民著，《21 世纪》1995 年第 2 期。

《做历史责任的承担者——德国二战后的历史反思》，林雅华著，《中国党政干部论坛》2013 年第 7 期。

《论二战后德国敢于面对历史的原因以及影响》，于博、朱慕箐著，《黑龙江史志》2015 年第 9 期。

《以史为镜，免蹈覆辙：德国对二次大战的反思》，苏惠民著，《国际问题研究》1995 年第 3 期。

《德国政界对第二次世界大战的历史反思》，孙立新、黄怡容著，《史学史研究》2010 年第 2 期。

《战后德国在反省中重整前行》，黄栋著，《中国社会科学报》2014 年 3 月 12 日。

《德国如何反省二战侵略历史》，梅兆荣著，《人民日报》2015 年 7 月 13 日。

《德国反思二战"记忆"》，孟虹著，《中国社会科学报》2015 年 8 月 28 日。

《德国二战史观是如何形成的》，孟钟捷著，《解放日报》2015 年 8 月 11 日。

《德国纳粹化的非理性因素与战责国家的历史反思》，卢晓娜著，《太原理工大学学报》2016 年第 4 期。

《从"再教育"到"奥斯维辛之后的教育"——二战后德国纳粹历史教育的失范与重构》，孙文沛、阮一帆著，《教育学报》2019 年第 2 期。

《1945 年后东西德军队抵制纳粹主义的传统》，[德]温弗里德·海涅曼著，《军事历史》2015 年第 6 期。

《德国媒体在反思纳粹历史中的作用》，何兰著，《学术交流》2014 年第 11 期。

《二战后德国人自觉反省历史的文化理性》，陆梅著，《南通大学学报》2008 年第 5 期。

《联邦德国关于纳粹主义和第二次世界大战的历史反思》，孙立新著，《世界近现代史研究》2017 年第 1 期。

《联邦德国人纳粹记忆中的受害者意识》，范丁梁著，《华东师范大学学报》2017 年第 5 期。

《中德两国二战历史教育比较及启示》，孙文沛、傅安洲著，《理论月刊》2014

年第 2 期。

《联邦德国"二战"历史教育的发展历程及其启示》,孙文沛著,《比较教育研究》2013 年第 7 期。

《联邦德国历史课与对二战历史的反思》,耿喃喃著,《西安电子科技大学学报》2014 年第 3 期。

《1946 年:德国人的控诉》,吴福钢、陈琛著,《抗日战争研究》2014 年第 3 期。

《战后联邦德国电影对纳粹主义的反思》,王扬著,《高等函授学报》1994 年第 2 期。

《阿登纳的欧洲联合政策及早期实施——兼谈德国对二战的反思》,黄正柏著,《世界历史》1997 年第 1 期。

《奥地利何以幡然反省本国在二战中的责任》,冯存诚著,《世界经济与政治》1995 年第 8 期。

《用艺术对抗遗忘:德国人对二战的反思》,刘丽群著,《环球军事》2012 年第 20 期。

《新法西斯主义的泛起》,邸文著,《国外社会科学》1990 年第 9 期。

《警惕法西斯主义死灰复燃》,彭训厚著,《国际社会与经济》1995 年第 3/4 期。

《值得警惕的新法西斯主义思潮》,彭训厚著,《中国军事科学》1995 年第 2 期。

《西德法西斯主义卷土重来》,关愚谦著,《世界军事》1990 年第 1 期。

《新法西斯主义在意大利》,陈祥超著,《世界历史》1995 年第 4 期。

《警惕新法西斯主义在意大利得势》,陈祥超著,《国际社会与经济》1995 年第 7 期。

《法西斯主义为何在欧洲重新崛起》,张淑文著,《思想理论教育导刊》1995 年第 1 期。

《新法西斯主义思潮及其历史根源》,彭训厚著,《文史杂志》1995 年第 4 期。

三、日本的战争反省

1. 概述

《战后 70 年日本反省对外侵略历史的轨迹》,张建立著,《世界知识》2015

年第 9 期。

《日本人眼中的"日中战争"（1945—2015）》，[日]石岛纪之著；郑浩澜、李秉奎译校著，《中共历史与理论研究》2017 年第 1 期。

《如何对待侵略历史：日本官方的认知与行动》，鲁义著，《日本侵华史研究》2014 年第 2 期。

《近代日本对外侵略战争的历史特征及警示》，傅婉娟著，《解放军报》2019 年 9 月 3 日。

《日本对二战罪责的认识研究》，黄宗祥著，《新疆大学学报》1997 年第 2 期。

《日本对战争罪行的态度述评》，李建才、孙伟著，《山东师大学报》1996 年第 5 期。

《日本人的战争认识》，[日]腾原彰著；步平译，《抗日战争研究》1999 年第 4 期。

《日本对侵略战争的认识》，张恒著，《当代世界》1995 年第 8 期。

《论战后日本对二次大战的认识》，王少普著，《上海党史与党建》1995 年第 S1 期。

《叫响日本反思与反战的声音》，步平著，《人民日报》2014 年 7 月 22 日。

《日本国内关于日中战争论的动向》，[日]斋藤道彦著，《北京师范大学学报（社会科学版）》1995 年第 4 期。

《日本走向政治大国的蹒跚之路——从日本对二战侵略罪行的反省态度说起》，刘杨著，《和平与发展》2006 年第 2 期。

《日本侵略罪行不容遮掩》，毛莉著，《中国社会科学报》2015 年 8 月 17 日。

《日本应当深刻反省战争罪行》，周戎著，《光明日报》2012 年 10 月 22 日。

《日本必须深刻反省战争罪行》，李国强著，《光明日报》2012 年 9 月 25 日。

《彻底反省侵略历史才有光明未来》，步平著，《人民日报》2015 年 3 月 23 日 //《光明日报》2015 年 7 月 6 日。

《日本拒不承认战争罪行及其对人权的影响》，梁燕城著，《人权》2015 年第 5 期。

《日本医学界对战争责任的反省》，杜颖著，《日本研究》2007 年第 4 期。

《再读日本战犯的战争反省》，张焕香著，《日本侵华史研究》2017 年第 2 期。

2. 对战争罪行的正确认识

《论日本的历史反思与自我国际定位》,李薇著,《史学理论研究》2011 年第 1 期。

《美国对日本战争反省意识的矫正》,郑毅著,《日本研究》2011 年第 3 期。

《反省是日本改善对华关系的关键》,米庆余著,《江汉论坛》2005 年第 8 期。

《由"不战决议"谈日本对侵略战争的认识问题》,蒋立峰著,《日本学刊》1995 年第 5 期。

《评日本的战后"决议案"》,谢忠厚、阎书钦著,《侵华日军暴行(国际)学术研讨会论文集》,中共石家庄市市委党史研究室等编,新华出版社 1996 年版。

《从天皇"终战诏书"到"和平决议"——日本"侵略否定论"评析》,吕永和著,《第二次世界大战史论文集③:五十年的深思》,李殿仁主编,军事谊文出版社 1996 年版。

《绝不再参加侵略战争》,笠实著,《文史月刊》1995 年第 3 期。

《日本天皇访问泰国表示日决不让第二次世界大战惨事重演》,《人民日报》1991 年 9 月 29 日。

《以史为鉴:一份日本皇室要求对侵华战争进行反省的历史文书》,王树才著,《中国社会科学院研究生院学报》1995 年第 3 期。

《由"广岛精神"想到的:日本民族战争忏悔心态浅析》,龚颖超著,《日本研究》1995 年第 4 期。

《原子弹受害者对日本侵略罪行的反省》,郭梁著,《南洋问题研究》1994 年第 4 期。

《原子弹受害者对日本侵略罪行的反省》,[日]岩松繁俊著;黄雪辉译,《当代世界》1995 年第 2 期。

《日本对侵华战争的道歉行为及其文化成因探析》,叶淑兰著,《黄海学术论坛》2017 年第 2 期。

《日主要宗教团体忏悔二战罪行》,《佛教文化》1995 年第 4 期。

《回归理性的必然诉求——再论中国要求日本作正式书面"道歉"问题》,袁成毅著,《浙江社会科学》2004 年第 6 期。

《抚顺战犯管理所原日本战犯基于自身经历的战争认识转变——以原日本"中国归还者联络会"会长富永正三为例》,周桂香、肖玥、李捷著,《抗战史料研究》2017 年第 1 期。

3. 日本否认、美化侵略历史的表现及对其批判和剖析

（1）概述

《近年日本否认侵略历史之探析》，刘力维著，《大连近代史研究》第 3 卷，2006 年。

《战后日本否认侵略历史的动向分析》，王江鹏著，《江桥抗战及近代中日关系研究（下）》，周彦、李海主编，吉林人民出版社 2005 年版。

《日本不能像德国那样正确对待侵略历史的七个原因》，孙立祥著，《日本学论坛》2005 年第 Z1 期。

《日本缺失了国家层面的历史反省》，金熙德著，《江汉论坛》2005 年第 8 期。

《日本缘何缺乏对侵华战争的反省》，张海艳著，《大连近代史研究》2017 年第 1 期。

《日本逃避战争责任的历史构造——以战后中日关系为视角》，［日］笠原十九司著；卢鹏译，《南京大屠杀史研究》2011 年第 3 期。

《试评日本"战后 50 年国会决议"》，林泽荣著，《哈尔滨师专学报》1995 年第 3 期。

《日本政界在二战侵略历史问题上做了些什么》，赵兴著，《绥化师专学报》2001 年第 4 期。

《日刊为侵略战争翻案之"奇文"》，子凡著，《当代世界》1995 年第 9 期。

《三笠宫"反省"文书》，王树才著，《抗日战争研究》1995 年第 2 期。

《三笠宫"反省"文书反省了些什么》，京中著，《抗日战争研究》1995 年第 2 期。

《从日本对第二次世界大战罪行的态度说起》，孙才顺著，《滨州教育学院学报》1995 年第 1 期。

《战后日本"修宪"思潮论》，刘杰著，《外国问题研究》1995 年第 1 期。

《在"和平"的背后（东京一公园为第二次世界大战中甲级战犯立碑）》，骆为龙著，《北京晚报》1982 年 9 月 4 日。

《日本政府"内向型"战争追悼理念及其成因》，孙立祥著，《东北师大学报》2008 年第 5 期。

《日本记住二战罪行了吗?》，徐善长著，《江淮文史》1995 年第 4 期。

《犹抱琵琶半遮面——谈日本在反法西斯战争胜利 50 周年纪念中的态度》,贾国华著,《乡镇论坛》1995 年第 10 期。

《错误的言行 危险的后果——论战后日本对二次大战的认识》,王少普著,《社会科学》1995 年第 8 期。

《前事不忘 后事之师——日本政界否认二战侵略罪行言行浅析》,程红、李焰曾著,《华中理工大学学报》1995 年第 3 期。

《经济大国,政治小国,历史"敌国":试论日本朝野在战争责任问题上态度之反复》,赵承纲著,《贵州社会科学》1995 年第 3 期。

《驳日本军国主义分子美化侵略的谬论》,潘佩孟著,《齐齐哈尔大学学报》1995 年第 5 期。

《日本军国主义侵华谬论特点剖析》,敖文尉著,《日本研究》1993 年第 2 期。

《日本在历史明镜上的侵略殖民面目不容抹煞》,乐水著,《八桂侨刊》1995 年第 3 期。

《血的历史 岂能抵赖》,衷尔彬著,《绵阳师专学报》2001 年第 3 期。

《最近一波批判为日本侵略战争翻案的浪潮》,京中著,《抗日战争研究》1994 年第 3 期。

《日本侵略中国和亚洲的历史不容篡改》,李伟著,《探索》1995 年第 5 期。

《日本对华战争的侵略性质不容篡改》,叶昌纲著,《党史文汇》2004 年第 1 期。

《日本侵略者的〈国际写真情报〉》,高永利著,《中国档案》1995 年第 11 期。

《加强综合国力,决不允许日本右翼势力为侵略战争翻案——纪念抗日战争胜利 50 周年》,胡瑾著,《当代世界社会主义问题》1995 年第 3 期。

《我国要求日本坚决遏制为侵略历史翻案逆流》,《思想政治课教学》2000 年第 3 期。

《日本应正确吸取侵略战争的历史教训》,高海宽著,《和平与发展》1995 年第 3 期。

《将日本侵略者永远钉在耻辱柱上的不锈钢钉——评〈从广州透视战争〉》,费成康著,《社会科学》2001 年第 5 期。

《全面清算日本侵华罪行维护历史正义和民族尊严》,陈平著,《侵华日军暴行(国际)学术研讨会论文集》,中共石家庄市委党史研究室等编,新华出版社

1996 年版。

《试论村上春树否定历史、开脱日本战争责任的故意和逻辑方法》,由同来著,《国外文学》2010 年第 4 期。

《借"风"还"魂"——日本神风特攻队遗物申遗之思考》,沈燕著,《日本侵华史研究》2015 年第 4 期。

《"战争罪犯"还是"民族英雄"——以日本战后恢复对军人和战犯的抚恤政策为视角》,郑毅、李少鹏著,《日本问题研究》2016 年第 6 期。

《日本美化伪满时期殖民侵略的文化手段分析》,牟岱、徐明君著,《中国社会科学院研究生院学报》2017 年第 4 期。

（2）参拜靖国神社

①靖国神社及其性质

《日本的靖国神社》,王春良著,《外国史知识》1986 年第 1 期。

《日本的靖国神社问题》,张北、周初著,《百科知识》1985 年第 2 期。

《靖国神社问题探析》,林述著,《福州师专学报》1997 年第 3 期。

《日本靖国神社问题的历史考察》,步平著,《抗日战争研究》2001 年第 4 期。

《日本靖国神社的建立及现状》,兰殿君著,《文史杂志》2005 年第 4 期。

《日本靖国神社的由来和性质》,刘丹忱著,《历史教学》2005 年第 9 期。

《剖析"靖国神社"的性质——对世界近代现代史教学的一点建议》,王春良著,《山东教育》1997 年第 8 期。

《揭秘一个真实的日本"靖国神社"》,王玉龙著,《文史月刊》2009 年第 11 期。

《靖国神社与日本人》,董炳月著,《读书》1999 年第 1 期。

《日本人的独立与靖国神社》,[日] 丸川哲史著;胡冬竹译,《读书》2006 年第 1 期。

《日甲级战犯是如何进靖国神社的》,本刊编辑部著,《西南民兵》2007 年第 5 期。

《靖国神社中供奉的甲级战犯》,《政工学刊》2014 年第 2 期。

《供奉在靖国神社中的日军甲级战犯》,任伟明著,《四川统一战线》2005 年第 8 期。

《日本"靖国神社"中的 14 名甲级战犯》,王燕萍著,《党史文汇》2014 年第

1 期。

《靖国神社与合祀甲级战犯》,高海宽著,《日本学刊》2006 年第 3 期。

《靖国神社合祭甲级战犯述论》,樊建莹著,《许昌学院学报》2006 年第 6 期。

《日本靖国神社与合祭甲级战犯》,樊建莹著,《浙江万里学院学报》2007 年第 6 期。

《日本靖国神社合祭的甲级战犯罪行述要》,樊建莹著,《洛阳理工学院学报》2009 年第 1 期。

《靖国神社甲级战犯犯下哪些累累罪行》,烽烟著,《兰台内外》2014 年第 1 期。

《除了二战战犯靖国神社还供奉哪些坏蛋?》,沈润泽著,《八桂侨刊》2005 年第 1 期。

《恶魔的终结——供奉在靖国神社的七大战犯受审录》,郭晓晔著,《报告文学》2005 年第 8 期。

《麦克阿瑟曾想火烧靖国神社》,佚名著,《文史博览》2012 年第 6 期。

《当年靖国神社为何未被烧毁》,乔林生著,《兰台内外》2014 年第 2 期。

《靖国神社:军国主义招魂社》,何立波著,《环球军事》2014 年第 2 期。

《靖国神社:日本军国主义的幽灵》,赵友慈著,《炎黄春秋》1996 年第 12 期。

《靖国神社——日本右派的政治气球》,朱锡强著,《徐州师大学报》1997 年第 3 期。

《日本军国主义的野心与靖国神社》,史式著,《文史杂志》2014 年第 2 期。

《军国主义的招魂社——靖国神社》,费建华著,《日语知识》2001 年第 11 期。

《为战争罪犯招魂的日本靖国神社》,世长尚摘编,《军事历史》1995 年第 4 期。

《靖国神社与军国主义》,万昌鸿、罗文凤著,《报刊资料》2005 年第 7 期。

《靖国神社与日本军国主义》,张高翔著,《云南师大学报》2000 年第 4 期。

《靖国神社与侵华战争》,刘灵芝著,《历史教学(高校版)》2007 年第 9 期。

《靖国神社与国家神道》,陈言著,《北京社会科学》2013 年第 2 期。

《国家主义与靖国崇拜的本质》,王凯、李康、何强军著,《国际关系学院学报》2006 年第 3 期。

《靖国问题的文化解读》，刘勇著，《日本问题研究》2008 年第 4 期。

《靖国神社与阿灵顿国家公墓——评〈外交事务〉安倍访谈》，于迈著，《书城》2013 年第 12 期。

《缘何反对参拜靖国神社》，王泰平著，《中日关系史研究》2014 年第 1 期。

《为什么靖国神社不该参拜：基于国际法的分析》，何志鹏著，《中国社会科学报》2014 年 1 月 29 日。

《中国人眼中的靖国神社及其参拜(1950—2014)——以〈人民日报〉报道为考察中心》，徐志民著，《河北学刊》2015 年第 4 期。

《〈日本国宪法〉的政教分离原则及其实践——兼论日本首相参拜靖国神社的违宪性》，赵立新著，《外国法制史研究》2015 年第 1 期。

《试论美国对靖国神社问题的政策》，乔林生著，《国际论坛》2017 年第 5 期。

《浅议日本新法西斯主义的崛起——以参拜靖国神社为中心的分析》，刘立振著，《长春师范大学学报》2018 年第 1 期。

②参拜靖国神社的原因

《"参拜靖国神社"来龙去脉》，高兴祖著，《东南文化》1995 年第 4 期。

《日本"拜鬼"都是美国大兵惹的祸?》，田野著，《文史博览》2014 年第 12 期。

《参拜靖国神社：一条通往"国家主义"的"精神隧道"——从小泉四次参拜靖国神社谈起》，武心波、张丽娜著，《国际论坛》2004 年第 5 期。

《"参拜风波"背后的问题》，段西宁著，《巢湖学院学报》2002 年第 2 期。

《靖国神社参拜背后的国家神道之复活》，原林书著，《渭南师范学院学报》2013 年第 4 期。

《在靖国神社的背后》，李名著，《博览群书》2005 年第 9 期。

《靖国神社问题为何难解》，唐彦林、高兴伟著，《党政干部学刊》2006 年第 4 期。

《"靖国"问题：日本的困惑与思索》，钱明著，《观察与思考》2006 年第 17 期。

《"靖国神社"为何阴魂不散?》，犁川著，《文史月刊》2014 年第 1 期。

《解构靖国神社的政治话语》，孙江著，《读书》2006 年第 3 期。

《日本自民党执意参拜靖国神社的国内政治背景分析》,翟新著,《社会科学》2004 年第 10 期。

《靖国崇拜不是日本传统》,金赢著,《党政论坛》2005 年第 8 期。

《参拜"靖国神社"的政治意图与文化动因》,郭洁敏著,《社会观察》2004 年第 5 期。

《从日本宗教文化角度看靖国神社问题》,刘江永著,《清华大学学报》2005 年第 5 期。

《战后日本首相参拜靖国神社问题评析》,翟新著,《上海交通大学学报》2004 年第 4 期。

《浅论日本首相参拜靖国神社的动机》,杨继业著,《陇东学院学报》2007 年第 2 期。

《首相参拜靖国神社:日本人的认识与行动》,鲁义著,《日本研究》2005 年第 2 期。

《日本首相小泉又拜靖国神社》,《观察与思考》2004 年第 2 期。

《小泉拜鬼:文化层面的剖析》,夏刚著,《世界知识》2005 年第 23 期。

《以史为鉴:看小泉参拜靖国神社》,王小娟著,《青海社会科学》2005 年第 6 期。

《小泉为什么敢屡次参拜靖国神社》,胡风光著,《学习月刊》2005 年第 12 期。

《参拜靖国神社与小泉外交》,陈景彦著,《现代日本经济》2006 年第 2 期。

《小泉首相参拜靖国神社与政教分离原则》,[日] 户波江二著;王玉杰译,《山东大学法律评论》,2007 年。

《安倍晋三与靖国神社参拜》,闫华芳著,《洛阳师范学院学报》2014 年第 10 期。

③参拜靖国神社的影响

《小泉首相参拜靖国神社违反日本现行宪法》,董璠舆著,《日本学刊》2006 年第 2 期。

《从小泉参拜判决看日本违宪审查制度的"附随性"》,王峰峰著,《法学》2006 年第 2 期。

《福冈法院:首相参拜靖国神社违宪》,王新生著,《世界知识》2004 年第 9 期。

《日本:主教团抗议首相参拜靖国神社》,《中国天主教》2005 年第 6 期。

《〈富田笔记〉:能为靖国神社带来什么?》,王智新著,《世界知识》2006 年第 17 期。

《安倍参拜靖国神社的特点、动因及后果》,刘江永著,《现代国际关系》2014 年第 1 期。

《安倍坚持参拜"靖国神社"的根源与战略后果》,《现代国际关系》2014 年第 1 期。

《安倍晋三参拜靖国神社的影响与日本的历史认识问题》,[日]星野富一著;于振冲译,《日本研究》2014 年第 3 期。

《从参拜靖国神社看日本新时期外交》,钟楠、邓长江著,《电子科技大学学报(社会科学版)》2005 年第 4 期。

《从参拜靖国神社看日本新时期外交》,黄孟洲、钟楠著,《中共成都市委党校学报(哲学社会科学)》2006 年第 2 期。

《渡边恒雄与若宫棨文对谈:靖国神社及日本外交诸问题》,张会芳、刘凤华著,《抗日战争研究》2006 年第 2 期。

《一些东亚国家为何在靖国神社问题上反应平淡》,梁云祥著,《学习月刊》2005 年第 12 期。

《历史争议在东亚国际关系史中的意义——以靖国神社和柏威夏寺为例》,咸命植、依莲等著,《史学集刊》2013 年第 5 期。

《论"靖国神社"问题与中韩关系的发展》,石建国著,《韩国研究论丛》2007 年第 1 期。

《安倍参拜靖国神社与中日关系》,朱锋著,《现代国际关系》2014 年第 1 期。

《中国为什么反对日本政要参拜靖国神社?》,若英著,《红旗文稿》2014 年第 2 期。

《正视靖国神社问题背后的中日历史认识差异》,胡继平著,《现代国际关系》2014 年第 1 期。

《"高砂义勇军":靖国神社中的台湾冤魂》,刘起来、张志刚著,《文史博览》2005 年第 15 期。

《靖国神社问题——中日关系最大障碍》,黄飞著,《法制与社会》2008 年第 11 期。

《靖国神社问题对中日关系的影响》，李正洙著，《延边大学学报》2009 年第4 期。

《参拜靖国神社问题对中日关系的影响》，马玉珍著，《历史教学》2005 年第7 期。

《靖国神社参拜问题对当前中日关系的影响》，邓秀杰著，《佳木斯大学社会科学学报》2007 年第 3 期。

《靖国神社——中日关系的一个瓶颈》，寇春莹、魏桦著，《国际关系学院学报》2004 年第 3 期。

《"瓶颈"问题下的恶性循环及其攻破——以小泉参拜靖国神社为例》，关佳宁著，《社会科学论坛》2006 年第 11 期。

《日本人怎样看靖国神社》，周建高著，《世界知识》2005 年第 12 期。

《一个日本学者眼中的"靖国神社问题"》，孟威著，《日本研究》2006 年第3 期。

《从日本"人死罪消"的罪耻观透视靖国神社参拜问题》，武萌著，《科教文汇（上旬刊）》2007 年第 2 期。

《我眼中的靖国神社》，叶扬著，《党政论坛》2004 年第 4 期。

《我为什么反对日本首相参拜靖国神社》，魏佑海著，《世界知识》2006 年第19 期。

《为什么要谴责参拜靖国神社？——澳籍华人与西方文明社会的内心对话》，张智森著，《统一论坛》2014 年第 2 期。

（3）历史教科书问题

《1980 年以来日本历史教科书问题研究述评》，张天明著，《抗日战争研究》2009 年第 4 期。

《日本"历史教科书问题"》，金熙德著，《当代亚太》2001 年第 5 期。

《关于日本历史教科书问题》，步平著，《抗日战争研究》2000 年第 4 期。

《日本教科书问题的由来与实质》，钟严著，《日本学刊》2001 年第 4 期。

《历史教科书问题：战后日本国家的历史认识》，卞修跃著，中国社会科学院近代史研究所·青年学术论坛（2001 年卷），社会科学文献出版社 2002 年版。

《日本历史教科书问题的由来与现状》，苏智良著，《全球教育展望》2005 年第 10 期。

《战后日本的历史教科书问题》，臧佩红著，《日本学刊》2005 年第 5 期。

《日本教科书问题的历史考察》，步平著，《九一八事变与近代中日关系——九一八事变70周年国际学术讨论会论文集》，中国社会科学院中日历史研究中心等编，中国社会科学文献出版社2004年版。

《日本教科书问题的历史考察与思考》，步平著，《课程·教材·教法》2016年第11期。

《评日本"编纂会"教科书的出台》，王希亮著，《光明日报》2001年8月28日。

《日本历史教科书问题剖析》，赵阶琦著，《和平与发展》2001年第1期。

《日本历史教科书问题剖析（1947—2002）》，李秀石著，《历史研究》2002年第5期。

《论日本"历史教科书"事件》，王春良著，《山东教育学院学报》2004年第6期。

《战后日本历史教科书问题一瞥》，[美]康斯坦丁·N.范玻斯著；朱晓凯译，《党史纵览》1995年第1期。

《求真——历史写作的生命——兼论日本的历史教科书问题》，汪树民著，《河池师专学报》2001年第3期。

《现实与历史——再论日本历史教科书问题》，彭红英著，《北京电子科技学院学报》2003年第1期。

《日本历史教科书问题再起波澜》，赵宇敏著，《观察与思考》2001年第4期。

《战后日本历史教科书问题的演变》，朱晓凯著，《抗日战争研究》1995年第3期。

《战后日本的历史教科书问题及缘由》，李鹏军著，《内蒙古大学学报》2003年第2期。

《日本历史教科书问题的由来及其实质》，沈美华著，《广西社会科学》2003年第4期。

《关于日本历史教科书问题的历史考察》，步平著，《思想理论教育导刊》2005年第8期。

《日本历史教科书问题的由来及其原因》，梁云祥著，《学习月刊》2005年第6期。

《日本教科书问题的历史发展及启示》，张艳著，《东华大学学报》2008年第

1 期。

《日本历史教科书问题社会心理探源》,李守福著,《比较教育研究》2001 年第 7 期。

《日本"教科书"问题的经济背景》,姜良芹著,《扬州大学学报》2002 年第 3 期。

《日本历史教科书问题之分析》,金美星著,《延边大学学报》2006 年第 1 期。

《日本中学历史教科书问题的背景及特点:历史记忆的歪曲与反省》,许东贤著,《当代韩国》2005 年第 2 期。

《日本历史教科书问题的症结何在》,步平著,《团结报》2015 年 6 月 4 日。

《关于历史教科书问题的思考》,王希亮著,《抗日战争研究》2001 年第 2 期。

《对日本历史教科书问题的深层思考》,步平著,《红旗文稿》2005 年第 15 期。

《关于日本历史教科书问题的思考》,赵金兰、曲洪波著,《理论观察》2015 第 10 期。

《日本政府与"历史教科书问题"》,孟国祥著,《南京医科大学学报》2001 年第 4 期。

《日本右翼势力与历史教科书问题》,孙智昌著,《历史教学》2003 年第 1 期。

《论中日关系中的日本历史教科书问题——日本右翼民族主义、美国政策与中国利益》(上、下),金汉权、陶莎莎著,《新远见》2010 年第 6/7 期。

《日本历史教科书问题与韩日关系展望》,郑在贞著,《当代韩国》2001 年第 3 期。

《"批判日本政府篡改历史教科书座谈会"学者发言》,戴逸等著,《抗日战争研究》2001 年第 2 期。

《"不容许使用歪曲历史的教科书——亚洲团结紧急大会"纪实》,苏智良著,《抗日战争研究》2001 年第 3 期。

《日本教科书事件:不仅仅是历史教育问题》,史桂芳著,《世界知识》2016 年第 4 期。

《两种历史观的较量——日本教科书引发的思考》,胡德坤著,《湖北日报》

2001 年 5 月 11 日。

《支持战争意识的形成——日本的现行教育与历史教科书问题》,［日］大森直树著;陈君、王树义译,《河北师范大学学报(教育科学版)》2009 年第 9 期。

《战后日本的历史观——七十年间教科书中的侵华战争记述之变迁》,柯劲松著,《南京师大学报》2017 年第 6 期。

《日本中学历史教科书中的侵华战争记述评析》,吴广义著,《日本学刊》2003 年第 3 期。

《日本新历史教科书中战争记述问题及背景分析》,杨彪著,《全球教育展望》2005 年第 10 期。

《日本历史教科书对日本侵略战争的描述及其变化(1972—2016)》,邹怡著,《东北亚外语研究》2017 年第 3 期。

《关于日本中学历史教科书中对侵略历史的叙述》,李洪锡著,《延边大学学报》2018 年第 3 期。

《日本中学历史教科书中的中国抗战》,杨彪著,《历史教学问题》2015 年第 6 期。

《评现行日本历史教科书中关于中日战争的叙事》,赵亚夫、张汉林著,《历史教学问题》2015 年第 6 期。

《日本历史教科书的几个重点问题——以中日战争的叙事为例》,赵亚夫、张汉林著,《世界知识》2016 年第 2 期。

《日本历史教科书关于中日战争的书写及评析》,史桂芳著,《社会科学辑刊》2018 年第 1 期。

《从日本历史教科书的审定和修改看政府战争史观之变迁——以 2000—2010 年度的实例分析为中心》,张戎著,《日本研究》2015 年第 1 期。

《日本文部省篡改侵华史实说明了什么?》,刘思慕著,《历史教学问题》1982 年第 6 期。

《日本文部省篡改侵华史在国际法上的责任》,郑兆璜、孙进丰著,《法学》1982 年第 9 期。

《日本历史教科书问题说明了什么?》,王希亮著,《现代日本经济》2005 年第 4 期。

《日本教科书事件与日本右翼势力的抬头》,周敏凯著,《南通师范学院学报》2001 年第 2 期。

《战后日本篡改教科书原因之剖析》,林家恒著,《福州师专学报》2001年第1期。

《论日本历史教科书问题及其危害性》,王春良、曹丽芳著,《山东电大学报》2002年第4期。

《自由主义史观与日本历史教科书问题》,王卫星著,《世界经济与政治论坛》2002年第1期。

《宪法视角下的日本历史教科书问题——以家永诉讼为线索》,肖军著,《宪政与行政法治评论》2005年第1期。

《评日本当代历史修正主义》,王希亮著,《抗日战争研究》2001年第2期。

《"自虐史观"与日本教科书问题》,晏英著,《日本侵华史研究》2014年第2期。

《论日本靖国神社与"历史教科书"问题》,王春良著,《聊城大学学报》2002年第2期。

《日本"新"历史教科书之史观》,唐安杰著,《思茅师专学报》2002年第2期。

《从〈新历史教科书〉看"皇国观念"在日本的影响》,史桂芳著,《新视野》2006年第2期。

《历史岂容肆意颠倒——日本2002年"新历史教科书"评析》,刘丹忱著,《河北师范大学学报》2002年第6期。

《一本为军国主义招魂的教科书——日本〈新历史教科书〉问题的分析及其批判》,赵仲明、彭曦著,《上海大学学报》2002年第2期。

《〈新历史教科书〉与战后日本国家的历史认识》,卞修跃著,《九一八事变与近代中日关系——九一八事变70周年国际学术讨论会论文集》,中国社会科学院中日历史研究中心等编,中国社会科学文献出版社2004年版。

《评扶桑社〈新历史教科书〉的历史观》,步平著,《人民日报》2005年9月20日//《当代韩国》2005年第2期//《抗日战争研究》2005年第3期//《纪念中国人民抗日战争暨世界反法西斯战争胜利60周年学术研讨会论文集:下卷》,中共中央党史研究室科研管理部编,中共党史出版社2006年版//《中国抗战与世界反法西斯战争——纪念中国人民抗日战争暨世界反法西斯战争胜利60周年学术研讨会文集:下卷》,中国社会科学院近代史研究所编,社会科学文献出版社2009年版。

《谁是战争的祸首——评日本扶桑社〈新历史教科书〉对中日战争的描述》，荣维木著，《民国档案》2002 年第 3 期。

《历史是最好的教科书——对日本历史教科书中歪曲对外侵略战争史实的评析》，李忠明、李景辉著，《中共南京市委党校学报》2017 年第 3 期。

《在日本是怎样讲授侵略中国东北的历史的：“满洲事变”（九·一八事变）与日本国民》，林鼎钦等译，《辽宁教育学院学报》1994 年第 1 期。

《历史罪恶，铁案难翻：评日本出版的〈满洲国史·总论〉》，王元年著，《抗日战争研究》1993 年第 1 期。

《日本历史教科书问题及中国的立场》，梁云祥著，《太平洋学报》2005 年第 8 期。

《从历史教育看“中日民众信任问题”》，吴广义著，《太平洋学报》2003 年第 2 期。

《日本历史教科书的修改程序及我的看法》，吉田纯著，《太平洋学报》2005 年第 8 期。

《〈历史〉教学要严肃对待日本“历史教科书”问题》，王春良著，《学科教育》2002 年第 6 期。

《论日本“国旗国歌法”和“历史教科书”问题》，王春良著，《临沂师范学院学报》2002 年第 2 期。

《日本历史教科书与东京昭和博物馆——历史教学务必认真注意的一个问题》，王春良著，《学科教育》2000 年第 4 期。

《家永三郎和日本教科书诉讼案》，步平著，《社会科学战线》1995 年第 5 期。

《家永三郎教科书诉讼来龙去脉》，高兴祖著，《南京社会科学》1999 年第 6 期。

《教科书诉讼案和日本的战争责任认识》，步平著，《黑龙江社会科学》1998 年第 1 期。

（4）错误的战争史观

《日本的侵略与日本人的战争观》，［日］江口圭一著；周启乾译，《抗日战争研究》2000 年第 3 期。

《日本的二战史观剖析》，郭梁著，《厦门大学学报》1995 年第 4 期。

《日本错误史观评析》，史桂芳著，《前线》2015 年第 8 期。

《战后日本的错误战争史观认识及成因》，王玉芹著，《东北史地》2015 年第 6 期。

《政治文化视域下的日本二战史观》，曹阳著，《东北亚论坛》2011 年第 5 期。

《日本二战历史观应向德国看齐》，柴野著，《光明日报》2013 年 5 月 14 日。

《加强对日本军国主义历史观的批判研究》，何理著，《抗日战争研究》1996 年第 3 期。

《纪念中国人民抗日战争和世界反法西斯战争胜利五十周年——日本荒谬的二战观及其成因》，孟宪杰著，《武当学刊》1995 年第 4 期//《郧阳师专学报》1995 年第 4 期。

《拒不认罪的五十四年：试评战后日本政府的历史观》，陈景彦著，《光明日报》1999 年 11 月 9 日。

《中日之间的历史认识问题与日本政府的历史观》，陈景彦著，《现代日本经济》2005 年第 4 期//《中国抗战与世界反法西斯战争——纪念中国人民抗日战争暨世界反法西斯战争胜利 60 周年学术研讨会文集：下卷》，中国社会科学院近代史研究所编，社会科学文献出版社 2009 年版。

《日本政界右翼历史观之表里》，王希亮著，《"小泉政权后中日关系展望"国际学术研讨会论文集》，中国中日关系史学会，2006 年。

《日本保守派政治家的"历史观"隐患》，吕耀东著，《世界知识》2014 年第 2 期。

《日本右翼社会战争观与历史观批判》，王希亮著，《日本侵华史研究》2014 年第 2 期。

《评战后日本右翼势力的战争史观》，刘丽君著，《福州师专学报》2001 年第 1 期。

《从林健太郎与中村粲的论争透视日本知识界的战争观》，王希亮著，《日本学刊》2009 年第 3 期。

《日本军国主义"战争史观"的价值观省思》，周骥著，《南京政治学院学报》2008 年第 5 期。

《五十年代"战争回忆录"对日本人战争观形成的影响》，[日] 吉田裕著；程慎元译，《国外中共党史研究动态》1995 年第 3 期。

《日本人中的错误战争史观之剖析——谈某些日本人为什么不愿承认战争

的侵略性质》,刘伟著,《日本问题研究》1999 年第 3 期。

《关于日本的自由主义史观》,步平著,《抗日战争研究》1998 年第 4 期。

《歪曲日本侵略历史的"自由主义史观"》,高兴祖著,《民国春秋》1999 年第 2 期。

《试析日本侵华战争的根据》,周希奋著,《暨南学报》1995 年第 4 期。

《日本顽固坚持侵略史观的历史背景》,骆为龙著,《国际新闻界》1996 年第 1 期。

《论战后日本的"侵略史观"》,左立平著,《第二次世界大战史论文集④:人民战争的胜利》,刘鲁民、徐根初主编,金盾出版社 1998 年版。

《驳日本军国主义"侵略有理、侵略有功"论》,郑风杰、赵惠娟著,《侵华日军暴行(国际)学术研讨会论文集》,中共石家庄市市委党史研究室等编,新华出版社 1996 年版。

《"文明史观"在近代日本对华认识及关系中的影响——从思想史与国际关系的接点出发》,吴怀中著,《日本学刊》1998 年第 5 期。

《日本侵华史观的误区与中日关系的走向》,罗平汉著,《湖南社会科学》2001 年第 5 期。

《战争罪责岂能转嫁——驳日本右翼的"英美与日本同罪史观"》,李建军著,《贵州大学学报》2003 年第 6 期。

《论日本现代史学中的天皇史观》,张世均著,《贵州师范大学学报》2005 年第 1 期。

《评战后日本的"皇国史观"》,吕明灼著,《东方论坛》1995 年第 3 期。

《论战后日本存在的"皇国史观"变种——侵略有理史观》,沈予著,《抗日战争研究》1995 年第 3 期。

《从皇国史观的回潮到走向政治军事大国——兼析日本战争责任顽疾的症结》,王希亮著,《学习与探索》2004 年第 6 期。

《论日本战后皇国史观和军国史观的回潮》,王希亮著,《江苏行政学院学报》2005 年第 1 期。

《从灵魂扭曲到军事冒险:日本"皇国史观"的危害——基于四川省建川博物馆藏侵华日军家书的研究》,官性根著,《西华大学学报》2015 年第 4 期。

《评"一亿总忏悔"与"天皇退位论"》,王希亮著,《抗日战争研究》2003 年第 1 期。

《"终战史观"评析:战后日本右翼史观揭底》,宋成有著,《日本问题研究》2019 年第 3 期。

《日本右翼势力的"解放战争史观"辨正》,孙立祥著,《东北师大学报》2005 年第 4 期。

《〈"'大东亚战争'解放史观"的虚妄性〉述评》,文以明著,《史学史研究》1996 年第 4 期。

《是解放亚洲、还是侵略亚洲——驳日本右翼势力关于"解放亚洲"的谬论》,刘信君著,《社会科学战线》2014 年第 8 期。

《驳"日本解放亚洲论":1. 侵略野心照然若揭》,荣维木著,《人民日报》1995 年 8 月 8 日。

《驳"日本解放亚洲论":2. 侵略事实不容歪曲》,朱昌都著,《人民日报》1995 年 8 月 8 日。

《驳"日本解放亚洲论":3. 侵略罪行罄竹难书》,张友新、徐宝康著,《人民日报》1995 年 8 月 8 日。

《日本当年在新加坡的行径说明哪里是"解放"分明是侵略》,谢宁著,《经济日报》1995 年 9 月 2 日。

《历史事实不容否定——评黄文雄著〈从日清战争到太平洋战争:被捏造的日本史〉》,焦润明著,《抗日战争研究》2003 年第 2 期。

《军国主义历史观的大暴露——日本影片〈自尊—命运的瞬间〉出笼的前前后后》,沈一高著,《理论前沿》1998 年第 15 期。

《批判皇国史观任重道远——读〈日本战后遗族透析〉有感》,张碧清著,《日本学刊》2001 年第 3 期。

《日本右翼天皇观的历史回望》,吴限著,《世界知识》2019 年第 7 期。

《尊崇与效忠:日本右翼的天皇观论析》,吴限著,《东北亚学刊》2019 年第 5 期。

《日本侵占中国东北的"理论"与当代右翼歪曲历史的谬论之剖析》,辛培林著,《九一八事变与近代中日关系——九一八事变 70 周年国际学术讨论会论文集》,中国社会科学院中日历史研究中心等编,中国社会科学文献出版社 2004 年版。

《日本右翼"建设东北"谬论驳议》,孙瑜著,《中国社会科学报》2015 年 7 月 13 日。

《驳日本右翼的战时"建设东北"论》,孙瑜著,《中国社会科学报》2015 年 8 月 18 日。

《用档案回击和戳穿日本右翼势力的谎言》,杨竹军著,《中国档案报》2014 年 3 月 10 日。

《否认侵略战争与健忘及编造——九一八事变 70 周年寄语》,[日] 野田正彰著,《九一八事变与近代中日关系——九一八事变 70 周年国际学术讨论会论文集》,中国社会科学院中日历史研究中心等编,中国社会科学文献出版社 2004 年版。

《日本东亚共同体思想的当代沿革:文献观点评述》,苏翊豪、石之瑜著,《国外理论动态》2014 年第 3 期。

《〈大东亚战争的总结〉批判》,王希亮著,《抗日战争研究》1998 年第 4 期。

《〈大东亚战争的总结〉批判(续)》,王希亮著,《抗日战争研究》1999 年第 1 期。

《〈大东亚战争的总结〉核心论点之剖析》,贺新城著,《纪念中国人民抗日战争暨世界反法西斯战争胜利 60 周年学术研讨会论文集:下卷》,中共中央党史研究室科研管理部编,中共党史出版社 2006 年版。

《警惕日本政治右倾化——评〈大东亚战争的总结〉》,张碧波著,《黑龙江社会科学》2000 年第 3 期。

《收拾大东亚战争局面的活动内幕》,丁果著,《世界史研究动态》1984 年第 9 期。

《从〈新历史教科书〉到〈最新日本史〉》,郭素美、王希亮著,《抗日战争研究》2002 年第 2 期。

《〈历史〉教学要认真注意肃清日本反动的历史观》(上下),王春良著,《学科教育》1997 年第 3/4 期。

《日本"大东亚战争史观"阴魂不散》,徐晓村著,《军事历史》1996 年第 3 期。

《评"大东亚战争史观"——纪念中国人民抗日战争胜利五十周年》,张宪文著,《求是》1995 年第 13 期。

《和平与正义是不可战胜的——评日本"大东亚战争史观"》,李春贤著,《雁北师院学报》1996 年第 5 期。

《应当歌颂"大东亚共荣圈"的"建设者"吗?》,雪菲著,《科学与无神论》

2010 年第 2 期。

《日本右翼势力的"自卫战争史观"辨正》，孙立祥著，《东北师大学报》2004年第 6 期。

《驳日本右翼势力的"不得已侵略说"——以日俄战争、日韩合并、"二十一条"为中心》，孙立祥著，《社会科学战线》2005 年第 2 期。

《日本右翼势力的"美英同罪史观"辨正》，孙立祥著，《东北师大学报》2006年第 3 期。

《前事不忘，后事之师：驳部分日本人歪曲二战历史的谬论》，张大林著，《国际问题研究》1995 年第 3 期。

《侵华日本战犯的证词——与右翼史观的对质》，张焕香著，《日本侵华史研究》2015 年第 4 期。

《日本的二战史观与安倍政权的选择》，孟晓旭著，《当代世界》2015 年第7 期。

《日本史学界曾服务于侵略战争的历史教训》，王东芳著，《东北地方史研究》1989 年第 4 期。

《试论日本人错误历史观形成的中国因素》，张小兵、王军著，《延安大学学报》2005 年第 3 期。

（5）军国主义阴魂不散

《日本军国主义的过去、现代和将来》，陈守礼、徐瑞应著，《中流》1996 年第2 期。

《日本军国主义发展历程：纪念"七七事变"六十周年》，华永正著，《军事文摘》1997 年第 7 期。

《右倾化与军国主义》，米博华著，《人民日报》2014 年 6 月 30 日。

《军国主义亡灵在日本》，余玉泉著，《国防》1998 年第 6 期。

《军国主义幽灵在日本游荡》，俞宜国著，《世界军事》1995 年第 6 期。

《日本军国主义阴魂不散——从影片〈自尊——命运的瞬间〉想到的》，王维远著，《政工学刊》1998 年第 11 期。

《日本军国主义阴魂不散》，李庆著，《党政干部学刊》2002 年第 7 期。

《日本法西斯阴魂未散》，晓梓著，《党政论坛》1995 年第 8 期。

《法西斯阴魂不散　新纳粹甚嚣尘上》，姜虎松、晓光著，《当代世界》1995年第 12 期。

《战后日本的军国主义浊流》,董群著,《清华大学学报》1996 年第 1 期。

《军国主义幽灵仍在日本徘徊》,李勤、武彬著,《中学历史教学参考》1996 年第 11 期。

《"日本军国主义已经复活"问题探析》,罗平汉著,《广西师大学报》2000 年第 3 期。

《死灰复燃的日本军国主义》,史振著,《内蒙古统战理论研究》2000 年第 2 期。

《军国主义沉渣再度泛起》,唐天日著,《瞭望》2000 年第 18 期。

《借海盗之尸还军国主义之魂　60 年后太阳旗再飘东南亚》,《东南亚纵横》2001 年第 8 期。

《日本军国主义会卷土重来吗?》,史桂芳著,《中国社会科学报》2014 年 4 月 25 日。

《日本是否正在重走军国主义老路》,张望著,《战略与管理》2003 年第 4 期。

《警惕日本军国主义》,冯英子著,《贵州文史天地》1998 年第 4 期。

《警惕日本的新军国主义》,韩旭东、王洪福著,《当代世界》2012 年第 11 期。

《警惕日本军国主义复活》,张传杰著,《世界经济与政治》1995 年第 10 期。

《警惕日本军国主义复活　发展中日友好关系》,严钰著,《广西社会科学》1995 年第 4 期。

《警惕日本军国主义的复活》,文道贵著,《武汉交通科技大学学报》1996 年第 2 期。

《警惕日本军国主义的复活——对战后日本有关中日战争错误言行的考察》,余茂辉、文道贵著,《湖北师院学报》1997 年第 2 期。

《警惕日本军国主义复活》,孙纯达著,《海军军事学术》1997 年第 2 期。

《警惕日本军国主义复活》,刘建飞著,《瞭望新闻周刊》2005 年第 49 期。

《警惕日本右翼势力复活日本军国主义》,沈渭滨著,《探索与争鸣》2001 年第 12 期。

《警惕日本军国主义死灰复燃》,纪喻著,《国防》1996 年第 9 期。

《威胁来自哪里——警惕日本军国主义死灰复燃》,李生荣著,《延安教育学院学报》1996 年第 2 期。

《警惕和遏制日本军国主义死灰复燃》，张海勇、张贵锁著，《第二次世界大战与战后局部战争》（李小军主编），军事谊文出版社 2003 年版。

《必须保持对日本军国主义势力的高度警惕》，陈守礼、徐瑞应著，《当代思潮》1995 年第 4 期。

《对日本军国主义势力要保持高度警惕》，吉登云著，《山西高等学校社会科学学报》1996 年第 4 期。

《加强中日友好，警惕日本军国主义倾向》，王魁喜著，《吉林社会科学》1987 年第 7 期。

《为"军国主义"复辟招魂扯幡的黑手：日本右翼势力》，李明、陈联红著，《解放军报》2001 年 8 月 22 日。

《历史不能歪曲军国主义必须批判》，董光训著，《高校理论战线》1995 年第 10 期。

《军国主义背后的日本战略文化》，李劲松、崔凤山著，《现代军事》1999 年第 12 期。

《日本军国主义及其文化基因》，吴敏文著，《书屋》2019 年第 3 期。

《谁培养和纵容了日本军国主义》，胡平著，《政工研究文摘》2006 年第 1 期。

《日本军国主义何以顽固》，林治波著，《人民论坛》2014 年第 13 期。

《日本军国主义思潮日趋猖獗的历史渊源》，刘庭华著，《军事历史》2013 年第 1 期。

《日本军国主义思潮蔓延的历史根源》，刘庭华著，《北京日报》2014 年 1 月 6 日。

《解析战后日本军国主义存在的原因》，吕满文著，《殷都学刊》2016 年第 4 期。

《危险的军国主义之路：日本加快发展军事实力综述》，胡思远著，《中国国防报（军事特刊）》1999 年 9 月 3 日。

《日本军国主义纪念馆：游就馆》，袁冲著，《国际资料信息》2006 年第 8 期。

《日本会重走军国主义道路吗？：如何看待日本对政治军事大国地位的追求》，倪乐雄著，《政工研究文摘》2002 年第 3 期。

《从两次世界大战间的德国纳粹崛起分析当今日本军国主义的危险性》，谢卫军著，《大庆师范学院学报》2007 年第 6 期。

4. 关于日本及天皇的战争责任

《德国学界:战争的罪责谁来承担?》,[德]德尔克·科尔比威特著;吴学丽编译,《社会科学报》2014 年 7 月 24 日。

(1)日本的战争责任

《日本与德国的战争责任及战后补偿》,[日]北住炯一著;安成日、李金波译,《外国问题研究》1998 年第 3 期。

《战争责任问题与革命外交遗产》,刘建平著,《阴山学刊》2007 年第 1 期。

《奥斯威辛、战争责任和国际关系伦理》,周桂银著,《世界经济与政治》2005 年第 9 期。

《德日挑起二战民族责任难辞》,武克全著,《解放日报》1995 年 6 月 5 日。

《战争责任论的展望》,[日]赤泽史郎著;武寅译,《日本问题资料》1989 年第 4 期。

《近代日本对中国的侵略及其战争罪责》,臧运祜著,《求是》2014 年第 8 期。

《二战期间日本对外战争的性质与责任》,李家振著,《发展论坛》1995 年第 9 期。

《战后日本战争责任观述评》,左立平著,《军事历史》1993 年第 5 期。

《论战后日本战争责任观》,左立平著,《二战及其遗留问题对国际关系的影响》,二战史研究会编,2004 年。

《战后初期日本报界的战争责任观》,孙继强著,《世界历史》2016 年第 3 期。

《战后日本文坛对侵华战争及战争责任的认识》,王向远著,《北京师范大学学报(社会科学版)》1999 年第 3 期。

《日本人战争观在当下的重构与国民战争责任》,李若愚著,《日本侵华史研究》2017 年第 4 期。

《日本战争责任论的当下与今后课题——从战争"记忆"继承观点出发》,[日]山田朗著;李彬、万健译,《西南民族大学学报》2017 年第 8 期。

《日本学者论日本侵略战争》,刘以明著,《史学史研究》1995 年第 3 期。

《战后责任》,[日]猪木正道著,《国外社会科学快报》1989 年第 12 期。

《日本战后责任论》,王希亮著,《贵州师范大学学报》2008 年第 2 期。

《追究战前战后的战争责任》,[日]魏武敏夫著;江风编译,《国外社会科学快报》1990 年第 4 期。

《关于对战争责任·战后责任的认识问题》，张宏波著，《纪念抗战胜利 65 周年学术研讨会论文集》，中国抗日战争史学会等编，2010 年。

《对抗"忘却的政治"——石黑一雄关于日本"战后责任"的思考》，张勇著，《外国文学》2019 年第 3 期。

《日本律师提出全面解决日本战后责任的倡议》，邢五一著，《中国律师》2001 年第 4 期。

《追究日本侵华战争罪责的四大缺失》，高元庆、徐成华著，《党史文汇》2010 年第 9 期。

《简析日本同盟体系下的战争责任》，蔡灿彬著，《佳木斯教育学院学报》2012 年第 4 期。

《国际法视角下日本战争责任之再认识》，张少冬、陈艳华等著，《甘肃政法成人教育学院学报》2006 年第 3 期。

《试析日本战争责任问题的尖锐化趋势》，王希亮著，《日本学刊》2004 年第 4 期。

《中国在二战中的作用与日本的战争责任》，朱成山、仇玉玲著，《日本侵华史研究》2013 年第 4 期。

《日本对中国的侵略与战后责任：关于忘却和教化的政治过程》，[日] 小林文勇著，《世界史研究动态》1993 年第 8 期。

《东京"百人斩"诉讼及日本的战争责任》，朱成山著，《钟山风雨》2004 年第 6 期。

《评〈读卖新闻〉对日本战争责任的检证》，步平著，《纪念七七事变爆发 70 周年学术研讨会论文集》，中国社会科学院中日历史研究中心等编，社会科学出版社 2009 年版。

《日本人的"十五年战争观"和战争责任问题》，[日] 吉田裕著；吕昶译，《世界史研究动态》1989 年第 5 期。

《日本正在淡化十五年战争的观念》，[日] 藤原彰著；王庆民、段可林译，《中共党史研究》1990 年第 4 期。

《日本民间追究战争责任运动及其影响》，王希亮著，《日本学刊》2006 年第 4 期。

《关于战争责任的极少数与绝大多数问题》，胡连成著，《大连近代史研究》

2014 年第 1 期。

《日本侵华图谋与战争责任》，王安中著，《中国社会科学报》2017 年 7 月
10 日。

《日本战犯应共同为整段历史负责》，王珊珊著，《人民法院报》2015 年 9 月
3 日。

《广田弘毅的对华政策与战争责任》，宋志勇著，《世界近现代史研究》第十
一辑，社会科学文献出版社 2014 年版。

《近代日本海军与侵华战争》，徐志民著，《军事历史研究》2018 年第 1 期。

《略论日本文官在全面侵华战争中的罪责》，徐平著，《第二次世界大战史论
文集④：人民战争的胜利》，刘鲁民、徐根初主编，金盾出版社 1998 年版。

《关于日本大众对侵略战争应承担的责任问题》，孟国祥著，《民国档案》
2003 年第 4 期。

《日本国民：你们为什么没有反对战争？》，孙宝根著，《文史博览》2011 年第
2 期。

《从日本战时"国民组织化"反思其国民战争责任》，胡月著，《山西大同大学
学报》2015 年第 4 期。

《从移民问题看日本国民在侵华战争中的历史责任》，孟月明著，《兰台世
界》2014 年第 31 期//《"九一八"研究》2014 年第 1 期。

《试论二战中日本教育工作者的战争责任——兼论国民的加害者及受害者
角色》，郭丽著，《史学集刊》2017 年第 1 期。

《日本基督教会战争责任初探》，徐炳三著，《抗日战争研究》2009 年第
1 期。

《日本媒体的战争责任问题》，安平著，《延边大学学报》2013 年第 4 期。

《日本媒体的战争责任：不彻底的清算》（上、下），[日]山本武利、赵新利
著，《中国社会科学报》2015 年 3 月 4 日、18 日。

《论战时日本报界国家宣传机构身份的构建——驳日本报界"受害论"战争
责任观》，孙继强著，《新闻与传播研究》2016 年第 5 期。

《侵华战争期间日本文学者的战争责任》，段园著，《世界文学评论（高教
版）》2014 年第 3 期。

《从〈检证战争责任〉到〈我所体验的靖国论〉——论渡边恒雄检证战争责任
的不彻底性》，于海鹏、鲁燕青著，《沈阳大学学报》2018 年第 2 期。

《近代日本佛教在中国东北地区的传播及其战争责任》，邱高兴著，《中国社会科学院研究生院学报》2018 年第 4 期。

《战争罪行和东方主义》，张志忠著，《社会科学论坛》2003 年第 1 期。

《日本的战争责任问题和新国家主义》，李圭洙、廉松心著，《吉林大学社会科学学报》2018 年第 1 期。

《福泽谕吉文明观与日本战争责任问题》，李聪著，《日本侵华史研究》2017 年第 4 期。

《谷寿夫战争责任的再检证》，严海建著，《民国档案》2014 年第 1 期。

《岛崎藤村战争责任问题考》，刘晓芳著，《日本问题研究》2015 年第 6 期。

《日本更需检讨战争责任问题》，朱高正著，《台声》2014 年第 1 期。

《对日本战争责任的再检讨》，〔日〕缬缬厚著；李若愚译，《日本侵华史研究》2016 年第 3 期。

《战争责任：日本政府不思悔改七十年》，莫晓著，《文史博览》2015 年第 8 期。

《日本否认战争责任正受到社会正义的谴责与惩罚》，步平著，《人民日报（海外版）》2014 年 2 月 13 日。

《论日本政府推卸战争责任的原因》，张静著，《法制与社会》2006 年第 20 期。

《论日本战争责任问题长期搁置的历史原因》，王希亮著，《日本学刊》2001 年第 5 期。

《日本当代医学界反省战争责任的认识及其实践活动》，杜颖著，《黑龙江社会科学》2007 年第 6 期。

《试论日本教育近代化的不彻底性——基于战争责任的视角》，郭丽、闫广芬著，《现代大学教育》2013 年第 1 期。

《从三个"负面因素"的影响解析日本战争责任与历史认识问题的症结》，王希亮著，《中国抗战与世界反法西斯战争——纪念中国人民抗日战争暨世界反法西斯战争胜利 60 周年学术研讨会文集：下卷》，中国社会科学院近代史研究所编，社会科学文献出版社 2009 年版。

《美日同盟与日本政坛右翼势力——兼论德日战争责任反思的根本差异》，李世安、李娜著，《人民论坛·学术前沿》2015 年第 14 期。

《"中国意义"的丧失与战争责任伦理的解体——评马场公彦著〈战后日本

人的中国观〉》，刘建平著，《抗日战争研究》2013 年第 4 期。

（2）天皇的战争责任——天皇与侵略战争

《英媒体追究裕仁天皇战争责任》，刘笙寒、林梦叶著，《中国军法》2005 年第 2 期。

《日本的近代天皇制和天皇的战争责任》，马久正著，《济宁师专学报》2000 年第 4 期。

《近代天皇制：日本发动对外战争的罪魁》，渠长根著，《南都学坛》2002 年第 3 期。

《日本天皇与军国主义侵略扩张》，孔繁芝著，《山西档案》2005 年第 4 期。

《天皇的战争责任》，程亚文著，《博览群书》2005 年第 9 期。

《从日本神国思想看天皇制的军国主义之本质》，罗时光著，《南昌大学学报（人文社会科学版）》2006 年第 1 期。

《日本天皇与二次世界大战》（一至十），《参考消息》1988 年 1 月 8—17 日。

《论日本天皇在二战中的战争责任》，杨秀云著，《新余高专学报》2005 年第 3 期。

《二战中日本天皇的战争责任》，李晓光著，《张家口职业技术学院学报》2005 年第 3 期。

《天皇及其在二战中的作用和对战后日本的影响》，波拉提·司马义、彭训厚著，《军事历史》2001 年第 2 期。

《天皇的"二战"罪责探析——兼谈天皇制的保留及影响》，何越、张保同著，《南都学坛》2001 年第 5 期。

《试析天皇在日本法西斯化过程中的作用及其战争责任》，丁志强著，《日本问题研究》2004 年第 3 期。

《一部警世巨著——评〈日本天皇的阴谋〉对日本军国主义的揭露及其现实意义》，张震久著，《河北师范大学学报（哲学社会科学版）》2001 年第 4 期。

《为裕仁天皇剖腹"殉葬"的表象背后》，孙立祥著，《石油大学学报》1994 年第 3 期。

《关于裕仁天皇的战争责任》，沈才彬著，《日本问题》1989 年第 3 期。

《日本昭和天皇的战争责任》，乃禾著，《外国问题研究》1989 年第 3 期。

《裕仁天皇：货真价实的战争元凶》，周荣国著，《当代世界》2000 年第 10 期。

《裕仁天皇的战争责任》，吴广义著，《历史教学》2005 年第 1 期。

《裕仁天皇战争责任的再检讨》，程兆奇著，《军事历史研究》2015 年第 6 期。

《裕仁天皇必须承担日本侵略战争的责任——评〈真相——裕仁天皇与侵华战争〉》，郭静著，《社会科学论坛》2005 年第 9 期。

《论日本昭和天皇裕仁的战争责任——兼驳日本右翼"天皇无罪史观"》，李建军著，《贵州大学学报》2002 年第 5 期。

《也谈裕仁天皇的战争罪责——与沈才彬同志商榷》，刘士田著，《军事历史研究》1991 年第 4 期。

《从日本天皇制的演变看裕仁天皇的战争责任》，陆永庆著，《旅游科学》1989 年第 2 期。

《裕仁与第二次世界大战——纪念"七·七"事变 52 周年、"九·一八"事变 58 周年》，陈文波著，《国际关系学院学报》1989 年第 3 期。

《侵华战争中的日本天皇及皇族》，王天平著，《民国档案》2001 年第 3 期。

《天皇与日本的侵华战争》，[日]井上清著；管宁译，《抗日战争研究》1993 年第 2 期。

《裕仁天皇侵华战争责任探析》，丁晓杰、阿莉塔著，《内蒙古师大学报》1997 年第 5 期。

《论日本天皇裕仁与侵华战争》，侯衔正著，《江汉大学学报》1997 年第 2 期。

《日本侵华战争与裕仁天皇的战争责任》，吴广义著，《日本学刊》2005 年第 4 期。

《裕仁天皇在日本侵华中扮演了什么角色》，王俯民著，《民国春秋》1989 年第 5 期。

《"九·一八"事变与日本天皇》，李友明著，《鞍山师院学报》1997 年第 3 期。

《裕仁天皇和九一八事变》，李东朗著，《抗战史料研究》2012 年第 1 期。

《天皇裕仁和九一八事变》，李东朗著，《中国浦东干部学院学报》2019 年第 1 期。

《昭和天皇与伪满洲国的建立》，龚娜著，《社科纵横》2014 年第 11 期。

《日本入侵华北与昭和天皇》，龚娜著，《理论界》2014 年第 6 期。

《裕仁天皇与"七七事变"》，王俯民著，《南京史志》1993 年第 4 期。

《日本天皇裕仁与卢沟桥事变》，赵德芹、高凡夫著，《北京社会科学》2006 年第 4 期。

《昭和天皇与卢沟桥事变》，龚娜著，《南开日本研究》2014 年第 1 期。

《犹抱琵琶半遮面——"七七事变"背后的裕仁天皇》，刘旭著，《军事文摘》2019 年第 1 期。

《昭和天皇与八一三事变》，龚娜著，《理论界》2014 年第 5 期。

《日本天皇裕仁与南京大屠杀》，高凡夫著，《南京社会科学》2004 年第 8 期。

《昭和天皇在南京大屠杀过程中的责任》，龚娜著，《日本侵华史研究》2013 年第 2 期。

《日本天皇裕仁与细菌战》，高凡夫、赵德芹著，《湖南文理学院学报》2005 年第 2 期。

《简论裕仁天皇在日本化学毒气战中的责任》，李东朗著，《民国档案》2009 年第 1 期。

《裕仁天皇和日军罪恶的化学战》，李东朗、李瑗著，《党史研究与教学》2007 年第 2 期。

《简论裕仁在日本化学毒气战中的责任》，李东朗著，《中华民族的抗争与复兴——第一、二届海峡两岸抗日战争史学术研讨会论文集（上）》，中国抗日战争史学会等编，团结出版社 2010 年版。

《昭和天皇在日本侵华时期实施生化战的责任》，龚娜著，《历史教学（下半月刊）》2010 年第 12 期。

《裕仁天皇的战争责任与东京审判》，宋志勇著，《外国问题研究》1989 年第 4 期。

《再论昭和天皇的战争责任与东京审判》，宋志勇著，《世界近现代史研究》第一辑，中国社会科学出版社 2004 年版。

《江口圭一谈"十五军战争"与裕仁天皇的战争责任》，吕永和摘译，《世界史研究动态》1989 年第 12 期。

《从〈东京审判〉看国际法的标准——对天皇战争责任的思考》，李令著，《今日南国（理论创新版）》2009 年第 7 期。

《裕仁言论摘录》，蒋立峰译，《日本问题资料》1989 年第 3 期。

《日本侵华与昭和天皇的独白》,张振鹍著,《抗日战争研究》1993 年第 2 期。

《昭和天皇独白录》(上、下),[日] 寺崎英成著;胡晓丁、贾宝波译,《世界史研究动态》1991 年第 8/9 期。

《"昭和天皇独自录"与东京审判》,[日] 吉田裕著;吕昶译,《世界史研究动态》1991 年第 9 期。

《明治宪法不能为天皇"免罪"》,陈伟著,《中国社会科学报》2015 年 8 月 21 日。

《日本昭和天皇〈终战诏书〉文本解读》,张丽丽、巩建华著,《广东海洋大学学报》2015 年第 5 期。

（3）天皇制得以保留的原因

《裕仁天皇:从神到人》,傅国涌著,《文史参考》2010 年第 5 期。

《日本在败降过程中维护天皇制的活动》,徐康明著,《抗日战争研究》1995 年第 3 期。

《日本天皇为何未被定罪》,张壮年、张颖震著,《跨世纪（时文博览）》2009 年第 14 期。

《裕仁天皇的战争罪责缘何未被追究》,刘映春著,《当代世界》1995 年第 4 期。

《裕仁天皇的战争责任何以未被追究》,孙艺年著,《哈尔滨工业大学学报》2005 年第 5 期。

《日本天皇裕仁的战争责任和未受惩罚的原因》,段西宁著,《巢湖学院学报》2007 年第 1 期。

《战后日本天皇制得以保留的多元因素分析》,贾璇、杨华著,《大连大学学报》2018 年第 4 期。

《日本天皇制保留原因初探》,刘金源著,《日本研究》1995 年第 4 期。

《战后日本天皇制保留原因初探》,刘金源著,《日本学刊》1995 年第 6 期。

《战后天皇制及其存续的原因》,王金林著,《日本学刊》1995 年第 4 期。

《日本投降后为什么仍保持天皇制》,陆仰渊著,《民国春秋》1996 年第 4 期。

《谈美国与战后日本天皇制》,谢慧君著,《理论界》2006 年第 S1 期。

《美国为何设法保留了日本的天皇制》,马久正著,《中学历史教学参考》

1999 年第 5 期。

《试论二战末期美国与日本天皇制的保留》,袁成亮著,《西部学刊》2017 年第 1 期。

《二战期间美国关于战后日本天皇制政策的制定》,曲梦晨著,《史学集刊》2017 年第 5 期。

《美日围绕处理天皇和天皇制问题的博弈》,宋成有著,《世界近现代史研究》2016 年第 1 期。

《蒋介石与战后日本天皇制》,陈奉林著,《史学集刊》2003 年第 4 期。

《蒋介石曾力主保留日本天皇制》,本刊著,《军事历史》1993 年第 6 期。

《战后日本天皇制的保留及其特点和影响》,王金辉著,《哈尔滨工业大学学报》2003 年第 1 期。

《战后日本象征天皇制的确立及其存续的原因》,沈美华著,《山东师大学报》2003 年第 1 期。

《战后日本文学与象征天皇制》,贾璇著,《大连海事大学学报》2016 年第 5 期。

5. 关于日本右翼势力抬头和否认侵略历史问题

（1）日本否认、美化侵略历史及其原因

《评战后日本政府右倾化政策和发展道路》,解学诗著,《社会科学战线》2015 年第 12 期。

《战后日本政治右倾化的历史轨迹及主要特征》,王希亮著,《日本侵华史研究》2016 年第 2 期。

《试论日本侵略和不肯反省的缘由》,尹铮著,《日本问题研究》1996 年第 1 期。

《关于日本人不能正确反省战争的历史分析》,郑敬高著,《青岛海洋大学学报》1995 年第 4 期。

《简析日本不愿反省侵略历史的原因》,彭凯著,《黔南民族师范学院学报》2006 年第 5 期。

《日本缘何不能对二战进行正确反思》,史善庆著,《辽宁行政学院学报》2007 年第 1 期。

《日本为何有人抵赖侵略战争历史——访著名史学专家高兴祖、孙宅巍》,卢海鸣等著,《紫金岁月》1995 年第 6 期。

《日本自卫队所建战争博物馆相关问题——对南京大屠杀、重庆大轰炸等加害事件的隐匿》，[日]南守夫著；芦鹏译，《日本侵华史研究》2013年第3期。

《深挖日本否认二战罪责的根源　充分认识中国纪念抗日战争胜利70周年的深远意义》，张宏毅著，《历史教学问题》2016年第1期。

《试析日本右翼分子否定侵略、美化战争的原因》，于耀洲、刘丽华著，《江桥抗战及近代中日关系研究（上）》，周彦、李海主编，吉林人民出版社2005年版。

《为什么日本政客要否定侵略战争的历史》，王朝文著，《世界经济与政治》1995年第1期。

《日本的右翼势力缘何漠视二战的侵略历史》，胥敏著，《党政干部学刊》2004年第6期。

《战后日本右翼势力否认侵略历史原因探析》，聂好春著，《郑州大学学报》1997年第3期。

《狭隘民族主义——日本右翼势力否认侵略战争的原因之一》，丁晓杰、阿莉塔著，《内蒙古师大学报》1999年第1期。

《冷战后日本右翼对侵略历史的否认及其原因》，王少普著，《日本研究》2000年第2期。

《日本右翼势力否认侵略罪行的历史根源探析》，王万里著，《传承》2016年第3期。

《日本否定、美化侵略历史的原因》，周平著，《中学政治教学参考》2002年第9期。

《日本为何屡屡否认侵略战争》，陈宣圣著，《瞭望》2001年第12期。

《为什么日本有人否定二战侵略历史》，唐天日著，《世界形势研究》1995年第16期。

《日本为何不能正视其侵略历史?》，刘江永著，《瞭望》1995年第33期。

《日本为什么不能正视侵略历史》，王新生著，《时事报告》1998年第8期。

《日本为何不肯正视侵略战争事实》，王坚德著，《福建师范大学学报（哲学社会科学版）》2002年第1期。

《山田朗:日本为什么不能正视历史?》，李玉著，《中国图书评论》2014年第10期。

《日本为什么不肯认真反省二战罪行》，杨颖著，《军事历史》2015年第3期。

《日本为什么不反省战争罪责——从两部日本学者的专著谈起》,章伯锋著,《抗日战争研究》2000 年第 4 期。

《论日本回避侵略历史的原因》,蔡丽娟著,《丹东师专学报》1995 年第 4 期。

《也谈日本拒不认罪的原因》,赖某深著,《探索与争鸣》2005 年第 9 期。

《日本至今不肯服罪的文化心理因素》,陈仲丹著,《中国社会科学报》2014 年 8 月 4 日。

《阴魂不散:从部分史实看日本为何讳言侵略》,曲家源著,《文汇报》1995 年 8 月 9 日。

《试析日本掩盖战争罪行与推卸战争责任的原因及实质》,鲁志美、隋东晨著,《北方论丛》1999 年第 1 期。

《日本有人美化"二战"罪行原因浅析》,赵素卿著,《理论探索》1996 年第 1 期。

《日本美化侵略历史的动向及其根源》,刘江永著,《现代国际关系》1996 年第 9 期。

《战后日本美化侵略历史根源何在》,秦东仁著,《中学历史教学参考》2001 年第 8 期。

《日本不能深刻反省侵略罪责的思想根源探析》,刘军民著,《政工学刊》2005 年第 8 期。

《日本战后反省态度问题的历史与思想根源》,西林著,《团结报》2019 年 8 月 15 日。

《"皇国史观"是日本否认侵略历史的思想根源》,王维远、王江鹏著,《政工学刊》2000 年第 8 期。

《战后日本缘何美化侵略历史——从日本"皇国史观"论起》,王江鹏、王维远著,《日本研究》1999 年第 3 期。

《论 80 年代以来日本军国主义史观的泛滥同新保守主义的关联》,王希亮著,《抗日战争研究》2000 年第 3 期。

《日本坚持对外扩张、美化侵华战争的原因及后果》,陆相欣著,《郑州轻工业学院学报》2001 年第 2 期。

《试析日本右翼势力否定侵华历史的原因》,高兰著,《齐齐哈尔师范高等专科学校学报》2008 年第 4 期。

《试析日本右翼分子否定侵略、美化战争的原因》,于鹏著,《黑龙江教育学院学报》2008 年第 7 期。

《尊重历史　面向未来——评战后日本在侵略战争问题上的反复态度及其原因》,聂好春著,《新乡师专学报》1996 年第 1 期。

《日本有些人为什么总想为侵略战争翻案》,曾北文、肖又新著,《炎黄春秋》1995 年第 6 期。

《日本认罪为何如此困难——历史认识原因的探索与分析》,董菲晨著,《赤子(上中旬)》2014 年第 17 期。

《对日本社会翻案顽疾的诊断——从历史进行剖析》,陈显泗著,《江苏社会科学》1999 年第 3 期。

《日本当局对侵华战争的态度与其政治大国战略》,肖贵清、李智才著,《侵华日军暴行(国际)学术研讨会论文集》,中共石家庄市委党史研究室等编,新华出版社 1996 年版。

《从民族文化心理透析日本的战争反省》,张学岩著,《北京教育学院学报》2005 年第 1 期。

《试论制约日本反省战争罪责的文化因素》,常冬辉著,《社会科学家》2005 年第 S2 期。

《探寻日本社会深层结构与其对侵略战争态度的关系》,何秋莎著,《南京邮电学院学报》2000 年第 3 期。

《论日本狭隘的集团意识对侵略战争及战后反省的影响》,陈橹、李妍著,《南京理工大学学报》2005 年第 5 期。

《厚内的战争受害者抚恤与歪曲的历史认识》,[日]田中宏著,《侵华日军暴行(国际)学术研讨会论文集》,中共石家庄市委党史研究室等编,新华出版社1996 年版。

《日本的抵赖同美国的包庇是分不开的》,王朝文著,《世界经济与政治》1995 年第 9 期。

《日本不愿谢罪的最关键原因是美国的包庇、姑息、纵容》,黄中元著,《纪念中国人民抗日战争暨世界反法西斯战争胜利 70 周年理论研讨会论文集》,中国延安精神研究会等编,2015 年。

《日美关系在日本二战历史观中扮演的角色》,刘发为、鲁迪著,《长春大学学报》2015 年第 5 期。

《美国的占领政策与日本历史反思》,孟庆龙著,《中日关系史研究》2010 年第 3 期。

《日本二战反思与美国责任》,孟庆龙著,《中国社会科学报》2015 年 8 月 18 日。

（2）右翼势力的抬头及其原因

《战后日德两国右翼势力之比较》,孙立祥著,《日本学论坛》1998 年第 2 期。

《日本右翼势力论纲》,孙立祥著,《东北师大学报》2007 年第 4 期。

《略论日本右翼运动的发端及早期活动》,王希亮著,《南京大屠杀史研究》2012 年第 2 期。

《战前日本右翼势力的谱系构成及其历史嬗变》,孙立祥著,《社会科学战线》2019 年第 11 期。

《日本右翼势力的历史演变及其重新抬头的原因》,孙立祥著,《中国石油大学学报（社会科学版）》2010 年第 5 期。

《日本侵华历史不容否定——评日本右翼势力对侵华历史之歪曲》,关捷、关伟著,《中南民族学院学报》2002 年第 2 期。

《日本右翼学者的战争翻案新动向》,孙立祥著,《世界历史》2014 年第 4 期。

《日本右翼分子的隐蔽战》,王希亮著,《中国社会科学报》2014 年 7 月 25 日。

《日本社会的右倾化与相对化意识》,纪廷许著,《日本侵华史研究》2013 年第 3 期。

《民族主义情绪和军国主义野心——日本政界的两条幽灵》,李艳荣、赵学成著,《中共太原市委党校学报》2003 年第 5 期。

《论战后初期日本右翼势力的复活及其主要特征》,王希亮著,《日本学刊》2003 年第 2 期。

《论 20 世纪 80 年代日本的右翼运动及其战争翻案活动》,王希亮著,《学习与探索》2003 年第 2 期。

《日本政治右倾化的原因剖析》,谢新清著,《重庆交通学院学报》2004 年第 1 期。

《日本右翼势力猖獗原因浅析》,王秩龙著,《台州师专学报》1999 年第

4 期。

《日本右翼势力日趋猖獗的背后》,王凤贤著,《当代世界》2005 年第 10 期。

《论战后日本右翼势力抬头的原因》,孙立祥著,《东北师大学报》1997 年第 6 期。

《战后日本右翼势力复苏的历史根源探究》,梁成著,《黑河学刊》2015 年第 8 期。

《战后日本右翼发展的特点及走向》,杨艳著,《和田师范专科学校学报》2005 年第 4 期。

《日本右翼一再掀起"翻案"逆流的原因和危害》,萧栋梁著,《湖南社会科学》2000 年第 5 期。

《日本武士道与日本右翼势力关系论》,朱东旭、王新著,《唐山师范学院学报》2009 年第 4 期。

《试论日本右翼势力对中日历史问题的操弄及对应策略》,张晓刚著,《大连大学学报》2019 年第 2 期。

《"前事不忘,后事之师":略论日本军义复活的倾向及根源》,刘天纯著,《中国社会科学院研究生院学报》1995 年第 4 期。

《日本军国主义势力复活原因简析》,王莹先著,《河南师范大学学报》1997 年第 5 期。

《日本"战后军国主义现象"嬗变成因透视——抗战胜利 50 周年的沉思》,黄湛著,《北华大学学报》1995 年第 Z1 期。

《日本否定侵略战争历史的军国主义阴魂为何不散》,李世华著,《思想理论教育导刊》1995 年第 8 期。

《军国主义阴魂缘何久驻日本》,达君著,《承德民族职业技术学院学报》1996 年第 3 期。

《日本军国主义为何阴魂不散》,郭海湖著,《中学历史教学参考》1996 年第 12 期。

《日本军国主义阴魂缘何久驻不散》,马昌海著,《北京社会科学》1997 年第 1 期。

《日本军国主义复活的历史渊源》,刘庭华著,《军事历史》1997 年第 3 期//《第二次世界大战史论文集④:人民战争的胜利》,刘鲁民、徐根初主编,金盾出版社 1998 年版。

《日本军国主义思潮死灰复燃的历史渊源》,刘庭华著,《日本侵华史研究》2013 年第 4 期。

《天皇和天皇制的存续与日本军国主义的复活》,杨秀云著,《许昌学院学报》2009 年第 3 期。

《"和魂"不等于和平之魂——日本军国主义死灰复燃的潜在诱因》,游友禄著,《达县师专学报》2001 年第 3 期。

《战后日本军国主义暗流存在的原因及影响》,史桂芳著,《新视野》1999 年第 2 期。

《战后军国主义势力复活原因浅析》,王生彦著,《西藏大学学报》(汉文版)1999 年第 4 期。

《从道德价值观看日本右翼的精神实质》,魏帮顺著,《日本侵华史研究》2014 年第 3 期。

《日本屠杀"虚构派"言论代表了日本右翼的意图》,卢彦名著,《日本侵华史研究》2014 年第 1 期。

《警惕日本右翼势力复活军国主义的企图》,黄家盛著,《安徽农业大学学报》2000 年第 4 期。

《军国主义遗毒缘何久驻日本》,相艳著,《人文杂志》2000 年第 3 期。

《警惕民族主义的恶性膨胀》,李世安著,《光明日报》2005 年 7 月 12 日。

《对日本部分人不正确对待第二次世界大战中日本侵略历史的考察》,彭兴惠著,《清华大学学报》1996 年第 1 期。

《日本政治右倾化及其对中日关系的影响》,周璐铭著,《东北亚学刊》2013 年第 6 期。

《日本投降前后美国的对日政策与战后日本军国主义的复活》,张卫军著,《河南师范大学学报》2003 年第 3 期。

《从战后美国对日政策看日本军国主义的复活》,许刚雁著,《阴山学刊》1998 年第 2 期。

《从战后美国对日占领政策看日本军国主义思潮复活之历史原因》,项福库、孙兰兰著,《佳木斯大学学报》1999 年第 2 期。

《美国的对日占领政策与战后日本军国主义的存续》,史桂芳著,《北京党史》2002 年第 3 期。

第四节 战争遗留问题与中日历史问题

一、总论

《第二次世界大战中的德国问题》,金重远著,《复旦学报(社会科学版)》1993 年第 1 期。

《第二次世界大战中的日本问题》,金重远著,《复旦学报》2000 年第 4 期。

《近年中国史学界关于二战时期日本侵华遗留问题的研究成果述评》,梁占军著,《世界历史》2005 年第 4 期。

《近 10 年关于日军侵华罪行和遗留问题研究综述》,郭德宏、陈亚杰等著,《安徽史学》2006 年第 1 期。

《近十年来大陆学界对中日战后历史遗留热点问题的探讨》,张德明著,《中共党史研究》2016 年第 3 期。

《回顾与前瞻:近十年来中国学界关于日本侵华战争遗留问题研究》,郭永虎、暴占杰著,《北华大学学报》2017 年第 3 期。

《以史为鉴 面向未来——我国处理日本侵华历史问题的方针与启示》,邱进宝著,《纪念中国人民抗日战争暨世界反法西斯战争胜利 60 周年学术研讨会论文集:上卷》,中共中央党史研究室科研管理部编,中共党史出版社 2006 年版。

《日本侵华战争的遗留问题》,华永正著,《党史纵览》1995 年第 1 期。

《日本侵华战争遗留问题概述》,何天义著,《抗日战争研究》1997 年第 4 期。

《日军侵华战争遗留问题概述》,呼家财、刘长波著,《党史文苑》2005 年第 14 期。

《中日战争的遗留问题有待解决》,吴天威著,《抗日战争研究》1998 年第 4 期。

《中日战争遗留问题研究述评》,荣维木著,《江海学刊》2001 年第 6 期。

《论题:关于日本侵华战争的遗留问题》,苏智良等著,《历史教学问题》2004 年第 3 期。

《日本侵华战争遗留问题探析》,王芳著,《学理论》2015 年第 33 期。

《两次中日战争以及战争遗留问题》,包树芳著,《历史教学问题》2015 年第 3 期。

《关于中日战争遗留问题的思考》,荣维木著,《北京观察》2005 年第 8 期。

《中日历史问题研究的过去、现在与未来——访中国社会科学院近代史研究所研究员步平先生》,步平、徐志民、马晓娟著,《历史教学问题》2016 年第 4 期。

《解决日本战争遗留问题的必要性和可能性》,徐勇著,《北京中国抗日战争史研究会建会 20 周年学术论文集》,沈强主编,北京出版社 2012 年版。

《重视两个区别:关于中日历史问题的研究方法》,步平著,《安徽师范大学学报》2015 年第 4 期。

《抗战胜利后对日本的战后处理与中日历史问题》,步平著,《历史教学问题》2016 年第 1 期。

《再论中日历史问题的对话空间》,步平著,《社会科学战线》2015 年第 7 期。

《笔谈中日关系中的历史问题》,时殷弘、吴学文、白竞凡等著,《抗日战争研究》2003 年第 3 期。

《解析中日关系中的历史问题》,吴广义著,《世界经济与政治》2004 年第 2 期。

《述论中日关系中的历史问题》,陈新锦著,《福建商业高等专科学校学报》2006 年第 5 期。

《中日关系之历史问题论析》,鞠京烜著,《河北北方学院学报》2009 年第 3 期。

《对中日历史问题基本状况的分析》,步平著,《中国社会科学院院报》2006 年 12 月 14 日。

《历史学者在解决中日历史问题中的作用》,步平著,《南京大学学报》2005 年第 4 期。

《突破中日历史问题"瓶颈"之探究》,刘利华著,《社会科学论坛》2007 年第 11 期。

二、遗留武器问题

《关东军武器流向略考》,李长林著,《党的文献》2006 年第 1 期。

《论日本关东军的武器流向》,李长林著,《史学集刊》2006 年第 2 期。

《侵华日军化学战的部署与遗弃化学武器》,纪学仁著,《环球军事》2003 年第 20 期。

《日本在中国的化学战及战后遗弃化学武器问题》,步平著,《民国档案》2003 年第 4 期。

《第二次世界大战期间日本在华化学战及战后遗留化学武器问题》,胡德坤、步平著,《珞珈讲坛》第一辑,武汉大学出版社 2006 年版//《占领历史研究:"1931—1949 占领历史研究"国际学术会议论文集》,胡德坤主编,武汉大学出版社 2010 年版。

《试论日军遗留化学武器问题》,祝宁波著,《华东理工大学学报》2003 年第 4 期。

《揭秘日本遗弃在华化学武器》,罗尚荣、李俊远著,《当代军事文摘》2007 年第 11 期。

《仍在贻害的重大罪证:日本在华遗弃化学武器》,吴广义著,《世界知识》2003 年第 19 期。

《仍在伤害中国人的日军遗弃化学武器》,日本化学战罪行研究课题组著,《中国新闻周刊》2005 年第 38 期。

《"人民记忆":日本遗留化学武器问题叙事中的历史与政治》,张泓明著,《日本研究》2019 年第 4 期。

《日本遗弃在华化学武器造成人员伤害的有关问题(1、2)——化学武器与日本遗弃在华化学武器情况介绍》,何跃忠、丁日高著,《中国危重病急救医学》2005 年第 8/9 期。

《日军遗弃化学武器综考——兼评"515"判决书》,高晓燕著,《抗日战争研究》2003 年第 2 期。

《关于吉林敦化日遗毒弹的两个现场》,赵聆实著,《抗日战争研究》2000 年第 1 期。

《难以抚平的历史创伤——从佳木斯日本遗留毒弹伤害事件谈起》,高晓燕著,《黑龙江社会科学》1995 年第 4 期。

《难以抚平的历史创伤》,高晓燕著,《齐齐哈尔师范学院学报(哲学社会科学版)》1995 年第 5 期。

《存凭留史　诲育今人——浙江省丽水市抢救侵华日军细菌战历史档案纪实》,王正媛著,《中国档案》2014 年第 4 期。

《历史,永远不能忘记——侵华日军细菌战义乌受害者口述档案抢救纪实》,《中国档案》2014 年第 4 期。

《侵华日军江西细菌战的危害与战争遗留问题》,吴永明、谢志民著,《江西社会科学》2005 年第 9 期。

《侵华日军遗弃化学武器处理困难之根源及现状》,石建华、石建波著,《军事历史》2008 年第 1 期。

《关于追究日本生化战战争责任的思考》,步平著,《常德师范学院学报》2003 年第 1 期。

《日本否认化学战及遗弃化武责任问题剖析》,高晓燕著,《社会科学战线》2013 年第 12 期。

《论侵华日军遗弃化学武器及日本的销毁责任》,高晓燕著,《日本侵华史研究》2013 年第 1 期。

《战争赔偿与民间赔偿——兼论日军遗华化学武器诉讼案及其前景》,邢爱芬、李天志著,《国际论坛》2007 年第 1 期。

《日军遗华化学武器诉讼案及其前景析——兼论日本的战后责任问题》,邢爱芬著,《河北法学》2007 年第 3 期。

《从国际法上驳日本在其遗弃在华化学武器问题上的立场和观点》,朱文奇著,《中国地质大学学报》2004 年第 1 期。

三、边疆领土问题

《雅尔塔体系与"西藏问题"历史的内在联系》,孙勇著,《中央民族大学学报》2013 年第 6 期。

《雅尔塔条约体系在处理钓鱼岛争端上的国际法地位》,刘丹、何笑青著,《太平洋学报》2014 年第 4 期。

《〈开罗宣言〉发表的背景及其对日本领土处置的规定》,胡德坤著,《启迪现实,昭示未来——纪念开罗宣言发表 70 周年国际学术研讨会文集》,郭宪纲主编,世界知识出版社 2013 年版。

《〈开罗宣言〉是如何规定战后日本领土范围的》,《大江南北》2014 年第 1 期。

《〈开罗宣言〉与钓鱼岛》,刘庭华著,《日本侵华史研究》2014 年第 1 期。

《〈开罗宣言〉对台湾及钓鱼岛归还中国的认定》,韩永利、关敬之著,《太平洋学报》2014 年第 4 期。

《〈开罗宣言〉与中日钓鱼岛领土争端问题》,唐利国著,《思想理论教育导刊》2014 年第 2 期。

《从开罗宣言看今日东海争端》,刘庭华著,《学习时报》2014 年 9 月 8 日。

《开罗会议与钓鱼岛问题探微——纪念〈开罗宣言〉发表 70 周年》,苏智良、李云波著,《历史教学问题》2013 年第 4 期。

《〈开罗宣言〉与战后日本的履行》,吴恩远著,《求是》2014 年第 17 期。

《日本对中国钓鱼岛的侵占窃据与日本政治的右倾化》,徐崇温著,《中国延安干部学院学报》2013 年第 3 期。

《日本为何要发动侵略战争——东条英机的"回答"与野田佳彦的"购岛"》,黄飞英著,《文史月刊》2012 年第 12 期。

《美国在中日钓鱼岛争端上"中立政策"的由来与实质》,胡德坤、黄祥云著,《现代国际关系》2014 年第 6 期。

《〈美日归还冲绳协定〉私相授受钓鱼岛的非法性》,王友明著,《国际问题研究》2012 年第 6 期。

《钓鱼岛是被日本窃取的中国领土》,王建朗著,《人民日报》2013 年 5 月 23 日。

《略论钓鱼岛列岛是中国固有领土》,王春良著,《烟台大学学报(哲学社会科学版)》1998 年第 2 期。

《钓鱼岛归属中国的历史事实探析》,段西宁著,《温州大学学报》2014 年第 3 期。

《中国对钓鱼岛拥有无可争辩的主权——从国际法角度探究》,陈伊莎著,《中外企业家》2014 年第 2 期。

《钓鱼岛问题的由来与中国人民的"保钓"斗争》,张世均著,《重庆教育学院学报》2004 年第 1 期。

《开罗会议、〈开罗宣言〉与台湾回归祖国》,郭震远著,《台湾研究》2003 年第 4 期。

《从〈开罗宣言〉和〈波茨坦公告〉驳"台湾地位未定"论》,郑国梁著,《国防》2005 年第 8 期。

《论国民政府收复台湾策略》,褚静涛著,《江海学刊》2005 年第 2 期。

《抗战后期中国反对"台湾国际共管论"的一场严正斗争》,左双文著,《中共党史研究》1996 年第 2 期。

《冷战的预兆:蒋介石与开罗会议中的琉球问题——〈琉球:战争记忆、社会运动与历史解释〉补正》,汪晖著,《开放时代》2009 年第 5 期。

《日本右翼势力的"台湾情结"及其表象背后》,孙立祥著,《石油大学学报(社会科学版)》2003 年第 5 期。

《日本右翼势力支持"台独"的历史考察》,孙立祥著,《日本学论坛》2007 年第 1 期。

《日本右翼势力支持"台独"的原因剖析》,孙立祥著,《中国石油大学学报(社会科学版)》2007 年第 3 期。

《中国针对日本右翼势力支持"台独"的对策研究》,孙立祥著,《西南大学学报(社会科学版)》2010 年第 6 期。

《"台独"势力的"日本情结"问题》,孙立祥著,《日本学论坛》2003 年第 3 期。

《战后日本右翼势力与海峡两岸统一》,孙立祥著,《中共天津市委党校学报》2003 年第 2 期。

《近百年来东亚历史中的"琉球问题"》,李若愚著,《史林》2011 年第 4 期。

《中国国民政府与琉球问题》,王海滨著,《中国边疆史地研究》2007 年第 3 期。

《困中求变:1940 年代国民政府围绕琉球问题的论争与实践》,侯中军著,《中国社会科学院近代史研究所青年学术论坛(2009 年卷)》,社会科学文献出版社 2011 年版//《近代史研究》2010 年第 6 期。

《抗日战争期间国民政府关于琉球问题的论争》,崔艳芳著,《齐齐哈尔工程学院学报》2013 年第 3 期。

《战后的琉球处置》,王建朗著,《国家人文历史》2013 年第 18 期。

《二战后中国曾尝试收复琉球》,曾铭著,《报刊荟萃》2012 年第 12 期。

《蒋介石两次拒绝接收琉球群岛》,王言著,《文史博览》2008 年第 1 期。

《开罗会议揭秘:蒋介石拒接琉球群岛始末》,缪平均著,《中国人才》2013 年第 18 期。

《20 世纪 40 年代国民政府对琉政策中的美国因素》,张智丹、魏克威著,《天中学刊》2009 年第 6 期。

《琉球托管的国际法研究——兼论钓鱼岛的主权归属问题》,刘丹著,《太平洋学报》2012 年第 12 期。

《冲绳问题的复杂因素及其本质》,李薇著,《日本学刊》2010 年第 5 期。

《美日同盟的出现与冲绳问题的产生》,陈静静、张英姣著,《东北亚论坛》2011 年第 1 期。

《试论二战后美国托管冲绳政策的形成》(上、下),安成日、李金波著,《北华大学学报》2011 年第 6/7 期。

《日本政府在最初处理冲绳问题上的努力(1945—1948)》,刘少东著,《历史教学(高校版)》2009 年第 3 期。

《试论二战后日本在领土处理问题上的态度与美国托管冲绳》(一、二),安成日、李金波著,《大连大学学报》2013 年第 1/5 期。

《日本政府处理"冲绳问题"的战略构想与对美交涉》,田庆立著,《北华大学学报》2013 年第 4 期。

《美日韩关于归还冲绳问题的三边交涉》,孙俊华、张念春著,《唐山师范学院学报》2005 年第 4 期。

《〈旧金山和约〉与日本领土处置问题》,胡德坤、韩永利著,《现代国际关系》2012 年第 11 期。

《日苏"北库页岛利权"之争》,李凡著,《南开学报》2002 年第 1 期。

《二战后日苏"北方领土"问题的形成》,李凡著,《世界历史》2005 年第 6 期。

《日俄关系中的"不和谐音符"——论北方四岛问题与日俄关系》,梁瑞红、徐国强著,《二战及其遗留问题对国际关系的影响》,二战史研究会编,2004 年。

四、慰安妇问题

《困扰中日关系的历史问题——以"慰安妇"为例》,江文君、苏智良著,《甘肃社会科学》2007 年第 3 期。

《"慰安妇"问题的过去与近况》,苏智良著,《百年潮》2007 年第 10 期//《纪念七七事变爆发 70 周年学术研讨会论文集》,中国社会科学院中日历史研究中心等编,社会科学出版社 2009 年版。

《不正视"慰安妇"问题日本就无法卸下历史包袱》,苏智良著,《中国青年报》2013 年 6 月 14 日。

《"慰安妇"问题:关乎历史,亦关乎现实》,李玉著,《中国社会科学报》2014 年 2 月 12 日。

《"慰安妇"问题：日本欲盖弥彰》，张国清著，《解放日报》2007年3月2日。

《"慰安妇"问题考验美日同盟》，黄睿著，《人民日报（海外版）》2007年8月6日。

《美众院外委会有望通过"慰安妇"议案》，邓玉山著，《新华每日电讯》2007年6月27日。

《南京大屠杀和"慰安妇"档案已申报联合国教科文组织世界记忆名录》，崔志华著，《中国档案报》2014年6月19日。

五、其他遗留问题

《中日战争遗留问题的源头——东京审判与〈旧金山和约〉》，刘立伟著，《沧桑》2013年第2期。

《抗战时期重庆大轰炸的损失及其遗留问题》，潘洵、彭兴华著，《纪念中国人民抗日战争暨世界反法西斯战争胜利60周年学术研讨会论文集：上卷》，中共中央党史研究室科研管理部编，中共党史出版社2006年版。

《花岗事件与战争遗留问题》，田中宏著，《抗日战争研究》1992年第4期。

《花冈事件与战后遗留问题》，刘宝辰著，《第二届近百年中日关系史国际研讨会论文集》，中国抗日战争史学会等编，中华书局1995年版。

《二战后侵华日军"山西残留"——历史真实与档案记录》，孔繁芝、尤晋鸣著，《抗日战争研究》2011年第2期。

《日本关东军在中国的最后一战——平定通化"二·三"反革命暴乱纪实》，殷长恩、马宝贵著，《党史纵横》2004年第2期。

《黑龙江西部侵华日军战争遗址的调查与保护》，关庆凡、崔建伟、于耀洲，《学术交流》2012年第S1期。

《东北边境日本关东军要塞的历史与现状考察》，车霁虹著，《北方文物》2008年第3期。

《国内关于日本关东军要塞研究述评》，段光达、沈一民等著，《学术交流》2010年第8期。

《沈阳二战盟军战俘营的文化资源价值》，石恒利、张一波著，《中国及太平洋抗战与战俘问题研究——中国及太平洋抗战与战俘问题国际学术研讨会文集》，井晓光、王建学等主编，辽宁人民出版社2009年版。

《二战盟军战俘遗迹的国际意义》，邓永泉著，《中国及太平洋抗战与战俘问题研究——中国及太平洋抗战与战俘问题国际学术研讨会文集》,井晓光、王建学等主编,辽宁人民出版社 2009 年版。

《日本的台湾南进基地化政策及其对战后中日安全合作的影响》,陈艳云著,《第二次世界大战与亚太国际合作:第二次世界大战史(重庆)学术讨论会论文集》,苑鲁、谢先辉主编,重庆出版社 2003 年版。

《抗战胜利后日本在中国东北遗留资产归属问题》,刘萌、刘琼著,《兰台世界》2019 年第 12 期。

《现代中日关系史研究上永远的缺憾——关于日本投降前后烧毁文书的情况及其他》,臧运祜著,《近代史研究》2005 年第 5 期。

六、历史认识问题和中日共同历史研究

《日本人历史认识问题的症结点》,姜克实著,《抗日战争研究》2007 年第 1 期。

《德日两国对待侵略历史的比较分析》,刘早荣著,《学习与实践》2005 年第 4 期。

《战后日德两国对二战历史认识的比较研究》,王玉芹著,《社会科学战线》2016 年第 11 期。

《战后七十年日本历史认识问题解析》,韩东育著,《中国社会科学》2015 年第 9 期。

《战后七十年日本历史认识问题解析(英文)》,韩东育、隋立栋著,Social Sciences in China,vol.3,2017.

《试论中日关系中的"历史认识问题"》,张历历著,《国际论坛》2004 年第 4 期。

《历史认识如何跨越国境?》,步平著,《中国社会科学院报》2009 年 1 月 13 日。

《关于中日历史认识问题的思考》,步平著,《当代中国史研究》2005 年第 5 期。

《日本战后历史认识问题根源再探——一种政治文化视角的分析》,刘备著,《黑河学刊》2013 年第 8 期。

《论日本历史认识问题的文化根源》,杨普安著,《菏泽学院学报》2007 年第 6 期。

《试析日本人的历史认识问题形成原因》,张建立著,《日本学刊》2012 年第 2 期。

《浅析日本人的历史认识问题》,张建立著,《国际政治研究》2015 年第 6 期。

《冷战后中日关系中历史认识问题激化的日本文化因素》,游博著,《理论导刊》2006 年第 12 期。

《日本人的历史观——从民族史观的角度看历史认识问题》,归泳涛著,《太平洋学报》2005 年第 3 期。

《日本历史认识问题的几个层次分析》,〔日〕浦野起央著;刘曙琴译,《太平洋学报》2005 年第 7 期。

《记忆与遗忘:论日本的历史认识如何形塑国家认同》,田庆立著,《南开日本研究》2018 年第 1 期。

《日本为何在历史问题上越来越倒退?》,王新生著,《求是》2001 年第 18 期。

《二战后日本国家战史传播与首相战争名称修辞》,张倩著,《淮北师范大学学报》2017 年第 1 期。

《战后日本媒体的历史认识问题》,安平著,《日本研究》2009 年第 3 期。

《关于日本学生战争历史认识问题的考察》,吴广义著,《抗日战争研究》2002 年第 4 期。

《如何理解日本的"历史问题学术化"》,陈季冰著,《经济观察报》2015 年 9 月 14 日。

《在历史认识问题上日本民间团体的反战声音》,宋伟宏著,《溥仪研究》2015 年第 2 期。

《江口圭一的日本"十五年战争"研究》,杨栋梁著,《社会科学战线》2015 年第 12 期。

《日本对七七事变的认识及中日论争》,徐志民著,《军事历史研究》2017 年第 3 期。

《战后日本学者关于卢沟桥事变的主要观点及其实质论析》,白纯、杨曦阳著,《南京政治学院学报》2017 年第 3 期。

《从"历史记忆与历史书写"观二战后德日战后反思》,花琦、王蕊著,《世纪桥》2015 年第 9 期。

《历史认识与中日关系》，张森林著，《日本学论坛》2005 年第 Z1 期。

《日本必须正确反省历史问题》，黄大慧著，《求是》2015 年第 10 期。

《日本的历史认识问题及我们应有的对策》，石岩著，《大连近代史研究》2016 年第 1 期。

《以史为鉴　面向未来——我国政府处理日本侵华历史问题的方针与启示》，印进宝著，《求是》2005 年第 18 期。

《寻求共识的历史认识：关于日本的战争责任与战后责任》，一叶著，《亚太安全与海洋研究》2015 年第 5 期。

《国际社会对日本历史问题的认知与策略》，王秋彬著，《现代国际关系》2015 年第 8 期。

《中韩合作解决日本历史认识问题的可能性研究》，许寿童著，《朝鲜·韩国历史研究》2013 年第 2 期。

《中韩共同应对日本历史认识问题的现状与展望》，许寿童著，《朝鲜·韩国历史研究》2014 年第 1 期。

《浅析美国对日本历史问题态度的变化》，刘飞涛著，《国际问题研究》2007 年第 3 期。

《美国对美日之间历史认识问题的应对》，刘卫东著，《当代亚太》2014 年第 5 期。

《美国对日政策与日本历史认识的关系》，史桂芳著，《世界近现代史研究》2015 年第 1 期。

《日本的历史认识问题与东亚国家的应对策略》，许寿童著，《东疆学刊》2014 年第 2 期。

《中日摩擦的历史剖析》，王勇著，《江汉论坛》2005 年第 8 期。

《中日关系的"症结"及原因分析》，吴小珊著，《江西财经大学学报》2008 年第 4 期。

《关于日本的"历史问题"》，[日]波多野澄雄著，孙樱译，《国际战略研究简报》2016 年。

《历史问题、中日关系中的不安因素》，步平著，《同舟共进》2007 年第 4 期。

《历史问题，打不得半点儿马虎眼》，步平著，《人民日报》2014 年 9 月 18 日。

《参拜靖国神社与中日关系中的历史问题》，任占娟著，《天府新论》2004 年第 S1 期。

《试析中日两国冲突与纷争的历史问题因素》,吕耀东著,《东北亚论坛》2014 年第 3 期。

《日本侵华历史问题及其影响下的战后中日关系》,刘宗碧、杨华著,《青海师大学报》1996 年第 3 期。

《笔谈:九一八事变与中日关系史研究》,武寅、步平、胡德坤等著,《抗日战争研究》2011 年第 4 期。

《对待中日关系的曲折需要历史眼光和战略思维》,章百家著,《现代国际关系》2014 年第 1 期。

《破解中日关系"死结",实现历史性民族和解——关于中日关系早日走出低谷的若干思考》,孙立祥著,《东北师大学报》2007 年第 2 期。

《笔谈"中日共同历史研究"》,步平、何理、胡德坤等著,《抗日战争研究》2010 年第 1 期。

《中日共同历史研究中的理论与方法问题》,步平著,《抗日战争研究》2011 年第 1 期。

《关于中日共同历史研究的思考》,步平著,《抗日战争研究》2007 年第 1 期。

《中日共同历史研究迈出重要一步》,步平著,《人民日报》2010 年 2 月 5 日。

《中日历史问题的对话空间——关于中日历史共同研究的思考》,步平著,《世界历史》2011 年第 6 期。

《还原历史、超越历史——参加中日历史共同研究的感想》,陶文钊著,《现代国际关系》2010 年第 10 期。

《记住过去,调和未来:对中日共同历史研究的批判性分析》,王晴佳、宗雨著,《抗日战争研究》2011 年第 3 期。

七、战争记忆与国家和解

《第二次世界大战的记忆:冲突、呈现及其意义》,孟钟捷著,《中学历史教学参考》2015 年第 11 期。

《战争集体记忆构建:国际主义、爱国主义与国际和平》,杨夏鸣、肖兆森著,《日本侵华史研究》2017 年第 1 期。

《第二次世界大战:战争记忆与苦难叙事》,张剑著,《光明日报》2015 年 5

月 16 日。

《东亚社会的战争"记忆"与记忆间的"战争"》，郑毅著，《南开日本研究》2015 年第 1 期。

《通过纪念馆看各国对二战历史的态度》，欧阳敏著，《日本侵华史研究》2014 年第 2 期。

《战后初期日本二战记忆的演变及对日本内政外交的影响》，杨婵著，《湖湘论坛》2016 年第 2 期。

《日本人战争记忆的选择、建构——兼谈中日如何共享战争记忆》，胡澎著，《东北亚学刊》2016 年第 3 期。

《中韩日"战争记忆"的差异与历史认识重构》，郑毅著，《日本学刊》2016 年第 3 期。

《中韩日三国对第二次世界大战的记忆及其空间》，金志勋、廉松心著，《北华大学学报》2018 年第 1 期。

《有关建立"远东国际军事法庭纪念馆"的问题》，[日]春日恒男著；芦鹏译，《日本侵华史研究》2015 年第 1 期。

《广岛和平纪念馆的战争纪念特点与作用评析》，孟凡礼、王文涵著，《东北亚学刊》2019 年第 2 期。

《欧洲与亚洲对二战的记忆反思》，杨婵著，《湖南大学学报》2016 年第 1 期。

《德国是这样反思历史的》，黄发红著，《当代社科视野》2014 年第 8 期。

《德国如何建构二战记忆》，孟钟捷著，《决策与信息》2015 年第 5 期。

《错误的战争记忆难以开辟未来》，张君荣著，《中国社会科学报》2015 年 7 月 6 日。

《战后德国的历史反思与再教育》，[德]乌塔·格哈特著；陈琛译，《抗日战争研究》2014 年第 3 期。

《战后德国与波兰有关历史教科书的对话》，[日]宫崎悠著；李静和译，《国际政治研究》2014 年第 3 期。

《历史记忆：二战后初期德国公众心理、西方盟国再教育政策与联邦德国的选择》，花琦著，《世界近现代史研究》2015 年第 1 期。

《俄罗斯与西方博弈二战历史记忆》，张弘著，《中国社会科学报》2015 年 6 月 10 日。

《苏联卫国战争与历史记忆》，张昊琦著，《国外理论动态》2015 年第 6 期。

《当代俄罗斯中学历史教科书的编写与中国抗战的叙述》，［俄］诺维科夫著；俞紫梅译，《历史教学问题》2015 年第 5 期。

《历史记忆与民族复兴——俄罗斯保存卫国战争历史记忆的战略思考》，李世辉著，《当代世界》2015 年第 5 期。

《胜利历史不容篡改和玷污——俄罗斯为维护俄版二战史而斗争》，张盛发著，《俄罗斯东欧中亚研究》2015 年第 3 期。

《占领期美国对日本"战争记忆"的形塑过程研究》，李少鹏著，《北华大学学报》2016 年第 5 期。

《美国中学历史教科书中的中日战争》，孙岳著，《历史教学问题》2015 年第 5 期。

《被忽略的中国：30 年来英国历史教科书中的中日战争叙事》，张利娟著，《四川师范大学学报》2019 年第 4 期。

《拉美也有二战记忆》，李强著，《人民日报》2015 年 8 月 26 日。

《战后中日和解的主要影响因素探析》，和春红著，《浙江工商大学学报》2015 年第 5 期。

《关于中日历史和解的思考——以宽容与反省、记忆与忘却为分析框架》，王广涛著，《日本学刊》2019 年第 6 期。

《中日"历史问题"的过程性结构与"历史和解"可能的原理》，刘建平著，《日本学刊》2019 年第 6 期。

《战后韩日和解的历史与现实——兼与中日和解的比较》，王高阳著，《东疆学刊》2018 年第 4 期。

《二战后日本—东南亚和解与中日和解的比较》，王高阳著，《上海师范大学学报》2018 年第 3 期。

《法德和解及其对中日关系的启示》，蒯娣著，《法制博览》2016 年第 2 期。

《法德和解的原因及其对改善中日关系的启示》，张晓锋著，《重庆科技学院学报》2015 年第 1 期。

《历史教科书与历史和解——法德模式与中日模式探究》，高兰著，《史林》2010 年第 3 期。

《民族和解的德法模式及其对中日和解的启示》，王高阳著，《云南民族大学学报》2019 年第 3 期。

第十四章　第二次世界大战的总结

第一节　反法西斯战争胜利的意义与作用

《反法西斯战争胜利的历史意义》，李储文著，《解放军报》1995 年 5 月 9 日。

《反法西斯战争胜利的伟大历史意义》，曹恩普、唐伟著，《抚顺社联》1995 年第 3 期。

《世界反法西斯战争胜利的历史意义》，丁佩华著，《欧亚观察》1995 年第 3 期。

《试论反法西斯战争胜利的现实意义》，赵杰、杨瑞赟著，《法制与社会》2013 年第 10 期。

《世界反法西斯战争的伟大胜利》，林焕平著，《社会科学家》1995 年第 4 期。

《论世界反法西斯战争胜利的深远影响》，冯特君著，《国际政治研究》1995 年第 3 期。

《伟大而艰难的同盟——略论世界反法西斯战争取胜的重要历史经验》，罗荣渠著，《中共党史研究》1995 年第 4 期。

《当人类面对共同的威胁——论二战教训的当代意义》，余伟民著，《探索与争鸣》2005 年第 9 期。

《20 世纪世界历史的重大转折点(纪念世界反法西斯战争胜利 50 周年)》，黄安年著，《历史学习》1995 年第 5 期。

《第二次世界大战将成为人类历史发展的一座界碑》，王觉非著，《史学理论研究》1995 年第 4 期。

《反法西斯战争与人类命运——反法西斯战争胜利 50 年后的反思》，张象著，《理论与现代化》1995 年第 8 期。

《和平与民主的胜利:和平时代的曙光:反法西斯胜利的历史意义(之一)》，杨秀林著，《湖北师院学报》1996 年第 5 期。

《世界反法西斯国家和人民的共同胜利》,唐希中著,《武汉大学学报》1985年第 4 期。

《历史的功绩　深刻的启示——纪念反法西斯战争胜利 50 周年》,赵菊玲著,《南开学报》1995 年第 5 期。

《历史的反思与展望,从反法西斯战争胜利看世界》,刘山著,《世界知识》1995 年第 1 期。

《试论纪念世界反法西斯战争胜利五十周年的现实主义》,李桂英、于香著,《长春大学学报》1995 年第 2 期。

《纪念世界人民反法西斯战争胜利 50 周年的现实意义》,李桂英、杨宇著,《辽宁教育学院学报》1995 年第 4 期。

《研究抗日战争的时代意义》,雨田著,《惠州大学学报》1995 年第 2 期。

《反法西斯战争胜利的伦理思考》,谢洪恩、陈学明著,《新时代论坛》1995年第 3 期。

《世界反法西斯战争胜利的战略思考》,肖裕声著,《现代军事》2005 年第7 期。

《反法西斯战争是人类的宝贵财富》,刘志青著,《光明日报》2005 年 8 月31 日。

《心灵的长城:反法西斯战争与现代人文精神》,高海涛著,《鸭绿江》1995年第 8 期。

《反法西斯战争的胜利与世界人权保障》,李国兴著,《人权》2009 年第6 期。

《反法西斯战争胜利与人类精神文明进步》,叶书宗著,《探索与争鸣》2010年第 10 期。

《世界反法西斯战争胜利与当代国际法》,胡加祥著,《法学评论》2005 年第5 期。

第二节　　第二次世界大战的经验与教训

《反法西斯战争的历史经验》,《人民日报》编辑部著,《人民日报》1965 年 5月 9 日。

《应该怎样评价第二次世界大战的历史和教训》,章摘编,《学术文摘》1985

年 6 月 24 日。

《第二次世界大战的总结和经验教训》,[苏]田林著;罗长海译,《现代外国哲学社会科学文摘》1985 年第 10 期。

《苏军总参谋长阿赫罗梅耶夫谈:第二次世界大战中的经验教训》,彭训厚著,《解放军报》1985 年 8 月 30 日。

《关于世界人民反法西斯斗争经验的一些浅见:纪念反法西斯斗争胜利四十周年》,杨振芳著,《承德师专学报》1985 年第 3 期。

《大力开掘第二次世界大战的历史经验》,杨得志著,《军事学术》1985 年第 11 期//《第二次世界大战史论文集②》,中国二战史研究会编,国防大学出版社 1986 年版。

《第二次世界大战及历史经验探讨》,李先荣著,《黔南民族师专学报》1995 年第 2 期。

《第二次世界大战的历史经验是人类的宝贵财富》,胡德坤、费泉蕙著,《史学集刊》1995 年第 4 期。

《第二次世界大战有关经验教训的反思》,刘继贤著,《外国军事学术》1991 年第 12 期。

《关于世界反法西斯战争历史经验的思考》,宋成著,《学术交流》1995 年第 6 期。

《关于世界反法西斯战争历史经验的思考》,彭训厚著,《军事历史研究》2000 年第 3 期。

《世界反法西斯战争胜利的两条基本经验教训》,黄海著,《西藏民族学院学报》1995 年第 3 期。

《反法西斯战争的军事经验教训》,韩高润著,《世界知识》1985 年第 18 期。

《二战的反思:教训与经验》,龙永行著,《云南社会科学》1995 年第 4 期。

《我们该如何汲取二战的经验教训》,章百家著,《解放日报》2015 年 12 月 31 日。

《伟大的胜利,珍贵的经验——纪念抗日战争和世界反法西斯战争胜利四十周年》,陆懋曾著,《大众日报》1985 年 8 月 15 日。

《吸取历史经验教训,坚持反对霸权主义:第二次世界大战的历史和教训》,[苏]齐赫文斯基著;朱贵生译,《世界史研究动态》1985 年第 3 期。

《二次大战的历史功绩和教训》,李际均著,《毛泽东思想研究》1995 年第 4 期。

《人类能否记取二战的教训》,罗荣渠著,《中国教育报》1995 年 6 月 7 日。

《认真汲取"二战"的教训——纪念世界反法西斯战争胜利五十周年》,张玉龙著,《沧州师专学报》1995 年第 4 期。

《汲取历史经验教训,坚决反对霸权主义:纪念世界反法西斯战争胜利 50 周年》,邱桂金、田庆安等著,《毛泽东军事思想研究》1995 年第 3 期。

《从国际法看中国抗日战争应汲取的经验教训》,王庆海、姜维久著,《东北师大学报》1998 年第 6 期。

《历史的经验值得注意——略论希特勒发动侵略战争的阴谋伎俩》,施萱著,《光明日报》1976 年 1 月 8 日。

《日本军国主义的兴衰与抗战胜利的历史启示》,车霁虹著,《黑龙江社会科学》1995 年第 4 期。

《吸取历史教训,维护世界和平:纪念第二次世界大战胜利结束四十周年》,段苏权著,《瞭望》1985 年第 18 期//《第二次世界大战史论文集②》,中国二战史研究会编,国防大学出版社 1986 年版。

《回顾战争历史,发展人类和平:写在世界反法西斯战争胜利 50 周年之际》,柯文著,《现代军事》1995 年第 8 期。

《局部战争怎样变为世界大战:第二次世界大战的历史经验之一》,高明振著,《华中师院学报》1984 年第 6 期。

《伟大的历史教训》,[奥] 布鲁诺·克莱斯基著;杜文棠译,《世界史研究动态》1984 年第 7 期。

《让"二战"历史成为我们保卫和平的航标》,黄国平、戴胜宇著,《南京炮兵学院学报》1995 年第 2 期。

《中国反法西斯战争的历史结果:纪念抗日战争胜利 50 周年》,李伟著,《山东党史》1995 年第 5 期。

《人民的胜利——纪念中国人民抗日战争和世界反法西斯战争胜利四十周年》,郑重著,《人民画报》1985 年第 9 期。

《人民的凯旋——纪念世界反法西斯战争胜利五十周年》,金重远著,《复旦学报》1995 年第 4 期。

《世界反法西斯战争胜利的人民性不能低估》,侯振彤著,《理论与现代化》

1995 年第 8 期。

《高唱人民胜利的凯歌——纪念抗日战争和世界反法西斯战争胜利 50 周年》,《人民音乐》1995 年第 8 期。

《战争教育了人民　人民赢得了战争——关于抗日战争胜利暨"二战"结束五十周年的几点思索》,朱学铭著,《扬州职业大学学报》1995 年第 1 期。

《人民赢得了战争、和平与进步:纪念世界人民反法西斯战争胜利 50 周年》,王力年、郝桂兰著,《长春党校学报》1995 年第 2 期。

《人民团结胜利的历史丰碑——纪念抗日战争和世界反法西斯战争胜利四十周年(社论)》,《经济日报》1985 年 9 月 3 日。

《一场正义战胜邪恶的历史大搏斗:从资本主义内部争斗到世界反法西斯战争》,孙继斌著,《四川物价》1995 年第 8 期。

《正义、进步事业必胜——纪念世界反法西斯战争胜利五十周年》,朱贵生著,《现代国际关系》1995 年第 8 期。

《正义战胜邪恶——第二次世界大战简述》,宋飞著,《党史纵横》2001 年第 9 期。

《正义必然战胜邪恶——纪念欧洲反法西斯战争胜利四十周年》,如琛著,《解放军报》1985 年 5 月 9 日。

《人民必胜,正义必胜——纪念抗日战争胜利和世界反法西斯战争胜利 50 周年》,《毛泽东思想研究》编辑部著,《毛泽东思想研究》1995 年第 3 期。

《正义事业必胜——纪念抗日战争和世界反法西斯战争胜利四十周年(社论)》,《江西日报》1985 年 9 月 3 日。

《人类正义的伟大胜利——纪念世界反法西斯战争和中国抗日战争胜利五十周年》,杨吉胜著,《宁夏教育》1995 年第 Z2 期。

《和平与正义是不可战胜的:纪念中国人民抗日战争胜利五十周年(社论)》,《人民日报》1995 年 9 月 3 日。

《正义事业的伟大胜利——纪念中国人民抗日战争暨世界反法西斯战争胜利 70 周年》,胡德坤著,《求是》2015 年第 9 期//《理论参考》2015 年第 9 期。

《侵略者必败(汉口"受降堂"简介)》,张贤才、张志善著,《长江日报》1983 年 8 月 14 日。

《谈世界人民反法西斯战争中的"物极必反"规律》,李盈福著,《河南教育学院学报》1995 年第 4 期。

《世界反法西斯统一战线与二战的胜利》,王林凤著,《辽宁税专学报》1995年第 3 期。

《第二次世界大战的胜利是反法西斯统一战线的胜利》,张航著,《惠州师专学报》1987 年第 1 期。

《反法西斯战争的胜利是世界反法西斯统一战线的胜利——纪念反法西斯战争胜利四十周年》,姚昆遗著,《历史教学问题》1985 年第 5 期。

《妥协换来战火,联盟赢得胜利:世界反法西斯战争胜利五十周年反思》,付际红著,《承德民族师专学报》1996 年增刊。

《从二战看国际无信义》,萧乾著,《中国民政》1996 年第 3 期。

《为了人类惨祸不再重演(纪念反法西斯战争胜利四十周年)》,《人民日报》1985 年 8 月 27 日。

《居安思危　实力为本——纪念二战反思录》,赵昌著,《兰州学刊》1995 年第 5 期。

《勿忘历史教训　坚持和平发展——世界反法西斯战争胜利 50 周年的历史沉思》,李际均著,《求是》1995 年第 9 期。

《历史潮流不可阻挡,纪念第二次世界大战胜利 50 周年》,朱贵生著,《解放军报》1995 年 5 月 9 日。

《加强二战研究　维护世界和平》,卢野鹤著,《现代外国哲学社会科学文摘》1985 年第 10 期。

《重温历史,维护和平:纪念世界反法西斯战争胜利四十周年》,李巨廉著,《历史教学问题》1985 年第 4 期。

《维护和平,反对战争:写在战胜德意日法西斯四十周年之际》,吴友法著,《武汉大学学报》1985 年第 4 期。

《为了人类惨祸不再重演》,本刊资料室著,《瞭望》1985 年第 33 期。

《只有民族独立方能国家富强——纪念世界反法西斯战争胜利五十周年纪念中国人民抗日战争胜利五十周年》,胡捍今著,《北京第二外国语学院学报》1995 年第 4 期。

《关于民族基本理论的几点思考——纪念反法西斯战争胜利五十周年的一些沉思》,芊一之著,《青海民族研究》1995 年第 2 期。

第三节　第二次世界大战的影响与后果

一、总论

《改变世界面貌的一场战争——近十年来中国学术界关于二次大战对战后世界影响研究综述》，赵文亮著，《盐城师范学院学报（人文社会科学版）》2006年第 3 期。

《一场改变时代的正义战争》，胡德坤著，《中国社会科学报》2010 年 8 月 3 日。

《试论两次世界大战对战后世界的影响》，徐蓝著，《二战及其遗留问题对国际关系的影响》，二战史研究会编，2004 年。

《对第二次世界大战的后果和影响的再认识》，张克贤著，《青岛师专学报》1989 年第 2 期。

《反法西斯战争胜利对战后世界的影响》，沈学善著，《江海学刊》1995 年第 3 期。

《略论二战对战后世界的影响》，牛力、邱桂金著，《第二次世界大战与世界历史进程：第二次世界大战史（武汉）学术讨论会论文集》，胡德坤主编，武汉大学出版社 2002 年版。

《论反法西斯战争胜利的影响》，张象著，《历史教学》1995 年第 8 期。

《对第二次世界大战影响的再认识》，雷恒军、田昕著，《汉中师院学报》1997 年第 2 期。

《二战对战后世界的深远影响》，汤重南著，《世界近现代史研究》2015 年第 1 期。

《全球视野中的第二次世界大战》，徐蓝著，《中国社会科学报》2010 年 8 月 3 日。

《世界历史发展进程中的第二次世界大战》，徐蓝著，《世界历史》2010 年第 5 期。

《从第二次世界大战看人类交往》，杨廷智著，《内蒙古民族大学学报》2005 年第 5 期。

《反法西斯战争与世界历史进程》，胡德坤著，《湖北日报》1995 年 5 月 9 日。

《反法西斯战争与世界历史进程》，胡德坤著，《第二次世界大战史论文集

③：五十年的深思》,李殿仁主编,军事谊文出版社 1996 年版。

《世界反法西斯战争与世界历史进程》,胡德坤著,《人民日报》2005 年 8 月 27 日。

《第二次世界大战的影响及其启示》,彭训厚、徐新民著,《军事历史》2001 年第 5 期。

《阿诺德·J.汤因比论二战的影响与启示》,王薇、王黎著,《四川大学学报》2016 年第 3 期。

《一场不需要的战争的历史结果——第二次世界大战对世界历史进程的影响》,刘新宇著,《中学历史教学参考》2007 年第 11 期。

《沉重与辉煌——论二战与战后世界之发展》,赵承纲著,《贵州师大学报》1995 年第 4 期。

《论反法西斯的第二次世界大战对战后世界的影响》,胡德坤著,《武汉大学学报》1995 年第 4 期。

《第二次世界大战与当代世界——纪念二战胜利 50 周年》,饶咬成著,《郧阳师专学报》1995 年第 4 期。

《伟大的胜利,深远的影响:纪念世界反法西斯战争胜利 50 周年》,张海麟著,《光明日报》1995 年 5 月 8 日。

《伟大的胜利深远的影响——纪念反法西斯战争胜利 50 周年》,张海麟著,《红山撷文——二战史论文选》,张海麟著,中国文史出版社 1999 年版。

《世界大战、集体安全与人类文明的进步》,徐蓝著,《世界历史》2015 年第 4 期。

二、二战规模与人员、物质损失

1. 二战参战国数量与规模

《第二次世界大战:人类社会的空前大灾难》,孙永继著,《军事史林》2008 年第 10 期。

《二战的空前规模》,《党风通讯》1995 年第 8 期。

《二战数字与战事》,《广西会计》1995 年第 9 期。

《第二次世界大战有关资料》,《甘肃教育》1995 年第 9 期。

《第二次世界大战若干数字》,高淑梅著,《军事史林》1994 年第 6 期。

《关于世界反法西斯战争、我国抗日战争的几个数字》,邹余著,《云南国防》

1994 年第 5 期。

《第二次世界大战的参战国》，朱贵生著，《军事历史》1985 年第 3 期//《第二次世界大战军事论文选》，军事学术杂志编，军事科学出版社 1985 年版。

《第二次世界大战的参战国》，杨莉著，《云南国防》1994 年第 3 期。

《再谈第二次世界大战的参战国》，朱贵生著，《军事历史》1986 年第 4 期。

《关于第二次世界大战的参战国问题》，何金铠著，《军事卷通讯》1985 年第 42 期。

《关于第二次世界大战参战国的商榷》，何金铠著，《军事历史》1986 年第 4 期。

《有多少国家卷入第二次世界大战》，萧苏著，《四川统一战线》2005 年第 6 期。

《卷入二战的国家知多少》，夏云安著，《四川统一战线》2010 年第 6 期。

《卷入第二次世界大战的国家知多少》，萧苏著，《四川统一战线》2007 年第 5 期。

《参加第二次世界大战的究竟有多少国家和地区》，邓托夫著，《历史教学》1981 年第 2 期。

《规模空前的世界大战：二战波及范围和主战场地理分布图说明》，方沅著，《地理知识》1995 年第 7 期。

《二战时哪些国家没有发生战争》，徐长贵著，《四川统一战线》2007 年第 5 期。

2. 各国伤亡及损失

《二战损失知多少》，京星著，《文史天地》1995 年第 6 期。

《第二次世界大战的损失》，谭琳辑录著，《历史大观园》1988 年第 2 期。

《第二次世界大战伤亡情况》，阎月凡著，《半月谈》1995 年第 10 期。

《第二次世界大战的伤亡记录》，雪莲摘编，《中国物资再生》1995 年第 9 期。

《第二次世界大战主要交战国伤亡人数》，蔡祖铭著，《军事历史》1984 年第 2 期。

《血写的历史——第二次世界大战中各国死亡人数》，《价格与市场》1995 年第 6 期。

《苏军在历次战争中的伤亡数字》，启新摘编，《军事历史》1993 年第 2 期。

《1941—1945年卫国战争期间苏联的人力损失》，高奇梅编译，《国外社会科学快报》1989年第8期。

《苏联在二战中人员损失》，广翔等编译，《苏联社会科学研究》1989年第2期。

《苏联在二战中的人员损失》，张广翔校，《世界史研究动态》1990年第5期。

《苏联在二战期间人口损失新史料》，王国杰著，《苏联历史问题》1990年第4期。

《苏军在卫国战争各重大战役中损失的真实数字》，冷静著，《军事史林》2006年第12期。

《苏联卫国战争时期的人员损失问题》，吴伟著，《历史教学（下半月刊）》2015年第10期。

《二战苏军将领损失知多少》，靳涛著，《军事史林》2006年第2期。

《第二次世界大战期间波兰人口的变化》，姜天明、丛丕著，《历史教学问题》2006年第1期。

《中国抗战财产损失研究述评》，袁成毅著，《纪念七七事变爆发70周年学术研讨会论文集》，中国社会科学院中日历史研究中心等编，社会科学出版社2009年版。

《世界反法西斯战争中国战场数据统计》，本刊资料室著，《政工研究文摘》2005年第4期。

《抗战时期中国最低限度伤亡人数考察》，袁成毅著，《杭州师范学院学报》1999年第4期。

《关于抗日战争中我国军民伤亡数字问题》，孟国祥、张庆军著，《抗日战争研究》1995年第3期。

《抗战期间中国损失调查述要》，孟国祥、张庆军著，《民国春秋》1992年第6期。

《抗日战争时期中国人口损失之初步估计》，卞修跃著，《纪念中国人民抗日战争暨世界反法西斯战争胜利60周年学术研讨会论文集：上卷》，中共中央党史研究室科研管理部编，中共党史出版社2006年版

《抗日战争时期中国损失调查及赔偿问题》，郭希华著，《历史研究》1995年第5期。

《关于中国抗战财产损失研究中的几个问题》，袁成毅著，《抗日战争研究》2008 年第 2 期。

《八年抗战，解放区损失知多少》，黄志浩著，《纪念抗日战争胜利四十周年论文集》（上海市中共党史学会编），2000 年。

《基于美军二战海战减员数据的校正》，程旭东、刘建等著，《第四军医大学学报》2004 年第 12 期。

《侵略战争的代价：二次大战期间德及其仆从国家军队兵源损失新探》，续建宜著，《史林》1996 年第 2 期。

《二次世界大战时期关于日军伤亡数的一些情况》，胡光正著，《历史教学》1986 年第 1 期。

《二战中，日军到底死了多少人?》，童屹立著，《世界军事》2012 年第 21 期。

《二战中苏德军队损失的最新数字》，阎巨录著，《军事史林》1992 年第 5 期。

《日军向中国投降之兵力及分布概况》，华理著，《军事历史》1986 年第 4 期。

《二战债务：英国 60 年后终还清》，冷晓明著，《环球军事》2007 年第 3 期。

三、对国际政治、经济和军事发展的影响

1. 对国际政治和国际关系的影响

《第二次世界大战对战后世界影响的再认识》，胡德坤著，《世界现代史的主线和体系》，于沛主编，中国社会科学出版社 2010 年版。

《两次大战对世界格局的影响》，沈永兴著，《中华魂》2014 年第 17 期。

《奠定二战后国际格局的大决战》，芜茗著，《文史博览》2005 年第 9 期。

《世界反法西斯战争与战后国际格局》，张脉强著，《安徽大学学报》1995 年第 5 期。

《第二次世界大战对世界格局产生的影响》，王晓华著，《云南民族大学学报》2005 年第 4 期。

《论二战对当代世界政治格局的影响》，梅义征著，《安庆师院学报》1996 年第 2 期。

《第二次世界大战与国际体系的变迁》，张小明著，《世界经济与政治》2005 年第 9 期。

《第二次世界大战与战后国际政治秩序的演进》,徐蓝著,《第二次世界大战与战后局部战争》,李小军主编,军事谊文出版社 2003 年版。

《沉重与辉煌:论二战与战后世界之发展》,赵承纲著,《贵州师大学报》1995 年第 4 期。

《试论第二次世界大战后国际秩序的建立与发展》,徐蓝著,《世界历史》2003 年第 6 期。

《第二次世界大战与世界发展模式的转换》,胡德坤著,《烟台大学学报》2005 年第 3 期。

《第二次世界大战和多元国际社会的形成》,朱大伟著,《社会科学论坛(学术研究卷)》2009 年第 7 期。

《"二战"对国际政治领域的影响》,蒋精华著,《益阳师专学报》1995 年第 3 期。

《二战对战后国际关系的影响》,顾关福著,《外交学院学报》1995 年第 3 期。

《反法西斯战争与战后国际关系》,王芝著,《外交学院学报》1995 年第 3 期。

《第二次世界大战对战后国际关系的影响》,吴学永著,《世界经济与政治》1995 年第 8 期。

《论反法西斯战争对战后国际关系的影响》,王淑芳著,《锦州师范学院学报》1995 年第 3 期。

《论反法西斯战争胜利对战后国际关系的若干影响》,朱锋著,《国际政治研究》1996 年第 1 期。

《第二次世界大战与现代国际关系民主化的启动》,朱大伟著,《学术论坛》2008 年第 4 期。

《第二次世界大战与构建和谐世界基础的奠定》,胡德坤著,《珞珈讲坛》第三辑,武汉大学出版社 2008 年版。

《历史的考察——从反法西斯联盟的形成到和谐世界的提出》,关培凤、张莉清著,《理论月刊》2007 年第 2 期。

《第二次世界大战结束初期国际关系简论》,王维克著,《新疆教育学院学报》2006 年第 4 期。

《第二次世界大战后期欧洲战局和东西欧的形成》,陈乐民著,《西欧研究》

1984 年第 2 期。

《二战与欧洲统一运动》，苏瑞林著，《欧洲》1995 年第 6 期。

《第二次世界大战与欧洲联合运动的兴起》，姜南著，《世界历史》2015 年第 4 期。

《二战时地区合作与欧洲一体化的最初方案》，[俄] M.A.李普金著；魏甜甜译，《冷战国际史研究》2019 年第 1 期。

《二战期间非占领区的欧洲联合思想和欧洲运动》，严双伍、吴向荣著，《湖北师范大学学报》2019 年第 2 期。

《二战时期"波捷联邦"计划的产生、失败及其影响》，王波著，《历史教学问题》2015 年第 2 期。

《"德国问题"与早期欧洲一体化——第二次世界大战后欧洲为什么走上联合道路》，吴友法著，《武汉大学学报（人文科学版）》2009 年第 4 期。

《论二战后欧洲社会民主党的转型与当前危机》，张玉宝著，《理论月刊》2012 年第 1 期。

《二战后民主社会主义在欧洲全面兴起的原因——以英法两国为例》，禄德安著，《河南师范大学学报》2010 年第 5 期。

《德法和解是早期欧洲一体化的基石》，吴友法、梁瑞平著，《武汉大学学报（人文科学版）》2002 年第 5 期。

《二战后德法和解原因浅析》，吴仪著，《湖北师范学院学报》2005 年第 1 期。

《论二战后阿登纳德法和解思想的产生及意义》，吴友法、梁瑞平著，《武汉大学学报（人文科学版）》2001 年第 6 期。

《战后法国对德政策调整的观念因素》，陈会颖著，《清华大学学报》2012 年第 4 期。

《横越大西洋的抉择——战后初期德法、德美关系析评》，王飞麟、吴友法著，《华中科技大学学报（社会科学版）》2003 年第 3 期。

《回顾与反思：第二次世界大战后的东亚格局》，王邦佐著，《上海师大学报》1994 年第 4 期。

《第二次世界大战后的东亚格局与国际关系》，梁云祥著，《群言》2005 年第 7 期。

《东南亚人民抗日，奠定战后地区格局》，蔡鹏鸿著，《解放日报》2015 年 12

月 19 日。

《第二次世界大战对东亚国际体系变迁的影响》，罗锋著，《昭通学院学报》2015 年第 5 期。

《开罗设想的构建和解体——二战期间美国远东国际体系构想的演变》，朱喜传著，《湖北师范学院学报》2012 年第 5 期。

《反法西斯战争的胜利与东亚和平发展》，汤重南著，《第二次世界大战与亚太国际合作：第二次世界大战史（重庆）学术讨论会论文集》，苑鲁、谢先辉主编，重庆出版社 2003 年版。

《东亚的劫难与振兴：纪念世界反法西斯战争胜利 50 周年》，高华著，《河北师范学院学报》1995 年第 4 期。

《第二次世界大战对美国构建战后亚太同盟体系的影响》，王娟著，《珞珈史苑》2016 年第 1 期。

《第二次世界大战结束 60 周年与日中关系》，[日] 白西绅一郎著；文德盛、王琳译，《当代世界》2005 年第 Z1 期。

《中国抗日战争的伟大胜利与如何正确看待当今的中日关系》，邓浪著，《重庆工学院学报》2005 年第 12 期。

《简论 1945—1956 年日本与苏联的关系》，王春良、李蓉著，《山东师范大学学报（人文社会科学版）》2005 年第 1 期。

《第二次世界大战与澳苏建交》，汪诗明著，《世界历史》2005 年第 4 期。

《试论第二次世界大战对英国和澳大利亚关系的影响》，杨啸寒著，《重庆科技学院学报》2010 年第 14 期。

《试论第二次世界大战对中东国际关系的影响》，潘光著，《西亚非洲》1990 年第 4 期。

《第二次世界大战与中东民族主义的发展》，黄民兴著，《西安教育学院学报》1996 年第 4 期。

《从战后民族独立运动看世界反法西斯战争胜利的影响》，段炳麟著，《中国党政干部论坛》1995 年第 9 期。

《反法西斯战争与人类命运：反法西斯战争胜利 50 年后的反思》，张象著，《理论与现代化》1995 年第 8 期。

《战前与战时政治性青年运动的兴起》，[英] 威廉·D.安格尔著；方巍译，《青年学研究》1992 年第 4 期。

《战时盟国关于殖民主义制度的考量——兼论其对非殖民化进程的影响》，张莉清著，《广西大学学报》2011 年第 1 期。

《第二次世界大战对殖民主义衰落的影响》，［联邦德国］阿尔贝尔蒂尼著；朱明权译，《现代外国哲学社会科学文摘》1985 年第 10 期。

《第二次世界大战以来资本主义的演变》，［英］莫理士·道比著；雨田译，《国际问题译丛》1958 年第 6 期。

《第二次世界大战对战后资本主义发展的深远影响》，刘彤著，《世界历史》1985 年第 9 期。

《第二次世界大战前后帝国主义国家经济实力对比的变化》，王佩琨著，《经济研究》1964 年第 5 期。

《论反法西斯战争与世界社会主义运动的互动发展》，郭春生著，《中国特色社会主义研究》2015 年第 4 期//《"时代变迁与当代世界社会主义"学术研讨会暨当代世界社会主义专业委员会 2015 年会论文集》，中国科学社会主义学会等编，2015 年。

《和工人同志谈谈国际工人运动（一、第二次世界大战进一步改变了国际工运的面貌）》，杨重光著，《工人日报》1959 年 6 月 6 日。

《论第二次世界大战国际法体系》，林欣著，《教学与研究》1958 年第 1 期。

《第二次世界大战对现代国际法发展的影响》，杨泽伟著，《法治研究》2015 年第 6 期。

《世界反法西斯运动对国际人权法的影响》，张红虹著，《中国法制报》1985 年 9 月 4 日。

《第二次世界大战给〈世界人权宣言〉打上的烙印》，常健著，《光明日报》2015 年 9 月 18 日。

《第二次世界大战对〈世界人权宣言〉的影响》，常健、刘一著，《东北财经大学学报》2016 年第 2 期。

2. 对世界军事发展及战争与和平的影响

《第二次世界大战对战争法的发展》，邢爱芬、万历著，《当代经理人》2005 年第 3 期。

《60 年前的战争记忆：二战对当今欧美战争观的塑造》，何忠义、赵景芳著，《世界经济与政治》2005 年第 9 期。

《第二次世界大战前后国际战争观的转向与衍生》，梁占军著，《武汉大学学报(人文科学版)》2015 年第 4 期。

《论第二次世界大战中的战略文化及其发展》,李小军著,《第二次世界大战与世界历史进程:第二次世界大战史(武汉)学术讨论会论文集》,胡德坤主编,武汉大学出版社 2002 年版。

《第二次世界大战与冷战威慑》,蔡仁照著,《军事历史》2015 年第 6 期。

《核、生、化技术与第二次世界大战》,徐玲著,《第二次世界大战史论文集⑤:科学技术的力量》,戚世权主编,解放军出版社 1999 年版。

《从第二次世界大战与科学技术的发展和应用谈科技强军》,李洪程著,《第二次世界大战史论文集⑤:科学技术的力量》,戚世权主编,解放军出版社 1999 年版。

《从第二次世界大战看"科学技术是第一生产力"的军事意义》,韩晓林、俞世福著,《第二次世界大战史论文集⑤:科学技术的力量》,戚世权主编,解放军出版社 1999 年版。

《从第二次世界大战看军事技术进步引起军事革命的作用机制》,戚世权著,《第二次世界大战史论文集⑤:科学技术的力量》,戚世权主编,解放军出版社 1999 年版。

《略论一战结束到二战期间军事技术进步对军事革命的影响》,张茂林著,《军事历史研究》1997 年第 3 期//《第二次世界大战史论文集⑤:科学技术的力量》,戚世权主编,解放军出版社 1999 年版。

《论第二次世界大战对二十世纪军事发展的划时代影响》,彭训厚著,《第二次世界大战与世界历史进程:第二次世界大战史(武汉)学术讨论会论文集》,胡德坤主编,武汉大学出版社 2002 年版。

《第二次世界大战后苏联军事思想的演变》,尔楚著,《外国军事学术》1981 年第 12 期。

《站在军事变革的潮头回顾历史(纪念世界反法西斯战争胜利 50 周年)》,张锋著,《解放军报》1995 年 5 月 8 日。

《第二次世界大战与二十世纪军队后勤保障的发展走向》,杨庆华著,《第二次世界大战与世界历史进程:第二次世界大战史(武汉)学术讨论会论文集》,胡德坤主编,武汉大学出版社 2002 年版。

《第二次世界大战以后主要资本主义国家的武装力量和战争艺术》,李静、袁亚楠著,《军事历史研究》1989 年第 1 期。

《第二次世界大战与军事科技刍议》,张海麟著,《第二次世界大战史论文集⑤:科学技术的力量》,戚世权主编,解放军出版社 1999 年版。

《论从世界大战到局部战争的历史必然》,李保国、吴金德著,《第二次世界大战史论文集⑤:科学技术的力量》,戚世权主编,解放军出版社 1999 年版。

《论世界军事格局的演变与两次世界大战和战后局部战争的关系》,李刚著,《第二次世界大战史论文集⑤:科学技术的力量》,戚世权主编,解放军出版社 1999 年版。

《第二次世界大战与战后局部战争刍议》,张海麟、彭训厚著,《红山撷文——二战史论文选》,张海麟著,中国文史出版社 1999 年版//《二战及其遗留问题对国际关系的影响》,二战史研究会编,2004 年//《军事历史研究》2005 年第 1 期。

《第二次世界大战与战后世界局部战争的形成》,吕占广、金迪等著,《第二次世界大战与战后局部战争》,李小军主编,军事谊文出版社 2003 年版。

《第二次世界大战对战后局部战争的影响》,杜淼、张德胜著,《第二次世界大战与战后局部战争》,李小军主编,军事谊文出版社 2003 年版。

《试论第二次世界大战对战后世界局部战争的影响》,王晓华著,《第二次世界大战与战后局部战争》,李小军主编,军事谊文出版社 2003 年版。

《略论第二次世界大战与战后世界局部战争》,李南征、史成群等著,《第二次世界大战与世界历史进程:第二次世界大战史(武汉)学术讨论会论文集》,胡德坤主编,武汉大学出版社 2002 年版。

《第二次世界大战期间的海战理论对战后局部战争中海战的影响》,李杰、苏读史著,《第二次世界大战史论文集⑤:科学技术的力量》,戚世权主编,解放军出版社 1999 年版。

《从电子战到信息战——二战和战后局部战争信息对抗的思考》,牛力著,《第二次世界大战与战后局部战争》,李小军主编,军事谊文出版社 2003 年版。

《第二次世界大战使人类走向控制战争时代》,刘保庭、李盛涌等著,《第二次世界大战与世界历史进程:第二次世界大战史(武汉)学术讨论会论文集》,胡德坤主编,武汉大学出版社 2002 年版。

《试论"闪击战"在战后局部战争中的应用与发展》,刘文书、林勇等著,《第二次世界大战与战后局部战争》,李小军主编,军事谊文出版社 2003 年版。

《"闪击战"理论及其发展和未来》,周长安、高云著,《第二次世界大战与战后局部战争》,李小军主编,军事谊文出版社 2003 年版。

《二战中的空战及其对战后局部战争的影响》,韩晓林、许小芳等著,《第二次世界大战与战后局部战争》,李小军主编,军事谊文出版社 2003 年版。

《谈第二次世界大战对陆军发展的影响》,刘怡昕著,《现代炮兵学报》2005 年第 6 期。

《第二次世界大战对战后航空母舰发展的影响及思考》,李杰、逾翔著,《二战及其遗留问题对国际关系的影响》,二战史研究会编,2004 年。

《第二次世界大战及其战后早期局部战争中的登陆作战》,《兵器知识》2004 年第 11 期。

《二战对世界核战略格局的影响》,刘志青著,《二战及其遗留问题对国际关系的影响》,二战史研究会编,2004 年。

《第二次世界大战后战争制约机制的形成、演变及其启示》,吴鑫著,《中国军事科学》2000 年第 2 期。

《从两次世界大战看二十世纪的战争与和平》,徐蓝著,《光明日报》2001 年 5 月 8 日。

《反法西斯战争与战后世界和平》,胡德坤、姜文忠著,《湖北社会科学》1995 年第 9 期。

《第二次世界大战与战后世界和平》,胡德坤、韩永利著,《武汉大学学报(哲学社会科学版)》2004 年第 4 期//《第二次世界大战与战后局部战争》,李小军主编,军事谊文出版社 2003 年版。

《第二次世界大战与战后和平》,杨和平著,《西华师范大学学报》2006 年第 5 期。

《第二次世界大战与战后世界的和平发展——一个科技遗产的视角》,朱大伟著,《山东师范大学学报(人文社会科学版)》2011 年第 3 期。

《论第二次世界大战对战后世界和平运动的影响》,沈善荣著,《经济与社会发展》2003 年第 8 期。

《推进社会保障:西方大国探索二次大战后建构世界和平的一种视角》,朱大伟、魏炜著,《历史教学问题》2012 年第 2 期。

《二次大战和国家分合——纪念世界反法西斯战争胜利 50 周年》,朱健安著,《湖州师院学报》1995 年第 2 期。

《第二次世界大战与中日两国的历史命运》,杨迎春、解晓东著,《锦州师院学报》1995 年第 3 期。

《二战中维和教育问题的探讨》,李启明著,《广西教育学院学报》1996 年第 3 期。

3. 对科技、文化发展的影响

《该如何看待二战文化遗产》,宗波著,《光明日报》2015 年 11 月 11 日。

《二次大战与新科技革命》,周尚文著,《学术月刊》1995 年第 8 期。

《第二次世界大战与科技发展》,杨剑著,《中学历史》1988 年第 5 期。

《第二次世界大战与科技革命》,陈本红著,《湘潭师院学报》1995 年第 4 期。

《第二次世界大战与科学技术进步》,彭训厚著,《军事历史研究》1996 年第 4 期。

《第二次世界大战与第三技术革命》,彭树智著,《西北大学学报》1995 年第 3 期//《第二次世界大战史论文集⑤:科学技术的力量》,戚世权主编,解放军出版社 1999 年版。

《第二次世界大战与现代科学技术的发展》,廖丹青著,《湛江师院学报》1998 年第 3 期。

《从科学技术的角度看第二次世界大战》,陈海燕著,《武汉师院学报》1982 年第 3 期。

《试论第二次世界大战对现代科学技术发展的影响》,杭长钊、及耀斌著,《第二次世界大战史论文集③:五十年的深思》,李殿仁主编,军事谊文出版社 1996 年版。

《展现二战与战后世界变化风云的画卷——评〈第二次世界大战与战后世界性社会进步〉》,李络红著,《武汉大学学报》1995 年第 2 期。

《第二次世界大战与第三次技术革命》,彭树智著,《西北大学学报》1995 年第 3 期。

《浅析第二次世界大战对社会生产力发展的影响》,车效梅著,《生产力研究》1998 年第 3 期。

《浅谈第二次世界大战期间九大科学技术的发展》,吴东风著,《第二次世界大战史论文集⑤:科学技术的力量》,戚世权主编,解放军出版社 1999 年版。

《二战与科学家的道德困境》,刘轶丹、曾华锋等著,《伦理学研究》2011 年第 1 期。

《作为当代事件的二次世界大战——二战后的文化思考》，欧震著，《四川师范大学学报》2008 年第 4 期。

《第二次世界大战与图书馆：纪念世界反法西斯战争胜利五十周年》，郝群、李九霞著，《高校社科信息》1995 年第 1/3 期。

《战时情报科学：二次大战期间文献工作的先驱者》，［美］P.S.Richards 著；许良杰摘译，《国外情报科学》1991 年第 3 期。

《论与第二次世界大战有关的社会心理研究》，周东明著，《东方论坛》1995年第 3 期。

《二次大战时期美、日两国的成人教育》，周简叔著，《成人高教学刊》1997年第 6 期。

《第二次世界大战带来的人口问题》，姚敏华著，《健康报》1985 年 8 月30 日。

《第二次世界大战与第二波妇女运动》，一丁著，《中国妇运》2011 年第1 期。

《妇女在世界反法西斯战争中的地位和作用》，党云倩著，《西藏民族学院学报》2005 年第 5 期。

四、对各国的影响

1. 中国

《历史性的伟大胜利》，刘友手著，《北京日报》1995 年 8 月 1 日。

《二战时期中国的大国地位析论》，徐德荣、向冬梅著，《北方论丛》2003 年第 4 期//《第二次世界大战与亚太国际合作：第二次世界大战史（重庆）学术讨论会论文集》，苑鲁、谢先辉主编，重庆出版社 2003 年版。

《试论二战期间中国的大国地位问题》，赵志辉著，《淮北煤炭师院学报》1995 年第 3 期。

《第二次世界大战对中国国际地位的影响》，苏浩著，《历史教学》1996 年第4 期。

《二战时期中国国际地位的确立及其思考》，杨成竹著，《苏州铁道师院学报》1995 年第 3 期。

《浅析二战期间中国大国地位的获得与丧失》，梁承波著，《集美大学学报》2001 年第 2 期。

《中国"战时大国"地位得而复失的原因探析(1941—1945 年)》,熊杏林著,《求索》2009 年第 8 期。

《反法西斯战争与中国的大国地位》,陶文钊著,《文汇报》2015 年 9 月 3 日//《理论参考》2015 年第 9 期。

《太平洋战争时期美国的中国大国地位政策的起源》,赵志辉著,《史学集刊》2000 年第 3 期。

《第二次世界大战是中国崛起的开端》,胡德坤著,《中国抗战与世界反法西斯战争——纪念中国人民抗日战争暨世界反法西斯战争胜利 60 周年学术研讨会文集:上卷》,中国社会科学院近代史研究所编,社会科学文献出版社 2009 年版//《贺齐世荣先生八十华诞学术文集》,社会科学文献出版社 2008 年版。

《第二次世界大战与马克思主义中国化》,卢文忠著,《山西高等学校社会科学学报》2015 年第 12 期。

《二战和抗战与中国国家利益最大化问题》,汪朝光著,《近代史研究》2013 年第 6 期。

《第二次世界大战与中国的民主主义运动——以战国策派为中心》,[日]水羽信男著;郑晓琳译,《抗日战争研究》2014 年第 2 期。

2. 苏联

《第二次世界大战与苏联》,[日]高田和夫著;贾淑荣、赵飞译,《内蒙古民族大学学报》2004 年第 1 期。

《第二次世界大战对苏联经济的影响》,人禾编译,《世界史研究动态》1989 年第 3 期。

《第二次世界大战对前苏联发展战略的负面影响》,杨秀林著,《湖北师院学报》1999 年第 1 期。

《用 2000 多万军人的鲜血学会打仗》,徐焰著,《外国军事学术》2006 年第 9 期。

《第二次世界大战对苏联人口状况的影响》,梅春才著,《人口学刊》2010 年第 5 期。

《第二次世界大战对苏联人口和劳动力的影响》,《世界史研究动态》1990 年第 1 期。

《第二次世界大战划给苏的领土知多少?》,杨闯译,《苏联东欧问题译丛》1992 年第 1 期//《报刊资料》1992 年第 10 期。

《和平、战争与斯大林时期苏共公信力的提升》,吴家庆、卿孟军著,《湖南师范大学社会科学学报》2011 年第 6 期。

《第二次世界大战时期苏联政府的泛斯拉夫运动》,郝承敦著,《赣南师院学报》2000 年第 4 期。

《第二次世界大战期间苏联、德国图书损失严重》,张玉茹著,《福建图书馆学刊》1994 年第 4 期。

3. 美国和加拿大

《第二次世界大战与美国政治发展》,金灿荣著,《太平洋学报》1995 年第 2 期。

《二战与美国外交政治地位的强化》,张清著,《贵州大学学报》2001 年第 1 期。

《第二次世界大战时期的国际格局转型与美国的崛起》,李欣、李利珍著,《军事历史》2007 年第 3 期。

《第二次世界大战后美国的军事学术》,[美] 西蒙扬、卡拉契夫著,《外国军事学术》1976 年第 39 期。

《二次大战对战后美苏空军建设的影响》,谢学钫著,《空军军事学术》1992 年第 6 期。

《罗斯福、杜鲁门与第二次世界大战后美国大战略的发展》,[美] 米斯坎贝尔著;李响译,《外国军事学术》2010 年第 11 期。

《从海权强国向海权霸主的转变——第二次世界大战期间美国海权战略探析》,卞秀瑜、胡德坤著,《江汉论坛》2013 年第 9 期。

《第二次世界大战以来美国陆军维修体制的发展》,李玉连著,《后勤装备研究》1986 年第 2 期。

《第二次世界大战与罗斯福"新政"》,李存训著,《美国研究》1994 年第 1 期。

《"二战"对美国经济的深远影响》,晏弋博著,《中国总会计师》2009 年第 8 期。

《二战期间美国西部经济地位的转变》,高芳英著,《世界历史》2010 年第 1 期。

《美国二战经济动员对联邦体制的政治影响》,张清著,《江西社会科学》2008 年第 5 期。

《第二次世界大战与美国科学技术的发展》,冀伯祥著,《重庆师院学报》1989 年第 4 期。

《第二次世界大战与美国现代科技强国地位的确立》,余敬敏著,《中学历史教学参考》1999 年第 4 期。

《略论第二次世界大战对美国新技术革命的推动作用》,邓光和著,《世界科学》1989 年第 4 期。

《浅论"二战"与美国现代科技强国地位的确立》,李素美著,《重庆交通大学学报》2007 年第 S1 期。

《二战对美国民权运动的影响》,谢国荣著,《世界历史》2005 年第 3 期。

《二战与美国黑人民权运动的兴起》,张爱民著,《史学月刊》2002 年第 4 期。

《浅析二战对于美国黑人民权运动的影响》,燕青著,《佳木斯教育学院学报》2012 年第 5 期。

《第二次世界大战与美国五、六十年代黑人民权运动》,俞章银著,《国外社会科学情况》1993 年第 2 期。

《第二次世界大战对美国高等医学教育的影响》,张艳荣著,《中华医史杂志》2005 年第 1 期。

《二次世界大战期间美军人员中的精神病概况》,袁静著,《军事历史研究》2000 年第 4 期。

《浅析美国第二次世界大战残疾退伍军人福利政策》,曹景文著,《遵义师范学院学报》2011 年第 4 期。

《略论第二次世界大战对美国妇女的影响》,林艳著,《东北师大学报》1996 年第 6 期。

《试析二战期间的美国妇女解放运动》,周良君著,《沧桑》2009 年第 5 期。

《第二次世界大战时期美国妇女就业的发展及其影响》,周祥森著,《史学月刊》1991 年第 4 期。

《从女子铆钉工看二战时美国妇女就业现象及影响》,张婷著,《产业与科技论坛》2014 第 23 期。

《简析第二次世界大战对美国华人社会的影响》,张学军著,《今日南国》2008 年第 11 期。

《二战对美国华人社会地位的深远影响新探》,李爱慧著,《暨南史学》2017

年第 2 期。

《试析二战对美国印第安人的负面影响》,丁见民著,《史学月刊》2013 年第 5 期。

《二战前后美国住房短缺矛盾加剧的原因分析》,贾建明、李艳玲著,《辽宁师大学报》2000 年第 6 期。

《第二次世界大战与美国研究的发展》,[美] P.格利森著;黄育馥译,《国外社会科学》1985 年第 11 期。

《第二次世界大战与美国史学》,杨彪著,《上海教育学院学报》1995 年第 3 期。

《第二次世界大战与美国数学的发展》,[美] 米纳·里斯著;朱水林译,《自然杂志》1983 年第 7 期。

《第二次世界大战与美国英语的发展》,王嘉美著,《重庆师院学报》1995 年第 4 期。

《第二次世界大战与加拿大独立外交的形成》,潘迎春著,《二战及其遗留问题对国际关系的影响》,二战史研究会编,2004 年//《世界历史》2009 年第 5 期。

《第二次世界大战对加拿大经济的影响》,田耀著,《天津外国语学院学报》1995 年第 4 期。

《加拿大与第二次世界大战》,潘兴明著,《学海》2005 年第 4 期。

4. 英国

《二次大战与英帝国殖民体系的崩溃》,陈艳云、程有炳著,《历史教学》1995 年第 6 期。

《丘吉尔的战时帝国政策与非殖民化》,潘兴明著,《学海》2004 年第 2 期。

《第二次世界大战与英国政治》,刘超雄著,《世界历史》1990 年第 2 期。

《第二次世界大战与英国国内政治》,钱乘旦著,《南京大学学报》1995 年第 3 期。

《二战前后英国工党外交政策的转变》,倪学德著,《史学集刊》2007 年第 6 期。

《第二次世界大战与 1945 年英国大选》,倪学德著,《聊城大学学报》2004 年第 3 期。

《二战与英国文官制度》,张岩著,《牡丹江大学学报》2009 年第 9 期。

《浅析二战对英国文官制度的影响》,张岩著,《赤峰学院学报(汉文哲学社会科学版)》2009 年第 8 期。

《论英国对西欧一体化政策的缘起(1945—1950)》,马瑞映著,《历史教学问题》2005 年第 2 期。

《第二次世界大战对英国文学的影响》,〔美〕伊莉莎白·布兹著;顾栋华译,《山东外语教学》1986 年第 1 期。

《第二次世界大战对英国文学的影响》,〔美〕伊莉莎白·布兹著;张国臣译,《承德民族师专学报》1998 年第 3 期。

《第二次世界大战对英国设计的影响》,朱谷莺著,《装饰》2004 年第 3 期。

《第二世界大战期间出现的英语新词》,贾德霖著,《镇江师专学报》1986 年第 4 期。

5. 日本和德国

《战祸给日本人民带来的灾难》,文华里编译,《国外社会科学情报》1985 年第 9 期。

《军国主义给日本人民带来了什么》,岳苏明、赖某深著,《探索与争鸣》1998 年第 8 期。

《日本国民也是侵略战争的受害者》,骏父著,《人民日报》1995 年 9 月 3 日。

《二次大战日本失败的思想史意义》,李威周著,《外国问题研究》1986 年第 2 期。

《再论二次大战日本失败的思想史意义——〈日本现代化的经验教训〉之一》,李威周著,《外国问题研究》1989 年第 3 期。

《1931—1945 年日本的对外战争与工业化》,赵自勇著,《华南师大学报》1996 年第 6 期。

《试论战争对日本现代化进程的影响》,解晓东著,《锦州师院学报》1997 年第 2 期。

《论日本现代化发展战略中的战争因素》,安善花、武欣著,《青海师范大学学报》2019 年第 1 期。

《世界反法西斯战争对日本战后改革的启动作用》,肖德芳著,《湘潭师院学报》1997 年第 1 期。

《总体战和现代日本经济体制三大特征的形成——近年日本经济史研究新动向》,冯玮著,《历史研究》2004 年第 5 期。

《当今日本与"二战"前日本的比较分析》,纪立新著,《宁波大学学报》2002

年第 2 期。

《浅析二战前后日本妇女地位的变化》，岳倩、薛坤著，《黑龙江史志》2010
年第 5 期。

《战后德国分裂探析》，龚向前、吴友法著，《江汉论坛》1997 年第 7 期。

《战争元凶和经济巨人——试论两次世界大战对德国产生不同后果之原
因》，陈从阳著，《咸宁师专学报》1995 年第 2 期。

《二战对德国现代化进程的促进作用》，杨静著，《考试周刊》2010 年第
15 期。

《浅析第二次世界大战后德国民主化的内因》，胡才珍、吴友法著，《历史教
学问题》2004 年第 4 期。

6. 其他国家

《论二战后期法国国际地位的改变》，倪昕著，《北华大学学报》2008 年第
5 期。

《法国与第二次世界大战——1945 年 5 月 8 日以来的 70 年》，[法]让—努
玛·迪康热著；李姿姿译，《当代世界与社会主义》2015 年第 3 期。

《二战前后波兰疆域的变迁》，冯春龙著，《中学历史教学》1989 年第 5 期。

《二战中克塞两族结怨》，陇人著，《军事史林》1995 年第 5 期。

《第二次世界大战与澳大利亚国家政策的变化》，王宇博、相林均著，《南通
大学学报》2006 年第 2 期。

《非洲是第二次世界大战的一个赢家——纪念世界人民反法西斯战争胜利
60 周年》，顾章义著，《西亚非洲》2005 年第 5 期。

《第二次世界大战对中东的冲击》，张润民著，《西亚非洲》1988 年第 6 期。

《世界反法西斯战争对非洲的影响》，许永璋著，《黄淮学刊》1995 年第
3 期。

《二战期间非洲社会的发展变化》，顾章义著，《西亚非洲》1995 年第 5 期。

《第二次世界大战期间影响非洲经济发展的主要因素》，罗建国著，《西亚·
非洲》1989 年第 5 期。

《第二次世界大战时期非洲经济发展的问题》，[美]什皮尔特著；栗江译，
《国际问题译丛》1958 年第 5 期。

《第二次世界大战与非洲经济的发展》，唐同明著，《贵州师大学报》1990 年
第 2 期。

《第二次世界大战与非洲的觉醒》，顾章义著，《历史研究》1963 年第 5 期。

《论二战与非洲民族独立运动的崛起》，顾章义著，《史学集刊》1990 年第 4 期。

《浅论二战对非洲民族解放运动的影响》，刘晓燕著，《山西煤炭管理干部学院学报》2009 年第 4 期。

《二次大战后非洲政治地图的巨大变化》，沈其邃著，《人民日报》1961 年 12 月 26 日。

《第二次大战后西亚北非民族独立斗争的高涨》，《人民日报》1958 年 7 月 25 日。

《二战中的阿拉伯民族主义运动》，张润民著，《阿拉伯世界》1989 年第 1 期。

《阿拉伯世界与两次世界大战》，赵建成编译，《中东研究》1996 年第 1 期。

《第二次世界大战对苏丹民族解放运动的影响》，杨瑛著，《河北大学学报》1988 年第 4 期。

《论第二次世界大战中对殖民地和附属国资源的使用》，[苏] 史毕尔特·A.Ю 著；黄焕宗译，《史学译丛》1957 年第 6 期。

《二战与印度现代化的进程》，张键著，《南亚研究季刊》1995 年第 3 期。

《第二次世界大战时期英美特殊关系与印度独立》，戴丽雯、张士昌著，《哈尔滨学院学报》2017 年第 3 期。

《二战期间马来亚印度人民族主义运动评析》，罗圣荣、安东程著，《世界民族》2019 年第 6 期。

《彷徨—幻想—觉醒：二战战争进程与缅甸民族意识的成熟》，李谋著，《北京大学学报》1996 年东方文化研究专刊。

《第二次世界大战和越南独立运动》，翟强著，《解放日报》2015 年 7 月 21 日。

《论第二次世界大战对拉丁美洲的影响》，韩琦著，《世界近现代史研究》2016 年第 1 期。

《第二次世界大战以后拉丁美洲民族和民主运动的高涨》，[苏] 阿利彼罗奇·M.C 著；唐立民译，《史学月刊》1960 年第 5 期。

《简述二战结束后泰国为何能摆脱战败国地位——"自由泰"运动和灵活外交政策的影响》，周寒丽著，《思茅师范高等专科学校学报》2010 年第 4 期。

《南美太平洋战争对参战国的影响》,文学著,《拉丁美洲研究》2015 年第
5 期。

第四节 第二次世界大战的纪念与反思

一、纪念

1. 纪念活动

《首都隆重集会纪念抗战和世界反法西斯战争胜利四十周年》,《人民日报》
1985 年 9 月 4 日。

《抗日战争暨世界反法西斯战争胜利五十周年首都隆重举行纪念大会》,
《人民日报》1995 年 9 月 4 日。

《前事不忘后事之师:纪念反法西斯战争暨抗日战争胜利 50 周年学术座谈
会纪要》,葛新生著,《世界历史》1995 年第 4 期。

《为抗战胜利讴歌 为世界和平祈祷——中国天主教为抗日战争暨世界反
法西斯战争胜利 60 周年举行祈祷活动》,杨标著,《中国天主教》2005 年第 5 期。

《纪念抗日战争和世界反法西斯战争胜利 50 周年北京市社会科学院文学
所 10 人谈》,《北京社会科学》1995 年第 4 期。

《应邀出席纪念反法西斯战争胜利五十周年庆典,江泽民主席抵达莫斯
科》,古平著,《人民日报》1995 年 5 月 8 日。

《为纪念世界反法西斯中国抗日战争胜利 50 周年中国道教界举行和平祈
祷法会》,《中国道教》1995 年第 3 期。

《纪念中国抗日战争和世界反法西斯战争胜利 50 周年——全国道教界举
行大型法会祈祷世界和平》,《中国道教》1995 年第 4 期。

《历史教学界纪念中国抗日战争和世界反法西斯战争胜利五十周年》,《光
明日报》1995 年 9 月 4 日。

《中国第一历史档案馆隆重集会纪念中国人民抗日战争、世界反法西斯战
争胜利 50 周年》,《历史档案》1995 年第 3 期。

《忘记历史就意味着背叛——浙江省档案局(馆)开展系列活动,纪念世界
反法西斯战争和中国抗战胜利五十周年》,吕红著,《浙江档案》1995 年第 9 期。

《纪念中国人民抗日战争暨世界反法西斯战争胜利 60 周年大型文献史料
和藏品展开展》,《当代贵州》2005 年第 16 期。

《横看成岭侧成峰——纪念抗战胜利和世界反法西斯战争胜利 60 周年的电视景象》,张晋锋著,《电影新作》2005 年第 5 期。

《中国宗教界纪念中国人民抗日战争暨世界反法西斯战争胜利 60 周年座谈会在京举行》,《中国天主教》2005 年第 5 期。

《在中国宗教和平委员会纪念中国人民抗日战争暨世界反法西斯战争胜利六十周年座谈会上的发言》,圣辉著,《佛学研究》2005 年第 1 期。

《中国道教协会举行纪念抗日战争和世界反法西斯战争胜利 66 周年祈祷和平法会》,《中国道教》2011 年第 4 期。

《纪念中国人民抗日战争暨世界反法西斯战争胜利 60 周年大会在京隆重举行》,《人民日报》2005 年 9 月 4 日。

《纪念中国人民抗日战争暨世界反法西斯战争胜利 60 周年学术研讨会在京举行》,柳晓森著,《人民日报》2005 年 9 月 5 日。

《"纪念中国人民抗日战争暨世界反法西斯战争胜利 69 周年图片展"走进高校》,《兰台世界》2014 年第 28 期。

《海峡两岸暨港澳道教界纪念中国人民抗日战争暨世界反法西斯战争胜利 60 周年祈祷世界和平法会在江苏茅山隆重举行》,张凯著,《中国道教》2005 年第 5 期。

《海峡两岸暨港澳佛教界纪念中国人民抗日战争暨世界反法西斯战争胜利 60 周年祈祷世界和平法会在北京灵光寺隆重举行》,常正著,《法音》2005 年第 9 期。

《贾庆林会见参加纪念抗战和反法西斯战争胜利 60 周年系列活动的海峡两岸和港澳佛、道教界人士》,《中国道教》2005 年第 5 期//《法音》2005 年第 9 期。

《纪念抗日战争暨世界反法西斯战争胜利 60 周年祈祷世界和平海峡两岸暨港澳佛教界、道教界分别举行法会》,刘维涛著,《法音》2005 年第 9 期。

《常愿干戈化玉帛　炎黄祈祷永和平——各地佛教界举行法会纪念中国人民抗日战争暨世界反法西斯战争胜利 60 周年》,王小明著,《法音》2005 年第 9 期。

《中国史学会代表团赴俄参加纪念反法西斯战争胜利 70 周年学术活动》,陈开科著,《光明日报》2015 年 7 月 8 日。

2. 纪念文章

《不能忘却的记忆》,史桂芳著,《中国社会科学报》2014 年 12 月 12 日。

《不能忘却的记忆——百年内两次世界大战的反思》,傅莹著,《求是》2014 年第 17 期。

《第二次世界大战结束三十五周年有感:1. 国际风云变幻可测(陈翰伯著);2. 警惕和平攻势,顶住战争威胁(张明养著);3. 对具体的历史情况进行具体分析(思慕著)》,《世界知识》1980 年第 17 期。

《纪念反法西斯战争胜利四十周年——为〈世界历史〉纪念世界反法西斯战争胜利四十周年而作而作》,宧乡著,《世界历史》1985 年第 9 期//《第二次世界大战史论文集②》,中国二战史研究会编,国防大学出版社 1986 年版。

《半是痛苦半是安慰的回忆:纪念反法西斯战争胜利四十周年》,邓友梅著,《人民日报》1985 年 7 月 26 日。

《为亚太地区的和平、友好、发展而奋斗:纪念伟大的抗日战争胜利四十周年》,吴常康著,《国际问题研究》1985 年第 4 期。

《纪念欧洲反法西斯战争胜利四十周年》,甘惜分著,《解放军报》1985 年 5 月 7 日。

《重温二次世界大战欧洲战场的胜利》,[美] 奥托·弗里德里克等著;刘邦义译,《编译参考》1985 年第 8 期。

《纪念二次世界大战欧洲战场结束》,《联合国纪事》1995 年第 3 期。

《战争与和平——纪念中国和世界反法西斯战争胜利 50 周年》,邱敦红著,《当代思潮》1995 年第 4 期。

《战争·火玫瑰:纪念反法西斯战争胜利 50 周年》,耿建华著,《山东文学》1995 年第 7 期。

《回眸世纪,探求和平》,李巨廉著,《历史教学问题》1999 年第 3 期。

《人类正将世界大战送往历史博物馆》,狄春著,《国际展望》1987 年第 15 期。

《纪念世界反法西斯战争胜利五十周年》,邱桂金等著,《毛泽东军事思想研究》1995 年第 3 期。

《纪念中国人民抗日世界反法西斯战争胜利 50 周年》,殷叙彝等著,《群言》1995 年第 7 期。

《纪念世界反法西斯战争和中国抗日战争胜利 50 周年》,萨利哈·安士伟著,《中国穆斯林》1995 年第 5 期。

《日本帝国主义发动卢沟桥事变前后:为纪念抗日战争胜利 50 周年而作》,方人也著,《河北师范学院学报》1995 年第 2 期。

《不忘国耻振兴中华:纪念抗日战争胜利五十周年》,郑欣淼著,《思想政治工作研究》1995 年第 8 期。

《谒抗日英雄纪念碑——为纪念中国人民抗日战争和世界反法西斯战争胜利 50 周年而作》,成瑞珩著,《会计之友》1995 年第 4 期。

《远望,在世界的立交桥上……——写给反法西斯战争胜利五十周年》,易仁寰著,《理论与创作》1995 年第 5 期。

《昨夜星辰:纪念世界反法西斯战争胜利五十周年》,张志民著,《中国作家》1995 年第 4 期。

《光耀千秋的历史贡献——纪念反法西斯战争胜利 50 周年》,唐天日著,《瞭望》1995 年第 19 期。

《永远铭记被侵略被奴役的历史——纪念反法西斯战争胜利 50 周年》,《瞭望》1995 年第 19 期。

《不要遗忘那场历史的浩劫——纪念世界反法西斯战争胜利 50 周年》,黄振灵著,《八桂侨刊》1995 年第 2 期。

《历史不会忘记——纪念世界反法西斯战争胜利五十周年》,《瞭望》1995 年第 19 期。

《历史是不能忘记的:为中国人民抗日战争和世界反法西斯战争胜利 50 周年而作》,常好礼著,《奋斗》1995 年第 8 期。

《发扬爱国主义精神,振兴中华,建设四化——纪念抗日战争和世界反法西斯战争胜利四十周年》,王郁昭著,《安徽日报》1985 年 8 月 17 日。

《前事不忘后事之师:纪念“七七”事变五十周年感言》,曾生著,《羊城晚报》1987 年 7 月 5/8 日。

《壮丽的画卷　永恒的昭示——纪念世界反法西斯战争和中国抗日战争胜利 50 周年》,蒋致洁著,《兰州商学院学报》1995 年第 3 期。

《写出光辉的抗日战争——为庆祝世界反法西斯战争和中国抗日战争胜利 50 周年而作》,王火著,《文艺理论与批评》1995 年第 4 期。

《以史为鉴　加强研究——纪念反法西斯战争胜利 50 周年》,石磊著,《外交学院学报》1995 年第 2 期。

《以史为鉴,共创未来:纪念世界反法西斯战争胜利五十周年》,陈毅堂著,《长春大学学报》1995年第2期。

《以史为鉴,深入进行爱国主义教育——纪念抗日战争和世界反法西斯战争胜利50周年》,《山东教育》1995年第Z2期。

《不忘历史　着眼未来——纪念世界反法西斯战争和中国抗日战争胜利50周年》,孟繁融著,《烟台师范学院学报》1995年第4期。

《前事不忘　后事之师——纪念抗日战争及世界反法西斯战争胜利50周年》,李培臣、古为勉著,《郑州工业大学学报》1995年第2期。

《勿忘国耻　振兴中华——中国人民抗日战争暨世界反法西斯战争胜利60周年感悟》,展涛著,《学校党建与思想教育》2005年第8期。

《毋忘历史珍惜和平:为纪念中国人民抗日战争和世界反法西斯战争胜利50周年而作》,柳茂坤著,《中国国防报》1995年4月28日。

《牢记历史教训　维护和平发展——纪念中国人民抗日战争暨世界反法西斯战争胜利60周年》,钱海皓著,《求是》2005年第12期。

《牢记历史教训　维护世界和平——为纪念抗日战争暨世界反法西斯战争胜利60周年而作》,夏遇南著,《咸阳师范学院学报》2005年第3期。

《牢记历史面向未来:纪念中国抗日战争和世界反法西斯战争胜利50周年》,邱敦红著,《光明日报》1995年9月4日。

《高举和平发展合作的旗帜——写在纪念中国人民抗日战争暨世界反法西斯战争胜利60周年之际》,《前线》2005年第8期。

《捭阖历史,当警世人:写在抗日战争及世界反法西斯战争胜利50周年》,王云飞、牛强著,《西安政治学院学报》1995年第3期。

《以史为鉴　为世界和平夯实基础——纪念世界反法西斯战争胜利60周年》,刘强著,《赤峰学院学报(汉文哲学社会科学版)》2005年第5期。

《历史,不能忘记! 写在纪念世界反法西斯战争暨中国人民抗日战争胜利五十周年之际》,朱威著,《文物工作》1995年第4期。

《不能忘却的历史——纪念世界反法西斯战争胜利结束六十周年》,连玉如著,《国际政治研究》2005年第2期。

《历史永远铭记——纪念中国人民抗日战争暨世界反法西斯战争胜利65周年》,《奋斗》2010年第9期。

《在铭记历史中汲取复兴力量——纪念中国人民抗日战争暨世界反法西斯

战争胜利六十六周年》，《当代贵州》2011 年第 25 期。

《居安思危勿忘国难：纪念中国抗日战争和世界反法西斯战争胜利 50 周年》，黄宗炎著，《广西日报》1995 年 8 月 17 日。

《警钟长鸣　警示常在——纪念世界反法西斯战争胜利 60 周年》，《当代世界》2005 年第 5 期。

《勿忘国耻振兴中华：纪念抗日战争和反法西斯战争胜利五十周年》，本刊评论员，《中国民兵》1995 年第 10 期。

《振奋民族精神凝聚民族力量：写于中国抗日战争和世界反法西斯战争胜利 50 周年》，朱尔澄、张桂芳著，《北京教育》1995 年第 7 期。

《追寻战争的足迹——为纪念世界反法西斯战争胜利 50 周年而作》，李钢林著，《解放军报》1995 年 4 月 25 日。

《世纪回眸：纪念中国抗日战争和世界反法西斯战争胜利五十周年》，孙福生著，《福建学刊》1995 年第 5 期//《东南学术》1995 年第 5 期。

《书浴血历史 扬民族正气——全军纪念抗日战争和世界反法西斯战争胜利 50 周年宣传回首》，石仁禹著，《军事记者》1995 年第 11 期。

《壮丽的画卷，永恒的昭示：纪念世界反法西斯战争和中国抗日战争胜利 50 周年》，蒋致洁著，《兰州商学院学报》1995 年第 3 期。

《战斗的历程，光辉的篇章——纪念抗日战争和世界反法西斯战争胜利四十周年》，李燧英著，《大众日报》1985 年 8 月 30 日。

《伟大的胜利，巨大的变化——纪念欧洲反法西斯战争胜利四十周年》，何方著，《世界知识》1985 年第 9 期//《经济日报》1985 年 5 月 9 日。

《伟大的胜利　光辉的旗帜——纪念中国人民抗日战争胜利 60 周年》，冷溶著，《中国抗战与世界反法西斯战争——纪念中国人民抗日战争暨世界反法西斯战争胜利 60 周年学术研讨会文集：上卷》，中国社会科学院近代史研究所编，社会科学文献出版社 2009 年版。

《伟大光辉的历史篇章——纪念中国人民抗日战争暨世界反法西斯战争胜利 60 周年》，宋毅军著，《国防科技工业》2005 年第 5 期。

《伟大的历史壮举　不朽的爱国篇章——纪念中国人民抗日战争胜利 60 周年》，曹刚川著，《世纪桥》2005 年第 8 期。

《在欢庆胜利时所不能不想到的：纪念中国人民抗日战争胜利五十周年》，本刊评论员，《中流》1995 年第 8 期。

《中国外交与世界和平——为庆祝中国抗日战争和世界反法西斯战争胜利四十周年而作》,俞观涛著,《绍兴师专学报》1985 年第 3 期。

《保卫和平:为世界反法西斯战争和抗日战争胜利五十周年而作》,莫文骅著,《解放军文艺》1995 年第 8 期。

《关于战争与和平问题的几点思考:纪念反法西斯战争胜利 50 周年》,邱敦红著,《国际政治研究》1995 年第 3 期。

《中国宗教界和平文告——纪念世界反法西斯战争和中国抗日战争胜利 50 周年》,赵朴初、丁光训等著,《中国宗教》1995 年第 2 期//《中国穆斯林》1995 年第 5 期//《法音》1995 年第 9 期。

《中国宗教界和平文告——纪念中国人民抗日战争暨世界反法西斯战争胜利 60 周年》,《中国天主教》2005 年第 5 期//《中国道教》2005 年第 5 期//《中国穆斯林》2005 年第 5 期//《中国宗教》2005 年第 8 期//《法音》2005 年第 9 期。

《中国宗教界纪念抗日战争暨世界反法西斯战争胜利六十周年》,《中国宗教》2005 年第 8 期。

《中国道教界纪念中国人民抗日战争暨世界反法西斯战争胜利 60 周年祈祷和平文》,《中国道教》2005 年第 5 期。

《为纪念中国人民抗日战争暨世界反法西斯战争胜利 60 周年营造良好的舆论氛围和文化环境》,石宗源著,《中国图书评论》2005 年第 9 期。

《胜利颂歌——纪念抗日战争暨世界反法西斯战争胜利 60 周年》,李瑛著,《求是》2005 年第 14 期。

《人间正道是沧桑——写在纪念世界反法西斯战争胜利 60 周年》,朱贵生著,《求是》2005 年第 11 期。

《纪念反法西斯战争胜利 60 周年——关于纪念的历史与文明的坐标》,刘北成著,《世界经济与政治》2005 年第 8 期。

《怒吼的平原——纪念中国人民抗日战争暨世界反法西斯战争胜利 60 周年》,吕正操著,《求是》2005 年第 17 期。

《纪念中国人民抗日战争暨世界反法西斯战争胜利 68 周年》,《中国穆斯林》2013 年第 5 期。

《66 年舆论战:写在纪念世界反法西斯战争胜利 60 周年之际》,姚学满、张梦义著,《政工学刊》2005 年第 6 期。

《纪念中国人民抗日战争暨世界反法西斯战争胜利 70 周年——在吉林大

学中俄区域合作研究中心做的报告》,[俄]М.А.加列耶夫著;朱显平、刘锋译,《东北亚论坛》2015 年第 6 期。

《"纪念世界反法西斯战争胜利七十周年"笔谈》,《世界历史》2015 年第 4 期。

《第二次世界大战结束七十周年:历史的教训与新前景》,[俄]谢·拉夫罗夫著,《人民日报》2015 年 8 月 24 日。

3. 其他国家纪念活动

《苏修纪念战胜法西斯三十周年反映出的几点主要军事学术动向》,本刊编辑部著,《外国军事学术》1975 年第 31 期。

《鲜花献给老战士——维尔纽斯庆祝反法西斯胜利四十周年见闻》,九兰著,《人民日报》1985 年 4 月 28 日。

《法国纪念戴高乐号召反法西斯侵略四十周年》,《人民日报》1980 年 6 月 17 日。

《哈滕的钟声——纪念反法西斯战争胜利四十周年(哈滕露天纪念馆)》,王燎著,《环球》1985 年第 4 期。

《世界各地隆重纪念二战结束五十周年》,《人民日报》1995 年 9 月 4 日。

《世界各地纪念反法西斯战争胜利 50 周年》,古平著,《人民日报》1995 年 5 月 8 日。

《世界反法西斯战争胜利 50 周年》,倪敏玉著,《党建》1995 年第 5 期。

《以史为鉴珍惜和平:欧洲国家纪念世界反法西斯战争胜利》,杨华升著,《半月谈》1995 年第 1 期。

《德国纪念二战结束 50 周年综述》,理声著,《德国研究》1995 年第 2 期。

《德国、日本、中国:纪念世界反法西斯战争胜利 60 周年》,杨新涯、杨从彪著,《政工学刊》2005 年第 12 期。

《为纪念抗日战争胜利 60 年东京国际集会综述》,刘宝辰著,《抗日战争研究》2005 年第 3 期。

《历史不能重演——访布痕瓦尔德反法西斯纪念馆》,许宏治著,《人民日报》1984 年 5 月 8 日。

《奥纪念反法西斯胜利》,方祥生著,《光明日报》2013 年 5 月 10 日。

《华沙集会纪念第二次世界大战牺牲的波兰儿女》,《人民日报》1979 年 9 月 3 日。

《克罗地亚纪念反法西斯战斗日》，赵嘉政著，《光明日报》2013 年 6 月 24 日。

《克纪念欧洲第一支反法西斯游击队成立 73 周年》，张智勇著，《光明日报》2014 年 6 月 24 日。

《澳大利亚战争纪念馆掠影——纪念世界反法西斯战争胜利五十周年》，王晋军著，《中外文化交流》1995 年第 4 期。

《战火：记者素质的最大考验——"二战"新闻报道启示录》，陈嘉栋著，《新闻爱好者》1995 年第 7 期。

《D 日盛典——诺曼底登陆 60 周年纪念——60 年来规模最大，16 个国家元首和政府首脑出席》，苗鹤青著，《国际展望》2004 年第 14 期。

《一名前德国军官谈他在二次大战后期的特殊经历》，《世界史研究动态》1980 年第 8 期。

《一个中国记者对二次欧战的观感》，萧乾著，《同舟共进》1995 年第 5 期。

《一个中国记者在二次欧战中的足迹》，萧乾著，《文学自由谈》1995 年第 2 期。

《采访欧洲战场的中国记者不止萧乾一人》，毛德传著，《国际新闻界》1999 年第 4 期。

二、反思

《回看历史昭示未来》，徐蓝著，《光明日报》2014 年 9 月 3 日。

《第二次世界大战留给人类的反思》，李风飞、任众著，《求是学刊》1995 年第 4 期。

《第二次世界大战历史的宏观反思》，张海鹏著，《中共党史研究》2015 年第 8 期。

《第二次世界大战历史的宏观反思——纪念世界反法西斯战争暨中国人民抗日战争胜利 70 周年》，张海鹏著，《纪念中国人民抗日战争暨世界反法西斯战争胜利 70 周年国际学术研讨会论文集》，李亚平等编，中共党史出版社 2015 年版。

《吴恩远：维护二战成果　反对历史虚无主义》，高杨著，《社会科学报》2015 年 3 月 26 日。

《反法西斯联盟与人类整体利益——再论二战教训的当代意义》，余伟民著,《探索与争鸣》2015 年第 4 期。

《欧洲的二战反思》,黄晴著,《人民日报》2005 年 4 月 29 日。

《俄罗斯弘扬卫国战争文化的战略考量》,岳连国著,《团结报》2015 年 5 月 9 日。

《俄罗斯如何通过制度保证卫国战争精神的传承和弘扬》,丁军、李世辉著,《国外理论动态》2012 年第 1 期。

《苏联和俄罗斯二战史观点体系的形成与演变——兼论俄罗斯同西方的历史大战》,张盛发著,《近现代国际关系史研究》2018 年第 1 期。

《铭记伟大历史　彰显学术话语——纪念中国人民抗日战争暨世界反法西斯战争胜利七十周年理论研究成果综述》,求是杂志社课题组著,《中国社会科学》2015 年第 12 期。

《二战胜利 50 周年随想》,王建朗著,《21 世纪》1995 年第 3 期。

《纪念反法西斯战争胜利 50 周年的几点思考》,刘莉著,《北京科技大学学报》1995 年第 2 期。

《历史是部教材(纪念反法西斯战争胜利 50 周年)》,古平著,《人民日报》1995 年 5 月 8 日。

《反法西斯战争胜利 50 周年纪念币》(上、下),龚龙明、赵雨夫著,《钱币博览》1998 年第 1/2 期。

《历史的启示——纪念抗日战争爆发 50 周年》,张海麟著,《红山撷文——二战史论文选》,张海麟著,中国文史出版社 1999 年版。

《为了日本的明天:写在日本战败 50 周年之际》,放言庐著,《人民邮电》1995 年 9 月 2 日。

《迎接侵略战争结束五十周年》,[日] 岩崎允胤著;吕昶节译,《抗日战争研究》1995 年第 4 期。

《呼唤和平——纪念反法西斯战争胜利 50 周年》,平东栋著,《青海教育》1995 年第 9 期。

《和平与发展的呼唤——写在世界反法西斯战争胜利 50 周年之际》,熊琪著,《新东方》1995 年第 4 期。

《维护世界和平是全人类的紧迫任务——纪念欧洲反法西斯战争胜利四十周年》,《人民日报》1985 年 5 月 9 日。

《国耻难忘,国魂永存,国运在创——纪念抗日战争胜利五十周年》,吴忠著,《中小学管理》1995 年第 9 期。

《凝固的历史——不能忘却的第二次世界大战》,陈祥超著,《百科知识》1995 年第 3 期。

《历史不会忘记:纪念世界反法西斯战争胜利五十周年》,《瞭望》1995 年第 13 期。

《回顾历史展望未来:纪念反法西斯战争胜利五十周年》,张炳杰著,《人民日报》1995 年 5 月 9 日。

《永远铭记被侵略,被奴役的历史:纪念反法西斯胜利 50 周年》,《瞭望新闻周刊》1995 年第 13 期。

《日本的战争忧思录:第二次世界大战五十周年访日观感》,罗荣渠著,《东方》1996 年第 1 期。

《从对二战的记忆思考历史记忆的重要性》,徐方、高平著,《山西高等学校社会科学学报》2006 年第 7 期。

《美国等国肆意诋毁苏联军队、歪曲二战历史》,吴恩远、李晓华著,《红旗文稿》2015 年第 12 期。

第十五章　中国抗战的地位和作用

《中国抗日战争话语权的新阐释》,周银珍著,《广西社会科学》2017 年第 8 期。

《欧美战争百科全书中的中国抗战述评》,梁占军著,《历史教学问题》2015 年第 4 期。

《美国大学世界通史教材对中国抗战的叙述》,施诚著,《历史教学问题》2015 年第 4 期//《世界知识》2016 年第 14 期。

《抗日战争记忆与第二次世界大战全球史》,米德著,《纪念中国人民抗日战争暨世界反法西斯战争胜利 70 周年国际学术研讨会论文集》,李亚平等编,中共党史出版社 2015 年版。

《国际学界对中国抗战研究很不够》,史桂芳著,《中国社会科学报》2015 年 6 月 26 日。

《二战史研究不应遮蔽中国抗战》,庄礼伟著,《中国社会科学报》2015 年 12 月 17 日。

《二战时期西方媒体如何报道中国抗战》,阚延华、付津著,《军事记者》2015 年第 9 期。

《"中国在二战中的贡献和牺牲为世界人民所认可和感激"——各国政要和国际组织领导人高度评价中国抗战胜利日纪念活动》,滕抒著,《中国纪检监察》2015 年第 17 期。

第一节　中国抗战的国际地位和影响

一、中国抗战胜利的原因及其意义

1. 中国抗战胜利的原因

《中国人民抗日战争胜利的历史原因和伟大意义——访中共中央党史研究室主任曲青山》,汪文庆著,《中共党史研究》2015 年第 4 期。

《中国共产党对于抗战胜利原因论述的演变——以抗战胜利以来历次纪念活动的论述为中心》，苏若群著，《江汉论坛》2015 年第 7 期。

《论抗日战争胜利的原因》，邓慧君著，《青海社会科学》1995 年增刊。

《中国抗日战争胜利原因析》，姚昆遗、周家任著，《上海大学学报》1995 年第 4 期。

《略谈抗日战争胜利的原因》，周全根著，《中学历史教学》1980 年第 1 期。

《抗日战争胜利的根本原因》，张福安著，《大庆社会科学》2015 年第 5 期。

《试论抗日战争胜利的主要原因》，赵林森著，《前进》1995 年第 8 期。

《中国取得抗战胜利的历史经验》，肖裕声著，《光明日报》2015 年 7 月 7 日。

《中国抗日战争胜利基本经验的历史考察》，刘庭华著，《纪念中国人民抗日战争暨世界反法西斯战争胜利 70 周年国际学术研讨会论文集》，李亚平等编，中共党史出版社 2015 年版。

《命运共同体意识：中国抗日战争与世界反法西斯战争胜利的前提》，王宪明、胡庆祝著，《思想理论教育》2015 年第 8 期。

《中华民族团结抗战的伟大胜利》，李忠杰著，《中共党史研究》2015 年第 9 期。

《全民族抗战是中国人民抗日战争胜利的重要法宝》，薛庆超著，《抗战史料研究》2016 年第 2 期。

《中华民族凝聚力是抗日战争胜利的源泉》，陈旭光、张树忠著，《内蒙古电大学刊》1995 年第 6 期。

《民族凝聚力与中国抗日战争的胜利》，朱耀先著，《光明日报》2015 年 9 月 2 日。

《民族精神是抗日战争胜利的原动力》，袁素文、金久红著，《鞍山师范学院学报》2006 年第 3 期。

《爱国主义与抗日战争的胜利》，赵春荣著，《广东社会科学》1995 年第 5 期。

《爱国主义精神与抗日战争胜利》，陈铁军著，《安庆师院社会科学学报》1997 年第 3 期。

《爱国主义是抗日战争胜利的一面光辉旗帜》，李俊远著，《教学与管理》1995 年第 2 期。

《爱国主义——中国抗日战争胜利的精神动力》，杨金品著，《阜阳师范学院学报》1996 年第 4 期。

《中华民族意识与抗日战争胜利的历史思考》，徐根义著，《山东科技大学学报》2002 年第 3 期。

《中华民族认同意识的空前觉醒是抗日战争胜利的原动力》，王丽华著，《云南行政学院学报》2016 年第 1 期。

《抗日民族统一战线是抗日战争胜利之本》，杜舟平、余乃平著，《上海市社会主义学院学报》2005 年第 5 期。

《抗日民族统一战线：中国人民抗日战争胜利的根本保证》，蒋建农著，《光明日报》2015 年 9 月 17 日。

《国共合作对抗日战争胜利的贡献》，赵秀芳著，《山西档案》2015 年第 5 期。

《国共第二次合作对抗日战争胜利的作用》，郑则民著，《中国人民抗日战争纪念馆文丛·1990 年版》，中国人民抗日战争纪念馆编，北京出版社 1991 年版。

《建立和巩固抗日民族统一战线——中国共产党战胜日本帝国主义的伟大战略决策》，李良志著，《周口师范学院学报》2017 年第 6 期。

《中国共产党在大后方实践抗日民族统一战线的历史贡献》，周勇著，《重庆日报》2015 年 7 月 8 日。

《中国共产党是引导中华民族抗战走向胜利的旗帜》，李蓉著，《中国抗战与世界反法西斯战争——纪念中国人民抗日战争暨世界反法西斯战争胜利 60 周年学术研讨会文集：上卷》，中国社会科学院近代史研究所编，社会科学文献出版社 2009 年版。

《中国共产党是指引抗战胜利的伟大旗帜》，程卫华著，《海军工程大学学报》2015 年第 3 期。

《中国共产党的正确领导是抗日战争胜利的基本保证》，亚森·阿比提著，《天山学刊》1995 年第 2 期。

《抗日战争胜利的关键是中国共产党思想上政治上的路线正确》，李慎明、张顺洪著，《历史研究》2015 年第 4 期。

《中国共产党是夺取抗战胜利的民族先锋——纪念抗日战争胜利 70 周年》，宋清渭著，《孙子研究》2015 年第 4 期。

《中国共产党的先进性是抗战胜利的保证》，高心湛著，《许昌学院学报》2005 年第 4 期。

《试论中国共产党的先进性与抗日战争的伟大胜利》,李安林著,《江苏教育学院学报》2005 年第 4 期。

《中国共产党与抗日战争的胜利》,李建伟著,《北京党史研究》1995 年第 4 期。

《中国共产党与抗日战争的胜利》,朱汉国著,《求是》2011 年第 18 期。

《中国共产党与抗日战争的胜利》,孙俊杰著,《郑州大学学报》2015 年第 4 期。

《中国共产党引领抗战走向胜利》,胡德坤著,《中国社会科学报》2015 年 7 月 23 日。

《中国共产党与抗日战争的伟大胜利》,石仲泉著,《中共党史研究》2015 年第 7 期。

《党的中流砥柱作用是抗战胜利的关键》,刘粤军、刘雷著,《人民日报》2015 年 9 月 1 日。

《中流砥柱作用是抗日战争胜利的关键》,曲青山著,《人民日报》2015 年 9 月 13 日。

《中国共产党的中流砥柱作用是抗战胜利的关键》,刘粤军、刘雷著,《解放军报》2015 年 7 月 22 日。

《中国共产党是中华民族抗战胜利的中流砥柱》,岳思平、朱姝嫄著,《广州大学学报》2005 年第 8 期。

《中国共产党是夺取抗日战争胜利的中流砥柱》,赵南起著,《人民政协报》2015 年 8 月 21 日。

《中国共产党的领导理念与抗日战争的伟大胜利》,奚洁人著,《上海市社会主义学院学报》2005 年第 4 期 //《毛泽东邓小平理论研究》2005 年第 7 期 //《上海纪念抗日战争胜利 60 周年研讨会论文集》,上海市社会科学界联合会编,上海人民出版社 2005 年版。

《中国共产党的建设与抗日战争的胜利》,郝小青著,《成都电子机械高等专科学校学报》1996 年第 1 期。

《抗战胜利是毛泽东思想武装起来的人民战争的胜利——纪念抗日战争胜利五十周年》,钟朝仁著,《云南法学》1995 年第 4 期。

《毛泽东〈论持久战〉是指导中国抗日战争胜利的根本保证》,赵文鹤著,《中国领导科学》2015 年第 10 期。

《论抗日战争胜利的决定性力量》,田伯伏、吴克学著,《河北师范大学学报》2006年第4期。

《中国共产党领导的独立自主的游击战争与抗日战争的胜利》,任永祥著,《辽宁师范大学学报》1995年第4期。

《抗日根据地奠定了抗日战争胜利的基础》,魏宏运著,《历史教学》1995年第10期。

《延安整风运动与抗日战争胜利》,李会宗、丁黎明著,《洛阳医专学报》1995年第4期。

《中国民主党派对抗日战争胜利的历史贡献》,李承琦、林修惠著,《福建党史月刊》1990年第12期。

《试论民主党派对夺取抗日战争胜利的贡献》,王鸿著,《上海市新四军暨华中抗日根据地历史研究会1999年年会论文集》,上海市新四军暨华中抗日根据地历史研究会编,1999年。

《中国民主党派与抗日战争胜利》,陈抗甫著,《中央社会主义学院学报》2005年第6期。

《民主党派对抗日战争胜利的贡献》,王小鸿著,《陕西社会主义学院学报》2006年第1期。

《浅论中国抗日战争胜利的经济基础》,孟英著,《唐都学刊》1996年第1期。

《独立自主是抗日战争胜利的中心一环》,明月著,《内蒙古社会科学》1996年第5期。

《论文化软实力对抗日战争胜利的影响》,孙丹著,《湖南社会科学》2015年第4期。

2. 中国抗战胜利的意义

《深刻理解抗日战争胜利的伟大意义》,闫志民著,《中国特色社会主义研究》2015年第4期。

《抗日战争胜利的伟大意义》,李良志著,《历史教学》1983年第3期。

《中国抗战胜利的时代意义》,戴旭著,《中国国防报》2015年7月7日。

《抗日战争胜利的当代意义》,郭涓著,《教育现代化》2016年第15期。

《也谈抗日战争胜利的现实意义》,韩亚光著,《团结报》2013年8月15日。

《中国人民抗战胜利的世界意义》,石志刚著,《中国社会科学报》2015年8

月 28 日。

《论中国抗日战争胜利的伟大历史意义》，王建伟等著，《战争奇观民族壮举》，徐红主编，军事科学出版社 1995 年版。

《抗战胜利是中华民族走向世界的里程碑》，尹德慈著，《南方日报》2015 年 9 月 7 日。

《全民族抗战胜利与中国国际地位的提高》，刘仕平著，《光明日报》2015 年 7 月 26 日。

《从民族复兴的角度认识抗日战争胜利的历史意义》，张海鹏著，《中国社会科学院院报》2005 年 8 月 11 日。

《从"中国梦"视角解析抗日战争胜利的伟大意义》，巩晶骐、何俊生著，《宿州学院学报》2015 年第 5 期。

《简论中华民族由衰败到复兴的转折点——为纪念抗日战争胜利 60 周年而作》，陈乃宣著，《湖北社会科学》2005 年第 9 期。

《抗日战争胜利对打赢现代战争的历史启示》，罗亚波、余世才等著，《战士报》2005 年 8 月 4 日。

《抗日战争胜利对今日之中国的启示》，孟祥玲著，《江桥抗战及近代中日关系研究（下）》，周彦、李海主编，吉林人民出版社 2005 年版。

《抗日战争胜利对我国社会发展的启示意义》，谭皎伶著，《教育现代化》2016 年第 3 期。

《中国人民抗日战争暨世界反法西斯战争胜利的历史昭示》，薛小荣著，《军队政工理论研究》2015 年第 5 期。

《抗日战争胜利是中国人民的胜利》，梁星亮著，《纪念中国人民抗日战争暨世界反法西斯战争胜利 70 周年理论研讨会论文集》，中国延安精神研究会等编，2015 年。

《抗日战争胜利在中华民族精神演进中的作用》，周直著，《毛泽东思想研究》2015 年第 6 期。

《抗日战争是对中国各党派的一次大检阅——兼谈抗日战争胜利的伟大意义》，史琳著，《东莞理工学院学报》2005 年第 6 期。

《抗日战争与中国社会变迁——纪念抗日战争胜利 60 周年学术研讨会综述》，曾成贵著，《江汉论坛》2005 年第 9 期。

《论抗日战争胜利的重要历史经验及其现实意义》，郭名华、杨宝兰著，《河南师范大学学报》1985 年第 2 期。

《论中国人民抗日战争胜利与民族觉醒》,刘新如著,《大连近代史研究》2015 年第 1 期。

《试论抗日战争对中国社会的现代化意义——为纪念抗日战争胜利 60 周年而作》,范水涛著,《苏州科技学院学报》2005 年第 3 期。

《中国抗日战争胜利与东亚和平》,华强、张晓燕著,《多元视野中的中外关系史研究——中国中外关系史学会第六届会员代表大会论文集》,2005 年。

《中国抗战胜利是人类命运共同体的胜利》,金应忠著,《人民日报》2015 年 9 月 1 日。

《抗日战争的胜利是亚洲人民共同的节日》,步平著,《中国社会科学院院报》2005 年 11 月 3 日。

《抗日战争胜利的伟大意义与历史地位——写在中国人民抗日战争胜利纪念日》(上、下),史桂芳著,《前线》2014 年第 9/10 期。

《中国人民抗日战争胜利的伟大意义与历史启示》,周新国著,《扬州大学学报》2015 年第 5 期。

《中华民族和全人类的伟大胜利——纪念抗日战争暨世界反法西斯战争胜利六十周年》,吉力著,《中共伊犁州委党校学报》2005 年第 4 期。

《抗日战争胜利的历史启迪》,魏鉴勋著,《辽宁日报》1995 年 8 月 24 日。

《抗日战争胜利的历史启迪》,王燕梅著,《青海社会科学》1995 年增刊。

《抗日战争胜利的历史启示》,黄浩涛著,《光明日报》2015 年 8 月 29 日。

《抗日战争胜利的历史昭示》,李洪峰著,《光明日报》2015 年 9 月 12 日。

《抗日战争伟大胜利的历史启示》,军事科学院军队政治工作研究中心,《求是》2014 年第 14 期。

《中国人民抗日战争胜利的历史启示——纪念中国人民抗日战争胜利 60 周年》,曹刚川著,《求是》2005 年第 16 期。

《世界各国的支援是中国取得抗战胜利的重要条件》,伊胜利著,《理论探讨》1995 年第 3 期。

《统一战线是我们夺取抗战胜利的法宝——纪念抗日战争暨世界反法西斯战争胜利 60 周年》,邢俊国著,《沈阳航空工业学院学报》2005 年第 6 期。

《国共第二次合作和抗日战争的伟大胜利》,吴剑涛著,《西北民族学院学报》1985 年第 4 期。

《话说"合利分弊"——由世界反法西斯战争及中国抗战胜利50周年联想到国共合作》，赵海谦著，《成都大学学报》1995年第3期。

《中国共产党是引导全民族抗战走向胜利的旗帜》，步平著，《光明日报》2005年8月30日//《中国抗战与世界反法西斯战争——纪念中国人民抗日战争暨世界反法西斯战争胜利60周年学术研讨会文集：上卷》，中国社会科学院近代史研究所编，社会科学文献出版社2009年版。

《中国共产党是抗日战争的中流砥柱——海军政治学院纪念抗战胜利五十周年学术研讨会综述纪念抗日战争胜利五十周年》，王真著，《政工学刊》1995年第9期。

《中国共产党是中华民族团结抗战的中流砥柱——纪念抗日战争暨世界反法西斯战争胜利60周年》，张喜德著，《理论前沿》2005年第15期。

《论中国共产党在抗日战争中的中流砥柱作用》，王真著，《政工学刊》2005年第10期。

《中共在抗战中的中流砥柱作用——比较国共两党的抗战指导原则和实践》，韦磊著，《党史文汇》2015年第4期。

《中国共产党在抗日战争中的中流砥柱作用论析》，夏斯云著，《思想理论教育》2018年第12期。

《论抗日战争时期中国共产党的伟大领导》，于耀洲著，《大连近代史研究》2010年第7卷。

《中国共产党与中华民族的抗日战争》，荣维木著，《北京党史》2005年第5期。

《中华民族解放的先锋——纪念中国人民抗日战争胜利66周年暨九一八事变发生80周年》，孙思敬著，《求是》2011年第18期。

《试析中国共产党在抗日战争中的伟大作用》，于耀洲著，《齐齐哈尔大学学报（哲学社会科学版）》2005年第5期。

《民族凝聚与抗战胜利》，黄振位著，《广东省社会主义学院学报》2005年第4期。

《抗日战争胜利的根本保证》，刘伯勋著，《毛泽东思想研究》1995年第3期。

《抗日的胜利　人民的胜利——纪念中国人民抗日战争暨世界人民反法西斯战争胜利六十周年》，时正中著，《青海统计》2005年第8期。

《人民战争是抗战的胜利之本》,唐宗益著,《思维与实践》1995 年第 4 期。

《全民族抗战的伟大胜利》,戴逸著,《北京日报》1995 年 8 月 14 日。

《民族的胜利人民的胜利》,刘大年著,《人民日报》1995 年 8 月 15 日。

《民族魂的凝聚与抗日战争的胜利》,何步兰著,《兰州大学学报》1995 年第 3 期。

《爱国主义——全民族抗战的光辉旗帜》,梁慈潮著,《福建学刊》1995 年第 5 期。

《爱国主义是赢得抗日战争胜利的伟大精神动力》,崔永红著,《青海社会科学》1995 年增刊。

《爱国主义的伟大胜利:纪念抗战胜利 50 周年》,余光东著,《邵阳师专学报》1995 年第 3 期。

《爱国主义是全民族抗战的伟大旗帜》,牛长林著,《河北日报》1995 年 8 月 8 日。

《爱国主义:抗日战争时期学生运动的光辉旗帜——纪念世界反法西斯战争和抗日战争胜利 50 周年》,杨绍华著,《中国电力教育》1995 年第 3 期。

二、中国抗战的意义

《近年来外国学者政要媒体对中国抗战意义和纪念活动的评价》,王寅著,《红旗文稿》2015 年第 19 期。

《恢复历史的公正——俄罗斯学者对中国抗日战争的评析》,[俄]С.Г.卢佳宁、Н.Л.玛玛耶娃等著;朱显平、许金秋译,《东北亚论坛》2015 年第 4 期。

《美国陆军军史中的中国抗日战争》,孟庆龙著,《河南师范大学学报》2017 年第 1 期。

《不可磨灭的功绩》,陈延武著,《人民日报》2015 年 9 月 10 日。

《充分认识全面抗战的伟大意义》,高士华著,《抗日战争研究》2017 年第 1 期。

《宋庆龄论中国抗战的国际意义》,傅绍昌著,《学术月刊》1997 年第 10 期。

《中国抗日战争的特点及其国际意义》,思慕著,《第二次世界大战史论文集》,三联书店 1985 年版。

《中国人民抗日战争的国际环境和世界意义》,齐世荣著,《求是》1995 年第 14 期。

《略论抗日战争的国际意义》,武菁著,《安徽日报》1995 年 9 月 12 日。

《从新的角度审视中国抗战的意义》,李云峰著,《西北大学学报》1996 年第 2 期。

《抗日战争与中华民族的振兴——兼论中国抗战的世界意义》,李学功著,《青海社会科学》1995 年第 S1 期。

《中国抗日战争的世界意义》,孔凡军等著,《文汇报》1995 年 2 月 15 日。

《东方主战场的世界性贡献》,尹韵公著,《中国社会科学报》2016 年 8 月 11 日。

《国际视野下的中国抗日战争》,李雯著,《天津市社会主义学院学报》2015 年第 2 期。

《国际视野下的中国抗日战争》,杜运泉、高苑敏著,《探索与争鸣》2015 年第 4 期。

《中国抗战史应成为人类共同记忆》,王健著,《解放日报》2017 年 7 月 18 日。

《论抗日战争对世界反法西斯的意义》,唐培吉著,《同济大学学报》2015 年第 3 期。

《浅谈中国抗日战争在世界反法西斯战争中的国际意义》,刘惠敏著,《黑河学刊》2002 年第 4 期。

《中国抗日战争及其历史意义——纪念反法西斯战争胜利五十周年》,庞德梅著,《重庆广播电视大学学报》1995 年第 2 期。

《全民族抗战的伟大历史意义和现实启示》,赵周贤、汤俊峰著,《光明日报》2015 年 7 月 8 日。

《中华民族的解放战争　国际性的反法西斯战争——纪念中国抗日战争胜利 60 周年》,马烈著,《江苏教育学院学报》2005 年第 4 期。

《抗日战争与以往反侵略战争之不同点》,罗时平著,《求实》1995 年第 9 期。

《西方需要理解中国抗战的意义》,姜红著,《中国社会科学报》2015 年 7 月 1 日。

《西方需要理解中国抗战的意义》,孙梦曦著,《中国社会科学报》2015 年 8 月 28 日。

《中国抗战对世界政治军事格局的影响》,李阅民、刘炜著,《山西高等学校社会科学学报》2015 年第 11 期。

《中国是世界反法西斯战争的中坚力量——外国人眼中的中国抗战》,吴鑫著,《中国纪检监察》2015 年第 17 期。

三、中国抗战与第二次世界大战

《从二战开始的标志看中国抗日战争的历史地位》,润昌方著,《贵州师大学报》1995 年第 3 期。

《论“九一八”是中国抗日战争的起点》,刘庭华著,《抗日战争研究》2006 年第 1 期。

《沈阳——第二次世界大战的爆发和战犯的最后审判地》,刘长江著,《中国近现代史史料学学会学术会议论文集之七——中国近现代史及史料研究》,2007 年。

《不能遗忘中国在二战中的贡献》,姜红著,《中国社会科学报》2015 年 8 月7 日。

四、中国抗战与世界反法西斯战争

《江桥抗战揭开了世界反法西斯战争的帷幕》,孙文政著,《理论观察》2005 年第 1 期。

《江桥抗战开创了世界反法西斯战争的第一战场——中国东北战场》,林旭媛、刘锐著,《齐齐哈尔师范高等专科学校学报》2008 年第 2 期。

《试论江桥抗战在世界反法西斯战争中的地位及影响》,周喜峰著,《齐齐哈尔大学学报》1995 年第 5 期。

五、中国抗战的国际地位和作用

1. 总论

《正视中国抗战历史地位》,唐红丽著,《中国社会科学报》2015 年 8 月19 日。

《抗日战争历史地位的多维思考》,田克勤、童贤东著,《中国高校社会科学》2015 年第 6 期。

《重视中国抗战在二战中地位和作用的研究》,武克全著,《解放日报》1985 年 8 月 7 日。

《应当正确认识和评价二次大战中的中国战场》,沈永兴著,《第二次世界大战史论文集③:五十年的深思》,李殿仁主编,军事谊文出版社 1996 年版。

《中国抗战地位的国际认同路径构建再思考》,丁威、洪富忠著,《学术界》2015 年第 9 期。

《西方学者肯定中国抗战地位和作用》,张太原著,《光明日报》2015 年 7 月 8 日。

《中国抗战的地位和作用不能被低估》,高福进著,《解放日报》2015 年 7 月 18 日。

《中国抗战作用被世人忽视原因之探讨》,黄爱军著,《洛阳师院学报》1997 年第 6 期。

《中国抗战在二战中的地位和作用被一些国外学者忽视或贬低的原因》,黄爱军著,《龙江党史》1998 年第 4 期。

《读享利·米歇尔著〈第二次世界大战〉——驳某些外国学者否认中国抗日功绩的观点》,肖红缨、陆家希著,《党史研究与教学》1995 年第 5 期。

《中国抗日战争在二战中的地位作用研究综述》,李凤飞著,《吉林师院学报》1995 年第 7 期//《北华大学学报》1995 年第 7 期。

《中国抗日战争国际地位研究的现状与问题》,陈德鹏著,《安徽史学》1995 年第 2 期。

《关于二战期间中美战略关系及中国抗战地位的研究述评》,韩永利著,《世界历史》2003 年第 5 期。

《中国学者关于中国抗战在第二次世界大战中地位研究述评》,韩永利著,《武汉大学学报(人文科学版)》2006 年第 4 期。

《十年来中国抗战在世界反法西斯战争中的地位和作用研究综述》,谭幼萍著,《党的文献》2005 年第 6 期。

《20 余年来中国学术界关于中国抗战在二战中的地位和作用问题的研究》,赵文亮著,《抗日战争研究》2007 年第 3 期。

《近 10 年来中国抗日战争的地位和作用研究述评》,李东朗著,《民国档案》2008 年第 1 期。

《关于再认识中国抗日战争历史地位应该强调的几个重要观点》,戴孝庆著,《陕西社会主义学院学报》2006 年第 1 期。

《第二次世界大战与中国抗日战争之关系的三个问题》,王桧林著,《中共党史研究》1993 年第 3 期 //《第二届近百年中日关系史国际研讨会论文集》,中国抗日战争史学会等编,中华书局 1995 年版。

《中国抗战的国际坐标》,[俄]尤里·塔夫罗夫斯基著,《人民日报》2014 年 8 月 11 日。

《中国抗战:世界反法西斯战争的起点和终点》,柳千岸著,《人民日报》2015 年 9 月 2 日 //《理论参考》2015 年第 9 期。

《全球史观视野下的中国反法西斯战争》,陈廷湘著,《历史研究》2015 年第 4 期。

《人类命运共同体视野下的中国抗战》,王健著,《文汇报》2017 年 8 月 18 日。

《中国抗日战争与"负责任的大国"的塑造》,孙会岩、唐莲英著,《学术界》2015 年第 9 期。

《中国抗战"维护了亚洲的集体安全"》,刘本森著,《哈尔滨日报》2015 年 8 月 31 日。

《中国抗日战争与欧洲第二战场的开辟》,陈培均著,《江西社会科学》1995 年第 7 期。

《论二次大战时的中国战场》,李世俊著,《兰州大学学报》1987 年第 3 期。

《太平洋战争中的中国战区》,冯治、王磊著,《东南文化》1997 年第 1 期。

《中国战区辖区及其演变》,李仲元著,《抗日战争研究》1995 年第 1 期。

《论中国战区的建立及其作用》,李仲元著,《抗日战争研究》1997 年第 4 期。

《论中国战区的历史价值》,马亮宽著,《民国档案》1994 年第 3 期。

2. 中国抗战的国际地位

《世界历史视野下的中国抗日战争》,徐蓝著,《光明日报》2005 年 5 月 10 日 //《世纪桥》2005 年第 10 期 //《中国抗战与世界反法西斯战争——纪念中国人民抗日战争暨世界反法西斯战争胜利 60 周年学术研讨会文集:上卷》,中国社会科学院近代史研究所编,社会科学文献出版社 2009 年版。

《中国抗日战争与世界历史进程》,胡德坤著,《外国军事学术》2005 年第 9 期。

《四大国如何看中国抗战》,晋咏、寇维维等著,《招商周刊》2005 年第 34 期。

《战时美国对中国抗战地位的认知轨迹》,韩永利著,《近代中国:文化与外交:下卷》,张俊义主编,社会科学文献出版社 2012 年版。

《二战时美国对中国抗战地位的认知轨迹考察》,韩永利著,《武汉大学学报(人文科学版)》2012 年第 1 期。

《二战时期美国的中国形象研究述评——从美国学者的研究角度出发》,程廉著,《历史教学(下半月刊)》2010 年第 10 期//《外国语文》2011 年第 2 期。

《"二战"战场整体态势与中国战场地位》,陈仲丹著,《唯实》2015 年第 9 期。

《中国战场开辟及其战略地位评析》,左双文著,《湘潭师院学报》1995 年第 4 期。

《美国亚太军事战略与中国战区的战略地位》,余子道著,《军事历史研究》1995 年第 3 期。

《太平洋战争与中国的大国地位》,隋淑英著,《齐鲁学刊》2006 年第 5 期。

《第二次世界大战中国战场与太平洋战场关系刍议》,赤桦著,《中国军事科学》2006 年第 5 期。

《中国战场在第二次世界大战中的战略地位》,王洪秀著,《廊坊师院学报》1995 年第 2 期。

《中国战场在第二次世界大战中的历史地位》,徐一明著,《南京政治学院学报》1986 年第 1 期。

《中国抗日战争与第二次世界大战》,王振德著,《世界历史》1984 年第 5 期。

《中国的抗日战争与第二次世界大战》,王振德著,《历史学习》1995 年第 7 期。

《中国抗日战争与第二次世界大战:论中国战场对第二次世界大战进程的影响》,彭训厚著,《军事经济学院学报》1995 年第 3 期。

《中国抗日战争与第二次世界大战:纪念抗日战争和世界反法西斯战争胜利 50 周年》,薛正昌著,《固原师专学报》1995 年第 4 期。

《中国抗日战争和第二次世界大战的关系》,钱孝俊著,《青岛师专学报》1985 年第 2 期。

《中国抗战和世界反法西斯战争》,娄胜霞、侯保重著,《遵义医学院学报》1997 年第 4 期。

《中国的抗战与世界反法西斯战争》,罗焕章著,《军事学术》1995 年第8 期。

《中国抗日战争与世界反法西斯战争》,何莲女、姚康乐著,《贵州日报》1995年 8 月 23 日。

《中国抗日战争与世界反法西斯战争》,武克全著,《探索与争鸣》2005 年第9 期//《上海市社会主义学院学报》2005 年第 4 期。

《中国抗日战争与世界反法西斯战争的胜利》,朱永馨著,《青海民族学院学报》1995 年第 3 期。

《中国抗战与世界反法西斯战争的胜利》,王德新、孙永爱著,《潍坊学院学报》2006 年第 1 期。

《论中国抗战的国际地位》,张宏志著,《人文杂志》1992 年第 1 期。

《也论中国抗战的国际地位》,李道豫著,《人文杂志》1992 年第 5 期。

《中国抗日战争的国际地位》,林强著,《福建日报》1995 年 7 月 15 日。

《论中国抗日战争的国际地位》,王强著,《福建党史月刊》1995 年第 9 期。

《试论中国抗日战争的战略地位》,高明振著,《第二次世界大战史论文集②》(中国二战史研究会编),国防大学出版社 1986 年版。

《从中国对苏联的援助看中国抗战的国际地位》,项光荣著,《远程教育杂志》2002 年第 5 期。

《1939—1942 年中国抗日战场的国际地位》,施文魁、王振德著,《沈阳师院学报》1989 年第 2 期。

《略论中国抗日战争在第二次世界大战中的地位》,王桂厚著,《史学集刊》1981 年复刊号

《论中国抗日战争在反法西斯战争史上的地位》,刘以顺著,《理论建设》1996 年第 2 期。

《论中国抗日战争在二次世界大战中的战略地位》,颉建中著,《兰州大学学报》1995 年第 3 期。

《强国还是大国? ——中国在第二次世界大战中的地位》,郑会欣著,《贵州社会科学》2016 年第 5 期//《纪念中国人民抗日战争暨世界反法西斯战争胜利70 周年国际学术研讨会论文集》,李亚平等编,中共党史出版社 2015 年版。

《浅论中国在第二次世界大战中的战略地位》,韩永利著,《历史教学问题》2001 年第 6 期。

《论中国在第二次世界大战中的战略地位》,韩永利著,《第二次世界大战与世界历史进程:第二次世界大战史(武汉)学术讨论会论文集》,胡德坤主编,武汉大学出版社 2002 年版。

《论中国战场的反攻在第二次世界大战中的战略地位》,余署光著,《泸州医学院学报》1995 年第 5 期。

《中国抗日战争在世界反法西斯战争中的战略地位》,何金铠著,《军事历史》1985 年第 3 期。

《论我国抗日战争在世界反法西战争中的特殊地位》,邓文茂、傅培国著,《江西日报》1995 年 8 月 8 日。

《中国战场在第二次世界大战中的地位》,刘子靖著,《咸阳师专学报》1995 年第 4 期。

《论中国抗战在反法西斯战争中的地位》,晏泽厚著,《新疆社科论坛》1995 年第 3 期。

《论中国抗战在第二次世界大战中的地位》,肖栋梁著,《暨南学报》1995 年第 4 期。

《世界史册上辉煌的十四年苦战:谈中国抗战在二战中的地位和作用》,徐焰著,《世界知识》1995 年第 18 期。

《中国抗日战争在世界反法西斯战争中的地位》,赵延庆著,《北京档案史料》1996 年第 1 期。

《中国抗日战争在世界反法西斯战争中的地位》,樊文邦著,《吉首大学学报》1996 年第 1 期。

《中国抗日战争在世界反法西斯战争中的地位》,鄢建江著,《茂名学院学报》1996 年第 2 期。

《中国抗日战争在世界反法西斯战争中的地位》,王凤贤著,《学习与探索》1997 年第 3 期。

《中国抗日战争在世界反法西斯战争中的地位》,吴广权著,《党史研究》1987 年第 5 期。

《中国抗日战争在世界反法西斯战争中的地位》,王春芳著,《新华日报》1999 年 8 月 16 日。

《中国抗日战争在世界反法西斯战争中地位》,王秀华、刘军华、刘洋著,《沈阳航空工业学院学报》2005 年第 6 期。

《抗日战争在世界反法西斯战争中的地位》，金冲及著，《党的文献》2005 年第 5 期。

《中国抗战在世界反法西斯战争中的地位》，刘家富著，《阜阳师范学院学报》2005 年第 5 期。

《中国抗战在世界反法西斯战争中的重要地位》，鲍世修著，《人民日报》2015 年 8 月 31 日。

《中国抗日战争在世界反法西斯战争中的重要地位》，齐世荣著，《首都师范大学学报》2015 年第 6 期。

《中国抗日战争在世界反法西斯战争中占有重要地位》，陈述著，《人民日报》2015 年 6 月 4 日。

《试论中国抗日战争在世界反法西斯战争中的地位》，郭起浪、吴剑波著，《赣南医学院学报》1995 年第 3 期。

《试论中国抗日战争在世界反法西斯战争中的地位》，王作坤著，《齐鲁学刊》1995 年第 5 期。

《中华民族抗日战争的历史地位》，方衡著，《湖北行政学院学报》2005 年第 6 期。

《中国抗日战争的历史地位》，谢甲祥著，《党政论坛》1995 年第 7 期。

《论中国抗日战争的历史地位》，胡德坤著，《思想理论教育导刊》1995 年第 8 期。

《试论抗日战争的历史地位:纪念世界反法西斯战争和抗日战争胜利 50 周年》，漆明生著，《四川社科界》1995 年第 4 期。

《全面认识抗日战争的历史地位》，胡和勤、王豹著，《理论导刊》2003 年第 8 期。

《论中国战场在二战中的历史地位》，闵传超著，《安庆师范学院学报》1996 年第 1 期。

《关于中国抗日战争历史地位的两点认识》，韩新路著，《汉中师院学报》1995 年第 2 期。

《试论中国在世界反法西斯战争中的历史地位》，范同寿著，《贵州文史丛刊》1995 年第 4 期。

《中国抗日战争在第二次世界大战中的历史地位》，黄光耀著，《江苏教育学院学报》1995 年第 3 期。

《中国抗日战争在世界反法西斯战争中的历史地位》,孙少华著,《北京党史》1995 年第 5 期。

《论中国抗日战争在世界反法西斯战争中的历史地位》,王永江、王丽英著,《齐齐哈尔师院学报》1995 年第 5 期//《理论观察》1995 年第 4 期。

《论中国抗日战争在世界反法西斯战争中的历史地位》,刘显瑛著,《社科纵横》1995 年第 4 期。

《论中国抗战在世界反法西斯战争中的历史地位》,刘琦著,《佛山科学技术学院学报》2005 年第 6 期。

《伟大的历史贡献:论中国抗战在世界反法西斯战争中的历史地位》,袁旭著,《军事史林》1985 年第 2 期。

《略论中国抗日战争在世界反法西斯战争中的历史地位及其独特的民族解放战争的成功经验》,朱平安著,《十堰职业技术学院学报》1995 年第 4 期。

《略论抗日战争的历史地位》,燕补林著,《西藏民族学院学报》1995 年第 3 期。

《论中国抗日战争的历史地位》,郑德荣、吴敬先著,《上海党史研究》1995 年第 4 期。

《从战略防御看中国抗日战争的历史地位》,廉慧斌著,《辽宁大学学报》2002 年第 1 期。

《从日本陆军兵力分布看中国战场的地位》,邹南星著,《世界史研究动态》1983 年第 7 期。

《中国抗日战争的历史地位——〈中国抗日战争时期〉序》,虞宝棠著,《历史教学问题》1995 年第 4 期。

《抗战时期我国华北战场与太平洋战场的关联性——以日军的侵略政策为线索》,刘峰著,《上海交通大学学报》2019 年第 4 期。

3. 中国抗战的作用

《浅谈中华民族精神在抗日战争中的历史作用》,李贵仲著,《内蒙古师大学报》1985 年第 4 期。

《浅析中华民族精神在抗战时发挥的历史作用》,张东阳著,《神州》2013 年第 36 期。

《论中国在二战中的重大作用》,陈守普著,《北方论丛》1995 年第 4 期。

《中国的抗日战争在第二次世界大战中的作用》,沈全林、周庆华著,《天池学刊》1995 年第 3 期。

《巨大的代价不朽的功勋——浅谈中国抗日战争在第二次世界大战中的重要作用》,蓝天俊著,《四川党史》1995 年第 6 期。

《第二次世界大战的分期与中国抗日战争的历史作用》,黄定天著,《学习与探索》1995 年第 4 期。

《抗日战争在世界反法西斯战争中的作用》,白素玉著,《山西师范大学学报》1995 年第 3 期//《山西财经大学学报》1995 年第 4 期。

《中国抗日战争在世界反法西斯战争中的作用:纪念"七七"抗战五十周年》,邹孟贤著,《长江日报》1987 年 7 月 3 日。

《中国抗日战争在世界反法西斯战争中的作用》,龚和平著,《武汉大学学报》1992 年第 3 期。

《中国抗日战争在世界反法西斯战争中的作用》,赵勇著,《昆明师专学报》1995 年第 4 期。

《中国抗日战争在世界反法西斯战争中的作用》,鞠铁梅、诗琳著,《理论与当代》1995 年第 7 期。

《中国抗日战争在世界反法西斯战争中的作用》,郑桂芬、牛金娥著,《学术交流》2005 年第 6 期。

《中国抗战在世界反法西斯战争中的作用》,吴小莉著,《自贡师范专学报》1995 年第 3 期。

《论中国抗日战争在世界反法西斯战争中的作用》,石志新著,《青海师范大学学报》1995 年第 3 期。

《略论中国抗日战争在世界反法西斯战争中的作用》,马义源著,《无锡教育学院学报》1995 年第 4 期。

《论中国抗战对世界反法西斯战争的作用》,谢西川著,《山西广播电视大学学报》2004 年第 4 期。

《论中国抗战在世界反法西斯战争中的作用》,林和阳、唐殷著,《党史研究与教学》1995 年第 6 期。

《中国抗战在二次大战中的作用》,袁成著,《盐城师院学报》1995 年第 3 期。

《中国战场在反法西斯战争中的重大作用》,赵喜著,《山东省农业管理干部学院学报》2010 年第 3 期。

《中国人民抗日战争开辟了世界反法西斯战争的东方主战场》,军事科学院著,《人民日报》2014 年 8 月 28 日。

《中国人民抗日战争开辟了世界反法西斯战争亚洲主战场》,王建朗著,《经济日报》2015 年 6 月 11 日。

《中国战场至关重要》,[英]理查德·奥弗里著,《人民日报》2015 年 8 月 23 日。

《中国在亚洲战场发挥主体作用》,王广禄著,《中国社会科学报》2015 年 7 月 8 日。

《中国东方主战场在世界反法西斯战争中的战略地位》,于江欣著,《炎黄春秋》2018 年第 7 期。

《如何构建东方主战场话语体系》,暨佩娟著,《人民日报》2015 年 10 月 5 日。

《正确认识东方主战场的伟大作用》,陈谦平著,《中国社会科学报》2015 年 8 月 11 日。

《东方战场的中国贡献》,刘庭华著,《解放军报》2015 年 5 月 8 日。

《世界大格局中的二战东方战场》,钱乘旦著,《光明日报》2015 年 8 月 15 日。

《东方战场联合抗日的历史地标》,陈先义著,《文艺报》2015 年 10 月 21 日。

4. 中国抗战的国际地位与作用

《论中国抗日战争的地位与作用》,袁成毅著,《浙江日报》2005 年 7 月 4 日。

《抗日战争胜利的历史地位及其作用》,郑德荣、吴敬克著,《东北师大学报》1995 年第 4 期。

《抗日战争在世界反法西斯战争中的地位和作用》,宋俊渠著,《徐州教育学院学报》1995 年第 2 期。

《抗日战争在世界反法西斯战争中的地位和作用》,于香兰、王艳梅著,《长春党校学报》1995 年第 3 期。

《抗日战争在世界反法西斯战争中的地位与作用》,孙秉敏、丁岚著,《山东工业大学学报》1995 年第 3 期。

《中国抗日战争在世界反法西斯战争中的地位与作用》,陈文秀著,《党史文汇》2015 年第 3 期。

《抗日战争在第二次世界大战中的地位和作用》,姜锡龄著,《阜阳师院学报》1995 年第 4 期。

《中国的抗日战争在第二次世界大战中的地位和作用》,刘伯林著,《昆明陆军学院学报》1989 年第 4 期。

《中国抗日战争在第二次世界大战中的地位和作用》,齐世荣著,《历史研究》1985 年第 4 期//《红旗》1985 年第 17 期。

《论中国抗日战争在第二次世界大战中的地位和作用》,齐世荣著,《第十六届国际历史科学大会中国学者论文集》,中国史学会编,中华书局 1985 年版。

《论中国抗日战争在第二次世界大战中的地位和作用——纪念抗日战争胜利四十周年》,李玉虎、梁希贤著,《学术交流》1985 年第 3 期。

《论中国抗日战争在第二次世界大战中的地位和作用》,管春林著,《军史资料》1985 年第 8 期//《世纪桥》1995 年第 Z1 期。

《中国抗日战争在第二次世界大战中的地位和作用》,唐培吉著,《北京社会科学》1987 年第 3 期。

《中国抗日战争在第二次世界大战中的地位和作用》,严士琦著,《贵州大学学报》1989 年第 4 期。

《中国抗日战争在第二次世界大战中的地位和作用》,张亦民著,《攀登》1995 年第 5 期。

《中国抗日战争在第二次世界大战中的地位和作用》,袁朴著,《同济医科大学学报》1989 年第 2 期。

《试论中国抗日战争在第二次世界大战中的地位和作用》,马骏著,《教学研究》1985 年第 8 期。

《试论中国的抗日战争在第二次世界大战中的地位和作用》,李锋杰著,《吉林师院学报》1987 年第 3 期。

《试论中国抗日战争在反法西斯的第二次世界大战中的地位和作用》,傅尚文著,《河北大学学报》1985 年第 3 期。

《简论中国抗战在第二次世界大战中的地位和作用——纪念卢沟桥事变 50 周年》,石磊著,《外交学院学报》1987 年第 2 期。

《中国抗战在第二次世界大战中的地位和作用再探》,李益彬著,《历史教学问题》1995 年第 5 期。

《中国抗日战争及其在第二次世界大战中的地位和作用》,刘思慕、王振德、侯成德等著,《世界历史》1980 年第 4 期。

《重新认识中国抗战在二战中的地位与作用——兼谈对东亚和平发展的现实启示》，余曙光、卢旭东著，《探索》2015 年第 3 期。

《从世界反法西斯战争的全局探讨中国抗战的地位和作用》，王斯德著，《社会科学》1985 年第 9 期。

《浅谈中国在二次世界大战中的作用和地位——纪念抗战胜利五十周年》，吴达著，《北京教育学院学报》1995 年第 2 期。

《中华民族在第二次世界大战中的地位和作用》，郑德平著，《中国地名》2003 年第 6 期。

《中国战场在第二次世界大战中的地位和作用》，王振德著，《党史研究》1985 年第 4 期。

《中国战场在第二次世界大战中的地位和作用》，隋景林著，《大庆师专学报》1985 年第 4 期。

《论中国战场在第二次世界大战中的地位与作用》，郑德平著，《辽宁大学学报》1996 年第 3 期。

《试论中国抗日战争在二战中的地位和作用》，王春良、潘钧国著，《山东师大学报》1983 年第 3 期。

《试论抗日战争在世界反法西斯战争中的地位和作用》，杨俊广著，《濮阳教育学院学报》1995 年第 4 期。

《中国抗日战争在世界反法西斯战争中的重要地位和作用》，陆家希、肖红缨著，《湖南日报》1995 年 8 月 10 日。

《中国抗日战争在世界反法西斯战争的地位和作用》，邹红霞著，《岳阳师院学报》（自然科学版）1995 年第 2 期。

《中国抗日战争在世界反法西斯战争中的地位和作用》，吴广权著，《思想战线》1985 年第 11 期。

《中国抗日战争在世界反法西斯战争中的地位和作用》，张桂华著，《聊城师范学院学报》1995 年第 3 期。

《中国抗日战争在世界反法西斯战争中的地位和作用》，吕竹林著，《镇江高专学报》1995 年第 2 期//《电大教学》1995 年第 4 期//《远程教育杂志》1995 年第 4 期。

《中国抗日战争在世界反法西斯战争中的地位和作用》，屈建军著，《西安航空技术高等专科学校学报》1995 年第 2 期。

《中国抗日战争在世界反法西斯战争中的地位和作用》,张小华著,《兰州工业高等专科学校学报》1995 年第 2 期。

《中国抗日战争在世界反法西斯战争中的地位与作用》,陈明德著,《浙江海洋学院学报》1995 年第 2 期。

《中国抗日战争在世界反法西斯战争中的地位和作用》,夏立新著,《辽宁师专学报》2003 年第 3 期。

《中国抗日战争在世界反法西斯战争中的地位和作用》,党庆兰著,《西北师大学报》1995 年第 3 期。

《中国抗日战争在世界反法西斯战争中的地位和作用》,唐敦教著,《四川党史》1995 年第 3 期。

《中国抗日战争在世界反法西斯战争中的地位和作用》,申淑芳著,《华北电力大学学报》1996 年第 4 期。

《中国抗日战争在世界反法西斯战争中的地位和作用》,李亚东著,《天津党校学刊》1995 年第 4 期。

《中国抗日战争在世界反法西斯战争中的地位和作用》,耿静晨著,《前沿》1995 年第 6 期。

《中国抗日战争在世界反法西斯战争中的地位和作用》,林登泉著,《党史博采》1995 年第 8 期。

《中国抗日战争在世界反法西斯战争中的地位和作用》,杨永桢著,《贵州社科通讯》1985 年第 8 期。

《中国抗日战争在世界反法西斯战争中的地位和作用》,陶澎著,《光明日报》1999 年 8 月 14 日。

《中国抗日战争在世界反法西斯战争中的地位和作用》,王哲著,《山东师大学报》1995 年增刊。

《中国抗日战争在世界反法西斯战争中的地位与作用》,高永君著,《沈阳教育学院学报》1995 年第 4 期。

《中国抗日战争在世界反法西斯战争中的地位和作用》,吴继华著,《西华师范大学学报》2011 年第 4 期。

《中国的抗日战争在世界反法西斯战争中的地位和作用》,张健著,《北京科技大学学报》1995 年第 3 期。

《中国的抗日战争在世界反法西斯战争中的地位和作用》,崔雅大著,《纪念抗日战争胜利四十周年论文集》,上海市中共党史学会编,2000 年。

《战争史上的奇观　中华民族的壮举——中国抗日战争在世界反法西斯战争中的地位和作用》,江英著,《党建》1995 年第 9 期。

《中国抗日战争在世界反法西斯战争中的地位和作用的再认识》,王国华著,《华中理工大学学报》1995 年第 3 期。

《论中国抗日战争在世界反法西斯战争中的地位和作用》,曹岩松著,《盐城教育学院学报》1987 年第 1 期。

《论中国抗日战争在世界反法西斯战争中的地位和作用》,董承耕著,《福建论坛》1995 年第 4 期。

《论中国抗日战争在世界反法西斯战争中的地位和作用》,《岭南学刊》1995 年第 4 期。

《论中国抗日战争在世界反法西斯战争中的地位和作用》,郑福才著,《洛阳大学学报》1995 年第 3 期。

《论中国抗日战争在世界反法西斯战争中的贡献和作用》,赵延庆著,《东岳论丛》1995 年第 4 期。

《论中国抗日战争在世界反法西斯战争中的地位和作用》,杨基龙著,《岭南学刊》1995 年第 4 期。

《论中国抗日战争在世界反法西斯战争中的地位和作用——兼驳某些西方史学家的错误观点》,陈守林、刘兆林著,《松辽学刊》1995 年第 3 期。

《不朽的功勋 伟大的贡献——论中国抗日战争在世界反法西斯战争中的地位和作用》,梁仁华著,《井冈山师院学报》1995 年第 1 期。

《无与伦比不可磨灭的伟大功绩——论中国抗日战争在世界反法西斯战争中的地位和作用》,管春林著,《前线》1995 年第 2 期。

《略论中国抗日战争在世界反法西斯战争中的地位作用》,王春芳著,《战争奇观民族壮举》,徐红主编,军事科学出版社 1995 年版。

《略论中国抗日战争在世界反法西斯战争中的地位和作用》,余茂辉、李志清著,《湖北师范学院学报(哲学社会科学版)》1995 年第 5 期。

《浅论中国抗日战争在世界反法西斯战争中的地位和作用》,章翊中著,《南昌职业技术师院学报》1996 年第 2 期。

《简论中国抗日战争在世界反法西斯战争中的地位和作用》,王自发著,《黑龙江社会科学》2001 年第 4 期。

《试论中国抗日战争在世界反法西斯战争中的地位与作用》,姜殿文著,《齐齐哈尔大学学报》1995 年第 5 期。

《略论中国抗日战争在第二次世界大战中的地位和贡献》,李景全著,《武警学院学报》1995 年增期。

《中国抗战在世界反法西斯战争中的地位和贡献》,梁柱著,《毛泽东邓小平理论研究》2015 年第 3 期。

《略论抗日战争的历史地位和作用》,杨泽明著,《九江学院学报》2005 年第 3 期。

《抗战在世界反法西斯战争中的地位和作用》,孟东风、侯雁子著,《吉林师院学报》1995 年第 7 期。

《中国抗战在世界反法西斯战争中的地位和作用》,刘宽民著,《理论导刊》1995 年第 8 期。

《中国抗战在世界反法西斯战争中的地位和作用》,臧琪琳著,《潍坊教育学院学报》1996 年第 3 期。

《中国抗战在世界反法西斯战争中的地位和作用》,朱晨著,《北方工业大学学报》1995 年第 4 期。

《中国抗战在世界反法西斯战争中的地位和作用》,刘静著,《南京工程学院学报》2010 年第 2 期。

《论中国抗战在世界反法西斯战争中的地位和作用》,陈永恭著,《甘肃理论学刊》1995 年第 4 期。

《论中国抗战在世界反法西斯战争中的地位与作用》,胡德坤著,《光明日报》2015 年 8 月 5 日。

《记忆重构的必要与可能——中国抗战在世界反法西斯战争中的地位与作用再讨论》,谢迪斌著,《军事历史研究》2016 年第 2 期。

《略论中国抗战在世界反法西斯战争中的地位和作用》,魏知信等著,《南京师大学报》1988 年第 3 期。

《试析中国抗日战争在世界反法西斯战争中的地位和作用》,单世明著,《湖北社会科学》2005 年第 12 期。

《中华民族在世界反法西斯战争中的地位与作用》,陈达明著,《广东省社会主义学院学报》2005 年第 4 期。

《中国战场在世界反法西斯战争中的地位和作用》,陈玉著,《内蒙古师大报》1996 年第 1 期。

《中国战场在世界反法西斯战争中的地位和作用》,聂月岩著,《社会科学辑刊》1991 年第 5 期。

《中国抗日战场在世界反法西斯战争中的地位和作用——纪念抗日战争胜利 60 周年》,杨正辉著,《湖湘论坛》2005 年第 5 期。

《试论中国战场在反法西斯战争中的作用和贡献》,宋学文等著,《苏州大学学报》1988 年第 3 期。

《浅析抗日战争的历史贡献及其地位——纪念抗日战争胜利 60 周年》,李振华著,《湖南大众传媒职业技术学院学报》2005 年第 5 期。

《中国是抗日战争的主战场》,宋学文著,《江苏公安专科学校学报》1995 年第 4 期。

《中国开辟东方反法西斯主战场:抗日战争全面爆发》,洁子著,《世界知识》1995 年第 13 期。

《反法西斯战争中的东方主战场》,黄玉章著,《军学》1985 年增第 2 期//《第二次世界大战史论文集②》,中国二战史研究会编,国防大学出版社 1986 年版。

《论世界反法西斯战争的东方主战场》,江小惠著,《江苏大学学报》2005 年第 6 期。

《世界反法西斯战争的东方主战场》,刘庭华著,《人民日报》2015 年 6 月 5 日。

《中国战场是反抗日本法西斯的主战场》,徐任英著,《江海纵横》1995 年第 6 期。

《为什么要永远铭记东方主战场》,胡德坤著,《中国社会科学报》2015 年 12 月 31 日。

《中国抗日战场的主战场地位无置可否》,张传能著,《中共铜仁市委党校学报》2012 年第 2 期。

《中国抗日战争是世界反法西斯的东方主战场:纪念世界反法西斯战争胜利五十周年》,李耀芝著,《渤海学刊》1995 年第 3 期//《沧州师专学报》1995 年第 3 期。

《中国抗日战场是亚太地区反法西斯战争的主战场》,刘庭华著,《江西社会科学》1985 年第 4 期。

《世界反法西斯战争中的重要一翼——中国抗日战争》,黄平著,《求实》1995 年第 7 期。

《中国的抗日战争是世界反法西斯战争的重要组成部分》,魏宏运著,《人民日报》1995 年 7 月 27 日。

《中国抗日战争是反法西斯战争的重要组成部分》,陈文波著,《外交学院学报》1995 年第 3 期。

《中国抗日战争是世界反法西斯战争的重要组成部分》,陈秀美著,《东南学术》1995 年第 4 期//《福建学刊》1995 年第 4 期。

《中国抗日战争是世界反法西斯战争的重要支柱》,黄京桥著,《安徽商专学报》1995 年第 2 期。

《中国人民抗日战争是世界反法西斯战争的一面光辉旗帜》,李巨廉、王斯德、潘人杰著,《华东师大学报》1985 年第 4 期。

《中国抗日战争是世界反法西斯战争的一面光辉旗帜》,梁小克著,《玉林师院学报》1995 年第 4 期。

《论二战时期的中国战场》,李世俊著,《兰州大学学报》1987 年第 3 期。

《世界反法西斯战争中的中国抗日战争》,徐伟著,《贵州教育》1995 年第 7/8 期。

《试论世界反法西斯战争中的中国战场:纪念世界反法西斯战争胜利 50 周年》,胡秀勤、陈莉著,《空军雷达学院学报》1995 年第 3 期。

《二战期间大国关系中的中国战场》,侯成德著,《世界历史》1996 年第 4 期。

《也评中国抗战在世界反法西斯战争反攻阶段的地位和作用》,陈德鹏著,《党史研究与教学》1995 年第 6 期。

5. 其他

《中国局部抗战的成因及其伟大意义》,曲正著,《宁夏社会科学》2002 年第 3 期。

《试论百团大战对反法西斯战争的影响和作用》,张亚东著,《湘潭师院学报》1986 年第 2 期。

《试析"百团大战"与世界反法西斯战争的联系》,王晖著,《中国军事科学》1995 年第 4 期。

《"百团大战"在世界反法西斯战争中的历史地位》,寻益人著,《沧桑》2005

年第 4 期。

《抗日游击战争在世界反法西斯统一战线中的伟大历史作用》,裴焕利著,《炮院学刊》1985 年第 4 期。

《东北军民联合抗日活动综述——兼论其在世界反法西斯战争中的地位和作用》,王树人著,《齐齐哈尔大学学报》1995 年第 5 期。

《东北抗联在世界反法西斯战争中的地位和作用》,殷桂莲著,《哈尔滨职业技术学院学报》2006 年第 4 期。

《试论新疆在第二次世界大战中的战略地位》,陈香苓著,《新疆师大学报》1992 年第 4 期。

《绥蒙抗战的战略意义及其对蒙古民族解放运动的促进》,罗宏著,《内蒙古社会科学》1995 年第 6 期。

《湖北抗战与世界反法西斯战局:纪念"七·七"事变 50 周年》,陈昆满著,《湖北日报》1987 年 7 月 6 日。

《湖北抗战在世界反法西斯战争中的作用》,陈昆满著,《湖北社会科学》1995 年第 8 期。

《略论武汉时期抗战在世界反法西斯战争中的历史地位》,刘继增著,《地方革命史研究》1988 年第 5 期。

《武汉抗战:1938 年世界反法西斯战争的中心》,毛磊、毛传清著,《江汉大学学报》2009 年第 2 期。

《桂林抗战文化在世界反法西斯运动中的地位和作用》,盘福东著,《社会科学家》1995 年第 4 期。

《中国少数民族对世界反法西斯战争的特殊贡献》,李资源著,《党史天地》1995 年第 11 期。

《东江纵队港九大队在国际反法西斯统一战线中的地位和作用》,孙梁著,《党史研究》1987 年第 4 期。

《抗战时期日军总体军事战略中海南岛的地位》,张兴吉著,《海南大学学报》2004 年第 2 期。

六、中国抗战对反法西斯战争的贡献

《在全球反法西斯格局中重新评价中国抗战》,黎文著,《文汇报》2015 年 8 月 7 日。

《专家详述中国反法西斯的贡献》，华春雨著，《人民日报》2015 年 7 月 15 日。

《世界反法西斯战争中国贡献的公正解读》，严雄飞、邓昭、严徐著，《湖北工业大学学报》2018 年第 3 期。

《从世界反法西斯战争的视角论中国人民抗日战争》，汤重南著，《抗战史料研究》2015 年第 1 期。

《中国贡献不能忘却》，[英]理查德·奥弗里著，《人民日报》2015 年 5 月 12 日。

《中国抗战与世界反法西斯战争》，贺新城、韩永利等著，《军事历史》2015 年第 4 期。

《略谈中国抗日战争对世界反法西斯战争的贡献》，刘庭华著，《军事历史》1985 年第 2 期//《第二次世界大战军事论文选》，军事学术杂志编，军事科学出版社 1985 年版。

《中国抗日战争对世界反法西斯战争的贡献》，宋连胜著，《东疆学刊》1989 年第 1/2 期。

《中国抗日战争对世界反法西斯战争的贡献》，武克全、王斯德著，《文汇报》1995 年 7 月 29 日。

《中国的抗日战争对世界反法西斯战争的贡献》，孔凡军等著，《战争奇观民族壮举》，徐红主编，军事科学出版社 1995 年版。

《论中国抗日战争对世界反法西斯战争的贡献》，朱恩沛著，《社会科学探索》1995 年第 2 期。

《中国抗日战争的历史贡献》，何素华著，《邯郸师专学报》2004 年第 1 期。

《不可磨灭的历史贡献——为纪念中国抗日战争和世界反法西斯战争胜利四十周年而作》，宋时轮著，《世界历史》1985 年第 8 期。

《不可磨灭的历史贡献：纪念中国抗日战争和世界反法西斯战争胜利四十周年》，宋时轮著，《人民日报》1985 年 8 月 31 日。

《世界反法西斯战争中的中国战场——纪念世界反法西斯战争胜利 60 周年》，张雪峰著，《湖南财经高等专科学校学报》2005 年第 6 期。

《中国抗战对世界反法西斯战争的贡献》，韦红著，《中南民族学院学报》1995 年第 4 期。

《中国抗战对世界反法西斯战争的贡献》，韦国友著，《广西右江民族师专学报》1995 年第 2 期。

《中国抗战对世界反法西斯战争的贡献》，武克全著，《文汇报》2005 年 8 月
15 日。

《中国抗战对世界反法西斯战争的贡献》，刘发国著，《济宁师范专科学校学
报》2005 年第 4 期。

《中国抗日战争对第二次世界大战的贡献》，张亦民著，《陕西社会主义学院
学报》1995 年第 3 期。

《论中国抗战对第二次世界大战的贡献》，李昌华著，《档案史料与研究》
1994 年第 4 期。

《论中国抗日战争对第二次世界大战的贡献》，刘景泉、黄小同著，《天津日
报》1985 年 7 月 23 日。

《历史不会忘记他们：中国海员对第二次世界大战及抗日战争的贡献》，卓
东明著，《中国远洋航务》2015 年第 9 期。

《中国人民抗日战争对世界反法西斯战争的贡献彪炳史册》，王建朗著，《人
民日报》2014 年 9 月 1 日。

《论中国抗战对世界反法西斯战争的卓越贡献》，王龙彪著，《湖南教育学院
学报》1996 年第 3 期。

《论中国抗战对世界反法西斯战争的贡献》，郑文云著，《闽江学院学报》
2003 年第 3 期。

《论抗日战争的历史地位和对世界反法西斯战争的贡献》，刘薇著，《武汉金
融高等专科学校学报》1995 年第 3 期。

《论中国抗战对世界反法西斯战争的杰出贡献》，张志宏著，《齐齐哈尔大学
学报》1995 年第 5 期。

《中国抗日战争对世界反法西斯战争的卓越贡献》，郑德荣、吴敏先著，《长
白论丛》1995 年第 4 期。

《中国抗日战争对世界反法西斯战争的重大贡献》，刘庭华、彭玉龙著，《理
论参考》2015 年第 9 期 //《红旗文稿》2015 年第 14 期。

《论中国抗日战争对世界反法西斯战争的卓越贡献》，彭德志著，《湖南第一
师范学报》2003 年第 3 期。

《论中国抗日战争对世界反法西斯战争的巨大贡献》，林登泉著，《中国军事
科学》1995 年第 2 期。

《中国反法西斯战争是对世界和平的巨大贡献》,祁铁华著,《长春党校学报》1995 年第 3 期。

《中华民族的伟大历史性贡献——国外人士谈中国抗日战争在世界反法西斯战争中的地位和作用》,张海麟著,《解放军报》1985 年 8 月 23 日。

《中国对世界反法西斯战争的伟大贡献》,黄正柏著,《团结报》2015 年 8 月 13 日。

《永远铭记中国在世界反法西斯战争中的贡献》,张君荣著,《中国社会科学报》2014 年 9 月 3 日。

《中国抗日战争对世界反法西斯战争的伟大贡献》,何仲山著,《宣传手册》1995 年第 17 期。

《中国抗日战争对世界反法西斯斗争的伟大贡献》,蒋懿菊著,《绵阳师专学报》1995 年第 3 期。

《中国抗日战争对世界人民战胜法西斯的伟大贡献》,熊云著,《国际政治研究》1995 年第 3 期。

《世界战争的奇观中华民族的壮举——论中国抗日战争对世界反法西斯战争的伟大贡献》,军事科学院著,《中国军事科学》1995 年第 3 期。

《中国抗战对世界反法西斯战争的巨大贡献》,赵延庆著,《大众日报》1995 年 9 月 5 日。

《抗日战争在世界反法西斯战争中的巨大贡献》,蒲仁兴、高奎良著,《石家庄陆军学院学报》1995 年第 4 期。

《试论中国抗日战争对世界反法西斯战争的巨大贡献》,孙其明著,《上海党史与党建》1995 年第 S1 期。

《中国人民抗日战争对世界反法西斯战争的巨大贡献》,李蓉著,《抗战史料研究》2018 年第 1 期。

《论中国抗日战争对世界反法西斯战争的突出贡献》,沈建钢著,《唯实》2005 年第 Z1 期。

《中国人民抗日战争对世界反法西斯战争的伟大贡献》,齐德学、潘泽庆著,《国防》2005 年第 8 期。

《中国抗战对世界反法西斯战争的重大贡献——纪念抗日战争胜利五十周年》,晏泽厚著,《四川教育学院学报》1995 年第 3 期。

《中国人民抗日战争对世界反法西斯战争的重大贡献》,麦若鹏著,《安徽大学学报》1995 年第 5 期。

《中华民族的伟大壮举：论中国抗日战争对世界反法西斯战争的重大贡献》，军事科学院著，《解放军报》1995 年 8 月 16 日。

《中华民族的伟大壮举——论中国抗日战争对世界反法西斯战争的重大贡献》，军事科学院著，《战争奇观民族壮举》，徐红主编，军事科学出版社 1995 年版//《解放军报》1995 年 8 月 3 日。

《伟大的贡献深刻的启示——抗日战争对世界反法西斯战争历史贡献的思考》，胡永丰著，《第二次世界大战史论文集③：五十年的深思》，李殿仁主编，军事谊文出版社 1996 年版。

《中国抗战对世界反法西斯斗争的历史贡献》，蒋希正著，《黄淮学刊》1991 年第 4 期。

《中国抗战对世界反法西斯战争的历史贡献》，耿志宏著，《山西党史通讯》1995 年第 4 期。

《中国抗战对世界反法西斯战争的历史贡献：纪念世界反法西斯战争胜利 53 周年》，张旭霞著，《公安科学研究》1998 年第 3 期。

《中国抗战对世界反法西斯战争的历史贡献》，荣维木著，《求是》2014 年第 15 期。

《中国抗日战争在世界反法西斯战争中的历史贡献》，范俊彦著，《理论探索》1995 年第 5 期。

《中国抗日战争对世界反法西斯战争的历史贡献》，葛东升、温瑞茂著，《军事历史》2006 年第 11 期。

《中国抗日战争对世界反法西斯战争的历史贡献》，邓曼丽著，《新时代论坛》1995 年第 3 期。

《简论中国抗日战争对世界反法西斯战争的历史贡献》，贺春兰、梁开录著，《青海社会科学》1995 年第 S1 期。

《中国抗日战争为世界反法西斯战争作出了特殊贡献》，朱树彬著，《理论学刊》2005 年第 9 期。

《论中国抗日战争对第二次世界大战的历史贡献》，俞世福等著，《毛泽东军事思想研究》1995 年第 3 期。

《中华民族在世界反法西斯战争中作出的重大贡献》，袁昌尧著，《徐州师院学报》1986 年第 3 期。

《中国抗日战争对世界反法西斯战争的贡献不容抹煞》，方静如著，《徐州教育学院学报》1989 年第 4 期。

《论中国战场在世界反法西斯战争中的特殊贡献》，林建华、刘席威著，《大连干部学刊》2015 年第 5 期。

《东方主战场——中国抗日战争对世界反法西斯战争的历史贡献》，刘庭华著，《军队政工理论研究》2015 年第 4 期。

《论中国抗战在太平洋战争中的重要贡献》，郭传玺著，《历史档案》1995 年第 3 期。

《中国抗战推动世界反法西斯战争进程》，胡德坤著，《历史研究》2015 年第 4 期。

《中国抗日战争：世界反法西斯战争的典范》，谭杰著，《学术交流》2015 年第 8 期。

《中国抗战与世界反法西斯战争——一个统一的不可分割的整体》，戴燕著，《青海社会科学》2015 年第 4 期。

《中国抗战与世界反法西斯统一战线》，彭训厚著，《光明日报》2015 年 8 月 28 日。

《中国全面抗战与反法西斯国际动员及合作》，韩永利著，《近现代国际关系史研究》2017 年第 2 期。

《中国抗战与中苏相互支持战略格局的形成及影响》，韩永利、邱显存著，《历史教学问题》2015 年第 3 期。

七、中国抗战的国际影响

《中国与世界反法西斯战争》，胡德坤、韩永利著，《世界历史》2005 年第 3 期。

《论中国抗战对日本国力之损耗》，郭海成著，《长江论坛》2007 年第 1 期//《贵州师范大学学报》2007 年第 2 期。

《中国抗战给日本法西斯国力造成的损耗》，郭海成著，《中共中央党校学报》2007 年第 3 期。

《论中国抗日战争的国际影响》，胡德坤、韩永利著，《现代国际关系》2015 年第 8 期。

《试论中国抗日战争的国际影响》，张世均著，《涪陵师范学院学报》2002 年第 5 期。

《中国抗战与世界反法西斯战争格局的形成》,韩永利、张愿著,《武汉大学学报(人文科学版)》2008 年第 4 期。

《中国抗日战争与国际政治格局的变迁》,阎玉田著,《河北学刊》2009 年第 1 期。

《中国战场对其它战场的援助和配合》,王维远著,《政工学刊》1995 年第 7 期。

《中国抗战与世界反法西斯战争的相互支援与互动》,汤重南著,《群言》2005 年第 7 期。

《论中国抗日战场与世界其他反法西斯战场的相互支援与配合》,彭训厚、田玄著,《战争奇观民族壮举》,徐红主编,军事科学出版社 1995 年版//《军事历史研究》1997 年第 1 期。

《中国抗日战争对德日意军事外交战略的影响》,刘少华著,《湘潭师范学院学报》1995 年第 4 期。

《论中国抗日战争对日本"北进"战略的牵制》,王春良、潘钧国著,《第二次世界大战史论文集》,三联书店 1985 年版。

《中国的抗日战争阻止了日本对苏联的入侵》,万红著,《广西大学学报》1995 年第 3 期。

《中国人民的抗日战争客观上保卫了苏联》,郑德平著,《丹东师专学报》1998 年第 1 期。

《中国抗战:日军始终未敢北犯苏联的一个主要原因》,王莹著,《党史文汇》1995 年第 12 期。

《论东北抗日联军牵制日军"北进"战略的作用》,张磊著,《牡丹江师范学院学报》2018 年第 4 期。

《略论中国抗日战争对日本"南进"政策的牵制》,余茂辉著,《咸宁师专学报》1991 年第 3 期。

《略论中国抗日战争对日本"南进"战略的牵制》,俞国著,《苏州大学学报》1999 年第 4 期。

《论中国抗日战争对日本实施"南进"战略的影响》,姚鸿著,《教学与研究》1996 年第 2 期。

《中国抗战与日本南进政策的选择》,黄光耀著,《南京师大学报》2001 年第

6 期。

《中国抗战与日本西进战略的破产》，胡德坤著，《世界历史》2009 年第
4 期。

《中国抗战对盟国反法西斯战争的影响》，党庆兰著，《青海师专学报》1995
年第 4 期。

《中国抗战与世界反法西斯战争》，阎素娥著，《濮阳教育学院学报》1995 年
第 4 期。

《中国抗战与世界反法西斯战争》，荣维木著，《学习月刊》2005 年第 7 期。

《中国抗战与第二次世界大战》，胡小彬著，《历史教学》1995 年第 4 期。

《中国抗日战争与第二次世界大战》，顾学周著，《历史教学问题》2003 年第
6 期。

《中国抗日战争与第二次世界大战的关系》，沈学善著，《江苏社会科学》
1995 年第 4 期。

《美国"先德后日"战略的制定与中国抗日战场》，韩永利、胡德坤著，《世界
现代史新论》，张宏毅等主编，重庆出版社 2001 年版。

《美国"先德后日"战略调整与中国抗日战场》，韩永利著，《世界历史》2002
年第 3 期。

《美国"先德后日"战略目标的完成与中国抗日战场》，胡德坤、韩永利著，
《第二次世界大战与亚太国际合作：第二次世界大战史（重庆）学术讨论会论文
集》，苑鲁、谢先辉主编，重庆出版社 2003 年版。

《试论中国抗战对"先欧后亚"战略原则实施的支援》，张世均著，《重庆教育
学院学报》1995 年第 3 期//《成都师专学报》1996 年第 2 期。

《论中国抗战对"先欧后亚"战略原则实施的支援》，张世均著，《青海社会科
学》1998 年第 4 期。

《美国"先德后日"战略的初步实施与中国抗日战场》，韩永利著，《武汉大学
学报》2002 年第 3 期。

《中国人民的抗日战争与美英的"先欧后亚"战略》，党庆兰著，《甘肃社会科
学》2004 年第 1 期。

《太平洋战争与中国抗日战场》，蒋邦新著，《南京社会科学》1995 年第
8 期。

《试论太平洋战争与中国抗战的关系》，曾今勋著，《北京党史》1995 年第

5 期。

《简论中国抗战胜利对国际共运的影响》，张琴芬著，《江苏教育学院学报》1995 年第 3 期。

《中国与战后国际秩序的构建》，赵志辉著，《近代史研究》2013 年第 6 期。

《抗战深刻影响战后国际秩序》，石源华著，《中国社会科学报》2015 年 7 月7 日。

《中国抗战与第二次世界大战为战后世界的和平与发展开辟了道路》，胡德坤、韩永利著，《当代韩国》2005 年第 3 期。

第二节　抗日战争对中国的影响

《深刻理解抗日战争胜利的伟大意义》，闫志民著，《中国特色社会主义研究》2015 年第 4 期。

《为什么说抗战的胜利改变了中国》，胡德坤著，《北京日报》2015 年 9 月2 日。

《民族命运转换的伟大标志——中国抗日战争胜利的伟大意义》，李德义著，《军事历史》2005 年第 9 期。

《抗日战争是中国近现代历史转折的枢纽》，章百家著，《福建理论学习》2015 年第 9 期。

《浅论抗日战争胜利对中国近代史的影响》，刘喜发、曲洛松著，《中共南京市委党校学报》2015 年第 4 期。

一、抗日战争与中国国际地位的提高

《抗日战争在中国历史上的作用和影响》，曾景忠著，《百科知识》1995 年第8 期。

《抗战：中国历史的伟大转折：中共党史专家谈抗战》，李良志著，《半月谈》1995 年第 11 期。

《从国歌说起：抗日战争改变中国历史走向》，荣维木著，《中国社会科学报》2010 年 8 月 3 日。

《中国抗日战争与近代中国历史方向的转换》，胡德坤著，武汉大学学报1993 年增刊。

《抗日战争的胜利是中华民族命运的一次历史性转折》,李贵仲著,《前沿》1995 年第 6 期。

《抗日战争是一场改变中国面貌的正义战争》,胡德坤著,《抗日战争研究》1995 年第 3 期。

《抗日战争创造了历史上辉煌的一页》,王宝钦著,《抚顺社会科学》1995 年第 7 期。

《抗日战争中华民族的历史丰碑》,宋寒冬著,《党史纵横》1995 年第 4 期。

《中华民族走向世界的里程碑——论中国抗日战争的历史地位》,胡德坤著,《湖北社会科学》1990 年第 9 期。

《抗日战争与中国的国际地位》,王真著,《1945—1995 抗日战争胜利五十周年纪念集》,《抗日战争研究》编辑部编,近代史研究杂志社,1995 年。

《从抗日战争看中国国际地位的变化》,阮家新著,《党史研究与教学》1997 年第 3 期。

《论抗日战争与中国国际地位的变化》,曹学恩著,《陕西师大继续教育学报》2004 年第 4 期。

《抗日战争与中国大国地位的奠定》,华强著,《军事历史研究》2005 年第 2 期。

《二战贡献奠定中国国际地位》,唐红丽著,《中国社会科学报》2015 年 9 月 15 日。

《二战中中国大国地位的复苏》,王真著,《世纪行》2003 年第 9 期。

《抗战与中国大国地位的确立》,舒世勇著,《中国教育报》1995 年 8 月 16 日。

《抗日战争与中国大国地位的确立及中国人民对社会主义道路的选择——纪念抗日战争胜利 50 周年》,陈立旭著,《天池学刊》1995 年第 3 期。

《抗日战争与中国大国地位的确立》,徐光寿著,《民国档案》1996 年第 2 期。

《抗战时期中国大国地位的确立》,潘泽庆著,《文史精华》2006 年第 7 期。

《中国战场的地位和作用与战时"大国地位"的确立》,孙伟儿著,《浙江师大学报》2001 年第 3 期。

《论抗日战争时期中国大国地位取得之关键因素——兼评中国大国地位"赐予"说》,温锐、陈涛著,《中共党史研究》2014 年第 7 期。

《抗战时期的国际关系与中国国际地位的提高》，郭大钧著，《北京师大学报》1995 年第 4 期。

《抗战与中国在国际体系中的地位变迁及角色转变》，王建朗著，《史学月刊》2005 年第 9 期。

《从边缘走向中心——抗战时期中国国际地位述论》，龚喜林、王诗堂等著，《九江学院学报》2006 年第 2 期。

《略论抗战后期中国的大国地位》，黄胜林著，《华中师大学报》1992 年第 6 期。

《论中华民族举世瞩目的政治大国地位的确立：纪念抗日战争胜利 50 周年》，张方高著，《沈阳师院学报》1995 年第 3 期。

《抗日战争胜利与中国在世界战略格局中地位的变化》，蒋玉槐、卢来宾著，《战争奇观民族壮举》，徐红主编，军事科学出版社 1995 年版。

《中华民族在抗日战争和世界反法西斯战争中造就的历史辉煌》，周域著，《云南社会主义学院学报》2005 年第 3 期。

《抗战时期中国大国地位之历史沉思》，张小燕著，《军事历史》1998 年第 6 期//《张家口师专学报》1995 年第 4 期。

《抗战时期中国国际地位的提高及其原因》，殷丽萍著，《江西师大学报》1995 年第 3 期。

《中国的大国地位及对创建联合国的贡献》，李铁城著，《中国社会科学》1992 年第 6 期。

《半个世纪的历程——中国与联合国关系回顾》，曲星著，《世界历史》1995 年第 5 期。

《抗日战争时期中美〈借款协定〉与中国的国际地位》，刘达永著，《四川师大学报》1996 年第 2 期。

《现实大国与虚幻大国——抗战时期中国大国地位的二律背反》，王真著，《抗日战争研究》2001 年第 2 期。

《抗战胜利，中国国际地位大幅提升》，步平著，《人民日报》2014 年 9 月 2 日。

《抗战时期中国国际地位研究综述》，耿密著，《长江师范学院学报》2015 年第 2 期。

《抗战时期中国国际地位研究的几点思考》，耿密著，《理论月刊》2016 年第

8 期。

二、抗日战争与中华民族复兴

《抗日战争与中国复兴》,王桧林著,《抗日战争研究》1996 年第 3 期。

《抗日战争与中华民族复兴论》,荣维木著,《近代史研究》2014 年第 4 期。

《抗日战争是中国复兴的枢纽》,荣维木著,《团结》2005 年第 4 期。

《由衰败走向振兴的转折:略论抗日战争胜利的意义》,陈国清著,《理论月刊》1995 年第 8 期。

《中华民族振兴的伟大转折》,李峻著,《解放军报》1995 年 8 月 24 日。

《中华民族复兴的伟大历史转折》,黄铸著,《中国统一战线》2005 年第 10 期。

《抗日战争是中华民族伟大复兴的历史转折点》,李君如著,《中国特色社会主义研究》2015 年第 4 期。

《抗日战争开辟了中华民族伟大复兴的光明前景》,王伟光著,《光明日报》2015 年 9 月 18 日。

《抗日战争胜利与中华民族伟大复兴》,欧阳淞著,《求是》2015 年第 17 期。

《抗日战争胜利是中华民族复兴的历史起点》,李海林、刘永安著,《中国石油大学学报》2015 年第 5 期。

《中国人民抗日战争的胜利是中华民族复兴的伟大起点》,陈中奎著,《海军工程大学学报》2015 年第 3 期。

《抗战胜利是中华民族走向复兴的转折点》,黄一兵著,《光明日报》2014 年 9 月 10 日。

《抗日战争是中华民族伟大复兴的历史转折点》,李君如著,《中国特色社会主义研究》2015 年第 4 期。

《抗日战争的胜利是中华民族伟大复兴的历史转折点》,李君如著,《学习论坛》2015 年第 9 期。

《走向民族复兴的重要标志——论抗日战争胜利的历史意义》,张海鹏著,《中国抗战与世界反法西斯战争——纪念中国人民抗日战争暨世界反法西斯战争胜利 60 周年学术研讨会文集:上卷》,中国社会科学院近代史研究所编,社会科学文献出版社 2009 年版。

《中华民族由衰败走向振兴的重大转折:纪念抗日战争胜利 50 周年》,何龙群著,《学术论坛》1995 年第 4 期。

《抗日战争的胜利是中华民族由衰败走向振兴的重大转折点》,郭德宏著,《中共党史研究》1995 年第 4 期。

《中华民族由衰到兴的转折点:纪念抗日战争和世界反法西斯战争胜利 50 周年宣传提纲》,上海市新四军历史研究会宣传委员会著,《大江南北》1995 年第 4 期。

《抗日战争与中华民族振兴》,田还康著,《青海师大学报》1995 年第 3 期。

《抗日战争与中华民族振兴》,巩玉闽著,《福建日报》1995 年 6 月 24 日。

《抗日战争——中华民族重新振兴的起点》,尹书博著,《学习论坛》1995 年第 7 期。

《抗日战争的胜利与中华民族的崛起》,郑德荣著,《新长征》1995 年第 8 期。

《试论合法性战争与中国崛起》,郭树勇著,《太平洋学报》2006 年第 6 期。

《中国在抗战中的大国崛起及其历史启示》,廖大伟著,《探索与争鸣》2010 年第 10 期。

《中华民族从屈辱走向崛起的转折点——纪念抗日战争暨世界反法西斯战争胜利 65 周年》,叶祝弟、李梅著,《探索与争鸣》2010 年第 10 期。

《抗日战争的胜利与中华民族的复兴——纪念抗日战争胜利 60 周年》,李百齐著,《山东理工大学学报》2005 年第 6 期。

《世界反法西斯战争与中华民族伟大复兴》,胡德坤、韩永利著,《求是》2005 年第 13 期。

《论抗日战争的胜利与中华民族的崛起和中国共产党的壮大》,牛力著,《战争奇观民族壮举》,徐红主编,军事科学出版社 1995 年版。

《论抗日战争与中华民族的独立》,姚承芳著,《内蒙古师大学报》1994 年第 2 期。

《抗日战争与二十世纪中国》,刘学照著,《历史教学问题》2000 年第 2 期。

《抗日战争与中国历史走向》,李峻著,《南京政治学院学报》1995 年第 5 期。

《抗日战争——第一次完全胜利的民族解放战争》,孙丽英著,《党史文汇》2000 年第 10 期。

《抗日战争是近代中国第一次赢得完全胜利的民族解放战争》,魏宏运著,

《思想理论教育导刊》2006 年第 11 期。

《抗日战争并非是一次完全胜利的民族解放战争》,黄爱军著,《上饶师范学院学报》2006 年第 1 期。

《抗日战争在中国近现代反侵略斗争中的地位和作用》,姜玉春著,《胜利论坛》1995 年第 3 期。

三、抗日战争与中国社会进步

《抗日战争与当代中国政治走向》,王文科著,《延安大学学报》1995 年第 3 期。

《抗日战争的胜利在中国现代史的重要作用和历史意义》,刘纯凯著,《大连近代史研究》2015 年第 1 期。

《抗日战争与中国现代化》,蔡水飞、王莉著,《探索》1995 年第 5 期。

《抗日战争与中国的现代化》,华文贵著,《大连近代史研究》第 4 卷, 2007 年。

《抗日战争与中国现代化进程》,王立胜著,《北京党史研究》1995 年第 6 期。

《现代化视野中的抗日战争》,袁成毅著,《史林》2005 年第 1 期。

《略论抗日战争与中国现代化》,杨延虎著,《延安大学学报》1995 年第 3 期。

《抗日战争与中国现代化的历程》,荣维木著,《中国抗战与世界反法西斯战争——纪念中国人民抗日战争暨世界反法西斯战争胜利 60 周年学术研讨会文集:上卷》,中国社会科学院近代史研究所编,社会科学文献出版社 2009 年版。

《笔谈抗日战争与中国现代化进程》,袁成毅、范展、金普森等著,《抗日战争研究》2006 年第 3 期。

《抗日战争与中国社会现代化》,张静如著,《北京师大学报》1995 年第 4 期。

《试论抗日战争对中国社会现代化进程的影响》,时荣国著,《北京党史》1998 年第 1 期。

《怎样以现代化的视角解读抗日战争》,荣维木著,《史学月刊》2005 年第 9 期。

《抗日战争在中国社会主义发展中的地位》,杨明清著,《光明日报》1999 年

8 月 29 日。

《抗日战争与中国社会的变革:彭明教授访谈录》,沈谦芳著,《探索与争鸣》1995 年第 6 期。

《抗日战争与中国社会进步:国防大学教授柯理少将访谈录》,何理、冷亚南著,《当代世界与社会主义》1995 年第 3 期。

《抗日战争的胜利与中国社会的进步》,张云著,《战争奇观民族壮举》,徐红主编,军事科学出版社 1995 年版。

《战争·集权·民主——杂议抗战时期民主进程中的几个问题》,王建朗著,《中华民国史研究三十年(1972—2002):上卷》,中国社会科学院近代史研究所等编,社会科学文献出版社 2008 年。

《浅议抗战时期民主进程中的几个问题》,王建朗著,《史学月刊》2004 年第 1 期。

《笔谈抗日战争与近代中国社会变迁》,袁成毅、周东华、丁贤勇等著,《抗日战争研究》2008 年第 2 期。

《抗日战争与科技学术》,阎树声著,《人文杂志》1995 年第 4 期。

《抗日战争是中国历史上最伟大的民族解放战争》,额·阿拉坦巴根著,《前沿》1995 年第 6 期。

《抗日战争在中国反侵略斗争史上的地位》,张志荣、罗时平著,《上饶师专学报》1995 年第 3 期。

《民族解放战争的辉煌简章:纪念抗日战争胜利 50 周年》,黄华文著,《湖北日报》1995 年 8 月 31 日。

《世界反法西斯战争和中国抗日战争的胜利是民族解放战争的胜利》,徐方治著,《玉林师专学报》1995 年第 2 期。

《抗日战争与中国共产党的发展》,王真著,《教学与研究》1995 年第 5 期。

《马克思主义中国化的历史高峰——纪念中国人民抗日战争暨世界反法西斯战争胜利 60 周年》,徐贵相著,《共产党员》2005 年第 9 期。

四、抗日战争与中华民族觉醒

《论近代中华民族觉醒的标志》,陈特水著,《湖南师大学报》1995 年第 4 期。

《抗日战争与中华民族的觉醒》,龚赛红著,《青海师大学报》1996 年第

4期。

《抗日战争和中华民族的觉醒》,蔡福松著,《战争奇观民族壮举》,徐红主编,军事科学出版社1995年版。

《抗日战争与中华民族的伟大觉醒》,于殿武著,《社会科学》1995年第8期。

《抗日战争与中华民族的空前觉醒》,崔广陵著,《战争奇观民族壮举》,徐红主编,军事科学出版社1995年版。

《世纪的潮流与中国的觉醒——纪念中国抗日战争和世界反法西斯战争胜利50周年》,李际均著,《中国军事科学》1995年第2期。

《世纪的潮流与东方的觉醒》,李际均著,《外国军事学术》1995年第8期//《战争奇观民族壮举》,徐红主编,军事科学出版社1995年版。

《抗日战争使中华民族警醒——纪念"七七事变"60周年》,沈谦芳、韩伟新著,《探索与争鸣》1997年第7期。

《侵略与觉醒——纪念抗日战争胜利50周年》,茅家琦、杨德才著,《江苏社会科学》1995年第4期。

《中华民族空前的觉醒和奋起:纪念中国人民抗日战争胜利五十周年》,本刊评论员,《中流》1995年第9期。

《民族意识的觉醒与全民抗战的形成》,郝瑞庭著,《青年论丛》1995年第2期。

《抗日战争与中华民族的觉醒与解放》,《社会科学探索》1995年第3期。

《论抗日战争对中华民族觉醒的社会历史影响》,于殿武著,《战争奇观民族壮举》,徐红主编,军事科学出版社1995年版。

《中华民族意识与抗日战争:纪念抗日战争胜利50周年》,沈桂萍著,《中央民族大学学报》1995年第5期。

《抗战胜利与民族精神》,刘士卓、李兰著,《河北日报》1995年8月8日。

《抗日战争与民族精神的升华》,高平平著,《军事历史研究》1995年第4期。

《抗日战争与爱国主义》,马淑清、张国臣著,《东疆学刊》1995年第4期。

《反法西斯战争与爱国主义》,尹宪武著,《东疆学刊》1995年第4期。

《爱国主义与全民族的抗战》,马兆明著,《理论学刊》1995年第1期。

《全民抗战和全民教育:为纪念抗日战争胜利50周年而作》,张腾育著,《教育研究》1995年第8期。

《抗日战争与中华各民族的爱国主义》,刘刚著,《人民日报》1995 年 8 月 18 日。

《抗日战争与民族凝集力》,杨生运著,《政工学刊》1999 年第 8 期。

《抗日战争与中华民族凝聚力》,沈喜荣著,《新华日报》1995 年 7 月 15 日。

《抗日战争与中华民族凝聚力》,雷吉来著,《惠州大学学报》1995 年第 2 期。

《抗日战争与中华民族凝聚力》,郑群著,《广东省社会主义学院学报》2005 年第 4 期。

《中国抗日战争与中华民族凝聚力》,罗占元著,《党政干部学刊》1995 年第 8 期。

《抗日战争和中华民族高度的凝聚力》,王宏志著,《深圳特区报》2005 年 8 月 15 日。

《论抗战时期中华民族凝聚力的形成》,孙海涛著,《辽宁大学学报》2002 年第 5 期。

《从抗战历程看统一战线与中华民族凝聚力的关系》,杨奇著,《广东省社会主义学院学报》2005 年第 4 期。

《开发抗日战争这一增强中华民族凝聚力的资源》,邓洪军著,《广东省社会主义学院学报》2005 年第 4 期。

《抗日战争时期的中华民族凝聚力的特征》,卜鼎焕著,《广东省社会主义学院学报》2005 年第 4 期。

《关于抗日战争与中华民族凝聚力的几点启示》,陈剑安著,《广东省社会主义学院学报》2005 年第 4 期。

《抗日战争的胜利与中华民族凝聚力》,刘子健著,《广东省社会主义学院学报》2005 年第 4 期。

《试论抗日战争胜利与中华民族凝聚力的提升》,张英琦著,《西安石油大学学报》2005 年第 4 期。

《抗日战争的胜利充分展现了中华民族的凝聚力》,冯淑文著,《广东省社会主义学院学报》2005 年第 4 期。

《抗日战争与加强民族大团结》,李宏烈著,《中国社会报》1995 年 8 月 1 日。

《论中华民族精神在抗战中的升华》,崔珏著,《广州日报》1995 年 9 月 22 日。

《抗战——爱国主义大发扬的光辉篇章》，蔡德金著，《北京师大学报》1995年第4期。

《爱国主义是凝聚中华民族团结抗战的旗帜》，赵军祥著，《第二次世界大战史论文集④：人民战争的胜利》，刘鲁民、徐根初主编，金盾出版社1998年版。

《中华民族的胜利：纪念抗日战争胜利五十周年展览巡礼》，贾勇等著，《人民日报》1995年7月7日。

《中华民族凝聚力在抗战中的作用及启示》，吴东玲著，《战争奇观民族壮举》，徐红主编，军事科学出版社1995年版。

《论中国抗日战争与中华民族精神》，罗咏梅著，《历史教学问题》2010年第2期。

《抗日战争是中华民族的历史丰碑》，胡和勤著，《西北师大学报》2006年第3期。

《抗日民族统一战线是团结胜利的旗帜》，蒋术著，《上海市社会主义学院学报》2005年第5期。

《抗日战争和世界反法西斯战争胜利是中国和平崛起的历史前提和重要推动力》，薛红焰著，《攀登》2005年第5期。

《抗日战争与中华民族历史命运的伟大转机》，郑德荣、王占仁著，《高校理论战线》2005年第7期。

《高举全民族团结抗战的旗帜——抗日民族统一战线的战略指针浅析》，漆晚生著，《上海市社会主义学院学报》2005年第5期。

《全球视阈下的中国抗战纪念：历史与启示》，梁占军著，《社会科学战线》2012年第10期。

《抗战时期的"中国化"思潮与马克思主义中国化》，张立慧著，《郑州大学学报》2006年第6期。

《中俄青年政治信仰比较及其当代启示——以中国抗日战争和苏联卫国战争时期为例》，陈坤、孙璐著，《人民论坛》2014年第2期。

《抗日战争给我们的教训》，孔庆榕著，《广东省社会主义学院学报》2005年第4期。

第十六章　二战人物研究

《罗斯福·凯恩斯·希特勒》，张宇燕著，《读书》2002 年第 4 期。

《从丘吉尔、罗斯福、希特勒的档案材料说起》，萧章著，《政工研究文摘》2003 年第 1 期。

《二次大战名将录》，张海麟著，《世界知识》1985 年第 9 期//《读者文摘》1985 年第 9 期。

《第二次世界大战名将录》，秦耕著，《历史知识》1985 年第 5/6 期。

《第二次世界大战名将点评》，王仕琪著，《广东党史》2010 年第 6 期。

《第二次世界大战中的年轻将领》，王建辉著，《外国史知识》1986 年第 5 期。

《一批"二战"名将的作为及其启示》，方赵冬、黄晓青著，《国防大学学报》1995 年第 7 期。

《二战舞台上的八大将帅刍议》，刘福安、郭润芝著，《军事史林》1996 年第 2/3 期。

《第一次世界大战时期的二战名将》，于洋著，《军事史林》2005 年第 12 期。

《"王牌驾驶员"的来历》，金春华著，《军事历史》1985 年第 2 期。

《第二次世界大战中的王牌飞行员》，江东著，《军事史林》1992 年第 5 期。

《二战期间王牌飞行员谁最强》，罗纳著，《军事史林》2004 年第 1 期。

《卡弗元帅眼中的二战名将》（上中下），陆参著，《军事史林》1998 年第 3/5/6 期。

第一节　法西斯集团人物

《二战时期九国法西斯头目的下场》，刘立群著，《人物》1995 年第 5 期。

《法西斯头子的末日》，左立平著，《军事史林》1995 年第 3 期//《乡镇论坛》1995 年第 6 期。

《"女性中的法西斯"》,张宽著,《读书》1996 年第 6 期。

《二战战犯余孽知多少》,于泽、高峰著,《军事史林》2000 年第 5 期。

一、法西斯魁首

1. 希特勒

《希特勒述评》,李兰琴著,《世界史研究动态》1983 年第 3 期。

《近年来西方研究希特勒的部分论著介绍》,《国外社会科学动态》1979 年第 10 期。

《西德学术界关于希特勒和第三帝国评价问题的争论》,《国外社会科学动态》1979 年第 3 期。

《二十世纪的历史人物——希特勒》,[英] 杰里米·诺克斯著;刘同舜译,《现代外国哲学社会科学文摘》1981 年第 4 期。

《希特勒心理病案》,吴盛青著,《军事史林》1998 年第 6 期。

《看穿元首的心灵:心理分析大师对希特勒的准确剖析》,[美] 墨菲著;李彬译,《现代舰船》2010 年第 6 期。

《希特勒何许人也——一位精神分析学者给希特勒的画像》,韩雪涛著,《医学心理指导》2004 年第 3 期。

《浅析希特勒的心理特征及其对军事行动的影响》,谭友鹏著,《第二次世界大战史论丛》,王相如、李安华主编,四川大学出版社 1985 年版。

《盗世奸雄希特勒》,刘晓光著,《军事史林》1994 年第 5 期。

《"混世魔王"希特勒》,李南友著,《人物》1985 年第 3 期。

《希特勒是哪国人》,力行著,《环球军事》2007 年第 7 期。

《希特勒的兴亡》,[美] 威廉·夏伊勒著;刘国明等译,《名人传记》1987 年第 1 期。

《希特勒遇刺前后》,[联邦德国] 阿·施佩尔著;李兰琴译,《世界历史译丛》1979 年第 6 期。

《刺杀希特勒的人们》,姜川著,《军事史林》1995 年第 7 期。

《刺杀希特勒:再现伐尔克里行动》,涂雄伟、刘麒麟著,《环球军事》2009 年第 3 期。

《一个流产的刺杀希特勒计划》,王建平著,《军事史林》1999 年第 12 期。

《希特勒对斯大林巧用离间计》,马涛著,《档案天地》2009 年第 8 期。

《苏联为何放弃暗杀希特勒?》,本刊编辑部著,《军事史林》1995 年第 2 期。

《纳粹反叛将领暗杀希特勒活动失败原因探析》,马冰著,《今日南国》2009 年第 6 期。

《英国曾计划劫持希特勒》,青文著,《军事历史》1992 年第 4 期。

《豺狼的末日——希特勒覆灭记》,严建卫著,《光明日报》1995 年 4 月 30 日。

《希特勒的末日——〈地下避弹室〉片断》,[美] 詹姆斯·奥唐奈著;乐梅译,《世界之窗》1980 年第 1 期。

《希特勒灭亡前后——一个侍从官的回忆》,[德] 海因兹·林格著,《羊城晚报》1980 年 11 月 3 日 8 日//10 月 13 日。

《希特勒的最后几小时》,姚立编译,《人民日报》1989 年 4 月 27 日。

《俄罗斯绝密文件大披露——希特勒毙命前后》,马旭明著,《档案》1995 年第 4/5 期。

《希特勒之死》,赵展鹏著,《军事史林》1995 年第 9 期。

《希特勒死亡真相》,高俞著,《解放日报》1985 年 7 月 31 日。

《"保姆行动"——发掘希特勒之死的真相》,[英] 安东尼·吉尼斯等著;矛戈译,《世界之窗》1986 年第 1 期。

《希特勒遗骨之谜》,文力摘编,《军事历史》1993 年第 3 期。

《希特勒葬身地之谜真相大白》,本刊著,《军事史林》2000 年第 6 期。

《美一教授在国际法医会议上说希特勒焦体很可能是一具替身》,宋克明著,《光明日报》1984 年 10 月 28 日。

《希特勒及其冲锋队和党卫军》,王祥玉著,《历史教学》1994 年第 4 期。

《希特勒的"无敌坦克"》,范其兵、熊英著,《军事史林》2002 年第 11 期。

《希特勒私人财产知多少》,梁全炳编译,《世界史研究动态》1990 年第 12 期。

《希特勒对科学家的迫害》,吴伯泽著,《人民日报》1978 年 10 月 2 日。

《希特勒的秘书》,郑寅达译,《二战史通讯》1985 年第 8 期。

《希特勒的女秘书——施罗德》(全 2 期),时存鲁著,《秘书之友》1998 年第 2/3 期。

《在希特勒的周围》,[波] 马·波特柯温斯基著;贺兴平译,《二战史通讯》第 5—8 期。

《希特勒身边的艳星女谍——奥莉加》,建平著,《环球军事》2004 年第 17 期。

《蒋介石与希特勒关系论》,陈红民著,《史学月刊》1996 年第 4 期。

《蒋介石与德国法西斯的勾结》,徐友春著,《江海学刊》1983 年第 4 期。

《张伯伦三次进谒希特勒》,李素梅著,《历史教学》1994 年第 7 期。

《小论希特勒》,何迈摘译,《世界史研究动态》1981 年第 11 期。

《为希特勒翻案的一股史学逆流》,朱忠武等著,《世界史研究动态》1980 年第 6 期。

《德国、阿道夫·希特勒以及第二次世界大战》,[英]麦格雷戈·诺克斯著;孙文竹译,《中国国际战略评论》2015 年。

2. 墨索里尼

《战争狂人墨索里尼》,刘振修著,《文史天地》2010 年第 5 期。

《左倾人物——墨索里尼》,[意] M.卢乔奇著;刘淘译,《国外社会科学动态》1984 年第 12 期。

《德军突击队营救墨索里尼纪实》,季子著,《军事史林》1995 年第 10 期。

《墨索里尼的末日》,[苏] J.C.费拉托夫著;金重远译,《书林》1980 年第 4/5 期。

《墨索里尼毙命真相》,穆方顺著,《光明日报》1996 年 3 月 16 日。

《墨索里尼死因新说》,顾宏林著,《当代世界》1995 年第 8 期。

《墨索里尼是怎样走向坟墓的?》,寿关荣著,《人物》1983 年第 4 期。

《法西斯主义创始人墨索里尼的末日》,张高著,《名人传记》1986 年第 3 期。

《一个被悬尸街头的独裁者:墨索里尼的发迹与末日》,黄家泉著,《历史大观园》1986 年第 3 期。

《罗西致墨索里尼的信与备忘录》,陈祥超译,《世界史研究动态》1986 年第 8 期。

《墨索里尼和他的辩护士》,钱星博著,《外国史知识》1983 年第 7 期。

《意大利:有人为墨索里尼扬幡招魂》,林晓光著,《当代世界》1994 年第 5 期。

3. 东条英机

《东条英机侵略罪行述略》,张敏孝著,《辽宁大学学报》1987 年第 6 期。

《东条英机是"二战三元凶之一"吗》,徐焰著,《军事史林》1995 年第 9 期。

《靖国神社甲级战犯——东条英机》,秀芬著,《兰台世界》2007 年第 5 期。

《日本昭和天皇称赞战犯东条英机》,易斌摘编,《军事历史》1995 年第 3 期。

《东条英机内阁及其倒台》,金桂昌著,《日本史论文集》,辽宁人民出版社 1985 年版。

《虽死犹荣与遗臭万年:户坂润与东条英机》,李培新著,《社会科学辑刊》1985 年第 2 期。

《东条英机受惩》,陆仰渊著,《民国春秋》1994 年第 4 期。

《东条英机的末日》,马新民著,《人物》1983 年第 1 期。

《战犯东条英机受惩》,本刊著,《军事历史》1995 年第 1 期。

《东条英机自杀析疑》,孙果达著,《军事历史研究》2006 年第 1 期。

二、法西斯集团其他人物

1. 德国

《点评 20 世纪 20 位军事人物(二):曼施坦因、古德里安、隆美尔》,张晖著,《军事史林》2011 年第 10 期。

《纳粹德国的空军元帅》,温明明著,《军事史林》2012 年第 6 期。

《纳粹德国的海军元帅》,温明明著,《军事史林》2012 年第 7 期。

《纳粹德国的陆军大将》,温明明著,《军事史林》2012 年第 8 期。

《纳粹德国的海军大将》,温明明著,《军事史林》2012 年第 10 期。

《纳粹德国的空军大将》,温明明著,《军事史林》2012 年第 11 期。

《纳粹德国的陆军步兵上将》,温明明著,《军事史林》2013 年第 3 期。

《纳粹德国的陆军骑兵上将》,温明明著,《军事史林》2013 年第 4 期。

《纳粹德国的陆军炮兵上将》,温明明著,《军事史林》2013 年第 5 期。

《纳粹德国的陆军装甲兵上将》,温明明著,《军事史林》2013 年第 7 期。

《纳粹德国的陆军山地兵上将》,温明明著,《军事史林》2013 年第 9 期。

《纳粹德国"三大名将"》,徐平著,《军事史林》1996 年第 8 期。

《纳粹将道:布仑堡与伏里契时期》,[英]哈特著;赵楚译,《军事历史》2005 年第 3 期。

《纳粹将道:勃劳希奇与哈尔德时期》,[英]哈特著;赵楚译,《军事历史》

2006 年第 2 期。

　　(1)戈林

　　《纳粹上绞刑前后》,朱伟摘译,《外国史知识》1984 年第 10 期。

　　《玩弄权杖的魔鬼:戈林》,博林著,《军事史林》1998 年第 2 期。

　　《希特勒门下的鹰犬——戈林》,[法]皮埃尔·朗特克尼克著;周万秀译,《名人传记》1988 年第 4 期。

　　《鼠目寸光的纳粹元帅——戈林》,李京进著,《中国国防报》2004 年 6 月 1 日。

　　《戈林的前半生》(上、中、下),张晖著,《军事史林》2014 年第 4—6 期。

　　《铁血少年时——王牌飞行员赫尔曼·戈林传奇》,谭立威著,《航空世界》2012 年第 1 期。

　　《戈林自杀之谜》,朱岩著,《军事史林》1995 年第 10 期 //《世界军事》1996 年第 4 期。

　　(2)隆美尔

　　《两次世界大战中的隆美尔》,米兰诺、王承旋著,《人民装甲兵》1992 年第 5 期。

　　《隆美尔作战指挥的主要特点》,庞士勇、朱广升著,《外国军事学术》1988 年第 3 期。

　　《熟谙机械化之道的装甲战车里手:隆美尔》,京雨著,《国外坦克》2006 年第 4 期。

　　《隆美尔》(上、下),马骏著,《国防》2005 年第 11/12 期。

　　《"沙漠之狐"隆美尔》,刘向群著,《军事历史》1992 年第 3 期。

　　《"沙漠之狐":隆美尔》,丁骥著,《坦克装甲车辆》1992 年第 2 期。

　　《"沙漠之狐":隆美尔》,赖小刚著,《兵器知识》1995 年第 4 期。

　　《德国的"沙漠之狐"——隆美尔》(上、下),赵勇民著,《坦克装甲车辆》1998 年第 1/2 期。

　　《沙漠之狐:二战德国陆军元帅埃尔文·隆美尔》,宋克著,《轻兵器》2004 年第 11 期。

　　《"沙漠之狐"的行动特点》,景慎祐、任洪亮著,《军事文摘》1999 年第 5 期。

　　《"沙漠之狐"隆美尔的矛盾人生》,史延胜著,《军事史林》2003 年第 12 期。

　　《"沙漠之狐""慧眼"被刿记:隆美尔兵败北非的内幕之一》,张伟、袁方著,

《军事史林》1998 年第 2 期。

《纳粹元帅对西线防御的观点和实践——隆美尔与大西洋壁垒》,〔英〕李德·哈特著;钮先钟译,《军事历史》2005 年第 11 期。

《敢于"亮剑":"沙漠之狐"隆美尔指挥法国战役的启示》,胡为希著,《坦克装甲车辆》2013 年第 8 期下。

《围绕隆美尔问题的一场争论》,宋钟璜著,《世界史研究动态》1979 年第 2 期。

《隆美尔没有参与七·二〇事件——介绍戴维·欧文的〈隆美尔传〉》,宋钟璜著,《世界历史》1982 年第 2 期。

《隆美尔之死》,任海平、孙璟涛著,《军事史林》1997 年第 1/2 期。

《隆美尔之死》,张潇中著,《文史月刊》2005 年第 7 期。

《隆美尔与希特勒的恩恩怨怨》(上、下),罗军著,《军事史林》1995 年第 11/12 期。

《战略大师纵论最富于争议的纳粹将领——骄阳武士利德尔·哈特点评隆美尔》,〔英〕利德尔·哈特著;赵楚译,《国际展望》2006 年第 12 期。

(3)古德里安

《古德里安》,刘东升著,《外军研究》1985 年第 1 期。

《"闪击英雄"古德里安》,张元生著,《国防》1989 年第 6 期。

《闪电英雄:古德里安》,湘丁著,《坦克装甲车辆》1991 年第 6 期。

《"闪击"大师:古德里安》,曲爱国、赖小刚著,《兵器知识》1995 年第 4 期。

《闪击战的先锋:古德里安》,刘波著,《国防科技》2006 年第 4 期。

《初期胜利的缔造者:古德里安》,倪乐雄著,《军事历史研究》1998 年第 1 期。

《古德里安作战指挥的主要特点》,齐立宾、刘东升著,《外国军事学术》1986 年第 3 期。

《古德里安和他的坦克战术》,刘名于著,《外军装甲兵》1980 年第 1 期。

《古德里安"闪击战"理论评析》,余起芬著,《中国军事科学》1999 年第 2 期。

《"装甲幽灵"古德里安》,俞晓鹏著,《军事历史》1998 年第 5 期。

《因坦克而"暴得大名"——古德里安》,京雨著,《国外坦克》2005 年第 12 期。

《纳粹侵略扩张的急先锋:古德里安》(上、下),赵勇民著,《坦克装甲车辆》1998年第11/12期。

《古德里安并非德军装甲兵之父》,戴耀先著,《军事史林》2009年第3期。

(4)德国其他人物

《纳粹德国元帅们的末日(四期)》,贺贝著,《军事史林》2000年第2/3合刊/6/11/12期。

《纳粹无帅纵横谈》,张宏坤著,《军事史林》2003年第12期。

《纳粹德国的将领:〈第三帝国百科全书〉选译》,郑寅达译,《二战史通讯》1982年第3期。

《天网恢恢疏而有漏:纳粹战犯纵横谈》,冯存斌著,《军事史林》2000年第10期。

《笔谈希特勒手下三将》,乐羊著,《军事史林》1994年第5期。

《希特勒的三帮凶戈林、希姆莱、戈培尔》,鲍晖著,《军事史林》1994年第4期。

《第三帝国的神秘人物:赫斯》,肖石忠著,《军事史林》1992年第1期。

《希姆莱之死》,冯承龙、竹君著,《军事史林》1999年第1期。

《纳粹魔王希姆莱》,刘云鹏著,《外国史知识》1986年第1期。

《纳粹党卫军魔王希姆莱》(一、二、三、四),张晖著,《军事史林》2011年第2—5期。

《里宾特洛甫拟亲手行刺斯大林》,史德泉著,《军事史林》2002年第12期。

《戈培尔宣传政策对我国新闻宣传工作的启示》,陈硕著,《合肥工业大学学报》2010年第3期。

《希特勒和他的海军将领》,刘可心著,《外国海军文集》1985年第7期。

《"水下魔王"邓尼茨》,金易著,《当代海军》2002年第12期。

《"水下魔王"邓尼茨》(上、下),木竿著,《军事史林》2007年第11/12期。

《"狼群"教父:邓尼茨》,曲爱国、赖小刚著,《兵器知识》1995年第5期。

《纳粹德国的"海狼":邓尼茨》(上、下),赵勇民著,《坦克装甲车辆》1998年第9/10期。

《两次大战的海底恶魔一个星期的短命元首:纳粹德国海军元帅邓尼茨》,蔡文贻、吴廷仑著,《军事史林》1990年第4期。

《盖世太保头目:海德里希之死》,马宏骄著,《军事史林》1997年第10期。

《扑杀此獠:捷抵抗运动惩处纳粹海德里希》,何小原著,《外国史知识》1983年第 6 期。

《北海枭雄　纳粹海军元帅埃里希·雷德尔传》,吕贤臣著,《国际展望》2005 年第 18 期。

《绰号最多的纳粹名将:莫德尔》,夏凉著,《军事史林》2010 年第 10 期。

《东线防守大师(上)——纳粹名将莫德尔的早期军事生涯》,史鉴著,《国际展望》2007 年第 16 期。

《东线防守大师(下)——纳粹名将莫德尔的"消防队员"生涯》,史鉴著,《国际展望》2007 年第 19 期。

《欧洲最危险的男人:二战德国特种战之王斯科尔兹内》,倪海宁著,《国际展望》2005 年第 7 期。

《元帅丢官为红颜:第一个被希特勒革职的元帅勃洛姆堡》,罗军著,《军事史林》1996 年第 4 期。

《希特勒的"战地救火队":曼施泰因》(上、下),赵勇民著,《坦克装甲车辆》2000 年第 4/5 期。

《鲁登道夫与德国"总体战"》,常淑珍著,《军事史林》1996 年第 2/3 期。

《战略天才还是极端机会主义者? 对德国元帅冯·曼施坦因的另类评述》(上、下),穆特、王涛著,《现代舰船》2009 年第 1C/2C 期。

《保卢斯:纳粹元帅的后半生》,辛华著,《军事史林》2002 年第 10 期。

《自我救赎之路:拯救巴黎的纳粹铁血将军》,[美] 拜尔著;李彬译,《现代舰船》2009 年第 9C 期。

《纳粹德国大将的结局》,张宏坤著,《军事史林》2011 年第 3 期。

《希特勒班子里的"金融奇才"》,武克全著,《外国史知识》1984 年第 5 期。

《纳粹"谍报大王"死因之谜》,邓沛著,《军事史林》1998 年第 5 期。

《纳粹战犯高斯的供词》,肖辉英编译,《世界史研究动态》1980 年第 8 期。

《纳粹统治时期的海森堡》,李继宏、杨建邺著,《科学技术与辩证法》1995 年第 3 期。

《斯道芬堡和谋杀希特勒事件》,侯成德著,《外国史知识》1981 年第 11 期。

《家国命运:暗杀希特勒前后的史陶芬堡家族》,于力著,《现代舰船》2010 年第 2 期。

《第四十一次谋杀——独眼独臂军人刺杀希特勒事件纪实》,林晔著,《三月风》1986 年第 12 期。

《盖世太保里的超级间谍》，崔国庆著，《军事史林》2000 年第 2—3 合刊期。

《二十世纪第一间谍左尔格》，孟邻著，《档案时空（史料版）》2005 年第 11 期。

《国际间谍史上的传奇人物——左尔格》，周爱琦著，《人物》1984 年第 6 期。

《刺向法西斯的利剑——左尔格在中国》，祎力著，《党史纵横》1998 年第 2 期。

《"红色间谍"佐尔格在中国》，周文琪著，《百年潮》2002 年第 7 期。

《论克拉拉·蔡特金反对法西斯主义的斗争》，孔寒冰著，《天津师大学报》1993 年第 2 期。

《法肯豪森：参与中国抗日战争的德国将军》，裘伟廷著，《军事史林》2019 年第 11 期。

《法肯豪森：蒋介石的德国军事顾问团团长》，马涛著，《湖北档案》2014 年第 1 期。

《蒋介石的第四任德国军事总顾问法肯豪森》，戚厚杰著，《档案春秋》2005 年第 4 期。

《德国军事总顾问法肯豪森演讲纪要》（上、下），戚厚杰、徐志敏著，《民国档案》2005 年第 1/2 期。

《第三帝国的法西斯使徒——莱妮·里芬施塔尔》，王轶著，《文教资料》2006 年第 26 期。

《为恶魔涂脂抹粉的人——关于希特勒私人摄影师 H.霍夫曼》，贾海宁著，《国际摄影》1986 年第 2 期。

《二战德国王牌潜艇艇长——普里恩》，余秀峰、徐磊等著，《军事史林》2019 年第 8 期。

《二战纳粹德国王牌飞行员罗塔尔·布瑟访谈录》，许强著，《兵工科技》2014 年第 5 期。

《二战德王牌飞行员埃里希·哈特曼访谈》，许强著，《兵工科技》2012 年第 9 期。

《北非战星：王牌飞行员汉斯—约阿希姆·马赛传奇》，谭立威著，《航空世界》2013 年第 1 期。

《反坦克奇才：二战德军伞兵反坦克王牌赫伯特·弗里斯小传》，钟卜著，《兵器》2010 年第 8 期。

《纳粹德国功勋卓著科学家》，本刊编辑部著，《现代兵器》2014 年第 6 期。

《杀人如麻的纳粹"女屠夫"》，杨孝文、任秋凌著，《环球军事》2006 年第 1 期。

《押上军事法庭的气象博士》，郭祥增著，《世界军事》1997 年第 10 期。

《20 世纪音乐史上特殊的一页——有感于法西斯统治下的音乐家的命运》，周洲著，《交响：西安音乐学院学报》1995 年第 3 期。

《库特·格斯坦：混入党卫军的秘密间谍》，张艳明著，《环球军事》2006 年第 1 期。

《背叛希特勒的纳粹谍王》，贺胜著，《环球军事》2005 年第 9 期。

《撕开"英雄"的面具：一个使蒙哥马利元帅抛下七千具伞兵尸体的人》，广运著，《文史春秋》2002 年第 4 期。

《纳粹党卫军中的英国志愿兵》，许寿明著，《世界军事》2002 年第 11 期。

《希特勒大屠杀的外国帮凶》，李彬著，《现代舰船》2011 年第 2C 期。

《希特勒侄子为何加入美国海军》，余哲著，《现代舰船》2013 年第 7C 期。

2. 日本

（1）山本五十六

《海上枭雄山本五十六》，春晓著，《舰船知识》1994 年第 12 期。

《战争赌徒：山本五十六》，黄建国著，《世界军事》1995 年第 3 期。

《山本五十六：超级赌局中的赌徒》，李新建著，《中国国防报》2015 年 4 月 21 日。

《日本海军大将山本五十六》，裴锦龄、尹东著，《国防》1989 年第 5 期。

《日本海军大将山本五十六》，裴尹著，《云南国防》1992 年第 1 期。

《山本五十六：日本海军"战神"》（一、二、三、四、五），张晖著，《军事史林》2013 年第 6/7/8/9/10 期。

《外国著名海军人物评传之二十七：山本五十六》，丁一平著，《海军杂志》2014 年第 1 期。

《山本五十六其人其事》，丁文著，《历史知识》1985 年第 5 期。

《山本五十六行事录》，韩琳著，《军事史林》1994 年第 5 期。

《山本五十六败亡：宿命还是必然？》，张宝权著，《中国国防报》2018 年 4 月

19 日。

《截击山本五十六》，赵庆钏著，《现代舰船》1999 年第 6 期。

《太平洋战争中的"斩首行动"：猎杀山本》，李洪国著，《国防科技》2006 年第 3 期。

《斩首 1943：美军所罗门航空队击毙山本五十六画史》，马智冲著，《军事历史》2005 年第 4 期。

《"猎杀孔雀"："复仇行动"猎杀山本五十六》，范国平著，《坦克装甲车辆》2013 年第 4 期下。

《偷袭珍珠港和山本五十六之死》，霍实之著，《台港之窗》1985 年 6 月 8 日。

《日本联合舰队司令山本五十六之死》，刘维荣著，《档案时空》2013 年第 9 期。

《山本座机被击前后》，［日］柳谷谦治著；陈良俊译，《航空知识》1985 年第 5 期。

《山本五十六丧生记》，［日］矶崎满男著，《书林》1983 年第 2 期。

《山本五十六毙命始末》，于长治著，《文史春秋》1996 年第 6 期。

《是谁击毙了山本五十六》，陈宇著，《军事史林》2007 年第 12 期。

《是谁击落了山本五十六的座机？》，本刊著，《军事历史》1995 年第 4 期。

《谁是击落山本五十六座机的英雄》，郑钧著，《外军参考》1985 年第 21 期。

《谁是击落山本五十六座机的真英雄》，《贵州文史天地》1997 年第 5 期。

《兰菲尔击落山本五十六》，［美］格尼著；陈玉深译，《航空杂志》1982 年第 2 期。

《我击落了山本五十六》，［美］仲玛斯·格·朗菲尔著；金福祥译，《外军资料》1979 年第 42 期。

《山本五十六坐姿死亡之谜》，韦方著，《军事史林》1998 年第 2 期。

《山本五十六之死谜案回放与解析》，赵俊涛著，《军事史林》2003 年第 9 期。

《谎报战功与山本五十六丧命——日本联合舰队总司令山本五十六当年被击毙细节》，聂云著，《老年教育（长者家园）》2010 年第 9 期。

（2）日本其他人物

《第二次世界大战日本战争罪犯介绍》（上、下），邱琳整理，《军事史林》1987 年第 3/4 期。

《第二次世界大战后处死的日本甲级战犯都是哪些人?》,立峰著,《人物》1983 年第 1 期。

《日本重要战犯名单》(全 5 期),刘庆旻著,《北京档案史料》1990 年第 1—4 期//1991 年第 1 期。

《侵华日军将帅毙命记》(共 4 辑),张子申、薛春德著,《环球军事》2005 年第 13—16 期。

《被中国抗日军民击毙的日军将领》,张小振著,《世纪桥》2005 年第 10 期。

《关东军历任司令官评介》,王江鹏著,《大连近代史研究》第 3 卷,2006 年。

《昭和时代的象征:日本裕仁天皇其人其事》,朱心坤著,《国际展望》1989 年第 2 期。

《六位日本元帅的末日》,张宏坤著,《军事史林》2003 年第 7 期。

《"日本陆军中坚层"代表人物石原莞尔研究评析》,马晓娟著,《兰州学刊》2017 年第 5 期。

《石原莞尔与"九·一八"事变》,张劲松著,《辽宁大学学报》1991 年第 3 期。

《"九·一八"事变的具体策划者——石源莞尔》,常征著,《辽宁大学学报》1993 年第 6 期。

《石原设想与伪满建国大学教育体系的形成》,张秋红著,《博物馆研究》2016 年第 4 期。

《"9·18"事变的阴谋策划者——板垣征四郎》,常征著,《社会科学辑刊》1994 年第 1 期。

《内田康哉与"九·一八"事变》,苏崇民著,《现代日本经济》1986 年第 6 期。

《近卫文麿思想初探》,程文著,《东北师大学报》2010 年第 3 期。

《策动日本全面侵华的实际罪魁——近卫文麿》,孙丽娟著,《九江师专学报》1995 年第 3 期。

《近卫文麿在侵华战争中扮演的角色》,邹身城著,《历史教学》1987 年第 10 期。

《试析第一次近卫内阁垮台的原因》,武文斯著,《大庆师专学报》1988 年第 2 期。

《南京大屠杀首犯——松井石根》,伊秀芬著,《兰台世界》2011 年第 20 期。

《松井石根与南京大屠杀》,经盛鸿、经姗姗著,《日本侵华史研究》2014 年第 2 期。

《松井石根与南京大屠杀》,胡晓丁、张连红著,《南京师大学报》1993 年第 3 期。

《松井石根与南京大屠杀的几个问题》,刘燕军著,《抗日战争研究》1991 年第 2 期。

《日本甲级战犯梅津美治郎侵华罪行述略》,陈宏著,《社会科学战线》2005 年第 1 期。

《松井石根:被钉在历史耻辱柱上的日本甲级战犯》,经盛鸿著,《名人传记(上半月)》2014 年第 3 期。

《松井石根战争责任的再检讨——东京审判有关南京暴行罪被告方证词检证之一》,程兆奇著,《近代史研究》2008 年第 6 期。

《日本甲级战犯武藤章》,朱玲、刘广建著,《日本侵华史研究》2013 年第 3 期。

《无力回天:南云忠一与日美太平洋战争》,赵文超著,《兵工科技》2006 年第 9 期。

《日本军国主义分子河本大作》,张志著,《历史档案》1987 年第 1 期。

《"黄姑屯事件"后的河本大作》,金贵昌著,《日本研究论丛》1988 年第 2 期。

《板垣征四郎的侵华生涯》,马玉珍著,《日本研究论丛》1988 年第 2 期。

《板垣工作与〈塘沽协定〉》,张劲松著,《日本研究》1995 年第 1 期。

《法西斯战犯——板垣征四郎》,伊秀芬、杨凯著,《兰台世界》2015 年第 34 期。

《冈村宁次缘何无罪释放》,李臻著,《北京档案》2006 年第 3 期。

《冈村宁次是侵华日军总司令吗? 兼谈日军侵华部队的构成与由来》,徐平著,《军事史林》1998 年第 9 期。

《一个魔鬼在中国(土肥原)》,傅蓉著,《书林》1986 年第 3 期。

《侵华阴谋家土肥原贤二与九一八事变》,伊秀芬著,《兰台世界》2012 年第 34 期。

《罪孽深重的日本战犯本庄繁》,邓沛著,《军事史林》1997 年第 10 期。

《伪满洲国始作俑者——第九任关东军司令官本庄繁评析》,沈燕著,《日本侵华史研究》2014 年第 4 期。

《战犯松冈洋右其人其事》，李广民著，《文史月刊》2006 年第 8 期。

《岸信介：从战犯到首相》，杨栋梁、乔林生著，《社会观察》2014 年第 2 期。

《挑起"七·七"事变的几个日本鬼子的下场》，黄炎生著，《军事史林》1999 年第 1 期。

《侵华日军中将冢田攻坠机之谜》，苏尚坚、苏尚周著，《军事史林》1995 年第 2 期。

《珍珠港事件中的"空中之虎"：渊田美津雄》，邓沛著，《军事史林》1997 年第 12 期。

《偷袭珍珠港的日谍吉川猛夫》，天悦著，《档案时空（史料版）》2006 年第 1 期。

《"珍珠港事件"中的日本间谍吉川猛夫》，赵琨著，《国家安全通讯》2002 年第 6 期。

《神秘的"东京玫瑰"》，李建军著，《军事史林》2000 年第 10 期。

《"名将之花"命丧黄土岭——击毙侵华日军阿郎规秀中将纪实》，叶运均著，《神州》2005 年第 8 期。

《日谍川岛芳子档案揭秘》，高士振著，《档案天地》2007 年第 2 期。

《效力侵华日军的超级女谍》，高士振著，《党史文苑》2000 年第 4 期。

《汉奸嘴脸　昭然若揭——"七七事变"前夕川岛芳子在平津一带的特务活动》，杨玉昆著，《北京档案》2017 年第 6 期。

《反法西斯的坚强女性——木村华君夫人》，侯鸿绪著，《团结报》1987 年 8 月 15 日。

《战争期间日本妇女运动家市川房枝的政治转向》，胡澎著，《日本学论坛》2002 年第 Z1 期。

《人民的战友，人民的战士：纪念中国人民的挚友国际主义战士尾崎秀实》，周东亮著，《东方世界》1985 年第 3 期。

《载有中日人民战斗友谊的〈新时代〉——为抗日战争而牺牲的日本军人松野觉》，李真著，《革命文物》1980 年第 3 期。

《东北抗日联军中的国际主义战士福间一夫》，孙继英、吕昶华著，《社会科学战线》1987 年第 4 期。

《抗联里的一位日本战友：为反战而献身的福间一夫》，沈风山著，《党史纵横》1999 年第 8 期。

《一个特殊的例外:日本反战作家鹿地亘》,王永娟著,《内蒙古民族大学学报》2006 年第 3 期。

《鹿地亘与在华日本人民反战同盟和平村工作队》,郑伦清著,《黔东南社会科学》1988 年第 1 期。

3. 意大利

《地中海之鹰:二战意大利头号空战王牌弗兰克·鲁奇尼》,本刊编辑部著,《兵工科技》2011 年第 5 期。

第二节　反法西斯同盟人物

一、盟国首脑

《二战时期丘吉尔与罗斯福战略思想比较研究》,杨永锋著,《延安大学学报》2018 年第 1 期。

1. 丘吉尔

《浅论一代枭雄——温斯顿·丘吉尔》,刘定著,《湖南科技学院学报》2005 年第 10 期。

《国际反法西斯联盟的伟大旗手丘吉尔》,曹卫平著,《衡阳师院学报》2000 年第 2 期。

《丘吉尔在 30 年代反对希特勒战争政策的斗争》,杜华著,《青岛大学师范学院学报》1999 年第 2 期。

《试评丘吉尔在第二次世界大战爆发前的反纳粹活动》,王国范著,《许昌师专学报》1986 年第 2 期。

《试评丘吉尔在反法西斯战争中的作用》,王章辉著,《英国史论文集》,三联书店 1982 年版。

《试论丘吉尔在第二次世界大战中的作用》,王章辉著,《世界历史》1980 年第 6 期。

《浅论丘吉尔对二战英国胜利所起的作用》,王海桃著,《沧桑》2012 年第 2 期。

《略论丘吉尔的战争指导》,熊伟民著,《湘潭师院学报》1997 年第 2 期。

《制止战争比赢得战争更高明:论丘吉尔的国防战略思想》,易冰著,《军事历史》2000 年第 2 期。

《拯救国家于危难的人：第二次世界大战中丘吉尔的战略决策》，周洋著，《领导工作研究》1994 年第 3 期。

《第二次世界大战的爆发与丘吉尔出任首相》，[苏] Б.Г.特鲁汉诺夫斯基著；叶月明译，《二战史通讯》1982 年第 4 期。

《论第二次世界大战期间丘吉尔对苏态度的演变》，陶樾著，《上海师大学报》1988 年第 4 期。

《邱吉尔的"苏德情结"与外交谋略》，马焕明著，《山东师范大学学报（人文社会科学版）》2003 年第 1 期。

《四十年代丘吉尔外交思想简论》，金海著，《历史教学问题》1999 年第 3 期。

《丘吉尔与两栖作战》，杨斌著，《现代舰船》2001 年第 7 期。

《浅谈邱吉尔的"三环外交"》，徐风传著，《临沂师专学报》1995 年第 4 期。

《生死冤家：丘吉尔和希特勒》，陈雪松、田园著，《世界军事》2002 年第 8 期。

《丘吉尔与罗斯福：战时英美关系的缩影》，王贞著，《聊城大学学报》2003 年第 1 期。

《丘吉尔、马歇尔致罗斯福的三份备忘录》，熊伟民译，《益阳师专学报》1988 年第 4 期。

《"二战"中丘吉尔为何丢了首相桂冠》，刘元吉著，《中学历史教学参考》2003 年第 6 期。

《丘吉尔战时演说辞的语言风格》，徐振忠著，《黎明职业大学学报》1999 年第 1 期。

《"坚持到底，永不放弃"：丘吉尔的演讲艺术》，何立波著，《环球军事》2012 年第 7 期。

《丘吉尔〈论希特勒入侵苏联演讲稿〉的语言特征》，马仁良著，《阿坝师专学报》2003 年第 2 期。

《他撰写他所创造的历史——丘吉尔及其〈第二次世界大战回忆录〉》，钱乘旦著，《世界历史》1995 年第 4 期。

《试论丘吉尔的〈第二次世界大战回忆录〉》，苏永旭著，《周口师院学报》2002 年第 6 期。

《走进丘吉尔二战期间的地下堡垒：英国战时内阁博物馆参观记》，滕建群著，《中国人民防空》2000 年第 7 期。

《历史揭秘：纳粹劫持丘吉尔行动遭遇十面埋伏》，张国力著，《档案天地》2005 年第 1 期。

2. 罗斯福

《罗斯福与反法西斯战争》，刘子靖著，《第二次世界大战与亚太国际合作：第二次世界大战史（重庆）学术讨论会论文集》，苑鲁、谢先辉主编，重庆出版社2003 年版。

《罗斯福与世界反法西斯战争》，刘子靖著，《重庆教育学院学报》2003 年第4 期。

《美国参战前罗斯福反对希特勒法西斯的斗争》，杨嘉克等著，《山西大学学报》1981 年第 3 期。

《论罗斯福在反法西斯战争中的历史作用》，刘子靖著，《咸阳师专学报》1996 年第 1 期。

《美国学术界关于"罗斯福与美国进入二战"的研究概述》，赵勇、聂资鲁著，《广西社会科学》2003 年第 3 期。

《罗斯福没有行使他作为总司令的权力吗?》，熊伟民著，《益阳师专学报》1994 年第 1 期。

《罗斯福与美日谈判》，许东涛著，《宁德师专学报》2004 年第 4 期。

《罗斯福与租借法案》，王晓朋著，《中学历史教学参考》1993 年第 8 期。

《罗斯福与三国战时同盟》，程人乾著，《史学月刊》1983 年第 4 期。

《罗斯福不战而战的决策》，沈昊坤著，《淮北职业技术学院学报》2011 年第2 期。

《试论罗斯福的太平洋政策》，张庆熹著，《河北师大学报》1981 年第 3 期。

《富兰克林·罗斯福的裁军思想初探》，赵志辉著，《首都师范大学学报》2003 年第 6 期。

《斯大林与罗斯福的秘密交易》，李小俊、张小荣著，《中学历史教学参考》1999 年第 6 期。

《罗斯福与戴高乐的恩恩怨怨》，彭爱莲著，《军事历史》1999 年第 1 期。

《罗斯福对戴高乐恶感的原委》，凌俊编译，《世界史研究动态》1981 年第5 期。

《罗斯福谋杀蒋介石内幕》,牛强著,《党史天地》1996 年第 5 期。

《罗斯福谋杀蒋介石揭密》,贺朝霞著,《文史天地》2004 年第 1 期。

《罗斯福密令除掉蒋介石始末》,谭特立著,《湖北档案》2003 年第 5 期。

《罗斯福除掉蒋介石的"蓝鲸行动"始末》,谭特立著,《文史月刊》2003 年第 8 期。

《卡尔逊关于八路军抗战情况致罗斯福的几封信》,马雅丽著,《党的文献》1995 年第 5 期。

《论罗斯福时代的美伊关系》,蔺焕萍著,《商洛学院学报》2008 年第 1 期。

3. 斯大林

《反法西斯战争中的斯大林》,〔英〕阿列克·诺维著;张佐译,《大庆师专学报》1985 年第 3 期。

《斯大林与第二次世界大战》,〔美〕梅森著;吴韵纯译,《现代外国哲学社会科学文摘》1985 年第 10 期。

《第二次世界大战初期斯大林犯过的三次严重过失》,常家树著,《党史纵横》2007 年第 11 期。

《苏德战争前夕的斯大林》,愚君著,《当代世界》2003 年第 8 期。

《重谈苏联卫国战争初期的斯大林——评严秀先生在〈百年潮〉发表的一篇文章》,高岚著,《真理的追求》2000 年第 3 期。

《应全面、客观地评价斯大林在二战中的作用》,左凤荣著,《探索与争鸣》2010 年第 7 期。

《如何评价斯大林在苏联卫国战争中的地位和作用》,夏景才著,《东北师大学报》1995 年第 4 期。

《嘲弄历史者,必定为历史所嘲弄!——斯大林反法西斯战功是不可否定的》,许征帆著,《真理的追求》1995 年第 7 期。

《斯大林临阵换将》,吴宝志、孙明著,《军事史林》1999 年第 4 期。

《斯大林临危阅兵》,郭若冰、杨树旗著,《军事史林》1999 年第 5 期。

《斯大林和他的将军们》,田慧敏著,《军事史林》2000 年第 2—3 合刊期。

《斯大林与希特勒的另一场生死较量》,楼海强著,《军事史林》1998 年第 9 期。

《谈判桌上的"木偶大师":二战期间斯大林的谈判秘诀》,〔美〕里斯著;李彬译,《现代舰船》2011 年第 8C 期。

《斯大林军事轶闻五则》，彭训厚著，《军事史林》1998 年第 7 期。

《也谈斯大林为何不相信佐尔格》，云昌著，《军事史林》2006 年第 11 期。

4. 戴高乐

《"自由法国的旗帜"：夏尔戴高乐》，伊信著，《世界军事》1999 年第 2 期。

《论戴高乐的历史地位》，周剑卿著，《世界历史》1982 年第 2 期。

《20 世纪的法国伟人戴高乐将军》，曹松豪著，《当代世界》2004 年第 1 期。

《戴高乐：法国的世纪伟人——为纪念戴高乐将军逝世 34 周年而作》，金重远著，《探索与争鸣》2004 年第 11 期。

《戴高乐，不屈的反法西斯斗士》，雪舟子著，《传记文学》1995 年第 6 期。

《戴高乐——反法西斯和维护法国独立的战士》，任亦著，《人物》1982 年第 5 期。

《戴高乐是怎样登上历史舞台的》，周剑卿著，《法国史通讯》1976 年第 2 期。

《1944 年巴黎的解放和戴高乐第一次夺取政权》，钱能欣著，《历史教学》1959 年第 2 期。

《倡导陆军机械化的戴高乐》，丁骥著，《坦克装甲车辆》1992 年第 5 期。

《主宰国家命运的戴高乐》，陈先义著，《军事展望》1997 年第 3 期。

《戴高乐及其军事改革思想》，续建宜著，《外国军事学术》1998 年第 5 期。

《戴高乐和丘吉尔》，[法]弗朗索瓦·凯索第著，《世界史研究动态》1983 年第 5 期。

《戴高乐与雅尔塔会议》，严双伍著，《法国研究》2006 年第 1 期。

《从战场到政坛：戴高乐将军的一生》，陈辛火著，《世界军事》1991 年第 6 期。

《从战场到政坛的戴高乐将军》，陈辛火著，《军事史林》1996 年第 9 期。

《民族自决原则与戴高乐政权的合法性》，宋永成著，《陕西师大学报》1996 年第 4 期。

《试论二战期间法共与戴高乐的关系》，张世均著，《重庆教育学院学报》1999 年第 1 期。

《戴高乐与"自由法国"在中国抗日战争时期的反响》，戴成钢、吕一民著，《法国研究》1990 年第 2 期。

《评戴高乐的"战争回忆录"》，柴金如著，《国际问题研究》1959 年第 5 期。

《评戴高乐将军的"战争回忆录"》，[法]罗歇·迦罗迪著；重如节译，《国际问题译丛》1959 年第 5 期。

二、盟国其他人物

《二战欧洲盟军的著名将领》，李大光、田朝晖著，《环球军事》2005 年第 10 期。

《沙场龙虎：盟军西线十大指挥官》，本刊编辑部著，《军事历史》2005 年第 8 期。

1. 美国

《美国总统在二战中》，丁丁著，《军事文摘》1994 年第 6 期。

《在前景黯淡的日子里：麦克阿瑟、艾森豪威尔、巴顿的早期军事生涯》，汪健著，《军事史林》1996 年第 7 期。

（1）艾森豪威尔

《艾森豪威尔的"霸王"行动》，管苏清著，《汽车运用》2002 年第 2 期。

《艾森豪威尔的"D"日决策与模糊意识》，杨鲁军、丁传胜著，《福建军事》1988 年第 3 期。

《艾森豪威尔的作战指挥特点》，葛振峰、宋玉平著，《外军研究》1986 年第 6 期。

《浅析艾森豪威尔情报思想》，王汩汩著，《解放军国际关系学院学报》2004 年第 2 期。

《艾森豪威尔轶闻趣事》，黎宁著，《军事史林》1994 年第 4 期。

《诡计多端的艾森豪威尔》，魏艾民著，《世界军事》1998 年第 2 期。

《艾森豪威尔：美国五星上将的成长之路》，刘四龙著，《军事史林》2010 年第 2 期。

《艾森豪威尔：西点军校谈其成为优秀的军人》，常巧章著，《指挥学报》1988 年第 8 期。

《艾森豪威尔与巴顿》，姜志峰、史延胜著，《国防科技》2004 年第 10 期。

《艾森豪威尔为布莱德利铺就成功之路》，史延胜、姜志峰等著，《军事史林》2003 年第 6 期。

《笑容可掬的"五星上将"：德怀特·艾森豪威尔》，刘长敏著，《质量天地》2002 年第 10 期。

《艾森豪威尔的为帅之道》（上、下），马骏著，《国防》2005 年第 5/6 期。

《论艾森豪威尔用兵谋略》，艾临著，《军事历史》2016 年第 6 期。

《二战名将艾森豪威尔的协调之方》，化长河、陈亚萍著，《领导科学》2014 年第 7 期。

《试析艾森豪威尔成为盟军最高统帅的原因》，席佳蓓著，《南京晓庄学院学报》1995 年第 2 期。

《战争中的战略家们（三）：德怀特·艾森豪威尔》，戴冰著，《军事史林》1999 年第 6 期。

（2）麦克阿瑟

《麦克阿瑟》，常巧章著，《南高教学》1986 年第 3 期。

《二战名将：麦克阿瑟生平》，李江昌著，《现代兵器》1995 年第 7 期。

《战争中的战略家们（二）：道格拉斯、麦克阿瑟》，戴冰著，《军事史林》1999 年第 5 期。

《将军成名之前——总和上司闹别扭的麦克阿瑟》，天翔著，《军事文摘》1994 年第 2 期。

《麦克阿瑟的指挥艺术》，葛振峰、刘东升著，《外军研究》1986 年第 1 期。

《麦克阿瑟指挥艺术的特点》，葛振峰、刘东升著，《外国军事学术》1986 年第 2 期。

《麦克阿瑟在菲律宾》，张宏坤著，《军事史林》2002 年第 2 期。

《麦克阿瑟败走马尼拉》，郭杨著，《军事史林》1996 年第 2/3 期。

《麦克阿瑟与日本"和平宪法"的制定》，隋淑英著，《齐鲁学刊》2008 年第 4 期。

《桀骜不驯的美国名将：麦克阿瑟》，林柏著，《坦克装甲车辆》1999 年第 2 期。

《麦克阿瑟轶事》（全 8 期），美国《全国地理杂志》文章，《参考消息》1992 年 11 月 29—30 日/12 月 1—6 日。

（3）巴顿

《血胆将军巴顿》，本刊编辑部著，《军事史林》1994 年第 5 期。

《美国的"血胆将军"：巴顿》（上、下），林柏著，《坦克装甲车辆》1998 年第 7/8 期。

《热血铁胆巴顿将军》，赖小刚著，《兵器知识》1995 年第 4 期。

《美国坦克之父——血胆将军巴顿》,京雨著,《国外坦克》2006 年第 1 期。

《出类拔萃的坦克战将:巴顿》,丁骥著,《坦克装甲车辆》1992 年第 3 期。

《巴顿军事训练思想浅探》,朱培现、侯建伟著,《军事史林》2006 年第 12 期。

《巴顿的攻势作战思想剖析》,刘永路著,《海军大连舰艇学院学报》2000 年第 1 期。

《巴顿和美军第 3 集团军》,季伏枥著,《坦克装甲车辆》1999 年第 11 期。

《巴顿的为军战胜之道》,焦勇伯著,《军事史林》2006 年第 6 期。

《巴顿整顿军容风纪》,党涛著,《战术研究》1987 年第 2 期。

《从巴顿"打耳光事件"谈起》,郭润芝、梁彦宁著,《外国军事学术》1987 年第 8 期。

《成败亦英雄:乔治·巴顿军事生涯评析》,杜锦根著,《军事史林》1998 年第 6 期。

《巴顿:唯一追求的目标是成为一名出色的军人》,熊中民、鲁超俊著,《南高教学》1986 年第 1 期。

《血性激扬的战前动员——试析巴顿在诺曼底登陆前对第三军团的演讲》,张建和、何惠著,《武警工程学院学报》2009 年第 1 期。

《从友谊到决裂:巴顿与艾森豪威尔的故事》,刘伟著,《世界军事》2000 年第 10 期。

《不是冤家不聚首:巴顿与蒙哥马利的"疆场斗法"》,梅少伟著,《环球军事》2005 年第 11 期。

（4）史迪威

《光耀太平洋两岸的史迪威将军》,张文苑、张星星著,《炎黄春秋》1996 年第 2 期。

《论史迪威与美国对华政策》,史会来、刘建德著,《求是学刊》1990 年第 2 期。

《史迪威与太平洋战争时期的中美关系》,白刚、兰天、黄建圣著,《海军工程大学学报》2017 年第 3 期。

《史迪威与 1942—1944 年的国共关系》,徐陆航著,《天津师大学报》1984 年第 6 期。

《处置国共两党的关系:史迪威比较公正》,渠冉著,《档案天地》2012 年第

4 期。

《史迪威与中国抗战》，傅尚文著，《历史教学》1985 年第 11 期。

《史迪威与中国抗日战争》，李振华著，《中山大学研究生学刊》1990 年第 1 期。

《论中国抗日战争中的史迪威将军》，丛曙光著，《枣庄师专学报》1997 年第 4 期。

《史迪威将军是中国人民的真诚的朋友》，龙维智著，《渝州大学学报》1992 年第 1 期。

《史迪威与中国远征军》，余戈著，《世界军事》2009 年第 8 期。

《史迪威与缅甸战场》（全 6 辑），杜云峰著，《贵阳文史》2006 年第 1—6 期。

《滇缅战场与史迪威》，张曙东著，《云南民族学院学报》1995 年第 2 期。

《滇缅战场中的史迪威》，张俊英著，《平顶山师专学报》1995 年第 3 期。

《在中缅战场的史迪威将军》，吴晋著，《世界军事》1995 年第 1 期。

《试论史迪威对滇缅国际战场的贡献》，张家德、李发菊著，《昆明社科》1995 年第 2 期。

《印缅战场上的"四星连长"：记中国驻印军总指挥史迪威》，王晓华著，《民国春秋》1995 年第 2 期。

《回忆缅甸作战中的史迪威将军》，王楚英著，《军事历史》2002 年第 1 期。

《随史迪威将军战斗在缅甸战场》，王楚英著，《团结报》2001 年 5 月 12 日。

《史迪威与杜聿明在缅甸战场上的分歧》，王楚英著，《百年潮》2006 年第 11 期。

《史迪威与杜聿明在缅甸战场上的恩怨纠葛》（上、下），王楚英、张明金著，《军事历史》2007 年第 1/2 期。

《斯科特笔下的四星上将史迪威》，陈国清著，《军事史林》1989 年第 6 期。

《史迪威·蒋介石·罗斯福》，冯云章著，《书林》1987 年第 3 期。

《史迪威与蒋介石》，许广芬著，《国际人才交流》1995 年第 10 期。

《史迪威与蒋介石》，毛珀省著，《文史精华》1999 年第 11 期。

《何应钦与史迪威》，熊宗仁著，《文史精华》1998 年第 12 期。

《史迪威与中共》，秦爱民、李增辉著，《文史精华》1999 年第 1 期。

《历史的遗憾——史迪威与中共关系初探》，秦爱民、李增辉著，《北京党史》1999 年第 4 期。

《对比和接近的岁月——史迪威与中国共产党》，秦爱民、李增辉著，《党史纵横》1999 年第 1 期。

《美国将军史迪威与八路军》，吕德润著，《炎黄春秋》2001 年第 1 期。

《抗战时期在中国的史迪威》，杨德慧著，《思想战线》1993 年第 6 期。

《史迪威将军在武汉》，王建辉著，《春秋》1986 年第 1 期。

《史迪威为何没有来延安》，石小丽著，《延安职业技术学院学报》2014 年第 4 期。

《抗战时期中美合作的历史经验——由史迪威在华经历所想到的》，章百家著，《新远见》2012 年第 1 期。

《在美国看到的史迪威档案》，徐重宁著，《红岩春秋》2012 年第 Z1 期。

（5）陈纳德

《"飞虎"将军陈纳德》，齐斌著，《中国空军》2003 年第 6 期。

《飞虎将军陈纳德》，山风著，《贵阳文史》2006 年第 6 期。

《"飞虎将军"陈纳德》，杨智友著，《中国档案》2015 年第 6 期。

《"飞虎队"之父陈纳德》，张道彬著，《文史天地》2010 年第 5 期。

《"飞虎队"队长陈纳德将军的传奇人生》，石佳坤著，《环球军事》2002 年第 21 期。

《陈纳德与中国抗战》，李湘敏著，《福建师大学报》1990 年第 3 期。

《飞虎将军陈纳德与中国抗日战争》，殷相国著，《社会科学战线》1993 年第 5 期。

《试论陈纳德的空中战略》，金光耀著，《近代史研究》1988 年第 5 期。

《〈陈纳德〉与陈纳德其人》，邓蜀生著，《博览群书》1990 年第 11 期。

《陈纳德与"飞虎队"》，韩彬著，《世界知识》1985 年第 18 期。

《陈纳德与"飞虎队"》，李安庆著，《人物》1986 年第 2 期。

《"飞虎队"与陈纳德》，王德中著，《军事史林》1993 年第 5 期。

《陈纳德将军和他的飞虎队》，任可文著，《贵州文史天地》1997 年第 4 期。

《抗战中的陈纳德及美国航空志愿队》，马毓福著，《百科知识》1995 年第 11 期。

《抗日战争时期的陈纳德及其航空队》，黄桂珍著，《党史文汇》2000 年第 8 期。

《陈纳德与空中游击战》，王菁、古琳晖著，《文史精华》2005 年第 7 期。

《陈纳德对"两航"飞机的争夺》，高翠著，《党史纵横》2009 年第 8 期。

《陈纳德指挥过 B-29 轰炸机？——关于〈延安使命〉的几点疑惑》，胡越英著，《中共党史资料》2007 年第 3 期。

《中国空军抗日大空战系列之十二：当鲨鱼变成老虎——陈纳德和他的飞虎队》，陈应明、廖新华著，《国际展望》2003 年第 15 期。

《陈纳德"飞虎队"鏖战鄂西始末》，史元杰、刘思华著，《湖北文史资料》2000 年第 3 期。

《陈纳德在芷江》，许正雄著，《军事历史》1994 年第 4 期。

《"飞虎将军"陈纳德芷江抗日》，唐昭军著，《档案时空》2004 年第 1 期。

《"飞虎将军"陈纳德战外传奇》，姚奇、杨顺东著，《民族团结》1995 年第 6 期。

《"飞虎将军"陈纳德铁闻》（上、下），杨顺东、姚奇著，《军事史林》1995 年第 7/8 期。

《对陈纳德计划的历史考察》，高翠著，《首都师范大学学报》2008 年第 2 期。

《宋子文与陈纳德及战时美国驻华空军》，金光耀著，《百年潮》2007 年第 4 期。

(6)美国其他人物

《杜鲁门与原子弹》，陈根风著，《历史知识》1985 年第 6 期。

《二战名将马歇尔》，张军海著，《世界军事》1997 年第 3 期。

《二战时的美国"军事设计师"——马歇尔》，史成群、徐金洲著，《军事历史》1995 年第 1 期。

《美国军事革命的积极倡导者马歇尔》，彭光谦著，《军事文摘》1996 年第 4—5 期。

《马歇尔治军和用人的特点》，朱广联著，《外国军事学术》1987 年第 7 期。

《马歇尔：从顽童到五星上将》，何兆勇、兰芬著，《国防科技》2003 年第 10 期。

《美国陆军五星上将马歇尔治军》，清华著，《文史月刊》2009 年第 12 期。

《马歇尔：名垂军政外交的五星上将》，董思聪著，《中学历史教学参考》2002 年第 12 期。

《美国海军上将尼米兹》，陈榕星等著，《海洋》1981 年第 6 期。

《五星上将尼米兹轶事》,马宏骄著,《军事史林》1998 年第 3 期。

《尼米兹:日袭珍珠港后的美军救星》,本刊编辑部著,《中国尖端武器报道:进攻与防御》2006 年第 9B 期。

《尼米兹与中途岛之战》,刘维荣著,《机电兵船档案》2005 年第 4 期。

《尼米兹大败山本五十六》,董海波著,《军事学术》1980 年第 7 期。

《尼米兹与日军在太平洋上的决战》,李筱勇著,《贵阳文史》2007 年第 6 期。

《尼米兹与麦克阿瑟军事艺术比较研究》,王宗涛著,《山东师范大学学报》2014 年第 5 期。

《二战时期美国战略轰炸思想的实践者——李梅将军》,李扬著,《济南职业学院学报》2012 年第 4 期。

《火焚日本 李梅与对日战略轰炸》,顾剑著,《国际展望》2007 年第 2 期。

《"珍珠港事件"的替罪羊:金梅尔》,渠智、张力、张明忠著,《军事史林》1999 年第 8 期。

《"海上巴顿":美海军五星上将哈尔西》,郑军著,《当代海军》1998 年第 5 期。

《中途岛海战的情报功臣罗彻福特》,黄立军著,《中外历史》1987 年第 2 期。

《抗战后期赫尔利在华活动评述》,何继良著,《承德师专学报》1990 年第 2 期。

《谢伟斯与战时美国对华政策》,张建人著,《西北第二民族学院学报》1990 年第 3 期。

《美国"亲共"外交官谢伟思的风雨人生》,于化民著,《党史博览》2006 年第 9 期。

《霍普金斯小传(美国百科全书)》,王文庆译,《二战史通讯》1987 年第 9 期。

《第二次世界大战中的霍普金斯》,天壤著,《山西大学学报》1983 年第 4 期。

《论霍普金斯在战时美苏合作中的作用》,吴振、孔杰著,《传承》2008 年第 2 期。

《一个传奇式的反法西斯英雄——"飞天将军"博西斯》,寿关荣著,《外国史知识》1982 年第 11 期。

《档案里的女豪杰:记反法西斯女战士霍尔》,唐汝信著,《上海档案》1995 年第 4 期。

《纳尔逊及其使华述略》,张国镛、陈一容著,《抗日战争研究》1994 年第 4 期。

《美国海军准将纳尔逊的中国情》,武际良著,《炎黄春秋》1997 年第 4 期。

《卡尔逊与八路军的敌后游击战》,冯承柏、黄振华著,《近代史研究》1986 年第 1 期。

《美军二战第一个王牌飞行员空战传奇》,聂云著,《中国空军》1998 年第 3 期。

《为中国抗日战争牺牲的美国人:裴文坦医生》,张卫江著,《文史杂志》1998 年第 3 期。

《奥本海姆与美国核计划》,彭岳著,《自然杂志》1987 年第 1 期。

《关于斯诺及其研究的评述》,穆雷、刘祎著,《海南大学学报》1993 年第 3 期。

《埃德加·斯诺与中国革命》,张注洪著,《历史档案》1989 年第 4 期。

《略论斯诺民主抗战思想的理论基础》,李放著,《沈阳师范学院学报(社会科学版)》2000 年第 5 期。

《略论斯诺民主抗战思想的形成历程——埃德加·斯诺民主抗战思想研究组论之一》,李放著,《人文杂志》2000 年第 5 期。

《〈斯诺在中国〉序》,黄华著,《读书》1980 年第 6 期。

《史沫特莱与中国的抗日战争》,刘鸣著,《人民日报》1985 年 8 月 20 日。

《艾格尼丝·史沫特莱与印度援华医疗队:纪念史沫特莱逝世 39 周年》,任鸣皋著,《南亚研究》1989 年第 2 期。

《抗日战争时期史沫特莱在桂林》,黎远明著,《广西党史》1999 年第 1 期。

《爱因斯坦在第二次世界大战期间的一段历史》,顾惕人著,《大学物理》1995 年第 12 期。

《爱因斯坦:和平主义战士》,[英] J.罗特布拉特著;德禄译,《科学学译丛》1985 年第 5 期。

《反法西斯英雄海明威》,张龙海著,《外国文学》1997 年第 3 期。

《海明威:美报道中国抗战正面战场第一人》,何艳明著,《青年记者》2013

年第 15 期。

《司徒雷登与中国的抗日战争》，钱春泰著，《学海》2003 年第 6 期。

《抗战中的侨领——记爱国老人司徒美堂先生》，高健著，《党史纵横》2002 年第 9 期。

《司徒美登与祖国的抗战——纪念司徒美登诞辰 120 周年》，张兴汉著，《暨南学报》1988 年第 1 期。

《揭开莱特湾海战大幕的无名小卒："卡洛里婴孩"的奋战》，赵国栋著，《国际展望》2004 年第 1 期。

《二战中的美国女飞行员》，王恺著，《环球军事》2008 年第 5 期。

《飞翔的 WASP：二战中的美国女飞行员》，司古著，《军事史林》2010 年第 3 期。

《青春无悔：记二战中的美国女飞行员》，达瑞、阿牛著，《航空知识》2000 年第 10 期。

《大不列颠空战中的美国飞行员》，谭顺谋著，《环球军事》2011 年第 9 期。

《二战美国海军第一位王牌：王牌飞行员布奇·奥黑尔传奇》，谭立威著，《航空世界》2013 年第 4 期。

《火鸡猎手：王牌飞行员亚历克斯·弗拉丘传奇》，谭立威著，《航空世界》2012 年第 6 期。

《从"空战明星"到"王牌战俘"：二战中美军王牌飞行员加布雷斯基的传奇经历》，吴涛著，《环球军事》2005 年第 24 期。

2. 苏联

《"苏联英雄"纵横谈》（上、下），王迈著，《军事史林》1997 年第 5/7 期。

《我所知道的苏联元帅》，戎有富著，《军事史林》1997 年第 3 期。

《帅星蒙尘：卫国战争初期的苏联元帅》，王迈著，《军事史林》1997 年第 9 期。

《斯大林麾下十将星：华西列夫斯基》，刘晓光著，《军事史林》1995 年第 1 期。

《真正朱可夫元帅之后的苏联元帅：华西列夫斯基》，张宏坤著，《军事史林》2005 年第 10 期。

《斯大林麾下十将星（二）：铁木辛哥、沙波什尼科夫》，刘晓光著，《军事史林》1995 年第 2 期。

《斯大林麾下十将星(三):科涅夫、崔可夫》,刘晓光著,《军事史林》1995 年第 3 期。

《斯大林麾下十将星:罗科索夫斯基、瓦图京、安东诺夫》,刘晓光著,《军事史林》1995 年第 4 期。

《斯大林麾下十将星:朱可夫、伏罗希洛夫》,刘晓光著,《军事史林》1995 年第 12 期。

(1)朱可夫

《苏军卫国战争的"胜利象征":朱可夫》(上、下),赵勇民著,《坦克装甲车辆》1998 年第 5/6 期。

《胜利象征:朱可夫在卫国战争中》,杨树旗、郭若冰著,《世界军事》1997 年第 6 期。

《朱可夫:苏联保卫者》,司古著,《军事史林》2013 年第 3 期。

《二战传奇统帅朱可夫》,郭建军著,《军事史林》1994 年第 6 期。

《传奇元帅朱可夫》,郭建军著,《现代兵器》1994 年第 9 期。

《传奇元帅——朱可夫》,雷松著,《军事世界画刊》1994 年第 3 期。

《胜利元帅朱可夫》,赖小刚著,《兵器知识》1995 年第 4 期。

《拯救斯大林格勒的英雄——长胜将军朱可夫》,田武著,《国防科技》2006 年第 5 期。

《朱可夫将军的成功之作:苏日诺门坎坦克战》,党崇民著,《军事史林》1995 年第 5 期。

《试论朱可夫库尔斯克会战预先防御思想的成因》,刘志明著,《贵阳学院学报》2011 年第 3 期。

《朱可夫陆上进攻战略思想》,郭建军著,《西安政治学院学报》1999 年第 1 期。

《朱可夫陆上进攻战略思想与战争实践》,郭建军著,《中国军事科学》1999 年第 4 期。

《朱可夫元帅军事指挥特点》,吴宝志著,《军事史林》2001 年第 7 期。

《机械化战争时代的指挥艺术大师:朱可夫》,京雨著,《坦克》2006 年第 3 期。

《擅长使用装甲兵的朱可夫》,丁骥著,《坦克装甲车辆》1992 年第 4 期。

《朱可夫元帅的将道》,山松著,《军事文摘》1995 年第 6 期。

《朱可夫何以能在卫国战争前实现从奴隶到将军的跨越——读徐隆彬新著〈朱可夫大传〉》，牛钟顺著，《西伯利亚研究》2014 年第 4 期。

《苏德之战与朱可夫》，张晖著，《中国青年报》1995 年 5 月 20 日。

《朱可夫妙用探照灯》，刘世杰著，《军事历史》1992 年第 2 期。

《朱可夫元帅被撤职内幕》，刘晓著，《军事史林》1994 年第 6 期。

《朱可夫为何几次被撤职》，徐焰著，《军事史林》2002 年第 10 期。

《我看朱可夫》，朱岩著，《军事史林》1998 年第 11 期。

《我看朱可夫》，冯春晖、明小天等著，《军事史林》1998 年第 10 期。

《我所知道的斯大林——朱可夫回忆录》（上、下），［苏］朱可夫著；彭建春译，《国际展望》1989 年第 5/6 期。

《朱可夫元帅回忆德国投降始末》，何金铠著，《军事史林》2005 年第 8 期。

《朱可夫元帅与科涅夫元帅的恩恩怨怨》，徐隆彬著，《军事史林》2014 年第 2 期。

（2）苏联其他人物

《卫国战争中斯大林麾下的总参谋长》，尹利年著，《军事史林》2003 年第 12 期。

《死于卫国战争中的方面军司令员》，尹利年著，《军事史林》2002 年第 11 期。

《苏联在卫国战争中损失的集团军司令员》，王晓明著，《军事史林》2003 年第 3 期。

《搏击祸水的洪流：二战中的苏联方面军及其司令》，王迈著，《军事史林》2000 年第 2/3 期合刊。

《位居朱可夫之后的卫国战争名将究竟是谁?》，王穗著，《军事史林》2006 年第 3 期。

《位居朱可夫之后的卫国战争名将科涅夫元帅》，王穗著，《军事史林》2005 年第 2 期。

《不倦的反法西斯斗士——记苏联元帅科涅夫》，王迈著，《军事史林》2000 年第 10 期。

《库兹涅佐夫与“一级战备”》，吕国栋著，《军事史林》1999 年第 3 期。

《库兹涅佐夫——指挥攻占法西斯德国国会大厦的将军》，王利亚著，《空军政治学院学报》1997 年第 1 期//《军事历史研究》1997 年第 1 期。

《崔可夫回国的真正原因》,鲁林著,《军事历史》1992 年第 5 期。

《崔可夫被召回国的真正原因》,王真著,《中共党史通讯》1992 年第 3 期。

《功过参半的苏军元帅——铁木辛哥》,江流著,《世界军事》1996 年第 4 期。

《被斯大林称为"进攻将军"的莫斯卡连科》,吕志英著,《军事史林》1999 年第 6 期。

《倡导大纵深作战的图哈切夫斯基》,丁骥著,《坦克装甲车辆》1993 年第 2 期。

《作战就要"大纵深":苏联元帅图哈切夫斯基》,赵文超著,《兵工科技》2007 年第 4 期。

《红色拿破仑(上/下):图哈切夫斯基元帅的早期统帅生涯》,[美]克里斯托弗·麦克帕登著;张宏飞译,《国际展望》2006 年第 22/23 期。

《苏联红军中的"隆美尔":无冕元帅切尔尼亚霍夫斯基》,[俄]扎贝克基著;王涛译,《现代舰船》2010 年第 12 期。

《无敌元帅悲剧人生之肇端——哈桑湖战斗中的布柳赫尔》,[俄]安德列·波奇、塔列夫著;傅国辉译,《军事历史》2005 年第 3 期。

《从元帅到少将:二战初期的苏军将领库利克》,魏艾民著,《世界军事》2001 年第 9 期。

《二战苏联红军将领中的流星——里亚贝舍夫》,陈虹著,《国际展望》2004 年第 20 期。

《斯大林与著名飞机设计师伊柳辛》,燕兵著,《军事史林》2007 年第 8 期。

《戈利科夫:斯大林的军事情报首脑》,穆亮龙、王珊著,《环球军事》2007 年第 23 期。

《苏联卫国战争中的坦克英雄》,丁骥著,《国外坦克》2005 年第 6 期。

《苏联红军对日作战的战斗英雄》,相禹著,《军事历史》1993 年第 6 期。

《红颜虎胆:二战中的苏联女战士》,唐思著,《世界军事》2005 年第 3 期。

《他在卫国战争中殉职——记前苏联著名战地记者彼得罗夫》,展江著,《新闻爱好者》1994 年第 12 期。

《空中女杰:苏联卫国战争中的女飞行员》,钱云山、王幼庭著,《世界军事》1996 年第 4 期。

《烈火中绽放的百合花:记苏联卫国战争中英雄女飞行员》,[俄]伏·别雅可夫著;王大锐、王颂译,《航空知识》2002 年第 3 期。

《二战中最高王牌飞行员:波克雷什金》,王淦舟著,《军事史林》2004 年第 5 期。

《战鹰无敌——二战苏联拉沃奇金战斗机及其王牌飞行员》(上、中、下),顾剑著,《国际展望》2006 年第 10—12 期。

《苏联远东红旗军第 88 独立步兵旅老战士 B.伊万诺夫及其著作〈战斗在敌后〉》,梁怡著,《抗战史料研究》2014 年第 1 期。

《斯大林处决的庸才大将:巴甫洛夫》,夏凉著,《军事史林》2008 年第 12 期。

《苏联卫国战争中的叛将:弗拉索夫》,王迈著,《军事史林》1998 年第 11 期。

《从红军英雄到法西斯帮凶:苏联叛将弗拉索夫的可悲人生》,李浩著,《环球军事》2003 年第 17 期。

《斯大林的儿子在战争中》,何金铠著,《军事知识》1988 年第 2 期。

《斯大林长子雅可夫被俘后的命运》,徐隆彬著,《军事史林》2009 年第 1 期。

《一个不屈的战俘——斯大林的长子雅科夫》,智鹰著,《军事史林》1995 年第 2 期。

《斯大林儿子雅可夫飞身扑向德军战俘营铁丝电网》,吴跃农著,《军事史林》2006 年第 2 期。

《斯大林长子雅科夫之死》,董福生著,《军事史林》1999 年第 3 期。

《斯大林之子雅可夫死因再探》,王金华、彭训厚著,《军事史林》2002 年第 3 期。

《空军中将瓦西里·斯大林其人》,尹利年著,《军事史林》2003 年第 11 期。

《过早陨落的空军之星:斯大林爱子瓦西里被害真相》,鲁博著,《航空知识》2005 年第 8 期。

《309 名德寇倒在她枪口下:二战时期苏军王牌女狙击手柳德米拉传奇》,马季著,《环球军事》2005 年第 9 期。

《苏联卫国战争头号空中王牌讲述非凡战争经历——红星飞将伊凡·阔日杜布访谈录》,[美]乔恩·古特曼、[苏]阔日杜布著;张宏飞译,《军事历史》2005 年第 6 期。

3. 中国

《抗战中英勇殉国的 10 位上将》,张治宇著,《文史天地》2005 年第 11 期。

《中缅印战场上的孙立人将军》(上、下),徐康明著,《百年潮》2005 年第 9/10 期。

《毛岸英曾参加过苏联卫国战争》,青文著,《军事历史》1991 年第 4 期。

《苏联卫国战争与伯父毛岸英》,毛新宇著,《世界军事》2005 年第 8 期。

《俄档案披露毛岸英二战岁月》,赵嘉麟著,《兰台世界》2009 年第 1 期。

《令墨索里尼折服的中国空军少将:忆空军第四大队大队长高志航将军》,吴钟珍著,《坦克装甲车辆》2014 年第 10 期。

《世界反法西斯战争的无名英雄:阎宝航》,安文、丛林著,《保密工作》2009 年第 8 期。

《单次击落日机最多的王牌飞行员——空战英雄王光复》,唐学锋著,《红岩春秋》2014 年第 10 期。

《鏖战大西洋的中国军人:第二次世界大战中》,刘永路、陆儒德著,《中国青年报》1995 年 8 月 5 日。

《参加过诺曼底登陆的海军舰长郭成森》,文军著,《文史春秋》2008 年第 9 期。

《中国海军惟一参加过诺曼底登陆战役的舰长郭成森》,文军、路钟峰著,《春秋》2008 年第 5 期。

《第二次世界大战中鏖战大西洋的中国军人:访"南昌"舰首任舰长郭成森》,刘永路、陆儒德著,《现代舰船》1995 年第 6 期。

《被世界海战史遗忘的中国军人——一位参加过诺曼底战役的中国军官的传奇人生》,陈相安著,《兰台世界》2001 年第 12 期。

《一位老海军的传奇人生——访参加过诺曼底登陆战的中国海军舰长郭成森》,路钟峰著,《世纪桥》2009 年第 2 期。

《鏖战诺曼底的一位中国军人传奇人生》,刘水、儒德著,《海内与海外》2002 年第 7 期。

《诺曼底登陆战役中的中国海军军官》,王彦、姜华保著,《海军杂志》1994 年第 9 期。

《诺曼底登陆中的中国军人》,滑停著,《福建党史月刊》2014 年第 17 期。

《诺曼底登陆战中的华夏军人》,刘作奎著,《宁夏科技军事展望》2003 年第

1 期。

《参加诺曼底登陆的中国军人》,刘作奎著,《北京档案》2004 年第 10 期。

《参加诺曼底战役的中国军人》,刘永路著,《党史纵横》2015 年第 6 期。

《中缅印联合抗日战场上的一把利剑——刘放吾将军其人其事》,张海麟、彭训厚著,《第二次世界大战与亚太国际合作:第二次世界大战史(重庆)学术讨论会论文集》,苑鲁、谢先辉主编,重庆出版社 2003 年版。

《王莹在美国宣传抗日呼吁反法西斯》,谢和赓著,《新文化史料》1995 年第 4 期。

《陈纳德将军的贴身翻译》,陈文欣著,《海内与海外》2003 年第 Z1 期。

《黎成德:为陈纳德将军当贴身翻译》,陈文欣著,《四川统一战线》2003 年第 2 期。

《陶行知反法西斯环球宣传实录》,周毅著,《东方文化》1995 年第 6 期。

《论朱镜我对二次大战的认识》,沈升良著,《宁波教育学院学报》2004 年第 2 期。

《在苏联与纳粹空军血战的开国将军唐铎》,叶介甫著,《文史春秋》2015 年第 9 期。

《二战中欧洲战场唯一的中国特写作家——萧乾》,王俊义著,《广播电视大学学报》2010 年第 1 期。

《第二次世界大战与才华横溢的乔冠华》,徐迟著,《小说》1993 年第 6 期。

《胡济邦:唯一报道苏联卫国战争的中国女记者》,王爽、曾嘉著,《军事记者》2015 第 10 期。

《抗战时期周恩来与英国驻华大使的交往》,杜俊华著,《四川统一战线》2004 年第 Z2 期。

《周恩来为世界反法西斯战争所作出的贡献》,刘春秀著,《觉悟》2006 年第 3 期。

《抗战时期宋庆龄反法西斯国际统一战线思想初论》,王蔚著,《宋庆龄与中国抗日战争》,张世福主编,上海社会科学院出版社 1995 年版。

《浅析宋庆龄的抗日国际统一战线思想》,钟政著,《洛阳师范学院学报》2003 年第 4 期。

《宋庆龄对建立国际反战反法西斯统一战线的特殊贡献》,傅绍昌著,《历史教学问题》2012 年第 5 期 //《"宋庆龄及其时代"国际学术研讨会论文集》,上海宋庆龄研究会等编,中国福利会出版社 2011 年版。

《抗战时期宋美龄对日本军国主义的揭露与批判》,曾静著,《抗战史料研究》2013 年第 2 期。

《戴安澜将军与缅甸抗日战场》,刘肃勇著,《中国社会科学报》2015 年 8 月28 日。

《胡义宾将军缅甸殉国记》,童玉汝著,《中国档案报》2019 年 4 月 12 日。

《抗战中的爱国侨领——胡文虎》,李金荣、陈惠芳著,《档案与史学》1996年第 1 期。

4. 英国

《坦克制胜理论先驱——富勒》,翁华明、郭亮著,《国防科技》2005 年第1 期。

《富勒——机械化战争理论的倡言人》,常淑珍著,《军事史林》1994 年第6 期。

《蒙哥马利沙漠猎"狐"》,袁文良著,《文史月刊》2007 年第 12 期。

《击败"沙漠之狐"的蒙哥马利》,丁骥著,《坦克装甲车辆》1993 年第 4 期。

《英国的"铁将军":蒙哥马利》(上、下),赵勇民著,《坦克装甲车辆》1998 年第 3/4 期。

《阿拉曼战役与蒙哥马利》,萨本仁著,《史学集刊》1984 年第 4 期。

《蒙哥马利的成名之战》(上、下),马骏著,《国防》2005 年第 9/10 期。

《蒙哥马利的参谋思想》,王运时、魏新民等著,《军事工作》1988 年第 2 期。

《蒙哥马利参谋思想初探》,马宏伟著,《西安陆军学院学报》1988 年第2 期。

《蒙哥马利治军和用兵特点》,葛振峰著,《外国军事学术》1986 年第 4 期。

《蒙哥马利元帅的军事人才观》,肖飞著,《军事历史》1988 年第 5 期。

《二战名将蒙哥马利的情感世界》,江姗著,《文史天地》2011 年第 6 期。

《自信与偏执的英军元帅蒙哥马利》,林然著,《军事史林》1995 年第 1 期。

《不是冤家不聚首——巴顿与蒙哥马利的"疆场斗法"》,梅少伟著,《环球军事》2005 年第 21 期。

《险使诺曼底登陆流产的利德尔·哈特》,贾易飞著,《环球军事》2006 年第20 期。

《"轰炸机"+"屠夫":哈里斯》,刘建铭著,《军事史林》1999 年第 11 期。

《痛恨日本人的东南亚盟军司令》,李方恩著,《文史博览》2014 年第 8 期。

《蒙巴顿在缅甸战场的地位和作用》,何跃著,《学术探索》2002 年第 3 期。

《我与二战中的传奇将军:温格特》(上、下),王楚英、张明金著,《军事历史》2007 年第 3/4 期。

《一个改变战争进程的女人:记"乔治勋章"获得者辛西娅》,舒嘉著,《环球军事》2003 年第 11 期。

《道丁与帕克:不列颠空战中的杰出指挥官》,胡向春著,《现代舰船》2011 年第 9C 期。

《不列颠之战第一王牌:王牌飞行员赫尔穆特·维克传奇》,谭立威著,《航空世界》2011 年第 9 期。

《英国皇家空军第一位二战王牌:王牌飞行员科布尔·卡因传奇》,谭立威著,《航空世界》2010 年第 2 期。

《皇家空军的无腿王牌:英国二战王牌飞行员道格拉斯·巴德爵士》,谭立威著,《航空知识》2010 年第 1 期。

《最后的敌人:王牌飞行员理查德·希拉里传奇》,谭立威著,《航空世界》2012 年第 7 期。

《抗战期间李约瑟对中国文化的贡献》,王春南著,《学海》1991 年第 5 期。

《李约瑟与抗战时的中国科学》,胡升华著,《科学》1994 年第 6 期。

《迈克尔·林赛:在延安参加抗战的英国贵族》,王新同著,《侨园》2015 年第 7 期。

《弗里茨·科尔贝:20 世纪真正的头号间谍》,袁建民著,《环球军事》2005 年第 19 期。

5. 其他国家

《从"民族救星"到判国贼子:亨利·菲利浦·贝当元帅充满争议的一生》,魏文刚、李亮等著,《环球军事》2009 年第 12 期。

《不列颠上空的波兰人》,宝丁著,《航空知识》2011 年第 8 期。

《西科尔斯基与斯大林》,[波] 符·塔·考伐尔斯基著,《世界历史译丛》1979 年第 3 期。

《反法西斯战士伏契克(附画像)》,周尊南著,《人民日报》1978 年 2 月 23 日。

《二战中的捷克飞行员》,毛瑟著,《环球军事》2006 年第 13 期。

《法兰西第一王牌飞行员:皮埃尔·克洛斯特曼传奇》,谭立威著,《航空世界》2012年第2期。

《百变女谍:二战中唯一的三重女间谍马蒂尔德·卡雷》,王延忠著,《环球军事》2011年第9期。

《铁托,铁一般坚强》,许爽著,《外国史知识》1984年第5期。

《反法西斯斗士:铁托》,《军事史林》2000年第5期。

《钢铁英雄——前南斯拉夫领导人铁托》,徐丽著,《天津市经理学院学报》2011年第6期。

《二战前铁托的崛起历程》,张海霞著,《学理论》2012年第30期。

《二战中波兰情报人员索思诺夫斯基》,[俄]波里斯科依著;郭润玺译,《呼兰师专学报》1996年第1期。

《二战女英雄和华沙美人鱼》,文有仁、单榉著,《当代世界》1995年第7期。

《反法西斯的战士——季米特洛夫》,杨子竞著,《历史教学》1952年第7期。

《季米特洛夫对国际反法西斯斗争的贡献》,武克全著,《历史教学问题》1983年第5期。

《试论季米特洛夫对中国抗日民族统一战线形成的影响》,徐锋著,《上海教育学院学报》1995年第3期。

《以笔为剑的反法西斯旗手:季米特洛夫》,王泰玄著,《新闻世界》1995年第5期。

《伟大的战士:介绍"控诉法西斯——季米特洛夫在莱比锡审讯中的两个发言"》,季骏著,《新文化报》1959年2月1日。

《季米特洛夫与西安事变》,郭绍棠著,《国外中共党史研究动态》1991年第1期。

《保加利亚解放的使徒:瓦西尔列夫斯基》,同鸣著,《外国史知识》1984年第4期。

《一位保加利亚医生的中国情结:访国际反法西斯战士甘扬道》,周宝义著,《东欧》1995年第4期。

《二战前后的尼耳斯·玻尔》,戈革著,《现代化》1995年第5期。

《一位反法西斯的文化巨人——第二次世界大战前后萨特的思想和创作》,杨爱唐著,《湖北大学学报》1995年第4期。

《吉斯林其人和挪威沦陷的历史教训》，陈亚舟、袁南芳著，《军事学术》1982年第 3 期。

《行刺希特勒的瑞典英雄（莫里斯·巴沃斯）》，王恭心编译，《广州日报》1981 年 5 月 17 日。

《柯廷总理与澳大利亚的对日作战，纪念世界反法西斯战争胜利五十周年》，费佩君著，《华东师大学报》1995 年第 4 期。

《太平洋战争中的女"推盘飞行员"》，王大锐、王颂著，《世界军事》2003 年第 4 期。

《破天荒的女子飞行队》，王丹著，《世界军事》1990 年第 4 期。

《反谍奇才——平托上校》，杜希国著，《环球军事》2004 年第 22 期。

《愚弄过希特勒的超级间谍》，银河著，《国防》1991 年第 5 期。

《二战沙场上的电影明星》，杨蕾著，《世界军事》1994 年第 5 期。

《第二次世界大战中的地质学家》，[美] J.Sutton 著；程绍平译，《世界科学译刊》1980 年第 4 期。

《第二次世界大战中的女谍报员》，嵇立群著，《课外学习》1985 年第 9 期。

《双重间谍"死"而复活（二次大战时著名的双重间谍"加博"）》，梁平著，《人民日报》1984 年 6 月 19 日。

《浅希昂山及其"联日抗英"的路线》，张小玉著，《常德师专学报》1984 年第 1/2 期。

《胡志明与越南革命》，时殷弘著，《暨南学报》1996 年第 2 期。

第十七章 第二次世界大战与文学艺术

第一节 战时文学

《二战电影纵览》,本刊编辑部著,《中国尖端武器报道:进攻与防御》2006年第6B期。

《第二次世界大战画史》(全2期),周毅著,《世界知识画报》1988年第1/2期。

《评二战图集〈历史呼唤和平〉》,徐新民著,《军事历史》2002年第1期。

《从二战航拍片"回归"看美国的档案利用》,赵屹著,《北京档案》2003年第1期。

《二战航拍片 解读旧中国》,杨林著,《档案》2002年第6期//《北京档案》2003年第1期。

《德日战争影片杂谈》,章开元著,《世界军事》2003年第3期。

《罗马尼亚两次世界大战期间文学(1919—1944)》,冯志臣著,《东欧》1998年第1期。

《两次世界大战之间的保加利亚诗歌》,林温霜著,《东欧》1998年第3期。

《两次世界大战之间的英国美术》,[美]莫里斯·塔奇曼著;胡志颖译,《世界美术》1996年第3期。

《20世纪前期的艺术与历史——借西方现代画家的眼光看两次世界大战》,《世界现代史新论》,张宏毅等主编,重庆出版社2001年版。

《第二次世界大战时期的图书馆事业》,[苏]O.塔拉拉基娜著;龚月明译,《图书馆学研究》1984年第4期。

一、法西斯文学与艺术

《试论"法西斯文学"》,姜卫著,《北京第二外国语学院学报》1987年第3—4期。

《德国纳粹时期官方文学剖析》，林箶著，《广州师院学报》2000 年第 6 期。

《反抗法西斯的德国现代艺术家——纪念世界反法西斯战争胜利 50 周年》，楚水著，《名作欣赏》1995 年第 6 期。

《"政治性"的时代与艺术家的人生：有感于法西斯铁幕下音乐大师们的人格和命运》，王毅著，《东方》1994 年第 4 期。

《法西斯主义与欧洲电影界》，［日］山田和夫著；刘绩生译，《国外社会科学》1984 年第 11 期。

《法西斯主义与日本现代文学》，王向远著，《社会科学战线》1996 年第 2 期。

《论二战中的中国与日本战时文学》，黄俊瑛著，《文艺理论与批评》2000 年第 3 期。

《日本侵华文学中的中国形象》，袁盛财著，《新余高专学报》2004 年第 3 期。

《日本战犯文学叙事中的侵华战争》，张焕香著，《日本侵华史研究》2016 年第 1 期。

《宣传与鼓噪：日本文学与九一八事变》，胡连成著，《大连近代史研究》第 9 卷，2012 年。

《论殖民统治下的伪满洲国文学》，石宪著，《"九一八"研究》2014 年第 0 期。

《"七七事变"前日本的对华侵略与日本文学——以几篇代表性作品为中心》，王向远著，《日本学刊》1998 年第 6 期。

二、反法西斯文学与艺术

1. 总论

《英雄的人民，光辉的艺术——世界艺术家笔下的反法西斯战争作品》，吴达志著，《美术》1995 年第 8 期。

《中苏两国反法西斯战争文学的平行比较》，王立明著，《朝阳师专学报》1992 年第 4 期。

《二战时期西方反法西斯文学的人文思想》，陈悦著，《贵州师大学报》2003 年第 3 期。

《决不许历史重演——〈世界反法西斯文学书系〉总序》，刘白羽著，《新文化史料》1995 年第 4 期。

《神圣光辉的一页——〈世界反法西斯文学书系〉总序》，刘白羽著，《人民日报》1995 年 5 月 13 日。

《掩卷深思——〈世界反法西斯文学书系〉编后》，沈世鸣著，《文艺理论与批评》1995 年第 4 期。

《把反法西斯的精神传诸后世——写在〈世界反法西斯文学书系〉出版之前》，刘白羽著，《文艺报》1990 年 8 月 18 日。

《〈世界反法西斯文学书系〉概观》，树人著，《新文化史料》1995 年第 4 期。

《鲜血与生命写就的壮丽史诗：〈世界反法西斯文学书系〉评介》，夏树人著，《中国出版》1995 年第 11 期。

《燃烧的火焰：〈世界反法西斯文学书系·苏联·戏剧〉简评》，陈兴芜著，《重庆社会科学》1993 年第 4 期。

《前事不忘后事之师——读〈世界反法西斯文学书系〉》，翟泰丰著，《中国图书评论》1995 年第 8 期。

《〈世界反法西斯文学书系〉——爱国主义与国际主义的好教材》，叶水夫著，《中国翻译》1995 年第 4 期。

《对中苏两国反法西斯战争文学的思索》，王立明著，《沈阳师院学报》1992 年第 1 期。

《世界反法西斯小说的历史发展》，车慈晖著，《中学历史教学》1995 年第 4 期。

《〈联合国歌〉中文本的翻译与流传——纪念抗日战争、世界反法西斯战争胜利四十周年（附原作）》，李士钊著，《歌曲》1985 年第 10 期。

《二战时期广播演讲的省察与反思》，艾红红著，《新闻界》2007 年第 1 期。

《歌声在战火中飞扬——"二战"中的世界反法西斯音乐》，张象著，《世界文化》2015 年第 8 期。

2. 苏联战时文学与艺术

《苏联与美国"二战"作品比较》，黄宗广著，《河南社会科学》2003 年第 5 期。

《欧美反法西斯歌曲拾萃》，薛范著，《音乐艺术：上海音乐学院学报》1995 年第 4 期。

《"二战"时期的欧美歌曲》（上、下），薛范著，《人民音乐》1997 年第 6/7 期。

《前苏联卫国战争文学概述》,杨正先著,《昆明师专学报》1995 年第 3 期。

《苏联战时文学:人民军队"无形的军事力量"》,夏明星、吴小燕著,《湘潮》2009 年第 5 期。

《苏联反法西斯战争小说的历史观》,陈敬著,《当代外国文学》1992 年第 1 期。

《英勇不屈,保卫祖国:反法西斯歌剧〈青年近卫军〉》,王毓麟著,《音乐爱好者》1995 年第 5 期。

《苏联卫国战争时期抒情曲》,何立波著,《环球军事》2012 年第 8 期上。

《苏联反法西斯卫国战争诗选》,岳凤麟著,《俄罗斯文艺》1995 年第 3 期。

《简论苏联卫国战争小说的命运主题》,祁建著,《河南师范大学学报》1995 年第 3 期。

《永恒的音乐丰碑:苏联卫国战争歌曲回眸》,何立波著,《军事史林》2013 年第 6 期。

《苏联卫国战争时期的群众歌曲和交响乐》(上、下),黄晓和著,《音乐研究》1995 年第 2/3 期。

《苏联卫国战争时期的室内乐》,黄晓和著,《中央音乐学院学报》1995 年第 3 期。

《苏联卫国战争时期的清唱剧与康塔塔》,黄晓和著,《人民音乐》1995 年第 6 期。

《苏联卫国战争文学的艺术历程》,黎皓智著,《外国文学评论》1995 年第 3 期。

《苏联卫国战争文学主题的演变》,唐若石著,《福州师专学报》1999 年第 5 期。

《苏联时期的卫国战争油画》,李一帅著,《历史教学(下半月刊)》2013 年第 9 期。

《为了世界和平而战——当代俄罗斯卫国战争题材绘画创作》,[俄]斯维特拉娜·叶尔绍娃著,《美术》2014 年第 10 期。

《一座英勇抗击法西斯的音乐丰碑——聆听肖斯塔科维奇〈列宁格勒交响曲〉》,胡咏丽著,《解放军艺术学院学报》2002 年第 3 期。

《历史与逻辑的统一——评〈苏联反法西斯战争小说史〉》,黄艾榕著,《俄罗斯文艺》1995 年第 6 期。

《常写常新，多姿多采——前苏联反法西斯小说创作印象记》，钱善行著，《外国文学评论》1995 年第 3 期。

《从〈斯大林格勒大血战〉到〈自己去看〉——前苏联二战题材电影的发展与演变述评》，刘书亮著，《当代电影》2005 年第 5 期。

《从高昂的英雄主义到深广的人道主义——前苏联反法西斯战争文学探幽》，林精华著，《求索》1996 年第 1 期//《中外文化交流》1996 年第 1 期。

《苏联反法西斯战争文学主题的演进》，梁坤著，《西北师大学报》1996 年第 5 期。

《苏联战时文学对中国革命的军事影响》，苏振兰、吴小燕著，《党史纵横》2008 年第 11 期。

3. 欧美战时文学与艺术

《二战时期英国的新闻宣传与审查》，田艺霏著，《青年记者》2014 年第 8 期。

《法国作家笔下的第二次世界大战》，张彤著，《外国文学评论》1995 年第 4 期。

《二十世纪的法国戏剧（之二）——自 1918 至 1939 二战爆发前》，萧曼著，《戏剧》1997 年第 2 期。

《二十世纪的法国戏剧（之三）——二战期间及战后戏剧》，萧曼著，《戏剧》1997 年第 3 期。

《第二次世界大战与英国文学》，王佐良著，《世界文学》1991 年第 6 期。

《二战期间美国剧坛的战争剧》，周维培著，《国外文学》1998 年第 2 期。

《二战时期美国电影制作的新变化》，陈淑荣著，《电影评介》2008 年第 10 期。

《论二战期间美国政府对好莱坞电影的影响》，顾钢著，《今日中国论坛》2013 年第 5 期。

《第二次世界大战与世界电影：战时的欧美电影》，沈寂著，《上影画报》1995 年第 5 期。

《第二次世界大战与世界电影：战时的美国电影》（全 2 期），沈寂著，《上影画报》1995 年第 4/5 期。

《好的战争——第二次世界大战口述历史》，［美］斯·特克尔著；温小钰、张贻瑾译，《世界文学》1985 年第 2 期。

《论二战期间加拿大及美国纪录片中的亚洲主题》，[加] 加里·伊文斯著；唐培林译，《当代电影》2006 年第 1 期。

《论二战期间好莱坞故事片中的日本人形象》，王霄飞著，《长春师范学院学报》2006 年第 3 期。

《关于〈丧钟为谁而鸣〉的争议及再认识》，杜肖楠著，《山东教育学院学报》2004 年第 4 期。

《论海明威〈丧钟为谁而鸣〉的时空艺术》，杨大亮著，《上海电力学院学报》2004 年第 1 期。

《一部反法西斯斗争的悲壮史诗——评海明威的长篇小说〈丧钟为谁而鸣〉》，王宁著，《淮阴师专学报》1981 年第 2 期。

《从"迷惘的一代"到反法西斯战士——浅谈海明威有关战争小说中的主要人物》，夏彩菊著，《湖南教育学院学报》1986 年第 3 期。

《〈诺言〉：赛珍珠对缅甸战事的文学和历史书写》，吴庆宏、金晶著，《文学教育（上）》2016 年第 9 期。

《电影〈虎！虎！虎！〉的幕后故事：珍珠港上的福克斯空军》，风伊万著，《航空知识》2012 年第 3 期。

《双面硫磺岛：美国影片〈你辈的旗帜〉和〈硫磺岛家书〉赏析》，窦超著，《现代兵器》2011 年第 5 期。

《德国反法西斯文学简论》，李志斌著，《湖北大学学报》1995 年第 4 期。

《从批判到反思——德国二战反法西斯题材作品述评》，刘静著，《广东培正学院学报》2011 年第 2 期//《咸宁学院学报》2011 年第 5 期。

《论德国反法西斯戏剧》，张黎著，《外国文学评论》1995 年第 3 期。

《德国法西斯的绘画——艺术史上的延续或断裂？》，[联邦德国] 贝特霍尔德·欣茨著；张红艳译，《世界美术》1989 年第 4 期。

《外国文艺动态：西德上映一部三十五年前法西斯德国拍摄的纪录片》，《外国文艺》1980 年第 1 期。

《战争，无法让女人走开：试析二战期间美国战争海报的女性视觉形象》，窦晓东、俞振伟著，《军事记者》2009 年第 7 期。

4. 中国及亚洲其他国家战时文学与艺术

《中国现代文学的"救亡"主题》，郑万鹏著，《海南广播电视大学学报》2005 年第 4 期。

《漫议中国抗战文学的世界性》,章绍嗣著,《中南民族大学学报(人文社会科学版)》2005 年第 4 期。

《世界反法西斯最早的中国抗战文学:〈世界反法西斯文学书系〉中国卷序言》,殷白著,《解放日报》1995 年 4 月 23 日//《广州日报》1995 年 6 月 13日//《山西文学》1995 年第 8 期。

《世界反法西斯斗争中的中国抗战文学》,殷白著,《新文化史料》1995 年第 4 期。

《世界反法西斯文学格局中的中国抗日文学》,房福贤著,《德州学院学报》2005 年第 5 期。

《"二战"文学视野中的中国抗日战争文学》,房福贤著,《文艺争鸣》2011 年第 15 期。

《从抗战文学大国到抗战文学强国——简论中国抗战文学的自我突破》,房福贤著,《山西大学学报》2014 年第 5 期。

《反法西斯侵略战争的宣言——读〈中国文艺作家给欧美文化界的一封信〉》,吴定宇著,《四川大学学报》1985 年第 3 期。

《抗战时期外国人士揭露日军暴行的报告文学初探——兼与同时期中国同类文学比较》,肖支群著,《益阳师专学报》2001 年第 5 期。

《祝福与反省——日本学者中国解放区文学研究概观》,宋绍香著,《文艺理论与批评》1998 年第 3 期。

《世界反法西斯叙事文学的几种创作模式和中国抗战文学的特点》,徐文欣著,《中国现代文学研究丛刊》1995 年第 3 期。

《抗日救亡与中国反法西斯文学的嬗变》,金东著,《曲靖师院学报》1995 年第 3 期。

《战时大后方文学与法西斯国家文学交往片论》,苏光文著,《西南师大学报》1994 年第 3 期。

《论沦陷区作家的创作心态及其文学的基本特征——纪念抗战暨国际反法西斯战争胜利五十周年》,黄万华著,《华侨大学学报》1995 年第 2 期。

《抗日战争时期的报刊广播事业》,孙武霞著,《纪念抗日战争胜利四十周年论文集》,上海市中共党史学会编,2000 年。

《超越艺术层面的对话——抗战时期的中外美术交流》,宗贤、赵志红著,《贵州大学学报(艺术版)》2004 年第 4 期。

《抗日战争时期的中苏文化交流》,李随安著,《黑龙江社会科学》1994 年第 2 期。

《抗战时期重庆的中外文化交流》,薛新力著,《渝州大学学报》2001 年第 4 期。

《抗战时期苏联文学思想的强化和中国化》,杨春时著,《哈尔滨师专学报》2000 年第 3 期。

《抗战时期中国接受苏俄文学的特点初探》,陈春生著,《抗日战争研究》2001 年第 1 期。

《试论中苏文学在抗战时的交往特征》,陈春生、孙艳青著,《外国文学研究》2001 年第 1 期。

《抗战时期俄苏文学译介述略》,高文波著,《淮阴师院学报》2002 年第 6 期。

《抗战时期沦陷区文学及其研究》,黄万华著,《文学评论》2004 年第 4 期。

《抗战时期的澳门文学》,王韬著,《世界华文文学论坛》2014 年第 1 期。

《近十年来桂林抗战文化研究述评》,魏华龄著,《抗日战争研究》1994 年第 3 期。

《桂林抗战时期的世界反法西斯文化研究资料索引》(全 2 期),魏华龄、郭维娟著,《社会科学家》1995 年第 3/4 期。

《抗战时期桂林文化城成因之管见》,曹裕文著,《广西党校学报》1989 年第 5 期。

《论桂林抗战文化的国际性》,曹裕文著,《社会科学家》1995 年第 4 期。

《论桂林抗战文化的国际特性》,刘寿保著,《社会科学家》1995 年第 4 期。

《诗歌与抗战——以西南大后方诗歌为中心》,史桂芳、于英丽著,《纪念抗战胜利 65 周年学术研讨会论文集》,中国抗日战争史学会等编,2010 年//《首都师范大学学报(社会科学版)》2011 年第 1 期。

《冼星海——纪念抗日战争暨反法西斯战争胜利五十周年》,阙文著,《电影创作》1995 年第 6 期。

《斗转星移话〈黄河〉——写在纪念反法西斯战争胜利五十周年》,李吉提著,《音乐研究》1995 年第 2 期。

《重新高唱反法西斯之歌》,为严著,《音乐研究》1995 年第 3 期。

《抗日、反法西斯的歌声永驻心头》,李伟著,《音乐研究》1995 年第 3 期。

《夏衍的"法西斯细菌"》,李瑞熙著,《科学论文集刊·人文科学》1957年第1期。

《〈法西斯细菌〉主题辨识》,陈坚著,《杭州大学学报》1988年第4期。

《〈法西斯细菌〉的喜剧色彩》,黄旦著,《抗战文艺研究》1985年第4期。

《〈法西斯细菌〉与夏公——夏衍》,张逸生著,《青艺》1995年第2期。

《论〈法西斯细菌〉的性格塑造》,陈坚著,《新文学论丛》1982年第1期。

《谈〈法西斯细菌〉的舞台人物形象》,陈卓猷著,《戏剧报》1954年8月5日。

《〈雷雨〉和〈法西斯细菌〉结构艺术比较》,江震龙著,《福建师大学报》1987年第1期。

《夏衍现实主义戏剧艺术成熟的标志——〈法西斯细菌〉》,沈敏特著,《艺谭》1983年第1期。

《简论夏衍的戏剧创作道路——兼评"上海屋檐下""一年间""法西斯细菌"》,端木、叶涛著,《戏剧教学》1958年第2期。

《挣扎中的厉鬼——重读〈法西斯细菌〉》,杜宣著,《上海戏剧》1982年第5期。

《重读〈心防〉与〈法西斯细菌〉》,李健吾著,《戏剧艺术论丛》1980年第3期。

《悲剧英雄的新生——〈法西斯细菌〉中俞实夫形象新探》,石高立著,《安顺师专学报》1988年第2期。

《抗日战争中知识分子的心路历程——小议〈蜕变〉、〈法西斯细菌〉、〈岁寒图〉》,陈虹著,《艺术百家》2004年第4期。

《导演〈法西斯细菌〉自问录记》,洪深著,《戏剧报》1954年7月8日。

《两部罕见的反法西斯的文艺作品——谈刘盛亚的〈卐字旗下〉及〈小母亲〉》,谷辅林著,《贵州社会科学》1986年第12期。

《重读两部反法西斯主义作品:〈卐字旗下〉和〈小母亲〉》,孙基林著,《四川文学》1995年第11期。

《〈桂河桥〉:一部独特的反法西斯文学佳作》,柳鸣九著,《文艺报》1995年10月13日。

《中国第一篇反映南京大屠杀的纪实小说〈干妈〉》,经盛鸿著,《钟山风雨》2014年第5期。

《评〈重评陈铨抗战时期的文学创作〉——兼论〈野玫瑰〉是宣扬法西斯主义美化汉奸的特务文学》,秦川著,《抗战文艺研究》1987 年第 3 期。

《伟大时代中的中国抗战电影》,陈播著,《当代电影》1995 年第 6 期。

《痛定思痛——中国电影中的抗日战争》,颜彦著,《电影》2005 年第 7 期。

《抗战时期纪录电影对民族精神的塑造》,邬阳波著,《军事记者》2006 年第 1 期。

《反法西斯电影反思录》,罗艺军著,《电影艺术》1995 年第 6 期。

《越南抗战文学述略》,余富兆著,《东南亚纵横》2000 年第 S1 期。

《抗战文学中的滇缅公路》,秦弓著,《抗战文化研究》2008 年第 1 期。

《从缅甸反法西斯文学看缅甸民族意识》,尹湘玲著,《解放军外国语学院学报》2001 年第 2 期。

《从朝鲜的抗日战争题材邮票看东北抗日联军的英勇斗争》,朱祖威著,《集邮博览》2005 年第 11 期。

第二节　战后的战争反思文学

一、总论——比较研究

《世界反法西斯文学的历史意蕴与审美反思》,潘先伟著,《社会科学辑刊》1996 年第 4 期。

《反法西斯文学与战后文学思想的驱动和转折》,徐良著,《青岛大学师范学院学报》1995 年第 1 期。

《试论中日教科书里的日本二战小说——从文学批评的历史把握谈起》,高宁、韩小龙著,《华东师大学报》2003 年第 3 期。

《二次大战后中西德两国文学的异同》,鲍昌著,《外国文学动态》1985 年第 5 期。

《同"途"殊"归"为哪般——中国当代抗战文学与西方反法西斯战争文学风格相异的原因分析》,刘东方著,《文艺评论》2006 年第 2 期。

《描写纳粹集中营另类的作家——2002 年诺贝尔文学奖获得者凯尔泰斯》,周长才著,《外国文学》2003 年第 1 期。

《略论世界反法西斯题材电影》,梅朵著,《文艺理论研究》1995 年第 5 期。

《最为崇高的艺术追求:略论世界反法西斯题材影片》,梅朵著,《文汇电影时报》1995 年 9 月 2 日。

《以影视反思二战　以影像促进理性——世界反法西斯战争题材影视艺术作品国际论坛综述》,刘晔原著,《当代电视》2005 年第 10 期。

《人性与兽性的抗衡:外国影片中的反法西斯战争》,戴光晰著,《当代电影》1995 年第 4/5 期。

《西方电影中的反法西斯战争——为纪念反法西斯战争胜利 60 周年而作》,邵牧君著,《电影新作》2005 年第 1 期。

《二战题材电影的人性思考》,徐光萍著,《江苏大学学报》2005 年第 6 期。

《寻回战争中迷失的人性之善——以几部与二战相关电影为例》,潘旭科著,《重庆科技学院学报》2012 年第 16 期。

《第二次世界大战题材影片中的爱国主义精神》,于鹏亮著,《宁夏大学学报(人文社会科学版)》2008 年第 4 期。

《中美对日作战电影的叙事角色比较分析》,宫晓鹏著,《百家评论》2013 年第 6 期。

《他者视角下的中美二战题材电影——以〈南京! 南京!〉与〈硫磺岛家书〉为例》,徐晓利、李丹著,《齐齐哈尔大学学报》2011 年第 4 期。

《构建人性的神话——试论他者视角下二战题材电影〈南京! 南京!〉和〈硫磺岛家书〉》,徐晓利、岳春梅著,《温州大学学报》2012 年第 2 期。

《战争之镜:影像中的正义与反思——纪念世界反法西斯战争胜利 60 周年》,沙丹著,《世界电影》2005 年第 4 期。

《从画笔作刀枪——国际反法西斯战争新闻漫画选读》,刘一丁著,《新闻实践》2005 年第 7 期。

二、欧美日战争反思文学

《反法西斯战争题材的西方电影》,[英]巴特勒著;孙雨译,《世界电影》1995 年第 2 期。

《战争记忆初探:以中国、日本战争电影为例》,习贤德著,《郑州大学学报》2015 年第 3 期。

《大屠杀与性犯罪:二战典型战争罪行的文学与文化再现》,张剑著,《中华读书报》2016 年 6 月 1 日。

1. 美国

《略谈二战对美国文学的影响》，徐洋著，《短篇小说（原创版）》2013 年第 14 期。

《浅析二战对美国文学作品的影响》，冯亚娜著，《才智》2014 年第 2 期。

《简论美国二战题材的戏剧创作》，周维培著，《艺术百家》1998 年第 2 期。

《美国二战小说的两个发展阶段及其基本特征》，王勇著，《山东大学学报》1995 年第 3 期。

《二次大战以后的美国文学批评》，董衡巽译，《外国文学动态》1980 年第 10 期。

《形式与历史的契合——桑塔格对"法西斯主义美学"的批判》，王秋海著，《当代外国文学》2005 年第 3 期。

《激情·敏锐·幽默——评介大卫·罗反映二次大战的漫画》，梅珞著，《国际新闻界》1980 年第 4 期。

《〈普通的法西斯〉——一部特点鲜明的影片》，李小蒸著，《八一电影》1987 年第 6 期。

《法西斯与人：〈辛德勒的名单〉观后断想》，朱正琳著，《东方》1995 年第 5 期。

《好莱坞视境中的第二次世界大战》，李洋、杨琳著，《文艺研究》1995 年第 5 期。

《战争历史的追忆与反思——论好莱坞的"两战片"》，毕耕著，《安徽农业大学学报》2002 年第 6 期。

《第二次世界大战与好莱坞"战争片"》（全 2 期），[美] 托马斯·沙茨著；章杉译，《电影》2003 年第 4/5 期。

《好莱坞话语遮蔽下的"二战"电影叙事趋势》，徐雄庆、王更新著，《电影评介》2019 年第 17 期。

《析二战中美国妇女在女性电影中的形象》，姚刚著，《电影文学》2011 年第 2 期。

《每一场战争都有受害者——"二战"另类电影中的女性之躯》，郭栋著，《世界文化》2013 年第 7 期。

《沙漠风暴之后——论当代二战影片》，[美] 约翰·霍奇金斯著；徐建生译，《世界电影》2003 年第 4 期。

《警惕，不许法西斯复活！——看影片"审判延期"》，一凡著，《大众电影》1959 年第 24 期。

《战争，无法让女人走开——试析二战期间美国战争海报的女性视觉形象》，窦晓冬、俞振伟著，《军事记者》2009 年第 7 期。

《奥斯维辛灾难与美国后现代主义诗学的发生》，尚婷著，《复旦外国语言文学论丛》2017 年第 12 期。

2. 苏联

《血与火熔铸的丰碑——苏联反法西斯文学 50 年》，李辉凡著，《俄罗斯文艺》1991 年第 3 期。

《苏联反法西斯战争文学的主题思想倾向》，陈敬泳著，《外国文学评论》1992 年第 1 期。

《卫国战争文学的当代发展》，侯玮红著，《文艺理论与批评》2015 年第 4 期。

《俄卫国战争文学的新书写》，侯玮红著，《光明日报》2015 年 11 月 14 日。

《伤痛的调节：1940—1970 年代俄罗斯文学中卫国战争暨第二次世界大战创伤体验的流变》，[俄]伊利亚·库库林著；顾宏哲译，《俄罗斯文艺》2015 年第 1 期。

《前苏联反法西斯战争小说的叙事方式》，陈敬著，《当代外国文学》1996 年第 1 期。

《崇高而伟大的艺术：评苏联反法西斯战争题材小说》，刘蜀贝著，《山西文学》1995 年第 10 期。

《血与火的冶炼：苏联银幕上的反法西斯战争》，戴光晰著，《电影艺术》1995 年第 4 期。

《重温那遥远的悲放：苏联反法西斯优秀影片评述》，胡榕著，《世界电影》1995 年第 2 期。

《以人性的眼光审视战争——苏、俄银幕上的反法西斯战争》，戴光晰著，《电影新作》2005 年第 4 期。

《苏联反法西斯卫国战争诗选》，岳凤麟著，《俄罗斯文艺》1995 年第 3 期。

《对法西斯的血泪控诉——重读肖洛霍夫的〈一个人的遭遇〉》，西野著，《武师孝感分院学报》1982 年第 2 期。

《反法西斯战争中的几位苏联摄影记者》，刘庆云著，《新闻摄影》1985 年第

5 期。

《让苦难成为过去，把欢乐留给人间——记反法西斯悲喜剧〈屠夫〉的演出》，叶进著，《环球》1983 年第 3 期。

《历史的诗篇　真情的回声——第二次世界大战时期前苏联歌曲再思考》，曾遂今著，《艺术评论》2005 年第 4 期。

3. 其他国家

《东欧反法西斯战争电影述论》，王宝民著，《当代电影》2005 年第 5 期。

《第二次世界大战对英国文学的影响》，杨柳著，《文教资料》2008 年第 19 期。

《德国文化传统视野中的"反法西斯文学"》，叶隽著，《译林》2006 年第 6 期。

《前事不忘，后事之师：二次大战后德国战争题材小说简论》，张佑中著，《当代外国文学》1992 年第 2 期。

《"战胜黑夜"一部民主德国的反法西斯影片》，《大众电影》1955 年第 4 期。

《人民胜利的伟大历史——迎接"庆祝战胜德国法西斯二十周年电影周"》，史述著，《福建日报》1965 年 5 月 9 日。

《波兰二战题材电影典型风格及其成因》，毕磊著，《电影文学》2011 年第 11 期。

《不能让法西斯主义复活——民主德国影片"战胜黑夜"观后》，张又君著，《工人日报》1955 年 12 月 17 日。

《犹是春闺梦里人：德国影片〈斯大林格勒〉随想》，叶斌著，《现代兵器》2009 年第 2 期。

《大江健三郎创作中的战争反省》，白碧慧著，《长春理工大学学报》2012 年第 12 期。

《日本作家井上靖对战争的文学反省》，卢茂君著，《名作欣赏》2017 年第 18 期。

《浅析日本二战文学创作——兼议五味川纯平的〈战争和人〉》，陈薇著，《日本研究》1996 年第 2 期。

《野间宏小说的战争认知》，刘炳范著，《日本学论坛》2005 年第 Z1 期。

《法西斯魔鬼的罪恶记录——日本畅销书〈恶魔的盛宴〉介绍》，董明著，《人民日报》1982 年 8 月 15 日。

《日本电影对二次大战持不同看法》，李湄著，《世界电影动态》1982 年第 12 期。

《日本"二战"记忆的影像建构——以日本"二战"题材电影为中心》，姜小凌著，《电影文学》2018 年第 14 期。

《为东条英机翻案的影片〈自尊　命运瞬间〉》，高兴祖著，《民国春秋》1998 年第 6 期。

《法国反法西斯文学鸟瞰》，柳鸣九著，《当代外国文学》1994 年第 3 期。

《一个独特的反法西斯英雄——法国影片〈老枪〉观后》，章柏青著，《中国青年报》1980 年 12 月 6 日。

《第二次世界大战与法国电影》，石泉著，《世界电影动态》1986 年第 1 期。

《第二次世界大战的宏伟画卷（介绍美国当代小说〈战争风云〉）》，施咸荣著，《中国青年报》1979 年 6 月 23 日。

《二次大战的一幅真实宏伟的图景——评赫尔曼·沃克的〈战争风云〉》，孙大公著，《河池师专学报》1986 年第 2 期。

《二战最新战争影视巨片〈不列颠之战〉》，本刊编辑部著，《世界航空航天博览》2004 年第总第 104 期。

《〈战争风云〉与〈战争与回忆〉中的人道主义倾向解析》，魏兰著，《徐州师大学报》1998 年第 4 期。

《反法西斯战争的胜利凯歌——南斯拉夫故事影片〈瓦尔保卫萨拉热窝〉观后》，张越著，《新疆日报》1977 年 9 月 7 日。

《英雄年代的光辉纪录——谈南斯拉夫反法西斯战争题材的美术作品（附青铜雕塑照片：搀扶伤员）》，俞虹著，《人民日报》1978 年 8 月 28 日。

《血火铁骑：波兰影片〈华沙保卫战〉赏析》，楚水昂著，《现代兵器》2013 年第 1 期。

《集体记忆与"二战"的历史书写——从电影〈五月的四天〉看民族国家文化立场问题》，陈阳著，《文艺研究》2016 年第 6 期。

《当代丹麦"二战"题材电影中的历史书写与集体记忆》，罗晨著，《电影文学》2019 年第 14 期。

《保加利亚的反法西斯文学》，杨燕术著，《东欧》1992 年第 2 期。

《一块反法斯斗争的丰碑——读〈第七个十字架〉》，陈慧君著，《济宁师专学报》1985 年第 1 期。

《恰佩克和他的反法西斯作品》,赖云琪著,《重庆教育学院学报》1995 年第 3 期。

《西格斯和她的反法西斯斗争小说》,马君玉著,《光明日报》1983 年 5 月 22 日。

《第二次世界大战中的帅克》,[联邦德国]布莱希特著;李健鸣译,《外国戏剧》1984 年第 2 期。

《他使你始终清醒地看戏——浅谈〈第二次世界大战中的帅克〉的导演构思》,邹霆著,《戏剧报》1986 年第 10 期。

《宣扬法西斯抑或正视残酷现实——评巴西影片〈精锐部队〉》,贺晓武著,《电影评介》2010 年第 7 期。

《〈心灵是个孤独的猎人〉——讽刺法西斯的寓言》,[美]南希·B.里奇著;董新乐译,《商丘师专学报》1988 年第 3 期。

《听听邻居的歌——读二次世界大战题材作品之断想(关于军事题材创作)》,朱春雨著,《世界文学》1985 年第 2 期。

三、中国战争反思文学

《中国二战电影与反思"二战"的距离有多远》,曲春景、张田著,《社会科学》2010 年第 4 期。

《辉煌的中国反法西斯文学》,李葆瑛著,《文艺报》1995 年 8 月 11 日。

《亦喜亦忧的纪念反法西斯题材热》,阎延文著,《文艺报》1995 年 8 月 11 日。

《历史追忆中的多层次掘进:论近年国内"反法西斯主题"的抗战文学创作》,吴秀明、周保欣著,《文艺研究》1995 年第 5 期。

《反法西斯斗争与中国银幕》,郦苏元著,《文艺界通讯》1995 年第 8 期。

《第二次世界大战与世界电影:胜利后的中国抗战电影》,戴中孚著,《上影画报》1995 年第 8 期。

《关于中国反法西斯影片的回顾与思考》,郦苏元著,《电影创作》1995 年第 4 期。

《人民战争必胜——重看反法西斯战争的影片有感》,范扬著,《电影艺术》1965 年第 3 期。

《战火中的生命与死亡:观反法西斯影片有感》,陈旭著,《剧影月报》1995

年第 12 期。

《杰出的反法西斯主题小说——〈希望〉》，罗国祥著，《外国文学评论》1995 年第 3 期。

《〈月落〉：世界反法西斯文学的力作》，李无忌著，《东疆学刊》1995 年第 3 期。

《文学作品怎样反映二战反法西斯的历史——从〈长城万里图〉的创作谈起》，周而复著，《新文化史料》1995 年第 4 期。

《悲壮历史的再现——纪念中国抗日战争暨世界反法西斯战争胜利 50 周年图书出版情况综述》，司徒舒文著，《中国图书评论》1995 年第 4 期。

《溶化在崇高的情感里——读两首纪念反法西斯战争的诗（附作品）》，飞白著，《名作欣赏》1986 年第 2 期。

《一首气壮山河的赞歌：电视片〈人民必胜——第二次世界大战亚洲太平洋战场纪实〉观后》，沈虹著，《福建日报》1985 年 7 月 23 日。

《中国抗战片：纪念世界反法西斯战争和中国抗日战争胜利 50 周年》，左孝本著，《电影作品》1995 年第 6 期。

《抗日斗争中的群众文化：献给世界反法西斯战争与抗日战争胜利 50 周年》，寒声著，《研究与辅导》1995 年第 3 期。

《人民一定会赢得胜利——"庆祝战胜德国法西斯胜利二十周年电影周"随感》，黎明起著，《光明日报》1965 年 5 月 13 日。

《中国特色的"二战"影片——重观抗战片〈地道战〉、〈地雷战〉》，刘宏、红果著，《电影评介》1995 年第 5 期。

《"二战"题材：'95 影视大热点》，希盼著，《电影评介》1995 年第 6 期。

《历史昭示今天——对 50 部反映抗战和世界反法西斯战争影视片的思考》，孙宝林著，《山东教育》1995 年第 Z2 期。

《心灵战场的搏杀——评反法西斯电影的一个独特视角》，王晓明著，《电影评介》1995 年第 5 期。

《揭示法西斯对人性的摧残——看影片〈红樱桃〉》，谢夏雨著，《电影评介》1996 年第 3 期。

《樱桃熟了——评〈红樱桃〉兼谈我国反法西斯战争片的创作》，李建强著，《电影评介》1996 年第 5 期。

《〈燃烧的港湾〉是反法西斯电影吗?》，郝建著，《文汇电影时报》1998 年 7

月 11 日。

《于人性开掘中见深刻——关于反法西斯影片的一点思考》,修侗、叶木著,《电影评介》1996 年第 1 期。

《"新进杯"中国反法西斯战争优秀影片评奖暨全国影评征文比赛拉开帷幕》,《当代电影》1995 年第 5 期。

《五十年,我们究竟该留下些什么? ——关于文学创作"二战"热的对话》,潘凯雄、王必胜著,《当代作家评论》1995 年第 5 期。

《音乐在记忆中震颤——听"上海之春"两场二战题材作品》,徐琰著,《人民音乐》1995 年第 10 期。

《武装·引导·塑造·鼓舞——纪念世界反法西斯战争及中国人民抗日战争胜利五十周年》,朱世辉著,《民族艺术研究》1995 年第 4 期。

《南京大屠杀电影的叙事模式和叙事空间研究》,隋志强著,《百家评论》2014 年第 3 期。

《壮哉! 芦沟桥——试析电影〈七七事变〉的艺术特点》,欧阳旺著,《电影评介》1995 年第 6 期。

《让历史说话——纪录电影〈铁血残阳〉观后》,范卫平著,《求是》2015 第 19 期。

《女性与战争——大陆当代抗战电影中的日本女性形象研究》,林涛著,《日语学习与研究》2016 年第 5 期。

第 五 编

第二次世界大战史

学位论文目录索引

第一章　法西斯主义与德意日走上战争之路

第一节　法西斯主义比较研究

《论法西斯意识形态宣传片手段》[硕士论文],高德清著;颜纯均指导,福建师范大学,2013 年。

《法西斯新闻传播体制初探:以二战时期的德国和日本为例》[硕士论文],王小龙著;李磊指导,中国传媒大学,2007 年。

《赖希的〈法西斯主义群众心理学〉解读》[硕士论文],杨威著;隽鸿飞指导,黑龙江大学,2010 年。

《政党制度的局限性与宪政的破产——以魏玛共和国为例》[硕士论文],邓昕著;汪太贤指导,西南政法大学,2009 年。

第二节　德国法西斯主义与战争准备

一、德国法西斯的崛起和上台

《〈魏玛宪法〉评述》[硕士论文],耿炳东著;杨丽英指导,西南政法大学,2008 年。

《德国社会民主党与魏玛共和国》[硕士论文],顾艳著;郑寅达指导,华东师范大学,1999 年。

《魏玛共和国政党政治初探》[硕士论文],赵倩倩著;余建华指导,上海社会科学院,2016 年。

《施特莱斯曼"百日新政"研究》[硕士论文],王琪著;郑寅达指导,华东师范大学,2011 年。

《德国布吕宁政府内外政策探析(1930—1932 年)》[硕士论文],张靓著;郑寅达指导,华东师范大学,2012 年。

《魏玛共和国初期的东西方外交研究》[硕士论文],焦文明著;郑寅达指导,华东师范大学,2009 年。

《魏玛共和国时期的德国大学生研究》[博士论文],王莹著;李工真指导,武汉大学,2011 年。

《魏玛共和国时期的德国妇女》[硕士论文],卢卉著;邢来顺指导,华中师范大学,2008 年。

《魏玛共和国时期的妇女与社会工作》[硕士论文],张莹莹著;邢来顺指导,华中师范大学,2013 年。

《魏玛共和国时期德国妇女社会生存状况研究》[硕士论文],杨娟著;邢来顺指导,华中师范大学,2013 年。

《魏玛德国大城市复兴运动研究》[硕士论文],张喜庆著;李工真指导,武汉大学,2004 年。

《论魏玛共和国的终结》[硕士论文],王辉娟著;曹文振指导,中国海洋大学,2010 年。

《美国因素与魏玛共和国的兴衰》[博士论文],陈从阳著;吴友法指导,武汉大学,2006 年。

《魏玛共和国覆亡原因综合分析》[硕士论文],郭庆华著;卢少志指导,内蒙古民族大学,2012 年。

《浅析民族人民党在魏玛共和国灭亡过程中的作用》[硕士论文],梁雅栋著;王涛指导,南京大学,2017 年。

《幕后台前的角逐——库尔特·冯·施莱歇尔与 1929—1933 年德国政治经济危机》[硕士论文],朱丽著;郑寅达指导,华东师范大学,2015 年。

《魏玛青年与纳粹崛起》[硕士论文],王东著;宋东亮指导,河北大学,2013 年。

《浅析一战后德国纳粹党兴起的原因》[硕士论文],王悦著;李长山指导,黑龙江大学,2019 年。

《阿伦特论纳粹极权主义的起源》[硕士论文],李远锋著;陈学明指导,复旦大学,2012 年。

《魏玛共和国的国民心态与纳粹的崛起》[硕士论文],王继成著;何平指导,四川大学,2007 年。

《民众心态与德意志第三帝国的兴衰》[硕士论文],宋霞著;王昌沛指导,曲阜师范大学,2012 年。

《1919—1933年纳粹党与德国大资本家的关系研究》[硕士论文],李莹莹著;邢来顺指导,华中师范大学,2008年。

《1919—1933年纳粹党与德国工人阶层的关系研究》[硕士论文],纪维镇著;邱建群指导,辽宁大学,2013年。

《论慕尼黑危机前后德军将领与希特勒之间的关系》[硕士论文],仓理新著;齐世荣指导,首都师范大学,1988年。

《魏玛德国晚期的妇女选民与纳粹党的崛起》[硕士论文],罗盘著;李宏图指导,复旦大学,2014年。

二、德国的法西斯化与战争准备

《论纳粹时期德军高层与政权之关系》[硕士论文],金立成著;陈晓春指导,上海外国语大学,2007年。

《纳粹德国"企业共同体"劳资关系模式研究》[博士论文],邓白桦著;郑寅达指导,华东师范大学,2009年。

《论德国妇女对纳粹政权的支持》[硕士论文],邓雪莉著;邢来顺指导,华中师范大学,2011年。

《纳粹时期德国妇女的社会角色研究》[硕士论文],韩昕旸著;郑寅达指导,华东师范大学,2010年。

《美国记者视域下的纳粹德国状况(1933—1941)》[硕士论文],蔡婷著;罗衡林指导,湖南师范大学,2018年。

《1930到1938年〈申报〉中的纳粹党形象》[硕士论文],赵玉霞著;胡凯指导,上海外国语大学,2016年。

《冲锋队在纳粹运动中地位的演变》[硕士论文],张婷梅著;郑寅达指导,华东师范大学,2010年。

《冲锋队参谋长恩斯特·罗姆研究》[硕士论文],蒋鹏飞著;郑寅达指导,华东师范大学,2011年。

《希特勒青年团的起源与发展(1926—1945)》[硕士论文],刘志明著;郑寅达指导,华东师范大学,2006年。

《希特勒青年团研究(1933—1945)》[硕士论文],符菲菲著;罗衡林指导,湖南师范大学,2017年。

《引导学生历史唯物地理解德国法西斯化》[硕士论文],梅鉴著;姜守明指导,南京师范大学,2009年。

《德国大学与纳粹政权(1933—1945)》[硕士论文],李敏著;郑寅达指导,华东师范大学,2008年。

《纳粹统治时期德国高等教育研究(1933—1945)》[硕士论文],黎晓玲著;罗衡林指导,湖南师范大学,2012年。

《德国大学生组织和纳粹政权研究》[硕士论文],覃晓玲著;邢来顺指导,华中师范大学,2014年。

《法律、道德与政治——纳粹德国法之评判》[硕士论文],马力著;汤唯指导,烟台大学,2014年。

《试论第二次世界大战前德国对战争的经济准备》[硕士论文],陈坤胜著;齐世荣指导,首都师范大学,1989年。

《论纳粹德国的经济发展(1933—1938年)》[硕士论文],丛金龙著;杜立克指导,内蒙古大学,2011年。

《沙赫特与纳粹德国早期经济(1933—1937年)》[硕士论文],赖建国著;李巨廉指导,华东师范大学,1990年。

《纳粹德国〈四年计划〉研究》[硕士论文],冯凡著;郑寅达指导,华东师范大学,2016年。

《纳粹德国的农业政策研究》[博士论文],陈旸著;郑寅达指导,华东师范大学,2011年。

《德意志第三帝国政治教育研究》[硕士论文],顾刚著;傅安洲指导,中国地质大学,2008年。

《浅析法西斯时期的德国文化》[硕士论文],于博著;李长山指导,黑龙江大学,2013年。

《纳粹德国劳动者保护政策研究》[硕士论文],项洋著;郑寅达指导,华东师范大学,2006年。

《纳粹德国家庭政策研究(1933—1945)》[硕士论文],庞贝著;邢来顺指导,华中师范大学,2012年。

《纳粹德国青年教育政策研究》[硕士论文],李昊旻著;邢来顺指导,华中师范大学,2014年。

《纳粹德国少儿政策研究》[硕士论文],陈旸著;郑寅达指导,华东师范大学,2007年。

《纳粹德国对外宣传研究(1933—1939)》[硕士论文],路奇著;王扬指导,湖北大学,2012年。

《德国纳粹党的宣传研究》[硕士论文],戴妍雨著;罗衡林指导,湖南师范大学,2013年。

《纳粹德国的新闻与宣传》[硕士论文],陈明慧著;郭亚夫指导,四川大学,2005年。

《纳粹德国艺术政策研究》[硕士论文],周佳玮著;邢来顺指导,华中师范大学,2014年。

《种族卫生学与纳粹时期的德国医学界》[博士论文],周鑫著;李工真指导,武汉大学,2012年。

《纳粹德国迫害残疾人政策研究》[硕士论文],王娟著;李工真指导,武汉大学,2006年。

《纳粹德国时期的苏台德问题研究》[硕士论文],刘飞著;郑寅达指导,华东师范大学,2011年。

《1919—1934年期间德国与但泽问题研究》[硕士论文],金二威著;郑寅达指导,华东师范大学,2012年。

《纳粹德国境外德意志人政策研究》[硕士论文],张凌俊著;郑寅达指导,华东师范大学,2007年。

《现代主义设计在纳粹德国时期的境遇:兼论包豪斯师生在纳粹德国的设计实践》[硕士论文],高原著;杭间指导,中央美术学院,2015年。

《新纳粹政党的个案研究:德国民族民主党的产生与发展》[硕士论文],尹伊翘著;郑寅达指导,华东师范大学,2010年。

《两次世界大战期间波兰德意志少数民族问题研究》[硕士论文],贾亮亮著;胡舶指导,陕西师范大学,2014年。

第三节 日本法西斯主义与战争准备

一、日本法西斯主义与天皇制军国主义

《试论丸山真男之法西斯主义研究》[硕士论文],刘怡祥著,北京外国语大学,2002年。

《政治近代化的灾难性错位:日本的藩阀元老制与法西斯政权的缘起》[硕

士论文],俞孟令著;时殷弘指导,中国人民大学,2014 年。

《战前日本军部法西斯专政的确立》[硕士论文],胡诗来著;史晓红、朱海燕指导,河南大学,2014 年。

《大川周明"道义国家"思想剖析》[硕士论文],陈俊杭著;周颂伦指导,东北师范大学,2017 年。

《石桥湛山的"小日本主义"研究》[硕士论文],尤一唯著;潘兴明指导,华东师范大学,2016 年。

《日本天皇制研究》[博士论文],解晓东著;韩冬雪指导,吉林大学,2009 年。

《日本天皇制研究:基于政治与精神的双重性分析框架》[硕士论文],蔡一麟著;包承柯指导,华东师范大学,2015 年。

《日本天皇制及其政治作用》[硕士论文],张美兰著;金香海指导,延边大学,2007 年。

《日本的"国家认同"与天皇制》[硕士论文],杨芳著;武心波指导,上海外国语大学,2009 年。

《天皇制的演变与宪政制度的形成》[硕士论文],刘旭辰著;李永辉指导,北京外国语大学,2015 年。

《日本政教关系论——神道教与天皇制的场合》[硕士论文],董慧鹏著;牛建科指导,山东大学,2012 年。

《北一辉的天皇观》[硕士论文],王国军著;周颂伦指导,东北师范大学,2008 年。

《北一辉的进化论思想探析》[硕士论文],徐智博著;左学德、吴玲指导,哈尔滨师范大学,2009 年。

《北一辉的亚细亚主义及其流变》[硕士论文],刘峰著;熊沛彪指导,湖南大学,2010 年。

《从依赖心理的角度解读三岛由纪夫的天皇观及对其自杀的影响》[硕士论文],施海燕著;闫茁指导,辽宁师范大学,2015 年。

《神道教对日本军国主义的影响研究》[硕士论文],周璐著;谈振好指导,西北师范大学,2019 年。

《日本神道教的变迁 ——以国家神道的前后为中心》[硕士论文],季美娜著;张艳萍指导,西北大学,2015 年。

《大学的迷失：世界大战背景下庆应义塾的军国主义化》[硕士论文]，于梦源著；王运来指导，南京大学，2017年。

《日本武士道与军国主义关系论》[硕士论文]，刘红岩著；陈秀武指导，东北师范大学，2007年。

《浅析日本的武士道与右翼势力》[硕士论文]，魏涛著；孙玉林指导，山西大学，2014年。

《论神道教与武士道的演变源流及与日本军国主义的关系》[硕士论文]，张琦著；徐英东指导，哈尔滨理工大学，2015年。

《论武士道精神中"忠"——以新渡户稻造和井上哲次郎的武士道论为中心》[硕士论文]，廖睿莎著；石桥一纪指导，华中师范大学，2014年。

《近代日本道德教育及其与日本军国主义的关系研究》[博士论文]，李想著；黄德林指导，中国地质大学，2015年。

《日本军国主义教育的历史考察（1868—1945）》[硕士论文]，廖海蕾著；孙立祥指导，华中师范大学，2015年。

《论日本军国主义思想的核心及其文化渊源》[硕士论文]，陈婷著；杨绍先、娄贵书指导，贵州师范大学，2006年。

《近代日本学校军国主义教育历程研究》[硕士论文]，王妍著；黄尊严指导，曲阜师范大学，2011年。

《战前日本军部法西斯专政的确立》[硕士论文]，胡诗来著；史晓红；朱海燕指导，河南大学，2014年。

《近代日本右翼势力的形成和发展研究（1868—1945）》[硕士论文]，马海燕著；牟东篱指导，山东大学，2016年。

《1930年代日本右翼运动的大众心理》[硕士论文]，马兰兰著；韩立红指导，南开大学，2019年。

《日本民族主义与政治右倾》[硕士论文]，徐海玲著；刘昌明指导，山东大学，2015年。

《国家神道对近代日本的影响》[硕士论文]，刘远舰著；解晓东指导，渤海大学，2012年。

《近代日本亚细亚主义研究》[博士论文]，王屏著；高增杰指导，中国社会科学院，2001年。

《昭和天皇与田中义一内阁》[硕士论文]，张东著；周颂伦指导，东北师范大学,2010 年。

《日本的军国民教育(1868—1945)》[博士论文],赵亚夫著;徐蓝指导,首都师范大学,2002 年。

《1930—1945 年日本军国主义女子教育初探》[硕士论文],许静著;宋东亮指导,河北大学,2012 年。

《近代日本文化侵略特性的历史渊源及解析》[硕士论文],曹绿著;董德福指导,江苏大学,2007 年。

二、日本外交与战争准备

《两大战间日本侵华政策的演变(1919—1929)》[博士论文],陈太勇著;熊沛彪指导,武汉大学,2017 年。

《1922 年到 1931 年日本决策层的侵华战略演变》[硕士论文],张宝才著;高晓燕指导,黑龙江省社会科学院,2016 年。

《论田中义一的对华政策》[硕士论文],粟凤榕著;初祥指导,黑龙江省社会科学院,2008 年。

《田中义一内阁时期对华强硬外交述评》[硕士论文],杨悦心著;周颂伦指导,东北师范大学,2011 年。

《中国近代国民国家形成期日本的对华认识:从甲午战争到"九·一八"事变》[博士论文],王美平著;杨栋梁指导,南开大学,2009 年。

《三菱财阀与战争》[博士论文],孙雁著;周颂伦,东北师范大学,2017 年。

《关东军自治指导部研究》[硕士论文],王思元著;吴玲指导,哈尔滨师范大学,2019 年。

《关东军对东北的军事调查研究》[硕士论文],王韧著;王铁军指导,辽宁大学,2015 年。

《关东军与张作霖》[硕士论文],刘东著;周颂伦指导,东北师范大学,2012 年。

《关东军在"满"苏东部国境要塞的驻军及战略研究:以东宁、绥芬河、珲春为中心》[硕士论文],俞培珍著;吴玲指导,哈尔滨师范大学,2015 年。

《关东军在东安省的军政建制与对苏战略意图关系探究》[硕士论文],崔崇岩著;吴玲指导,哈尔滨师范大学,2014 年。

《"满铁附属地"日本驻军问题研究》[硕士论文],刘宇梁著;李淑娟指导,哈尔滨师范大学,2019 年。

《日本侵华文学产生的民族性根源探寻》[硕士论文],齐晓博著;王艳凤指导,内蒙古师范大学,2018 年。

第四节　其他国家法西斯主义研究

《意大利法西斯体制论析》[硕士论文],杨秋著;丁笃本指导,湖南师范大学,2004 年。

《墨索里尼法西斯主义理论和实践张力研究》[硕士论文],谢明光著;张雄指导,北京大学,2009 年。

《论法西斯意大利的外交选择》[硕士论文],杨和平著;李巨廉指导,华东师范大学,1990 年。

《法西斯统治下意大利对犹政策研究(1922—1945)》[硕士论文],韩旭著;罗爱林指导,华中师范大学,2019 年。

《英国法西斯主义:永远的边缘力量》[硕士论文],刘竞进著;石同云指导,北京外国语大学,2007 年。

《两次世界大战之间的英国法西斯运动》[硕士论文],张丽丽著;阎照祥指导,河南大学,2010 年。

《试论奥斯瓦尔德·莫斯利的法西斯主义》[硕士论文],朱金祥著;王皖强指导,中国人民大学,2009 年。

《近代中国"法西斯主义"研究》[博士论文],江玲宝著;闫润鱼指导,中国人民大学,2012 年。

《法西斯主义在中国的困境及原因分析》[硕士论文],陈卓著;张晖指导,西北大学,2008 年。

《"战国策"派的"法西斯主义"思想》[硕士论文],袁舟群著;武菁指导,安徽大学,2006 年。

《中共视域下的法西斯主义(1922—1947)》[硕士论文],王晶晶著;杨德山指导,中国人民大学,2010 年。

《周毓英与 20 世纪 30 年代的中国法西斯主义》[硕士论文],张文涛著;张昭军指导,北京师范大学,2010 年。

第二章　世界大国的绥靖政策与应战策略

第一节　西方国家的绥靖政策与应战策略

《20 世纪的和平研究:历史性考察》[博士论文],韩洪文著;李巨廉指导,华东师范大学,2000 年。

《二十世纪的和平运动与和平研究》[硕士论文],韩永强著;李巨廉指导,华东师范大学,1995 年。

《华盛顿体系的建立与破产》[博士论文],刘笑盈著;齐世荣指导,首都师范大学,1998 年。

《从凡尔赛到华盛顿:1919—1922 年美英在建立战后国际格局中的冲突与合作》[博士论文],王祖茂著;齐世荣指导,首都师范大学,1997 年。

《伍德罗·威尔逊与国际联盟:评威尔逊国联政策的起源及实施中的两难》[博士论文],韩莉著;齐世荣指导,首都师范大学,2000 年。

《1933 年世界经济会议研究》[硕士论文],孙俊芳著;郑寅达指导,华东师范大学,2009 年。

《二战前后世界经济波动状况原因的探究》[硕士论文],张灿著;杨文进指导,浙江工商大学,2010 年。

《从均势到战争——论太平洋地区均势的建立与破坏(1918—1941)》[硕士论文],戴晨丽著;徐萍指导,吉林大学,2008 年。

《均势为什么失败? 1919—1938 英、美对德均势外交再思考》[硕士论文],严展宇著;曲博指导,外交学院,2018 年。

《近现代资本主义与世界大战的起源》[硕士论文],顾文浩著;金卫星指导,苏州大学,2006 年。

《英国与鲁尔危机(1920—1923)》[硕士论文],刘作奎著;徐蓝指导,首都师范大学,2002 年。

《热那亚会议与英国的对外政策》[硕士论文],梁占军著;齐世荣指导,首都师范大学,1993年。

《英国与洛迦诺会议》[硕士论文],李维维著;齐世荣指导,首都师范大学,1996年。

《两次世界大战期间英国的和平主义运动》[硕士论文],李轲著;胡才珍指导,武汉大学,2007年。

《英国国际联盟协会裁军动员研究(1922—1935)》[博士论文],史林凡著;齐世荣指导,首都师范大学,2011年。

《两次世界大战之间欧洲联合运动失败的原因探究》[硕士论文],张鑫著;章毅君指导,中央民族大学,2016年。

《1918—1929年英法关系研究》[博士论文],刘作奎著;何平指导,首都师范大学,2005年。

《法国、英国和"不干涉"政策》[博士论文],王薛红著;齐世荣、张宏毅指导,首都师范大学,1998年。

《二战前英法在绥靖战略上的分歧与合作》[硕士论文],于婧著;李怀顺指导,西北师范大学,2012年。

《英国绥靖政策再探讨——从贝尔福宣言到1939年白皮书》[硕士论文],邹芝著;黄世相指导,江西师范大学,2004年。

《西班牙内战中不干涉政策的形成——英法两国的合作与博弈》[硕士论文],张涛著;朱瀛泉指导,南京大学,2008年。

《论九一八事变期间日本对英国"政治绥靖"政策的利用》[硕士论文],田雪峰著;陈本红指导,湖南科技大学,2011年。

《试论第一次世界大战后的法比军事同盟》[硕士论文],胡明岚著;徐蓝、姚百慧指导,首都师范大学,2012年。

《20世纪20年代的英国军事战略与对欧政策研究》[硕士论文],丁英胜著;金卫星指导,苏州大学,2011年。

《英国和日本在中国(1925—1931年)》[博士论文],王蓉霞著;徐蓝指导,首都师范大学,2001年。

《英国对德外交研究,1919—1933》[硕士论文],喻建著;张红指导,南京大学,2013年。

《1934—1935年英国对德政策的调整与英德海军协定》[硕士论文],王育宁著;徐蓝指导,首都师范大学,2000年。

《论克莱夫登集团》[硕士论文],徐洛著;齐世荣指导,首都师范大学,1984年。

《论三十年代英国对德奥合并的政策》[硕士论文],罗蓉华著;齐世荣指导,首都师范大学,1985年。

《1930年伦敦海军会议与日本内政的演变》[硕士论文],刘佳佳著;冯玮指导,复旦大学,2012年。

《1935—1939年英国重整军备政策研究》[博士论文],张昀京著;王皖强指导,中国人民大学,2006年。

《英国与尼翁会议——兼论三十年代中后期英国对意大利的外交政策》[硕士论文],高翠著;徐蓝指导,首都师范大学,2000年。

《1921—1939年英苏外交关系研究》[硕士论文],刘楠著;叶艳华指导,黑龙江大学,2013年。

《廿世纪三十年代英国对苏政策的演变》[硕士论文],叶江著;李巨廉指导,华东师范大学,1987年。

《第二次世界大战前夕英国对波兰的政策(1939年4月—9月)》[硕士论文],刘隆隆著;齐世荣指导,首都师范大学,1988年。

《英国对波政策与第二次世界大战的爆发》[硕士论文],王林霞著;齐世荣指导,首都师范大学,1994年。

《两次世界大战之间英国保守派历史学家的思想》[硕士论文],张明明著;阎照祥指导,河南大学,2016年。

《两次世界大战之间英国工党社会民主化研究》[硕士论文],常素质著;阎照祥指导,河南大学,2017年。

《两次世界大战前后法国的政治和宗教关系研究》[硕士论文],ALEKSAN-YAN LEYLI著;方蔚林指导,南京大学,2019年。

《道威斯计划与二十年代美国经济外交》[硕士论文],王宏波著;齐世荣、徐蓝指导,首都师范大学,1997年。

《论胡佛政府的缓债政策》[硕士论文],田肖红著;王玮指导,山东师范大学,2011年。

《二十世纪三十年代初美国的远东政策》[硕士论文],崇斯昆著;周乾指导,安徽大学,2011年。

《美国1919—1933年对欧洲的经济外交政策研究》[博士论文],徐振伟著;

李世安指导,中国人民大学,2007年。

《美国与1932—1934年世界裁军会议》[硕士论文],鲁静著;齐世荣、徐蓝指导,首都师范大学,1997年。

《美国与1932—1934年世界裁军会议》[博士论文],鲁静著;齐世荣指导,首都师范大学,2009年。

《孤立主义者? 1919—1933年美国对外经济政策的政治影响力》[硕士论文],Ethan Joseph Robertson著;张晓通指导,武汉大学,2018年。

《从孤立主义到全球主义——三十年代到二战初期美国外交战略的演变》[硕士论文],许海云著;顾学顺指导,中国人民大学,1992年。

《论美国外交政策从孤立主义到全球主义的转变》[硕士论文],张和平著;任东波指导,吉林大学,2008年。

《美国孤立主义外交原则的终结——经济因素的决定性作用》[硕士论文],李坚坚著;李平指导,对外经济贸易大学,2007年。

《20世纪30年代参议院孤立派与美国外交决策》[硕士论文],陆宏谋著;李昀指导,福建师范大学,2014年。

《20世纪30年代美国中立政策研究》[硕士论文],李海燕著;彭献成、熊伟民指导,湖南师范大学,2006年。

《缔造和平与谋夺霸权的"试验"——评1937—1938年美国对德的"罗斯福—韦尔斯计划"》[硕士论文],张美丽著;韩莉指导,首都师范大学,2001年。

《美国与意埃战争》[硕士论文],汪平华著;齐世荣、徐蓝指导,首都师范大学,1996年。

《罗斯福与纳粹德国:1933—1940年的美国对德政策》[博士论文],程文进著;徐蓝指导,首都师范大学,2001年。

《富兰克林·罗斯福睦邻政策探研》[硕士论文],高灵灵著;刘德斌指导,吉林大学,2006年。

《1918—1929年美国对德政策研究》[博士论文],王宏波著;徐蓝指导,首都师范大学,2003年。

《美国因素与魏玛共和国的兴衰》[博士论文],陈从阳著;吴友法指导,武汉大学,2006年。

《罗斯福的对德政策研究》[博士论文],胡才珍著;吴友法指导,武汉大学,2006年。

《国联日内瓦裁军会议与美国对德策》[硕士论文],唐彩霞著;关绍纪指导,山东大学,2001年。

《飘忽不定,暧昧不明——1933—1938年美国对德政策评析》[硕士论文],李亚娟著;苏瑞林指导,西北大学,2005年。

《第一次世界大战后法国外交政策对三十年代世界裁军会议的影响》[硕士论文],叶水平著;齐世荣指导,首都师范大学,1993年。

《纳粹德国阴影下的英法关系(1933—1936)》[博士论文],梁占军著;齐世荣指导,首都师范大学,1998年。

《一九三八年捷克斯洛伐克"五月危机"及贝奈斯政府的应策》[硕士论文],宋元元著;胡舶指导,陕西师范大学,2014年。

《论二次大战前波兰外交政策的演变》[硕士论文],夏小平著;李巨廉指导,华东师范大学,1990年。

第二节　苏联的外交政策与应战策略

《20世纪20、30年代苏联与英、法、美间的"债务问题"》[硕士论文],李鹏著;吴伟指导,首都师范大学,2009年。

《苏联与欧洲集体安全(1933—1935)》[硕士论文],毛远臻著;吴伟指导,首都师范大学,2008年。

《第二次世界大战前夜的苏联外交政策》[硕士论文],姚昆遗著,中山大学,1984年。

《第二次世界大战前后的苏联外交与莫洛托夫》[博士论文],胡昊著;高放、洪肇龙指导,中国人民大学,1994年。

《从布列斯特和约到柏林条约》[硕士论文],韩莉著;齐世荣指导,首都师范大学,1984年。

《1922—1932年苏德关系研究》[硕士论文],周芬芬著;姚海指导,苏州科技学院,2012年。

《1919—1933年德苏军事合作问题研究》[硕士论文],宋秀琚著;黄正柏指导,华中师范大学,2000年。

《论二十世纪三十年代苏德关系的演变》[硕士论文],宋萍著;黄正柏指导,华中师范大学,2006年。

《苏德战争前夕苏联对德国绥靖政策探析》[硕士论文],张少珊著;董小川指导,东北师范大学,2006年。

《20世纪30年代苏联对西班牙第二共和国的政策研究》[硕士论文],程继光著;黄正柏指导,华中师范大学,2012年。

《第二次世界大战前法苏关系变冷的原因及其对法国安全的影响》[硕士论文],余厚姬著;丁笃本指导,湖南师范大学,2001年。

第三章　法西斯国家的侵略及其暴行

第一节　日本法西斯的侵略及其暴行

一、日本发动侵略战争

《从征韩论到自由主义史观——对日本军国主义历史与现实的再认识》[硕士论文],刘潇湘著;郑祖铤指导,湘潭大学,2004年。

《近代日本陆军的中国观(1868—1937)》[硕士论文],万鲁建著;赵德宇指导,南开大学,2005年。

《近代日本的满蒙观考析(1853—1945)》[硕士论文],包兰英著;杜小军指导,山西大学,2013年。

《矢内原忠雄的"满洲殖民论"》[硕士论文],陈丹秋著;郭冬梅指导,东北师范大学,2019年。

《近代日本东亚战略的演变及其成因》[硕士论文],王华著;黄尊严指导,曲阜师范大学,2010年。

《近代以来日本的地缘政治思想与地缘战略选择》[博士论文],程铭著;刘雪莲指导,吉林大学,2011年。

《日本国民性与侵华战争关系的解析》[硕士论文],韩芬著;朱成山指导,南京师范大学,2012年。

《近代"日本中国学"与日本侵华战争》[硕士论文],赵志群著;林金水指导,福建师范大学,2009年。

《对华侵略与近代日本经济述论》[硕士论文],王海军著;黄尊严指导,曲阜师范大学,2013年。

《昭和天皇与侵略中国东北》[硕士论文],梁红光著;黄尊严指导,曲阜师范大学,2002年。

《裕仁天皇在日本全面侵华期间的战争责任》[硕士论文],高凡夫著;黄尊严指导,曲阜师范大学,2002年。

《日本财阀在侵华战争中的作用》[硕士论文],孙雁著;周颂伦指导,东北师范大学,2013 年。

《日本报界与侵华战争初探》[硕士论文],孙继强著;赵德宇指导,南开大学,2005 年。

《1930 年代日本侵华舆论研究》[硕士论文],王倩著;罗福惠指导,华中师范大学,2009 年。

《日本海军与政局变动(1922—1936)》[博士论文],刘景瑜著;周颂伦指导,东北师范大学,2009 年。

《九一八事变研究述议》[硕士论文],李玉敏著,辽宁大学,2002 年。

《"九一八"事变中日本内部的对立》[硕士论文],张松著;周颂伦指导,东北师范大学,2011 年。

《九一八事变期的日本政府与军部:基于东京审判文献和财政史的研究》[博士后报告],邹皓丹著,上海交通大学,2016 年。

《关东军"九·一八"事变军事行动研究》[硕士论文],柳博著;王铁军指导,辽宁大学,2013 年。

《驻朝日军与"九·一八"事变》[硕士论文],吕国政著;金成镐指导,延边大学,2007 年。

《"九一八事变"前满铁与东北政局关系研究》[硕士论文],朝木日勒格著;苑宏光、刘景岚指导,东北师范大学,2013 年。

《"九·一八"前"满铁"在东蒙古的调查活动及其相关调查资料》[硕士论文],文宝著;周太平指导,内蒙古大学,2008 年。

《日本侵占东北诡辩言论研究》[硕士论文],杨殿林著;焦润明指导,辽宁大学,2018 年。

《伪满洲国政权与日本的关系》[硕士论文],张微著;张森林指导,东北师范大学,2009 年。

《论满蒙独立运动》[硕士论文],张艳英著;潘德昌指导,渤海大学,2012 年。

《土肥原贤二与华北事变研究》[硕士论文],石户谷哲著;宋志勇指导,南开大学,2016 年。

《日苏张鼓峰事件》[硕士论文],郭莹莹著;金成镐指导,延边大学,2007 年。

《张鼓峰事件研究》[博士论文],赵聪著;黄定天指导,吉林大学,2016 年。

《张鼓峰事件及影响研究》[硕士论文],崔艳芳著;何强指导,齐齐哈尔大学,2016 年。

《日本"南进政策"原因探析》[硕士论文],周彦宇著;陈秀武指导,东北师范大学,2011 年。

《论日本近代南部扩张战略的形成与实施(1868—1941)》[硕士论文],汪济南著;吴文武指导,安徽大学,2015 年。

《地缘政治视角下的日本"战略南进"研究》[硕士论文],黄靖皓著;马建光指导,国防科学技术大学,2015 年。

《论"大东亚共荣圈"》[硕士论文],黄丹华著;包奕诚指导,山东大学,1987 年。

《试析日本"大东亚共荣圈"的思想渊源》[硕士论文],乔柯著;陈涛指导,外交学院,2018 年。

《论日本的南中国海政策:1901—1945》[硕士论文],张艳军著;程爱勤指导,河南师范大学,2012 年。

《日本的东亚、西南太平洋战略与中日战争》[博士论文],熊沛彪著;俞辛焞指导,南开大学,1997 年。

《日本殖民地体系警察机构比较研究》[硕士论文],金铃著;郑毅;全成坤指导,北华大学,2019 年。

《伪满时期日本关东宪兵队"特别移送"研究》[硕士论文],李函熹著;庞宝庆指导,渤海大学,2019 年。

二、移民活动与土地掠夺

《论"满铁"与日本帝国主义对我国东北的移民侵略》[硕士论文],王楠著;安成日指导,黑龙江大学,2014 年。

《中国东北的外国移民:1911—1949 年》[硕士论文],王丽娟著;张海洋指导,中央民族大学,2007 年。

《日本侵入中国东北的开拓团研究》[硕士论文],景小挺著;韩大梅指导,辽宁师范大学,2014 年。

《日本移民开拓团侵略中国东北述论》[硕士论文],田峰著;邢丽雅指导,齐齐哈尔大学,2013 年。

《试论日本"满蒙开拓青少年义勇军"移民侵略》[硕士论文],曾祥书著;高晓燕指导,黑龙江省社会科学院,2012 年。

《"九一八事变"后关东军"满洲移民实边政策"研究》[硕士论文],代琼芳著;安成日指导,黑龙江大学,2012 年。

《日本侵华期间"大陆新娘"政策研究(1931—1945)》[硕士论文],王青著;梁占军指导,首都师范大学,2011 年。

《日本"满洲移民"社会生活研究》[博士论文],石艳春著;李卓指导,南开大学,2007 年。

《朝鲜人的满洲移民史研究》[博士论文],辛圣凤著;金春善指导,延边大学,2013 年。

《日本侵略朝鲜半岛时期(1910—1945)中国东北地区的朝鲜人移民研究》[硕士论文],许银珠著;于潇指导,吉林大学,2010 年。

《抗战时期日本移民侵略辽宁地区问题研究》[硕士论文],黄昕玉著;宋海琼指导,沈阳师范大学,2018 年。

《日本对齐齐哈尔地区的移民活动》[硕士论文],宋赫男著;周颂伦指导,东北师范大学,2011 年。

《青岛的日本侨民及其政治活动(1914—1937)初探》[硕士论文],姚新平著;黄尊严指导,曲阜师范大学,2006 年。

《满铁与东北殖民地化研究》[硕士论文],房忠婧著;魏晓文、王佩平指导,大连理工大学,2006 年。

三、大屠杀与大轰炸

《抗战初期侵华日军江南五城大屠杀研究》[硕士论文],陈斌著;苏智良指导,上海师范大学,2017 年。

《南京大屠杀与奥斯维辛迫犹的比较分析:从国际关注度差异看二战期间的两次惨案》[硕士论文],陈军吉著;张桂珍指导,中国传媒大学,2007 年。

《〈东史郎日记〉研究》[博士论文],汪平著;盛邦和指导,华东师范大学,2003 年。

《南京大屠杀原因初探》[硕士论文],姜良芹著;廖信春指导,江西师范大学,1997 年。

《南京沦陷后日军在下关及其附近沿江屠杀的研究》[硕士论文],陈如芳著;张生指导,南京大学,2008 年。

《南京大屠杀中日军第十六师团研究》[硕士论文],薛玉珊著;王卫星指导,南京师范大学,2009年。

《南京大屠杀期间国际安全区难民生存状况实证研究》[硕士论文],薛媛元著;朱成山指导,南京师范大学,2014年。

《南京大屠杀时期的金陵大学难民收容所》[硕士论文],王勇忠著;董国强指导,南京大学,2008年。

《南京大屠杀遇难者名录的调查与研究》[硕士论文],颜玉凡著;朱成山指导,南京师范大学,2008年。

《南京大屠杀幸存中国军人研究》[硕士论文],曲兆强著;张生指导,南京大学,2013年。

《恐惧的记忆——南京大屠杀幸存者的心路历程》[硕士论文],许书宏著;张连红指导,南京师范大学,2003年。

《南京大屠杀中南京市民家破人亡案例研究》[硕士论文],陶亮著;朱成山指导,南京师范大学,2010年。

《南京大屠杀事件的传播(1937—1938)》[硕士论文],苏随萌著;张生指导,南京大学,2007年。

《新闻媒体中的南京大屠杀》[硕士论文],钱春霞著;张连红指导,南京师范大学,2006年。

《南京大屠杀的媒介记忆研究》[硕士论文],钟梦媛著;肖伟指导,暨南大学,2018年。

《集体记忆的媒介实践研究——以南京大屠杀纪实影像为中心》[博士论文],陈虹虹著;郭小平指导,华中科技大学,2018年。

《中日西三方对南京大屠杀前后事态之观感冲突》[硕士论文],张闪闪著;彭剑指导,华中师范大学,2016年。

《美国人对南京大屠杀历史的见证、传播与研究》[硕士论文],袁志秀著;朱成山指导,南京师范大学,2007年。

《浅析美国对南京大屠杀报道变化的原因》[硕士论文],茹慧渊著;傅晓微指导,四川外国语大学,2014年。

《普通受难者视角下的南京大屠杀》[硕士论文],刘琼著;白杨指导,吉林大学,2011年。

《罗伯特·威尔逊与南京大屠杀事件研究》[硕士论文],张珊珊著;张生指导,南京大学,2013年。

《南京大屠杀前后留宁西方人士研究——以在宁中、西、日三方关系为中心》[硕士论文],王晓艳著;张生指导,南京大学,2007年。

《南京大屠杀期间留宁美国传教士心态研究》[硕士论文],彭剑著;刘伟、刘家峰指导,华中师范大学,2002年。

《空间、仪式与社会记忆——以侵华日军南京大屠杀遇难同胞纪念馆为中心的考察》[硕士论文],杨扬著;张连红指导,南京师范大学,2007年。

《创伤记忆的话语建构——以侵华日军南京大屠杀遇难同胞纪念馆为例》[硕士论文],段书晓著;顾铮指导,复旦大学,2012年。

《集体记忆的规训:南京大屠杀的记忆如何被建构》[硕士论文],程铂舜著;范可指导,南京大学,2012年。

《历史记忆:〈东南日报〉中的南京大屠杀》[博士论文],何扬鸣著;汪林茂指导,浙江大学,2013年。

《"南京大屠杀死难者国家公祭日"的确定与反响研究》[硕士论文],王磊著;萧永宏指导,南京师范大学,2017年。

《唯物史观与〈南京大屠杀辞典〉编纂研究》[硕士论文],鲁贵洋著;朱成山指导,南京师范大学,2015年。

《抗日战争时期日军对重庆大轰炸述论》[硕士论文],王建建著;梁星亮指导,西北大学,2003年。

《抗战时期日军轰炸重庆研究》[博士论文],潘洵著;陈廷湘指导,四川大学,2011年。

《〈抗日战争时期重庆大轰炸研究〉(节选)翻译报告》[硕士论文],罗欣著;胡筱颖指导,四川师范大学,2017年。

《〈抗日战争时期重庆大轰炸研究〉翻译报告》[硕士论文],田园著;孔令翠指导,四川师范大学,2017年。

《〈抗日战争时期重庆大轰炸研究〉翻译报告》[硕士论文],谢夏清著;曹曦颖指导,四川师范大学,2017年。

《抗战时期日军对昆明轰炸之研究》[硕士论文],徐鹏辉著;陈俊指导,云南大学,2017年。

《侵华日军对成都的无差别轰炸研究》[硕士论文],李佳著;潘洵指导,西南大学,2017年。

《论日军对阆中的大轰炸（1941）》［硕士论文］，张入心著；苟德仪指导，西华师范大学，2017 年。

《抗战时期日本轰炸甘肃研究》［硕士论文］，杨红霞著；尚季芳指导，西北师范大学，2014 年。

四、细菌战与毒气战

《1943 年侵华日军鲁西霍乱细菌战研究》［硕士论文］，金顺著；党庆兰指导，西北师范大学，2019 年。

《抗战时期衢州地区细菌战研究》［硕士论文］，徐珺著；黄小用指导，湘潭大学，2018 年。

《侵华日军江西细菌战调查研究》［硕士论文］，谢志民著；吴永明指导，江西师范大学，2006 年。

《抗战期间日本细菌战研究——以江西细菌战为中心》［硕士论文］，杨崴著；刘劲松指导，江西师范大学，2006 年。

《抗战时期江西上饶地区细菌战研究》［硕士论文］，谢建军著；刘劲松指导，江西师范大学，2006 年。

《石井四郎与华北细菌战》［硕士论文］，尹子平著；郭贵儒指导，河北师范大学，2008 年。

《论日军 731 部队的细菌战实验》［硕士论文］，韩雪著；高晓燕指导，黑龙江省社会科学院，2012 年。

《七三一部队细菌战体系形成研究》［硕士论文］，刘莹莹著；隋丽娟指导，哈尔滨师范大学，2017 年。

《二战期间日军 731 部队人体实验的伦理批判》［硕士论文］，徐丰铭著；李伦指导，湖南师范大学，2007 年。

《日本关东军七三一部队人体实验问题考察研究》［硕士论文］，曹喜顺著；潘德昌指导，渤海大学，2012 年。

《侵华日军第七三一部队遗址申遗研究》［硕士论文］，孙权著；刘松茯指导，哈尔滨工业大学，2007 年。

《“满洲第七三一部队”旧址调查与研究》［硕士论文］，杨彦君著；李淑娟指导，哈尔滨师范大学，2012 年。

《南京荣字 1644 细菌部队研究 1939—1945 年》［硕士论文］，谢刚著；张连红指导,南京师范大学,2006年。

《日本陆军的毒气武器研制及对中国军民的伤害》[硕士论文],安伯英著;冯玮指导,复旦大学,2008年。

五、文化侵略、思想控制与奴化教育

《关于日本掠夺与破坏中国文献的研究 ——以相关档案史料的收集与整合为基础》[硕士论文],马密坤著;李刚指导,南京大学,2016年。

《抗战时期日本对华文化侵略和中国反文化侵略研究》[硕士论文],张体著;李强指导,西南大学,2007年。

《日本侵华期间对中国的文化侵略论析》[硕士论文],杨清玉著;王广振指导,山东大学,2008年。

《试论侵华日军对中国文化的侵略、破坏与掠夺》[硕士论文],迟海凌著;封汉章指导,河北师范大学,2008年。

《伪满洲国时期日本对中国东北的文化侵略研究》[硕士论文],朱凤慧著;周飞指导,渤海大学,2019年。

《满铁对中国东北的文化侵略》[博士论文],李娜著;陈景彦指导,吉林大学,2009年。

《日本帝国主义对内蒙古的文化侵略活动(1931年—1945年)》[博士论文],任其怿著;薄音湖指导,内蒙古大学,2006年。

《日本军国主义对我国东北沦陷区人民的思想控制研究》[博士论文],董迎轩著;刘建军指导,中国矿业大学(北京),2011年。

《日本对伪满广播的统制性经营(1931—1945)》[硕士论文],胡小丽著;戴宇指导,吉林大学,2019年。

《"满洲帝国协和会"研究》[博士论文],王紫薇著;陈秀武指导,东北师范大学,2015年。

《论伪满洲国的日本神道"国教化"》[硕士论文],李慧著;郭冬梅指导,东北师范大学,2015年。

《太平洋战争期间日本对香港的文化统制》[硕士论文],崇润之著;祝曙光指导,苏州科技大学,2018年。

《1942年南京"大东亚战争博览会"研究》[硕士论文],汪荣卫著;洪振强指导,华中师范大学,2018年。

《1942 年"大东亚建设博览会"研究》[硕士论文],刘楚楚著;洪振强指导,华中师范大学,2019 年。

《1942 年"大东亚博览会"研究》[硕士论文],王晶著;洪振强指导,华中师范大学,2019 年。

《日本在华奴化教育的实效性及地区差异探析》[硕士论文],王蒙著;黄尊严指导,曲阜师范大学,2009 年。

《论日伪统治时期的奴化教育——以强制推行日语为中心》[硕士论文],李庭晶著;高晓燕指导,黑龙江省社会科学院,2011 年。

《论伪满时期日本在东北实行的奴化教育》[硕士论文],胡庆祝著;徐绍清指导,东北师范大学,2006 年。

《论伪满洲国时期日本侵略者在东北实施的奴化教育》[硕士论文],宋嘉著;陈秀武指导,东北师范大学,2008 年。

《1931—1945 年日本在东北的奴化教育浅析》[硕士论文],刘振甲著;赵英兰指导,吉林大学,2008 年。

《九一八事变后日本在中国东北推行的奴化教育研究》[硕士论文],高珊著;王凤贤指导,黑龙江大学,2018 年。

《伪满时期日本对东北青少年儿童的奴化教育》[硕士论文],单齐著;李书源指导,吉林大学,2010 年。

《日本侵华时期蒙疆沦陷区的奴化教育研究》[硕士论文],李阳阳著;吴洪成指导,河北大学,2017 年。

《东北沦陷时期哈尔滨初等教育研究》[硕士论文],李柏著;李淑娟指导,哈尔滨师范大学,2011 年。

《伪满洲国时期历史教科书研究》[硕士论文],韩立萍著;焦润明指导,辽宁大学,2006 年。

《伪满洲国时期东北知识分子的日本认识》[博士论文],傅羽弘著;徐冰指导,东北师范大学,2008 年。

《侵华时期日本在蒙疆察南地区的奴化活动》[硕士论文],王晶著;任其怿指导,内蒙古大学,2012 年。

《日本殖民地时期伪满洲国和朝鲜学校教育制度比较研究》[博士论文],罗仁洙(NaInSoo)著;吴洪成指导,河北大学,2015 年。

《伪满洲国时期日帝对东北朝鲜人的政策研究》[硕士论文],翟俊杰著;李勇植指导,延边大学,2019年。

《日伪在华北沦陷区学校之奴化教育研究》[硕士论文],谢影著;史桂芳指导,首都师范大学,2011年。

《日伪在北平之奴化教育——以中学教育为核心的研究》[硕士论文],纪彦著;迟云飞指导,首都师范大学,2008年。

《试析日伪在北平地区的奴化教育》[硕士论文],曾德刚著;史桂芳指导,首都师范大学,2009年。

《日本侵华时期天津沦陷区的奴化教育研究》[硕士论文],周旋著;吴洪成指导,河北大学,2018年。

《日本侵华时期河北沦陷区的奴化教育研究(1935—1945)》[硕士论文],张华著;吴洪成指导,河北大学,2008年。

《山东日伪政权奴化教育研究(1937—1945)》[硕士论文],王飞朋著;魏永生指导,山东师范大学,2013年。

《抗战时期日伪在河北的奴化教育》[硕士论文],李秋红著;张大军指导,河北师范大学,2003年。

《日本侵华时期河南沦陷区的奴化教育研究》[硕士论文],王培培著;吴洪成指导,河北大学,2017年。

《日伪在河南沦陷区的奴化教育研究》[硕士论文],阮义召著;谢晓鹏指导,郑州大学,2010年。

《日伪在杭州沦陷区的奴化宣传研究》[硕士论文],徐娴著;袁成毅指导,杭州师范大学,2019年。

《沦陷时期日伪对武汉民众的奴化教育》[硕士论文],杨天敬著;田彤指导,华中师范大学,2009年。

《伪满洲国殖民教育特征及其影响研究》[硕士论文],李俊颖著;魏晓文指导,大连理工大学,2007年。

《战时东亚新秩序与"大东亚文学者大会"》[博士论文],刘晓燕著;赵京华指导,中国社会科学院,2013年。

《"满映"与东北沦陷时期的日本殖民化电影研究——以导演和作品为中心》[博士论文],王艳华著;尚侠指导,东北师范大学,2009年。

《从抗战时期的日伪新闻宣传看日本与伪蒙疆政权的关系——以〈庸报〉为中心探讨》[硕士论文],赵晋著;张皓指导,北京师范大学,2010年。

六、经济控制、物质掠夺与毒化政策

《太平洋战争期间日本对东南亚的经济统制》[博士论文],毕世鸿著;杨栋梁指导,南开大学,2012 年。

《略论近代日本对中国东北地区铁路投资及影响(1905—1931)》[硕士论文],尹英杰著;高乐才指导,东北师范大学,2005 年。

《日本对中东铁路的攫取(1904—1935)》[硕士论文],王华东著;高乐才指导,东北师范大学,2006 年。

《论战时体制下日本对东北战争资源的掠夺(1941—1945 年)》[硕士论文],张敏著;李淑娟指导,哈尔滨师范大学,2010 年。

《日本军票研究》[硕士论文],王琳著;崔凤春指导,广西师范大学,2011 年。

《日伪统治下的东北农村述论(1931—1945 年)》[博士论文],李淑娟著;刘景泉指导,南开大学,2005 年。

《日伪统治对东北农业发展的影响》[硕士论文],单魁贤著;程舒伟指导,东北师范大学,2008 年。

《日本在东北的农业科研活动与农业统制》[硕士论文],张华飞著;王志指导,东北师范大学,2017 年。

《伪满时期日本侵略东北活动中银行业作用研究》[硕士论文],朴南昊著;李洪锡指导,延边大学,2016 年。

《日本在内蒙古东部地区的殖民统治与掠夺》[博士论文],季静著;高乐才指导,东北师范大学,2016 年。

《伪满洲国三大国策与日本在内蒙古东部地区的拓殖活动》[硕士论文],梁听雨著;丁晓杰指导,内蒙古师范大学,2019 年。

《"九·一八"事变前"满铁"在中国东北的经营及对大豆出口的控制》[硕士论文],王影著;胡赤军指导,东北师范大学,2006 年。

《抗战时期日本对华矿产资源掠夺研究》[硕士论文],孔维达著;霍维洮指导,宁夏大学,2012 年。

《近代日本对阜新煤炭资源的掠夺(1908—1945)》[硕士论文],王广军著;曲晓范指导,东北师范大学,2006 年。

《1937—1945 年间日本对井陉煤矿的掠夺与"开发"研究》[硕士论文],王瑛著;张同乐指导,河北师范大学,2011 年。

《日本侵华时期对中国蚕丝业的统制与资源掠夺》[硕士论文],王昭荣著;顾国达指导,浙江大学,2002年。

《战争与环境——以日军破坏山东社会经济环境为中心(1937—1945)》[博士论文],魏鹏著;施和金指导,南京师范大学,2011年。

《抗战时期中日在安徽的物资争夺》[硕士论文],陶媛媛著;齐春风指导,南京师范大学,2013年。

《战时日军对山西土地资源的破坏与农村生态变迁》[硕士论文],成二平著;岳谦厚指导,山西大学,2005年。

《日本占领时期"大同地区"经济统制政策研究》[硕士论文],张佳音著;齐百顺指导,内蒙古师范大学,2019年。

《抗日战争之前及期间日本对华毒品政策》[硕士论文],许婧著;杨恕指导,兰州大学,2013年。

《1905—1945年日本在中国东北的鸦片毒化政策研究》[硕士论文],王璐著;荆蕙兰指导,大连理工大学,2009年。

《论东北沦陷时期日本鸦片政策》[硕士论文],田雪莹著;王希亮指导,黑龙江省社会科学院,2010年。

《伪满时期日本政府对华鸦片政策演变分析》[硕士论文],泷口宗之著;赵英兰指导,吉林大学,2014年。

《试论日本在中国东北地区的鸦片政策》[硕士论文],常晓丽著;姜秀玉指导,延边大学,2018年。

《日本在"关东州"鸦片制度研究(1906—1931)》[硕士论文],杨洋著;王铁军指导,辽宁大学,2013年。

《日本侵华期间天津毒品问题研究》[硕士论文],吕天石著;肖红松指导,河北大学,2014年。

《从河北高等法院毒品案件看日本在河北的毒化政策》[硕士论文],张振明著;王宏斌指导,河北师范大学,2008年。

《日本毒化河北实态研究(1937—1945)》[硕士论文],李真著;肖红松指导,河北大学,2010年。

《抗日战争时期日本毒化山西问题研究》[硕士论文],刘芸著;齐霁指导,天津商业大学,2018年。

《日本占领期间晋北地区鸦片问题的调查研究》[硕士论文],孟晓虎著;岳谦厚指导,山西大学,2012 年。

《梦魇后之梦魇——试析日本占领南京后的毒品毒化政策》[硕士论文],朱守云著;姜良芹指导,南京大学,2009 年。

《日本侵华时期华中毒化政策研究:1937—1945》[博士论文],曹大臣著;崔之清指导,南京大学,2002 年。

《抗日战争时期日伪在武汉的毒化行径研究》[硕士论文],宋雪梅著;洪振强指导,华中师范大学,2016 年。

七、日本法西斯的其他暴行

《浙江省日军慰安所与"慰安妇"问题研究》[硕士论文],张魁著;苏智良指导,上海师范大学,2019 年。

《二战期间日军暴行原因之群体心理解析》[硕士论文],郑义著;杜小军指导,山西大学,2011 年。

《抗战时期侵华日军在冀热辽区的无人区化政策(1939—1945)》[硕士论文],刘艳青著;闵杰、赵金康指导,河南大学,2011 年。

《二战期间日军对华战俘政策研究》[硕士论文],葛丽敏著;王铁军指导,辽宁大学,2010 年。

《二战时期日本虐待战俘问题研究》[硕士论文],段海霞著;熊伟民指导,湖南师范大学,2008 年。

《"潍县侨民集中营"中的外国侨民》[硕士论文],谭玉萍著;王玮指导,山东师范大学,2007 年。

《太平洋战场上的盟军战俘状况初探》[硕士论文],刘立明著;陈景彦指导,吉林大学,2008 年。

《二战时期台湾盟军战俘营研究》[硕士论文],叶樱著;王铁军指导,辽宁大学,2012 年。

《二战时期菲律宾战俘营研究》[硕士论文],祁晶云著;王铁军指导,辽宁大学,2019 年。

《日帝强征朝鲜劳工与东北军事工程》[硕士论文],方美花著;孙春日指导,延边大学,2007 年。

《二战时期台籍日本兵问题考察与分析》[硕士论文],李慧芬著;于铁军指导,北京大学,2008 年。

《二战期间日本别子铜矿中国劳工研究》[硕士论文],余志君著;刘宝辰指导,河北大学,2004年。

《日本驻中国东北地区领事馆警察机构研究》[博士论文],李洪锡著;金成镐指导,延边大学,2007年。

《论战时体制下伪满协和会的助日侵华活动》[硕士论文],高艳著;高乐才指导,东北师范大学,2008年。

《冲绳战役时期八重山列岛疟疾受害者问题之研究》[硕士论文],黄玥瑜著;赖正维指导,福建师范大学,2018年。

第二节　德意法西斯的侵略及其暴行

一、德意法西斯的侵略

《论墨索里尼政府对红海地区的扩张政策(1922—1943)》[硕士论文],马子堂著;李世安指导,河北师范大学,2012年。

《1938年奥地利不抵抗德国原因探微》[硕士论文],高雅洁著;邢来顺指导,华中师范大学,2011年。

《1933—1938年奥地利抵制德奥合并的政策研究》[硕士论文],崔阳著;梁占军指导,首都师范大学,2019年。

《第二次世界大战期间纳粹德国对欧洲的经济掠夺》[硕士论文],钱鑫著;邢来顺指导,华中师范大学,2009年。

《论纳粹德国对外侵略扩张的双重性——有目的、有计划和投机冒险》[硕士论文],赵冬禾著;齐世荣指导,首都师范大学,1988年。

《纳粹德国"欧洲经济新秩序"研究1939—1941:战后计划及其历史起源》[博士论文],李维著,北京大学,2007年。

《二战时期纳粹德国外籍劳工研究》[硕士论文],徐丽著;邢来顺指导,华中师范大学,2019年。

二、纳粹排犹屠犹

《魏玛时期德国犹太人的社会地位及身份认同》[硕士论文],田焕云著;张倩红指导,河南大学,2013年。

《魏玛时期德国反犹主义研究》[硕士论文],苏文彪著;罗衡林指导,湖南师范大学,2014 年。

《纳粹统治时期德意志犹太人生存状况研究》[博士论文],罗衡林著;李工真指导,武汉大学,2004 年。

《纳粹反犹问题研究》[硕士论文],李音蓓著;陈晓春指导,上海外国语大学,2013 年。

《纳粹政府的反犹政策研究》[硕士论文],袁征著;邢来顺指导,华中师范大学,2009 年。

《纳粹统治时期德国的反犹宣传研究》[硕士论文],张贤兵著;罗衡林指导,湖南师范大学,2016 年。

《纳粹德国时期〈历史杂志〉"反犹"思想研究》[硕士论文],黄婉著;王邵励指导,东北师范大学,2017 年。

《解读犹太人被纳粹德国迫害屠杀的原因》[硕士论文],周欢著,辽宁大学,2005 年。

《〈成唯识论〉的析恶新视域——以希特勒反犹为例》[博士论文],孙克昱著;王雷泉指导,复旦大学,2010 年。

《二战期间德国纳粹人体实验的伦理批判》[硕士论文],罗光强著;李伦指导,湖南师范大学,2007 年。

《关于贝尔森集中营审判案的若干思考》[硕士论文],苏德祥著;赵士国指导,湖南师范大学,2011 年。

《奥斯维辛创伤与否定的哲学——以阿多诺为中心的探讨》[博士论文],陈旭东著;汪行福指导,复旦大学,2012 年。

《纳粹屠犹析——以传统反犹主义和种族主义为例》[硕士论文],王雪梅著;徐新指导,南京大学,2006 年。

《纳粹德国的知识分子与大屠杀》[硕士论文],刘丽娟著;张倩红指导,郑州大学,2013 年。

《纳粹时期德国犹太人外迁研究》[硕士论文],王美玲著;邢来顺指导,华中师范大学,2009 年。

《纳粹集中营中的犹太女性研究》[硕士论文],考艳丽著;张淑清指导,鲁东大学,2018 年。

《纳粹统治时期德国犹太女性生存状况研究》[硕士论文],吴彬彬著;林广指导,华东师范大学,2018 年。

《德国犹太妇女及儿童难民在英国的流亡(1933—1945)》[硕士论文],余欢著;罗衡林指导,湖南师范大学,2011年。

《东西方在大屠杀时期对犹太人的态度》[硕士论文],潘明慧著;王志军指导,黑龙江大学,2009年。

《大屠杀记忆和美国外交》[博士论文],汪舒明著;徐以骅指导,复旦大学,2011年。

《美国的欧洲犹太难民政策研究(1933—1945)》[硕士论文],娄伟光著;张倩红指导,郑州大学,2013年。

《二战期间美国犹太社团面对纳粹屠犹的困境》[硕士论文],余发琼著;傅晓微指导,四川外国语大学,2014年。

《二战前夕英国政府对德国犹太难民政策研究》[硕士论文],朱婧著;梁占军指导,首都师范大学,2010年。

《罗马教廷对纳粹屠犹的反应及其影响》[硕士论文],房明鸿著;宋永成指导,陕西师范大学,2018年。

《试论战时日本对犹太人的政策》[硕士论文],周万鹏著;祝曙光指导,苏州科技学院,2008年。

《反犹与亲犹:20世纪日本人与犹太人的关系研究》[硕士论文],姜杉著;王志军指导,黑龙江大学,2016年。

《关于以色列纳粹大屠杀教育的研究》[硕士论文],相征著;潘光指导,上海社会科学院,2007年。

《论以色列的大屠杀教育——兼论对我国中学南京大屠杀教育的启示》[硕士论文],仇凯著;张淑清指导,鲁东大学,2014年。

《犹太人抗击"否认纳粹屠犹"研究》[博士论文],葛淑珍著;徐新指导,南京大学,2011年。

《犹太人与中国》[博士论文],潘光著;陈崇武指导,华东师范大学,2000年。

《犹太难民历史与上海的城市公共外交》[硕士论文],张驰著;陈志敏指导,复旦大学,2014年。

第四章　各战场研究

《苏芬战争研究》[硕士论文],陈军平著;王国杰指导,陕西师范大学,2008 年。

《苏联与"冬战"(1939—1940)》[硕士论文],王靖雯著;吴伟指导,首都师范大学,2017 年。

《对英美"火炬"行动背景及决策过程之研究》[硕士论文],方泽林著;梁占军指导,首都师范大学,2008 年。

《未宣布的战争:1941 年美德海军大西洋冲突评析》[硕士论文],王道著;梁占军指导,首都师范大学,2014 年。

《错觉与战争的起因——以太平洋战争为例》[硕士论文],何晨青著;石斌指导,南京大学,2008 年。

《日本太平洋战争失败原因研究》[硕士论文],谢耀辉著;洪小夏指导,上海师范大学,2014 年。

《日军冲绳战役战略研究》[硕士论文],张艳秋著;吴玲指导,哈尔滨师范大学,2017 年。

《昭和天皇与太平洋战争》[硕士论文],单珊著;黄尊严指导,曲阜师范大学,2008 年。

《抗日战争中的中国战区》[硕士论文],张文杰著;赵伯乐指导,云南大学,2006 年。

《二战期间中缅印战场盟军军事合作研究》[博士论文],贾荣宝著;肖裕声指导,军事科学院,2011 年。

《丘吉尔与滇缅战场》[硕士论文],侯宁著;梁占军指导,首都师范大学,2010 年。

《论打通中印公路之战》[硕士论文],曹辉著;崔义中指导,西北工业大学,2006 年。

《〈新华日报〉对中缅印战区报道的宣传策略研究》[硕士论文],墨建华著;

陶红指导,西南大学,2018 年。

　　《美国在澳大利亚军事基地建设与太平洋战争进程》[硕士论文],苏克著;
韩永利指导,武汉大学,2012 年。

第五章　战时国际关系研究

第一节　法西斯国家外交与内部关系

《走向结盟之路——试论日德结盟的原因、过程及影响》[硕士论文]，马丽著；祝曙光指导，苏州科技学院，2007 年。

《试论纳粹德国的远东政策（1933—1941）》[硕士论文]，钱娥芬著；吴友法指导，武汉大学，2000 年。

《纳粹德国中东政策研究》[硕士论文]，毕铄著；罗衡林指导，湖南师范大学，2017 年。

《二战期间的德日关系》[硕士论文]，李晓芸著；姜桂石指导，内蒙古民族大学，2008 年。

《日本对德政策研究（1936—1941）》[博士论文]，武向平著；周颂伦指导，东北师范大学，2008 年。

《二战期间的泰日关系》[硕士论文]，钟正礼著；徐康明指导，云南大学，2008 年。

《二战期间日泰同盟的历史考察》[硕士论文]，王岩著，辽宁大学，2005 年。

《二战期间泰国的"自由泰运动"》[硕士论文]，周寒丽著；徐康明指导，云南大学，2007 年。

《夹缝中的罗马尼亚——三十年代罗马尼亚外交政策研究》[博士论文]，周旭东著；李巨廉指导，华东师范大学，1999 年。

第二节　反法西斯盟国间外交与内部关系

一、反法西斯盟国外交

《国际反法西斯统一战线与第二次世界大战》[硕士论文]，周剑著，中国人民大学，1995 年。

《二战时期同盟国军事外交》[硕士论文],杨琦著;刘强指导,国防科技大学,2017年。

《美国外交战略及其效应(1919—1939)》[硕士论文],郑长彬著;刘德斌指导,吉林大学,2007年。

《二战与美国国家战略目标》[硕士论文],余妮著;韩永利指导,武汉大学,2005年。

《从两次世界大战看美国"中立"政策》[硕士论文],刘伟著;陈海宏指导,山东师范大学,2011年。

《论第二次世界大战期间美国从中立向参战的转变》[硕士论文],熊宗惠著;许晓光指导,四川师范大学,2014年。

《1938—1940年美国对欧洲危机的回应》[硕士论文],赵睿韬著;包鹏程指导,安徽大学,2010年。

《1939—1940年罗斯福的欧洲战略与对外政策》[硕士论文],李工真著;张继平指导,武汉大学,1986年。

《美国对南美太平洋战争政策研究》[博士论文],任克佳著;王萍指导,南开大学,2013年。

《论战时美国的拉美战略与政策》[硕士论文],周志和著;熊伟民指导,湖南师范大学,2004年。

《二战时期美国对拉丁美洲的文化外交》[硕士论文],郑欣然著;刘广太指导,河北师范大学,2007年。

《太平洋战争前美国远东政策中的苏联因素(1931—1941)》[博士论文],张愿著;韩永利指导,武汉大学,2010年。

《美国公众舆论对美国东亚政策的影响——从柳条湖到珍珠港(1931—1941)》[博士论文],惠春琳著;马小军指导,中共中央党校,2010年。

《富兰克林·罗斯福政府海洋政策演变述论》[硕士论文],张志娟著;曲升指导,渤海大学,2015年。

《富兰克林·罗斯福与美国对华政策(1933—1945年)》[硕士论文],陆云梅著;胡德坤指导,武汉大学,2006年。

《评1933—1949年美国对华文化外交》[硕士论文],王欢著;陈本红指导,湖南科技大学,2009年。

《"中国通"与美国对华政策的发展历程:1939—1999》[硕士学位],何兴强著;徐康明指导,云南大学,2000年。

《罗斯福政府时期的美国东北亚政策研究(1933—1941)》[硕士论文],廖双波著;李朋指导,黑龙江大学,2011年。

《美国对苏联的政策研究(1933—1941)》[博士论文],国洪梅著;于群指导,东北师范大学,2009年。

《二战后期美国对法国大国地位的态度演变》[硕士论文],楚志锋著;赵志辉指导,浙江师范大学,2011年。

《罗斯福时期美国对非洲政策研究》[硕士论文],楚菲菲著;王雅红指导,兰州大学,2010年。

《二战时期美国对巴西的政策研究》[硕士论文],吴振军著;韩永利指导,武汉大学,2012年。

《美国在印度独立过程中的政策(1941.12—1947.8)》[硕士论文],蒋兰著;王琛指导,郑州大学,2010年。

《大西洋宪章与战时美英矛盾》[硕士论文],杨嘉克著;张继平、胡德坤指导,武汉大学,1986年。

《英美的亚太政策与印度支那问题(1940—1945)》[硕士论文],胡珊著;韩永利指导,武汉大学,2009年。

《论美英在东南亚殖民地问题上的矛盾(1941—1945)》[硕士论文],何桂全著;胡德坤指导,武汉大学,1989年。

《美国中央情报局与中国西藏(1940—1972)》[博士论文],程早霞著;李晔指导,东北师范大学,2009年。

《论富兰克林·罗斯福政府的犹太人政策》[硕士论文],马广东著;黄贤全指导,西南大学,2009年。

《罗斯福时代的美国移民政策1933—1945》[硕士论文],胡小芬著;李工真指导,武汉大学,2004年。

《1938至1941年美国政府对墨西哥石油国有化改革的政策研究》[硕士论文],沙芳洲著;梁占军指导,首都师范大学,2011年。

《二战时期英国对美国的媒体外交——从二战伊始到珍珠港事变》[硕士论文],孟琦著;张桂珍指导,中国传媒大学,2008年。

《两次世界大战期间英美在加拿大的经济竞争(1919—1938)》[硕士论文],倪宏忠著;刘自强指导,湘潭大学,2011年。

《论二战时期英国的现实主义外交》[硕士论文],孔辉著;倪学德指导,聊城大学,2011 年。

《试论二次大战间邱吉尔政府的欧洲政策》[硕士论文],李怀顺著;包奕诚指导,山东大学,1987 年。

《1941—1945 年英国对苏联政策》[硕士论文],汪天山著;张继平指导,武汉大学,1987 年。

《二战期间英国与土耳其的参战问题》[硕士论文],秦宇著;梁占军指导,首都师范大学,2006 年。

《浅析英国对南斯拉夫抵抗运动的政策》[硕士论文],武垚著;梁占军指导,首都师范大学,2018 年。

《论二战后期英国对希腊的干涉(1944.12—1945.2)》[硕士论文],雷满妹著;梁占军指导,首都师范大学,2011 年。

《新加坡基地与英国远东政策(1931—1942 年)》[硕士论文],周旭东著;李巨廉指导,华东师范大学,1990 年。

《英国对马来亚联邦的设想及结果(1942—1948)》[硕士论文],胡珊著;戴超武指导,华东师范大学,2011 年。

《论第二次世界大战期间英国的巴勒斯坦移民政策》[硕士论文],刘景祥著,1992 年。

《丘吉尔外交思想概论》[硕士论文],金海著;王斯德指导,华东师范大学,1997 年。

《丘吉尔对苏外交思想初探》[硕士论文],高尚昆著;李巨廉指导,华东师范大学,1992 年。

《加拿大与第二次世界大战》[硕士论文],苏颖著;李巍指导,山东大学,2004 年。

《戴高乐的外交政策》[硕士论文],尹明明著;张正中等指导,外交学院,2001 年。

《澳大利亚与亚洲关系研究(1940—1995)》[博士论文],张秋生著;王斯德指导,华东师范大学,2000 年。

《澳大利亚对美国不对称联盟关系的形成和演变——1942—1972 澳大利亚对美国关系研究》[硕士论文],魏丽娟著;郑寅达指导,华东师范大学,2005 年。

《苏联领土扩张研究》[博士论文],沈影著;李静杰指导,中国社会科学院,

2009 年。

《斯大林的外交活动及其风格——1939—1945 年苏联外交实例分析》[硕士论文],周小溪著;首都师范大学,2010 年。

《1941—1945 年苏联的对华政策》[硕士论文],李丽玲著;李春隆指导,吉林大学,2007 年。

《苏联与第二次世界大战中的"波兰问题":1939—1945 年》[博士论文],吴伟著;齐世荣指导,首都师范大学,2000 年。

《苏联与波兰流亡政府关系探析(1939—1945)》[硕士论文],范全诗著;姚海指导,苏州科技学院,2011 年。

《苏联对波罗的海三国的外交政策研究(1917—1945)》[硕士论文],冯云著;李昌新指导,江西师范大学,2014 年。

《太平洋战争时期国民政府对英外交》[硕士论文],王立新著;刘会军指导,吉林大学,2004 年。

《珍珠港事件后国民政府的政策调整》[硕士论文],黄金凤著;左双文指导,华南师范大学,2005 年。

《国民政府与开罗会议》[硕士论文],张文禄著;周乾指导,安徽大学,2009 年。

《试论第二次世界大战中的波兰西部边界问题》[硕士论文],罗静著;胡德坤指导,武汉大学,2008 年。

《对二战时期波兰流亡政府的历史考察》[硕士论文],李群著;罗衡林指导,湖南师范大学,2012 年。

《二战期间土耳其中立外交再析》[硕士论文],程倩著;王三义指导,山西大学,2016 年。

《中国在世界反法西斯联盟建立和发展中的地位与作用》[博士论文],关培凤著;胡德坤指导,武汉大学,2007 年。

二、反法西斯盟国合作与冲突

《英国对日军事战略与英美协调》[硕士论文],丁海江著;韩永利指导,武汉大学,2009 年。

《第二次世界大战期间的英美经济合作》[硕士论文],高辉著,辽宁大学,1990 年。

《美国对英国经济政策初探（1941—1951）》［硕士论文］，雪梅著；李积顺指导，西北师范大学，2011 年。

《1942 年美国和英国关于开辟欧洲第二战场的博弈》［硕士论文］，覃雯著；何志龙指导，陕西师范大学，2015 年。

《第二次世界大战期间美英在殖民地问题上的矛盾和斗争》［硕士论文］，马晓京著；齐世荣指导，首都师范大学，1991 年。

《二战期间美国对英属殖民地和南美地区电讯扩张初探》［硕士论文］，段良其著；金卫星指导，苏州大学，2018 年。

《第二次世界大战全面爆发初期的英苏关系》［硕士论文］，向冬梅著；任重指导，河南大学，1990 年。

《试论第二次世界大战期间的英苏关系》［硕士论文］，朱昭华著，兰州大学，2001 年。

《英国、苏联在第二次世界大战期间的合作与冲突》［硕士论文］，王桃著；阮大荣指导，兰州大学，1992 年。

《太平洋战争时期美英在亚太地区的战略及争霸》［硕士论文］，陈宝印著；李怀顺指导，西北师范大学，2012 年。

《二战中的印、英、美关系（1942—1945）》［硕士论文］，滕海区著；姜桂石指导，内蒙古民族大学，2004 年。

《扩张与依附——1945 年以前的美澳关系史探析》［硕士论文］，王新国著；蔡昌卓指导，广西师范大学，2007 年。

《苏德战争期间西方国家对苏联租借援助研究——以实物援助为中心》［硕士论文］，李牧晨著；韩毅指导，辽宁大学，2017 年。

《日本的最后败降——美苏战时合作的终点》［硕士论文］，叶兴平著；张继平指导，武汉大学，1987 年。

《第二次世界大战期间美国对苏联援助政策研究》［硕士论文］，丛军著；李凤艳指导，东北师范大学，2008 年。

《二战时期美国援苏援华比较研究》［硕士论文］，单云著；李怀顺指导，西北师范大学，2012 年。

《塑造中国人的思想：太平洋战争时期美国对华宣传研究》［博士论文］，王睿恒著；王立新指导，北京大学，2014 年。

《租借法案与苏美关系研究》［博士论文］，于长江著；张盛发指导，中国社会科学院,2013 年。

《论〈租借法案〉对美苏关系的影响》[硕士论文],王桂娟著;王晓菊指导,中国社会科学院,2012 年。

《二战期间美苏"阿拉斯加—西伯利亚空中走廊"研究》[硕士论文],刘佳楠著;马德义指导,黑龙江大学,2017 年。

《从租借法案的终止到马歇尔计划的实施》[硕士论文],卢丽丽著;徐蓝指导,首都师范大学,2004 年。

《1941 年英苏联合占领伊朗问题研究》[硕士论文],武文超著;詹晋洁指导,陕西师范大学,2017 年。

《俄罗斯民族主义:二战期间斯大林政府对波兰精英阶层清洗研究》[硕士论文],王艳林著;张艳杰指导,哈尔滨师范大学,2017 年。

《反法西斯战争时期国际共产主义运动研究》[硕士论文],胡锦涛著;杨恕指导,兰州大学,2008 年。

《共产国际在第二次世界大战初期的路线变化(1939—1941)》[硕士论文],牛晶晶著;吴伟指导,首都师范大学,2010 年。

《苏联犹太人反法西斯委员会的悲剧》[博士论文],宋永成著;杨存堂指导,陕西师范大学,2008 年。

第三节　交战国之间的关系

《"三环节"贸易与日本侵略战争的演进(1929—1945 年)》[硕士论文],许宁宁著;刘自强指导,湘潭大学,2013 年。

《1939—1941 年德意日苏"四国联合"构想始末》[硕士论文],李倩夏著;郑寅达指导,华东师范大学,2009 年。

《二战期间列强对叙利亚和黎巴嫩的争夺》[硕士论文],尹秀凤著;吉珊珊指导,山西大学,2009 年。

《试论二战中欧洲大国在叙利亚和黎巴嫩的争夺》[硕士论文],王晋超著;王新刚指导,西北大学,2017 年。

《二战期间南海区域国家对日本侵略的不同态度与应对》[硕士论文],董振坤著;张一平指导,海南师范大学,2014 年。

《美日竞争与亚太海权格局的演进(1906—1945)》[硕士论文],陈光辉著;

刘自强指导,湘潭大学,2019年。

《日美东亚争夺的十年——1931—1941年的日美关系》[硕士论文],刘芳著;李浩指导,江西师范大学,2002年。

《美日就在华美方权益受侵害事件的交涉(1937—1941)》[硕士论文],宋雪瑜著;熊沛彪指导,武汉大学,2017年。

《论从"九一八"到珍珠港事件时期美国对日政策的演变》[硕士论文],马龙著;黄正柏指导,华中师范大学,2011年。

《1937—1940年间的美国对日政策》[硕士论文],付秋香著;于群指导,东北师范大学,2014年。

《1939—1941美国对日政策研究——从美日在亚洲经济利益争夺的视角的观察》[硕士论文],王蕾著;王扬指导,湖北大学,2009年。

《1941年日美谈判进程及破裂原因探析》[硕士论文],李莹著;周颂伦指导,东北师范大学,2006年。

《1941年太平洋战争爆发前的日美谈判研究》[硕士论文],王植著;安成日指导,黑龙江大学,2011年。

《绥靖与抗衡——论美国在日本南进准备时期的远东政策》[硕士论文],韩永利著;张继平、胡德坤指导,武汉大学,1985年。

《从美国对日本的经济制裁看太平洋战争爆发前美国的对日政策(1937—1941)》[硕士论文],李京原著;徐蓝指导,首都师范大学,2003年。

《美国对伪满洲国政策研究(1931—1941)》[博士论文],段永富著;黄定天指导,吉林大学,2011年。

《二战期间的美国日裔拘留营研究》[硕士论文],宋青青著;王毓敏指导,郑州大学,2012年。

《太平洋战争期间美国对境内日裔人口的处置问题初探》[硕士论文],林青霞著;徐友珍指导,武汉大学,2010年。

《美国战时对日裔美国人的拘禁政策:白人主导社会里的黄种可疑分子》[硕士论文],刘惠慧著;王恩铭指导,上海外国语大学,2011年。

《日裔美国公民联盟对美国战时日裔拘禁政策的应对研究》[硕士论文],任勃著;王心扬指导,北京外国语大学,2013年。

《再安置与不作为——论太平洋战争期间美国最高法院对再安置政策的态度》[硕士论文],冯艳君著;顾云深指导,复旦大学,2007年。

《搁浅的记忆　尘封的过去——从两个文本看日裔美国人二战期间经历》[硕士论文],申云化著;黄际英指导,东北师范大学,2004年。

《太平洋战争期间驻北平日军及北平伪政府反英美措施研究》[硕士论文],李洪磊著;李世安指导,中国人民大学,2009年。

《美国对德政策研究(1933—1940)》[硕士论文],薛柏宇著;李朋指导,黑龙江大学,2013年。

《论1937—1941年美国对德政策》[硕士论文],韩和鸣著;包奕诚指导,山东大学,1987年。

《太平洋战争爆发前后德美关系研究(1939—1941)》[硕士论文],卞璠璠著;梁占军指导,首都师范大学,2017年。

《二战结束前后美国对德国政策的演变》[硕士论文],杨永锋著;李怀顺指导,西北师范大学,2007年。

《别理德国人! 美国对德反亲善政策探微,1944—1945》[硕士论文],沈辰成著;孟钟捷指导,华东师范大学,2013年。

《20世纪30—40年代美国与德国在南美的竞争研究》[硕士论文],杨悦著;王扬指导,湖北大学,2016年。

《纳粹德国向美国宣战的原因新探》[硕士论文],崔鹏著;钱金飞指导,云南大学,2014年。

《战时英国的对日政策(1942—1945)》[博士论文],杨东著;梁占军指导,首都师范大学,2014年。

《二战时期英国对法国维希政权的政策探析》[硕士论文],倪昕著;杨国顺指导,辽宁大学,2006年。

《英国对捷克斯洛伐克外交政策研究(1938—1941)》[博士论文],王波著;梁占军指导,首都师范大学,2014年。

《1938—1941年苏日外交关系研究》[硕士论文],何艳著;李昌新指导,江西师范大学,2015年。

《苏联对日外交政策研究(1941—1956)》[博士论文],崔建平著;黄定天指导,吉林大学,2010年。

《张鼓峰事件与二战前夕日苏关系》[硕士论文],杨平平著;吴玲指导,哈尔滨师范大学,2013年。

《〈苏日中立条约〉签订对中国的影响》[硕士论文],贾大明著;郭永胜指导,内蒙古师范大学,2013 年。

《苏联对伪满洲国政策研究》[硕士论文],刘峰著;郭永胜指导,内蒙古师范大学,2014 年。

《斯大林国际政治观和苏德关系(1938.10—1941.6)》[硕士论文],吴煜著;黄正柏指导,华中师范大学,2009 年。

《战时苏联外交中的芬兰问题:1939—1944》[硕士论文],王中斐著;汪连兴指导,苏州科技学院,2008 年。

《苏联对奥地利政策研究(1938—1955 年)》[硕士论文],吕雪峰著;崔丕指导,东北师范大学,2005 年。

《两次世界大战之间的波德关系研究(1918—1939)》[硕士论文],王利著;李玉君指导,兰州大学,2012 年。

《太平洋战争前的澳日关系研究(1929—1941)》[硕士论文],刘志伟著;汪诗明指导,苏州科技学院,2010 年。

《二战期间日澳关系及其对战后双方的影响》[硕士论文],万文秀著;陈景彦指导,吉林大学,2013 年。

《日本对东南亚的侵略与当地民族主义运动(1940—1945)》[硕士论文],贾超著;陈遥指导,厦门大学,2017 年。

《二战期间马来亚印度人民族主义运动研究》[硕士学位论文],安东程著;罗圣荣指导,云南大学,2017 年。

《二战期间秘鲁对日裔驱逐事件研究》[硕士论文],胡新苏著;赖正维指导,福建师范大学,2014 年。

《二战期间乌克兰民族主义者组织班德拉派对波兰人的种族清洗》[硕士论文],郑雪著;胡舶指导,陕西师范大学,2014 年。

《二战期间中国犹太人、美国犹太人与日本人的关系》[硕士论文],于德民著;王志军指导,黑龙江大学,2011 年。

《二战结束前东北亚国际条约研究》[博士论文],张岩著;黄定天指导,吉林大学,2013 年。

第四节　大战与中立国

《中立国与二次大战——西班牙、葡萄牙、瑞士、瑞典战时中立行为研究》

[硕士论文],陈安全著;余伟民指导,华东师范大学,1998年。

《二战期间瑞士中立研究》[硕士论文],张艳飞著;熊伟民指导,湖南师范大学,2008年。

《第二次世界大战期间爱尔兰中立政策研究》[硕士论文],张伟顾著;梁占军指导,首都师范大学,2009年。

《二战期间爱尔兰对同盟国的中立外交》[硕士论文],孙冲著;王展鹏指导,北京外国语大学,2011年。

《论二战期间伊朗的中立外交》[硕士论文],刘锋著;姚大学指导,内蒙古民族大学,2011年。

《维希法国远东政策研究》[博士论文],陈剑著;郑寅达指导,华东师范大学,2011年。

《试论二战期间法国维希政府的外交政策》[硕士论文],李连波著;李世安指导,河北师范大学,2013年。

《从法国沦陷到达尔朗遇刺:第二次世界大战时期美国对法政策》[硕士论文],柏圣南著;梁占军指导,首都师范大学,2010年。

《美国对法属北非的政策(1940—1942)》[硕士论文],王广成著;程文进指导,首都师范大学,2009年。

《二战期间土耳其的外交政策》[硕士论文],黄薇著;熊伟民指导,湖南师范大学,2005年。

《两次世界大战期间的土耳其外交政策探析》[硕士论文],王文峰著;冀伯祥指导,重庆师范大学,2008年。

《两次世界大战之间的苏联与土耳其关系》[硕士论文],展萍莉著;王国杰指导,陕西师范大学,2009年。

《第二次世界大战期间土耳其中立外交政策述论》[硕士论文],张润民著;杨兆钧指导,云南大学,1985年。

《第二次世界大战期间的西班牙对美外交》[硕士论文],吴涵著;程文进指导,首都师范大学,2013年。

《美国与西班牙中立(1939—1945年)》[硕士论文],魏兰连著;程文进指导,首都师范大学,2010年。

《美国对外政策中的丹吉尔问题(1940—1945)》[硕士论文],李想著;韩永利指导,武汉大学,2011年。

《论丘吉尔政府对西班牙的政策:1940—1945》[硕士论文],赫崇铭著;马瑞映指导,陕西师范大学,2008 年。

《战时英国对瑞典的政策及英瑞关系(1939—1945)》[硕士论文],唐方亮著;韩永利指导,武汉大学,2010 年。

《第二次世界大战时期的阿根廷反美外交政策》[硕士论文],王萍著,洪国起指导,中国社会科学院,1990 年。

《1936—1939 年欧洲局势变动对中东地区的影响》[硕士论文],张峰著;王三义指导,山西大学,2008 年。

《太平洋战争时期英美对泰国的政策》[硕士论文],刘羽著;韩永利指导,武汉大学,2011 年。

第六章　世界人民的反法西斯斗争

《二战时期英法抗德体系比较研究:以行政、军事、个人作用》[硕士论文],王鹏著;郝承敦指导,曲阜师范大学,2015 年。

《法国抵抗运动探析:1944—1947》[硕士论文],于海峰著;闫瑾指导,中国人民大学,2005 年。

《法国国内二战抵抗运动》[硕士论文],朱文婧著;王惠德指导,上海外国语大学,2011 年。

《浅析法国妇女在抵抗运动中的贡献及其影响》[硕士论文],李莉著;端木美指导,首都师范大学,2008 年。

《戴高乐领导抵抗运动胜利的原因》[硕士论文],蒋宏臣著;刘波、高海林指导,河南大学,2007 年。

《第二次世界大战期间(1940 年 6 月—1945 年 5 月)英国对欧洲抵抗运动政策析评》[硕士论文],徐友珍著;张继平指导,武汉大学,1989 年。

《试论安东尼·艾登反法西斯实践》[硕士论文],王江波著;章毅君指导,中央民族大学,2012 年。

《一个最具创新性的反纳粹团体——克莱骚集团的抵抗思想和行动探析》[硕士论文],牛亚林著;郑寅达指导,华东师范大学,2012 年。

《东欧犹太抵抗活动研究(1939—1945)》[硕士论文],陈镜亦著;张倩红指导,郑州大学,2017 年。

《波兰 1944 年华沙起义研究》[硕士论文],韩敏复著;胡舶指导,陕西师范大学,2007 年。

《波兰国家军研究(1939—1947 年)》[硕士论文],吴会杰著;胡舶指导,陕西师范大学,2017 年。

《捷克斯洛伐克反法西斯抵抗运动(1938 年 9 月—1945 年 5 月)》[硕士论文],胡凯璇著;胡舶指导,陕西师范大学,2018 年。

《挪威反法西斯抵抗运动(1940—1945)》[硕士论文],韩君佩著;胡舶指导,陕西师范大学,2018年。

《希腊反法西斯抵抗运动研究》[硕士论文],陈闻之著;胡舶指导,陕西师范大学,2018年。

《南斯拉夫抵抗中的切特尼克运动研究(1941—1942)》[硕士论文],徐国珍著;胡舶指导,陕西师范大学,2019年。

《中东国家在二战中的立场、演变及影响研究》[硕士论文],郝红梅著;王新刚指导,西北大学,2018年。

《尾崎秀实与中日战争时代的东亚》[博士论文],汪力著;韩东育指导,东北师范大学,2019年。

《抗日战争时期解放区的日本人反战运动》[硕士论文],贾蓓蓓著;张小兵指导,延安大学,2011年。

《抗战中的在华日本人反战研究》[硕士论文],曹金娜著;王铁军指导,辽宁大学,2018年。

《中国东北地区朝鲜人反日部队研究》[博士论文],李兴旺著;金春善指导,延边大学,2018年。

《韩国光复军在华东地区》[硕士论文],王世新著;崔凤春指导,广西师范大学,2007年。

《抗日战争时期在关内地区韩人民族解放运动》[博士论文],任椿洙著;王桧林指导,北京师范大学,1994年。

《韩国独立运动在上海——以在上海发生的几次历史事件为中心》[硕士论文],金京姬著;金泰国指导,延边大学,2006年。

《炮灰还是英雄——论二战中美国黑人士兵英雄主义的根源》[硕士论文],袁远著;张涛指导,四川外语学院,2010年。

《二战期间在美华人对战争的反应及社会地位的改变》[硕士论文],杨宗鸣著;杨国顺指导,辽宁大学,2007年。

《中国留印海员战时工作队研究(1942—1945)》[硕士论文],汤晨旭著;金以林指导,中国社会科学院,2014年。

《抗战前夕〈泰晤士报〉涉华报道研究》[硕士论文],赵法涛著;李蕉指导,清华大学,2015年。

《〈纽约时报〉对日本侵华的报道研究(1931—1937)》[硕士论文],段玉强著;张淑贤、毕元辉指导,长春师范大学,2015年。

《九一八事变至七七事变期间的〈申报〉时评》[硕士论文],孙蓉蓉著;魏光奇指导,首都师范大学,2015 年。

《九一八事变到七七事变〈中央日报〉涉日报道研究》[硕士论文],王坤著;涂晓华指导,中国传媒大学,2017 年。

《"九一八事变"前后〈醒时报〉言论分析(1928—1934)》[硕士论文],吴佳玮著;程丽红指导,辽宁大学,2019 年。

《〈红色中华〉涉日报道研究(1931—1934)》[硕士论文],赖芬著;万振凡指导,江西师范大学,2014 年。

《〈申报〉涉日报道研究(1931—1937)》[硕士论文],张宇佳著;蒋蕾指导,吉林大学,2018 年。

《〈时事月报〉涉日报道研究(1937—1941)》[硕士论文],姜蔓著;王天根指导,安徽大学,2018 年。

《〈申报〉与〈盛京时报〉关于九一八事变报道的研究》[硕士论文],邱晶著;于耀洲指导,齐齐哈尔大学,2015 年。

《〈大美晚报〉视野下的日本侵华战争(1931—1945)》[硕士论文],姜怡文著;沈荟指导,上海大学,2019 年。

《〈良友画报〉中的日本形象研究》[硕士论文],张峰著;李安定指导,西北大学,2019 年。

第七章　中国抗日战争与国际关系的互动

《习近平抗战史观研究》［硕士论文］，王润宁著；祁冰指导，辽宁大学，
2019 年。

《改革开放以来我国档案馆馆藏抗日战争档案编纂研究》［硕士论文］，苏亚
云著；赵彦昌指导，辽宁大学，2019 年。

《改革开放以来非档案馆所编抗日战争档案汇编研究》［硕士论文］，梁爽
著；赵彦昌指导，辽宁大学，2019 年。

第一节　中国局部抗战时期国际关系的互动

一、日本和中国的政策

《1931—1936 日本二元外交述评》［硕士论文］，马志远著；丁晓杰指导，内
蒙古师范大学，2018 年。

《九一八至七七事变时期的日本对华政策：以华北政策为中心》［博士论
文］，臧运祜著；杨天石指导，中国社会科学院，1998 年。

《从"协调外交"到"自主外交"——日本在推行对华政策中与西方列强的关
系》［博士论文］，武寅著；齐世荣指导，首都师范大学，1988 年。

《石原莞尔的"不扩大"思想》［硕士论文］，王云翠著；周颂伦指导，东北师
范大学，2008 年。

《东亚同文会对"九·一八"事变的认知与对策》［硕士论文］，梁晓阳著；许
金秋指导，吉林大学，2019 年。

《日本退出国际联盟前后的中日关系》［硕士论文］，董学升著；陈秀武指导，
东北师范大学，2014 年。

《日本朝野的"满洲国"承认问题研究》［硕士论文］，谷诗雨著；焦润明指
导，辽宁大学，2017 年。

《"广田三原则"评析》［硕士论文］，于玉霞著；唐士其指导，东北师范大学，

2011 年。

《中日两国围绕广田三原则的谈判与国民政府的抉择》[硕士论文],林涛著;陈祥指导,安徽大学,2016 年。

《试析南京国民政府多边外交的特点(1928—1937)》[硕士论文],葛春艳著;陈涛指导,外交学院,2016 年。

《1931 年—1941 年国民政府外交政策的演变》[硕士论文],宋海洋著;蒋浙安指导,安徽大学,2015 年。

《九·一八事变前夕中国的对日危机意识——以民国时期的杂志、报纸分析为中心》[硕士论文],高蕾著;徐滔指导,北京外国语大学,2014 年。

《"九·一八"事变与南京国民政府的对日政策述论》[硕士论文],郭效勤著;张同乐指导,河北师范大学,2001 年。

《"九一八"事变至"七七"事变期间国民政府的对日政策》[硕士论文],赵金金著;周乾指导,安徽大学,2008 年。

《九一八事变后〈益世报〉对日舆论研究》[硕士论文],马彬著;魏光奇指导,首都师范大学,2011 年。

《九一八事变后的报界舆论及其政治诉求》[硕士论文],周明畅著;董恩强指导,华中师范大学,2014 年。

《南京国民政府对日政策探析(1927—1937)》[硕士论文],臧永祥著;杨素群指导,山东师范大学,2008 年。

《国民政府对日政策和策略研究》[博士论文],彭敦文著;胡德坤指导,武汉大学,1999 年。

《论 1935—1937 年南京国民政府的对日外交》[硕士论文],黄伟著;周乾指导,安徽大学,2012 年。

《浅论国民政府抗战时期的对日妥协》[硕士论文],赵颖著;奚义生指导,陕西师范大学,2007 年。

《蒋介石权力之路与九一八事变(1928—1931)》[硕士论文],武健群著;吴景平指导,复旦大学,2011 年。

《论蒋介石对日外交中的"和平"策略》[硕士论文],杨凤霞著;赵英兰指导,吉林大学,2004 年。

《1935—1938 年蒋介石抗战观研究》[硕士论文],刘俊红著;梁星亮指导,西北大学,2003 年。

《南京国民政府"攘外必先安内"政策研究述评》[硕士论文],高会彬著;程舒伟指导,东北师范大学,2004年。

《近代中国政派、政要之对日态度及策略研究(1915—1937)》[博士论文],左世元著;罗福惠指导,华中师范大学,2009年。

《爱国主义视域下七七事变前中国共产党的抗日政策研究》[硕士论文],白燕著;高凤林指导,延安大学,2013年。

《1933~1935年的华北中日交涉——以黄郛主持下的政整会为核心》[硕士论文],于洋著;李志英指导,北京师范大学,2011年。

《九一八事变后的民众反应》[硕士论文],徐晓飞著;刘会军指导,吉林大学,2007年。

《"九一八事变"后的民族复兴思潮研究》[硕士论文],杨兆贵著;王玉华指导,陕西师范大学,2009年。

《近代中国的反日运动研究(1927—1937)》[硕士论文],刁成林著;田永秀指导,西南交通大学,2012年。

《二十世纪二、三十年代中国舆论界对德国的认知》[硕士论文],陈声玥著;高华指导,南京大学,2011年。

《"九·一八"事变后民族复兴话语下国人对德国的认知》[硕士论文],梁世统著;郑大华指导,湖南师范大学,2016年。

《"九一八事变"前后〈盛京时报〉的言论研究》[硕士论文],叶彤著;程丽红指导,吉林大学,2011年。

《中国废除不平等条约外交及其积极影响》[硕士论文],何安波著;陈奉林指导,外交学院,2016年。

二、世界大国的态度和政策

《"九·一八"事变期间日本、中国与国联的交涉》[博士论文],崔海波著;陈景彦指导,吉林大学,2011年。

《重评李顿报告书》[硕士论文],董亮著;周颂伦指导,东北师范大学,2010年。

《李顿调查团赴华调查及中国社会各界反响》[硕士论文],杨淑新著;程舒伟指导,东北师范大学,2012年。

《中国新闻界对国联调查团及其报告书的评价》[硕士论文],王兴全著;焦润明指导,辽宁大学,2011 年。

《美国与国联在处理 1931—1933 年远东危机中的分岐与合作》[硕士论文],黄学磊著;周乾指导,安徽大学,2012 年。

《1934 年前后之中日争端与远东国际关系——以天羽声明为转折点的透视》[硕士论文],陈丽红著;张皓指导,北京师范大学,2007 年。

《"九一八"事变后"史汀生主义"的形成——兼从认知角度的分析史汀生的决策过程》[硕士论文],沈琦著;朱瀛泉指导,南京大学,2009 年。

《英美在日本侵华问题上的合作与分歧(1931—1937)》[硕士论文],杨煜著;程文进指导,首都师范大学,2013 年。

《英国与中日战争(1931—1945)》[博士论文],徐蓝著;齐世荣指导,首都师范大学,1989 年。

《比较魏玛德国与纳粹德国的对华政策》[硕士论文],高宗一著;刘新利指导,山东大学,2003 年。

《德国与南京国民政府前期兵工事业的发展(1928—1938)》[博士论文],罗永明著;石云里、李斌指导,中国科学技术大学,2010 年。

《德国对伪满洲国政策研究》[博士论文],何兰著;胡德坤指导,武汉大学,1999 年。

《论 20 世纪 30 年代中德关系之演变》[硕士论文],桂景著;王扬指导,湖北大学,2012 年。

《1933—1941 年中德关系》[硕士论文],张昱慧著;胡凯指导,上海外国语大学,2014 年。

《陶德曼和 20 世纪 30 年代的中德关系》[硕士论文],夏忠敏著;周世秀指导,湖北大学,2006 年。

《1928—1938 年中德军事合作研究》[硕士论文],田磊著;韩大梅指导,辽宁师范大学,2012 年。

《1928—1938 年德国驻华军事顾问团历史考察》[硕士论文],王春著;崔义中指导,西北工业大学,2003 年。

《1927—1938 年德国军事顾问团在华活动研究》[硕士论文],晁楠著;张小兵指导,延安大学,2016 年。

《中德易货贸易研究(1933—1937)》[硕士论文],段曼娜著;罗玉明指导,湘潭大学,2017 年。

《从亲密到决裂——抗日战争爆发前后中德关系的演变》[硕士论文],殷超著;吉珊珊指导,山西大学,2012年。

《从佛采尔和法肯豪森的离职看中德关系变迁》[硕士论文],王鹏程著;刘灿华指导,安徽师范大学,2016年。

《法肯豪森与国民政府的国防和抗战》[硕士论文],朱东北著;刘会军指导,吉林大学,2006年。

第二节　中国全面抗战时期国际关系的互动

一、中日双方谋求国际支持的外交努力

《抗日战争时期国民政府外交战略研究》[博士论文],刘会军著;王家福指导,吉林大学,2001年。

《国民政府外交决策研究》[博士论文],左双文著;邱捷指导,中山大学,2011年。

《蒋介石与战时外交》[博士论文],张祖�7著;红民指导,南京大学,2008年。

《抗战时期重庆国民政府多边外交研究》[硕士论文],刘师言著;吴兵指导,四川外国语大学,2016年。

《抗日战争时期国民政府公共外交研究》[硕士论文],菅先锋著;高士华指导,中国社会科学院研究生院,2018年。

《危机应对:七七事变后国民政府的对策》[硕士论文],谢坚明著;左双文指导,华南师范大学,2004年。

《中国国民党五大至六大期间内外政策研究——以1935—1945年国民党历次重要会议为视角》[博士论文],赵海军著;程舒伟指导,东北师范大学,2017年。

《抗战时期国共两党外交政策比较研究》[博士论文],王玉全著;栾雪飞指导,东北师范大学,2009年。

《日汪条约关系研究(1940—1945)》[硕士论文],杨炎辉著;曹大臣指导,南京大学,2011年。

《抗战时期国民政府对敌舆论战研究(1937—1945)》[硕士论文],闫妮著;孙宝根指导,湘潭大学,2013年。

《国民党反日国际宣传战研究——以"九一八"事变为中心的考察》[硕士论文],赵佳鹏著;刘继忠指导,南京师范大学,2017年。

《抗战时期国民党政府对外新闻宣传活动研究》[硕士论文],孙发永著;俞政指导,苏州大学,2007年。

《抗日战争时期的民间外交研究》[博士论文],朱蓉蓉著;王卫平指导,苏州大学,2010年。

《历史学视野下的中国知识界外交思想研究——1931—1945》[博士论文],罗珍著;朱政慧指导,华东师范大学,2008年。

《抗战时期国民政府货币政策与国际关系》[硕士论文],吕严斌著;韩永利指导,武汉大学,2005年。

《20世纪40年代的"熊猫外交"及其社会反应——基于中国报刊资料分析》[硕士论文],王晓著;郑大华指导,湖南师范大学,2019年。

《国际地位与领土主权——抗战时期国民政府在东北领土主权问题上政策的演变》[博士论文],华翔著;朱明权指导,复旦大学,2011年。

《全面抗战时期国民政府的对美宣传策略及其效应》[硕士论文],余亮著;黄世相指导,江西师范大学,2006年。

《战时蒋介石对美外交思想研究(1937—1945)》[硕士论文],余本兰著;王玉贵指导,苏州大学,2008年。

《南京国民政府对美外交文书研究(1937—1945)》[硕士论文],沈悦著;郦波指导,南京师范大学,2015年。

《抗战时期中国对美侨务公共外交研究(1931—1945)》[硕士论文],何洪明著;潮龙起指导,暨南大学,2017年。

《抗日时期宋美龄在中美关系中的作用》[硕士论文],戴雯婷著;陈本红指导,湖南科技大学,2009年。

《宋美龄1942—1943年访美述评》[硕士论文],璩静著;王燕指导,外交学院,2007年。

《1942—1943年宋美龄出访美国争取对华援助的过程及意义述评》[硕士论文],高蕾著;杨元华指导,上海师范大学,2008年。

《驻美大使胡适与抗战时期美国对华认知》[硕士论文],柯立人(Alexander-Hart)著;张凯指导,浙江大学,2019年。

《中国国防物资供应公司研究》[硕士论文],李佰娜著;韩大梅指导,辽宁师范大学,2011年。

《全面抗战初期国民政府的对德外交选择》[硕士论文],李海霞著;李兆祥指导,曲阜师范大学,2013年。

《论二战时期国民政府对苏联的外交》[硕士论文],张超著;李玉君指导,兰州大学,2006年。

《抗战时期蒋介石谋求苏联对日作战的心路历程——以〈蒋介石日记〉为中心》[硕士论文],秦世强著;李书源指导,吉林大学,2017年。

《知识界眼中的苏联(1937—1945)——以〈申报〉〈东方杂志〉为中心的考察》[硕士论文],刘新庆著;郑大华指导,湖南师范大学,2011年。

《全面抗战时期〈中央日报〉涉苏报道研究(1937—1945)》[硕士论文],白豫熙著;樊亚平、李近远指导,兰州大学,2019年。

《国民政府对英国绥靖日本政策的因应(1937—1941)》[硕士论文],徐文军著;刘利民指导,湖南师范大学,2015年。

《国民政府对印支之政策及演变(1941—1946)》[硕士论文],穆键著;汤奇学、周乾指导,安徽大学,2005年。

二、各大国的远东政策和对日对华外交

《抗日战争初期欧美主要国家对华政策:1937.7—1938.12》[博士论文],王建朗著;丁名楠指导,中国社会科学院,1994年。

《抗日战争前期英美对华政策研究》[博士论文],罗立东著;何平指导,四川大学,2011年。

《中日关系中的美国因素研究(1871—1945)》[博士论文],韩立娟著;孙立祥指导,华中师范大学,2017年。

《抗战时期的中美关系》[硕士论文],张晓卫著,张熙惟、牛淑萍指导,山东大学,2008年。

《冲突与呼应:美国理想主义与中国民族主义——以抗战时期中美关系为中心(1931—1945)》[博士论文],徐尚平著;韩永利指导,武汉大学,2014年。

《试论二战时期美国的对华政策》[硕士论文],张寿奇著;龙宏甫指导,安徽大学,2010年。

《试析抗战时期美国对华政策的演变》[硕士论文],刘道纬著;戴绪恭指导,华中师范大学,1996年。

《太平洋战争时期美国对华政策演变》[硕士论文],陈世阳著;王扬指导,湖北大学,2004年。

《抗日战争时期美国对华政策演变探析》[硕士论文],罗利华著;杜瀚指导,新疆师范大学,2008年。

《抗日战争后期美国对华政策的转变——以赫尔利与美国驻华人员的争论为视角》[硕士论文],王旭著;赵红指导,延安大学,2017年。

《抗日战争时期美国对华政策及特点研究》[硕士论文],赵姝婕著;魏晓文、朱琳琳指导,大连理工大学,2006年。

《抗战时期美国对华政策中的日苏因素》[硕士论文],郑志刚著;黄尊严指导,曲阜师范大学,2008年。

《美国对华文化外交研究(1938—1949)》[硕士论文],袁德刚著;夏季亭指导,山东师范大学,2011年。

《针对日本侵华美国外交政策中意识形态因素分析》[硕士论文],张飏著;王九萍指导,西安外国语大学,2012年。

《"帕奈号"事件与美国二战前的远东政策》[硕士论文],徐艳秋著;赵学功指导,南开大学,2005年。

《试析1941年美国在美日谈判中的绥靖倾向》[硕士论文],隋淑英著;吴荣宣指导,中国人民大学,1987年。

《1941—1947:美国对华政策及其影响》[硕士论文],丁光耀著;彭平一指导,中南大学,2012年。

《美国人中国观与美国对华政策(1937—1945)》[硕士论文],慕颖著;宋发清指导,上海大学,2006年。

《斯坦利·亨培克与美国对华政策(1931—1941)研究》[硕士论文],余伟伟著;赵志辉指导,浙江师范大学,2017年。

《美国与上海公共租界(1843—1945)》[博士论文],田肖红著;王玮、夏季亭指导,山东师范大学,2013年。

《1926—1941年美国在华武力护侨政策研究》[博士论文],陈志刚著;张生指导,南京大学,2014年。

《动荡中的同盟:1931—1945年的中苏关系》[博士论文],王真著;彦奇指导,中国人民大学,1994年。

《试论20世纪30年代苏联在中国抗日战争中的政策演变》[硕士论文],肖洪著;宿丰林指导,黑龙江省社会科学院,2009 年。

《反法西斯战争时期苏联对华政策之东北问题研究》[硕士论文],王桂香著;汪金国指导,兰州大学,2008 年。

《反法西斯战争时期苏联对外蒙古的政策研究》[硕士论文],王国顺著;汪金国指导,兰州大学,2008 年。

《反法西斯战争时期苏联与中国新疆关系研究》[硕士论文],洪丽萍著;汪金国指导,兰州大学,2008 年。

《日苏关系的演变与中国东北抗战(1937—1945 年)》[硕士论文],高飞著;吕永华指导,东北师范大学,2002 年。

《全面抗战时期中共的苏联形象研究——以〈新华日报〉(1938—1945)为例》[硕士论文],李新建著;齐春风指导,南京师范大学,2017 年。

《第二次世界大战时期的中英关系》[硕士论文],李庆著;刘英伟指导,山东师范大学,2013 年。

《蒋介石、丘吉尔与二战期间的中英关系》[硕士论文],黄勇文著;潘一宁指导,中山大学,2007 年。

《抗战初期英国对中日战争的外交政策》[硕士论文],刘小娟著;何平指导,四川大学,2005 年。

《英国远东战略的演变(1940.6—1945)》[硕士论文],王广辉著;韩永利指导,武汉大学,2007 年。

《英国对华文化外交和文化关系研究(1919—1945)》[博士论文],陈淑荣著;李世安指导,中国人民大学,2009 年。

《晚清至民国时期(1861—1941)中德军事技术交流初探》[硕士论文],王晶著;黄世瑞指导,华南师范大学,2007 年。

《抗日战争时期的中法经贸关系(1931—1940)》[硕士论文],胡伟伟著;田永秀指导,西南交通大学,2007 年。

《抗日战争时期澳葡政府的"中立"政策研究(1937—1945)》[硕士论文],李昆明著;张晓辉指导,暨南大学,2007 年。

三、对中国抗战的国际合作与支持

《中国抗战初期的国际援助及其意义》[硕士论文],王鸿著;王关兴、李学明指导,上海师范大学,2000 年。

《二战时期中国战场国际战略通道研究》[博士论文],廖永东著;肖裕声指导,军事科学院,2011 年。

《美国援助中国抗战线路的建设(1942—1945)》[硕士论文],高诗怡著;韩永利指导,武汉大学,2018 年。

《滇缅公路研究(1937—1942)——基于战时公路工程史的视角》[博士论文],韦丹凤著;李晓岑指导,北京科技大学,2019 年。

《抗日战争时期美国援华分析》[硕士论文],祁长春著;周尚文指导,华东师范大学,2008 年。

《抗战期间美国援华体系的建立》[硕士论文],野亚鹏著;胡素萍指导,海南师范大学,2014 年。

《从道义援助到军事联盟:美国援华关系探析》[硕士论文],房源晟著;金卫星指导,苏州大学,2018 年。

《抗日战争时期的中美军事合作(1937—1945)》[博士论文],马建国著;马敏指导,华中师范大学,2004 年。

《试析太平洋战争前后中美军事合作》[硕士论文],吴岳俊著;吉珊珊指导,山西大学,2008 年。

《太平洋战争时期的中美空军合作》[硕士论文],王跃如著;李怀顺指导,西北师范大学,2009 年。

《美国与中国战时生产局》[硕士论文],王勇著;王孝询指导,西南师范大学,2004 年。

《美国战时生产顾问团援华和中国战时生产局》[硕士论文],韩芳著;杨雨青指导,中国人民大学,2006 年。

《二战期间美国在华军事投入研究》[硕士论文],全振华著;刘雅军指导,河北师范大学,2011 年。

《二战期间美国政府对"飞虎队"态度的演变》[硕士论文],徐飞著;周乾指导,安徽大学,2014 年。

《抗战时期"驼峰"航线与美国援华物资的营运》[硕士论文],范瑞婷著;陈永祥指导,广州大学,2009 年。

《美国志愿援华空军"飞虎队"在昆遗址保护与开发研究》[硕士论文],李青著;王晶指导,云南师范大学,2016 年。

《对华租借与美国全球战略》[硕士论文],姜红著;胡德坤指导,武汉大学,

1989 年。

《抗战时期中美租借关系研究(1941—1945 年)》[博士论文],曹嘉涵著;吴景平指导,复旦大学,2011 年。

《租借法案在华实施研究》[硕士论文],李琳著;刘贵福指导,辽宁师范大学,2014 年。

《论抗战时期中国寻求美国租借援华的外交努力》[硕士论文],郭倩著;周乾指导,安徽大学,2010 年。

《论抗战时期美国对国民政府的租借援助》[硕士论文],高伟著;吴文武指导,安徽大学,2011 年。

《二战期间美国对华和对苏租借援助的比较研究》[硕士论文],郝健著;李朋指导,黑龙江大学,2013 年。

《战时美国经济援华政策述评》[硕士论文],滕质庆著;杨雨青指导,中国人民大学,2005 年。

《太平洋战争时期美国对华文化援助研究》[博士论文],孙洋著;黄定天指导,吉林大学,2012 年。

《美国对华文化关系项目(1942—1946)》[硕士论文],徐佳著;金光耀指导,复旦大学,2007 年。

《抗战时期美国援华过程中的日苏因素》[硕士论文],宫剑著;龙宏甫指导,安徽大学,2012 年。

《美国对华援助的媒体因素分析(1931—1945)》[硕士论文],孙洪叶著;夏季亭指导,山东师范大学,2014 年。

《论抗战时期的美中经济关系(1937.7—1945)》[硕士论文],杨淑洁著;于兆兴指导,郑州大学,2010 年。

《援助与回赠——抗战时期中美经济关系的互动探析》[硕士论文],饶接华著;黄世相指导,江西师范大学,2004 年。

《战时美国对华 5 亿美元贷款在中国财政金融上的运用及其影响》[硕士论文],蒲金艳著;杨雨青指导,中国人民大学,2007 年。

《1942—1943 年宋美龄访美与美国对华援助探析》[硕士论文],梁斐著;金学明指导,南京大学,2014 年。

《浅论太平洋战争时期宋子文在争取美国援助过程中的作用》[硕士论文],黄磊著;刘会军指导,吉林大学,2007 年。

《美国"先德后日"战略与中国抗日战场(1941—1945)》[博士论文],韩永利著;胡德坤指导,武汉大学,2000年。

《论太平洋战争时期美国的中国大国地位政策》[硕士论文],刘丽著;韩莉指导,首都师范大学,2004年。

《1941—1945年中国战时大国地位得而复失的历史演变》[硕士论文],李振林著;熊杏林、杨波指导,国防科学技术大学,2007年。

《同盟抗战与中国国际地位的提高》[硕士论文],杨丽著;刘会军指导,吉林大学,2006年。

《美国与1945年中苏谈判》[硕士论文],寇群飞著;茹莹指导,北京师范大学,2008年。

《〈新华日报〉视域下的美国对华援助报道研究(1938—1945)》[硕士论文],王梦倩著;赵红指导,延安大学,2019年。

《谢伟思与抗日战争时期的中美关系研究——以谢伟思报告为中心的考察》[硕士论文],王力著;赵红指导,延安大学,2013年。

《抗日战争时期苏联对华援助研究》[硕士论文],孟德智著;王凤贤指导,黑龙江大学,2015年。

《抗日战争前期苏联对华军事援助(1937—1941年)》[硕士论文],金娇杨著;赵振英指导,辽宁师范大学,2010年。

《抗战初期苏联援华的"Z计划"及两次援华"低潮"研究》[硕士论文],刘志著;杨恕指导,兰州大学,2017年。

《1937—1941年苏联和共产国际援华抗日问题研究》[硕士论文],赵春丽著;翟志指导,哈尔滨师范大学,2016年。

《抗战时期苏联援华贸易中的西北通道》[硕士论文],董凯著;刘英指导,西北民族大学,2013年。

《反法西斯力量的聚合与互动——抗战国际援助在桂林》[硕士论文],刘辉著;唐凌指导,广西师范大学,2015年。

《单独抗战时期中德关系研究》[硕士论文],孙光明著;李积顺指导,西北师范大学,2012年。

《全面抗战时期印度对华援助研究——以〈新华日报〉为考察中心》[硕士论文],张欢欢著;赵红指导,延安大学,2018年。

《抗日战争时期大韩民国临时政府与中国关系研究(1937—1945)》[硕士论

文],申恩定著;臧秀玲指导,山东大学,2016 年。

《全面抗战时期国际红十字组织对华援助研究》[硕士论文],阎智海著;池子华、郝如一指导,苏州大学,2011 年。

《抗战时期国际友人及爱国华侨对中共援助研究》[硕士论文],王杰著;朱成山指导,南京师范大学,2017 年。

《抗日战争时期南洋华侨对祖国的经济支援》[硕士论文],臧宏宇著;曲晓范指导,东北师范大学,2008 年。

《南洋华侨排除阻力支援国内抗战研究》[硕士论文],余晓芸著;刘景岚指导,东北师范大学,2016 年。

《南洋闽南籍华侨对祖国抗战的贡献》[硕士论文],潘澎著;许金顶指导,华侨大学,2013 年。

《南洋粤籍华侨在抗战中的贡献——以东江纵队为例》[硕士论文],张路灵著;徐金顶指导,华侨大学,2018 年。

《抗日战争时期的归国华侨学生》[硕士论文],尹正驰著;陈锋指导,华中师范大学,2008 年。

《抗战时期的华侨教育研究》[硕士论文],王宁宁著;包爱芹指导,山东师范大学,2010 年。

《抗战时期东南亚华人华侨的民族主义研究》[硕士论文],徐源著;肖文黎指导,湘潭大学,2014 年。

《外国记者助力中国抗战研究》[硕士论文],李道明著;徐世强指导,天津商业大学,2016 年。

《抗战时期外国记者在华新闻活动研究》[硕士论文],赵玉岗著;王醒指导,山西大学,2007 年。

《抗战时期美国来华记者眼中的国民政府》[硕士论文],徐研文著;程舒伟指导,东北师范大学,2017 年。

《抗战时期埃德加·斯诺对中国的认识》[博士论文],东北师范大学,王奇著;程舒伟指导,2018 年。

《二十世纪三四十年代埃德加·斯诺夫妇在华活动研究》[硕士论文],崔娟著;赵红指导,延安大学,2015 年。

《英国报刊视阈下的抗日战争——以〈泰晤士报〉为考察对象》[硕士论文],刘孝连著;吴原元指导,华东师范大学,2016 年。

《日本侵华的援华之声——〈密勒氏评论报〉社论研究（1931—1941）》[硕士论文]，袁丽红著；张威指导，山东大学，2013年。

《〈密勒氏评论报〉（1937—1941）的抗战报道研究》[硕士论文]，周航著；胡勤指导，湖南师范大学，2017年。

《抗战时期澳门经济发展与社会救亡运动》[硕士论文]，吕志鹏著；张晓辉指导，暨南大学，2004年。

《抗日战争时期国际友人视野中的国共两党》[硕士论文]，王颖著；栾雪飞指导，东北师范大学，2006年。

《抗战时期中外人士的延安观研究》[硕士论文]，庞贺峰著；梁星亮指导，西北大学，2010年。

四、反法西斯盟国在中国抗战问题上的矛盾和冲突

《战时英美在中国问题上的分歧与协调（1941—1945）》[博士论文]，李业圣著；胡德坤指导，武汉大学，2009年。

《抗战期间国民政府海外派兵问题研究》[博士论文]，张智丹著；刘会军指导，吉林大学，2013年。

《"史迪威事件"研究》[硕士论文]，韩许著；史桂芳指导，首都师范大学，2009年。

《史迪威指挥权问题再研究》[博士论文]，张宁静著；吴景平指导，复旦大学，2015年。

《不和谐的战时中美军事同盟——以史迪威事件为切入点的探讨》[博士论文]，付辛酉著；张皓指导，北京师范大学，2011年。

《二战时期史迪威与蒋介石矛盾的探究》[硕士论文]，徐耀著；孙颖指导，南京师范大学，2014年。

《太平洋战争初期（1941.12—1942.8）中美军事战略的分歧——以第一次史迪威危机为中心的考察》[硕士论文]，付辛酉著；张皓指导，北京师范大学，2008年。

《"史迪威事件"前后美国对华政策的调整及中国共产党的因应》[硕士论文]，刘泽源著；吕庆广指导，江南大学，2019年。

《中美英三国在二战滇缅战场上的战略分歧与合作》[硕士论文]，赵康著；徐康明指导，云南大学，2002年。

《论太平洋战争时期中美英三国在缅甸战场的合作与分歧》[硕士论文],方伟著;吴文武指导,安徽大学,2014年。

《太平洋战争时期中英在缅甸的合作与分歧》[硕士论文],潘岳著;龙宏甫指导,安徽大学,2011年。

《二战时期中国国民政府对西藏、新疆主权的维护》[硕士论文],崔冬升著;李积顺指导,西北师范大学,2013年。

《抗战期间中英关系与香港问题交涉》[硕士论文],刘子坤著;计秋枫指导,南京大学,2016年。

《浅析二战期间国民政府未能收复香港的原因》[硕士论文],刘建明著;胡德坤指导,武汉大学,1998年。

《蒋介石对抗战前后蒙古问题的处理》[博士论文],后东升著;高翠莲指导,中央民族大学,2013年。

《1939年〈中苏通商条约〉谈判中的利益冲突及其解决》[硕士论文],白晓光著;黄定天指导,吉林大学,2008年。

第三节　抗战时期盟国关系中的中国共产党

一、中共抗日民族统一战线政策的形成及其原因

《从对抗到和解——中国共产党抗日民族统一战线政策决策过程研究》[硕士论文],宋业臻著;李继锋、周忠丽指导,中共江苏省委党校,2017年。

《中国共产党关于建立抗日民族统一战线的理论和政策》[博士论文],祝志男著;闫治才指导,东北师范大学,2006年。

《共产国际在第二次国共合作中的作用研究》[硕士论文],王武志著;周新国指导,扬州大学,2009年。

《共产国际与中共抗日民族统一战线策略的形成和发展》[硕士论文],陈红照著;鲜于浩指导,西南交通大学,2006年。

《1931—1937:共产国际对中共抗日民族统一战线策略的影响研究》[博士论文],张运洪著;李良明指导,华中师范大学,2009年。

《共产国际在中共抗日民族统一战线形成中的作用研究》[硕士论文],于琳著;栗守廉指导,哈尔滨师范大学,2014年。

《共产国际、联共(布)对中国共产党统一战线思想影响研究》[硕士论文],

李雪莹著;李延龄指导,长春理工大学,2018 年。

《季米特洛夫与中共抗日民族统一战线的形成与发展》[硕士论文],胡雅婷著;周利生指导,江西师范大学,2015 年。

《抗战时期共产国际与中国共产党关系研究》[硕士论文],褚颖著;王凤贤指导,黑龙江大学,2014 年。

《日本侵华策略与中国抗日民族统一战线》[硕士论文],邵唯慧著;李敬煊指导,华中师范大学,2011 年。

《毛泽东抗日民族统一战线思想的方法论探析》[硕士论文],张晗著;王玉平指导,河北师范大学,2006 年。

《浅论毛泽东抗日民族统一战线思想及其当代启示》[硕士论文],欧阳奇著;谭双泉指导,湖南师范大学,2007 年。

《抗日战争时期周恩来统一战线思想研究》[硕士论文],郑宏秋著;陈发水指导,辽宁大学,2014 年。

《刘少奇与华北抗日民族统一战线》[硕士论文],魏敏著;王树荫指导,首都师范大学,2005 年。

《张闻天抗日民族统一战线思想研究》[硕士论文],周青山著;陈国清指导,武汉大学,2004 年。

《张闻天抗日民族统一战线思想研究》[硕士论文],于璐著;秦位强指导,吉首大学,2013 年。

《张闻天的抗日民族统一战线思想研究》[博士论文],赫崇飞著;阎治才指导,东北师范大学,2008 年。

《张闻天抗日民族统一战线思想研究》[硕士论文],童孝仁著;高世鹰指导,长春理工大学,2018 年。

《论张闻天统一战线思想及其当代启示》[硕士论文],杨茜著;蒋贤斌指导,江西师范大学,2014 年。

《董必武抗日民族统一战线理论与实践》[硕士论文],田牧著;刘宗武指导,华中师范大学,2008 年。

《邓子恢抗日民族统一战线思想与实践研究》[硕士论文],贾久昌著;陈奇指导,贵州师范大学,2009 年。

《彭雪枫的抗日民族统一战线思想与实践研究》[硕士论文],李坤秀著;唐莲英指导,华东师范大学,2009 年。

《薄一波抗日民族统一战线思想研究》[硕士论文],马峰著;蒋贤斌指导,江西师范大学,2010年。

二、独立自主的中共外交

《抗战时期中共对外关系及政策演变——基于国际背景因素的考察》[硕士论文],李佳钰著;庞昌伟指导,中国石油大学(北京),2017年。

《1944—1946年中共外交实践研究》[硕士论文],王姣姣著;赵红指导,延安大学,2016年。

《延安时期中国共产党的外交探索及对新中国外交的影响》[硕士论文],张涛涛著;冯建玫指导,延安大学,2016年。

《延安时期中国共产党对外交往政策、实践和现实启示》[硕士论文],王思琦著;闫佼丽指导,西安工程大学,2017年。

《中共在抗战时期的民间外交及其当代意义》[硕士论文],朱蓉蓉著;姜建成指导,苏州大学,2003年。

《抗战时期中国共产党对美政策与策略研究》[硕士论文],游艳丽著;史桂芳指导,首都师范大学,2005年。

《1935—1941年中国共产党对美政策的发展》[硕士论文],张玫著;周乾指导,安徽大学,2011年。

《抗战后期中共与美国关系研究》[硕士论文],杨丹著;韩大梅指导,辽宁师范大学,2011年。

《抗日战争胜利前后中共对美苏政策研究:1943—1946年》[博士论文],孙金伟著;罗正楷指导,中国人民大学,1999年。

《毛泽东对美外交战略思想研究》[硕士论文],郭媛著;张俊国指导,河南科技大学,2011年。

《抗日战争时期中国共产党对苏政策研究》[硕士论文],冯红丽著;王凤贤指导,黑龙江大学,2019年。

《抗战时期中国共产党对苏联成就的宣传研究》[硕士论文],高建宁著;张雪梅指导,延安大学,2013年。

《抗战时期的苏联形象——基于〈新华日报〉的报道分析(1938—1945)》[硕士论文],晁宁著;熊秋良指导,南京大学,2017年。

《抗战期间中共利用国际因素化解国共关系的三次严重危机研究》[硕士论

文],黄玲著;杜艳华指导,复旦大学,2013年。

《抗日战争时期中国共产党的日军俘虏政策研究》[硕士论文],鲍惠苏著;齐卫平指导,华东师范大学,2007年。

《抗战时期国解两区日俘政策比较研究》[硕士论文],车国民著;崔凤春指导,广西师范大学,2008年。

《抗日战争时期中国共产党对日伪军的宣传工作研究》[硕士论文],王欣媛著;王树荫指导,首都师范大学,2011年。

《抗战时期中共统战宣传研究 ——以〈新华日报〉为例》[硕士论文],李楠著;张举玺指导,河南大学,2015年。

《延安时期中共对外的形象宣传——以到访延安的美国人士为考察对象》[硕士论文],陈茜著;吴原元指导,华东师范大学,2017年。

《延安时期中国共产党国际形象宣传策研究(1935—1948)》[硕士论文],陈兴艳著;李晔指导,燕山大学,2018年。

《抗战时期中国共产党对华侨的宣传研究:以〈救国时报〉为例》[硕士论文],郑娜娜著;史向军指导,西安理工大学,2019年。

《中共关于抗战胜利时间的估计、原因及其胜利时刻的应对》[硕士论文],王亚运著;谭虎娃指导,延安大学,2015年。

三、美国、苏联对华政策与国、共、美、苏四方关系

《抗日战争时期美国对华政策与国共关系》[硕士论文],董秀兰著;栾雪飞指导,东北师范大学,2002年。

《美国对中共态度和政策的演变(1921—1950)》[硕士论文],王德福著;李积顺指导,西北师范大学,2008年。

《抗日战争后期美国试图援助中共的目的及原因分析》[硕士论文],高晓进著;胡德坤指导,武汉大学,2018年。

《美苏关于中国问题的纠葛和毛泽东的外交战略(1943—1949)》[博士论文],刘德喜著;马齐彬、陈登才指导,中共中央党校,1992年。

《美军驻延安观察组活动与影响探析》[硕士论文],张念传著;祁冰指导,辽宁大学,2011年。

《1944年亨利·华莱士访华评析》[硕士论文],王立著;周乾指导,安徽大学,2013年。

《试论赫尔利使华期间中国共产党对美政策的演变》［硕士论文］，肖琼著；周乾指导，安徽大学，2007 年。

《赫尔利使华时期蒋介石与美国在国共谈判中的合作与分歧》［硕士论文］，周媛著；周乾指导，安徽大学，2011 年。

《罗斯福总统"国共联合政府"构想的出台及其实施评析》［硕士论文］，陈梅著；王玮指导，山东师范大学，2004 年。

《谢伟思对中国共产党的认识评述（1943—1945）》［硕士论文］，叶成广著；赵志辉指导，浙江师范大学，2017 年。

《浅析二战后初期美国的对华调处措施及中共的应对策略（1945—1949）》［硕士论文］，谢宝军著；许晓光指导，四川师范大学，2012 年。

《抗战时期毛泽东对美态度演变历程初探》［硕士论文］，郭伟著；王新谦指导，河南大学，2009 年。

《抗战时期国共合作中的美国因素之初步研究》［硕士论文］，王振华著；周勇指导，西南大学，2011 年。

《抗战时期美方人士对中国共产党的报道和宣传》［硕士论文］，张钰著；敖依昌指导，重庆大学，2010 年。

《抗战时期来华美方人士对中共的传播》［硕士论文］，姜晓燕著；敖依昌指导，重庆大学，2013 年。

《评苏联对中共的援助（1921—1949）》［硕士论文］，赵奇伟著；彭秀珍指导，湘潭大学，2003 年。

《苏德战争爆发后共产国际与中共关系述评》［硕士论文］，罗伟著；何云庵指导，西南交通大学，2014 年。

《抗日战争时期共产国际与中国共产党关系研究》［硕士论文］，李冬华著；成希斌指导，陕西师范大学，2010 年。

《浅析共产国际解散对国共关系的影响》［硕士论文］，王晨著；程舒伟指导，东北师范大学，2009 年。

第八章　第二次世界大战的军事学术

第一节　军事思想与军事战略

一、各国军事战略

《第二次世界大战期间反法西斯联盟战略研究》[硕士论文],张敏著;于江欣指导,军事科学院,2009 年。

《英美军事战略的历史考察 1919—1945》[博士论文],耿志著;徐蓝指导,首都师范大学,2007 年。

《试比较 1939—1944 年英美对欧洲战略的异同》[硕士论文],张垚淼著;章毅君指导,中央民族大学,2015 年。

《抗日战争时期"两国三方"军事战略的比较研究(1937.7—1941.12)》[硕士论文],杜夏明著;史会来指导,哈尔滨工业大学,1998 年。

《美国联盟战略研究》[博士论文],赵嵘著;罗志刚指导,武汉大学,2003 年。

《第二次世界大战中各主要参战国避免两线作战的战略与得失》[硕士论文],于淑贞著;夏季亭指导,山东师范大学,2008 年。

《美国海权战略的演进》[博士论文],刘娟著;胡德坤指导,武汉大学,2010 年。

《威廉・F.哈尔西海军战略战术研究》[硕士论文],李莹著;陈海宏指导,山东师范大学,2015 年。

《论战时美国对日本的战略》[硕士论文],梁辉著;熊伟民指导,湖南师范大学,2003 年。

《1907—1936 年日本国防政策研究》[硕士论文],刘沛著;潘德昌指导,渤海大学,2017 年。

《论战时美国国家安全战略与核武器的研发》[硕士论文],闫晶著;李积顺指导,西北师范大学,2012 年。

《论二十年代苏联军事战略研究》[硕士论文],余伟民著;李巨廉指导,华东师范大学,1987年。

《苏联大纵深战役理论研究》[硕士论文],辛红娜著;宋永成指导,陕西师范大学,2012年。

《二战中纳粹德国闪击战各阶段之比较》[硕士论文],满维鸿著;夏季亭指导,山东师范大学,2008年。

《二战德国地缘战略得与失研究》[硕士论文],徐亮著;夏季亭指导,山东师范大学,2011年。

《日本总体战体制形成研究》[博士论文],姚春海著;陈景彦指导,吉林大学,2010年。

《日本统帅部太平洋战争指导评析》[博士论文],付晓斌著;肖裕声指导,军事科学院,2009年。

《太平洋战争背景下的日本海洋战略》[硕士论文],张雪著;胡德坤指导,武汉大学,2014年。

《论战时日本的对美战略》[硕士论文],梁芹著;熊伟民指导,湖南师范大学,2011年。

《瓜岛战役后的日军军事战略调整研究》[硕士论文],安诚著;王铁军指导,辽宁大学,2016年。

《日军在冲绳战役中的战略及其影响研究》[硕士论文],黄尚钦著;赖正维指导,福建师范大学,2014年。

《日本关东军对苏防御作战要塞研究》[硕士论文],邵帅著;王铁军指导,辽宁大学,2019年。

《两次世界大战期间法国的军事战略》[硕士论文],李柯著;时殷弘指导,中国人民大学,2010年。

《马奇诺防线与法国军事战略》[硕士论文],杨凯著;李巨廉指导,华东师范大学,1990年。

《战略性投降研究——以一战中德国、二战中法国投降为例》[硕士论文],田丰著;熊伟民指导,湖南师范大学,2011年。

《英国与奇怪战争(1939年9月到1940年5月)》[硕士论文],沈培建著;齐世荣指导,首都师范大学,1988年。

《国民政府对日战略研究》[硕士论文],黄正光著;袁成毅指导,杭州师范大学,2009 年。

《国民党的抗日游击战评析》[硕士论文],陈跃著;刘景岚指导,东北师范大学,2009 年。

《国民党敌后抗日游击战述论——以山西地区为例》[硕士论文],冯雪著;郭卫民指导,山西大学,2010 年。

《抗战时期国民党敌后游击战争研究(1937—1945)》[博士论文],洪小夏著;张宪文指导,南京大学,2007 年。

《抗日战争时期国共两党抗日持久战略思想论析》[硕士论文],尹艳辉著;栾雪飞指导,东北师范大学,2005 年。

《毛泽东与国民党人持久战理论的差异研究》[硕士论文],陈立文著;陈龙指导,湘潭大学,2017 年。

《抗战时期中国共产党军事战略研究》[硕士论文],陈中付著;刘国彬指导,广西民族大学,2016 年。

二、各国军事思想

《两次世界大战之间美国的军事思想》[硕士论文],常学飞著;刘英伟指导,山东师范大学,2010 年。

《二战期间美国的军事思想》[硕士论文],王帅著;陈海宏指导,山东师范大学,2009 年。

《二战期间美国的军事改革》[硕士论文],刘宝坤著;毛锐指导,山东师范大学,2010 年。

《马汉的海权论及对二战前世界历史进程的影响》[硕士论文],程前光著;郑群指导,山东大学,2009 年。

《威廉·米切尔及其军事思想》[硕士论文],黄玉军著;陈海宏指导,山东师范大学,2008 年。

《切斯特·W.尼米兹的军事思想及其实践》[硕士论文],王宗涛著;陈海宏指导,山东师范大学,2011 年。

《尼米兹军事思想研究》[博士论文],王宗涛著;陈海宏指导,山东师范大学,2014 年。

《道格拉斯·麦克阿瑟的军事思想研究》[硕士论文],时勇著;夏季亭指导,山东师范大学,2011 年。

《二战时期乔治·马歇尔的军事思想及实践》[硕士论文],李扬著;陈海宏指导,山东师范大学,2014 年。

《富兰克林·D.罗斯福的世界裁军思想》[硕士论文],李静著;陈海宏指导,山东师范大学,2013 年。

《哈特与富勒的论战评述》[硕士论文],赵宪章著;范进学指导,山东大学,2007 年。

《丘吉尔大战略思想研究:驾驭暴力与激情的战略、政治领导艺术》[博士论文],于海峰著;时殷弘指导,中国人民大学,2008 年。

《对德国在二战时期适用战争法的实践探讨》[硕士论文],赵胤丞著;李伯军指导,湘潭大学,2013 年。

《日本陆军派阀与战略抉择》[博士论文],王云翠著;周颂伦指导,东北师范大学,2011 年。

《抗战时期国共两党军事思想研究》[博士论文],尹艳辉著;栾雪飞指导,东北师范大学,2013 年。

《论蒋百里的军事思想》[硕士论文],李永强著;郑志廷指导,河北大学,2002 年。

《试论蒋百里军事思想》[硕士论文],张永涛著;刘保刚指导,郑州大学,2007 年。

《蒋百里总体战思想研究》[硕士论文],常江著;史桂芳指导,首都师范大学,2009 年。

《论毛泽东积极防御思想》[博士论文],田越英著;马齐彬、陈诗惠指导,中共中央党校,1997 年。

《毛泽东战略防御思想研究》[硕士论文],孙翰文著;高剑平指导,广西民族大学,2018 年。

《毛泽东抗日游击战思想研究》[硕士论文],高宁著;李佑新指导,湘潭大学,2017 年。

《抗日战争时期粟裕的军事思想研究》[硕士论文],金银银著;唐莲英指导,华东师范大学,2013 年。

《抗战时期朱德军事统战思想及其实践研究》[硕士论文],兰候翠著;李强指导,西南大学,2016 年。

第二节　战术与作战样式

《从普德学派军事思想看德国闪击战战法的形成与内涵》[硕士论文],谢思远著;郑寅达指导,华东师范大学,2013 年。

《二战期间德国装甲兵山地作战运用与启示》[博士论文],廖永红著;肖裕声指导,军事科学院,2010 年。

《基辅会战再评价——基于德国战略视角》[硕士论文],王泽方著;赵文亮指导,山东师范大学,2019 年。

《国民政府抗日防化体系建设研究(1927—1945)》[硕士论文],陈幸著;崔凤春指导,广西师范大学,2013 年。

《国民政府防日毒气战问题研究(1931—1945)》[硕士论文],秦亮著;罗玉明指导,湘潭大学,2017 年。

《二战期间美国战略轰炸研究》[硕士论文],赵喜著;王静指导,山东师范大学,2011 年。

《二战无差别战略轰炸及其遗留问题》[硕士论文],易霞著;冀伯祥指导,重庆师范大学,2007 年。

《二战期间首都防空问题研究》[硕士论文],赵伟著;周小宁指导,军事科学院,2010 年。

《苏军空降兵部队在卫国战争前的发展及其在卫国战争中的作用》[硕士论文],瞿小明著;吴伟指导,首都师范大学,2011 年。

《论德国对英国的海上封锁战 1939—1945》[硕士论文],孙晓翔著;刘金源指导,南京大学,2007 年。

《二战后期美国马特霍恩计划研究》[博士论文],胡越英著;陈廷湘指导,四川大学,2008 年。

《二战初期英国对德经济战研究(1939—1941)》[硕士论文],胡杰著;韩永利指导,武汉大学,2008 年。

《二战初期英国对德国经济战研究(1939.9—1940.6)》[硕士论文],裴芝荣著;梁占军指导,首都师范大学,2008 年。

《二战时期英国对德国情报战研究》[硕士论文],李阳阳著;罗衡林指导,湖南师范大学,2012 年。

《美国对华情报活动研究(1943—1955)——以此时期四次战争为例》[硕士论文],王彦平著;许晓光指导,四川师范大学,2013年。

《第二次世界大战中的广播宣传战研究》[硕士论文],张宁著;哈艳秋指导,中国传媒大学,2006年。

《美国在第二次世界大战中的广播宣传》[硕士论文],卢珊著;黄也平指导,吉林大学,2013年。

《第二次世界大战时期英德宣传战术析论》[硕士论文],周玲著;韩永利指导,武汉大学,2007年。

《纳粹德国对苏联的战时宣传研究(1941—1944)》[硕士论文],刘庆著;罗衡林指导,湖南师范大学,2018年。

《对第二次世界大战初期英国对美国的宣传的历史考察》[硕士论文],张瑾著;梁占军指导,首都师范大学,2007年。

《二战轴心国新闻宣传理念、体制与策略研究》[硕士论文],王俊凯著;李庆林指导,广西大学,2013年。

《二战时期英德两国新闻传播的议程设置研究》[硕士论文],孟杨著;刘坚指导,吉林大学,2013年。

《拉斯韦尔战时传播理论研究》[博士论文],高海波著;吴廷俊指导,华中科技大学,2010年。

《抗战时期国民政府的对敌宣传》[硕士论文],易振龙著;高华指导,南京大学,2007年。

《国民政府对日舆论战研究(1931—1937)》[硕士论文],徐创新著;王国君指导,吉林师范大学,2018年。

第三节　战争动员与战争经济

一、战争动员

《战时纳粹德国对内宣传试探》[硕士论文],黄跃民著;李巨廉指导,华东师范大学,1987年。

《纳粹德国的政治宣传电影》[硕士论文],孔晓萌著;李工真指导,武汉大学,2018年。

《第三帝国时期的电影研究(1933—1945)》[硕士论文],张筱云著;邢来顺指导,华中师范大学,2018 年。

《纳粹统治时期德国的电影与政治宣传》[硕士论文],刘庆平著;罗衡林指导,湖南师范大学,2016 年。

《纳粹德国 1933—1939 年间的政治传播研究》[硕士论文],田梦溪著;鞠惠冰指导,吉林大学,2016 年。

《浅析二战时期德国的民族主义》[硕士论文],刘明宇著;李长山指导,黑龙江大学,2015 年。

《近代日本报界的政治动员(1868—1945)》[博士论文],安平著;周颂伦指导,东北师范大学,2013 年。

《九一八事变后日本在东北的舆论宣传(1931.9—1932.2)》[硕士论文],闫照晴著;刘会军指导,吉林大学,2018 年。

《1937 年卢沟桥事变前后日本大众传媒对中日战争及民众反战的应对》[硕士论文],汤孟颖著;程兆奇指导,上海社会科学院,2013 年。

《报纸广告中的国民动员:以太平洋战争时期的〈朝日新闻〉为例》[硕士论文],赵飞著;史桂芳指导,首都师范大学,2018 年。

《侵华战争时期日军邮政检阅制度研究》[硕士论文],朱一丹著;陈秀武指导,东北师范大学,2018 年。

《论日本战时体制下的国民组织化:以邻组组织为例》[硕士论文],胡月著;张劲松指导,辽宁大学,2006 年。

《侵华战争时期日本在乡军人会研究(1931—1945)》[硕士论文],侯琳著;王铁军指导,辽宁大学,2017 年。

《日本女性动员与"满洲移民"(1932—1945)——以"大陆新娘"教育机构为中心》[硕士论文],金海林著;刘会军指导,吉林大学,2019 年。

《战时日本妇女团体研究:1931—1945》[博士论文],胡澎著;宋成有指导,北京大学,2004 年。

《二战期间日本"学徒动员"研究》[硕士论文],刘曦倩著;戴宇指导,吉林大学,2019 年。

《二战时期日军自戕现象探析》[硕士论文],孙辉著;黄尊严指导,曲阜师范大学,2009 年。

《试论日本作家协助战争的立场及其原因》[硕士论文],李彬著;林敏指导,四川大学,2004 年。

《美国在二战参战前的军事准备》[硕士论文],尹翔著;陈海宏指导,山东师范大学,2007年。

《二战时期美国传播学效果研究述评》[硕士论文],刘元聪著;单波指导,武汉大学,2007年。

《美国在第二次世界大战中的工业动员》[博士论文],何奇松著;金重远指导,复旦大学,2002年。

《二战时期美国的生产动员》[硕士论文],郭振玉著;罗衡林指导,湖南师范大学,2012年。

《太平洋战争期间美国强制迁移日裔问题研究》[博士论文],柴金璐著;陈景彦指导,吉林大学,2015年。

《二战期间美国对日裔族群的管制政策研究》[硕士论文],任晋海著;高祥峪指导,西北师范大学,2016年。

《二战期间美国图兰委员会支持迁移和拘禁日裔居民的政策研究》[硕士论文],王丹燕著;张涛指导,四川外国语大学,2018年。

《二战时期战时重置局与日裔美国人社会形象的重塑》[硕士论文],陈思齐著;谢国荣指导,武汉大学,2019年。

《二战时期美国宣传海报上的女性正面形象》[硕士论文],王珏著;傅晓微指导,四川外国语大学,2018年。

《二战时期美国红十字会军队服务研究》[硕士论文],王萍著;高芳英指导,苏州大学,2012年。

《二战期间的美国Nisei研究》[硕士论文],王庆敏著;王春来指导,华东师范大学,2008年。

《二战结束前后美国输入德国科学家计划研究》[硕士论文],刘喆著;梁茂信指导,东北师范大学,2016年。

《试析第二次世界大战中英国的战争动员政策》[硕士论文],高伟著;杜立克指导,内蒙古大学,2013年。

《两次世界大战之间英国传统工业重组研究》[硕士论文],胡莉著;马瑞映指导,陕西师范大学,2013年。

《第二次世界大战期间英国女性的贡献》[硕士论文],代绿著;王晓焰指导,四川师范大学,2018年。

《苏德战争中的"弗拉索夫现象"》[硕士论文],苗文韬著;曹维安指导,陕西师范大学,2014 年。

《苏联卫国战争时期女性贡献探析:以女性主义史学为视角》[博士论文],孙丽红著;董小川指导,东北师范大学,2015 年。

《抗日战争时期国共两党社会动员研究》[博士论文],张丽梅著;栾雪飞指导,东北师范大学,2008 年。

《国共两党广播宣传研究(1937—1949)》[硕士论文],孟诗尧著;包爱芹指导,山东师范大学,2015 年。

《抗战防御阶段国共两党宣传工作研究》[硕士论文],王南著;朱成山指导,南京师范大学,2018 年。

《总体战视野下国民政府的抗战动员研究》[硕士论文],吴燕红著;刘文俊指导,广西师范大学,2018 年。

《抗战时期国民政府经济动员研究》[博士论文],张燕萍著;史全生指导,南京大学,2006 年。

《国民政府战时国际宣传研究》[硕士论文],闫桂敏著;董增刚指导,首都师范大学,2010 年。

《九一八事变后国民政府应对民众抗日舆论之研究》[硕士论文],吴文燕著;萧永宏指导,南京师范大学,2016 年。

《滇西抗战中国民政府的社会动员研究》[硕士论文],张丽丰著;张永明指导,云南师范大学,2014 年。

《抗日战争时期湖北国民政府民众动员研究》[硕士论文],叶明鑫著;章博指导,华中师范大学,2017 年。

《抗战时期中国共产党政治动员研究》[硕士论文],商林著;李延龄指导,长春理工大学,2017 年。

《抗日战争时期中国共产党对延安青年的政治动员研究》[硕士论文],杨倩著;李德芳指导,海南大学,2016 年。

《抗日战争时期中国共产党对绥蒙地区的政治动员研究》[硕士论文],王慧莉著;齐卫平指导,华东师范大学,2009 年。

《中国共产党抗日战争时期社会动员研究》[硕士论文],刘颖著;吴鹏森指导,安徽师范大学,2005 年。

《从〈抗敌报〉看抗战时期中国共产党的社会动员模式》[硕士论文],左杰婷著;渠桂萍指导,太原理工大学,2016 年。

《抗战歌曲与中国共产党的社会动员》[硕士论文],刘金华著;吕厚轩指导,曲阜师范大学,2014年。

《抗战标语与中国共产党的社会动员》[硕士论文],冯秀香著;吕厚轩指导,曲阜师范大学,2015年。

《抗战歌曲与中国共产党的抗战宣传和社会动员》[硕士论文],王美伟著;蒋贤斌指导,江西师范大学,2016年。

《中国共产党在抗战时期的民众动员研究》[硕士论文],康文浩著;李建权、杨建中指导,太原科技大学,2016年。

《抗战时期陕甘宁边区民众动员研究》[博士论文],李会先著;李松林指导,首都师范大学,2008年。

《抗战时期共产党的基层民众宣传动员工作研究》[硕士论文],宗政著;孙大为指导,河北经贸大学,2019年。

《抗战时期中国共产党在陕西国统区的乡村动员研究》[博士论文],何金凤著;王晓荣指导,陕西师范大学,2018年。

二、战争经济

《美国——世界反法西斯战争中"民主国家的兵工厂":兼论第二次世界大战中美国的战时经济》[硕士论文],徐德荣著;欧正文指导,河南大学,1990年。

《第二次世界大战中美国战争资源的对外投放》[硕士论文],张士伟著;韩永利指导,武汉大学,2006年。

《二战时期美国的财政政策研究》[硕士论文],李东华著;熊伟民指导,湖南师范大学2008年。

《美国政府石油政策的研究(1941年—1945年)》[硕士论文],万云霞著;黄正柏指导,华中师范大学,2011年。

《论二战时期英国的战时财政政策》[硕士论文],李永斌著;熊伟民指导,湖南师范大学,2009年。

《二战期间英国联合政府的工会政策研究》[硕士论文],王锦著;毛锐指导,山东师范大学,2017年。

《二战期间英国联合政府就业政策研究(1940—1945)》[硕士论文],时婷著;毛锐指导,山东师范大学,2018年。

《二战后美苏国防经济学比较研究》[硕士论文],张雪莲著;徐光远指导,云南大学,2006 年。

《纳粹德国战时经济研究》[硕士论文],叶晓东著;吴友法指导,武汉大学,2003 年。

《纳粹德国经济体制研究》[博士论文],李工真著;胡德坤指导,武汉大学,1999 年。

《日本战时统制经济研究》[博士论文],雷鸣著;杨栋梁指导,南开大学,2004 年。

《日本战时统制体制研究》[硕士论文],秦伟著;周颂伦指导,东北师范大学,2011 年。

《战时日本科技政策研究(1931—1945)》[硕士论文],赵婷著;孙继强指导,南京信息工程大学,2018 年。

《日本军工"寓军于民"模式研究 ——以三菱重工为例》[硕士论文],刘琳著;刘军指导,华东师范大学,2015 年。

《国民政府战时统制经济研究》[博士论文],陈雷著;戴建兵指导,河北师范大学,2008 年。

《全面抗战初期国民政府战时经济建设述论》[硕士论文],王士广著;程舒伟指导,东北师范大学,2009 年。

《战时国民政府金融法律制度研究(1937—1945)》[博士论文],伍操著;张培田指导,西南政法大学,2011 年。

《国民政府战时贸易统制政策研究》[博士论文],杨福林著;龚汝富指导,江西财经大学,2010 年。

《蒋介石与战时经济之研究(1931—1945)》[博士论文],方勇著;陈红民指导,南京大学,2009 年。

《战争与设计:两次世界大战时期设计的批判性思考》[硕士论文],杨一洲著;黄厚石指导,南京艺术学院,2019 年。

第四节　武器与装备

《二战时期军事技术进步与航空武器装备发展研究》[硕士论文],吴军著;曾华锋指导,国防科学技术大学,2007 年。

《二战中核武器的使用及反思》[硕士论文],魏亚强著;杨鹏飞指导,西北师范大学,2013 年。

《日本侵华时期国民政府陆军武器装备建设之考察》[硕士论文],章慕荣著;季云飞指导,南京政治学院,2004 年。

《1928—1938 年德国军事技术对华转移与南京国民政府军事现代化建设》[硕士论文],丁栋著;何兆勇指导,国防科学技术大学,2007 年。

《海森堡与纳粹原子弹计划》[硕士论文],李栋著;李工真指导,武汉大学,2006 年。

第五节　后勤与供应

《战时陆路军事运输路径优化研究》[硕士论文],王煜著;张亚平指导,哈尔滨工业大学,2011 年。

《美军后勤体制建设与改革研究》[硕士论文],秦真英著;陈海宏指导,山东师范大学,2010 年。

《二战期间美军后勤系统改革研究》[硕士论文],董启帆著;王金华指导,军事科学院,2019 年。

《太平洋战争美军岛屿进攻作战后勤保障研究》[博士论文],符林国著;肖裕声指导,军事科学院,2010 年。

《二战时期英国军事物流初探——以英国经历的代表性战役为例》[硕士论文],詹昊著;王本立指导,苏州科技大学,2013 年。

《抗战时期中美国际交通运输合作》[硕士论文],杨德民著;杨雨青指导,中国人民大学,2009 年。

《抗战时期的中越交通运输研究》[硕士论文],李宝德著;戴可来指导,郑州大学,2007 年。

第六节　军队建设、指挥与运筹

《美国参谋长联席会议的创立与发展(1942—1947)》[硕士论文],马小宇著;于群指导,东北师范大学,2009 年。

《二战期间英国特别行动部研究(1940—1946)》[硕士论文],贾清著;梁占军指导,首都师范大学,2015 年。

《抗战时期国民政府军令部研究(1938—1945)》[博士论文],叶铭著;朱宝琴指导,南京大学,2013年。

《日本军部运行机制与对外战争决策(1931—1945)》[博士论文],刘树良著;武寅指导,中国社会科学院,2013年。

《抗战时期国共两党军事制度变革比较研究》[硕士论文],周鑫著;王广振指导,山东大学,2009年。

《二战时期美国军官职业教育研究》[硕士论文],袁泉著;夏季亭指导,山东师范大学,2013年。

《第二次世界大战时期美国陆军专业训练项目研究》[硕士论文],侯洋帆著;侯波指导,郑州大学,2019年。

《二战时期德军装甲师研究》[硕士论文],康昊著;于江欣指导,军事科学院,2009年。

《1939—1941年苏军装甲兵的发展》[硕士论文],张潇著;李世安指导,河北师范大学,2013年。

《论美国空军建制的设立(1907—1947)》[硕士论文],邹星桥著;黄贤全指导,西南大学,2018年。

《全面抗战初期中国空军作用研究(1937.7—1937.11)》[硕士论文],赵宇著;廖大伟指导,东华大学,2014年。

《军事技术与军事思想的互动——以二战结束前军事航空发展为例》[硕士论文],陈波著;何兆勇指导,国防科学技术大学,2011年。

《两次世界大战间美国海军的发展变迁》[硕士论文],李荦著;韩家炳指导,安徽师范大学,2013年。

《第二次世界大战时期美国海军发展研究》[硕士论文],戴博元著;高祥峪指导,西北师范大学,2019年。

《卫国战争前苏联远东海军建设及其意义》[硕士论文],谭天宇著;刘爽指导,黑龙江省社会科学院,2011年。

《从明治维新到第二次世界大战:日本海军与海洋扩张的研究》[硕士论文],黄虎清著;梁民愫指导,江西师范大学,2007年。

《南京攻略战中的日本海军》[硕士论文],刘忠良著;张连红指导,南京师范大学,2011年。

《太平洋战争前日本海军航空力量发展研究:动因与局限》[博士论文],孙文竹著;梅然指导,北京大学,2016 年。

《二战期间美国军队中的女兵研究》[硕士论文],王秀丽著;陈海宏指导,山东师范大学,2014 年。

《二战时期美国陆军妇女队研究》[硕士论文],李欢著;于琳琦指导,哈尔滨师范大学,2015 年。

《二战期间英国女子勤务队探析》[硕士论文],李涛著;王晓焰指导,四川师范大学,2014 年。

《二战时期德国女子辅助部队研究》[硕士论文],高娟著;罗衡林指导,湖南师范大学,2017 年。

《苏联卫国战争中的女飞行团》[硕士论文],蔺金红著;胡舶指导,陕西师范大学,2015 年。

《德国的犹太裔军人研究》[硕士论文],苗润泽著;雷钰指导,西北大学,2015 年。

《诺门罕事件相关问题探讨》[硕士论文],王军嘉著;刘景岚指导,东北师范大学,2013 年。

《诺门罕战争与蒙古人民革命军》[硕士论文],巴图赛罕著;周太平指导,内蒙古大学,2013 年。

第九章 罪行惩治与战争反省

第一节 战争审判与处置

一、军事占领与民主化改造

《盟国对德日领土处置及德日应对的研究》[博士论文],汪凡家著;胡德坤指导,武汉大学,2018 年。

《盟国对德管制委员会始末研究》[硕士论文],徐之凯著;孟钟捷指导,华东师范大学,2012 年。

《德国西占区"非纳粹化"初探》[硕士论文],张沛著;郑寅达指导,华东师范大学,2000 年。

《二战后初期德国西占区非纳粹化探析》[硕士论文],周显亮著;惠一鸣指导,吉林大学,2007 年。

《凤凰涅槃——德国西占区民主化改造研究》[博士论文],张沛著;郑寅达指导,华东师范大学,2003 年。

《美国对德占领政策与西德经济复兴》[硕士论文],唐济生著;王春良指导,山东师范大学,

《英国二战期间及战后初期处置德国的政策研究(1943—1949)》[博士论文],鞠维伟著;徐蓝指导,首都师范大学,2012 年。

《美国处置瑞士银行纳粹黄金问题研究(1940—1946)》[硕士论文],王炳烨著;李晔指导,东北师范大学,2012 年。

《苏联对德国的改造政策研究(1945—1949)》[博士论文],李凤艳著;于群指导,东北师范大学,2011 年。

《战后初期苏联对德军事政策研究(1945—1953)》[硕士论文],王春娇著;雷丽平指导,吉林大学,2015 年。

《盟国对意大利处置政策研究》[硕士论文],刘文君著;李怀顺指导,西北师范大学,2012 年。

《二战期间美国关于战后对日占领与改造政策的制定》[博士论文],曲梦晨

著;戴宇指导,吉林大学,2018 年。

《逆转与扩展:战后美国对日本占领政策研究:1945—1952》[硕士论文],樊迎梅著;张倩红指导,郑州大学,2013 年。

《二战后英美对日占领政策上的分歧与协调(1945—1952)》[硕士论文],郑璐著;郑毅指导,北华大学,2018 年。

《1941—1945 年中美对日本战后处置政策比较》[硕士论文],尤鹏著;王扬指导,湖北大学,2007 年。

《美国对日占领政策与日本劳资关系的重组》[博士论文],刘咏华著;崔丕指导,东北师范大学,2009 年。

《民众、国民政府与战后对日处置问题》[硕士论文],朱怀远著;左双文指导,华南师范大学,2007 年。

《"道义外交"与新中国对日策略》[硕士论文],李德昆著;史桂芳指导,首都师范大学,2011 年。

《论战后日本改革的不彻底性及其影响》[硕士论文],杨柳著;王承亮、王志连指导,山西大学,2006 年。

《战后日本象征天皇制的确立与天皇的作用研究》[硕士论文],丁芳园著;解晓东指导,渤海大学,2016 年。

《从"绝对"到"象征"——战后天皇制的转变及其影响》[硕士论文],崔胜南著;李永晶指导,华东师范大学,2019 年。

二、战争审判与战犯改造

《第二次世界大战中国战区受降述论》[硕士论文],陶诗永著,1994 年。

《战后远东委员会的对日政策》[硕士论文],田利芬著;宋志勇指导,南开大学,2005 年。

《远东委员会与日本战犯处罚问题》[博士论文],赵玲燕著;王建朗指导,中国社会科学院,2013 年。

《战犯国际审判的作用以及有限性》[硕士论文],李振中著;李韧夫指导,吉林大学,2011 年。

《东京审判再探讨 ——以木户幸一和田中隆吉证言为中心》[硕士论文],刘宇蕾著;徐璐指导,西北大学,2017 年。

《东京审判若干法律问题研究》[硕士论文],宋珊著;罗刚指导,云南大学,

2016 年。

《国际刑事法治视野下的东京审判研究》[博士论文],徐持著;陈泽宪指导,中国社会科学院,2017 年。

《论东京审判中的反和平罪》[硕士论文],朱轶琳著;管建强指导,华东政法大学,2013 年。

《论侵略罪:以东京审判之反和平罪为视角》[博士论文],赵心著;朱文奇指导,中国人民大学,2016 年。

《论东京审判对反和平罪的管辖权——基于对〈帕尔意见书〉的分析》[硕士论文],王迪著;管建强指导,华东政法大学,2018 年。

《条约解释视角下东京审判"事后法"研究》[硕士论文],陈磊著;肖凤城指导,中国政法大学,2018 年。

《远东国际军事法庭法官意见研究》[硕士论文],王震宇著;顾兴斌指导,南昌大学,2009 年。

《东京审判菲律宾法官哈拉尼利亚意见书研究》[博士后报告],乔志勇著;程兆奇指导,上海交通大学,2015 年。

《国民政府与东京审判研究》[硕士论文],刘广建著;王卫星指导,南京师范大学,2013 年。

《中国检察组与东京审判研究》[硕士论文],孙艺著;程兆奇指导,上海交通大学,2016 年。

《童受民东京审判法庭证词研究》[硕士论文],谢芬芬著;程维荣指导,上海社会科学院,2016 年。

《国际法视野下的伯力审判》[硕士论文],马方圆著;孙家红指导,中国社会科学院大学,2019 年。

《新中国对日本战犯的审理》[硕士论文],曹庆伟著;臧运祜指导,北京大学,2009 年。

《南京审判研究——以南京大屠杀案为论述中心》[硕士论文],严海建著;张连红指导,南京师范大学,2007 年。

《"徐州审判"研究》[硕士论文],熊昆旗著;王卫星指导,南京师范大学,2017 年。

《日本战犯的沈阳审判》[硕士论文],蒋欣涛著;钟放指导,东北师范大学,2019 年。

《新中国沈阳军事法庭对日本战犯的审判》[硕士论文],王昆仑著;武航宇指导,沈阳师范大学,2017年。

《共和国改造日本战犯对中日关系的影响》[硕士论文],梁强;李广民指导,青岛大学,2010年。

《日本侵华战犯笔供及回忆录翻译实践报告》[硕士论文],王腾著;李筱平指导,大连理工大学,2013年。

《抗战时期国民政府的日军战俘收容与改造研究》[硕士论文],陆勇著;谭刚指导,西南大学,2014年。

《抚顺战犯管理所对日本战犯的改造》[硕士论文],李鉴晔著;周颂伦指导,东北师范大学,2009年。

《新中国政府改造日本战犯研究——以抚顺战犯管理所为例》[博士论文],齐雪著;祝彦指导,中共中央党校,2016年。

《抗战胜利后北平市对日侨的集中、管理与遣返》[硕士论文],米卫娜著;刘敬忠指导,河北大学,2006年。

《南京日侨日俘的集中与管理》[硕士论文],王艳飞著;张连红指导,南京师范大学,2004年。

《战后浙江地区日俘与日侨集中管理与遣返》[硕士论文],姚隽鸣著;袁成毅指导,杭州师范大学,2008年。

《在苏战俘问题研究(1941—1956)》[博士论文],王学礼著;张广翔指导,吉林大学,2012年。

《在苏联日本战俘问题研究(1945—1956)》[博士论文],王蕾著;李春隆指导,吉林大学,2013年。

《苏联西伯利亚地区日本战俘问题研究(1945—1956)》[博士论文],赵玉明著;张建华指导,北京师范大学,2013年。

《二战时期美国对德军战俘的思想改造》[硕士论文],王治坤著;何黎萍指导,中国人民大学,2012年。

第二节　德日的战争赔偿

《冷战爆发前后美国关于德日战争赔偿政策比较研究》[硕士论文],高思雨著;纪胜利指导,哈尔滨师范大学,2018年。

一、德国的战争赔偿

《德国国家赔偿制度述评》[硕士论文],夏秋元著;高家伟指导,中国政法大学,2007年。

《二战后德国赔偿问题研究》[博士论文],孙文沛著;吴友法指导,武汉大学,2010年。

《二战末期及战后初期美英苏对德战败赔偿问题研究》[博士论文],田小惠著;李世安指导,中国人民大学,2003年。

《二战后盟国对德国战败赔偿政策的演变及影响》[硕士论文],孙文沛著;吴友法指导,武汉大学,2007年。

《两次世界大战后美国处理德国战争赔偿问题的政策演变》[博士论文],苑爽著;郑寅达指导,华东师范大学,2008年。

《战后初期美国关于德国赔偿政策的形成以及演变》[硕士论文],李薇著;陈晖指导,南京大学,2009年。

《联邦德国对以色列的赔偿》[硕士论文],朱耿华著;肖宪指导,云南大学,2007年。

《犹太人社团与以色列对德国的战争索赔》[博士论文],林国明著;崔丕指导,东北师范大学,2005年。

《从联邦德国赔偿问题看以色列国内务实主义和民族主义之争》[硕士论文],赵晨著;赵伟明指导,上海外国语大学,2012年。

二、日本的战争赔偿

《日本战争赔偿研究》[博士论文],张民军著;崔丕指导,东北师范大学,2003年。

《远东委员会与日本赔偿问题》[博士论文],贾俐著;王建朗指导,中国社会科学院,2007年。

《美国全球战略与日本战争赔偿方式演变研究》[硕士论文],张蕾著;杨鹏飞指导,西北师范大学,2015年。

《日本战后赔偿重心转移的国内因素分析》[硕士论文],谢茜著;胡德坤指导,武汉大学,2007年。

《日本未承担战争赔偿责任的原因分析及其影响》[硕士论文],孙琳著;李阁楠指导,东北师范大学,2007年。

《战后日本赔偿外交研究(1945—1977)》[博士论文],田野著;刘德斌指导,吉林大学,2011年。

《日本对东南亚的赔偿外交研究》[硕士论文],张丽莉著;何平指导,四川大学,2006年。

《战后日本的东南亚赔偿外交研究》[硕士论文],李垣萤著;杨鲁慧指导,山东大学,2017年。

《从战争赔偿到经济个交——美国促使日本开展对东南亚经济外交政策研究(1949—1954)》[硕士论文],徐建华著;胡德坤指导,武汉大学,2000年。

《试析东南亚国家对日本侵略态度较中韩两国缓和的原因》[硕士论文],班利青著;丁晓杰指导,内蒙古师范大学,2018年。

《日本对菲律宾战争赔偿问题研究(1945—1976)》[硕士论文],樊倩著;连会新指导,河北大学,2018年。

《日本对菲律宾的扩张与战争赔偿》[硕士论文],胡涛著;徐康明指导,云南大学,2006年。

《冷战时期日本对菲律宾的经济外交》[硕士论文],李鸣著;杨静林指导,广西民族大学,2017年。

《日本对印度尼西亚的战争赔偿问题研究(1951—1958)》[硕士论文],李梦醒著;徐显芬指导,华东师范大学,2018年。

《战后日本对缅甸赔偿问题研究(1948—1954)》[硕士论文],史勤著;梁志指导,华东师范大学,2017年。

《日本对缅甸的赔偿政策及其实施过程(1954—1960)》[硕士论文],孔祥伟著;梁志指导,华东师范大学,2019年。

《中日间的战争赔偿问题》[博士论文],袁战毅著;金普森指导,浙江大学,1997年。

《中国对日索赔的历史考察》[硕士论文],张秋山著;郑志廷著;刘宝辰指导,河北大学,2001年。

《中国对日战争索赔问题研究》[硕士论文],戚景著;孙立祥指导,华中师范大学,2014年。

《国民政府对日战争索赔研究——以"先期拆迁赔偿"为中心的考察》[硕士论文],王东进著;申晓云指导,南京大学,2007年。

《国民党对日本战争赔偿问题的观念演变(1942—1952)》[硕士论文],胡又天著；杨奎松指导，北京大学，2011 年。

《"反美扶日运动"与国民政府的对日索赔政策》[硕士论文]，团阳子著；陈红民、王柯指导，浙江大学，2014 年。

《追索正义与尊严的艰难诉求——中国民间对日索赔研究》[博士论文]，高凡夫著；苏智良指导，上海师范大学，2006 年。

《中国民间战争受害者对日索偿的法律基础》[博士论文]，管建强著；周洪钧指导，华东政法学院，2005 年。

《中国民间对日索赔的国际法分析》[硕士论文]，耿学飞著；张爱宁指导，外交学院，2008 年。

《中国民间对日索赔的国际法分析》[硕士论文]，丁岳著；张晓芝指导，西北大学，2013 年。

《战后对日民间索赔的国际法问题研究》[硕士论文]，陈鲸宇著；丁丽柏指导，西南政法大学，2008 年。

《从国际法视角论二战后中国民间对日索赔问题》[硕士论文]，王瑞玲著；辛崇阳指导，中国政法大学，2006 年。

《民间对日索赔的国际刑法依据》[硕士论文]，李超著；阮方民指导，浙江大学，2011 年。

《中国民间对日索赔时效与除斥期间问题浅析》[硕士论文]，曹嘉嘉著；辛崇阳指导，中国政法大学，2010 年。

《中国民间对日索赔诉讼中的个人请求权问题》[硕士论文]，侯倩茹著；辛崇阳指导，中国政法大学，2010 年。

《中国民间对日索赔诉讼中的安全保障义务问题浅析》[硕士论文]，熊玉琳著；辛崇阳指导，中国政法大学，2010 年。

《我国对日民间索赔的法律问题研究——中威船案与三菱和解案带来的新启示》[硕士论文]，姜如竹著；王彦志指导，吉林大学，2016 年。

《中国对日民间索赔中的国家豁免问题研究》[硕士论文]，廖娟娟著；李伯军指导，湘潭大学，2017 年。

《中国法院受理民间对日索赔管辖权问题研究》[硕士论文]，刘羽著；姚莹指导，吉林大学，2018 年。

《浅谈对日索赔中的国家管辖豁免问题——以重庆大轰炸案为例》[硕士论文]，管仕超著；潘国平指导，西南政法大学，2014 年。

《二战期间被掳中国劳工对日索赔诉讼的法律问题探究》[硕士论文],毛欣著;管一颖指导,中国海洋大学,2008 年。

《侵华日军细菌战中国受害者诉讼研究》[硕士论文],金新林著;苏智良指导,上海师范大学,2010 年。

《日军遗留化学武器损害赔偿主体问题研究》[硕士论文],董玉鹏著;刘士国指导,山东大学,2005 年。

《试论日本遗留化武伤害索赔诉讼》[硕士论文],王洪映著;高晓燕指导,黑龙江省社会科学院,2017 年。

《中国"慰安妇"索赔问题研究》[硕士论文],黎若谷著;孙立祥指导,华中师范大学,2016 年。

《中国大陆"慰安妇"制度受害者对日索赔研究》[硕士论文],胡雪菲著;苏智良指导,上海师范大学,2018 年。

第三节　德日的战争责任与战争反省

《日本政治右倾化及其对中日关系的影响》[硕士论文],赵师苇著;王生指导,吉林大学,2014 年。

《冷战后日本政治右倾化及其对中日关系的影响》[硕士论文],陈薇薇著;韩景云指导,湖南师范大学,2014 年。

《试析安倍二次执政以来日本政治右倾化及影响》[硕士论文],郭菁著;巴殿君指导,吉林大学,2019 年。

《军事法语境下的日本政治右倾化及其解禁集体自卫权》[硕士论文],赵天政著;李韧夫指导,吉林大学,2015 年。

《中国对日"二分法"政策的研究和思考》[硕士论文],徐鹏霖著;周永生指导,外交学院,2017 年。

《靖国神社参拜与中日关系》[硕士论文],郑达著;苏智良指导,上海师范大学,2017 年。

《靖国神社问题与中日关系的发展》[硕士论文],张英杰著;娄贵书指导,贵州师范大学,2008 年。

《安倍晋三的二战史观析论》[硕士论文],孙红未著;苏智良指导,上海师范大学,2017 年。

《安倍晋三的历史观探析 ——以安倍二战史观为中心》[硕士论文],姚雪著;解晓东指导,渤海大学,2019 年。

《日本教育界关于"中日战争"的历史叙述 ——以〈详说日本史〉(山川版)为中心》[硕士论文],金璐著;太文慧指导,东北师范大学,2016 年。

《日本关于对华战争的历史教育及其修正主义:比较的视角》[硕士论文],Tara Long 著;叶淑兰指导,华东师范大学,2019 年。

《论联邦德国反思纳粹"记忆文化"的形成与发展》[硕士论文],潘志超著;孟虹指导,中国人民大学,2014 年。

《论当前美国对日本右倾化的双面性政策》[硕士论文],张楠著;孙承指导,中国政法大学,2014 年。

《奥斯维辛幸存者文学书写研究》[博士论文],黄文凯著;季进指导,2015 年。

《集体记忆的伦理:以中日两国对战争记忆的塑造为例》[硕士论文],卢姣娜著;张容南指导,华南师范大学,2019 年。

《中国对"日本军国主义复活"的批判及其影响(1969—1972)》[硕士论文],张邦钰著;崔丕指导,华东师范大学,2017 年。

一、战争责任

《战争责任制度研究》[硕士论文],彭琼莹著;毛国辉指导,国防科学技术大学,2008 年。

《天皇裕仁与第二次世界大战》[硕士论文],王春光著,东北师范大学,1990 年。

《昭和天皇在日本对外侵略扩张中的思想、行动和责任》[博士论文],龚娜著;杨栋梁指导,南开大学,2011 年。

《再论昭和天皇的战争责任:以"御前会议"战争决策为中心》[硕士论文],薛婉婷著;安成日指导,黑龙江大学,2016 年。

《追究东条英机战争罪责研究》[硕士论文],徐楠楠著;朱文奇指导,中国人民大学,2018 年。

《试析当代中日两国中学生二战历史认识》[硕士论文],温玲著;刘小林指导,北京师范大学,2007 年。

《侵华战争时期日本文化人在北京的活动、涉华创作及其战争责任》[博士后报告],王升远著;陈思和指导,复旦大学,2016 年。

二、德日战争反省比较

《从魏玛共和国到联邦德国——德国宪政建设之思考》[硕士论文],林雨倩著;王为指导,外交学院,2018 年。

《日德两国不同的二战史观述论》[硕士论文],张景云著;黄尊严指导,曲阜师范大学,2007 年。

《德国、日本二战史观迥异的比较研究》[硕士论文],王鑫著;吉珊珊指导,山西大学,2007 年。

《德国与日本对二战史认识的比较研究》[硕士论文],王一飞著;周永生指导,外交学院,2014 年。

《德日二战历史教育比较研究》[硕士论文],朱晓琳著;高凡夫指导,青岛科技大学,2014 年。

《战后西德对纳粹历史的反省研究》[硕士论文],吴琼著;邢来顺指导,华中师范大学,2014 年。

《战时日本学生兵群体战争体验初探:以〈听! 海神的声音〉展开的研究》[硕士论文],张婧著;孙歌指导,中国社会科学院,2013 年。

三、日本战争反省的态度及日本的右倾化

《当代日本战争史观与国民性因素初析——以日本 1937—1945 对华侵略战争为例》[硕士论文],康乃馨著;刘鸣指导,上海社会科学院,2015 年。

《传统与现代性的撕裂:从靖国神社问题看日本政治文化》[硕士论文],杨智颖著;李永成指导,北京外国语大学,2015 年。

《论中日关系中的历史认识问题》[硕士论文],欧阳安著;张历历指导,外交学院,2001 年。

《中日关系中的历史认识问题研究》[博士论文],游博著;程又中指导,华中师范大学,2006 年。

《关于中日历史认识问题的新思考》[硕士论文],黄凤莲著;金香海指导,延边大学,2005 年。

《日军官兵的"独断专行"与天皇政府的侵华战争责任——驳为日本天皇裕仁开脱侵华战争罪责的"独走"论》[硕士论文],郎扬著;于桂芬指导,东北师范

大学,2004 年。

《战后日本政界战争史观的演变及原因探析》[硕士论文],蒋玲著;刘德斌指导,吉林大学,2007 年。

《日本新民族主义的战争史观评析》[硕士论文],王艳红著;张胜军指导,北京师范大学,2004 年。

《中日两国"二战史观"的分歧论析》[硕士论文],王丽萍著;孙立祥指导,东北师范大学,2002 年。

《日本历史教科书问题评析》[硕士论文],荆卓著;宋志勇指导,南开大学,2005 年。

《日本历史教科书问题根源探析》[硕士论文],杨普安著;娄贵书指导,贵州师范大学,2008 年。

《论日本历史教科书问题的根源与实质》[硕士论文],金美星著;姜龙范指导,延边大学,2006 年。

《伪满教科书对历史事实的篡改》[硕士论文],程燕著;齐红深指导,辽宁师范大学,2007 年。

《靖国神社参拜问题的层次分析》[硕士论文],郭宗宏著;张锡镇指导,北京大学,2008 年。

《"靖国情结"的外交困境》[硕士论文],蒋成凤著;陈剑峰指导,上海大学,2007 年。

《日本靖国神社的愚民作用》[硕士论文],唐中粮著;吴建华指导,西南大学,2010 年。

《论日本军国主义倾向及其原因》[硕士论文],李寅铨著;韩玉贵指导,山东师范大学,2004 年。

《日本右翼的概念意涵、思想构造、系谱构成及其分类研究》[博士后报告],吴限著,中国社会科学院,2015 年。

《日本右翼势力的演变及对日本内外政策的影响》[硕士论文],顾颖著;杨勉指导,中国传媒大学,2014 年。

《日本政治右倾化的政治文化分析:对参拜靖国神社与追求》[硕士论文],郝重庆著;刘学军指导,中共中央党校,2014 年。

《日本右翼势力关于中国"慰安妇"问题言论析评》[硕士论文],李青凌著;苏智良指导,上海师范大学,2019 年。

《日本政治右倾化根源研究》[硕士论文],郭亦飞著;周永生指导,外交学院,2017年。

《安倍政权的政治右倾化研究》[硕士论文],于丽著;于光胜指导,山东师范大学,2016年。

《冷战后右翼势力对日本外交政策的影响研究》[硕士论文],李加永著;赵立新指导,延边大学,2016年。

《武士道精神:日本右翼的文化土壤》[硕士论文],蔡潇著;郭红霞指导,华中师范大学,2007年。

《论战后日本右翼势力的演变及其历史文化原因》[硕士论文],郭翠萍著;王志连指导,山西大学,2005年。

《日本右翼思想对其外交影响探析》[硕士论文],张永胜著;李广民指导,青岛大学,2014年。

《日本右翼势力的发展与中日关系研究》[硕士论文],王维虎著;牛正兰、谈振好指导,西北师范大学,2012年。

《日本新右翼势力兴盛的原因探析》[硕士论文],郭鹏彬著;周永生指导,外交学院,2014年。

《论日本新右翼势力的成因及对中日关系的影响》[硕士论文],施清秀著;史桂芳指导,首都师范大学,2004年。

《冷战后日本右翼思潮与中日关系》[硕士论文],夏友照著;姜龙范指导,延边大学,2004年。

《冷战后日本右翼势力的兴起与危害》[硕士论文],谭永羡著;张先亮、张家飞指导,新疆大学,2004年。

《日本右翼势力与"台独"势力的互动情结及破解对策研究》[硕士论文],岳利军著;孙立祥指导,东北师范大学,2007年。

《日本政治右倾化及对日本外交政策影响》[硕士论文],钟明著;李阁楠指导,东北师范大学,2008年。

《战后日本右倾化过程中的美国因素》[硕士论文],宗玲著;李阁楠指导,东北师范大学,2006年。

《第二次世界大战后日本人对华认识如何变化》[博士论文],佐藤都著;梁云祥指导,北京大学,2012年。

第四节　战争遗留与历史认识问题

《中国处理战争遗留问题研究(1945—1972)》[硕士论文],张功材著;史桂芳指导,首都师范大学,2009 年。

《中日历史遗留问题对当代中日关系的影响研究》[硕士论文],赵金兰著;曲洪波指导,沈阳航空航天大学,2016 年。

《当代英国主流报纸对中国抗日战争形象的话语建构研究》[硕士论文],谢如月著;刘笑元指导,云南大学,2019 年。

《中学历史教学中抗日战争史教育现状的思考》[硕士论文],陈长春著;沈敏华指导,华东师范大学,2007 年。

《20 世纪 80 年代以来初中历史教学中抗日战争史内容演变研究》[硕士论文],王刚著;姬秉新指导,西北师范大学,2007 年。

《论高中历史教学中的抗日战争史教学》[硕士论文],姚宏博著;刘文涛指导,山东师范大学,2011 年。

《日本侵华战争遗留问题研究》[硕士论文],萧俊著;李浩指导,江西师范大学,2005 年。

《中日关系中的历史遗留问题分析》[硕士论文],高远著;梁守德指导,北京大学,2005 年。

《日本遗弃在华化学武器问题研究》[硕士论文],付小军著;苏智良指导,上海师范大学,2010 年。

《日本遗华化学武器之战后责任研究》[硕士论文],王向文著;张力指导,中国政法大学,2011 年。

《论日本遗弃化学武器的国际法责任》[硕士论文],杨冰著;金哲指导,中国政法大学,2016 年。

《侵华日军细菌战参与者和受害者身心状况比较研究——基于对江西上饶地区细菌战受害者采访调查的实证分析》[硕士论文],王卫华著;孟海泉指导,江西师范大学,2008 年。

《二战后美日掩盖和庇护日本细菌战罪行之剖析》[硕士论文],周丽艳著;王希亮指导,黑龙江省社会科学院,2008 年。

《侵华日军 731 部队细菌实验室旧址建筑技术研究》[硕士论文],项阳著;

王凤来指导,哈尔滨工业大学,2015 年。

《日本政府、军队与"慰安妇"制度的推行》[硕士论文],王亚琴著;苏智良指导,上海师范大学,2016 年。

《日本外务省在"慰安妇"制度推行中的责任研究》[硕士论文],刘晓彤著;苏智良指导,上海师范大学,2019 年。

《战后日本政府关于"慰安妇"问题的态度析论》[硕士论文],陈健行著;苏智良指导,上海师范大学,2016 年。

《日本政府对"慰安妇"事件的态度演变:日本相关回应的重新语境化分析》[硕士论文],曾静云著;李桔元指导,广州大学,2019 年。

《冷战后日本国家形象构建与"慰安妇"问题》[硕士论文],赵盼盼著;苏智良指导,上海师范大学,2009 年。

《从慰安妇问题管窥日本文化》[硕士论文],于招娣著;潘畅和指导,延边大学,2009 年。

《"慰安妇"议题中日本、韩国对美公共外交比较》[硕士论文],陈欢著;史泽华指导,北京外国语大学,2016 年。

《日军"慰安妇"幸存者生存状况调查与 PTSD 初步探究——以海南澄迈、临高两县受害者为中心》[硕士论文],赵青青著;苏智良指导,上海师范大学,2012 年。

《韩国日军"慰安妇"调查援助活动研究》[硕士论文],詹芳芳著;苏智良指导,上海师范大学,2018 年。

《比较法视野下慰安妇问题的解决路径研究》[硕士论文],陈嘉文著;丁相顺指导,中国人民大学,2018 年。

《新世纪以来国内"慰安妇"报道研究》[硕士论文],李依浓著;李庆勇指导,沈阳师范大学,2019 年。

《"慰安妇"集体记忆的媒体建构》[硕士论文],吴林璞著;王玲宁指导,上海外国语大学,2019 年。

《遗忘与重建:"慰安妇"集体记忆的影像呈现研究》[硕士论文],高雅著;束秀芳指导,安徽大学,2018 年。

《我国报刊中"慰安妇"报道的媒体记忆建构研究(1992—2016)》[硕士论文],刘映雪著;祁涛、李蓬指导,河南大学,2018 年。

《〈中国青年报〉建构"慰安妇"集体记忆研究》[硕士论文],吕自珍著;李惠民指导,兰州大学,2018年。

《〈人民日报〉如何建构"慰安妇"集体记忆(1962—2016)》[硕士论文],施佳琦著;李岩指导,浙江大学,2017年。

《社会记忆视角下我国"慰安妇"档案研究》[硕士论文],王卉著;黄夏基指导,广西民族大学,2018年。

《后殖民女性主义视角下慰安妇形象研究 ——以凯勒与汉森同名作品〈慰安妇〉为例》[硕士论文],石香兰著;朴玉明指导,延边大学,2016年。

《日、德两国历史问题比较研究》[硕士论文],王警著;王晓波指导,延边大学,2016年。

《英美学者视角下的中日历史问题研究》[硕士论文],谢梦莹著;范洪颖指导,广东外语外贸大学,2014年。

《美日关系中的历史认知问题 ——以美国为中心的研究》[硕士论文],万凯君著;杨夏鸣指导,中共江苏省委党校,2017年。

《国家记忆与南京大屠杀叙事》[博士论文],季静著;沈义贞指导,南京艺术学院,2019年。

《以色列对大屠杀历史的认同与记忆》[硕士论文],高霞著;沐涛指导,华东师范大学,2016年。

《第二次世界大战后德意志民族难民问题研究》[硕士论文],巴为江著;李积顺指导,西北师范大学,2014年。

《战后中国遣返德侨问题初探(1945—1948)》[硕士论文],仇志云著;李育民指导,湖南师范大学,2019年。

《美国核轰炸广岛长崎的伦理再反思》[硕士论文],刘瑞著;尹松波指导,云南财经大学,2016年。

《钓鱼岛归属问题研究》[硕士论文],崔吉燕著;管颖指导,中国海洋大学,2010年。

《中国追索战时流失海外文物的法律问题研究》[硕士论文],单颖著;高宁指导,辽宁大学,2011年。

《二战时期被转移到苏联的文化财产返还法律问题研究》[硕士论文],刘长虹著;王云霞指导,中国人民大学,2012年。

《〈人民日报〉对"九一八"事变的记忆建构研究(1949—2017年)》[硕士论文],李勋娜著;赵建国指导,广东外语外贸大学,2018年。

第十章　第二次世界大战的结局与总结

《审判的悖谬——以埃德加·希尔森拉特的文本为例审视极恶追责问题》[博士论文],高星璐著;谢建文指导,上海外国语大学,2018年。

《中日反思二战纪念馆的比较研究》[硕士论文],龚雪晖著;陈国文指导,贵州大学,2018年。

《冷战初期美国对华政策研究——从美蒋合作的视角下探究美国对华政策的演变》[硕士论文],崔文法著;李松林指导,首都师范大学,2014年。

《二战后日本人的中国观——基于日本初中历史教科书的实证研究》[博士论文],柯劲松著;宿久高指导,东北师范大学,2015年。

《日本初中历史教科书中"十五年战争"编写研究》[硕士论文],李春消著;李稚勇、陈志刚指导,上海师范大学,2019年。

《瑞典与北欧冷战起源的关系》[硕士论文],于鹏著;纪胜利指导,哈尔滨师范大学,2014年。

《东西方关于冷战问题的文本差异分析》[硕士论文],唐沁著;王帆指导,外交学院,2009年。

《苏联对德国的政策与德国的分裂(1945—1955)》[硕士论文],冯琪著;张盛发指导,中国社会科学院研究生院,2005年。

《抗战胜利后国民政府对日政策述评(1945—1949)》[硕士论文],何力群著;程舒伟指导,东北师范大学,2002年。

《从侵略扩张到和平拓展——第二次世界大战与日本发展模式的转型》[博士论文],刘潇湘著;胡德坤指导,武汉大学,2014年。

《"九三"抗战胜利纪念日的由来和演变研究》[硕士论文],李洋著;萧永宏指导,南京师范大学,2017年。

《1949年以来大陆中学历史教材对抗日战争书写的演变研究》[硕士论文],许艳著;萧永宏指导,南京师范大学,2017年。

《1949—1991年台湾中学历史教科书中的抗日战争》[硕士论文],田磊著;

李勇指导,淮北师范大学,2016 年。

《试析法德和解对新时期中日关系改善的启示》[硕士论文],喻珍著;傅菊辉指导,湘潭大学,2011 年。

《新加坡第二次世界大战的国家记忆建构研究》[硕士论文],唐梦琪著;朱大伟指导,赣南师范大学,2019 年。

《德国教科书中对"二战历史"的反思——以黑森州文理中学 10—12 年级教科书为例》[硕士论文],林倩倩著;李稚勇、李尚君指导,上海师范大学,2018 年。

《日本媒体对二战集体记忆的建构——基于〈朝日新闻〉2015 年二战纪念的报道分析》[硕士论文],秦亚著;冉华指导,武汉大学,2017 年。

《韩国新右翼历史教科书美化日本侵略问题研究》[硕士论文],崔荣耀著;李春虎指导,上海外国语大学,2017 年。

《日本中学历史教科书问题研究——以"南京大屠杀"为中心》[硕士论文],张亚莎著;朱发建指导,湖南师范大学,2017 年。

《试析美国对日本历史认识问题的政策立场》[硕士论文],潘峰著;王鸿刚指导,国际关系学院,2016 年。

《麦克阿瑟与日本历史认识问题》[硕士论文],雷璇著;祝乘风指导,辽宁大学,2015 年。

《日本历史问题中的美国因素》[硕士论文],杨操著;王秋彬指导,吉林大学,2015 年。

《日本右翼势力修改"和平宪法"问题的历史考察》[硕士论文],曹玲著;孙立祥指导,华中师范大学,2015 年。

《新中国成立以来中国共产党解决日本侵华战争遗留问题研究》[博士论文],闫立光著;郭永虎指导,吉林大学,2019 年。

第一节　大国安排与战争结局

《"九三"抗战胜利纪念日的由来和演变研究》[硕士论文],李洋著;萧永宏指导,南京师范大学,2017 年。

《斯大林与雅尔塔体制》[硕士论文],田威著;刘平指导,中共中央党校,1991 年。

《二战后日本的媾和对策研究(1945—1952)》[博士论文],隋淑英著;李世安指导,中国人民大学,2008 年。

《旧金山对日媾和研究》[博士论文],孙瑜著;陈景彦指导,吉林大学,2008 年。

《〈旧金山对日和约〉的签订及其影响》[硕士论文],孙瑜著;陈景彦指导,吉林大学,2005 年。

《论〈旧金山对日和约〉及其对东亚国际关系的影响》[硕士论文],刘合波著;郝承敦指导,曲阜师范大学,2007 年。

《美国对意大利的政策与〈对意和约〉的签署(1945—1947)》[硕士论文],孙艳著;于群指导,东北师范大学,2007 年。

《法德和解的历史进程探析》[硕士论文],高秀敏著;惠一鸣指导,吉林大学,2004 年。

《日本投降与国民政府的反应和对策》[硕士论文],张庆著;唐士其指导,东北师范大学,2012 年。

《国民党政府关于对日和约的态度》[硕士论文],李颖著;张皓指导,北京师范大学,2009 年。

《抗战胜利后国民政府对日政策述评(1945—1949)》[硕士论文],何力群著;程舒伟指导,东北师范大学,2002 年。

《1945—1949 年国民党政府对美国扶日政策的态度》[硕士论文],邱海燕著;张皓指导,北京师范大学,2005 年。

第二节 第二次世界大战对各国的影响

《二战后世界主要国家军事领导体制的调整改革》[博士论文],何学文著;钱海皓指导,军事科学院,2000 年。

《二战时期美国妇女参军对女性解放的积极影响》[硕士论文],潘英爽著;傅晓微指导,四川外国语大学,2016 年。

《第二次世界大战期间美国南部工业化分析》[硕士论文],张玉栋著;梁茂信指导,东北师范大学,2000 年。

《第二次世界大战与美国西部经济崛起》[博士论文],王媛著;丁则民指导,东北师范大学,1999 年。

《战后初期美国战时经济向和平经济的转变》［硕士论文］，杨维著；熊伟民指导，湖南师范大学，2007 年。

《战后美国产业结构演变研究》［博士论文］，景跃军著；王胜今指导，吉林大学，2004 年。

《二战以来美国国内人口迁移研究》［博士论文］，于蜀著；张善余指导，华东师范大学，2000 年。

《二战美国陆军人员的复员研究》［硕士论文］，王小军著：周旭东指导，浙江师范大学，2010 年。

《美国的二战退伍兵政策》［硕士论文］，曹景文著；熊伟民指导，湖南师范大学，2004 年。

《二战以来美国公民教育演变与发展》［硕士论文］，康夏飞著；王兆璟、张学强指导，西北师范大学，2011 年。

《二战及战后环境对美国高等教育大众化的影响》［硕士论文］，耿朋著；孙鸿指导，河北师范大学，2010 年。

《二战军人权利法案对美国高等教育的影响及对我国的启示》［硕士论文］，张瑞玲著；王宏方指导，河北师范大学，2011 年。

《二战时期的英国成人教育》［硕士论文］，曹文娟著；吴必康指导，首都师范大学，2008 年。

《论美国妇女与第二次世界大战》［硕士论文］，林艳著，李树藩指导，东北师范大学，1993 年。

《第二次世界大战对美国妇女的影响》［硕士论文］，张亚杰著；李玉君指导，兰州大学，2013 年。

《二战时期美国妇女就业状况研究》［硕士论文］，王海荣著；徐萍指导，吉林大学，2012 年。

《通往平等之路：从妇女就业看第二次世界大战时期美国妇女的地位变化》［硕士论文］，周祥森著；万松玉指导，河南大学，1990 年。

《探析第一、第二次世界大战期间美国黑人妇女就业问题》［硕士论文］，张宁著，张涛指导，四川外语学院，2011 年。

《二战期间英国女性就业问题研究》［硕士论文］，杨俊佳著；马瑞映指导，陕西师范大学，2012 年。

《试论第二次世界大战与法国妇女解放》［硕士论文］，金彩侠著；李巍指导，山东大学,2009 年。

《中美二战时期女工发展情况比较研究》[硕士论文],李芮著;Wilton B. Fowler 指导,南京大学,2013 年。

《试析两次世界大战间法国国际地位变化的原因及影响》[硕士论文],钟宪章著;杨国顺指导,辽宁大学,2006 年。

《第二次世界大战与英帝国殖民体系的崩溃》[硕士论文],陈艳云著;张继平、胡德坤指导,武汉大学,1991 年。

《第二次世界大战与英国福利制度的建设》[硕士论文],仲笑林著;徐平指导,北京大学,2001 年。

《二战后英国的国际形象研究》[硕士论文],孙亦舟著;邓淑华指导,电子科技大学,2009 年。

《二战后英国航空工业发展研究(1945—1970)——重建与探索》[硕士论文],刘东著;马瑞映指导,陕西师范大学,2018 年。

《二战后初期东欧德意志难民迁移研究》[硕士论文],罗媛著;邢来顺指导,华中师范大学,2018 年。

《卡廷大屠杀事件与波兰对俄态度转变研究:波兰加入欧盟背景下的安全化角色分析》[博士论文],Olga Sebina 著;刘德斌指导,吉林大学,2017 年。

《第二次世界大战期间的加拿大认同》[硕士论文],张涛著;陈喜荣指导,四川外语学院,2007 年。

《第二次世界大战与加拿大独立外交的形成》[博士论文],潘迎春著;胡德坤指导,武汉大学,2004 年。

《第二次世界大战对加拿大外交政策的影响》[硕士论文],孙佳怡著;付成双指导,南开大学,2007 年。

《战后初期日本政治文化的重构》[硕士论文],马俊飞著;许晓春指导,陕西师范大学,2013 年。

《二战以来日本安全观的形成和演变》[博士论文],孙叶青著;冯绍雷指导,华东师范大学,2011 年。

《战时日本女性的婚姻生活》[硕士论文],庞艳著;宋凯指导,山东大学,2011 年。

《"二战"后日本宗教世俗化趋势对现代化的影响》[硕士论文],张万伟著;孙英春指导,中国传媒大学,2008 年。

《二战对太平洋岛国的影响论析》[硕士论文],柳宇著;吕桂霞指导,聊城大学,2015 年。

《日本侵华战争对中国早期现代化的延误》[硕士论文],张晓羽著;黄尊严指导,曲阜师范大学,2009 年。

《抗日战争与中国民族主义的发展》[博士论文],李颖著;叶自成指导,北京大学,2003 年。

《抗日战争与中华民族凝聚力的提升》[硕士论文],陈震峰著;郭圣福指导,华中师范大学,2008 年。

《抗日战争与中华民族精神的形成发展研究》[硕士论文],陈一著;谢俊春指导,西北师范大学,2012 年。

《抗日救亡运动与中国政治进程》[博士论文],董伟著;李鸿文指导,东北师范大学,1994 年。

《抗日战争在中国现代化进程中的影响研究》[硕士论文],吴国军著;陈龙娟指导,中国石油大学,2010 年。

《中国现代化进程中的日本因素(1895—1945)》[博士论文],杨柳著;刘德喜指导,中共中央党校,2010 年。

第三节　二次大战与战后国际关系的调整

《从二战国际格局转型看大国的兴衰:竞争优势视野下的历史剖析》[博士论文],李欣著;耿成宽指导,军事科学院,2007 年版。

《第二次世界大战与战后欧洲一体化的起步》[博士论文],严双伍著;胡德坤指导,武汉大学,2002 年。

《盟国鲁尔政策的演变及对西欧一体化的影响》[硕士论文],岳伟著;吴友法指导,武汉大学,2007 年。

《二战后美苏对德管制与德国的分裂》[硕士论文],李娇娇著;吴伟指导,首都师范大学,2010 年。

《敦刻尔克条约的缘起与战后初期英国外交政策》[硕士论文],巩象忠著;梁占军指导,首都师范大学,2003 年。

《第二次世界大战后初期中美日战略格局的演变》[博士论文],刘早荣著;胡德坤指导,武汉大学,2008 年。

《第二次世界大战与战后和平的奠基》[博士论文],卜秀瑜著;胡德坤指导,武汉大学,2009 年。

《第二次世界大战与战后世界发展模式转换》[博士论文],朱大伟著;胡德坤指导,武汉大学,2010 年。

《第二次世界大战与战后国际军备控制》[博士论文],杜清华著;胡德坤指导,武汉大学,2011 年。

《论第二次世界大战与战后战争制约机制》[硕士论文],吴鑫著,军事科学院,1994 年。

《论两极格局(1945—1990)与世界和平》[硕士论文],姜文忠著;胡德坤指导,武汉大学,1994 年。

《论战后局部战争与世界整体和平》[硕士论文],徐红艳著;胡德坤指导,武汉大学,1996 年。

《论新技术革命对当代战争与和平问题的影响》[硕士论文],徐英著;李元明指导,中共中央党校,1988 年。

《第二次世界大战与联合国的成立》[博士论文],刘晓莉著;胡德坤指导,武汉大学,2006 年。

《斯大林与联合国的成立》[博士论文],曲延明著;林军指导,外交学院,2010 年。

《试论二战期间美国国会的战后国际和平组织政策(1942—1943)》[硕士论文],韩长青著;徐蓝指导,首都师范大学,2004 年。

《二战期间美国与战后国际和平与安全组织起源的研究(1939—1945)》[博士论文],韩长青著;徐蓝指导,首都师范大学,2008 年。

《从多边主义思想到国际制度建立:美国创建联合国的经验》[博士论文],侯自强著;熊志勇指导,外交学院,2013 年。

《美国与战后世界经济体系的构建》[博士论文],张士伟著;韩永利指导,武汉大学,2010 年。

《国民政府参与联合国创建的动态考察》[硕士论文],帅艳华著;汤奇学、周乾指导,安徽大学,2005 年。

《第二次世界大战与英帝国的衰落》[硕士论文],王建著;李怀顺指导,西北师范大学,2012 年。

《从侵略扩张到和平发展——二战与战后日本发展模式的转换》[博士论

文],刘潇湘著;胡德坤指导,武汉大学,2013年。

《第二次世界大战与澳大利亚东亚政策的变化》[硕士论文],郭苏日娜著;杜立克指导,内蒙古大学,2011年。

《中国抗战与东亚国际秩序的演变》[博士论文],祁怀高著;胡德坤指导,武汉大学,2007年。

《共同利益,相互依赖:二战后初期英美特殊关系研究》[硕士论文],管佳妮著;朱全红指导,华东师范大学,2008年。

《战后初期英美对日政策的分歧与协调(1945—1951)》[硕士论文],李磊著;黄正柏指导,华中师范大学,2008年。

《试析战后初期美国外交政策调整的原因》[硕士论文],冯凯著;王新谦指导,河南大学,2012年。

《战后初期美国军方的远东政策主张及其影响(1945年8月—1950年6月)》[硕士论文],张先友著;黄正柏指导,华中师范大学,2007年。

《美国对日结盟战略研究(1945—1951)》[硕士论文],穆殿云著;李积顺指导,西北师范大学,2009年。

《美日同盟与美韩同盟成因之比较(1945—1953)》[硕士论文],崔志丹著;姜龙范指导,延边大学,2010年。

《二战后日美经济关系的演变及其启示》[硕士论文],戴俊杰著;徐修德指导,青岛大学,2007年。

《灾难的前奏:1941—1954年美国对越政策的演变》[博士论文],汪堂峰著;金重远指导,复旦大学,2004年。

《从罗斯福到艾森豪威尔1940—1954年美国的越南政策》[博士论文],刘东明著;徐蓝指导,首都师范大学,2002年。

《核武器的研制与美苏冷战》[硕士论文],毛立坤著;李世安指导,中国人民大学,2003年。

《穿越"铁幕":美国对"苏东国家"的冷战宣传(1945—1963)》[博士论文],郭又新著;于群指导,东北师范大学,2003年。

《英国的东南亚政策与冷战起源》[硕士论文],冯蕾著;徐蓝指导,首都师范大学,2004年。

《1946年的伊朗撤军危机及其对美国外交政策的影响》[硕士论文],王莹著;王玮指导,山东师范大学,2008年。

《从战时联盟到冷战联盟:1940—1958 年美英核合作探析》[硕士论文],金飞著;金卫星指导,苏州大学,2012 年。

《从宿敌到盟友,论二战后法德关系》[硕士论文],吕颖著;冯寿农指导,厦门大学,2009 年。

《二战后的法德萨尔之争及其解决》[硕士论文],王卫杰著;黄正柏指导,华中师范大学,2011 年。

《法德关系与中日关系比较》[硕士论文],张丽莹著;黄尊严指导,曲阜师范大学,2008 年。

《法德和解与中日关系比较研究——以民族主义为视角》[硕士论文],陈静静著;杨宁一指导,北京师范大学,2008 年。

《战后英国对联邦德国和解政策研究》[博士论文],滕琳著;周荣耀、吴必康指导,中国社会科学院,2013 年。

《二战后英国欧洲政策研究》[硕士论文],孟庆凌著;王慧媞指导,山东师范大学,2007 年。

《论战后英国对欧洲领导权的争夺 1945—1958——以英法关系为视角》[硕士论文],白绪全著;马瑞映指导,陕西师范大学,2007 年。

《英国与第二次世界大战后的土耳其安全问题(1945—1952)》[硕士论文],王惜梦著;程文进指导,首都师范大学,2011 年。

《第二次世界大战结束以来的(苏联)俄罗斯和日本的关系》[博士论文],李勇慧著;李静杰指导,中国社会科学院,2001 年。

《战后初期苏联维护德国统一的外交政策研究》[硕士论文],李金哲著;黄正柏指导,华中师范大学,2005 年。

《1945—1948 年苏联在北朝鲜的政策实践研究》[博士论文],刘英著;余伟民指导,华东师范大学,2004 年。

《朝鲜半岛问题的由来及发展趋势》[硕士论文],刘福江著;夏安凌指导,华中师范大学,2001 年。

《当代日韩关系研究(1945—1965)》[博士论文],安成日著;俞辛焞指导,南开大学,2000 年。

《台湾问题的缘起与美国对台政策的演变(1943—1954)》[硕士论文],王妍著;刘德斌指导,吉林大学,2006 年。

《"日台条约"与 1950 年代初期远东国际关系的形成》[博士论文],金莹著;

金光耀指导,复旦大学,2008年。

《战后日本国家安全政策的起源(1945—1951)——从永久中立化到日美安全协定(1945—1951)》[硕士论文],刘树良著;刘世龙指导,中国社会科学院,2009年。

《日美冲绳问题起源研究(1942—1952)》[博士论文],刘少东著;王振锁指导,南开大学,2010年。

《二战后日本对东南亚外交的回顾与前瞻》[硕士论文],柴彬著,兰州大学,2000年。

第四节　第二次世界大战与文学艺术

《从〈审判〉看日本人的战争责任意识》[硕士论文],韩爽著;王艳华指导,吉林财经大学,2015年。

《中国远征军文学作品审美特征论》[硕士论文],刘敏著;宋家宏、管乔中指导,云南大学,2018年。

《20世纪90年代德语自传文学中的纳粹时期成长记忆》[博士论文],赵叶莹著;赵利民指导,吉林大学,2015年。

《对历史记忆的审视和追问 ——凯尔泰斯·伊姆雷作品研究》[硕士论文],周璇著;李志峰指导,广西大学,2016年。

《肯定生命:辛西娅·欧芝克〈大披肩〉屠犹诗性记忆研究》[硕士论文],郝慧敏著;刘军指导,西安外国语大学,2018年。

《伦理视域下的大屠杀戏剧解读 ——以〈谁来传达这些话?〉〈76号区〉〈食人〉为例》[硕士论文],李凯著;范煜辉指导,浙江师范大学,2018年。

《论大屠杀在儿童文学中的表现》[硕士论文],童潇骁著;胡丽娜指导,浙江师范大学,2016年。

《纳粹题材电影的艺术特征研究》[硕士论文],索雪著;钟仕伦指导,四川师范大学,2015年。

《日本纪录片〈“731部队”的真相〉模拟交替传译实践报告》[硕士论文],张锦著;李鞞指导,辽宁师范大学,2018年。

《日本军国主义电影叙事策略研究》[硕士论文],郝乐著;邹建达指导,云南师范大学,2016年。

《战后日本文学中的战争反省意识》[硕士论文],曹祎蓉著;梅定娥指导,南京财经大学,2015 年。

《试论井上厦"梦之三部曲"中的战争反省》[硕士论文],孙嫣著;马英萍指导,厦门大学,2014 年。

《1950 年至 2000 年美国二战题材电影研究》[硕士论文],雷芳著;许江娥指导,山西师范大学,2016 年。

《好莱坞犹太大屠杀题材电影研究》[硕士论文],黄永歆著;陈吉德指导,南京师范大学,2017 年。

《跨文化视域下中美大屠杀题材类电影的比较分析》[硕士论文],蔡桉然著;金冰指导,经济贸易大学 2017 年。

《中美大屠杀题材电影的叙事比较研究》[硕士论文],聂明群著;刘新生指导,曲阜师范大学,2015 年。

《纳粹大屠杀话语的"美国化"研究》[博士论文],刘丽娟著;张倩红指导,郑州大学,2017 年。

《犹太大屠杀文学中的 4 种人物形象及美学意义阐释:基于美国和以色列犹太文学几个重点文本分析》[硕士论文],余云著;潘一禾指导,浙江大学,2016 年。

一、各国二战文学艺术比较

《中美二战文学比较》[硕士论文],李直著;崔新京指导,辽宁大学,2008 年。

《中苏反法西斯战争小说比较》[硕士论文],苏丽静著;吕伟民指导,郑州大学,2006 年。

《中英二战题材文学中的儿童形象比较研究》[博士论文],王礼岚著;靳明全指导,四川大学,2012 年。

《苏美二战史诗电影研究》[博士论文],蒋亭亭著;周安华指导,南京大学,2006 年。

《中美对日作战战争电影比较研究》[博士论文],宫晓鹏著;李掖平指导,山东师范大学,2013 年。

《重庆抗战戏剧与美国反法西斯戏剧比较研究》[硕士论文],刘艳坤著;靳明全指导,重庆师范大学,2006 年。

《二战时期的重庆抗战小说与日本反战小说的比较研究》[硕士论文],李丹丹著;靳明全指导,重庆师范大学,2006年。

《中国抗战诗歌与日本侵华诗歌比较研究》[硕士论文],谢琼林著;刘静指导,重庆师范大学,2014年。

《德日反思二战文学中"受害的施害者"主题比较》[硕士论文],戴雨浓著;杜林指导,辽宁师范大学,2010年。

《对德国二战士兵和中国红卫兵的集体记忆之文学表现与变化》[硕士论文],芮丹著;印芝虹指导,南京大学,2012年。

《抚慰创伤的三种方式:三部为纪念二战而作的交响作品研究》[硕士论文],张海涛著;李锦生指导,西北师范大学,2011年。

《媒介记忆视角下"慰安妇"专题电影研究》[硕士论文],冉迪著;吴成福、刘克军指导,河南工业大学,2019年。

二、国外二战文学艺术

《从情景语境的视角重温〈第二次世界大战回忆录〉》[硕士论文],林文苑著;李国庆、李楠楠指导,暨南大学,2018年。

《从语域理论的角度看〈第二次世界大战回忆录〉的重译》[硕士论文],姜明宇著;李国庆、张跃指导,暨南大学,2018年。

《从系统功能语言学的视角探讨〈第二次世界大战回忆录〉的重译策略》[硕士论文],胡子娟著;李国庆、宋燕青指导,暨南大学,2018年。

《基于语料库的战争文学文体分析》[硕士论文],向湘立著;于柏祥指导,国防科学技术大学,2009年。

《二战谍报文学研究》[硕士论文],宋贝贝著;陈旋波指导,华侨大学,2009年。

《德国二战电影研究(1960年至今)》[硕士论文],陈文著;张宗伟指导,中国传媒大学,2009年。

《战争电影与国家认同:俄罗斯二战题材电影研究》[博士论文],侯微著;陆晔指导,复旦大学,2009年。

《试析二战对美国文学的影响》[硕士论文],刘红玲著;王广振指导,山东大学,2009年。

《美国二战小说的特色与成就》[硕士论文],薛玉凤著;翟士钊指导,河南大学,2001年。

《审美视野下的美国战争(二战)影片》[硕士论文],李林蓉著;刘朝谦指导,四川师范大学,2007年。

《苏联卫国战争文学研究》[硕士论文],孙中文著;傅星寰指导,辽宁师范大学,2008年。

《斯大林格勒战役在〈生活与命运〉中的道德哲理象征意义》[硕士论文],汪俐著;段丽君指导,南京大学,2011年。

《战后日本文学的战争与和平观研究》[博士论文],刘炳范著;靳丛林指导,吉林大学,2008年。

《日本二战电影研究》[硕士论文],周筱惠著;陈吉德指导,南京师范大学,2008年。

《银幕上的昭和:战后日本电影中的二战创伤叙述》[博士论文],陆嘉宁著;杨远婴指导,北京电影学院,2012年。

《论德国二战题材电影的多元主题》[硕士论文],风珍著;郭培筠指导,内蒙古师范大学,2013年。

《对记忆的讲述和历史记忆:对德国战后文学中三部长篇小说的文化学探讨》[博士论文],黄晓晨著;王炳钧指导,北京外国语大学,2010年。

《论二战犹太大屠杀故事片所塑造的道德神话》[硕士论文],刘敏著;游飞指导,中国传媒大学,2009年。

三、中国二战文学艺术

《世界文学格局中的中国抗日战争小说》[硕士论文],孟智慧著;蓝露怡指导,西南师范大学,2004年。

《滇缅抗战与现代文学》[硕士论文],董晓霞著;曾利君指导,西南大学,2012年。

《抗战时期重庆美国小说翻译研究》[硕士论文],蒋睿著;熊辉指导,西南大学,2012年。

《桂林抗战文化对外交流研究》[硕士论文],兰献著;刘小林指导,广西师范大学,2005年。

《桂林抗战时期文学翻译活动研究》[硕士论文],韦幼青著;费小平指导,贵州大学,2007年。

《1932—1945:东北沦陷区翻译文学研究》[博士论文],高云球著;赵稀方、杨义指导,中国社会科学院,2013 年。

《抗战时期中苏两国之间的美术交流历史研究》[硕士论文],周婕著;凌承纬指导,西南大学,2012 年。

《活跃在世界反法西斯战线上的中国画家》[硕士论文],黄丽丽著;凌承纬指导,西南大学,2014 年。

《抗战时〈新华日报〉反法西斯宣传研究》[硕士论文],奚冬梅著;史会来指导,哈尔滨工业大学,2006 年。

《重庆抗战文学中传播外国文化的主要报刊》[硕士论文],李志明著;靳明全指导,重庆师范大学,2007 年。

《二战时期萧乾新闻通讯研究》[硕士论文],杨成著;刘少文指导,黑龙江大学,2012 年。

《中国抗战文学中的法国形象》[硕士论文],黄俊著;靳明全指导,重庆师范大学,2011 年。

《中国抗战文学中的苏联形象研究》[硕士论文],赵婧著;靳明全指导,重庆师范大学,2011 年。

《论新时期以来抗战文学中的日本人形象》[硕士论文],冯雁著;钱婉约指导,北京语言大学,2009 年。

《中国抗战文学中的日本战俘形象》[硕士论文],张韶闻著;靳明全指导,重庆师范大学,2012 年。

《中国抗战诗歌中的日本形象》[硕士论文],田源著;刘静指导,重庆师范大学,2012 年。

《中国抗战题材电影再认识》[硕士论文],唐德坤著;沈义贞指导,南京艺术学院,2012 年。

《中国二战题材影片的民族性研究》[硕士论文],于鹏亮著;常文昌、冯欣指导,兰州大学,2008 年。

《中国电影电视剧中的日本人形象——抗日战争集体记忆的视角》[硕士论文],朱冰著;彭曦指导,南京大学,2012 年。

《论抗战影视剧中日本军人形象演变及其传播价值观转变》[硕士论文],陈冉著;张兵娟指导,郑州大学,2014 年。

《中国抗战影视剧的"抗战"与"反战"维度研究》[硕士论文],张丽平著;王稼之指导,东北师范大学,2014 年。

《南京大屠杀题材电影研究》[硕士论文],吴婷著;郑宜庸指导,福建师范大学,2010 年。

《南京大屠杀题材类电影研究》[硕士论文],田怡著;邓伟指导,重庆工商大学,2013 年。

《历史叙事与影像观念:南京大屠杀电影的话语建构》[硕士论文],袁海燕著;杨尚鸿指导,重庆大学,2011 年。

《南京的无奈——南京大屠杀在中国电影中的影像呈现》[硕士论文],李哲著;汪家驷指导,安徽大学,2012 年。

《南京大屠杀电影的叙事学研究》[硕士论文],隋志强著;李掖平指导,山东师范大学,2009 年。

《试论反法西斯战争雕塑题材的主要艺术语言》[硕士论文],曾华著;郭选昌指导,重庆大学,2007 年。

策划编辑:鲁　静
责任编辑:彭代琪格

图书在版编目(CIP)数据

中国二战史研究七十年:1950—2019/赵文亮 著. —增订本 —北京:
　人民出版社,2024.8
ISBN 978 - 7 - 01 - 025520 - 0

Ⅰ.①中…　Ⅱ.①赵…　Ⅲ.①第二次世界大战-历史-研究　Ⅳ.①K152

中国国家版本馆 CIP 数据核字(2024)第 092804 号

中国二战史研究七十年(1950—2019)

ZHONGGUO ERZHANSHI YANJIU QISHINIAN(1950—2019)

赵文亮　著

人民出版社 出版发行

(100706　北京市东城区隆福寺街 99 号)

中煤(北京)印务有限公司印刷　新华书店经销

2024 年 8 月第 1 版　2024 年 8 月北京第 1 次印刷
开本:710 毫米×1000 毫米 1/16　印张:121
字数:2041 千字

ISBN 978 - 7 - 01 - 025520 - 0　定价:580.00 元(上、中、下)

邮购地址 100706　北京市东城区隆福寺街 99 号
人民东方图书销售中心　电话 (010)65250042　65289539